특징3

자이스토리 수능 국어 고전 시가 총정리

고전 시가를 개념과 쉬운 문제부터
단계별로 공부한다!

① 고1, 고2, 고3 학력평가 수능 + 평가원 ── 고전 시가 기출문제 총정리!

고1, 고2, 고3 학평 기출문제와 수능, 평가원 기출문제를
모두 수록했습니다. 최신 출제 경향을 학년별로 파악할 수 있고,
쉬운 고전 시가 문제부터 차근차근 공부할 수 있습니다.

② **STEP 1** 고전 시가 핵심 개념 정리 + 확인 문제
　　STEP 2 지문 분석 특강 + 문제 풀이 특강, 내신·학평 대비 기출문제
　　STEP 3 수능 대비 기출문제

고전 시가의 흐름과 핵심 개념을 확인 문제로 체크하고,
지문 분석 특강 및 문제 풀이 특강 + 내신·학평 대비 기출문제로
기본 실력을 단단히 합니다. 또 수능 대비 기출문제 훈련으로
수능 국어 1등급을 완성합니다.

③ 정확한 작품 및 문제 분석과 매력적인 오답을 풀이한
입체 첨삭 해설

작품을 고전 시가 독해 공식에 따라 정확히 분석하였고,
정답으로 착각하기 쉬운 선택지는 매력적인 오답으로 뽑아
함정에 빠지지 않도록 주의해야 할 점을 해석하였습니다.

 # 꼼꼼한 지문 이해, 명쾌한 문제 풀이로 **국어가 쉬워진다!**

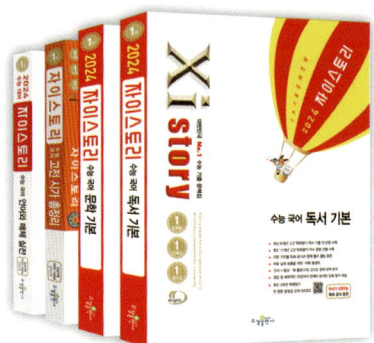

대한민국 No.1 수능 기출 문제집

자이스토리

국어 시리즈

*동영상 강의
독서, 언어(문법)

 독서

독서 실전 [고3]
독서 기본 [고1,2]
국어 기본 [고1]

– 독해 공식, 문제 유형별 꿀팁으로 쉽고 빠르게 독해법 마스터!
• 수능 독서 시험의 최신 경향에 꼭 맞는 학습법을 알려드립니다.
• 독해 공식과 지문 이해 특강, 문제 풀이 특강을 통해 지문 분석 훈련과 문제 풀이 훈련을 할 수 있습니다.

문학

문학 실전 [고3]
문학 기본 [고1,2]
국어 기본 [고1]
(독서+문학+언어+화작)

– 갈래별 독해 공식으로 쉽게 분석하고 빠르게 독해한다!
• 작품 갈래별로 반드시 파악해야 할 요소를 알려드립니다.
• 갈래별 대표 유형의 문제 풀이 특강을 통해 정답을 한눈에 파악할 수 있습니다.

화법과 작문 실전 [고2,3]
언어와 매체 실전 [고2,3]
언어(문법) 기본 [고1,2]

– 선택 과목을 세분화하여 언어와 매체, 화법과 작문을 집중적으로 훈련!
• 문법의 핵심 개념을 쉽게 이해할 수 있도록 도식화, 시각화하였습니다.
• 확인 문제와 예상 문제로 내신을 준비하고, 기출문제로 수능을 완벽히 대비할 수 있습니다.

연도별 고3 모의고사
(화법과 작문, 언어와 매체)
전국연합 고1 국어
전국연합 고2 국어

– 실전 훈련으로 국어 1등급을 완성한다!
• 전국연합 모의고사 고1 국어: 최신 3개년 학력평가 12회분 수록
• 전국연합 모의고사 고2 국어: 최신 3개년 학력평가 12회분 수록
• 연도별 고3 모의고사 (화법과 작문, 언어와 매체) 분리 발간
  – 최신 수능 대비 실전 모의고사 30회 수록

고전 시가 총정리
[고1, 2, 3]

– 어려운 고전 시가를 단계별 기출문제로 총정리!
• 작품 갈래별 독해 공식으로 작품을 완벽하게 이해할 수 있습니다.
• 고1·2 학평 및 확인 문제로 내신까지 대비할 수 있습니다.
• 최신 7개년 고3 학평, 평가원, 수능 문제로 수능 대비 실전 훈련을 완벽하게 할 수 있습니다.

수능 국어 개념어 총정리
국어 독해력을 키우는
실전 어휘

– 빠르고 정확한 지문 독해를 위해 어휘력을 키우자!
• 명쾌하게 정리된 개념어를 익힌 후 확인 문제와 기출문제를 통해 실전에 적용할 수 있습니다.
• Ⅰ독서, Ⅱ문학, Ⅲ수능 중요 어휘 등 지문 특성별로 실전 어휘를 학습할 수 있습니다.
• 어휘 학습을 한 후 실제 지문에서 어휘를 확인·적용함으로써 독해력을 향상시킬 수 있습니다.

자이스토리 국어 시리즈

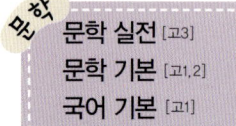

고전 시가 막연하게 어려워하지 마세요.

낯선 '고어' 때문에 고전 시가가 어려우세요?
하지만, 현대어로 풀어 보면 현대시보다 훨씬
내용 이해와 주제 파악이 쉽다는 것을 알 수 있습니다.

주제가 대부분 자연, 사랑, 충정, 서민으로 나뉘고,
자주 나오는 표현들이 비슷하기 때문입니다.

자이스토리는 고전 시가를 어려워하는 수험생을 위해
최신 기출 전 작품을 심층 분석해 수록했습니다.

또한, 고전 시가 지문을 잘 이해하기 위한 '독해 공식'과
문제를 쉽게 풀 수 있는 '문제 풀이 꿀팁'을 개발하여
단계별로 빠르게 고전 시가를 정복할 수 있게 했습니다.

지금까지 어려운 고전 시가 때문에 고생했다면
자이스토리로 재미있게 공부해 보세요.

고전 시가에 자주 나오는 주제, 표현, 어휘를 익히고,
독해 공식과 문제 풀이 꿀팁에 따라 학습한다면
더 이상 고전 시가가 어렵지 않을 것입니다.

어려운 고전 시가가 술술 풀리면
확실한 국어 1등급을 받을 수 있습니다.

– 대한민국 No.1 수능 문제집 **자이스토리** –

🍀 내신+수능 **1등급** 완성 학습 계획표 [31일]

Day	공부할 분량	틀린 문제 / 헷갈리는 문제 번호 적기	날짜		복습 날짜	
1	고전 시가의 흐름, 고어 읽는 법		월	일	월	일
2	고전 시가 주제별 어휘		월	일	월	일
3	고전 시가 필수 개념		월	일	월	일
4	**A** 01~10		월	일	월	일
5	11~21		월	일	월	일
6	22~30		월	일	월	일
7	31~42		월	일	월	일
8	43~51		월	일	월	일
9	52~60		월	일	월	일
10	**B** 01~12		월	일	월	일
11	13~24		월	일	월	일
12	25~33		월	일	월	일
13	**C** 01~13		월	일	월	일
14	14~31		월	일	월	일
15	32~45		월	일	월	일
16	46~56		월	일	월	일
17	57~67		월	일	월	일
18	**D** 01~18		월	일	월	일
19	19~35		월	일	월	일
20	36~45		월	일	월	일
21	46~57		월	일	월	일
22	58~71		월	일	월	일
23	72~85		월	일	월	일
24	86~99		월	일	월	일
25	**E** 01~13		월	일	월	일
26	14~28		월	일	월	일
27	29~40		월	일	월	일
28	41~54		월	일	월	일
29	55~68		월	일	월	일
30	69~83		월	일	월	일
31	84~97		월	일	월	일

🍀 차 례

고전 시가 단계별 총정리로 쉽고 빠르게 국어 1등급 완성!

1 고전 시가가 쉬워지는 개념 완성

- 고전 시가의 흐름과 특징을 한눈에 알 수 있도록 연표 형식으로 정리했습니다.
- 고전 시가를 쉽게 이해하기 위해 꼭 필요한 고어 읽기를 학습하고 확인 문제로 바로 체크할 수 있습니다.
- 고전 시가 주제별 어휘와 필수 개념어를 학습하여 문제 풀이에 구체적인 도움을 줄 수 있습니다.

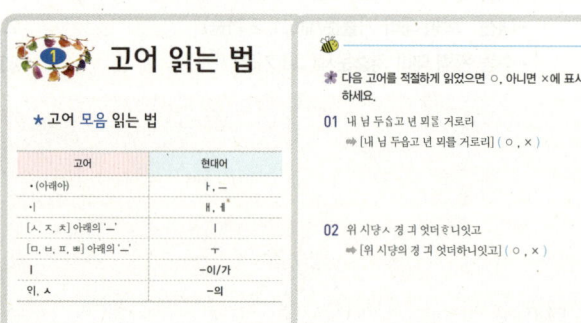

2 고전 시가 독해 공식 훈련

- 문학 작품을 빠르고 쉽게 분석하기 위해 갈래를 구분하고, 갈래별 특징에 맞게 독해 공식을 만들었습니다.
- '고전 시가, 시 복합, 소설 복합' 3개 독해 공식으로 수능 문학의 모든 고전 시가 지문을 체계적으로 읽어 낼 수 있습니다.

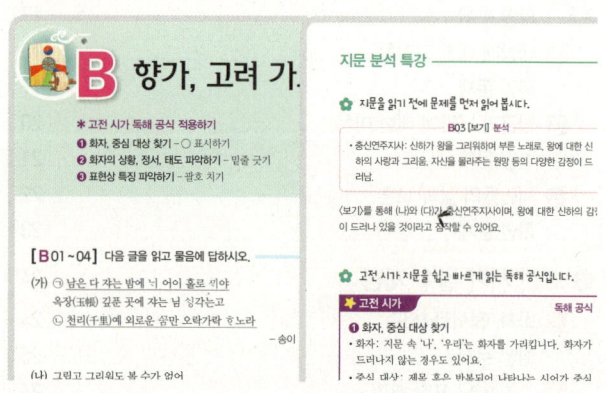

3 고전 시가 대표 유형에 따른 문제 풀이 꿀팁 적용!

- 갈래별로 대표적인 문제 유형을 선별하고, 각각의 풀이 법을 꿀팁으로 정리했습니다.
- 자주 출제되는 유형 순서에 따라 엄선한 최신 지문과 문제로 빠르고 정확하게 고전 시가를 완성할 수 있습니다.

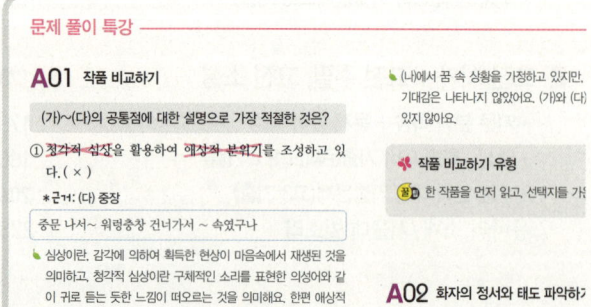

4 내신·학평＋수능 대비 기출문제로 1등급 완성!

- **내신·학평 대비 기출문제**: 교과서와 연계된 지문 중 최신 학교 시험 경향에 맞는 기출문제를 총정리하여 구성했습니다.
- **수능 대비 기출문제**: 수능 유형에 꼭 맞는 고전 시가 문항을 수록하여 국어 1등급으로 도약할 수 있도록 했습니다.

- **제한 시간**: 수능 실전에서 한 지문의 문제를 푸는 데 필요한 소요 시간
- **난이도**: ✿✿✿ – 상, ✿✿✿ – 중, ✿✿✿ – 하
- **출처 표시**: 학력평가 – 실시 연도, 수능·평가원 – 대비 연도
  예) 2021(6월)/고2교육청 32: 2021년 6월에 실시한 학력평가
  2022/수능 30: 2021년에 실시한 수능
  2022(6월)/평가원 31: 2021년 6월에 실시한 모의고사

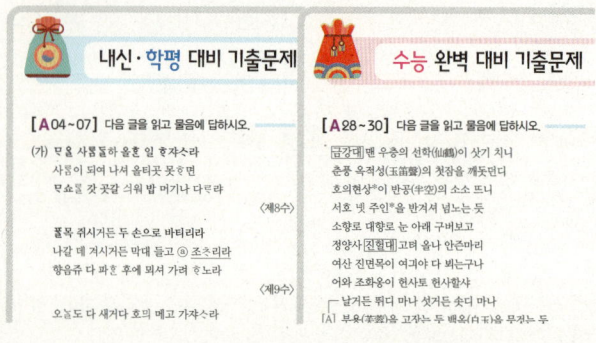

5 입체 첨삭 해설!

✱ 시

❶ 화자, 중심 대상
시의 화자, 중심 대상에 표시했습니다.

❷ 상황, 정서, 태도
화자가 처해 있는 상황과 그 상황에서 화자가 느끼는 정서를 비롯해 화자의 태도를 알 수 있는 부분에 표시했습니다.

❸ 표현상 특징
주제를 효과적으로 전달하기 위해 사용된 표현상 특징이 드러난 부분에 표시했습니다.

지문 어휘
지문을 이해하는 데 도움이 되는 어휘의 풀이를 제시했습니다.

✱ 연 요약
각 연의 내용을 요약해 전체적인 내용을 파악할 수 있게 했습니다.

■ 내용
해당 작품이 어떠한 내용이고, 무슨 갈래에 해당하는지를 요약히여 정리했습니다.

■ 주제
작품의 주제를 정리했습니다.

■ 이것이 핵심!
해당 작품에서 가장 중심이 되는 내용을 한눈에 볼 수 있게 도표로 제시했습니다.

✚ 독해 공식 정답
각 갈래별로 반드시 확인해야 하는 확인 요소를 제시했습니다.

배경지식
알아두면 도움이 되는 배경지식을 제시했습니다.

왜 오답?
오답 풀이를 통해 틀린 문제에 대한 이해뿐만 아니라 선택지 출제 원리까지 터득할 수 있습니다.

문제 어휘 + 개념어
문제 풀이에 도움이 되는 어려운 어휘 및 개념어의 풀이를 제시했습니다.

근거
정답과 오답을 가르는 근거가 되는 부분을 제시했습니다.

작품의 제목
작품의 내용을 한눈에 알 수 있는 제목을 제시하였습니다.

고어 읽기
고어(옛 한글)의 소리를 현대 어로 표기하였습니다.

시 해석
시의 내용을 쉽게 풀이했습니다.

B 01~03 [2016(6월)/고2교육청 31~33]

(가) 이직, 〈가마귀 검다 후고〉

❶ 화자, 중심 대상 ❷ 상황, 정서, 태도 ❸ 표현상 특징 고어 읽기 시 해석

가마귀 / 검다 후고 / ❶ 중심 대상 — 고려 왕조의 신하들 /: 4음보의 율격

❶ <u>가마귀</u> / 검다 후고 / ❶ <u>백로(白鷺)</u>야 / 웃지 마라
조선의 개국 공신 ❷ 상황: 백로에게 말할 건넴

➡ 까마귀 (겉모습이) 검다 해서 백로야 비웃지 마라.

겉치 거믄들 속조차 거믈소냐
❷ 가마귀는 불길하고 백로는 고고하다는 일반적인 통념 반박 - 자기 합리화
➡ 겉이 검다고 해서 속까지 검겠느냐?
❸ 설의적 표현

아마도 / 겉 희고 / 속 겁을손 / 너뿐인가 / 하노라
표리부동
아마도 겉 희고 속 검을손 너뿐인가 후노라
❸ 태도: 겉은 희지만 속은 검은 백로를 비판함 - 겉과 속이 다른 사람들을 비판함.
➡ 아마도 겉이 희고 속이 검은 것은 너밖에 없을 것이다.

[백로: 왜가릿과의 새 가운데 몸빛이 흰색의 새를 통틀어 이르는 말]

✱ 초장~종장 요약: 표리부동한 인물들에 대한 비판

■ 갈래: 평시조
■ 창작 시기: 조선 초기
■ 내용: 이 작품은 조선 개국에 참여한 사람들이 자신들의 행위를 정당화하기 위해 지은 시조이다. 단순히 검은 까마귀와 흰 백로의 외형적 대비를 통한 것이 아니라 내면적인 성향으로 파악하여 백로를 비난하고 있다. 여기서 '가마귀'는 새 왕조에 동참한 사람들이고, '백로'는 고려의 유신으로 절의를 지킨 사람들이라고 할 수 있다. 이 작품은 자기변명을 담은 노래로, 자기 행위의 정당성을 주장하고, 우국지사인 듯하면서도 속은 그렇지 못한 고려 유신들을 풍자하고 있다.
■ 주제: 겉과 속이 다른 것에 대한 비판(조선 왕조에 가담한 자신을 비웃는 자들에게 하는 변론)
■ 이것이 핵심: 우의적으로 드러내는 화자의 비판적 태도

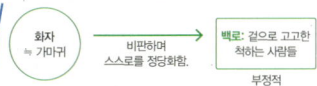

화자
= 가마귀 → 비판하며 스스로를 정당화함. → 백로: 겉으로 고고한 척하는 사람들
부정적

✚ 독해 공식 정답
(가)
❶ 화자: 드러나지 않음. 중심 대상: 백로
❷ 심황: 백로에게 말을 건넴.
태도: 겉과 속이 다른 사람들을 비판함.
❸ 표현상 특징
· 대조적인 소재를 활용하여 주제를 우회적으로 제시하고 있음.
· 동물을 의인화하여 주제를 우의적으로 전달하고 있음.
· 4음보의 율격과 설의적 표현을 사용하고 있음.

배경지식

소설의 표현과 전개 방식

1. 소설의 표현
① 대화: 소설 속의 등장인물들이 서로 주고받는 말. 대화를 통해 사건이 구체적으로 전개되고 인물의 성격이나 심리, 태도 등이 간접적으로 드러난다
② 서술: 서술자가 독자에게 사건, 배경, 인물의 심리 등을 직접 설명하는 것
  – 요약적 서술: 오랜 시간에 걸쳐 일어난 사건을 자세히 서술하지 않고, 사건의 핵심을 요약하여 전달하는 것
③ 묘사: 서술자가 사건, 배경, 인물의 외모나 심리를 단순히 설명하는 것이 ... 구체적으로 ...

(나) 정지용, 〈다도해기5 – 일편낙도〉

❶ 중심 대상 ❷ 글쓴이의 생각, 태도 ❸ 서술상 특징

❶ 중심 대상 한라산

한라산이 시려 범위 안에 들어서 서기는 실상 추자도에서도 훨석 이전이었겠는데 새벽에 추자도를 지내 놓고 한숨 실컷 자고나 새벽부터 아침까지의 시간의 흐름이 드러남.
서도 날이 새인 후에야 ⓒ해면 우에 덩그렇게 선연히 허우대도 곰 처음 만난 한라산의 웅장함에 대한 감탄
직이도 크게 나타나는 것이 아닙니까! 눈물이 절로 솟도록 반갑지
한라산을 마주한 반가움
않으리까, 한눈에 정이 들어 즉시 몸을 맡기도록 믿음직스러운
가슴과 팔을 벌리는 산이외다. ❸ 동방화촉에 초야를 새우는 제 바
[ ] ❸ 서술상 특징 한라산을 처음 본 설레임을 맞은 신부의 마음에 빗대어 표현함.
로 모신 님이 수줍고 부끄럽고 아직 설어 겨울 뿐일러니 그 님의
그 얼굴 그 모습이사 동창이 아주 희자 솟는 해를 품은 듯 와락 사
랑흡게 뵈입는 신부와 같이 나는 이날 아침에 평생 그리던 산을
바로 모시었으니다. 이즈음 슬프지도 않은 그늘이 마음에 나려앉
아 좀처럼 눈물을 흘린 일이 없었기에 인제는 나의 심정의 표피가
굳었던 청춘의 감성이 되살아남.
호두 껍질같이 오롯이 굳어지고 말았는가 하고 남저지* 청춘을 아

✱ (나) 요약: 한라산의 웅장함과 아름다움에 감탄함.

D 29 정답 ④ ✱ 표현상의 특징 파악하기 ··· [정답률 60%]

㉠~㉤에 대한 설명으로 적절하지 않은 것은?
· ㉠~㉤: ㉠은 화자의 마음을 불에 빗대어 표현한 구절, ㉡은 애상적 분위기를 조성하는 구절, ㉢은 한라산의 웅장함에 감탄하는 구절, ㉣은 한라산의 다양한 느낌을 표현한 구절, ㉤은 한라산의 거룩함을 표현한 구절입니다.
집 각 구절(㉠~㉤)에 나타난 표현상의 특징과 그로 인해 나타나는 효과를 잘못 설명한 것을 고르는 문제입니다.

왜 정답?
④ ㉣: 대상에 동적인 속성을 부여하여 외양의 다채로움을 강조하고 있다.
한라산의 동적인 속성은 드러나지 않음.
✱근거: (나) ❼
㉣에서는 한라산으로부터 받은 다양한 느낌을 나열하고 있을 뿐, 한라산에 동적인 속성을 부여하고 있지는 않다. '동적인 속성'이란 움직이는 속성을 의미하며, 시적 대상의 구체적인 움직임이 드러나는 표현에서 나타난다. 동적인 속성은 보통 힘차거나 활발한 느낌을 불러일으킨다.

포착되다: 어떤 기회나 정세가 알아차려지다.

왜 오답?
① ㉠: 구체적 현상에 빗대어 애절한 마음을 형상화하고 있다.
임을 그리는 애절한 마음을 가슴이 불에 타는 구체적 현상에 빗댐.
✱근거: (가) ❶ 0행
㉠에서는 임을 그리워하는 화자의 애절한 마음과 이별의 괴로움을 '불'이 '가슴을 태운다'고 하며 구체적 현상에 빗대어 형상화하고 있다.

[오답 선택률 32%]
▼
④ 인간과 자연의 대비를 통해 주제 의식이 표출된다.
(가)에서 자연은 이별한 후의 시간의 흐름을 나타내거나, 작품의 분위기를 형성하는 배경이고, (나)에서 자연은 감탄과 예찬의 대상이다. (가)와 (나) 모두 인간과 자연을 대비한 표현이 나타나고 있지는 않다. '대비'란 서로 대립...

✱ 수필

❶ 중심 대상
이야기의 중심 대상을 알 수 있는 부분에 표시했습니다.

❷ 글쓴이의 생각, 태도
이야기의 중심 대상에 대한 글쓴이의 생각, 태도를 알 수 있는 부분에 표시했습니다.

❸ 서술상 특징
이야기를 효과적으로 전달하기 위해 사용된 서술상 특징이 드러난 부분에 표시했습니다.

✱ 장면 요약
각 장면의 내용을 요약해 전체적인 내용을 파악할 수 있게 했습니다.

정답률
오답에 대한 상대 평가를 할 수 있도록 정답률을 수록하였습니다.

문제 유형 분석
문제 유형을 제시하여 수능형 문제 유형을 쉽게 파악할 수 있도록 했습니다.

문제 분석
문제가 의미하는 바를 한눈에 파악할 수 있게 했습니다.

왜 정답?
정답이 되는 이유와 다른 오답과의 차이점을 알기 쉽게 설명하여 문제 풀이의 핵심을 파악할 수 있도록 했습니다.

매력적인 오답
학생들이 가장 많이 선택한 오답의 선택률을 제시하고, 그 원인을 분석하여 해결책을 제시했습니다.

🍀 집필진 · 감수진 선생님들

[자이스토리 10단계 분석 시스템]

STEP 1	최신 출제 경향 분석
STEP 2	기출 갈래 구분 및 독해 공식 수립
STEP 3	문제 유형 분석 및 꿀팁 정리
STEP 4	학습 효과에 따른 문제 배열
STEP 5	문학 4개 독해 공식 훈련
STEP 6	갈래별 문제 풀이 꿀팁 훈련
STEP 7	고난도 문제 완벽 분석 및 이해
STEP 8	완벽한 작품 이해 해설
STEP 9	작품의 필수 어휘 · 개념어 풀이
STEP 10	정 · 오답 근거 분석 및 보충 해설

자이스토리는 명강의로

소문난 학교 · 학원 선생님들께서

수능 준비에

가장 효과적이고 가장 우수한

수능, 평가원, 학력평가 기출문제를

10단계에 걸친 검증을 통해

갈래별, 주제별, 난이도별로 수록하였습니다.

또한 다시는 그 문제를

틀리지 않도록 쉽게 이해되고

개념이 쌓이는 입체 첨삭 해설로

구성하였습니다.

[집필진]

김영신 경기 서천고 교사
김지혜 서울 계성고 교사
김효진 경기 현화고 교사
송현우 서울 신목고 교사
안다성 서울 한영외국어고 교사
이세영 경기 수일고 교사
인선희 서울 대진고 교사
최슬지 서울 영등포여고 교사
최용창 경기 심석고 교사

수경출판사 국어 콘텐츠 연구소

[감수진]

강영석 대성 학원
공재혁 훈민정음 학원
김용환 평촌대시나루 국어 학원
김준실 이루는 학원
박선훈 이데아 국어 학원
배한철 청산미래와사람들 학원
손정아 이투스네오
오훈 강북 청솔 학원
윤욱준 상아 학원
이루하 이루하교육그룹
이미정 퀸플러스 학원
이한 송파 청명학전 학원
임종빈 임종빈국어 학원
최진아 이앤케이 학원
한용호 분당 청솔학원

🍀 문항 배열 및 구성 [356제+확인 문제 111제]

❶ 최신 7개년 수능, 평가원 및 고1, 고2, 고3 학력평가 우수 문항 수록 [352문항]

• 최신 7개년 수능 및 평가원, 고1, 고2, 고3학년 학력평가에 출제된 고전 시가 우수 문항을 빠짐없이 담았습니다.

❷ 수능 예시 중 고전 시가 전 문항 수록 [4문항]

• 2022 수능 예시 문항 중 고전 시가 관련 전 문항을 수록하였습니다.

❸ 고전 시가 개념을 완성하기 위한 확인 문제 수록 [111문항]

• 고전 시가 개념을 완성하기 위해 고전 시가 읽는 법, 고전 시가 주제별 어휘, 필수 개념어 확인 문제를 넣었습니다.

[자이스토리 수능 국어 고전 시가 총정리 문항 구성표]

실시(대비) 연도		3월	4월	6월	7월	9월	10월	11월	수능	합계
2021 (2022)	고3	4	4	6	5	3				47
	고2	5		4		4				
	고1	4		4		4				
2020 (2021)	고3	5	4	3	4	5	5		5	64
	고2	4		5		4		4		
	고1	5		4		3		4		
2019 (2020)	고3	5	3	5	4	5	5		5	66
	고2	4		3		5		5		
	고1	5		5		3		4		
2018 (2019)	고3	5	5	3	4	5	5		3	63
	고2	4		3		4		4		
	고1	5		4		5		4		
2017 (2018)	고3	3	5	4	3	5		4	5	52
	고2	3		4		5		4		
	고1			3				4		
2016 (2017)	고3	3		3		3	3		3	37
	고2	3		3		3		4		
	고1	3		3		3				
2015 (2016)	고3			3		3			3	23
	고2	3		3		3		3		
	고1					2				
2022 수능 예시										4
고전 시가 확인 문제										111
총 문항 수										467

🍀 수록 작품 찾아보기 (갈래별 작품 수록 – 가, 나, 다순)

🍀 고전 시가 총정리 활용법 +α

❶ 고전 시가 개념 완성 학습 후 바로 확인하기!

- 고전 시가의 흐름을 내리꿰고 고어 읽는 법, 고전 시가 주제별 어휘, 고전 시가 필수 개념어를 학습해 보세요.
- 개념을 공부한 후 확인 문제로 바로 체크하면 고전 시가 관련 개념을 완벽하게 총정리할 수 있습니다.

❷ 갈래별 독해 공식으로 독해력 자신감 상승!

- 고전 시가 지문의 갈래는 크게 고전 시가, 고전 시가 + 설명문, 고전 시가 + 현대 수필, 현대시, 고전 시가 + 고전 수필, 고전 소설 4개로 정해져 있습니다.
- 각 갈래에 최적화된 독해 공식을 반복하여 연습하면 어떤 작품이 나와도 두려움 없이 빠르고 정확하게 내용을 분석할 수 있습니다.

❸ 대표 유형별 문제 풀이 꿀팁으로 문제 유형 완전 정복!

- 문제를 읽고 유형을 파악했다면, 이에 알맞은 문제 풀이 꿀팁을 떠올려 보세요. 풀리지 않던 문제의 해결 방법을 쉽게 찾을 수 있습니다.
- 갈래 복합 문제도 어려워할 필요가 없어요. 갈래별 대표 유형 문제 풀이 특강을 통해 문제 접근 방법, 꿀팁 적용 방법을 훈련해 보세요.

❹ 입체 첨삭 해설까지 꼭 확인하고 다시는 틀리지 말자!

- 맞힌 문제와 틀린 문제 모두 해설을 통해 자신의 풀이 과정을 점검해 보세요. 틀린 문제와 찍어서 맞힌 문제는 꼭 다시 풀어 봐야 합니다.
- 문제의 핵심과 출제자의 의도를 파악할 수 있는 여러 가지 요소(문제 분석, 근거, 선택지 첨삭 해설 등)도 잊지 말고 살펴보세요.

❺ 해설편: 지문, 선택지 어휘 익히기

- 국어 모의고사에서 어려운 어휘나 문학 개념어가 활용되는 문제는 고난도 문제가 아님에도 정답률이 낮습니다. 영어 단어를 외우는 것처럼 국어도 모르는 어휘와 개념어의 의미를 공부해야 합니다.
- 각 지문과 선택지 사이사이에 배치된 어휘 · 개념어 풀이를 활용해 소홀하기 쉬운 국어 어휘 · 개념어 공부도 놓치지 마세요.

PART

고전 시가 개념 완성

# 고전 시가의 흐름

고조선	삼국 ~ 통일신라	고려 초기
	(676~935)	(918~1170)

고대 가요

언제: 고대 부족 국가 시대 ~ 삼국 시대 초기
누가: 고대인들
어떻게: 입에서 입으로 전해짐. → 후에 한자로 기록됨.
왜: 원시 종교 의식을 치르며 부르기 위해 → 개인적인 정서를 표현하기 위해
특징: 배경 설화와 함께 전해짐.
주요 작품: 〈공무도하가〉, 〈구지가〉, 〈황조가〉, 〈해가〉, 〈정읍사〉

향가

언제: 신라 ~ 고려 초기
누가: 승려, 화랑
어떻게: 우리말 노래를 향찰로 표기함.
왜: ① 불교적 내용을 노래하기 위해 ② 개인적 정서를 표현하기 위해
특징: 4구체, 8구체, 10구체 형식을 지님.
주요 작품: 〈도솔가〉, 〈서동요〉, 〈모죽지랑가〉, 〈처용가〉, 〈제망매가〉, 〈안민가〉, 〈찬기파랑가〉

고려가요

언제: 고려
누가: 평민 계층
어떻게: 후렴구를 붙여 부름.
왜: 임에 대한 사랑, 소박한 생활, 자연에 대한 예찬 등의 정서를 진솔하게 표현하기 위해
특징: 연의 구분이 나타남.
주요 작품: 〈동동〉, 〈가시리〉, 〈만전춘별사〉, 〈서경별곡〉, 〈청산별곡〉, 〈정과정〉, 〈정석가〉

한시

언제: 삼국 ~
누가: 사대부 계층
어떻게: 중국의 시가 양식을 따라 한자로 지음.
왜: ① 현실에 대한 인식과 사상을 드러내기 위해 ② 개인적 정서를 표현하기 위해
특징: 5언시(한 행이 5자), 7언시(한 행이 7자)로 나뉨. 절구(4행), 율시(8행), 배율(12행 이상)이 있음.
주요 작품: 〈추야우중〉, 〈부벽루〉, 〈송인〉, 〈보리타작〉, 〈빈녀음〉, 〈탐진촌요〉, 〈절명시〉

✱ 이 도표를 기준으로 고전 시가의 시대별 흐름과 그에 따른 갈래상 특징을 한눈에 정리하세요!

고려 중·후기
(1170~1392)

조선 전기
(1392~1635)

조선 후기
(1636~1897)

경기체가

언제: 고려 중기 ~ 조선 전기
누가: 귀족 계층 (주로 신흥 사대부)
어떻게: 여러 연이 합쳐져 하나의 장을 이룸.
특징: 교술적, 교훈적 성격을 지님.
주요 작품: 〈한림별곡〉, 〈관동별곡〉, 〈죽계별곡〉, 〈불우헌곡〉

언해

언제: 훈민정음 창제 후
누가: 관리들
어떻게: 한문 작품을 우리말로 번역함.
왜: 많은 사람들이 쉽게 이해할 수 있도록 하기 위해
특징: 중세 국어 연구의 중요한 자료임.
주요 작품: 〈춘망〉, 〈강촌〉, 〈월인석보〉, 〈두시언해〉

악장

언제: 조선 전기
누가: 개국 공신, 유학자들
어떻게: 나라의 공식 행사 때 궁중 음악에 맞추어 부름.
왜: 조선의 개국과 번영을 기리기 위해
특징: 송축적 성격을 지님.
주요 작품: 〈신도가〉, 〈용비어천가〉

민요

언제: 특정 시기 없음. (조선 후기에 활발하게 창작됨.)
누가: 평민 계층
어떻게: 입에서 입으로 전해짐.
왜: 삶의 애환, 노동의 고달픔, 임에 대한 사랑 등을 표현하기 위해
특징: 후렴의 여부에 따라 가창 방식이 달라짐.
주요 작품: 〈강강술래〉, 〈논매기 노래〉, 〈정선 아리랑〉, 〈시집살이 노래〉

잡가

언제: 조선 후기
누가: 평민 계층
어떻게: 가사, 민요, 판소리 등이 혼합됨.
왜: 유흥을 즐기기 위해
특징: 전문 소리꾼에 의해 상업적으로 불려짐.
주요 작품: 〈유산가〉, 〈방물가〉, 〈형장가〉, 〈춘향이별가〉

시조

언제: 고려 후기 ~
누가: 사대부 계층 → 여성, 기생, 평민으로 확대
어떻게: 3장 6구 45자 내외의 4음보 형식을 따름.
왜: 충의, 연정, 현실 비판 등의 사상과 정서를 표현하기 위해
특징: 종장 첫 음보는 3음절로 고정됨.
주요 작품: 〈오백 년 도읍지를 필마로〉, 〈강호사시가〉, 〈어부사시사〉, 〈만흥〉, 〈견회요〉, 〈님이 오마 하거늘〉

가사

언제: 고려 후기 ~
누가: 사대부 계층 → 부녀자, 평민으로 확대
어떻게: 행 구분이 없는 3·4조, 4·4조의 4음보 형식을 따름.
왜: 시조보다 긴 분량으로 경험과 정서를 자유롭게 표현하기 위해
특징: 행 수에 제한이 없음.
주요 작품: 〈상춘곡〉, 〈관동별곡〉, 〈사미인곡〉, 〈규원가〉, 〈누항사〉, 〈농가월령가〉

 # 고어 읽는 법

★ 고어 **모음** 읽는 법

고어	현대어
• (아래아)	ㅏ, ㅡ
·ㅣ	ㅐ, ㅔ
[ㅅ, ㅈ, ㅊ] 아래의 'ㅡ'	ㅣ
[ㅁ, ㅂ, ㅍ, ㅃ] 아래의 'ㅡ'	ㅜ
ㅣ	-이/가
인, ㅅ	-의

① ⓖ **• (아래아)** ➡ ⓗ **ㅏ, ㅡ**

- ᄇᆞ람 ➡ [바람]
- 산ᄋᆞ 너는 어이 한갈갓치 노ᄑᆞ시며 ➡ [산아 너는 어이 한 갈갓치 노프시며]

② ⓖ **·ㅣ** ➡ ⓗ **ㅐ, ㅔ**

- 이ᄇᆞ ᄋᆞ희야 ➡ [이바 아해야]
- 님하 흔ᄃᆡ 녀젓 긔약이이다 ➡ [님하 한데 녀젓 긔약이이다]

③ [ㅅ, ㅈ, ㅊ] 아래의 ⓖ **ㅡ** ➡ ⓗ **ㅣ**

- 신잇든 그츠리잇가 ➡ [신잇든 그치리잇가]
- 만인 비취실 즈이샷다 ➡ [만인 비취실 짓이샷다]

④ [ㅁ, ㅂ, ㅍ, ㅃ] 아래의 ⓖ **ㅡ** ➡ ⓗ **ㅜ**

- ᄑᆞᆯ도 아닌 거시 ➡ [풀도 아닌 거시]
- ᄆᆞᆯ 아래 가던 새 본다 ➡ [물 아래 가던 새 본다]

⑤ ⓖ **ㅣ** ➡ ⓗ **-이/가**

- 봉화ㅣ 석둘를 니어시니 ➡ [봉화가 석달를 니어시니]
- 깃 다듬는 그림자ㅣ로다 ➡ [깃 다듬는 그림자이로다]

⑥ ⓖ **인, ㅅ** ➡ ⓗ **-의**

- 정월ㅅ 나릿므른 ➡ [정월의 나릿므른]
- 효도인 ᄆᆞ춤이니라 ➡ [효도의 마춤이니라]

★ 고어 **자음** 읽는 법

고어	현대어
ㅸ, ㅿ, ㆁ	ㅇ
ㄱ, ㅂ, ㅅ 등	ㄲ, ㅃ, ㅆ 등 (된소리)
ㅳ, ㅴ, ㅅ, ㅵ 등 (둘 이상의 자음)	뒤의 자음의 된소리
디, 댜, 뎌, 됴, 듀, 데	지, 자, 저, 조, 주, 제
티, 탸, 텨, 툐, 튜, 테	치, 차, 처, 초, 추, 체
-ㄴ고, -ㄴ가, -ㄴ다	-ㄴ가?

① ⓖ **ㅸ, ㅿ, ㆁ** ➡ ⓗ **ㅇ**

- 두ᄫᅳ른 누기핸고 ➡ [두으른 누기핸고]
- 낭이여 그릴 ᄆᆞᅀᆞ미 녀올 길 ➡ [낭이여 그릴 마으메 녀올 길]

② ⓖ **ㄱ, ㅂ, ㅅ** 등 ➡ ⓗ **ㄲ, ㅃ, ㅆ** 등 (된소리)

- 네 귀를 싯은 샘 ➡ [네 귀를 씻은 샘]
- 조롱곳 누로기 ᄆᆡ와 ➡ [조롱꼿 누로기 매와]

③ ⓖ **ㅳ, ㅴ, ㅅ, ㅵ** 등 ➡ **뒤의 자음의 된소리**

- 침상의 ᄭᅮᆷ우어 ➡ [침상의 꿈꾸어]
- 님을 미더 군ᄠᅴ디 전혀 업서 ➡ [님을 미더 군뜨디 전혀 업서]

④ ⓖ **디, 댜, 뎌, 됴, 듀, 데** ➡ ⓗ **지, 자, 저, 조, 주, 제**

- 풍암에 추색 됴타 ➡ [풍암에 추색 조타]
- 뎨 가는 뎌 각시 본 듯도 흔뎌이고 ➡ [제 가는 저 각시 본 듯도 한저이고]

⑤ ⓖ **티, 탸, 텨, 툐, 튜, 테** ➡ ⓗ **치, 차, 처, 초, 추, 체**

- 텬디의 자옥하니 ➡ [천지의 자옥하니]
- 변티 아닐손 바회뿐인가 ➡ [변치 아닐손 바회뿐인가]

⑥ ⓖ **-ㄴ고, -ㄴ가, -ㄴ다** ➡ **-ㄴ가** ?

- 붓으로 그려 낸가 ➡ [붓으로 그려 낸가?]
- 무음 호리라 주야에 흐르는다 ➡ [무음 호리라 주야에 흐르는가?]

❀ 다음 고어를 적절하게 읽었으면 ○, 아니면 ×에 표시하세요.

01 내 님 두읍고 년 뫼를 거로리
➡ [내 님 두읍고 년 뫼를 거로리] (○ , ×)

02 위 시댱ㅅ 경 긔 엇더ᄒ니잇고
➡ [위 시댱의 경 긔 엇더하니잇고] (○ , ×)

03 언의 곳 청산이야 날 씰 쑬이 잇시랴
➡ [언의 곳 청산이야 날 실 줄이 잇시랴] (○ , ×)

04 뎌러코 사시예 프르니 그를 됴하ᄒ노라
➡ [저러코 사시예 프르니 그를 조하하노라] (○ , ×)

❀ 다음 고어를 현대어로 바꾸어 적어 보세요.

05 써나오다   ➡ (   )

06 평싱ㅅ 쑴   ➡ (   )

07 옥 ᄀ튼 ᄆᄉᆞᆷ   ➡ (   )

08 텹텹ㅣ 쌓인 플 ➡ (   )

❀ 다음 문장의 뜻으로 적절한 것을 고르세요.

09 슈국에 ᄀ을히 드니 고기마다 ᄉᆞᆯ져 읻다
(   )

㉠ 수국의 가을을 보니 고기가 살만해 보인다.
㉡ 수국에 그늘이 지니 고기들이 사라져 있다.
㉢ 수국에 가을이 오니 고기마다 살이 올라 있다.

10 텬샹 빅옥경을 엇디ᄒ야 니별ᄒ고
(   )

㉠ 전생에 봤던 백옥경을 어디에서 이별하고
㉡ 천상에 있는 백옥경을 어찌하여 이별하고
㉢ 천상에 있는 백옥경을 벗어나서 이별하고

11 실ᄀ티 플텨이셔 뵈ᄀ티 거러시니
(   )

㉠ 실같이 풀어서 베같이 걸었으니
㉡ 실 끝이 풀려서 베 끝에 걸렸으니
㉢ 실같이 풀어내면 베 끝이 갈라지니

12 블휘 고ᄃᆞᆫ 줄을 글로 ᄒ야 아노라
(   )

㉠ 뿌리가 곧은 줄을 그것으로 인해 알겠다.
㉡ 부리가 고된 줄을 그곳으로 인해 알겠다.
㉢ 보리가 굳은 줄을 그것으로 인해 알겠다.

[정답 및 해설]

01 ○ 02 ○ 03 × 04 ○ 05 떠나오다 06 평생의 꿈 07 옥 같은 마음   08 첩첩이 쌓인 풀 09 ㉢ 10 ㉡ 11 ㉠ 12 ㉠

고전 시가 주제별 어휘

1 자연에서의 삶

1) 계절

봄	• 이화(梨花): 배꽃
	• 행화(杏花): 살구꽃
	• 도화(桃花): 복숭아꽃
	• 두견화(杜鵑花): 진달래꽃
	• 세우(細雨): 가랑비, 봄비
	• 동풍(東風): 봄바람
여름	• 녹양(綠楊): 잎이 푸른 버드나무
	• 녹음(綠陰): 푸른 잎이 우거진 수풀
가을	• 실솔(蟋蟀): 귀뚜라미
	• 서리: 수증기가 얼어붙은 것
	• 오동나무: 가을을 대표하는 나무
겨울	• 백설(白雪): 흰 눈
	• 은산(銀山): 눈이 쌓여 하얀 산

2) 자연

- **뇌**: 안개
- **나릿물**: 시냇물
- **백구**: 흰 갈매기
- **화류(花柳)**: 꽃과 버들
- **녹수(綠樹)**: 푸른 잎이 우거진 나무
- **강호(江湖)**: 강과 호수. (주로 '자연'을 나타냄.)
- **연하(煙霞)**: 안개와 노을. 또는 고요한 산수의 경치
- **풍류(風流)**: 멋스럽고 풍치가 있는 일. 또는 그렇게 노는 일
- **어옹(魚翁)**: 고기 잡는 노인 (자연에서 노니는 화자의 모습을 묘사할 때 사용함.)
- **선경(仙境)**: 신선이 사는 곳. 또는 경치가 신비스럽고 그윽한 곳〔= 선간(仙間)〕
- **벽계수(碧溪水)**: 물빛이 맑아 푸르게 보이는 시냇물

3) 속세

- **인간(人間)**: 사람이 사는 세상
- **부귀(富貴)**: 재산이 많고 지위가 높음.
- **공명(功名)**: 공을 세워서 자기의 이름을 널리 드러냄.
- **홍진(紅塵)**: 붉은 먼지 (= 번거롭고 속된 세상)
- **풍진(風塵)**: 바람에 날리는 티끌 (= 세상에서 일어나는 어지러운 일이나 시련)

4) 소박한 삶

- **띠집**: 초가집
- **시비(柴扉)**: 사립문
- **모첨(茅簷)**: 초가지붕의 처마
- **소반(小盤)**: 자그마한 밥상
- **무심(無心)**: 욕심이 없는 마음
- **소부·허유**: 은일지사의 대표적 인물
- **은일지사(隱逸之士)**: 자연에서 학문에 정진하는 선비
- **청약립(靑篛笠)**: 푸른 갈대로 만든 갓. 소박한 옷차림을 나타냄.
- **녹사의(綠蓑衣)**: 짚으로 만든 우비. 소박한 옷차림을 나타냄.
- **수간모옥(數間茅屋)**: 몇 칸 안 되는 작은 초가

5) 사자성어

- **빈이무원(貧而無怨)**: 가난하지만 남을 원망하지 않음.
- **안빈낙도(安貧樂道)**: 가난에 구애받지 않고 도를 즐김.
- **유유자적(悠悠自適)**: 속세를 떠나 속박 없이 마음 편히 지냄.
- **안분지족(安分知足)**: 자신의 분수에 만족하여 다른 데 마음을 두지 아니함.
- **천석고황(泉石膏肓)**: 자연을 사랑하는 마음이 마치 고질병처럼 깊음.
- **연하고질(煙霞痼疾)**: 자연을 사랑하는 마음이 고치지 못할 병처럼 깊음.
- **단표누항(簞瓢陋巷)**: 누항에서 먹는 한 그릇의 밥과 한 바가지의 물(= 선비의 청빈한 생활)

> **Tip**
> 화자가 의인화하여 표현하고 있는 자연물이 사군자(四君子. 매화, 난초, 국화, 대나무를 일컫는 말)라면, 그 작품은 자연 친화적인 삶에 대해 다룬 작품이라기보다 유교적 가치관에 대해 예찬하고 있는 작품일 가능성이 있다.

1 자연에서의 삶

❀ 다음 중 해당 계절을 나타내는 단어의 기호를 쓰세요.

> ㉠ 녹양(綠楊)　　　　㉡ 세우(細雨)
> ㉢ 실솔(蟋蟀)　　　　㉣ 은산(銀山)

01 봄　　（　　　　　　　）

02 여름　（　　　　　　　）

03 가을　（　　　　　　　）

04 겨울　（　　　　　　　）

❀ 다음 의미에 알맞은 단어를 〈보기〉에서 찾아 쓰세요.

> [보기]
> 녹수(綠樹)　　모첨(茅簷)　　선경(仙境)
> 풍류(風流)　　풍진(風塵)　　화류(花柳)

05 꽃과 버들　　　　　　　（　　　　　　　）

06 초가지붕의 처마　　　　（　　　　　　　）

07 신선이 사는 곳. 또는 경치가 신비롭고 그윽한 곳
　　　　　　　　　　　　（　　　　　　　）

08 바람에 날리는 티끌. 세상에서 일어나는 어지러운 일이나 시련　　　　　　（　　　　　　　）

❀ 다음 사자성어의 뜻으로 적절한 것을 연결하세요.

09 빈이무원
(貧而無怨)　　·

· ㉠ 가난에 구애받지 않고 도를 즐김.

10 안빈낙도
(安貧樂道)　　·

· ㉡ 자연을 사랑하는 마음이 마치 고질병처럼 깊음.

11 천석고황
(泉石膏肓)　　·

· ㉢ 가난하지만 남을 원망하지 않음.

❀ 다음 중 빈칸에 어울리는 단어를 괄호 안에서 고르세요.

> 이 몸이 한가하여 산수간(山水間)에 절로 늙어
> 　　　　　　을/를 뜻 밖에 잊었으니
> 차중(此中)에 청유(淸幽)한 흥미(興味)를 혼자 좋아 하노라
> 　　　　　　　　　　　　－ 이홍유, 〈산민육가〉〈제1수〉

12 （ 공명부귀(功名富貴) , 유유자적(悠悠自適) ）

> 섯ᄀ래 기나 즈르나 기동이 기우나 트나
> 　　　　　　을/를 죽은 줄 웃지마라
> 어즈버 만산 나월(滿山蘿月)이 다 닌 거신가 ᄒ노라
> 　　　　　　　　　　　　－ 신흠, 〈방옹시여〉〈제8수〉

13 （ 수간모옥(數間茅屋) , 은일지사(隱逸之士) ）

14 〈보기〉의 ㉠과 문맥적 의미가 가장 유사한 것을 고르세요.

> [보기]
> 평생에 일이 업서 산수 간에 노니다가
> ㉠강호에 님자되니 세상 일 다 니제라
> 엇더타 강산풍월이 긔 벗인가 ᄒ노라
> 　　　　　　　　　　－ 남원군, 〈평생에 일이 업서〉

① 가난
② 계절
③ 사람
④ 속세
⑤ 자연

2 대상에 대한 그리움

1) 사랑

- **홍안(紅顏)**: 젊어서 혈색이 좋은 얼굴
- **연리지(連理枝)**: 두 나무의 가지가 맞닿아서 결이 서로 통한 것 (= 화목한 부부나 연인 사이)
- **비익조(比翼鳥)**: 암컷과 수컷의 눈과 날개가 하나씩이어서 짝을 짓지 아니하면 날지 못한다는 전설상의 새 (= 연인 사이의 두터운 정)
- **만단정회(萬端情懷)**: 온갖 정과 회포
- **백년해로(百年偕老)**: 부부가 되어 한평생을 사이좋게 지내고 즐겁게 함께 늙음.
- **삼생연분(三生緣分)**: 전생, 현생, 내생을 두고 끊어지지 않을 깊은 인연 (= 부부간의 인연)

2) 이별, 그리움

- **조물(造物)**: 조물주
- **자규(子規)**: 두견새 (= 접동)
- **상부(喪夫)**: 남편의 죽음을 당함.
- **상사(相思)**: 서로 생각하고 그리워함.
- **운산(雲山)**: 구름이 낀 먼 산 (= 장애물)
- **무정(無情)**: 따뜻한 정이 없이 쌀쌀맞고 인정이 없음.
- **별회(別懷)**: 이별할 때에 마음속에 품은 슬픈 회포
- **규원(閨怨)**: 사랑하는 사람에게 버림을 받은 여자의 원한
- **혼백(魂魄)**: 사람의 몸에 있으면서 몸을 거느리고 정신을 다스리는 비물질적인 것 (= 영혼, 넋)
- **약수(弱水)**: 중국 서쪽의 전설 속의 강. 길이가 3,000리나 되며 부력이 매우 약하여 기러기의 털도 가라앉는다고 함. (= 장애물)
- **녹기금(綠綺琴)**: 거문고
- **외기러기**: 연인을 잃은 사람을 비유적으로 이르는 말
- **오매불망(寤寐不忘)**: 자나 깨나 잊지 못함.
- **일일삼추(一日三秋)**: '하루가 삼 년 같다'는 뜻으로, 연인을 사모하는 마음이 간절함.
- **전전반측(輾轉反側)**: ① 걱정거리로 마음이 괴로워 잠을 이루지 못함. ② 사모하는 연인(戀人)으로 인하여 잠을 이루지 못함.

3) 여인

- **부용(芙蓉)**: 연꽃
- **침선(針線)**: 바느질
- **금의(錦衣)**: 비단으로 지은 옷
- **길쌈**: 실을 내어 옷감을 짜는 모든 일
- **질삼뵈**: 길쌈하던 베
- **규방(閨房)**: 부녀자가 거처하는 방
- **원앙침(鴛鴦枕)**: 부부가 함께 베는 베개
- **휘장(揮帳)**: 천을 여러 폭으로 이어서 빙 둘러치는 장막
- **벽사창(碧紗窓)**: 짙푸른 빛깔의 비단을 바른 창 (= 여인의 방)

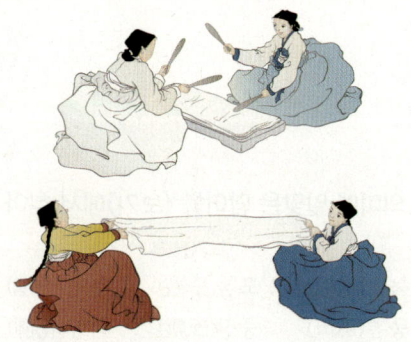

4) 효심

- **노친(老親)**: 늙은 부모
- **오조(烏鳥)**: 까마귀
- **효제(孝悌)**: 부모에 대한 효도와 형제에 대한 우애
- **망운지정(望雲之情)**: 자식이 객지에서 고향에 계신 어버이를 생각하는 마음
- **풍수지탄(風樹之歎)**: 부모에게 효도를 다하려고 생각할 때에는 이미 돌아가셔서 그 뜻을 이룰 수 없음.
- **반포지효(反哺之孝)**: 까마귀 새끼가 자라서 늙은 어미에게 먹이를 물어다 주는 효 (= 어버이의 은혜에 대한 자식의 지극한 효도)

2 대상에 대한 그리움

❀ 다음 중 해당 주제와 관련된 단어의 기호를 쓰세요.

㉠ 규방(閨房)	㉡ 연리지(連理枝)
㉢ 오조(烏鳥)	㉣ 외기러기

01 사랑 （   ）

02 이별 （   ）

03 여인 （   ）

04 효심 （   ）

❀ 다음 의미에 알맞은 단어를 〈보기〉에서 찾아 쓰세요.

[보기]

만단정회(萬端情懷)   망운지정(望雲之情)
벽사창(碧紗窓)   상사(相思)   오매불망(寤寐不忘)

05 온갖 정과 회포 （   ）

06 서로 생각하고 그리워함. （   ）

07 짙푸른 빛깔의 비단을 바른 창. 여인의 방
（   ）

08 자식이 객지에서 고향에 계신 어버이를 생각하는 마음
（   ）

❀ 다음 사자성어의 뜻으로 적절한 것을 연결하세요.

09 백년해로
(百年偕老) ・

・㉠ 부부가 되어 한평생을 사이좋게 지내고 즐겁게 함께 늙음.

10 반포지효
(反哺之孝) ・

・㉡ 걱정거리로 마음이 괴로워 잠을 이루지 못함.

11 전전반측
(輾轉反側) ・

・㉢ 까마귀 새끼가 자라서 늙은 어미에게 먹이를 물어다 주는 효

❀ 다음 중 빈칸에 어울리는 단어를 괄호 안에서 고르세요.

한식(寒食) 비 온 밤에 봄빗치 다 퍼졋다
＿＿＿＿＿ 흔 화류(花柳)도 째를 아라 픠엿거든
엇더타 우리의 님은 가고 아니 오는고
　　　　　　　　　　－ 신흠, 〈방옹시여〉 〈제17수〉

12 （ 무정(無情) , 휘장(揮帳) ）

공산리(空山裏) 저 가난 달에 혼자 우난 저
＿＿＿＿＿＿야
낙화 광풍에 어나 가지 으지 하리
백조(百鳥)야 한(恨)하지 말아 내곳 설워 하노라
　　　　　　　　　　－ 권구, 〈병산육곡〉 〈제4수〉

13 （ 비익조(比翼鳥) , 자규(子規) ）

14 〈보기〉의 ㉠과 문맥적 의미가 가장 유사한 것을 고르세요.

[보기]
㉠운산이 멀었으니 소식인들 쉬울손가
대인난 긴 한숨의 눈물은 몇 때런고
흉중의 불이 나니 구회간장 다 타 간다
　　　　　　　　　　－ 이세보, 〈상사별곡〉

① 애정
② 이별
③ 전생
④ 이상향
⑤ 장애물

3 임금과 나라에 대한 마음

1) 임금

- **모해(謀害)**: 꾀를 써서 남을 해침.
- **단심(丹心)**: 속에서 우러나오는 정성스러운 마음
- **풍상(風霜)**: 바람과 서리 (= 세상의 어려움과 고생)
- **암향(暗香)**: 매화의 그윽한 향기 (= 임금에 대한 충성심)
- **북궐(北闕)**: 경복궁을 창덕궁과 경희궁에 상대하여 이르는 말
- **삼각산**: 북한산 (= 한양)
- **역군은(亦君恩)**: 임금의 은혜
- **광한전(廣寒殿)**: 달 속에 있다는, 항아(姮娥)가 사는 가상의 궁전 (주로 '임금이 계신 궁궐'을 나타냄.)
- **백옥경(白玉京)**: 옥황상제가 산다고 하는 천상의 공간 (주로 '임금이 계신 궁궐'을 나타냄.)
- **야광명월(夜光明月)**: 밤에 밝게 빛나는 달 (= 충신)
- **연군지정(戀君之情)**: 임금에 대한 그리움과 변함없는 사랑

2) 나라

- **송축(頌祝)**: 경사를 기리고 축하함.
- **서방(西方)**: 불교에서 칭하는 이상세계
- **유찬(流竄)**: 죄인을 귀양 보내던 일 (= 유배)
- **유락(流樂)**: 자기 고향이 아닌 고장에서 사는 것 (= 타향살이)
- **선정(善政)**: 백성을 바르고 어질게 잘 다스리는 정치
- **누인개국(累仁開國)**: 어진 일을 쌓고 나라를 엶.
- **입신양명(立身揚名)**: 출세하여 이름을 세상에 떨침.
- **청운지지(靑雲之志)**: 높은 지위에 오르고자 하는 욕망
- **우국지정(憂國之情)**: 나라의 안녕을 걱정하고 근심하는 마음
- **우국상시(憂國傷時)**: 나라를 걱정하고 시절의 혼란함에 마음이 상함.
- **경천근민(敬天勤民)**: 하늘을 공경하고 백성을 위하여 부지런히 일함.
- **태평성대(太平聖代)**: 어진 임금이 잘 다스리어 태평한 세상이나 시대

> **Tip**
> 고전 시가에서 '까마귀'는 불운(不運), 간신(奸臣)을, '백로'는 고결함과 충신(忠臣)을 의미하는 경우가 많은데, 이러한 점에서 이직의 〈가마귀 검다 ᄒ고〉는 주목할 만한 시조이다. 이 작품에서는 '가마귀'를 고귀한 존재로, '백로'를 위선적인 존재로 표현하여 일반적 통념을 뒤집고, 조선의 개국에 이바지한 화자의 행동을 합리화한다.

3) 절개

- **수양산(首陽山)**: 백이와 숙제가 절의를 지킨 산
- **백이·숙제**: 지조와 절개를 지닌 충신의 대표적 인물
- **사군자(四君子)**: 매화, 난초, 국화, 대나무로, 고결한 절개를 상징함.
- **아치고절(雅致高節)**: 아담한 풍치와 높은 절개 (= 매화)
- **오상고절(傲霜孤節)**: 서리가 심한 추위 속에서도 외로이 지키는 절개 (= 국화)
- **세한고절(歲寒孤節)**: 한겨울의 추위도 이겨 내는 높은 절개 (= 대나무)

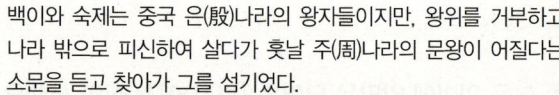

> **Tip**
> [백이·숙제 고사]
> 백이와 숙제는 중국 은(殷)나라의 왕자들이지만, 왕위를 거부하고 나라 밖으로 피신하여 살다가 훗날 주(周)나라의 문왕이 어질다는 소문을 듣고 찾아가 그를 섬기었다.
> 그의 아들인 무왕이 은나라를 토벌하자 백이와 숙제는 무왕의 행위를 비판하며 섬기기를 거부하고, 주나라의 곡식을 먹지 않으려 수양산에 들어가 고사리를 캐어 먹고 살다가 굶어 죽었다.

3 임금과 나라에 대한 마음

❀ 다음 의미에 알맞은 단어를 〈보기〉에서 찾아 쓰세요.

[보기]

단심(丹心)	모해(謀害)	송축(頌祝)
서방(西方)	선정(善政)	역군은(亦君恩)

01 임금의 은혜 (   )

02 꾀를 써서 남을 해침. (   )

03 경사를 기리고 축하함. (   )

04 백성을 바르고 어질게 잘 다스리는 정치
(   )

❀ 문맥을 고려하여 밑줄 친 단어의 뜻을 〈보기〉에서 찾아 기호를 쓰세요.

[보기]

㉠ 매화의 그윽한 향기
㉡ 죄인을 귀양 보내던 일
㉢ 바람과 서리, 세상의 어려움과 고생
㉣ 옥황상제가 산다고 하는 천상의 공간

05 매화 한 가지 계영(桂影)인가 돌아보니 / 처량한 암향
(暗香)이 날 따라 근심한다 (   )

06 바위에 섰는 솔이 늠연(凜然)한 줄 반가온데 / 풍상
(風霜)을 겪어도 여위는 줄 전혀 업다 (   )

07 광한전 어디메오 백옥경 내 알던가 / 원앙침(鴛鴦枕)
비취금(翡翠衾)에 뫼셔본 적 전혀 없네 (   )

08 동산(東山)을 올라 보니 고국(故國)도 멀셔이고 / 내
죄(罪)를 아웁거니 유찬(流竄)이 박벌(薄罰)이라
(   )

❀ 다음 글과 어울리는 단어를 괄호 안에서 고르세요.

백설이 잦은 날에 대를 보려 창을 여니
온갖 꽃 간 데 없고 대숲이 푸르러셰라
어째서 청풍(淸風)을 반겨 흔덕흔덕 하나니
– 이신의, 〈사우가〉

09 (세한고절(歲寒孤節) , 아치고절(雅致高節))

조정을 바라보니 무신(武臣)도 하 만하라
신고(辛苦)흔 화친(和親)을 누를 두고 흔 것인고
슬프다 조구리(趙廐史) 이미 죽으니 참승(參乘)홀 이
업세라
– 이정환, 〈비가〉〈제6수〉

10 (연군지정(戀君之情) , 우국지정(憂國之情))

11 〈보기〉의 ㉠과 문맥적 의미가 가장 유사한 것을 고르세요.

[보기]

가마귀 눈비 마즈 희는 듯 검노미라
㉠야광명월(夜光明月)이 밤인들 어두우랴
님 향(向)흔 일편단심(一片丹心)이야 고칠 줄이 이시랴
– 박팽년, 〈가마귀 눈비 마즈〉

① 백성
② 양반
③ 임금
④ 충신
⑤ 왜적

4 서민들의 삶과 교훈

1) 서민들의 삶

- **농번기(農繁期)** : 농사일이 매우 바쁜 시기
- **마름** : 지주를 대리하여 소작권을 관리하는 사람
- **신역(身役)** : 나라에서 성인 장정에게 부과하던 군역과 부역
- **환곡(還穀)** : 곡식을 창고에 저장하였다가 백성들에게 봄에 꾸어 주고 가을에 이자를 붙여 거두던 일. 또는 그 곡식
- **장리(長利)** : 돈이나 곡식을 꾸어 주고, 받을 때에는 한 해 이자로 곡식의 절반 이상을 받는 변리
- **갑남을녀(甲男乙女)** : 이름이 알려지지 않은 평범한 사람들
- **권문세가(權門勢家)** : 벼슬이 높고 권세가 있는 집안
- **가렴주구(苛斂誅求)** : 가혹히 세금을 거두거나 백성들의 재물을 억지로 빼앗음.

2) 명절의 풍속

설날 (음력 1월 1일)	• **세배** : 윗사람에게 절을 하며 새해 인사를 건넴. • **떡국 먹기** : 무병장수와 금전운을 기대하며 떡국을 나눠 먹음.
정월대보름 (음력 1월 15일)	• **부럼 깨기** : 호두, 잣, 밤 등의 부럼을 깨물어 일 년을 무탈히 보내기를 기원함. • **오곡밥 먹기** : 다섯 가지 곡식으로 밥을 해 먹으면 오행(五行)의 기운으로 풍년이 될 것이라고 믿음.
단오 (음력 5월 5일)	• **창포물에 머리 감기** : 몸에 붙은 잡귀를 내쫓고 건강히 여름을 나기를 기원함. • **창포로 장신구 만들기** : 여자는 비녀, 남자는 허리춤에 매다는 장신구를 만들며 각종 질병을 물리치고 액운을 쫓음.
추석 (음력 8월 15일)	• **벌초(伐草)** : 조상의 무덤을 깨끗이 정돈하며 자손의 효(孝)를 다함. • **강강술래** : 여러 사람이 함께 손을 잡고 원을 그리며 빙빙 돌며 춤을 추고 노래함. • **송편 먹기** : 보름달을 닮은 송편을 만들어 나누어 먹으며 복을 기원함.

3) 교훈

- **계몽(啓蒙)** : 무식한 사람이나 어린아이를 깨우쳐 가르침.
- **권면(勸勉)** : 타일러 힘쓰게 함.
- **삼강오륜(三綱五倫)** : 유교의 도덕 사상에서 기본이 되는 3가지의 강령과 5가지의 인륜
- **극기복례(克己復禮)** : 자신의 욕망과 감정을 이겨내고 사회적인 예를 따름.

4) 필수 어휘

단어	뜻
괴다	사랑하다
싀다	사라지다, 죽다
외다	잘못되다
하다	많다, 크다
둏다	좋다
좋다	깨끗하다
혀다	(악기, 불을) 켜다, 연주하다
삼기다	생기다, 태어나다
어리다	어리석다
머흐다	험하다, 궂다
여히다	이별하다, 헤어지다
헌사ᄒ다	야단스럽다
어엿브다	가엾다, 불쌍하다
녜다, 녀다, 니다	가다
혬	생각
고텨	다시
하마	이미, 벌써
모쳐라	마침
슬ᄏ장	실컷
어와, 어즈버	아아
님빅	앞에
곰빅	뒤에
~우희	~전에, ~위에
~셰라	~할까 두렵다
~다호라	~같구나

4 서민들의 삶과 교훈

❀ 다음 의미에 알맞은 단어를 〈보기〉에서 찾아 쓰세요.

[보기]

갑남을녀(甲男乙女)　　권면(勸勉)　　마름
농번기(農繁期)　　신역(身役)　　환곡(還穀)

01 타일러 힘쓰게 함. ( )

02 이름이 알려지지 않은 평범한 사람들
( )

03 지주를 대리하여 소작권을 관리하는 사람
( )

04 나라에서 성인 장정에게 부과하던 군역과 부역
( )

❀ 문맥을 고려하여 밑줄 친 단어의 뜻을 〈보기〉에서 찾아 기호를 쓰세요.

[보기]

㉠ 실컷
㉡ 어리석다
㉢ ~전에, ~위에
㉣ 사라지다, 죽다

05 마음이 <u>어린</u> 후(後)니 하는 일이 다 <u>어리다</u>
( )

06 보리밥 풋ᄂᆞ믈을 알마초 머근 후(後)에 / 바횟굿 믉ᄀᆞ의 <u>슬ᄏᆞ지</u> 노니노라 ( )

07 벗님 사ᄂᆞ 땅을 싱각고 ᄇᆞ라보니 / 용추동(龍湫洞) 밧씌오 구룸ᄃᆞ리 <u>우희</u>로다 ( )

08 차라리 <u>싀어져</u> 구름이나 되어 이셔 / 상광 오색(祥光五色)이 님 계신 데 덮었으면
( )

❀ 다음 중 빈칸에 어울리는 단어를 괄호 안에서 고르세요.

어와, 허ᄉᆞ(虛事)로다. 이 님이 어듸 간고.
결의 니러 안자 창(窓)을 열고 ᄇᆞ라보니
＿＿＿＿＿ 그림재 날 조출 ᄲᅮᆫ이로다.
　　　　　　　　　　　　　- 정철, 〈속미인곡〉

09 (죠흔 , 어엿븐)

❀ 다음 글과 어울리는 단어를 괄호 안에서 고르세요.

새로 짜낸 무명이 눈결같이 고왔는데
이방 줄 돈이라고 황두가 뺏어 가네
누전 세금 독촉이 성화같이 급하구나
삼월 중순 세곡선이 서울로 떠난다고
　　　　　　　　　　　　- 정약용, 〈탐진촌요〉

10 (가렴주구(苛斂誅求) , 극기복례(克己復禮))

11 〈보기〉의 ㉠과 문맥적 의미가 가장 유사한 것을 고르세요.

[보기]

백설(白雪)이 ᄌᆞ자진 골에 구루미 ㉠<u>머흐레라</u>.
반가온 매화(梅花)ᄂᆞ 어내 곳에 픠엿ᄂᆞᆫ고.
석양(夕陽)에 홀로 셔 이셔 갈 곳 몰라 ᄒᆞ노라.
　　　　　　　　　　　　- 이색, 〈백설이 ᄌᆞ자진 골에〉

① 크구나
② 험하구나
③ 걷히는구나
④ 모이는구나
⑤ 흐르는구나

 # 고전 시가 필수 개념

1 화자, 정서와 태도

(1) 화자와 중심 대상

화자 시 속에서 말하는 사람　　　　**중심 대상** 화자가 말하는 주된 대상

화자가 주로 이야기하는 '중심 대상'은 사람, 자연물, 사물, 추상적 관념 등 다양하게 나타난다.

> 이화우(梨花雨) 흩뿌릴 제 울며 잡고 이별한 임
> 　　　　　　　　　　　　　　　　　　中心 대상
> 추풍낙엽(秋風落葉)에 저도 나를 생각하는가　　　　　- 계량, 〈이화우 흩뿌릴 제〉
> 　　　　　　　　　　　화자

(2) 정서와 태도

> Tip 정서는 감정, 태도는 자세라고 기억하자!

정서 화자가 느끼는 감정　　　　**태도** 상황과 정서에 대응하는 자세

> 하늘이 정한 이내 가난을 설마한들 어찌하리
> 　　　　　　　　　　　　　태도 - 가난한 처지를 체념, 수용함.
> 가난하고 천함도 내 분수이니 서러워해 무엇하리　　　　　- 정훈, 〈탄궁가〉
> 　　　　　　정서 - 서러움

★ 감정 이입과 객관적 상관물

감정 이입 어떤 대상이 화자의 감정을 함께 느끼는 것처럼 표현하는 방법

객관적 상관물 화자의 감정을 불러일으키거나, 화자의 감정이 이입된 대상

> • 저물녘 오동잎에 내리는 비에 외기러기 울며 갈 때　　　　- 허난설헌, 〈규원가〉
> 　　　　　　　객관적 상관물이자 감정 이입의 대상
> • 펄펄 나는 저 꾀꼬리는 / 암수가 서로 노니는데
> 　객관적 상관물이지만, 감정 이입의 대상은 아님.
> 　외로울사 이내 몸은 / 뉘와 함께 돌아갈꼬　　　　- 유리왕, 〈황조가〉

(3) 어조

> Tip 어조를 통해 화자의 정서와 태도, 시의 분위기와 주제를 파악할 수 있다!

어조 화자의 상황과 태도가 드러나는 특징적인 말투

★ 어조의 종류

독백체	화자 혼자서 자신의 생각을 말하는 말투 예 나는 나룻배 당신은 행인	- 한용운, 〈나룻배와 행인〉
대화체	다른 화자와 말을 주고받거나, 상대에게 말을 건네는 말투 예 백구야 날지 마라 너 잡을 내 아니다.	- 안조원, 〈만언사〉
영탄적 어조	감탄사, 감탄형 어미 등을 활용해서 감정을 강하게 나타내는 어조 예 아아, 늬는 산새처럼 날러 갔구나!	- 정지용, 〈유리창〉
격정적 어조	화자의 감정을 억누르지 않고 격렬하게 표현하는 어조 예 불러도 주인 없는 이름이여 / 부르다가 내가 죽을 이름이여!	- 김소월, 〈초혼〉
단정적 어조	딱 잘라 판단하거나 분명한 결정을 드러내는 어조 예 끊임없는 광음을 / 부지런한 계절이 피어선 지고 / 큰 강물이 비로소 길을 열었다.	- 이육사, 〈광야〉
애상적 어조	슬퍼하거나 가슴 아파하는 정서를 나타내는 어조 예 슬픈 일이구나, 사랑하는 임과 갈라져 각기 살아가는구나	- 작자 미상, 〈동동〉
반어적 어조	실제와 반대되게 표현하는 어조 예 문득 낯선 얼굴을 발견할지도 모른다. / 그것이 너의 모습이라고 생각지 말아 다오.	- 김광규, 〈상행〉
해학적 어조	자신이나 상대를 과장되게 표현하여 웃음을 유발하는 어조 예 난 사람의 키가 무럭무럭 자라는 줄만 알았지 붙배기 키에 모로만 벌어지는 몸도 있는 것을 누가 알았으랴.	- 김유정, 〈봄봄〉

---

① 화자는 항상 시인일까? NO!

화자를 항상 시인이라고 볼 수 없다. 실제 시인은 어른이지만, 어린 아이인 화자의 목소리를 통해 이야기할 수 있기 때문이다.

② 운명론적 수용이란?

주어진 상황을 하늘의 뜻, 운명이라고 생각하거나 자연의 순리와 연결 지어 받아들이는 것

③ 감정 이입과 객관적 상관물의 차이?

〈규원가〉의 화자는 자신의 슬픈 감정을 '외기러기'에 이입하여 '외기러기'가 운다고 표현했다. 따라서 '외기러기'는 객관적 상관물이자 감정 이입의 대상이다.
〈황조가〉의 화자는 함께 노니는 '꾀꼬리'를 보며 자신의 외로운 심정을 간접적으로 드러냈다. 따라서 '꾀꼬리'는 화자의 감정을 불러일으키는 객관적 상관물이지만, 감정 이입의 대상은 아니다.
객관적 상관물이 감정 이입보다 넓은 범위의 개념이다!

④ 대화체는 대화와 다르다? YES!

대화는 둘 이상이 말을 주고받는 것을 의미하지만, 대화체에는 '상대에게 말을 건네는 말투'도 포함된다. 따라서 화자가 혼자 있는 상황이라도 상대에게 말을 건네는 방식을 쓰고 있다면 대화체를 사용하고 있다고 볼 수 있다.

1 화자, 정서와 태도

🍀 다음 글을 읽고 맞으면 ○, 틀리면 ×에 표시하세요.

> 강호에 겨울이 드니 눈 깊이 한 자가 넘네
> 삿갓 빗기 쓰고 누역으로 옷을 삼아
> 이 몸이 춥지 아니하옴도 역군은이샷다
> – 맹사성, 〈강호사시가〉 〈제4수〉

01 '이 몸'은 화자를 직접적으로 드러내는 표현이라고 볼 수 있다. (○ , ×)

02 중심 대상은 '겨울'이다. (○ , ×)

🍀 다음 글을 읽고 물음에 답하세요.

> 청산(靑山)은 엇계하여 만고(萬古)애 프르르며
> 유수(流水)는 엇계하여 주야(晝夜)애 그치지 아니는고
> 우리도 그치지 마라 언제나 프르게 살리라
> – 이황, 〈도산십이곡〉 〈제11곡 : 언학 5〉

03 윗글의 화자의 태도로 가장 적절한 것을 고르면?

㉠ 변하지 않는 현실로 인해 체념하고 있다.
㉡ 자연의 모습을 닮고자 하는 의지를 보이고 있다.
㉢ 자연과 속세 사이에서 이상과 현실의 괴리를 느끼고 있다.

04 화자는 자연을 (긍정적 , 냉소적)인 태도로 바라보고 있다.

🍀 다음 글을 읽고 맞으면 ○, 틀리면 ×에 표시하세요.

> 얼굴을 못 보거든 그립기나 말면 좋으련만
> 열두 때 길기도 길구나 서른 날 지리하다
> 옥창(玉窓)에 심은 매화 몇 번이나 피었다 진고
> 겨울밤 차고 찬 제 자취눈 섞어 치고
> 여름날 길고 길 제 굳은 비는 무슨 일인고

> 삼춘화류(三春花柳) 호시절(好時節)의 경치를 보아도
> 아무 생각이 없다
> 가을 달 방에 들고 귀뚜라미 침상에서 울 제
> 긴 한숨 지는 눈물 속절없이 생각만 많다
> – 허난설헌, 〈규원가〉

05 화자는 대상의 부재로 애상감을 느끼고 있다.
(○ , ×)

06 '귀뚜라미'는 감정 이입의 대상이다. (○ , ×)

07 대화체 형식으로 화자가 자신의 슬픈 심정을 토로하고 있다. (○ , ×)

08 화자는 임과 이별하게 된 자신의 삶을 돌이켜 보는 반성적 태도를 보이고 있다. (○ , ×)

🍀 다음 글을 읽고 물음에 답하세요.

> 바람은 절로 맑고 달은 절로 밝다
> 대나무 정원의 소나무 난간에 티끌 한 점도 없으니
> 거문고 하나 만권의 서책이 더욱 산뜻하고 깨끗하구나
> – 권호문, 〈한거십팔곡〉 〈제11수〉

09 화자는 (단정적 , 영탄적) 어조를 통해 정서를 부각하고 있다.

10 윗글에 대한 설명으로 적절하지 않은 것을 고르면?

㉠ 화자는 자연을 예찬하는 태도를 보이고 있다.
㉡ 화자는 자연에서의 소박한 삶에 만족감을 느끼고 있다.
㉢ '티끌'은 화자의 아쉬움을 불러일으키는 객관적 상관물이다.

[정답 및 해설]

01 ○ 02 × (중심 대상은 '임금의 은혜' 혹은 '강호의 삶'이다.) 03 ㉡ (화자는 푸르고 그치지 않는 자연처럼 변함없이 살겠다는 의지를 보이고 있다.) 04 긍정적 05 ○ 06 ○ 07 × (화자 혼자 말하고 있으므로 독백체이다.) 08 × (화자는 임을 기다리는 처지에 대해 한탄하고 있지, 자신의 삶을 반성하고 있지는 않다.) 09 영탄적 ('~구나'의 감탄형 어미를 사용하여 정서를 부각하고 있다.) 10 ㉢ (화자는 티끌이 없는 상황에서 산뜻함과 깨끗함을 느끼고 있지, 아쉬움을 느끼고 있지는 않다.)

2-1 다양한 표현 방법

(1) 비유와 상징

비유 대상을 직접 설명하지 않고, 그와 유사한 대상에 빗대어 표현하는 방법

★ 여러 가지 비유법

직유법	'~처럼, ~같이, ~듯이' 등의 연결어를 사용하여 원관념과 보조 관념을 직접 연결하여 표현하는 방법
❶ 은유법	'A는 B다'의 형식으로 두 대상이 동일한 것처럼 표현하는 방법
의인법	사람이 아닌 것에 인격적 요소를 부여하여 사람처럼 표현하는 방법
활유법	무생물을 생명이 있는 것처럼 표현하는 방법

- 빛나는 햇살은 수놓은 비단을 펼쳐놓은 듯   – 정극인, 〈상춘곡〉

직유법
- 임금은 아버지요 / 신하는 사랑하실 어머니요   – 충담사, 〈안민가〉

은유법   은유법
- 세상이 몹시 수상ᄒ니 (바위가) 나를 본들 반길넌가   – 박인로, 〈입암이십구곡〉

의인법
- (세찬 물결이) 첩첩 바위를 미친 듯 달려   – 최치원, 〈제가야산독서당〉

활유법

★ 의인법과 활유법의 차이

의인법은 '사람'의 속성을 부여하고, 활유법은 '생물'의 속성을 부여한다는 점에서 차이가 있다. ㉮ 먹거나 자는 것은 사람을 비롯한 모든 생물이 할 수 있으므로 '생물'의 속성으로 구분한다. 반면, 말을 하거나 감정을 느끼는 것은 사람만이 할 수 있으므로 '사람'의 속성으로 구분한다.

(수많은 봉우리의 모습이) 날거든 뛰디 마나 섯거든 솟디 마나   – 정철, 〈관동별곡〉

날고, 뛰고, 서고, 솟는 것은 생물 전체가 할 수 있음.

➡ 따라서 정철의 〈관동별곡〉에서는 '의인법'이 아닌, '활유법'이 쓰인 것이다.

상징 추상적인 개념이나 사물을 구체적인 대상으로 표현하는 방법

구체적 대상		추상적 개념, 사물
매화	➡	지조, 절개
구름		장애물, 간신배

★ 비유와 상징의 차이

비유	상징
❷ (1) 원관념 : 보조 관념 = 1 : 1 ➡ 이때 원관념과 보조 관념은 비슷한 속성을 바탕으로 연결됨. (2) 작품 일부분의 시어나 시구에서 사용됨.	(1) 원관념 : 보조 관념 = 多 : 1 ➡ 즉, 하나의 보조 관념은 여러 가지의 의미로 해석될 수 있음. (2) 작품 전체에 반복적으로 사용됨.

백설이 자즌진 골에 구루미 머흐레라 / 반가온 매화(梅花)는 어느 곳에 픠엿는고

고려 유신   조선을 건국하려는 신흥 세력   지조와 절개(고려의 충신)
석양(夕陽)에 홀로 서 이셔 갈 곳 몰라 ᄒ노라   – 이색, 〈백설이 자즌진 골에〉

국운이 기울어 가는 고려 왕조

➡ '백설', '구룸', '매화', '석양'은 상징적 표현으로 사용되었다.

---

❶ 은유법은 원관념이 생략된 채 보조 관념만으로 나타날 수도 있다.

헐고 뜯겨 기운 집에

위태로운 나라
/ 말썸이 많기도 많다

    – 정철, 〈어와 동량재를〉

Tip 사람이 아닌 것이 어떤 대상에 감정을 이입하거나, 말을 건네면 의인법이 쓰였다고 생각하자!

❷ 원관념과 보조 관념

원관념: 시인이 본래 표현하려는 대상

보조 관념: 원관념을 빗대기 위해 사용한 대상

Tip '비유'와 '상징'을 구분하는 것보다, '비유 또는 '상징'을 통해 드러내고자 하는 의미를 파악하는 것이 중요하다!

2-1 다양한 표현 방법

🍀 다음 글을 읽고 빈칸에 알맞은 답을 쓰세요.

> ㉠실 같은 버들 남쪽 봄 꾀꼬리 이미 돌아가고
> ㉡소월비파 동정호에 가을 잔나비 슬피운다
> 임 여희고 썩은 간장 하마터면 끈치리라
>   – 작자 미상, 〈추풍감별곡〉

01 ㉠에는 '~같은'이라는 연결어를 사용하여 '버들'을 '실'에 비유하는 _____이/가 사용되었다.

02 ㉡에는 '잔나비'를 사람처럼 표현하는 _____이/가 사용되었다.

03 _____은/는 화자의 애타는 마음을 보여 주므로 화자의 정서를 상징적으로 보여 주는 소재라고 할 수 있다.

🍀 다음 글을 읽고 맞으면 ○, 틀리면 ×에 표시하세요.

> 구룸이 무심(無心)툰 말이 아마도 허랑(虛浪)ᄒ다
> 중천(中天)에 ᄯᅥ 이셔 임의(任意)로 다니면서
> 구틱야 광명(光名)ᄒ 날빗츨 ᄯᅡ라가며 덥나니
>   – 이존오, 〈구룸이 무심툰 말이〉

04 '광명(光名)ᄒ 날빗'이 임금의 총명을 상징한다면 '구룸'은 임금의 총명을 가리는 간신으로 볼 수 있다.
         (○ , ×)

05 '구룸'을 사람처럼 표현한 의인법이 사용되었다.
         (○ , ×)

06 '중천(中天)'은 '유배지'를 은유적으로 표현하는 시어이다. (○ , ×)

🍀 다음 글을 읽고 맞으면 ○, 틀리면 ×를 표시하세요.

> 이 몸이 녹아져도 옥황상제 처분이요
> 이 몸이 싀여져도 옥황상제 처분이라
> 녹아지고 싀여지어 혼백(魂魄)조차 흩어지고
> 공산(空山) 촉루(髑髏)*같이 임자 업시 구닐다가
> 곤륜산(崑崙山) 제일봉의 만장송(萬丈松)이 되어 이셔
> 바람비 뿌린 소리 님의 귀에 들리기나
> 윤회(輪廻) 만겁(萬劫)ᄒ여 금강산(金剛山) 학(鶴)이 되어
> 일만 이천봉에 ᄆᆞ음껏 솟아올라
> ᄀᆞ을 둘 ᄇᆞᆯ근 밤에 두어 소리 슬피 우러
> 님의 귀에 들리기도 옥황상제 처분이로다
> 흔(恨)이 뿌리 되고 눈물로 가지 삼아
> 님의 집 창밧긔 외나모 매화(梅花) 되어
> 설중(雪中)에 혼자 피어 침변(枕邊)*에 시드는 듯
> 월중(月中) 소영(疏影)*이 님의 옷에 빗취어든
> 어엿븐 이 얼굴을 너로다 반기실가
>   – 조위, 〈만분가〉
>
> * 공산 촉루: 텅 빈 산의 해골
> * 침변: 베갯머리
> * 월중 소영: 달에 언뜻언뜻 비치는 그림자

07 '만장송'과 '매화'라는 소재를 활용하여 임을 향한 화자의 마음을 드러내고 있다. (○ , ×)

08 의인화된 자연물을 통해 자신의 처지를 임에게 알리고자 하는 화자의 마음을 드러내고 있다. (○ , ×)

09 직유법을 사용하여 대상의 처지를 부각하고 있다.
         (○ , ×)

10 활유법을 구사하여 대상을 생동감 있게 묘사하고 있다. (○ , ×)

[정답 및 해설]

01 직유법 **02** 의인법 **03** 간장 **04** ○ **05** ○ (구름이 '무심하다'는 표현과 '임의로 다닌다'는 표현을 통해 알 수 있다.) **06** × ('하늘 한가운데'라는 뜻으로, 윗글에서는 '높은 직책'을 의미하는 시어이다.) **07** ○ **08** × (의인법은 사용되지 않았다.) **09** ○ ('공산 촉루같이 임자 업시 구닐다가'라는 표현을 통해 알 수 있다.) **10** × (활유법은 사용되지 않았다.)

2-2 다양한 표현 방법

(2) [운율] 반복 또는 규칙성을 통해 시에서 느껴지는 일정한 리듬감

내재율	일정한 규칙 없이 각각의 시에 따라 자유롭게 생기는 운율 (자유시)
외형률	일정한 형식을 지녀서 겉으로 드러나는 규칙적인 운율 (정형시) ❶음보율: 일정한 음보가 규칙적으로 반복됨으로써 생기는 운율 음수율: 글자 수가 일정하게 반복됨으로써 생기는 운율

★ 운율을 형성하는 요소

음성 상징어 사용	음성 상징어의 음의 성질이나 높낮이, 강약에 따라 운율 형성 예 이 골 물이 <u>주루루룩</u>, 저 골 물이 <u>쏼쏼</u>
울림소리 사용	울림소리인 'ㄴ, ㄹ, ㅁ, ㅇ'을 반복적으로 사용하여 운율 형성 예 얄리얄리 얄라셩 얄라리 얄라 ('ㄹ'과 'ㅇ' 반복)
동음 반복 ❷	같은 음운이나 같은 음절을 반복하여 운율 형성 예 맑고맑은 이 내 눈이 <u>절로절로</u> 희미하다
통사 구조의 반복	구절이나 행을 이루는 특정한 문장 구조를 반복하여 운율 형성 예 산 머리에 조각달 <u>되어</u> 님의 낯에 비추고자 　　바위 위에 오동 <u>되어</u> 님의 무릎 베고자
음보, 음수 반복	음보나 음절의 수를 일정하게 하여 운율 형성 예 형님 형님 / 사촌 형님 / 시집살이 / 어떱뎁까 　　이애 이애 / 그 말 마라 / 시집살이 / 개집살이 (4음보, 4·4조)
후렴구의 반복 ❸	후렴구를 반복하여 운율을 형성하고 구조적 통일성 확보 예 아으 동동다리 (매 연마다 반복)

> 4음보는 한 구절을 네 번 끊어 읽는다고 생각하자!

(3) [수사법] 시에서 사용되는 표현법으로, 생각이나 표현을 특별한 방식으로 전달하는 방법

① **강조하기**: 화자의 의도나 정서를 더욱 인상 깊고 강하게 드러내기 위한 표현 방법
- **반복** ❹: 유사한 시어나 시구, 문장 구조를 반복하여 의미를 강조 예 산산이 부서진 이름이여! / 허공중에 헤어진 이름이여! – 김소월, 〈초혼〉
- **영탄**: 감탄사나 감탄형 어미 등을 통해 감정을 강하게 표현 예 아아, 늬는 산새처럼 날러 갔구나! – 정지용, 〈유리창〉
- **설의**: 쉽게 판단할 수 있는 사실을 의문의 형식으로 표현 예 지금은 남의 땅 빼앗긴 들에도 봄은 오는가? – 이상화, 〈빼앗긴 들에도 봄은 오는가〉
- **연쇄**: 앞 구절의 시어를 다음 구절에서 이어받아 시적 상황을 강조 예 고인도 날 못 보고 나도 고인 못 뵈 / 고인을 못 뵈도 가던 길 앞에 있네 – 이황, 〈도산 12곡〉
- **과장**: 대상을 실제보다 지나치게 크거나 작게 표현 예 모란이 지고 말면 그뿐, 내 한 해는 다 가고 말아 / 삼백 예순 날 하냥 섭섭해 우웁내다 – 김영랑, 〈모란이 피기까지는〉
- **열거** ❹: 유사한 속성의 시구나 상황을 여러 개 늘어놓아 시적 상황을 강조 예 별 하나에 추억과 / 별 하나에 사랑과 / 별 하나에 쓸쓸함과 / 별 하나에 동경과 – 윤동주, 〈별 헤는 밤〉
- **점층** ❺: 시어나 시구의 뜻을 점점 강하게, 크게, 높게 하여 주제 의식과 가까워지게 표현 예 이 몸이 죽고죽어 일백 번 고쳐 죽어 / 백골이 진토되어 넋이라도 있고 없고 – 정몽주, 〈단심가〉

② **변화 주기**: 단조롭고 지루한 느낌을 없애고, 생동감과 개성을 살리는 표현 방법
- **대구**: 형식이나 내용이 비슷한 문장을 짝을 맞추어 나란히 배치 예 돌담에 속삭이는 햇발같이 / 풀 아래 웃음 짓는 샘물같이 – 김영랑, 〈돌담에 속삭이는 햇발같이〉
- **도치**: 문장 성분의 어순을 바꾸어 정서를 환기 예 아아, 누구인가, 이렇게 슬프고도 애달픈 마음을 맨 처음 공중에 달 줄을 안 그는, – 유치환, 〈깃발〉
- **생략**: 시의 내용이나 구절을 간결하게 줄이거나 삭제 예 그냥 갈까 / 그래도 / 다시 더 한 번…… – 김소월, 〈가는 길〉
- **반어**: 가지고 있는 의도와 반대되는 뜻으로 표현 예 나 보기가 역겨워 / 가실 때에는 / 죽어도 아니 눈물 흘리우리다. – 김소월, 〈진달래꽃〉
- **역설**: 모순되거나 논리에 맞지 않지만, 그 속에 중요한 의미를 담아 표현 예 아아, 님은 갔지마는 나는 님을 보내지 아니하였습니다. – 한용운, 〈님의 침묵〉
- **비교** ❻: 둘 이상의 대상의 크기, 성질, 모습 등을 견주어서 한쪽을 강조 예 양귀비꽃보다도 더 붉은 / 그 마음 흘러라. – 변영로, 〈논개〉
- **대조**: 서로 반대되는 대상이나 내용을 맞세워 놓음. 예 짚방석 내지마라 낙엽엔들 못 앉으랴 – 한호, 〈짚방석 내지마라〉

---

❶ 음보(音步)
운율을 이루는 소리의 덩어리. 한 구절을 읽을 때 몇 번을 띄어 읽는지를 나누는 단위이다. 일반적으로 평시조는 4음보, 고려가요는 3음보 율격으로 본다.

❷ 음운과 음절
음운: 말의 뜻을 구별하여 주는 소리의 가장 작은 단위 (= 자음, 모음)
음절: 하나의 종합된 음의 느낌을 주는 말소리의 단위 (= 한 글자)

❸ 후렴구와 여음구
후렴구: 시나 노래의 끝부분에 반복적으로 나타나는 구절
여음구: 특별한 의미 없이 반복되는 구절 (생략되어도 시의 내용에 영향을 미치지 않음.)

❹ 반복과 열거의 차이?
유사한 속성의 시구를 셋 이상 늘어놓을 때 '열거법'으로, 같은 시구를 늘어놓은 것은 '반복법'으로 본다.

❺ 점강: 점층에 반대되는 개념으로, 정도를 점점 약하게, 작게, 낮게 하여 표현하는 것

❻ 비교 VS 대조
비교: 대상 간의 공통점에 주목하여 정도의 차이를 견준다.
대조: 대상 간의 차이점에 주목하여 반대되는 속성을 강조한다.

2-2 다양한 표현 방법

❀ 다음 글을 읽고 맞으면 ○, 틀리면 ×에 표시하세요.

> (가) 고인(古人)도 날 못 보고 나도 고인 못 뵈
> 　　고인을 못 봐도 가던 길 앞에 잇늬
> 　　가던 길 앞에 잇거든 아니 가고 엇졀고
> 　　　　　　　　－ 이황, 〈도산십이곡〉〈제9곡 : 언학 3〉
>
> (나) 청풍(淸風)을 좋게 여겨 창(窓)을 아니 ᄃ닷노라
> 　　명월(明月)을 좋게 여겨 줌을 아니 드런노라
> 　　옛스룸 이 두 가지 두고 어디 혼ᄌ 갓노
> 　　　　　　　　－ 이정, 〈풍계육가〉〈제1수〉

01 (가)에는 앞 구절의 시어를 다음 구절에 연결하여 연쇄적으로 이어 가는 방법이 사용되었다. (○ , ×)

02 (가)의 '아니 가고 엇졀고'에는 설의법이 사용되었다. (○ , ×)

03 (나)에는 문장 성분의 어순을 바꾸어 정서를 환기하는 표현 방법이 사용되었다. (○ , ×)

04 (나)는 통사 구조의 반복을 통해 운율을 형성하고 있다. (○ , ×)

❀ 다음 글을 읽고 빈칸에 알맞은 답을 쓰세요.

> (가) 짚 방석(方席) 내지 마라, 낙엽엔들 못 안즈랴
> 　　솔불 켜지 마라 어제 진 달 돌아 온다
> 　　아히야 박주산채(薄酒山菜)일만정 업다 말고 내여라
> 　　　　　　　　－ 한호, 〈짚 방석 내지 마라〉
>
> (나) 인생(人生) 세간(世間)의 됴흔 일 많건마ᄂ
> 　　엇디 ᄒ 강산(江山)을 갈수록 됴히 여겨
> 　　적막(寂寞) 산중(山中)의 들어가 아니 나시ᄂ고
> 　　　　　　　　－ 정철, 〈성산별곡〉

05 (가)에는 '＿＿＿＿＿', '＿＿＿＿＿'와/과 같이 인위적인 것과 '＿＿＿＿＿', '＿＿＿＿＿'와/과 같이 자연적인 것을 대조하고 있다.

06 (나)에서 속세를 의미하는 '세간'과 대비되는 공간은 자연을 의미하는 '＿＿＿＿＿'이다.

❀ 다음 글을 읽고 맞으면 ○, 틀리면 ×에 표시하세요.

> 비 새어 써근 집을 뉘라셔 곳쳐 이며
> 옷 버서 무너진 담 뉘라셔 곳쳐 쓸고
> 불한당 구멍 도적 아니 멀리 다니거든
> 화살 찬 수하상직(誰何上直)* 뉘라셔 힘써 홀고
> 　　　　　　(중략)
> 새끼 ᄭ기 마시고 내 말ᄉ 드로쇼셔
> 집일을 곳치거든 종들을 휘오시고
> 종들을 휘오거든 상벌을 밝히시고
> 상벌을 밝히거든 어른 종을 미드쇼셔
> 진실노 이리 ᄒ시면 가도(家道) 절로 일어나이다
> 　　　　　　　　－ 이원익, 〈고공답주인가〉
>
> * 수하상직: "누구냐!" 하고 외치는 상직군

07 연쇄와 반복을 통해 리듬감이 나타나고 있다. (○ , ×)

08 4음보 율격을 규칙적으로 사용하여 운율을 형성하고 있다. (○ , ×)

09 역설과 반어를 통해 화자의 의도를 효과적으로 부각하고 있다. (○ , ×)

10 도치의 방식으로 시상을 마무리하여 주제 의식을 드러내고 있다. (○ , ×)

3 시의 전개

(1) 시상 전개

[시상 전개] ❶ 시인이 자신의 생각이나 감정을 일정한 질서에 따라 한 편의 시로 조직해 나가는 것

(2) 대표적인 시상 전개 방식

[기승전결] '시상 제시'[기(起)] → '시상의 심화, 계승'[승(承)] → '시상 전환'[전(轉)] → '주제 제시, 시상 마무리'[결(結)]의 흐름에 따라 시상을 전개하는 방식

[선경후정] ❷ 풍경이나 사물을 앞부분에 묘사하고, 이를 통해 얻게 된 화자의 정서를 뒷부분에 제시하여 시상을 전개하는 방식

[수미상관] ❸ 시의 처음 부분과 마지막 부분에 형태적·의미적으로 동일하거나 유사한 내용을 배치하는 방식

(3) 시간의 흐름

[시간의 흐름] 시간의 변화, 계절의 순환, 시대 흐름 등의 순서에 따라 시상을 전개하는 방식

순행적 구성	시간의 흐름이 '과거 – 현재 – 미래'의 순서로 이어지는 방식 ⑩ 감사 인사를 하고 / 관소로 돌아와서 회환 날짜 택일하니
역순행적 구성	시간의 흐름이 '현재–과거'와 같이 뒤섞여 구성되는 방식 ⑩❹ 우리 집 내력을 아느냐 모르느냐 / 처음의 할아버지 살림살이하려 할 때 (현재 → 과거)
계절의 흐름과 순환	시간적 흐름이 계절 단위로 이어지는 방식 ⑩ 매화 두세 가지 피었구나 / 꽃 지고 새 잎이 나니 (봄→여름)

(4) 공간의 이동

[공간의 이동] 화자가 공간을 이동하면서 시상을 전개하는 방식
변화에 따라 시상이 전개되며, 주로 ❺ 기행 가사에서 화자의 여정을 서술할 때 사용된다.

> 평구역 말을 갈아 흑수로 돌아드니　평구역(양주) → 흑수(여주) → 섬강(원주)
> 　양주　　　　　　여주　　　　→ 치악(치악산)으로 공간의 이동이 드러남.
> 섬강은 어디메요 치악이 여기로다　　　　　　　　　　　　　　– 정철, 〈관동별곡〉
> 원주 섬강　　　원주 치악산

(5) 시선의 이동

[원경 → 근경, 근경 → 원경으로의 이동]
화자의 시선이 먼 거리에 있는 것(원경)에서 가까운 것(근경)으로 이동, 혹은 그 반대로 이동

> 서산에 해 지고 풀 끝에 이슬 맺힌다　　　　　　　– 이휘일, 〈전가팔곡〉 〈제8곡〉
> 　원경　　→　　　근경

[외부 → 내부, 내부 → 외부로의 이동]
화자의 시선이 화자의 외부에 있는 것에서 화자 자신(내부)에게로 이동, 혹은 그 반대로 이동

> 도로혀 생각하니 어이없어 웃음 난다 / 이 모양이 무슴 일고 미친 사람 되었고나
> 　　　　내부 – 유배를 와서 고통스러운 자신의 모습에 주목
> 어와 보리가을 되었는가 전산 후산에 황금빛이로다 / 남풍은 때때 불어 보리 물결 치는고나
> 　　　　외부 – 황금빛으로 변한 보리밭으로 시선을 이동
> 　　　　　　　　　　　　　　　　　　　　　　　　　　– 안조원, 〈만언사〉

❶ **시상**
시에 담긴 시인의 생각이나 감정

❷ **선경후정의 예시**

> 선경　봄비 보슬보슬 연못에 내리고 / 서늘한 기운 장막 속에 스며들 때
>
> 후정　시름에 겨워 병풍에 기대니 / 담장의 살구꽃 후두둑 떨어지네.

❸ **수미상관의 효과와 예시**
① **효과**: 의미가 강조됨. / 운율을 형성함. / 형태적 안정감을 부여함.
② **예시**

> 얇은 사 하이얀 고깔은
> 고이 접어서 나빌레라.
>
> 파르라니 깎은 머리
> 박사 고깔에 감추오고,
>
> 두 볼에 흐르는 빛이
> 정작으로 고와서 서러워라.
>
> 빈 대에 황촉불이 말없이 녹는 밤에 / 오동잎 잎새마다 달이 지는데,
>
> 소매는 길어서 하늘은 넓고 / 돌아설 듯 날아가며 사뿐이 접어 올린 외씨버선이여.
>
> 까만 눈동자 살포시 들어 / 먼 하늘 한개 별빛에 모두오고,
>
> 복사꽃 고운 뺨에 아롱질 듯 두 방울이야 / 세사에 시달려도 번뇌는 별빛이라.
>
> 휘어져 감기우고 다시 접어 뻗는 손이 / 깊은 마음 속 거룩한 합장(合掌)인 양하고,
>
> 이 밤사 귀또리도 지새우는 삼경인데 / 얇은 사 하이얀 고깔은 고이 접어서 나빌레라.
> 　　　　　　　　　– 조지훈, 〈승무〉

❹ **대상과의 문답이란?**
화자와 청자가 서로 질문과 대답을 주고받는 상황

❺ **기행 가사**
여행의 체험이나 견문, 감상 등을 기록한 가사. 정철의 〈관동별곡〉, 김인겸의 〈일동장유가〉, 홍순학의 〈연행가〉 등이 있다.

3 시의 전개

🌸 다음 글을 읽고 맞으면 ○, 틀리면 ×에 표시하세요.

> 뜨락이 고요한데 봄비에 살구꽃은 지고
> 목련꽃 핀 언덕에선 꾀꼬리가 우짖는다
> 오색 수실 늘인 장막에 찬 기운 스며들고
> 박산(博山) 향로에선 한 가닥 향 연기 오르누나
> (중략)
> 느티나무 그늘은 뜰에 깔리고 꽃그늘은 어두운데
> 대자리와 평상에 구슬 같은 짐이 탁 튀었다
> 새하얀 모시적삼에 구슬같은 땀방울이 송글송글
> 부채를 부치니 비단 장막이 흔들린다
> (중략)
> 비단 장막으로 찬 기운이 스며들고 새벽은 멀었지만
> 텅 빈 뜨락에 이슬 내려 구슬 병풍은 더욱 차갑다
> 못 위의 연꽃은 시들어도 밤까지 향기 여전하고
> 우물가의 오동잎 떨어져 그림자 없는 가을
> – 허난설헌, 〈사시사〉

01 계절감을 드러내는 표현을 사용하여 시간의 경과를 보여 주고 있다. (○ , ×)

02 시간의 흐름에 따른 공간의 변화가 나타나고 있다.
(○ , ×)

03 자연의 순환적 질서가 시상의 바탕에 깔려 있다.
(○ , ×)

🌸 다음 글을 읽고 빈칸에 알맞은 답을 쓰세요.

> (가) 북궐(北闕)에 하직ᄒᆞ고
> 남대문 내다라서 관왕묘(關王廟) 얼른 지나
> 전생셔(典牲署) 다ᄃᆞ르니 사행을 견별(餞別)ᄒᆞ랴
> 만됴(滿潮) 공경(公卿) 다 모여 잇ᄂᆡ
> (중략)
> 삼현(三絃)과 군악 소리 산ᄒᆡ(山海)를 진동ᄒᆞ니
> 물 속의 어룡들이 응당이 놀라도다
> 해구(海口)를 얼른 떠나 오륙도(五六島) 뒤로 하고
> 고국을 도라보니 밤 경치가 창망(滄茫)ᄒᆞ야
> – 김인겸, 〈일동장유가〉

> (나) 강물이 푸르니 새는 더욱 희고
> 산이 푸르니 꽃 빛이 불붙는 듯하구나
> 올봄이 보건대 또 지나가니
> 어느 날이 돌아갈 해인가?
> – 두보, 〈절구〉

04 (가)는 기행 가사로, 화자가 _____을/를 이동하면서 시상을 전개하고 있다.

05 (가)의 화자는 통신사의 행렬을 따라 일본으로 가기 위해 '북궐' → '_____' → '_____' → '_____' → 해구 → '_____'로의 이동을 보이고 있다.

06 (나)는 강물과 산의 풍경을 먼저 묘사하고, 그 후에 화자의 정서를 제시하는 '_____'의 방식으로 시상을 전개하고 있다.

🌸 다음 글을 읽고 맞으면 ○, 틀리면 ×에 표시하세요.

> 사립문 앞을 걸어 보고 정자에 앉아 보니
> 천천히 거닐며 시를 읊조려 산일(山日)이 적적한데
> 한가로움 속의 참맛을 아는 사람 없이 혼자로다
> (중략)
> 산봉우리에 급히 올라 구름 속에 앉아 보니
> 수많은 촌락이 곳곳에 벌여 있네
> 안개와 노을과 빛나는 햇살은 수놓은 비단을 펼쳐놓은 듯
> 엊그제 검은 들이 봄빛도 넘치는구나
> 공명도 날 꺼리고 부귀도 날 꺼리니
> 청풍명월(淸風明月) 외에 어떤 벗이 있겠는가
> – 정극인, 〈상춘곡〉

07 공간의 이동에 따라 시상을 전개하고 있다. (○ , ×)

08 원경에서 근경으로 시선을 확대해 가면서 심리의 변화를 보여 주고 있다. (○ , ×)

09 화자의 외부에서 내부로 시선이 이동하고 있다.
(○ , ×)

[정답 및 해설]

01 ○ **02** × (시간의 흐름은 나타났지만, 공간의 변화는 나타나지 않았다.) **03** ○ **04** 공간 **05** 남대문, 관왕묘, 전생셔, 오륙도 **06** 선경후정 **07** ○ (정자에서 산봉우리로 공간을 이동하며 시상을 전개하고 있다.) **08** × (원경에서 근경으로의 시선의 이동은 나타나지 않았다.) **09** ○ (봄빛이 넘치는 '검은 들'(외부)에서 화자 자신의 생각(내부)으로 시선이 이동했다.)

4 이미지와 주제

(1) 이미지

| 이미지 | 시어에 의해 마음속에 떠오르는 [1] 구체적이고 선명한 영상이나 감각적인 인상 |

★ 이미지의 종류

감각적 이미지	시각 · 청각 · 촉각 · 후각 · 미각의 느낌이 떠오르는 것
색채 이미지	색깔을 나타내는 색채어나, 시어의 속성을 통해 색감이 떠오르는 것
계절감을 나타내는 이미지	시어가 지닌 이미지를 통해 계절의 분위기가 떠오르는 것

- 백일(白日) 외딴 마을에 낮닭의 소리로다   – 신계영, 〈전원사시가〉
  청각적 이미지
- 서리친 단풍나무 봄꽃보다 불거시니   – 박인로, 〈사제곡〉
  빨간색이 떠오르는 시어
- 산에 있는 밭을 홋매다가 녹음(綠陰)에 누어시니   – 황희, 〈사시가〉 〈제2수〉
  여름을 나타내는 시어

★ 이미지의 방향성과 운동성

방향성	[2] 상승 이미지	위로 오르는 듯한 느낌을 불러일으키는 이미지
	하강 이미지	아래로 향하는 듯한 느낌을 불러일으키는 이미지
운동성	[3] 동적 이미지	힘찬 움직임을 통해 활발한 느낌을 불러일으키는 이미지
	정적 이미지	움직임이 없는 상태를 통해 조용한 느낌을 불러일으키는 이미지

(2) 주제

| 주제 | 시인이 시를 통해서 독자에게 전달하고자 하는 주된 의미나 중심 생각 |

① **대상에 대한 사랑과 그리움**: 사랑하는 임과의 만남과 이별, 고향에 대한 그리움

엇더타 우리의 님은 가고 아니 오느고   – 신흠, 〈방옹시여〉 〈제17수〉
돌아오지 않는 임을 그리워함.

② **삶에 대한 반성과 성찰**: 자신의 잘못이나 삶에 대해 생각하는 태도

공명이 무엇이라고 일생에 골몰할까   – 이이, 〈낙지가〉
공명을 추구하는 삶에 대해 성찰함.

③ **현실에 대한 비판**: 부정적으로 인식하는 대상과 현실에 대해 화자가 취하는 태도

늙은 홀아비 홀로 갈고 맸는데, / 밭의 벼며 기장을 다 없애다니   – 이제현, 〈사리화〉
백성   백성들을 수탈하는 탐관오리를 비판함.

④ **이상향에 대한 동경과 추구**: 주로 [4] 자연을 예찬하고 자연과 더불어 살고자 하는 태도

임자 없는 풍월강산(風月江山)에 절로절로 늙으리라   – 박인로, 〈누항사〉
자연 속에서 살아가고자 함.

⑤ **유교적 가치 실천**: 부모님에 대한 효도, 임금에 대한 충성심, 나라를 위한 마음, 학문 수양

백설이 온 세상에 가득할 제 독야청청(獨也靑靑)ᄒ리라   – 성삼문, 〈이 몸이 주거 가서〉
임금에 대한 굳은 절개와 충성심을 다짐함.

Tip
이미지와 심상은 같은 말이다!

❶ 형상화(形象化)란?
추상적인 것을 구체적이고 명확한 형상으로 나타내는 것을 말한다. 예를 들어 '바위'를 활용하여 '굳건한 마음'을 형상화했다고 표현할 수 있다.

❷ 상승 · 하강 이미지 예시

- 소나무 끝에 날아 올라
  상승 이미지
- 추풍(秋風)에 지는 잎
  하강 이미지

❸ 동적 · 정적 이미지 예시

- 등 아래서 진동하고
  동적 이미지
- 장막은 텅 비어 있다
  정적 이미지

❹ 자연을 예찬하고 자연과 더불어 살고자 하는 태도를 강호가도(江湖歌道)라고 한다!

4 이미지와 주제

🍀 **다음 글을 읽고 맞으면 ○, 틀리면 ×에 표시하세요.**

> 추강(秋江)에 밤이 드니 물결이 차노매라
> 낚시 드리우니 고기 아니 무노매라
> 무심(無心)한 달빛만 싣고 빈 배 저어 오노라
>   – 월산 대군, 〈추강에 밤이 드니〉

01 '추강(秋江)'을 통해 계절감이 드러나고 있다.
(○ , ×)

02 '물결이 차노매라'에는 시각적 이미지가 사용되었다.
(○ , ×)

🍀 **다음 글을 읽고 빈칸에 알맞은 답을 쓰세요.**

> (가) 묏버들 골라 꺾어 보내노라 님의손딕
>   자시는 창(窓)밧긔 심거 두고 보쇼셔
>   밤비예 새닙곳 나거든 날인가도 너기쇼셔
>   – 홍랑, 〈묏버들 골라 꺾어〉
> (나) 이 몸이 주거 주거 일백 번 고쳐 주거
>   백골(白骨)이 진토(塵土) 되여 넉시라도 잇고 업고
>   님 향한 일편단심(一片丹心)이야 가실 줄이 이시랴
>   – 정몽주, 〈이 몸이 주거 주거〉
> (다) 십 년을 경영ᄒ여 초려 삼간 지여 내니
>   나 ᄒᆞᆫ 칸 달 ᄒᆞᆫ 칸에 청풍(淸風) ᄒᆞᆫ 칸 맛겨 두고
>   강산(江山)은 들일 듸 업스니 둘러 두고 보리라
>   – 송순, 〈십 년을 경영ᄒ여〉

03 (가)~(다) 중에서 대상에 대한 사랑과 그리움을 주제로 나타낸 것을 고르면?

① (가)   ② (나)   ③ (다)

04 (다)의 '강산(江山)'은 화자가 지향하는 완전한 세계인 _____(으)로, 자연과 더불어 살고자 하는 태도를 보이고 있으므로 _____(이)라고 할 수 있다.

05 (가)~(다) 중에서 〈보기〉의 주제와 가장 유사한 것을 고르면?

> [보기]
> 눈 맞아 휘여진 대를 뉘라셔 굽다턴고
> 굽을 절개이면 눈 속에 프를소냐
> 아마도 세한 고절(歲寒孤節)은 너쑨인가 ᄒᆞ노라
>   – 원천석, 〈눈 맞아 휘여진 대를〉

① (가)   ② (나)   ③ (다)

🍀 **다음 글을 읽고 물음에 답하세요.**

> 그윽한 난초가 계곡에 피었으니 자연(自然)이 듣기 좋다
> 백운(白雲)이 산마루에 걸렸으니 자연(自然)이 보기 좋다
> 이 중에 피미일인(彼美一人)을 더욱 잊디 못ᄒᆞ네
>   〈제4수〉
> 산전(山前)에 높은 대가 있고 대 밑으로 물ㅣ 흐른다
> 떼 많은 갈매기는 오며 가며 ᄒᆞ거든
> 어찌 교교백구(皎皎白駒)는 멀리 마음 두는고
>   〈제5수〉
>   – 이황, 〈도산십이곡〉

06 움직임을 통해 활발한 느낌을 불러일으키는 이미지가 주로 나타난다. (○ , ×)

07 하강 이미지를 활용하여 자연의 변화 과정을 표현하고 있다. (○ , ×)

08 '백운(白雲)'을 통해 흰색의 색채 이미지가 드러나고 있다. (○ , ×)

09 '그윽한 난초가 계곡에 피었으니 자연(自然)이 듣기 좋다'에는 _____적 이미지와 _____적 이미지가 결합되는 _____적 이미지가 나타난다.

10 〈제4수〉에서 화자는 부정적 현실로부터 도피하려는 태도를 보이고 있다. (○ , ×)

[정답 및 해설]

01 ○ **02** × (촉각적 이미지가 사용되었다.) **03** ① ('묏버들'을 통해 임을 사랑하는 마음을 드러내고 있다.) **04** 이상향, 강호가도 **05** ② (〈보기〉는 대나무처럼 지조를 잃지 않을 것을 드러내는 작품이므로, 이와 유사한 주제의 작품은 임금에 대한 '일편단심'의 태도를 드러내고 있는 (나)이다.) **06** ○ **07** × (자연의 변화 과정은 나타나

지 않았다.) **08** ○ **09** 후각, 청각, 공감각 **10** × (〈제4수〉에서 화자는 종장을 통해 임금에 대한 그리움을 드러내고 있을 뿐, 부정적 현실로부터 도피하려는 태도를 보이고 있지는 않다.)

햇빛봉사단

서울대학교 건축 봉사 동아리

모두에게 안락한 집을!

한국 해비타트 산하의 건축 봉사 동아리인 햇빛봉사단은
2007년 7월에 창설되어 '모두에게 안락한 집이 있는 세상'을 비전으로
무주택 가정이 자립할 수 있도록
보금자리를 마련하여 자립의 기반을 닦도록 돕고 있습니다.

집을 지어주는 봉사 활동에 그치지 않고,
후원자와 자원봉사자, 동아리 부원들의 협력을 바탕으로
주거 문제를 해결하여 모두의 삶을 변화시키는 선순환을 지향합니다.

희망의 집짓기와 집 고치기, 가구 만들기 등
학기 중 다양한 봉사활동을 자율적으로 추진하며,
방학에는 연탄 나르기, 해외 봉사 등을
추가로 진행하여 지역 사회에 보탬이 되고자 합니다.

함께 땀 흘려 집을 짓는 기쁨을 느끼고 싶다면,
따뜻한 사람들과 즐거운 추억을 쌓고 싶다면 햇빛봉사단을 찾아와 보세요!

PART I

고전 시가로 구성된 지문

A 시조, 가사

- 지문 분석 특강 + 문제 풀이 특강
- 내신 + 학평 대비 기출문제 (고1, 2 기출)
- 수능 대비 기출문제 (고3 기출)

B 향가, 고려 가요, 한시, 악장, 민요

- 지문 분석 특강 + 문제 풀이 특강
- 내신 + 학평 대비 기출문제 (고1, 2 기출)
- 수능 대비 기출문제 (고3 기출)

A 시조, 가사

✳ 고전 시가 독해 공식 적용하기
❶ 화자, 중심 대상 찾기 – ○ 표시하기
❷ 화자의 상황, 정서, 태도 파악하기 – 밑줄 긋기
❸ 표현상 특징 파악하기 – 괄호 치기

[A01 ~ 03] 다음 글을 읽고 물음에 답하시오.   [2017(6월)/고1교육청 43~45]

(가) 방(房) 안에 켜 있는 촉(燭)불 눌과 이별하였기에
　　겉으로 눈물 지고 속 타는 줄 모르는고
　　저 촉(燭)불 날과 같아서 속 타는 줄 모르도다

　　　　　　　　　　　　　　　　　　　　　– 이개

(나) 꿈에 다니는 길이 자취가 남는다면
　　님의 집 창(窓) 밖에 석로(石路)라도 닳으리라
　　꿈길이 자취 없으니 그를 슬퍼하노라

　　　　　　　　　　　　　　　　　　　　　– 이명한

(다) 님이 오마 하거늘 저녁밥을 일찍 지어 먹고
　　중문 나서 대문 나가 지방 위에 치달아 앉아 이수(以手)로 가액(加額)하고* 오는가 가는가 건넌 산 바라보니 거머흿들* 서 있거늘 저야 님이로다. 버선 벗어 품에 품고 신 벗어 손에 쥐고 곰븨님븨 님븨곰븨 천방지방 지방천방* 진 데 마른 데 가리지 말고 워렁충창* 건너가서 정(情)엣말 하려 하고 곁눈을 흘깃 보니 상년(上年) 칠월 사흘날 갉아 벗긴 주추리 삼대* 살뜰이도 날 속였구나
　　모쳐라 밤일세망정 행여 낮이런들 남 웃길 뻔 하괘라

　　　　　　　　　　　　　　　　　　　　　– 작자 미상

* 이수로 가액하고: 손을 들어 이마에 얹고
* 거머흿들: 검은 듯 흰 듯한 것
* 곰븨님븨 님븨곰븨 천방지방 지방천방: 엎치락뒤치락 허둥거리는 모양
* 워렁충창: 우당탕퉁탕
* 주추리 삼대: 밭머리에 모아 세워 둔 삼의 줄기

지문 분석 특강

🌸 **지문을 읽기 전에 문제를 먼저 읽어 봅시다.**

> **A03 [보기] 분석**
>
> • 사설시조
> 　형식: 중장의 길이에 제한이 없음.
> 　내용: 실생활 소재를 활용하여 일상적 문제를 다룸.
> 　특징: 솔직함, 해학성, 애정, 대담성
> 　표현: 비유, 상징 등의 다양한 표현 기법을 활용함.

〈보기〉를 통해 (다)가 사설시조이며, (다)에 사설시조의 다양한 특성이 드러나 있을 것이라고 추측할 수 있어요.

🌸 **고전 시가 지문을 쉽고 빠르게 읽는 독해 공식입니다.**

> ⭐ **고전 시가**　　　　　　　　　　　　　　　　**독해 공식**
>
> ❶ **화자, 중심 대상 찾기**
> • **화자**: 지문 속 '나', '우리'는 화자를 가리킵니다. 화자가 드러나지 않는 경우도 있어요.
> • **중심 대상**: 제목 혹은 반복되어 나타나는 시어가 중심 대상인 경우가 많습니다.
>
> ❷ **화자의 상황, 정서, 태도 파악하기**
> • **상황**: '보다', '만나다' 등 행동을 나타내는 표현을 통해 화자가 무엇을 하고 있는지 살펴보세요.
> • **정서**: '좋다', '슬프다' 등 감정을 나타내는 표현에 주목하세요.
> • **태도**: 긍정적·부정적 시어를 통해 화자가 무엇을 느끼며 어떠한 태도를 보이는지 파악하세요.
>
> ❸ **표현상 특징 파악하기**
> 화자의 어조, 비유적 표현, 시상 전개 방식 등 지문에 어떠한 표현상 특징이 드러나 있는지 살펴보세요.
> 예 역설법, 단호한 어조, 수미상관

🌸 독해 공식 ❶, ❷, ❸을 [가]에 구체적으로 적용해 봅시다.

❶ 화자, 중심 대상 찾기
종장의 '저 촉불 날과 같아서'에서 화자인 '나'가 직접적으로 드러나 있어요. 또한 전반적으로 '촉불'에 대해 이야기하고 있으므로 중심 대상은 '촉불'이에요.
- **화자**: '나'
- **중심 대상**: 촉불(촛불)

❷ 화자의 상황, 정서, 태도 파악하기
화자는 '방(房)' 안에 켜 있는 촉(燭)불'을 바라보며 '겉으로 눈물 지고 속 타는 줄 모르'고 있는 촛불의 슬픔에 대해 이야기하고 있어요. 이때 '저 촉(燭)불 날과 같아서'라는 표현을 통해 화자가 촛불과 자신을 동일시하고 있음이 드러나며, '속 타는 줄 모르도다'에서 임과 이별한 화자의 애타는 마음이 간접적으로 드러나고 있어요.
- **상황**: 임과 이별한 후 촛불을 바라봄.
- **정서, 태도**: 촛불이 타 들어가는 모습에서 임을 이별한 슬픔을 드러냄.

❸ 표현상 특징 파악하기
'겉으로 눈물 지고 속 타는 줄 모르는고'에서 촛불을 사람처럼 표현하여 애타는 감정을 드러내고 있어요.(의인법) '속 타는 줄 모르도다'에서는 감탄형 어미를 사용하여 화자의 안타까움을 부각하고 있어요.(영탄법)
- **표현상 특징**: 의인법을 사용함. / 영탄법을 사용함.

✻ [가]의 구조와 주제를 정리해 봅시다.

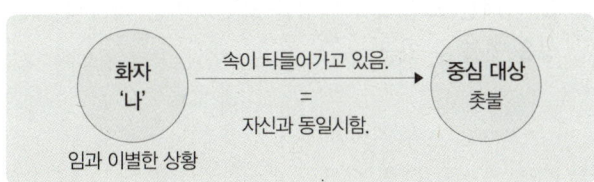

(가)의 화자는 '촛불'에 빗대어 임과 이별한 슬픔을 토로하고 있으므로 (가)의 <u>주제</u>는 임과 이별한 슬픔입니다.

🌸 독해 공식 ❶, ❷, ❸을 [나]에 구체적으로 적용해 봅시다.

❶ 화자, 중심 대상 찾기
(나)의 화자는 직접 드러나 있지 않아요. 또한 전반적으로 꿈속에 다니는 길에 자취가 남는 상황을 가정하여 이야기하고 있으므로 (나)의 중심 대상은 '꿈길'이에요.
- **화자**: 드러나지 않음.
- **중심 대상**: 꿈길

❷ 화자의 상황, 정서, 태도 파악하기
화자는 '꿈에 다니는 길'에 '자취가 남는다면' '님의 집 창(窓) 밖에 석로(石路)가' '닳을' 것이라고 말하며 꿈에서라도 임을 보고 싶어 하는 마음을 드러내고 있어요. 또한 '꿈길이 자취 없으니 그를 슬퍼하노라'라며 임이 자신의 마음을 알지 못하는 상황에 슬퍼하고 있어요.
- **상황**: 꿈에서라도 임을 보고 싶어 함.
- **정서, 태도**: 꿈에서라도 자신의 마음을 임에게 알리고 싶지만 그럴 수 없어 슬퍼함.

❸ 표현상 특징 파악하기
'꿈에 다니는 길이 자취가 남는다'는 상황을 가정하여 임을 보고 싶어 하는 마음을 드러내고 있어요. '그를 슬퍼하노라'에서는 감탄형 어미를 사용하여 화자의 슬픔을 부각하고 있어요.(영탄법)
- **표현상 특징**: 상황을 가정하여 나타냄. / 영탄법을 사용함.

✻ [나]의 구조와 주제를 정리해 봅시다.

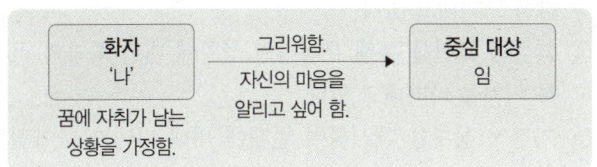

(나)의 화자는 꿈속 상황을 가정하여 임을 보고 싶어 하는 마음을 드러내고 있으므로 (나)의 <u>주제</u>는 임에 대한 그리움입니다.

🌸 독해 공식 ❶, ❷, ❸을 [다]에 구체적으로 적용해 봅시다.

❶ 화자, 중심 대상 찾기
중장의 '날 속였구나'에서 화자인 '나'가 직접적으로 드러나 있어요. 또한 전반적으로 화자가 주추리 삼대를 임으로 착각하여 달려간 이야기를 하고 있으므로 중심 대상은 '주추리 삼대'예요.
- **화자**: '나'
- **중심 대상**: 주추리 삼대

❷ 화자의 상황, 정서, 태도 파악하기
화자는 임이 온다고 하여 '저녁밥을 일찍 지어 먹고 ～ 건넌 산 바라보'며 임을 기다리고 있어요. '거머횟들 서 있는' 것을 보고 임이 왔다고 생각하여 '버선 벗어 ～ 워렁충창 건너가'지만 임이 아닌 주추리 삼대였음을 알게 돼요. 이에 '남 웃길 뻔 하괘라'라며 자신의 실수를 겸연쩍어 하고 있어요.
- **상황**: 주추리 삼대를 임으로 착각함.
- **정서, 태도**: 기다리던 임이 왔다고 생각하여 달려나가지만 주추리 삼대임을 알고 겸연쩍어함.

❸ 표현상 특징 파악하기
'워렁충창'과 같은 청각적 심상을 활용하여 상황을 생동감 있게 표현하고 있어요. 또한 '날 속였구나', '남 웃길 뻔 하괘라'에서 감탄형 어미를 사용하여 화자의 실망감을 부각하고 있어요.(영탄법)
- **표현상 특징**: 청각적 심상을 활용함. / 영탄법을 사용함.

✻ [다]의 구조와 주제를 정리해 봅시다.

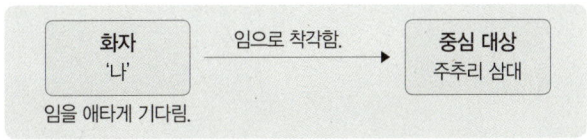

(다)의 화자는 주추리 삼대를 기다리던 임이라고 착각하여 겸연쩍음을 느끼고 있으므로 (다)의 <u>주제</u>는 임을 기다리는 애타는 마음입니다.

(가)~(다)의 공통점에 대한 설명으로 가장 적절한 것은?

① 청각적 심상을 활용하여 애상적 분위기를 조성하고 있다.
② 영탄적 표현을 통해 시적 상황에 대한 화자의 정서를 부각하고 있다.
③ 자조적 어조를 통해 과거의 행동에 대한 화자의 자책감을 드러내고 있다.
④ 역설적 표현을 통해 부정적인 상황에 대한 화자의 극복 의지를 나타내고 있다.
⑤ 가정적 상황을 제시하여 현재에 비해 미래가 나아질 것이라는 기대감을 드러내고 있다.

(가), (나)에 대한 이해로 적절하지 <u>않은</u> 것은?

① (가)의 '겉으로 눈물 지고'에서 '눈물'은 촛농이 흘러내리는 모습을 비유한 것으로 화자의 슬픔을 형상화하고 있다.
② (가)의 '저 촉(燭)불 날과 같아서'에서 '촉(燭)불'은 화자와 동일시되는 대상이다.
③ (나)의 '꿈에 다니는 길'에서 '꿈'에는 화자의 소망이 투영되어 있다.
④ (나)의 '석로(石路)라도 닳으리라'에서 '닳으리라'는 임에 대한 화자의 간절한 그리움을 드러내고 있다.
⑤ (나)의 '그를 슬퍼하노라'에서 '슬퍼하노라'는 자신을 찾아 주지 않는 임에 대한 화자의 원망이 담겨 있다.

〈보기〉를 바탕으로 (다)를 감상한 내용으로 적절하지 <u>않은</u> 것은? [3점]

> [보기]
>
> 조선 후기에 등장한 사설시조는 형식 면에서 평시조와 달리 중장이 제한 없이 길어졌다. 내용 면에서는 실생활 소재들을 활용하여 일상에서 일어나는 문제를 주로 다루었는데 솔직함, 해학성, 애정을 서슴없이 표현하려는 대담성 등을 그 특징으로 하며 비유, 상징 등 다양한 표현 기법을 활용하여 대상을 생동감 있게 그려 냈다.

① '곰븨님븨', '천방지방' 같은 음성 상징어를 활용하여 화자의 행동을 생동감 있게 표현하고 있군.
② 일상에서 흔히 볼 수 있는 '버선', '신'이라는 소재를 활용하여 임의 소중함을 상징하고 있군.
③ '주추리 삼대'를 임으로 착각하여 달려가는 화자의 우스꽝스러운 모습에서 해학성을 느낄 수 있군.
④ 임을 그리워하는 절실한 마음을 드러내기 위해 화자의 행동을 구체적으로 제시하다 보니 중장이 길어졌군.
⑤ '진 데 마른 데 가리지' 않고 임에게 가서 '정(情)엣말'을 하려는 모습에서 애정을 표현하려는 화자의 대담성을 엿볼 수 있군.

A01 작품 비교하기

(가)~(다)의 공통점에 대한 설명으로 가장 적절한 것은?

① 청각적 심상을 활용하여 애상적 분위기를 조성하고 있다. (×)

*근거: (다) 중장

> 중문 나서~ 워렁충창 건너가서 ~ 속였구나

🍃 심상이란, 감각에 의하여 획득한 현상이 마음속에서 재생된 것을 의미하고, 청각적 심상이란 구체적인 소리를 표현한 의성어와 같이 귀로 듣는 듯한 느낌이 떠오르는 것을 의미해요. 한편 애상적이라는 것은 슬퍼하거나 가슴 아파하는 것을 뜻해요. (다)의 '워렁충창'에 청각적 심상을 활용하고 있지만, 이것은 애상적 분위기와 관련이 없어요. (가)와 (나)에서는 청각적 심상을 활용하고 있지 않아요.

② 영탄적 표현을 통해 시적 상황에 대한 화자의 정서를 부각하고 있다. (○)

*근거: (가) 종장, (나) 종장, (다) 종장

> • (가): 저 촉(燭)불 날과 같아서 속 타는 줄 모르도다
> • (나): 꿈길이 자취 없으니 그를 슬퍼하노라
> • (다): 모쳐라 밤일세망정 행여 낮이런들 남 웃길 뻔 하괘라

🍃 영탄적 표현이란 감탄의 형식이나 감탄사 등을 활용하여 어떠한 감정을 강하게 표현하는 것을 의미해요. 감탄을 나타내는 종결 어미인 '-로다, -구나' 등을 활용하는 경우가 많아요. (가), (나), (다)에서는 화자의 슬픔, 이별의 안타까움, 실망감 등의 감정을 이와 같은 표현을 활용하여 드러내고 있어요. 그러므로 정답은 ②!

③ 자조적 어조를 통해 과거의 행동에 대한 화자의 자책감을 드러내고 있다. (×)

🍃 자조적이라는 것은 자기를 관찰하고 반성하는 것을 의미해요. (가)와 (나)에서는 자조적 어조가 나타나지 않아요. (다)의 화자는 주추리 삼대를 임이라고 착각해서 행동한 것이 다른 사람을 웃길 뻔했다는 것에서 자조적인 모습을 보이나, 이는 과거의 행동에 대한 자책이 아니에요.

④ 역설적 표현을 통해 부정적인 상황에 대한 화자의 극복 의지를 나타내고 있다. (×)

🍃 역설적 표현이란, 겉으로는 모순되거나 논리에 맞지 않지만, 그 속에 진정으로 말하고자 하는 의미를 드러내는 표현을 의미해요. (가), (나), (다)에서는 모두 역설적 표현이 사용되지 않았어요.

⑤ 가정적 상황을 제시하여 현재에 비해 미래가 나아질 것이라는 기대감을 드러내고 있다. (×)

*근거: (나) 초장

> 꿈에 다니는 길이 자취가 남는다면

🍃 (나)에서 꿈 속 상황을 가정하고 있지만, 미래가 나아질 것이라는 기대감은 나타나지 않았어요. (가)와 (다)에서는 상황을 가정하고 있지 않아요.

🌸 **작품 비교하기 유형**

🍯 한 작품을 먼저 읽고, 선택지들 가운데 오답을 거르세요.

A02 화자의 정서와 태도 파악하기

(가), (나)에 대한 이해로 적절하지 않은 것은?

① (가)의 '겉으로 눈물 지고'에서 '눈물'은 촛농이 흘러내리는 모습을 비유한 것으로 화자의 슬픔을 형상화하고 있다. (○)

🍃 (가)에서는 '촛불'이 녹는 것을 이별의 상황에서 눈물 흘리는 것에 비유하여 화자의 슬픔을 형상화했어요.

② (가)의 '저 촉(燭)불 날과 같아서'에서 '촉(燭)불'은 화자와 동일시되는 대상이다. (○)

🍃 (가)의 화자는 촛불이 '나'와 같아서 속 타는 줄 모르고 있다고 했어요. 즉, 화자는 임과 이별한 자신을 타고 있는 촛불과 동일시하고 있어요.

③ (나)의 '꿈에 다니는 길'에서 '꿈'에는 화자의 소망이 투영되어 있다. (○)

🍃 (나)의 화자는 임을 보기 위해 '꿈'에서라도 임의 집에 가고 싶다는 소망을 드러내고 있어요.

④ (나)의 '석로(石路)라도 닳으리라'에서 '닳으리라'는 임에 대한 화자의 간절한 그리움을 드러내고 있다. (○)

🍃 돌로 만들어진 길은 쉽게 닳지 않아요. (나)의 화자가 돌길이 닳을 정도로 임에게 자주 가고 싶다고 하는 것은 임에 대한 화자의 그리움이 그만큼 크다는 의미죠.

⑤ (나)의 '그를 슬퍼하노라'에서 '슬퍼하노라'는 자신을 찾아 주지 않는 임에 대한 화자의 원망이 담겨 있다. (×)

🍃 '그를 슬퍼하노라'에서 '그'는 그것, 즉 꿈길에 자취가 남지 않아 자신이 임을 생각하는 마음이 드러나지 않는 것을 의미해요. 따라서 화자는 자신을 찾아 주지 않는 임을 원망하고 있지 않아요. 그러므로 정답은 ⑤!

🌸 **화자의 정서와 태도 파악하기 유형**

🍯 화자의 감정(기쁨, 외로움 등), 태도(긍정적, 부정적 등)가 나타나는 표현을 찾으세요.

A03 〈보기〉를 바탕으로 감상하기

〈보기〉를 바탕으로 (다)를 감상한 내용으로 적절하지 않은 것은? [3점]

• 〈보기〉: 사설시조는 중장의 길이에 제한이 없으며, 다양한 표현 기법을 활용하여 일상에서 일어난 문제를 생동감 있게 그려 냅니다.

☑ 사설시조의 특징을 바탕으로 〈님이 오마 하거늘 ~〉을 잘못 감상한 것을 고르는 문제입니다.

─────[보기]─────

조선 후기에 등장한 사설시조는 형식 면에서 평시조와 달리 중장이 제한 없이 길어졌다. 내용 면에서는 실생활 소재들을 활용하여 일상에서 일어나는 문제를 주로 다루었는데 솔직함, 해학성, 애정을 서슴없이 표현하려는 대담성 등을 그 특징으로 하며 비유, 상징 등 다양한 표현 기법을 활용하여 대상을 생동감 있게 그려 냈다.

✿ 〈보기〉를 바탕으로 선택지의 적절성을 따져 봅시다.

① '곰븨님븨', '천방지방' 같은 음성 상징어를 활용하여 화자의 행동을 생동감 있게 표현하고 있군. (○)

＊근거: 〈보기〉 ❷ 문장

~ 비유, 상징 등 다양한 표현 기법을 활용하여 대상을 생동감 있게 그려 냈다.

🍃 음성 상징어에는 의성어와 의태어가 있어요. '곰븨님븨', '천방지방' 같은 의태어를 통해 임이 왔다고 허둥지둥 뛰어 나가는 화자의 모습을 생동감 있게 그려 내고 있어요.

② 일상에서 흔히 볼 수 있는 '버선', '신'이라는 소재를 활용하여 임의 소중함을 상징하고 있군. (×)

＊근거: 〈보기〉 ❷ 문장

내용 면에서는 실생활 소재들을 활용하여 일상에서 일어나는 문제를 주로 다루었는데 ~

🍃 '버선'과 '신'은 실생활과 관련된 소재예요. 이것들은 (다)의 화자가 임을 맞이하기 위해 바쁘게 뛰어가는 모습을 묘사하는 과정에서 나타난 소재일 뿐, 임의 소중함과는 관련이 없어요. 그러므로 정답은 ②!

③ '주추리 삼대'를 임으로 착각하여 달려가는 화자의 우스꽝스러운 모습에서 해학성을 느낄 수 있군. (○)

＊근거: 〈보기〉 ❷ 문장

솔직함, 해학성, 애정을 서슴없이 표현하려는 대담성 등을 그 특징으로 하며 ~

④ 임을 그리워하는 절실한 마음을 드러내기 위해 화자의 행동을 구체적으로 제시하다 보니 중장이 길어졌군. (○)

＊근거: 〈보기〉 ❶ 문장

조선 후기에 등장한 사설시조는 형식 면에서 평시조와 달리 중장이 제한 없이 길어졌다.

⑤ '진 데 마른 데 가리지' 않고 임에게 가서 '정(情)엣말'을 하려는 모습에서 애정을 표현하려는 화자의 대담성을 엿볼 수 있군. (○)

＊근거: 〈보기〉 ❷ 문장

솔직함, 해학성, 애정을 서슴없이 표현하려는 대담성 등을 그 특징으로 하며 ~

🌸 〈보기〉를 바탕으로 감상하기 유형

🍯 〈보기〉를 먼저 읽어 문제의 핵심을 파악하고, 〈보기〉와 지문에서 근거가 되는 부분을 찾으세요.

[A 04~07] 다음 글을 읽고 물음에 답하시오.

(가) 무음 사룸둘하 올흔 일 ᄒ쟈스라
　　사룸이 되여 나셔 올티곳 못ᄒ면
　　무쇼를 갓 곳갈 싀워 밥 머기나 다르랴
　　　　　　　　　　　　　　〈제8수〉

　　풀목 쥐시거든 두 손으로 바티리라
　　나갈 데 겨시거든 막대 들고 ⓐ 조츠리라
　　향음쥬 다 파흔 후에 뫼셔 가려 ᄒ노라
　　　　　　　　　　　　　　〈제9수〉

　　오늘도 다 새거다 호믜 메고 가쟈스라
　　내 논 다 매여든 네 논 졈 매여 주마
　　올 길에 뽕 따다가 누에 먹겨 보쟈스라
　　　　　　　　　　　　　　〈제13수〉
　　　　　　　　　　　　　－ 정철, 〈훈민가〉

(나) 일곱 되 사온 쌀 꾸어 온 쌀 두 되 갑고
　　부족타 ᄒ지 않는 말이 뜻을 순하게 ᄒ오미라
　　깨진 그릇 좋단 말은 시가를 존중ᄒ미라
　　날고 기는 개 달긴덜 어른 압혜 감히 치며
　　부인의 목소리를 문 밧게 감히 내며
　　해가 져셔 황혼되니 무탈과경* 다행이요
　　달기 우러 새벽 되면 오는 날을 엇지 할고
　　전전긍긍 조심 마음 시각을 노흘손가
　　행여 혹시 눈 밖에 날가 조심도 무궁ᄒ다
　　㉠ 친정에 편지하여 서러운 스셜 불가ᄒ다
　　시원치 아닌 달란 말이 한 번 두 번 아니여던
　　번번이 염치 읍시 편지마다 ᄒ잔 말가
　　㉡ 빈궁(貧窮)이 내 팔즈니 뉘 탓슬 ᄒ잔 말가
　　설매를 보내어서 이웃집에 꾸러가니
　　도라와셔 우넌 말이 전에 꾼 쌀 아니 주고
　　㉢ 염치 읍시 또 왔느냐 두 말 말고 바삐 가라
　　한심ᄒ다 이 내 몸이 금의옥식 길녀 ᄂ셔
　　전곡(錢穀)을 모르다가 일조(一朝)에 이을 보니
　　이목구비 남 갓트되 엇지 이리 되얏넌고
　　수족이 건강ᄒ니 내 힘써 벌게 되면
　　어느 뉘가 시비ᄒ리 천한 욕을 면ᄒ리라
　　분한 마음 다시 먹고 치산범절* 힘쓰리라
　　김장ᄌ 이부ᄌ가 제 근본 부ᄌ런가
　　㉣ 밤낮으로 힘써 벌면 난들 아니 부ᄌ될가
　　오색당ᄉ 가는 실을 오리오리 ᄌ아내니

유황제 곤베틀에 필필이 ᄌ아내어
한림 주서 관복감이며 병ᄉ 수ᄉ 군복감이며
㉤ 길쌈도 ᄒ려니와 전답 으더 역농ᄒ니
때를 맞춰 힘써 ᄒ니 가업이 초성*이라
　　　　　　　　　(중략)
산에 가 제ᄉᄒ기 절에 가 불공ᄒ기
불효부제* 제살흔덜 귀신인덜 도와줄가
악병이며 중병이며 이질이며 구창이며
이질 앓던 시아버지 초상흔덜 상관ᄒ랴
저의 심ᄉ 그러ᄒ니 서방인덜 온전할가
아들 죽고 우넌 말이 아기딸이 마저 죽어
세간이 탕진ᄒ니 노복인덜 잇슬손가
제ᄉ음식 ᄎ릴 적에 정성 읍시 ᄒ엿스니
앙화(殃禍)가 엇지 읍실손가 셋째 아들 반신불수
문전옥답 큰 농장이 물난리에 내가 되고
안팎 기와 수백간이 불이 붓터 밧치 되고
태산갓치 쌓인 전곡 뉘 물건이 되단말가
춤혹ᄒ다 괴똥어미 단독일신 뿐이로다
일간 움집 으더 드니 기한(飢寒)을 견딜손가
다 떠러진 베치마를 이웃집의 으더 입고
뒤축 읍넌 흔 집신을 짝을 모와 으더 신고
압집에 가 밥을 ⓑ 빌고 뒤집에 가 장을 빌고
ᄎᄋ기를 겨우 ᄒ고 불 못때너 찬 움집에
헌 거적을 뒤여스고 밤을 겨우 새여ᄂ셔
새벽 바람 찬바람에 이 집 가며 저 집 가며
다리 절고 곰배팔에 희희소리 요란ᄒ다
불효악행 ᄒ던 죄로 앙화를 바더시니
복선화음* ᄒ넌 줄을 이를 보면 분명ᄒ다
딸아딸아 요내딸아 시집스리 조심ᄒ라
어미 행실 본을 바다 괴똥어미 경계ᄒ라
　　　　　　　　　－ 작자 미상, 〈복선화음록〉

* 무탈과경: 아무 탈 없이 하루를 보냄.
* 치산범절: 재산을 늘리는 일
* 초성: 기반이 마련됨.
* 불효부제: 효도와 공경을 하지 않음.
* 복선화음: 착한 이에게 복을 주고 악한 이에게 재앙을 줌.

⭐ **(가) 고전 시가 독해 공식**

❶ 화자: (　　　　　　　　), 중심 대상: (　　　　　　　)
❷ 화자의 상황: (　　　　　　　　　　　　　　　)
　　정서, 태도: (　　　　　　　　　　　　　　　)
❸ 표현상 특징: (　　　　　　　　　　　　　　　)

★ (나) 고전 시가 독해 공식

❶ 화자: (   ), 중심 대상: (   )
❷ 화자의 상황: (   )
   정서, 태도: (   )
❸ 표현상 특징: (   )

A04 ★★★
2020(11월)/고1교육청 39

(가)와 (나)의 공통점으로 가장 적절한 것은?

① 청유형 어미를 활용하여 대상을 예찬하고 있다.
② 선경후정 방식을 활용하여 시상을 전개하고 있다.
③ 고사성어를 활용하여 주제 의식을 강조하고 있다.
④ 유사한 통사 구조를 활용하여 운율을 형성하고 있다.
⑤ 계절의 순환을 활용하여 시적 의미를 부각하고 있다.

A05 ★★★
2020(11월)/고1교육청 40

㉠~㉤을 이해한 내용으로 적절하지 않은 것은?

① ㉠: 자신의 서러운 처지를 친정에 알리기 어려워하고 있는 화자의 모습이 나타나 있다.
② ㉡: 가난의 원인을 타인의 잘못이 아닌 자신의 운명으로 돌리는 화자의 모습이 나타나 있다.
③ ㉢: 쌀을 꾸러 찾아간 이웃집에서 들은 말을 설매에게 하소연하는 화자의 모습이 나타나 있다.
④ ㉣: 자신도 김 장자와 이 부자처럼 부자가 될 수 있다고 생각하는 화자의 모습이 나타나 있다.
⑤ ㉤: 재산을 늘리기 위해 열심히 일하는 화자의 모습이 나타나 있다.

A06 ★★★
2020(11월)/고1교육청 41

ⓐ와 ⓑ에 대한 이해로 가장 적절한 것은?

① ⓐ는 타인을 위한, ⓑ는 자신을 위한 주체의 행위를 의미한다.
② ⓐ는 절망감이 반영된, ⓑ는 기대감이 반영된 주체의 행위를 의미한다.
③ ⓐ는 단절을 초래하는, ⓑ는 화합을 유도하는 주체의 행위를 의미한다.
④ ⓐ는 자연에 순응하는, ⓑ는 자연으로 도피하는 주체의 행위를 의미한다.
⑤ ⓐ는 제기된 문제를 해결하기 위한, ⓑ는 해결된 문제의 원인을 찾기 위한 주체의 행위를 의미한다.

A07 ★★★
2020(11월)/고1교육청 42

〈보기〉를 바탕으로 (가)와 (나)를 감상한 내용으로 적절하지 않은 것은? [3점]

> [보기]
>
> 　조선 시대에는 옳은 일의 실천, 어른 공경, 상부상조, 부녀자의 덕목과 같은 가르침을 전달하고자 하는 작품들이 있었다. 이러한 작품들은 가르침의 전달 효과를 높이기 위해 비유 대상 혹은 화자와 대비되는 대상을 활용하고, 구체적인 청자를 제시했다. 또한 화자가 스스로 실천하려는 행위를 제시하는 방식을 활용하여 설득 효과를 높이기도 하였다.

① (가)에서 '갓 곳갈'을 쓰고 '밥'을 먹는 'ᄆᆞ쇼'를 통해, 비유 대상으로 옳은 일의 실천을 강조하고 있음을 짐작할 수 있군.
② (나)에서 '이질 앓던 시아버지'를 도와주지 않는 '귀신'을 통해, 화자와 대비되는 대상으로 상부상조를 강조하고 있음을 짐작할 수 있군.
③ (가)의 'ᄆᆞᆯ 사ᄅᆞᆷᄃᆞᆯ'에게 '올흔 일 ᄒᆞ쟈ᄉᆞ라'라고 한 것과 (나)의 '딸'에게 '시집ᄉᆞ리 조심ᄒᆞ라'라고 한 것을 통해, 구체적인 청자를 제시하고 있음을 짐작할 수 있군.
④ (가)의 '풀목'을 '쥐시'면 '두 손으로 바티리라'는 것을 통해 어른에 대한 공경을, (나)의 '시가를 존중'하여 '깨진 그릇 좋단 말'을 한 것을 통해 부녀자의 덕목을 드러내고 있음을 짐작할 수 있군.
⑤ (가)의 '내'가 자신의 '논'을 다 매거든 '네 논'도 매어 준다는 것과 (나)의 '수족이 건강'한 '내'가 '힘써' 벌겠다는 것을 통해, 화자가 스스로 실천하려는 행위를 제시하고 있음을 짐작할 수 있군.

[A 08~10] 다음 글을 읽고 물음에 답하시오.

(가) 석양(夕陽)이 비꼈으니 그만하고 돌아가자
　　돛 내려라 돛 내려라
　　버들이며 물가의 꽃은 굽이굽이 새롭구나
　　지국총 지국총 어사와
　　㉠**삼공(三公)***을 부러워하랴 만사(萬事)를 생각하랴
　　　　　　　　　　　　　　　　　　　　〈춘(春) 6〉

　　궂은 비 멎어 가고 시냇물이 맑아 온다
　　빈 떠라 빈 떠라
　　낚싯대 둘러메니 깊은 흥(興)을 못 금(禁)하겠다
　　지국총 지국총 어사와
　　㉡**연강(煙江)*** **첩장(疊嶂)***은 뉘라서 그려낸고
　　　　　　　　　　　　　　　　　　　　〈하(夏) 1〉

　　㉢**물외(物外)**에 조흔 일이 어부 생애 아니러냐
　　빈 떠라 빈 떠라
　　어옹(漁翁)을 웃디 마라 그림마다 그렷더라
　　지국총 지국총 어사와
　　사시(四時) **흥(興)**이 혼 가지나 **추강(秋江)**이 으뜸이라
　　　　　　　　　　　　　　　　　　　　〈추(秋) 1〉

　　㉣**물가의 외로운 솔** 혼자 어이 씩씩혼고
　　빈 민여라 빈 민여라
　　험한 구름 흔(恨)치 마라 세상(世上)을 가리운다
　　지국총 지국총 어사와
　　㉤**파랑성(波浪聲)***을 싫어 마라 **진훤(塵喧)***을 막는도다
　　　　　　　　　　　　　　　　　　　　〈동(冬) 8〉
　　　　　　　　　　　　　　　　- 윤선도, 〈어부사시사(漁父四時詞)〉

* 삼공: 삼정승으로, 영의정, 좌의정, 우의정을 일컬음.
* 연강: 안개 낀 강
* 첩장: 겹겹이 둘러싼 산봉우리
* 파랑성: 물결 소리
* 진훤: 속세의 시끄러움

(나) 초당 늦은 날에 깊이 든 잠 겨우 깨어
　　대창문을 바삐 열고 작은 뜰에 방황하니
　　시내 위의 버들잎은 봄바람을 먼저 얻어
　　위성 땅 아침 비*에 원객(遠客)의 근심이라
　　수풀 아래 **뻐꾹새**는 계절을 먼저 알아
　　태평세월 들일에는 **농부**를 재촉한다
　　아아 내 일이야 잠을 깨어 생각하니
　　세상의 모든 일이 모두가 허랑(虛浪)하다
　　공명(功名)이 때가 늦어 백발은 귀밑이요
　　산업(産業)에 꾀가 없어 초가집 몇 칸이라
　　백화주 두세 잔에 산수에 **정**이 들어
　　홍도 벽도(紅桃碧桃)* 난발(爛發)한데 지팡이 짚고 들
　　어가니

산은 첩첩 기이하고 물은 청청 깨끗하다
안개 걷어 구름 되니 남산 서산 백운(白雲)이요
구름 걷혀 안개 되니 계산 안개 봉이 높다
앉아 보고 서서 보니 별천지가 여기로다
때 없는 두 귀밑을 돌시내에 다시 씻고
탁영대(濯纓臺) 잠깐 쉬고 세심대(洗心臺)로 올라가니
풍대(風臺)의 맑은 바람 심신이 시원하고
월사(月榭)의 **밝은** 달은 맑은 의미 일반이라
　　　　　　　　　　　　- 남석하, 〈초당춘수곡(草堂春睡曲)〉

* 위성 땅 아침 비: 왕유의 시 구절로 벗과 이별하던 장소에 아침 비가
　내리는 풍경을 말함.
* 홍도 벽도: 복숭아 꽃

⭐ (가) 고전 시가 **독해 공식**

❶ 화자: (　　　　　　　), 중심 대상: (　　　　　　)
❷ 화자의 상황: (　　　　　　　　　　　　　　　　)
　　정서, 태도: (　　　　　　　　　　　　　　　　)
❸ 표현상 특징: (　　　　　　　　　　　　　　　　)

⭐ (나) 고전 시가 **독해 공식**

❶ 화자: (　　　　　　　), 중심 대상: (　　　　　　)
❷ 화자의 상황: (　　　　　　　　　　　　　　　　)
　　정서, 태도: (　　　　　　　　　　　　　　　　)
❸ 표현상 특징: (　　　　　　　　　　　　　　　　)

A 08 ★★★
2020(9월)/고1교육청 29

(가)와 (나)의 공통점으로 적절한 것은?

① 의인화된 대상을 통해 세태를 비판하고 있다.
② 설의적 표현을 통해 시적 의미를 강조하고 있다.
③ 영탄적 어조를 통해 화자의 정서를 부각하고 있다.
④ 촉각적 심상을 통해 시적 분위기를 조성하고 있다.
⑤ 역설적 표현을 통해 이상향에 대한 의지를 드러내고
　있다.

A09 ★★★✿

(가)와 (나)에 대한 설명으로 적절하지 <u>않은</u> 것은?

① (가)의 '버들'과 (나)의 '뻐꾹새'는 계절감을 드러내는 소재이다.

② (가)의 '흥'과 (나)의 '정'은 자연에서 화자가 느끼는 정서이다.

③ (가)의 '어옹'과 (나)의 '농부'는 화자의 처지에 공감하는 인물이다.

④ (가)의 '추강'과 (나)의 '밝은 달'은 화자가 긍정적으로 인식하는 대상이다.

⑤ (가)의 '낚싯대'와 (나)의 '백화주'는 풍류를 즐기는 화자의 모습을 드러내는 소재이다.

A10 ★★★

〈보기〉를 참고하여 ㉠~㉤을 감상한 내용으로 적절하지 <u>않은</u> 것은? [3점]

[보기]

(가)에는 속세를 벗어나 자연의 아름다움을 즐기면서 유유자적한 삶을 살고자 하는 화자의 모습이 드러나 있다. 이 작품에서 자연은 화자가 지향하는 공간으로 인간 세상과 대립되는 공간을 의미한다. 화자는 인간 세상을 멀리하고 자연에 귀의하고자 하는 태도를 보이고 있다.

① ㉠은 속세의 사람들이 추구하는 가치에서 벗어난 화자의 모습을 드러낸다고 볼 수 있군.

② ㉡은 화자가 자연의 아름다움에 감탄하며 이를 즐기고 있다고 볼 수 있군.

③ ㉢은 인간 세상과 대립되는 자연으로 화자가 지향하는 공간으로 볼 수 있군.

④ ㉣은 자연에 귀의하지 못한 사람으로 화자가 안타까워하는 대상으로 볼 수 있군.

⑤ ㉤은 인간 세상을 멀리하고자 하는 화자의 태도를 드러낸다고 볼 수 있군.

[A11~13] 다음 글을 읽고 물음에 답하시오. ━━

슬프나 즐거오나 옳다 하나 외다* 하나
내 몸의 해올 일만 닦고 닦을 뿐이언정
그 밖의 여남은 일이야 분별할 줄 이시랴

〈제1수〉

내 일 망령된* 줄을 내라 하여 모를 것인가
이 마음 어리석기도 임 위한 탓이로세
아무가 아무리 일러도 임이 생각하여 보소서

〈제2수〉

추성(楸城)* 진호루(鎭胡樓) 밖에 울어 예는 저 시내야
[A] 므음 호리라* 주야에 흐르는가
임 향한 내 뜻을 조차 그칠 줄을 모르는가

〈제3수〉

뫼흔 길고 길고 물은 멀고 멀고
[B] 어버이 그린 뜻은 많고 많고 하고 하고
어디서 외기러기는 울고 울고 가느니

〈제4수〉

어버이 그릴 줄을 처음부터 알아마는
임금 향한 뜻도 하늘이 삼겨시니
진실로 임금을 잊으면 그 불효인가 여기노라

〈제5수〉

– 윤선도, 〈견회요(遣懷謠)〉

* 외다: 그르다, 잘못되다.
* 망령된: 언행이 상식에서 벗어나 주책이 없는
* 추성(楸城): 지은이가 유배되었던 함경북도 경원
* 므음 호리라: 무엇을 하려고

⭐ **고전 시가 독해 공식** ━━━━━

❶ 화자: (　　　　　　　　　　), 중심 대상: (　　　　　　)

❷ 화자의 상황: (　　　　　　　　　　　　　　　　)

정서, 태도: (　　　　　　　　　　　　　　　)

❸ 표현상 특징: (　　　　　　　　　　　　　　)

A11 ★★★

윗글에 나타난 표현상 특징으로 적절한 것은?

① 반어적 표현을 통해 시적 긴장감을 높이고 있다.
② 설의적 표현을 통해 화자의 의지를 드러내고 있다.
③ 점강적 표현을 통해 대상의 특성을 강조하고 있다.
④ 과장된 표현을 통해 현실 비판 의식을 나타내고 있다.
⑤ 감각적 표현을 통해 대상의 아름다움을 나타내고 있다.

A12 ★★★

[A]와 [B]에 대한 이해로 적절한 것은?

① [A]에는 과거의 공간이, [B]에는 현재의 공간이 나타나고 있다.
② [A]에는 화자의 고뇌하는 모습이, [B]에는 유유자적하는 모습이 나타나고 있다.
③ [A]와 [B]에는 화자가 동경하는 세계가 구체적으로 드러나고 있다.
④ [A]와 [B]에는 대상의 속성에 빗대어 화자의 심정이 드러나고 있다.
⑤ [A]와 [B]에는 자연의 모습을 관조하는 화자의 태도가 드러나고 있다.

A13 ★★★

〈보기〉를 바탕으로 윗글을 이해할 때 적절하지 않은 것은?

[보기]

'견회요'는 윤선도가 유배 생활 동안 지은 작품이다. 옛사람들에게 유배(流配)는 세상과의 격리로 외롭고 힘든 것이었다. 유배 동안에 작가는 작품을 통해, 자신의 내면을 들여다보면서 자신이 추구하는 삶의 자세를 드러내거나, 자연물을 매개로 임금이나 어버이에 대한 그리움을 표현하기도 하였다. 때로는 작품 속에 자신의 억울함을 호소하거나 모함을 한 상대편에 대한 부정적인 감정을 드러내기도 하였다.

① 제1수의 '내 몸의 해올 일만 닦고 닦을 뿐'은 작가가 내면 성찰을 위해서 자신을 세상과 격리시킨 것이라 볼 수 있겠군.
② 제2수의 '임이 생각하여 보소서'는 작가가 임금에게 자신의 억울함을 호소하는 것으로 볼 수 있겠군.
③ 제3수의 '울어 예는 저 시내야'는 작가가 자연물을 매개로 임금에 대한 그리움을 드러내는 것으로 볼 수 있겠군.
④ 제4수의 '길고 길고', '멀고 멀고'는 작가가 거리감을 통해 어버이에 대한 그리움을 드러낸 것으로 볼 수 있겠군.
⑤ 제5수의 '불효인가 여기노라'는 작가가 추구하는 삶의 자세를 드러낸 것으로 볼 수 있겠군.

(가) 세상의 버린 몸이 시골에서 늙어 가니
　　㉠바깥 일 내 모르고 하는 일 무엇인고
　　이 중의 우국성심(憂國誠心)은 풍년을 원하노라
　　　　　　　　　　　　　　　　　〈제1곡〉

　　농인이 와 이르되 봄 왔네 밭에 가세
　　앞집의 쟁기 잡고 뒷집의 따비 내네
　　두어라 내 집부터 하랴 남하니 더욱 좋다
　　　　　　　　　　　　　　　　　〈제2곡〉

　　여름날 더운 적의 단 땅이 불이로다
　　밭고랑 매자 하니 땀 흘러 땅에 떨어지네
　　어사와 입립신고(粒粒辛苦)* 어느 분이 아실까
　　　　　　　　　　　　　　　　　〈제3곡〉

　　가을에 곡식 보니 좋기도 좋을시고
　　내 힘으로 이룬 것이 먹어도 맛이로다
　　㉡이 밖에 천사만종(千駟萬鍾)*을 부러 무엇하리오
　　　　　　　　　　　　　　　　　〈제4곡〉

　　밤에는 새끼를 꼬고 저녁엔 띠풀을 베어
　　초가집 잡아매고 농기(農器) 좀 손 보아라
　　내년에 봄 온다 하거든 결의 종사* 하리라
　　　　　　　　　　　　　　　　　〈제5곡〉
　　　　　　　　　　　　　　– 이휘일, 〈저곡전가팔곡〉

* 입립신고: 낟알 하나하나에 어린 수고로움
* 천사만종: 많은 말이 끄는 수레, 높은 봉록
* 결의 종사: 그 참에 바삐 일함.

(나) 불어오는 봄바람이 봄볕을 부쳐내니
　　지저귀는 새소리는 노래하는 소리이니
　　곱디고운 수풀 꽃은 웃음을 머금었다
　　이곳에 앉아보고 저곳에 앉아보니
　　㉢골 안의 맑은 향기 지팡이에 묻었구나
　　봄빛 반짝 흩어 날고 초목이 무성하니
　　푸른빛은 그늘 되어 나무 아래 어리었고
　　하늘의 빛난 구름 골짜기에 잠겼으니
　　송정에서 긴 잠은 더위도 모르더라
　　먼 하늘은 맑디맑고 기러기는 울어 예니
　　양쪽 언덕 단풍 숲은 비단처럼 비치거늘
　　㉣일대의 강 그림자 푸른 유리 되었구나
　　국화를 잔에 띄워 무지개를 맞아 오니
　　이 작은 즐거움은 세상 모를 일이로다

하늘 높이 부는 바람 고요하고 쓸쓸하여
나뭇잎 다 진 후에 산계곡이 삭막하고
섣달그믐 조화 부려 백설을 나리오니
수많은 산봉우리가 경요굴이 되었거늘
눈썹이 솟구치고 눈동자를 높이 뜨니
끝없는 설경은 시의 제재가 되었으니
세상 물정을 모르니 추위를 어이 알까
　　　　　　　　　　(중략)
깨끗하고 맑은 바람 실컷 쏘인 후에
대여섯 아이들과 노래하며 돌아오니
옛사람 기상에 미칠까 못 미칠까
옛일을 떠올리니 어제인 듯하다마는
깨끗한 풍채를 꿈에서나 얻어 볼까
옛사람 못 보거든 지금 사람 어이 알고
이 몸이 늦게 나니 애통함도 쓸 데 없다
산새와 산꽃을 내 벗으로 삼아두고
경치를 만끽하며 생긴 대로 노는 몸이
공명을 생각하며 빈천을 설워할까
단사표음이 내 분이니 세월도 한가하네
이 계곡 경치를 싫도록 거느리고
백 년 세월을 노닐다가 마치리라
㉤아이야 사립문 닫아라 세상 알까 하노라
　　　　　　　　　　　– 정훈, 〈용추유영가〉

★ (가) 고전 시가 독해 공식 ─────────

❶ 화자: (　　　　　　　　　), 중심 대상: (　　　　　　)
❷ 화자의 상황: (　　　　　　　　　　　　　　　　)
　정서, 태도: (　　　　　　　　　　　　　　　　)
❸ 표현상 특징: (　　　　　　　　　　　　　　　)

★ (나) 고전 시가 독해 공식 ─────────

❶ 화자: (　　　　　　　　　), 중심 대상: (　　　　　　)
❷ 화자의 상황: (　　　　　　　　　　　　　　　　)
　정서, 태도: (　　　　　　　　　　　　　　　　)
❸ 표현상 특징: (　　　　　　　　　　　　　　　)

(가)와 (나)의 공통점으로 가장 적절한 것은?

① 계절적 배경을 소재로 하여 시적 분위기를 조성하고 있다.
② 초월적 공간을 동경하며 부정적 현실을 극복하고 있다.
③ 인간과 자연을 대비하여 주제 의식을 부각하고 있다.
④ 과거를 회상하며 현실의 덧없음을 환기하고 있다.
⑤ 공간의 이동에 따라 내적 갈등이 고조되고 있다.

㉠~㉤에 대한 설명으로 적절한 것은?

① ㉠: 의문형 어미를 사용하여 과거의 삶을 자책하는 마음을 드러내고 있다.
② ㉡: 설의적 표현을 사용하여 부정적 현실에 대한 화자의 안타까움을 강조하고 있다.
③ ㉢: 시각적 심상을 사용하여 성현의 삶을 지향하는 화자의 심리를 나타내고 있다.
④ ㉣: 비유적 표현을 사용하여 역동적인 자연의 모습을 강조하고 있다.
⑤ ㉤: 명령형 어미를 사용하여 세상과 단절하려는 화자의 의지를 드러내고 있다.

(가)를 이해한 내용으로 적절하지 않은 것은?

① 〈제1곡〉은 '세상의 버린 몸'으로 '풍년'을 바라는 마음을 통해 정치 현실에 대한 미련을 드러낸다.
② 〈제2곡〉은 '봄'이 오니 '밭'에 나가 서로 도와가며 일하는 모습을 통해 공동체적 삶의 태도를 드러낸다.
③ 〈제3곡〉은 더운 여름에 '땀'을 흘려가며 '밭고랑'을 매는 모습을 통해 농사일의 고단함을 보여 준다.
④ 〈제4곡〉은 '내 힘'으로 수확한 '곡식'에 대한 만족감을 통해 노동의 가치를 보여 준다.
⑤ 〈제5곡〉은 '농기'를 수리하며 '봄'을 준비하는 모습을 통해 자연의 순환적 질서를 따르는 농촌의 생활을 보여 준다.

〈보기〉를 바탕으로 (나)를 감상한 내용으로 적절하지 않은 것은?
[3점]

> [보기]
>
> 정치·경제적으로 몰락한 향반 계층에게 자연은 안빈낙도의 공간, 곧 자신의 신념을 실현할 수 있는 안식처였다. 이처럼 자연은 정신적 풍요로움을 주는 대상이었기 때문에 현실 소외에 대한 보상 공간으로서 의미가 있다고 할 수 있다.

① '이 작은 즐거움'은 '세상모를 일'이라며 자부하는 모습에는 화자에게 자연이 현실 소외에 대한 보상 공간으로서 의미가 있음이 나타나는군.
② '끝없는 설경'에서 느끼는 흥취를 '시'를 통해 표출해내고자 하는 모습에는 자연을 정신적 풍요로움의 대상으로 여기는 화자의 인식이 나타나는군.
③ 자연을 '벗으로 삼'고 '생긴 대로 노는 몸'에는 정치·경제적으로 몰락하여 자연을 안식처로 여기며 살아가는 화자의 모습이 나타나는군.
④ '공명을 생각하'지 않고 '빈천을 설워'하지 않겠다는 모습에는 자연 속에서 자신의 신념을 지키며 살아가려는 화자의 태도가 드러나는군.
⑤ '단사표음'을 '내 분'으로 생각하니 '세월도 한가하'다고 느끼는 모습에는 삶의 단조로움을 느끼고 안빈낙도하려는 화자의 의지가 드러나는군.

[A 18~21] 다음 글을 읽고 물음에 답하시오.

(가)
뎨 가는 뎌 각시 본 듯도 ᄒᆞᆫ뎌이고.
텬상(天上) ᄇᆡᆨ옥경(白玉京)을 엇디ᄒᆞ야 니별(離別)ᄒᆞ고,
ᄒᆡ 다 뎌 져믄 날의 눌을 보라 가시ᄂᆞᆫ고.
어와 네여이고 내 ᄉᆞ셜 드러 보오.
내 얼굴 이 거동이 님 괴얌 즉ᄒᆞᆫ가마ᄂᆞᆫ
엇딘디 날 보시고 네로다 녀기실ᄉᆡ
[A] 나도 님을 미더 군ᄠᅳ디 전혀 업서
이ᄅᆡ야 교ᄐᆡ야 어ᄌᆞ러이 구돗썬디
반기시ᄂᆞᆫ ᄂᆞᆺ비치 녜와 엇디 다ᄅᆞ신고.
누어 ᄉᆡᆼ각ᄒᆞ고 니러 안자 혜여ᄒᆞ니
내 몸의 지은 죄 뫼ᄀᆞ티 ᄡᅡ혀시니
하ᄂᆞᆯ히라 원망ᄒᆞ며 사ᄅᆞᆷ이라 허믈ᄒᆞ랴
셜워 플텨 혜니 조믈(造物)의 타시로다.

(중략)

모쳠(茅簷) ᄎᆞᆫ 자리의 밤듕만 도라오니
반벽청등(半壁靑燈)은 눌 위ᄒᆞ야 ᄇᆞᆰ갓ᄂᆞᆫ고.
오ᄅᆞ며 ᄂᆞ리며 헤ᄯᅳ며 바니니
져근덧 역진(力盡)ᄒᆞ야 픗ᄌᆞᆷ을 잠간 드니
졍셩(精誠)이 지극ᄒᆞ야 ᄭᅮᆷ의 님을 보니
옥(玉) ᄀᆞᄐᆞᆫ 얼굴이 반(半)이나마 늘거셰라.
ᄆᆞᄋᆞᆷ의 머근 말ᄉᆞᆷ 슬ᄏᆞ장 ᄉᆞᆲ쟈 ᄒᆞ니
눈믈이 바라 나니 말인들 어이ᄒᆞ며
졍(情)을 못다ᄒᆞ야 목이조차 메여ᄒᆞ니
오뎐된 ⓐ계셩(鷄聲)의 ᄌᆞᆷ은 엇디 ᄭᆡ돗던고.
어와, 허ᄉᆞ(虛事)로다. 이 님이 어ᄃᆡ 간고.
결의 니러 안자 창(窓)을 열고 ᄇᆞ라보니
어엿븐 그림재 날 조ᄎᆞᆯ ᄲᅮᆫ이로다.
ᄎᆞᆯ하리 ᄉᆡ여디여 낙월(落月)이나 되야이셔
님 겨신 창(窓) 안ᄒᆡ 번드시 비최리라.
각시님 ᄃᆞᆯ이야ᄏᆞ니와 구ᄌᆞᆫ 비나 되쇼셔.

– 정철, 〈속미인곡〉

(나)
봄은 오고 ᄯᅩ 오고 플은 플으고 ᄯᅩ 플으ᄂᆡ
나도 이 봄 오고 이 플 프르기 ᄀᆞ티
어ᄂᆞ날 고향(故鄕)의 도라가 **노모(老母)**ᄭᅴ 뵈오려뇨.
〈1수〉

친년(親年)*은 칠십오(七十五)ㅣ오 영로(嶺路)*ᄂᆞᆫ
수천리(數千里)오
[B] 도라갈 기약(期約)은 가디록 아득ᄒᆞ다.
아마도 ᄌᆞᆷ 업ᄉᆞᆫ 중야(中夜)의 눈믈 계워 셜웨라.
〈2수〉

ⓑ기럭이 아니 ᄂᆞ니 편지(片紙)ᄅᆞᆯ 뉘 전(傳)ᄒᆞ리
시름이 ᄀᆞ득ᄒᆞ니 ᄭᅮᆷ인ᄃᆞᆯ 이룰손가
매일(每日)의 노친(老親) 얼굴이 눈의 삼삼(森森)ᄒᆞ야라.
〈6수〉

동산(東山)을 올라 보니 고국(故國)도 멀셔이고
태행(太行)이 어드메오 구룸이 머흐레라
갈ᄉᆞ록 애일촌심(愛日寸心)*이 여림심연(如臨深淵)* ᄒᆞ여라.
〈7수〉

내 죄(罪)ᄅᆞᆯ 아ᄋᆞᆸ거니 **유찬(流竄)이 박벌(薄罰)***이라
지처(至處) **성은(聖恩)**을 어이 ᄒᆞ야 갑ᄉᆞ올고
노친(老親)도 플텨 혜시고 하 그리 마오쇼셔. 〈10수〉

하ᄂᆞᆯ이 놉흐시나 ᄂᆞᄌᆞᆫ ᄃᆡ를 드르시ᄂᆡ
일월(日月)이 갓가오샤 하토(下土)의 비최시ᄂᆡ
아ᄆᆞ라타 우리 모자지정(母子至情)을 ᄉᆞᆯ피실 제 업ᄉᆞ오랴.
〈11수〉

– 이담명, 〈사노친곡〉

* 친년: 어머님 연세
* 영로: 고갯길
* 애일촌심: 부모님을 모실 시간이 흐르는 것을 안타까워하는 마음
* 여림심연: 깊은 못 가에 있는 듯 조심스러움.
* 유찬이 박벌: 죄가 너무 커서 귀양 보내는 일이 오히려 가벼운 처벌임.

(가) 고전 시가 독해 공식

❶ 화자: (　　　　　　　　), 중심 대상: (　　　　　　　　)
❷ 화자의 상황: (　　　　　　　　　　　　　　　　)
정서, 태도: (　　　　　　　　　　　　　　　　)
❸ 표현상 특징: (　　　　　　　　　　　　　　　　)

(나) 고전 시가 독해 공식

❶ 화자: (　　　　　　　　), 중심 대상: (　　　　　　　　)
❷ 화자의 상황: (　　　　　　　　　　　　　　　　)
정서, 태도: (　　　　　　　　　　　　　　　　)
❸ 표현상 특징: (　　　　　　　　　　　　　　　　)

A18 ★★✿   2018(11월)/고2교육청 38

[A]와 [B]에 대한 설명으로 가장 적절한 것은?

① [A]와 달리 [B]는 직유법을 사용하여 대상의 속성을 드러내고 있다.

② [B]와 달리 [A]는 대구법을 사용하여 운율을 형성하고 있다.

③ [A]와 [B]는 모두 설의적 표현을 사용하여 의미를 강조하고 있다.

④ [A]와 [B]는 모두 의성어를 활용하여 대상의 생동감을 드러내고 있다.

⑤ [A]와 [B]는 모두 의인법을 활용하여 대상을 친근하게 드러내고 있다.

A19 ★★✿   2018(11월)/고2교육청 39

〈보기〉를 바탕으로 (가)와 (나)를 감상한 내용으로 적절하지 않은 것은? [3점]

> [보기]
>
> 　정쟁(政爭)으로 인한 낙향이나 유배는 많은 문학 작품 창작의 계기가 되었다. 이러한 작품에 드러난 그리움과 원망의 정서는 충과 효를 적극적으로 실현할 수 없는 작가의 처지에서 기인한다. 그리움은 이별의 슬픔, 임금에 대한 연모와 감사, 가족에 대한 염려 등으로 표출되며 이 과정에서 우의적 형상화가 나타나기도 한다. 또한 원망은 정치적 반대 세력에 대한 울분, 자신을 잊은 임금에 대한 서운함, 죄를 지은 자신에 대한 자책 등으로 드러난다.

① (가)는 임금을 떠난 작가의 처지를 '님'을 잃은 여인의 모습으로 설정함으로써 군신 관계를 우의적으로 형상화하여 드러내고 있군.

② (나)는 '노모'와의 거리감을 '영로는 수천리'로 나타내어 작가가 유배지에서 느끼는 가족과의 이별의 슬픔을 드러내고 있군.

③ (가)는 '내 몸의 지은 죄'를 생각하며 자신의 잘못을 탓하는 모습을, (나)는 '유찬이 박별'이라며 자신이 지은 죄를 인정하는 모습을 드러내고 있군.

④ (가)는 '셜워 플텨 혜'는 모습에서 임금에 대한 서운함을, (나)는 '구룸'이 험한 모습에서 정치적 반대 세력에 대한 울분을 드러내고 있군.

⑤ (가)는 죽어서 '낙월'이 되고 싶어 하는 모습을 통해 임금에 대한 연모를, (나)는 '성은'을 생각하는 모습을 통해 임금에 대한 감사를 드러내고 있군.

A20 ★★★   2018(11월)/고2교육청 40

(나)에 대해 이해한 내용으로 적절하지 않은 것은?

① 〈1수〉의 '봄은 오고 또 오'는 것에서 〈2수〉의 '도라갈 기약'이 실현될 것이라는 화자의 확신이 드러나는군.

② 〈2수〉의 '중야'에 '줌'을 이루지 못하고 흘리는 '눈물'을 통해 화자의 시름이 드러나는군.

③ 〈2수〉의 '천년은 칠십오'라는 것을 떠올리는 모습과 〈7수〉의 '갈ᄉ록 애일촌심'을 느끼는 모습에서 화자의 근심이 드러나는군.

④ 〈6수〉의 '매일' '노친 얼굴'을 떠올리는 모습과 〈7수〉의 '동산을 올라' '고국'을 바라보는 행위에는 화자의 간절함이 드러나는군.

⑤ 〈11수〉의 '모자지정을 슬피실' 때가 있으리라고 생각하는 것에서 화자의 기대감이 드러나는군.

A21 ★★★   2018(11월)/고2교육청 41

ⓐ와 ⓑ의 공통점으로 가장 적절한 것은?

① 화자의 소망을 실현시켜 주는 소재이다.

② 화자의 감정이 이입되어 있는 소재이다.

③ 화자가 추구하는 이상향을 드러내는 소재이다.

④ 자연에 대한 화자의 경외감을 보여 주는 소재이다.

⑤ 화자가 처한 현실 상황을 깨닫게 하는 소재이다.

삼삼오오(三三五五) 야유원(冶遊園) 에 새 사람이 나단 말가
꽃 피고 날 저물 제 정처(定處) 없이 나가 있어
㉠백마금편(白馬金鞭)*으로 어디어디 머무는고
원근(遠近)을 모르거니 소식(消息)이야 더욱 알랴
인연(因緣)을 긋쳐신들 생각이야 업슬소냐
얼굴을 못 보거든 그립기나 마르려면
열두 때 김도 길샤 서른 날 지리(支離)하다
㉡옥창(玉窓)에 심은 매화(梅花) 몇 번이나 피여 진고
겨울밤 차고 찬 제 자최눈 섞어 치고
여름날 길고 길 제 궂은비는 무슨 일고
삼춘화류(三春花柳) 호시절(好時節)에 경물(景物)이 시름없다
㉢가을 달 방에 들고 실솔(蟋蟀)이 상(床)에 울 제
긴 한숨 지는 눈물 속절없이 헴만 많다
아마도 모진 목숨 죽기도 어려울사
돌이켜 풀쳐 헤니 이리 하여 어이 하리
청등(靑燈)을 돌려놓고 녹기금(綠綺琴) 빗기 안아
벽련화(碧蓮花) 한 곡조를 시름 조차 섞어 타니
소상야우(瀟湘夜雨)의 댓소리 섯도는 듯
화표(華表) 천 년(千年)의 별학(別鶴)이 우니는 듯
옥수(玉手)의 타는 수단(手段) 옛 소리 있다마는
부용장(芙蓉帳) 적막(寂寞)하니 뉘 귀에 들리소니
㉣간장(肝腸)이 구곡(九曲) 되어 굽이굽이 끊겼어라

[A]
> 차라리 잠을 들어 꿈에나 보려 하니
> 바람에 지는 잎과 풀 속에 우는 즘생
> 무슨 일 원수로서 잠조차 깨우는가
> 천상(天上)의 견우직녀(牽牛織女) 은하수(銀河水) 막혔어도
> ㉤칠월칠석(七月七夕) 일년일도(一年一度) 실기(失期)치 아니거든
> 우리 님 가신 후는 무슨 약수(弱水)* 가렸기에
> 오거나 가거나 소식(消息)조차 그쳤는가
> 난간(欄干)에 비겨 서서 님 가신 데 바라보니
> 초로(草露)는 맺혀 있고 모운(暮雲)이 지나갈 제
> 죽림(竹林) 푸른 곳에 새소리 더욱 설다
> 세상의 서른 사람 수없다 하려니와
> 박명(薄命)한 홍안(紅顔)이야 나 같은 이 또 있을까
> 아마도 이 님의 탓으로 살동말동 하여라

– 허난설헌, 〈규원가(閨怨歌)〉

* 백마금편: 훌륭한 말과 값비싼 채찍
* 약수: 전설에 등장하는 강. 부력이 약해서 기러기의 깃털도 가라앉는 다고 함.

---

❶ 화자: (   ), 중심 대상: (   )
❷ 화자의 상황: (   )
    정서, 태도: (   )
❸ 표현상 특징: (   )

A22 ✶✶✤   2015(6월)/고2교육청 37

㉠~㉤에 대한 이해로 적절하지 않은 것은?

① ㉠: 임의 화려한 모습을 언급하며 거처를 알 수 없는 임에 대한 심정을 드러내고 있다.

② ㉡: 자연의 변화를 활용하여 임과 헤어져 있는 시간이 길었음을 드러내고 있다.

③ ㉢: 계절감이 드러나는 소재를 통해 자신의 외로운 처지를 부각하고 있다.

④ ㉣: 과장된 표현을 사용하여 임을 기다리다 시름과 한이 쌓였음을 강조하고 있다.

⑤ ㉤: 설화적 인물과 자신의 처지를 동일시하여 임과의 재회가 어렵다는 것을 보여 주고 있다.

A23 ✶✶✤   2015(6월)/고2교육청 38

야유원(冶遊園) 과 부용장(芙蓉帳) 을 비교한 내용으로 가장 적절한 것은?

① '야유원'은 화자가 지향하는 공간, '부용장'은 화자가 벗어나고자 하는 공간이다.

② '야유원'은 임이 화자를 기다리는 공간, '부용장'은 화자가 임을 기다리는 공간이다.

③ '야유원'은 임이 있을 것으로 추측하는 공간, '부용장'은 임의 부재를 느끼는 공간이다.

④ '야유원'은 화자가 타인들과 어울리는 공간, '부용장'은 화자가 타인들로부터 벗어난 공간이다.

⑤ '야유원'은 임과 이별과 만남을 반복한 시련의 공간, '부용장'은 임과 이별한 후에 정착한 도피의 공간이다.

[A]와 〈보기〉를 비교하여 감상한 내용으로 적절하지 <u>않은</u> 것은? [3점]

> **[보기]**
>
> 꿈에나 님을 보려 턱 받치고 기댔으니
> 앙금(鴦衾)*도 차도 찰샤 이 밤은 언제 샐고
> 하루도 열두 때 한 달도 서른 날
> 잠시라도 생각 말아 이 시름 잊자 하니
> 마음에 맺혀 있어 뼛속까지 사무치니
> 편작(扁鵲)*이 열이 온들 이 병을 어찌 하리
> 어와 내 병이야 이 님의 탓이로다
> 차라리 죽어서 범나비 되리라
> 꽃나무 가지마다 간 데 족족 앉았다가
> 향 묻은 날개로 님의 옷에 옮으리라
> 님이야 나인 줄 모르셔도 내 님 좇으려 하노라
>
> – 정철, 〈사미인곡(思美人曲)〉 중
>
> * 앙금: 원앙을 수놓은 이불
> * 편작: 중국 춘추 시대의 명의(名醫)

① [A]와 〈보기〉 모두 화자는 꿈을 통해서라도 임과 만나기를 바라고 있다.

② [A]와 〈보기〉 모두 화자는 자신의 처지에 대해 임을 탓하는 태도를 보이고 있다.

③ [A]와 〈보기〉 모두 청각적 심상을 통해 임과 이별한 화자의 정서를 드러내고 있다.

④ 〈보기〉의 화자는 [A]의 화자보다 임과 함께하고자 하는 적극적 의지를 보이고 있다.

⑤ 〈보기〉의 화자와 달리 [A]의 화자는 자연물에 감정을 이입하여 자신의 심정을 표현하고 있다.

[A25~27] 다음 글을 읽고 물음에 답하시오.

(가) 두터비 파리를 물고 두엄 우희 치다라 안자
　　것넌 산 바라보니 백송골(白松鶻)*이 떠 잇거늘 가슴이 금즉하여 풀덕 뛰여 내닷다가 두엄 아래 잣바지거고
　　모쳐라 날낸 낼싀만정 에헐*질 번 하괘라

　　　　　　　　　　　　　　　– 작자 미상의 사설시조

(나) 모첨(茅簷)의 달이 진 제 첫 잠을 얼핏 깨여
　　반벽 잔등(半壁殘燈)을 의지 삼아 누었으니
　　일야(一夜) 매화가 발하니 님이신가 하노라

　　　　　　　　　　　　　　　　　　　　〈제1수〉

　　아마도 이 벗님이 풍운(風韻)*이 그지없다
　　옥골 빙혼(玉骨氷魂)*이 냉담도 하는구나
　　풍편(風便)*의 그윽한 향기는 세한 불개(歲寒不改)* 하구나

　　　　　　　　　　　　　　　　　　　　〈제2수〉

　　천기(天機)도 묘할시고 네 먼저 춘휘(春暉)*로다
　　한 가지 꺾어 내어 이 소식 전(傳)차 하니
　　님께서 너를 보시고 반기실까 하노라

　　　　　　　　　　　　　　　　　　　　〈제3수〉

　　님이 너를 보고 반기실까 아니실까
　　기년(幾年)* 화류(花柳)의 취한 잠 못 깨었는가
　　두어라 다 각각 정이니 나와 늙자 하노라

　　　　　　　　　　　　　　　　　　　　〈제4수〉

　　　　　　　　　　　　　　　　　　– 권섭, 〈매화〉

* 백송골: 송골매
* 에헐: 어혈. 타박상 등으로 피부에 피가 맺힌 것
* 풍운: 풍류와 운치
* 옥골 빙혼: 매화의 별칭. '옥골'은 깨끗한 용모를, '빙혼'은 얼음과 같이 맑고 깨끗한 넋을 의미함.
* 풍편: 바람결
* 세한 불개: 추운 계절에도 바뀌지 않음.
* 춘휘: 봄의 햇볕
* 기년: 몇 해

★ **(가) 고전 시가 독해 공식**

❶ 화자: (　　　　　　　　　), 중심 대상: (　　　　　　　)
❷ 화자의 상황: (　　　　　　　　　　　　　　　　)
　정서, 태도: (　　　　　　　　　　　　　　　　　)
❸ 표현상 특징: (　　　　　　　　　　　　　　　　)

★ **(나) 고전 시가 독해 공식**

❶ 화자: (　　　　　　　　　), 중심 대상: (　　　　　　　)
❷ 화자의 상황: (　　　　　　　　　　　　　　　　)
　정서, 태도: (　　　　　　　　　　　　　　　　　)
❸ 표현상 특징: (　　　　　　　　　　　　　　　　)

(가)와 (나)의 표현상의 공통점으로 가장 적절한 것은?

① 설의적 표현을 통해 주관적 정서를 강화하고 있다.
② 과거와 현재를 대비하여 주제 의식을 강조하고 있다.
③ 대상에 인격을 부여하여 시적 상황을 표현하고 있다.
④ 감각적 이미지를 활용하여 계절적 배경을 드러내고 있다.
⑤ 말을 건네는 방식으로 대상과의 친밀감을 나타내고 있다.

〈보기〉의 선생님의 질문에 대한 대답으로 가장 적절한 것은?

[보기]

선생님: (가)의 경우 화자가 일관되게 유지된다는 견해와 시상 전개 과정에서 원래 시적 대상이던 '두터비'가 화자로 바뀐다는 견해가 양립하고 있습니다. 만약 (가)의 중장부터 화자가 '두터비'로 바뀐다고 가정한다면 어떻게 이해할 수 있을까요?

① 중장에서 '백송골'과 '두터비' 사이의 우열 관계가 역전될 것입니다.
② 중장에서 '백송골'과 '두터비' 사이의 갈등의 원인을 다각적으로 살펴볼 수 있을 것입니다.
③ 중장은 '두터비'가 자신이 체험한 상황과 그에 대한 감정을 직접적으로 드러냈다고 볼 수 있을 것입니다.
④ 종장에서 부정적인 상황에 맞서려는 '두터비'의 의지가 부각될 것입니다.
⑤ 종장은 '두터비'가 과거의 행적을 반성적으로 성찰하는 독백이 될 것입니다.

〈보기〉를 참고하여 (나)를 감상한 내용으로 적절하지 않은 것은? [3점]

[보기]

권섭은 시류에 영합하지 않고 고결한 정신적 경지를 추구하는 것을 바람직하게 여겼는데, 자연물 중에서 매화의 속성이 고결하다고 생각해 매화에 대한 애정을 드러내는 여러 편의 시가를 창작했다. (나)는 이러한 작품들 중의 하나로 알려져 있는데, 매화를 선비의 지조에 빗대어 예찬하는 태도, 매화의 아름다움을 감상하면서 흥취를 느끼는 태도 등이 나타나 있다.

① '일야'는 화자가 매화의 아름다움을 감상하는 시간적 배경으로 볼 수 있군.
② '풍운이 그지없다'는 매화를 바라보며 흥취를 느끼는 화자의 태도로 볼 수 있군.
③ '세한 불개'는 화자가 계절적 배경을 통해 매화의 고결한 속성을 부각한 것으로 볼 수 있군.
④ '한 가지 꺾어 내어'는 선비의 지조를 인정하지 않는 시류에 대한 화자의 안타까움을 드러낸 것으로 볼 수 있군.
⑤ '나와 늙자 하노라'는 매화에 대한 애정을 토대로 화자가 바라는 상황을 제시한 것으로 볼 수 있군.

[A 28~30] 다음 글을 읽고 물음에 답하시오.

금강대 맨 우층의 선학(仙鶴)이 삿기 치니
춘풍 옥적성(玉笛聲)의 첫잠을 깨돗던디
호의현상*이 반공(半空)의 소소 뜨니
서호 넷 주인*을 반겨셔 넘노는 듯
소향로 대향로 눈 아래 구버보고
정양사 진헐대 고텨 올나 안즌마리
여산 진면목이 여긔야 다 뵈는구나
어와 조화옹이 헌사토 헌사할샤

　┌ 날거든 뛰디 마나 섯거든 솟디 마나
[A] 부용(芙蓉)을 고잣는 듯 백옥(白玉)을 뭇것는 듯
　└ 동명(東溟)*을 박차는 듯 북극(北極)을 괴왓는 듯

놉흘시고 망고대 외로올샤 혈망봉이
하늘의 추미러 므스 일을 사로려
천만겁(千萬劫) 디나도록 구필 줄 모르느냐
어와 너여이고 너 가트니 또 잇는가
개심대 고텨 올나 중향성 바라보며
만이천봉을 녁녁(歷歷)히 혀여 하니
봉마다 맷쳐 잇고 긋마다 서린 긔운
맑거든 조티 마나 조커든 맑디 마나
뎌 긔운 흐터 내야 인걸을 만들고쟈
형용도 그지업고 톄세(體勢)도 하도 할샤
천지 삼기실 제 자연이 되연마는
이제 와 보게 되니 유정(有情)도 유정할샤
　　　　　　　(중략)

그 알픠 너러바회 화룡소 되어셰라
천년 노룡(老龍)이 구비구비 서려 이셔
주야의 흘녀 내여 창해(滄海)예 니어시니
풍운을 언제 어더 삼일우(三日雨)를 디련느냐
음애예 이온 플*을 다 살와 내여스라
마하연 묘길상 안문재 너머 디여
외나모 써근 다리 불정대 올라 하니
천심(千尋) 절벽을 반공애 셰여 두고
은하수 한 구비를 촌촌이 버혀 내여
실가티 플텨 이셔 베가티 거러시니
도경(圖經) 열두 구비 내 보매는 여러히라
이적선 이제 이셔 고텨 의논하게 되면
여산*이 여긔도곤 낫단 말 못 하려니
　　　　　　　　　－ 정철, 〈관동별곡〉

* 호의현상: 흰 저고리에 검은 치마란 뜻으로 학을 가리킴.
* 서호 넷 주인: 송나라 때 서호에서 학을 자식으로 여기며 살았던 은사
(隱士) 임포.
* 동명: 동해 바다
* 음애예 이온 플: 그늘진 벼랑에 시든 풀
* 여산: 당나라 시인 이백(이적선)의 시구에 나오는 중국의 명산

A28 ✽✽✽　　　　　　　2021(6월)/평가원 38

윗글에 대한 설명으로 가장 적절한 것은?

① '금강대'에서 '진헐대'로 이동하면서 자연에 대한 화자의 이중적 태도를 보여 주고 있다.
② '진헐대'와 '불정대'에서는 이미지의 대립을 통해 화자의 내적 갈등이 고조되고 있다.
③ '개심대'에서는 선경후정의 방식으로 화자가 바라본 풍경과 그에 대한 감흥이 서술되고 있다.
④ '화룡소'에서는 화자의 시선이 원경에서 근경으로 이동하며 대상의 특징을 묘사하고 있다.
⑤ '화룡소'에서 '불정대'까지의 이동 경로를 드러내지 않아 시상이 빠르게 전개되고 있다.

A29 ✽✽✽　　　　　　　2021(6월)/평가원 39

[A]를 이해한 내용으로 적절하지 않은 것은?

① 봉우리를 '부용'을 꽂고 '백옥'을 묶은 듯한 시각적 형상으로 묘사하여 대상의 아름다움을 표현하였다.
② 봉우리를 '백옥', '동명'과 같은 무생물에 빗대어 대상에서 느낄 수 있는 자연의 영속성을 표현하였다.
③ 봉우리를 '동명'을 박차고 '북극'을 받치는 듯한 모습에 빗대어 대상의 웅장한 느낌을 표현하였다.
④ '날거든 뛰디 마나 섯거든 솟디 마나'와 같이 행위를 부각하는 대구를 통해 봉우리의 역동적인 느낌을 표현하였다.
⑤ '고잣는 듯', '박차는 듯'과 같이 상태나 동작을 보여 주는 유사한 통사 구조의 나열을 통해 봉우리의 다채로운 면모를 표현하였다.

〈보기〉를 바탕으로 윗글을 감상한 내용으로 적절하지 않은 것은? [3점]

[보기]

　　조선의 사대부들은 자연에 하늘의 이치[天理]가 구현된 것으로 보았으며, 그들 중 대부분은 자연의 미를 관념적으로 형상화하였다. 한편 〈관동별곡〉의 작가는 자연의 미를 현실에서 발견하여 사실감 있게 묘사함으로써 그들과의 차별성을 드러내었다. 또한 그는 자연을 바라보며 사회적 책무를 떠올리고 자연에 투사된 이상적 인간상을 모색하기도 하였다.

① '혈망봉'을 '천만겁'이 지나도록 굽히지 않는 존재로 본 것은, 작가가 지향하는 이상적 인간상을 자연에 투사한 것이군.

② '개심대'에서 '더 고운 흐터 내야 인걸을 만들'겠다는 의지를 드러낸 것은, 작가가 자연을 바라보며 자신의 사회적 책무를 인식하고 있음을 보여 주는군.

③ '중향성'을 바라보며 천지가 '자연이 되'었다고 본 것은, 자연의 미가 하늘의 이치가 구현된 인간 사회의 영향을 받는다고 생각하는 작가의 인식을 보여 주는군.

④ '불정대'에서 본 폭포의 아름다움을 '실'이나 '베'와 같은 구체적 사물을 활용하여 표현한 것은, 자연을 사실감 있게 나타내려는 작가의 태도를 반영한 것이군.

⑤ '불정대'에서 본 풍경을 중국의 '여산'과 비교하며 우리 자연의 아름다움을 강조한 것은, 관념이 아닌 현실에서 아름다움을 발견하는 작가의 차별성을 보여 주는군.

[A 31~35] 다음 글을 읽고 물음에 답하시오. ────

(가) ㉠홍진(紅塵)에 뭇친 분네 이 내 생애 엇더ᄒᆞ고
　　녯사름 풍류를 미츨가 못 미츨가
　　천지간 남자 몸이 날만 ᄒᆞᆫ 이 하건마ᄂᆞᆫ
　　산림에 뭇쳐 이셔 지락(至樂)을 ᄆᆞᄅᆞᆯ 것가
　　ⓐ수간모옥(數間茅屋)을 벽계수(碧溪水) 앒픠 두고
　　송죽 울울리*예 풍월주인 되여셔라
　　엇그제 겨을 지나 새봄이 도라오니
　　도화행화(桃花杏花)ᄂᆞᆫ 석양리(夕陽裏)예 퓌여 잇고
　　녹양방초(綠楊芳草)ᄂᆞᆫ 세우(細雨) 중에 프르도다
　　칼로 ᄆᆞᆯ아 낸가 붓으로 그려 낸가
　　조화신공(造化神功)이 물물마다 헌ᄉᆞ롭다
　　수풀에 우ᄂᆞᆫ 새는 춘기(春氣)를 ᄆᆞᆺ내 계워 소리마다 교태로다
　　물아일체(物我一體)어니 흥이이 다를소냐
　　시비예 거러 보고 ⓑ정자애 안자 보니
　　소요음영*ᄒᆞ야 산일(山日)이 적적ᄒᆞᆫᄃᆡ
　　한중진미(閒中眞味)를 알 니 업시 호재로다
　　㉡이바 니웃드라 산수 구경 가쟈스라
　　답청(踏靑)으란 오ᄂᆞᆯ ᄒᆞ고 욕기(浴沂)란 내일 ᄒᆞ새
　　아츰에 채산(採山)ᄒᆞ고 나조ᄒᆡ 조수(釣水)ᄒᆞ새
　　ᄀᆞᆺ 괴여 닉은 술을 갈건(葛巾)으로 밧타 노코
　　곳나모 가지 것거 수 노코 먹으리라
　　화풍(和風)이 건ᄃᆞᆺ 부러 녹수(綠水)를 건너오니
　　청향(淸香)은 잔에 지고 낙홍(落紅)은 옷새 진다
　　㉢준중(樽中)이 뷔엿거ᄃᆞ 날ᄃᆞ려 알외여라
　　소동 아ᄒᆡ ᄃᆞ려 주가에 술을 믈어
　　얼운은 막대 집고 아ᄒᆡᄂᆞᆫ 술을 메고
　　미음완보(微吟緩步)ᄒᆞ야 ⓒ시냇ᄀᆞ의 호자 안자
　　명사(明沙) 조ᄒᆞᆫ 믈에 잔 시어 부어 들고
　　청류(淸流)를 굽어보니 ᄭᅥ오ᄂᆞ니 도화(桃花) ᅵ 로다
　　무릉이 갓갑도다 져 ᄆᆡ이 건 거인고
　　　　　　　　　　　　　　　　　　　　－ 정극인, 〈상춘곡〉

* 울울리: 빽빽하게 우거진 속.
* 소요음영: 자유로이 천천히 걸으며 시를 읊조림.

(나) ⓓ고산구곡담(高山九曲潭)을 사름이 모로더니
　　주모복거(誅茅卜居)ᄒᆞ니 벗님ᄂᆡ 다 오신다
　　어즈버 무이를 상상ᄒᆞ고 학주자(學朱子)를 ᄒᆞ리라
　　　　　　　　　　　　　　　　　　　　　　　〈1수〉

　　일곡은 어ᄃᆡ미오 ⓔ관암에 ᄒᆡ 비췬다
　　평무(平蕪)에 ᄂᆡ 거드니 원산(遠山)이 그림이로다
　　송간(松間)에 녹준*을 노코 벗 오ᄂᆞᆫ 양 보노라
　　　　　　　　　　　　　　　　　　　　　　　〈2수〉

이곡은 어딘미오 화암에 춘만(春晚)커다
벽파*에 곳을 씌워 야외로 보닉노라
ⓔ사룸이 승지(勝地)를 모로니 알게 흔들 엇더리
〈3수〉

오곡은 어딘미오 은병(隱屏)이 보기 됴타
수변(水邊) 정사는 소쇄홈*도 ㄱ이 업다
이 중에 강학(講學)도 ㅎ려니와 영월음풍ㅎ리라
〈6수〉

칠곡은 어딘미오 ⓕ풍암에 추색(秋色) 됴타
청상(淸霜) 엷게 치니 절벽이 금수(錦繡) | 로다
한암(寒巖)에 혼ᄌ셔 안쟈 집을 잇고 잇노라
〈8수〉

구곡은 어딘미오 문산에 세모(歲暮)커다
기암괴석이 눈 속에 무쳐셰라
ⓜ유인(遊人)은 오지 아니ㅎ고 볼 것 업다 ㅎ더라
〈10수〉
– 이이, 〈고산구곡가〉

* 녹준: 술잔 또는 술동이
* 벽파: 푸른 물결
* 소쇄홈 : 기운이 맑고 깨끗함.

A31 ✿✿✿　　　　　　　　　　　　2020(9월)/평가원 16

(가)와 (나)의 공통점으로 가장 적절한 것은?

① 과거를 회상하며 현실의 덧없음을 환기하고 있다.
② 음성 상징어의 사용으로 생동감을 부각하고 있다.
③ 점층적인 표현으로 대상과의 거리감을 강조하고 있다.
④ 역사적 인물들을 호명하여 회고적 분위기를 조성하고 있다.
⑤ 자연물을 통하여 시간적 배경을 시각적으로 드러내고 있다.

A32 ✿✿✿　　　　　　　　　　　　2020(9월)/평가원 17

〈보기〉를 참고하여 ㉠~㉤을 설명한 내용으로 가장 적절한 것은?

> [보기]
>
> 　조선 전기의 시조와 가사는 노래로 향유되며, 사대부들이 서로의 문화적 동질성을 확인하는 데 활용되었다. 이러한 갈래적 특성으로 인해 사대부 시가에는 대화 상황이 연상되는 여러 표현으로 공감을 유도하는 방식이 관습화되었다.

① ㉠에서는 청자와 화자가 서로 동질적인 삶을 살고 있음을 질문하기를 통해 확인하고 있다.
② ㉡에서는 청자를 불러들여 함께했던 지난날의 경험을 상기시키며 동질성 회복을 권유하고 있다.
③ ㉢에서는 화자가 상대의 부탁을 수용하며 자신과 뜻을 같이할 것을 청자에게 명령하고 있다.
④ ㉣에서는 사람들을 일깨우려는 화자의 생각을 청자에게 묻는 방식으로 제시해 공감을 유도하고 있다.
⑤ ㉤에서는 눈으로 확인한 사실만을 믿어야 한다고 주장하는 이의 말을 청자에게 전하며 조언을 구하고 있다.

A33 ✿✿✿　　　　　　　　　　　　2020(9월)/평가원 18

(가)에 대한 감상으로 적절하지 않은 것은?

① 자신의 삶을 옛사람과 비교하며 스스로를 풍월주인이라 여기는 데에서 화자의 자부심이 드러나는군.
② 붓으로 그린 듯한 숲 속에서 봄의 흥을 노래하는 새를 바라보는 데에서 새에 대한 화자의 부러움이 드러나는군.
③ 오늘과 내일, 아침과 저녁에 할 일들을 나열하는 데에서 하고 싶은 일에 대한 화자의 기대감이 드러나는군.
④ 맑은 향이 담긴 술잔과 옷에 떨어지는 꽃잎을 주목하는 데에서 자연과 화자의 일체감이 드러나는군.
⑤ 시냇물에 떠내려오는 도화를 보며 이상향을 연상하는 데에서 화자의 고조되는 감흥이 드러나는군.

A34 ★★★
2020(9월)/평가원 19

ⓐ~ⓕ를 중심으로 (가)와 (나)를 이해한 내용으로 적절하지 않은 것은?

① (가)의 화자는 거처인 ⓐ를 나와 ⓑ와 ⓒ의 장소들로 옮겨 다니고 있다.

② (나)의 화자가 소개하는 ⓔ와 ⓕ는 ⓓ를 구성하는 장소들이라는 점에서 서로 대등한 관계에 있다.

③ (가)와 (나)의 화자는 각각 ⓑ와 ⓔ를 주위에서 가장 빼어난 경치를 볼 수 있는 곳이라고 예찬하고 있다.

④ (가)의 화자는 ⓐ에 인접한 맑은 풍경을, (나)의 화자는 자신이 ⓓ에 터를 정함으로써 생긴 변화를 드러내고 있다.

⑤ (가)의 화자는 ⓒ에서 주변으로 시선을 보내고 있고, (나)의 화자는 ⓕ를 향해 시선을 보내고 있다.

A35 ★★❀
2020(9월)/평가원 20

〈보기〉를 활용하여 (나)를 탐구한 내용으로 적절하지 않은 것은? [3점]

> [보기]
>
> 이이의 생애를 기록한 연보에는, 그가 고산구곡에 정사를 건립한 일이 주자가 무이구곡의 은병에서 후학을 양성한 것을 본받았다는 점과 〈고산구곡가〉의 창작 이후 이곳을 찾는 이들이 더 많아졌다는 사실이 기록되어 있다. 한편 그가 고산구곡의 곳곳에서 지인들과 교유한 경험을 소개한 〈송애기〉에는 욕심 없는 마음으로 자연과 인간이 별개가 아님을 느끼고, 자연으로부터 마음을 바르게 하는 도리를 찾으면 군자의 참된 즐거움을 누릴 수 있다는 그의 생각이 나타나 있다.

① 고산구곡에서의 생활에 대한 〈송애기〉의 기록을 참고할 때, 고산구곡이 작자와 '벗님'들의 교유 장소로도 활용되었음을 추리할 수 있겠군.

② 작품 창작 이후와 관련한 연보의 기록을 참고할 때, '학주자'를 하려는 작자의 선택에 대한 사람들의 긍정적 반응을 추측할 수 있겠군.

③ 정사에 대한 연보의 기록을 참고할 때, '은병'이 주자를 학문적으로 계승하기 위해 선택된 공간이기도 했음을 짐작할 수 있겠군.

④ 참된 즐거움과 관련한 〈송애기〉의 기록을 참고할 때, '강학'과 '영월음풍'이 모순 없이 서로 어울릴 수 있는 행위임을 유추할 수 있겠군.

⑤ 자연의 감상에 대한 〈송애기〉의 기록을 참고할 때, 바위를 덮은 '눈'에서 자연과 합일을 이루려는 인간의 의지를 엿볼 수 있겠군.

[A36~39] 다음 글을 읽고 물음에 답하시오.

(가) 어제 밤 부든 바람 금성(金聲)이 완연(宛然)하다
　　고침단금(孤枕單衾) 깊이 든 밤 상사몽(相思夢) 훌쩍 깨여
　　㉠죽창(竹窓)을 반만 열고 막막히 앉아보니
　┌ 창창한 만리장공 여름 구름이 흩어지고
[A]│ 천연한 이 강산에 찬 기운이 새로워라
　└ 심사도 창연(愴然)한데 물색도 유감하다
　┌ 정원에 부는 바람 이한(離恨)을 알리는 듯
[B]└ 추국(秋菊)에 맺힌 이슬 별루(別淚)를 머금은 듯
　┌ 실 같은 버들 남쪽 봄 꾀꼬리 이미 돌아가고
[C]└ 소월비파 동정호에 가을 잔나비 슬피운다
　┌ 임 여희고 썩은 간장 하마터면 끈치리라
[D]└ 삼춘(三春)에 즐기던 일 예련가 꿈이련가
　　　　　　　(중략)
　　지척 동방 천 리되어 바라보기 묘연(杳然)하고
　　은하작교(銀河鵲橋) 끈쳤으니 건너갈 길 아득하다
　　㉡인정이 끈쳤으면 차라리 잊히거나
　　아름다운 자태거동 이목(耳目)에 매여 있어
　　못 보아 병이 되고 못 잊어 원수로다
　　천수만한(千愁萬恨) 가득한데 끝끝치 느끼워라
　　하물며 이는 ㉢추풍(秋風) 별회(別懷)를 부쳐내니
　　눈앞에 온갖 것이 전혀 다 시름이라
　　바람 앞에 지는 잎과 풀 속에 우는 짐승
　　무심히 듣게 되면 관계할 바 없건마는
　┌ 유유별한(悠悠別恨) 간절한데 소리소리 수성(愁聲)이라
[E]└ 아해야 술부어라 행여나 회포 풀까
　　　　　　　　　　－ 작자 미상, 〈추풍감별곡(秋風感別曲)〉

(나) 녯 사름 이젯 사름 이목구비(耳目口鼻) ᄀᆞᆺ것마ᄂᆞᆫ
　　나 혼자 엇디 ᄒᆞ야 녯 사름을 그리ᄂᆞᆫ고
　　이제도 녯 사름 겨시니 긔 내 벗인가 ᄒᆞ노라
　　　　　　　　　　　　　　　〈제1수〉

　　청송(靑松)으로 울흘 삼고 ㉣백운(白雲)으로 장(帳) 두로고
　　초옥삼간(草屋三間)이 숨어 겨신 져 내 벗님
　　흉중(胸中)에 사념(邪念)이 업스니 그를 ᄉᆞ랑ᄒᆞ노라
　　　　　　　　　　　　　　　〈제4수〉

　　벗님 사ᄂᆞᆫ 땅을 싱각고 ᄇᆞ라보니
　　용추동(龍湫洞) 밧ᄭᅵ오 구룸ᄃᆞ리 우희로다
　　밤마다 외로운 ᄭᅮᆷ만 호자 ᄃᆞ녀 오노라
　　　　　　　　　　　　　　　〈제5수〉

민는 첩첩(疊疊)ᄒ고 구룸은 자자시니
고인(故人)의 집 땅이 ᄇ라도 볼셩업다
ᄆ음만 길 알아 두고 오락가락 ᄒ노라

〈제7수〉

ㅁ상산(商山)의 영지(靈芝) 캐러 구태여 넷이 가리런가
좃츠 리 업슨듸 우리 둘이 가사이다
세상(世上)의 어즈러온 일들 듯도 보도 마사이다

〈제9수〉

– 정훈, 〈월곡답가(月谷答歌)〉

A36 ✽✽✽ 　　　　　　2019(7월)/교육청 42

(가)와 (나)의 공통점으로 가장 적절한 것은?

① 대상에게 흠모의 정을 느끼는 화자가 부재하는 대상을 그리워하는 태도를 보이고 있다.

② 사랑하는 대상에게 외면당한 화자가 자신의 현실에 대해 체념하는 태도를 보이고 있다.

③ 세상 사람들에게 인정받지 못하는 화자가 세상에 대하여 냉소적인 태도를 보이고 있다.

④ 사모하는 대상을 지키지 못한 화자가 자신의 행동에 대해 후회하는 태도를 보이고 있다.

⑤ 인생의 덧없음을 느끼는 화자가 삶의 의미를 찾기 위해 자신을 성찰하는 태도를 보이고 있다.

A37 ✽✽✽ 　　　　　　2019(7월)/교육청 43

㉠~㉤에 대한 이해로 가장 적절한 것은?

① ㉠: 임과의 만남을 가능하게 하는 통로이다.

② ㉡: 돌아오지 않는 임을 원망하는 화자의 심정이다.

③ ㉢: 임에 대한 화자의 정서를 심화시키는 자연물이다.

④ ㉣: 화자와 임과의 만남을 방해하는 장애물이다.

⑤ ㉤: 화자가 연모하는 임과 함께 지내는 공간이다.

A38 ✽✽✽ 　　　　　　2019(7월)/교육청 44

[A]~[E]에 대한 이해로 적절하지 않은 것은?

① [A]: 감각적 이미지를 활용하여 화자가 느끼는 계절의 변화에 대한 정서를 표현하고 있다.

② [B]: 동일한 문장 구조를 반복하여 화자의 정서와 조응하는 시적 분위기를 자아내고 있다.

③ [C]: 화자의 정서가 투영된 대상을 의인화하여 화자의 정서를 우회적으로 드러내고 있다.

④ [D]: 회상의 방식을 사용하여 과거와 달라진 현재 상황에서 느끼는 화자의 정서를 부각하고 있다.

⑤ [E]: 화자의 처지와 대비되는 대상을 활용하여 화자의 정서를 드러내고 있다.

A39 ✽✽✽ 　　　　　　2019(7월)/교육청 45

〈보기〉를 바탕으로 (나)를 감상한 내용으로 적절하지 않은 것은?

[3점]

[보기]

'우도(友道)'란 벗을 사귀는 데 중요한 덕목으로, 사대부 시가에서 '우도'는 신의와 공경, 충효 등의 유교적 이념이나 풍류와 은거 등의 친자연적 삶의 모습과 같이 작가가 추구하는 가치를 드러내는 방식으로 활용되었다.

이 작품에서 작가는 임진왜란 때 의병장이었던 월곡 우배선을 벗으로 설정하고 있다. 월곡은 자신들의 안위를 위해 백성을 외면한 지배층과는 달리 왜적에 맞서 백성들을 보살폈고, 전란 후에는 벼슬에 연연하지 않고 초야에 은둔했던 삶을 살았다. 작가는 '우도'를 통해 월곡을 추모하며 충의를 중시했던 월곡의 내면에 동조하려는 의식을 보이고 있다.

① 〈제1수〉에서 작가는 의병장이었던 '월곡'을 '벗'으로 지칭함으로써 '월곡'의 삶을 긍정적으로 바라보는 자신의 인식을 드러내고 있군.

② 〈제4수〉에서 작가는 '초옥삼간'에서 '사념'이 없이 살고 있는 벗을 사랑한다고 표현함으로써 벗이 지향하는 가치를 높이 평가하고 있음을 드러내고 있군.

③ 〈제5수〉에서 작가는 벗이 있는 공간인 '구룸ᄃ리' 위를 'ᄭ움'에서나마 다녀옴으로써 벗을 만나고 싶은 간절함을 드러내고 있군.

④ 〈제7수〉에서 작가는 벗의 '집'을 '민'와 '구룸'에 묻혀 있는 은거의 공간으로 설정함으로써 '민'와 '구룸'을 매개로 자신이 추구하는 친자연적 삶의 가치를 드러내고 있군.

⑤ 〈제9수〉에서 작가는 '우리'라는 시어를 통해 벗과의 동질감을 표현하며 '어즈러온 일'에 대한 경계를 나타냄으로써 현실에 대한 인식을 드러내고 있군.

✿ 정답 및 해설 34~38p

황민시절(黃梅時節) 떠난 이별 만학단풍(萬壑丹楓) 느겻스니
상ᄉ일념(相思一念) 무한ᄉ*는 져도 나를 그리련이
구든 언약 깁흔 정을 닌들 어이 이졋슬가
인간의 일이 만코 조물(造物)이 시긔런지
삼ᄒ삼추(三夏三秋) 지나가고 낙목한천(落木寒天) 또 되엿ᄂᆡ
운산이 머럿쓰니 소식인들 쉬울손가
딕인난* 긴 한숨의 눈물은 몃때런고
흉중의 ㉠불이 나니 구회간장 다타간다
인간의 물로 못끄난 불이라 업것마는
닉 가삼 틱우는 불은 ㉡물노도 어이 못끄난고
ᄌ네 사정 닉가 알고 닉 사정 ᄌ네 알니
세우ᄉ창(細雨紗窓) 저문 날과 소소상풍 송안성*의
상ᄉ몽(相思夢) 놀나 ᄭᅵ여 믹믹키* 싱각ᄒ니
방춘화류(芳春花柳) 조흔 시절 강누ᄉ찰 경기둇ᄎ*
일부일 월부월의 운우지락(雲雨之樂) 협흡할제*
청산녹수 증인두고 ᄎᄉᆼ빅년 서로 밍세
못보와도 병이 되고 더듸 와도 성화로세
오는 글발 가는 ᄉ연 ᄌᄌ획획 다정턴이
엇지타 한 별니가 역여조긔(惄如調飢) 어려웨라*

                 – 이세보, 〈상사별곡(相思別曲)〉

*상ᄉ일념 무한ᄉ: 임 그리워하는 마음이 무한함.
*딕인난: 오지 않는 사람을 기다리는 안타까움.
*송안성: 기러기 울음 소리
*믹믹키: 어떤 일에 대처할 방법이 잘 생각나지 않아 답답하게
*강누ᄉ찰 경기둇ᄎ: 누각과 사찰의 경치를 따라
*운우지락 협흡할제: 남녀 간의 정을 나누는 즐거움으로 화목하게 지낼 때
*역여조긔 어려웨라: 임을 그리워하는 정이 간절하여 마음이 힘듦.

A40 ✿✿❀   2019(4월)/교육청 43

윗글의 표현상 특징에 대한 설명으로 적절하지 <u>않은</u> 것은?

① 대구의 방식을 활용하여 리듬감을 형성하고 있다.
② 공간의 이동을 활용하여 화자의 의지를 나타내고 있다.
③ 비유적 표현을 활용하여 화자의 심정을 부각하고 있다.
④ 청각적 심상을 활용하여 화자의 상황을 드러내고 있다.
⑤ 설의적인 표현을 활용하여 화자의 생각을 강조하고 있다.

A41 ✿❀❀   2019(4월)/교육청 44

〈보기〉를 바탕으로 윗글을 이해한 내용으로 적절하지 <u>않은</u> 것은?
[3점]

[보기]

　「상사별곡」은 임에 대한 그리움을 진솔하게 노래한 작품이다. 화자는 임과 이별한 상황에서 임을 기다리며 느끼는 상사의 아픔을 토로하며 과거의 행복했던 시절을 그리워하고 있다. 또한 이별의 원인과 이별이 지속되는 근본적인 이유를 직접적으로 제시하지 않고, 이를 외적 요인으로 돌리려 한다.

① 화자는 '인간의 일'이나 '조물'과 같은 외적 요인을 임과 재회하지 못하게 하는 이유로 떠올리고 있다.
② 화자는 '삼ᄒ삼추'와 '낙목한천'이라는 계절의 흐름을 통해 임과 이별한 상황이 지속되고 있음을 제시하고 있다.
③ 화자는 '긴 한숨'과 '눈물'을 통해 임을 기다리며 느끼는 상사의 아픔을 드러내고 있다.
④ 화자는 'ᄎᄉᆼ빅년'을 '서로 밍세'했던 과거를 떠올리며 임과 행복했던 시절을 그리워하고 있다.
⑤ 화자는 오고 가는 '글발'과 'ᄉ연'을 임과 이별하게 된 원인으로 제시하고 있다.

A42 ✿❀❀   2019(4월)/교육청 45

㉠과 ㉡을 이해한 내용으로 가장 적절한 것은?

① ㉠은 화자가 과거를 잊게 하는 소재이고, ㉡은 화자가 미래를 예측하게 하는 소재이다.
② ㉠은 화자의 상황을 드러내는 소재이고, ㉡은 화자의 상황 해결이 어려움을 드러내는 소재이다.
③ ㉠은 화자에게 부정적 인식을 심어 주는 소재이고, ㉡은 화자의 인식을 긍정적으로 바꾸게 하는 소재이다.
④ ㉠과 ㉡은 모두 화자의 소망을 실현시켜 주는 소재이다.
⑤ ㉠과 ㉡은 모두 자연에 대한 화자의 경외감을 느끼게 하는 소재이다.

배 방에 누워 있어 내 신세를 생각하니
가뜩이 심란한데 대풍(大風)이 일어나서
태산(泰山) 같은 성난 물결 천지에 자욱하니
크나큰 만곡주가 나뭇잎 불리이듯
하늘에 올랐다가 지함(地陷)*에 내려지니
열두 발 쌍돛대는 차아*처럼 굽어 있고
쉰두 폭 초석(草席) 돛은 반달처럼 배불렀네
굵은 우레 잔 벼락은 둥[背] 아래서 진동하고
성난 고래 동(動)한 용(龍)은 물속에서 희롱하니
방 속의 요강 타구(唾具) 자빠지고 엎어지며
상하좌우 배 방 널은 잎잎이 우는구나
이윽고 해 돋거늘 장관(壯觀)을 하여 보세
일어나 배 문 열고 문설주 잡고 서서
사면(四面)을 돌아보니 어와 장할시고
인생 천지간에 ㉠이런 구경 또 있을까
구만리 우주 속에 큰 물결뿐이로다
　　　　　　　　　　(중략)

[A]─그중에 전승산이 글 쓰는 양(樣) 바라보고
　┌─ 필담(筆談)으로 써서 뵈되 전문(傳聞)에 퇴석(退石) 선생
　│　쉬 짓기가 유명(有名)터니 선생의 빠른 재주
[B]│
　│　일생 처음 보았으니 엎디어 묻잡나니
　└─ 필연코 귀한 별호(別號) 퇴석인가 하나이다
　┌─ 내 웃고 써서 뵈되 늙고 병든 둔한 글을
[C]│
　└─ 포장(褒獎)을 과히 하니 수괴(羞愧)*키 가이 없다
　┌─ 승산이 다시 하되 소국(小國)의 천한 선비
[D]│세상에 났삽다가 ㉡장(壯)한 구경 하였으니
　└─ 저녁에 죽사와도 여한이 없다 하고
　　어디로 나가더니 또다시 들어와서
　　아롱보(褓)에 무엇 싸고 삼목궤(杉木櫃)에 무엇 넣어
　　이마에 손을 얹고 엎디어 들이거늘
　　받아 놓고 피봉(皮封)* 보니 봉(封)한 위에 쓰였으되
　　각색 대단(大緞) 삼단이요 사십삼 냥 은자(銀子)로다
　┌─ 놀랍고 어이없어 종이에 써서 뵈되
　│　그대 비록 외국이나 선비의 몸으로서
[E]│은화를 갖다 가서 글 값을 주려 하니
　│　그 뜻은 감격하나 의(義)에 크게 가하지 않아
　└─ 못 받고 도로 주니 허물하지 말지어다
　　　　　　　　　　　　　─ 김인겸, 〈일동장유가〉

* 지함: 땅이 움푹하게 주저앉은 곳
* 차아: 줄기에서 벋어 나간 곁가지
* 수괴: 부끄럽고 창피함.
* 피봉: 겉봉

A43 ✱✱✸

윗글에 대한 설명으로 적절하지 않은 것은?

① 동물의 역동성을 통해 공간의 분위기를 긍정적으로 바꾸고 있다.
② 거대한 자연물에 비유하여 악화된 기상 상황을 표현하고 있다.
③ 식물의 연약한 속성을 활용하여 화자의 위태로운 상황을 드러내고 있다.
④ 상승과 하강의 이미지를 대비하여 목전에 닥친 위기감을 강조하고 있다.
⑤ 인물의 행동을 시간의 흐름에 따라 열거하여 상황을 구체적으로 보여 주고 있다.

A44 ✱✱✱

㉠과 ㉡에 대한 이해로 가장 적절한 것은?

① ㉠과 ㉡은 모두 화자의 고난 극복 의지를 드러내고 있다.
② ㉠과 ㉡은 모두 화자가 구경하는 대상의 실체를 은폐하고 있다.
③ ㉠은 자연의 풍광에 대한 감탄을, ㉡은 인물의 능력에 대한 감탄을 표현하고 있다.
④ ㉠은 화자의 관찰력에 대한, ㉡은 화자의 창조력에 대한 타인의 평가를 담고 있다.
⑤ ㉠은 대상에 대한 화자의 만족을, ㉡은 대상에 대한 화자의 아쉬움을 드러내고 있다.

〈보기〉를 바탕으로 윗글을 감상한 내용으로 적절하지 않은 것은? [3점]

[보기]

　사행 가사인 〈일동장유가〉에는 화자와 일본인 문인 사이의 필담 장면이 기술되어 있는데, 필담을 통한 문답 형식은 일종의 대화의 성격을 지닌다. 필담 속에는 대화가 시작되는 상황, 문답의 주요 내용, 의사소통의 심층적 의미, 선비로서의 예법 등이 자연스럽게 포함되어 있다.

① [A]는 [B]~[D]의 필담이 시작되는 계기를 보여 주는군.
② [B]의 '빠른 재주'는 '나'의 글에 대한 상대의 평가를, [C]의 '늙고 병든 둔한 글'은 자신의 글에 대한 '나'의 입장을 보여 주는군.
③ [B]의 '필담으로 써서 뵈되'와 [C]의 '내 웃고 써서 뵈되'를 통해, 문답의 형식을 활용하여 의사소통 장면을 구체적으로 제시하는군.
④ [B]의 '귀한 별호 퇴석'과 [D]의 '소국의 천한 선비'는 선비의 예법을 동원하여 동일한 사람을 다르게 지칭한 표현이군.
⑤ [D]에는 '나'의 글에 대한 상대의 찬사가 나타나 있고, [E]에는 상대의 글 값에 대한 '나'의 거절이 드러나 있군.

[A 46~48] 다음 글을 읽고 물음에 답하시오. ━━━━

좌우에 탁자 놓아 만권 서책 쌓아 놓고
㉠자명종과 자명악은 절로 울어 소리하며
좌우에 당전(唐氈) 깔고 담방석과 백전요며
㉡이편저편 화류교의(樺榴交椅) 서로 마주 걸터앉고

[A]
　거기 사람 처음 인사 차 한 그릇 갖다 준다
　화찻종에 대를 받쳐 가득 부어 권하거늘
　파르스름 노르스름 향취가 만구하데
　저희들과 우리들이 언어가 같지 않아
　말 한마디 못 해 보고 덤덤하니 앉았으니
　귀머거리 벙어린 듯 물끄러미 서로 보다
　천하의 글은 같아 필담이나 하오리라
　당연(唐硯)에 먹을 갈아 양호수필(羊毫鬚筆) 덤뻑 찍어
　시전지(詩箋紙)를 빼어 들고 글씨 써서 말을 하니
　묻는 말과 대답함을 글귀 절로 오락가락
　간담을 상응하여 정곡(情曲) 상통(相通)하는구나

(중략)

[B]
　황상이 상을 주사 예부상서 거행한다
　삼 사신과 역관이며 마두와 노자(奴子)까지
　은자며 비단 등속 차례로 받아 놓고
　삼배(三拜)에 구고두(九叩頭)*로 사례하고 돌아오니
　상마연* 잔치한다 예부에서 지휘하기로
　삼 사신과 역관들이 예부로 나아가니
　대청 위에 포진하고 상을 차려 놓은 모양
　메밀떡에 밀다식에 겉밤 머루 비자(榧子) 등물(等物)
　푸닥거리 상 벌이듯 좌우에 떠벌였다
　다 각기 한 상씩을 앞에다 받아 놓으니
　비위가 뒤집혀서 먹을 것이 전혀 없네
　삼배주를 마시는 듯 연파(宴罷)하고 일어서서
　뜰에 내려 북향하여 구고두 사례한 후
　관소로 돌아와서 회환(回還) 날짜 택일하니

㉢사람마다 짐 동이느라 각 방은 분분하고
홍정 외상 셈하려 주주리는 지저귄다
㉣장계(狀啓)를 발정(發程)하여 선래 군관(先來軍官) 전송하고
추칠월 십일일에 회환하여 떠나오니
한 달 닷새 유하다가 시원하고 상연(爽然)하구나
천일방(天一方) 우리 서울 창망하다 갈 길이여
풍진이 분운(紛紜)한데 집 소식이 돈절하니
사오 삭(朔) 타국 객이 귀심(歸心)이 살 같구나
숭문문 내달아서 통주로 향해 가니
㉤올 적에 심은 곡식 추수가 한창이요
서풍이 삽삽하여 가을빛이 쾌히 난다

― 홍순학, 〈연행가〉

* 구고두: 공경하는 뜻으로 머리를 땅에 아홉 번 조아림.
* 상마연: 일을 마치고 떠나가는 외국 사신들을 위하여 베풀던 잔치

A46 ✿✿✿   2017/수능(홀) 43

윗글에 대한 설명으로 가장 적절한 것은?

① 자연의 경이로운 풍광에 대한 감상을 장황하게 서술하고 있다.

② 학문과 관련된 사물을 나열하여 입신양명에 대한 화자의 관심을 드러내고 있다.

③ 객지에서의 낯선 풍물 및 경험에 대한 정서를 드러내고 회환할 때의 심정을 서술하고 있다.

④ 공식적인 행사에 참여한 다양한 사람들의 외양과 감정을 개성적으로 표현하고 있다.

⑤ 구체적인 시간을 나타내는 표현을 제시하여 귀국까지의 여정이 마무리되었음을 알려 주고 있다.

A47 ✿✿✿   2017/수능(홀) 44

㉠~㉢을 이해한 내용으로 가장 적절한 것은?

① ㉠: 청각적 이미지를 사용하여 대상이 지닌 슬픔을 표현하고 있다.

② ㉡: 지시적 표현을 사용하여 상대와의 친밀감을 드러내고 있다.

③ ㉢: 음성 상징어를 사용하여 이동을 앞둔 여유로운 분위기를 드러내고 있다.

④ ㉣: 대구적 표현을 사용하여 새로운 계책을 마련한 기쁨을 드러내고 있다.

⑤ ㉤: 계절감을 드러내는 표현을 사용하여 시간의 경과를 보여 주고 있다.

A48 ✿✿✿   2017/수능(홀) 45

[A], [B]에 대한 감상으로 적절하지 않은 것은? [3점]

① [A]에서 '간담을 상응하여'는 상대방에 대한 경계심을, [B]에서 '뜰에 내려 북향하여'는 상대방에 대한 거부감을 드러내는군.

② [A]에서 '우리들'은 '거기 사람'에게 인사로 차를 대접받고, [B]에서 '삼 사신' 일행은 '예부상서'를 통해 황상의 상을 하사받고 있군.

③ [A]에서 '필담'은 의사소통의 어려움을 해결하는 수단을, [B]에서 '구고두'는 의례적 상황에서 감사를 표하는 공식적 예법을 나타내는군.

④ [A]에서 '글귀 절로 오락가락'은 난처한 상황이 해소되고 있음을, [B]에서 '비위가 뒤집혀서'는 난감한 상황에 처하게 되었음을 드러내는군.

⑤ [A]의 '귀머거리 벙어리 듯'은 대화가 이루어지지 못하는 상황을, [B]의 '메밀떡에 밀다식에 겉밤' 등은 여러 가지 음식을 차려 놓은 상황을 알려 주는군.

(가) 산촌(山村)에 눈이 오니 돌길이 뭇쳐셰라
　　 시비(柴扉)를 여지 마라 날 ᄎ즈리 뉘 이스리
　　 밤듕만 일편명월(一片明月)이 긔 벗인가 ᄒ노라
　　　　　　　　　　　　　　　　　　　　〈1수〉

(나) 섯ᄀ래 기나 즈르나 기동이 기우나 트나
　　 수간모옥(數間茅屋)*을 죽은 줄 웃지 마라
　　 어즈버 만산 나월(滿山蘿月)*이 다 ᄂᆡ 거신가 ᄒ노라
　　　　　　　　　　　　　　　　　　　　〈8수〉

(다) 한식(寒食) 비 온 밤에 봄빗치 다 퍼졋다
　　 무정(無情)ᄒᆞᆫ 화류(花柳)도 ᄯᅢ를 아라 픠엿거든
　　 엇더타 우리의 님은 가고 아니 오ᄂᆞᆫ고
　　　　　　　　　　　　　　　　　　　　〈17수〉

(라) 어ᄌᆡ밤 비 온 후(後)에 석류(石榴)곳지 다 픠엿다
　　 부용 당반(芙蓉塘畔)*에 수정렴(水晶簾)을 거더 두고
　　 눌 향한 깁흔 시름을 못내 푸러 ᄒ노라
　　　　　　　　　　　　　　　　　　　　〈18수〉

(마) 창(窓)밧긔 워석버석 님이신가 이러 보니
　　 혜란 혜경(蕙蘭蹊徑)*에 낙엽(落葉)은 무스 일고
　　 어즈버 유한ᄒᆞᆫ 간장(肝腸)이 다 끈칠까 ᄒ노라
　　　　　　　　　　　　　　　　　　　　〈19수〉
　　　　　　　　　　　　– 신흠, 〈방옹시여(放翁詩餘)〉

* 수간모옥: 방이 몇 칸 되지 않는 작은 초가
* 만산 나월: 산에 가득 자란 덩굴 풀에 비친 달
* 부용 당반: 연꽃이 피어 있는 연못가
* 혜란 혜경: 난초가 자라난 지름길

A49 ✽❀❀　　　　　　　　2017(9월)/평가원 16

윗글의 표현상 특징에 대한 설명으로 가장 적절한 것은?

① (가)에서는 대상과의 문답을 통해 시상을 심화하고 있다.
② (나)에서는 과거와 현재를 대비하여 화자의 삶의 태도를 암시하고 있다.
③ (다)에서는 선경후정의 전개 방식을 통해 화자의 내면을 드러내고 있다.
④ (라)에서는 대상에 감정을 이입하여 심리적 변화를 우회적으로 표출하고 있다.
⑤ (마)에서는 대상을 의인화하여 대상이 지닌 속성들을 점층적으로 나열하고 있다.

A50 ✽❀❀　　　　　　　　2017(9월)/평가원 17

〈보기〉의 ⓐ, ⓑ를 고려하여 (가)~(라)를 이해한 내용으로 가장 적절한 것은?

[보기]
　〈방옹시여〉는 선조(宣祖) 사후에 정계에서 밀려난 신흠이 은거 상황을 배경으로 창작한 시조 작품을 모아 놓은 것이다. 여기에 수록된 30수는 몇 개의 작품군으로 분류될 수 있다. 예컨대 ⓐ은자로서의 자족감이나 자긍심을 표현한 작품군, ⓑ'님'으로 표상되는 선왕에 대한 그리움과 연모의 정을 표현한 작품군 등이 있다.

① (가)의 '눈'은 ⓐ와 연관된 시어로, 화자의 은거가 자발적으로 이루어졌음을 알려 주는 단서이다.
② (나)의 '수간모옥'은 ⓐ와 연관된 시어로, 화자의 답답한 심정이 투영되어 있는 대상이다.
③ (나)의 '만산 나월'은 ⓑ와 연관된 시어로, '님'이 부재한 상황을 절감하게 하는 소재이다.
④ (다)의 '봄빗'은 ⓑ와 연관된 시어로, '님'에 대한 화자의 그리움을 촉발하는 계기이다.
⑤ (라)의 '부용 당반'은 ⓑ와 연관된 시어로, 화자가 연모하는 대상과 함께 지내는 공간이다.

A51 ✽❀❀　　　　　　　　2017(9월)/평가원 18

(마)와 〈보기〉를 비교하여 감상한 내용으로 적절하지 않은 것은?
[3점]

[보기]
　벽사창(碧紗窓)이 어른어른커늘 님만 너겨 풀쩍 니러나 쑥싹 나셔 보니
　님은 아니오 명월(明月)이 만정(滿庭)ᄒᆞᆫᄃᆡ 벽오동(碧梧桐) 져즌 닙희 봉황(鳳凰)이 ᄂᆞ려안자 긴 부리를 휘여다가 두 ᄂᆞ래예 너허 두고 슬금슬젹 깃 다듬ᄂᆞᆫ 그림자 l 로다
　모쳐로 밤일싀만졍 ᄒᆡᆼ여 낫이런들 ᄂᆞᆷ 우일 번ᄒᆞ여라
　　　　　　　　　　　　　　　　　　　　– 작자 미상

① (마)의 초장과 〈보기〉의 초장에서는 모두 감각적 자극이 착각을 불러일으키는 원인이 되고 있군.
② (마)의 초장과 〈보기〉의 초장에서는 모두 창밖의 변화에 즉각적으로 반응하는 화자의 모습이 그려지고 있군.
③ (마)의 중장과 〈보기〉의 중장에서는 모두 화자의 착각을 불러일으킨 대상이 확인되고 있군.
④ (마)의 중장에서는 착각을 야기한 대상에 대한 묘사가, 〈보기〉의 중장에서는 착각을 야기한 대상에 대한 비판이 제시되고 있군.
⑤ (마)의 종장에서는 화자의 내면적 고통을 토로하고 있고, 〈보기〉의 종장에서는 타인의 평가와 조소를 의식하고 있군.

[A 52~54] 다음 글을 읽고 물음에 답하시오.

산중(山中)에 책력(册曆) 없어 사시(四時)를 모르더니
눈 아래 헤친 경(景)이 철철이 절로 나니
듣거니 보거니 일마다 선간(仙間)이라.
㉠매창(梅窓) 아침볕에 향기(香氣)에 잠을 깨니
산옹(山翁)의 할 일이 곧 없지도 아니하다.
┌ 울 밑 양지(陽地) 편에 외씨를 뿌려 두고
[A] 매거니 돋우거니 빗김에 가꿔 내니
└ 청문고사(靑門故事)를 이제도 있다 하겠다.
┌ 망혜(芒鞋)를 단단히 신고 죽장(竹杖)을 흩어 짚으니
  도화(桃花) 핀 시내 길이 방초주(芳草洲)에 이었어라.
[B] 잘 닦은 거울 속 절로 그린 석병풍(石屏風)
  그림자를 벗을 삼아 서하(西河)로 함께 가니
└ 도원(桃園)은 어드매오 무릉(武陵)이 여기로다.
남풍(南風)이 건듯 불어 녹음(綠陰)을 헤쳐 내니
계절 아는 꾀꼬리는 어디에서 오는가.
┌ 희황(羲皇) 베개 위에 풋잠을 얼핏 깨니
[C] 공중(空中) 젖은 난간(欄干) 물 위에 떠 있구나.
마의(麻衣)를 걷어 올리고 갈건(葛巾)을 기울여 쓰고
구부렸다 기대었다 보는 것이 고기로다.
┌ 하룻밤 빗기운에 홍백련(紅白蓮)이 섞어 피니
[D] 바람기 없어서 만산(萬山)이 향기로다.
└ 염계(濂溪)를 마주보아 태극(太極)*을 묻는 듯
태을진인(太乙眞人)*이 옥자(玉字)를 헤쳐 놓은 듯
노자암(鸕鶿巖) 바라보며 자미탄(紫微灘) 곁에 두고
장송(長松)을 차일(遮日) 삼아 석경(石逕)에 앉으니
인간(人間) 유월(六月)이 여기는 삼추(三秋)로다.
┌ 청강(淸江)에 떠 있는 오리 백사(白沙)에 옮겨 앉아
[E] 백구(白鷗)를 벗을 삼고 잠 깰 줄 모르나니
└ 무심(無心)코 한가(閑暇)함이 주인(主人)과 어떠한가.

               – 정철, 〈성산별곡〉

* 태극(太極): 우주만물이 생긴 근원이라고 보는 본체(本體)
* 태을진인(太乙眞人): 하늘에 있는 진선(眞仙)

A 52 ★★★   2016(3월)/평가원 43

윗글에 대한 설명으로 가장 적절한 것은?

① 음성 상징을 활용하여 생동감을 자아내고 있다.
② 애상적 어조를 통해 시적 분위기를 조성하고 있다.
③ 과거와 미래를 대비하여 주제 의식을 부각하고 있다.
④ 계절의 변화 양상과 관련지어 시상을 전개하고 있다.
⑤ 동일한 시구를 주기적으로 반복하여 운율을 형성하고 있다.

A 53 ★★★✽   2016(3월)/평가원 44

〈보기〉와 〈자료〉를 참고하여 윗글을 감상한 내용으로 적절하지 않은 것은? [3점]

[보기]

선생님: 고전시가에서는 고사(故事) 속에 등장하는 '인물'이나 '소재'를 활용한 표현이 자주 등장하는데, 이러한 표현들은 고사와 시적 상황의 유사성을 바탕으로 한 연상의 과정을 통해 이루어지는 경우가 많아요. 이 작품에서는 다음의 〈자료〉와 같이 고사에 나오는 소재들이 활용되고 있습니다.

[자료]

• 외씨: 중국 진나라 때 '소평'이 나라가 망하자 벼슬을 버리고 청문 부근에서 농사를 지으며 심었다는 오이씨.
• 도화(桃花): 중국 진나라 때 한 어부가 별천지인 무릉도원에 가게 되었다는 고사에 나오는 복숭아꽃. '무릉도원'에는 복숭아꽃이 만발하였다고 함.
• 희황(羲皇) 베개: '희황'은 태평성대를 이룬 중국 전설에 나오는 '복희씨'의 다른 이름으로, '희황 베개'는 '태평한 세상'을 상징함.
• 홍백련(紅白蓮): '염계(濂溪)'가 지은 '애련설(愛蓮說)'에 나오는 '연꽃'. 이 '연꽃'은 '군자'의 풍모를 빗대었음.
• 백구(白鷗): 인간의 '무심(無心)'을 알아보는 갈매기. 어부가 갈매기를 잡으려는 마음을 갖고 바다로 나서자 평소에는 그를 따르던 갈매기들이 멀리 도망가 버렸다는 고사에서 나옴.

① [A]에서 '외씨'를 활용한 것은, '외씨'를 뿌리며 사는 '산옹'의 소박한 삶에서 '소평'의 삶이 연상되었기 때문이겠군.

② [B]에서 '도화'를 활용한 것은, '시내 길'에서 본 '도화'의 모습에서 '복숭아꽃'이 만발한 '무릉도원'이 연상되었기 때문이겠군.

③ [C]에서 '희황 베개'를 활용한 것은, '풋잠'을 자다 깨며 느낀 평안함에서 '희황'의 태평한 시대가 연상되었기 때문이겠군.

④ [D]에서 '홍백련'을 활용한 것은, '만산'의 연꽃 '향기'를 맡으면서 '염계'가 말한 '군자'의 덕이 연상되었기 때문이겠군.

⑤ [E]에서 '백구'를 활용한 것은, '무심코 한가'한 '주인'의 모습과 갈매기를 잡으려던 '어부'의 모습이 같은 것으로 연상되었기 때문이겠군.

윗글의 ㉠과 〈보기〉를 비교한 내용으로 적절하지 <u>않은</u> 것은?

[보기]

기러기 우는 밤에 내 홀로 잠이 없어
잔등(殘燈) 돋워 켜고 전전불매(輾轉不寐) 하는 차에
창(窓) 밖에 굵은 빗소리에 더욱 망연(茫然)하여라
— 강강월의 시조

① ㉠의 '매창'과 〈보기〉의 '창'은 모두 '산옹'과 '나'가 각각 머물고 있는 곳의 안과 밖을 연결하는 통로의 역할을 하고 있다.

② ㉠의 '아침볕'은 '산옹'이 맞고 있는 아침의 분위기를 자아내고, 〈보기〉의 '기러기 우는 밤'은 '나'가 지새고 있는 밤의 분위기를 자아내고 있다.

③ ㉠의 '향기'는 '산옹'의 잠을 깨우는 역할을 하고, 〈보기〉의 '굵은 빗소리'는 '나'가 잠들지 못하는 데 영향을 주고 있다.

④ ㉠의 '할 일'은 '산옹'이 세상을 위해 해야 할 과업이고, 〈보기〉의 '잔등 돋워'는 '나'가 자신을 위해 해야 할 일이다.

⑤ ㉠의 '곧 없지도 아니하다'에서는 '산옹'의 생활에 대한 긍정적 인식이 드러나고, 〈보기〉의 '더욱 망연하여라'에서는 '나'의 처지에 대한 애상감이 드러나 있다.

[A 55~57] 다음 글을 읽고 물음에 답하시오. ▬▬▬

[A] ┌ 하늘이 만드심을 일정 고루 하련마는
    └ 어찌 된 인생이 이다지도 괴로운고
삼십 일에 아홉 끼니 얻거나 못 얻거나
십 년 동안 갓 하나를 쓰거나 못 쓰거나
안표(顔瓢)*가 자주 빈들 나같이 비었으며
원헌(原憲)*의 가난인들 나같이 극심할까

[가] ┌ 봄날이 따뜻하여 뻐꾸기가 보채거늘
    │ 동편 이웃 쟁기 얻고 서편 이웃 호미 얻고
    │ 집 안에 들어가 씨앗을 마련하니
    │ 올벼 씨 한 말은 반 넘게 쥐 먹었고
    │ 기장 피 조 팥은 서너 되 부쳤거늘
    └ 춥고 주린 식구 이리하여 어이 살리
㉠이봐 아이들아 아무쪼록 힘을 써라
죽 웃물 상전 먹고 건더기 건져 종을 주니
눈 위에 바늘 젓고 코로는 휘파람 분다
올벼는 한 발 뜯고 조 팥은 다 묵히니
싸리피 바랭이는 나기도 싫지 않던가
환곡 장리는 무엇으로 장만하며
㉡부역 세금은 어찌하여 차려 낼꼬
이리저리 생각해도 견딜 수가 전혀 없다
장초(萇楚)의 무지(無知)*를 **부러워하나 어찌하리**
시절이 풍년인들 아내가 배부르며
㉢겨울을 덥다 한들 몸을 어이 가릴꼬
베틀 북도 쓸 데 없어 빈 벽에 남겨 두고
㉣솥 시루도 버려두니 붉은빛이 다 되었다
세시 삭망 명일 기제는 무엇으로 제사하며
㉤원근 친척 손님들은 어이하여 접대할꼬
이 얼굴 지녀 있어 어려운 일 하고많다
이 원수 가난귀신 어이하여 여의려뇨

[나] ┌ 술에 음식을 갖추고 이름 불러 전송하여
    │ 길한 날 좋은 때에 사방으로 가라 하니
    │ 웅얼웅얼 불평하며 화를 내어 이른 말이
    │ 어려서 지금까지 희로애락을 너와 함께하여
    │ 죽거나 살거나 여읠 줄이 없었거늘
    │ 어디 가 뉘 말 듣고 가라 하여 이르느뇨
    │ 우는 듯 꾸짖는 듯 온가지로 협박커늘
    └ 돌이켜 생각하니 네 말도 다 옳도다
무정한 세상은 다 나를 버리거늘
네 혼자 신의 있어 나를 아니 버리거든
위협으로 회피하며 잔꾀로 여읠려냐
[B] ┌ 하늘 만든 이내 가난 설마한들 어이하리
    └ 빈천도 내 분수니 서러워해 무엇하리
— 정훈, 〈탄궁가(嘆窮歌)〉

* 안표: 안회(顔回)의 표주박. 안회는 한 소쿠리 밥과 한 표주박 물로 누
  항에 살면서도 즐거워하였음.
* 원헌: 공자의 제자로 궁핍함 속에서도 청빈하게 살았음.
* 싸리피, 바랭이: 잡초의 일종
* 장초의 무지: 《시경》에 나오는 말. 부역으로 고통 받던 백성들이, 무지
  하여 근심 없는 장초 나무를 부러워하였음.

A55 ✳✳✳　　　　　　　　　　2016(9월)/평가원(A) 43

[가]와 [나]에 대한 설명으로 가장 적절한 것은?

① [가]와 [나]는 모두 설득적 어조로 화자의 의지를 드러
　내고 있다.
② [가]와 [나]는 모두 추상적 소재를 열거하여 대상을 묘
　사하고 있다.
③ [가]는 과거 상황에 대한 그리움이, [나]는 현재 상황
　에 대한 비판이 나타나 있다.
④ [가]는 관념적인 문제를, [나]는 실제적인 문제를 해결
　하는 과정이 제시되어 있다.
⑤ [가]는 현실 타개의 어려움과 그로 인한 탄식이, [나]
　는 의인화된 대상과의 대화가 나타나 있다.

A56 ✳✳✳　　　　　　　　　　2016(9월)/평가원(A) 44

㉠~㉤에 대한 이해로 적절하지 않은 것은?

① ㉠: 열심히 일해 달라는 부탁으로, 현실의 어려움을
　벗어나려는 마음이 투영되어 있다.
② ㉡: 부역과 세금을 감당할 마땅한 방법이 없다는 것으
　로, 백성으로서의 의무를 모면하고자 하는 의도가 반
　영되어 있다.
③ ㉢: 겨울이 따뜻하다고 해도 몸을 가리기 어렵다는 것
　으로, 겨울나기에 필요한 최소한의 옷가지도 부족함
　을 보여 준다.
④ ㉣: 솥 시루를 방치해 두어 녹이 슬었다는 것으로, 떡
　과 같은 음식을 해 먹을 형편이 아님을 보여 준다.
⑤ ㉤: 친척들과 손님들을 접대할 방도가 없다는 것으로,
　도리를 다할 수 없을 것에 대한 염려가 반영되어 있다.

A57 ✳✳✳　　　　　　　　　　2016(9월)/평가원(A) 45

[A]와 [B]에 주목하여 윗글을 감상한 것으로 가장 적절한 것은?

① [A]의 '일정 고루 하련마는'에 나타난, 모든 사람은 평
　등하다는 화자의 신념이 [B]의 '하늘 만든 이내 가난'
　에 이르러서 강화되어 있군.
② [A]의 '어찌 된 인생이'에 나타난 화자의 비관적 인생
　관이 '싸리피 바랭이'에 이르러서는 낙관적 세계관으
　로 변화되어 있군.
③ 화자의 가난한 삶이 [A]의 '이다지도 괴로운고'에서는
　탄식의 대상이지만 [B]의 '서러워해 무엇하리'에 이르
　러서는 체념적 수용의 대상으로 변모되어 있군.
④ '부러워하나 어찌하리'에 나타난 화자의 열등감이 [B]
　의 '설마한들 어이하리'에 이르러서는 우월감으로 극
　복되어 있군.
⑤ '이 얼굴 지녀 있어'에서는 화자가 자신의 능력에 대해
　자신감을 보이나 [B]의 '빈천도 내 분수니'에 이르러서
　는 그 자신감이 약화되어 있군.

(가) 공후배필은 못 바라도 군자호구 원하더니
　　삼생의 원업(怨業)이오 월하의 연분으로
　　장안유협(長安遊俠) 경박자(輕薄子)를 ㉠꿈같이 만나
있어
　　당시의 용심(用心)하기 살얼음 디디는 듯
　　삼오이팔 겨우 지나 천연여질 절로 이니
　　이 얼골 이 태도로 백년기약하였더니
　　연광(年光)이 훌훌하고 조물이 다시(多猜)*하여
　　봄바람 가을 물이 베오리에 북 지나듯
　　설빈화안 어디 두고 면목가증(面目可憎)* 되거고나 ┐[A]
　　내 얼골 내 보거니 어느 임이 날 괼소냐 ┘
　　　　　　　　　　(중략)
　　옥창에 심은 매화 몇 번이나 피여 진고
　　겨울밤 차고 찬 제 자최눈 섯거 치고
　　여름날 길고 길 제 궂은비는 무슨 일고 ┐[B]
　　삼춘화류(三春花柳) 호시절(好時節)의 경물이 시름없다
　　가을 달 방에 들고 실솔(蟋蟀)이 상(床)에 울 제
　　긴 한숨 지는 눈물 속절없이 헴만 많다 ┘
　　아마도 모진 목숨 죽기도 어려울사
　　도로혀 풀쳐 혜니 이리하여 어이하리
　　청등을 돌라 놓고 녹기금(綠綺琴) 빗겨 안아
　　벽련화(碧蓮花) 한 곡조를 시름 좇아 섯거 타니
　　소상야우(瀟湘夜雨)의 댓소리 섯도는 듯
　　화표천년(華表千年)의 별학이 우니는 듯
　　옥수(玉手)의 타는 수단 옛 소리 있다마는
　　부용장(芙蓉帳) 적막하니 뉘 귀에 들리소니
　　간장이 구곡되어 굽이굽이 끊쳤어라
　　차라리 잠을 들어 ㉡꿈에나 보려 하니
　　바람의 지는 잎과 풀 속에 우는 짐승
　　무슨 일 원수로서 잠조차 깨우는다
　　　　　　　　　　　　　　　　　　　　　 – 허난설헌, 〈규원가〉

* 다시: 시기가 많음.
* 면목가증: 얼굴 생김이 남에게 미움을 살 만한 데가 있음.

(나) 재 위에 우뚝 선 소나무 바람 불 적마다 흔덕흔덕 ┐[C]
　　개울에 섰는 버들 무슨 일 좇아서 흔들흔들
　　　임 그려 우는 눈물은 옳거니와 입하고 코는 어이 무슨
일 좇아서 후루룩 비쭉 하나니
　　　　　　　　　　　　　　　　　　　　　 – 작자 미상

[A]~[C]의 표현상 특징에 대한 설명으로 적절하지 않은 것은?

① [A]는 여성의 생활에 밀접한 소재를 활용하여 흘러가
는 세월에 대한 화자의 인식을 시각적으로 표현하였다.
② [B]는 단어를 반복하는 구절을 행마다 사용하여 화자
가 주목하는 각 계절의 특성을 강조하였다.
③ [C]는 두 대상을 발음이 비슷한 의태어로 표현하여 움
직이는 모습의 유사성을 드러내었다.
④ [A], [B]는 계절적 배경을 알려 주는 시어를 활용하여
시간에 따라 화자의 처지가 달라졌음을 드러내었다.
⑤ [B], [C]는 대구를 활용하여 리듬감을 형성하였다.

㉠, ㉡에 대한 이해로 가장 적절한 것은?

① ㉠은 흐릿한 기억 때문에 혼란스러운 화자의 심정을
나타낸다.
② ㉡은 현실에서는 화자가 문제를 해결할 수 없어서 선
택한 방법이다.
③ ㉠은 임과의 만남에 대한 기대에서, ㉡은 임과의 이별
에 대한 망각에서 비롯된다.
④ ㉠은 이미 일어난 일에 대해 회상하고, ㉡은 곧 일어
날 일에 대해 단정하고 있다.
⑤ ㉠은 인연의 우연성에 대한, ㉡은 재회의 필연성에 대
한 화자의 우려를 드러내고 있다.

〈보기〉를 참고하여 (가), (나)를 감상한 내용으로 적절하지 <u>않은</u> 것은? [3점]

[보기]

(가), (나)는 이별에 대한 서로 다른 대처를 보여 준다. (가)의 화자는 외부와 단절된 채 자신의 쓸쓸한 내면에 몰입하고, 자신의 슬픔을 주변으로 확장한다. (나)의 화자는 외부 대상의 모습에서 자신과의 동질성을 발견하며 슬픔을 확인하면서도, 슬픔을 분출하는 자신의 우스운 외양에 주목한다. (가)는 슬픔을 확장하고 펼쳐 냄으로써, (나)는 슬프지만 슬픔과 거리를 둠으로써 이별에 대처한다.

① (가)에서 '실솔이 상에 울 제'는 화자가 자신의 슬픔을 주변으로 확장한 것을 보여 주는군.

② (가)에서 '부용장 적막하니 뉘 귀에 들리소니'는 화자가 외부와의 교감을 거부하고 내면에 몰입하는 모습을 드러내는군.

③ (나)에서 화자는 '소나무'가 '바람 불 적마다 흔덕'거리는 모습에서 자신과의 동질성을 발견한 것이겠군.

④ (가)의 '삼춘화류'는, (나)의 '버들'과 달리 화자의 내면과 대비되어 외부와의 단절감을 강조하는군.

⑤ (나)의 '후루룩 비쭉'하는 '입하고 코'는, (가)의 '긴 한숨 지는 눈물'과 달리 화자가 자신의 우스운 외양에 주목하여 슬픔과 거리를 두는 것을 보여 주는군.

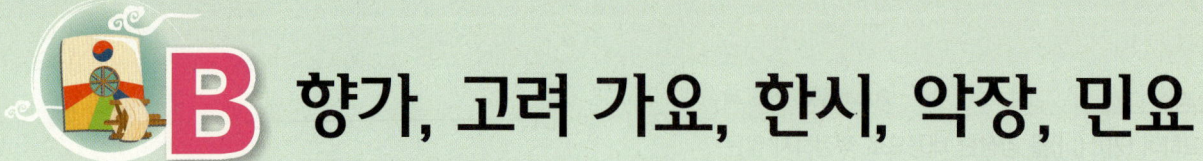
[B01~04] 다음 글을 읽고 물음에 답하시오. ━━━━━━ [2018(11월)/고1교육청 29~32]

(가) ㉠ 남은 다 자는 밤에 닉 어이 홀로 찍야
옥장(玉帳) 깁푼 곳에 자는 님 싱각는고
㉡ 천리(千里)예 외로운 꿈만 오락가락 하노라
                                              – 송이

(나) 그립고 그리워도 볼 수가 없어
마음은 바람에 나부끼는 종이 연 같아라
㉢ 돗자리라면 말아 두고 돌이라면 굴러 낼 수 있으련만
이 마음의 응어리 어느 때나 고칠까
그리운 사람은 멀리 하늘 모퉁이에 있는데
구름 뜬 하늘 아래 늘어진 푸른 버들
아득한 시름은 끝이 없어라
㉣ 홀로 앉아 공후를 타니
공후는 하소연하는 듯 흐느끼는 듯
다 타도록 비단 적삼 젖는 줄도 몰랐네
원컨대 쌍쌍이 나는 새가 되어서
임 향한 창 앞에 서 있고자
원컨대 밝은 달이 되어
임의 창문 휘장 뚫어 비춰 들고자
㉤ 슬픈 노래 잠 못 드는 밤 어찌 이리 긴고
꿈속에서도 요산 남쪽 건너지 못하였네
기나긴 그리움에 공연히 애만 끊노라
                                              – 성현, 〈장상사(長相思)〉

(다) 명황(明皇)＊은 귀비(貴妃)＊를 주겨나 여희여니
섧다 섧다 흔들 우리 フ티 셜울런가
사라셔 못 보니 더욱 하나 망극(罔極)하다
수심(愁心)은 블이 되여 가슴애 픠여나니
절로 난 그 블이 눔의 탓도 아니로딕
내히 하 셜워 수인씨(燧人氏)＊를 원(怨)하노라
함양궁전(咸陽宮殿)＊이 다믄 삼월(三月) 블거셔도
지금(至今)에 그 블롤 오래 틋다 하것마는
이 원수(怨讐) 이 블은 몃 삼월(三月)을 디내연고
눈믈은 임우(霖雨)이 되고 한숨은 브롬이 되여
불거니 쓰리거니 그츨 적도 업서시니

이 비로 뎌 블을 썸즉도 하다마는
엇씨흔 블인디 풍우중(風雨中)에 틋노왜라
수화상극(水火相克)＊도 거줏말이 되엿고야
픠거니 쓰리거니 승부(勝負) 업시 싸호거든
죠고만흔 몸은 전장(戰場)이 되엿느다
아이고 하느님아
칠석(七夕)비 느리워 이 싸홈 말이쇼셔
어엿샌 이 몸은 살가 녀겨 브라닉다
알고져 전생(前生)의 므슴 죄(罪)를 지어두고
여흴 제 검턴 머리 희도록 못 보는고
스랑은 혜염업서＊ 노소(老少)도 모르는가
십년전(十年前) 맹서(盟誓)를 오늘 믄득 싱각하니
금석(金石) 곳튼 말슴이 어제론덧 그제론덧 귀예 징징
하야시니
이 무음 이 맹서(盟誓) 진토(塵土)이 되다 니즐소냐
아소온 내 뜻은 다시 볼가 브라거든
일년(一年) 삼백일(三百日)에 니친 홀니 이실소냐
                                              – 박인로, 〈상사곡(相思曲)〉

＊명황, 귀비: 당나라 현종과 양귀비. 안사의 난으로 양귀비가 죽음.
＊수인씨: 중국 고대 전설상의 제왕. 불을 쓰는 법을 전하였다고 함.
＊함양궁전: 진나라 때 중국 함양에 지어진 궁전으로 항우가 불태웠는
  데 삼 개월 동안 꺼지지 않았다고 함.
＊수화상극: 물과 불은 서로 용납하지 않는다는 뜻
＊혜염업서: 생각이 없어서

✿ 지문을 읽기 전에 문제를 먼저 읽어 봅시다.

B03 [보기] 분석

• 충신연주지사: 신하가 왕을 그리워하며 부른 노래로, 왕에 대한 신하의 사랑과 그리움, 자신을 몰라주는 원망 등의 다양한 감정이 드러남.

〈보기〉를 통해 (나)와 (다)가 충신연주지사이며, 왕에 대한 신하의 감정이 드러나 있을 것이라고 짐작할 수 있어요.

✿ 고전 시가 지문을 쉽고 빠르게 읽는 독해 공식입니다.

★ 고전 시가 　　　　　　　　　독해 공식

❶ 화자, 중심 대상 찾기
• 화자: 지문 속 '나', '우리'는 화자를 가리킵니다. 화자가 드러나지 않는 경우도 있어요.
• 중심 대상: 제목 혹은 반복되어 나타나는 시어가 중심 대상인 경우가 많습니다.

❷ 화자의 상황, 정서, 태도 파악하기
• 상황: '보다', '만나다' 등 행동을 나타내는 표현을 통해 화자가 무엇을 하고 있는지 살펴보세요.
• 정서: '좋다', '슬프다' 등 감정을 나타내는 표현에 주목하세요.
• 태도: 긍정적 · 부정적 시어를 통해 화자가 무엇을 느끼며 어떠한 태도를 보이는지 파악하세요.

❸ 표현상 특징 파악하기
화자의 어조, 비유적 표현, 시상 전개 방식 등 지문에 어떠한 표현상 특징이 드러나 있는지 살펴보세요.
예 역설법, 단호한 어조, 수미상관

✿ 독해 공식 ❶, ❷, ❸을 [가]에 구체적으로 적용해 봅시다.

[가] 현대어 풀이

남은 다 자는 밤에 나는 어찌 홀로 깨어
옥장 깊은 곳에 자고 있는 임을 생각하는가?
천 리에 외로운 꿈만 오락가락하는구나.

❶ 화자, 중심 대상 찾기
초장의 '닉 어이 홀로'에 화자인 '나'가 직접적으로 드러나 있어요. 또한 중장에서 '님 싱각'만 하고 있다고 했으므로 중심 대상은 '님'이에요.
• 화자: '나'
• 중심 대상: 님

❷ 화자의 상황, 정서, 태도 파악하기
화자는 모두가 잠든 밤에 혼자 깨어나서 '옥장 깊푼 곳에 쟈는 님'을 생각하고 있어요. 그리고 '외로운 쑴만 오락가락'한다면서 임을 그리워하고 있어요.
• 상황: 남은 다 자는 밤에 홀로 깨어남.
• 정서, 태도: 홀로 깨어난 밤에 외로운 꿈을 꾸며 임을 그리워함.

❸ 표현상 특징 파악하기
'남은 다 쟈는' 상황과 화자 '홀로 씨야' 있는 상황을 대조하여 화자가 느끼는 외로움을 부각하고 있어요. '쟈는 님 싱각는고'에서는 의문형 어미를 사용하여 임에 대한 그리움을 강조하고 있어요.(설의법)
• 표현상 특징: 대조되는 상황을 제시함. / 설의법을 사용함.

＊ [가]의 구조와 주제를 정리해 봅시다.

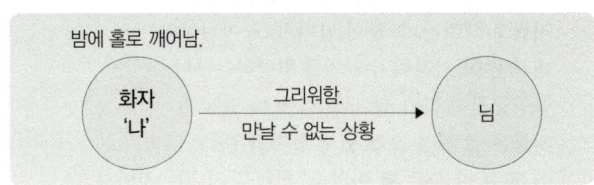

(가)의 화자는 홀로 깨어난 방에서 만날 수 없는 임을 생각하며 그리워하고 있으므로 (가)의 주제는 임에 대한 그리움입니다.

✿ 독해 공식 ❶, ❷, ❸을 [나]에 구체적으로 적용해 봅시다.

❶ 화자, 중심 대상 찾기
(나)의 화자는 직접 드러나 있지 않아요. 또한 전반적으로 '임'에 대한 마음을 이야기하고 있으므로 (나)의 중심 대상은 '임'이에요.
• 화자: 드러나지 않음.
• 중심 대상: 임

❷ 화자의 상황, 정서, 태도 파악하기
화자는 '그립고 그리워도 볼 수 없'는 임을 생각하며 '잠 못 드는 밤'을 보내고 있어요. 홀로 앉아 '하소연하는 듯 흐느끼는 듯' 들리는 공후를 타'며 눈물을 흘리고, '기나긴 그리움에 공연히 애만 끊노라'라고 말하며 임을 애타게 그리워하고 있어요.
• 상황: 잠 못 드는 긴 밤에 공후를 탐.
• 정서, 태도: 잠들지 못하는 밤에 애끊는 심정으로 임을 그리워함.

❸ 표현상 특징 파악하기
'공후는 하소연하는 듯 흐느끼는 듯'에서 화자의 시름을 공후에 이입하여 표현하고 있어요. '어느 때나 고칠까'에서는 의문형 어미를 사용하여 화자의 슬픔을 강조하고 있어요.(설의법)
• 표현상 특징: 감정 이입이 드러남. / 설의법을 사용함.

＊ [나]의 구조와 주제를 정리해 봅시다.

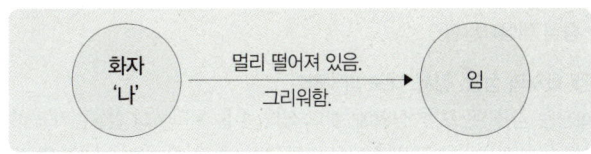

(나)의 화자는 임을 애타게 그리워하는 마음을 표현하고 있으므로 (나)의 주제는 임을 향한 그리움과 연모의 마음입니다.

🌸 독해 공식 ❶, ❷, ❸을 [다]에 구체적으로 적용해 봅시다.

[다] 현대어 풀이

당나라 현종은 양귀비를 죽여서나 여의었으니
서럽다 서럽다 한들 우리처럼 서러울 것인가?
살아서도 보지 못하니 더욱 망극하다.
근심은 불이 되어 가슴 속에 피어나니
저절로 생겨난 그 불이 남의 탓도 아니로다.
내가 많이 서러워 수인씨를 원망하는구나.
함양궁전이 다만 삼 개월 만에 다 탔는데
지금은 그 불을 오래 탔다 하지만은
이 원수 이 불은 몇 번의 삼 개월을 지내는 것인가?
눈물은 장마가 되고 한숨은 바람이 되어
(바람) 불고 (비를) 뿌리고 그칠 때가 없었으니
이 비로 저 불을 끌 수 있을 만도 하다만은
어찌된 불인지 비바람 속에서도 타는구나.
물과 불이 서로 용납하지 않는다는 말도 거짓말이 되었
구나.
(불이) 피거니 (비를) 뿌리거니 승부 없이 싸우는데
조그마한 내 몸은 전쟁터가 되었구나.
아이고 하느님아,
칠석 비를 내려 이 싸움을 말리소서.
불쌍한 이 몸은 살기를 바랍니다.
알고자 한다. 전생에 무슨 죄를 지어
(임과) 헤어질 때 검었던 머리가 희도록 보지 못하는가?
사랑은 생각이 없어서 늙어가는 것을 모르는가?
십 년 전 맹세를 오늘 문득 생각하니
금석 같은 말씀이 어제인지 그제인지 귀에 쟁쟁하니
이 마음 이 맹세가 티끌과 흙이 된다고 잊겠는가?
아쉬운 내 뜻은 (임을) 다시 볼까 바라거든
일 년 삼백 일에 잊은 하루가 있을 것인가?

---

❶ 화자, 중심 대상 찾기
'내히 하 셜워'에서 화자인 '나'가 직접적으로 드러나 있어요. 또한 전반적으로 화자의 수심을 의미하는 '블'이 반복되어 나오고 있으므로 중심 대상은 '블'이에요.
- **화자:** '나'
- **중심 대상:** 블(불)

❷ 화자의 상황, 정서, 태도 파악하기
화자는 임을 '못 보'는 상황에 '셟다 셟다 흔들 우리ᄀᆞ티 셜울런가'라며 서러워하고 있어요. 그리고 이로 인해 '가슴애 픠여'난 불(수심)이 몇 개월이 지났는데도 꺼지지 않는다며 '칠석(七夕)비 ᄂᆞ리워' 마음속에서 사라지기를 바라고 있어요. 또한 '여흴 제 검던 머리 희도록' 못 본 임을 '다시 볼가 ᄇᆞ라'며 임과 재회하고 싶은 소망을 드러내고 있어요.
- **상황:** 검은 머리가 희도록 임을 만나지 못함.
- **정서, 태도:** 오래도록 보지 못한 임을 그리워하며 재회를 소망함.

❸ 표현상 특징 파악하기
'우리ᄀᆞ티 셜울런가'에서 의문형 어미를 사용하여 화자의 서러움을 강조하고 있어요.(설의법) 또한 화자의 수심을 '불'에 비유하여 화자의 애타는 감정을 효과적으로 전달하고 있어요.
- **표현상 특징:** 설의법을 사용함. / 비유적 표현을 활용함.

✳ [다]의 구조와 주제를 정리해 봅시다.

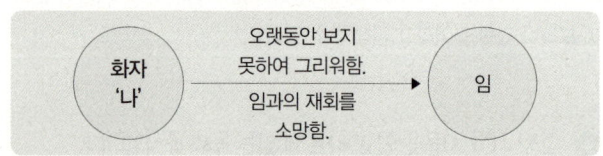

(다)의 화자는 오랫동안 보지 못한 임을 애타게 그리워하고 있으므로 (다)의 **주제**는 임에 대한 변함없는 마음입니다.

B01 ★★★

(가)~(다)의 공통점에 대한 설명으로 가장 적절한 것은?

① 의문형 표현을 활용하여 화자의 정서를 강조하고 있다.
② 색채어를 활용하여 대상을 감각적으로 형상화하고 있다.
③ 언어유희를 활용하여 화자의 태도를 해학적으로 표현하고 있다.
④ 풍자의 기법을 활용하여 대상에 대한 비판 의식을 드러내고 있다.
⑤ 계절감을 나타내는 시어를 활용하여 시적 분위기를 조성하고 있다.

B02 ★☆☆

㉠~㉤에 대한 설명으로 적절하지 않은 것은?

① ㉠: '남'과 화자의 서로 다른 상황을 통해 화자가 놓인 외로운 처지를 표현하고 있다.
② ㉡: 화자의 '꿈'을 통해 화자가 먼 곳에서 여유롭게 살고자 하는 염원을 표현하고 있다.
③ ㉢: '돗자리', '돌'과 대비되는 화자의 마음을 통해 화자의 맺혀 있는 감정을 강조하고 있다.
④ ㉣: 화자가 연주하는 '공후'의 소리를 통해 화자의 답답함과 슬픔을 표현하고 있다.
⑤ ㉤: 화자가 '밤'에 잠을 자지 못하는 상황을 통해 화자의 애절한 감정을 강조하고 있다.

B03 ★★★❀

<보기>를 바탕으로 (나)와 (다)를 감상한 내용으로 적절하지 않은 것은? [3점]

[보기]

'충신연주지사'는 충성스러운 신하가 왕을 그리워하며 부른 노래를 의미하는데, (나)와 (다)가 여기에 속한다. 이러한 주제 의식을 담은 노래들은 신하가 왕으로부터 멀리 떨어져 이별이 오래 지속된 상황에서 생긴 감정을 표현하고 있다. 왕에 대한 신하의 사랑과 그리움을 주로 표현하며, 자신의 마음을 몰라주는 왕에 대한 원망을 드러내기도 한다.

① (나)의 '그리운 사람'이 '멀리 하늘 모퉁이에 있는데'라고 한 것은 신하가 왕으로부터 멀어져 있는 상황을 나타낸 것이겠군.
② (나)의 '기나긴 그리움에 공연히 애만 끊노라'라고 한 것은 신하가 왕을 그리워하고 있음을 나타낸 것이겠군.
③ (다)의 '수심'이 '가슴'에 피어난 것이 '님의 탓도 아니로딕'라고 한 것은 신하가 자신의 마음을 몰라주는 왕을 원망하고 있음을 나타낸 것이겠군.
④ (다)의 '여흴 제 검던 머리 희도록 못 보는고'라고 한 것은 신하와 왕이 오랫동안 이별하고 있음을 나타낸 것이겠군.
⑤ (나)의 '밝은 달이 되어' '임의 창문 휘장'에 비추겠다는 것과 (다)의 '내 뜻은 다시 볼가 브라거든'이라고 한 것은 왕에 대한 신하의 사랑을 나타낸 것이겠군.

B04 ★☆☆

새와 블에 대한 설명으로 가장 적절한 것은?

① 새는 화자의 심리 전환을 표출하고, 블은 화자의 성격 변화를 유도하고 있다.
② 새는 화자의 현재 상황을 표현하고, 블은 화자의 미래 모습을 암시하고 있다.
③ 새는 화자의 내적인 갈등을 강조하고, 블은 화자의 외적인 화해를 보여 주고 있다.
④ 새는 화자의 간절한 바람을 드러내고, 블은 화자의 애타는 정서를 부각하고 있다.
⑤ 새는 화자의 반성적인 태도를 나타내고, 블은 화자의 실천적인 행위를 제시하고 있다.

B01 작품 비교하기

(가)~(다)에 대한 공통점으로 가장 적절한 것은?

① 의문형 표현을 활용하여 화자의 정서를 강조하고 있다. (◯)

＊근거: (가) 중장, (나) ❹행 등, (다) ❷행

> • (가): 옥장(玉帳) 깊푼 곳에 쟈는 님 싱각는고
> • (나): 이 마음의 응어리 어느 때나 고칠까
> • (다): 셟다 셟다 흐들 우리 ᄀ티 셟울런가

🌿 의문형 표현으로 (가)에서는 '님'에 대한 그리움을, (나)에서는 화자의 슬픔을, (다)에서는 이별한 화자가 느끼는 서러움을 강조하고 있어요. 그러므로 정답은 ①!

② 색채어를 활용하여 대상을 감각적으로 형상화하고 있다. (×)

＊근거: (나) ❻행, (다) ㉑행

> • (나): 구름 뜬 하늘 아래 늘어진 푸른 버들
> • (다): 여흴 제 검던 머리 희도록 못 보는고

🌿 (나)와 (다)에서는 색채어를 활용했지만, (가)에서는 색채어를 활용하지 않았어요.

③ 언어유희를 활용하여 화자의 태도를 해학적으로 표현하고 있다. (×)

🌿 언어유희는 동음이의어나 글자 등을 활용하여 말을 재미있게 꾸며 내는 것을 의미하는데, (가)~(다)에서는 이런 표현을 찾을 수 없어요.

④ 풍자의 기법을 활용하여 대상에 대한 비판 의식을 드러내고 있다. (×)

🌿 풍자는 비판의 의도를 가지고 현실을 과장, 왜곡하고 비꼬는 방법으로 드러내어 웃음을 유발하는 것을 의미하는데, (가)~(다)에서 무엇인가를 풍자하고 있는 부분을 찾을 수 없어요.

⑤ 계절감을 나타내는 시어를 활용하여 시적 분위기를 조성하고 있다. (×)

＊근거: (나) ❻행, (다) ⑱행

> • (나): 구름 뜬 하늘 아래 늘어진 푸른 버들
> • (다): 칠석(七夕)비 ᄂ리워 이 싸홈 말이쇼셔

🌿 (나)의 '푸른 버들'과 (다)의 '칠석'을 통해서 '여름'이라는 계절감을 파악할 수 있지만, (가)에서는 계절감을 나타내는 시어를 찾을 수 없어요.

🌸 작품 비교하기 유형

🍯탭 한 작품을 먼저 읽고, 선택지들 가운데 오답을 거르세요.

B02 화자의 정서와 태도 파악하기

㉠~㉤에 대한 설명으로 적절하지 않은 것은?

① ㉠: '남'과 화자의 서로 다른 상황을 통해 화자가 놓인 외로운 처지를 표현하고 있다. (◯)

🌿 (가)의 화자는 다른 사람은 다 자는 밤에 홀로 깨어 있어요. 남과 상반되는 화자의 상황은 화자의 외로움을 더욱 강조해요.

② ㉡: 화자의 '쑴'을 통해 화자가 먼 곳에서 여유롭게 살고자 하는 염원을 표현하고 있다. (×)

🌿 '천리'는 실제의 거리가 아니라 화자가 느끼는 임과의 심리적인 거리를 의미해요. 따라서 천리 밖에 '쑴'이 '오락가락'한다는 것은 화자가 먼 곳에서 여유롭게 살고자 하는 염원을 갖고 있다는 것이 아니라, 화자가 임을 만나기 힘든 상황임을 드러내요. 그러므로 정답은 ②!

③ ㉢: '돗자리', '돌'과 대비되는 화자의 마음을 통해 화자의 맺혀 있는 감정을 강조하고 있다. (◯)

🌿 '돗자리'와 '돌'은 말아 두고 굴려 낼 수 있는 대상이지만, 화자의 마음 속 응어리는 고칠 수 없어요. 화자는 돗자리, 돌과 자신의 마음을 대비함으로써 자신의 마음에 맺혀 있는 감정을 강조하고 있어요.

④ ㉣: 화자가 연주하는 '공후'의 소리를 통해 화자의 답답함과 슬픔을 표현하고 있다. (◯)

🌿 '공후'의 소리가 '하소연하는 듯 흐느끼는 듯' 들린다고 한 것은 (나)의 화자가 슬픈 감정을 느끼고 있기 때문이에요.

⑤ ㉤: 화자가 '밤'에 잠을 자지 못하는 상황을 통해 화자의 애절한 감정을 강조하고 있다. (◯)

🌿 노래가 '슬픈' 것은 (나)의 화자가 슬픔을 느끼고 있기 때문이에요. 화자는 슬픔 때문에 잠 못 이루고 밤이 '어찌 이리 긴고'라고 탄식하고 있어요.

🌸 화자의 정서와 태도 파악하기 유형

🍯탭 화자의 감정(기쁨, 외로움 등), 태도(긍정적, 부정적 등)가 나타나는 표현을 찾으세요.

B03 〈보기〉를 바탕으로 감상하기

〈보기〉를 바탕으로 (나)와 (다)를 감상한 내용으로 적절하지 않은 것은? [3점]

• 〈보기〉: 충성스러운 신하가 왕을 그리워하며 부른 노래를 '충신연주지사'라고 합니다. '충신연주지사'에 속하는 작품들은 왕에 대한 신하의 사랑과 그리움, 왕에 대한 원망을 주로 담고 있습니다.

• (나)와 (다): (나)와 (다)는 '충신연주지사'에 해당합니다.

즉 '충신연주지사'인 (나)와 (다)를 잘못 감상한 것을 고르는 문제입니다.

'충신연주지사'는 충성스러운 신하가 왕을 그리워하며 부른 노래를 의미하는데, (나)와 (다)가 여기에 속한다. 이러한 주제 의식을 담은 노래들은 신하가 왕으로부터 멀리 떨어져 이별이 오래 지속된 상황에서 생긴 감정을 표현하고 있다. 왕에 대한 신하의 사랑과 그리움을 주로 표현하며, 자신의 마음을 몰라주는 왕에 대한 원망을 드러내기도 한다.

충신연주지사의 개념
충신연주지사의 내용 ①
충신연주지사의 내용 ②

① (나)의 '그리운 사람'이 '멀리 하늘 모퉁이에 있는데'라고 한 것은 신하가 왕으로부터 멀어져 있는 상황을 나타낸 것이겠군. (○)

근거: 〈보기〉 ❷문장

~ 신하가 왕으로부터 멀리 떨어져 이별이 오래 지속된 상황 ~

② (나)의 '기나긴 그리움에 공연히 애만 끊노라'라고 한 것은 신하가 왕을 그리워하고 있음을 나타낸 것이겠군. (○)

근거: 〈보기〉 ❶문장

'충신연주지사'는 충성스러운 신하가 왕을 그리워하며 부른 노래를 의미하는데, (나)와 (다)가 여기에 속한다.

③ (다)의 '수심'이 '가슴'에 피어난 것이 '눔의 탓도 아니로뒤'라고 한 것은 신하가 자신의 마음을 몰라주는 왕을 원망하고 있음을 나타낸 것이겠군. (×)

근거: (다) ❹, ❺행, 〈보기〉 ❸문장

• (다): 수심은 블이 되어 가슴애 픠여나니 / 절로 난 그 블이 눔의 탓도 아니로뒤
• 〈보기〉: ~ 자신의 마음을 몰라주는 왕에 대한 원망을 ~

🍃 (다)에서는 수심이 불이 되어 가슴에 피어난 것이 절로 생겨난 것이므로 남의 탓이 아니라고 했어요. 즉, (다)의 화자는 이별 후 수심을 느끼고 있지만 이것이 남의 탓이라고 생각하지는 않으므로, 자신의 마음을 몰라주는 왕에 대한 원망을 나타내지 않았어요. 그러므로 정답은 ③!

④ (다)의 '여휠 제 검던 머리 희도록 못 보는고'라고 한 것은 신하와 왕이 오랫동안 이별하고 있음을 나타낸 것이겠군. (○)

근거: 〈보기〉 ❷문장

~ 신하가 왕으로부터 멀리 떨어져 이별이 오래 지속된 상황에서 ~

⑤ (나)의 '밝은 달이 되어' '임의 창문 휘장'에 비추겠다는 것과 (다)의 '내 뜻은 다시 볼가 부라거든'이라고 한 것은 왕에 대한 신하의 사랑을 나타낸 것이겠군. (○)

근거: 〈보기〉 ❸문장

왕에 대한 신하의 사랑과 그리움을 ~

🌸 〈보기〉를 바탕으로 감상하기 유형

🍯꿀팁 〈보기〉와 지문에서 근거가 되는 부분을 찾으세요.

B04 시어 및 구절의 의미 파악하기

새와 블에 대한 설명으로 가장 적절한 것은?

• 새와 블: '새'는 임의 곁에 가기 위해 (나)의 화자가 되고 싶어 하는 대상이고, '블'은 비바람에도 꺼지지 않는 것으로 (다)의 화자가 가진 슬픔을 강조하는 대상입니다.

즉 '새'와 '블'에 대해 올바르게 설명한 것을 고르는 문제입니다.

① 새는 화자의 심리 전환을 표출하고, 블은 화자의 성격 변화를 유도하고 있다. (×)

🍃 (나)에서 화자의 심리가 전환되는 부분은 나타나지 않으며, (다)에서 화자의 성격이 변화하는 부분 또한 찾을 수 없어요.

② 새는 화자의 현재 상황을 표현하고, 블은 화자의 미래 모습을 암시하고 있다. (×)

🍃 '새'는 (나)의 화자가 되고 싶어 하는 대상일 뿐, 화자의 상황을 표현하지는 않고, '블'은 (다)의 화자가 가진 수심으로 미래 모습과 관계없어요.

③ 새는 화자의 내적인 갈등을 강조하고, 블은 화자의 외적인 화해를 보여 주고 있다. (×)

🍃 (가)의 '새'는 화자의 내적 갈등과 관계가 없으며, (나)의 '블'은 화자의 외적인 화해와 관계가 없어요.

④ 새는 화자의 간절한 바람을 드러내고, 블은 화자의 애타는 정서를 부각하고 있다. (○)

근거: (나) ⑪, ⑫행, (다) ⑬행

• (나): 원컨대 쌍쌍이 나는 새가 되어서 / 임 향한 창 앞에 서 있고자
• (다): 엇씨 흔 블인디 풍우중(風雨中)에 투노왜라

🍃 (나)의 화자는 '새'가 되어서라도 임을 보고 싶다는 간절한 바람을 드러냈고, (다)의 화자는 '블'이 '풍우중'에도 타오른다, 즉 꺼지지 않는다며 수심이 그만큼 깊다는 것을 드러냈어요. 그러므로 정답은 ④!

⑤ 새는 화자의 반성적인 태도를 나타내고, 블은 화자의 실천적인 행위를 제지하고 있다. (×)

🍃 (나)의 화자는 무엇인가를 반성하고 있지 않으며, (다)의 '블'은 화자의 실천적인 행위와 관계가 없어요.

🌸 시어 및 구절의 의미 파악하기 유형

🍯꿀팁 지문에서 앞뒤 문맥을 살펴 의미를 파악하세요.

[B 05~07] 다음 글을 읽고 물음에 답하시오.

(가) 백성들의 어려움이여, 백성들의 어려움이여 　蒼生難蒼生難

　흉년 들어 ⑦너희들은 먹을 것이 없구나 　年貧爾無食

　ⓒ나는 너희들을 구제할 마음이 있어도 　我有濟爾心

　너희들을 구제할 힘이 없구나 　而無濟爾力

　백성들의 괴로움이여, 백성들의 괴로움이여 　蒼生苦蒼生苦

　날이 추워 네가 이불이 없을 때 　天寒爾無衾

　ⓒ저들은 너희들을 구제할 힘이 있어도 　彼有濟爾力

　너희들을 구제할 마음이 없구나 　而無濟爾心

　원컨대, 잠시라도 소인배의 마음을 돌려서 　願回小人腹

　군자의 생각을 가져 보게나 　暫爲君子慮

　군자의 귀를 빌려 　暫借君子耳

　백성의 말을 들어 보게나 　試聽小民語

　백성은 할 말 있어도 임금은 알지 못하니 　小民有語君不知

　오늘 백성들은 모두 살 곳을 잃었구나 　今歲蒼生皆失所

　궁궐에서는 매양 백성을 걱정하는 조서 내리는데 　北闕雖下憂民詔

　지방 관청에 전해져서는 한갓 헛된 종이 조각 　州縣傳看一虛紙

　서울에서 관리를 보내 백성의 고통을 물으려 　特遣京官問民瘼

　역마로 날마다 삼백 리를 달려도 　馹騎日馳三百里

　백성들은 문턱에 나설 힘도 없어 　吾民無力出門限

　어느 겨를에 마음속 일을 말이나 하겠소 　何暇面陳心內事

　비록 한 고을에 한 서울 관리 온다고 해도 　縱使一郡一京官

　서울 관리는 귀가 없고 백성은 입이 없다네 　京官無耳民無口

　급회양* 같은 착한 관리를 불러다가 　不如喚起汲淮陽

　아직 죽지 않은 백성을 구해봄만 못하리라 　未死子遺猶可救

　　　　　　　　　　　　　　　　　　　－ 어무적, 〈유민탄(流民歎)〉

* 급회양: 중국 한나라 때 선정(善政)을 베푼 것으로 유명한 태수

(나) 내 이미 백구 잊고 백구도 나를 잊네

　둘이 서로 잊었으니 누군지 모르리라

　언제나 해옹을 만나 이 둘을 가려낼꼬

　붉은 잎 산에 가득 빈 강에 쓸쓸할 때

　가랑비 낚시터에 낚싯대 제 맛이라

　세상에 득 찾는 무리 어찌 알기 바라리

　내 귀가 시끄러움 네 바가지 버리려믄

　네 귀를 씻은 샘에 내 소는 못 먹이리*

　공명은 해진 신이니 벗어나서 즐겨보세

　옥계산 흐르는 물 못 이루어 달 띄우네

　맑으면 갓끈 씻고 흐리거든 발 씻으리

　어쩌타 세상 사람 청탁(淸濁)* 있는 줄 모르는고

　　　　　　　　　　　　　　　　－ 이별, 〈장육당육가(藏六堂六歌)〉

* 네 귀를 ~ 못 먹이리: 벼슬 제안을 듣고 귀가 더럽혀졌다며 영수에 귀를 씻은 허유와 그 물을 소에게도 먹이지 않으려 했다는 소부의 고사에서 차용한 것임.
* 청탁: 맑음과 흐림을 아울러 이르는 말

★ (가) 고전 시가 **독해 공식**

❶ 화자: (　　　　　　　　), 중심 대상: (　　　　　　　)
❷ 화자의 상황: (　　　　　　　　　　　　　　　　)
　정서, 태도: (　　　　　　　　　　　　　　　　)
❸ 표현상 특징: (　　　　　　　　　　　　　　　　)

★ (나) 고전 시가 **독해 공식**

❶ 화자: (　　　　　　　　), 중심 대상: (　　　　　　　)
❷ 화자의 상황: (　　　　　　　　　　　　　　　　)
　정서, 태도: (　　　　　　　　　　　　　　　　)
❸ 표현상 특징: (　　　　　　　　　　　　　　　　)

B05 ★★★　　　　　　　　　2019(9월)/고1교육청 31

(가)와 (나)에 대한 설명으로 가장 적절한 것은?

① (가)는 (나)와 달리 색채 대비를 통해 시적 분위기를 환기하고 있다.

② (가)는 (나)와 달리 선경후정의 방식을 통해 시상을 전개하고 있다.

③ (나)는 (가)와 달리 대구적 표현을 사용하여 시적 운율감을 형성하고 있다.

④ (가)와 (나) 모두 설의적 표현을 활용하여 시적 의미를 부각하고 있다.

⑤ (가)와 (나) 모두 자연물에 인격을 부여하여 화자의 정서를 드러내고 있다.

B06 ✿✿✿

㉠~㉢에 대한 설명으로 적절하지 않은 것은?

① ㉠은 자신들의 삶을 돌보지 않는 ㉡을 원망하고 있다.
② ㉡은 ㉠을 구제하지 못하는 것에 안타까움을 느끼고 있다.
③ ㉡은 ㉢이 군자와 같은 생각을 갖기를 바라고 있다.
④ ㉢은 ㉠의 삶을 구제할 힘을 지니고 있다.
⑤ ㉢은 ㉠이 겪고 있는 문제를 해결하지 않고 있다.

B07 ✿✿✿

〈보기〉를 참고하여 (나)를 감상한 내용으로 적절하지 않은 것은? [3점]

[보기]

(나)는 갑자사화로 인해 유배되었다 풀려난 작가가 옥계산에 은거하며 쓴 작품이다. 이 작품을 통해 작가는 세속적 가치를 멀리하고 자연 속에서 자연과 하나되어 풍류를 즐기는 삶을 추구하고 있음을 보여주고 있다. 또한 옳고 그름을 분간하지 못하는 사람들을 비판하면서 분별 있는 삶의 자세에 대한 의지도 드러내고 있다.

① '백구'와 '나'가 서로 잊어 누군지 모른다는 것에서 화자가 자연과 하나가 된 삶을 살고 있음을 보여주는군.
② '빈 강'에서 쓸쓸해 하는 모습에서 유배되었다 풀려나도 '득 찾는 무리'로부터 벗어나기 어려운 화자의 현실이 드러나는군.
③ '공명'을 '해진 신'에 비유한 것에서 화자가 세속적 삶의 가치를 멀리하고 있음이 드러나는군.
④ '옥계산'에서 '물', '달'과 함께 지내는 모습에서 화자의 자연 친화적 삶의 태도가 드러나는군.
⑤ '세상 사람'을 '청탁'을 모르는 사람들로 여기는 것에서 맑고 탁함을 분간할 수 있어야 한다는 화자의 인식이 드러나는군.

[B08~10] 다음 글을 읽고 물음에 답하시오.

(가) 桂浪春水足鰻鱺　계량 봄 바다에 뱀장어도 많으실고
　　樺取弓船漾碧漪　푸른 물결 헤치며 활선이 떠나간다.
　　高鳥風高齊出港　높새바람 드높을 때 일제히 출항해서
　　馬兒風緊足歸時　**마파람** 급히 불 때 가득 싣고 돌아오네.

– 정약용, 〈탐진어가(耽津漁歌) 1〉

(나) 논밭 갈아 김 매고 베잠방이 대님 쳐 신 들메고*

낫 갈아 허리에 차고 도끼를 벼려 들러 메고 울창한 산 속에 들어가서 삭정이 마른 섶*을 **베거니 자르거니** 지게에 짊어져 지팡이에 받쳐 놓고 샘을 찾아가서 점심도 다 비우고 곰방대를 툭툭 털어 잎담배 피워 물고 **콧노래** 흥얼대다가

석양이 재 넘어갈 때 어깨를 추스르며 긴 소리 **짧은** 소리 하며 어이 갈꼬 하더라

– 작자 미상

* 들메고: 신이 벗어지지 않도록 발에다 끈으로 동여매고
* 섶: 땔나무를 통틀어 이르는 말

⭐ (가) 고전 시가 **독해 공식**

❶ 화자: (　　　　　), 중심 대상: (　　　　　)
❷ 화자의 상황: (　　　　　)
　　정서, 태도: (　　　　　)
❸ 표현상 특징: (　　　　　)

⭐ (나) 고전 시가 **독해 공식**

❶ 화자: (　　　　　), 종심 대상: (　　　　　)
❷ 화자의 상황: (　　　　　)
　　정서, 태도: (　　　　　)
❸ 표현상 특징: (　　　　　)

B08 ✿✿✿

(가)와 (나)의 공통점으로 가장 적절한 것은?

① 어조의 변화를 통해 시적 긴장감을 높이고 있다.
② 청각적 심상을 통해 화자의 처지를 부각하고 있다.
③ 시간적 배경을 제시하며 시적 상황을 드러내고 있다.
④ 동일한 구절의 반복을 통해 시의 주제를 강조하고 있다.
⑤ 시선의 이동에 따른 화자의 심리 변화를 보여 주고 있다.

(가)와 〈보기〉를 비교한 내용으로 가장 적절한 것은?

[보기]

棉布新治雪樣鮮　새로 짜낸 무명이 눈결같이 고왔는데
黃頭來博吏房錢　이방* 줄 돈이라고 황두*가 뺏어가네
漏田督稅如星火　누전* 세금 독촉이 성화같이 급하구나.
三月中旬道發船　삼월 중순 세곡선(稅穀船)*이 서울로
　　　　　　　　　　떠난다고.
　　　　　　　　　　　　　　　 – 정약용, 〈탐진촌요(耽津村謠)〉

* 이방, 황두: 지방 관리
* 누전: 토지 대장의 기록에서 빠진 토지
* 세곡선: 세금으로 바친 곡식을 실어 나르는 배

① (가)는 〈보기〉와 달리 화자의 내적 갈등이 심화되고
　 있다.
② 〈보기〉는 (가)와 달리 화자가 비판하는 대상을 드러내
　 고 있다.
③ (가)와 〈보기〉는 모두 화자가 지향하는 삶의 모습을 그
　 리고 있다.
④ (가)와 〈보기〉는 모두 화자가 대상을 관조적으로 바라
　 보고 있다.
⑤ (가)는 미래에 대한 화자의 확신을, 〈보기〉는 과거에
　 대한 화자의 성찰을 드러내고 있다.

〈보기〉를 바탕으로 (가)와 (나)를 이해한 내용으로 적절하지 않은
것은? [3점]

[보기]

조선 후기에는 서민들의 일상을 구체적으로 제시하
여 그들이 느끼는 삶의 애환을 진솔하게 담아낸 작품이
많이 창작되었다. 그러한 작품들은 자연을 노동의 현장
으로 그리며, 그 현장을 생동감 있게 표현하였다. 또한
고단한 노동 중에도 여유를 즐기는 서민들의 모습을 그
리기도 하였다.

① (가)의 '봄 바다'로 '뱀장어' 잡이를 나서는 모습은 어부
　 의 일상을 보여 주고 있군.
② (나)의 '콧노래'나 '긴 소리 짧은 소리'를 하는 것은 힘
　 든 생활 속에서도 여유를 잃지 않는 모습이라고 할 수
　 있군.
③ (가)의 '바다'와 (나)의 '산속'은 서민들의 노동 현장으
　 로 볼 수 있군.
④ (가)의 '마파람'과 (나)의 '석양'을 통해 서민들의 삶의
　 애환을 진솔하게 담아내고 있군.
⑤ (가)의 '푸른 물결 헤치며'와 (나)의 '베거니 자르거니'
　 는 생동감 있는 표현으로 볼 수 있군.

[B11~12] 다음 글을 읽고 물음에 답하시오. ━━

(가) 생사(生死) 길은
　　예 있으매 머뭇거리고,
　　나는 간다는 말도
　　못다 이르고 어찌 갑니까.
　　㉠ 어느 가을 이른 바람에
　　이에 저에 떨어질 잎처럼,
　　한 가지에 나고
　　가는 곳 모르온저.
　　아아, ㉡ 미타찰(彌陀刹)에서 만날 나
　　도(道) 닦아 기다리겠노라.

　　　　　　　　　　　　　－ 월명사, 〈제망매가〉

(나) ㉢ 오백 년 도읍지를 필마(匹馬)로 도라드니,
　　㉣ 산천은 의구(依舊)하되 인걸(人傑)은 간 듸 업다.
　　어즈버, ㉤ 태평연월(太平烟月)이 꿈이런가 하노라.

　　　　　　　　　　　　　　　　　　－ 길재

⭐ **(가) 고전 시가 독해 공식** ━━
❶ 화자: (　　　　　　　　　), 중심 대상: (　　　　　　)
❷ 화자의 상황: (　　　　　　　　　　　　　　)
　 정서, 태도: (　　　　　　　　　　　　　　)
❸ 표현상 특징: (　　　　　　　　　　　　　)

⭐ **(나) 고전 시가 독해 공식** ━━
❶ 화자: (　　　　　　　　　), 중심 대상: (　　　　　　)
❷ 화자의 상황: (　　　　　　　　　　　　　　)
　 정서, 태도: (　　　　　　　　　　　　　　)
❸ 표현상 특징: (　　　　　　　　　　　　　)

B11 ✽✽✽❀　　　　　　　　　　2015(9월)/고1교육청 34

(가), (나)의 형식상 특징으로 적절한 것은?

① (가)는 4음보의 율격을 가진다.
② (나)는 시적 화자가 작품의 표면에 드러나 있다.
③ (가)와 달리 (나)는 3단 구성의 짜임을 취한다.
④ (나)와 달리 (가)는 이야기 전달에 목적이 있다.
⑤ (가), (나)는 감탄사를 통해 고조된 감정을 드러낸다.

B12 ✽✽❀　　　　　　　　　　2015(9월)/고1교육청 35

〈보기〉를 참고하여 ㉠~㉤에 나타난 작가의 처지를 이해한 내용으로 적절하지 않은 것은? [3점]

> **[보기]**
>
> 　작가의 삶에 대한 이해는 작품 감상의 폭을 넓혀 준다. (가)는 승려인 작가가 죽은 누이를 추모하기 위한 작품이고, (나)는 고려 왕조가 몰락하자 모친 봉양을 핑계로 고향에 은거한 작가가 고려의 도읍지였던 개성을 찾아 느끼는 감회를 읊고 있는 작품이다.

① ㉠: 어느 가을의 때 이른 바람이라는 인식을 통해 예기치 못한 누이의 죽음에 안타까움을 느끼고 있군.
② ㉡: 극락에서 다시 만날 때까지 도를 닦으며 기다리겠다는 다짐을 통해 슬픔을 종교의 힘으로 극복하려 하는군.
③ ㉢: 오백 년 도읍지라는 시간과 장소의 제시를 통해 단절된 고려 왕조에 대한 아쉬움을 표현하고 있군.
④ ㉣: 자연은 변함없는데 고려의 옛 충신들은 찾을 수 없는 상황 속에서 인생무상을 느끼고 있군.
⑤ ㉤: 태평한 세상이 꿈속에만 있겠느냐는 각성을 통해 고려 왕조를 다시 찾겠다는 의지를 다지고 있군.

(가) ㉠공명(功名)도 잊었노라 부귀(富貴)도 잊었노라
　　　세상 번우(煩憂)한* 일 다 주어 잊었노라
　　　내 몸을 내마저 잊으니 남이 아니 잊으랴.

　　　삼공(三公)*이 귀하다 한들 강산과 바꿀쏘냐
　　　조각배에 달을 싣고 낚싯대를 흩던질 제
　　　이 몸이 이 청흥(淸興)* 가지고 만호후(萬戶侯)*인들
부러우랴.

　　　헛글고 싯근* 문서 다 주어 내던지고
　　　필마(匹馬) 추풍에 채찍을 쳐 돌아오니
　　　㉡아무리 매인 새 놓인다 한들 이토록 시원하랴.

　　　　　　　　　　　　　　　　　　　－ 김광욱, 〈율리유곡〉

* 번우한: 괴롭고 근심스러운
* 삼공: 삼정승인 영의정, 좌의정, 우의정을 일컫는 말
* 청흥: 맑은 흥과 운치
* 만호후: 재력과 권력을 겸비한 제후 또는 세도가
* 헛글고 싯근: 흐트러지고 시끄러운

(나) 새로 거른 막걸리 젖빛처럼 뿌옇고
　　　큰 사발에 보리밥, 높기가 한 자로세.
　　　밥 먹자 도리깨 잡고 마당에 나서니
　　　㉢검게 탄 두 어깨 햇볕 받아 번쩍이네.
　　　옹헤야 소리 내며 발맞추어 두드리니
　　　삽시간에 보리 낟알 온 마당에 가득하네.
　　　주고받는 노랫가락 점점 높아지는데
　　　보이느니 지붕 위에 보리 티끌뿐이로다.
　　　그 기색 살펴보니 즐겁기 짝이 없어
　　　㉣마음이 몸의 노예 되지 않았네.
　　　낙원이 먼 곳에 있는 게 아닌데
　　　㉤무엇하러 벼슬길에 헤매고 있겠는가.

　　　　　　　　　　　　　　　　　　　－ 정약용, 〈보리타작〉

★ (가) 고전 시가 독해 공식
❶ 화자: (　　　　　　　), 중심 대상: (　　　　　　　)
❷ 화자의 상황: (　　　　　　　　　　　　　　　　　)
　정서, 태도: (　　　　　　　　　　　　　　　　　)
❸ 표현상 특징: (　　　　　　　　　　　　　　　　　)

★ (나) 고전 시가 독해 공식
❶ 화자: (　　　　　　　), 중심 대상: (　　　　　　　)
❷ 화자의 상황: (　　　　　　　　　　　　　　　　　)
　정서, 태도: (　　　　　　　　　　　　　　　　　)
❸ 표현상 특징: (　　　　　　　　　　　　　　　　　)

B13 ***

(가)와 (나)의 공통점으로 적절한 것은?

① 대화의 형식을 통해 대상을 예찬하고 있다.
② 연쇄법을 활용하여 화자의 심정을 드러내고 있다.
③ 직유법을 사용하여 대상의 속성을 표현하고 있다.
④ 의인화를 통해 대상에 대한 친밀감을 나타내고 있다.
⑤ 물음의 형식을 활용하여 화자의 심리를 표출하고 있다.

B14 ***

㉠~㉤에 대한 이해로 적절하지 않은 것은?

① ㉠: 세속적 가치에 대한 욕심을 버린 화자의 태도가
드러나 있다.
② ㉡: 관직 생활에서 벗어난 화자의 해방감이 표출되어
있다.
③ ㉢: 고된 삶을 살아왔던 화자의 모습을 묘사하고 있다.
④ ㉣: 보리타작하는 농민들의 모습에 대한 화자의 평가
가 담겨 있다.
⑤ ㉤: 화자가 자신의 삶에 대해 성찰하는 모습이 나타나
있다.

B15 **❀

〈보기〉를 참고하여 (가)의 '강산(ⓐ)'과 (나)의 '마당(ⓑ)'을 비교한
내용으로 적절한 것은?

[보기]
　작품에서 공간은 화자가 위치한 구체적인 장소의 의
미를 넘어서 화자가 바람직하게 생각하는 삶의 모습이
담겨 있기도 하다. (가)와 (나)에 설정된 시적 공간에는
화자가 지향하는 삶의 가치가 내재되어 있다.

① ⓐ는 자연과 벗하며 살아가는 공간이고, ⓑ는 건강한
노동의 즐거움을 깨닫는 공간이다.
② ⓐ는 소박한 삶에 대한 지향이 담긴 공간이고, ⓑ는
빈곤한 삶을 극복하려는 의지가 담긴 공간이다.
③ ⓐ는 궁핍한 처지로 인한 좌절감이 나타난 공간이고,
ⓑ는 삶의 애환을 다른 사람과 공유하는 공간이다.
④ ⓐ는 힘겨운 상황에 대한 저항 의지가 담긴 공간이고,
ⓑ는 현실과의 타협을 통해 내적 갈등에서 벗어나려
는 공간이다.
⑤ ⓐ는 내적 욕구에 대한 자기 절제가 반영된 공간이고,
ⓑ는 과거와 달라진 현재의 상황에 대한 안타까움이
표출된 공간이다.

(가) 鷰子初來時 　제비 한 마리 처음 날아와
　　嗜嗜語不休 　지지배배 그 소리 그치지 않네
　　語意雖未明 　말하는 뜻 분명히 알 수 없지만
　　似訴無家愁 　집 없는 서러움을 호소하는 듯
　　楡槐老多穴 　느릅나무 홰나무 묵어 구멍 많은데
　　何不此淹留 　어찌하여 그곳에 깃들지 않니
　　燕子復嗜嗜 　제비 다시 지저귀며
　　似與人語酬 　사람에게 말하는 듯
　　楡穴鸛來啄 　느릅나무 구멍은 황새가 쪼고
　　槐穴蛇來搜 　홰나무 구멍은 뱀이 와서 뒤진다오
　　　　　　　　　　　　　　　– 정약용, 〈고시(古詩)〉

(나) 형님 온다 형님 온다 분고개로 형님 온다
　　형님 마중 누가 갈까 형님 동생 내가 가지
　　형님 형님 사촌 형님 시집살이 어떱뎁까
　　이애 이애 그 말 마라 시집살이 개집살이
　　앞밭에는 당추(唐楸)* 심고 뒷밭에는 고추 심어
　　㉠고추 당추 맵다 해도 시집살이 더 맵더라
　　둥글둥글 수박 식기(食器) 밥 담기도 어렵더라
　　도리도리 도리소반(小盤)* 수저 놓기 더 어렵더라
　　㉡오 리(五里) 물을 길어다가 십 리(十里) 방아 찧어다가
　　아홉 솥에 불을 때고 열두 방에 자리 걷고
　　외나무다리 어렵대야 시아버니같이 어려우랴
　　나뭇잎이 푸르대야 시어머니보다 더 푸르랴
　　㉢시아버니 호랑새요 시어머니 꾸중새요
　　동세 하나 할림새요 시누 하나 뾰족새요
　　시아지비 뾰중새요 남편 하나 미련새요
　　자식 하난 우는 새요 나 하나만 썩는 샐세
　　귀먹어서 삼 년이요 눈 어두워 삼 년이요
　　말 못해서 삼 년이요 석 삼 년을 살고 나니
　　㉣배꽃 같던 요내 얼굴 호박꽃이 다 되었네
　　삼단 같던 요내 머리 비사리춤*이 다 되었네
　　백옥 같던 요내 손길 오리발이 다 되었네
　　열새 무명 반물치마* 눈물 씻기 다 젖었네
　　두 폭 붙이 행주치마 콧물 받기 다 젖었네
　　울었던가 말았던가 베갯머리 소(沼)* 이뤘네
　　㉤그것도 소(沼)이라고 거위 한 쌍 오리 한 쌍
　　쌍쌍이 때 들어오네
　　　　　　　　　　　　　　　– 작자 미상, 〈시집살이 노래〉

*당추: 고추의 한 종류
*도리소반: 둥글게 생긴 작은 밥상
*비사리춤: 싸리나무의 껍질
*반물치마: 짙은 남색 치마
*소: 작은 연못

★ (가) 고전 시가 독해 공식
❶ 화자: (　　　　　　　　), 중심 대상: (　　　　　　　　)
❷ 화자의 상황: (　　　　　　　　　　　　　　　　　　)
　정서, 태도: (　　　　　　　　　　　　　　　　　　)
❸ 표현상 특징: (　　　　　　　　　　　　　　　　　)

★ (나) 고전 시가 독해 공식
❶ 화자: (　　　　　　　　), 중심 대상: (　　　　　　　　)
❷ 화자의 상황: (　　　　　　　　　　　　　　　　　　)
　정서, 태도: (　　　　　　　　　　　　　　　　　　)
❸ 표현상 특징: (　　　　　　　　　　　　　　　　　)

11 DAY

B16 ★★★
2019(6월)/고2교육청 43

(가)와 (나)의 공통점으로 가장 적절한 것은?

① 반어적인 표현을 사용하여 시적 정서를 부각하고 있다.
② 대화 형식을 활용하여 현실에 대한 인식을 드러내고 있다.
③ 시간의 흐름을 통해 깨달음에 이르는 과정을 제시하고 있다.
④ 감각적 이미지를 활용하여 자연의 아름다움을 드러내고 있다.
⑤ 자연물에 감정을 이입하여 대상에 대한 안타까움을 강조하고 있다.

B17 ★★★❀
2019(6월)/고2교육청 44

ⓐ~ⓔ 중 (가)를 이해한 내용으로 적절하지 않은 것은?

　오늘 수업 시간에 정약용의 〈고시〉가 조선 후기 지배층의 횡포와 피지배층의 고난을 드러낸 작품임을 배웠어. 이 작품에서 ⓐ'황새'와 '뱀'은 백성들을 괴롭히는 지배 세력을 상징하고, ⓑ'제비'는 지배 세력으로부터 착취당하는 백성들을 상징해. ⓒ피지배층의 고난은 삶의 터전마저 빼앗기는 절박한 상황으로 그려지고 있어. ⓓ그런 상황에서도 백성들은 현실에 굴하지 않는 꿋꿋한 모습을 보여. 이 작품을 통해 ⓔ작가는 당대의 부정적 현실을 우회적으로 고발하고 있어.

① ⓐ　② ⓑ　③ ⓒ　④ ⓓ　⑤ ⓔ

〈보기〉를 바탕으로 (나)를 감상한 내용으로 적절하지 않은 것은?
[3점]

[보기]
〈시집살이 노래〉는 고통스러운 시집살이를 하는 아녀자들의 생활을 진솔하게 표현한 민요이다. 이 작품 속 여인은 대하기 어려운 시집 식구와 과중한 가사 노동으로 인해 힘든 삶을 살고 있다. 이러한 삶 속에서 여인은 자신의 처지를 한탄하기도 하고, 체념하는 태도를 보이기도 한다.

① ㉠에서 '고추', '당추'와 비교하여 시집살이의 고통을 표현하고 있군.
② ㉡에서 '오 리'와 '십 리'를 활용하여 감당해야 할 노동이 과중함을 강조하고 있군.
③ ㉢에서 '호랑새'와 '꾸중새'를 활용하여 시아버지와 시어머니를 대하기 힘든 존재로 표현하고 있군.
④ ㉣에서 '배꽃'과 '호박꽃'을 대비하여 초라하게 변한 자신의 모습을 한탄하고 있군.
⑤ ㉤에서 '거위'와 '오리'에 빗대어 현실에 대응하지 못하고 체념하는 자신을 드러내고 있군.

[B19~21] 다음 글을 읽고 물음에 답하시오.

(가) ㉠가마귀 검다 ᄒ고 ㉡백로(白鷺)야 웃지 마라
것치 거믄들 속조차 거믈소냐
아마도 것 희고 속 검을손 너뿐인가 ᄒ노라
— 이직

(나) ㉢가마귀 눈비 마ᄌ 희ᄂ 듯 검노ᄆ라
야광 명월(夜光明月)이 ㉣밤인들 어두우랴
님 향(向)ᄒ ㉤일편단심(一片丹心)이야 고칠 줄이 이시랴
— 박팽년

(다)
[A]	┌ 앞 여울에 물고기와 새우가 많아	前灘富魚蝦
	└ 물결 뚫고 들어갈 생각 있는데	有意劈波入
[B]	┌ 사람을 보고 문득 놀라 일어나서는	見人忽驚起
	└ **여뀌꽃 핀 언덕에 도로 날아 앉았네**	蓼岸還飛集
[C]	┌ **목을 빼고 사람이 돌아가길 기다리다**	翹頭待人歸
	└ 가랑비에 깃털이 다 젖는구나	細雨毛衣濕
[D]	┌ **마음은 여울의 물고기에 가 있는데**	心猶在灘魚
	│ 사람들은 말하네, 기심(機心)*을 잊고	人道忘機立
	└ 서 있다고	

— 이규보, 〈여뀌꽃과 백로(蓼花白鷺)〉

* 기심: 기회를 엿보아 이득을 취하려는 마음

★ **(가) 고전 시가 독해 공식** _____
❶ 화자: (   ), 중심 대상: (   )
❷ 화자의 상황: (   )
　정서, 태도: (   )
❸ 표현상 특징: (   )

★ **(나) 고전 시가 독해 공식** _____
❶ 화자: (   ), 중심 대상: (   )
❷ 화자의 상황: (   )
　정서, 태도: (   )
❸ 표현상 특징: (   )

★ **(다) 고전 시가 독해 공식** _____
❶ 화자: (   ), 중심 대상: (   )
❷ 화자의 상황: (   )
　정서, 태도: (   )
❸ 표현상 특징: (   )

(가)~(다)의 표현 방식에 대한 설명으로 가장 적절한 것은?

① (가)와 (나)는 설의적인 표현을 통하여 화자의 가치관을 강조하고 있다.
② (가)와 (다)는 어순을 도치하여 시구의 의미를 강조하고 있다.
③ (나)와 (다)는 색채어를 활용하여 대상의 속성을 선명하게 드러내고 있다.
④ (나)는 (가)와 달리 4음보를 규칙적으로 사용하여 안정된 리듬감을 형성하고 있다.
⑤ (다)는 (나)와 달리 감정 이입을 통하여 화자의 내면을 표현하고 있다.

B20 ✽✽✿

〈보기〉를 참고하여 ⑦~⑩을 이해한 내용으로 적절하지 <u>않은</u> 것은? [3점]

[보기]

(가)는 고려 유신으로 조선 개국에 참여한 작가가 자신의 행위를 정당화하고, 겉으로 고고한 척하는 이들을 비판하려는 의도를 담고 있다. (나)는 단종 복위를 꾀하다가 옥에 갇힌 작가가 세조의 회유를 뿌리치며, 권력을 탐하는 이들의 위선적 태도를 비판하려는 의도를 드러내고 있다.

① ⑦은 작가가 자기 행위의 정당성을 주장하기 위해 자신과 동일시하는 대상으로 볼 수 있다.

② ⑥은 겉으로 고고한 척하는 무리를 가리키며, 작가가 비판하는 대상으로 볼 수 있다.

③ ⑤은 권력을 탐하는 자들에게 고초를 겪는 작가 자신을 가리킨다고 볼 수 있다.

④ ⑫은 세조가 단종을 몰아내고 왕위에 오른 시대 상황을 암시한다고 볼 수 있다.

⑤ ⑩은 세조의 회유를 뿌리치고 단종에 대한 충의를 지키려는 작가의 굳은 마음을 드러낸다고 볼 수 있다.

B21 ✽✽✽✿

(다)의 [A]~[D]에 대해 감상한 내용으로 적절하지 않은 것은?

① [A]의 '물고기와 새우'에 대한 백로의 욕망은 [B]에서 '사람' 때문에 일시적으로 충족되지 못하는군.

② [B]의 '여뀌꽃 핀 언덕'은 [C]의 '사람'을 경계한 백로가 피신해 있는 공간이군.

③ [C]의 '깃털'이 젖은 모습은 [D]의 '마음' 때문에 백로가 처하게 된 부정적 상황을 보여 주는군.

④ [D]의 '사람들'이 백로에 대해 보이는 인식은 [A]에 드러난 백로의 모습에 근거하고 있군.

⑤ [A]~[D]에서 화자는 백로의 탐욕만이 아니라 그것을 알아차리지 못한 '사람들'도 비판하고 있군.

[B 22~24] 다음 글을 읽고 물음에 답하시오.

(가) ⓐ얼음 위에 댓잎 자리 보아 님과 내가 얼어 죽을망정
얼음 위에 댓잎 자리 보아 님과 내가 얼어 죽을망정
⑦정 나눈 오늘 밤 더디 새오시라 더디 새오시라

경경(耿耿) 고침상(孤枕上)*에 어느 잠이 오리오
서창(西窓)을 열어보니 도화(桃花)가 발(發)하도다
ⓑ도화는 시름없어 소춘풍(笑春風)하노라* 소춘풍하노라

넋이라도 임과 함께 지내고자 했는데
넋이라도 임과 함께 지내고자 했는데
우기던 사람 누구입니까 누구입니까
　　　　　　　　　　－ 작자 미상, 〈만전춘별사(滿殿春別詞)〉

* 경경 고침상: 근심에 싸인 외로운 잠자리
* 소춘풍하노라: 봄바람에 웃는구나.

(나) 엊그제 젊었더니 벌써 어찌 다 늙거니
소년행락(少年行樂) 생각하니 말해도 속절없다
늙어서야 서러운 말 하자 하니 목이 멘다
부생모육(父生母育) 고생하여 이내 몸 길러 낼 제
공후배필(公候配匹)*은 못 바라도 군자호구(君子好逑)* 원하더니
삼생(三生)의 원업(怨業)이요 월하(月下)*의 연분(緣分)으로
장안(長安) 유협(遊俠) 경박자(輕薄子)를 꿈같이 만나 있어
당시에 미움 쓰기 ⓒ살얼음 디디는 듯
삼오이팔(三五二八) 겨우 지나 천연여질(天然麗質)* 절로 이니
이 얼굴 이 태도로 백년기약(百年期約) 하였더니
연광(年光)이 훌쩍 지나 조물(造物)이 시샘하여
⑥봄바람 가을 물이 베올에 북 지나듯
설빈화안(雪鬢花顔)* 어디 가고 면목가증(面目可憎)* 되었구나
내 얼굴 내 보거니 어느 임이 날 사랑할까
스스로 참괴(慙愧)하니 누구를 원망하랴
삼삼오오(三三五五) 야유원(冶遊園)*의 새 사람이 났단 말인가
꽃 피고 날 저물 제 정처 없이 나가 있어
백마금편(白馬金鞭)*으로 어디어디 머무는고
원근(遠近)을 모르거니 소식이야 더욱 알랴
인연(因緣)을 끊었어도 생각이야 없을쏘냐
얼굴을 못 보거든 그립기나 말면 좋으련만
ⓒ열두 때 길기도 길구나 서른 날 지리하다
옥창(玉窓)에 심은 매화 몇 번이나 피었다 진고
겨울밤 차고 찬 제 ⓓ자취눈 섞어 치고

여름날 길고 길 제 궂은 비는 무슨 일인고

ⓔ삼춘화류(三春花柳) 호시절(好時節)의 경물(景物)이
시름없다

가을 달 방에 들고 ⓔ실솔(蟋蟀)이 상(床)에 올 제

긴 한숨 지는 눈물 속절없이 생각만 많다

아마도 모진 목숨 죽기도 어려울사

        – 허난설헌, 〈규원가(閨怨歌)〉

* 공후배필: 높은 벼슬아치의 아내
* 군자호구: 군자의 좋은 배필
* 월하: 부부의 인연을 맺어 준다는 전설상의 노인
* 천연여질: 타고난 아름다운 모습
* 설빈화안: 고운 머릿결과 아름다운 얼굴
* 면목가증: 얼굴 생김새가 밉살스러움.
* 야유원: 술집
* 백마금편: 호화로운 차림

★ **(가) 고전 시가 독해 공식**

❶ 화자: (   ), 중심 대상: (   )

❷ 화자의 상황: (   )

  정서, 태도: (   )

❸ 표현상 특징: (   )

★ **(나) 고전 시가 독해 공식**

❶ 화자: (   ), 중심 대상: (   )

❷ 화자의 상황: (   )

  정서, 태도: (   )

❸ 표현상 특징: (   )

B22 ✱✱✱✲   2016(9월)/고2교육청 33

(가)와 (나)의 공통점으로 적절한 것은?

① 시적 공간을 이동하여 긴장감을 유발하고 있다.

② 물음의 형식을 통해 시적 상황을 부각하고 있다.

③ 동일한 시구를 반복하여 화자의 심정을 강조하고 있다.

④ 대화체와 독백체를 교차하여 극적 효과를 높이고 있다.

⑤ 감정을 절제한 표현으로 화자의 단호한 의지를 표출하고 있다.

B23 ✱✱✲✲   2016(9월)/고2교육청 34

〈보기 1〉을 바탕으로 ㉠~㉣을 이해한다고 할 때, 〈보기 2〉에서 적절한 것만을 있는 대로 고른 것은? [3점]

[보기 1]

 고전 시가에서 화자는 임이 곁에 있고 없음에 따라 객관적인 시간을 다르게 인식한다. 임이 부재하는 시간은 상대적으로 길다고 느끼거나 의미가 없다고 생각한다. 반면, 임과 함께하는 시간은 상대적으로 짧게 느껴져서 그 시간을 지연하고 싶어 한다.

[보기 2]

㉮: ㉠은 임과 함께하는 '오늘 밤'이라는 시간을 지연하고 싶은 심리를 담고 있다.

㉯: ㉡에는 임과 함께하기 위해 시간이 '베올에 북 지나 듯' 빨리 흐르기를 바라고 있다.

㉰: ㉢에서 화자는 임이 부재하는 시간인 '열두 때', '서른 날'은 길고 지루하다고 느낀다.

㉱: ㉣에서 화자는 임이 곁에 없는 상황이기에 꽃 피고 새잎 나는 '삼춘화류'의 계절임에도 아무런 감흥을 느끼지 못한다.

① ㉮, ㉯   ② ㉮, ㉱   ③ ㉯, ㉰

④ ㉮, ㉰, ㉱   ⑤ ㉯, ㉰, ㉱

B24 ✱✱✱✲   2016(9월)/고2교육청 35

ⓐ~ⓔ에 대한 이해로 적절하지 <u>않은</u> 것은?

① ⓐ: 극한 상황을 가정하여 화자의 사랑을 강조한 표현이다.

② ⓑ: 화자의 처지와 비슷하여 동질감을 불러일으키는 대상이다.

③ ⓒ: 화자의 조심스러웠던 마음을 비유적으로 나타내는 표현이다.

④ ⓓ: 계절과 연결되어 화자의 쓸쓸한 심정을 드러내는 소재이다.

⑤ ⓔ: 화자의 슬픈 감정이 이입된 자연물이다.

[B 25~27] 다음 글을 읽고 물음에 답하시오.

(가) 서경(西京)이 아즐가 서경(西京)이 셔울히마르는
　　위 두어렁셩 두어렁셩 다링디리
　　닷곤ᄃᆡ 아즐가 닷곤ᄃᆡ 쇼셩경 고ᄋᆡ마른
　　위 두어렁셩 두어렁셩 다링디리
　　여ᄒᆡ므론 아즐가 여ᄒᆡ므논 **질삼뵈** ᄇᆞ리시고
　　위 두어렁셩 두어렁셩 다링디리
　　괴시란ᄃᆡ 아즐가 괴시란ᄃᆡ 우러곰 좃니노이다
　　위 두어렁셩 두어렁셩 다링디리
　　　　　　　　　　　　　　　　　　　　〈제1연〉

[A]
　　구스리 아즐가 구스리 바회예 디신ᄃᆞᆯ
　　위 두어렁셩 두어렁셩 다링디리
　　긴히ᄯᆞᆫ 아즐가 긴힛ᄯᆞᆫ 그츠리잇가 나ᄂᆞᆫ
　　위 두어렁셩 두어렁셩 다링디리
　　즈믄 ᄒᆡ를 아즐가 즈믄 ᄒᆡ를 외오곰 녀신ᄃᆞᆯ
　　위 두어렁셩 두어렁셩 다링디리
　　신(信)잇ᄃᆞᆫ 아즐가 신(信)잇ᄃᆞᆫ 그츠리잇가 나ᄂᆞᆫ
　　위 두어렁셩 두어렁셩 다링디리
　　　　　　　　　　　　　　　　　　　　〈제2연〉
　　　　　　　　　　　　　　　－ 작자 미상, 〈서경별곡〉

(나) 이 몸이 녹아져도 옥황상제 처분이요
　　이 몸이 싀여져도 옥황상제 처분이라
　　녹아지고 싀여지어 혼백(魂魄)조차 흩어지고
　　공산(空山) 촉루(髑髏)*같이 임자 업시 구닐다가
　　곤륜산(崑崙山) 제일봉의 만장송(萬丈松)이 되어 이셔
　　바람비 뿌린 소리 님의 귀에 들리기나
　　윤회(輪廻) 만겁(萬劫)ᄒᆞ여 금강산(金剛山) 학(鶴)이 되어
　　일만 이천봉에 ᄆᆞ음껏 솟아올라
　　ᄀᆞ을 ᄃᆞᆯ 불근 밤에 두어 소리 슬피 우러
　　님의 귀에 들리기도 옥황상제 처분이로다
　　흔(恨)이 뿌리 되고 눈물로 가지 삼아
　　님의 집 창밧긔 외나모 매화(梅花) 되어
　　설중(雪中)에 혼자 피어 침변(枕邊)*에 시드는 듯
　　월중(月中) 소영(疏影)*이 님의 옷에 빗취어든
　　어엿븐 이 얼굴을 너로다 반기실가
　　동풍이 유정(有情)ᄒᆞ여 암향(暗香)을 불어 올려
　　고결(高潔)ᄒᆞᆫ 이내 생애 죽림(竹林)에나 부치고져
　　빈 낙대 빗기 들고 빈 ᄇᆡ를 혼자 ᄯᅵ워
　　백구(白鷗) 건네 저어 **건덕궁(乾德宮)**에 가고지고
　　　　　　　　　　　　　　　　　　－ 조위, 〈만분가〉

＊ 공산 촉루: 텅 빈 산의 해골
＊ 침변: 베갯머리
＊ 월중 소영: 달빛에 언뜻언뜻 비치는 그림자

B25 ❊❊❊❀　　　　　　　　　2019(6월)/평가원 32

(가)와 (나)에 대한 설명으로 가장 적절한 것은?

① (가)의 '셔울'과 (나)의 '건덕궁'은 모두 화자가 현재 머
무르고 있는 공간이다.
② (가)의 '질삼뵈'와 (나)의 '빈 낙대'는 모두 화자가 현재
회피하고 싶은 대상이다.
③ (가)의 '우러곰'과 (나)의 '슬피 우러'는 모두 임의 심정
을 드러내고 있다.
④ (가)의 '좃니노이다'와 (나)의 '빗취어든'은 모두 임의
곁에 있고 싶은 화자의 소망을 드러내고 있다.
⑤ (가)의 '그츠리잇가'와 (나)의 '반기실가'는 모두 미래
상황에 대한 의혹을 드러내고 있다.

B26 ❊❊❊❀　　　　　　　　　2019(6월)/평가원 33

(나)에 대한 감상으로 적절하지 <u>않은</u> 것은?

① '임자 업시 구닐'던 '이 몸'이 '학'이 되어 솟아오르게 함
으로써 상승의 이미지를 구현하고 있다.
② '만장송'과 '매화'라는 소재를 활용하여 임을 향한 화자
의 마음을 표상하고 있다.
③ '바람비 뿌린 소리'와 '두어 소리'의 청각적 이미지를
활용하여 임에게 알리고 싶은 화자의 심정을 나타내
고 있다.
④ '매화'의 '뿌리'와 '가지'를 활용하여 '흔'의 정서를 형상
화하고 있다.
⑤ 'ᄀᆞ을 ᄃᆞᆯ 불근 밤'과 '월중'이라는 시간적 배경을 통해
임과 재회한 순간을 드러내고 있다.

〈보기〉를 참고할 때, (가)의 [A]와 〈보기〉의 [B]를 비교하여 이해한 내용으로 적절하지 <u>않은</u> 것은? [3점]

[보기]

〈서경별곡〉의 제2연에서 여음구를 제외한 부분은 당시 유행하던 민요의 모티프를 수용한 것으로, 〈정석가〉에도 동일한 모티프가 나타난다. 고려 시대의 문인 이제현도 당시에 유행하던 민요를 다음과 같이 한시로 옮긴 적이 있다.

비록 구슬이 바위에 떨어져도	縱然巖石落珠璣
끈은 진실로 끊어질 때 없으리.	纓縷固應無斷時
낭군과 천년을 이별한다고 해도	與郎千載相離別
한 점 붉은 마음이야 어찌 바뀌리오?	一點丹心何改移

[B]

① [A]와 [B]에서 '구슬'은 변할 수 있는 것을, '긴'이나 '끈'은 변하지 않는 것을 비유하는 소재로 활용하였군.

② [A]에서는 '신'을, [B]에서는 '붉은 마음'을 굳건한 '바위'로 형상화하였군.

③ [A]와 [B] 모두에서 변하지 않는 마음을 소중한 가치로 여기는 화자의 태도가 나타나는군.

④ [A]와 [B]를 보니 동일한 모티프가 서로 다른 형식의 작품으로 수용되었군.

⑤ [A]와 [B]를 보니 여음구의 사용 여부에 차이가 있군.

[B28~30] 다음 글을 읽고 물음에 답하시오.

(가) 뿌리 깊은 나무는 바람에 아니 뮐새 꽃 좋고 열매 많나니
　　샘이 깊은 물은 가뭄에 아니 그칠새 내가 일어 바다에 가나니

　　　　　　　　　　　　　　　　〈제2장〉

　　천세(千世) 전에 미리 정하신 한강 북녘에 누인개국(累仁開國)하시어 복년(卜年)*이 가없으시니
　　성신(聖神)*이 이으셔도 경천근민(敬天勤民)하셔야 더욱 굳으시리이다
　　임금하 아소서 낙수(洛水)에 사냥 가 있어 조상만 믿겠습니까*

　　　　　　　　　　　　　　　　〈제125장〉
　　　　　　　　　　– 정인지 외, 〈용비어천가(龍飛御天歌)〉

* 복년: 하늘이 주신 왕조의 운수
* 성신: 훌륭한 임금의 자손
* 낙수에 ~ 믿겠습니까: 중국 하나라의 태강왕이 정사를 돌보지 않고 사냥을 갔다가 폐위당한 일을 가리킴.

(나) 강호(江湖)에 봄이 드니 미친 흥(興)이 절로 난다
　　탁료계변(濁醪溪邊)에 금린어(錦鱗魚)가 안주로다
　　이 몸이 한가(閑暇)하옴도 역군은(亦君恩)이샷다

　　　　　　　　　　　　　　　　〈제1수〉

　　강호에 여름이 드니 초당(草堂)에 일이 업다
　　유신(有信)한 강파(江波)는 보내나니 바람이로다
　　이 몸이 서늘하옴도 역군은이샷다　　　〈제2수〉

　　강호에 가을이 드니 고기마다 살쪄 있다
　　소정(小艇)에 그물 실어 흘리띄워 던져두고
　　이 몸이 소일(消日)하옴도 역군은이샷다　　〈제3수〉

　　강호에 겨울이 드니 눈 깊이 한 자가 넘네
　　삿갓 빗기 쓰고 누역으로 옷을 삼아
　　이 몸이 춥지 아니하옴도 역군은이샷다　　〈제4수〉
　　　　　　　　　　　　　– 맹사성, 〈강호사시가(江湖四時歌)〉

(가)에 대한 설명으로 적절하지 <u>않은</u> 것은?

① 〈제2장〉에서는 유사한 자연의 이치가 내포된 두 사례
　를 나란히 배열하고 있다.

② 〈제125장〉에서는 행에 따라 종결 어미를 달리하고 있다.

③ 〈제2장〉과 달리, 〈제125장〉은 전언의 수신자를 명시
　하고 있다.

④ 〈제125장〉과 달리, 〈제2장〉은 한자어를 배제하고 순
　우리말의 어감을 살리고 있다.

⑤ 〈제2장〉과 〈제125장〉은 모두 자연 현상과 인간의 삶
　을 대조적으로 보여 주고 있다.

〈보기〉는 (나)의 글쓴이가 창작을 위해 세운 계획을 가상적으로 구성한 것이다. 〈제1수〉~〈제4수〉에 공통적으로 반영된 것만을 있는 대로 고른 것은?

[보기]

ㄱ. 각 수 초장의 전반부에는 계절적 배경을 제시하며
　　시상의 단서를 드러내야겠군.

ㄴ. 각 수 초장의 후반부에서는 내면적 감흥을 구체적
　　사물을 통해 표현해야겠군.

ㄷ. 각 수 중장에서는 주변의 자연 풍광을 묘사하여 내
　　가 즐기고 있는 삶의 모습을 제시해야겠군.

ㄹ. 각 수 종장의 마지막 어절에는 동일한 시어를 배치
　　하여 전체적 통일성을 확보해야겠군.

① ㄱ, ㄴ　　　② ㄱ, ㄹ　　　③ ㄴ, ㄷ

④ ㄱ, ㄷ, ㄹ　　⑤ ㄴ, ㄷ, ㄹ

〈보기〉를 바탕으로 (가)와 (나)를 감상한 것으로 적절하지 <u>않은</u> 것은? [3점]

[보기]

〈용비어천가〉는 새 왕조에 대한 송축, 왕에 대한 권
계 등 정치적 목적으로 왕명에 따라 신하들이 창작하여
궁중 의례에서 연행된 작품이고, 〈강호사시가〉는 정계
를 떠난 선비가 강호에서 누리는 개인적 삶을 표현한
작품이다. 두 작품 모두 사대부들에 의해 창작되었다.
사대부들은 수신(修身)을 임무로 하는 사(士)와 관직 수
행을 임무로 하는 대부(大夫), 즉 선비와 신하라는 두
가지 정체성을 지니고 있었다. 이로 인해 사대부들이
향유한 시가는 정치적인 성격을 띠기도 한다.

① (가)에서 '뿌리 깊은 나무'와 '샘이 깊은 물'은 기반이
　굳건하고 기원이 유구하다는 뜻을 내세워 왕조를 송
　축하는 표현이겠군.

② (가)에서 '경천근민'의 덕목을 부각하여 왕에 대해 권
　계한 것은 '대부'로서의 정치적 의식을 드러낸 것이군.

③ (나)에서 '한가'하게 '소일'하는 개인적 삶도 임금의 은
　혜 덕분이라고 표현한 데서 정치적 성격을 엿볼 수 있군.

④ (나)에서 '강파', '바람' 등의 자연물과 '소정', '그물' 등
　의 인공물의 대립은 '사'와 '대부'라는 정체성 사이에서
　고뇌하는 모습을 드러내는군.

⑤ (가)의 '한강 북녘'은 새 왕조의 터전이라는 정치적 의
　미를 지니고, (나)의 '강호'는 개인적, 정치적 의미를
　모두 지니고 있겠군.

12 DAY

(가) 어이 못 오던다 무슨 일로 못 오던다

　　너 오는 길 위에 무쇠로 성(城)을 쌓고 성 안에 담 쌓고 담 안에란 집을 짓고 집 안에란 뒤주* 놓고 뒤주 안에 궤를 놓고 궤 안에 너를 결박ᄒ여 놓고 쌍비목* 외걸새에 용거북 ᄌᆞ물쇠로 수기수기 줌갓더냐 네 어이 그리 아니 오던다

　　ᄒᆞᆫ 둘이 셜흔 놀이여니 날 보라 올 하루 업스랴

　　　　　　　　　　　　　　　　　　　　　– 작자 미상

＊뒤주: 쌀 따위의 곡식을 담아 두는 세간의 하나
＊쌍비목: 쌍으로 된 문고리를 거는 쇠

(나) 청천(靑天)에 떠서 울고 가는 외기러기 날지 말고 닌 말 들어
　　한양성 내에 잠간 들러 부듸 닌 말 잊지 말고 웨웨텨* 불러 이르기를 월황혼 계워 갈 제 적막 공규(空閨)에 던져진 듯 홀로 안져 님 그려 ᄎᆞ마 못 살네라 ᄒᆞ고 부듸 한 말을 전ᄒᆞ여 쥬렴
　　우리도 님 보러 밧비 ᄀᆞ옵는 길이오매 전ᄒᆞᆯ동 말동 ᄒᆞ여라

　　　　　　　　　　　　　　　　　　　　　– 작자 미상

＊웨웨텨: 외쳐

(다) 아리랑 아리랑 아라리요
　　아리랑 고개 고개로 나를 넘겨 주게

　　아우라지 뱃사공아 배 좀 건너 주게
　　싸리골 올동백이 다 떨어진다

[A] ┌ 민둥산 고비 고사리 다 늙었지마는
　　└ 이 집에 정든 임 그대는 늙지 마서요

[B] ┌ 서산에 지는 해는 지고 싶어 지나
　　└ 정 들이고 가시는 임은 가고 싶어 가나

[C] ┌ 성님 성님 사촌 성님 시집살이가 어떻던가
　　└ 삼단 같은 요 내 머리 비사리춤* 다 되었네

[D] ┌ 오늘 갔다 내일 오는 건 해 달이지만
　　└ 한 번 가신 우리 임은 그 언제 오나

[E] ┌ 당신이 날만침만* 생각을 한다면
　　└ 가시밭길 천 리라도 신발 벗고 오리라

　　　　　　　　　　　　　　　　　– 〈정선 아리랑〉 중에서

＊비사리춤: 벗겨 놓은 싸리 껍질의 묶음
＊날만침만: 나만큼만

B31 ✿✿✿　　　　　　　　　　　2016(6월)/평가원(B) 31

(가), (나)에 대한 설명으로 가장 적절한 것은?

① (가)에서는 임이 장애물을 극복하고 화자를 찾아오기에는 하루라는 시간이 짧음에 대한 안타까움을 드러내고 있다.

② (가)에서는 화자가 처한 상황의 책임을 화자 자신에게 돌리며 자책하는 마음을 드러내고 있다.

③ (나)에서는 의인화된 자연물을 통해 자신의 처지를 임에게 알리고자 하는 화자의 마음을 드러내고 있다.

④ (나)에서는 화자가 제삼자와 더불어 임과의 추억을 회상하며 임을 기다리는 마음을 드러내고 있다.

⑤ (가), (나) 모두에서는 임이 거주하는 공간의 특징을 묘사하여 화자의 고독감을 강조하여 드러내고 있다.

B32 ✿✿✿　　　　　　　　　　　2016(6월)/평가원(B) 32

[A]~[E]에 대한 감상으로 적절하지 <u>않은</u> 것은?

① [A]: 임이 자연의 섭리에 영향을 받지 않기를 기원하는 말로 임에 대한 애정을 나타내고 있어.

② [B]: 임이 떠나가는 것을 자연 현상에 빗대어 임을 이해하려는 마음을 드러내고 있어.

③ [C]: 묻고 답하는 방식을 빌려 여성의 고단한 삶을 표현하고 있어.

④ [D]: 임이 떠나간 것은 자연의 순환적 질서에 따른 것이므로 돌아오지 않는 것도 그 질서에 따른 것으로 받아들이고 있어.

⑤ [E]: 기대만큼 자신을 충분히 사랑해 주지 않는 임에 대한 서운함을 표현하고 있어.

B33 ✿✿✿　　　　　　　　　　　2016(6월)/평가원(B) 33

(가)~(다)를 이해한 내용으로 적절하지 <u>않은</u> 것은? [3점]

① (가)에서는 '무쇠로 성을 쌓고 성 안에 담 쌓고' 등에서 구절들이 연쇄적으로 이어진 것을 알 수 있다.

② (나)의 '한양성 내에 잠간 들러', '적막 공규에 던져진 듯 홀로 안져'에서 시간의 순차적 흐름에 따라 시상이 전개된 것을 알 수 있다.

③ (가)의 '집', '뒤주', '궤' 등과 (다)의 '고비', '고사리' 등을 보면 생활에 밀접한 사물을 이용하여 시적 상황을 표현한 것을 알 수 있다.

④ (가)의 '어이 못 오던다 무슨 일로 못 오던다'와 (다)의 '성님 성님 사촌 성님'을 보면 단어와 구절을 반복하여 리듬감을 형성하고 있음을 알 수 있다.

⑤ (나)의 '전ᄒᆞ여 쥬렴'과 (다)의 '건너 주게'를 보면 작품 내에 청자를 설정하여 말을 건네는 형식이 활용된 것을 알 수 있다.

PART II

고전 시가 + 갈래 복합 지문

[C 01 ~ 04] 다음 글을 읽고 물음에 답하시오. ━━━━━━ [2017(6월)/고2교육청 26~29]

(가) 조선 시대 시조 문학의 주된 향유 계층은 사대부들이었다. 그들은 '사(士)'로서 심성을 수양하고 '대부(大夫)'로서 관직에 나아가 정치 현실에 참여하는 것을 이상으로 여겼다. 세속적 현실 속에서 나라와 백성을 위한 이념을 추구하면서 동시에 심성을 닦을 수 있는 자연을 동경했던 것이다. 이러한 의식의 양면성에 기반을 두고 시조 문학은 크게 강호가류(江湖歌類)와 오륜가류(五倫歌類)의 두 가지 경향으로 발전하게 되었다.

[A] 강호가류는 자연 속에서 한가롭게 지내는 삶을 노래한 것으로, 시조 가운데 작품 수가 가장 많다. 강호가류가 크게 성행한 시기는 사화와 당쟁이 끊이질 않았던 16~17세기였다. 세상이 어지러워지자 정치적 이상을 실천하기 어려웠던 사대부들은 정치 현실을 떠나 자연으로 회귀하였다. 이때 사대부들이 지향했던 자연은 세속적 이익과 동떨어진 검소하고 청빈한 삶의 공간이자 안빈낙도(安貧樂道)의 공간이었다. 그 속에서 사대부들은 강호가류를 통해 자연과 인간의 이상적 조화를 추구하며 자신의 심성을 닦는 수기(修己)에 힘썼다.

[B] 한편, 오륜가류는 백성들에게 유교적 덕목인 오륜을 실생활 속에서 실천할 것을 권장하려는 목적으로 창작한 시조이다. 사대부들이 관직에 나아가면 남을 다스리는 치인(治人)을 위해 최선을 다했고, 그 방편으로 오륜가류를 즐겨 지었던 것이다. 오륜가류는 쉬운 일상어를 활용하여 백성들이 일상생활에서 마땅히 행하거나 행하지 말아야 할 것들을 명령이나 청유 등의 어조로 노래하였다. 이처럼 오륜가류는 유교적 덕목인 인륜을 실천함으로써 인간과 인간이 이상적 조화를 이루고, 이를 통해 천하가 평화로운 상태까지 나아가는 것을 주요 내용으로 하였다.

이처럼 사대부들의 시조는 심성 수양과 백성의 교화라는 두 가지 주제로 나타난다. 이는 사대부들이 재도지기(載道之器), 즉 문학을 도(道)를 싣는 수단으로 보는 효용론적 문학관에 바탕을 두었기 때문이다. 이때 도(道)란 수기의 도와 치인의 도라는 두 가지 의미를 지니는데, 강호가류의 시조는 수기의 도를, 오륜가류의 시조는 치인의 도를 표현한 것이라 할 수 있다.

(나) 산수간(山水間) 바위 아래 띠집을 짓노라 하니
그 모른 남들은 웃는다 한다마는
어리고 햐얌*의 뜻에는 내 분(分)인가 하노라 〈제1수〉

보리밥 풋나물을 알맞게 먹은 후에
바위 끝 물가에 슬카지 노니노라
그 남은 여남은 일이야 부럴* 줄이 있으랴 〈제2수〉

누고셔 삼공(三公)*도곤 낫다 하더니 만승(萬乘)*이 이만하랴
이제로 헤어든 소부 허유(巢父許由)*가 약돗더라*
아마도 임천한흥(林泉閑興)을 비길 곳이 없어라 〈제4수〉

강산이 좋다 한들 내 분(分)으로 누었느냐
임금 은혜를 이제 더욱 아노이다
아무리 갚고자 하여도 하올 일이 없어라 〈제6수〉
― 윤선도, 〈만흥(漫興)〉

* 햐얌: 시골에 사는 견문이 좁고 어리석은 사람
* 부럴: 부러워할 / * 삼공: 삼정승 / * 만승: 천자(天子)
* 소부, 허유: 요임금 때 세상을 등지고 살던 인물들
* 약돗더라: 약았더라

(다) ㉠ 님금과 백성 사이 하늘과 땅이로되
나의 셜운 일을 다 알려고 하시거든
우린들 살진 미나리를 혼자 엇디 머그리 〈제2수〉

어버이 사라신 제 셤길 일란 다하여라
디나간 후(後)면 애닯다 엇디하리
㉡평생(平生)애 고텨 못할 일이 이뿐인가 하노라 〈제4수〉

남으로 삼긴 중의 벗같이 유신(有信)하랴
㉢ 나의 왼* 일을 다 닐오려 하노매라
이 몸이 벗님이 아니면 사람 되미 쉬올가 〈제10수〉

㉣ 비록 못 니버도 남의 옷을 앗디 마라
비록 못 먹어도 남의 밥을 비디 마라
㉤ 한적곳* 때 시른* 후면 고텨 씻기 어려우리 〈제14수〉
― 정철, 〈훈민가(訓民歌)〉

* 왼: 그른, 잘못된 / * 한적곳: 한 번이라도 / * 때 시른: 때가 묻은

지문 분석 특강

🌸 시 복합 지문을 쉽고 빠르게 읽는 독해 공식입니다.

⭐ 시 복합 　　　　　　　　　　　독해 공식

❶ **설명문 혹은 〈보기〉 먼저 읽기**
　지문으로 제시된 설명문과 문제의 〈보기〉는 지문에 대한 중요한 정보를 제공하므로 가장 먼저 읽어야 합니다.

❷ **독해 공식에 따라 작품 읽기**

고전 시가 독해 공식
1 화자, 중심 대상 찾기
2 화자의 상황, 정서, 태도 파악하기
3 표현상 특징 파악하기

❸ **작품 간의 공통점 및 차이점 찾기**
　제시된 작품들을 비교하는 문제는 갈래 복합에서 반드시 출제되므로 작품 간의 공통점과 차이점을 꼭 찾아보세요.

🌸 독해 공식 ❶, ❷, ❸을 [가]에 구체적으로 적용해 봅시다.

❶ **설명문 혹은 〈보기〉 먼저 읽기**

[가] 분석

- 조선 시대 시조 문학의 두 가지 경향
  - 강호가류: 자연 속에서 한가롭게 지내는 삶을 노래 → 자신의 심성을 닦는 수기(修己)를 목적으로 함.
  - 오륜가류: 백성들에게 유교적 덕목인 오륜을 실생활 속에서 실천할 것을 권장 → 남을 다스리는 치인(治人)을 목적으로 함.
    - → 문학을 도(道)를 싣는 수단으로 보는 효용론적 문학관을 바탕으로 함.

(가)를 통해 (나)와 (다)가 조선 시대 시조이자, '강호가류' 또는 '오륜가류'에 해당할 것임을 짐작할 수 있어요. 따라서 (나)와 (다)가 '강호가류'와 '오륜가류' 중 어느 경향에 속하는지 파악하면서 읽어야 해요.

❷-1 **고전 시가 독해 공식에 따라 (나) 읽기**
1 화자, 중심 대상 찾기
〈제1수〉의 '내 분(分)인가 하노라'에서 화자인 '나'가 직접적으로 드러나 있어요. 또한 화자는 '산수간(山水間)' 바위 아래 띠집'에서 살며 '보리밥 풋나물'을 먹는 자연 속에서의 삶을 노래하고 있으므로 중심 대상은 '자연 속에서의 삶'이에요.
- **화자:** '나'
- **중심 대상:** 자연 속에서의 삶

2 화자의 상황, 정서, 태도 파악하기
화자는 '띠집'을 짓고 사는 것을 '내 분(分)'으로 여기며, '보리밥 풋나물'을 먹고 '바위 끝 물가'에서 노니 다른 일이 '부럴 줄이 있으랴'라고 하며 안빈낙도하는 삶에 대한 만족감을 드러내고 있어요. 또한 '임금 은혜'로 강산에 '누웠다'고 말하며 임금에 대한 충심을 잊지 않고 있어요.
- **상황:** 자연 속에서 소박하게 살아감.
- **정서, 태도:** 임금의 은혜에 감사하며 자연 속에서 만족스럽게 지냄.

3 표현상 특징 파악하기
〈제1수〉에서 '남들'과 '하암'을 대조하여 자연 속에서 살고자 하는 화자의 태도를 드러내고 있어요. 〈제4수〉에서는 '소부 허유'의 고사를 활용하여 자연을 추구하는 삶의 자세를 드러내고 있어요.
- **표현상 특징:** 대조되는 대상을 제시함. / 고사를 활용함.

✳ **[나]의 구조와 주제를 정리해 봅시다.**

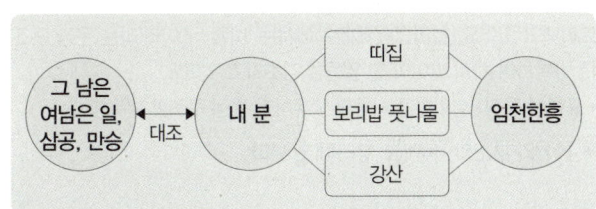

(나)의 화자는 자연에서의 소박한 삶을 즐기며 살아가고 있으므로 (나)의 <u>주제</u>는 자연 속에서 은거하며 사는 삶의 만족감입니다.

❷-2 **고전 시가 독해 공식에 따라 (다) 읽기**

[다] 현대어 풀이

임금과 백성 사이는 하늘과 땅 사이와 같으니
(임금께서) 나의 서러운 일을 다 알려고 하시거든
우리라고 흰들 살찐(좋은) 미나리를 혼자 어떻게 머겠는가?
　　　　　　　　　　　　　　　　　　　　〈제2수〉

어버이께서 살아 계실 때 섬기는 일을 다하여라.
　돌아가신 뒤에 애달픈 마음을 가져봤자 무슨 소용이 있겠는가?
　평생에 다시 못할 일이 이것뿐인가 하노라.　　〈제4수〉

남으로 태어난 가운데 벗처럼 믿을 만한 이가 있겠느냐?
나의 잘못된 일을 다 말해 주는구나.
이 몸이 벗이 아니었다면 (진정한) 사람이 되기 쉽겠느냐?
　　　　　　　　　　　　　　　　　　　　〈제10수〉

비록 (입을 옷이 없어서) 못 입어도 남의 옷을 빼앗지 마라.
비록 (먹을 밥이 없어서) 못 먹어도 남의 밥을 빌어먹지
마라.
　한 번이라도 때가 묻은 후면 다시 씻기 어려우리.
　　　　　　　　　　　　　　　　　　　　〈제14수〉

1 화자, 중심 대상 찾기

〈제2수〉의 '나의 셜운 일'에서 화자인 '나'가 직접적으로 드러나 있어요. 또한 화자는 '우리'에게 충성, 효도, 신의, 하지 말아야 할 행동에 관해 이야기하고 있으므로 중심 대상은 '우리'예요.

- **화자:** '나'
- **중심 대상:** 우리(청자)

2 화자의 상황, 정서, 태도 파악하기

화자는 '살진 미나리를 혼자 엇디 머그리'라며 임금의 은혜에 보답할 것과 '어버이 사라신 제 셤길 일란 다하여라'라며 효를 실천할 것을 권장하고 있어요. 또한 '남으로 삼긴 중의 벗같이 유신(有信)하랴'라며 벗에 대한 신의를 지키는 것과 '한적곳 때 시른 후면 고텨 씻기 어려우리'라며 남의 것을 탐하지 말 것을 강조하고 있어요.

- **상황:** 유교적 덕목을 제시함.
- **정서, 태도:** 유교적 덕목을 제시하며 지킬 것을 권장함.

3 표현상 특징 파악하기

〈제2수〉에서 '엇디 머그리'라는 의문형 어미를 사용하여 교화의 의도를 드러내고 있어요.(설의법) 〈제14수〉에서는 '비록 ~ 마라'라는 문장 구조를 반복하여 하지 말아야 할 일들을 강조하고 있어요.

- **표현상 특징:** 설의법을 사용함. / 유사한 문장 구조를 반복함.

✲ [다]의 구조와 주제를 정리해 봅시다.

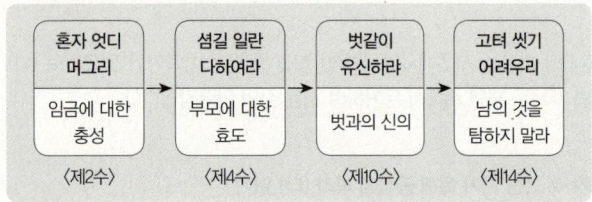

혼자 엇디 머그리	셤길 일란 다하여라	벗같이 유신하랴	고텨 씻기 어려우리
임금에 대한 충성	부모에 대한 효도	벗과의 신의	남의 것을 탐하지 말라
〈제2수〉	〈제4수〉	〈제10수〉	〈제14수〉

(다)의 화자는 충성, 효도, 신의 등의 유교적 질서에 따른 삶의 모습을 강조하고 있으므로 (다)의 **주제**는 <u>유교적 윤리에 따른 바람직한 삶</u>을 <u>권면</u>하는 것입니다.

🌸 **지문을 모두 읽었네요. 이제 마지막입니다!**

❸ 작품 간의 공통점 및 차이점 찾기

(나)	(다)
• 시조 갈래에 해당함. • 임금에 대한 유교적 도리를 이야기함.	
강호가류 → 수기(修己)를 목적으로 함.	오륜가류 → 치인(治人)을 목적으로 함.

- **공통점:** 시조 갈래임. 임금에 대한 유교적 도리를 이야기함.
- **차이점:** (나)는 강호가류로, 자신의 심성을 닦는 수기(修己)를 목적으로 함. (다)는 오륜가류로, 남을 다스리는 치인(治人)을 목적으로 함.

C01 ✲✲✲

2017(6월)/고2교육청 26

(가)를 이해한 내용으로 가장 적절한 것은?

① 사대부들은 강호가류를 통해 인간과 자연의 이상적 조화를 지향했다.

② 사대부들은 강호가류보다 오륜가류의 창작에 더욱 힘쓰는 모습을 보였다.

③ 사대부들은 치인보다 수기를 더 중요한 덕목으로 여기며 시조를 창작했다.

④ 사대부들은 오륜가류와 달리 효용론적 문학관에 바탕을 두고 강호가류를 창작했다.

⑤ 사대부들은 사화와 당쟁으로 어지러운 정치 현실을 벗어나기 위해 오륜가류를 창작했다.

C02 ✲✲✲

2017(6월)/고2교육청 27

[A]와 〈보기〉를 참고하여 (나)를 이해한 내용으로 적절하지 않은 것은? [3점]

> **[보기]**
>
> 전남 해남에는 고산 윤선도의 흔적들이 곳곳에 남아 있다. 그중에서도 금쇄동은 윤선도가 오랜 유배 생활을 끝내고 돌아와 은거했던 공간이다. 그는 혼탁한 정치 현실을 떠나 그곳에서 십여 년간 자연을 즐기며 생활하였다. 하지만 그 가운데서도 군신의 도리를 잊지 않았다. 〈만흥(漫興)〉은 이러한 윤선도의 삶이 담겨 있는 작품이다.

① '띠집'은 유배 생활을 끝내고 오랫동안 은거하며 지냈던 삶의 공간으로 볼 수 있군.

② '보리밥 풋나물'은 자연 속에서 검소하면서도 청빈한 삶을 추구했음을 짐작하게 하는 소재이군.

③ '부럴 줄이 있으랴'에는 어지러운 세상을 떠나 자연 속에서의 삶에 만족하는 태도가 잘 드러나 있군.

④ '비길 곳이 없어라'에는 당시의 정치 현실이 어느 때보다 혼탁하다는 인식이 반영되어 있군.

⑤ '임금 은혜를 이제 더욱 아노이다'에서는 자연에 머물면서도 군신의 도리를 잊지 않고 있는 모습을 엿볼 수 있군.

C03 ★★★ 　　　　　　　　2017(6월)/고2교육청 28

[B]를 바탕으로 ㉠~㉢을 설명한 내용으로 적절하지 <u>않은</u> 것은?

① ㉠: 백성의 도리를 언급하기 위해 신분 차이를 밝히고 있다.
② ㉡: 백성들에게 효를 실천할 것을 권장하고 있다.
③ ㉢: 인륜을 실천하는 모습을 벗의 행위로 보여 주고 있다.
④ ㉣: 일상생활에서 행하지 말아야 할 것을 강조하고 있다.
⑤ ㉤: 이상적 상황을 제시하며 치인의 도를 드러내고 있다.

C04 ★★★ 　　　　　　　　2017(6월)/고2교육청 29

(나)와 (다)에 대한 설명으로 적절하지 <u>않은</u> 것은?

① (나)의 〈제1수〉에는 '남들'과 '하암'을 대조하여 화자의 지향하는 바를 드러내었군.
② (나)의 〈제4수〉에는 '소부 허유'와 관련된 고사를 활용해 화자가 추구하는 삶을 제시하였군.
③ (다)의 〈제2수〉에는 '혼자 엇디 머그리'라는 명령의 어조로 교화의 의도를 드러내었군.
④ (다)의 〈제4수〉에는 '디나간 후면'이라고 상황을 가정하여 말하고자 하는 바를 강조하였군.
⑤ (다)의 〈제14수〉에는 '비록 ~ 마라'를 반복하여 전달하고자 하는 바를 효과적으로 표현하였군.

❖ 정답 및 해설 86~88p

C01 설명문의 내용 파악하기

(가)를 이해한 내용으로 가장 적절한 것은?

① 사대부들은 강호가류를 통해 인간과 자연의 이상적 조화를 지향했다. (○)

＊근거: (가) 2문단 ❺문장

> • 사대부들은 강호가류를 통해 자연과 인간의 이상적 조화를 추구하며 자신의 심성을 닦는 수기(修己)에 힘썼다.

🍃 2문단에서 '사대부들은 강호가류를 통해 자연과 인간의 이상적 조화를 추구하며 자신의 심성을 닦는 수기(修己)에 힘썼다.'고 했어요. 따라서 사대부들은 강호가류를 통해 인간과 자연의 이상적 조화를 지향했다고 볼 수 있어요. 그러므로 정답은 ①!

② 사대부들은 강호가류보다 ~~오륜가류의 창작에 더욱 힘쓰는 모습~~을 보였다. (×)

＊근거: (가) 2문단 ❶문장

> • 강호가류는 자연 속에서 한가롭게 지내는 삶을 노래한 것으로, 시조 가운데 작품 수가 가장 많다.

🍃 2문단에서 '강호가류는 자연 속에서 한가롭게 지내는 삶을 노래한 것으로, 시조 가운데 작품 수가 가장 많다.'고 했어요. 따라서 '사대부들은 강호가류보다 오륜가류의 창작에 더욱 힘쓰는 모습을 보였다'는 설명은 적절하지 않아요.

③ 사대부들은 치인보다 ~~수기를 더 중요한 덕목으로 여기며~~ 시조를 창작했다. (×)

＊근거: (가) 1문단 ❸문장, 2문단 ❺문장, 3문단 ❷문장

> • 세속적 현실 속에서 나라와 백성을 위한 이념을 추구하면서 동시에 심성을 닦을 수 있는 자연을 동경했던 것이다.
> • 그 속에서 사대부들은 강호가류를 통해 자연과 인간의 이상적 조화를 추구하며 자신의 심성을 닦는 수기(修己)에 힘썼다.
> • 사대부들이 관직에 나아가면 남을 다스리는 치인(治人)을 위해 최선을 다했고, 그 방편으로 오륜가류를 즐겨 지었던 것이다.

🍃 (가)의 1문단에서 사대부들은 '세속적 현실 속에서 나라와 백성을 위한 이념을 추구하면서(치인) 동시에 심성을 닦을 수 있는(수기) 자연을 동경'했다고 했어요. 또한 2문단에서 사대부들은 '자신의 심성을 닦는 수기(修己)에 힘썼다.'는 것과 3문단에서 '사대부들이 관직에 나아가면 남을 다스리는 치인(治人)을 위해 최선을 다했'다는 것을 통해 사대부는 수기(修己)와 치인(治人) 모두를 추구했음을 알 수 있지만, 수기와 치인 중 무엇을 더 중시했는지는 알 수 없어요.

④ 사대부들은 오류가류와 달리 효용론적 문학관에 바탕을 두고 강호가류를 창작했다. (×)

∗근거: (가) 4문단 ❶, ❷문장

- 이처럼 사대부들의 시조는 심성 수양과 백성의 교화라는 두 가지 주제로 나타난다.
- 이는 사대부들이 재도지기(載道之器), 즉 문학을 도(道)를 싣는 수단으로 보는 효용론적 문학관에 바탕을 두었기 때문이다.

🌱 4문단에서 '사대부들의 시조는 심성 수양과 백성의 교화라는 두 가지 주제로 나타'나는데, '이는 사대부들이 재도지기(載道之器), 즉 문학을 도(道)를 싣는 수단으로 보는 효용론적 문학관에 바탕을 두었기 때문'이라고 했어요. 따라서 강호가류와 오류가류는 모두 효용론적 문학관에 바탕을 두고 있는 것이에요.

⑤ 사대부들은 사화와 당쟁으로 어지러운 정치 현실을 벗어나기 위해 오류가류를 창작했다. (×)

∗근거: (가) 2문단 ❷문장, 3문단 ❶문장

- 강호가류가 크게 성행한 시기는 사화와 당쟁이 끊이질 않았던 16~17세기였다.
- 오류가류는 백성들에게 유교적 덕목인 오륜을 실생활 속에서 실천할 것을 권장하려는 목적으로 창작한 시조이다.

🌱 2문단에서 '강호가류가 크게 성행한 시기는 사화와 당쟁이 끊이질 않았던 16~17세기였다.'는 내용을 통해 사화와 당쟁으로 어지러운 정치 현실에서는 오히려 강호가류가 성행했음을 알 수 있어요. 3문단에서 '오류가류는 백성들에게 유교적 덕목인 오륜을 실생활 속에서 실천할 것을 권장하려는 목적으로 창작한 시조'라고 했으므로 '사화와 당쟁으로 어지러운 정치 현실을 벗어나기 위해 오류가류를 창작했다'는 내용은 적절하지 않아요.

🦋 **설명문의 내용 파악하기 유형**

🍯 선택지의 설명과 관련된 지문의 내용을 찾으세요.

C02 설명문과 〈보기〉를 바탕으로 감상하기

[A]와 〈보기〉를 참고하여 (나)를 이해한 내용으로 적절하지 <u>않은</u> 것은? [3점]

- [A]: 강호가류는 사화와 당쟁이 끊이질 않았던 시기에 유행한 시조로, 사대부들은 자연과 인간의 이상적 조화를 추구하며 자신의 심성을 닦는 글을 쓰는 데에 중점을 두었습니다.
- 〈보기〉를 참고: 〈만흥〉은 오랜 유배 생활 후 해남에 은거하여 자연을 즐기면서도 군신의 도리를 잊지 않았던 윤선도의 삶이 담겨 있는 작품입니다.

🟥 강호가류와 윤선도의 삶에 대한 이해를 바탕으로 (나)를 감상한 내용 중 틀린 것을 고르는 문제입니다.

---

① '띠집'은 유배 생활을 끝내고 오랫동안 은거하며 지냈던 삶의 공간으로 볼 수 있군. (○)

∗근거: [A] ❹, (나) 〈제1수〉 ❶, 〈보기〉 ❷문장

- [A]: 이때 사대부들이 지향했던 자연은 세속적 이익과 동떨어진 검소하고 청빈한 삶의 공간이자 안빈낙도(安貧樂道)의 공간이었다.
- (나): 산수간(山水間) 바위 아래 띠집을 짓노라 하니
- 〈보기〉: 그중에서도 금쇄동은 윤선도가 오랜 유배 생활을 끝내고 돌아와 은거했던 공간이다.

🌱 (나)의 '띠집'은 '띠로 지붕을 이은 집'으로 [A]의 '검소하고 청빈한 삶의 공간이자 안빈낙도(安貧樂道)의 공간'이에요. 또한 〈보기〉를 통해 '띠집'은 윤선도가 오랜 유배 생활을 끝내고 돌아와 은거했던 공간임을 알 수 있어요.

② '보리밥 풋나물'은 자연 속에서 검소하면서도 청빈한 삶을 추구했음을 짐작하게 하는 소재이군. (○)

∗근거: [A] ❹, (나) 〈제2수〉 ❶

- [A]: 이때 사대부들이 지향했던 자연은 세속적 이익과 동떨어진 검소하고 청빈한 삶의 공간이자 안빈낙도(安貧樂道)의 공간이었다.
- (나): 보리밥 풋나물을 알맞게 먹은 후에

🌱 (나)의 '보리밥 풋나물'은 소박한 음식을 의미하는 소재로, [A]의 '검소하고 청빈한 삶'을 지향했음을 알려 주는 소재예요.

③ '부럴 줄이 있으랴'에는 어지러운 세상을 떠나 자연 속에서의 삶에 만족하는 태도가 잘 드러나 있군. (○)

∗근거: [A] ❸, (나) 〈제2수〉 ❸, 〈보기〉 ❸문장

- [A]: 세상이 어지러워지자 정치적 이상을 실천하기 어려웠던 사대부들은 정치 현실을 떠나 자연으로 회귀하였다.
- (나): 그 남은 여남은 일이야 부럴* 줄이 있으랴
- 〈보기〉: 그는 혼탁한 정치 현실을 떠나 그곳에서 십여 년간 자연을 즐기며 생활하였다.

🌱 (나)의 '부럴 줄이 있으랴'는 설의적 표현을 통해 '여남은 일'을 부러워하지 않겠다는 화자의 다짐을 강조하는 것이에요. 이는 [A]에서 말하는, 정치 현실을 떠나 자연으로 회귀하여 안빈낙도(安貧樂道)한 삶을 사는 것이고, 〈보기〉의 혼탁한 정치 현실을 떠나 자연을 즐기며 생활하는 것이라고 할 수 있어요.

④ '비길 곳이 없어라'에는 ~~당시의 정치 현실이 어느 때보다~~ ~~혼탁~~하다는 인식이 반영되어 있군. (×)

*근거: [A] ❶, (나) 〈제4수〉 ❸, 〈보기〉 ❸ 문장

> • [A]: 강호가류는 자연 속에서 한가롭게 지내는 삶을 노래한 것으로, 시조 가운데 작품 수가 가장 많다.
> • (나): 아마도 임천한흥(林泉閑興)을 비길 곳이 없어라
> • 〈보기〉: 그는 혼탁한 정치 현실을 떠나 그곳에서 십여 년 간 자연을 즐기며 생활하였다.

🌿 [A]를 통해 (나)는 자연 속에서 한가롭게 지내는 삶을 노래한 강호가류임을 알 수 있어요. 〈보기〉에서 윤선도는 혼탁한 정치 현실을 떠나 십여 년간 자연을 즐기며 생활했다고 했어요. 이에 따라 (나)의 〈제4수〉에는 속세를 버리고 자연에서 강호 한정의 삶을 즐기는 것에 대한 자부심이 드러나 있다고 이해할 수 있어요. 그러므로 정답은 ④!

⑤ '임금 은혜를 이제 더욱 아노이다'에서는 자연에 머물면서도 군신의 도리를 잊지 않고 있는 모습을 엿볼 수 있군. (○)

*근거: (나) 〈제6수〉 ❷, 〈보기〉 ❹ 문장

> • (나): 임금 은혜를 이제 더욱 아노이다
> • 〈보기〉: 하지만 그 가운데서도 군신의 도리를 잊지 않았다.

🌿 (나)의 '임금 은혜를 이제 더욱 아노이다'는 윤선도 자신이 자연에서 편안하게 생활하는 것이 임금의 은혜라고 표현한 부분으로, 〈보기〉에서 '자연을 즐기며 생활하는 가운데서도 군신의 도리를 잊지 않았다.'는 것에 해당해요.

🌸 **설명문과 〈보기〉를 바탕으로 감상하기 유형**

🍯 해당 구절과 관련된 내용을 설명문과 〈보기〉에서 먼저 찾으세요.

C03 설명문을 바탕으로 감상하기

[B]를 바탕으로 ㉠~㉤을 설명한 내용으로 적절하지 <u>않은</u> 것은?

• **[B]를 바탕:** 오륜가류는 유교적 덕목인 인륜을 실생활 속에서 실천할 것을 권장하는 시조로, 백성들이 마땅히 행하거나 행하지 말아야 할 것을 노래하고 있습니다.

• **㉠~㉤:** ㉠은 임금과 백성의 신분 차이, ㉡은 효를 실천할 것, ㉢은 나의 잘못을 말해 주는 친구, ㉣은 남의 것을 빼앗지 말 것, ㉤은 잘못을 저지르면 돌이키기 어려움에 대해 말하고 있습니다.

🔺 오륜가류의 내용을 다루고 있는 구절(㉠~㉤)에 대한 설명 중 틀린 것을 고르는 문제입니다.

---

① ㉠: 백성의 도리를 언급하기 위해 신분 차이를 밝히고 있다. (○)

*근거: (다) 〈제2수〉 ❶, ❸, [B] ❶

> • (다): 님금과 백성 사이 하늘과 땅이로되 / 우린들 살진 미나리를 혼자 엇디 머그리
> • [B]: 한편, 오륜가류는 백성들에게 유교적 덕목인 오륜을 실생활 속에서 실천할 것을 권장하려는 목적으로 창작한 시조이다.

🌿 ㉠은 '임금'을 '하늘'에, '백성'을 '땅'에 비유하여 신분의 차이를 드러낸 표현이에요. '우린들 살진 미나리를 혼자 엇디 머그리'와 같이 임금의 은혜에 감사해야 한다는 백성의 도리를 드러내기 위해 신분의 차이를 밝히고 있는 것이에요.

② ㉡: 백성들에게 효를 실천할 것을 권장하고 있다. (○)

*근거: (다) 〈제4수〉 ❷, ❸, [B] ❶

> • (다): 디나간 후(後)면 애닯다 엇디하리 / 평생(平生)애 고텨 못할 일이 이뿐인가 하노라
> • [B]: 한편, 오륜가류는 백성들에게 유교적 덕목인 오륜을 실생활 속에서 실천할 것을 권장하려는 목적으로 창작한 시조이다.

🌿 ㉡은 '평생에 다시 못할 일이 이것뿐인가 하노라.'라는 의미로, 부모님이 돌아가신 후에는 효를 행할 수 없음을 이야기하는 것이에요.

③ ㉢: 인륜을 실천하는 모습을 벗의 행위로 보여주고 있다. (○)

*근거: (다) 〈제10수〉 ❷, [B] ❶

> • (다): 나의 왼 일을 다 닐오려 하노매라

🌿 ㉢은 자신의 잘못을 일깨워 주는 진정한 친구의 모습을 통해 오륜(五倫) 중 붕우유신(朋友有信)을 말하고자 하는 것이에요.

④ ㉣: 일상생활에서 행하지 말아야 할 것을 강조하고 있다. (○)

*근거: (다) 〈제14수〉 ❶, [B] ❸

> • (다): 비록 못 니버도 남의 옷을 앗디 마라
> • [B]: 오륜가류는 쉬운 일상어를 활용하여 백성들이 일상생활에서 마땅히 행하거나 행하지 말아야 할 것들을 명령이나 청유 등의 어조로 노래하였다.

🌿 ㉣은 남의 물건을 도둑질하는 행위를 경계하고 있어요. 따라서 일상생활에서 행하지 말아야 할 것을 강조하고 있다는 내용은 적절해요.

⑤ ㉤: 이상적 상황을 제시하며 치인의 도를 드러내고 있다. (×)

* 근거: (다) 〈제14수〉 ❸, [B] ❷

- (다): 한적곳 때 시른 후면 고텨 씻기 어려우리
- [B]: 사대부들이 관직에 나아가면 남을 다스리는 치인(治人)을 위해 최선을 다했고, 그 방편으로 오륜가류를 즐겨 지었던 것이다.

🍃 ㉤은 '한 번이라도 때가 묻은 후면 다시 씻기 어려우리.'라는 의미로, 한 번 잘못을 저지르고 나면 후회해도 소용없다는 것을 비유적 표현을 통해 말하고 있어요. 이는 [B]에서 말하는 오륜가류이며 치인의 도를 드러내고 있는 것이지만, 이상적 상황을 제시하고 있지는 않아요. 그러므로 정답은 ⑤!

🍀 **설명문을 바탕으로 감상하기 유형**

꿀🫙 설명문의 내용을 먼저 빠르게 요약해 보세요.

C04 작품 비교하기

(나)와 (다)에 대한 설명으로 적절하지 않은 것은?

🌸 **지문에서 근거가 되는 부분을 찾아봅시다.**

① (나)의 〈제1수〉에는 '남들'과 '햐암'을 대조하여 화자의 지향하는 바를 드러내었군. (○)

* 근거: (나) 〈제1수〉 ❷, ❸

- 그 모른 남들은 웃는다 한다마는 / 어리고 햐암의 뜻에는 내 분(分)인가 하노라

🍃 (나)의 〈제1수〉의 '남들'은 자연에서 소박하게 사는 화자를 비웃는 속세의 사람들을 의미하고, '햐암'은 화자 자신을 의미해요. 따라서 '남들'과 '햐암'을 대조하여 자연 속에서 안분지족(安分知足)하는 삶을 살고자 하는 화자의 모습을 드러내고 있어요.

② (나)의 〈제4수〉에는 '소부 허유'와 관련된 고사를 활용해 화자가 추구하는 삶을 제시하였군. (○)

* 근거: (나) 〈제4수〉 ❷

- 이제로 헤어든 소부 허유(巢父許由)가 약돗더라

🍃 (나)의 〈제4수〉의 '소부'와 '허유'는 중국 요임금 때 인물들로, 속세에 나서지 않고 자연을 벗 삼아 즐기며 산 사람들이에요. 따라서 '소부 허유'의 고사를 활용해 화자가 추구하는 삶을 제시하고 있어요.

③ (다)의 〈제2수〉에는 '혼자 엇디 머그리'라는 명령의 어조로 교화의 의도를 드러내었군. (×)

* 근거: (다) 〈제2수〉 ❸

- 우린들 살진 미나리를 혼자 엇디 머그리

🍃 (다)의 〈제2수〉에 '살진 미나리'는 중국 고전 〈여씨 춘추〉에 살찐 미나리를 백성들이 임금에게 바치려 한다는 구절에서 따온 것으로, 풍작을 임금의 은혜로 보고 이에 보답하려는 백성들의 마음을 담고 있어요. 따라서 이를 통해 교화의 의도를 드러낸 것은 맞아요. 하지만 '혼자 엇디 머그리'는 '혼자 어떻게 먹겠는가?'의 의미로 설의적 표현을 사용하고 있는 것이지 명령적 어조는 아니에요. 그러므로 정답은 ③!

④ (다)의 〈제4수〉에는 '디나간 후면'이라고 상황을 가정하여 말하고자 하는 바를 강조하였군. (○)

* 근거: (다) 〈제4수〉 ❷

- 디나간 후(後)면 애닯다 엇디하리

🍃 (다)의 〈제4수〉의 '지나간 후면'은 부모님이 돌아가신 후를 가정하고 있는 표현을 통해 효도를 해야 한다는 것을 강조하고 있어요.

⑤ (다)의 〈제14수〉에는 '비록 ~ 마라'를 반복하여 전달하고자 하는 바를 효과적으로 표현하였군. (○)

* 근거: (다) 〈제14수〉 ❶, ❷

- 비록 못 니버도 남의 옷을 앗디 마라 / 비록 못 먹어도 남의 밥을 비디 마라

🍃 (다)의 〈제14수〉에서 '비록 ~ 마라'라는 표현의 반복을 통해 도둑질과 구걸을 하지 말 것을 강조하고 있어요.

🍀 **작품 비교하기 유형**

꿀🫙 선택지의 내용이 두 작품에 모두 해당하는지 반드시 확인하세요.

[C05~08] 다음 글을 읽고 물음에 답하시오.

고전 시가에는 둘 이상의 인물이 서로의 의견을 교환하는 대화체로 구성된 작품들이 있다. 이들 작품 속에 나타나는 대화 양상은 임진왜란을 전후로 하여 차별성을 보이는데, 아래 작품들은 그 차별성을 확인할 수 있는 사례에 해당한다.

송강 정철은 1585년 당쟁으로 조정에서 물러나 창평에서 머물며 (가)를 지었다.

(가) 뎨가는 뎌각시 본듯도 흔뎌이고
　　천상 백옥경(白玉京)을 엇디호야 이별호고
　　ⓐ힌다려 뎌믄날의 눌을보라 가시는고
　　어와 네여이고 이 내 스셜 드러보오
　　내얼굴 이거동이 님괴얌즉* 혼가마는
　　엇딘디 날보시고 네로다 녀기실셰
　　나도 님을미더 군쁘디 젼혀업서
　　이릭야* 교틱야 어즈러이 ᄒᆞ돗쎤디
　　반기시는 눗비치 녜와엇디 다릭신고
　　누어 싱각ᄒᆞ고 니러안자 혜여ᄒᆞ니
　　내몸의 지은죄 뫼ᄀᆞ티 빠혀시니
　　하ᄂᆞᆯ히라 원망ᄒᆞ며 사름이라 허믈ᄒᆞ랴
　　셜워 플텨혜니 조물의 타시로다
　　　　　　(중략)
　　어와 허스로디 이님이 어딕간고
　　결의 니러안자 창을열고 ᄇᆞ라보니
　　어엿븐 그림재 날조츨 ᄲᅮᆫ이로다
　　출하리 싀여디여* 낙월이나 되야이셔
　　님겨신 창안희 번드시 비최리라
　　ⓒ각시님 ᄃᆞᆯ이야 ᄏᆞ니와 구준비나 되쇼셔

　　　　　　　　　　　– 정철, 〈속미인곡〉

*괴얌즉: 사랑받음직
*이릭야: 아양이며
*싀여디여: 죽어져서

(가)는 작품 전체가 두 인물의 대화로 구성되어 있다고 볼 수 있다. 이들의 대화는 서로 대등한 비중으로 이루어지지 않고, 한 인물의 사설이 작품의 대부분을 차지하며 대화를 주도한다. 반면 다른 한 인물은 질문을 통해 상대방의 사설을 이끌어내거나, 상대방의 사설에 의견을 덧붙여 첨언을 하는 등 보조적 역할만을 담당한다. 이러한 대화체의 경우, 주도적 인물의 사설은 작자의식을 드러내고, 보조적 인물의 사설은 작자의식을 강조하는 기능을 한다. 그래서 작품의 대화는 어느 정도 통합된 주제로 나타나는데, 이러한 대화체를 '닫힌 대화체'라고 한다. ⓐ(가)에서 작자는 정치적 반대 세

력에 의해 임금이 있는 조정을 떠난 상황에서 자신의 태도와 정서를 닫힌 대화체를 통해 드러내고 있다. 이를 통해 작자는 자신이 처한 상황에 대해 자책하고 나아가 이를 자신의 운명으로 받아들이고 있음을 확인할 수 있다. 또한 임금 곁에 머물 수 없는 상황에 대해 탄식하면서도 임금에 대한 변치 않는 충정을 드러내고 있음을 확인할 수 있다.

한편 임진왜란 이후에는 이전의 대화 양상과 다른 새로운 대화체가 등장하였는데, 1661년에 임유후가 지은 (나)를 그 예로 들 수 있다.

(나)　녹양방초(綠楊芳草) 안의 소 먹이난 아해들아
　　　인간영락(人間榮樂)*을 아난다 모라난다
　　　인생 백년이 풀긋에 이슬이라
　　　삼만 육천일을 다사라도 초초(草草)커든*
　　　수단(修短)이 명(命)이어니 사생(死生)을 결(缺)할소냐
　　　생애는 유한(有限)하되 사일(死日)은 무궁(無窮)하다
　[A]　역려건곤(逆旅乾坤)*의 부유(蜉蝣)*가티 나왓다가
　　　공명(功名)도 못 일우고 초목(草木)가티 썩어디면
　　　공산백골(空山白骨)*이 긔 아니 늣거오냐*
　　　　　　　（중략）
　　　입신양명(立身揚名)을 혬 밧긔 더뎌두고
　　　연교(煙郊) 초야(草野)*의 소치기만 하나산다
　　　목동(牧童)이 대답하되
　　─어와 긔 뉘신고 우온 말삼 듯건디고
　　　형용이 고고(枯槁)하니 초대부(楚大夫) 삼려(三閭)*
　　　신가
　　　잔혼(殘魂)이 영락(零落)하니 유학사(柳學士) 자후
　　　(子厚)*신가
　　　일모(日暮) 수죽(修竹)의 혼자 어득 셔 겨오셔
　　　ⓒ내 근심 더뎌 두고 남의 분별(分別) 하시는고
　[B]　　　　　（중략）
　　　기산(箕山)*의 귀 씻기와 상류(上流)의 소 먹이기
　　　ⓓ즐겁고 즐거오믈 너해난 모라리라
　　　내 노래 한 곡조랄 불너든 드러보소
　　　장안(長安)을 도라보니 풍진(風塵)이 아득하다
　　─ⓔ부귀(富貴)는 부운(浮雲)이오 공명(功名)은 와각
　　　(蝸殻)*이라
　　─이 퉁소 한 곡조의 행화촌(杏花村)*을 차자리라

　　　　　　　　　　　– 임유후, 〈목동문답가〉

*인간영락: 인간 생활이 영화롭고 즐거움.
*초초커든: 갖출 것을 다 갖추지 못하여 초라하거든
*역려건곤: 덧없고 허무한 세상
*부유: 하루살이
*공산백골: 아무것도 이루지 못하고 죽음에 이름을 비유하는 말

* 늦거오냐: 마음에 북받칠까
* 연교 초야: 시골 들판
* 삼려: 굴원, 초나라 충신이었으나 참소로 쫓겨나 비극적인 죽음을 맞이한 시인
* 자후: 유종원, 당나라 개혁에 실패하고 지방 벼슬을 전전한 철학자
* 기산: 요임금 때 소부와 허유가 공명을 피해 은거했다는 산
* 와각: 알맹이가 비어 있는 달팽이 껍질
* 행화촌: 안빈낙도의 이상향

　(나)는 (가)와 달리 '목동이 대답하되'를 중심으로 상호 대립적인 입장을 대표하는 두 인물의 의견이 [A]와 [B]로 대등하게 병치되어 있다. ⓑ[A]의 인물은 인생이 유한하여 허무한 것이라고 여긴다. 그렇기 때문에 부귀공명이나 입신양명과 같은 인간영락을 추구하는 삶이 가치 있다고 강조하며, 대화 상대의 삶의 방식에 대해 질책하고 있다. 이에 대해 [B]의 인물은 물음을 통한 상대방의 간섭에 대해 반문하고, 상대방의 삶의 방식을 조롱하며 자신의 삶의 방식을 과시하기도 한다. 또한 상대방의 의견에 반박하며 자연에 의탁하여 사는 삶의 가치를 강조하고 있다. 이처럼 (나)에 나타난 대화는 독자적 인물들 사이의 긴장을 유지시키며 서로의 주장을 대등한 비중으로 대립시킨다. 그래서 작자의식이 어느 한쪽으로 치우쳐 드러나지 않는데, 이러한 대화체를 '열린 대화체'라고 한다.

★ (가) 고전 시가 독해 공식

❶ 화자: (　　　　　　　　), 중심 대상: (　　　　　　　)
❷ 화자의 상황: (　　　　　　　　　　　　　　　　　)
　정서, 태도: (　　　　　　　　　　　　　　　　　)
❸ 표현상 특징: (　　　　　　　　　　　　　　　　)

★ (나) 고전 시가 독해 공식

❶ 화자: (　　　　　　　　), 중심 대상: (　　　　　　　)
❷ 화자의 상황: (　　　　　　　　　　　　　　　　　)
　정서, 태도: (　　　　　　　　　　　　　　　　　)
❸ 표현상 특징: (　　　　　　　　　　　　　　　　)

★ 시 복합 독해 공식

• 공통점: (　　　　　　　　　　　　　　　　　　)
• 차이점: (　　　　　　　　　　　　　　　　　　)

ⓐ를 바탕으로 (가)를 감상한 내용으로 적절하지 않은 것은?

① '천상 백옥경을 엇디ᄒᆞ야 이별ᄒᆞ고'에는 임금이 있는 조정을 떠난 상황이 드러나 있군.
② '내얼굴 이거동이 님괴얌즉 ᄒᆞ가마ᄂᆞ'에는 정치적 반대 세력에 의해 처하게 된 자신의 상황에 대한 자책이 드러나 있군.
③ '셜워 플텨혜니 조물의 타시로다'에는 자신의 상황을 운명으로 받아들이는 모습이 드러나 있군.
④ '어엿븐 그림재 날조찰 ᄯᅢ이로다'에는 임금 곁에 머물 수 없는 상황에 대한 탄식이 드러나 있군.
⑤ '출하리 싀여디여 낙월이나 되야이셔'에는 임금에 대한 변치 않는 충정이 드러나 있군.

ⓑ를 참고하여 [A]를 이해한 내용으로 적절하지 않은 것은?

① '소 먹이난 아해들아'와 같은 부름의 표현을 활용하여 대화의 상대를 밝히고 있다.
② '인생 백년이 풀끗에 이슬이라'와 같은 비유적 표현을 활용하여 인생의 허무함을 형상화하고 있다.
③ '생애는 유한하되 사일은 무궁하다'와 같은 대구의 표현을 활용하여 인간영락을 추구해야 하는 이유를 제시하고 있다.
④ '공산백골이 긔 아니 늦거오냐'와 같은 물음의 표현을 활용하여 공명을 추구하지 않은 삶의 결과를 보여주고 있다.
⑤ '연교 초야의 소치기만 하나산다'와 같은 반어적 표현을 활용하여 상대방의 삶의 방식에 대한 질책을 드러내고 있다.

C07 **✽ 　　　　　　　　　　　 2020(11월)/고2교육청 44

'닫힌 대화체'와 '열린 대화체'의 대화 양상을 중심으로 ㉠~㉤에 대해 보인 학생의 반응으로 적절하지 <u>않은</u> 것은? [3점]

① ㉠에서는 보조적 인물의 질문을 통해, 주도적 인물의 사설을 이끌어내는 '닫힌 대화체'의 특징을 엿볼 수 있겠군.

② ㉡에서는 보조적 인물의 첨언을 통해, 주도적 인물의 사설에 담긴 작자의식을 강조하는 '닫힌 대화체'의 특징을 엿볼 수 있겠군.

③ ㉢에서는 상대방에 대한 반문을 통해, 독자적 인물들의 대화를 단일한 주제로 통합시키는 '열린 대화체'의 특징을 엿볼 수 있겠군.

④ ㉣에서는 상대방에 대한 조롱 섞인 과시를 통해, 독자적 인물들 사이의 긴장을 유지시키는 '열린 대화체'의 특징을 엿볼 수 있겠군.

⑤ ㉤에서는 상대방에 대한 반박을 통해, 독자적 인물들의 주장을 대등하게 대립시키는 '열린 대화체'의 특징을 엿볼 수 있겠군.

C08 **✽ 　　　　　　　　　　 2020(11월)/고2교육청 45

(가)의 내 수설과 (나)의 내 노래에 대한 설명으로 가장 적절한 것은?

① '내 수설'을 통해 자신이 한 일에 대한 성찰을, '내 노래'를 통해 자신이 한 일에 대한 후회를 드러내고 있다.

② '내 수설'을 통해 자신의 문제를 극복하려는 의지를, '내 노래'를 통해 자신의 신세에 대한 한탄을 드러내고 있다.

③ '내 수설'을 통해 자신이 현재 느끼고 있는 흥취를, '내 노래'를 통해 자신이 과거에 느꼈던 흥취를 드러내고 있다.

④ '내 수설'을 통해 자신이 처한 상황의 변화를, '내 노래'를 통해 자신이 추구했던 삶의 방식의 변화를 드러내고 있다.

⑤ '내 수설'을 통해 자신이 현재 상황에 처한 이유를, '내 노래'를 통해 자신이 현재의 삶을 선택한 이유를 드러내고 있다.

[C 09~13] 다음 글을 읽고 물음에 답하시오.

(가) 한국 서정 시가는 고대로부터 현대에 이르기까지 형식적 요소와 내용적 요소가 계승되거나 새롭게 변용, 창조되면서 문학적 전통을 이어왔다. 서정 시가의 전통은 일반적으로 형식적 측면에서는 3음보, 또는 4음보의 율격을 바탕으로 한 규칙적인 음보율을 보이고 있다는 점을, 내용적 측면에서는 한(恨)의 정서, 해학과 풍자, 자연 친화, 이상향 추구 등을 담아내고 있다는 점을 들 수 있다. (나)의 〈초부가(樵夫歌)〉는 4음보를 바탕으로 산간에서 나무꾼들이 나무를 하면서 부르던 민요이고, (다)의 〈길〉은 3음보를 바탕으로 나그네의 처지를 노래한 현대시이다. (나)와 (다)는 형식적, 내용적 측면에서 한국 서정 시가의 전통을 잇고 있는 작품이라고 할 수 있다.

(나)　
[A] ┌ 나무하러 가자 이히후후* 에헤
　　 남 날 적에 나도 나고 나 날 적에 남도 나고
　　 세상 인간 같지 않아 이놈 팔자 무슨 일고
　　 지게 목발 못 면하고 어떤 사람 팔자 좋아
　　 고대광실 높은 집에 사모*에 풍경 달고
　　└ 만석록*을 누리건만 이런 팔자 어이하리
　　 ┌ 항상 지게는 못 면하고 남의 집도 못 면하고
　　 죽자 하니 청춘이요 사자 하니 고생이라
　　 세상사 사라진들 치마 짧은 계집 있나
　　 다박머리 자식 있나 광 넓은 논이 있나
[B] 사래 긴 밭이 있나 버선짝도 짝이 있고
　　 토시짝도 짝이 있고 털먹신도 짝이 있는데
　　 쳉이* 같은 내 팔지야 자탄한들 무엇하리
　　 한탄한들 무엇하나 청천에 ㉠저 기럭아
　　└ 너도 또한 임을 잃고 임 찾아서 가는 길가
　　 ┌ 더런 놈의 팔자로다 이놈의 팔자로다
　　 언제나 면하고 오늘도 이 짐을 안 지고 가면
[C] 어떤 놈이 밥 한 술 줄 놈이 있나
　　└ 가자 이히후후

　　　　　　　　　　　　　　 – 작자 미상, 〈초부가(樵夫歌)〉

* 이히후후: 나무를 할 때 내뱉는 한숨 소리
* 사모: 관복을 입을 때 쓰는 모자
* 만석록: 만 석의 녹봉
* 쳉이: 곡식을 까불러 쭉정이 등을 골라내는 '키'의 방언

(다) 어제도 하로밤
　　 나그네 집에
　　 가마귀 가왁가왁 울며 새웠소.

　　 오늘은
　　 또 몇 십 리
　　 어디로 갈까.

　　　 ❖ 정답 및 해설 91~94p　　　　　　　　 C. 고전 시가＋설명문　 **97**

산으로 올라갈까
들로 갈까
오라는 곳이 없어 나는 못 가오.

말 마소, 내 집도
정주(定州) 곽산(郭山)*
차(車) 가고 배 가는 곳이라오.

여보소, 공중에
ⓛ저 기러기
공중엔 길 있어서 잘 가는가?

여보소, 공중에
저 기러기
열 십자(十字) 복판에 내가 섰소.

갈래갈래 갈린 길
길이라도
내게 바이* 갈 길은 하나 없소.

– 김소월, 〈길〉

* 정주(定州) 곽산(郭山): 김소월의 고향
* 바이: 아주 전혀

⭐ **(나) 고전 시가 독해 공식** ─────────

❶ 화자: (   ), 중심 대상: (   )
❷ 화자의 상황: (   )
　정서, 태도: (   )
❸ 표현상 특징: (   )

⭐ **(다) 현대시 독해 공식** ─────────

❶ 화자: (   ), 중심 대상: (   )
❷ 화자의 상황: (   )
　정서, 태도: (   )
❸ 표현상 특징: (   )

⭐ **시 복합 독해 공식** ─────────

• 공통점: (   )
• 차이점: (   )

C09 ★★❀　　　　　　2018(3월)/고1교육청 20

(가)를 바탕으로 (나)와 (다)를 감상한 내용으로 적절하지 않은 것은?

① (나)의 '세상 인간 같지 않아 이놈 팔자 무슨 일고'에서는 4음보의 전통적인 율격을 확인할 수 있군.
② (나)의 '지게 목발 못 면하고'를 통해 작품 속의 화자가 나무꾼임을 알 수 있군.
③ (나)의 '사자 하니 고생이라'에서는 고달픈 삶을 살아가는 화자의 한의 정서를 엿볼 수 있군.
④ (다)의 '어제도 하로밤/나그네 집에'에서는 3음보의 전통적 율격이 두 행에 걸쳐 구현되어 있음을 알 수 있군.
⑤ (나)의 '나무하러 가자'와 (다)의 '산으로 올라갈까'에서는 모두 이상향을 추구하는 화자의 태도를 엿볼 수 있군.

C10 ★★❀　　　　　　2018(3월)/고1교육청 21

(나)와 (다)의 공통점으로 가장 적절한 것은?

① 말을 건네는 듯한 어투를 통해 정서를 나타내고 있다.
② 선명한 색채 대비를 통해 화자의 심리를 부각하고 있다.
③ 수미상응의 시상 전개를 통해 구성상 안정감을 주고 있다.
④ 공감각적 이미지를 활용하여 계절의 흐름을 표현하고 있다.
⑤ 반어적 표현을 활용하여 화자가 처한 상황을 강조하고 있다.

C11 ★★★　　　　　　2018(3월)/고1교육청 22

㉠과 ㉡에 대한 설명으로 가장 적절한 것은?

① ㉠은 ㉡과 달리 화자에게 삶의 깨달음을 주고 있다.
② ㉠은 ㉡과 달리 화자가 부러워하는 대상에 해당한다.
③ ㉡은 ㉠과 달리 화자의 처지와 대조를 이루고 있다.
④ ㉡은 ㉠과 달리 임에 대한 화자의 그리움을 환기한다.
⑤ ㉠과 ㉡은 모두 화자의 심정을 위로해 주는 대상이다.

C12 ❋❋❀

[A]~[C]에 대한 설명으로 적절하지 <u>않은</u> 것은?

① [A]는 빈부와 귀천의 불평등한 상황을 제시하여 현실에서 느끼는 괴로움을 토로하고 있다.

② [B]는 유사한 문장 구조를 사용하여 가난하고 외롭게 살아가는 화자의 모습을 강조하고 있다.

③ [C]는 체념적인 어조를 활용하여 고생을 면할 기약이 없는 삶을 한탄하고 있다.

④ [A]와 [C]는 고된 노동을 할 때 내뱉는 한숨 소리를 통해 화자의 심정을 표현하고 있다.

⑤ [A]~[C]는 모두 짝이 있는 물건을 열거하며 화자의 애상감을 점층적으로 표현하고 있다.

C13 ❋❋❋

〈보기〉를 참고하여 (다)를 감상한 내용으로 적절하지 <u>않은</u> 것은? [3점]

[보기]

'길'은 목적지를 향한 길일 수도 있고, 원점으로 되돌아오는 길일 수 있으며, 지향점을 상실한 채 방황하는 길일 수도 있다. 김소월의 〈길〉은 이와 같은 길의 속성을 바탕으로 일제 강점기에 삶의 터전인 고향을 상실한 우리 민족의 비애를 길과 연결된 다양한 공간을 통해 형상화하고 있다.

① '나그네 집'에 '어제도' 머물렀던 것은 목적지를 잃은 화자의 방황이 계속되고 있음을 보여 준다고 할 수 있겠군.

② '들'은 삶의 터전인 고향을 잃어 어디로도 갈 수 없는 화자의 비애와 연관 지어 이해할 수 있겠군.

③ '정주 곽산'은 지향점이지만 '오라는 곳'이 아니라는 점에서 화자의 슬픔을 심화한다고 볼 수 있겠군.

④ '열 십자 복판'은 화자가 되돌아가고 싶은 원점으로서 화자의 갈등을 야기하는 공간이라고 할 수 있겠군.

⑤ '갈린 길'은 일제 강점기에 삶의 방향을 잃어버린 우리 민족의 모습을 상징적으로 보여 준다고 할 수 있겠군.

[C 14~17] 다음 글을 읽고 물음에 답하시오.

(가) 조선 시대 사대부들이 향유했던 대표적인 문학 갈래인 시조에는 사대부들이 지향하는 삶이 잘 나타나 있다. 그런데 다수의 시조 작품에서 사대부가 자연 속에서 심성을 도야하며 안빈낙도(安貧樂道)하는 삶을 추구하는 모습이 드러나 있어 사대부는 현실 정치의 참여보다는 자연 속에 은둔하는 삶을 지향한다고 여겨지는 경향이 있다. 하지만 이는 유학적 가르침을 내면화했던 사대부에 대한 정확한 인식이라고 보기 어렵다.

조선 시대 사대부들의 삶은 관직의 유무에 따라 '출(出)'과 '처(處)'로 구분하여 이해될 수 있다. 유교 사회에서 '출'은, 유교적 가르침을 부단히 수양한 사대부가 관직에 나아가 사대부로서 품었던 정치적 포부를 펼치는 이상적인 삶의 형태로 이해될 수 있다. 사대부들은 유교적 가치관이 바로 서서 순리대로 정치가 실현되는 세상에서는 관직에 나아가 유교적 가르침을 실천하며 백성들을 '인(仁)'과 '의(義)'로써 다스리는 것을 자신들의 이상으로 여긴 것이다.

그런데 사대부들은 자신들이 직면한 시대의 상황에 따라 '출'의 가치를 달리 인식하기도 하였다. 유교적 가치관이 바로 서지 못해 나라가 혼란스러운 상황일 때, 사대부들은 '출'을 의롭지 못하다고 여겨 '처'를 선택하기도 한 것이다. 즉, 그들은 의로움을 지키기 위해 스스로 '출'을 거부하고 '처'를 선택하는 것을 이상적이라고 여겼다. 그러나 사대부들은 '처'의 삶을 살면서도 혼란스러운 세상에 대한 근심을 표현하며 우국충성을 드러내는 것으로 자신의 본분을 지키려 하였다.

조선 시대 사대부들은 시조에서 '궁달(窮達)'이라는 표현도 자주 사용했는데, 이 또한 '처'와 '출'의 맥락과 관련지어 이해될 수 있다. '궁(窮)'은 '빈궁(貧窮)'과 '빈천(貧賤)'을, '달(達)'은 '영달(榮達)'과 '부귀(富貴)'를 의미한다. 여기서 빈궁과 빈천은 혼탁한 세상으로 인해 자신의 정치적 포부를 펼치지 않는 삶을, 영달과 부귀는 고위 관직에 올라 자신의 뜻을 펼칠 수 있는 삶을 의미한다고 볼 수 있다. 이런 점에서 '궁'은 '처'와, '달'은 '출'과 비슷한 맥락을 지닌다고 볼 수 있다. 따라서 빈천과 부귀는 앞에서 언급한 사대부의 삶의 처지와 관련지어 볼 때 단순히 경제적 상황만을 의미하는 것이 아니라 보다 확장된 의미를 가진다.

결국 관직의 유무에 따른 사대부의 처지와 그와 관련된 그들의 삶의 태도는 '출 – 달 – 부귀'와 '처 – 궁 – 빈천'이라는 대조적 맥락을 통해서 설명할 수 있다. 이와 같은 맥락을 잘 보여주는 시조 작품으로 권호문의 시조와 임제의 시조를 들 수 있다.

[A]
출(出)하면 치군택민(致君澤民)* 처(處)하면 조월경운(釣月耕雲)*
총명하고 밝은 군자(君子)는 이것을 즐기나니
하물며 부귀(富貴)는 위기(危機)라 빈천거(貧賤居)를 하오리라*

— 권호문, 〈한거십팔곡〉 중 제8수

```
┌    부귀(富貴)를 탐(貪)치 말고 빈천(貧賤)을 사양(辭讓)
│    마라
[B]   부귀빈천(富貴貧賤)이 절로 절로 도ᄂ이
│    부귀(富貴)는 위기(危機)라 탐(貪)하다가 신명(身命)
└    을 못ᄂ이라*                              – 임제
```

권호문과 임제는 당파 싸움이 극심했던 시기인 16세기 중후반을 살았던 인물이다. 권호문은 진사시에 합격하고 임제는 문과에 급제했지만, 자연에 은거하며 산림처사로 사는 삶을 선택했다. 그들의 시조에는 혼탁한 정치 현실에서 벼슬길에 나아가는 것이 위기라는 인식이 잘 드러나 있다.

* 치군택민: 목숨을 바쳐 임금을 섬기고 백성에게 은덕이 미치게 함.
* 조월경운: 달빛 아래서 고기 낚고 구름 속에서 밭을 갊. 곧 은둔 생활을 뜻함.
* 빈천거를 하오리라: 가난하게 지내리라.
* 신명을 못ᄂ이라: 목숨을 부지하기 어렵다는 뜻

(나) 이편은 저 외다* 하고 저편은 이 외다 하니
　　 매일(每日)의 하는 일이 이 싸움뿐이로다
　　 이 중의 고립(孤立) 무조(無助)*는 님이신가 하노라
　　　　　　　　　　　　　　　　　　　〈제14수〉

　　 싸움에 시비만 하고 공도(公道) 시비(是非)* 아니 하네
　　 어찌하여 세상 형편 이같이 되었는고
　　 물불보다 심한 환난 날로 길어 가는구나　〈제25수〉

　　 나라가 굳으면 집조차 굳으리라
　　 집만 돌아보고 나라 일 아니 하네
　　 하다가 명당(明堂)*이 기울면 어느 집이 굳으리오
　　　　　　　　　　　　　　　　　　　〈제26수〉

　　 공명(功名)을 원챤커든 부귀(富貴)인들 바랄소냐
　　 초가 한 간에 괴로이 혼자 앉아
　　 밤낮에 우국상시(憂國傷時)*를 못내 설워 하노라
　　　　　　　　　　　　　　　　　　　〈제28수〉
　　　　　　　　　　　　　　　　　　 – 이덕일, 〈우국가〉

* 외다: 그르다
* 고립 무조: 홀로 있어 도움이 없음.
* 공도 시비: 공평하고 바른 도리를 따짐.
* 명당: 임금이 조회를 받던 장소
* 우국상시: 나라를 걱정하고 시절의 혼란함에 마음이 상함.

⭐ (나) 고전 시가 독해 공식 ─────────

❶ 화자: (　　　　　　　　　), 중심 대상: (　　　　　)
❷ 화자의 상황: (　　　　　　　　　　　　　　　)
　 정서, 태도: (　　　　　　　　　　　　　　　)
❸ 표현상 특징: (　　　　　　　　　　　　　　　)

⭐ 시 복합 독해 공식 ─────────

· 공통점: (　　　　　　　　　　　　　　　　　)
· 차이점: (　　　　　　　　　　　　　　　　　)

C14 ✖✖❀　　　　　　　　2017(11월)/고1교육청 38

(가)에 대한 설명으로 가장 적절한 것은?

① 사대부들은 경제적인 상황에 따라 '출' 혹은 '처'의 삶을 선택한다.
② '영달'은 사대부가 지향하는 자연 속에서의 은둔의 삶을 의미한다.
③ 사대부들은 관직에 나아간 삶인 '빈궁'을 통해서 안빈낙도를 추구한다.
④ '궁'은 고위 관직에 올라 자신의 뜻을 펼칠 수 있는 삶을 의미한다고 볼 수 있다.
⑤ 사대부는 '처'의 상황에서 우국충정을 드러냄으로써 자신의 본분을 지키고자 하였다.

C15 ✖✖❀　　　　　　　　2017(11월)/고1교육청 39

(가)를 바탕으로 [A]와 [B]를 이해한 것으로 적절하지 않은 것은?

① [A]의 '치군택민'은 관직에 나아가 유교적 가르침을 실천하는 것을 의미한다.
② [A]의 '빈천거를 하오리라'에는 '처'의 삶을 살겠다는 화자의 의지가 드러나 있다.
③ [B]의 '빈천을 사양 마라'에는 관직에 나아가지 않는 '처'의 삶을 거부해야 한다는 화자의 태도가 드러나 있다.
④ [B]의 '신명을 못ᄂ이라'는 나라의 유교적 가치관이 흔들리는 상황에서 '출'을 선택했을 때 초래할 결과를 의미한다.
⑤ [A]와 [B]에서 화자가 '부귀'의 삶을 지향하지 않는 것에서는 당파 싸움이 심한 시대에 '출'의 삶을 '위기'라고 여기는 화자의 인식이 드러나 있다.

(가)를 바탕으로 (나)를 감상한 내용으로 적절하지 않은 것은? [3점]

① 〈제14수〉 : '싸움뿐'인 당대의 시대에 화자가 '고립 무조'를 선택한 것은 유교적 가르침을 바탕으로 자신을 수양하기 위해 '궁'의 삶을 지향한 것으로 볼 수 있겠군.

② 〈제25수〉 : '공도 시비'를 하지 않아 '환난'이 길어진다는 화자의 인식에서 정치가 순리대로 실현되지 않는 당대의 현실을 짐작할 수 있겠군.

③ 〈제26수〉 : '집만 돌아보고 나라 일 아니 하'는 사람들의 모습은, 유교적 가치를 바르게 실천하지 않은 당대의 사대부들의 모습을 드러낸 것이라 볼 수 있겠군.

④ 〈제28수〉 : '공명'과 '부귀'를 바라지 않는 화자의 모습에서 화자가 '달'의 삶을 지향하지 않음을 알 수 있겠군.

⑤ 〈제28수〉 : '초가 한 간'에서 '우국상시'를 느끼는 것은, '궁'의 상황에서도 화자가 혼란스러운 세상에 대해 근심을 드러낸 것이라 볼 수 있겠군.

[B]와 (나)의 표현상의 공통점으로 가장 적절한 것은?

① 동일한 시어를 반복하여 의미를 강조하고 있다.
② 대화체를 사용하여 대상과의 친밀감을 드러내고 있다.
③ 점층적 표현을 사용하여 화자의 태도를 부각하고 있다.
④ 설의적 표현을 활용하여 화자의 정서를 강조하고 있다.
⑤ 상승 이미지를 반복하여 화자의 의지를 나타내고 있다.

[C 18~21] 다음 글을 읽고 물음에 답하시오.

(가) 가사(歌辭)는 두 마디씩 짝을 이루는 율문의 구조만 갖추면 내용은 무엇이든지 노래할 수 있었던 양식이다. 시조의 형식이 간결한 것에 비해 가사는 복잡한 체험을 두루 표현할 수 있을 만큼 길어질 수 있었다. 그래서 시조를 길이가 짧다는 의미에서 '단가(短歌)'라고 부르던 것과 구별하여 가사는 '장가(長歌)'라고도 불렀다. 조선 시대의 가사는 보통 15세기부터 16세기까지의 전기 가사와 17세기부터 19세기 전반까지의 후기 가사로 구분된다.

전기 가사는 대체로 사대부들에 의해 지어졌다. 관직에 있지 않은 사대부들은 자연에 묻혀 지내면서 자연에 대한 흥취나 자신들이 중요시 여기던 가치관을 가사를 통해 드러냈다. 그 구체적인 모습으로 안빈낙도(安貧樂道)를 표방하기도 했으며, 이러한 경향이 '강호시가(江湖詩歌)'라는 한 유형을 형성하기도 하였다. 강호시가는 강호의 삶을 표방하기 위해 자연의 아름다움을 강조하고, 자연에서 느끼는 일체감을 드러냈다. 여기서 자연이라는 공간은 속세와의 대비에서 그 의미가 구체화된다.

그런데 임진왜란을 경계로 하는 17세기 무렵부터의 후기 가사에 오면 몇 가지 변화가 생긴다. 작자층의 확대, 제재의 변화, 대상을 보는 시각의 다변화, 표현 방식의 다양화 등이 그것인데 이런 변화는 서로 밀접한 관계 속에서 형성된 것들이었다. 사대부로 제한되었던 가사의 작자층이 확대되자 다양한 관심사가 가사 작품으로 형상화되었고, 각각의 삶이 다른 만큼 대상을 바라보는 시각도 변화하게 되었다. 이러한 현상은 경건한 태도로 사물을 바라보고 형상화하던 데에서 나아가 풍자적이고 희화적인 방식으로 사물을 바라보고 표현하는 작품을 등장하게 하였고, 서민의 삶의 어려움이나 그들의 바람을 드러내는 작품을 등장하게 하기도 하였다. 또한 후기 가사는 체험한 일을 구체적으로 형상화하는 것을 중시하고, 이념적인 삶보다 현실의 문제를 가사의 제재로 전면에 내세우게 되었는데, 이러한 변화는 조선 전기와 후기의 사회를 구분해 주는 특징이기도 하다.

(나) 엇그제 겨울 지나 새봄이 도라오니
　　도화행화(桃花杏花)는 석양리(夕陽裏)예 퓌여 잇고
　　녹양방초(綠楊芳草)는 세우 중(細雨中)에 프르도다
　　칼로 몰아 낸가 붓으로 그려 낸가
　　조화신공(造化神功)이 물물(物物)마다 헌스럽다
　　수풀에 우는 새는 춘기(春氣)를 뭇내 계워
　　소리마다 교태(嬌態)로다
　　물아일체(物我一體)어니 흥(興)이이 다룰소냐
　　시비(柴扉)예 거러 보고 정자(亭子)애 안자 보니
　　소요음영(逍遙吟詠)* ᄒ야 산일(山日)이 적적(寂寂)혼딩
　　한중진미(閑中眞味)를 알 니 업시 호재로다
　　　　　　　　　　　　　　　　　　　(중략)

송간 세로(松間細路)에 두견화(杜鵑花)를 부치 들고
봉두(峰頭)에 급피 올나 구름 소긔 안자 보니
천촌만락(千村萬落)이 곳곳이 버려 잇니
연하일휘(煙霞日輝)*는 금수(錦繡)를 재폇는 듯
엇그제 검은 들이 봄빗도 유여(有餘)ᄒ샤
공명(功名)도 날 씌우고 부귀(富貴)도 날 씌우니
청풍명월(淸風明月) 외(外)예 엇던 벗이 잇스올고
단표누항(簞瓢陋巷)에 훗튼 혜음 아니 ᄒ니
아모타 백년행락(百年行樂)이 이만ᄒᆫ들 엇지ᄒ리

                             – 정극인, 〈상춘곡〉

* 소요음영 : 자유롭게 이리저리 슬슬 거닐며 나지막이 시를 읊조림.
* 연하일휘 : 안개와 노을과 빛나는 햇살이라는 뜻으로, 아름다운 자연 경치를 비유적으로 이르는 말

(다) ┌─ 조상 덕에 ᄒ는 일이 읍중(邑中) 구실 첫째로다
    │   드러ᄀ면 **좌수별감(座首別監)*** 나ᄀ셔는 풍헌감관
    │   (風憲監官)
[A]─┤   유ᄉ장의(有司掌儀)*에 그치면 체면 보와 사양터니
    │   애슬프다 내 시절의 원수인(怨讐人)의 모해(謀害)로서
    └─ 군ᄉ 강정(降定)* 되단 말ᄀ 내 ᄒ 몸이 허러 나니
    ┌─ 좌우전후 일ᄀ 친척 ᄎᄎ 충군(充軍)* 되거고야
    │   제사 받들 이니 몸은 홀일업시 미와 잇고
[B]─┤   시름 업슨 친족들은 자취업시 도망하고
    └─ 여러 ᄉ름 모든 신역(身役)* 내 ᄒ 몸의 모두 무니
        ᄒ 몸 신역 삼냥오전(三兩五錢) 돈피(獤皮)* 두 장
    의법이라
        열두 ᄉ름 업는 구실 합쳐 보면 사십육냥(四十六兩)
        해마다 맞춰 무니 석숭(石崇)*인들 당ᄒ소냐
    ┌─ 약간 농ᄉ 전폐ᄒ고 채삼(採蔘)*ᄒ려 입산(入山)
[C]─┤ ᄒ여
    └─ 허항영(虛項嶺)* 보틱손(寶泰山)을 돌고 돌아 ᄎᄌ
    보니
        인삼싹은 전혀 업고 오갈피잎 날 속인다
        홀일업시 공반(空返)ᄒ여 팔구월 고추바람
    ┌─ 안고 도라 입산(入山)ᄒ여 돈피 사냥 하려 ᄒ고
    │   빅두손(白頭山) 등의 지고 강 아래로 나려 가셔
[D]─┤ 싸리 껏거 누틱 치고 잎갈나무 모닥불 놓고
    │   ᄒᄂ님게 축수ᄒ며 손신(山神)님게 발원ᄒ여
    └─ 물치츌*을 갖춰 꽂고 ᄉ망*일기 원ᄒ되
        니 정성이 부족흔지 ᄉ망실이 아니 붓니
        뷘손으로 도라서니 삼지연(三池淵)이 잘 춤이라
        입동(立冬) 지난 삼일(三日) 후에 밤새 눈이 사뭇 오니
        다섯 자 깊이 벌써 너머 사오보(四五步)를 못 옴길니
    ┌─ 식량 다하고 옷 얇으니 압희 근심 다 떨치고
[E]─┤ 목숨 슬려 욕심ᄒ여 죽기 살기 길을 허여
    └─ 인가처를 ᄎᄌ오니 검천(劍川) 거리 첫목이라
        첫닭 소리 이윽ᄒ고 인가 적적 훈잠일네

집을 ᄎᄌ 드러가니 혼비빅손 반주검이
말 못하고 너머지니 더운 구들 아랫목의
송장갓치 누엇다가 정신을 차리고
두 발 끗흘 구버보니 열 ᄀ락이 간 틱 업니

                                  – 작자 미상, 〈갑민가〉

* 좌수별감: 향청의 우두머리와 그에 버금가는 자리에 있는 사람
* 유ᄉ장의: 사무를 맡아보는 사람과 예식에 관한 일을 하는 사람
* 군ᄉ 강정: 군사의 계급으로 강등됨.
* 충군: 모자란 군역을 채움.
* 신역: 몸으로 치르는 노역
* 돈피 : 담비 종류 동물의 모피를 통틀어 이르는 말
* 석숭: 중국 진나라 때의 부자 이름
* 채삼: 인삼을 캠.
* 허항영: 함남 혜산군과 함북 무산군 사이에 있는 고개
* 물치츌: 물과 채와 줄
* ᄉ망: 장사에서 이익을 많이 얻는 운수

⭐ (나) 고전 시가 **독해 공식** ─────────

❶ 화자: (   ), 중심 대상: (   )
❷ 화자의 상황: (   )
   정서, 태도: (   )
❸ 표현상 특징: (   )

⭐ (다) 고전 시가 **독해 공식** ─────────

❶ 화자: (   ), 중심 대상: (   )
❷ 화자의 상황: (   )
   정서, 태도: (   )
❸ 표현상 특징: (   )

⭐ 시 복합 **독해 공식** ─────────

• 공통점: (   )
• 차이점: (   )

C18 ✿✿✿✿   2017(11월)/고2교육청 30

(가)를 이해한 내용으로 적절하지 <u>않은</u> 것은?

① 가사는 복잡한 내용을 두루 표현할 수 있는 양식이다.
② 가사는 길이가 늘어나는 것이 자유로운 시가 갈래이다.
③ 전기 가사와 후기 가사는 임진왜란을 기준으로 구분된다.
④ 가사는 두 마디씩 짝을 이룬다는 의미에서 장가라고도 불린다.
⑤ 가사의 작자층이 확대된 것과 표현 방식이 다양해진 것은 서로 관련이 있다.

(가)를 바탕으로 (나)와 (다)를 이해한 것으로 적절하지 않은 것은? [3점]

① (나)의 화자는 자연 속에서 지내면서 '도화행화'를 감상의 대상으로 여기지만, (다)의 화자는 경제적 어려움에 처한 가운데 '인슴싹'을 생존을 위한 대상으로 여기고 있군.

② (나)의 '세우'는 봄을 맞이한 화자의 흥취를 돋우어 주는 역할을 하지만, (다)의 '눈'은 서민으로서 화자가 겪는 삶의 고통을 심화하는 역할을 하는군.

③ (나)는 화자가 '봉두'에 올라서 바라본 자연의 아름다움을 형상화하고 있지만, (다)는 화자가 '입순'하여 체험한 일을 구체적으로 형상화하고 있군.

④ (나)의 '공명'은 자연과 대비되는 속세에 대한 화자의 부정적 태도를 드러내지만, (다)의 '좌수별감'은 사대부들의 경건한 삶의 자세에 대한 화자의 풍자적 태도를 드러내는군.

⑤ (나)는 '단표누항'에 만족하는 화자의 모습을 통해 그의 가치관을 보여 주지만, (다)는 화자가 '븬손'의 상황에서 겪는 고난을 통해 화자에게 닥친 현실의 문제를 보여 주는군.

C20 ✽✽❀ .... 2017(11월)/고2교육청 32

(나), (다)의 표현상의 공통점으로 가장 적절한 것은?

① 설의적 표현을 통해 화자의 정서를 강조하고 있다.
② 계절적 배경을 통해 애상적 분위기를 환기하고 있다.
③ 대화의 형식을 통해 대상과의 친밀감을 드러내고 있다.
④ 대상을 의인화하여 대상의 긍정적 속성을 부각하고 있다.
⑤ 의성어를 사용하여 시적 상황을 생생하게 묘사하고 있다.

C21 ✽✽❀ .... 2017(11월)/고2교육청 33

<보기>를 바탕으로 (다)의 [A]~[E]에 대해 이해한 내용으로 적절하지 않은 것은?

[보기]

〈갑민가〉의 '갑민'은 함경도 갑산의 백성이라는 뜻인데, 갑산은 변방이자 오지라는 특성 때문에 유배지로 유명한 지역이다. 이 작품처럼 특정 지역을 배경으로 하는 작품은 독자에게 사실감을 부여하는데, 그 지역에서 행하는 민속을 드러내어 사실감을 높이기도 한다. 한편 이 작품이 창작된 시기에는 신분의 이동이 많이 발생하였고, 세금을 내지 못하는 사람이 있으면 그 친족에게 세금을 대신 물리는 족징(族徵)의 폐해가 심각했는데, 이 작품에는 이러한 시대상이 잘 반영되어 있다.

① [A] : 갑민의 처지가 바뀌게 된 원인이 제시되어 있군.
② [B] : 갑민이 족징을 당하게 되는 과정이 드러나 있군.
③ [C] : 실제 지명을 언급하여 작품의 사실성을 높이고 있군.
④ [D] : 갑산 지역에서 돈피 사냥에 앞서 행하던 민속을 짐작할 수 있군.
⑤ [E] : 갑민이 유배를 가는 길에서 겪은 시련을 엿볼 수 있군.

(가) 한국 문학 작품들 사이에 면면히 흐르는 공통적인 특질을 '한국 문학의 전통'이라고 한다. 한국 문학에는 정(情)과 한(恨)의 정서를 담아낸 작품들이 많다. 그중 한은 인간의 감정이 억눌려 응어리가 매듭처럼 맺힌 것을 말하는데, 이러한 한은 수난이 잦은 역사의 비운이나 사회적 억눌림 그리고 어긋난 인간관계 등으로 인해 발생한다. 하지만 한국 문학 작품들을 살펴보면 단순히 한으로 인한 아픔과 슬픔만을 그리지 않고, 그것을 극복하려는 풀이의 모습도 그리고 있다. 그렇기 때문에 한국 문학은 '한의 문학'이자 '풀이의 문학'이라고 할 수 있다.

[A] 김춘택의 〈별사미인곡〉은 평생 벼슬을 하지 못했던 그가 당쟁에 휘말려 유배를 갔을 때 지은 가사로 송강 정철의 〈사미인곡〉과 〈속미인곡〉의 영향을 받아 지어진 작품이다.

유배 가사를 비롯한 사대부들의 시가 작품 중에는 임금과의 관계가 어긋나게 되었을 때의 슬픔과 억울함 등을 담아낸 작품들이 있는데, 이때 임금을 이별한 임으로 설정하여 임금에 대한 절절한 그리움을 표현하였다. 대개 이런 작품들은 임금에 대한 변함없는 충정으로 한을 극복한다.

[B] 〈봉산탈춤〉은 황해도 봉산(鳳山) 지방에 전승되어 오던 가면극으로 재담을 통해 봉건적인 가족 제도와 양반의 무능과 허위, 부조리 등을 폭로하고 비판한다. 이러한 탈춤은 서민들을 억압하는 사회를 풍자하고, 양반을 비하하는 욕설, 행동 등을 거침없이 표현하여 서민들의 금지된 욕망을 드러낸다. 또한 익살스러운 말과 행동을 통해 대상을 조롱하고 희화화하여 서민들이 겪었던 갈등과 고통을 웃음으로 해소한다.

(나) 이보소 저 각시님 설운 말씀 그만 하오
　　말씀을 들어하니 설운 줄을 다 모르겠네
　　인연인들 한가지며 이별인들 같을손가
　　광한전(廣寒殿)* **백옥경(白玉京)*** 의 님을 뫼셔 즐기더니
　　이별을 하였거니 재앙인들 없을손가
　　해 다 저문 날에 가는 줄 설워 마소
　　어떻다 이내 몸이 견줄 데 전혀 없네
　　광한전 어디메오 백옥경 내 알던가
　　원앙침(鴛鴦枕) 비취금(翡翠衾)에 **뫼셔본 적 전혀 없네**
　　내 얼굴 이 거동이 무얼로 님 사랑할고
　　길쌈을 모르거니 가무(歌舞)야 더 이를가
　　엇언지 님 향한 한 조각 이 마음을
　　하늘이 삼기시고 성현이 가르치셔
　　정확(鼎鑊)*이 앞에 있고 부월(斧鉞)*이 뒤에 있어
　　일백 번 죽고 죽어 뼈가 갈리 된 후라도
　　님 향한 이 마음이 변할손가
　　나도 일을 가져 남의 없는 것만 얻어

　　㉮부용화 옷을 짓고 목란으로 꽃신 삼아
　　하늘께 맹세하여 님 섬기랴 원이려니
　　조물 시기한가 귀신이 훼방 놓았는가
　　　　　　　(중략)
　　님을 뫼셔 그러한 각시님 같았던들
　　설움이 이러하며 생각인들 이러할가
　　차생이 이렇거든 후생을 어이 알고
　　차라리 쉬어져 **구름이나** 되어 이셔
　　상광 오색(祥光五色)이 님 계신 데 덮었으면
　　그도 마다하면 **바람이나** 되어 이셔
　　한여름 청음(淸陰)*의 님 계신 데 불고지고
　　　　　　　　　　　－ 김춘택, 〈별사미인곡(別思美人曲)〉

* 광한전: 달에 있다는 전설의 궁전
* 백옥경: 옥황상제가 사는 서울
* 정확: 죄인을 삶아 죽이는 가마
* 부월: 도끼 / * 청음: 시원한 그늘

(다) 생　원　쉬이. (춤과 장단 그친다.) 말뚝아.
말뚝이　예에.
생　원　이놈, 너도 양반을 모시지 않고 어디로 그리 다니느냐?
말뚝이　예에. 양반을 찾으려고 찬밥 국 말어 일조식(日早食)*하고, 마구간에 들어가 ⓐ노새 원님을 끌어다가 등에 솔질을 솰솰 하여 말뚝이 님 내가 타고 서양(西洋) 영미(英美), 법덕(法德)*, 동양 삼국 무른 메주 밟듯 하고, 동은 여울이요, 서는 구월이라, 동여울 서구월 남드리 북향산 방방곡곡(坊坊曲曲) 면면촌촌(面面村村)이, 바위 틈틈이, 모래 쨈쨈이, 참나무 결결이 다 찾아다녀도 ⓑ샌님 비뚝한 놈도 없습디다.
　　　　　　　(중략)
생　원　이놈, 말뚝아
말뚝이　예에.
생　원　나랏돈 노랑돈 칠 푼 잘라먹은 놈, 상통이 무르익은 대초빛 같고, 울룩줄룩 배미 잔등 같은 놈을 잡아들여라.
말뚝이　ⓒ그놈이 심(힘)이 무량대각(無量大角)*이요, 날램이 비호(飛虎) 같은데, 샌님의 전령(傳令)이나 있으면 잡아올는지 거저는 잡아 올 수 없습니다.
생　원　오오, 그리하여라. 옜다. 여기 ㉯전령 가지고 가거라. (종이에 무엇을 써서 준다.)
말뚝이　(종이를 받아 들고 취발이한테로 가서) 당신 잡히었소.
취발이　어데, 전령 보자.
말뚝이　(종이를 취발이에게 보인다.)
취발이　(종이를 보더니 말뚝이에게 끌려 양반의 앞에 온다.)
말뚝이　(ⓓ취발이 엉덩이를 양반 코앞에 내밀게 하며) 그놈 잡아들였소.
생　원　아, 이놈 말뚝아. 이게 무슨 냄새냐?
말뚝이　예, 이놈이 피신(避身)을 하여 다니기 때문에, 양치를 못 하여서 그렇게 냄새가 나는 모양이외다.

생 원 그러면 이놈의 모가지를 뽑아서 밑구녕에다 갖다
박아라.

(중략)

말뚝이 샌님, 말씀 들으시오. 시대가 금전이면 그만인데,
하필 이놈을 잡아다 죽이면 뭣하오? ⓔ돈이나 몇백 냥 내
라고 하야 우리끼리 노나 쓰도록 하면, 샌님도 좋고 나도
돈냥이나 벌어 쓰지 않겠소. 그러니 샌님은 못 본 체하고
가만히 계시면 내 다 잘 처리하고 갈 것이니, 그리 알고 계
시오. (굿거리장단에 맞추어 일제히 어울려서 한바탕 춤추다가
전원 퇴장한다.)

– 작자 미상, 〈봉산탈춤〉

* 일조식: 아침 일찍 식사함.
* 법덕: 프랑스와 독일
* 무량대각: 헤아릴 수 없을 정도로 힘이 셈.

⭐ (나) 고전 시가 독해 공식

❶ 화자: (   ), 중심 대상: (   )
❷ 화자의 상황: (   )
  정서, 태도: (   )
❸ 표현상 특징: (   )

⭐ (다) 극 문학 독해 공식

❶ 중심인물: (   ), 배경: (   )
❷ 중심 사건: (   ), 갈등: (   )
❸ 서술상 특징: (   )

⭐ 시 복합 독해 공식

• 공통점: (   )
• 차이점: (   )

C22 ✱✿✿

(가)를 이해한 내용으로 적절하지 <u>않은</u> 것은?

① 한은 한국 문학 작품들에 나타나는 공통적인 특질 중
  하나로 볼 수 있다.
② 역사의 비운, 사회적 억압으로 인해 감정이 응어리져
  맺힌 것을 한이라 할 수 있다.
③ 탈춤은 현실의 억눌림을 웃음을 통해 해소하려고 했
  다는 점에서 풀이의 문학으로 볼 수 있다.
④ 사대부들의 시가 작품들은 지배층의 부조리를 비판하
  기 위해 임금을 이별한 임으로 그린 것으로 볼 수 있다.
⑤ 유배 가사는 임금과의 어긋난 관계로 인한 슬픔과 억
  울함을 담아낸다는 점에서 한의 문학이라고 할 수 있다.

C23 ✱✱✱

[A]를 바탕으로 (나)를 감상한다고 할 때, 〈보기〉를 활용하여 탐
구한 내용으로 적절하지 <u>않은</u> 것은? [3점]

[보기]

○〈사미인곡〉과 〈속미인곡〉의 공통점
  • 임금을 천상계에 계신 임으로 그림. ··················· ㉠
  • 임금을 모셨던 작가 자신을 임과 이별한 여인으로
    그림. ··· ㉡
  • 죽어서도 임을 따르고자 하는 의지를 드러냄. ···· ㉢
○〈사미인곡〉의 특징
  • 계절에 따라 임에 대한 그리움을 읊음. ············· ㉣
○〈속미인곡〉의 특징
  • 두 여인이 이야기하는 형식을 통해 임에 대한 마음
    을 표현함. ····································· ㉤

① '광한전 백옥경'을 보니 ㉠과 같이 임이 계신 곳을 천
  상계로 설정하고 있군.
② '뫼셔본 적 전혀 없네'를 보니 ㉡과 달리 벼슬을 하지
  못했던 작가 자신의 모습을 그리고 있군.
③ '구름', '바람'을 보니 ㉢과 같이 죽어서라도 임의 곁에
  가고자 하는 마음을 드러내고 있군.
④ '목란', '한여름 청음'을 보니 ㉣과 같이 계절적 소재를
  통해 임과의 추억을 회상하고 있군.
⑤ '이보소 저 각시님'을 보니 ㉤과 같이 이야기하는 형식
  을 취하고 있군.

C24 ✱✱✿

(나)에 대한 설명으로 가장 적절한 것은?

① 음성상징어를 활용하여 시적 상황을 구체화하고 있다.
② 설의적 표현을 사용하여 화자의 정서를 강조하고 있다.
③ 연쇄법을 사용하여 시적 의미를 긴밀하게 드러내고 있다.
④ 시간의 흐름에 따라 시적 대상의 변화 과정을 묘사하
  고 있다.
⑤ 근경에서 원경으로 시선을 이동하며 시적 배경을 제
  시하고 있다.

❖ 정답 및 해설 105~108p   C. 고전 시가+설명문   **105**

C25 **✻

[B]를 바탕으로 ⓐ~ⓔ를 이해한 내용으로 적절하지 <u>않은</u> 것은?

① ⓐ: '노 생원님'과 발음이 유사하다는 것을 이용하여 양반을 희화화하고 있다.

② ⓑ: 양반을 얕잡아 보는 말을 사용하여 양반을 비하하고 있다.

③ ⓒ: '취발이'를 익살스럽게 묘사하여 서민들 사이의 갈등을 해소하고 있다.

④ ⓓ: 양반을 무시하고 조롱하는 행동을 함으로써 웃음을 유발하고 있다.

⑤ ⓔ: 돈을 받고 죄를 눈감아 주던 당시의 모습을 드러내어 부패한 사회를 풍자하고 있다.

C26 **✻

㉠와 ㉡에 대한 설명으로 가장 적절한 것은?

① ㉠는 화자가 과거를 떠올리게 하는 소재이고, ㉡는 '말뚝이'가 미래를 예측하게 하는 소재이다.

② ㉠는 화자의 절망적 현실을 나타내는 소재이고, ㉡는 '말뚝이'의 부정적 현실을 나타내는 소재이다.

③ ㉠는 화자의 간절한 바람을 나타내는 소재이고, ㉡는 '말뚝이'가 반성적 성찰을 하게 하는 소재이다.

④ ㉠는 화자가 상대에 대한 애정을 드러내는 소재이고, ㉡는 '말뚝이'가 상대를 제압할 수 있는 소재이다.

⑤ ㉠는 화자와 임의 약속을 상징하는 소재이고, ㉡는 '말뚝이'가 위임 받은 양반의 권위를 상징하는 소재이다.

[C 27~31] 다음 글을 읽고 물음에 답하시오.

인간은 각자 정해진 운명이 있고, 초월적인 힘에 밀려 자신의 의지나 노력으로도 그것을 바꿀 수 없는 삶이 있다고 믿는 가치관을 ⓐ운명론적 세계관이라고 한다. 시에서 화자는 각기 다양한 시적 상황에 처하며, 처한 상황에 따라 저마다 다른 생각과 행동을 보여 준다. 이는 개인의 고유한 삶의 가치관과 관련이 있는데, 그중에서도 특히 화자가 운명론적 세계관에 따라 자신의 생각을 내면화하고 그에 따라 행동하는 모습을 보이는 작품을 종종 발견할 수 있다. 아래의 두 작품에는 운명론적 세계관이 나타나 있지만, 각각의 화자가 현재 자신의 삶을 운명으로 받아들이는 태도에는 미묘한 차이가 있다.

(가)

㉠오늘 저녁 이 좁다란 방의 흰 바람벽에
어쩐지 쓸쓸한 것만이 오고 간다
이 흰 바람벽에
희미한 십오촉(十五燭) 전등이 지치운 불빛을 내어던지고
때글은 다 낡은 무명샤쯔가 어두운 그림자를 쉬이고
그리고 또 달디단 따끈한 감주나 한잔 먹고 싶다고 생각하는 내 가지가지 외로운 생각이 헤매인다 ⎱[A]

그런데 이것은 또 어인 일인가
이 흰 바람벽에
내 가난한 늙은 어머니가 있다
내 가난한 늙은 어머니가
이렇게 시퍼러둥둥하니 추운 날인데 차디찬 물에 손은 담그고 무이며 배추를 씻고 있다 ⎱[B]

또 내 사랑하는 사람이 있다
내 사랑하는 어여쁜 사람이
어늬 먼 앞대 조용한 개포가의 나즈막한 집에서
그의 지아비와 마조 앉어 대구국을 끓여놓고 저녁을 먹는다
벌써 어린것도 생겨서 옆에 끼고 저녁을 먹는다 ⎱[C]

그런데 또 이즈막하야 어늬 사이엔가
이 흰 바람벽엔
내 쓸쓸한 얼굴을 쳐다보며
이러한 글자들이 지나간다
— 나는 이 세상에서 가난하고 외롭고 높고 쓸쓸하니 ⎱[D]
살어가도록 태어났다
그리고 이 세상을 살아가는데
내 가슴은 너무도 많이 뜨거운 것으로 호젓한 것으로 사랑으로 슬픔으로 가득 찬다
그리고 이번에는 나를 위로하는 듯이 나를 울력*하는 듯이
눈질을 하며 주먹질을 하며 이런 글자들이 지나간다 ⎱[E]

― 하늘이 이 세상을 내일 적에 그가 가장 귀해하고
사랑하는 것들은 모두 가난하고 외롭고 높고 쓸쓸하니
그리고 언제나 넘치는 사랑과 슬픔 속에 살도록 만드신
것이다
　초생달과 바구지꽃과 짝새와 당나귀가 그러하듯이
　그리고 또 '프랑시쓰 쨈'과 '도연명(陶淵明)'과 '라이넬
마리아 릴케'가 그러하듯이

　　　　　　　　　　　　　　　― 백석, 〈흰 바람벽이 있어〉

* 울력:힘으로 몰아붙임.

(나)
　하늘이 만드시길 일정 고루 하련마는
　어찌된 인생이 이토록 괴로운고
　삼순구식(三旬九食)을 얻거나 못 얻거나
　십년에 갓 한번 쓰거나 못 쓰거나
　안표누공(顔瓢屢空)*인들 나같이 비었으며
　원헌간난(原憲艱難)인들 나같이 심했을까
　ⓛ봄날이 더디 흘러 뻐꾸기가 보채거늘
　동편 이웃에 따비 얻고 서편 이웃에 호미 얻고
　집 안에 들어가 씨앗을 마련하니
　올벼씨 한 말은 반 넘어 쥐 먹었고
　기장 피 조 팥은 서너 되 심었거늘
　한아한 식구 이리하여 어이 살리
　이봐 아이들아 아무려나 힘써 일하라
　죽 쑨 물 상전 먹고 건더기 건져 종을 주니
　눈 위에 바늘 젓고 코로 휘파람 분다
　올벼는 한 발 뜯고 조 팥은 다 묵히니
　싸리피 바랑이는 나기도 싫지 않던가
　나라빚과 이자는 무엇으로 장만하며
　부역과 세금은 어찌하여 차려낼꼬
　이리저리 생각해도 견딜 가능성이 전혀 없다
　장초(萇楚)의 무지(無知)를 부러워하나 어찌하리
　　　　　　　　　　　　(중략)
　세시 절기 명절 제사는 무엇으로 해 올리며
　친척들과 손님들은 어이하야 접대할꼬
　이 얼굴 지녀 있어 어려운 일 많고 많다
　이 원수 궁귀(窮鬼)*를 어이하야 여의려뇨
　술에 음식 갖추고 이름 불러 전송(餞送)하여
　좋은 날 좋은 때에 사방(四方)으로 가라 하니
　추추분분(啾啾憤憤)하야 화를 내어 이른 말이
　어려서 지금까지 희로우락(喜怒憂樂)을 너와 함께 하여
　죽거나 살거나 여읠 줄이 없었거늘
　어디 가 뉘 말 듣고 가라 하여 이르느뇨
　타이르듯 꾸짖는 듯 온 가지로 공혁(恐嚇)*커늘
　돌이켜 생각하니 네 말도 다 옳도다
　무정한 세상은 다 나를 버리거늘
　네 혼자 신의 있어 나를 아니 버리거든

억지로 피하여 잔꾀로 여읠려냐
하늘이 만든 이 내 궁(窮)을 설마한들 어이하리
빈천(貧賤)도 내 분(分)이어니 설워 무엇하리

　　　　　　　　　　　　― 정훈, 〈탄궁가(嘆窮歌)〉

* 안표누공: 공자의 제자인 안회의 가난함.
* 궁귀: 가난 귀신
* 공혁: 을러대며 꾸짖음.

⭐ (가) 현대시 독해 공식

1. 화자: (　　　　　　　), 중심 대상: (　　　　　　)
2. 화자의 상황: (　　　　　　　　　　　　　　　)
   정서, 태도: (　　　　　　　　　　　　　　　)
3. 표현상 특징: (　　　　　　　　　　　　　　)

⭐ (나) 고전 시가 독해 공식

1. 화자: (　　　　　　　), 중심 대상: (　　　　　　)
2. 화자의 상황: (　　　　　　　　　　　　　　　)
   정서, 태도: (　　　　　　　　　　　　　　　)
3. 표현상 특징: (　　　　　　　　　　　　　　)

⭐ 시 복합 독해 공식

• 공통점: (　　　　　　　　　　　　　　　　)
• 차이점: (　　　　　　　　　　　　　　　　)

C27 ✿❋❋　　　　　　　　　2021(3월)/고2교육청 19

(가)와 (나)의 공통점으로 가장 적절한 것은?

① 수미상관의 기법을 활용하여 리듬감을 조성하고 있다.
② 특정 공간의 대비를 통해 역동적 분위기를 형성하고 있다.
③ 명령적 어조를 사용하여 화자의 강한 의지를 표출하고 있다.
④ 유사한 문장 구조의 반복을 통해 시적 상황을 부각하고 있다.
⑤ 촉각적 심상을 사용하여 사물의 정적인 모습을 강조하고 있다.

C28 ✿❋❋　　　　　　　　　2021(3월)/고2교육청 20

(가)의 [A]~[E]에 대한 설명으로 적절하지 않은 것은?

① [A]에서는 외부의 사물을 응시하던 화자의 시선이 내면으로 이어지고 있다.
② [B], [C]에서는 [A]의 '흰 바람벽'을 보는 상황이 이어지면서, 떠오르는 생각들이 제시되고 있다.
③ [B], [C]에 나타난 소외된 사람들에 대한 연민이 [D]에서 자기 연민으로 전환되고 있다.
④ [D]에서 지나가는 글자들에 내재된 자기 긍정의 정서가 [E]에서 강화되고 있다.
⑤ [E]에서는 [D]에 나타난 애상적 정서에 침잠하지 않으려는 심리적 태도가 드러나 있다.

〈보기〉를 바탕으로 (나)를 이해한 내용으로 적절하지 <u>않은</u> 것은?

[보기]

　「탄궁가」는 경제적으로 몰락한 사대부가 자신이 처한 궁핍한 현실에 대해 한탄하는 가사이다. 이 작품에는 가난으로 인해 사대부로서의 도리를 지키지 못하는 형편과 극심한 궁핍으로 인해 사대부임에도 불구하고 종에 대한 권위를 내세울 수 없는 상황이 드러나 있다. 이와 함께 경제적인 무능력으로 인해 가난에서 벗어나지 못하고 이를 수용할 수밖에 없는 처지 등이 잘 나타나 있다.

① '죽 쑨 물 상전 먹고 건더기 건져 종을 주니'에서 농사일로 종의 눈치를 보는 몰락한 사대부의 처지를 엿볼 수 있군.

② '세시 절기 명절 제사는 무엇으로 해 올리며'에서 사대부로서의 도리를 다하지 못하는 현실에 대한 한탄을 엿볼 수 있군.

③ '이 원수 궁귀를 어이하야 여의려뇨'에서 가난한 상황을 미리 대비하지 못한 무능함에서 오는 자괴감을 엿볼 수 있군.

④ '무정한 세상은 다 나를 버리거늘'에서 힘겨운 경제적 상황을 타개해 나갈 수 없는 비관적 현실을 엿볼 수 있군.

⑤ '빈천도 내 분이어니 설워 무엇하리'에서 궁핍한 현실을 체념적으로 수용하는 태도를 엿볼 수 있군.

㉠과 ㉡에 대한 설명으로 가장 적절한 것은?

① ㉠은 화자의 내적 성찰이 이루어지는 시간이고, ㉡은 화자의 절망감이 심화되는 시간이다.

② ㉠은 화자가 과거의 고통을 상기하는 시간이고, ㉡은 화자가 행복했던 경험을 떠올리는 시간이다.

③ ㉠은 화자가 시간의 단절감을 경험하는 시간이고, ㉡은 화자가 계절의 순환 질서를 받아들이는 시간이다.

④ ㉠은 화자가 고향에 대한 추억을 떠올리는 시간이고, ㉡은 화자가 고향 사람들의 인정을 느끼는 시간이다.

⑤ ㉠은 화자가 가족에 대해 애틋함을 느끼는 시간이고, ㉡은 화자가 가족에 대해 상실감을 느끼는 시간이다.

ⓐ의 관점에서 (가), (나)를 감상한 내용으로 적절하지 <u>않은</u> 것은? [3점]

① (가)와 (나)의 화자는 모두 운명을 결정짓는 초월적인 존재가 있다고 전제하고 있다.

② (가)의 화자는 (나)의 화자와 달리 외로움도 자신이 받아들이는 운명의 대상으로 여기고 있다.

③ (나)의 화자는 (가)의 화자와 달리 사람들의 운명은 고르게 타고나야 한다고 인식하고 있다.

④ (가)는 이상과 현실의 괴리감이, (나)는 과거와 현재의 괴리감이 화자가 운명을 인식하는 계기가 되고 있다.

⑤ (가)의 화자는 타인과의 동질감에서 운명적인 삶에 대한 위안을, (나)의 화자는 타인과의 비교에서 절망을 느끼고 있다.

[C 32~35] 다음 글을 읽고 물음에 답하시오. ━━━

고전 시가의 세계에서는 많은 사람들에게 애창되던 작품이 후대로 전승되다가, 창작 당시와는 다른 상황에 놓이면서 변모하는 사례가 종종 발견된다. '개'를 소재로 한 아래의 시조들이 이러한 사례에 해당한다.

국립중앙박물관에는 '하기야키'라고 불리는 도자기 가운데 한 점이 소장되어 있다([사진]). '하기야키'는 진주 지방에서 도자기 비법을 이어 오다가 임진왜란 때에 일본으로 끌려간 도공 형제와 그 후손들이 일본 하기 지방에서 만든 도자기이다. [사진]의 도자기에는 한글로 (가)와 같은 시조가 씌어 있다.

[사진]
추철회시문다완(萩鐵繪詩文茶碗)

(가) 개야 즈치 말라 밤 사름 다 도둣가
　　즈목지 호고려 님 지슘 딍겨스라
　　그 개도 호고려 개로다 듯고 즘즘ㅎㄴ라

그런데 18세기의 가집인 《고금명작가》에 이와 유사하면서도 그보다 더 이른 시기에 창작된 작품 (나)가 수록되어 있어 주목된다.

(나) 개야 즛지 마라 밤 스람이 다 도적가
　　두목지* 호걸이 님 츄심 단니노라*
　　그 개도 호걸의 집 갠지 듯고 즘즘ㅎ더라

* 두목지: 기생들에게 인기가 많았던 당나라 시인 두목(杜牧)
* 츄심 단니노라: 찾으러 다니노라

(가)와 (나)는, 일부 시어의 표기가 다르기는 하지만 대부분의 구절과 표현이 일치하기 때문에 같은 작품으로 간주된다. (나)가 우리나라에 전하고 있을 뿐 아니라 오기가 거의 없다는 점에서, 조선에서 오래전부터 전승되어 오던 (나)를 고국에서 익힌 도공들이 일본으로 끌려가 도자기를 구울 때 (가)를 기록해 넣은 것으로 판단된다. ㉠(나)는 화자를 여성으로 간주할 경우, 두목지 같은 남성이 찾아오기를 기다리는 한 여인의 마음을 노래한 것으로 해석된다.

임병양란 이후에 개를 소재로 한 작품은 기존 평시조의 틀을 벗고 다른 양식의 갈래인 사설시조로 다시 창작되었다. 사설시조 (다)는 수많은 가집에 수록될 정도로 인기 있던 작품인데, 여기에서는 중심 소재가 개이고 화자가 여성인 점은

그대로 이어지고 있지만 이를 담아내는 양식은 달라졌다.

(다) 개를 여남은이나 기르되 요 개같이 얄미우랴
　　미운 임 오면은 꼬리를 홰홰 치며 치뛰락 내리뛰락 반겨서 내닫고 고운 임 오면은 뒷발을 버둥버둥 무르락 나으락 캉캉 짖어서 돌아가게 한다
　　쉰밥이 그릇그릇 난들 너 먹일 줄이 있으랴

1907년 한일신협약이 체결된 이후, 개를 소재로 한 (다)는 그 조약의 조인에 찬성한 이완용 등의 정미칠적(丁未七賊)을 비판하기 위한 수단으로 다시 쓰였다. 작품이 창작된 시점을 고려할 때 (라)의 '일곱 마리 요 박살할 개'는 정미칠적을 비유한 것으로 해석된다. 제목 '살구(殺狗)'는 '개를 죽이다.'라는 뜻이다.

(라) 개를 여러 마리나 기르되 요 일곱 마리같이 얄밉고 잣미우랴
　　낯선 타처 사람 보게 되면 꼬리를 회회 치며 반겨라고 내달아 요리 납작 조리 갸웃하되 낯익은 집안사람 보면은 두 발을 뻗디디고 콧살을 찡그리고 이빨을 엉성거리고 컹컹 짖는 일곱 마리 요 박살할 개야
　　보아라 근일에 새로 개 규칙 반포되어 개 임자의 성명을 개 목에 채우지 아니하면 박살을 당한다 하니 자연(自然) 박살

　　　　　　　　　　　　　　　　　　－ 작자 미상, 〈살구〉

이상과 같은 변모의 사례들에서는 앞선 작품의 형식과 내용이 그대로 이어지기도 하지만, 표기·표현·주제·양식 등에서 다양한 변모가 이루어지기도 한다. 이러한 변모는 이본, 작품, 갈래의 세 가지 차원으로 구분할 수 있다. ⓐ이본 차원의 변모는 앞선 작품의 표기나 표현 가운데 일부가 바뀌기는 하지만, 주제·양식 등은 대체로 그대로 유지되는 경우를 말한다. ⓑ작품 차원의 변모는 앞선 작품의 양식은 그대로 따르지만, 표현·주제 등이 바뀌어서 후속 작품을 새로운 작품으로 인정할 수 있는 경우를 말한다. ⓒ갈래 차원의 변모는 새로운 작품이 앞선 작품과 다른 양식에 근거하여서 후속 작품을 새로운 갈래로 보아야 하는 경우를 말한다.

C32 ★★❋

㉠을 바탕으로 (나)를 감상한 내용으로 적절하지 <u>않은</u> 것은?

① 초장에서 화자가 개에게 '즛지 마라'라고 한 것은 '밤 ᄉ람'이 개가 짖는 소리에 발걸음을 되돌릴까 염려했 기 때문이겠군.

② 초장의 '도적'과 중장의 '두목지 호걸'은 모두 화자가 기다리는 사람을 가리키는군.

③ 중장의 '두목지 호걸'은 '두목지 같은 호걸'로 풀이되어 '호걸'에 대한 화자의 호감을 드러내는군.

④ 종장의 '즘즘ᄒ더라'는 '호걸'이 '님 ᄎ심'하기에 용이 한 상황이 되었음을 암시하는군.

⑤ 중장은 초장에서 화자가 개에게 '즛지 마라'라고 부탁 한 이유를, 종장은 그 결과를 드러내는군.

C33 ★★★

'개'를 중심으로 (나)와 (다)를 비교한 내용으로 적절하지 <u>않은</u> 것은?

① (나)와 (다)의 개는 모두 화자의 기다림을 표현하는 매 개물로 기능하고 있다.

② (나)와 (다)에서는 모두 지시어에 의해 개와 화자 간의 물리적 거리가 환기되고 있다.

③ (나)와 (다)에서는 모두 기다리는 사람에 대한 화자의 기대와 개의 반응이 다른 데서 시적 상황이 조성되고 있다.

④ (나)의 개는 화자와 교감이 가능한 대상으로, (다)의 개는 화자와 교감을 나누기 어려운 대상으로 간주되 고 있다.

⑤ (나)의 개가 상황이 변해도 행동을 바꾸지 않는 존재 라면, (다)의 개는 상황이 변하면 행동을 바꾸는 존재 로 제시되고 있다.

C34 ★★❋

(가)~(라) 사이에 이루어진 변모의 양상을 ⓐ~ⓒ에 따라 적절 하게 구별한 것은?

	ⓐ	ⓑ	ⓒ
①	(가) → (나)	(나) → (다)	(다) → (라)
②	(가) → (나)	(다) → (라)	(나) → (다)
③	(나) → (가)	(나) → (다)	(다) → (라)
④	(나) → (가)	(다) → (라)	(나) → (다)
⑤	(다) → (라)	(나) → (다)	(가) → (나)

C35 ★★❋

(가), (다), (라)의 향유 양상에 대한 추론으로 적절하지 <u>않은</u> 것 은? [3점]

① (가)가 일본으로 끌려간 도공들이 기록한 것이라면, 한글 표기를 통해 그들이 고국에 대한 기억을 간직하 고 있었음을 알 수 있겠군.

② (가)가 일본에서 태어난 도공들의 후손이 기록한 것이 라면, 그들이 조선인임을 잊지 않으려 노력했음을 알 수 있겠군.

③ (다)가 만나지 못하는 '고운 임'에 대한 원망(怨望)을 표현한 것이라면, 개는 '고운 임' 탓에 부당하게 대접 받고 있는 셈이겠군.

④ (라)가 한일신협약을 비판하기 위해 지어진 것이라면, '개 규칙'은 한일신협약을 비유적으로 가리키는 표현 이겠군.

⑤ (라)가 정미칠적에 대한 비판의 의도로 지어진 것이라 면, '타처 사람'과 '집안사람'은 일본과 조선을 대조하 는 표현이겠군.

(가) ⓐ문학 작품의 의미가 생성되는 양상은 세 가지로 나누어 볼 수 있다. 첫째는 자기의 경험은 물론 자기 내면의 정서나 의식 등을 대상에 투영하여, 외부 세계에 새로운 의미를 부여하는 경우이다. 둘째는 외부 세계의 일반적 삶의 방식이나 가치관, 이념 등을 자기 내면으로 수용하여, 자신을 새롭게 해석함으로써 의미를 만들어 내는 경우이다. 셋째는 자기와 외부 세계를 상호적으로 대비하여 양자에 대한 새로운 해석을 통해 의미를 생성하는 경우이다.

문학적 의미 생성의 이러한 세 가지 양상은 문학 작품에서 자기와 외부 세계의 관계를 파악할 때 적용할 수 있다. 첫째와 둘째의 경우, 자기와 외부 세계와의 거리는 가까워지고 친화적 관계가 형성된다. 셋째의 경우는 자기가 외부 세계를 바라보는 관점에 따라 둘 사이의 거리가 가까워져 친화적 관계가 형성되기도 하고, 그 거리가 드러나 소원한 관계가 유지되기도 한다.

(나) 산슈 간(山水間) 바회 아래 뛰집을 짓노라 ᄒᆞ니
　　그 모론 놈들은 운는다 ᄒᆞᆫ다마ᄂᆞᆫ
　　㉠어리고 햐암의 뜻의ᄂᆞᆫ 내 분(分)인가 ᄒᆞ노라
　　　　　　　　　　　　　　　　〈제1수〉

　　보리밥 픗ᄂᆞ믈을 알마초 머근 후(後)에
　　바횟 긋 믉ᄀᆞ의 슬ᄏᆞ지 노니노라
　　그 나믄 녀나믄 일이야 부를 줄이 이시랴
　　　　　　　　　　　　　　　　〈제2수〉

　　잔 들고 혼자 안자 먼 뫼흘 ᄇᆞ라보니
　　그리던 님이 오다 반가옴이 이리ᄒᆞ랴
　　말ᄉᆞᆷ도 우움도 아녀도 몯내 됴하ᄒᆞ노라
　　　　　　　　　　　　　　　　〈제3수〉

　　누고셔 삼공(三公)도곤 낫다 ᄒᆞ더니 만승(萬乘)이 이만 ᄒᆞ랴
　　이제로 헤어든 소부(巢父) 허유(許由) ㅣ 냑돗더라
　　아마도 님쳔 한흥(林泉閑興)을 비길 곳이 업세라
　　　　　　　　　　　　　　　　〈제4수〉

　　내 셩이 게으르더니 하늘히 아ᄅᆞ실샤
　　인간 만ᄉᆞ(人間萬事)를 ᄒᆞᆫ 일도 아니 맛뎌
　　다만당 ᄃᆞ토리 업슨 강산(江山)을 딕희라 ᄒᆞ시도다
　　　　　　　　　　　　　　　　〈제5수〉

　　강산이 됴타 ᄒᆞᆫ들 내 분(分)으로 누얻ᄂᆞ냐
　　님군 은혜(恩惠)를 이제 더옥 아노이다

아므리 갑고쟈 ᄒᆞ야도 ᄒᆡ올 일이 업세라
　　　　　　　　　　　　　　　　〈제6수〉
　　　　　　　　　　　　　　　– 윤선도, 〈만흥(漫興)〉

(다) 산림(山林)에 살면서 명리(名利)에 마음을 두는 것은 큰 부끄러움[大恥]이다. 시정(市井)에 살면서 명리에 마음을 두는 것은 작은 부끄러움[小恥]이다. 산림에 살면서 은거(隱居)에 마음을 두는 것은 큰 즐거움[大樂]이다. 시정에 살면서 은거에 마음을 두는 것은 작은 즐거움[小樂]이다.

작은 즐거움이든 큰 즐거움이든 나에게는 그것이 다 즐거움이며, 작은 부끄러움이든 큰 부끄러움이든 나에게는 그것이 다 부끄러움이다. 그런데 큰 부끄러움을 안고 사는 자는 백(百)에 반이요, 작은 부끄러움을 안고 사는 자는 백에 백이며, 큰 즐거움을 누리는 자는 백에 서넛쯤 되고, 작은 즐거움을 누리는 자는 백에 하나 있거나 아주 없거나 하니, 참으로 가장 높은 것은 작은 즐거움을 누리는 자이다.

나는 시정에 살면서 은거에 마음을 두는 자이니, 그렇다면 이 작은 즐거움을 가장 높은 것으로 말한 ㉡나의 이 말은 대부분의 사람들의 생각과는 거리가 먼, 물정 모르는 소리일지도 모른다.

　　　　　　　　　　　　　　　– 이덕무, 〈우언(迂言)〉

C36 ★★★　　　　2021(9월)/평가원 38

(나)의 시상 전개에 대한 설명으로 가장 적절한 것은?

① 〈제1수〉에서는 경험적 성격과 연결된 공간으로부터, 〈제6수〉에서는 관념적 성격과 연결된 공간으로부터 시상이 전개된다.

② 〈제2수〉에서는 구체성이 드러나는 소재로, 〈제3수〉에서는 추상성이 강화된 소재로 시상이 시작된다.

③ 〈제2수〉에서 설의적 표현으로 제기된 의문이 〈제5수〉에서 해소되었음이 영탄적 표현으로 드러난다.

④ 〈제3수〉에서의 현재에 대한 긍정이 〈제4수〉에서의 역사에 대한 부정으로 바뀌며 시상이 전환된다.

⑤ 〈제3수〉에 나타난 정서적 반응이 〈제6수〉에서 감각적 표현을 통해 구체화된다.

(가)를 참고하여 (나)를 감상한 내용으로 적절하지 않은 것은?

① '산슈 간'에서 살고자 하는 마음과 이에 공감하지 못하는 '놈들'의 생각을 병치하여 화자와 '놈들' 사이의 거리가 드러남으로써, 자기와 외부 세계 사이의 소원한 관계가 유지된다.

② '바횟 긋 믉 ᄀ'에서 즐거움을 누리는 삶과 '녀나믄 일'을 대비하여 세상일과 거리를 두려는 화자의 태도가 드러남으로써, 자기와 외부 세계 사이의 소원한 관계가 유지된다.

③ '님'에 대한 '반가옴'보다 더한 감흥을 불러일으키는 '뫼'의 의미를 부각하여 화자와 '님' 사이의 거리가 드러남으로써, 자기와 외부 세계 사이의 소원한 관계가 유지된다.

④ '님쳔'에서의 '한흥'이 '삼공'이나 '만승'보다 더한 가치를 지닌다고 강조하여 화자와 '님쳔' 사이의 거리가 가까워짐으로써, 자기와 외부 세계 사이의 친화적 관계가 형성된다.

⑤ '강산' 속에서의 삶이 '님군'의 '은혜' 덕택임을 제시하여 화자와 '님군' 사이의 거리가 가까워짐으로써, 자기와 외부 세계 사이의 친화적 관계가 형성된다.

(다)를 이해한 내용으로 적절하지 않은 것은?

① '부끄러움'과 '즐거움'을 조화시킴으로써 더 나은 삶의 방식을 결정할 수 있다.

② '나'는 어디에 사느냐와 어디에 마음을 두느냐를 고려하여 삶의 유형을 나누고 있다.

③ '산림'에 사는 사람들 중에는 '즐거움'을 누리는 경우보다 '부끄러움'을 가진 경우가 더 많다.

④ '큰 부끄러움'과 '작은 즐거움'은 어디에 사느냐와 어디에 마음을 두느냐가 모두 서로 다르다.

⑤ '명리'를 '부끄러움'에, '은거'를 '즐거움'에 대응시킨 것으로 보아 '나'는 '은거'의 가치를 '명리'의 가치보다 높이 두고 있음을 알 수 있다.

㉠, ㉡에 대한 설명으로 가장 적절한 것은?

① ㉠은 자신의 처지를 남의 일을 말하듯이 표현함으로써 자신의 문제를 회피하고 있다.

② ㉡은 자신의 행동을 냉철하게 성찰함으로써 자신의 과오를 인정하고 있다.

③ ㉠은 ㉡과 달리, 자신의 처지를 자문자답 형식으로 말함으로써 자신의 생각을 일반화하고 있다.

④ ㉡은 ㉠과 달리, 자신의 생각을 남의 말을 인용하여 표현함으로써 자신의 신념을 객관화하고 있다.

⑤ ㉠과 ㉡은 모두, 자신이 말하고자 하는 바를 우회하여 표현함으로써 자신의 삶에 대한 자부심을 드러내고 있다.

ⓐ를 바탕으로 (나), (다)를 이해한 내용으로 적절하지 않은 것은? [3점]

① (나)에서 무정물인 대상에 대해 호감을 표현한 것은 자신의 정서를 대상에 투영한 것이라고 볼 수 있다.

② (다)에서 자연에 의미를 부여하는 것은 자신의 생각을 대상에 투영하여 세계를 해석하는 것이라고 볼 수 있다.

③ (다)에서 삶의 방식을 상대적 기준에 따라 나누어 평가한 것은 자신의 가치관과 세상 사람들의 생각을 비교하여 세계의 의미를 새롭게 파악한 것이라고 할 수 있다.

④ (나)에서는 선인들의 삶의 태도를 자기 내면으로 수용하는 과정을 거쳐, (다)에서는 대다수 사람들의 뜻을 자기 내면으로 수용하는 과정을 거쳐 새로운 의미를 생성한다고 볼 수 있다.

⑤ (나)에서 자기 본성을 하늘의 뜻에 연관 지은 것과, (다)에서 자기 삶의 방식을 일반적인 삶의 방식과 견준 것은 자기 삶의 가치를 새롭게 해석하여 의미를 만들어 낸 것이라고 할 수 있다.

(가) 생평(生平)에 원ᄒᆞᄂᆞ니 다만 충효(忠孝)뿐이로다
　　이 두 일 말면 금수(禽獸) ㅣ 나 다르리야
　　마음에 ᄒᆞ고져 ᄒᆞ야 십재황황(十載遑遑)*ᄒᆞ노라
　　　　　　　　　　　　　　　　　　　〈제1수〉

　　계교(計校)* 이렇더니 공명(功名)이 늦었어라
　　부급동남(負笈東南)*ᄒᆞ야 여공불급(如恐不及)*ᄒᆞᄂᆞᆫ 뜻을
　　세월이 물 흐르듯 ᄒᆞ니 못 이룰까 ᄒᆞ야라
　　　　　　　　　　　　　　　　　　　〈제2수〉

　　강호(江湖)에 놀자 ᄒᆞ니 성주(聖主)를 버리겠고
　　성주를 섬기자 ᄒᆞ니 소락(所樂)에 어긋나네
　　호온자 기로(岐路)에 서서 갈 데 몰라 ᄒᆞ노라
　　　　　　　　　　　　　　　　　　　〈제4수〉

　　출(出)ᄒᆞ면 치군택민(致君澤民) 처(處)ᄒᆞ면 조월경운(釣月耕雲)
　　명철군자(明哲君子)는 이룰사 즐기ᄂᆞ니
　　하물며 부귀(富貴) 위기(危機) ㅣ 라 빈천거(貧賤居)를 ᄒᆞ오리라
　　　　　　　　　　　　　　　　　　　〈제8수〉

　　행장유도(行藏有道)*ᄒᆞ니 버리면 구태 구ᄒᆞ랴
　　산지남(山之南) 수지북(水之北) 병들고 늙은 나를
　　뉘라서 회보미방(懷寶迷邦)*ᄒᆞ니 오라 말라 ᄒᆞᄂᆞ뇨
　　　　　　　　　　　　　　　　　　　〈제16수〉

　　성현(聖賢)의 가신 길이 만고(萬古)에 ᄒᆞᆫ가지라
　　은(隱)커나 현(見)*커나 도(道) ㅣ 어찌 나르리
　　일도(一道) ㅣ 오 다르지 아니커니 아무 덴들 어떠리
　　　　　　　　　　　　　　　　　　　〈제17수〉
　　　　　　　　　　　　　　　 – 권호문, 〈한거십팔곡〉

* 십재황황: 급한 마음에 십 년을 허둥지둥함.
* 계교: 견주어 헤아림.
* 부급동남: 책을 짊어지고 여기저기 다니면서 열심히 공부함.
* 여공불급: 이르지 못할까 두려워하듯 함.
* 행장유도: 쓰이면 세상에 나아가 도(道)를 행하고 버려지면 은둔하는
　것을 자신의 상황에 따라 알맞게 함.
* 회보미방: 뛰어난 능력을 지니고서 은둔하는 것은 나라를 혼란스럽게
　하는 것과 같음.
* 현: 세상에 나아감.

(나) 진주 장터 생어물전에는
　　바닷밑이 깔리는 해 다 진 어스름을,

　　울 엄매의 장사 끝에 남은 고기 몇 마리의
　　빛 발(發)하는 눈깔들이 속절없이
　　은전(銀錢)만큼 손 안 닿는 한(恨)이던가
　　울 엄매야 울 엄매,

　　별 밭은 또 그리 멀리
　　우리 오누이의 머리 맞댄 골방 안 되어
　　손 시리게 떨던가 손 시리게 떨던가,

　　진주 남강 맑다 해도
　　오명 가명
　　신새벽이나 밤빛에 보는 것을,
　　울 엄매의 마음은 어떠했을꼬,
　　달빛 받은 옹기전의 옹기들같이
　　말없이 글썽이고 반짝이던 것인가.

　　　　　　　　　　　　 – 박재삼, 〈추억에서〉

(다) 시의 원심력을 담당하는 비유와 달리 리듬은 시의 구심력을 담당한다. 글자의 개수이건 음의 보폭이건 동일 요소의 반복은 시에 질서를 부여하고 리듬을 형성한다. 그런데 고전 시가의 리듬에는 외적 규율이 전제되어 있는 반면 현대 시의 리듬은 내적 규범을 창출한다. 가령 시조는 4음보를 기본으로 종장 첫 음보는 3음절을 유지하고, 둘째 음보는 그보다 길게 하는 규율을 따른다. 현대 시에서는 따라야 할 규율이 없는 대신 말소리, 휴지(休止), 고전 시가에 없던 쉼표나 마침표 등 모든 요소들의 책임이 더 커졌다. 이들의 반복은 내적 규범을 형성하여 시의 고유한 의미를 만들어 낸다.

　"멀위랑 / ᄃᆞ래랑 / 먹고"와 같은 고려 속요의 3음보, "동짓ᄃᆞᆯ / 기나긴 밤을 / 한 허리를 / 버혀 내여"와 같은 시조의 4음보 등 고전 시가의 리듬은 현대에 이르러 해체되었다기보다는 배후로 물러나 때로는 강하게, 때로는 약하게 압력을 행사하고 있다고 보는 것이 적절하다. 어떤 시는 고전 시가의 리듬이 강하게 감지되어 친숙하지만 어떤 시는 리듬이라고 할 만한 부분이 거의 감지되지 않아 낯설다. 우리는 앞의 예를 김소월의 시에서, 뒤의 예를 이상의 시에서 찾을 수 있다. 한국의 현대 시는 김소월과 이상 사이에서 각각의 좌표를 찍는다.

C41 ❋❀❀ 　　　　　　　　　　　　2019(9월)/평가원 16

(가)와 (나)의 공통점으로 가장 적절한 것은?

① 의문형 어미를 활용하여 화자의 정서를 강조하고 있다.
② 특정 대상과 대화하는 방식으로 주제를 부각하고 있다.
③ 시적 공간의 탈속성이 시상을 형성하는 데 기여하고 있다.
④ 계절적 배경을 소재로 하여 시적 분위기를 고조하고 있다.
⑤ 의성어와 의태어를 구사하여 화자의 상황을 제시하고 있다.

(가)에 대한 설명으로 적절하지 않은 것은?

① 〈제2수〉의 '부급동남'은 〈제4수〉의 '성주를 섬기'기 위해 화자가 행한 일이다.
② 〈제2수〉의 '공명'을 이루기 위해 화자는 〈제17수〉의 '성현의 가신 길'을 따르고자 한다.
③ 〈제4수〉의 '강호'를 화자가 선택한 이유 중 하나는 〈제8수〉의 '부귀 위기'이다.
④ 〈제4수〉의 '기로'가 〈제17수〉의 '일도'로 나타난 데에서 화자의 내적 갈등이 해소되었음을 알 수 있다.
⑤ 〈제8수〉의 '빈천거를 ㅎ'면서도 화자는 〈제17수〉의 '도'를 실천할 수 있다고 생각한다.

〈보기〉를 통해 (가)를 감상한 것으로 적절하지 않은 것은? [3점]

[보기]

조선 시대에 과거 급제는 개인이 입신양명하는 길이자 부모에게 효도하고, 임금을 보필할 수 있는 주된 통로였다. 권호문 역시 이를 위해 과거에 여러 번 응시하였으나 뜻을 이루지 못했다. 모친 사후, "뜻을 얻으면 그 은택을 백성들에게 베풀고, 뜻을 얻지 못하면 자신을 수양한다."라는 유교적 출처관(出處觀)에 따라 은자로서의 삶을 살아가던 그는 42세 이후 줄곧 조정에 천거되어 정치 현실로 나올 것을 권유받았으나 매번 이를 거절했다. 〈한거십팔곡〉에는 권호문의 이러한 삶과 생각이 반영되어 있는 것으로 보인다.

① 〈제1수〉의 '충효'는 화자가 이루고자 했던 삶의 덕목으로 볼 수 있겠군.
② 〈제1수〉에서 화자가 '십재황황'하는 모습은 과거에 여러 차례 응시했으나 급제하지 못했기 때문으로 볼 수 있겠군.
③ 〈제16수〉의 '행장유도ㅎ니'는 화자가 유교적 출처관을 따르고 있음을 보여 주는 것이라고 할 수 있겠군.
④ 〈제16수〉의 '병들고 늙은 나를'은 화자가 정치 현실로 나오라는 권유를 거절하는 표면적 이유라고 할 수 있겠군.
⑤ 〈제16수〉의 '회보미방'은 조정의 권유에 대한 화자의 답변으로 볼 수 있겠군.

(나)에 대한 감상으로 적절하지 않은 것은?

① '해 다 진 어스름'은 어둠이 깔리는 파장 무렵 '생어물전'의 분위기를 보여 주는군.
② '빛 발하는 눈깔'은 '손 안 닿는' '은전'과 연결되어 '한'의 정서를 유발하는군.
③ '손 시리게 떨던가'에서는 추운 밤 '별 밭' 아래의 '골방' 속에서 느꼈던 행복감이 드러나는군.
④ '진주 남강'은 공간적 구체성을 보여 주는 한편 낮에 강을 보지 못할 정도로 바삐 생계를 꾸려 가던 '울 엄매'를 떠올리게 하는군.
⑤ '글썽이고 반짝이던'은 달빛이 비친 '옹기'의 표면과 '울 엄매'의 눈물을 함께 환기하는군.

(다)를 참고하여 (가)와 (나)를 이해한 내용으로 가장 적절한 것은?

① (가)에서 각 수의 종장 첫째 음보를 3음절로 한 것은 내적 규범을 따른 것이다.
② (가)에서 각 수의 종장 둘째 음보의 글자 수가 첫째 음보의 글자 수보다 많은 것은 따라야 하는 규칙을 위반한 것이다.
③ (나)에서 '울 엄매야 울 엄매'는 울림소리의 반복으로 리듬을 창출하고 화자의 정서를 표출한 것이다.
④ (나)에서 '오명 가명'은 외적 규율에 따라 'ㅇ'을 반복하여 일터의 무료한 삶에 생동감을 불어넣은 예이다.
⑤ (나)에서 1연부터 3연까지 쉼표로 연을 마무리한 것은 고전 시가의 리듬을 계승한 예이다.

(가) 유배(流配) 시가는 유배지로 가는 여정이나 유배지에서 느끼고 경험한 바를 소재로 하여 창작된 시가들을 총칭한다. 유배 시가는 고려 시대 정서의 〈정과정곡(鄭瓜亭曲)〉을 시초로 하여, 조선 시대에 들어와 시조나 가사 등의 다양한 문학 양식으로 활발하게 창작되었다. 시조는 초·중·종 3장의 정형화된 형식 안에 유배객의 삶과 정서를 간결하게 응축해서 전달할 수 있었다. 한편 가사는 연속체(連續體)로, 길이의 조절이 자유로웠기에 유배지에서의 삶과 정서를 좀 더 구체적으로 담아낼 수 있었다.

[A] 정치적 분쟁으로 인한 유배객이 많았던 조선 시대의 유배 시가에는 정적(政敵)에 대한 원망, 결백의 호소, 정계 복귀에 대한 소망 등이 주로 표현되었다. 또한 정치적 유배객들은 임금에 대한 변함없는 충정을 드러내며 유배의 고통 속에서도 유교 이념을 굳건히 지키는 태도를 보였다. 조선 광해군 때, 윤선도가 이이첨의 횡포를 규탄하는 상소를 올렸다가 이이첨 일파의 모함을 받아 유배되어 쓴 연시조 〈견회요(遣懷謠)〉에 이러한 모습이 잘 드러나 있다. 한편, 정치적 유배객들 중에는 현실에서 소외된 자신의 처지를 달래기 위해 자연에 대한 사랑을 노래하는 탈속적 태도를 보이는 경우도 있었다.

유배는 정치적인 이유가 아닌 개인적인 잘못에 의한 경우도 있다. 개인적 잘못으로 인한 유배객은 정적에 대해 원망하거나 임금에게 자신의 결백을 호소하는 데 중점을 두기보다는 자신의 과거 잘못에 대한 반성과 후회, 유배지에서의 고통스러운 삶과 사실적 체험을 서술하는 데 중점을 두는 경우가 많았다. 정조 때, 안조원이 공무 상의 개인 비리로 유배되어 쓴 가사 〈만언사(萬言詞)〉가 그러하다.

(나) 내 일 망녕된 줄을 내라 하여 모를쏜가
　　 이 마음 어리기도 임 위한 탓이로세
　　 아무가 아무리 일러도 임이 혜여 보소서　　〈제2수〉

　　 ㉠추성(楸城) 진호루(鎭胡樓) 밧긔 울어 예는 저 시내야
　　 므음 호리라 주야(晝夜)에 흐르는다
　　 임 향한 내 뜻을 조차 그칠 뉘를 모르다　　〈제3수〉

　　 뫼흔 길고 길고 물은 멀고 멀고
　　 ㉡어버이 그린 뜻은 많고 많고 하고 하고
　　 어디서 외기러기는 울고 울고 가느니　　〈제4수〉

　　 어버이 그릴 줄을 처음부터 알아마는
　　 임금 향한 뜻도 하늘이 삼겨시니
　　 진실로 임금을 잊으면 긔 불효인가 여기노라　　〈제5수〉
　　　　　　　　　　　　　　　　　 – 윤선도, 〈견회요(遣懷謠)〉

(다) 남방 염천(南方炎天)* 찌는 날에 빨지 못한 누비바지
　　 땀이 배고 때가 올라 굴뚝 막은 덕석인가
　　 덥고 검기 다 바리고 내암새를 어이하리
　　 어와 내 일이야 가련히도 되었고나
　　 손잡고 반기는 집 내 아니 가옵더니
　　 등 밀어 내치는 집 구차히 빌어 있어
　　 ㉢옥식 진찬(玉食珍饌) 어데 가고 맥반 염장(麥飯鹽藏)* 대하오며
　　 금의 화복(錦衣華服) 어데 가고 현순백결(懸鶉百結) 하였는고
　　 이 몸이 살았는가 죽어서 귀신인가
　　 말하니 살았으나 모양은 귀신일다
　　 ㉣한숨 끝에 눈물 나고 눈물 끝에 한숨이라
　　 도로혀 생각하니 어이없어 웃음 난다
　　 이 모양이 무슴 일고 미친 사람 되었고나
　　 ㉤어와 보리가을 되었는가 전산 후산에 황금빛이로다
　　 남풍은 때때 불어 보리 물결 치는고나
　　 지게를 벗어 놓고 전간(田間)에 굽닐면서
　　 한가히 베는 농부 묻노라 저 농부야
　　 밥 우희 보리술을 몇 그릇 먹었느냐
　　 청풍에 취한 얼골 깨연들 무엇하리
　　 연년(年年)이 풍년 드니 해마다 보리 베어
　　 마당에 두드려서 방아에 쓸어 내어
　　 일분(一分)은 밥쌀 하고 일분(一分)은 술쌀 하여
　　 밥 먹어 배부르고 술 먹어 취한 후에
　　 함포고복(含哺鼓腹)하여 격양가(擊壤歌)*를 부르나니
　　 농부의 저런 흥미 이런 줄 알았더면
　　 공명을 탐치 말고 농사를 힘쓸 것을
　　 백운(白雲)이 즐거운 줄 청운(靑雲)이 알았으면
　　 탐화봉접(探花蜂蝶)*이 그물에 걸렸으랴
　　　　　　　　　　　　　　　　　 – 안조원, 〈만언사(萬言詞)〉

* 남방 염천: 남쪽 지방의 몹시 더운 날씨
* 맥반 염장: 보리밥과 소금장
* 격양가: 풍년이 들어 농부가 태평한 세월을 즐기는 노래
* 탐화봉접: 꽃을 탐하는 벌과 나비

C46 ❀❀❀

(가)를 이해한 내용으로 적절한 것은?

① 가사는 길이의 조절이 자유로웠기 때문에 유배지에서의 삶과 정서를 구체적으로 표현할 수 있었다.

② 유배 시가가 조선 시대에 처음 창작되어 당대에 전성기를 맞이하게 된 것은 정치적 배경과 관련이 깊다.

③ 유배 시가는 유배객으로서의 일상과 유배지에서 보고들은 바를 왕에게 보고하는 형식의 시가를 말한다.

④ 시조는 3장의 정형화된 형식을 따랐기 때문에 유배지에서의 정서보다는 상황을 자세하게 묘사할 수 있었다.

⑤ 정계에 복귀하고자 하는 유배객의 소망은 임금에 대한 충정보다는 탈속적 세계에 대한 지향으로 표현되었다.

C47 ❀❀❀

㉠~㉤에 대한 이해로 적절하지 않은 것은?

① ㉠: 대상에 감정을 이입하여 화자의 슬픔을 드러내고 있다.

② ㉡: 동일한 시어를 반복하여 그리움의 정서를 강조하고 있다.

③ ㉢: 대조적 시어를 사용하여 현재의 궁핍한 삶을 부각하고 있다.

④ ㉣: 대구적 표현을 사용하여 화자가 자신의 처지에서 느끼는 한스러움을 부각하고 있다.

⑤ ㉤: 영탄적 표현을 사용하여 화자 자신의 성과에 대한 만족감을 강조하고 있다.

C48 ❀❀❀

[A]를 참고하여 (나), (다)를 감상한 것으로 적절하지 않은 것은?
[3점]

① (나)의 '제3수'에는 자연에 은거하고자 하는 화자의 소망이 담겨 있군.

② (나)의 '제5수'에는 임금에 대한 변함없는 충정이 효와 관련하여 담겨 있군.

③ (다)의 '남방 염천 찌는 날에 빨지 못한 누비바지'에서, 유배지에서 힘겨운 삶을 살았던 유배객의 사실적 체험이 나타나는군.

④ (다)의 '공명을 탐치 말고 농사를 힘쓸 것을'에서, 화자가 자신의 과거에 대해 후회하고 있음을 알 수 있군.

⑤ (다)의 '탐화봉접이 그물에 걸렸으랴'에서 개인의 잘못에 의한 유배를 그물에 걸린 것으로 비유하여 표현하고 있군.

[C 49~53] 다음 글을 읽고 물음에 답하시오. ▬▬▬

(가) 조선 시대에 자연을 노래한 시가에서 중요한 위치를 차지하는 사시가(四時歌)는 일반적으로 사계절의 순서에 따른 완상을 담은 노래들을 뜻한다. 고려 중기 이후 사대부층 사이에서 자연에 대한 관심이 점차 고조되었는데, 사시가는 이러한 관심과 중국 한시 및 고려 한시의 영향 속에서 형성되었다. 시간의 흐름이 나타난다는 점에서 사시가는 1년을 열두 달로 나누어 각 달의 세시 풍속이나 정서 등을 노래한 월령체가와 유사한 측면이 있다. 그러나 월령체가는 주로 민요에서 나타나는 데 비해 사시가는 한시나 가사, 연시조에서 주로 나타난다. 특히 각 연이 유기적으로 구성된 연시조는 사시의 흐름을 담아내기에 적합했다.

일반적으로 사시는 사계절로 인식된다. 그러나 시간 인식의 기준에 따라 사시는 한 달의 네 때인 삭(朔), 현(弦), 망(望), 회(晦)를 의미할 수도 있고, 하루의 네 때인 아침, 낮, 저녁, 밤을 의미할 수도 있다. 초기의 사시가는 주로 사계절을 나열하는 단조로운 시상 전개를 보인다. 그러나 중기 이후의 사시가는 일 년 사시와 하루 사시의 복합적인 구성을 적용하는 경우도 많다. 즉 '[춘(아침 → 낮 → 저녁 → 밤)] → [하(아침 → 낮 → 저녁 → 밤)]…'과 같이 일 년 사시의 흐름 속에서 각 계절마다 하루의 사시를 모두 포함하거나, '[춘:아침] → [하:낮] → [추:저녁] → [동:밤]'과 같이 일 년 사시와 하루 사시가 대응된 방식으로 시상이 전개되기도 하는 것이다.

시상 전개 양상이 단순하든 복합적이든 사시의 흐름은 순차성을 띠면서도 의미상 겨울에서 봄으로, 밤에서 아침으로 이어지는 자연의 순환성을 내포하고 있는데 작품에 따라 순환성이 표면에 부각되기도 한다. 이러한 순환성에 대한 인식은 시간적 영원성에 대한 소망, 즉 유한한 인간의 삶에서 무한을 추구하려는 소망을 반영한다고 볼 수 있다. 시간적 영원성에 대한 소망을 성취할 수 있는 장소로서 인간은 이상향을 지향하게 되는데 사시가에서 자연은 이러한 이상향으로서의 의미를 지니고 있다.

사시가에서 나타나는 이상향으로서 자연의 모습은 당대의 현실이나 작가의 삶과 관련되어 작품마다 조금씩 다르게 나타난다. 즉 속세와 단절되어 은자(隱者)로서의 삶을 누리는 공간으로 형상화되기도 하고, 속세와 단절되지 않은 연장선상에서 만족스러운 삶을 향유하는 공간으로 형상화되기도 한다. 그러나 작가가 벼슬에서 은퇴한 사대부이든 정치 흐름에서 도태되어 자연으로 돌아온 사대부이든 향촌에서 농민과 함께하던 사족(士族)이든 자연을 긍정적이고 이상적인 공간으로 그렸다는 점에서는 공통적이다. 이런 점에서 사시가는 사시 순환의 질서 속에서 자연을 심미의 대상, 소박한 삶의 공간, 노동의 삶이 드러나는 생활 공간 등으로 인지하고 그 속에 자신의 생활을 합치시키고자 하는 ㉠사대부층의 의식을 반영하고 있는 것이다.

강호(江湖)에 가을이 드니 고기마다 살져 잇다
[A] 소정(小艇)에 그물 실어 흘리 띄워 던져 두고
이 몸이 소일(消日)해옴도 역군은(亦君恩)이샷다

　　　　　　－ 맹사성, 《강호사시가(江湖四時歌)》, 〈추(秋)〉

　가령, 사시가 계열 연시조의 첫 작품인 위 시조의 경우 벼슬에서 물러난 작가가 강호 자연에서 계절별로 느끼는 흥취와 여유로움을 드러내고 있는데, 여기에서의 자연은 유교적 인식을 바탕으로 한 이상적인 공간으로 그려지고 있다.

(나) 강호(江湖)에 봄이 드니 이 몸이 일이 하다
　　 나는 그물 깁고 아희는 밧츨 가니
　　 뒷 뫼히 움이 튼 약초를 언지 캐려 ㅎㄴ니
　　　　　　　　　　　　　　　　　　〈1수〉

　　 삿갓에 도룡이 닙고 세우중(細雨中)에 호미 메고
　　 산전(山田)을 훗매다가 녹음(綠陰)에 누어시니
　　 목동이 우양(牛羊)을 모라다가 잠든 나를 깨우는구나
　　　　　　　　　　　　　　　　　　〈2수〉

　　 대초볼 불근 골에 밤은 어이 뜻드르며
　　 벼 벤 그루터기에 게는 어이 ㄴ리ㄴ고
　　 술 닉쟈 체쟝ㅅ 도라가니 아니 먹고 어이리
　　　　　　　　　　　　　　　　　　〈3수〉

　　 뫼혀는 새가 긋고 들히는 갈 이 없다
　　 외로온 빅에 삿갓 쓴 져 ⓐ늙은이
　　 낙딕에 재미가 깁도다 눈 깁픈 줄 아는가
　　　　　　　　　　　　　　　　　　〈4수〉

　　　　　　　　　　　　－ 황희, 〈사시가(四時歌)〉

(다) 양파(陽坡)*에 풀이 기니 봄 빗치 느저 잇다
　　 소원(小園) 도화(桃花)는 밤 비예 다 되거다
　　 아희야 쇼 됴히 먹여 논밭 갈게 ㅎ야라
　　　　　　　　　　　　　　　　　　〈춘(春) 2〉

　　 잔화(殘花) 다 딘 후의 녹음(綠陰)이 기퍼 간다
　　 백일(白日) 고촌(孤村)에 낮둙의 소릐로다
　　 아희야 계면조 불러라 긴 조롬 씌오쟈　〈하(夏) 1〉

　　 흰 이슬 서리 되니 ᄀ을히 느저 잇다
　　 긴 들 황운(黃雲)이 ᄒ 빛이 피었구나
　　 아희야 비즌 술 걸러라 추흥(秋興) 계워 ㅎ노라
　　　　　　　　　　　　　　　　　　〈추(秋) 1〉

북풍(北風)이 노피 부니 앞 뫼히 눈이 딘다
모첨(茅簷) 찬 빗치 석양이 거에로다
아히야 콩죽 니것ㄴ냐 먹고 자려 ㅎ로라
　　　　　　　　　　　　　　　　　　〈동(冬) 1〉

이바 ⓑ아히들아 새해 온다 즐겨 마라
헌ᄉ한 세월(歲月)이 소년(少年) 앗아 가ᄂ니라
우리도 새해 즐겨ㅎ다가 이 백발이 되얏노라
　　　　　　　　　　　　　　　　　　〈제석(除夕) 1〉

　　　　　　　　　－ 신계영, 〈전원사시가(田園四時歌)〉

* 양파(陽坡): 양지쪽 언덕

C49 ✿✿✿✿

(가)를 이해한 내용으로 적절하지 <u>않은</u> 것은?

① 사시의 순환성은 무한을 추구하려는 인간의 인식을 내포하고 있다.
② 유기적인 구조를 지닌 연시조는 사시의 흐름을 담아 내기에 적합하다.
③ 사시가는 조선 시대 이전의 다른 문학 장르에서 영향을 받았다.
④ 사시가와 월령체가는 시간의 흐름에 따른 전개 방식을 취한다.
⑤ 사시가는 열두 달의 세시 풍속을 중심으로 시상이 전개된다.

C50 ✿✿✿✿

(나), (다)의 표현상의 공통점으로 가장 적절한 것은?

① 부르는 말을 활용하여 화자의 감정을 고조하고 있다.
② 영탄적 표현을 사용하여 화자의 정서를 드러내고 있다.
③ 상승 이미지를 반복하여 화자의 의지를 나타내고 있다.
④ 점층적 표현을 사용하여 화자의 태도를 부각하고 있다.
⑤ 음성 상징어를 활용하여 화자의 상황을 구체화하고 있다.

❖ 정답 및 해설 127~131p

C51 ✱✱❀ 2017(4월)/교육청 40

(가)를 바탕으로 (나), (다)를 이해한 것으로 적절하지 <u>않은</u> 것은?
[3점]

① (나)의 〈1수〉에서는 '봄'이라는 계절을 직접 명시하고 나머지 수에서는 계절을 짐작하게 하는 시어를 사용하여 일 년의 사시를 드러내고 있군.

② (나)에서 〈1수〉부터 〈4수〉에 걸쳐 일 년 사시만이 순서대로 나열되어 있어 초기 사시가의 단조로운 시상 전개 방식을 엿볼 수 있군.

③ (다)의 〈하 1〉에서는 '녹음'과 '낮돍'을 통해 여름날 낮의 이미지가 제시된 것으로 보아 일 년 사시와 하루 사시가 대응되어 있음을 알 수 있군.

④ (다)의 〈춘 2〉와 〈동 1〉 각 수에서는 한 계절 안에 하루의 사시가 모두 포함되어 있는 것으로 보아 복합적 시상 전개 방식을 엿볼 수 있군.

⑤ (다)의 〈제석 1〉에서는 '새해'가 옴을 직접 언급함으로써 자연의 순환성에 대한 작가의 인식을 드러내고 있군.

C52 ✱✱❀ 2017(4월)/교육청 41

㉠에 주목하여 [A]와 (나), (다)를 감상한 내용으로 적절하지 <u>않은</u> 것은?

① [A]에서 '고기마다 살져 잇다'에는 풍요로운 자연에 대한 사대부층의 만족감이 드러난다.

② [A]에서 '역군은(亦君恩)이샷다'에는 자연을 속세와 단절된 공간으로 바라보는 사대부층의 인식이 드러난다.

③ (나)에서 '그물 깁고', '산전을 훗매'는 모습에는 자연을 노동의 삶이 드러나는 생활 공간으로 인지하는 사대부층의 관점이 나타난다.

④ (다)에서 '계면조 불러라 긴 조롬 ᄭᅢ오쟈'에는 자연에서 여유로움을 느끼는 사대부층의 생각이 드러난다.

⑤ (다)에서 '비즌 술 걸러라'에는 흥취를 느끼는 공간으로 자연을 바라보는 사대부층의 생각이 나타난다.

C53 ✱✱❀ 2017(4월)/교육청 42

ⓐ, ⓑ에 대한 설명으로 가장 적절한 것은?

① ⓐ와 ⓑ는 모두 화자와 상반된 태도를 취하는 대상이다.

② ⓐ와 ⓑ는 모두 화자가 추구하는 바를 이루어 주는 대상이다.

③ ⓐ와 ⓑ는 모두 화자의 관점에서 볼 때 현재 상황을 즐기고 있는 대상이다.

④ ⓐ는 화자가 과거를 돌아보게 하는 대상이고 ⓑ는 화자가 미래를 예측하게 하는 대상이다.

⑤ ⓐ는 화자에게 부정적 인식을 심어 주는 대상이고 ⓑ는 화자에게 긍정적 인식을 심어 주는 대상이다.

(가) 자연을 소재로 한 시조 작품들은 조선 시대 사대부들에 의해 창작된 시조 문학의 주류를 이루고 있다. 사대부들은 이들 시조를 통해 자연과 현실의 관계에 대한 인식을 드러내었다. 이들에게 있어 자연은 질서와 조화를 이룬 아름다움의 공간이자 완상의 대상이었다. 또한 자연은 영원불변한 우주 만물의 보편타당한 이치이자 인간이 지향해야 할 대상으로서의 천리(天理)가 구현된 관념적 공간이었다. 따라서 자연의 본성을 궁구하는 것은 이를 통해 자연에서 발견한 천리를 인간의 현실에서도 실현하기 위한 노력이었다. 자연을 소재로 한 사대부들의 시조는 이러한 노력을 형상화한 결과라 할 수 있다.

[A]
┌ 청산(靑山)는 엇뎨ᄒ야 만고(萬古)애 프르르며
│ 유수(流水)는 엇뎨ᄒ야 주야(晝夜)애 긋디 아니ᄂᆞᆫ고
└ 우리도 그치디 마라 만고상청(萬古常靑)호리라
                        – 이황, 〈도산십이곡〉〈후 5〉

위 시조에는 자연에 구현된 천리가 곧 인간이 추구해야 할 보편타당한 이치라고 보는 시각과 함께, 자연을 닮고자 하는 노력을 통해 현실에서도 천리를 구현하는 것이 가능하다는 인식이 바탕에 깔려 있다. 현실의 변화 가능성에 대한 이러한 긍정적 인식은 자연을 소재로 한 16세기 사대부들의 시조에서 빈번히 드러나는데, 이는 무수한 좌절을 겪은 끝에 도덕적, 이념적 정당성을 내세워 현실 정치를 주도하게 되었던 당대 사대부들의 낙관적 전망에서 비롯된 것으로 볼 수 있다.

그러나 17세기에 들어 사대부들은 당쟁과 외적의 침략으로 혼란스러워진 현실에서 성리학적 이념과 도덕의 영향력이 점점 약해지는 것을 지켜보게 되었다. 이 시기 사대부들의 시조에서 자연은 여전히 천리가 구현되어 있으며 질서와 조화를 보여 주는 공간으로 간주되었지만, 현실은 이와는 거리가 먼 혼탁함과 부조리의 공간으로 여겨졌다. 이들 시조에서 화자는 자연의 아름다운 풍광에 몰입하고 그 흥취를 즐긴다. 그러는 가운데 이와는 동떨어진 현실에 대한 거리감과 안타까움을 표현하기도 한다. 윤선도의 〈어부사시사〉에서도 이러한 양상을 확인할 수 있다.

(나) 압개예 안기 것고 뒫뫼희 ᄒᆡ 비췬다
        비ᄠᅥ라 비ᄠᅥ라
    밤믈은 거의 디고 낟믈이 미러 온다
        지국총 지국총 어사와
    강촌(江村) 온갓 고지 먼 빗치 더옥 됴타
                        〈춘 1〉

우ᄂᆞᆫ 거시 벅구기가 프른 거시 버들숩가
        이어라 이어라
    어촌 두어 집이 닛 속의 나락 들락

지국총 지국총 어사와
    말가ᄒᆞᆫ 기픈 소희 온갇 고기 뛰노ᄂᆞ다
                        〈춘 4〉

긴 날이 져므ᄂᆞᆫ 줄 흥(興)에 미쳐 모ᄅᆞ도다
        돋디여라 돋디여라
    빗대를 두드리고 수조가(水調歌)를 블러 보쟈
        지국총 지국총 어사와
    애내성 중에 만고심(萬古心)*을 긔 뉘 알고
                        〈하 6〉

수국(水國)에 ᄀᆞ을히 드니 고기마다 슬져 읻다
        닫드러라 닫드러라
    만경 징파(萬頃澄波)에 슬ᄏᆞ지 용여ᄒᆞ쟈
        지국총 지국총 어사와
    인간(人間)을 도라보니 머도록 더욱 됴타
                        〈추 2〉
                        – 윤선도, 〈어부사시사〉

* 애내성 중에 만고심: 주자의 '무이구곡가' 중 한 구절을 인용한 것으로, '사공의 뱃노래에 드러난 세상 만고의 근심'을 뜻함.

C54 ★★❀

(가)에서 확인할 수 있는 내용으로 적절하지 <u>않은</u> 것은?

① 17세기 사대부들의 시조에서 나타나는 현실에 대한 부정적 인식은 이들이 당시 경험한 현실의 혼란이 반영된 것이다.

② 이전 시기의 시조와 달리 17세기 사대부들의 시조에서는 천리와 자연이 상호 대립적인 것으로 인식되었다.

③ 현실의 변화 가능성에 대한 16세기 사대부들의 낙관적 전망은 이들에 의해 창작된 시조의 내용에 영향을 주었다.

④ 16세기와 17세기 사대부들의 시조에는 자연을 관념적 공간으로 인식하는 경향이 나타나 있다.

⑤ 조선 시대 사대부들은 시조를 통해 자연과 현실의 관계에 대한 인식을 드러내었다.

(가)의 맥락에서 [A]에 대해 이해한 내용으로 적절하지 **않은** 것은?

① '청산', '유수'는 모두 인간이 지향해야 할 대상으로서의 천리를 연상시키는 소재라 할 수 있다.

② '만고에 프르르며', '주야애 긋디 아니ᄂᆞᆫ고'는 '청산'과 '유수'를 통해 드러난 보편타당한 이치의 속성을 표현한 것으로 볼 수 있다.

③ 초, 중장은 인간의 현실에서 천리를 구현하고자 하는 과정에서 겪을 수밖에 없는 어려움에 대한 한탄을 표현한 것으로 볼 수 있다.

④ 종장에서 '청산'과 '유수'의 속성을 '우리'와 관련된 것으로 재진술한 것은, 자연에 구현된 천리를 인간이 추구해야 할 이치로 보는 시각을 드러낸 것으로 볼 수 있다.

⑤ 종장은 자연을 닮고자 하는 노력을 통해 현실 속에서 천리를 구현하고자 하는 태도를 드러낸 것으로 볼 수 있다.

(가)를 바탕으로 하여 (나)를 감상한 내용으로 적절하지 **않은** 것은? [3점]

① 〈춘 1〉에서 시간의 흐름에 따라 교차하는 '안개'와 '해', '밤믈'과 '낟믈'은 자연의 질서와 조화를 드러내는 것으로 볼 수 있군.

② 〈춘 4〉에서 '어촌 두어 집'은 '벅구기'와 '버들숩'이 어우러진 가운데 '온갇 고기 뛰노'는 자연의 모습과 대조를 이루면서 현실의 혼탁함을 드러내는 것으로 볼 수 있군.

③ 〈하 6〉에서 '만고심'이란 어부 생활의 풍류를 즐기면서도 한편으로는 현실을 떠올리고 안타까워하는 화자의 내면을 가리키는 것으로 볼 수 있군.

④ 〈추 2〉에서 '만경 징파에 슬ᄏᆞ지 용여ᄒᆞ쟈'는 화자의 말은 자연에 몰입하여 흥취를 즐기고자 하는 태도를 드러낸 것으로 볼 수 있군.

⑤ 〈추 2〉에서 '머도록 더욱 됴타'는 것은 '인간'으로 제시된 현실의 부조리함에 대한 화자의 거리감을 반영한 표현으로 볼 수 있군.

[C 57~59] 다음 글을 읽고 물음에 답하시오. ━━━

(가) 고려 속요는 고려 시대 궁중에서 형성되어 조선 시대까지 궁중 연향(宴饗)에서 전승되어 불린 노래를 가리킨다. 고려 속요의 기원과 형성에는 민간의 노래가 관여되었다.

민간의 노래가 궁중 잔치의 노래로 사용된 연원은 중국의 오래된 시집인 《시경(詩經)》의 '풍(風)'에서 찾을 수 있다. '풍'에는 민간의 노래가 실려 있는데 사랑 노래가 대부분이다. '풍'에 실린 노래는 중국은 물론 고려와 조선의 궁중 잔치에서도 불렸다. 또한 조선의 궁중에서는 이를 참고하여 연향 악곡을 선정하였다.

남녀 간의 사랑 노래를 포함한 민간의 노래가 궁중악으로 수용될 수 있었던 까닭은 무엇일까? 왕을 정점으로 하는 통치 구조에서는 왕권을 공고히 하고 풍속을 교화(敎化)하는 수단이 필요했는데, 예법(禮法)과 음악도 중요한 역할을 하였다. 이때 그 과정에서 민중의 생활상을 진솔하게 반영한 노래 가운데 인륜의 차원으로 확장될 가능성이 있는 노래들은 통치 질서를 구현하기에 적합한 노래로 여겨져 궁중악으로 편입되었다. 특히 남녀 간의 사랑 노래는 그 화자와 대상이 '신하'와 '임금'의 구도로 치환되기 용이했기 때문에 궁중악으로 편입될 수 있었다. 이처럼 민간 가요의 궁중 악곡으로의 전환은 하층에서 상층으로의 편입·흡수 과정을 통해 상·하층이 노래를 함께 향유한 화합의 차원으로 볼 수 있다.

[A]
關關雎鳩(관관저구)	꾸욱꾸욱 우는 물수리 한 쌍
在河之洲(재하지주)	하수(河水)의 모래톱에 있도다.
窈窕淑女(요조숙녀)	요조숙녀는
君子好逑(군자호구)	군자의 좋은 짝이로다.

위의 시는 '풍'에 실린 〈관저(關雎)〉편 첫째 작품으로 작품의 짜임은 대칭 구조를 이루고 있다. 이미 짝을 지은 물수리 암수의 모습과 앞으로 짝을 이룰 요조숙녀와 군자의 모습이 상응하면서 자연과 사람, 사람과 사람 사이의 조화로움을 노래한 것으로 해석되어 왔다. 문왕(文王)과 후비(后妃)*의 덕을 읊은 것, 부부간의 화락(和樂)과 공경(恭敬)을 읊은 것, 풍속 교화의 시초 등 이 노래에 대한 평(評)이 이를 짐작하게 한다. 이러한 점에서 이 노래는 궁중에서 불렸을 때 국가적 차원의 의미까지 담게 될 여지를 갖게 된다.

한편, 고려 속요와 《시경》의 '풍'은 공통점이 있지만 고려 속요는 '풍'과 구별되는 특성을 지니고 있기도 하다. 고려 속요는 민간의 사랑 노래가 궁중악으로 정제되어 편입되는 과정에서 변화를 겪기도 했다. 즉 작품의 특정 부분에 긴밀한 유기적 관계를 맺을 수 있는 형식적 장치를 마련하여 한 작품이 구성될 때 ㉠작품 전체에 통일성을 부여하는 기능을 더하였다. 그리고 궁중 연향을 고려한 것으로 보이는 특정한 부분이 덧붙여지기도 했다. 예컨대, 전체적으로 애틋한 그리움의 정서를 보이는 작품에 ㉡송축의 내용을 담거나 ㉢이별의 상황과 동떨어진 시어를 붙이기도 한다. 〈동동〉과 〈가시리〉는 이러한 변화를 비교적 잘 보여 주고 있다.

* 문왕과 후비: 고대의 이상적인 성인 군주와 그의 부인인 태사

(나) 덕(德)이란 곰ᄇᆡ예 받ᄌᆞᆸ고 복(福)이란 림ᄇᆡ예 받ᄌᆞᆸ고
　　덕(德)이여 복(福)이라 ᄒᆞᄂᆞᆯ 나ᅀᆞ라 오소이다
　　아으 동동(動動)다리　　　　　　　　　〈서사〉

　　정월(正月)ㅅ 나릿므른 아으 어져 녹져 ᄒᆞ논ᄃᆡ
　　누릿 가온ᄃᆡ 나곤 몸하 ᄒᆞ올로 녈셔
　　아으 동동(動動)다리　　　　　　　　　〈정월령〉

　　이월(二月)ㅅ 보로매 아으 노피 현 등(燈)ㅅ블 다호라
　　만인(萬人) 비취실 즈ᅀᅵ샷다
　　아으 동동(動動)다리　　　　　　　　　〈이월령〉

　　삼월(三月) 나며 개(開)ᄒᆞᆫ 아으 만춘(滿春) 들욋고지여
　　ᄂᆞ미 브롤 즈ᅀᅳᆯ 디녀 나샷다
　　아으 동동(動動)다리　　　　　　　　　〈삼월령〉
　　　　　　　　　　　　　　－ 작자 미상, 〈동동〉

(다) 가시리 가시리잇고 나ᄂᆞᆫ / ᄇᆞ리고 가시리잇고 나ᄂᆞᆫ
　　위 증즐가 대평셩ᄃᆡ(大平盛代)

　　날러는 엇디 살라 ᄒᆞ고 / ᄇᆞ리고 가시리잇고 나ᄂᆞᆫ
　　위 증즐가 대평셩ᄃᆡ(大平盛代)

　　잡ᄉᆞ와 두어리마ᄂᆞᄂᆞᆫ / 선ᄒᆞ면 아니 올셰라
　　위 증즐가 대평셩ᄃᆡ(大平盛代)

　　셜온 님 보내ᄋᆞ노니 나ᄂᆞᆫ / 가시ᄂᆞᆫ 듯 도셔 오쇼셔 나ᄂᆞᆫ
　　위 증즐가 대평셩ᄃᆡ(大平盛代)
　　　　　　　　　　　　　　－ 작자 미상, 〈가시리〉

C57 ✽✿✿ .... 2017(6월)/평가원 25

(가)를 이해한 내용으로 적절하지 않은 것은?

① 고려 속요는 조선 시대까지 궁중 연향에서 사용되었다.
② 《시경》의 '풍'은 조선의 궁중악에 영향을 주기도 하였다.
③ 《시경》의 '풍'에 실린 노래에는 민중의 삶이 반영되어 있다.
④ 《시경》의 '풍'과 고려 속요는 모두 상층 노래가 하층 문화에 영향을 준 결과물이다.
⑤ 궁중악에서는 남녀의 사랑이 군신 간의 관계로 확장, 전환되어서 해석될 수 있었다.

C58 ✽✽✽ .... 2017(6월)/평가원 26

㉠~㉢을 바탕으로 (나)와 (다)를 설명한 내용으로 가장 적절한 것은?

① (나)의 '아으 동동다리'는 ㉠의 예로 볼 수 없다.
② (나)의 〈서사〉에서 '아으 동동다리'를 제외한 나머지 부분은 ㉠의 예로 볼 수 있으나, ㉢의 예로는 볼 수 없다.
③ (나)의 〈서사〉에서 '아으 동동다리'를 제외한 나머지 부분은 ㉡의 예로 볼 수 있다.
④ (다)의 '위 증즐가 대평셩ᄃᆡ'는 ㉡의 예로 볼 수 있으나, ㉢의 예로는 볼 수 없다.
⑤ (다)의 제1연에서 '위 증즐가 대평셩ᄃᆡ'를 제외한 나머지 부분은 ㉡의 예로 볼 수 있다.

C59 ✽✽✽ .... 2017(6월)/평가원 27

(가)를 참고하여 [A], (나), (다)를 감상한 것으로 적절하지 않은 것은? [3점]

① [A]에서는 자연과 인간 간의 조화로움이, (나)의 〈정월령〉에서는 남녀 간의 사랑으로 인한 외로움이 드러나 있군.
② [A]의 '물수리 한 쌍'과 (나)의 '만춘 들욋곶'은 생활 속에서 민중이 긍정적 가치를 부여하는 대상을 의미하는 것으로 볼 수 있군.
③ [A]에서는 화락의 상황을, (다)에서는 이별의 상황을 보여 주고 있군.
④ [A]에서는 제1행과 제2행이, (다)에서는 제1연과 제2연이 대상의 변화에 따른 대칭 구조를 이루고 있군.
⑤ [A]에서는 풍속을 교화할 만한 이상적인 사랑을, (나)에서는 모두가 우러러볼 만한 '덕'을, (다)에서는 '님'에 대한 사랑의 감정을 읊고 있는 것으로 볼 수 있군.

정답 및 해설 **134~137p**

C. 고전 시가＋설명문 　**121**

고전 시가에 연정이라는 주제와 달이라는 소재가 결합하는 애정 시조들이 있다. 이러한 시조들에서 달은 시적 정황이나, 함께 언급되는 다른 소재들과 정서적으로 연결되어 몇 가지 기능을 발휘한다.

먼저 애정 시조에서 달은 ㉠임과 이별하는 배경을 형상화하는 데 활용된다.

(가) 돌 쓰쟈 비 써나니 인졔 가면 언졔 오리
　　 만경창파에 가는 듯 도라옴시
　　 밤중만 지국총* 소릐에 익긋는 듯 ᄒᆞ여라

* 지국총: 배에서 노를 젓고 닻을 감는 소리

(가)의 달은 화자와 임이 달밤에 이별하는 상황을 형상화하는 데 활용되는 소재로서의 역할을 담당하고 있다.

다음으로 애정 시조에서 달은 ㉡화자의 정서를 불러일으키는 요인이 되기도 한다.

(나) 객창(客窓) 돗는 달의 두견이만 우지진다
　　 엊그제 님 여의고 ᄒᆞ물며 객리*로다
　　 밤중만 난간에 의지ᄒᆞ야 지는 달만

* 객리: 객지에 있는 동안

(다) 주렴에 빗쵠 달과 멀리 오는 옥적(玉笛) 소릐
　　 천수(千愁) 만한(萬恨)을 네 어이 도도는다
　　 천리(千里)에 님 이별ᄒᆞ고 잠 못 드러 ᄒᆞ노라

서정시에서는 특정한 소재가 화자의 감정을 촉발하는 경우가 있는데, (나)와 (다)의 달이 그러한 기능을 하고 있다. 즉 (나)와 (다)의 달은 이미 발생한 이별의 상황과 결합되어 화자의 수심을 불러일으키는 요인으로 작용하고 있다.

또한 애정 시조에서 달은 ㉢임이 부재한 상황에서 화자와 임을 이어 주는 기능을 담당한다.

(라) 내 ᄆᆞ음 버혀 내여 뎌 돌을 밍글고져
　　 구만리(九萬里) 장천(長天)의 번드시 걸려 이셔
　　 고온 님 계신 고ᄃᆡ 가 비최여나 보리라

(마) 달아 붉은 달아 님의 창전(窓前) 빗친 달아
　　 곳 갓흔 우리 님이 안졋더냐 누엇더냐
　　 져 달아 네 본ᄃᆡ로 일너라 소식이나

달은 문학적 상상력을 바탕으로 화자와 임 사이를 정서적으로 이어 주는 역할을 한다. 달은 서로 다른 공간에 있는 두 사람이 동시에 바라볼 수도 있고, 또 두 사람을 동시에 비쳐 줄 수도 있다. 그래서 (라)와 (마)의 화자는 임과 떨어져 있지만 임 역시 어느 곳에서든지 달 아래 있을 것이라 생각하고 달을 통해 두 사람은 이어질 수 있다는 상상력을 발휘하고 있다.

지금까지 언급한 애정 시조에 나타나는 달의 작중 기능들은 우리 문학에만 존재하는 것은 아니다. 연정이라는 주제와 달이라는 소재가 결합한 시가는 수천 년 동안 여러 나라에서 창작되고 향유되었다. 그러므로 우리의 애정 시조와 달을 바라보며 임을 그리워하는 외국의 시가를 비교해서 읽는 활동은 한국 문학의 보편성을 파악하는 데 도움이 된다. 우리 애정 시조에 나타나는 달의 작중 기능들은 중국의 당시(唐詩)나 일본의 와카[和歌] 등에서도 그 사례를 발견할 수 있다. 이를 통해 시대나 나라가 달라도 문화적으로 공유할 수 있는 보편성이 존재함을 알 수 있다.

C60 ✷✷✷✺

(가)~(마)의 '달'을 이해한 내용으로 적절하지 않은 것은?

① (가)의 달은 배의 출항과 관련된 것으로, 화자와 임이 헤어지는 시간적 배경을 알려 준다고 볼 수 있겠군.

② (나)의 달은 화자가 타향에서 바라보는 것으로, '두견이'라는 소재와 정서적으로 연결되어 화자의 정한을 돋우고 있다고 볼 수 있겠군.

③ (다)의 달은 화자의 내면을 빗대어 표현한 것으로, '옥적'이라는 소재와 어울려 임을 위한 화자의 정성을 강조한다고 볼 수 있겠군.

④ (라)의 달은 화자의 마음이 투영된 것으로, 서로 떨어져 있는 임과 화자를 이어 주는 매개물로 볼 수 있겠군.

⑤ (마)의 달은 화자가 궁금한 점을 묻는 상대로 설정된 것으로, 임의 사정을 화자에게 알려 줄 수 있는 전달자로 볼 수 있겠군.

〈보기〉의 ⓐ~ⓔ 중, (가)~(마)에서 찾을 수 없는 것은?

[보기]

시조는 형식적 제한이 견고해 최소한의 표현으로 최대한의 의사를 전달해야 하고 주관적인 내용에 대해 공감을 얻어야 하므로, 관습적인 발상과 표현을 사용하는 경우가 있다. 애정 시조에 나타나는 이러한 발상과 표현에는 ⓐ이별과 관련하여 화자의 정서를 드러내는 청각적 심상을 활용하는 것, ⓑ이별한 후의 심적 고통을 불면의 상황으로 나타내는 것, ⓒ수(數)를 통해 감정의 깊이를 드러내는 것, ⓓ의인화된 사물에 이별의 책임을 전가하는 것, ⓔ아름다움을 상징하는 사물에 임을 빗대어 표현하는 것 등이 있다.

① ⓐ   ② ⓑ   ③ ⓒ   ④ ⓓ   ⑤ ⓔ

(나)와 (다)에 대한 설명으로 가장 적절한 것은?

① (나)와 달리 (다)는 연쇄와 반복을 통해 운율을 형성하고 있다.
② (다)와 달리 (나)는 특정한 소재를 활용하여 시간의 경과를 드러내고 있다.
③ (나)는 원경에서 근경으로, (다)는 근경에서 원경으로 화자의 시선이 이동되고 있다.
④ (나)와 (다)는 모두 대상과의 재회를 확신하며 고통을 견디는 모습이 나타나 있다.
⑤ (나)와 (다)는 모두 종장의 마지막 구절을 불완전하게 종결하여 시적 여운을 주고 있다.

윗글을 바탕으로 〈보기〉의 '선생님'이 제시한 과제에 대해 학생이 수행한 내용으로 적절하지 않은 것은? [3점]

[보기]

선생님: 다음은 당(唐)나라 장약허의 '춘강화월야(春江花月夜)'라는 시의 일부입니다. 우리의 애정 시조와 비교해 읽으면 문학의 보편성을 확인해 볼 수 있는 작품입니다. 지난 시간에 배운 달의 세 가지 기능 ㉠~㉢이, 다음의 시에서는 어떻게 나타나고 있는지 탐구해 보기 바랍니다.

가련하다 누대 위에서 배회하는 달은
헤어진 이의 경대*를 비추고 있으니
주렴 사이에는 걷어도 사라지지 않고
다듬잇돌 위에는 털어도 다시 오네
이제 서로 달을 바라보아도 서로 들을 길은 없으니
달빛 좇아 흘러가 임을 비춰 보리라

* 경대: 거울을 달아 세운 화장대

달의 기능	탐구한 내용
㉠	이별한 이후의 상실감을 형상화하고 있으므로 이별하는 상황을 형상화하는 데 기여하는 달의 기능은 찾을 수가 없겠군. ……………………… ①
㉡	화자가 '가련하다'라고 탄식하고 있으므로 달은 화자의 정서를 불러일으키는 기능을 한다고 볼 수 있겠군. ……………………………………… ②
㉡	'털어도 다시 오네'라며 달이 사라질까 봐 걱정하는 모습으로 보아 달은 화자의 수심을 유발했다고 할 수 있겠군. ……………………………… ③
㉢	'서로 달을 바라보아도'는 이별한 두 사람이 같은 달을 바라본다는 것으로 생각할 수 있겠군. …… ④
㉢	'달빛 좇아'와 '임을 비춰 보리라'를 통해 이별한 두 사람은 달로 이어질 수 있다고 상상력을 발휘할 수 있겠군. ……………………………… ⑤

늙음은 시조에 등장하는 보편적인 화제 중 하나이다. 나이를 먹는 것은 인간이 자신의 의지로 바꿀 수 없는 필연적인 현상이다. 이를 화제로 삼는 시조들에서 화자는 늙음으로 인해 타인과의 관계에서 자존감을 상실하거나 서글퍼하는 태도를 보여 주는 경향이 있다. 그러나 늙음을 자연의 섭리로 받아들이거나 삶을 즐기며 늙음에 대한 서글픔을 잊고자 하는 화자가 작품에 종종 등장하기도 한다.

(가) 나의 미평(未平)훈 뜻을 일월(日月)씌 뭇줍ᄂᆞ니
　　구만 리(九萬里) 장천(長天)에 무스 일 비얏바셔
　　㉠주색(酒色)에 못 슬믠* 이 몸을 수이 늙게 ᄒᆞᄂᆞ고

*슬믠: 싫고 미운

(나) 글 쎄는 청산이러니 올 쎄 보니 황산이로다
　　ⓐ산천도 변ᄒᆞ거든 낸들 아니 늙을쇼냐
　　㉡두어라 져리 될 인생이니 아니 놀고 어이리

(다) 동풍이 건듯 부러 적설(積雪)을 다 노기니
　　㉢사면(四面) 청산이 녜 얼골 나노믜라*
　　귀밋테 히무근 ⓑ서리ᄂᆞᆫ 녹을 줄을 모른다

*나노믜라: 나타나는구나.

(가)~(다)는 자연물을 끌어들여서 늙음에 대한 정서와 태도를 표현한 작품들이다. (가)는 무한히 지속되는 자연물에 인간의 유한한 삶에 대한 안타까움을 토로하며 유흥을 계속 즐기고 싶어 하는 화자의 마음을 보여 주고 있고, (나)는 자연의 변화에 인간의 노화를 견주어 표현하고 인생을 즐김으로써 서글픔을 달래려는 화자의 태도를 보여 주고 있다. (다)는 화자의 상태를 자연에 비유하였지만 순환하는 자연과는 다른 모습을 통해 늙음에 대한 한탄을 드러내고 있다.

그런데 늙음을 노래하는 작품들 중에는 자연물이 아닌 타자를 동원하여 그에 대한 정서와 태도를 표현한 경우도 있다.

(라) 청춘 소년드라 백발노인 웃지마라
　　㉣공번된* 하ᄂᆞᆯ아릭 넨들 얼마 져머시리
　　우리도 소년행락(少年行樂)이 어졔론듯 ᄒᆞ여라

*공번된: 치우침이 없는

(마) 늙기 셜은 줄을 모로고나 늙거ᄂᆞᆫ
　　㉤춘광(春光) 덧업서 백발이 졀노 난다
　　그러나 소년쩍 ᄆᆞ음은 감(減)홈이* 업세라

*감홈이: 줄어든 적이

(바) 세월이 여류(如流)ᄒᆞ니* 백발이 졀노 난다
　　쏩고 쏘 쏩아 졉고져 ᄒᆞᄂᆞᆫ 뜻은
　　북당(北堂)에 유친(有親)ᄒᆞ오시니* 그를 두려 ᄒᆞ노라

*여류ᄒᆞ니: 물의 흐름과 같으니
*유친ᄒᆞ오시니: 어머니께서 계시니

(라)는 젊고 활력이 넘치는 소년들에게도 세월이 공평하게 흐른다는 것을 자연의 이치로 제시하며 상대방을 설득하는 태도를 나타내고 있고, (마)는 덧없는 세월로 인해 늙어 버린 현재의 육신과 대비되는 소년 시절의 마음을 타자화하여, 늙어서도 소년 시절과 같은 젊은 마음으로 살 수 있다는 희망적 태도를 보여 주고 있다. ㉮(바)는 늙음의 문제를 자신이 모시는 어머니와 관련지어 생각하는 화자의 인식을 보여 주는데, 자신보다는 북당에 계신 어머니의 마음을 먼저 생각하며 효를 실천하는 화자의 성숙한 태도를 드러내고 있다.

이상과 같이, (가)~(바)의 시조들은 자연물과 타자를 통해 늙음에 대한 화자의 정서와 태도를 표현하였다. 단, 이때 타자에는 타자화된 자아도 포함된다. 자연물과 타자를 세계로, 화자를 자아로 규정한다면 세계와 자아의 관계는 다음과 같이 나누어 볼 수 있다. 자연물이나 타자를 통해 화자와의 차이점을 드러내는 경우는 세계와 자아의 이질성에 주목한 것이며, 이와 반대로 자연물이나 타자를 통해 화자와의 유사점을 드러내는 경우는 세계와 자아의 동질성에 주목한 것이다. 그리고 자연물이나 타자를 통해 화자와의 차이점과 유사점을 함께 드러내는 경우는 세계와 자아의 이질성과 동질성을 모두 고려하는 사고에 바탕을 둔 것으로 볼 수 있다.

C64 ❀❀❀ .... 2021(4월)/교육청 17

㉠~㉤에 대한 설명으로 적절하지 않은 것은?

① ㉠: 유흥을 계속 즐기고 싶으나 인간의 삶이 유한한 것을 안타까워하는 화자의 마음이 드러나고 있다.

② ㉡: 노년을 자연의 섭리로 받아들이고 삶을 즐김으로써 서글픔을 달래려는 화자의 태도가 드러나고 있다.

③ ㉢: 순환하는 자연의 원리는 인정하면서도 늙음에 대해 한탄하던 자신을 후회하는 화자의 모습이 드러나고 있다.

④ ㉣: 세월의 흐름은 공평하여 누구나 늙을 수밖에 없다는 자연의 이치에 대한 화자의 생각이 드러나고 있다.

⑤ ㉤: 덧없이 흘러가는 세월에 나이가 든 자신의 모습을 인지한 화자의 상황이 드러나고 있다.

(가)~(마)를 <u>세계와 자아의 관계</u>에 따라 감상한 내용으로 적절하지 <u>않은</u> 것은? [3점]

① (가)에서 '일월'과 '장천'은 화자의 짧은 인생과 차이점이 드러나 세계와 자아의 이질성이 나타나고 있군.

② (나)에서 '청산'은 '황산'으로의 변화를 통해 화자와 유사점이 드러나 세계와 자아의 동질성이 나타나고 있군.

③ (다)에서 '적설'은 '동풍'이 불기 전에는 화자와의 유사점이, 불고 난 후에는 화자와의 차이점이 드러나 세계와 자아의 동질성과 이질성이 함께 나타나고 있군.

④ (라)에서 '소년'은 '소년행락'의 시절이 유한하다는 점에서 화자와의 유사점이, '소년행락'의 시절을 현재 누리고 있다는 점에서 화자와의 차이점이 드러나 세계와 자아의 동질성과 이질성이 함께 나타나고 있군.

⑤ (마)에서 'ㅁ음'은 '소년' 시절과 변함이 없다는 점에서 화자와의 유사점이, '소년' 시절 이후와 다르다는 점에서 화자와의 차이점이 드러나 세계와 자아의 동질성과 이질성이 함께 나타나고 있군.

ⓐ와 ⓑ의 공통점으로 가장 적절한 것은?

① 화자의 자존감을 회복시켜 주는 대상이다.
② 화자의 의지로 변화시킬 수 있는 대상이다.
③ 화자가 세월의 흐름을 확인할 수 있는 대상이다.
④ 화자와 타인과의 관계를 개선시켜 주는 대상이다.
⑤ 화자에 대한 타인들의 시선을 변하게 만든 대상이다.

㉮를 바탕으로 (바)를 감상한 내용으로 적절하지 <u>않은</u> 것은?

① '세월이 여류ㅎ니'를 보면 화자가 나이를 먹게 된 원인을 알 수 있겠군.
② '백발이 졀노 난다'를 보면 화자가 어머니에 대한 근심 때문에 늙었음을 알 수 있겠군.
③ '쌉고 또 쌉아'를 보면 화자가 효를 실천하고자 반복적인 행위를 하고 있음을 알 수 있겠군.
④ '졈고져 ㅎ는 쯧은'을 보면 화자가 어머니를 배려하고자 하는 성숙한 태도를 가지고 있음을 알 수 있겠군.
⑤ '북당에 유친ㅎ오시니'를 보면 화자가 봉양하는 어머니가 계신 장소를 알 수 있겠군.

D 고전 시가 + 현대 수필, 현대시

＊ 시 복합 독해 공식 적용하기

❶ 〈보기〉나 문제지 발문 먼저 읽기 - ○ 표시하기

❷ 독해 공식에 따라 작품 읽기 - 밑줄 긋기

❸ 작품 간의 공통점과 차이점 찾기 - 괄호 치기

[D01~04] 다음 글을 읽고 물음에 답하시오.

[2015(3월)/고2교육청 38~41]

(가) ㉠수국(水國)에 가을이 드니 고기마다 살져 있다

　　돛 들어라 돛 들어라

　　만경징파(萬頃澄波)*에 슬카지* 용여(容與)하자*

　　지국총(至匊悤) 지국총(至匊悤) 어사와(於思臥)

　　인간(人間)을 돌아보니 멀수록 더욱 좋다　　〈추(秋) 2〉

　　* 만경징파: 만 이랑의 맑은 물결. 한없이 넓은 바다

　　* 슬카지: 실컷 / * 용여하자: 즐기자

　　건곤(乾坤)이 제 각각인가 **이것이 어드메오**

　　배 매어라 배 매어라

　　서풍진(西風塵)* 못 미치니 부채하야 무엇하리

　　지국총(至匊悤) 지국총(至匊悤) 어사와(於思臥)

　　들은 말이 없었으니 귀 씻어* 무엇 하리　　〈추(秋) 8〉

　　* 서풍진: 서풍에 날려 오는 먼지

　　* 귀 씻어: 요임금 때 허유의 고사와 관련된 표현

　　㉡옷위에 서리 오대 추운 줄을 모랄로다

　　닻 내려라 닻 내려라

　　조선(釣船)*이 좁다 하나 **부세(浮世)***와 어떠하니

　　지국총(至匊悤) 지국총(至匊悤) 어사와(於思臥)

　　내일도 이리 하고 모레도 이리 하자　　〈추(秋) 9〉

　　　　　　　　　　　　　　 － 윤선도, 〈어부사시사(漁父四時詞)〉

　　* 조선: 고깃배 / * 부세: 헛된 세상

(나) ⎡　매화의 아름다움이 어디 있나뇨?

　　　세인이 말하기를 매화는 늙어야 한다 합니다. 그
　　늙은 등걸이 용의 몸뚱어리처럼 뒤틀려 올라간 곳에
　　성긴 가지가 군데군데 뻗고 그 위에 띄엄띄엄 몇 개
　　씩 꽃이 피는 데 품위가 있다 합니다.

　　　매화는 어느 꽃보다 ㉢유덕한 그 암향이 좋다 합
　　니다.

[A] 　백화(百花)가 없는 빙설리(氷雪裏)에서 홀로 소리
　　쳐 피는 꽃이 매화밖에 어디 있느냐 합니다.

　　　혹은 이러한 조건들이 매화를 아름답게 꾸미는 점
　　일는지도 모르겠습니다.

　　　그러나 내가 매화를 사랑하는 마음은 실로 이러한
　　㉣많은 조건이 멸시된 곳에 있습니다.

　　　그를 대하매 아무런 조건 없이 내 마음이 황홀하여
　⎣지는 데야 어찌하리까.

　　　매화는 그 둥치를 꾸미지 않아도 좋습니다. 제 자
　　라고 싶은 대로 우뚝 뻗어서 제 피고 싶은 대로 피어
　　오르는 꽃들이 가다가 홀쩍 향기를 보내기도 하고 또
　　어느 때는 제가 방 한구석에 있는 체도 않고 은사(隱
[B] 士)처럼 겸허하게 앉아 있는 품이 그럴 듯합니다.

　　　나는 구름같이 핀 매화 앞에 단정히 앉아 행여나
　　풍겨 오는 암향을 다칠세라 호흡도 가다듬어 쉬면서
　　격동하는 심장을 가라앉히기에 힘을 씁니다. 그는 앉
　　은 자리에서 나에게 곧 무슨 이야긴지 속삭이는 것
　　같습니다.

　　⎣　매화를 대할 때의 이 경건해지는 마음이 위대한 예
　　　술을 감상할 때의 심경과 무엇이 다르겠습니까.

　　⎡　내 눈앞에 한 개의 대리석상이 떠오릅니다. 희랍에
　　서도 유명한 피디어스의 작품인가 보아요. 다음에 운
　　강(雲岡)과 용문(龍門)의 거대한 석불(石佛)들이 아름
　　다운 모든 조건을 구비하고서 내 눈앞에 황홀하게 나
　　타납니다.

　　　그러나 수유(須臾)*에 이 여러 환영들은 사라지고
　　㉤신라의 석불이 그 부드러운 곡선을 공중에 그리면
　　서 아무런 조건도 없이 눈물겹도록 아름다운 자세로
[C] 내 눈을 현황(眩慌)*하게 합니다.

　　　그러다가 나는 다시 희멀건 이씨조(李氏朝)의 백사
　　기(白砂器)를 봅니다. 희미한 보름달처럼 아름답게
　　조금도 그의 존재를 자랑함이 없이 의젓이 제자리에
　　앉아 있습니다. 그 수줍어하는 품이 소리쳐 불러도
　　대답할 줄 모를 것 같구료. 고동(古銅)의 빛이 제아무
　　리 곱다 한들, 용천요(龍泉窯)의 품이 제 아무리 높다
　　⎣한들, 이렇게도 적막한 아름다움을 지닐 수 있겠습니까.

　　⎡　댁에 매화가 구름같이 핀 그 앞에서 나의 환상은
　　　한없이 전개됩니다. 그러다가 다음 순간 나는 매화와
[D] 석불과 백사기의 존재를 모조리 잊어버립니다. 그리
　　고 잔잔한 물결처럼 내 마음은 다시 고요해집니다.
　　⎣있는 듯 마는 듯한 향기가 내 코를 스치는구료.

　　　　　　　　　　　　　　　　 － 김용준, 〈매화(梅花)〉

　　* 수유: 잠시 / * 현황: 정신이 어지럽고 황홀함.

지문 분석 특강

🌸 **시 복합 지문을 쉽고 빠르게 읽는 독해 공식입니다.**

⭐ 시 복합 독해 공식

❶ 설명문 혹은 〈보기〉 먼저 읽기
지문으로 제시된 설명문과 문제의 〈보기〉는 지문에 대한 중요한 정보를 제공하므로 가장 먼저 읽어야 합니다.

❷ 독해 공식에 따라 작품 읽기

고전 시가 **독해 공식**	수필 **독해 공식**
1 화자, 중심 대상 찾기	**1** 중심 대상 찾기
2 화자의 상황, 정서, 태도 파악하기	**2** 글쓴이의 생각, 태도 파악하기
3 표현상 특징 파악하기	**3** 서술상 특징 파악하기

❸ 작품 간의 공통점 및 차이점 찾기
제시된 작품들을 비교하는 문제는 갈래 복합에서 반드시 출제되므로 작품 간의 공통점과 차이점을 꼭 찾아보세요.

🌸 **독해 공식 ❶, ❷, ❸을 [가]에 구체적으로 적용해 봅시다.**

❶ 설명문 혹은 〈보기〉 먼저 읽기

D02 [보기] 분석

〈어부사시사〉에서 화자가 머무는 공간의 의미
→ 고사를 통해 암시되거나 속세와의 대비를 통해 부각됨.
• 서풍진: 권력을 마음대로 휘두르는 것을 비유한 말임.
• 귀 씻어: 나라를 맡으라는 말을 들은 허유의 행동임.

〈보기〉를 통해 (가)에서 고사 혹은 속세와의 대비를 통해 공간의 의미를 효과적으로 드러내고 있음을 알 수 있어요. 또한 '서풍진'과 '귀 씻어'라는 고사를 통해 권력, 즉 속세와 관련된 화자의 태도가 드러날 것임을 추측할 수 있어요.

❷-1 고전 시가 **독해 공식**에 따라 (가) 읽기

1 화자, 중심 대상 찾기
(가)의 화자는 직접 드러나 있지 않아요. 또한 전반적으로 고깃배에서 자연을 즐기는 모습 즉, 자연 속에서의 삶을 노래하고 있으므로 중심 대상은 '자연 속에서의 삶'이에요.
• **화자:** 드러나지 않음.
• **중심 대상:** 자연 속에서의 삶

2 화자의 상황, 정서, 태도 파악하기
화자는 '만경징파'를 실컷 즐기자고 하면서 '인간(人間)'을 돌아보니 멀수록 더욱 좋다'라고 하며 속세와 거리를 두고 있어요. 또한 '옷 위에 서리'가 내려도 '추운 줄 모'른다며 자신의 현재 모습을 긍정적으로 인식하고 있음이 드러나고, '내일도 이리 하고 모레도 이리 하자'라고 하며 자연에서 즐기는 삶이 지속되기를 바라고 있어요.
• **상황:** 속세와 거리를 둔 채 자연을 즐기고 있음.
• **정서, 태도:** 자연에서 즐기는 삶이 지속되기를 바람.

3 표현상 특징 파악하기
〈추 8〉의 '이것이 어드메오', '부채하야 무엇하리' 등에서 의문형 어미를 사용하여 자연을 예찬하고 속세를 멀리하는 화자의 태도를 강조하고 있어요.(설의법) 〈추 8〉에서는 '서풍진', '귀 씻어'의 고사를 활용하여 자연을 추구하는 삶의 자세를 드러내고 있어요.

• **표현상 특징:** 설의법을 사용함. / 고사를 활용함.

✱ [가]의 구조와 주제를 정리해 봅시다.

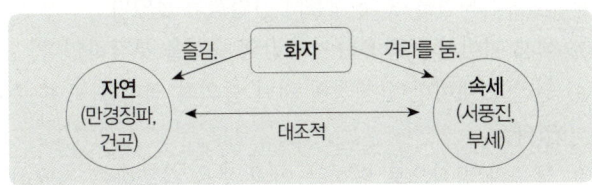

(가)의 화자는 속세와 거리를 둔 채 자연에서의 삶을 즐기고 있으므로 (가)의 **주제**는 <u>자연의 경치를 즐기는 강호 한정</u>입니다.

❷-2 수필 **독해 공식**에 따라 (나) 읽기

1 중심 대상 찾기
(나)의 제목은 '매화'이며, 글쓴이는 '매화'의 아름다움에 대해 이야기하고 있으므로 중심 대상은 '매화'예요.
• **중심 대상:** 매화

2 글쓴이의 생각, 태도 파악하기
글쓴이는 매화가 '유덕한' '암향'을 지니고, '빙설리(氷雪裏)'에서 홀로 소리쳐' 피기 때문에 아름답다는 세인들의 생각과 대비되는 자신의 생각을 말하고 있어요. 글쓴이가 매화를 사랑하는 이유는 세상 사람들이 말하는 조건들이 '멸시된 곳에 있'으며, 매화는 '둥치를 꾸미지 않아도 좋'고 '적막한 아름다움을 지'니고 있다고 했어요.
• **글쓴이의 생각, 태도:** 아무런 조건 없이도, 꾸미지 않아도 좋은 매화를 예찬함.

3 서술상 특징 파악하기
'어디 있나뇨?', '어찌하리까' 등에서 의문형 어미를 사용하여 매화에 대한 글쓴이의 생각을 강조하고 있어요.(설의법) 또한 '희멀건 이씨조(李氏朝)의 백사기(白砂器)', '향기가 내 코를 스치는구료.' 등에서 감각적 이미지를 활용하여 매화에 대한 글쓴이의 감상을 효과적으로 드러내고 있어요.
• **서술상 특징:** 설의법을 사용함. / 감각적 이미지를 활용함.

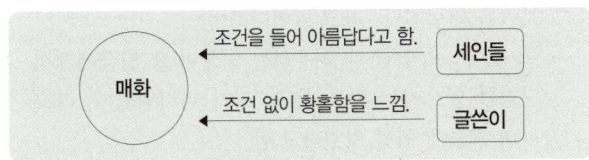

✱ [나]의 구조와 주제를 정리해 봅시다.

(나)의 글쓴이는 아무런 조건 없이 아름다운 매화로부터 느끼는 황홀감에 대해 이야기하고 있으므로 (나)의 **주제**는 <u>매화의 아름다움과 이를 즐기지 못하는 세인들에 대한 안타까움</u>입니다.

🌸 **지문을 모두 읽었네요. 이제 마지막입니다!**

❸ 작품 간의 공통점 및 차이점 찾기

(가)	(나)
• 자연(물)을 중심 대상으로 삼음. • 화자 혹은 글쓴이가 중심 대상을 긍정적으로 여김.	
자연 경치를 대상으로 함.	특정한 자연물(매화)을 대상으로 함.
대상에 대한 긍정적인 인식만을 드러냄.	대상에 대한 긍정적 인식과 세인들에 대한 안타까움을 드러냄.

2015(3월)/고2교육청 38

D01 ✱✱✱

(가)와 (나)의 공통점으로 가장 적절한 것은?

① 명령하는 어조로 대상에 시선을 집중시켰다.
② 연쇄적 표현을 통해 내용의 긴밀성을 높였다.
③ 색채 이미지를 활용하여 공간의 속성을 부각하였다.
④ 원근을 대비하여 대상이 지닌 중의적 의미를 보여 주었다.
⑤ 물음의 방식으로 말하는 이의 뜻을 강조하여 전달하였다.

D02 ✱✱✱❀

2015(3월)/고2교육청 39

<보기>를 참고할 때, (가)에 대한 반응으로 적절하지 않은 것은?
[3점]

[보기]

　〈어부사시사〉에서 화자가 머무는 공간은 화자의 경험을 통해 구체화된다. 그리고 그 공간이 갖는 의미는 고사를 통해 암시되기도 하며 속세와의 대비를 통해 부각되기도 한다. 제시된 작품 중 '추 8'에 나오는 고사의 내용은 다음과 같다.
－ '서풍진': 진(晉)나라 때 원규라는 인물이 권력을 마음대로 휘둘렀는데, 왕도(王導)가 이를 못마땅하게 여겨 서풍에 날아오는 먼지를 부채로 가리며, "원규가 사람을 더럽힌다."라고 말했다고 함.
－ '귀 씻어': 요 임금 때 허유라는 인물이 요 임금에게서 나라를 맡으라는 말을 듣고 "귀가 더러워졌다."라고 하며 강물에 귀를 씻었다고 함.

① '추 2'의 '수국'과 '추 9'의 '조선'은 각각 '인간', '부세'와의 대비를 통해 그 성격이 분명해지는군.
② '추 2'의 '슬카지 용여하자'에는 화자가 자신이 머무는 공간에서의 경험을 지속하고자 하는 의도가 담겨 있군.
③ '추 2'의 '멀수록 더욱 좋다'와 '추 8'의 '이것이 어드메오'에서는 동일한 공간에 대한 상반된 인식이 표면화되는군.
④ '추 8'의 '서풍진 못 미치니'와 '들은 말이 없었으니'를 통해 화자가 느끼는 속세와의 거리감이 표현되는군.
⑤ '추 9'의 '내일도 이리 하고 모레도 이리 하자'에는 현재의 생활이 지속되기를 바라는 화자의 심정이 드러나는군.

D03 ✱✱❀

2015(3월)/고2교육청 40

[A]~[D]에 대한 설명으로 적절하지 않은 것은?

① [A]에서 글쓴이는 매화의 아름다움에 대한 세인의 생각을 인용하고, 그와 대비되는 자신의 관점을 드러내고 있다.
② [B]에서 글쓴이는 다양한 비유적 표현을 통해 매화의 모습을 형상화하고, 매화를 대할 때의 심경을 드러내고 있다.
③ [C]에서 글쓴이는 연상을 통해서 매화가 갖지 못한 새로운 가치에 주목하고 있다.
④ [D]에서 글쓴이는 감각적 이미지를 활용하여 매화로부터 받은 감동을 표현하고 있다.
⑤ [D]에서는 [C]에서 한껏 고조되었던 글쓴이의 마음이 가라앉으면서 매화의 은은한 아름다움이 드러나고 있다.

D04 ✱✱❀

2015(3월)/고2교육청 41

㉠~㉤에 대한 이해로 적절하지 않은 것은?

① ㉠: 화자의 심리적 충족감이 담겨 있다.
② ㉡: 현재 상황에 대한 긍정적 인식이 엿보인다.
③ ㉢: 인간적 덕성에 비유된 매화의 속성이다.
④ ㉣: 글쓴이가 매화의 아름다움을 느끼지 못하는 상황이다.
⑤ ㉤: 글쓴이의 감정을 투영하여 대상을 묘사하고 있다.

D01 작품 비교하기

(가)와 (나)의 공통점으로 가장 적절한 것은?

① ~~명령하는~~ 어조로 대상에 시선을 집중시켰다. (×)

*근거: (가) 〈추 2〉 ❷행, 〈추 8〉 ❷행, 〈추 9〉 ❷행

> (가): 닻 들어라 / 배 매어라 / 닻 내려라

🌿 (가)의 후렴구에서 명령하는 어조를 확인할 수 있지만, (나)에서는 명령하는 어조가 나타나지 않아요.

② ~~연쇄적 표현~~을 통해 내용의 긴밀성을 높였다. (×)

*근거: (나) [C] ❶, ❸, ❺문장

> 내 눈앞에 한 개의 대리석상이 떠오릅니다. → 거대한 석불들이 ~ 황홀하게 나타납니다. → 나는 다시 ~ 백사기를 봅니다.

🌿 (나)에서는 '대리석상 – 석불 – 백사기'로 이어지는 연쇄적 표현이 사용되고 있어요. 그러나 (가)에는 연쇄적 표현이 나타나지 않아요.

③ ~~색채 이미지~~를 활용하여 ~~공간의 속성~~을 부각하였다. (×)

*근거: (나) [C] ❺문장

> (나): 그러다가 나는 다시 희멀건 이씨조의 백사기를 봅니다.

🌿 (나)의 '희멀건 이씨조의 백사기' 등에서 색채 이미지를 활용하고 있지만, (가)에서는 색채 이미지를 활용하고 있지 않아요.

④ ~~원근을 대비하여 대상이 지닌 중의적 의미~~를 보여 주었다. (×)

🌿 (가)와 (나) 모두 원근을 대비하고 있지 않고, 대상이 지닌 중의적 의미를 보여 주고 있지도 않아요.

⑤ 물음의 방식으로 말하는 이의 뜻을 강조하여 전달하였다. (○)

*근거: (가) 〈추 8〉 ❶, ❸, ❺행, 〈추 9〉 ❸행, (나) [A] ❶, ❽문장, [B] ❺문장, [C] ❽문장

> • (가): 건곤이 제 각각인가 이것이 어드메오 / 서풍진 못 미치니 부채하야 무엇하리 / 들은 말이 없었으니 귀 씻어 무엇 하리 / 조선이 좁다 하나 부세와 어떠하니
> • (나): 매화의 아름다움이 어디 있나뇨? / 그를 대하매 ~ 황홀하여지는 데야 어찌하리까. / 매화를 대할 때의 ~ 무엇이 다르겠습니까. / 고동의 빛이 제아무리 곱다 한들, ~ 적막한 아름다움을 지닐 수 있겠습니까.

🌿 (가)와 (나) 모두 '-오', '-니', '-까' 등의 의문형 어미를 활용하여 물음의 방식으로 의미를 강조하고 있어요. 그러므로 정답은 ⑤!

🌸 **작품 비교하기 유형**

🍯답 선택지의 내용이 두 작품에 모두 해당하는지 반드시 확인하세요.

D02 〈보기〉를 바탕으로 감상하기

〈보기〉를 참고할 때, (가)에 대한 반응으로 적절하지 않은 것은? [3점]

• 〈보기〉를 참고: (가)에서 화자가 머무는 공간의 의미는 고사를 통해 암시되거나, 속세와의 대비를 통해 부각되기도 합니다. (가)에 나오는 '서풍진'은 권력을 마음대로 휘두르는 것을 비유한 말이며, '귀 씻어'는 나라를 맡으라는 말을 들은 허유의 행동입니다.

• (가): 화자가 머무는 공간은 '자연'이며, 화자는 '인간', '부세' 등의 세속과 자연을 대비하여 자연 속에서의 삶이 지속되기를 바라고 있습니다. 또한 '서풍진 못 미치니' 등의 고사를 활용하여 속세와의 거리감을 드러내고 있습니다.

🟧 화자가 머무는 공간의 의미에 주목하여 (가)를 감상한 내용으로 틀린 것을 고르는 문제입니다.

[보기]

> '어부사시사'에서 화자가 머무는 공간은 화자의 경험을 통해 구체화된다. 그리고 그 공간이 갖는 의미는 고사를 통해 암시되기도 하며 속세와의 대비를 통해 부각되기도 한다. 제시된 작품 중 '추 8'에 나오는 고사의 내용은 다음과 같다. *②, ⑤의 근거* *④의 근거* *①의 근거*
> – '서풍진': 진(晉)나라 때 원규라는 인물이 권력을 마음대로 휘둘렀는데, 왕도(王導)가 이를 못마땅하게 여겨 서풍에 날아오는 먼지를 부채로 가리며, "원규가 사람을 더럽힌다."라고 말했다고 함. *권력을 마음대로 휘두르는 것을 서풍진에 비유함.*
> – '귀 씻어': 요 임금 때 허유라는 인물이 요 임금에게서 나라를 맡으라는 말을 듣고 "귀가 더러워졌다."라고 하며 강물에 귀를 씻었다고 함. *권력을 비롯한 세속을 멀리하는 태도*

① '추 2'의 '수국'과 '추 9'의 '조선'은 각각 '인간', '부세'와의 대비를 통해 그 성격이 분명해지는군. (○)

*근거: (가) 〈추 2〉 ❶, ❺행, 〈추 9〉 ❸행, 〈보기〉 ❷문장

> • (가): 수국에 가을이 드니 고기마다 살쪄 있다 / 인간을 돌아보니 멀수록 더욱 좋다 / 조선이 좁다 하나 부세와 어떠하니
> • 〈보기〉: 공간이 갖는 의미는 ~ 속세와의 대비를 통해 부각되기도 한다.

🌿 '수국'과 '조선'은 화자가 머물고 있는 자연 속 공간인 반면, '인간'과 '부세'는 화자가 멀리하고자 하는 속세를 나타내요.

② '추 2'의 '슬카지 용여하자'에는 화자가 자신이 머무는 공간에서의 경험을 지속하고자 하는 의도가 담겨 있군. (○)

*근거: (가) 〈추 2〉 ❸행, 〈보기〉 ❶문장

> • (가): 만경징파에 슬카지 용여하자
> • 〈보기〉: 화자가 머무는 공간은 화자의 경험을 통해 구체화된다.

🌿 넓은 바다에서 '슬카지 용여하쟈'는 것은 자연을 실컷 즐기자는 의미로, 화자가 자신이 머무는 자연에서의 경험을 지속하려는 의도를 담고 있어요.

③ '추 2'의 '멀수록 더욱 좋다'와 '추 8'의 '이것이 어드메오'에서는 ~~동일한 공간에 대한 상반된 인식~~이 표면화되는군. (×)

*근거: (가) 〈추 2〉 ❺행, 〈추 8〉 ❶행

> • 인간을 돌아보니 멀수록 더욱 좋다
> • 건곤이 제 각각인가 이것이 어드메오

🌿 '멀수록 더욱 좋다'라는 말은 속세와 거리를 두는 것이 좋다는 인식을 드러내는 표현이에요. '이것이 어드메오'라는 말은 자연 공간 속에서의 만족감을 드러내는 표현이에요. 즉, 두 가지 표현 모두 '자연'이라는 공간에 대한 화자의 긍정적인 인식이 드러나는 표현이에요. 그러므로 정답은 ③!

④ '추 8'의 '서풍진 못 미치니'와 '들은 말이 없었으니'를 통해 화자가 느끼는 속세와의 거리감이 표현되는군. (○)

*근거: (가) 〈추 8〉 ❸, ❺행, 〈보기〉 ❷문장

> • (가): 서풍진 못 미치니 부채하야 무엇하리 / 들은 말이 없었으니 귀 씻어 무엇하리
> • 〈보기〉: 공간이 갖는 의미는 고사를 통해 암시

🌿 고사와 관련된 표현인 '서풍진 못 미치니'와 '들은 말이 없었으니'를 통해 화자는 속세로부터 멀리 떨어져 있는 자신의 상황을 표현하고 있어요.

⑤ '추 9'의 '내일도 이리 하고 모레도 이리 하쟈'에는 현재의 생활이 지속되기를 바라는 화자의 심정이 드러나는군.
(○)

*근거: (가) 〈추 9〉 ❺행, 〈보기〉 ❶문장

> • (가): 내일도 이리 하고 모레도 이리 하쟈
> • 〈보기〉: 화자가 머무는 공간은 화자의 경험을 통해 구체화된다.

🌿 화자는 '내일'도 '모레'도 자연을 즐기는 현재의 경험이 지속되기를 바라고 있어요.

🌸 **〈보기〉를 바탕으로 감상하기 유형**

🍯 〈보기〉를 먼저 읽어 작품의 핵심을 파악하고, 〈보기〉와 지문에서 근거가 되는 부분을 찾으세요.

D03 글쓴이의 생각과 태도 파악하기

[A]~[D]에 대한 설명으로 적절하지 않은 것은?

• **[A]~[D]:** (나)를 중심 내용에 따라 네 부분으로 나눈 것입니다. [A]는 매화가 아름다운 이유에 대한 글쓴이의 생각, [B]는 매화의 아름다움, [C]는 매화를 보며 떠오른 예술 작품들, [D]는 매화를 보는 글쓴이의 심정을 서술하고 있습니다.

🟥즉 매화의 아름다움에 대해 서술하고 있는 [A]~[D]를 이해한 내용으로 틀린 것을 고르는 문제입니다.

① [A]에서 글쓴이는 매화의 아름다움에 대한 세인의 생각을 인용하고, 그와 대비되는 자신의 관점을 드러내고 있다. (○)

*근거: (나) [A] ❷, ❼문장

> • 세인이 말하기를 매화는 늙어야 한다 합니다.
> • 그러나 내가 매화를 사랑하는 마음은 실로 이러한 많은 조건이 멸시된 곳에 있습니다.

🌿 [A]에서 글쓴이는 '세인이 말하기를 매화는 늙어야 한다 합니다.'라고 하며 세인의 생각을 인용하고 있고, '그러나 내가 ~ 조건이 멸시된 곳에 있습니다.'라며 세인의 생각과 대비되는 자신의 관점을 드러내고 있어요.

② [B]에서 글쓴이는 다양한 비유적 표현을 통해 매화의 모습을 형상화하고, 매화를 대할 때의 심경을 드러내고 있다. (○)

*근거: (나) [B] ❷, ❸, ❺문장

> • 은사처럼 겸허하게 앉아 있는 품이 그럴 듯합니다.
> • 구름같이 핀 매화 앞에
> • 매화를 대할 때의 이 경건해지는 마음이 위대한 예술을 감상할 때의 심경과 무엇이 다르겠습니까.

🌿 [B]에서 글쓴이는 '은사처럼', '구름같이'라는 비유적 표현을 통해 매화의 모습을 나타내고, '위대한 예술을 감상할 때의 심경'이라며 매화를 대할 때의 심경을 드러내고 있어요.

③ [C]에서 글쓴이는 연상을 통해서 ~~매화가 갖지 못한 새로운 가치에 주목하고 있다.~~ (×)

🌿 [C]에서 글쓴이는 매화가 갖지 못한 새로운 가치에 주목하고 있는 것이 아니라, 매화를 여러 다른 대상들과 대비하면서 오히려 매화의 가치 그 자체에 주목하고 있어요. 그러므로 정답은 ③!

④ [D]에서 글쓴이는 감각적 이미지를 활용하여 매화로부터 받은 감동을 표현하고 있다. (○)

*근거: (나) [D] ❹문장

> 있는 듯 마는 듯한 향기가 내 코를 스치는구료.

🌿 [D]의 '향기가 내 코를 스치는구료.'에서 후각적 이미지가 활용되고 있고, 이때의 향기는 매화의 향기, 즉 암향을 가리켜요.

⑤ [D]에서는 [C]에서 한껏 고조되었던 글쓴이의 마음이 가라앉으면서 매화의 은은한 아름다움이 드러나고 있다.

(○)

*근거: (나) [D] ❸, ❹문장

> 잔잔한 물결처럼 내 마음은 다시 고요해집니다. 있는 듯 마는 듯한 향기가 내 코를 스치는구료.

🍃 [D]의 '마음은 다시 고요해집니다.'라는 표현에서 [C]에서 고조된 글쓴이의 마음이 가라앉고 있음을 확인할 수 있어요. 그리고 '향기가 내 코를 스치는구료.'에서 글쓴이가 향기를 통해 매화의 은은한 아름다움을 느끼고 있음이 드러나요.

🦋 **글쓴이의 생각과 태도 파악하기 유형**

🍯 글쓴이가 중심 대상을 어떻게 생각하고 있는지 살펴보세요.

D04 시어 및 구절의 의미 파악하기

㉠~㉤에 대한 이해로 적절하지 않은 것은?

- ㉠~㉤: ㉠~㉤은 화자 또는 글쓴이의 인식이 드러나는 구절입니다. ㉠은 화자가 있는 공간, ㉡은 추운 줄 모르는 화자의 상황, ㉢은 매화의 속성, ㉣은 글쓴이가 생각하는 매화의 아름다움이 비롯되는 곳, ㉤은 글쓴이의 감정을 고조시키는 대상에 대한 내용입니다.

🟥즉 ㉠~㉤을 통해 알 수 있는 화자 또는 글쓴이의 인식에 대한 설명 중 틀린 것을 고르는 문제입니다.

① ㉠: 화자의 심리적 충족감이 담겨 있다. (○)

*근거: (가) 〈추 2〉 ❶행

> 수국에 가을이 드니 고기마다 살져 있다

🍃 ㉠은 물고기의 살이 올라 있는 풍성한 가을에 대한 화자의 충족감이 담겨 있는 표현이에요.

② ㉡: 현재 상황에 대한 긍정적 인식이 엿보인다. (○)

*근거: (가) 〈추 9〉 ❶행

> 옷위에 서리 오대 추운 줄을 모랄로다

🍃 ㉡은 서리가 내리는데도 추위가 느껴지지 않는다는 뜻으로, 자신의 현재 상황에 대한 화자의 긍정적인 인식이 담겨 있는 표현이에요.

③ ㉢: 인간적 덕성에 비유된 매화의 속성이다. (○)

*근거: (나) [A] ❹문장

> 매화는 어느 꽃보다 유덕한 그 암향이 좋다 합니다.

🍃 '유덕'하다는 것은 덕이나 덕망이 있다는 뜻으로, ㉢은 매화의 향기라는 속성을 인간의 덕성에 비유한 표현이에요.

④ ㉣: 글쓴이가 ~~매화의 아름다움을 느끼지 못하는 상황~~이다. (×)

*근거: (나) [A] ❼문장

> 내가 매화를 사랑하는 마음은 실로 이러한 많은 조건이 멸시된 곳에 있습니다.

🍃 글쓴이가 사랑하는 매화는 '많은 조건이 멸시된 곳'에 있다고 했어요. 즉, 글쓴이는 조건에 관계없이 매화의 아름다움을 느끼며, 아무런 조건도 없이 매화는 글쓴이를 황홀하게 하는 존재예요. 그러므로 정답은 ④!

⑤ ㉤: 글쓴이의 감정을 투영하여 대상을 묘사하고 있다.

(○)

*근거: (나) [C] ❹문장

> 신라의 석불이 그 부드러운 곡선을 공중에 그리면서 아무런 조건도 없이 눈물겹도록 아름다운 자세로 내 눈을 현황하게 합니다.

🍃 신라의 석불이 '눈물겹도록 아름'답다고 하며 글쓴이의 감정을 투영해서 대상을 묘사하고 있어요.

🦋 **시어 및 구절의 의미 파악하기 유형**

🍯 선택지에서 이야기하는 부분을 지문에서 찾아 해당 부분의 앞뒤 문맥을 살펴 의미를 파악하세요.

[D 05~09] 다음 글을 읽고 물음에 답하시오.

(가) 내 벗이 몇이나 하니 수석(水石)과 송죽(松竹)*이라.
　　동산(東山)에 달 오르니 긔 더욱 반갑구나.
　　두어라 이 다섯 밧긔 또 더하여 무엇하리.
　　　　　　　　　　　　　　　　　　　　　〈제1수〉

　　구름 빛이 좋다 하나 검기를 자로 한다.
　　바람 소리 맑다 하나 그칠 적이 하노매라.
　　좋고도 그칠 뉘 없기는 물뿐인가 하노라.
　　　　　　　　　　　　　　　　　　　　　〈제2수〉

　　㉠꽃은 무슨 일로 피면서 쉬이 지고
　　풀은 어이 하여 푸르는 듯 누르나니
　　아마도 변치 아닐손 바위뿐인가 하노라.
　　　　　　　　　　　　　　　　　　　　　〈제3수〉

　　더우면 꽃 피고 추우면 잎 지거늘
　　솔아 너는 어찌 눈서리를 모르느냐.
　　구천(九泉)의 뿌리 곧은 줄을 글로 하여 아노라.
　　　　　　　　　　　　　　　　　　　　　〈제4수〉

　　나무도 아닌 것이 풀도 아닌 것이
　　곧기는 뉘 시키며 속은 어이 비었느냐.
　　저렇게 사시(四時)에 푸르니 그를 좋아하노라.
　　　　　　　　　　　　　　　　　　　　　〈제5수〉

　　작은 것이 높이 떠서 만물을 다 비추니
　　밤중에 광명(光明)이 너만한 이 또 있느냐.
　　보고도 말 아니 하니 내 벗인가 하노라.
　　　　　　　　　　　　　　　　　　　　　〈제6수〉

　　　　　　　　　　　　　　　　－ 윤선도, 〈오우가(五友歌)〉

* 송죽: 소나무와 대나무

(나) 작년 가을에 이웃집에서 복수초를 나누어 받았다. 뿌리는 구근이 아니라 흑갈색 잔뿌리와 검은 흙이 한데 엉겨 있고, 키는 땅에 닿을 듯이 작은데 잎도 새의 깃털처럼 잘게 갈라져 있어서 전체적으로 볼륨이 느껴지지 않아 하찮은 잡초처럼 보였다. 그전에 나는 복수초라는 화초를 사진으로 본 적은 있지만 실물을 본 적은 없기 때문에 그게 과연 눈 속에서 핀다는 그 복수초인지 잘 믿기지 않았다. 생각해서 나누어 준 분 앞이라 당장 양지바른 곳에 심긴 했지만 곧 가을이 깊어지니 워낙 시원치 않아 보이던 이파리들은 자취도 없어지고 나 역시 그게 있던 자리조차 기억 못하게 되었다.
　아마 3월이 되자마자였을 것이다. 샛노란 꽃이 두 송이 땅에 닿게 피어 있었다. 하도 키가 작아서 하마터면 밟을 뻔했다. 그러나 빛깔은 진한 황금색이어서 아직 아무것도 싹트지 않은 황량한 마당에 몹시 생뚱스러워 보였다. 그리고 곧 큰 눈이 왔다. 아무리 눈 속에도 피는 꽃이라고 알려져 있어도 그 작은 키로 견디기엔 너무 많은 눈이었다. 나는 눈으로는 눈의 무게를 이기지 못해 꺾인 듯이 축 처진 소나무 가지를 바라보면서 마음으로는 그 샛노란 꽃의 속절없음을 생각하고 있었다. 대문 밖의 눈은 쳐 주었지만 마당의 눈은 그대로 방치해 두었기 때문에 녹아 없어지는 데 며칠 걸렸다. 놀랍게도 제일 먼저 녹은 데가 복수초 언저리였다. ㉡그 작은 풀꽃의 머리칼 같은 뿌리가 땅속 어드메서 따뜻한 지열을 길어 올렸기에 그 두터운 눈을 녹이고 더욱 샛노랗게 더욱 싱싱하게 해를 보고 있었다. 온종일 그렇게 피어 있다가 해질 무렵에는 타원형으로 오므라든다. 그러다가 아주 시들어 버릴 줄 알았는데 다음날 해만 뜨면 다시 활짝 핀다. 그러나 마냥 그럴 수는 없는 일이다. 곧 안 깨어나고 져 버리는 날이 있겠기에 그게 피어 있는 동안만이라도 누구에겐가 보여 주고 자랑하고 싶어서 나는 집에 손님만 오면 그걸 구경시킨다. 그러나 내가 기대하는 것만치 신기해 해 주는 이가 별로 없다. 어떤 친구는 마당에 피는 꽃이 백 가지도 넘는다고 해서 부러워했는데 이런 것까지 쳐서 백 가지냐고 기막힌 듯이 물었다. 듣고 보니 내가 그런 자랑을 한 적이 있는 것 같았다. 그러나 거짓말을 한 건 아니다. 그 친구는 아마 기화요초*가 어우러진 광경을 상상했었나 보다. 내가 백 가지도 넘는다고 한 것은 복수초 다음으로 피어날 민들레나 제비꽃, 할미꽃까지 다 합친 수효다. 올해는 복수초가 1번이 되었지만 작년까지만 해도 산수유가 1번이었다. 곧 4월이 되면 목련, 매화, 살구, 자두, 앵두, 조팝나무 등이 다투어 꽃을 피우겠지만 그래도 조금씩 날짜를 달리해 순서대로 피면서 그 그늘에 제비꽃이나 민들레, 은방울꽃을 거느린다. 꽃이 제일 먼저 핀 것은 복수초지만 잎이 제일 먼저 흙을 뚫고 모습을 드러낸 것은 상사초고 그 다음이 수선화다. 수선화는 벚꽃이 필 무렵에나 필 것 같고 상사초는 잎이 시들어 지상에서 사라지고 나서도 한참이나 더 있다가 꽃대를 밀어 올릴 것이다. 이렇게 그것들을 기다리고 마중하다 보니 내 머릿속에 ⓐ출석부가 생기게 되고, 출석부란 원래 이름과 함께 번호를 매기게 되어 있는지라 100번이 넘는다는 걸 알게 되었다. 이름을 모르면 100번이라는 숫자도 나오지 않았을 것이다. 그것들이 순서를 지키지 않고 멋대로 피고 지면 이름이 궁금하지 않았을지도 모른다.
　내가 출석을 부르지 않아도 그것들은 올 것이다. 그대로 나는 그것들이 올해도 하나도 결석하지 않고 전원 출석하기를 바라기 때문에 그것들이 뿌리로, 씨로 잠든 땅을 함부로 밟지 못한다. 그것들이 왕성하게 자랄 여름에는 그것들이 목마를까봐 마음 놓고 어디 여행도 못 할 것이다. 그것들은 출석할 때마다 내 가슴을 기쁨으로 뛰놀게 했다. 100식구는 대식구다. 나에게 그것들을 부양할 마당이 있다는 걸 생각만해도 뿌듯한 행복감을 느낀다. 내가 이렇게 사치를 해도 되는 것일까. 괜히 송구스러울 때도 있다.

그것들은 내가 기다리지 않아도 올 것이다. 그래도 나는 기다린다. 기다리는 기쁨 때문에 기다린다.

— 박완서, 〈꽃 출석부 1〉

* 기화요초: 옥같이 고운 풀에 핀 구슬같이 아름다운 꽃

⭐ (가) 고전 시가 독해 공식

❶ 화자: (   ), 중심 대상: (   )
❷ 화자의 상황: (   )
  정서, 태도: (   )
❸ 표현상 특징: (   )

⭐ (나) 수필 독해 공식

❶ 중심 대상: (   )
❷ 글쓴이의 생각, 태도: (   )
❸ 서술상 특징: (   )

⭐ 시 복합 독해 공식

• 공통점: (   )
• 차이점: (   )

D05 ✿✿✿ 　　　　　　　　　　　2020(3월)/고1교육청 22

(가)와 (나)의 공통점으로 가장 적절한 것은?

① 색채어를 사용하여 대상을 감각적으로 묘사하고 있다.
② 설의적 표현을 통해 대상에 대한 그리움을 강조하고 있다.
③ 음성 상징어를 사용하여 상황을 생동감 있게 그리고 있다.
④ 말을 건네는 방식을 통해 대상과의 유대감을 드러내고 있다.
⑤ 반어적 표현을 사용하여 심리 변화의 양상을 나타내고 있다.

D06 ✿✿✿ 　　　　　　　　　　　2020(3월)/고1교육청 23

〈보기〉를 바탕으로 (가)와 (나)를 감상한 내용으로 적절하지 않은 것은? [3점]

[보기]

(가)의 화자와 (나)의 글쓴이는 모두 관찰한 경험을 바탕으로 사물의 속성을 인식하고 있다. 사물의 속성을 인식하는 것은 사물의 모습에서 추상적인 의미를 발견해 내는 것이다. 그런데 관찰된 겉모습은 사물의 속성을 인식하는 데 도움이 되기도 하지만, 경우에 따라서는 방해가 되기도 한다.

① (가)의 〈제4수〉에서 화자는 눈서리 속에서도 잎이 지지 않는 모습에서, 시련에 굴하지 않는 굳건함을 '솔'의 속성으로 인식하고 있군.
② (가)의 〈제5수〉에서 화자는 곧고 사계절 그 푸름을 잃지 않는 모습에서, 본모습을 지켜 나가는 꿋꿋함을 '대나무'의 속성으로 인식하고 있군.
③ (가)의 〈제6수〉에서 화자는 '달'이 높이 떠 있는 것이, 보고도 말 아니 하는 과묵함이라는 속성을 인식하는 데 방해가 된다고 생각하고 있군.
④ (나)에서 글쓴이는 하찮은 잡초처럼 보이는 겉모습으로 인해 눈 속에서 피는 '복수초'의 강인함이라는 속성을 한동안 인식하지 못했던 것이군.
⑤ (나)의 글쓴이는 작은 키로는 견디기 어려운 두터운 눈을 녹이고 꽃을 피운 모습에서, 역경을 이겨 내는 생명력을 '복수초'의 속성으로 인식하고 있군.

D07 ✿✿✿ 　　　　　　　　　　　2020(3월)/고1교육청 24

〈보기〉는 (가)의 시상 전개 과정을 나타낸 것이다. 이를 바탕으로 (가)를 이해한 내용으로 적절하지 않은 것은?

[보기]

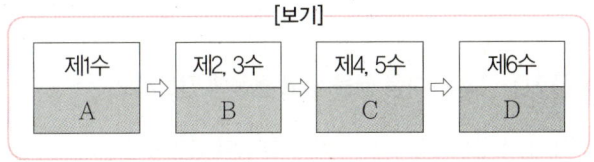

제1수	제2, 3수	제4, 5수	제6수
A	B	C	D

① A에서는 중심 소재를 무생물, 생물, 천상의 자연물로 묶어 제시하고 있다.
② B에서는 대조의 방식을 활용하여 중심 소재를 예찬하고 있다.
③ C에서는 B와 유사하게 대구의 방법을 활용하여 시적 운율감을 이어가고 있다.
④ B와 C에서 중심 소재로 향했던 화자의 시선이 D에서는 내면으로 이동하고 있다.
⑤ B, C, D의 각 수에서는 A에서 언급된 중심 소재를 순차적으로 배치하고 있다.

❖ 정답 및 해설 149~152p

D08 ✿✿✿   2020(3월)/고1교육청 25

'꽃'에 대한 심리적 태도를 고려할 때 ㉠과 ㉡에 대한 이해로 가장 적절한 것은?

① ㉠에는 화자의 동질감이, ㉡에는 글쓴이의 이질감이 담겨 있다.

② ㉠에는 화자의 안도감이, ㉡에는 글쓴이의 불안감이 담겨 있다.

③ ㉠에는 화자의 거리감이, ㉡에는 글쓴이의 친근감이 담겨 있다.

④ ㉠에는 화자의 비애감이, ㉡에는 글쓴이의 애상감이 담겨 있다.

⑤ ㉠에는 화자의 자괴감이, ㉡에는 글쓴이의 만족감이 담겨 있다.

D09 ✿✿✿   2020(3월)/고1교육청 26

(나)의 내용을 고려할 때, ⓐ에 담긴 의미로 가장 적절한 것은?

① 더 많은 종류의 꽃들을 마당에 심고 싶어 하는 글쓴이의 소망이 담겨 있다.

② 소박한 꽃보다 화려한 꽃의 가치를 우선시했던 자신을 돌아보는 태도가 담겨 있다.

③ 추웠던 겨울이 지나고 꽃이 피는 봄이 빨리 오기를 기다리는 글쓴이의 조급함이 담겨 있다.

④ 자연의 질서에 따라 차례대로 피고 지는 꽃들에 대한 글쓴이의 애정과 기대감이 담겨 있다.

⑤ 소중하게 가꾼 꽃들을 자신만이 아니라 주변 사람들과 함께 즐기기를 바라는 마음이 담겨 있다.

[D 10~14] 다음 글을 읽고 물음에 답하시오.

(가) ① 산촌(山村)에 눈이 오니 돌길이 묻혔어라
　　　㉠시비(柴扉)를 열지 마라 날 찾을 이 뉘 있으랴
　　　밤중만 일편명월(一片明月)이 그 벗인가 하노라

　　　② 창(窓)밖에 워석버석 임이신가 일어 보니
　　　혜란 혜경(蕙蘭蹊徑)*에 낙엽(落葉)은 무슨 일이고
　　　어즈버 유한한 간장(肝腸)이 다 긏을까 하노라

　　　③ 노래 삼긴 사람 시름도 하도 할샤
　　　일러 다 못 일러 불러나 풀었던가
　　　진실로 풀릴 것이면은 나도 불러 보리라
　　　　　　　　　　　　　　　 － 신흠, 〈방옹시여(放翁詩餘)〉

* 혜란 혜경: 난초가 자라난 지름길

(나) 너를 꿈꾼 밤
　　　문득 인기척에
　　　잠이 깨었다.
　　　문턱에 귀대고 엿들을 땐
　　　거기 아무도 없었는데
　　　베개 고쳐 누우면
　　　지척에서 들리는 ⓐ발자국 소리.
　　　나뭇가지 스치는 소매깃 소리.
　　　아아, 네가 왔구나.
　　　산 넘고 물 건너
　　　누런 해 지지 않는 서역(西域) 땅에서
　　　나직이 신발을 끌고 와
　　　다정하게 부르는
　　　ⓑ너의 목소리,
　　　오냐, 오냐.
　　　안쓰런 마음은 만리 길인데
　　　황망히 ㉡문을 열고 뛰쳐나가면
　　　밖엔 하염없이 내리는 ⓒ가랑비 소리,
　　　후두둑,
　　　댓잎 끝에 방울지는
　　　봄비 소리.
　　　　　　　　　　　　　　　 － 오세영, 〈너의 목소리〉

✪ (가) 고전 시가 **독해 공식**
❶ 화자: (　　　　　　　　　　　), 중심 대상: (　　　　　　　　　　)
❷ 화자의 상황: (　　　　　　　　　　　　　　　　　　　　　)
　 정서. 태도: (　　　　　　　　　　　　　　　　　　　　　)
❸ 표현상 특징: (　　　　　　　　　　　　　　　　　　　　　)

✪ (나) 현대시 **독해 공식**
❶ 화자: (　　　　　　　　　　　), 중심 대상: (　　　　　　　　　　)
❷ 화자의 상황: (　　　　　　　　　　　　　　　　　　　　　)
　 정서. 태도: (　　　　　　　　　　　　　　　　　　　　　)
❸ 표현상 특징: (　　　　　　　　　　　　　　　　　　　　　)

✪ 시 복합 **독해 공식**
· 공통점: (　　　　　　　　　　　　　　　　　　　　　　)
· 차이점: (　　　　　　　　　　　　　　　　　　　　　　)

D10 ✿✿✿   2019(3월)/고1교육청 16

(가)와 (나)의 표현상 공통점으로 가장 적절한 것은?

① 영탄적 표현을 통해 감정을 효과적으로 표출하고 있다.
② 명사로 시상을 마무리하여 시적 여운을 자아내고 있다.
③ 의문형 진술을 활용하여 심리적 태도를 부각하고 있다.
④ 말을 건네는 방식을 사용하여 친밀감을 강화하고 있다.
⑤ 자연물에 인격을 부여하여 주제 의식을 드러내고 있다.

D11 ✿✿✿

다음은 탐구 학습을 통해 (가)의 ②와 (나)를 비교하여 정리한 내용이다. ㄱ~ㅁ 중, 적절하지 않은 것은? [3점]

시적 상황		작품상의 공통점
(가)의 ②	(나)	

시적 상황 (가)의 ②	시적 상황 (나)	작품상의 공통점
'워석 버석' 소리가 남.	'나뭇가지 스치는' 소리가 남.	• 계절적 이미지가 분위기 형성에 기여함. ········· ㄱ
⋮	⋮	• 상황 판단의 근거로 감각적 현상을 제시함. ······ ㄴ
'일어'나 봄.	'뛰쳐' 나감.	• 상대방에 대한 심경이 행동을 통해 표출됨. ····· ㄷ
⋮	⋮	• 판단 오류의 원인이 시간적 배경에 있음을 드러냄. ···················· ㄹ
'낙엽'이 짐.	'봄비'가 내림.	• 부재하는 대상에 대한 화자의 반응을 중심으로 시상이 전개됨. ·········· ㅁ

① ㄱ ② ㄴ ③ ㄷ ④ ㄹ ⑤ ㅁ

D12 ✿✿✿

㉠과 ㉡에 대한 설명으로 가장 적절한 것은?

① ㉠에는 ㉡과 달리 화자의 소망이 투영되어 있다.
② ㉡에는 ㉠과 달리 화자의 억울한 심정이 내재되어 있다.
③ ㉠에는 화자의 단절감이, ㉡에는 화자의 기대감이 담겨 있다.
④ ㉠에는 냉소적 태도가, ㉡에는 관조적 태도가 반영되어 있다.
⑤ ㉠과 ㉡에는 결핍 상태가 충족된 내면 심리가 나타나 있다.

D13 ✿✿✿

〈보기〉를 바탕으로 (가)를 감상한 내용으로 적절하지 않은 것은?

[보기]

(가)는 선조의 총애를 받던 신흠이 선조 사후 '계축옥사'에 연루되어 관직을 박탈당하고 김포로 내쫓겼던 시기에 쓴 시조 30수 중 일부이다. 이들 30수는 자연 지향, 세태 비판, 연군, 취흥 등의 다양한 주제 의식을 형성하고 있으며, 우리말 시가에 대한 작가의 인식도 엿볼 수 있다. 그 서문 격인 〈방옹시여서〉에는 창작 당시 그의 심경이 다음과 같이 적혀 있다. "내 이미 전원으로 돌아오매 세상이 진실로 나를 버렸고 나 또한 세상사에 지쳤기 때문이다."

① '산촌'은 세상과 대비되는 공간으로서의 자연의 의미를 지니는 것이겠군.
② '일편명월'은 세태를 비판하고 자신의 억울한 처지를 호소하는 작가를 상징하는 것이겠군.
③ '임'을 군왕으로 이해한다면 '간장이 다 긏을까 하노라'는 임금을 향한 신하의 애끓는 심정이 함축된 것이겠군.
④ '시름'은 정치적 혼란기에 정계에서 쫓겨나 버림받은 작자의 복잡한 심경을 나타내는 것이겠군.
⑤ '노래'는 세상사에 지치고 뒤엉킨 작가의 마음을 풀어내는 수단으로서의 성격을 지니는 것이겠군.

D14 ✿✿✿

ⓐ~ⓒ와 관련하여 (나)를 이해한 내용으로 적절하지 않은 것은?

① 화자가 꾼 '꿈'은 빗소리를 ⓐ로 여기는 계기가 된다고 볼 수 있겠군.
② '너'에 대한 화자의 그리움이 고조됨에 따라 빗소리가 ⓐ에서 ⓑ로 인식된다고 볼 수 있겠군.
③ ⓑ는 '산 넘고 물 건너' 들려오는 것이기에 화자에게 반가움과 동시에 과거의 추억을 환기한다고 볼 수 있겠군.
④ '하염없이 내리는' ⓒ는 하강의 이미지를 통해 만남이 무산된 화자의 좌절감과 조응한다고 볼 수 있겠군.
⑤ ⓑ가 ⓒ임을 알고 난 후의 화자의 허탈감이 '후두둑'을 통해 청각적 이미지로 부각된다고 볼 수 있겠군.

18 DAY

(가) 어리석고 세상물정 어둡기는 나보다 더한 이 없다
　　길흉화복을 하늘에 맡겨 두고
　　누항(陋巷)* 깊은 곳에 초가를 지어 두고
　　궂은 날씨에 썩은 짚이 땔감이 되어
　　세 홉 밥 닷 홉 죽에 연기(煙氣)도 많기도 많구나
　　설 데운 숭늉에 고픈 배를 속일 뿐이로다
　　㉠생애 이러하다 대장부의 뜻을 옮기겠는가
　　안빈일념(安貧一念)*을 적을망정 품고 이셔
　　옳은 일을 좇아 살려 하나 날이 갈수록 어긋난다
　　　　　　　　　　(중략)
　　소 한 번 주마 하고 엉성하게 하는 말씀
　　친절하다 여긴 집에
　　㉡달 없는 황혼에 허위허위 달려가서
┌　굳게 닫은 문 밖에 우두커니 혼자 서서
│　큰 기침 에헴이를 오래토록 하온 후에
│　어와 그 뉘신고 염치 없는 내옵노라
│　초경도 거읜데 그 어찌 와 계신고
│　해마다 이러하기 구차한 줄 알건마는
│　소 없는 가난한 집에 걱정 많아 왔노라
│　공짜로나 값을 쳐서나 줌 직도 하지마는
│　다만 어제 밤에 건넛집 저 사람이
│　목 붉은 수꿩을 구슬 같은 기름에 구워 내고
[A]　갓 익은 삼해주(三亥酒)를 취하도록 권하거든
│　이러한 은혜를 어이 아니 갚을런고
│　내일로 주마 하고 큰 언약 하였거든
│　실약(失約)이 미편(未便)하니* 말하기가 어려왜라
│　사실이 그러하면 설마 어이할고
│　헌 모자 숙여 쓰고 축 없는 짚신에 설피설피 물러 오니
│　풍채 적은 모습에 개 짖을 뿐이로다
│　누추한 집에 들어간들 잠이 와서 누웠으랴
│　북창에 기대 앉아 새벽을 기다리니
└　무정한 오디새는 이 내 한을 돕는구나
　　㉢아침이 끝나도록 슬퍼하며 먼 들을 바라보니
　　즐거운 농가(農歌)도 흥 없이 들리는구나
　　세상 인정 모른 한숨은 그칠 줄을 모르는구나
　　㉣아까운 저 쟁기*는 볏보님도 좋을시고*
　　가시 엉킨 묵은 밭도 쉽게 갈련마는
　　빈 집 벽 가운데에 쓸데없이 걸렸구나
　　봄농사도 거의로다 팽개쳐 던져 두자
　　강호(江湖)에서 큰 꿈을 생각한 지도 오래더니
　　먹고 사는 것이 누가 되어 아아 잊었구나
　　저 물가를 바라보니 푸른 대나무가 많기도 많구나
　　㉤교양 있는 선비들아 낚싯대 하나 빌려다오
　　갈대꽃 깊은 곳에 명월청풍(明月淸風) 벗이 되어
　　임자 없는 **풍월강산**(風月江山)에 절로절로 늙으리라

　　　　　　　　　　　　　　　　　　　　　　　　－ 박인로, 〈누항사(陋巷詞)〉

* 누항: 누추한 곳
* 안빈일념: 가난 속에서도 마음을 편히 갖겠다는 생각
* 실약이 미편하니: 약속을 어기기가 어려우니
* 쟁기: 말이나 소에 끌려 논밭을 가는 농기구
* 볏보님도 좋을시고: 쟁기 날이 잘 관리된 상태라는 의미로 추정됨.

(나) 다음은 어느 중로(中老)의 여인에게서 들은 이야기다. 여인이 젊었을 때였다. 남편이 거듭 사업에 실패하자, 이들 내외는 갑자기 가난 속에 빠지고 말았다.

　남편은 다시 일어나 사과 장사를 시작했다. 서울에서 사과를 싣고 춘천에 갔다 넘기면 다소의 이윤이 생겼다.

　그런데 한 번은, 춘천으로 떠난 남편이 이틀이 되고 사흘이 되어도 돌아오지를 않았다. 제 날로 돌아오기는 어렵지만, 이틀째에는 틀림없이 돌아오는 남편이었다. 아내는 기다리다 못해 닷새째 되는 날 남편을 찾아 춘천으로 떠났다.

　"춘천에만 닿으면 만나려니 했지요. 춘천을 손바닥만하게 알았나 봐. 정말 막막하더군요. 하는 수 없이 여관을 뒤졌지요. 여관이란 여관은 모조리 다 뒤졌지만, 그이는 없었어요. 하룻밤을 여관에서 뜬눈으로 새웠지요. 이튿날 아침, 문득 그이의 친한 친구 한 분이 도청에 계시다는 것이 생각나서, 그분을 찾아 나섰지요. 가는 길에 혹시나 하고 정거장에 들러 봤더니……."

　매표구 앞에 늘어선 줄 속에 남편이 서 있었다. 아내는 너무 반갑고 원망스러워 말이 나오지 않았다.

┌　트럭에다 사과를 싣고 춘천으로 떠난 남편은, 가는 길에 사람을 몇 태웠다고 했다. 그들이 사과 가마니를 깔고 앉는 바람에 사과가 상해서 제 값을 받을 수 없었다. 남편은 도저히 손해를 보아서는 안 될 처지였기에 친구의 집에 기숙을 하면서, 시장 옆에 자리를 구해 사과 소매를 시작했다. 그래서, 어젯밤 늦게서야 겨우 다 팔 수 있었다는 것이다. 전보도 옳게 제 구실을 하지 못하던 8·15 직후였으니…….

　함께 춘천을 떠나 서울로 향하는 차 속에서 남편은 아내의 손을 꼭 쥐었다. 그때만 해도 세 시간 남아 걸리던 경춘선, 남편은 한 번도 그 손을 놓지 않았다. 아내는 한 손을 맡긴 채 너무도 행복해서 그저 황홀에 잠길 뿐
[B]　이었다.

└　그 남편은 그러나 6·25 때 죽었다고 한다. 여인은 어린 자녀들을 이끌고 모진 세파(世波)와 싸우지 않으면 안 되었다.

　"이제 아이들도 다 커서 대학엘 다니고 있으니, 그이에게 조금은 면목이 선 것도 같아요. 제가 지금까지 살아 올 수 있었던 것은, 춘천서 서울까지 제 손을 놓지 않았던 그이의 손길, 그것 때문일지도 모르지요."

　여인은 조용히 웃으면서 이렇게 말을 맺었다.

　지난날의 가난은 잊지 않는 게 좋겠다. 더구나 그 속

에 빛나던 사랑만은 잊지 말아야겠다. "행복은 반드시 부와 일치하진 않는다."라는 말은 결코 진부한 일 편의 경구(警句)만은 아니다.

－ 김소운, 〈가난한 날의 행복〉

★ (가) 고전 시가 독해 공식

❶ 화자: (   ), 중심 대상: (   )

❷ 화자의 상황: (   )

　　정서, 태도: (   )

❸ 표현상 특징: (   )

★ (나) 현대 수필 독해 공식

❶ 중심 대상: (   )

❷ 글쓴이의 생각, 태도: (   )

❸ 서술상 특징: (   )

★ 시 복합 독해 공식

• 공통점: (   )

• 차이점: (   )

D15 ★★★
2018(6월)/고1교육청 42

(가)와 (나)의 공통점으로 가장 적절한 것은?

① 특정한 인물을 통해 자신의 삶을 반성하고 있다.

② 감정의 절제를 통해 사건을 객관적으로 바라보고 있다.

③ 공간의 이동을 통해 대상에 대한 그리움을 드러내고 있다.

④ 영탄적 표현을 활용하여 화자의 간절한 소망을 드러내고 있다.

⑤ 구체적 일화를 활용하여 지향하는 삶의 태도를 드러내고 있다.

D16 ★★★
2018(6월)/고1교육청 43

[A]와 [B]에 대한 이해로 적절하지 않은 것은?

① [A]는 규칙적인 음보 사용을 통해 리듬감을 형성하고 있다.

② [B]는 경구를 활용하여 글을 효과적으로 마무리하고 있다.

③ [A]는 [B]와 달리 비유적 표현을 활용하여 인물의 특징을 드러내고 있다.

④ [B]는 [A]와 달리 특정한 어휘를 사용하여 구체적 시대상을 반영하고 있다.

⑤ [A]와 [B]는 모두 대화를 활용하여 중심인물의 상황을 전달하고 있다.

D17 ★★★
2018(6월)/고1교육청 44

〈보기〉를 참고하여 ㉠~㉤을 이해한 것으로 적절하지 않은 것은? [3점]

[보기]

〈누항사〉는 전란을 겪은 사대부가 누항에서 스스로 노동하며 가난하게 살면서도 이상적 삶을 추구하려고 노력하는 모습을 그리고 있다. 화자가 처한 상황과 심리의 변화는 다음과 같은 흐름을 나타낸다.

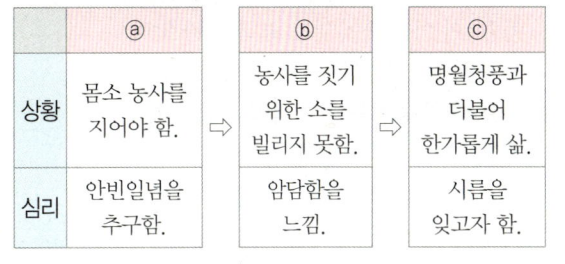

	ⓐ		ⓑ		ⓒ
상황	몸소 농사를 지어야 함.	⇨	농사를 짓기 위한 소를 빌리지 못함.	⇨	명월청풍과 더불어 한가롭게 삶.
심리	안빈일념을 추구함.		암담함을 느낌.		시름을 잊고자 함.

① ㉠에는 ⓐ의 심리에서 드러나는 가치를 이루고자 하는 화자의 의지가 드러나고 있다.

② ㉡에는 ⓐ의 상황을 해결하고자 하는 화자의 다급한 심정이 제시되어 있다.

③ ㉢에는 ⓑ의 심리가 화자의 처량한 모습을 통해 드러나고 있다.

④ ㉣에는 ⓒ의 심리가 화자의 눈에 비친 대상에 투영되어 있다.

⑤ ㉤에는 ⓒ의 상황을 실천하기 위한 화자의 의도가 드러나고 있다.

D18 ★★❋
2018(6월)/고1교육청 45

(가)의 풍월강산 과 (나)의 경춘선 에 대한 설명으로 가장 적절한 것은?

① '풍월강산'은 환상적 세계를, '경춘선'은 낭만적 세계를 의미하는 공간이다.

② '풍월강산'은 현재의 소망을 다짐하는, '경춘선'은 과거의 추억이 깃든 공간이다.

③ '풍월강산'은 과거에 대한 동경을, '경춘선'은 현재의 자긍심을 드러내는 공간이다.

④ '풍월강산'은 현재의 어려움을 비판하는, '경춘선'은 미래의 희망을 기원하는 공간이다.

⑤ '풍월강산'은 전통적인 삶의 모습을, '경춘선'은 현대적인 삶의 모습을 드러내는 공간이다.

❖ 정답 및 해설 156~160p

[D 19~22] 다음 글을 읽고 물음에 답하시오.

(가) 푸른 담쟁이 헤치고 독락당(獨樂堂)을 지어 내니
　　그윽한 경치는 견줄 데 전혀 없네.
　　㉠수많은 긴 대나무 시내 따라 둘러 있고
　　만 권의 서책은 네 벽에 쌓였으니
　　왼쪽엔 안회 증삼, 오른쪽엔 자유 자하*.
　　서책을 벗 삼으며 시 읊기를 일삼아
　　한가로운 가운데 깨우친 것을 혼자서 즐기도다.
　　독락, 이 이름 뜻에 맞는 줄 그 누가 알리
　　사마온공 독락원이 아무리 좋다 한들
　　그 속의 참 즐거움 이 독락에 견줄쏘냐.
　　진경을 다 못 찾아 양진암(養眞庵)에 돌아들어
　　바람 쐬며 바라보니 내 뜻도 뚜렷하다.
　　퇴계 이황 자필이 참인 줄 알겠노라.
　　관어대(觀魚臺) 내려오니 펼친 듯한 반석에 자취가 보
　　이는 듯.
　　손수 심은 장송은 옛 빛을 띠었으니
　　변함없는 경치가 그 더욱 반갑구나.
　　㉡상쾌하고 맑은 기운 난초 향기에 든 듯하네.
　　몇몇 옛 자취 보며 문득 생각하니
　　우뚝한 낭떠러지는 바위 병풍 절로 되어
　　용면의 솜씨로 그린 듯이 벌여 있고
　　깊고 맑은 못에 천광운영*이 어리어 잠겼으니
　　광풍제월*이 부는 듯 비치는 듯.
　　연비어약*을 말없는 벗으로 삼아
　　독서에 골몰하여 성현의 일 도모하시도다.
　　맑은 시내 비껴 건너 낚시터도 뚜렷하네.
　　㉢묻노라, 갈매기들아. 옛일을 아느냐.
　　엄자릉이 어느 해에 한나라로 갔단 말인가*.
　　이끼 낀 낚시터에 저녁연기 잠겼어라.
　　　　　　　　　　　　　　　　　　　　－ 박인로, 〈독락당〉

* 안회, 증삼, 자유, 자하: 공자의 제자들
* 천광운영: 하늘빛과 구름 그림자
* 광풍제월: 비가 갠 뒤의 맑게 부는 바람과 밝은 달
* 연비어약: 솔개가 날고 물고기가 뛴다는 뜻으로, 온갖 동물이 생을 즐
　김을 이르는 말
* 엄자릉이 ~ 갔단 말인가: 중국 후한의 엄광이 광무제가 내린 벼슬을
　거부하고 자연에 은거하였다는 고사를 이름.

(나) '방우산장(放牛山莊)'은 내가 거처하고 있는 이른바 '나
의 집'에다 스스로 붙인 집 이름이다.
　㉣집이란 물건은 고루거각이든 용슬소옥이든지* 본디 일
정한 자리에 있는 것이요, 떠메고 돌아다닐 수 없는 것이매
집 이름도 특칭의 고유명사가 아닐 수 없으나 나의 방우산장
은 원래 특정한 장소, 일정한 건물 하나에만 명명한 것이 아
니고 보니 육척 수신 장구를 담아서 내가 그 안에 잠자고 일

하며 먹고 생각하는 터전은 다 방우산장이라 부를 수밖에 없
다. 산장이라 했으니 산 속에 있어야만 붙일 수 있는 이름이
로되 십리 둘레에 일점 산 없는 곳이 없고 보니 나의 방우산
장은 심산에 있거나 시항에 있거나를 가리지 않고 일여한 산
장이다. 이는 내가 본디 산에서 나고 또 장차 산으로 돌아갈
자이기 때문이다.
　기르는 한 마리 소야 있든지 없든지 방우*라 부르는 것은
내 소, 남의 소를 가릴 것 없이 설핏한 저녁 햇살 아래 내가
올라 타고 풀피리를 희롱할 한 마리 소만 있으면 그 소가 지
금 어디에 가 있든지 내가 아랑곳 할 것이 없기 때문이다.
　집은 떠다니지 못하지만 사람은 떠돌게 마련이다. **방우산
장의 이름에 값할 집은 열 손을 넘어 꼽게 된다.** 어떤 때는
따뜻한 친구의 집이 내 산장이 되었고 어떤 때는 차운 여관
의 일실이 내 산장이 되기도 하였다. 그나 그뿐인가. 피난 종
군의 즈음에는 야숙의 담요 한 장이 내 산장이 되기도 하였
다. 이러고 보면 취와*의 경우에는 저 억조 성좌를 장식한
무변한 창공이 그대로 나의 산장이 될 법도 하지 않은가. 실
상은 나를 바로 나이게 하는 내 영혼이 깃들인 곳집, 이 나의
육신이 구극에는 나의 산장이기도 하다.
　방우산장에는 아직 한 장의 현판도 없다. 불행하게도 한
장의 현판을 걸었던들 방우산장은 이미 나의 집이 아니게 되
었을 것이요, 나의 형터리도 없는 집 이름은 몇 번이든 바뀌
었을지도 모른다. 그러므로 ㉤두려운 일은 곧 뒷날 내 죽은
뒤 어느 사람이 있어 나의 마음을 가장 잘 알아 주노라는 제
정성으로 방우산장이란 묘석을 내 무덤에다 세워 줄까 저어
함이다.
　그때는 이미 나의 방우산장은 이 지상에서는 소멸되고 저
지하의 한 이름 모를 나무뿌리에 새겨져 있을 것이다. 땅 위
에 남겨 놓고 간 '영혼의 새'가 깃들이는 곳 ― 그 무성한 숲
의 어느 한 가지가 방우산장이 될 것이다.
　　　　　　　　　　　　　　　　　　　　－ 조지훈, 〈방우산장기〉

* 고루거각이든 용슬소옥이든지: '높고 크게 지은 집'이든 '겨우 무릎이
　나 움직일 수 있는 몹시 좁고 작은 집'이든지
* 방우: 소를 놓아줌. 불교에서는 사람의 마음을 소[牛]에 빗대어 이를
　찾아[심우(尋牛)] 기르는 것[목우(牧牛)]을 수행의 관건으로 보는데,
　이에 대해 '방우'가 곧 '목우'임을 내세우는 것은 불교에 근거하면서도
　어디에도 구속당하지 않는 자유정신을 드러낸 것으로 볼 수 있음.
* 취와: 술에 취하여 누움.

⭐ **(가) 고전 시가 독해 공식** ─────────

❶ 화자: (　　　　　　　　), 중심 대상: (　　　　　　　　)
❷ 화자의 상황: (　　　　　　　　　　　　　　　　　　)
　 정서, 태도: (　　　　　　　　　　　　　　　　　　)
❸ 표현상 특징: (　　　　　　　　　　　　　　　　　　)

★ (나) 현대 수필 독해 공식

❶ 중심 대상: (   )
❷ 글쓴이의 생각, 태도: (   )
❸ 서술상 특징: (   )

★ 시 복합 독해 공식

• 공통점: (   )
• 차이점: (   )

D19 ★★✿

(가)에 대한 설명으로 가장 적절한 것은?

① 영탄적 어조를 사용하여 예찬적 태도를 드러내고 있다.
② 자연의 불변성에 주목하여 인간사의 한계를 부각하고 있다.
③ 현실의 모순을 언급하며 과거 회귀적 지향을 나타내고 있다.
④ 치밀한 관찰에 근거하여 다양한 삶의 모습을 제시하고 있다.
⑤ 역사적 사례를 제시하며 상황 극복의 의지를 드러내고 있다.

D20 ★★★✿

㉠~㉤에 대한 설명으로 적절하지 않은 것은?

① ㉠: 공간의 외부와 내부에 대한 진술을 나란히 제시하여 화자가 받은 인상을 개괄적으로 표현하고 있다.
② ㉡: 감각적 심상과 비유를 결합하여 주변 경관을 효과적으로 표현하고 있다.
③ ㉢: 자연물에 인격을 부여하여 질문을 던짐으로써 이어질 내용을 이끌어 내고 있다.
④ ㉣: 대조적 표현을 활용하여 대상에 대한 일반적인 생각을 드러내고 있다.
⑤ ㉤: 가정을 통해 소망이 생전에 실현되지 못할 가능성에 대한 우려를 드러내고 있다.

[D21~22] 〈보기〉를 참고하여 D21번과 D22번의 두 물음에 답하시오.

[보기]

(가)는 회재 이언적이 거처하던 독락당 및 후학 양성의 뜻을 드러낸 양진암 등을 다룬 박인로의 가사이다. 이 작품의 공간은 학문 수양의 공간과 그 주변의 자연 공간을 아우르고 있다. 화자는 이언적이 명명한 것으로 전해지는 이들 공간을 둘러보면서 그 명칭의 의미와 관련지어 자신의 소회를 드러낸다. 이처럼 공간의 명칭과 그 의미를 중심으로 사고하는 방식은 (나)에서도 중요한 기반을 이루고 있다.

D21 ★★✿

(가)와 (나)를 이해한 내용으로 적절하지 않은 것은? [3점]

① (가)에서 '깨우친 것을 혼자서 즐기'는 행위는 '독락당'이라는 명칭의 의미와 연결되면서 학문을 목적으로 하는 공간의 성격을 부각하고 있다.
② (가)에서 '내 뜻도 뚜렷하다'는 진술은 '양진암'에 대한 것으로, 화자는 후학 양성에 뜻을 두었던 이언적에 대한 공감을 표현하고 있다.
③ (가)에서 '연비어약을 말없는 벗으로 삼아 / 독서에 골몰'한다는 표현은 '관어대'와 관련된 것으로, '성현의 일'을 이루지 못한 화자의 반성적 태도를 드러내고 있다.
④ (나)에서 '내가 본디 산에서 나고 또 장차 산으로 돌아길 자이기 때문이다'는 '산장'이라는 명칭의 근거와 함께 '나'가 귀의하고자 하는 공간의 성격을 나타내고 있다.
⑤ (나)에서 '방우산장의 이름에 값할 집'은 궁극적으로 '내 영혼이 깃들인 곳집'과 연결되면서, 공간의 명칭이 정신적 지향의 표상임을 암시하고 있다.

19 DAY

'공간'과 '명칭'의 관계를 중심으로 (가)와 (나)를 설명한 내용으로 가장 적절한 것은?

① (가)에는 시간의 흐름에 따라 공간의 명칭이 변화하는 과정이 제시되고 있다.

② (나)에는 명칭이 지시하는 공간이 하나의 물리적 실체에만 국한되지 않는다는 인식이 나타나 있다.

③ (가)와 (나)의 공간은 명명 과정에서 다수의 인정을 받는 단계를 거쳐 왔다.

④ (가)와 달리 (나)에서는 공간의 외양과 명명의 근거가 긴밀하게 연결되고 있다.

⑤ (나)와 달리 (가)에서는 공간에 대한 작가의 경험이 명칭 지정의 기준으로 작용하고 있다.

[D 23~27] 다음 글을 읽고 물음에 답하시오. ━━━

(가) 살아 있는 것은 흔들리면서
　　　튼튼한 줄기를 얻고 / 잎은 흔들려서 스스로
　　　살아 있는 몸인 것을 증명한다.

　　　ⓐ바람은 오늘도 분다.
　　　수만의 잎은 제각기
　　　몸을 엮는 하루를 가고
[A]┌들판의 슬픔 하나 들판의 고독 하나
　 └들판의 고통 하나도
　　　다른 곳에서 바람에 쏠리며 / 자기를 헤집고 있다.

　　　피하지 마라 / 빈 들에 가서 깨닫는 그것
　　　우리가 늘 흔들리고 있음을.
　　　　　　　　　　　– 오규원, 〈살아 있는 것은 흔들리면서 – 순례 11〉

(나) ㉠너에게로 가지 않으려고 미친 듯 걸었던
　　　그 무수한 길도
　　　실은 네게로 향한 것이었다

　　　까마득한 밤길을 혼자 걸어갈 때에도
　　　내 응시에 날아간 별은 / 네 머리 위에서 반짝였을 것이고
[B]┌내 한숨과 입김에 꽃들은
　 └네게로 몸을 기울여 흔들렸을 것이다

　　　㉡사랑에서 치욕으로, / 다시 치욕에서 사랑으로,
　　　하루에도 몇 번씩 네게로 드리웠던 두레박

　　　그러나 매양 퍼 올린 것은
　　　수만 갈래의 길이었을 따름이다

　　　은하수의 한 별이 또 하나의 별을 찾아가는
　　　그 수만의 길을 나는 걷고 있는 것이다

　　　나의 생애는
　　　모든 지름길을 돌아서
　　　㉢네게로 난 단 하나의 에움길*이었다
　　　　　　　　　　　　　　　　– 나희덕, 〈푸른 밤〉

* 에움길: 굽은 길. 또는 에워서 돌아가는 길

(다) 잡거니 밀거니 높픈 뫼희 올라가니
　　　구롬은 ᄏ니와 안개ᄂᆞᆫ 므스 일고
　　　산쳔이 어둡거니 일월을 엇디 보며
　　　지쳑을 모ᄅᆞ거든 쳔 리ᄅᆞᆯ ᄇᆞ라보랴
　　　ᄎᆞᆯ하리 믈ᄀᆞ의 가 ᄇᆡ 길히나 보랴 ᄒᆞ니
　　　ⓑᄇᆞ람이야 믈결이야 어둥졍* 된뎌이고
　 ┌샤공은 어ᄃᆡ 가고 븬 ᄇᆡ만 걸렷ᄂᆞᆫ고
[C]│강련(江天)의 혼자 셔셔 디ᄂᆞᆫ 히ᄅᆞᆯ 구버보니
　 └남다히 쇼식(消息)이 더옥 아득ᄒᆞᆫ뎌이고
　 ┌모쳠(茅簷)* ᄎᆞᆫ 자리의 밤듕만 도라오니
[D]│반벽쳥등(半壁靑燈)은 눌 위ᄒᆞ야 블갓ᄂᆞᆫ고
　　　오ᄅᆞ며 ᄂᆞ리며 헤쓰며* 바자니니*
　　　져근덧 녁진(力盡)ᄒᆞ야 풋ᄌᆞᆷ을 잠간 드니
　　　졍셩(精誠)이 지극ᄒᆞ야 ᄭᅮᆷ의 님을 보니
　　　옥(玉) ᄀᆞᄐᆞᆫ 얼굴이 반(半)이 나마 늘거셰라
　　　ᄆᆞ음의 머근 말ᄉᆞᆷ 슬ᄏᆞ장 ᄉᆞᆲ쟈 ᄒᆞ니
　　　눈믈이 바라 나니 말ᄉᆞᆷ인들 어이ᄒᆞ며
　　　졍(情)을 못다 ᄒᆞ야 목이조차 몌여ᄒᆞ니
　 ┌오뎌된* 계셩(鷄聲)의 ᄌᆞᆷ은 엇디 ᄭᆡ돗던고
[E]│어와 허ᄉᆞ(虛事)로다 이 님이 어ᄃᆡ 간고
　　　결의 니러 안자 창(窓)을 열고 ᄇᆞ라보니
　　　㉣어엿븐 그림재 날 조츨 ᄲᅮᆫ이로다
　　　㉤ᄎᆞᆯ하리 싀여디여* 낙월(落月)이나 되야 이셔
　　　님 겨신 창(窓) 안ᄒᆡ 번드시 비최리라
　　　　　　　　　　　　　　　– 졍쳘, 〈속미인곡(續美人曲)〉

* 어둥졍: 어수선하게 / * 모쳠: 초가집
* 헤쓰며: 헤매며 / * 바자니니: 방황하니
* 오뎌된: 방정맞은 / * 싀여디여: 죽어서

★ (가) 현대시 독해 공식 ━━━
❶ 화자: (　　　　　　　　　　), 중심 대상: (　　　　　　　)
❷ 화자의 상황: (　　　　　　　　　　　　　　　　　　)
　　정서, 태도: (　　　　　　　　　　　　　　　　　　)
❸ 표현상 특징: (　　　　　　　　　　　　　　　　　　)

☆ (나) 현대시 독해 공식

❶ 화자: (   ), 중심 대상: (   )

❷ 화자의 상황: (   )

　정서, 태도: (   )

❸ 표현상 특징: (   )

☆ (다) 고전 시가 독해 공식

❶ 화자: (   ), 중심 대상: (   )

❷ 화자의 상황: (   )

　정서, 태도: (   )

❸ 표현상 특징: (   )

☆ 시 복합 독해 공식

• 공통점: (   )

• 차이점: (   )

D25 ★★★

ⓐ와 ⓑ에 대한 이해로 가장 적절한 것은?

① ⓐ, ⓑ는 모두 인간의 강인함을 인식하게 한다.

② ⓐ, ⓑ는 모두 경외심을 느끼게 하는 대상이다.

③ ⓐ는 받아들여야 하는, ⓑ는 벗어나고 싶은 상황이다.

④ ⓐ는 화합의 이미지가, ⓑ는 고독의 이미지가 드러난다.

⑤ ⓐ는 상황에 대한 만족감을, ⓑ는 상황에 대한 안타까움을 준다.

D23 ★☆☆

(가)~(다)에 대한 설명으로 가장 적절한 것은?

① (가), (나)는 현실 자각을 통해 미래에 대한 기대를 담고 있다.

② (가), (다)는 자연물의 속성을 통해 주제를 강화하고 있다.

③ (나), (다)는 부정적 상황을 긍정적인 시선으로 받아들이고 있다.

④ (가)~(다)는 모두 부재하는 대상에 대한 연민을 표출하고 있다.

⑤ (가)~(다)는 모두 대립적 상황 제시를 통해 포용과 조화를 강조하고 있다.

D24 ★★☆

〈보기〉는 (가)를 읽고 쓴 비평문의 일부이다. ㉮~㉲ 중 (가)를 통해 알 수 있는 내용으로 적절하지 <u>않은</u> 것은?

[보기]

　우리는 문득 "왜 나만 이렇게 힘들지?"라는 의문을 품을 때가 있다. 이 작품은 이에 대한 답을 준다. ㉮살아 있는 모든 생명체는 시련과 고통을 마주하게 된다. ㉯각각 상황에 따라 차이가 있을 뿐 누구도 피해 갈 수 없다. 그러나 ㉰이것은 우리가 살아 있음을 증명하는 건강한 자극이다. 이를 통해 ㉱나와 주변을 한 번 더 돌아보고 함께 세상으로 나아갈 수 있다. 시련과 고통은 피하지 말아야 한다. 아니 ㉲오히려 빈 들에서 바람을 온전히 느낄 수 있듯 내가 살아 있음을 확인해야 한다.

① ㉮　　② ㉯　　③ ㉰　　④ ㉱　　⑤ ㉲

D26 ★★☆

〈보기〉를 참고하여 ㉠~㉢을 감상한 내용으로 적절하지 <u>않은</u> 것은? [3점]

[보기]

선생님: 우리 삶에서 수많은 형태로 반복되는 만남과 헤어짐은 문학 작품에서 다양하게 형상화되고 있습니다. (나)의 화자는 다가온 인연 때문에 한때는 갈등하며 방황하기도 했지만 결국 거부할 수 없는 운명을 받아들이고 있습니다. (다)에서는 헤어짐이 있지만 그것은 하나의 과정일 뿐, 화자는 온갖 어려움을 참고 견디며 이별을 거부합니다. 소중한 인연을 영원히 지켜내기 위해 죽음도 마다하지 않으며 운명적인 만남을 이어 가려 합니다.

① ㉠에서는 운명적인 인연을 애써 거부하며 방황했던 화자를 발견할 수 있군.

② ㉡에서는 인연의 굴레를 벗어나지 못하던 화자의 내적 갈등을 알 수 있군.

③ ㉢에서는 거부할 수 없는 운명임을 깨닫고 인정하는 화자의 모습을 볼 수 있군.

④ ㉣에서는 소중한 인연을 지켜내기 위해 어려움을 참고 견디겠다는 화자의 의지를 확인할 수 있군.

⑤ ㉤에서는 죽음도 마다하지 않으며 운명적인 만남을 이어가고 싶은 화자의 소망을 확인할 수 있군.

❖ 정답 및 해설 163~168p

19 DAY

[A]~[E]에 대한 설명으로 적절하지 않은 것은?

① [A]: 유사한 시구의 반복을 통해 화자의 정서를 드러낸다.

② [B]: 비유를 통해 화자가 한 대상만을 지향했음을 보여 준다.

③ [C]: 객관적 상관물을 통해 화자의 쓸쓸하고 외로운 처지를 강조한다.

④ [D]: 화자의 처지와 대비되는 소재를 통해 화자의 인식 변화를 부각한다.

⑤ [E]: 청각적 심상을 통해 화자가 꿈에서 깨게 된 원인을 드러낸다.

[D28~31] 다음 글을 읽고 물음에 답하시오.

(가)
　　　┌ 황매 시절 떠난 이별 만학단풍 늦었으니
　　　│ 상사일념 무한사는 저도 나를 그리려니
　　　│ 굳은 언약 깊은 정을 낸들 어이 잊었을까
　　　│ 인간의 일이 많고 조물이 시기런지
　　　│ 삼하삼추 지나가고 낙목한천 또 되었네
[A]　│ 운산이 멀었으니 소식인들 쉬울손가
　　　│ 대인난* 긴 한숨의 눈물은 몇 때런고
　　　│ 흥중*의 불이 나니 구회간장 다 타 간다
　　　│ 인간의 물로 못 ⓐ끄는 불이라 없건마는
　　　└ ㉠내 가슴 태우는 불은 물로도 어이 못 ⓑ끄는고
　　　┌ 자네 사정 내가 알고 내 사정 자네 아니
　　　│ ㉡세우사창 저문 날과 소소상품 송안성*의
　　　│ 상사몽 놀라 깨여 맥맥히 생각하니
　　　│ 방춘화류 좋은 시절 강루사찰 경개* 좇아
[B]　│ 일부일 월부월*의 운우지락 협흡*할 제
　　　│ 청산녹수 증인 두고 차생백년 서로 맹세
　　　│ 못 보아도 병이 되고 더디 와도 성화로세
　　　│ 오는 글발 가는 사연 자자획획 다정터니
　　　└ 엇지타 한 별리가 역여조기* 어려워라

　　　　　　　　　　　　　　　　　　　　　　　　- 이세보, 〈상사별곡〉

* 대인난: 약속한 시간에 오지 않는 사람을 기다리는 안타까움과 괴로움
* 흥중: 마음속
* 송안성: 기러기 울음소리
* 경개: 경치
* 일부일 월부월: 날마다 달마다
* 협흡: 화목하게 사귐.
* 역여조기: 그리는 정이 간절함.

(나) 한라산이 시력 범위 안에 들어와 서기는 실상 추자도에서도 훨석 이전이었겠는데 새벽에 추자도를 지내 놓고 한숨 실컷 자고 나서도 날이 새인 후에야 ⓒ해면 우에 덩그렇게 선연히 허우대도 끔직이도 크게 나타나는 것이 아닙니까! 눈물이 절로 솟도록 반갑지 않으오리까. 한눈에 정이 들어 즉시 몸을 맡기도록 믿음직스러운 가슴과 팔을 벌리는 산이외다. 동방화촉에 초야를 새우올 제 바로 모신 님이 수줍고 부끄럽고 아직 설어 겨울 뿐일러니 그 님의 그 얼굴 그 모습이사 동창이 아주 희자 솟는 해를 품은 듯 와락 사랑홉게 뵈입는 신부와 같이 나는 이날 아침에 평생 그리던 산을 바로 모시었습니다. 이즘 슬프지도 않은 그늘이 마음에 나려앉아 좀처럼 눈물을 흘린 일이 없었기에 인제는 나의 심정의 표피가 호두 껍질같이 오롯이 굳어지고 말았는가 하고 남저지* 청춘을 아주 단념하였던 것이 제주도 어구 가까이 온 이날 이른 아침에 불현듯 다시 살아나는 것이 아니오리까. 동행인 영랑과 현구도 푸른 언덕까지 헤엄쳐 오르려는 물새처럼이나 설레고 푸덕거리는 것이요 좋아라 그러는 것이겠지마는 갑판 위로 뛰어 돌아다니며 소년처럼 희살대는 것이요, 빽빽거리는 것이었습니다. ㉣산이 얼마나 장엄하고도 너그럽고 초연하고도 다정한 것이며 준열하고도 지극히 아름다운 것이 아니오리까. 우리의 모륙(母陸)이 이다지도 절승*한 도선(徒船)을 달고 엄연히 대륙에 기항*하였던 것을 새삼스럽게 감탄하지 않을 수 없었습니다. 해면에는 아직도 야색(夜色)이 개이지는 않았는지 물결이 개운한 아침 얼굴을 보이지 않았건만 ㉤한라산 이마는 아름풋한 자줏빛이며 엷은 보랏빛으로 물들은 것이 더욱 거룩해 보이지 않습니까. 필연코 바다 저쪽의 아침 해를 미리 맞음인가 하였으니 허리에 밤 잔구름을 두르고도 그리고도 그 우에 다시 헌출히 솟아오릅니다. 배가 제주 성내 앞 축항 안으로 들어가자 큼직한 목선이 선부들을 데불고 마중을 나온 것이었습니다. 갑자기 소나기 한줄금을 맞으며 우리는 목선에로 옮겨 타고 성내로 상륙하였습니다. 흙은 검고 돌은 얽었는데 돌이 흙보다 더 많은 곳이었습니다. 그리고도 사람의 자색은 희고도 아름답지 않습니까. 소나기 한줄금은 금시에 개이고 멀리도 밤을 새워 와서 맞은 햇살이 해협 일면에 부챗살 펴듯 하였습니다.

　　　　　　　　　　　　　　　　　　　　- 정지용, 〈다도해기5-일편낙토〉

* 남저지: 나머지
* 절승: 아주 뛰어나게 좋은 경치
* 기항: 항해 중인 배가 목적지가 아닌 항구에 잠시 들르는 것

★ **(가) 고전 시가 독해 공식**

❶ 화자: (　　　　　　　　　), 중심 대상: (　　　　　　)

❷ 화자의 상황: (　　　　　　　　　　　　　　　　　　)

　정서, 태도: (　　　　　　　　　　　　　　　　　　　)

❸ 표현상 특징: (　　　　　　　　　　　　　　　　　　)

★ (나) 현대 수필 독해 공식

❶ 중심 대상: (   )
❷ 글쓴이의 생각, 태도: (   )
❸ 서술상 특징: (   )

★ 시 복합 독해 공식

• 공통점: (   )
• 차이점: (   )

D28 ★★★

(가)와 (나)의 공통점으로 가장 적절한 것은?

① 운명을 수용하는 순응적 자세가 확인된다.
② 현재의 삶에 대한 반성적 태도가 부각된다.
③ 내용 전개 과정에서 시간의 흐름이 포착된다.
④ 인간과 자연의 대비를 통해 주제 의식이 표출된다.
⑤ 상실의 경험을 극복하려는 의지적 자세가 나타난다.

D29 ★★✿

㉠~㉤에 대한 설명으로 적절하지 않은 것은?

① ㉠: 구체적 현상에 빗대어 애절한 마음을 형상화하고 있다.
② ㉡: 자연물을 활용하여 애상적 분위기를 자아내고 있다.
③ ㉢: 영탄적 표현을 통해 대상을 접한 감동을 드러내고 있다.
④ ㉣: 대상에 동적인 속성을 부여하여 외양의 다채로움을 강조하고 있다.
⑤ ㉤: 색채어를 사용하여 대상이 주는 인상을 시각적으로 형상화하고 있다.

D30 ★★★

〈보기〉를 바탕으로 (가)를 이해한 내용으로 적절하지 않은 것은?
[3점]

[보기]

(가)는 두 명의 화자가 각자 자신의 사연을 차례로 말하는 것으로 볼 수 있으며, 이는 [A]와 [B]로 구분된다.

① [A]의 '황매 시절 떠난 이별'과 [B]의 '엇지타 한 별리'에서 두 화자의 처지를 확인할 수 있다.
② [A]의 '저도 나를 그리려니'와 [B]의 '자네 사정 내가 알고 내 사정 자네 아니'를 통해 두 화자가 서로를 그리워하고 있음을 알 수 있다.
③ [A]의 '굳은 언약 깊은 정'과 [B]의 '차생백년 서로 맹세'에서 두 화자가 임과의 사랑에 대해 지녔을 기대감을 떠올릴 수 있다.
④ [A]의 화자는 '소식'이 전달되기 어려운 상황에 대한 안타까움을, [B]의 화자는 '오는 글발'이 끊긴 상황에 대한 안타까움을 표출하고 있다.
⑤ [A]의 '흉중의 불'과 [B]의 '병'은 두 화자가 상사로 인해 느끼는 괴로움을 의미하고 있다.

D31 ★★✿

〈보기〉는 (나)를 읽고 학생이 쓴 감상문의 일부이다. 적절하지 않은 것은?

[보기]

이 글은 제주도를 여행한 작가의 체험을 담고 있다. ⓐ굳었던 청춘의 감성이 한라산을 보고 다시 살아나는 것을 느꼈다는 작가의 표현이 흥미로웠고, ⓑ작가와 동행했던 인물들이 아이처럼 갑판 위를 뛰어 다니는 모습을 표현한 부분에서는 여행의 즐거움을 느낄 수 있었다. 특히 제주도의 풍광을 서술하면서 ⓒ아침 무렵 구름 위로 솟아오른 한라산의 모습을 묘사한 부분이나, ⓓ제주도의 토질과 사람들에 대해 언급한 부분이 기억에 남는다. 그리고 ⓔ작가가 변덕스러운 날씨로 인해 제주도의 아름다움을 제대로 감상하지 못해 아쉬워하는 부분에서는 나도 안타까움을 느꼈다.

① ⓐ   ② ⓑ   ③ ⓒ   ④ ⓓ   ⑤ ⓔ

(가) 가을밤 아주 긴 때 적막한 방 안에
　　어둑한 그림자 말 없는 벗이 되어
　　외로운 등 심지를 태우고 전전반측(輾轉反側)하여
　　밤중에 어느 잠이 ㉠빗소리에 깨어나니
　　구곡간장(九曲肝腸)을 끊는 듯 째는 듯 새도록 끓는다
　　하물며 맑은 바람 밝은 달 삼경(三更)이 깊어 갈 때
　　동창(東窓)을 더디 닫고 외로이 앉았으니
　　임의 얼굴에 비친 달이 한 빛으로 밝았으니
　　반기는 진정(眞情)은 임을 본 듯하다마는
　　임도 달을 보고 나를 본 듯 반기는가
　　저 달을 높이 불러 물어나 보고 싶은데
　　구만리장천(九萬里長天)의 어느 달이 대답하리
　　묻지도 못하니 눈물질 뿐이로다
　　어디 뉘 말이 춘풍추월(春風秋月)을 흥(興) 많다 하던가
　　어찌한 내 눈에는 다 슬퍼 보이는구나
　　봄이라 이러하고 가을이라 그러하니
　　옛 근심과 새 한(恨)이 첩첩이 쌓였구나
　　세월이 아무리 흐른들 이내 한이 그칠까
　　몇 백세(百歲) 인생이 천년의 근심을 품어 있어
　　못 보는 저 임을 이토록 그리는가
　　잠깐 동안 아주 잊어 후리쳐 던져두자
　　운수에 정해진 만남과 이별을 마음대로 할 수 있는가
　　언약을 굳게 믿고 기다려는 보자구나
　　행복과 불행은 하늘의 이치에 자연 그러하니
　　초생(初生)에 이지러진 달도 보름에 둥글듯이
　　청춘에 나눈 거울 이제 아니 모을소냐
　　신혼에 즐거웠거늘 오랜 옛정이 지금이라고 어떠하랴
　　흰머리 속의 소년의 마음을 가져 있어
　　산수(山水) 갖춘 고을에 초막(草幕)을 작게 짓고
　　편안치 못한 생애를 유여(有餘)하고자 바랄소냐
　　두세 이랑 돌밭을 갈거니 짓거니
　　오곡이 익거든 조상 제사 받들고 성경(誠敬)을 이룬 후에
　　있으면 밥이오 없으면 죽을 먹고
　　좋은 일 못 보아도 궂은 일 없을지니
　　오십에 아들 낳아 자손 아기 늙도록
　　일생에 덜 밉던 정을 밉도록 좇으리라
　　　　　　　　　　　　　－ 박인로, 〈상사곡(相思曲)〉

(나) 내 나이 대여섯 살 적에 나는 동리 사람들이 '금융조합 이사 집 아들'이라고 부르는 것을 알게 되었다. 그리고 우리 집의 대명사가 '금융조합 집'인 것도 귀담아 듣게 되었다. 때문에 송천, 사리원, 겸이포, 장연 등지로 번질나게 이사를 다녔다고 한다. 이사(理事)네 집이기 때문에 이사(移徙)만 다닌다고, 나는 그때 혼자서 그렇게 생각했었다. 그래서 ⓐ도라지꽃, 하늘 색깔 닮아 고웁던 그 구월산 줄기 남쪽엘 거의 안 다닌 곳 없이 다닌 것이었다.

요즈음도 그 ㉡몽금포 타령, 라디오에서 흐르는 그 가락은, 가끔 날 눈 감게 하여 주고, 그러고는 나의 고향을 그 가락에 매어 끌어다 준다. 마치 수평선 저쪽에서 다가오는 한 척의 돛배처럼 느리고 잔잔하게.

감나무 두 그루가 엇갈려 서 있는 송천의 금융조합 이사 집이, 내 감은 두 눈 속에서 얌전히 찾아와 스며든다. 그것은 빛바랜, 옛날의 사진처럼 부우연 원색화이다.

뽕나무밭이 줄 그어 가시울타리까지 달려간 뒷밭에서, 오디 철 한여름을 보내면, 감나무의 감이 어린 나를 어르면서 익어 갔다.

오딧물 들어, 입술이 너나없이 연둣빛이 되던 그 한 철이 지나, ⓑ뽕잎에 기름진 여름이 줄줄 녹아 흐르고 나면 그 다음엔 떫은 입속의 감 맛을 느끼게 된다. 그 떫은 감개를 소매에 부빈다고 야단을 맞던 ⓒ어린 시절이 나의 눈앞에서 희죽희죽 웃는다. 내가 순수 무구하게 웃음을 찾을 수 있다면 그것은 이런 혼자만의 회상 속에서 가능한 것 같다.

처음 담근 감의 떫음이 빠지기를 기다리다 못해, 가을이 먼저 오는 곳이 그곳이었다. 개암 익기 기다려 산을 파헤치고 다닌다. 또 ⓓ두 산이 기역 자처럼 붙어 버린 산그늘, 그 속의 바위 냇물로 빨래하러 가는 아낙들을 부끄러운 줄 모르고 따라다니던 생각…… 사라지지 않는 방망이 소리. 또 먼지 피우며 달아나는 한두어 대의 목탄차가 신작로로 빠져나가는 것 바라보고 가슴 설레던 생각도, 시금털털한 머루 따 먹느라고 쐐기에 쏘이던 생각도, 지금은 애써 다 그려 보고 싶은 풍경들이다.

　　　　　　　　　　　(중략)

고향은 지워지지 않고, 잊어버릴 뿐. 그러나 아직 잊어버리지 않으나, 잃어버리는 생각은 있다. 쬐그만 옛날의 장난감을 잃어버리듯이.

비 온 뒤, 광에서 채를 훔쳐 내다가 달치 새끼나 건져 나누며, 싸우던 냇가의 생각, 또 포플러 높은 키의 그림자가 물속에 드리울 때, 잔등에 뿔이 솟은 쏘가리가 그 그늘로 기어들고 모래 속에 주둥이만 콱 파묻는 모래무지가 무지무지하게 많던 강가.

그놈들을 잡아서 한 마리도 국 끓여 먹어 보질 못했건만, 무엇 때문에 잡으려고 고무신만 떠내려 보내고 울곤 하였던가. ⓔ수수깡 뽑아 마디마디 끝마다 씹어 빨아 먹고, 안경 만들어 쓰고 '에헴!' 우편소의 문을 밀고 들어서 보던 시절로 지금도 달려가는 나의 생각들, 그것이 몰려가선, 나의 고향을 이룬다.

　　　　　　　　　　　－ 유경환, 〈고향 이루는 생각들〉

⭐ (가) 고전 시가 **독해 공식**

❶ 화자: (　　　　　　　　), 중심 대상: (　　　　　)
❷ 화자의 상황: (　　　　　　　　　　　　　　　　)
　 정서, 태도: (　　　　　　　　　　　　　　　　)
❸ 표현상 특징: (　　　　　　　　　　　　　　　　)

❶ 중심 대상: (   )

❷ 글쓴이의 생각, 태도: (   )

❸ 서술상 특징: (   )

★ 시 복합 독해 공식

• 공통점: (   )

• 차이점: (   )

D32 ★★✿   2018(9월)/고2교육청 42

(가), (나)의 공통점으로 가장 적절한 것은?

① 그리운 대상을 떠올리며 자신의 삶을 되돌아보고 있다.

② 해결하기 어려운 내면적 고통을 토로하며 현실을 비판하고 있다.

③ 차분하게 주변을 돌아보며 주변의 모습에서 깨달음을 얻고 있다.

④ 어지러운 세속을 부정하며 세속과 타협하지 않으려는 태도를 드러내고 있다.

⑤ 변해 버린 현실에 대해 아쉬워하며 현실에 대해 좌절하는 모습을 보이고 있다.

D33 ★★✿   2018(9월)/고2교육청 43

㉠과 ㉡을 비교한 내용으로 가장 적절한 것은?

① ㉠은 화자의 상상 속에, ㉡은 작가의 현실 속에 있는 소재이다.

② ㉠은 화자가 함께하고 싶어 하는, ㉡은 작가가 멀리하고 싶어 하는 소재이다.

③ ㉠은 화자의 처지가 긍정적임을, ㉡은 작가의 처지가 부정적임을 알게 하는 소재이다.

④ ㉠은 화자의 현재의 정서를 심화시키고, ㉡은 작가의 과거의 정서를 떠올리게 하는 소재이다.

⑤ ㉠은 화자의 내적 갈등이 고조됨을, ㉡은 작가의 외적 갈등이 해소됨을 알게 하는 소재이다.

D34 ★★✿   2018(9월)/고2교육청 44

〈보기〉를 참고하여 (가)를 감상한 내용으로 적절하지 <u>않은</u> 것은? [3점]

[보기]

　박인로의 〈상사곡〉은 이별한 임에 대한 연정의 마음을 잘 표현한 시가로서 화자를 둘러싼 배경과 자연물을 활용하여 임에 대한 간절함을 잘 드러내고 있다. 또한 이 작품은 이별의 상황을 신의로 극복하려는 모습에서 더 나아가 안분지족의 일념으로 자신의 부정적 상황을 견디려는 선비로서의 자세를 드러낸다는 점이 특징이다.

① '가을밤'과 '적막한 방'은 화자를 둘러싼 배경으로, 임과 이별하고 외로워하는 화자의 정서와 조응되는군.

② '동창'에 비친 '달'은 임을 떠올리게 하는 대상으로, 임에 대한 화자의 간절함을 느끼게 하는군.

③ '언약'을 '믿고' 기다리려는 행동은 화자의 의지가 담긴 것으로, 임에 대한 화자의 신의를 보여 주는군.

④ '초생'의 '달'과 '보름'의 달의 대비로, 임과의 재회가 어려운 화자의 부정적 상황을 강조하는군.

⑤ '초막'과 '죽'은 화자의 태도와 관련된 소재로, 화자가 자신의 현실을 안분지족의 정신으로 견디려고 함을 알게 하는군.

D35 ★★★✿   2018(9월)/고2교육청 45

ⓐ~ⓔ를 이해한 내용으로 적절하지 <u>않은</u> 것은?

① ⓐ: 회상 속 고향을 '도라지꽃, 하늘 색깔'의 시각적 이미지로 표현하여, 고향의 이미지를 형상화하고 있다.

② ⓑ: '여름'과 '감'을 감각적으로 표현하여, 고향의 계절감을 생동감 있게 드러내고 있다.

③ ⓒ: 음성상징어를 활용하여, '어린 시절' 순수했던 추억에 정감을 표현하고 있다.

④ ⓓ: 말줄임표를 사용하여, 고향의 '산그늘'과 '아낙들'을 따라다니던 추억에 여운을 주고 있다.

⑤ ⓔ: '나의 고향'을 이루는 '생각들'을 점층적으로 확대하여, '나'가 순수성을 회복하기 위해 노력하는 모습을 보여 주고 있다.

19 DAY

(가) 이화우(梨花雨) 흩뿌릴 제 울며 잡고 이별한 임
　　추풍낙엽(秋風落葉)에 저도 나를 생각하는가
　　천 리(千里)에 외로운 꿈만 오락가락 하는구나

　　　　　　　　　　　　　　　　　　　　　－ 계랑

(나) 동풍(東風)이 건듯 불어 쌓인 눈을 헤쳐 내니
　　창 밖에 심은 매화 두세 가지 피었구나
　　가뜩이나 쌀쌀하고 적막한데 그윽한 향기는 무슨 일인가
　　황혼의 달이 쫓아와 베갯머리에 비치니
　　흐느끼는 듯 반기는 듯 임이신가 아니신가
　　저 매화를 꺾어 내어 임 계신 곳에 보내고 싶구나
　　임이 너를 보고 어떻게 생각하실까
　　꽃 지고 새 잎이 나니 녹음(綠陰)이 깔렸는데
　　㉠비단 휘장 안은 쓸쓸하고 수놓은 장막은 텅 비어 있다
　　연꽃을 수놓은 휘장을 걷고 공작이 그려진 병풍을 두르니
　　가뜩이나 시름 많은데 날은 어찌 그리도 길던가
　　㉡원앙이 그려진 비단을 베어 놓고 오색실을 풀어 내어
　　금으로 만든 자로 재어서 임의 옷 지어 내니
　　솜씨는 물론이거니와 격식도 갖추었구나
　　산호로 만든 지게 위에 백옥함에 담아 두고
　　임에게 보내려고 임 계신 곳 바라보니
　　산인가 구름인가 험하기도 험하구나
　　천 리(千里) 만 리(萬里) 먼 길을 누가 찾아갈까
　　가거든 열어 두고 나를 본 듯 반기실까

　　　　　　　　　　　　　　　　　　－ 정철, 〈사미인곡〉

(다) 나는 지난해 여름까지 난초 두 분(盆)을 정성스레, 정말 정성을 다해 길렀었다. 3년 전 거처를 지금의 다래헌(茶來軒)으로 옮겨 왔을 때 어떤 스님이 우리 방으로 보내 준 것이다. ㉢혼자 사는 거처라 살아 있는 생물이라고는 나하고 그 애들뿐이었다. 그 애들을 위해 관계 서적을 구해다 읽었고, 그 애들의 건강을 위해 하이포넥스인가 하는 비료를 구해 오기도 했었다. 여름철이면 서늘한 그늘을 찾아 자리를 옮겨 주어야 했고, 겨울에는 그 애들을 위해 실내 온도를 내리곤 했다.

　이런 정성을 일찍이 부모에게 바쳤더라면 아마 효자 소리를 듣고도 남았을 것이다. 이렇듯 애지중지 가꾼 보람으로 이른 봄이면 은은한 향기와 함께 연둣빛 꽃을 피워 나를 설레게 했고, 잎은 초승달처럼 항시 청청했다. 우리 다래헌을 찾아온 사람마다 싱싱한 난초를 보고 한결같이 좋아라 했다.

　㉣지난해 여름 장마가 갠 어느 날 봉선사로 운허 노사를 뵈러 간 일이 있었다. 한낮이 되자 장마에 갇혔던 햇볕이 눈부시게 쏟아져 내리고 앞 개울물 소리에 어울려 숲속에서는 매미들이 있는 대로 목청을 돋우었다.

아차! 이때에야 문득 생각이 난 것이다. 난초를 뜰에 내놓은 채 온 것이다. 모처럼 보인 찬란한 햇볕이 돌연 원망스러워졌다. 뜨거운 햇볕에 늘어져 있을 난초 잎이 눈에 아른거려 더 지체할 수가 없었다. 허둥지둥 그길로 돌아왔다. 아니나 다를까, 잎은 축 늘어져 있었다. 안타까워하며 샘물을 길어다 축여 주고 했더니 겨우 고개를 들었다. 하지만 어딘지 생생한 기운이 빠져나간 것 같았다.

나는 이때 온몸으로, 그리고 마음속으로 절절히 느끼게 되었다. ㉤집착이 괴로움인 것을. 그렇다. 나는 난초에게 너무 집념해 버린 것이다. 이 집착에서 벗어나야겠다고 결심했다. 난을 가꾸면서는 산철*에도 나그네 길을 떠나지 못한 채 꼼짝을 못했다. 밖에 볼일이 있어 잠시 방을 비울 때면 환기가 되도록 들창문을 조금 열어 놓아야 했고, 분을 내놓은 채 나가다가 뒤미처 생각하고는 되돌아와 들여 놓고 나간 적도 한두 번이 아니었다. 그것은 정말 지독한 집착이었다.

　　　　　　　　　　　　　　　　　　－ 법정, 〈무소유〉

* 산철: 스님들이 거처를 떠나 수행하는 기간

★ (가) 고전 시가 독해 공식

① 화자: (　　　　　　　　　　　), 중심 대상: (　　　　　　　　)
② 화자의 상황: (　　　　　　　　　　　　　　　　　　　　)
　정서, 태도: (　　　　　　　　　　　　　　　　　　　　)
③ 표현상 특징: (　　　　　　　　　　　　　　　　　　　)

★ (나) 고전 시가 독해 공식

① 화자: (　　　　　　　　　　　), 중심 대상: (　　　　　　　　)
② 화자의 상황: (　　　　　　　　　　　　　　　　　　　　)
　정서, 태도: (　　　　　　　　　　　　　　　　　　　　)
③ 표현상 특징: (　　　　　　　　　　　　　　　　　　　)

★ (다) 현대 수필 독해 공식

① 중심 대상: (　　　　　　　　　　　　　　　　　　　　)
② 글쓴이의 생각, 태도: (　　　　　　　　　　　　　　　)
③ 서술상 특징: (　　　　　　　　　　　　　　　　　　　)

★ 시 복합 독해 공식

• 공통점: (　　　　　　　　　　　　　　　　　　　　　)
• 차이점: (　　　　　　　　　　　　　　　　　　　　　)

(가)~(다)의 공통점으로 가장 적절한 것은?

① 공감각적 표현을 통해 대상을 생동감 있게 묘사하고 있다.
② 대상에 감정을 이입하여 화자의 심리 상태를 드러내고 있다.
③ 현재와 과거를 대비하여 미래에 대한 전망을 제시하고 있다.
④ 설의적 표현을 통해 현실에 대한 비판적 태도를 나타내고 있다.
⑤ 시간의 흐름을 바탕으로 대상에 대한 화자의 심정을 표출하고 있다.

〈보기〉를 바탕으로 (가), (나)를 감상한 내용으로 적절하지 않은 것은? [3점]

[보기]

고전 시가에는 헤어진 임에 대한 그리움과 변함없는 사랑을 여성 화자의 목소리로 표현한 작품들이 많다. 이러한 작품들에는 (가)처럼 여성 작자가 자신이 실제 겪었던 이별의 상황과 아픔을 진솔하게 표현한 노래도 있으며, (나)처럼 남성인 사대부가 임금의 곁에서 멀어져 있는 자신의 처지를 이별한 여인의 모습에 빗대어 표현한 노래도 있다.

① (가)의 '임'은 실제 경험 속 연인으로, (나)의 '임'은 당시의 임금으로 해석할 수 있군.
② (가)와 달리, (나)는 작가 자신을 이별한 여인에 빗대어 '임'에 대한 사랑을 노래하고 있군.
③ (가)와 (나)는 모두 '천 리'라는 시어를 통해 임과 멀어져 있는 현재의 상황을 표현하고 있군.
④ (가)의 '이화우', (나)의 '산'과 '구름'은 임에 대한 변함없는 화자의 사랑을 반영한 자연물이군.
⑤ (가)는 '저도 나를 생각하는가', (나)는 '나를 본 듯 반기실까'를 통해 여전히 임을 그리워하는 화자의 모습이 드러나는군.

㉠~㉢에 대한 이해로 적절하지 않은 것은?

① ㉠: 빈 '휘장'과 '장막'으로 화자의 외로운 심정을 드러내고 있다.
② ㉡: '옷'을 짓는 과정으로 화자의 지극한 정성을 표현하고 있다.
③ ㉢: '그 애들'이라는 의인화로 대상에 친근감을 나타내고 있다.
④ ㉣: '운허 노사'의 가르침으로 가치관의 변화를 암시하고 있다.
⑤ ㉤: '난초'를 통해 화자가 깨달은 바를 제시하고 있다.

[D39~41] 다음 글을 읽고 물음에 답하시오. ⋯⋯⋯⋯

(가)
[A] ┌ 외모도 남에 비해 그리 빠지지 않고
  │ 바느질 솜씨 길쌈 솜씨도 좋건만
  │ 가난한 집안에 태어나 자란 까닭에
  └ 좋은 중매 자리 나를 몰라준다오.

[B] ┌ 춥고 굶주려도 겉으로는 내색하지 않고
  │ 하루 종일 창가에서 베만 짠다네
  │ 오직 내 부모님만 가엾다 여기실 뿐
  └ 그 어떤 이웃이 이내 속을 알아주리오.

[C] ┌ 밤이 깊어도 베를 짜는 손 멈추지 않고
  │ 베틀 소리만 삐걱삐걱 처량하게 우네
  │ 베틀에 짜여 가는 이 한 필 비단
  └ 끝내는 어느 색시의 옷이 되려나.

[D] ┌ 가위로 싹둑싹둑 옷감을 마르노라면
  │ 추운 밤에 손끝이 곱아 오네
  │ 시집가는 누군가를 위해 길옷을 만들고 있지만
  └ 이내 몸은 해마다 홀로 잔다오.

– 허난설헌, 〈빈녀음(貧女吟)〉

(나) 이 밤 이제 조금만 있으면 닭이 울어서 귀신이 제 집으로 가고 육보름달*이 오겠습니다. 이 좋은 밤에 시꺼먼 잠을 자면 하얗게 눈썹이 센다는 말은 얼마나 무서운 말입니까. 육보름이면 옛사람의 인정 같은 고사리의 반가운 맛이 나를 울려도 좋듯이 허연 영감 귀신의 호통 같은 이 무서운 말이

20 DAY

이 밤에 내 잠을 쫓아 버려도 나는 좋습니다. 고요하니 즐거운 이 밤 초롱초롱 맑게 괸 샘물 같은 눈으로 나는 지금 당신께서 보내 주신 맑고 고운 **수선화** 한 폭을 들여다봅니다. 들여다보노라니 그윽한 향기와 새파란 꿈이 안개같이 오르고 또 **노란 슬픔**이 냇내같이 오릅니다.

나는 이제 이 긴긴밤을 당신께 이 [노란 슬픔의 이야기] 나해서 보내도 좋겠습니다. 남쪽 바닷가 어떤 낡은 항구의 처녀 하나를 나는 좋아했습니다. 머리가 까맣고 눈이 크고 코가 높고 목이 패고 키가 호리낭창했습니다. 그가 열 살이 못 되어 젊디젊은 그 아버지는 가슴을 앓아 죽고 그는 아름다운 젊은 홀어머니와 둘이 동지섣달에도 눈이 오지 않는 따뜻한 이 낡은 항구의 크나큰 기와집에서 그늘진 풀같이 살아왔습니다.

어느 해 유월이 저물게 실비 오는 무더운 밤에 처음으로 그를 안 나는 여러 아름다운 것에 그를 견주어 보았습니다. 당신께서 좋아하시는 산새에도 해오라비에도 또 진달래에도 그리고 산호에도…. 그러나 나는 어리석어서 아름다움이 닮은 것을 골라낼 수 없었습니다. 총명한 내 친구 하나가 그를 비겨서 수선이라고 했습니다. 그제는 나도 기뻐서 그를 비겨 수선이라고 했습니다. 그러한 나의 수선이 시들어갑니다. 그는 스물을 넘지 못하고 또 가슴의 병을 얻었습니다. 이 이야기는 이만하고 나의 노란 슬픔이 더 떠오르지 않게 나는 당신의 보내 주신 맑고 고운 수선화의 폭을 치워 놓아야 하겠습니다.

밤이 아직 샐 때가 멀고 복밥을 먹을 때도 아직 되지 않았습니다. 이제 나는 어머니의 바느질 그릇이 있는 데로 가서 무새 헝겊이나 얻어다가 **알록달록한 각시**나 만들면서 이 남은 밤을 당신께서 좋아하실 내 [시골 육보름 밤의 이야기] 나해서 보내도 좋겠습니까.

육보름으로 넘어서는 밤은 집집이 안간으로 사랑으로 윗간에도 만윗간에도 누방에도 허청에도 고방에도 부엌에도 대문간에도 외양간에도 모두 쩨듯하니 불을 켜 놓고 복을 맞이하는 밤입니다. 달 밝은 마을의 행길 어디로는 복덩이가 돌아다닐 것도 같은 밤입니다. 닭이 수잠을 자고 개가 밤물을 먹고 도야지 깃을 들썩이는 밤입니다. 새악시 처녀들은 새 옷을 입고 복물을 긷는다고 벌을 건너기도 하고 고개를 넘기도 하여 부잣집 우물로 가서 반동이에 옹패기에 찰락찰락 물을 길어 오며 별 같은 이야기를 재깔재깔하는 밤입니다.

새악시 처녀들은 또 복을 가져오느라고 달을 보고 웃어 가며 살기같이 여우같이 부잣집으로 가서는 날쌔기도 하게 기왓골의 기왓장을 벗겨 오고 부엌의 솥뚜껑을 들어오고 곱새담*의 짚낟을 뽑아 오고…. 이렇게 허물없는 즐거움 속에 끼득깨득하는 그들은 산에서 내린 무슨 암짐승들이 되어 버리는 밤입니다. 그러다는 집으로 들어가서 마음 고요히 세 마디 달린 수숫대에 마디마디 콩 한 알씩을 박아 물독 안에 넣는 밤인데 밝은 날 산골이라는 윗마디, 중산이라는 가운뎃마

디, 해변이라는 밑마디의 그 어느 마디의 콩이 붇는가를 보고 그 어느 고장에 풍년이 들 것을 점칠 것입니다. 그러다는 닭이 울어서 새 날이 되면 아홉 가지 나물에 아홉 그릇 밥을 먹으면, 먹으면 몸 솔쐐기*가 쏜다는 김치와 먹으면 김맬 때 비가 온다는 물을 자꾸 먹고 싶어 하는 밤입니다.

이렇게 해서 육보름의 아침이 됩니다. 새악시 처녀들은 해 뜨기 전에 동리 국수당의 스무나무 가지를 쪄 오려서 가시가시에 하얀 솜을 피우고 그 솜밭 속에 며칠 앞서부터 스물이고 서른이고 만들어 놓은 울긋불긋한 각시와 새하얀 할미를 세워서는 굴통 담에 곱새담에 장독담에 꽂아 놓는데, 이렇게 하면 이 해에는 하루같이 목화밭에서 천 근 목화가 난다고 믿는 그들이 새 옷의 스적이는 소리도 좋게 의좋은 짝패들끼리 끼리끼리 밀려다니며 담장마다 머물러서는 목화 따는 할미며 각시와 무슨 이야기나 하는 듯이 즐거워하는 것입니다.

(닭이 우나?) 아, 닭이 웁니다. 나는 이만 이야기를 그치고 복밥을 기다리는 얼마 아닌 동안 신선과 고사리와 수선화와 **병든 내 사람**이나 생각하겠습니다.

－ 백석, 〈편지〉

* 육보름달: 정월 대보름날 밤에 뜨는 가장 둥근 달을 의미함.
* 곱새담: 풀 짚으로 만든 담
* 솔쐐기: 소나무 송충이

⭐ **(가) 고전 시가 독해 공식**

❶ 화자: (   ), 중심 대상: (   )
❷ 화자의 상황: (   )
　정서, 태도: (   )
❸ 표현상 특징: (   )

⭐ **(나) 현대 수필 독해 공식**

❶ 중심 대상: (   )
❷ 글쓴이의 생각, 태도: (   )
❸ 서술상 특징: (   )

⭐ **시 복합 독해 공식**

• 공통점: (   )
• 차이점: (   )

D39 ❋❋❋ .... 2017(3월)/고2교육청 19

(가), (나)의 공통점으로 가장 적절한 것은?

① 시선의 이동에 따라 대상의 특징을 묘사하고 있다.
② 주체와 객체를 전도시켜 삶의 덧없음을 부각하고 있다.
③ 역설적 표현을 통해 이상에 대한 열망을 표출하고 있다.
④ 음성 상징어를 활용하여 상황을 효과적으로 드러내고 있다.
⑤ 연쇄적 표현을 활용하여 정서의 변화 추이를 나타내고 있다.

D40 ✽✽✽

시적 맥락을 고려하여 (가)의 [A]~[D]를 이해한 내용으로 적절하지 <u>않은</u> 것은?

① [A]의 '가난한 집안' 사정은 [B]의 '하루 종일 창가에서 베만' 짜야 하는 구체적 상황으로 이어지고 있군.

② [A]의 '좋은 중매 자리'가 들어오지 않는 상황은 [D]의 '해마다 홀로' 자야 하는 외로운 처지에 놓이게 했군.

③ [B]의 '어떤 이웃'도 알아주지 않는 '이내 속'은 [C]의 '처량하게 우'는 '베틀'에 투영되어 있군.

④ [C]의 '베틀에 짜여 가는 이 한 필 비단'은 [D]의 '옷감을 마르'는 힘겨운 일상에 위안을 주고 있군.

⑤ [D]의 '길옷을 만들고 있는' 상황은 [C]의 '어느 색시'의 처지와 대비되어 서글픔을 심화시키고 있군.

D41 ✽✽✽

〈보기〉를 바탕으로 (나)를 감상할 때, 적절하지 <u>않은</u> 것은? [3점]

[보기]

백석은 '감각'과 '열거'를 통해 기억을 환기해 내는 탁월한 작가이다. 그의 이러한 면모가 잘 드러나 있는 〈편지〉는 두 가지 이야기로 구성되어 있다. 사랑하는 여인에 대한 추억과, 정월 대보름 고향 마을의 풍속에 대한 기억이 그것이다.

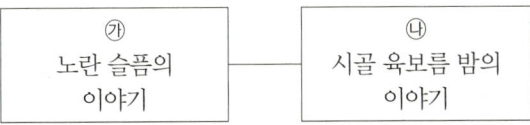

⑦는 사랑하는 여인을 수선화에 빗대어, 그녀에 대한 애련한 심정을 섬세한 필치로 담고 있다. 그리고 ⑭는 마을의 풍요와 안녕을 기원하는 풍속에 대한 기억을 현재형 진술을 통해 촘촘히 불러냄으로써, 일제 강점기, 사라져 가는 고유의 풍속과 민족 정서를 복원하고, '지금', '여기'에서 재현될 수 있는 어울림의 공동체를 지향하고자 했던 백석의 문학 세계를 고스란히 담고 있다.

① '수선화 한 폭'은 글쓴이의 내면을 ⑦의 추억으로, '알록달록한 각시'는 ⑭의 기억으로 이어 주는 매개적 기능을 하는군.

② 화제가 ⑦의 '그'에서 ⑭의 '새악시 처녀들'로 확대되면서 글의 애상적인 분위기가 심화되고 있군.

③ '병든 내 사람'을 비유한 시들어 가는 '수선'은 ⑦의 '노란 슬픔'에서 환기되는 이미지와 연계되고 있군.

④ ⑭에서 '육보름으로 넘어서는 밤'의 풍속에 대한 기억을 열거하면서 민족 공동체의 정서를 환기하고 있군.

⑤ ⑭에서 과거의 이야기를 '~ 밤입니다'와 같은 현재형 진술로 반복한 것은 기억 속의 세계가 '지금', '여기'에 재현되기를 바라는 마음을 표현한 것으로 볼 수 있군.

[D 42~45] 다음 글을 읽고 물음에 답하시오.

(가) 바위에 섰는 솔이 늠연(凜然)한* 줄 반가온더
　　풍상(風霜)을 겪어도 여위는 줄 전혀 업다
　　어쩌다 봄 빛을 가져 변할 줄 모르나니

　　동리(東籬)에* 심은 국화 귀한 줄을 뉘 아나니
　　춘광(春光)을 번폐하고* 엄상(嚴霜)*이 혼자 피니
　　어즈버 청고(淸高)한 내 벗이 다만 넨가 하노라

　　꽃이 무한호되 매화를 심은 뜻은
　　눈 속에 꽃이 퓌여 한 빛*인 줄 귀하도다
　　하물며 그윽한 향기를 아니 귀(貴)고 어이리

　　백설이 잦은 날에 대를 보려 창을 여니
　　㉠온갖 꽃 간 데 없고 대숲이 푸르러셰라
　　어쩌서 청풍(淸風)을 반겨 흔덕흔덕 하나니

　　　　　　　　　　　　　　　－ 이신의, 〈사우가(四友歌)〉

* 늠연한: 위엄 있고 당당한
* 동리에: 동쪽 울타리에
* 번폐하고: 번거롭게 가리고, 마다하고
* 엄상: 된서리
* 한 빛: 같은 색의 빛

(나) 나무는 덕을 지녔다.

　나무는 주어진 분수에 만족할 줄 안다. 나무로 태어난 것을 탓하지 아니하고, 왜 여기 놓이고 저기 놓이지 않았는가를 말하지 아니한다. 등성이에 서면 햇살이 따사로울까, 골짜기에 내려서면 물이 좋을까 하여, 새로운 자리를 엿보는 일도 없다. 물과 흙과 태양의 아들로, 물과 흙과 태양이 주는 대로 받고, 득박*과 불만족을 말하지 아니한다. 이웃 친구의 처지에 눈 떠 보는 일도 없다. 소나무는 소나무대로 스스로 족하고, 진달래는 진달래대로 스스로 족하다.

　나무는 고독하다. 나무는 모든 고독을 안다. 안개에 잠긴 아침의 고독을 알고, 구름에 덮인 저녁의 고독을 안다. 부슬비 내리는 가을 저녁의 고독도 알고, 함박눈 펄펄 날리는 겨울 아침의 고독도 안다. 나무는 파리 옴쭉 않는 한여름 대낮의 고독도 알고, 별 얼고 돌 우는 동짓날 한밤의 고독도 안다. 그러면서도 나무는 어디까지든지 고독에 견디고, 고독을 이기고, 고독을 즐긴다.

나무에 아주 친구가 없는 것은 아니다. 달이 있고, 바람이 있고, 새가 있다. 달은 때를 어기지 아니하고 찾고, 고독한 여름 밤을 같이 지내고 가는, 의리 있고 다정한 친구다. 웃을 뿐 말이 없으나, 이심전심 의사가 잘 소통되고 아주 비위에 맞는 친구다.

바람은 달과 달라 아주 변덕 많고 수다스럽고 믿지 못할 친구다. 그야말로 바람장이 친구다. 자기 마음 내키는 때 찾아올 뿐 아니라, 어떤 때는 쏘삭쏘삭 알랑거리고, 어떤 때에는 난데없이 휘갈기고, 또 어떤 때에는 공연히 뒤틀려 우악스럽게 남의 팔자리에 생채기를 내놓고 달아난다. 새 역시 바람같이 믿지 못할 친구다. 자기 마음 내키는 때 찾아오고, 자기 마음 내키는 때 달아난다. 그러나 가다 믿고 와 둥지를 틀고, 지쳤을 때 찾아와 쉬며 푸념하는 것이 귀엽다. 그리고 가다 흥겨워 노래할 때, 노래 들을 수 있는 것이 또한 기쁨이 되지 아니할 수 없다.

나무는 이 모든 것을 잘 가릴 줄 안다. 그러나 좋은 친구라 하여 달만을 반기고, 믿지 못할 친구라 하여 새와 바람을 물리치는 일이 없다. 그리고 달을 유달리 후대하고 새와 바람을 박대하는 일도 없다. 달은 달대로, 새는 새대로, 바람은 바람대로 다 같이 친구로 대한다.

(중략)

나무에 하나 더 원하는 것이 있다면, 그것은 천명을 다한 뒤에 하늘 뜻대로 다시 흙과 물로 돌아가는 것이다.

그러나 사람은 가다 장난삼아 칼로 제 이름을 새겨 보고, 흔히 자기 소용 닿는 대로 가지를 쳐 가고 송두리째 베어 가곤 한다. 나무는 그래도 원망하지 않는다. 새긴 이름은 도로 그들의 원대로 키워지고, 베어 간 재목이 혹 자기를 해칠 도끼 자루가 되고 톱 손잡이가 된다 하더라도, 이렇다 하는 법이 없다.

나무는 훌륭한 견인주의자*요, 고독의 철인*이요, 안분지족의 현인이다.

불교의 소위 윤회설이 참말이라면, 나는 죽어서 나무가 되고 싶다.

'무슨 나무가 될까?'

이미 나무를 뜻하였으니, 진달래가 될까 소나무가 될까는 가리지 않으련다.

― 이양하, 〈나무〉

* 득박: 얻은 것이나 주어진 것이 적음.
* 견인주의자: 육체적인 욕구를 의지의 힘으로 억제하려는 주의나 주장을 가진 사람
* 철인: 어질고 사리에 밝은 사람. 철학자

⭐ (가) 고전 시가 독해 공식

❶ 화자: (   ), 중심 대상: (   )
❷ 화자의 상황: (   )
　　정서, 태도: (   )
❸ 표현상 특징: (   )

⭐ (나) 현대 수필 독해 공식

❶ 중심 대상: (   )
❷ 글쓴이의 생각, 태도: (   )
❸ 서술상 특징: (   )

⭐ 시 복합 독해 공식

• 공통점: (   )
• 차이점: (   )

D42 ✳✳✳   2015(11월)/고2교육청 39

(가)와 (나)의 공통점으로 가장 적절한 것은?

① 어조의 변화를 통해 긴장감을 높이고 있다.
② 자연물을 의인화하여 주제의식을 드러내고 있다.
③ 점층적 표현을 통해 고조된 감정을 나타내고 있다.
④ 반어적 표현을 사용하여 대상의 속성을 강조하고 있다.
⑤ 설의적 표현을 통해 대상에 대한 관심을 드러내고 있다.

D43 ✳✳✳   2015(11월)/고2교육청 40

〈보기〉를 참고하여 (가)를 감상한 내용으로 적절하지 않은 것은? [3점]

[보기]

이 작품은 작가가 광해군의 폭정에 상소하였다가 함경북도 회령에 유배되었을 때 창작되었다. 이 작품에서 작가는, 당시 정치 상황에 굴복하고 자신의 뜻을 바꾸는 속된 선비들과는 달리 시류에 영합하지 않겠다는 고고한 정신을 드러냈다. 또한 유배지에서 힘든 생활을 했음에도 불구하고 자신의 삶에 대한 자부심과 씩씩한 기상을 드러냈다. 작품에 사용된 소재들은 당대의 상황과 이에 따른 작가의 삶의 자세를 보여 준다고 할 수 있다.

① '솔'이 '풍상'을 겪는 모습을 통해 당시 정치 상황 속에서 시련을 겪는 작가의 상황을 짐작할 수 있군.
② '봄 빛'은 자신의 뜻을 바꾸는 속된 선비들에게서는 찾을 수 없는, 작가가 지니고자 하는 삶의 자세라 할 수 있군.
③ '춘광(春光)'을 마다하고 피는 '국화'를 '청고한 내 벗'이라고 표현한 것에서 시류에 영합하지 않겠다는 작가의 고고한 정신을 느낄 수 있군.
④ '눈 속'에서 핀 '매화'가 눈과 '한 빛'이라고 표현한 것에서 당대의 정치 현실에 변화가 나타나고 있음을 알 수 있군.
⑤ '대'나무가 '백설이 잦은 날' 부는 찬바람을 '청풍'이라 여기고 이를 반긴다고 표현한 것에서 작가의 씩씩한 기상을 엿볼 수 있군.

D44 ✿✿✿

(가)의 ㉠과 〈보기〉의 ㉡을 비교한 내용으로 가장 적절한 것은?

[보기]

고즌 므스 일로 퓌며셔 쉬이 디고,
플은 어이ᄒ야 프르ᄂᆞᆫ 듯 누르ᄂᆞ니,
아마도 변티 아닐ᄾᆞᆫ ㉡바회ᄲᅮᆫ인가 ᄒ노라.
　　　　　　　　　　　　– 윤선도, 〈오우가(五友歌)〉中 제3수

① ㉠은 가변성을 지닌 존재이고, ㉡은 불변성을 지닌
　존재이다.
② ㉠은 강한 생명력을 가진 존재이고, ㉡은 불모성을
　지닌 존재이다.
③ ㉠은 그리움을 불러일으키는 존재이고, ㉡은 고독을
　느끼게 하는 존재이다.
④ ㉠은 긍정적인 속성을 지닌 존재이고, ㉡은 부정적인
　속성을 지닌 존재이다.
⑤ ㉠은 현재를 성찰하게 하는 존재이고, ㉡은 과거를
　회상하게 하는 존재이다.

D45 ✿✿✿

(나)를 통해 알 수 있는 글쓴이의 생각으로 적절하지 <u>않은</u> 것은?

① 자연의 순리에 따르는 삶을 살아야 한다.
② 타인을 있는 그대로 인정하고 받아들일 줄 알아야 한다.
③ 고독을 경험함으로써 더불어 사는 삶의 중요성을 깨
　달아야 한다.
④ 타인으로 인해 상처를 받는 일이 있더라도 원망하지
　말아야 한다.
⑤ 자신이 처한 현실에서 욕심을 부리지 않고 만족할 줄
　알아야 한다.

[D46~49] 다음 글을 읽고 물음에 답하시오.

(가) ┌ 고인(古人)*도 날 못 보고 나도 고인 못 뵈네
　　[A] 고인을 못 봐도 가던 길 앞에 있네
　　└ 가던 길 앞에 있거든 아니 가고 어찌할까　　〈제9수〉

　　┌ 당시(當時)에 가던 길을 몇 해를 버려 두고
　　[B] 어디 가 다니다가 이제야 돌아왔는고
　　└ 이제야 돌아왔으니 딴 데 마음 말으리　　〈제10수〉

　　청산(靑山)은 어찌하여 만고(萬古)에 푸르르며
　　유수(流水)는 어찌하여 주야(晝夜)에 그치지 않는고
　　우리도 그치지 마라 만고상청(萬古常靑)*하리라 〈제11수〉
　　　　　　　　　　　　　　　　　　– 이황, 〈도산십이곡〉

* 고인: 옛 성인(聖人), 성현
* 만고상청: 아주 오랜 세월 동안 항상 푸름.

(나) 지나간 성인들의 가르침은 하나같이 간단하고 명료했다. 들으면 누구나 다 알아들을 수 있는 내용이었다. 그런데 학자(이 안에는 물론 신학자도 포함되어야 한다)라는 사람들이 튀어나와 불필요한 접속사와 수식어로써 **말의 갈래를 쪼개고 나누어** 명료한 진리를 어렵게 만들어 놓았다. 어떻게 살아야 할 것인가에 대한 **자기 자신의 문제는 묻어 둔 채**, 이미 뱉어 버린 말의 찌꺼기를 가지고 시시콜콜하게 뒤적거리며 이러쿵저러쿵 따지려 든다. 생동하던 언행은 이렇게 해서 지식의 울안에 갇히고 만다.

　이와 같은 학문이나 지식을 나는 신용하고 싶지 않다. 현대인들은 자기 행동은 없이 남의 흉내만을 내면서 살려는 데에 맹점이 있다. 사색이 따르지 않는 지식을, 행동이 없는 지식인을 어디에다 쓸 것인가. 아무리 바닥이 드러난 세상이기로, 진리를 사랑하고 실현해야 할 지식인들까지 곡학아세(曲學阿世)*와 비겁한 침묵으로써 처신하려 드니, 그것은 지혜로운 일이 아니라 진리에 대한 배반이다.

　얼마만큼 많이 알고 있느냐는 것은 대단한 일이 못 된다. 아는 것을 어떻게 살리고 있느냐가 중요하다. 인간의 탈을 쓴 인형은 많아도 인간다운 인간이 적은 현실 앞에서 지식인이 할 일은 무엇일까. 먼저 무기력하고 나약하기만 한 그 인형의 집에서 나오지 않고서는 어떠한 사명도 할 수가 없을 것이다.

　무학(無學) 이란 말이 있다. 전혀 배움이 없거나 배우지 않았다는 뜻이 아니다. 학문에 대한 무용론도 아니다. 많이 배웠으면서도 배운 자취가 없는 것을 가리킴이다. 학문이나 지식을 코에 걸지 않고 지식 과잉에서 오는 관념성을 경계한 뜻에서 나온 말일 것이다. 지식이나 정보에 얽매이지 않는 자유롭고 발랄한 삶이 소중하다는 말이다. 여러 가지 지식에서 추출된 진리에 대한 신념이 일상화되지 않고서는 지식 본래의 기능을 다할 수 없다. 지식이 인격과 단절될 때 그 지식인은 사이비요 위선자가 되고 만다.

　책임을 질 줄 아는 것은 인간뿐이다. 이 시대의 실상을 모른 체하려는 무관심은 비겁한 회피요, 일종의 범죄다. 사랑한다는 것은 함께 나누어 짊어진다는 뜻이다. 우리에게는 우리 이웃의 기쁨과 아픔에 대해 나누어 가질 책임이 있다. 우리는 인형이 아니라 **살아 움직이는 인간**이다. 우리는 **끌려가는 짐승**이 아니라 신념을 가지고 당당하게 살아야 할 인간이다.
　　　　　　　　　　　　　　　　　　– 법정, 〈인형과 인간〉

* 곡학아세: 바른 길에서 벗어난 학문으로 세상 사람들에게 아첨함.

★ **(가) 고전 시가 독해 공식**

❶ 화자: (   ), 중심 대상: (   )
❷ 화자의 상황: (   )
   정서, 태도: (   )
❸ 표현상 특징: (   )

★ **(나) 현대 수필 독해 공식**

❶ 중심 대상: (   )
❷ 글쓴이의 생각, 태도: (   )
❸ 서술상 특징: (   )

★ **시 복합 독해 공식**

· 공통점: (   )
· 차이점: (   )

D46 ★★★ 2021(3월)/고1교육청 38

(가)와 (나)의 공통점으로 가장 적절한 것은?

① 옛사람의 행적을 긍정적으로 바라보고 있다.
② 새로운 도전에 대한 기대감을 형상화하고 있다.
③ 사물의 아름다움에 대한 예찬적 태도를 드러내고 있다.
④ 자연과 하나 되는 삶의 과정을 순차적으로 제시하고 있다.
⑤ 지식인의 부정적 태도에 대한 냉소적인 인식을 나타내고 있다.

D47 ★★★ 2021(3월)/고1교육청 39

[A]와 [B]에 대한 설명으로 적절하지 않은 것은?

① [A]는 유사한 문장 구조를 활용하여 운율감을 형성하고 있다.
② [B]는 시간과 관련된 표현을 활용하여 상황 변화의 기점을 강조하고 있다.
③ [A]와 [B]는 모두 의문형 어구를 활용하여 화자의 태도를 드러내고 있다.
④ [A]와 [B]는 모두 부정 표현을 사용하여 반성하는 자세를 드러내고 있다.
⑤ [A]와 [B]는 모두 앞 구절의 일부를 다음 구절에서 반복하여 내용을 연결하고 있다.

[D 48 ~ 49] 〈보기〉를 참고하여 **D**48번과 **D**49번의 두 물음에 답하시오.

> [보기]
>
> 문학 작품의 감상 과정에서 독자는 작품에 제시된 대상이나 상황 간의 관계를 파악함으로써 내용을 더 잘 이해할 수 있다. (가)와 (나)의 독자는 이러한 방식을 통해 ㉠학문의 길을 걷는 사람이 지녀야 하는 올바른 삶의 태도를 발견하게 된다.

D48 ★★★ 2021(3월)/고1교육청 40

(가)와 (나)를 감상한 내용으로 적절하지 않은 것은? [3점]

① (가)의 9수에서는 '고인'과 '나'가 만나지 못하는 현실을 인식하고 학문 수양이라는 '가던 길'을 매개로 '고인'을 따르겠다는 화자의 의도가 드러나고 있다.
② (가)의 10수에서는 '당시에 가던 길'과 '딴 데'가 대비되면서 학문 수양 이외에 다른 것에는 힘을 쏟지 않겠다는 화자의 의지가 드러나고 있다.
③ (가)의 11수에서는 '청산'과 '유수'의 공통적 속성이 '우리도 그치지' 않겠다는 다짐과 연결되면서 끊임없이 학문에 정진하겠다는 자세가 드러나고 있다.
④ (나)에서는 '말의 갈래를 쪼개고 나누'는 태도와 '자신의 문제는 묻어' 두는 태도가 대비되면서 학문 수양에서 자기 중심적 태도를 버려야겠다는 다짐이 드러나고 있다.
⑤ (나)에서는 '살아 움직이는 인간'과 '끌려가는 짐승'이 대비되면서 학문을 통해 배운 신념을 바탕으로 당당하게 살아가겠다는 태도가 드러나고 있다.

D49 ★★★ 2021(3월)/고1교육청 41

(나)의 무학(無學)의 의미를 바탕으로 〈보기〉의 ㉠을 설명한 내용으로 적절하지 않은 것은?

① 지식의 과잉에서 오는 관념성을 경계하는 태도이다.
② 배움이 부족하여 지식을 인격과 별개로 보는 태도이다.
③ 많이 배웠으면서 배운 자취를 자랑하지 않는 태도이다.
④ 지식에서 추출된 진리에 대한 신념이 일상화된 태도이다.
⑤ 지식이나 정보에 얽매이지 않은 자유롭고 발랄한 태도이다.

[D 50 ~ 53] 다음 글을 읽고 물음에 답하시오.

(가) 어리고 성근 가지 너를 믿지 않았더니
　　　눈 기약(期約) 능(能)히 지켜 두세 송이 피었구나
　　　촛불 잡고 가까이 사랑할 때 암향부동(暗香浮動)*하더라
　　　　　　　　　　　　　　　　　　　　　〈제2수〉

　　┌ 빙자옥질(氷姿玉質)*이여 눈 속에 네로구나
　[A] 가만히 향기 놓아 황혼월(黃昏月)을 기약하니
　　└ 아마도 아치고절(雅致高節)*은 너뿐인가 하노라
　　　　　　　　　　　　　　　　　　　　　〈제3수〉

동쪽 누각에 숨은 꽃이 철쭉인가 두견화(杜鵑花)인가
온 세상이 눈이어늘 제 어찌 감히 피리
알괘라 백설 양춘(白雪陽春)*은 매화밖에 뉘 있으리

〈제8수〉

— 안민영, 〈매화사(梅花詞)〉

* 암향부동: 그윽한 향기가 은근히 떠돎.
* 빙자옥질: 얼음같이 맑고 깨끗한 살결과 구슬같이 아름다운 자질
* 아치고절: 우아하고 높은 절개
* 백설 양춘: 흰 눈이 날리는 이른 봄

(나) 나이가 들수록 격이 높아지는 것이 나무다. 경기도 용문사에는 천여 년 전에 심었다는 고령의 은행나무가 있어 45미터의 키에 아래 부분의 직경이 4미터가 된다니 산으로 치자면 백두요, 한라가 아닐 수 없다. 뜨락에 자질구레한 나무만 심어 놓고 바라보아도 한결 마음이 든든한데 그쯤 고령의 거목이고 보면, 내 하잘것없는 인생을 송두리째 맡기고 살아도 뉘우칠 게 없을 것 같다.

홍야항야*로 일삼는 세속적인 생각에 젖어 사는 것이 너무나 치사한 것만 같아 새삼 허탈을 느낄 때가 한두 번이 아니다. 창 앞에 대를 심어 소슬한 가을바람을 즐길 줄 모르는 바 아니요, 또한 눈부신 장미꽃이 싫은 바도 아니요, 오색영롱한 철쭉도 싫은 바 아니지만, 그런 관목*보다는 아교목*이 좋고 아교목보다는 교목*이 믿음직해서 더 좋다. 욕심껏 꽂아 놓은 나무가 좁은 뜨락에 초만원이 되어 이제 어찌 할 도리가 없어 제일 먼저 장미를 담 옆으로 분산시키고 아교목의 호랑가시와 교목인 태산목, 은행나무, 낙우송을 알맞게 자리 잡아 세운 것도 호화찬란한 장미처럼 눈부신 여생이기보다는 담담하기를 바라는 탓도 있지만, 자라리 그보나는 날로 거목의 몸매가 잡혀가는 아교목들에게 끌리는 정이 더욱 도탑고 믿음직한 탓이기도 하리라.

낙우송 사이로 바라다보이는 유월 하늘에서는 가지가 흔들릴 때마다 그 짙푸른 쪽물이 금시 쏟아질 것만 같아 좋거니와, 오월부터 개화하기 비롯한 태산목은 겨우 십 년이 되었는데도 두세 송이씩 연이어 꽃이 피는가 하면 그 맑은 향기가 어찌도 그윽한지 문향(文香) 십 리를 자랑하는 난(蘭) 또한 감히 따를 바 못 되리라.

[B] 백련꽃 송이처럼 탐스러운 봉오리에 어쩌면 향기를 가득 저장하고 있는 것만 같다. 아침저녁 솔곳이 흘러드는 그 향기를 맡아 본 사람이면 알리라.

㉠집 주변에 오류(五柳)를 가꾸어 '한정소언 불모영리(閑靜少言 不慕榮利)*'의 도를 터득한 도연명(陶淵明)은 그대로 향기 높은 저 태산목 같은 거목이 아니었을까 생각될 때, 장미류의 관목처럼 눈부신 꽃이고 싶어 하는 데는 머리를 써도, 태산목처럼 격 높은 향기를 마음에 지니기란 쉬운 일이 아니기에, 내 스스로 향기 지닐 마음의 여유 없음을 슬퍼할 따름이다.

(중략)

문 밖에 심은 버드나무도 벌써 10년이 가깝게 자라고 보니, 이른 봄부터 찾아와서 옥을 굴리듯 울어 주는 밀화부리*도 버드나무가 없었던들 엄두도 낼 수 없는 일이다. 그러기에 이 근방에서는 버드나무집으로 통할 뿐 아니라, 혹시 전화로라도 우리집 위칠 묻는 친구가 있으면 어느 지점에 와서 문 앞에 버드나무가 세 그루 서 있는 집이라면 무난히들 찾아오게 마련이다. 당초엔 다섯 그루를 심어 정성 들여 가꾸었는데 이웃집에서 가을 낙엽에 성화를 내고 자기 집 옆에 서 있는 놈만은 베어 주었으면 하기에, 그 집 주인에게 처분을 맡겼더니 베어다가 장작으로 패 땐 모양이고, 또 한 그루는 동네 애들이 매일 짓궂게 매달리는가 했더니 끝내는 껍질을 홀랑 벗겨대는 등쌀에 기어이 고사(枯死)하고 보니, 남은 세 그루가 옆채를 사이에 두고 태산목과 마주 보고 서 있게 되었다.

㉡그대로 다섯 그루가 자랐더라면 집 주변에 오류를 가꾸어 '한정소언 불모영리'의 도를 터득한 저 도연명의 풍모를 배우고자 함이었더니, 세 그루가 남게 되어 짓궂은 친구가 찾아올라치면 숫제 삼류선생(三流先生)이라 부르는 데는 긍정도 부정도 하지 않는 까닭은 삼류 인생을 살아가는 나에게 오류(五柳)선생은 못 될지언정, 삼류선생의 칭호도 오히려 과분한 것만 같아 설마 삼류선생이라 부르는 것은 아니겠지 하고 스스로를 위로하기 때문인지도 모른다.

— 신석정, 〈향기 있는 사람〉

* 홍야항야: 남의 일에 쓸데없이 참견하는 모양을 의미함.
* 관목: 키가 작고 원줄기가 가늘며 밑동에서 가지를 많이 치는 나무
* 아교목: 교목과 관목의 중간 식물
* 교목: 줄기가 곧고 굵으며 높이가 8미터를 넘는 나무
* 한정소언 불모영리: 한가하고 조용하며 말이 적고 명예나 실리를 바라지 않음.
* 밀화부리: 참새목 되새과의 새

⭐ **(가) 고전 시가 독해 공식**

❶ 화자: (   ), 중심 대상: (   )
❷ 화자의 상황: (   )
　정서, 태도: (   )
❸ 표현상 특징: (   )

⭐ **(나) 현대 수필 독해 공식**

❶ 중심 대상: (   )
❷ 글쓴이의 생각, 태도: (   )
❸ 서술상 특징: (   )

⭐ **시 복합 독해 공식**

· 공통점: (   )
· 차이점: (   )

[A]와 [B]의 공통점으로 가장 적절한 것은?

① 비유적 표현을 사용하여 대상의 속성을 드러내고 있다.
② 시선의 이동을 통해 대상의 변화 과정을 제시하고 있다.
③ 색채 이미지를 활용하여 애상적 분위기를 조성하고 있다.
④ 자연물에 말을 건네는 어투를 활용하여 친근감을 드러내고 있다.
⑤ 대상에 감정을 이입하여 자연물에 대한 자신의 심정을 강조하고 있다.

(가)와 (나)의 두세 송이 와 철쭉 에 대한 이해로 적절하지 않은 것은?

① (가)와 (나)의 '철쭉'은 모두 화자가 거부하는 대상이다.
② (가)와 (나)의 '철쭉'은 모두 화자가 추구하는 대상을 부각하기 위해 사용되는 소재이다.
③ (가)와 (나)의 '두세 송이'는 모두 다른 자연물과 비교되는 소재이다.
④ (가)와 (나)의 '두세 송이'는 모두 화자가 긍정적으로 인식하는 대상이다.
⑤ (나)의 '두세 송이'와 달리 (가)의 '두세 송이'는 추운 계절임에도 불구하고 개화를 한 대상이다.

㉠과 ㉡에 대한 설명으로 가장 적절한 것은? [3점]

① ㉠은 '향기 지닐 마음'을 지니고 살아가는 삶에 대한 '나'의 자부심을, ㉡은 '삼류선생'이라 불리는 삶에 대한 '나'의 부끄러움을 나타낸다.
② ㉠은 '태산목 같은 거목'이 되고 싶은 '나'의 꿈을 실현한 만족감을, ㉡은 '도연명의 풍모'를 배우고자 노력했던 '나'에 대한 자족감을 나타낸다.
③ ㉠은 '한정소언 불모영리'의 도를 터득하지 못해 느꼈던 '나'의 슬픔을, ㉡은 '한정소언 불모영리'의 도를 터득한 후 느꼈던 '나'의 기쁨을 나타낸다.
④ ㉠은 '격 높은 향기를' 지니고 살아가지 못하는 삶에 대한 '나'의 안타까움을, ㉡은 '오류선생'의 풍모에 미치지 못한다고 생각하는 '나'의 겸손함을 나타낸다.
⑤ ㉠은 '오류를 가꾸어' 도연명의 도를 터득하고 싶었던 '나'의 소망을, ㉡은 '집 주변에 오류'를 가꾸지 못한 상황을 핑계로 도연명의 도를 져버리려는 '나'의 의도를 나타낸다.

〈보기〉는 '선생님'의 안내에 따라 학생들이 (나)를 감상한 내용이다. ⓐ~ⓔ 중 적절하지 않은 것은?

[보기]

선생님: 수필은 글쓴이가 생활 주변에서 찾은 글감을 바탕으로 자신의 주관적 정서를 드러내는 글입니다. 자기 고백적인 성격이 강한 수필은 삶에 대한 통찰과 가치관을 담고 있으며, 개성 있는 표현으로 자신의 생각을 드러냅니다. 또한 독자들은 수필을 읽으며 글쓴이의 성격이나 삶에 대한 태도 등을 파악할 수 있습니다. 그러면 이 작품에 나타난 수필의 특징을 확인해 봅시다.

학생 1: 아끼던 버드나무를 베고 싶다는 이웃에게 성화를 내는 모습에서 글쓴이의 성격을 엿볼 수 있어요. ···ⓐ

학생 2: 자신의 삶이 눈부시기보다 담담한 인생이기를 바란다는 것에서 글쓴이의 삶에 대한 가치관을 엿볼 수 있어요. ·································ⓑ

학생 3: 세속적인 생각에 젖어 사는 것에 대해 허탈함을 느끼는 모습에서 글쓴이의 삶에 대한 태도를 엿볼 수 있어요. ·································ⓒ

학생 4: '-(으)리라'를 반복하여 나무에 대한 자신의 생각을 나타내는 것에서 글쓴이의 개성 있는 표현을 찾아볼 수 있어요. ·······················ⓓ

학생 5: 키우던 다섯 그루의 버드나무가 세 그루만 남게 된 일화에서 글쓴이가 자신의 생활 주변에서 글감을 찾은 것을 알 수 있어요. ··························ⓔ

① ⓐ　　② ⓑ　　③ ⓒ　　④ ⓓ　　⑤ ⓔ

[D 54~57] 다음 글을 읽고 물음에 답하시오.

(가) 이런들 어떠하며 져런들 어떠하료
　　초야우생*이 이러타 어떠하료
　　ᄒᆞ믈며 천석고황*을 고쳐 무엇하료　　〈언지 제1수〉

　　연하로 집을 삼고 풍월로 벗을 삼아
　　태평성대에 병으로 늘거가뇌
　　이즁에 ᄇᆞ라는 일은 허물이나 업고쟈　　〈언지 제2수〉

　　㉠순풍*이 죽다 ᄒᆞ니 진실로 거즛말이
　　인성이 어지다 ᄒᆞ니 진실로 올흔말이
　　천하에 허다영재(許多英才)를 속여 말슴ᄒᆞᆯ가
　　　　　　　　　　　　　　　　　　　〈언지 제3수〉

　　고인*도 날 못 보고 나도 고인 못 뵈
　　고인을 못 봐도 가던 길 앞에 잇닉
　　가던 길 앞에 잇거든 아니 가고 엇절고　　〈언학 제3수〉

당시에 가던 길흘 몃 히룰 버려 두고
어듸 가 다니다가 이제야 도라온고
이제야 도라오나니 다른 데 무ᄋᆞᆷ 마로리

〈언학 제4수〉

우부(愚夫)도 알며 ᄒᆞ거니 그 아니 쉬온가
성인(聖人)도 못다 ᄒᆞ시니 그 아니 어려온가
쉽거나 어렵거나 즁에 늙ᄂᆞᆫ 줄을 몰래라

〈언학 제6수〉

– 이황, 〈도산십이곡〉

* 초야우생: 시골에 묻혀 사는 자신을 낮추어 이르는 말
* 천석고황: 자연의 아름다운 경치를 몹시 사랑하고 즐기는 성질이나 버릇
* 순풍: 순박한 풍속
* 고인: 옛사람. 여기서는 공자, 맹자, 주자와 같은 성현을 이름.

(나) 두 평쯤이나 될까 말까 한 좁은 감방 안에서 7, 8명의 식구가, 때로는 십여 명이 넘는 인구가 똥통과 동거 생활을 하면서 뒤를 볼 때에는 그래도 뒤지*가 필요하였다.

그러므로 경찰서에서는 이 불가피한 청구에 응하기 위하여 뒤지를 공급하고 있었다. 원래 뒤지감의 종이를 따로 만들어 한 움큼씩 묶어서 파는 것이 있었지만 이 당시에는 전쟁 중의 일본이 경제적 파탄에 직면하고 있었으므로 뒤지조차 구하기 어려웠다.

그리하여 일반으로 신문지나 읽어 넘긴 잡지 같은 것을 썰어서 뒤지로 쓰고 있는 형편이었다. 감방 안에서 이러한 **뒤지의 공급을 받으면 이것은 도서관에서 책을 대하듯이 귀중한 읽을거리**였다. 그런데 경찰서나 형부소에서는 구속되어 있는 사람이 바깥세상의 소식을 아는 것을 지극히 꺼리고 있어서 신문지 조각 같은 것은 좀처럼 들여 주지를 않았다. 만일 우리 동지들의 가족 중에서 음식물의 차입을 할 적에 신문지로 싸개지를 삼은 것이 있으면 대개는 난로에 넣어서 태워 버리는 것이 보통이었다. 그래도 혹시 신문지가 남아 있고 그것을 뒤지로 쓰겠다고 청구하면 읽을거리가 없어지도록 잘게 썰어서 넣어 준다. 그리하여 대개는 한 장이나 두 장밖에는 더 주지 않는다.

그러면 뒤를 보기 전에 이 신문지 쪽을 한 줄 한 자도 **빼놓지 않고 읽는다.** 뒤지를 받고서 왜 뒤를 안 보느냐고 따지는 일도 있기 때문에 똥통 위에 올라앉아서 그것을 읽어 버리는 일도 있었다.

이러한 재료는 같은 감방에 있는 동지들도 읽어 보기를 열심으로 바라고 있기 때문에 차마 혼자만 보고 없앨 수는 없었다. 그리하여 무슨 꾀를 부리고 무슨 방법을 쓰든지 간에 신문 조각을 돌려 가며 윤독하기로 하는 것이었다. 이것을 읽되 어엿이 펼쳐 놓고 보는 것이 아니라 손바닥 안에 감추어질 만큼 접어서 간수의 눈을 피해 가며 몰래 읽어 내려는 것이었다. 그러나 신문지 같은 것은 천재일우의 좋은 기

회를 얻어야만 볼 수 있는 노릇이요, 보통 경우에는 왜정 당시 경찰계의 유일한 기관지로서 '경무휘보'란 것이 있었다. 그리하여 경찰서에는 이 묵은 잡지의 재고품이 상당히 풍부한 듯하여 **이것으로 우리들에게 뒤지를 공급하고 있었다.**

이 잡지는 주로 경찰 행정에 필요한 지식이나 참고 사항을 재료로 하여 편집한 것인데, 그중에는 혹 취미 기사도 있고 일본 사람으로서 양행한 기행문 같은 것도 있었다.

어쨌든 우리는 문초를 받는 일 외에는 열흘이 하루같이 아무것도 하는 일 없이 팔짱을 끼고 부라질을 하며 온종일 앉아 있으므로 그 무료하기란 견주어 말할 데가 없었다.

그런데 이러한 글발이 있는 종잇조각이라도 얻어 읽는 경우에는 **한결 지루한 시간이 쉽사리 지나는 것만 같았다.** 더욱이 문초를 전부 마치고 그저 구속만 되어 있는 동안은 진정 세월이 더딘 것이 지루하여 견딜 수가 없었다.

그리하여 우리는 어떻게 하든지 이 '경무휘보'의 잡지 쪽을 많이 입수하도록 갖은 노력을 다 기울이었다.

우선 뒤를 자주 보기로 하였다. 설사가 나니까 한 장만으로 부족하니 석 장 넉 장씩 달라고 하였다. 가다가는 뒤지를 얻기 위하여 헛뒤를 보는 일도 있었다. 이렇게 하여 **다 각각 얻은 뒤지를 서로 돌려 가며 보는 것이었다.**

그러나 이렇게 들여 주는 뒤지만으로는 진정 갈급질*이 나서 못 견딜 지경이었다. 그리하여 다량으로 뒤지를 입수하기에 청소꾼을 이용하는 일이 많았다. 젊은 사람이 청소하러 나가서 마치 담배를 훔쳐 들이듯이 뒤지를 걸터듬어서 감방으로 들여 주곤 하였다. 이와 같이 도둑글을 읽다가 들켜서 뒤지를 빼앗기는 일도 있었고 뺨을 맞는 일도 한두 번이 아니었다. 그러나 이와 같이 봉변을 당하고도 그래도 또 잡지 쪽 읽기를 단념하지 못하였다. 이로써 미루어 보면 ⓒ<u>사람이 하고 싶어 하는 의욕은 벌을 받거나 모욕을 당하는 것만으로 깨끗이 청산하여 버리지 못하는 것이 역시 인간인가 싶었다.</u> 이런 것도 인력으로 좌우할 수 없는 본능의 소치인 듯하였다. 그 진정한 경지는 실지로 당하여 보지 않고서는 이해하기 어려울 것이다.

– 이희승, 〈뒤지가 진적*〉

* 뒤지: 똥을 누고 밑을 씻어 내는 종이
* 갈급질: 부족하여 몹시 바라는 짓
* 진적: 진귀한 책

⭐ (가) 고전 시가 **독해 공식**

❶ 화자: (   ), 중심 대상: (   )
❷ 화자의 상황: (   )
　 정서, 태도: (   )
❸ 표현상 특징: (   )

⭐ (나) 현대 수필 **독해 공식**

❶ 중심 대상: (   )
❷ 글쓴이의 생각, 태도: (   )
❸ 서술상 특징: (   )

D. 고전 시가 + 현대 수필, 현대시　155

D54 ★★☆   2021(9월)/고2교육청 16

(가)와 (나)를 이해한 내용으로 가장 적절한 것은?

① (가)와 (나) 모두 자신의 곁에 없는 사람을 그리워하는 심정이 나타나 있다.

② (가)와 (나) 모두 다른 사람이 처한 문제 상황을 해결해 주려는 자세가 나타나 있다.

③ (가)와 (나) 모두 주변 사물에 가졌던 부정적 인식이 긍정적으로 바뀌게 된 계기가 나타나 있다.

④ (가)에는 자신의 삶을 성찰하는 모습이, (나)에는 자신의 욕구를 충족하기 위한 모습이 나타나 있다.

⑤ (가)에는 역사적 인물에 대한 비판적 태도가, (나)에는 현실 상황에 대한 수용적 태도가 나타나 있다.

D55 ★★★   2021(9월)/고2교육청 17

〈보기〉를 활용하여 (가)를 감상한 내용으로 적절하지 않은 것은? [3점]

[보기]

〈도산십이곡〉은 〈언지〉 여섯 수와 〈언학〉 여섯 수로 이루어진 연시조로서, 창작 의도를 밝힌 발문(跋文)이 함께 전해진다. 〈언지〉에는 자연 속에 살며 인간의 선한 본성을 회복하기를 바라는 뜻이, 〈언학〉에는 선한 본성 회복을 위해 학문에 힘쓰겠다는 의지가 나타나 있다. 또한 발문에는 이황이 이 작품을 우리말로 지어 제자들이 노래로 부르며 향유하게 하여, 지향할 만한 삶의 방식과 바람직한 가치를 마음에 새기게 하려는 교육적 의도를 가지고 있었음이 드러나 있다.

① 〈언지〉에 나타난 뜻을 참고할 때, '연하'와 '풍월'을 가까이하며 '허물'이 없기를 바라는 것은 자연 속에 살며 선한 본성을 회복하기를 바라는 것으로 볼 수 있겠군.

② 〈언학〉에 나타난 의지를 참고할 때, 다른 것에 'ᄆᆞᆷ'을 두지 않으려는 것은 학문에 열중하겠다는 것으로 볼 수 있겠군.

③ 발문의 내용을 참고할 때, '천석고황'을 고치지 않으려는 것은 이황이 제자들에게 지향할 만한 삶의 방식이라고 말하고자 한 것으로 볼 수 있겠군.

④ 발문의 내용을 참고할 때, '고인'이 '가던 길'을 가려는 것은 제자들이 마음에 새길 만큼 바람직한 가치라고 이황이 생각한 것으로 볼 수 있겠군.

⑤ 발문의 내용을 참고할 때, '우부'와 '성인'을 구분하는 것은 제자들에게 성인을 본받아야 함을 보여 주려는 이황의 교육적 의도가 반영된 것으로 볼 수 있겠군.

D56 ★★☆   2021(9월)/고2교육청 18

㉠, ㉡에 대한 설명으로 가장 적절한 것은?

① ㉠은 대조적인 어휘를 사용하여 자신의 판단을 드러내고 있다.

② ㉠은 다른 사람의 말을 인용하여 자신이 주변 사람에게 준 영향을 강조하고 있다.

③ ㉡은 우회적인 표현을 사용하여 자신의 깨달음을 드러내고 있다.

④ ㉡은 유사한 형태의 구절을 반복하여 상황이 나아지리라는 기대를 드러내고 있다.

⑤ ㉠과 ㉡은 모두 말을 건네는 방식을 사용하여 상대와의 유대를 강화하고 있다.

D57 ★★☆   2021(9월)/고2교육청 19

〈보기〉를 바탕으로 (나)를 감상한 내용으로 적절하지 않은 것은?

[보기]

이희승은 일제 강점기에 우리말을 연구하고 보급한 조선어학회에서 활동한 지식인으로, 조선어학회가 민족주의 단체라는 이유로 검거되어 투옥 생활을 하였다. (나)에는 글을 읽는 것이 일상적이었던 사람들인 글쓴이와 조선어학회 동지들이 투옥 생활 중에도 읽을거리를 얻기 위해 노력하며 글을 읽으려는 의지를 보이는 모습이 나타나 있다. 이를 통해 글을 읽는 것을 포기하지 않으려는 글쓴이의 면모가 드러난다.

① '뒤지'를 '귀중한 읽을거리'로 대하는 것에서, 일제 강점기 투옥 생활에서 읽을거리를 접하기가 쉽지 않았던 글쓴이의 처지를 알 수 있군.

② '이것으로 우리들에게 뒤지를 공급하'는 것에서, 글쓴이와 조선어학회 동지들이 읽을거리를 얻기 위해 노력한 결과를 알 수 있군.

③ '한결 지루한 시간이 쉽사리 지나는 것만 같'다고 여기는 것에서, 글을 읽는 것이 일상적이었던 글쓴이와 조선어학회 동지들이 글을 읽을 때 느끼는 만족감을 확인할 수 있군.

④ '다 각각 얻은 뒤지를 서로 돌려 가며 보는 것'에서, 글을 읽으려는 의지를 보이는 글쓴이와 조선어학회 동지들의 모습을 엿볼 수 있군.

⑤ '이런 것도 인력으로 좌우할 수 없는 본능의 소치'라고 생각하는 것에서, 현실적 어려움이 있더라도 글을 읽는 것을 포기하지 않으려는 글쓴이의 면모를 엿볼 수 있군.

[D58~61] 다음 글을 읽고 물음에 답하시오. ━━

(가)　취안(醉眼) 잠간 드러 석문을 바라보니
　　　놀랍다 져 산봉우리는 어이ㅎ여 뚤녓는고
　[A]　용문산 쓰린 도끼 수문(水門)을 내엿는가
　　　거대한 신령의 큰 손바닥 산창(山窓)을 밀쳣는가
　　　만고(萬古)의 동개(洞開)ㅎ여 다들 줄 몰낫도다
　　　신선이 농사짓던 열두 배미 요초(瑤草)*를 심었던가
　[B]　선인(仙人)은 어듸 가고 풀만 나마시니
　　　우리 백성 농사를 권하여 수역(壽域)*의 올니고져
　　　만강풍랑(滿江風浪) 치는 곳의 은주암 기묘홀샤
　[C]　작은 고깃배로 드러가면 처사 종적(處士蹤迹) 긔뉘
　알니
　　　팔판동(八判洞) 기픈 곳을 무릉이라 ㅎ건마는
　　　인거(人居)는 어디인지 백운(白雲)만 줌겻셔라
　　　하진(下津)의 배를 나려 단암서원(丹巖書院)* 첨배
　(瞻拜)*ㅎ니
　　　지금까지 끼친 덕이 산수간의 흘너 잇다
　　　석주탄(石柱灘) 밧비 건너 강선대(降仙臺) 올나 셔니
　　　양액(兩腋) 청풍(淸風)이 가볍게 들리는 듯
　　　　　　　(중략)
　　　**오로봉(五老峰) 진면목(眞面目)은 부용(芙蓉)이 소사
　　는 듯**
　　　호천대(壺天臺) 올나 안자 전체를 대강 바라보고
　[D]　창하정(倉霞亭) 잔을 드러 풍연(風煙)을 희롱(戲弄)
　타가
　　　홀연히 도라보니 이 몸이 등선(登仙)홀 듯
　　　일흥(逸興)을 가득 시러 흔 구븨 흘러 도니
　　　마죠 오는 옥순봉(玉筍峰)이 쏘다시 신기(神奇)이
　ㅎ다
　　　하늘 기둥은 우뚝 솟아 북극을 괴왓는 듯
　[E]　화표(華表)*는 우뚝 서서 백학이 넘노는 듯
　　　벽옥낭간(碧玉琅玕)*이 낫낫치 버러시니
　　　이 떨기 열매 열면 봉황이 먹으리라
　　　**단구동문(丹邱洞門)* 새긴 글주 선현(先賢)의 필적
　이라**
　　　신선의 땅을 중히 여겨 경계(境界)를 정흐신가
　　　　　　　　　　　　　　　　　　　－ 신광수, 〈단산별곡〉

*요초: 아름다운 풀
*수역: 다른 곳에 비하여 오래 사는 사람이 많은 지역이란 뜻으로, 풍
　요롭게 사는 즐거운 삶을 비유적으로 이름.
*단암서원: 우탁과 이황의 학문과 덕행을 추모하기 위한 서원
*첨배: 선조 혹은 선현의 묘소나 사당에 우러러 절함.

*화표: 망주석과 같이 묘 앞에 세우는 문
*벽옥낭간: 옥과 진주 같은 아름다운 돌을 이르는 말
*단구동문: 옥순봉에 새겨진 퇴계 이황의 글씨

(나) 다시, 자전거를 저어서 바람 속으로 나선다.
　봄에는 자전거 바퀴가 흙 속으로 빨려든다. ㉠이제 흙의
알맹이들은 녹고 또 부풀면서 숨을 쉬느라고 바쁘다. 부푼
흙은 바퀴를 밀어서 튕겨주지 않고, 바퀴를 흙의 안쪽으로
끌어당긴다. 그래서 봄에는 페달을 돌리는 허벅지에 더 많은
힘이 들어간다. 허벅지에 가득 찬 힘이 체인의 마디를 돌리
고, 앞선 마디와 뒤따르는 마디가 당기고 끌리면서 바퀴를
굴린다.
　몸의 힘은 체인을 따라 흐르고, 기어는 땅의 저항을 나누
고 또 합쳐서 허벅지에 전한다. 몸의 힘이 흐르는 체인의 마
디에서 봄빛이 빛나고, 몸을 지나온 시간이 바퀴로 퍼져서
흙 속으로 스민다. 다가오는 시간과 사라지는 시간이 체인의
마디에서 만나고 또 헤어지면서 바퀴는 구른다. ㉡바퀴를
굴리는 몸의 힘은 절반쯤은 땅속으로 잠기고 절반쯤이 자전
거를 밀어주는데, 허벅지의 힘이 흙 속으로 깊이 스밀 때 자
전거를 밀어주는 흙의 힘은 몸속에 가득 찬다.
　봄의 부푼 땅 위로 자전거를 저어갈 때 흙 속으로 스미는
몸의 힘과 몸속으로 스미는 흙의 힘 사이에서 나는 늘 쩔쩔
맸다. 페달을 돌리는 허벅지와 장딴지에 힘이 많이 들어가면
봄은 몸속 깊이 들어온 것이다. 봄에는 근력이 필요하고, 봄
은 필요한 만큼의 근력을 가져다준다. 자전거를 멈추고 지나
온 길을 돌아보면, 몸을 떠난 힘은 흙 속에 녹아서 보이지 않
는다. 지나간 힘은 거둘 수 없고 닥쳐올 힘은 경험되지 않는
데 지쳐서 주저앉은 허벅지에 새 힘은 가득하다. **기진한 힘
속에서 새 힘의 싹들이 돋아나오고, 나는 그 비밀을 누릴 수
있지만 설명할 수 없다.**
　㉢자전거를 저어서 나아갈 때 풍경은 흘러와 마음에 스민
다. 스미는 풍경은 머무르지 않고 닥치고 스쳐서 불려가는
데, 그때 풍경을 받아내는 것이 몸인지 마음인지 구별되지
않는다.
　풍경은 바람과도 같다. 방한복을 벗어버리고 반바지와 티
셔츠로 봄의 산하를 달릴 때 몸은 바람 속으로 넓어지고 마
음은 풍경 쪽으로 건너간다. ㉣나는 몸과 마음과 풍경이 만
나고 또 갈라서는 그 언저리에서 나의 모국어가 돋아나기를
바란다. 말들아, 풍경을 건너오는 새떼처럼 내 가슴에 내려
앉아다오. 거기서 날갯소리 퍼덕거리며 날아올라다오.
　태풍전망대에서 바라다보이는 임진강 너머 북녘 산하에
봄빛이 내린다. 산이 열리고 강이 풀려서 물은 수목의 비린

내를 실어내린다. 도라전망대에서 마주 보이는 개성 남쪽 들녘에서 손수레를 끄는 농부들이 밭으로 두엄을 실어내고 있다. 대지의 향기가 봄바람에 실려온다.

오두산전망대 아래 임진강은 밀물에 가득 차고 썰물에 아득하다. 가득 차고 아득한 물이 멀어서 닿을 수 없는 공간 속으로 나아간다. 하구의 시간과 공간은 크나큰 용해의 힘으로 느리고 평화롭다. 한강, 임진강, 한탄강이 거기서 모이고, 개성 쪽에서 내려온 예성강이 그 큰 물길에 합쳐진다. 그 늙은 강의 이름은 조강(祖江)이다. ⓜ할아버지의 강이고, 조국의 강이며, 소멸의 힘으로 신생을 이끄는 새로운 시간의 강이다. 지금, 내 자전거는 조강 언저리를 나아가고 있다. 자전거는 노을에 젖고 바람에 젖는다. 저물어도 잠들지 않는 내 허벅지의 힘을 달래가면서 나는 풍경과 말들을 데리고 천천히, 조금씩 아껴서 나아가겠다.

– 김훈, 〈자전거 여행〉

(가)에 대한 설명으로 가장 적절한 것은?

① 대구의 방식을 통해 계절의 변화를 표현하고 있다.
② 영탄적 표현을 통해 화자의 놀라움을 나타내고 있다.
③ 대상에 감정을 이입하여 화자의 애상감을 심화하고 있다.
④ 과거와 현재를 대비하여 화자의 삶의 태도를 드러내고 있다.
⑤ 문장의 어순을 도치하여 화자의 체념적 인식을 강조하고 있다.

[A]~[E]에 대한 이해로 적절하지 <u>않은</u> 것은?

① [A]에서 화자는 석문의 모습을 수문과 산창에 비유하여 초월적 존재가 만들었다고 여길 만큼 신기하다고 생각하고 있다.
② [B]에서 화자는 신선이 살았을 법한 땅에 농사짓기를 권하여 백성들의 삶이 나아지기를 바라고 있다.
③ [C]에서 화자는 은주암과 팔판동을 속세와 단절된 곳으로 인식하여 자신의 종적을 다른 사람이 알 것을 걱정하는 마음을 드러내고 있다.
④ [D]에서 화자는 호천대에서 주변을 바라보고, 창하정에서 술을 마시면서 신선이 된 듯한 마음을 드러내고 있다.
⑤ [E]에서 화자는 옥순봉의 모습을 여러 대상에 빗대어 표현하며 자신이 바라보는 풍경의 신이함을 드러내고 있다.

(나)의 ⊙~ⓜ에 대한 설명으로 적절하지 <u>않은</u> 것은?

① ⊙: 흙의 알맹이에 생명감을 부여하며 봄의 대지 위를 힘을 주어 달리는 상황을 보여 주고 있다.
② ⓛ: 봄의 힘과 흙의 힘이 서로 영향을 주고받는 모습을 보여 주며 자전거 바퀴를 굴리면서 느끼는 흙과의 교감을 드러내고 있다.
③ ⓒ: 자전거를 타며 마주친 풍경이 자신에게 의미를 더해가는 상황을 제시하며 몸과 마음으로 봄을 즐기는 모습을 보여 주고 있다.
④ ⓔ: 모국어에 말을 건네는 방식을 활용하여 풍경 속에서 느낀 바를 우리말로 온전하게 표현하고 싶은 바람을 드러내고 있다.
⑤ ⓜ: 조강의 언저리에서 벗어나 조금씩 앞으로 나아가면서 조강의 새로운 의미를 발견해 내고 싶은 바람을 드러내고 있다.

〈보기〉를 바탕으로 (가)와 (나)를 이해한 것으로 적절하지 않은 것은? [3점]

[보기]

　(가)는 화자가 단양팔경을 유람하고 쓴 기행 가사이고, (나)는 글쓴이가 자전거 여행 중에 느낀 생각을 쓴 기행 수필이다. 이러한 기행 문학에는 일상적인 공간을 떠나 여행 중에 마주친 아름다운 경치에 대한 묘사와 감흥이 드러나 있을 뿐만 아니라 여행을 통해 깨달은 다양한 생각이 담겨 있다. 또한, 여행 중에 사람을 만나고 여행지와 관련된 사람을 떠올리면서 이들을 예찬하거나 이들의 삶의 모습을 본받고 싶은 소망이 나타나기도 한다.

① (가)의 '지금까지 끼친 덕이 산수간의 흘너 잇다'는 단암서원에서 첨배하면서 현재까지도 영향을 미치는 선현들을 예찬한 것으로 볼 수 있다.

② (가)의 '오로봉 진면목은 부용이 소사는 듯'은 여행 중에 마주친 오로봉의 아름다움을 연꽃에 비유하여 묘사한 표현으로 볼 수 있다.

③ (가)의 '단구동문 새긴 글ᄌ 선현의 필적이라'는 '이황'을 떠올리며 높은 학문의 경지에 도달한 화자의 상황을 드러낸 것으로 볼 수 있다.

④ (나)의 '기진한 힘 속에서 새 힘의 싹들이 돋아나오고'는 지친 몸에 새로운 힘을 채울 수 있는 봄의 생명력을 여행을 통해 깨달았음을 드러낸 것으로 볼 수 있다.

⑤ (나)의 '대지의 향기가 봄바람에 실려온다'는 도라전망대에서 바라본 농부들의 모습을 보고 느낀 봄날의 감흥을 감각적으로 표현한 것으로 볼 수 있다.

[D62~66] 다음 글을 읽고 물음에 답하시오.

(가) 팔월이라 중추되니 백로 추분 절기로다
　　북두칠성 자로 돌아 서천(西天)을 가리키니
　　선선한 조석 기운 추기(秋氣)가 완연하다
　　귀뚜라미 맑은 소리 벽간의 들거고나
　　아침에 안개 끼고 밤이면 이슬 내려
　　백곡의 성실하고 만물을 재촉한다
　　들 구경 돌아보니 힘들인 일 공생한다
　　백곡의 이삭 패고 염을 들어 고개 숙여
　　㉠서풍의 익은 빛은 황운이 일어난다
　　백설 같은 면화 송이 산호 같은 고추 다래

처마의 널었으니 가을볕 명랑하다
ⓐ안팎 마당 닦아 놓고 발채 망구* 장만하소
면화 따는 다락기의 수수 이삭 콩 가지오
나무꾼 돌아오니 머루 다래 산과로다
뒷동산의 밤 대추는 아이들 세상이라
ⓑ아람 모아 말리어라 철 대어 쓰게 하소
명주를 끊어 내여 추양에 마전하고*
쪽 들이고 잇 들이니 청홍이 색색이라
ⓒ부모님 연만하니 수의를 유의하고
그 남아 마로 재어* 자녀의 혼수하세

－ 정학유, 〈농가월령가〉

* 발채 망구: 농사 도구들
* 마전하고: 표백하고
* 마로 재어: 재단하여

(나) ⓓ정월 상원일에
　　달과 노는 소년들은 답교(踏橋)*하고 노니는대
　　우리 임은 어디 가고 답교할 줄 모로난고
　　이월 청명일에
　　나무마다 춘기(春氣) 들고 잔듸잔듸 속입 나니
　　만물이 화락(和樂)한듸 우리 임은 어듸 가고
　　춘기 든 줄 모로난고
　　삼월 삼일 날의
　　ⓔ강남셔 나온 제비 왓노라 현신(現身)하고
　　소상강(瀟湘江) 기러기는 가노라 희직한다
　　이화도화(梨花桃花) 만발하고 행화방초(杏花芳草) 훗날린다
　　우리 임은 어듸 가고 화유(花遊)할 줄 모로난고
　┌사월 초파일에
　│관등하려 임고대(臨高臺)하니* 원근(遠近) 고저(高低)의
　│석양은 빗겻는대 어룡등 봉학등과
　│두루미 남성이며 종경등 선등 북등이며
　│수박등 마늘등과 연꼿 속에 선동(仙童)이며
[A]│난봉 우희 천녀(天女)로다 배등 집등 산듸등과
　│영등 알등 병등 벽장등 가마등 난간등과
　│사자(獅子) 탄 체괄이며 호랑이 탄 오랑캐라
　│발노 툭 차 구을등에 일월등 밝아 잇고
　│칠성등 버러난듸 동령(東嶺)의 월상(月上)하고
　│곳고지 불을 현다 우리 임은 어듸 가고
　└관등(觀燈)할 줄 모로난고

－ 작자 미상, 〈관등가〉

* 답교: 다리를 밟는 풍속
* 임고대하니: 높은 곳에 오르니

(다) 서리병아리*와 달리, 새봄과 더불어 탄생하는 **봄 병아**리는 아름답고 튼튼하다. 병아리들을 거느리고, 앞에서 실한 궁뎅이를 내두르며 아그작 아그작 걷는 어미 닭의 당찬 모습도, 봄빛이 무르녹은 **푸른 하늘**에 병아리를 노리는 솔개가 소용돌이 물에 뜬 낙엽처럼 큰 원을 그리며 천천히 감도는 모습도 눈에 선하다. **어미 닭**은 매나 솔개가 하늘에 뜨거나 **매운바람**이 몰아치거나 하면 얼른 날개를 펴 제 새끼들을 거두어 안았는데, 그 따뜻하고 넉넉한 모성애는 궁핍한 시절에 자식 넷을 먹여 살려야 했던 내 어머니의 모습이기도 했다. 어리기가 병아리만 했을 때 나는 어머니의 치마꼬리를 잡고 나들이에 따라나서곤 했는데, 도중에 갑자기 비가 오거나 흙바람이 불거나 하면 어미 닭이 그러하듯이 어머니는 넉넉한 치마폭을 펼쳐 나를 감싸 주곤 했던 것이다. 오일장에 곡식과 달걀을 팔러 가는 어머니를 따라가곤 했는데, 어머니의 등에 짊어진 바구니에는 좁쌀이 가득 담기고 그 위에 달걀이 열 개쯤 심겨 있었다.

아무튼 노란 봄빛, 속 노란 병아리 떼의 모습은 나에게 여전히 변하지 않는 신생의 이미지다.

(중략)

[B]
언 대지를 녹이는 봄기운이 초목의 싹을 틔우고, 얼었던 강이 풀리기 시작하면, 돌 맞은 유리창처럼, 두꺼운 얼음판 위에 방사선 모양의 길고 날카로운 빗금의 균열들이 여기저기 생기고, 강가에는 빙렬(氷裂) 현상이 일어난다. 얼음장들이 자글자글 낮은 소리를 내며 그물처럼 수많은 균열을 만들어 내는데, 그 자글거리는 소리가 어미 닭의 오랜 포란(抱卵)의 인고가 끝나고 십여 개의 달걀들이 부화할 때, 알 속의 병아리가 세상 밖으로 나오려고 여린 부리로 껍데기를 깨면서 어미를 부르는 낮은 울음소리와 흡사하다. 알 속에서 그 소리를 들으면 어미 닭은 즉시 병아리를 위해서 밖에서 껍질을 쪼아 준다. 이렇게 병아리와 어미 닭이 안에서 밖에서 동시에 쪼아 껍데기를 깨뜨리는 일을 줄탁동시라고 했다.

헤르만 헤세는 그의 아름다운 소설 「데미안」에서 이렇게 말했다. "새는 알을 깨고 나온다. 알은 세계다. 태어나려는 자는 하나의 세계를 파괴하지 않으면 안 된다." 자신이 안주해 왔던 한 세계를 깨는 두려움을 극복한 자만이 더 넓은 세계를 획득할 수 있다는 뜻이다. 딱딱한 알껍데기를 연약한 부리로 깨뜨리는 그 힘이 놀랍다. 병아리뿐만 아니라 모든 태어나는 것들의 생명력이 그렇다. 여린 새싹이 어떻게 저 딱딱하게 굳은 땅을 뚫고 솟아오르는지 정말 불가사의하다. 무력해 보이는 것 속에 상상하기 어려운 강인한 생명력이 있는 것이다. 그리고 병아리뿐만 아니라, 무릇 신생의 첫 빛깔이 가녀린 노란색인 것도 흥미롭다. 봄의 햇살도 그렇고, 초목의 새싹·햇순·속잎도 처음에는 노란색에 가까운 연두색이다.

이렇게 언 땅 위에 겨우내 시르죽어 있던 ⓒ**햇빛이 노란색으로 되살아나기 시작하면** 나는 으레 골목 안에서 어린이들이 뛰노는 시끌짝한 소리와 함께 노란 털북숭이 봄 병아리가 생각나곤 하는데, 그것은 바로 그 아름다운 신생의 이미지 때문이다.

― 현기영, 〈신생〉

* 서리병아리: 이른 가을에 알에서 깬 병아리

D62 ✱✱✱   2019(10월)/고3교육청 36

(가)~(다)에 대한 설명으로 가장 적절한 것은?

① (가)~(다)는 모두 계절적 배경을 바탕으로 화자나 글쓴이의 인식을 나타내고 있다.

② (가)~(다)는 모두 공간의 대조를 통해 화자나 글쓴이의 정서의 변화를 부각하고 있다.

③ (가)와 (나)는 대화체와 독백체를 교차하며 시상을 전개하고 있다.

④ (가)와 (다)는 자연물에 감정을 이입하여 세상과 거리를 두려는 태도를 드러내고 있다.

⑤ (나)와 (다)는 반어적 표현을 통해 현실에 대한 비판 의식을 드러내고 있다.

D63 ✱✱✱   2019(10월)/고3교육청 37

[A]와 [B]에 대한 이해로 가장 적절한 것은?

① [A]의 화자는 천상에서 지상의 사물들을, [B]의 글쓴이는 지상에서 천상의 사물들을 동경하고 있다.

② [A]의 화자는 재회를 확신하게 된 이유를, [B]의 글쓴이는 부화를 기대하게 된 이유를 밝히고 있다.

③ [A]의 화자는 다양한 모양을 지닌 대상들을 나열하고 있고, [B]의 글쓴이는 유사한 속성을 지닌 대상을 제시하고 있다.

④ [A]의 화자는 자신이 지향하는 상상의 공간으로 이동하고 있고, [B]의 글쓴이는 관찰을 위해 익숙한 공간을 둘러보고 있다.

⑤ [A]의 화자는 타인과 단절된 상황에서 느끼는 고독감을, [B]의 글쓴이는 자연물과 조화를 이룬 상황에서 느끼는 만족감을 드러내고 있다.

〈보기〉를 참고하여 @~@를 이해한 내용으로 적절하지 않은 것은? [3점]

──────[보기]──────

작품의 형식이 일 년 열두 달을 차례대로 맞추어 가며 구성된 시가를 '월령체'라 한다. 조선 후기의 '월령체'는 내용상 농사요와 애정요로 나눌 수 있는데 (가)와 (나)가 대표적인 작품이다. 농사요 (가)는 농촌에 거주하는 양반이 창작한 작품으로, 달의 변화에 따른 농사 일정을 고려하여 농민들에게 필요한 농사일을 장려하고 유교적 윤리를 강조한 시가이다. 애정요 (나)는 부녀자가 창작했다고 추정되는 작품으로, 부재하는 임에 대한 상사와 연정을 열두 달의 순서에 따라 구성한 시가인데, 각 연에서 매월의 세시 풍속을 상사의 매개로 삼아 이별의 정한을 드러내고 있다. (나)는 의식의 충족을 위한 실용적 측면을 지닌 (가)와 달리, 놀며 즐기는 유락적(遊樂的) 요소를 지녀 서민들이 보다 즐겨 감상하였다.

① @는 농촌에 거주하는 양반이 농민들에게 농사일을 장려하는 것으로 볼 수 있겠군.

② ⓑ는 미래의 용도를 대비한 실용적 측면을 고려한 것으로 볼 수 있겠군.

③ ⓒ는 부모에 대한 유교적 윤리를 농민에게 강조하는 것으로 볼 수 있겠군.

④ ⓓ는 상사의 매개가 되는 세시 풍속과 관련이 있는 것으로 볼 수 있겠군.

⑤ ⓔ는 유락적인 속성을 통해 이별의 정한이 해소된 상황을 드러낸 것으로 볼 수 있겠군.

㉠과 ㉡에 대한 설명으로 가장 적절한 것은?

① ㉠은 ㉡과 달리 미래의 소망을 나타내고 있다.

② ㉡은 ㉠과 달리 특정한 대상을 회상하는 계기가 되고 있다.

③ ㉠은 내적 갈등의 해소와, ㉡은 내적 갈등의 심화와 관련이 있다.

④ ㉠과 ㉡ 모두 세월의 흐름과 관련한 인생의 무상함을 느끼게 하고 있다.

⑤ ㉠과 ㉡ 모두 구도적인 자세를 통해 사물이 지닌 의미를 깨닫게 하고 있다.

〈보기〉를 참고할 때, (다)에 대한 감상으로 가장 적절한 것은?

──────[보기]──────

(다)의 글쓴이는 자신의 일상생활의 체험을 바탕으로 자연물이 지닌 속성에서 발견한 정신적 가치를 드러내고 있다.

① '봄 병아리'와 다른 모습의 '서리병아리'를 통해, 어려운 상황을 견디는 인내심을 드러내고 있군.

② '푸른 하늘'을 선회하는 '솔개'를 통해, 진취적 기상을 드러내고 있군.

③ '매운바람'이 몰아칠 때 새끼를 거두어 안는 '어미 닭'을 통해, 약자의 허물을 감싸 주는 포용력을 드러내고 있군.

④ 알을 깨고 나오는 '새'를 통해, 강인한 생명력과 용기를 드러내고 있군.

⑤ 딱딱하게 굳은 땅을 뚫고 솟아오르는 '여린 새싹'을 통해, 성장할수록 겸손함을 잃지 않는 태도를 드러내고 있군.

[D67~71] 다음 글을 읽고 물음에 답하시오.

(가) 녜는 양쥬(楊州) l 고올히여
　　디위예 신도형승(新都形勝)이샷다*
　　기국성왕(開國聖王)이 셩디(聖代)를 니르어샷다
　　잣다온뎌* 당금셩(當今景) 잣다온뎌
　　셩슈만년(聖壽萬年)ᄒᆞ샤 만민(萬民)의 함락(咸樂)이샷다*
　　아으 다롱다리
　　알픈 한강슈(漢江水)여 뒤흔 삼각산(三角山)이여
　　덕듕(德重)ᄒᆞ신 강산(江山)즈으메 만세(萬歲)를 누리쇼셔

　　　　　　　　　　　　　　　－ 정도전, 〈신도가(新都歌)〉

* 신도형승이샷다: 새 도읍의 뛰어난 경치로다.
* 잣다온뎌: 도성답구나.
* 함락이샷다: 함께 즐거워하도다.

(나) 바위에 섰는 솔이 늠연(凜然)한* 줄 반가온뎌
　　풍상(風霜)을 겪어도 여위는 줄 전혀 업다
　　어쩌다 봄빛을 가져 고칠 줄 모르나니

　　　　　　　　　　　　　　　　　　　　　〈제1수〉

동리(東籬)에 심은 국화(菊花) 귀(貴)한 줄을 뉘 아나니
춘광(春光)을 번폐하고* 엄상(嚴霜)에 혼자 피니
어즈버 청고한 내 벗이 다만 넨가 하노라
〈제2수〉

꽃이 무한(無限)호되 매화(梅花)를 심은 뜻은
눈 속에 꽃이 피어 한 빛인 줄 귀하도다
하물며 그윽한 향기(香氣)를 아니 귀(貴)코 어이리
〈제3수〉

백설(白雪)이 잦은 날에 대를 보려 창(窓)을 여니
온갖 꽃 간 데 업고 대숲이 푸르러셰라
어째서 청풍(淸風)을 반겨 흔덕흔덕* 하나니
〈제4수〉
– 이신의, 〈사우가(四友歌)〉

* 늠연한: 위엄이 있고 당당한
* 번폐하고: 마다하고
* 흔덕흔덕: 흔들흔들

(다) 숨이 턱에 닿고 온몸이 땀에 멱을 감는 한 시간 남짓의 길을 허비하여 나는 겨우 석굴암 앞에 섰다. 멀리 오는 순례자를 위하여 미리 준비해 놓은 듯한 석간수는 얼마나 달고 시원한지! 연거푸 두 구기를 들이키매, 피로도 잊고 더위도 잊고 상쾌한 맑은 기운이 심신을 엄습하여 표연히 티끌 세상을 떠난 듯도 싶다. 돌층대를 올라서니 들어가는 좌우 돌벽에 새긴 인왕과 사천왕이 흡뜬 눈과 부르걷은 팔뚝으로 나를 위협한다. 어깨는 엄청나게 벌어지고, 배는 홀쭉하고, 사지는 울퉁불퉁한 세찬 근육! 나는 힘의 예술의 표본을 본 듯하였다.

한번 문 안으로 들어서매, 석련대(石蓮臺) 위에 올라앉으신 석가의 석상은 그 의젓하고도 봄바람이 도는 듯한 화한 얼굴로 저절로 보는 이의 불심을 불러일으킨다. 한군데 빈 곳 없고, 빠진 데 없고, 어디까지나 원만하고 수려한 얼굴, 알맞게 벌어진 어깨, 슬며시 내민 가슴, 퉁퉁하고도 점잖은 두 팔의 곡선미, 장중한 그 모양은 천추에 빼어난 걸작이라 하겠다.

좌우 석벽의 허리는 열다섯 간으로 구분되었고, 각 간마다 보살과 나한의 입상을 병풍처럼 새겼는데, 그 모양은 다 각기 달라, 혹은 어여쁘고, 혹은 영성궂고, 늠름한 기상과 온화한 자태는 참으로 성격까지 빈틈없이 표현하였으니, 신품(神品)이란 말은 이런 예술을 두고 이름이리라.

(중략)

그러나 앞문은 지금 손질이 많았지만 정작 굴 속은 별로 수선한 것이 없고, 아직도 옛 윤곽이 뚜렷이 남았음은 불행 중 다행이라 할까. 그 안에 모신 부처님, 관세음보살, 나한 님네들의 좌상과 입상이 어느 것 하나 세상에 뛰어나는 신품

이 아님이 없다는 것은 좀된 붓 끝이 적이 끄적거린 바로되, 석가님이 올라앉으신 돌 연대도 훌륭하거니와, 더구나 천장의 장치에 이르러서는 정말 찬란하다 할밖에 없다. 하늘 모양으로 궁륭상(穹隆狀)*을 지었고, 그 복판에 탐스러운 연꽃 모양을 떠 놓은 것은 또 얼마나 그 의장이 빼어나고 솜씨가 능란한가? 온전히 돌이란 한 가지의 원료로 이렇도록 공교하고 굉걸하고 아름다운 건축물을 낳아 낸 것은, 모르면 몰라도 동양, 서양의 건축사에 가장 영광스러운 한 장을 점령할 것이다.

굴문을 나서니, 밖에는 선경이 또한 나를 기다린다. 훤하게 터진 눈 아래 어여쁜 파란 산들이 띄엄띄엄 둘레둘레 머리를 조아리고 그 사이사이로 흰 물줄기가 굽이굽이 골안개에 싸이었는데, 하늘 끝 한 자락이 꿈결 같은 푸른빛을 드러낸 어름이 동해 바다라 한다. 오늘같이 흐리지 않은 날이면 동해 바다의 푸른 물결이 공중에 달린 듯이 떠 보이고, 그 위를 지나가는 큰 돛까지 나비의 날개처럼 곰실곰실 움직인다 한다. 더구나 이 모든 것을 배경으로 아침 햇발이 둥실둥실 동해를 떠나오는 광경은 정말 선경 중에서도 선경이라 하나, 화식(火食) 먹는 나 같은 속인엔 그런 선연(仙緣)이 있을 턱이 없다.

– 현진건, 〈불국사 기행〉

* 궁륭상: 활이나 무지개같이 한가운데가 높고 길게 굽은 형상. 또는 그렇게 만든 천장이나 지붕 모양

D67 ✾✾✾ 2018(10월)/고3교육청 38

(가)~(다)에 대한 설명으로 가장 적절한 것은?

① (가)~(다)는 모두 대상을 예찬하는 태도를 나타내고 있다.
② (가)~(다)는 모두 공간에 대해 역사적 의미를 부여하고 있다.
③ (가)와 (나)는 이상과 현실 사이의 괴리감을 드러내고 있다.
④ (가)와 (다)는 새로운 문물과 제도에 대한 위용을 드러내고 있다.
⑤ (나)와 (다)는 시련을 이겨 내려는 의지를 나타내고 있다.

D68 ✿✿✿ 2018(10월)/고3교육청 39

(나)와 (다)에 대한 이해로 적절하지 <u>않은</u> 것은?

① (나)의 '늠연한 줄 반가온뎌'는 자연물에 대한, (다)의 '정말 찬란하다 할밖에 없다'는 인공물에 대한 감탄을 표현하고 있다.

② (나)의 '여위는 줄 전혀 업다'는 변화가 없음을 강조하고 있고, (다)의 '지금 손질이 많았지만'은 변화가 있었음을 밝히고 있다.

③ (나)의 '그윽한 향기'와 (다)의 '어여쁜 파란 산들'에는 모두 대상에 대한 호감이 담겨 있다.

④ (나)의 '대숲이 푸르러셰라'는 원하는 사물을 보았음을, (다)의 '그런 선연이 있을 턱이 없다'는 원하는 광경을 보지 못했음을 표현하고 있다.

⑤ (나)의 '청풍을 반겨'와 (다)의 '상쾌한 맑은 기운이 심신을 엄습하여'는 모두 청빈한 삶에 대한 지향을 드러내고 있다.

D70 ✿✿✿ 2018(10월)/고3교육청 41

작품의 제목을 고려할 때, (나)의 표현 방식에 대한 이해로 가장 적절한 것은?

① 〈제1수〉와 〈제4수〉에서는 음성 상징어를 활용해 '사우'의 동작을 묘사하고 있다.

② 〈제2수〉와 〈제3수〉에서는 상승과 하강의 이미지를 교차하여 '사우'의 모습을 부각하고 있다.

③ 〈제3수〉와 〈제4수〉에서는 색채 대비를 통해 '사우'의 장단점을 제시하고 있다.

④ 〈제1수〉부터 〈제4수〉까지 모두 반어적 표현을 통해 '사우'의 특성을 강조하고 있다.

⑤ 〈제1수〉부터 〈제4수〉까지 모두 계절감을 활용해 '사우'의 긍정적 속성을 드러내고 있다.

D69 ✿✿✿ 2018(10월)/고3교육청 40

〈보기〉를 바탕으로 (가)를 감상한 내용으로 적절하지 <u>않은</u> 것은? [3점]

> **[보기]**
>
> 조선의 개국 주도 세력은 건국 후 한양이 풍수지리상 배산임수(背山臨水)의 조건을 갖춘 지덕(地德)이 성한 터라 주장하며, 구시대를 상징하는 개경을 떠나 한양으로 천도할 것을 결정했다. 도성 건설을 주관한 정도전은 「신도가」를 지어 개국을 송축하고 새로운 도성을 만들었다는 자부심을 나타내었다. 또한 임금의 만수무강을 바라며 궁극적으로 조선 왕조의 무궁한 번영을 기원하는 의도를 드러내고 있다. 이런 점에서 이 작품에는 과거, 현재, 미래에 대한 화자의 인식이 담겨 있다고 볼 수 있다.

① '녜는 양쥬ㅣ 꼬올히여'는 한양의 과거 지명과, '당금셩'은 한양의 현재 풍경과 관련된 것이로군.

② '신도형승이샷다'에는 새로운 도성 건설을 주관한 작가의 자부심이 담겨 있겠군.

③ '킥국셩왕이 셩딕를 니르어샷다'는 조선의 개국을 송축하며 임금의 말씀을 전하는 것이로군.

④ '알픈 한강슈여 뒤흔 삼각산이여'는 풍수지리상 지덕이 성한 터임을 알려 주는군.

⑤ '만셰를 누리쇼셔'는 궁극적으로 미래를 염두에 두고 조선 왕조의 무궁한 번영을 기원하는 것이겠군.

D71 ✿✿✿ 2018(10월)/고3교육청 42

〈보기〉는 (다)를 읽고 학생이 쓴 감상문의 일부이다. 감상의 내용으로 적절하지 <u>않은</u> 것은?

> **[보기]**
>
> 「불국사 기행」은 석굴암과 그 주변에서 본 것들에 대해 공간의 이동에 따라 서술하고 있다. 먼저 석굴암 입구에서는 ㉠좌우 돌벽에 새긴 인왕과 사천왕의 생생한 이미지를 전달하고 있고, 굴 안으로 이동한 후에는 ㉡석가상의 온화한 얼굴을 묘사하며 그것을 바라볼 때 생기는 효과까지 제시하고 있다. ㉢다양한 모습을 지닌 좌우 석벽의 보살과 나한 입상에 대한 감동을 하나의 단어로 집약하는 것이나, ㉣석굴암 천장 장치의 예술적 기교를 건축사의 위대한 업적으로 평가하는 부분이 인상적이었다. 그리고 굴 밖으로 나와서 ㉤주위의 절경과 동해의 수평선을 바라보며 신선이 된 것 같다고 느끼는 부분을 읽으며 글쓴이가 부러웠다.

① ㉠　② ㉡　③ ㉢　④ ㉣　⑤ ㉤

❖ 정답 및 해설 206~209p

[D 72~75] 다음 글을 읽고 물음에 답하시오. ━━━━━

(가) 청산(靑山)은 에워 들고 녹수(綠水)는 도라가고
　　석양(夕陽)이 거들 재예 신월(新月)이 소사난다
　　안전(眼前)의 일존주(一尊酒)* 가지고 시름 프자 ᄒ노라
　　　　　　　　　　　　　　　　　　　　〈제1수〉

　　강산(江山)의 눈이 닉고 세로(世路)의 ᄂᆞᆾ치 서니
　　어듸 뉘 문(門)의 이 허리 굽닐손고
　　일존주 삼척금(三尺琴) 가지고 백년소일(百年消日)호
　　리라
　　　　　　　　　　　　　　　　　　　　〈제3수〉

　　ᄂᆡ 말도 ᄂᆞᆷ이 마소 ᄂᆞᆷ의 말도 ᄂᆡ 아닌ᄂᆡ
　　고산(孤山) 불고정(不孤亭)의 조ᄒᆞ 늙ᄂᆞᆫ 몸이로쇠
　　어듸셔 망녕의 손이 검다 셰다 ᄒᆞ나니
　　　　　　　　　　　　　　　　　　　　〈제4수〉

[A]
　┌ 엇긔제 비즌 술이 다만 세 병(瓶)ᄲᅮᆫ이로다
　│ 흔 병(瓶)은 믈의 놀고 쪼 흔 병(瓶) 뫼희 노셔
　└ 이 밧긔 나믄 병(瓶) 가지고 달의 논들 엇더리
　　　　　　　　　　　　　　　　　　　　〈제6수〉

　　생애도 고초(苦楚)ᄒᆞ고 세미(世味)*도 담박(淡泊)ᄒᆞ다*
　　흰 술 흔두 잔의 프른 글귀 ᄲᅮᆫ이로쇠
　　옥경헌(玉鏡軒)* 평생행장(平生行狀)이 이 밧긔ᄂᆞᆫ 업
　세라
　　　　　　　　　　　　　　　　　　　　〈제7수〉

　　칠현(七絃)이 냉냉(冷冷)ᄒᆞ니 녜 소리ᄂᆞᆫ 잇다마ᄂᆞᆫ
　　종기(鍾期)*을 못 맛나니 이 곡조(曲調) 게 뉘 알이
　　벽공(碧空)의 일륜명월(一輪明月)이 ᄂᆡ 버진가 ᄒᆞ노라
　　　　　　　　　　　　　　　　　　　　〈제9수〉
　　　　　　　　　　　　　　- 장복겸, 〈고산별곡(孤山別曲)〉

* 일존주: 한 통의 술
* 세미: 세상 사는 맛
* 담박하다: 멋스럽지 못하다.
* 옥경헌: 작가 소유의 전각의 이름이며 아호임.
* 종기: 중국 춘추 시대 인물로 자신의 친구인 백아의 거문고 실력이 뛰
　어남을 알아봄.

(나) 까치 소리는 반갑다. 아름답게 굴린다거나 구슬프게 노
래한다거나 그런 것이 아니고 기교 없이 가볍고 솔직하게 짖
는 단 두 음절 '깍깍'. 첫 '깍'은 높고 둘째 '깍'은 얕게 계속되
는 단순하고 간단한 그 음정(音程)이 그저 반갑다. 나는 어려
서부터 까치 소리를 좋아했다. 지금도 아침에 문을 나설 때
까치 소리를 들으면 그 날은 기분이 좋다.

반포지은(反哺之恩)을 안다고 해서 효조(孝鳥)라 일러 왔
지만 나는 그런 것과는 상관없이 좋다. 사랑 앞마당 밤나무
위에 까치가 와서 집을 짓더니 그것이 길조(吉兆)라서 그 해
안변 부사(安邊府使)로 영전(榮轉)이 되었다던가, 서재(書齋)
남창 앞 높은 나뭇가지에 까치가 와서 집을 짓더니 글재주가
크게 늘어서 문명(文名)을 날렸다던가 하는 옛 이야기도 있
지만, 그런 것과 상관없이 까치 소리는 반갑고 기쁘다.

나는 까치뿐이 아니라 까치집을 또 좋아한다. 높은 나무
위에 마른 나뭇가지를 모아다가 엉성하게 얽어 놓은 것이,
나무에 그대로 어울려서 덧붙여 놓은 것 같지가 않고 나무
삭정이가 그대로 떨어져서 쌓인 것 같다. 그러면서도 소쇄한
맛이 난다. 엉성하게 얽어 놓은 그 어리가 용하게도 비가 아
니 샌다. 오직 달빛과 바람을 받을 뿐이다.

나는 항상 이담에 내 사랑채를 짓는다면 꼭 저 까치집같이
소쇄한 맛이 나도록 짓고 싶었다. 내가 완자창이나 아자창
(亞字窓)을 취하지 않고 간소한 용자창(用字窓)을 좋아하는
이유도 그런 정서에서다. 제비집같이 아늑한 집이 아니면 까
치집같이 소쇄한 집이라야 한다. 제비집은 얌전하고 단아한
가정부인이 매만져 나가는 살림집이요, 까치집은 쇄락하고
풍류스러운 시인이 거처하는 집이다.

비둘기장은 아무리 색스럽게 꾸며도 장이지 집이 아니다.
다른 새 집은 새 보금자리, 새둥지, 이런 말을 쓰면서 오직
제비집 까치집만 집이라 하는 것을 보면, 한국 사람의 집에
대한 관념이나 정서를 알 수가 있다. 한국 건축의 정서를 알
려는 건축가들은 한번 생각해 봄직한 문제인 듯하다. 요새
고층 건물, 특히 아파트 같은 건물들을 보면 아무리 고급으
로 지었다 해도 그것은 '사람장'이지 '집'은 아니다.

지금은 아침 여덟 시, 나는 정릉 안 숲 속에 자리 잡고 앉
아 있다. 오래간만에 까치 소리를 들었다. 나뭇잎들은 아침
햇빛을 받아 유난히 곱게 푸르다. 나뭇잎 사이사이로 파란
하늘이 차갑게 맑다. 그간 비가 많이 왔던 관계로 물소리도
제법 크게 들려온다. 나는 어느 날 이른 새벽에 여길 와 본
적이 있었다. 보건 운동을 하러 온 사람, 약물을 먹으러 온
사람들로 붐비어 다시 오고 싶은 생각이 없었다. 그런데 지
금 와 보니 사람은 아무도 없고 그윽한 숲 속이 한없이 고요
하다. 지금이 제일 고요한 시간이다. 까치들이 내 앞에 와서
깡충깡충 뛰어다닌다. 이른바 까치걸음이다. 손으로 만져도
가만히 있을 것만 같다. 그렇게 사람이 옆에 앉아 있다는 데
는 아무 관심이나 의구심도 없이 내 옆에서 깡충깡충 뛰놀고
있다.

나는 일찍이 어디선가 본 적이 있는 민화(民畵) 하나를 생
각한다. 한 노옹(老翁)이 나무 밑에서 허연 배를 내놓고 낮잠
을 자는데, 그 배 위에 까치 한 마리가 우뚝 서 있었다. 나는
신기한 그 상상화에 기쁨을 느꼈다. 민화란 어린아이와 자유
화(自由畵)같이 천진하고 기발한 데가 있어서 저런 재미있는
그림도 그려진다고 생각했다. 그러나 지금 저 까치들을 보고

그것은 기발(奇拔)한 상상이 아니요, 사실이었다는 것을 깨달았다.

예전에 이지봉(李芝峯)이 정호음(鄭湖陰)의 "산과 물이 바람에 소리치며, 강물은 거세게 울먹이는데, 달은 외로이 비쳐 있다."는 시를 보고 '강물이 거세게 이는데 달이 외롭게'라는 건 실경(實景)에 맞지 않는다고 폄(貶)했었다. 그도 그럴 것이 달이 고요히 밝은 밤중에는 물결이 잔잔한 것이 보통이다. 그러나 김백곡(金栢谷)이 황강역(黃江驛)에서 자다가 여울 소리가 하도 거세기에 문을 열고 보니 달이 외롭게 걸려 있었다. 그래서 비로소 그 구가 실경을 그린 명구(名句)인 것을 알았다는 시화(詩話)가 있다. 나도 그 민화가 실경인 것은 모르고 기상(奇想)으로만 여겼던 것이다.

[B] ┌ 그 태고연(太古然)한 풍경의 민화 한 폭이 다시금 눈앞에 뚜렷이 떠오른다. 나무 밑에서 허연 배를 내놓고 누워서 잠자는 노옹(老翁), 그 배 위에 서 있는 까치 한 └ 마리.

– 윤오영, 〈까치〉

D72 ★★❀
2018(7월)/고3교육청 38

(가)와 (나)에 대한 설명으로 가장 적절한 것은?

① (가)에는 인간의 유한한 삶에 대해 안타까워하는 태도가 드러나 있다.
② (가)에는 불우한 환경에서 벗어날 수 있으리라 기대하는 태도가 드러나 있다.
③ (나)에는 대상을 관조하며 가치 있는 삶에 대해 사색하는 태도가 드러나 있다.
④ (나)에는 현재의 처지를 개선하여 더 나은 삶을 살고자 하는 태도가 드러나 있다.
⑤ (가)와 (나)에는 당면한 문제 상황을 해소하기 위해 고뇌하는 태도가 드러나 있다.

D73 ★★❀
2018(7월)/고3교육청 39

[A]와 [B]를 비교한 내용으로 가장 적절한 것은?

① [A]는 시선의 이동에 따라, [B]는 공간의 이동에 따라 변화하는 자연의 모습을 형상화하고 있다.
② [A]는 대상을 열거하는 방식으로, [B]는 대상을 의인화하는 방식으로 자연의 아름다움을 묘사하고 있다.
③ [A]는 구체적 대상에 빗대어, [B]는 추상적 소재를 열거하여 자연의 섭리에 대한 경외감을 표출하고 있다.
④ [A]와 [B]는 감각적 이미지를 사용하여 자연이 지닌 역동적 생명력을 강조하고 있다.
⑤ [A]와 [B]는 모두 사물을 매개로 하여 화자가 추구하는 삶의 모습을 제시하고 있다.

D74 ★★❀
2018(7월)/고3교육청 40

〈보기〉를 참고하여 (가)를 감상한 것으로 적절하지 않은 것은?
[3점]

[보기]

강호한정을 노래한 시조에서 사대부들은 세속적 삶을 멀리하고 물질적 빈곤 속에서도 자연과 함께 정신적 풍요를 누리며 만족해 하는 모습을 드러낸다. 「고산별곡」에서도 작가는 평생 관직에 몸담지 않고 자연에 은거하며 풍류를 즐기는 자신의 삶에 대한 만족감을 노래하고 있다. 그러나 한편으로는 출사의 기회를 얻지 못한 채 특별히 이루어 놓은 일 없이 만년에 접어들었다는 작가의 안타까움도 작품 속에 담겨 있다.

① 〈제1수〉에서 화자는 '청산', '녹수' 등을 통해 자연 속에서 살아가는 모습을 드러내면서도 만년에 느끼는 시름을 '일존주'로 달래려 하고 있어.
② 〈제3수〉에서 화자는 '세로'의 삶과 달리 '백년소일'하는 '강산'에서의 삶을 긍정하며 자연에 은거하는 삶을 이어가고자 하는 의지를 드러내고 있어.
③ 〈제4수〉에서 화자는 '늠', '손'의 평가와 상관없이 '고산 불고정'에서 지내는 삶을 통해 현재의 생활에 대한 만족감을 드러내고 있어.
④ 〈제7수〉에서 화자는 '고초'하고 '담박'했던 생애를 긍정하면서도 '흰 술'에 만족해야 하는 현재의 삶에 대해 안타까워하고 있어.
⑤ 〈제9수〉에서 화자는 자신을 알아주는 사람을 만나지 못한 아쉬움을 드러내며 '일륜명월'을 통해 자신이 마음을 달래고 있어.

23 DAY

〈보기〉를 참고하여 (나)를 이해한 내용으로 적절하지 <u>않은</u> 것은?

[보기]

　이 작품의 소재를 중심으로 주제 제시 과정을 재구성하면 다음과 같다.

'정릉 안 숲 속'에서의 사색

처음		중간		끝
'까치 소리'	⇒	'까치집' '제비집' '비둘기장'	⇒	'민화' '시화'

⇩

주제 제시

① '어느 날 이른 새벽'의 경험과 대비되는 '정릉 안 숲 속'에서의 경험은 이 글의 창작 동기가 되고 있다.

② '까치 소리'의 '기교 없이 가볍고 솔직'한 속성에 주목하여 '반갑다'라고 정서를 드러내며 글을 시작하고 있다.

③ 까치에 이어 '까치집'을 떠올리면서 그 특성을 서술하고 '소쇄한 맛'이라는 표현을 통해 그것이 좋은 이유를 밝히고 있다.

④ '까치집'에서 다시 '제비집', '비둘기장'으로 소재가 이어지면서 '집'과 '장'의 차이를 중심으로 글을 전개하고 있다.

⑤ '민화'에 대해 새롭게 깨달은 내용을 바탕으로 '시화'에 담긴 상반된 해석들을 비판하면서 글의 주제를 드러내고 있다.

[D76~80] 다음 글을 읽고 물음에 답하시오. ─

(가) 바람이 소슬ㅎ야 나뭇잎이 다 진 후의 계산(溪山)이 삭
　　막거늘
　　겨울이 조화 부려 백설(白雪)을 ㄴ리오니
　　수많은 산봉우리 골짜기가 경요굴이 되엿거늘
　　눈썹을 찡그리며 어깨를 으쓱하고 눈을 노피 드니
　　가없는 설경(雪景)은 다 시(詩)의 제재가 되여시니
　　우활(迂闊)*ㅎ 정신(精神)이 추위를 어이 알꼬
　　사계절의 모습이 가는 듯 도라오니
　　아름다운 경치에 흥취도 ㄱ즐셰고
　　맑은 물 귀 씻으니 **허유***를 내 부러워하랴
　　낚싯대 드리우니 칠리탄*과 엇더ㅎ고

이원의 반곡*이 이러턴가 엇더ㅎ며
무이산의 청계는 이예셔 더 됴흔가
화산(華山)의 한 부분은 나누자 ㅎ거니와
이 ⓐ**별천지**는 나밖에 뉘 아ㄴ고
　　　　　　　(중략)
산조산화(山鳥山花)를 내 버즐 삼아 두고
경치를 만끽하며 삼긴 대로 노는 몸이
공명(功名)을 생각ㅎ며 빈천(貧賤)을 셜워홀가
단사표음(簞食瓢飮)을 내 분수로 여기니 일월(日月)도
한가홀샤
이 **계산(溪山) 경물(景物)**을 슬토록 거ㄴ리고
백 년 세월을 노닐다가 마치리라
아이야 사립문 닫아라 세상 알까 ㅎ노라
　　　　　　　　　　　　　　　─ 정훈, 〈용추유영가〉

* 우활: 사리에 어둡고 세상 물정을 잘 모름.
* 허유: 중국 요임금 때 은사(隱士)
* 칠리탄: 중국 후한 때 엄광이 몸을 숨긴 동강의 여울
* 반곡: 중국 당나라 때 이원이 은거한 곳

(나) 맑은 하늘 들 붉거늘 일장금(一張琴)을 빗기 안고
　　난간(欄干)에 기대 안자 옛 **양춘곡(陽春曲)**을 트온마리
　　엇더타 님 향ㅎ 시름이 곡조(曲調)마다 나ㄴ니
　　　　　　　　　　　　　　　　　　　　〈제1수〉

시절이 하 수상하니 ㅁ음을 둘 듸 업다
교목(喬木)도 녜 곳고 신하도 그득하되
의론(議論)이 여긔 저긔 하니 그릴 몰라 ㅎ노라
　　　　　　　　　　　　　　　　　　　　〈제3수〉

송옥(宋玉)*이 ㄱ을흘 만나 므스 이리 슬프던고
차가운 서리 흰 이슬은 하늘히 긔운이라
이 내의 남은 져 근심은 봄 ㄱ을이 업서라
　　　　　　　　　　　　　　　　　　　　〈제6수〉

공맹(孔孟)의 적통(嫡統)*이 ㄴ려 주자(朱子)께 다다
르니
자세한 학문(學文)은 궁리(窮理) 정심(正心) 나란히 일
럿네
엇더타 강서(江西) 의론(議論)*은 그를 지리(支離)타 ㅎ
던고
　　　　　　　　　　　　　　　　　　　　〈제9수〉

장부(丈夫)의 몸이 되어 기한(飢寒) 두려울까
일산(一山) 풍월(風月)애 즐거옴이 ㄱ이 업다
내 마다* 부운(浮雲) 부귀(富貴)를 따를 줄 이시랴
　　　　　　　　　　　　　　　　　　　　〈제11수〉

득군행도(得君行道)는 군자(君子)의 뜻이로되
때를 못 만나며는 고반(考槃)*을 즐겨ᄒ닉
넉넉ᄒ 솔바람에 달보기야 나 ᄲ인가 ᄒ노라

〈제12수〉

– 장경세, 〈강호연군가〉

* 송옥: 중국 전국시대 초나라 사람으로 굴원의 제자
* 적통: 정식으로 대를 이은 계통
* 강서 의론: 주희와 육구연이 강서에서 논쟁함. 주자학을 비판한 강서 학파를 의미함.
* 마다: 싫다
* 고반: 벼슬에 나가지 않고 자연에 묻혀 풍류를 즐김.

(다) 바구니를 가지고 산으로 나물을 뜯으러 가던 그 시절이 얼마나 행복했는지 그 당시에는 느끼지 못했던 일이다.

예쁜이, 섭섭이, 확실이, 네째는 모두 다 내 나물 동무들이었다.

활나물, 고사리 같은 것은 깊은 산으로 들어가야만 꺾을 수가 있었다. 뱀이 무섭다고 하는 나한테 섭섭이는 부지런히 칡순을 꺾어서 내 머리에다 갈아 꽂아 주며, 이것을 꽂고 다니면 뱀이 못 달려든다는 것이었다. 산나물을 캐러 가서는 산나물만을 찾는 것이 아니다. 우리는 이 산 저 산으로 뛰어 다니며 뻐꾹채를 꺾고 싱아를 캐고 심지어는 칡뿌리도 캐는 것이었다. 칡뿌리를 캐서 그 자리에서 먹는 맛이란 또 대단한 것이다. 그러나 꿩이 푸드덕 날면 깜짝들 놀라곤 하는 것이었다. 내가 산나물을 뜯던 그 그리운 고향엔 언제쯤 가게 될 것인가?

고향을 떠난 지 30년. 나는 늘 내 기억에 남은 고향이 그립고 오늘처럼 이런 산나물을 대하는 날은 고향 냄새가 물큰 내 마음을 찔러 어쩔 수 없이 만들어 놓는다.

(중략)

진달래도 아직 꺾어 보지 못한 채 봄은 완연히 왔는데, 내 마음속 골짜구니에는 아직도 얼음이 안 녹았다. 그래서 내 심경은 여태껏 춥고 방 안에서 밖엘 나가고 싶지가 않은 상태에서 모두가 을씨년스럽다.

시골 두메 촌에서 어머니를 따라 달구지를 타고 이삿짐을 실리고 서울로 올라오던 그때부터 나는 이미 ⓑ에덴 동산에서 내쫓긴 것이다.

그리고 칡순을 머리에다 안 꽂고 다닌 탓인가, 뱀은 내게 달려들어 숱한 나쁜 지혜를 넣어 주었다.

10여 년 전 같으면 고사포(高射砲)를 들이댔을 미운 사람을 보고도 이제는 곧잘 웃고 흔연스럽게 대해 줄 때가 있어 내가 그 순간을 지내놓고는 아찔해지거니와 풍우난설(風雨亂雪)의 세월과 함께 내게도 꽤 때가 앉았다.

심산(深山) 속에서 아무 거리낌 없이, 자연의 품에서 퍼질 대로 퍼지고 자랄 대로 자란 싱싱하고 향기로운 이 산나물 같은 맛이 사람에게 있는 법이건만, 좀체 순수한 이 산나물 같은 사람을 만나기란 요즘 세상엔 힘든 노릇 같다. 산나물

같은 사람이 어디 없을까? 모두가 억세고 꼬부라지고 벌레가 먹고 어떤 자는 가시까지 돋쳐 있다.

어디 산나물 같은 사람은 없을까?

– 노천명, 〈산나물〉

D76 ★★★❋ 　　　　2018(4월)/고3교육청 37

(가)~(다)의 공통점으로 가장 적절한 것은?

① 의성어를 사용하여 생동감을 부여하고 있다.
② 고사를 활용하여 삶에 대한 반성을 드러내고 있다.
③ 계절감을 나타낸 어휘를 사용하여 정서를 드러내고 있다.
④ 과거와 현재를 대비하여 이상과 현실의 괴리를 드러내고 있다.
⑤ 자연 현상과 인간의 삶을 대조하여 삶의 무상함을 드러내고 있다.

D77 ★★★ 　　　　2018(4월)/고3교육청 38

(가)와 (나)를 이해한 것으로 적절하지 않은 것은? [3점]

① (가)의 '우활ᄒ 정신'은 속세에 사는 어리석은 사람들을, (나)의 '장부의 몸'은 자연 속에 사는 화자를 가리킨다.
② (가)의 '내 부러워하랴'와 (나)의 '나 ᄲ인가 ᄒ노라'에는 화자의 만족감이 드러난다.
③ (가)의 '낚싯대'는 화자의 흥취가 드러나는, (나)의 '양춘곡'은 화자의 시름이 묻어나는 소재이다.
④ (가)의 '공명'과 (나)의 '부귀'는 화자가 거리를 두는 대상이다.
⑤ (가)의 '계산 경물'과 (나)의 '일산 풍월'은 화자가 즐기는 풍류의 대상이다.

✦ 정답 및 해설 212~216p

23 DAY

〈보기〉를 바탕으로 (나)를 감상한 것으로 적절하지 <u>않은</u> 것은?

[보기]

「강호연군가」에서 강호에 은거해 풍류를 즐기는 작가는 자연 속에서 성현의 학문을 칭송하는 태도를 드러내기도 하며, 때로 임금을 잊지 못하고 나라를 걱정하며 근심하는 모습을 보이기도 한다. 이는 당쟁으로 인해 혼란한 정국 속에서, 권력에서 소외되어 가던 작가의 고뇌와 관련된 것으로 볼 수 있다.

① 1수: 강호에서도 임금을 잊지 못하는 작가의 모습을 엿볼 수 있군.

② 3수: 당쟁이 계속되는 나라의 상황을 걱정하는 작가의 고뇌를 엿볼 수 있군.

③ 6수: 자신을 다른 인물과 비교하며 자연의 변화 속에서 근심을 잊고 사는 작가의 모습을 엿볼 수 있군.

④ 9수: 성현의 학문적 정통성을 언급하며 그들의 학문을 칭송하는 작가의 태도를 엿볼 수 있군.

⑤ 12수: 군자의 뜻을 실현할 수 없는 혼란한 정국에서 은거하는 작가의 모습을 엿볼 수 있군.

〈보기〉를 바탕으로 (다)를 감상한 것으로 적절하지 <u>않은</u> 것은?

[보기]

이 작품에는 고향과 인정(人情)에 대한 그리움이 짙게 나타난다. 글쓴이는 아름답고 낭만적인 유년 시절의 체험과 그 체험 속의 풍물들을 통해 지난날의 순수를 잃어버린 현실을 안타까워하며 순수함이 회복되기를 갈망하고 있다.

① '예쁜이, 섭섭이, 확실이, 네째' 등을 떠올리는 것에서 아름답고 낭만적인 유년 시절을 추억하는 글쓴이의 모습을 엿볼 수 있군.

② '뻐꾹채', '싱아', '칡뿌리' 등은 유년 시절 글쓴이의 체험 속 풍물들에 해당하는군.

③ '나'가 오늘 마주한 '산나물'은 글쓴이에게 고향과 인정에 대한 그리움을 환기하는군.

④ '미운 사람'을 보고도 반갑게 웃어주는 글쓴이의 모습에서 순수함이 회복되기를 갈망하는 바람이 드러나는군.

⑤ '산나물 같은 사람'을 찾고 싶어 하는 모습에서 과거의 순수함을 잃어버린 현실을 안타까워하는 글쓴이의 마음을 엿볼 수 있군.

ⓐ와 ⓑ에 대한 설명으로 가장 적절한 것은?

① ⓐ는 ⓑ와 달리 동심이 유발되는 공간이다.

② ⓑ는 ⓐ와 달리 새로운 소식을 듣는 공간이다.

③ ⓐ와 ⓑ는 모두 비판의 대상이 되는 공간이다.

④ ⓐ와 ⓑ는 모두 긍정적인 가치가 부여된 공간이다.

⑤ ⓐ와 ⓑ는 모두 만남과 이별이 반복되는 공간이다.

[D81~85] 다음 글을 읽고 물음에 답하시오.

(가) 반(半) 밤중 혼자 일어 묻노라 이내 꿈아
　　만 리(萬里) 요양(遼陽)*을 어느덧 다녀온고
　　반갑다 학가(鶴駕)* 선객(仙客)을 친히 뵌 듯ㅎ여라
　　　　　　　　　　　　　　　　　　〈제1수〉

　　박제상* 죽은 후에 님의 시름 알 이 업다
　　이역(異域) 춘궁(春宮)을 뉘라서 모셔 오리
　　지금에 치술령 귀혼(歸魂)을 못내 슬허ㅎ노라
　　　　　　　　　　　　　　　　　　〈제4수〉

　　조정을 바라보니 무신(武臣)도 하 만하라
　　신고(辛苦)ㅎ 화친(和親)을 누를 두고 ㅎ 것인고
　　슬프다 조구리(趙廐吏)* 이미 죽으니 참승(參乘)홀* 이
업세라
　　　　　　　　　　　　　　　　　　〈제6수〉

　　구중(九重) 달 발근 밤의 성려(聖廬)* 일정 만흐려니
　　이역 풍상(風霜)에 학가인들 이즐쏘냐
　　이 밧긔 억만창생(億萬蒼生)을 못내 분별ㅎ시도다
　　　　　　　　　　　　　　　　　　〈제7수〉

　　구렁에 낫는 ⓐ풀이 봄비에 절로 길어
　　아는 일 업스니 그 아니 조흘쏘냐
　　우리는 너희만 못ㅎ야 시름겨워 ㅎ노라
　　　　　　　　　　　　　　　　　　〈제8수〉

　　조그만 이 한 몸이 하늘 밧긔 떨어지니
　　오색 구름 깊은 곳에 어느 것이 서울인고
　　바람에 지나는 ⓑ검블* 갓ㅎ야 갈 길 몰라 ㅎ노라
　　　　　　　　　　　　　　　　　　〈제9수〉
　　　　　　　　　　　　　　　　　　- 이정환, 〈비가(悲歌)〉

* 요양: 청나라의 심양
* 학가: 세자가 탄 수레. 또는 세자. 여기서는 병자호란에서 패배하여 심양에 잡혀간 소현 세자를 가리킴.

* 박제상: 신라의 충신. 왕의 아우가 왜에 볼모로 잡히자 그를 구하고 자신은 희생됨.

* 조구리: 조씨 성을 가진 마부. 충신을 가리킴.

* 참승홀: 높은 이를 호위하여 수레에 같이 탈

* 성려: 임금의 염려

* 검불: 마른 나뭇가지나 낙엽 따위

(나) 이전 서울 계동 홍술햇골에서 살 때 일이었다. 휘문 중학교의 교편을 잡고, 독서, 작시(作詩)도 하고, 고서도 사들이고, 그 틈으로써 난을 길렀던 것이다. 한가롭고 자유로운 맛은 몹시 바쁜 가운데서 깨닫는 것이다. 원고를 쓰다가 밤을 새우기도 왕왕하였다. 그러하면 그러할수록 난의 **위안**이 더 필요하였다. 그 푸른 잎을 보고 방렬(芳烈)한 향을 맡을 순간엔, 문득 환희의 별유세계(別有世界)에 들어 무아무상의 경지에 도달하기도 하였다.

그러다가 조선어 학회 사건에 피검되어 홍원·함흥서 2년 만에 돌아와 보니 난은 반수 이상이 죽었다. 그해 여산으로 돌아와서 십여 분을 간신히 살렸다. 갑자기 8·15 광복이 되자 나는 서울로 또 가 있었다. 한 겨울을 지내고 와 보니 난은 모두 죽었고, 겨우 뿌리만 성한 것이 두어 개 있었다. 그걸 서울로 가지고 가 또 살려 잎이 돋아나게 하였다. 건란(建蘭)과 춘란(春蘭)이다. 춘란은 중국 춘란이 진기한 것이다. 꽃이나 보려 하던 것이, 또 6·25 전쟁으로 피란하였다가 그 다음 해 여름에 가 보니, 장독대 옆 풀섶 속에 그 고해(枯骸)만 엉성하게 남아 있었다.

그 후 전주로 와 양사재에 있으매, 소공(素空)이 건란 한 분을 주었고, 고경선 군이 제주서 **풍란** 한 등걸을 가지고 왔다. 풍란에 웅란(雄蘭)·자란(雌蘭) 두 가지가 있는데, 자란은 이왕 안서(岸曙) 집에서 보던 것으로서 잎이 넓적하고, 웅란은 잎이 좁고 **빼어났다**. 물을 자주 주고, 겨울에는 특히 옹호하여, 자란은 네 잎이 돋고 웅란은 다복다복하게 길었다. 벌써 네 해가 되었다.

십여 일 전 나는 바닷게를 먹고 중독되어 곽란(霍亂)이 났다. 5, 6일 동안 미음만 마시고 인삼 몇 뿌리 달여 먹고 나았으되, 그래도 **병석**에 누워 더 조리하였다. 책도 보고, 시도 생각해 보았다. 풍란은 곁에 두었다. 하얀 꽃이 몇 송이 벌었다. 방렬·청상(淸爽)한 향이 움직이고 있다. 나는 밤에도 자다가 깨었다. 그 향을 맡으며 이렇게 생각을 하여 등불을 켜고 노트에 적었다.

잎이 **빳빳하고도** 오히려 영롱(玲瓏)하다
썩은 향나무 껍질에 옥(玉) 같은 뿌리를 서려 두고
청량(淸凉)한 물기를 머금고 바람으로 사노니

[A]

꽃은 하얗고도 여린 자연(紫煙) 빛이다
높고 조촐한 그 품(品)이며 그 향(香)이
숲속에 숨겨 있어도 아는 이는 아노니

완당 선생이 한묵연(翰墨緣)이 있다듯이 나는 **난연(蘭緣)**이 있고 **난복(蘭福)**이 있다. 당외자, 계수나무도 있으나, 이 웅란에는 백중(伯仲)할 수 없다. 이 웅란은 난 가운데에도 가장 진귀하다.

'간죽하수문주인(看竹何須問主人)'*이라 하는 시구가 있다. 그도 그럴듯하다. 나는 어느 집에 가 그 난을 보면, 그 주인이 어떤 사람인가를 알겠다. 고서도 없고, 난도 없이 되잖은 서화나 붙여 놓은 방은, 비록 **화려 광활**하다 하더라도 그건 한 요릿집에 불과하다. **두실 와옥(斗室蝸屋)***이라도 고서 몇 권, 난 두어 분, 그리고 그 사이 술이나 한 병을 두었다면 삼공(三公)을 바꾸지 않을 것 아닌가! 빵은 육체나 기를 따름이지만 난은 정신을 기르지 않는가!

– 이병기, 〈풍란〉

* 간죽하수문주인: '대숲을 봤으면 그만이지 그 주인이 누구인지 물을 필요가 있겠는가.'라는 뜻

* 두실 와옥: 몹시 작고 누추한 집

D81 ✿✿✿

(가)와 (나)에 대한 설명으로 가장 적절한 것은?

① (가)에는 해소하기 어려운 문제적 상황에 당면하여 고뇌하는 태도가 드러나 있다.

② (가)에는 시대적 고난에 맞서지 못하는 자신의 나약함을 극복하고자 하는 태도가 드러나 있다.

③ (나)에는 인간의 유한한 삶에 대해 한탄하는 태도가 드러나 있다.

④ (나)에는 희망을 찾을 수 없는 절망적 현실에 대한 냉소적인 태도가 드러나 있다.

⑤ (가)와 (나)에는 이상과 현실의 괴리에서 비롯된 삶에 대한 회의적 태도가 드러나 있다.

23 DAY

(가), (나)에 대한 감상으로 적절하지 <u>않은</u> 것은? [3점]

① (가)는 '학가 선객'을 '꿈'에서나마 본 일을 언급함으로써 그를 만나고 싶어 하는 화자의 소망을 드러내고 있군.

② (가)는 '박제상'이 살았던 시대와 대비함으로써 그와 같은 충신을 찾기 어려운 시대적 상황에 대한 화자의 안타까움을 드러내고 있군.

③ (가)는 자신의 '몸'이 하늘 밖에 떨어진 상황을 설정하여 현실의 문제를 떠나 고통을 잠시라도 잊으려는 화자의 지향을 드러내고 있군.

④ (나)는 역사적 상황에 따른 작가의 행적과 '난'의 생사를 관련지어 언급함으로써 '난'에 대한 작가의 애착을 드러내고 있군.

⑤ (나)는 '두실 와옥'에 사는 사람이라도 만족감을 느낄 수 있도록 해 주는 '난'을 통해 작가가 지향하는 정신적 가치를 드러내고 있군.

㉠과 ㉡을 비교한 내용으로 가장 적절한 것은?

① ㉠과 ㉡은 모두 화자가 경외감을 가지고 바라보는 소재이다.

② ㉠과 ㉡은 모두 세월의 흐름을 나타내어 인생의 무상함을 느끼게 하는 소재이다.

③ ㉠은 화자의 울분을 심화하는 소재로, ㉡은 화자의 울분을 완화하는 소재로 활용되고 있다.

④ ㉠은 현재의 상황에 대한 인식의 계기가, ㉡은 과거의 사건에 대한 회고의 계기가 된 소재이다.

⑤ ㉠은 화자의 처지와 대비되는 소재로, ㉡은 화자의 처지와 동일시되는 소재로 제시되고 있다.

〈보기〉를 바탕으로 (가)를 이해한 내용으로 적절하지 <u>않은</u> 것은?

[보기]

임병양란 이후의 사대부들 사이에서는 긴 사연을 담을 수 있는 연시조 양식을 활용해 전란 후 현실의 문제를 다루려는 경향이 나타났다. 병자호란 직후 지어진 〈비가〉에도, 잡혀간 세자를 그리는 마음, 임금을 향한 충정, 전란 후 상황에 대한 견해 등 여러 내용이 복합되어 있다. 각 수의 시어를 연결하여 이해할 때 그 같은 내용들이 올바로 파악될 수 있다.

① 〈제1수〉의 '어느덧 다녀온고'와 〈제4수〉의 '뉘라서 모셔 오리'라는 진술에는 잡혀간 세자를 그리는 화자의 마음이 투영되어 있다.

② 〈제4수〉의 아무도 알아주지 못하는 '님의 시름'에 대해, 〈제6수〉의 '조구리'와 같은 인물이 없는 현실에 처한 화자는 애석함을 느끼고 있다.

③ 〈제6수〉에서 조정에 많은 '무신'이 남아 있음에도 '신고흔 화친'을 맺은 결과로 〈제7수〉에서 세자가 '이역 풍상'을 겪는다고 화자는 판단하고 있다.

④ 〈제7수〉에서 근심에 싸여 있는 '구중'의 임금을 떠올렸던 화자는 〈제9수〉에서는 '서울'을 찾지 못해 애태우고 있다.

⑤ 〈제7수〉의 '달 발근 밤'과 〈제8수〉의 '봄비'에는 부정적 현실이 개선되리라는 화자의 전망과 기대가 담겨 있다.

(나)의 맥락을 고려하여 [A]를 감상한 내용으로 적절하지 않은 것은?

① [A]의 '썩은 향나무 껍질'과 대조적인 의미를 지니는 '옥 같은 뿌리'는 '화려 광활'한 이미지를 지닌다고 볼 수 있겠군.

② [A]의 '높고 조촐한 그 품이며 그 향'은 '풍란'의 속성을 드러낸 것으로, 작가가 '풍란'을 곁에 두고자 하는 이유로 볼 수 있겠군.

③ [A]의 '아는 이'는 '풍란'의 가치를 볼 수 있는 안목을 갖춘 사람으로, '난연'과 '난복'이 있다고 생각하는 작가도 이에 해당된다고 볼 수 있겠군.

④ [A]는 평소 '난'을 통해 '위안'을 얻던 작가가 '병석'에 누워 조리할 때 '풍란'에서 영감을 얻어서 창작한 것으로 볼 수 있겠군.

⑤ [A]는 '난'과 함께한 작가의 정신세계를 함축적으로 제시하는 한편, '풍란'에 대한 예찬적 태도를 드러낸다고 볼 수 있겠군.

[D86~88] 다음 글을 읽고 물음에 답하시오.

(가) 무정히 서 있는 바위 유정하여 보이는다
　　최령(最靈)혼 오인(吾人)*도 직립불의(直立不倚)* 어렵건만
　　오랜 세월 곧게 선 자태 고칠 적이 업는다
　　　　　　　　　　　　　　　　　　　〈제1수〉

　　강가에 우뚝 서니 쳐다볼수록 더욱 높다
　　바람 서리에 불변호니 뚫을수록 더욱 굳다
　　사람도 이 바위 같으면 대장부인가 호노라
　　　　　　　　　　　　　　　　　　　〈제2수〉

　　말 한마디 업슨 바위 사귈 일도 업건만은
　　고모진태(古貌眞態)*를 벗 삼아 안즈시니
　　세상에 이익되는 세 벗을 사귈 줄 모르노라
　　　　　　　　　　　　　　　　　　　〈제3수〉

　　탁연직립(卓然直立)*호니 본받음 직호다마는
　　구름 깁흔 골짜기에 알 이 있어 츳즈오랴
　　이제나 광야에 옮겨 모두 보게 호여라
　　　　　　　　　　　　　　　　　　　〈제5수〉

　　세정(世情)이 하 수상호니 나를 본들 반길넌가
　　왕기순인(枉己循人)*호야 내 어듸 옮아가리오
　　산 됴코 물 됴흔 골에 삼긴 대로 늘그리라
　　　　　　　　　　　　　　　　　　　〈제6수〉

　　　　　　　　　　　　　　　　– 박인로, 〈입암이십구곡〉

* 최령훈 오인: 가장 신령스런 우리
* 직립불의: 꼿꼿이 섬.
* 고모진태: 옛 모습대로의 참된 자태
* 탁연직립: 빼어나 곧게 섬.
* 왕기순인: 자기 몸을 굽혀 남을 좇음.

(나) 우리 집엔 웃어른이 아니 계시다. 나는 때로 거만스러워진다. 오직 하나 나보다 나이 더 높은 것은, 아버님께서 쓰시던 **연적**이 있을 뿐이다. 저것이 아버님께서 쓰시던 것이거니 하고 고요한 자리에서 쳐다보면 말로만 들은, 글씨를 좋아하셨다는 아버님의 풍의(風儀)*가 참먹 향기와 함께 자리에 풍기는 듯하다. 옷깃을 여미고 입정(入定)*을 맛보는 것은 아버님이 손수 주시는 교훈이나 다름없다.

얼마 동안이었는진 모르나 아버님과 한때 풍상(風霜)을 같이 받은 유품이다. 그 몸이 어느 땅 흙에 묻힐지 기약 없는 망명객의 생활, 생각하면, 바다도 얼어 파도 소리조차 적막하던 블라디보스토크의 겨울밤, 흉중엔 무한한(無限恨)인 채 임종하시고 만 아버님의 머리맡에는 몇 자루의 붓과 함께 저 연적이 놓였던 것은 어렸을 때 본 것이지만 조금도 몽롱한 기억은 아니다. 네 아버지 쓰던 것으로 이것 하나라고, 외조모님이 허리춤에 넣고 다니시면서 내가 크기를 기다리시던 것이 이 연적이다. 분원 사기 살이 담청인데 선홍 반점이 찍힌 천도형의 연적이다.

고인과 고락을 같이한 것이 어찌 내 선친의 한 개 문방구뿐이리오. 나는 차츰 모든 옛사람들 물건을 존경하게 되었다. 휘트먼의 노래에 "오 아름다운 여인이여 늙은 여인이여!" 한 구절이 가끔 떠오르거니와 **찻종** 하나, **술병** 하나라도 그 모서리가 트고, 금간 데마다 배이고 번진 옛사람들의 생활의 때는 늙은 여인의 주름살보다는 오히려 황혼과 같은 아름다운 색조가 떠오르는 것이다.

　　　　　　　　　　　(중략)

시대가 오래다 해서만 귀하고, 기력과 정력이 들었다 해서만 완상할 것은 못 된다. 옛 물건의 옛 물건다운 것은 그 옛사람들과 함께 생활한 자취를 지녔음에 그 덕윤(德潤)이 있는 것이다. **외국의 공예품**들은 너무 지교(至巧)해서 손톱 자리나 가는 금 하나만 나더라도 벌써 병신이 된다. 비단옷을 입고 수족이 험한 사람처럼 생활의 자취가 남을수록 보기 싫어진다. 그러나 우리 **조선 시대의 공예품**들은 워낙이 순박하게 타고나서 손때나 음식물에 절수록 아름다워진다. 도자기만 그렇지 않다. 목공품 모든 것이 그렇다. 목침, 나막신, 반상, 모두 생활 속에 들어와 사용자의 손때가 묻을수록 자꾸 아름다워지고 서적도, 요즘 양본들은 새것을 사면 그날부터

24 DAY

더러워만 지고 보기 싫어지는 운명뿐이나 조선 책들은 어느 정도로 손때에 절어야만 표지도 윤택해지고 책장도 부드럽게 넘어간다. 수일 전에 우연히 대혜보각사의 「서장(書狀)」을 얻었다. 4백여 년 전인 가정년간(嘉靖年間)의 판으로 마침 내가 가장 숭앙하는 추사 김정희 선생의 보던 책이다. 그의 장인(藏印)이 남고 그의 친적(親蹟)인진 모르나 전권에 토가 달리고 군데군데 주역이 붙어 있다. 「서장(書狀)」은 워낙 난해서로 한 줄을 제대로 음미할 수 없지마는 한참 들여다보아야 책제가 떠오르는 태고연한 표지라든지, 장을 번지며 선인들의 정독한 자취를 보는 것이나 또 일획 일자를 써서 사란(絲欄)*을 쳐 가며 칼을 갈아 가며 새기기를 몇 달 혹은 몇 해를 해서 비로소 이 한 권 책이 되었을 것인가 생각하면 인쇄의 덕으로 오늘 우리들은 얼마나 버릇없이 된 글, 안된 글을 함부로 박아 돌리는 것인가 하는, 일종의 참회를 느끼지 않을 수 없는 것이다.

고완 취미를 부자나 은자의 도일(度日)*거리로만 보는 것은 속단이다. 금력으로 수집욕을 채우는 것은 오락에 불과한 것이요, 또 제 눈이 불급하는 것을 너무 탐내는 것도 허영이다. 직업적이어선 취미도 아니려니와 본대 상심낙사(賞心樂事)*란 무위와 허욕과 더불어서는 경지를 같이하지 않을 것이라 생각한다.

– 이태준, 〈고완〉

* 풍의: 드러나 보이는 모습
* 입정: 한마음으로 흐트러짐 없는 상태로 들어감.
* 사란: 여러 개의 금을 그어 '井' 자 모양으로 된 각각의 칸살
* 도일: 세월을 보냄.
* 상심낙사: 완상하는 마음과 즐거운 일

D86 ★★★❀

(가)와 (나)의 공통점으로 적절한 것은?

① 지나온 삶에 대한 회한이 나타나 있다.
② 세태에 대한 부정적 인식이 드러나 있다.
③ 미래에 대한 낙관적 전망이 제시되어 있다.
④ 초월적 세계에 대한 지향 의식이 나타나 있다.
⑤ 부재하는 대상과의 만남에 대한 기대가 드러나 있다.

D87 ★★★❀

〈보기〉와 관련지어 (가)를 이해한 내용으로 적절하지 않은 것은?
[3점]

[보기]

조선 시대 시가에서 자연은 다양한 의미를 지닌다. 자연은 세속에서 벗어난 이상적 세계로 그려지기도 하고, 때로는 인간이 본받을 만한 우월한 특성을 지닌 인격체로 그려지기도 한다. 그리고 자연은 인간에게 예찬의 대상이 되거나 인간이 벗으로 삼고자 하는 대상이 되기도 한다.

① 제1수에서는 바위를 인간보다 우월한 특성을 지닌 인격체로 제시하고 있군.
② 제2수에서는 바위의 높고 불변하는 속성을 예찬하는 태도를 나타내고 있군.
③ 제3수에서는 진실한 품성을 지닌 바위를 벗으로 삼고자 하는 의식을 나타내고 있군.
④ 제5수에서는 바위를 본받을 만한 특성을 지닌 대상으로 인식하고 있음을 드러내고 있군.
⑤ 제6수에서는 바위의 속성에 산과 물의 속성을 더해 세속을 이상적 공간으로 정화하려는 의지를 드러내고 있군.

D88 ★★★❀

(나)의 '나'에 대한 이해로 적절하지 않은 것은?

① '연적'을 보며 옷깃을 여미게 된 것은, 아버님이 주신 교훈을 떠올릴 수 있는 대상물로 생각했기 때문이겠군.
② '찻종 하나, 술병 하나'의 금간 데에서 아름다운 색조를 떠올린 것은, 옛사람들의 삶의 흔적이 담겨 있다고 생각했기 때문이겠군.
③ '외국의 공예품'을 꺼려 한 것은, 시간이 경과되어도 외형적 변화가 일어나지 않아서 생활의 자취를 담아낼 수 없다고 생각했기 때문이겠군.
④ '조선 시대의 공예품'이 사용할수록 아름다워진다고 여긴 것은, 천성적인 순박함이 있다고 생각했기 때문이겠군.
⑤ '대혜보각사의 「서장」'을 보며 소회를 느낀 것은, 오랜 시간 동안 노력하여 책이 완성되는 과정을 생각했기 때문이겠군.

(가) 청평사의 나그네   有客淸平寺
　　봄 산을 마음대로 노니네   春山任意遊
　　고요한 외로운 탑에 산새 지저귀고   鳥啼孤塔靜
　　흐르는 작은 내에 꽃잎 떨어지네   花落小溪流
　　좋은 나물은 때 알아 돋아나고   佳菜知時秀
　　향기로운 버섯은 비 맞아 부드럽네   香菌過雨柔
　　시 읊조리며 신선 골짝 들어서니   行吟入仙洞
　　나의 백 년 근심 사라지네   消我百年愁
　　　　　　　　　　　　　　　– 김시습, 〈유객(有客)〉

(나) 도연명(陶淵明) 죽은 후에 또 연명(淵明)이 나다니
　　밤마을 옛 이름이 때마침 같을시고
　　돌아와 수졸전원(守拙田園)*이야 그와 내가 다르랴
　　　　　　　　　　　　　　　　　〈제1곡〉

　　삼공(三公)이 귀하다 한들 이 강산과 바꿀쏘냐
　　조각배에 달을 싣고 낚싯대 흩던질 때
　　이 몸이 이 청흥(淸興) 가지고 만호후*인들 부러우랴
　　　　　　　　　　　　　　　　　〈제8곡〉

　　어지럽고 시끄런 문서 다 주어 내던지고
　　필마(匹馬) 추풍에 채를 쳐 돌아오니
　　아무리 매인 새 놓였다고 이대도록 시원하랴
　　　　　　　　　　　　　　　　　〈제10곡〉

　　세버들 가지 꺾어 낚은 고기 꿰어 들고
　　주가(酒家)를 찾으려 낡은 다리 건너가니
　　온 골에 살구꽃 져 쌓이니 감 길 몰라 하노라
　　　　　　　　　　　　　　　　　〈제15곡〉

　　최 행수 쑥달임 하세 조 동갑 꽃달임 하세
　　닭찜 게찜 올벼 점심은 날 시키소
　　매일에 이렇게 지내면 무슨 시름 있으랴
　　　　　　　　　　　　　　　　　〈제17곡〉
　　　　　　　　　　　　　　　– 김광욱, 〈율리유곡(栗里遺曲)〉

* 수졸전원: 전원에서 분수를 지키며 소박하게 살아감.
* 만호후: 재력과 권력을 겸비한 세도가

(다) 오십이 넘은 판교(板橋)는 마음에 맞지 않는 관직을 버리고 거리낌 없는 자유로운 심경에서 여생을 보냈다.
　　"청수(淸瘦)한 한 폭 대를 그리어 추풍강상(秋風江上)에 낚대나 만들까 보다."
　　㉠궁핍을 면할 양으로 본의 아닌 생활을 계속하느니보다 모든 속사(俗事)를 버리고 표연히 강상(江上)의 어객(漁客)이 되는 것이 운치 있는 생활이기도 하려니와 얼마나 자유를 사랑하는 청고(淸高)한 마음이냐. 고기를 낚는 취미도 실로 삼매경에 몰입할 수 있는 좋은 놀음이다.
　　푸른 물이 그득히 담긴 못가에서 흐느적거리는 낚싯대를

척 휘어잡고 바늘에 미끼를 물린다. 가장자리에는 물이끼들이 꽉 엉켰을 뿐 아니라 고기도 송사리 떼밖에 오지 않는지라, 팔 힘 자라는 대로 낚싯줄이 허(許)하는 대로 되도록 멀리 낚시를 던져 조금이라도 큰 고기를 잡을 양으로 한껏 내던져도 본다. 풍당 물결이 여울처럼 흔들리고 나면 거울 같은 수면에 찌만이 외롭고 슬프게 곧추서 있다.
　　㉡한 점 찌는 객이 되고 나는 주인이 되어 알력과 모략과 시기와 저주로 꽉 찬 이 풍진(風塵) 세상을 등 뒤로 두고 서로 무언의 우정을 교환한다.
　　내 모든 정열을 오로지 외로이 떠 있는 한 점 찌에 기울이고 있노라면, 가다가 ㉢별안간 이 한 점 찌는 술 취한 놈처럼 까딱까딱 흔들리기 시작한다.
　　'고기가 왔구나!'
　　다음 순간, 찌는 물속으로 자꾸 딸려 들어간다.
　　'옳다, 큰 놈이 물린 게로군.'
[A] ┌ 잡아당길 때 무거울 것을 생각하면서 배꼽에 힘을 잔뜩 주고 행여나 낚대를 놓칠세라 두 손으로 꽉 붙잡고 번쩍 치켜 올리면, 허허 이런 기막힌 일도 있을까. 큰 고기는커녕 어떤 때는 방게란 놈이 달려 나오고, 어떤 때는 개구리란 놈이 발버둥을 치는 수가 많다. 하면 되는 줄만 알았던 낚시질도 간대로 우리 따위까지 단번에
└ 되란 법은 없나 보다.
[B] ┌ 세상일이란 모조리 그러한 것이리랴마는 아무리 내 재주가 서툴다기로서니 개구리나 방게란 놈들도 염치가 있지, 속에서 이르기를 숭어가 뛰니 망둥이도 뛴다는 셈으로 나는 나대로 제법 강상의 어객인 양하고 나섰는 판에, 그래도 그럴 듯 미끈한 잉어까지야 못 물린다손 치더라도 고기도 체면은 알 법한지라, 하다못해 붕어 새끼 쯤이야 안 물리랴 하는 판에, 얼토당토않은 구역질 나는 놈들이 제가 젠체하고 가다듬은 내 마음을 더럽힐 줄 어
└ 찌 알았으랴.
　　㉣세상이 하 뒤숭숭하니 고요히 서재나 지키어 한묵(翰墨)*의 유희(遊戲)로 푹 박혀 있자는 것도 말처럼 쉽사리 되는 것은 아니라, 그렇다고 거리로 나가 성격 파산자처럼 공연스레 왔다 갔다 하기도 부질없고, 보이는 것 들리는 것이 모조리 심사 틀리는 소식밖엔 없어 그래도 죄 없는 곳은 내 서재니라 하여 며칠만 틀어박혀 있으면 그만 속에서 울화가 터져 나온다.
　　위진(魏晉) 간에 심산벽촌(深山僻村)에 은거하여 청담(淸談)이나 일삼던 그네의 심경을 한때는 욕을 한 적도 있었으나, ㉤막상 나 자신이 그런 심경에 처해 있고 보니 고인(古人)의 불우한 그 심정을 넉넉히 동감하게 된다.
　　　　　　　　　　　　　　　– 김용준, 〈조어삼매(釣魚三昧)〉

* 한묵: 글을 짓거나 쓰는 것을 이르는 말

24 DAY

D89 ★★★✿   2022(6월)/고3교육청 22

(가)와 (나)의 공통점으로 가장 적절한 것은?

① 자연물의 속성에 주목하여 교훈적 의미를 전달하고 있다.

② 설의적 표현을 통해 추구하고자 하는 삶의 태도를 제시하고 있다.

③ 먼 경치에서부터 가까운 곳으로 시선을 옮기며 심리의 변화를 드러내고 있다.

④ 화자가 자신을 객관화하는 표현을 내세워 내적 갈등에 대한 공감을 유도하고 있다.

⑤ 계절을 드러내는 시어를 사용하여 시기에 부합하는 자연의 모습을 구체화하고 있다.

D90 ✿★★   2022(6월)/고3교육청 23

(나)에 대한 이해로 적절하지 <u>않은</u> 것은?

① 〈제1곡〉에서는 지명에 주목하여 화자의 지향을 드러내고 있다.

② 〈제8곡〉에서는 자연의 가치를 부각하여 화자가 즐기는 흥취를 강조하고 있다.

③ 〈제10곡〉에서는 화자의 현재 상황에 대한 만족감을 바탕으로 자연물에 대한 연민을 드러내고 있다.

④ 〈제15곡〉에서는 다양한 행위를 연속적으로 나열하여 화자가 누리는 생활의 일면을 제시하고 있다.

⑤ 〈제17곡〉에서는 청자를 호명하며 즐거움을 함께하려는 화자의 마음을 전달하고 있다.

D91 ✿★★   2022(6월)/고3교육청 24

문맥을 고려하여 ㉠~㉤에 대해 이해한 내용으로 적절하지 <u>않은</u> 것은?

① ㉠: 생계를 유지하기 위한 생활과 대비되는 낚시의 의의를 드러내고 있다.

② ㉡: 낚시 도구와 글쓴이의 관계를 설정하여 낚시에 몰입하는 태도를 표현하고 있다.

③ ㉢: 낚시에 집중했던 글쓴이의 기다림과 기대에 부응하는 순간을 부각하고 있다.

④ ㉣: 낚시의 대안으로 선택한 것으로서, 글쓴이에게 마음의 안정을 찾게 해 준 방법으로 제시되고 있다.

⑤ ㉤: 낚시를 해 본 후 달라진 글쓴이의 마음가짐으로서, 은거했던 옛사람들에 기대어 자신의 심정을 드러내고 있다.

D92 ★★★   2022(6월)/고3교육청 25

(나)와 (다)를 비교하여 이해한 내용으로 가장 적절한 것은?

① (나)의 '도연명'과 (다)의 '판교'는 각각 화자와 글쓴이가 행적을 따르고자 하는 인물이다.

② (나)의 '삼공'과 (다)의 '성격 파산자'는 모두 세속에서 높은 지위를 차지하고 있는 이들을 가리킨다.

③ (나)의 '세버들 가지'와 (다)의 '청수한 한 폭 대'는 각각 화자와 글쓴이가 자신과 동일시하는 대상이다.

④ (나)의 '고기'와 (다)의 '송사리'는 각각 화자와 글쓴이가 자신을 보잘것없는 존재로 비유한 표현이다.

⑤ (나)의 '시름'과 (다)의 '욕'은 각각 화자와 글쓴이가 자신을 억압하는 존재를 염두에 둔 표현이다.

D93 ✿★★   2022(6월)/고3교육청 26

[A]와 [B]에 대한 이해로 가장 적절한 것은?

① [A]에 나타난 글쓴이의 경이감은 [B]에서 인생에 대한 낙관적 기대로 확장된다.

② [A]에 나타난 글쓴이의 무력감은 [B]에서 과거의 삶에 대한 동경을 통해 해소된다.

③ [A]에 나타난 글쓴이의 실망감은 [B]에서 자신의 손상된 체면에 대한 한탄으로 이어진다.

④ [A]에 나타난 글쓴이의 상실감은 [B]에서 새로운 이상을 품도록 만드는 계기로 작용한다.

⑤ [A]에 나타난 글쓴이의 혐오감은 [B]에서 자신의 능력에 대한 겸손한 반성으로 전환된다.

〈보기〉를 바탕으로 (가)~(다)를 감상한 내용으로 적절하지 않은 것은? [3점]

[보기]

　문학 작품에서 공간에 대한 인식을 형상화하는 방식은 다양하다. 공간에 대한 인식을 직접적으로 드러내는 표현을 사용하거나, 공간 내 특정 대상의 속성으로써 그 대상이 포함된 공간 전체를 표상하기도 한다. 또한 이러한 인식은 공간 간의 관계를 통해 표현되기도 한다. 이때 관계를 이루는 공간에는 작품에 명시된 공간은 물론 그 이면에 전제된 공간도 포함된다.

① (가)의 '신선 골짝'은 화자가 지향하는 공간으로서, 이에 대립되는 곳으로 '백 년 근심'이 유발된 공간이 이면에 전제된 것이라 할 수 있겠군.

② (나)의 '낡은 다리'는 '주가'와 '온 골'이라는 대비되는 속성을 지닌 두 공간의 경계를 표현하여, 양쪽 모두에 미련을 버리지 못한 화자의 상황을 상징하고 있겠군.

③ (나)에서 화자가 돌아온 곳은 '어지럽고 시끄런 문서'로 표상되는 공간과 대비되는 공간으로서, '이대도록 시원하랴'와 같은 반응을 자연스럽게 이끌어낸 것이겠군.

④ (다)에서 '푸른 물이 그득히 담긴 못가'는 글쓴이가 '삼매경'에 빠지기를 기대하는 곳으로, 글쓴이가 자신의 지향과 직결되는 공간을 직접적으로 드러낸 것이겠군.

⑤ (다)에서 '내 서재'는 '심사 틀리는 소식'을 피하기 위한 곳임에도 불구하고 '속에서 울화가 터져 나온다'고 언급되었다는 점에서, 그 이면에는 새로운 공간에 대한 지향이 있음을 알 수 있겠군.

[D95~99] 다음 글을 읽고 물음에 답하시오.

(가) 이 몸이 한가하여 산수간(山水間)에 절로 늙어
　　　공명부귀(功名富貴)를 뜻 밖에 잊었으니
　　차중(此中)에 청유(淸幽)한 흥미(興味)를 혼자 좋아 하노라
〈제1수〉

　　조그만 이 내 몸이 천지간(天地間)에 혼자 있어
　　청풍명월(淸風明月)을 벗 삼아 누었으니
　　세상(世上)의 시시비비(是是非非)를 나는 몰라 하노라
〈제2수〉

　　늙고 병든 몸을 세상이 버리실새
　　조그만 초당(草堂)을 시내 위에 일워 두고
　　목전(目前)에 보이는 송죽(松竹)아 **내 벗인가 하노라**
〈제4수〉

　　산림(山林)에 들어온 지 오래니 세상사(世上事)를 모르노라
　　㉠십장 홍진(十丈紅塵)이 얼마나 가렸는고
　　물외(物外)에 뛰어든 몸이 보은(報恩)이 어려워라
〈제5수〉
　　　　　　　　　　　　　　– 이홍유, 〈산민육가〉

(나) 화란 춘성(花爛春城)하고 만화방창(萬化方暢)이라.
㉡때 좋다 벗님네야, 산천경개를 구경을 가세.
　　죽장망혜(竹杖芒鞋) 단표자(單瓢子)로 천리 강산을 들어를 가니, ㉢만산 홍록(滿山紅綠)들은 일년 일도 다시 피어 춘색(春色)을 자랑노라 색색이 붉었는데, 창송취죽(蒼松翠竹)은 창창울울한데, 기화요초(琪花瑤草) 난만 중에 꽃 속에 잠든 나비 자취 없이 날아난다.
　　유상 앵비(柳上鶯飛)는 편편금(片片金)이요, 화간접무(花間蝶舞)는 분분설(紛紛雪)이라. 삼춘가절이 좋을씨고. 도화만발 점점홍(桃花滿發點點紅)이로구나. 어주 축수 애삼춘(魚舟逐水愛三春)이어든 **무릉도원**이 예 아니냐.
(중략)
　　층암절벽상의 폭포수는 콸콸, 수정렴 드리운 듯, 이 골 물이 주루루룩, 저 골 물이 쏼쏼, 열에 열 골 물이 한데 합수(合水)하여 천방져 지방져 소쿠라지고 펑퍼져, 년출지고 방울져, 저 건너 병풍석으로 으르렁 콸콸 흐르는 물결이 은옥(銀玉)같이 흩어지니, 소부 허유* 문답하던 기산 영수(箕山潁水)가 예 아니냐.
　　주곡제금*은 천고절(千古節)이요, 적다정조*는 일년풍(一年豊)이라. 일출 낙조가 눈앞에 벌여나 **경개 무궁(景槪無窮) 좋을씨고.**
　　　　　　　　　　　　– 작자 미상, 〈유산가〉

* 소부 허유(巢父許由): 중국 요순시대에 속세를 벗어난 삶을 살았던 인물들
* 주곡제금(奏穀啼禽): 두견새
* 적다정조(積多鼎鳥): 소쩍새

(다) 산은 언제 어디다 이렇게 많은 색소를 간직해 두었다가, 일시에 지천으로 내뿜는 것일까?
　　단풍이 이렇게까지 고운 줄은 몰랐다. 문 형은 몇 번이고 탄복하면서, 흡사히 동양화의 화폭 속을 거니는 감흥을 그대로 맛본다는 것이다. 정말 우리도 한 떨기 단풍에 지나지 않아 보인다. ㉣다리는 줄기요, 팔은 가지인 채, 피부는 단풍으로 물들어 버린 것 같다. 옷을 훨훨 벗어 꼭 쥐어짜면, 물에 헹궈 낸 빨래처럼 진주홍 물이 주르르 흘러내릴 것만 같다.
　　그림 같은 연화담(蓮花潭) 수렴폭(垂簾瀑)을 완상하며, 몇 십 굽이의 석계(石階)와 목잔*과 철삭*을 답파하고 나니, 문득 눈앞에 막아서는 무려 삼백 단의 가파른 사닥다리 ― 한 층계 한 층계 한사코 기어오르는 마지막 발걸음에서 시야는

24 DAY

일망무제(一望無際)로 탁 트인다. 여기가 해발 오천 척의 망군대(望軍臺) — 아! 천하는 이렇게도 광활하고 웅장하고 숭엄하던가!

이름도 정다운 백마봉은 바로 지호지간(指呼之間)에 서 있고, 내일 오르기로 예정된 비로봉은 단걸음에 건너뛸 정도로 가깝다. 그 밖에도 유상무상(有象無象)의 허다한 봉들이 전시(戰時)에 할거(割據)하는 영웅들처럼 여기에서도 우뚝 저기에서도 우뚝, 시선을 낮춰 아래로 굽어보니, 발밑은 천인단애(千仞斷崖), 무한제(無限際)로 뚝 떨어진 황천 계곡에 단풍이 선혈(鮮血)처럼 붉다. 우러러보는 단풍이 새색시 머리의 칠보단장(七寶丹粧) 같다면, 굽어보는 단풍은 치렁치렁 늘어진 규수의 붉은 치마폭 같다고나 할까. 수줍어 수줍어 생글 돌아서는 낯 붉힌 아가씨가 어느 구석에서 금방 튀어나올 것도 같구나!

저물 무렵에 마하연(摩訶衍)의 여사(旅舍)를 찾았다. ㉤산중에 사람이 귀해서였던가. 어서 오십사는, 상냥한 안주인의 환대도 은근하거니와, 문고리 잡고 말없이 맞아 주는 여관집 아가씨의 정성은 무르익은 머루 알같이 고왔다.

여장(旅裝)을 풀고 마하연사를 찾아갔다. 여기는 선원(禪院)이어서, 불경 공부하는 승려뿐이라고 한다. 크지도 않은 절이건만, 늙은 승려만도 실로 삼십 명은 됨 직하다. 이런 심산에 노승이 그렇게도 많을까?

[A]
무한청산행욕진(無限靑山行欲盡)
백운심처노승다(白雲深處老僧多)

옛글 그대로다.

노독(路毒)을 풀 겸 식후에 바둑이나 두려고 남포등 아래에 앉으니, 온고지정(溫故之情)이 불현듯 새로워졌다.

"남포등은 참말 오래간만인데."

하며 불을 바라보는 문 형의 말씨가 하도 따뜻해서, 나도 장난삼아 심지를 돋우어 보았다 줄여 보았다 하며, 까맣게 잊었던 옛 기억을 되살렸다. 그리운 얼굴들이, 흐르는 물의 낙화(落花) 송이같이 떠돌았다.

— 정비석, 〈산정무한〉

* 목잔(木棧): 나무로 사다리처럼 놓는 길
* 철삭(鐵索): 철사를 꼬아서 만든 줄

(가)~(다)에 대한 설명으로 가장 적절한 것은?

① (가)와 (나)는 음성 상징어를 사용하여 생동감을 높이고 있다.

② (가)와 (나)는 과거와 현재를 대비하여 지향하는 가치를 밝히고 있다.

③ (가)와 (다)는 움직임을 나타내는 어휘를 반복하여 대상의 역동적 측면을 강조하고 있다.

④ (나)와 (다)는 비유적 표현을 통해 대상에 대한 긍정적 인식을 드러내고 있다.

⑤ (나)와 (다)는 어조의 변화를 통해 화자나 글쓴이의 심리 변화 과정을 보여 주고 있다.

㉠~㉤을 이해한 내용으로 적절하지 않은 것은?

① ㉠: 속세와 거리를 둔 처지임을 나타내고 있다.

② ㉡: 아름다운 경치를 보러 갈 것을 권유하고 있다.

③ ㉢: 꽃이 활짝 피어난 봄의 계절감을 부각하고 있다.

④ ㉣: 주위의 단풍과 물아일체가 된 심정을 제시하고 있다.

⑤ ㉤: 마하연 여사의 퇴락한 모습을 드러내고 있다.

〈보기〉를 참고하여 (가)와 (나)를 감상한 내용으로 적절하지 않은
것은? [3점]

[보기]

(가)의 작가와 같은 사대부들은 관직에 오르지 못했
거나 관직에서 물러났을 경우, 주로 자연에 귀의하여
자연물과 조화를 이루는 생활을 하였다. 그들은 자연
속에서 심리적 위안을 받으며 자신들이 직접 체험한 바
를 시가를 통해 표현하였다. 하지만 (나)와 같이 평민
계층의 전문 가객들이 부른 잡가에 나타나는 자연은 주
로 아름다운 풍광의 재현을 통해 청중들이 대리 체험을
하도록 하는 것과 관련이 있다. 그래서 잡가의 자연은
감각적 흥을 극대화한 이상적인 유흥(遊興)의 공간으로
형상화되고 있다.

① (가)의 '공명부귀'는 화자가 관직에 나아가 이룰 수 있
는 세속적 가치와 관련이 있다고 볼 수 있겠군.
② (가)의 '조그만 이 내 몸'은 자연 속에서 심리적 위안이
필요한 속세에서의 화자의 모습을 일컫는 것으로 볼
수 있겠군.
③ (가)의 '내 벗인가 하노라'는 화자가 자연물과 조화를
이루는 친밀감을 드러낸 것으로 볼 수 있겠군.
④ (나)의 '무릉도원이 예 아니냐'는 화자가 자연을 이상
향의 이미지와 연결시켜 이상적인 유흥의 공간으로
제시한 것으로 볼 수 있겠군.
⑤ (나)의 '경개 무궁 좋을씨고'는 화자가 아름다운 풍광
을 통해 감각적 흥을 느끼는 상황으로 볼 수 있겠군.

(다)에 대한 설명으로 가장 적절한 것은?

① 마하연 여사에서 과거를 회상하며 여정을 계속하려는
이유를 제시하고 있다.
② 백마봉에서 비로봉으로 이동하는 과정을 다른 여정에
비해 상세하게 묘사하고 있다.
③ 기상 상황이 좋지 않았음에도 불구하고 연화담과 수
렴폭을 둘러보았음을 밝히고 있다.
④ 객관적인 사실과 자신의 소감을 제시하며 망군대 등
정 과정과 망군대에서의 조망을 나타내고 있다.
⑤ 마하연 여사에서 동행하는 사람이 한 말에 공감하며
오늘 여정 중에 발생한 일행 사이의 갈등이 해소되었
음을 드러내고 있다.

〈보기〉의 ㉮에 들어갈 대답으로 가장 적절한 것은?

[보기]

선생님: [A]는 당나라 승려 영일(靈一)이 지은 한시의
일부로 '한없는 청산 끝나 가려 하는데, 흰 구름 깊은
곳에 노승도 많아라.'라는 의미입니다. 만약 글쓴이
가 처음에 황혼 무렵 마하연사 주변에서 바라본 단풍
의 애상적 아름다움을 부각하기 위해 '저녁볕 아래
수레 멈추고 단풍잎 바라보니(停車坐愛楓林晚), 서리
물든 가을 잎 봄꽃보다 더 붉네.(霜葉紅於二月花)'라
는 구절을 인용하려 했다가, 퇴고 과정에서 생각을
바꾸어 [A]를 인용했다면 그 이유는 무엇일까요?
학생: 단풍에 대한 묘사를 지속함으로써 발생할 수 있
는 전개상의 단조로움을 피해 (㉮)
의도로 볼 수 있습니다.

① 마하연사의 고즈넉한 분위기와 그곳에 대한 인상을
드러내려는
② 마하연사에서 자신의 삶을 반성하고 얻은 깨달음을
독자에게 알리려는
③ 마하연사의 유래와 마하연사가 어떤 역할을 수행하는
절인지 소개하려는
④ 마하연사가 깊은 산속에 자리 잡아 방문하는 데에 고
생이 많았음을 나타내려는
⑤ 마하연사에 옛날과 달리 종교적 교리를 익히기 위해
애쓰는 승려가 없음을 비판하려는

[E01~05] 다음 글을 읽고 물음에 답하시오. ━━━━━━ [2020(6월)/고2교육청 21~25]

(가) 청풍(淸風)을 좋이 여겨 창을 아니 닫았노라.
　　　명월(明月)을 좋이 여겨 잠을 아니 들었노라.
　　　옛사람 이 두 가지 두고 어디 혼자 갔노.
　　　　　　　　　　　　　　　　　　　　　　　〈제1수〉

　　　내라서 누구라 하여 작녹(爵祿)*을 맘에 둘꼬.
　　　조그만 띠집을 시내 위에 이룬 바
　　　어젯밤 손수 닫은 문을 늦도록 닫치었소.
　　　　　　　　　　　　　　　　　　　　　　　〈제2수〉

　　　상 위에 책을 놓고 아래 신을 내어라.
　　　이봐 아해야, 날 볼 이 그 뉘고. ·
　　　알게라, 어제 맞춘 므지술* 맛보러 왔나보다.
　　　　　　　　　　　　　　　　　　　　　　　〈제3수〉

　　　두고 또 두고 저 욕심 그지없다.
　　　나는 ⓐ내 집에 내 세간을 살펴보니
　　　우습다 낚싯대 하나 외에 거칠 것이 전혀 없어라.
　　　　　　　　　　　　　　　　　　　　　　　〈제4수〉

　　　산아 너는 어이 한결같이 높았으며
　　　물아 너는 어찌 날날이 흐르느냐.
　　　처간(處間)*에 인지(仁智)한 군자는 못내 즐겨 하노니라.
　　　　　　　　　　　　　　　　　　　　　　　〈제5수〉

　　　오두미(五斗米)* 위하여 홍진(紅塵)*의 나지 마라.
　　　바람 비 어지러워 칼 톱이 무서워라.
　　　나중에 슬코 뉘우치나 기구하다 기로다단(岐路多端)*
　　　하여라.
　　　　　　　　　　　　　　　　　　　　　　　〈제6수〉
　　　　　　　　　　　　　　　　　– 이정, 〈풍계육가(楓溪六歌)〉

* 작녹: 벼슬과 녹봉
* 므지술: 의미가 불분명하나 맥락상 '묻어둔 술'로 보임.
* 처간: 초야, 궁벽한 시골 / * 오두미: 얼마 안 되는 봉급을 비유하는 말
* 홍진: 번거롭고 속된 세상을 비유적으로 이르는 말
* 기로다단: 갈림길의 갈래나 가닥이 많음.

(나) ⓑ내가 사는 집은 높이가 한 길이 못 되고, 너비는 아홉 자가 못 된다. 인사를 하려고 하면 갓이 천장에 닿고, 잠을 자려고 하면 무릎을 구부려야 한다. 한여름에 햇볕이 내리쬐면 창문이 뜨겁게 달아오른다. 그래서 둘러친 담장 밑에 박을 10여 개 심었더니, 넝쿨이 자라 집을 가려 주었다. 그러자 우거진 그늘 때문에 모기와 파리 떼들이 어두운 곳에서 서식하고, 뱀들이 서늘한 곳에 웅크리고 있었다. 어두운 밤에 자주 일어나 등촉을 들고 마당을 살펴보았다. 가만히 있으면 가려움 때문에 긁느라 지치고, 이리저리 움직이면 쏘아 대는 것이 두렵다. 이를 걱정하고 신경 쓰느라 병이 생겼으니, ㉠소갈증이 심해지고 가슴도 막힌 듯 답답했다. 찾아오는 손님에게 이러한 사정을 자세히 말하곤 했다.

서울에서 온 어떤 나그네가 내 말을 듣고 위로를 하였다. 그리고 자신이 예전에 몸소 겪었던 일을 말해 주었다.

"저는 어려서 집이 가난하여 장사를 했습지요. 영남 땅의 나루터, 정자, 역정(驛亭), 여관 그리고 궁벽한 고을의 작은 주막들에 이르기까지 제 발길이 닿지 않는 곳이 없었답니다. 무더운 여름철에 여행객과 나그네들이 한곳에 모이게 된답니다. 수령과 보좌 관원이 먼저 내실을 차지한 채 서늘하게 지내고, 바람 부는 곁채와 시원한 평상은 아전과 역졸(役卒)들이 차지하지요. 오직 뜨거운 구들과 뜨뜻한 침상에는 벽을 뚫고 관솔불이 비쳐 들고 대자리를 깎아 빈대를 쫓아내는 곳만이 남게 되지요. ㉡그곳만은 어느 누구도 다투지 않으며, 우리네 같은 사람들이 이틀 밤을 묵고 지내는 곳이랍니다.

　　　　　　　　　　　　　　　（중략）

그런데 여관집의 노비를 보면 이와 다릅지요. 때가 잔뜩 낀 지저분한 얼굴을 하고 부지런히 소나 말처럼 분주히 오가며 일을 하지요. 지나다니는 사람들에게 빌붙어 아침저녁을 해결하니, 버려진 음식도 달게 먹는답니다. 그 사람은 취하여 배부르면 눕자마자 잠이 들지요. 우리네들이 예전에 견디지 못하는 것을 그 사람은 편안하게 여기니, 마치 쌀쌀한 날씨 속에 선선한 방에서 잠자듯 한답니다. 그의 모습을 살펴보면 옷은 다 해지고 여기저기 꿰매었지

만 살결은 튼실하고, 특별한 재앙을 겪지 않고 천수를 누리고 있지요.

이것은 다른 이유 때문이 아니랍니다. 그 사람은 자기가 사는 곳을 여관으로 생각하며, ⓒ지금의 삶을 본래 정해진 운명이라고 여깁니다. 온갖 걱정과 근심으로 자기 마음을 상하게 하는 일도 없고, 끙끙거리며 탄식하느라 기운을 허하게 하는 일도 없지요. 그래서 재앙을 특별히 겪지 않고 천수를 누릴 사람이랍니다.

또 이런 말도 있지요. 지금 이 세상은 살아 있는 사람을 봉양하고 죽은 사람을 장사 지내는 여관 같은 곳입니다. 그리고 이 여관은 하룻밤이나 이틀을 묵고 가는 곳입니다. ㉢지금 그대는 이러한 여관에 몸을 기탁해 사는데다가, 다시 또 멀리 떠나와 궁벽한 골짜기에 몸을 숨기고 있습니다. 이것은 여관 중의 여관에 머물고 있는 셈이지요.

저 여관집의 노비는 일자무식한 사람입니다. 다만 그는 여관을 여관으로 여기면서, 음식도 잘 먹고 하루하루를 지내니, 추위와 더위도 그를 해치지 못하고 질병도 해를 입히지 못한답니다. 그런데 그대는 도를 지키고 운명에 순종하며, 소박하고 솔직한 태도로 행하는 분입니다. 그런데 여관 중의 여관에서 지내면서도 여관 [A] 을 여관으로 생각하지 않으십니다. 자기 스스로 화를 돋우고 들볶아 원기를 손상시키니, 병이 생겨 거의 죽을 지경에 이르렀습니다. 그대가 배우기를 바라는 것은 옛날 성현의 말씀인데도, 오히려 여관집의 노비가 하는 것처럼도 하지 못하는구려."

㉣이에 그 말을 서술하여 벽에 적고 '포화옥*기'라 하였다.
– 이학규, 〈포화옥기(匏花屋記)〉

* 포화옥: 박 넝쿨로 둘러싸인 집

지문 분석 특강

🌸 **시 복합** 지문을 쉽고 빠르게 읽는 독해 공식입니다.

⭐ 시 복합	독해 공식

❶ 설명문 혹은 〈보기〉 먼저 읽기
지문으로 제시된 설명문과 문제의 〈보기〉는 지문에 대한 중요한 정보를 제공하므로 가장 먼저 읽어야 합니다.

❷ 독해 공식에 따라 작품 읽기

고전 시가 독해 공식	수필 독해 공식
1 화자, 중심 대상 찾기	1 중심 대상 찾기
2 화자의 상황, 정서, 태도 파악하기	2 글쓴이의 생각, 태도 파악하기
3 표현상 특징 파악하기	3 서술상 특징 파악하기

❸ 작품 간의 공통점 및 차이점 찾기
제시된 작품들을 비교하는 문제는 갈래 복합에서 반드시 출제되므로 작품 간의 공통점과 차이점을 꼭 찾아보세요.

🌸 독해 공식 ❶, ❷, ❸을 [가]에 구체적으로 적용해 봅시다.

❶ 설명문 혹은 〈보기〉 먼저 읽기

E02 [보기] 분석

(가)의 화자: 자연 속에 은거하며 풍류를 즐기는 처사
→ 자연을 예찬하고 자연과의 합일을 도모함. 세속적 삶을 멀리하려 함.

E05 [보기] 분석

• (나): 유배 중인 작가가 나그네의 이야기를 통해 얻은 깨달음을 드러낸 글
• 나그네: 직접 경험, 여관집 노비를 관찰한 모습 등을 통해 교훈을 전함.

E02의 〈보기〉를 통해 (가)의 중심 대상이 '자연 속에서의 삶'이며, 자연을 대하는 화자의 태도가 긍정적일 것임을 추측할 수 있어요.
또한 E05의 〈보기〉를 통해 (나)의 중심 대상이 '나그네의 이야기'이며, 작가가 얻은 교훈이 유배 중인 상황과 관련되어 있음을 짐작할 수 있어요.

❷-1 고전 시가 독해 공식에 따라 (가) 읽기

1 화자, 중심 대상 찾기
〈제2수〉의 '내라서 누구라 하여'에서 화자인 '나'가 직접적으로 드러나 있어요. 또한 〈제수〉에서는 '청풍'과 '명월'을 좋게 여기고, 〈제5수〉에서는 '산'과 '물'을 예찬하며 자연 속에서 지내는 삶을 노래하고 있으므로 중심 대상은 '자연 속에서의 삶'이에요.
• 화자: '나'
• 중심 대상: 자연 속에서의 삶

2 화자의 상황, 정서, 태도 파악하기
화자는 '조그만 띠집을 시내 위에' 마련한 채 살고 있으며, '세간'에는 '낚싯대 하나 외에 거칠 것이 전혀 없'는 소박한 삶을 살고 있어요. '처간(處間)에 인지(仁智)한 군자는 못내 즐겨 하노니라.'라는 표현에서는 화자가 자연 속에서의 삶을 즐기고 있음이 드러나요. 반면, '홍진(紅塵)' 즉 속세에 나가는 일에 관해 '바람 비 어지러워 칼 톱이 무서워라.'라고 표현한 것을 통해 화자가 속세를 멀리하고 있음이 드러나고 있어요.
• 상황: 자연 속에서 은거하며 속세를 멀리함.
• 정서, 태도: 자연 속에서 소박하게 살아가는 삶에 만족하며 속세의 삶을 경계함.

3 표현상 특징 파악하기
'청풍', '명월', '처간' 등의 자연을 나타내는 시어와 '작녹', '오두미', '홍진' 등의 속세를 나타내는 시어를 대조하여 자연 친화적인 삶의 태도를 부각하고 있어요. 또한 '홍진(紅塵)의 나지 마라'에서 단호한 어조를 사용하여 세속적인 삶에 대한 거리감을 드러내고 있어요.
• 표현상 특징: 대조되는 대상을 제시함. / 단호한 어조를 사용함.

* [가]의 구조와 주제를 정리해 봅시다.

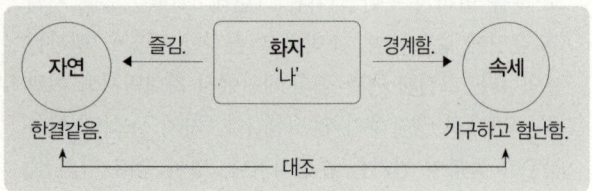

(가)의 화자는 자연에서의 소박한 삶을 즐기며 속세를 멀리하고 있으므로 (가)의 <u>주제</u>는 속세의 삶에 대한 경계와 자연 친화적인 삶의 태도입니다.

❷-2 수필 독해 공식에 따라 (나) 읽기

1 중심 대상 찾기
서울에서 온 나그네가 글쓴이인 '나'에게 해주는 이야기를 다루고 있으므로 중심 대상은 '나그네의 이야기'예요.
• **중심 대상:** 나그네의 이야기

2 글쓴이의 생각, 태도 파악하기
글쓴이는 유배 생활을 하는 자신의 환경에 만족하지 못하여 '소갈증이 심해지고 가슴도 막힌 듯 답답'함을 느끼며 고통스러워해요. 그러다 어떤 나그네를 통해 '자기가 사는 곳을 여관으로 생각하며, 지금의 삶을 본래 정해진 운명이라고 여'기는 여관집의 노비에 관한 이야기를 듣게 돼요. 이를 통해 글쓴이는 주어진 삶을 운명으로 받아들이고 만족하며 살아가는 자세에 대한 깨달음을 얻고 있어요.
• **글쓴이의 생각, 태도:** 주어진 삶에 만족하며 살아가는 삶의 자세를 깨달음.

3 서술상 특징 파악하기
주어진 환경에 만족하지 못하는 '나'와 자신의 상황을 운명으로 받아들이는 '노비'를 대조하여 주어진 환경에 만족하는 삶의 자세를 강조하고 있어요. 또한 '이에 ~ '포화옥기'라 하였다.'를 통해 작품을 창작한 이유가 직접적으로 드러나고 있어요.
• **서술상 특징:** 대조되는 인물을 제시함. / 작품을 창작한 이유를 직접 밝힘.

* [나]의 구조와 주제를 정리해 봅시다.

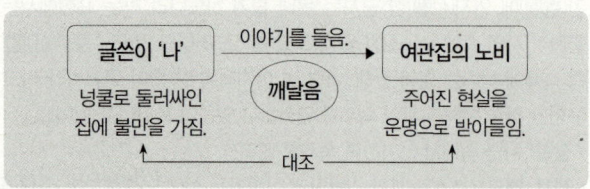

(나)의 글쓴이는 나그네가 들려준 여관집 노비의 이야기를 통해 주어진 삶을 운명으로 받아들이는 자세에 대해 깨닫고 있으므로 (나)의 <u>주제</u>는 주어진 삶을 운명으로 받아들이며 만족하는 삶의 자세입니다.

🌸 **지문을 모두 읽었네요. 이제 마지막입니다!**

❸ **작품 간의 공통점 및 차이점 찾기**

(가)	(나)
대조의 방식으로 추구하는 삶의 모습을 드러냄.	
'자연'과 '속세'를 대조함.	'나'와 '노비'의 태도를 대조함.
자연 친화적이며 소박한 삶의 태도를 드러냄.	주어진 삶에 만족하는 태도를 드러냄.

• **공통점:** 대조의 방식으로 추구하는 삶의 모습을 드러냄.
• **차이점:** (가)는 자연과 속세를 대조하여 화자가 추구하는 자연 친화적이며 소박한 삶의 태도를 드러냄. (나)는 '나'와 '노비'의 태도를 대조하여 주어진 삶에 만족하는 태도를 드러냄.

E01 ✿✿✾
2020(6월)/고2교육청 21

(가)와 (나)의 공통점으로 가장 적절한 것은?

① 반어적 표현을 통해 현실 비판 의식을 부각하고 있다.
② 대조적인 방식으로 추구하는 삶의 모습을 드러내고 있다.
③ 고사를 활용하여 현재의 삶에 대한 반성을 드러내고 있다.
④ 계절감을 나타낸 어휘를 통해 상황을 생생하게 드러내고 있다.
⑤ 역설적 표현을 사용하여 현재 상황을 극복하려는 의지를 나타내고 있다.

E02 ✿✿✿
2020(6월)/고2교육청 22

〈보기〉를 바탕으로 (가)를 감상한 내용으로 적절하지 않은 것은? [3점]

[보기]

(가)는 자연 속에 은거하며 풍류를 즐기는 처사(處士)의 삶을 형상화하고 있다. 화자는 속세를 벗어나 자연을 예찬하며 자연과의 합일을 도모하는 한편, 벼슬길의 위험함을 인식하며 세속적 삶을 멀리하려는 뜻을 드러내고 있다.

① 〈제1수〉에서 '명월'이 좋아 '잠'을 자지 않는 행위를 통해 자연 친화적인 삶의 모습을 보여 주고 있군.
② 〈제2수〉에서 '작녹'을 마음에 두지 않고 '문'을 늦도록 닫아두는 것은 세속적 삶을 멀리하려는 태도라 하겠군.
③ 〈제4수〉에서 '그지없다'고 한 '욕심'은 자연과의 합일을 지속하려는 마음을 가리키겠군.
④ 〈제5수〉에서 '산'과 '물'을 청자로 설정하여 자연물의 변함없는 모습을 예찬하고 있군.
⑤ 〈제6수〉에서 '홍진'과 거리를 두며 '칼 톱'이 무섭다고 한 것은 벼슬길의 위험성을 인식했기 때문이겠군.

E03 ✿✿✿
2020(6월)/고2교육청 23

ⓐ와 ⓑ를 이해한 내용으로 가장 적절한 것은?

① 모두 소망과 관련되는 공간이지만, ⓐ는 좌절되는 공간, ⓑ는 성취되는 공간이다.
② 모두 이상적인 공간이지만, ⓐ는 실현 가능성이 있는 공간, ⓑ는 실현 불가능한 공간이다.
③ 모두 실제 삶의 공간이지만, ⓐ는 만족감을 느끼는 공간, ⓑ는 열악함을 느끼는 공간이다.
④ 모두 현실과 갈등하는 공간이지만, ⓐ는 갈등이 심화되는 공간, ⓑ는 갈등이 해소되는 공간이다.
⑤ 모두 회상의 공간이지만, ⓐ는 자신의 삶에 대한 회상, ⓑ는 타인의 삶에 대한 회상이 이루어지는 공간이다.

E04 ✿✿✿
2020(6월)/고2교육청 24

[A]의 말하기 방식으로 가장 적절한 것은?

① 지향하는 바와 다르게 행동하고 있음을 지적하며 상대방을 비판하고 있다.
② 자신이 처한 어려움을 구체적으로 드러내어 상대방의 감정에 호소하고 있다.
③ 상대방의 말의 허점을 논리적으로 반박하면서 자신의 지식을 과시하고 있다.
④ 상대방이 가진 능력을 인정하면서 상대방이 이루어 낸 성과를 치하하고 있다.
⑤ 상대방의 말에 거짓으로 동조하는 척하면서 상대방을 안심시키려 하고 있다.

E05 ✿✿✿
2020(6월)/고2교육청 25

〈보기〉를 참고하여 ㉠~㉤을 이해한 내용으로 적절하지 않은 것은?

[보기]

(나)는 작가인 이학규가 신유박해에 연루되어 유배되었을 때 창작된 작품이다. 이 작품은 나그네가 들려주는 이야기를 통해 작가가 깨달은 바를 드러낸 글이다. 나그네는 자신의 직접 경험, 여관집 노비를 관찰한 모습 등을 바탕으로 작가에게 교훈을 전해 준다.

① ㉠: 작가가 얻은 병의 구체적인 증상을 언급하여 유배 생활의 어려움을 드러내고 있다.
② ㉡: 나그네가 자신의 직접 경험을 바탕으로 이야기하고 있음을 알 수 있다.
③ ㉢: 여관집의 노비는 현실을 받아들이고 운명에 순응하는 삶의 태도를 보여 주고 있다.
④ ㉣: 작가의 처지가 조금씩 개선되리라는 것을 일깨우려는 나그네의 의도가 담겨 있다.
⑤ ㉤: 나그네의 이야기를 통해 얻은 교훈을 작가가 오래 간직하고자 했음을 알 수 있다.

✿ 정답 및 해설 236~239p

E01 작품 비교하기

(가)와 (나)의 공통점으로 가장 적절한 것은?

① 반어적 표현을 통해 현실 비판 의식을 부각하고 있다.

(×)

🌿 (가)와 (나) 모두 반어적 표현을 사용하고 있지 않아요.

② 대조적인 방식으로 추구하는 삶의 모습을 드러내고 있다. (○)

🌿 (가)에서는 자연과 속세를 대비하여 화자가 추구하는 자연 속에서의 소박한 삶의 모습을 드러내고 있어요. (나)에서는 현실에 만족하지 못하는 '나'의 모습과 현실에 만족하며 살아가는 '여관집의 노비'의 모습을 대조하여 운명에 순응하고 주어진 삶에 만족하는 태도를 드러내고 있어요. 그러므로 정답은 ②!

③ 고사를 활용하여 현재의 삶에 대한 반성을 드러내고 있다. (×)

🌿 (가)와 (나) 모두 고사를 활용하고 있지 않아요.

④ 계절감을 나타낸 어휘를 통해 상황을 생생하게 드러내고 있다. (×)

＊근거: (나) ①-❸, ❺문장

• 한여름에 햇볕이 내리쬐면 창문이 뜨겁게 달아오른다.
• 그러자 우거진 그늘 때문에 모기와 파리 떼들이 어두운 곳에서 서식하고

🌿 (나)에서는 '한여름', '모기와 파리 떼' 등 계절감이 나타나는 어휘를 사용하고 있지만, (가)에서는 계절감을 나타내는 어휘를 사용하고 있지 않아요.

⑤ 역설적 표현을 사용하여 현재 상황을 극복하려는 의지를 나타내고 있다. (×)

🌿 (가)와 (나) 모두 역설적 표현을 사용하고 있지 않아요.

🌸 **작품 비교하기 유형**

꿀팁 ① 한 작품을 먼저 읽고, 선택지들 가운데 오답을 거르세요.
② 선택지에 나오는 '~와 달리', '~에 비해', '모두' 등의 표현에 주의하세요.

E02 〈보기〉를 바탕으로 감상하기

〈보기〉를 바탕으로 (가)를 감상한 내용으로 적절하지 않은 것은? [3점]

• 〈보기〉를 바탕: (가)의 화자는 자연을 예찬하며 자연과의 합일을 도모함과 동시에, 세속적 삶을 멀리하고자 합니다.

• (가): 화자는 '청풍', '명월' 등을 좋게 여겨 가까이 하려 하고, '작녹', '홍진' 등과 거리를 두고 있습니다.

즉 자연 친화적이며 속세를 멀리하는 화자의 태도를 바탕으로, 각 수에 나타나는 화자의 인식을 이해한 내용 중 틀린 것을 고르는 문제입니다.

[보기]
(가)는 자연 속에 은거하며 풍류를 즐기는 처사(處士)의 삶을 형상화하고 있다. 화자는 속세를 벗어나 자연을 예찬하며 자연과의 합일을 도모하는 한편, 벼슬길의 위험함을 인식하며 세속적 삶을 멀리하려는 뜻을 드러내고 있다.
④의 근거 ①의 근거
⑤의 근거 ②의 근거

🌸 지문과 〈보기〉에서 근거가 되는 부분을 찾아봅시다.

① 〈제1수〉에서 '명월'이 좋아 '잠'을 자지 않는 행위를 통해 자연 친화적인 삶의 모습을 보여 주고 있군. (○)

＊근거: (가) 〈제1수〉 중장, 〈보기〉 ❷문장

• 〈제1수〉: 명월을 좋이 여겨 잠을 아니 들었노라.
• 〈보기〉: 화자는 속세를 벗어나 ~ 자연과의 합일을 도모

🌿 '명월'이 좋아 '잠'을 자지 않는 행위는 〈보기〉의 '자연과의 합일을 도모'하는 행위이므로, 이를 통해 자연 친화적인 삶의 모습이 드러나요.

② 〈제2수〉에서 '작녹'을 마음에 두지 않고 '문'을 늦도록 닫아두는 것은 세속적 삶을 멀리하려는 태도라 하겠군.

(○)

＊근거: (가) 〈제2수〉 초장, 종장, 〈보기〉 ❷문장

• 〈제2수〉: 내라서 누구라 하여 작녹을 맘에 둘꼬. / 손수 단은 문을 늦도록 닫치었소.
• 〈보기〉: 세속적 삶을 멀리하려는 뜻을 드러내고 있다.

🌿 '작녹'은 벼슬과 녹봉이라는 의미로 세속적 가치를 의미하는 소재예요. 그리고 '문'은 세속과 연결되는 통로라고 볼 수 있어요. 따라서 늦도록 '문'을 닫아두는 것을 통해 〈보기〉에서 언급하고 있는 '세속적 삶을 멀리하려는' 화자의 태도가 드러나요.

③ 〈제4수〉에서 '그지없다'고 한 '욕심'은 자연과의 합일을 지속하려는 마음을 가리키겠군. (×)

🌿 '그지없다'고 한 '욕심'은 화자가 멀리하는 대상으로, 세속적 삶에 대한 끝없는 욕심을 가리켜요. 이는 자연과의 합일을 지속하려는 마음과 관련이 없어요. 그러므로 정답은 ③!

④ 〈제5수〉에서 '산'과 '물'을 청자로 설정하여 자연물의 변함 없는 모습을 예찬하고 있군. (○)

＊근거: (가) 〈제5수〉 초장, 중장, 〈보기〉 ❷문장

• 〈제5수〉: 산아 너는 어이 한결같이 높았으며 물아 너는 어찌 날리 흐르느냐.
• 〈보기〉: 화자는 속세를 벗어나 자연을 예찬하며

🍃 화자는 자연물인 '산'과 '물'을 '너'라는 청자로 설정하여 한결같이 높은 산과 나날이 흐르는 물, 즉 변함없는 자연물의 모습을 예찬하고 있어요.

⑤ 〈제6수〉에서 '홍진'과 거리를 두며 '칼 톱'이 무섭다고 한 것은 벼슬길의 위험성을 인식했기 때문이겠군.(○)

＊근거: (가) 〈제6수〉 초장, 중장, 〈보기〉 ❷문장

> • 〈제6수〉: 오두미 위하여 홍진의 나지 마라.
>   바람 비 어지러워 칼 톱이 무서워라.
> • 〈보기〉: 벼슬길의 위험함을 인식하며

🍃 속세를 의미하는 '홍진'에 '나지 마라'고 한 것과 '칼 톱'을 무섭다고 표현한 것은 〈보기〉에서 언급하고 있는 것처럼 화자가 '벼슬길의 위험함을 인식'한 것으로 볼 수 있어요.

🍀 **〈보기〉를 바탕으로 감상하기 유형**

🍯꿀팁 〈보기〉를 먼저 읽어 작품의 핵심을 파악하고, 〈보기〉와 지문에서 근거가 되는 부분을 찾으세요.

E03 시어 및 구절의 의미 파악하기

ⓐ와 ⓑ를 이해한 내용으로 가장 적절한 것은?

• ⓐ: '내 집'을 가리키며, (가)의 화자가 자연 속에서 안빈낙도하는 공간입니다.
• ⓑ: '내가 사는 집'을 가리키며, (나)의 글쓴이가 유배 중에 지내는 공간입니다.

📙즉 ⓐ와 ⓑ라는 공간에서 나타나는 화자의 행위, 정서를 비교한 내용으로 적절한 것을 고르는 문제입니다.

⚙️ **선택지의 적절성을 판단해 봅시다.**

① 모두 ~~조망과 관련되는~~ 공간이지만, ⓐ는 ~~좌절되는 공간~~, ⓑ는 성취되는 공간이다. (×)

🍃 ⓐ는 화자가 추구하는 자연 속에 은거하는 삶을 실현하는 공간이라는 점에서 소망과 관련된 공간이라고 볼 수 있지만 그 소망이 좌절되는 공간은 아니며, ⓑ는 '나'의 소망과 관련된 공간이 아니에요.

② 모두 ~~이상적인 공간~~이지만, ⓐ는 실현 가능성이 있는 공간, ⓑ는 실현 불가능한 공간이다. (×)

🍃 ⓐ는 화자가 추구하는 자연 속에 은거하는 삶을 실현하는 공간이므로 이상적인 공간이라고 볼 수 있어요. 하지만 ⓑ는 '나'가 열악함을 느끼는 공간이므로 이상적인 공간이 아니에요.

③ 모두 실제 삶의 공간이지만, ⓐ는 만족감을 느끼는 공간, ⓑ는 열악함을 느끼는 공간이다. (○)

＊근거: (가) 〈제수〉 초장, 중장, 〈제5수〉 종장, (나) ①-❼, ❽문장

• (가): 청풍을 좋이 여겨 ~ 잠을 아니 들었노라. / 처간에 인지한 군자는 못내 즐겨 하노니라.
• (나): 가만히 있으면 가려움 때문에 ~ 가슴도 막힌 듯 답답했다.

🍃 ⓐ는 '나'가 자연 속에서 은거하는 공간으로, '나'는 자연을 즐기며 만족감을 느끼고 있어요. ⓑ는 '나'가 유배 생활을 하는 협소한 주거 공간으로, '나'는 이곳에서 벌레나 뱀으로 인해 병까지 생기는 등 열악함을 느끼고 있어요. 그러므로 정답은 ③!

④ 모두 ~~현실과 갈등하는~~ 공간이지만, ⓐ는 ~~갈등이 심화되는 공간~~, ⓑ는 갈등이 해소되는 공간이다. (×)

🍃 ⓑ는 '나'가 열악함을 느끼는 공간이지만, 나그네의 말을 듣고 현실에 만족해야 한다는 깨달음을 얻게 되므로 갈등이 해소된다고 볼 수 있어요. 그러나 ⓐ는 '나'가 만족하며 살아가는 공간이므로 현실과 갈등하는 공간이 아니에요.

⑤ 모두 ~~회상의 공간~~이지만, ⓐ는 자신의 삶에 대한 회상, ⓑ는 타인의 삶에 대한 회상이 이루어지는 공간이다. (×)

🍃 ⓐ와 ⓑ 모두 회상이 이루어지는 공간이 아니에요.

🍀 **시어 및 구절의 의미 파악하기 유형**

🍯꿀팁 특정 시어나 구절에 대해 선택지에서 이야기하고 있는 내용이 지문에 나타나는지 살펴보세요.

E04 서술상의 특징 파악하기

[A]의 말하기 방식으로 가장 적절한 것은?

• [A]: 나그네가 '나'에게 건네는 충고로, 나그네는 '나'와 '여관집의 노비'를 대비하여 자신의 지향과 다르게 행동하고 있는 '나'를 비판하고 있습니다.

📙즉 나그네의 말인 [A]의 구체적인 말하기 방식과, 이를 통해 드러나는 의도를 파악한 내용으로 적절한 것을 고르는 문제입니다.

⚙️ **선택지의 적절성을 판단해 봅시다.**

① 지향하는 바와 다르게 행동하고 있음을 지적하며 상대방을 비판하고 있다. (○)

＊근거: (나) ④-⓫문장

> 그대가 배우기를 바라는 것은 옛날 성현의 말씀인데도, 오히려 여관집의 노비가 하는 것처럼도 하지 못하는구려.

🍃 나그네는 청자인 '나'가 옛날 성현의 말씀을 배우기를 바라면서도 '노비가 하는 것처럼도 하지 못'한다고 지적하며 비판하고 있어요. 그러므로 정답은 ①!

② ~~자신이 처한 어려움을 구체적으로 드러내어 상대방의 감정에 호소하고 있다.~~ (×)

🍃 나그네는 자신이 처한 어려움을 드러내거나, 상대방인 '나'의 감정에 호소하고 있지 않아요.

---

③ 상대방의 말의 허점을 논리적으로 반박하면서 자신의 지식을 과시하고 있다. (×)

🌿 나그네는 상대방인 '나'의 말의 허점을 논리적으로 반박하거나, 지식을 과시하고 있지 않아요.

④ 상대방이 가진 능력을 인정하면서 상대방이 이루어 낸 정과를 치하하고 있다. (×)

🌿 나그네가 상대방인 '나'의 능력을 인정하고 있다고 보기 어려우며, '나'가 이루어 낸 성과를 치하하고 있지도 않아요.

⑤ 상대방의 말에 거짓으로 동조하는 척하면서 상대방을 안심시키려 하고 있다. (×)

🌿 나그네는 상대방인 '나'의 말에 거짓으로 동조하는 척하거나, '나'를 안심시키려 하고 있지 않아요.

🌸 **서술상의 특징 파악하기 유형**

🍯📄 선택지에서 이야기하고 있는 말하기 방식을 이해하고, 이를 통해 얻을 수 있는 효과가 무엇인지 생각해 보세요.

E05 〈보기〉를 바탕으로 감상하기

〈보기〉를 참고하여 ㉠~㉤을 이해한 내용으로 적절하지 않은 것은?

• **〈보기〉를 참고:** (나)는 작가가 유배되었을 때 창작한 작품으로, 작가가 나그네의 이야기를 통해 얻은 교훈을 기록한 글입니다.

• **㉠~㉤:** ㉠은 작가가 얻은 병의 구체적인 증상, ㉡은 나그네의 경험, ㉢은 여관집 노비의 인식, ㉣은 현실에 순응할 것에 대한 나그네의 조언, ㉤은 자신이 얻은 교훈을 오래 간직하려는 작가의 의도가 드러납니다.

📙 〈보기〉에 제시된 (나)의 정보를 바탕으로, ㉠~㉤을 통해 드러나는 작가의 상황과 말하는 이의 의도를 이해한 내용 중 틀린 것을 고르는 문제입니다.

---[보기]---

(나)는 작가인 이학규가 신유박해에 연루되어 유배되었을 때 창작된 작품이다. *창작 배경 - ①의 근거* 이 작품은 나그네가 들려주는 이야기를 통해 작가가 깨달은 바를 드러낸 글이다. *글을 쓴 목적 - ⑤의 근거* 나그네는 자신의 직접 경험, 여관집 노비를 관찰한 모습 등을 바탕으로 작가에게 교훈을 전해 준다. *주제를 드러내는 방식 - ②, ③의 근거*

🌼 **선택지의 적절성을 판단해 봅시다.**

① ㉠: 작가가 얻은 병의 구체적인 증상을 언급하여 유배 생활의 어려움을 드러내고 있다. (○)

＊근거: (나) ①-❸문장, 〈보기〉❶문장

• (나): 소갈증이 심해지고 가슴도 막힌 듯 답답했다.
• 〈보기〉: 작가인 이학규가 ~ 유배되었을 때 창작된 작품

🌿 작가는 '소갈증이 심해지고 가슴이 답답한' 병의 증상을 언급하여 유배 생활의 어려움을 드러내고 있어요.

② ㉡: 나그네가 자신의 직접 경험을 바탕으로 이야기하고 있음을 알 수 있다. (○)

＊근거: (나) ②-❷문장, 〈보기〉❸문장

• (나): 자신이 예전에 몸소 겪었던 일을 말해 주었다.
• 〈보기〉: 나그네는 자신의 직접 경험, ~ 작가에게 교훈을 전해 준다.

🌿 (나)에서 나그네는 '자신이 예전에 몸소 겪었던 일을 말해 주었다.'라고 했고, 〈보기〉에서도 나그네는 '자신의 직접 경험'을 통해 작가에게 교훈을 준다고 했어요. 따라서 ㉡은 나그네가 자신의 직접 경험을 바탕으로 이야기를 전달하는 것이에요.

③ ㉢: 여관집의 노비는 현실을 받아들이고 운명에 순응하는 삶의 태도를 보여 주고 있다. (○)

＊근거: (나) ③-❽문장

지금의 삶을 본래 정해진 운명이라고 여깁니다.

🌿 여관집의 노비는 지금의 삶을 본래 정해진 운명이라 여기고 있어요. 즉, 노비는 현실을 받아들이고 운명에 순응하는 삶의 태도를 보여 주고 있어요.

④ ㉣: 작가의 처지가 조금씩 개선되리라는 것을 일깨우려는 나그네의 의도가 담겨 있다. (×)

＊근거: (나) ④-❹, ❺문장, 〈보기〉❸문장

지금 그대는 이러한 여관에 몸을 기탁해 사는데다가 ~ 여관 중의 여관에 머물고 있는 셈이지요.

🌿 나그네는 이 세상이 잠시 머무는 '여관 같은 곳'이고, 유배 중인 작가는 '여관 중의 여관에 머물고 있는 셈'이라고 하며 현재의 삶을 수용하라는 의미를 전하고 있어요. 따라서 ㉣에 작가의 처지가 개선되리라는 것을 일깨우려는 의도는 담겨 있지 않아요. 그러므로 정답은 ④!

⑤ ㉤: 나그네의 이야기를 통해 얻은 교훈을 작가가 오래 간직하고자 했음을 알 수 있다. (○)

＊근거: (나) ④-⓬문장, 〈보기〉❷문장

• (나): 이에 그 말을 서술하여 벽에 적고 '포화옥기'라 하였다.
• 〈보기〉: 이 작품은 ~ 작가가 깨달은 바를 드러낸 글이다.

🌿 작가가 나그네의 말을 벽에 적은 행위는 나그네의 이야기를 통해 얻게 된 교훈을 오래 간직하기 위함이에요.

🌸 **〈보기〉를 바탕으로 감상하기 유형**

🍯📄 〈보기〉를 먼저 읽어 작품의 핵심을 파악하고, 〈보기〉와 지문에서 근거가 되는 부분을 찾으세요.

[E 06~09] 다음 글을 읽고 물음에 답하시오.

(가) 태산이 높다 하되 하늘 아래 뫼히로다.

　　오르고 또 오르면 못 오를 리 업건마는

　　사람이 제 아니 오르고 뫼만 높다 하더라.

　　　　　　　　　　　　　　　　－ 양사언의 시조

(나)

[A] 乍晴還雨雨還晴	언뜻 개었다가 다시 비가 오고 비 오다가 다시 개이니,
天道猶然況世情	하늘의 도도 그러하거늘, 하물며 세상 인정이라.
[B] 譽我便是還毀我	나를 기리다가 문득 돌이켜 나를 헐뜯고,
逃名却自爲求名	공명을 피하더니 도리어 스스로 공명을 구함이라.
[C] 花門花謝春何管	꽃이 피고 지는 것을, 봄이 어찌 다 스릴고.
雲去雲來山不爭	구름 가고 구름 오되, 산은 다투지 않음이라.
[D] 寄語世人須記認	세상 사람들에게 말하노니, 반드시 기억해 알아 두라.
取歡無處得平生	기쁨을 취하려 한들, 어디에서 평생 즐거움을 얻을 것인가를.

　　　　　　　　　　　　－ 김시습, 〈사청사우(乍晴乍雨)〉*

* 사청사우(乍晴乍雨): 날이 맑았다 비가 오다 함, 변덕스런 날씨를 가리킴.

(다) 행랑채가 퇴락*하여 지탱할 수 없게끔 된 것이 세 칸이었다. 나는 마지못하여 이를 모두 수리하였다. 그런데 그 두 칸은 앞서 장마에 비가 샌 지가 오래 되었으나, 나는 그것을 알면서도 망설이다가 손을 대지 못했던 것이고, 나머지 한 칸은 비를 한 번 맞고 샜던 것이라 서둘러 기와를 갈았던 것이다. ㉮이번에 수리하려고 본즉 비가 샌 지 오래된 것은 그 서까래, 추녀, 기둥, 들보가 모두 썩어서 못 쓰게 되었던 까닭으로 수리비가 엄청나게 들었고, 한 번밖에 비를 맞지 않았던 한 칸의 재목들은 완전하게 하여 다시 쓸 수 있었던 까닭으로 그 비용이 많지 않았다.

　나는 이에 느낀 것이 있었다. 사람의 몸에 있어서도 마찬가지라는 사실을. 잘못을 알고서도 바로 고치지 않으면 곧 그 자신이 나쁘게 되는 것이 마치 나무가 썩어서 못 쓰게 되는 것과 같으며, 잘못을 알고 고치기를 꺼리지 않으면 해(害)를 받지 않고 다시 착한 사람이 될 수 있으니, 저 집의 재목처럼 말끔하게 다시 쓸 수 있는 것이다.

뿐만 아니라 나라의 정치도 이와 같다. 백성을 좀먹는 무리들을 내버려두었다가는 백성들이 도탄*에 빠지고 나라가 위태롭게 된다. 그런 연후에 급히 바로잡으려 하면 이미 썩어 버린 재목처럼 때는 늦은 것이다. 어찌 삼가지 않겠는가.

　　　　　　　　　　　　　－ 이규보, 〈이옥설(理屋說)〉

* 퇴락(頹落): 낡아서 무너지고 떨어짐.
* 도탄(塗炭): 몹시 곤궁하거나 고통스러운 지경을 이르는 말

⭐ **(가) 고전 시가 독해 공식**

❶ 화자: (　　　　　　　), 중심 대상: (　　　　　)

❷ 화자의 상황: (　　　　　　　　　　　　　　　)

　　정서, 태도: (　　　　　　　　　　　　　　)

❸ 표현상 특징: (　　　　　　　　　　　　　　)

⭐ **(나) 고전 시가 독해 공식**

❶ 화자: (　　　　　　　), 중심 대상: (　　　　　)

❷ 화자의 상황: (　　　　　　　　　　　　　　　)

　　정서, 태도: (　　　　　　　　　　　　　　)

❸ 표현상 특징: (　　　　　　　　　　　　　　)

⭐ **(다) 고전 수필 독해 공식**

❶ 중심 대상: (　　　　　　　　　　　　　　　)

❷ 글쓴이의 생각, 태도: (　　　　　　　　　　)

❸ 서술상 특징: (　　　　　　　　　　　　　　)

⭐ **갈래 복합 독해 공식**

· 공통점: (　　　　　　　　　　　　　　　　)

· 차이점: (　　　　　　　　　　　　　　　　)

E06 ❉❉❉　　　　　　　　　　2020(6월)/고1교육청 42

(가)~(다)의 공통점으로 가장 적절한 것은?

① 자신의 가치관을 성찰하며 개선하고 있다.

② 현재 처한 상황을 극복하고자 노력하고 있다.

③ 바른 삶을 살아가는 자세에 대해 말하고 있다.

④ 이념과 현실 사이의 갈등 속에서 방황하고 있다.

⑤ 추구하는 이상 세계의 모습을 구체적으로 언급하고 있다.

[A]~[D]에 대한 설명으로 적절하지 않은 것은?

① [A]에서는 자연 현상에 빗대어 세상 인정에 대한 화자의 부정적 인식을 드러내고 있다.
② [B]에서는 대구법을 사용하여 세상 인정에 대한 구체적인 사례를 들고 있다.
③ [C]에서는 가변적인 대상과 불변적인 대상을 대조하여 화자의 의도를 분명히 하고 있다.
④ [D]에서는 도치법을 활용하여 화자가 전달하고자 하는 바를 강조하고 있다.
⑤ [A]~[D]에서는 세상 사람들을 청자로 설정하여 묻고 답하며 시상을 전개하고 있다.

〈보기〉를 참고하여 (다)를 이해한 내용으로 가장 적절한 것은? [3점]

[보기]

설(設)은 일반적으로 두 단계의 구조로 나뉜다. 글쓴이의 개인적인 경험을 들려주는 ㉠전반부와 그로부터 얻은 결과를 독자에게 전하는 ㉡후반부로 구분된다. 글쓴이의 주관이 직접적으로 드러나고 경험담이 기반이 되기 때문에 수필과 비슷하다.

① ㉠은 문제에 대해 다양한 해결책을 제시하고 있다.
② ㉠과 ㉡은 서로 상반되는 견해를 제시하고 있다.
③ ㉠이 사건의 결과라면 ㉡은 그 원인에 해당한다.
④ ㉡은 ㉠의 사실적 상황을 바탕으로 유추한 것이다.
⑤ ㉠은 ㉡에서 얻은 깨달음을 자신의 생활에 적용한 것이다.

㉮에 대한 반응으로 가장 적절한 것은?

① 호미로 막을 걸 가래로 막았군.
② 낫 놓고 기역자도 모르는 격이군.
③ 까마귀 날자 배 떨어진 상황이군.
④ 개구리 올챙이 적 생각 못하는군.
⑤ 우물에 가서 숭늉을 찾는 경우이군.

[E10~13] 다음 글을 읽고 물음에 답하시오.

(가) 일조(一朝) 낭군(郎君) 이별 후에 소식조차 돈절(頓絕)*하야
　자네 일정 못 오던가 무삼 일로 아니 오더냐
　이 아해야 말 듣소
　황혼 저문 날에 개가 짖어 못 오는가
　이 아해야 말 듣소
　춘수(春水)가 만사택(滿四澤)*하니 물이 깊어 못 오던가
　이 아해야 말 듣소
　하운(夏雲)이 다기봉(多奇峰)*하니 산이 높아 못 오던가
　이 아해야 말 듣소
　한 곳을 들어가니 육관대사 성진(性眞)이는 석교상(石橋上)에서 팔선녀 다리고 희롱한다
　지어자 좋을시고
　병풍에 그린 황계(黃鷄) 수탉이 두 나래 둥덩 치고 짜른 목을 길게 빼어 긴 목을 에후리어
　사경일점(四更一點)*에 날 새라고 꼬꾀요 울거든 오랴는가
　자네 어이 그리하야 아니 오던고
　너란 죽어 황하수(黃河水) 되고 날란 죽어 도대선(都大船)* 되야
　밤이나 낮이나 낮이나 밤이나
　바람 불고 물결치는 대로 어하 둥덩실 떠서 노자
　저 ㉠달아 보느냐
　임 계신 데 명휘(明暉)를 빌리려문* 나도 보게
　이 아해야 말 듣소
　추월(秋月)이 양명휘(揚明暉)하니 달이 밝아 못 오던가
　어데를 가고서 네 아니 오더냐
　지어자 좋을시고

　　　　　　　　　　　　　－ 작자 미상, 〈황계사〉

* 돈절: 편지, 소식 따위가 갑자기 끊어짐.
* 춘수가 만사택: 봄철의 물이 사방의 못에 가득함.
* 하운이 다기봉: 여름 구름이 많은 기이한 봉우리를 이룸.
* 사경일점: 새벽 1시에서 3시 사이인 사경(四更)의 한 시점(時點)
* 도대선: 큰 나룻배
* 명휘를 빌리려문: 밝은 빛을 비춰주렴.

(나) 온갖 꽃들 피어나 고운 비단을 펼쳐 놓은 듯한데, 푸른 숲 사이로 다문다문 보이니 참으로 알록달록하다. 들판에는 푸른 풀이 무성이 돋아 소들이 흩어져 풀을 뜯는다. 여인들은 광주리 끼고 야들야들한 뽕잎을 따는데 부드러운 가지를 끌어당기는 손이 옥처럼 곱다. 그들이 서로 주고받는 민요는 무슨 가락의 무슨 노래일까.
　가는 사람과 앉은 사람, 떠나는 사람과 돌아오는 **사람들 모두가 봄을 즐기느라** 온화한 표정이니 그 따뜻한 기운이 나에게도 전해지는 것 같다. 그런데 먼 사방을 바라보는 나의 마음은 왜 이토록 민망하고 답답하기만 할까.
　봄이 되어 붉게 장식한 궁궐에도 해가 길어지니, 온갖 일

들로 바쁜 천자(天子)에게도 여유가 생긴다. 화창한 봄빛에 설레어 가끔 높은 대궐에 올라 먼 곳을 바라보노라면 장구 소리는 높이 울려 퍼지고, 발그레한 살구꽃이 일제히 꽃망울 터뜨린다. 너른 중국 땅의 아름다운 **경치**를 바라보니 기쁘고 흡족하여 옥잔에 술을 가득 부어 마신다. 부귀한 사람이 봄을 볼 때는 이러하리라.

왕족과 귀족의 자제들은 호탕한 벗들과 더불어 꽃을 찾아다니는데, 수레 뒤에는 붉은 옷 입은 기생들을 태웠다. 가는 곳마다 자리를 펼쳐 옥피리와 생황을 연주하게 하며, 곱게 짠 비단 같은 울긋불긋한 꽃을 바라보고, 취한 눈을 치켜뜨고 이리저리 거닌다. 화려하고 사치스러운 사람이 봄을 볼 때는 이러하리라.

한 어여쁜 부인이 빈 방을 지키고 있다. 천 리 멀리 떠도는 남편과 이별한 뒤 소식조차 아득해져 한스럽다. 마음은 물처럼 일렁거려, 쌍쌍이 나는 ○제비를 보다가 난간에 기대어 눈물 흘린다. 슬프고 비탄에 찬 사람이 봄을 볼 때는 이러하리라.

(중략)

군인이 출정하여 멀리 고향을 떠나와 지내다가 변방에서 또 봄을 맞아 풀이 무성히 돋는 걸 볼 때나, 남쪽 지방으로 귀양 간 나그네가 어두워질 무렵 푸른 단풍나무를 보게 될 때면, 언제나 발길을 멈추고 고개를 들어 이윽히 보고 있지만 마음은 조급하고 한스러워진다. 집 떠난 **나그네**가 봄을 볼 때는 이러하리라.

여름날에는 찌는 듯한 더위가 고생스럽고, 가을은 쓸쓸하기만 하며, 겨울에는 꽁꽁 얼어붙어 괴롭다는 걸 나는 잘 알고 있다. 이 세 계절은 너무 한 가지에만 치우쳐서 변화의 여지도 없이 꽉 막힌 것 같다. 그러나 봄날만은 **보이는 경치와 처한 상황**에 따라, 때로는 따스하고 즐거운 마음이 들게도 하고, 때로는 슬프고 서러워지게 하기도 하고, 때로는 절로 노래가 나오게 하기도 하고, 때로는 흐느껴 울고 싶게 만들기도 한다. 사람들의 마음을 하나하나 건드려 움직이니 그 마음의 가닥은 천 갈래 만 갈래로 모두 다르다.

그런데 나 같은 이는 어떠한가. 취해서 바라보면 즐겁고, 술이 깨어 바라보면 서럽다. 곤궁한 처지에서 바라보면 구름과 안개가 가려진 것 같고, 출세하고 나서 바라보면 햇빛이 환히 비치는 것 같다. 즐거워할 일이면 즐거워하고 슬퍼할 일이면 슬퍼할 일이다. 닥쳐오는 상황을 마주하고 변화하는 조짐을 순순히 따르며 나를 **둘러싼 세상**과 더불어 움직여 가리니, 한 가지 법칙만으로 헤아릴 수는 없는 것이다.

– 이규보, 〈봄의 단상〉

⭐ **(가) 고전 시가 독해 공식**

❶ 화자: (   ), 중심 대상: (   )

❷ 화자의 상황: (   )

  정서, 태도: (   )

❸ 표현상 특징: (   )

⭐ **(나) 고전 수필 독해 공식**

❶ 중심 대상: (   )

❷ 글쓴이의 생각, 태도: (   )

❸ 서술상 특징: (   )

⭐ **갈래 복합 독해 공식**

· 공통점: (   )

· 차이점: (   )

E10 ★★☆　　　　　　　　　　2019(11월)/고1교육청 38

(가)와 (나)의 공통점으로 가장 적절한 것은?

① 환상적 공간의 묘사를 통해 긴장된 분위기를 드러내고 있다.

② 부르는 말의 반복을 통해 자신의 고조된 감정을 드러내고 있다.

③ 추측을 나타내는 표현을 통해 자신의 생각을 드러내고 있다.

④ 언어유희를 통해 현실에 대한 태도를 간접적으로 드러내고 있다.

⑤ 명령형 어조를 통해 대상에 대한 생각을 강조하여 드러내고 있다.

E11 ★★★　　　　　　　　　　2019(11월)/고1교육청 39

〈보기〉를 바탕으로 (가)를 감상한 내용으로 적절하지 않은 것은?   [3점]

[보기]

　〈황계사〉는 임과 이별한 상황에서 화자가 느끼는 답답함과 그리움을 형상화한 작품이다. 화자는 임과의 재회가 늦어지는 이유를 외부적 요인에서 찾으려 하거나, 불가능한 상황을 가정함으로써 임이 돌아오지 않는 것에 대한 원망을 드러내고 있다. 그런데 이런 원망에는 이별의 상황에서 벗어나 임과 재회하기를 간절하게 바라는 화자의 마음이 담겨 있다.

① '이별 후'에 '소식조차 돈절'한 것에서, 화자가 임과 이별한 상황임을 알 수 있군.

② '무삼 일로 아니 오더냐'라고 하는 것에서, 임과 이별한 상황에서 느끼는 화자의 답답한 심정을 알 수 있군.

③ '물'이 깊고 '산'이 높다는 것에서, 화자가 임과 이별하게 된 이유를 외부적 요인에서 찾고 있음을 알 수 있군.

④ '병풍에 그린 황계'가 '꼬끼요 울거든 오랴는가'라고 하는 것에서, 불가능한 상황을 가정하여 임이 돌아오지 않는 것에 대한 원망을 드러내고 있음을 알 수 있군.

⑤ '황하수'와 '도대선'이 되어 '떠서 노자'라고 한 것에서, 화자가 재회를 간절히 바라고 있음을 알 수 있군.

E 12 ❋❋❋

〈보기〉는 (나)의 내용을 구조화한 것이다. 이에 대한 이해로 적절하지 않은 것은?

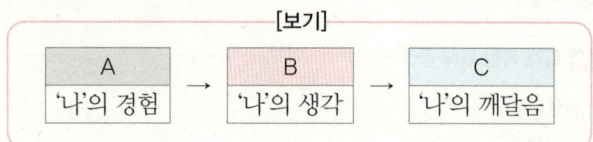

[보기]

| A | → | B | → | C |
| '나'의 경험 | | '나'의 생각 | | '나'의 깨달음 |

① A에서 자신과 달리 '봄을 즐기느라 온화한 표정'인 '사람들'을 바라본 경험은 B가 시작되는 계기가 된다고 볼 수 있군.
② B에서 '천자'가 봄의 '경치'를 바라보는 모습을 통해 봄을 대하는 부귀한 사람의 태도를 생각하고 있군.
③ B에서 '왕족과 귀족의 자제들'과 '나그네'가 봄을 대하는 입장은 서로 대비되는군.
④ B의 생각들은, 봄을 '보이는 경치와 처한 상황'에 따라 다르게 받아들일 수 있다는 C의 깨달음으로 이어지는군.
⑤ A의 경험으로부터 이어진 C의 깨달음은 자신을 '둘러싼 세상'을 변화시키고자 하는 의지로 확장되는군.

E 13 ❋❋❋

㉠과 ㉡에 대한 설명으로 가장 적절한 것은?

① ㉠은 화자의 소망을 드러내는, ㉡은 인물의 처지를 부각하는 소재이다.
② ㉠은 화자의 처지와 동일시되는, ㉡은 인물의 상황과 대비되는 소재이다.
③ ㉠은 화자의 행동을 유도하는, ㉡은 인물의 외적 갈등을 해소하는 소재이다.
④ ㉠은 화자와 대상을 연결해 주는, ㉡은 인물과 대상을 단절시키는 소재이다.
⑤ ㉠은 화자의 부정적 인식을 내포하는, ㉡은 긍정적 인식을 투영하는 소재이다.

[E 14~18] 다음 글을 읽고 물음에 답하시오.

(가) 잠아 잠아 짙은 잠아 이내 눈에 쌓인 잠아
　　염치 불구 이내 잠아 검치 두덕* 이내 잠아
　　어제 간밤 오던 잠이 오늘 아침 다시 오네
　　잠아 잠아 무삼 잠고 가라 가라 멀리 가라
　　세상 사람 무수한데 구태 너는 간 데 없어
　　원치 않는 이내 눈에 이렇듯이 자심(滋甚)*하뇨
　　주야에 한가하여 월명 동창 혼자 앉아
　　삼사경 깊은 밤을 허도(虛度)이 보내면서
　　잠 못 들어 한하는데 그런 사람 있건마는
　　㉠무상불청(無常不請)* 원망 소래 온 때마다 듣난고니
　　석반(夕飯)*을 거두치고 황혼이 대듯마듯
　　㉡낮에 못 한 남은 일을 밤에 할랴 마음먹고
　　언하당(言下當)* 황혼이라 섬섬옥수(纖纖玉手)* 바삐 들어
　　등잔 앞에 고개 숙여 실 한 바람 불어 내어
　　드문드문 질긋 바늘 두엇 뜸 뜨듯마듯
　　난데없는 이내 ⓐ잠이 소리 없이 달려드네
　　㉢눈썹 속에 숨었는가 눈알로 솟아 온가
　　이 눈 저 눈 왕래하며 무삼 요수 피우든고
　　맑고 맑은 이내 눈이 절로 절로 희미하다

　　　　　　　　　　　　　　　－ 작자 미상, 〈잠노래〉

* 검치 두덕: 욕심 언덕
* 자심(滋甚): 더욱 심함.
* 무상불청(無常不請): 청하지 않은
* 석반(夕飯): 저녁밥
* 언하당(言下當): 말이 끝나자마자 바로. 여기서는 '그런 생각을 하자마자 바로'의 뜻임.
* 섬섬옥수(纖纖玉手): 가냘프고 고운 여자의 손

(나) 귓도리 저 귓도리 어여쁘다 저 귓도리
　　어인 귓도리 지는 달 새는 밤의 긴 소리 쟈른 소리 ㉣절절(節節)이 슬픈 소리 제 혼자 우러 녜어 사창(紗窓) ⓑ여윈 잠을 살뜰히도* 깨우는구나
　　두어라 제 비록 미물(微物)이나 ㉤무인동방(無人洞房)에 내 뜻 알 이는 너뿐인가 하노라

　　　　　　　　　　　　　　　－ 작자 미상, 〈귓도리 저 귓도리〉

* 살뜰히도: 알뜰하게도, 여기서는 '얄밉게도'의 뜻임.

(다) 물은 하나의 국가요, 용은 그 나라의 군주다. 물고기 가운데 큰 것으로 고래, 곤어, 바닷장어 같은 것은 군주를 안팎에서 모시는 여러 신하이다. 그 다음으로 메기, 잉어, 다랑어, 자가사리 같은 것은 서리나 아전의 무리다. 이밖에 크기가 한 자 못 되는 것들은 물나라의 만백성이라 할 수 있다. 상하가 서로 차례가 있고 큰 놈이 작은 놈을 통솔하니, 그것이 어찌 사람과 다르겠는가?
　　그러므로 용은 물나라를 다스리면서, 날이 가물어 마르면

반드시 비를 내려 주고, 사람이 물고기를 다 잡아 버릴까 염려하여서는 큰 물결을 겹쳐 일어나게 하여 덮어 준다. 그러한 것이 물고기에 대해서 은혜를 끼침이 아닌 것은 아니다.

하지만 물고기에게 인자하게 베푸는 것은 한 마리 용뿐이요, 물고기를 학대하는 것은 수많은 큰 물고기들이다. 고래와 암코래는 조류를 들이마셔서 작은 물고기를 잡아먹는 일을 자신의 시서(詩書)로 삼고, 교룡과 악어는 물결을 헤치며 삼키고 씹어 먹어 작은 물고기를 잡아먹는 것을 거친 땅의 농사일로 삼으며, 문절망둑, 쏘가리, 두렁허리, 가물치의 족속은 틈을 타서 발동을 해서 작은 물고기를 자신의 은이요 옥으로 삼는다. 강자는 약자를 삼키고, 지위가 높은 자는 아랫것을 약탈하니, 진실로 강한 자, 높은 자가 싫증 내지 않는다면 작은 물고기는 반드시 남아나지 않을 것이다.

슬프다! 작은 물고기가 없다면 용이 누구와 더불어 군주가 되며, 저 큰 물고기들이 어찌 으스댈 수 있겠는가? 그러므로 용의 도리란 작은 물고기들에게 구구한 은혜를 베풀어 주는 것보다, 차라리 먼저 그들을 해치는 족속들을 물리치는 것만 못하리라!

아아, 사람들은 물고기에게만 큰 물고기가 있는 줄 알고 사람에게도 큰 물고기가 있는 줄을 알지 못하니, 물고기가 사람을 슬퍼하는 것이 어찌 사람이 물고기를 슬퍼하는 것보다 심하지 않다고 하랴?

– 이옥, 〈어부(魚賦)〉

⭐ **(가) 고전 시가 독해 공식**

❶ 화자: (   ), 중심 대상: (   )
❷ 화자의 상황: (   )
  정서, 태도: (   )
❸ 표현상 특징: (   )

⭐ **(나) 고전 시가 독해 공식**

❶ 화자: (   ), 중심 대상: (   )
❷ 화자의 상황: (   )
  정서, 태도: (   )
❸ 표현상 특징: (   )

⭐ **(다) 고전 수필 독해 공식**

❶ 중심 대상: (   )
❷ 글쓴이의 생각, 태도: (   )
❸ 서술상 특징: (   )

⭐ **갈래 복합 독해 공식**

• 공통점: (   )
• 차이점: (   )

E14 ★★★
2019(6월)/고1교육청 41

(가)~(다)의 공통점으로 가장 적절한 것은?

① 대상의 부재로 인한 그리움의 심정을 드러내고 있다.
② 현실의 어려움을 극복하려는 의지적 태도를 보이고 있다.
③ 이상과 현실의 괴리에 대해 절망적인 심경을 표출하고 있다.
④ 부정적인 현재 상황에 대해 탄식하는 태도를 드러내고 있다.
⑤ 일상생활과 관련된 사물의 속성에서 삶의 교훈을 이끌어 내고 있다.

E15 ★★★
2019(6월)/고1교육청 42

(가), (나)에 대한 설명으로 적절한 것은?

① (가)와 달리 (나)는 동일한 시어의 반복을 통해 운율을 형성하고 있다.
② (나)와 달리 (가)는 청각적 심상을 통해 계절감을 드러내고 있다.
③ (가)와 (나)는 모두 시간적 배경을 통해 시적 상황을 구체화하고 있다.
④ (가)와 (나)는 모두 설의적 표현을 통해 시적 의미를 강조하고 있다.
⑤ (가)와 (나)는 모두 색채의 대비를 통해 표현 효과를 높이고 있다.

E16 ★★★
2019(6월)/고1교육청 43

ⓐ, ⓑ에 대한 이해로 가장 적절한 것은?

① ⓐ는 화자의 목적을 이루기 위한 보조적 수단이다.
② ⓑ는 외부적 요인으로 인해 방해 받고 있다.
③ ⓐ와 달리 ⓑ는 화자가 현실로부터 벗어나기 위한 행위이다.
④ ⓑ와 달리 ⓐ는 화자의 고통을 해소시키고 있다.
⑤ ⓐ와 ⓑ는 모두 화자가 거부하는 대상이다.

❖ 정답 및 해설 245~248p

26 DAY

⊙~⑩을 감상한 내용으로 적절하지 <u>않은</u> 것은?

① ⊙: 화자와 상반된 처지에 있는 사람이 '잠'에게 불만을 드러내고 있다.

② ⓒ: 쉬지도 못하고 밤늦게까지 일을 해야 하는 화자의 고달픈 삶이 나타나 있다.

③ ⓒ: '잠'을 의인화하여 잠이 쏟아지는 화자의 현재 상황을 해학적으로 표현하고 있다.

④ ⓒ: 화자의 내면적 슬픔을 '귓도리'의 울음소리를 통해 간접적으로 드러내고 있다.

⑤ ⑩: 혼자 살아가는 자신의 외로운 처지를 알아주는 유일한 대상이 '귓도리'라는 화자의 인식이 드러나 있다.

〈보기〉를 바탕으로 (다)를 감상한 내용으로 적절하지 <u>않은</u> 것은?

[3점]

[보기]

〈어부〉는 국가의 상황을 물속의 세계에 빗대고, 군주를 '용'에, 여러 신하를 '큰 물고기'에, 백성을 '작은 물고기'에 빗대어 현실 세계를 비판하고 있다. 글쓴이는 나라의 근본은 '작은 물고기'인 백성이므로 백성들을 수탈하는 '큰 물고기', 즉 관리들을 잘 다스리는 것이 군주로서 해야 할 가장 중요한 일임을 강조하고 있다.

① 용이 큰 물결을 일어나게 하여 물고기를 덮어 주는 것은 백성을 어질게 살피는 군주의 모습으로 볼 수 있군.

② 교룡과 악어가 작은 물고기를 잡아먹는 것은 백성을 수탈하는 관리들의 모습으로 볼 수 있군.

③ 작은 물고기가 없으면 용이 군주가 될 수 없다고 하는 것은 나라의 근본이 백성에게 있다는 글쓴이의 인식을 보여 주는군.

④ 작은 물고기를 해치는 족속을 물리치는 것이 용의 도리라고 하는 것은 군주가 해야 할 가장 중요한 일이 관리를 잘 다스리는 일임을 말해 주는군.

⑤ 사람들이 사람에게도 큰 물고기가 있는 줄을 알지 못한다고 하는 것은 관리들의 수탈에 적극적으로 저항하지 않는 백성의 태도를 비판하는 것이군.

[E 19~23] 다음 글을 읽고 물음에 답하시오. ━━━━

(가) 어와 성은(聖恩)이야 망극(罔極)할사 성은(聖恩)이다
　　강호(江湖) 안로(安老)도 분(分) 밧긔 일이어든
　　하물며 두 아들 정성을 다해 봉양함은 또 어인가 하노라
　　　　　　　　　　　　　　　　　　　　　〈제2수〉

　　전나귀 바삐 몰아 다 저문 날 오신 손님
　　보리피 거친 밥에 찬물(饌物)*이 아조 업다
　　아희야 배 내어 띄워라 그물 놓아 보리라
　　　　　　　　　　　　　　　　　　　　　〈제4수〉

　　달 밝고 바람 잔잔하니 물결이 비단일다
　　단정(短艇)*을 비스듬히 놓아 오락가락 하는 흥(興)을
　　백구(白鷗)야 하 즐겨 마라 세상(世上) 알가 하노라
　　　　　　　　　　　　　　　　　　　　　〈제5수〉

　　모래 우희 자는 ⊙백구(白鷗) 한가(閑暇)할샤
　　강호(江湖) 풍취(風趣)를 네가 지닐 때 내가 지닐 때
　　석양(夕陽) 반범귀흥(半帆歸興)*은 너도 날만 못 하리라
　　　　　　　　　　　　　　　　　　　　　〈제6수〉

　　식록(食祿)*을 긋친 후(後)로 어조(漁釣)*을 생애(生涯)하니
　　헴 업슨 아이들은 괴롭다 하지마는
　　두어라 강호한적(江湖閑適)이 이 내 분(分)인가 하노라
　　　　　　　　　　　　　　　　　　　　　〈제9수〉
　　　　　　　　　　　　　　　　　　　– 나위소, 〈강호구가(江湖九歌)〉

* 찬물: 반찬이 될 만한 것
* 단정: 자그마한 배
* 반범귀흥: 돛을 반쯤 올리고 돌아오는 멋
* 식록: 먹고 살기 위한 벼슬
* 어조: 낚시질

(나) 이자(李子)가 저녁의 서늘함을 맞아, 뜰에 나가 거닐다가 ⓒ거미가 있는 것을 보았다. 짧은 처마 앞에 거미줄을 날리며 해바라기 가지에 그물을 펴고 있었다. 가로로 치고 세로로 치고 벼리로 하고 줄로 하는데, 그 너비는 한 자가 넘고 그 제도는 규격에 맞으며 촘촘하며 성글지 않아 실로 교묘하고도 기이하였다. 이자는 그것이 간교한 마음이 있다고 여겨 지팡이를 들어서 거미줄을 걷어 버렸다. 그것을 다 걷어내고는 또 내치려고 하는데, 거미줄 위에서 소리치는 것이 있는 듯하였다.

　"나는 내 줄을 짜서 내 배를 도모하려 하거늘 그대에게 무슨 관계가 있다고 이같이 나를 해치는가?"

　이자가 성내어 말하였다.

　"덫을 설치하여 산 것을 죽이니 벌레들의 적이다. 나는

다시 또 너를 제거하여 다른 벌레들에게 덕을 베풀려고 한다."

다시 웃으며 말하는 것이 있었다.

"아, 어부가 설치한 그물에 바닷물고기가 걸려드는 것이 어부가 포학해서이겠는가? 우인(虞人)*이 놓은 그물에 들짐승이 푸줏간에 올려지는 것이 어찌 우인의 교(教)이겠는가? 법관이 내건 법령에 뭇 완악한 사람이 옥에 갇히는 것이 어찌 법관의 잘못이겠는가? 그대는 어찌하여 복희씨(伏羲氏)의 그물*을 시비하지 아니하고 백익(伯益)의 불태움*을 부정하지 아니하며 고요(皐陶)의 형벌 제정을 책망하지 아니하는가? 무엇이 이것과 다르겠는가? 더구나 그대는 내 그물에 걸려든 놈을 알기나 하는가? 나비는 허랑방탕한 놈일 뿐 분단장을 하여 세상을 속이고 변환함을 좋아하여 좇으며 흰 꽃에 아첨하고 붉은 꽃에 아양 떤다. 이 때문에 내가 그물로 잡게 되는 것이다. 파리는 참으로 소인배라. 옥 또한 참소를 입었고 술과 고기에 자기 목숨을 잊어버리고 이익을 좋아하여 싫증 내지 않는다. 이 때문에 내가 그물로 잡게 되는 것이다. 매미는 자못 청렴 정직하여 글하는 선비와 비슷하지만 '선명(善鳴)'이라 스스로 자랑하며 시끄럽게 울어 그칠 줄 모른다. 이리하여 내 그물에 걸려들게 된 것이다. 벌은 실로 시랑 같은 놈이라. 제 몸에 꿀과 칼을 지니고 망령되이 관아에 나아간다고 하면서 공연히 봄꽃 탐하기를 일삼는다. 이리하여 내 그물에 걸려든 것이다. 모기는 가장 엉큼한 놈이라. 성질이 흉악한 짐승 같아 낮에는 숨고 밤에는 나타나서 사람의 고혈을 빨아댄다. 그렇기에 내 그물에 걸려든 것이다. 잠자리는 품행이 없어 경박한 공자처럼 편안히 있을 겨를이 없으며 홀연히 회오리바람인 양 날아다닌다. 그렇기에 또한 내가 그물로 잡게 되는 것이다. 그 밖에 부나방이 화(禍)를 즐기는 것, 초파리가 일을 좋아하는 것, 반딧불이가 허장성세하여 불빛을 내는 것, 하늘소가 함부로 그 이름을 훔치는 것, 선명한 옷차림을 한 하루살이 무리, 수레바퀴를 막아서는 말똥구리 무리와 같은 것들은 재앙을 스스로 만들어 흉액을 피할 줄 모르니 그물에 몸이 걸려 간과 뇌가 땅바닥을 칠하게 된다. 아, 세상은 성강(成康)의 시절이 아니어서 형벌을 놓아두고 쓰지 않을 수 없고, 사람은 신선이나 부처가 아니어서 소찬(素餐)만 먹을 수도 없다. 저들이 그물에 걸린 것은 곧 저들의 잘못이지 내가 그물을 쳤다고 하여 어찌 나를 미워한단 말인가? 또 그대가 저들에게 어찌하여 사랑을 베풀면서 나에게만은 어찌하여 화를 내고, 나를 훼방하면서까지 도리어 저들을 감싸준단 말인가? 아, 기린은 사로잡을 수 없는 것이고 봉황은 유인할 수 없는 것이니 군자는 도를 알아서 죄를 지어 구속됨으로써 재앙을 입지 않아야 한다. 이러한 것을 거울 삼아 삼가고 힘쓸지어다! 그대의 이름을 팔지 말며 그대의 재주를 자랑하지 말며 이욕으로 화를 부르지 말며 재물에 목숨을 바치지

마라. 경박하거나 망령되이 굴지 말며 원망하거나 시기하지 말며 땅을 잘 가려서 밟고 때에 맞추어 오고 가야 한다. 그렇지 않으면 세상에는 더 큰 거미가 있으니 그 그물이 나보다 천 배, 만 배가 될 뿐이 아닐 것이다."

이자가 이 말을 듣고, 지팡이를 던지고 달아나다가 세 번이나 자빠지면서 문지방에 이르렀는데 문에 자물쇠를 채우고서야 몸을 구부리고 비로소 한숨을 쉬었다. 거미는 그 실을 내어 다시 처음과 같이 그물을 치고 있었다.

– 이옥, 〈거미를 읊은 부〉

* 우인: 고대 중국에서 산림(山林)을 맡아보던 벼슬아치
* 복희씨의 그물: 복희씨는 중국 신화 속에 나오는 사람으로 노끈을 맺어 그물을 만들어서 사냥하고 고기를 잡았다고 함.
* 백익의 불태움: 백익은 순임금의 신하로 산에 불을 질러 태우자 짐승이 도망하여 숨었다고 함.

⭐ (가) 고전 시가 독해 공식 ─────────

❶ 화자: (   ), 중심 대상: (   )
❷ 화자의 상황: (   )
　정서, 태도: (   )
❸ 표현상 특징: (   )

⭐ (나) 고전 수필 독해 공식 ─────────

❶ 중심 대상: (   )
❷ 글쓴이의 생각, 태도: (   )
❸ 서술상 특징: (   )

⭐ 갈래 복합 독해 공식 ─────────

• 공통점: (   )
• 차이점: (   )

───────────────────────────

E19 ✿✿✿✿ 2018(9월)/고1교육청 38

(가)와 (나)에 대한 설명으로 가장 적절한 것은?

① (가)에는 유한한 삶에 대한 회의적 태도가 드러나 있다.
② (가)에는 초월적 세계에 대한 동경의 태도가 드러나 있다.
③ (나)에는 자신의 한계를 극복하려는 의지적 태도가 드러나 있다.
④ (나)에는 부정적인 세상의 모습을 비판하는 태도가 드러나 있다.
⑤ (가)와 (나)에는 이상과 현실의 괴리에 대해 고뇌하는 태도가 드러나 있다.

㉠과 ㉡을 비교한 내용으로 가장 적절한 것은?

① ㉠은 화자의, ㉡은 이자의 심리적 갈등을 해소시켜 주는 소재이다.
② ㉠은 화자에게, ㉡은 이자에게 인생의 무상함을 느끼게 하는 소재이다.
③ ㉠은 화자의 정서를 부각하는 소재이고, ㉡은 이자에게 깨달음을 주는 소재이다.
④ ㉠은 화자가 외로움을 느끼게 하는 소재이고, ㉡은 이자에게 두려움을 주는 소재이다.
⑤ ㉠은 화자의 과거를 떠올리게 하는 소재이고, ㉡은 이자가 미래를 예측하게 하는 소재이다.

(가)의 표현상의 특징으로 가장 적절한 것은?

① 과거와 미래를 대비하여 주제를 부각하고 있다.
② 연쇄법을 사용하여 시적 의미를 강조하고 있다.
③ 반어적 표현을 통해 시적 긴장감을 조성하고 있다.
④ 영탄적 어조를 통해 화자의 정서를 표현하고 있다.
⑤ 근경에서 원경으로 시선을 이동하며 시상을 전개하고 있다.

〈보기〉를 참고하여 (가)를 감상한 내용으로 적절하지 않은 것은? [3점]

[보기]
　〈강호구가〉는 나위소가 관직에서 물러난 뒤 고향인 나주에 돌아와 영산강을 배경으로 지은 작품이다. 이 작품은 나이가 들어 벼슬에서 물러난 처지에서 성은(聖恩)의 감격을 드러내며, 강호에서 자연을 즐기며 소박하게 살아가는 어부의 생활을 노래하였다. 또한 세속의 삶을 부러워하지 않고, 강호의 삶에 만족하는 태도가 잘 표현되어 있다.

① '망극할사 성은이다'에는 자연을 즐기며 자식의 봉양을 받는 것을 임금의 은혜로 여기는 모습이 드러나 있군.
② '아희야 배 내어 띄워라 그물 놓아 보리라'에는 손님을 대접하기 위해 낚시를 하는 소박한 삶의 모습이 드러나 있군.
③ '세상 알가 하노라'에는 자연에서 누리는 흥을 세속의 사람들에게 알리고자 하는 모습이 드러나 있군.
④ '식록을 긋친 후로 어조을 생애하니'에는 관직에서 물러난 뒤 강호에서 어부의 삶을 살고 있는 모습이 드러나 있군.
⑤ '이 내 분인가 하노라'에는 자연에서 유유자적하는 삶에 만족하는 모습이 드러나 있군.

〈보기〉를 바탕으로 (나)를 이해한 내용으로 적절하지 않은 것은?

[보기]

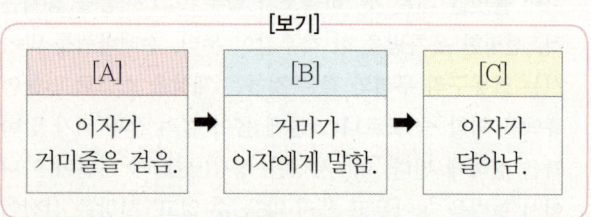

① 이자는 다른 벌레들을 살리기 위해 [A]의 행동을 하는군.
② 거미는 [B]에서 벌레들이 그물에 걸린 이유를 설명하고 있군.
③ 거미는 [B]에서 벌레들의 모습을 인간들의 삶의 모습으로 확장하고 있군.
④ [B]에서 거미는 근거를 들어 [A]의 행동이 잘못되었음을 지적하고 있군.
⑤ [C]에서 이자는 [B]에 의문을 품고 이를 해결할 방법을 모색하고 있군.

(가) 니 됴흔 수령(守令)들 너흐느니* 백성(百姓)이요

　톱 됴흔 변장(邊將)들 허위느니 군사(軍士)로다

　재화(財貨)로 성(城)을 ᄡᆞ니 만장(萬丈)을 뉘 너므며

　고혈(膏血)로 ᄒᆞ지 ᄑᆞ니 천척(千尺)을 뉘 건너료

　기라연(綺羅筵) 금수장(錦繡帳)*의 추월춘풍(秋月春風)

수이 간다

　히도 길것마는 병촉유(秉燭遊)* 긔 엇덜고

　주인(主人) 좁든 집의 문(門)은 어이 여럿ᄂᆞ뇨

　도적(盜賊)이 엿보거든 개ᄂᆞᆫ 어이 즛잣ᄂᆞᆫ고

　대양(大洋)을 ᄇᆞ라보니 바다히 여위엿다

　술이 ᄭᆡ더냐 병기(兵器)를 뉘 가디료

　감사(監司)가 병사(兵使)가 목부사(牧府使) 만호(萬戶)

첨사(僉使)

　산림(山林)이 빈화던가* 수이곰 드러갈샤

　어릴샤 김수(金睟)야 빈 성(城)을 뉘 딕희료

　우울샤 신립(申砬)아 배수진(背水陣)은 므ᄉ일고

　양령(兩嶺)을 놉다 ᄒᆞ랴 한강(漢江)을 깁다 ᄒᆞ랴

　인모(人謀) 불장(不臧)ᄒᆞ니* 하ᄂᆞᆯ히라 엇디ᄒᆞ료

　하나 한 백관(百官)도 수 치올 ᄲᅵᆫ이랏다

　㉠일석(一夕)에 분찬(奔竄)*ᄒᆞ니 이 시름 뉘 맛들고

(중략)

　질풍(疾風)이 아니 블면 경초(勁草)*를 뉘 아더뇨

　도홍(桃紅) 이백(李白)ᄒᆞᆯ졔* 버들조쳐 프르더니

　일진(一陣) 서풍(西風)에 낙엽성(落葉聲) ᄲᅵᆫ이로다

　김해(金垓) 정의번(鄭宜藩) 유종개(柳宗介) 장사진(張士

珍)*아

　죽ᄂᆞ니 만커니와 이 죽엄 한(恨)티 마라

　김해성이 믈허지니 진주성을 뉘 지킈료

　뇌남(雷南)* 장사(壯士)들이 ㉡일석(一夕)에 어듸 간고

　녹빈(綠蘋)을 안듀 삼고 청수(清水)를 잔의 브어

　충혼(忠魂) 의백(義魄)을 어듸 가 부르려는가

　조종(祖宗) 구강(舊疆)*애 도적(盜賊)이 님재 도여*

　뫼마다 죽기거니 골마다 더듬거니

　원혈(冤血)*이 흘러ᄂᆞ려 평육(平陸)이 성강(成江)ᄒᆞ니

　건곤(乾坤)도 비자올샤 피(避)ᄒᆞᆯ ᄃᆡ 전혀 업다

　　　　　　　　　　　　　　　　– 최현, 〈용사음(龍蛇吟)〉

* 너흐느니: 짓씹느니

* 기라연 금수장: 호화로운 잔치

* 병촉유: 밤에 촛불을 밝혀 놓고 놀이를 즐김.

* 빈화던가: 비었던가

* 인모 불장ᄒᆞ니: 사람으로서 할 수 있는 도리를 다하지 않으니, 여기서
　의 사람은 지배층을 의미한다고 볼 수 있음.

* 분찬: 달아나 숨음.

* 경초: 억센 풀. 백성을 의미함.

* 도홍 이백ᄒᆞᆯ졔: 꽃이 피는 봄. 태평스런 시절을 의미함.

* 김해 정의번 유종개 장사진: 임진왜란 때의 의병장

* 뇌남: 우리나라 최남단

* 조종 구강: 조상의 영토

* 님재 도여: 임자 되어

* 원혈: 원통한 피

(나) 목민관(牧民官)이 백성을 위해 있는 것인가, 백성이 목민
관을 위해 사는 것인가? 백성은 곡식과 쌀, 삼과 생사(生絲)를
생산하여 목민관을 섬기고, 거마(車馬)와 하인을 내어 목민관
을 보내고 맞이하며, 자신의 고혈(膏血)과 골수를 다 짜내어
목민관을 살찌우니, 백성은 목민관을 위해 사는 것인가? 아니
다. 그렇지 않다. 목민관이 백성을 위해 있는 것이다.

　㉢태초의 아득한 옛날에 백성만 있었을 뿐이니, 무슨 목
민관이 있었겠는가. 백성들이 즐비하게 모여 살면서 어떤 한
사람이 이웃과 다투어 잘잘못을 가리지 못하였는데 공평한
말을 잘하는 어르신에게 가서 이 문제를 바로잡았다. 사방
이웃들이 모두 감복해서 이 어르신을 추대하여 함께 높여 이
정(里正)이라고 이름하였다. 그러더니 여러 마을의 백성들이
마을에서 다투어 잘잘못을 가리지 못한 문제를 가지고 준수
하고 학식이 많은 어르신에게 가서 바로잡았다. 여러 마을이
모두 감복해서 이 어르신을 추대하여 함께 높여 당정(黨正)
이라 이름하였다.

　여러 당(黨)의 백성들이 당에서 싸워 잘잘못을 가리지 못
한 문제를 가지고 어질고 덕이 있는 어르신에게 나아가 바로
잡았다. 여러 당이 모두 감복하여 주장(州長)이라 이름하였
다. 그러더니 여러 주(州)의 주장이 한 사람을 추대하여 장
(長)으로 삼아 국군(國君)이라 이름하고, 여러 나라의 국군이
한 사람을 추대하여 장으로 삼아 방백(方伯)이라 이름하고,
사방의 방백이 한 사람을 추대하여 우두머리로 삼고 그를 황
왕(皇王)이라 이름하였다. 황왕의 근본은 이정에서 시작되었
으니, 목민관은 백성을 위해 있는 것이다.

　㉣이때를 당해서 이정은 백성들의 바람에 따라 법을 제정
하여 당정에게 올리고, 당정은 백성들의 바람에 따라 법을
제정하여 주장에게 올리고, 주장은 국군에게 올리고, 국군은
황왕에게 올렸다. 이 때문에 ⓐ그 법은 모두 백성들을 편하
게 하는 것이었다.

　그런데 후세에는 한 사람이 스스로 나서서 황제가 되어 자
기 아들과 아우 및 가까이 모시는 자와 하인들을 모두 봉하
여 제후로 삼고, 제후는 자기의 사인(私人)들을 뽑아 주장으
로 삼고, 주장은 자기의 사인들을 뽑아 당정과 이정으로 삼
았다. 이에 황제는 자기 욕심대로 법을 제정하여 제후에게
내려 주고, 제후는 자기 욕망대로 법을 제정하여 주장에게
내려 주고, 주장은 당정에게 내려 주고, 당정은 이정에게 내
려 주었다. 이 때문에 ⓑ그 법은 모두 임금을 높이고 백성을
낮추며, 아랫사람의 재물을 깎아 내어 윗사람에게 보태 주는
것이 되었다. 그리하여 한결같이 백성들은 목민관을 위해 사
는 것처럼 된 것이다.

　㉤지금의 수령은 옛날의 제후나 마찬가지이다. 그들을 받

26 DAY

들어 모시는 궁실과 거마, 제공되는 의복과 음식, 좌우에서 모시는 여인이나 내시, 노복들까지 임금에 맞먹는 정도이다. 그들의 권능이 사람을 기쁘게도 하고 그들의 형벌과 위엄이 사람을 두렵게도 할 수 있다. 그리하여 거만하게 스스로 높이고 태연하게 스스로 즐겨 자신이 목민관이라는 사실을 잊고 있다.

한 사람이 싸우다가 이 문제를 가지고 그에게 가서 바로잡아 달라고 하면 얼굴을 찡그리고 "어찌 이렇게 시끄럽게 구는가?"라고 하고, 한 사람이 굶어 죽기라도 하면 "제 스스로 죽은 것일 뿐이다."라고 한다. 곡식과 쌀, 베와 비단을 생산하여 섬기지 않으면 매질하고 곤장을 쳐서 피가 흐르는 것을 보고 나서야 그친다. 날마다 돈을 계산하고 장부를 작성하는가 하면, 돈과 베를 거둬들여 전택(田宅)을 마련하고 권세가나 재상에게 뇌물을 보내 훗날의 이익을 도모한다. 그러므로 "백성이 목민관을 위해 있다."라고 말하는 것이니, 어찌 바른 이치이겠는가. 목민관은 백성을 위해 있는 것이다.

– 정약용, 〈원목(原牧)〉

★ (가) 고전 시가 독해 공식 ―――――

❶ 화자: (　　　　　　　　　), 중심 대상: (　　　　　　　)

❷ 화자의 상황: (　　　　　　　　　　　　　　　)

　정서, 태도: (　　　　　　　　　　　　　　　)

❸ 표현상 특징: (　　　　　　　　　　　　　　　)

★ (나) 고전 수필 독해 공식 ―――――

❶ 중심 대상: (　　　　　　　　　　　　　　　)

❷ 글쓴이의 생각, 태도: (　　　　　　　　　　)

❸ 서술상 특징: (　　　　　　　　　　　　　　)

★ 갈래 복합 독해 공식

• 공통점: (　　　　　　　　　　　　　　　　)

• 차이점: (　　　　　　　　　　　　　　　　)

―――――――――――――――――――――――

E24 ★★★ 2019(11월)/고2교육청 31

(가)와 (나)의 공통점으로 가장 적절한 것은?

① 대조의 방식을 사용하여 주제의 의미를 부각하고 있다.

② 활유의 방식을 사용하여 관념적 대상을 묘사하고 있다.

③ 풍자적 표현을 활용하여 주제의 양면성을 드러내고 있다.

④ 연쇄의 방식을 사용하여 상황의 심각성을 표현하고 있다.

⑤ 역설적 표현을 활용하여 세태의 혼란함을 강조하고 있다.

E25 ★★☆ 2019(11월)/고2교육청 32

〈보기〉를 바탕으로 (가)를 감상한 내용으로 적절하지 않은 것은?

[보기]

〈용사음〉은 임진왜란을 배경으로 전쟁의 참상과 의병의 모습을 보여 주고 있다. 일본이 조선을 침략했을 때 백성들은 자신들을 외면한 지배층에 대해 분노하며 의병으로 참전하였다. 이 작품에서는 이러한 의병들의 충성스러운 희생이 부각됨으로써 백성들의 강인함이 형상화되었다.

① '하나 한 백관도 수 치올 샌이랏다'를 통해 일본에 대한 의병들의 분노를 짐작할 수 있겠군.

② '질풍이 아니 블면 경초를 뉘 아더뇨'를 통해 임진왜란에서 드러난 백성들의 강인함을 짐작할 수 있겠군.

③ '충혼 의백을 어듸 가 부르려는가'를 통해 의병들의 충성스러운 희생을 짐작할 수 있겠군.

④ '조종 구강애 도적이 님재 도여'를 통해 일본이 조선을 침략한 상황을 짐작할 수 있겠군.

⑤ '원혈이 흘러나려 평육이 성강ㅎ니'를 통해 임진왜란에 의해 벌어진 참상을 짐작할 수 있겠군.

E26 ★★☆ 2019(11월)/고2교육청 33

〈보기〉를 바탕으로 (가)와 (나)를 이해한 내용으로 적절하지 않은 것은? [3점]

[보기]

조선 후기 관리들 중에는, 백성을 위해 일해야 하며 그들을 보호해야 하는 공적 책무를 망각한 경우가 많았다. 이러한 관리들은 백성을 수탈하며 탐욕스러움을 드러내거나 백성을 가혹하게 대할 뿐만 아니라, 방탕하게 향락에 빠지기도 하였다. 백성에 대한 관리로서의 본분을 다하지 않는 무책임함과 현실 문제를 해결하지 못하는 무능력함은 백성의 빈곤과 국가의 혼란을 초래했다.

① (가)의 '니 됴흔 수령들 너흐느니 백성이요'와 (나)의 목민관이 백성을 '매질하고 곤장을 쳐서 피가 흐르는 것'을 본다는 것에서 백성에 대한 관리들의 가혹함을 엿볼 수 있다.

② (가)의 '재화로 성을 쓰니 만장을 뉘 너모며'와 (나)에서 목민관이 '돈과 베를 거둬들여 전택을 마련'한다고 한 것에서 백성들을 수탈하는 관리들의 탐욕스러움을 엿볼 수 있다.

③ (가)의 '인모 불장ᄒ니 하늘히라 엇디ᄒ료'와 (나)의 목민관이 '굶어 죽'은 '한 사람'에 대해 '제 스스로 죽은 것'이라고 말한 것에서 백성에 대한 관리들의 무책임함을 엿볼 수 있다.

④ (가)의 '희도 길것마ᄂ 병촉유 긔 엇덜고'에서는 관리들의 방탕함을, (나)의 목민관이 '자신이 목민관이라는 사실을 잊'었다는 것에서는 자신들의 본분을 망각했음을 엿볼 수 있다.

⑤ (가)의 '죽ᄂ니 만커니와 이 죽엄 한티 마라'에서는 관리들이 초래한 백성의 빈곤함을, (나)의 목민관이 '형벌과 위엄'으로 백성을 '두렵게' 한다고 한 것에서는 관리들의 무능력함을 엿볼 수 있다.

E27 ★★★※

2019(11월)/고2교육청 34

㉠~㉤에 대한 이해로 가장 적절한 것은?

① ㉠과 달리 ㉢에는 현실의 혼란스러운 상황을 피하고자 하는 행위가 드러난다.

② ㉠과 달리 ㉣에는 사회적으로 바람직한 가치를 추구하는 행위가 드러난다.

③ ㉠과 달리 ㉤에는 개인의 안위만을 고려하는 이기적인 행위가 드러난다.

④ ㉡과 달리 ㉢에는 피지배자가 지배자의 자리에 오르기 위해 투쟁하는 행위가 드러난다.

⑤ ㉡과 달리 ㉤에는 피지배자가 원하는 바를 충족시켜 문제를 해결하는 행위가 드러난다.

E28 ★★★❀

2019(11월)/고2교육청 35

ⓐ와 ⓑ를 비교한 내용으로 가장 적절한 것은?

① ⓐ는 백성의 바람이 반영된 편안한 삶이라는, ⓑ는 목민관을 위한 백성의 삶이라는 결과를 낳았다.

② ⓐ는 백성의 결핍이 충족되는 삶이라는, ⓑ는 목민관이 백성의 염원을 지지하는 삶이라는 결과를 낳았다.

③ ⓐ는 백성의 번민이 거듭되는 삶이라는, ⓑ는 목민관의 요구가 영향을 미친 백성의 삶이라는 결과를 낳았다.

④ ⓐ는 백성의 의무가 강요되는 삶이라는, ⓑ는 목민관에 의해 권리가 보장되는 백성의 삶이라는 결과를 낳았다.

⑤ ⓐ는 백성의 욕망이 좌절되는 삶이라는, ⓑ는 목민관에 의해 백성의 소망이 이루어지는 삶이라는 결과를 낳았다.

[E29~32] 다음 글을 읽고 물음에 답하시오.

(가) 이웃에 있는 장생이란 사람이 집을 지으려고 하여 산에 들어가 재목을 찾았으나, 빽빽이 심어진 나무들은 대부분 꼬부라지고 뒤틀려서 용도에 맞지 않았다. 그런 가운데 산꼭대기에 한 그루가 있었는데, 앞에서 보아도 곧바르고 좌우에서 보아도 역시 곧기만 했다. 때문에 쓸 만한 좋은 재목으로 생각하고는 도끼를 들고 그쪽으로 가 뒤에서 살펴보니, 구부러져 있는 나무였다. 이에 장생은 도끼를 내던지고 탄식했다.

"아, 나무 가운데 재목이 될 만한 것은 보면 쉽게 살필 수 있고, 고르면 쉽게 가름할 수 있다. 그런데 이 나무의 경우는 내가 세 번이나 살폈어도 쓸모없는 재목감이라는 것을 알지 못하였구나. 그러니 하물며 사람들이 외모를 그럴 듯하게 꾸미고 속마음을 깊게 숨기는 경우에 있어서랴! 그 말을 들으면 그럴듯하고 그 외모를 보면 친절하고 다정하기만 하며 세세한 행동을 살펴보아도 삼가고 삼가니, 군자라 여기지 않을 수 없다. 그러나 큰 변고를 당하거나 절개를 지켜야 하는 경우에 닥치고 나면 본심을 드러내고야 마니, 국가가 무너지게 되는 것은 언제나 이런 부류의 사람들 때문이다.

그리고 나무가 자랄 때, 소나 염소에 의해 짓밟히거나 도끼나 자귀에 의해 찍히는 것도 없이 비나 이슬을 맞고 무성해지면서 밤낮으로 커가니, 쭉쭉 뻗어 곧게 자라야 함이 마땅할 것이다. 그럼에도 쓸모없는 재목인지 판단하기가 어려운 것이 이다지도 심하니, 하물며 사람들이 이 세상에 몸을 담고 있는 경우에 있어서랴! 물욕이 참된 성품을 어지럽히고 이해관계가 분별력을 흐리게 하여, 타고난 성품을 굽히고 본래의 모습을 벗어난 자가 이루 헤아릴 수 없으니, 바르지 못한 자가 많고 정직한 자가 적은 것이야 조금도 괴이한 것이 아니로구나."

그가 이 일을 나에게 말하기에, 나는 다음과 같이 대답했다.

"그대의 세상에 대한 관찰력이 뛰어나네그려! 비록 그러하나 나 역시 할 말이 있네. 《서경》의 〈홍범〉편에 오행을 논하면서 '나무는 그 속성이 구부러지거나 바르다'고 하였네. 그렇다면 나무가 굽은 것은 재목감으로는 되지 않을지라도 그 속성으로는 원래가 그러한 것이네. 하지만 공자께서는 '사람은 태어날 때부터 정직한 것이니, 정직하지 않고도 살아간다는 것은 요행히 죽음을 면한 것이라.'고 말씀하셨네. 그렇다면 사람이고서 정직하지 않게 사는 자가 죽음을 모면하고 사는 것도 역시 요행이라 할 수밖에 없네.

그런데 내가 세상을 보건대, 나무 가운데 굽은 것은 비록 보잘것없는 목수일지라도 가져다 쓰지 않지만, 사람 가운데 곧지 못한 자는 아무리 잘 다스려지는 치세일지라도 내버리고 쓰지 않은 적이 없네. 자네도 큰 집을 한번 보게나. 그 집의 들보나 기둥이나 서까래나 각목을 구름 모양으로 꾸미거나 물결처럼 장식한 경우에도 굽은 재목을 보지 못할 것이네. 이번에 또한 조정을 한번 보게나. 공경과 사대부로서 인끈을 차고 고관지위에 올라 조정에서 거드름을 피우는 자들치고 바른 도를 지닌 사람을 보지 못할 것이네. 이처럼 나무 가운데 굽은 것은 항상 불행하지만, 사람 가운데 비뚤어진 자는 늘 행복하기만 하다네. 옛말에 '활줄처럼 곧으면 길가에서 죽고, 갈고리처럼 굽으면 공후에 봉해진다.'고 하였으니, 이 말로도 정직하지 못한 사람이 굽은 나무보다 대우를 많이 받는다는 것을 입증할 수 있을 것이네."

– 장유, 〈곡목설〉

(나) 집에 옷과 밥을 두고 들먹은 저 고공*아
　　우리 집 내력을 아느냐 모르느냐
　　비오는 날 일 없을 때 새끼 꼬며 이르리라
[A] ┌ 처음의 할아버지 살림살이하려 할 때
　　│ 어진 마음 많이 쓰니 사람이 절로 모여
　　│ 풀을 베고 터를 닦아 큰 집을 지어내고
　　│ 써레, 보습, 쟁기, 소로 전답을 경작하니
　　│ 올벼논 텃밭이 여드레갈이로다
　　└ 자손에게 물려줘 대대로 내려오니
　　논밭도 좋거니와 머슴도 근검터라
　　저희마다 농사지어 가멸게* 살던 것을
　　요사이 머슴들은 철이 어찌 아주 없어
[B] ┌ 밥사발 큰지 작은지 옷이 좋은지 궂은지에만
　　│ 마음을 다투는 듯 호수*를 시기하는 듯
　　└ 무슨 일 생각 들어 흘깃흘깃하느냐
　　너희네 일 아니하고 시절조차 사나워
　　가뜩이나 내 세간이 줄어들게 되었는데
　　엊그제 날강도에 가산을 탕진하니

집 하나 불타버리고 먹을 것이 전혀 없다
크나큰 제사를 어찌하여 치르려는가
김가 이가 머슴들아 새 마음을 먹자꾸나

– 허전, 〈고공가〉

* 고공: 머슴
* 가멸게: 재산이나 자원 따위가 넉넉하고 많게
* 호수: 공물과 세금을 거두어 바치는 일을 책임지는 사람

(다)
[C] ┌ 비가 새어 썩은 집을 그 누가 고쳐 이며
　　└ 옷 벗어 무너진 담 누가 고쳐 쌓을까
　　불한당 도적들 멀리 안 다니거늘
　　화살 찬 경비병들 그 누가 힘써 할까
[D] ┌ 크게 기운 집에 마노라* 혼자 앉아
　　│ 분부를 뉘 들으며 논의를 뉘와 할까
　　│ 낮 시름 밤 근심 혼자 맡아 계시니
　　└ 옥 같은 얼굴이 편하실 적 몇 날이리
　　이 집 이리 되기 뉘 탓이라 할 것인가
　　철없는 종의 일은 묻지도 아니하려니와
　　돌이켜 헤아리니 마노라 탓이로다
　　내 상전 그르다 하기에는 종의 죄가 많건마는
　　그렇지만 세상 보기에 민망하여 여쭙니다
　　새끼 꼬기 멈추시고 내 말씀 들으소서
[E] ┌ 집일을 고치려면 종들을 휘어잡고
　　│ 종들을 휘어잡으려면 상벌을 밝히시고
　　└ 상벌을 밝히려면 어른 종을 믿으소서
　　진실로 이렇게 하시면 집안 절로 일어나리라

– 이원익, 〈고공답주인가〉

* 마노라: 상전, 마님, 임금 등 남녀를 두루 높이어 이르는 말

⭐ (가) 고전 수필 독해 공식 ─────
❶ 중심 대상: (　　　　　　　　　　　　　　)
❷ 글쓴이의 생각, 태도: (　　　　　　　　　　)
❸ 서술상 특징: (　　　　　　　　　　　　　)

⭐ (나) 고전 시가 독해 공식 ─────
❶ 화자: (　　　　　　　), 중심 대상: (　　　　　)
❷ 화자의 상황: (　　　　　　　　　　　　　)
　 정서, 태도: (　　　　　　　　　　　　　)
❸ 표현상 특징: (　　　　　　　　　　　　)

⭐ (다) 고전 시가 독해 공식 ─────
❶ 화자: (　　　　　　　), 중심 대상: (　　　　　)
❷ 화자의 상황: (　　　　　　　　　　　　　)
　 정서, 태도: (　　　　　　　　　　　　　)
❸ 표현상 특징: (　　　　　　　　　　　　)

- 공통점: (   )
- 차이점: (   )

E29 ❋❋❋❋   2018(3월)/고2교육청 42

(가)~(다)의 공통점에 대한 설명으로 가장 적절한 것은?

① 회상을 통해 과거 지향적 태도를 드러내고 있다.
② 공간의 이동에 따른 구조적 흐름이 나타나고 있다.
③ 가상의 사례를 들어 가치관의 대립을 강조하고 있다.
④ 현실에 대한 비판적 인식을 내용 전개의 기반으로 삼고 있다.
⑤ 자연과 인간의 변화상을 묘사하여 세월의 흐름을 드러내고 있다.

E30 ❋❋❋   2018(3월)/고2교육청 43

(가)의 '장생'과 '나'의 생각을 정리한 것으로 적절하지 <u>않은</u> 것은?

	자연물(나무)로 인해 떠올린 생각	인간사와 연관 짓기	
장생	여러 번 보고도 그 구부러져 있음을 파악하지 못함.	사람을 여러 번 보고도 그 실체를 짐작하지 못함.	····· ①
	본래 곧은 나무도 곧게 자라지 못하는 경우가 있음.	타고난 성품을 굽히고 본래의 모습을 벗어난 사람도 있음.	····· ②
나	나무의 속성에는 곧음과 구부러짐이 모두 포함됨.	인간의 천성에는 올바름과 바르지 않음이 모두 포함됨.	····· ③
	곧은 나무는 큰 집을 이루는 재목으로 사용됨.	활줄처럼 곧은 사람은 세상에서 쓰이기 어려움.	····· ④
	굽은 나무는 보잘것없는 목수에게라도 선택되기 어려움.	정직하지 않은 사람이 높은 관직에 오름.	····· ⑤

E31 ❋❋❋   2018(3월)/고2교육청 44

<보기>를 바탕으로 (가)~(다)에 대해 이해한 내용으로 적절하지 <u>않은</u> 것은? [3점]

[보기]

> 문학 작품에 등장하는 인물의 발화는 작가에 의해 기획되고 통제된다. 화자의 역할을 맡은 인물이 청자를 상정하지만 독백에 가까운 형태로 발화가 이루어지기도 하고, 인물들 간에 주고받는 발화로 구성된 대화가 작품 내에서 나타나기도 하며, 발화의 주고받음이 텍스트 단위로 이루어지면서 '텍스트 간의 대화'가 나타나기도 한다. 작가는 이와 같이 발화 내용 및 발화들 간의 관계를 주재하고 조정함으로써 전달하고자 하는 내용과 의도를 구체화한다.

① (가)에서 '장생'의 '탄식'은 '나'에게 전달되면서 대화의 실마리가 된다.
② (가)에서 '나'는 '장생'의 발화를 긍정적으로 평가하고 이에 더해 자신의 의견을 개진하고 있다.
③ (나)에서는 청자로 호명된 '고공'의 반응이 제시되지 않아 화자의 발화가 독백에 가까운 형태로 전달되고 있음을 확인할 수 있다.
④ (다)의 화자는 자신의 발화를 (나)의 청자들에게 전달하고자 하는 의도를 드러내면서 공감의 확대를 꾀하고 있다.
⑤ (다)는 이 작품이 (나)에 대한 화답임을 알 수 있게 하는 표지를 포함하고 있으며, 이를 통해 (나)와 (다) 사이에는 텍스트 간의 대화가 이루어지고 있음을 확인할 수 있다.

E32 ❋❋❋   2018(3월)/고2교육청 45

[A]~[E]에 대한 설명으로 적절하지 <u>않은</u> 것은?

① [A]: 시간의 흐름에 따라 '우리 집'이 재산을 축적하게 된 과정을 제시하고 있다.
② [B]: 비유적 표현을 사용하여 머슴들로 인한 피해를 구체화하고 있다.
③ [C]: 유사한 통사 구조를 반복하여 문제 상황을 드러내고 있다.
④ [D]: 설의적 표현을 통해 '마노라'의 심리적 부담감을 부각하고 있다.
⑤ [E]: 앞 구절의 끝 어구를 다음 구절의 앞 구절에 이어 받는 방식으로 해야 할 일의 우선 순위를 제시하고 있다.

(가) 집의 옷 밥을 두고 빌어먹는 저 고공(雇工)*아

　　우리 집 기별을 아느냐 모르느냐

　　비오는 날 일 없을 때 새끼 꼬면서 이르리라

　　처음의 한어버이 살림살이하려 할 때

　　인심(仁心)을 많이 쓰니 사람이 절로 모여

　　풀 베고 터를 닦아 큰 집을 지어 내고

　　써레 보습 쟁기 소로 전답(田畓)을 경작하니

　　올벼논 텃밭이 여드레 갈 정도이다

　　자손(子孫)에 계승하여 대대(代代)로 내려오니

　　논밭도 좋거니와 고공도 근검(勤儉)터라

　　저희마다 농사지어 부유하게 살던 것을

　　요사이 고공들은 생각이 아주 없어

　　밥사발 크나 작으나 동옷이 좋고 궂으나

　　마음을 다투는 듯 우두머리를 시기하는 듯

　　무슨 일 얽혀들어 흘깃흘깃 하는가

　　너희들 일 아니하고 시절(時節)조차 사나워

　　가뜩이나 내 살림살이가 줄어지게 되었는데

　　엊그제 화강도(火强盜)에 가산이 탕진하니

　　집은 불타 버리고 먹을 것이 전혀 없다

　　크나큰 살림살이를 어떻게 하여 일으키려는가

　　김가 이가 고공들아 새 마음 먹으려무나

　　　　　　　　　　　　　　　– 허전, 〈고공가(雇工歌)〉

* 고공: 머슴

(나) 교활한 놈 거미는 족속도 번자(繁滋)하다*. 누가 저희에게 준 기교인가, 망사로 둥근 배를 살찌운다. ㉠한 마리 매미 있어 그물에 걸리니 그 소리 너무 슬펐다. 내 차마 못 들어 풀어 날려 보냈다. 곁에 있던 사람이 힐난(詰難)하여 말했다.

이 둘은 똑같이 작은 벌레다. 그런데 거미가 그대에게 무슨 손해를 끼쳤으며 매미는 또 그대에게 무슨 이익을 더했는가? 매미가 살면 거미는 굶는다. 한쪽은 그대를 덕스럽게 생각하겠지만 다른 한쪽은 반드시 원통해할지니, 누가 그대를 지혜롭다고 하겠는가? 어찌하여 그대는 매미를 풀어 주었는가?

나는 처음에 이맛살을 찌푸리고 대답하지 않으려 했다. 그러다가 잠깐 뒤에 다음과 같은 한 마디 말로써 그가 의심하는 바를 풀어 주었다.

㉡거미는 성품이 탐욕스럽고, 매미는 자질이 청백하다. 배부름을 꾀하는 거미의 뜻은 끝이 없지만, 이슬이나 먹는 매미의 창자야 달리 무슨 꾀할 일이 있겠는가? 탐오(貪汚)*로써 청렴을 핍박하니 내 정으로는 이를 참을 수 없었던 것이다.

거미는 어찌하여 그토록 가는 실을 토해 내는가? ㉢비록 이루(離婁)*라도 보지 못할 것이다. 하물며 이 아둔한 매미

가 어찌 능히 살필 수 있겠는가? 날아 지나려다 갑자기 걸리니, 날개를 퍼덕일수록 더욱 얽힐 뿐이다.

저 번잡한 파리 떼 어지러이 날아 썩은 내에 비린내 쫓다가, 경망스러운 나비 떼 꽃을 탐하여 바람 따라 쉼 없이 오르내리다가, ㉣비록 그물에 걸려 환(患)을 만난다 한들 누구를 탓하겠는가? 본래 그 재앙이 그들의 구하는 바에서 생기는 것이다.

그러나 매미는 홀로 남과 더불어 쫓은 게 없는데 어찌하여 이런 환란(患亂)을 만나 얽힌 바 되었는가? 그래 내 그 전박(纏縛)*을 풀어 주며 한 마디 당부를 했던 것이다.

"너는 이제 이 주무(綢繆)*를 떠나 교림(喬林)*을 향해 좋이 가거라. ㉤맑고 그윽한 좋은 그늘을 택하여 살되 자주 옮기지 말아라. 그러나 거미가 또 엿볼 것이니 오래 머무르지도 말아라. 사마귀가 네 뒤에서 노릴지도 모른다. 거취를 신중히 하여라. 그런 뒤에야 잘못이 없으리라."

　　　　　　　　　　　　　　　– 이규보, 〈방선부(放蟬賦)〉

* 번자하다: 번식이 성하다.
* 탐오: 욕심이 많고 하는 짓이 더러움.
* 이루: 옛날 중국에 있었다는 눈 밝은 사람
* 전박: 얽혀서 묶임.
* 주무: 얽힘.
* 교림: 키가 큰 나무로 이루어진 숲

⭐ **(가) 고전 시가 독해 공식**

❶ 화자: (　　　　　　　　　　　), 중심 대상: (　　　　　　)

❷ 화자의 상황: (　　　　　　　　　　　　　　　　　　)

　　정서, 태도: (　　　　　　　　　　　　　　　　　)

❸ 표현상 특징: (　　　　　　　　　　　　　　　　　)

⭐ **(나) 고전 수필 독해 공식**

❶ 중심 대상: (　　　　　　　　　　　　　　　　　　)

❷ 글쓴이의 생각, 태도: (　　　　　　　　　　　　　)

❸ 서술상 특징: (　　　　　　　　　　　　　　　　　)

⭐ **갈래 복합 독해 공식**

・공통점: (　　　　　　　　　　　　　　　　　　　　)

・차이점: (　　　　　　　　　　　　　　　　　　　　)

E33 ✿✿✿   2015(9월)/고2교육청 30

(가)와 (나)의 공통점으로 가장 적절한 것은?

① 청자에게 말을 건네는 방식으로 깨우침을 주고 있다.
② 자연과 인간사의 대비를 통해 주제 의식을 강조하고 있다.
③ 담담한 어조를 통해 현실에 순응하는 태도를 보이고 있다.
④ 계절적 배경을 활용하여 화자가 처한 상황을 드러내고 있다.
⑤ 자연물에 인격을 부여하여 대상에 대한 친근감을 나타내고 있다.

E35 ✿✿✿   2015(9월)/고2교육청 32

㉠~㉤에 대한 이해로 적절한 것은?

① ㉠: 매미에 감정을 이입하여 대상과 조화를 이루지 못한 '나'의 슬픔을 나타내고 있다.
② ㉡: 두 대상의 속성을 대조하여 곧고 깨끗한 삶을 지향하는 '나'의 태도를 드러내고 있다.
③ ㉢: 고사 속의 인물을 동원하여 적극적인 삶에 대한 '나'의 의지를 보여 주고 있다.
④ ㉣: 설의적인 표현을 활용하여 대상과의 합일을 추구하는 '나'의 이상을 강조하고 있다.
⑤ ㉤: 명령형 어미를 사용하여 학문 수양에 대한 '나'의 생각을 전달하고 있다.

E34 ✿✿✿   2015(9월)/고2교육청 31

〈보기〉를 참고하여 (가)를 이해한 내용으로 적절하지 않은 것은?
[3점]

[보기]

임진왜란 직후 허전이 쓴 〈고공가〉는 국사(國事)를 한 집안의 일에 비유하여, 왜적의 침입으로 백성들이 어려움에 빠졌음에도 당파 싸움만 일삼는 무능하고 부패한 당시 신하들의 각성을 촉구한 작품이다.

① '큰 집'은 한 집안의 살림살이를 처음 시작한 곳으로, 새로 건국한 조선을 의미하겠군.
② '근검(勤儉)'은 옛 고공들이 지녔던 덕목으로, 무능하고 부패한 신하들이 본받아야 할 태도라 할 수 있겠군.
③ '마음을 다투는 듯'은 요사이 고공들의 다툼을 보여 주는 것으로, 신하들의 당파 싸움을 의미하는 것이겠군.
④ '화강도(火强盜)'는 집안 살림이 더 어려워진 원인으로, 당시 조선을 침략한 왜적을 의미하겠군.
⑤ '김가 이가 고공들'은 집안의 살림살이를 일으켜야 할 존재로, 어려움에 빠진 백성들을 구할 새로운 인재를 의미하겠군.

E36 ✿✿✿   2015(9월)/고2교육청 33

〈보기〉에 대해 (가)와 (나)의 화자가 보인 반응으로 적절하지 않은 것은?

[보기]

초나라의 충신인 굴원은 진나라가 자국의 영토를 확장하기 위해 초나라의 왕을 유인하여 감금하자, 자신의 왕을 구출하기 위해 혼신의 힘을 다해 노력하였다. 그러나 굴원은 이익에 눈이 먼 초나라 신하들의 모함을 받아 벼슬에서 물러나게 되고, 이후 초나라는 쇠락의 길을 걷게 되었다.

① (가)의 화자는 신하들이 이익만을 추구한 결과, 나라가 쇠락한 것에 주목하겠군.
② (가)의 화자는 나라를 위해 적극적으로 행동하는 굴원의 태도를 긍정적으로 평가하겠군.
③ (나)의 화자는 덕과 지혜를 갖춘 신하를 알아보지 못한 초나라 왕을 비판하겠군.
④ (나)의 화자는 탐욕스러운 존재에 의해 벼슬에서 물러난 굴원의 처지를 안타깝게 여기겠군.
⑤ (나)의 화자는 자국의 이익을 위해 다른 대상을 공격하는 진나라의 행위를 부정적으로 생각하겠군.

(가) 거수(居水)에 이러커든 거산(居山)이라 우연(偶然)ᄒ랴
    산방(山房)의 추만(秋晩)커늘 유회(幽懷)를 둘 ᄃᆡ 업서
   ┌ 운길산(雲吉山) 돌길히 막ᄃᆡ 집고 쉬여 올나
  │ 임의소요(任意逍遙)*ᄒ며 원학(猿鶴)을 벗을 삼아
[A]│ 교송(喬松)을 비기여 사우(四隅)*로 도라 보니
  │ 천공(天工)이 공교(工巧)ᄒ야 묏빗츨 쑴이는가
   흰구름 말근 ᄂᆡᄂᆞᆫ 편편(片片)이 ᄲᅥ여 나라
   노푸락 나지락 봉봉곡곡(峯峯谷谷)이 면면(面面)에 버럿ᄭᅥ든
   서리친 신남기 봄곳도곤 불거시니
   ┌ 금수병풍(錦繡屛風)을 첩첩(疊疊)이 둘너ᄂᆞᆫ 듯
[B]│ 천태만상(千態萬象)이 참람(僭濫)*ᄒ야 보이ᄂᆞ다
  │ 힘 세이 다토면 내 분에 올가마ᄂᆞᆫ
   금(禁)ᄒ리 업슬ᄉᆡ 나도 두고 즐기노라
   ┌ ᄒ믈며 남산(南山) ᄂᆞ린 긋히 오곡(五穀)을 가초 심거
[C]│ 먹고 못 남아도 긋지나 아니ᄒ면
  │ 내 집의 내 밥이 그 맛시 엇더ᄒ뇨
   채산조수(採山釣水)ᄒ니 수륙품(水陸品)도 잠깐 ᄀᆞ다*
   ┌ 감지봉양(甘旨奉養)*을 족(足)다사 ᄒᆞᆯ가마ᄂᆞᆫ
[D]│ 오조함정(烏鳥含情)*을 벱고야 말넛노라
   사정(私情)이 이러ᄒ야 아직 물러나와신들
   ┌ 망극(罔極)ᄒᆞᆫ 성은(聖恩)을 어늬 각(刻)애 이질넌고
  │ 견마미성(犬馬微誠)*은 백수(白首)애야 더옥 깁다
[E]│ 시시(時時)로 머리 드러 북신(北辰)을 ᄇᆞ라보니
   ᄂᆞᆷ 모르ᄂᆞᆫ 눈물이 두 사ᄆᆡ예 다 젓ᄂᆞ다
                                    – 박인로, 〈사제곡(莎堤曲)〉

* 임의소요(任意逍遙): 마음대로 거닐며 바람을 쏘임.
* 사우(四隅): 사방
* 참람(僭濫): 제 분수를 넘어 방자스러움.
* ᄀᆞ다: 갖추다
* 감지봉양(甘旨奉養): 맛나는 음식으로 부모님을 봉양함.
* 오조함정(烏鳥含情): 까마귀가 먹은 마음. 곧 부모님께 효도하는 마음
* 견마미성(犬馬微誠): 개와 말이 충성스레 사람을 섬기듯이 신하가 임금님을 섬기려는 작은 정성

(나) 농암(聾巖)에 올아 보니 노안(老眼)이 유명(猶明)*ㅣ로다
   인사(人事)이 변(變)ᄒᆞᆫᄃᆞᆯ 산천(山川)이쑨 가실가
   암전(巖前)에 모수(某水) 모구(某丘)*이 어제 본 듯 ᄒ예라
                                      – 이현보, 〈농암가(聾巖歌)〉

* 유명(猶明): 오히려 밝아짐.
* 모수(某水) 모구(某丘): 아무개 물과 아무개 언덕

(다) 그러다가 금년 가을에 상인(上人)*이 산에서 내려왔으므로, 내가 그를 보고는 너무 기뻐서 하루 종일 붙들어 두었는데, 그때 상인이 두루마리 하나를 꺼내어 보여 주면서 말하기를,

"내가 나의 초당을 상죽(霜竹)이라고 이름하고는 육우(六又) 김비판(金祕判)에게 청하여 큰 글자를 써서 현판으로 걸었다. 앞으로 상죽에 대한 시가(詩歌)를 천신(薦紳)들 사이에서 구하려고 하니, 그대가 기문(記文)을 써주면 좋겠다."

내가 오래전부터 친하게 지내긴 하였지만, 나를 초목에 비유한다면 저력(樗櫟)이나 포류(蒲柳)일 따름이니, 어떻게 감히 우리 상인의 초당에 기문을 쓸 수가 있겠는가. 비록 그렇긴 하지만 상인이 일단 나를 비루하게 여기지 않았고 보면, 내가 또 어떻게 들은 것을 가지고 고해 주지 않을 수가 있겠는가.

대저 대나무도 하나의 식물이다. 식물이 서리와 이슬을 만나면 급격하게 변해서 가지가 꺾여 부러지고 낙엽 져 떨어져서 더 이상 생기가 없어지고 만다. 하늘과 땅 사이를 채우고 있는 식물 모두가 이러한데도 오직 대나무만은 가지도 여전하고 잎도 여전한 가운데 홀로 우뚝 서서 향기를 내뿜고 있다. 이러한 까닭에 예로부터 운치 있는 사람들과 절개 있는 선비들 거의 대부분이 대나무를 사랑하였으며, 심지어는 차군(此君)으로 지목하는 사람이 나오기까지 하였던 것이다.

아, 사람의 속성을 살펴보건대, 눈으로 색(色)을 취하고 코로 냄새를 취하고 귀로 소리를 취하고 입으로 맛을 취하고 팔과 다리로 편안함을 취하는 과정에서, 저 양심을 해치게 되는 것들이 어찌 식물이 서리와 이슬을 만나는 정도로만 그칠 뿐이겠는가. 그럼에도 불구하고 사람 중에서 이에 대해 피할 줄 아는 자가 드물기만 하다.

상인은 불자(佛者)이다. 따라서 소위 색과 소리와 냄새와 맛과 감촉이라는 것에 대해서 한 번도 일념(一念)이 동요된 적이 없었을 것이다. 그런데 지금 자기의 초당을 상죽(霜竹)이라고 명명하였고 보면, 이는 자신을 그대로 드러내 보여 준 것일 뿐만이 아니요, 대개는 기운이 비슷하기 때문에 서로 구해서 그렇게 된 것이라는 생각도 드는 것이다.
                           – 이숭인, 〈상죽헌기(霜竹軒記)〉

* 상인(上人): 지혜와 덕을 갖추어 타인의 스승이 될 수 있는 고승

⭐ (가) 고전 시가 **독해 공식** ━━━

❶ 화자: (　　　　　　　), 중심 대상: (　　　　　　　)
❷ 화자의 상황: (　　　　　　　　　　　　　　　　)
   정서, 태도: (　　　　　　　　　　　　　　　　)
❸ 표현상 특징: (　　　　　　　　　　　　　　　　)

⭐ (나) 고전 시가 **독해 공식** ━━━

❶ 화자: (　　　　　　　), 중심 대상: (　　　　　　　)
❷ 화자의 상황: (　　　　　　　　　　　　　　　　)
   정서, 태도: (　　　　　　　　　　　　　　　　)
❸ 표현상 특징: (　　　　　　　　　　　　　　　　)

❶ 중심 대상: (   )

❷ 글쓴이의 생각, 태도: (   )

❸ 서술상 특징: (   )

★ 갈래 복합 독해 공식

• 공통점: (   )

• 차이점: (   )

E37 ★★★ ⚜   2016(11월)/고2교육청 34

(가)~(다)의 공통점으로 가장 적절한 것은?

① 색채를 대비하여 표현 효과를 높이고 있다.

② 설의적인 표현을 사용하여 의미를 강조하고 있다.

③ 대상에 감정을 이입하여 친근감을 부여하고 있다.

④ 자연과 인간을 대비하여 주제의식을 드러내고 있다.

⑤ 의성어와 의태어를 활용하여 생동감을 자아내고 있다.

E38 ★★★ ⚜   2016(11월)/고2교육청 35

(가)와 (나)에 대한 설명으로 가장 적절한 것은?

① (가)에는 자신의 삶에 대한 화자의 자족감이 드러나 있다.

② (나)에는 자신이 처한 상황이 개선되리라는 기대감이 드러나 있다.

③ (가)와 달리 (나)에는 자연으로부터 받은 감흥이 드러나 있다.

④ (나)와 달리 (가)에는 거스를 수 없는 자연의 섭리에 대한 경외심이 드러나 있다.

⑤ (가)와 (나)에는 모두 대상의 부재로 인한 안타까움이 드러나 있다.

E39 ★★★   2016(11월)/고2교육청 36

〈보기〉를 참고하여 (가)를 감상한 내용으로 적절하지 <u>않은</u> 것은?

[보기]

　　〈사제곡〉은 박인로가 이덕형을 화자로 하여 그가 향촌인 '사제'에서 생활하는 모습을 작품화한 것이다. 박인로의 시가에서 강호는 향촌으로 돌아온 사족(士族)이 은거하는 공간인 동시에, 그들이 현실적인 생활을 영위하는 터전이다. 또한 성리학적 유자(儒者)에게 요구되는 자세인 충과 효를 실천하는 공간이다.

① [A]는 화자가 '사제'를 유자적 자세를 다짐하는 공간으로 인식하고 있음을 보여 주는 것이라 할 수 있다.

② [B]는 화자가 '사제'에 은거하여 자연을 즐기며 살아가는 삶의 모습을 보여 주는 것이라 할 수 있다.

③ [C]는 화자가 '사제'에서 현실적인 삶을 영위하고 있음을 보여 주는 것이라 할 수 있다.

④ [D]는 화자가 '사제'에서 부모를 봉양하려는 마음을 지니고 있음을 보여 주는 것이라 할 수 있다.

⑤ [E]는 화자가 '사제'에서도 충을 실천하고자 함을 보여 주는 것이라 할 수 있다.

E40 ★★★ ⚜   2016(11월)/고2교육청 37

(다)의 내용을 〈보기〉와 같이 구조화하였다. 이에 대한 설명으로 적절하지 <u>않은</u> 것은? [3점]

[보기]

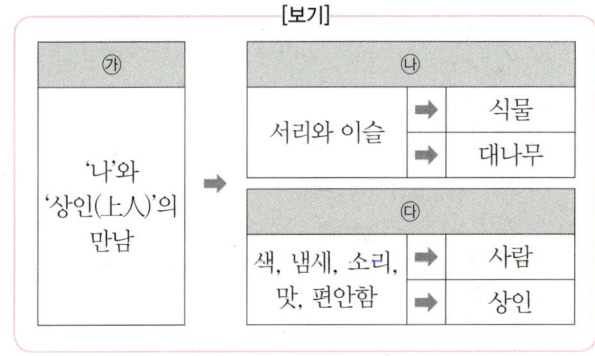

① '나'는 ㉮에서 '나'를 대하는 '상인'의 태도를 생각해 '상인'의 요구에 응하고 있다.

② '나'는 ㉯의 '대나무'가 '서리와 이슬'을 만나도 변하지 않는 것을 긍정적으로 인식하고 있다.

③ '나'는 ㉰의 '상인'의 모습에서 얻은 깨달음을 '사람'에게 전하려는 의지를 드러내고 있다.

④ '나'는 ㉯의 '대나무'가 ㉰의 '상인'의 모습을 보여 주는 것이라 생각하고 있다.

⑤ '나'는 ㉯의 '서리'가 '식물'을 해치는 것보다 ㉰의 '사람'이 '편안함'을 취하면서 양심을 해치게 되는 것이 더 심각하다고 생각하고 있다.

(가) 십 년(十年)을 경영(經營)ㅎ여 초려삼간(草廬三間) 지여 내니
　　나 흔 간 돌 흔 간에 청풍(淸風) 흔 간 맛져 두고
　　강산(江山)은 들일 듸 업스니 둘러 두고 보리라
　　　　　　　　　　　　　　　　　　　　　　　　　- 송순

(나) 서산의 아침볕 비치고 구름은 낮게 떠 있구나
　　비 온 뒤 묵은 풀이 뉘 밭에 더 짙었든고
　　두어라 차례 정한 일이니 매는 대로 매리라
　　　　　　　　　　　　　　　　　　　　　　〈제1수〉

　　둘러내자* 둘러내자 긴 고랑 둘러내자
　　바라기 역고*를 고랑마다 둘러내자
　　잡초 짙은 긴 사래 마주 잡아 둘러내자
　　　　　　　　　　　　　　　　　　　　　　〈제3수〉

　　땀은 듣는 대로 듣고 볕은 쬘대로 쬔다
　　청풍에 옷깃 열고 긴 휘파람 흘리 불 때
　　어디서 길 가는 손님네 아는 듯이 머무는고
　　　　　　　　　　　　　　　　　　　　　　〈제4수〉

　　밥그릇에 보리밥이요 사발에 콩잎 나물이라
　　내 밥 많을세라 네 반찬 적을세라
　　먹은 뒤 한 숨 졸음이야 너나 나나 다를소냐
　　　　　　　　　　　　　　　　　　　　　　〈제5수〉

　　돌아가자 돌아가자 해 지거든 돌아가자
　　냇가에 손발 씻고 호미 메고 돌아올 제
　　어디서 우배초적(牛背草笛)*이 함께 가자 재촉하는고
　　　　　　　　　　　　　　　　　　　　　　〈제6수〉
　　　　　　　　　　　　　　　　- 위백규, 〈농가구장(農歌九章)〉

* 둘러내자: 휘감아서 뽑자.
* 바라기 역고: 잡초의 일종
* 우배초적: 소의 등에 타고 가면서 부는 풀피리 소리

(다) 우리 집 뒷동산에 복숭아나무가 하나 있었다. 그 꽃은 **빛깔이 시원치 않고** 그 열매는 맛이 없었다. 가지에도 부스럼이 돋고 잔가지는 무더기로 자라 참으로 볼 것이 없었다. 지난 봄에 이웃에 박 씨 성을 가진 이의 손을 빌어 홍도 가지를 접붙여 보았다. 그랬더니 그 꽃이 아름답고 열매도 아주 튼실하였다. 애초에 한창 잘 자라는 나무를 베어 버리고 잔 가지 하나를 접붙였을 때에 나는 그것을 보고 '대단히 어긋난 일을 하는구나'하고 생각하였다. 그런데 어느새 밤낮으로 싹이 나 자라고 비와 이슬이 그것을 키워 눈이 트고 가지가 뻗어 얼마 지나지 않아 울창하게 자라 제법 그늘을 드리우게 되었다. 올봄에는 꽃과 잎이 많이 피어서 붉고 푸른 비단이 찬란하게 서로 어우러진 듯하니 그 경치가 진실로 볼 만하였다.
　오호라, 하나의 복숭아나무, 이것이 심은 땅의 흙도 바꾸지 않고 그 뿌리의 종자도 바꾸지 않았으며 단지 접붙인 한 줄기의 기운으로 줄기도 되고 가지도 되어 아름다운 꽃이 밖으로 피어나 그 자태가 돌연히 다른 모습으로 바뀌니 보는 이로 하여금 눈을 씻게 하고 지나가는 이가 많이 찾아 오솔길을 내게 되었다. 이러한 기술을 가진 이는 그 조화의 비밀을 아는 이가 아닌가! 신기하고 또 신기하도다.
　내가 여기에 이르러 느낀 바가 있었다. 사물이 변화하고 바뀌어 개혁을 하게 되는 것은 오로지 초목에 국한한 것이 아니오, 내 몸을 돌이켜 본다 하여도 그런 것이니 어찌 그 관계가 멀다 할 것인가! **악한 생각**이 나는 것을 결연히 내버리는 일은 나무의 옛 가지를 잘라 내버리듯 하고 **착한 마음**의 실마리 싹을 끊임없이 움터 나오게 하기를 새 가지로 접붙이듯 하여, 뿌리를 북돋아 잘 기르듯 마음을 닦고 가지를 잘 자라게 하듯 깊은 진리에 이른다면 이것은 시골 사람에서 성인에 이르기까지 나무 접붙임과 다른 것이 무엇이겠는가!
　『주역』에 이르기를 ㉠"땅에서 나무가 자라나는 것은 승괘(升卦)*이니 군자가 이로써 덕을 순하게 하여 작은 것을 쌓아 높고 크게 한다." 하였으니, 이것을 보고 어찌 스스로 힘쓰지 아니하겠는가. 그리고 또 느낀 바가 있다. 오늘부터 지난 봄을 돌이켜보면 겨우 추위와 더위가 한 번 바뀐 것뿐인데 한 치 가지를 손으로 싸매어 놓은 것이 저토록 지붕 위로 높이 자라 꽃을 보게 되었고, 또 장차 그 열매를 먹게 되었으니 만약 앞으로 내가 몇 해를 더 살게 된다면 이 나무를 즐김이 그 얼마나 더 많을 것인가! 세상 사람들은 자기가 **늙는 것만 자랑하여 팔다리를 게을리 움직이고 그 마음 씀도** 별로 소용되는 바가 없다. 이로 미루어 보면 또한 어찌 마음을 분발하여 뜻을 불러일으키기를 권하지 아니하겠는가. 이 모든 것은 다 이 늙은이를 경계함이 있으니 이렇게 글을 지어 마음에 새기노라.
　　　　　　　　　　　　　　　　- 한백겸, 〈접목설(接木說)〉

* 승괘: 육십사괘의 하나. 땅에 나무가 자라남을 상징함.

⭐ **(가) 고전 시가 독해 공식**
❶ 화자: (　　　　　　　　), 중심 대상: (　　　　　　　　)
❷ 화자의 상황: (　　　　　　　　　　　　　　　　　　)
　정서, 태도: (　　　　　　　　　　　　　　　　　　　)
❸ 표현상 특징: (　　　　　　　　　　　　　　　　　　)

⭐ **(나) 고전 시가 독해 공식**
❶ 화자: (　　　　　　　　), 중심 대상: (　　　　　　　　)
❷ 화자의 상황: (　　　　　　　　　　　　　　　　　　)
　정서, 태도: (　　　　　　　　　　　　　　　　　　　)
❸ 표현상 특징: (　　　　　　　　　　　　　　　　　　)

⭐ **(다) 고전 수필 독해 공식**
❶ 중심 대상: (　　　　　　　　　　　　　　　　　　　)
❷ 글쓴이의 생각, 태도: (　　　　　　　　　　　　　　)
❸ 서술상 특징: (　　　　　　　　　　　　　　　　　　)

• 공통점: (　　　　　　　　　　　　　　　　　　　　　)
• 차이점: (　　　　　　　　　　　　　　　　　　　　　)

E41 ★★★　　　　　　　　　2021(6월)/고1교육청 38

(가)~(다)에 대한 설명으로 적절한 것은?

① (가)는 공간의 이동에 따라 시상을 전개하고 있다.
② (나)는 색채어의 대비를 활용하여 주제를 강조하고 있다.
③ (다)는 음성 상징어를 사용하여 생동감을 드러내고 있다.
④ (가)와 (나)는 시어의 반복을 통해 리듬감을 형성하고 있다.
⑤ (가)와 (다)는 구체적인 묘사를 통해 계절감을 부각하고 있다.

E42 ★★★　　　　　　　　　2021(6월)/고1교육청 39

(나)를 활용하여 '전원일기'라는 제목으로 영상시를 제작하기 위해 학생들이 협의한 내용으로 적절하지 않은 것은?

① 〈제1수〉는 아침부터 농기구를 가지고 밭을 가는 농부의 모습을 보여주면 좋겠어.
② 〈제3수〉는 농부들이 함께 잡초를 뽑고 있는 모습을 보여주면 좋겠어.
③ 〈제4수〉는 옷깃을 열고 바람을 쐬고 있는 농부의 모습을 보여주면 좋겠어.
④ 〈제5수〉는 농부들이 모여 식사하고 있는 모습을 보여주면 좋겠어.
⑤ 〈제6수〉는 해 질 무렵에 농사일을 마치고 마을로 돌아오는 농부의 모습을 보여주면 좋겠어.

E43 ★★★❀　　　　　　　　　2021(6월)/고1교육청 40

〈보기〉를 참고하여 (가)와 (나)를 감상한 내용으로 적절하지 않은 것은? [3점]

[보기]
조선 시대 사대부들의 시조에는 자연이 자주 등장하는데, 작품 속 자연에 대한 인식이 같지는 않다. (가)에서의 자연은 속세를 벗어난 화자가 동화되어 살고 싶어 하는 공간이자 안빈낙도(安貧樂道)의 공간으로 그려져 있다. 반면에 (나)에서의 자연은 소박하게 살아가는 삶의 현장이자 건강한 노동 속에서 흥취를 느끼는 공간으로 그려져 있다.

① (가)의 '초려삼간'은 화자가 안빈낙도하며 사는 공간으로 볼 수 있군.
② (가)의 화자는 '강산'에서 벗어나 '들', '청풍'과 하나가 되어 살아가려는 태도를 보이고 있군.
③ (나)의 '묵은 풀'이 있는 '밭'은 화자가 땀 흘리며 일해야 하는 공간으로 볼 수 있군.
④ (나)의 '보리밥'과 '콩잎 나물'은 노동의 현장에서 맛보는 소박한 음식으로 볼 수 있군.
⑤ (나)의 화자가 '호미 메고 돌아올' 때에 듣는 '우배초적'에서 농부들의 흥취를 느낄 수 있군.

E44 ★★★❀　　　　　　　　　2021(6월)/고1교육청 41

(다)의 글쓴이가 ㉠을 인용한 이유로 가장 적절한 것은?

① 자신이 깨달은 바를 뒷받침하기 위해
② 자신의 상황을 반어적으로 드러내기 위해
③ 자신의 지식이 보잘것없음을 성찰하기 위해
④ 자신과 군자의 삶이 다르지 않음을 강조하기 위해
⑤ 자신이 살고 있는 세태를 지난날과 비교하기 위해

E45 ★★❀　　　　　　　　　2021(6월)/고1교육청 42

다음은 학생이 (다)를 읽고 정리한 메모이다. ⓐ~ⓔ 중 적절하지 않은 것은?

접목설(接木說)
ⓐ 글쓴이는 '빛깔이 시원치 않은 꽃'과 '부스럼이 돋은 가지가 달린 복숭아나무를 소재로 글을 썼다.
ⓑ 글쓴이는 이웃에 사는 박 씨의 도움으로 '홍도 가지'를 접붙인 후 자라난 꽃과 열매를 본 경험을 제시하였다.
ⓒ 글쓴이는 사물이 '자태가 돌연히 다른 모습'으로 바뀌기 위해서는 근본의 변화가 중요함을 강조하였다.
ⓓ 글쓴이는 사물이 변화하는 이치를 사람들이 깨달아 실천하게 되면, '악한 생각'을 버리고 '착한 마음'을 자라게 하는 변화가 가능하다고 여겼다.
ⓔ 글쓴이는 '늙는 것만 자랑하여 팔다리를 게을리 움직이'는 사람들에게 삶의 태도를 바꾸도록 권하고 싶어 한다.

① ⓐ　　② ⓑ　　③ ⓒ　　④ ⓓ　　⑤ ⓔ

28 DAY

(가) 공명(功名)도 잊었노라 부귀(富貴)도 잊었노라
　　세상(世上) 번우한* 일 다 주어 잊었노라
　　내 몸을 내마저 잊으니 남이 아니 잊으랴
〈2수〉

　　질가마 좋이 씻고 바위 아래 샘물 길어
　　팥죽 달게 쑤고 저리지* 끄어 내니
　　세상에 이 두 맛이야 남이 알까 하노라
〈5수〉

　　어화 저 ⓐ백구(白鷗)야 무슨 수고 하느냐
　　갈 숲으로 서성이며 고기 엿보기 하는구나
　　나같이 군마음 없이 잠만 들면 어떠리
〈6수〉

　　대 막대 너를 보니 유신(有信)하고 반갑고야
　　내 아이 적에 너를 타고 다니더니
　　이제란 창(窓)뒤에 섰다가 날 뒤 세우고 다녀라
〈11수〉
－ 김광욱, 〈율리유곡(栗里遺曲)〉

* 번우한: 괴로워 근심스러운
* 저리지: 겉절이

(나) 한산(寒山) 어른 송계신보(宋季愼甫)가 나와는 사촌이 된다. 내가 일찍이 그 집에 가보니, 뒤로는 감악산을 등지고 앞으로는 큰 들을 임하여 초막집을 한 채 얽어 한가히 휴식하는 곳으로 삼았었다. 그 당명(堂名)이 무어냐고 물었더니, 주인이 말하기를,

"내가 '취한(就閑)*'이라 이름하려고 하는데, 미처 써 붙이지 못했다."

고 하였다. 내가 말하기를,

"한(閑)은 본디 이 당(堂)이 소유한 것이거니와, 우리 형은 나이 70세가 넘어 하얀 수염에 붉은 얼굴로 여기에서 즐기며 바깥 세상에 바랄 것이 없으니, 어찌 아무 도와주는 것 없이 충분히 그 운취를 누릴 수가 있겠습니까. 내가 보건대, 당 한편에 애완(愛玩)*하여 심어놓은 것들이 있으니, 바로 대[竹]와 국화[菊]와 진송(秦松)과 노송(魯松)과 동백(冬柏)이요, 게다가 빙 둘러 사방의 산에는 또 창송(蒼松)이 만여 그루나 있으니, 이 여섯 가지는 모두 세한(歲寒)의 절개가 있어 더위와 추위에도 지조를 변치 않는 것들입니다. 우리 형께서는 늙을수록 건장하여 신기(神氣)가 쇠하지 않았는데도, 사방에 다니는 것을 싫어하고 이곳에 은거하여, 여기에서 노래하고 여기에서 춤추고 여기에서 마시고 취하고 자고 먹고 하니, 이 여섯 가지를 얻어서 벗으로 삼는다면 그 취미나 기상이 또한 서로 가깝지 않겠습니까.

우리 형께서는 또 세상 변천과 세상 물정을 많이 겪고 보았습니다. 그런데 가만히 보면, 세상의 교우(交友) 관계가 처음에는 견고했다가 나중에는 틈이 생기어, 득세한 자에게는 열렬히 따르고 실세한 자에게는 그지없이 냉담하며, 떵떵거리는 자리에는 서로 나가고 적막한 자리에는 서로 기피하는 것이 세태의 풍조입니다. 그런데 이 여섯 가지는 이런 가운데 생장하면서도 능히 풍상(風霜)을 겪고 우로(雨露)를 머금어 이제까지 울울창창하여서 앉고 눕고 기거하고 근심하고 즐거워하는 것을 처음부터 끝까지 항상 주인과 함께하고 있으니, 차라리 저것을 버리고 이것을 취하여 세상의 걱정을 피해서 자신의 천진(天眞)*을 온전히 지키는 것이 낫지 않겠습니까. 이 당에는 실로 이 여섯 가지가 있고 옹(翁)께서 그 가운데에 처하시니, 어찌 'ⓑ육우(六友)'라 이름하는 것이 좋지 않겠습니까. 그 한(閑)은 바로 여기에 있는 것입니다."

하니, 주인이 그렇게 하겠다고 승낙하고 인하여 나에게 그 기문(記文)을 써 달라고 부탁하였다.
－ 윤휴, 〈육우당기(六友堂記)〉

* 취한: 한가로움을 취함.
* 애완: 물품 따위를 좋아하여 가까이 두고 즐김.
* 천진: 세파에 젖지 않은 자연 그대로의 참됨

★ (가) 고전 시가 독해 공식 ─────
❶ 화자: (　　　　　　　), 중심 대상: (　　　　　)
❷ 화자의 상황: (　　　　　　　　　　　　　　　)
　 정서, 태도: (　　　　　　　　　　　　　　　)
❸ 표현상 특징: (　　　　　　　　　　　　　　　)

★ (나) 고전 수필 독해 공식 ─────
❶ 중심 대상: (　　　　　　　　　　　　　　　　)
❷ 글쓴이의 생각, 태도: (　　　　　　　　　　　)
❸ 서술상 특징: (　　　　　　　　　　　　　　　)

★ 갈래 복합 독해 공식 ─────
• 공통점: (　　　　　　　　　　　　　　　　　　)
• 차이점: (　　　　　　　　　　　　　　　　　　)

E 46 ★★★❊
2021(6월)/고2교육청 26

(가)와 (나)의 공통점으로 가장 적절한 것은?

① 연쇄법을 사용하여 대상을 긴밀하게 연결하고 있다.
② 설의적 표현을 활용하여 주제 의식을 강조하고 있다.
③ 역설적 표현을 사용하여 사물의 의미를 부각하고 있다.
④ 원경에서 근경으로 시선을 이동하여 계절감을 드러내고 있다.
⑤ 의인화된 대상에게 말을 건네는 방식으로 정서를 드러내고 있다.

(가)에 대한 설명으로 적절하지 <u>않은</u> 것은?

① 〈2수〉: 화자는 '공명'과 '부귀'에 거리를 두는 욕심 없는 삶을 지향하고 있다.
② 〈2수〉: 화자는 '남'으로부터 소외된 자신의 존재에 대한 안타까움을 드러내고 있다.
③ 〈5수〉: 화자는 '팥죽'과 '저리지'를 통해 소박한 삶에 대한 만족감을 드러내고 있다.
④ 〈11수〉: 화자는 '유신'하다고 여기는 대상에 대한 친밀감을 표현하고 있다.
⑤ 〈11수〉: 화자는 '대 막대'의 쓰임이 달라진 상황을 통해 세월의 흐름을 인식하고 있다.

ⓐ와 ⓑ를 이해한 내용으로 가장 적절한 것은?

① ⓐ는 화자가 비판적으로 바라보는, ⓑ는 글쓴이가 예찬하는 대상이다.
② ⓐ는 화자의 그리움을, ⓑ는 글쓴이의 외로움을 불러일으키는 대상이다.
③ ⓐ는 화자가 함께 어울리고 싶어 하는, ⓑ는 글쓴이가 본받고 싶어 하는 대상이다.
④ ⓐ는 화자의 처지와 대비되는, ⓑ는 글쓴이의 부정적 현실을 드러내는 대상이다.
⑤ ⓐ는 화자의 상실감을 부각하는, ⓑ는 글쓴이의 기대감을 고조시키는 대상이다.

〈보기〉를 바탕으로 (나)를 감상한 내용으로 적절하지 <u>않은</u> 것은?
[3점]

[보기]

이 작품에서 글쓴이는 한(閑)을 추구하는 사촌 형에게 새로운 당명을 권하며 바람직한 삶의 자세에 대한 생각을 밝히고 있다. 글쓴이는 권력의 성쇠에 따라 변하는 세상을 비판적으로 바라보고 있다. 그리고 자연과 벗하며 지조와 신의를 지켜 진정한 한(閑)의 의미를 실현하는 자세가 중요함을 강조하고 있다.

① 글쓴이는 사촌 형이 자연과 벗하며 '충분히 그 운취'를 누리기를 바라고 있군.
② 글쓴이는 사촌 형이 '취미나 기상'에 어울리는 존재와 함께할 것을 바라며 새로운 당명을 권하고 있군.
③ 글쓴이는 세상 사람들이 기피하는 '적막한 자리'라도 만족하는 것이 진정한 한(閑)에 가까워지는 길이라고 여기고 있군.
④ 글쓴이는 상황에 따라 변하는 '세태의 풍조'와 달리 변치 않는 지조와 신의 있는 삶의 중요성을 강조하고 있군.
⑤ 글쓴이는 '천진을 온전히 지키는 것'을 바람직한 삶의 자세라고 여기고 있군.

28ᴅᴀʏ

[E 50~54] 다음 글을 읽고 물음에 답하시오. ━━

(가) 이 몸 삼기실 제 님을 조차 삼기시니
　　 ᄒᆞᆼ성 **연분(緣分)**이며 하ᄂᆞᆯ 모를 일이런가
　　 나 ᄒᆞ나 **졈어** 잇고 님 ᄒᆞ나 날 괴시니
　　 이 ᄆᆞᆷ 이 ᄉᆞ랑 견졸 ᄃᆡ 노여 업다
　　 평ᄉᆡᆼ(平生)애 원(願)ᄒᆞ요ᄃᆡ 혼ᄃᆡ 녜쟈 ᄒᆞ얏더니
　　 늙거야 므스 일로 외오 두고 그리ᄂᆞᆫ고
　　 엊그제 님을 뫼셔 광한뎐(廣寒殿)의 올낫더니
　　 그 더ᄃᆡ 엇디ᄒᆞ야 하계(下界)예 ᄂᆞ려오니
　　 올 저긔 비슨 머리 헛틀언 디 **삼 년(年)일쇠**
　　 연지분(臙脂粉) 잇ᄂᆡ마는 눌 위ᄒᆞ야 고이 홀고
　　 ᄆᆞ음의 미친 실음 텹텹(疊疊)이 ᄡᅡ혀 이셔
　　 짓ᄂᆞ니 한숨이오 디ᄂᆞ니 눈믈이라
　　 인ᄉᆡᆼ(人生)은 유훈(有限)ᄒᆞᆫ ᄃᆡ 시름도 그지업다
　　 무심(無心)ᄒᆞᆫ 셰월(歲月)은 믈 흐르ᄃᆞᆺ **ᄒᆞᄂᆞᆫ고야**
　　 염냥(炎凉)이 ᄠᅢᄅᆞᆯ 아라 **가ᄂᆞᆫ ᄃᆞᆺ** 고텨 오니
　　 듯거니 보거니 늣길 일도 하도 할샤
　　 동풍이 건듯 부러 젹셜(積雪)을 헤텨 내니
　　 창(窓) 밧긔 심근 **ᄆᆡ화(梅花)** 두세 가지 픠여셰라
　　 ᄀᆞᆺ득 닝담(冷淡)ᄒᆞᆫᄃᆡ 암향(暗香)은 므ᄉᆞ 일고
　　 황혼의 ᄃᆞᆯ이 조차 벼마틔 빗최니
　　 늣기ᄂᆞᆫ ᄃᆞᆺ 반기ᄂᆞᆫ ᄃᆞᆺ **님이신가** 아니신가
　　 뎌 ᄆᆡ화 것거 내여 님 겨신 ᄃᆡ 보내오져
　　 님이 너를 보고 엇더타 너기실고

　　　　　　　　　　　　　　　 – 정철, 〈사미인곡〉

(나) 창 밧긔 워석버석 **님이신가** 니러 보니
　　 혜란(蕙蘭) 혜경(蹊徑)* 에 낙엽은 므스 일고
　　 어즈버 유한(有限)ᄒᆞᆫ 간장(肝腸)이 **다 그츨가 ᄒᆞ노라**

　　　　　　　　　　　　　　　　　　 – 신흠

* 혜란 혜경: 난초 핀 지름길

(다) 나는 예전에 장흥방의 길갓집에 살았다. 그 집은 저잣거리에 제법 가까워서 소란스러웠다. 문 옆에 한 칸짜리 초당이 있어 볏짚으로 덮고 흙을 쌓았더니 그윽하고 조용해서 살 만했다. 그러나 초당이 동쪽으로 치우쳐 햇볕을 받았기에 여름이면 너무 더웠다. 그래서 '고요함이 더위를 이긴다[靜勝熱]'는 말을 당호(堂號)* 로 정해 문설주에 편액을 해 걸어 두고 위안을 삼았다.

대저 고요함에는 두 가지가 있으니 하나는 몸의 고요함이요, 다른 하나는 마음의 고요함이다. 몸이 고요한 사람은, 앉고 눕고 일어나고 서는 등 모든 행동에 있어 편안함을 취할 뿐이다. 마음이 고요한 사람은, 천하만사가 마치 촛불로 비춰 보고 거북으로 점을 치는 듯하니 시원한 날씨와 더운 날씨가 무슨 상관이 있겠는가? 그러므로 '고요함이 이긴다'고 한 지금의 말은 마음의 고요함을 가리킨다.

그 집에서 이십 년을 살고 이사하였다. 그로부터 삼 년이 흐른 뒤 옛집을 찾아가 보았다. 그새 주인이 바뀐 지 여러 번이지만 집은 옛 모습 그대로였다.

은은하게 처마에 들어오는 산빛, 쾰쾰쾰 담을 따라 도는 골짜기 물, 밀랍으로 발라 번들번들한 살창, 쪽빛으로 물들여 놓은 늘어진 천막.

(중략)

내가 여기에 살던 시절은 집안이 번성하던 때였다. 선친께서 승명전에 봉직하실 때라, 퇴근하신 밤이면 우리 형제들이 모시고 앉아 학문과 예술을 담론하고 옛일을 기록하거나, 시를 읽거나 거문고를 들었으니 유중영의 옛일* 과 비슷하였다. 그 즐거움을 잊을 수는 없건마는 다시 되찾을 수는 없다!

《서경》에 '그릇은 새것을 찾고, 사람은 옛 사람을 찾는다.'라고 했다. 집 역시 그릇과 같이 무언가를 담는 부류이긴 하나, 사람은 집이 아니면 몸을 붙여 머물 데가 없고 집보다 더 거처를 많이 하는 것은 없으므로, 집은 그릇보다는 사람에 가깝다 하겠다. 그러니 어찌 그리워하지 않을 수 있으랴!

그렇지만 인간사가 벌써 바뀌어, 사물에 닿을 때마다 슬픔만 더하므로 이 집에 다시 살고 싶지는 않다. 마땅히 임원(林園)* 에 집터를 보아 집을 지어서 옛 이름의 편액을 걸어 옛집에서 지녔던 뜻을 잊지 않으려 한다.

누군가는 '임원이 이미 고요하거늘, 지금 다시 '고요함이 이긴다'고 하면 또한 군더더기가 아닌가?'라고 말할 수 있으리라. 나는 답하리라. '고요한데 또 고요하니, 이것이야말로 고요함이라네.'라고.

　　　　　　　 – 유본학, 〈옛집 정승초당을 둘러보고 쓰다〉

* 당호: 집에 붙이는 이름
* 유중영의 옛일: 당나라 때 문신 유중영이 늘 책을 가까이하며 자식들을 가르치던 일
* 임원: 산림

(가)와 (나)에 대한 설명으로 가장 적절한 것은?

① (가)의 '노여'와 (나)의 '다'라는 수식어는 모두 임에 대한 원망의 정서를 강조하기 위해 사용된 것이다.

② (가)의 'ᄒᆞᄂᆞᆫ고야'와 (나)의 'ᄒᆞ노라'는 모두 화자의 의지를 단정적인 종결형으로 나타낸 것이다.

③ (가)의 'ᄆᆡ화'와 (나)의 '혜란'은 모두 화자와 동일시되는 자연물을 의인화하여 나타낸 것이다.

④ (가)의 'ᄆᆞᄉᆞ 일고'와 (나)의 'ᄆᆞᄉᆞ 일고'는 모두 뜻밖의 대상과 마주하게 된 반가움을 영탄적 어조로 표현한 것이다.

⑤ (가)의 '님이신가'와 (나)의 '님이신가'는 모두 임을 만나고 싶은 간절함을 독백적 어조로 드러낸 것이다.

〈보기〉를 바탕으로 (가)를 감상한 내용으로 적절하지 않은 것은?

[보기]

(가)에는 천상의 시간과 지상의 시간이 모두 나타난다. 천상에서는 지상과 달리 생로병사의 과정 없이 끝없는 사랑이 지속된다. 이러한 시간적 질서는 지상에 내려온 화자를 힘겹게 하는데, 이 과정에서 화자는 지상의 물리적 시간을 심리적으로 변형하여 자신의 심경을 드러낸다.

① 임과의 '연분'을 '하ᄂᆞᆯ'과 연결 짓는 것은, 임과의 사랑이 천상의 시간 질서처럼 끝없이 이어지기를 바라는 마음이 반영된 것이라 볼 수 있겠어.

② '겸어 잇고'와 '늙거야'를 통해 화자가 천상의 시간에서 벗어나 지상의 시간으로 편입되었음을 알 수 있겠어.

③ '삼 년' 전을 '엇그제'로 인식하는 것에서, 임과 함께한 기억이 아직도 선명하게 남아 있어 지상의 물리적 시간이 심리적으로 압축되어 나타나고 있음을 알 수 있겠어.

④ '인ᄉᆡᆼ은 유ᄒᆞᆫ'과 '무심ᄒᆞᆫ 셰월'을 통해 지상의 시간적 질서에 따라 소망을 이룰 수 있는 시간이 줄고 있는 것에 대한 불안한 마음을 엿볼 수 있겠어.

⑤ '염냥'이 '가ᄂᆞᆫ ᄃᆞᆺ 고텨' 온다는 인식에서, 임과의 관계 단절에 따른 절망감으로 인해 지상의 물리적 시간이 심리적으로 지연되어 나타나고 있음을 알 수 있겠어.

〈보기〉를 바탕으로 (나), (다)를 감상한 내용으로 적절하지 않은 것은? [3점]

[보기]

고요함은 소리나 움직임이 없이 잠잠한 상태인 외적 고요와 마음이 평온한 상태인 내적 고요로 구분할 수도 있다. 이에 주목하여 (나)를 감상할 때, 화자가 처한 상황과 그에 따른 심리는 고요함의 측면에서 이해될 수 있다. 또한 (다)에서 필자는 고요함에 대한 통찰을 통해 자신이 처한 공간에서 내적 고요를 추구하려 하는데, 이를 통해 삶에서 느끼는 불편이나 슬픔을 이겨 내는 동력을 얻고 있다.

① (나)에서 '낙엽' 소리가 창 안에서도 들린다는 것은 화자가 외적 고요의 상태에 있었다는 것을 의미하겠군.

② (나)에서 '낙엽' 소리를 임이 오는 소리로 착각했다는 것은 화자의 심리가 내적 고요의 상태에 있지 못했기 때문이겠군.

③ (다)에서 '사물에 닿을 때마다 슬픔만 더'한다는 것은 옛집을 돌아본 경험이 필자로 하여금 내적 고요를 이루기 어렵게 만들었다는 인식이 반영된 것이겠군.

④ (다)에서 '옛집'의 '초당'에 붙였던 당호를 '임원'의 새집에서도 사용하겠다는 것은 필자가 외적 고요에 더해 내적 고요를 추구하고 있음을 보여 주는 것이겠군.

⑤ (다)에서 '누군가'가 '고요함이 이긴다'는 당호를 '군더더기'로 본다는 것은 외적 고요만으로는 삶에서 느끼는 불편이나 슬픔을 이겨내기 어렵다고 여겼기 때문이겠군.

(가)와 (다)를 비교하여 이해한 내용으로 가장 적절한 것은?

① (가)와 (다) 모두 인간의 외양이 변화하는 상황에 대한 안타까움이 나타나 있다.

② (가)와 (다) 모두 오래된 것보다는 새로운 것을 더 중시하는 삶의 자세가 나타나 있다.

③ (가)와 (다) 모두 자신이 있는 공간에서 그 공간에 부재하는 대상을 떠올리는 상황이 나타나 있다.

④ (가)에는 인생의 허무함에 대한 순응적 태도가, (다)에는 인생의 허무함에 대한 극복 의지가 나타나 있다.

⑤ (가)에는 과거와 달라진 타인의 마음에 대한, (다)에는 과거와 달라진 자신의 마음가짐에 대한 아쉬움이 나타나 있다.

(다)에 대한 이해로 적절하지 않은 것은?

① 여름에 더웠던 경험을 바탕으로 옛집 초당의 당호를 정하게 된 내력을 서술하고 있다.

② 과거 인물의 행적에 비추어, 다시 찾은 옛집에서 떠올린 기억에 대한 감회를 드러내고 있다.

③ 새집에 붙이고자 하는 당호의 의미를 통해 옛집에서 다시 살고 싶어하는 마음을 표현하고 있다.

④ 변함없는 옛집의 외양과 달리, 변해 버린 인간사로 인해 새집을 지으려는 마음을 갖게 되었음을 밝히고 있다.

⑤ 집이 그릇과 같은 부류이지만 사람을 담고 있는 존재라는 점에 주목하여 옛집에 대한 그리움을 부각하고 있다.

[E55~59] 다음 글을 읽고 물음에 답하시오.

(가) 솔 아래 길을 내고 못 위에 대를 싸니
　　풍월(風月) 연하(煙霞)는 좌우로 오는고야
　　이 사이 한가히 앉아 **늙는 줄을 모르리라**
　　　　　　　　　　　　　　　　〈제3수〉

　　⊙집 뒤에 자차리 뜯고 문 앞에 맑은 샘 길어
　　기장밥 익게 짓고 산채갱* 므로* 삶아
　　조석에 풍미가 족함도 내 분인가 하노라
　　　　　　　　　　　　　　　　〈제5수〉

　　늙어 해올 일 없어 **산중에 돌아오니**
　　송국(松菊) 원학(猿鶴)이 다 나를 반기나다
　　아이야 술 가득 부어라 낙이망우(樂而忘憂) 하리라
　　　　　　　　　　　　　　　　〈제10수〉

　　┌ 도원이 있다 하여도 예 듣고 못 봤더니
[A]│ **홍하*이 만동(滿洞)하니 이 진짓 거기로다**
　　└ 이 몸이 또 어떠하뇨 무릉인인가 하노라
　　　　　　　　　　　　　　　　〈제14수〉
　　　　　　　　　　　　　 – 김득연, 〈산중잡곡〉

* 산채갱: 산나물로 만든 국
* 므로: 푹
* 홍하: 붉은 노을

(나) 별이(別異)실 외딴 마을 해는 어이 쉬 넘거니
　　봉당(封堂)에 자리 보아 더새고* 가자꾸나
　　밤중(中)만 사립 밖에 긴 바람 일어나며

새끼 곰 큰 호랑(虎狼)이 목 갈아 우는 소리
산골에 울려 있어 기염(氣焰)도 흘난할샤*
칼 빼어 곁에 놓고 이 밤을 겨우 새워
앞내에 빠진 옷을 쥡짜서 손에 쥐고
ⓛ긴 별로(別路) 돌아 달려가 벌불에 쬐어 입고

　┌ 진(秦) 때의 숨은 백성 이제 와 보게 되면
　│ 도원이 여기보다 낫단 말 못하려니
[B]│ 천변(天邊)의 가려진 뫼 대관령 이었으니
　└ 위태코 높은 고개 촉도난*이 이렇던가
하늘에 돋은 별을 져기면 만질노다
망망대양이 그 앞에 둘러 있어
대지 산악을 일야의 흔드는 듯
밑 없는 큰 구렁에 한없이 쌓인 물이
만고에 한결같이 영축*이 있었던가
　　　　　　　　　　　　　 – 권섭, 〈영삼별곡〉

* 더새고: 밤을 지내고
* 기염도 흘난할샤: 기세가 어지럽구나
* 촉도난: 촉나라로 가는 험한 길의 어려움
* 영축: 가득 차는 것과 줄어드는 것

(다) 정업원동은 창덕궁의 서쪽에 있는데, 숲과 골짜기가 깊숙한데다가 그 골짜기로부터 시냇물이 흘러 내려와서 서늘하고 아름다운 운치를 갖고 있었다. 나는 일찍이 실록국에서 일하고 있어서 아침저녁으로 이곳을 지나게 되었다. 그러나 늘 직책에 얽매이다 보니 한 번도 조용히 찾아볼 수 없어서 한탄만 하였다. 그러던 중 하루는 유희경을 따라 금천교 위에 올라갔다가 그 다리 아래로 시냇물이 흐르고 그 시냇물 위로 무수히 떨어진 꽃잎들이 떠내려오는 것을 보고 기쁜 마음으로 이렇게 말했다.

　┌ "아마 무릉도원이 여기서 멀지 않나 보군. 이 물을 따라
　│ 올라가면 만리장성의 노역을 면하기 위해 피난 왔다가
[C]│ 수백 년 동안 죽지도 않고 살아 있다는 그 진(秦)나라
　└ 사람도 만나 보겠군."

그러자 유희경이 살짝 웃으며 말했다.

"이 물의 상류에 내가 살고 있네. 나는 그곳에 누대를 지어 놓았는데 마침 복숭아꽃이 활짝 피었다네. 어젯밤에 비바람이 몹시 불더니 아마 오늘 그 꽃잎들이 많이 떨어졌나 보군. 공이 만일 가 보겠다면 내 마땅히 이곳의 주인으로서 기쁘게 맞이하겠네."

나는 기쁜 마음으로 그를 따라갔다. 한 백 발자국 남짓 올라가자 오른쪽에 경치 좋은 곳이 있었다. 그곳이 바로 그가 사는 곳이었다. 흐르는 물이 맑고 찬데, 그 물가에 돌을 쌓아 누대를 지었다. 그 누대의 섬돌은 흐르는 물 위로 한 자 남짓 높게 쌓여 있었다. ⓒ그래서 물을 베고 있다는 뜻으로 '침류대'라는 이름을 붙인 것일까?

이 누대의 아래 위에는 다른 꽃이라고는 없고 오직 복숭아나무 수십 그루가 개울물의 좌우에 늘어서 있어서, 그 나무

의 떨어지는 꽃들이 붉은 비가 되어 물 위로 떠내려갔다.

[D] 그리고 이 개울은 한 폭의 비단을 펼쳐 놓은 듯 출렁출렁 춤을 추었다. 옛날 사람이 일컫는 무릉도원이라는 곳도 여기보다 낫지는 않을 듯하다.

당나라 사람 조영이 그의 시에서 '무릉도원의 멋을 저잣거리에서도 찾을 수 있다.'고 한 뜻을 이제야 알 것 같다. 나는 감탄하며 말했다.

"ⓔ옛날 유신이라는 자는 천태산의 도원에 들어가서 신선을 만나 돌아오지 않았다고 하는데, 그대가 바로 유신 같은 사람이 아닌가? 나는 지금 다행스럽게도 이 신비스러운 경치를 보았으니 무릉도원을 찾아갔던 어부의 느낌이 나와 같았겠지. 내 이 물에 들어가서 이 물로 입을 가신다고 하여 방해될 것이 있겠는가?"

우리는 서로 마주보며 한바탕 웃은 뒤에 물가에 자리를 펴고 앉았다. 졸졸 흐르는 물소리에 굳이 씻지 않아도 깨끗해졌다. ⓜ속세의 티끌 하나 묻어 있지 않은 곳이라서 온갖 잡념이 가시니, 정신과 기운이 저절로 맑아져서 바람이 불지 않아도 날아갈 듯하였다. 속세를 벗어난 경지가 참으로 이런 것인가?

– 이수광, 〈침류대기〉

E55 ✽✽✽
2020(10월)/고3교육청 22

(가)에 대한 설명으로 적절하지 않은 것은?

① '풍월'과 '연하'는 화자가 느끼는 한가함의 정서와 조응이 되는 대상을 나타낸 것이다.
② '이 사이'와 '산중'은 화자가 현재 자연을 즐기는 공간을 나타낸 것이다.
③ '늙는 줄을 모르리라'는 자연과 조화를 이룬 화자의 심정을 나타낸 것이다.
④ '기장밥 익게 짓고 산채갱 므르 삶아'는 소박한 삶을 살고 있음을 나타낸 것이다.
⑤ '아이야 술 가득 부어라'는 풍류적 지향과 정신적 수양 사이의 고뇌를 나타낸 것이다.

E56 ✽✽✽
2020(10월)/고3교육청 23

(가)와 (나)의 표현상의 특징으로 적절하지 않은 것은?

① (가)는 묻고 답하는 방식을 통해 시적 의미를 부각하고 있다.
② (나)는 공간의 이동에 따라 시상을 전개하고 있다.
③ (나)는 과장적 표현을 통해 주관적 인식을 드러내고 있다.
④ (가)와 (나)는 모두 음보율을 사용하여 운율감을 드러내고 있다.
⑤ (가)와 (나)는 모두 음성 상징어를 활용하여 대상을 생동감 있게 묘사하고 있다.

E57 ✽✽✽
2020(10월)/고3교육청 24

〈보기〉를 참고하여 [A]~[D]를 감상한 내용으로 적절하지 않은 것은? [3점]

[보기]

중국의 〈도화원기〉는 어부가 복숭아꽃이 만발한 숲속의 물길을 따라갔다가 수백 년 전 진(秦)나라 때 노역이나 난리를 피하여 온 사람들이 모여 사는 이상향인 무릉도원을 방문했다는 이야기를 담고 있다. 여기에 영향을 받은 우리 선조들은 무릉도원과 같은 이상향을 동경하다가 차츰 현실의 삶에서 무릉도원을 연상했다. 그래서 여행지나 일상적 생활 공간에서 만족감을 얻으면 무릉도원과 유사하다고 인식하기도 했다. 이러한 인식은 상상의 관념을 현실화하려는 욕망의 구현으로 볼 수 있다.

① [A]는 자연의 아름다움과 관련지어 자신이 무릉도원에 산다는 사람들과 유사하다는 인식을 드러내고 있군.
② [B]는 일상적 생활 공간에서 벗어난 사람이 무릉도원보다 나은 새로운 이상향을 찾기 위해 애쓰는 모습을 부각하고 있군.
③ [B]와 [C]는 모두 〈도화원기〉에 언급된 이상향에 모여 사는 사람들의 내용과 연결하여 자신의 생각을 드러내고 있군.
④ [C]와 [D]는 모두 〈도화원기〉와 관련된 자연물이 있는 시냇물의 광경을 통해 무릉도원을 연상하고 있군.
⑤ [B]는 여행지에서 체험한 풍경을, [D]는 특정한 인물의 생활 공간인 누대 주변의 풍경을 무릉도원과 비교하고 있군.

E58 ✽✽✿

(나)의 화자의 심리를 이해한 내용으로 가장 적절한 것은?

① 밤중에 짐승들의 울음소리를 듣고 불안감을 느꼈군.
② 걸어가는 길이 평탄해서 먼 산을 바라보며 즐거워했군.
③ 인가에 머무르지 못해 야외에서 잠자리를 찾으며 탄식했군.
④ 하늘의 별을 바라보며 부재하는 임에 대한 그리움을 느꼈군.
⑤ 높은 산들로 시야가 차단되어 바다를 보지 못하게 되자 아쉬워했군.

E59 ✽✽✽

㉠~㉤에 대한 설명으로 적절하지 않은 것은?

① ㉠: 자신의 생활상을 구체적으로 제시하고 있다.
② ㉡: 냇물에 젖은 옷을 말리는 모습이 나타나 있다.
③ ㉢: 누대가 놓인 형세를 토대로 누대의 이름을 붙인 이유를 짐작하고 있다.
④ ㉣: 은밀하게 혼자서만 경치를 즐기려는 태도에 문제를 제기하고 있다.
⑤ ㉤: 아름다운 경치에 몰입하여 느끼게 된 흥취를 표현하고 있다.

[E60~63] 다음 글을 읽고 물음에 답하시오.

(가) 이 몸이 쓸듸 업셔 성상(聖上)이 바리시니
　　부귀를 하직하고 빈천(貧賤)을 낙을 삼아
　　일간모옥(一間茅屋)을 산수간(山水間)에 지어 두고
　　삼순구식(三旬九食)을 먹으나 못 먹으나
　　십년일관(十年一冠)을 쓰거나 못 쓰거나
　　분별이 없어거니 시름인들 있을소냐
　　만사를 다 잊으니 일신(一身)이 한가하다
　　　　　　　(중략)
　　삼산(三山)이 어드메요 무릉(武陵)이 여기로다
　　무심(無心)한 구름은 취수(翠岫)*에 걸려 있고
　　유의(有意)한 갈매기는 백사(白沙)에 버려 있다
　　아침에 캐온 취를 점심에 다 먹으니
　　일없이 노닐면서 석조(夕釣)를 말녀 하야
　　갈건(葛巾)을 기우 쓰고 마의(麻衣)를 님의차고
　　낙대를 둘러메고 조대(釣臺)로 나려가니
　　흐르느니 물결이요 뛰노느니 고기로다
　　은린옥척(銀鱗玉尺)을 버들 움에 꿰어들고
　　낙조강호(落照江湖)로 적막히 돌아오며
　　산가촌적(山歌村笛)을 어부사(漁父詞)로 화답하니
　　서호매학(西湖梅鶴)*은 겨루지 못하여도
　　증점영귀(曾點詠歸)야 이에서 더할소냐
　　기산영천(箕山潁川)에 소허(巢許)*의 몸이 되야
　　천사(千駟)*를 냉소하니 만종(萬鍾)*이 초개(草芥)*로다
　　㉠내 살림살이 담박하니 어느 벗이 찾아오리
　　　　　　　　　　　　　　　　　－ 작자 미상, 〈낙빈가〉

* 취수: 숲이 우거져 푸른 빛이 도는 산봉우리
* 서호매학: 속세를 떠나 자연을 벗 삼으며 유유자적하게 사는 것을 비유한 말
* 소허: 요임금 시절 부귀공명을 멀리하며 살았던 인물들
* 천사: 화려하고 호화로운 시정에서의 생활을 비유한 말
* 만종: 많은 녹봉
* 초개: 지푸라기

(나) 내가 의주로 귀양 간 이듬해 여름이었다. 세든 집이 낮고 좁아서 덥고 답답함을 참을 수가 없었다. 그래서 채소밭에서 좀 높고 바람이 잘 통하는 곳을 골라 서까래 몇 개로 정자를 얽고 띠로 지붕을 덮어 놓으니, 대여섯 사람은 앉을 만했다. 옆집과 나란히 붙어서 몇 자도 떨어지지 않았다. 채소밭이라고 해야 폭이 겨우 여덟 발인데, 단지 해바라기 수십 포기가 푸른 줄기에 부드러운 잎을 훈풍에 나부끼고 있을 뿐이었다. 그걸 보고 이름을 규정(葵亭)이라고 했다.

　손님 가운데 ㉡나에게 묻는 이가 있었다.

　"저 해바라기는 식물 가운데 보잘것없는 것입니다. 옛날 사람들은 여러 가지 풀이나 나무, 또는 꽃 가운데서 어떤 이는 그 특별한 풍치를 높이 사기도 하고, 어떤 이는 그

향기를 높이 치기도 하였습니다. 그래서 많은 이들이 소나무, 대나무, 매화, 국화, 난이나 혜초로 자기가 사는 집의 이름을 지었지, 이처럼 하찮은 식물로 이름을 지었다는 말은 아직까지 들어 보지 못했습니다. 당신은 해바라기에서 무엇을 높이 사신 것입니까? 이에 대한 말씀이 있으십니까?"

내가 그 말에 이렇게 대답했다.

"사물이 한결같지 않은 것은 그리 타고나서 그런 것입니다. 귀하고 천하고 가볍고 무겁고 하여 만의 하나도 같은 것이 없습니다. 저 해바라기는 식물 가운데 연약하고 보잘 것이 없는 것입니다. 사람에 비유하면 더럽고 변변치 못하여 이보다 못한 것이 없는 것과 같습니다. 소나무, 대나무, 매화, 국화, 난초, 혜초는 식물 가운데 굳고도 세어서 특별한 풍치가 있거나 향기를 지닌 것들입니다. 사람에 비유하면 무리에서 뛰어나며, 세상에 우뚝 홀로 서서 명성과 덕망이 울연한 것과 같습니다. 내가 지금 황량하고 머나먼 적막한 바닷가로 쫓겨나서, 사람들은 천히 여겨 사람 대접을 하지 않고, 식물도 나를 서먹서먹하게 내치는 형편입니다. 내가 소나무나 대나무 같은 것으로 나의 정자 이름을 짓고자 한다 해도, 또한 그 식물들의 수치가 되고 사람들의 비웃음거리가 되지 않겠습니까?

버림받은 사람으로서 천한 식물로 짝하고, 먼 데서 찾지 않고 가까운 데서 취했으니 이것이 나의 뜻입니다. 또 내가 들으니 천하에 버릴 물건도 없고 버릴 재주도 없다고 합니다. 그래서 어저귀나 삽바귀, 무나 배추 같은 하찮은 것들도 옛 사람들은 모두 버려서는 안 된다고 했습니다. 거기다 해바라기는 두 가지 훌륭한 점을 가지고 있습니다. 해바라기는 능히 해를 향하여 그 빛을 따라 기울어집니다. 그러니 이것을 충성이라고 해도 괜찮을 것입니다. 또 분수를 지킬 줄 아니 그것을 지혜라고 해도 괜찮을 것입니다. 대개 충성과 지혜는 남의 신하된 자가 갖추어야 할 절조이니, 충성으로써 임금을 섬겨 자기의 정성을 다하고 지혜로써 사물을 분별하여 시비를 가리는 데 잘못됨이 없는 것, 이것은 군자도 어렵게 여기는 바이지만, 내가 옛날부터 흠모해 오던 덕목입니다. 이런 두 가지의 아름다움이 있는데도 연약한 뭇 풀들에 섞여 있다고 해서 그것을 천하게 여길 수 있겠습니까? 이로써 말하면 유독 소나무나 대나무나 매화나 국화나 난이나 혜초만이 귀한 것이 아님을 살필 수 있습니다.

지금 내가 비록 귀양살이를 하고 있지만, 자고 먹고 하는 것이 임금님의 은혜가 아님이 없습니다. 낮잠을 자고 일어나 밥을 한술 뜨고 나서 심휴문(沈休文)이나 사마군실(史馬君實)의 시를 읊을 때마다 해를 향하는 마음을 스스로 그칠 수가 없었으니, 해바라기로 나의 정자의 이름을 지은 것이 어찌 아무런 근거도 없다 하겠습니까?"

손님이 말했다.

"나는 하나는 알고 둘은 알지 못했는데, 그대 정자의 이야기를 듣고 보니 더할 것이 없어졌소이다."

– 조위, 〈규정기〉

E60 ★★☆ .... 2020(4월)/고3교육청 42

(가)와 (나)의 공통점으로 가장 적절한 것은?

① 역설적 표현을 통해 주제 의식을 부각하고 있다.

② 언어유희를 통해 대상의 속성을 희화화하고 있다.

③ 설의적 표현을 통해 드러내고자 하는 의미를 강조하고 있다.

④ 부르는 말의 반복을 통해 대상과의 친밀감을 드러내고 있다.

⑤ 명령적 어조를 통해 대상에 대한 비판적 태도를 드러내고 있다.

E61 ★☆☆ .... 2020(4월)/고3교육청 43

〈보기〉를 바탕으로 (가)를 감상한 내용으로 적절하지 않은 것은? [3점]

[보기]

이 작품에는 자신의 뜻을 알아주지 않는 정치 현실을 떠나 자연으로 돌아가 살아가려는 귀거래 의식이 드러나 있다. 화자는 속세와 대비되는 자연에서 세속적 가치에 구애받지 않는 소박한 생활을 영위하며 이에 대한 만족감을 드러내고 있다.

① '이 몸이 쓸듸 업셔' 버림받았다는 것에서 정치 현실을 떠난 화자의 상황을 짐작할 수 있군.

② '산수간'에서 '만사를 다 잊'은 채 '한가'하게 지내는 것에서 세속적 가치에 구애받지 않는 화자의 모습을 확인할 수 있군.

③ '여기'가 '무릉'이라고 생각하는 것에서 자연으로 돌아온 화자의 만족감을 짐작할 수 있군.

④ '아침에 캐온 취'를 먹으며 '일없이 노닐'고 있는 것에서 소박한 삶을 살아가는 화자의 모습을 확인할 수 있군.

⑤ '소허의 몸'이 되어 '천사를 냉소'하는 것에서 자신의 뜻을 속세에서 알아주기 바라는 화자의 태도를 짐작할 수 있군.

29 DAY

E 62 ✱✱✿ 　　　　　　　　　2020(4월)/고3교육청 44

〈보기〉는 (나)의 '정자 이름에 대한 대화'를 구조화한 것이다. 이에 대한 이해로 적절하지 <u>않은</u> 것은?

[보기]

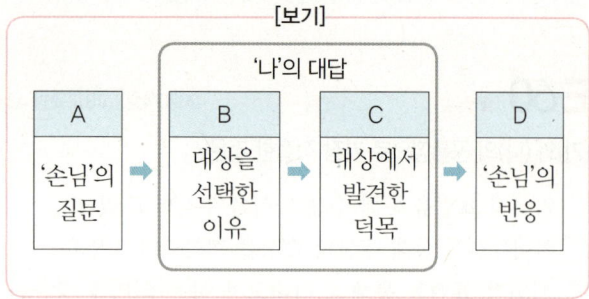

① A에서 '손님'은 많은 사람들이 가치 있다고 여기는 식물들과 해바라기를 대비하며 '나'가 정자 이름을 지은 이유를 묻고 있다.

② A에서 '손님'이 해바라기를 보잘것없는 것으로 여긴 것에 대해, B에서 '나'는 해바라기를 세상에 우뚝 홀로 선 사람들에 비유하며 인정하지 않고 있다.

③ B에서 '나'는 특별한 풍치나 향기가 있는 식물로 정자 이름을 짓지 않은 것이 자신의 처지를 고려한 선택이었음을 밝히고 있다.

④ C에서 '나'는 해바라기의 속성을 충성이라는 덕목과 연결 지어 '손님'의 평가에 대해 반박하고 있다.

⑤ D에서 '손님'은, A에서 가졌던 정자 이름에 대한 자신의 생각이 부족했음을 인정하고 있다.

E 63 ✱✱✱✿ 　　　　　　　　　2020(4월)/고3교육청 45

㉠과 ㉡에 대한 이해로 가장 적절한 것은?

① ㉠은 '성상'과의, ㉡은 '임금님'과의 갈등 해소를 통해 가치관의 변화를 드러내고 있다.

② ㉠은 '성상'의, ㉡은 '임금님'의 입장 변화로 인해 현재 상황에 대한 불안함을 드러내고 있다.

③ ㉠은 '성상'에게 자신의 억울함을 호소하지만, ㉡은 '임금님'에게 자신의 업적을 과시하고 있다.

④ ㉠은 '성상'에 대한 감사를 표면적으로 드러내지 않지만, ㉡은 '임금님'에 대한 감사를 표면적으로 드러내고 있다.

⑤ ㉠은 일반적인 통념을 바탕으로 '성상'을 비난하지만, ㉡은 '임금님'의 생각을 바탕으로 다른 이들의 태도를 비판하고 있다.

[E 64~68] 다음 글을 읽고 물음에 답하시오.

(가) 슬프나 즐거오나 옳다 하나 외다 하나
　　내 몸의 해올 일만 닦고 닦을 뿐이언정
　　그 밧긔 여남은 일이야 분별할 줄 이시랴
　　　　　　　　　　　　　　　　　〈제1수〉

　　내 일 망령된 줄을 내라 하여 모를쏜가
　　이 마음 어리기도 임 위한 탓이로세
　　ⓐ<u>아무가</u> 아무리 일러도 임이 혜여 보소서
　　　　　　　　　　　　　　　　　〈제2수〉

　　추성 진호루* 밧긔 울어 예는 저 시내야
　　므음 호리라 주야에 흐르는다
　　임 향한 내 뜻을 조차 그칠 뉘를 모르나다
　　　　　　　　　　　　　　　　　〈제3수〉

　　㉠<u>뫼흔 길고 길고 물은 멀고 멀고</u>
　　어버이 그린 뜻은 많고 많고 하고 하고
　　㉡<u>어디서 외기러기는 울고 울고 가느니</u>
　　　　　　　　　　　　　　　　　〈제4수〉

　　어버이 그릴 줄을 처음부터 알안마는
　　임금 향한 뜻도 하늘이 삼겨시니
　　㉢<u>진실로 임금을 잊으면 긔 불효인가 여기노라</u>
　　　　　　　　　　　　　　　　　〈제5수〉
　　　　　　　　　　　　　　　－ 윤선도, 〈견회요〉

*추성 진호루: 함경북도 경원에 있는 누각

(나) 신묘년 가을, 북쪽으로 유배 가게 되었다. 말이 없었기에 가산을 털어 말 여섯 마리를 사서 내 몸을 싣고 입을 것 먹을 것을 싣고서 삼천 리 떨어진 변방 땅까지 갔으니, 그곳은 바로 부령이었다. 짐을 풀어놓자 주머니에 남은 것이 없어 아이종이 불만스러운 얼굴이었다. 그곳에 사는 사람이 말했다.

"내가 당신에게 먹을 것을 얻을 방도를 알려 주겠소. 변방에는 말이 천하고 소가 귀하니, 소 한 마리를 몇 달 동안 남에게 빌려주면 곡식 몇 섬을 얻을 수 있소. 그러니 데려온 말을 팔아 소를 사면 입에 풀칠할 수 있을 것이오." [A]

내가 말했다.

"아니오. 내 걸음을 대신하고 내 짐을 싣고서 험한 고갯길을 넘어, 내가 길가에 쓰러지지 않고 연명할 수 있게 해 준 것이 이 말들이오. 말이 나를 주인으로 여기고 있는데 내가 이제 와서 데리고 있지 못하고 하루아침에 남에게 팔아 버린다면, 말은 내게 도움을 주었는데 나는 말을 저버리는 것이오. 말이 비록 미물이지만 내가 차마 저버릴 수 있겠소?"

ⓑ어떤 이가 달래며 이렇게 말했다.

"당신의 신의는 고루하구려. 천지 사이에 있는 만물은 각기 주인이 있지만, 바꾸기도 하고 주기도 하니 그 주인은 일정하지 않소. 말은 남의 말이었는데 당신이 샀고, 당신의 말인데 남에게 파는 것이오. 소는 남의 소인데 남이 당신에게 파는 것이니, 말은 남에게 가고 소는 당신에게 오는 것이오. 저쪽으로 가면 저쪽이 주인이고, 이쪽으로 오면 이쪽이 주인이오. 있는 것을 없는 것으로 바꾸어 어려운 처지를 넘기는 법, 어찌 일정한 주인이 있겠소? 그러므로 옛날 군자는 사람에게 신의를 지켰지 애써 동물에게 신의를 지키지는 않았소. 동물에게 신의를 지키다 굶어 죽느니, 차라리 동물을 바꾸어 살아가는 것이 낫지 않겠소? 당신은 우활한 사람이오. 신의를 어디다 쓰겠소?"

나는 그제야 퍼뜩 깨달았지만 서글피 한탄했다. 소와 말은 천지 사이에 있는 공공의 물건이니, 반드시 내가 주인인 것도 아니고 반드시 남이 주인인 것도 아니다. 저 사람이 주인이면 저 사람의 소유이고, 내가 주인이면 나의 소유이다. 주인을 찾기만 한다면야 이 사람 저 사람 가릴 필요가 있겠는가? 이 말이 아니었다면 저 소와 바꾸지 못했을 것이고, 이 소가 아니었다면 이 곡식을 얻을 수 없었을 것이다. 이 곡식을 얻지 못했다면 죽었을 것인데, 소와 말을 바꾸어 잠시나마 죽지 않을 수 있었던 것이다. 무슨 해가 되겠는가? 그 사람의 말이 맞다.

그렇지만 한탄스러운 점이 있다. 나는 젊었을 적 학문에 뜻을 두어 오로지 독서를 일삼았다. 그러다가 늙어서는 태평성대에 죄를 짓고 불모지로 유배되었다. ⓒ가산을 털어 말을 사고, 말을 소와 바꾸고, 소를 사람에게 빌려주어 마치 장사꾼처럼 매매했다. 먹을 것이 내게 큰 누를 끼쳤구나. 말은 나를 주인으로 삼았는데 내가 데리고 있지 못했고, 소는 나를 주인으로 삼았는데 내가 지키지 못하여 이 동물들이 편안히 제자리에 있지 못하게 만들었다. 내가 이들을 몹시 그르쳤구나. ⓓ이 입 때문에 이 몸에 누를 끼치고 이 동물들을 그르쳤으며 끝내 보잘것없는 사람이 되고 말았다. 나는 처음에는 부끄럽다가 중간에는 마음이 풀렸으나 결국은 서글퍼져 혀를 차며 이 글을 지었다.

– 홍성민, 〈마환우설〉

(가)와 (나)의 공통점으로 가장 적절한 것은?

① 감각적 이미지를 활용하여 지향하는 공간의 아름다움을 나타내고 있다.
② 의문의 방식을 활용하여 상황에 대한 자신의 생각을 드러내고 있다.
③ 반어적 표현을 통해 현실의 부정적 측면을 강조하고 있다.
④ 영탄적 표현을 통해 대상의 가치를 예찬하고 있다.
⑤ 계절의 변화를 통해 생동감을 조성하고 있다.

ⓐ와 ⓑ에 대한 설명으로 가장 적절한 것은?

① ⓐ와 ⓑ는 모두 화자나 글쓴이가 억울함을 호소하는 대상이다.
② ⓐ와 ⓑ는 모두 화자나 글쓴이에게 삶의 허무함을 깨닫게 해 주는 존재이다.
③ ⓐ는 화자가 호감을 지닌 대상이고, ⓑ는 글쓴이가 반감을 지닌 대상이다.
④ ⓐ는 화자의 판단을 존중하는 존재이고, ⓑ는 글쓴이의 판단을 비판하는 존재이다.
⑤ ⓐ는 화자를 갈등 상황에 놓이도록 하는 존재이고, ⓑ는 글쓴이의 인식을 변화시키는 존재이다.

29 DAY

〈보기〉를 참고하여 ㉠~㉤을 감상한 내용으로 적절하지 <u>않은</u> 것은? [3점]

[보기]

　(가)와 (나)의 작가는 사대부 신분으로 혼란한 정국 속에서 유배를 당해 외롭고도 힘든 격리 생활을 체험하였다. 사대부의 유배 문학은 일반적으로 유배지에서 겪는 고뇌와 고통을 토로하면서 충신연주(忠臣戀主)나 우국의 심정을 나타내는 형태로 정형화되었지만, 때로는 두고 온 가족에 대한 그리움을 나타내기도 했다. 그리고 유배지에서 곤궁한 생활이 심해질수록 작가 자신을 비하하는 태도를 드러내기도 했다.

① ㉠은 화자가 '뫼'와 '물'의 속성을 통해 자신이 유배지에 격리되어 있음을 나타내고 있는 것이군.
② ㉡은 화자가 '외기러기'를 통해 유배지에서 외롭게 가족을 그리워하는 심정을 나타내고 있는 것이군.
③ ㉢은 화자가 '임금'에 대한 충성과 '어버이'에 대한 효심이 결국 하나라는 발상을 통해 충신연주의 심정을 나타내고 있는 것이군.
④ ㉣은 글쓴이가 자신의 신분이 사대부에서 상인 계층으로 바뀌었음을 한탄하면서 자신을 비하하는 태도를 나타내고 있는 것이군.
⑤ ㉤은 글쓴이가 자신의 행위를 책망하며 곤궁한 생활 속에서 느끼는 고뇌를 나타내고 있는 것이군.

(가)를 이해한 내용으로 가장 적절한 것은?

① 제1수의 '그 밧긔 여남은 일'은 화자가 신념에 의거하여 추구하려는 일로 볼 수 있겠군.
② 제2수의 '이 마음 어리기도'는 순수한 본성의 회복을 바라는 화자의 마음이 드러나는 것이라고 볼 수 있겠군.
③ 제3수의 '그칠 뉘를 모르나다'는 곧은 지조를 변함없이 지키려는 화자의 태도가 드러나는 것이라고 볼 수 있겠군.
④ 제4수의 '많고 많고 하고 하고'는 자연에 귀의하려는 화자의 의지가 강조된 것이라고 볼 수 있겠군.
⑤ 제5수의 '하늘이 삼겨시니'는 화자가 자신의 운명을 거스르다가 좌절하는 이유로 볼 수 있겠군.

〈보기 1〉을 바탕으로 윗글의 [A]와 〈보기 2〉를 이해한 내용으로 적절하지 <u>않은</u> 것은?

[보기 1]

선생님: 〈보기 2〉는 (나)의 작가가 지은 〈무염판속설〉의 일부입니다. (나)와 〈보기 2〉는 동일한 유배지에서 체험한 바를 소재로 하여 시차를 두고 창작한 작품들로, 개인의 생활상이 구체적으로 반영되어 있어 당대 유배지의 실상을 살필 수 있는 자료입니다.

[보기 2]

　부령에 유배 온 지 몇 달 만에 돈이 다 떨어져 먹을 것이 없었다. 주민에게 의논했더니 이렇게 일러 주었다.
　"바닷가는 곡식이 비싸고 소금이 싼데, 오랑캐 땅은 곡식이 많고 소금이 부족합니다. 바닷가에서 소금을 사서 오랑캐에게 팔고 곡식을 산다면 그 값이 원래 곡식의 몇 배나 될 것이니, 입에 풀칠할 수 있을 것입니다. 걱정하지 마십시오."
　처음에 이 말을 듣고서 이것은 장사꾼이 하는 일이니 나는 차마 할 수 없다고 한참 동안 주저했다. 배에서 소리가 나고 아이종이 성을 내었다. 잠시나마 죽지 않기 위해 그 방법대로 하려니 얼굴이 붉어지고 마음이 편치 않았다. 그리하여 아이종을 시켜 몇 말 곡식을 가지고 구십 리 떨어진 바닷가에 가서 소금을 사 오게 하니 소금이 열 말 정도 생겼다. 이 소금을 말에 싣고 백이십 리 떨어진 북관(北關)으로 가서 곡식을 사 오라 하자, 곡식이 스무 말 정도 생겼다.

① [A]와 〈보기 2〉는 모두 유배지의 풍속을 인용함으로써 그곳 거주민들이 이민족의 영향을 받고 있음을 나타내고 있다.
② [A]와 〈보기 2〉에는 모두 글쓴이가 굶주림을 모면할 수 있도록 지역적 특성을 고려하여 조언하는 사람이 등장하고 있다.
③ [A]와 〈보기 2〉는 모두 글쓴이의 면전에서 경제적 어려움으로 인한 불편한 감정을 드러내는 아이종의 모습을 제시하고 있다.
④ [A]에는 대화의 과정에서 동물에 대해 신의를 지키려는 글쓴이의 생각이 드러나고 있다.
⑤ 〈보기 2〉는 글쓴이가 경제적 어려움에서 벗어나기 위해 아이종을 시켜 물건을 매매한 과정을 제시하고 있다.

(가) ┌ 동녁 두던 밧긔 크나큰 너븐 들희
     │ **만경(萬頃) 황운(黃雲)**이 흔 빗치 되야 잇다
     │ 중양이 거의로다 내노리 흐쟈스라
     │ 블근 게 여믈고 눌은 둙기 슬져시니
     │ 술이 니글션정 버디야 업슬소냐
 [A] ├ **전가(田家) 흥미**는 날로 기퍼 가노매라
     │ 살여흘 긴 몰래예 밤블이 불가시니
     │ ㉠게 잡는 아희들이 그믈을 훗텨 잇고
     │ **호두포*** 엔 구븨예 아젹믈이 미러오니
     │ ㉡돗드는비 **애내성(欸乃聲)***이 고기 푸는 댱시로다
     └ 경(景)도 됴커니와 생리(生理)라 괴로오랴

                    (중략)

어와 이 **청경(淸景)** 갑시 이실 거시런들
적막히 다든 문애 내 분으로 드려오랴
사조(私照)* 업다 호미 거즌말 아니로다
㉢**모재(茅齋)***예 빗쵠 빗치 옥루(玉樓)라 다를소냐
청준(淸樽)을 밧세 열고 큰 잔의 ᄀ득 브어
㉣**죽엽(竹葉)** ᄀ는 술룰 둘빗 조차 거후로니
표연흔 일흥(逸興)이 져기면 늘리로다
이적선(李謫仙) 이려흐야 둘을 보고 밋치닷다
춘하추동애 경물이 아름답고
주야조모(晝夜朝暮)애 완상이 새로오니
㉤**몸이 한가흐나 귀 눈은 겨를 업다**
여생이 언마치리 백발이 날로 기니
세상 공명은 계록이나 다롤소냐
ⓐ**강호 어조(魚鳥)애 새 밍세 깁퍼시니**
옥당금마(玉堂金馬)*의 **몽혼(夢魂)***이 섯긔엿다
초당연월(草堂煙月)의 시름 업시 누워 이셔
촌주강어(村酒江魚)로 장일취(長日醉)를 원(願)ᄒ
노라
이 몸이 이러구롬도 역군은(亦君恩)이샷다
              – 신계영, 〈월선헌십육경가〉

* 호두포: 예산현의 무한천 하류
* 애내성: 어부가 노를 저으면서 부르는 노랫소리
* 사조: 사사로이 비춤.
* 모재: 띠로 지붕을 이어 지은 집
* 옥당금마: 관직 생활
* 몽혼: 꿈

(나) 어촌(漁村)은 나의 벗 공백공의 자호(自號)다. 백공은 나와 태어난 해는 같으나 생일이 뒤이기 때문에 내가 아우라고 한다. 풍채와 인품이 소탈하고 명랑하여 사랑할 만하다. **대과에 급제하고 좋은 벼슬에 올라**, 갓끈을 나부끼고 인끈을 두르고 필기를 위한 붓을 귀에 꽂고 나라의 옥새를 주관하니, 사람들은 진실로 그에게 원대한 기대를 하였으나, 담담하게 강호의 취미를 지니고 있다. 가끔 흥이 무르익으면, 『어부사』를 노래한다. 그 음성이 맑고 밝아서 천지에 가득 찰 것 같다. 증자가 상송(商頌)을 노래하는 것을 듣는 듯하여, 사람의 가슴으로 하여금 멀리 강호에 있는 것 같게 만든다. 이것은 그의 마음에 사욕이 없어 사물에 초탈하였기 때문에 소리의 나타남이 이와 같은 것이다.

하루는 나에게 말하기를,
"나의 뜻은 어부(漁父)에 있다. 그대는 어부의 즐거움을 아는가. **강태공은 성인이니 내가 감히** 그가 주 문왕을 만난 것과 같은 그런 만남을 기약할 수 없다. **엄자릉은 현인이니 내가 감히** 그의 깨끗함을 바랄 수는 없다. ㉫아이와 어른들을 데리고 갈매기와 백로를 벗하며 어떤 때는 낚싯대를 잡고, ㉪외로운 배를 노 저어 조류를 따라 오르고 내리면서 가는 대로 맡겨 두고, 모래가 깨끗하면 뱃줄을 매어 두고 산이 좋으면 그 가운데를 흘러간다. ㉬구운 고기와 신선한 생선회로 술잔을 들어 주고받다가 해가 지고 달이 떠오르며 바람은 잔잔하고 물결이 고요한 때에는 배에 기대어 길게 휘파람을 불며, 돛대를 치고 큰 소리로 노래를 부른다. ㉭흰 물결을 일으키고 맑은 빛을 헤치면, 멀고 멀어서 마치 성사*를 타고 하늘에 오르는 것 같다. 강의 연기가 자욱하고 짙은 안개가 내리면, 도롱이와 삿갓을 걸치고 그물을 걷어 올리면 금빛 같은 비늘과 옥같이 흰 꼬리의 물고기가 제멋대로 펄떡거리며 뛰는 모습은 ㉮넉넉히 눈을 즐겁게 하고 마음을 기쁘게 한다. 밤이 깊어 구름은 어둡고 하늘이 캄캄하면 사방은 아득하기만 하다. 어촌의 등불은 가물거리는데 배의 지붕에 빗소리는 울어 느리다가 빠르다가 우수수 하는 소리가 차갑고도 슬프다. …(중략)… 여름날 뜨거운 햇빛에 더위가 쏟아질 적엔 버드나무 늘어진 낚시터에 미풍이 불고, 겨울 하늘에 눈이 날릴 때면 차가운 강물에서 홀로 낚시를 드리운다. 사계절이 차례로 바뀌건만 어부의 즐거움은 없는 때가 없다. 저 영달에 얽매여 벼슬하는 자는 구차하게 **영화**에 매달리지만 나는 만나는 대로 편안하다. 빈궁하여 고기잡이를 하는 자는 구차하게 **이익**을 계산하지만 나는 스스로 유유자적을 즐긴다. 성공과 실패는 운명에 맡기고, 진퇴도 오직 때를 따를 뿐이다. 부귀 보기를 뜬구름과 같이 하고 공명을 헌신짝 벗어 버리듯 하여, 스스로 세상의 물욕 밖에서 방랑하는 것이니, 어찌 시세에 영합하여 이름을 낚시질하고, 벼슬길에 빠져들어 생명을 가볍게 여기며 이익만 취하다가 스스로 함정에 빠지는 자와 같겠는가. ⓑ이것이 내가 몸은 벼슬을 하면서도 뜻은 강호에 두어 매양 노래에 의탁하는 것이니, 그대는 어떻게 생각하는가?"
하니 내가 듣고 즐거워하며 그대로 기록하여 백공에게 보내고, 또한 나 자신도 살피고자 한다. 을축년 7월 어느 날.
              – 권근, 〈어촌기〉

* 성사: 옛날 장건이 타고 하늘에 다녀왔다고 하는 배

30 DAY

㉠~㉱에 대한 이해로 적절하지 않은 것은?

① ㉠에는 전원에서의 생활상이, ㉤에는 자연과 동화되는 삶이 나타난다.

② ㉡에는 한가로운 자연 속 흥취가, ㉥에는 고독을 해소하려는 의지가 나타난다.

③ ㉢에는 자연 현상에서 연상된 그리움의 대상이, ㉦에는 배의 움직임에 따른 청아한 풍경이 나타난다.

④ ㉣에는 운치 있는 풍류의 상황이, ㉧에는 자연에서 누리는 흥겨운 삶의 모습이 나타난다.

⑤ ㉤에는 변화하는 자연에서 얻는 즐거움이, ㉨에는 생동감 넘치는 자연에서 느끼는 만족감이 나타난다.

〈보기〉를 바탕으로 [A]를 감상한 내용으로 적절하지 않은 것은? [3점]

[보기]

17세기 가사 〈월선헌십육경가〉는 월선헌 주변의 16 경관을 그린 작품으로 자연에서의 유유자적한 삶을 읊으면서도 현실적 생활 공간으로서의 전원에 새롭게 관심을 두었다. 그에 따라 생활 현장에서 볼 수 있는 풍요로운 결실, 여유로운 놀이 장면, 그리고 생업의 현장에서 느끼는 정서 등을 다양한 표현 방법을 통해 현장감 있게 노래했다.

① 전원생활에서 목격한 풍요로운 결실을 '만경 황운'에 비유해 드러냈군.

② 전원생활 가운데 느끼는 여유를 '내노리 ᄒᆞ쟈스라'와 같은 청유형 표현을 통해 드러냈군.

③ 전원생활의 풍족함을 여문 '블근 게'와 살진 '눌은 둙'과 같이 색채 이미지에 담아 드러냈군.

④ 전원생활에서의 현장감을 '밤블이 ᄇᆞᆯ가시니'와 '아젹믈이 미러오니'와 같은 묘사를 활용해 드러냈군.

⑤ 전원생활의 여유를 즐기면서도 생업의 현장에서 느끼는 고단함을 '생리라 괴로오랴'와 같은 설의적인 표현으로 드러냈군.

(나)의 '공백공'에 대한 설명으로 가장 적절한 것은?

① 시간에 따른 공간의 다채로운 모습을 제시하며 자신의 감정을 드러내고 있다.

② 상대의 말과 행동이 불일치함을 언급하여 자신의 결백을 입증하고 있다.

③ 상대에 대해 심리적 거리감을 느껴 자신의 생각 표현을 자제하고 있다.

④ 질문에 답변하며 현실에 대처하는 자신의 태도를 밝히고 있다.

⑤ 대상과 관련된 행위를 열거하며 자신의 무력감을 깨닫고 있다.

〈보기〉를 참고하여 (나)를 이해한 내용으로 적절하지 않은 것은?

[보기]

〈어촌기〉의 작가는 벗의 말을 인용하여 자신의 생각을 드러내고 있다. 작가는 벗에 관한 이야기가 기록할 만한 가치가 있다는 근거를 벗과의 관계와 그의 성품에 대한 평을 통해 마련하고 있다. 이를 통해 작가는 자신이 추구하는 삶의 방향성과 가치관을 드러내며 벗의 생각에 공감하고 있다.

① 벗이 '영화'와 '이익'을 중시하는 삶을 거부한다는 것을 통해 벗의 가치관을 알 수 있군.

② 작가가 벗의 말을 '즐거워하며' 자신도 살피려 하는 것을 통해 작가는 벗의 생각에 공감하고 있음을 알 수 있군.

③ 작가가 벗을 '아우'로 삼고 있다는 것을 통해 벗이 추구하는 삶의 자세가 작가로부터 전해 받은 것임을 알 수 있군.

④ 벗이 '강태공'과 '엄자릉'을 들어 '내가 감히'라는 말을 언급한 것을 통해 그들의 삶에 미치지 못함을 스스로 인정하는 벗의 겸손한 성품을 알 수 있군.

⑤ 작가가 벗이 '대과에 급제'하여 기대를 받고 있는데도 '마음에 사욕이 없다'고 평한 것을 통해 벗의 말이 기록할 만한 가치가 있다고 여김을 알 수 있군.

ⓐ와 ⓑ를 비교한 내용으로 가장 적절한 것은?

① ⓐ는 '내'가 '강호'에서의 은거를 긍정하지만 정치 현실에 미련이 있음을, ⓑ는 '공백공'이 정치 현실에 몸담고 있지만 '강호'에 은거하려는 지향을 나타낸다.

② ⓐ는 '내'가 '강호'에서의 은거를 마치고 정치 현실로 복귀하려는 의지를, ⓑ는 '공백공'이 정치 현실에서 신뢰를 잃어 '강호'에 은거하려는 소망을 나타낸다.

③ ⓐ는 '내'가 '강호'에서 경치를 완상하며 정치 현실의 번뇌를 해소하려는 자세를, ⓑ는 '공백공'이 정치 현실과 갈등하여 '강호'에 은거하려는 자세를 나타낸다.

④ ⓐ는 '내'가 '강호'에서 늙어 감에 체념하면서도 정치 현실을 지향함을, ⓑ는 '공백공'이 정치 현실을 외면하면서 '강호'에 은거하려는 염원을 나타낸다.

⑤ ⓐ는 '내'가 '강호'에서 임금께 맹세하며 정치 현실의 이상을 실현하려는 태도를, ⓑ는 '공백공'이 정치 현실의 폐단에 실망하며 '강호'에 은거하려는 희망을 나타낸다.

[E74~78] 다음 글을 읽고 물음에 답하시오. ━━━

(가) 문장(文章)을 ᄒ쟈 ᄒ니 인생식자(人生識字) 우환시(憂患始)*오

　공맹(孔孟)을 빈호려 ᄒ니 도약등천(道若登天) 불가급(不可及)*이로다

　이 내 몸 쓸ᄃᆡ 업ᄉ니 성대농포(聖代農圃)* 되오리라
　　　　　　　　　　　　　　　　　　　　　〈제1장〉

　홍진(紅塵)에 절교(絶交)ᄒ고 백운(白雲)으로 위우(爲友)ᄒ야

　녹수(綠水) 청산(靑山)에 시름 업시 늘거 가니

　이 듕의 무한지락(無限至樂)을 헌ᄉ홀가 두려웨라
　　　　　　　　　　　　　　　　　　　　　〈제3장〉

　인간(人間)의 벗 잇단 말가 나ᄂᆞᆫ 알기 슬희여라

　물외(物外)에 벗 업단 말가 나ᄂᆞᆫ 알기 즐거웨라

　슬커나 즐겁거나 내 분인가 ᄒ노라
　　　　　　　　　　　　　　　　　　　　　〈제6장〉

　유정(有情)코 무심(無心)홀 ᄉᆞᆫ 아마도 풍진(風塵) 붕우(朋友)

　무심(無心)코 유정(有情)홀 ᄉᆞᆫ 아마도 강호(江湖) 구로(鷗鷺)

　㉠이제야 작비금시(昨非今是)*을 ᄭ닷ᄃᆞᆫ가 ᄒ노라
　　　　　　　　　　　　　　　　　　　　　〈제8장〉

　도팽택(陶彭澤) 기관거(棄官去)*홀 제와 태부(太傅) 걸해귀(乞骸歸)*홀 제

　호연(浩然) 행색(行色)을 뉘 아니 부러ᄒ리

　알고도 부지지(不知止)*ᄒ니 나도 몰나 ᄒ노라
　　　　　　　　　　　　　　　　　　　　　〈제9장〉

　인간(人間)의 풍우(風雨) 다(多)ᄒ니 므스 일 머므ᄂᆞᆫ뇨

　물외(物外)에 연하(煙霞) 족(足)ᄒ니 므스 일 아니 가리

　이제ᄂᆞᆫ 가려 정(定)ᄒ니 일흥(逸興) 계워 ᄒ노라
　　　　　　　　　　　　　　　　　　　　　〈제11장〉

　　　　　　　　　　　　　　　　　　　　－ 안서우, 〈유원십이곡〉

* 인생식자 우환시: 사람은 글자를 알게 되면서부터 근심이 시작됨.
* 도약등천 불가급: 도는 하늘로 오르는 것과 같아 미치기 어려움.
* 성대농포: 태평성대에 농사를 지음.
* 작비금시: 어제는 그르고 지금은 옳음.
* 도팽택 기관거: 도연명이 벼슬을 버리고 떠남.
* 태부 걸해귀: 한나라 태부 소광이 사직을 간청함.
* 부지지: 그만두어야 할 때를 알지 못함.

(나) 어느 날 나는 잠이 들었는데 비몽사몽간이었다. 정신이 산란하고 병이 아닌데 병이 든 듯하여 그 원기가 상했다. 가슴이 돌에 눌린 것처럼 답답한 게 게으름의 귀신이 든 것이 틀림없었다. 무당을 불러 귀신에게 말하게 했다.

"네가 내 속에 숨어들어서 큰 병이 났다. …(중략)… 게을러서 집을 수리할 생각도 못하며, 솥발이 부러져도 게을러서 고치지 않고, 의복이 해져도 게을러서 깁지 않으며, 종들이 죄를 지어도 게을러서 묻지 않고, 사람들이 시비를 걸어도 게을러서 화를 내지 않아서, 마침내 날로 행동은 굼떠 가고, 마음은 바보가 되며, 용모는 날로 여위어 갈 뿐만 아니라 말수조차 줄어들고 있다. 이 모든 허물은 네가 내게 들어와 멋대로 함이라. 어째서 다른 이에게는 가지 않고 나만 따르며 귀찮게 구는가? 너는 어서 나를 떠나 저 낙토(樂土)로 가거라. 그러면 나에게는 너의 피해가 없고, 너도 너의 살 곳을 얻으리라."

이에 귀신이 말했다.

"그렇지 않습니다. 내가 어떻게 당신에게 화를 입히겠습니까? 운명은 하늘에 있으니 나의 허물로 여기지 마십시오. 굳센 쇠는 부서지고 강한 나무는 부러지며, 깨끗한 것은 더러워지기 쉽고, 우뚝한 것은 꺾이기 쉽습니다. 굳은 돌은 고요함으로 이지러지지 않고, 높은 산은 고요함으로 영원한 것입니다. 움직이는 것은 쉽게 요절하고 고요한 것은 장수합니다. 지금 당신은 저 산처럼 오래 살 것입니다. 경우에 따라서는 세상의 근면은 화근이, 당신의 게으름은 복의 근원이 될 수도 있지요. 세상 사람들은 세력을 좇다 우

30 DAY

왕좌왕하여 그때마다 **시비의 소리**가 분분하지만, 지금 당신은 물러나 앉았으니 당신에 대한 시비의 소리가 전혀 없지 않습니까? 또 세상 사람들은 **물욕**에 휘둘려서 이익을 얻기 위해 날뛰지만, 지금 당신은 걱정이 없어 제정신을 잘 보존하니, 당신에게 어느 것이 흉하고 어느 것이 **길한** 것이겠습니까? 당신이 이제부터 유지(有知)를 버리고 무지(無知)를 이루며, 유위(有爲)를 버리고 무위(無爲)에 이르며, 유정(有情)을 버리고 무정(無情)을 지키며, 유생(有生)을 버리고 무생(無生)을 즐기면, 그 도는 죽지 않고 하늘과 함께 아득하여 **태초와 하나**가 될 것입니다. 내가 앞으로도 당신을 도울 것인데, 도리어 나를 나무라시니 자신의 처지를 아십시오. 그래서야 어디 되겠습니까?"

이에 나는 그만 말문이 막혔다. 그래서 ⓒ앞으로 나의 잘못을 고칠 터이니 그대와 함께 살기를 바란다고 했더니, 게으름은 그제야 떠나지 않고 나와 함께 있기로 했다.

- 성현, 〈조용(嘲慵)〉

E74 ★★❀   2020(6월)/평가원 32

(가)와 (나)의 공통점으로 가장 적절한 것은?

① 대조적 소재를 통해 삶에 대한 글쓴이의 인식을 드러내고 있다.
② 명령적 어조를 통해 세태에 대한 부정적 시각을 진술하고 있다.
③ 공간의 이동을 통해 주어진 삶에 순응해야 함을 드러내고 있다.
④ 구체적인 청자를 설정하여 자연에서 얻은 깨달음을 진술하고 있다.
⑤ 계절의 변화를 통해 과거와 대비되는 현재의 상황을 드러내고 있다.

E75 ★★★   2020(6월)/평가원 33

〈보기〉를 참고하여 (가)를 이해한 내용으로 적절하지 않은 것은?
[3점]

[보기]
　〈유원십이곡〉은 강호에서의 삶을 추구하는 노래지만, 화자는 강호에 머문 뒤에도 강호와 속세 사이에서 갈등을 반복한다. 이는 강호에서의 만족한 삶이라는 이상에 도달하는 것이 쉽지 않음을 보여 주는 것이다. 그뿐 아니라 화자가 갈등을 반복하면서도 항상 강호를 선택하는 모습은, 결국 자신의 결정이 가치 있는 것임을 드러내기 위한 것으로 이해할 수 있다.

① 〈제1장〉의 초장에는 화자가 강호를 선택하게 되는 동기가 드러난다.
② 〈제3장〉의 중장에는 강호를 선택한 삶의 모습이 긍정적으로 드러난다.
③ 〈제6장〉의 종장에는 화자 자신이 분수에 맞는 선택을 했음이 드러난다.
④ 〈제9장〉의 중장에는 속세에 미련을 갖게 하는 가치를 언급함으로써 화자의 갈등이 드러난다.
⑤ 〈제9장〉의 종장에는 갈등하는 화자의 모습이, 〈제11장〉의 종장에는 자신의 선택에 만족하는 화자의 모습이 드러난다.

E76 ★★★   2020(6월)/평가원 34

절교 와 위우 를 중심으로 (가)를 감상한 내용으로 적절하지 않은 것은?

① 화자가 '절교'하고자 하는 대상은 '인간의 벗'으로 볼 수 있다.
② 화자는 '붕우'를 '절교'하고자 하는 대상으로 인식한다고 볼 수 있다.
③ 화자는 '백운'과의 '위우'를 통해 '무한지락'을 느끼고 있다고 볼 수 있다.
④ 화자가 '위우'하고자 하는 '구로'는 '물외에 연하 족'한 곳에 있다고 볼 수 있다.
⑤ 화자가 '물외에 벗'과 '위우'하고자 하는 이유는 '유정코 무심'하기 때문으로 볼 수 있다.

E77 ★★❀   2020(6월)/평가원 35

㉠과 ㉡을 참고하여 (가)와 (나)를 이해한 내용으로 가장 적절한 것은?

① ㉠의 화자는 '공맹을 빈호'기 위해 '성대농포'의 길을 가야 함을 알게 되었다.
② ㉡의 '나'는 '태초와 하나가' 되게 하는 상대방의 제안을 수용하며 '굳센 쇠'와 같은 변치 않는 삶을 다짐하고 있다.
③ ㉠의 화자는 '녹수 청산'에서의 삶을 즐거워하고, ㉡의 '나'는 '깨끗한 것'을 '길한 것'으로 받아들이고 있다.
④ ㉠의 화자는 현재의 삶이 옳음을 '씨 두른가'로 밝히고, ㉡의 '나'는 반성의 태도를 '고칠 터이니'로 드러내고 있다.
⑤ ㉠의 화자는 '풍우 다'한 현실을 긍정적으로 받아들이고, ㉡의 '나'는 '시비의 소리'에 흔들렸던 자신의 잘못을 고치겠다고 다짐하고 있다.

〈보기〉를 참고하여 (나)를 감상한 내용으로 적절하지 않은 것은?

[보기]

〈조용〉에서 필자는 '나'와 '게으름 귀신'의 대화라는 구조를 활용하여 게으름에 대한 사색의 결과를 담아내고 있다. 필자는 게으름의 양면성을 드러내어 게으름의 부정적 측면을 경계하는 한편 게으름의 긍정적 측면을 통해 세태에 대한 비판적 시각을 보여 준다.

① '나'가 무당을 내세워 '귀신'에게 말을 건네는 것에서, 자신의 게으른 생활에 대해 살펴보려는 필자의 모습을 알 수 있겠군.

② '나'가 집안의 대소사를 해결하지 않고 게으름을 피우는 행위를 나열하는 것에서, 게으름의 폐단을 드러내려는 필자의 생각을 알 수 있겠군.

③ '나'가 '멋대로' 행동하는 게으름을 탓하면서도 게으름은 자신의 '허물'이라 여기는 것에서, 게으름의 양면성을 드러내려는 필자의 의도를 알 수 있겠군.

④ '나'가 게으름 덕분에 '물욕'에서 벗어날 수 있다는 '귀신'의 말에서, 게으름의 긍정적 측면을 보여 주려는 필자의 의도를 알 수 있겠군.

⑤ '나'가 게으름 덕분에 세상 사람들과 달리 걱정 없이 살 수 있다는 '귀신'의 말에서, 이익을 얻기 위해 다투는 사람들에 대한 필자의 비판적 시각을 알 수 있겠군.

[E 79~83] 다음 글을 읽고 물음에 답하시오.

(가) 인간(人間)을 써나 와도 내 몸이 겨를 업다
　　니것도 보려 ᄒ고 져것도 드르려코
　　ᄇᄅᆞᆷ도 혀려 ᄒ고 ᄃᆞᆯ도 마즈려코
　　ᄇᆞᆷ으란 언제 줍고 고기란 언제 낙고
　　시비(柴扉)란 뉘 다드며 딘 곳츠란 뉘 쓸려뇨
　　아ᄎᆞᆷ이 낫브거니 나조ᄒ라 나을소냐
　　@오ᄂᆞ리 부족(不足)거니 내일(來日)리라 유여(有餘)ᄒ랴
　　이 뫼ᄒ 안ᄌ 보고 뎌 뫼ᄒ 거러 보니
　　번로(煩勞)ᄒᆞᆫ ᄆᆞᄋᆞᆷ의 ᄇᆞ릴 일이 아조 업다
　　쉴 ᄉᆞ이 업거든 길히나 젼ᄒ리야
　　다만 ᄒᆞᆫ 청려장(青藜杖)이 다 므듸여 가노ᄆᆡ라
　　술리 닉어거니 벗지라 업슬소냐
　　블ᄂᆡ며 ᄐᆞ이며 혀이며 이아며
　　온가짓 소ᄅᆞ로 취흥(醉興)을 ᄇᆡ야거니
　　근심이라 이시며 시름이라 브터시랴
　　누으락 안즈락 구부락 져츠락
　　을프락 ᄑᆞ람ᄒᆞ락 노혜로 노거니

천지(天地)도 넙고 넙고 일월(日月)도 ᄒᆞᆫ가(閑暇)ᄒ다
희황(羲皇)을 모을너니 니 적이야 긔로괴야
신선(神仙)이 엇더턴지 이 몸이야 긔로고야
강산풍월(江山風月) 거ᄂᆞᆯ리고 내 백년(百年)을 다 누리면
악양루상(岳陽樓上)의 이태백(李太白)이 사라 오다
ⓑ호탕정회(浩蕩情懷)야 이예서 더홀소냐
이 몸이 이렁굼도 역군은(亦君恩)이샷다

　　　　　　　　　　　　　　　　– 송순, 〈면앙정가〉

(나) ⓒ연하(煙霞)의 깁픠 든 병(病) 약(藥)이 효험(效驗) 업서
　　강호(江湖)에 ᄇᆞ리연디* 십년(十年) 밧기 되어세라
　　그러나 이제 다 못 죽음도 긔 성은(聖恩)인가 ᄒ노라
　　　　　　　　　　　　　　　　　　　　　〈제3수〉

　　ᄃᆞᆯ 붉고 ᄇᆞ람 자니 믈결이 비단 일다
　　단정(短艇)*을 빗기 노하 오락가락 ᄒᆞᆫ 흥(興)을
　　백구(白鷗)야 하 즐겨 말고려 세상(世上) 알가 ᄒ노라
　　　　　　　　　　　　　　　　　　　　　〈제5수〉

　　식록(食祿)을 긋친 후(後)로 어조(漁釣)을 생애(生涯)ᄒ니
　　헴 업슨 아ᄒᆡ들은 괴롭다 ᄒ건마ᄂᆞᆫ
　　두어라 강호한적(江湖閑適)이 내 분(分)인가 ᄒ노라
　　　　　　　　　　　　　　　　　　　　　〈제9수〉
　　　　　　　　　　　　　　　　– 나위소, 〈강호구가〉

* 바리연디: 버려진 지
* 단정: 자그마한 배

(다) 나는 때때로 산수를 찾아 노니는 사람이나 떠돌아다니는 승려들을 만나 자연의 신비함에 대해 말하는 것을 특히 좋아한다. 가끔 그들과 토론을 하면 입에 침이 마르도록 떠들어댄다. 세상 사람들은 나의 이런 고집스런 취미를 비웃었다. 그런데 지금 나이가 많아 다리에 힘이 없어지니 어쩔 도리가 없다.

나는 부득이 편하게 노닐 수 있는 방법으로 고금에 이름난 화가들이 그린 산수화를 모아 벽에 걸어놓고 감상을 하였다. 그러나 이것은 비록 조금 위로가 되지만 역시 화가들의 훌륭한 기법과 특이한 풍경 외에는 별로 느껴지는 것이 없었다. 벽에 걸린 그림으로는 진실에 가깝게 생동하는 맛은 찾아볼 수가 없는 것이다. 그래서 늘 마음이 허전하였다.

[A] 나는 종남(終南)에 별장을 하나 가지고 있다. 별장의 남쪽 담 밖의 돌 틈에 우물이 솟아올랐는데 물맛이 좋고 차가웠다. 나는 대청 앞에 못을 파서 그 물을 가둔 뒤에 연꽃을 심고 연못 가운데에 괴이하게 생긴 돌을 쌓아서 산 모양을 만들었다. 다시 그 돌 틈 사이사이에 소나무, 회양목 등 작은 놈만 골라 심었다.

30 DAY

그런데 담 밖에서 우물이 솟아나는 곳은 땅보다 석 자가 더 높은 곳이어서 그 물을 대통으로 끌어다가 땅에 묻어 내가 만든 돌산 가운데로 솟아 나오게 하였다. 그러자 물이 폭포를 이루며 두 개의 계단을 흘러내렸다. 사람들은 담장 밖에서 끌어들인 물인 줄도 모르고 물이 돌산 위에서 펑펑 솟아나는 것을 보며 놀랍고 신기함에 감탄하였다.

산을 좋아했던 옛사람들 중에도 돌로 만든 가짜 산을 만든 이가 많았고 또 거기에 폭포를 끌어들인 이도 더러 있었는데, 집의 뒤쪽이나 옆에 있는 높은 산을 이용하여 산골짜기에서 흐르는 물을 끌어들인 경우가 많았다. 그러나 나처럼 연못의 한가운데 산을 만들고 사면이 물로 둘러싸인 곳에 물을 끌어들여 산 위에 폭포를 만든 사람은 없었다. ⓓ작지만 큰 산을 본떴고 남이 하기 어려운 일이지만 손쉽게 만들었다.

이 연못은 겨우 너비가 두어 장(丈)이고 깊이도 두어 자밖에 안 되며, 산 높이는 다섯 자이고 둘레는 일곱 자이며, 폭포의 높이는 두 자인데 나무들의 크기는 서너 치쯤 되어 마치 높은 산을 축소하여 만든 것 같았다. 산골짜기는 그윽하고 폭포가 두어 장 되는 연못을 깊은 바다로 알고 떨어진다. ⓔ이 축소된 자연의 경치는 아무리 산수화에 뛰어난 저 당나라의 정건이나 왕유 같은 이도 다 그리지 못할 것 같았다.

생각해 보면 어느 것이 가짜이고 어느 것이 진짜인지 구분하지 못하겠다. 필경 천지와 사람이 모두 임시로 합친 것인데 무엇 때문에 진가(眞假)를 논하겠는가? 다만 내가 좋아하는 것만 취하면 그만인 것이다. 게다가 이 세상 만물은 입맛에는 맞지만 눈으로 보는 데는 맞지 않는 것이 있고, 보기는 좋은데 듣기는 싫은 것이 있다.

[B] 그런데 이곳의 물은 차고 맛있기 때문에 우리 집안과 이웃들이 아침저녁으로 마시니 입맛에 맞다고 할 것이고, 괴이한 돌과 소나무, 잣나무 사이로 흘러서 두어 자의 절벽 밑으로 떨어지며 맑은 기운이 푸른 산봉우리에 비쳐 밤낮 없이 바라보아도 싫증 나지 않으니 노는 데에도 즐거움을 준다고 할 수 있다. 또한 고요한 밤에 잠이 오지 않을 때, 베개를 베고 누워 있으면 쏴아 하고 쏟아지는 폭포 소리가 마치 요란한 관현악기 소리 같아서 귀를 즐겁게 한다.

나는 가난하고 벼슬도 한미하여 좋은 진주나 보배, 아름다운 것들로 눈을 즐겁게 하는 것도 없고, 기름진 음식으로 입맛을 즐겁게 하는 것도 없으며, 관현악기 같은 악기의 소리로써 귀를 즐겁게 하는 것도 없다. 그러나 다만 이 샘물로 이 세 가지의 즐거움을 맛볼 수 있으니 진실로 담박하면서도 멋이 있다. 세상의 호걸들은 모두 나의 이 취미를 비웃지만 나는 이것을 좋아하여 이것으로써 저들이 좋아하는 것과 바꾸지 않겠다.

— 채수, 〈석가산폭포기〉

E79 ❋❋❋❋

2018(3월)/고3교육청 34

(가)~(다)에 대한 설명으로 적절하지 않은 것은?

① (가)와 (나)는 음보를 규칙적으로 사용하여 리듬감을 형성하고 있다.

② (가)와 (다)는 청각적 심상을 활용하여 상황을 나타내고 있다.

③ (나)와 (다)는 비유적 표현을 통해 주관적 인식을 드러내고 있다.

④ (가)~(다) 모두 다른 대상과 비교하는 방식으로 의미를 강조하고 있다.

⑤ (가)~(다) 모두 원경에서 근경으로 시선을 이동하며 심리의 변화를 드러내고 있다.

E80 ❋❋❋

2018(3월)/고3교육청 35

〈보기 1〉의 선생님의 질문에 대한 대답으로 적절한 내용만을 〈보기 2〉에서 있는 대로 고른 것은? [3점]

[보기 1]

선생님: (가)와 (나)는 벼슬에서 물러난 작가들이 귀향한 후의 삶을 표현한 작품으로, 우리 문학사에 나타나는 시가의 특정한 경향을 보여 주고 있어요. 두 작품을 살펴보면 공통점을 찾을 수 있는데, 무엇인지 확인해 볼까요?

[보기 2]

ㄱ. 임금의 은혜를 떠올리며 감사하는 태도가 드러나 있습니다.

ㄴ. 속세와 거리를 두고 지내는 삶의 모습이 드러나 있습니다.

ㄷ. 자연에서 느끼는 흥취를 타인과 나누려는 마음가짐이 드러나 있습니다.

ㄹ. 궁핍한 생활상을 보여 주면서도 그것을 수용하는 자세가 드러나 있습니다.

① ㄱ, ㄴ   ② ㄴ, ㄷ   ③ ㄴ, ㄹ

④ ㄱ, ㄴ, ㄹ   ⑤ ㄱ, ㄷ, ㄹ

ⓐ~ⓔ에 대한 이해로 적절하지 <u>않은</u> 것은?

① ⓐ: 주변에 즐길 것이 많다고 인식하고 있음이 드러나고 있다.
② ⓑ: 자신의 풍류 생활에 대한 자부심이 나타나고 있다.
③ ⓒ: 자연에 대한 깊은 애정이 드러나고 있다.
④ ⓓ: 옛사람들과 동일한 방식으로 석가산을 만든 것에 대한 보람이 나타나고 있다.
⑤ ⓔ: 자신이 만든 석가산과 폭포에 대한 만족감이 드러나고 있다.

〈보기〉를 참고하여 (다)를 감상할 때 적절하지 <u>않은</u> 것은?

[보기]

　조선 시대 사대부들은 요산요수(樂山樂水)를 통해 심미적 가치를 추구하며 심성을 수양하는 것을 이상으로 생각하였다. 그런데 아름다운 경치를 직접 찾기 어려운 사정이 있을 때에는 자기 집 정원에 산을 본뜬 조형물인 석가산을 만들어 완상하는 경우가 있었다. 이것은 하늘이 만들었든 사람이 만들었든 간에 본질은 같기 때문에 진가의 분별이 무의미하다는 인식과 관련이 있다. 이를 통해 사대부들은 석가산을 완상하면 산의 진경(眞景)을 찾는 것과 같은 즐거움을 느낄 수 있고, 삶에 대한 깨달음을 얻을 수 있다고 본 것이다.

① 글쓴이는 노쇠하여 산과 물을 직접 찾기 어렵게 되자 별장의 정원에 석가산을 만들어 완상하고 있군.
② 글쓴이는 요산요수를 위해 연못의 한가운데 석가산을 만들어 심미적 가치를 추구한 것으로 볼 수 있군.
③ 글쓴이는 산수화를 모아 감상하는 것만으로는 산의 진경을 찾는 것과 같은 즐거움을 느낄 수 없다고 생각하고 있군.
④ 글쓴이가 진가를 논하지 않고 자신이 좋아하는 것을 취하겠다고 강조한 것은 진가의 분별이 무의미하다는 인식과 관련이 있군.
⑤ 글쓴이가 석가산의 샘물에서 비롯된 세 가지 즐거움을 언급한 것은 석가산을 만드는 과정에서 느낀 고충과 깨달음을 통해 자신을 비웃는 사람들을 설득하려는 것이라 할 수 있군.

[A]와 [B]에 대한 설명으로 가장 적절한 것은?

① '나'는 [A]에서 발생한 내적 갈등을 [B]에서 해소하고 있다.
② '나'는 [A]에서 한 행위로 인해 [B]에서와 같은 즐거움을 얻게 되었다.
③ [A]의 '계단'은 관념적 소재에, [B]의 '절벽'은 실재적 소재에 해당한다.
④ [A]의 '사람들'은 '물'을 긍정적으로, [B]의 '이웃들'은 '물'을 부정적으로 평가하고 있다.
⑤ [A]에서는 '물'을 집 안으로 끌어들이는 과정을, [B]에서는 '물'을 집 밖으로 흘려보내는 과정을 제시하고 있다.

[E84~88] 다음 글을 읽고 물음에 답하시오.

(가) 만금 같은 너를 만나 백년해로하잤더니, 금일 이별 어이 하리! 너를 두고 어이 가잔 말이냐? 나는 아마도 못 살겠다! 내 마음에는 어르신네 공조참의 승진 말고, 이 고을 풍헌(風憲)만 하신다면 이런 이별 없을 것을, 생눈 나올 일을 당하니, 이를 어이한단 말인고? 귀신이 장난치고 조물주가 시기하니, 누구를 탓하겠냐마는 속절없이 춘향을 어찌할 수 없네! 네 말이 다 못 될 말이니, 아무튼 잘 있거라! [A]

춘향이 대답하되, 우리 당초에 광한루에서 만날 적에 내가 먼저 도련님더러 살자 하였소? 도련님이 먼저 나에게 하신 말씀은 다 잊어 계시오? 이런 일이 있겠기로 처음부터 마다하지 아니하였소? 우리가 그때 맺은 금석 같은 약속 오늘날 다 허사로세! 이리해서 분명 못 데려가겠소? 진정 못 데려가겠소? 떠보려고 이리하시오? 끝내 아니 데려가시려 하오? 정 아니 데려가실 터이면 날 죽이고 가오!

그렇지 않으면 광한루에서 날 호리려고 ㉠명문(明文) 써 준 것이 있으니, ㉡소지(所志) 지어 가지고 본관 원님께 이 사연을 하소연하겠소. 원님이 만일 당신의 귀공자 편을 들어 패소시키시면, 그 소지를 덧붙이고 다시 글을 지어 전주 감영에 올라가서 순사또께 소장(訴狀)을 올리겠소. 도련님은 양반이기에 ㉢편지 한 장만 부치면 순사또도 같은 양반이라 또 나를 패소시키거든, 그 글을 덧붙여 한양 안에 들어가서, 형조와 한성부와 비변사까지 올리면 도련님은 사대부라 여기저기 청탁하여 또다시 송사에서 지게 하겠지요. 그러면 그 ㉣판결문을 모두 덧보태어 똘똘 말아 품에 품고 팔만장안 억만가호마다 걸식하며 다니다가, 돈 한 푼씩 빌어 얻어서 동이전에 들어가 바리뚜껑 하나 사고, 지전으로 들어가 장지 한 장 사서 거기에다 언문으로 ㉤상언(上言)을 쓸 때, 마음

속에 먹은 뜻을 자세히 적어 이월이나 팔월이나, 동교(東郊)로나 서교(西郊)로나 임금님이 능에 거둥하실 때, 문밖으로 내달아 백성의 무리 속에 섞여 있다가, 용대기(龍大旗)가 지나가고, 협연군(挾輦軍)의 자개창이 들어서며, 붉은 양산이 따라오며, 임금님이 가마나 말 위에 당당히 지나가실 제, 왈칵 뛰어 내달아서 바리뚜껑 손에 들고, 높이 들어 땡땡하고 세 번만 쳐서 억울함을 하소연하는 격쟁(擊錚)을 하오리다! 애고애고 설운지고!

　그것도 안 되거든, 애쓰느라 마르고 초조해하다 죽은 후에 넋이라도 삼수갑산 험한 곳을 날아다니는 제비가 되어 도련님 계신 처마에 집을 지어, 밤이 되면 집으로 들어가는 체하고 도련님 품으로 들어가 볼까! 이별 말이 웬 말이오?

　이별이란 두 글자 만든 사람은 나와 백 년 원수로다! 진시황이 분서(焚書)할 때 이별 두 글자를 잊었던가? 그때 불살랐다면 이별이 있을쏘냐? 박랑사(博浪沙)*에서 쓰고 남은 철퇴를 천하장사 항우에게 주어 힘껏 둘러메어 이별 두 글자를 깨치고 싶네! 옥황전에 솟아올라 억울함을 호소하여, 벼락을 담당하는 상좌가 되어 내려와 이별 두 글자를 깨치고 싶네!

　　　　　　　　　　　　　　　　　　　　　　　　－ 작자 미상, 〈춘향전〉

* 박랑사: 중국 지명. 장량이 진시황을 암살하려 했던 곳

(나) 이별이라네 이별이라네 이 도령 춘향이가 이별이
　　로다
　　　춘향이가 도련님 앞에 바짝 달려들어 눈물짓고 하
　　는 말이
　　　도련님 들으시오 나를 두고 못 가리다
　　　나를 두고 가겠으면 홍로화(紅爐火) 모진 불에
　　　다 사르겠으면 사르고 가시오
　　　날 살려 두고는 못 가시리라
　　　잡을 데 없으시면 ⓐ삼단같이 좋은 머리를
　　　휘휘칭칭 감아쥐고라도 날 데리고 가시오
　　　살려 두고는 못 가시리다
　　　날 두고 가겠으면 용천검(龍泉劍) 드는 칼로다
　　　요 내 목을 베겠으면 베고 가시오
　　　날 살려 두고는 못 가시리라
　　　두어 두고는 못 가시리다
　　　날 두고 가겠으면 ⓑ영천수(潁川水) 맑은 물에다
　　　던지겠으면 던지고나 가시오
　　　날 살려 두고는 못 가시리다
　　　이리 한참 힐난하다 할 수 없이 도련님이 떠나실 때
　　　방자 놈 분부하여 나귀 안장 고이 지으니
　　　도련님이 나귀 등에 올라앉으실 때
　　　춘향이 기가 막혀 미칠 듯이 날뛰다가
　　　우르르 달려들어 나귀 꼬리를 부여잡으니
　　　ⓒ나귀 네 발로 동동 굴러 춘향 가슴을 찰 때

[B]

안 나던 생각이 절로 나
그때에 이별 별(別) 자 내인 사람 나와 한백 년 대
원수로다
　깨치리로다 깨치리로다 박랑사 중 쓰고 남은 철퇴로
　천하장사 항우 주어 이별 두 자를 깨치리로다
　할 수 없이 도련님이 떠나실 때
　향단이 준비했던 주안을 갖추어 놓고
　풋고추 겨리김치 문어 전복을 곁들여 놓고
　잡수시오 잡수시오 이별 낭군이 잡수시오
　언제는 살자 하고 화촉동방(華燭洞房) 긴긴 밤에
　청실홍실로 인연을 맺고 백 년 살자 언약할 때
　물을 두고 맹세하고 산을 두고 증삼(曾參)* 되자더니
　ⓓ산수 증삼은 간 곳이 없고
　이제 와서 이별이란 웬 말이오
　잘 가시오
　잘 있거라
　산첩첩(山疊疊) 수중중(水重重)한데 부디 편안히 잘 가
　시오
　나도 ⓔ명년 양춘가절*이 돌아오면 또다시 상봉할까나

　　　　　　　　　　　　　　　　　　　　　　－ 작자 미상, 〈춘향이별가〉

* 증삼: 공자의 제자. 고지식하여 약속을 반드시 지킴.
* 양춘가절: 따뜻하고 좋은 봄철

E84 ★★★　　　　　　　　　　　2018(9월)/평가원 33

(가)에 대한 이해로 적절하지 않은 것은?

① '도련님'은 이별의 상황이 자신의 입장에서는 불가피한 것임을 드러내고 있다.
② '춘향'은 '도련님'을 처음 만날 때부터 이별의 상황을 우려하였음을 말하고 있다.
③ '춘향'은 '도련님' 곁에 머물고 싶은 마음을 자연물에 의탁하여 드러내고 있다.
④ '춘향'은 고사를 활용하여 자신의 상황이 역사적 사건과 관련되어 있음을 말하고 있다.
⑤ '춘향'은 천상의 존재에게 억울함을 전하는 상황을 설정하여 자신의 감정을 드러내고 있다.

E85 ★★❀ 　　　　　　　　　　2018(9월)/평가원 34

⊙~⑩에 대한 설명으로 가장 적절한 것은?

① ⊙: '도련님'의 마음을 확인하고자 '춘향'이 쓴 글이다.
② ⓛ: '도련님'이 자신의 무고함을 밝히는 내용이 담길 것이다.
③ ⓒ: '춘향'과의 친밀감을 강화하려는 '도련님'의 마음을 전하는 내용이 담길 것이다.
④ ⓔ: '도련님'에게는 약속 파기의 책임을 물을 수 없음을 밝히는 내용이 담길 것이다.
⑤ ⑩: '춘향'이 '순사또'의 힘을 빌려 '임금'에게 자신의 입장을 전하는 내용이 담길 것이다.

② (가)에서 구걸하고 다니면서라도 자신의 상황을 알리겠다는 모습을 통해, 뜻한 바를 성취하려는 '춘향'의 적극적 면모를 확인할 수 있다.
③ (나)에서 이별 후 자신이 겪을 고난을 말하며 '도련님'의 마음을 돌리려는 모습을 통해, 문제 해결책을 강구하는 '춘향'의 치밀한 면모를 확인할 수 있다.
④ (나)에서 '도련님'에게 주안을 올리며 어쩔 수 없이 이별을 받아들이는 모습을 통해, 서글픈 현실을 감내하려는 '춘향'의 수용적 면모를 확인할 수 있다.
⑤ (가), (나)에서 '이별'이라는 두 글자를 철퇴로 깨뜨리고자 하는 모습을 통해, 북받친 감정을 토로하면서 탄식하는 '춘향'의 격정적 면모를 확인할 수 있다.

E86 ★★❀ 　　　　　　　　　　2018(9월)/평가원 35

ⓐ~ⓔ에 대한 설명으로 가장 적절한 것은?

① ⓐ는 인물이 지닌 자부심을 환기하여 좌절감을 완화하는 소재이다.
② ⓑ는 초월적 공간에 대한 지향을 드러내어 현재의 고통과 대비하기 위한 소재이다.
③ ⓒ는 부정적인 상황을 희화화함으로써 당면한 현실을 풍자하는 표현이다.
④ ⓓ는 기대가 어긋나 버린 사정을 부각하여 비애감을 심화하는 표현이다.
⑤ ⓔ는 미래에 대한 전망을 바탕으로 대상과의 재회를 확신하는 표현이다.

E88 ★★★ 　　　　　　　　　　2018(9월)/평가원 37

〈보기〉를 바탕으로 [A], [B]를 감상한 내용으로 적절하지 않은 것은? [3점]

[보기]

조선 후기에 책을 대여하고 값을 받는 세책업자는 〈춘향전〉을 (가)와 같은 세책본 소설로, 유흥적 노래를 지은 잡가의 담당층은 〈춘향전〉의 대목을 (나)와 같은 잡가로 제작했다. 세책업자는 과장되고 재치 있는 표현을 활용하여 흥미를 높이거나 특정 부분이 분량을 늘려 이윤을 얻으려 했다. 잡가의 담당층은 노래의 내용을 단시간에 전달하기 위해 상황을 집약해 설명하고 인물의 감정을 드러내는 가사를 반복해 청중의 공감을 끌어냈다. 연속되지 않은 장면들을 엮어 노래를 구성할 때에는 작품 속 화자의 역할이 바뀌기도 하였다.

① [A]에서 '생눈 나올 일'이라는 과장된 표현을 쓴 것은 작품의 흥미를 높이려는 취지와 관련되겠군.
② [A]에서 '도련님'에게 거듭하여 묻는 형식을 사용한 것은 분량을 늘리려는 의도와 관련되겠군.
③ [B]에서 첫 행에 작품의 상황을 제시한 것은 청중을 작품의 내용에 빠르게 끌어 들이려는 전략과 관련되겠군.
④ [B]에서 '못 가시리다'라는 구절을 반복하여 인물의 감정을 강조한 것은 청중의 공감을 유발하려는 목적과 관련되겠군.
⑤ [B]에서 화자가 해설자에서 인물로 역할을 바꾸는 것은 연속되지 않은 장면들이 엮여 작품이 구성되었음을 알게 해 주는 단서이겠군.

E87 ★★★ 　　　　　　　　　　2018(9월)/평가원 36

〈보기〉를 바탕으로 (가), (나)를 이해한 내용으로 적절하지 않은 것은?

[보기]

여러 작품에서 '춘향'은 다양한 면모를 지닌 인물로 형상화되었다. '춘향'은 원치 않는 상황을 받아들이는 수용적 면모를 보이기도, 목표를 이루려 단호하게 행동하는 적극적 면모를 보이기도 한다. 신세를 한탄하며 절규하는 격정적 면모를 드러내는가 하면, 문제를 숙고하여 대응책을 모색하는 치밀한 면모를 표출하기도 한다. 한편 '춘향'은 당대 민중의 시각을 대변하는 면모를 지니기도 한다.

① (가)에서 양반들이 한통속이어서 '도련님'을 두둔할 것이라고 언급하는 모습을 통해, 민중의 입장을 취하는 '춘향'의 면모를 확인할 수 있다.

(가) 사람 사람마다 이 말삼 드러사라
　　 이 말삼 아니면 **사람이라도 사람 아니니**
　　 이 말삼 잇디 말고 배우고야 마로리이다
　　　　　　　　　　　　　　　　　　〈제1수〉

　　 아바님 날 나흐시고 어마님 날 기르시니
　　 부모(父母)곧 아니시면 내 몸이 업실랏다
　　 이 덕(德)을 갚흐려 하니 하늘 가이 업스샷다
　　　　　　　　　　　　　　　　　　〈제2수〉

　　 종과 주인과를 뉘라셔 삼기신고
　　 벌과 개미가 이 뜻을 몬져 아니
　　 한 마암애 두 뜻 업시 속이지나 마옵사이다
　　　　　　　　　　　　　　　　　　〈제3수〉

　　 지아비 밭 갈라 간 데 밥고리 이고 가
　　 반상을 들오되 눈썹에 마초이다
　　 진실로 고마오시니 손이시나 다르실가
　　　　　　　　　　　　　　　　　　〈제4수〉

　　 형님 자신 젖을 내 조처 먹나이다
　　 어와 우리 **아우야** 어마님 너 사랑이야
　　 형제(兄弟)가 불화(不和)하면 **개돼지라** 하리라
　　　　　　　　　　　　　　　　　　〈제5수〉

　　 늙은이는 부모 같고 어른은 형 같으니
　　 같은데 불공(不恭)하면 어디가 다를고
　　 나이가 많으시거든 절하고야 마로리이다
　　　　　　　　　　　　　　　　　　〈제6수〉
　　　　　　　　　　　　　　　 – 주세붕, 〈오륜가〉

(나) 나는 집이 가난해서 말이 없기 때문에 간혹 남의 말을 빌려서 탔다. 그런데 노둔하고 **야윈** 말을 얻었을 경우에는 일이 아무리 급해도 감히 채찍을 대지 못한 채 금방이라도 쓰러지고 넘어질 것처럼 전전긍긍하기 일쑤요, 개천이나 도랑이라도 만나면 또 말에서 내리곤 한다. 그래서 후회하는 일이 거의 없다. 반면에 발굽이 높고 귀가 쫑긋하며 잘 달리는 준마를 얻었을 경우에는 **의기양양**하여 방자하게 채찍을 갈기기도 하고 고삐를 놓기도 하면서 언덕과 골짜기를 모두 평지로 간주한 채 매우 유쾌하게 질주하곤 한다. 그러나 간혹 위험하게 말에서 떨어지는 환란을 면하지 못한다.

아, 사람의 감정이라는 것이 어쩌면 이렇게까지 달라지고 뒤바뀔 수가 있단 말인가. 남의 물건을 빌려서 잠깐 동안 쓸 때에도 오히려 이와 같은데, 하물며 진짜로 자기가 가지고 있는 경우야 더 말해 무엇 하겠는가.

그렇긴 하지만 사람이 가지고 있는 것 가운데 남에게 빌리지 않은 것이 또 뭐가 있다고 하겠는가. 임금은 백성으로부터 힘을 빌려서 존귀하고 부유하게 되는 것이요, 신하는 임금으로부터 권세를 빌려서 총애를 받고 귀한 신분이 되는 것이다. 그리고 자식은 어버이에게서, 지아미는 지아비에게서, 비복(婢僕)은 주인에게서 각각 빌리는 것이 또한 심하고도 많은데, 대부분 자기가 본래 가지고 있는 것처럼 여기기만 할 뿐 끝내 돌이켜 보려고 하지 않는다. 이 어찌 **미혹된** 일이 아니겠는가.

그러다가 혹 잠깐 사이에 그동안 빌렸던 것을 돌려주는 일이 생기게 되면, 만방(萬邦)의 **임금도 독부(獨夫)가 되고** 백승(百乘)의 대부(大夫)도 고신(孤臣)이 되는 법인데, 더군다나 미천한 자의 경우야 더 말해 무엇 하겠는가.

맹자(孟子)가 말하기를 "오래도록 차용하고서 반환하지 않았으니, 그들이 자기의 소유가 아니라는 것을 어떻게 알았겠는가."라고 하였다. 내가 이 말을 접하고서 느껴지는 바가 있기에, 〈차마설〉을 지어서 그 뜻을 부연해 보노라.
　　　　　　　　　　　　　　　　　 – 이곡, 〈차마설〉

E 89 ★★☆
2018(6월)/평가원 42

(가), (나)의 공통점으로 가장 적절한 것은?

① 영탄적 표현을 통해 대상의 속성을 예찬하고 있다.
② 상반된 세계관이 대구의 형식을 통해 구체화되고 있다.
③ 바람직하지 않은 인간에 대한 연민의 시선을 담고 있다.
④ 삶의 태도에 대한 경계와 권고의 의도를 드러내고 있다.
⑤ 이상향에 대한 의식을 역설적 표현을 통해 진술하고 있다.

E 90 ★★☆
2018(6월)/평가원 43

(가), (나)에 대한 설명으로 가장 적절한 것은?

① (가)는 관념적 덕목을 열거하여 각각이 지닌 모순점을 밝히고 있다.
② (가)는 사람들 사이의 관계를 의식하지 않는 삶의 모습을 옹호하며 시상을 전개하고 있다.
③ (나)는 개인적 체험에서 얻은 깨달음을 사회적 차원으로 일반화하고 있다.
④ (나)는 인물의 내면 심리를 형상화하여 욕망의 실현을 돕는 자연적 질서에 대한 경이감을 표출하고 있다.
⑤ (가)와 (나)는 모두 자연물이 지닌 덕성을 부각하여 인간적 삶에 대한 긍지를 드러내고 있다.

〈보기〉를 바탕으로 (가)를 감상한 내용으로 적절하지 <u>않은</u> 것은?

[3점]

[보기]

교훈적 내용의 시조에는 설득력을 높이기 위한 몇 가지 특징적인 표현 전략이 있다. 우선 윤리적 덕목을 실천해야 하는 인물을 화자로 설정하여 대화 형식을 취하는 경우가 있다. 또한 비유나 상징, 유추, 다른 인물이나 사물과의 대비 등을 통해 화자가 개인 윤리는 물론 가정과 사회의 윤리를 실천하는 주체로서 추구해야 하는 가치를 정당화하기도 한다.

① 〈제3수〉에서는 '벌과 개미'의 생태로부터 윤리적 실천의 주체가 추구해야 하는 가치를 유추하고 있다.
② 〈제4수〉에서는 화자로 내세운 '지아비'와 지어미의 문답 방식을 통해 아내가 추구해야 할 윤리적 가치를 정당화하고 있다.
③ 〈제5수〉에서 어머니의 '젖'은 어머니의 사랑을 상징하는 표현으로서, '형님'과 '아우'가 이를 화제로 삼아 대화를 나누는 형식을 취하고 있다.
④ 〈제5수〉의 '개돼지'는 〈제1수〉의 '사람이라도 사람 아니니'의 의미를 비유적으로 표현한 것으로서 화자가 추구하는 가치를 따르는 윤리적 주체와 대비되고 있다.
⑤ 〈제6수〉에서 '부모'와 '형'은, 〈제2수〉의 '부모'와 〈제5수〉의 '형님'과는 달리, '늙은이'와 '어른'에 빗대어져 쓰임으로써 사회 윤리가 가정 윤리와 연결되어 있음을 보여 주고 있다.

(나)의 '나'에 대한 이해로 가장 적절한 것은?

① '나'는 '노둔하고 야윈 말'을 빌리는 경우 '전전긍긍'하다가 위험에 처하기 때문에 후회하게 된다고 여기고 있다.
② '나'는 '준마'를 빌려 탈 때의 '의기양양'한 감정이 그것을 소유할 때에는 발생하지 않을 것이라고 예상하고 있다.
③ '나'는 '가지고 있는 것'이 없는 천한 사람들을 '미혹'되었다고 생각하고 있다.
④ '나'는 자기가 소유하고 있는 권력이 빌린 것임을 돌아보는 '임금'의 모습을 '독부'로 표현하고 있다.
⑤ '나'는 '맹자'의 '이 말'에서, 빌린 것을 소유했다고 여기는 사람들에 대한 문제의식을 떠올리고 있다.

[E 93~97] 다음 글을 읽고 물음에 답하시오.

(가) 풍아(風雅)*의 깊은 뜻을 전하는 이 그가 뉘신고
　　고조(古調)*를 좋아하나 아는 이 전혀 없네
　　정성(正聲)*이 하 아득하니 다시 불러 보리라
　　　　　　　　　　　　　　　　　　〈제1곡〉

　　위의(威儀)도 거룩하고 예모(禮貌)*도 넓을시고
　　해학을 좋아하나 가혹함이 되올소냐
　　아마도 성덕지선(盛德至善)을 못 잊을까 하노라
　　　　　　　　　　　　　　　　　　〈제3곡〉

　　좌상(座上)의 손이 있고 술통에 ㉠술이 가득
　　중심(中心)*을 즐길지니 외모를 위할소냐
　　덕음(德音)이 밝으시니 곧 반응이 나타나리라
　　　　　　　　　　　　　　　　　　〈제4곡〉

　　이 해 저물었으니 아니 놀고 어찌하리
　　즐김을 좋아하나 거칠음은 말지어다
　　아마도 직사기우(職思其憂)*야 그가 어진 선비일까 하노라
　　　　　　　　　　　　　　　　　　〈제5곡〉

　　두었던 종고금슬(鐘鼓琴瑟)* 날로 즐겨 놀지어다
　　백년 후 돌아보오 화옥(華屋)*의 누가 들소니
　　생전에 다 즐기지 못하면 뉘우칠까 하노라
　　　　　　　　　　　　　　　　　　〈제6곡〉
　　　　　　　　　　　　　　　　– 권익륭, 〈풍아별곡(風雅別曲)〉

* 풍아: 시문을 짓고 읊는 풍류의 이치
* 고조: 옛 곡조. 여기서는 옳은 소리를 담은 옛 곡조를 뜻함.
* 정성: 옳은 소리. 또는 옳은 곡조의 음악
* 예모: 예절에 맞는 몸가짐
* 중심: 마음속
* 직사기우: 마땅히 그 근심을 생각함.
* 종고금슬: 종, 북, 거문고, 비파
* 화옥: 화려하게 지은 집

(나) 베개 베고 시를 얻어 계속 읊조리자니　　枕上得詩吟不輟
　　마구간의 마른 말도 더욱 길게 우는구나　　羸驂伏櫪更長鳴
　　밤 깊어 초승달은 그림자를 만들고　　　　夜深纖月初生影
　　고요한 산 찬 솔도 절로 소릴 내누나　　　山靜寒松自作聲
　　늙은 종이 재를 털자 등불은 밝아지고　　　老婢撥灰明兀兀
　　아내는 ㉡술을 퍼와 내게 권해 따라주네　　孺人挹酒勸卿卿
　　얼큰해져 이불 덮고 다시 높이 누웠자니　　醉來捉被還高臥
　　가슴 속에 불평 있음 깨닫지 못하겠네　　　未覺胸中有不平
　　　　　　　　　　　　– 박은, 〈야와송시유감(夜臥誦詩有感)〉

(다) 서파삼우(西坡三友)란 나의 벗 이이립이 스스로 지은 별호이다. 이이립은 사람들 중에서 호걸이다. 소년에 육경(六經)에 통하여 우리 유학에 명성을 독차지하였고, 을유년 과거에 급제하여 대간(臺諫)을 역임하고 인물을 선발하는 직무를 맡아 10년을 벼슬길에 있으면서 공로와 이름이 현저하니, 하늘이 낸 재능이라 일컬을 만하다. 기해년 가을에 벼슬에서 물러나 남방으로 돌아와 영천(永川)의 서파리(西坡里)에 살면서 스스로 짓기를 서파삼우(西坡三友)라 하니, 세 벗이란 확대경과 뿔잔과 쇠칼이다. 그가 말하기를 "내가 벗과 떨어져 혼자 사니 사람들이 나와 벗하지 않고, 나도 또한 사람들과 사귀려 하지 않았다. 이에 세 물건으로 벗을 삼으니, 확대경으로서 끓이는 것을 맡게 하고, 뿔잔으로 술을 숭상하고, 칼로 생선을 회하여 혼자서 술 붓고 마시니 이내 취하고 배가 불렀다. 생선 나고 쌀 나는 시골에 살면서 태평성대를 구가하는 것이다. 이것이 내가 그들을 벗으로 취한 까닭이다. 자네는 이 뜻을 이해하기 쉽도록 설명을 덧붙여 의미를 부여해 주기 바란다." 했다.

나는 벗이라는 것이 그 마음의 덕을 벗하는 것이니 진실로 벗할 덕이 있다면 사람과 물건을 모두 벗할 수 있다고 생각했다. 그렇기 때문에 옛 사람이 허다하게 물건으로 벗을 삼았다. 그런데 물건 중에 취하여 벗으로 삼을 것이 이것만이 아니거늘, 반드시 이로써 벗을 삼은 것을 어찌 참으로 입으로 먹고 배를 채우기 위한 계책이라고 하겠는가. 그가 겸손하게 말한 것이다.

내가 보기에 확대경은 불을 취하는 기구이다. 한 번 그 불을 얻어 꺼지지 않게 하면 그 빛이 비치지 않는 곳이 없다. 마치 마음의 밝은 덕을 한 번 밝혀 그치지 않게 하면 그것이 다하지 않는 것과 같다. 이 불을 취한 자가 이러한 생각을 가지면 반드시 날로 새롭고 또 새로운 공(功)이 있으리니 어찌 불을 화덕에 피울 뿐이겠는가. 뿔잔은 바로 뿔로 된 것이니 가운데가 비었고 안으로 향하여 아래로 임하는 길이 있다. 거기에 들어간 것이 맑거나 흐리거나 물건을 포용하는 아량을 품고 있다. 이것을 쓰는 자가 그 덕을 생각하면 반드시 도를 즐기고 선을 좋아하는 마음이 생길 것이다. 어찌 석 잔 술의 의미를 알지 못할 우려가 있겠는가. 칼이라는 것은 쇠이다. 가을의 기운과 부합하니 그 덕은 예리한 데에 있다. 그 예리함을 물체에 쓰매 진평은 고기를 공평하게 잘 나누었고, 정치에 쓰매 여회는 일을 결단력 있게 잘 처리했다. 칼을 잡고 용도를 자세히 살피고 칼을 성급하게 쓰지 않는다면 남들이 어찌 감히 옳은 말을 거역하겠는가. 안으로 스스로 몸을 닦는 방법과 밖으로 백성에 임하는 도리가 실로 이 세 가지에 갖추어져 있다.

공자가 일컬은 '유익한 벗[益友]'과 맹자가 논한 바 '존경하는 벗[尙友]'이라는 말이 본래 이에 지나지 않는 것이다. 이러한 사람이 이러한 벗을 얻었으니 벗을 취하는 법을 안다고 이를 만하다. 그 취하여 잘 쓰는 바가 어찌 작겠는가. 훗날에

예를 갖춘 부름에 응하고 대신의 직책을 받아서, 백관을 진퇴시키고 일세의 인재를 길러내어, 위로 군왕의 치화(治化)를 돕고 아래로 청사(靑史)에 아름다운 이름을 전하게 되면, 반드시 이 삼우(三友)에게 힘입지 않았다고 하지 못할 것이다. 아, 대장부가 이 세상에 나서 때를 만나고 못 만나는 것은 운명이다. 그러나 바야흐로 밝은 임금이 위에 있어 천지가 조화를 이루고 만물이 무성하게 이루는 도가 새로우니 함께 나아갈 때이다. 내 어찌 기뻐하지 않겠는가. 마땅히 눈을 씻고 기다리겠노라.

– 유방선, 〈서파삼우설(西坡三友說)〉

E93 ✽✽❀ 2021(7월)/고3교육청 14

(가)~(다)에 대한 설명으로 가장 적절한 것은?

① (가)는 대구의 형식을 사용하여 전달하고자 하는 내용을 강조하고 있다.
② (나)는 과거와 현재의 대비를 통해 시상의 전환이 이루어지고 있다.
③ (다)는 사물에 인격을 부여하여 인간의 이중적 태도를 비판하고 있다.
④ (가)와 (나)는 계절감을 드러내는 소재를 통해 시간의 경과를 드러내고 있다.
⑤ (가)와 (다)는 공간적 배경을 묘사하여 인물의 내면 심리를 드러내고 있다.

E94 ✽✽❀ 2021(7월)/고3교육청 15

〈보기〉를 바탕으로 (가)를 이해한 내용으로 적절하지 않은 것은?

[보기]

(가)는 작가가 간성 지역의 군수로 재직하던 시절, 자신을 찾아온 손님들을 즐겁게 하기 위해 창작한 작품이다. 그는 당시 불리던 노래들이 사대부에게 적합하지 않으므로 옳은 소리를 담은 노래가 필요하다고 생각하였다. 그래서 모두 흥겹게 즐기자는 내용 속에 부분적으로 권계의 내용을 담았다. 이 작품에는 현재를 즐기되 그것이 지나쳐서는 안 된다는 '낙이불음(樂而不淫)' 사상과 중심(中心)을 지키는 것이 사대부의 바람직한 자세라는 교훈이 담겨 있다.

① '고조'를 아는 사람이 없고 '정성'이 아득하니 다시 불러 보겠다며 옳은 소리를 담은 노래가 사대부에게 필요하다는 생각을 드러내고 있군.

② '해학'과 '즐김'을 좋아하지만 그것이 남을 괴롭히거나 거칠어서는 안 된다며 절제를 강조하는 낙이불음 사상을 드러내고 있군.

③ '좌상'에 손님이 있다는 것과 '이 해'가 저물었으니 즐겁게 놀자는 것을 보아 자신을 찾아온 손님들과 현재를 즐기고자 하는군.

④ '외모'를 위하기보다 '중심'을 즐기라는 것을 보아 겉치레보다 마음속을 지키는 것이 사대부의 바람직한 자세라고 생각하는군.

⑤ '종고금슬'로 날마다 즐겨 노는 것은 '화옥'을 꿈꾸는 어리석은 행동이라며 권계의 내용을 전달하고 있군.

E95 ★★✿ 　　　　　　　　　　　　2021(7월)/고3교육청 16

(다)에 대한 이해로 적절하지 않은 것은?

① '나'는 '확대경'의 기능을 바탕으로 '이이립'이 밝은 덕을 밝혀서 지닐 수 있는 사람이라고 판단하고 있다.

② '나'는 벗을 취하는 법을 아는 '이이립'이 새로운 때를 만나 나라를 위해 능력을 펼치기를 기대하고 있다.

③ '나'는 '이이립'의 이야기를 듣고, 벼슬에서 물러난 사람들이 나아갈 때를 기다리지 못하는 것에 대해 경계하고 있다.

④ '나'는 '뿔잔'의 생김새를 바탕으로 이를 벗 삼은 '이이립'이 모든 것을 포용하는 마음을 지니고 있다고 생각하고 있다.

⑤ '나'는 '칼'의 특성을 바탕으로 관직에 나아가고자 하는 사람은 공평함과 결단력을 지녀야 한다고 생각하고 있다.

E96 ★★✿ 　　　　　　　　　　　　2021(7월)/고3교육청 17

<보기>를 바탕으로 (나), (다)를 감상한 내용으로 적절하지 않은 것은? [3점]

[보기]

우리는 끊임없이 다른 대상과 관계를 맺으며 살아간다. 문학 작품에서 대상을 인지하는 주체는 교감을 통해 대상이 자신의 행동에 반응한다고 느끼기도 하고, 대상에 보편적 속성 이상의 새로운 의미를 부여하기도 한다. 이때 대상은 사람뿐만 아니라 사물일 수도 있는데, 그 기저에는 모든 만물과 교감이 가능하다는 문학적 상상력이 존재한다.

① (나)에서 '시'를 읊자 '말도 길게 운다고 한 것으로 보아 화자는 대상이 자신의 행동에 반응하고 있다고 느낀 것이겠군.

② (나)에서 '늙은 종'이 재를 털어 '등불'을 밝히는 것은 화자뿐만 아니라 늙은 종도 자연과 교감하고 있는 것으로 볼 수 있겠군.

③ (나)에서 '초승달'이 그림자를 만들고 '솔'도 소리를 낸다고 한 것은 화자가 자신을 둘러싼 자연과 교감을 하고 있다는 문학적 상상력을 보여주는 것이겠군.

④ (다)에서 '이이립'이 자신의 별호를 스스로 '서파삼우'라고 지은 것으로 보아, '이이립'은 사물에 보편적 속성 이상의 의미를 부여했겠군.

⑤ (다)에서 '나'가 '세 벗'의 의미를 '이이립' 대신 설명해 주는 것으로 보아, '나'는 '이이립'과의 교감을 통해 그가 사물로 벗을 삼은 이유를 알고 있다고 볼 수 있겠군.

E97 ★★✿ 　　　　　　　　　　　　2021(7월)/고3교육청 18

㉠과 ㉡을 비교한 내용으로 가장 적절한 것은?

① ㉠은 화자에게 감흥을 자아내는, ㉡은 화자에게 불안감을 주는 소재이다.

② ㉠은 화자가 풍류를 즐기게 하는, ㉡은 화자의 근심을 잊게 하는 소재이다.

③ ㉠은 화자의 소박한 삶의 태도를 드러내는, ㉡은 화자의 유유자적하는 삶의 태도를 드러내는 소재이다.

④ ㉠과 ㉡은 모두 화자가 경외감을 가지고 바라보는 소재이다.

⑤ ㉠과 ㉡은 모두 화자가 현실에 대응하는 자세를 성찰하도록 이끄는 소재이다.

❖ 정답 및 해설 317~321p

31 DAY

빗소리

서울대학교 자치언론 동아리

서울대학교 비정규직 노동자의 목소리를 전하는 학생모임, '빗소리'

청소노동자, 경비원, 버스기사, 학생식당 노동자분들...

우리의 일상생활 곳곳을 책임지고 있는 이분들의 목소리가 궁금하지 않으십니까?

빗소리의 모든 활동은 노동자분들과의 만남에서 시작됩니다.

서울대학교 비정규직 노동자의 목소리를 전하는 학생모임, '빗소리'에서는...

학생들에게 전하고 싶은 말, 일하면서 생기는 고충, 직장으로서의 서울대학교 등에 대한 이분들의 생생한 목소리를 SNS 포스팅, 사진전, 간담회, 세미나 등 다양한 방법으로 널리 전합니다.

어렵고 낯설게 느껴질 수도 있는 '노동'에 대해 함께 토의하고 연구하기도 합니다.

무엇보다 노동자분들이 부당한 대우를 받는 경우 함께 목소리를 내고, 다른 단체들과 연대하기도합니다. 노동자분들의 목소리를 더 가까이서 듣고 싶은 분들, 더 따뜻한 서울대학교 공동체를 위해 고민하고 싶은 분들 모두 환영합니다!

(Homepage - https://www.facebook.com/snurainsound/)

쉽고 재미있는 개념 정리 ✚ 내신과 수능 완벽 대비!!

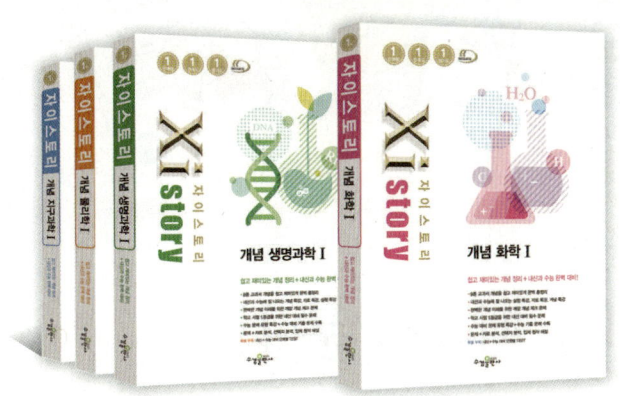

자이스토리 개념 시리즈

[개념 화학Ⅰ, 개념 생명과학Ⅰ]
[개념 물리학Ⅰ, 개념 지구과학Ⅰ]

✱ **교과서 개념 총정리+깨알 개념 체크 문제**

– 개념을 최대한 쉽고 자세하게 설명하고 그림은 첨삭 설명을
　함께 제시했습니다.
– 깨알 개념 체크 문제를 통해 중요 내용을 복습하고 완벽하게
　암기할 수 있도록 구성했습니다.

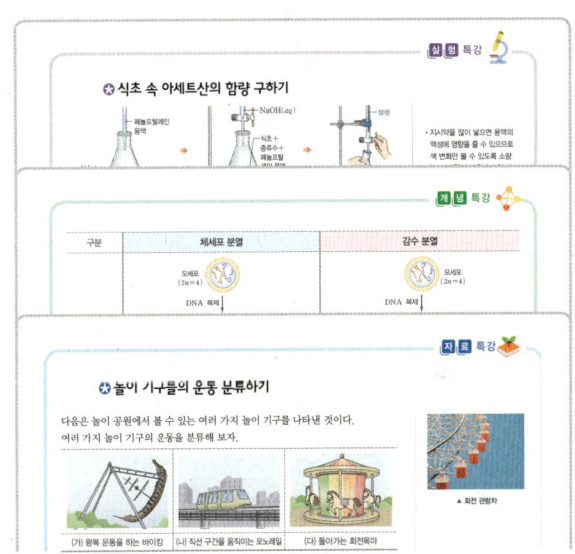

✱ **깊이 있는 이해를 위한 실험 · 개념 · 자료 특강**

– 시험에 자주 출제되는 실험, 개념, 자료를 자세히
　분석하여 내용을 깊이 있게 파악할 수 있도록 구성했습니다.
– 특강의 이해와 적용을 위한 확인 문제를 수록했습니다.

✱ **내신 대비 필수 문제 / 내신+수능 대비 단원별 TEST**

– 시험에 꼭 나오는 핵심 문제와 학교 성적의 기본이 되는
　내신 기출 문제입니다.
– 실력 향상을 위한 고난도 문제와 고난도 수능 대비 기출 문제로
　구성했습니다.

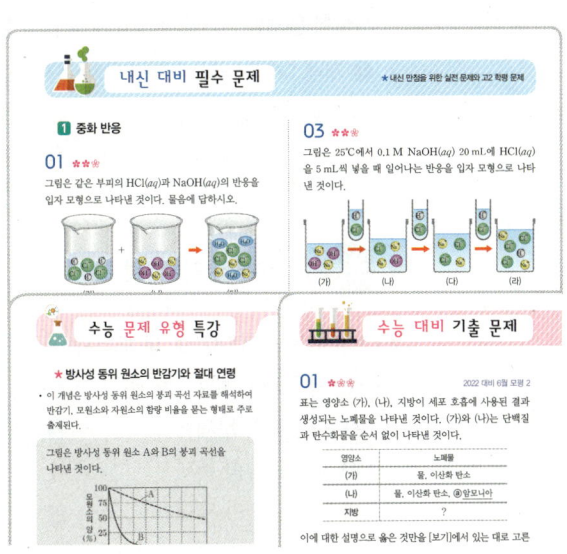

✱ **단원별 수능 문제 유형 특강+수능 대비 기출 문제**

– 수능 출제 의도 분석과 문제 접근 방법 및 단계적 풀이
　방법으로 구성했습니다.
– 수능 1등급을 위한 단원별 최신 수능 기출 문제를
　수록했습니다.

자이스토리

수학 시리즈

개념은 쉽게, 문제는 빠르게 푼다!

★ 고등 자이스토리 수학

• 촘촘한 유형 분류와 난이도순 기출 문제 배열	고1 수학(상) 고3 수학 I
• 1등급, 2등급 대비 문제 집중 학습 + 특강 해설	고1 수학(하) 고3 수학 II
❶ 출제 경향에 따른 개념정리	고2 수학 I 고3 미적분
❷ 출제 유형에 따른 기출문제	고2 수학 II 고3 확률과 통계
❸ 1등급 대비, 2등급 대비 문제만을 위한 풀이 단서 체크	고2 미적분 고난도 1등급 수학 (인문/자연)
❹ 1등급 심화 특강, My Top Secret	고2 확률과 통계
❺ 다양한 풀이법 + 실수, 함정, 주의까지 분석한 입체 첨삭 해설	기하 (고2, 3) 전국연합 모의고사 고1 수학
	연도별 모의고사 고3 수학

★ 중등 자이스토리 수학

• 세분화된 유형 문제로 개념 적용 반복 훈련	
• 서술형 문제를 단계별로 익히는 서술형 완전 학습	중등 수학1 (상), (하)
❶ 개념 다지기+개념 확인 문제 ❷ 학교 시험 유형 익히기	중등 수학2 (상), (하)
❸ 서술형 다지기 ❹ 고난도 도전 문제	중등 수학3 (상), (하)
❺ 학교 시험 단원별 모의고사 ❻ 정답 및 해설	

★ 초등 자이스토리 수학

• 세분화된 유형 문제로 새 교과서 개념 완성	
• 서술형 문제 단계별 집중 훈련 • 문장제 문제 힌트 체크, 식 세우기	1-1, 1-2, 2-1, 2-2
❶ 개념 확인 문제 ❷ 시험 유형 문제	3-1, 3-2, 4-1, 4-2
❸ 고난도 유형 문제 ❹ 서술형 완성 문제	5-1, 5-2, 6-1, 6-2
❺ 단원 총정리 문제 ❻ 생활 속 수학 스토리	

개념＋연산＋ 쉬운 기출 유형으로
심플하게 고등 수학을 마스터한다!!

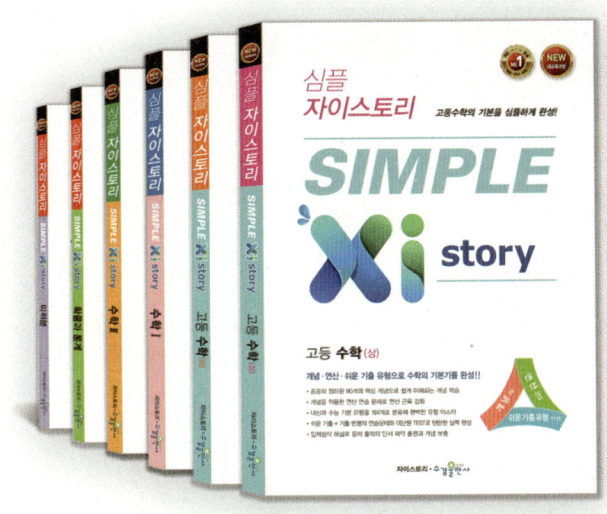

심플 자이스토리

고등 수학(상), 고등 수학(하)
수학 Ⅰ, 수학 Ⅱ
확률과 통계, 미적분

1 쉽게 이해되는 꼼꼼한 개념 정리

수학은 수많은 개념의 총체적인 모임입니다. 그래서 수학을 쉽게 하려면 개념 사이의 관계와 흐름을 제대로 잡고 있어야 합니다. 심플 자이스토리는 개념을 심플하게 구성해 개념 사이의 흐름을 알 수 있도록 하였습니다. 또, 이런 개념 사이의 관계와 흐름을 잘 잡을 수 있도록 독특한 어드바이스들이 있습니다.

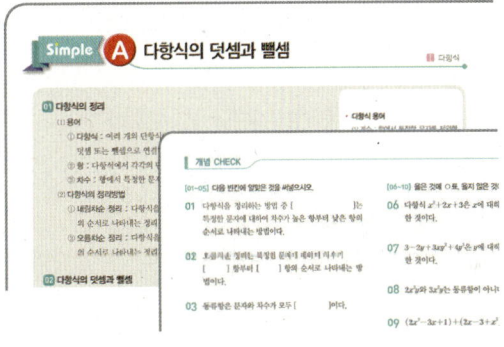

2 개념을 적용시키는 연산 훈련 강화

수학의 기본기는 연산입니다. 연산이 쉽다고 소홀히 하면 쉬운 문제를 틀리는 경우가 있습니다. 심플 자이스토리는 개념을 배운 후 바로 적용하도록 연산 문제를 배치하여 연산 근육을 강화시키도록 하였습니다. 연산 실력이 탄탄하면 어떤 문제도 실수로 틀리지 않습니다.

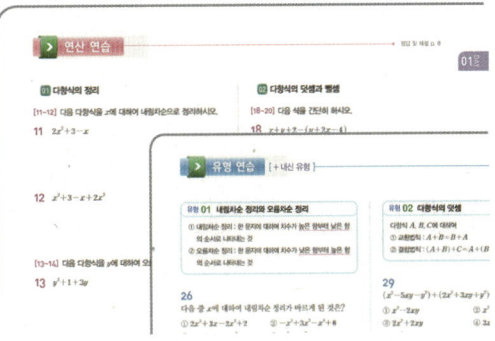

3 내신＋수능에 꼭 필요한 쉬운 기출 유형 총정리

수학은 학교 시험이나 수능에 자주 출제되는 패턴이 있습니다. 그 패턴에 익숙해지도록 공부하면 점수를 얻기 쉬워집니다. 이런 패턴을 유형이라고 합니다. 학교 시험과 수능에서 나오는 쉬운 기출 유형을 분석하여 쉽게 풀어갈 수 있도록 문제를 구성하였습니다.

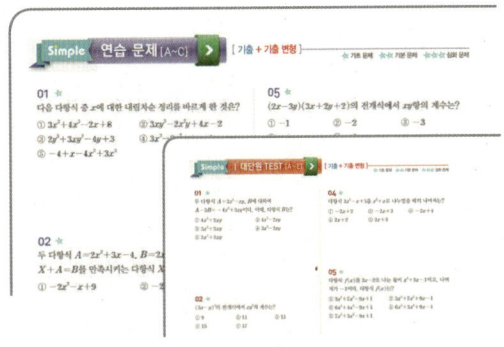

memo

XISTORY HONORS CLUB

대한민국 No.1

자이스토리 장학생 선발!!

자이스토리와 함께 빛나는 성취를 이루어낸 수험생 여러분께
수경출판사가 장학금을 드립니다.

응모자격 • 수능 대비 자이스토리 교재로 학습한 고1 · 2 · 3학년, N수생

선발일정 • 매년 2월 5일까지 접수 (이메일 접수)
 • 매년 2월 20일 수상자 발표
 • 매년 2월 28일 장학금 수여

선발기준 • 수능대비 자이스토리 교재를 활용해
  달성한 학업 성취에 대해 진솔한 학습법을 작성한 학생

장 학 금 • 자이스토리 장학금 4,000만 원+α

 • 부상 : Xistory Honors Club 장학증서,
  Xistory Honors Club 백팩

★ 이현일 장학금(입학생 4명+졸업생)

(대학입학시 100만 원+졸업시 100만 원 지급)

"이현일 장학금"은 MIT출신으로 현 샌프란시스코 재미한인 협회장이신 이현일 씨가 우리나라 이공계
학생들을 후원하기 위해 수경출판사에 기탁한 장학금입니다. 『한국 열등생, MIT우등생』 저자

대상
500만 원
1명

이현일
장학금
400만 원+α
4명+α

금상
200만 원
2명

장려상
100만 원
5명

격려상
50만 원
20명

노력상
모바일 상품권
10만 원
60명+α

• XISTORY 10th HONORS CLUB 장학금은 2025년 2월 28일에 지급될 예정입니다.
• XISTORY 9th HONORS CLUB 장학금은 2024년 2월 28일에 지급되었습니다.
• XISTORY 8th HONORS CLUB 장학금은 2023년 2월 28일에 지급되었습니다.
• XISTORY 7th HONORS CLUB 장학금은 2022년 2월 25일에 지급되었습니다.
• XISTORY 6th HONORS CLUB 장학금은 2021년 2월 26일에 지급되었습니다.
• XISTORY 5th HONORS CLUB 장학금은 2020년 2월 28일에 지급되었습니다.
• XISTORY 4th HONORS CLUB 장학금은 2019년 2월 27일에 지급되었습니다.
• XISTORY 3rd HONORS CLUB 장학금은 2018년 2월 27일에 지급되었습니다.
• XISTORY 2nd HONORS CLUB 장학금은 2017년 2월 24일에 지급되었습니다.
• XISTORY 1st HONORS CLUB 장학금은 2016년 2월 20일에 지급되었습니다.

＊자세한 내용은 수경출판사
 홈페이지 www.book-sk.kr를
 참조하여 주시기 바랍니다.

자이스토리 · 수경출판사

My Best friend
수경출판사 · 자이스토리

나만의 학습 계획표를 올려 주세요.

나만의 학습 계획표를 작성하고, 사진을 찍어
인스타그램 또는 블로그에 올려주세요.

★ **필수 해시태그** - #수경출판사 #자이스토리 #수능기출문제집
　　　　　　　　　#학습 계획표

★ **참여해 주신 분께:** 바나나우유 기프티콘 증정

 QR코드를 스캔하여 개인 정보 및 작성한 게시물의 URL을 입력합니다.

수경 Mania가 되어 주세요.

인스타그램, 카페, 블로그 등에
수경출판사 교재로 공부하는 모습,
학습후기, 교재 사진을 올려주세요.

★ **참여해 주신 분께:** 3,000원 편의점 기프티콘 증정
★ **우수 후기 작성자:** 강남인강 1년 수강권 증정

 QR코드를 스캔하여 개인 정보 및 작성한 게시물의
URL을 입력합니다.

수험장 생생체험단 모집

자이스토리 교재에 실릴 수능 문제에
대한 나만의 풀이 비법을 전수해 주세요.

★ **대상:** 수능을 지원한 고3 및 N수생
　　　(성적 우수자 우선 선발)

★ **생생체험단 선정 수험생:**
　　<u>문항당 소정의 원고료</u> 증정

QR코드를 스캔하여
해당 링크로 이동합니다.

교재 평가 설문지를 작성해 주세요.

수경출판사 교재 학습 후기, 교재 평가 설문지를 작성해 주세요.
[학생, 선생님 모두 가능]

★ **참여해 주신 분께:** 2,000원 편의점 기프티콘 증정
★ **우수 후기 작성자:** 강남인강 1년 수강권 증정

 QR코드를 스캔하여 해당 링크에 들어가서 설문조사를 진행합니다.

선생님 전용
설문조사

학생 전용
설문조사

---

*자세한 사항은 해당 QR코드를 스캔하거나, 홈페이지 이벤트 공지글을 참고해 주세요.
*이벤트의 내용이나 상품이 변경될 수 있으며, 변경시 홈페이지에 공지됩니다.

◉ (주)수경출판사의 모든 교재에는 가 있습니다.

◉ 교재의 **마인드 트리** 10개를 모아서 보내주시는 모든 분께 선물을 드립니다.

◉ 각각 다른 교재의 **마인드 트리**를 모아 주셔야 됩니다.

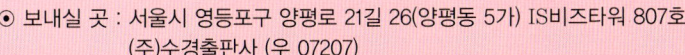

» 다음 교재 중 1권과 개념정리 노트 1권을 드립니다.

• 30일 완성 수능 국어 문법 & 어휘
• 문제로 풀어 가는 기출 보카 [고교 기본편]
• 형상기억 수학공식집
　[□고1 수학　□인문계　□자연계]

중 1권 + 개념정리 노트 1권

*오려서 보내 주세요.

자이스토리
수능 국어 고전 시가 총정리

◉ 보내실 곳 : 서울시 영등포구 양평로 21길 26(양평동 5가) IS비즈타워 807호
　　　　　　 (주)수경출판사 (우 07207)

◉ 언제든지 엽서에 붙이거나, 편지 봉투에 넣어 보내 주세요.

자이스토리

Mind Tree

10개를 모아 보내 주세요!

(각각 다른 교재로)

풀이나 스카치 테이프를 이용해 붙여 주세요.

우 편 봉 함 엽 서

보내는 사람

*주소 _____

*이름 _____　*학년 (중 ____ . 고 ____)

□□□□□

우표

받는 사람

서울시 영등포구 양평로 21길 26(양평동 5가)
IS비즈타워 807호
(주)수경출판사 교재 기획실

0 7 2 0 7

자이스토리 수능 국어 **고전 시가 총정리**

1. 이 책을 구입하게 된 동기는 무엇입니까? [교재명 : 　　　　　　　　　　　　　]

　① 서점에서 다른 책들과 비교해 보고　② 광고를 보고/듣고　③ 학교/학원 보충 교재 [학교명(학원명): 　　　]
　④ 선생님의 추천　　　　　　　　　　⑤ 친구/선배의 권유　⑥ 기타 [　　　　　　　　　]

2. 교재를 선택할 때 가장 큰 기준이 되는 것은?(복수 응답 가능)

　① 유명 출판사　　② 교재 내용　　③ 디자인　　　④ 난이도
　⑤ 교재 분량　　　⑥ 해설　　　　⑦ 동영상 강의　⑧ 기타 [　　　　　　]

3. 이 책의 전반적인 부분에 대한 질문입니다.

　◆ 표지 디자인 : 좋다 □　보통이다 □　좋지 않다 □　　◆ 본문 디자인 : 좋다 □　보통이다 □　좋지 않다 □
　◆ 문제 난이도 : 어렵다 □　알맞다 □　쉽다 □　　　　◆ 교재의 분량 : 많다 □　알맞다 □　적다 □

4. 이 책의 구성 요소를 평가한다면?

　• 고전 시가 개념 완성 (　)　　　　• 고전 시가 독해 공식 (　)　　　• 문제 풀이 꿀팁 (　)
　• 내신·학평 대비 기출문제 (　)　　• 왜 정답? / 왜 오답? (　)　　　• 입체 첨삭 해설 (　)

　　　① 매우 만족　　　② 만족　　　③ 보통　　　④ 불만　　　⑤ 매우 불만

- -

5. 이 책에서 추가되어야 할 점이 있다면 무엇입니까?

_____
_____
_____

6. 최근 본인이 크게 도움을 받은 책이 있다면?(또는 가장 인기있는 교재는?)

교재명 :   과목 :

_____
_____

7. 내가 원하는 교재가 있다면?

_____
_____
_____
_____

이름 :	연락처 :	이메일 :
	학 교 :	학 년 :

Fighting!

외롭고 고된 자신과 싸움의 시간이 힘드셨죠?
꾹 참고 이겨내고 있는
당신의 모습에 경의를 보냅니다.
합격은 당신의 것입니다.

❄ **마인드 트리**를 붙이고 원하는 교재를 체크하세요.

mind tree ★ 1	mind tree ★ 2	mind tree ★ 3	mind tree ★ 4	mind tree ★ 5
mind tree ★ 6	mind tree ★ 7	mind tree ★ 8	mind tree ★ 9	mind tree ★ 10

※ 원하는 교재를 **1권** 체크

- ☐ 30일 완성 수능 국어
  문법 & 어휘
- ☐ 문제로 풀어 가는
  기출 보카
  `고교 기본편`
- ☐ 형상기억 수학
  공식집
  `고1 수학`
- ☐ 형상기억 수학
  공식집
  `인문계`
- ☐ 형상기억 수학
  공식집
  `자연계`

수능 국어

고전 시가 총정리

해 설 편

수경출판사

A

01②	02⑤	03②	04④	05③	06①	07②	08③	09③	10④	11②	12④	13①	14①	15①
16⑤	17⑤	18③	19④	20①	21⑤	22⑤	23③	24④	25③	26③	27④	28③	29②	30③
31⑤	32④	33②	34③	35⑤	36①	37③	38⑤	39④	40②	41⑤	42②	43①	44③	45④
46③	47⑤	48①	49③	50④	51④	52④	53④	54④	55⑤	56②	57④	58④	59②	60②

B

01①	02②	03③	04④	05④	06①	07③	08②	09②	10④	11④	12⑤	13⑤	14③	15①
16②	17④	18⑤	19①	20③	21④	22②	23④	24②	25④	26⑤	27②	28⑤	29②	30④
31③	32④	33②

C

01①	02④	03⑤	04③	05②	06⑤	07③	08⑤	09⑤	10①	11③	12⑤	13④	14⑤	15③
16①	17①	18④	19④	20①	21⑤	22④	23④	24②	25③	26④	27④	28③	29③	30①
31④	32②	33⑤	34④	35④	36①	37③	38⑤	39⑤	40④	41①	42④	43⑤	44③	45③
46①	47⑤	48①	49⑤	50②	51④	52②	53③	54②	55③	56②	57④	58③	59④	60③
61④	62②	63③	64③	65⑤	66③	67②								

D

01⑤	02③	03③	04④	05①	06③	07④	08③	09④	10①	11④	12③	13②	14③	15⑤
16③	17④	18②	19①	20⑤	21③	22②	23②	24④	25③	26④	27④	28④	29④	30②
31⑤	32①	33④	34④	35⑤	36⑤	37④	38④	39④	40④	41②	42④	43④	44①	45③
46①	47④	48④	49②	50①	51①	52④	53①	54④	55⑤	56①	57②	58②	59③	60⑤
61③	62①	63③	64⑤	65②	66④	67①	68⑤	69③	70⑤	71⑤	72⑤	73⑤	74④	75⑤
76③	77①	78③	79④	80④	81①	82③	83⑤	84⑤	85①	86②	87⑤	88③	89⑤	90③
91④	92①	93③	94②	95④	96⑤	97②	98④	99①						

E

01②	02③	03③	04①	05④	06③	07⑤	08④	09①	10③	11③	12⑤	13①	14④	15③
16②	17①	18⑤	19④	20③	21④	22③	23⑤	24①	25①	26⑤	27②	28①	29④	30③
31④	32②	33①	34⑤	35②	36②	37②	38①	39①	40③	41④	42①	43②	44①	45③
46②	47②	48①	49③	50⑤	51⑤	52⑤	53③	54③	55⑤	56⑤	57②	58①	59④	60③
61⑤	62②	63④	64②	65⑤	66④	67②	68④	69②	70⑤	71②	72⑤	73①	74①	75⑤
76⑤	77④	78③	79⑤	80①	81④	82⑤	83②	84④	85④	86④	87③	88⑤	89④	90③
91②	92⑤	93①	94⑤	95③	96②	97②								

🍀 차 례

입체 첨삭 해설!

✳ 시

❶ 화자, 중심 대상
시의 화자, 중심 대상에 표시했습니다.

❷ 상황, 정서, 태도
화자가 처해 있는 상황과 그 상황에서 화자가 느끼는 정서를 비롯해 화자의 태도를 알 수 있는 부분에 표시했습니다.

❸ 표현상 특징
주제를 효과적으로 전달하기 위해 사용된 표현상 특징이 드러난 부분에 표시했습니다.

지문 어휘
지문을 이해하는 데 도움이 되는 어휘의 풀이를 제시했습니다.

✳ 연 요약
각 연의 내용을 요약해 전체적인 내용을 파악할 수 있게 했습니다.

■ 내용
해당 작품이 어떠한 내용이고, 무슨 갈래에 해당하는지를 요약하여 정리했습니다.

■ 주제
작품의 주제를 정리했습니다.

■ 이것이 핵심!
해당 작품에서 가장 중심이 되는 내용을 한눈에 볼 수 있게 도표로 제시했습니다.

★ 독해 공식 정답
각 갈래별로 반드시 확인해야 하는 확인 요소를 제시했습니다.

배경지식
알아두면 도움이 되는 배경지식을 제시했습니다.

왜 오답?
오답 풀이를 통해 틀린 문제에 대한 이해뿐만 아니라 선택지 출제 원리까지 터득할 수 있습니다.

문제 어휘 + 개념어
문제 풀이에 도움이 되는 어려운 어휘 및 개념어의 풀이를 제시했습니다.

근거
정답과 오답을 가르는 근거가 되는 부분을 제시했습니다.

매력적인 오답
학생들이 가장 많이 선택한 오답의 선택률을 제시하고, 그 원인을 분석하여 해결책을 제시했습니다.

작품의 제목
작품의 내용을 한눈에 알 수 있는 제목을 제시하였습니다.

고어 읽기
고어(옛 한글의 소리를 현대어로 표기하였습니다.

시 해석
시의 내용을 쉽게 풀이했습니다.

✳ 수필

❶ 중심 대상
이야기의 중심 대상을 알 수 있는 부분에 표시했습니다.

❷ 글쓴이의 생각, 태도
이야기의 중심 대상에 대한 글쓴이의 생각, 태도를 알 수 있는 부분에 표시했습니다.

❸ 서술상 특징
이야기를 효과적으로 전달하기 위해 사용된 서술상 특징이 드러나는 부분에 표시했습니다.

✳ 장면 요약
각 장면의 내용을 요약해 전체적인 내용을 파악할 수 있게 했습니다.

정답률
오답에 대한 상대 평가를 할 수 있도록 정답률을 수록하였습니다.

문제 유형 분석
문제 유형을 제시하여 수능형 문제 유형을 쉽게 파악할 수 있도록 했습니다.

문제 분석
문제가 의미하는 바를 한눈에 파악할 수 있게 했습니다.

왜 정답?
정답이 되는 이유와 다른 오답과의 차이점을 알기 쉽게 설명하여 문제 풀이의 핵심을 파악할 수 있도록 했습니다.

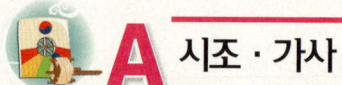

A 시조·가사

(가) 이개, 〈방(房) 안에 켜 있는〉

❶ 화자, 중심 대상 ❷ 상황, 정서, 태도 ❸ 표현상 특징 [시 해석]

❷상황: 방 안에 켜져 있는 촛불을 보고 있음.
방(房) 안에 켜 있는 촉(燭)불 눌과 이별하였기에
  ❶중심 대상: 촉불(촛불)
➡ 방 안에 켜져 있는 촛불은 누구와 이별을 하였기에

*초장 요약: 방 안에 촛불이 켜져 있음.

❷촛농이 떨어지는 모습
겉으로 눈물 지고 속 타는 줄 모르는고
  ❸ 의인법, 설의법
➡ 겉으로 눈물을 흘리면서 속이 타들어 가는 줄을 모르는가?

*중장 요약: 초가 타면서 촛농이 떨어짐.

❸ ❶화자: '나' ❸영탄법, 감정 이입
저 촉(燭)불 날과 같아서 속 타는 줄 모르도다
  ❷정서: 임과 이별하여 애가 탐.
➡ 저 촛불도 나와 같아서 (슬퍼 눈물만 흘릴 뿐) 속이 타는 줄을 모르는구나.

*종장 요약: 촛불이 나(화자)와 같음.

■ 갈래: 정형 시조   ■ 창작 시기: 조선 초기
■ 내용: 이 작품은 임과의 이별로 인한 슬픔을 '촛불'에 빗대어 표현하고 있다. '단종'과 이별한 후에 창작된 것임을 고려하면, 임에 대한 슬픔은 임금에 대한 충정과 절의로 볼 수 있다.
■ 주제: 임과 이별한 슬픔

■ **이것이 핵심!: 화자와 중심 대상의 관계**

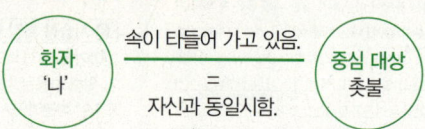

(나) 이명한, 〈꿈에 다니는 길이〉

❶ 화자, 중심 대상 ❷ 상황, 정서, 태도 ❸ 표현상 특징 [시 해석]

❶ ❸가정법
꿈에 다니는 길이 자취가 남는다면
  ❷상황: 꿈에 다니는 길에 자취가 남는 상황을 가정함.
➡ 꿈속에 다니는 길에 자취가 남는다면

〔자취: 어떤 것이 남긴 표시나 자리〕

*초장 요약: 꿈길에 흔적이 남는 상황을 가정함.

❷
님의 집 창(窓) 밖에 석로(石路)라도 닳으리라
  ❸ 과장법 - 돌길이 닳을 만큼 자주 드나든다는 의미
➡ 임의 집 창밖에 난 길이 돌길이라도 다 닳았으리라.

〔석로: 돌이 많은 길(= 돌길)〕

*중장 요약: 임의 집 창밖의 길이 닳을 만큼 다닐 것임.

❸꿈에서라도 임을 보러 간 것을 알릴 수 없음. ❸영탄법
꿈길이 자취 없으니 그를 슬퍼하노라
  ❶중심 대상: 꿈길   ❷정서: 임에게 자신의 마음을 알릴 수 없어 슬퍼함.
➡ (그러나) 꿈속에 다니는 길에 자취가 남지 않으니 그것을 슬퍼하노라.

*종장 요약: 꿈길에 흔적이 남지 않는 것을 슬퍼함.

■ 갈래: 정형 시조   ■ 창작 시기: 조선 중기
■ 내용: 이 작품은 만약의 상황을 가정하여 자신이 '꿈에 다니는 길'에 자취가 남는다면 사랑하는 임이 자신의 마음을 알아줄 텐데, 그렇지 못한 상황에 대해 안타까워하는 마음을 묘사하고 있다.
■ 주제: 임에 대한 그리움

■ **이것이 핵심!: 중심 대상에 대한 화자의 정서**

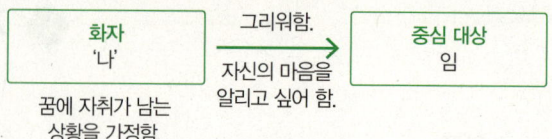

(다) 작자 미상, 〈님이 오마 하거늘〉

❶ 화자, 중심 대상 ❷ 상황, 정서, 태도 ❸ 표현상 특징 [시 해석]

❶
님이 오마 하거늘 저녁밥을 일찍 지어 먹고
➡ 님이 오겠다고 하기에 저녁밥을 일찍 지어 먹고

*초장 요약: 임이 온다는 소식을 들음.

❷
중문 나서 대문 나가 지방 위에 치달아 앉아 이수(以手)로 가액(加額)하고* 오는가 가는가 건넌 산 바라보니 거머횟들* 서 있거
  ❸ 시각적 심상
늘 저야 님이로다. 「버선 벗어 품에 품고 신 벗어 손에 쥐고 곰븨
님븨 님븨곰븨 천방지방 지방천방* 진 데 마른 데 가리지 말고
  ❸ 음성 상징어 「」 ❸ 과장법 – 달려가는 모습을 과장되게 묘사함.
워렁충창* 건너가서」정(情)엣말 하려 하고 곁눈을 흘깃 보니 상
  ❸ 청각적 심상   ❶화자: '나', 중심 대상: 주추리 삼대 ❸영탄법
년(上年) 칠월 사흗날 갉아 벗긴 주추리 삼대* 살뜰이도 날 속였
  ❷상황: 주추리 삼대를 임으로 착각해 달려감.
구나

➡ 중문을 나와서 대문으로 나가 문지방 위에 올라가서 손을 들어 이마에 얹고 임이 오는가 하여 건넛산을 바라보니 검은 듯 흰 듯한 것이 서 있기에 저것이 틀림없는 임이로구나. 버선을 벗어 품에 품고 신발을 벗어 손에 쥐고 엎치락뒤치락 허둥거리며 축축한 곳, 마른 곳을 가리지 않고 우당탕 통탕 건너가서 정이 넘치는 말을 하려고 곁눈으로 흘깃 보니, 작년 7월 3일에 껍질을 벗긴 주추리 삼대가 잘도 나를 속였구나.

〔지방: 출입문 밑에 마루보다 조금 높게 가로로 댄 나무(= 문지방)
상년: 이해 바로 앞의 해(= 지난해)〕

*중장 요약: 주추리 삼대를 임으로 착각하고 달려감.

❸ ❸영탄법
모처라 밤일세망정 행여 낮이런들 남 웃길 뻔 하괘라
  ❷정서, 태도: 자신의 실수를 겸연쩍어하며 자조함.
➡ 마침 밤이기에 망정이지 행여 낮이었다면 남을 웃길 뻔했구나.

*종장 요약: 자신의 실수를 겸연쩍어함.

* 이수로 가액하고: 손을 들어 이마에 얹고
* 거머횟들: 검은 듯 흰 듯한 것
* 곰븨님븨 님븨곰븨 천방지방 지방천방: 엎치락뒤치락 허둥거리는 모양
* 워렁충창: 우당탕퉁탕
* 주추리 삼대: 밭머리에 모아 세워 둔 삼의 줄기

■ 갈래: 사설시조   ■ 창작 시기: 조선 후기
■ 내용: 이 작품은 임을 기다리는 모습을 묘사하고 있다. 화자는 주추리 삼대를 임으로 착각하여 달려나가는 모습을 과장되게 묘사함으로써 웃음을 유발하고 있다.
■ 주제: 임을 기다리는 애타는 마음

■ **이것이 핵심!: 화자와 중심 대상의 관계**

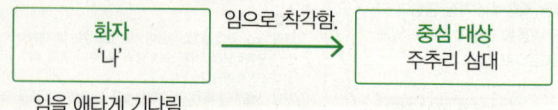

A 01 정답 ② ＊작품 비교하기 ················ [정답률 57%]

(가)~(다)의 공통점에 대한 설명으로 가장 적절한 것은?

＞왜 정답 ?

② 영탄적 표현을 통해 시적 상황에 대한 화자의 정서를 부각 [화자의 감정을 두드러지게 나타내고]
하고 있다.

＊근거: (가) ❸, (나) ❸, (다) ❸

영탄적 표현은 주로 ' −로다, −구나' 등의 종결 어미를 통해 구현되며, 화자의 정서가 감탄, 탄식, 슬픔 등의 감정을 나타낼 때 쓰인다. (가)의 '모르도다', (나)의 '슬퍼하노라', (다)의 '하괘라'에서는 화자의 슬픔, 이별의 안타까움, 겸연쩍음 등의 감정을 영탄적 표현을 통해 부각하고 있다.

[영탄적 표현: 마음속 깊이 느끼는 감탄을 드러내는 표현으로, 감탄사나 감탄형 종결 어미 '−구나', '−로다', '−네' 등을 통해 실현됨.
  부각하다: 어떤 사물을 특징지어 두드러지게 하다.

＞왜 오답 ?

① 청각적 심상을 활용하여 애상적 분위기를 조성하고 있다. [슬퍼하거나 가슴 아파하는 분위기를 만들고]
[(다)만 해당됨.] [(다)는 애상적 분위기와 관련이 없음.]

＊근거: (다) ❷

청각적 심상은 (다)의 '워렁충창'에 해당되는 설명이다. 그러나 (다)에서는 청각적 심상을 통해 애상적 분위기를 만들고 있지 않다.

[청각적 심상: 소리, 음성, 음향 등을 제시하는 심상
  애상적: 슬퍼하거나 가슴 아파하는 것
  조성하다: 분위기나 정세 따위를 만들다.

③ 자조적 어조를 통해 과거의 행동에 대한 화자의 자책감을 [(다)만 해당됨.] [(다)는 과거의 행동에 대한 자책감과는 관련이 없음.]
드러내고 있다.

(가)와 (나)에서는 자조적 어조를 찾아보기 어렵다. 또한 (다)에서 자조적 어조가 나타난다고 하더라도, 이것은 자신이 주추리 삼대를 임으로 착각해서 행동한 것이 다른 사람을 웃길 뻔했다는 데에서 오는 자조일 뿐, 자책감과는 관련이 없다.

[자조적 어조: 자기를 비웃는 듯한 말투
  자책감: 자신의 결함이나 잘못에 대하여 깊이 뉘우치고 자신을 책망하는 마음

④ 역설적 표현을 통해 부정적인 상황에 대한 화자의 극복 의지 [바람직하지 못한 상황을 이겨 내고자 하는 마음]
[(가), (나), (다) 모두 사용되지 않음.] [(가), (나), (다) 모두 드러나지 않음.]
를 나타내고 있다.

(가)~(다)에서 역설적 표현은 사용되지 않았고, 부정적 현실에 대한 극복 의지 또한 드러나지 않았다.

[역설적 표현: 겉으로는 모순되는 것 같으나 그 속에 중요한 진리를 담고 있는 표현

⑤ 가정적 상황을 제시하여 현재에 비해 미래가 나아질 것이 [(나)만 해당됨.] [(가), (나), (다) 모두 드러나지 않음.]
라는 기대감을 드러내고 있다.

＊근거: (나) ❶

(나)에서 '꿈에 다니는 길이 자취가 남는다면'이라며 상황을 가정하고 있지만, 이를 통해 미래가 나아질 것이라는 기대감은 드러나지 않는다. (가)와 (다)에서는 상황을 가정하고 있지 않다.

[가정적 상황: 사실이 아니거나 사실 여부가 분명하지 않은 것을 사실이라고 임시로 인정하는 상황

A 02 정답 ⑤ ＊화자의 정서와 태도 파악하기 [정답률 61%]

(가), (나)에 대한 이해로 적절하지 않은 것은?

＞왜 정답 ?

⑤ (나)의 '그를 슬퍼하노라'에서 '슬퍼하노라'는 자신을 찾아 주지 않는 임에 대한 화자의 원망이 담겨 있다.
[임에 대한 화자의 원망은 나타나지 않음. → 자신이 임을 생각하는 마음이 드러나지 않아 슬퍼하는 것임.]

(나)의 '그를 슬퍼하노라'에서 '그를'은 꿈길에 자취가 남지 않아 자신이 임을 생각하는 마음이 드러나지 않는 것을 의미한다. 화자는 자신을 찾아 주지 않는 임에 대해 원망하고 있지 않다.

＞왜 오답 ?

① (가)의 '겉으로 눈물 지고'에서 '눈물'은 촛농이 흘러내리는 모습을 비유한 것으로 화자의 슬픔을 형상화하고 있다. [화자의 슬픔을 구체적이고 명확한 형태로 나타내고]
[눈물을 흘러내리는 촛농에 비유하여 임과 이별한 슬픔을 구체적으로 나타냈으므로 적절함.]

근거: (가) ❷

(가)에서는 이별의 상황에서 눈물 흘리는 것을 촛농이 흘러내리는 모습으로 비유하여 화자의 슬픔을 형상화하였다.

[형상화하다: 형체로는 분명히 나타나 있지 않은 것을 어떤 방법이나 매체를 통하여 구체적이고 명확한 형상으로 나타내다.

② (가)의 '저 촉(燭)불 날과 같아서'에서 '촉(燭)불'은 화자와 [화자와 똑같은 존재로 여겨지는]
동일시되는 대상이다. [촛불이 '나'와 같다고 했으므로 적절함.]

근거: (가) ❸

(가)에서 화자는 촛불이 자신과 같다고 표현했으며, 이를 통해 화자가 촛불과 자신을 동일시하고 있음이 드러난다.

[동일시되다: 둘 이상의 것이 똑같은 것으로 보이다.

③ (나)의 '꿈에 다니는 길'에서 '꿈'에는 화자의 소망이 투영되 [화자가 바라는 것이 반영되어]
어 있다. [꿈속이라도 임의 집에 가고 싶다는 화자의 소망이 드러났으므로 적절함.]

(나)에서 화자는 임을 보기 위해 꿈에서라도 임의 집에 가고 싶다는 소망을 드러내고 있다. 따라서 '꿈'은 임을 보고자 하는 화자의 소망이 투영된 소재로 볼 수 있다.

[투영: 어떤 일을 다른 일에 반영하여 나타냄을 비유적으로 이르는 말

④ (나)의 '석로(石路)라도 닳으리라'에서 '닳으리라'는 임에 대한 화자의 간절한 그리움을 드러내고 있다.
[돌길이 닳을 만큼 임에게 자주 가고 싶은 화자의 그리움을 드러냈으므로 적절함.]

(나)의 화자가 돌길이 닳을 것이라고 말하는 것은 돌이 닳을 만큼 임에게 자주 갈 것이라는 마음, 즉 화자가 임을 생각하는 그리움이 크다는 것을 의미한다.

A 03 정답 ② ＊〈보기〉를 바탕으로 감상하기 ··· [정답률 48%]

〈보기〉를 바탕으로 (다)를 감상한 내용으로 적절하지 않은 것은? [3점]

• 〈보기〉를 바탕: 사설시조는 중장의 길이에 제한이 없으며, 솔직함, 해학성, 대담성 등의 특징을 지니고, 다양한 표현 기법을 활용하여 일상의 문제를 생동감 있게 그려 냅니다.

• (다): 임을 기다리는 상황을 묘사한 작품으로, 중장의 길이가 길며 화자의 모습을 해학적으로 그려 냈습니다.

즉 사설시조의 특징을 바탕으로 (다)를 이해한 내용 중 틀린 것을 고르는 문제입니다.

─────────[보기]─────────
❶ 조선 후기에 등장한 사설시조는 형식 면에서 평시조와 달리 중장이 제한 없이 길어졌다. ❷ 내용 면에서는 실생활 소재들
[④의 근거]
을 활용하여 일상에서 일어나는 문제를 주로 다루었는데 솔
[⑤의 근거]
직함, 해학성, 애정을 서슴없이 표현하려는 대담성 등을 그
[③의 근거] [⑤의 근거]
특징으로 하며 비유, 상징 등 다양한 표현 기법을 활용하여
[①의 근거]
대상을 생동감 있게 그려 냈다.

>왜 정답?

② 일상에서 흔히 볼 수 있는 '버선', '신'이라는 소재를 활용하
여 임의 소중함을 상징하고 있군.
임을 맞이하기 위해 바쁘게 뛰어가는 모습을
묘사하는 데 사용된 소재임.

*근거: 〈보기〉 ❷문장

(다)의 '버선', '신'은 임을 맞이하기 위해 바쁘게 뛰어가는 모습을 묘사하는
과정에서 나타난 소재일 뿐, 임의 소중함을 보여 주는 소재라고 보기는 어렵다.

>왜 오답?

① '곰븨님븨', '천방지방' 같은 음성 상징어를 활용하여 화자
의 행동을 생동감 있게 표현하고 있군.
허둥지둥하며 임을 마중 나가는 모습을 생동감 있게 그려 냄.

*근거: 〈보기〉 ❷문장

'곰븨님븨', '천방지방' 같은 음성 상징어는 임의 마중을 나가는 화자의 허둥
지둥하는 모습을 생동감 있게 그려 내기 위해 사용한 것이다. 이처럼 의태어
를 활용하면 화자의 행동을 보다 구체적이고 생동감 있게 보여 줄 수 있다.

음성 상징어: 소리를 흉내 내는 말(의성어)이나 모양을 흉내 내는 말(의태어)
을 아울러 이르는 말

③ '주추리 삼대'를 임으로 착각하여 달려가는 화자의 우스꽝
스러운 모습에서 해학성을 느낄 수 있군.
'버선 벗어~건너가서'에서 임을 맞이하는 과정의 과장된 행동을 통해 해학성을 드러냄.

*근거: 〈보기〉 ❷문장

화자는 '주추리 삼대'를 '임'이라고 생각하여 버선을 벗고 허둥거리며 달려간
다. 이렇게 주추리 삼대로 인해 허둥지둥하는 화자의 모습은 독자의 웃음을
유발한다.

🎀 [오답 선택률 14%]

④ 임을 그리워하는 절실한 마음을 드러내기 위해 화자의 행
동을 구체적으로 제시하다 보니 중장이 길어졌군.
허둥대며 임을 마중 나가는 상황을 구체적으로 묘사하여 임을 간절히 그리워했던 화자의 마음을 드러냄.

*근거: 〈보기〉 ❶문장

(다)에서는 화자가 임을 맞이하기 위해 달려가는 모습을 장황하게 묘사하
고 있는데, 이 내용은 모두 중장에 제시되어 있다. 이는 임을 그리워했던 화
자의 절실한 마음을 표현하기 위해 화자가 임을 맞이하는 상황을 구체적으
로 묘사하다 보니 중장이 길어지게 된 것이다.

중장에서 화자의 행동을 구체적으로 제시한 것이 임을 그리워하는 마음과
관련이 없다고 판단했을 수 있다. 하지만 화자의 허둥지둥한 모습은 임을 간
절히 그리워한 만큼 임을 빨리 만나려다 보니 나타난 것이다. 즉, 화자가 허
둥지둥하는 모습은 임을 그리워하는 마음에서 비롯된 것으로, 이를 장황하
게 묘사하는 만큼 화자의 간절한 마음을 강조하고 있다고 볼 수 있다.

⑤ '진 데 마른 데 가리지' 않고 임에게 가서 '정(情)엣말'을 하
려는 모습에서 애정을 표현하려는 화자의 대담성을 엿볼 수
있군.
상황과 관계없이 정겨운 말(사랑한다는 말)을 하려는 모습에서 대담성이 나타남.

*근거: 〈보기〉 ❷문장

'정엣말'은 정겨운 말이라는 의미로, 축축한 곳이든 마른 곳이든 가리지 않
고 임에게 정겨운 말(사랑한다는 말)을 하려는 화자의 모습은 상황과 관계없
이 대담하게 애정을 표현하려는 모습으로 해석할 수 있다.

A 04~07 ——— [2020년(11월)/고1교육청 39~42]

(가) 정철, 〈훈민가〉

❶ 화자, 중심 대상 ❷ 상황, 정서, 태도 ❸ 표현상 특징 [고어 읽기] [시 해석]

❶마을 사람들하 올흔 일 하쟈스라
무울 사룸들하 올흔 일 ᄒᆞ쟈스라
❶ 중심 대상: 옳은 일
❷ 상황: 마을 사람들에게 옳은 일을 권유함.
❸ 표현상 특징: 돈호법, 청유형 어미
➡ 마을 사람들아 옳은 일을 하자꾸나.

❷사람이 되어 나서 올티곳 못하면
사룸이 되여 나셔 올티곳 못ᄒᆞ면
❷ 태도: 사람으로서 옳은 일을 하지 않으면 짐승과 다르지 않다고 여김.
➡ 사람으로 태어나서 옳은 일을 하지 못하면

❸마소를 갓 곳갈 싀워 밥 머기나 다르랴
무쇼를 갓 곳갈 싀워 밥 머기나 다ᄅᆞ랴
❸ 표현상 특징: 비유법, 설의법 〈제8수〉
➡ 말과 소(짐승)에게 갓과 고깔을 씌워 밥을 먹이는 것과 다르지 않다.

마소: 말과 소를 아울러 이르는 말

*〈제8수〉 요약: 올바른 행동 권유

❸팔목 쥐시거든 두 손으로 바티리라
풀목 쥐시거든 두 손으로 바티리라
어른을 공경하는 자세 1
➡ (어른께서 나의) 팔목을 쥐시거든 두 손으로 받치리라.
❸ 표현상 특징: 유사한 통사 구조의 반복

❸나갈 데 겨시거든 막대 들고 조츠리라
나갈 데 겨시거든 막대 들고 @조츠리라
어른을 공경하는 자세 2
➡ (어른께서) 나갈 데가 있으시면 막대를 들고 따르리라

❸향음주 다 파한 후에 뫼셔 가려 하노라
향음쥬 다 파ᄒᆞᆫ 후에 뫼셔 가려 ᄒᆞ노라   〈제9수〉
어른을 공경하는 자세 3
➡ (어른께서 참석한) 잔치가 끝난 후에 모시고 가려고 하노라

*〈제9수〉 요약: 어른을 공경하는 태도 권유

❶오늘도 다 새거다 호믜 메고 가쟈스라
오늘도 다 새거다 호믜 메고 가쟈스라
❸ 청유형 어미
❷ 상황: 부지런히 일할 것을 권유함.
➡ 오늘도 날이 밝았다. 호미 메고 농사지으러 가자꾸나

❶ 화자: '나' 내 논 다 매여든 네 논 점 매어 주마
내 논 다 매여든 네 논 점 매여 주마
❷ 상황: 상부상조
➡ 내 논을 다 매거든 네 논도 좀 매어 주마.

❸올 길에 뽕 따다가 누에 먹겨 보자스라
올 길에 뽕 따다가 누에 먹겨 보쟈스라   〈제13수〉
➡ (일을 끝내고) 오는 길에 뽕을 따다가 누에를 먹여 보자.(길러 보자.)

*〈제13수〉 요약: 상부상조하며 열심히 일함.

■ 갈래: 평시조, 연시조(전16수)   ■ 창작 시기: 조선 후기
■ 내용: 이 작품은 유교적인 윤리관에 근거하여 바람직한 생활을 할 것을 권유
한 연시조이다. 우리말로 된 일상 어휘를 사용하여 백성들에게 유교적 가치를
전달하고 교화시키고자 하는 작가의 가치관이 드러나 있다.
■ 주제: 유교의 윤리와 실천
■ 이것이 핵심!: 각 수의 독립적인 주제

수	주제
8	올바른 행동 권유
9	어른 공경
13	상부상조와 근면

(나) 작자 미상, 〈복선화음록〉

❶ 화자, 중심 대상 ❷ 상황, 정서, 태도 ❸ 표현상 특징 [고어 읽기] [시 해석]

❶일곱 되 사온 쌀 꾸어 온 쌀 두 되 갑고
일곱 되 사온 쌀 꾸어 온 쌀 두 되 갑고
쌀을 많이 사지 못하고, 그중에서도 꾸어 온 쌀을 갚아야 할 정도로 가난함.
➡ 일곱 되를 사온 쌀 중에 꾸어 온 쌀 두 되를 갚고

❷ 부족타 하지 않는 말이 뜻을 순하게 하오미라
부족타 ㅎ지 않는 말이 뜻을 순하게 ㅎ오미라
　❷ 정서, 태도: 시댁의 가난을 원망하지 않음.
➡ (남은 쌀을) 부족하다고 하지 않는 말이 (마음을) 편안하게 하는 것이다.

❸ 깨진 그릇 좋단 말은 시가를 존중하미라
깨진 그릇 좋단 말은 시가를 존중ㅎ미라
시댁의 가난함을 나타냄.
➡ (시댁에 있는) 깨진 그릇이 좋다고 하는 말은 시댁을 존중하는 것이다.

❹ 날고 기는 개 달긴덜 어른 압혜 감히 치며
날고 기는 개 달긴덜 어른 압혜 감히 치며
집에서 키우는 동물이 정신없이 굶어도 시댁 어른들 앞에서는 혼내지 않음.
➡ 날고 기는 개나 닭도 어른 앞에서 감히 치지 말고

❺ 부인의 목소리를 문 밧게 감히 내며
부인의 목소리를 문 밧게 감히 내며
➡ 부녀자의 목소리를 문 밖으로 감히 나가게 하지 말라.

❻ 해가 져서 황혼되니 무탈과경* 다행이요
해가 져서 황혼되니 무탈과경* 다행이요
낮 동안 시집살이 하는 것이 매우 힘들었음.
➡ 해가 져서 어두워지니 아무 탈 없이 하루를 보낸 것이 다행이요.

❼ 달기 우러 새벽 되면 오는 날을 엇지 할고
달기 우러 새벽 되면 오는 날을 엇지 할고
　❷ 정서: 시댁에서 보내는 하루하루를 걱정함.
➡ 닭이 울어 새벽이 되면 오늘을 어떻게 보낼까

❽ 전전긍긍 조심 마음 시각을 노흘손가
전전긍긍 조심 마음 시각을 노흘손가
　❸ 표현상 특징: 설의법
➡ 전전긍긍 조심하는 마음을 한 순간도 놓을 수는 없다.

❾ 행여 혹시 눈 밖에 날가 조심도 무궁하다
행여 혹시 눈 밖에 날가 조심도 무궁ㅎ다
　❷ 상황: 가난한 시댁에서 눈치를 보며 삶.
➡ 혹시나 (시댁 식구에게) 미움을 받게 될까 조심하는 마음이 끝이 없다.

[전전긍긍: 몹시 두려워 벌벌 떨며 조심함.

＊**❶~❾행 요약: 시댁에서 항상 조심함.**

❿ 친정에 편지하여 서러운 사설 불가하다
㉠친정에 편지하여 서러운 스셜 불가ㅎ다
➡ 친청에 편지해서 서러운 말을 하는 것은 불가능하다.

⓫ 원치 아닌 달란 말이 한 번 두 번 아니여던
시원치 아닌 달란 말이 한 번 두 번 아니여던
➡ 돌려서 (도움을) 달라고 했던 말이 한두 번이 아니던데

⓬ 번번이 염치 읍시 편지마다 하잔 말가
번번이 염치 읍시 편지마다 ㅎ잔 말가
　❸ 표현상 특징: 설의법
➡ 번번이 염치없이 (친정에 보내는) 편지마다 말을 할 수 없다.

이미 여러 차례 친정에 시댁의 어려움을 편지로 이야기했음. 서러움을 더 이상 친정에 이야기할 수 없음.

⓭ 빈궁이 내 팔자니 뉘 타슬 하잔 말가
　❸ 표현상 특징: 설의법
㉡빈궁(貧窮)이 내 팔즈니 뉘 탓슬 ㅎ잔 말가
　❷ 태도: 가난을 자신의 운명으로 받아들임.
➡ 가난은 나의 팔자이니 누구 탓을 한단 말인가.

⓮ 설매를 보내어서 이웃집에 꾸러가니
설매를 보내어서 이웃집에 꾸러가니
시댁의 여종 이름　쌀을 꿔야 할 정도로 가난함.
➡ 설매를 보내어서 이웃집에 (쌀을) 꾸러가니

⓯ 도라와서 우넌 말이 『전에 꾼 쌀 아니 주고
　❸ 표현상 특징: 『 』 – 이웃집 사람의 말을 직접 인용함.
도라와서 우넌 말이 『전에 꾼 쌀 아니 주고
옆집에 쌀을 꾸러 갔던 설매가 옆집의 이야기를 전함.
➡ 돌아와서 울며 하는 말이 전에 꾼 쌀 아니 주고

⓰ 염치 읍시 또 왔느냐 두 말 말고 바삐 가라
㉢염치 읍시 또 왔느냐 두 말 말고 바삐 가라』
옆집에 쌀을 꾸었던 적이 많아서 더 이상 쌀을 꿔 주지 않음.
➡ 염치없이 또 왔느냐 두 말 말고 바삐 가라.

⓱ 한심하다 이 내 몸이 금의옥식 길녀 나서
한심ㅎ다 이 내 몸이 금의옥식 길녀 ㄴ서
　정서: 본인의 상황을 한심하게 여김.
➡ 한심하다. 이 내 몸이 비단옷과 흰쌀밥으로 길러져서

⓲ 전곡을 모르다가 일조에 이을 보니
전곡(錢穀)을 모르다가 일조(一朝)에 이을 보니
시집 오기 전 넉넉한 생활을 해서 돈과 곡식을 걱정해 본 적이 없음.
➡ 돈과 곡식을 모르다가 하루아침에 이를 보니

⓳ 이목구비 남 갓트되 엇지 이리 되얏넌고
이목구비 남 갓트되 엇지 이리 되얏넌고
시집 온 후 가난 때문에 다른 사람들처럼 외모도 나빠짐.
➡ 이목구비가 남과 같으니 어찌 이리 되었는가.

[금의옥식: 호화롭고 사치스러운 생활

＊**❿~⓳행 요약: 가난한 시대에서의 생활을 한탄함.**

⓴ 수족이 건강하니 내 힘써 벌게 되면
수족이 건강ㅎ니 내 힘써 벌게 되면
　❷ 태도: 가난을 극복하겠다는 태도
➡ 몸이 건강하니 내가 힘써서 벌게 되면

㉑ 어느 뉘가 시비하리 천한 욕을 면하리라
어느 뉘가 시비ㅎ리 천한 욕을 면ㅎ리라
힘써 벌게 되면 자신에게 시비를 거는 사람이나 욕을 하는 사람이 없을 것임.
➡ 어느 누가 시비를 걸겠는가, 천한 욕은 면하리라.

㉒ 분한 마음 다시 먹고 치산범절* 힘쓰리라
분한 마음 다시 먹고 치산범절* 힘쓰리라
　❷ 태도: 가난을 극복하겠다는 태도
➡ 분한 마음 다시 먹고 재산 늘리는 일에 힘쓰리라.

㉓ 김장자 이부자가 제 근본 부자런가
김장즈 이부즈가 제 근본 부즈런가
➡ 김장자나 이부자 같은 사람들이 처음부터 부자였겠는가.

㉔ 밤낮으로 힘써 벌면 난들 아니 부자될가
㉣밤낮으로 힘써 벌면 난들 아니 부즈될가
　❸ 표현상 특징: 설의법
➡ 밤낮으로 힘써 벌면 나도 부자가 될 수 있을 것이다.

㉕ 오색당사 가는 실을 오리오리 자아내니
『오색당ㅅ 가는 실을 오리오리 즈아내니
➡ 다섯 가지 색깔 가는 실을 올올이 뽑아내어

㉖ 유황제 곤베틀에 필필이 자아내어
유황제 곤베틀에 필필이 즈아내어
➡ 유황제의 곤베틀에 여러 필을 뽑아내어

옷을 만드는 과정

㉗ 한림 주서 관복감이며 병사 수사 군복감이며
한림 주서 관복감이며 병ㅅ 수ㅅ 군복감이며
　❸ 표현상 특징: 대구법
➡ 한림, 주서의 관복을 만드는 천이며, 병사, 수사의 군복을 만드는 천이며

㉘ 길쌈도 하려니와 전답 으터 역농하니
㉤길쌈도 ㅎ려니와 전답 으터 역농ㅎ니』
『 』: 돈을 벌기 위해 열심히 일함(길쌈, 역농).
➡ 옷감도 짜고, 논밭도 얻어 열심히 농사를 지으니

㉙ 때를 맞춰 힘써 하니 가업이 초성이라
때를 맞춰 힘써 ㅎ니 가업이 초성*이라
열심히 일한 결과 → 집안의 상황이 나아짐.
『 』: 가난한 집에 시집온 화자가 자신의 경험을 이야기함.
➡ 때를 맞춰 힘써 하니 집안의 기반이 마련되는구나.

[시비: 옳음과 그름
길쌈: 실을 내어 옷감을 짜는 일
전답: 논과 밭
역농: 힘써 농사를 지음.

＊**⓴~㉙행 요약: 길쌈을 하고 농사를 지어 집안을 일으킴.**

(중략)

㉚ 산에 가 제사하기 절에 가 불공하기
『산에 가 제ㅅ하기 절에 가 불공하기
　❸ 표현상 특징: 대구법
➡ 산에 가서 제사하기, 절에 가서 불공하기 (아무리 한들)

㉛ 불효부제 제살한덜 귀신인덜 도와줄가
불효부제* 제살ㅎ덜 귀신인덜 도와줄가
　❸ 표현상 특징: 설의법
➡ 효도와 공경을 하지 않으면 제사를 지낸들 귀신이 도와줄까

㉜ 악병이며 중병이며 이질이며 구창이며
악병이며 중병이며 이질이며 구창이며
　❸ 표현상 특징: 나열을 통한 음운 형성
➡ 악병이며 중병이며 이질이며 구창이며 (다양한 질병)

㉝ 이질 앓던 시아버지 초상한덜 상관하랴
이질 앓던 시아버지 초상ㅎ덜 상관ㅎ랴
시아버지가 죽어도 상관하지 않는 괴팍어머　❸ 표현상 특징: 설의법
➡ 이질을 앓던 시아버지의 초상을 치른들 상관하겠는가.

┌ **초상**: 사람이 죽어서 장사 지낼 때까지의 일

*㉚~㉝행 요약: 괴똥어미의 악행

㉞ 저의 심사 그러하니 서방인덜 온전할가
저의 심 그러ᄒ니 서방인덜 온전할가
➡ 저의 마음 그러하니 서방인들 온전할까.

㉟ 아들 죽고 우년 말이 아기딸이 마저 죽어
아들 죽고 우년 말이 아기딸이 마저 죽어
➡ 아들 죽고 울면서 하는 말이 아기 딸이 마저 죽어

㊱ 세간이 탕진하니 노복인덜 잇슬손가
세간이 탕진ᄒ니 노복인덜 잇슬손가
❸ 표현상 특징: 설의법
➡ 살림을 탕진하니 사내 종인들 있겠는가

㊲ 제사음식 차릴 적에 정성 읍시 하엿스니
제ᄉ음식 ᄎ릴 적에 정성 읍시 ᄒ엿스니
➡ 제사 음식 차릴 때에 정성 없이 하였으니

㊳ 양화가 엇지 읍실손가 셋째 아들 반신불수
양화(殃禍)가 엇지 읍실손가 셋째 아들 반신불수
제사음식을 정성 없이 차린 결과 1
➡ 재앙이 어찌 없겠는가. 셋째 아들 반신불수가 되고

㊴ 문전옥답 큰 농장이 물난리에 내가 되고
문전옥답 큰 농장이 물난리에 내가 되고
제사음식을 정성 없이 차린 결과 2
➡ 기름진 땅과 큰 농장이 물난리에 (잠겨) 냇물이 되고

㊵ 안팎 기와 수백간이 불이 붓터 밧치 되고
안팎 기와 수백간이 불이 붓터 밧치 되고
제사음식을 정성 없이 차린 결과 3
➡ 안팎 기와집 수백 칸이 불이 붙어 밭이 되고

㊶ 태산갓치 쌓인 전곡 뉘 물건이 되단말가
태산갓치 쌓인 전곡 뉘 물건이 되단말가
➡ 태산같이 쌓인 돈과 곡식이 누구 물건이 되었던 말인가.

㊷ 참혹하다 괴똥어미 단독일신 뿐이로다
ᄎᆷ혹ᄒ다 괴똥어미 단독일신 뿐이로다
괴똥어미 상황에 대한 화자의 평가
➡ 참혹하다 괴똥어미 혼자뿐이로다.

┌ **탕진**: 재물 따위를 다 써서 없앰.

*㉞~㊷행 요약: 벌을 받은 괴똥어미

㊸ 일간 움집 으더 드니 기한을 견딜손가
일간 움집 으더 드니 기한(飢寒)을 견딜손가
❸ 표현상 특징: 설의법
➡ 한 칸 움집 얻어 들어가니 배고픔과 추위를 견디겠는가.

㊹ 다 떠러진 베치마를 이웃집의 으더 입고
다 떠러진 베치마를 이웃집의 으더 입고
➡ 다 떨어진 베치마를 이웃집에서 얻어 입고

㊺ 뒤축 읍넌 흔 집신을 짝을 모와 으더 신고
뒤축 읍넌 흔 집신을 짝을 모와 으더 신고
➡ 뒤축 없는 헌 짚신을 짝을 모아 얻어 신고

몰락한 괴똥어미의 상황 묘사 ①

㊻ 압집에 가 밥을 ⓑ빌고 뒤집에 가 장을 빌고
압집에 가 밥을 ⓑ빌고 뒤집에 가 장을 빌고
➡ 앞집에 가서 밥을 빌고, 뒷집에 가서 장을 빌고

㊼ 초요기를 겨우 하고 불 못땐넌 찬 움집에
초요기를 겨우 ᄒ고 불 못땐넌 찬 움집에
➡ 허기를 겨우 채우고 불도 못 때는 찬 움집에

㊽ 헌 거적을 뒤여스고 밤을 겨우 새여나셔
헌 거적을 뒤여스고 밤을 겨우 새여ᄂᆞ셔
➡ 헌 거적을 뒤집어쓰고 밤을 겨우 새고 나서

몰락한 괴똥어미의 상황 묘사 ②

㊾ 새벽 바람 찬바람에 이 집 가며 저 집 가며
새벽 바람 찬바람에 이 집 가며 저 집 가며
➡ 새벽 바람 찬바람에 이 집 가며 저 집 가며

㊿ 다리 절고 곰배팔에 희희소리 요란하다
다리 절고 곰배팔에 희희소리 요란ᄒ다
➡ 다리 절고, 움직이지 못하는 팔에 희희소리 요란하다.

---

51 불효악행 하던 죄로 앙화를 바더시니
불효악행 ᄒ던 죄로 앙화를 바더시니
➡ 불효와 악행을 하던 죄로 재앙을 받았으니

52 복선화음 하년 줄을 이를 보면 분명하다 」 「 」: 자신과 대비되는 괴똥어미
복선화음* ᄒ년 줄을 이를 보면 분명ᄒ다 의 악행을 이야기함.
괴똥어미의 모습
➡ 복선화음 하는 줄을 이를 보면 분명하다.

┌ **기한**: 굶주리고 헐벗어 배고프고 추움.
빌다: 남의 물건을 공짜로 빌리다.
곰배팔: 꼬부라져 붙어 펴지 못하게 된 팔. 또는 팔뚝이 없는 팔
악행: 악독한 행위

*㊸~52행 요약: 비참한 삶을 사는 괴똥어미

53 딸아딸아 요내딸아 시집사리 조심하라
딸아딸아 요내딸아 시집ᄉ리 조심ᄒ라
❶ 중심 대상: 시집살이
➡ 딸아 딸아 내 딸아 시집살이 조심해라.

54 어미 행실 본을 바다 괴똥어미 경계하라
어미 행실 본을 바다 괴똥어미 경계ᄒ라
❶ 화자: 어미   ❸ 표현상 특징: 명령형 어미를 통한 당부
➡ 어미의 행실은 본받고, 괴똥어미의 행실은 경계하라.

┌ **행실**: 실지로 드러나는 행동

*53~54행 요약: 딸에게 경계를 당부함.

* **무탈과경**: 아무 탈 없이 하루를 보냄.
* **치산범절**: 재산을 늘리는 일
* **초성**: 기반이 마련됨.
* **불효부제**: 효도와 공경을 하지 않음.
* **복선화음**: 착한 이에게 복을 주고 악한 이에게 재앙을 줌.

■ **갈래**: 규방가사, 내방가사   ■ **창작 시기**: 조선 후기
■ **내용**: 이 작품은 결혼을 앞둔 딸에게 자신의 시집살이 경험과 여자의 규범이 될 만한 고사를 전하는 작품이다. 자신의 경험을 구체적으로 전달하며 엄격한 양반가의 예절을 지킬 것을 당부하며 시집간 뒤의 행동을 조심해야 함을 경고하고 있다. 부유한 친가에서 자란 이 씨가 가난한 집으로 시집을 와서 그 가정을 일으키는 일과 패가망신한 괴똥어미의 일을 들어 딸에게 교훈을 주고자 한다.
■ **주제**: 부녀자의 올바른 자세

■ **이것이 핵심!**: 두 인물의 대조를 통한 주제 부각

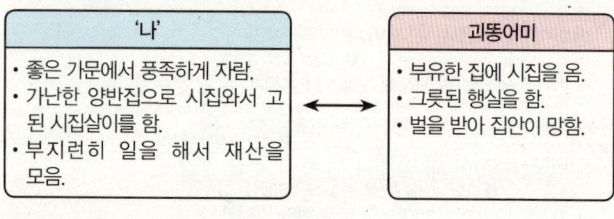

'나'	괴똥어미
• 좋은 가문에서 풍족하게 자람.	• 부유한 집에 시집을 옴.
• 가난한 양반집으로 시집와서 고된 시집살이를 함.	• 그릇된 행실을 함.
• 부지런히 일을 해서 재산을 모음.	• 벌을 받아 집안이 망함.

🔖 **독해 공식 정답**

(가)
❶ **화자**: '나', **중심 대상**: 유교적 윤리
❷ **상황**: 사람들에게 유교적 윤리의 실천을 권장함.
정서, 태도: 올바른 태도를 권유하는 교훈적 태도를 보임.
❸ **표현상 특징**
• 청유형 어미를 사용하여 전달 효과를 극대화함.
• 사람과 동물을 대비하여 주제를 부각함.
• 설의법, 유사한 통사 구조를 사용함.

(나)
❶ **화자**: '나', **중심 대상**: 시집살이
❷ **상황**: 부녀자의 올바른 자세를 당부함.
정서, 태도: 시집에서는 자신의 행동을 따르고, 괴똥어미의 행동을 경계할 것을 강조함.
❸ **표현상 특징**
• 직접 인용을 통해 상황을 생생히 전달함.
• 대비되는 인물을 설정해 부녀자의 옳은 행위를 강조함.
• 유사한 통사 구조의 반복, 설의법 등을 사용함.
• 소설적 모티프를 차용함.

A 04 정답 ④ ★ 표현상의 공통점 비교하기 … [정답률 74%]

(가)와 (나)의 공통점으로 가장 적절한 것은?

▷왜 정답?

④ 유사한 통사 구조를 활용하여 운율을 형성하고 있다.
　(가)와 (나) 모두 나타남.

★근거: (가) 〈제9수〉 ❶, ❷, (나) ㉟, ㊵행

(가)에서는 '풀목 쥐시거든 두 손으로 바티리라 나갈 데 겨시거든 막대 들고 조츠리라'에서 '~거든 ~리라'의 형태로 통사 구조를 반복하여 운율을 형성한다. (나)에서는 '문전옥답 큰 농장이 물난리에 내가 되고 안팎 기와 수백간이 불이 붓터 밧치 되고'에서 '~이 ~되고 ~이 ~되고'의 형태로 통사 구조가 반복되어 운율이 형성된다.

[통사 구조: 구성 요소들이 문장을 이루는 구조]

▷왜 오답?

① 청유형 어미를 활용하여 대상을 예찬하고 있다.
　(가)에만 나타남.

★근거: (가) 〈제13수〉 ❶, ❸

(가)에서는 '가쟈스라', '보쟈스라'에서 청유형 어미를 사용하고 있으나 대상을 예찬하는 것은 아니며, (나)에서는 '경계ᄒ라'에서 명령형 어미를 사용할 뿐 청유형 어미는 사용하고 있지 않다.

[청유형 어미: 동사나 보조 동사의 어간에 붙어 화자가 청자에게 같이 행동할 것을 요청하는 뜻을 나타내는 활용 어미. '-자', '-자꾸나', '-세', '-읍시다' 따위가 있음.]

② 선경후정 방식을 활용하여 시상을 전개하고 있다.
　(가)와 (나) 모두 나타나지 않음.

(가)에서는 풍경을 묘사하지 않았고, (나)에서도 풍경 묘사를 활용하고 있지 않다.

③ 고사성어를 활용하여 주제 의식을 강조하고 있다.
　(가)와 (나) 모두 나타나지 않음.

(가)에서는 고사성어를 활용하지 않았고, (나)의 52행에서 '복선화음'이라는 사자성어를 활용하여 주제 의식을 강조하고 있으나 고사성어를 활용하고 있지 않다.

⑤ 계절의 순환을 활용하여 시적 의미를 부각하고 있다.
　(가)와 (나) 모두 나타나지 않음.

(가)에서는 계절의 순환을 활용하지 않았고, (나)에서도 계절의 순환을 활용하고 있지 않다.

A 05 정답 ③ ★ 시구의 의미 이해하기 …… [정답률 69%]

㉠~㉤을 이해한 내용으로 적절하지 않은 것은?

• ㉠: '친정에 편지하여 서러운 ᄉ설 불가ᄒ다'는 화자가 시집살이의 어려움을 친정에 전하는 편지에 적을 수 없음을 의미합니다.

• ㉡: '빈궁(貧窮)이 내 팔즈니 뉘 탓슬 ᄒ잔 말가'는 가난을 자신의 탓으로 생각하는 운명론적 사고관이 드러납니다.

• ㉢: '염치 읍시 또 왔나냐 두 말 말고 바삐 가라'는 이웃집 사람이 설매에게 한 말입니다.

• ㉣: '밤낮으로 힘써 벌면 난들 아니 부즈될가'는 본인도 열심히 일하면 부자가 될 수 있을 것임을 기대하고 있음이 드러납니다.

• ㉤: '길쌈도 ᄒ려니와 전답 으더 역농ᄒ니'는 부를 축적하기 위해 길쌈을 하고, 농사를 짓는 화자의 모습이 드러납니다.

즉 ㉠~㉤은 시상의 흐름에 따른 시구의 의미를 바르게 해석하여 고르는 문제입니다.

▷왜 정답?

③ ㉢: 쌀을 꾸러 찾아간 이웃집에셔 들은 말을 설매에게 하
　쌀을 꾸러 이웃집에 간 사람은 설매임.
소연하는 화자의 모습이 나타나 있다.

(나)에서는 화자는 '설매를 보내어서 이웃집에 꾸러가니'라고 하였고, 설매가 돌아와서 울면서 '전에 꾼 쌀 아니 주고 염치 읍시 또 왔느냐 두 말 말고 바삐 가라'라고 말했다고 하였다. 즉 화자가 설매에게 하소연한 것이 아니라 설매가 이웃이 한 이야기를 직접 전달하고 있다.

▷왜 오답?

① ㉠: 자신의 서러운 처지를 친정에 알리기 어려워하고 있는
　편지를 통해 자신의 서러움을 친정에 알리는 것이 불가능하다고 함.
화자의 모습이 나타나 있다.

★근거: (나) ⑩~⑫행

(나)에서 '친정에 편지하여 서러운 ᄉ설 불가ᄒ다 시원치 아닌 달란 말이 한 번 두 번 아니여며 번번이 염치 읍시 편지마다 ᄒ잔 말가'를 통해 자신의 처지를 친정에 알리기 어려워하는 화자의 모습이 나타나 있다.

② ㉡: 가난의 원인을 타인의 잘못이 아닌 자신의 운명으로
　가난이 자신의 팔자라고 생각함.
돌리는 화자의 모습이 나타나 있다.

★근거: (나) ⑬행

(나)에서 '빈궁(貧窮)이 내 팔즈니 뉘 탓슬 ᄒ잔 말가'를 통해 가난의 원인을 자신의 운명으로 돌리고 있는 화자의 모습이 나타나 있다.

④ ㉣: 자신도 김 장자와 이 부자처럼 부자가 될 수 있다고 생
　화자도 부자가 될 가능성이 있음을 생각함.
각하는 화자의 모습이 나타나 있다.

★근거: (나) ㉓, ㉔행

(나)에서는 화자는 '김장즈'와 '이부즈'도 태어날 때부터 부자가 아니었음을 설의적 표현을 통해 언급하며 자신도 밤낮으로 힘써 돈을 벌면 그들처럼 부자가 될 수 있음을 설의적으로 드러내고 있다.

⑤ ㉤: 재산을 늘리기 위해 열심히 일하는 화자의 모습이 나
　부자가 되기 위해 화자가 한 일
타나 있다.

★근거: (나) ㉕~㉘행

(나)에서는 화자는 '오색당ᄉ 가는 실을 오리오리 즈아내니 유황제 곤베틀에 필필이 즈아내어 한림 주서 관복감이며 병ᄉ 수ᄉ 군복감이며 길쌈도 ᄒ려니와 전답 으더 역농ᄒ니'를 통해 재산을 늘리기 위해 열심히 일하는 화자의 모습이 나타나 있다.

A 06 정답 ① ★ 시어의 의미 이해하기 …… [정답률 71%]

ⓐ와 ⓑ에 대한 이해로 가장 적절한 것은?

• ⓐ: '조츠리라'는 '따르다'라는 의미의 서술어로 어른이 밖에 나갈 때 그를 돕기 위한 방법으로 막대 들고 따른다는 것을 의미합니다.

• ⓑ: '빌고'는 '빌다'의 활용형으로 괴똥어미가 세간을 탕진하고 앞집에 가서 밥을 구걸하는 것을 의미합니다.

즉 ⓐ와 ⓑ는 서술어가 주체와 객체 사이에 어떤 관계를 맺고 있는지 고르는 문제입니다.

▷왜 정답?

① ⓐ는 타인을 위한, ⓑ는 자신을 위한 주체의 행위를 의미
　어른을 위해 화자가 한 일　　자신의 배고픔을 해결하고자 화자가 한 일
한다.

근거: (가) 〈제9수〉 ❷, (나) ㊻, ㊼행

(가)에서는 '나갈 데 겨시거든'을 통해 생략된 대상이 화자보다 나이가 많은 사람이며, 그를 위해 '막대 들고 조츠리라'라고 하고 있으므로 ⓐ는 타인을 위한 화자의 행위를 의미한다. (나)에서 '압집에 가 밥을 빌고 뒤집에 가 장을 빌고 초요기를 겨우 ᄒ고'를 통해 ⓑ는 괴똥어미가 자신의 배고픔을 해결하기 위해 한 행위를 의미한다.

▷왜 오답?

② ⓐ는 절망감이 반영된, ⓑ는 기대감이 반영된 주체의 행위
　ⓐ는 절망감이 반영된 주체의 행위가 아님. ⓑ는 기대감이 반영된 주체의 행위가 아님.

를 의미한다.

(가)의 ⓐ는 절망감이 반영된 주체의 행위가 아니며, (나)의 ⓑ는 기대감이 반영된 주체의 행위가 아니다.

③ ⓐ는 ~~단절을 초래하는~~, ⓑ는 ~~화합을 유도하는~~ 주체의 행위
ⓐ는 단절을 초래하는 주체의 행위가 아님.   ⓑ는 화합을 유도하는 주체의 행위가 아님.
를 의미한다.

(가)의 ⓐ는 단절을 초래하는 행위가 아니며, (나)의 ⓑ는 화합을 유도하는 주체의 행위가 아니다.

④ ⓐ는 ~~자연에 순응하는~~, ⓑ는 ~~자연으로 도피하는~~ 주체의 행
ⓐ는 자연에 순응하는 주체의 행위가 아님.   ⓑ는 자연으로 도피하는 주체의 행위가 아님.
위를 의미한다.

(가)의 ⓐ는 자연에 순응하는 행위가 아니며, (나)의 ⓑ는 자연으로 도피하는 행위의 주체가 아니다.

⑤ ⓐ는 ~~제기된 문제를 해결하기 위한~~, ⓑ는 ~~해결된 문제의~~
ⓐ는 제기된 문제를 해결하기 위한 주체의 행위가 아님.   ⓑ는 해결된 문제의 원인을 찾
원인을 찾기 위한 주체의 행위를 의미한다.
기 위한 주체의 행위가 아님.

(가)의 ⓐ는 제기된 문제를 해결하기 위한 행위가 아니며, (나)의 ⓑ는 해결된 문제의 원인을 찾기 위한 주체의 행위가 아니다.

A 07 정답 ② ＊〈보기〉를 바탕으로 감상하기 ·· [정답률 40%]

〈보기〉를 바탕으로 (가)와 (나)를 감상한 내용으로 적절하지 않은 것은? [3점]

· 〈보기〉를 바탕: 조선 시대 가르침을 전달하고자 하는 작품들의 다양한 주제와 그를 효과적으로 전달하기 위한 여러 표현 방법들을 제시하였습니다.

· (가)와 (나): (가)는 백성들이 지켜야 하는 유교적 가치를 각 수마다 다르게 제시하였습니다. (나)는 시집을 가기 전 딸에게 자신의 시집살이 이야기와 괴똥어미의 이야기를 해주며 시집을 가서 어떻게 행동해야 하는지 가르치고 있습니다.

좀 (가)와 (나)의 주제와 그 표현 방법을 〈보기〉를 바탕으로 파악하여 적절하지 않은 것을 고르는 문제입니다.

[보기]
❶ 조선 시대에는 옳은 일의 실천, 어른 공경, 상부상조, 부녀
①의 근거   ②의 근거   ④의 근
자의 덕목과 같은 가르침을 전달하고자 하는 작품들이 있었
거
다. ❷ 이러한 작품들은 가르침의 전달 효과를 높이기 위해 비유
①의 근
대상 혹은 화자와 대비되는 대상을 활용하고, 구체적인 청자
거   ③의 근거
를 제시했다. ❸ 또한 화자가 스스로 실천하려는 행위를 제시하
⑤의 근거
는 방식을 활용하여 설득 효과를 높이기도 하였다.

상부상조: 서로 도움.
청자: 이야기를 듣는 사람.

왜 정답?

② (나)에서 '이질 앓던 시아버지'를 도와주지 않는 '귀신'을 통해, ~~화자와 대비되는 대장~~으로 상부상조를 강조하고 있음을
화자와 대비되는 대상은 괴똥어미임.
짐작할 수 있군.

근거: (나) **31**∼**33**행

(나)에서는 '불효부제 제살흔덜 귀신인덜 도와줄가'와 '이질 앓던 시아버지 초상흔덜 상관흐랴'를 보면 괴똥어미가 효도와 공경을 하지 않아 귀신도 괴똥어미를 돕지 않는다고 하였고, 괴똥어미가 시집을 존중하지 않아 시아버지가 초상을 치러도 상관하지 않음을 의미한다. 따라서 화자와 대비되는 대상은 귀신이 아니라 '괴똥어미'이며 이는 상부상조를 강조하는 것이 아니다.

왜 오답?

① (가)에서 '갓 곳갈'을 쓰고 '밥'을 먹는 '므쇼'를 통해, 비유
사람을 마소에 비유함.
대상으로 옳은 일의 실천을 강조하고 있음을 짐작할 수 있군.

＊**근거:** (가) 〈제8수〉

(가)의 8수 초장에서 화자는 청자인 마을 사람들에게 옳은 일을 할 것을 권유하고 있다. 중장과 종장을 통해 옳은 일을 하지 않는 사람을 말과 소에 비유하여 옳은 일을 할 것을 강조하고 있다.

③ (가)의 '므올 사룸둘'에게 '올흔 일 흐쟈스라'라고 한 것과 (나)의 '딸'에게 '시집스리 조심흐라'라고 한 것을 통해, 구체적인 청자를 제시하고 있음을 짐작할 수 있군.
(가)는 마을 사람들, (나)는 딸

＊**근거:** (가) 〈제8수〉, (나) **53**행

(가)의 8수 초장에서 화자는 청자인 마을 사람들에게 옳은 일을 할 것을 권유하고 있다. (나)의 53행에서는 화자는 '딸아딸아 요내딸아'라고 청자를 부르는 것을 통해 구체적인 청자를 대상으로 이야기하고 있음을 확인할 수 있다.

④ (가)의 '폴목'을 '쥐시'면 '두 손으로 바티리라'는 것을 통해 어른에 대한 공경을, (나)의 '시가를 존중'하여 '깨진 그릇 좋
어른이 자신에게 기댈 수 있도록 하는 행동
단말'을 한 것을 통해 부녀자의 덕목을 드러내고 있음을 짐작
시가를 흉보지 말 것
할 수 있군.

＊**근거:** (가) 〈제9수〉, (나) **3**행

(가)의 9수는 어른이 몸을 지지하기 위해 자신의 팔목을 쥐면 두 손으로 어른을 받치겠다는 표현으로 어른에 대한 공경을 표현하고 있으며, (나)에서는 시가가 가난하여 깨진 그릇을 사용한다고 하더라도 시가를 존중하여 깨진 그릇도 좋다고 하라는 부녀자의 덕목을 강조하고 있다.

⑤ (가)의 '내'가 자신의 '논'을 다 매거든 '네 논'도 매어 준다는 것과 (나)의 '수족이 건강'한 '내'가 '힘써' 벌겠다는 것을 통해, 화자가 스스로 실천하려는 행위를 제시하고 있음을 짐작
(가)는 화자를 백성의 한 사람으로 설정함. (나)는 화자가 본인의 이야기를 하고 있음.
할 수 있군.

＊**근거:** (가) 〈제13수〉, (나) **20**∼**22**행

(가)의 13수의 '내 논 다 매여든 네 논 점 매여 주마'를 보면 '내'가 '네 논'도 매어 준다고 하여 실천하려는 행위를 제시하고 있다. (나)의 '수족이 건강흐니 내 힘써 벌게 되면'과 '치산범절 힘쓰리라'를 보면 '수족이 건강'한 '내'가 재산을 늘리는 일에 '힘써' 벌겠다고 하며 실천하려는 행위를 제시하고 있음을 짐작할 수 있다.

A 08~10 [2020년(9월)/고1교육청 29∼31]

(가) 윤선도, 〈어부사시사(漁父四時詞)〉

❶ 화자, 중심 대상 ❷ 상황, 정서, 태도 ❸ 표현상 특징 [고어 읽기] [시 해석]

❶
석양(夕陽)이 비꼈으니 그만하고 돌아가자
➡ 저녁 해가 기울어졌으니 그만하고 돌아가자.

❷
돛 내려라 돛 내려라 - ❸ 여음구
화자가 어부임을 알 수 있는 소재
➡ 돛을 내려라, 돛을 내려라.

❸ 계절감을 드러내는 시어 – 봄   ❸ 영탄법
버들이며 물가의 꽃은 굽이굽이 새롭구나
❷ 상황: 봄날의 자연을 즐김.
➡ 굽이굽이 (피어 있는) 버드나무와 물가의 꽃이 새롭구나.

❹
지국총 지국총 어사와 – ❸ 여음구
노 젓는 소리와 노 저을 때 외치는 소리를 나타내는 의성어
➡ 지국총 지국총 어사와

⑤ ㉠<u>삼공(三公)*</u>을 부러워하랴 만사(萬事)를 생각하랴 〈춘(春) 6〉
❸ 설의법
❷ 태도: 속세를 부러워하지 않음.(= 자연에서 만족감을 느낌.)
➜ 삼정승을 부러워하겠느냐? 속세의 일을 생각하겠느냐?

[만사: 여러 가지 온갖 일

＊〈춘 6〉 요약: 봄날의 아름다움을 즐기며 만족함.

❶ 궂은 비 멎어 가고 시냇물이 맑아 온다
궂은 비 멎어 가고 시냇물이 맑아 온다
➜ 궂은 비가 그치고 시냇물이 맑아진다.

❷ 배 떠라 배 떠라
비 떠라 비 떠라
➜ 배 띄워라, 배 띄워라.

❸ 낚싯대 둘러메니 깊은 흥을 못 금하겠다
낚싯대 둘러메니 깊은 흥(興)을 못 금(禁)하겠다
❷ 상황: 낚시를 하며 여름날의 자연을 즐김.
➜ 낚싯대를 둘러메니 깊은 흥을 참지 못하겠다.

❹ 지국총 지국총 어사와
지국총 지국총 어사와
지국총 지국총 어사와

❺ 연강 첩장 뉘라서 그려낸고
❸ 설의법
ㄴ<u>연강(煙江)*</u> <u>첩장(疊嶂)*</u>은 뉘라서 그려낸고 〈하(夏) 1〉
❷ 정서, 태도: 그림처럼 아름다운 자연을 예찬함.
➜ 안개 낀 강과 겹겹이 둘러싼 산봉우리는 누가 (그림처럼) 그려낸 것인가?

[금하다: 감정 따위를 억누르거나 참다.

＊〈하 1〉 요약: 낚시를 하며 자연을 즐기는 흥취

❶ 물외에 조흔 일이 어부 생애 아니러냐
❸ 설의법
ㄷ<u>물외(物外)</u>에 조흔 일이 어부 생애 아니러냐
❶ 중심 대상: 어부 생애 ❷ 태도: 어부의 삶에 대한 자부심
➜ 속세의 바깥세상(자연)에 좋은 일이 어부의 생애가 아니겠느냐?

❷ 배 떠라 배 떠라
비 떠라 비 떠라
➜ 배 띄워라, 배 띄워라.

❸ 어옹을 웃지 마라 그림마다 그렷더라
화자 자신을 가리키는 말
어옹(漁翁)을 웃디 마라 그림마다 그렷더라
❷ 태도: 어부의 삶에 대한 자부심
➜ 고기 잡는 노인을 비웃지 마라. 그림마다 그려져 있다더라.

❹ 지국총 지국총 어사와
지국총 지국총 어사와
➜ 지국총 지국총 어사와

❺ 사시 흥이 한 가지나 추강이 으뜸이라
❸ 영탄법
사시(四時) 흥(興)이 혼 가지나 추강(秋江)이 으뜸이라
❷ 정서, 태도: 가을의 자연 풍경을 예찬함.
➜ 사계절의 흥이 모두 좋으나 그중에서도 가을 강이 으뜸이구나.

[물외: 구체적인 현실 세계의 바깥세상. 또는 세상의 바깥
어옹: 고기를 잡는 노인
사시: 봄·여름·가을·겨울의 네 철
추강: 가을의 강

〈추(秋) 1〉
＊〈추 1〉 요약: 어부 생활에 대한 자부심과 가을 강의 아름다움

❶ 물가의 외로운 솔 혼자 어이 씩씩하고
❸ 설의법
ㄹ<u>물가의 외로운 솔 혼자 어이 씩씩ᄒ고</u>
❷ 정서, 태도: 홀로 솟아 있는 소나무를 예찬함.
➜ 시냇물 가의 외로운 소나무는 혼자임에도 어째서 씩씩한가?

❷ 배 매여라 배 매여라
비 미여라 비 미여라
➜ 배를 매어라, 배를 매어라.

❸ 험한 구름 한치 마라 세상을 가리운다
험한 구름 혼(恨)치 마라 세상(世上)을 가리운다
❷ 태도: 속세를 피하고자 하는 마음
➜ 험한 구름을 한탄하지 마라. (구름이) 세상을 가려 준다.

❸ 대구법
△: 속세

---

❹ 지국총 지국총 어사와
지국총 지국총 어사와
➜ 지국총 지국총 어사와

❺ 파랑성을 싫어 마라 진훤을 막는도다
ㅁ<u>파랑성(波浪聲)*</u>을 싫어 마라 진훤(塵喧)*을 막는도다
❷ 태도: 속세를 피하고자 하는 마음
➜ 물결 소리를 싫어하지 마라. (물결 소리가) 속세의 시끄러움을 막아 준다.

[솔: 소나뭇과의 모든 식물을 통틀어 이르는 말 (= 소나무)

〈동(冬) 8〉
＊〈동 8〉 요약: 소나무에 대한 예찬과 속세를 멀리하고자 하는 마음

＊삼공: 삼정승으로, 영의정, 좌의정, 우의정을 일컬음.
＊연강: 안개 낀 강
＊첩장: 겹겹이 둘러싼 산봉우리
＊파랑성: 물결 소리
＊진훤: 속세의 시끄러움

■ 갈래: 연시조 ■ 창작 시기: 조선 중기
■ 내용: 이 작품은 작가가 65세 때 전남 보길도에 은거하며 지은 것으로, 계절에 따라 달라지는 어촌의 아름다운 풍경과 자연을 즐기는 화자의 흥취를 담아낸 연시조이다. 각 계절마다 10수씩 전체 40수로 구성되어 있으며, 속세를 벗어나 자연과의 합일을 추구하는 화자의 자연관이 드러나 있다.
■ 주제: 자연 속에서 살아가는 어부의 한가로운 삶의 흥취

■ 이것이 핵심!: 화자의 태도가 드러나는 구절

순서	자연의 모습	화자의 생각
〈춘 6〉	굽이굽이 새롭구나	만사(萬事)를 생각하랴
〈하 1〉	뉘라서 그려낸고	흥(興)을 못 금(禁)하겠다
〈추 1〉	추강(秋江)이 으뜸이라	조흔 일이 어부 생애 아니러냐
〈동 8〉	혼자 어이 씩씩ᄒ고	—

(나) 남석하, 〈초당춘수곡(草堂春睡曲)〉
❶ 화자, 중심 대상 ❷ 상황, 정서, 태도 ❸ 표현상 특징 [시 해석]

❶ 초당 늦은 날에 깊이 든 잠 겨우 깨어
➜ 초가집 늦은 날 깊이 든 잠에서 겨우 깨어나

❷ 대창문을 바삐 열고 작은 뜰에 방황하니
[ ]: 상황: 봄비가 내린 뜰을 거닐며 감상에 젖음.
➜ 대나무로 된 창문을 급히 열고 작은 뜰에 (나아가) 방황하니

❸ □: 계절감을 드러내는 시어 – 봄
시내 위의 <u>버들잎</u>은 <u>봄바람</u>을 먼저 얻어
➜ 시냇가 위의 버드나무 잎은 봄바람에 먼저 살랑이고

❹ 영탄법
위성 땅 아침 비*에 <u>원객(遠客)</u>의 근심이라
❷ 정서: 애상적
➜ 위성 땅에 (내리는) 아침 비에는 멀리서 온 손님의 근심이 있구나.

❺ 수풀 아래 <u>뻐꾹새</u>는 계절을 먼저 알아
❸ 청각적 심상
➜ 수풀 아래에 (있는) 뻐꾹새가 계절을 먼저 알아

❻ 태평세월 들일에는 농부를 재촉한다
➜ 걱정이 없는 시절의 농사일을 하라고 농부를 재촉한다.

❼ 영탄법
아아 내 일이야 잠을 깨어 생각하니
❶ 화자: '나'
➜ 아아, 내가 할 일을 잠에서 깨어나 생각해 보니

❽ 세상의 모든 일이 모두가 허랑(虛浪)하다
❷ 정서, 태도: 세상 일이 모두 헛되다는 무상감이 드러남.
➜ 세상의 모든 일이 모두 헛되도다.

⑨ **❸ 대구법**
공명(功名)이 때가 늦어 백발은 귀밑이요
「」❷: 상황: 관직에 오르지 못한 채 가난하게 늙어가는 처지임.
➡ 벼슬길에 나아갈 때가 늦어 백발로 늙었으며

⑩
산업(産業)에 꾀가 없어 초가집 몇 칸이라
❸ 영탄법
➡ 물건을 만드는 일에도 재주가 없어 초가집 몇 칸에서 (가난하게) 사는구나.

원객:	먼 데서 온 손님
근심:	해결되지 않은 일 때문에 속을 태우거나 우울해함.
태평세월:	근심이나 걱정이 없는 시절
허랑하다:	언행이나 상황 따위가 허황하고 착실하지 못하다.
공명:	공을 세워서 자기의 이름을 널리 드러냄. 또는 그 이름
산업:	물건을 만드는 일

＊①∼⑩행 요약: 봄비 내린 정경을 바라보며 자신의 처지를 생각함.

⑪ **❶ 태도: 자연 친화적**
백화주 두세 잔에 산수에 정이 들어
화자의 흥취를 돋우는 소재 ❶ 중심 대상: 산수(자연)
➡ 백화주 두세 잔을 (마시며) 산과 물에 정이 들고

⑫
홍도 벽도(紅桃碧桃)* 난발(爛發)한데 지팡이 짚고 들어가니
무릉도원을 연상하게 함. ❷ 상황: 자연을 즐기러 감.
➡ 복숭아꽃이 활짝 피었기에 지팡이를 짚고 (자연으로) 들어가니

⑬
산은 첩첩 기이하고 물은 청청 깨끗하다
❸ 대구법
➡ 산은 첩첩이 (쌓여) 기이하고 물도 맑고 깨끗하다.

⑭
안개 걷어 구름 되니 남산 서산 백운(白雲)이요
➡ 안개가 모여 구름이 되니 남산 서산에 있는 흰 구름이고 ❸ 대구법

⑮
구름 걷혀 안개 되니 계산 안개 봉이 높다
➡ 구름이 흩어져 안개가 되니 계산에 있는 안개 봉이 높다.

⑯ **❸ 영탄법   삶의 무상감에서 벗어난 공간**
앉아 보고 서서 보니 별천지가 여기로다
❶ 정서: 자연의 아름다운 모습에 감탄함.
➡ (자연에) 앉아 보고 서서 보니 특별한 세상이 (바로) 이곳이구나.

⑰
때 없는 두 귀밑을 돌시내에 다시 씻고
➡ 때 묻지 않은 (나의) 두 귀밑을 시냇물에 다시 씻고

⑱
탁영대(濯纓臺) 잠깐 쉬고 세심대(洗心臺)로 올라가니
➡ 탁영대에 (올라) 잠깐 쉬고 세심대로 올라가니

⑲
풍대(風臺)의 맑은 바람 심신이 시원하고
➡ 풍대에 부는 맑은 바람으로 마음과 몸이 시원하고

⑳ **❸ 영탄법**
월사(月榭)의 밝은 달은 맑은 의미 일반이라
❶ 태도: 자연이 주는 참된 의미를 되새김.
➡ 정자에 비친 밝은 달은 자연이 주는 참된 의미를 나타내는 것 같구나.

산수:	산과 물이라는 뜻으로, 경치를 이르는 말
난발하다:	꽃이 흐드러지게 한창 피다.
별천지:	특별히 경치가 좋거나 분위기가 좋은 곳
심신:	마음과 몸을 아울러 이르는 말
월사:	달을 구경하는 정자

＊⑪∼⑳행 요약: 봄날의 자연을 즐기며 여유를 느낌.

＊위성 땅 아침 비: 왕유의 시 구절로 벗과 이별하던 장소에 아침 비가 내리는 풍경을 말함.

＊홍도 벽도: 복숭아 꽃

■ **갈래**: 가사   ■ **창작 시기**: 조선 후기
■ **내용**: 이 작품은 초가집에서 낮잠을 자다가 일어나 감상한 봄날의 흥취를 노래한 가사이다. 화자는 입신양명을 이루지 못한 자신의 처지를 떠올리며 삶의 무상감을 느끼지만, 이내 봄날의 아름다움을 즐기면서 무상감에서 벗어나 자연이 주는 참된 의미를 되새기고 있다.
■ **주제**: 봄날에 느끼는 자연의 흥취

■ **이것이 핵심!: 화자의 정서 변화**

애상적		풍류적
• 원객(遠客)의 근심이라 • 모두가 허랑(虛浪)하다	→	• 별천지가 여기로다 • 맑은 의미 일반이라
〈1∼10행〉		〈11∼20행〉

✮ **독해 공식 정답**

(가)
❶ 화자: 드러나지 않음., 중심 대상: 어부 생애
❷ 상황: 자연을 즐기며 어부 생활을 함.
정서, 태도: 속세를 벗어나 여유롭게 살아가는 어부의 삶에 만족함.
❸ 표현상 특징
• 초장과 중장, 중장과 종장 사이에 여음구가 있음.
• 영탄법, 설의법, 대구법을 사용함.

(나)
❶ 화자: '나', 중심 대상: 자연
❷ 상황: 낮잠에서 깨어나 봄날의 자연을 즐김.
정서, 태도: 속세를 떠나 가난하게 살면서도 자연 속에서 여유를 느낌.
❸ 표현상 특징
• 청각적 심상을 활용하여 시적 분위기를 조성함.
• 영탄법, 대구법을 사용함.

A 08 정답 ③ ＊작품 비교하기 ·················· [정답률 49%]
(가)와 (나)의 공통점으로 가장 적절한 것은?
• **(가)**: (가)는 자연 속에서 살아가는 어부의 한가로운 삶을 영탄법, 설의법, 대구법 등을 활용해 노래한 작품입니다.
• **(나)**: (나)는 봄날에 느끼는 자연의 흥취를 청각적 심상, 영탄법, 대구법 등을 활용해 노래한 작품입니다.
즉 (가)와 (나)에 공통적으로 나타나는 표현상의 특징을 고르는 문제입니다.

＞**왜 정답?**
화자의 감정을 두드러지게 나타내고
③ 영탄적 어조를 통해 화자의 정서를 부각하고 있다.
(가) – '굽이굽이 새롭구나', (나) – '아아 내 일이야'
＊**근거**: (가) 〈춘 6〉 ❸, (나) ❼
(가)는 〈춘 6〉의 '굽이굽이 새롭구나' 등에서 영탄적 어조를 통해 자연의 아름다움에 감탄하는 화자의 정서를 부각하고 있다. 또한 (나)는 '아아 내 일이야' 등에서 영탄적 어조를 통해 자신의 처지에 대해 한탄하는 화자의 정서를 강조하고 있다.
영탄적 어조: 감탄사나 감탄형 종결 어미 '−구나', '−로다', '−네' 등을 사용한 말투로, 마음속 깊이 느끼는 감탄을 드러내기 위해 사용함.

＞**왜 오답?**
시대 상황의 잘못된 점을 지적하고
① 의인화된 대상을 통해 세태를 비판하고 있다.
드러나지 않음.
(가)와 (나)에서 대상을 의인화한 부분은 찾을 수 없으며, 당시의 시대 상황을 비판하고 있는 부분 또한 찾을 수 없다.
의인화되다: 사람이 아닌 것이 사람에 비기어져 표현되다.
세태: 사람들의 일상생활, 풍습 따위에서 보이는 세상의 상태나 형편

◤ [오답 선택률 20%]
시어와 구절이 지닌 함축적 의미를 두드러지게 만들고
② 설의적 표현을 통해 시적 의미를 강조하고 있다.
(가)에서만 나타남.
＊**근거**: (가) 〈춘 6〉 ❺, 〈하 1〉 ❺, 〈추 1〉 ❶, 〈동 8〉 ❽
(가)의 〈춘 6〉의 '삼공을 부러워하랴', 〈하 1〉의 '뉘라서 그려낸고', 〈추 1〉의 '어부 생애 아니러냐', 〈동 8〉의 '혼자 어이 씩씩ᄒ고'에서 설의적 표현을 활용하여 구절의 의미를 강조하고 있다. 그러나 (나)에서는 설의적 표현을 활용한 부분을 찾을 수 없다.

(나)의 '원객의 근심이라', '초가집 몇 칸이라', '맑은 의미 일반이라'를 의문의 형식의 설의적 표현으로 착각했을 수도 있다. 그러나 '-노라', '-이라'는 감탄을 드러내는 영탄적 어미로, 영탄적 표현에 해당한다.

┌ **설의적 표현**: 쉽게 판단할 수 있는 사실을 의문의 형식으로 표현한 것으로,
└ 의문형 어미 '-느냐', '-ㄴ가' 등을 통해 실현됨.

④ ~~촉각적 심상을 통해 지적 분위기를 조성하고 있다.~~
  특정한 분위기가 느껴지도록 만들고 드러나지 않음.

(가)와 (나)에서 촉각적 심상이 나타난 부분은 찾을 수 없다.

┌ **촉각적 심상**: 물건이 피부에 닿아서 느껴지는 감각을 제시하는 심상
└ 완전한 사회로 나아가고자 하는 마음을 나타내고
⑤ ~~역설적 표현을 통해 이상향에 대한 의지를 드러내고 있다.~~
  드러나지 않음.

(가)와 (나)에서 역설적 표현을 활용한 부분은 찾을 수 없다.

┌ **역설적 표현**: 겉으로는 모순되는 것 같으나 그 속에 중요한 진리를 담고 있는 표현
└ **이상향**: 인간이 생각할 수 있는 최선의 상태를 갖춘 완전한 사회

A 09 정답 ③ ✱시어 및 구절의 의미 파악하기 [정답률 74%]

(가)와 (나)에 대한 설명으로 적절하지 않은 것은?

>왜 정답?

③ (가)의 '~~어옹~~'과 (나)의 '~~농부~~'는 화자의 처지에 공감하는 인물이다.
  공감하고 있지 않음.

(가)의 〈추 1〉의 '어옹(漁翁)'은 고기를 잡는 노인으로, 문맥을 고려하면 화자 자신을 가리키므로 화자의 처지에 공감하는 인물이라고 할 수 없다. (나)의 '농부'는 뻐꾹새의 소리를 듣고 들일을 하러 가는 인물일 뿐, 화자의 처지에 공감하고 있지는 않다.

>왜 오답?

① (가)의 '버들'과 (나)의 '뻐꾹새'는 계절감을 드러내는 소재이다.
  봄

✱근거: (가) 〈춘 6〉 ❸, (나) ❺
(가)의 '버들'과 (나)의 '뻐꾹새'를 통해 계절적 배경이 봄임을 알 수 있다.

② (가)의 '흥'과 (나)의 '정'은 자연에서 화자가 느끼는 정서이다.
  여유로운 감정   즐거운 감정

✱근거: (가) 〈추 1〉 ❺, (나) ⑪
(가)의 화자는 '사시(四時) 흥(興)'이라고 말하며 사계절의 자연을 보며 느끼는 아름다움과 여유로움을 '흥'으로 표현하고 있다. 또한 (나)의 화자는 '산수에 정이 들어'라고 말하며 자연을 누리는 즐거움을 '정'이 들었다고 표현하고 있다.

④ (가)의 '추강'과 (나)의 '밝은 달'은 화자가 긍정적으로 인식하는 대상이다.
  '으뜸이라'   '맑은 의미 일반이라'

✱근거: (가) 〈추 1〉 ❺, (나) ❷⓪
(가)의 '추강(秋江)'은 화자가 으뜸이라고 말하고 있는 대상이므로 화자가 이를 긍정적으로 인식하고 있음을 알 수 있다. 또한 (나)의 화자는 '밝은 달'이 맑은 뜻을 갖고 있다고 했으므로 이 또한 화자가 긍정적으로 인식하고 있음을 알 수 있다.

⑤ (가)의 '낚싯대'와 (나)의 '백화주'는 풍류를 즐기는 화자의 모습을 드러내는 소재이다.
  '깊은 흥을 못 금하겠다'   '산수에 정이 들어'

✱근거: (가) 〈하 1〉 ❸, (나) ⑪
(가)의 화자는 낚싯대를 둘러메고 깊은 흥을 느끼고 있으므로 '낚싯대'는 풍류를 즐기는 화자의 모습을 드러내는 소재라고 할 수 있다. 또한 (나)의 화자는 '백화주' 두세 잔을 마시며 자연에 정(情)을 느끼고 있으므로 '백화주' 역시 풍류를 즐기는 화자의 모습을 드러내는 소재라고 볼 수 있다.

┌ **풍류**: 멋스럽고 풍치가 있는 일. 또는 그렇게 노는 일

A 10 정답 ④ ✱〈보기〉를 바탕으로 감상하기 ··· [정답률 67%]

〈보기〉를 참고하여 ㉠~㉤을 감상한 내용으로 적절하지 않은 것은? [3점]

• 〈보기〉를 참고: (가)에는 속세를 멀리하고 자연의 아름다움을 즐기며 여유롭게 살면서 자연에 귀의하고자 하는 화자의 모습이 나타나 있습니다.
• ㉠~㉤: ㉠~㉤은 화자의 태도가 반영된 부분으로, ㉠은 벼슬을 부러워하지 않는 마음, ㉡은 자연의 아름다움에 대한 감탄, ㉢은 화자가 위치한 속세 바깥의 세상, ㉣은 화자가 예찬하는 자연물, ㉤은 속세를 멀리하고자 하는 마음을 나타냅니다.

🔴 자연에 대한 (가)의 화자의 태도를 바탕으로 ㉠~㉤을 이해한 내용 중 틀린 것을 고르는 문제입니다.

┌─────────────[보기]─────────────┐
❶ (가)에는 속세를 벗어나 자연의 아름다움을 즐기면서 유유
  (가)의 화자가 지향하는 삶의 모습 ❷
자적한 삶을 살고자 하는 화자의 모습이 드러나 있다. 이 작
품에서 자연은 화자가 지향하는 공간으로 인간 세상과 대립
되는 공간을 의미한다. 화자는 인간 세상을 멀리하고 자연에
  ❸의 근거   (가)의 화자의 삶의 태도
귀의하고자 하는 태도를 보이고 있다.
─────────────────────────────
유유자적하다: 속세를 떠나 아무 속박 없이 조용하고 편안하게 살다.
지향하다: 어떤 목표로 뜻이 쏠리어 향하다.
귀의하다: 돌아가거나 돌아와 몸을 의지하다.
└─────────────────────────────┘

>왜 정답?

④ ㉣은 ~~자연에 귀의하지 못한 사람~~으로 화자가 ~~안타까워하는~~ 대상으로 볼 수 있군.
  화자가 예찬하는 자연물임.   긍정적으로 생각함.

✱근거: (가) 〈동 8〉 ❶
화자는 ㉣ '물가의 외로운 솔'이 홀로 솟아 있는 모습을 보고 '혼자 어이 씩씩흔고'라고 하며 이에 대한 긍정적인 인식을 드러내고 있다. 따라서 '물가의 외로운 솔'을 자연에 귀의하지 못한 사람이라고 볼 수 없으며, 화자는 이를 안타까워하는 것이 아니라 예찬하고 있다고 보아야 한다.

>왜 오답?

① ㉠은 속세의 사람들이 추구하는 가치에서 벗어난 화자의 모습을 드러낸다고 볼 수 있군.
  높은 벼슬을 부러워하지 않음.

✱근거: (가) 〈춘 6〉 ❺
㉠ '삼공을 부러워하랴'는 삼공을 부러워하지 않는다는 의미이다. '삼공'은 영의정, 좌의정, 우의정으로, 속세의 사람들이 추구하는 가치로 볼 수 있다. 이때 화자는 이를 부러워하지 않는다고 말함으로써 속세의 사람들이 추구하는 가치에서 벗어난 모습을 드러내고 있다.

② ㉡은 화자가 자연의 아름다움에 감탄하며 이를 즐기고 있다고 볼 수 있군.
  자연이 마치 그림을 그려놓은 것 같다고 함.

✱근거: (가) 〈하 1〉 ❺
㉡ '연강(煙江) 첩장(疊嶂)은 뉘라서 그려낸고'에서 '연강'은 안개 낀 강을, '첩장'은 겹겹이 둘러싸인 산봉우리를 가리킨다. 이때 화자는 연강과 첩장을 누가 그려낸 것이냐고 묻고 있는데, 이는 연강과 첩장이 마치 그림을 그려놓은 것같이 아름답다는 것을 의미한다. 즉, 화자는 ㉡을 통해 자연의 아름다움에 감탄하며 자연을 즐기고 있음을 드러내고 있다.

③ ㉢은 인간 세상과 대립되는 자연으로 화자가 지향하는 공간으로 볼 수 있군.
  '물외'는 속세의 바깥세상인 자연을 의미함.

✱근거: (가) 〈추 1〉 ❶, 〈보기〉 ❷문장

ⓒ '물외(物外)'는 세상의 바깥을 의미하는데, 이는 속세의 바깥세상을 가리키는 것으로 곧 '자연'을 의미한다. 이때 〈보기〉에서 '이 작품에서 자연은 화자가 지향하는 공간으로 인간 세상과 대립되는 공간을 의미한다.'라고 했으므로 '물외'는 인간 세상과 대립되는 공간이자 화자가 지향하는 공간으로 볼 수 있다.

⑤ ⓜ은 인간 세상을 멀리하고자 하는 화자의 태도를 드러낸다고 볼 수 있군.
속세의 시끄러움을 피하고자 함.

***근거**: (가) 〈동 8〉 ❺

ⓜ '파랑성(波浪聲)을 싫어 마라 진훤(塵喧)을 막는도다'는 물결 소리가 속세의 시끄러움을 막으니 싫어하지 말라는 의미이다. 즉, 화자는 속세의 시끄러움을 피하고 싶어 하고 있으므로 인간 세상을 멀리하고자 하는 태도를 드러내고 있다고 볼 수 있다.

A 11~13 [2016년(6월)/고1교육청 31~33]

윤선도, 〈견회요(遣懷謠)〉

❶ 화자, 중심 대상 ❷ 상황, 정서, 태도 ❸ 표현상 특징 시 해석

❶슬프나 즐거오나 옳다 하나 외다* 하나
➡ 슬프나 즐거우나 옳다 하나 그르다 하나

❷내 몸의 해올 일만 닦고 닦을 뿐이언정
❶ 화자: '나' / ❷ 태도: 임금과 나라에 대한 충정만을 따르고자 함.
➡ 내 몸의 할 일만 닦고 닦을 뿐이니

❸그 밖의 여남은 일이야 분별할 줄 이시랴 〈제1수〉
❸ 설의법
➡ 그 밖의 다른 일을 생각하거나 근심할 필요가 있겠는가?

여남은: 다른
분별: 생각, 근심

*〈제1수〉 요약: 자신의 신념에 따른 강직한 삶

❶내 일 망령된* 줄을 내라 하여 모를 것인가
권신 이이첨의 횡포를 고발한 일 / ❸ 설의법
➡ 내 일이 잘못된 것인 줄을 나라고 하여 모르겠는가?

❷이 마음 어리석기도 임 위한 탓이로세
임금을 위하는 마음으로 이이첨을 고발한 것임.
➡ 이 마음이 어리석은 것도 모두 임(임금)을 위하기 때문이다.

❸아무가 아무리 일러도 임이 생각하여 보소서 〈제2수〉
❷ 상황: 임금에게 자신의 결백을 호소함.
➡ 아무개가 아무리 (나를) 헐뜯더라도 임께서 헤아려 주소서.

*〈제2수〉 요약: 자신의 행위에 대한 결백한 마음

[A]
❶추성(楸城)* 진호루(鎭胡樓) 밖에 울어 예는 저 시내야
❷ 정서: 임금과 멀어지게 된 슬픔 / ❸ 감정 이입

❷므슴 호리라* 주야에 흐르는가
❸ 설의법
➡ 무엇을 하려고 밤낮으로 (그칠 줄 모르고) 흐르는가?

❶ 중심 대상: 임 향한 내 뜻(임금을 향한 마음) / ❸ 설의법
❸임 향한 내 뜻을 조차 그칠 줄을 모르는가 〈제3수〉
❷ 태도: 임금을 향한 변함없는 충심을 드러냄.
➡ 임 향한 내 뜻을 따라 그칠 줄을 모르는 것인가?

주야: 밤과 낮을 아울러 이르는 말

*〈제3수〉 요약: 임금을 향한 변함없는 충정

[B] (❸ 반복법)
❶뫼흔 길고 길고 물은 멀고 멀고
❷ 상황: 화자가 먼 곳으로 귀양을 감.
➡ 산은 길게 길게 이어져 있고 물은 멀리 멀리 이어져 있고

❷어버이 그린 뜻은 많고 많고 하고 하고
❷ 정서: 부모님을 그리워함.
➡ 부모님을 그리워하는 마음은 많고도 많다.

❸어디서 외기러기는 울고 울고 가느니
❸ 감정 이입 / ❷ 정서: 부모님을 모시지 못하는 슬픔
➡ 어디서 외기러기는 울고 울고 가는구나 (나의 마음을 구슬프게 하는가?) 〈제4수〉

뫼: 산

*〈제4수〉 요약: 부모님에 대한 그리움

❶어버이 그릴 줄을 처음부터 알아마는
➡ (귀양을 가게 되면) 부모님을 그리워할 줄을 처음부터 알았지만

❷임금 향한 뜻도 하늘이 삼겨시니
➡ 임금을 향한 뜻도 하늘이 만드셨으니

❸진실로 임금을 잊으면 긔 불효인가 여기노라 〈제5수〉
❷ 태도: 효를 위해 충을 버리는 것이 오히려 불효가 된다고 생각함.
➡ 진실로 임금을 잊으면 (귀양을 가는 것이 두려워 임금에게 직언을 하지 않으면) 그것이 불효인가 하노라.

삼기다: '생기게 하다'의 옛말

*〈제5수〉 요약: 충과 효의 일치(연군지정)

* 외다: 그르다, 잘못되다.
* 망령된: 언행이 상식에서 벗어나 주책이 없는
* 추성(楸城): 지은이가 유배되었던 함경북도 경원
* 므슴 호리라: 무엇을 하려고

■ **갈래**: 평시조, 연시조 ■ **창작 시기**: 조선 중기

■ **내용**: 이 작품은 작가가 30세에 함경도로 유배되었을 때 지은 연시조이다. 〈제1수〉는 신념에 충실한 윤선도의 가치관을 여실히 보여 주는 부분으로 평가되고 있다. 〈제4수〉에서는 윤선도의 인간적인 면을 엿볼 수 있는데, 유배지에서 고향에 두고 온 어버이를 그리는 정이 애절하게 나타나 있다. 하지만 이 또한 〈제5수〉에서 임금에 대한 마음과 연결 짓는 것으로 보아, 전체적으로 자신의 신념과 임금을 향한 변함없는 충정을 노래한 작품이라 할 수 있다.

■ **주제**: 유배지에서 연군지정(戀君之情)

■ **이것이 핵심!**: 시상 전개 방식

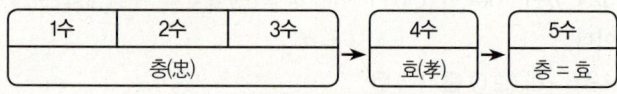

1수	2수	3수	→	4수	→	5수
충(忠)			→	효(孝)	→	충 = 효

→ '충'과 '효'에 대해 개별적으로 진술한 뒤 이를 통합함.

독해 공식 정답

❶ **화자**: '나', **중심 대상**: 임금을 향한 마음
❷ **상황**: 자신의 결백을 하소연하며 임금을 향한 마음을 노래함.
정서, 태도: 임금에 대한 변함없는 충정을 드러냄. 부모님을 그리워함.
❸ **표현상 특징**
- 화자의 슬픈 감정을 시내와 외기러기에 이입하여 표현함.
- 설의법, 반복법을 사용함.

A 11 정답 ② *표현상의 특징 파악하기 …… [정답률 75%]

윗글에 나타난 표현상 특징으로 적절한 것은?

왜 정답?

② 설의적 표현을 통해 화자의 의지를 드러내고 있다.
'분별할 줄 이시랴', '그칠 줄을 모르는가'

***근거**: 〈제1수〉 ❸, 〈제3수〉 ❸

〈제1수〉의 '그 밖의 여남은 일이야 분별할 줄 이시랴'에서 설의적 표현을 통해 화자는 자기 수양 외의 다른 일들은 염두에 두지 않겠다는 의지를 드러내고 있다. 또한 〈제3수〉의 '임 향한 내 뜻을 조차 그칠 줄을 모르는가'에서 설의적 표현을 통해 화자는 임을 향한 자신의 마음이 변하지 않을 것이라는 의지를 드러내고 있다.

설의적 표현: 쉽게 판단할 수 있는 사실을 의문의 형식으로 표현한 것으로, 의문형 어미 '-느냐', '-ㄴ가' 등을 통해 실현됨.

> **왜 오답 ?** 시의 내용에 대한 집중력

① ~~반어적 표현을 통해 시적 긴장감을 높이고 있다.~~

윗글에서 화자의 뜻을 반대로 표현한 부분을 찾을 수 없다.

[**반어적 표현**: 의미를 강조하기 위해 실제와 반대로 말하는 표현

③ ~~점강적 표현을 통해 대상의 특성을 강조하고 있다.~~

윗글에서 대상이나 느낌을 점점 작고 약하게 표현한 부분은 찾을 수 없다.

[**점강적 표현**: 크고 강한 대상이나 느낌에서 점점 작고 약한 것으로 변화하며 표현하는 것

④ ~~과장된 표현을 통해 현실 비판 의식을 나타내고 있다.~~

〈제4수〉의 '뫼흔 길고 길고 물은 멀고 멀고'를 과장된 표현이라고 볼 수 있으나, 이는 어버이에 대한 그리움을 나타내는 것이지 현실을 비판하는 것은 아니다.

[**과장된 표현**: 어떤 사물을 실제보다 훨씬 더하게 또는 훨씬 덜하게 표현하는 것

⑤ ~~감각적 표현을 통해 대상의 아름다움을 나타내고 있다.~~

화자는 시내, 산, 물, 외기러기 등 눈으로 볼 수 있는 대상을 이야기하면서 임에 대한 변함없는 마음과 어버이에 대한 그리움을 노래했다. 따라서 감각적 표현을 사용했다고 볼 수 있지만 대상에 대한 아름다움을 노래한 것은 아니다.

[**감각적 표현**: 시각·청각·촉각·후각·미각의 느낌이 떠오르게 하는 표현

Ⓐ 12 정답 ④ ＊화자의 정서와 태도 파악하기 ·· [정답률 74%]

[A]와 [B]에 대한 이해로 적절한 것은?

• [A]: 화자가 임을 향한 변함없는 마음을 흐르는 시내에 이입하여 표현한 부분입니다.
• [B]: 화자가 어버이를 그리워하는 마음을 외기러기에 이입하여 표현한 부분입니다.

🔲 화자의 심정을 노래한 [A]와 [B]에 대한 설명 중 적절한 것을 고르는 문제입니다.

> **왜 정답 ?**

④ [A]와 [B]에는 대상의 속성에 빗대어 화자의 심정이 드러나고 있다.
    [A] - 주야에 흐르는 시내, [B] - 울고 가는 외기러기

화자는 [A]에서 임을 향한 자신의 뜻을 그치지 않고 밤낮으로 흐르는 '시내'에 빗대어 표현했다. [B]에서는 어버이를 그리워하는 마음을 울고 가는 '외기러기'를 통해 드러냈다. 즉, 화자는 [A]와 [B]에서 각각 '시내'와 '외기러기'의 속성에 빗대어 자신의 심정을 드러내고 있다.

> **왜 오답 ?**

① [A]에는 ~~과거의 공간이~~, [B]에는 현재의 공간이 나타나고 있다.
    현재의 공간임.

[B]의 '뫼'와 '물'은 화자의 유배지를 나타내므로 현재의 공간으로 볼 수 있다. [A]의 '추성 진호루' 또한 화자가 유배 중인 함경도를 나타내므로, [A]에는 과거의 공간이 아닌 현재의 공간이 나타난다고 보아야 한다.

② [A]에는 화자의 ~~고뇌하는 모습이~~, [B]에는 ~~유유자적하는 모습이~~ 나타나고 있다.
    드러나지 않음.   드러나지 않음.

[A]에서 화자는 시내를 보며 자신의 변함없는 마음을 노래하고 있을 뿐, 고뇌하는 모습을 드러내고 있지는 않다. [B]에서도 화자는 부모님을 그리워하는 마음을 노래하고 있을 뿐, 유유자적하는 모습을 드러내고 있지는 않다.

[**고뇌하다**: 괴로워하고 번뇌하다.
[**유유자적하다**: 속세를 떠나 아무 속박 없이 조용하고 편안하게 살다.

③ [A]와 [B]에는 ~~화자가 동경하는 세계가 구체적으로 드러나고 있다.~~
    드러나지 않음.

화자는 [A]와 [B]에서 각각 임금과 부모님에 대한 마음을 노래하고 있을 뿐, 동경하는 세계를 구체적으로 제시하고 있지는 않다.

[**동경하다**: 어떤 것을 간절히 그리워하여 그것만을 생각하다.

⑤ [A]와 [B]에는 ~~자연의 모습을 관조하는 화자의 태도가 드러나고 있다.~~
    드러나지 않음.

[A]에서 화자는 '시내'를 통해 자신의 변함없는 충정을 드러내고 있을 뿐, 이를 관조하고 있지는 않다. [B]에서도 화자는 '뫼'와 '물'을 통해 먼 곳에 있는 어버이에 대한 그리움을 드러내고 있을 뿐, 이를 관조하고 있지는 않다.

[**관조하다**: 고요한 마음으로 사물이나 현상을 관찰하거나 비추어 보다.

Ⓐ 13 정답 ① ＊〈보기〉를 바탕으로 감상하기 ··· [정답률 53%]

〈보기〉를 바탕으로 윗글을 이해할 때 적절하지 않은 것은?

• **〈보기〉를 바탕**: 〈견회요〉는 윤선도가 유배 생활을 하는 동안 지은 작품으로, 자신이 추구하는 삶의 자세, 임금이나 어버이에 대한 그리움, 자신의 억울함에 대한 호소, 자신을 모함한 상대에 대한 부정적 감정을 드러냈습니다.

🔲 〈견회요〉에 드러나는 작가의 정서와 태도에 대한 설명 중 틀린 것을 고르는 문제입니다.

――――――――― [보기] ―――――――――
❶'견회요'는 윤선도가 유배 생활 동안 지은 작품이다. ❷옛사람들에게 유배(流配)는 세상과의 격리로 외롭고 힘든 것이었다. ❸유배 동안에 작가는 작품을 통해, 자신의 내면을 들여다보면서 자신이 추구하는 삶의 자세를 드러내거나, 자연물을 매개 ① ⑤의 근거
로 임금이나 어버이에 대한 그리움을 표현하기도 하였다. ❹ 때 ③ ④의 근거
로는 작품 속에 자신의 억울함을 호소하거나 모함을 한 상대편에 대한 부정적인 감정을 드러내기도 하였다. ②의 근거
―――――――――――――――――――――
유배: 오형(五刑) 가운데 죄인을 귀양 보내던 일
매개: 둘 사이에서 양편의 관계를 맺어 줌.

> **왜 정답 ?**

① 제1수의 '내 몸의 해올 일만 닦고 닦을 뿐'은 작가가 내면 성찰을 위해서 ~~자신을 세상과 격리시킨~~ 것이라 볼 수 있겠군.
    작가가 스스로를 세상과 격리시킨 것이 아님.

＊근거: 〈제1수〉❷, 〈보기〉❸문장

'내 몸의 해올 일만 닦고 닦을 뿐'은 임금과 나라에 대한 충정만을 따르겠다는 뜻을 나타낸다. 이는 〈보기〉에서 말한 '자신이 추구하는 삶의 자세'를 드러낸 것으로 유배 생활을 하는 작가의 마음가짐을 드러낸 것일 뿐, 작가가 스스로를 세상과 격리시킨 것이라고 볼 수는 없다.

[**성찰**: 자기의 마음을 반성하고 살핌.

> **왜 오답 ?**

② 제2수의 '임이 생각하여 보소서'는 작가가 임금에게 자신의 억울함을 호소하는 것으로 볼 수 있겠군.
    임금을 위한 행위였다고 말함.

＊근거: 〈제2수〉❸, 〈보기〉❹문장

'임이 생각하여 보소서'에서 작가는 임금에게 결백한 자신의 뜻을 헤아려 달라고 말하고 있다. 이는 〈보기〉에서 말한 '자신의 억울함을 호소'하는 것으로 볼 수 있다.

③ 제3수의 '울어 예는 저 시내야'는 작가가 <u>자연물을 매개로 임금에 대한 그리움을 드러내는 것</u>으로 볼 수 있겠군.
'시내'처럼 그치지 않는 마음을 드러냄.

* 근거: 〈제3수〉❶, 〈보기〉❸문장
'울어 예는 저 시내야'에서 작가는 밤낮없이 흐르는 '시내'에 자신의 감정을 이입하여 '그칠 줄 모르는' 임을 향한 마음을 드러내고 있다. 이는 〈보기〉에서 말한 '자연물을 매개로 임금이나 어버이에 대한 그리움을 표현'한 것으로 볼 수 있다.

④ 제4수의 '길고 길고', '멀고 멀고'는 작가가 <u>거리감을 통해 어버이에 대한 그리움을 드러낸 것</u>으로 볼 수 있겠군.
유배지에 있어서 부모님과 멀리 떨어져 있음.

* 근거: 〈제4수〉❶, 〈보기〉❸문장
'길고 길고'와 '멀고 멀고'에서 작가는 '길다'와 '멀다'라는 표현을 통해 부모님과 멀리 떨어진 유배지에서의 거리감을 드러내고 있다. 이는 〈보기〉에서 말한 '어버이에 대한 그리움'을 표현한 것으로 볼 수 있다.

⑤ 제5수의 '불효인가 여기노라'는 작가가 <u>추구하는 삶의 자세를 드러낸 것</u>으로 볼 수 있겠군.
충과 효를 중시하는 자세

* 근거: 〈제5수〉❸, 〈보기〉❸문장
'불효인가 여기노라'에서 작가는 불충을 저지르는 것은 불효와 같다는 생각을 드러내고 있다. 이는 〈보기〉에서 말한 '자신이 추구하는 삶의 자세'를 드러낸 것으로 볼 수 있다.

A 14~17 [2020년(9월)/고2교육청 42~45]

(가) 이휘일, 〈저곡전가팔곡〉
❶ 화자, 중심 대상 ❷ 상황, 정서, 태도 ❸ 표현상 특징 [시 해석]

❶
세상의 버린 몸이 시골에서 늙어 가니
❶ 중심 대상: 농촌에서의 삶
➡ 세상이 버린 몸이 시골에서 늙어 가니

❷ 세속적 삶 ❶ 화자: '나' ❸ 설의법
㉠<u>바깥 일 내 모르고 하는 일 무엇인고</u>
  ❷ 상황: 속세를 멀리하며 농촌에서 살고 있음.
➡ 속세의 일은 모르는 내가 하는 일은 무엇인가?

❸
이 중의 우국성심(憂國誠心)은 풍년을 원하노라   〈제1곡〉
  ❷ 정서, 태도: 나라를 걱정하는 마음으로 풍년을 기원함.
➡ (내가 하는 여러 일) 이 중에 나라를 걱정하는 마음은 풍년을 바란다.

[우국성심: 나라를 걱정하는 정성스러운 마음

*〈제1곡〉 요약: 풍년을 기원하는 마음

❶
농인이 와 이르되 봄 왔네 밭에 가세   □ 계절적 배경
➡ 농사짓는 사람이 와서 말하기를 '봄이 왔네. 밭에 가세.'

❷ ❸ 대구법
앞집의 쟁기 잡고 뒷집의 따비 내네
  ❷ 상황: 봄을 맞아 농사를 준비하고 있음.
➡ 앞집의 쟁기를 잡고 뒷집의 따비를 내네.

❸
두어라 내 집부터 하랴 남하니 더욱 좋다   〈제2곡〉
  ❷ 태도: 서로 돕는 농촌의 생활을 긍정적으로 인식함.
➡ 두어라, 내 집부터 하겠느냐? 남의 집부터 하니 더욱 좋다.

[농인: 농사짓는 일을 생업으로 삼는 사람
[따비: 풀뿌리를 뽑거나 밭을 가는 데 쓰는 농기구

*〈제2곡〉 요약: 서로 도우며 농사를 짓는 농촌의 삶

❶
여름날 더운 적의 단 땅이 불이로다
  ❸ 은유법 – 여름의 더위를 표현함.
➡ 여름날 더운 때 달궈진 땅은 불처럼 뜨겁구나.

❷
밭고랑 매자 하니 땀 흘려 땅에 떨어지네
  ❷ 상황: 더운 여름날에 고단한 농사일을 함.
➡ 밭고랑을 매려고 하니 땀이 흘러서 땅에 떨어지네.

❸ ❸ 설의법
어사와 입립신고(粒粒辛苦)* 어느 분이 아실까   〈제3곡〉
  ❷ 정서: 농사일의 고단함을 알아주지 않는 세태에 대한 안타까움
➡ 아, 낟알 하나하나에 어린 수고로움은 어느 분이 아실까?

*〈제3곡〉 요약: 여름에 고되게 농사를 짓는 모습

❶
가을에 곡식 보니 좋기도 좋을시고
  ❷ 정서: 농사의 결실에 대한 만족감
➡ 가을에 곡식을 보니 좋기도 좋구나.

❷
내 힘으로 이룬 것이 먹어도 맛이로다
➡ 내 힘으로 이룬 것이 먹어도 맛있다.

❸ ❸ 설의법 세속적 대상
㉡<u>이 밖에 천사만종(千駟萬鍾)*을 부러 무엇하리오</u>   〈제4곡〉
  ❷ 태도: 세속적 가치보다 농사일을 더 긍정적으로 여기는 가치관이 드러남.
➡ 이 밖의 많은 말이 이끄는 수레와 높은 봉록(일을 한 대가로 받는 돈, 가축, 곡식 등)을 부러워해서 무엇하리오?

*〈제4곡〉 요약: 농사의 결실을 수확하며 얻는 만족감

❶ ❸ 대구법
밤에는 새끼를 꼬고 저녁엔 띠풀을 베어
  농촌의 겨울 일상
➡ 밤에는 새끼를 꼬고 저녁에는 띠풀을 베어

❷
초가집 잡아매고 농기(農器) 좀 손 보아라
  ❷ 상황: 내년 농사를 준비하는 모습
➡ 초가집을 잡아매고 농기구를 좀 손 보아라.

❸ 계절적 배경 – 다가올 봄을 기다리는 겨울
내년에 봄 온다 하거든 결의 종사* 하리라   〈제5곡〉
  ❷ 태도: 내년 농사를 열심히 짓겠다는 의지
➡ 내년에 봄이 온다 하거든 그 참에 바삐 일하리라.

[띠풀: '삘기(벼의 어린 꽃이삭)'의 방언
[농기: 농사를 짓는 데 쓰는 기구

*〈제5곡〉 요약: 다음 해 농사를 준비하는 농촌의 겨울

* 입립신고: 낟알 하나하나에 어린 수고로움
* 천사만종: 많은 말이 끄는 수레, 높은 봉록
* 결의 종사: 그 참에 바삐 일함.

■ 갈래: 연시조   ■ 창작 시기: 조선 후기
■ 내용: 이 작품은 농촌에 살며 직접 농사를 짓고 살아가는 즐거움에 대해 노래한 연시조이다. 계절의 변화와 하루의 일과를 나누어 제시하며 농촌의 풍경과 농민의 삶을 형상화하고 있으며, 이를 통해 세속적 가치보다 농사일을 더 긍정적으로 여기는 작가의 가치관이 드러나고 있다.
■ 주제: 농사를 짓는 삶의 즐거움과 만족감

■ 이것이 핵심! 계절에 따른 시상 전개

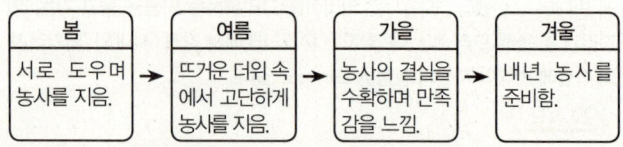

봄	여름	가을	겨울
서로 도우며 농사를 지음.	뜨거운 더위 속에서 고단하게 농사를 지음.	농사의 결실을 수확하며 만족감을 느낌.	내년 농사를 준비함.

(나) 정훈, 〈용추유영가〉
❶ 화자, 중심 대상 ❷ 상황, 정서, 태도 ❸ 표현상 특징

❶
불어오는 봄바람이 봄볕을 부쳐내니   □ 계절적 배경

❷
지저귀는 새소리는 노래하는 소리이니
  ❸ 청각적 심상

❸
곱디고운 수풀 꽃은 웃음을 머금었다
  ❶ 중심 대상: 지리산 용추동의 자연 경관 ❸ 의인법

❹
이곳에 앉아보고 저곳에 앉아보니

❺
㉢골 안의 맑은 향기 지팡이에 묻었구나
  ❸ 공감각적 심상(후각의 시각화) – 봄의 아름다움을 형상화

*❶~❺행 요약: 봄의 아름다움

❻
봄빛 반짝 흩어 날고 초목이 무성하니
  ❷ 상황: 봄에서 여름으로 계절이 바뀜.

^❼ 푸른빛은 그늘 되어 나무 아래 어리었고

^❽ 하늘의 빛난 구름 골짜기에 잠겼으니

^❾ 송정에서 긴 잠은 ▢더위▢도 모르더라
　　　　　　　　❸ 영탄법

［ 송정: 솔숲 사이에 지은 정자

＊❻~❾행 요약: 지리산의 여름

^❿ 먼 하늘은 맑디맑고 기러기는 울어 예니
　❸ 청각적 심상

^⓫ 양쪽 언덕 ▢단풍 숲▢은 비단처럼 비치거늘
　　　　　　　　❸ 직유법

^⓬ ㉣일대의 강 그림자 푸른 유리 되었구나
　　아름다운 가을 풍경 　❸ 영탄법

^⓭ ▢국화▢를 잔에 띄워 무지개를 맞아 오니

^⓮ 이 작은 즐거움은 세상모를 일이로다
　❷ 정서: 속세와 단절된 자연에서의 삶에 대한 만족감

＊❿~⓮행 요약: 가을 숲의 아름다운 모습

^⓯ 하늘 높이 부는 바람 고요하고 쓸쓸하여

^⓰ ▢나뭇잎 다 진 후▢에 산계곡이 삭막하고
　　　　　　　　　겨울날의 풍경

^⓱ 섣달그믐 조화 부려 ▢백설▢을 나리오니

^⓲ 수많은 산봉우리가 ▢경요굴▢이 되었거늘
　　　　달에 있는 아름다운 구슬로 된 굴 → 설경의 아름다움을 표현함.

^⓳ 눈썹이 솟구치고 눈동자를 높이 뜨니

^⓴ 끝없는 ▢설경▢은 시의 제재가 되었으니

^㉑ 세상 물정을 모르니 ▢추위▢를 어이 알까
　　　추위를 잊을 정도로 아름다운 겨울의 풍경 ❸ 설의법

［ **섣달그믐**: 음력으로 한 해의 마지막 날
　백설: 하얀 눈
　설경: 눈이 내리거나 눈이 쌓인 경치
　제재: 예술 작품이나 학술 연구의 바탕이 되는 재료

＊⓯~㉑행 요약: 눈이 내린 지리산의 아름다운 풍경

(중략)

^㉒ 깨끗하고 맑은 바람 실컷 쏘인 후에　┐
　　　　　　　　　　　　　　　　　　│ 풍류를 즐기는 모습
^㉓ 대여섯 아이들과 노래하며 돌아오니　┘

^㉔ 옛사람 기상에 미칠까 못 미칠까
　❸ 설의법

^㉕ 옛일을 떠올리니 어제인 듯하다마는

^㉖ 깨끗한 풍채를 꿈에서나 얻어 볼까
　　　　　　　　　❸ 설의법

^㉗ 옛사람 못 보거든 지금 사람 어이 알고

^㉘ 이 몸이 늦게 나니 애통함도 쓸 데 없다

［ **기상**: 사람이 타고난 기개나 마음씨. 또는 그것이 겉으로 드러난 모양
　풍채: 드러나 보이는 사람의 겉모양

＊㉒~㉘행 요약: 풍류를 즐기며 살아가는 모습

^㉙ ❷ 태도: 자연친화적
　산새와 산꽃을 내 벗으로 삼아두고
　❶ 화자: '나' ❶ 중심 대상: 자연에서의 삶

^㉚ 경치를 만끽하며 생긴 대로 노는 몸이
　❷ 상황: 자연 속에서 유유자적하게 살아감.

^㉛ 공명을 생각하며 ▢빈천▢을 설워할까　┐
　　　　　　　　　　　❸ 설의법　　　　　│❷ 태도: 가난에 구속되지
^㉜ 단사표음이 내 분이니 세월도 한가하네 ┘　않음. (안빈낙도)

^㉝ 이 계곡 경치를 싫도록 거느리고

^㉞ 백 년 세월을 노닐다가 마치리라
　❷ 태도: 평생을 자연 속에서 살고자 함.

^㉟ ㉤아이야 사립문 닫아라 세상 알까 하노라
　❷ 태도: 속세와 단절하여 살고자 하는 의지가 드러남.

［ **공명**: 공을 세워서 자기의 이름을 널리 드러냄. 또는 그 이름
　빈천: 가난하고 천함.
　단사표음: 대나무로 만든 밥그릇에 담은 밥과 표주박에 든 물이라는 뜻으로,
　청빈하고 소박한 생활을 이르는 말

＊㉙~㉟행 요약: 속세와 단절한 채 자연 속에서 살고자 함.

■ **갈래**: 가사　　　　　　■ **창작 시기**: 조선 중기
■ **내용**: 이 작품은 작가가 자신이 사는 지리산 아래 용추동 일대의 뛰어난 경관을 노래한 가사이다. 다채로운 시어와 계절에 따른 시상 전개를 통해 용추동 일대의 아름다운 풍경을 묘사하고 있으며, 자연에서의 삶에 만족감을 느끼며 안빈낙도하는 삶의 태도를 드러내고 있다.
■ **주제**: 지리산 용추동의 아름다운 풍경과 자연에서의 삶에 대한 만족감

■ **이것이 핵심!**: 화자의 삶의 태도

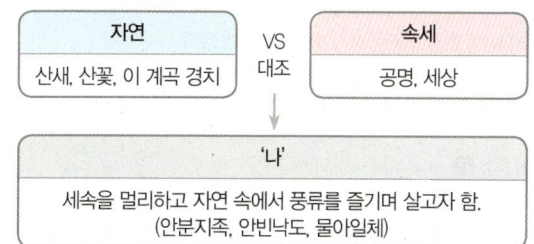

자연	VS 대조	속세
산새, 산꽃, 이 계곡 경치		공명, 세상

↓

'나'
세속을 멀리하고 자연 속에서 풍류를 즐기며 살고자 함.
(안분지족, 안빈낙도, 물아일체)

✿ 독해 공식 정답

(가)
❶ **화자**: '나', **중심 대상**: 농촌의 삶
❷ **상황**: 농촌에 살며 계절의 변화에 따라 일어나는 농촌의 일상을 노래함.
정서, 태도: 나라를 걱정하며 풍년을 기원하고, 세속적 가치보다 농사일을 긍정적으로 여김.
❸ **표현상 특징**
• 계절의 흐름에 따라 시상을 전개함.
• 농촌의 일상을 드러내는 소재를 제시하여 화자의 삶을 구체적으로 드러냄.
• 설의법, 대구법, 은유법을 사용함.

(나)
❶ **화자**: '나', **중심 대상**: 지리산 용추동의 자연 경관, 자연에서의 삶
❷ **상황**: 지리산 용추동의 아름다움을 노래하며 자연에서 사는 삶에 대한 감상을 드러냄.
정서, 태도: 속세와 단절된 자연에서의 삶에 만족함.
❸ **표현상 특징**
• 계절의 흐름에 따라 시상을 전개함.
• 공감각적 심상을 활용하여 자연의 아름다움을 형상화함.
• 의인법, 영탄법, 직유법, 설의법을 사용함.

Ⓐ 14 정답 ① ＊작품 비교하기 ‥‥‥‥‥‥‥ [정답률 77%]

(가)와 (나)의 공통점으로 가장 적절한 것은?

>왜 정답 ?
　　　　　　　　　　　　　　　　특정한 분위기가 느껴지도록 만들고
① 계절적 배경을 소재로 하여 시적 분위기를 조성하고 있다.
　(가) – '봄, 여름날, 가을' 등, (나) – '봄바람, 더위, 단풍, 백설' 등

＊근거: (가) 〈제2곡〉 ❶, 〈제3곡〉 ❶, 〈제4곡〉 ❶, (나) ❶, ❾, ⓫, ⓱
(가)에서는 계절의 변화에 따른 농촌의 일상을 노래하고 있다. 이때 '봄', '여름날', '가을' 등의 시어를 통해 계절과 관련된 시적 분위기를 조성하고 있다. (나)에서는 지리산의 아름다움을 계절에 따라 제시하고 있는데, 이때 '봄바람', '더위', '단풍', '백설' 등의 시어를 통해 계절과 관련된 시적 분위기를 조성하고 있다.

[조성하다: 분위기나 정세 따위를 만들다.

> **왜 오답?**
현실을 넘어선 공간을 간절히 바라며
② 조월적 공간을 동경하며 부정적 현실을 극복하고 있다.
(가)와 (나) 모두 나타나지 않음.

(가)와 (나) 모두 현실적 공간에서 사는 만족감을 드러내고 있다. (가)에서는 농촌, (나)에서는 용추동 일대의 자연 속에서 사는 삶의 만족감을 노래하고 있다.

[초월적: 어떠한 한계나 표준, 이해나 자연 따위를 뛰어넘거나 경험과 인식의 범위를 벗어나는
[동경하다: 어떤 것을 간절히 그리워하여 그것만을 생각하다.

주제를 두드러지게 나타내고
③ 인간과 자연을 대비하여 주제 의식을 부각하고 있다.
(가)와 (나) 모두 나타나지 않음.

* **근거**: (가) 〈제1곡〉 ❷, 〈제4곡〉 ❸, (나) ❸❺
(가)에서는 '바깥 일', '천사만종' 등 세속과 관련된 시어를 통해 농촌에서의 삶과 세속적 가치가 대비되고, (나)에서는 '사립문 닫아라 세상 알까 하노라'라는 구절을 통해 자연과 세속의 공간이 대비되고 있다. 하지만 (가)와 (나) 모두 인간과 자연을 대비하고 있지 않다.

[대비하다: 두 가지의 차이를 밝히기 위하여 서로 맞대어 비교하다.
[부각하다: 어떤 사물을 특징지어 두드러지게 하다.

쓸모없고 헛됨을 불러일으키고
④ 과거를 회상하며 현실의 덧없음을 환기하고 있다.
(나)에만 나타남.   (가)와 (나) 모두 나타나지 않음.

* **근거**: (나) ❷❺
(가)에서는 과거를 회상하는 부분이 나타나지 않는다. (나)의 '옛일을 떠올리니'에서 과거를 회상한 부분을 확인할 수 있지만, 이를 통해 현실의 덧없음을 환기하고 있지는 않다.

[회상하다: 지난 일을 돌이켜 생각하다.
[덧없다: 보람이나 쓸모가 없어 헛되고 허전하다.
[환기하다: 주의나 여론, 생각 따위를 불러일으키다.

내면에서 일어나는 갈등이 높아지고
⑤ 공간의 이동에 따라 내적 갈등이 고조되고 있다.
(가)와 (나) 모두 나타나지 않음.

(가)와 (나)는 모두 현실의 삶에 대한 만족감을 드러내고 있으며, 내적 갈등이 고조되는 부분은 나타나지 않는다.

[내적 갈등: 인물의 내면에서 일어나는 갈등
[고조되다: 사상이나 감정, 세력 따위가 한창 무르익거나 높아지다.

A 15 정답 ① * 화자의 정서와 태도 파악하기 ·· [정답률 74%]
(가)를 이해한 내용으로 적절하지 **않은** 것은?

> **왜 정답?**

① 〈제1곡〉은 '세상의 버린 몸'으로 '풍년'을 바라는 마음을 통해 정치 현실에 대한 미련을 드러낸다.
속세의 일에 관심이 없으므로 적절하지 않음.

* **근거**: (가) 〈제1곡〉 ❷
〈제1곡〉에는 시골에서 늙어 가며 속세에서 일어나는 일에는 관심 없이 풍년을 기원하는 화자의 모습이 제시되고 있다. 이때 '바깥 일 내 모르고'를 통해 화자가 속세의 일에는 관심이 없음을 알 수 있다. 따라서 화자가 정치 현실에 미련을 가지고 있다는 내용은 적절하지 않다.

> **왜 오답?**

② 〈제2곡〉은 '봄'이 오니 '밭'에 나가 서로 도와가며 일하는 모습을 통해 공동체적 삶의 태도를 드러낸다.
'남하니 더욱 좋다'

* **근거**: (가) 〈제2곡〉 ❸
〈제2곡〉의 '두어라 내 집부터 하랴 남하니 더욱 좋다'는 다른 사람 집의 농사

일을 도우며 즐거워하는 모습을 나타낸다. 이를 통해 서로 도와가며 일하는 공동체적 삶의 태도가 드러나고 있다.

③ 〈제3곡〉은 더운 여름에 '땀'을 흘려가며 '밭고랑'을 매는 모습을 통해 농사일의 고단함을 보여 준다.
더운 여름에 농사를 짓는 모습이므로 적절함.

* **근거**: (가) 〈제3곡〉 ❶, ❷
〈제3곡〉의 계절적 배경은 '여름날'이며, 햇볕에 '단 땅이 불'과 같을 정도로 더운 날에 농사일을 하는 모습이 제시되고 있다. 이때 '밭고랑 매자 하니 땀 흘러 땅에 떨어지네'에서는 더위 속에서 농사일을 하는 고단함이 드러나고 있다.

④ 〈제4곡〉은 '내 힘'으로 수확한 '곡식'에 대한 만족감을 통해 노동의 가치를 보여 준다.
'곡식 보니 좋기도 좋을시고'

* **근거**: (가) 〈제4곡〉 ❶, ❷
〈제4곡〉에서 화자는 '곡식 보니 좋기도 좋을시고'라며 만족감을 드러내고 있다. 이 곡식은 '내 힘으로 이룬 것'으로, 스스로 수확한 곡식에 대한 화자의 만족감을 통해 노동의 가치가 드러나고 있다.

⑤ 〈제5곡〉은 '농기'를 수리하며 '봄'을 준비하는 모습을 통해 자연의 순환적 질서를 따르는 농촌의 생활을 보여 준다.
내년 농사를 준비하며 계절의 순환을 따르는 모습이므로 적절함.

* **근거**: (가) 〈제5곡〉 ❷, ❸
〈제5곡〉에서 화자는 '농기 좀 손 보아라'라고 하며 농기구를 수리하려고 한다. 그리고 '내년에 봄 온다 하거든 결의 종사 하리라'를 통해 화자가 내년 봄에 지을 농사를 대비하고자 함을 알 수 있다. 이처럼 돌아올 계절에 맞춰 농사를 준비하는 모습을 통해 자연의 순환적 질서를 따르는 농촌의 생활이 드러나고 있다.

A 16 정답 ⑤ * 표현상의 특징 파악하기 ·· [정답률 63%]
㉠~㉤에 대한 설명으로 적절한 것은?

· ㉠~㉤: ㉠~㉤은 화자의 정서와 태도가 드러나는 구절로, ㉠은 속세에 관심이 없는 화자의 모습, ㉡은 농사일에 대한 만족감, ㉢은 봄날의 즐거움, ㉣은 가을 강의 아름다운 모습, ㉤은 속세와 단절하고자 하는 의지를 드러내고 있습니다.

[즉] ㉠~㉤에 사용된 표현 방법과, 이를 통해 드러내는 화자의 정서와 태도를 이해한 내용으로 적절한 것을 고르는 문제입니다.

> **왜 정답?**

⑤ ㉤: 명령형 어미를 사용하여 세상과 단절하려는 화자의 의지를 드러내고 있다.
'사립문 닫아라'   '세상 알까 하노라'

* **근거**: (나) ❸❺
㉤에서 화자는 아이에게 사립문을 '닫아라'라고 하며, 명령형 어미를 통해 세상과 연결된 문을 닫고자 하는 뜻을 드러내고 있다. 이는 아름다운 자연을 세상에 알리고 싶지 않다는 것으로, 세상과 단절하고자 하는 화자의 의지를 담고 있는 표현이다.

[명령형 어미: 명령이나 요구의 뜻을 나타내는 어미. '-아라(어라)', '-게', '-오', '-ㅂ시오' 따위가 있다.
[단절하다: 유대나 연관 관계를 끊다.

> **왜 오답?**

① ㉠: 의문형 어미를 사용하여 과거의 삶을 자책하는 마음을 드러내고 있다.
'무엇인고'   나타나지 않음.

* **근거**: (가) 〈제1곡〉 ❷

16 자이스토리 수능 국어 고전 시가 총정리

㉠의 '무엇인고'에서 의문형 어미를 사용하고 있지만 이는 속세의 삶과 거리를 두고 있는 화자의 태도를 드러낼 뿐, 과거의 삶을 스스로 책망하는 태도를 드러내고 있지는 않다.

> 의문형 어미: 물음의 뜻을 나타내는 어미. '-느냐', '-ㄴ가' 따위가 있다.
> 자책하다: 자신의 결함이나 잘못에 대하여 스스로 깊이 뉘우치고 자신을 책망하다.

② ㉡: 설의적 표현을 사용하여 **부정적 현실에 대한 화자의 안타까움**을 강조하고 있다.
　'무엇하리오'　속세와 거리를 둘 뿐 안타까움이 드러나지는 않음.

＊근거: (가) 〈제4곡〉 ❸

㉡의 '무엇하리오'에서 설의적 표현을 사용하고 있지만, 이는 높은 봉록과 같은 속세의 부를 부러워할 필요가 없다며 속세와 거리를 두고자 하는 화자의 마음을 드러내는 것이다. 이를 부정적 현실에 대한 화자의 안타까움으로 보는 것은 적절하지 않다.

> 설의적 표현: 쉽게 판단할 수 있는 사실을 의문의 형식으로 나타내어 의미를 강조하는 표현

③ ㉢: 시각적 심상을 사용하여 **성현의 삶을 지향하는 화자의** 심리를 나타내고 있다.
　후각을 시각화함.　나타나지 않음.

＊근거: (나) ❺

㉢에서 '맑은 향기'가 '지팡이에 묻었'다고 표현한 것은 후각을 시각화한 공감각적 표현으로, 향기를 마치 눈에 보이는 것처럼 나타내고 있다. 이는 봄철 자연의 아름다움을 표현한 것일 뿐, 이를 통해 성현의 삶을 지향하는 화자의 심리를 드러내고 있지는 않다.

> 시각적 심상: 형태의 묘사나 색채어 등을 사용하여 눈으로 보는 듯한 느낌을 주는 이미지. 빛깔이나 모양, 움직임 등이 모두 시각적 이미지에 해당한다.
> 성현: 성인(지혜와 덕이 매우 뛰어나 우러러 본받을 만한 사람)과 현인(덕이 현저히 나타난 사람)을 아울러 이르는 말
> 지향하다: 어떤 목표로 뜻이 쏠리어 향하다.

④ ㉣: 비유적 표현을 사용하여 **역동적인 자연의 모습을** 강조하고 있다.
　'푸른 유리 되었구나'　잔잔한 강의 모습이므로 역동적이라고 볼 수 없음.

＊근거: (나) ⓬

㉣에서는 '강 그림자'를 '푸른 유리'에 비유하고 있다. 이는 잔잔한 강의 그림자를 유리처럼 표면이 매끄러운 사물에 빗댄 것이므로, 이를 통해 역동적인 자연의 모습이 드러난다고 보는 것은 적절하지 않다.

> 비유적 표현: 어떤 현상이나 사물을 직접 설명하지 않고 다른 비슷한 현상이나 사물에 빗대어서 설명하는 표현
> 역동적: 힘차고 활발하게 움직이는 것

A 17　정답 ⑤　＊〈보기〉를 바탕으로 감상하기　[정답률 36%]

〈보기〉를 바탕으로 (나)를 감상한 내용으로 적절하지 **않은** 것은? [3점]

- **〈보기〉를 바탕**: 몰락한 향반 계층에게 자연은 안빈낙도의 공간이자 신념을 실현할 수 있는 안식처였으며, 자연은 정신적 풍요로움을 주는 현실 소외에 대한 보상 공간이었습니다.
- **(나)**: 화자는 계절에 따른 자연의 아름다움과, 이에 대한 만족감을 드러내는 동시에 세상과 단절하고자 하는 의지를 드러내고 있습니다.

🔺 화자에게 자연이 어떤 의미인지 이해하고, 이를 바탕으로 화자의 인식과 태도를 이해한 내용 중 틀린 것을 고르는 문제입니다.

─────[보기]─────
❶ 정치·경제적으로 몰락한 향반 계층에게 자연은 안빈낙도
　③의 근거
의 공간, 곧 자신의 신념을 실현할 수 있는 안식처였다. 이처
　③, ④의 근거
❷

럼 자연은 정신적 풍요로움을 주는 대상이었기 때문에 현실
　②의 근거　　　　　　　　　　　　　　　　①의 근거
소외에 대한 보상 공간으로서 의미가 있다고 할 수 있다.
─────────────

> 몰락하다: 재물이나 세력 따위가 쇠하여 보잘것없어지다.
> 향반: 시골에 내려가 살면서 여러 대 동안 벼슬을 못하던 양반
> 안빈낙도: 가난한 생활을 하면서도 편안한 마음으로 도를 즐겨 지킴.
> 안식처: 편히 쉬는 곳
> 현실 소외: 현실로부터 멀어짐.

✅ 왜 정답 ?

⑤ '단사표음'을 '내 분'으로 생각하니 '세월도 한가'하다고 느끼는 모습에는 삶의 **단조로움을 느끼고** 안빈낙도하려는 화자
　　　　　　　　　　　화자가 안빈낙도하려는 것은 맞지만, 삶의 단조로움을 느낀 것은 아님.
의 의지가 드러나는군.

＊근거: (나) ㉜

화자는 '단사표음'(청빈하고 소박한 삶)을 자신의 본분으로 생각하고 세월도 한가하다 느끼며 유유자적한 삶을 살고자 한다. 이는 자연 속에서 만족하며 살아가는 화자의 모습을 드러내므로, 이를 삶의 단조로움을 느낀 것이라고 보는 것은 적절하지 않다.

> 단조롭다: 단순하고 변화가 없어 새로운 느낌이 없다.
> 안빈낙도하다: 가난한 생활을 하면서도 편안한 마음으로 도를 즐겨 지키다.

✅ 왜 오답 ?

① '이 작은 즐거움'은 '세상모를 일'이라며 자부하는 모습에는 화자에게 자연이 현실 소외에 대한 보상 공간으로서 의미가
　　　화자가 자연을 즐기며 만족하고 있으므로 자연이 보상 공간으로 기능한다고 볼 수 있음.
있음이 나타나는군.

＊근거: (나) ⓮, 〈보기〉 ❷문장

화자는 자연 속에서 살아가는 자신의 삶에 느끼는 만족감을 '이 작은 즐거움'이라고 표현하고 있다. 즉, 화자는 '이 작은 즐거움'을 느낄 수 있는 자연에서 만족감을 느끼고 있으므로, 화자에게 자연이 〈보기〉에서 언급하고 있는 '현실 소외에 대한 보상 공간'으로 기능한다는 것을 알 수 있다.

> 자부하다: 자기 자신 또는 자기와 관련되어 있는 것에 대하여 스스로 그 가치나 능력을 믿고 마음을 당당히 가지다.
> 소외: 어떤 무리에서 기피하여 따돌리거나 멀리함.
> 보상: 남에게 진 빚 또는 받은 물건을 갚음.

② '끝없는 설경'에서 느끼는 흥취를 '시'를 통해 표출해 내고자 하는 모습에는 자연을 정신적 풍요로움의 대상으로 여기
　　　　자연의 아름다움을 문학으로 표현하려는 것에서 자연이 정신적 풍요의 대상임이 드러남.
는 화자의 인식이 나타나는군.

＊근거: (나) ⓴, 〈보기〉 ❷문장

화자가 '끝없는 설경'과 같은 자연을 보고 흥취가 돋아 이를 문학 갈래인 '시'로 표현하려는 것은 자연 속에서 풍류를 즐기는 모습에 해당한다. 〈보기〉를 바탕으로 이해하면, 이는 자연을 '정신적 풍요로움'의 대상으로 여기는 화자의 인식을 나타낸다고 볼 수 있다.

> 흥취: 흥과 취미를 아울러 이르는 말
> 표출하다: 겉으로 나타내다.

③ 자연을 '벗으로 삼'고 '생긴 대로 노는 몸'에는 정치·경제적으로 몰락하여 자연을 안식처로 여기며 살아가는 화자의 모
　　　　　자연을 안빈낙도의 공간으로 여긴 화자는 몰락한 향반 계층임.
습이 나타나는군.

＊근거: (나) ㉙, ㉚, 〈보기〉 ❶문장

〈보기〉에서 '정치·경제적으로 몰락한 향반 계층에게 자연은 안빈낙도의 공간, 곧 자신의 신념을 실현할 수 있는 안식처였다.'라고 한 것을 통해, 화자가 정치·경제적으로 몰락한 처지임을 짐작할 수 있다. 이러한 화자가 산새나 산꽃과 같은 자연을 자신의 벗으로 삼아 경치를 만끽하며 '생긴 대로 노는'

모습에서 자연을 안식처로 여기며 사는 화자의 삶이 드러나고 있다.

〔안식처: 편히 쉬는 곳

🎀 [오답 선택률 23%]

④ '공명을 생각하'지 않고 '빈천을 설워'하지 않겠다는 모습에
는 자연 속에서 자신의 신념을 지키며 살아가려는 화자의 태
도가 드러나는군.
　　화자는 자연을 벗 삼아 살아가며 안빈낙도하려고 함.

*근거: (나) ③, 〈보기〉 ❶문장

화자가 '공명'과 같은 속세의 가치를 생각하지 않고 '가난하고 천함'을 서러
워하지 않겠다고 하는 것을 통해 자신이 처한 현실에 만족하고 살아가겠다
는 의지가 드러난다. 이는 〈보기〉에서 언급하고 있는 '자신의 신념을 실현'하
는 것이다.

'공명을 생각하'지 않고 '빈천을 설워'하지 않겠다는 것을 화자의 '신념'으로
볼 수 없다고 자의적으로 판단했을 수 있다. 하지만 〈보기〉에서 자연을 '자신
의 신념을 실현할 수 있는' 공간이라고 했으므로, (나)에 드러나는 화자의 태
도는 신념에 해당한다고 보아야 한다.

〔신념: 굳게 믿는 마음

Ａ 18~21 ──────── [2018년(11월)/고2교육청 38~41]

(가) 정철, 〈속미인곡〉

❶ 화자, 중심 대상　❷ 상황, 정서, 태도　❸ 표현상 특징　[고어 읽기]　[시 해석]

❶ 　　　제 가는　　저 각시　본 듯도　　한저이고
　　「뎨 가는 뎌 각시 본 듯도 ㅎ뎌이고. 「」: 갑녀(보조 화자)의 질문
　　을녀(중심 화자) – 작가를 대변하는 인물
　→ 저기 가는 저 각시 본 듯도 하구나.

❷ 천상　　　　　백옥경을　　　　엇지하야　　이별하고
　　텬샹(天上) 빅옥경(白玉京)을 엇디ㅎ야 니별(離別)ㅎ고,
　　　　　　　　　　임이 계신 곳
　→ 천상에 있는 백옥경을 어찌하여 이별하고(떠나고)

❸ 해 다 져 저믄 날의　눌을 보라 가시는고
　　히 다 뎌 져믄 날의 눌을 보라 가시ᄂ고.」
　→ 해 다 저문 날에 누구를 보러 가시는가?

*❶~❸행 요약: 갑녀의 질문

❹ 어와　네여이고　　내 사셜　드러 보오
　「어와 네여이고 내 스셜 드러 보오. 「」: 을녀(중심 화자)의 대답
　　갑녀(보조 화자)　❶ 화자: '나'(중심 화자 – 을녀)　❷ 상황: 자신의 사정을 이야기함.
　→ 아, 너로구나. 내 사설(사정)을 들어 보오.

❺ 내 얼굴 이 거동이　님 괴얌 즉흔가마는
　　내 얼굴 이 거동이 님 괴얌 즉ᄒ가마ᄂ
　　　　　　　　❶ 중심 대상: 님(연인, 임금)
[A]　→ 내 얼굴과 이 거동(태도)이 임의 사랑을 받음직한가마는

❻ 엇진지　날 보시고　네로다　여기실새
　　엇딘디 날 보시고 네로다 녀기실싀
　→ 어쩐지 나를 보시고 너로구나 여기시기에

❼ 나도 님을 믿어　군쁘디　전혀 업서
　　나도 님을 미더 군ᄠ디 젼혀 업서
　→ 나도 임을 믿어 군뜻(다른 생각)이 전혀 없어

❽ 이래야　교태야　어즈러이　구둣떤디
　　이릭야 교틱야 어ᄌ러이 구둣쩐디
　→ 아양과 교태로 어지럽게 굴었는데

❾ 반기시는　　낯빛이　예와　엇지 다르신고
　　반기시ᄂ 눗비치 녜와 엇디 다ᄅ신고.
　　　　　❷ 상황: 임의 태도가 달라짐. ❸ 설의법
　→ 반기시는 낯빛(얼굴빛)이 옛날과 어찌 다르신가?

❿ 누어　생각하고　이러 안자　혜여하니
　　누어 싱각ㅎ고 니러 안자 혜여ㅎ니
　→ 누워서 생각하고 일어나 앉아 생각하니

⓫ 내 몸의　지은 죄　뫼가티　싸혀시니
　　내 몸의 지은 죄 뫼ᄀ티 ᄡ혀시니
　❷ 정서, 태도: 이별을 자신의 탓으로 돌리며 자책함. ❸ 직유법
　→ 내 몸의 지은 죄가 산같이 쌓였으니

⓬ 하늘이라　원망하며　사람이라　허물하랴
　　하늘히라 원망ㅎ며 사름이라 허믈ㅎ랴
　　　　　　　　　❸ 대구법, 설의법
　→ 하늘을 원망하며 사람을 탓하겠는가?

⓭ 셜위 풀쳐 혜니　조물의　　　타시로다
　　셜워 플텨 혜니 조믈(造物)의 타시로다.
　❷ 태도: 임과의 이별을 서러워하면서도 운명으로 받아들임.
　→ 서러워 풀어서 생각하니 모두 조물주의 탓이로구나.

〔거동: 몸을 움직임. 또는 그런 짓이나 태도
〔혜다: '생각하다'의 옛말

*❹~⓭행 요약: 을녀의 대답(하소연)

(중략)

⓮ 모첨　　　찬 자리의　밤듕만　　도라오니
　　모쳠(茅簷) 춘 자리의 밤듕만 도라오니
　→ 초가집 찬 자리에 깊은 밤만 돌아오니

⓯ 반벽청등은　　　　　눌 위하야　　　발갓는고
　　반벽쳥등(半壁靑燈)은 눌 위ㅎ야 볼갓ᄂ고.
　　화자의 외로움을 부각시키는 소재　❸ 설의법
　→ 벽 가운데 걸려 있는 등불은 누구를 위하여 밝았는가?

⓰ 오르며　나리며　헤뜨며　바니니
　　오릭며 ᄂ리며 헤쓰며 바니니
　❷ 상황: 임에 대한 그리움으로 방황함.
　→ (산을) 오르고 내리며 헤매며 돌아다니니

⓱ 져근덧　역진하야　　풋잠을　잠간 드니
　　져근덧 역진(力盡)ㅎ야 픗줌을 잠간 드니
　→ 잠깐 사이에 힘이 다하여 풋잠에 잠깐 드니

⓲ 정성이　　　지극하야　꿈의 님을 보니
　　졍셩(精誠)이 지극ㅎ야 꿈의 님을 보니
　　　　　　　　　　임과의 만남을 가능하게 하는 매개체
　→ 정성이 지극하여 꿈에서 임을 보니

⓳ 옥　가튼　얼굴이　반이나마　　늘거셰라
　　옥(玉) ᄀ튼 얼굴이 반(半)이나마 늘거셰라.
　　　　❸ 직유법　　　　　　❸ 영탄법
　→ 옥 같은 얼굴이 반도 넘게 늙었구나.

⓴ 마음의　머근 말슴　슬카장　살자 하니
　　ᄆ음의 머근 말슴 슬ᄏ장 솗쟈 ㅎ니
　→ 마음에 먹은 말씀 실컷 말하자 하니

㉑ 눈물이　바라 나니　말인들　어이하며
　　눈믈이 바라 나니 말인들 어이ㅎ며
　→ 눈물이 연달아 나니 말인들 어찌 하며
　　　　　　　　　　　❷ 정서: 임에 대한 간절한 그리움과 사랑

㉒ 정을　못다하야　목조차　몌여하니
　　졍(情)을 못다ㅎ야 목이조차 몌여ㅎ니
　→ 정을 못다 하여 목조차 메이는구나.

㉓ 오전된　　계성의　　　잠은 엇디 끼돗던고
　　오뎐된 ⓐ계셩(鷄聲)의 줌은 엇디 ᄭ돗던고.
　　　　　　　　　　　❸ 설의법
　→ 방정맞은 닭 울음소리가 잠을 어찌 깨우는가?

㉔ 어와　허사로다　　이 님이 어데 간고
　　어와, 허ᄉ(虛事)로다. 이 님이 어ᄃ 간고.
　❷ 상황: 임을 본 것이 모두 꿈이었음.　❸ 영탄법　❸ 설의법
　→ 아아, 헛된 일이다. 임은 어디로 갔는가?

㉕ 결의 니러 안자 창을　　　열고 바라보니
　　결의 니러 안자 창(窓)을 열고 ᄇ라보니
　→ 꿈결에 일어나 앉아 창을 열고 바라보니

㉖ 어엿븐　그림재　날 조츨 뿐이로다
　　어엿븐 그림재 날 조츨 쑨이로다.
　　　　　화자의 그림자
　→ 불쌍한 그림자만 나를 좇을 뿐이로다.

㉗ 찰하리　싀여디여　낙월이나　　　되야이셔
　　ᄎ하리 싀여디여 낙월(落月)이나 되야이셔
　　　　　　　　　　화자가 되고자 하는 대상
　→ 차라리 죽어서 지는 달이나 되어

㉘님 겨신 창 안혜 번드시 비최리라

님 겨신 창(窓) 안히 번드시 비최리라.

❷ 정서, 태도: 죽어서라도 임의 곁에 있고 싶은 마음

➡ 임 계신 창 안에 환하게 비치리라.

㉙각시님 달이야ᄏ니와 구즌 비나 되쇼셔

「각시님 ᄃᆞ이야ᄏ니와 구즌 비나 되쇼셔.」 「 」: 갑녀의 위로

임에게 닿을 수 있는 대상

➡ 각시님, 달은커녕 궂은비나 되십시오.

모쳠: 초가지붕의 처마

반벽청등: 벽 가운데 걸려 있는 등불

역진: 힘이 다하여 지침.

솗다: '사뢰다(웃어른에게 말씀을 올리다.)'의 방언

계성: 닭의 울음소리

허ᄉ: 보람을 얻지 못하고 쓸데없이 한 노력

＊⓮~㉙행 요약: 을녀의 하소연과 갑녀의 위로

■ **갈래:** 가사   ■ **창작 시기:** 조선 중기

■ **내용:** 이 작품은 작가가 고향인 전라남도 창평에 낙향해 있을 때 임금을 그리워하는 마음을 두 여인(갑녀, 을녀)의 대화 형식으로 노래한 가사로, 〈사미인곡〉의 속편에 해당한다. 작가는 임금을 떠나온 자신의 처지를 천상에서 임을 모시다가 지상으로 내려온 선녀의 신세에 빗대어 자신의 절절한 사랑을 표현하였다. 또한 순우리말의 묘미를 잘 살린 것이 특징이며, 화자의 간절한 심정이 잘 표현되었다는 평가를 받고 있다.

■ **주제:** 임에 대한 그리움과 변함없는 사랑

■ **이것이 핵심!:** 시상 전개 – 갑녀와 을녀의 대화 형식

갑녀의 질문(1~3행)	희 다 뎌 져믄 날의 눌을 보라 가시ᄂᆞ고.

↓

을녀의 대답(4~28행)	• 어와 네여이고 내 ᄉᆞ셜 드러 보오. • 반기시ᄂᆞᆫ 눗비치 녜와 엇디 다ᄅᆞ신고. • 셜워 플텨 혜니 조믈의 타시로다 • 출하리 싀어디여 낙월이나 되야이셔 님 겨신 창 안히 번드시 비최리라.

↓

갑녀의 위로(29행)	각시님 ᄃᆞ이야ᄏ니와 구즌 비나 되쇼셔.

(나) 이담명, 〈사노친곡〉

❶ 화자, 중심 대상   ❷ 상황, 정서, 태도   ❸ 표현상 특징   [고어 읽기]   [시 해석]

❶봄은 오고 쏘 오고 풀은 플으고 쏘 플으니

봄은 오고 쏘 오고 풀은 플으고 쏘 플으니

화자의 처지와 대비되는 계절적 배경   ❸ 영탄법

➡ 봄은 오고 또 오고 풀은 푸르고 또 푸르니

❷나도 이 봄 오고 이 풀 푸르기 ᄀᆞ티

나도 이 봄 오고 이 플 프르기 ᄀᆞ티   ❶ 화자: '나'

➡ 나도 이렇게 봄이 오고 이렇게 풀이 푸른 것 같이

[B]

어느날 고향의 도라가 노모끠 뵈오려뇨

❶ 중심 대상: 고향, 노모   ❸ 설의법

어ᄂᆞ날 고향(故鄕)의 도라가 노모(老母)ᄭᅵ 뵈오려뇨.   〈1수〉

❷ 상황, 정서: 고향에 돌아갈 수 없는 상황에서 어머니를 그리워함.

➡ 어느 날에 고향에 돌아가 어머니를 뵐 수 있을 텐가?

＊〈1수〉 요약: 봄이 온 것을 느끼며 자신의 처지를 한탄함.

❶친년은 칠십오이오 영로는 수천리오

친년(親年)＊은 칠십오(七十五)ㅣ오 영로(嶺路)＊ᄂᆞᆫ 수천리(數千里)오

❷ 정서: 늙은 어머니에 대한 걱정이 드러남.   ❸ 대구법, 구체적 수치 사용

➡ 어머님 연세는 칠십오세이고, 고갯길은 수천 리다.

❷ 상황: 화자는 고향에서 멀리 떨어진 곳에 있음.

❷도라갈 기약은 가도록 아득하다

도라갈 기약(期約)은 가도록 아득ᄒᆞ다.

❷ 상황: 고향으로 돌아가기 어려운 상황임.

➡ 돌아갈 기약은 갈수록 아득하다.

---

❸아마도 잠 업슨 중야의 눈물 계워 셜웨라

아마도 ᄌᆞᆷ 업슨 중야(中夜)의 눈물 계워 셜웨라.   〈2수〉

❷ 정서: 고향에 대한 그리움, 어머니에 대한 걱정   ❸ 영탄법

➡ 아마도 잠 없는 한밤중에 눈물을 흘리며 서러워하노라.

〔**기약:** 때를 정하여 약속함. 또는 그런 약속

＊〈2수〉 요약: 돌아갈 기약이 없는 고향에 대한 그리움

❶기력이 아니 나니 편지를 뉘 전하리

ⓑ**기력이 아니 ᄂᆞ니 편지(片紙)를 뉘 전(傳)ᄒᆞ리**

❷ 상황: 자신의 소식을 고향에 전할 수 없는 처지임.   ❸ 설의법

➡ 기러기가 날지 않으니 편지를 누가 전할 수 있겠는가?

❷시름이 가득하니 꿈인들 이룰손가

시름이 ᄀᆞ득ᄒᆞ니 꿈인들 이룰손가   ❸ 설의법

➡ 시름이 가득하니 꿈인들 어찌 꿀 수 있겠는가?

❸매일의 노친 얼굴이 눈의 삼삼하야라

매일(每日)의 노친(老親) 얼굴이 눈의 삼삼(森森)ᄒᆞ야라.

❷ 정서: 어머니에 대한 간절한 그리움   ❸ 영탄법

➡ 매일 어머니의 얼굴이 눈에 어른거리는구나.

〔**중야:** 깊은 밤

〔**삼삼하다:** 잊히지 않고 눈앞에 보이는 듯 또렷하다.

〈6수〉

＊〈6수〉 요약: 노모를 그리워하는 마음

❶동산을 올라 보니 고국도 멀셔이고

동산(東山)을 올라 보니 고국(故國)도 멀셔이고

➡ 동산에 올라보니 고국이 멀리 보일 뿐이구나.

❷태행이 어드메오 구룸이 머흐레라

태행(太行)이 어드메오 구룸이 머흐레라

❷ 상황: 험한 세상을 보며 고국으로 돌아가는 것이 쉽지 않음을 느낌.   ❸ 설의법, 영탄법

➡ 태행은 어디에 있는가? 구름이 머물러 있구나.

❸갈스록 애일촌심이 여림심연 하여라

갈ᄉᆞ록 애일촌심(愛日寸心)＊이 여림심연(如臨深淵)＊ ᄒᆞ여라.

❷ 정서: 유배지에서의 시간이 계속 흘러가는 것에 대한 근심   ❸ 영탄법

➡ 갈수록 부모님을 모실 시간이 흐르는 것이 불안할 뿐이로다.

〔**고국:** 주로 남의 나라에 있는 사람이 자신의 조상 때부터 살던 나라를 이르는 말

〔**태행:** 중국의 산 이름으로, 산서성과 하남성의 경계에 있다.

〈7수〉

＊〈7수〉 요약: 고국에 대한 그리움과 화자의 근심

❶내 죄를 아옵거니 유찬이 박벌이라

내 죄(罪)를 아옵거니 유찬(流竄)이 박벌(薄罰)＊이라

❷ 태도: 자신의 잘못을 인정하고 있음.   ❸ 영탄법

➡ 내 죄를 알고 있으니 귀양살이가 (내게는) 오히려 가벼운 형벌이라.

❷지처 성은을 어이 하야 갑사올고

지처(至處) 성은(聖恩)을 어이 ᄒᆞ야 갑ᄉᆞ올고

❷ 정서, 태도: 임금의 은혜에 감사해함.   ❸ 설의법

➡ 유배까지 미친 임금의 은혜를 어떻게 갚을 수 있을 것인가?

❸노친도 풀쳐 혜시고 하 그리 마오쇼셔

노친(老親)도 플텨 혜시고 하 그리 마오쇼셔.   〈10수〉

➡ 어머니도 풀어 생각해 보시고 너무 그리워 하지 마소서.

〔**성은:** 임금의 큰 은혜

＊〈10수〉 요약: 임금의 은혜에 대한 감사와 노모에 대한 걱정

❶하늘이 놉흐시나 나즌 데를 드르시네

하늘이 놉흐시나 ᄂᆞᆫ 듸를 드르시ᄂᆡ   □: 임금

➡ 하늘이 높으시지만 낮은 곳의 소리를 들으시니   ❸ 대구법

❷일월이 갓가오샤 하토의 비최시네

일월(日月)이 갓가오샤 하토(下土)의 비최시ᄂᆡ

➡ 해와 달이 밝아 낮은 땅까지 비치시니

❸아마라타 우리 모자지정을 살피실 제 업스오랴

아ᄆᆞ라타 우리 모자지정(母子至情)을 ᄉᆞᆯ피실 제 업스오랴.

❷ 정서: 임금께서 화자와 노모의 정을 살펴 유배를 거두어 줄 것이라는 기대감   ❸ 설의법

➡ 아마도 (임금께서) 우리 모자의 정을 살피실 때가 없겠는가?

〔**모자지정:** 부모와 자식 간의 지극한 정

〈11수〉

＊〈11수〉 요약: 임금의 자애로움에 대한 기대

* 친년: 어머님 연세
* 영로: 고갯길
* 애일촌심: 부모님을 모실 시간이 흐르는 것을 안타까워하는 마음
* 여림심연: 깊은 못 가에 있는 듯 조심스러움.
* 유찬이 박벌: 죄가 너무 커서 귀양 보내는 일이 오히려 가벼운 처벌임.

■ 갈래: 연시조   ■ 창작 시기: 조선 후기
■ 내용: 이 작품은 작가가 유배지에서 노모를 생각하며 쓴 총 12수의 연시조로, 고향에 계시는 노모에 대한 그리움의 정이 담겨 있다. 자연 현상은 늘 다시 본 모습으로 돌아오지만, 화자는 유배지에서 고향으로 돌아가지 못함을 대비하여 자신의 처지에 대한 한탄과 노모에 대한 그리움을 표현하고 있다.
■ 주제: 유배지에서 느끼는 노모에 대한 걱정과 그리움
■ 이것이 핵심!: 대상에 대한 화자의 태도

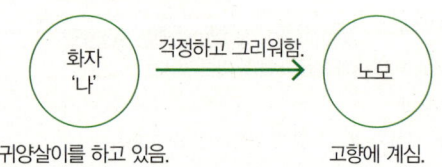

독해 공식 정답 ─────────

(가)
❶ 화자: '나'(중심 화자 − 을녀), 중심 대상: '님'(연인, 임금)
❷ 상황: 을녀가 갑녀에게 임과 이별한 자신의 사정을 이야기함.
정서, 태도: 임과의 이별을 서러워하며 자신의 탓으로 여기고, 죽어서라도 임의 곁에 머물고자 함.
❸ 표현상 특징
• 갑녀와 을녀의 대화 형식으로 전개됨.
• 설의법, 직유법, 대구법, 영탄법을 사용함.

(나)
❶ 화자: '나', 중심 대상: 고향, 노모
❷ 상황: 귀양살이를 하며 고향에 계신 어머니를 걱정함.
정서, 태도: 유배지에서 어머니를 그리워하며, 임금이 자신의 처지를 살펴줄 것을 기대함.
❸ 표현상 특징
• 숫자를 통해 어머니에 대한 걱정과 고향에 대한 공간적 거리감을 표현함.
• 대구법, 설의법, 영탄법을 사용함.

A 18 정답 ③ *작품 비교하기 ·············· [정답률 67%]
[A]와 [B]에 대한 설명으로 가장 적절한 것은?
• [A]: [A]는 (가)의 1~13행으로, 임과 이별한 상황에 대해 설의법, 직유법, 대구법 등을 활용하여 묘사하고 있습니다.
• [B]: [B]는 (나)의 〈1수〉, 〈2수〉, 〈6수〉로, 돌아갈 수 없는 고향과 어머니에 대한 그리움을 대구법, 설의법, 영탄법 등을 활용하여 노래하고 있습니다.
🔺 [A]와 [B]에 사용된 표현 방법과, 이를 통해 드러나는 표현상의 효과에 대한 설명으로 적절한 것을 고르는 문제입니다.

> 왜 정답?
③ [A]와 [B]는 모두 설의적 표현을 사용하여 의미를 강조하고 있다.
[A] – '허믈ᄒ랴', '불갓손고' 등, [B] '뵈오려뇨', '전ᄒ리', '이룰손가' 등
*근거: (가) ⑫, (나) 〈1수〉 ❸, 〈6수〉 ❶, ❷
[A]의 '하놀히라 원망ᄒ며 사룸이라 허믈ᄒ랴' 등에서 설의적 표현이 사용되고 있다. 또한 [B]의 〈1수〉의 '노모ᄭ 뵈오려뇨.', 〈6수〉 '편지롤 뉘 전ᄒ리' 등에 설의적 표현이 사용되고 있다.
[설의적 표현: 쉽게 판단할 수 있는 사실을 의문의 형식으로 나타내어 의미를 강조하는 표현

> 왜 오답?
① [A]와 달리 [B]는 직유법을 사용하여 대상의 속성을 드러내고 있다.
[A] – '죄 뫼ᄀ티 빠혀시니', [B] – '이 플 프르기 ᄀ티'
*근거: (가) ⑪, (나) 〈1수〉 ❷
[A]의 '내 몸의 지은 죄 뫼ᄀ티 빠혀시니', [B]의 〈1수〉 중장 '이 플 프르기 ᄀ티'에서 직유법을 확인할 수 있다. 따라서 [A]와 [B] 모두 직유법을 사용하고 있으므로 [A]와 달리 [B]만 직유법을 사용하였다는 설명은 적절하지 않다.
[직유법: 비슷한 성질이나 모양을 가진 두 사물을 '같이', '처럼', '듯이'와 같은 연결어로 결합하여 직접 비유하는 수사법

② [B]와 달리 [A]는 대구법을 사용하여 운율을 형성하고 있다.
[A] – '하놀히라 ~ 허믈ᄒ랴', [B] – '봄은 오고 ~ 쏘 플으니' 등
*근거: (가) ⑫, (나) 〈1수〉 ❶, 〈2수〉 ❶
[A]의 '하놀히라 원망ᄒ며 사룸이라 허믈ᄒ랴', [B]의 〈1수〉 초장 '봄은 오고 쏘 오고 플은 플고 쏘 플으니'와 〈2수〉 초장 '친년은 칠십오 ㅣ오 영로는 수천리오'에서 대구법을 확인할 수 있다. 따라서 [A]와 [B] 모두 대구법을 사용하고 있으므로 [B]와 달리 [A]만 대구법을 사용하였다는 설명은 적절하지 않다.
[대구법: 비슷한 어조나 어세를 가진 어구를 짝 지어 표현의 효과를 나타내는 수사법

④ [A]와 [B]는 모두 의성어를 활용하여 대상의 생동감을 드러내고 있다.
[A]와 [B] 모두 나타나지 않음.
[A]와 [B]에는 모두 사람이나 사물의 소리를 흉내 낸 말인 의성어가 사용되지 않았다.
[의성어: 사람이나 사물의 소리를 흉내 낸 말. '짹짹', '멍멍', '땡땡', '우당탕', '퍼덕퍼덕' 따위가 있다.

⑤ [A]와 [B]는 모두 의인법을 활용하여 대상을 친근하게 드러내고 있다.
[A]와 [B] 모두 나타나지 않음.
[A]와 [B]에는 모두 사람이 아닌 것을 사람에 비겨 표현한 의인법이 나타나지 않았다.
[의인법: 사람이 아닌 것을 사람에 비겨 사람이 행동하는 것처럼 표현하는 수사법

A 19 정답 ④ *〈보기〉를 바탕으로 감상하기 [정답률 64%]
〈보기〉를 바탕으로 (가)와 (나)를 감상한 내용으로 적절하지 않은 것은? [3점]
• 〈보기〉를 바탕: 정쟁으로 인한 낙향이나 유배를 계기로 창작된 작품에는 그리움과 원망의 정서가 드러납니다.
• (가)와 (나): (가)에는 이별한 임에 대한 화자의 그리움, (나)에는 고향과 노모에 대한 화자의 그리움이 드러납니다.
🔺 낙향과 유배를 계기로 창작된 작품인 (가)와 (나)에 드러나는 화자의 정서를 이해한 내용 중 틀린 것을 고르는 문제입니다.

[보기]
❶ 정쟁(政爭)으로 인한 낙향이나 유배는 많은 문학 작품 창작
정치적 다툼, 분쟁
의 계기가 되었다. ❷ 이러한 작품에 드러난 그리움과 원망의 정
서는 충과 효를 적극적으로 실현할 수 없는 작가의 처지에서
기인한다. ❸ 그리움은 이별의 슬픔, 임금에 대한 연모와 감사,
②, ⑤의 근거
가족에 대한 염려 등으로 표출되며 이 과정에서 우의적 형상
①의 근거
화가 나타나기도 한다. ❹ 또한 원망은 정치적 반대 세력에 대한

울분, 자신을 잊은 임금에 대한 서운함, 죄를 지은 자신에 대
한 자책 등으로 드러난다. ③의 근거

낙향: 시골로 거처를 옮기거나 이사함.
기인하다: 어떠한 것에 원인을 두다.
연모: 어떤 사람이나 존재를 사랑하여 간절히 그리워함.
우의적 형상화: 다른 사물에 빗대어 비유적인 뜻을 나타내어 형체가 분
명하지 않은 것을 구체적이고 명확한 형상으로 나타냄.
울분: 답답하고 분함. 또는 그런 마음

>왜 정답?

④ (가)는 '셜워 플텨 혜'는 모습에서 ~~임금에 대한 서운함을~~,
(나)는 '구룸'이 험한 모습에서 ~~정치적 반대 세력에 대한 울분~~
을 드러내고 있군.
이별을 자신의 운명으로 여기는 태도를 드러냄.
고국으로 돌아가는 것이 쉽지 않음을 드러냄.

*근거: (가) ⑬, (나) 〈7수〉②

(가)의 '셜워 플텨 혜니 조믈의 타시로다.'에서는 임과의 이별을 자신의 운명
으로 받아들이는 모습이 드러나므로, '셜워 플텨 혜'는 모습에서 임금에 대
한 서운함을 드러내고 있다는 설명은 적절하지 않다. (나)의 '태행이 어드메
오 구룸이 머흐레라'에서는 구름이 험한 모습을 바라보며 고국(고향)으로 돌
아가는 것이 쉽지 않다고 느끼는 화자의 마음이 드러나므로, '구룸'이 험한
모습에서 정치적 반대 세력에 대한 울분을 드러내고 있다는 설명은 적절하
지 않다.

>왜 오답?

① (가)는 임금을 떠난 작가의 처지를 '님'을 잃은 여인의 모습
으로 설정함으로써 군신 관계를 우의적으로 형상화하여 드러
내고 있군.
작가와 임금의 관계를 '나'(여인)와 '님'의 관계에 빗대어 표현함.

*근거: (가) ②, 〈보기〉❸문장

(가)의 '텬샹 빅옥경을 엇디ㅎ야 니별ㅎ고'에서는 '님'과 이별한 여인 '나'의
모습이 드러난다. 이는 임금을 떠난 작가의 처지를 '님'을 잃은 여인의 모습
으로 빗대어 형상화한 것이다. 따라서 임금을 떠난 작가의 처지를 '님'을 잃
은 여인의 모습으로 설정하여 우의적으로 형상화했다는 설명은 적절하다.

② (나)는 '노모'와의 거리감을 '영로는 수천리'로 나타내어 작가
가 유배지에서 느끼는 가족과의 이별의 슬픔을 드러내고 있군.
유배지와 어머니가 계시는 고향 간의 공간적, 심리적 거리감을 표현함.

*근거: (나) 〈2수〉①, 〈보기〉❸문장

(나)의 '영로는 수천리'는 화자가 어머니가 계시는 고향에 느끼는 공간적, 심
리적 거리감을 표현한 것이다. 이를 통해 노모에게 갈 수 없는 화자의 슬픔
이 드러난다.

③ (가)는 '내 몸의 지은 죄'를 생각하며 자신의 잘못을 탓하는
모습을, (나)는 '유찬이 박벌'이라며 자신이 지은 죄를 인정하
는 모습을 드러내고 있군.
'내 몸의 지은 죄 뫼ㄱ티 빠혀시니'
'내 죄롤 아옵거니 유찬이 박벌이라'

*근거: (가) ⑪, (나) 〈10수〉①

(가)의 '내 몸의 지은 죄 뫼ㄱ티 빠혀시니'에는 임과의 이별을 자신이 지은
죄의 탓으로 돌리는 모습이 드러나고, (나)의 '내 죄롤 아옵거니 유찬이 박벌
이라'에는 귀양살이도 가벼운 처벌이라고 말하며 자신의 잘못을 인정하는
모습이 드러난다.

⑤ (가)는 죽어서 '낙월'이 되고 싶어 하는 모습을 통해 임금에
대한 연모를, (나)는 '성은'을 생각하는 모습을 통해 임금에 대
한 감사를 드러내고 있군.
'님 겨신 창 안히 번드시 비최리라'
'성은을 어이 ㅎ야 갑소올고'

*근거: (가) ㉗, ㉘, (나) 〈10수〉②

(가)의 '낙월이나 되야이셔 / 님 겨신 창 안히 번드시 비최리라.'에는 '낙월'이

되어서라도 자신의 사랑을 '님'에게 전하고 싶은 마음이 드러나고, (나)의 '성
은을 어이 ㅎ야 갑소올고'에는 임금의 은혜에 감사를 느끼는 마음이 드러
난다.

A 20 정답 ① ✱화자의 정서와 태도 파악하기 ·· [정답률 52%]

(나)에 대해 이해한 내용으로 적절하지 **않은** 것은?

>왜 정답?

① 〈1수〉의 '봄은 오고 쏘 오'는 것에서 〈2수〉의 '도라갈 기약'
이 실현될 것이라는 ~~화자의 확신~~이 드러나는군.
'도라갈 기약'이 아득하다고 했으므로 적절하지 않음.

*근거: (나) 〈1수〉①, 〈2수〉②

〈1수〉의 '봄은 오고 쏘 오'는 것은 계절의 순환을 나타내는 표현이다. 〈1수〉의
중장과 종장의 내용을 통해, 화자는 순환하는 자연 현상과는 달리 고향에 돌
아갈 수 없는 자신의 처지를 인식하고 있음을 알 수 있다. 또 〈2수〉에서도
화자는 '도라갈 기약'이 '아득ㅎ다'고 생각하고 있다.

>왜 오답?

② 〈2수〉의 '듕야'에 '좀'을 이루지 못하고 흘리는 '눈물'을 통
해 화자의 시름이 드러나는군.
고향에 대한 그리움, 어머니에 대한 걱정으로 잠 못 들어 하는 것임.

*근거: (나) 〈2수〉❸

〈2수〉의 '듕야'에 '좀'을 이루지 못하고 흘리는 '눈물'은 고향에 대한 그리움,
어머니에 대한 걱정으로 잠 못 들어 하는 화자의 상황을 보여 준다.

③ 〈2수〉의 '쳔년은 칠십오'라는 것을 떠올리는 모습과 〈7수〉
의 '갈스록 애일촌심'을 느끼는 모습에서 화자의 근심이 드러
나는군.
나이든 노모와, 유배지에서 시간이 흘러가는 것에 대해 근심함.

*근거: (나) 〈2수〉①, 〈7수〉❸

〈2수〉의 '쳔년은 칠십오'는 어머니의 연세를 구체적으로 언급한 것으로 노모
에 대한 근심을 드러내는 표현이라고 할 수 있다. 〈7수〉의 '갈스록 애일촌심'
은 자신이 유배지에 있는 동안 어머니를 모실 수 있는 시간이 계속 흘러가
는 것에 대한 화자의 안타까움이 드러나는 표현이다.

④ 〈6수〉의 '매일' '노친 얼굴'을 떠올리는 모습과 〈7수〉의 '동
산을 올라' '고국'을 바라보는 행위에는 화자의 간절함이 드러
나는군.
노모에 대한 그리움과 고향에 돌아가고 싶은 간절한 마음이 드러남.

*근거: (나) 〈6수〉❸, 〈7수〉①

〈6수〉의 '매일' '노친 얼굴'을 떠올리는 모습에는 노모에 대한 간절한 그리움
이 드러난다. 〈7수〉의 '동산을 올라' '고국'을 바라보는 행위에는 고국(고향)
에 돌아가 노모를 만나고 싶어 하는 화자의 간절한 마음이 드러난다.

⑤ 〈11수〉의 '모자지정을 술피실' 때가 있으리라고 생각하는
것에서 화자의 기대감이 드러나는군.
임금께서 자신의 유배 생활을 거두어 주실 것을 기대함.

*근거: (나) 〈11수〉❸

〈11수〉의 '모자지정을 술피실 제 업소오랴'에는 임금의 은혜가 낮은 곳까지
미치고 있기 때문에 임금께서 자신과 노모의 정을 살피셔서 자신의 유배 생
활을 거두어 주실 날이 있을 것이라는 화자의 생각이 담겨 있다.

A 21 정답 ⑤ ✱시어 및 구절의 의미 파악하기 · [정답률 47%]

ⓐ와 ⓑ의 공통점으로 가장 적절한 것은?

• ⓐ: '계성'으로, 꿈에서라도 임을 보려는 화자의 잠을 깨우는 존재입니다.
• ⓑ: '기력이'로, 날지 않아 화자의 편지를 노모에게 전하지 못하게 하는 존재
입니다.

🔴 ⓐ와 ⓑ가 각각의 화자에게 미치는 공통적인 영향이 무엇인지 파악한
내용으로 적절한 것을 고르는 문제입니다.

⑤ 화자가 처한 현실 상황을 깨닫게 하는 소재이다.
ⓐ로 임이 부재하는 상황을, ⓑ로 고향에 소식을 전할 수 없는 상황을 깨달음.

＊근거: (가) ⑰ ~ ㉓, (나) 〈6수〉 ❶

(가)의 화자는 ⓐ로 인해 잠에서 깨어 임이 부재하는 상황을 인식하고 있다. (나)의 화자는 ⓑ가 날지 않아 편지를 전할 수 없다고 하며 고향에 소식을 전하지 못하는 자신의 처지를 인식하고 있다. 따라서 ⓐ와 ⓑ가 화자가 처한 현실 상황을 깨닫게 하는 소재라는 설명은 적절하다.

① 화자의 ~~소망을 실현시켜 주는~~ 소재이다.
ⓐ는 임과의 만남을 방해하고, ⓑ는 화자의 소식을 고향에 전할 수 없게 함.

ⓐ는 화자의 잠을 깨워 꿈속에서조차 임을 만나지 못하게 하는 소재이다. 또한 (나)의 화자는 ⓑ가 날지 않아서 자신의 편지(소식)를 고향에 전해 줄 수 없다고 했다. 따라서 ⓐ와 ⓑ가 화자의 소망을 실현시켜 주는 소재라는 설명은 적절하지 않다.

📢 [오답 선택률 21%]

② 화자의 ~~감정이 이입되어 있는~~ 소재이다.
ⓐ, ⓑ 모두 화자의 감정이 이입되지 않음.

(가)의 화자는 ⓐ '계성', 즉 닭의 울음소리로 인해 잠에서 깨고 있다. 이때 닭의 울음소리는 화자의 잠을 깨우는 외부 환경일 뿐, 이에 화자의 감정이 이입되어 있는 것은 아니다. (나)의 화자는 ⓑ '기럭이', 즉 기러기가 날지 않아 편지를 전할 수 없다고 말한다. 이때 기러기가 날지 않는 것은 화자가 편지를 전할 수 없는 이유가 될 뿐, 화자의 감정과는 관계없이 일어나는 일이다. 따라서 화자가 ⓐ와 ⓑ의 영향을 받고 있다고 볼 수는 있지만, 화자가 자신의 감정을 ⓐ와 ⓑ에 이입하고 있다고 보아서는 안 된다.

③ 화자가 추구하는 ~~이상향을 드러내는~~ 소재이다.
ⓐ, ⓑ 모두 화자가 추구하는 이상향을 드러내지 않음.

ⓐ와 ⓑ는 모두 화자가 자신이 원하는 상황을 이루지 못하게 하는 소재이므로, ⓐ와 ⓑ가 화자가 추구하는 이상향을 드러내는 소재라는 설명은 적절하지 않다.

④ 자연에 대한 화자의 ~~경외감을 보여 주는~~ 소재이다.
ⓐ, ⓑ 모두 화자의 경외감을 보여 주지 않음.

(가)와 (나)에는 자연에 대한 화자의 경외감이 드러나지 않는다. 따라서 ⓐ와 ⓑ가 자연에 대한 화자의 경외감을 보여 주는 소재라는 설명은 적절하지 않다.

[**경외감**: 공경하면서 두려워하는 감정]

A 22~24 [2015년(6월)/고2교육청 37~39]

허난설헌, 〈규원가(閨怨歌)〉

❶ 화자, 중심 대상 ❷ 상황, 정서, 태도 ❸ 표현상 특징 [시 해석]

❶ 삼삼오오(三三五五) 야유원(冶遊園)에 새 사람이 나단 말가
남편이 있을 것이라 여기는 공간   ❸ □: 설의법
➡ 여러 사람이 떼를 지어 다니는 술집에 새 기생이 나타났단 말인가?

❷ 「꽃 피고 날 저물 제 정처(定處) 없이 나가 있어
「」: 행방을 알 수 없는 남편에 대한 원망
➡ 꽃 피고 날 저물 때 정처 없이 나가서

❸ ㉠백마금편(白馬金鞭)＊으로 어디어디 머무는고
➡ 호사스러운 차림새로 어디에서 머물러 노는가?

❹ 원근(遠近)을 모르거니 소식(消息)이야 더욱 알랴
➡ 가까이 있는지 멀리 있는지 모르는데 (남편의) 소식이야 더욱 알기가 힘들다.

❺ 인연(因緣)을 긋쳐신들 생각이야 업슬소냐
➡ 인연을 끊었지만 생각이 안 나겠는가?

❻ 얼굴을 못 보거든 그립기나 마르려믄
❷ 정서: 남편에 대한 그리움
➡ 얼굴을 못 보면 그립지나 말았으면 좋으련만

---

❼ 열두 때 김도 길샤 서른 날 지리(支離)하다
❶ 중심 대상: 화자 자신의 삶
❷ 상황: 외롭게 남편을 기다림.
➡ (남편을 그리워하다 보니) 하루가 길기도 길구나. 한 달이 지루하기만 하다.

❽ ㉡옥창(玉窓)에 심은 매화(梅花) 몇 번이나 피여 진고
➡ 규방 앞에 심은 매화는 몇 번이나 피고 졌는가?

❾ 겨울밤 차고 찬 제 자최눈 섞어 치고
➡ 겨울 밤 차고 찬 때는 진눈깨비 섞어 내리고   ❸ 대구법

❿ 여름날 길고 길 제 궂은비는 무슨 일고
➡ 여름 날 길고 긴 때 궂은비는 무슨 일인가?

⓫ 삼춘화류(三春花柳) 호시절(好時節)에 경물(景物)이 시름없다
❷ 상황, 정서: 임이 오지 않아 좋은 경치를 보아도 감흥이 없음.
➡ 온갖 꽃이 피고 버들잎이 돋아나는 좋은 시절의 아름다운 경치를 보아도 아무 생각이 없다.

⓬ ㉢가을 달 방에 들고 실솔(蟋蟀)이 상(床)에 울 제
➡ 가을 달빛이 방 안을 비추어 들어오고 귀뚜라미가 침상에서 울 때

⓭ 긴 한숨 지는 눈물 속절없이 헴만 많다
➡ 긴 한숨으로 흘리는 눈물 헛되이 생각만 많다.

⓮ 아마도 모진 목숨 죽기도 어려울사
❷ 정서: 버림받은 심정을 직접적으로 드러냄.
➡ 아마도 모진 목숨이 죽기도 어려운가 보구나.

⓯ 돌이켜 풀쳐 헤니 이리 하여 어이 하리
➡ 돌이켜 여러 가지 일을 하나하나 생각하니 이렇게 살아서 어찌할 것인가?

정처: 정한 곳. 또는 일정한 장소
원근: 멀고 가까움.
지리하다: 시간이 오래 걸리거나 같은 상태가 오래 계속되어 따분하고 싫증이 나다.
호시절: 좋은 때
경물: 계절에 따라 달라지는 경치
실솔: 귀뚜라미

＊❶~⓯행 요약: 돌아오지 않는 임(남편)을 그리워하고 원망함.

⓰ 청등(靑燈)을 돌려놓고 녹기금(綠綺琴) 빗기 안아
거문고, 화자의 외로움을 달래 주는 소재
➡ 등불을 돌려놓고 푸른 거문고를 비스듬히 안아

⓱ 벽련화(碧蓮花) 한 곡조를 시름 조차 섞어 타니
❷ 상황: 거문고를 연주하며 시름을 달래고자 함.
➡ 벽련화 한 곡조를 시름과 함께 섞어서 연주하니

⓲ 소상야우(瀟湘夜雨)의 댓소리 섯도는 듯
「」: ❸ 직유법 – 처량하고 구슬픈 거문고 소리(화자의 심정이 반영됨)
➡ 소상강 밤비에 댓잎 소리가 섞여 들리는 듯

⓳ 화표(華表) 천 년(千年)의 별학(別鶴)이 우니는 듯
➡ 망주석에 천 년만에 찾아온 이별한 학이 울고 있는 듯

⓴ 옥수(玉手)의 타는 수단(手段) 옛 소리 있다마는
➡ 고운 (나의) 손으로 타는 거문고 솜씨는 옛날 가락과 같다마는

㉑ 부용장(芙蓉帳) 적막(寂寞)하니 뉘 귀에 들리소니
화자가 현재 있는 공간
➡ 연꽃무늬의 휘장이 드리워진 방 안이 텅 비었으니 누구의 귀에 들리겠는가?

㉒ ㉣간장(肝腸)이 구곡(九曲) 되어 굽이굽이 끊겼어라
❸ 영탄법, 과장법 – 시름이 쌓인 마음을 과장되게 표현
➡ 간과 창자가 아홉 굽이가 되어 굽이굽이 끊어질 듯 애통하구나.

화표: 묘 앞에 세우는 문. 망주석 따위가 있다.
옥수: 여성의 아름답고 고운 손
수단: 일을 처리하여 나가는 솜씨와 꾀

＊⓰~㉒행 요약: 거문고로 외로움을 달램.

㉓ 차라리 잠을 들어 꿈에나 보려 하니
임과의 만남을 가능하게 하는 매개물
➡ 차라리 잠이 들어 꿈에나 (임을) 보려 하였더니

㉔ 바람에 지는 잎과 풀 속에 우는 즘생
　　잠을 이루지 못하게 하는 방해물
➡ 바람에 지는 잎과 풀 속에 우는 벌레는

㉕ 무슨 일 원수로서 잠조차 깨우는가
➡ 무슨 일로 원수가 되어 잠마저 깨우는가?

㉖ 천상(天上)의 견우직녀(牽牛織女) 은하수(銀河水) 막혔어도
➡ 하늘의 견우와 직녀는 은하수가 막혔을지라도

㉗ ㉤칠월칠석(七月七夕) 일년일도(一年一度) 실기(失期)치 아
　　❸ 대조법 – 오지 않은 임에 대한 원망을 견우·직녀와 대조하여 부각함.
니거든
➡ 칠월칠석 일 년에 한 번씩 때를 놓치지 않고 만나는데

㉘ 우리 님 가신 후는 무슨 약수(弱水)* 가렸기에
　　❶ 중심 대상: '님'(남편)　　임과의 만남을 방해하는 장애물
➡ 우리 임 가신 데는 무슨 장애물이 가려졌기에

[A]
㉙ 오거나 가거나 소식(消息)조차 그쳤는가
➡ 온다 간다는 소식마저 그쳤을까?

㉚ 난간(欄干)에 비겨 서서 님 가신 데 바라보니
➡ 난간에 기대어 서서 임 가신 데를 바라보니

㉛ 초로(草露)는 맺혀 있고 모운(暮雲)이 지나갈 제
➡ 풀에 이슬은 맺혀 있고 저녁 구름이 지나가는 때로구나.

㉜ 죽림(竹林) 푸른 곳에 새소리 더욱 섫다
　　❸ 감정 이입
➡ 대숲 우거진 푸른 곳에 새소리가 더욱 서럽다.

㉝ 세상의 서른 사람 수없다 하려니와
➡ 세상에 서러운 사람이 많다고 하겠지만
　　❶ 화자: '나'

㉞ 박명(薄命)한 홍안(紅顔)이야 나 같은 이 또 있을까
　　❷ 정서: 기구한 운명을 한탄함.
➡ 운명이 기구한 젊은 여자야 나 같은 이가 또 있을까?
　　❸ 영탄법

㉟ 아마도 이 님의 탓으로 살동말동 하여라
　　❷ 정서: 오지 않는 임을 원망함.
➡ 아마도 임의 탓으로 살 듯 말 듯 하구나.

실기하다: 시기를 놓치다.
박명하다: 복이 없고 팔자가 사납다.
홍안: 붉은 얼굴이라는 뜻으로, 젊어서 혈색이 좋은 얼굴을 이르는 말

＊㉓~㉟행 요약: 임을 기다리며 한탄함.

＊백마금편: 훌륭한 말과 값비싼 채찍.
＊약수: 전설에 등장하는 강. 부력이 약해서 기러기의 깃털도 가라앉는다
고 함.

■ 갈래: 규방 가사, 서정 가사　　■ 창작 시기: 조선 중기
■ 내용: 이 작품은 가부장적 유교 질서 속에서 남편을 기다리며 독수공방하는
외로움과 남편에 대한 원망을 노래한 가사이다. 흐르는 세월 속에 쌓여 온 슬픔
과 한을 자연물을 이용한 비유법, 감정 이입, 고사의 활용을 통해 효과적으로
드러내고 있다. 이 작품에서는 화자의 섬세하고 애절한 그리움과 슬픔을 표출
하면서도, 봉건 제도 아래에서 인내만 해야 하는 여인의 한과 체념하는 모습을
효과적으로 보여 주고 있다.
■ 주제: 남편에게 버림받은 여인의 원망과 그리움, 봉건적 사회에서 겪는 부녀
자의 한(恨)

■ 이것이 핵심! 중심 대상에 대한 화자의 태도

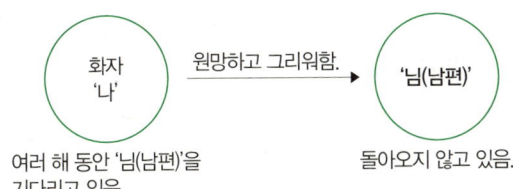

여러 해 동안 '님(남편)'을　　　　　　　돌아오지 않고 있음.
기다리고 있음.

★ 독해 공식 정답

❶ 화자: '나', 중심 대상: 임(남편), 자신의 삶
❷ 상황: 떠나간 남편을 기다리며 자신의 삶에 대해 노래함.
　정서, 태도: 돌아오지 않는 임을 원망하며 자신의 기구한 운명을 한탄함.
❸ 표현상 특징
• 화자의 서러운 감정을 거문고 소리와 새소리에 이입하여 표현함.
• 설의법, 대구법, 영탄법, 과장법, 대조법을 사용함.

A 22　정답 ⑤　＊표현상의 특징 파악하기 ···· [정답률 71%]

㉠~㉤에 대한 이해로 적절하지 않은 것은?

• ㉠~㉤: ㉠~㉤은 화자의 처지가 드러나는 구절로, ㉠은 화려한 차림으로
돌아다닐 '님'에 대한 물음, ㉡은 매화가 몇 번이나 피고 진 시간의 흐름, ㉢
은 가을밤에 귀뚜라미가 우는 모습, ㉣은 간과 창자가 끊긴 것 같은 화자의
마음, ㉤은 칠월칠석에 만난다는 견우직녀 설화를 나타냅니다.

즉 ㉠~㉤을 통해 드러나고 있는 화자의 처지에 대한 설명 중 틀린 것을
고르는 문제입니다.

왜 정답?

⑤ ㉤: 설화적 인물과 자신의 처지를 동일시하여 임과의 재회
　　　　　　　　　　　　　　　견우, 직녀와 화자는 대비됨.
가 어렵다는 것을 보여 주고 있다.

＊근거: ㉗

이 글에 등장하는 견우와 직녀는 일 년에 한 번은 만나고 있다. 그런데 화자
는 오랜 세월 동안 임과 만나지 못하고 있다. 따라서 설화적 인물인 견우, 직
녀와 화자의 처지가 동일하다고 보기는 어렵다.

설화적 인물: 각 민족 사이에 전승되어 오는 신화, 전설, 민담 따위에 등장하
는 인물
동일시하다: 둘 이상의 것을 똑같은 것으로 보다.

왜 오답?

① ㉠: 임의 화려한 모습을 언급하며 거처를 알 수 없는 임에
　　　임이 화려한 복장을 하고 있다고 묘사함.
대한 심정을 드러내고 있다.

＊근거: ❸

'백마금편'은 임의 화려한 복장과 모습을 뜻하는 말이다. 그리고 '어디어디
머무는고'는 거처를 알 수 없는 임에 대한 화자의 심정을 드러낸 표현이다.

거처: 이미 갔거나 현재 가거나 미래에 갈 곳

② ㉡: 자연의 변화를 활용하여 임과 헤어져 있는 시간이 길
　　　매화가 피고 진 세월을 언급함.
었음을 드러내고 있다.

＊근거: ❽

'옥창에 심은 매화'를 통해 몇 번이나 피고 지는 세월이 흘렀음에도 화자는
임과 떨어져 외로이 지냈음을 알 수 있다.

③ ㉢: 계절감이 드러나는 소재를 통해 자신의 외로운 처지를
　　　'가을달', '실솔'
부각하고 있다.

＊근거: ⓬

'가을달'과 '실솔(귀뚜라미)'을 통해 가을이라는 계절감을 드러내고 있다. 이
러한 가을을 드러내는 소재를 통해 화자의 외로운 처지는 더욱 부각되고 있다.

④ ㉣: 과장된 표현을 사용하여 임을 기다리다 시름과 한이
　　　간장이 아홉 마디가 되어 끊긴다고 표현함.
쌓였음을 강조하고 있다.

＊근거: ㉒

'간'과 '장'이 아홉 마디가 되어 끊겼다는 표현은, 그만큼 시름과 한이 쌓여
큰 고통을 받고 있음을 과장적으로 드러낸 것이다.

과장된 표현: 사물을 실상보다 지나치게 과도하게 혹은 작게 표현함으로써
문장의 효과를 높이는 수사법

A 23 정답 ③ ＊시어 및 구절의 의미 파악하기 [정답률 74%]

야유원(冶遊園)과 부용장(芙蓉帳)을 비교한 내용으로 가장 적절한 것은?

• 야유원: '새 사람이 나'서 '님'이 갔을 것이라고 화자가 추측하는 공간입니다.

• 부용장: '님'이 오지 않아 화자가 혼자 있는 '적막'한 공간입니다.

즉 이별한 화자의 상황, 심리와 연관된 두 공간에 대한 설명으로 적절한 것을 고르는 문제입니다.

왜 정답?

③ '야유원'은 임이 있을 것으로 추측하는 공간, '부용장'은 임의 부재를 느끼는 공간이다.
　임이 놀러 다니는 곳으로 생각함.
화자가 홀로 기거하며 임을 기다림.

＊근거: ❶, ㉑

'야유원'은 임이 있을지 모른다고 화자가 추측하며 임에 대한 원망의 정서를 드러내는 공간이다. 그리고 '부용장'은 임 없이 화자가 외로움을 느끼며 홀로 기거하는 공간이다.

[부재: 그곳에 있지 아니함.]

왜 오답?

① '야유원'은 화자가 ~~지향하는 공간~~, '부용장'은 ~~화자가 벗어나고자 하는 공간이다.~~
　임에 대한 원망을 불러일으키는 곳임.
벗어나고자 하지는 않음.

'야유원'은 화자에게 임에 대한 원망을 불러일으키는 곳이다. '부용장'은 현재 화자가 위치한 공간으로 화자가 여기에서 벗어나고자 하지는 않는다.

[지향하다: 어떤 목표로 뜻이 쏠리어 향하다.]

② '야유원'은 ~~임이 화자를 기다리는 공간~~, '부용장'은 화자가 임을 기다리는 공간이다.
　임이 화자를 기다리는 내용은 나오지 않음.
　　적절함.

이 글은 여성 화자의 입장에서 자신의 처지를 토로하는 데 초점을 맞추고 있다. '임'이 '화자'를 기다리는 내용은 드러나지 않는다.

④ '야유원'은 ~~화자가 타인들과 어울리는 공간~~, '부용장'은 화자가 ~~타인들로부터 벗어난 공간이다.~~
　화자가 다니는 곳이 아님.
타인으로부터 벗어났다는 내용은 나오지 않음.

'야유원'은 '임'이 있을지도 모른다고 화자가 추측하는 공간이므로 화자와의 직접적 관계가 없다. '부용장' 역시 타인으로부터 벗어난 공간으로 볼 근거는 없다.

⑤ '야유원'은 ~~임과 이별과 만남을 반복한 시련의 공간~~, '부용장'은 ~~임과 이별한 후에 정착한 도피의 공간이다.~~
　이별과 만남이 반복되지 않음.
임과 이별한 후에 정착했다는 내용은 나오지 않음.

'야유원'은 화자가 임이 있을지도 모른다고 추측하는 공간일 뿐, 임과 이별과 만남을 반복한 곳이라는 내용은 드러나지 않는다. '부용장' 또한 현재 화자가 위치한 곳일 뿐, 임과 이별한 후에 정착한 곳이라는 내용은 드러나지 않는다.

[도피: 도망하여 몸을 피함.]

A 24 정답 ③ ＊작품 비교하기 .... [정답률 71%]

[A]와 〈보기〉를 비교하여 감상한 내용으로 적절하지 않은 것은? [3점]

• [A]: 화자는 이별한 '님'을 '꿈에나 보려' 하고 있지만 '바람에 지는 잎과 풀 속에 우는 즘생'이 잠을 깨워 그러지 못하고 있습니다. 또한 '나 같은 이 또 있을까'라고 하며 자신의 삶을 한탄하고, '이 님의 탓으로 살동말동 하여라'라고 하며 떠나간 '님'을 원망하고 있습니다.

• 〈보기〉: 정철의 〈사미인곡〉 중 일부입니다. 화자는 '꿈에나 님을 보려' 하고 있고, 이러한 그리움으로 인해 생긴 병이 '님의 탓'이라며 '님'을 원망하고 있습니다. 하지만 그럼에도 '죽어서 범나비'가 되어 '님'을 좇겠다는 의지를 드러내고 있습니다.

즉 '님'을 향한 그리움을 노래한 [A]와 〈보기〉를 비교한 내용으로 틀린 것을 고르는 문제입니다.

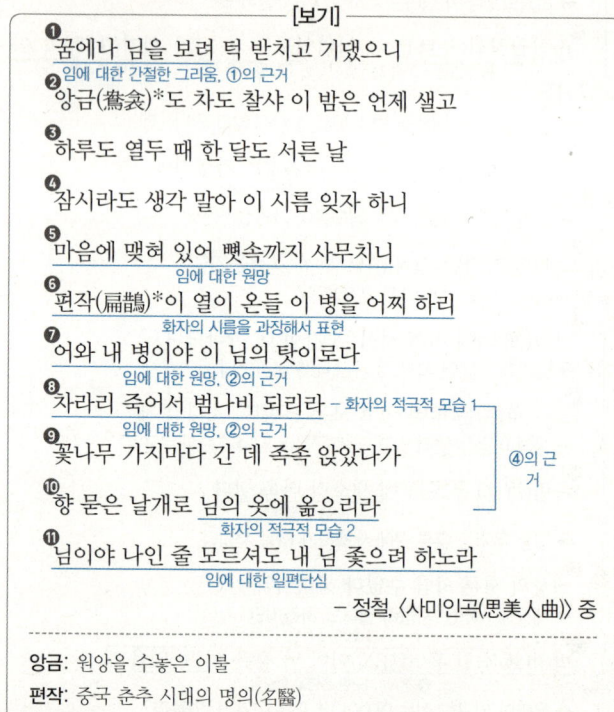

[보기]
❶ 꿈에나 님을 보려 턱 받치고 기댔으니
　임에 대한 간절한 그리움. ①의 근거
❷ 앙금(鴦衾)＊도 차도 찰샤 이 밤은 언제 샐고
❸ 하루도 열두 때 한 달도 서른 날
❹ 잠시라도 생각 말아 이 시름 잊자 하니
❺ 마음에 맺혀 있어 뼛속까지 사무치니
　임에 대한 원망
❻ 편작(扁鵲)＊이 열이 온들 이 병을 어찌 하리
　화자의 시름을 과장해서 표현
❼ 어와 내 병이야 이 님의 탓이로다
　임에 대한 원망, ②의 근거
❽ 차라리 죽어서 범나비 되리라 ― 화자의 적극적 모습 1
❾ 꽃나무 가지마다 간 데 족족 앉았다가
　　　　　　　　　　　　　　　　　④의 근거
❿ 향 묻은 날개로 님의 옷에 옮으리라
　화자의 적극적 모습 2
⓫ 님이야 나인 줄 모르셔도 내 님 좇으려 하노라
　임에 대한 일편단심
　　　　　　　　　　　　　　　― 정철, 〈사미인곡(思美人曲)〉 중

앙금: 원앙을 수놓은 이불
편작: 중국 춘추 시대의 명의(名醫)

왜 정답?

③ [A]와 〈보기〉 모두 ~~청각적 심상~~을 통해 임과 이별한 화자의 정서를 드러내고 있다.
　〈보기〉에서는 청각적 심상이 사용되지 않음.

＊근거: ㉔

[A]에서는 '풀 속의 우는 즘생'이라는 소재를 통해 청각적 심상을 활용하여 화자의 안타까운 정서를 드러내고 있다. 그리고 〈보기〉는 〈사미인곡〉의 한 부분으로, 임을 보고 싶어 하는 화자의 절절한 마음을 표현하고 있다. 즉, 〈보기〉의 화자는 죽어서 범나비가 되어서라도 임을 좇으려 하는 적극적인 의지를 드러내고 있다. 하지만 청각적 심상이라고 판단할 만한 요소는 드러나지 않는다.

[청각적 심상: 소리, 음성, 음향 등을 제시하는 심상.]

왜 오답?

① [A]와 〈보기〉 모두 화자는 꿈을 통해서라도 임과 만나기를 바라고 있다.
　[A] – '꿈에나 보려 하니', 〈보기〉 – '꿈에나 님을 보려'

＊근거: ㉓, 〈보기〉 ❶

[A]의 '꿈에나 보려 하니'와 〈보기〉의 '꿈에나 님을 보려'를 통해 [A]와 〈보기〉의 화자 모두 임을 못 보는 상황에서 꿈을 통해서라도 임을 만나기를 바라고 있음을 알 수 있다.

② [A]와 〈보기〉 모두 화자는 자신의 처지에 대해 임을 탓하는 태도를 보이고 있다.
　[A] – '아마도 이 ～ 하여라', 〈보기〉 – '어와 ～ 탓이로다'

＊근거: ㉟, 〈보기〉 ❼

[A]의 '님의 탓으로 살동말동 하여라'에서, 〈보기〉의 '님의 탓이로다'에서 자신의 외로움과 안타까움에 대한 책임을 임에게 돌리고 있음을 확인할 수 있다.

④ 〈보기〉의 화자는 [A]의 화자보다 임과 함께하고자 하는 적극적 의지를 보이고 있다.
〈보기〉 - '차라리 죽어서 ~ 옮으리라'

*근거: ㉚, ㉛, 〈보기〉 ❸

〈보기〉의 화자는 죽어서 범나비가 되어서라도 임을 따르겠다고 표현하고 있다. 이러한 모습은 임 가신 데를 바라보며 서러워하는 데 그치는 [A]의 화자보다 적극적이라고 볼 수 있다.

⑤ 〈보기〉의 화자와 달리 [A]의 화자는 자연물에 감정을 이입하여 자신의 심정을 표현하고 있다.
[A] - '새', 〈보기〉 - 감정 이입이 드러나지 않음.

*근거: ㉜

[A]의 '죽림 푸른 곳에 새소리 더욱 설다'에서 화자가 '새'에 자신의 감정을 이입하고 있음을 알 수 있다. 하지만 〈보기〉에서는 감정을 이입하고 있는 부분을 찾을 수 없다. 〈보기〉에 등장하는 '범나비'는 단순히 화자가 되고 싶은 모습일 뿐이지, 화자의 감정을 '범나비'에 투영하고 있는 것은 아니다.

A 25~27 ━━━━━━ [2016년(3월)/고2교육청 41~43]

(가) 작자 미상, 〈두터비 파리를 물고〉

❶ 화자, 중심 대상 ❷ 상황, 정서, 태도 ❸ 표현상 특징 [시 해석]

약자(힘없는 백성)
❶ 두터비 파리를 물고 두엄 우희 치다라 안자
❶ 중심 대상: 두터비(중간 관리, 약자를 괴롭히는 존재)
➡ 두꺼비가 파리를 물고 두엄(거름 쌓아놓은 것) 위에 뛰어 올라가 앉아

*초장 요약: 두터비가 파리를 물고 위세를 부림.

❷ 것넌 산 바라보니 백송골(白松鶻)*이 떠 잇거늘 가슴이 금즉하
두터비보다 강한 세력(중앙 관리, 외세)
여 풀덕 뛰여 내닷다가 두엄 아래 잣바지거고
❸ 희화화 - 강자 앞에서 비굴해지는 두터비의 모습
➡ 건너편 산을 바라보니 흰 송골매가 떠 있거늘 가슴이 섬뜩하여 펄쩍 뛰어 내리다가 두엄 아래 자빠졌구나.

*중장 요약: 백송골을 보고 놀라 자빠짐.

❸ 모쳐라 날낸 낼싀만졍 에헐*질 번 하괘라 - 두터비의 말
❷ 상황: 자신의 행동을 합리화함. ❸ 영탄법, 의인법
➡ 마침 날랜 나였기에 망정이지 (하마터면) 멍이 들 뻔했구나.

*종장 요약: 자신의 행동을 합리화함.

*백송골: 송골매
*에헐: 어혈. 타박상 등으로 피부에 피가 맺힌 것

■ 갈래: 사설시조   ■ 창작 시기: 조선 후기
■ 내용: 사설시조가 대두되어 일반 민중을 중심으로 널리 성행하던 17~18세기는 관리들의 횡포가 극심했던 것과 더불어 민중 의식 또한 강하게 싹트기 시작하던 때이다. 따라서 일반 민중들은 시대 현실을 풍자하며 비판하기 시작했다. 이 작품은 이러한 성격이 특히 두드러진다.
■ 주제: 양반 계층의 허장성세 및 약육강식의 세태 풍자

■ 이것이 핵심! 우의적 표현 방식

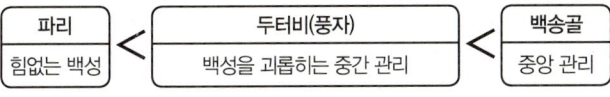

파리	<	두터비(풍자)	<	백송골
힘없는 백성		백성을 괴롭히는 중간 관리		중앙 관리

(나) 권섭, 〈매화〉

❶ 화자, 중심 대상 ❷ 상황, 정서, 태도 ❸ 표현상 특징 [시 해석]

❶ 모첨(茅簷)의 달이 진 제 첫 잠을 얼핏 깨여
➡ 초가집 처마에 비친 달빛이 졌을 때 잠에서 얼핏 깨어나

❷ 반벽 잔등(半壁殘燈)을 의지 삼아 누웠으니
➡ 벽에 비친 희미한 등잔불에 의지해서 누웠으니

❸ 매화의 아름다움을 감상할 수 있는 시간 ❸ 영탄법
일야(一夜) 매화가 발하니 님이신가 하노라   〈제1수〉
❶ 중심 대상: 매화 ❷ 정서: 매화에 대한 반가움
➡ 이 깊은 밤에 매화 한 송이가 피어나니 (그 아름다운 모습이) 임인가 하노라.

모첨: 초가지붕의 처마
반벽 잔등: 벽에 걸려 있는 희미한 등불
발하다: 꽃 따위가 피다.

*〈제1수〉 요약: 매화가 핀 것에 대한 반가움

❶ 아마도 이 벗님이 풍운(風韻)*이 그지없다   □: 매화가 지닌 가치
❸ 의인법 - 매화를 친구처럼 여김. ❷ 태도: 매화를 예찬함.
➡ 아마도 이 벗님(매화)의 풍류와 운치가 그 끝을 모를 정도로 빼어나다.

❷ 옥골 빙혼(玉骨氷魂)*이 냉담도 하는구나
❸ 영탄법
➡ 매화의 저 아름다운 모습과 맑고 깨끗한 넋이 오히려 차갑게 느껴질 정도구나.

❸ 풍편(風便)*의 그윽한 향기는 세한 불개(歲寒不改)* 하구나
❷ 후각적 심상 ❸ 영탄법
➡ 바람결에 은은하게 퍼지는 매화의 향기는 쌀쌀한 날씨에도 아무런 변함이 없구나.

냉담: 태도나 마음씨가 동정심 없이 차가움.

〈제2수〉

*〈제2수〉 요약: 매화가 지닌 가치

❶ 천기(天機)도 묘합시고 네 먼저 춘휘(春暉)*로다
❸ 영탄법, 대상에게 말을 건네는 방식
➡ 하늘의 뜻도 오묘하도다. 네(매화)가 먼저 봄빛을 띠는구나.

❷ 한 가지 꺾어 내어 이 소식 전(傳)차 하니
❷ 상황: 임에게 매화를 바치고자 함.
➡ 가지 하나를 꺾어 내어 (봄이 온) 소식을 전하고자 하니

❸ 영탄법
님께서 너를 보시고 반기실까 하노라   〈제3수〉
❷ 태도: 임이 매화의 지조와 절개를 긍정적으로 여길 것이라고 생각함.
➡ 임께서 너를 보시고 반기실까 (생각) 하노라.

*〈제3수〉 요약: 매화를 임에게 보내고자 함.

❶ 님이 너를 보고 반기실까 아니실까
❸ 설의법
➡ 임이 너(매화)를 보고 반기실까 아닐까?

❷ 기년(幾年)* 화류(花柳)의 취한 잠 못 깨었는가
❷ 정서: 임에 대한 그리움이 드러남.
➡ (임이 아직) 몇 해 꽃과 버들에 취해 든 잠에서 못 깨었는가?

❸ 영탄법
두어라 다 각각 정이니 나와 늙자 하노라   〈제4수〉
❶ 화자: '나' ❷ 정서: 매화와 함께하고 싶어 함.
➡ 두어라 다 각각의 정이니 나와 함께 늙어가자고 하노라.

화류: 꽃과 버들을 아울러 이르는 말

*〈제4수〉 요약: 매화와 함께하고 싶은 마음

*풍운: 풍류와 운치
*옥골 빙혼: 매화의 별칭. '옥골'은 깨끗한 용모를, '빙혼'은 얼음과 같이 맑고 깨끗한 넋을 의미함.
*풍편: 바람결
*세한 불개: 추운 계절에도 바뀌지 않음.
*춘휘: 봄의 햇볕
*기년: 몇 해

■ 갈래: 연시조   ■ 창작 시기: 조선 후기
■ 내용: 이 작품은 사군자(四君子: 동양화에서 군자를 상징하는 네 가지 식물인 국화·난초·대나무·매화), 또는 세한삼우(歲寒三友: 추운 겨울에도 잘 견디는 소나무·대나무·매화를 이르는 말) 중의 하나인 '매화'를 노래한 4수의 연시조이다.
■ 주제: 매화에 대한 예찬

■ **이것이 핵심!** : 중심 대상과 관련된 표현

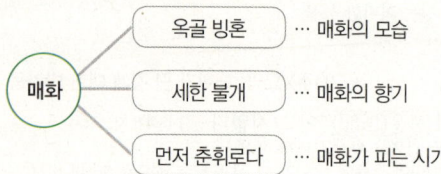

- 매화
  - 옥골 빙혼 … 매화의 모습
  - 세한 불개 … 매화의 향기
  - 먼저 춘휘로다 … 매화가 피는 시기

■ **독해 공식 정답**

(가)
❶ 화자: 드러나지 않음., 중심 대상: 두터비
❷ 상황: 백송골이 무서워 거름 위에서 급히 뛰어내리는 두터비를 바라봄.
정서, 태도: 약자를 괴롭히는 대상을 희화화하며 풍자적 태도를 드러냄.
❸ 표현상 특징
 • 강자 앞에 약해지는 두터비의 모습을 익살스럽게 표현함.
 • 영탄법, 의인법을 사용함.

(나)
❶ 화자: '나', 중심 대상: 매화
❷ 상황: 매화의 긍정적인 특성에 대해 이야기함.
정서, 태도: 매화의 가치를 예찬하며 매화와 함께하고 싶어 함.
❸ 표현상 특징
 • 대상에 말을 건네는 방식으로 친밀감을 표현함.
 • 영탄법, 의인법, 설의법을 사용함.

A 25 정답 ③ * 작품 비교하기 ·················· [정답률 68%]

(가)와 (나)의 표현상의 공통점으로 가장 적절한 것은?

왜 정답?

③ 대상에 인격을 부여하여 화자가 처한 상황을 나타내고 시적 상황을 표현하고 있다.
  (가) – 두터비, (나) – 매화

*근거: (가) ❸, (나) 〈제2수〉 ❶, 〈제3수〉 ❸, 〈제4수〉 ❶

(가)는 종장에서 '두터비'를 의인화하여, 파리를 물고 송골매를 피하다가 넘어진 상황에서 자신을 합리화하며 허세 부리는 상황을 표현했다. 그리고 (나)에서는 '매화'를 '벗님'이라고 칭하고 '너'라고 부르면서 시상을 전개하고 있다. 이 또한 추운 계절 밤에 핀 매화에게 인격을 부여하여 시적 상황을 드러낸 것이다.

┌ 인격: 인간의 정신 · 심적 특성의 전체
└ 부여하다: 사람에게 권리 · 명예 · 임무 따위를 지니도록 해 주거나, 사물이나 일에 가치 · 의의 따위를 붙여 주다.

왜 오답?

① 설의적 표현을 통해 주관적 정서를 강화하고 있다. 화자 개인이 느끼는 감정의 정도를 높이고
  (나)에서만 나타남.

*근거: (나) 〈제4수〉 ❷

(나)는 〈제4수〉의 '님이 너를 보고 반기실까 아니실까', '기년 화류의 취한 잠 못 깨었는가'라는 표현에서 설의적 표현을 활용하여 임을 그리워하는 마음을 드러냈지만, (가)에서는 설의적 표현을 찾을 수 없다.

┌ 설의적 표현: 쉽게 판단할 수 있는 사실을 의문의 형식으로 나타내어 의미를 강조하는 표현
└ 주관적: 자기의 견해나 관점을 기초로 하는

② 과거와 현재를 대비하여 주제 의식을 강조하고 있다. 주제를 두드러지게 만들고
  (가)와 (나) 모두 나타나지 않음.

(가)와 (나) 모두 과거와 현재를 대비하는 부분은 나타나지 않는다.

④ 감각적 이미지를 활용하여 계절적 배경을 드러내고 있다. 시가 어떤 계절을 바탕으로 하는지 드러내고
  (나)에서만 나타남.

*근거: (나) 〈제2수〉 ❸

(나)는 '풍편(바람 – 촉각)의 그윽한 향기(후각)'라는 말을 통해 겨울이라는 계절적 배경을 촉각과 후각적 이미지를 통해 드러내고 있다. 하지만 (가)에는 계절적 배경이 나타나지 않았다.

[감각적 이미지: 시각 · 청각 · 촉각 · 후각 · 미각의 느낌이 떠오르게 하는 심상]
대상에 대해 친하고 가까운 느낌을 나타내고
⑤ 말을 건네는 방식으로 대상과의 친밀감을 나타내고 있다.
  (나)에서만 나타남.

*근거: (나) 〈제3수〉, 〈제4수〉

(나)는 〈제3수〉의 '네 먼저 춘휘(春暉)로다', 〈제4수〉의 '님이 너를 보고 반기실까 아니실까'라는 표현에서 화자가 매화에게 말을 건네는 방식으로 친밀감을 드러내고 있다. 하지만 (가)에서는 말을 건네는 방식을 활용하지도 않았고, 대상인 두터비를 비판하고 있는 것이니 친밀감을 나타낸다고 볼 수 없다. 두터비가 종장에서 하는 말은 자신의 상황을 합리화하는 독백이다.

A 26 정답 ③ * 〈보기〉를 바탕으로 감상하기 · [정답률 66%]

〈보기〉의 선생님의 질문에 대한 대답으로 가장 적절한 것은?

• 〈보기〉의 선생님의 질문: (가)의 중장부터 화자가 '두터비'로 바뀐다고 가정했을 때, (가)를 어떻게 이해할 수 있는지를 묻고 있습니다. '두터비'가 화자가 될 경우에는 '두터비'가 자신의 경험을 서술하는 내용으로 이해할 수 있습니다.

즉 '두터비'가 자신의 경험을 서술한다는 가정을 바탕으로 (가)를 이해한 내용 중 적절한 것을 고르는 문제입니다.

┌─────────── [보기] ───────────┐
선생님: ❶ (가)의 경우 화자가 일관되게 유지된다는 견해와 시상 전개 과정에서 원래 시적 대상이던 '두터비'가 화자로 바뀐다는 견해가 양립하고 있습니다. ❷ 만약 (가)의 중장부터 화자가 '두터비'로 바뀐다고 가정한다면 어떻게 이해할 수 있을까요?
두터비가 백송골을 보고 넘어지는 상황

─────────────────────────────

일관되다: 하나의 방법이나 태도로써 처음부터 끝까지 한결같이 되다.
견해: 어떤 사물이나 현상에 대한 자기의 의견이나 생각
양립하다: 두 가지가 동시에 따로 성립하다.
가정하다: 사실이 아니거나 또는 사실인지 아닌지 분명하지 않은 것을 임시로 인정하다.
└─────────────────────────────┘

왜 정답?

③ 중장은 '두터비'가 자신이 체험한 상황과 그에 대한 감정을 직접적으로 드러냈다고 볼 수 있을 것입니다.
  두터비가 백송골을 보고 놀라 넘어지는 상황에 대해 직접 말하게 되는 것임.

*근거: (가) ❷

(가)의 중장은 '두터비'가 '백송골'을 보고 넘어지는 상황이다. 만약 〈보기〉와 같이 화자가 '두터비'로 바뀐다면 (가)의 중장은 '두터비'가 직접 자신의 체험을 서술하는 것이고, 백송골을 보고 놀라 넘어진 것에 대해 종장에서 자신의 심리를 드러냈다고 볼 수 있다.

왜 오답?

① 중장에서 '백송골'과 '두터비' 사이의 우열 관계가 역전될 것입니다.
  백송골이 두터비보다 강한 존재라는 것은 바뀌지 않음.

*근거: (가) ❷

'백송골'은 '두터비'보다 높은 위치에 있는 존재이다. '두터비'가 놀라 피하는 존재이므로 그 관계는 바뀌지 않는다.

┌ 우열: 나음과 못함.
└ 역전되다: 형세가 뒤집히다.

② 중장에서 '백송골'과 '두터비' 사이의 갈등의 원인을 다각적으로 살펴볼 수 있을 것입니다.
  두터비가 백송골을 피하고 있으므로 갈등 상황이 아님.

*근거: (가) ❷

중장에서 '두터비'가 자신의 체험을 직접 말한다고 해서, '백송골'과 '두터비' 사이의 갈등의 원인이 다각적으로 제시되는 것은 아니다.

④ 종장에서 부정적인 상황에 맞서려는 '두터비'의 의지가 부각
될 것입니다.
두터비는 자신의 행동을 변명하고만 있음.

＊근거: (가) ❸

종장에서 '두터비'는 자신의 행동을 합리화하며 변명하고 있을 뿐, 부정적인
상황에 맞서는 의지를 드러내고 있지는 않다.

[부각되다: 어떤 사물이 특징지어져 두드러지게 되다.

⑤ 종장은 '두터비'가 과거의 행적을 반성적으로 성찰하는 독
백이 될 것입니다.
두터비는 자신의 행동을 변명하고만 있음.

＊근거: (가) ❸

종장에서 '두터비'는 자신의 행동을 합리화하며 변명하고 있을 뿐, 과거의
행적을 반성적으로 성찰하는 태도는 나타나고 있지 않다.

[행적: 행위의 실적(實績)이나 자취
[성찰하다: 자기의 마음을 반성하고 살피다.

A 27　정답 ④　＊〈보기〉를 바탕으로 감상하기 ‥ [정답률 81%]

〈보기〉를 참고하여 (나)를 감상한 내용으로 적절하지 않은 것
은? [3점]

• **〈보기〉를 참고**: 권섭은 매화의 속성이 고결하다고 생각해 이에 대한 애정을
드러내는 작품을 창작했으며, (나)에서는 매화를 선비의 지조에 빗대어 예
찬하거나 매화를 감상하며 흥취를 느끼는 태도를 보이고 있습니다.

• **(나)**: (나)의 화자는 매화를 친구처럼 여기며, 매화의 가치와 아름다움을 예
찬하고 있습니다.

즉 '매화에 대한 작가의 태도를 바탕으로 (나)를 감상한 내용으로 틀린 것
을 고르는 문제입니다.

─────── [보기] ───────

❶　권섭은 시류에 영합하지 않고 고결한 정신적 경지를 추구
하는 것을 바람직하게 여겼는데, 자연물 중에서 매화의 속성
매화의 속성이 작가의 정신적 가치와 통하기 때문
이 고결하다고 생각해 매화에 대한 애정을 드러내는 여러 편
의 시가를 창작했다. ❷ (나)는 이러한 작품들 중의 하나로 알려
져 있는데, 매화를 선비의 지조에 빗대어 예찬하는 태도, 매
화의 아름다움을 감상하면서 흥취를 느끼는 태도 등이 나타
매화에 대한 작가의 태도
나 있다.

시류: 그 시대의 풍조나 경향
영합하다: 사사로운 이익을 위하여 아첨하며 좇다.
고결하다: 성품이 고상하고 순결하다.
경지: 몸이나 마음, 기술 따위가 어떤 단계에 도달해 있는 상태
지조: 원칙과 신념을 굽히지 아니하고 끝까지 지켜 나가는 꿋꿋한 의지.
　　　 또는 그런 기개
흥취: 흥과 취미를 아울러 이르는 말

> **왜 정답 ?**

④ '한 가지 꺾어 내어'는 선비의 지조를 인정하지 않는 시류
'선비의 지조'를 지닌 매화를 임에게 보내려는 마음임.
에 대한 화자의 안타까움을 드러낸 것으로 볼 수 있군.

＊근거: (나) 〈제3수〉 ❷

〈보기〉에 의하면 권섭은 매화의 속성을 고귀하다고 생각했다. 그리고 (나) 또
한 이와 같은 맥락으로 매화를 통해 선비의 지조를 예찬하는 작품이다. 이렇
게 보면, 〈제3수〉의 '한 가지 꺾어 내어'는 화자가 임에게 매화를 보내고자
하는 심리를 드러낸 것이라고 할 수 있다. 선비의 지조를 인정하지 않는 시

류(시대 흐름)를 표현한 것은 아니다. 또한 이와 관련된 해석도 〈보기〉와 맞
지 않는다. 〈보기〉에서 (나)는 '선비의 지조에 빗대어 예찬'한다고 했지, 이를
통해 '시대에 대한 안타까움'을 드러낸다고 말하지는 않았다.

> **왜 오답 ?**

① '일야'는 화자가 매화의 아름다움을 감상하는 시간적 배경
으로 볼 수 있군.
시간적 배경인 '일야'에 매화를 보며 반가워함.

＊근거: (나) 〈제1수〉 ❸

〈제1수〉에 화자가 매화를 본 배경인, '일야'는 '하룻밤', '밤사이'를 말한다. 이
러한 '일야'에 화자는 매화를 보며 반가워하고 있다.

② '풍운이 그지없다'는 매화를 바라보며 흥취를 느끼는 화자
의 태도로 볼 수 있군.
매화의 풍류와 운치가 끝이 없다고 표현함.

＊근거: (나) 〈제2수〉 ❶

'풍운'은 풍류와 운치를 의미하는데 이것이 끝이 없다는 것은, 매화를 바라
보며 화자가 흥취, 곧 즐거움을 느끼고 있다는 말이다.

③ '세한 불개'는 화자가 계절적 배경을 통해 매화의 고결한
속성을 부각한 것으로 볼 수 있군.
추운 겨울에도 바뀌지 않는 매화의 지조를 강조함.

＊근거: (나) 〈제2수〉 ❸

'세한 불개'는 '추운 계절에도 바뀌지 않는다'는 뜻이다. 화자는 '세한(겨울)'
이라는 계절적 배경을 통해 추운 계절에도 변하지 않는 매화의 지조, 즉 고
결한 속성을 부각하고 있는 것이다.

⑤ '나와 늙자 하노라'는 매화에 대한 애정을 토대로 화자가
바라는 상황을 제시한 것으로 볼 수 있군.
매화와 평생 함께하고 싶다는 마음을 드러냄.

＊근거: (나) 〈제4수〉 ❸

'나와 늙자 하노라'는 화자가 예찬하는 매화와 평생 함께하고 싶다는 마음을
드러낸 것이다.

A 28~30　[2021년(6월)/평가원 38~40]

정철, 〈관동별곡〉

❶ 화자, 중심 대상　❷ 상황, 정서, 태도　❸ 표현상 특징　시 해석

❶ 금강대 맨 우층의 선학(仙鶴)이 삿기 치니
➡ 금강대 맨 꼭대기에 선학이 새끼를 친 것처럼 보이고

❷ 춘풍 옥적성(玉笛聲)의 첫잠을 깨돗던디
계절적 배경
➡ 봄바람 옥피리 소리에 선잠을 깨웠던지

❸ 호의현상*이 반공(半空)의 소소 뜨니
공중
➡ 학이 공중에 솟아 떠오르니

❹ ❸ 고사 활용, 직유법
서호 넷 주인*을 반겨서 넘노는 듯
❷ 상황: 학이 자신을 반기는 듯이 느껴짐.
➡ 서호 옛 주인을 반겨서 넘노는 듯 (하구나.)

❺ 소향로 대향로 눈 아래 구버보고
➡ 소향로봉과 대향로봉을 눈 아래 굽어보고　❶ 중심 대상: 금강산

❻ 정양사 진헐대 고텨 올나 안존마리
➡ 정양사 진헐대에 다시 올라 앉으니

❼ ❸ 영탄법
여산 진면목이 여긔야 다 뵈는구나
❷ 정서: 진헐대에서 바라본 금강산의 풍경에 대한 감탄
➡ (중국) 여산의 참모습이 여기 진헐대에서 다 보이는구나.

❽ 어와 조화옹이 헌사토 헌사할샤
❸ 영탄법
➡ 아아 조물주가 요란하고 요란하구나.

⑨
날거든 뛰디 마나 섯거든 솟디 마나
「」: ❸ 대구법
→ (수많은 봉우리가) 나는 듯, 뛰는 듯, 서 있는 듯, 솟는 듯하고

[A] ⑩
부용(芙蓉)을 고잣는 듯 백옥(白玉)을 믓것는 듯
→ 연꽃을 꽂아 놓은 듯, 하얀 옥을 묶어 놓은 듯

⑪ ❸ 직유법
동명(東溟)*을 박차는 듯 북극(北極)을 괴왓는 듯」
→ 동해 바다를 박차고 일어나는 듯, 북극을 받치고 있는 듯 (하구나.)

⑫
놉흘시고 망고대 외로올샤 혈망봉이
충신의 기개와 절개를 상징함.
→ 높구나 망고대, 외롭구나 혈망봉(이여!)

⑬
하늘의 추미러 므스 일을 사로려
→ (망고대와 혈망봉은) 하늘에 치밀어 무슨 일을 아뢰려고

⑭ ❸ 설의법
천만겁(千萬劫) 디나도록 구필 줄 모르느냐
뜻을 굽히지 않는 충신의 모습을 형상화함.
→ 오랜 세월이 지나도록 굽힐 줄을 모르는가?

⑮
어와 너여이고 너 가트니 또 잇는가
❸ 영탄법   ❸ 설의법
→ 아 너로구나. 너 같은 이가 또 있겠는가?

⑯
개심대 고텨 올나 중향성 바라보며
→ 개심대에 다시 올라 중향성을 바라보며

⑰
만이천봉을 녁녁(歷歷)히 혀여 하니
→ 만이천 봉우리를 분명히 헤아려 보니

⑱
봉마다 맷쳐 잇고 긋마다 서린 긔운
→ 봉우리마다 맺혀 있고 (봉우리) 끝마다 서려 있는 기운이

⑲ ❸ 대구법
맑거든 조티 마나 조커든 맑디 마나
❷ 태도: 금강산 봉우리의 기운을 긍정적으로 인식함.
→ 맑기도 하고 좋기도 하구나.

⑳
뎌 긔운 흐터 내야 인걸을 만들고쟈
❷ 상황, 태도: 금강산의 기운으로 인재를 만들고 싶어 함. → 나라를 위하는 마음
→ 저 기운을 흩어 내어 인재를 만들고 싶다.

㉑ ❸ 영탄법
형용도 그지업고 톄셰(體勢)도 하도 할샤
다양한 모습을 지닌 금강산의 봉우리
→ (봉우리의) 생김새가 끝이 없고 모습이 많기도 많구나.

㉒
천지 삼기실 제 자연이 되연마는
→ 하늘과 땅이 만들어질 때 저절로 이루어진 줄 알았는데

㉓
이제 와 보게 되니 유정(有情)도 유정할샤
❸ 영탄법
→ 이제 와서 보니 (만들어진) 뜻이 있고 뜻이 있구나.

부용: 연꽃의 꽃
천만겁: 아주 길고 오랜 세월
인걸: 특히 뛰어난 인재

*❶~㉓행 요약: 금강대, 진헐대, 개심대에서의 감흥

(중략)

㉔
그 알픠 너러바회 화룡소 되여셰라
❸ 영탄법
→ 그 앞의 넓은 바위가 화룡소 되었구나.

㉕
천년 노룡(老龍)이 구비구비 서려 이셔
→ 천 년 (묵은) 늙은 용이 굽이굽이 서려 있어서

㉖
주야의 흘녀 내여 창해(滄海)예 니어시니
화룡소의 물이 동해까지 흘러간다는 의미
→ (화룡소의 물을) 밤낮으로 흘러 내어 넓은 바다에 이었으니

㉗
풍운을 언제 어더 삼일우(三日雨)를 디련느냐
❸ 설의법
→ 바람과 구름(좋은 기운)을 언제 얻어 삼일 동안 내리는 비를 내리겠느냐?

㉘ 비가 풀을 살려내듯이 자신도 선정을 통해 백성들을 돕고 싶다는 의미
음애예 이온 플*을 다 살와 내여스라
❷ 태도: 선정에의 포부를 드러냄. ❸ 영탄법
→ 그늘진 낭떠러지에 시든 풀을 모두 살려 내고 싶구나.

㉙
마하연 묘길상 안문재 너머 디여
→ 마하연, 묘길상, 안문재를 넘어서

㉚
외나모 써근 다리 불정대 올라 하니
→ 외나무 썩은 다리(를 건너) 불정대에 올라가니

㉛
천심(千尋) 절벽을 반공애 셰여 두고
높고 깊은 절벽의 웅장한 모습
→ 천 길이나 되는 절벽을 공중에 세워 두고

㉜
은하수 한 구비를 촌촌이 버혀 내여
→ 은하수 한 굽이를 마디마디 잘라 내어
❸ 은유법, 직유법: 십이폭포의 모습을 비유적으로 묘사

㉝
실가티 플텨 이셔 베가티 거러시니
→ 실같이 풀어서 베같이 (절벽에) 걸었으니

㉞
도경(圖經) 열두 구비 내 보매는 여러히라
❶ 화자: '나' ❸ 영탄법
→ 자연을 설명한 책(도경)에는 열두 굽이(라고 하였으나) 내 보기에는 더 많구나.

㉟
이적선 이제 이셔 고텨 의논하게 되면
❸ 고사 활용
→ 이백이 지금 있어서 다시 의논하게 되면

㊱
여산*이 여긔도곤 낫단 말 못 하려니
❷ 태도: 금강산의 십이폭포가 중국 여산의 폭포에 못지않음을 강조함.
→ (중국) 여산이 여기보다 낫다는 말을 못 할 것이다.

주야: 밤과 낮을 아울러 이르는 말
풍운: ① 바람과 구름을 아울러 이르는 말 ② 영웅호걸들이 세상에 두각을 나타내는 좋은 기운

*㉔~㊱행 요약: 화룡소, 불정대에서의 사색

* 호의현상: 흰 저고리에 검은 치마란 뜻으로 학을 가리킴.
* 서호 녯 주인: 송나라 때 서호에서 학을 자식으로 여기며 살았던 은사(隱士) 임포
* 동명: 동해 바다
* 음애예 이온 플: 그늘진 벼랑에 시든 풀
* 여산: 당나라 시인 이백(이적선)의 시구에 나오는 중국의 명산

■ 갈래: 가사   ■ 창작 시기: 조선 중기
■ 내용: 이 글은 1580년 작가 정철이 45세에 강원도 관찰사로 부임하면서, 금강산과 관동의 절경을 여행하면서 본 뛰어난 풍경과 감흥을 노래한 작품이다. 이 작품은 서사, 본사, 결사의 3개 부분으로 나누어지는데, 서사에서는 강원도 부임과 관내 여정을 다루고 있다. 본사 1에서는 금강산(내금강) 유람이, 본사 2에서는 관동팔경(해금강) 유람이 나타나며, 결사에서는 망양정에서의 월출과 자신의 꿈을 노래하고 있다. '금강대'에서 '불정대'까지의 여정은 본사 1에 해당하는 부분으로, 주로 금강산의 다채로움, 아름다움, 웅장함에 대해 묘사하고 있다. 하지만 화자는 사대부 또는 관찰사로서의 책무를 잊지 않고 있는데, '진헐대'에서 충절을 다짐하거나 '화룡소'에서 선정의 포부를 밝히는 것 등이 이에 해당한다.
■ 주제: 관동 지방의 절경과 풍류 및 유교적 충의 사상

■ 이것이 핵심: 각 수의 중심 내용

순서	공간	자연의 모습	화자의 생각
1	금강대	꼭대기 위에 학이 새끼를 치고 공중에서 노는 듯함.	학이 화자를 반기는 듯함.
2	진헐대	금강산이 중국 여산처럼 아름다움.	망고대와 혈망봉이 지조를 지킴.
3	개심대	만이천봉에 맑고 깨끗한 기운이 서려 있음.	맑고 깨끗한 기운으로 뛰어난 인재를 만들고 싶음.
4	화룡소	천 년 묵은 늙은 용이 서려 있는 것처럼 보임.	헐벗고 굶주린 백성들을 다 살려 내고 싶음.
5	불정대	은하수 큰 굽이를 베같이 걸어 놓은 듯함.	중국 여산 폭포에 뒤지지 않음.

A 28 정답 ③ ★화자의 정서와 태도 파악하기 [정답률 80%]

윗글에 대한 설명으로 가장 적절한 것은?

▷**왜 정답?**

③ '개심대'에서는 <u>선경후정의 방식</u>으로 화자가 바라본 풍경
과 그에 대한 감흥이 서술되고 있다.
　　　　　　　　　　적절함.

★근거: ⑯~⑳

화자는 '개심대'에서 금강산의 만이천 봉우리마다 맑고 깨끗한 기운이 서려
있는 모습을 묘사하고 있다. 즉, 화자가 본 풍경을 먼저 나타낸 것이다. 이후
화자는 뛰어난 인재를 만들고 싶은 마음을 나타내고 있는데, 이는 금강산의
봉우리에 대한 감흥을 서술한 것이다. 즉, '선경후정'의 방식으로 풍경과 감
흥을 서술하고 있다.

　선경후정: 시에서 앞부분에 자연 경관이나 사물에 대한 묘사를 먼저 하고,
　뒷부분에 자기의 감정이나 정서를 그려 내는 구성 방식
　감흥: 마음속 깊이 감동받아 일어나는 흥취

▷**왜 오답?**

① '금강대'에서 '진헐대'로 이동하면서 자연에 대한 화자의 <u>이
중적 태도</u>를 보여 주고 있다.
화자는 자연에 동일한 태도를 보임.

★근거: ❶~⑮

화자는 '금강대'에서 마치 선학이 자신을 반기고 있는 것 같다고 말하고 있
는데, 이는 화자가 자연 속에서 만족감을 느끼며 자연과 동화되고 있는 모습
을 나타낸다. 또한 화자는 '진헐대'에서 금강산 봉우리의 다채로운 모습에
감탄을 자아내고 있다. 화자는 자연에 대해 '만족, 동화, 감탄' 등의 긍정적
태도를 동일하게 보이고 있다. 따라서 '금강대'에서 '진헐대'로 이동하며 자
연에 대한 화자의 이중적 태도를 보여 준다는 것은 적절하지 않다.

② '진헐대'와 '불정대'에서는 <u>이미지의 대립</u>을 통해 화자의 <u>내
적 갈등</u>이 고조되고 있다.
　드러나지 않음.
드러나지 않음.

★근거: ❻~⑪, ㉚~㉞

화자는 '진헐대'에서 금강산의 다채로운 모습에 감탄하고 있으며, '불정대'에
서도 십이폭포의 장관에 감탄하고 있다. 또한 '진헐대'와 '불정대'에서 이미
지의 대립은 나타나지 않으며, 화자의 내적 갈등 역시 드러나지 않는다.

④ '화룡소'에서는 화자의 시선이 <u>원경에서 근경으로 이동하</u>
며 대상의 특징을 묘사하고 있다.
　　　화자의 시선은 화룡소에 고정되어 있음.

★근거: ㉔~㉘

화자의 시선은 '화룡소'에 고정되어 있으며, '화룡소'가 마치 천 년 묵은 늙은
용이 굽이굽이 서려 있는 것 같다고 묘사하고 있다. 또한 화룡소가 넓은 바
다와 이어져 있다고 말하고 있을 뿐, 화자의 시선이 '넓은 바다'로 이동하지
는 않는다.

　원경: 멀리 보이는 경치. 또는 먼 데서 보는 경치
　근경: 가까이 보이는 경치. 또는 가까운 데서 보는 경치

⑤ '화룡소'에서 '불정대'까지의 이동 경로를 <u>드러내지 않아</u> 시
상이 빠르게 전개되고 있다.
　　　　　드러냄.

★근거: ㉙

화자는 '화룡소'에서 '마하연, 묘길상, 안문재'를 넘어 '불정대'에 오르고 있
다. 따라서 '화룡소'에서 '불정대'에 이르기까지의 이동 경로를 드러내지 않
았다는 것은 적절하지 않다.

A 29 정답 ② ★표현상의 특징 파악하기 … [정답률 68%]

[A]를 이해한 내용으로 적절하지 않은 것은?

• [A]: [A]에서는 금강산 봉우리의 아름다움과 웅장함을 대구, 비유, 반복 등
　을 통해 표현하고 있습니다.

〔족〕 [A]에 드러난 금강산 봉우리에 대한 표현을 잘못 설명한 것을 고르는
　문제입니다.

▷**왜 정답?**

② 봉우리를 '백옥', '동명'과 같은 무생물에 빗대어 대상에서
느낄 수 있는 ~~자연의 영속성~~을 표현하였다.
　　봉우리의 아름다움과 웅장함을 나타냄.

★근거: ⑩, ⑪

금강산의 봉우리를 '백옥'에 비유한 것은 대상의 아름다움을 나타내기 위해
서이고, '동명'을 박차는 듯한 모습으로 나타낸 것은 대상의 웅장함을 나타
내기 위해서이다. 따라서 '백옥'과 '동명'에 빗대어 자연의 영속성을 표현하
고자 했다는 것은 적절하지 않다. 특히 금강산 봉우리는 그 자체가 무생물이
기 때문에 특별히 무생물에 빗대어 영속성을 드러낼 이유가 없다.

　영속성: 영원히 계속되는 성질이나 능력

▷**왜 오답?**

① 봉우리를 '부용'을 꽂고 '백옥'을 묶은 듯한 시각적 형상으
로 묘사하여 대상의 아름다움을 표현하였다.
　　연꽃과 하얀 옥의 아름다운 속성을 활용함.

★근거: ⑩

금강산의 봉우리를 '연꽃'이나 '하얀 옥'으로 묘사한 것은 대상이 지닌 시각
적 아름다움을 표현하기 위해서이다. '연꽃'과 '하얀 옥'은 시각적으로 아름
다운 대상이기 때문이다.

　형상: 사물의 생긴 모양이나 상태

③ 봉우리를 '동명'을 박차고 '북극'을 받치는 듯한 모습에 빗
대어 대상의 웅장한 느낌을 표현하였다.
　동해와 북극의 웅장한 모습을 활용함.

★근거: ⑪

'동명(동해)'과 '북극'은 거대하고 웅장한 존재이다. 그런데 금강산 봉우리가
이와 같은 존재를 박차고 일어나거나 받치고 있다는 것은, 그만큼 금강산 봉
우리도 웅장한 존재임을 나타내는 것이다.

④ '날거든 뛰디 마나 섯거든 솟디 마나'와 같이 행위를 부각
하는 대구를 통해 봉우리의 역동적인 느낌을 표현하였다.
　　날고 뛰고 섯고 솟는 등의 다양한 움직임을 활용함.

★근거: ⑨

'날거든 뛰디 마나 섯거든 솟디 마나'는 금강산 봉우리가 마치 날고, 뛰고, 섯
고, 솟는 듯한 행위를 하고 있다고 묘사한 것이다. 이때 통사 구조 '~거든
~디 마나'가 서로 대구를 이루고 있으며, '날고, 뛰고, 섯고, 솟는 행위'가 봉
우리의 역동적인 느낌을 나타내고 있다.

　대구: 비슷한 어조나 어세를 가진 어구를 짝 지어 표현의 효과를 나타내는
　수사법

⑤ '고잣는 듯', '박차는 듯'과 같이 상태나 동작을 보여 주는
유사한 통사 구조의 나열을 통해 봉우리의 다채로운 면모를
표현하였다.
　꽃을 꽂거나 바다를 박차고 일어나는 등의 다양한 동작을 활용함.

★근거: ⑩, ⑪

[A]는 금강산 봉우리를 꽃을 꽂은 듯한 모습으로 비유하거나, 동해를 박차고
일어나는 듯한 모습으로 비유하고 있다. 이는 금강산 봉우리가 가진 아름다
움과 웅장함 등의 다채로운 면모를 나타낸 것이다. 또한 '~는 듯'이 반복되
고 있는데, 이는 유사한 통사 구조가 나열되고 있는 것이다.

　유사한 통사 구조: 같거나 비슷한 문장 구조

〈보기〉를 바탕으로 윗글을 감상한 내용으로 적절하지 않은 것은? [3점]

· 〈보기〉를 바탕: 조선 사대부들은 자연에 하늘의 이치가 구현되었다고 여기며 자연의 미를 관념적으로 표현하였습니다. 반면, 〈관동별곡〉의 작가는 자연의 미를 사실감 있게 묘사하였고, 자연을 감상하며 사회적 책임을 떠올리거나 이상적인 인간상을 모색하기도 하였습니다.

· 윗글: 금강산을 여행하며 느낀 감흥을 표현한 작품입니다.

즉 〈관동별곡〉의 서술상 특징을 바탕으로 윗글을 이해한 내용 중 틀린 것을 고르는 문제입니다.

[보기]

❶ 조선의 사대부들은 자연에 하늘의 이치[天理]가 구현된 것으로 보았으며, 그들 중 대부분은 자연의 미를 관념적으로 형상화하였다. ❷ 한편 〈관동별곡〉의 작가는 자연의 미를 현실에서 발견하여 사실감 있게 묘사함으로써 그들과의 차별성을 드러내었다. <u>관념적으로 형상화'와 상반됨.</u> ❸ 또한 그는 자연을 바라보며 사회적 책무를 떠올 <u>나라와 백성을 위하는 마음</u> 리고 자연에 투사된 이상적 인간상을 모색하기도 하였다. <u>뜻을 굽히지 않는 지조 있는 인간상</u>

이치: 사물의 정당한 조리(條理). 또는 도리에 맞는 취지

관념적: 관념에만 사로잡혀 있는 것

형상화하다: 형체로는 분명히 나타나 있지 않은 것을 어떤 방법이나 매체를 통하여 구체적이고 명확한 현상으로 나타내다.

책무: 직무에 따른 책임이나 임무

투사되다: 어떤 상황이나 자극에 대한 해석, 판단, 표현 따위에 심리 상태나 성격이 반영되다.

이상적: 생각할 수 있는 범위 안에서 가장 완전하다고 여겨지는

모색하다: 일이나 사건 따위를 해결할 수 있는 방법이나 실마리를 더듬어 찾다.

왜 정답?

③ '중향성'을 바라보며 천지가 '자연이 되'었다고 본 것은, 자연의 미가 <u>하늘의 이치가 구현된 인간 사회의 영향을 받는다</u>고 생각하는 작가의 인식을 보여 주는군. <u>인간 사회의 영향이 아닌, 하늘의 이치가 구현된 것으로 봄.</u>

*근거: ㉒

천지가 저절로 생겨났다고 표현한 것은, '하늘의 이치'가 자연에 구현된 것이라고 말하는 것이다. 만약 자연의 미가 인간 사회의 영향을 받았다면, '천지'의 생성에 인간이 어떤 역할을 해야 하는데, 그러한 내용은 전혀 나타나지 않는다. 따라서 '자연의 미가 하늘의 이치가 구현된 인간 사회의 영향을 받는다.'라는 것은 작가의 인식이라고 할 수 없다.

왜 오답?

① '혈망봉'을 '천만겁'이 지나도록 굽히지 않는 존재로 본 것은, 작가가 지향하는 이상적 인간상을 자연에 투사한 것이군. <u>시련과 역경에 굴복하지 않는 '지조'를 가진 인간</u>

*근거: ⑭, ⑮

작가는 '혈망봉'을 '천만겁'의 세월이 지나도록 자신의 뜻을 굽히지 않는 존재로 보았는데, 이는 작가가 지향하는 이상적 인간상의 특징인 '지조와 절개'를 자연에 투사한 것이다.

② '개심대'에서 '뎌 긔운 흐터 내야 인걸을 만들'겠다는 의지를 드러낸 것은, 작가가 자연을 바라보며 자신의 사회적 책무를 인식하고 있음을 보여 주는군. <u>관찰사로서 백성을 잘 다스려야 하는 임무</u>

*근거: ⑳

작가는 '개심대'에서 맑고 좋은 기운을 흩어 내어 뛰어난 인재를 만들고 싶다는 의지를 드러내고 있다. 이는 작가가 자연을 바라보며 관찰사라는 자신의 사회적 책무를 인식하고 있음을 보여 준다. 뛰어난 인재를 만들고 싶다는 것은 나라와 백성을 위해서이다.

④ '불정대'에서 본 폭포의 아름다움을 '실'이나 '베'와 같은 구체적 사물을 활용하여 표현한 것은, 자연을 사실감 있게 나타내려는 작가의 태도를 반영한 것이군. <u>'실'과 '베'는 일상에서 사용하는 소재임.</u>

*근거: ㉜, ㉝

작가는 폭포를 '실'이나 '베'와 같은 구체적이고 사실적인 소재를 활용하여 나타냈는데, 이는 자연을 사실감 있게 나타내려는 작가의 태도를 반영한 것이다. 사실적인 소재를 활용하면 대상인 자연을 사실감 있게 나타낼 수 있다.

⑤ '불정대'에서 본 풍경을 중국의 '여산'과 비교하며 우리 자연의 아름다움을 강조한 것은, 관념이 아닌 현실에서 아름다움을 발견하는 작가의 차별성을 보여 주는군. <u>현실에 존재하는 중국의 명산과 비교하여 금강산의 아름다움을 강조함.</u>

*근거: ㊱

작가는 중국의 명산인 '여산'과 비교하며 우리나라 금강산의 아름다움을 강조하고 있다. 이때 중국의 실제 명산과 비교했다는 것은, 관념이 아닌 실제 현실에서 대상의 아름다움을 발견하고 있음을 나타낸다.

A 31~35   [2020년(9월)/평가원 16~20]

(가) 정극인, 〈상춘곡〉

❶ 화자, 중심 대상   ❷ 상황, 정서, 태도   ❸ 표현상 특징   [고어 읽기] [시 해석]

❶
_{홍진에}   _{속세}   _{뭇친 분네 이 내 생애 엇더한고}
㉠<u>홍진(紅塵)</u>에 뭇친 분네 이 내 생애 엇더ᄒ고
   ❶ 화자: '나'   ❸ 설의법
➡ 속세에 묻혀 사는 사람들아 내 생애가 어떠한가?

❷
_{녯사람 풍류를 미츨가 못 미츨가}
녯사람 풍류ᄅᆞᆯ 미츨가 못 미츨가
   ❷ 태도: 자신의 삶이 옛 사람의 풍류에 미칠 만하다는 자부심   ❸ 설의법
➡ 옛 사람의 풍류에 미칠까 못 미칠까?

❸
_{천지간 남자 몸이 날만 한 이 하건마는}
천지간 남자 몸이 날만 ᄒ 이 하건마ᄂᆞᆫ
➡ 세상에 남자의 몸으로 날 만한 이는 많건마는

❹
_{산림에 뭇쳐 이셔 지락   을 모를 것가}
   ❶ 중심 대상: 자연에 묻혀 사는 삶
산림에 뭇쳐 이셔 지락(至樂)을 모ᄅᆞᆯ 것가
   ❷ 정서: 자연 속에서 살아가며 즐거움을 느낌   ❸ 설의법
➡ 자연에 묻혀 살아가는 지극한 즐거움을 모르는 것인가?

❺
_{수간모옥   을 벽계수   앏픠 두고}
ⓐ<u>수간모옥(數間茅屋)</u>을 벽계수(碧溪水) 앏픠 두고
➡ 몇 칸 안 되는 초가집을 푸른 시냇물 앞에 지어 두고

❻
_{송죽 울울리   예 풍월주인   되어셔라}
송죽 울울리*예 풍월주인 되어셔라
   ❷ 태도: 자연 속에서의 삶에 대한 자부심
➡ 소나무와 대나무 울창한 속에 자연의 주인이 되었도다.

홍진: 번거롭고 속된 세상을 비유적으로 이르는 말
지락: 더할 나위 없는 즐거움
수간모옥: 몇 칸 안 되는 작은 초가
송죽: 소나무와 대나무를 아울러 이르는 말

★ ❶~❻행 요약: 자연 속에서 살아가는 즐거움

❼
_{엇그제 겨울 지나 새봄이 돌아오니}
엇그제 겨을 지나 새봄이 도라오니
   <u>계절적 배경</u>
➡ 엊그제 겨울이 지나고 새봄이 돌아오니

⑧ 도화행화는　　　석양리예　　　피여 잇고
도화행화(桃花杏花)는 석양리(夕陽裏)예 퓌여 잇고
➡ 복숭아꽃과 살구꽃은 석양 가운데에 피어 있고

❷ 상황: 봄의 경치를 감상함.
❸ 대구법

⑨ 녹양방초　　　세우　　중에 푸르도다
녹양방초(綠楊芳草)는 세우(細雨) 중에 프르도다
➡ 푸른 버들과 향기로운 풀은 가랑비 가운데에 푸르도다.

⑩ 칼로 말아 낸가 붓으로 그려 낸가
칼로 물아 낸가 붓으로 그려 낸가
❸ 설의법, 대구법
➡ 칼로 잘라 낸 것인가 붓으로 그려 낸 것인가?

⑪ 조화신공이　　　물물마다　　헌사랍다
조화신공(造化神功)이 물물마다 헌ᄉᆞ럽다
➡ 조물주의 신이한 솜씨가 사물마다 야단스럽구나.

⑫ 수풀에 우는 새는 춘기　　를 못내 계워 소례마다 교태로다
수풀에 우는 새는 춘기(春氣)를 못내 계워 소리마다 교태로다
❸ 감정 이입 – 봄 경치를 즐기는 화자의 감정이 이입됨.
➡ 수풀에서 우는 새는 봄기운을 끝내 이기지 못하여 소리마다 아양을 떠는구나.

도화행화: 복숭아꽃과 살구꽃
녹양방초: 푸른 버드나무와 향기로운 풀
세우: 가늘게 내리는 비
조화신공: 만물을 창조한 신의 공로

＊⑦~⑫행 요약: 아름다운 봄 경치에 대한 완상

⑬ 물아일체　　　어니 흥이애　　다룰소냐
물아일체(物我一體)어니 흥이이 다ᄅᆞᆯ소냐
❷ 상황: 화자는 자연에 동화된 상태임. ❸ 설의법
➡ 자연과 내가 하나이니 흥겨움이 다르겠는가?

⑭ 시비예 거러 보고　　정자애 안자 보니
시비예 거러 보고 ⓑ정자애 안자 보니
➡ 사립문 주변을 걸어 보고 정자에 앉아 보니

⑮ 소요음영 ＊ 하야 산일이　　　적적한데
소요음영*ᄒᆞ야 산일(山日)이 적적ᄒᆞᆫ듸
➡ 천천히 걸으며 시를 읊조리니 산속에서의 하루가 조용하고 쓸쓸한데

⑯ 한중진미를　　　알 니 업시 호재로다
한중진미(閑中眞味)를 알 니 업시 호재로다
❷ 상황, 정서: 자연 속에서 한가로움을 느낌.
➡ 자연에서의 한가로움과 참된 즐거움을 알 사람 없이 혼자로구나.

시비: 사립짝을 달아서 만든 문(= 사립문)
한중진미: 한가한 가운데 깃드는 참다운 맛

＊⑬~⑯행 요약: 자연 속에서의 한가로움

⑰ 이바 니웃드라　　산수 구경 가쟈스라
ⓒ이바 니웃드라 산수 구경 가쟈스라
❸ 청유형 어미
➡ 여보게 이웃들아 산수 구경 가자꾸나.

⑱ 답청으란　　　오늘 하고 욕기　　란 내일 하새
답청(踏靑)으란 오늘 ᄒᆞ고 욕기(浴沂)란 내일 ᄒᆞ새
➡ 풀 밟기는 오늘 하고 목욕은 내일 하세.

⑲ 아츰에 채산하고　　　나조해 조수　　하새
아츰에 채산(採山)ᄒᆞ고 나조히 조수(釣水)ᄒᆞ새
➡ 아침에는 산에서 나물 캐고 저녁에는 낚시하세.

답청: 봄에 파랗게 난 풀을 밟으며 산책함. 또는 그런 산책
욕기: 기수(沂水)에서 목욕한다는 뜻으로, 명리를 잊고 유유자적함을 이르는 말
채산하다: 산에서 나물을 캐다.

＊⑰~⑲행 요약: 산수 구경을 권함.

⑳ 갓 괴여 닉은 술을 갈건으로　　　밧타 노코
ᄀᆞᆺ 괴여 닉은 술을 갈건(葛巾)으로 밧타 노코
➡ 이제 막 익은 술을 갈포로 만든 두건으로 걸러 놓고

㉑ 곳나모 가지 껏거 수 노코 먹으리라
곳나모 가지 껏거 수 노코 먹으리라
『 』: 풍류를 즐기는 모습
➡ 꽃나무 가지 꺾어 술잔을 세어 가며 먹으리라.

㉒ 화풍이　　　　건듯 부러 녹수　　를 건너오니
화풍(和風)이 건듯 부러 녹수(綠水)를 건너오니
➡ 화창한 봄바람이 문득 불어 푸른 물을 건너오니

㉓ 청향은　　　잔에 지고 낙홍은　　　옷새 진다
청향(淸香)은 잔에 지고 낙홍(落紅)은 옷새 진다
❸ 대구법
➡ 후각적, 시각적 심상: 자연과 화자가 하나되는 모습
➡ 맑은 향기는 술잔에 지고 붉은 꽃잎은 옷에 떨어진다.

㉔ 준중이　　　　뷔엿거든 날다려　　알외여라
ⓒ준중(樽中)이 뷔엿거든 날드려 알외여라
❸ 명령형 어미
➡ 술독이 비었거든 나에게 알려라.

㉕ 소동 아해다려　　　주가에 술을 물어
소동 아ᄒᆡᄃᆞ려 주가에 술을 블어
➡ 심부름하는 아이에게 술집에 술이 있는지 물어

㉖ 얼운은　　　막대 집고 아해는　　　술을 메고
얼운은 막대 집고 아ᄒᆡᄂᆞᆫ 술을 메고
➡ 어른은 지팡이를 짚고 아이는 술동을 메고

㉗ 미음완보　　　　하야　　시냇가의　　　호자 안자
미음완보(微吟緩步)ᄒᆞ야 ⓒ시냇ᄀᆞ의 호자 안자
➡ 나직이 읊조리며 천천히 걸어 시냇가에 혼자 앉아

㉘ 명사　　　조흔 물에 잔 씨어 부어 들고
명사(明沙) 조흔 믈에 잔 시어 부어 들고
➡ 고운 모래 깨끗한 물에 잔을 씻어 부어 들고

㉙ 청류를　　　굽어보니 떠오느니 도화　　　이로다
청류(淸流)를 굽어보니 ᄯᅥ오ᄂᆞ니 도화(桃花) ㅣ로다
❸ 영탄법
➡ 맑게 흐르는 물을 굽어보니 떠내려오는 것이 복숭아꽃이로구나.

㉚ 무릉이　　　갓갑도다 져 메이 권 거인고
무릉이 갓갑도다 져 믹이 권 거인고
❷ 태도: 자연을 무릉도원으로 인식함. ❸ 설의법
➡ 무릉도원이 가깝구나. 저 들이 그곳인가?

갈건: 갈포로 만든 두건
화풍: 솔솔 부는 화창한 바람
준중: 술독의 안
소동: 남의 집에서 심부름을 하는 어린아이
미음완보하다: 작은 소리로 읊으며 천천히 거닐다.
명사: 아주 곱고 깨끗한 모래

＊⑳~㉚행 요약: 자연 속에서의 풍류를 즐김.

＊울울리: 빽빽하게 우거진 속
＊소요음영: 자유로이 천천히 걸으며 시를 읊조림.

■**갈래**: 서정 가사　　■**창작 시기**: 조선 초기
■**내용**: 이 작품은 작가가 벼슬에서 물러나 고향인 태인에 은거할 때 지은 것으로, 아름다운 봄의 경치를 감상하며 자연에 묻혀 한가롭게 지내는 즐거움을 그려내고 있다. '수간모옥'에서 '정자'로, '시냇가'로, '산봉우리'로 공간의 이동에 따라 시상을 전개하고 있으며, 대구와 감정 이입 등의 표현 방법을 활용하여 자연을 벗 삼는 삶의 즐거움을 효과적으로 드러내고 있다.
■**주제**: 아름다운 봄 경치의 완상과 자연 속에서 한가로이 지내는 즐거움

■**이것이 핵심!**: 대조적 표현

속세에서의 삶　　　　　자연에서의 삶　　… 화자가 지향하는 삶

홍진에 뭇친 분네	대조	산림에 뭇쳐 이셔 풍월주인 되여셔라

(나) 이이, 〈고산구곡가〉

❶ 화자, 중심 대상　❷ 상황, 정서, 태도　❸ 표현상 특징　[고어 읽기]　[시 해석]

❶ 고산구곡담을　　　　사람이 모로더니
ⓓ고산구곡담(高山九曲潭)을 사ᄅᆞᆷ이 모로더니
❶ 중심 대상: 고산의 구곡
➡ 고산구곡담을 사람들이 모르더니

❷ 주모복거하니　　　벗님네 다 오신다
주모복거(誅茅卜居)ᄒᆞ니 벗님닉 다 오신다
풀을 베어 집을 지으니
➡ 풀 베어 집을 지으니 벗님네 다 오신다.

어즈버 무이를 상상ᄒ고 학주자(學朱子)를 ᄒ리라 〈제1수〉

(어즈버 무이를 상상하고 학주자를 하리라)

- 상황, 태도: 주자학을 배우겠다고 다짐함.

➡ 아 주자가 학문을 닦던 무이산을 상상하며 주자학을 배우리라.

*〈제1수〉 요약: 자연을 벗하며 학문 수양을 다짐함.

❶ 일곡은 어디미오 ⓔ관암에 ᄒᆡ 비췬다

(일곡은 어데메오 관암에 해 비친다)

일곡 – 관암(바위 뭉우리의 이름) ❸ 문답 형식 – 각 수의 초장에서 반복됨.

➡ 일곡은 어디인가? 관암에 해가 비치는구나.

❷ 평무(平蕪)에 ᄂᆡ 거드니 원산(遠山)이 그림이로다

(평무에 내 거드니 원산이 그림이로다)

❷ 정서: 관암의 풍경에 감탄함. ❸ 영탄법

➡ 잡초가 무성한 들판에 안개가 걷히니 멀리 있는 산이 그림이로다.

❸ 송간(松間)에 녹준*을 노코 벗 오ᄂᆞᆫ 양 보노라 〈제2수〉

(송간에 녹준을 노코 벗 오는 양 보노라)

➡ 소나무 사이에 술잔을 놓고 벗이 오는 모습을 바라보노라.

[평무: 잡초가 무성한 편평한 들

*〈제2수〉 요약: 관암의 아름다운 경치에 대한 감상

❶ 이곡은 어디미오 화암에 춘만(春晩)커다

(이곡은 어데메오 화암에 춘만커다)

이곡 – 화암 / 계절적 배경 – 봄

➡ 이곡은 어디인가? 화암에 봄기운이 가득하다.

❷ 벽파*에 꽃을 ᄯᅴ워 야외로 보ᄂᆡ노라

(벽파에 꽃을 띄워 야외로 보내노라)

속세

➡ 푸른 물결 위에 꽃을 띄워 속세로 보내노라.

❸ ⓓ사ᄅᆞᆷ이 승지(勝地)를 모로니 알게 ᄒᆞᆫ들 엇더리 〈제3수〉

(사람이 승지를 모로니 알게 한들 엇더리)

❷ 상황, 태도: 화암의 아름다움을 사람들에게 알리고 싶어 함. ❸ 설의법

➡ 사람들이 경치가 아름다운 곳을 모르니 알게 하면 어떻겠는가?

[춘만하다: 봄기운이 가득하다.
[승지: 경치가 좋은 곳

*〈제3수〉 요약: 화암의 봄 경치를 알리고 싶은 마음

❶ 오곡은 어데메오 은병(隱屛)이 보기 됴타

(오곡은 어데메오 은병이 보기 됴타)

오곡 – 은병

➡ 오곡은 어디인가? 은병이 보기 좋구나.

❷ 수변(水邊) 정사ᄂᆞᆫ 소쇄홈*도 ᄀᆞᆺ이 업다

(수변 정사는 소쇄홈도 가이 업다)

❷ 정서: 은병의 아름다움을 예찬함.

➡ 물가의 정사(정자 모양으로 지어 한가히 거처하는 집)는 맑고 깨끗함이 끝이 없다.

❸ 이 중에 강학(講學)도 ᄒᆞ려니와 영월음풍ᄒᆞ리라 〈제6수〉

(이 중에 강학도 하려니와 영월음풍하리라)

❷ 태도: 학문을 배우면서도 자연을 즐기려 함.

➡ 이 중에 학문도 하려니와 시를 읊으며 즐겁게 노니리라.

[강학: 학문을 닦고 연구함.
[영월음풍: 시를 짓고 읊으며 즐겁게 노는 것

*〈제6수〉 요약: 수변 정사에서의 강학과 영월음풍

❶ 칠곡은 어데메오 ⓕ풍암에 추색(秋色) 됴타

(칠곡은 어데메오 풍암에 추색 됴타)

칠곡 – 풍암 / 계절적 배경 – 가을

➡ 칠곡은 어디인가? 풍암에 가을 빛이 깨끗하구나.

❷ 청상(淸霜) 엷게 치니 절벽이 금수(錦繡)ㅣ로다

(청상 엷게 치니 절벽이 금수ㅣ로다)

❷ 정서: 풍암의 경치를 보며 감탄함. ❸ 영탄법

➡ 맑은 서리 엷게 드리우니 절벽이 마치 비단 같구나.

❸ 한암(寒巖)에 혼ᄌᆞ셔 안쟈 집을 잇고 잇노라 〈제8수〉

(한암에 혼자셔 안자 집을 잇고 잇노라)

속세를 잊고 지내는 것을 의미

➡ 차가운 바위에 혼자서 앉아 집을 잊고 있노라.

[추색: 가을철의 빛. 또는 가을철을 느끼게 하는 경치나 분위기
[금수: 수를 놓은 비단

*〈제8수〉 요약: 풍암의 가을 경치

---

❶ 구곡은 어디미오 문산에 세모 커다

(구곡은 어데메오 문산에 세모(歲暮)커다)

구곡 – 문산

➡ 구곡은 어디인가? 문산에 한 해가 저무는구나.

❷ 기암괴석이 눈 속에 무쳐셰라

(기암괴석이 눈 속에 무쳐셰라)

문산의 경치(계절적 배경 – 겨울)

➡ 기이하게 생긴 바위와 괴상하게 생긴 돌이 눈 속에 묻혀 있구나.

❸ ⓜ유인(遊人)은 오지 아니ᄒᆞ고 볼 것 업다 ᄒᆞ더라 〈제10수〉

(유인은 오지 아니하고 볼 것 업다 하더라)

❷ 태도: 속세의 사람들에 대한 비판적 인식 드러남.

➡ 놀러 다니는 세상 사람들은 오지 않고서 볼 것 없다 하더라.

[기암괴석: 기이하게 생긴 바위와 괴상하게 생긴 돌
[유인: 놀러 다니는 사람

*〈제10수〉 요약: 문산 겨울의 아름다운 경치

*녹준: 술잔 또는 술동이
*벽파: 푸른 물결
*소쇄홈: 기운이 맑고 깨끗함.

■ 갈래: 연시조　■ 창작 시기: 조선 중기

■ 내용: 이 작품은 작가 이이가 벼슬에서 물러나 해주에서 제자들을 가르치면서 그곳에서의 생활을 노래한 총 10수로 된 연시조이다. 관암, 화암, 취병, 송암, 은병, 조협, 풍암, 금탄, 문산이라는 고산(高山)의 아홉 굽이의 아름다운 풍경을 묘사하면서 자연에 묻혀 주자학을 배우며 학문에 힘쓰겠다는 결의를 드러내고 있다.

■ 주제: 자연에 대한 예찬과 학문에 대한 결의

■ 이것이 핵심: **초장의 구성 형식**

〈고산의 아홉 굽이〉　〈중심 소재〉

일	곡은 어디미오	관암	(중심 소재 소개)
이		화암	
오		은병	
칠		풍암	
구		문산	

➡ 초장의 구성 형식

A 31 정답 ⑤ *표현상의 특징 파악하기 … [정답률 86%]

(가)와 (나)의 공통점으로 가장 적절한 것은?

>왜 정답?

⑤ 자연물을 통하여 시간적 배경을 시각적으로 드러내고 있다.

(가) – '도화행화', '녹양방초', (나) – '청상', '눈'

*근거: (가) ❽, ❾, (나) 〈8수〉 ❷, 〈10수〉 ❷

(가)에서는 자연물인 '도화행화'가 석양 속에 핀 모습과 '녹양방초'가 가랑비 속에 푸른 모습을 통해 봄이라는 시간적 배경을 시각적으로 드러내고 있음을 알 수 있다. (나)에서는 '청상'이라는 맑은 서리가 내린 모습을 통해 가을이라는 시간적 배경을, '눈' 덮인 문산의 모습을 통해 겨울이라는 시간적 배경을 시각적으로 드러내고 있음을 알 수 있다.

>왜 오답?

① 과거를 회상하며 현실의 덧없음을 환기하고 있다.

(가)와 (나) 모두 드러나지 않음.

(가)와 (나)에는 과거를 회상하며 현실의 덧없음을 환기하는 부분이 드러나 있지 않다.

[덧없다: 보람이나 쓸모가 없어 헛되고 허전하다.
[환기하다: 주의나 여론, 생각 따위를 불러일으키다.

② 음성 상징어의 사용으로 생동감을 부각하고 있다.

(가)와 (나) 모두 드러나지 않음.

(가)와 (나)에는 음성 상징어를 사용하여 생동감을 부각한 부분이 드러나 있지 않다.

[음성 상징어: 의성어와 의태어

③ 점층적인 표현으로 대상과의 거리감을 강조하고 있다.
　(가)와 (나) 모두 드러나지 않음.
(가)와 (나)에는 점층적인 표현으로 대상과의 거리감을 강조한 부분이 드러나 있지 않다.

[점층적인 표현: 정도를 점점 강하게 하거나, 크게 하거나, 높게 표현한 것

④ 역사적 인물들을 호명하여 회고적 분위기를 조성하고 있다.
　(가) – 없음.. (나) – '주자'　　(가)와 (나) 모두 드러나지 않음.
＊근거: (나) 〈1수〉 ❸
(가)에는 역사적 인물을 호명한 부분이 드러나 있지 않으며, (나)에는 '주자'가 언급되기는 했지만 이를 통해 회고적 분위기를 조성하고 있지는 않다.

[호명하다: 이름을 부르다.
[회고적: 지난간 일을 돌이켜 생각하는

A 32 정답 ④　＊〈보기〉를 바탕으로 감상하기　[정답률 79%]

〈보기〉를 참고하여 ㉠~㉤을 설명한 내용으로 가장 적절한 것은?
· 〈보기〉를 참고: 조선 전기의 시조와 가사는 사대부들이 문화적 동질성을 확인하는 데 활용되었으며, 대화를 연상케 하는 표현으로 공감을 유도합니다.
· ㉠~㉤: 화자가 말을 건네는 형식의 구절로, ㉠은 속세의 사람들에 대한 물음, ㉡은 산수 구경을 가자는 권유, ㉢은 풍류를 즐기는 모습, ㉣은 화암의 경치를 알리고 싶은 마음, ㉤은 속세의 사람들에 대한 비판을 나타냅니다.
즉 청자의 공감을 유도하는 화자의 말에 대한 설명으로 적절한 것을 고르는 문제입니다.

[보기]
❶ 조선 전기의 시조와 가사는 노래로 향유되며, 사대부들이
　조선 전기 시조, 가사의 특징　　　　❷
서로의 문화적 동질성을 확인하는 데 활용되었다. 이러한 갈
　　　②
래적 특성으로 인해 사대부 시가에는 대화 상황이 연상되는
　　　　　　　　　　　　　　　③
여러 표현으로 공감을 유도하는 방식이 관습화되었다.

향유되다: 누리어져 가져지다.
동질성: 사람이나 사물의 바탕이 같은 성질이나 특성
관습화되다: 행동 양식이나 습관이 한 사회에서 역사적으로 굳어지다.

＞왜 정답?
④ ㉣에서는 사람들을 일깨우려는 화자의 생각을 청자에게
　　　　화암의 아름다운 경치를 사람들에게 알리려는 생각을 묻는 방식으로 제시함.
묻는 방식으로 제시해 공감을 유도하고 있다.
＊근거: (나) 〈3수〉 ❸
㉣에서 화자는 아름다운 화암의 경치를 사람들에게 알려주고 싶은 마음을 청자에게 묻는 방식으로 제시하고 있다.

＞왜 오답?
① ㉠에서는 청자와 화자가 서로 동질적인 삶을 살고 있음을
　　　　　　　화자는 자연에서, 청자는 속세에서 살고 있음.
질문하기를 통해 확인하고 있다.
＊근거: (가) ❶
㉠에서 화자는 자신과 다른 삶을 살아가고 있는 홍진, 즉 속세의 사람들에게 자연 친화적인 자신의 삶이 어떠한지를 묻고 있다. 따라서 청자와 화자가 서로 동질적인 삶을 살고 있음을 질문을 통해 확인하고 있다는 설명은 적절하지 않다.

② ㉡에서는 청자를 불러들여 함께했던 지난날의 경험을 상
　　　　　　　　　　　　　　　　산수 구경을 권하고 있음.
기시키며 동질성 회복을 권유하고 있다.
＊근거: (가) ❶⑦
㉡에서 화자는 청자인 이웃들에게 산수 구경을 함께 가자고 권유하고 있다.

따라서 청자를 불러들여 지난날의 경험을 상기시키며 동질성 회복을 권유하고 있다는 설명은 적절하지 않다.

③ ㉢에서는 화자가 상대의 부탁을 수용하며 자신과 뜻을 같
　　　　　　　　　　　술독이 비었으면 알려달라고 말하고 있음.
이할 것을 청자에게 명령하고 있다.
＊근거: (가) ❷④
㉢에서 화자는 술독이 비었으면 자신에게 알리라고 말하며 풍류를 즐기는 모습을 드러내고 있다. 따라서 화자가 상대의 부탁을 수용하며 자신과 뜻을 같이 할 것을 청자에게 명령하고 있다는 설명은 적절하지 않다.

⑤ ㉤에서는 눈으로 확인한 사실만을 믿어야 한다고 주장하
는 이의 말을 청자에게 전하며 조언을 구하고 있다.
　　　　　　　　　　　　　　　비판하고 있음.
＊근거: (나) 〈10수〉 ❸
㉤에서 화자는 문산에 직접 오지 않은 채 볼 것 없다고 말하는 사람들에 대한 비판적인 시각을 드러내고 있다. 따라서 눈으로 확인한 사실만을 믿어야 한다고 주장하는 이의 말을 청자에게 전하며 조언을 구하고 있다는 설명은 적절하지 않다.

A 33 정답 ②　＊화자의 정서와 태도 파악하기　[정답률 78%]

(가)에 대한 감상으로 적절하지 않은 것은?

＞왜 정답?
② 붓으로 그린 듯한 숲 속에서 봄의 흥을 노래하는 새를 바
라보는 데에서 새에 대한 화자의 부러움이 드러나는군.
　　　　　　　　　　　'새'는 화자의 흥취가 투영된 대상임.
＊근거: (가) ❿ ⑫
화자는 '칼로 몰아 낸가 붓으로 그려 낸가'에서 붓으로 그린 듯한 봄 경치의 아름다움을 표현하고 있다. 그리고 이러한 '수풀'에서 '새'가 봄기운을 끝내 이기지 못해 아양을 떨며 울고 있다고 표현하고 있다. 이때 '새'는 아름다운 봄 경치에서 느끼는 화자의 흥취가 투영된 대상이므로, 새에 대한 화자의 부러움이 드러난다는 설명은 적절하지 않다.

＞왜 오답?
① 자신의 삶을 옛사람과 비교하며 스스로를 풍월주인이라
여기는 데에서 화자의 자부심이 드러나는군.
　　　'넷사름 ~ 미츨가', '송죽 ~ 되여셔라'
＊근거: (가) ❷ ❻
'넷사름 풍류롤 미츨가 몯 미츨가'에서 화자는 자신과 옛사람의 풍류를 비교하고 있으며 '송죽 울울리예 풍월주인 되여셔라'에서는 화자 자신을 자연의 주인인 '풍월주인'으로 인식함으로써 자연 속에서의 삶에 대한 만족감, 자부심을 드러내고 있다고 할 수 있다.

③ 오늘과 내일, 아침과 저녁에 할 일들을 나열하는 데에서
하고 싶은 일에 대한 화자의 기대감이 드러나는군.
　　　　　　　　　'답청으란 ~ 조수ᄒ새'
＊근거: (가) ⑱ ⑲
'답청으란 오늘 ᄒ고 욕기란 내일 ᄒ새 / 아춤에 채산ᄒ고 나조히 조수ᄒ새'에는 화자가 자연 속에서 하고 싶어 하는 일들이 나열되어 있으며, 이에 대한 화자의 기대감이 드러나 있다고 할 수 있다.

④ 맑은 향이 담긴 술잔과 옷에 떨어지는 꽃잎을 주목하는 데
에서 자연과 화자의 일체감이 드러나는군.
　　　　　'청향은 ~ 진다'
＊근거: (가) ㉓
'청향은 잔에 지고 낙홍은 옷새 진다'에서 자연의 맑은 향기가 화자의 술잔에 지고 붉은 잎들이 화자의 옷에 떨어지는 모습을 통해 자연과 화자가 하나되는 모습을 드러내고 있다고 할 수 있다.

[일체감: 남과 어우러져 하나로 되는 감정

⑤ 시냇물에 떠내려오는 도화를 보며 이상향을 연상하는 데에서 화자의 고조되는 감흥이 드러나는군.
'청류롤 ~ 거인고'

*근거: (가) ㉙, ㉚
'청류롤 굽어보니 ~ 귄 거인고'에서 화자는 자신이 있는 자연에서 무릉도원이라는 이상향을 연상하고 있음을 알 수 있다. 이를 통해 화자가 자연에서 느끼는 감흥을 드러내고 있다고 할 수 있다.

[이상향: 인간이 생각할 수 있는 최선의 상태를 갖춘 완전한 사회
  연상하다: 하나의 관념이 다른 관념을 불러일으키다.

A 34 정답 ③ *표현상의 특징 파악하기 … [정답률 54%]
ⓐ~ⓕ를 중심으로 (가)와 (나)를 이해한 내용으로 적절하지 않은 것은?

• ⓐ~ⓕ: ⓐ~ⓒ는 (가)에 등장하는 자연의 공간, ⓓ~ⓕ는 (나)에 등장하는 자연의 공간입니다.
• (가)와 (나): (가)는 ⓐ~ⓒ로 이동하며 경치를 감상하고, (나)는 ⓓ~ⓕ의 풍경을 묘사하고 있습니다.
[즉] (가)와 (나)의 배경과 소재가 되는 자연의 공간에 대한 설명으로 틀린 것을 고르는 문제입니다.

> **왜** 정답?
③ (가)와 (나)의 화자는 각각 ⓑ와 ⓔ를 주위에서 가장 빼어난 경치를 볼 수 있는 곳이라고 예찬하고 있다.
ⓑ와 ⓔ가 가장 빼어난 경치를 볼 수 있는 곳이라는 내용은 나오지 않음.

*근거: (가) ⑭, ⑯, (나) 〈2수〉
(가)의 화자는 ⓑ에서 혼자서 '한중진미'를 느끼고 있다. (나)의 화자는 ⓔ에서 술을 마시며 일출을 보고 그 아름다움을 느끼고 있다. 따라서 ⓑ와 ⓔ는 화자가 주변의 경치를 볼 수 있는 곳이기는 하지만, 주위에서 가장 빼어난 경치를 볼 수 있는 곳이라고 예찬하는 내용은 드러나 있지 않다.

[예찬하다: 무엇이 훌륭하거나 좋거나 아름답다고 찬양하다.

> **왜** 오답?
① (가)의 화자는 거처인 ⓐ를 나와 ⓑ와 ⓒ의 장소들로 옮겨 다니고 있다.
'수간모옥'은 화자의 거처이며, 이후 '정자애 안자 보고', '시냇ㄱ'에 '호자 안자' 있음.

*근거: (가) ⑤, ⑭, ㉗
(가)의 화자는 '벽계수' 앞에 자신의 거처인 '수간모옥'을 두고 '정자애 안자 보'기도 하고, 이후 '시냇ㄱ'로 가 '호자 안자' 있기도 한다. 따라서 (가)의 화자는 거처인 ⓐ를 나와 ⓑ와 ⓒ의 장소들로 옮겨 다니고 있다고 할 수 있다.

[거처: 일정하게 자리를 잡고 사는 일. 또는 그 장소

② (나)의 화자가 소개하는 ⓔ와 ⓕ는 ⓓ를 구성하는 장소들이라는 점에서 서로 대등한 관계에 있다.
ⓔ와 ⓕ는 '고산'의 '구곡' 중 각각의 한 곳을 의미함.

*근거: (나) 〈2수〉 ❶, 〈8수〉 ❶
화자가 소개하는 ⓔ와 ⓕ는 '고산'의 '구곡' 중 각각의 한 곳을 의미하므로 서로 대등한 관계에 있다고 할 수 있다.

[대등하다: 서로 견주어 높고 낮음이나 낫고 못함이 없이 비슷하다.

④ (가)의 화자는 ⓐ에 인접한 맑은 풍경을, (나)의 화자는 자신이 ⓓ에 터를 정함으로써 생긴 변화를 드러내고 있다.
'벽계수 알피 두고'
'주모복거ᄒ니 ~ 오신다'

*근거: (가) ⑤, (나) 〈1수〉 ❶, ❷
(가)의 화자는 '벽계수 알피 두고'를 통해 자신의 거처인 ⓐ에 인접한 맑은 풍경을 드러내고 있고, (나)의 화자는 '주모복거ᄒ니 벗님ᄂ 다 오신다'를 통해 자신이 ⓓ에 집을 지으니 사람들이 오는 변화를 드러내고 있다.

[인접하다: 이웃하여 있다. 또는 옆에 닿아 있다.
  터: 집이나 건물을 지었거나 지을 자리

⑤ (가)의 화자는 ⓒ에서 주변으로 시선을 보내고 있고, (나)의 화자는 ⓕ를 향해 시선을 보내고 있다.
'청류롤 굽어'보고 '져 미'를 바라봄.
ⓕ를 바라보며 아름다운 가을 풍경에 감탄함.

*근거: (가) ㉗~㉚, (나) 〈8수〉 ❶
(가)의 화자는 ⓒ에서 '청류롤 굽어'보고 이후 '져 미'를 바라보며 시선을 옮기고 있고, (나)의 화자는 ⓕ를 바라보며 아름다운 가을 풍경에 감탄하고 있다.

A 35 정답 ⑤ *표현상의 특징 파악하기 … [정답률 65%]
〈보기〉를 활용하여 (나)를 탐구한 내용으로 적절하지 않은 것은? [3점]

• 〈보기〉를 활용: 이이의 연보에 따르면 이이는 주자를 본받아 고산구곡에 학문을 위한 정사를 건립하였고, (나)를 창작한 후 이곳을 찾는 이들은 더 많아졌습니다. 또한 고산구곡에서의 경험을 소개한 〈송애기〉에는 자연으로부터 마음의 도리를 찾을 수 있다는 이이의 생각이 나타나 있습니다.
• (나): 고산의 풍경을 묘사하며 자연을 예찬하고, 주자학을 배우며 학문에 힘쓰겠다는 의지를 드러내고 있습니다.
[즉] 이이의 연보와 〈송애기〉의 기록을 참고하여 (나)에서 이야기하는 자연과 학문에 대해 이해한 내용으로 틀린 것을 고르는 문제입니다.

───── [보기] ─────
❶ 이이의 생애를 기록한 연보에는, 그가 고산구곡에 정사를 건립한 일이 주자가 무이구곡의 은병에서 후학을 양성한 것을 본받았다는 점과 〈고산구곡가〉의 창작 이후 이곳을 찾는 이들이 더 많아졌다는 사실이 기록되어 있다. 한편 그가 고산구곡의 곳곳에서 지인들과 교유한 경험을 소개한 〈송애기〉에는 욕심 없는 마음으로 자연과 인간이 별개가 아님을 느끼고, 자연으로부터 마음을 바르게 하는 도리를 찾으면 군자의 참된 즐거움을 누릴 수 있다는 그의 생각이 나타나 있다.
③의 근거
②의 근거
❷
①의 근거
④의 근거

연보: 사람이 한평생 동안 지낸 일을 연월순(年月順)으로 간략하게 적은 기록
정사: 경치 좋은 곳에 정자 모양으로 지어 한가히 거처하는 집
후학: 학문에서의 후배
양성하다: 가르쳐서 유능한 사람을 길러 내다.
교유하다: 서로 사귀어 놀거나 왕래하다.
도리: 사람이 어떤 입장에서 마땅히 행하여야 할 바른길
군자: 행실이 점잖고 어질며 덕과 학식이 높은 사람

> **왜** 정답?
⑤ 자연의 감상에 대한 〈송애기〉의 기록을 참고할 때, 바위를 덮은 '눈'에서 자연과 합일을 이루려는 인간의 의지를 엿볼 수 있겠군.
〈보기〉에서 확인할 수 없음.

*근거: (나) 〈10수〉 ❷
바위를 덮은 '눈'은 문산의 아름다운 경치를 드러내는 것으로 자연과 합일을 이루려는 인간의 의지를 엿볼 수 있다는 진술은 적절하지 않다. 또한 〈보기〉에는 자연과의 합일에 대한 인간의 의지에 대해 언급하고 있지 않다.

[합일: 둘 이상이 합하여 하나가 됨. 또는 그렇게 만듦.

> **왜** 오답?
① 고산구곡에서의 생활에 대한 〈송애기〉의 기록을 참고할 때, 고산구곡이 작자와 '벗님'들의 교유 장소로도 활용되었음을 추리할 수 있겠군.
〈보기〉의 '그가 고산구곡의 ~ 교유한 경험'

*근거: 〈보기〉 ❷문장
〈보기〉에서 이이가 고산구곡의 곳곳에서 지인들과 교유한 경험이 〈송애기〉에 소개되어 있다는 내용을 통해 고산구곡이 함께 산수 구경을 떠났으면 하는 '벗님'들과 작가의 교유 장소로도 활용되었음을 추리할 수 있다.

② 작품 창작 이후와 관련한 연보의 기록을 참고할 때, '학주자'를 하려는 작자의 선택에 대한 사람들의 긍정적 반응을 추측할 수 있겠군.
〈보기〉의 '〈고산구곡가〉의 창작 ~ 많아졌다는 사실'

*근거: 〈보기〉 ❶문장
〈보기〉에서 〈고산구곡가〉의 창작 이후 이곳을 찾는 이들이 더 많아졌다는 사실이 기록되어 있다고 했다. 이를 통해 〈고산구곡가〉에서 이이가 '학주자'에 대한 자신의 뜻을 밝힌 것에 대해 사람들이 긍정적으로 반응하고 있음을 추측할 수 있다.

③ 정사에 대한 연보의 기록을 참고할 때, '은병'이 주자를 학문적으로 계승하기 위해 선택된 공간이기도 했음을 짐작할 수 있겠군.
〈보기〉의 '그가 고산구곡에 ~ 본받았다'

*근거: 〈보기〉 ❶문장
〈보기〉에서 이이는 주자가 무이구곡의 은병에서 후학을 양성한 것을 본받아 고산구곡에 정사를 건립했다고 설명하고 있다. 이를 통해 (나)의 〈6수〉에서 수변 정사가 있는 '은병'은 이이가 주자를 학문적으로 계승하기 위해 선택한 공간임을 짐작할 수 있다.

[계승하다: 조상의 전통이나 문화유산, 업적 따위를 물려받아 이어 나가다.

④ 참된 즐거움과 관련한 〈송애기〉의 기록을 참고할 때, '강학'과 '영월음풍'이 모순 없이 서로 어울릴 수 있는 행위임을 유추할 수 있겠군.
〈보기〉의 '자연으로부터 ~ 누릴 수 있다'

*근거: 〈보기〉 ❷문장
〈보기〉에서 〈송애기〉에는 자연으로부터 마음을 바르게 하는 도리를 찾으면 군자의 참된 즐거움을 누릴 수 있다는 이이의 생각이 드러나 있다고 설명하고 있다. 이를 통해 마음을 바르게 하는 도리를 찾는 '강학'과 자연을 누리는 '영월음풍'이 모순 없이 서로 어울릴 수 있는 행위임을 유추할 수 있다.

[모순: 어떤 사실이 앞뒤, 또는 두 사실이 이치상 어긋나서 서로 맞지 않음을 이르는 말
유추하다: 같은 종류의 것 또는 비슷한 것에 기초하여 다른 사물을 미루어 추측하다.

A 36~39 ——— [2019년(7월)/교육청 42~45]

(가) 작자 미상, 〈추풍감별곡〉
❶ 화자, 중심 대상 ❷ 상황, 정서, 태도 ❸ 표현상 특징 [시 해석]

❶ 쇳소리(쓸쓸한 소리)
어제 밤 부든 바람 금성(金聲)이 완연(宛然)하다
❸ 표현상 특징: 감각적 이미지(청각)
➡ 어젯밤에 불던 바람이 쇳소리(쓸쓸한 소리)가 뚜렷하다.

❷ 시간적 배경
고침단금(孤枕單衾) 깊이 든 밤 상사몽(相思夢) 훌쩍 깨여
❷ 상황: 깊은 밤 잠에서 깨 헤어진 임을 그리워하며 슬퍼하고 있음. 정서: 임에 대한 그리움.
➡ 홀로 외롭게 깊이 잠들었다가 임을 그리워하는 꿈을 꾸고 훌쩍 깨어

❸ 쓸쓸하고 고요하게
㉠죽창(竹窓)을 반만 열고 막막히 앉아보니
❷ 정서: 쓸쓸하고 고요함.
➡ 대나무 창문을 반쯤 열고, 쓸쓸히 앉아 있으니

❹ 창창한 만리장공 여름 구름이 흩어지고
아득히 높고 먼 하늘 ❸ 표현상 특징: 감각적 이미지(시각)
➡ 아득히 높고 먼 하늘에 여름 구름이 흩어지고

[A] ❺ 천연한 이 강산에 찬 기운이 새로워라
❸ 표현상 특징: 감각적 이미지(촉각)
➡ 꾸밈없는 이 강산에 찬 기운이 새롭구나.

❻ 심사도 창연(悵然)한데 물색도 유감하다
➡ 마음이 서운하고 섭섭한데 자연의 빛을 보내 느끼는 바가 있구나.

❼ 이별의 한
정원에 부는 바람 이한(離恨)을 알리는 듯
❸ 표현상 특징: 의인법, 직유법
[B] ➡ 정원에 부는 바람 이별의 한을 되새기는 듯
❸ 대구법
❽ 추국(秋菊)에 맺은 이슬 별루(別淚)를 머금은 듯
가을에 피는 국화   이별의 눈물   ❸ 표현상 특징: 의인법, 직유법
➡ 가을 국화에 맺힌 이슬 이별의 눈물을 머금은 듯

❾ 실 같은 버들 남쪽 봄 꾀꼬리 이미 돌아가고
계절의 변화가 나타남.
[C] ➡ 실처럼 늘어진 버드나무와 남쪽 봄 꾀꼬리는 이미 돌아가고

❿ 정서: 슬픔
소월비파 동정호에 가을 잔나비 슬피운다
❸ 표현상 특징: 의인법
➡ 밝은 달빛 아래 비파 소리 울리는 동정호에 가을 원숭이가 슬피 운다.

⓫ ❶ 중심 대상: 임   ❸ 표현상 특징: 영탄법
임 여희고 썩은 간장 하마터면 끈치리라
❷ 정서: 임에 대한 그리움
[D] ➡ 임과 이별하고 애타는 마음 하마터면 창자가 끊어질 것 같구나.

⓬ 삼춘(三春)에 즐기던 일 예련가 꿈이련가
❷ 정서: 회상을 통해 부재하는 대상을 그리워함.
➡ 좋은 봄날에 임과 함께 지내던 일이 옛날 일인가 꿈속의 일인가.

완연하다: 눈에 보이는 것처럼 뚜렷하다.
고침단금: 외로운 베개와 홑이불
창연하다: 생각하는 일이 몹시 서운하고 섭섭하다.

*❶~⓬행 요약: 이별로 인한 화자의 슬픔

(중략)

⓭ 지척 동방 천 리되어 바라보기 묘연(杳然)하고
멀어서 아득하고
➡ 지척 동방이 천 리가 되어 바라보기 막막하고

⓮ 은하작교(銀河鵲橋) 끈쳤으니 건너갈 길 아득하다
임과 화자의 거리감을 나타냄.
➡ 은하수와 오작교가 끊어졌으니 건너갈 길이 아득하다.

⓯ ㉡인정이 끈쳤으면 차라리 잊히거나
임과의 사랑이 끝났으면(끊어졌으면)
➡ 인정이 끊어졌으면 차라리 잊히거나

⓰ 화자의 눈과 귀
아름다운 자태거동 이목(耳目)에 매여 있어
임의 아름다운 모습과 행동
➡ 아름다운 임의 모습과 행동은 눈과 귀에 남아 있어

⓱ 못 보아 병이 되고 못 잊어 원수로다
❷ 상황: 임을 잊지 못하고 있음.
➡ 못 보아 병이 되고 못 잊어 원수로다

⓲ 천수만한(千愁萬恨) 가득한데 끝끝치 느끼워라
❷ 정서: 임에 대한 그리움, 임을 잊지 못하는 것에 대한 자책
➡ 천 가지 근심과 만 가지 한이 가득한데 끝끝이 느끼어라.

⓳ 하물며 이는 ㉢추풍(秋風) 별회(別懷)를 부쳐내니
➡ 하물며 이는 가을바람 이별의 회포를 붙여내니

⓴ ❸ 표현상 특징: 영탄법
눈앞에 온갖 것이 전혀 다 시름이라
❷ 정서: 시름
➡ 눈앞에 온갖 것이 전혀 다 시름이구나.

㉑ 바람 앞에 지는 잎과 풀 속에 우는 짐승
➡ 바람 앞에 지는 잎과 풀 속에 우는 짐승

² 무심히 듣게 되면 관계할 바 없건마는
→ 무심히 듣게 되면 관계할 바 없지만

❸ 표현상 특징: 영탄법
²³ 유유별한(悠悠別恨) 간절한데 소리소리 수성(愁聲)이라
❷ 상황: 임과 헤어져 있는 화자는 모든 소리가 근심으로 들림.
[E] → 이별한 한이 간절한데 소리소리 근심 소리구나.

화자에게 '술'을 따라 주는 대상
²⁴ 아해야 술부어라 행여나 회포 풀까
❷ 상황: 임에 대한 그리움을 술로 잊으려 함.
→ 아이야 술부어라 행여나 회포 풀까.

천수만한: 천 가지 근심과 만 가지 한

*❸~❷⁴행 요약: 임에 대한 그리움과 근심을 술로 풀어 보고자 하는 화자

■ 갈래: 가사   ■ 창작 시기: 조선 후기
■ 내용: 이 작품은 고전 소설 〈채봉감별곡〉에서 채봉이 밤에 강필성을 그리워하는 부분에 나오는 작품이다. 한 여인이 임과 헤어져 지내면서 임을 그리워하며 신세를 한탄하고 있다.
■ 주제: 임과 헤어진 슬픔과 임에 대한 그리움
■ 이것이 핵심!: 과거와 현재의 대비를 통한 화자의 정서 변화

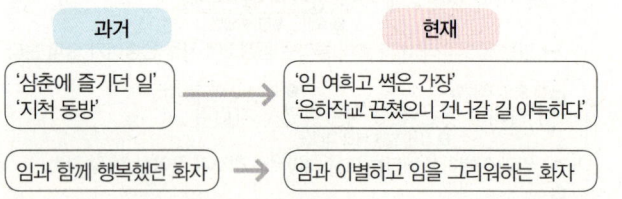

과거		현재
'삼춘에 즐기던 일' '지척 동방'	→	'임 여희고 썩은 간장' '은하작교 끈쳤으니 건너갈 길 아득하다'
임과 함께 행복했던 화자	→	임과 이별하고 임을 그리워하는 화자

(나) 정훈, 〈월곡답가〉

❶ 화자, 중심 대상 ❷ 상황, 정서, 태도 ❸ 표현상 특징 [고어 읽기] [시 해석]

❶ 넷 사름 이젯 사름 이목구비
넷 사름 이젯 사름 이목구비(耳目口鼻) 굿것마는
→ 옛 사람과 이제 사람 이목구비 같지마는

❷ 나 혼자 엇디 하야 넷 사람을 그리는고
나 혼자 엇디 ᄒᆞ야 넷 사름을 그리ᄂᆞᆫ고
❶ 화자: 나   ❷ 상황: 부재하는 대상을 그리워함.
→ 나 혼자 어찌하여 옛 사람 그리는가

❸ 이제도 넷 사름 겨시니 긔 내 벗인가 ᄒᆞ노라 〈제1수〉
❷ 태도: '월곡(우배선)'을 '벗'으로 지칭하며, 대상을 예찬함. ❸ 표현상 특징: 영탄법
→ 이제도 옛사람 계시니 그 내 벗인가 하노라

*〈제1수〉 요약: 옛 사람의 풍모를 닮은 월곡(예찬)

❶ 청송으로 울흘 삼고 백운으로 장 두로고
청송(靑松)으로 울흘 삼고 ㉐백운(白雲)으로 장(帳) 두로고
장막
→ 푸른 솔로 울을 삼고 구름으로 장막 둘러

❷ 초옥삼간에 숨어 겨신 저 내 벗님
초옥삼간(草屋三間)이 숨어 겨신 져 내 벗님
→ 초가삼간에 숨어 계신 저 내 벗님

❸ 흉중에 사념이 업스니 그를 사랑하노라
흉중(胸中)에 사념(邪念)이 업스니 그를 ᄉᆞ랑ᄒᆞ노라 〈제4수〉
❷ 정서: '사념'이 없는 '벗'을 사랑함. ❸ 표현상 특징: 영탄법
→ 마음에 그릇된 생각이 없으니 그를 사랑하노라

청송: 사시사철 잎이 푸른 소나무
울: 울타리
흉중: 마음속에 품고 있는 생각
사념: 올바르지 못한 그릇된 생각

*〈제4수〉 요약: 욕심 없는 삶을 살았던 월곡

❶ 벗님 사는 땅을 생각고 바라보니
벗님 사는 땅을 싱각고 ᄇᆞ라보니
→ 벗님 사는 땅을 생각하고 바라보니

❷ 용추동 밧끼오 구름다리 우희로다
용추동(龍湫洞) 밧ᄭᅵ오 구름ᄃᆞ리 우희로다
벗님, 즉 월곡이 사는 땅
→ 용추동 밖이요 구름다리 위로구나

밤마다 외로운 꿈만 호자 단녀 오노라
❸ 표현상 특징: 영탄법
❸ 밤마다 외로운 쑴만 호자 ᄃᆞ녀 오노라 〈제5수〉
❷ 정서: 부재하는 대상에 대한 그리움
→ 밤마다 외로운 꿈만 혼자 다녀오노라

*〈제5수〉 요약: 월곡을 찾아가고 싶은 화자의 마음

❶ 매는 첩첩하고 구름은 자자시니
벗을 찾아갈 수 없게 만드는 장애물
뫼는 첩첩(疊疊)ᄒᆞ고 구름은 자자시니
→ 산은 첩첩하고 구름은 잦으니

❷ 고인의 집 땅이 바라도 볼셩업다
고인(故人)의 집 땅이 ᄇᆞ라도 볼셩업다
볼 수 없다
→ 고인의 집 땅을 보려 해도 볼 수 없다

❸ 마음만 길 알아 두고 오락가락 하노라
ᄆᆞ음만 길 알아 두고 오락가락 ᄒᆞ노라 〈제7수〉
❸ 표현상 특징: 영탄법
→ 마음만 길 알아 두고 오락가락 하노라

*〈제7수〉 요약: 고인이 된 월곡에 대한 그리움

상산의 영지 캐러 구태여 넷이 가리런가
❶ '세상'과 대조적 공간 버섯
㉑상산(商山)의 영지(靈芝) 캐러 구태여 넷이 가리런가
화자가 벗과 함께 있고 싶은 공간
→ 상산에 버섯 캐러 굳이 넷이 가려는가

❷ 좃츠 리 업슨되 우리 둘이 가사이다
좃츠 리 업슨되 우리 둘이 가사이다
벗과 화자의 동질감이 드러남.
→ 좇을 이 없으니 우리 둘이 가사이다

❸ 세상의 어즈러온 일들 듯도 보도 마사이다
세상(世上)의 어즈러온 일들 듯도 보도 마사이다 〈제9수〉
❷ 태도: 혼탁한 현실을 경계함.
→ 세상의 어지러운 일들 듣도 보도 마사이다

*〈제9수〉 요약: 월곡과 함께 하고자 하는 화자

■ 갈래: 연시조   ■ 창작 시기: 조선 중기
■ 내용: 이 작품은 모두 10수로 되어 있는데 16세기 말~17세기 초 충의지사로 치열하게 살았던 당대 의병장 월곡의 삶의 궤적을 그리면서 그와 동질화되고자 하였던 의식을 드러내고 있다.
■ 주제: 월곡에 대한 그리움과 흠모의 정
■ 이것이 핵심!: 시적 대상에 대한 화자의 예찬적 태도

화자 '나'	추모, 예찬 →	시적 대상 월곡

Ⓐ 36 정답 ① *화자의 정서와 태도 파악하기 · [정답률 81%]

(가)와 (나)의 공통점으로 가장 적절한 것은?

>왜 정답?

① 대상에게 흠모의 정을 느끼는 화자가 부재하는 대상을 그
(가)의 '임 여희고 썩은 간장 ~ 일 예런가 꿈이런가', (나)의 〈제1수〉 '나 혼자 엇디 ᄒᆞ야 넷 사름을
그리ᄂᆞᆫ고', 〈제5수〉 '밤마다 외로운 쑴만 호자 ᄃᆞ녀 오노라'
리워하는 태도를 보이고 있다.
*근거: (가) ⑪, ⑫, (나) 〈제1수〉 ❷, 〈제5수〉 ❸
(가)의 '임 여희고 썩은 간장 ~ 일 예런가 꿈이런가', (나)의 〈제1수〉의 '나 혼자 엇디 ᄒᆞ야 넷 사름을 그리ᄂᆞᆫ고', 〈제5수〉의 '밤마다 외로운 쑴만 호자 ᄃᆞ녀 오노라'를 통해 대상에게 흠모의 정을 느끼는 화자가 부재하는 대상을 그리워하는 태도를 보이고 있음을 확인할 수 있다.

>왜 오답?

② 사랑하는 대상에게 외면당한 화자가 자신의 ~~현실에 대해~~
(나)에서 확인할 수 없음.
~~체념하는 태도~~를 보이고 있다.
(나)의 화자가 사랑하는 대상에게 외면당했다는 근거를 (나)에서 찾을 수 없으며, 〈제9수〉를 통해 현실을 경계하는 모습이 드러나고 있다. 이처럼 화자가 자신의 현실에 대해 체념하는 태도를 보이고 있다고 볼 수 없으므로 적절하지 않다.

[체념하다: 처한 상황이나 소망하던 것을 포기하다.

③ 세상 사람들에게 인정받지 못하는 화자가 세상에 대하여 냉소적인 태도를 보이고 있다.
(가)와 (나)의 화자 모두 해당하지 않음.

(가), (나) 모두 화자가 세상 사람들에게 인정받지 못한 모습이 제시되어 있지 않으며, 세상에 대한 화자의 냉소적인 태도도 드러나지 않으므로 적절하지 않다.

[냉소: 부정적인 상황이나 대상에 대해 쌀쌀하게 비웃는 것. 그 바탕에 비판적 태도가 깔려 있음.

④ 사모하는 대상을 지키지 못한 화자가 자신의 행동에 대하여 후회하는 태도를 보이고 있다.
(가)와 (나)의 화자 모두 해당하지 않음.

(가), (나) 모두 화자가 사모하는 대상을 지키지 못한 모습이 제시되어 있지 않으며, 자신의 행동에 대해 후회하는 태도도 드러나지 않으므로 적절하지 않다.

[사모하다: 애틋하게 생각하고 그리워하다.

⑤ 인생의 덧없음을 느끼는 화자가 삶의 의미를 찾기 위해 자신을 성찰하는 태도를 보이고 있다.
(가)와 (나)의 화자 모두 해당하지 않음.

(가), (나) 모두 화자가 인생의 덧없음을 느끼고 있는 모습이 제시되어 있지 않으며, 삶의 의미를 찾기 위해 자신을 성찰하는 태도도 드러나지 않으므로 적절하지 않다.

[덧없다: ① 알지 못하는 가운데 지나가는 시간이 매우 빠르다. ② 보람이나 쓸모가 없어 헛되고 허전하다.

A 37 정답 ③ * 시어 및 구절의 의미 파악하기 · [정답률 65%]

㉠~㉤에 대한 이해로 가장 적절한 것은?

• ㉠~㉤: 임과 관련된 화자의 상황이 드러나는 소재로, ㉠은 화자가 밖을 내다보고 있는 '죽창', ㉡은 임과의 사랑을 의미하는 '인정', ㉢은 이별한 마음을 부추기는 '추풍', ㉣은 임이 계신 곳에 있는 '백운', ㉤은 화자가 임과 함께 가고 싶은 곳인 '상산'입니다.

즉 ㉠~㉤에서 드러나는 화자의 상황에 대한 설명으로 적절한 것을 고르는 문제입니다.

〉왜 정답 ?
감정을 깊어지게 하는
③ ㉢: 임에 대한 화자의 정서를 심화시키는 자연물이다.
'하물며 이는 추풍 별회를 부쳐내니'

*근거: (가) ⑲
'하물며 이는 추풍 별회를 부쳐내니'를 통해 임과의 이별로 인해 '별회'를 느끼는 화자가 '추풍'으로 인해 이별의 정서를 더욱 심화시키고 있음을 알 수 있다.

[심화: 정도나 경지가 점점 깊어짐. 또는 깊어지게 함.

〉왜 오답 ?
① ㉠: 임과의 만남을 가능하게 하는 통로이다.
'반만 열고 막막히 앉아보니'

*근거: (가) ❸
'반만 열고 막막히 앉아보니'를 통해 ㉠은 임의 부재에서 오는 화자의 막막함을 일부나마 해소하려는 화자의 태도가 반영된 소재에 해당한다는 것을 알 수 있다.

② ㉡: 돌아오지 않는 임을 원망하는 화자의 심정이다.
'인정이 끈쳤으면 차라리 잊히거나'

*근거: (가) ⑮
'인정이 끈쳤으면 차라리 잊히거나'를 통해 임의 부재라는 상황을 부정적으로 인식하면서도 화자가 임과 나누었던 사랑을 간직하고 있음을 알 수 있다.

④ ㉣: 화자와 임과의 만남을 방해하는 장애물이다.
'청송', '백운', '초옥삼간' 등이 벗의 자연친화적인 삶을 드러냄.

*근거: (나) 〈제4수〉 ❶, ❷
'청송', '백운', '초옥삼간' 등은 임과의 만남을 방해하는 장애물이 아니라 속세에서 벗어나 은둔하는 삶을 사는 벗의 친자연적 삶을 드러내는 소재이다.

⑤ ㉤: 화자가 연모하는 임과 함께 지내는 공간이다.
'좃츠 리 업슨듸 우리 둘이 가사이다'

*근거: (나) 〈제9수〉 ❶, ❷
'좃츠 리 업슨듸 우리 둘이 가사이다'를 통해 '상산'은 연모하는 임과 함께 지내는 공간이 아니라 화자가 벗과 함께 있고 싶은 공간임을 알 수 있다.

[연모하다: 어떤 사람이나 존재를 사랑하여 간절히 그리워하다.

A 38 정답 ⑤ * 표현상의 특징 파악하기 … [정답률 65%]

[A]~[E]에 대한 이해로 적절하지 않은 것은?

• [A]~[E]: 화자의 정서가 드러나는 구절로, [A]는 여름에서 가을로의 변화, [B]는 쓸쓸한 가을의 분위기, [C]는 이별한 화자의 슬픔, [D]는 임에 대한 그리움, [E]는 근심을 풀고자 하는 모습을 노래하고 있습니다.

즉 화자의 정서를 드러내고 있는 [A]~[E]에 대한 설명으로 틀린 것을 고르는 문제입니다.

〉왜 정답 ?
⑤ [E]: 화자의 처지와 대비되는 대상을 활용하여 화자의 정서를 드러내고 있다.
'아해'가 화자의 처지와 대비되는 대상에 해당하지 않음.

*근거: (가) ㉔
'아해야 술부어라 행여나 회포 풀까'에 '아해'가 대상으로 제시되고 있기는 하지만 화자의 처지와 대비되는 대상이 아니라 화자에게 '술'을 따라 주는 대상이므로 적절하지 않다.

〉왜 오답 ?
① [A]: 감각적 이미지를 활용하여 화자가 느끼는 계절의 변화에 대한 정서를 표현하고 있다.
'여름 구름이 흩어지고', '찬 기운'

*근거: (가) ❹, ❺
'여름 구름이 흩어지고', '찬 기운'을 통해 감각적 이미지를 활용하고 있음을 확인할 수 있으며 이를 통해 여름에서 가을로의 변화에 따른 화자의 정서를 표현하고 있으므로 적절하다.

[감각적 이미지: 우리가 느낄 수 있는 감각(시각 · 청각 · 후각 · 미각 · 촉각)과 관련하여, 시어에 의해 마음속에 떠오르는 구체적이고 선명한 인상

화자의 감정과 대응하는
② [B]: 동일한 문장 구조를 반복하여 화자의 정서와 조응하는 시적 분위기를 자아내고 있다.
'정원에 ~ 알리는 듯', '추국에 ~ 머금은 듯'

*근거: (가) ❼, ❽
'정원에 ~ 알리는 듯', '추국에 ~ 머금은 듯'에서 문장 구조를 반복하여 임을 떠나 보낸 화자의 정서와 쓸쓸한 가을의 분위기가 조응되고 있음을 확인할 수 있으므로 적절하다.

[조응하다: 둘 이상의 사물이나 현상 또는 말과 글의 앞뒤 따위가 서로 일치하게 대응하다.

간접적으로 보여주고
③ [C]: 화자의 정서가 투영된 대상을 의인화하여 화자의 정서를 우회적으로 드러내고 있다.
'가을 잔나비 슬피운다'

*근거: (가) ❿
'가을 잔나비 슬피운다'를 통해 화자의 정서가 투영된 '가을 잔나비'를 의인화하여 화자의 슬픈 정서를 우회적으로 표현하고 있으므로 적절하다.

[투영되다: 어떤 일이 다른 일에 반영되어 나타나다.
[의인화하다: 사람이 아닌 것을 사람에 비기어 표현하다.
[우회적: 곧바로 가지 않고 멀리 돌아서 가는 것

④ [D]: 회상의 방식을 사용하여 과거와 달라진 현재 상황에서 느끼는 화자의 정서를 부각하고 있다.
'삼춘에 ~ 꿈이련가'   감정을 강조하고

* 근거: (가) ⑫

'삼춘에 ~ 꿈이련가'를 통해 회상의 방식을 사용하여 임과 함께 하던 과거와 달라진 현재 상황에서 느끼는 외로움의 정서를 부각하고 있으므로 적절하다.

> 회상: 지난 일을 돌이켜 생각함. 또는 그런 생각

A 39 정답 ④   * 〈보기를 바탕으로 감상하기〉· [정답률 60%]

〈보기〉를 바탕으로 (나)를 감상한 내용으로 적절하지 <u>않은</u> 것은? [3점]

· 〈보기〉를 바탕: 〈월곡답가〉의 작가는 월곡 우배선을 벗으로 설정하여 충의를 중시했던 월곡의 내면에 동조하는 가치관을 드러내고 있습니다.

· (나): (나)의 화자는 사념이 없는 벗을 예찬하며 부재한 벗과 함께하고 싶은 마음을 드러내고 있습니다.

즉 (나)의 작가가 월곡을 벗으로 삼으며 드러내고 있는 가치관에 대한 설명으로 틀린 것을 고르는 문제입니다.

─────────[보기]─────────
'우도(友道)'란 벗을 사귀는 데 중요한 덕목으로, 사대부 시
        ②의 근거
가에서 '우도'는 신의와 공경, 충효 등의 유교적 이념이나 풍류와 은거 등의 친자연적 삶의 모습과 같이 작가가 추구하는
        ④의 근거
가치를 드러내는 방식으로 활용되었다.
    이 작품에서 작가는 임진왜란 때 의병장이었던 월곡 우배
        ①의 근거
선을 벗으로 설정하고 있다. 월곡은 자신들의 안위를 위해 백성을 외면한 지배층과는 달리 왜적에 맞서 백성들을 보살폈고, 전란 후에는 벼슬에 연연하지 않고 초야에 은둔했던 삶을 살았다. 작가는 '우도'를 통해 월곡을 추모하며 충의를 중시했
                                ⑤의 근거
던 월곡의 내면에 동조하려는 의식을 보이고 있다.
─────────────────────

왜 정답?

④ 〈제7수〉에서 작가는 벗의 '집'을 '뫼'와 '구룸'에 묻혀 있는 은거의 공간으로 설정함으로써 '뫼'와 '구룸'을 매개로 <u>자신이</u>
        '뫼'와 '구룸'은 작가가 벗을 찾아갈 수 없게 만드는 장애물에 해당함.
<u>추구하는 친자연적 삶의 가치를 드러내고 있군.</u>

* 근거: (나) 〈제7수〉 ❶, ❷

'뫼는 첩첩ᄒ고 구룸은 자자시니'를 통해 '뫼'와 '구룸'은 작가가 벗을 찾아갈 수 없게 만드는 장애물에 해당함을 확인할 수 있으므로 '뫼'와 '구룸'을 매개로 자신이 추구하는 친자연적 삶의 가치를 드러내고 있다는 진술은 적절하지 않다.

왜 오답?

① 〈제1수〉에서 작가는 의병장이었던 '월곡'을 '벗'으로 지칭함으로써 '월곡'의 삶을 긍정적으로 바라보는 자신의 인식을 드러내고 있군.
        '이제도 녯 ~ ᄒ노라'를 통해 확인할 수 있음.

* 근거: (나) 〈제1수〉 ❸

'이제도 녯 사람 ~ 벗인가 ᄒ노라'를 통해 작가가 '월곡'을 '벗'으로 설정하여 그의 충의적 삶과 친자연적인 삶을 긍정적으로 바라보는 인식을 드러내고 있다고 볼 수 있으므로 적절하다.

---

② 〈제4수〉에서 작가는 '초옥삼간'에서 '사념'이 없이 살고 있는 벗을 사랑한다고 표현함으로써 벗이 지향하는 가치를 높이 평가하고 있음을 드러내고 있군.
        흉중에 ~ 스랑ᄒ노라'를 통해 확인할 수 있음.

* 근거: (나) 〈제4수〉 ❸

'흉중에 사념이 업스니 그룰 스랑ᄒ노라'를 통해 작가는 자연 속에서 '사념' 없이 살아가는 벗의 맑고 깨끗한 삶의 가치를 높이 평가하고 있음을 확인할 수 있으므로 적절하다.

③ 〈제5수〉에서 작가는 벗이 있는 공간인 '구룸ᄃ리' 위를 '꿈'에서나마 다녀옴으로써 벗을 만나고 싶은 간절함을 드러내고 있군.
        '밤마다 ~ ᄃ녀 오노라'를 통해 확인할 수 있음.

* 근거: (나) 〈제5수〉 ❸

'밤마다 ~ ᄃ녀 오노라'를 통해 작가는 현실적으로 갈 수 없는 '구룸ᄃ리' 위를 '꿈' 속에서나마 다녀옴으로써 만날 수 없는 벗을 보고 싶은 간절함을 드러내고 있다고 할 수 있으므로 적절하다.

⑤ 〈제9수〉에서 작가는 '우리'라는 시어를 통해 벗과의 동질감을 표현하며 '어즈러온 일'에 대한 경계를 나타냄으로써 현실에 대한 인식을 드러내고 있군.
        '세상(世上)의 어즈러온 일들 듯도 보도 마사이다'를 통해 확인할 수 있음.

* 근거: (나) 〈제9수〉 ❸

'세상(世上)의 어즈러온 일들 듯도 보도 마사이다'를 통해 혼탁한 현실을 경계하는 인식을 드러낸다고 볼 수 있으며, '나'와 '벗'을 '우리'라는 시어로 표현함으로써 벗과의 동질감을 드러내고 있으므로 적절하다.

A 40~42 ─────────── [2019년(4월)/교육청 43~45]

이세보, 〈상사별곡〉

❶ 화자, 중심 대상   ❷ 상황, 정서, 태도   ❸ 표현상 특징   [고어 읽기]   [시 해석]

❶ 황매시절   떠난 이별   만학단풍   느젓스니
황미시절(黃梅時節) 떠난 이별 만학단풍(萬壑丹楓) 느젓스니
    계절의 변화 → 임과 이별한 시간이 길었음을 드러냄.
➡ 황매화 피던 초여름에 이별하고 골짜기에 단풍이 든 가을이 늦었으니

상사일념   무한사는   저도 나를 그리련이
❷ ❶ 중심 대상: 임   ❶ 화자: 나
상ᄉ일념(相思一念) 무한ᄉ*는 져도 나를 그리련이
    ❷ 정서: 화자를 그리워함. ❷ 상황: 임도 자신을 그리워해 주기를 바람.
➡ 임을 그리워하는 마음이 무한함은 임도 나를 그리워하는 것이려니

❸ 구ᄃ 언약   깁흔 정을 낸들   어이   이젓슬가
구ᄃ 언약 깁흔 정을 ᄂᆫᆫᆯ 어이 이젓슬가
    ❸ 표현상 특징: 설의법 → 임을 잊지 않고 있는 정서를 강조함.
➡ 임과 한 굳은 약속과 깊은 정을 나인들 어찌 잊었으랴

❹ 인간의   일이 만코   조물   이 시려런지
인간의 일이 만코 조물(造物)이 시려런지
    이별의 원인을 외적 요인으로 돌림.
➡ 세상에 일이 많고 조물주가 시기한 탓일는지

❺ 삼하삼추   지나가고   낙목한천   또   되엿내
삼ᄒ삼추(三夏三秋) 지나가고 낙목한천(落木寒天) 또 되엿ᄂᆡ
    계절의 변화 → 임과 이별한 시간이 길었음을 드러냄.
➡ 삼 개월의 여름과 삼 개월의 가을이 지나가고 추운 겨울이 또 되었으니

❻ 운산이   머럿쓰니   소식인들   쉬울손가
운산이 머럿쓰니 소식인들 쉬울손가
    임의 소식을 가로막고 있는 장애물   ❸ 표현상 특징: 설의법
➡ 산에 구름이 끼어 아득하니 소식을 전하기가 쉽겠느냐

❼ 대인난   긴 한숨의   눈물은   몇때런고
ᄃᆡ인난* 긴 한숨의 눈물은 몇때런고
    ❷ 정서: 오지 않는 임을 기다리는 안타까움.
➡ 오지 않는 사람을 기다리는 안타까움에 긴 한숨으로 흘린 눈물은 몇 번인가

❽ 흉중의   불이 나니   구회간장   다타간다
흉중의 ⊙불이 나니 구회간장 다타간다
    ❸ 표현상 특징: 비유법 → 화자의 애타는 심정을 강조함.
➡ 가슴 속에 불이 나니 아홉 구비 간장이 애가 탄다

⑨ 인간의 물로 못끄난 불이라 업것마는
인간의 물로 못끄난 불이라 업것마는
→ 사람이 물로 못 끄는 불이야 없겠지만

⑩ 내 가삼 태우는 불은 물로도 어이 못끄난고
닉 가삼 틱우는 불은 ㉡물노도 어이 못끄난고
→ 내 가슴 태우는 불은 물로도 어찌 못끄는가

＊①~⑩행 요약: 이별한 임에 대한 그리움과 애달픔

⑪ 자네 사정 내가 알고 내 사정 자네 알니
주네 사정 닉가 알고 닉 사정 주네 알니
❸ 표현상 특징: 대화체, 대구법
→ 자네 사정 내가 알고 내 사정을 자네 아니

⑫ 세우사창 저믄 날과 소소상풍 송안성의
세우ᄉ창(細雨紗窓) 저믄 날과 소소상풍 송안성＊의
❸ 표현상 특징: 시각적 심상　❸ 표현상 특징: 청각적 심상
→ 가는 비 내리는 창가에 날은 저물고 쓸쓸한 바람 불고 서리 내릴 때 기러기 울음소리에

⑬ 상사몽 놀라 깨어 맥맥키 생각하니
상ᄉ몽(相思夢) 놀라 끼여 믹믹키＊ 싱각ᄒ니
→ 임을 그리는 꿈에서 깨어나 답답하게 생각하니

⑭ 방춘화류 조흔 시절 강누ᄉ찰 경긔둇ᄎ
「방춘화류(芳春花柳) 조흔 시절 강누ᄉ찰 경긔둇ᄎ＊
계절감을 드러내는 시어 「 」: 과거를 회상하는 화자의 내면을 드러냄.
→ 흐드러진 봄의 꽃과 버들 좋은 시절 누각과 사찰의 경치를 따라

⑮ 일부일 월부월의 운우지락 협흡할제
일부일 월부월의 운우지락(雲雨之樂) 협흡할제＊
→ 나날이 다달이 남녀 간의 정을 나누는 즐거움으로 화목하게 지낼 때

⑯ 청산녹수 증인두고 차생빅년 서로 맹세
청산녹수 증인두고 ᄎ성빅년 서로 밍세」
임과의 영원한 사랑에 대한 맹세
→ 산골짜기에 흐르는 맑은 물을 증인 두고 백 년을 함께 하기로 한 맹세

⑰ 못보아도 병이 되고 더듸 와도 성화로세
못보와도 병이 되고 더듸 와도 성화로세
❷ 정서: 임을 보고 싶은 간절한 마음
→ 못 봐도 병이 되고 늦게 와도 몹시 애가 타는구나

⑱ 오는 글발 가는 사연 자자획획 다정턴이
오는 글발 가는 ᄉ연 ᄌᄌ획획 다정턴이
과거의 행복했던 임과의 추억
→ 오는 글발 가는 사연 글자마다 다정하더니

⑲ 엇지타 한 별니가 역여조기 어려웨라
엇지타 한 별니가 역여조기(怒如調飢) 어려웨라＊
❸ 표현상 특징: 영탄법
→ 어찌 한 이별에 임을 그리워하는 정이 간절하여 마음이 힘들구나

＊⑪~⑲행 요약: 임에 대한 그리움

＊상ᄉ일념 무한ᄉ: 임 그리워하는 마음이 무한함.
＊틱인난: 오지 않는 사람을 기다리는 안타까움.
＊송안성: 기러기 울음 소리
＊믹믹키: 어떤 일에 대처할 방법이 잘 생각나지 않아 답답하게
＊강누ᄉ찰 경긔둇ᄎ: 누각과 사찰의 경치를 따라
＊운우지락 협흡할제: 남녀 간의 정을 나누는 즐거움으로 화목하게 지낼 때
＊역여조기 어려웨라: 임을 그리워하는 정이 간절하여 마음이 힘듦.

■ 갈래: 가사, 애정 가사　■ 창작 시기: 조선 후기
■ 내용: 이 작품은 가사체의 장가(長歌)를 향토적인 가락으로 노래한 십이가사 중 하나이다. 임과 헤어진 후 외로운 심정을 여성적 어조로 노래하고 있다. 또한 임과 이별한 상황에서 과거 행복했던 시절을 그리워하는 화자의 심정을 진솔하게 드러내고 있다.
■ 주제: 임에 대한 그리움과 이별의 아픔

■ 이것이 핵심!: 중심 대상에 대한 화자의 정서

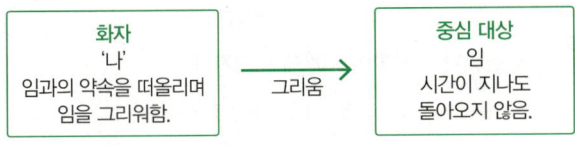

A 40 정답 ② ＊표현상의 특징 파악하기 … [정답률 71%]

윗글의 표현상 특징에 대한 설명으로 적절하지 **않은** 것은?

왜 정답?

② **공간의 이동**을 활용하여 화자의 의지를 나타내고 있다.
드러나지 않음.

지문은 임과 이별한 화자가 과거의 행복했던 시절을 그리워하는 심정을 노래하고 있다. 지문에서는 공간이 이동되고 있지 않으며, 이를 통해 화자의 의지를 나타내고 있지도 않다.

왜 오답? 형식이나 내용이 비슷한 문장을 나란히 짝을 맞추어 배치하는 방식

① 대구의 방식을 활용하여 리듬감을 형성하고 있다.
'ᄌ네 사정 닉가 알고 닉 사정 ᄌ네 알니'에서 확인할 수 있음.

＊근거: ⑪

대구란 비슷한 어조나 어세를 가진 어구를 짝지어 표현의 효과를 나타내는 수사법인데, 'ᄌ네 사정 닉가 알고 닉 사정 ᄌ네 알니'에서 대구의 방식을 활용하고 있으며 이를 통해 리듬감을 형성하고 있다.

③ 비유적 표현을 활용하여 화자의 심정을 부각하고 있다.
'흉중의 불이 나니 구회간장 다타간다'에서 확인할 수 있음.

＊근거: ⑧

'흉중의 불이 나니 구회간장 다타간다'에서 화자의 애타는 심정을 '불'에 비유함으로써 임을 기다리는 화자의 심정을 부각하고 있다.

④ 청각적 심상을 활용하여 화자의 상황을 드러내고 있다.
'송안성'에서 확인할 수 있음.

＊근거: ⑫

'소소상풍 송안성'에서 '송안성'은 '기러기의 울음 소리'로 청각적 심상을 형성한다. 이를 통해 임과 헤어진 후 외로운 상황에 처한 화자가 임을 그리는 꿈에서 깨어난 상황을 묘사하고 있다. 따라서 청각적 심상을 활용하여 화자의 상황을 드러내고 있다고 볼 수 있다.

⑤ 설의적인 표현을 활용하여 화자의 생각을 강조하고 있다.
'닌들 어이 이젓슬가'에서 확인할 수 있음.

＊근거: ❸

'닌들 어이 이젓슬가'는 '나인들 어찌 잊었으랴'라는 뜻의 설의적 표현으로, 임과의 굳은 언약과 깊은 정을 잊지 못할 것이라는 화자의 생각을 강조하고 있다.

A 41 정답 ⑤ ＊표현상의 특징 파악하기 … [정답률 87%]

〈보기〉를 바탕으로 윗글을 이해한 내용으로 적절하지 **않은** 것은? [3점]

・〈보기〉: 〈상사별곡〉에 제시된 내용으로 상사의 아픔, 과거의 행복했던 시절에 대한 그리움, 제시되지 않은 내용으로 이별의 원인, 이별의 지속 이유가 있음을 밝히고 있습니다.

🔲 본문에 제시한 시구들을 〈보기〉를 바탕으로 이해할 때 적절하지 않은 것을 고르는 문제입니다.

[보기]

「상사별곡」은 임에 대한 그리움을 진솔하게 노래한 작품이다. 화자는 임과 이별한 상황에서 임을 기다리며 느끼는 상사
③의 근거
의 아픔을 토로하며 과거의 행복했던 시절을 그리워하고 있
④의 근거
다. 또한 이별의 원인과 이별이 지속되는 근본적인 이유를 직
②의 근거
접적으로 제시하지 않고, 이를 외적 요인으로 돌리려 한다.
①의 근거

진술하다: 진실하고 솔직하다.
토로하다: 마음에 있는 것을 죄다 드러내어서 말하다.

⑤ 화자는 오고 가는 '글발'과 '亽연'을 임과 이별하게 된 원인으로 제시하고 있다.
오고 가는 '글발'과 '亽연'은 과거에 가까웠던 임과 화자 사이의 관계를 보여 줌.

근거: ⑱

'오는 글발 가는 亽연 즈즈획획 다정턴이'는 '오는 글발 가는 사연 글자마다 다정하더니'라는 뜻으로, 이를 통해 과거 임과 화자가 다정한 사연을 주고받던 사이였음을 알 수 있다. 따라서 화자가 오고 가는 '글발'과 '亽연'을 임과 이별하게 된 원인으로 제시하고 있다고 이해하는 것은 적절하지 않다.

왜 오답?

① 화자는 '인간의 일'이나 '조물'과 같은 외적 요인을 임과 재회하지 못하게 하는 이유로 떠올리고 있다.
'인간의 일이 만코 조물이 시기런지'에서 확인할 수 있음.

근거: ④

〈보기〉에서 〈상사별곡〉은 이별의 원인을 '외적 요인으로 돌리려 한다.'라고 하였다. 이를 바탕으로 할 때 지문의 '인간의 일이 만코 조물이 시기런지'는 '세상에 일이 많고 조물주가 시기한 탓일지'라는 뜻으로, 화자가 임과 이별하게 된 원인을 '세상의 일'과 '조물주의 시기'로 돌리고 있음을 알 수 있다. 따라서 화자가 '인간의 일'이나 '조물'과 같은 외적 요인을 임과 재회하지 못하게 하는 이유로 떠올리고 있다고 이해하는 것은 적절하다.

[조물: 우주의 만물을 만들고 다스리는 신

② 화자는 '삼ᄒ삼추'와 '낙목한천'이라는 계절의 흐름을 통해 임과 이별한 상황이 지속되고 있음을 제시하고 있다.
초여름에 이별한 후로 여름과 가을이 지나 겨울이 되었다고 함.

근거: ❶, ❺

〈보기〉에서 〈상사별곡〉은 '이별'의 '지속'을 노래하고 있다고 하였다. 지문의 '황미시절 떠난 이별 만학단풍 느껏스니'에서 봄에 한 이별이 늦은 가을까지 이어지고 있음을 알 수 있다. 또한 '삼ᄒ삼추 지나가고 낙목한천 또 되엿늬'에서 여름과 가을이 지나고 겨울이 다가왔음을 드러내고 있다. 따라서 화자가 '삼ᄒ삼추'와 '낙목한천'이라는 계절의 흐름을 통해 임과 이별한 상황이 지속되고 있음을 제시하고 있다고 이해하는 것은 적절하다.

③ 화자는 '긴 한숨'과 '눈물'을 통해 임을 기다리며 느끼는 상사의 아픔을 드러내고 있다.
'긴 한숨'과 '눈물'은 오지 않는 사람을 기다리는 안타까움에서 비롯됨.

근거: ❼

〈보기〉에서 〈상사별곡〉은 '임을 기다리며 느끼는 상사의 아픔을 토로'하는 작품이라고 하였다. 지문의 '듸인난 긴 한숨의 눈물은 몇때런고'에서는 화자가 '오지 않는 사람을 기다리는 안타까움'으로 인해 '긴 한숨'과 '눈물'을 지속하고 있음을 알 수 있다. 따라서 화자가 '긴 한숨'과 '눈물'을 통해 임을 기다리며 느끼는 상사의 아픔을 드러내고 있다고 이해하는 것은 적절하다.

④ 화자는 '츠싱빅년'을 '서로 밍세'했던 과거를 떠올리며 임과 행복했던 시절을 그리워하고 있다.
임과 행복했던 시절을 떠올리며 그리워하고 있음.

근거: ⑯

〈보기〉에서 〈상사별곡〉의 화자는 '과거의 행복했던 시절을 그리워하고 있다.'라고 하였다. 지문의 '청산녹수 증인두고 츠싱빅년 서로 밍세'에서 임과 화자가 과거에 영원한 사랑을 맹세했음을 알 수 있다. 따라서 화자가 '츠싱빅년'을 '서로 밍세'했던 과거를 떠올리며 임과 행복했던 시절을 그리워하고 있다고 이해하는 것은 적절하다.

A 42 정답 ② ＊시어 및 구절의 의미 파악하기 - [정답률 86%]

㉠과 ㉡을 이해한 내용으로 가장 적절한 것은?
불 물

왜 정답?

② ㉠은 화자의 상황을 드러내는 소재이고, ㉡은 화자의 상황 해결이 어려움을 드러내는 소재이다.
임과 이별하여 마음을 애태우는 화자의 상황을 드러냄.
애태우는 마음을 달래기 어려운 화자의 상황을 드러냄.

화자는 사랑하는 임과 이별한 후에 '오지 않는 사람을 기다리'면서 '긴 한숨'과 '눈물'로 살아가고 있다. 화자는 '흉중의 불(㉠)이 나니 구회간장 다타간다'라고 하면서 임과 이별하여 마음이 타는 자신의 상황을 드러내고 있다. 따라서 불(㉠)은 화자의 상황을 드러내는 소재라고 볼 수 있다. 또한 화자는 원래 물(㉡)로는 못 끄는 불이 없지만 자신의 '가삼 틔우는 불'은 물(㉡)로도 못 끈다고 하면서 자신이 달래기 어려울 정도로 마음을 애태우고 있음을 드러내고 있다. 따라서 물(㉡)은 화자의 상황 해결이 어려움을 드러내는 소재라고 볼 수 있다.

왜 오답?

① ㉠은 화자가 과거를 잊게 하는 소재이고, ㉡은 화자가 미래를 예측하게 하는 소재이다.
관계없음. 관계없음.

화자는 임과 이별한 상황에서 행복했던 지난날을 떠올리고 있다. 그러나 지문에 화자가 과거를 잊거나, 미래를 예측하는 내용은 나타나지 않는다.

[예측하다: 미리 헤아려 짐작하다.

③ ㉠은 화자에게 부정적 인식을 심어 주는 소재이고, ㉡은 화자의 인식을 긍정적으로 바꾸게 하는 소재이다.
관계없음. 관계없음.

화자는 임과 이별한 후로 계절이 바뀌어도 임을 그리워하는 마음에 괴로워하고 있다. 그러나 지문에 화자가 불 때문에 부정적 인식을 갖거나 물 때문에 화자의 인식이 긍정적으로 변화하는 내용은 나타나지 않는다.

부정적: 그렇지 아니하다고 단정하거나 옳지 아니하다고 반대하는 것
인식: 사물을 분별하고 판단하여 앎.
긍정적: 그러하거나 옳다고 인정하는 것

④ ㉠과 ㉡은 모두 화자의 소망을 실현시켜 주는 소재이다.
㉠과 ㉡ 모두 관계없음.

화자는 이별한 임과의 재회를 소망하고 있다고 볼 수 있다. 그러나 임을 그리워하며 애태우는 화자의 상황에는 변화가 없다. 따라서 지문에 화자의 소망이 실현되는 내용은 나타나지 않는다.

⑤ ㉠과 ㉡은 모두 자연에 대한 화자의 경외감을 느끼게 하는 소재이다.
㉠과 ㉡ 모두 관계없음.

지문에 화자가 자연에 대한 경외감을 느끼는 내용은 나타나지 않는다.

A 43~45 [2019년/수능(홀) 43~45]

김인겸, 〈일동장유가〉

❶ 화자, 중심 대상 ❷ 상황, 정서, 태도 ❸ 표현상 특징 시 해석

❶
배 방에 누워 있어 내 신세를 생각하니
❷ 상황: 선실에 누워 있음. ❶ 화자: 나
➡ 선실에 누워서 내 신세를 생각하니

❷
가뜩이 심란한데 대풍(大風)이 일어나서
❷ 정서: 심란함.
➡ 가뜩이나 심란한데 큰 바람이 일어나서

❸
큰산
태산(泰山) 같은 성난 물결 천지에 자욱하니
❸ 표현상의 특징: 직유법─자연물에 기상 상황을 빗댐.
➡ 태산 같은 성난 물결이 천지에 자욱하니

❹
크나큰 만곡주가 나뭇잎 불리이듯
위태로운 상황
➡ 만 석을 실을 만한 큰 배가 마치 나뭇잎이 나부끼듯

❺
하늘에 올랐다가 지함(地陷)*에 내려지니
❸ 상승과 하강의 이미지를 대비함.
➡ 하늘에 올랐다가 땅이 움푹하게 주저앉은 곳에 내려지니

❻ 열두 발 쌍돛대는 차아*처럼 굽어 있고
➡ 열두 발이나 되는 쌍돛대는 줄기에서 벋어 나간 가지처럼 굽어 있고

❼ 쉰두 폭 초석(草席) 돛은 반달처럼 배불렀네
➡ 쉰두 폭의 짚(왕골, 부들 등)으로 엮은 돛은 반달처럼 배불렀네

❽ 굵은 우레 잔 벼락은 등[背] 아래서 진동하고
➡ 굵은 우레와 잔 벼락은 등 아래서 진동하고

❾ <u>성난 고래 동(動)한 용(龍)</u>은 물속에서 희롱하니
거친 풍랑으로 인한 위태로운 상황을 드러냄.
➡ 성난 고래와 힘찬 용은 물속에서 희롱하니(성난 물결과 파도가 요동치니)

❿ 방 속의 요강 타구(唾具) 자빠지고 엎어지며
➡ 방 속(선실)의 요강과 타구(가래나 침을 뱉는 그릇)가 자빠지고 엎어지며

⓫ 상하좌우 배 방 널은 잎잎이 우는구나
➡ 상하좌우(사방)에 있는 선실의 널빤지들은 저마다 소리를 내는구나

⓬ 이윽고 해 돋거늘 장관(壯觀)을 하여 보세
❷ 상황: 풍랑이 그친 후 해돋이 장관을 구경함.
➡ 이윽고 해가 돋거늘 장관을 구경하여 보세

⓭ 일어나 배 문 열고 문설주 잡고 서서
➡ 일어나 배(선실) 문을 열고 문설주를 잡고 서서

⓮ 사면(四面)을 돌아보니 어와 장할시고
➡ 사면을 돌아보니 어와(아아) 굉장하도다

⓯ 인생 천지간에 ㉠<u>이런 구경</u> 또 있을까
❷ 정서: 해돋이 장관을 보고 감탄함.
➡ 인생 천지간에 이런 구경이 또 있을까

⓰ 구만리 우주 속에 큰 물결뿐이로다
➡ 넓고 넓은 우주 속에 큰 물결뿐이로다

대풍: 큰 바람. 또는 모진 바람
자욱하다: 연기나 안개 따위가 잔뜩 끼어 흐릿하다.(= 자옥하다)
초석: ① 왕골, 부들 따위로 엮어 만든 자리 ② 짚으로 엮어 만든 자리 혹은 볏짚을 깔아 놓아 앉게 만든 자리(= 짚자리)
희롱하다: 서로 즐기며 놀리거나 놀다.
장관: 훌륭하고 장대한 광경
문설주: 문짝을 끼워 달기 위하여 문의 양쪽에 세운 기둥

＊❶～⓰행 요약: 배 안에서 풍랑을 만났다가 풍랑이 그친 후 해돋이 장관을 감상함.

(중략)

⓱ 그중에 전승산이 글 쓰는 양(樣) 바라보고 ————[A]
필담을 나누는 상대
➡ 그중에 전승산이 (나의) 글 쓰는 모습을 바라보고

⓲ 필담(筆談)으로 써서 뵈되 전문(傳聞)에 퇴석(退石) 선생
'나'가 글 쓰는 모습을 보던 '전승산'이 필담을 시작함.
➡ 글로 써서 보여 주되 다른 사람에게 전해 듣기에 퇴석 선생이

⓳ 쉬 짓기가 유명(有名)터니 선생의 빠른 재주
'나'의 글재주를 높이 평가함.
➡ 글을 쉽게 짓기로 유명하더니 선생의 빠른 재주를

⓴ 일생 처음 보았으니 엎디어 묻잡나니
➡ 일생에 처음 보았으니 엎드려 묻자오니

㉑ 필연코 귀한 별호(別號) 퇴석인가 하나이다
➡ (선생의) 마땅히 귀한 별명이 퇴석인가 하나이다

㉒ 내 웃고 써서 뵈되 늙고 병든 둔한 글을
❷ 상황: 필담을 쓰고 있음. ❷ 태도: 겸손함.
➡ 내가 웃고 써서 보여 주되 늙고 병든 둔한 글을

㉓ 포장((褒奬)을 과히 하니 수괴(羞愧)*키 가이 없다
❷ 태도: 겸손함.
➡ 겉으로 그럴 듯하게 꾸미는 것을 지나치게 하니 부끄럽고 창피하기 끝이 없다

[B]

[C]

㉔ 승산이 다시 하되 소국(小國)의 천한 선비
'전승산'이 자신을 낮추어 표현함.
➡ 승산이 다시 글을 써서 보여 주되 소국의 천한 선비가

㉕ 세상에 났삽다가 ㉡<u>장(壯)한 구경</u> 하였으니
➡ 세상에 태어나서 이렇게 굉장한 구경을 하였으니

㉖ 저녁에 죽사와도 여한이 없다 하고
➡ 저녁에 죽어도 남은 한이 없다 하고

㉗ 어디로 나가더니 또다시 들어와서
➡ 어디로 나가더니 또다시 들어와서

㉘ 아롱보(褓)에 무엇 싸고 삼목궤(杉木櫃)에 무엇 넣어
아롱아롱한 무늬의 보자기   삼나무로 만든 그릇
➡ 아롱보(보자기)에 무엇을 싸고 삼나무로 만든 그릇에 무엇을 넣어

㉙ 이마에 손을 얹고 엎디어 들이거늘
'나'를 높이는 '전승산'의 태도
➡ 이마에 손을 얹고 엎드려 드리거늘(나에게 주거늘)

㉚ 받아 놓고 피봉(皮封)* 보니 봉(封)한 위에 쓰였으되
➡ 받아놓고 봉투의 겉면을 보니 봉한 위에 쓰였으되

㉛ 각색 대단(大緞) 삼단이요 사십삼 냥 은자(銀子)로다
비단   은돈
'나'에게 글 값으로 주려는 것
➡ 갖가지 빛깔의 비단 세 단이요 사십삼 냥의 은돈이로다

㉜ 놀랍고 어이없어 종이에 써서 뵈되
❷ 정서: 글 값을 받아 놀라고 어이없음.
➡ 놀랍고 어이없어 종이에 써서 보이되

㉝ 그대 비록 외국이나 선비의 몸으로서
➡ 그대 비록 외국이나 선비의 몸으로서

㉞ 은화를 갖다 가서 글 값을 주려 하니
➡ 은돈을 갖다가 글 값을 주려 하니

㉟ 그 뜻은 감격하나 의(義)에 크게 가하지 않아
➡ 그 뜻은 감격스럽지만 의로움에 크게 맞지 않아

㊱ 못 받고 도로 주니 허물하지 말지어다
글 값을 거절함.
➡ 받지 않고 도로 돌려주니 이를 나무라지 말지어다

[D]

[E]

필담: 말이 통하지 아니하거나 말을 할 수 없을 때에, 글로 써서 서로 묻고 대답함.
전문: 다른 사람을 통하여 전하여 들음. 또는 그런 말
별호: ① 본명이나 자 이외에 쓰는 이름. 허물없이 쓰기 위하여 지은 이름이다. ② 별명
포장: 칭찬하여 장려함.
허물하다: 허물을 들어 꾸짖다.

＊⓱～㊱행 요약: 일본인 선비 '전승산'과 필담을 나눔.

＊**지함**: 땅이 움푹하게 주저앉은 곳
＊**차아**: 줄기에서 벋어 나간 곁가지
＊**수괴**: 부끄럽고 창피함.
＊**피봉**: 겉봉

■**갈래**: 기행 가사   ■**창작 시기**: 조선 후기
■**내용**: 이 작품은 조선 영조 때 문인 김인겸이 통신사로 일본을 방문하여, 출발부터 다시 돌아올 때까지의 여정과 견문을 기록한 기행 가사이다. 일본의 문물, 제도, 풍물 등에 대한 객관적인 정보를 제공하고 있으며, 화자가 일본에서 경험한 일에 대한 구체적인 묘사가 돋보이는 작품이다.
■**주제**: 일본 여행의 견문
■**이것이 핵심!**: 시에 등장하는 표현상의 특징― 비유적 표현

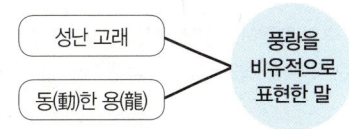

A 43 정답 ① ＊표현상의 특징 파악하기 … [정답률 72%]

윗글에 대한 설명으로 적절하지 <u>않은</u> 것은?

> **왜 정답?**

① <u>동물의 역동성</u>을 통해 공간의 분위기를 긍정적으로 바꾸
'성난 고래 동한 용'　　　위태로운 상황을 드러내므로 적절하지 않음.
고 있다.

＊근거: ❾

'성난 고래 동한 용'은 동물의 역동성을 통해 큰 파도가 요동치는 모습을 나타낸 비유적 표현이다. 즉, 실제 동물의 모습을 드러낸 것이 아니라 비유적 표현에 해당한다. 또 이는 화자가 위태로운 상황에 처해 있음을 드러내는 표현이므로 공간의 분위기를 긍정적으로 바꾸고 있다고 볼 수 없다.

> **왜 오답?**

② 거대한 자연물에 비유하여 악화된 기상 상황을 표현하고 있다.
'태산 같은 성난 물결'

＊근거: ❸

'태산 같은 성난 물결'에서 '태산(큰 산)'이라는 거대한 자연물에 비유하여 악화된 기상 상황을 표현하고 있다.

③ 식물의 연약한 속성을 활용하여 화자의 위태로운 상황을 드러내고 있다.
'크나큰 만곡주가 나뭇잎 불리이듯'

＊근거: ❹

화자가 탄 배인 '크나큰 만곡주'가 '나뭇잎 불리이듯' 한다고 표현하며 자신의 위태로운 상황을 드러내고 있다.

④ 상승과 하강의 이미지를 대비하여 목전에 닥친 위기감을 강조하고 있다.
'하늘에 올랐다가 지함에 내려지니'

＊근거: ❺

'하늘에 올랐다가 지함에 내려지니'에서 화자는 자신의 위기 상황을 상승과 하강 이미지의 대비를 통해 드러내고 있다.

⑤ 인물의 행동을 시간의 흐름에 따라 열거하여 상황을 구체
필담을 주고받는 '전승산'과 '나'의 행동을 시간의 흐름에 따라 열거함.
적으로 보여 주고 있다.

＊근거: ⓱～㊱

'중략' 이후를 보면 '필담으로 써서 뵈'는 '전승산'의 행동에 '내 웃고 써서 뵈되'라며 화자의 행동이 제시되고, 이어서 '승산이 다시 하자' '놀랍고 어이없어 종이에 써서 뵈되'라며 화자의 행동 또한 다시 이어진다. 따라서 시간의 흐름에 따른 인물의 행동이 열거되고 있다고 볼 수 있다.

A 44 정답 ③ ＊시어 및 구절의 의미 파악하기 [정답률 88%]

㉠과 ㉡에 대한 이해로 가장 적절한 것은?

• ㉠: ㉠은 '이런 구경'이라는 구절로, 풍랑이 그친 후의 해돋이 장관을 본 '나'의 표현입니다.

• ㉡: ㉡은 '장한 구경'이라는 구절로, '나'의 글 쓰는 모습을 본 '전승산'의 표현입니다.

즉 ㉠의 해돋이 장관과 ㉡의 '나'의 글 쓰는 모습에 대한 설명으로 적절한 것을 고르는 문제입니다.

> **왜 정답?**

③ ㉠은 <u>자연의 풍광</u>에 대한 감탄을, ㉡은 <u>인물의 능력</u>에 대
해돋이 장관에 대한 감탄　　　'나'의 글재주에 대한 감탄
한 감탄을 표현하고 있다.

＊근거: ⓯, ㉕

㉠은 풍랑이 멈춘 후의 해돋이 장관에 대한 화자의 감탄이 담긴 표현이며, ㉡은 '전승산'이 본 '나'의 글 짓는 모습, 즉 글재주에 대한 감탄의 표현이다.

따라서 ㉠은 해돋이라는 자연의 풍광에 대한 감탄을, ㉡은 '나'의 능력에 대한 타인의 감탄을 표현하고 있다.

> **왜 오답?**

① ㉠과 ㉡은 모두 화자의 <u>고난 극복 의지</u>를 드러내고 있다.
㉠과 ㉡ 모두 해당하지 않음.

㉠과 ㉡ 모두 고난 극복 의지와는 관련이 없다.

② ㉠과 ㉡은 모두 화자가 구경하는 대상의 실체를 은폐하고
실체를 숨기고
있다.
㉠과 ㉡ 모두 해당하지 않음.

㉠과 ㉡ 모두 대상에 대한 솔직한 감탄의 심경을 드러내고 있을 뿐, 대상의 실체를 은폐하고 있지 않다.

④ ㉠은 화자의 관찰력에 대한, ㉡은 화자의 창조력에 대한
타인의 평가를 담고 있다.
㉠은 타인의 평가가 아니며, ㉡은 '나'의 글재주에 대한 '전승산'의 평가가 드러남.

㉠은 화자 자신이 바라보는 장관에 대한 화자의 감탄이다. ㉡은 '나'의 글재주에 대한 '전승산'의 감탄이므로 '나'의 창조력에 대한 타인의 평가가 담겼다고 볼 수 있다.

⑤ ㉠은 대상에 대한 화자의 만족을, ㉡은 대상에 대한 화자
해돋이 장관에 대한 만족이 드러남.
의 아쉬움을 드러내고 있다.
아쉬움이 아니라 감탄의 표현임.

㉠은 화자의 만족을 드러내는 것이지만, ㉡은 화자의 아쉬움과는 관련이 없다.

A 45 정답 ④ ＊〈보기〉를 바탕으로 감상하기 · [정답률 58%]

〈보기〉를 바탕으로 윗글을 감상한 내용으로 적절하지 <u>않은</u> 것은? [3점]

• 〈보기〉를 바탕: 〈일동장유가〉에 기술된 필담에는 대화가 시작되는 상황, 문답의 내용, 의사소통의 심층적 의미, 선비로서의 예법 등이 포함되어 있습니다.

• 윗글: 화자인 '나'와 일본인 문인인 '전승산'이 필담을 나누는 장면을 서술하고 있습니다.

즉 '나'와 '전승산'의 필담 장면에서 알 수 있는 대화의 계기, 내용, 의미 등을 잘못 파악한 것을 고르는 문제입니다.

─────────[보기]─────────

❶ 사행 가사인 〈일동장유가〉에는 화자와 일본인 문인 사이의
사신 행차
필담 장면이 기술되어 있는데, 필담을 통한 문답 형식은 일종
③의 근거
의 대화의 성격을 지닌다. ❷ 필담 속에는 대화가 시작되는 상
[A]에 해당함. ①의 근거
황, 문답의 주요 내용, 의사소통의 심층적 의미, 선비로서의
예법 등이 자연스럽게 포함되어 있다.

─────────────────────────

> **왜 정답?**

④ [B]의 '<u>귀한 별호 퇴석</u>'과 [D]의 '<u>소국의 천한 선비</u>'는 선비
'나'를 지칭하는 말　　　'전승산'이 자신을 낮추는 말
의 예법을 동원하여 동일한 사람을 다르게 지칭한 표현이군.

＊근거: ㉑～㉔

[B]의 '귀한 별호 퇴석'은 '전승산'이 '나'를 지칭하는 표현이고, [D]의 '소국의 천한 선비'는 '전승산'이 스스로를 낮춰서 표현한 것이다. 따라서 두 표현이 가리키는 사람은 다르다.

[**동원하다**: 어떤 목적을 달성하고자 사람을 모으거나 물건, 수단, 방법 따위를 집중하다.

왜 오답 ?

① [A]는 [B]~[D]의 필담이 시작되는 계기를 보여 주는군.
'전승산이 글 쓰는 양 바라보고'

*근거: ⑰, 〈보기〉 ❷문장

[A]를 통해 '전승산'이 '나'의 글 쓰는 모습을 바라보고 필담을 쓰게 되었음을 알 수 있다. 따라서 필담이 시작되는 계기를 보여 준다고 할 수 있다.

② [B]의 '빠른 재주'는 '나'의 글에 대한 상대의 평가를, [C]의 '늙고 병든 둔한 글'은 자신의 글에 대한 '나'의 입장을 보여 주는군.
'전승산'이 '나'의 글을 높이 평가함. / '나'가 겸손한 태도를 보임.

*근거: ⑲, ㉒

[B]에서는 '전승산'이 '나'의 글을 '빠른 재주'라며 높이 평가하고 있으며, [C]에서는 '나'가 자신의 글을 '늙고 병든 둔한 글'이라며 겸손한 태도를 보이고 있다.

③ [B]의 '필담으로 써서 뵈되'와 [C]의 '내 웃고 써서 뵈되'를 통해, 문답의 형식을 활용하여 의사소통 장면을 구체적으로 제시하는군.
묻고 답하는 형식 '전승산'의 행위 '나'의 행위
필담을 통한 문답 형식으로 의사소통의 상황을 드러냄.

*근거: ⑱, ㉒, 〈보기〉 ❶ 문장

[B]에서는 '전승산'이 '필담으로 써서 뵈'고 있고, [C]에서는 이에 대한 답으로 '나'가 '웃고 써서 뵈'고 있다. 즉, 〈보기〉에서 말하는 '필담을 통한 문답 형식'으로 의사소통하는 상황을 드러내고 있는 것이다.

⑤ [D]에는 '나'의 글에 대한 상대의 찬사가 나타나 있고, [E]에는 상대의 글 값에 대한 '나'의 거절이 드러나 있군.
'장한 구경 하였으니 / 저녁에 죽사와도 여한이 없다 하고' / '못 받고 도로 주니'

*근거: ㉕, ㉖, ㊱

[D]에서 '전승산'은 '나'의 글에 대해 '장한 구경'을 하였다고 하며 '죽사와도 여한이 없다'고 찬사를 표현하고 있다. 그러고 나서 '전승산'은 '나'에게 글 값을 주는데, 이에 대해 '나'는 [E]에서 '못 받고 도로 주'겠다고 거절하고 있다.

⌈ **찬사:** 칭찬하거나 찬양하는 말이나 글

Ⓐ 46~48 ─────── [2017년/수능(홀) 43~45]

홍순학, 〈연행가〉

❶ 화자, 중심 대상　❷ 상황, 정서, 태도　❸ 표현상 특징　[시 해석]

❶ 좌우에 탁자 놓아 만권 서책 쌓아 놓고
➡ 좌우에 탁자를 놓아 만권 서책을 쌓아 놓고

❷ 낯선 문물
㉠자명종과 자명악은 절로 울어 소리하며
➡ 자명종과 자명악(자동으로 연주되는 악기)은 저절로 소리를 내며

❸ 좌우에 당전(唐氈) 깔고 담방석과 백전요며
담요
➡ 좌우에 당나라 담요를 깔고 담방석(짐승의 털로 만든 방석)과 백전요(흰색 모직물)를 두고

❹ 고급 나무 의자
㉡이편저편 화류교의(樺榴交椅) 서로 마주 걸터앉고
➡ 이편저편 화류교의(붉은색의 목재로 만든 의자)에 서로 마주 걸터앉고

❺ 거기 사람 처음 인사 차 한 그릇 갖다 준다
❷ 상황: 당나라 사람과 처음 인사함.
➡ 거기 사람과 처음 인사하는데 차 한 그릇을 갖다 준다

❻ 화찻종에 대를 받쳐 가득 부어 권하거늘
➡ 찻잔에 받침대를 받쳐 가득 부어 권하거늘

❼ 파르스름 노르스름 향취가 만구하데
➡ 파르스름 노르스름 향취가 가득한데

[A]

❽ ❶ 화자: 우리(나)
저희들과 우리들이 언어가 같지 않아
말이 통하지 않아 글로 소통함.
➡ 그들과 우리의 언어가 같지 않아

---

❾ 말 한마디 못 해 보고 덤덤하니 앉았으니
❷ 상황: 당나라 사람과 언어가 달라 말을 나누지 못하고 있음.
➡ 말 한마디 못 해 보고 그저 덤덤하게 앉아 있으니

❿ 귀머거리 벙어린 듯 물끄러미 서로 보다
➡ 귀머거리 벙어리인 듯 서로 물끄러미 보다가

⓫ 천하의 글은 같아 필담이나 하오리라
❷ 상황: 말이 통하지 않아 글로 대화를 나눔.
➡ 천하의 글은 같으니 (한자로) 글을 써서 의사소통하오리라

⓬ 당연(唐硯)에 먹을 갈아 양호수필(羊毫鬚筆) 덤뻑 찍어
중국의 벼루　붓
➡ 벼루에 먹을 갈아 붓을 찍어

⓭ 시전지(詩箋紙)를 빼어 들고 글씨 써서 말을 하니
시·편지를 쓰는 종이
➡ 종이를 들고 글씨를 써서 말을 하니

⓮ 묻는 말과 대답함을 글귀 절로 오락가락
➡ 질문과 대답이 글을 통해 저절로 오가고

⓯ 간담을 상응하여 정곡(情曲) 상통(相通)하는구나
❷ 정서: 글로 정답게 이야기를 주고받아 속마음이 통함.
➡ 서로 정답게 이야기를 주고받으니 속마음이 통하는구나

*❶~⓯행 요약: 언어가 달라 필담으로 이야기를 주고받음.

(중략)

⓰ 황상이 상을 주사 예부상서 거행한다
「 ❸ 잔치를 대접받음.
➡ 황제가 상을 내리셔서 예부상서가 상을 준다.

⓱ 삼 사신과 역관이며 마두와 노자(奴子)까지
➡ 세 명의 사신과 역관, 마두, 노자까지

⓲ 은자며 비단 등속 차례로 받아 놓고
➡ 비단 같은 것을 차례로 받아 놓고

⓳ 삼배(三拜)에 구고두(九叩頭)*로 사례하고 돌아오니
➡ 세 번 절하고 머리를 땅에 아홉 번 조아리며 사례하고 돌아오니

⓴ 상마연* 잔치한다 예부에서 지휘하기로
➡ 상마연 여는 것을 관청에서 지휘하고

㉑ 삼 사신과 역관들이 예부로 나아가니
➡ 세 명의 사신과 역관들이 관청으로 나아가니

㉒ 대청 위에 포진하고 상을 차려 놓은 모양
➡ 대청 위에 늘어놓고 상을 차려 놓은 모양이

㉓ 메밀떡에 밀다식에 겉밤 머루 비자(榧子) 등물(等物)
❸ 표현상의 특징: 열거법
➡ 메밀떡, 밀로 만든 다식, 껍질을 까지 않은 밤, 머루, 비자나무 열매 같은 것들과

㉔ 푸닥거리 상 벌이듯 좌우에 떠벌였다
➡ 무당의 굿 상 차리듯 좌우에 놓여 있다

[B]

다양한 음식이 차려짐.

㉕ 다 각기 한 상씩을 앞에다 받아 놓으니
➡ 다 각기 한 상씩 앞에다 받아 놓으니

㉖ 비위가 뒤집혀서 먹을 것이 전혀 없네
음식이 비위에 맞지 않음.
➡ 비위가 뒤집혀서 먹을 것이 전혀 없네

㉗ 삼배주를 마시는 듯 연파(宴罷)하고 일어서서」
잔치를 마치고
➡ 세 잔의 술을 마시고 잔치를 끝내고 일어서서

㉘ 뜰에 내려 북향하여 구고두 사례한 후
예의를 갖춤.
➡ 뜰에 내려 북쪽을 향하여 구고두로 감사 인사를 하고

㉙ 관소로 돌아와서 회환(回還) 날짜 택일하니
돌아올 날짜를 고르니
➡ 관소로 돌아와서 (고국에) 돌아갈 날짜를 고르니

㉚ ㉢사람마다 짐 동이느라 각 방은 분분하고
❷ 상황: 짐을 싸느라 방이 분주함.
➡ 사람마다 짐 싸느라 각 방은 분주하고

㉛ 홍정 외상 셈하려 주주리는 지저귄다
➡ 외상을 셈하려고 주절거리고 지껄인다

㉜ ㉣장계(狀啓)를 발정(發程)하여 선래 군관(先來軍官) 전송하고
길을 떠나
➡ 왕에게 보고하는 문서를 먼저 돌아가는 군관을 통해 보내고

㉝ 추칠월 십일일에 회환하여 떠나오니
➡ 음력 칠월 십일일에 (고국에) 돌아가려 (청나라를) 떠나니

㉞ 한 달 닷새 유하다가 시원하고 상연(爽然)하구나
매우 시원하고 상쾌하구나
❷ 정서: 연행에 갔다가 돌아와 시원하고 상쾌함.
➡ 한 달하고 오 일 머무르다가 (떠나니) 시원하고 상쾌하구나

㉟ 천일방(天一方) 우리 서울 창망하다 갈 길이여
넓고 멀어 아득하다
➡ 하늘 한쪽 끝 우리 서울(중국 옆에 있는 우리나라) 갈 길이 멀어서 아득하다

㊱ 풍진이 분운(紛紜)한데 집 소식이 돈절하니 : 대조적인 상황
말이 많은데
➡ 바람에 날리는 티끌이 복잡하고 어지러운데 집 소식이 끊어지니

㊲ 사오 삭(朔) 타국 객이 귀심(歸心)이 살 같구나
개월 / 고국으로 돌아가고 싶은 마음
❷ 정서: 고향으로 돌아가고 싶은 마음이 간절함.
➡ 사오 개월 타국 손님이 고향으로 돌아가고 싶은 마음이 간절하구나

㊳ 숭문문 내달아서 통주로 향해 가니
❷ 상황: 고향으로 돌아감.
➡ 숭문문(중국에 있는 문) 밖으로 내달아서 통주로 향해 가니

❸ 표현상의 특징: 대구법

㊴ ㉤올 적에 심은 곡식 추수가 한창이요
시간의 경과(봄 → 가을)를 알 수 있음.
➡ (청나라에) 올 때에 심은 곡식은 추수가 한창이요

㊵ 서풍이 삽삽하여 가을빛이 쾌히 난다
쌀쌀하여
➡ 서풍이 쌀쌀하여 가을빛이 난다

＊⑯~㊵행 요약: 황제가 내려준 잔치를 파하고 고국에 돌아오니 가을이 되었음.

＊구고두: 공경하는 뜻으로 머리를 땅에 아홉 번 조아림.
＊상마연: 일을 마치고 떠나가는 외국 사신들을 위하여 베풀던 잔치

■ **갈래**: 기행 가사　■ **창작 시기**: 조선 후기
■ **내용**: 이 작품은 작가가 사신단의 일원으로 청나라 연경을 다녀와 보고 들은 것과 감상을 기록한 장편 기행 가사이다. 청나라의 풍경을 자세하게 묘사하고, 문물과 풍속을 사실적이고도 비판적인 시선으로 그려 내고 있다.
■ **주제**: 청나라 연경을 다녀 온 견문과 그 여정
■ **이것이 핵심!**: 화자가 고국으로 돌아오는 이동 경로

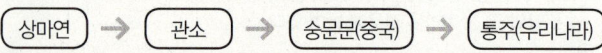

상마연 → 관소 → 숭문문(중국) → 통주(우리나라)

A 46 정답 ③ ＊표현상의 특징 파악하기 … [정답률 72%]

윗글에 대한 설명으로 가장 적절한 것은?

왜 정답?

③ 객지에서의 낯선 풍물 및 경험에 대한 정서를 드러내고 회환할 때의 심정을 서술하고 있다.
'간담을 상응하여 정곡 상통하는구나' / '시원하고 상연하구나'

＊근거: ⑮, ㉞

화자는 연행을 가서 보고 들은 일을 노래하고 있다. 즉, 청나라에서 낯선 풍물을 접한 일, 필담을 나누며 대화를 한 일, 잔치에 참석한 일 등에 대한 정서를 드러내고, 귀국할 때의 감정을 서술하고 있다.

회환하다: 갔다가 돌아오다.
풍물: 어떤 지방이나 계절 특유의 구경거리나 산물

왜 오답?

① 자연의 경이로운 풍광에 대한 감상을 장황하게 서술하고 있다.
드러나지 않음.

자연의 경이로운 풍광에 대한 감상을 장황하게 서술한 내용은 없다.

풍광: 산이나 들, 강, 바다 따위의 자연이나 지역의 모습

② 학문과 관련된 사물을 나열하여 입신양명에 대한 화자의 관심을 드러내고 있다.
필담의 과정에서 사물을 언급한 것뿐임.

당연, 먹, 양호수필, 시전지 등 학문과 관련한 사물이 나열되어 있긴 하지만, 이는 화자의 입신양명에 대한 관심을 드러낸 표현은 아니다.

입신양명: 출세하여 이름을 세상에 떨침.

④ 공식적인 행사에 참여한 다양한 사람들의 외양과 감정을 개성적으로 표현하고 있다.
화자의 심리만 드러남.

'상마연 잔치한다'를 볼 때 화자가 공식적인 행사에 참여한 것은 맞다. 하지만 행사에 참여한 다양한 사람들의 외양과 감정을 묘사하진 않았다.

⑤ 구체적인 시간을 나타내는 표현을 제시하여 귀국까지의 여정이 마무리되었음을 알려 주고 있다.
아직 마무리되지 않았음.

'추칠월 십일일'에서 구체적인 시간 표현이 제시되기는 하지만, '숭문문 내달아서 통주로 향해 가니'로 보아 화자는 귀국하는 도중임을 알 수 있다. 따라서 여정이 마무리되었음을 알려 준다고 볼 수 없다.

A 47 정답 ⑤ ＊표현상의 특징 파악하기 … [정답률 83%]

㉠~㉤을 이해한 내용으로 가장 적절한 것은?

• ㉠~㉤: ㉠은 청나라 악기가 연주되고 있는 상황, ㉡은 청나라 사람들과 마주 앉은 상황, ㉢은 고국으로 돌아가기 위해 짐을 싸는 상황, ㉣은 고국으로 돌아간다는 문서를 보낸 상황, ㉤은 청나라에 갈 때 심은 곡식을 추수하고 있는 상황입니다.

즉 ㉠~㉤에 드러나는 표현상의 특징으로 적절한 것을 고르는 문제입니다.

왜 정답?

⑤ ㉤: 계절감을 드러내는 표현을 사용하여 시간의 경과를 보여 주고 있다.
'추수' / 올 적에 곡식을 심었었는데, 추수가 한창일 때 돌아간다는 것이므로 시간의 경과가 드러남.

＊근거: ㊴

'올 적에 심은 곡식 추수가 한창이요'는 '가을'이라는 계절감을 드러내는 표현이다. '올 적에 심은 곡식' 즉, 청나라로 출발할 때는 '봄'이었는데, 돌아갈 때는 '가을'이 되었을 정도로 시간이 한참 경과되었음을 보여 주고 있다.

왜 오답?

① ㉠: 청각적 이미지를 사용하여 대상이 지닌 슬픔을 표현하고 있다.
'절로 울어 소리하며' / 대상이 슬픈 상황이 아님.

＊근거: ❷

'절로 울어 소리하며'에서 청각적 이미지가 사용되었지만, 대상이 지닌 슬픔을 표현했다고 볼 수는 없다. 여기서 울어 소리한다는 것은 '자명종과 자명악'과 같은 낯선 풍물에서 소리가 나온다는 의미로 봐야 한다.

② ㉡: 지시적 표현을 사용하여 상대와의 친밀감을 드러내고 있다.
'이편저편' / 처음 만난 상황이므로 친밀하다고 볼 수 없음.

＊근거: ❹

'이편저편'이라는 지시적 표현을 사용하였으나, 상대와 처음 만나는 상황이므로 친밀감을 드러낸 것은 아니다.

③ ⓒ: 음성 상징어를 사용하여 이동을 앞둔 여유로운 분위기
쓰이지 않았음.   짐싸느라 분주함.
를 드러내고 있다.

＊근거: ㉚

'분분'은 음성 상징어가 아니라 형용사로, 떠들썩하고 뒤숭숭한 상황을 나타
낸다. 그리고 '사람마다 짐 동이느라' 바쁜 상황이기에, '여유로운 분위기'가
아니라 분주한 상황이다.

④ ⓓ: 대구적 표현을 사용하여 새로운 계책을 마련한 기쁨을
고국으로 돌아가는 상황이므로 새로운 계책을 마련했다고 볼 수 없음.
드러내고 있다.

＊근거: ㉜

'장계를 발정하여 선래 군관 전송하고'를 대구적 표현으로 볼 수도 있으나,
왕의 명령을 받고 떠났다가 돌아가는 길의 상황에 대해 이야기할 뿐, '새로
운 계책을 마련한 기쁨'을 드러낸 것은 아니다.

Ⓐ 48 정답 ① ＊시어 및 구절의 의미 파악하기 ·· [정답률 82%]

[A], [B]에 대한 감상으로 적절하지 않은 것은? [3점]

· [A]: [A]는 청나라 사람들과 말이 달라 글로 소통하는 모습입니다.
· [B]: [B]는 황제에게 상을 받고 여러 음식을 대접받은 상황입니다.

🔑 [A]와 [B]에 제시된 내용을 잘못 파악한 것을 고르는 문제입니다.

➤왜 정답?

① [A]에서 '간담을 상응하여'는 상대방에 대한 경계심을, [B]
정답게 이야기를 주고받았다는 의미이므로 적절하지 않음.
에서 '뜰에 내려 북향하여'는 상대방에 대한 거부감을 드러내
인사하기 위한 것이므로 적절하지 않음.
는군.

＊근거: ⑮, ㉘

[A]의 '간담을 상응하여'는 '필담'을 통해 상대방과 마음을 통하며 이야기를
나누는 상황에 대한 심리이기에, '상대방에 대한 경계심'을 드러낸다는 말은
적절하지 않다. 또한 [B]의 '뜰에 내려 북향하여'는 청나라 황제에게 사례하
는 모습으로, '상대방에 대한 거부감'이 아니라 예의를 갖추는 모습이다.

➤왜 오답?

② [A]에서 '우리들'은 '거기 사람'에게 인사로 차를 대접받고,
'거기 사람 처음 인사 차 한 그릇 갖다 준다'
[B]에서 '삼 사신' 일행은 '예부상서'를 통해 황상의 상을 하사
'황상이 상을 주사 예부상서 거행한다'
받고 있군.

＊근거: ⑤, ⑯

[A]의 '거기 사람 처음 인사 차 한 그릇 갖다 준다'에서 '우리들'이 '거기 사
람'인 청나라 사람에게 인사로 차를 대접받았음을 알 수 있다. 또한 [B]의 '황
상이 상을 주사 예부상서 거행한다'에서 '삼 사신' 일행이 '예부상서'를 통해
'황상의 상'을 하사받았음을 파악할 수 있다.

③ [A]에서 '필담'은 의사소통의 어려움을 해결하는 수단을,
'천하의 글은 같아 필담이나 하오리라'
[B]에서 '구고두'는 의례적 상황에서 감사를 표하는 공식적 예
'공경하는 뜻으로 머리를 땅에 아홉 번 조아림.' '삼배에 구고두로 사례하고'
법을 나타내는군.

＊근거: ⑧, ⑪, ⑲

[A]에서는 '필담'을 통해 서로의 마음을 전하고 있기에, '필담'이 '의사소통의
어려움을 해결'한 수단이라는 말은 적절하다. 또한 [B]의 '구고두'는 공경하
는 뜻으로 머리를 땅에 아홉 번 조아리는 것으로, 황상이 조선 사신 일행에
게 상을 주고 잔치를 베풀어 주는 행위에 감사를 표하는 예법이라 볼 수 있다.

④ [A]에서 '글귀 절로 오락가락'은 난처한 상황이 해소되고
말이 통하지 않아 난처했는데, '필담'으로 소통하게 되었음.
있음을, [B]에서 '비위가 뒤집혀서'는 난감한 상황에 처하게
음식을 한 상 준비해 주었는데, 비위에 맞는 것이 없어 난감함.
되었음을 드러내는군.

＊근거: ⑭, ㉖

[A]의 '글귀 절로 오락가락'은 서로의 말이 같지 않아 대화를 나누지 못했던
상황에서 '필담'을 통해 비로소 의사소통을 하며 마음을 나누는 것이기에 '난
처한 상황이 해소'된 것이라 볼 수 있다. 또한 [B]의 '비위가 뒤집혀서' 이후
'먹을 것이 전혀 없네'라는 말을 통해, 청나라에서 황상에게 푸짐한 잔칫상
을 받았으나 입에 맞는 것이 없어 난감해하고 있음이 드러난다.

⑤ [A]의 '귀머거리 벙어린 듯'은 대화가 이루어지지 못하는
언어가 같지 않아 대화하지 못함.
상황을, [B]의 '메밀떡에 밀다식에 겉밤' 등은 여러 가지 음식
다양한 음식이 한 상 차려진 상황임.
을 차려 놓은 상황을 알려 주는군.

＊근거: ⑩, ㉓, ㉔

[A]의 '귀머거리 벙어린 듯'은 언어가 같지 않아 말을 할 수 없는 상황이다.
[B]의 '메밀떡에 밀다식에 겉밤 머루 비자 등물 / 푸닥거리 상 벌이듯 좌우에
떠벌였다'에서 알 수 있듯이 여러 음식을 차려 놓았음을 파악할 수 있다.

Ⓐ 49~51 ──── [2017년(9월)/평가원 16~18]

신흠, 〈방옹시여〉

❶ 화자, 중심 대상 ❷ 상황, 정서, 태도 ❸ 표현상 특징 [고어 읽기] [시 해설]

(가)

```
  산촌에       눈이   오니  돌길이    뭇쳐셰라
```
❶ 화자가 있는 곳과 속세의 연결을 막는 대상
산촌(山村)에 눈이 오니 돌길이 뭇쳐셰라
❷ 상황: 산촌에 있는 작은 초가집에서 머무르고 있음.
➡ 산촌에 눈이 오니 돌길이 묻혔구나.

```
시비를          여지  마라    날  ᄎᆞ즈리  뉘 이스리
```
❶ 화자: 나   ❸ 표현상 특징: 설의법
시비(柴扉)를 여지 마라 날 ᄎᆞ즈리 뉘 이스리
나뭇가지를 엮어 만든 문   ❷ 상황: 세상을 멀리하며 은거하고 있음.
➡ 사립문 열지 마라 날 찾을 이 누가 있을까.

❸ 밤듕만   일편명월   ᄀᆞ 벗인가 ᄒᆞ노라
밤듕만 일편명월(一片明月)이 긔 벗인가 ᄒᆞ노라 〈제1수〉
❷ 태도: 자연 친화적
➡ 밤중에 한 조각 밝은 달이 내 벗인가 하노라.

[일편명월: 한 조각의 밝은 달

＊〈제1수〉 요약: 달빛을 벗 삼아 보내는 산촌의 겨울밤

(나)

❶ 셧가래   기나 자르나 기동이 기우나 트나
[셧ᄀᆞ래 기나 ᄌᆞ르나 기동이 기우나 트나] 「」: 대구법
➡ 서까래가 기나 짧으나 기둥이 기우나 터지나

❷ 수간모옥   을 작은 줄 웃지 마라
수간모옥(數間茅屋)＊을 ᄌᆞᆨ은 줄 웃지 마라
❷ 태도: 자연 속 삶에 대해 만족함.
➡ 몇 칸뿐인 초가집이 작다고 비웃지 마라.

❸ 어즈버   만산 나월이   다 내 거신가 ᄒᆞ노라
어즈버 만산 나월(滿山蘿月)＊이 다 ᄂᆡ 거신가 ᄒᆞ노라 〈제8수〉
❷ 정서: 자연 속 삶에 대한 만족감, 자부심
➡ 아아, 달이 모두 내 것인가 하노라.

[셧ᄀᆞ래: 마룻대에서 도리 또는 보에 걸쳐 지른 나무(= 서까래)

＊〈제8수〉 요약: 수간모옥에서 자연을 즐기는 자족감

(다)

❶ 한식   비 온 밤에 봄빗치 다 퍼졋다
한식(寒食) 비 온 밤에 봄빗치 다 퍼졋다
➡ 한식에 비 온 밤에 봄빛이 다 퍼졌다.
                                                         선경(자연의 경치)

❷ 무정한   화류도   때를 아라 피엿거든
무정(無情)ᄒᆞᆫ 화류(花柳)도 ᄲᆡ를 아라 피엿거든
꽃과 버들
➡ 무정한 꽃과 버들도 때를 알아 피었는데

엇더타 우리의 님은 가고 아니 오는고
❸
❶ 중심 대상: 님
엇더타 우리의 **님**은 가고 아니 오**논**고 후정(화자의 정서) 〈제17수〉
❷ 상황: 돌아오지 않는 '님'에 대해 이야기하고 있음. 정서: 이별한 임에 대한 안타까움, 그리움.
➡ 어찌하여 우리 임은 가고 오지 않는가.

┌ **한식**: 우리나라 명절의 하나. 동지에서 105일째 되는 날로서 4월 5일이나 6
│ 일쯤이 되며, 민간에서는 조상의 산소를 찾아 제사를 지내고 묘를 돌본다.
└ **화류**: 꽃과 버들을 아울러 이르는 말

　　　　＊〈제17수〉 요약: 돌아오지 않는 임에 대한 안타까움

(라)

❶ 어제밤　비 온 후에　　석류　　곳지 다 픠엿다
어**지**밤 비 온 후(後)에 석류(石榴)곳지 다 픠엿다
➡ 어젯밤 비 온 후에 석류꽃이 다 피었다.

❷ 부용　당반에　　　　수정렴을　　거더 두고
부용 당반(芙蓉塘畔)＊에 수정렴(水晶簾)을 거더 두고
　임과 헤어진 화자가 홀로 지내는 공간
➡ 연꽃 핀 연못가에 수정렴 걷어 두고

❸ 눌 향한 깁흔 시름을 못내 푸러 하노라
눌 향한 깁흔 시름을 못내 푸러 **ᄒ**노라 〈제18수〉
❷ 상황: 돌아오지 않는 '님'에 대해 이야기하고 있음. 정서: 임에 대한 그리움, 시름
➡ 누구를 향한 깊은 시름을 못내 풀려 하노라.

　　　　＊〈제18수〉 요약: 임에 대한 그리움으로 깊이 시름하는 마음

(마)

❶ 창밧긔　워석버석　　님이신가　　이러 보니
　　청각적 자극 – 착각을 일으킴　즉각적으로 반응함.
창(窓)밧긔 워셕버셕 님이신가 이러 보니
❸ 표현상의 특징: 음성 상징어 ❷ 상황: '님'을 기다리고 있음.
➡ 창 밖에 워석버석 소리에 임이신가 일어나 보니

❷ 혜란　혜경에　　　낙엽　　은 무스 일고
혜란 혜경(蕙蘭蹊徑)＊에 낙엽(落葉)은 무스 일고
　　　　낙엽 소리를 임의 기척으로 착각함.
➡ 난초 핀 좁은 길에 낙엽은 무슨 일로 떨어져 있었나.

❸ 어즈버　유한한　간장이　　다 끈칠까 하노라
어즈버 유한**ᄒ** 간장(肝腸)이 다 끈칠까 **ᄒ**노라 〈제19수〉
❷ 정서: 슬픔, 그리움
➡ 아아, 끝 있는 (애)간장이 다 끊어질까 하노라.

　　　　＊〈제19수〉 요약: 임이 찾아온 것으로 착각한 상황

＊ 수간모옥: 방이 몇 칸 되지 않는 작은 초가
＊ 만산 나월: 산에 가득 자란 덩굴 풀에 비친 달
＊ 부용 당반: 연꽃이 피어 있는 연못가
＊ 혜란 혜경: 난초가 자라난 지름길

■ **갈래**: 평시조, 연시조　　　　■ **창작 시기**: 조선 중기
■ **내용**: 이 작품은 신흠이 광해군 때 일어난 계축옥사를 경험한 후 정신적 혼
란과 충격에서 벗어나기 위해 산골에 묻혀 생활하는 마음을 노래한 30수의 시조
이다. 제목인 '방옹시여'에서 '방옹'은 조정에서 밀려난 노인이라는 의미로 작가
자신을 가리키며, '시여'는 시가를 의미한다. 〈1수〉는 눈이 내려서 오고 갈 사람이
없는데 문을 닫아걸고 밤중에 명월이나 벗하며 살겠다는 생각을 잘 보여 주고
있다. 그런 점에서 〈1수〉는 뒤에 이어지는 시조들을 대표하는 수로도 볼 수 있다.
■ **주제**: 자연과 벗하며 지내는 전원생활의 정취와 연군의 정

■ **이것이 핵심!**: 상황에 따라 다르게 나타나는 화자의 감정과 태도

(가), (나)	(다) ~ (마)
은거하는 상황, 달을 친구로 여김. ➡ 자족감, 자긍심이 드러남.	'님'에 대해 생각함. ➡ 그리움, 연모의 정이 드러남.

A 49 정답 ③ ＊표현상의 특징 파악하기 … [정답률 86%]
윗글의 표현상 특징에 대한 설명으로 가장 적절한 것은?
　＞왜 정답？
③ (다)에서는 선경후정의 전개 방식을 통해 화자의 내면을
　　　　　　　　선경 – 초장 · 중장, 후정 – 종장: 임에 대한 안타까움과 그리움을 드러냄.
드러내고 있다.

＊근거: (다)
선경후정은 경치를 먼저 이야기한 후에 정서를 서술하는 방식이다. (다)는
초장과 중장에서 봄비가 내린 후의 정경과 화류(꽃과 버들)가 피어 있는 모
습(선경)을 제시하고, 종장에서는 돌아오지 않는 임에 대한 안타까움의 정서
(후정)를 드러내고 있다.

┌ **선경후정**: 시의 앞부분에서 경치를, 뒷부분에서는 이에 대한 화자의 정서를
└ 표현하는 방식

　＞왜 오답？

① (가)에서는 대상과의 문답을 통해 시상을 심화하고 있다.
　　　　　　　 문답이 아닌 독백체임.

(가)는 겨울에 일편명월(달)을 벗 삼아 산촌에서 지내는 심정을 독백조로 노
래했다. 대상과 묻고 답하는 방식으로 시상을 심화하고 있지는 않다.

┌ **대상과의 문답**: '문답'이란 서로 묻고 대답하는 것을 의미한다. 따라서 대상과
└ 의 문답은 화자와 대상이 서로 대답을 주고받는 상황에서 나타난다.

② (나)에서는 과거와 현재를 대비하여 화자의 삶의 태도를
　　　　　　 현재에 대한 만족감이지, 과거와 현재의 대비는 드러나지 않음.
암시하고 있다.

(나)는 수간모옥(작은 초가)에서 자연을 즐기는 자신의 삶에 대해 비웃지 말
라고 말하면서, 자신의 현재 처지에 대한 만족감을 드러내고 있다. 과거와
현재의 대비는 나타나지 않는다.

[**암시하다**: 넌지시 알리다.

④ (라)에서는 대상에 감정을 이입하여 심리적 변화를 우회적
　　　　　　　　　 감정 이입이 아니라, 임을 그리워하는 마음을 직접적으로 드러냄.
으로 표출하고 있다.

(라)에서 화자는 연못가에서 임을 그리워하고 있다. 이러한 마음을 '시름을
못내 푸러 **ᄒ**노라'라고 직접적으로 제시하고 있다. 자연물에 화자의 감정을
투영하는 감정 이입은 드러나지 않는다.

┌ **감정을 이입**: '감정 이입'이란 화자의 감정을 다른 대상에 이입하여 마치 대
│ 상이 화자의 정서를 함께 느끼는 것처럼 표현하는 방법
└ **우회적**: 곧바로 가지 않고 멀리 돌아서 가는

⑤ (마)에서는 대상을 의인화하여 대상이 지닌 속성들을 점층
　　　　　 인격을 부여한 것이 아니라, 낙엽 소리를 임의 기척으로 착각한 것임.
적으로 나열하고 있다.
점층적으로 나열하는 부분은 나오지 않음.

(마)에는 낙엽이 떨어지는 소리를 임이 찾아오는 소리로 착각하는 상황이 나
타나 있을 뿐, 대상에 인격을 부여한 것은 아니다. 대상이 지닌 속성들을 점
층적으로 나열하고 있지도 않다.

┌ **대상을 의인화**: 사람이 아닌 대상을 인격을 가진 존재처럼 표현하는 것으로,
│ 이러한 표현법을 '의인법'이라고 한다.
│ **점층적 나열**: '점층적'이란 정도를 점점 강하게 하거나, 크게 하거나, 높게 하
│ 는 것을 의미한다. 따라서 시어를 점층적으로 나열하면 대상의 속성이 강조
└ 되거나 시의 분위기가 고조되는 효과가 나타난다.

A 50 정답 ④ ＊〈보기〉를 바탕으로 감상하기 · [정답률 84%]
〈보기〉의 ⓐ, ⓑ를 고려하여 (가)~(라)를 이해한 내용으로 가
장 적절한 것은?
· 〈보기〉의 ⓐ, ⓑ: 〈방옹시여〉의 대표적인 작품군으로, ⓐ는 '은자로서의 자
족감이나 자긍심', ⓑ는 '선왕에 대한 그리움과 연모의 정'을 가리킵니다.
· (가)~(라): 〈방옹시여〉의 일부 시조로, 화자는 (가)와 (나)에서 은자로서의 만
족감을, (다)와 (라)에서 선왕에 대한 그리움을 노래하고 있습니다.

图 (가)~(라)가 각각 어떤 작품군에 해당하는지 파악하고, 이를 바탕으로 시어의 의미를 이해한 내용 중 적절한 것을 고르는 문제입니다.

─────[보기]─────

❶ 〈방옹시여〉는 선조(宣祖) 사후에 정계에서 밀려난 신흠이
　　　　　　　　　　　　　　화자의 은거가 자발적이 아님을 알 수 있음.
은거 상황을 배경으로 창작한 시조 작품을 모아 놓은 것이다.
❷ 여기에 수록된 30수는 몇 개의 작품군으로 분류될 수 있다.
❸ 예컨대 ⓐ은자로서의 자족감이나 자긍심을 표현한 작품군,
　　　　　　　　　(가), (나)와 관련됨.
ⓑ'님'으로 표상되는 선왕에 대한 그리움과 연모의 정을 표현
한 작품군 등이 있다.
　　　　(다), (라)와 관련됨.

───────────

왜 정답?

④ (다)의 '봄빛'은 ⓑ와 연관된 시어로, '님'에 대한 화자의 그
리움을 촉발하는 계기이다.
　비 온 후 봄빛이 만연한 것이 화자의 그리움을 촉발함.

＊근거: (다)

(다)에서 화자는 '봄빛치 다 퍼'지고 '화류'도 때를 맞춰 피는데, 임은 가고 오지 않는다며 안타까움을 드러내고 있다. 따라서 '봄빛'이 〈보기〉에서 말하는 임에 대한 그리움과 연모의 정(ⓑ)을 촉발하는 계기가 되었다고 할 수 있다.

〔촉발하다: 어떤 일을 당하여 감정, 충동 따위가 일어나다. 또는 그렇게 되다.〕

왜 오답?

① (가)의 '눈'은 ⓐ와 연관된 시어로, 화자의 은거가 ~~자발적으~~
　화자와 속세 사이를 막는 대상　　　〈보기〉 1번째 문장에 근거 → 자발적이지 않음.
~~로~~ 이루어졌음을 알려 주는 단서이다.

＊근거: (가) ❶, 〈보기〉 ❶문장

(가)의 '눈'은 화자가 머무는 곳(산촌)을 속세로부터 차단하는 대상이다. 하지만 이것이 은자로서의 자족감이나 자긍심과 직접적인 연관이 있다고 할 수 없다. 또 〈보기〉에서도 '정계에서 밀려난'이라고 했으므로 화자는 자발적이 아니라 타의에 의해 은거하게 된 것으로 보아야 한다.

〔은거: 세상을 피하여 숨어서 삶.〕

② (나)의 '수간모옥'은 ⓐ와 연관된 시어로, 화자의 ~~답답한 심~~
　　　　　　　　자연 속의 삶　　　　　　답답함이 아닌, 자족감과 자긍심
~~정~~이 투영되어 있는 대상이다.

＊근거: (나) ❷, 〈보기〉 ❸문장

(나)의 중장의 '수간모옥(작은 초가)'은 화자가 머물고 있는 곳으로, 자연 속의 삶을 나타낸다. 화자는 수간모옥을 비웃지 말라며 자연 속 삶에 대한 만족감을 드러내고 있으므로 이는 화자의 답답한 심정이 투영된 것이 아니라, 은자로서의 자족감이나 자긍심(ⓐ)을 나타내는 소재이다.

〔투영되다: 모습이 비추어지다.〕

③ (나)의 '만산 나월'은 ~~ⓑ와 연관된 시어로, '님'이 부재한 상~~
　　　　　　　　　　　ⓑ가 아닌 ⓐ와 연관됨.　　'님'의 부재와 연관 없음.
~~황~~을 절감하게 하는 소재이다.

＊근거: (나) ❸

(나)의 '만산 나월'은 화자가 누리고 있는 자연물로, 은자로서의 자족감이나 자긍심과 연관된 시어(ⓐ)라고 할 수 있다. '님'이 부재한 상황을 절감하게 하는 소재라고 볼 수는 없다.

〔부재하다: 그곳에 있지 아니하다.
절감하다: 절실히 느끼다.〕

⑤ (라)의 '부용 당반'은 ⓑ와 연관된 시어로, 화자가 연모하는
대상과 ~~함께 지내는 공간이다.~~
　　　　함께 지내는 공간이 아닌, 임이 부재한 공간임.

＊근거: (라) ❷, ❸

(라)에서 화자는 비 온 후에 핀 석류꽃과 부용 당반(연못가)의 모습을 보면서 임을 향한 깊은 시름을 이야기하고 있다. 따라서 '부용 당반'은 '님'으로 표상

──────── (오른쪽 단) ────────

되는 선왕에 대한 그리움과 연모의 정(ⓑ)과 연관된다고 할 수 있다. 하지만 이는 임의 부재에 따른 심정이므로, 화자가 연모하는 대상과 함께 지내는 공간은 아니다.

〔연모하다: 어떤 사람이나 존재를 사랑하여 간절히 그리워하다.〕

Ａ 51 정답 ④ ＊작품 비교하기 ·············· [정답률 85%]

(마)와 〈보기〉를 비교하여 감상한 내용으로 적절하지 <u>않은</u> 것은? [3점]

・(마): 화자가 낙엽 소리를 듣고 임이 왔다고 착각하고 있습니다.
・〈보기〉: 화자는 그림자를 보고 임이 왔다고 착각하고 있습니다.

图 화자가 특정 대상을 임으로 착각한 상황을 그리고 있는 (마)와 〈보기〉를 비교한 내용으로 틀린 것을 고르는 문제입니다.

─────[보기]─────

벽사창(碧紗窓)이 어론어론커눌 님만 너겨 풀쩍 니러나 쭉
시각적 자극 → 착각을 일으킴. ①의 근거　　즉각적으로 반응함. ②의 근거
싹 나셔 보니
님은 아니오 명월(明月)이 만정(滿庭)혼되 벽오동(碧梧桐)
져즌 닙히 봉황(鳳凰)이 ㄴ려안자 긴 부리를 휘여다가 두 ㄴ
래예 너허 두고 슬금슬적 깃 다듬는 그림자 ㅣ로다
　　　　　　　　　　착각을 불러일으킨 대상. ③의 근거
모쳐로 밤일싀만졍 혱여 낫이런들 눔 우일 번호여라
　　　　　　　타인의 평가와 조소를 의식함. ⑤의 근거
　　　　　　　　　　　　　　　　　　　　　　　－ 작자 미상

───────────

왜 정답?

④ (마)의 중장에서는 착각을 야기한 ~~대상에 대한 묘사가,~~
　　　　　　　　　　　　　　묘사는 드러나지 않음.
〈보기〉의 중장에서는 착각을 야기한 대상에 대한 ~~비판이 제~~
　　　　　　　　　　　　　　　　　비판은 드러나지 않음.
~~시되고 있군.~~

(마)의 중장에서는 화자의 착각을 야기한 대상이 난초가 자라난 지름길 위의 '낙엽'임을 제시하고 있을 뿐, 대상에 대해 구체적으로 묘사하고 있지는 않다. 또한 〈보기〉의 중장에서는 화자의 착각을 야기한 대상을 봉황이 깃을 다듬는 '그림자'라고 비현실적으로 과장하여 묘사하고 있을 뿐, 대상에 대해 비판을 제시하는 내용은 나타나지 않는다.

왜 오답?

① (마)의 초장과 〈보기〉의 초장에서는 모두 감각적 자극이
착각을 불러일으키는 원인이 되고 있군.
　(마) – '워석버석', 〈보기〉 – '어론어론커눌' → '님'으로 착각하게 함.

＊근거: (마) ❶, 〈보기〉 초장

(마)의 초장에서는 '워석버석'이라는 청각적 자극이, 〈보기〉의 초장에서는 '어론어론커눌'이라는 시각적 자극이 착각을 불러일으키는 원인이 되고 있다.

② (마)의 초장과 〈보기〉의 초장에서는 모두 창밖의 변화에
　　　　　　　　　　　(마) – '이러 보니', 〈보기〉 – '풀쩍 니러나 쭉싹 나셔 보니'
즉각적으로 반응하는 화자의 모습이 그려지고 있군.

＊근거: (마) ❶, 〈보기〉 초장

(마)의 초장의 '님이신가 이러 보니'와 〈보기〉의 초장의 '님만 너겨 풀쩍 니러나 쭉싹 나셔 보니'에서 모두 화자는 창밖의 변화에 즉각적으로 반응하고 있다.

③ (마)의 중장과 〈보기〉의 중장에서는 모두 화자의 착각을
불러일으킨 대상이 확인되고 있군.
　(마) – '낙엽', 〈보기〉 – '그림자'

＊근거: (마) ❷, 〈보기〉 중장

(마)의 중장의 '낙엽'과 〈보기〉의 중장의 '그림자'는 모두 화자의 착각을 불러일으킨 대상이다.

⑤ (마)의 종장에서는 화자의 내면적 고통을 토로하고 있고, 〈보기〉의 종장에서는 타인의 평가와 조소를 의식하고 있군.
'간장'이 끊어질 것 같다고 표현함.
'놈'을 의식하는 모습이 드러남.

＊근거: (마) ❸, 〈보기〉 종장
(마)의 화자는 종장에서 '유한ᄒᆞᆫ 간장이 다 끈칠싸 ᄒᆞ노라'라며 임을 향한 그리움과 슬픔 때문에 생긴 자신의 내면적 고통을 토로하고 있고, 〈보기〉의 종장에서는 '놈 우일 번ᄒᆞ여라'라는 데에서 화자가 타인의 평가와 조소를 의식하고 있음을 확인할 수 있다.

┌ 토로하다: 마음에 있는 것을 죄다 드러내어서 말하다.
└ 조소: 흉을 보듯이 빈정거리거나 업신여기는 일. 또는 그렇게 웃는 웃음

Ⓐ 52~54 ─────── [2016년(3월)/교육청 43~45]

정철, 〈성산별곡〉

❶ 화자, 중심 대상 ❷ 상황, 정서, 태도 ❸ 표현상 특징 [시 해석]

❶ 산중(山中)에 책력(册曆) 없어 사시(四時)를 모르더니
❷ 상황: 산 속에서 지냄.
➡ 산 속에 달력이 없어 네 계절을 모르고 지냈는데

❷ 눈 아래 헤친 경(景)이 철철이 절로 나니
➡ 눈 아래 펼쳐진 풍경이 철따라 저절로 생겨나니

❸ 듣거니 보거니 일마다 선간(仙間)이라.
➡ 듣고 보고 하는 것이 일마다 신선의 세계로다

❹ ㉠매창(梅窓) 아침볕에 향기(香氣)에 잠을 깨니
➡ 매화가 핀 창문에 비치는 이른 햇빛과 꽃향기에 잠을 깨니

❺ 산옹(山翁)의 할 일이 곧 없지도 아니하다.
❶ 화자: 산옹
➡ 산늙은이가 할 일이 없지도 않구나

[A]
┌ ❻ 울 밑 양지(陽地) 편에 외씨를 뿌려 두고
│ ➡ 울 밑 양지 쪽에 오이씨를 뿌려 두고
│ ❼ 매거니 돋우거니 빗김에 가꿔 내니
│ ➡ 그것을 매고 돋우고 비올 때는 가꾸어 내니
│ ❽ 청문의 옛일이 현재 '산옹'이 할 일로 대응되고 있음.
└ 청문고사(靑門故事)를 이제도 있다 하겠다.
❸ 표현상 특징: 중국 고사 관련 표현을 사용함. 지금도
➡ 청문고사가 지금도 있다고 하겠구나.

❾ ┌ 망혜(芒鞋)를 단단히 신고 죽장(竹杖)을 흩어 짚으니
  │ ➡ 짚신을 바삐 신고 죽장을 옮겨 짚어가니
  │ ❿ '도화'를 통해 현재 공간을 무릉도원으로 여기고 있음.
  │ 도화(桃花) 핀 시내 길이 방초주(芳草洲)에 이었어라.
  │ ❸ 표현상 특징: 계절을 나타내는 시어를 사용함.
  │ ➡ 복숭아꽃 핀 시냇길이 방초주까지 이어졌구나
[B]⓫ 잘 닦은 거울 속 절로 그린 석병풍(石屛風)
  │ ➡ 잘 닦은 맑은 거울과 같은 물속에 저절로 그려진 바위 병풍
  │ ⓬ 그림자를 벗을 삼아 서하(西河)로 함께 가니
  │ ➡ 그림자를 벗으로 삼아 서하로 함께 가니
  │ ⓭ 도원(桃源)은 어드매오 무릉(武陵)이 여기로다.
  └ ❷ 태도: 강호한정
➡ 무릉도원이 어디인가, 여기가 별천지로구나

＊❶~⓭행 요약: 성산의 봄 풍경

⓮ 남풍(南風)이 건듯 불어 녹음(綠陰)을 헤쳐 내니
❸ 표현상 특징: 계절을 나타내는 시어를 사용함.
➡ 남풍이 문득 불어 녹음을 헤쳐 내니

⓯ 계절 아는 꾀꼬리는 어디에서 오는가.
➡ 계절을 아는 꾀꼬리는 어디에서 온 것인가?

⓰ ┌ 희황(羲皇) 베개 위에 풋잠을 얼핏 깨니
  │   잠깐 든 잠
[C] ➡ 희황 베개 위에 풋잠을 얼핏 깨니
  │ ⓱ 공중(空中) 젖은 난간(欄干) 물 위에 떠 있구나.
  │ ❸ 표현상 특징: 비유법 – 난간의 그림자가 물속에 젖었음을 표현함.
  └ ➡ 공중에 서 있는 난간이 물 위에 떠 있는 듯하구나

⓲ 마의(麻衣)를 걷어 올리고 갈건(葛巾)을 기울여 쓰고
➡ 삼베 옷을 걷어 올리고 칡으로 만든 두건을 비껴 쓰고

⓳ 구부렸다 기대었다 보는 것이 고기로다.
➡ 몸을 구부렸다 난간에 기대었다 하며 보는 것이 고기로구나

⓴ ┌ 하룻밤 빗기운에 홍백련(紅白蓮)이 섞어 피니
  │ ➡ 하룻밤 내린 비에 홍백련이 섞어 피니,
  ㉑ │ 바람기 없어서 만산(萬山)이 향기로다.
[D] ➡ 바람 한 점 없어도 만산에 향기가 가득하구나
  ㉒ │ 염계(濂溪)를 마주보아 태극(太極)*을 묻는 듯
  │ ➡ 염계(주돈이)와 마주보고 우주의 원리를 묻는 듯
  ㉓ │ 태을진인(太乙眞人)*이 옥자(玉字)를 헤쳐 놓은 듯
  │   황제가 남긴 비결서
  │ ➡ 하늘의 선인이 옥자를 헤쳐 놓은 듯
  ㉔ │ 노자암(鸕鷀巖) 바라보며 자미탄(紫微灘) 곁에 두고
  │ ➡ 노자암을 바라보며 자미탄(개울)을 곁에 두고
  ㉕ │ 장송(長松)을 차일(遮日) 삼아 석경(石逕)에 앉으니
  │ ➡ 큰 소나무를 차일 삼아 돌바닥 길에 앉아 보니
  ㉖ └ 인간(人間) 유월(六月)이 여기는 삼추(三秋)로다.
➡ 인간 세상의 유월이 여기는 늦가을처럼 선선하도다

㉗ ┌ 청강(淸江)에 떠 있는 오리 백사(白沙)에 옮겨 앉아
  │   흰 모래
  │ ➡ 푸른 강에 떠 있는 오리들이 흰 모래밭으로 옮겨 앉아
[E]㉘ │ 백구(白鷗)를 벗을 삼고 잠 깰 줄 모르나니
  │ ➡ 흰 갈매기를 벗 삼아 잠 깰 줄 모르니
  ㉙ │ 마음을 두거나 걱정함이 없음.
  └ 무심(無心)코 한가(閑暇)함이 주인(主人)과 어떠한가.
❷ 정서: 자연 속에서 지내며 걱정이 없음. ❸ 표현상 특징: 영탄법
➡ 아무 잡념 없이 한가함이 주인과 (비교하면) 어떠한가

＊⓮~㉙행 요약: 성산의 여름 풍경

＊ 태극(太極): 우주만물이 생긴 근원이라고 보는 본체(本體)
＊ 태을진인(太乙眞人): 하늘에 있는 진선(眞仙)

■ 갈래: 서정 가사, 양반 가사   ■ 창작 시기: 조선 중기
■ 내용: 이 작품은 정철이 25세 되던 해, 그의 처 외재당숙인 김성원(金成遠)이 서하당과 식영정을 지었을 때, 사계절에 따른 그 곳의 풍물과 김성원에 대한 흠모의 정을 노래한 작품이다. 이 작품은 서하당의 주인인 김성원의 멋과 풍류를 노래하고 있지만, 사실은 정철 자신의 풍류를 읊은 것이라 할 수 있다. 한자어의 사용이 빈번하고 개인의 칭송에 치우친 감이 있으나, 체험에서 우러난 전원생활의 흥취와 작가의 개성이 잘 드러난 작품이다.
■ 주제: 성산의 사계의 변화에 따른 흥취와 풍류
■ 이것이 핵심!: 시적 대상에 대한 화자의 예찬적 태도

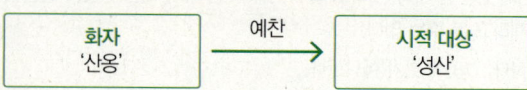

Ⓐ 52   정답 ④   ＊표현상의 특징 파악하기 ··· [정답률 52%]

윗글에 대한 설명으로 가장 적절한 것은?

▷왜 정답？

시의 내용을 이어가고
④ 계절의 변화 양상과 관련지어 시상을 전개하고 있다.
'도화'는 '봄'을, '녹음'은 '여름'을 의미함.

＊근거: ❿, ⓮

매화 핀 창을 의미하는 '매창(梅窓)'이나 복숭아꽃을 의미하는 '도화(桃花)'는 봄의 계절감을 드러내며, '남풍(南風)', '녹음(綠陰)', 인간 세상의 유월을 의미하는 '인간 유월' 등은 여름의 계절감을 드러내고 있다. 따라서 계절의 변화 양상과 관련하여 시상이 전개되고 있음을 알 수 있다.

┌ 양상: 사물이나 현상의 모양이나 상태
└ 전개하다: 내용을 진전시켜 펴 나가다.

▶왜 오답?

① ~~음성 상징을 활용하여 생동감을 자아내고 있다.~~
　사용되지 않음.

음성 상징어는 사용되고 있지 않다. '철철이'는 '철(계절)마다'의 의미로 해석하므로 음성 상징어가 아니다.

┌ 생동감: 생기 있게 살아 움직이는 듯한 느낌
└ 애상하는 어조　슬퍼하는 어조 시의 분위기를 만들고

② ~~애상적 어조를 통해 시적 분위기를 조성하고 있다.~~
　나타나지 않음. 자연 속에서 느끼는 한가로운 정서가 나타남.

애상적이란 것은 슬퍼하는 정서와 관련이 있다. 하지만 이 작품은 자연에서 여유를 느끼며 살아가는 무심하고 한가로운 정서가 드러나고 있고, 이에 따라 애상적 어조 역시 나타나지 않는다.

┌ 애상적: 슬퍼하거나 가슴 아파하는
└ 조성하다: 분위기나 정세 따위를 만들다.
　　　　　　　　　　주제 의식을 강조하고

③ ~~과거와 미래를 대비하여 주제 의식을 부각하고 있다.~~
　나타나지 않음.

이 작품은 계절의 흐름에 따라 시상이 전개되고 있으므로 과거와 미래의 대비는 나타나지 않는다. 과거의 삶의 모습이나 미래의 모습이 언급되어 있지도 않다.

┌ 대비하다: 두 가지의 차이를 밝히기 위하여 서로 맞대어 비교하다.
└ 부각하다: 어떤 사물을 특징지어 두드러지게 하다.

⑤ ~~동일한 시구를 주기적으로 반복하여 운율을 형성하고 있다.~~
　'~ㄴ 듯'과 같은 유사한 시구의 반복은 있지만 동일한 시구는 나타나지 않음.

동일한 시구의 반복은 나타나지 않는다. 비유적인 표현으로 '~듯'의 구조가 반복되기는 하지만 동일한 시구는 아니다.

A 53 정답 ⑤ ＊〈보기〉를 바탕으로 감상하기 [정답률 72%]

〈보기〉와 〈자료〉를 참고하여 윗글을 감상한 내용으로 적절하지 않은 것은? [3점]
・〈보기〉: 고사와 시적 상황의 유사성을 바탕으로 고전시가에 고사에 나오는 소재들이 활용되고 있음을 밝히고 있습니다.
・〈자료〉: 〈성산별곡〉에 등장하는 고사 속 소재들이 그 의미와 함께 하나하나 나열되어 있습니다.

즉 [A]~[E]에 등장하는 고사 속 소재들이 의미하는 바를 〈보기〉와 〈자료〉를 바탕으로 이해할 때 적절하지 않은 것을 고르는 문제입니다.

┌───── [보기] ─────┐

선생님: 고전시가에서는 고사(古事) 속에 등장하는 '인물'이나 '소재'를 활용한 표현이 자주 등장하는데, 이러한 표현들은 고사와 시적 상황의 유사성을 바탕으로 한 연상의 과정을 통해 이루어지는 경우가 많아요. 이 작품에서는 다음의 〈자료〉와 같이 고사에 나오는 소재들이 활용되고 있습니다.

└──────────────┘

┌───── [자료] ─────┐
・외씨: 중국 진나라 때 '소평'이 나라가 망하자 벼슬을 버리
　　　　　　　　　　　　　'청문고사', ①의 근거
고 청문 부근에서 농사를 지으며 심었다는 오이씨.

・도화(桃花): 중국 진나라 때 한 어부가 별천지인 무릉도원에 가게 되었다는 고사에 나오는 복숭아꽃. '무릉도원'에는 복숭아꽃이 만발하였다고 함.
　　　　　　　②의 근거

・희황(羲皇) 베개: '희황'은 태평성대를 이룬 중국 전설에 나오는 '복희씨'의 다른 이름으로, '희황 베개'는 '태평한 세상'을 상징함.
　　　　　③의 근거

・홍백련(紅白蓮): '염계(濂溪)'가 지은 '애련설(愛蓮說)'에 나오는 '연꽃'. 이 '연꽃'은 '군자'의 풍모를 빗대었음.
　　　　　④의 근거

・백구(白鷗): 인간의 '무심(無心)'을 알아보는 갈매기. 어부가
　　　　　⑤의 근거
갈매기를 잡으려는 마음을 갖고 바다로 나서자 평소에는 그를 따르던 갈매기들이 멀리 도망가 버렸다는 고사에서
　　　어부가 '무심'하지 않은 상태임을 알아챔.
나옴.

▶왜 정답?

⑤ ~~[E]에서 '백구'를 활용한 것은, '무심코 한가'한 '주인'의 모습과 갈매기를 잡으려던 '어부'의 모습이 같은 것으로 연상되었기 때문이겠군.~~
　어부는 욕심을 부리는 모습이므로 '무심코 한가'한 '주인'과 다름.

＊근거: ㉙

'백구'에 대한 〈자료〉의 설명을 보면, 어부가 갈매기를 잡으려는 마음을 갖자 멀리 도망가 버렸다는 이야기를 통해 백구는 인간의 무심(無心)을 알아보는 존재로 제시되어 있다. 즉, 갈매기를 잡으려는 행위는 사사로운 욕심이 없는 '무심(無心)'의 상태가 아닌 것으로 볼 수 있다. 그러므로 작품의 한가한 주인의 모습은 갈매기를 잡으려던 어부의 모습과 상반되는 것으로 보아야 한다.

▶왜 오답?

① [A]에서 '외씨'를 활용한 것은, '외씨'를 뿌리며 사는 '산옹'의 소박한 삶에서 '소평'의 삶이 연상되었기 때문이겠군.
　'청문고사를 ~ 하겠다'에서 알 수 있음.

＊근거: ❻, ❼

'외씨'는 〈자료〉에 따르면 벼슬을 버리고 농사를 지은 것과 관련이 있으므로 소박한 삶의 모습과 연결되는 소재이다. '산옹(山翁)' 역시 매화 향기에 잠이 깨며 자연에서의 소박한 삶을 살아가고 있으므로 적절한 감상이다.

② [B]에서 '도화'를 활용한 것은, '시내 길'에서 본 '도화'의 모습에서 '복숭아꽃'이 만발한 '무릉도원'이 연상되었기 때문이겠군.
　'도원은 ~ 여기로다'에서 알 수 있음.

＊근거: ⓭

'도화(桃花)'는 〈자료〉에 따르면 '무릉도원'과 관련이 있는 소재인데, [B]에서 화자는 '도원은 어드매오, 무릉이 여기로다'라고 하여 자신이 있는 공간을 무릉도원에 빗대고 있음을 알 수 있다. 따라서 화자가 '도화 핀 시내 길'을 보고 무릉도원을 연상한 것으로 볼 수 있다.

③ [C]에서 '희황 베개'를 활용한 것은, '풋잠'을 자다 깨며 느낀 평안함에서 '희황'의 태평한 시대가 연상되었기 때문이겠군.
　'마의를 ~ 고기로다'에서 한가롭고 여유 있는 태도가 드러남.

＊근거: ⓰

'희황(羲皇) 베개'는 〈자료〉에 따르면 '태평한 세상'을 의미한다. 화자는 풋잠을 들었다가 고기를 보며 여유로운 시간을 보내고 있으므로 본인의 상황에서 느낀 평안함을 태평한 세상에 연결한 것으로 볼 수 있다.

④ [D]에서 '홍백련'을 활용한 것은, '만산'의 연꽃 '향기'를 맡으면서 '염계'가 말한 '군자'의 덕이 연상되었기 때문이겠군.
'염계를 ~ 묻는 듯'에서 홍백련을 보며(향기를 맡으며) '염계'의 표현을 떠올림.

*근거: ㉑, ㉒
'홍백련'은 〈자료〉에 따르면 '군자'의 풍모를 의미한다. 화자는 산에 퍼진 홍백련의 '향기'를 통해 '염계'를 떠올리고 있으므로, '염계'가 지은 '애련설'의 연꽃을 토대로 '군자'의 덕을 언급하는 것은 적절한 감상이다.

A 54 정답 ④ *다른 작품과 비교하여 감상하기 · [정답률 68%]
윗글의 ㉠과 〈보기〉를 비교한 내용으로 적절하지 않은 것은?
• ㉠: '매창 아침볕에 향기에 잠을 깨니 / 산옹의 할 일이 곧 없지도 아니하다.'입니다.
• 〈보기〉: 강강월의 시조로 가을 밤 외로움을 느끼는 화자가 잠 못 들어 하는 모습을 볼 수 있습니다.
즉 ㉠의 시 구절과 〈보기〉의 시조를 비교한 내용으로 적절하지 않은 내용을 고르는 문제입니다.

━━━━━━━━ [보기] ━━━━━━━━
기러기 우는 밤에 내 홀로 잠이 없어

잔등(殘燈) 돋워 켜고 전전불매(輾轉不寐) 하는 차에
누워서 몸을 이리저리 들썩이며 잠을 이루지 못함. 전전반측
창(窓) 밖에 굵은 빗소리에 더욱 망연(茫然)하여라
'아득하다'의 의미임.
– 강강월의 시조

>왜 정답?
④ ㉠의 '할 일'은 '산옹'이 제장을 위해 해야 할 과업이고, 〈보기〉의 '잔등 돋워'는 '나'가 자신을 위해 해야 할 일이다.
'산옹'의 한가로운 삶의 모습일 뿐 세상을 위한 과업이 아님.
자신의 외로움을 달래기 위한 행위

〈보기〉의 화자가 '잔등 돋워 켜'는 것은 잠이 오지 않는 밤에 자신의 외로움을 달래기 위한 행위이고, ㉠의 '산옹의 할 일'은 산중에서 한가롭게 살아가는 삶을 의미하므로 세상을 위한 과업으로 볼 수 없다.
[과업: 꼭 하여야 할 일이나 임무

>왜 오답?
① ㉠의 '매창'과 〈보기〉의 '창'은 모두 '산옹'과 '나'가 각각 머물고 있는 곳의 안과 밖을 연결하는 통로의 역할을 하고 있다.
방 안의 '산옹'이 밖의 아침볕을 느끼게 함. 밖의 빗소리를 듣고 방 안의 '나'의 정서가 심화됨.
㉠에서 '매창'은 산옹이 바깥에서 들어온 매화 향기를 통해 아침에 잠을 깨는 행위로 연결되고 있다. 또한 〈보기〉의 '창' 역시 밖의 빗소리가 안에 있는 화자의 정서를 심화시키고 있으므로 안과 밖을 연결하는 통로의 역할을 한다고 볼 수 있다.

② ㉠의 '아침볕'은 '산옹'이 맞고 있는 아침의 분위기를 자아내고, 〈보기〉의 '기러기 우는 밤'은 '나'가 지새고 있는 밤의 분위기를 자아내고 있다.
'아침볕에 ~ 잠을 깨니'에서 알 수 있음. '기러기 우는 ~ 잠이 없어'에서 알 수 있음.
㉠의 '아침볕'은 화자인 산옹의 잠을 깨우며 아침 분위기를 형성하고 있다. 〈보기〉에서 '기러기 우는 밤'에 '나'는 잠을 이루지 못하고 있으므로 밤의 분위기를 조성하고 있다.

③ ㉠의 '향기'는 '산옹'의 잠을 깨우는 역할을 하고, 〈보기〉의 '굵은 빗소리'는 '나'가 잠들지 못하는 데 영향을 주고 있다.
'향기에 잠을 깨니'에서 알 수 있음. '빗소리에 ~ 망연하여라'에서 알 수 있음.
㉠에서 '향기에 잠을 깨니'라고 하여 산옹이 향기를 통해 잠을 깨고 있음을 알 수 있다. 또한 〈보기〉에서 화자는 '굵은 빗소리에 더욱 망연'하다고 하였으므로, 잠을 이루지 못하는 상황이 심화된다고 할 수 있다.

⑤ ㉠의 '곧 없지도 아니하다'에서는 '산옹'의 생활에 대한 긍정적 인식이 드러나고, 〈보기〉의 '더욱 망연하여라'에서는 '나'의 처지에 대한 애상감이 드러나 있다.
할 일이 있음을 제시하며 '산옹' 생활에 대한 긍정적 인식을 드러냄.
잠이 오지 않는 밤에 빗소리에 더욱 아득하여 무엇을 해야 할지 모르는 상태에서 슬픔을 느낌.
'곧 없지도 아니하다'는 것은 '산옹'의 할 일이 있다는 의미로, 산중의 생활을 의미있게, 긍정적으로 받아들이고 있는 태도가 드러난다. 〈보기〉에서 '더욱 망연하여라'는 '더욱 아득하다' 정도의 의미이므로, 화자가 처한 상황에서 느끼는 슬픔의 정서가 더욱 부각되어 제시된다고 할 수 있다.

A 55~57 ━━━━━━ [2016년(9월)/평가원(A) 43~45]
정훈, 〈탄궁가〉
❶ 화자, 중심 대상 ❷ 상황, 정서, 태도 ❸ 표현상 특징 │시 해석│

❶
┌ 하늘이 만드심을 일정 고루 하련마는
│ 하늘이 만들기를 일정하고 고르게 평등하게 하였을 텐데
[A]│
└ 어찌 된 인생이 이다지도 괴로운고
❸ 표현상의 특징: 설의법 – 가난한 현실에 대한 원망감 표출
➡ 어찌하여 내 인생은 이토록 괴롭고 어려운가

❸
삼십 일에 아홉 끼니 얻거나 못 얻거나
삼순구식
➡ (가난하여) 삼십 일에 아홉 끼니를 먹는 생활도 이어지거나 끊기거나

❹
「십 년 동안 갓 하나를 쓰거나 못 쓰거나」
「 」: 매우 가난한 삶을 드러냄.
➡ 십 년에 갓 한 번을 쓰거나 그것조차 쓸 수 없는 생활이 지속되고

❺
안표(顔瓢)*가 자주 빈들 나같이 비었으며
➡ 안회의 표주박이 비어 있다고 해도 나같이 비어 있으며
❶ 중심 대상: 가난한 삶

❻
「원헌(原憲)*의 가난인들 나같이 극심할까」
「 」: 고사의 인물들을 들어 자신이 매우 가난한 처지임을 강조함.
➡ 원헌의 가난인들 나처럼 심할까
[극심하다: 매우 심하다.

*❶~❻행 요약: 궁핍한 생활에 대한 한탄

❼
┌ 봄날이 따뜻하여 뻐꾸기가 보채거늘
│ ➡ 봄날이 매우 늦게 와서 뻐꾸기가 (농사지으라고) 재촉하거늘

❽
│ 동편 이웃 쟁기 얻고 서편 이웃 호미 얻고
│ ➡ 동쪽 이웃에게 쟁기를 얻고 서쪽 이웃에게 호미를 얻고

❾
│ 집 안에 들어가 씨앗을 마련하니
│ ➡ 집 안에 들어가 (농사지을) 씨앗을 마련하니
[가]❿
│ 올벼 씨 한 말은 반 넘게 쥐 먹었고
│ 가난한 생활을 사실적으로 드러냄.
│ ➡ 올벼(제철보다 일찍 여무는 벼) 씨 한 말은 반 넘게 쥐가 먹어 버렸고

⓫
│ 기장 피 조 팥은 서너 되 부쳤거늘
│ 서너 되밖에 농사 짓지 못했음을 드러냄.
│ ➡ 기장과 피와 조와 팥은 서너 되를 부쳤거늘

⓬
└ 춥고 주린 식구 이리하여 어이 살리
❷ 정서: 현실 타개의 어려움을 탄식함.
➡ 춥고 배고픈 식구 이리하여 어찌 살리

*❼~⓬행 요약: 농사를 짓기 힘든 집안 상황

⓭
㉠이봐 아이들아 아무쪼록 힘을 써라
하인들을 가리킴. 화자가 양반의 신분임을 알 수 있음.
➡ 이봐 아이들아 어쨌거나 힘써서 살아가라

⓮
죽 웃물 상전 먹고 건더기 건져 종을 주니
➡ 죽을 쑤어 국물은 상전이 먹고 건더기 건져 종을 주니

⓯
눈 위에 바늘 것고 코로는 휘파람 분다
❷ 상황: 가난하다고 종들에게도 무시당함.
➡ 눈 위에 바늘을 올려놓은 것처럼 흘겨 뜨고 코로는 콧방귀 뀐다

⑯ 올벼는 한 발 뜯고 조 팥은 다 묵히니
➡ 올벼는 한 발만 수확하고 조와 팥은 다 묵히니

⑰ 싸리피 바랭이*는 나기도 싫지 않던가
　❷ 상황: 곡식은 나지 않고 잡초만 무성함.
➡ 싸리피, 바랭이 같은 잡초는 나기도 싫지 않던가

⑱ 환곡 장리는 무엇으로 장만하며　△ : 화자의 가난을 심화시키는 요소
➡ 관청에서 봄에 빌린 곡식의 높은 이자는 무엇으로 장만하며

⑲ ⓛ부역 세금은 어찌하여 차려 낼꼬
➡ 부역(의무적으로 해야 하는 노동)과 세금은 어떻게 낼까

⑳ 이리저리 생각해도 견딜 수가 전혀 없다
➡ 여러 가지로 생각해도 감당해 낼 가망이 전혀 없다

㉑ 장초(萇楚)의 무지(無知)*를 부러워하나 어찌하리
➡ 무지하여 가난에 걱정이 없는 장초의 무지를 부러워하는 처지이니 어찌하리

웃물: 담가 우리거나 죽 따위가 삭았을 때 위에 생기는 국물
환곡: 조선 시대에, 곡식을 사창에 저장하였다가 백성들에게 봄에 꾸어 주고 가을에 이자를 붙여 거두던 일. 또는 그 곡식
장리: 돈이나 곡식을 꾸어 주고, 받을 때에는 한 해 이자로 본디 곡식의 절반 이상을 받는 변리. 흔히 봄에 꾸어 주고 가을에 받는다.

＊⑬～㉑행 요약: 종들이 무시할 정도의 가난

㉒ 시절이 풍년인들 아내가 배부르며
　화자의 처지와 대비되는 상황. 화자의 곤궁함을 부각시켜 줌.
➡ 시절이 풍년인들 아내가 배부르며

㉓ ⓒ겨울을 덥다 한들 몸을 어이 가릴꼬
　[ ]: 화자의 가난한 상황을 사실적으로 드러냄.
➡ 겨울이 (예년보다) 덜 춥다고 한들 몸을 무엇으로 어찌 가릴까

㉔ 베틀 북도 쓸 데 없어 빈 벽에 남겨 두고
➡ 베틀의 북은 쓸데없이 빈 벽에 걸려 있고

㉕ ⓔ솥 시루도 버려두니 붉은빛이 다 되었다 」
➡ (떡을 찌는) 시루 솥도 버려 두니 붉은 빛이 다 될 정도로 녹이 끼었구나

㉖ 세시 삭망 명일 기제는 무엇으로 제사하며
➡ 세시 절기, 명절, 제사는 무엇으로 해 올리며
　양반으로서의 책무를 다할 수 없는 것에 대한 한탄.

㉗ ⓜ원근 친척 손님들은 어이하여 접대할꼬
➡ 멀고 가까운 친척과 오고가는 손님들은 어떻게 접대할 것인가

㉘ 이 얼굴 지녀 있어 어려운 일 하고많다
　❷ 정서: 어려운 처지에 대한 한탄.
➡ 이 얼굴을 지니고 있어서 어려운 일이 많고도 많다

[**접대하다**: 손님을 맞아서 시중을 들다.

＊㉒～㉘행 요약: 명절조차 쉴 수 없는 가난

㉙ 이 원수 가난귀신 어이하여 여의려뇨
　❸ 표현상의 특징: 의인법 - 가난을 의인화함.
➡ 이 원수와 같은 가난과 어떻게 하면 이별할까

㉚ 술에 음식을 갖추고 이름 불러 전송하여
　잔치를 베풀어 떠나보냄.
➡ 술과 마른 음식을 준비하여 (가난의) 이름 불러 보내

㉛ 길한 날 좋은 때에 사방으로 가라 하니
➡ 좋은 날 좋은 때에 (가난을) 사방으로 가라 하니

㉜ 웅얼웅얼 불평하며 화를 내어 이른 말이
➡ (가난이) 시끄럽게 떠들며 화를 내며 원망하며 하는 말이

[나]㉝ 어려서 지금까지 희로애락을 너와 함께하여
　화자의 가난한 생활이 지속되어 왔음을 알 수 있음.
➡ 어릴 때부터 늙을 때까지 희로애락을 너(화자)와 함께하여
　가난귀신이 화자에게 하는 말

㉞ 죽거나 살거나 여읠 줄이 없었거늘
➡ 죽거나 살거나 이별할 줄이 없었거늘

㉟ 어디 가 뉘 말 듣고 가라 하여 이르느뇨
➡ 어디 가서 누구 말 듣고 가라고 말하는가

㊱ 우는 듯 꾸짖는 듯 온가지로 협박커늘
➡ 우는 듯 꾸짖는 듯 여러 가지로 나를 꾸짖거늘

㊲ 돌이켜 생각하니 네 말도 다 옳도다
　❸ 표현상의 특징: 의인법 - 가난을 의인화함.
➡ 돌이켜 생각하니 네(가난) 말도 다 옳도다
　가난귀신의 말에 대한 화자의 대답

㊳ 무정한 세상은 다 나를 버리거늘
　❷ 태도: 세상에 대해 부정적임.
➡ 무정한 세상은 다 나를 버렸는데

㊴ 네 혼자 신의 있어 나를 아니 버리거든
➡ 가난귀신 혼자 믿음이 있어 나를 아니 버렸거든

㊵ 위협으로 회피하며 잔꾀로 여읠려냐
➡ 억지로 겁을 주어 피하여서 잔꾀로 너와 이별할 수 있겠는가

[B] ㊶ 하늘 만든 이내 가난 설마한들 어이하리
➡ 하늘이 만들어 준 이 내 가난 설마한들 어찌할까

㊷ 빈천도 내 분수니 서러워해 무엇하리
　❷ 태도: 자신의 가난이 어쩔 수 없는 운명이라고 여김.
➡ 가난하고 천한 것도 내 분수이거니 서러워하여 무엇할까

[**빈천**: 가난하고 천함.

＊㉙～㊷행 요약: 가난한 삶에 대한 체념

＊**안표**: 안회(顔回)의 표주박. 안회는 한 소쿠리 밥과 한 표주박 물로 누항에 살면서도 즐거워하였음.
＊**원헌**: 공자의 제자로 궁핍함 속에서도 청빈하게 살았음.
＊**싸리피, 바랭이**: 잡초의 일종
＊**장초의 무지**: 《시경》에 나오는 말. 부역으로 고통 받던 백성들이, 무지하여 근심 없는 장초 나무를 부러워하였음.

■ 갈래: 가사　　■ 창작 시기: 조선 중기
■ 내용: 이 작품은 가난한 화자가 자신의 처지를 탄식하는 노래이다. 삼순구식도 어렵고, 십 년 동안 갓 한 번 쓰지 못하고, 농사 도구도 이웃에게 빌려야 하고, 씨앗도 변변히 남아 있지 않는 어려운 상황과 가난을 해학적으로 수용하는 모습 등을 구체적으로 표현하고 있다.
■ 주제: 가난으로 인한 고통과 이를 수용하려는 자세
■ 이것이 핵심: 중심 대상에 대한 화자의 태도 변화

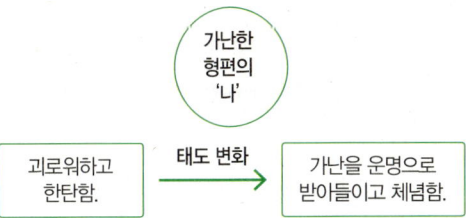

A **55** 정답 ⑤　＊표현상의 특징 파악하기 … [정답률 91%]

[가]와 [나]에 대한 설명으로 가장 적절한 것은?

〉왜 정답?

⑤ [가]는 현실 타개의 어려움과 그로 인한 탄식이, [나]는 의
　　　　　　　가난한 현실을 탄식함.
인화된 대상과의 대화가 나타나 있다.
의인화된 가난귀신과 대화함.

＊근거: ⑫, ㉝～㊲

[가]에서 화자는 이래서 어떻게 살겠냐며, 가난한 현실을 탄식하고 있다. [나]에서 화자는 술과 음식을 갖추어 가난귀신을 불러 떠나라고 말한다. 그러자 가난귀신이 어려서 지금까지 희로애락을 함께했는데 왜 가라고 하느냐고 따진다. 즉, [나]에는 의인화된 가난귀신과 화자의 대화가 나타나 있다.

[**타개**: 매우 어렵거나 막힌 일을 잘 처리하여 해결의 길을 엶.
의인화된 대상: '의인화'란 사람이 아닌 대상을 인격을 가진 존재처럼 표현하

는 것을 말한다. 화자는 의인화된 대상을 사람처럼 생각하고 행동하는 존재로 표현하거나, 의인화된 대상과 대화를 나누는 것처럼 표현한다.

> **왜 오답?**

① [가]와 [나]는 모두 ~~설득적 어조로~~ 화자의 의지를 드러내고 있다.
[가], [나] 모두 해당되지 않음.

[나]에는 가난귀신이 자신을 내보내려는 화자를 설득하는 어조가 나타나긴 하지만, 이는 '화자의 의지'와는 관련이 없다. 반면 [가]에는 설득의 어조도, 화자의 의지도 나타나지 않았다.

② [가]와 [나]는 모두 ~~추상적 소재를 열거하여~~ 대상을 묘사하고 있다.
[가], [나] 모두 해당되지 않음.

*근거: ⑧

[가]에서는 추상적 소재가 아닌 쟁기, 호미 등의 구체적 사물을 열거하고 있고, [나]에서도 추상적 소재를 열거하고 있지 않다.

③ [가]는 ~~과거 상황에 대한 그리움~~이, [나]는 ~~현재 상황에 대한 비판~~이 나타나 있다.
드러나지 않음.　　　　　　　　　　　가난귀신이 화자를 비판함.

[가]는 현실적인 문제와 관련이 있다. 과거 상황에 대한 그리움은 드러나지 않는다. [나]에서 가난귀신이 자신을 쫓아내려는 화자를 비판하고 있다고 볼 수 있다.

④ [가]는 ~~관념적인 문제~~를, [나]는 ~~실제적인 문제를 해결하는 과정~~이 제시되어 있다.
드러나지 않음.　　　　해결 과정은 드러나지 않음.

[가]와 [나] 모두 가난이라는 현실적이고 실제적인 문제를 다루고 있다. 이를 해결하는 과정이 제시되고 있지도 않다.

┌ **관념적:** '관념적'이란 실체가 존재하지 않는 추상적인 상태를 의미한다. 사랑, 우정, 그리움 등의 감정이나 사상, 현실에는 존재하지 않는 이상 세계 등을 관념적이라고 할 수 있다.

Ａ 56 　정답 ② 　*시어 및 구절의 의미 파악하기 　[정답률 90%]

㉠~㉢에 대한 이해로 적절하지 않은 것은?

> **왜 정답?**

② ㉡: 부역과 세금을 감당할 마땅한 방법이 없다는 것으로, 백성으로서의 ~~의무를 모면하고자 하는 의도~~가 반영되어 있다.
안 하려는 게 아니라 못 하는 것이므로 모면하려 했다고 볼 수 없음.

*근거: ⑲

㉡은 너무 가난하기에 세금과 부역을 감당하지 못할 것 같아서 이를 어떻게 할지 걱정하고 있는 것이다. 이를 백성으로서의 의무를 '모면'하고자 하는 의도로 볼 수는 없다.

┌ **모면하다:** 어떤 일이나 책임을 꾀를 써서 벗어나다.

> **왜 오답?**

① ㉠: 열심히 일해 달라는 부탁으로, 현실의 어려움을 벗어나려는 마음이 투영되어 있다.
종들에게 부탁한 것으로 가난한 현실을 벗어나고자 한 것임.

*근거: ⑬

㉠은 화자가 종들에게 어렵지만 힘써 보자고 말한 구절이다. 이는 열심히 일하여 지금의 가난한 현실에서 벗어나고자 하는 소망을 드러낸 표현이다.

③ ㉢: 겨울이 따뜻하다고 해도 몸을 가리기 어렵다는 것으로, 겨울나기에 필요한 최소한의 옷가지도 부족함을 보여 준다.
춥지 않은 겨울에도 몸을 가리지 못하는 것이므로 옷가지의 부족함이 드러남.

*근거: ㉒

㉢은 평소의 겨울보다는 덜 추워, '더운 겨울'이라 하더라도, 의복 하나 제대로 없는 화자에게는 춥고 고통스러운 현실일 뿐이라고 이야기하는 것이다.

---

④ ㉣: 솥 시루를 방치해 두어 녹이 슬었다는 것으로, 떡과 같은 음식을 해 먹을 형편이 아님을 보여 준다.
솥에 붉은 녹이 슬 정도로 가난한 형편임을 알 수 있음.

*근거: ㉕

화자는 가난하기에, 솥 시루로 떡과 같은 음식을 만들어 먹을 수 없다. 여기서 '붉은 빛'은 솥에 녹이 슬었다는 것을 의미하는데, ㉣은 그만큼 솥을 사용한 지 오래되었고, 사용할 형편도 안 된다는 것을 보여 주고 있다.

⑤ ㉤: 친척들과 손님들을 접대할 방도가 없다는 것으로, 도리를 다할 수 없을 것에 대한 염려가 반영되어 있다.
가난해서 제사도 지낼 수 없는 등 도리를 하지 못할 것을 염려함.

*근거: ㉗

㉤은 가난해서 제사를 지낼 만한 형편이 아니기 때문에, 제사를 지내기 위해 찾아온 친척들을 접대할 거리도 없다고 염려하고 있는 것이다.

Ａ 57 　정답 ③ 　*화자의 정서와 태도 파악하기 · [정답률 92%]

[A]와 [B]에 주목하여 윗글을 감상한 것으로 가장 적절한 것은?

> **왜 정답?**

③ 화자의 가난한 삶이 [A]의 '이다지도 괴로운고'에서는 탄식의 대상이지만 [B]의 '서러워해 무엇하리'에 이르러서는 체념적 수용의 대상으로 변모되어 있군.
괴롭다는 데서 탄식이 드러남.　　　　　'빈천도 내 분수'라며 운명으로 받아들임.

*근거: ②, ㊷

[A]에서 화자는 자신의 인생이 '이다지도 괴로운고'라고 말한다. 화자가 가난한 삶 때문에 탄식하는 것이다. 그리고 [B]의 앞의 상황을 살펴보면 화자는 '가난귀신'을 몰아내고 싶었지만 그러지 못했다. 그런 후 [B]에서 화자는 '빈천도 내 분수니 서러워해 무엇하리'라고 말한다. 이는 설의적 표현을 통해 가난을 자신의 운명이라고 여기며 가난을 수용하는 체념의 태도를 보인 것이다.

┌ **수용:** 어떠한 것을 받아들임.

> **왜 오답?**

① [A]의 '일정 고루 하련마는'에 나타난, 모든 사람은 ~~평등하다~~는 화자의 신념이 [B]의 '하늘 만든 이내 가난'에 이르러서 강화되어 있군.
평등하다는 것이 아니라 운명이라는 것임.

*근거: ㊶

'하늘 만든 이내 가난'은 가난이 벗어나고 싶어도 벗어날 수 없는 운명적인 것이라는 인식이지, 사람이 모두 평등하다는 말을 하는 것은 아니다.

② [A]의 '어찌 된 인생이'에 나타난 화자의 비관적 인생관이 '싸리피 바랭이'에 이르러서는 ~~낙관적 세계관으로 변화~~되어 있군.
비참한 현실과 비관적 인생관이 드러남.
'싸리피 바랭이'는 잡초이므로 낙관적 세계관으로 변했다고 볼 수 없음.

*근거: ⑰

'어찌 된 인생이'에서 비참한 현실과 화자의 비관적 인생관이 드러난다. 하지만 '싸리피 바랭이'와 관련해서는, 다른 곡식들은 제대로 거둘 수도 없는데 '싸리피 바랭이'라는 잡초만 무성하게 자랐다고 한탄하는 중이기 때문에 '낙관적 세계관'으로 변화했다는 말은 적절하지 않다.

④ '부러워하나 어찌하리'에 나타난 화자의 ~~열등감~~이 [B]의 '설마한들 어이하리'에 이르러서는 ~~우월감으로 극복~~되어 있군.
열등감이라기보다는 부러움　　　　　우월감이 아니라 체념

*근거: ㉑, ㊶

'부러워하나 어찌하리'에는 '근심 없는 장초 나무'를 부러워하는 마음이 담겨 있고, '설마한들 어이하리'에는 가난에 대한 체념적 태도가 들어 있다. 열등감이나 우월감과는 관련이 없다.

⑤ '이 얼굴 지녀 있어'에서는 화자가 자신의 능력에 대해 자
신감을 보이나 [B]의 '빈천도 내 분수니'에 이르러서는 그 자
신감이 약화되어 있군.

자신감이 아니라 처지에 대한 한탄

자신감 약화가 아닌, 가난을 체념하는 태도

＊근거: 28, 42

'이 얼굴 지녀 있어'에는 화자의 어려운 처지에 대한 한탄이 담겨 있을 뿐,
자신감을 표현한 것은 아니다. 따라서 '빈천도 내 분수니'에서도 자신감이
약화된 것이 아니고, '가난'을 체념하는 태도가 드러난 것뿐이다.

A 58~60 [2022년(9월)/평가원 32~34]

(가) 허난설헌, 〈규원가〉

❶ 화자, 중심 대상 ❷ 상황, 정서, 태도 ❸ 표현상 특징 [시 해석]

❶ 공후배필은 못 바라도 군자호구 원하더니
➡ 높은 벼슬아치의 배필을 바라지 못할지라도 군자의 좋은 짝이 되기를 바
랐더니

❷ 삼생의 원업(怨業)이오 월하의 연분으로
➡ 삼생에 지은 원망스러운 업보요, 부부의 인연으로
임과의 만남이 월하의 연분으로 꿈과 같이 믿어지지 않음을 의미함.

❸ 장안유협(長安遊俠) 경박자(輕薄子)를 ㉠꿈같이 만나 있어
❶ 중심 대상: 남편을 나타내며 그 됨됨이가 좋지 못함을 보여 줌.
➡ 장안의 호탕하면서도 경박한 사람을 꿈같이 만나

❹ 당시의 용심(用心)하기 살얼음 디디는 듯
❸ 표현상 특징: 직유법
➡ 시집간 당시 마음을 쓰기가 마치 살얼음 디디는 듯

❺ 삼오이팔 겨우 지나 천연여질 절로 이니
❶ 화자: 화자의 젊은 시절 아름다운 모습
➡ 열다섯, 열여섯 살 겨우 지나 타고난 아름다운 모습 저절로 나타나니

❻ 이 얼골 이 태도로 백년기약하였더니
「」: ❸ 표현상 특징: 과거 회상
➡ 이 얼굴 이 태도로 평생을 약속하였더니

❼ 연광(年光)이 훌훌하고 조물이 다시(多猜)＊하여
➡ 세월이 빨리 지나고 조물주가 시기가 많아

❽ 봄바람 가을 물이 베오리에 북 지나듯
❸ 표현상 특징: 직유법─세월이 빨리 흘러 지나감.
➡ 봄바람과 가을 물이 베올 사이에 북 지나듯 세월이 빨리 지나가는구나 [A]

❾ 설빈화안 어디 두고 면목가증(面目可憎)＊ 되거고나
❷ 정서, 태도: 세월이 빨리 지나 얼굴이 밉게 된 자신에 대한 한탄
➡ 아름다운 얼굴 어디 두고 얼굴이 밉게 변하였구나

❿ ❶ 화자 ❸ 표현상 특징: 설의법
내 얼골 내 보거니 어느 임이 날 괼소냐
❷ 정서, 태도: 옛날과 달리 늙어버린 자신의 얼굴에 대한 자괴감
➡ 내 얼굴을 내가 보거니 어느 임이 나를 사랑할 것인가?

(중략)

설빈화안: 고운 머릿결과 꽃 같은 얼굴

＊① 요약: 젊었을 적에 아름다운 모습으로 남편을 만나, 세월이 흘러 늙어
버린 자신을 한탄함.

② ❶ 옥창에 심은 매화 몇 번이나 피여 진고
세월의 흐름(임의 부재 상황이 지속됨.)
➡ 규방의 창 앞에 심은 매화는 몇 번이나 피고 진건가?

❷ 겨울밤 차고 찬 제 자최눈 섯거 치고
객관적 상관물
➡ 겨울밤 차고 찬 때 자국눈은 섞어 내리고 [B]

❸ 여름날 길고 길 제 궂은비는 무슨 일고
「」: ❸ 표현상 특징: 대구법
화자의 외로움과 그리움을 심화시키는 자연물: 객관적 상관물
➡ 여름날 길고 길 제 궂은 비는 무슨 일인가?

❹ 삼춘화류(三春花柳) 호시절(好時節)의 경물이 시름없다
❷ 정서, 태도: 남편의 부재로 인한 고독감과 외로움 때문에 아름다운 봄의 경치를 보고도 아무 감흥이 없음.
➡ 봄날 온갖 꽃이 피고 버들잎이 돋아나는 좋은 시절의 아름다운 경치를 보
아도 아무런 생각이 없구나

❺ 가을 달 방에 들고 실솔(蟋蟀)이 상(床)에 울 제
객관적 상관물(감정이입의 대상): 화자의 슬픔과 외로움이 이입됨.
➡ 가을 달이 방을 비추고 귀뚜라미가 침상에서 울 때

❻ 긴 한숨 지는 눈물 속절없이 혬만 많다
❷ 상황, 정서, 태도: 임에 대한 그리움과 외로움으로 가득 참.
➡ 긴 한숨 흘리는 눈물 속절없이 생각만 많구나

❼ 아마도 모진 목숨 죽기도 어려울사
➡ 아마도 모진 목숨 죽기도 어렵구나

❽ 도로혀 풀쳐 혜니 이리하여 어이하리
➡ 돌이켜 생각해 보니 이리하여 어이하겠는가

❾ 청등을 돌라 놓고 녹기금(綠綺琴) 빗겨 안아
화자의 외로움을 달래기 위한 수단
➡ 청등을 돌려 놓고 푸른 거문고를 비스듬히 안아

❿ 벽련화(碧蓮花) 한 곡조를 시름 좇아 섯거 타니
➡ 벽련화 한 곡조를 시름을 따라 섞어 연주하니

⓫ 소상야우(瀟湘夜雨)의 댓소리 섯도는 듯
➡ 소상강 밤비에 댓잎 소리가 섞여 들리는 듯

⓬ 화표천년(華表千年)의 별학이 우니는 듯
「」: ❸ 표현상 특징: 중국 고사의 인용, 대구법, 직유법을 통해 거문고 연주가 매우 구슬픔을 나타냄.
➡ 망주석에 천년 만에 찾아온 특별한 학이 울고 있는 듯

⓭ 옥수(玉手)의 타는 수단 옛 소리 있다마는
➡ 아름다운 손으로 타는 솜씨는 옛 소리가 있지만

⓮ 부용장(芙蓉帳) 적막하니 뉘 귀에 들리소니
❷ 상황, 정서, 태도: 임의 부재로 인한 독수공방의 상태, 외로움을 느낌.
➡ 연꽃무늬가 있는 휘장을 친 방안이 적막하니 누구의 귀에 들리겠는가?

⓯ 간장이 구곡되어 굽이굽이 끊쳤어라
➡ 마음속이 애가 타서 굽이굽이 끊어졌도다

⓰ 차라리 잠을 들어 ㉡꿈에나 보려 하니
임을 만날 수 있게 하는 매개체
➡ 차라리 잠이 들어 꿈에서나 임을 보려 하니

⓱ 바람의 지는 잎과 풀 속에 우는 짐승
임과의 만남을 방해하는 장애물: 화자에게 잠을 이루지 못하게 함.
➡ 바람에 떨어지는 잎과 풀 속에 우는 짐승

⓲ 므슨 일 원수로서 잠조차 깨우는다
❷ 상황, 정서, 태도: 꿈에서나마 임과 만나길 원하지만 苦惱감으로 잠을 이루지 못함.
➡ 무슨 일이 원수가 되어 잠조차 깨우는가?

소상야우: 중국 소상강에 내리는 밤비
화표: 묘 앞에 세우는 망주석

＊② 요약: 계절에 따른 그리움과 독수공방의 외로움으로 인한 탄식

＊ 다시: 시기가 많음.
＊ 면목가증: 얼굴 생김이 남에게 미움을 살 만한 데가 있음.

■ 갈래: 가사   ■ 창작 시기: 조선 중기
■ 내용: 이 작품은 현전하는 최초의 여류(규방) 가사로 봉건적 질서 아래 속박
된 여인의 삶과 이에 따른 정서를 드러낸 작품이다. 화자는 아름다운 젊은 시절
에 남편을 만나 행복하게 잘 살기를 바랐지만, 자신의 바람과는 달리 현재는 남
편의 부재 상황이 지속되고 있으며, 세월이 흘러 아름다운 모습이 사라진 모습
에 자괴감을 느낀다. 이처럼 부정적 상황 속에서 화자는 다양한 표현 기법을 동
원하여 애절한 마음과 원망스러운 한을 품격 있게 나타내고 있다.

■ 주제: 봉건적 질서 아래에서 겪는 여인의 삶과 한

■ 이것이 핵심!: 세월의 흐름에 따라 달라진 화자의 처지와 정서

과거		현재
천연여질, 설빈화안 (임과 함께 있음.)	세월의 흐름 →	면목가증, 독수공방 (임의 부재 상황)
이 얼굴 이 태도로 백년기약함. → 임과 행복한 생활에 대한 소망과 기대		늙어버린 자신의 모습에 대한 한탄과 자괴감 → 임의 부재가 지속되어 느끼는 슬픔과 한

정답 및 해설 **53**

(나) 작자 미상, 〈재 위에 우뚝 선 소나무〉

❶ 화자, 중심 대상   ❷ 상황, 정서, 태도   ❸ 표현상 특징   [시 해석]

❶재 위에 우뚝 선 소나무 바람 불 적마다 흔덕흔덕
     ❶중심 대상
➡ 고개 위에 우뚝 선 소나무는 바람 불 때마다 흔들흔들

     초장 요약: 바람 불 적마다 흔들리는 언덕 위의 소나무 ㄱ
                                             [C]

❷개울에 섰는 버들 무슨 일 좇아서 흔들흔들┘
   ❶중심 대상   ┌ 」: ❸표현상 특징: 대구법, 의태어 사용
➡ 개울에 서 있는 버드나무는 무슨 일을 따라서 흔들흔들

     중장 요약: 개울을 따라서 흔들리는 개울가의 버드나무

❸임 그려 우는 눈물은 옳거니와 입하고 코는 어이 무슨 일 좇아
❷상황, 정서: 임을 그리워하며 슬퍼함.(임의 부재 상황)   ❶중심 대상
서 후루룩 비쭉 하나니
❸표현상 특징: 임과 이별하여 눈물을 흘리고 입과 코를 삐죽이는 화자의 상황을 해학적으로 표현함.
   ➡ 임 그리워 우는 눈물은 옳거니와(눈물 흘리는 게 당연하거니와) 입하고
     코는 어이 무슨 일 좇아서 후루룩 비쭉 하나니

〔재: 고개〕

     종장 요약: 임에 대한 그리움 때문에 눈물 흘리고 후루룩 비쭉하는 입과 코

■ 갈래: 사설시조   ■ 창작 시기: 조선 후기
■ 내용: 이 작품은 임과의 이별로 인한 그리움과 슬픔을 해학적으로 나타낸 사설시조이다. 화자는 소나무와 버들이 흔들거리는 모습에 주목하고 있는데, 자신이 이별의 슬픔으로 인해 입과 코를 움직이는 모습에서 소나무, 버들과의 동질성을 발견하고 웃음을 유발한다. 즉 슬픔의 감정에 거리를 두기 위해 자신의 우스운 외양에 주목하여 해학적으로 승화하는 한국 문학만의 특징이 잘 나타나는 작품이다.
■ 주제: 임과의 이별로 인한 슬픔과 그리움
■ 이것이 핵심!: 대상과의 유사성을 통해 화자의 부정적 상황을 해학적으로 승화

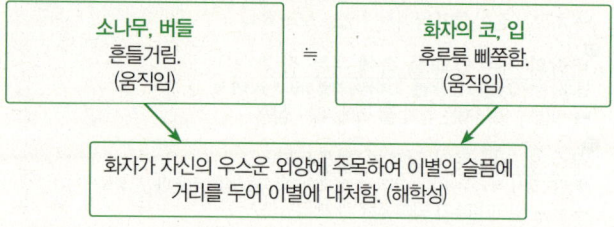

A 58   정답 ④   *표현상의 특징 파악하기 …   [정답률 72%]

[A]~[C]의 표현상 특징에 대한 설명으로 적절하지 <u>않은</u> 것은?
• [A]: '베올', '북'은 여성의 생활과 밀접한 소재이고, 이를 직유법을 통해 세월이 빨리 지나가 자신의 얼굴이 밉게 변했음을 표현하고 있습니다.
• [B]: 대구법을 통해 리듬감을 형성하고 겨울에는 자최눈에, 여름에는 궂은 비에 주목하여 외로움 감정을 나타냈습니다.
• [C]: 소나무와 버들이 흔들거리는 모습을 대구법과 비슷한 느낌의 의태어로 나타냈습니다.

쯤 [A]~[C]에 활용된 표현 기법과 그 효과를 파악하고 비교하여 적절하지 않은 것을 고르는 문제입니다.

〉왜 정답?
④ [A], [B]는 계절적 배경을 알려 주는 시어를 활용하여 시간에 따라 **화자의 처지가 달라졌음**을 드러내었다.
      [B]는 임의 부재 상황이 변하지 않았으므로 적절하지 않음.
*근거: (가) ❶-❽, ❾, ❷-❷, ❸
[A]에서는 '봄바람', '가을 물'을 통해 [B]에서는 '겨울밤', '여름날'을 통해 계절적 배경을 알려 주는 시어를 활용한 것은 적절하다. 그리고 [A]에서 세월

이 빠르게 흘러 화자의 얼굴 생김이 '설빈화안'인 것이 임에게 미움을 살 만한 '면목가증'의 모습으로 바뀌어 화자의 처지가 달라졌으므로 적절하다. 그러나 [B]에서는 겨울에도 여름에도 임의 부재 상황이 지속되어 '자최눈'과 '궂은비'를 통해 외로움과 그리움을 나타냈다. 즉 [B]에서는 부정적인 화자의 처지가 달라지지 않았으므로 적절하지 않다.

〉왜 오답?
① [A]는 여성의 생활에 밀접한 소재를 활용하여 흘러가는 세
         '베올', '북'을 통해 알 수 있으므로 적절함.
월에 대한 화자의 인식을 시각적으로 표현하였다.
    세월이 빨리 흐른다는 인식이 나타나므로 적절함.
*근거: (가) ❶-❽
[A]에서 '베올'과 '북'을 통해 여성의 생활에 밀접한 소재가 시에 활용되었음을 알 수 있고, 이를 '베오리에 북 지나듯'이라는 직유법을 활용하여 세월이 빨리 흘러간다는 화자의 인식을 시각적으로 표현하였으므로 적절하다.

② [B]는 단어를 반복하는 구절을 행마다 사용하여 화자가 주
        '차고 찬 제, 길고 길 제'에 나타나므로 적절함.
목하는 각 계절의 특성을 강조하였다.
*근거: (가) ❷-❷, ❸
[B]에서 '차고 찬 제', '길고 길 제'를 통해 단어를 반복한 구절을 행마다 사용하였음을 알 수 있고, 이를 통해 겨울은 차다(춥다)는 것과 여름날은 길다는 계절의 특성을 강조하였으므로 적절하다.

③ [C]는 두 대상을 발음이 비슷한 의태어로 표현하여 움직이
    소나무, 버들   '흔덕흔덕', '흔들흔들'로 발음이 비슷한 의태어이므로 적절함.
는 모습의 유사성을 드러내었다.
*근거: (나) ❶, ❷
[C]에서 소나무와 버들을 '흔덕흔덕'과 '흔들흔들'이라는 발음이 유사한 의태어를 사용하여 이들이 흔들거리는 유사성을 드러내었으므로 적절하다.
    대구: 비슷한 어조나 어세를 가진 어구를 짝지어 표현의 효과를 나타내는 수사법
⑤ [B], [C]는 대구를 활용하여 리듬감을 형성하였다.
        [B]와 [C]에 모두 대구법이 나타나므로 적절함.
*근거: (가) ❷-❷, ❸, (나) ❶, ❷
[B]에서는 '겨울밤 ~ 섯거 치고'와 '여름날 ~ 무슨 일고'가 대구를 이루고 있고, [C]에서는 '재 위에 ~ 흔덕흔덕'과 '개울에 ~ 흔들흔들'이 서로 대구를 이루고 있으므로 적절하다.

A 59   정답 ②   *시구의 의미 파악하기 …… [정답률 87%]

㉠, ㉡에 대한 이해로 가장 적절한 것은?
• ㉠: 임과의 만남이 월하의 연분으로 꿈과 같이 믿어지지 않음을 의미합니다.
• ㉡: 임의 부재 상황이 지속되어 꿈에서나마 임을 만나려는 것을 의미합니다.

쯤 ㉠과 ㉡에서 사용된 동일한 단어인 '꿈'이 문맥적으로 어떠한 의미로 쓰였는지를 이해하여 적절한 것을 고르는 문제입니다.

〉왜 정답?
② ㉡은 현실에서는 화자가 문제를 해결할 수 없어서 선택한
         꿈을 통해 임을 만나려는 것을 알 수 있으므로 적절함.
방법이다.
*근거: (가) ❷-⓮~⓰
'부용장 적막하니'를 통해 화자는 임의 부재 상황에 있음을 알 수 있으며, '간장이 구곡되어 ~ 끊쳤어라'를 통해 외로움과 괴로움의 정도가 심하다는 것을 알 수 있다. 이를 해결하기 위해 화자는 '차라리 잠이 들어 꿈에나 보려 하니'라고 하면서 꿈에서나마 임을 만나고자 한다. 즉 임을 만날 수 없는 문제를 해결하기 위해 꿈이라는 방법을 선택하였으므로 적절하다.

〉왜 오답?
① ㉠은 **흐릿한 기억 때문에 혼란스러운 화자의 심정**을 나타
    임과의 만남이 하늘에서 내린 연분으로 믿어지지 않음을 나타낸 것이므로 적절하지 않음.
낸다.

*근거: (가) ①- ❷, ❸

흐릿한 기억 때문에 혼란스러운 화자의 심정과는 관계가 없으며, 화자는 '월하의 연분'이라고 하면서 임과의 만남이 하늘에서 내린 연분으로 꿈같이 믿어지지 않게 만났다는 태도를 보인 것이므로 적절하지 않다.

③ ㉠은 임과의 만남에 대한 기대에서, ㉡은 임과의 이별에 대한 망각에서 비롯된다.
됨됨이가 좋지 못한 임과의 만남이 믿어지지 않는다는 것이므로 적절하지 않음.
임과의 이별을 망각하지 않았으므로 적절하지 않음.

*근거: (가) ①- ❸, ❷-⓮, ⓰

(가)에서 화자에게 만남의 대상인 임은 '장안유협의 경박자'로 이는 남편 될 사람의 됨됨이가 좋지 못함을 보여 준다. 그러므로 ㉠의 '꿈같이 만나 있어'라는 진술에 임과의 만남에 대한 화자의 기대가 나타난다고 볼 수 없다. (나)에서 화자는 임의 부재 상황이 오래도록 지속되어 힘들어 하고 있는데, ㉡과 같이 '꿈에나 보려 하니'를 통해 이를 해결하려고 한다. 그러므로 ㉡이 임과의 이별에 대한 망각에서 비롯된다는 설명은 적절하지 않다.

④ ㉠은 이미 일어난 일에 대해 회상하고, ㉡은 곧 일어날 일에 대해 단정하고 있다.
임을 처음 만났을 때를 떠올린 것이므로 적절함.
꿈을 통해 임을 만나려는 것이므로 적절하지 않음.

*근거: (가) ①- ❸, ❷-⓮, ⓰

㉠은 화자가 과거에 임을 처음 만났을 때를 회상한 것이라 볼 수 있으므로 적절하다. 그러나 ㉡은 화자가 꿈을 통해 임을 만나려는 의도가 담겨 있는 것이지 곧 일어날 일을 단정하는 것이 아니므로 적절하지 않다.

[단정: 딱 잘라 판단하고 결정함.
화자는 꿈에서라도 임을 만나기를 원하므로 재회에 대한 우려는 적절하지 않음.

⑤ ㉠은 인연의 우연성에 대한, ㉡은 재회의 필연성에 대한 화자의 우려를 드러내고 있다.
임과 연분이 된 것을 믿을 수 없다는 인연의 우연성에 대한 우려가 나타나므로 적절함.

*근거: (가) ①- ❸, ❷-⓮, ⓰

㉠은 임과의 만남이 하늘에서 내린 연분으로 꿈과 같이 믿어지지 않는다는 의미이다. 즉 이것은 임과의 만남이 우연적이며 임과의 만남(인연, 연분)에 대한 화자의 우려가 나타나 있다고 볼 수 있으므로 적절하다. 그러나 ㉡은 임의 부재 상황이 지속되어 꿈에서나마 임을 만나려는 것을 의미하므로, 이것이 임과 재회의 필연성에 대한 화자의 우려라고 볼 수 없으므로 적절하지 않다.

[우려: 근심하거나 걱정함. 또는 그 근심과 걱정

A 60 정답 ② * 〈보기〉를 바탕으로 감상하기 [정답률 39%]

〈보기〉를 참고하여 (가), (나)를 감상한 내용으로 적절하지 않은 것은? [3점]

• 〈보기〉: (가)와 (나)의 이별에 대한 대처 방식의 차이점을 설명하였습니다.
• (가): 봉건적 질서 아래에서 겪는 여인의 삶과 한을 다룬 작품입니다.
• (나): 해학을 통해 임과의 이별로 인한 슬픔과 그리움을 표현한 작품입니다.

즉 〈보기〉에 제시된 (가)와 (나)의 이별에 대한 대처 방식의 차이점에 대한 설명을 바탕으로 (가)와 (나)의 시어 또는 시구에 적용하여 감상한 내용으로 적절하지 않은 것을 고르는 문제입니다.

[보기]
❶(가), (나)는 이별에 대한 서로 다른 대처를 보여 준다. ❷(가)의 화자는 외부와 단절된 채 자신의 쓸쓸한 내면에 몰입하고,
(가)의 화자가 이별에 대처하는 방법
자신의 슬픔을 주변으로 확장한다. ❸(나)의 화자는 외부 대상의 모습에서 자신과의 동질성을 발견하며 슬픔을 확인하면서
(나)의 화자가 이별에 대처하는 방법
도, 슬픔을 분출하는 자신의 우스운 외양에 주목한다. ❹(가)는 슬픔을 확장하고 펼쳐 냄으로써, (나)는 슬프지만 슬픔과 거리를 둠으로써 이별에 대처한다.
(가)와 (나)의 화자가 이별에 대처하는 방법의 차이점

Ⓐ

왜 정답?

② (가)에서 '부용장 적막하니 뉘 귀에 들리소니'는 <del>화자가 외부와의 교감을 거부하고 내면에 몰입하는 모습을 드러내는군.</del>
자신의 연주 소리를 들어 줄 임이 없다는 임의 부재 상황을 한탄한 것이므로 적절하지 않음.

*근거: (가) ❷-⓮, 〈보기〉 ❷

(가)에서 '부용장 적막하니 뉘 귀에 들리소니'는 화자가 혼자 있는 상황에서 자신의 연주 소리를 들어 줄 임이 없음을 한탄하고 있는 것이다. 그러므로 〈보기〉의 진술대로 화자가 외부와 단절된 것은 적절하지만, 화자가 외부와의 교감을 거부하거나 쓸쓸한 내면에 몰입하는 것은 아니므로 적절하지 않다.

왜 오답?

① (가)에서 '실솔이 상에 울 제'는 화자가 자신의 슬픔을 주변으로 확장한 것을 보여 주는군.
임의 부재로 인한 슬픔을 실솔에 이입하여 확장했으므로 적절함.

*근거: (가) ❷- ❺, 〈보기〉 ❹

(가)에서 '실솔이 상에 울 제'는 임의 부재 상황의 지속으로 느끼는 고독감과 슬픔을 실솔에 이입하여 표현한 것이다. 이것은 〈보기〉의 진술대로 화자가 자신의 슬픔을 주변(실솔)으로 확장한 것에 해당하므로 적절하다.

③ (나)에서 화자는 '소나무'가 '바람 불 적마다 흔덕'거리는 모습에서 자신과의 동질성을 발견한 것이겠군.
입하고 코를 후루룩 비쭉하며 움직임으로써 소나무와의 동질성을 확인할 수 있으므로 적절함.

*근거: (나) ❶, ❸, 〈보기〉 ❸

(나)에서 '소나무'는 '바람 불 적마다 흔덕'거리며 움직이는데, 이것은 임이 그리워 우는 화자가 '입과 코를 후루룩 비쭉'거리며 움직이는 것과 유사하다. 그러므로 〈보기〉의 진술대로 외부 대상인 소나무의 모습에서 화자 자신과의 동질성을 발견하며 이별의 슬픔을 확인한다고 볼 수 있으므로 적절하다.

[오답 선택률 44%] 자신과의 동질성을 발견하는 대상임.

④ (가)의 '삼춘화류'는, (나)의 '버들'과 달리 화자의 내면과 대비되어 외부와의 단절감을 강조하는군.
화자의 내면과 대비되어 외부와 단절감이 강조되므로 적절함.

*근거: (가) ❷-⓭, (나) ❷, ❸, 〈보기〉 ❷, ❸

(가)에서 '삼춘화류 ~ 시름없다'를 통해 화자는 남편의 부재로 인한 고독감과 외로움 때문에 아름다운 봄 경치를 보고도 아무런 감흥이 없음을 알 수 있다. 즉 '삼춘화류'는 화자의 내면과 대비되어 〈보기〉의 진술대로 외부와 단절한 채 자신의 쓸쓸한 내면에 몰입한 상태를 강조한다고 볼 수 있다. 그리고 (나)에서 '버들'의 흔들거리는 모습은 화자가 '입과 코를 후루룩 비쭉'거리며 움직이는 것과 유사하며, 이것은 〈보기〉의 진술대로 화자가 외부 대상인 버들의 모습에서 자신과의 동질성을 발견하며 이별의 슬픔을 확인하는 것이라고 볼 수 있다. 그러므로 (가)의 '삼춘화류'는 화자의 슬픈 내면과 대비되어 외부와의 단절감을 강조하는 것이고, (나)의 '버들'은 화자가 자신과의 동질성을 발견하는 대상이므로 적절하다.

⑤ (나)의 '후루룩 비쭉'하는 '입하고 코'는, (가)의 '긴 한숨 지는 눈물'과 달리 화자가 자신의 우스운 외양에 주목하여 슬픔과 거리를 두는 것을 보여 주는군.
자신의 우스운 외양에 주목한 것이므로 적절함.
화자가 슬픔을 확장하고 펼쳐 낸 것임.

*근거: (가) ❷-❻, (나) ❸, 〈보기〉 ❸, ❹

(나)의 '후루룩 비쭉'하는 '입하고 코'는 이별의 슬픔으로 인해 훌쩍거리며 움직이는 입과 코의 모양을 나타낸 것으로 〈보기〉에서 진술된 대로 화자가 자신의 우스운 외양에 주목하여 슬픔과 거리를 둠으로써 이별에 대처한다고 볼 수 있다. 한편 (가)의 '긴 한숨 지는 눈물'은 독수공방하며 지내는 화자의 외로움과 슬픔을 드러낸 것으로 〈보기〉의 진술대로 화자가 자신의 슬픔을 확장하고 펼쳐 낸 것이다. 그러므로 (나)의 '후루룩 비쭉'하는 '입하고 코'는 자신의 우스운 외양에 주목하여 슬픔과 거리를 두는 것을 보여 주는 것이고, (가)의 '긴 한숨 지는 눈물'은 화자가 슬픔을 확장하고 펼쳐 낸 것이므로 적절하다.

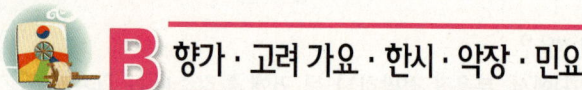
B 01~04 ────────── [2018년(11월)/고1교육청 29~32]

(가) 송이, 〈남은 다 쟈는〉

❶ 화자, 중심 대상 ❷ 상황, 정서, 태도 ❸ 표현상 특징 [고어 읽기] [시 해석]

남은 다 쟈는 밤에 내 어이 홀로 깨야

❶ **시간적 배경**
㉠남은 다 쟈는 밤에 닉 어이 홀로 씨야
→ 남은 다 자는 밤에 나는 어찌 홀로 깨어

❶ 화자: 나
❷ 상황: 전전반측 – 누워서 몸을 이리저리 뒤척이며 잠을 이루지 못함.
❸ 표현상 특징: 대조법

*초장 요약: 밤에 홀로 깸.

❷ **옥장** 깊푼 곳에 쟈는 님 생각는고
옥장(玉帳) 깊푼 곳에 쟈는 님 싱각는고
❸ 표현상 특징: 설의법 – 임에 대한 그리움을 강조함.
→ 옥장 깊은 곳에 자고 있는 임을 생각하는가?

[**옥장**: 옥으로 장식한 장막

*중장 요약: 임을 생각함.

천리   예 외로운 꿈만 오락가락   하노라
❸
❷ 정서: 임을 그리워함.
㉡천리(千里)예 외로운 쑴만 오락가락 ㅎ노라
임과의 심리적 거리감 → 만날 수 없는 임에 대한 그리움
→ 천 리에 외로운 꿈만 오락가락 하는구나.

*종장 요약: 임에 대한 그리움을 느낌.

■ 갈래: 평시조   ■ 창작 시기: 미상
■ 내용: 이 작품은 사랑하는 임과 헤어진 상황에서 임에 대한 그리움을 노래한 시조이다. 종장의 '천리'는 임과 화자의 심리적 거리감을 드러낸 표현으로, 이를 통해 임과의 재회가 어렵다고 생각하는 화자의 막막함이 드러난다.
■ 주제: 임에 대한 그리움.

■ 이것이 핵심!: 중심 대상에 대한 화자의 정서

밤에 홀로 깨어남.

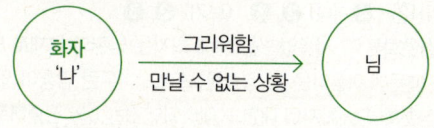

화자 '나' ──그리워함. 만날 수 없는 상황──▶ 님

(나) 성현, 〈장상사(長相思)〉

❶ 화자, 중심 대상 ❷ 상황, 정서, 태도 ❸ 표현상 특징

❶ 그립고 그리워도 볼 수가 없어
❷ 정서: 그리움. ❷ 상황: 임을 볼 수 없음.

❷ ❸ 표현상 특징: 비유법
마음은 바람에 나부끼는 종이 연 같아라
❷ 정서: 임을 향한 그리움을 간접적으로 드러냄.

❸ ㉢돗자리라면 말아 두고 돌이라면 굴러 낼 수 있으련만
돗자리, 돌과 달리 화자의 마음의 응어리는 없앨 수 없음. : 화자의 마음과 대비되는 대상

❹ 이 마음의 응어리 어느 때나 고칠까
❸ 표현상 특징: 설의법 – 화자의 슬픔을 강조함.

[**나부끼다**: 천, 종이, 머리카락 따위의 가벼운 물체가 바람을 받아서 가볍게 흔들리다. 또는 그렇게 하다.

*❶~❹행 요약: 그리움으로 인해 마음에 응어리가 짐.

❺ 그리운 사람은 멀리 하늘 모퉁이에 있는데
❷ 상황: 화자는 그리움의 대상과 멀리 떨어져 있는 처지임.

❻ 구름 뜬 하늘 아래 늘어진 푸른 버들
❸ 표현상 특징: 색채 표현

❼ 아득한 시름은 끝이 없어라

❽ ㉣홀로 앉아 공후를 타니

❾ 공후는 하소연하는 듯 흐느끼는 듯
❸ 표현상 특징: 화자의 슬픔을 '공후'에 이입하여 표현함.→공후를 연주함으로써 외로움을 달래려 함.

---

❿ 다 타도록 비단 적삼 젖는 줄도 몰랐네
[**공후**: 하프와 비슷한 동양의 옛 현악기

*❺~❿행 요약: 그리운 사람을 볼 수 없어 시름에 잠겨 공후를 탐.

⓫ 원컨대 쌍쌍이 나는 새가 되어서
△ : 임의 곁에 가기 위해 화자가 되고 싶어 하는 대상. 화자의 분신

⓬ 임 향한 창 앞에 서 있고자

⓭ 원컨대 밝은 달이 되어

⓮ 임의 창문 휘장 뚫어 비춰 들고자

⓯ ㉤슬픈 노래 잠 못 드는 밤 어찌 이리 긴고
이별의 슬픔으로 인해 밤이 더욱 길게 느껴짐.

⓰ 꿈속에서도 요산 남쪽 건너지 못하였네
꿈속에서도 그리운 임을 만나지 못함.

⓱ 기나긴 그리움에 공연히 애만 끊노라
❷ 정서: 그리움

[**휘장**: 피륙을 여러 폭으로 이어서 빙 둘러치는 장막

*⓫~⓱행 요약: 임에게 가고 싶은 마음과 그리움

■ 갈래: 한시   ■ 창작 시기: 미상
■ 내용: 이 작품은 임을 애타게 그리워하는 화자의 심정을 '종이 연', '푸른 버들', '공후' 등의 대상에 빗대어 표현한 한시이다. 화자는 새와 달이 되어서라도 임을 만나고 싶어 하지만, 꿈에서조차 임을 만나지 못하여 안타까움을 느끼고 있다. 화자와 임의 관계를 단순한 연인이 아닌, 신하와 임금의 관계로 보아 이 작품을 충신연주지사로 분류하기도 한다.
■ 주제: 임을 향한 그리움과 연모의 마음

■ 이것이 핵심!: 중심 대상에 대한 화자의 정서

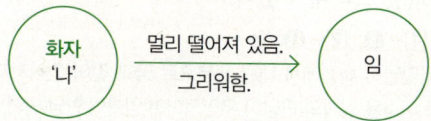

화자 '나' ──멀리 떨어져 있음. 그리워함.──▶ 임

(다) 박인로, 〈상사곡(相思曲)〉

❶ 화자, 중심 대상 ❷ 상황, 정서, 태도 ❸ 표현상 특징 [고어 읽기] [시 해석]

❶ 명황   은 귀비   를 주겨나 여희여니
명황(明皇)*은 귀비(貴妃)*를 주겨나 여ᄒᆡ여니
→ 당나라 현종은 양귀비를 죽여서나 여의었으니

❷ 셜다 셜다 한들 우리가티 셜울런가
셟다 셟다 ᄒᆞᆫ들 우리ᄀᆞ티 셜울런가
❸ 표현상 특징: 설의법 – 화자의 서러움을 강조함.
→ 서럽다 서럽다 한들 우리처럼 서러울 것인가?

❸ 사라셔 못 보니 더욱 ᄒᆞ나 망극   하다
사라셔 못 보니 더욱 ᄒᆞ나 망극(罔極)ᄒᆞ다
→ 살아서도 보지 못하니 더욱 망극하다.

❹ 수심   은 블이 되어 가슴애   피여나니
수심(愁心)은 블이 되어 가슴애 픠여나니
→ 근심은 불이 되어 가슴 속에 피어나니

❺ 절로 난 그 블이 남의 탓도 아니로대
절로 난 그 블이 ᄂᆞᆷ의 탓도 아니로ᄃᆡ
→ 저절로 생겨난 그 불이 남의 탓도 아니로다

❻ 내해 하 셜워 수인씨   를 원   하노라
내ᄒᆡ 하 셜워 수인씨(燧人氏)*를 원(怨)ᄒᆞ노라
❶ 화자: 나
→ 내가 많이 서러워 수인씨를 원망하는구나.

❼ **함양궁전**   이 다만 삼월   블거셔도
함양궁전(咸陽宮殿)*이 다ᄆᆞᆫ 삼월(三月) 블거셔도
3개월
→ 함양궁전이 다만 삼 개월만에 다 탔는데

❽ 지금   에 그 블를 오래 타 하것마는
지금(至今)에 그 블롤 오래 튼다 ᄒᆞ것마는
→ 지금은 그 불을 오래 탔다 하지만은

⑨ 이 원수(怨讐) 이 블은 몃 삼월(三月)을 디내연고
가슴의 불이 오랫동안 꺼지지 않음. → 화자의 슬픔을 강조함.
➡ 이 원수 이 불은 몇 번의 삼 개월을 지내는 것인가?

⑩ 눈믈은 임우(霖雨)이 되고 한숨은 ㅂㄹㅁ이 되어
장마　　　바람
➡ 눈물은 장마가 되고 한숨은 바람이 되어

⑪ 불거니 쓰리거니 그츨 적도 업서시니
➡ (바람) 불고 (비를) 뿌리고 그칠 때가 없었으니

⑫ 이 비로 뎌 블을 쩜즉도 ᄒ다마ᄂ
➡ 이 비로 저 불을 끌 수 있을 만도 하다만은

⑬ 엇찌흔 블인디 풍우중(風雨中)에 ㅌ노왜라
❶ 중심 대상: 블(불) 비바람
비바람에도 꺼지지 않는 불 → 화자의 슬픔을 강조함.
➡ 어찌된 불인지 비바람 속에서도 타는구나

⑭ 수화상극(水火相克)*도 거줏말이 되엿고야
➡ 물과 불이 서로 용납하지 않는다는 말도 거짓말이 되었구나.

⑮ 픠거니 쓰리거니 승부(勝負) 업시 싸호거든
➡ (불이) 피거니 (비를) 뿌리거니 승부 없이 싸우는데

⑯ 죠고만흔 몸은 전장(戰場)이 되엿ᄂ다
➡ 조그마한 내 몸은 전쟁터가 되었구나.

⑰ 아이고 하ᄂ님아
➡ 아이고 하느님아,

⑱ 칠석(七夕)비 ᄂ리워 이 싸홈 말이쇼셔
▭: 가슴에 난 불이 꺼지기를 바람.
➡ 칠석 비 내려 이 싸움을 말리소서.

⑲ 어엿쓴 이 몸은 살가 너겨 ㅂ라ᄂ다
불쌍한
➡ 불쌍한 이 몸은 살기를 바랍니다.

수심: 매우 근심함. 또는 그런 마음
풍우: 바람과 비를 아울러 이르는 말
전장: 싸움을 치르는 장소

*❶~⑲행 요약: 임과의 이별로 인한 근심이 가슴 속에서 불이 되어 꺼지지 않음.

⑳ 알고져 전생(前生)의 므슴 죄(罪)를 지어두고
➡ 알고자 한다. 전생에 무슨 죄를 지어

㉑ 여흴 제 검던 머리 희도록 못 보ᄂ고
❸ 표현상 특징: 색채 표현 – 아주 오랜 시간 동안 임을 보지 못함.
➡ (임과) 헤어질 때 검었던 머리가 희도록 보지 못하는가?

㉒ ᄉ랑은 혜염업서* 노소(老少)도 모르ᄂ가
➡ 사랑은 생각이 없어서 늙어가는 것을 모르는가?

㉓ 십년전(十年前) 맹서(盟誓)를 오늘 믄득 ᄉ각ᄒ니
맹세
➡ 십 년 전 맹서를 오늘 문득 생각하니

㉔ 금석(金石) ᄀ튼 말삼이 어제론덧 그제론덧 귀예 징징ᄒ야시니
매우 굳고 단단한 것을 비유적으로 이르는 말
➡ 금석 같은 말씀이 어제인지 그제인지 귀에 쟁쟁하니

㉕ 이 ᄆ음 이 맹서(盟誓) 진토(塵土)이 되다 니즐소냐
티끌과 흙　❸ 표현상 특징: 설의법 – 잊지 못함.
➡ 이 마음 이 맹세가 티끌과 흙이 된다고 잊겠는가?

㉖ 아소온 내 ᄯ은 다시 볼가 ㅂ라거든
❷ 정서: 임과의 재회를 바람.
➡ 아쉬운 내 뜻은 (임을) 다시 볼까 바라거든

㉗ 일년(一年) 삼백일(三百日)에 니친 흘니 이실소냐
❸ 표현상 특징: 설의법 – 하루도 잊은 적 없음.
➡ 일 년 삼백 일에 잊은 하루가 있을 것인가?

[노소: 늙은이와 젊은이를 아울러 이르는 말

*㉒~㉗행 요약: 임에 대한 영원한 마음과 그리움

* 명황, 귀비: 당나라 현종과 양귀비. 안사의 난으로 양귀비가 죽음.
* 수인씨: 중국 고대 전설상의 제왕. 불을 쓰는 법을 전하였다고 함.
* 함양궁전: 진나라 때 중국 함양에 지어진 궁전으로 항우가 불태웠는데 삼 개월 동안 꺼지지 않았다고 함.
* 수화상극: 물과 불은 서로 용납하지 않는다는 뜻
* 혜염업서: 생각이 없어서

■ 갈래: 가사　　■ 창작 시기: 조선 중기
■ 내용: 이 작품은 이별한 임에 대한 연정을 표현한 가사이다. 중국의 고사와 자연물을 활용하여 임에 대한 간절한 그리움을 드러내고 있다.
■ 주제: 임에 대한 변함없는 마음
■ 이것이 핵심!: 화자의 정서와 태도

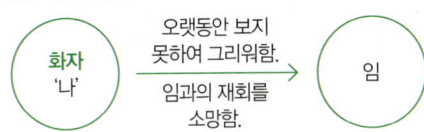

화자 '나' → 오랫동안 보지 못하여 그리워함. 임과의 재회를 소망함. → 임

B 01　정답 ①　* 작품 비교하기 ·········· [정답률 67%]

(가)~(다)의 공통점에 대한 설명으로 가장 적절한 것은?

> 왜 정답?

① 의문형 표현을 활용하여 화자의 정서를 강조하고 있다.
(가)의 '자는 님 싱각는고', (나)의 '어느 때나 고칠까', (다)의 '우리 ᄀ티 셜울런가' 등
* 근거: (가) 중장, (나) ❹, ⑮, (다) ❷

(가)의 중장 '옥장 깊픈 곳에 자는 님 싱각는고'에서는 의문형 표현을 활용하여 '님'에 대한 화자의 그리움을 강조하고 있다. (나)의 '이 마음의 응어리 어느 때나 고칠까'에서는 의문형 표현을 활용하여 화자의 슬픔을 강조하고 있다. 또 '슬픈 노래 잠 못 드는 밤 어찌 이리 긴고'에서도 의문형 표현을 활용하여 화자의 외로움과 슬픔을 강조하고 있다. (다)의 '셟다 셟다 ᄒᄂ 둘 우리 ᄀ티 셜울런가' 등에서도 의문형 표현을 활용하여 임과 이별한 화자가 느끼는 서러움을 강조하고 있다. 따라서 (가), (나), (다)는 모두 의문형 표현을 활용하여 화자의 정서를 드러내고 있다.

> 왜 오답?

② 색채어를 활용하여 대상을 감각적으로 형상화하고 있다.
(나)와 (다)에서만 색채어를 활용함.
* 근거: (나) ❻, (다) ㉑

(나)의 '푸른 버들', (다)의 '여흴 제 검던 머리 희도록 못 보ᄂ고'에서는 색채어를 활용하고 있다. 그러나 (가)에서는 색채어를 활용하고 있지 않다.

③ 언어유희를 활용하여 화자의 태도를 해학적으로 표현하고 있다.
(가)~(다)에서 모두 언어유희를 활용하지 않음.

언어유희는 동음이의어나 글자 등을 활용하여 말을 재미있게 꾸며 내는 것을 의미한다. (가)~(다)에서는 모두 언어유희를 활용하고 있지 않다.

[해학적: 익살스럽고도 품위가 있는 말이나 행동이 있는

④ **풍자의 기법을 활용하여** 대상에 대한 비판 의식을 드러내고
<u>(가)~(다)에서 모두 풍자의 기법을 활용하지 않음.</u>
있다.

풍자는 비판의 의도를 가지고 현실을 과장, 왜곡하고 비꼬는 방법으로 드러
내어 웃음을 유발하는 것을 의미한다. (가)~(다)에서는 모두 풍자의 기법을
활용하고 있지 않다.

⑤ **계절감을 나타내는 시어를 활용하여** 시적 분위기를 조성
<u>(나)와 (다)에서만 계절감을 나타내는 시어가 활용되었음.</u>
하고 있다.

＊근거: (나) ❻, (다) ⑱

(나)의 '푸른 버들', (다)의 '칠석'을 통해 계절감이 느껴진다고 볼 수도 있다.
하지만 (가)에서는 계절감을 나타내는 시어를 활용하고 있지 않다.

B 02 정답 ② ＊ 화자의 정서와 태도 파악하기 … [정답률 82%]

㉠~㉢에 대한 설명으로 적절하지 <u>않은</u> 것은?

> **왜 정답 ?**

② ㉡: 화자의 '쑴'을 통해 화자가 **먼 곳에서 여유롭게 살고자**
<u>임과 만나기 힘든 상황임을 드러냄.</u>
하는 염원을 표현하고 있다.

(가)의 화자는 이별한 임을 그리워하고 있다. 초장을 통해 알 수 있듯이 화자
는 잠 못 들어 하고 있으므로 화자가 임을 볼 수 있는 '쑴'을 꾸기도 어려운
처지이다. ㉡의 '천리'는 화자가 느끼는 임과의 심리적인 거리감을 나타내는
데, 이러한 천리 밖에 '쑴'이 '오락가락'한다는 것은 화자가 임을 만나기 힘든
상황임을 드러내는 표현이다. 따라서 (가)의 화자가 '쑴'을 통해 먼 곳에서
여유롭게 살고자 하는 염원을 표현하고 있다고 보기는 어렵다.

〔 **염원**: 마음에 간절히 생각하고 기원함. 또는 그런 것 〕

> **왜 오답 ?**

① ㉠: '남'과 화자의 서로 다른 상황을 통해 화자가 놓인 외로
<u>'남'은 다 자고 있지만 화자는 깨어 있는 상황 → 임과 이별한 후 외로운 화자의 처지를 표현함.</u>
운 처지를 표현하고 있다.

'남은 다 자는 밤에' 화자는 '홀로 쎄야' 있다. 이는 화자가 임과 이별하여 외
로운 처지이기 때문이며, 남과 화자의 상반되는 상황은 화자의 외로움을 더
욱 강조하고 있다고 볼 수 있다.

③ ㉢: '돗자리', '돌'과 대비되는 화자의 마음을 통해 화자의
<u>'돗자리', '돌'과 달리 화자의 마음의 응어리는 없앨 수 없음을 강조함.</u>
맺혀 있는 감정을 강조하고 있다.

화자는 '돗자리'라면 말아 두고 '돌'이라면 굴러 낼 수 있지만, 자신의 마음의
응어리는 '어느 때나 고칠까'라며 없앨 수 없다고 했다. 따라서 '돗자리'와
'돌'은 화자의 마음과 대비되는 대상이며, 이러한 대비를 통해 화자의 마음
에 맺혀 있는 감정을 강조하고 있다고 할 수 있다.

④ ㉣: 화자가 연주하는 '공후'의 소리를 통해 화자의 답답함
<u>'공후' 소리에 화자의 감정이 이입되어 '하소연하는 듯 흐느끼는 듯' 들림.</u>
과 슬픔을 표현하고 있다.

'공후'의 소리가 '하소연하는 듯 흐느끼는 듯' 들린다고 한 것은 화자의 슬픈
감정이 공후 소리에 이입되었기 때문이다. 그러므로 화자는 '공후' 소리를
통해 자신의 답답함과 슬픔을 드러내고 있다.

⑤ ㉢: 화자가 '밤'에 잠을 자지 못하는 상황을 통해 화자의 애
<u>'슬픈 노래'를 통해 화자의 애절함을 드러냄.</u>
절한 감정을 강조하고 있다.

노래가 '슬픈' 것은 화자가 슬픔을 느끼기 때문이며, 이러한 슬픔 때문에 잠
을 이루지 못하는 화자는 밤이 '어찌 이리 긴고'라고 탄식하고 있다. 이는 화
자의 애절한 감정을 강조한 표현이다.

〔 **애절하다**: 견디기 어렵도록 애가 타는 마음이 있다. 〕

B 03 정답 ③ ＊〈보기〉를 바탕으로 감상하기 … [정답률 77%]

〈보기〉를 바탕으로 (나)와 (다)를 감상한 내용으로 적절하지 <u>않</u>
은 것은? [3점]

· 〈보기〉: 충성스러운 신하가 왕을 그리워하며 부른 노래를 '충신연주지사'라
고 합니다. '충신연주지사'에 속하는 작품들은 왕에 대한 신하의 사랑과 그
리움, 왕에 대한 원망을 주로 담고 있습니다.

· (나)와 (다): (나)와 (다)는 '충신연주지사'에 해당합니다.

즉 '충신연주지사'인 (나)와 (다)를 잘못 감상한 것을 고르는 문제입니다.

[보기]

> ❶ '충신연주지사'는 충성스러운 신하가 왕을 그리워하며 부른
> <u>충신연주지사의 개념, ②의 근거</u> ❷
> 노래를 의미하는데, (나)와 (다)가 여기에 속한다. 이러한 주
> 제 의식을 담은 노래들은 신하가 왕으로부터 멀리 떨어져 이
> <u>①의 근거</u> ❸
> 별이 오래 지속된 상황에서 생긴 감정을 표현하고 있다. 왕에
> <u>④의 근거</u>
> 대한 신하의 사랑과 그리움을 주로 표현하며, 자신의 마음을
> <u>⑤의 근거</u> <u>③의 근거</u>
> 몰라주는 왕에 대한 원망을 드러내기도 한다.

> **왜 정답 ?**

③ (다)의 '수심'이 '가슴'에 피어난 것이 '눔의 탓도 아니로디'
라고 한 것은 신하가 <u>자신의 마음을 몰라주는 왕을 원망하고</u>
<u>수심은 저절로 난 것이며 남의 탓도 아니라고 했음.</u>
있음을 나타낸 것이겠군.

＊근거: (다) ❹, ❺, 〈보기〉 ❸문장

〈보기〉에서 충신연주지사에 속하는 작품들은 '자신의 마음을 몰라주는 왕에
대한 원망을 드러내기도 한다.'라면서 (나)와 (다)가 충신연주지사에 속한다
고 했다. 한편 (다)에서는 '수심은 블이 되어 가슴애 피여나니/절로 난 그 블
이 눔의 탓도 아니로디'라고 했다. 이는 수심이 불이 되어 가슴에 피어났지
만, 이것은 저절로 생겨난 불이므로 남의 탓이 아니라는 의미이다. 따라서
(다)의 화자는 임, 즉 왕과 이별한 후 수심을 느끼고 있지만 이것이 남의 탓
이라고 느끼고 있지는 않으므로, 자신의 마음을 몰라주는 왕에 대한 원망을
드러내고 있다고 할 수는 없다.

> **왜 오답 ?**

① (나)의 '그리운 사람'이 '멀리 하늘 모퉁이에 있는데'라고 한
것은 신하가 왕으로부터 멀어져 있는 상황을 나타낸 것이겠군.
<u>'그리운 사람', 즉 왕과 멀리 떨어져 있는 상황임.</u>

＊근거: 〈보기〉 ❷문장

〈보기〉에서 (나)는 충신연주지사에 속한다고 하였으므로 (나)의 화자는 신하
이며 화자가 그리워하는 사람은 왕이다. 또 〈보기〉에서 충신연주지사는 '신
하가 왕으로부터 멀리 떨어져' 있는 상황을 표현하고 있다고 했으므로 '그리
운 사람'이 '멀리 하늘 모퉁이에 있는' 상황은 신하가 왕으로부터 멀어져 있
는 상황을 표현한 것이다.

② (나)의 '기나긴 그리움에 공연히 애만 끊노라'라고 한 것은
신하가 왕을 그리워하고 있음을 나타낸 것이겠군.
<u>이별한 임, 즉 왕에 대한 그리움을 표현함.</u>

＊근거: 〈보기〉 ❶문장

〈보기〉에서 '충신연주지사'는 충성스러운 신하가 왕을 그리워하며 부른 노래
를 의미하는데, (나)가 여기에 속한다고 했다. 그러므로 (나)에서 '기나긴 그
리움에 공연히 애만 끊노라'라고 한 것은 임에 대한 화자의 그리움, 즉 임금
에 대한 신하의 그리움을 나타낸 것이라고 볼 수 있다.

④ (다)의 '여흴 제 검던 머리 희도록 못 보는고'라고 한 것은
신하와 왕이 오랫동안 이별하고 있음을 나타낸 것이겠군.
<u>오랜 시간 동안 임, 즉 왕을 못 보았음을 의미함.</u>

*근거: 〈보기〉 ❷문장

〈보기〉에서 (다)는 충신연주지사에 속한다고 하였다. 또 충신연주지사에 속하는 작품들은 '신하가 왕으로부터 멀리 떨어져 이별이 오래 지속된 상황에서 생긴 감정을 표현하고 있다.'라고 하였으므로 (다)는 이별이 오래 지속된 상황에서 신하가 임금에 대한 그리움을 표현한 것이라고 할 수 있다. 따라서 '여흴 제 검던 머리 희도록 못 보는고'에서는 화자와 임, 즉 신하와 임금의 이별이 오래 지속된 상황임을 드러내고 있다고 볼 수 있다.

⑤ (나)의 '밝은 달이 되어' '임의 창문 휘장'에 비추겠다는 것과 (다)의 '내 뜻은 다시 볼가 브라거든'이라고 한 것은 <u>왕에 대한 신하의 사랑을 나타낸 것이겠군.</u>
임과 재회하길 바라는 마음을 표현함.

*근거: 〈보기〉 ❸문장

(나)의 화자는 '쌍쌍이 나는 새가 되어서 임 향한 창 앞에 서'거나, '밝은 달이 되어 임의 창문 휘장 뚫어 비'추며 임과 함께하고 싶은 소망을 드러내고 있다. 그리고 (다)의 화자는 그리운 임을 '다시 볼가 브라'면서 임에 대한 그리움과 사랑을 드러내고 있다. 〈보기〉에서 (나)와 (다)는 '충성스러운 신하가 왕을 그리워하며 부른 노래', 즉 충신연주지사에 해당한다고 하였다. 이러한 작품들은 '왕에 대한 신하의 사랑과 그리움을 주로 표현'한다고 했으므로 (나)와 (다)의 이러한 표현들은 모두 왕에 대한 신하의 사랑을 나타낸 것이라고 볼 수 있다.

B 04 정답 ④ *시어 및 구절의 의미 파악하기 … [정답률 85%]

새와 블에 대한 설명으로 가장 적절한 것은?

> 왜 정답?

④ 새는 화자의 간절한 바람을 드러내고, 블은 화자의 애타는
임과의 재회를 간절히 염원하는 마음을 드러냄. 화자의 근심이 깊음을 부각함.
정서를 부각하고 있다.

(나)의 화자는 '쌍쌍이 나는 새가 되어서 임 향한 창 앞에 서' 있기를 원한다고 했다. 이는 새가 되어서라도 임을 보고 싶다는 화자의 간절한 바람을 드러낸 표현이다. 한편 (다)에서 '블'은 화자의 수심을 가리키는데, '풍우중'에도 타오른다, 즉 꺼지지 않는다고 하였다. 이는 화자의 수심이 그만큼 깊다는 것을 의미하는 표현이다.

> 왜 오답?

① 새는 화자의 심리 전환을 표출하고, 블은 화자의 성격 변
나타나지 않음. 나타나지 않음.
화를 유도하고 있다.

(나)에서 화자의 심리가 전환되는 부분은 나타나지 않으며, (다)에서 화자의 성격이 변화하는 부분 또한 나타나지 않는다.

② 새는 화자의 현재 상황을 표현하고, 블은 화자의 미래 모습
화자가 되고 싶어 하는 대상임. 화자의 현재 마음 상태를 나타냄.
을 암시하고 있다.

(나)의 '새'는 화자가 되고 싶어 하는 대상이므로 현재 상황을 표현한다고 볼 수 없다. 또 (다)의 '블'은 현재 화자의 애타는 마음 상태를 나타내므로, 미래 모습을 암시한다고도 볼 수는 없다.

③ 새는 화자의 내적인 갈등을 강조하고, 블은 화자의 외적인
관계없음. 관계없음.
화해를 보여주고 있다.

(나)의 '새'는 임을 보고 싶어 하는 화자의 마음을 나타내는 대상일 뿐, 화자의 내적 갈등과는 크게 관계가 없다. 또한 (다)의 '블'은 화자의 수심, 걱정을 나타내므로 화자의 외적인 화해와는 관계가 없다.

⑤ 새는 화자의 반성적인 태도를 나타내고, 블은 화자의 실천
관계없음.
적인 행위를 제시하고 있다.
화자의 마음 상태를 나타냄.

(나)의 화자는 무엇인가를 반성하고 있지 않으며, (다)의 '블'은 화자의 수심, 애타는 마음 상태와 관련되는 것이므로 실천적인 행위와는 관계가 없다.

B 05~07 ——— [2019년(9월)/고1교육청 31~33]

(가) 어무적, 〈유민탄(流民嘆)〉

❶ 화자, 중심 대상 ❷ 상황, 정서, 태도 ❸ 표현상 특징 한자 읽기

한자 읽기	한문	해석
창 생 난 창 생 난	蒼生難蒼生難	❶ : 유사한 구절을 반복하여 백성들의 어려움에 대한 안타까움을 드러냄. 백성들의 어려움이여, 백성들의 어려움이여 ❷ 정서: 어려운 처지에 있는 백성들에 대한 안타까움과 한탄
연 빈 이 무 식	年貧爾無食	❶ 중심 대상: 너희들(백성) 흉년 들어 ㉠ 너희들은 먹을 것이 없구나 어려움을 겪는 백성들
아 유 제 이 심	我有濟爾心	❸ 화자: 나 ㉡ 나는 너희들을 구제할 마음이 있어도 ❷ 정서: 백성들을 구제하지 못하는 안타까움
이 무 제 이 력	而無濟爾力	너희들을 구제할 힘이 없구나 ❷ 상황: 어려운 백성들을 구제하고 싶지만 구제할 힘이 없음.

*❶~❹행 요약: 어려운 백성들을 구제하지 못하는 안타까움

창 생 고 창 생 고	蒼生苦蒼生苦	백성들의 괴로움이여, 백성들의 괴로움이여 ❷ 정서: 어려운 처지에 있는 백성들에 대한 안타까움과 한탄
천 한 이 무 금	天寒爾無衾	날이 추워 네가 이불이 없을 때 백성들의 힘든 삶
피 유 제 이 력	彼有濟爾力	㉢ 저들은 너희들을 구제할 힘이 있어도 백성들을 구제할 힘이 있는 관리들이 문제를 해결하지 않음.
이 무 제 이 심	而無濟爾心	너희들을 구제할 마음이 없구나

*❺~❽행 요약: 백성들을 구제하지 않는 관리들

원 회 소 인 복	願回小人腹	원컨대, 잠시라도 소인배의 마음을 돌려서 마음 씀씀이가 좁고 간사한 사람들이나 그 무리
잠 위 군 자 려	暫爲君子慮	군자의 생각을 가져 보게나
잠 차 군 자 이	暫借君子耳	군자의 귀를 빌려
시 청 소 민 어	試聽小民語	백성의 말을 들어 보게나

*❾~⓬행 요약: 관리들에게 백성들의 말을 귀담아 듣기를 권함.

소 민 유 어 군 불 지	小民有語君不知	백성은 할 말 있어도 임금은 알지 못하니
금 세 창 생 개 실 소	今歲蒼生皆失所	오늘 백성들은 모두 살 곳을 잃었구나 살 곳을 잃은 백성들의 처지
북 궐 수 하 우 민 소	北闕雖下憂民詔	매 때마다 궁궐에서는 매양 백성을 걱정하는 조서 내리는 임금의 명령을 일반에게 알릴 목적으로 적은 문서
주 현 전 간 일 허 지	州縣傳看一虛紙	지방 관청에 전해져서는 한갓 헛된 종이 조각 지방 관리들이 백성 구제에 힘쓰지 않는 현실

*⓭~⓰행 요약: 백성들이 살 곳을 잃은 현실

특 견 경 관 문 민 막	特遣京官問民瘼	서울에서 관리를 보내 백성의 고통을 물으려
일 기 일 치 삼 백 리	馹騎日馳三百里	역마로 날마다 삼백 리를 달려도
오 민 무 력 출 문 한	吾民無力出門限	백성들은 문턱에 나설 힘도 없어
하 가 면 진 심 내 사	何暇面陳心內事	어느 겨를에 마음속 일을 말이나 하겠소 ❸ 표현상 특징: 설의법 → 마음속 일을 말하지 못함.

*⓱~⓴행 요약: 고통을 말하지 못하는 백성들

| 종 사 일 군 일 경 관 | 縱使一郡一京官 | ㉑ 비록 한 고을에 한 서울 관리 온다고 해도 |

京官無耳民無口
경 관 무 이 민 무 구
서울 관리는 귀가 없고 백성은 입이 없다네
❸ 표현상 특징: 대구법 → 서울 관리는 듣지 않고 백성은 말하지 못함.

不如喚起汲淮陽
부 여 환 기 급 회 양
급회양* 같은 착한 관리를 불러다가
❷ 정서: 착한 관리를 불러 백성을 구제하고 싶음.

未死子遺猶可救
미 사 혈 유 유 가 구
아직 죽지 않은 백성을 구해 봄만 못하리라

＊〈㉑~㉔〉행 요약: 착한 관리를 불러 백성을 구하고 싶은 마음

＊급회양: 중국 한나라 때 선정(善政)을 베푼 것으로 유명한 태수

■ **갈래:** 한시　　■ **창작 시기:** 조선 중기
■ **내용:** 이 작품은 흉년으로 인해 집을 잃고 떠도는 백성들의 고달픈 삶을 비통해하는 마음을 담은 한시이다. 백성들을 구제하고 싶지만 힘이 없는 화자와, 백성들을 구제할 힘이 있지만 백성들을 구제할 마음이 없는 관리들을 대비하여 안타까움을 강조하고 있다. 또한 임금이 백성들을 구하려 해도 지방 관청에서 제대로 일이 처리되지 않는 현실을 폭로하고, 서울에서 오는 관리보다 착한 관리를 불러와 살아남은 백성들을 구하고 싶다는 화자의 소망을 드러내고 있다.
■ **주제:** 유민들의 삶에 대한 한탄과 소임을 다하지 않는 관리에 대한 비판

■ **이것이 핵심!: 대상에 대한 화자의 정서와 태도**

구제하고 싶지만 구제할　　　　　구제할 힘이 있지만 구제할
힘이 없어 안타까움, 한탄　　　　마음이 없는 것에 대한 비판

(나) 이별, 〈장육당육가(藏六堂六歌)〉

❶ 화자, 중심 대상　❷ 상황, 정서, 태도　❸ 표현상 특징　[시 해석]

❶ 화자: 나
내 이미 백구 잊고 백구도 나를 잊네
❸ 표현상 특징: 대구법, 의인법
➡ 내가 이미 갈매기를 잊었고 갈매기도 나를 잊었네.

둘이 서로 잊었으니 누군지 모르리라
자연과 하나 된 삶
➡ 둘이 서로를 잊었으니 누군지 모르리라.

언제나 해옹을 만나 이 둘을 가려낼꼬
바닷가에 사는 늙은이
➡ 언제쯤 바다에 사는 늙은이(은자)를 만나 이 둘을 가려낼까?

＊〈제1수〉요약: 자연과 하나가 된 삶

❶ 붉은 잎 산에 가득 빈 강에 쓸쓸할 때
❸ 표현상 특징: 색채 이미지 활용 → 가을에 느끼는 쓸쓸함
➡ 붉은 잎이 산에 가득하고 빈 강에 쓸쓸할 때

❷ 가랑비 낚시터에 낚싯대 제 맛이라
낚시를 하며 풍류를 즐김.
➡ 가랑비 내리는 낚시터에 낚시하는 것이 제 맛이구나.

세상에 득 찾는 무리 어찌 알기 바라리
❸ 표현상 특징: 설의법 → 득 찾는 무리가 알기를 바라지 않음.
➡ 세상에 이득을 찾는 무리들이 어찌 (이것을) 알기를 바라겠는가?

＊〈제2수〉요약: 자연에서 낚시를 하며 즐기는 풍류

❶ 내 귀가 시끄러움 네 바가지 버리려믄
➡ 내 귀가 시끄러우니 네 바가지 버리려무나.

❷ 네 귀를 씻은 샘에 내 소는 못 먹이리*
❸ 표현상 특징: 소부의 고사 인용 → 속세의 공명을 추구하지 않는 삶의 자세
➡ 너의 귀를 씻은 샘에 내 소는 먹이지 못할 것이다.

❸ 공명은 해진 신이니 벗어나서 즐겨보세
❸ 표현상 특징: 은유법 → 공명을 보잘것없는 해진 신에 비유함.
➡ 공명은 해진 신과 같으니 벗어나서 즐겨보세.

＊〈제3수〉요약: 공명을 벗어나 자연을 즐기려는 태도

❶ 옥계산 흐르는 물 못 이루어 달 띄우네
❷ 태도: 자연 친화적
➡ 옥계산 흐르는 물이 못을 이루어 달을 띄우네.

---

❷ **❸ 표현상 특징: 대구법**
맑으면 갓끈 씻고 흐리거든 발 씻으리
❷ 태도: 자연에 순응하며 삶을 살아감.
➡ 맑으면 갓끈을 씻고 흐리거든 발을 씻으리.

❸ 어찌타 세상 사람 청탁(淸濁)* 있는 줄 모르는고
옳고 그름을 분간하지 못하는 사람들을 비판함.
➡ 어찌하여 세상 사람들은 맑고 흐림이 있는 줄 모르는가?

＊〈제4수〉요약: 분별 있는 삶의 자세에 대한 의지

＊네 귀를 ~ 못 먹이리: 벼슬 제안을 듣고 귀가 더럽혀졌다며 영수에 귀를 씻은 허유와 그 물을 소에게도 먹이지 않으려 했다는 소부의 고사에서 차용한 것임.
＊청탁: 맑음과 흐림을 아울러 이르는 말

■ **갈래:** 연시조　　■ **창작 시기:** 조선 중기
■ **내용:** 이 작품은 자연 속에서 은거하면서 분별 있는 삶의 자세를 노래한 연시조이다. 조선 중기의 문인인 이별이 총 6수를 지었다고 알려졌으나, 현재는 4수만이 전해진다. 이별은 갑자사화에 연루되어 관직을 포기하고 황해도 평산의 옥계산에 은거하면서 이 작품을 지었는데, 장육당(藏六堂)은 당시 이별이 지내던 집의 이름이다. 작품 속 화자는 자연과 동화된 물아일체의 경지를 보이며, 자연 속에서 풍류를 즐기고 있다. 이러한 삶 속에서 화자는 세속적 가치를 멀리하고 맑음과 흐림, 즉 옳고 그름을 분간하지 못하는 세상 사람들을 비판하며 분별 있는 삶의 자세에 대한 의지를 드러내고 있다.
■ **주제:** 자연 속에서 사는 즐거움

■ **이것이 핵심!: 화자의 삶의 자세**

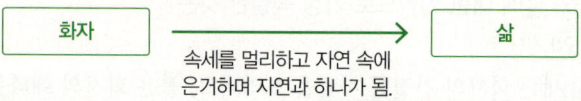

속세를 멀리하고 자연 속에
은거하며 자연과 하나가 됨.

✱ 독해 공식 정답

(가)
❶ 화자: '나', **중심 대상:** 백성들
❷ 상황: 어려운 처지의 백성들을 구제하고 싶지만 구제할 힘이 없음.
정서, 태도: 어려운 처지에 있는 백성들을 보고 안타까움을 느낌.
❸ 표현상 특징
・대구적 표현을 사용하여 시적 운율감을 형성함.
・유사한 구절을 반복하여 백성들의 어려움에 대한 안타까움을 드러냄.
・화자와 관리들을 대비하여 관리들에 대한 비판적 인식을 드러냄.
・설의적 표현을 활용하여 고달픔을 말할 수조차 없는 백성들의 처지를 강조함.

(나)
❶ 화자: '나', **중심 대상:** 자연에서의 삶
❷ 상황: 옥계산에 은거하며 자연 속에서 풍류를 즐김.
정서, 태도: 세속적 가치를 멀리하고 분별 있는 삶에 대한 의지를 드러냄.
❸ 표현상 특징
・대구적 표현을 활용하여 시적 운율감을 형성함.
・고사(故事)를 활용하여 화자의 삶의 태도를 강조함.
・설의적 표현을 활용하여 세속적 가치를 멀리하는 태도를 드러냄.

B 05　정답 ④　＊ 작품 비교하기 ⋯⋯⋯⋯⋯ [정답률 44%]

(가)와 (나)에 대한 설명으로 가장 적절한 것은?

＞왜 정답?
시의 의미를 두드러지게 하고
④ (가)와 (나) 모두 설의적 표현을 활용하여 시적 의미를 부각하고 있다.
(가), (나) 모두 설의적 표현을 사용함.

쉽게 판단할 수 있는 사실을 의문의 형식으로 표현하여 상대편이 스스로 판단하게 하는 것을 설의적 표현이라고 한다. (가)의 20행 '어느 겨를에 마음속 일을 말이나 하겠소'에서는 설의적 표현을 활용하여 고통스러운 삶에 대해 말조차 할 수 없는 백성들의 안타까운 상황을 강조하고 있다. 또 (나)의 2수의 종장 '세상에 득 찾는 무리 어찌 알기 바라리'에서도 설의적 표현을 활용

하여 속세의 이익을 추구하는 무리와는 달리 자연 속에서 풍류를 즐기는 삶을 추구하는 화자의 태도를 강조하고 있다.

부각하다: 어떤 사물을 특징지어 두드러지게 하다.

>오I 오답?

① (가)는 (나)와 달리 ~~객채 대비를 통해 시적 분위기를 환기~~ 하고 있다. 〈시의 분위기를 불러일으키고〉
(가), (나) 모두 색채를 대비하지 않음.

(가)에서는 색채가 드러나는 표현을 찾을 수 없다. (나)의 제2수 초장 '붉은 잎'에서 색채 이미지가 활용되었으나, 다른 색과 대비하고 있지는 않다.

환기하다: 주의나 여론, 생각 따위를 불러일으키다.

② (가)는 (나)와 달리 ~~선경후정의 방식을 통해 시상을 전개하~~ 고 있다. 〈시의 내용을 이어가고〉
(가), (나) 모두 선경후정의 방식을 사용하지 않음.

선경후정의 방식이란, 앞에서 경치를 묘사하고 뒤에서 정서를 드러내는 방식을 의미한다. 그러나 (가)와 (나)에서는 이 방식을 사용한 부분을 찾을 수 없다.

전개하다: 내용을 진전시켜 펴 나가다.

[오답 선택률 27%]

③ (나)는 (가)와 달리 대구적 표현을 사용하여 시적 운율감을 형성하고 있다.
(가), (나) 모두 대구적 표현을 사용함.

비슷한 어조나 어세를 가진 어구를 짝 지어 표현하는 것을 대구법이라고 한다. (가)의 22행 '서울 관리는 귀가 없고 백성은 입이 없다네'와, (나)의 제1수 초장 '내 이미 백구 잊고 백구도 나를 잊네', 제4수 중장 '맑으면 갓끈 씻고 흐리거든 발 씻으리'에서는 대구적 표현을 사용하여 시적 운율감을 형성하고 있다.

⑤ (가)와 (나) 모두 자연물에 인격을 부여하여 화자의 정서를 드러내고 있다.
(나)에서 백구에 인격을 부여함.

자연물에 인격을 부여하여 사람처럼 표현하는 것을 의인법이라고 한다. (가)에서는 의인법을 활용한 부분을 찾을 수 없다. 한편 (나)의 제1수의 초장과 중장 '내 이미 백구 잊고 백구도 나를 잊네 / 둘이 서로 잊었으니 누군지 모르리라'에서는 자연물인 '백구'에 인격을 부여하여 물아일체의 경지를 이룬 화자의 정서를 드러내고 있다.

B 06 정답 ① ＊시어 및 구절의 의미 파악하기 … [정답률 85%]

㉠~㉢에 대한 설명으로 적절하지 않은 것은?

• ㉠~㉢: ㉠은 '너희들'로, 어려움을 겪는 백성을 가리킵니다. ㉡은 '나'로 백성을 구제하고 싶지만 힘이 없는 화자를 의미합니다. ㉢은 '저들'로 백성을 구제할 힘이 있지만 백성들을 구제할 마음이 없는 관리들을 의미합니다.

즘 ㉠~㉢에 대한 설명으로 틀린 것을 고르는 문제입니다.

>오I 정답?

① ~~㉠은 자신들의 삶을 돌보지 않는 ㉡을 원망하고 있다.~~
화자를 향한 백성들의 원망은 드러나지 않음.

(가)의 내용을 고려하면 너희들(㉠)은 흉년이 들어 먹을 것이 없기 때문에 괴로운 처지에 있는 백성들을 의미하고 나(㉡)는 화자를 의미함을 알 수 있다. (가)에서 화자는 '나(㉡)는 너희들을 구제할 마음이 있어도 / 너희들을 구제할 힘이 없구나'라고 하였지만, 백성들(㉠)은 이러한 화자(㉡)를 원망하고 있지는 않다.

>오I 오답?

② ㉡은 ㉠을 구제하지 못하는 것에 안타까움을 느끼고 있다.
'나는 너희들을 ~ 구제할 힘이 없구나'

'나(㉡)는 너희들을 구제할 마음이 있어도 / 너희들을 구제할 힘이 없구나'에는 너희들(㉠), 즉 백성들을 구제하지 못하는 것을 안타까워하는 나(㉡), 화자의 마음이 드러나 있다.

③ ㉡은 ㉢이 군자와 같은 생각을 갖기를 바라고 있다.
'원컨대 ~ 들어 보게나'

(가)의 내용을 고려하면 저들(㉢)은 백성들을 구제할 힘이 있어도 구제할 마음이 없는 관리들이라고 볼 수 있다. '원컨대, 잠시라도 소인배의 마음을 돌려서 / 군자의 생각을 가져 보게나 / 군자의 귀를 빌려 / 백성의 말을 들어 보게나'에는 나(㉡), 즉 화자(㉡)가 저들(㉢), 즉 관리들이 군자와 같은 생각을 갖기를 바라고 있음이 드러나 있다.

④ ㉢은 ㉠의 삶을 구제할 힘을 지니고 있다.
'저들은 너희들을 구제할 힘이 있어도'

(가)의 내용을 고려하면 '저들(㉢)은 너희들(㉠)을 구제할 힘이 있어도'의 저들(㉢)은 관리들로, 관리들은 백성들(㉠)의 삶을 구제할 힘을 지니고 있다.

⑤ ㉢은 ㉠이 겪고 있는 문제를 해결하지 않고 있다.
'너희들을 구제할 마음이 없구나'

'저들(㉢)은 너희들(㉠)을 구제할 힘이 있어도 / 너희들을 구제할 마음이 없구나'에는 힘을 가진 저들(㉢), 즉 관리들이 너희들(㉠), 즉, 백성들이 겪고 있는 문제를 해결하지 않고 있음이 드러나 있다.

B 07 정답 ② ＊〈보기〉를 바탕으로 감상하기 … [정답률 66%]

〈보기〉를 참고하여 (나)를 감상한 내용으로 적절하지 않은 것은? [3점]

• 〈보기〉: (나)의 작가는 유배 후 속세를 멀리하고 자연과 하나 되어 풍류를 즐기는 삶을 추구했습니다. 또한 (나)의 작가는 옳고 그름을 분간하지 못하는 사람들을 비판하고 분별 있는 삶을 살겠다는 의지를 드러냈습니다.

즘 작가가 작품을 창작한 배경을 고려하여 시어나 시구의 의미를 잘못 감상한 것을 고르는 문제입니다.

[보기]

(나)는 갑자사화로 인해 유배되었다 풀려난 작가가 옥계산
〈시적 상황〉
에 은거하며 쓴 작품이다. 이 작품을 통해 작가는 세속적 가
〈②, ③의 근거〉
치를 멀리하고 자연 속에서 자연과 하나 되어 풍류를 즐기는
〈화자의 태도 → ①, ④의 근거〉
삶을 추구하고 있음을 보여 주고 있다. 또한 옳고 그름을 분
간하지 못하는 사람들을 비판하면서 분별 있는 삶의 자세에
〈화자의 태도 → ⑤의 근거〉
대한 의지도 드러내고 있다.

>오I 정답?

② '빈 강'에서 쓸쓸해 하는 모습에서 유배되었다 풀려나도 ~~'득 찾는 무리'로부터 벗어나기 어려운 화자의 현실이 드러나는군.~~
화자는 속세의 이익을 추구하는 사람들과 멀어져 있음.

〈보기〉에서 (나)의 '작가는 세속적 가치를 멀리하고 자연 속에서 자연과 하나 되어 풍류를 즐기는 삶을 추구하고 있음을 보여 주고 있다.'라고 했다. 이를 고려하면 제2수에서 화자가 빈 강에서 낚시를 하며 풍류를 즐기면서 '세상에 득 찾는 무리 어찌 알기 바라리'라고 한 것에는 자연에서의 풍류를 모르고 세속적 가치를 추구하는 사람들에 대한 화자의 비판적 인식이 나타나 있다고 볼 수 있다. 따라서 이를 '득 찾는 무리'로부터 벗어나기 어려운 화자의 현실이 드러난다고 감상하는 것은 적절하지 않다.

>오I 오답?

① '백구'와 '나'가 서로 잊어 누군지 모른다는 것에서 화자가 자연과 하나가 된 삶을 살고 있음을 보여 주는군.
화자는 자연과 동화된 물아일체의 경지에 다다름.

〈보기〉에서 (나)의 작가는 '자연 속에서 자연과 하나 되어 풍류를 즐기는 삶을 추구하고 있음을 보여 주고 있다.'라고 하였다. 이를 고려하면 제1수에서

'백구'와 '나'가 서로를 잊어 누군지 모른다는 것은 갈매기와 화자가 서로 구별이 어려울 만큼 하나가 되었다는 것을 의미하며, 이는 화자가 자연과 하나가 된 삶을 살고 있음을 드러낸 것이라고 볼 수 있다.

③ '공명'을 '해진 신'에 비유한 것에서 화자가 세속적 삶의 가치를 멀리하고 있음이 드러나는군.
세속적 삶의 가치인 '공명'을 보잘것없는 '해진 신'에 비유함.

〈보기〉에서 (나)의 '작가는 세속적 가치를 멀리 하'고 있다고 했다. 이를 고려하면 제3수에서 세속적 가치인 '공명'을 보잘것없는 '해진 신'에 비유하며 '벗어나서 즐겨보세'라고 하는 것은 화자가 세속적 삶의 가치를 멀리하고 있음을 드러내는 것이라고 볼 수 있다.

[세속적: 세상의 일반적인 풍속을 따르는

④ '옥계산'에서 '물', '달'과 함께 지내는 모습에서 화자의 자연 친화적 삶의 태도가 드러나는군.
자연과 함께 하는 삶이 드러남.

〈보기〉에서 (나)의 작가는 '자연 속에서 자연과 하나 되어 풍류를 즐기는 삶을 추구하고 있음을 보여 주고 있다.'라고 하였다. 이를 고려하면 제4수에서 옥계산에 흐르는 물과 달과 함께 하는 모습은 자연 속에서 자연과 하나 되는, 즉 화자의 자연 친화적인 삶의 태도를 드러낸 것이라고 볼 수 있다.

⑤ '세상 사람'을 '청탁'을 모르는 사람들로 여기는 것에서 맑고 탁함을 분간할 수 있어야 한다는 화자의 인식이 드러나는군.
옳고 그름을 분간하지 못하는 사람들에 대한 비판적 인식이 드러남.

〈보기〉에서 (나)의 작가는 '옳고 그름을 분간하지 못하는 사람들을 비판하면서 분별 있는 삶의 자세에 대한 의지도 드러내고 있다.'라고 했다. 이를 고려하면 제4수의 '어찌타 세상 사람 청탁 있는 줄 모르는고'에서는 맑고 흐림을 분간하지 못하는 세상 사람들에 대한 화자의 비판적 인식과 맑고 흐림, 즉 옳고 그름을 분간하는 분별 있는 삶의 자세를 지녀야 한다는 인식을 드러내고 있다고 볼 수 있다.

[분간하다: 사물이나 사람의 옳고 그름, 좋고 나쁨 따위와 그 정체를 구별하거나 가려서 알다.

B 08~10
[2016년(9월)/고1교육청 31~33]

(가) 정약용, 〈탐진어가(耽津漁歌) 1〉
❶ 화자, 중심 대상   ❷ 상황, 정서, 태도   ❸ 표현상 특징   [한자 읽기]

계 랑 춘 수 족 만 려
桂浪春水足鰻鱺   ❶ [봄] : 현재
계량 [봄] 바다에 뱀장어도 많을시고
시간적 배경

*기구 요약: 뱀장어 잡이가 철이 옴.

탱 취 궁 선 양 벽 의
欞取弓船漾碧漪   ❷
푸른 물결 헤치며 활선이 떠나간다.

*승구 요약: 뱀장어 잡이를 위해 출항함.

고 조 풍 고 제 출 항
高鳥風高齊出港   ❸ [높새바람] : 미래의 낙관적 전망
높새바람 드높을 때 일제히 출항해서
'북동풍'을 이르는 말로 주로 봄부터 초여름에 걸쳐 붊.

*전구 요약: 출항하는 모습

마 아 풍 기 족 귀 시
馬兒風緊足歸時   ❹
마파람 급히 불 때 가득 싣고 돌아오네.
뱃사람들의 은어로, '남풍'을 이름.

*결구 요약: 만선의 모습

■ 갈래: 한시(7언 절구)   ■ 창작 시기: 조선 후기
■ 내용: 이 작품은 정약용이 1802년 강진에서 유배 생활을 하면서 어부들이 고기를 잡으며 부르는 뱃노래를 듣고 지은 것이다. '활선', '높새바람', '마파람' 등의 조선식(朝鮮式) 한자어(漢字語)를 활용함으로써 현장감을 잘 보여 주고 있다.

■ 주제: 강진 어촌의 일상사(뱀장어 잡이)
■ 이것이 핵심!: 중심 대상에 대한 화자의 태도

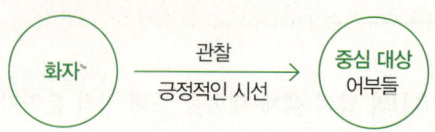

뱀장어를 잡고 있음.

(나) 작자 미상, 〈논밭 갈아 김 매고〉
❶ 화자, 중심 대상   ❷ 상황, 정서, 태도   ❸ 표현상 특징   [시 해석]

❶ 논밭 갈아 김 매고 베잠방이 대님 쳐 신 들메고*
베로 지은 짧은 남자용 홑바지
➡ 논밭 갈아 김매고 홀바지 대님 쳐 신이 벗겨지지 않도록 동여매고

*초장 요약: 농사일을 준비하는 모습

❷ 낫 갈아 허리에 차고 도끼를 벼려 들러 메고 울창한 산속에 들어가서 삭정이 마른 섶*을 베거나 자르거니 지게에 짊어져 지팡이에 받쳐 놓고 샘을 찾아가서 점심도 다 비우고 곰방대를 툭툭 털어 잎담배 피워 물고 콧노래 흥얼대다가
살담배를 피우는 데에 쓰는 짧은 담뱃대
❸ 표현상 특징: 청각적 심상
➡ 낫 갈아 허리에 차고 도끼를 날카롭게 하여 들러 메고 울창한 산속에 들어가서 삭정이 마른 땔나무를 베거니 자르거니 지게에 짊어져 지팡이에 받쳐 놓고 샘을 찾아가서 점심도 다 비우고 곰방대를 툭툭 털어 잎담배 피워 물고 콧노래 흥얼대다가

❸ 표현상 특징: 열거법

[벼리다: 무디어진 연장의 날을 불에 달구어 두드려서 날카롭게 만들다.
[삭정이: 살아 있는 나무에 붙어 있는, 말라 죽은 가지

*중장 요약: 열심히 농사일을 하고 쉬는 모습

❸ [석양]이 재 넘어갈 때 어깨를 추스르며 긴 소리 짧은 소리 하며
시간적 배경
어이 갈꼬 하더라
➡ 석양이 재를 넘어갈 때 어깨를 추스르며 긴 소리 짧은 소리 하며 어이 갈까 하더라.

[재: 길이 나 있어서 넘어 다닐 수 있는, 높은 산의 고개

*종장 요약: 집으로 돌아가는 농민

* 들메고: 신이 벗어지지 않도록 발에다 끈으로 동여매고
* 섶: 땔나무를 통틀어 이르는 말

■ 갈래: 사설시조   ■ 창작 시기: 조선 후기
■ 내용: 이 작품은 농부의 바쁜 일상사를 진술하면서도 사실적으로 형상화하고 있다. 농사를 짓는 생활 속에서도 여유롭게 자연을 즐기는 흥취를 함께 담고 있어서 서민들의 생활과 풍류를 엿볼 수 있다.
■ 주제: 바쁜 가운데 여유를 즐기는 농민의 삶
■ 이것이 핵심!: 중심 대상에 대한 화자의 태도

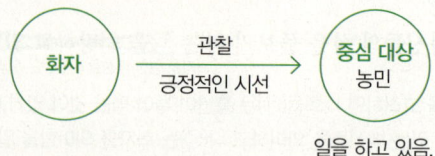

일을 하고 있음.

■ 독해 공식 정답

(가)
❶ 화자: 드러나지 않음. 중심 대상: 뱀장어를 잡는 어부(들)
❷ 상황: 봄을 맞아 뱀장어를 잡으러 나서는 어부들의 모습을 관찰하고 있음.
정서, 태도: ① 어부들을 긍정적으로 인식함.
② 미래에 대한 낙관적인 태도를 드러냄.
❸ 표현상 특징
• 어부들의 생활을 긍정적인 관점에서 묘사함.
• 우리말을 한자로 표기하여 토속적 분위기를 조성함.

(나)
❶ **화자:** 드러나지 않음, **중심 대상:** 농민
❷ **상황:** 농민들이 여러 가지 일상 활동을 하는 모습을 관찰하고 있음.
정서, 태도: 힘든 노동 현장에서도 콧노래를 흥얼거리는 농민들을 긍정적으로 인식함.
❸ **표현상 특징**
• 시간의 흐름에 따라 시상을 전개함.
• 열거법을 통해 농민들의 일상을 구체적이고 생동감 있게 제시함.

B 08 정답 ③ *작품 비교하기 ················· [정답률 70%]

(가)와 (나)의 공통점으로 가장 적절한 것은?

왜 정답?

③ **시간적 배경을 제시하며 시적 상황을 드러내고 있다.**
(가): 봄, (나): '석양' → 저녁 때

*근거: (가) ❶, ❸행, (나) 종장
(가)에서는 '봄'과 '높새바람'이라는 시간적(계절적) 배경을 제시하여 어부들이 뱀장어 잡이를 떠나는 상황을 드러내고 있다. (나)에서는 '석양'이라는 시간적 배경을 제시하여, 농민이 농사일을 마치고 재를 넘어 오는 시적 상황을 드러내고 있다.

왜 오답?

① ~~어조의 변화를 통해 시적 긴장감을 높이고 있다.~~
드러나지 않음.

어조의 변화는 화자의 심리(정서)의 변화와 연결된다. (가)와 (나)의 시적 화자의 정서가 변화하지 않았기 때문에 어조의 변화를 찾을 수 없다.

┌ 시적 긴장: 시적 긴장은 사전적 의미의 긴장과는 별로 관련이 없고, '함축성
└ (내포)이 존재하는 성질'이라고 할 수 있다.

② ~~청각적 심상을 통해 화자의 처지를 부각하고 있다.~~
(나)에만 드러남.(콧노래 흥얼대다가)

*근거: (나) 중장
청각적 심상은 (나)의 '콧노래 흥얼대다가'에만 드러나 있다.

┌ 청각적 심상: '심상'이란 시를 읽을 때 마음속에 떠오르는 빛깔, 모양, 소리,
│ 냄새, 맛, 촉감 등의 감각적인 느낌을 말한다. 이 중에서도 귀로 직접 소리를
└ 듣는 듯한 느낌의 심상을 청각적 심상이라 한다.

④ ~~동일한 구절의 반복을 통해 시의 주제를 강조하고 있다.~~
드러나지 않음.

(가)와 (나) 모두 동일한 구절을 반복하지 않았다.

⑤ ~~시선의 이동에 따른 화자의 심리 변화를 보여 주고 있다.~~
드러나지 않음.   드러나지 않음.

(가)는 현 상황과 미래에 대한 낙관적 전망이 드러나 있고, (나)는 시간의 흐름에 따른 시적 상황이 묘사되어 있기 때문에 '시선의 이동'으로 시상을 전개한다는 것은 적절하지 않다.

B 09 정답 ② *작품 비교하기 ················· [정답률 85%]

(가)와 〈보기〉를 비교한 내용으로 가장 적절한 것은?

• **(가):** (가)는 정약용의 〈탐진어가 1〉이라는 작품으로, 봄을 맞아 뱀장어를 잡기 위해 나서는 어부들의 모습을 그리고 있습니다.
• **〈보기〉:** 〈보기〉는 정약용의 〈탐진촌요〉라는 작품으로, 농민들의 고달픈 삶과 탐관오리의 횡포를 그리고 있습니다.

🔺 서민의 삶과 관련된 두 작품을 올바르게 비교한 것을 고르는 문제입니다.

──────────── [보기] ────────────

면 포 신 치 설 양 선
棉布新治雪樣鮮 ❶ 새로 짜낸 무명이 눈결같이 고왔는데

황 두 래 박 이 방 전
黃頭來博吏房錢 ❷ 이방* 줄 돈이라고 황두*가 뺏어가네
                  △↔농만: 농민들이 관리의 횡포에 시달림.

누 전 독 세 여 성 화
漏田督稅如星火 ❸ 누전* 세금 독촉이 성화같이 급하구나.
                  ❸ 표현상 특징: 도치법

삼 월 중 순 도 발 선
三月中旬道發船 ❹ 삼월 중순 세곡선(稅穀船)*이 서울로 떠난다고.

                        – 정약용, 〈탐진촌요(耽津村謠)〉

* 이방, 황두: 지방 관리
* 누전: 토지 대장의 기록에서 빠진 토지
* 세곡선: 세금으로 바친 곡식을 실어 나르는 배

왜 정답?

② **〈보기〉는 (가)와 달리 화자가 비판하는 대상을 드러내고 있다.**
〈보기〉: 이방, 황두

*근거: 〈보기〉 ❷행
(가)에서는 어부들이 뱀장어 잡이를 떠나는 모습과 배에 고기를 가득 싣고 돌아오길 바라는 마음을 노래하고 있다. 반면 〈보기〉에서는 농민들이 '이방'과 '황두'라는 관리들의 횡포에 시달리는 모습을 사실적으로 표현하고 있다. 〈보기〉의 '이방'과 '황두'는 모두 백성들을 괴롭히는 부정적인 존재로, 화자가 비판하고 있는 대상이다.

왜 오답?

① ~~(가)는 〈보기〉와 달리 화자의 내적 갈등이 심화되고 있다.~~
〈보기〉에만 드러남.   괴로움(수탈로 인한)

'이방'과 '황두'의 횡포 때문에 괴로움을 느끼고 있는 것은 (가)의 화자가 아니라 〈보기〉의 화자가 바라보고 있는 백성들이다. 따라서 (가)는 화자의 내적 갈등(괴로움)이 심화되고 있다고 볼 수 없다.

긍정적 바람 제시(뱀장어 잡이)
③ ~~(가)와 〈보기〉는 모두 화자가 지향하는 삶의 모습을 그리고 있다.~~
현실 비판(관리의 횡포)

(가)에서는 화자가 지향하는 바인 어부가 뱀장어를 많이 잡고 돌아오는 상황이 제시되어 있다. 하지만 〈보기〉에서는 현 상황에 대한 비판만 드러나 있을 뿐, 화자가 지향하는 바에 대해서는 서술하지 않았다.
직접적으로 비판함.

④ ~~(가)와 〈보기〉는 모두 화자가 대상을 관조적으로 바라보고 있다.~~
적극적으로 긍정적 현실이 오기를 기대함.

(가)의 화자는 뱀장어 등을 가득 싣고 돌아오리라는 긍정적인 현실이 오기를 기대하고 있고, 〈보기〉의 화자는 '이방 줄 돈이라고 황두가 뺏어가네.', '누전 세금 독촉' 등 관리의 횡포를 직접적으로 비판하고 있다. 따라서 (가)의 화자와 〈보기〉의 화자 모두 대상을 관조적으로 바라본다는 것은 적절하지 않다.

┌ 관조적: 조용한 마음으로 대상의 본질을 바라봄.

⑤ ~~(가)는 미래에 대한 화자의 확신을, 〈보기〉는 과거에 대한~~
뱀장어를 많이 잡아 돌아옴.   ≠ 현실 비판
~~화자의 성찰을 드러내고 있다.~~

(가)에는 뱀장어를 많이 잡아 돌아올 것이라는 미래에 대한 화자의 확신이 나타나 있다. 하지만 〈보기〉에는 현재 상황에 대한 화자의 비판 의식이 드러나 있다.

B 10 정답 ④ *〈보기〉를 바탕으로 감상하기 ··· [정답률 68%]

〈보기〉를 바탕으로 (가)와 (나)를 이해한 내용으로 적절하지 않은 것은? [3점]

• **〈보기〉:** 조선 후기에는 서민들의 일상을 구체적으로 제시한 작품들이 많이 창작되었습니다.
• **(가)와 (나):** (가)는 봄을 맞아 뱀장어를 잡기 위해 나서는 어부들의 모습을, (나)는 바쁜 일상사 속에서도 흥취를 느끼는 농민들의 모습을 그리고 있습니다.

🔺 서민들의 일상을 그려낸 두 작품을 잘못 이해한 것을 고르는 문제입니다.

━━[보기]━━

❶ 조선 후기에는 <u>서민들의 일상을 구체적으로 제시</u>하여 그들
　　　　　　　(가): 뱀장어 잡이, (나): 서민들의 노동
이 느끼는 삶의 애환을 진솔하게 담아낸 작품이 많이 창작되
❷
었다. 그러한 작품들은 자연을 노동의 현장으로 그리며, 그
현장을 생동감 있게 표현하였다. ❸ 또한 <u>고단한 노동 중에도 여</u>
　　　　　　　　　　　　　　　　　　　(나): 콧노래
<u>유를 즐기는 서민들의 모습</u>을 그리기도 하였다.

애환: 슬픔과 기쁨을 아울러 이르는 말
진솔하다: 진실하고 솔직하다.
생동감: 생기 있게 살아 움직이는 듯한 느낌

＞왜 정답？

④ (가)의 '마파람'과 (나)의 '석양'을 통해 <u>서민들의 삶의 애환</u>
　　출항한 배가 돌아옴을 알려주는 자연 현상　하루 일과를 끝내고 집으로 돌아갈 때의 시간적 배경
을 진솔하게 담아내고 있군.

*근거: (가) ❹행, (나) 종장, 〈보기〉 ❶문장
'마파람'은 출항한 배가 돌아올 때를 알려주는 자연 현상이고, '석양'은 농부
가 하루 일과를 마치는 시간적 배경이다. 이를 고려하면 '마파람'과 '석양'은
'서민들의 삶의 애환'을 드러내지는 않았다.

＞왜 오답？

① (가)의 '봄 바다'로 '뱀장어' 잡이를 나서는 모습은 어부의
일상을 보여 주고 있군.
　　　　　　　　　　서민들의 일상

*근거: (가) ❶, ❷행, 〈보기〉 ❶문장
(가)에서 어부들은 '봄 바다'로 '뱀장어' 잡이를 나섰다. 이는 〈보기〉에서 언급
한 '서민들의 일상'이라고 할 수 있다.

② (나)의 '콧노래'나 '긴 소리 짧은 소리'를 하는 것은 힘든 생
활 속에서도 여유를 잃지 않는 모습이라고 할 수 있군.
　　　　　　　　　　　　　　　　　　　= 적절

*근거: (나) 중장, 종장, 〈보기〉 ❸문장
(나)에서 농부들은 '콧노래'나 '긴 소리 짧은 소리'를 한다. 이는 〈보기〉에서
언급한 '고단한 노동 중에도 여유를 즐기는 서민들의 모습'이라고 할 수 있다.

③ (가)의 '바다'와 (나)의 '산속'은 서민들의 노동 현장으로 볼
　　　　　　뱀장어 잡기　　농사일 하기
수 있군.

*근거: (가) ❶행, 〈보기〉 ❷문장
(가)의 '바다'는 어부들이 뱀장어 잡이를 하는 현장이고, (나)의 '산속'은 농부
들이 농사일을 하는 노동의 현장이다. 이는 〈보기〉에서 언급한 '자연을 노동
의 현장'으로 그린 것이라고 할 수 있다.

⑤ (가)의 '푸른 물결 헤치며'와 (나)의 '베거니 자르거니'는 생
동감 있는 표현으로 볼 수 있군.
　　　　　　역동적인 표현

*근거: (가) ❷행, 〈보기〉 ❷문장
(가)의 '푸른 물결 헤치며'와 (나)의 '베거니 자르거니'는 〈보기〉에서 언급한
자연의 '현장을 생동감 있게', 역동적으로 표현한 것이다. '헤치다, 베다, 자르
다'는 움직임이 드러나는 표현이므로 생동감 있는 표현이라고 볼 수 있다.

Ｂ 11~12 ───── [2015년(9월)/고1교육청 34~35]

(가) 월명사, 〈제망매가〉
❶ 화자, 중심 대상　❷ 상황, 정서, 태도　❸ 표현상 특징

❶
생사(生死) 길은

예 있으매 머뭇거리고,
여기, 이승　　두려워하고

---

❸
나는 간다는 말도
죽은 누이가 하는 말

못다 이르고 어찌 갑니까.

　　　　　*❶~❹행 요약: 누이의 죽음과 혈육의 정

❺ ㉠ 어느 가을 이른 바람 에
　　　　　　　누이의 요절을 암시함.

❻ 이에 저에 떨어질 잎 처럼,
　　　　　누이의 죽음을 비유함.

❼ 한 가지에 나고
　　한 부모님에게서 남.

❽ 가는 곳 모르온저.

　　　　　*❺~❽행 요약: 인생의 허무에 대한 불교적 무상감

❾　　　　　　　　　　　　　　　❶ 화자: 나
아아, ㉡ 미타찰(彌陀刹)에서 만날 나
❸ 표현상 특징: 10구체 향가의 낙구(마지막 2구)에서 보이는 감탄사

❿ ❷ 상황: 불도를 닦으며 누이를 만날 날을 기다림.
도(道) 닦아 기다리겠노라.

[미타찰: 아미타불이 있는 극락세계. 아미타불을 외면 죽은 뒤 극락에 간다고 함.

　　　　　*❾~❿행 요약: 불교에의 귀의

■ 갈래: 10구체 향가　　　　■ 창작 시기: 신라 시대
■ 내용: 이 작품은 삶과 죽음의 문제를 자연의 섭리에 빗대어 표현한 10구체
향가이다. 누이의 죽음으로 인한 슬픔을 종교적으로 극복하고자 하는 마음을
담았다. 누이의 죽음을 '떨어질 잎'으로, 같은 부모에게서 태어난 동기간임을
'한 가지'로 표현하는 등 인간의 생사(生死)를 자연물에 빗대어 형상화하였다.
또한 집단 감정의 표현이나 어떤 목적의식이 있는 노래가 아닌, 순수한 서정시
로서의 지평을 열었다고 평가받는다. 인간 운명의 허무함과 무상감이 잘 드러
난다.

■ 주제: 죽은 누이로 인한 슬픔과 이를 종교적으로 승화함.

■ 이것이 핵심: 중심 대상에 대한 화자의 정서와 태도

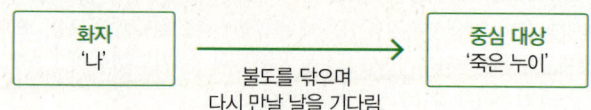

화자 '나' → 중심 대상 '죽은 누이'
불도를 닦으며
다시 만날 날을 기다림.

(나) 길재, 〈오백 년 도읍지를〉
❶ 화자, 중심 대상　❷ 상황, 정서, 태도　❸ 표현상 특징　[시 해석]

❶　　　　　❶ 중심 대상: 도읍지
㉢ 오백 년 도읍지를 필마(匹馬)로 도라드니,
　　고려의 옛 도읍지
➡ 산천의 모습은 예나 다름이 없지만 뛰어난 인재는 간 데 없다.

[도읍지: 한 나라의 서울로 삼은 곳
[필마: 한 필의 말

　　　　　*초장 요약: 필마로 찾아본 망국의 도읍지

❷　　　　　　　❸ 표현상 특징: 대구법
㉣ 산천은 의구(依舊)하되 인걸(人傑)은 간 듸 업다.
➡ 산천의 모습은 예나 다름이 없지만 뛰어난 인재는 간 데 없다.

[의구하다: 옛날 그대로 변함이 없다.
[인걸: 특히 뛰어난 인재

　　　　　*중장 요약: 고려 왕조의 덧없는 모습

❸　　　　　　　　　❸ 표현상 특징: 영탄법
어즈버, ㉤ 태평연월(太平烟月)이 꿈이런가 하노라.
　　　　❸ 표현상 특징: 향가의 영향을 받은 시조 종장 첫 구의 감탄사
➡ 아, (슬프다) 고려의 태평한 시절이 한낱 꿈처럼 허무하도다.

[태평연월: 근심이나 걱정이 없는 편안한 세월

　　　　　*종장 요약: 고려 유신(遺臣)으로서의 감회

■ 갈래: 평시조　　　　■ 창작 시기: 조선 초기
■ 내용: 이 작품은 고려 패망 후 고려의 옛 도읍지였던 개성을 돌아보며 인생

의 무상함을 탄식하고 있다. 자연의 불변성(변함없는 모습)과 인간 세상의 가변성을 대조하여 주제인 인생무상을 형상화하고 있다.

■ **주제:** 고려 왕조에 대한 회고와 인생무상
■ **이것이 핵심:** 중심 대상에 대한 화자의 정서

화자		중심 대상
	패망한 도읍지를 보며 인생의 무상함을 탄식함.	'도읍지'

독해 공식 정답

(가)
❶ **화자:** '나', **중심 대상:** 죽은 누이
❷ **상황:** 일찍 죽은 누이를 위하여 제사를 지내고 있음.
정서, 태도: 누이의 죽음을 슬퍼함.
❸ **표현상 특징**
· 비유적 표현을 활용함.
· 불교적 생사관이 드러남.

(나)
❶ **화자:** 드러나지 않음, **중심 대상:** 도읍지
❷ **상황:** 고려의 옛 도읍지를 돌아보고 있음.
정서, 태도: 인생의 무상함을 탄식함.
❸ **표현상 특징**
· 자연과 인간 세상을 대비함.
· 대구법, 영탄법을 사용함.

B 11 정답 ⑤ ＊작품 비교하기 ·················· [정답률 56%]

(가)와 (나)의 형식상 특징으로 적절한 것은?

왜 정답?

⑤ (가), (나)는 감탄사를 통해 고조된 감정을 드러낸다.
　　(가)는 '아아', (나)는 '어즈버'의 감탄사로 감정을 드러냄.

(가)는 향가이다. 향가는 우리나라 최초의 정형화된 서정시로 4구체, 8구체, 10구체 향가로 나뉜다. 특히 낙구에 감탄사가 나타나는 10구체 향가는 향가의 완성형으로 가장 발전되고 정제된 형식으로 평가 받으며, 시조와 가사의 3단 형식 및 종장 형식에 영향을 주었다.
(나)는 시조이다. 시조는 3장 6구 45자 내외의 형식을 가진 정형 시가로 4음보 및 종장 첫 구는 3음절을 지키는 것을 원칙으로 한다.
(가), (나) 모두 마지막에서 '아아', '어즈버'라는 감탄사를 사용하여 고조된 감정을 드러내고 있다.

왜 오답?

① (가)는 4음보의 율격을 가진다.
　 4음보는 (나)임.

4음보의 율격을 드러낸 것은 (가)가 아니라 (나)이다.

② (나)는 시적 화자가 작품의 표면에 드러나 있다.
　　　　　　　시적 화자가 표면에 드러나지 않음.

(나)에서는 화자를 지칭하는 말이 쓰이지 않았다. 즉 시적 화자가 작품 표면에 드러나지는 않았다.

③ (가)와 달리 (나)는 3단 구성의 짜임을 취한다.
　 (가)와 (나) 모두 3단 구성의 짜임임.

(가)와 (나) 모두 3단 구성의 짜임을 가지고 있다. (가)는 '4구+4구+2구'로 세 개의 의미 단락을 이루고 있고, (나)는 3장의 형식을 가지고 있다.

④ (나)와 달리 (가)는 이야기 전달에 목적이 있다.
　　　　　　(가)와 (나) 모두 이야기 전달이 목적이 아님.

(가)와 (나) 모두 서정 시가로 개인의 감정이나 정서를 표현하고 있으므로 이야기 전달에 목적이 있다고 볼 수 없다.

B 12 정답 ⑤ ＊〈보기〉를 바탕으로 감상하기 ··· [정답률 79%]

〈보기〉를 참고하여 ㉠~㉤에 나타난 작가의 처지를 이해한 내용으로 적절하지 않은 것은? [3점]

· **〈보기〉:** 〈제망매가〉는 죽은 누이를 추모하기 위한 작품이고, 〈오백년~〉은 몰락한 왕조의 도읍지에서 느끼는 감회를 읊은 작품입니다.

즉 〈제망매가〉와 〈오백년~〉에 나타난 작가의 처지를 잘못 이해한 것을 고르는 문제입니다.

〔**추모:** 죽은 사람을 그리며 생각함.

[보기]

❶ 작가의 삶에 대한 이해는 작품 감상의 폭을 넓혀 준다.
❷ (가)는 승려인 작가가 죽은 누이를 추모하기 위한 작품이고, (나)는 고려 왕조가 몰락하자 모친 봉양을 핑계로 고향에 은거한 작가가 고려의 도읍지였던 개성을 찾아 느끼는 감회를 읊고 있는 작품이다.
　　　　　　　　　　　　　　　　　마음에 느낀 생각과 회포

봉양: 부모나 조부모와 같은 웃어른을 받들어 모심.

왜 정답?

⑤ ㉤: 태평한 세상이 꿈속에만 있겠느냐는 각성을 통해 고려 왕조를 다시 찾겠다는 의지를 다지고 있군.
　　　 고려 왕조를 되찾겠다는 의지와는 거리가 멂.

＊근거: 〈보기〉 ❷문장

〈보기〉는 작가의 삶에 대한 이해가 작품 감상의 폭을 넓혀 준다는 관점에 대해 설명하면서 (가), (나)의 창작 배경을 제시하고 있다. 이를 고려하면 (나)의 ㉤은 고려 왕조의 멸망에 대한 안타까움을 드러낸 표현일 뿐, 고려 왕조를 되찾겠다는 의지와는 거리가 멀다.

〔**각성:** 깨달아 앎.

왜 오답?

① ㉠: 어느 가을의 때 이른 바람이라는 인식을 통해 예기치 못한 누이의 죽음에 안타까움을 느끼고 있군.
　 누이의 이른 죽음에 대한 화자의 안타까움

(가)의 '이른 바람'은 누이의 요절을 암시하고 뒤이어 제시된 '떨어질 잎'은 죽은 누이를 의미한다. 따라서 화자는 예기치 못한 누이의 이른 죽음에 대해 안타까움을 느끼고 있다고 볼 수 있다.

② ㉡: 극락에서 다시 만날 때까지 도를 닦으며 기다리겠다는 다짐을 통해 슬픔을 종교의 힘으로 극복하려 하는군.
　　　　　　　　　　　　　　　종교를 통한 슬픔의 극복

(가)의 '미타찰'은 극락세계를 의미한다. 따라서 화자는 극락에서 누이를 다시 만날 때까지 도를 닦으며 기다리겠다고 다짐하고 있다. 이러한 다짐에서는 슬픔을 종교의 힘으로 극복하려는 의지를 볼 수 있다.

③ ㉢: 오백 년 도읍지라는 시간과 장소의 제시를 통해 단절된 고려 왕조에 대한 아쉬움을 표현하고 있군.
　　　 고려의 옛 도읍지를 찾아가 감회에 젖음.

(나)의 '오백 년 도읍지'는 고려의 옛 수도를 의미하는 것이다. 그러므로 단절된 고려 왕조에 대한 화자의 아쉬움을 표현했다고 볼 수 있다.

④ ㉣: 자연은 변함없는데 고려의 옛 충신들은 찾을 수 없는 상황 속에서 인생무상을 느끼고 있군.
　　　　　　　　　　인생사의 덧없음을 느낌.

(나)의 ㉣은 자연은 변함이 없는데 인재는 없다는 의미로, 자연과 인간을 대비하여 인생의 무상함을 드러내고 있다고 볼 수 있다.

(가) 김광욱, 〈율리유곡〉

❶ 화자, 중심 대상   **❷** 상황, 정서, 태도   **❸** 표현상 특징   [시 해석]

❶ ○: 속세의 삶   **❷** 상황: 속세에서의 삶을 잊음.

㉠ 공명(功名)도 잊었노라 부귀(富貴)도 잊었노라
➡ 세상 사람들이 좋아하는 공명도 부귀도 잊어버렸다.

❷ 세상 번우(煩憂)한* 일 다 주어 잊었노라
➡ 세상의 번거롭고 근심스러운 일도 모두 잊어버렸다.

❸ 내 몸을 내마저 잊으니 남이 아니 잊으랴.
  ❶ 화자: 나   **❸** 표현상 특징: 설의법
➡ (마침내) 나조차 나마저 잊어버렸으니 남이 나를 아니 잊을 수 있겠는가?

[공명: 공을 세워서 자기의 이름을 널리 드러냄. 또는 그 이름

＊〈제2수〉 요약: 세상과 인연을 끊으려는 마음

❶ 삼공(三公)*이 귀하다 한들 강산과 바꿀쏘냐
  ❸ 표현상 특징: 설의법- 바뀌지 않겠다
➡ 삼공이 귀하다고 한들 어찌 이 자연과 바꿀 수 있겠는가?

  자연에서의 삶
조각배에 달을 싣고 낚싯대를 흩던질 제
  ❷ 상황: 조각배를 타고 낚시를 하고 있음.
➡ 조각배에 달빛을 가득 싣고 낚싯대를 던질 때에

❸ 이 몸이 이 청흥(淸興)* 가지고 만호후(萬戶侯)*인들 부러우랴.
  ❷ 정서: 속세의 벼슬보다 자연에서의 흥취를 즐김.
➡ 내가 즐기는 이 자연의 흥취를 가지고 만호의 식읍(食邑)을 갖는 제후의 부귀영화를 부러워하겠는가?

＊〈제8수〉 요약: 높은 벼슬과도 바꿀 수 없는 자연 속 흥취

❶ 헛글고 싯근* 문서 다 주어 내던지고
  속세의 삶
➡ 흐트러지고 시끄럽던 문서 다 던져 버리고

❷ 필마(匹馬) 추풍에 채찍을 쳐 돌아오니
➡ 한 마리의 말을 타고 재촉하여 돌아오니

  ❷ 정서: 속세를 떠나 홀가분함.

❸ ㉡ 아무리 매인 새 놓인다 한들 이토록 시원하랴.
  ❸ 표현상 특징: 설의법
➡ 아무리 새장에 갇힌 새가 놓인다고 이처럼 시원하랴?

[필마: ① 한 필의 말 ② 데리고 가는 사람 없이 혼자서 말을 타고 감.

＊〈제10수〉 요약: 속세의 삶을 다 버리고 떠나 와 홀가분한 마음

＊번우한: 괴롭고 근심스러운
＊삼공: 삼정승인 영의정, 좌의정, 우의정을 일컫는 말
＊청흥: 맑은 흥과 운치
＊만호후: 재력과 권력을 겸비한 제후 또는 세도가
＊헛글고 싯근: 흐트러지고 시끄러운

■ **갈래**: 연시조, 평시조   ■ **창작 시기**: 조선 중기
■ **내용**: 이 작품은 벼슬살이를 마치고 고향으로 돌아가 자연 속에서 안빈낙도를 하는 삶을 노래하고 있다. 총 17수의 연시조로 세상의 부귀와 공명을 잊고 자연에 묻혀 물아의 경지를 즐기는 내용을 읊고 있다.
■ **주제**: 전원에서 보내는 소박한 생활에 대한 만족감

■ **이것이 핵심**: 설의법으로 나타나는 화자의 삶의 태도

내 몸을 내마저 잊으니 남이 아니 잊으랴.	→	속세와의 인연을 끊으려 함.
삼공(三公)이 귀하다 한들 강산과 바꿀쏘냐	→	높은 벼슬도 강산과 바꾸지 않을 것임.
이 몸이 이 청흥(淸興) 가지고 만호후(萬戶侯)인들 부러우랴.	→	속세의 벼슬보다 자연에서 삶이 즐거움.

| 아무리 매인 새 놓인다 한들 이토록 시원하랴 | → | 속세의 삶을 떠나 홀가분함. |

(나) 정약용, 〈보리타작〉

❶ 화자, 중심 대상   **❷** 상황, 정서, 태도   **❸** 표현상 특징

❶ : 일상생활과 관련된 시어
새로 거른 막걸리 젖빛처럼 뿌옇고
  ❸ 표현상 특징: 직유법

❷ 큰 사발에 보리밥, 높기가 한 자로세.

❸ 밥 먹자 도리깨 잡고 마당에 나서니

❹ ㉢ 검게 탄 두 어깨 햇볕 받아 번쩍이네.

＊❶~❹구 요약: 건강한 삶의 본보기를 제시함.

❺ 옹헤야 소리 내며 발맞추어 두드리니
  ❻ 「」: 농민들이 보리타작하는 모습
삽시간에 보리 낟알 온 마당에 가득하네.

❼ 주고받는 노랫가락 점점 높아지는데

❽ 보이느니 지붕 위에 보리 티끌뿐이로다.」

＊❺~❽구 요약: 노동하는 삶이야말로 참다운 삶이라고 인식함.

❾ 그 기색 살펴보니 즐겁기 짝이 없어

❿ ㉣ 마음이 몸의 노예 되지 않았네.
  화자의 삶과 대비됨

＊❾~❿구 요약: 마음이 몸의 노예가 되지 않은 주체적 인간상을 깨달음.

⓫ 낙원이 먼 곳에 있는 게 아닌데
  건강한 농민의 삶
⓬ ㉤ 무엇하러 벼슬길에 헤매고 있겠는가.

  ❷ 정서: 농민들의 건강한 삶을 보고 자신을 반성함.
  ❸ 표현상 특징: 설의법

＊⓫~⓬구 요약: 물욕에 시달렸던 자신의 모습을 반성함.

■ **갈래**: 행(行 – 한시의 일종), 서정시, 리얼리즘시   ■ **창작 시기**: 조선 중기
■ **내용**: 이 작품은 농민들이 보리타작을 하는 현장을 사실적으로 묘사하고 있다. 농민들이 보리타작이라는 공동 작업에 몰두하는 모습을 통해, 노동이야말로 참으로 즐거운 삶이며 건강한 삶임을 드러낸다. 즉, 육체와 정신이 통일된 농민들의 건강한 모습이 진정한 삶의 표상임을 제시하고 있다. '마음이 몸의 노예 되지 않았네'와 '무엇하러 벼슬길에 헤매고 있겠는가'와 같은 부분을 통해서 마음이 몸의 노예가 되어 벼슬길에서 헤매며 시달렸던 작가 자신의 삶을 반성하는 모습을 엿볼 수 있다.
■ **주제**: 농민의 보리타작 노동과 거기에서 얻는 삶의 즐거운 모습

■ **이것이 핵심**: 중심 대상에 대한 화자의 정서와 태도

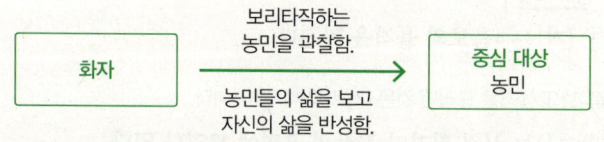

| 화자 | → 보리타작하는 농민을 관찰함. / 농민들의 삶을 보고 자신의 삶을 반성함. | 중심 대상 농민 |

✦ 독해 공식 정답 ——————

(가)
❶ 화자: '나', 중심 대상: 강산
❷ 상황: 세상 번우한 일을 잊고 조각배를 타고 낚시를 하고 있음.
정서, 태도: 자연에서 사는 삶의 흥취를 즐김.
❸ 표현상 특징
· 설의법을 활용함.
· 유유자적하는 삶의 태도를 보임.

(나)
❶ 화자: 드러나 있지 않음, 중심 대상: 보리타작하는 농민
❷ 상황: 보리타작하는 농민들을 관찰함.
정서, 태도: 농민들의 건강한 삶의 모습을 보며 자신의 삶을 반성함.
❸ 표현상 특징
· 농민들의 일상생활과 관련된 시어를 활용함.
· 시각적이고 동적인 이미지로 현장감을 살림.

B 13 정답 ⑤　＊작품 비교하기 ·············· [정답률 54%]

(가)와 (나)의 공통점으로 적절한 것은?

왜 정답?

⑤ **물음의 형식을 활용하여 화자의 심리를 표출하고 있다.**
(가) 세속을 떠나 자연과 벗하며 사는 즐거움, (나) 농민들의 모습과 다른 자신의 삶에 대한 성찰

＊**근거:** (가) 〈제8수〉 초장, (나) ⑫행

(가)에서는 '남이 아니 잊으랴', '강산과 바꿀쏘냐', '만호후인들 부러우랴', '이 토록 시원하랴' 등 물음의 형식을 활용하여 속세에서 벗어나 자연 속에서 노니는 즐거움을 노래하고 있다. 또한 (나)에서는 '무엇하러 벼슬길에 헤매고 있겠는가'라는 물음의 형식을 통해, 화자가 마음이 몸의 노예가 되어 살아왔던 자신의 삶을 반성하는 태도를 드러내고 있다.

[**표출하다:** 겉으로 나타내다.

왜 오답?

① ~~대화의 형식을 통해 대상을 예찬하고 있다.~~
　모두 드러나지 않음.　　(가) 자연, (나) 농부

(가)와 (나)의 화자가 자연과 보리타작하는 농민들에 대해 긍정적인 인식을 표출하고 있긴 하지만, '대화의 형식'을 사용하는 것은 아니다.

[**예찬하다:** 무엇이 훌륭하거나 좋거나 아름답다고 찬양하다.

② ~~연쇄법을 활용하여 화자의 심정을 드러내고 있다.~~
　모두 드러나지 않음.

연쇄법은 앞 구절의 끝 어구를 다음 구절의 첫머리에 이어받아 이미지나 심상을 강조하는 수사법을 의미한다. (가)와 (나)에서 연쇄법은 쓰이지 않았다.

③ ~~직유법을 사용하여 대상의 속성을 표현하고 있다.~~
　(가) 찾아볼 수 없음. (나) '젖빛처럼 뿌옇고'

(나)의 '젖빛처럼 뿌옇고'에서 직유법을 사용하고 있다. 그러나 (가)에서는 직유법을 사용하지 않았다.

④ ~~의인화를 통해 대상에 대한 친밀감을 나타내고 있다.~~
　모두 드러나지 않음.

(가)와 (나)에서는 인격이 없는 대상에 인격을 부여하여 표현하는 의인법을 활용한 부분을 찾을 수 없다.

B 14 정답 ③　＊화자의 정서와 태도 파악하기 · [정답률 43%]

㉠~㉤에 대한 이해로 적절하지 <u>않은</u> 것은?

왜 정답?

③ ㉢: ~~고된 삶을 살아왔던 화자의 모습을 묘사하고 있다.~~
　　　　건강한 삶　　　　　　농민들

(나)의 ㉢ '검게 탄 두 어깨'의 주체는 '보리타작하는 농민'이므로 '화자의 모습'이라고 할 수 없다. 또한 농민은 열심히 건강하게 노동하고 있으므로 '고된 삶'이라고 할 수도 없다.

왜 오답?

① ㉠: 세속적 가치에 대한 욕심을 버린 화자의 태도가 드러나 있다.
　　공명, 부귀　　　　　　다 잊음.

(가)의 화자가 '공명'과 '부귀'를 잊었다는 것은 세속적 가치에 대한 욕심에서 벗어났다는 의미이다.

② ㉡: 관직 생활에서 벗어난 화자의 해방감이 표출되어 있다.
　　　헛글고 싯근 문서　　　　　시원함

(나)의 '헛글고 싯근 문서'는 화자를 매어 두었던 속세의 생활인 관직 생활을 의미한다. 그런데 이 생활에서 벗어나자 매였던 새가 날아갈 때보다도 시원하다고 하였으므로 '해방감'을 표출한다고 할 수 있다.

[오답 선택률 26%]

④ ㉣: 보리타작하는 농민들의 모습에 대한 화자의 평가가 담겨 있다.
　　마음이 몸의 노예가 되지 않음.

(나)의 '마음이 몸의 노예 되지 않았네.'라는 표현은 화자가 마음이 몸의 노예가 되지 않은 채 건강하게 노동을 하는 농민들의 삶을 긍정적으로 평가한 것이다. 마음이 몸의 노예가 된다는 것은 벼슬에 얽매어 자신의 뜻을 펼치지 못한 상황을 자조적으로 나타내는 표현이다. 화자는 자신과 달리 마음이 몸의 노예가 되지 않은 농민들의 모습을 통해 자신의 삶을 반성하고 있다.

⑤ ㉤: 화자가 자신의 삶에 대해 성찰하는 모습이 나타나 있다.
　　마음이 몸의 노예가 됨.

(나)의 화자는 농민들의 삶을 '낙원'이라고 평가하면서, 농민과 다른 삶을 살고 있는 자신에 대해 반성하는 모습을 드러낸다.

[**성찰하다:** 자기의 마음을 반성하고 살피다.

B 15 정답 ①　＊〈보기〉를 바탕으로 감상하기 ··· [정답률 71%]

〈보기〉를 참고하여 (가)의 '강산(ⓐ)'과 (나)의 '마당(ⓑ)'을 비교한 내용으로 적절한 것은?

• 〈보기〉: (가)와 (나)의 시적 공간에서는 화자가 지향하는 삶의 가치가 드러나 있습니다.

• **(가)의 '강산(ⓐ)':** (가)의 '강산(ⓐ)'은 자연과 화자가 벗하는 곳입니다.

• **(나)의 '마당(ⓑ)':** (나)의 '마당(ⓑ)'은 농민들이 건강한 노동을 하는 곳입니다.

즉 (가)의 '강산(ⓐ)'과 (나)의 '마당(ⓑ)'이 어떤 공간인지 올바르게 설명한 것을 고르는 문제입니다.

> ──────── [보기] ────────
>
> ❶ 작품에서 공간은 화자가 위치한 구체적인 장소의 의미를 넘어서 화자가 바람직하게 생각하는 삶의 모습이 담겨 있기
> (가) 자연과 벗하는 모습, (나) 건강한 노동의 모습
> 도 하다. ❷ (가)와 (나)에 설정된 시적 공간에는 화자가 지향하는 삶의 가치가 내재되어 있다.

왜 정답?

① ⓐ는 자연과 벗하며 살아가는 공간이고, ⓑ는 건강한 노동의 즐거움을 깨닫는 공간이다.
　세속을 떠나 자연과 벗함.　　　　마음이 몸의 노예가 되지 않음.

＊**근거:** 〈보기〉 ❶문장

〈보기〉에서는 작품에서의 "공간"은 장소의 의미를 넘어서 화자가 바람직하게 생각하는 삶의 모습이 담겨 있다'고 하였다. (가)의 '강산'은 화자가 속세에서 벗어나 자연과 함께하면서 즐겁게 노니는 공간이고, (나)의 '마당'은 농민들이 마음과 몸이 하나 되어 건강하게 보리타작하는 '낙원'의 공간으로, 화자에게 깨달음을 주는 공간이라고 할 수 있다.

왜 오답?

② ⓐ는 소박한 삶에 대한 지향이 담긴 공간이고, ⓑ는 ~~빈곤한 삶~~을 극복하려는 의지가 담긴 공간이다.
　공명도 부귀도 없음.　　　　　건강한 삶의 공간

(가)의 '강산'은 자연으로 공명도 부귀도 없는 소박한 삶의 공간으로 볼 수 있다. 하지만 (나)의 '마당'은 노동의 공간이지, 빈곤한 삶을 극복하려는 의지의 공간은 아니다.

[**지향:** 어떤 목표로 뜻이 쏠리어 향함. 또는 그 방향이나 그쪽으로 쏠리는 의지

③ ⓐ는 ~~궁핍한 처지로 인한 좌절감~~이 나타난 공간이고, ⓑ는 ~~삶의 애환을 다른 사람과 공유~~하는 공간이다.
　　　　　　　　　　　　　　　즐거움
　마음이 몸의 노예가 된 자신의 삶

정답 및 해설 **67**

(가)의 '강산'에는 화자의 궁핍한 처지가 드러나지 않으며, 화자의 좌절감이 아닌 '즐거움'이 나타난 공간이다. 또한 (나)에서 '마당'은 마음이 몸의 노예가 된 자신의 삶에 대한 화자의 애환을 드러내는 공간으로 볼 수는 있으나, 이를 다른 사람과 공유하고 있다고 볼 수는 없다.

④ ~~ⓐ는 힘겨운 상황에 대한 저항 의지가 담긴 공간이고~~, ⓑ는 <u>자연과 벗하는 삶</u>
~~현실과의 타협을 통해 내적 갈등에서 벗어나려는 공간이다.~~
<u>자신을 성찰하고 있음.</u>

(가)의 '강산'은 화자가 긍정적으로 생각하는 공간이므로, '힘겨운 상황'이라고 볼 수 없다. (나)의 화자는 보리타작하는 농민들을 보며 자신의 삶에 대해 성찰하고 있을 뿐, 현실과 타협하고 있지도 않다.

[저항: 어떤 힘이나 조건에 굽히지 아니하고 거역하거나 버팀.

⑤ ~~ⓐ는 내적 욕구에 대한 자기 절제가 반영된 공간이고~~, ⓑ
~~는 과거와 달라진 현재의 상황에 대한 안타까움이 표출된 공~~
<u>과거와의 비교가 아님.</u>   <u>현재 자신의 삶에 대한 반성</u>
~~간이다.~~

(가)의 화자는 자연 속에서 노니는 즐거움을 노래하고 있으므로 ⓐ를 '자기 절제'의 공간이라 할 수 없다. 또한 (나)의 화자는 보리타작하는 농민과 자신을 비교하며 현재 자신의 삶에 대한 반성으로 안타까움의 심정을 드러내고는 있지만 이를 과거와 달라진 현재를 비교하는 것이라고 볼 수는 없다.

[절제: 정도에 넘지 아니하도록 알맞게 조절하여 제한함.

B 16~18 ──── [2019년(6월)/고2교육청 43~45]

(가) 정약용, 〈고시(古詩)〉

❶ 화자, 중심 대상   ❷ 상황, 정서, 태도   ❸ 표현상 특징   [한자 읽기]

| 연 자 초 래 시
鷰子初來時 | ❶ <u>지배세력으로부터 착취당하는 백성</u>
제비 한 마리 처음 날아와
❶ 중심 대상: 제비 |
| 남 남 어 불 휴
喃喃語不休 | ❷ <u>무엇인가 하소연하는 소리</u>
지지배배 그 소리 그치지 않네
❸ 표현상 특징: 청각적 심상 |

*❶~❷행 요약: 그치지 않는 제비 소리

| 어 의 수 미 명
語意雖未明 | ❸
말하는 뜻 분명히 알 수 없지만 |
| 사 소 무 가 수
似訴無家愁 | ❸ 표현상 특징: 의인법
❹ 집 없는 서러움을 호소하는 듯
❷ 상황: 제비 울음소리를 통해 삶의 터전을 빼앗긴 백성들의 서러움을 떠올림. |

[호소하다: 어떤 일에 참여하도록 마음이나 감정 따위를 불러일으키다.

*❸~❹행 요약: 집 없는 서러움을 호소하는 듯한 제비 소리

| 유 괴 로 다 혈
楡槐老多穴 | 느릅나무 홰나무 묵어 구멍 많은데 ─┐
어찌하여 그곳에 깃들지 않니 |
| 하 불 차 엄 류
何不此淹留 | ❻
어찌하여 그곳에 깃들지 않니 ─┘ |

(우측) 화자의 질문

*❺~❻행 요약: 제비에게 질문하는 화자

연 자 부 남 남 燕子復喃喃	❼ 제비 다시 지저귀며	❸ 표현상 특징: 대화 형식 → 당대 현실에 대한 비판적 인식을 드러냄.
사 여 인 어 수 似與人語酬	❽ 사람에게 말하는 듯	
유 혈 관 래 탁 楡穴鸛來啄	▨: 백성들을 착취하는 지배 세력 ❾ <u>느릅나무 구멍은 황새가 쪼고</u>	
괴 혈 사 래 수 槐穴蛇來搜	❿ <u>홰나무 구멍은 뱀이 와서 뒤진다오</u> 황새와 뱀에게 삶의 터전을 빼앗긴 제비의 상황	(우측) 제비의 답변

*❼~❿행 요약: 황새와 뱀의 횡포에 대한 제비의 호소

■ 갈래: 한시   ■ 창작 시기: 조선 후기
■ 내용: 이 작품은 정약용의 〈고시〉 27수 중 8수에 해당하는 것으로, 제비에 인격을 부여하여 조선 후기의 시대상을 우의적으로 풍자하고 있다. 전반부에서 집이 없는 서러움을 호소하는 제비의 상황을 통해 삶의 터전을 잃은 백성들의 서러움을 드러내고, 후반부에서는 황새와 뱀의 횡포로 살 곳을 잃은 제비의 상황을 통해 지배 세력의 횡포를 고발하고 있다.
■ 주제: 지배 계층의 횡포와 수탈로 인한 백성들의 고통
■ **이것이 핵심!**: 화자와 중심 대상의 대화

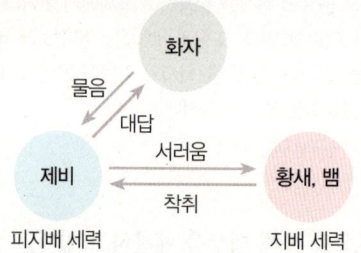

(나) 작자 미상, 〈시집살이 노래〉

❶ 화자, 중심 대상   ❷ 상황, 정서, 태도   ❸ 표현상 특징   [시 해석]

❶ 형님 온다 형님 온다 분고개로 형님 온다
→ 형님 온다 형님 온다 분고개 넘어 형님 온다

❷ 형님 마중 누가 갈까 형님 동생 내가 가지
❶ 화자1: 나(사촌 동생)
→ 형님 마중 누가 갈까 형님 동생 내가 마중 가지.

❸ 형님 형님 사촌 형님 시집살이 어떱뎁까 – 사촌 동생의 질문
→ 형님 형님 사촌 형님 시집살이 어떻습니까

*❶~❸행 요약: 사촌 형님의 시집살이에 대한 사촌 동생의 호기심

❸ 표현상 특징: 대화 형식

❹ 이애 이애 그 말 마라 시집살이 개집살이 – 형님의 답변
화자가 '사촌 동생'에서 '형님'으로 바뀜.
→ 이애 이애 그런 말 말아라. 시집살이가 개집에서 사는 것처럼 힘들구나.

❺ 앞밭에는 당추(唐楸)* 심고 뒷밭에는 고추 심어
→ 앞밭에는 당추 심고 뒷밭에는 고추 심어

❻ ㉠고추 당추 맵다 해도 시집살이 더 맵더라
시집살이의 고됨을 '고추', '당추'와 비교함.
→ 고추 당추가 아무리 맵다 해도 시집살이가 더 맵다.

*❹~❻행 요약: 사촌 형님의 시집살이에 대한 대답

❼ 둥글둥글 수박 식기(食器) 밥 담기도 어렵더라
수박처럼 둥글게 생긴 큰 그릇
→ 둥글둥글 수박처럼 생긴 그릇 밥을 담기도 어렵더라.

❽ 도리도리 도리소반(小盤)* 수저 놓기 더 어렵더라
둥글게 생긴 작은 밥상
→ 도리도리 둥글게 생긴 작은 밥상 수저 놓기는 더 어렵더라.

❾ ㉡오 리(五里) 물을 길어다가 십 리(十里) 방아 찧어다가
❸ 표현상 특징: 과장법 → 가사 노동의 과중함을 강조함.
→ 오리나 되는 먼 길을 가서 물을 길어 오고 십 리나 되는 먼 길을 가서 방아를 찧어 오고

❿ 아홉 솥에 불을 때고 열두 방에 자리 걷고
→ 아홉 개나 되는 솥에 불을 때고, 열두 곳이나 되는 방의 이불을 걷고

⓫ 외나무다리 어렵대야 시아버니같이 어려우랴
❸ 표현상 특징: 설의법
→ 외나무다리를 건너는 일이 어렵다고 해도 시아버지를 대하는 것처럼 어렵겠는가.

⓬ 나뭇잎이 푸르대야 시어머니보다 더 푸르랴
❸ 표현상 특징: 설의법
→ 나뭇잎이 푸르다고 해도 시어머니보다 푸르겠는가.

*❼~⓬행 요약: 시집살이의 어려움

⑬
무섭다는 의미　　　꾸중만 한다는 의미
ⓒ「시아버니 호랑새요 시어머니 꾸중새요
　「 」: 식구들을 새에 비유함.
➡ 시아버지는 호랑이처럼 무섭고, 시어머니는 꾸중만 하시며

⑭
동세 하나 할림새요 시누 하나 뾰족새요
　고자질을 잘한다는 의미　　　화를 잘 낸다는 의미
➡ 동서 하나 있는 것은 고자질을 잘하고, 시누이 하나 있는 것은 화내기를
　자주 하고

⑮
시아지비 뾰중새요 남편 하나 미련새요
　퉁명스럽다는 의미　　　어리석고 둔하다는 의미
➡ 시아주버님은 퉁명스럽고, 남편 하나 있는 것은 내 고생을 몰라주는 둔한
　사람이네.

⑯
　　　　　❶ 화자2: 나(사촌 형님)
자식 하난 우는 새요 나 하나만 썩는 샐세」
　매일 울기만 한다는 의미　　시집살이로 속이 썩어간다는 의미
➡ 자식 하나 있는 것은 매일 울기만 하고, 나 혼자만 속이 썩어 가는구나.

　　　　　* ⑬~⑯행 요약: 시댁 식구들의 성격에 대한 묘사

⑰
귀먹어서 삼 년이요 눈 어두워 삼 년이요
➡ 들려도 안 들리는 척한 지 삼 년이요, 보고도 못 본 척한 지 삼 년이요,

⑱
말 못해서 삼 년이요 석 삼 년을 살고 나니
➡ 말 못하는 척한 지 삼 년이요. 그렇게 9년을 살고 나니

⑲　❸ 표현상 특징: 직유법
ⓔ배꽃 같던 요내 얼굴 호박꽃이 다 되었네
　❸ 표현상 특징: '배꽃'과 '호박꽃'의 대비 → 초라하게 변한 자신의 모습에 대한 한탄
➡ 결혼 전 배꽃처럼 아름답던 내 얼굴이 결혼 후 호박꽃이 다 되어버렸네.

⑳
삼단 같던 요내 머리 비사리춤*이 다 되었네
　삼단 같이 매끄러웠던 머릿결　　싸리나무 껍질처럼 거친 머릿결
➡ 삼단 같이 윤이 흐르던 내 머릿결이 싸리나무 껍질처럼 다 거칠어졌네.

㉑
백옥 같던 요내 손길 오리발이 다 되었네
　고된 시집살이로 인해 고왔던 손이 투박하고 못생겨짐.
➡ 하얀 옥 같던 내 손은 못생기고 투박한 오리발이 다 되었네.

　　　　　* ⑰~㉑행 요약: 고생으로 변해 버린 자신의 모습에 대한 한탄

㉒
열새 무명 반물치마* 눈물 씻기 다 젖었네
　❷ 정서: 고된 시집살이로 인한 서러움
➡ 열새 무명의 짙은 남색 치마는 내 눈물 씻어 내느라 다 젖었네.

㉓
두 폭 붙이 행주치마 콧물 받기 다 젖었네
　❷ 정서: 고된 시집살이로 인한 서러움
➡ 두 폭을 붙여 만든 행주치마는 내 콧물 받느라 다 젖었네.

㉔
울었던가 말았던가 베갯머리 소(沼)* 이뤘네
　❸ 표현상 특징: 과장법 → 눈물을 많이 흘려 연못을 이루었다는 말
➡ 울었던가 말았던가 내 눈물이 모여 베갯머리 밑에 연못이 생겼네.　❸ 표현상 특징: 비유법 자식들을 '거위', '오리'로 비유함.

㉕
ⓜ그것도 소(沼)라고 거위 한 쌍 오리 한 쌍
➡ 그것도 연못이라고 거위 한 쌍 오리 한 쌍이

㉖
쌍쌍이 때 들어오네
➡ 쌍쌍이 함께 때를 맞추어 들어오네.

　　　　　* ㉒~㉖행 요약: 시집살이에 대한 체념

* 당추: 고추의 한 종류
* 도리소반: 둥글게 생긴 작은 밥상
* 비사리춤: 싸리나무의 껍질
* 반물치마: 짙은 남색 치마
* 소: 작은 연못

■ 갈래: 민요　　　■ 창작 시기: 미상
■ 내용: 이 작품은 사촌 언니를 마중 나간 동생이 사촌 언니에게 시집살이에 대해 물어보고, 사촌 언니가 시집살이에 대해 이야기하는 형식으로 전개되고 있다. 전반적으로 봉건적 가족 관계 속에서 여인들이 겪는 시집살이의 괴로움과 고통이 드러나며, 과장, 반복, 열거 등 다양한 표현 방법을 통해 당대 여인들의 시집살이를 해학적이고 익살스럽게 그려 내고 있다.
■ 주제: 시집살이의 어려움과 한

■ 이것이 핵심!: 화자들의 대화

사촌 동생	시집살이에 대한 질문
형님	• 시집살이를 고추, 당추에 비교하여 대답 • 시댁 식구들을 새에 비유하여 대답 • 자신의 모습이 변한 것을 직유를 사용하여 대답

✦ 독해 공식 정답

(가)
❶ 화자: 드러나지 않음, 중심 대상: 제비
❷ 상황: 제비에게 말을 건넴.
정서, 태도: 백성들의 삶을 착취하는 지배 세력을 풍자함.
❸ 표현상 특징
• 우의적 표현을 통해 주제를 형상화하고 있음.
• 제비와 이야기하는 듯한 대화체를 사용하고 있음.

(나)
❶ 화자: '나'(사촌 동생, 사촌 형님), 중심 대상: 시집살이
❷ 상황: 화자(사촌 동생)의 물음에 대한 대답으로 화자2(사촌 형님)가 고된 시집살이의 괴로움을 드러냄.
정서, 태도: 고된 시집살이에 서러워함.
❸ 표현상 특징
• 사촌 동생과 사촌 형님의 대화를 통해 시상을 전개하고 있음.
• 해학적 표현을 사용하여 시집살이의 어려움을 드러내고 있음.

B 16 　정답 ②　* 작품 비교하기 ·········· [정답률 41%]

(가)와 (나)의 공통점으로 가장 적절한 것은?

> 왜 정답 ?

② 대화 형식을 활용하여 현실에 대한 인식을 드러내고 있다.
(가): 화자와 '제비' 사이의 대화, (나): '사촌 동생'과 '형님' 사이의 대화

* 근거: (가) ❹~❻, ❾, ❿, (나) ❶, ❹
(가)에서는 '제비'를 의인화하여 화자와 '제비' 사이에 이루어지는 대화를 제시하고 있다. 이때 화자는 제비가 '집 없는 서러움을 호소하는 듯'하다고 생각하고 있고, 제비 역시 '황새'와 '뱀'으로 인해 살 곳이 없어진 처지를 이야기하고 있다. 이러한 화자와 제비의 대화에는 현실에 대한 화자의 부정적인 인식이 반영되어 있다. 또한 (나)에서는 시집 간 '형님'과 '사촌 동생' 사이의 대화를 통해 고된 시집살이를 겪고 있는 자신의 처지에 대한 '형님'의 한탄이 드러나고 있다. 따라서 (가)와 (나) 모두 대화 형식을 활용하여 현실에 대한 인식을 드러내고 있다고 볼 수 있다.

> 왜 오답 ?

① ~~반어적인 표현~~을 사용하여 ~~시적 정서를 부각~~하고 있다. 시의 정서를 두드러지게 하고
(가)와 (나) 모두 드러나지 않음.
(가)와 (나) 모두 반어적인 표현을 사용하고 있지 않다.

③ ~~시간의 흐름을 통해 깨달음에 이르는 과정을 제시~~하고 있다.
(가)와 (나) 모두 드러나지 않음.
(가)와 (나) 모두 시간의 흐름을 통해 깨달음에 이르는 과정을 제시하고 있지 않다.

④ 감각적 이미지를 활용하여 ~~자연의 아름다움~~을 드러내고 있다.
(가)와 (나) 모두 드러나지 않음.
* 근거: (가) ❷, (나) ❼, ❽
(가)에서는 '지지배배 그 소리' 등에서 청각적 심상을 활용하고 있고, (나)에서는 '둥글둥글 수박 식기' 등에서 시각적 심상을 활용하고 있다. 그러나 (가)와 (나) 모두 이러한 감각적 이미지를 활용하여 자연의 아름다움을 드러내고 있지는 않다.

[오답 선택률 38%]

⑤ 자연물에 ~~감정을 이입하여 대상에 대한 안타까움을 강조~~ 하고 있다.
(가)와 (나) 모두 드러나지 않음.

＊근거: (가) ❸, ❹

감정 이입이란 화자의 감정을 다른 대상에 이입하여 마치 대상이 화자의 감정을 함께 느끼는 것처럼 표현하는 방법을 의미한다.

(가)에서는 화자가 자연물인 '제비'에 인격을 부여하여 제비와 이야기를 나누고 있고, '황새'와 '뱀'에게 괴롭힘을 당하는 '제비'에 대한 안타까움을 드러내고 있다. 그러나 (가)에서 화자가 제비에게 감정을 이입하고 있지는 않다. (나)에서도 자연물에 감정을 이입하고 있지는 않다.

〔 이입하다: 옮기어 들이다. 〕

B 17　정답 ④　＊시어 및 구절의 의미 파악하기 [정답률 78%]

ⓐ~ⓔ 중 (가)를 이해한 내용으로 적절하지 <u>않은</u> 것은?

• ⓐ~ⓔ: (가)에 대한 설명으로, ⓐ는 '황새'와 '뱀'의 의미, ⓑ는 '제비'의 의미, ⓒ는 피지배층의 고난, ⓓ는 현실에 대한 백성들의 태도, ⓔ는 작가의 의도에 대해 설명하고 있습니다.
• (가): 집이 없는 서러움을 호소하는 제비의 상황을 통해 지배 세력의 횡포를 우의적으로 고발하고 있는 작품입니다.
🔴 (가)의 주제 의식인 '지배 세력의 횡포에 대한 고발'을 바탕으로 (가)를 이해한 내용 중 틀린 것을 고르는 문제입니다.

────[보기]────

오늘 수업 시간에 정약용의 〈고시〉가 조선 후기 지배층의 횡포와 피지배층의 고난을 드러낸 작품임을 배웠어. 이 작품에서 ⓐ'황새'와 '뱀'은 백성들을 괴롭히는 지배 세력을 상징하
느릅나무 구멍'을 쪼고 '홰나무 구멍'을 뒤짐.
고, ⓑ'제비'는 지배 세력으로부터 착취당하는 백성들을 상징
'황새', '뱀'으로 인해 집을 잃음.
해. ⓒ피지배층의 고난은 삶의 터전마저 빼앗기는 절박한 상
'제비'가 '집 없는 서러움을 호소'한다고 함.
황으로 그려지고 있어. ⓓ그런 상황에서도 백성들은 현실에
드러나지 않음.
굴하지 않는 꿋꿋한 모습을 보여. 이 작품을 통해 ⓔ작가는 당대의 부정적 현실을 우회적으로 고발하고 있어.
백성을 수탈하는 지배 세력을 '황새'와 '뱀'에 빗댐.

────

고난: 괴로움과 어려움을 아울러 이르는 말
착취: 계급 사회에서 생산 수단을 소유한 사람이 생산 수단을 갖지 않은 직접 생산자로부터 그 노동의 성과를 무상으로 취득함. 또는 그런 일
굴하다: 어떤 세력이나 어려움에 뜻을 굽히다.
우회적: 곧바로 가지 않고 멀리 돌아서 가는 것
고발하다: 세상에 잘 알려지지 않은 잘못이나 비리 따위를 드러내어 알리다.

＞왜 정답?

④ ⓓ

＊근거: (가) ❸, ❹

(가)에서 백성들을 상징하는 '제비'가 현실에 굴하지 않는 꿋꿋한 모습을 보여 주지는 않는다.

＞왜 오답?

① ⓐ

＊근거: (가) ❾, ❿

(가)가 '조선 후기 지배층의 횡포'를 드러낸 작품임을 고려할 때, '제비'가 구멍에 깃들지 못하도록 괴롭히는 '황새'와 '뱀'은 백성들을 괴롭히는 지배 세력을 상징한다고 할 수 있다.

② ⓑ

＊근거: (가) ❶

(가)에서 '황새'와 '뱀'의 괴롭힘에 살 곳을 잃은 '제비'는 조선 후기 지배 세력에게 착취당하는 백성들을 상징한다고 할 수 있다.

③ ⓒ

＊근거: (가) ❹

(가)에서 '제비'가 '집 없는 서러움을 호소'하고 있다는 것을 참고할 때, (가)에서 백성들의 고난은 삶의 터전마저 빼앗기는 절박한 상황으로 그려지고 있다고 할 수 있다.

⑤ ⓔ

＊근거: (가) ❾, ❿

(가)의 작가는 화자와 '제비'의 대화 형식을 통해 백성들을 착취하는 지배 세력을 '황새'와 '뱀'에 빗대어 표현함으로써 조선 후기 지배층의 횡포를 우회적으로 고발하고 있다.

B 18　정답 ⑤　＊〈보기〉를 바탕으로 감상하기 … [정답률 74%]

〈보기〉를 바탕으로 (나)를 감상한 내용으로 적절하지 <u>않은</u> 것은? [3점]

• 〈보기〉를 바탕: 〈시집살이 노래〉는 시집살이를 하는 아녀자들의 생활을 표현한 민요로, 작품 속 여인은 힘든 시집살이에 대한 한탄과 체념을 보이고 있습니다.
• (나): 시집살이의 어려움과 괴로움을 비유적이면서도 해학적인 표현으로 그려내고 있습니다.
🔴 (나)의 다양한 표현에 드러나는 시집살이의 어려움과 이에 대한 여인의 한탄과 체념을 잘못 이해한 내용을 고르는 문제입니다.

────[보기]────

❶〈시집살이 노래〉는 고통스러운 시집살이를 하는 아녀자들
①의 근거
의 생활을 진솔하게 표현한 민요이다. ❷이 작품 속 여인은 대
②의 근거
하기 어려운 시집 식구와 과중한 가사 노동으로 인해 힘든 삶
③의 근거　　　　　　　②의 근거
을 살고 있다. ❸이러한 삶 속에서 여인은 자신의 처지를 한탄
④의 근거
하기도 하고, 체념하는 태도를 보이기도 한다.
⑤의 근거

────

과중하다: 부담이 지나쳐 힘에 벅차다.

＞왜 정답?

⑤ ⑩에서 '거위'와 '오리'에 빗대어 ~~현실에 대응하지 못하고 체념하는 자신을 드러내고 있군.~~
화자 자신이 아니라 자식들을 '거위'와 '오리'에 빗댐.

＊근거: (나) ㉕, ㉖, 〈보기〉 ❸문장

화자가 눈물로 이룬 '소'에 '그것도 소이라고 ~ 쌍쌍이 때 들어'온다고 한 것은 화자에게 어린 자식들이 있음을 암시한다. 화자는 자식들을 보면서 자신의 처지를 받아들이는 체념적 태도를 드러내고 있는 것이다. 따라서 ⑩의 '거위'와 '오리'는 화자 자신을 빗댄 대상이라고 볼 수 없다.

〔 대응하다: 어떤 일이나 사태에 맞추어 태도나 행동을 취하다. 〕

＞왜 오답?

① ㉠에서 '고추', '당추'와 비교하여 시집살이의 고통을 표현하고 있군.
시집살이의 고통이 그만큼 사납고 독함을 나타냄.

＊근거: (나) ❻, 〈보기〉 ❶문장

화자는 '고추', '당추'보다 시집살이가 더 맵다며 시집살이의 고통을 표현하고 있다.

② ㉡에서 '오 리'와 '십 리'를 활용하여 감당해야 할 노동이

화자의 노동이 과중함을 드러내는 과장된 표현임.

과중함을 강조하고 있군.

*근거: (나) ❾, 〈보기〉❷문장

'오 리', '십 리'와 같은 과장된 표현을 활용하여 화자의 노동이 과중함을 강조하고 있다.

③ ㉢에서 '호랑새'와 '꾸중새'를 활용하여 시아버지와 시어머

엄한 '시아버지'와 꾸중만 하는 '시어머니'를 나타냄.

니를 대하기 힘든 존재로 표현하고 있군.

*근거: (나) ⓭, 〈보기〉❷문장

무서운 시아버지를 '호랑새'에, 꾸중만 하는 시어머니를 '꾸중새'에 비유하고 있다.

④ ㉣에서 '배꽃'과 '호박꽃'을 대비하여 초라하게 변한 자신의

결혼 전 아름다운 모습과 현재의 초라한 모습을 대비함.

모습을 한탄하고 있군.

*근거: (나) ⓳, 〈보기〉❸문장

화자는 결혼 전 아름다웠던 자신의 모습을 '배꽃'에, 고된 시집살이로 인해 변해 버린 현재의 모습을 '호박꽃'에 빗대어 대비함으로써 현재 자신의 초라한 모습에 대한 한탄을 드러내고 있다.

Ⓑ 19~21   [2016년(6월)/고2교육청 31~33]

(가) 이직, 〈가마귀 검다 ᄒ고〉

❶ 화자, 중심 대상   ❷ 상황, 정서, 태도   ❸ 표현상 특징   고어 읽기   시 해석

가마귀   검다 ᄒ고   백로야   웃지 마라
           ❶ 중심 대상: 백로 – 고려 때의 신하들 : 대조

❶ ㉠가마귀 / 검다 ᄒ고 / ㉡ 백로(白鷺)야 / 웃지 마라 →4음보
   조선의 개국 공신   ❷ 상황: 백로에게 말을 건네고 있음.

➜ 까마귀 겉모습이 검다고 해서 백로야 비웃지 마라.

   것치 거믄들   속조차 거믈소냐
❷ 까마귀는 불길하고 백로는 고고하다는 일반적 통념 반박 – 자기 합리화
겉치 거믄들 속조차 거믈소냐
          ❸ 표현상 특징: 설의법

➜ 겉이 검다고 해서 속까지 검겠느냐?

   아마도   것 희고   속 검을손   너뿐인가   하노라
           표리부동   ❸ 표현상 특징: 백로를 의인화함.
❸ 아마도 것 희고 속 검을손 너뿐인가 ᄒ노라
          ❷ 태도: 겉은 희지만 속은 검은 백로를 비판함.

➜ 아마도 겉이 희고 속이 검은 것은 너밖에 없을 것이다.

[백로: 왜가릿과의 새 가운데 몸빛이 흰색인 새를 통틀어 이르는 말

*초장~종장 요약: 표리부동한 인물들에 대한 비판

■ 갈래: 평시조   ■ 창작 시기: 조선 초기

■ 내용: 이 작품은 조선 개국에 참여한 사람들이 자신들의 행위를 정당화하기 위해 지은 시조이다. 단순히 검은 까마귀와 흰 백로의 외형적인 대비를 통한 것이 아니라, 내면적인 성향으로 파악하여 백로를 비난하고 있다. 여기서 '가마귀'는 새 왕조에 동참한 사람들이고, '백로'는 고려의 유신으로 절의를 지킨 사람들이라고 볼 수 있다. 이 작품은 자기변명을 담은 노래로, 자기 행위의 정당성을 주장하고, 우국지사인 듯하면서도 속은 그렇지 못한 고려 유신을 풍자하고 있다.

■ 주제: 표리부동한 인물에 대한 풍자(조선 왕조에 가담한 자신을 비웃는 자들에게 하는 변론)

■ **이것이 핵심!**: 우의적으로 드러내는 화자의 비판적 태도

화자 ≒ 가마귀   →비판하며 스스로를 정당화함. → 백로: 겉으로 고고한 척하는 사람들   부정적

(나) 박팽년, 〈가마귀 눈비 마즈〉

❶ 화자, 중심 대상   ❷ 상황, 정서, 태도   ❸ 표현상 특징   고어 읽기   시 해석

가마귀   눈비 마자   희는 듯   검노매라
간신배: 대조
❶ ㉢가마귀 / 눈비 마즈 / 희는 듯 / 검노믜라 →4음보
   혼란한 시대   ❸ 표현상 특징: 색채어 사용

➜ 까마귀가 눈비를 맞아서 흰 듯 보이면서도 검구나.

   야광   명월   이   밤인들   어두우랴
❷ 야광 명월(夜光明月)이 ㉣밤인들 어두우랴
   변함없는 충정, 지조   부정적 시간   ❸ 표현상 특징: 설의법

➜ 한밤중에도 빛나는 밝은 달이 밤이라고 해서 그 빛을 잃겠는가?

   님 향한   일편단심   이야 고칠 줄이 이시랴
❸ 님 향(向)흔 ㉤일편단심(一片丹心)이야 고칠 줄이 이시랴
   ❶ 중심 대상: 님 – 단종   단종에 대한 절의   ❸ 표현상 특징: 설의법 – 화자의 의지 강조

➜ 임금을 향한 굳은 충성심이야 변할 까닭이 있겠는가?

[야광 명월: 밤에 밝게 빛나는 달

*초장~종장 요약: 임(임금)에 대한 변하지 않는 지조와 절개

■ 갈래: 평시조   ■ 창작 시기: 조선 초기

■ 내용: 이 작품은 세조의 왕위 찬탈을 용납하지 아니하고 단종 복위를 꾀하다가 처형된 사육신의 한 사람인 박팽년의 시조로, 김질이 세조의 명을 받고 옥에 갇혀 있는 박팽년을 찾아가 술을 권하며 이방원의 〈하여가〉로 회유하려 하자 그 대답으로 지은 것이라고 한다. 초장과 중장은 '가마귀'와 '야광 명월'을 대조시켜 간신과 충신(또는 세조와 단종)을 제시한 후, 종장에서는 자신의 충절을 부각하고 있다. 즉, 세상은 세조의 무리로 가득 찼지만, 절개 높은 신하는 '야광 명월'과 같이 언제나 빛난다고 말하고 있다.

■ 주제: 변하지 않는 지조와 절개

■ **이것이 핵심!**: 대상에 대한 화자의 인식

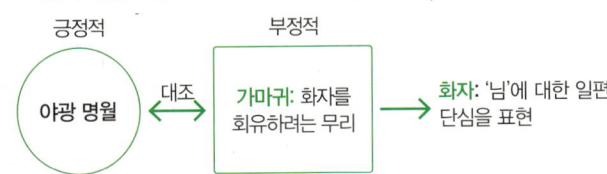

긍정적   부정적

야광 명월 ←대조→ 가마귀: 화자를 회유하려는 무리   화자: '님'에 대한 일편단심을 표현

(다) 이규보, 〈여뀌꽃과 백로〉

❶ 화자, 중심 대상   ❷ 상황, 정서, 태도   ❸ 표현상 특징   한시 읽기

전 탄 부 어 하 前灘富魚蝦	❶ 앞 여울에 물고기와 새우가 많아 백로가 탐내는 대상	[A]
유 의 벽 파 입 有意劈波入	❷ 물결 뚫고 들어갈 생각 있는데	
견 인 홀 경 기 見人忽驚起	❸ 사람을 보고 문득 놀라 일어나서는 경계의 대상	[B]
요 안 환 비 집 蓼岸還飛集	❹ 여뀌꽃 핀 언덕에 도로 날아가 앉았네 백로가 피신해 있는 공간	

[여울: 강이나 바다의 바닥이 얕거나 폭이 좁아 물살이 세게 흐르는 곳
여뀌: 마디풀과의 한해살이풀. 높이는 40~80cm이며 잎은 어긋나고 피침 모양이다. 6~9월에 꽃잎의 끝이 붉은색을 띠는 연녹색 꽃이 수상(穗狀) 화서로 피고 열매는 수과(瘦果)이다.

*❶~❹구 요약: 사람들을 피해 언덕에 앉은 백로

교 경 대 인 귀 翹頸待人歸	❺ 목을 빼고 사람이 돌아가길 기다리다	[C]
세 우 모 의 습 細雨毛衣濕	❻ 가랑비에 깃털이 다 젖는구나 시련 – 백로가 처한 상황	
심 유 재 탄 어 心猶在灘魚	❼ 마음은 여울의 물고기에 가 있는데 얻고자 하는 대상, 욕심의 대상	[D]
인 도 망 기 립 人道忘機立	❽ 백로를 있는 그대로 보지 못함. – 화자가 경계하는 대상 사람들은 말하네, 기심(機心)*을 잊고 서 있다고 ❸ 표현상 특징: 도치법	

*❺~❽구 요약: 사람들의 잘못된 평가

＊기심: 기회를 엿보아 이득을 취하려는 마음

■ 갈래: 한시   ■ 창작 시기: 고려 시대
■ 내용: 이 작품은 '여뀌꽃과 백로'를 소재로 하여 세상의 모순을 드러내고 있는 한시이다. 물고기에 마음이 가 있는 백로를 고고하다고 생각하는 세상 사람들의 잘못된 인식을 통해, 어떠한 현상이나 대상의 성격이 제대로 파악되지 못하고 왜곡되고 있는 세태를 비판하고 있다. 이는 '선비의 표상'으로 여겨졌던 백로의 기존 이미지를 깨뜨리고 백로를 청렴을 가장한 탐욕스러운 사대부로 그리며 비판하는 것에서 잘 드러난다.
■ 주제: 세상 사람들의 잘못된 인식에 대한 비판
■ 이것이 핵심!: 대상에 대한 화자의 비판적 태도

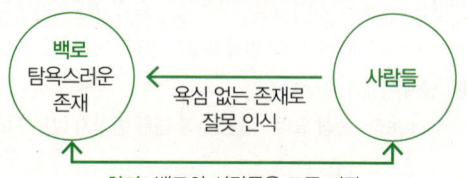

독해 공식 정답

(가)
❶ 화자: 드러나지 않음, 중심 대상: 백로
❷ 상황: 백로에게 말을 건네고 있음.
정서, 태도: 겉은 희지만 속은 검은 백로를 비판함.
❸ 표현상 특징
• 설의와 풍자를 통해 자신의 결백성을 드러내고 있음.
• 대조적인 소재를 이용하여 주제를 우회적으로 제시함.
• 동물을 의인화하여 주제를 우의적으로 전달함.

(나)
❶ 화자: 드러나지 않음, 중심 대상: 님
❷ 상황: '님'을 향한 변치 않는 마음을 이야기함.
정서, 태도: 자신을 회유하려는 위선적 무리를 비판하고 님을 향한 변함없는 충정을 드러냄.
❸ 표현상 특징
• 화자의 심정을 자연물에 빗대어 우의적으로 표현하고 있음.

(다)
❶ 화자: 드러나지 않음, 중심 대상: 백로
❷ 상황: '백로'를 관찰함.
정서, 태도: 탐욕스러운 백로와 그런 백로를 제대로 보지 못하는 사람들을 비판함.
❸ 표현상 특징
• 선비의 표상인 백로를 통해 청렴을 가장한 사대부를 희화화하고 있음.
• 세상 사람들이 왜곡하고 있는 백로의 본질을 화자는 간파하고 있음.

B 19   정답 ①   ＊ 작품 비교하기 ·············· [정답률 67%]

(가)~(다)의 표현 방식에 대한 설명으로 가장 적절한 것은?

> **왜 정답?**

① (가)와 (나)는 설의적인 표현을 통하여 화자의 가치관을 강조하고 있다.
(가)의 '거믈소냐', (나)의 '어두우랴', '이시랴'에서 설의법이 사용됨.

＊근거: (가) ❷, (나) ❷, ❸

(가)의 '겻치 거믈 속조차 거믈소냐'는 겉으로 보이는 '백로'의 긍정적 모습과 그 속은 다르다는 사실에 대한 비판을 설의적인 표현으로 나타내고 있다. 또한 (나)의 중장과 종장 '야광 명월이 밤인들 어두우랴 / 님 향혼 일편단심이야 고칠 줄이 이시랴'에서도 '야광 명월'은 밤에도 어둡지 않고 임에 대한 마음은 바뀌지 않는다는 것을 설의적인 표현으로 나타내며 화자의 가치관을 강조하고 있다.

> **왜 오답?**

② (가)와 (다)는 어순을 도치하여 시구의 의미를 강조하고 있다.
(다)의 '사람들은 말하네, ~ 서 있다고'에서 도치법이 사용되나, (가)에서는 사용되지 않음.

＊근거: (다) ❽

(다)의 마지막 구절에서 '사람들은 말하네, 기심을 잊고 서 있다고'라고 어순을 도치하여 '사람들'을 비판하고 있다. 하지만 (가)에서는 도치를 찾을 수 없다.

┌ 어순을 도치: '도치'란 문장의 어순을 바꾸는 것을 말하며, 이를 통해 의미를
└ 강조하거나 변화감을 줄 수 있다.

③ (나)와 (다)는 색채어를 활용하여 대상의 속성을 선명하게 드러내고 있다.
(나)는 흰색과 검은색이라는 색채어를 활용하나, (다)는 색채어를 사용하지 않음.

＊근거: (나) ❶

(나)의 '희느 듯 검노미라'에서 흰색과 검은색이라는 색채어를 활용하여, 까마귀라는 대상이 희어지는 듯하다가 다시 검어지는 모습을 표현하고 있다. 하지만 (다)에서는 색채어를 사용하지 않았다.

④ (나)는 (가)와 달리 4음보를 규칙적으로 사용하여 안정된 리듬감을 형성하고 있다.
(가)와 (나) 모두 평시조이므로 4음보의 율격을 통해 리듬감을 보이고 있음.

(가)와 (나) 모두 평시조이다. 대체적으로 4음보의 율격을 통해 안정된 리듬을 보이고 있다.

┌ 4음보를 규칙적으로 사용: '음보'란 시에서 운율을 이루는 기본 단위를 뜻하
│ 며, 우리나라 전통 시조에서는 대체로 3음절이나 4음절이 하나의 음보를 이
└ 룬다.

⑤ (다)는 (나)와 달리 감정이입을 통하여 화자의 내면을 표현하고 있다.
(나), (다) 모두 감정이 이입된 표현은 찾을 수 없음.

(나), (다)에서 모두 감정이 이입된 표현은 찾을 수 없다.

B 20   정답 ③   ＊ 〈보기〉를 바탕으로 감상하기 ··· [정답률 59%]

〈보기〉를 참고하여 ㉠~㉤을 이해한 내용으로 적절하지 않은 것은? [3점]

• 〈보기〉를 참고: (가)는 고려 유신이자 조선 개국에 참여한 작가가 자신의 행위를 정당화하는 작품, (나)는 단종의 복위를 꾀하고 세조의 회유를 뿌리친 작가가 권력을 탐하는 이들의 위선적 태도를 비판하는 작품입니다.

• ㉠~㉤: (가)의 시어인 ㉠은 '가마귀', ㉡은 '백로'이고, (나)의 시어인 ㉢은 '가마귀', ㉣은 '밤', ㉤은 '일편단심'입니다.

즉 (가)와 (나)의 창작 배경과 의도를 바탕으로 (가)와 (나)의 시어(㉠~㉤)가 의미하는 바를 이해한 내용 중 틀린 것을 고르는 문제입니다.

─────────[보기]─────────
❶ (가)는 고려 유신으로 조선 개국에 참여한 작가가 자신의 행위를 정당화하고, 겉으로 고고한 척하는 이들을 비판하려는 의도를 담고 있다. ❷ (나)는 단종 복위를 꾀하다가 옥에 갇힌 작가가 세조의 회유를 뿌리치며, 권력을 탐하는 이들의 위선적 태도를 비판하려는 의도를 드러내고 있다.
→ (가), (나)의 창작 배경 및 작가의 창작 의도
─────────────────────────
유신: 왕조가 망한 뒤에 남아 있는 신하
개국: 새로 나라를 세움.
고고하다: 세상일에 초연하여 홀로 고상하다.
복위: 폐위되었던 제왕이나 후비가 다시 그 자리에 오름.
회유: 어루만지고 잘 달래어 시키는 말을 듣도록 함.
위선적: 겉으로만 착한 체하는

>왜 정답?

③ ⓒ은 **권력을 탐하는 자들에게 고초를 겪는 작가 자신을 가리킨다**고 볼 수 있다.
〈보기〉의 권력을 탐하는 위선적인 사람에 해당하므로 적절하지 않음.

＊근거: (나) **❶**, 〈보기〉 **❷**문장

(나)의 ⓒ은 눈비를 맞아 희어지는 듯하다가도 다시 검어지는데, 이는 눈을 맞더라도 '검다'는 본모습을 숨길 수 없는 부정적인 존재임을 나타내는 것이다. 따라서 이를 〈보기〉와 연관시키면 ⓒ은 권력을 탐하는 위선적인 사람이라고 볼 수 있다.

[고초: 괴로움과 어려움을 아울러 이르는 말

>왜 오답?

① ㉠은 **작가가 자기 행위의 정당성을 주장하기 위해 자신과 동일시하는 대상**으로 볼 수 있다.
조선 개국에 참여한 자기 행위의 정당성을 표현하기 위해 제시한 대상이므로 적절함.

＊근거: (가) **❶**, **❷**, 〈보기〉 **❶**문장

(가)의 '가마귀'는 '백로'와 달리 겉은 검지만 속은 검지 않은 존재로 화자가 긍정적으로 바라보는 대상이다. 따라서 ㉠은 고려의 유신이지만 조선 개국에 참여한 자기 행위의 정당성을 표현하기 위한 대상이다.

[정당성: 사리에 맞아 옳고 정의로운 성질

② ㉡은 **겉으로 고고한 척하는 무리를 가리키며, 작가가 비판하는 대상**으로 볼 수 있다.
화자가 비판하는 대상이므로 적절함.

＊근거: (가) **❶**, **❷**, 〈보기〉 **❶**문장

화자는 겉은 하얗지만 속은 검다면서 ㉡을 비판하고 있다. 이는 〈보기〉에서 말하는 '겉으로 고고한 척하는 이들'이라고 볼 수 있다. 고려에 대한 지조를 지키는 대상들을 비꼬는 말이다.

④ ㉣은 **세조가 단종을 몰아내고 왕위에 오른 시대 상황을 암시한다**고 볼 수 있다.
세조가 단종을 몰아내고 왕위에 오른 부정적 시간을 암시하므로 적절함.

＊근거: (나) **❷**, 〈보기〉 **❷**문장

㉣은 세조가 단종을 몰아내고 왕위에 오른 부정적인 상황을 암시해 준다고 할 수 있다. 이런 상황에서도 '야광 명월이 밤인들 어두우랴'라고 하여 지조와 절개를 지키겠다고 말하고 있는 것이다.

[암시하다: 넌지시 알리다.

⑤ ㉤은 **세조의 회유를 뿌리치고 단종에 대한 충의를 지키려는 작가의 굳은 마음을 드러낸다**고 볼 수 있다.
〈보기〉에 드러난 단종에 대한 지조와 절개이므로 적절함.

＊근거: (나) **❸**, 〈보기〉 **❷**문장

㉤은 〈보기〉에서 알 수 있듯이 단종에 대한 지조와 절개라고 볼 수 있다. 세조의 회유를 뿌리치고 단종 편에 서겠다는 것이다.

[충의: 충성과 절의를 아울러 이르는 말

B 21 정답 ④ ＊시어 및 구절의 의미 파악하기 ‥ [정답률 56%]

(다)의 [A]~[D]에 대해 감상한 내용으로 적절하지 않은 것은?

• [A]~[D]: 화자가 백로를 관찰한 내용을 네 부분으로 나눈 것입니다. [A]는 물고기와 새우를 잡으려는 백로, [B]는 사람을 보고 놀라 날아가는 백로, [C]는 사람들이 가길 기다리다 비에 젖은 백로, [D]는 사람들이 백로를 보고 하는 말을 나타냅니다.

증 (다)의 화자가 [A]~[D]에서 표현한 백로의 모습을 설명한 내용 중 틀린 것을 고르는 문제입니다.

>왜 정답?

④ [D]의 '사람들'이 백로에 대해 보이는 인식은 [A]에 ~~드러난~~ **백로의 모습**에 근거하고 있군.
이익을 취하려는 마음이 없는 청렴한 존재
물고기와 새우를 탐하는 탐욕적인 존재로 그려지므로 근거가 될 수 없음.

＊근거: (다) **❶**, **❷**, **❼**, **❽**

[D]에서 '사람들'은 백로를 보면서 이익을 취하려는 마음이 없는 청렴한 존재라고 생각하고 있다. 그런데 실상 백로는 [A]에서 알 수 있듯이 물고기와 새우를 탐하는 존재이다. 따라서 [D]에 보이는 인식은 물고기를 잡아먹으려는 백로의 상황을 모르고 한 인식이므로 '사람들'은 백로의 상황을 모른 채 백로가 '기심을 잊고' 서 있다고 생각하는 것이다.

[근거하다: 어떤 일이나 의논, 의견에 그 근본이 되다.

>왜 오답?

① [A]의 '물고기와 새우'에 대한 백로의 욕망은 [B]에서 '사람' 때문에 일시적으로 충족되지 못하는군.
잡아먹고 싶음.
사람 때문에 놀라 언덕으로 날아감.

＊근거: (다) **❶**~**❹**

[A]에서 백로는 물고기와 새우를 잡아먹고 싶었다. 하지만 [B]에서 알 수 있듯이 사람 때문에 놀라 도망가게 된다.

[충족되다: 일정한 분량이 채워져 모자람이 없게 되다.

② [B]의 '여뀌꽃 핀 언덕'은 [C]의 '사람'을 경계한 백로가 피신해 있는 공간이군.
사람을 보고 놀라 달아나 앉은 공간

＊근거: (다) **❸**~**❻**

[B]에서 백로는 사람들 때문에 놀라고, 그들을 피해 '여뀌꽃 핀 언덕'으로 가게 된다. 따라서 여뀌꽃 핀 언덕은 백로의 피신처라고 할 수 있다.

[경계하다: 뜻밖의 사고가 생기지 않도록 조심하여 단속하다.
[피신하다: 위험을 피하여 몸을 숨기다.

③ [C]의 '깃털'이 젖은 모습은 [D]의 '마음' 때문에 백로가 처하게 된 부정적 상황을 보여 주는군.
물고기와 새우를 먹으려는 마음 때문에 참고 있는 시련임.

＊근거: (다) **❺**~**❽**

[C]에서 백로가 가랑비에 '깃털'까지 젖은 것은 물고기와 새우를 먹으려고 기다리고 있기 때문이다. 이는 [D]에서 물고기와 새우를 먹으려는 '마음' 때문에 참고 있는 시련이라고 할 수 있다.

⑤ [A]~[D]에서 화자는 백로의 탐욕만이 아니라 그것을 알아차리지 못한 '사람들'도 비판하고 있군.
물고기와 새우에 대한 백로의 탐욕을 보며 청렴하다고 착각하는 사람들에 대한 비판

＊근거: (다)

사람들은 백로를 보면서 '기심을 잊고 서 있다'고 한다. 이는 물고기와 새우에 대한 백로의 탐욕을 알아차리지 못했기 때문이다. 따라서 이 작품에는 백로뿐 아니라 이런 백로를 보면서 청렴하다고 착각하는 사람들에 대한 비판도 함께 드러나고 있는 것이다.

B 22~24 ——— [2016년(9월)/고2교육청 33~35]

(가) 작자 미상, 〈만전춘별사〉
❶ 화자, 중심 대상 **❷** 상황, 정서, 태도 **❸** 표현상 특징 [시 해석]

❶ 차갑고 좋지 않은 잠자리 – 임과 화자의 사랑을 방해하는 냉혹한 현실: 대조적
ⓐ**얼음 위에 댓잎 자리 보아 님과 내가 얼어 죽을망정**
➡ 얼음 위에 대나무 잎 자리를 펴서 임과 내가 얼어 죽을망정

❷ 얼음 위에 댓잎 자리 보아 님과 내가 얼어 죽을망정
➡ 얼음 위에 대나무 잎 자리를 펴서 임과 내가 얼어 죽을망정
❶ 화자: 나, 중심 대상: 님
❷ 정서: 죽는 한이 있어도 임과 함께 하고 싶음.

❸ 표현상 특징: 동일 시구 반복
㉠**정 나눈 오늘 밤 더디 새오시라 더디 새오시라**
뜨거운 속성–임에 대한 뜨거운 연정
➡ 정(사랑)을 나눈 오늘 밤 더디(느리게) 새어라 더디(느리게) 새어라

＊❶~❸행 요약: 죽음보다 강렬한 사랑

❹ [ ]: 시조의 형식과 유사한 연
경경(耿耿) 고침상(孤枕上)＊에 어느 잠이 오리오
❷ 상황: 임과 이별해서 혼자 있음. **❸** 표현상 특징: 설의법
➡ 뒤척뒤척 외로운 침상(근심 가득한 외로운 잠자리)에서 어찌 잠이 오리오?

❺ 서창(西窓)을 열어보니 도화(桃花)가 발(發)하도다
❷ 중심 대상: 도화
➡ 서쪽 창문을 열어 보니 복숭아꽃이 피어나는구나.

ⓑ도화는 시름없어 소춘풍(笑春風)하노라* 소춘풍하노라
　이별한 화자와 대비되는 소재　❸ 표현상 특징: 동일 시구 반복
➡ 복숭아꽃은 걱정이 없어 봄바람에 웃는구나 봄바람에 웃는구나.

＊❹~❻행 요약: 떠난 임을 그리며 밤을 지새우는 애처로움

「 」: 고려 속요 〈정과정〉과 유사한 표현 방식
❼「넋이라도 임과 함께 지내고자 했는데
❷ 상황: 현실에서는 임과 함께 할 수 없음.
➡ 넋이라도 임과 함께 지내고자 했는데

❽넋이라도 임과 함께 지내고자 했는데
➡ 넋이라도 임과 함께 지내고자 했는데

우기던 사람 누구입니까 누구입니까」
　임을 가리킴.　❸ 표현상 특징: 의문형, 동일 시구 반복
➡ 우기던 사람 누구입니까 누구입니까?

＊❼~❾행 요약: 떠나간 임에 대한 원망

＊ 경경 고침상: 근심에 싸인 외로운 잠자리
＊ 소춘풍하노라: 봄바람에 웃는구나.

■ 갈래: 고려 가요　　■ 창작 시기: 미상
■ 내용: 이 작품은 전체적으로 많은 비유와 상징을 통해 임에 대한 변함없는 사랑을 드러내고 있다. 제목을 〈만전춘별사〉라고 한 이유는 조선 시대에 윤회가 지은 〈만전춘〉과 구별하기 위함이었다.
■ 주제: 변치 않는 사랑에 대한 소망

■ 이것이 핵심! 임을 향한 화자의 정서 변화

1연	→	2연	→	3연
임과의 사랑		임과의 이별 상황		임에 대한 원망

(나) 허난설헌, 〈규원가〉

❶ 화자, 중심 대상　❷ 상황, 정서, 태도　❸ 표현상 특징　시 해석

❶엊그제 젊었더니 벌써 어찌 다 늙거니
➡ 엊그제에는 젊었는데 어찌 벌써 이렇게 다 늙어버렸는가?

❷소년행락(少年行樂) 생각하니 말해도 속절없다
　어린 시절 즐겁게 지냄.
➡ 어릴 적 즐겁게 지내던 일을 생각하니 말을 해도 소용이 없구나.

❸늙어서야 서러운 말 하자 하니 목이 멘다
　앞으로 전개될 내용을 집약적으로 드러내 줌.
➡ 이렇게 늙은 뒤에 서러운 사연을 말하자니 목이 메는구나.

속절없다: 단념할 수밖에 달리 어찌할 도리가 없다.

＊❶~❸행 요약: 늙어버린 자신의 처지를 한탄함.

❹부생모육(父生母育) 고생하여 이내 몸 길러 낼 제
❶ 화자: 이내
➡ 부모님이 낳으시고 기르시며 몹시 고생하여 이 내 몸을 길러낼 때

❺공후배필(公侯配匹)*은 못 바라도 군자호구(君子好逑)* 원하더니
➡ 높은 벼슬아치의 아내가 되는 건 바라지 못하더라도 군자의 좋은 짝이 되기를 바라셨는데

❸ 표현상 특징: 대조법
❻삼생(三生)의 원업(怨業)이요 월하(月下)*의 연분(緣分)으로
　전생, 현생, 내생. 여기서는 전생을 말함.
➡ 전생에 지은 원망스러운 업보요, 월하 노인이 정한 부부의 인연으로

❼장안(長安) 유협(遊俠) 경박자(輕薄子)를 꿈같이 만나 있어
❸ 표현상 특징: 비유법–놀기 좋아하는 경박한 사람(남편의 사람됨에 대한 부정적 인식이 담김.)
➡ 장안의 호탕하면서도 경박한 사람을 꿈같이 만나서

❽당시에 마음 쓰기 ⓒ살얼음 디디는 듯
❸ 표현상 특징: 비유법–남편을 조심스럽게 섬겼음을 보여 줌.
➡ 당시 (남편과 생활하면서) 마음을 쓰는 것이 마치 살얼음 디디는 듯

부생모육: 부모가 낳고 기름.
원업: 과거 또는 전세(前世)에 뿌린 악(惡)의 씨
연분: 부부가 되는 인연

장안: 수도라는 뜻으로, '서울'을 이르는 말
유협: 호방하고 의협심이 있는 사람(=협객)
경박자: 경박한 사람

＊❹~❽행 요약: 남편을 만나 결혼했던 지난날을 회상함.

❾삼오이팔(三五二八) 겨우 지나 천연여질(天然麗質)* 절로 이니
➡ 열다섯, 열여섯 살을 겨우 지나서 타고난 아름다운 모습이 저절로 나타나니

❿이 얼굴 이 태도로 백년기약(百年期約) 하였더니
➡ 이 얼굴과 이 태도로 평생 동안 변함없기를 바랐더니

⓫연광(年光)이 훌쩍 지나 조물(造物)이 시샘하여
　세월
➡ 세월이 빨리 지나고 조물주마저 시샘이 많아서

⓬ⓒ봄바람 가을 물이 베올에 북 지나듯
❸ 표현상 특징: 비유법–세월이 빠르게 지나감을 여성 생활과 익숙한 소재에 비유함.
➡ 봄바람과 가을 물이(= 세월) 베의 올이 감기는 북이 지나가듯 빨리 지나가서

⓭설빈화안(雪鬢花顔)* 어디 가고 면목가증(面目可憎)* 되었구나
➡ 꽃같이 아름다운 얼굴은 어디 두고 보기도 싫은 모습이 되었구나.

❶ 중심 대상: 임
⓮내 얼굴 내 보거니 어느 임이 날 사랑할까
❸ 표현상 특징: 설의법 – 자신의 현재 모습에 대한 자괴감
➡ 내 얼굴을 내가 보아도 어느 임이 나를 사랑할 것인가?

시샘하다: 자기보다 잘되거나 나은 사람을 공연히 미워하고 싫어하다.

＊❾~⓮행 요약: 세월의 덧없음을 한탄함.

⓯스스로 참괴(慚愧)하니 누구를 원망하랴
➡ 스스로 부끄러우니 누구를 원망할 것인가?

⓰삼삼오오(三三五五) 야유원(冶遊園)*의 새 사람이 났단 말인가
　기생집. 임(남편)이 있을 것이라 여기는 공간　임과 화자 사이의 장애물
➡ 여러 사람이 떼를 지어 다니는 술집에 새 기생이 나타났단 말인가?

⓱「꽃 피고 날 저물 제 정처 없이 나가 있어
「 」: 행방을 알 수 없는 남편에 대한 원망
➡ 꽃 피고 날 저물 때 정처 없이 나가서

⓲백마금편(白馬金鞭)*으로 어디어디 머무는고
➡ 호사스러운 차림새로 어디에서 머물러 노는가?

⓳원근(遠近)을 모르거니 소식이야 더욱 알랴」
❸ 표현상 특징: 설의법
➡ 가까이 있는지 멀리 있는지 모르는데 (남편의 소식이야) 더욱 알 수 있으랴?

참괴하다: 매우 부끄러워하다.
정처 없다: 정한 곳 또는 일정한 장소가 없다.
원근: 멀고 가까움.

＊⓯~⓳행 요약: 임에 대한 원망과 답답함.

⓴인연(因緣)을 끊었어도 생각이야 없을쏘냐
➡ 인연을 끊었지만 생각이 안 나겠는가?

㉑얼굴을 못 보거든 그립기나 말면 좋으련만
❷ 정서: 남편을 그리워함.
➡ 얼굴을 못 본다면 그립기나 말았으면 좋으련만

㉒ⓒ열두 때 길기도 길구나 서른 날 지리하다
　화자의 외로운 처지를 보여 줌.
➡ (남편을 그리워하다 보니) 하루가 길기도 길구나 한 달이 지루하기만 하다.

㉓옥창(玉窓)에 심은 매화 몇 번이나 피었다 진고
❷ 상황: 남편이 돌아오지 않은 지 여러 해가 지났음.
➡ 규방 앞에 심은 매화는 몇 번이나 피고 졌는가?

㉔겨울밤 차고 찬 제 ⓓ자취눈 섞어 치고
　화자의 고독감을 심화시켜 줌.
➡ 겨울밤 차고 찬 때 진눈깨비 섞어 내리고

㉕여름날 길고 길 제 궂은 비는 무슨 일인고
➡ 여름날 길고 긴 때 궂은비는 무슨 일인가?

㉖ **아름다운 봄의 경치**
㉑삼춘화류(三春花柳) 호시절(好時節)의 경물(景物)이 시름없다
→ 봄날 온갖 꽃이 피고 버들잎이 돋아나는 좋은 시절에 아름다운 경치를 보
　아도 아무 생각이 없다.

❸ 표현상 특징: 감정 이입
㉗가을 달 방에 들고 ㉢실솔(蟋蟀)이 상(床)에 울 제
　　　　　　　귀뚜라미-감정 이입의 대상
→ 가을 달빛이 방 안을 비추어 들어오고 귀뚜라미가 침상에서 울 때

㉘긴 한숨 지는 눈물 속절없이 생각만 많다
❷ 정서: 임에 대한 그리움.
→ 긴 한숨으로 흐르는 눈물 헛되이 생각만 많다.

㉙아마도 모진 목숨 죽기도 어려울사
→ 아마도 모진 목숨이 죽기도 어려운가 보구나.

호시절: 좋은 때
경물: 계절에 따라 달라지는 경치
모질다: 참고 견디기 힘든 일을 능히 배기어 낼 만큼 억세다.

＊㉖～㉙행 요약: 임에 대한 그리움

* 공후배필: 높은 벼슬아치의 아내
* 군자호구: 군자의 좋은 배필
* 월하: 부부의 인연을 맺어 준다는 전설상의 노인
* 천연여질: 타고난 아름다운 모습
* 설빈화안: 고운 머릿결과 아름다운 얼굴
* 면목가증: 얼굴 생김새가 밉살스러움.
* 야유원: 술집
* 백마금편: 호화로운 차림

■ **갈래**: 규방 가사, 서정 가사　　■ **창작 시기**: 조선 중기
■ **내용**: 이 작품은 돌아오지 않는 남편에 대한 원망과 그리움을 솔직하게 표현
한 규방 가사이다. 봉건적 윤리와 가부장적 가치관이 강요되던 조선 시대, 남편
과 떨어져 홀로 지내는 여인의 괴로움과 한스러움이 잘 드러나 있다.
■ **주제**: 남편에게 버림받은 여인의 원한과 한탄

■ **이것이 핵심!**: 화자와 중심 대상의 대조

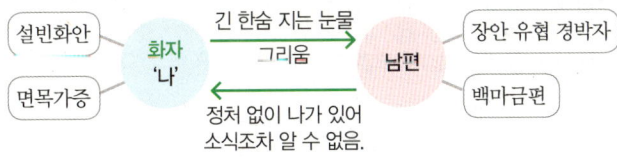

★ **독해 공식 정답**

(가)
❶ 화자: '나', 중심 대상: 임, 도화
❷ 상황: 사랑하는 임과 함께 하였다가 이별함.
정서, 태도: 죽음보다 강렬한 사랑을 느낌, 이별의 슬픔으로 잠이 오지 않음, 이별한 임
을 원망함.
❸ 표현상 특징
· 고려 가요의 특징인 후렴구가 나타나지 않음.
· 강렬한 사랑을 상징적, 감각적으로 표현하고 있음.

(나)
❶ 화자: '이내', 중심 대상: 자신의 삶, 임(남편)
❷ 상황: 젊은 시절을 떠올리다 행방을 알 수 없는 임을 생각함.
정서, 태도: ① 늙어버린 자신과 세월의 덧없음을 한탄함.
② 오지 않는 임을 원망하고 그리워함.
❸ 표현상 특징
· 대조법, 대구법, 감정 이입을 사용하고 있음.
· 한자어와 고사성어를 사용하여 정서를 효과적으로 표현하고 있음.

B 22 정답 ② ＊작품 비교하기 ················· [정답률 68%]

(가)와 (나)의 공통점으로 적절한 것은?

>왜 정답?
시의 상황을 드러내고
② **물음의 형식을 통해 지적 상황을 부각하고 있다.**
(가)와 (나) 모두 물음의 형식을 사용하여 임과 이별한 시적 상황을 부각함.
＊근거: (가) ❹, ❾, (나) ⑭, ⑮, ⑯, ⑲, ⑳
(가)는 '－리오', '－니까', (나)는 '－ㄹ까', '－랴', '－인가', '－ㄹ쏘냐' 등의 물음 형
식을 통해 임과 이별한 시적 상황을 부각하고 있다.

>왜 오답?
① ~~시적 공간을 이동하여 긴장감을 유발하고 있다.~~
(가)와 (나) 모두 시적 공간이 변화하지 않음.
(가)의 시적 공간은 잠자리이고, (나)의 시적 공간은 여인의 방이다. 그런데
이 공간이 변화하지 않고 있으므로 적절하지 않다.

③ ~~동일한 시구를 반복하여 화자의 심정을 강조하고 있다.~~
(가)만 반복이 사용됨.
＊근거: (가) ❶, ❷, ❼, ❽
(가)는 '얼음 위에 ～ 얼어 죽을망정', '넋이라도 ～ 했는데'의 시행을 반복하
고, '소춘풍(笑春風)하노라', '누구입니까'의 시구를 반복하며 화자의 정서를
강조하고 있다. 하지만 (나)에는 동일한 시구의 반복이 나타나지 않는다.

④ ~~대화체와 독백체를 교차하여 극적 효과를 높이고 있다.~~
(가)만 대화체와 독백체가 모두 사용됨.
(가)의 1, 2연은 독백체가, 3연은 청자에게 질문을 던지는 방식으로 대화체가
나오지만, (나)에는 독백체만 사용되었다.

⑤ ~~감정을 절제한 표현으로 화자의 단호한 의지를 표출하고~~
(가)와 (나) 모두 화자의 의지는 드러나지 않음.
~~있다.~~
(가)에서는 화자가 이별한 임에 대한 그리움을 드러내고 있을 뿐이고, (나)에
서도 화자가 이별한 상황과 자신의 모습에 대한 안타까움을 드러내고 있을
뿐이다.

절제하다: 정도에 넘지 아니하도록 알맞게 조절하여 제한하다.

B 23 정답 ④ ＊〈보기〉를 바탕으로 감상하기 ··· [정답률 74%]

**〈보기 1〉을 바탕으로 ㉠～㉣을 이해한다고 할 때, 〈보기 2〉에
서 적절한 것만을 있는 대로 고른 것은? [3점]**

· **〈보기 1〉**: 고전 시가의 화자는 임이 있고 없음에 따라 시간을 달리 인식합니
다. 임이 없는 시간은 길거나 의미가 없다고 느끼며, 임과 함께 있는 시간은
짧다고 느낍니다.
· **㉠～㉣**: 시간에 대한 화자의 인식이 드러나는 구절로, ㉠은 오늘 밤이 더디
게 가길 바라는 마음, ㉡은 세월이 빠르게 지나갔다는 인식, ㉢은 하루와 한
달이 길게 느껴지는 마음, ㉣은 봄의 경치를 보아도 감흥이 없는 상황이 드
러나고 있습니다.

즉 ㉠～㉣에 드러난 화자의 인식을 파악하고, 이를 통해 알 수 있는 화자
의 심리를 설명한 내용(〈보기 2〉)으로 적절한 것을 고르는 문제입니다.

┌─────────── [보기 1] ───────────┐
❶　고전시가에서 화자는 임이 곁에 있고 없음에 따라 객관적
인 시간을 다르게 인식한다. ❷임이 부재하는 시간은 상대적으
로 길다고 느끼거나 의미가 없다고 생각한다. ❸반면, 임과 함
께하는 시간은 상대적으로 짧게 느껴져서 그 시간을 지연하
고 싶어 한다. → 고전 시가에 드러나는 시간에 대한 인식을 설명함.

상대적: 서로 맞서거나 비교되는 관계에 있는
└─────────────────────────────┘

㉮ : ㉠은 임과 함께하는 '오늘 밤'이라는 시간을 지연하고 싶
임과 함께하는 오늘 밤이 더디 흐르길 바라므로 적절함.
은 심리를 담고 있다.

㉯ : ㉡에는 임과 함께하기 위해 시간이 '베올에 북 지나듯' 빨
젊은 시절이 빨리 지났다고 느끼는 것이므로 적절하지 않음.
리 흐르기를 바라고 있다.

㉰ : ㉢에서 화자는 임이 부재하는 시간인 '열두 때', '서른 날'
임이 부재한 시간을 길고 지루하게 느끼므로 적절함.
은 길고 지루하다고 느낀다.

㉱ : ㉣에서 화자는 임이 곁에 없는 상황이기에 꽃 피고 새잎 나
임이 부재한 시간을 의미 없다고 느끼므로 적절함.
는 '삼춘화류'의 계절임에도 아무런 감흥을 느끼지 못한다.

감흥 : 마음속 깊이 감동받아 일어나는 흥취

>왜 정답?

④ ㉮, ㉰, ㉱

*근거: (가) ❸, (나) ㉒, ㉖, 〈보기 1〉 ❷, ❸문장

㉮ ㉠에서 화자는 임과 함께하고 있다. 그래서 '오늘 밤'의 시간이 더디 흐르길 바라고 있다. 이는 〈보기 1〉에서 '임과 함께하는 시간은 상대적으로 짧게 느껴져서 그 시간을 지연하고 싶어' 하는 마음과 연결하여 해석할 수 있다.
㉰ ㉢에서 화자가 '열두 때', '서른 날'의 시간을 '길기도 길구나', '지루하다'라고 느끼고 있다. 이는 '임이 부재하는 시간'이기 때문에 그렇게 느낀 것이다.
㉱ ㉣에서 화자는 임이 부재하기 때문에, '삼춘화류 호시절'에도 아무런 감흥을 느끼지 못한다고 말하고 있다. 이는 〈보기 1〉에서 나와 있듯이 '임이 부재하는 시간'을 '의미가 없다'고 느끼기 때문이다.

>왜 오답?

㉯

*근거: (나) ⑫

㉡은 문맥적으로 과거 아름답고 젊었던 자신의 시절이 빨리 지났다고 느끼고 있는 것이다. 이를 '임과 함께하기 위해' 시간이 빠르게 흐르기를 원하는 것이라고 볼 수는 없다.

B 24 정답 ② ＊화자의 정서와 태도 파악하기 · [정답률 79%]

ⓐ~ⓔ에 대한 이해로 적절하지 않은 것은?

• ⓐ~ⓔ: 화자의 정서와 태도가 드러나는 시어로, ⓐ는 좋지 않은 잠자리, ⓑ는 복숭아꽃, ⓒ는 조심스러운 마음, ⓓ는 진눈깨비, ⓔ는 우는 귀뚜라미를 나타낸 표현입니다.

즉 ⓐ~ⓔ을 통해 알 수 있는 화자의 정서와 태도에 대한 설명 중 틀린 것을 고르는 문제입니다.

>왜 정답?

② ⓑ: ~~화자의 처지와 비슷하여 동질감을 불러일으키는~~ 대상
화자와 달리 아무 걱정 없이 / 봄바람에 웃고 있는 대상임.
이다.

*근거: (가) ❻

'도화'는 임의 부재로 시름을 느끼는 화자와 달리, 아무런 걱정 없이 봄바람에 웃고 있는 대상이다. 따라서 화자의 처지와 비슷한 것이 아니라, 대조적인 대상으로 화자의 시름을 심화시키는 대상이다.

>왜 오답?

① ⓐ: 극한 상황을 가정하여 화자의 사랑을 강조한 표현이다.
얼어 죽는다는 극한 상황을 가정하여, 임과 오래 함께하고 싶은 마음을 강조함.

*근거: (가) ❶

ⓐ는 '얼음 위에 댓잎 자리'에서 추워서 임과 내가 얼어 죽더라도, 임과 함께 하고 있어 좋다는 의미이다. 이는 임과 내가 얼어 죽는다는 극한 상황을 가정하여 임과 오래 함께하고 싶은 마음을 강조한 표현이다.

③ ⓒ: 화자의 조심스러웠던 마음을 비유적으로 나타내는 표현이다.
남편과 혼인하면서 조심스럽게 행동했음을 비유적으로 드러낸 것임.

*근거: (나) ❽

화자는 꿈같이 임을 만나 '살얼음 디디는 듯' 행동했다. 이는 남편과 혼인하면서 조심스럽게 행동하였음을 보여 주는 것이다.

④ ⓓ: 계절과 연결되어 화자의 쓸쓸한 심정을 드러내는 소재이다.
겨울밤의 배경을 드러내면서 고독한 화자의 모습과 심정을 드러냄.

*근거: (나) ㉔

ⓓ의 '자춰눈'에서 계절적 배경이 겨울임을 알 수 있다. 화자는 홀로 보내는 겨울밤, 여름날, 다시 가을날이 되는 시간을 감흥 없이 힘겨워하고 있다. 따라서 '자춰눈'은 홀로 고독한 화자의 모습과 그 심정을 드러내는 소재이다.

⑤ ⓔ: 화자의 슬픈 감정이 이입된 자연물이다.
화자의 감정을 이입하여 귀뚜라미가 운다고 표현함.

*근거: (나) ㉗

'실솔'이 가을 달밤에 '상'에서 울고 있다. 화자는 귀뚜라미(실솔)가 운다고 표현하여 가을밤 홀로 남아 임의 부재 상황을 힘들어하는 자신의 심리를 강조하고 있는 것이다.

B 25~27 [2019년(6월)/평가원 32~34]

(가) 작자 미상, 〈서경별곡〉

❶ 화자, 중심 대상 ❷ 상황, 정서, 태도 ❸ 표현상 특징 [고어 읽기] [시 해석]

❶ 서경(西京)이 아즐가 서경(西京)이 셔울히마르는
　　서경　　　　이 아즐가　서경이　　　셔울히마르는
➡ 서경이 서울이지만

❷ 위 두어렁셩 두어렁셩 다링디리
　　위 두어렁셩　두어렁셩　다링디리
　　❸ 표현상 특징: 여음구
➡ 위 두어렁셩 두어렁셩 다링디리

❸ 닷곤ᄃᆡ 아즐가 닷곤ᄃᆡ 쇼셩경 고외마른
　　닷곤ᄃᆡ 아즐가　닷곤ᄃᆡ　쇼셩경 고외마른
　　　　　　　　　　　　　작은 서울(서경)
➡ 새로 닦은 곳이 작은 서울(서경)을 사랑하지만

❹ 위 두어렁셩 두어렁셩 다링디리
　　위 두어렁셩　두어렁셩　다링디리
➡ 위 두어렁셩 두어렁셩 다링디리

❺ 여희ᄆᆞ론 아즐가 여희ᄆᆞ논 질삼뵈 ᄇᆞ리시고
　　여희ᄆᆞ론 아즐가 여희ᄆᆞ논　질삼뵈 ᄇᆞ리시고
　　❷ 상황: 임과 이별할 처지에 놓임. 화자가 중요하게 여기는 대상(생계의 수단)
➡ 이별하는 것보다는 길쌈 베 버리고

❻ 위 두어렁셩 두어렁셩 다링디리
　　위 두어렁셩　두어렁셩　다링디리
➡ 위 두어렁셩 두어렁셩 다링디리

❼ 괴시란ᄃᆡ 아즐가 괴시란ᄃᆡ 우러곰 좃니노이다
　　괴시란ᄃᆡ 아즐가 괴시란ᄃᆡ　우러곰 좃니노이다
　　❷ 태도: 이별을 적극적, 의지적으로 거부함.
➡ 사랑해 주신다면 울면서 좇겠습니다.

❽ 위 두어렁셩 두어렁셩 다링디리
　　위 두어렁셩　두어렁셩　다링디리　　　　　　　　〈제1연〉
➡ 위 두어렁셩 두어렁셩 다링디리

[서경: 고려 시대에, 사경(四京) 가운데 지금의 평양에 해당하는 행정 구역

＊〈제1연〉 요약: 이별을 거부함.

❶ 구스리 아즐가 구스리 바회예 디신ᄃᆞᆯ
　　구스리 아즐가　구스리　바회예 디신ᄃᆞᆯ
➡ 구슬이 바위에 떨어진들　　　　　　■: 대조

❷ 위 두어렁셩 두어렁셩 다링디리
위 두어렁셩 두어렁셩 다링디리
➡ 위 두어렁셩 두어렁셩 다링디리

❸ 표현상 특징: 상황을 가정하여 비유함.

긴히뚠 아즐가 긴힛뚠 그츠리잇가 나난
❸ 표현상 특징: 여음(운율을 맞추기 위한 조음. 의미 없음.)
❸ 긴히뚠 아즐가 긴힛뚠 그츠리잇가 나난
❸ 표현상 특징: 설의법
➡ 끈이야 끊어지겠습니까.

❹ 위 두어렁셩 두어렁셩 다링디리
위 두어렁셩 두어렁셩 다링디리
➡ 위 두어렁셩 두어렁셩 다링디리

[A] ❺ 즈믄 해를 아즐가 즈믄 해를 외오곰 녀신들
즈믄 히를 아즐가 즈믄 히를 외오곰 녀신들
상황을 가정함.
➡ 천 년을 외롭게 지낸들

❻ 위 두어렁셩 두어렁셩 다링디리
위 두어렁셩 두어렁셩 다링디리
➡ 위 두어렁셩 두어렁셩 다링디리

❼ 신 잇든 아즐가 신 잇든 그츠리잇가 나난
신(信)잇든 아즐가 신(信)잇든 그츠리잇가 나난
❸ 표현상 특징: 설의법 – 의지 강조
➡ 믿음이야 끊어지겠습니까.

❽ 위 두어렁셩 두어렁셩 다링디리
위 두어렁셩 두어렁셩 다링디리 〈제2연〉
➡ 위 두어렁셩 두어렁셩 다링디리

[즈믄: '천(千, 백의 열 배가 되는 수)'의 옛말

*〈제2연〉 요약: 변하지 않는 마음 강조

■ 갈래: 고려 가요   ■ 창작 시기: 미상

■ 내용: 〈청산별곡〉과 더불어 창작성과 문학성이 뛰어난 고려 속요이다. 〈정석가〉의 6연과 같은 내용으로, 고려 가요가 당대 민중에게 널리 전승되었음을 알려주는 문학적 의의를 가졌다.

■ 주제: 임과 함께하고자 하는 마음과 임에 대한 믿음

■ 이것이 핵심!: 화자와 중심 대상의 대조적인 정서 및 태도

화자   ⇄   임
떠나려고 함.
임과 함께하고자 함.
변함없는 믿음을 맹세함.

(나) 조위, 〈만분가〉

❶ 화자, 중심 대상 ❷ 상황, 정서, 태도 ❸ 표현상 특징 [고어 읽기] [시 해석]

이 몸이 녹아져도 옥황상제 처분이요
❶ 화자: 이 몸
이 몸이 녹아져도 옥황상제 처분이요
운명적 세계관
➡ 이 몸이 녹아져도 옥황상제 처분이요.

❷ 이 몸이 싀여져도 옥황상제 처분이라
이 몸이 싀여져도 옥황상제 처분이라
➡ 이 몸이 죽어져도 옥황상제 처분이라.

❸ 녹아지고 싀여지어 혼백 조차 흩어지고
녹아지고 싀여지어 혼백(魂魄)조차 흩어지고
➡ 녹아지고 죽어 혼백조차 흩어지고

❹ 공산 촉루 같이 임자 업시 구닐다가
공산(空山) 촉루(髑髏)*같이 임자 업시 구닐다가
❸ 표현상 특징: 직유법
➡ 텅 빈 산의 해골같이 임자 없이 굴러다니다가

❺ 곤륜산 제일봉의 만장송이 되어 이셔
곤륜산(崑崙山) 제일봉의 만장송(萬丈松)이 되어 이셔
❸ 표현상 특징: 직유법   화자가 되고자 하는 대상
➡ 곤륜산 제일 높은 봉우리의 제일 큰 소나무가 되어서

❻ 바람비 뿌린 소리 님의 귀에 들리기나
바람비 뿌린 소리 님의 귀에 들리기나
❷ 정서: 임에게 자신의 마음을 알리고 싶음.
➡ 바람비 뿌린 소리를 임의 귀에 들리게 하거나

❼ 윤회 만겁 하여 금강산 학이 되어
윤회(輪廻) 만겁(萬劫)ᄒ여 금강산(金剛山) 학(鶴)이 되어
➡ 윤회를 오랜 시간 하여 금강산 학이 되어

❽ 일만 이천봉에 마음껏 솟아올라
일만 이천봉에 ᄆ음껏 솟아올라
➡ 일만 이천봉에 마음껏 솟아올라

❾ 가을 달 발근 밤에 두어 소리 슬피 우러
ᄀ을 둘 불근 밤에 두어 소리 슬피 우러
❷ 정서: 임에게 자신의 마음을 알리고 싶음.
➡ 가을 달 밝은 밤에 두어 소리 슬피 울어

❿ 님의 귀에 들리기도 옥황상제 처분이로다
님의 귀에 들리기도 옥황상제 처분이로다
➡ 임의 귀에 들리게 함도 옥황상제 처분이겠구나.

⓫ 한이 뿌리 되고 눈물로 가지 삼아
ᄒ(恨)이 뿌리 되고 눈물로 가지 삼아
❷ 정서: 한이 깊음.
➡ 한이 뿌리 되고 눈물로 가지 삼아

⓬ 님의 집 창밧긔 외나모 매화 되어
님의 집 창밧긔 외나모 매화(梅花) 되어
➡ 임의 집 창밖에 외나무 매화 되어

⓭ 설중 에 혼자 피어 침변 에 시드는 듯
설중(雪中)에 혼자 피어 침변(枕邊)*에 시드는 듯
➡ 눈 속에 혼자 피어 베갯머리에 시드는 듯

⓮ 월중 소영 이 님의 옷에 빗취어든
월중(月中) 소영(疎影)*이 님의 옷에 빗취어든
임의 곁에 있고 싶은 소망
➡ 달빛에 언뜻언뜻 비치는 그림자가 임의 옷에 비치거든

⓯ 어엿븐 이 얼굴을 너로다 반기실가
어엿븐 이 얼굴을 너로다 반기실가
❸ 표현상 특징: 의문형
❷ 정서: 임이 자신을 반기지 않을까 하는 희망과 의구심을 가짐.
➡ 가련한 이 얼굴을 너로구나 반기실까.

⓰ 동풍이 유정 하여 암향을 불어 올려
동풍이 유정(有情)ᄒ여 암향(暗香)을 불어 올려
➡ 동풍이 정이 있어 그윽히 풍기는 매화 향기를 불어 올려

⓱ 고결 한 이내 생애 죽림에나 부치고져
고결(高潔)ᄒᆫ 이내 생애 죽림(竹林)에나 부치고져
❶ 화자: 이내
➡ 고결한 이내 생애 대나무 숲에나 부치고자

⓲ 빈 낙대 빗기 들고 빈 배를 혼자 띄워
빈 낙대 빗기 들고 빈 비를 혼자 띄워
무심(無心)   무심(無心)
➡ 빈 낚싯대 비스듬히 들고 빈 배를 혼자 띄워

⓳ 백구 건네 저어 건덕궁 에 가고지고
백구(白溝) 건네 저어 건덕궁(乾德宮)에 가고지고
중국의 강   임이 계시는 곳   임과의 재회 소망
➡ 백구(중국의 강) 건너 저어 건덕궁(천자의 궁궐)에 가고 싶구나.

처분: 일정한 대상을 어떻게 처리할 것인가에 대하여 지시하거나 결정함. 또는 그런 지시나 결정
혼백: 사람의 몸에 있으면서 몸을 거느리고 정신을 다스리는 비물질적인 것(=넋)
윤회: 수레바퀴가 끊임없이 구르는 것과 같이, 중생이 번뇌와 업에 의하여 삼계 육도(三界六道)의 생사 세계를 그치지 아니하고 돌고 도는 일
만겁: 지극히 오랜 시간   유정하다: 인정이나 동정심이 있다.
암향: 그윽이 풍기는 향기. 흔히 매화의 향기를 이른다.
죽림: 대나무로 이루어진 숲(=대숲)

*❶~⓳행 요약: 님에게 자신의 마음이 닿기를 바라는 화자의 바람

* 공산 촉루: 텅 빈 산의 해골   * 침변: 베갯머리
* 월중 소영: 달빛에 언뜻언뜻 비치는 그림자

■ 갈래: 양반 가사, 유배 가사   ■ 창작 시기: 조선 중기

■ 내용: 우리나라 최초의 유배 가사로, 조선 연산군 때의 학자 조위(曺偉)가 지은 가사이다. 1498년 사림파와 훈구파의 대립으로 인해 일어난 무오사화에서 죽음을 면한 후 전라남도 순천으로 유배되었을 때 지었다. 제목 그대로 '가득

찬 분노', 즉 아무에게도 알릴 수 없는 슬픔과 억울함을 선왕인 성종에게 하소
연하고 있다.

■ 주제: 임과의 이별에 대한 원통함과 재회에 대한 소망(유배 생활의 억울함과
연군의 정)

■ 이것이 핵심: 임을 향한 화자의 정서

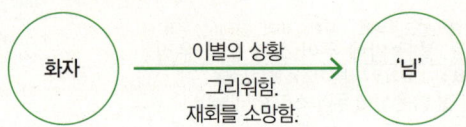

B 25 정답 ④ ＊작품 비교하기 ················ [정답률 70%]

(가)와 (나)에 대한 설명으로 가장 적절한 것은?

> 왜 정답 ?

④ (가)의 '좃니노이다'와 (나)의 '빗취어든'은 모두 임의 곁에
있고 싶은 화자의 소망을 드러내고 있다.
'좃니노이다'와 '빗취어든' 모두 화자의 소망을 드러내고 있음.

＊근거: (가) 〈제1연〉 ❼, (나) ⓮

(가)의 '좃니노이다'에는 임이 사랑해 준다면 울면서 따라가겠다는 마음,
(나)의 '빗취어든'에는 화자가 달빛 그림자가 되어 임의 옷에 비추고 싶다는
마음이 담겨 있으므로 둘 다 임의 곁에 있고 싶은 소망을 드러내고 있다.

> 왜 오답 ?

① (가)의 '셔울'과 (나)의 '건덕궁'은 모두 화자가 현재 머무르
고 있는 공간이다.
'셔울'만 화자가 머무르는 공간이고, '건덕궁'은 화자가 가고 싶은 공간임.

＊근거: (가) 〈제1연〉 ❶, ❸, (나) ⓳

(가)의 '셔울'은 화자가 현재 머무르고 있는 공간이지만, (나)의 '건덕궁'은 화
자가 가고 싶은 공간이자 임이 있는 공간이므로 현재 머무르고 있는 공간이
아니다.

② (가)의 '질삼뵈'와 (나)의 '빈 낙대'는 모두 화자가 현재 회
피하고 싶은 대상이다.
'질삼뵈'와 '빈 낙대' 모두 회피하고 싶은 대상이 아님.

＊근거: (가) 〈제1연〉 ❺, (나) ⓲

(가)의 '질삼뵈'는 길쌈(바느질)을 할 때 쓰는 베로, 생업과 관련된 도구이지만
화자는 이를 임을 위해 버리겠다고 말하고 있는 것이지, 회피하고 싶어서 버
리는 것이 아니다. 또한 (나)의 '빈 낙대'는 화자의 욕심 없는 마음을 나타내
는 대상이다. 따라서 둘 다 화자가 현재 회피하고 싶어 하는 대상은 아니다.

[회피하다: ① 꾀를 부려 마땅히 져야 할 책임을 지지 아니하다. ② 일하기를
꺼리어 선뜻 나서지 않다.

③ (가)의 '우러곰'과 (나)의 '슬피 우러'는 모두 임의 심정을
드러내고 있다.
'우러곰'과 '슬피 우러' 모두 임이 아니라 화자의 심정을 드러내고 있음.

＊근거: (가) 〈제1연〉 ❼, (나) ❾

(가)의 '우러곰'은 떠나는 임을 따라가려는 화자의 마음을, (나)의 '슬피 우러'
는 임에게 자신의 소리가 들리기를 바라는 화자의 마음을 담고 있다.

[심정: 마음속에 품고 있는 생각이나 감정

⑤ (가)의 '그츠리잇가'와 (나)의 '반기실가'는 모두 미래 상황
'그츠리잇가'는 믿음에 대한 의지와 확신을 드러내고, '반기실가'만 미래에 대한 의혹을 드러내고 있음.
에 대한 의혹을 드러내고 있다.

＊근거: (가) 〈제2연〉 ❼, (나) ⓯

(가)의 '그츠리잇가'는 믿음이 끊어지지는 않는다는 화자의 확신을 드러내고
있고, (나)의 '반기실가'에는 임이 자신을 반가워해 줄까라는 기대감 또는 의
구심이 담겨 있다. 따라서 (나)의 '반기실가'만 미래 상황에 대한 의혹을 드러
내고 있다.

[의혹: 의심하여 수상히 여김. 또는 그런 마음

B 26 정답 ⑤ ＊시어 및 구절의 의미 파악하기 - [정답률 80%]

(나)에 대한 감상으로 적절하지 않은 것은?

> 왜 정답 ?

⑤ 'ᄀᆞ을 둘 볼근 밤'과 '월중'이라는 시간적 배경을 통해 임과
재회한 순간을 드러내고 있다.
'ᄀᆞ을 둘 볼근 밤'과 '월중'은 모두 화자가 혼자 있는 시간임.

＊근거: (나) ❾, ⓮

'ᄀᆞ을 둘 볼근 밤'은 임과 이별하여 슬퍼하는 화자의 처지를 드러내는 배경
이고, '월중'은 달밤의 그림자가 되어 임의 옷에 비치기라도 하고 싶은 화자
의 심정을 드러내는 배경이다. 따라서 둘 다 임과 재회한 순간을 드러내고
있지 않다.

> 왜 오답 ?

① '임자 업시 구닐'던 '이 몸'이 '학'이 되어 솟아오르게 함으로
솟아오르는 듯한 이미지를 나타내고
써 상승의 이미지를 구현하고 있다.
'ᄆᆞᄋᆞᆷ것 솟아올라'

＊근거: (나) ❹, ❼, ❽

'임자 업시 구닐'던 화자는 윤회하여 학으로 다시 태어나 솟아오르고자 하는
소망을 이야기하고 있다. 이때 '학'이 '솟아'오르는 모습에서 상승 이미지가
나타난다.

[상승 이미지: 위로 오르는 듯한 느낌을 불러일으키는 이미지로, 주로 긍정적
이미지로 사용됨.
구현하다: 어떤 내용을 구체적인 사실로 나타나게 하다.

② '만장송'과 '매화'라는 소재를 활용하여 임을 향한 화자의
화자의 마음을 구체적으로 드러내고
마음을 표상하고 있다.
'만장송'과 '매화'는 모두 절개의 상징으로 임을 향한 마음을 드러냄.

＊근거: (나) ❺, ❻, ⓬, ⓭

'만장송'과 '매화'는 모두 화자가 임에게 닿기를 바라는 마음을 담고 있는 소
재이다. 이때 '만장송', 즉 소나무와 '매화'는 전통적으로 절개를 상징하는 소
재이며, 화자는 이를 통해 자신의 변하지 않는 마음을 표현하고 있다.

[표상하다: 추상적이거나 드러나지 아니한 것을 구체적인 형상으로 드러내어
나타내다.

③ '바람비 뿌린 소리'와 '두어 소리'의 청각적 이미지를 활용
하여 임에게 알리고 싶은 화자의 심정을 나타내고 있다.
'바람비 뿌린 소리'와 '두어 소리'는 임에게 들릴 수 있음.

＊근거: (나) ❻, ❾, ❿

화자는 '만장송'이 되어 '바람비 뿌린 소리'를, '학'이 되어 '두어 소리'를 임에
게 들리게 하고 싶어 한다. 즉, 둘 다 청각적 이미지를 활용하여 임에게 자신
의 마음을 알리고 싶은 화자의 심정을 나타내고 있다.

[청각적 이미지: 귀로 듣거나, 소리와 관련되어 나타나는 이미지를 말한다.
소리를 흉내 낸 음성 상징어(의성어)의 사용으로 나타나는 경우가 가장 대표
적이다.

④ '매화'의 '뿌리'와 '가지'를 활용하여 '혼'의 정서를 형상화하
혼이 뿌리 되고 눈물로 가지 삼아
고 있다.

＊근거: (나) ⓫, ⓬

화자는 '혼이 뿌리 되고 눈물로 가지 삼아' '매화'가 된다고 하였으므로 '매
화'의 '뿌리'와 '가지'를 활용하여 한의 정서를 형상화하고 있다고 할 수 있다.

[한의 정서: '한'이란 몹시 원망스럽고 억울하거나 슬퍼 응어리진 마음을 의미
하며, '한의 정서'는 한국 문학의 대표적인 특징으로 손꼽힌다. 고전 시가에
서 '한'은 사랑하는 임과 이별한 상황을 내세워 표현되는 경우가 가장 많다.
형상화하다: 형체로는 분명히 나타나 있지 않은 것을 어떤 방법이나 매체를
통하여 구체적이고 명확한 형상으로 나타내다.

B 27 정답 ② *작품 비교하기 ················ [정답률 70%]

〈보기〉를 참고할 때, (가)의 [A]와 〈보기〉의 [B]를 비교하여 이해한 내용으로 적절하지 않은 것은? [3점]

- 〈보기〉를 참고: 〈서경별곡〉과 〈정석가〉는 당시 유행하던 민요의 모티프를 수용하였습니다.
- (가)의 [A]: 〈서경별곡〉의 제2연으로, '구슬', '바위', '끈'을 소재로 '님'에 대한 변하지 않는 마음을 강조하고 있습니다.
- 〈보기〉의 [B]: 모티프가 된 민요를 한시로 적은 것으로, '구슬', '바위', '끈'을 소재로 '낭군'에 대한 변하지 않는 마음을 강조하고 있습니다.

즉 동일한 모티프를 수용한 [A]와 [B]를 비교한 내용으로 틀린 것을 고르는 문제입니다.

─────────────[보기]─────────────
❶ 〈서경별곡〉의 제2연에서 여음구를 제외한 부분은 당시 유행하던 민요의 모티프를 수용한 것으로, 〈정석가〉에도 동일한 모티프가 나타난다. ❷ 고려 시대의 문인 이제현도 당시에 유행하던 민요를 다음과 같이 한시로 옮긴 적이 있다.
동일한 모티프 사용

종 연 암 석 낙 주 기 縱然巖石落珠璣	비록 구슬이 바위에 떨어져도	
영 루 고 응 무 단 시 纓縷固應無斷時	끈은 진실로 끊어질 때 없으리.	[B]
여 랑 천 재 상 이 별 與郎千載相離別	낭군과 천년을 이별한다고 해도	
일 점 단 심 하 개 이 一點丹心何改移	한 점 붉은 마음이야 어찌 바뀌리오?	

모티프: '모티프'란 작품을 표현하는 동기가 된 작가의 중심 사상을 의미한다. 고전 문학은 구비되어 전해지던 특성으로 인해 기존에 존재하던 작품의 소재나 내용 구조, 특정 구절 등을 활용하여 재창작되는 경우가 많은데, 이런 작품들 사이에서 동일한 모티프가 많이 발견된다.
──────────────────────────────

왜 정답?

② [A]에서는 '신'을, [B]에서는 '붉은 마음'을 굳건한 '바위'로 형상화하였군.
'바위'는 마음을 흔들리게 하는 시련을 의미함.

*근거: [A] ❼, [B] 4행

[A]의 '신'과 [B]의 '붉은 마음'은 끊어지지 않고 바뀌지 않는 화자의 변하지 않는 마음을 의미하며, '바위'는 '구슬'이 떨어져 부딪히게 되는 것이므로 마음을 변하게 할 수 있는 시련을 상징한다.

왜 오답?

① [A]와 [B]에서 '구슬'은 변할 수 있는 것을, '긴'이나 '끈'은 변하지 않는 것을 비유하는 소재로 활용하였군.
'구슬'은 떨어져 변할 수 있지만 '끈'은 끊어지지 않음.

*근거: [A] ❶, ❸, [B] 1, 2행

[A]에서 '구슬'이 '바위'에 떨어져도 '긴'은 끊어지지 않는다고 했고, [B]에서도 '구슬'이 '바위'에 떨어져도 '끈'은 끊어질 때가 없다고 했다. 따라서 [A]와 [B] 모두에서 '구슬'은 변할 수 있는 것을, '긴'과 '끈'은 변하지 않는 것을 비유하고 있다.

③ [A]와 [B] 모두에서 변하지 않는 마음을 소중한 가치로 여기는 화자의 태도가 나타나는군.
믿음은 끊어지지 않고, 붉은 마음은 바뀌지 않음.

*근거: [A] ❺, ❼, [B] 3, 4행

[A]에서는 화자가 천년을 외롭게 지내도 믿음이 끊어지지 않는다고 했고, [B]에서는 낭군과 천 년을 이별한다고 해도 붉은 마음이 바뀌지 않는다고 했다. 따라서 [A]와 [B]에서는 모두 변하지 않는 마음을 소중한 가치로 여기고 있다고 할 수 있다.

④ [A]와 [B]를 보니 동일한 모티프가 서로 다른 형식의 작품으로 수용되었군.
[A]는 고려 가요, [B]는 한시에 해당함.

*근거: 〈보기〉 ❶, ❷문장

'구슬'과 '끈'을 통해 변하지 않는 마음을 드러내는 모티프가 [A]에서는 고려 가요로, [B]에서는 한시로 수용되었다.

⑤ [A]와 [B]를 보니 여음구의 사용 여부에 차이가 있군.
[A]만 여음구를 사용함.

*근거: [A] ❷, ❹, ❻, ❽

[A]는 '위 두어렁셩 두어렁셩 다링디리'와 같은 여음구가 사용되었지만, [B]에서는 여음구가 사용되지 않고 있다.

[여부: 그러함과 그러하지 아니함.

B 28~30 ───────── [2016년/수능(A) 40~42]

(가) 정인지 외, 〈용비어천가〉

❶ 화자, 중심 대상 ❷ 상황, 정서, 태도 ❸ 표현상 특징 [시 해석]

: 시련

❶ 뿌리 깊은 나무는 바람에 아니 뮐새 꽃 좋고 열매 많나니
❸ 표현상 특징: 비유법 – 튼튼한 기초를 가진 나라   문화가 번성함을 드러냄.
➜ 뿌리가 깊은 나무는 바람에도 흔들리지 아니하므로 꽃이 좋고 열매도 많으니

❷ 샘이 깊은 물은 가뭄에 아니 그칠새 내가 일어 바다에 가나니
❸ 표현상 특징: 비유법 – 깊은 유서를 가진 나라   왕조가 번성함을 드러냄.
➜ 샘이 깊은 물은 가뭄에도 그치지 않고 솟아나므로 시내가 되어서 바다에 이르니

[일다: 없던 현상이 생기다.

❸ 표현상 특징: 대구법, 순우리말 사용

〈제2장〉
*〈제2장〉 요약: 왕조의 무궁한 발전

❶ 천세(千世) 전에 미리 정하신 한강 북녘에 누인개국(累仁開國)
새 왕조의 터전   어진 덕을 쌓아 나라를 세움.
하시어 복년(卜年)*이 가없으시니
➜ 천 년 전에 (옛날에) 미리 정하신 한강 북쪽에 어진 일을 쌓아 나라를 여시어 왕조의 운명이 끝이 없으시니

❷ 하늘을 공경하고 백성을 위하여 부지런히 일함. – 화자가 강조하는 것
성신(聖神)*이 이으셔도 경천근민(敬天勤民)하셔야 더욱 굳으시리이다
❷ 태도: 왕에게 권계함.
➜ 훌륭한 임금님의 자손이 (대를) 이으셔도 하늘을 공경하고 백성을 위하여 힘쓰셔야 나라가 더욱 굳게 될 것입니다.

❸ [J: 관련 한자성어 – 타산지석
「임금하 아소서 낙수(洛水)에 사냥 가 있어 조상만 믿겠습니까*」
❶ 중심 대상: 임금   주체: 하나라 태강왕
➜ 임금이시여 아소서, (하나라의 태강왕처럼) 낙수에 사냥 가서 조상의 공덕만을 믿으시겠습니까?

❸ 표현상 특징: 2절 4구의 형식을 따르지 않고 3절로 구성되어 있음.

〈제125장〉
*〈제125장〉 요약: 후대 왕들에 대한 권계

* 복년: 하늘이 주신 왕조의 운수
* 성신: 훌륭한 임금의 자손
* 낙수에 ~ 믿겠습니까: 중국 하나라의 태강왕이 정사를 돌보지 않고 사냥을 갔다가 폐위당한 일을 가리킴.

■ 갈래: 악장, 송축가   ■ 창작 시기: 조선 초기
■ 내용: 이 작품은 조선 초기에 발생한 악장(樂章) 문학을 대표하는 작품으로, 조선의 건국 위업을 칭송한 노래이다. 모두 125장으로 이루어져 있으며, 조선 건국의 정당성 입증, 조선 왕조의 발전에 대한 기원, 건국 육조(六祖)의 위업에 대한 찬양, 후대 왕들에 대한 권계 등을 그 내용으로 하고 있다.
■ 주제: 조선 개국의 정당성과 왕조의 번영 송축 및 후대에 대한 권계

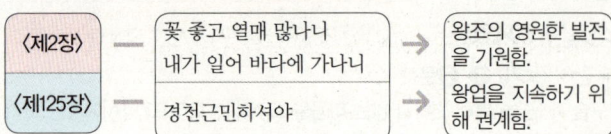

(나) 맹사성, 〈강호사시가〉

❶ 화자, 중심 대상 **❷** 상황, 정서, 태도 **❸** 표현상 특징 시 해석

❶ 강호(江湖)에 봄이 드니 미친 흥(興)이 절로 난다 ▪ 계절적 배경
❸ 표현상 특징: 대유법 – 자연을 가리킴. 자연을 즐기는 흥취
➡ 강호(자연)에 봄이 찾아오니 깊은 흥이 절로 일어난다

❷ 「탁료계변(濁醪溪邊)에 금린어(錦鱗魚)가 안주로다」
➡ 막걸리를 마시며 노는 시냇가에 쏘가리가 안주로다

❸ 이 몸이 한가(閑暇)하옴도 <u>역군은(亦君恩)</u>이샷다 〈제1수〉
   ❶ 중심 대상: 임금의 은혜
❶ 화자: 이 몸   유교적 충의 사상이 반영됨.
➡ 이 몸이 이렇듯 한가하게 노니는 것도 역시 임금님의 은덕이시구나

* 〈제1수〉 요약: 봄철의 흥겨운 강호 생활

❶ 강호에 여름이 드니 초당(草堂)에 일이 업다
➡ 강호에 여름이 찾아오니 초당에 있는 이 몸은 할 일이 없다

❷ <u>유신(有信)한 강파(江波)는 보내나니 바람이로다</u>
     자연과 어우러진 생활
➡ 신의가 있는 강 물결이 (내게) 보내는 것이 시원한 바람이구나

❸ 이 몸이 서늘하옴도 역군은이샷다 〈제2수〉
➡ 이 몸이 이렇듯 시원하게 지내는 것도 역시 임금님의 은덕이시구나

┌ 초당: 억새나 짚 따위로 지붕을 인 조그마한 집채. 흔히 집의 몸채에서 따로
│ 떨어진 곳에 지었다.
│ 유신하다: 신의가 있다.
└ 강파: 강에서 일어나는 물결

* 〈제2수〉 요약: 여름철의 한가한 강호 생활

❶ 강호에 가을이 드니 고기마다 살쪄 있다
   가을의 풍성함을 엿볼 수 있음.
➡ 강호에 가을이 찾아오니 물고기마다 살이 올라라 있다

<u>소정(小艇)에 그물 실어 흘리띄워 던져두고</u>
고기 잡는 것이 목적이 아닌, 자연과 혼연일체되어 즐기는 모습을 드러냄.
➡ 작은 배에 그물을 싣고 가서 물결을 따라 흐르게 던져 놓고

❸ 이 몸이 소일(消日)하옴도 역군은이샷다 〈제3수〉
➡ 이 몸이 이렇게 소일하며 지내는 것도 임금님의 은덕이시구나

┌ 소정: 작은 배
│ 흘리띄우다: 흐르는 물에 흘리어 띄우다.
└ 소일하다: 어떠한 것에 재미를 붙여 심심하지 아니하게 세월을 보내다.

* 〈제3수〉 요약: 가을철의 고기잡이와 여유로운 강호 생활

❶ 강호에 겨울이 드니 눈 깊이 한 자가 넘네
➡ 강호에 겨울이 찾아오니 쌓인 눈의 깊이가 한 자는 넘는다

❷ <u>삿갓 빗기 쓰고 누역으로 옷을 삼아</u>
     화자의 소박한 생활이 드러남. – 안분지족, 안빈낙도
➡ 삿갓을 비스듬히 쓰고 도롱이를 둘러 덧옷으로 삼으니

❸ 이 몸이 춥지 아니하옴도 역군은이샷다 〈제4수〉
➡ 이 몸이 이렇게 춥지 않게 지내는 것도 임금님의 은덕이시구나

┌ 누역: 누덕누덕 기운 헌 옷
└

* 〈제4수〉 요약: 눈 오는 겨울철의 강호 생활

■ 갈래: 평시조, 연시조   ■ 창작 시기: 조선 초기
■ 내용: 이 작품은 우리나라 최초의 연시조라는 국문학사적 의의를 갖는다. 작
가가 버슬을 그만두고 고향에 내려가 한가한 생활을 보내면서 지은 것으로 알

려져 있다. 사계절의 순서에 따라 전개되며, 안분지족하며 유유자적하게 사는
은사의 모습과 임금을 향한 충의의 정신을 간직한 유학자의 모습을 함께 드러
내고 있다.

■ 주제: 강호 한정과 임금에 대한 충의
■ 이것이 핵심!: 사계절의 풍경 묘사와 임금의 은혜에 대한 감사

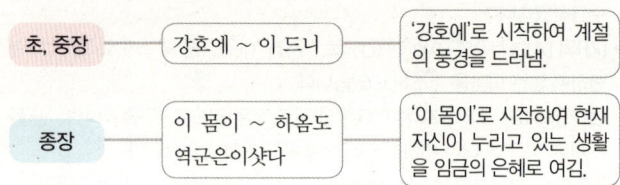

B **28** 정답 ⑤ ＊표현상의 특징 파악하기 … [정답률 87%]
(가)에 대한 설명으로 적절하지 <u>않은</u> 것은?

>**왜** 정답?

⑤ 〈제2장〉과 〈제125장〉은 모두 <mark>자연 현상과 인간의 삶을 대</mark>
                                      둘 다 관련 없음.
<mark>조</mark>적으로 보여 주고 있다.

＊근거: (가) 〈제2장〉, 〈제125장〉 **❸**
〈제2장〉은 표면적으로 자연 현상을 보여 주면서, 기초가 튼튼하면 어떤 시련
에도 흔들리지 않고 굳건할 것임을 비유적으로 이야기하고 있다. 〈제125장〉
에서는 왕이 정사를 돌보지 않고 조상 공덕만 바라서는 안 된다며, 올바른
통치를 할 것을 권계하고 있다. 따라서 둘 다 자연 현상과 인간의 삶을 대조
적으로 보여 주는 것은 아니다.

>**왜** 오답?

① 〈제2장〉에서는 <u>유사한 자연의 이치가 내포된 두 사례를</u>
                  '뿌리 깊은 나무'와 '샘이 깊은 물'
<u>나란히 배열하고 있다.</u>

＊근거: (가) 〈제2장〉
'뿌리 깊은 나무'와 '샘이 깊은 물'이라는 유사한 자연의 이치가 내포된 사례
를 나란히 배열하고 있다.

┌ 이치: 사물의 정당한 조리(條理). 또는 도리에 맞는 취지
└ 내포되다: 어떤 성질이나 뜻 따위가 속에 품어지다.

② 〈제125장〉에서는 <u>행에 따라 종결 어미를 달리하고 있다.</u>
                    '-니', '-다', '-습니까'로 달리짐.

＊근거: (가) 〈제125장〉
〈제125장〉의 종결 어미를 보면 1행은 '-니', 2행은 '-다', 마지막 3행은 '-습
니까'로 서로 다른 종결 어미를 사용하고 있음을 알 수 있다.

③ 〈제2장〉과 달리, 〈제125장〉은 <u>전언의 수신자를 명시하고</u>
                                '임금하'로 명시함.
<u>있다.</u>

＊근거: (가) 〈제125장〉 **❸**
〈제125장〉의 3행에서 '임금하'라고 말한다. 이 전언(말)의 수신자(청자)가 후대
의 임금들임을 알 수 있다. 반면 〈제2장〉에서는 수신자를 설정하고 있지 않다.

┌ 전언: 말을 전함. 또는 그 말
└ 명시하다: 분명하게 드러내 보이다.

④ 〈제125장〉과 달리, 〈제2장〉은 <u>한자어를 배제하고 순우리</u>
                                '뮐새', '내' 등 순우리말이 쓰임.
<u>말의 어감을 살리고 있다.</u>

＊근거: (가) 〈제2장〉, 〈제125장〉
〈제125장〉은 '천세', '누인개국', '복년' 등 많은 한자어를 사용하고 있지만,
〈제2장〉에서는 '뮐새', '내' 등 순우리말의 어감을 잘 살려서 표현하고 있다.

┌ 배제하다: 받아들이지 아니하고 물리쳐 제외하다.
└ 어감: 말소리나 말투의 차이에 따른 느낌과 맛

〈보기〉는 (나)의 글쓴이가 창작을 위해 세운 계획을 가상적으로 구성한 것이다. 〈제1수〉~〈제4수〉에 공통적으로 반영된 것만을 있는 대로 고른 것은?

• (나)의 글쓴이가 창작을 위해 세운 계획: 각 수의 초, 중, 종장의 내용과 형식에 대한 구성이 제시되어 있습니다.
• 〈제1수〉~〈제4수〉에 공통적으로 반영된 것: 〈제1수〉~〈제4수〉의 내용 또는 형식에서 공통된 부분이 있는지 확인해야 합니다.

즉 〈보기〉에 제시되어 있는 구성 중 〈제1수〉~〈제4수〉에 모두 적용되어 있는 항목을 고르는 문제입니다.

─────[보기]─────
ㄱ. 각 수 초장의 전반부에는 계절적 배경을 제시하며 시상의 단서를 드러내야겠군.
　　계절을 명시하고 이어서 계절에 관한 내용을 전개함.
ㄴ. 각 수 초장의 후반부에서는 내면적 감흥을 구체적 사물을 통해 표현해야겠군.
　　〈제1수〉는 해당되지 않음. 〈제2수〉의 초당, 〈제3수〉의 고기, 〈제4수〉의 눈
ㄷ. 각 수 중장에서는 주변의 자연 풍광을 묘사하여 내가 즐기고 있는 삶의 모습을 제시해야겠군.
　　〈제4수〉는 해당되지 않음.
ㄹ. 각 수 종장의 마지막 어절에는 동일한 시어를 배치하여 전체적 통일성을 확보해야겠군.
　　'역군은이샷다'를 배치함.
───────────────

＞왜 정답 ?
② ㄱ, ㄹ

ㄱ. ＊근거: (나) 〈제1수〉❶, 〈제2수〉❶, 〈제3수〉❶, 〈제4수〉❶
각 수 초장의 전반부에는 '강호에 ~ (계절)이 드니'라고 계절적 배경을 제시하고 있다. 그리고 이어서 각 계절에 관한 이야기를 하고 있으므로, 각 수의 초장에서 계절을 밝힌 것을 '시상의 단서'를 드러내고 있다고 말할 수 있다.

ㄹ. ＊근거: (나) 〈제1수〉❸, 〈제2수〉❸, 〈제3수〉❸, 〈제4수〉❸
각 수 종장의 마지막 어절은 '역군은이샷다'이다. 이렇게 동일한 시구를 각 수에 반복적으로 배치하면 작품에 통일성을 주게 된다. 여기서는 이를 통해 통일성뿐 아니라 임금님의 은혜에 감사하는 마음을 강조하기도 한다.

＞왜 오답 ?

ㄴ. ＊근거: (나) 〈제1수〉❶, 〈제2수〉❶, 〈제3수〉❶, 〈제4수〉❶
각 수의 초장의 후반부를 보면 〈제1수〉에서는 '흥이 절로 난다'라고 말하며 감흥을 직접적으로 드러내고 있다. 〈제2수〉에서는 '초당에 일이 업다'라고 말하며 자연에서의 한가로움을 아무 일이 없는 '초당'이라는 사물을 통해 드러냈다. 〈제3수〉에서는 '고기마다 살쪄 있다', 〈제4수〉에서는 '눈 깊이 한 자가 넘네' 등으로 '고기'나 '눈'과 같은 구체적 사물을 통해 풍요로운 가을, 눈이 많이 덮인 겨울 풍경을 즐기고 있음을 표현하고 있다. 따라서 〈제2수〉~〈제4수〉만 내면적 감흥을 구체적 사물을 통해 표현했다고 볼 수 있다.

ㄷ. ＊근거: (나) 〈제1수〉❷, 〈제2수〉❷, 〈제3수〉❷, 〈제4수〉❷
〈제1수〉에서는 시냇가에서 물고기를 안주 삼아 술을 마시는 여유로운 화자의 모습을 보여 줌으로써, 〈제2수〉에서는 강물의 파도가 시원한 바람을 보내주는 풍광을 이야기함으로써, 〈제3수〉에서는 작은 배에 그물을 실어 물에서 여유롭게 가을을 즐기는 모습을 보여 줌으로써 자연을 즐기는 화자의 모습을 드러내고 있다. 하지만 〈제4수〉에서는 '주변의 자연 풍광'을 묘사했다고 볼 수 없다.

〈보기〉를 바탕으로 (가)와 (나)를 감상한 것으로 적절하지 않은 것은? [3점]

• 〈보기〉를 바탕: (가)와 (나)는 사대부들에 의해 창작된 작품으로, (가)는 정치적 목적에 따라 신하들이 창작하였고, (나)는 정계를 떠난 선비가 창작하였습니다.
• (가)와 (나): (가)는 조선 건국에 대한 송축과 왕에 대한 권계를 노래하고, (나)는 임금에 대한 충심을 간직한 채 자연을 누리는 삶을 노래하고 있습니다.

즉 (가)와 (나)에 드러난 정치적 성격에 대한 설명으로 틀린 것을 고르는 문제입니다.

─────[보기]─────
❶〈용비어천가〉는 새 왕조에 대한 송축, 왕에 대한 권계 등 정치적 목적으로 왕명에 따라 신하들이 창작하여 궁중 의례에서 연행된 작품이고, 〈강호사시가〉는 정계를 떠난 선비가 강호에서 누리는 개인적 삶을 표현한 작품이다. ❷두 작품 모두 사대부들에 의해 창작되었다. ❸사대부들은 수신(修身)을 임무로 하는 사(士)와 관직 수행을 임무로 하는 대부(大夫), 즉 선비와 신하라는 두 가지 정체성을 지니고 있었다. ❹이로 인해 사대부들이 향유한 시가는 정치적인 성격을 띠기도 한다.
① 의 근거　② 의 근거　③, ⑤의 근거
- - - - - - - - - - - - - - - - -
송축: 경사를 기리고 축하함.
권계: 잘못함이 없도록 타일러 주의시킴.
왕명: 임금의 명령
정계: 정치에 관련된 일에 종사하는 조직체나 개인의 활동 분야
수신: 악을 물리치고 선을 북돋아서 마음과 행실을 바르게 닦아 수양함.
향유하다: 누리어 가지다.
───────────────

＞왜 정답 ?
④ (나)에서 '강파', '바람' 등의 자연물과 '소정', '그물' 등의 인공물의 대립은 '사'와 '대부'라는 정체성 사이에서 고뇌하는 모습을 드러내는군.
　'소정', '그물'은 자연을 즐기기 위한 수단으로, 자연과 대립하는 것이 아님.

＊근거: (나) 〈제2수〉❷, 〈제3수〉❷
(나)에서 '강파', '바람'은 자연물이고, '소정', '그물'은 인공물이다. 하지만 이 소재들이 대립하고 있지 않다. '소정', '그물'은 자연을 즐기기 위한 수단일 뿐이다. 그리고 '사'와 '대부'라는 정체성 사이에서 고뇌하는 모습은 보이지 않고 각 계절에 맞게 생활을 즐기는 일상의 모습이 드러날 뿐이다.

┌ 대립: 처지나 속성 등이 반대되거나 모순되는 것
└ 고뇌하다: 괴로워하고 번뇌하다.

＞왜 오답 ?
① (가)에서 '뿌리 깊은 나무'와 '샘이 깊은 물'은 기반이 굳건하고 기원이 유구하다는 뜻을 내세워 왕조를 송축하는 표현이겠군.
　둘 다 굳건하고 유구함을 의미하므로 적절함.

＊근거: (가) 〈제2장〉, 〈보기〉❶문장
(가)에 나오는 '뿌리 깊은 나무'와 '샘이 깊은 물'은 모두 기반이 굳건하고, 기원이 유구함을 의미하는 존재들이다. 〈보기〉를 참고할 때, 이는 새 왕조의 왕업이 영원무궁할 것임을 송축하고 있는 것이다.

┌ 기반: 기초가 되는 바탕. 또는 사물의 토대
└ 유구하다: 아득하게 오래다.

② (가)에서 '경천근민'의 덕목을 부각하여 왕에 대해 권계한 것은 '대부'로서의 정치적 의식을 드러낸 것이군.

왕의 역할을 권계한 것이므로 관직 수행의 임무와 관련됨.

*근거: (가) 〈제125장〉 ❷, 〈보기〉 ❸문장

'경천근민'은 후대 왕에 대한 권계를 나타낸 것이므로, 관직 수행을 임무로 하는 '대부'의 모습이 반영된 것이라 볼 수 있다.

[덕목: 충(忠), 효(孝), 인(仁), 의(義) 따위의 덕을 분류하는 명목]

③ (나)에서 '한가'하게 '소일'하는 개인적 삶도 임금의 은혜 덕분이라고 표현한 데서 정치적 성격을 엿볼 수 있군.

자연을 즐기면서도 '역군이샷다'라고 한 것이므로 정치적임.

*근거: (나) 〈제3수〉 ❸, 〈보기〉 ❹문장

(나)는 각 수의 마지막에 '역군은이샷다'라며 임금님의 은혜에 감사하고 있다. 따라서 정치적인 성격을 엿볼 수 있다고 할 수 있다.

⑤ (가)의 '한강 북녘'은 새 왕조의 터전이라는 정치적 의미를 지니고, (나)의 '강호'는 개인적, 정치적 의미를 모두 지니고 있겠군.

미리 정해졌던 곳이라고 했으므로 적절함.
개인 생활을 즐기면서 임금에게 감사하고 있으므로 적절함.

*근거: (가) 〈제125장〉 ❶, (나) 〈제1수〉 ❶, ❸, 〈보기〉 ❹문장

(가)의 '한강 북녘'은 나라를 세울 곳으로 정해져 있던 곳이므로 정치적 의미를 담고 있는 곳이다. 반면 (나)의 '강호'는 즐겁게 놀면서 임금님의 은혜에 감사하는 공간이므로 개인적, 정치적 의미를 모두 지닌 공간이다.

B 31~33 ——— [2016년(6월)/평가원(B) 31~33]

(가) 작자 미상, 〈어이 못 오던다〉

❶ 화자, 중심 대상 ❷ 상황, 정서, 태도 ❸ 표현상 특징 [고어 읽기] [시 해석]

어이 못 오던다 무슨 일로 못 오던다
　　　오지 않는 이유를 물음.

어이 못 오던다 무슨 일로 못 오던다
❷ 상황: 오지 않는 너를 기다림.

➡ 어이 못 오던가 무슨 일로 못 오던가

　　　*초장 요약: 무슨 일로 임이 오지 못하는지 한탄함.

너 오는 길에 무쇠로 성을 쌓고 성 안에 담 쌓고 담 안에란 집을 짓고 집 안에란 뒤주 놓고 뒤주 안에 궤를 놓고 궤 안에 너를 결박하여 놓고 쌍배목 외걸새에 용거북 자물쇠로 수기수기 잠갓더냐 네 어이 그리 아니 오던다

: 임을 오지 못하게 하는 장애물. 큰 것에서 작은 것 순으로 제시

너 오는 길 위에 무쇠로 성(城)을 쌓고 성 안에 담 쌓고 담 안에
❶ 중심 대상: 너

란 집을 짓고 집 안에란 뒤주* 놓고 뒤주 안에 궤를 놓고 궤 안에

너를 결박ᄒ여 놓고 쌍비목* 외걸새에 용거북 ᄌ물쇠로 수기수
　　　　　　　하나로 된 걸쇠. 걸쇠는 문을 걸어 잠그는 빗장으로 쓰는 쇠를 말함.　□: 연쇄법 사용

기 줌갓더냐 네 어이 그리 아니 오던다

➡ 너 오는 길에 무쇠 성을 쌓고 성 안에 담을 쌓고 담 안에 집을 짓고 집 안에 뒤주를 놓고 뒤주 안에 궤를 짜고 그 안에 너를 빠져나올 수 없게 단단히 묶어 놓고 쌍배목의 외걸쇠 금거북 자물쇠로 꼭꼭 잠갔더냐 너 어쩜 그렇게 오지 않느냐

　　　*중장 요약: 임이 오지 못하는 상황들을 가정하여 과장적으로 표현함.

한 달이 설흔 날이여니 날 보라 올 하루 업샤
❸ 화자: 나

ᄒᆫ 들이 셜흔 늘이여니 날 보라 올 하루 업스랴
❷ 정서: 자신을 보러 오지 않는 임을 원망함.

➡ 한 달이 서른 날인데 나를 찾아 올 하루가 없으랴

　　　*종장 요약: 자신을 찾아오지 않는 임에 대한 원망의 마음을 표출함.

* 뒤주: 쌀 따위의 곡식을 담아 두는 세간의 하나
* 쌍비목: 쌍으로 된 문고리를 거는 쇠

■ 갈래: 사설시조　　　■ 창작 시기: 미상
■ 내용: 이 작품은 오지 않는 사람에 대한 그리움을 원망조로 노래하고 있다. 보고 싶은 마음의 간절함이 해학과 과장을 통해서 잘 드러나고 있다.
■ 주제: 임을 기다리는 안타까운 마음
■ 이것이 핵심!: 연쇄적 시상 전개

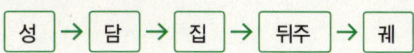

(나) 작자 미상, 〈청천에 떠서 울고 가는〉

❶ 화자, 중심 대상 ❷ 상황, 정서, 태도 ❸ 표현상 특징 [시 해석]

청천에 떠서 울고 가는 외기러기 날지 말고 내 말 들어
　　　　　　　　　　　　　　　　　　❶ 화자: 늬(나)

청천(靑天)에 떠서 울고 가는 외기러기 날지 말고 늬 말 들어
❷ 상황: 청자인 외기러기에게 말을 건네고 있음.

➡ 푸른 하늘에 떠서 울고 가는 외기러기야 날지만 말고 내 말 좀 들어다오

　　　*초장 요약: 청천에 떠 있는 외기러기에게 말을 건넴.

한양성 내에 잠간 들러 부디 내 말 잊지 말고 웨웨텨 불러 이르기를 월황혼 계워 갈 제 적막 공규에 던져진 듯 홀로 안져 님 그려 차마 못 살네라 하고 부디 한 말을 전하여 주렴

한양성 내에 잠간 들러 부듸 늬 말 잊지 말고 웨웨텨* 불러 이
　임이 계시는 공간

르기를 월황혼 계워 갈 제 적막 공규(空閨)에 던져진 듯 홀로 안져
❶ 중심 대상: 님(임)　임에게 전하고 싶은 말　　임과 이별한 데서 오는 외로움을 드러냄.

님 그려 ᄎᆞ마 못 살네라 ᄒ고 부듸 한 말을 전ᄒ여 쥬렴
❷ 정서: 살지 못할 정도로 임이 그리움.

➡ 한양성 내에 잠깐 들러, 부디 내 말을 잊지 말고 거듭 외쳐 불러 말하길, 달 뜬 황혼이 지나갈 때 적막한 빈 방에 던져진 듯 혼자 앉아 임을 그리워하매, 차마 (더는) 살지 못하겠노라 하고 부디 (내 이) 한마디 말이라도 전해 주렴

[적막: 고요하고 쓸쓸함.
　공규: 오랫동안 남편이 없이 아내 혼자서 사는 방]

　　　*중장 요약: 외기러기에게 자신의 마음을 임에게 전해 줄 것을 부탁함.

우리도 님 보러 밧비 가옵는 길이오매 전할동 말동 하여라

우리도 님 보러 밧비 ᄀᆞ옵는 길이오매 전ᄒᆞᆯ동 말동 ᄒᆞ여라
❸ 표현상 특징: 기러기를 의인화하여 대화 형식으로 시상이 전개됨.

➡ 우리도 임 보러 바삐 가는 길이라 전할지 말지 하노라

　　　*종장 요약: 화자의 부탁을 기러기가 거절함.

* 웨웨텨: 외쳐

■ 갈래: 사설시조　　　■ 창작 시기: 미상
■ 내용: 이 작품은 화자와 기러기와의 대화 형식을 통해 임을 그리워하는 화자의 마음을 효과적으로 드러내고 있다. 또한 화자와 기러기의 처지를 대비하여 임을 만날 수 없는 화자의 안타까움을 강조하고 있다.
■ 주제: 임을 그리워하는 마음
■ 이것이 핵심!: 대화를 통한 시상 전개

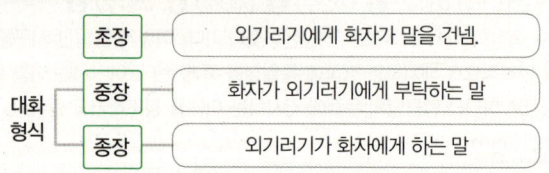

(다) 작자 미상, 〈정선 아리랑〉

❶ 화자, 중심 대상 ❷ 상황, 정서, 태도 ❸ 표현상 특징 [시 해석]

❶
아리랑 아리랑 아라리요
➡ 아리랑 아리랑 아라리요

❷
아리랑 고개 고개로 나를 넘겨 주게
　　　　　　　　❶ 화자: 나
➡ 아리랑 고개 고개로 나를 넘겨 주게

❶
아우라지 뱃사공아 배 좀 건너 주게
　　　　임을 만나고 싶은 소망이 투영된 말
➡ 아우라지 뱃사공아 배 좀 건너게 해 주게

❷
싸리골 올동백이 다 떨어진다
제철보다 일찍 꽃이 피는 동백
➡ 싸릿골 올동백이 다 떨어진다

[아우라지: 강원도 정선군에 있는 강 이름]

　　　*1~2연 요약: 뱃사공에게 아리랑 고개로 넘겨 달라고 부탁함.

❶
[A] ┌ 「민둥산 고비 고사리 다 늙었지마는
　　　「 」: 자연물과의 대비를 통해 임이 늙지 않기를 바라는 마음을 표현함.
　└ ➡ 민둥산에서 (자란) 고비와 고사리는 다 늙었지만

❷
└ 이 집에 정든 임 그대는 늙지 마셔요 ┘
❶ 중심 대상: 임
➡ 이 집에 정든 임 그대는 늙지 마셔요.

*3연 요약: 임이 늙지 않기를 기원함.

❶
┌ 서산에 지는 해는 지고 싶어 지나
『 』: 서산에 지는 해에 대응하여 임이 어쩔 수 없이 떠났음을 강조함.
[B] ➡ 서산에 지는 해는 지고 싶어서 지나
❷
└ 정 들이고 가시는 임은 가고 싶어 가나 ┘
➡ 정 들이고 떠나시는 임은 가고 싶어서 가나

*4연 요약: 떠나는 임의 마음을 추측함.

❶『 』: 시상 전개에 어울리지 않는 내용. 정선 아리랑이 삽입된 민요임을 알게 해 줌. – 문답 형식
┌ 성님 성님 사촌 성님 시집살이가 어떻던가
❸ 표현상 특징: 단어의 반복을 통한 리듬감 형성
[C] ➡ 형님 형님 사촌 형님 시집살이가 어떤가요
❷
└ 삼단 같은 요 내 머리 비사리춤* 다 되었네 ┘
➡ 삼단 같던 이 내 머리가 비사리춤(벗겨 놓은 싸리 껍질의 묶음) 다 되었네

*5연 요약: 시집살이의 고된 삶을 사촌 동생에게 이야기함.

❶『 』: 해, 달과 대비하여 오지 않는 임에 대한 그리움을 표출
┌ 오늘 갔다 내일 오는 건 해 달이지만
[D] ➡ 오늘 갔다가 내일 (다시) 오는 건 해와 달이지만
❷
└ 한 번 가신 우리 임은 그 언제 오나 ┘
❷ 정서: 오지 않는 임을 그리워함.
➡ 한 번 가신 우리 임은 언제나 오시려나

*6연 요약: 임이 오기를 기원함.

❶
┌ 당신이 날만침만* 생각을 한다면
[E] ➡ 당신이 내가 당신을 생각하는 만큼만 나를 생각한다면
❷
└ 가시밭길 천 리라도 신발 벗고 오리라 ┘
❷ 정서: 오지 않는 임을 원망함.
➡ 가시밭길 천 리라도 신발 벗고 오리라.

*7연 요약: 임이 자신을 찾아오지 않는 것에 대한 불만을 표현함.

* 비사리춤: 벗겨 놓은 싸리 껍질의 묶음
* 날만침만: 나만큼만

■ 갈래: 민요   ■ 창작 시기: 미상
■ 내용: 이 작품은 비기능요(非機能謠)적인 면과 기능요(노동요)적인 면을 둘 다 가지고 있다.
■ 주제: 임에 대한 그리움, 고된 시집살이에 대한 어려움

■ 이것이 핵심!: 서로 다른 주제의 혼합

① 임에 대한 그리움	② 고된 시집살이	③ 임에 대한 원망
• 아우라지 뱃사공아 배 좀 건너 주게 • 한 번 가신 우리 임은 그 언제 오나	• 삼단 같은 요 내 머리 비사리춤 다 되었네	• 당신이 날만침만 생각을 한다면 • 가시밭길 천 리라도 신발 벗고 오리라

→ 입에서 입으로 전파·수용되는 과정에서 내용이 첨가되거나 변형됨.

Ⓑ 31 정답 ③ *작품 비교하기 ················ [정답률 88%]

(가), (나)에 대한 설명으로 가장 적절한 것은?

> 왜 정답?

③ (나)에서는 의인화된 자연물을 통해 자신의 처지를 임에게
외기러기에게 대화하는 형식으로 자신의 말을 임에게 전하고 싶은 마음을 표현함.
알리고자 하는 화자의 마음을 드러내고 있다.

*근거: (나) ❶

(나)에서 화자는 외기러기에게 자신의 소식을 임에게 전해 달라고 말한다. 자연물인 외기러기를 의인화하여 대화 형식을 빌려 화자의 마음을 드러낸 것이다.

> 왜 오답?

① (가)에서는 임이 장애물을 극복하고 화자를 찾아오기에는
오지 않는 임의 상황을 가정한 것이지 실제 장애물이 아님.
하루라는 시간이 짧음에 대한 안타까움을 드러내고 있다.
한 달 중 하루도 시간이 없냐고 상대를 원망하는 것이지, 하루가 짧다는 의미가 아님.

*근거: (가) ❸

(가)의 종장에서 화자는 한 달이 삼십일이나 되는데, 하루도 나를 보러 오지 않느냐며 임을 원망하고 있다. 임이 화자를 보러 오기에 하루가 짧다는 의미가 아니다.

② (가)에서는 화자가 처한 상황의 책임을 화자 자신에게 돌
자책하는 것이 아니라 상대를 원망함.
리며 자책하는 마음을 드러내고 있다.

*근거: (가) ❸

(가)에서 화자는 오지 않는 임을 탓하며 원망하고 있다.

[자책하다: 자신의 결함이나 잘못에 대하여 스스로 깊이 뉘우치고 자신을 책망하다.

④ (나)에서는 화자가 제삼자와 더불어 임과의 추억을 회상하
제삼자 외기러기에게 그리움을 전해 달라고 한 것뿐임.
며 임을 기다리는 마음을 드러내고 있다.

*근거: (나) ❷

(나)에서 나타난 제삼자는 외기러기이다. 화자가 외기러기에게 임에 대한 그리움을 전해 달라고 한 것이지, 외기러기와 함께 임과의 추억을 회상한 것이 아니다.

[회상하다: 지난 일을 돌이켜 생각하다.

⑤ (가), (나) 모두에서는 임이 거주하는 공간의 특징을 묘사
(가)의 공간은 실제가 아닌 가정한 공간이고, (나)에는 묘사가 드러나지 않음.
하여 화자의 고독감을 강조하여 드러내고 있다.

*근거: (가) ❷, (나) ❷

(가)에서 제시한 공간은 임이 실제로 있는 공간이 아니라, 자신을 한 번도 보러 오지 않는 임에 대한 원망을 드러내기 위해 화자가 가정한 공간이다. 또한 (나)에서 임이 계신 곳은 한양성이다. 한양성에 대한 특징은 묘사되어 있지 않다.

[고독감: 고독을 느끼는 마음

Ⓑ 32 정답 ④ *시어 및 구절의 의미 파악하기 [정답률 89%]

[A]~[E]에 대한 감상으로 적절하지 않은 것은?

• [A]~[E]: 화자의 상황과 정서가 드러나는 구절로, [A]는 임이 늙지 않기를 바라는 마음, [B]는 어쩔 수 없이 떠난 임의 상황, [C]는 시집살이의 고됨, [D]는 임에 대한 그리움, [E]는 오지 않는 임에 대한 원망을 노래하고 있습니다.

쯤 [A]~[E]에서 드러난 '임'과 '시집살이'와 관련된 화자의 상황과 정서를 잘못 파악한 것을 고르는 문제입니다.

> 왜 정답?

④ [D]: 임이 떠나간 것은 자연의 순환적 질서에 따른 것이므
임에 대한 그리움을 표현하기 위한 것이지, 임이 돌아오지 않는 것을 받아들인 것은 아님.
로 돌아오지 않는 것도 그 질서에 따른 것으로 받아들이고 있어.

*근거: (다) 6연

임에 대한 그리움을 표현하기 위한 것이지, 임이 돌아오지 않는 것을 받아들인 것은 아니다. [D]에서 자연물인 해와 달을 언급한 것은 다시 돌아오지 않는 임에 대한 그리움을 표현하기 위한 것이지, 자연의 순환적 질서와 임의 떠남을 연결해서 받아들인 것이 아니다. 오히려 자연물과 대비하여 오지 않은 임을 원망하고 있다.

[순환적: 어떤 현상이나 일련의 변화 과정이 주기적으로 반복되거나 되풀이하여 도는

① **[A]: 임이 자연의 섭리에 영향을 받지 않기를 기원하는 말로 임에 대한 애정을 나타내고 있어.**
<small>자연의 섭리대로면 임이 늙어야 하지만, 임은 늙지 않기를 기원함.</small>

＊**근거:** (다) 3연

[A]에서 화자는 민둥산 고비 고사리는 늙었지만 임은 늙지 않았으면 좋겠다고 말한다. 사람이 늙는 것은 자연의 섭리지만, 사랑하는 임만큼은 그 영향을 받지 않기를 기원하는 것이다.

[**섭리:** 자연계를 지배하고 있는 원리와 법칙

② **[B]: 임이 떠나가는 것을 자연현상에 빗대어 임을 이해하려는 마음을 드러내고 있어.**
<small>자연 현상처럼 떠나는 것도 어쩔 수 없는 것으로 이해하려 함.</small>

＊**근거:** (다) 4연

서산에 지는 해는 자연 현상이므로 질 수밖에 없다. [B]에서 화자는 이러한 자연 현상에 빗대어 임이 가고 싶지는 않지만 어쩔 수 없이 갔을 것이라고 이해하고 있다.

③ **[C]: 묻고 답하는 방식을 빌려 여성의 고단한 삶을 표현하고 있어.**
<small>사촌 간의 대화로 시집살이의 고단함에 대해 드러내고 있음.</small>

＊**근거:** (다) 5연

[C]에서 사촌 동생이 시집살이에 대해 물어 보자, 사촌 형님은 자신의 머리가 싸리 껍질의 묶음처럼 될 정도로 고되다고 말하고 있다.

⑤ **[E]: 기대만큼 자신을 충분히 사랑해 주지 않는 임에 대한 서운함을 표현하고 있어.**
<small>오지 않는 임에 대한 서운함을 표현함.</small>

＊**근거:** (다) 7연

[E]에서 화자는 내가 임을 생각하는 것만큼만 임이 나를 생각했다면, 험하고 먼 길이라도 왔을 것이라고 이야기한다. 하지만 임은 그만큼 화자를 사랑하지 않는지 오지 않아 화자는 임에 대해 서운함을 표현하고 있다.

B 33 정답 ② ＊작품 비교하기 ·················· [정답률 86%]

(가)~(다)를 이해한 내용으로 적절하지 않은 것은? [3점]

② **(나)의 '한양성 내에 잠간 들러', '적막 공규에 던져진 듯 홀로 안져'에서 시간의 순차적 흐름에 따라 시상이 전개된 것을 알 수 있다.**
<small>시간의 순서에 따라 ／ 시의 내용이 이어지는</small>
<small>'한양성'은 임이 있는 곳이고, '적막 공규'는 화자의 상황과 관계된 것이므로 시간의 흐름과 관계없음.</small>

＊**근거:** (나) ❷

(나)의 화자는 외기러기에게 '한양성'에 들러 임에게 자신의 마음을 전해 달라 하고 있고, '적막 공규에 던져진 듯 홀로 안져'는 임을 그리워하며 홀로 있는 화자의 상황이다. 따라서 시간의 흐름에 따라 시상을 전개한 것이 아니며 '한양성'은 임이 있는 곳, '적막 공규'는 화자의 상황을 나타낸다.

[**순차적:** 순서를 따라 차례대로 하는

① **(가)에서는 '무쇠로 성을 쌓고 성 안에 담 쌓고' 등에서 구절들이 연쇄적으로 이어진 것을 알 수 있다.**
<small>'성'에서 '성'으로 이어지고 있으므로 적절함.</small>

＊**근거:** (가) ❷

(가)에서 무쇠 → 성(무쇠로 성을 쌓고), 성 → 담(성 안에 담 쌓고)으로 이어지는 구절을 보면, 시어가 연결되어 있음을 알 수 있다.

[**연쇄적:** 서로 연결되어 관련이 있는

③ **(가)의 '집', '뒤주', '궤' 등과 (다)의 '고비', '고사리' 등을 보면 생활에 밀접한 사물을 이용하여 시적 상황을 표현한 것을 알 수 있다.**
<small>모두 생활에 사용되는 사물이므로 적절함.</small>

＊**근거:** (가) ❷, (다) 3연 － ❶

(가)에서는 집 안의 뒤주나 궤 등의 세간이 시어로 쓰였다. (다)에서도 고비, 고사리 등 식재료로 사용되는 소재가 시어로 등장하고 있다. 따라서 둘 다 생활에 밀접한 사물을 통해 시적 상황을 표현하고 있다고 할 수 있다.

④ **(가)의 '어이 못 오던다 무슨 일로 못 오던다'와 (다)의 '성님 성님 사촌 성님'을 보면 단어와 구절을 반복하여 리듬감을 형성하고 있음을 알 수 있다.**
<small>둘 다 단어와 구절이 반복되고 있고, 시에서 반복은 리듬감을 형성하므로 적절함.</small>

＊**근거:** (가) ❶, (다) 5연 － ❶

(가)와 (다)처럼 시어, 시구, 시행을 반복하면 리듬감이 형성된다.

⑤ **(나)의 '전ᄒ여 쥬렴'과 (다)의 '건너 주게'를 보면 작품 내에 청자를 설정하여 말을 건네는 형식이 활용된 것을 알 수 있다.**
<small>(나)는 외기러기에게, (다)는 뱃사공에게 말을 건네고 있음.</small>

＊**근거:** (나) ❷, (다) 2연 － ❶

(나)에서 '전ᄒ여 쥬렴'은 화자가 외기러기에게 자신의 마음을 임에게 전해 달라고 부탁하면서 한 말이다. 그리고 (다)에서는 화자가 뱃사공에게 아리랑 고개를 넘게 해 달라고 말하고 있다.

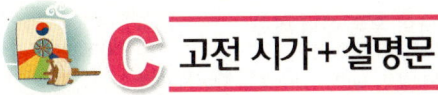

C 고전 시가 + 설명문

C 01~04 — [2017년(6월)/고2교육청 26~29]

(가) 〈시조 문학에 대한 이해〉

⊖ 글 전체 핵심어 ◯ 각 문단 핵심어 🟨 글 전체 중심 문장 ★ 각 문단 중심 문장

1 조선시대 시조 문학의 주된 향유 계층은 사대부들이었다. 그들은 '사(士)'로서 심성을 수양하고 '대부(大夫)'로서 관직에 나아가 정치 현실에 참여하는 것을 이상으로 여겼다. 세속적 현실 속에서 나라와 백성을 위한 이념을 추구하면서 동시에 심성을 닦을 수 있는 자연을 동경했던 것이다. 이러한 의식의 양면성에 기반을 두고 시조 문학은 크게 **강호가류(江湖歌類)**와 **오륜가류(五倫歌類)**의 두 가지 경향으로 발전하게 되었다.

┌ **향유**: 누리어 가짐.
│ **수양하다**: 몸과 마음을 갈고닦아 품성이나 지식, 도덕 따위를 높은 경지로 끌어올리다.
│ **이념**: 이상적인 것으로 여겨지는 생각이나 견해
│ **추구하다**: 목적을 이룰 때까지 뒤좇아 구하다.
│ **동경하다**: 어떤 것을 간절히 그리워하여 그것만을 생각하다.
└ **경향**: 현상이나 사상, 행동 따위가 어떤 방향으로 기울어짐.

★1문단 요약: 조선 시대 시조 문학의 두 가지 경향

2 **강호가류**는 자연 속에서 한가롭게 지내는 삶을 노래한 것으로 시조 가운데 작품 수가 가장 많다. 강호가류가 크게 성행한 시기는 사화와 당쟁이 끊이질 않았던 16~17세기였다. 세상이 어지러워지자 정치적 이상을 실천하기 어려웠던 사대부들은 정치 현실을 떠나 자연으로 회귀하였다. 이때 사대부들이 지향했던 자연은 세속적 이익과 동떨어진 검소하고 청[A]빈한 삶의 공간이자 안빈낙도(安貧樂道)의 공간이었다. 그 속에서 사대부들은 강호가류를 통해 자연과 인간의 이상적 조화를 추구하며 자신의 심성을 닦는 수기(修己)에 힘썼다.

┌ **성행하다**: 매우 성하게 유행하다.
│ **사화**: 조선 시대에, 조신(朝臣) 및 선비들이 정치적 반대파에게 몰려 참혹한 화를 입던 일.
│ **당쟁**: 당파를 이루어 서로 싸우던 일.
│ **회귀하다**: 한 바퀴 돌아 제자리로 돌아오거나 돌아가다.
│ **지향하다**: 어떤 목표로 뜻이 쏠리어 향하다.
│ **안빈낙도**: 가난한 생활을 하면서도 편안한 마음으로 도를 즐겨 지킴.
└ **수기**: 자신의 몸과 마음을 닦음.

★2문단 요약: 강호가류의 개념과 내용

3 한편, **오륜가류**는 백성들에게 유교적 덕목인 오륜을 실생활 속에서 실천할 것을 권장하려는 목적으로 창작한 시조이다. 사대부들이 관직에 나아가면 남을 다스리는 치인(治人)을 [B]위해 최선을 다했고, 그 방편으로 오륜가류를 즐겨 지었던 것이다. 오륜가류는 쉬운 일상어를 활용하여 백성들이 일상생활에서 마땅히 행하거나 행하지 말아야 할 것들을 명령이나 청유 등의 어조로 노래하였다. 이처럼 오륜가류는 유교적 덕목

인 인륜을 실천함으로써 인간과 인간이 이상적 조화를 이루고 이를 통해 천하가 평화로운 상태까지 나아가는 것을 주요 내용으로 하였다.

┌ **권장하다**: 권하여 장려하다.
└ **인륜**: 군신·부자·형제·부부 따위에서 지켜야 할 도리

★3문단 요약: 오륜가류의 개념과 내용

4 이처럼 사대부들의 시조는 심성 수양과 백성의 교화라는 두 가지 주제로 나타난다. 이는 사대부들이 **재도지기(載道之器)**, 즉 문학을 도(道)를 싣는 수단으로 보는 효용론적 문학관에 바탕을 두었기 때문이다. 이때 도(道)란 수기의 도와 치인의 도라는 두 가지 의미를 지니는데, 강호가류의 시조는 수기의 도를, 오륜가류의 시조는 치인의 도를 표현한 것이라 할 수 있다.

★4문단 요약: 수기와 치인의 도를 표현했던 사대부들의 시조

■ **내용**: 이 글은 조선 시대 시조 문학의 주된 향유 계층인 사대부들의 특징을 바탕으로, 시조 문학의 두 가지 경향에 대해 설명하고 있다.
■ **주제**: 시조 문학의 두 가지 경향과 그에 담긴 사대부들의 도

(나) 윤선도, 〈만흥〉

❶ 화자, 중심 대상 ❷ 상황, 정서, 태도 ❸ 표현상 특징 [시 해석]

❶ 산수간(山水間) 바위 아래 **띠집**을 짓노라 하니   ▨↔▨ : 대조적 시어
화자의 삶의 공간
➡ 산수 간 바위 아래에 초가집을 지으려 하니

❷ 그 모른 **남들**은 웃는다 한다마는
화자를 비웃는 속세의 사람
➡ 그 뜻을 모르는 남들은 비웃는다지만

❸ 어리고 하암*의 뜻에는 내 분(分)인가 하노라   〈제1수〉
화자 자신   화자: 나
➡ 어리석고 시골에 사는 세상 물정 모르는 내 생각에는 (이것이) 내 분수인가 하노라.

★〈제1수〉 요약: 자연 속 초가집을 자신의 분으로 여김.

❶ **보리밥 풋나물**을 알맞게 먹은 후에
소박한 음식 – 검소함.
➡ 보리밥과 풋나물을 알맞게 먹은 후에

❷ 바위 끝 물가에 슬카지 노니노라
➡ 바위 끝 물가에서 실컷 노니노라.

❸ 그 남은 여남은 일이야 부럴* 줄이 있으랴   〈제2수〉   ❸ 표현상 특징: 설의법
세속에서의 일   ❷ 태도: 안빈낙도
➡ 그 나머지 다른 일이야 부러워할 것이 있으랴?

★〈제2수〉 요약: 검소하며 안빈낙도하는 삶

▨ : 세속에서의 삶, 권세

❶ 누고셔 **삼공(三公)***도곤 낫다 하더니 **만승(萬乘)***이 이만하랴   ❸ 표현상 특징: 설의법
➡ 누가 (자연이) 삼정승(벼슬)보다 낫다 하더니 천자가 이만하겠는가?

❷ 이제로 헤어든 소부 허유(巢父許由)*가 약돗더라*   ❸ 표현상 특징: 고사를 활용해 바람직한 삶의 자세를 드러냄.
➡ 이제 생각해 보니 소부와 허유가 똑똑하도다.

❸ 아마도 **임천한흥(林泉閑興)**을 비길 곳이 없어라   〈제4수〉
❷ 정서: 자연 속에 사는 삶에 대한 만족감
➡ 아마도 자연 속에서 느끼는 한가한 흥취는 비교할 데가 없으리라.

★〈제4수〉 요약: 자연 속 삶에 대한 만족감

❶ **강산**이 좋다 한들 내 분(分)으로 누었느냐
➡ 강산이 좋다고 해도 나의 분수로 (어떻게 이렇게 편안히) 누워 있겠는가?

❷ 임금 은혜를 이제 더욱 아노이다
자연 속에 은거하면서도 임금에 대한 충을 잊지 않음.
➡ (이 모두가) 임금의 은혜인 것을 이제 더욱 알겠다.

아무리 갚고자 하여도 하올 일이 없어라 　　　　〈제6수〉
→ (하지만) 아무리 갚고자 해도 내가 할 수 있는 일이 없구나.

　　　　　　　　* 〈제6수〉 요약: 임금의 은혜를 잊지 않음.

* 햐야: 시골에 사는 견문이 좁고 어리석은 사람
* 부럴: 부러워할
* 삼공: 삼정승
* 만승: 천자(天子)
* 소부, 허유: 요임금 때 세상을 등지고 살던 인물들
* 약돗더라: 약았더라

■ 갈래: 연시조　　　　　■ 창작 시기: 조선 중기
■ 내용: 이 작품은 윤선도가 오랜 귀양살이 끝에 산속에 은거하는 생활을 할 때 지은 시조로, 자연의 흥취와 그 속에서 안빈낙도하는 삶에 대한 만족감이 잘 드러나 있다. 속세를 떠나 은거하는 삶을 추구하면서도 임금에 대한 은혜를 잊지 않는 모습을 보여 주어 유교적 충 사상 또한 실현하고 있다.
■ 주제: 자연 속에서 은거하며 사는 삶의 만족감. 안빈낙도의 삶

■ 이것이 핵심! : 대조적 시어

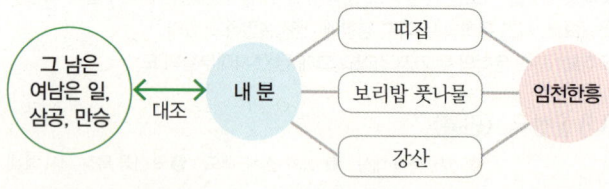

(다) 정철, 〈훈민가〉

❶ 화자, 중심 대상　　❷ 상황, 정서, 태도　　❸ 표현상 특징　　시 해석

❶ ㉠님금과 백성 사이 하늘과 땅이로되
　　　　　신분의 차이를 밝힘.
→ 임금과 백성 사이는 하늘과 땅 사이와 같으니

❷ 나의 셜운 일을 다 알려고 하시거든
　　❶ 화자: 나
→ (임금께서) 나의 서러운 일을 다 알려고 하시거든

❸ 우린들 살진 미나리를 혼자 엇디 머그리 　〈제2수〉
　　❶ 중심 대상: 우리　　❸ 표현상 특징: 설의법(임금의 은혜에 보답하고자 함.)
→ 우리라고 한들 살찐(좋은) 미나리를 혼자 어떻게 먹겠는가?

　　　　　* 〈제2수〉 요약: 임금의 은혜에 보답해야 함.

❶ 어버이 사라신 제 셤길 일란 다하여라
→ 어버이께서 살아 계실 때 섬기는 일을 다하여라.

　　　❸ 표현상 특징: 설의법
❷ 디나간 후(後)면 애닯다 엇디하리
　부모님이 돌아가신 후면 – 상황의 가정
→ 돌아가신 뒤에 애달픈 마음을 가져봤자 무슨 소용이 있겠는가?

❸ ㉡평생(平生)애 고텨 못할 일이 이뿐인가 하노라 〈제4수〉
　　　　　　효를 실천할 것을 권장함.
→ 평생에 다시 못할 일이 이것뿐인가 하노라.

　　　　　* 〈제4수〉 요약: 부모에게 효를 다해야 함.

❶ 남으로 삼긴 중의 벗같이 유신(有信)하랴
　　　　❸ 표현상 특징: 설의법
→ 남으로 태어난 가운데 벗처럼 믿을 만한 이가 있겠느냐?

❷ ㉢나의 왼*일을 다 닐오려 하노매라
　　　　'나의 질못을 충고해 주는 벗의 모습
→ 나의 잘못된 일을 다 말해 주는구나.

❸ 이 몸이 벗님이 아니면 사람 되미 쉬울가 〈제10수〉
　　　　　　❸ 표현상 특징: 설의법
→ 이 몸이 벗이 아니었다면 (진정한) 사람이 되기 쉽겠느냐?

[유신하다: 신의가 있다.

　　　　　* 〈제10수〉 요약: 친구 간의 도리를 행해야 함.

---

❶ ㉣비록 못 니버도 남의 옷을 앗디 마라
　　　　하지 말아야 할 행동을 경계함.
→ 비록 (입을 옷이 없어서) 못 입어도 남의 옷을 빼앗지 마라.

❷ 비록 못 먹어도 남의 밥을 비디 마라
→ 비록 (먹을 밥이 없어서) 못 먹어도 남의 밥을 빌어먹지 마라.

❸ ㉤한적곳* 때 시른* 후면 고텨 씻기 어려우리 〈제14수〉
　　　　한 번 잘못을 저지르면 돌이키기 어려움을 말함.
→ 한 번이라도 때가 묻은 후면 다시 씻기 어려우리.

❸ 표현상 특징:
유사한 문장 구조의 반복 – 교화의 기능 강조

　　　　　* 〈제14수〉 요약: 남의 것을 탐내지 말아야 함.

* 왼: 그른, 잘못된
* 한적곳: 한 번이라도
* 때 시른: 때가 묻은

■ 갈래: 연시조　　　　■ 창작 시기: 조선 중기
■ 내용: 이 작품은 백성들을 계몽하고 교화하고자 하는 목적으로 지어진 연시조이다. '경민가(警民歌)' 혹은 '권민가(勸民歌)'라고도 하며, 효제충신의 도리와 그 실천을 권면하는 내용으로 되어 있다.
■ 주제: 유교적 윤리에 따른 바람직한 삶을 살 것을 권면함.

■ 이것이 핵심! : 각 수의 중심 내용

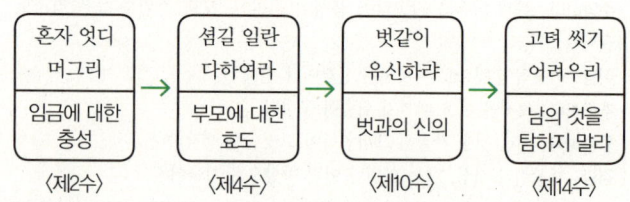

C 01　정답 ①　* 설명문의 내용 파악하기 … [정답률 82%]
(가)를 이해한 내용으로 가장 적절한 것은?

> 왜 정답?

① 사대부들은 강호가류를 통해 인간과 자연의 이상적 조화를 지향했다.
　　　　　　　　자연과 인간의 이상적 조화를 추구했으므로 적절함.

* 근거: (가) ❷문단 ❺문장
2문단에서 '사대부들은 강호가류를 통해 자연과 인간의 이상적 조화를 추구하며 자신의 심성을 닦는 수기(修己)에 힘썼다.'고 했다. 따라서 사대부들은 강호가류를 통해 인간과 자연의 이상적 조화를 지향했다고 볼 수 있다.

[이상적: 생각할 수 있는 범위 안에서 가장 완전하다고 여겨지는
[조화: 서로 잘 어울림.

> 왜 오답?

② 사대부들은 강호가류보다 오륜가류의 창작에 더욱 힘쓰는 모습을 보였다.
　　　　　　　　강호가류의 작품 수가 가장 많음.

* 근거: (가) ❷문단 ❶문장
2문단에서 '강호가류는 자연 속에서 한가롭게 지내는 삶을 노래한 것으로, 시조 가운데 작품 수가 가장 많다.'고 했다. 따라서 '사대부들은 강호가류보다 오륜가류의 창작에 더욱 힘쓰는 모습을 보였다'는 설명은 적절하지 않다.

③ 사대부들은 치인보다 수기를 더 중요한 덕목으로 여기며 시조를 창작했다.
　　　　　　　　수기를 더 중요하게 여겼는지는 알 수 없음.

* 근거: (가) ❶문단 ❸문장, ❷문단 ❺문장, ❸문단 ❷문장
(가)의 1문단에서 사대부들은 '세속적 현실 속에서 나라와 백성을 위한 이념을 추구하면서(치인) 동시에 심성을 닦을 수 있는(수기) 자연을 동경'했다고 했다. 또한 2문단에서 사대부들은 '자신의 심성을 닦는 수기(修己)에 힘썼

다.'는 것과 3문단에서 '사대부들이 관직에 나아가면 남을 다스리는 치인(治人)을 위해 최선을 다했'다는 것을 통해 사대부는 수기(修己)와 치인(治人) 모두를 추구했음을 알 수 있지만, 수기와 치인 중 무엇을 더 중시했는지는 알 수 없다.

④ 사대부들은 <u>오륜가류와 달리 효용론적 문학관에 바탕을 두고</u> 강호가류를 창작했다.
둘 다 효용론적 문학관에 바탕을 둠.

＊근거: (가) **4**문단 **1**, **2**문장
4문단에서 '사대부들의 시조는 심성 수양과 백성의 교화라는 두 가지 주제로 나타'나는데, '이는 사대부들이 재도지기(載道之器), 즉 문학을 도(道)를 싣는 수단으로 보는 효용론적 문학관에 바탕을 두었기 때문'이라고 했다. 따라서 강호가류와 오륜가류는 모두 효용론적 문학관에 바탕을 두고 있는 것이다.

> **효용론적**: 효용에 관한 주장이나 논의를 하는
> **문학관**: 문학에 관한 소견

⑤ 사대부들은 <u>사회와 당쟁으로 어지러운 정치 현실을 벗어나기</u> 위해 오륜가류를 창작했다.
유교 덕목의 실천을 권장하기 위함임.

＊근거: (가) **2**문단 **2**문장, **3**문단 **1**문장
3문단에서 '오륜가류는 백성들에게 유교적 덕목인 오륜을 실생활 속에서 실천할 것을 권장하려는 목적으로 창작한 시조'라고 했으므로 '사회와 당쟁으로 어지러운 정치 현실을 벗어나기 위해 오륜가류를 창작했다'는 내용은 적절하지 않다. 2문단에서 '강호가류가 크게 성행한 시기는 사화와 당쟁이 끊이질 않았던 16~17세기였다.'는 내용을 통해 사화와 당쟁으로 어지러운 정치 현실에서는 오히려 강호가류가 성행했음을 알 수 있다.

C 02 정답 ④ ＊설명문과 〈보기〉를 바탕으로 감상하기 [정답률 71%]

[A]와 〈보기〉를 참고하여 (나)를 이해한 내용으로 적절하지 <u>않</u>은 것은? [3점]

• [A]: 강호가류는 사화와 당쟁이 끊이질 않았던 시기에 유행한 시조로, 사대부들은 자연과 인간의 이상적 조화를 추구하며 자신의 심성을 닦는 글을 쓰는 데에 중점을 두었습니다.

• 〈보기〉를 참고: 〈만흥〉은 오랜 유배 생활 후 해남에 은거하여 자연을 즐기면서도 군신의 도리를 잊지 않았던 윤선도의 삶이 담겨 있는 작품입니다.

📌 강호가류와 윤선도의 삶에 대한 이해를 바탕으로 (나)를 감상한 내용 중 틀린 것을 고르는 문제입니다.

─────────── [보기] ───────────

❶ 전남 해남에는 고산 윤선도의 흔적들이 곳곳에 남아 있다. **❷** 그중에서도 금쇄동은 윤선도가 오랜 유배 생활을 끝내고 돌아와 은거했던 공간이다. **❸** 그는 혼탁한 정치 현실을 떠나 그곳에서 십여 년간 자연을 즐기며 생활하였다. **❹** 하지만 그 가운데서도 군신의 도리를 잊지 않았다. **❺** 〈만흥(漫興)〉은 이러한 윤선도의 삶이 담겨 있는 작품이다.
①의 근거
③의 근거
⑤의 근거

────────────────────────────
유배: 오형(五刑) 가운데 죄인을 귀양 보내던 일.
　　　그 죄의 가볍고 무거움에 따라 원근(遠近)의 등급이 있었다.
은거: 세상을 피하여 숨어서 삶.
혼탁하다: 정치, 도덕 따위 사회적 현상이 어지럽고 깨끗하지 못하다.

왜 정답?

④ '비길 곳이 없어라'에는 <u>당지의 정치 현실이 어느 때보다 혼탁하다는 인식이 반영되어 있군.</u>
'임천한흥', 곧 자연에서의 즐거움을 말한 것이므로 적절하지 않음.

＊근거: [A] **❶**, (나) 〈제4수〉 **❸**, 〈보기〉 **❸**문장
[A]를 통해 (나)는 자연 속에서 한가롭게 지내는 삶을 노래한 강호가류임을 알 수 있다. 〈보기〉에서 윤선도는 혼탁한 정치 현실을 떠나 십여 년간 자연을 즐기며 생활했다고 했다. 이에 따라 (나)의 〈제4수〉에는 속세를 버리고 자연에서 강호 한정의 삶을 즐기는 것에 대한 자부심이 드러나 있다고 이해할 수 있다.

왜 오답?

① '띠집'은 유배 생활을 끝내고 오랫동안 은거하며 지냈던 삶의 공간으로 볼 수 있군.
〈보기〉의 윤선도가 은거했던 공간이므로 적절함.

＊근거: [A] **❹**, (나) 〈제1수〉 **❶**, 〈보기〉 **❷**문장
(나)의 '띠집'은 '띠로 지붕을 이은 집'으로 [A]의 '검소하고 청빈한 삶의 공간이자 안빈낙도(安貧樂道)의 공간'이다. 또한 〈보기〉를 통해 '띠집'은 윤선도가 오랜 유배 생활을 끝내고 돌아와 은거했던 공간임을 알 수 있다.

② '보리밥 풋나물'은 자연 속에서 검소하면서도 청빈한 삶을 추구했음을 짐작하게 하는 소재이군.
'보리밥 풋나물'은 소박한 음식을 의미하므로 적절함.

＊근거: [A] **❹**, (나) 〈제2수〉 **❶**
(나)의 '보리밥 풋나물'은 소박한 음식을 의미하는 소재로, [A]의 '검소하고 청빈한 삶'을 지향했음을 알려 주는 소재이다.

> **청빈하다**: 성품이 깨끗하고 재물에 대한 욕심이 없어 가난하다.

③ '부럴 줄이 있으랴'에는 어지러운 세상을 떠나 자연 속에서의 삶에 만족하는 태도가 잘 드러나 있군.
세속(정치 현실)의 일을 부러워하지 않는다는 의미이므로 적절함.

＊근거: [A] **❸**, **❹**문장 (나) 〈제2수〉 **❸**, 〈보기〉 **❸**문장
(나)의 '부럴 줄이 있으랴'는 설의적 표현을 통해 '여남은 일'을 부러워하지 않겠다는 화자의 다짐을 강조하는 것이다. 이는 [A]에서 말하는, 정치 현실을 떠나 자연으로 회귀하여 안빈낙도(安貧樂道)한 삶을 사는 것이고, 〈보기〉의 혼탁한 정치 현실을 떠나 자연을 즐기며 생활하는 것이라고 할 수 있다.

⑤ '임금 은혜를 이제 더욱 아노이다'에서는 자연에 머물면서도 군신의 도리를 잊지 않고 있는 모습을 엿볼 수 있군.
〈보기〉의 군신의 도리를 잊지 않는 모습이므로 적절함.

＊근거: [A] **❺**, (나) 〈제6수〉 **❷**, 〈보기〉 **❹**문장
(나)의 '임금 은혜를 이제 더욱 아노이다'는 윤선도 자신이 자연에서 편안하게 생활하는 것이 임금의 은혜라고 표현한 부분으로, 〈보기〉에서 '자연을 즐기며 생활하는 가운데서도 군신의 도리를 잊지 않았다.'는 것에 해당한다.

C 03 정답 ⑤ ＊설명문을 바탕으로 감상하기 ⋯ [정답률 68%]

[B]를 바탕으로 ㉠~㉤을 설명한 내용으로 적절하지 <u>않</u>은 것은?

• [B]를 바탕: 오륜가류는 유교적 덕목인 인륜을 실생활 속에서 실천할 것을 권장하는 시조로, 백성들이 마땅히 행하거나 행하지 말 것을 노래하고 있습니다.

• ㉠~㉤: ㉠은 임금과 백성의 신분 차이, ㉡은 효를 실천할 것, ㉢은 나의 잘못을 말해주는 친구, ㉣은 남의 것을 빼앗지 말 것, ㉤은 잘못을 저지르면 돌이키기 어려움에 대해 말하고 있습니다.

📌 오륜가류의 내용을 다루고 있는 구절(㉠~㉤)에 대한 설명 중 틀린 것을 고르는 문제입니다.

> **왜 정답?**

⑤ ⑩: **이상적 상황을 제시하며 치인의 도를 드러내고 있다.**
이상적 상황과는 관계없으므로 적절하지 않음.

*근거: (다) 〈제14수〉 ❸, [B] ❷

⑩은 '한 번이라도 때가 묻은 후면 다시 씻기 어려우리.'라는 의미로, 한 번 잘못을 저지르고 나면 후회해도 소용없다는 것을 비유적 표현을 통해 말하고 있다. 이는 [B]에서 말하는 오륜가류이며 치인의 도를 드러내고 있는 것이지만, 이상적 상황을 제시하고 있지는 않다.

> **왜 오답?**

① ㉠: **백성의 도리를 언급하기 위해 신분 차이를 밝히고 있다.**
'임금'을 '하늘'에, '백성'을 '땅'에 비유함.

*근거: (다) 〈제2수〉 ❶, ❸, [B] ❶

㉠은 '임금'을 '하늘'에, '백성'을 '땅'에 비유하여 신분의 차이를 드러낸 표현이다. '우린들 살진 미나리를 혼자 엇디 머그리'와 같이 임금의 은혜에 감사해야 한다는 백성의 도리를 드러내기 위해 신분의 차이를 밝히고 있는 것이다.

② ㉡: **백성들에게 효를 실천할 것을 권장하고 있다.**
어버이에 대한 효를 말하므로 적절함.

*근거: (다) 〈제4수〉 ❷, ❸, [B] ❶

㉡은 '평생에 다시 못할 일이 이것뿐인가 하노라.'라는 의미로, 부모님이 돌아가신 후에는 효를 행할 수 없음을 이야기하는 것이다.

③ ㉢: **인륜을 실천하는 모습을 벗의 행위로 보여주고 있다.**
내 잘못을 충고하는 벗의 행위를 제시하므로 적절함.

*근거: (다) 〈제10수〉 ❷, [B] ❶

㉢은 자신의 잘못을 일깨워 주는 진정한 친구의 모습을 통해 오륜(五倫) 중 붕우유신(朋友有信)을 말하고자 하는 것이다.

④ ㉣: **일상생활에서 행하지 말아야 할 것을 강조하고 있다.**
'~ 마라'라며 하지 말아야 할 것을 강조하므로 적절함.

*근거: (다) 〈제14수〉 ❶, [B] ❸

㉣은 남의 물건을 도둑질하는 행위를 경계하고 있다. 따라서 일상생활에서 행하지 말아야 할 것을 강조하고 있다는 내용은 적절하다.

> **C 04** 정답 ③ *작품 비교하기 .... [정답률 66%]

(나)와 (다)에 대한 설명으로 적절하지 **않은** 것은?

> **왜 정답?**

③ (다)의 〈제2수〉에는 '혼자 엇디 머그리'라는 **명령의 어조**로 교화의 의도를 드러내었군.
명령의 어조가 아니라 설의적 표현을 사용함.

*근거: (다) 〈제2수〉 ❸

(다)의 〈제2수〉에 '살진 미나리'는 중국 고전 〈여씨 춘추〉에 살찐 미나리를 백성들이 임금에게 바치려 한다는 구절에서 따온 것으로, 풍작을 임금의 은혜로 보고 이에 보답하려는 백성들의 마음을 담고 있다. 따라서 이를 통해 교화의 의도를 드러낸 것은 맞다. 하지만 '혼자 엇디 머그리'는 '혼자 어떻게 먹겠는가?'의 의미로 설의적 표현을 사용하고 있는 것이지 명령적 어조는 아니다.

> **왜 오답?**

① (나)의 〈제1수〉에는 '남들'과 '하암'을 대조하여 화자의 지향하는 바를 드러내었군.
'하암'은 자연 속에 은거하는 화자 자신을, '남들'은 화자를 비웃는 사람들을 의미함.

*근거: (나) 〈제1수〉 ❷, ❸

(나)의 〈제1수〉의 '남들'은 자연에서 소박하게 사는 화자를 비웃는 속세의 사람들을 의미하고, '하암'은 화자 자신을 의미한다. 따라서 '남들'과 '하암'을 대조하여 자연 속에서 안분지족(安分知足)하는 삶을 살고자 하는 화자의 모습을 드러내고 있다.

② (나)의 〈제4수〉에는 '소부 허유'와 관련된 고사를 활용해 화자가 추구하는 삶을 제시하였군.
'소부 허유가 약돗더라'
자연 속에서의 삶

*근거: (나) 〈제4수〉 ❷

(나)의 〈제4수〉의 '소부'와 '허유'는 중국 요임금 때 인물들로, 속세에 나서지 않고 자연을 벗 삼아 즐기며 산 사람들이다. 따라서 '소부 허유'의 고사를 활용해 화자가 추구하는 삶을 제시하고 있다.

④ (다)의 〈제4수〉에는 '디나간 후면'이라고 상황을 가정하여 말하고자 하는 바를 강조하였군.
부모님이 돌아가신 후의 상황을 가정함.

*근거: (다) 〈제4수〉 ❷

(다)의 〈제4수〉의 '지나간 후면'은 부모님이 돌아가신 후를 가정하고 있는 표현을 통해 효도를 해야 한다는 것을 강조하고 있다.

⑤ (다)의 〈제14수〉에는 '비록~마라'를 반복하여 전달하고자 하는 바를 효과적으로 표현하였군.
'~ 마라'라는 금지의 표현을 반복하며 하지 말아야 할 일들을 강조함.

*근거: (다) 〈제14수〉 ❶, ❷

(다)의 〈제14수〉에서 '비록~마라'라는 표현의 반복을 통해 도둑질과 구걸을 하지 말 것을 강조하고 있다.

> **C 05~08** [2020년(11월)/고2교육청 42~45]

⬭ 글 전체 핵심어 ⬭ 각 문단 핵심어 ▨ 글 전체 중심 문장 ★ 각 문단 중심 문장

1 ❶고전 시가에는 둘 이상의 인물이 서로의 의견을 교환하는 대화체로 구성된 작품들이 있다. ❷대화체로 구성된 작품의 특징 **이들 작품 속에 나타나는 대화 양상은 임진왜란을 전후로 하여 차별성을 보이는데, 아래 작품들은 그 차별성을 확인할 수 있는 사례에 해당한다.**

차별성: 등급에 차이를 두어 구별하는 성질

★**1**문단 요약: 임진왜란 전후 대화체로 구성된 고전 시가

2 ❶송강 정철은 1585년 당쟁으로 조정에서 물러나 창평에서 머물며 (가)를 지었다.
〈속미인곡〉은 유배가사 → 충신연군지사의 성격을 지님.

★**2**문단 요약: 송강 정철이 당쟁으로 조정에서 물러나 시를 지음.

(가) 정철, 〈속미인곡〉

❶ 화자, 중심 대상 ❷ 상황, 정서, 태도 ❸ 표현상 특징 [고어 읽기] [시 해석]

❶제가는   저각시   본듯도   한저이고
「뎨가는 뎌각시 본듯도 ㅎ뎌이고
❶ 을녀(중심 화자 - 작가를 대변하는 인물 「 」: 갑녀(보조 화자)의 질문
→ 저기 가는 저 각시 본 듯도 하구나

❷천상   백옥경을   엇디하야   이별하고
천상 백옥경(白玉京)을 엇디ㅎ야 이별ㅎ고
임이 계신 곳
→ 천상 백옥경을 어찌하여 이별하고(떠나고)

해다저   저문날의   놀을보라   가시는고
❸   ❸ 설의법
㉠ㅎ다뎌 겨믄날의 눌을보라 가시ᄂᆞ고
→ 해 다 저문 날에 누구를 보러 가시는가

★❶~❸행 요약: 갑녀의 질문

❹어와   네여이고   내 사셜   드러보오
「어와 네여이고 내 스셜 드러보오 「 」: 을녀(중심 화자)의 대답
갑녀(보조 화자)   ❶ 화자: '나'(중심 화자-을녀) ❷ 상황: 자신의 사정을 이야기함.
→ 아, 너로구나. 내 사설(사정) 들어 보오

⑤ 내얼굴 이거동이 님괴얌즉* 혼가마는
내얼굴 이거동이 님괴얌즉* 혼가마는
❶ 중심 대상: '님'(연인, 임금)
➡ 내 얼굴과 이 거동(태도)이 임의 사랑을 받음 직한가마는

⑥ 엇진지 날보시고 네로다 여기실새
엇딘디 날보시고 네로다 녀기실시
➡ 어쩐지 나를 보시고 너로구나 여기시기에

⑦ 나도 님을믿어 군뜨디 전혀업서
나도 님을미더 군뜨디 전혀업서
➡ 나도 임을 믿어 군뜻(다른 생각)이 전혀 없어

⑧ 이래야 교태야 어즈러이 하돗던디
이릭야* 교퇴야 어ᄌ려이 ᄒᆞ돗던디
➡ 아양과 교태로 어지럽게 굴었던지
➡ 아양과 교태로 어지럽게 굴었던지

⑨ 반기시는 낯빛이 예와엇지 다르신고
반기시는 ᄂᆞ빗치 녜와엇디 다ᄅᆞ신고
➡ 반기시는 낯빛(얼굴빛)이 옛날과 어찌 다르신가

⑩ 누어 생각하고 이러안자 헤여하니
누어 싱각ᄒᆞ고 니러안자 혜여ᄒᆞ니
➡ 누워서 생각하고 일어나 앉아 생각하니

내몸의 지은죄 뫼가티 싸혀시니
❸ 직유법
⑪ 내몸의 지은죄 뫼ᄀᆞ티 싸혀시니
❷ 정서, 태도: 이별을 자신의 탓으로 돌리며 자책함.
➡ 내 몸의 지은 죄가 산같이 쌓였으니

⑫ 하늘이라 원망하며 사람이라 허물하랴
하ᄂᆞ리라 원망ᄒᆞ며 사ᄅᆞ미라 허믈ᄒᆞ랴
❸ 대구법, 설의법
➡ 하늘을 원망하며 사람을 탓하겠는가.

⑬ 설워 풀처헤니 조물의 타시로다
셜워 플텨헤니 조물의 타시로다
❷ 정서, 태도: 임과의 이별을 서러워하면서도 운명으로 여김. → 운명론적 사고방식
➡ 서러워 풀어서 생각하니 모두가 조물주의 탓이로구나.

| 거동: 몸을 움직임. 또는 그런 짓이나 태도
| 뫼: '산'의 옛말
| 혜다: '생각하다'의 옛말

***❹~⑬행 요약: 을녀의 대답(하소연) 1**

(중략)

⑭ 어와 허사로다 이님이 어대간고
「어와 허ᄉᆞ로다 이님이 어ᄃᆡ간고 「」: 을녀(중심 화자)의 대답 ②
❷ 상황: 임의 부재
➡ 아, 헛된 일이로구나 이 임이 어디 갔는가

⑮ 결의 니러안자 창열고 바라보니
결의 니러안자 창을열고 ᄇᆞ라보니
➡ 꿈결에 일어나 앉아 창을 열고 바라보니

⑯ 어엿븐 그림재 날조찰 뿐이로다
어엿븐 그림재 날조찰 ᄲᅮᆫ이로다
❷ 감정: 임과 이별하여 홀로 된 상황에 대한 탄식
➡ 가엾은 그림자만이 나를 따를 뿐이로다

찰하리 싀여디여 낙월이나 되야이셔
❶ 중심 대상: 을녀(중심 화자)의 분신
⑰ 출하리 싀여디여* 낙월이나 되야이셔
❶ 태도: 임을 멀리서 비추고자 하는 소극적 태도
➡ 차라리 죽어 없어져서 지는 달이나 되어

⑱ 님겨신 창안해 번드시 비최리라
님겨신 창안ᄒᆡ 번드시 비최리라」
➡ 임 계신 창 안에 환하게 비치리라

***❹~⑱행 요약: 을녀의 대답(하소연) 2**

⑲ 각시님 달이야 카니와 구즌비나 되쇼셔
「ⓛ각시님 ᄃᆞ리야 ᄏᆞ니와 구즌비나 되쇼셔」 「」: 갑녀(보조 화자)의 조언
❷ 태도: 임의 가까이에 다가가고자 하는 적극적 태도
➡ 각시님 달은 커녕 궂은비나 되십시오

| 어엿브다: '가엾다'의 옛말

***⑲행 요약: 갑녀의 조언**

*괴얌즉: 사랑받음직

─────────

*이릭야: 아양이며
*싀여디여: 죽어져서

■ **갈래**: 가사   ■ **창작 시기**: 조선 중기
■ **내용**: 이 작품은 작가가 고향인 전라남도 창평에 낙향해 있을 때, 임금을 그리워하는 마음을 두 여인(갑녀, 을녀)의 대화 형식으로 노래한 가사로, 〈사미인곡〉의 속편에 해당한다. 이 작품은 순우리말의 묘미를 잘 살린 것이 특징이며, 화자의 간절한 심정이 잘 표현되었다는 평가를 받고 있다. 작가는 임금을 떠나온 자신의 처지를 천상에서 임을 모시다가 지상으로 내려온 선녀의 신세에 빗대어 자신의 절절한 사랑을 표현하였다.
■ **주제**: 임에 대한 그리움과 변함없는 사랑

■ **이것이 핵심!**: 시상 전개 – 갑녀와 을녀의 대화 형식

갑녀의 질문 (1~3행)	희다며 져믄날의 눌을보라 가시는고.

↓

을녀의 대답 (4~18행)	• 어와 네여이고 내 ᄉᆞ셜 드러보오 • 반기시는 ᄂᆞ빗치 녜와엇디 다ᄅᆞ신고 • 셜워 플텨헤니 조물의 타시로다 • 출하리 싀여디여 낙월이나 되야이셔 님겨신 창안ᄒᆡ 번드시 비최리라

↓

갑녀의 위로 (19행)	각시님 ᄃᆞ리야 ᄏᆞ니와 구즌비나 되쇼셔

③ (가)는 작품 전체가 두 인물의 대화로 구성되어 있다고 볼 수 있다. 이들의 대화는 서로 대등한 비중으로 이루어지지 않고, 한 인물의 사설이 작품의 대부분을 차지하며 대화를 주도한다. **③** 반면
을녀(주도적 인물) – 작자의식을 드러냄.
다른 한 인물은 질문을 통해 상대방의 사설을 이끌어내거나, 상대
갑녀(보조적 인물) – 작자의식을 강조함.
방의 사설에 의견을 덧붙여 첨언을 하는 등 보조적 역할만을 담당한다. **④** 이러한 대화제의 경우, 주도적 인물의 사설은 작자의식을 드러내고, 보조적 인물의 사설은 작자의식을 강조하는 기능을 한다. **⑤** 그래서 작품의 대화는 어느 정도 통합된 주제로 나타나는데,
'닫힌 대화체'의 특징
이러한 대화체를 ⓒ'닫힌 대화체'라고 한다. **⑥** ⓐ(가)에서 작자는 정치적 반대 세력에 의해 임금이 있는 조정을 떠난 상황에서 자신의 태도와 정서를 닫힌 대화체를 통해 드러내고 있다. **⑦** 이를 통해 작자는 자신이 처한 상황에 대해 자책하고 나아가 이를 자신의 운명
작자는 을녀의 대화를 통해 자신의 상황을 제시함.
으로 받아들이고 있음을 확인할 수 있다. **⑧** 또한 임금 곁에 머물 수 없는 상황에 대해 탄식하면서도 임금에 대한 변치 않는 충정을 드러내고 있음을 확인할 수 있다.
충신연주지사로서의 성격

| 비중: 다른 것과 비교할 때 차지하는 중요도
| 사설: 늘어놓는 말이나 이야기
| 첨언: 덧붙여 말함.

***③문단 요약: '닫힌 대화체'로 구성된 (가)**

④ 한편 임진왜란 이후에는 이전의 대화 양상과 다른 새로운 대화체가 등장하였는데, 1661년에 임유후가 지은 (나)를 그 예로 들 수 있다.

| 양상: 사물이나 현상의 모양이나 상태

***④문단 요약: 임진왜란 이후 등장한 새로운 대화체**

(나) 임유후, 〈목동문답가〉

❶ 화자, 중심 대상　❷ 상황, 정서, 태도　❸ 표현상 특징　[시 해석]

❶ 녹양방초(綠楊芳草) 안의 소 먹이난 아해들아
　　『」: 화자 ❶의 발언　　　　❶ 화자 ②: 목동
→ 향기로운 풀 속에서 소 먹이는 아이들아

❷ 인간영락(人間榮樂)*을 아난다 모라난다
→ 인간의 영화를 아느냐 모르느냐

❸ 인생 백년이 풀끗에 이슬이라
❸ 은유법: 인간 일생을 이슬에 비유하여 삶의 유한성을 드러냄.
→ 우리 인생 한 평생은 풀잎 끝의 이슬이라

❹ 삼만 육천일을 다사라도 초초(草草)커든*
→ 백년을 다 살아도 초라하거든

❺ 수단(修短)이 명(命)이어니 사생(死生)을 결(缺)할소냐
　　　　　　　　　　　　　　　　　　❸ 설의법
❷ 태도: 화자 ❶의 운명론적 태도
→ 오래 살든 일찍 죽든 모두가 운명이나

❻ 생애는 유한(有限)하되 사일(死日)은 무궁(無窮)하다
　　　　　　　　　　　　　　　　　❸ 대구법
[A]　→ 삶은 유한하되, 죽을 날은 끝이 없다

❼ 역려건곤(逆旅乾坤)의 부유(蜉蝣)*가티 나왓다가
　　　　　　　　　　　　❸ 직유법
→ 덧없고 허무한 세상의 하루살이같이 나왔다가

❽ 공명(功名)도 못 일우고 초목(草木)가티 썩어디면
화자 ❶이 긍정적으로 여기는 유교적 가
→ 공명도 못 이루고 초목같이 썩어가면

❾ 공산백골(空山白骨)*이 긔 아니 늣거오냐*
　　　　　　　　　　　　　　　❸ 설의법
❷ 감정, 태도: 세상에 이름을 떨치지 못하고 자연에서 지내는 것에 대한 안타까움.
→ 빈산에 백골 되니 그 아니 북받칠까

　　　　　　　　(중략)

❿ 입신양명(立身揚名)을 혬 밧긔 더뎌두고
화자 ❶이 긍정적으로 여기는 유교적 가
→ 출세하여 이름 날림을 생각 밖에 던져 두고

⓫ 연교(煙郊) 초야(草野)*의 소치기만 하나산다』
화자 ❶이 부정적으로 여기는 자연 속에서의 삶　　❸ 설의법
→ 시골 들판에서 소치기만 하고 있는가

┌ 수단(修短): 긴 것과 짧은 것
└ 공명(功名): 공을 세워서 자기의 이름을 널리 드러냄.

*❶～⓫행 요약: '나'의 '목동'을 향한 대화

⓬ 목동(牧童)이 대답하되
❶ 화자 ②
→ 목동이 대답하되

⓭ 『어와 긔 뉘신고 우은 말삼 듯건디고　『」: 화자 ②의 대
❷ 태도: 화자 ❶의 말에 대한 화자 ②의 부정적 태댑
→ 어와 그 누구신가 우스운 말 듣겠구려

⓮ 형용이 고고(枯槁)하니 초대부(楚大夫) 삼려(三閭)*신가
→ 모습이 야위어 파리하니 초나라의 굴원인가

⓯ 잔혼(殘魂)이 영락(零落)하니 유학사(柳學士) 자후(子厚)*신가
→ 혼백이 시들었으니 학사 유종원인가

⓰ 일모(日暮) 수죽(修竹)의 혼자 어득 셔 겨오셔
[B]　→ 해 지는데 대나무 기대어 혼자 우뚝 서 있어서

⓱ ㉢내 근심 더뎌 두고 남의 분별(分別) 하시는고
→ 자기 근심 던져 두고 남의 걱정 하시는가

　　　　　　　　(중략)

⓲ 기산(箕山)*의 귀 씻기와 상류(上流)의 소 먹이기
화자 ②의 자연 친화적인 삶
→ 기산에서 귀를 씻고 상류에서 소 먹이기

㉣즐겁고 즐거오믈 너해난 모라리라
→ 이러한 즐거움을 너희는 모르리라

⓴ 내 노래 한 곡조랄 불너든 드러보소
→ 내 노래 한 곡조를 불러 보니 들어 보소

㉑ 장안(長安)을 도라보니 풍진(風塵)이 아득하다
❷ 태도: 속세를 부정적으로 바라보는 화자②의 태도
→ 장안을 돌아보니 티끌이 아득하다

㉒ ㉤부귀(富貴)는 부운(浮雲)이오 공명(功名)은 와각(蝸殼)*이라
❸ 대구법: 화자 ❶의 부귀공명을 좇는 삶에 대한 화자②의 반박
→ 부귀는 뜬구름이요, 공명은 사소하니

㉓ 이 퉁소 한 곡조의 행화촌(杏花村)*을 차자리라
❷ 태도: 화자 ②의 자연친화적인 태도
→ 이 퉁소 한 곡조에 이상향을 찾으리라

┌ 형용: 사람의 생김새나 모습
└ 일모(日暮): 날이 저무는 저녁 때

*⓬～㉓행 요약: '목동'의 대답

* 인간영락: 인간 생활이 영화롭고 즐거움.
* 초초커든: 갖출 것을 다 갖추지 못하여 초라하거든
* 역려건곤: 덧없고 허무한 세상
* 부유: 하루살이
* 공산백골: 아무것도 이루지 못하고 죽음에 이름을 비유하는 말
* 늣거오냐: 마음에 북받칠까
* 연교 초야: 시골 들판
* 삼려: 굴원, 초나라 충신이었으나 참소로 쫓겨나 비극적인 죽음을 맞이한 시인
* 자후: 유종원, 당나라 개혁에 실패하고 지방 벼슬을 전전한 철학자
* 기산: 요임금 때 소부와 허유가 공명을 피해 은거했다는 산
* 와각: 알맹이가 비어 있는 달팽이 껍질
* 행화촌: 안빈낙도의 이상향

■ 갈래: 가사　　■ 창작 시기: 조선 중기
■ 내용: 이 작품은 두 명의 대화체를 이용하여 전반부인 문가(問歌)와 후반인 답가(答歌)를 통해 대조적인 두 개의 주제를 드러내고 있다. 전반부에서는 입신양명의 꿈을 지닌 화자가 자신의 처지를 한탄하며 유교적 가치의 중요성을 드러내고 있으며, 후반부에서는 자연에 귀의한 삶에 대한 긍정적 태도를 지닌 화자(목동)가 인생무상의 가치를 드러내며 자연 친화적 태도를 드러내었다.
■ 주제: 입신양명과 자연귀의라는 두 삶의 대조
■ 이것이 핵심!: 시상 전개 – 두 화자의 대화 형식

화자 ❶의 질문 – 유교적 가치 중시	• 인생 백년이 풀끗에 이슬이라 • 공명(功名)도 못 일우고 초목(草木)가티 썩어디면 공산백골(空山白骨)*이 긔 아니 늣거오냐

↓

화자 ②(목동)의 대답 – 자연 친화적 태도	• 기산(箕山)의 귀 씻기와 상류(上流)의 소 먹이기 즐겁고 즐거오믈 너해난 모라리라 • 장안(長安)을 도라보니 풍진(風塵)이 아득하다 • 부귀(富貴)는 부운(浮雲)이오 공명(功名)은 와각(蝸殼)*이라 • 이 퉁소 한 곡조의 행화촌(杏花村)*을 차자리라

5⃣ ❶(나)는 (가)와 달리 '목동이 대답하되'를 중심으로 상호 대립적인 입장을 대표하는 두 인물의 의견이 [A]와 [B]로 대등하게 병치되어 있다. ❷ⓑ[A]의 인물은 인생이 유한하여 허무한 것이라고 여긴다. ❸그렇기 때문에 부귀공명이나 입신양명과 같은 인간영락을 세속적 가치를 중시하는 [A]의 인물 추구하는 삶이 가치 있다고 강조하며, 대화 상대의 삶의 방식에

대해 질책하고 있다.❹ 이에 대해 [B]의 인물은 물음을 통한 상대방의 간섭에 대해 반문하고, 상대방의 삶의 방식을 조롱하며 자신의 삶의 방식을 과시하기도 한다.❺ 또한 상대방의 의견에 반박하며 자연에 의탁하여 사는 삶의 가치를 강조하고 있다.❻ 이처럼 (나)에 나타난
<u>자연에 의탁한 삶의 가치를 중시하는 [B]의 인물</u>
대화는 독자적 인물들 사이의 긴장을 유지시키며 서로의 주장을 대등한 비중으로 대립시킨다.❼ 그래서 작자의식이 어느 한쪽
<u>'열린 대화체'의 특징</u>
으로 치우쳐 드러나지 않는데, 이러한 대화체를 ⟨열린 대화체⟩라고 한다.

┌ **병치**: 두 가지 이상의 것을 한곳에 나란히 두거나 설치함.
│ **유한**: 공간, 시간 따위에 일정한 한도나 한계가 있음.
│ **부귀공명**: 재산이 많고 지위가 높으며 공을 세워 이름을 떨침.
│ **입신양명**: 출세하여 이름을 세상에 떨침.
│ **영락**: 생활이 영화롭고 즐거움.
│ **질책**: 꾸짖어 나무람.
└ **의탁**: 어떤 것에 몸이나 마음을 의지하여 맡김.

＊**5**문단 요약: '열린 대화체'로 구성된 (나)

★ **독해 공식 정답**
───────────────

(가)
❶ **화자**: '나'(중심 화자 – 을녀), **중심 대상**: '임'(연인, 임금)
❷ **상황**: 을녀가 갑녀에게 임과 이별한 자신의 사정을 이야기함.
정서, 태도: 임과의 이별을 서러워하며 자신의 탓으로 여기고, 죽어서라도 임의 곁에 머물고자 함.
❸ **표현상 특징**
• 갑녀와 을녀의 대화 형식으로 전개됨.
• 직유법, 대구법, 설의법 등을 사용함.
• 을녀의 소극적 태도와 갑녀의 적극적 태도가 대비됨.

(나)
❶ 1~11행 – **화자**: '나', **중심 대상**: 입신양명하지 못하는 자신의 처지
12~23행 – **화자**: '나'(목동), **중심 대상**: 자연에서의 삶
❷ **상황**: '나'가 목동에게 입신양명하는 유교적 가치에 따르는 삶에 대해 이야기하고, 목동은 이에 대한 답으로 자연에서의 삶에 대해 이야기함.
정서, 태도: '나'는 유교적 가치를 중시하는 반면, 목동은 자연 친화적인 삶의 태도를 중시함.
❸ **표현상 특징**
• '나'와 목동의 대화 형식으로 전개됨.
• 직유법, 대구법 등을 사용함.
• 각 화자의 태도가 대비됨.

작품 간의 공통점 및 차이점
• **공통점**: 대화 형식으로 전개됨.
• **차이점**: (가)는 닫힌 대화체로 구성되고 (나)는 열린 대화체로 구성됨. 등

C 05 정답 ② ＊시어 및 구절의 의미 파악하기‥ [정답률 73%]

ⓐ를 바탕으로 (가)를 감상한 내용으로 적절하지 <u>않은</u> 것은?

• ⓐ: (가)의 작자가 임금이 있는 조정을 떠난 상황과, 이에 대처하는 작자의 태도에 대해 이야기하고 있습니다.
• (가): 주도적 인물의 사설을 통해 작자의 입장을 대변하고 있습니다.

즉 작가의 삶과 연관짓는 '표현론적 관점'에서 작품을 감상한 것으로 올바르지 않은 것을 고르는 문제입니다.

▷**왜** 정답?

② '내얼굴 이거동이 님괴얌즉 혼가마눈'에는 정치적 반대 세력에 의해 처하게 된 자신의 상황에 대한 <u>자책</u>이 드러나 있군.
　　　　　　　　　　　　　　　자책은 드러나지 않음.
＊**근거**: (가) ❺
ⓐ를 고려하면 작자가 조정을 떠나기 전의 임금과의 관계에 대한 생각을 드

러내고 있는 것으로는 볼 수 있으나, 정치적 반대 세력에 의해 처하게 된 자신의 상황에 대한 자책은 드러나 있지 않다.

▷**왜** 오답?

① '천상 백옥경을 엇디ᄒ야 이별ᄒ고'에는 임금이 있는 조정
　　　　　　　　임금이 머무는 공간(조정)
을 떠난 상황이 드러나 있군.
＊**근거**: (가) ❷
'천상 백옥경'은 임이 머무는 공간으로, ⓐ를 고려하면 임금이 있는 조정을 의미한다고 볼 수 있으며, '엇디ᄒ야 이별ᄒ고'는 이러한 임금이 있는 조정을 떠난 상황이 드러나 있다.

┌ **조정**: 임금이 나라의 정치를 신하들과 의논하거나 집행하는 곳

③ '셜워 플텨혜니 조물의 타시로다'에는 자신의 상황을 운명
　　　　　　　　　　　　　　운명론적 관점
으로 받아들이는 모습이 드러나 있군.
＊**근거**: (가) ❸
정치적 반대 세력에 의해 임금이 있는 조정을 떠난 상황을 '조물주'의 탓으로 돌리고 있는 것은 자신이 처한 상황을 운명으로 받아들이고 있는 운명론적 사고방식이 드러난 표현이다.

┌ **조물**: 우주의 만물을 만들고 다스리는 신

④ '어엿븐 그림재 날조출 ᄲᅮᆫ이로다'에는 임금 곁에 머물 수
　　　　　　　　　　　임과 이별하여 홀로 된 상황에 대해 탄식함.
없는 상황에 대한 탄식이 드러나 있군.
＊**근거**: (가) ❻
임금 곁을 떠나 홀로 지내며 임금을 그리워하는 자신의 상황에서, 가엾은 자신의 그림자만 자신의 곁에 있는 상황에 대한 탄식이 드러난 표현이다.

⑤ '출하리 싀여디여 낙월이나 되야이셔'에는 임금에 대한 변
　　　　　죽어서도 임금 곁에 머물고 싶어 함.
치 않는 충정이 드러나 있군.
＊**근거**: (가) ❼
임금 곁을 떠나 지내는 현재의 상황을 부정적으로 여기며, 차라리 죽어서 낙월이 되어 임금을 비추고 싶다는 표현은 임금에 대한 변치 않는 작자의 충정을 드러내고 있다.

┌ **충정**: 충성스럽고 절개가 굳음.

C 06 정답 ⑤ ＊시어 및 구절의 의미 파악하기‥ [정답률 46%]

ⓑ를 참고하여 [A]를 이해한 내용으로 적절하지 <u>않은</u> 것은?

• ⓑ: [A]의 인물의 삶을 대하는 태도를 설명하고 있습니다.
• [A]: [A]의 인물은 부귀공명이나 입신양명과 같은 인간 영락을 추구하는 삶을 가치 있다고 여기고 있습니다.

즉 [A]의 인물이 추구하는 삶의 가치를 파악한 것으로 적절하지 않은 것을 묻는 문제입니다.

▷**왜** 정답?

⑤ '연교 초야의 소치기만 하나산다'와 같은 <u>반어적 표현</u>을 활
　　　　　　　　　　　　　　　설의적 표현을 활용함.
<u>용</u>하여 상대방의 삶의 방식에 대한 질책을 드러내고 있다.
＊**근거**: (나) ⓫
중세 국어에서 'ㄴ다'는 2인칭 의문형 어미이다. 물음의 형식을 활용하여 자연에 귀의하여 소 치기를 하는 목동의 삶의 방식에 대한 질책을 하는 '설의적 표현'으로 제시하고 있으므로 반어적 표현을 활용하고 있다는 진술은 적절하지 않다.

┌ **반어적 표현**: 뜻하고자 하는 것과는 반대의 표현을 하여 본래의 의미를 드러
│ 　내는 표현
│ **설의적 표현**: 쉽게 판단할 수 있는 사실을 의문의 형식으로 나타내어 의미를
└ 　강조하는 표현

>왜 오답 ?

① '소 먹이난 아해들아'와 같은 부름의 표현을 활용하여 대화의 상대를 밝히고 있다.
  └ 대화의 상대

★근거: (나) ❶

[A]의 화자가 대화 상대인 [B]의 화자 '소 먹이난 아해들(목동)'을 부르고 있다. 부름의 표현을 활용한 이 같은 표현을 통해 대화의 상대가 명확하게 드러나고 있다.

② '인생 백년이 풀끗에 이슬이라'와 같은 비유적 표현을 활용
  └ 비유적 표현 - 은유법(A는 B이다)
하여 인생의 허무함을 형상화하고 있다.

★근거: (나) ❸

'인생 백년이 풀끗에 이슬이라'는 평생의 삶이 언제 사라질지 모르는 풀끝의 이슬과 같다고 비유적 표현을 통해 인생의 허무함을 형상화하고 있다. 'A는 B이다'는 비유법의 한 종류인 은유법의 대표적인 형태이다.

③ '생애는 유한하되 사일은 무궁하다'와 같은 대구의 표현을
  └ 대구법
활용하여 인간영락을 추구해야 하는 이유를 제시하고 있다.

★근거: (나) ❷, ❻

대화 상대에게 인간영락을 아는지 물어 보고 난 후 '생애는 유한하되 사일은 무궁하다'와 같이 대구를 통해 삶의 유한함을 강조하고 있으므로 인간영락을 추구해야 하는 이유를 대구의 표현으로 제시하고 있다는 진술은 적절하다. '생애는 유한하되'라는 구절과 '사일은 무궁하다'라는 각각의 구절을 대응시키는 대구법이 드러나 있다.

〔대구: 비슷하거나 동일한 구절을 짝지어 제시하는 표현 방법〕

[오답 선택률 26%]

④ '공산백골이 그 아니 늣거오냐'와 같은 물음의 표현을 활용
  └ 의문문
하여 공명을 추구하지 않은 삶의 결과를 보여주고 있다.

★근거: (나) ❽, ❾

공명을 이루지 못하고 죽을 때의 북받치는 감정을 '공산백골이 그 아니 늣거오냐'와 같은 물음의 표현으로 제시하고 있으므로 적절하다. 이름을 널리 떨치지 못하고 죽은 뒤에 썩어서 빈산에 백골이 되는 삶의 결과를 드러내고 있다.

C 07 정답 ③ ★제시문의 내용을 바탕으로 감상하기 ‥ [정답률 62%]

'닫힌 대화체'와 '열린 대화체'의 대화 양상을 중심으로 ㉠~㉤에 대해 보인 학생의 반응으로 적절하지 않은 것은? [3점]

• '닫힌 대화체'의 특징: 주도적 인물의 사설이 작품의 대부분을 차지하며 대화를 주도하여 작자의식을 드러냅니다. 보조적 인물은 질문을 통해 상대방의 사설을 이끌어 내거나, 상대방의 사설에 의견을 덧붙여 첨언을 하는 등 보조적 역할을 담당하여 작자의식을 강조하는 기능을 합니다. 작품의 대화는 어느 정도 통합된 주제로 나타납니다.

• '열린 대화체'의 특징: 독자적 인물들 사이의 긴장을 유지시키며 서로의 주장이 대등한 비중으로 대립되어 작자의식이 어느 한쪽으로 치우쳐 드러나지 않습니다.

★㉠: 히다뎌 져믄날의 놀을보라 가시는고
★㉡: 각시님 돌이야 크니와 구존비나 되쇼셔
★㉢: 내 근심 더뎌 두고 남의 분별(分別) 하시는고
★㉣: 즐겁고 즐거오믈 너해난 모라리라
★㉤: 부귀(富貴)는 부운(浮雲)이오 공명(功名)은 와각(蝸殼)이라

〔증〕 각 대화체의 특징을 이해하고 이에 관한 반응으로 적절하지 않은 것을 고르는 문제입니다.

〔양상: 사물이나 현상의 모양이나 상태〕

>왜 정답 ?

③ ㉢에서는 상대방에 대한 반문을 통해, 독자적 인물들의 대화를 단일한 주제로 통합시키는 '열린 대화체'의 특징을 엿볼 수 있겠군.
  └ 통합된 주제가 나타나는 것은 '닫힌 대화체'의 특징

★근거: (나) ⓱

㉢에서 상대방에게 반문을 하는 것은 맞으나, '열린 대화체'는 독자적 인물들의 주장이 대등한 비중으로 대립되는 특성을 지니고 있다. 인물들의 대화가 단일한 주제로 통합되는 것은 '닫힌 대화체'의 특징이다.

>왜 오답 ?

① ㉠에서는 보조적 인물의 질문을 통해, 주도적 인물의 사설을 이끌어내는 '닫힌 대화체'의 특징을 엿볼 수 있겠군.
  └ '닫힌 대화체'의 특징

★근거: (가) ❸, ❹

㉠에서 보조적 인물인 갑녀가 주도적 인물인 을녀에게 질문을 하여 사설을 이끌어내고 있다. 보조적 인물이 질문을 통해 상대방의 사설을 이끌어내는 것은 '닫힌 대화체'의 특징이다.

② ㉡에서는 보조적 인물의 첨언을 통해, 주도적 인물의 사설에 담긴 작자의식을 강조하는 '닫힌 대화체'의 특징을 엿볼 수
  └ '닫힌 대화체'의 특징   └ 작자가 이야기하고자 하는 것을 강조하여 드러냄.
있겠군.

★근거: (가) ⓱, ⓲, ⓳

앞서 주도적 인물인 을녀가 '출하리 싀여디여 낙월이나 되야이셔 님겨신 창 안히 번드시 비최리라'고 이야기하며 임에게 닿고자 하는 생각을 드러내자 ㉡에서 보조적 인물인 갑녀가 이에 대해 '구존비나 되쇼셔'라고 첨언을 하며 주도적 인물의 사설에 담긴 작자의식을 강조하고 있다. 이는 '닫힌 대화체'의 특징이다.

〔첨언: 덧붙여 말함.〕

④ ㉣에서는 상대방에 대한 조롱 섞인 과시를 통해, 독자적 인물들 사이의 긴장을 유지시키는 '열린 대화체'의 특징을 엿볼 수 있겠군.
  └ '열린 대화체'의 특징

★근거: (나) ⓳

㉣에서 독자적 인물인 목동이 '너해난 모라리라'와 같이 상대방에 대한 조롱 섞인 과시를 통해 인물들의 대화를 긴장시키고 있다. 독자적 인물들 사이의 긴장을 유지시키는 것은 '열린 대화체'의 특징이다.

⑤ ㉤에서는 상대방에 대한 반박을 통해, 독자적 인물들의 주장을 대등하게 대립시키는 '열린 대화체'의 특징을 엿볼 수 있겠군.
  └ '열린 대화체'의 특징

★근거: (나) ㉒

㉤에서 독자적 인물인 목동이 공명을 중시하는 대화 상대방의 의견에 '부귀는 부운이오 공명은 와각이라'며 부귀공명은 소용없는 것이라고 반박하여 독자적 인물들의 주장을 대립시키고 있다. 독자적 인물들 간의 주장이 대립되는 것은 '열린 대화체'의 특징이다.

C 08 정답 ⑤ ★시의 중심 내용 파악하기 ‥ [정답률 75%]

(가)의 내 소설과 (나)의 내 노래에 대한 설명으로 가장 적절한 것은?

• (가)의 내 소설: 임과 이별한 사건과 이에 관한 자신의 생각을 제시하고 있습니다.

• (나)의 내 노래: 세속적 가치에 대한 비판적인 생각을 제시하고 있습니다.

〔증〕 화자가 청자에게 전달하고자 하는 내용을 이해한 것으로 적절한 것을 고르는 문제입니다.

＞왜 정답 ?

⑤ '내 수셜'을 통해 자신이 현재 상황에 처한 이유를, '내 노래'를 통해 자신이 현재의 삶을 선택한 이유를 드러내고 있다.

'내몸의 지은죄 뫼フ티 빠혀시니'

'부귀는 부운이오 공명은 와각이라'

＊근거: (가) ⑪, (나) ㉑, ㉒

'내 수셜'에는 '내몸의 지은죄 뫼フ티 빠혀시니'와 같이 임금과 이별한 상황에 대한 이유가 드러나 있고, '내 노래'에는 '장안을 도라보니 풍진이 아득하다'와 '부귀는 부운이오 공명은 와각이라'와 같이 자신이 현실을 떠나 자연에 귀의하여 소 치기를 하는 이유가 드러나 있으므로 '내 수셜'을 통해 자신이 현재 상황에 처한 이유를, '내 노래'를 통해 자신이 현재의 삶을 선택한 이유를 드러내고 있다는 진술은 적절하다.

＞왜 오답 ?

① '내 수셜'을 통해 자신이 한 일에 대한 성찰을, '내 노래'를 통해 자신이 한 일에 대한 후회를 드러내고 있다.

자신이 자연에 귀의한 것에 대해 후회하는 것이 드러나지는 않음.

＊근거: (가) ⑩, (나) ㉓

'내 수셜'에는 '누어 싱각ᄒ고 니러안자 혜여ᄒ니'와 같이 자신이 한 일에 대한 성찰을 하는 것이 드러나 있지만, '내 노래'에는 '이 통소 한 곡조의 행화촌을 차자리라'와 같이 자연에 귀의한 자신의 삶에 대해 긍정적인 태도를 드러내고 있으므로 자신이 한 일에 대한 후회를 드러내고 있지 않다.

② '내 수셜'을 통해 자신의 문제를 극복하려는 의지를, '내 노래'를 통해 자신의 신세에 대한 한탄을 드러내고 있다.

자신의 신세에 대한 한탄은 드러나지 않음.

＊근거: (가) ⑰, ⑱, (나) ⑲

'내 수셜'에는 '촐하리 싀여디여 낙월이나 되야이셔 / 님겨신 창안ᄒ 번드시 비최리라'와 같이 자신의 문제를 극복하려는 의지가 드러난 표현이 드러나 있지만 '내 노래'에는 '즐겁고 즐거오믈 너해난 모라리라'와 같이 자신의 상황에 만족하는 표현이 드러나 있다.

③ '내 수셜'을 통해 자신이 현재 느끼고 있는 흥취를, '내 노래'를 통해 자신이 과거에 느꼈던 흥취를 드러내고 있다.

화자의 흥취가 드러나지 않음.

＊근거: (가) ⑯, (나) ⑱, ⑲

'내 수셜'에는 '어엿븐 그림재 날조츨 ᄲᅮᆫ이로다'와 같이 자신이 처한 부정적인 상황을 드러내며 슬픈 정서를 드러내고 있으므로 흥취를 드러내고 있다고 볼 수 없다. '내 노래'에는 '기산의 귀 씻기와 상류의 소 먹이기 / 즐겁고 즐거오믈 너해난 모라리라'와 같이 과거 자신의 자연 친화적인 삶에 대한 흥취가 드러나 있다.

[**흥취**: 흥과 취미를 아울러 이르는 말

④ '내 수셜'을 통해 자신이 처한 상황의 변화를, '내 노래'를 통해 자신이 추구했던 삶의 방식의 변화를 드러내고 있다.

삶의 방식의 변화는 드러나지 않음.

＊근거: (가) ⑨, (나) ㉑, ㉒

'내 수셜'에는 '반기시ᄂᆞᆫ 눗비치 녜와엇디 다ᄅᆞ신고'와 같이 자신에 대한 임의 태도가 달라진 것을 드러내며 자신이 처한 상황의 변화를 드러내고 있다. '내 노래'에는 '장안을 도라보니 풍진이 아득하다 / 부귀는 부운이오 공명은 와각이라'고 반복적으로 이야기하며 자신이 추구했던 자연 친화적 삶의 방식을 강조하고 있으며, 삶의 방식의 변화는 드러나 있지 않다.

C 09~13 [2018년(3월)/고1교육청 20~24]

(가) 조동일, 〈한국문학통사〉

⊖ 글 전체 핵심어 ◯ 각 문단 핵심어 ▢ 글 전체 중심 문장 ★ 각 문단 중심 문장

★① ◯한국 서정 시가▢는 고대로부터 현대에 이르기까지 형식적 요소와 내용적 요소가 계승되거나 새롭게 변용, 창조되면서 문학적 전통을 이어왔다. ② 서정 시가의 전통은 일반적으로 형식적 측면에서는 3음보, 또는 4음보의 율격을 바탕으로 한 규칙적인 음보율을 보이고 있다는 점을, 내용적 측면에서는 한(恨)의 정서, 해학과 풍자, 자연 친화, 이상향 추구 등을 담아내고 있다는 점을 들 수 있다. ③ (나)의 〈초부가(樵夫歌)〉는 4음보를 바탕으로 산간에서 나무꾼들이 나무를 하면서 부르던 민요이고, (다)의 〈길〉은 3음보를 바탕으로 나그네의 처지를 노래한 현대시이다. ④ (나)와 (다)는 형식적, 내용적 측면에서 한국 서정 시가의 전통을 잇고 있는 작품이라고 할 수 있다.

■ 내용: 이 글은 한국 서정 시가의 특징을 설명하고 있다. 한국 서정 시가는 형식적으로는 3음보 또는 4음보의 율격의 규칙적인 음보율을, 내용적으로는 한(恨)의 정서, 해학과 풍자, 자연 친화, 이상향 추구 등을 보인다는 전통이 있다.

■ 주제: 한국 서정 시가의 형식적, 내용적 측면에서의 전통

(나) 작자 미상, 〈초부가〉

❶ 화자, 중심 대상 ❷ 상황, 정서, 태도 ❸ 표현상 특징 [시 해석]

① 나무하러 가자 이히후후* 에헤
　❸ 표현상의 특징: 후렴구
　➡ 나무하러 가자 이히후후 에헤

② 남 날 적에 나도 나고 나 날 적에 남도 나고
　❶ 화자: 나(나무꾼)
　➡ 남 태어날 적에 나도 나고 나 태어날 적에 남도 나고
　❶ 중심 대상: 팔자

③ 세상 인산 갓시 않아 이놈 팔자 무슨 일고
　❷ 정서: 자신의 고단한 삶을 한탄함.

[A]　➡ 세상 인간 같지 않아 이놈 팔자는 무슨 일로

④ 지게 목발 못 면하고 어떤 사람 팔자 좋아
　　화자의 신세 – 나무꾼　　　높은 신분으로 태어난 사람
　➡ 지게 목발(나무꾼 신세)을 못 면하고 어떤 사람은 팔자 좋아

⑤ 고대광실 높은 집에 사모*에 풍경 달고
　　크고 좋은 집　　　　사모에 다는 장식
　➡ 크고 좋은 집에 관복 모자에 장식을 달고

⑥ 만석록*을 누리건만 이런 팔자 어이하리
　➡ 만 석이나 되는 녹봉을 누리건만 이런 팔자 어이하리?

★❶~❻행 요약: 빈부와 귀천이 불평등한 상황에서의 신세 한탄

⑦ 항상 지게는 못 면하고 남의 집도 못 면하고
　❷ 정서: 남의 집 머슴살이와 나무꾼의 신세를 한탄함.
　➡ 항상 나무꾼 신세는 못 면하고 남의 집에 사는 신세도 못 면하고

⑧ 죽자 하니 청춘이요 사자 하니 고생이라
　　죽기도 살기도 힘든 처지
　➡ 죽자 하니 청춘이고 살자 하니 고생이라.

⑨ 세상사 사라진들 [치마 짧은 계집 있나
[B]　　　　　　　　[ ]: 아내와 자식, 재산이 없는 현실
　➡ 세상에서 사라진들 아내가 있나,

⑩ 다박머리 자식 있나 광 넓은 논이 있나
　➡ 다보록한 머리털을 가진 자식이 있나 광 넓은 논이 있나,

⑪ 사래 긴 밭이 있나] 버선짝도 짝이 있고　　❸ 표현상 특징: 열거법
　➡ 사래 긴 밭이 있나 버선 짝도 짝이 있고,

⑫ 토시짝도 짝이 있고 털먹신도 짝이 있는데 ⌐
→ 토시 짝도 짝이 있고 굵고 거칠게 삼은 짚신도 짝이 있는데,

쳉이* 같은 내 팔자야 자탄한들 무엇하리
❸ 표현상의 특징: 비유법 – 가진 것 없는 자신의 처지를 '키'에 비유함.
→ 키 같은 내 팔자야 스스로 탄식한들 무엇하겠는가?

⑭ 한탄한들 무엇하나 청천에 ㉠저 기럭아
감정 이입의 대상
→ 한탄한들 무엇하나 공중에 저 기러기야.

⑮ 너도 또한 임을 잃고 임 찾아서 가는 길가
→ 너도 또한 임을 잃고 임 찾아서 가는 길인가?

*❼~⑮행 요약: 가난하고 외로운 처지 한탄

⑯ 더런 놈의 팔자로다 이놈의 팔자로다
❷ 정서: 자신의 팔자를 직접적으로 한탄함.
→ 더러운 놈의 팔자로다 이 놈의 팔자로다.

⑰ 언제나 면하고 오늘도 이 짐을 안 지고 가면
끝을 모르는 고달픈 인생
[C]
→ 언제나 면하고 오늘도 이 짐을 안 지고 가면

⑱ 어떤 놈이 밥 한 술 줄 놈이 있나
→ 어떤 놈이 밥 한 술 줄 놈이 있나?

⑲ 가자 이히후후
→ 가자 이히후후

*⑯~⑲행 요약: 고생을 면할 수 없는 신세 한탄

*이히후후: 나무를 할 때 내뱉는 한숨 소리
*사모: 관복을 입을 때 쓰는 모자
*만석록: 만 석의 녹봉
*쳉이: 곡식을 까불러 쭉정이 등을 골라내는 '키'의 방언

■ 갈래: 민요   ■ 창작 시기: 미상
■ 내용: 이 작품은 나무꾼들이 고달픈 생활을 한탄하며 부른 4음보의 민요로, 영남 지방과 강원도 지방에서 많이 불렸다. 남의 집에서 머슴살이를 하면서 일생 동안 지게를 지고 산에서 나무를 해야 하는 화자의 고통스러운 삶과 외로움이 감정 이입의 대상과 분위기를 환기하는 소재를 통해 실감나게 표현되고 있다. 화자의 처지와 대조되는 대상을 열거하고 대구를 통해 내용을 확장함으로써 인생을 한탄하며 고달프게 살아가는 화자의 처지를 부각하고 있다.
■ 주제: 나무꾼의 고달픈 삶

■ 이것이 핵심!: 대조적 시어

쳉이 짝이 없는 화자	대조	버선짝, 토시짝, 털먹신 짝이 있음.

(다) 김소월, 〈길〉
❶ 화자, 중심 대상 ❷ 상황, 정서, 태도 ❸ 표현상 특징

① 어제도 하로밤
나그네의 삶이 지속되고 있음.

나그네 집에
화자의 처지를 직접적으로 드러냄.

가마귀 가왁가왁 울며 새웠소.
감정 이입의 대상 ❸ 표현상의 특징: 음성 상징어를 통해 화자의 심정을 표현함.

*①연 요약: 나그네로 살아가는 화자의 슬픈 삶

② 오늘은 / 또 몇 십 리
반복되는 생활

어디로 갈까.
❷ 상황: 갈 곳이 없는 처지임.

③ 산으로 올라갈까 / 들로 갈까
❶ 화자: 내고향에 갈 수 없는 나그네
오라는 곳이 없어 나는 못 가오.
❷ 정서: 갈 곳이 없는 나그네의 비애를 느낌.

*②~③연 요약: 갈 곳 없는 나그네의 비애

④ 말 마소, 내 집도
화자의 고향
정주(定州) 곽산(郭山)*
❸ 표현상의 특징: 구체적인 지명 제시 – 향토적 정감을 드러냄.
차(車) 가고 배 가는 곳이라오.
물리적인 수단으로 갈 수 있는 화자의 고향
*④연 요약: 고향이 있지만 갈 수 없는 나그네의 처지

⑤ 여보소, 공중에
❸ 표현상의 특징: 기러기를 청자로 설정하여 나그네의 처지를 하소연함.
㉡저 기러기
객관적 상관물 – 화자의 처지와 대조되는 대상
❶중심 대상: 길
공중엔 길 있어서 잘 가는가?
길이 없는 나그네의 현실과 다른 공간
*⑤연 요약: 기러기와 대조되는 나그네의 처지

⑥ 여보소, 공중에
저 기러기
열 십자(十字) 복판에 내가 섰소.
갈림길, 선택의 기로
*⑥연 요약: 갈림길 앞에서 느끼는 나그네의 슬픔

⑦ 갈래갈래 갈린 길
❸ 표현상의 특징: ㄱ, ㄹ의 음운을 통해 운율감 형성
길이라도
내게 바이* 갈 길은 하나 없소.
❷ 정서: 갈 곳이 없는 나그네의 비애를 느낌.
*⑦연 요약: 갈 수 있는 길이 없는 나그네의 처지

*정주(定州) 곽산(郭山): 김소월의 고향
*바이: 아주 전혀

■ 갈래: 자유시, 서정시   ■ 창작 시기: 일제 강점기
■ 내용: 이 작품은 고향을 잃고 떠도는 나그네의 애달픈 처지가 잘 드러난 현대시이다. 일제 강점기라는 시대적 배경을 고려하면 조국을 잃고 떠도는 우리 민족의 슬픈 모습을 형상화하고 있다고 볼 수 있다. 또한 우리의 전통적인 율격인 3음보를 바탕으로 하오체와 말을 건네는 듯한 어투, 물리적인 공간이면서 동시에 사람이 살아가는 방향을 의미하는 '길'이라는 추상적인 공간의 설정, 감정 이입의 대상인 '까마귀'와 객관적 상관물인 '기러기' 등을 통해 갈림길에서 방황하는 화자의 절망감과 안타까움을 드러내고 있다. 이 시에서 고향은 본래의 모습을 상실한 채 일제 강점하에 놓인 조국을 비유적으로 표현한 것으로, 고향을 떠나온 화자는 조국을 잃고 방황하는 우리 민족의 모습을 대변하고 있다.
■ 주제: 정처 없이 떠도는 나그네의 비애

■ 이것이 핵심!: 감정 이입과 객관적 상관물

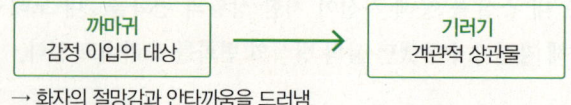

까마귀 감정 이입의 대상	→	기러기 객관적 상관물

→ 화자의 절망감과 안타까움을 드러냄.

⭐ 독해 공식 정답
(나)
❶ 화자: '나'(나무꾼), 중심 대상: 팔자(에 대한 인식)
❷ 상황: 나무를 하면서 자신의 팔자를 한탄하고, 다른 사람의 처지와 자신의 처지를 비교하고 있음.
정서, 태도: 자신의 처지를 한탄함.
❸ 표현상 특징
• 대조적인 상황을 제시하여 주제를 강조함.
• 비유, 대구, 열거를 활용하여 내용을 확장함.
• 감정 이입의 대상과 시적 분위기를 환기하는 소재를 통해 화자의 정서를 드러냄.
(다)
❶ 화자: '나', 중심 대상: 길
❷ 상황: 고향을 잃고 어디로 가야 할지 모르고 있음.
정서, 태도: 갈 곳이 없어 서러워함.

❸ 표현상 특징
· 3음보의 전통 율격을 변용하여 화자의 처지를 표현함.
· 평안북도의 지명을 구체적으로 제시하여 향토적 정감을 드러냄.
· 감정 이입의 대상과 객관적 상관물을 통해 화자의 감정을 효과적으로 드러냄.

작품 간의 공통점 및 차이점
· 공통점: (가)에서는 한국 서정 시가의 전통을 설명하고 있고, (나)와 (다)는 한국 서정 시가의 구체적 예임.
· 차이점: 크게 두드러지지 않음.

C 09 정답 ⑤ ★작품 비교하기 ·············· [정답률 71%]

(가)를 바탕으로 (나)와 (다)를 감상한 내용으로 적절하지 <u>않은</u> 것은?

왜 정답?
⑤ (나)의 '나무하러 가자'와 (다)의 '산으로 올라갈까'에서는
_{나무를 해야 하는 나무꾼의 한숨이 묻어남.} _{갈 곳 없는 나그네의 비애}
모두 이상향을 추구하는 화자의 태도를 엿볼 수 있군.
_{적절하지 않음.}

★근거: (나) ❶행, (다) 3연 ❶
(가)에서 한국 서정 시가는 3음보 또는 4음보의 전통적 율격을 사용하고, 한의 정서, 해학과 풍자, 자연 친화, 이상향 추구 등의 내용을 다룬다는 특징이 있다고 하였다. (나)의 '나무하러 가자'는 고달픈 삶 속에서 깊은 산속으로 나무를 하러 가야 하는 나무꾼의 처지가 드러나는 표현이며, (다)의 '산으로 올라갈까'는 갈 곳이 없는 나그네의 비애를 드러내는 표현이다.

[이상향: 인간이 생각할 수 있는 최선의 상태를 갖춘 완전한 사회

왜 오답?
① (나)의 '세상 인간/같지 않아/이놈 팔자/무슨 일고'에서는
_{4음보 → 전통적 율격}
4음보의 전통적인 율격을 확인할 수 있군.

★근거: (나) ❸행
(나)의 '세상 인간 같지 않아 이놈 팔자 무슨 일고'는 '세상 인간 / 같지 않아 / 이놈 팔자 / 무슨 일고'와 같이 4음보의 율격을 바탕으로 규칙적인 음보율을 보이고 있으므로 전통적인 율격이라 할 수 있다.

[음보: 운율을 이루는 소리의 덩어리로, 숨을 크게 한 번 들이쉴 때, 몇 번 띄어 읽으면서 한 구절을 낭송할 수 있는가 하는 단위
[율격: 격식이나 규격

② (나)의 '지게 목발 못 면하고'를 통해 작품 속의 화자가 나
_{지겟다리 → 나무꾼}
무꾼임을 알 수 있군.

★근거: (나) ❹행
(나)의 '지게 목발'은 지겟다리를 의미하므로, 이를 통해 화자가 지게를 지고 나무를 해야 하는 나무꾼임을 알 수 있다.

③ (나)의 '사자 하니 고생이라'에서는 고달픈 삶을 살아가는
_{나무꾼의 처지를 면할 수 없고, 남의집살이도 면하지 못하는 화자의 한탄}
화자의 한의 정서를 엿볼 수 있군.

★근거: (가) ❷문장, (나) ❽행
(나)의 '사자 하니 고생이라'는 나무꾼의 처지를 면할 수 없고 남의집살이도 면하지 못하는 삶에 대한 화자의 한탄이 드러나는 표현이므로, 고달픈 삶을 살아가는 화자의 한의 정서가 드러나 있다고 할 수 있다.

④ (다)의 '어제도/하로밤/나그네 집에'에서는 3음보의 전통
_{3음보 → 전통적 율격}
적 율격이 두 행에 걸쳐 구현되어 있음을 알 수 있군.

★근거: (가) ❸문장, (다) ①연 ❶, ❷행
(가)에서 (다)는 3음보의 율격을 갖는다고 하였다. (다)의 '어제도 / 하로밤 / 나그네 집에'라는 3음보의 율격을 '어제도 하로밤 / 나그네 집에'와 같이 두 개의 행으로 나누어 배치한 것은 한국 서정 시가의 전통을 새롭게 변용하여 표현한 것이라고 할 수 있다.

[구현되다: 어떤 내용이 구체적인 사실로 나타나다.

C 10 정답 ① ★표현상의 특징 파악하기 ··· [정답률 73%]

(나)와 (다)의 공통점으로 가장 적절한 것은?

왜 정답?
① 말을 건네는 듯한 어투를 통해 정서를 나타내고 있다.
_{(나): '저 기력아' – 자신의 신세를 빗댐. (다): '여보소, 공중에 저 기러기' – 화자의 신세와 대조됨.}

★근거: (나) ⓮행, (다) ⑤연 ❶행
(나)의 '저 기력아'와 (다)의 '여보소'에서 화자가 말을 건네는 듯한 어투를 사용하고 있다. (나)의 화자는 '기력이'에 자신의 신세를 빗대어 표현하고 있으며, (다)는 화자의 처지와 대조되는 대상인 '기러기'에게 말을 건넴으로써 자신의 정서를 나타내고 있다. 이처럼 (나)와 (다)는 모두 말을 건네는 듯한 어투를 통해 정서를 나타내고 있다.

[어투: 말을 하는 버릇이나 본새

왜 오답?
_{감정을 두드러지게 하고}
② 선명한 색채 대비를 통해 화자의 심리를 부각하고 있다.
_{(나), (다) 모두 나타나지 않음.}

(나)와 (다)에서 선명한 색채 대비를 하고 있는 부분을 찾을 수 없다.

③ 수미상응의 시상 전개를 통해 구성상 안정감을 주고 있다.
_{(다)에는 나타나지 않음.}

★근거: (나) ❶행, ⓳행
'수미상응'이란 시의 처음과 끝에서 유사하거나 동일한 표현을 반복하는 구성법으로, '수미상관'이라고도 한다. (나)에서는 첫 행에 사용된 '가자 이히후 후'가 마지막 행에서도 반복되는 것을 확인할 수 있지만, (다)에서는 첫 연에 쓰인 표현이 끝 연에서 반복되고 있지 않다.

④ 공감각적 이미지를 활용하여 계절의 흐름을 표현하고 있다.
_{(나), (다) 모두 나타나지 않음.}

(나)와 (다)에서 공감각적 이미지를 활용한 부분을 찾을 수 없다.

[공감각적 이미지: 둘 이상의 감각이 결합되어 나타나는 이미지로 하나의 감각적 대상을 다른 종류의 감각으로 전이(轉移)하여 표현하는 방식

⑤ 반어적 표현을 활용하여 화자가 처한 상황을 강조하고 있다.
_{(나), (다) 모두 나타나지 않음.}

(나)와 (다)에서 반어적 표현을 활용하여 화자가 처한 상황을 강조한 부분을 찾을 수 없다.

[반어적: 표현의 효과를 높이기 위하여 실제와 반대되게 말을 하는

C 11 정답 ③ ★시어의 의미 파악하기 ······ [정답률 63%]

㉠과 ㉡에 대한 설명으로 가장 적절한 것은?

· ㉠: ㉠은 '저 기력'입니다. 화자는 '너도 또한 임을 잃고 임 찾아서 가는 길가'라면서 ㉠에 감정을 이입하고 있습니다.
· ㉡: ㉡은 '저 기러기'입니다. 화자는 '공중엔 길 있어서 잘 가는가?'라면서 자신과 처지가 반대되는 대상인 ㉡에 대해 이야기하고 있습니다.

즉 (가)의 '저 기력'(㉠)과 (나)의 '저 기러기'(㉡)에 대해 올바르게 설명한 것을 고르는 문제입니다.

왜 정답?
③ ㉡은 ㉠과 달리 화자의 처지와 대조를 이루고 있다.
_{㉡은 화자의 갈 수 없는 처지와 대조를 이루는 대상}

★근거: (나) ⓮, ⓯행, (다) 3연 ❸행, 5연 ❷, ❸행, 7연 ❸행
(나)의 '너도 또한 임을 잃고 임 찾아서 가는 길가'를 통해 ㉠은 짝이 없는 화자의 안타까운 감정이 이입된 대상임을 알 수 있다. 반면 (다)의 '공중엔 길 있어서 잘 가는가?'를 통해 화자는 ㉡을 청자로 설정하여 '오라는 곳이 없어 나는 못 가오', '내게 바이 갈 길은 하나 없소'라는 화자 자신의 처지를 부각하고 있음을 알 수 있다. 따라서 화자의 갈 수 없는 처지를 부각하는 ㉡은 화자의 감정이 이입된 ㉠과 달리 화자의 처지와 대조를 이루고 있다고 할 수 있다.

>왜 오답?

① ㉠은 ㉡과 달리 화자에게 삶의 깨달음을 주고 있다.
㉠과 ㉡ 모두 화자에게 삶의 깨달음을 주는 것은 아님.

㉠은 화자의 안타까운 감정이 이입된 대상이고, ㉡은 화자의 갈 수 없는 처지를 부각하는 대상일 뿐, 화자에게 삶의 깨달음을 주고 있는 것은 아니다.

② ㉠은 ㉡과 달리 화자가 부러워하는 대상에 해당한다.
㉠은 감정 이입의 대상. ㉡은 부러워하는 대상

㉠은 화자의 안타까운 감정이 이입된 대상이고, ㉡은 화자가 갈 수 없는 길을 잘 가고 있는 대상이므로, ㉡은 ㉠과 달리 화자가 부러워하는 대상이라고 할 수 있다.

④ ㉡은 ㉠과 달리 임에 대한 화자의 그리움을 환기한다.
㉠은 임을 잃은 화자의 외로움을 이입한 대상이고, ㉡은 화자의 갈 수 없는 처지를 부각하는 대상임.

㉠은 짝이 없어 외로워하는 화자의 감정이 이입된 대상이고, ㉡은 화자의 갈 수 없는 처지를 부각하는 대상이므로, ㉠은 ㉡과 달리 임에 대한 화자의 그리움을 환기한다고 할 수 있다.

[환기하다: 주의나 여론, 생각 따위를 불러일으키다.

⑤ ㉠과 ㉡은 모두 화자의 심정을 위로해 주는 대상이다.
㉠과 ㉡ 모두 화자를 위로해 주는 대상은 아님.

㉠은 화자의 안타까운 감정이 이입된 대상이고, ㉡은 화자의 갈 수 없는 처지를 부각하는 대상일 뿐 화자를 위로해 주는 대상은 아니다.

C 12 정답 ⑤ *구절의 의미 파악하기 ⋯⋯⋯ [정답률 81%]

[A]~[C]에 대한 설명으로 적절하지 않은 것은?

• [A]~[C]: 화자는 [A]에서 불평등한 상황에 대해, [B]에서 가난하고 외로운 처지에 대해 한탄하고 있습니다. [C]에서는 고생을 피할 수 없는 신세를 한탄하고 있습니다.

즉 [A]~[C]에 드러난 화자의 모습 및 감정에 대한 설명으로 틀린 것을 고르는 문제입니다.

>왜 정답?

⑤ [A]~[C]는 모두 짝이 있는 물건을 ~~열거하며 화자의 애상감을 점층적으로 표현하고 있다.~~
[A], [C]에서는 확인할 수 없음.

*근거: (나) ⑪, ⑫행

[B]의 11, 12행에서는 '버선짝', '토시짝', '털먹신' 등을 열거하며 그 처지와 반대되는 화자의 애상감을 드러내고 있다. 하지만 [A]와 [C]에서는 화자의 처지에 대한 신세 한탄은 드러나 있으나, 짝이 있는 물건을 열거하고 있지는 않다.

>왜 오답?

① [A]는 빈부와 귀천의 불평등한 상황을 제시하여 현실에서 느끼는 괴로움을 토로하고 있다.

*근거: (나) ③~⑥행

[A]의 '세상 인간 같지 않아 이놈 팔자 무슨 일고 / 지게 목발 못 면하고 어떤 사람 팔자 좋아 / 고대광실 높은 집에 사모에 풍경 달고 / 만석록을 누리건만 이런 팔자 어이하리'를 통해 빈부와 귀천이 불평등한 상황에서 화자가 느끼는 괴로움을 토로하고 있다.

② [B]는 유사한 문장 구조를 사용하여 가난하고 외롭게 살아가는 화자의 모습을 강조하고 있다.

*근거: (나) ⑦, ⑪~⑫행

[B]의 '항상 지게는 못 면하고 남의 집도 못 면하고'와 '버선짝도 짝이 있고 / 토시짝도 짝이 있고'를 통해 유사한 문장 구조를 사용하여 가난하고 외롭게 살아가는 화자의 모습을 강조하고 있다.

③ [C]는 체념적인 어조를 활용하여 고생을 면할 기약이 없는 삶을 한탄하고 있다.

*근거: (나) ⑰~⑱행

[C]의 '언제나 면하고 오늘도 이 짐을 안 지고 가면 / 어떤 놈이 밥 한 술 줄 놈이 있나'를 통해 체념적인 어조를 활용하여 화자의 고생을 면할 기약이 없는 삶을 한탄하고 있다.

④ [A]와 [C]는 고된 노동을 할 때 내뱉는 한숨 소리를 통해 화자의 심정을 표현하고 있다.

*근거: (나) ❶, ⑲행

[A]의 '이히후후 에헤'와 [C]의 '이히후후'에서 고된 노동을 할 때 내뱉는 한숨 소리를 통해 화자의 심정을 표현하고 있다.

C 13 정답 ④ *〈보기〉를 바탕으로 감상하기 ⋯ [정답률 69%]

〈보기〉를 참고하여 (다)를 감상한 내용으로 적절하지 않은 것은? [3점]

• 〈보기〉: 〈보기〉는 다양한 '길'의 종류를 이야기하고 있습니다. (다)에서는 '길'을 통해 우리 민족의 비애를 형상화하고 있습니다.

즉 우리 민족의 비애를 형상화한 '길'에 대한 설명을 고려하여 (다)의 시어를 잘못 감상한 것을 고르는 문제입니다.

──── [보기] ────
❶'길'은 목적지를 향한 길일 수도 있고, 원점으로 되돌아오는
③의 근거
길일 수 있으며, 지향점을 상실한 채 방황하는 길일 수도 있
①, ⑤의 근거
다. ❷김소월의 〈길〉은 이와 같은 길의 속성을 바탕으로 일제
강점기에 삶의 터전인 고향을 상실한 우리 민족의 비애를 길
②, ④, ⑤의 근거
과 연결된 다양한 공간을 통해 형상화하고 있다.

상실하다: 어떤 것을 아주 잃거나 사라지게 하다.
방황하다: 이리저리 헤매어 돌아다니다.
속성: 사물의 특징이나 성질
비애: 슬퍼하고 서러워함. 또는 그런 것

>왜 정답?

④ '열십자 복판'은 ~~화자가 되돌아가고 싶은 원점으로서~~ 화자
갈림길에서 어디로 가야 할지 몰라 방황하는 화자가 있는 공간 → 우리 민족의 비애
의 갈등을 야기하는 공간이라고 할 수 있겠군.

〈보기〉에서 (다)는 일제 강점기에 삶의 터전인 고향을 상실한 우리 민족의 비애를 길과 연결된 다양한 공간을 통해 형상화하고 있다고 했다. 이를 고려하면 '열십자 복판'은 갈림길에서 어디로 가야 할지 모르고 방황하는 화자가 있는 공간으로, 우리 민족의 비애를 드러낸다고 할 수 있다. 따라서 '열십자 복판'을 화자가 되돌아가고 싶은 원점으로서 화자의 갈등을 야기하는 공간이라고 보는 것은 적절하지 않다.

>왜 오답?

① '나그네 집'에 '어제도' 머물렀던 것은 목적지를 잃은 화자
목적지를 잃고 방황하는 화자의 모습
의 방황이 계속되고 있음을 보여 준다고 할 수 있겠군.

〈보기〉에서 '길'은 지향점을 상실한 채 방황하는 길일 수도 있다고 했다. 화자가 '나그네 집'에 '어제도' 머물렀던 것은 목적지를 잃고 방황하는 화자의 모습을 형상화하고 있으므로 화자의 방황이 계속되고 있음을 보여 준다.

② '들'은 삶의 터전인 고향을 잃어 어디로도 갈 수 없는 화자
화자가 가고 싶어도 갈 수 없는 공간
의 비애와 연관 지어 이해할 수 있겠군.

'들'은 화자가 가고 싶어도 갈 수 없는 장소이다. 〈보기〉에서 (다)의 '길'은 일제 강점기에 삶의 터전인 고향을 상실한 우리 민족의 비애를 드러낸다고 했으므로, '들'은 삶의 터전인 고향을 잃어 어디로도 갈 수 없는 화자의 비애와 연관 지어 이해할 수 있다.

③ '정주 곽산'은 지향점이지만 '오라는 곳'이 아니라는 점에서
화자의 고향으로, 차와 배로 갈 수 있는 곳이지만 화자는 갈 수 없는 공간
화자의 슬픔을 심화한다고 볼 수 있겠군.

'정주 곽산'은 화자의 고향으로 차도 가고 배도 가는 곳이지만 화자는 갈 수 없다고 하였다. 〈보기〉에서 '길'은 목적지를 향한 길일 수도 있지만 삶의 터전인 고향을 상실한 우리 민족의 비애를 형상화한다고 하였으므로, '정주 곽산'은 지향점이지만 '오라는 곳'이 아니라는 점에서 화자의 슬픔을 심화한다.

┌ **지향점**: 도달하고자 하는 목표로 지정한 점.
└ **심화하다**: 정도나 경지가 점점 깊어지다. 또는 깊어지게 하다.

⑤ '갈린 길'은 일제 강점기에 삶의 방향을 잃어버린 우리 민
방향성을 상실한 화자가 서 있는 공간
족의 모습을 상징적으로 보여 준다고 할 수 있겠군.

'갈린 길'은 방향성을 상실한 화자가 서 있는 공간이다. 〈보기〉에서 '길'은 지향점을 상실한 채 방황하는 길일 수도 있다고 했으므로, '갈린 길'은 일제 강점기에 삶의 방향을 잃어버린 우리 민족의 모습을 상징적으로 보여 준다.

┌ **상징적**: 추상적인 개념이나 사물을 구체적인 사물로 나타내는 것

C 14~17 [2017년(11월)/고1교육청 38~41]

(가) 〈조선 시대 사대부와 시조〉

◯ 글 전체 핵심어 ◯ 각 문단 핵심어 ▨ 글 전체 중심 문장 ★ 각 문단 중심 문장

★❶조선 시대 사대부들이 향유했던 대표적인 문학 갈래인 시조에는 사대부들이 지향하는 삶이 잘 나타나 있다. ❷그런데 다수의 시조 작품에서 사대부가 자연 속에서 심성을 도야하며 안빈낙도(安貧樂道)하는 삶을 추구하는 모습이 드러나 있어 사대부는 현실 정치의 참여보다는 자연 속에 은둔하는 삶을 지향한다고 여겨지는 경향이 있다. ❸하지만 이는 유학적 가르침을 내면화했던 사대부에 대한 정확한 인식이라고 보기 어렵다.

┌ **도야하다**: (비유적으로) 훌륭한 사람이 되도록 몸과 마음을 닦아 기르다.

*❶문단 요약: 시조에 드러난 사대부의 삶

★❶조선 시대 사대부들의 삶은 관직의 유무에 따라 출(出)과 처
관직의 유무에 따라 '출(出)'과 '처(處)'로 구분되는 사대부의 삶
(處)로 구분하여 이해될 수 있다. ❷유교 사회에서 '출'은, ⌈유교적 가르침을 부단히 수양한 사대부가 관직에 나아가 사대부로서 품
⌊ ⌉: 유교 사회에서 '출'의 의미
었던 정치적 포부를 펼치는 이상적인 삶의 형태⌋로 이해될 수 있다. ❸사대부들은 유교적 가치관이 바로 서서 순리대로 정치가 실현되는 세상에서는 관직에 나아가 유교적 가르침을 실천하며 백성들을 '인(仁)'과 '의(義)'로써 다스리는 것을 자신들의 이상으로 여긴 것이다.

┌ **수양하다**: 몸과 마음을 갈고닦아 품성이나 지식, 도덕 따위를 높은 경지로 끌어올리다.
│ **포부**: 마음속에 지니고 있는, 미래에 대한 계획이나 희망.
└ **순리**: 순한 이치나 도리. 또는 도리나 이치에 순종함.

*❷문단 요약: '출(出)'을 이상적인 삶의 형태로 여긴 사대부

★❶그런데 사대부들은 자신들이 직면한 시대의 상황에 따라 '출'의 가치를 달리 인식하기도 하였다. ❷유교적 가치관이 바로 서지 못해
혼란스러운 시대에 사대부들이 '처'를 선택한 이유

나라가 혼란스러운 상황일 때, 사대부들은 '출'을 의롭지 못하다고 여겨 '처'를 선택하기도 한 것이다. ❸즉, 그들은 의로움을 지키기 위해 스스로 '출'을 거부하고 '처'를 선택하는 것을 이상적이라고 여겼다. ❹그러나 사대부들은 '처'의 삶을 살면서도 혼란스러운 세상에 대한 근심을 표현하며 우국충정을 드러내는 것으로 자신의 본분을 지키려 하였다.

┌ **의롭다**: 정의를 위한 의기가 있다.
└ **우국충정**: 나랏일을 근심하고 염려하는 참된 마음

*❸문단 요약: 나라가 혼란스러운 상황일 때는 '처(處)'를 선택한 사대부

★❶조선 시대 사대부들은 시조에서 궁달(窮達)이라는 표현도 자주 사용했는데, 이 또한 '처'와 '출'의 맥락과 관련지어 이해될 수 있다. ❷'궁(窮)'은 '빈궁(貧窮)'과 '빈천(貧賤)'을, '달(達)'은 '영달(榮
'처'의 삶을 뜻함. '출'의 삶을 뜻함.
達)'과 '부귀(富貴)'를 의미한다. ❸여기서 빈궁과 빈천은 혼탁한 세상
빈궁과 빈천의 의미
으로 인해 자신의 정치적 포부를 펼치지 않는 삶을, 영달과 부귀는 고위 관직에 올라 자신의 뜻을 펼칠 수 있는 삶을 의미한다고
영달과 부귀의 의미
볼 수 있다. ❹이런 점에서 '궁'은 '처'와, '달'은 '출'과 비슷한 맥락을 지닌다고 볼 수 있다. ❺따라서 빈천과 부귀는 앞에서 언급한 사대부의 삶의 처지와 관련지어 볼 때 단순히 경제적 상황만을 의미하는 것이 아니라 보다 확장된 의미를 가진다.

┌ **맥락**: 사물 따위가 서로 이어져 있는 관계나 연관

*❹문단 요약: 시조에 등장하는 '빈천'과 '부귀'가 갖는 확장된 의미

❶결국 관직의 유무에 따른 사대부의 처지와 그와 관련된 그들의 삶의 태도는 '출 – 달 – 부귀'와 '처 – 궁 – 빈천'이라는 대조적 맥❷락을 통해서 설명할 수 있다. 이와 같은 맥락을 잘 보여주는 시조 작품으로 권호문의 시조와 임제의 시조를 들 수 있다.

┌ 출(出)하면 치군택민(致君澤民)* 처(處)하면 조월경운(釣月耕
│ 雲)*
│ → (관직에) 나아가면 치군택민하며, (관직에 나아가지 않고) 머무르면 조
│ 월경운이라.
[A]
│ 총명하고 밝은 군자(君子)는 이것을 즐기나니
│ → 총명하고 사리에 밝은 군자는 이것을 즐겁게 여기나니
│ 하물며 부귀(富貴)는 위기(危機)라 빈천거(貧賤居)를 하오리라*
│ 화자의 인식 '처'의 삶을 추구하려 함.
└ → 하물며 부귀는 위기이니 (차라리) 가난하게 지내리라.

┌ **총명하다**: 썩 영리하고 재주가 있다.

– 권호문, 〈한거십팔곡〉 중 제8수

*유교적 위기의 순간에 '처'의 삶을 살고자 하는 의지

┌ 부귀(富貴)를 탐(貪)치 말고 빈천(貧賤)을 사양(辭讓) 마라
│ → 부귀를 탐하지 말고 빈천을 사양하지 마라.
│ 부귀빈천(富貴貧賤)이 절로 절로 도ᄂᆞ이
[B]→ 부귀와 빈천이 저절로 돌 것이니
│ 부귀(富貴)는 위기(危機)라 탐(貪)하다가 신명(身命)을 못
│ 화자의 인식 '출'을 부정적으로 여김.
└ ᄂᆞ이라*
→ 부귀는 위기여서 탐하다가 목숨을 부지하기 어려울 것이다.

– 임제

*부귀를 멀리하고 빈천을 거스르지 않는 삶

*❺문단 요약: 관직의 유무에 따른 사대부의 처지와 삶의 태도 및 대표적 작품

6 권호문과 임제는 당파 싸움이 극심했던 시기인 16세기 중후반을 살았던 인물이다. 권호문은 진사시에 합격하고 임제는 문과에 급제했지만, 자연에 은거하며 산림처사로 사는 삶을 선택했다. 그들의 시조에는 혼탁한 정치 현실에서 벼슬길에 나아가는 것이 위기라는 인식이 잘 드러나 있다.

***6** 문단 요약: 권호문과 임제의 시조에 드러난 사대부의 삶의 태도

* 치군택민: 목숨을 바쳐 임금을 섬기고 백성에게 은덕이 미치게 함.

* 조월경운: 달빛 아래서 고기 낚고 구름 속에서 밭을 갊. 곧 은둔 생활을 뜻함.

* 빈천거를 하오리라: 가난하게 지내리라.

* 신명을 못느ᄂ이라: 목숨을 부지하기 어렵다는 뜻

(가) 조선 시대 사대부의 시조(권호문의 〈한거십팔곡〉과 임제의 시조에 나타난 삶의 태도)

■ **내용:** 이 글은 조선 시대 사대부들이 향유하였던 시조에 나타난 삶의 대조적 태도를 설명하고 있다. 사대부들의 삶은 관직의 유무에 따라 '출(出)'과 '처(處)'로 구분할 수 있으며, 유교적 가치관이 바로 서서 순리대로 정치가 실현되는 세상에서는 '출'의 삶이, 그렇지 못한 혼란스러운 세상에서는 '처'의 삶이 이상적임을 드러내고 있다. 예로 든 권호문의 〈한거십팔곡〉과 임제의 시조에는 '처'의 삶이 형상화되어 있다.

■ **주제:** 조선 시대 시조에 드러난 사대부들의 처지와 삶의 태도

[A] 권호문, 〈한거십팔곡〉

■ **갈래:** 연시조　　■ **창작 시기:** 조선 중기

■ **내용:** 이 작품은 19수의 연시조로, 속세를 떠나 자연을 벗 삼아 살아가는 고고(孤高)한 정신이 드러난다. 특히 8수에서 총명한 군자는 '출'할 때와 '처'할 때를 구분할 줄 안다고 하며, 위기의 순간에 '처'하며 살겠다는 의지를 드러낸다.

■ **주제:** 유교적 위기의 순간에 '처'의 삶을 살고자 하는 의지

[B] 임제의 시조

■ **갈래:** 평시조　　■ **창작 시기:** 조선 중기

■ **내용:** 이 작품은 부귀와 빈천이 돌고 도는 것이므로 억지로 부귀를 탐하면 목숨을 잃게 될 수도 있다는 인식을 바탕으로, 빈천을 굳이 사양하지 않겠다는 의지를 드러내고 있다.

■ **주제:** 부귀를 멀리하고 빈천을 거스르지 않는 삶

(나) 이덕일, 〈우국가〉

① 화자, 중심 대상　**②** 상황, 정서, 태도　**③** 표현상 특징　[시 해석]

①
이편은 저 외다* 하고 저편은 이 외다 하니
➡ 이편은 저편이 그릇되다 하고 저편은 이편이 그릇되다 하니

① 중심 대상: 싸움
매일(每日)의 하는 일이 이 싸움뿐이로다
　　　　　　당쟁만을 일삼음.
➡ 매일 하는 일이 이런 싸움뿐이로다.

③
이 중의 고립(孤立) 무조(無助)*는 님이신가 하노라　〈제14수〉
　　　　　　　　　임금
➡ 이 중에 홀로 있어 도움이 없는 이는 임[임금]이신가 하노라

［고립: 다른 사람과 어울리어 사귀지 아니하거나 도움을 받지 못하여 외톨이로 됨.

*〈제14수〉 요약: 당쟁만을 일삼는 신하들에 대한 비판

①
싸움에 시비만 하고 공도(公道) 시비(是非)* 아니 하네
➡ 싸움에 시시비비만 하고 공평하고 바른 도리는 따지지 아니하네

어찌하여 세상 형편 이같이 되었는고
➡ 어찌하여 세상 형편 이같이 되었는가?

③
물불보다 심한 환난 날로 길어 가는구나　〈제25수〉
세상이 어지러워짐　　　**③** 표현상 특징: 영탄법
➡ 물불보다 심한 환난이 날로 길어 가는구나.

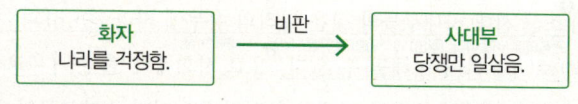

［환난: 근심과 재난을 통틀어 이르는 말

*〈제25수〉 요약: 공평하고 바른 도리를 따지지 않아 환난이 깊어지는 상황에 대한 비판

①
나라가 굳으면 집조차 굳으리라
➡ 나라가 굳으면 집조차도 굳으리라.

②　**③** 표현상 특징: 대조법
집만 돌아보고 나라 일 아니 하네
사대부가 유교적 가치를 실천하지 않음.
➡ 집만 돌아보고 나라 일은 아니 하네.

③
하다가 명당(明堂)*이 기울면 어느 집이 굳으리오　〈제26수〉
　　　　　　　　　③ 표현상 특징: 설의법
➡ (이렇게) 하다가 명당[임금이 조회를 하던 장소─국운]이 기울면 어느 집이 굳으리오?

*〈제26수〉 요약: 유교적 가치를 바르게 실천하지 않는 사대부에 대한 비판

①
공명(功名)을 원챤커든 부귀(富貴)인들 바랄소냐
　　　　　　　　③ 표현상 특징: 설의법
➡ 공명을 원하지 않는데 부귀인들 바라겠는가?

② '처'의 삶인 은둔
초가 한 간에 괴로이 혼자 앉아
② 상황: 초가 한 간에 괴로이 혼자 앉아 있음.
➡ 초가 한 간에 괴롭게 혼자 앉아

③
밤낮에 우국상시(憂國傷時)*를 못내 설워 하노라　〈제28수〉
　　　　　② 정서: 나라를 걱정하는 마음과 그로 인한 안타까움.
➡ 밤낮으로 우국상시에 못내 서러워하노라.

［공명: 공을 세워서 자기의 이름을 널리 드러냄. 또는 그 이름

*〈제28수〉 요약: 공명과 부귀를 바라지 않는 마음과 나라를 걱정하는 마음

* 외다: 그르다

* 고립 무조: 홀로 있어 도움이 없음.

* 공도 시비: 공평하고 바른 도리를 따짐.

* 명당: 임금이 조회를 받던 장소

* 우국상시: 나라를 걱정하고 시절의 혼란함에 마음이 상함.

■ **갈래:** 연시조　　■ **창작 시기:** 조선 중기

■ **내용:** 이 작품은 총 28수의 연시조로 임진왜란 직후의 혼란한 나라를 걱정하는 마음과 당쟁만을 일삼는 사대부들에 대한 비판을 담고 있다. 임진왜란 때 의병장으로 참전했던 작가는 혼란스러운 상황 속에서도 당쟁만을 일삼는 신하들에 대해 분노가 작품에 잘 표현되어 있다.

■ **주제:** 당쟁만을 일삼는 신하들에 대한 비판과 나라를 걱정하는 마음

■ **이것이 핵심!** 화자의 비판적 태도

화자 나라를 걱정함.	비판 ➡	사대부 당쟁만 일삼음.

✿ **독해 공식 정답**

(나)

① **화자:** 드러나지 않음., **중심 대상:** 싸움
② **상황:** 초가 한 간에 괴로이 혼자 앉아 있음.
정서, 태도: 나라를 걱정하고 안타까워함.
③ **표현상 특징**
· 대조적인 상황을 제시하여 당대 현실을 비판하고 있음.
· 영탄적 표현과 설의적 표현을 통해 화자의 심정을 강조함.

작품 간의 공통점 및 차이점
· **공통점:** (가)에서는 사대부들이 지향하는 삶을 '출'과 '처'로 나누어 설명하고 있으며, (나)에서는 '처'의 모습을 보여 주는 작품을 제시하고 있음.
· **차이점:** 크게 두드러지지 않음.

C 14 정답 ⑤ *시어와 구절의 의미 파악하기 ·· [정답률 76%]

(가)에 대한 설명으로 가장 적절한 것은?

> **오H 정답?**

⑤ 사대부는 '처'의 상황에서 우국충정을 드러냄으로써 자신
의 본분을 지키고자 하였다. 적절함.

*근거: (가) ③문단 ④문장

(가)의 3문단 4번째 문장에서 '사대부들은 '처'의 삶을 살면서도 혼란스러운
세상에 대한 근심을 표현하며 우국충정을 드러내는 것으로 자신의 본분을
지키려 하였다.'라고 했다.

> **오H 오답?**

① 사대부들은 ~~경제적인 상황에 따라~~ '출' 혹은 '처'의 삶을 선
택한다. 자신들이 직면한 시대의 상황에 따라

*근거: (가) ③문단 ①문장

(가)의 3문단 1번째 문장에서 '사대부들은 자신들이 직면한 시대의 상황에
따라 '출'의 가치를 달리 인식하기도 했다.'라고 하였다. 따라서 경제적인 상
황에 따라 '출'과 '처'를 선택했다는 이해는 적절하지 않다.

② '영달'은 사대부가 지향하는 ~~자연 속에서의 은둔의 삶을~~ 의
미한다. 고위 관직에 올라 자신의 뜻을 펼칠 수 있는 삶

*근거: (가) ④문단 ③문장

(가)의 4문단 3번째 문장에서 '영달과 부귀는 고위 관직에 올라 자신의 뜻을
펼칠 수 있는 삶을 의미한다'고 하였으므로 적절하지 않다.

③ 사대부들은 ~~관직에 나아간 삶인 '빈궁'을 통해서 안빈낙도~~
를 추구한다. 자신의 정치적 포부를 펼치지 않는 삶

*근거: (가) ④문단 ③문장

(가)의 4문단 3번째 문장에서 '빈궁과 빈천은 혼탁한 세상으로 인해 자신의
정치적 포부를 펼치지 않는 삶'을 의미한다고 하였으므로 적절하지 않다.

④ '궁'은 ~~고위 관직에 올라 자신의 뜻을 펼칠 수 있는 삶을~~ 의
미한다고 볼 수 있다. 빈궁과 빈천, 자신의 정치적 포부를 펼치지 않는 삶을 의미함.

*근거: (가) ④문단 ②, ③문장

(가)의 4문단 2번째 문장에서 '궁'은 '빈궁'과 '빈천'을 의미한다고 했다. 또
한 4문단의 3번째 문장에서 '빈궁과 빈천은 혼탁한 세상으로 인해 자신의 정
치적 포부를 펼치지 않는 삶'을 의미한다고 했으므로 적절하지 않다.

C 15 정답 ③ *외적 준거에 따른 작품 감상하기 · [정답률 75%]

(가)를 바탕으로 [A]와 [B]를 이해한 것으로 적절하지 않은 것은?

• **(가)**: 조선 시대 사대부들의 삶은 '출(出)'과 '처(處)'로 구분할 수 있습니다.
'출(出)'은 사대부로서 품었던 정치적 포부를 펼치는 이상적인 삶의 형태이
고, '처'는 나라가 혼란스러운 상황을 위기로 인식한 사대부들이 선택하는
삶의 모습입니다.

• **[A]**: [A]는 권호문의 〈한거십팔곡〉으로, 위기의 순간에 '처'의 삶을 살고자
하는 의지가 드러나 있습니다.

• **[B]**: [B]는 임제의 시조로, 부귀를 멀리하고 빈천을 거스르지 않는 삶의 의
지를 드러내고 있습니다.

즉 조선 시대 사대부들의 삶의 태도를 고려하여 [A]와 [B]를 잘못 이해한
것을 고르는 문제입니다.

> **오H 정답?**

③ [B]의 '빈천을 사양 마라'에는 ~~관직에 나아가지 않는 '처'의~~
~~삶을 거부해야 한다는~~ 화자의 태도가 드러나 있다. 빈천은 '처'의 삶을 의미함.

*근거: (가) ④문단 ②문장

[B]의 '빈천을 사양 마라'는 '빈천[가난하고 천함.]을 사양하지 말라.'라는 뜻
이고, (가) 4문단의 2번째 문장에서 "궁'은 '빈궁[가난하고 궁색함.]'과 '빈천
[가난하고 천함.]'을 의미한다고 했다. 따라서 '빈천을 사양 마라'는 '처'의 삶
을 사양하지 말라는 뜻이다.

> **오H 오답?**

① [A]의 '치군택민'은 관직에 나아가 유교적 가르침을 실천하
는 것을 의미한다. '목숨을 바쳐 임금을 섬기고 백성에게 은덕이 미치게 함.'

*근거: (가) ②문단 ②문장

[A]의 '치군택민'은 '목숨을 바쳐 임금을 섬기고 백성에게 은덕이 미치게 함.'
이라는 뜻인데, (가)의 2문단 2번째 문장에서 '유교에서 '출'은, 유교적 가르
침을 부단히 수양한 사대부가 관직에 나아가 사대부로서 품었던 정치적 포
부를 펼치는 이상적인 삶의 형태'라고 했으므로 적절하다.

② [A]의 '빈천거를 하오리라'에는 '처'의 삶을 살겠다는 화자
의 의지가 드러나 있다. '가난하게 지내리라'

*근거: (가) ④문단 ②, ④문장

[A]의 '빈천거를 하오리라'는 '가난하게 지내리라'는 뜻이다. 그런데 (가)의 4
문단의 2번째 문장에서 '궁'은 '빈궁[가난하고 궁색함.]'과 '빈천[가난하고 천
함.]'을 의미한다고 했고, 4문단의 4번째 문장에서 '이런 점에서 '궁'은 '처'
와' 비슷하다고 했으므로 적절하다.

④ [B]의 '신명을 못누이라'는 나라의 유교적 가치관이 흔들리
는 상황에서 '출'을 선택했을 때 초래할 결과를 의미한다. '목숨을 부지하기 어렵다'

*근거: (가) ④문단 ②, ④문장

[B]의 '신명을 못누이라'는 '목숨을 부지하기 어렵다'는 뜻이고, 이는 '부귀'를
'위기'라고 인식하는 태도이다. 그런데 4문단 2번째 문장에서 "달'은 '영달'과
'부귀'를 의미한다.'고 했으며, 4문단 4번째 문장에서 "달'은 '출'과 비슷한 맥
락을 지닌다고 볼 수 있다.'고 했으므로 적절하다.

[초래하다: 일의 결과로서 어떤 현상을 생겨나게 하다.

⑤ [A]와 [B]에서 화자가 '부귀'의 삶을 지향하지 않는 것에서
는 당파 싸움이 심한 시대에 '출'의 삶을 '위기'라고 여기는 화
자의 인식이 드러나 있다. '부귀는 위기'

*근거: (가) ④문단 ②, ④문장

[A]와 [B]의 종장에서 모두 '부귀는 위기'라고 했는데, 4문단 2번째 문장에서
"달'은 '영달'과 '부귀'를 의미한다.'고 했으며, 4문단 4번째 문장에서 "달'은
'출'과 비슷한 맥락을 지닌다고 볼 수 있다.'고 했으므로 적절하다.

C 16 정답 ① *외적 준거에 따른 작품 감상하기 [정답률 47%]

(가)를 바탕으로 (나)를 감상한 내용으로 적절하지 않은 것은? [3점]

• **(가)**: 조선 시대 사대부들에게 있어 '출(出)'은 사대부로서 품었던 정치적 포
부를 펼치는 이상적인 삶의 형태입니다. 나라가 혼란스러운 상황일 때 사대
부들은 '출'이 의롭지 못하다고 생각하여 '처'를 선택하기도 했습니다.

• **(나)**: (나)는 당쟁만을 일삼는 사람들에 대한 비판을 담은 시조입니다.

즉 조선 시대 사대부들의 삶의 태도를 고려하여 〈우국가〉를 잘못 감상한
것을 고르는 문제입니다.

> **오H 정답?**

① 〈제14수〉: '싸움뿐'인 당대의 시대에 화자가 '고립 무조'를 '고립 무조'의 상태에 처한 것은 '임[임금]'임.
~~선택한 것은~~ 유교적 가르침을 바탕으로 자신을 수양하기 위
해 '궁'의 삶을 지향한 것으로 볼 수 있겠군.

〈제14수〉의 종장에서 '고립 무조는 님이신가 하노라'라고 했으므로 '고립 무
조'의 상태에 처한 것은 임[임금]이다. 따라서 화자가 '고립 무조'를 선택했다
고 감상하는 것은 적절하지 않다.

② 〈제25수〉: '공도 시비'를 하지 않아 '환난'이 길어진다는 화자의 인식에서 정치가 순리대로 실현되지 않는 당대의 현실을 짐작할 수 있겠군.
_{'유교적 가치관이 바로 서지 못해 나라가 혼란스러운 상황일 때'}

〈제25수〉에서 '공도 시비[공평하고 바른 도리]'를 하지 않아 '환난'이 길어진다고 했는데, (가)의 3문단 2번째 문장에서 '유교적 가치관이 바로 서지 못해 나라가 혼란스러운 상황일 때'라고 했으므로 '공도 시비'를 하지 않으면 '환난'이 길어진다고 감상하는 것은 적절하다.

③ 〈제26수〉: '집만 돌아보고 나라 일 아니 하'는 사람들의 모습은, 유교적 가치를 바르게 실천하지 않은 당대의 사대부들의 모습을 드러낸 것이라 볼 수 있겠군.
_{부정적인 사대부의 모습임.}

〈제26수〉에서 '집만 돌아보고 나라 일 아니 하'는 사람들의 모습은, (가)의 2문단 2번째 문장의 '유교적 가르침을 부단히 수양한 사대부가 관직에 나아가 사대부로서 품었던 정치적 포부를 펼치는' 삶이라고 할 수 없으므로, 유교적 가치를 바르게 실천하지 않는 사대부의 모습을 드러낸 것이라고 감상하는 것은 적절하다.

④ 〈제28수〉: '공명'과 '부귀'를 바라지 않는 화자의 모습에서 화자가 '달'의 삶을 지향하지 않음을 알 수 있겠군.
_{'출 – 달 – 부귀'의 맥락으로 이해함.}

〈제28수〉에서 화자는 '공명을 원찮거든[원하지 않는데] 부귀인들 바랄소냐'고 했는데, (가)의 5문단 1번째 문장에서 '결국 관직의 유무에 따른 사대부의 처지와 그와 관련된 그들의 삶의 태도는 '출 – 달 – 부귀'와 '처 – 궁 – 빈천'이라는 대조적 맥락을 통해 설명할 수 있다'고 했으므로 화자가 '달'의 삶을 지향하지 않았다고 감상하는 것은 적절하다.

⑤ 〈제28수〉: '초가 한 간'에서 '우국상시'를 느끼는 것은, '궁'의 상황에서도 화자가 혼란스러운 세상에 대해 근심을 드러낸 것이라 볼 수 있겠군.
_{'처-궁-빈천'의 맥락으로 이해함.}

〈제28수〉에서 화자는 공명과 부귀를 바라지 않으며 '초가 한 간'에서 괴롭게 '우국상시[나라를 걱정하고 시절의 혼란함에 마음이 상함.]'를 느끼고 있다. 그런데 (가)의 5문단 1번째 문장에서 '결국 관직의 유무에 따른 사대부의 처지와 그와 관련된 그들의 삶의 태도는 '출 – 달 – 부귀'와 '처 – 궁 – 빈천'이라는 대조적 맥락을 통해 설명할 수 있다'고 했으므로 '궁'의 상황에서 혼란스러운 세상에 대한 근심을 드러낸 것이라고 감상하는 것은 적절하다.

C 17 정답 ① ＊표현상의 특징 파악하기 … [정답률 29%]

[B]와 (나)의 표현상의 공통점으로 가장 적절한 것은?

• [B]: 부귀를 멀리하고 빈천을 거스르지 않는 삶을 드러낸 시조입니다. '부귀', '탐', '빈천', '절로' 등의 시어가 반복적으로 나타납니다.

• (나): 임진왜란 직후의 혼란한 나라를 걱정하는 마음과 당쟁만을 일삼는 사대부들에 대한 비판을 담고 있는 시조입니다. '외다', '시비', '나라', '집' 등의 시어들이 반복적으로 나타납니다.

즉 [B]와 (나)의 표현상의 특징을 파악하여, 공통점으로 올바른 것을 고르는 문제입니다.

① **동일한 시어를 반복하여 의미를 강조하고 있다.**
_{[B]에서는 '부귀', '탐', '빈천', '절로' 등에서 (나)에서 '외다', '시비', '나라' 등에서 확인할 수 있음.}

[B]에서는 '부귀', '탐', '빈천', '절로' 등의 시어들을 반복하여 의미를 강조하고 있다. 또한 (나)에서도 〈제14수〉의 '외다', 〈제25수〉의 '시비', 〈제26수〉의 '나라', '집' 등의 시어들을 반복하여 의미를 강조하고 있으므로 적절하다.

---

② ~~대화체를~~ 사용하여 대상과의 친밀감을 드러내고 있다.
_{[B]와 (나) 모두 대화체는 드러나지 않음.}

[B]와 (나) 모두 독백체를 사용하였을 뿐, 대화체를 사용하지 않았다.

➤ [오답 선택률 22%]
③ ~~점층적 표현을~~ 사용하여 화자의 태도를 부각하고 있다.
_{[B]와 (나) 모두 점층적 표현은 드러나지 않음.}

'점층적 표현'은 '문장의 뜻을 점점 강하게 하거나, 크게 하거나, 높게 하여 의미를 강조하는 표현 기법'인데, [B]와 (나) 모두 점층적 표현을 사용하지 않았다.

④ ~~설의적 표현을~~ 활용하여 화자의 정서를 강조하고 있다.
_{(나)에서만 '굳으리오', '바랄소냐'에서 설의법을 확인할 수 있음.}

[B]는 '사양 마라'는 명령적 진술과, '신명을 못느'이라는 단정적 진술을 통해 화자의 정서를 강조할 뿐 설의적 표현을 활용하지 않았다. 반면, (나)는 〈제26수〉의 '굳으리오', 〈제28수〉의 '바랄소냐'와 같은 설의적 표현을 활용하여 화자의 정서를 강조하고 있다.

⑤ ~~상승 이미지를~~ 반복하여 화자의 의지를 나타내고 있다.
_{[B]와 (나) 모두 상승 이미지는 드러나지 않음.}

[B]와 (나) 모두 상승 이미지를 반복하지 않았다.

C 18~21 ──────── [2017년(11월)/고2교육청 30~33]

(가) 〈가사 문학의 이해〉

🔴 글 전체 핵심어 ⬭ 각 문단 핵심어 ▬ 글 전체 중심 문장 ★ 각 문단 중심 문장

① 가사(歌辭)는 두 마디씩 짝을 이루는 율문의 구조만 갖추면 내용은 무엇이든지 노래할 수 있었던 양식이다. 시조의 형식이 간결한 것에 비해 가사는 복잡한 체험을 두루 표현할 수 있을 만큼 길어질 수 있었다. 그래서 시조를 길이가 짧다는 의미에서 '단가(短歌)_{= 시조}'라고 부르던 것과 구별하여 가사는 '장가(長歌)_{= 가사}'라고도 불렀다. 조선 시대의 가사는 보통 15세기부터 16세기까지의 전기 가사와 17세기부터 19세기 전반까지의 후기 가사로 구분된다.

[율문: 언어의 배열에 일정한 규율 또는 운율이 있는 글(= 운문)

★ **1문단 요약: 가사의 특징과 구분**

② 전기 가사는 대체로 사대부들에 의해 지어졌다. 관직에 있지 않은 사대부들은 자연에 묻혀 지내면서 자연에 대한 흥취나 자신들이 중요시 여기던 가치관을 가사를 통해 드러냈다. 그 구체적인 모습으로 안빈낙도(安貧樂道)를 표방하기도 했으며, 이러한 경향_{전기 가사의 특징 ①}이 '강호시가(江湖詩歌)'라는 한 유형을 형성하기도 하였다. 강호시가는 강호의 삶을 표방하기 위해 자연의 아름다움을 강조하고,_{전기 가사의 특징 ②} 자연에서 느끼는 일체감을 드러냈다. 여기서 자연이라는 공간은 속세와의 대비에서 그 의미가 구체화된다.

[일체: 떨어지지 아니하는 한 몸이나 한 덩어리

★ **2문단 요약: 전기 가사의 특징**

③ 그런데 임진왜란을 경계로 하는 17세기 무렵부터의 후기 가사_{전기 가사와 후기 가사를 구분하는 기준}에 오면 몇 가지 변화가 생긴다. 작자층의 확대, 제재의 변화, 대상을 보는 시각의 다변화, 표현 방식의 다양화 등이 그것인데 이런 변화는 서로 밀접한 관계 속에서 형성된 것들이었다. 사대부로

제한되었던 가사의 작자층이 확대되자 다양한 관심사가 가사 작품으로 형상화되었고, 각각의 삶이 다른 만큼 대상을 바라보는 시각도 변화하게 되었다. ❹ 이러한 현상은 경건한 태도로 사물을 바라보고 형상화하던 데에서 나아가 풍자적이고 희화적인 방식으로
<u>표현 방법 측면의 변화</u>
사물을 바라보고 표현하는 작품을 등장하게 하였고, <u>서민의 삶의</u>
<u>어려움이나 그들의 바람을 드러내는 작품을 등장하게 하기도 하</u>
<u>주제 측면의 변화</u>
였다. ❺ 또한 후기 가사는 체험한 일을 구체적으로 형상화하는 것을
중시하고, 이념적인 삶보다 <u>현실의 문제를 가사의 제재로 전면에</u>
<u>제재(내용) 측면의 변화</u>
<u>내세우게 되었는데</u>, 이러한 변화는 조선 전기와 후기의 사회를 구
분해 주는 특징이기도 하다.

> 제재: 예술 작품이나 학술 연구의 바탕이 되는 재료.
> 다변화: 일의 방법이나 모양이 다양하고 복잡해짐. 또는 그렇게 만듦.
> 경건하다: 공경하며 삼가고 엄숙하다.
> 풍자: 문학 작품 따위에서, 현실의 부정적 현상이나 모순 따위를 빗대어 비웃으면서 씀.
> 희화적: 익살맞고 우스꽝스러운. 또는 그런 것.
> 전면: 물체의 앞쪽 면.

*❸문단 요약: 후기 가사의 특징

■ **내용:** 이 글은 조선의 대표적 문학 갈래인 가사를 정의하고 일반적 특징을 서술한 후, 15~16세기의 전기 가사와 17~19세기 전반의 후기 가사를 구분 지어 설명하고 있다.

■ **주제:** 가사의 개념과 종류, 전기 · 후기 가사의 특징

(나) 정극인, 〈상춘곡〉

❶ 화자, 중심 대상 ❷ 상황, 정서, 태도 ❸ 표현상 특징 [고어 읽기] [시 해석]

❶ 엇그제 겨을 지나 새봄이 도라오니
<u>계절적 배경 – 봄</u>
➡ 엇그제 겨울 지나 새봄이 돌아오니

❷ 도화행화(桃花杏花)는 석양리(夕陽裏)예 퓌여 잇고
<u>복숭아꽃과 살구꽃 – 화자가 감상하는 자연물</u>
➡ 복숭아꽃 살구꽃은 석양 속에 피어 있고

❸ 녹양방초(綠楊芳草)는 세우 중(細雨中)에 프르도다
<u>화자의 흥취를 더함.</u>
➡ 푸른 버들과 만발한 풀은 가는 빗속에 푸르도다

❸ 표현상 특징: 대구법

❹ 칼로 말아 낸가 붓으로 그려 낸가
➡ 칼로 재단해 내었는가, 붓으로 그려 내었는가

❺ 조화신공(造化神功)이 물물(物物)마다 헌사롭다
<u>만물을 창조한 신의 공로</u>
➡ 조물주 신비로운 솜씨가 사물마다 야단스럽도다

❻ 수풀에 우는 새는 춘기(春氣)를 못내 계워
➡ 수풀에 우는 새는 봄 기운을 못내 이겨

❼ 소리마다 교태(嬌態)로다
➡ 소리마다 교태를 부리는구나

❽ 물아일체(物我一體)어니 흥(興)이이 다를소냐
❸ 표현상 특징: 설의법
➡ 물아일체(자연과 내가 하나 됨)이니 흥이야 다르겠느냐

❾ 시비(柴扉)예 거러 보고 정자(亭子)애 안자 보니
➡ 사립문에 나가 걸어 보고 정자에 나가 앉아 보니

---

❿ 소요음영(逍遙吟詠)*호야 산일(山日)이 적적(寂寂)호디
➡ 천천히 거닐며 시를 읊는 산 속의 하루가 적적한데

⓫ 한중진미(閑中眞味)를 알 니 업시 호재로다
<u>한가한 가운데 깃드는 참다운 맛</u>
➡ 한가한 가운데 참된 묘미를 아는 사람이 없어 혼자로구나

> 녹양방초: 푸른 버드나무와 향기로운 풀.
> 조화신공: 만물을 창조한 신의 공로.
> 한중진미: 한가한 가운데 깃드는 참다운 맛.

*❶~⓫행 요약: 새봄을 맞아 흥취를 느끼며 시비와 정자에 나가 봄.

(중략)

⓬ 송간 세로(松間細路)에 두견화(杜鵑花)를 부치 들고
➡ 소나무 사이 좁은 길로 진달래꽃을 손에 들고

⓭ 봉두(峰頭)에 급피 올나 구름 소긔 안자 보니
<u>화자가 경치를 감상하기 위해 올라간 곳</u>
➡ 산봉우리에 급히 올라 구름 속에 앉아 보니

❸ 표현상 특징: 대구법

⓮ 천촌만락(千村萬落)이 곳곳이 버러 잇니
➡ 수많은 마을들이 곳곳에 벌여 있네

⓯ 연하일휘(煙霞日輝)*는 금수(錦繡)를 재펏는 듯
<u>수를 놓은 비단</u>
➡ 안개와 노을과 빛나는 햇살은 비단을 펼쳐 놓은 듯

⓰ 엇그제 검은 들이 봄빗도 유여(有餘)홀샤
➡ 엇그제까지 검었던 들에 봄빛이 넘치는구나

> 유여하다: 여유가 있다.

*⓬~⓰행 요약: 봉두에 올라 경치를 감상하며 아름다움을 느낌.

⓱ 공명(功名)도 날 씌우고 부귀(富貴)도 날 씌우니
❶ 화자: 나
❷ 태도: 공명과 부귀를 꺼림.
➡ 공명도 날 꺼리고 부귀도 날 꺼리니

⓲ 청풍명월(淸風明月) 외(外)예 엇던 벗이 잇스올고
❸ 표현상 특징: 설의법
❷ 태도: 바람과 달(자연)을 벗 삼아 가까이하고자 함.
➡ 청풍과 명월 외에 어떤 벗이 있으리오

⓳ 단표누항(簞瓢陋巷)에 훗튼 혬음 아니 하네
<u>안빈낙도하는 삶을 지향함.</u>
➡ 단표누항에 허튼 걱정 아니 하네

⓴ 아모타 백년행락(百年行樂)이 이만흔들 엇지흐리
❸ 표현상 특징: 설의법
➡ 아무튼 한평생의 즐거움이 이만하면 어떠하겠는가

> 청풍명월: 맑은 바람과 밝은 달.
> 단표누항: 누항에서 먹는 한 그릇의 밥과 한 바가지의 물이라는 뜻으로, 선비의 청빈한 생활을 이르는 말.
> 백년행락: 한평생 잘 놀고 즐겁게 지냄.

*⓱~⓴행 요약: 자연과 함께 지내며 안빈낙도하는 삶에 대해 만족을 드러냄.

* 소요음영: 자유롭게 이리저리 슬슬 거닐며 나지막이 시를 읊조림.
* 연하일휘: 안개와 노을과 빛나는 햇살이라는 뜻으로, 아름다운 자연 경치를 비유적으로 이르는 말.

■ **갈래:** 가사 ■ **창작 시기:** 조선 전기
■ **내용:** 이 작품은 조선 성종 때 정극인이 지은 서정 가사로, 강호 한정 가사의 시발점으로 알려져 있다. 자연에 묻혀 사는 즐거움을 노래한 작품으로 봄을 맞아 아름답게 피어난 자연의 모습을 서술하고 그러한 자연의 모습을 완상하는 화자의 모습에 초점을 맞추고 있다.

■ 주제: 아름다운 봄 경치를 즐기며 안빈낙도의 삶을 추구함.

■ 이것이 핵심!: 봄날을 즐기는 화자

조화신공, 연하일휘, 청풍명월	물아일체 소요음영 →	한중진미, 백년행락
봄날의 아름다운 경치		봄날을 즐기는 화자의 심정

(다) 작자 미상, 〈갑민가〉

❶ 화자, 중심 대상 ❷ 상황, 정서, 태도 ❸ 표현상 특징 [고어 읽기] [시 해석]

[A]

❶ 조상 덕에 ᄒᆞᄂᆞᆫ 일이 읍중(邑中) 구실 첫째로다
　조상 덕에 하는 일이 읍중 구실 첫째로다
➡ 조상 덕에 이어 하는 일이 마을 구실 첫째로다

❷ 드러가면 **좌수별감(座首別監)*** 나가셔는 **풍헌감관(風憲感官)**
　드러가면 <small>과거에 화자가 맡았던 관직</small> 나가셔는 <small>과거에 화자가 맡았던 관직</small>
➡ 들어가면 좌수별감 나가서는 풍헌감관

❸ 유ᄉᆞ장의(有司掌儀)*에 그치면 체면 보와 사양터니
➡ 유사장의에 그치면 체면 보아 사양터니

❹ 애슬프다 내 시절의 원수인(怨讐人)의 모해(謀害)로서
　❷ 정서: 슬픔. ❶ 화자: 나 상황: 원수의 모해로 인해 신분이 낮아짐.
➡ 아 슬프다 내 시절에 원수의 모해를 받아

❺ 군ᄉᆞ 강정(降定)* 되단 말ᄀᆞ 내 ᄒᆞᆫ 몸이 허러 나니
➡ 군사의 계급으로 강등되어 내 한 몸이 헐어 나니

> 모해: 꾀를 써서 남을 해침.

❶~❺행 요약: 모해를 받아 계급이 강등된 집안 내력

[B]

❻ 좌우전후 일ᄀᆞ 친척 ᄎᆞᄎᆞ 충군(充軍)* 되거고야
➡ 좌우전후 일가 친척들이 차차 모자란 군역을 채우게 되었구나

❼ 제사 받들 이ᄂᆡ 몸은 홀일업시 ᄆᆡᆺ와 잇고
➡ 제사를 받들어야 하는 이 내 몸은 어쩔 수 없이 매어 있고

❽ 시름 업슨 친족들은 자취업시 도망하고
➡ 시름없는 친족들은 자취 없이 도망하고

❾ 여러 ᄉᆞ롬 모든 신역(身役)* 내 ᄒᆞᆫ 몸의 모두 무니
　상황: 친족들의 몫까지 신역을 치르게 됨.
➡ 여러 사람의 모든 신역을 내 한 몸이 모두 무니

❿ ᄒᆞᆫ 몸 신역 삼냥오전(三兩五錢) 돈피(獤皮)* 두 장 의법이라
➡ 한 몸마다 신역 삼 냥 오 전, 돈피 두 장이라고 법에 정해져 있어

⓫ 열두 ᄉᆞ룸 업ᄂᆞᆫ 구실 합쳐 보면 사십육냥(四十六兩)
➡ 열두 사람 없는 구실 합쳐 보면 사십육냥

⓬ 해마다 맞춰 무니 석숭(石崇)*인들 당ᄒᆞᆯ소냐
　❸ 표현상 특징: 설의법
➡ 해마다 맞춰서 무니 석숭인들 당하겠느냐

> 신역: 나라에서 성인 장정에게 부과하던 군역과 부역.
> 구실: 예전에, 온갖 세납을 통틀어 이르던 말.

❻~⓬행 요약: 친족들의 군역까지 대신 지게 된 상황

[C]

⓭ 약간 농ᄉᆞ 전폐ᄒᆞ고 ᄎᆡ삼(採蔘)*ᄒᆞ려 입ᄉᆞᆫ(入山)ᄒᆞ여
　❸ 표현상 특징: 대구법
➡ 약간의 농사를 전부 폐하고 인삼을 캐러 산에 들어가

⓮ 허항영(虛項嶺)* 보ᄐᆡᄉᆞᆫ(寶泰山)을 돌고 돌아 ᄎᆞᄌᆞ보니
　❸ 표현상 특징: 실제 지명을 사용함.
➡ 허항영 보태산을 돌고 돌아 찾아보니

⓯ 인삼싹은 전혀 업고 오갈피잎 날 속인다
　❸ 표현상 특징: 오갈피잎을 의인화함.
➡ 인삼 싹은 전혀 없고 오가피 잎이 나를 속인다

⓰ 홀 일업시 공반(空返)ᄒᆞ여 팔구월 고추바람
➡ 어쩔 수 없이 헛되이 돌아와서 팔구월 고추바람(매섭게 부는 차가운 바람)

⓱ 안고 도라 입ᄉᆞᆫ(入山)ᄒᆞ여 돈피 사냥 ᄒᆞ려 ᄒᆞ고
➡ 안고 돌아 입산하여 돈피(동물의 모피) 사냥 하려 하고

⓲ 빅두ᄉᆞᆫ(白頭山) 등의 지고 강 아래로 나려 가셔
➡ 백두산을 등에 지고 강 아래로 내려가서

[D]

⓳ 싸리 껏거 누ᄃᆡ 치고 잎갈나무 모닥불 놓고
➡ 싸리 꺾어 누대 치고 잎갈나무로 모닥불 피우고

⓴ ᄒᆞᄂᆞ님게 축수하며 ᄉᆞᆫ신(山神)님께 발원ᄒᆞ여
➡ 하느님께 두 손을 모아 빌고 산신님께 소원을 빌어

㉑ 물채츌*을 갖춰 꽂고 사망일기 원하되
➡ 물과 채와 줄을 갖춰 꽂고 사망(장사 운수)이 일기를 원하고 바라되

> ❸ 표현상 특징: 대구법

㉒ ᄂᆡ 정성이 부족ᄒᆞᆫ지 ᄉᆞ망실이 아니 붓ᄂᆡ
➡ 내 정성이 부족한지 사망 살이 아니 붙네

㉓ 뷘손으로 도라서니 삼지연(三池淵)이 잘 춤이라
　<small>화자의 현실</small>
➡ 빈손으로 돌아서니 삼지연(백두산 근처의 호수)에 잘 참이라

> 전폐하다: 아주 그만두다. 또는 모두 없애다.
> 축수하다: 손바닥을 마주 대고 빌다.
> 발원하다: 신이나 부처에게 소원을 빌다.

❸~㉓행 요약: 채삼과 돈피 사냥에 나서지만 실패함.

㉔ 입동(立冬) 지난 삼일(三日) 후에 밤새 눈이 사뭇 오니
　<small>계절적 배경 - 겨울</small>
➡ 입동 지난 삼일 후에 밤새 눈이 사뭇 오니

㉕ 다섯 자 깊이 벌써 너머 사오보(四五步)를 못 옴길ᄂᆡ
　<small>눈으로 인해 더욱 힘든 상황이 됨.</small>
➡ 다섯 자 깊이 벌써 넘어 네다섯 걸음을 못 옮기네

㉖ 식량 다하고 옷 얇으니 압희 근심 다 떨치고
➡ 식량 다 떨어지고 옷 얇으니 앞의 근심 다 떨치고

[E]

㉗ 목숨 ᄉᆞ려 욕심ᄒᆞ여 죽기 살기 길을 ᄒᆞ여
　❷ 태도: 살기 위해 노력함.
➡ 목숨 살려 마음먹고 죽기 살기로 길을 헤아려

> ❸ 표현상 특징: 대구법

㉘ 인가처를 ᄎᆞᄌᆞ오니 검천(劍川) 거리 첫목이라
➡ 인가처(인가가 가까이에 있는 곳)를 찾아오니 검천 거리 첫 목이라

㉙ 첫닭 소리 이윽하고 인가 적적 ᄒᆞᆫ잠일네
➡ 첫 닭 소리 이윽하고(이슥하고) 인가는 적적하고 한잠이네(깊이 잠들었네)

㉚ 집을 ᄎᆞᄌᆞ 드러가니 혼비빅ᄉᆞᆫ 반주검이
➡ 집을 찾아 들어가니 혼비백산 반 주검이 (되어)

㉛ 말 못하고 너머지니 더운 구들 아랫목의
➡ 말 못하고 넘어지니 더운 구들 아랫목에

㉜ 송장갓치 누엇다가 정신을 차리고
　❸ 표현상 특징: 직유법
➡ 송장같이 누웠다가 정신을 차리고

㉝두 발 끗흘 구버보니 열 가락이 간 데 업내
두 발 끗흘 구버보니 열 가락이 간 듸 업닉
➡ 두 발 끝을 굽어보니 열 발가락이 간 데 없네

*㉔~㉝행 요약: 눈 속에서 고생하다 간신히 인가에 내려왔지만 동상에 걸림.
*좌수별감: 향청의 우두머리와 그에 버금가는 자리에 있는 사람
*유수장의: 사무를 맡아보는 사람과 의식에 관한 일을 하는 사람
*군수 강졍: 군사의 계급으로 강등됨.
*츔군: 모자란 군역을 채움.
*신역: 몸으로 치르는 노역
*돈피: 담비 종류 동물의 모피를 통틀어 이르는 말
*석슝: 중국 진나라 때의 부자 이름
*치삼: 인삼을 캠.
*허항령: 함남 혜산군과 함북 무산군 사이에 있는 고개
*물치츌: 물과 채와 줄
*슈망: 장사에서 이익을 많이 얻는 운수

■갈래: 가사　　　　　■창작 시기: 조선 후기
■내용: 이 작품은 조선 영·정조 때 갑산에 살던 사람이 지은 것으로 추정되며, 갑산 백성들의 힘겨웠던 삶의 모습을 사실적으로 드러내고 있다.
■주제: 갑산 백성들의 고통과 괴로움

■이것이 핵심! **화자의 상황**

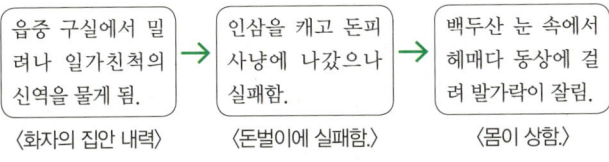

읍중 구실에서 밀려나 일가친척의 신역을 물게 됨.	➡	인삼을 캐고 돈피 사냥에 나갔으나 실패함.	➡	백두산 눈 속에서 헤매다 동상에 걸려 발가락이 잘림.
〈화자의 집안 내력〉		〈돈벌이에 실패함.〉		〈몸이 상함.〉

🌟독해 공식 정답 ─────

(나)
❶ 화자: '나', 중심 대상: 자연 속에서의 삶
❷ 상황: 자연에 묻혀 살며 강호한정을 즐김.
정서, 태도: 공명과 부귀를 꺼리고 자연과 하나가 됨.
❸ 표현상 특징
· 말을 건네는 어투를 사용하고 있음.
· 설의법, 대구법, 직유법, 의인법 등을 사용하고 있음.
· 감정이입을 통해 봄날의 흥취를 효과적으로 드러내고 있음.

(다)
❶ 화자: '나', 중심 대상: 가난하고 힘겨운 자신의 처지
❷ 상황: 과도한 노역과 세금을 감당하며 힘겹게 살고 있음.
정서, 태도: 자신의 처지에 슬퍼하고 힘겨워함.
❸ 표현상 특징
· 설의법, 대구법, 직유법 등을 사용하고 있음.
· 구체적 지명을 언급하여 사실성을 높이고 있음.
· 힘든 상황과 경험을 열거하여 갑민의 처지와 상황을 드러내고 있음.

작품 간의 공통점 및 차이점
· 공통점: (가)는 가사 갈래에 대한 설명이고, (나)와 (다)는 가사 갈래에 해당함.
· 차이점: (나)는 사대부에 의해 지어진 전기 가사이고, (다)는 확대된 작자층에 의해 지어진 후기 가사임. 등

C 18 정답 ④ ＊설명문의 내용 파악하기 … [정답률 86%]
(가)를 이해한 내용으로 적절하지 않은 것은?

≫왜 정답?
④ 가사는 ~~두 마디씩 짝을 이룬다~~는 의미에서 장가라고도 불린다.
길이가 짧은 시조인 '단가'와 구별하여 '장가'라 불림.

＊근거: (가) ❶문단 ❸문장
가사가 두 마디씩 짝을 이루는 율문의 구조를 갖추었다는 것은 (가)에서 확인할 수 있지만, 그러한 이유로 '장가'라 불리는 것은 아니다. (가)의 1문단에

─────────────────────

따르면 길이가 짧은 시조를 '단가'라고 부르던 것과 구별하여, 복잡한 체험을 두루 표현할 수 있을 만큼 길어질 수 있는 가사를 '장가'라고 불렸음을 알 수 있다.

≫왜 오답?
① 가사는 복잡한 내용을 두루 표현할 수 있는 양식이다.
'복잡한 체험을 두루 표현할 수 있을 만큼 길어질 수 있었다.'

② 가사는 길이가 늘어나는 것이 자유로운 시가 갈래이다.
'복잡한 체험을 두루 표현할 수 있을 만큼 길어질 수 있었다.'

＊근거: (가) ❶문단 ❶, ❷문장
1문단에 따르면 가사는 '특정 구조만 갖추면 내용은 무엇이든지 노래할 수 있었고', '복잡한 체험을 두루 표현할 수 있을 만큼 길어질 수 있'다고 했다.

③ 전기 가사와 후기 가사는 임진왜란을 기준으로 구분된다.
'임진왜란을 경계로 하는 17세기 무렵부터의 후기 가사에 오면'

＊근거: (가) ❸문단 ❶문장
3문단의 '임진왜란을 경계로 하는 17세기 무렵부터의 후기 가사에 오면'이라는 말에서 임진왜란이 전기 가사와 후기 가사를 구분하는 기준이 됨을 알 수 있다.

⑤ 가사의 작자층이 확대된 것과 표현 방식이 다양해진 것은 서로 관련이 있다.
'가사의 작자층 확대~표현 방식의 다양화 ~ 서로 밀접한 관계 속에서 형성'

＊근거: (가) ❸문단 ❷, ❸문장
3문단의 '가사의 작자층이 확대되자 ~ 대상을 바라보는 시각도 변화하게 되었다.'라는 설명을 통해, '가사의 작자층 확대'가 '표현 방식 변화'를 불러오게 되었음을 알 수 있다. 또한 '작자층의 확대, 제재의 변화, 대상을 보는 시각의 다변화, 표현 방식의 다양화 등'이 '서로 밀접한 관계 속에서 형성'되었다고도 했다. 따라서 가사의 작자층이 확대된 것과 표현 방식이 다양해진 것은 서로 관련이 있다.

C 19 정답 ④ ＊설명문을 바탕으로 감상하기 · [정답률 65%]
(가)를 바탕으로 (나)와 (다)를 이해한 것으로 적절하지 않은 것은? [3점]
· (가)를 바탕: 전기 가사는 사대부에 의해 지어져 안빈낙도와 강호의 삶 등을 드러냈고, 후기 가사는 작자층이 확대되어 서민의 삶을 다루기도 했습니다.
· (나)와 (다): (나)는 자연에 대한 흥취와 안빈낙도를, (다)는 갑산 백성의 어려움을 드러내고 있습니다.

즉 전기 가사인 (나)와 후기 가사인 (다)를 비교한 내용으로 틀린 것을 고르는 문제입니다.

≫왜 정답?
④ (나)의 '공명'은 자연과 대비되는 속세에 대한 화자의 부정적 태도를 드러내지만, (다)의 '좌수별감'은 사대부들의 경건한 삶의 자세에 대한 화자의 풍자적 태도를 드러내는군.
'공명'을 꺼려하는 화자의 태도가 드러남.
자신의 신분이 높았다가 낮아졌음을 이야기함.

＊근거: (나) ⓱, (다) ❷
(나)의 화자는 '공명'을 추구하지 않고 자연 속에 묻혀 지낸다. 따라서 '공명'은 자연과 대비되는 속세에 대한 부정적 태도를 드러내고 있다고 할 수 있다. 하지만 (다)의 '좌수별감'이 사대부들에 대한 풍자적 태도를 드러내는 것은 아니다. (다)의 화자는 조상 덕에 '좌수별감'과 같은 관직을 하였으나 이제는 군사의 계급으로 강등된 인물이며, 이때 '좌수별감'은 과거의 높았던 신분을 의미한다.

≫왜 오답?
① (나)의 화자는 자연 속에서 지내면서 '도화행화'를 감상의 대상으로 여기지만, (다)의 화자는 경제적 어려움에 처한 가운데 '인슴싹'을 생존을 위한 대상으로 여기고 있군.
'도화행화'는 화자가 즐기는 자연 속 대상임.
'인슴싹'을 통해 경제적 어려움에서 벗어나려 함.

근거: (나) ❷, (다) ❸, ⑮

(나)에서 '도화행화'는 화자가 즐기는 자연 속의 대상이다. 반면 (다)의 화자는 세금으로 인해 경제적으로 어려운 상황에서 인삼을 캐러 입산하고 있으므로 '인솜싹'을 통해 경제적 어려움에서 벗어나려 하고 있음을 알 수 있다. 따라서 '인솜싹'은 생존을 위한 대상이라고 할 수 있다.

② (나)의 '세우'는 봄을 맞이한 화자의 흥취를 돋우어 주는 역할을 하지만, (다)의 '눈'은 서민으로서 화자가 겪는 삶의 고통을 심화하는 역할을 하는군.
'녹양방초는 세우 중에 프르도다'
밤새 '눈'이 많이 와서 채삼과 돈피 사냥을 어렵게 만듦.

근거: (나) ❸, (다) ㉔, ㉕

(나)에서 화자는 '세우' 속에서 '녹양방초'의 어우러짐을 즐기고 있다. 반면 (다)의 화자는 '눈' 속에서 제대로 걷지도 못하고 고생하는 모습을 보이고 있다. 따라서 '눈'은 과도한 세금으로 힘든 화자의 고통을 더욱 심화시키는 역할을 한다고 할 수 있다.

③ (나)는 화자가 '봉두'에 올라서 바라본 자연의 아름다움을 형상화하고 있지만, (다)는 화자가 '입손'하여 체험한 일을 구체적으로 형상화하고 있군.
'연하일휘는 금수롤 재폇논 듯'
'입손'하여 '돈피 사냥'을 한 경험을 구체적으로 형상화함.

근거: (나) ⑬, ⑮, (다) ⑰~㉓

(나)에서 화자는 '봉두'에 올라 '연하일휘는 금수롤 재폇논 듯'이라고 하며 자연의 아름다움을 즐기고 그것을 형상화하고 있다. 반면 (다)에서 화자는 경제적 어려움을 해결하기 위해 '입손'하는데, 사냥을 하기 전 산신께 발원한 일, 사냥에 성공하지 못한 일 등을 구체적으로 형상화하고 있다.

⑤ (나)는 '단표누항'에 만족하는 화자의 모습을 통해 그의 가치관을 보여 주지만, (다)는 화자가 '뷘손'의 상황에서 겪는 고난을 통해 화자에게 닥친 현실의 문제를 보여 주는군.
'안빈낙도'의 삶을 지향하는 화자의 가치관이 드러남.
경제적 어려움과 생계의 문제가 드러남.

근거: (나) ⑲, (다) ㉓

(나)는 '단표누항에 훗튼 혜음 아니 ㅎ닉'라며 만족하는 화자의 모습을 통해 화자의 안빈낙도하는 삶의 태도를 드러내고 있다. 반면 (다)는 '뷘손'인 화자의 처지를 통해 화자의 경제적 어려움과 그로 인한 현실의 문제를 드러내고 있다.

C 20 정답 ① *작품 비교하기 ·················· [정답률 67%]

(나), (다)의 표현상의 공통점으로 가장 적절한 것은?

• **(가)를 바탕**: 전기 가사는 사대부에 의해 지어져 안빈낙도와 강호의 삶 등을 드러냈고, 후기 가사는 작자층이 확대되어 서민의 삶을 다루기도 했습니다.

• **(나)와 (다)**: (나)는 자연에 대한 흥취와 안빈낙도를, (다)는 갑산 백성의 어려움을 드러내고 있습니다.

즉 전기 가사인 (나)와 후기 가사인 (다)를 비교한 내용으로 틀린 것을 고르는 문제입니다.

왜 정답 ?

① 설의적 표현을 통해 화자의 정서를 강조하고 있다.
(나) – '물아일체어니 흥이이 다롤소냐', (다) – '해마다 맞춰 무니 석숭인들 당홀소냐'

근거: (나) ❽, (다) ⑫

(나)의 '물아일체어니 흥이이 다롤소냐'와 (다)의 '해마다 맞춰 무니 석숭인들 당홀소냐'에서 설의적 표현이 사용되었음을 알 수 있다. 이러한 설의적 표현을 통해 (가)에서는 화자의 흥취를, (다)에서는 화자의 괴로움을 강조하고 있다.

왜 오답 ?

② 계절적 배경을 통해 애상적 분위기를 환기하고 있다.
슬픈 분위기를 불러일으키고
(나)는 애상적 분위기가 드러나지 않음.

근거: (나) ❶, (다) ㉔

(나)의 경우 봄이라는 계절적 배경이 나타나기는 하지만, (나)의 화자가 봄이

라는 계절로 인해 슬퍼하거나 가슴 아파하는 것은 아니므로 애상적 분위기를 환기하고 있지는 않다. (다)의 경우 겨울이라는 계절적 배경이 나타나며 이러한 계절적 배경이 화자의 생계를 위한 노력('돈피 사냥')을 더욱 힘들게 하고 있기는 하다. 하지만 화자의 힘겨움은 과도한 노역과 세금 등으로 인한 생계의 어려움 때문이지, 겨울이기 때문은 아니므로 계절적 배경이 애상적 정서를 환기하고 있다고 보기는 어렵다.

③ 대화의 형식을 통해 대상과의 친밀감을 드러내고 있다.
(나)와 (다) 모두 대화 형식이나 이를 통한 대상과의 친밀감은 드러나지 않음.

(나)와 (다)에는 모두 구체적인 청자가 드러나지 않으며, 대화 형식 또한 사용되고 있지 않다.

④ 대상을 의인화하여 대상의 긍정적 속성을 부각하고 있다.
(나)와 (다) 모두 의인화한 표현은 나타나지만, 이를 통해 대상의 긍정적 속성을 부각하지는 않음.

근거: (나) ❻, ❼, (다) ⑮

(나)의 '수풀에 우는 새 ~ 소리마다 교태로다'와 (다)의 '오갈피잎 날 속인다'에서 '새'와 '오갈피잎'이 의인화되고 있는 것은 맞다. 하지만 (다)의 '오갈피잎'은 경제적 어려움을 해결하고자 하는 화자를 속이는 대상이므로 긍정적 속성이 부각되고 있다고 볼 수 없다.

⑤ 의성어를 사용하여 시적 상황을 생생하게 묘사하고 있다.
(나)와 (다) 모두 의성어는 사용하지 않음.

(나)와 (다)에는 모두 의성어가 사용되고 있지 않다.

C 21 정답 ⑤ *〈보기〉를 바탕으로 감상하기 ··· [정답률 58%]

〈보기〉를 바탕으로 (다)의 [A]~[E]에 대해 이해한 내용으로 적절하지 않은 것은?

• **〈보기〉를 바탕**: '갑민'은 갑산의 백성을 뜻하며, 〈갑민가〉는 갑산 지역의 민속을 드러내고 신분 이동과 족징의 폐해 등의 시대상을 반영하고 있습니다.

• **[A]~[E]**: [A]는 모해로 인해 계급이 강등된 화자의 처지, [B]는 홀로 신역을 무는 상황, [C]는 인삼을 캐기 위해 산을 돌아다니는 모습, [D]는 사냥에 앞서 발원하는 모습, [E]는 갑민이 겪는 시련을 나타내고 있습니다.

즉 [A]~[E]에 드러나는 갑산 백성의 처지와 민속, 시대상을 이해한 내용으로 틀린 것을 고르는 문제입니다.

[보기]

❶ 〈갑민가〉의 '갑민'은 함경도 갑산의 백성이라는 뜻인데, 갑
갑민의 뜻
산은 변방이자 오지라는 특성 때문에 유배지로 유명한 지역
이다. 이 작품처럼 특정 지역을 배경으로 하는 작품은 독자에
③의 근거
게 사실감을 부여하는데, 그 지역에서 행하는 민속을 드러내
④의 근거
어 사실감을 높이기도 한다. ❸ 한편 이 작품이 창작된 시기에는
신분의 이동이 많이 발생하였고, 세금을 내지 못하는 사람이
①의 근거
있으면 그 친족에게 세금을 대신 물리는 족징(族徵)의 폐해가
②의 근거
심각했는데, 이 작품에는 이러한 시대상이 잘 반영되어 있다.

족징: 조선 시대에, 군포세(軍布稅)를 내지 못하는 사람이 있는 경우에 그 일가붙이에게 대신 물리던 일

왜 정답 ?

⑤ [E]: 갑민이 유배를 가는 길에서 겪은 시련을 엿볼 수 있군.
유배를 가는 상황이 아님.

근거: (다) ㉖~㉘

[E]에는 돈피 사냥에 실패한 갑민이 겪는 시련이 구체적으로 형상화되어 있다. 하지만 (다)에서 갑민이 유배를 간다는 내용은 확인할 수 없다.

왜 오답?

① [A]: 갑민의 처지가 바뀌게 된 원인이 제시되어 있군.
신분이 낮아진 이유를 설명하고 있음.

* 근거: (다) ❹, 〈보기〉 ❸문장

[A]에서 갑민은 '원수인의 모해'로 인해 자신의 처지가 '군수 강정'이 되었다고 밝히고 있다.

② [B]: 갑민이 족징을 당하게 되는 과정이 드러나 있군.
친족들이 도망가서 족징을 당하게 된 과정을 설명하고 있음.

* 근거: (다) ❽, ❾, 〈보기〉 ❸문장

[B]에서 갑민은 친족들이 '자취업시 도망하고' '여러 ᄉ롬 모든 신역'을 혼자서 물게 되었음을 밝히고 있다. 이러한 상황은 〈보기〉에서 말하는 '족징의 폐해'에 해당한다고 볼 수 있다.

③ [C]: 실제 지명을 언급하여 작품의 사실성을 높이고 있군.
'허항영 보틔슨'

* 근거: (다) ⓮, 〈보기〉 ❷문장

[C]에는 '허항영 보틔슨'처럼 함경남도, 함경북도 사이의 실제 지명을 언급하고 있다. 〈보기〉에 따르면 이와 같이 특정 지역을 배경으로 하는 작품은 독자에게 사실감을 부여할 수 있다.

④ [D]: 갑산 지역에서 돈피 사냥에 앞서 행하던 민속을 짐작할 수 있군.
돈피 사냥에 앞서 산신에게 발원하던 민속을 설명하고 있음.

* 근거: (다) ⓳, 〈보기〉 ❷문장

[D]에서 갑민은 싸리를 꺾어 누대를 치고 잎갈나무로 모닥불을 놓고 '손신님게 발원'하는 행동을 하고 있다. 이를 통해 당시 갑산 지역에서 돈피 사냥에 앞서 행하던 민속을 추측해 볼 수 있다.

C 22~26
[2017년(9월)/고2교육청 28~32]

(가) 한국 문학의 전통

○ 글 전체 핵심어   ○ 각 문단 핵심어   ▓ 글 전체 중심 문장   ★ 각 문단 중심 문장

① ❶한국 문학 작품들 사이에 면면히 흐르는 공통적인 특질을 '한국 문학의 전통'이라고 한다. ❷한국 문학에는 정(情)과 한(恨)의 정서를 담아낸 작품들이 많다. ❸그중 한은 인간의 감정이 억눌려 응어리가 매듭처럼 맺힌 것을 말하는데, 이러한 한은 수난이 잦은 **'한'의 발생** 역사의 비운이나 사회적 억눌림 그리고 어긋난 인간관계 등으로 인해 발생한다. ❹하지만 한국 문학 작품들을 살펴보면 단순히 한으로 인한 아픔과 슬픔만을 그리지 않고, 그것을 극복하려는 풀이의 모습도 그리고 있다. **'풀이'의 문학인 이유** ❺그렇기 때문에 한국 문학은 '한의 문학'이자 '풀이의 문학'이라고 할 수 있다. **'한'과 관련된 한국 문학의 특징**

[비운: 불행한 운명

* ① 문단 요약: 한의 문학이자 풀이의 문학인 한국 문학

② ❶김춘택의 〈별사미인곡〉은 평생 벼슬을 하지 못했던 그가 **화자의 처지** [A] 당쟁에 휘말려 유배를 갔을 때 지은 가사로 송강 정철의 〈사미인곡〉과 〈속미인곡〉의 영향을 받아 지어진 작품이다.
★❷유배 가사를 비롯한 사대부들의 시가 작품 중에는 임금과의 관계가 어긋나게 되었을 때의 슬픔과 억울함 등을 담아낸 작품들이 **유배 가사의 특징** 있는데, 이때 임금을 이별한 임으로 설정하여 임금에 대한 절절한 그리움을 표현하였다. ❸대개 이런 작품들은 임금에 대한 변함없는 **유배 가사의 '한' 극복 방법** 충정으로 한을 극복한다.

* ② 문단 요약: 〈별사미인곡〉에 드러나는 한의 모습과 극복 방법

---

③ ★❶〈봉산탈춤〉은 황해도 봉산(鳳山) 지방에 전승되어 오던 가면극으로 재담을 통해 봉건적인 가족 제도와 양반의 무능과 허위, 부조리 등을 폭로하고 비판한다. ❷이러한 탈춤은 서민들 **가면극의 특징** [B] 을 억압하는 사회를 풍자하고, 양반을 비하하는 욕설, 행동 등을 거침없이 표현하여 서민들의 금지된 욕망을 드러낸다. ❸또한 익살스러운 말과 행동을 통해 대상을 조롱하고 희화화하여 **탈춤에서의 '한' 극복 방법** 서민들이 겪었던 갈등과 고통을 웃음으로 해소한다.

┌ **재담:** 익살과 재치를 부리며 재미있게 이야기함. 또는 그런 말
봉건적: 봉건 제도 특유의 성격을 가지고 있는
허위: 실속이 없이 겉으로만 꾸민 위세
부조리: 이치에 맞지 않거나 도리에 어긋남. 또는 그런 일
억압하다: 자기의 뜻대로 자유로이 행동하지 못하도록 억지로 억누르다.
익살스럽다: 남을 웃기려고 일부러 우스운 말이나 행동을 하는 데가 있다.
희화화하다: 어떤 인물의 외모나 성격, 또는 사건을 의도적으로 우스꽝스럽게 묘사하거나 풍자하다.
└ **해소하다:** 어려운 일이나 문제가 되는 상태를 해결하여 없애 버리다.

* ③ 문단 요약: 〈봉산탈춤〉에 드러난 한의 모습과 해소 방법

■ **내용:** 이 글은 한국 문학의 전통인 '한'에 대해 설명하는 글이다. 김춘택의 〈별사미인곡〉과 전통극 〈봉산탈춤〉을 통해 유배 가사와 가면극에 드러나 있는 '한'의 정서와 그것을 극복하는 '풀이'의 모습에 대해 설명하고 있다.

■ **주제:** '한'과 '풀이'의 모습이 드러난 한국 문학

(나) 김춘택, 〈별사미인곡〉

❶ 화자, 중심 대상   ❷ 상황, 정서, 태도   ❸ 표현상 특징   [시 해석]

청자   **❸ 표현상 특징: 대화체**
❶이보소 저 각시님 셜운 말씀 그만 하오
❷ 상황: 자신의 사연을 '각시님'에게 이야기하고 있음.
➡ 이보시오, 저 각시님 서러운 말씀 그만 하시오.

❷말씀을 들어하니 설운 줄을 다 모르겠네
➡ (각시님의 하소연하는) 말씀을 들어보니 서러운 줄 모르겠네.

❸인연인들 한기지며 이별인들 갈읍손가
❸ 표현상 특징: 설의법
➡ 인연인들 한 가지며 이별인들 같은 이별이겠는가?

❹광한전(廣寒殿)* 백옥경(白玉京)*의 님을 뫼셔 즐기더니
➡ (각시님은) 광한전 백옥경에서 임을 모셔 즐기더니

❺이별을 하였거니 재앙인들 없읍손가
❸ 표현상 특징: 설의법
➡ 이별을 하였으니 재앙인들 없겠는가?

❻해 다 저문 날에 가는 줄 설워 마소
➡ 해 다 저문 날에 가는 것을 서러워 마시오.

❶ 화자: 나
❼어떻다 이내 몸이 견줄 데 전혀 없네
❷ 정서: 화자 자신의 서러움이 더 큼.
➡ 어떠하다고 한들 이내 몸에 비교할 바가 전혀 없네.

❽광한전 어디메오 백옥경 내 알던가
➡ 광한전이 어디인가? 백옥경이 어딘지 내가 알겠는가?

❾원앙침(鴛鴦枕) 비취금(翡翠衾)에 뫼셔본 적 전혀 없네
화자는 벼슬을 한 적이 없음.
➡ 원앙침 비취금(부부가 함께 쓰는 베개와 이불)에 임을 모셔 본 적 전혀 없네.

❿내 얼굴 이 거동이 무얼로 님 사랑할고
❶ 중심 대상: 님(임금)
➡ 내 모습 이 행동이 무엇으로 임의 사랑을 받을 수 있을까?

⓫길쌈을 모르거니 가무(歌舞)야 더 이를가
➡ 길쌈(바느질)을 모르니 노래와 춤이야 말해서 무엇 하겠는가?

⑫ 엇언지 님 향한 한 조각 이 마음을
→ 어떻게 된 것인지 임 향한 한 조각 이 마음(일편단심)을

⑬ 하늘이 삼기시고 성현이 가르치셔
→ 하늘이 만들어 주시고 성현이 가르치셔서

⑭ 정확(鼎鑊)*이 앞에 있고 부월(斧鉞)*이 뒤에 있어
→ 죄인을 삶아 죽이는 가마가 앞에 있고 도끼가 뒤에 있어

⑮ 일백 번 죽고 죽어 뼈가 갈리 된 후라도
→ 일백 번 죽고 죽어 뼈가 가루가 된 후라도

⑯ 님 향한 이 마음이 변할손가
❸ 표현상 특징: 설의법 – 임 향한 마음이 변하지 않겠다는 다짐
→ 임 향한 이 마음이 변하겠는가?

⑰ 나도 일을 가져 남의 없는 것만 얻어
→ 나도 일을 가져 남에게 없는 것만 얻어

⑱ ㉮부용화 옷을 짓고 목란으로 꽃신 삼아
임에 대한 자랑과 청성이 담긴 소재
→ 부용화 옷을 짓고 목란으로 꽃신을 삼아

⑲ 하늘께 맹세하여 님 섬기랴 원이려니
→ 하늘에 맹세하여 임을 섬기기를 원하였더니

⑳ 조물 시기한가 귀신이 훼방 놓았는가
→ 조물주가 시기한 것인가 귀신이 훼방을 놓은 것인가?

　　*❶～⑳행 요약: 임을 모셔 본 적 없는 자신의 신세를 한탄함.
　　　　　　　　　(중략)

㉑ 님을 뫼셔 그러한 각시님 같았던들
→ 임을 모셔 그렇게라도 해 본 각시님 같았으면

㉒ 설움이 이러하며 생각인들 이러할가
❷ 정서: 자신은 각시님처럼 임을 모시지 못해 서러움.
→ 서러움이 이러하며 생각인들 이러할까?

㉓ 차생이 이렇거든 후생을 어이 알고
→ 지금 생이 이렇거든 다음 생을 어떻게 알 것인가?

㉔ 차라리 싀어져 구름이나 되어 이셔
→ 차라리 죽어서 구름이나 되어서

㉕ 상광 오색(祥光五色)이 님 계신 데 덮었으면
→ 상스럽고 밝은 오색 빛깔 구름이 임 계신 곳을 덮었으면

㉖ 그도 마다하면 바람이나 되어 이셔
→ 그것(구름)도 마다하시면 바람이나 되어서

㉗ 한여름 청음(淸陰)*의 님 계신 데 불고지고
→ 한여름 시원한 그늘의 임 계신 곳에 불고 싶구나.

　　*㉑～㉗행 요약: 임의 곁에 함께 있고 싶은 마음

* 광한전: 달에 있다는 전설의 궁전
* 백옥경: 옥황상제가 사는 서울
* 정확: 죄인을 삶아 죽이는 가마
* 부월: 도끼
* 청음: 시원한 그늘

■ 갈래: 가사　　　　■ 창작 시기: 조선 중기
■ 내용: 이 작품은 조선 숙종 때 김춘택이 제주도에서 유배 생활을 할 때 지은 가사 문학이다. 여인을 화자로 설정하고 임을 그리워하는 방식을 통해 작가 자신의 연군지정을 표현하고 있다.
■ 주제: 임(임금)을 그리워하는 마음, 연군지정

■ 이것이 핵심!: 작가의 상황을 반영한 화자의 정서 표현

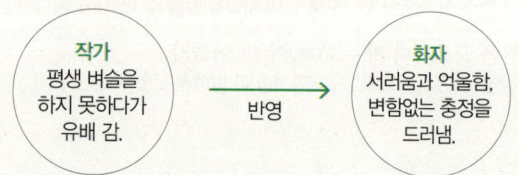

작가
평생 벼슬을 하지 못하다가 유배 감.
→ 반영 →
화자
서러움과 억울함, 변함없는 충정을 드러냄.

(다) 작자 미상, 〈봉산탈춤〉
　❶ 중심인물, 배경　❷ 중심 사건, 갈등　❸ 서술상 특징

1️⃣ 생　원　쉬이. (춤과 장단 그친다.) 말뚝아.
　❶ 중심인물: 생원

말뚝이　예에.
　❶ 중심인물: 말뚝이

생　원　이놈, 너도 양반을 모시지 않고 어디로 그리 다니느냐?
　　　　　　　　　　　　　　　❷ 중심 사건
말뚝이　예에. 양반을 찾으려고 찬밥 국 말어 일조식(日早食)*하고, 마구간에 들어가 ⓐ노새 원님을 끌어다가 등에 솔질을 솰솰하여 말뚝이 님 내가 타고 서양(西洋) 영미(英美), 법덕(法德)*, 동
자신에게 '님'을 붙여 신분 관계를 역전시켜 조롱함.
양 삼국 무른 메주 밟듯 하고, 동은 여울이요, 서는 구월이라, 동여울 서구월 남드리 북향산 방방곡곡(坊坊曲曲) 면면촌촌(面面村村)이, 바위 틈틈이, 모래 쨈쨈이, 참나무 결결이 다 찾아다녀도 ⓑ샌님 비뚝한 놈도 없습디다.
　　　*①문단 요약: 말뚝이가 양반을 얕잡아 보는 말을 함.
　　　　　　　　　(중략)

2️⃣ 생　원　이놈, 말뚝아.

말뚝이　예에.

생　원　나랏돈 노랑돈 칠 푼 잘라먹은 놈, 상통이 무르익은 대초
취발이를 말함.
빛 같고, 울룩줄룩 배미 잔등 같은 놈을 잡아들여라.

말뚝이　ⓒ그놈이 심(힘)이 무량대각(無量大角)*이요, 날램이 비호(飛虎) 같은데, 샌님의 전령(傳令)이나 있으면 잡아 올는지 거저는 잡아 올 수 없습니다.

생　원　오오, 그리하여라. 옜다. 여기 ㉯전령 가지고 가거라.
　　　　　　　　　　　　　　　양반의 권위와 세력을 상징함.
(종이에 무엇을 써서 준다.)

말뚝이　(종이를 받아 들고 취발이한테로 가서) 당신 잡히었소.

취발이　어데, 전령 보자.
　❶ 중심인물: 취발이

말뚝이　(종이를 취발이에게 보인다.)

취발이　(종이를 보더니 말뚝이에게 끌려 양반의 앞에 온다.)

말뚝이　(ⓓ취발이 엉덩이를 양반 코앞에 내밀게 하며) 그놈 잡아들였소.

생　원　아, 이놈 말뚝아. 이게 무슨 냄새냐?

말뚝이　예, 이놈이 피신(避身)을 하여 다니기 때문에, 양치를 못하여서 그렇게 냄새가 나는 모양이외다.

생　원　그러면 이놈의 모가지를 뽑아서 밑구녕에다 갖다 박아라.
　　　　　　　　　(중략)

말뚝이　샌님, 말씀 들으시오. 시대가 금전이면 그만인데, 하필 이
물질만능주의
놈을 잡아다 죽이면 뭣하오? ⓔ돈이나 몇 백 냥 내라고 하야 우리끼리 노나 쓰도록 하면, 샌님도 좋고 나도 돈냥이나 벌어 쓰지 않겠소. 그러니 샌님은 못 본 체하고 가만히 계시면 내 다 잘 처리하
부정부패에 대한 묵인이 만연했던 사회를 풍자
고 갈 것이니, 그리 알고 계시오. (굿거리장단에 맞추어 일제히 어울려서 한바탕 춤추다가 전원 퇴장한다.)

전령: 명령이나 훈령, 고시 따위를 전하여 보냄. 또는 그 명령이나 훈령, 고시
피신: 위험을 피하여 몸을 숨김.

＊②문단 요약: 취발이를 잡아와 양반과 말뚝이가 돈을 받고 죄를 눈감아 줌.

＊**일조식**: 아침 일찍 식사함.
＊**법덕**: 프랑스와 독일
＊**무량대각**: 헤아릴 수 없을 정도로 힘이 셈.

■ **갈래**: 전통극, 가면극 　　　■ **창작 시기**: 조선 후기
■ **내용**: 이 작품은 황해도 봉산 지방에서 전승되었으며, 양반에 대한 서민의 비판 의식이 잘 드러난다. 특히 지문에 제시된 부분은 양반의 거짓된 위엄을 조롱하는 말뚝이의 재담과 양반 스스로 자신의 무식을 폭로하는 모습 등을 통해 양반을 풍자하고 있다.
■ **주제**: 양반에 대한 조롱과 풍자

■ **이것이 핵심!: 중심인물들의 관계**

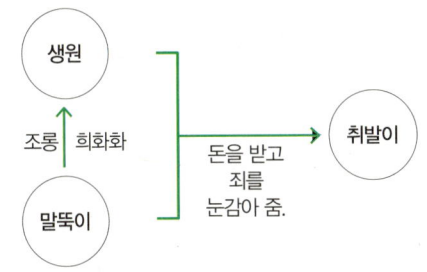

양반의 무능, 허위, 부조리를 폭로
→ 서민의 갈등과 고통을 웃음으로 해소

■ **독해 공식 정답**

(나)
❶ **화자**: '나', **중심 대상**: '님'(임금)
❷ **상황**: 자신의 사연을 '각시님'에게 이야기하고 있음.
정서, 태도: 임에 대한 그리움과 슬픔, 억울함을 느끼며 변함없는 충정을 드러냄.
❸ **표현상 특징**
• 대화체로 시상이 전개되고 있음.
• '각시님'과 대비하여 화자의 서러움을 강조하고 있음.

(다)
❶ **중심인물**: 말뚝이, 생원, 취발이 **배경**: 드러나지 않음.
❷ **중심 사건**: 중략 이전 – 말뚝이가 양반을 얕잡아 보는 말을 하고 있음.
중략 이후 – 생원의 명에 따라 말뚝이가 취발이를 잡아 옴. 말뚝이와 생원이 돈을 받고 취발이의 죄를 눈감아 줌.
❸ **서술상 특징**
• 언어유희, 대구법, 과장법을 활용하여 양반을 풍자하고 있음.
• 서민 계층의 언어와 양반 계층의 언어가 함께 사용되고 있음.

작품 간의 공통점 및 차이점
• **공통점**: '한의 문학'이자 '풀이의 문학'임.
• **차이점**: (나)는 '한'에 초점, (다)는 '풀이'에 초점을 둠.

C 22 정답 ④ ＊설명문의 내용 파악하기 ⋯ [정답률 80%]

(가)를 이해한 내용으로 적절하지 않은 것은?

> **왜 정답?**

④ 사대부들의 시가 작품들은 **지배층의 부조리를 비판하기**
    임금에 대한 그리움을 표현하기 위함임.
위해 임금을 이별한 임으로 그린 것으로 볼 수 있다.

＊**근거**: (가) ②문단 ❷문장

(가)의 2문단에서 '사대부들의 시가 작품 중에는 임금과의 관계가 어긋나게 되었을 때의 슬픔과 억울함 등을 ～ 이때 임금을 이별한 임으로 설정하여 임금에 대한 절절한 그리움을 표현'하였다고 했다. 따라서 지배층의 부조리를 비판하기 위해 임금을 이별한 임으로 그린 것으로 본다는 내용은 적절하지 않다.

> **왜 오답?**

① **한은 한국 문학 작품들에 나타나는 공통적인 특질 중 하나**
    '한국 문학에는 정과 한의 정서를 담아낸 작품들이 많다'
로 볼 수 있다.

＊**근거**: (가) ①문단 ❶, ❷문장

(가)의 1문단에서 한국 문학 작품들의 공통적인 특질을 '한국 문학의 전통'이라고 했으며, '한국 문학에는 정과 한의 정서를 담아낸 작품들이 많다'고 했다.

[**특질**: 특별한 기질이나 성질]

② **역사의 비운, 사회적 억압으로 인해 감정이 응어리져 맺힌**
    '한은 인간의 감정이 억눌려～역사의 비운이나 사회적 억눌림'
것을 한이라 할 수 있다.

＊**근거**: (가) ①문단 ❸문장

(가)의 1문단에서 '한은 인간의 감정이 억눌려 응어리가 매듭처럼 맺힌 것을 말하는데, 이러한 한은 수난이 잦은 역사의 비운이나 사회적 억눌림' 등으로 인해 발생한다고 했다. 따라서 역사의 비운, 사회적 억압으로 인해 감정이 응어리져 맺힌 것을 한이라 할 수 있다는 내용은 적절하다.

③ **탈춤은 현실의 억눌림을 웃음을 통해 해소하려고 했다는**
    '〈봉산탈춤〉은～서민들이 겪었던 갈등과 고통을 웃음으로 해소'
점에서 풀이의 문학으로 볼 수 있다.

＊**근거**: (가) ①문단 ❹, ❺문장, ③문단 ❷, ❸문장

(가)의 1문단 내용에 따르면 한국 문학 작품들은 한을 극복하려는 풀이의 모습도 그리고 있으므로 한국 문학은 '풀이의 문학'이라고도 할 수 있다. 그리고 3문단에서 〈봉산탈춤〉은 '서민들의 금지된 욕망을 드러'내며, '익살스러운 말과 행동을 통해 대상을 조롱하고 희화화하여 서민들이 겪었던 갈등과 고통을 웃음으로 해소'한다고 하였다. 따라서 탈춤은 현실의 억눌림을 웃음을 통해 해소하려고 했다는 점에서 풀이의 문학으로 볼 수 있다는 내용은 적절하다.

⑤ **유배 가사는 임금과의 어긋난 관계로 인한 슬픔과 억울함**
    '한은～어긋난 인간관계 등으로 인해 발생'
을 담아낸다는 점에서 한의 문학이라고 할 수 있다.

＊**근거**: (가) ①문단 ❸문장, ②문단 ❷문장

(가)의 1문단에서 한은 어긋난 인간관계로 인해 발생한다고 했고, 2문단에서 '유배 가사를 비롯한 사대부들의 시가 작품 중에는 임금과의 관계가 어긋나게 되었을 때의 슬픔과 억울함 등을 담아낸 작품이 있'다고 했다. 따라서 유배 가사는 임금과의 어긋난 관계로 인한 슬픔과 억울함을 담아낸다는 점에서 한의 문학이라고 할 수 있다는 내용은 적절하다.

C 23 정답 ④ ＊〈보기〉를 바탕으로 감상하기 ⋯ [정답률 50%]

[A]를 바탕으로 (나)를 감상한다고 할 때, 〈보기〉를 활용하여 탐구한 내용으로 적절하지 않은 것은? [3점]

• **[A]**: 〈별사미인곡〉은 〈사미인곡〉과 〈속미인곡〉의 영향을 받은 작품으로, 평생 벼슬을 하지 못한 작가가 유배를 갔을 때 지은 가사입니다.

• **〈보기〉**: 〈사미인곡〉과 〈속미인곡〉은 임금을 임으로(㉠), 자신을 이별한 여인으로 그려(㉡) 죽어서도 임을 따르고자 하는 의지를 드러낸(㉢) 작품입니다. 또한 〈사미인곡〉은 계절에 따라(㉣), 〈속미인곡〉은 두 여인이 이야기하는 형식(㉤)을 통해 화자의 정서를 드러냅니다.

🔶 〈사미인곡〉과 〈속미인곡〉의 특징을 바탕으로 〈별사미인곡〉을 감상한 내용 중 틀린 것을 고르는 문제입니다.

[보기]
○ 〈사미인곡〉과 〈속미인곡〉의 공통점
• 임금을 천상계에 계신 임으로 그림. ⋯⋯⋯⋯⋯⋯⋯ ㉠
    '광한전 백옥경'
• 임금을 모셨던 작가 자신을 임과 이별한 여인으로 그림. ⋯ ㉡

- 죽어서도 임을 따르고자 하는 의지를 드러냄. ················· ⓒ
  '차라리 ~ 되여 이셔', '그도 ~ 되여 이셔'
- ○〈사미인곡〉의 특징

  - 계절에 따라 임에 대한 그리움을 읊음. ················· ⓓ

- ○〈속미인곡〉의 특징

  - 두 여인이 이야기하는 형식을 통해 임에 대한 마음을 표현함.
    '이보소 저 각시님'
    ·· ⓔ

천상계 : 십계의 하나. 십선(十善)을 닦으면 간다고 하는 하늘 위의 세계를 이른다.

>왜 정답?

④ '목란', '한여름 청음'을 보니 ⓓ과 같이 계절적 소재를 통해 임과의 추억을 회상하고 있군.
  임을 모신 적이 없다고 하였으므로 추억을 회상하고 있다는 것은 적절하지 않음.

*근거: (나) ❾, ⑱, ㉗, 〈보기〉 ⓓ

'목란'은 임에게 보낼 꽃신의 재료로 임에 대한 정성과 애정을 드러내고, '한여름 청음'은 임이 있는 곳으로 임에게 가고 싶은 화자의 마음을 드러내는 계절적 소재이다. 하지만 화자는 임을 '뫼셔본 적 전혀 없네'라고 하며 임을 모신 적이 없다고 하고 있으므로 임과의 추억을 회상하고 있다는 내용은 적절하지 않다.

>왜 오답?

① '광한전 백옥경'을 보니 ㉠과 같이 임이 계신 곳을 천상계로 설정하고 있군.
  '광한전 백옥경'은 '달에 있다는 전설의 궁전', '옥황상제가 사는 서울'을 말하므로 적절함.

*근거: (나) ❹, 각주, 〈보기〉 ㉠

'광한전 백옥경'은 달에 있다는 전설의 궁전과 옥황상제가 사는 서울을 말한다. 이를 통해 (나)가 〈사미인곡〉, 〈속미인곡〉과 동일하게 임(임금)이 계신 곳을 천상계로 설정하고 있음을 알 수 있다.

② '뫼셔본 적 전혀 없네'를 보니 ㉡과 달리 벼슬을 하지 못했던 작가 자신의 모습을 그리고 있군.
  김춘택은 벼슬을 하지 못했으므로 적절함.

*근거: (가) ❷문단 ❶문장, (나) ❽, ❾, 〈보기〉 ㉡

'광한전 어디메오 백옥경 내 알던가'와 '뫼셔본 적 전혀 없네'를 통해 (나)의 화자가 임을 모신 적이 없음을 알 수 있다. 또한 [A]에서 (나)의 작가 김춘택은 평생 벼슬을 하지 못했다고 했으므로 '뫼셔본 적 전혀 없네'는 ㉡과 달리 벼슬을 하지 못했던 작가 자신의 모습을 그리고 있는 것으로 볼 수 있다.

③ '구름', '바람'을 보니 ㉢과 같이 죽어서라도 임의 곁에 가고자 하는 마음을 드러내고 있군.
  '구름'과 '바람'이 되어 임의 곁에 가고자 하므로 적절함.

*근거: (나) ㉔~㉗, 〈보기〉 ㉢

화자는 차라리 죽어서 '구름'이 되어 임 계신 데 덮고 싶고, 임이 구름을 마다하면 '바람'이 되어 임 계신 데 불고 싶다고 했다. 따라서 '구름'과 '바람'은 ㉢과 같이 죽어서라도 임의 곁에 가고자 하는 마음을 드러내고 있다고 볼 수 있다.

⑤ '이보소 저 각시님'을 보니 ⓔ과 같이 이야기하는 형식을 취하고 있군.
  '저 각시님'에게 말을 건네면서 시작하므로 적절함.

*근거: (나) ❶, 〈보기〉 ⓔ

'이보소 저 각시님'을 통해 화자가 다른 각시에게 자신의 서러움을 하소연하고 있음을 알 수 있다. 이는 〈속미인곡〉의 특징과 같이 두 여인이 이야기하는 형식을 통해 임에 대한 마음을 표현하는 것이라고 볼 수 있다.

(나)에 대한 설명으로 가장 적절한 것은?

>왜 정답?

② 설의적 표현을 사용하여 화자의 정서를 강조하고 있다.
  '인연인들 한가지며 이별인들 같을손가' 등에서 설의적 표현을 통해 화자의 정서를 강조함.

*근거: (나) ❸, ❺, ⑯

'인연인들 한가지며 이별인들 같을손가', '이별을 하였거니 재앙인들 없을손가', '님 향한 이 마음이 변할손가' 등에서 설의적 표현을 사용하여 화자의 정서를 강조하고 있음을 알 수 있다.

>왜 오답?

① 음성 상징어를 활용하여 시적 상황을 구체화하고 있다.
  음성 상징어를 활용하지 않음.

(나)에 음성 상징어를 활용한 부분은 나타나지 않는다.

③ 연쇄법을 사용하여 시적 의미를 긴밀하게 드러내고 있다.
  연쇄법을 사용하지 않음.

(나)에 연쇄법을 사용한 부분은 나타나지 않는다.

[연쇄법 : 앞 구절의 시어를 다시 다음 구절에 연결하여 이어 가는 방법

④ 시간의 흐름에 따라 시적 대상의 변화 과정을 묘사하고 있다.
  시간의 흐름에 따른 시적 대상의 변화 과정은 나타나지 않음.

(나)에서 시간의 흐름에 따라 시적 대상의 변화 과정을 묘사하고 있지 않다.

⑤ 근경에서 원경으로 시선을 이동하며 시적 배경을 제시하고 있다.
  근경에서 원경으로의 시선 이동은 나타나지 않음.

(나)에서 근경에서 원경으로 시선을 이동하며 시적 배경을 제시하고 있지 않다.

[근경 : 가까이 보이는 경치. 또는 가까운 데서 보는 경치
[원경 : 멀리 보이는 경치. 또는 먼 데서 보는 경치

[B]를 바탕으로 ⓐ~ⓔ를 이해한 내용으로 적절하지 않은 것은?

- [B] : 〈봉산탈춤〉은 양반의 무능과 허위, 부조리 등을 폭로하고, 익살스러운 말과 행동을 통해 대상을 조롱하고 희화화하여 서민들이 겪었던 갈등과 고통을 웃음으로 해소하고 있습니다.
- ⓐ~ⓔ : ⓐ는 노새를 '노새 원님'으로 표현한 말, ⓑ는 양반을 '샌님 비뚝한 놈'으로 표현한 말, ⓒ는 취발이에 대한 묘사, ⓓ은 말뚝이가 양반에게 취발이 엉덩이를 들이미는 행동, ⓔ는 취발이에게 돈을 받자는 말뚝이의 제안입니다.

즉 ⓐ~ⓔ에 드러나고 있는 〈봉산탈춤〉의 특징을 이해한 내용으로 틀린 것을 고르는 문제입니다.

>왜 정답?

③ ⓒ : '취발이'를 익살스럽게 묘사하여 서민들 사이의 갈등을 해소하고 있다.
  힘이 세다는 것을 '무량대각'에, 날랜 것을 '비호'에 비유한 것이므로 적절하지 않음.

*근거: (다) ❷-❹

ⓒ는 '취발이'의 힘이 세다는 것을 '무량대각'에, 날랜 것을 '비호'에 비유한 것이다. '취발이'를 익살스럽게 묘사한 것도 아니며 이를 통해 서민들 사이의 갈등을 해소하고 있지도 않다.

>왜 오답?

① ⓐ : '노 생원님'과 발음이 유사하다는 것을 이용하여 양반을 희화화하고 있다.
  언어유희를 이용하여 양반을 희화화하고 있으므로 적절함.

*근거: (다) ❶-❹

ⓐ에서는 발음의 유사성을 이용한 언어유희를 통해 양반을 희화화하고 있다.

② ⓑ: 양반을 얕잡아 보는 말을 사용하여 양반을 비하하고
있다.
제대로 된 양반을 찾기가 어렵다는 의미로 양반을 비하하고 있으므로 적절함.
*근거: (다) ①-④
ⓑ의 '샌님 비뚝한 놈'은 양반을 얕잡아 보는 말이며, 이를 사용하여 제대로
된 양반을 찾기가 어렵다는 말을 하며 양반을 비하하고 있다.

④ ⓓ: 양반을 무시하고 조롱하는 행동을 함으로써 웃음을 유
발하고 있다.
양반을 무시하고 조롱하는 행동이므로 적절함.
*근거: (다) ②-⑩
ⓓ에서 '취발이'가 엉덩이를 양반 코앞에 내밀게 하는 행동은 양반을 무시하
고 조롱하는 행동으로, 이를 통해 웃음을 유발하고 있다.

⑤ ⓔ: 돈을 받고 죄를 눈감아 주던 당시의 모습을 드러내어
부패한 사회를 풍자하고 있다.
'취발이'에게 돈을 내라고 해서 나누어 쓰자고 말하고 있으므로 적절함.
*근거: (다) ②-⑭
ⓔ에서 말뚝이는 양반에게 취발이를 죽이는 것보다 돈을 내라고 해서 나누
어 쓰자고 하고 있다. 이는 돈을 받고 죄를 눈감아 주던 당시의 모습을 드러
내는 것으로, 이를 통해 부패한 사회를 풍자하고 있다.

[부패하다: 정치, 사상, 의식 따위가 타락하다.

C 26 정답 ④ *소재 및 배경의 의미 파악하기 [정답률 60%]

㉮와 ㉯에 대한 설명으로 가장 적절한 것은?

> **왜 정답?**

④ ㉮는 화자가 상대에 대한 애정을 드러내는 소재이고, ㉯는
임에 대한 사랑과 정성을 드러내는 소재이므로 적절함.
'말뚝이'가 상대를 제압할 수 있는 소재이다.
양반의 권위를 상징하는 소재이므로 적절함.
*근거: (나) ⑱, ⑲, (다) ②-④, ⑤
㉮는 임에게 보낼 옷으로 임에 대한 정성과 그리움, 사랑을 의미하는 소재이
다. 한편, '말뚝이'는 '샌님의 전령이나 있으면 잡아 올는지 거저는 잡아 올
수 없습니다.'라고 했다. 따라서 ㉯는 '말뚝이'가 '취발이'를 제압할 수 있는
소재이다.

> **왜 오답?**

① ㉮는 화자가 ~~과거를 떠올리게 하는~~ 소재이고, ㉯는 '말뚝
이'가 ~~미래를 예측하게 하는~~ 소재이다.
적절하지 않음.
적절하지 않음.
㉮는 화자가 과거를 떠올리게 하는 소재라고 할 수 없고, ㉯ 역시 '말뚝이'가
미래를 예측하는 소재라고 할 수 없다.

② ㉮는 화자의 ~~절망적 현실을 나타내는~~ 소재이고, ㉯는 '말
뚝이'의 ~~부정적 현실을 나타내는~~ 소재이다.
적절하지 않음.
적절하지 않음.
㉮는 화자의 절망적 현실을 나타내는 소재라고 할 수 없고, ㉯ 역시 '말뚝이'
의 부정적 현실을 나타내는 소재라고 할 수 없다.

③ ㉮는 화자의 간절한 바람을 나타내는 소재이고, ㉯는 '말
자신의 마음을 임에게 전하고자 하는 바람을 나타낸다고 볼 수 있음.
뚝이'가 ~~반성적 성찰을 하게 하는~~ 소재이다.
적절하지 않음.
*근거: (나) ⑱
㉮는 임에 대한 화자의 사랑과 정성을 담고 있는 소재이므로 임에게 마음을
전하고자 하는 화자의 간절한 바람을 나타낸다고 볼 수도 있다. 하지만 ㉯는
'말뚝이'가 반성적 성찰을 하게 하는 소재라고 할 수 없다.

[성찰: 자기의 마음을 반성하고 살핌.

⑤ ㉮는 ~~화자와 임의 약속을 상징하는~~ 소재이고, ㉯는 '말뚝
적절하지 않음.
이'가 위임 받은 양반의 권위를 상징하는 소재이다.
양반의 권위를 위임 받아 '취발이'를 제압할 수 있는 소재이므로 적절함.

*근거: (다) ②-⑤
㉯는 '말뚝이'가 위임 받은 양반의 권위를 상징하는 소재가 맞지만, ㉮는 화
자와 임의 약속을 상징하는 소재라고 할 수 없다.

[위임: 어떤 일을 책임 지워 맡김. 또는 그 책임
[권위: 남을 지휘하거나 통솔하여 따르게 하는 힘

C 27~31 ──── [2021년(3월)/고2교육청 19~23]

① 인간은 각자 정해진 운명이 있고, 초월적인 힘에 밀려 자신의
의지나 노력으로도 그것을 바꿀 수 없는 삶이 있다고 믿는 가치관
을 ⓐ운명론적 세계관이라고 한다. ② 시에서 화자는 각기 다양한 시
적 상황에 처하며, 처한 상황에 따라 저마다 다른 생각과 행동을
보여 준다. ③ 이는 개인의 고유한 삶의 가치관과 관련이 있는데, 그
중에서도 특히 화자가 운명론적 세계관에 따라 자신의 생각을 내
면화하고 그에 따라 행동하는 모습을 보이는 작품을 종종 발견할
수 있다. ④ 아래의 두 작품에는 운명론적 세계관이 나타나 있지만,
각각의 화자가 현재 자신의 삶을 운명으로 받아들이는 태도에는
미묘한 차이가 있다.

*①문단 요약: 화자가 삶을 운명으로 받아들이는 태도에 따라 작품에 나타
나는 운명론적 세계관에 차이가 있음.

(가) 백석, 〈흰 바람벽이 있어〉

❶ 화자, 중심 대상   ❷ 상황, 정서, 태도   ❸ 표현상 특징

① ㉠오늘 저녁 이 좁다란 방의 흰 바람벽에
❶ 중심 대상
어쩐지 쓸쓸한 것만이 오고 간다
③ 이 흰 바람벽에
❷ 정서: 쓸쓸함.
희미한 십오촉(十五燭) 전등이 지친운 불빛을 내어던지고 [A]
❸ 화자의 쓸쓸한 심정을 시각적으로 형상화함.
⑤ 때글은 다 낡은 무명샤쯔가 어두운 그림자를 쉬이고

⑥ 그리고 또 달디단 따끈한 감주나 한잔 먹고 싶다고 생각하

는 내 가지가지 외로운 생각이 헤매인다
❷ 정서: 외로움.

[바람벽: 방이나 칸살의 옆을 둘러막은 둘레의 벽
[촉: 예전에, 빛의 세기를 나타내던 단위
[글다: '그을다'의 준말 (때글은: 때에 그은)
[감주: 엿기름을 우린 물에 밥알을 넣어 식혜처럼 삭혀서 끓인 음식

*①~⑥행 요약: 흰 바람벽을 바라보며 쓸쓸함, 외로움을 느낌.

⑦ 그런데 이것은 또 어인 일인가
❸: 장면 전환
⑧ 이 흰 바람벽에
⑨ 내 가난한 늙은 어머니가 있다
❶ 화자
⑩ 내 가난한 늙은 어머니가 [B]
❸ 그리움의 대상 ①: 가난하고 고달프게 살고 있
⑪ 이렇게 시퍼러둥둥하니 추운 날인데 차디찬 물에 손은
❸ 공감각적 이미지-촉각적(추위) 이미지를 시각적(시퍼러둥둥) 이미지로 형상화
담그고 무이며 배추를 씻고 있다

⑫ 또 내 사랑하는 사람이 있다
⑬ 그리움의 대상 ②: 단란한 가정을 꾸려 살고 있
내 사랑하는 어여쁜 사람이

⑭ 어늬 먼 앞대 조용한 개포가의 나즈막한 집에서 [C]
⑮ 그의 지아비와 마주 앉어 대구국을 끓여놓고 저녁을 먹는다
⑯ 벌써 어린것도 생겨서 옆에 끼고 저녁을 먹는다

앞대: 어떤 지방에서 그 남쪽의 지방을 이르는 말
개포: '개'의 평북 방언. 강이나 내에 바닷물이 드나드는 곳

＊⓻～⓰행 요약: 흰 바람벽을 보며 그리운 사람들을 떠올림.

⑰ 그런데 또 이즈막하야 어느 사이엔가

⑱ 이 흰 바람벽엔

⑲ 내 쓸쓸한 얼굴을 쳐다보며
　　자신을 성찰하며 내면 인식을 드러냄.
⑳ 이러한 글자들이 지나간다

㉑ ― 나는 이 세상에서 가난하고 외롭고 높고 쓸쓸하니 살어　[D]
　　『 』: ❷ 태도: 운명론적 태도 - 운명에 순응, 체념함.
가도록 태어났다

㉒ 그리고 이 세상을 살아가는데

㉓ 내 가슴은 너무도 많이 뜨거운 것으로 호젓한 것으로 사랑
으로 슬픔으로 가득 찬다

이즈막: 얼마 전부터 이제까지에 이르는 가까운 때
호젓하다: ① 후미져서 무서움을 느낄 만큼 고요하다. ② 매우 홀가분하여
쓸쓸하고 외롭다.

＊⓱～㉓행 요약: 운명론적 체념

㉔ 그리고 이번에는 나를 위로하는 듯이 나를 울력＊하는 듯이

㉕ 눈질을 하며 주먹질을 하며 이런 글자들이 지나간다
　　화자의 내면 의지를 북돋우는 행위
㉖ ― 하늘이 이 세상을 내일 적에 그가 가장 귀해하고 사랑
　　운명을 결정짓는 초월적 존재
하는 것들은 모두 가난하고 외롭고 높고 쓸쓸하니 그리고 언
　　『 』: ❷ 태도: 정신적 고결함을 잃지 않겠다는 다짐 - 자기 위로와 현실 극복 의지가 드러남.　　[E]
제나 넘치는 사랑과 슬픔 속에 살도록 만드신 것이다

㉗ 초생달과 바구지꽃과 짝새와 당나귀가 그러하듯이

㉘ 그리고 또 '프랑시쓰 쨈'과 '도연명(陶淵明)'과 '라이넬 마리
아 릴케'가 그러하듯이
　　❸ 표현: 하늘이 귀해 하고 사랑하는 것들이자 화자가 자신과 동질감을 느끼는 대상들을 나열함.

눈질: 눈으로 흘끔 보는 짓

＊㉔～㉘행 요약: 자기 운명에 대한 긍정적 수용과 현실 극복 의지
＊울력: 힘으로 몰아붙임.

■ 내용: 이 시는 고향을 떠나 가난하고 쓸쓸하고 외로운 처지에 놓인 화자가
흰 바람벽을 바라보며 그리운 사람들과 자신의 삶을 떠올리고 있다. 이때 흰 바
람벽은 마치 영화 스크린과 같은 기능을 하여 그리운 사람들이 한 편의 영상처
럼 떠오르고, 화자는 쓸쓸함, 외로움, 그리움의 감정을 느낀다. 후에 연이어 떠
오르는 글자들을 보며 화자는 자신의 고달픈 삶을 운명으로 여기고 체념하지만
곧 그 삶을 긍정적으로 인식하면서 현실을 극복하고자 하는 의지를 보여 준다.
■ 주제: 쓸쓸하고 외로운 삶에 대한 긍정적 수용과 현실 극복 의지
■ 이것이 핵심!: '내면 의식의 흐름'에 따른 시상 전개

• 지치운 불빛 • 때글은 다 낡은 무명 샤쯔의 어두운 그 　림자	쓸쓸함, 외로움

↓

• 내 가난한 늙은 어머니 • 내 사랑하는 사람	그리움

↓

• 첫 번째 글자들 （나는 이 세상에서 ～ 가득 찬다）	운명에 순응, 체념

↓

• 두 번째 글자들 （하늘이 이 세상을 ～ 그러하듯이）	운명을 긍정적으로 수용하 고, 현실에 대한 극복 의지

(나) 정훈, 〈탄궁가〉

❶ 화자, 중심 대상　❷ 상황, 정서, 태도　❸ 표현상 특징　시 해석

① 하늘이 만드시길 일정 고루 하려마는
　　운명을 결정짓는 초월적 존재
→ 하늘이 만드시길 일정하게 고루 하련만

② 어찌된 인생이 이토록 괴로운고
　　　　　　　　　　　　❸ 설의법
　　　　　　　　　　　　❷ 정서: 괴로움.
→ 어찌된 인생이 이토록 괴로운가

③ 삼순구식(三旬九食)을 얻거나 못 얻거나
→ 삼십 일에 아홉 끼니 얻거나 못 얻거나

④ 십년에 갓 한번 쓰거나 못 쓰거나
→ 십 년 동안 갓을 쓰거나 못 쓰거나 하네

⑤ 안표누공(顔瓢屢空)＊인들 나같이 비었으며
　　　　　　　　　　　　❶ 화자: 나
→ 안연의 밥그릇이 비었다고 나같이 비었으며

⑥ 원헌간난(原憲艱難)인들 나같이 심했을까
　　　　　　　　　　　　　　❸ 설의법 - 한탄의 정서 강조
→ 원헌의 가난들 나같이 심할까

＊❶～❻행 요약: 궁핍한 현실을 한탄함.

⑦ ㉡봄날이 더디 흘러 뻐꾸기가 보채거늘
→ 봄날이 더디 흘러 뻐꾸기가 보채거늘

⑧ 동편 이웃에 따비 얻고 서편 이웃에 호미 얻고
　　　　이웃에 농가구를 빌려 농사를 지어야 할 만큼 가난함.
→ 동쪽 집에서 쟁기 얻고 서쪽 집에서 호미 얻고

⑨ 집 안에 들어가 씨앗을 마련하니
　　『 』: ❸ 일상적 소재를 통해 가난한 생활을 사실적으로 형상화함.
→ 집안에 들어가 씨앗을 마련하니

⑩ 올벼씨 한 말은 반 넘어 쥐 먹었고
→ 올벼 씨 한 말은 반 넘게 쥐가 먹었고

⑪ 기장 피 조 팥은 서너 되 심었거늘
→ 기장, 피, 조, 팥은 서너 되 부쳤거늘

⑫ 한아한 식구 이리하여 어이 살리
→ 춥고 배고픈 식구 이리하여 어찌 살리

＊❼～❷행 요약: 가난으로 농사짓기 어려운 현실을 한탄함.

⑬ 이봐 아이들아 아무려나 힘써 일하라
→ 이봐 아이들아 어쨌거나 힘써서 일하라

⑭ 죽 쑨 물 상전 먹고 건더기 건져 종을 주니
　　『 』: 상전을 무시하는 종들의 태도
→ 죽을 쑤어 국물은 상전이 먹고 좋은 진국은 종을 주었는데

⑮ 눈 위에 바늘 젓고 코로 휘파람 분다
→ （종놈들이）눈살을 찌푸리며 콧방귀만 뀐다

⑯ 올벼는 한 발 뜯고 조 팥은 다 묵히니
→ 올벼는 한 발만 수확하고 조와 팥은 다 묵히니

⑰ 싸리피 바랑이는 나기도 싫지 않던가
→ 싸리피 비랑이 등 잡초는 나기도 싫지 않던가

⑱ 나라빚과 이자는 무엇으로 장만하며
→ 나라빚과 이자는 무엇으로 장만하며

⑲ 부역과 세금은 어찌하여 차려낼꼬
→ 부역과 세금은 어찌하여 채워 낼까

⑳ 이리저리 생각해도 견딜 가능성이 전혀 없다
→ 이리저리 생각해도 견딜 수가 전혀 없다

㉑ 장초(萇楚)의 무지(無知)를 부러워하나 어찌하리
　　화자가 부러워하는 대상
→ 장초가 아무 걱정 모르는 것이 부러우나 어찌하리

＊❸～❹행 요약: 종들조차 무시할 정도로 가난한 처지를 한탄함.

(중략)

㉒ 세시 절기 명절 제사는 무엇으로 해 올리며
➡ 세시 절기 명절 제사는 무엇으로 해 올리며

㉓ 친척들과 손님들은 어이하야 접대할꼬
➡ 친척들과 손님들은 어찌하여 대접할까

㉔ 이 얼굴 지녀 있어 어려운 일 많고 많다
➡ 이 몰골 지니고 있어 어려운 일 많고 많다

*㉒~㉔행 요약: 명절을 제대로 지낼 수도 없는 가난한 처지를 한탄함.

㉕ 이 원수 궁귀(窮鬼)*를 어이하야 여의려뇨
➡ 이 원수 이 가난 귀신을 어찌해야 떼어낼 수 있을까

㉖ 술에 음식 갖추고 이름 불러 전송(餞送)하여
➡ 술에 음식을 갖추어서 이름 불러 전송하여

㉗ 좋은 날 좋은 때에 사방(四方)으로 가라 하니
➡ 좋은 날 좋은 때에 사방으로 가라 하니

㉘ 추추분분(啾啾憤憤)하야 화를 내어 이른 말이
➡ 시끄럽게 떠들며 화를 내며 하는 말이

㉙ 어려서 지금까지 희로우락(喜怒憂樂)을 너와 함께 하여
➡ (가난 귀신이 말하기를) 어려서부터 지금까지 기쁨과 슬픔을 너와 함께 하여

㉚ 죽거나 살거나 여읠 줄이 없었거늘
➡ 죽거나 살거나 헤어질 줄이 없었거늘

㉛ 어디 가 뉘 말 듣고 가라 하여 이르느뇨
➡ 어디 가서 누구 말 듣고 가라고 말하는가

㉜ 타이르듯 꾸짖는 듯 온 가지로 공혁(恐嚇)*커늘
➡ 타이르듯 꾸짖는 듯 온 가지로 꾸짖거늘

㉝ 돌이켜 생각하니 네 말도 다 옳도다
　　　　　　　　　　　화자의 체념
➡ 돌이켜 생각하니 네 말이 다 옳도다

㉞ 무정한 세상은 다 나를 버리거늘
➡ 무정한 세상은 다 나를 버리거늘

㉟ 네 혼자 신의 있어 나를 아니 버리거든
➡ 너 혼자 신의 있어 나를 아니 버리나니

㊱ 억지로 피하여 잔꾀로 여읠려냐
　「」: ❸ 의인법-가난과 대화를 나눠 고통스러운 상황을 희화화함.
➡ 억지로 피하여 잔꾀로 헤어질 수 있겠는가

㊲ 하늘이 만든 이 내 궁(窮)을 설마한들 어이하리
　　운명을 결정짓는 초월적 존재
➡ 하늘이 준 이 내 가난 설마한들 어찌하리

㊳ 빈천(貧賤)도 내 분(分)이어니 설워 무엇하리」
　안빈낙도　　　　「」: 화자의 체념
➡ 가난도 내 분수니 서러워하여 무엇하리

*㉕~㊳행 요약: 가난한 삶을 체념하고 받아들임.

* 안표누공: 공자의 제자인 안회의 가난함.
* 궁귀: 가난 귀신
* 공혁: 올러대며 꾸짖음.

■ 갈래: 가사　　　■ 창작 시기: 조선 중기
■ 내용: 가난한 사대부가 궁핍한 생활에 대한 한탄을 담고 있다. 화자는 가난으로 인해 농사를 짓는 것도 어렵고, 종들에게 무시를 당하고, 명절 제사도 지내기 힘든 고통을 사실적으로 표현한다. 그러다 '궁귀'와의 대화를 하고 '궁귀'가 지금까지 희로우락을 함께했기 때문에 떠날 수 없다며 화자를 꾸짖는다. 이를 듣고 화자는 가난한 현실을 운명으로 받아들이고 체념하는 태도를 보인다.
■ 주제: 가난한 생활에 대한 한탄, 체념

■ 이것이 핵심!: 화자의 태도 변화

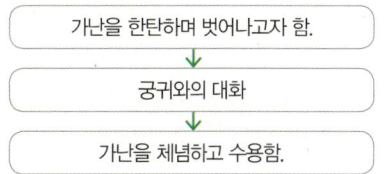

가난을 한탄하며 벗어나고자 함.
↓
궁귀와의 대화
↓
가난을 체념하고 수용함.

✪ 독해 공식 정답

(가)
❶ 화자: 나, 중심 대상: 흰 바람벽
❷ 상황: 흰 바람벽에 떠오르는 내면의 풍경을 바라봄.
정서, 태도: 가난하고 외롭고 쓸쓸함을 긍정적으로 수용하고 현실을 극복하려는 의지를 드러냄.
❸ 표현상 특징
• 시각적 이미지를 사용하여 화자의 정서를 구체적으로 형상화함.
• 화자의 내면 의식의 흐름에 따라 시상이 전개됨.

(나)
❶ 화자: 나(가난한 사대부), 중심 대상: 화자의 가난한 삶
❷ 상황: 가난으로 인해 고통받고 있음.
정서, 태도: 가난으로 인한 힘겨운 생활에 대해 한탄함.
❸ 표현상 특징
• 의인법을 통해 가난을 표현함. – 가난으로 인해 고통스러운 상황을 희화화함.
• 설의법을 통해 가난에 대한 한탄과 체념의 정서를 강조함.
• 일상적 소재를 통해 가난한 생활을 사실적으로 형상화함.

작품 간의 공통점 및 차이점
• 공통점: 화자가 처한 현실을 긍정적으로 인식하며 운명으로 수용하고 체념함.
• 차이점: (가)에는 현실 극복 의지가 드러나지만 (나)에는 드러나지 않음.

🟪 C 27　정답 ④　*두 작품의 공통점 파악하기　[정답률 75%]
(가)와 (나)의 공통점으로 가장 적절한 것은?

>왜 정답?
　　　　　　　　　　(가) 그리워하는 상황, (나) 가난한 상황
④ 유사한 문장 구조의 반복을 통해 시적 상황을 부각하고 있다.
　(가) 내 ~ 있다, (나) ~인들 나같이, ~ 이웃에 ~ 얻고
*근거: (가) ❾, ⓬, (나) ❺, ❻, ❽
(가)는 '내 ~ 이/가 있다.'의 반복을 통해 사랑하는 사람을 그리워하는 상황이 부각되고, (나)는 '~인들 나같이'와 '~ 이웃에 ~얻고'의 반복을 통해 가난한 상황이 부각되므로 적절하다.

>왜 오답?
　　　　　　　'수미상관'을 활용하면 '반복'을 통한 '리듬감'이 조성됨.
① 수미상관의 기법을 활용하여 리듬감을 조성하고 있다.
　　　(가)와 (나) 모두 나타나지 않음.
두 작품 모두 수미상관 기법을 활용하고 있지 않다.

　수미상관: 시의 처음과 끝에 동일하거나 유사한 시구를 배치시킨 것 (=수미상응)

② 특정 공간의 대비를 통해 역동적 분위기를 형성하고 있다.
　(가)와 (나) 모두 나타나지 않음.
(가)에는 '좁다란 방'이라는 특정 공간이 있기는 하지만 대비가 드러나는 것은 아니며 역동적 분위기를 형성하지도 않는다. (나) 역시 해당하지 않는다.

　역동적: 힘차고 활발하게 움직이는

③ 명령적 어조를 사용하여 화자의 강한 의지를 표출하고 있다.
　(나는 '힘써 일하라')　　　　　　모두 나타나지 않음.
*근거: (나) ⓭
(가)는 명령적 어조를 사용하고 있지 않다. (나)는 '힘써 일하라'에서 명령형 어조를 사용하였으나 의지를 표출하지는 않았다.

　어조: 말의 가락≒말투
　명령형 어조: 명령이나 요구의 뜻을 나타내는 어조로, 주로 명령형 어미 '-아라(어라), -게' 등을 통해 나타난다.
　표출: 겉으로 나타냄.

정답 및 해설　111

⑤ 촉각적 심상을 사용하여 사물의 정적인 모습을 강조하고 〔(가)는 '차디찬 물'〕 〔모두 나타나지 않음.〕
있다.

*근거: (가) ⑪

(가)의 '차디찬 물'에서 '차다'라는 촉각적 심상이 나타나지만 사물의 정적인 모습에는 해당하지 않으며 (나)는 촉각적 심상이 사용되지 않았다.

┌ 심상: 감각에 의하여 획득한 현상이 마음속에서 재생된 것 (=이미지)
└ 정적: 고요하여 괴괴한

C 28 정답 ③ *시상 전개 과정 파악하기 - [정답률 29%]

(가)의 [A]~[E]에 대한 설명으로 적절하지 않은 것은?

· [A]: 흰 바람벽을 바라보며 쓸쓸함을 느낍니다.
· [B]: 흰 바람벽을 바라보며 가난한 늙은 어머니에 대한 생각을 합니다.
· [C]: 흰 바람벽을 바라보며 사랑하는 어여쁜 사람에 대한 생각을 합니다.
· [D]: 흰 바람벽을 바라보며 화자는 이 세상에서 가난하고 외롭고 쓸쓸하게 살아가도록 태어났다고 생각합니다.
· [E]: 하늘이 귀해하고 사랑하는 자신과 같은 사람들은 가난하고 외롭고 높고 쓸쓸한 삶, 넘치는 사랑과 슬픔 속에 살아가는 삶을 살도록 만들어졌다며 운명을 긍정적으로 받아들입니다.

[즉] [A]~[E]에 대해 잘못 이해한 것을 고르는 문제입니다.

〉왜 정답?

③ [B], [C]에 나타난 소외된 사람들에 대한 연민이 [D]에서 〔그리워하는 사람이지 소외된 사람이 아님.〕
자기 연민으로 전환되고 있다. 〔나타나지 않음.〕

*근거: (가) ⑨, ⑫, ㉑

[B]에서는 '어머니', [C]에서는 '사랑하는 사람'을 떠올리고 있는데 이 사람들은 소외된 사람들이 아니라 화자가 그리워하는 사람들이므로 적절하지 않다. 또한 [D]에서 화자는 스스로를 '가난하고 외롭고 쓸쓸'하지만 '높'은 존재라 생각하므로 자신에 대한 연민이 드러난다고 볼 수 없다.

┌ 연민: 불쌍하고 가련하게 여김.

〉왜 오답?

① [A]에서는 외부의 사물을 응시하던 화자의 시선이 내면으로 〔외부의 전등, 무명샤쯔〕 〔외로운 생각〕
로 이어지고 있다.

*근거: (가) ④~⑥

외부에 있는 '십오촉 전등, 다 낡은 무명샤쯔'를 응시하다 내면인 '가지가지 외로운 생각'으로 이어지므로 적절하다.

┌ 응시: 눈길을 모아 한 곳을 똑바로 바라봄.

② [B], [C]에서는 [A]의 '흰 바람벽'을 보는 상황이 이어지면서, 떠오르는 생각들이 제시되고 있다. 〔어머니, 사랑하는 사람〕

*근거: (가) ⑤, ⑧, ⑨, ⑫

[A]의 '흰 바람벽'은 [B], [C]에서도 여전히 이어지고 있다. 그리고 [B]에서는 '어머니', [C]에서는 '사랑하는 사람'을 떠올려 생각하므로 적절하다.

✿ [오답 선택률 44%]

④ [D]에서 지나가는 글자들에 내재된 자기 긍정의 정서가 〔'높'게 살아가도록 태어남.〕
[E]에서 강화되고 있다. 〔가장 귀해하고 사랑하는 것들〕

*근거: (가) ㉑, ㉖

[D]에서 화자는 스스로를 '가난하고 외롭고 쓸쓸'하지만 '높'은 존재라 생각하는데 이 '높'은 존재에는 자기 긍정의 정서가 드러난다. 그리고 이 자기 긍정의 정서는 [E]에서 '하늘이 ~ 귀해하고 사랑하는 것은'으로 강화되었으므로 적절하다.

┌ 내재: 어떤 사물이나 범위의 안에 들어 있음. 또는 그런 존재

⑤ [E]에서는 [D]에 나타난 애상적 정서에 침잠하지 않으려 〔외롭고 쓸쓸함.〕 〔고결하게 살 것임.〕
는 심리적 태도가 드러나 있다.

*근거: (가) ㉑, ㉖~㉘

[D]에서 '외롭고 쓸쓸'한 것처럼 애상적 정서가 드러난다. 그런데 [E]에서는 이런 애상적 정서에 몰입하지 않고 '초생달'과 '릴케' 등과 같이 살 것을 즉, 고결하게 살겠다고 다짐하므로 적절하다.

┌ 애상적: 슬퍼하거나 가슴 아파하는
└ 침잠: 마음을 가라앉혀서 깊이 생각하거나 몰입함.

C 29 정답 ③ *〈보기〉를 바탕으로 감상하기 … [정답률 71%]

〈보기〉를 바탕으로 (나)를 이해한 내용으로 적절하지 않은 것은?

· 〈보기〉를 바탕: 경제적으로 몰락한 사대부가 자신의 궁핍한 처지로 인해 사대부로서의 도리도 지키지 못하고 종에게 권위도 내세울 수 없지만, 경제적인 무능력으로 가난에서 벗어나지 못하고 이를 수용하는 태도를 보이고 있습니다.

· (나): 궁핍하게 살아가는 사대부가 자신의 처지를 한탄하는 작품입니다. 가난을 '궁귀'로 설정하여 평생 자신을 힘들게 한 궁귀를 내보내려 하지만 지금까지 함께해 왔기 때문에 그 존재를 인정하고 체념하는 자세로 받아들이는 태도를 보이고 있습니다.

[즉] 궁핍하게 살아가는 사대부의 처지가 드러난 (나) 작품에서 〈보기〉가 설명하고 있는 다양한 모습들이 드러난 부분을 잘못 지적한 것을 고르는 문제입니다.

─────── [보기] ───────

[1]탄궁가는 경제적으로 몰락한 사대부가 자신이 처한 궁핍한 현실에 대해 한탄하는 가사이다. [2]이 작품에는 가난으로 인해 사대부로서의 도리를 지키지 못하는 형편과 극심한 궁핍 〔세시 절기 명절 제사도 못 올릴 정도임.([2]와 관련)〕
으로 인해 사대부임에도 불구하고 종에 대한 권위를 내세울 〔죽 쑨 물은 상전이, 건더기는 종이[1]과 관련〕
수 없는 상황이 드러나 있다. 이와 함께 경제[3]인 무능력으로 〔가난도 내 분수임.([5]와 관련)〕
인해 가난에서 벗어나지 못하고 이를 수용할 수밖에 없는 처지 등이 잘 나타나 있다.

────────────────────

〉왜 정답?

③ '이 원수 궁귀를 어이하야 여의려뇨'에서 가난한 상황을 미 〔가난 귀신에게서 벗어나고 싶음.〕
리 대비하지 못한 무능함에서 오는 자괴감을 엿볼 수 있군.

*근거: (나) ㉕

해당 부분은 원수와 같은 가난 귀신을 어떻게 하면 벗어날 수 있는지, 즉 가난함을 벗어나고 싶다는 의미이므로 적절하지 않다.

〉왜 오답?

① '죽 쑨 물 상전 먹고 건더기 건져 종을 주니'에서 농사일로 종의 눈치를 보는 몰락한 사대부의 처지를 엿볼 수 있군. 〔종에 대한 권위를 내세울 수 없음.〕

*근거: (나) ⑭, 〈보기〉 [2]문장

작품의 사대부는 가난으로 인해 종에 대한 권위를 내세울 수 없는 상황이다. 농사일을 독려하기 위해 죽을 끓여서 주인인 상전은 국물만 먹고, 좋은 건더기는 종이 먹고 있다. 농사일로 종의 눈치를 보는 몰락한 사대부의 처지를 볼 수 있으므로 적절하다.

② '세시 절기 명절 제사는 무엇으로 해 올리며'에서 사대부로서의 도리를 다하지 못하는 현실에 대한 한탄을 엿볼 수 있군.
<u>가난으로 인해 사대부로서의 도리를 지키지 못함.</u>

★근거: (나) **㉒**, 〈보기〉 **❷**문장

사대부임에도 불구하고 가난으로 인해 '세시 절기 명절 제사'의 도리를 다하지 못하는 현실에 대한 안타까움과 한탄이 드러나므로 적절하다.

④ '무정한 세상은 다 나를 버리거늘'에서 힘겨운 경제적 상황을 타개해 나갈 수 없는 비관적 현실을 엿볼 수 있군.
<u>세상이 나를 버렸음.</u>

★근거: (나) **㉞**

궁귀에서 벗어나고자 했으나 그렇게 하지 못하고 '무정한 세상'이 자신을 버렸다 생각하는 부분에서 현재의 상황을 타개해 나갈 수 없는 비관적 현실을 볼 수 있으므로 적절하다.

┌ **비관적:** ① 인생을 어둡게만 보아 슬퍼하거나 절망스럽게 여기는 ② 앞으로
│ 의 일이 잘 안될 것이라고 보는
└ **타개하다:** 매우 어렵거나 막힌 일을 잘 처리하여 해결의 길을 열다.

⑤ '빈천도 내 분이어니 설워 무엇하리'에서 궁핍한 현실을 체념적으로 수용하는 태도를 엿볼 수 있군.
<u>가난에서 벗어나지 못하고 수용함.</u>

★근거: (나) **㉟**, 〈보기〉 **❸**문장

화자는 가난도 자신의 분수이므로 서러워하여 무엇하겠느냐며 경제적 무능력으로 인해 가난에서 벗어나지 못하고 이를 수용하므로 적절하다.

C 30 정답 ① ★시어에 담긴 의미 이해하기 … [정답률 76%]

㉠과 ㉡에 대한 설명으로 가장 적절한 것은?

• ㉠: 오늘 저녁은 좁다란 방에서 흰 바람벽에 감상을 불러일으키게 하는 시간입니다. 화자는 가난하고 외롭고 높고 쓸쓸하게 태어났지만 하늘이 귀해하고 사랑하는 것들은 모두 사랑과 슬픔 속에 살도록 만들었다고 이야기합니다.

• ㉡: 봄날은 더디게 흘러서 뻐꾸기가 보채고 이웃들로부터 농기구들을 빌려오는 시간입니다. 보통 봄은 생명이 새롭게 시작하는 이미지를 갖습니다.

즉 ㉠의 오늘 저녁과 ㉡의 봄날이 각각의 시에서 어떤 의미를 갖는지, 어떤 시간을 나타내는지에 대해서 잘 이해한 것을 고르는 문제입니다.

>왜 정답?

① ㉠은 화자의 내적 성찰이 이루어지는 시간이고, ㉡은 화자의 절망감이 심화되는 시간이다.
<u>자기 삶을 긍정적으로 인식하게 됨.</u>
<u>농사를 지어야 하는데 가난 때문에 어려움.</u>

★근거: (가) **⑲~㉘**, (나) **❼~⓬**

㉠의 화자는 '내 쓸쓸한 얼굴을 쳐다보'는 성찰의 시간을 갖게 되고 운명에 체념을 하다 곧 그 삶을 긍정적으로 인식하면서 현실을 극복하고자 하는 의지를 보여 주므로 적절하다. ㉡의 화자는 농사를 지어야 하지만 가난으로 상황이 좋지 않아 '이리하여 어찌 살'겠냐며 절망감이 심화되므로 적절하다.

>왜 오답?

② ㉠은 화자가 과거의 고통을 상기하는 시간이고, ㉡은 화자가 행복했던 경험을 떠올리는 시간이다.
<u>그리움을 느끼는 시간</u>
<u>현재의 가난한 상황을 한탄하는 시간</u>

★근거: (가) **❼~⑯**, (나) **❼~⓬**

㉠의 화자는 현재는 떨어져 있는 과거의 그리운 대상들을 떠올리는 것이지 과거의 고통을 상기하는 것이 아니다. ㉡의 화자는 봄에 농사를 지어야 하지만 가난 때문에 힘든 상황이다. 따라서 걱정과 한탄을 하는 시간이지 행복했던 경험을 떠올리는 시간이 아니므로 적절하지 않다.

③ ㉠은 화자가 시간의 단절감을 경험하는 시간이고, ㉡은 화자가 계절의 순환 질서를 받아들이는 시간이다.
<u>자기 성찰의 시간</u>
<u>봄이니 농사를 지어야 하는 것</u>

★근거: (가) **⑲~㉘**, (나) **❼~⓬**

㉠은 화자에게 자기 성찰의 시간이며, ㉡은 화자에게 봄이니 농사를 지어야 한다는 것뿐이지 계절의 순환 질서와는 무관하므로 적절하지 않다.

┌ **단절감:** 다른 것과의 관계가 끊어져 있다는 느낌

④ ㉠은 화자가 고향에 대한 추억을 떠올리는 시간이고, ㉡은 화자가 고향 사람들의 인정을 느끼는 시간이다.
<u>어머니와 사랑하는 사람을 떠올림.</u>
<u>무정한 세상은 다 나를 버림.</u>

★근거: (가) **❼~⑯**, (나) **❼~⓬**, **㉞**

화자는 ㉠의 시간에 어머니, 사랑하는 사람을 떠올리므로 적절하다. 반면 ㉡에서 이웃에게 '따비 얻고, 호미 얻는' 것은 화자의 가난한 상황을 드러낸 것이지 인정을 느끼는 것이라 볼 수 없다. 뿐만 아니라 화자는 '무정한 세상은 다 나를 버'렸다 하므로 인정을 느낀다는 것은 적절하지 않다.

⑤ ㉠은 화자가 가족에 대해 애틋함을 느끼는 시간이고, ㉡은 화자가 가족에 대해 상실감을 느끼는 시간이다.
<u>추운 날 차디찬 물에 손을 담그는 가난한 늙은 어머니</u>
<u>생계 걱정, 안타까움, 미안함</u>

★근거: (가) **⑩**, **⑪**, (나) **⓬**

㉠은 화자가 '가난하고 늙은 어머니'를 떠올리며 애틋함을 느낀다 볼 수 있다. 그러나 ㉡은 가난으로 인해 '한아한 식구 이리하여 어이 살'겠냐며 걱정, 안타까움, 미안함 등을 느낄 수 있으나 상실감을 느낀다는 것은 적절하지 않다.

┌ **애틋하다:** 섭섭하고 안타까워 애가 타는 듯하다.
└ **상실감:** 무엇인가를 잃어버린 후의 느낌이나 감정 상태

C 31 정답 ④ ★두 작품 비교하여 감상하기 … [정답률 31%]

ⓐ의 관점에서 (가), (나)를 감상한 내용으로 적절하지 **않은** 것은? [3점]

• ⓐ: 운명론적 세계관은 인간이 각자 정해진 운명이 있고 자신의 의지나 노력으로도 그것을 바꿀 수 없다고 믿습니다.

• (가), (나) 모두 운명론적 세계관이 드러납니다.

즉 운명론적 세계관을 (가), (나)의 화자가 어떻게 인식하고 표현하고 있는지 확인하고 적절하지 않은 것을 고르는 문제입니다.

>왜 정답?

④ (가)는 이상과 현실의 괴리감이, (나)는 과거와 현재의 괴리감이 화자가 운명을 인식하는 계기가 되고 있다.
<u>현실을 긍정적으로 인식함.</u>
<u>과거와 현재 모두 가난함.</u>

★근거: (가) **㉖~㉘**, (나) **❶~❻**

(가)와 (나)의 화자는 모두 ⓐ의 관점을 갖고 있다. 그런데 (가)의 화자는 현실을 긍정적으로 인식하여 이상과 현실의 괴리감이 드러나지 않으며, (나)의 화자는 과거와 현재 모두 가난하기 때문에 괴리감이 나타나지 않으므로 적절하지 않다.

┌ **괴리감:** 서로 어긋나 동떨어져 있는 것처럼 느끼는 마음

>왜 오답?

① (가)와 (나)의 화자는 모두 운명을 결정짓는 초월적인 존재가 있다고 전제하고 있다.
<u>'하늘'이 운명을 결정지음.</u>

★근거: (가) **㉖**, (나) **❶**, **㊲**

(가)의 화자는 '하늘이 이 세상을 내일 적에〜'라고 하였고, (나)의 화자는 '하늘이 만드시길〜, 하늘이 만든 이 내 궁을〜'이라 하였는데 이를 통해 모두 운명을 결정짓는 '하늘'이라는 초월적인 존재가 있다는 것을 전제하고 있으므로 적절하다.

② (가)의 화자는 (나)의 화자와 달리 외로움도 자신이 받아들이는 운명의 대상으로 여기고 있다.
외롭게 살아가도록 태어남.

근거: (가) ㉑

(나)에는 가난함에 대해서 이야기할 뿐 외로움은 언급하지 않는다. 반면 (가)에서는 화자 자신이 '이 세상에서 가난하고 외롭고 높고 쓸쓸하니 살아가도록 태어났다'고 하였으므로 외로움도 운명의 대상으로 여긴다는 것은 적절하다.

🎀 [오답 선택률 33%]

③ (나)의 화자는 (가)의 화자와 달리 사람들의 운명은 고르게 타고나야 한다고 인식하고 있다.
'하늘이 만드실길 일정 고루 하련마는'

근거: (나) ❶

(가)의 화자는 사람들의 운명은 고르다고 언급을 하고 있지 않지만 (나)의 화자는 '하늘이 만드실길 일정 고루 하련마는' 자신의 인생은 어찌 이토록 괴롭냐고 한탄하고 있으므로 적절하다.

⑤ (가)의 화자는 타인과의 동질감에서 운명적인 삶에 대한 위안을, (나)의 화자는 타인과의 비교에서 절망을 느끼고 있다.
프랑시쓰 쨈, 도연명, 라이넬 마리아 릴케와의 동질감
안연, 원헌도 나보다 가난하지 않음.

근거: (가) ㉘, (나) ❺, ❻

(가)의 화자는 '프랑시쓰 쨈과 도연명과 라이넬 마리아 릴케가 그러하듯이' 살아가겠다 하므로 타인과의 동질감을 느끼며 위안을 느끼고 있다. (나)의 화자는 '안표누공인들 나같이 비었으며 원헌간난인들 나같이 심했을까'라며 안연과 원헌과의 비교에서 자신이 더욱 가난하다고 절망을 느끼고 있으므로 적절하다.

C 32~35 ────────── [2022년(예시)/평가원 22~25]

〈개를 소재로 한 시조의 변모 양상〉

⬭ 글 전체 핵심어 ◯ 각 문단 핵심어 ▭ 글 전체 중심 문장 ★ 각 문단 중심 문장

① <mark>고전 시가의 세계에서는 많은 사람들에게 애창되던 작품이 후대로 전승되다가, 창작 당시와는 다른 상황에 놓이면서 (변모)하는 사례가 종종 발견된다.</mark> '개'를 소재로 한 아래의 시조들이 이러한 사례에 해당한다.
고전 시가는 전승 과정에서 달라지는 경우가 있음.

애창되다: 노래나 시조 따위가 즐겨 불리다.
전승: 문화, 풍속, 제도 따위를 이어받아 계승함. 또는 그것을 물려주어 잇게 함.

★① 문단 요약: 전승 과정에서 변모하는 고전 시가

② 국립중앙박물관에는 '하기야키'라고, 불리는 도자기 가운데 한 점이 소장되어 있다([사진]). '하기야키'는 진주 지방에서 도자기 비법을 이어 오다가 임진왜란 때에 일본으로 끌려간 도공 형제와 그 후손들이 일본 하기 지방에서 만든 도자기이다. [사진]의 도자기에는 한글로 ㉮와 같은 시조가 씌어 있다.
일본에 끌려간 조선인이 만든 도자기

[사진]
추철회시문다완(萩鐵繪詩文茶碗)

소장되다: 자기의 것으로 소유되어 간직되다.
도공: 옹기 만드는 일을 직업으로 하는 사람

★② 문단 요약: '하기야키'에 기록된 고전 시가

(가) 작자 미상, 〈개야 즈치 말라〉

❶ 개야 즈치 말라 밤 사람 다 도듯가
<mark>개야 즈치 말라 밤 사름 다 도듯가</mark>
개에게 명령하고 있음. 도둑인가
➡ 개야 짖지 말아라 밤 사람이 다 도적이냐.

★초장 요약: 개에게 짖지 말라고 명령하는 화자

114 자이스토리 수능 국어 고전 시가 총정리

❷ 자막지 호고려 님 지슘 댕겨사라
즈목지 호고려 님 지슘 딩겨스라
화자가 기다리는 대상 찾으러 다니노라
➡ 두목 호걸이 임을 찾으러 다니노라.

★중장 요약: 임을 찾으러 다니는 두목

❸ 그 개도 호고려 개로다 듯고 잠잠하노라
그 개도 호고려 개로다 듯고 즘즘ᄒᆞ노라
개의 행동 변화가 나타남.
➡ 그 개도 호걸의 집 개인지 듣고 잠잠하구나.

★종장 요약: 짖지 않고 잠잠해진 개

③ 그런데 18세기의 가집인 《고금명작가》에 이와 유사하면서도 그보다 더 이른 시기에 창작된 작품 (나)가 수록되어 있어 주목된다.
(나)는 (가)보다 창작 시기가 빠름.

★③ 문단 요약: 비슷한 형식을 지닌 두 작품의 창작 시기

(나) 작자 미상, 〈개야 즛지 마라〉

❶ 개야 즛지 마라 밤 사람이 다 도적가
<mark>개야 즛지 마라 밤 스람이 다 도적가</mark>
개에게 명령하고 있음.
➡ 개야 짖지 말아라 밤 사람이 다 도적이냐.

★초장 요약: 개에게 짖지 말라고 명령하는 화자

❷ 두목지 호걸이 님 츄심 단니노라
두목지* 호걸이 님 츄심 단니노라*
화자가 기다리는 대상
➡ 두목 호걸이 임을 찾으러 다니노라.

★중장 요약: 임을 찾으러 다니는 두목

❸ 그 개도 호걸의 집 갠지 듯고 잠잠하더라
그 개도 호걸의 집 갠지 듯고 즘즘ᄒᆞ더라
화자와 개의 거리감이 드러남.
➡ 그 개도 호걸의 집 개인지 듣고 잠잠하구나.

★종장 요약: 짖지 않고 잠잠해진 개

* 두목지: 기생들에게 인기가 많았던 당나라 시인 두목(杜牧)
* 츄심 단니노라: 찾으러 다니노라

■ 갈래: 평시조 ■ 창작 시기: 미상
■ 내용: (가)와 (나)의 표기나 표현 가운데 일부가 다르기는 하지만, 이 두 작품은 주제나 양식이 대체로 같아 동일한 작품으로 간주된다. 두 작품은 자신이 기다리는 사람이 혹시나 개가 짖는 소리에 오지 않을까 걱정하며 개에게 짖지 말라고 하는 화자의 모습을 담고 있다.
■ 주제: 기다리는 대상이 오기를 바라는 마음

■ 이것이 핵심: 화자의 정서

화자		개
• 개에게 짖지 말라고 명령함. • 임을 기다림.	─	짖지 않고 잠잠해짐.

④ ㉮와 ㉯는, 일부 시어의 표기가 다르기는 하지만 대부분의 구절과 표현이 일치하기 때문에 같은 작품으로 간주된다. ㉯가 우리나라에 전하고 있을 뿐 아니라 오기가 거의 없다는 점에서, 조선에서 오래전부터 전승되어 오던 ㉯를 고국에서 익힌 도공들이 일본으로 끌려가 도자기를 구울 때 ㉮를 기록해 넣은 것으로 판단된다. ㉠㉯는 화자를 여성으로 간주할 경우, 두목지 같은 남성이 찾아오기를 기다리는 한 여인의 마음을 노래한 것으로 해석된다.
이본 차원의 변모
한글로 기록했다는 점에서 도공들이 조선을 잊지 않음이 드러남.

★④ 문단 요약: 전승 과정에서 달라진 두 작품의 차이

⑤ 임병양란 이후에 개를 소재로 한 작품은 기존 평시조의 틀을 벗고 다른 양식의 갈래인 사설시조로 다시 창작되었다. 사설시조 (다)는 수많은 가집에 수록될 정도로 인기 있던 작품인데, 여기에
임병양란 이후 갈래 차원의 변모가 일어남.

서는 중심 소재가 개이고 화자가 여성인 점은 그대로 이어지고 있지만 이를 담아내는 양식은 달라졌다.

*⑤문단 요약: 양란 이후 시조의 변화된 모습

(다) 작자 미상, 〈개를 여남은이나 기르되〉

❶ 개를 여남은이나 기르되 요 개같이 얄미우랴
열이 조금 넘는 수   설의법(감정을 직접적으로 표현함.)
➡ 개를 열이 조금 넘게 기르더라도 이 개처럼 얄미울까.

*초장 요약: 얄미운 개를 소개함.

❷ 미운 임 오면은 꼬리를 홰홰 치며 치뛰락 내리뛰락 반겨서 내닫
개가 얄미운 이유를 개의 행동으로 제시함.
고 고운 임 오면은 뒷발을 버둥버둥 무르락 나으락 캉캉 짖어서
돌아가게 한다
➡ 미운 임이 오면 꼬리를 홰홰 치며 뛰어올랐다 내리뛰었다 반겨 맞이하고 고운 임이 오면 뒷발을 버둥버둥 물러갔다 앞으로 나갔다 하며 컹컹 짖어서 돌아가게 한다.

*중장 요약: 미워하는 임은 반기고 사랑하는 임은 돌아가게 하는 개

❸ 쉰밥이 그릇그릇 난들 너 먹일 줄이 있으랴
설의법으로 개에 대한 미움을 표현함.
➡ 쉬어버린 밥이 그릇그릇 남는다고 하더라도 너에게 먹일 일이 있겠느냐.

*종장 요약: 개에 대한 미움을 드러냄.

■ 갈래: 사설시조   ■ 창작 시기: 미상
■ 내용: 이 작품은 기다려도 오지 않는 임에 대한 원망의 심정을 기르는 개에게 책임을 전가하여 해학적으로 표현한 사설시조이다. 화자는 임을 기다리고 있지만 임이 오지 않자 개가 짖어 고운 임을 돌아가게 한 것이라며 책임을 전가하고 있다.
■ 주제: 임을 그리워하고 기다리는 마음
■ 이것이 핵심!: 개에 대한 화자의 정서

화자 임을 기다리고 있음.	→ 미움, 원망 →	개 미워하는 임은 반기고 사랑하는 임은 돌아가게 함.

★❶ 6 1907년 한일신협약이 체결된 이후, 개를 소재로 한 (다)는 그 조약의 조인에 찬성한 이완용 등의 정미칠적(丁未七賊)을 비판하기 위한 수단으로 다시 쓰였다. ❷작품이 창작된 시점을 고려할 때 작품의 주제나 표현이 달라짐.
(라)의 '일곱 마리 요 박살할 개'는 정미칠적을 비유한 것으로 해석된다. ❸제목 '살구(殺狗)'는 '개를 죽이다.'라는 뜻이다.

*⑥문단 요약: 정미칠적을 비판하기 위한 목적으로 창작된 '살구'

(라) 작자 미상, 〈살구〉

❶ 개를 여러 마리나 기르되 요 일곱 마리같이 얄밉고 잦미우랴
정미칠적   설의법
➡ 개를 여러 마리나 기르더라도 이 일곱 마리같이 얄밉고 미울까.

*초장 요약: 일곱 마리의 얄미운 개를 소개함.

❷ 낯선 타처 사람 보게 되면 꼬리를 회회 치며 반겨라고 내달아
일본
요리 납작 조리 갸웃하되 낯익은 집안사람 보면은 두 발을 뻗디디
친일적인 면모
고 콧살을 찡그리고 이빨을 엉성거리고 컹컹 짖는 일곱 마리 요
조선
박살할 개야
같은 조선인에게 적대적인 태도를 보임.
➡ 낯선 타지 사람을 보게 되면 꼬리를 회회 치며 반기려고 맞이하여 요리 납작 저리 갸웃하는데 낯익은 집안의 사람을 보면 두 발을 뻗디디고 콧살을 찡그리고 이빨을 엉성거리고 컹컹 짖는 일곱 마리 요 박살을 낼 개야.

*중장 요약: 낯선 사람을 반기고 낯익은 사람에게 적대적인 개의 모습

❸ 보아라 근일에 새로 개 규칙 반포되어 개 임자의 성명을 개 목
개 주인의 이름을 목에 채워야 한다는 것
에 채우지 아니하면 박살을 당한다 하니 자연(自然) 박살
➡ 보라 가까운 날에 새로 개에 대한 규칙이 반포되어 개 주인의 이름을 개 목에 채우지 않으면 박살을 당한다고 하니 자연스럽게 박살이 날 것이다.

*종장 요약: 새롭게 반포된 개에 대한 규칙

■ 갈래: 사설시조   ■ 창작 시기: 일제 강점기
■ 내용: 이 작품은 1907년 한일신협약이 체결된 이후 조약의 조인에 찬성한 이완용 등의 정미칠적을 비판하기 위한 수단으로 사용되었다. 이 작품에서 '일곱 마리 요 박살할 개'는 정미칠적을 가리킨다. 이 작품에서 일곱 마리 개는 낯선 사람으로 대표되는 일본에게는 친근한 태도를 보이지만, 낯익은 조선에게는 적대적인 태도를 보인다. 이 작품은 '박살'과 같은 직접적인 단어를 활용하여 정미칠적에 대한 비판적 태도를 드러내고 있다.
■ 주제: 한일신협약에 찬성한 정미칠적에 대한 비판
■ 이것이 핵심!: 개의 상징적 의미와 개에 대한 화자의 태도

일곱 마리의 얄미운 개 '정미칠적'을 상징함.	비판적 태도 →	화자 친일 행적을 하는 자들에 대한 분노 표출

★❶ 7 이상과 같은 변모의 사례들에서는 앞선 작품의 형식과 내용이 그대로 이어지기도 하지만, 표기·표현·주제·양식 등에서 다양한 변모가 이루어지기도 한다. ❷이러한 변모는 이본, 작품, 갈래의 작품 변모의 유형
세 가지 차원으로 구분할 수 있다. ❸ⓐ이본 차원의 변모는 앞선 작품의 표기나 표현 가운데 일부가 바뀌기는 하지만, 주제·양식 등 이본 차원 변모의 개념
은 대체로 그대로 유지되는 경우를 말한다. ❹ⓑ작품 차원의 변모는 앞선 작품의 양식은 그대로 따르지만, 표현·주제 등이 바뀌어서 작품 차원 변모의 개념
후속 작품을 새로운 작품으로 인정할 수 있는 경우를 말한다. ❺ⓒ 갈래 차원의 변모는 새로운 작품이 앞선 작품과 다른 양식에 근거하여서 후속 작품을 새로운 갈래로 보아야 하는 경우를 말한다. 갈래 차원 변모의 개념

┌ 이본: 문학 작품 따위에서 기본적인 내용은 같으면서도 부분적으로 차이가
└ 있는 책

*⑦문단 요약: 고전 시가에서 이루어지는 변모 양상의 유형

■ 내용: 이 글은 고전 시가가 후대로 전승되는 과정에서 일어나는 변이 양상을 구체적인 작품을 들어 설명하고 있다. 특히 '개'라는 주제를 중심으로 네 가지 작품을 예로 들어 작품의 변이 양상과 사회적 맥락을 고려한 해석을 제시하고 있다. 고전 시가의 변이 양상은 표기나 표현 가운데 일부만 바뀌는 이본 차원의 변모, 주제나 표현이 바뀌는 작품 차원의 변모, 그리고 새로운 갈래로 형성된 갈래 차원의 변모가 있다.
■ 주제: 개를 다룬 시조를 중심으로 바라본 고전 시가의 변모 양상

C 32 정답 ② ＊화자의 정서와 태도 파악하기

㉠을 바탕으로 (나)를 감상한 내용으로 적절하지 않은 것은?

• ㉠: ㉠은 (나)의 화자를 두목지 같은 남성을 기다리는 여인으로 본다는 내용입니다.

• (나)를 감상: (나)에서는 누군가를 기다리며 개에게 짖지 말라고 말하는 화자의 모습이 나타납니다.

▣ (나)의 화자를 남성을 기다리는 여성으로 간주하여 감상한 내용 중 틀린 내용을 고르는 문제입니다.

> **왜 정답?**

② 초장의 '도적'과 중장의 '두목지 호걸'은 모두 화자가 기다리는 샤람을 가리키는군.

　　초장의 '도적'과 중장의 '두목지 호걸'은 다른 대상임.

*근거: (나) **❶**, **❷**

'도적'은 밤 사람이 다 도적이 아니라며 개에게 짖지 말라고 할 때 등장하는 시어로, 화자가 기다리는 대상이 아니다. 반면 '두목지 호걸'은 화자가 기다리는 대상이다. 따라서 두 대상 모두 화자가 기다리는 사람을 가리키지는 않는다.

> **왜 오답?**

① 초장에서 화자가 개에게 '즛지 마라'라고 한 것은 '밤 사람'이 개가 짖는 소리에 발걸음을 되돌릴까 염려했기 때문이겠군.

　　화자는 자신이 기다리는 '밤 사람'이 개가 짖는 소리에 돌아갈 것을 걱정함.

*근거: (나) **❶**

화자는 '밤 사람'이 혹시 개가 짖는 소리에 돌아갈까 봐 개에게 밤 사람이 모두 도적은 아니라며 짖지 말라고 말하고 있다.

③ 중장의 '두목지 호걸'은 '두목지 같은 호걸'로 풀이되어 '호걸'에 대한 화자의 호감을 드러내는군.

　　호걸은 화자가 기다리는 사람으로 호감의 대상임.

*근거: (나) **❷**

'두목지 호걸'은 '두목지 같은 호걸'로 해석되는데 ⊙에서 알 수 있듯 화자는 두목지 같은 남성이 찾아오길 기다린다. 이는 화자가 두목지 호걸에게 호감을 가지고 있다고 해석할 수 있다.

[호감: 좋게 여기는 감정

④ 종장의 '즘즘ᄒ더라'는 '호걸'이 '님 츄심'하기에 용이한 상황이 되었음을 암시하는군.

　　개가 짖지 않아 임을 찾아다니기 쉬워짐.

*근거: (나) **❸**

두목지 호걸은 임을 찾으러 다니고 있는데 개가 짖지 않으면 임을 찾으러 다니기 편해지므로, 이를 '님 츄심'하기에 용이한 상황이 되었다고 볼 수 있다.

[암시하다: 넌지시 알리다.

⑤ 중장은 초장에서 화자가 개에게 '즛지 마라'라고 부탁한 이유를, 종장은 그 결과를 드러내는군.

　　두목지 호걸이 임을 찾기 쉽도록 함.

　　개가 잠잠해짐.

*근거: (나) **❷**, **❸**

중장은 두목지 호걸이 임을 찾으러 다니는 상황이 나타난다. 이는 화자가 개에게 짖지 말라고 부탁한 이유로, 화자는 두목지 호걸이 임을 용이하게 찾길 바라고 있다. 또한 종장에서는 잠잠해진 개의 모습이 나타나는데 이는 초장에서 화자가 개에게 짖지 말라고 말한 결과에 해당한다.

C 33 정답 ⑤ ***작품 비교하기**

'개'를 중심으로 (나)와 (다)를 비교한 내용으로 적절하지 <u>않은</u> 것은?

· **'개':** (나)와 (다)는 모두 '개'를 소재로 하여 시상을 전개하고 있습니다.

· **(나)와 (다):** (나)와 (다)의 화자 모두 누군가를 기다리는 심정을 개를 활용하여 표현하였습니다.

즉 '개'라는 대상을 활용한 측면에서 (나)와 (다)를 비교하여 이해한 내용 중 틀린 것을 고르는 문제입니다.

> **왜 정답?**

⑤ (나)의 개가 상황이 변해도 행동을 바꾸지 않는 존재라면, (다)의 개는 상황이 변하면 행동을 바꾸는 존재로 제시되고 있다.

　　(나)의 개는 처음엔 짖다 나중엔 잠잠해짐.

　　(다)의 개는 사람에 따라 행동이 달라짐.

---

*근거: (나) **❸**, (다) **❷**

(다)의 개는 미운 임이 오면 반겨서 내닫고 고운 임이 오면 짖어서 돌아가게 하므로, 사람에 따라 행동이 달라진다. 한편, (나)의 개는 초장에서는 짖고 있다가 종장에서는 잠잠해졌다. 즉, 개의 행동이 변한 것이므로 (나)의 개가 행동을 바꾸지 않는다고 말하는 것은 적절하지 않다.

> **왜 오답?**

① (나)와 (다)의 개는 모두 화자의 기다림을 표현하는 매개물로 기능하고 있다.

　　(나)와 (다) 모두 개를 통해 화자의 기다림을 표현함.

*근거: (나) **❶**, (다) **❷**

(나)에는 화자가 기다리는 대상이 개 짖는 소리에 오지 않을까 걱정하며 개에게 짖지 말라는 상황이 제시되어 있다. (다)는 화자가 기다리는 대상이 오지 않자 기다림에 대한 원망을 개에게 전가하고 있다. 즉, (나)와 (다) 모두 개가 화자의 기다림을 표현하는 매개물로 기능하고 있다.

[매개물: 둘 사이에서 양편의 관계를 맺어 주는 물건

② (나)와 (다)에서는 모두 지시어에 의해 개와 화자 간의 물리적 거리가 환기되고 있다.

　　(나) – '그', (다) – '요'

*근거: (나) **❸**, (다) **❶**

(나)에는 '그 개'라고 표현하며 '그'라는 지시어를 통해 개와 화자 간의 물리적 거리를 나타내고 있고, (다)에는 '요 개'라고 표현하며 '요'라는 지시어를 통해 개와 화자 간의 물리적 거리를 나타내고 있다.

③ (나)와 (다)에서는 모두 기다리는 사람에 대한 화자의 기대와 개의 반응이 다른 데서 시적 상황이 조성되고 있다.

　　기다리는 사람이 오길 바라는 화자와 짖는 개의 모습이 대비됨.

*근거: (나) **❶**, (다) **❷**

(나)의 화자는 누군가를 기다리고 있지만 이와 달리 개는 밤 사람이 도적일까 짖고 있다. 마찬가지로 (다)에는 화자가 기다리는 고운 임을 개가 짖어 돌아가게 하는 상황이 제시되어 있다. 즉, (나)와 (다) 모두 기다리는 사람에 대한 화자의 기대와 개의 반응이 다른 것에서 시적 상황이 조성되고 있다.

④ (나)의 개는 화자와 교감이 가능한 대상으로, (다)의 개는 화자와 교감을 나누기 어려운 대상으로 간주되고 있다.

　　(나)의 개는 화자의 말에 따라 더는 짖지 않음.

　　화자는 종장에서 개에게 쉰밥도 주지 않겠다고 말함.

*근거: (나) **❸**, (다) **❷**, **❸**

(나)의 개는 화자가 짖지 말라는 말에 더는 짖지 않고 잠잠해졌으므로, 화자와 교감이 가능한 대상이라고 볼 수 있다. 한편, (다)의 개는 화자의 기대와 다르게 화자가 기다리는 임을 돌아가게 하였고, 화자는 개를 미워하여 쉰밥조차 주려고 하지 않았다. 즉, (다)의 개는 화자와 교감을 나누기 어려운 대상이다.

[간주되다: 상태, 모양, 성질 따위가 그와 같다고 여겨지다.

C 34 정답 ④ ***설명문의 내용 파악하기**

(가)~(라) 사이에 이루어진 변모의 양상을 ⓐ~ⓒ에 따라 적절하게 구별한 것은?

· **(가)~(라):** (가)~(라)는 모두 '개'라는 동일한 소재를 다룬 작품입니다.

· **ⓐ~ⓒ:** ⓐ는 '이본 차원', ⓑ는 '작품 차원', ⓒ는 '갈래 차원'으로, 작품이 전승되는 과정에서 변모한 양상을 세 가지 차원으로 구분한 것입니다.

즉 (가)~(라)에 제시된 작품 간의 변모 양상을 ⓐ~ⓒ에 따라 구별한 것으로 적절한 것을 고르는 문제입니다.

> **왜 정답?**

④ (나) [ⓐ]→ (가)　　(다) [ⓑ]→ (라)　　(나) [ⓒ]→ (다)

　　이본 차원의 변모　　작품 차원의 변모　　갈래 차원의 변모

*근거: **③**문단 **❶**문장, **④**문단 **❶**문장, **⑤**문단 **❶**문장, **⑥**문단 **❶**문장, **⑦**문단 **❸**~**⑤**문장

ⓐ에 제시된 이본 차원의 변모는 앞선 작품의 표기나 표현 가운데 일부가 바뀌기는 하지만, 주제·양식 등은 대체로 그대로 유지되는 경우를 말한다. (가)~(라) 중 이에 해당하는 것은 (가)와 (나)로, 4문단에 따르면 (가)와 (나)는 일부 시어의 표기가 다르기는 하지만, 대부분의 구절과 표현이 일치하기 때문에 같은 작품으로 간주한다. 또한 3문단에 따르면 (가)보다 (나)의 창작 시기가 빠르므로 순서는 (나) → (가)가 된다.

ⓑ에 제시된 작품 차원의 변모는 앞선 작품의 양식은 그대로 따르지만, 표현·주제 등이 바뀌어서 후속 작품을 새로운 작품으로 인정할 수 있는 경우를 말한다. 이에 해당하는 것은 (다)와 (라)이다. 6문단에 따르면 개를 소재로 한 (다)는 한일신협약 이후 정미칠적을 비판하기 위한 수단으로 다시 쓰여 (라)가 되었다. 이때 (다)와 (라)는 사설시조라는 형식은 같고, 표현이나 주제 등이 바뀌어 (라)를 새로운 작품으로 인정할 수 있는 경우이므로 ⓑ에 해당한다. (다)가 먼저 창작된 작품이므로 순서는 (다) → (라)가 된다.

ⓒ에 제시된 갈래 차원의 변모는 새로운 작품이 앞선 작품과 다른 양식에 근거하여서 후속 작품을 새로운 갈래로 보아야 하는 경우를 말한다. 이에 해당하는 것은 (나) → (다)이다. 5문단에 따르면 임병양란 이후 개를 소재로 한 작품은 기존 평시조의 틀을 벗고 다른 양식의 갈래인 사설시조로 다시 창작되었다. 이때 (나)는 개를 소재로 한 평시조이고, (다)는 사설시조이므로 갈래 차원의 변모에 해당한다. (나)의 창작 시기가 이르므로 순서는 (나) → (다)가 된다.

[변모: 모양이나 모습이 달라지거나 바뀜. 또는 그 모양이나 모습
[양상: 사물이나 현상의 모양이나 상태

C 35 정답 ④ ＊설명문을 바탕으로 감상하기

(가), (다), (라)의 향유 양상에 대한 추론으로 적절하지 않은 것은? [3점]

• 향유 양상: '향유'란 '누리어 가짐.'이라는 뜻으로, 문학의 향유 양상이란 어떤 작품이 창작된 후로 사람들이 그 작품을 감상해 온 모습이나 경향을 말합니다. (가)는 일본으로 끌려간 도공들이 도자기를 구울 때 기록해 넣은 작품이며, (라)는 정미칠적을 비판하기 위해 (다)를 다시 쓴 작품입니다.

즉 (가), (다), (라)의 창작 배경을 바탕으로 각각의 작품에 담긴 의도와 시어의 의미를 추측한 내용으로 틀린 것을 고르는 문제입니다.

＞왜 정답？

④ (라)가 한일신협약을 비판하기 위해 지어진 것이라면, '개 규칙'은 한일신협약을 비유적으로 가리키는 표현이겠군.
'개 규칙'은 개 주인의 이름을 목에 채워야 한다는 것으로 정미칠적에 대한 것임.

＊근거: (라) ❸

(라)에서 '개 규칙'은 정미칠적을 상징하는 '개'에게 적용되는 것으로 개 주인의 이름을 개의 목에 달아야 한다는 규칙을 나타낸다. 즉, 정미칠적에게 친일파라는 이름을 씌워야 한다는 것이므로, 조선 전체에 적용되는 한일신협약을 비유적으로 나타낸다고 보는 것은 적절하지 않다.

＞왜 오답？

① (가)가 일본으로 끌려간 도공들이 기록한 것이라면, 한글 표기를 통해 그들이 고국에 대한 기억을 간직하고 있었음을 알 수 있겠군.
(가)는 한글로 표기된 것으로 일본에 끌려간 도공들이 고국을 기억하고 있다는 것을 나타냄.

＊근거: ❷문단 ❷, ❸문장

(가)는 일본에 끌려간 도공들이 만든 도자기에 한글로 기록된 것이다. 이를 일본으로 끌려간 도공들이 기록한 것이라면 한글 표기를 통해 일본에 끌려갔음에도 불구하고 여전히 조선에 대한 기억을 가지고 있음이 드러난다.

[고국: 주로 남의 나라에 있는 사람이 자신의 조상 때부터 살던 나라를 이르는 말

---

② (가)가 일본에서 태어난 도공들의 후손이 기록한 것이라면, 그들이 조선인임을 잊지 않으려 노력했음을 알 수 있겠군.
일본에서 태어났음에도 일본어가 아닌 한글로 기록한 것은 자신들의 뿌리가 조선임을 드러낸 것임.

＊근거: ❷문단 ❷, ❸문장

(가)를 일본에서 태어난 도공들의 후손이 기록한 것이라면, 일본에서 태어난 사람들임에도 불구하고 일본어가 아니라 한글로 기록했다는 점에서 자신들의 뿌리가 조선이라는 것을 잊지 않으려고 노력했음이 드러난다고 볼 수 있다.

③ (다)가 만나지 못하는 '고운 임'에 대한 원망(怨望)을 표현한 것이라면, 개는 '고운 임' 탓에 부당하게 대접받고 있는 셈이겠군.
화자는 오지 않는 임에 대한 원망을 개에게 전가하고 있음.

＊근거: (다) ❸

(다)는 간절하게 기다리고 있지만 오지 않는 '고운 임'에 대한 원망의 심정을 드러내고 있다. 이러한 화자의 심정은 개에게 전가되어 마치 개가 짖어 고운 임이 안 오는 것처럼 제시되어 있다. 이에 화자는 개를 미워하여 개에게 쉰밥도 주지 않겠다고 표현하였는데 이는 고운 임으로 인해 개가 부당하게 대접받고 있다고 해석할 수 있다.

[부당하다: 이치에 맞지 아니하다.

⑤ (라)가 정미칠적에 대한 비판의 의도로 지어진 것이라면, '타처 사람'과 '집안사람'은 일본과 조선을 대조하는 표현이겠군.
개가 친근하게 대하는 타처 사람은 일본. 적대하는 집안사람은 조선을 나타냄.

＊근거: (라) ❷

(라)는 정미칠적을 비판하기 위해 지어진 것으로, 정미칠적은 일본에 호의적이고 조선에 적대적이다. 이를 고려하면 개가 친근하게 대하는 '타처 사람'은 일본을 나타내고, 개가 적대적으로 대하는 '집안사람'은 조선을 나타낸다고 볼 수 있다.

C 36~40 [2021년(9월)/평가원 38~42]

(가) 〈문학적 의미 생성의 세 가지 양상〉

⬯ 글 전체 핵심어   ⬯ 각 문단 핵심어   🟨 글 전체 중심 문장   ★ 각 문단 중심 문장

1 ❶ⓐ문학 작품의 의미가 생성되는 양상은 세 가지로 나누어 볼 수 있다. ❷첫째는 자기의 경험은 물론 자기 내면의 정서나 의식 등을 대상에 투영하여, 외부 세계에 새로운 의미를 부여하는 경우이다. ❸둘째는 외부 세계의 일반적 삶의 방식이나 가치관, 이념 등을 자기 내면으로 수용하여, 자신을 새롭게 해석함으로써 의미를 만들어 내는 경우이다. ❹셋째는 자기와 외부 세계를 상호적으로 대비하여 양자에 대한 새로운 해석을 통해 의미를 생성하는 경우이다.

[투영하다: 어떤 일을 다른 일에 반영하여 나타내다.

＊**1**문단 요약: 문학적 의미 생성의 세 가지 양상

★**2** ❶문학적 의미 생성의 이러한 세 가지 양상은 문학 작품에서 자기와 외부 세계의 관계를 파악할 때 적용할 수 있다. ❷첫째와 둘째의 경우, 자기와 외부 세계와의 거리는 가까워지고 친화적 관계가 형성된다. ❸셋째의 경우는 자기가 외부 세계를 바라보는 관점에 따라 둘 사이의 거리가 가까워져 친화적 관계가 형성되기도 하고, 그 거리가 드러나 소원한 관계가 유지되기도 한다.

[소원하다: 지내는 사이가 두텁지 아니하고 거리가 있어서 서먹서먹하다.

＊**2**문단 요약: 문학적 의미 생성 양상에 따른 작품 속 자기와 외부 세계의 관계

■ **내용**: 이 글은 문학 작품의 의미가 생성되는 양상을 세 가지로 분류한 후, 문학 작품 속에서 자기와 외부 세계의 관계를 파악할 때 어떻게 적용되는지를 설명하고 있다. 자기 경험과 내면의 정서를 대상에 투여하여 새로운 의미를 부여하거나, 외부 세계의 가치관, 이념을 자기 내면으로 수용하여 새롭게 해석함으로서 문학적 의미를 생성할 수 있다. 이때 자기와 외부 세계의 거리는 가까워지고 친화적 관계가 형성된다. 하지만 자기와 외부 세계를 상호 대비하여 양쪽 모두 새로운 해석을 통해 의미를 부여할 경우, 작가와 외부 세계를 바라보는 관점에 따라 친화적 관계가 형성될 수도 있고, 소원한 관계가 유지될 수도 있다.

■ **주제**: 문학적 의미 생성의 세 가지 양상

(나) 윤선도, 〈만흥〉

❶ 화자, 중심 대상 ❷ 상황, 정서, 태도 ❸ 표현상 특징 [고어 읽기] [시 해석]

❶ 山슈 간(山水間) 바회 아래 **뛰집**을 짓노라 ᄒᆞ니 ▨←→▨: 대비
자연 　　　　　　초가집(소박한 삶)
➡ 자연 속 바위 아래 초가집을 짓노라 하니

❷ 그 **모론** 놈들은 **웃는다** 혼다마ᄂᆞᆫ
　모르는　　　 비웃음
➡ (자연 속에 묻혀 사는 즐거움) 그것을 모르는 사람들은 비웃겠지만

❸ ㉠어리고 햐암의 뜻의ᄂᆞᆫ 내 **분(分)**인가 ᄒᆞ노라 〈제1수〉
　어리석고 견문이 좁은 　❶화자: 나　분수
　❷ 태도: 안분지족의 삶을 지향함.
➡ 어리석고 견문이 좁은 뜻에는 내 분수인가 하노라

　＊〈제1수〉 요약: 안분지족의 삶에 대한 지향

❶ 보리밥 풋ᄂᆞ믈을 알마초 머근 후(後)에
　소박한 음식-단사표음
➡ 보리밥 풋나물을 알맞게 먹은 후에

❷ 바횟 굿 믉ᄀᆞ의 슬ᄏᆞ지 노니노라
➡ 바위 끝 물가에서 실컷 놀며 지내노라

❸ 그 나믄 녀나믄 일이야 부**를** 줄이 이시랴 〈제2수〉
　속세의 일　　　❸ 표현상 특징: 설의법
➡ 그 밖의 나머지 일이야 부러워할 것이 있으랴

　＊〈제2수〉 요약: 소박하고 한가로운 삶에 대한 만족감

❶ 잔 들고 혼자 안자 먼 뫼흘 ᄇᆞ라보니
　술잔
➡ 술잔 들고 혼자 앉아 먼 산을 바라보니

❷ 그리던 님이 오다 반가옴이 이리ᄒᆞ랴
　　　　　　온다 해도
➡ 그리운 임이 온다 한들 반가움이 이리하랴

❸ 말ᄉᆞᆷ도 우움도 아녀도 몯내 됴ᄒᆞ노라 〈제3수〉
　　　　　　　　　　좋아하노라
　❷ 정서: 자연에서 사는 것을 즐거워함.
➡ 말씀도 웃음도 안 해도 못내 좋아하노라

　＊〈제3수〉 요약: 자연과 함께하는 삶의 즐거움

❶ 누고셔 삼공(三公)도곤 낫다 ᄒᆞ더니 만승(萬乘)이 이만ᄒᆞ랴
　　　　　높은 벼슬보다　　　　　 왕
➡ 누군가 (자연이) 높은 벼슬보다 낫다고 했는데 왕의 자리가 이만하랴

❷ 이제로 헤어든 소부(巢父) 허유(許由)ㅣ 냑돗더라
　　　생각하니　　자연에 묻혀 산 은자(隱者)
➡ 이제 생각해 보니 소부, 허유가 영리하구나

❸ 아마도 님쳔 한흥(林泉閑興)을 비길 곳이 업세라 〈제4수〉
　　　자연에서 한가롭게 살아가는 즐거움
　❷ 정서: 자연에서 한가롭게 사는 것을 즐거워함.
➡ 아마도 자연에서 한가롭게 지내는 즐거움을 비교할 것이 없어라

　＊〈제4수〉 요약: 자연을 누리는 삶에 대한 자부심

❶ 내 셩이 게으르더니 하ᄂᆞᆯ히 아ᄅᆞ실샤
　성격　　　　　❸ 표현상 특징: 의인법
➡ 내 성격이 게으른 것을 하늘이 알아서

❷ 인간 만ᄉᆞ(人間萬事)를 ᄒᆞᆫ 일도 아니 맛뎌
➡ 인간의 모든 일을 하나도 아니 맡겨

❸ 다만당 ᄃᆞ토리 업슨 강산(江山)을 딕희라 ᄒᆞ시도다 〈제5수〉
　다툴 사람　　　　　　　지키라
➡ 다만 다툴 사람이 없는 강산을 지키라 하시도다

　＊〈제5수〉 요약: 세속과 멀어져 자연에서 지내는 만족감

❶ 강산이 됴타 ᄒᆞᆫ들 내 **분(分)**으로 누얻ᄂᆞ냐
　　　　　　　　 분수
➡ 강산이 좋다 한들 내 분수로 누웠겠느냐

❷ 님군 은혜(恩惠)를 이제 더욱 아노이다
➡ 임금의 은혜를 이제 더욱 알겠구나

❸ 아므리 갑고쟈 ᄒᆞ야도 ᄒᆡ올 일이 업세라 〈제6수〉
　(은혜를) 갚음
　❷ 정서: 임금의 은혜에 감사함.
➡ 아무리 (은혜를) 갚고자 해도 갚을 길이 없어라

　＊〈제6수〉 요약: 임금의 은혜에 감사함.

■ **갈래**: 연시조　　■ **창작 시기**: 조선 중기

■ **내용**: 이 작품은 세속을 벗어나 자연 속에서 지내는 삶의 즐거움을 노래하고 있다. 속세와의 대립을 통해 자연 속의 삶을 부각하고 있으며, 안빈낙도, 자연 친화, 유유자적의 삶의 자세를 표현하고 있다. 세속적인 것과 자연을 대비하여 주제를 드러내고 있으며, 자연 속에서 지내는 삶에 대한 자부심과 이런 삶을 살도록 해 준 임금의 은혜에 대해 감사하는 마음도 표현하고 있다.

■ **주제**: 자연 속에 묻혀 사는 즐거움

■ **이것이 핵심!**: 대조적 시어

자연			속세	
어리고 햐암	화자 자신	←대비→	모론 놈	속세 사람
뛰집, 보리밥, 풋ᄂᆞ믈	소박한 삶		삼공, 만승	세속적인 삶(부귀영화)

(다) 이덕무, 〈우언〉

❶ 중심 대상 ❷ 글쓴이의 생각, 태도 ❸ 서술상 특징

1 산림(山林)에 살면서 명리(名利)에 마음을 두는 것은 큰 부끄러움[大恥]이다. 시정(市井)에 살면서 명리에 마음을 두는 것은 작은 부끄러움[小恥]이다. ❶ 중심 대상
❸
산림에 살면서 은거(隱居)에 마음을 두는 것은 큰 즐거움[大樂]이다. ❹ 시정에 살면서 은거에 마음을 두는 것은 작은 즐거움[小樂]이다.

명리: 명예와 이익을 아울러 이르는 말
시정: 인가가 모인 곳
은거: 세상을 피하여 숨어서 삶.　＊1문단 요약: 삶의 방식의 분류 기준

2 작은 즐거움이든 큰 즐거움이든 나에게는 그것이 다 즐거움이며, 작은 부끄러움이든 큰 부끄러움이든 나에게는 그것이 다 부끄러움이다. 그런데 큰 부끄러움을 안고 사는 자는 백(百)에 반이요,
사는 곳: 산림 / 마음을 두는 곳: 명리
작은 부끄러움을 안고 사는 자는 백에 백이며, 큰 즐거움을 누리
사는 곳: 시정 / 마음을 두는 곳: 명리　　 사는 곳: 산림 / 마음을 두는 곳: 은거
는 자는 백에 서넛쯤 되고, 작은 즐거움을 누리는 자는 백에 하나
　　　　　　　　　　　　　 사는 곳: 시정 / 마음을 두는 곳: 은거
있거나 아주 없거나 하니, 참으로 가장 높은 것은 작은 즐거움을 누리는 자이다.　　　　　　　 ＊2문단 요약: 삶의 방식에 대한 평가

❷ 태도: 자신의 삶의 방식에 자부심을 느낌.

③**❶**나는 시정에 살면서 은거에 마음을 두는 자이니, 그렇다면 이 작은 즐거움을 가장 높은 것으로 말한 ⓒ나의 이 말은 대부분의 사람들의 생각과는 거리가 먼, 물정 모르는 소리일지도 모른다.

[물정: 세상의 이러저러한 실정이나 형편

*③문단 요약: 자신의 삶의 방식에 대한 자부심

■ 갈래: 고전 수필   ■ 창작 시기: 조선 후기
■ 내용: 이 글은 삶의 방식을 '사는 곳'과 '마음을 두는 곳'을 기준 삼아 나누고, 각각의 삶의 방식을 평가하고 있다. 작은 즐거움을 누리는 삶이 가장 높다고 평가한 뒤, 자신이 작은 즐거움을 누리는 사람이라고 밝힌다. 이것이 세상 물정 모르고 하는 소리일지 모른다고 말하면서, 우회적으로 자신의 삶에 대한 자부심을 드러내고 있다.
■ 주제: 자신의 삶의 방식에 대한 자부심

■ 이것이 핵심!: **삶의 방식에 대한 평가**

마음 두는 곳 \ 사는 곳	산림	시정
명리	큰 부끄러움	작은 부끄러움
은거	큰 즐거움	작은 즐거움

C 36 정답 ① *표현상의 특징 파악하기 … [정답률 46%]

(나)의 시상 전개에 대한 설명으로 가장 적절한 것은?

• **(나)의 시상 전개:** (나)의 화자는 자연 속에서 '뛰집'을 짓고 살아가고 있으며, 자연을 즐기고 '보리밥 풋ᄂᆞ물'을 먹으며 소박하게 살아가는 삶에 만족하면서도 '강산'을 보며 임금의 은혜를 떠올리는 충정을 드러내고 있습니다.
즉 (나)에서 화자의 상황과 태도를 어떤 방식으로 드러내고 있는지 파악한 내용으로 적절한 것을 고르는 문제입니다.

>왜 정답?

① 〈제1수〉에서는 **경험적 성격과 연결된 공간**으로부터, 〈제6
 '뛰집'은 화자가 현재 거처하는 곳.
수〉에서는 **관념적 성격과 연결된 공간**으로부터 시상이 전개
 '강산'에서 '임금의 은혜'를 떠올리고 있음.
된다.

*근거: (나) 〈제1수〉 ❶, 〈제6수〉 ❶
〈제1수〉의 '뛰집'은 화자가 현재 거처하며 일상을 경험하고 있는 공간이다. 또한 화자는 〈제6수〉의 '강산'에서 '임금의 은혜'라는 관념을 떠올리고 있다. 따라서 〈제1수〉는 경험적 성격과 연결된 공간, 〈제6수〉는 관념적 성격과 연결된 공간으로부터 시상이 전개된다는 설명은 적절하다.

>왜 오답?

✂[오답 선택률 21%]
② 〈제2수〉에서는 **구체성이 드러나는 소재**로, 〈제3수〉에서
 '보리밥, 풋나물'은 구체적인 소재임.
는 **추상성이 강화된 소재**로 시상이 시작된다.
 '잔'도 구체적인 소재임.

*근거: (나) 〈제2수〉 ❶, 〈제3수〉 ❶
〈제2수〉는 '보리밥, 풋나물'이라는 구체적인 소재로 시상을 시작하고 있고, 〈제3수〉 역시 '잔'이라는 구체적인 소재로 시상을 시작하고 있다. 추상성이란 실제로나 구체적으로 경험할 수 없는 성질 또는 그런 경향을 의미한다.

③ 〈제2수〉에서 **설의적 표현으로 제기된 의문**이 〈제5수〉에
 설의법은 실제로 의문을 제기하는 표현이 아님.
서 **해소되었음이 영탄적 표현으로 드러난다.**
 '영탄법'은 맞지만, 제기된 의문도 없고 해소될 것도 없음.

*근거: (나) 〈제2수〉 ❸, 〈제5수〉 ❸

〈제2수〉는 '~이시랴'라는 설의법이 쓰였다. 설의법은 누구나 다 알 수 있는 사실을 의문의 형식으로 표현한 것이므로, 의문을 제기했다는 설명 자체가 적절하지 않다. 또한 〈제5수〉에는 '~ᄒ시도다'라는 영탄법이 쓰였지만 의문을 해소한 내용에 해당하지 않는다.

[설의적 표현: 쉽게 판단할 수 있는 사실을 의문의 형식으로 표현하여 상대편이 스스로 판단하게 하는 표현
 영탄적 표현: 감탄사나 감탄 조사 따위를 이용하여 기쁨·슬픔·놀라움과 같은 감정을 강하게 나타내는 표현

④ 〈제3수〉에서의 현재에 대한 긍정이 〈제4수〉에서의 ~~역사~~
 현재 산을 보며 반가워하고 있음.
 시에 나타난 감정이 다른 상태로 바뀐다.
에 대한 부정으로 바뀌며 **시상이 전환된다.**
 '소부, 허유'와 같은 역사적 인물이 나오지만 역사에 대해 부정하는 내용은 없음.

*근거: (나) 〈제3수〉 ❶, ❸, 〈제4수〉 ❷
〈제3수〉는 현재 '산'을 바라보며 반가운 감정은 느끼고 있다. 〈제4수〉에는 '소부, 허유'와 같은 역사적 인물이 등장하지만 역사를 부정하는 내용이 아니며, 시상이 전환된다고도 볼 수 없다.

⑤ 〈제3수〉에 나타난 **정서적 반응**이 〈제6수〉에서 ~~감각적 표~~
 산을 보며 '반가움'을 느낌.
~~현을 통해 구체화된다.~~
 감각적 심상을 통해 구체화한 부분은 없음.

*근거: (나) 〈제3수〉 ❷, ❸, 〈제6수〉 ❶
〈제3수〉에는 산을 바라보며 반갑고 좋은 정서적 반응이 나타난다. 〈제6수〉에도 '강산'이 좋다는 표현은 나오지만 시각, 청각, 촉각 등 감각적 심상을 통해 구체화한 부분은 찾아볼 수 없다.

[감각적 표현: 사물에 대한 느낌을 생생하게 표현한 것

C 37 정답 ③ *설명문을 바탕으로 감상하기 · [정답률 59%]

(가)를 참고하여 (나)를 감상한 내용으로 적절하지 않은 것은?

• **(가)를 참고:** 문학적 의미 생성의 세 가지 양상은 ⑴ 자기의 경험, 정서나 의식 등을 대상에 투영하여 외부 세계에 새로운 의미를 부여하는 것, ⑵ 외부 세계의 가치관과 이념 등을 자기 내면으로 수용하여 자신만의 새로운 의미를 만드는 것, ⑶ 자기와 외부 세계를 대비하여 양자에 대한 새로운 의미를 생성하는 것으로 나눕니다. ⑴과 ⑵의 경우는 자기와 외부 세계의 거리가 가까워지며, ⑶의 경우는 자기가 외부 세계를 바라보는 관점에 따라 둘 사이의 거리가 달라집니다.
• **(나):** 화자는 자연을 즐기며 사는 자신의 삶에 긍정적인 태도를, 속세의 일에 부정적인 태도를 보이지만, 자신이 자연을 즐길 수 있는 것이 임금의 은혜 덕분이라며 감사해하고 있습니다.
즉 문학적 의미 생성의 양상과, 작품 속 자기와 외부 세계의 관계를 (나)에 적용하여 감상한 내용 중 틀린 것을 고르는 문제입니다.

>왜 정답?

③ '님'에 대한 '반가움'보다 더한 감흥을 불러일으키는 '뫼'의 의미를 부각하여 **화자와 '님' 사이의 거리가 드러남으로써, 자**
 '님'과의 거리를 드러내는 게 아님.
기와 외부 세계 사이의 소원한 관계가 유지된다.

*근거: (나) 〈제3수〉 ❶, ❷
〈제3수〉를 보면 화자(자기)는 뫼(외부 세계)를 보며 반가움을 느끼고 있다. 이를 통해 화자와 뫼의 거리가 가까워짐으로써, 자기와 외부 세계 사이에 친화적 관계가 형성된다. 즉, '님'과의 거리감이 드러나는 것은 아니므로, 소원한 관계가 유지된다는 설명은 적절하지 않다.

[감흥: 마음속 깊이 감동받아 일어나는 흥취

왜 오답?

① '산슈 간'에서 살고자 하는 마음과 이에 공감하지 못하는 '눔들'의 생각을 병치하여 화자와 '눔들' 사이의 거리가 드러남으로써, 자기와 외부 세계 사이의 소원한 관계가 유지된다.
자기와 외부 세계를 상호 대비할 경우 소원한 관계가 유지될 수 있음.

★근거: (나) 〈제1수〉 **①**, **②**

〈제1수〉를 보면 자연 속에 '뛰집'을 짓고 사는 화자(자기)와 그 뜻을 모르는 '눔들'(외부 세계)을 상호 대비하여 의미를 생성하고 있다. 이 경우 거리감이 드러나 소원한 관계가 형성된다는 설명은 적절하다.

[병치하다: 두 가지 이상의 것을 한곳에 나란히 두거나 설치하다.

② '바횟 긋 묽ᄀ'에서 즐거움을 누리는 삶과 '녀나믄 일'을 대비하여 세상일과 거리를 두려는 화자의 태도가 드러남으로써, 자기와 외부 세계 사이의 소원한 관계가 유지된다.
자기와 외부 세계를 상호 대비할 경우 소원한 관계가 유지될 수 있음.

★근거: (나) 〈제2수〉 **②**, **③**

〈제2수〉를 보면 바위 끝 물가에 앉아 실컷 놀며 지내는 화자(자기)의 삶과 '녀나믄 일'에 해당하는 속세의 일(외부 세계)이 대비되고 있다. 이를 통해 속세를 떠나 자연 속에 살고자 하는 화자의 태도가 드러나므로 자기와 외부 세계 사이에 소원한 관계가 형성된다는 설명은 적절하다.

④ '닙쳔'에서의 '한흥'이 '삼공'이나 '만승'보다 더한 가치를 지닌다고 강조하여 화자와 '닙쳔' 사이의 거리가 가까워짐으로써, 자기와 외부 세계 사이의 친화적 관계가 형성된다.
자기의 내면 의식과 감정을 대상에 투여할 경우 친화적 관계가 형성됨.

★근거: (나) 〈제4수〉 **①**, **③**

〈제4수〉를 보면 '닙쳔 한흥'(외부 세계)이 '삼공', '만흥'보다 좋다는 화자(자기)의 생각이 드러나 있다. 따라서 자기와 외부 세계 사이에 친화적 관계가 형성된다는 설명은 적절하다.

⑤ '강산' 속에서의 삶이 '닙군'의 '은혜' 덕택임을 제시하여 화자와 '닙군' 사이의 거리가 가까워짐으로써, 자기와 외부 세계 사이의 친화적 관계가 형성된다.
자기의 내면 의식과 감정을 대상에 투여할 경우 친화적 관계가 형성됨.

★근거: (나) 〈제6수〉 **①**, **②**

〈제6수〉를 보면 '강산'과 같은 좋은 자연을 즐길 수 있는 것은 '임금의 은혜'(외부 세계) 덕분이라는 화자(자기)의 생각이 나타나 있다. 따라서 자기와 외부 세계 사이에 친화적 관계가 형성됐다는 설명은 적절하다.

C 38   정답 ①   ★ 글쓴이의 생각과 태도 파악하기 · [정답률 63%]

(다)를 이해한 내용으로 적절하지 않은 것은?

왜 정답?

① '부끄러움'과 '즐거움'을 조화시킴으로써 더 나은 삶의 방식을 결정할 수 있다.
조화를 이루는 부분은 없음.

★근거: (다) **②**문단 **②**문장

'사는 곳'과 '마음을 두는 곳'에 따라 삶의 방식을 분류한 후, '작은 즐거움'이 가장 높은 방식이라고 제시했을 뿐, '부끄러움'과 '즐거움'을 조화시켜 더 나은 제3의 삶의 방식을 제시하고 있지는 않다.

왜 오답?

② '나'는 어디에 사느냐와 어디에 마음을 두느냐를 고려하여 삶의 유형을 나누고 있다.
'산림, 시정 / 명리, 은거 기준에 따라 삶의 유형을 분류함.

★근거: (다) **①**문단

'산림'에 사느냐, '시정'에 사느냐 / '명리'에 마음을 두느냐, '은거'에 마음을 두느냐에 따라 삶의 유형을 네 가지로 분류하고 있다.

③ '산림'에 사는 사람들 중에는 '즐거움'을 누리는 경우보다 '부끄러움'을 가진 경우가 더 많다.
'큰 즐거움'은 3~4%, '큰 부끄러움'은 50%

★근거: (다) **②**문단 **②**문장

'산림'에 살면서 '즐거움'을 누리는 경우는 '큰 즐거움'이다. '산림'에 살면서 '부끄러움'을 느끼는 경우는 '큰 부끄러움'이다. 2문단을 보면 '큰 즐거움'을 느끼는 사람은 '백에 서넛'이고, '큰 부끄러움'을 느끼는 사람은 '백에 반'이라고 나온다.

④ '큰 부끄러움'과 '작은 즐거움'은 어디에 사느냐와 어디에 마음을 두느냐가 모두 서로 다르다.
'큰 부끄러움'은 '산림 / 명리', '작은 즐거움'은 '시정 / 은거'

★근거: (다) **①**문단 **①**, **④**문장

'큰 부끄러움'은 '산림'에 살면서 '명리'에 마음을 두는 것이고, '작은 즐거움'은 '시정'에 살면서 '은거'에 마음을 두는 것이므로 사는 곳과 마음을 두는 곳이 모두 다르다.

⑤ '명리'를 '부끄러움'에, '은거'를 '즐거움'에 대응시킨 것으로 보아 '나'는 '은거'의 가치를 '명리'의 가치보다 높이 두고 있음을 알 수 있다.
'명리'를 추구하는 것은 크든 작든 '부끄러움', '은거'를 추구하는 것은 크든 작든 '즐거움'에 해당함.

★근거: (다) **①**문단

'명리'를 추구하는 것은 크든 작든 '부끄러움'에 대응하고, '은거'를 추구하는 것은 크든 작든 '즐거움'에 대응하기 때문에, '나'는 '명리'보다 '은거'의 가치를 높이 평가함을 알 수 있다.

[대응: 어떤 두 대상이 주어진 어떤 관계에 의하여 서로 짝이 되는 일

C 39   정답 ⑤   ★ 작품 비교하기 .... [정답률 72%]

⑦, ⓒ에 대한 설명으로 가장 적절한 것은?

• ⑦: ⑦은 '어리고 하암의 뜻의는 내 분(分)인가 ᄒ노라'로, 화자는 '하암', '어리다' 등 자신을 낮추는 표현을 통해 안분지족의 삶에 대한 자부심을 표현하고 있습니다.

• ⓒ: ⓒ은 '나의 이 말은 대부분의 사람들의 생각과는 거리가 먼, 물정 모르는 소리일지도 모른다.'로, 글쓴이는 '작은 즐거움'이 가장 높은 것이라고 말하며 이러한 자신의 말이 물정 모르는 소리일지 모른다고 하면서, 우회적으로 자부심을 드러내고 있습니다.

즉 ⑦과 ⓒ에 드러난 (나)의 화자와 (다)의 글쓴이의 생각에 대한 설명 중 적절한 것을 고르는 문제입니다.

왜 정답?

⑤ ⑦과 ⓒ은 모두, 자신이 말하고자 하는 바를 우회하여 표현함으로써 자신의 삶에 대한 자부심을 드러내고 있다.
(나)의 〈제1수〉 **③**, (다)의 **③**에 근거

★근거: (나) 〈제1수〉 **③**, (다) **③**문단

⑦의 '어리다'는 '어리석다', '하암'은 '견문이 좁고 어리석은 사람'을 의미하지만, 이는 안분지족의 삶을 살아가는 자신의 삶의 방식에 대한 자부심을 표현한 것이다. ⓒ 역시 자신의 생각이 '물정 모르는 소리'일지 모른다고 표현하고 있지만, 사실 '작은 즐거움'의 삶을 살아가는 자신에 대한 자부심의 표출로 볼 수 있다. 따라서 ⑦, ⓒ 모두 자신의 삶에 대한 자부심을 우회적으로 드러내고 있다는 설명은 적절하다.

[우회하다: 곧바로 가지 않고 멀리 돌아서 가다.

왜 오답?

① ⑦은 자신의 처지를 남의 일을 말하듯이 표현함으로써 자신의 문제를 회피하고 있다.
자신의 처지를 스스로 평가하고 있음.

★근거: (나) 〈제1수〉 **③**

⑦은 '어리다', '하암'이라는 표현을 통해 스스로의 삶을 겸손하게 표현하고 있으며, 그런 삶이 자신의 분수에 맞다고 평가하고 있다. 따라서 남의 일을 말하듯이 표현했다는 설명은 적절하지 않다.

② ⓛ은 자신의 행동을 <u>명철하게 성찰함으로써</u> 자신의 과오
과오를 인정하는 듯하지만, 우회적으로 자부심을 드러냄.
<u>를 인정</u>하고 있다.

*근거: (다) **3**문단

ⓛ은 스스로의 말을 '물정 모르는 소리'라고 표현하고 있지만, 우회적으로
자신의 삶에 대한 자부심을 드러낸 것이다. 따라서 냉철하게 성찰했다고 볼
수 없고, 자신의 과오를 인정했다고도 볼 수 없다.

┌ 냉철하다: 생각이나 판단 따위가 감정에 치우치지 않고 침착하며 사리에 밝다.
└ 과오: 부주의나 태만 따위에서 비롯된 잘못이나 허물

③ ㉠은 ⓛ과 달리, 자신의 처지를 <u>자문자답 형식으로 말함</u>
㉠ⓛ 모두 자문자답의 형식이 아님.
으로써 자신의 생각을 일반화하고 있다.

*근거: (나) 〈제1수〉 **3**, (다) **3**문단

㉠과 ⓛ 모두 자문자답의 형식으로 볼 수 없다.

┌ 자문자답: 스스로 묻고 스스로 대답함.

④ ⓛ은 ㉠과 달리, 자신의 생각을 <u>남의 말을 인용하여 표현</u>
㉠ⓛ 모두 남의 말을 인용하지 않음.
<u>함</u>으로써 자신의 신념을 객관화하고 있다.

*근거: (나) 〈제1수〉 **3**, (다) **3**문단

㉠과 ⓛ 모두 남의 말을 인용한 부분은 찾아볼 수 없다.

┌ 인용하다: 남의 말이나 글을 자신의 말이나 글 속에 끌어 쓰다.

C 40 정답 ④ *설명문을 바탕으로 감상하기 - [정답률 80%]

ⓐ를 바탕으로 (나), (다)를 이해한 내용으로 적절하지 <u>않은</u> 것
은? [3점]

- ⓐ: ⓐ는 '문학 작품의 의미가 생성되는 양상'으로, ⑴ 자기 경험과 감정을
  대상에 투영, ⑵ 외부 세계의 가치관과 이념을 자기 내면으로 수용, ⑶ 자기
  와 외부 세계를 상호 대비하는 경우로 나눌 수 있습니다.
- (나): 속세의 가치와 자연을 대비하며 자연 속에 묻혀 사는 즐거움을 노래하
  고 있습니다.
- (다): 삶의 방식을 '사는 곳'과 '마음 두는 곳'을 기준으로 나눈 후, 자신의 삶
  의 방식을 드러내고 있습니다.

즉 문학적 의미가 생성되는 세 가지 양상을 (나), (다)에 적용하여 이해한
내용 중 틀린 것을 고르는 문제입니다.

＞왜 정답?

④ (나)에서는 <u>선인들의 삶의 태도를 자기 내면으로 수용하는</u>
소부, 허유의 태도를 자기 내면으로 수용하는 부분은 없음.
<u>과정</u>을 거쳐, (다)에서는 <u>대다수 사람들의 뜻을 자기 내면으</u>
대다수 사람들의 뜻을 수용하는 부분은 없음.
<u>로 수용하는 과정</u>을 거쳐 새로운 의미를 생성한다고 볼 수 있다.

*근거: (나) 〈제4수〉 **2**, (다) **3**

(나)의 〈제4수〉를 보면 선인에 해당하는 '소부, 허유'가 등장하지만, 이들의
삶의 태도를 자기 내면으로 수용하는 과정은 나오지 않는다. 또한 (다)의 3
문단을 보면 '작은 즐거움'을 가장 높이 평가한 자신의 말을, 대부분의 사람
들이 '물정 모르는' 소리라고 말할 것이라 생각한다. 이는 대다수 사람들의
뜻이 글쓴이의 뜻과 다름을 나타내는 것일 뿐, 이를 수용하는 내용 또한 나
오지 않는다.

┌ 선인: 도(道)를 닦아서 현실의 인간 세계를 떠나 자연과 벗하며 산다는 상상
│ 의 사람. 세속적인 상식에 구애되지 않고 고통이나 질병도 없으며 죽지 않
└ 는다고 한다.

＞왜 오답?

① (나)에서 무정물인 대상에 대해 호감을 표현한 것은 자신
'뫼'를 보며 '반가움'을 느낌.
의 정서를 대상에 투영한 것이라고 볼 수 있다.

*근거: (나) 〈제3수〉 **1**, **2**

(나)의 〈제3수〉를 보면 무정물의 대상인 '뫼'에게 '반가움', '둏다' 등 호감을
표현하고 있다. 이는 화자의 정서를 대상에 투영하여 의미를 생성한 것으로
볼 수 있다.

┌ 무정물: 나무나 돌 따위와 같이 감각이 없는 것

② (다)에서 자연에 의미를 부여하는 것은 자신의 생각을 대
'산림'을 '부끄러움' 또는 '즐거움'을 느낄 수 있는 공간으로 의미를 부여함.
상에 투영하여 세계를 해석하는 것이라고 볼 수 있다.

*근거: (다) **1**문단 **1**, **2**문장

(다)의 1문단을 보면 '산림'이라는 자연물에 '부끄러움', '즐거움' 등의 의미를
부여하고 있다. 이는 '산림'이라는 대상에 글쓴이의 생각을 투영한 것으로
볼 수 있다.

③ (다)에서 삶의 방식을 상대적 기준에 따라 나누어 평가한
것은 자신의 가치관과 세상 사람들의 생각을 비교하여 세계
'작은 즐거움'이 가장 높다는 자신의 평가에 대해 사람들이 '물정 모르는 소리'라고 할 것이라 서술함.
의 의미를 새롭게 파악한 것이라고 할 수 있다.

*근거: (다) **2**문단 **2**문장, **3**문단

(다)의 2문단을 보면 '사는 곳'과 '마음 두는 곳'을 기준으로 삶의 방식을 네
가지로 분류했다. 또 각각의 삶의 방식을 평가한 후 '작은 즐거움'이 가장 높
다는 자신의 가치관을 드러낸다. 하지만 대부분의 사람들은 이에 대해 '물정
모르는 소리'라고 판단할 것이라 말한다. 이렇듯 자신의 가치관과 대부분의
사람들의 생각을 상호 대비함으로써 외부 세계에 대한 새로운 의미를 파악
하고 있다.

⑤ (나)에서 자기 본성을 하늘의 뜻에 연관 지은 것과, (다)에
자신의 게으른 성격을 하늘이 알아 일을 맡기지 않았다고 표현함.
서 자기 삶의 방식을 일반적인 삶의 방식과 견준 것은 자기
'작은 즐거움'에 대한 평가를 비교함.
삶의 가치를 새롭게 해석하여 의미를 만들어 낸 것이라고 할
수 있다.

*근거: (나) 〈제5수〉 **1**, (다) **3**문단

(나)의 〈제5수〉를 보면 화자 자신의 성격이 게으른 것을 하늘이 알고, 인간
만사를 하나도 맡기지 않았다는 표현이 나온다. 또한 (다)의 3문단을 보면
'작은 즐거움'을 높이 평가하는 자신과 대부분 사람들의 평가를 상호 비교하
고 있다. 이러한 방식을 통해 삶의 가치에 새로운 의미를 생성하고 있으므로
적절한 설명이다.

C 41~45 ────── [2019년(9월)/평가원 16~20]

(가) 권호문, 〈한거십팔곡〉

1 화자, 중심 대상 **2** 상황, 정서, 태도 **3** 표현상 특징 [고어 읽기] [시 해석]

1 생평(生平)에 원ᄒᆞᆫᄂᆞ니 다만 충효(忠孝)뿐이로다
화자가 이루고자 했던 삶의 덕목
➡ 평생에 원하는 것이 다만 충효뿐이로다

2 이 두 일 말면 금수(禽獸) l 나 다르리야
충효   **3** 표현상 특징: 설의법(다르지 않다.)
➡ 이 두 일을 하지 않으면 짐승과 다르겠느냐

3 마음에 ᄒᆞ고져 ᄒᆞ야 십재황황(十載遑遑)*ᄒᆞ노라 〈제1수〉
충효를 위해 노력함이 드러남.
➡ 마음에 (충효를) 하고자 하여 십 년을 허둥대노라

〈제1수〉 요약: 충효를 실천하고자 하는 의지

1 계교(計校)* 이렇더니 공명(功名)이 늦었어라
출세, 조정에 등용되는 것
➡ (글재주를) 서로 견주어 살펴보다가 공명이 늦었구나

2 부급동남(負笈東南)*ᄒᆞ야 여공불급(如恐不及)*ᄒᆞᄂᆞᆫ 뜻을
등용되기 위한 노력
➡ 이리저리 공부하러 다녀도 이루지 못할까 두려워하는 뜻을

⑬ 세월이 물 흐르듯 하니 못 이룰까 하야라
세월이 물 흐르듯 ᄒᆞ니 못 이룰까 ᄒᆞ야라 〈제2수〉
❷ 정서: 안타까워하고 걱정함.
➡ 세월이 물 흐르듯 흘러가니 못 이룰까 하여라

＊〈제2수〉 요약: 등용의 좌절과 안타까움

❶ 강호   에 놀자 하니 성주를   버리겠고
강호(江湖)에 놀자 ᄒᆞ니 성주(聖主)를 버리겠고
　　자연　　←　대비　→　　속세
➡ 강호에 놀자 하니 임금을 저버려야 하고

❷ 성주를   섬기자   하니 소락   에 어긋나네
성주를 섬기자 ᄒᆞ니 소락(所樂)에 어긋나네
➡ (벼슬에 나아가) 임금을 섬기자 하니 즐기고 싶은 바에 어긋나네.

❸ 호온자 기로   에 서서 갈 데 몰라 하노라
호온자 기로(岐路)에 서서 갈 데 몰라 ᄒᆞ노라 〈제4수〉
❷ 상황: 화자의 갈등, 방황
➡ 혼자 갈림길에 서서 갈 데 몰라 하노라.

＊〈제4수〉 요약: 벼슬에 대한 욕망과 자연 사이에서의 갈등

　출   하면 치군택민   처하면   조월경운
출(出)ᄒᆞ면 치군택민(致君澤民) 처(處)ᄒᆞ면 조월경운(釣月耕雲)
❸ 표현상 특징: 대구법
임금에게 몸 바쳐 충성하고 백성들에게 혜택을 베풂. ← 대조 → 달에서 낚시질하고 구름을 밭 삼아 농사를 지음.
➡ (벼슬길에) 나아가면 임금을 섬기며 백성에게 은덕이 미치게 하고, (자연에) 머물면 달빛 아래 고기 낚고 구름 속에 밭을 간다네.

❷ 명철군자는   이르사   즐기나니
명철군자(明哲君子)는 이르사 즐기ᄂᆞ니
➡ 현명하고 사리 밝은 군자는 이를 즐기나니

　하물며 부귀   위기   라 빈천거   를 하오리라
　　　　　　　　　　　　　　　　가난하게 사는 삶
❸ 하물며 부귀(富貴) 위기(危機)ㅣ라 빈천거(貧賤居)를 ᄒᆞ오리라
❷ 태도: 부귀를 멀리하고 안빈낙도를 추구함. 의지적
➡ 하물며 부귀는 위태하니 가난한 삶을 살아가리라

[치군택민: 임금에게는 몸을 바쳐 충성하고 백성에게는 혜택을 베풂.
〈제8수〉

＊〈제8수〉 요약: 안빈낙도의 의지

❶ 행장유도   하니 버리면   구태 구하랴
행장유도(行藏有道)*ᄒᆞ니 버리면 구태 구ᄒᆞ랴
❸ 표현상 특징: 설의법(구태여 구하지 않는다.)
➡ 쓰이면 세상에 나아가 도를 행하고 버려지면 은둔하는 것이니 버리면 굳이 구하랴

❷ 산지남   수지북   병들고 늙은 나를
산지남(山之南) 수지북(水之北) 병들고 늙은 나를
➡ 산 남쪽 물 북쪽(서울)에 병들고 늙은 나를

❸ 뉘라서 회보미방   하니 오라 말라 하ᄂᆞ뇨
뉘라서 회보미방(懷寶迷邦)*ᄒᆞ니 오라 말라 ᄒᆞᄂᆞ뇨 〈제16수〉
　　화자에게 출(出)하라고 하는 이유　　거절의 뜻이 내포됨.
➡ 뉘라서 뛰어난 능력을 지니고서 은둔하는 것은 나라를 혼란스럽게 하는 것이니 오라 말라 하느냐?

＊〈제16수〉 요약: 등용에 대한 포기

❶ 성현   의 가신 길이 만고에   한가지라
성현(聖賢)의 가신 길이 만고(萬古)에 ᄒᆞᆫ가지라
➡ 성현이 가신 길이 만고(아주 오랜 세월 동안)에 한가지라.

❷ 은   커나 현   커나 도   어찌 다르리
은(隱)커나 현(見)*커나 도(道)ㅣ 어찌 다르리
❸ 표현상 특징: 설의법(다르지 않다.)
➡ 숨거나 세상에 나아가거나 도가 어찌 다르리.

❸ 일도   오 다르지 아니커니 아무 덴들 어떠리
일도(一道)ㅣ오 다르지 아니커니 아무 덴들 어떠리 〈제17수〉
❷ 태도: 도를 추구하고자 하는 의지를 보임.
➡ 한 가지 도(道)이오 다르지 않으니 아무 덴들 어떠하리.

[만고: 아주 오랜 세월 동안

＊〈제17수〉 요약: 어느 곳에 거하든지 도를 추구하겠다는 다짐

＊십재황황: 급한 마음에 십 년을 허둥지둥함.
＊계교: 견주어 헤아림.

＊부급동남: 책을 짊어지고 여기저기 다니면서 열심히 공부함.
＊여공불급: 이르지 못할까 두려워하듯 함.
＊행장유도: 쓰이면 세상에 나아가 도(道)를 행하고 버려지면 은둔하는 것을 자신의 상황에 따라 알맞게 함.
＊회보미방: 뛰어난 능력을 지니고서 은둔하는 것은 나라를 혼란스럽게 하는 것과 같음.
＊현: 세상에 나아감.

■ 갈래: 강호 한정가, 연시조　　■ 창작 시기: 조선 중기
■ 내용: 이 작품은 조선 선조 때 권호문이 지은 연시조로, 모두 19수로 구성되어 있다. 작가는 현실에 대한 비판 의식을 바탕으로 하여 노래를 지었음을 밝힌 바 있으며, 이를 통해 작가가 평생 벼슬길에 나가지는 않았지만 현실을 외면한 채 은둔하는 자세를 취한 것은 아님을 알 수 있다.
■ 주제: 유교적인 깨달음의 실천과 안빈낙도의 소망

■ 이것이 핵심!: 화자의 정서와 태도

〈제1수〉	〈제2수〉	〈제4수〉	〈제8수〉	〈제16수〉	〈제17수〉
충효에 대한 의지	벼슬을 하지 못하는 안타까움	자연과 벼슬 사이에서의 갈등	은거의 삶을 선택	벼슬을 거절	도(道)에 대한 의지

(나) 박재삼, 〈추억에서〉

❶ 화자, 중심 대상　❷ 상황, 정서, 태도　❸ 표현상 특징

1⃣ 진주 장터 생어물전에는
　　　　공간적 배경
　바닷밑이 깔리는 해 다 진 어스름을,
　　　시간적 배경 - 애상적 분위기
＊1⃣연 요약: 생어물전의 분위기

2⃣ ❶울 엄매의 장사 끝에 남은 고기 몇 마리의
　빛 발(發)하는 눈깔들이 속절없이
❸ ❸ 표현상 특징: 설의법
　은전(銀錢)만큼 손 안 닿는 한(恨)이던가
❷ ❷ 정서: 애상적, 회상적
❹울 엄매야 울 엄매,
❷ 정서: 어머니에 대한 안타까움과 그리움
＊2⃣연 요약: 어머니의 고생스런 모습

3⃣ ❶별 밭은 또 그리 멀리 ▨: 대조적 시어
　우리 오누이의 머리 맞댄 골방 안 되어
❸ ❶화자
　손 시리게 떨던가 손 시리게 떨던가,
　어머니를 기다리던 어린 시절의 모습
＊3⃣연 요약: 어머니를 기다리던 어린 남매

4⃣ ❶진주 남강 맑다 해도
❷오명 가명
❸신새벽이나 밤빛에 보는 것을,
❹ 생업으로 인해 낮에는 강을 보지 못함.
　울 엄매의 마음은 어떠했을꼬,
　달빛 받은 옹기전의 옹기들같이
　말없이 글썽이고 반짝이던 것인가.
　어머니의 눈물
＊4⃣연 요약: 집으로 돌아오던 어머니가 느낀 한(恨)

■ 갈래: 자유시, 서정시　　■ 창작 시기: 현대
■ 내용: 이 작품은 화자가 어릴 적 가난했던 생활을 회상하며 어머니의 슬프고 한스러운 모습을 압축적으로 그려 낸 시이다.
■ 주제: 한스러운 삶을 살았던 어머니에 대한 회상

■ 이것이 핵심!: 상징적 시어

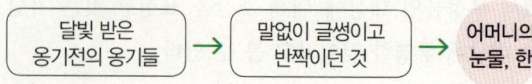

달빛 받은 옹기전의 옹기들 → 말없이 글썽이고 반짝이던 것 → 어머니의 눈물, 한

(다) 〈시에서의 리듬〉

○━ 글 전체 핵심어 ○━ 각 문단 핵심어 ▮ 글 전체 중심 문장 ★ 각 문단 중심 문장

1❶ 시의 원심력을 담당하는 비유와 달리 리듬은 시의 구심력을 담당한다. 글자의 개수이건 음의 보폭이건 동일 요소의 반복은 시에 질서를 부여하고 리듬을 형성한다. ★❸ 그런데 고전 시가의 리듬에는 <u>외적 규율</u>이 전제되어 있는 반면 현대 시의 리듬은 <u>내적 규범</u>을
＝외형률   ＝내재율
❹ 창출한다. 가령 시조는 4음보를 기본으로 종장 첫 음보는 3음절을
        (가)에 해당함.
유지하고, 둘째 음보는 그보다 길게 하는 규율을 따른다. ❺ 현대 시
                                              (나)에 해당함.
에서는 따라야 할 규율이 없는 대신 말소리, 휴지(休止), 고전 시가에 없던 쉼표나 마침표 등 모든 요소들의 책임이 더 커졌다. ❻ 이들의 반복은 내적 규범을 형성하여 시의 고유한 의미를 만들어 낸다.

┌ **부여하다**: 사람에게 권리·명예·임무 따위를 지니도록 해 주거나, 사물이
│ 나 일에 가치·의의 따위를 붙여 주다.
│ **전제되다**: 어떠한 사물이나 현상이 이루어질 목적으로 먼저 내세워지다.
│ **창출하다**: 전에 없던 것을 처음으로 생각하여 지어내거나 만들어 내다.
│ **휴지**: 하던 것을 멈추고 쉼.
└ **고유하다**: 본래부터 가지고 있어 특유하다.

★**1**문단 요약: 고전 시가와 현대 시의 리듬

2❶ "멀위랑 / 드래랑 / 먹고"와 같은 고려 속요의 3음보, "동짓들 / 기나긴 밤을 / 한 허리를 / 버혀 내여"와 같은 시조의 4음보 등 고전 시가의 리듬은 현대에 이르러 해체되었다기보다는 배후로 물러나 때로는 강하게, 때로는 약하게 압력을 행사하고 있다고 보는 것이 적절하다. ❸ <mark>어떤 시는 고전 시가의 리듬이 강하게 감지되어 친숙하지만 어떤 시는 리듬이라고 할 만한 부분이 거의 감지되지 않아 낯설다.</mark> ❹ 우리는 앞의 예를 김소월의 시에서, 뒤의 예를 이
  고전 시가의 리듬이 강함.   리듬이 거의 감지되지 않음.
상의 시에서 찾을 수 있다. 한국의 현대 시는 김소월과 이상 사이에서 각각의 좌표를 찍는다.

┌ **배후**: 어떤 일의 드러나지 않은 이면
│ **행사하다**: 행동하거나 어떤 짓을 하다.
│ **감지되다**: 느끼어 알게 되다.
└ **좌표**: 사물이 처하여 있는 위치나 형편을 비유적으로 이르는 말

★**2**문단 요약: 현대 시에 이르러 배후로 물러난 고전 시가의 리듬

■ **내용**: 이 글은 시의 구심력을 담당하는 '리듬'에 대해 설명한다. 고전 시가의 리듬과 현대 시의 리듬은 서로 다른 양상을 보이는데, 고전 시가의 리듬은 외적 규율을 따르고 현대 시의 리듬은 내적 규범을 형성한다.
■ **주제**: 고전 시가와 현대 시에서 리듬이 드러나는 양상

C 41 정답 ① ★작품 비교하기 ·················· [정답률 86%]

(가)와 (나)의 공통점으로 가장 적절한 것은?

＞왜 정답？

① 의문형 어미를 활용하여 화자의 정서를 강조하고 있다.
  (가)의 '-야', '-랴', '-리', (나)의 '-ㄴ가'가 활용됨.

★근거: (가) 〈제1수〉, 〈제16수〉 ❶, 〈제17수〉 ❷, ❸, (나) ❷-❸, ❸-❸, ❹-❻

(가)에서는 '다르리야', '구ᄒ랴', '어찌 다르리', '어떠리'에서 '-야', '-랴', '-리'의 의문형 어미를 사용해 자연 속에서 은거하는 삶과 등용에 대한 화자의 마음을 강조하고 있다. (나)에서는 '한이던가', '떨던가', '것인가'에서 '-ㄴ가'가

━━━━━━━━━━━

의 의문형 어미를 사용하여 어머니의 한스러운 삶을 안타까워하는 화자의 정서를 강조하고 있다.

＞왜 오답？

② ~~특정 대상과 대화하는 방식으로 주제를 부각하고 있다.~~
    (가), (나) 모두 사용하지 않음.

(가)와 (나) 모두 특정 대상과 대화하는 대화체가 아니라 독백체의 어조로 진술되고 있다.

③ ~~지적 공간의 탈속성이 시상을 형성하는 데 기여하고 있다.~~
    (가)는 드러나지만, (나)는 드러나지 않음.

(가)의 '강호'는 속세를 벗어난 곳으로서 탈속성이 드러나고 있으나, (나)에서의 시적 공간인 '진주 장터'나 '진주 남강'에는 탈속성이 드러나 있지 않다.

┌ **탈속**: 속세를 벗어남.

                                        시의 분위기를 무르익게 하고
④ ~~계절적 배경을 소재로 하여 시적 분위기를 고조하고 있다.~~
    (가), (나) 모두 계절적 배경이 명확히 드러나지는 않음.

(가)에는 특정한 계절적 배경이 제시되어 있지 않으며, (나)에서도 계절적 배경이 명확하게 드러나지 않는다. 다만 어머니를 기다리던 유년 시절의 오누이가 '손 시리게 떨'고 있는 모습을 통해 계절적 배경이 겨울임을 짐작해 볼 수는 있다.

┌ **고조하다**: 사상이나 감정, 세력 따위를 더 무르익게 하거나 높아지게 하다.

⑤ ~~의성어와 의태어를 구사하여 화자의 상황을 제시하고 있다.~~
    (가), (나) 모두 사용하지 않음.

(가)와 (나) 모두 의성어나 의태어가 쓰이고 있지 않다.

C 42 정답 ② ★화자의 정서와 태도 파악하기 ·· [정답률 57%]

(가)에 대한 설명으로 적절하지 않은 것은?

＞왜 정답？

② ~~〈제2수〉의 '공명'을 이루기 위해 화자는 〈제17수〉의 '성현~~
    '공명'은 과거에 이루고자 했으나 이루지 못한 것이고, '성현의 가신 길'은
~~의 가신 길'을 따르고자 한다.~~
'공명'의 수단이 아니므로 적절하지 않음.

★근거: (가) 〈제2수〉 ❶, 〈제8수〉 ❸, 〈제16수〉 ❶, 〈제17수〉

〈제17수〉에서 화자는 '성현의 가신 길'을 '은커나 현커나' 디르지 않, 즉 은둔하든지 등용되든지 다르지 않은, 아무 데서나 따라야 할 일로 보고 있다. 〈제8수〉의 빈천거, 즉 가난한 삶을 선택한 것이나 〈제16수〉에서 버리면 구태여 구하지 않겠다고 한 것은 등용이 되지 않으면 일부러 나가려고 애쓰지 않으면서 자연 속에서 은둔하며 가난하게 살겠다는 화자의 의지를 드러낸다. 또한 화자가 이러한 삶을 성현의 가신 길로 보고 있음을 알 수 있다. 따라서 '성현의 가신 길'을 따르고자 하는 것은 〈제2수〉에서 화자가 과거에 이루려고 했으나 못 이룬 '공명'을 이루기 위함이 아니다.

＞왜 오답？

① 〈제2수〉의 '부급동남'은 〈제4수〉의 '성주를 섬기'기 위해
      화자가 과거에 이루려고 한 일은 임금을 섬기는 것이므로 적절함.
화자가 행한 일이다.

★근거: (가) 〈제2수〉 ❷, 〈제4수〉 ❷

〈제2수〉의 '부급동남'은 화자가 과거에 행했던 노력으로 열심히 공부하여 세상에 나아가 임금을 섬기기 위한 일로 볼 수 있다. 따라서 '성주를 섬기'기 위해 행한 일이라고 할 수 있다.

③ 〈제4수〉의 '강호'를 화자가 선택한 이유 중 하나는 〈제8수〉
                      '부귀 위기'로 빈천거를 택했으므로 적절함.
의 '부귀 위기'이다.

★근거: (가) 〈제4수〉 ❶, 〈제8수〉 ❸

〈제4수〉에서 화자는 '강호'와 '성주' 사이에서 갈등을 보인다. 그러다 〈제8수〉에서 부귀가 위태하니 가난하게 사는 삶을 선택하겠다고 한다. 따라서 가난하게 사는 삶, 즉 '강호'를 선택한 데에는 부귀가 위태한 것이 작용했다고 할 수 있다.

④ 〈제4수〉의 '기로'가 〈제17수〉의 '일도'로 나타난 데에서 화자의 내적 갈등이 해소되었음을 알 수 있다.
강호와 성주 사이의 갈등이 도를 추구하는 것으로 정해졌으므로 적절함.

*근거: (가) 〈제4수〉❸, 〈제17수〉❸

〈제4수〉에서 보이던 '강호'와 '성주' 사이의 갈등은 '기로'로 표현되었다면, 〈제17수〉에서 화자는 은둔하든지 등용되든지 도가 다르지 않으므로 어느 곳이든지 도를 따르는 삶을 살겠다며 다짐하고 있다. 즉, '일도'를 통해 갈등이 해소되었음을 나타내고 있다고 할 수 있다.

⑤ 〈제8수〉의 '빈천거를 ᄒ면서도 화자는 〈제17수〉의 '도'를 실천할 수 있다고 생각한다.
가난하면서도 도를 실천할 수 있다고 여기므로 적절함.

*근거: (가) 〈제8수〉❸, 〈제17수〉❸

〈제8수〉의 '빈천거'는 자연 속에서 은둔하며 가난하게 사는 삶을 선택한 것이다. 또한 〈제17수〉에서 어느 곳에서든지 도를 따르는 삶을 살겠다고 했으므로, 화자는 가난하게 살면서도 도를 실천할 수 있다고 생각하고 있음을 알 수 있다.

C 43 정답 ⑤ **〈보기〉를 바탕으로 감상하기 …* [정답률 82%]

〈보기〉를 통해 (가)를 감상한 것으로 적절하지 않은 것은? [3점]

• **〈보기〉**: 〈한거십팔곡〉에는 급제의 뜻을 이루지 못하여 유교적 출처관에 따라 은자로서 살아갔던 권호문의 삶과 생각이 반영되어 있습니다.

• **(가)**: (가)의 화자는 등용의 좌절을 겪고 벼슬과 자연 사이에서 갈등하다가 이내 등용을 거절하게 됩니다.

즉 〈보기〉에 제시된 권호문의 삶을 바탕으로 화자의 상황을 이해한 내용 중 틀린 것을 고르는 문제입니다.

[보기]

❶ 조선 시대에 과거 급제는 개인이 입신양명하는 길이자 부모에게 효도하고, 임금을 보필할 수 있는 주된 통로였다. ❷ 권호문 역시 이를 위해 과거에 여러 번 응시하였으나 뜻을 이루지 못했다. ❸ 모친 사후, "뜻을 얻으면 그 은택을 백성들에게 베풀고, 뜻을 얻지 못하면 자신을 수양한다."라는 유교적 출처관(出處觀)에 따라 은자로서의 삶을 살아가던 그는 42세 이후 줄곧 조정에 천거되어 정치 현실로 나올 것을 권유받았으나 매번 이를 거절했다.❹ 〈한거십팔곡〉에는 권호문의 이러한 삶과 생각이 반영되어 있는 것으로 보인다.

①의 근거 *②의 근거* *③의 근거* *④, ⑤의 근거*

보필하다: 윗사람의 일을 돕다.
응시하다: 시험에 응하다.
천거되다: 어떤 일을 맡아 할 수 있는 사람이 그 자리에 쓰이도록 소개되거나 추천되다.

왜 정답?

⑤ 〈제16수〉의 '회보미방'은 조정의 권유에 대한 화자의 답변으로 볼 수 있겠군.
조정의 권유에 해당함.

*근거: (가) 〈제16수〉❸, 〈보기〉❸문장

〈보기〉에서 화자는 조정에 천거되어 정치 현실로 나올 것을 권유받았으나 매번 이를 거절했다고 했다. 〈제16수〉의 종장은 '누가 자신에게 회보미방을 언급하며 오라 말라 하는가'라는 의미이므로 '회보미방'은 조정의 권유를 의미하지, 화자의 답변이 아니다.

왜 오답?

① 〈제1수〉의 '충효'는 화자가 이루고자 했던 삶의 덕목으로 볼 수 있겠군.
'생평에 원ᄒ느니 다만 충효뿐이로다'

*근거: (가) 〈제1수〉❶, 〈보기〉❷문장

〈제1수〉에서 평생에 원한 것이 충효라고 했고, 〈보기〉에서도 부모에게 효도하고, 임금을 보필하기 위해 과거에 여러 번 응시했다고 했으므로 '충효'는 화자가 이루고자 했던 삶의 덕목으로 볼 수 있다.

② 〈제1수〉에서 화자가 '십재황황'하는 모습은 과거에 여러 차례 응시했으나 급제하지 못했기 때문으로 볼 수 있겠군.
'마음에 ᄒ고져 ᄒ야'

*근거: (가) 〈제1수〉❸, 〈보기〉❷문장

〈보기〉에서 권호문은 과거에 여러 번 응시했으나 뜻을 이루지 못했다고 했고, 〈제1수〉에서 '마음에 ᄒ고져 ᄒ야'라고 했으므로 '십재황황'하는 모습은 과거에 여러 차례 응시했으나 급제하지 못했기 때문으로 볼 수 있다.

③ 〈제16수〉의 '행장유도ᄒ니'는 화자가 유교적 출처관을 따르고 있음을 보여 주는 것이라고 할 수 있겠군.
'버리면 구태 구ᄒ랴'

*근거: (가) 〈제16수〉❶, 〈보기〉❸문장

〈보기〉에서 '뜻을 얻으면 그 은택을 백성들에게 베풀고, 뜻을 얻지 못하면 자신을 수양한다.'가 유교적 출처관이라고 했고, 〈제16수〉의 '행장유도'는 자신의 상황에 따라 알맞게 도를 행한다는 의미이므로 유교적 출처관을 따르고 있다고 할 수 있다.

④ 〈제16수〉의 '병들고 늙은 나를'은 화자가 정치 현실로 나오라는 권유를 거절하는 표면적 이유라고 할 수 있겠군.
'오라 말라 ᄒ느뇨'

*근거: (가) 〈제16수〉❷, ❸, 〈보기〉❸문장

〈보기〉에서 권호문은 정치 현실로 나오라는 권유를 매번 거절했다고 했고, 〈제16수〉에서 '뉘라서 회보미방ᄒ니 오라 말라 ᄒ느뇨'라며 조정에 나오라는 권유를 거절하고 있다. 따라서 '병들고 늙은 나'는 거절하는 표면적 이유라고 할 수 있다.

C 44 정답 ③ **시어 및 구절의 의미 파악하기* · [정답률 93%]

(나)에 대한 감상으로 적절하지 않은 것은?

왜 정답?

③ '손 시리게 떨던가'에서는 추운 밤 '별 밭' 아래의 '골방' 속에서 느꼈던 행복감이 드러나는군.
어머니를 기다리며 추워하던 기억을 드러냄.

*근거: (나) ❸-❸

'손 시리게 떨던가'는 골방에서 어머니를 기다리며 추위에 떨고 있는 유년 시절의 기억으로 행복에 젖어 있는 모습은 아니다. 추운 골방의 모습은 불우한 유년 시절을 환기시킨다.

왜 오답?

① '해 다 진 어스름'은 어둠이 깔리는 파장 무렵 '생어물전'의 분위기를 보여 주는군.
쓸쓸하고 애상적인 분위기를 조성함.

*근거: (나) ❶

'해 다 진 어스름'은 해가 지고 어둑해진 시간적 배경을 나타낸다. 이는 '바닷 밑이 깔리는'과 연결되어 어둠이 깔리는 파장 무렵 '생어물전'의 쓸쓸한 분위기를 보여 주고 있다.

② '빛 발하는 눈깔'은 '손 안 닿는' '은전'과 연결되어 '한'의 정서를 유발하는군.
공통의 속성인 은빛의 색깔로 연결시킴.

*근거: (나) ❷-❷, ❸

고기 몇 마리의 '빛 발하는 눈깔'의 은색은 '은전'과 이미지가 연결되는데, 그 은전에 손이 닿을 수 없음은 '한'의 정서와 연결된다고 할 수 있다.

〔유발하다: 어떤 것이 다른 일을 일어나게 하다.

④ '진주 남강'은 공간적 구체성을 보여 주는 한편 낮에 강을
신새벽이나 밤빛에 보아야 하는 이유를 드러냄.
보지 못할 정도로 바삐 생계를 꾸려 가던 '울 엄매'를 떠올리
게 하는군.

*근거: (나)④-❶~❹

'진주 남강'이란 구체적 지명을 통해 공간적 구체성을 보여 준다. 한편 어머
니는 생업으로 인해 낮에는 강을 보지 못하고 신새벽이나 밤빛에 볼 수밖에
없었다. 화자는 '진주 남강'을 통해 이러한 어머니의 바쁘고 고되었던 삶을
떠올리고 있다.

⑤ '글썽이고 반짝이던'은 달빛이 비친 '옹기'의 표면과 '울 엄
글썽이고 반짝이는 공통된 속성으로 연결됨.
매'의 눈물을 함께 환기하는군.

*근거: (나)④-❺~❻

'말없이 글썽이고 반짝이던' 어머니의 눈물과 '달빛 받은 옹기' 표면의 빛이
연결되어 어머니의 '한'을 형상화하고 있다.

C 45 정답 ③ *설명문을 바탕으로 감상하기 … [정답률 80%]

(다)를 참고하여 (가)와 (나)를 이해한 내용으로 가장 적절한 것은?

> 왜 정답?

③ (나)에서 '울 엄매야 울 엄매'는 울림소리의 반복으로 리듬
을 창출하고 화자의 정서를 표출한 것이다.
'ㄹ, ㅁ, ㅇ'의 반복은 리듬을 형성하고 정서를 표출함.

*근거: (나)②-④

'울 엄매야 울 엄매'에서 울림소리 'ㄹ, ㅁ, ㅇ'의 반복은 리듬을 창출하고, 엄
마에 대한 화자의 정서를 표출하고 있다.

> 왜 오답?

① (가)에서 각 수의 종장 첫째 음보를 3음절로 한 것은 ~~내적~~
~~규범~~을 따른 것이다.
외적 규범을 따름.

*근거: (다)①-❸

(가)를 보면 '마음에', '세월이', '호온자', '하물며' 등 각 수의 종장 첫 음보가
3음질(세 글자)로 되어 있다. (다)에서 '고전 시가의 리듬에는 외적 규율이 전
제되어' 있다고 했으므로 (가)에서 각 수의 종장 첫째 음보를 3음절로 한 것
은 외적 규범을 따른 것이라고 할 수 있다.

② (가)에서 각 수의 종장 둘째 음보의 글자 수가 첫째 음보의
글자 수보다 많은 것은 따라야 하는 ~~규칙을 위반~~한 것이다.
'둘째 음보는 그보다 길게 하는 규율을 따른다.'를 지킨 것임.

*근거: (다)①-❹

(다)에서 '시조는 4음보를 기본으로 종장 첫 음보는 3음절을 유지하고, 둘째
음보는 그보다 길게 하는 규율을 따른다.'고 했으므로, (가)는 규칙을 위반한
것이 아니라 지킨 것이다.

④ (나)에서 '오명 가명'은 ~~외적 규율~~에 따라 'ㅇ'을 반복하여
내적 규범을 따름.
일터의 ~~무료한 삶에 생동감을 불어넣은~~ 예이다.
드러나지 않음.

*근거: (다)①-❻

(다)에서 현대 시에서는 말소리 등의 반복을 통해 내적 규범을 형성한다고
했으므로, (나)에서 '오명 가명'의 'ㅇ'의 반복은 외적 규율에 따른 것이 아니
다. 또한 어머니가 일터에서 무료함을 느꼈는지는 드러나 있지 않으며, 시적
분위기를 고려할 때 생동감이 부여되고 있다고 보기도 어렵다.

⑤ (나)에서 1연부터 3연까지 쉼표로 연을 마무리한 것은 ~~고~~
~~전 시가의 리듬을 계승~~한 예이다.
현대 시의 요소로 현대 시의 리듬이 드러남.

*근거: (다)①-❺

(다)에서 현대 시에서는 '고전 시가에 없던 쉼표나 마침표 등 모든 요소들의
책임이 더 커졌다.'고 했으므로 쉼표로 연을 마무리한 것은 고전 시가의 리
듬을 계승한 것과는 관계가 없다.

C 46~48 ──────── [2017년(7월)/교육청 43~45]

(가) 〈유배 시가 작품의 경향〉

■ ◯ 글 전체 핵심어 ◯ 각 문단 핵심어 ▬ 글 전체 중심 문장 ★ 각 문단 중심 문장

[1] ❶유배(流配) 시가는 유배지로 가는 여정이나 유배지에서 느끼고
유배 시가의 개념
경험한 바를 소재로 하여 창작된 시가들을 총칭한다. ❷유배 시가는
고려 시대 정서의 〈정과정곡(鄭瓜亭曲)〉을 시초로 하여, 조선 시
대에 들어와 시조나 가사 등의 다양한 문학 양식으로 활발하게 창
작되었다. ❸시조는 초·중·종 3장의 정형화된 형식 안에 유배객의
유배 시가로서 시조의 특징
삶과 정서를 간결하게 응축해서 전달할 수 있었다. ❹한편 가사는
연속체(連續體)로, 길이의 조절이 자유로웠기에 유배지에서의 삶
유배 시가로서 가사의 특징
과 정서를 좀 더 구체적으로 담아낼 수 있었다.

*[1]문단 요약: 유배 시가의 개념

[2] ★❶정치적 분쟁으로 인한 유배객이 많았던 조선 시대의 유배
시가에는 정적(政敵)에 대한 원망, 결백의 호소, 정계 복귀에
정치적 유배객들의 시가 내용 1
대한 소망 등이 주로 표현되었다. ❷또한 정치적 유배객들은 임
금에 대한 변함없는 충정을 드러내며 유배의 고통 속에서도
정치적 유배객들의 시가 내용 2
유교 이념을 굳건히 지키는 태도를 보였다. ❸조선 광해군 때,
윤선도가 이이첨의 횡포를 규탄하는 상소를 올렸다가 이이첨
일파의 모함을 받아 유배되어 쓴 연시조 〈견회요(遣懷謠)〉에
이러한 모습이 잘 드러나 있다. ❹한편, 정치적 유배객들 중에는
[A]   현실에서 소외된 자신의 처지를 달래기 위해 자연에 대한 사
정치적 유배객들의 시가 내용 3
랑을 노래하는 탈속적 태도를 보이는 경우도 있었다.

*[2]문단 요약: 정치적 유배객의 작품 경향

[3] ❶유배는 정치적인 이유가 아닌 개인적인 잘못에 의한 경우
도 있다. ★❷개인적 잘못으로 인한 유배객은 정적에 대해 원망하
거나 임금에게 자신의 결백을 호소하는 데 중점을 두기보다는
개인적 잘못으로 인한 유배객의 시가 내용
자신의 과거 잘못에 대한 반성과 후회, 유배지에서의 고통스
러운 삶과 사실적 체험을 서술하는 데 중점을 두는 경우가 많
았다. ❸정조 때, 안조원이 공무상의 개인 비리로 유배되어 쓴
가사 〈만언사(萬言詞)〉가 그러하다.

*[3]문단 요약: 개인적 잘못으로 인한 유배객의 작품 경향

■ **내용**: 이 글은 유배지로 가는 여정이나 유배지에서의 경험을 소재로 한 유배
시가에 대해 설명하고 있다.

■ **주제**: 유배의 이유에 따라 달라지는 유배 시가의 특징

(나) 윤선도, 〈견회요〉

❶ 화자, 중심 대상 ❷ 상황, 정서, 태도 ❸ 표현상 특징 [시 해석]

❶
내 일 망녕된 줄을 내라 하여 모롤쏜가
❶ 화자: 나
➡ 나의 일이 잘못된 줄, 나라고 해서 몰랐겠는가

❷ 이 마음 어리기도 임 위한 탓이로세
　　　　　　　　임금
➡ 이 마음 어리석은 것도 모두가 임을 위한 탓이로구나

❸ 아무가 아무리 일러도 임이 헤여 보소서　　　　〈제2수〉
➡ 누가 아무리 헐뜯더라도 임께서 (저의 마음을) 헤아려 주십시오

*〈제2수〉 요약: 자신의 충성심을 알아주지 않는 것에 대한 억울함.

❶ ㉠추성(楸城) 진호루(鎭胡樓) 밧긔 울어 예는 저 시내야
　작자가 유배되었던 함경북도 경원　　　　　　감정 이입의 대상
➡ 경원성 진호루 밖에 울며 흐르는 저 시냇물아

❷ 므음 호리라 주야(晝夜)에 흐르는다
➡ 무엇하러 밤낮으로 그칠 줄을 모르고 흐르는가

❸임금
임 향한 내 뜻을 조차 그칠 뉘를 모르나다　　　　〈제3수〉
　　❷ 정서: 임금을 향한 변함없는 충성의 마음
➡ 임 향한 내 뜻을 따라 그칠 줄을 모르는구나

*〈제3수〉 요약: 임금에 대한 변함없는 충성심

❶ 뫼흔 길고 길고 물은 멀고 멀고
➡ 산은 끝없이 길게 길게 이어져 있고 물은 멀리 굽이굽이 이어져 있구나

❷㉡어버이 그린 뜻은 많고 많고 하고 하고
➡ 부모님 그리운 뜻은 많기도 많다

❸ 어디서 외기러기는 울고 울고 가느니　　　　〈제4수〉
　　　　　감정 이입의 대상
➡ 어디서 (처량한) 외기러기는 울어 울어 (나의 마음을 구슬프게) 가는가

*〈제4수〉 요약: 부모님에 대한 그리움

❶ 어버이 그릴 줄을 처음부터 알아마는
➡ 어버이 그리워할 줄은 처음부터 알았지만

❷ 임금 향한 뜻도 하늘이 삼겨시니
➡ 임금을 향한 뜻도 하늘이 만드셨으니

❸ 진실로 임금을 잊으면 그 불효인가 여기노라　　〈제5수〉
　　　　'효'와 '충'을 관련시켜 제시함.
➡ 진실로 임금을 잊으면 그것이 불효와 같은가 하노라

*〈제5수〉 요약: 충과 효가 같다는 인식

■ 갈래: 연시조　　■ 창작 시기: 조선 중기
■ 내용: 이 작품은 조선 중기 윤선도가 당시 권력을 가졌던 이이첨 등의 죄를 규탄하는 상소를 올렸다가 유배를 가게 되었을 때 지은 연시조이다.
■ 주제: 임금에 대한 충절과 부모님에 대한 그리움

■ 이것이 핵심!: 충과 효를 관련시키는 화자

┌─────────────────┐
│　임 향한 내 뜻　│ … 임금을 향한 충성심
└─────────────────┘

┌─────────────────┐
│　어버이 그린 뜻　│ … 부모님에 대한 그리움
└─────────────────┘
　　　　　↓
┌─────────────────┐
│ 진실로 임금을 잊으면 그 불효 │ … 충 = 효
└─────────────────┘

(다) 안조원, 〈만언사〉

❶ 화자, 중심 대상　❷ 상황, 정서, 태도　❸ 표현상 특징　시 해석

❶ 남방 염천(南方炎天)* 찌는 날에 빨지 못한 누비바지
　　　　　　　　　　유배지에서의 힘겨운 삶
➡ 남쪽 지방의 찌는 듯한 날씨에 빨지 못한 누비바지를 입었더니

❷ 땀이 배고 때가 올라 굴뚝 막은 덕석인가
　　　　　　　　　　　덮는 용도로 쓰이는 짚 명석
➡ 땀이 나고 때가 올라 굴뚝을 막는 멍석처럼 (바지가) 더럽고 축축하다

❸ 덥고 검기 다 바리고 내암새를 어이하리
➡ 덥고 검은 것을 감안하더라도 냄새가 나는 것은 어찌하리

❹ 어와 내 일이야 가련히도 되었고나
➡ 아 내 신세야 가련하게도 되었구나

❺ 손잡고 반기는 집 내 아니 가옵더니
➡ 예전에 손을 잡고 (오라고) 반기는 집에도 내가 가지 않았었는데

❻ 등 밀어 내치는 집 구차히 빌어 있어
➡ 지금은 등을 밀어 (가라고) 내치는 집에 구차하게도 빌붙어 있으니

❼㉢옥식 진찬(玉食珍饌) 어데 가고 맥반 염장(麥飯鹽藏)* 대하오며
　　　　　　　　　　과거의 풍요로웠던 삶과 대비되는 현재의 궁핍한 처지
➡ 옥식 같은 좋은 밥과 진찬 같은 훌륭한 반찬은 어디 가고 보리밥에 소금을 먹으며

❽ 금의 화복(錦衣華服) 어데 가고 현순백결(懸鶉百結) 하였는고
➡ 좋고도 비싼 옷은 다 어디로 가고 여기저기 기운 헌옷을 입고 있는가

❾ 이 몸이 살았는가 죽어서 귀신인가
➡ 이 몸이 살아 있는가 죽어서 귀신이 되었는가

❿ 말하니 살았으나 모양은 귀신일다
➡ 말을 하는 것으로 보아 살아는 있으나 모양은 죽은 귀신이로다

⓫㉣한숨 끝에 눈물 나고 눈물 끝에 한숨이라
　　　　　　　❷ 정서: 한스러움.
➡ 한숨 끝에 눈물이 나고 눈물 끝에 한숨이 난다

⓬ 도로혀 생각하니 어이없어 웃음 난다
➡ 돌이켜 생각하니 어이가 없어 웃음이 다 난다

⓭ 이 모양이 무슴 일고 미친 사람 되었고나
➡ 이 모양이 무슨 일인고 미친 사람이 다 되었구나

*❶~⓭행 요약: 유배 생활의 고통스러운 처지

⓮㉤어와 보리가을 되었는가 전산 후산에 황금빛이로다
　　　　　　보리를 거두어들이는 철
➡ 아 보리를 거두어들일 때가 되었는가 앞산 뒷산에 황금빛이로다

⓯ 남풍은 때때 불어 보리 물결 치는고나
➡ 남풍은 때때로 불어 보리 물결 치는구나

⓰ 지게를 벗어 놓고 전간(田間)에 굽닐면서
➡ 지게를 벗어 놓고 밭에서 꾸물거리며

⓱ 한가히 베는 농부 묻노라 저 농부야
➡ 한가하게 보이는 농부들 내 물어보노라 저 농부야

⓲ 밥 우희 보리술을 몇 그릇 먹었느냐
➡ 밥 위에 보리로 담근 술을 몇 그릇이나 먹었느냐

⓳ 청풍에 취한 얼골 깨연들 무엇하리
➡ 청풍에 취한 얼굴이 깬다고 한들 무엇하리

⓴ 연년(年年)이 풍년 드니 해마다 보리 베어
➡ 해마다 풍년이 드니 해마다 보리를 베어

㉑ 마당에 두드려서 방아에 쓸어 내어
➡ 마당에서 두드려서 방아에 찧어 내어

㉒ 일분(一分)은 밥쌀 하고 일분(一分)은 술쌀 하여
➡ 일부는 밥으로 짓고 일부는 술로 담가

㉓ 밥 먹어 배부르고 술 먹어 취한 후에
　　　　　　농부들의 흥 있는 삶
➡ 밥 먹어 배부르고 술 먹어 취한 후에

㉔ 함포고복(含哺鼓腹)하여 격양가(擊壤歌)*를 부르나니
　　　　　잔뜩 먹고 배를 두드림.
➡ 배를 두드리고 즐기며 풍년가를 부르니

㉕ 농부의 저런 흥미 이런 줄 알았더면
➡ 농부의 저런 흥미가 이렇게 좋은 줄을 알았더라면

㉖ 공명을 탐치 말고 농사를 힘쓸 것을
　　　　❷ 정서: 지난날에 대해 후회함.
➡ (부귀)공명을 탐하지 말고 농사에나 힘을 쓸 것을

농부에게 묻는 말

^㉗백운(白雲)이 즐거운 줄 청운(靑雲)이 알았으면
　　욕심 없는 삶　←　대조　→　공명을 추구하는 삶
➡ 흰 구름이 (이렇게) 즐거운 줄을 푸른 구름이 알았다면

^㉘탐화봉접(探花蜂蝶)*이 그물에 걸렸으랴
❸ 표현상 특징: 비유법 – 공명을 탐했던 화자를 비유함.
➡ 꽃 찾는 나비와 벌처럼 그물에 걸려 이 고생을 할까

＊⑭~㉘행 요약: 농부들의 모습을 보고 지난 삶에 대해 후회함.

＊남방 염천: 남쪽 지방의 몹시 더운 날씨
＊맥반 염장: 보리밥과 소금장
＊격양가: 풍년이 들어 농부가 태평한 세월을 즐기는 노래
＊탐화봉접: 꽃을 탐하는 벌과 나비

■ 갈래: 유배 가사　　　　■ 창작 시기: 조선 후기
■ 내용: 이 작품은 작자 안조원이 국고로 방탕한 생활을 하다 추자도로 유배되어 지은 유배 가사이다. 굶주림과 추위에 시달리며 자신의 잘못을 진심으로 뉘우치는 내용을 담았다. 약 1년간의 유배 생활에서 느낀 바를 진솔하게 표현하고, 유배지에서의 어려움을 사실적으로 묘사하였다는 점에서 높이 평가되고 있다.
■ 주제: 고통스러운 유배 생활과 반성

■ 이것이 핵심! 대조적 시어

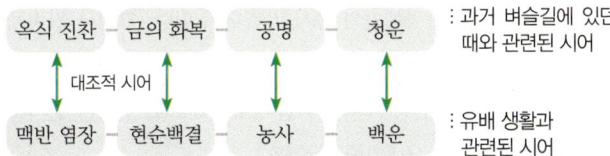

| | | | | : 과거 벼슬길에 있던 때와 관련된 시어 |
| 옥식 진찬 | 금의 화복 | 공명 | 청운 | |

대조적 시어

| 맥반 염장 | 현순백결 | 농사 | 백운 | : 유배 생활과 관련된 시어 |

C 46　정답 ①　＊설명문의 내용 파악하기 … [정답률 86%]

(가)를 이해한 내용으로 적절한 것은?

＞왜 정답?

① 가사는 길이의 조절이 자유로웠기 때문에 유배지에서의 삶과 정서를 구체적으로 표현할 수 있었다.
　　　　　1문단 4번째 문장에 근거

＊근거: (가) ①문단 ❹문장

1문단에서 가사는 '연속체로, 길이의 조절이 자유로웠기에 유배지에서의 삶과 정서를 좀 더 구체적으로 담아낼 수 있었다.'라고 했으므로 적절하다.

＞왜 오답?

② 유배 시가가 조선 시대에 처음 창작되어 당대에 전성기를 맞이하게 된 것은 정치적 배경과 관련이 깊다.
　　　　　시초는 고려 시대임.

＊근거: (가) ①문단 ❷문장

1문단에서 '유배 시가는 고려 시대 정서의 〈정과정곡〉'이 시초라고 했으므로 적절하지 않다.

③ 유배 시가는 유배객으로서의 일상과 유배지에서 보고 들은 바를 왕에게 보고하는 형식의 시가를 말한다.
　　왕에게 보고 목적이 아니라 작가의 감정을 표현하기 위한 것임.

＊근거: (가) ①문단 ❶문장, ②문단 ❶문장, ③문단 ❷문장

1문단에서 유배 시가는 유배지로 가는 여정이나 유배지에서 느끼고 경험한 바를 소재로 창작된 시가들을 총칭하는 것이라고 했다. 그리고 2, 3문단의 설명을 참고하면, 그 내용을 왕에게 보고하는 형식이 아니라, 유배객이 자신의 결백을 호소하고 정계 복귀에의 소망을 노래하거나 자신의 과거 잘못을 후회하고 반성하는 등 자신의 감정을 노래한 것이다.

④ 시조는 3장의 정형화된 형식을 따랐기 때문에 유배지에서의 정서보다는 상황을 자세하게 묘사할 수 있었다.
　　　상황을 자세히 묘사하기보다는 정서를 응축해서 전달함.

＊근거: (가) ①문단 ❸문장

1문단을 보면 시조는 3장의 정형화된 형식 안에 유배객의 삶과 정서를 간결하게 응축해서 전달할 수 있었다고 했다. 상황을 자세하게 묘사하기에는 가사가 더 적절하다.

⑤ 정계에 복귀하고자 하는 유배객의 소망은 임금에 대한 충정보다는 탈속적 세계에 대한 지향으로 표현되었다.
　탈속적 태도는 임금에 대한 충정보다는 자신의 처지를 달래려는 태도임.

＊근거: (가) ②문단 ❹문장

'탈속적 세계'와 관련된 서술은 2문단에 나오는데, 정치적 유배객 중에 현실에서 소외된 자신의 처지를 달래기 위해 자연에 대한 사랑을 노래하는 탈속적 태도를 보이기도 했다고 한다. 이것을 정계에 복귀하고자 하는 소망을 표현한 것으로 보기에는 무리가 있다.

C 47　정답 ⑤　＊표현상의 특징 파악하기 … [정답률 85%]

㉠~㉤에 대한 이해로 적절하지 않은 것은?

• ㉠~㉤: ㉠은 우는 듯 흐르는 시냇물, ㉡은 부모님에 대한 그리움, ㉢은 과거와 대조되는 궁핍한 처지, ㉣은 자신의 처지에 대한 슬픔, ㉤은 황금빛 가을 풍경에 대한 내용입니다.

[즉] ㉠~㉤에 드러난 표현상의 특징에 대한 설명으로 틀린 것을 고르는 문제입니다.

＞왜 정답?

⑤ ㉤: 영탄적 표현을 사용하여 화자 자신의 성과에 대한 만족감을 강조하고 있다.
　'어와 ~ 황금빛이로다'　　화자의 성과는 아님.

＊근거: (다) ⑭

'어와 보리가을 되었는가', '황금빛이로다'에서 화자가 영탄적 표현을 사용하여 황금빛으로 물든 풍경에 대한 감탄을 표현하고 있다. 하지만 그 풍경을 화자의 성과로 볼 수 없기 때문에 ⑤는 적절하지 않다.

＞왜 오답?

① ㉠: 대상에 감정을 이입하여 화자의 슬픔을 드러내고 있다.
　　'시냇물'에 화자의 슬픈 감정을 이입하여 표현했으므로 적절함.

＊근거: (나) 〈제3수〉 ❶

시냇물이 흐르는 것을 운다고 표현했다. 물은 그저 흐를 뿐인데, 화자의 마음이 슬프기 때문에 대상(시내)에 감정을 이입하여 표현한 것이다.

② ㉡: 동일한 시어를 반복하여 그리움의 정서를 강조하고 있다.
　　'많고 많고 하고 하고'　　부모님에 대한 그리움을 강조했으므로 적절함.

＊근거: (나) 〈제4수〉 ❷

'많고 많고', '하고 하고'라고 반복하며 어버이를 그리는 마음이 그만큼 크다고 강조하고 있다.

③ ㉢: 대조적 시어를 사용하여 현재의 궁핍한 삶을 부각하고 있다.
　'옥식 진찬'과 '맥반 염장'이 대조됨.　　궁핍함이 부각되고 있으므로 적절함.

＊근거: (다) ❼

'옥식 진찬'은 '좋은 음식과 진귀한 반찬'을 뜻하는 말이다. 반면에 '맥반 염장'은 '보리밥과 소금장'이라는 뜻으로 초라하고 소박한 음식을 뜻한다. 이 두 시어를 대조하면서 현재의 궁핍한 삶을 부각하고 있다.

④ ㉣: 대구적 표현을 사용하여 화자가 자신의 처지에서 느끼는 한스러움을 부각하고 있다.
　'한숨 끝에 ~ 눈물 끝에 ~'　　한숨과 눈물을 통해 부각되고 있으므로 적절함.

＊근거: (다) ⑪

'한숨 끝에 ~ 눈물 끝에 ~'와 같이 비슷한 문장 구조를 반복해 보여 주는 대구적 표현을 사용하여 화자가 자신의 처지에서 느끼는 한스러움을 부각하고 있다.

C 48 정답 ① ＊설명문을 바탕으로 감상하기 [정답률 87%]

[A]를 참고하여 (나), (다)를 감상한 것으로 적절하지 않은 것은? [3점]

• **[A]를 참고**: 정치적 분쟁으로 인한 유배객의 유배 가사는 정적에 대한 원망, 결백의 호소, 복귀에 대한 소망, 변함없는 충정 등을 표현했으며, 개인적 잘못으로 인한 유배객의 유배 가사는 잘못에 대한 반성과 후회, 유배지에서의 삶 등을 표현했습니다.

• **(나), (다)**: (나)는 결백을 호소하면서도 변함없는 충정을 노래하는 정치적 분쟁으로 인한 유배객의 작품이고, (다)는 유배지에서의 힘겨운 삶과 지난 날에 대한 후회를 노래하는 개인적 잘못으로 인한 유배객의 작품입니다.

졈 유배 시가의 작품 경향을 참고하여 (나), (다)를 감상한 내용으로 틀린 것을 고르는 문제입니다.

왜 정답?

① (나)의 '제3수'에는 <mark>자연에 은거하고자 하는 화자의 소망이</mark> 담겨 있군.
_{'임'은 임금을 의미하므로 은거의 소망이 아닌 임금에 대한 충정이 담겨 있음.}

＊**근거**: (가) ❷-❷, (나) 〈제3수〉❸

(나)의 〈제3수〉에서 화자는 밤낮으로 흐르는 시냇물을 보며 '임 향한 내 뜻조차 그칠 뉘를 모르나다'라고 했다. [A]의 '임금에 대한 변함없는 충정을 드러내며'를 참고할 때, 여기서 '임'은 임금을 의미하는 것으로 보는 것이 적절하다. 자연에 은거하고자 하는 소망이 아니라 임금에 대한 변함없는 충정을 드러낸 구절이다.

〔 은거하다: 세상을 피하여 숨어서 살다.

왜 오답?

② (나)의 '제5수'에는 임금에 대한 변함없는 충정이 효와 관련하여 담겨 있군.
_{임금을 잊는 것이 '불효'라고 표현했으므로 적절함.}

＊**근거**: (가) ❷-❷, (나) 〈제5수〉❸

(나)의 〈제5수〉에서 임금을 잊는 것이 '불효'라고 한 데에서 임금에 대한 변함없는 충정을 '효'와 관련하여 이야기하고 있음을 알 수 있다. [A]의 '유배의 고통 속에서도 유교 이념을 굳건히 지키는 태도를 보였다.'를 참고할 때, 유교 이념을 중요시한 유배객들이었으므로 부모에 대한 효와 임금에 대한 충정을 관련시킨 것으로 이해할 수 있다.

③ (다)의 '남방 염천 찌는 날에 빨지 못한 누비바지'에서, 유배지에서 힘겨운 삶을 살았던 유배객의 사실적 체험이 나타나는군.
_{몹시 더운 날에 '누비바지'를 빨지도 못하고 입고 있는 상황을 나타냈으므로 적절함.}

＊**근거**: (가) ❸-❷, ❸, (다) ❶

몹시 더운 날에 '누비바지'를 빨지도 못하고 입고 있는 데에서 유배지에서의 힘겨운 삶의 모습을 짐작할 수 있다..[A]의 '유배지에서의 고통스러운 삶과 사실적 체험을 ～ 〈만언사〉가 그러하다'를 참고하면 이 구절이 [A]에서 설명하는 그 구절임을 알 수 있다.

④ (다)의 '공명을 탐치 말고 농사를 힘쓸 것'에서, 화자가 자신의 과거에 대해 후회하고 있음을 알 수 있군.
_{공명을 탐해 개인 비리를 저질렀던 것에 대한 후회가 드러나므로 적절함.}

＊**근거**: (가) ❸-❸, (다) ㉖

화자는 '농부의 저런 흥미 이런 줄 알았더면 / 공명을 탐치 말고 농사를 힘쓸 것'이라며 공명을 탐했던 자신의 과거를 후회하고 있다. [A]의 '안조원이 공무상의 개인 비리로 유배'되었다는 설명을 참고하면 공명을 탐해서 개인 비리를 저질렀을 것으로 짐작할 수 있다.

〔 공명: 공을 세워서 자기의 이름을 널리 드러냄. 또는 그 이름

⑤ (다)의 '탐화봉접이 그물에 걸렸으랴'에서 개인의 잘못에 의한 유배를 그물에 걸린 것으로 비유하여 표현하고 있군.
_{꽃을 탐하는 벌과 나비에 비유하여 표현한 것이므로 적절함.}

＊**근거**: (가) ❸-❸, (다) ㉘

'탐화봉접'은 꽃을 탐하는 벌과 나비를 뜻하는 말이다. 그런데 그 벌과 나비가 그물에 걸렸다고 했다. 화자가 자신의 모습을 벌과 나비에 비유하여, 부귀공명을 탐했던 자신의 잘못에 의해 유배 오게 된 것을 표현한 것으로 볼 수 있다.

C 49~53 ──────── [2017년(4월)/교육청 38~42]

(가) 〈조선 시대의 사시가〉

⬭ 글 전체 핵심어 ◯ 각 문단 핵심어 ▨ 글 전체 중심 문장 ★ 각 문단 중심 문장

1 ① 조선 시대에 자연을 노래한 시가에서 중요한 위치를 차지하는 <u>사시가(四時歌)</u>는 일반적으로 사계절의 순서에 따른 완상을 담은 노래들을 뜻한다. 고려 중기 이후 사대부층 사이에서 자연에 대한 관심이 점차 고조되었는데, 사시가는 이러한 관심과 중국 한시 및 고려 한시의 영향 속에서 형성되었다. ③ 시간의 흐름이 나타난다는 점에서 사시가는 1년을 열두 달로 나누어 각 달의 세시 풍속이나 정서 등을 노래한 월령체가와 유사한 측면이 있다. ④ 그러나 월령체가는 주로 민요에서 나타나는 데 비해 사시가는 한시나 가사, 연시조에서 주로 나타난다. ⑤ 특히 각 연이 유기적으로 구성된 연시조는 사시의 흐름을 담아내기에 적합했다.

〔 고조되다: 사상이나 감정, 세력 따위가 한창 무르익거나 높아지다.
〔 적합하다: 일이나 조건 따위에 꼭 알맞다.

＊**1문단 요약**: 사시가의 개념

2 ★① 일반적으로 <u>사시</u>는 사계절로 인식된다. ② 그러나 시간 인식의 기준에 따라 사시는 한 달의 네 때인 삭(朔), 현(弦), 망(望), 회(晦)를 의미할 수도 있고, 하루의 네 때인 아침, 낮, 저녁, 밤을 의미할 수도 있다. ③ 「초기의 사시가는 주로 사계절을 나열하는 단조로운 시상 전개를 보인다. _{「 」: 사시가의 시상 전개 방식의 변화} ④ 그러나 중기 이후의 사시가는 일 년 사시와 하루 사시의 복합적인 구성을 적용하는 경우도 많다. ⑤ 즉 '[춘(아침 → 낮 → 저녁 → 밤)]→[하(아침 → 낮 → 저녁 → 밤)]…'과 같이 일 년 사시의 흐름 속에서 각 계절마다 하루의 사시를 모두 포함하거나, '[춘:아침] → [하:낮] → [추:저녁] → [동:밤]과 같이 일 년 사시와 하루 사시가 대응된 방식으로 시상이 전개되기도 하는 것이다.」

〔 단조롭다: 단순하고 변화가 없어 새로운 느낌이 없다.

＊**2문단 요약**: 사시가의 시상 전개 방식

3 ① 시상 전개 양상이 단순하든 복합적이든 사시의 흐름은 순차성을 띠면서도 의미상 겨울에서 봄으로, 밤에서 아침으로 이어지는 <u>자연의 순환성</u>을 내포하고 있는데 작품에 따라 순환성이 표면에 부각되기도 한다. ② 이러한 순환성에 대한 인식은 <u>시간적 영원성에</u> 대한 소망, 즉 유한한 인간의 삶에서 무한을 추구하려는 소망을 _{순환성에 대한 인식} 반영한다고 볼 수 있다. ③ <mark>시간적 영원성에 대한 소망을 성취할 수 있는 장소로서 인간은 이상향을 지향하게 되는데 사시가에서 자연은 이러한 이상향으로서의 의미를 지니고 있다.</mark>

〔 부각하다: 어떤 사물을 특징지어 두드러지게 하다.
〔 성취하다: 목적한 바를 이루다.

＊**3문단 요약**: 사시가에서 자연의 의미

④ 사시가에서 나타나는 (이상향)으로서 자연의 모습은 당대의 현실이나 작가의 삶과 관련되어 작품마다 조금씩 다르게 나타난다. **②** 즉 속세와 단절되어 은자(隱者)로서의 삶을 누리는 공간으로 형상화되기도 하고, 속세와 단절되지 않은 연장선상에서 만족스러운 삶을 향유하는 공간으로 형상화되기도 한다. **③** 그러나 작가가 벼슬에서 은퇴한 사대부이든 정치 흐름에서 도태되어 자연으로 돌아온 사대부이든 향촌에서 농민과 함께하던 사족(士族)이든 자연을 긍정적이고 이상적인 공간으로 그렸다는 점에서는 공통적이다. ★**④** 이런 점에서 사시가는 사시 순환의 질서 속에서 자연을 심미의 대상, 소박한 삶의 공간, 노동의 삶이 드러나는 생활 공간 등으로 인지하고 그 속에 자신의 생활을 합치시키고자 하는 ㉠사대부층의 의식을 반영하고 있는 것이다.

[**이상적**: 생각할 수 있는 범위 안에서 가장 완전하다고 여겨지는. 또는 그런 것

*④문단 요약: 사시가에서 이상향으로서의 자연의 모습

⑤ ┌ **①** 강호(江湖)에 가을이 드니 고기마다 살져 잇다
[A] **②** 소정(小艇)에 그물 실어 흘리 띄워 던져 두고
　　 └ **③** 이 몸이 소일(消日)해옴도 역군은(亦君恩)이샷다

　　　　　　　　　　　　 – 맹사성, 《강호사시가(江湖四時歌)》, 〈추(秋)〉

★**①** 가령, 사시가 계열 연시조의 첫 작품인 (위) 시조의 경우 벼슬에서 물러난 작가가 강호 자연에서 계절별로 느끼는 흥취와 여유로움을 드러내고 있는데, 〈강호사시가〉의 주제 여기에서의 자연은 유교적 인식을 바탕으로 한 이상적인 공간으로 그려지고 있다.

*⑤문단 요약: 사시가의 예시 〈강호사시가〉

■ **내용**: 이 글은 조선 시대에 자연을 노래한 시가 중 사시가에 대해 설명하고 있다.
■ **주제**: 조선 시대의 사시가의 특징과 사시가에서 자연의 의미

(나) 황희, 〈사시가〉

① 화자, 중심 대상　**②** 상황, 정서, 태도　**③** 표현상 특징　고어 읽기　시 해석

① 강호(江湖)에 봄이 드니 이 몸이 일이 하다 : 계절적 배경
화자: 이 몸
➡ 강호에 봄이 오니 이 몸이 할 일이 많다.

② 나는 그물 깁고 아희는 밧츨 가니
➡ 나는 그물을 깁고 아이는 밭을 가니

③ 뒷 뫼해 움이 튼 약초를 언제 캐려 하나니　〈1수〉
③ 표현상 특징: 영탄법
➡ 뒷산에 있는 약초는 언제 캐려 하느냐

*〈1수〉 요약: 봄의 분주한 일상

① 삿갓에 도롱이 닙고 세우중(細雨中)에 호미 메고
➡ 삿갓 쓰고 비옷을 입고 가는 비에 호미를 메고

② 산전(山田)을 흣매다가 녹음(綠陰)에 누어시니
노동하는 모습
➡ 산에 있는 밭에서 일하다가 녹음에 누웠으니

③ 목동이 우양(牛羊)을 모라다가 잠든 나를 깨우는구나　〈2수〉
③ 표현상 특징: 영탄법
➡ 목동이 소와 양을 몰아다가 잠든 나를 깨우는구나

*〈2수〉 요약: 여름날 유유자적하는 삶의 모습

① 대초볼 불근 골에 밤은 어이 뜻드르며
➡ 대추 볼 붉은 골에 밤은 어찌 떨어지며

② 벼 벤 그루터기에 게는 어이 느리는고
③ 표현상 특징: 영탄법
➡ 벼 벤 그루터기에 게는 어찌 다니는가.

③ 술 닉쟈 체쟝스 도라가니 아니 먹고 어이리　〈3수〉
③ 표현상 특징: 영탄법
➡ 술이 익자 체장사가 돌아가니 안 먹고 어찌 버티리.

*〈3수〉 요약: 가을의 풍요로움

① 뫼혀는 새가 긋고 들히는 갈 이 없다
➡ 산에는 새가 사라지고 들에는 갈 사람이 없다

② 외로온 비에 삿갓 쓴 져 @늙은이
➡ 외로운 배에 삿갓을 쓴 저 늙은이

③ 낙딕에 재미가 깁도다 눈 깁픈 줄 아는가　〈4수〉
② 정서: 자연에서의 흥취를 즐김.
➡ 낚시에 재미를 붙여 (이렇게) 눈이 많이 온 줄 아는가

*〈4수〉 요약: 겨울의 고요한 정경

■ **갈래**: 연시조　　　　■ **창작 시기**: 조선 전기
■ **내용**: 이 작품은 계절의 변화에 따른 자연의 모습과 그 속에서 살아가는 화자의 풍류를 노래한 연시조이다.
■ **주제**: 사계절의 모습과 그 안에서 살아가는 삶의 모습

■ **이것이 핵심!: 계절별 할 일**

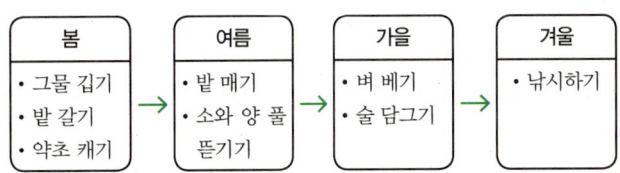

봄	여름	가을	겨울
• 그물 깁기 • 밭 갈기 • 약초 캐기	• 밭 매기 • 소와 양 풀 뜯기기	• 벼 베기 • 술 담그기	• 낚시하기

(다) 신계영, 〈전원사시가〉

① 화자, 중심 대상　**②** 상황, 정서, 태도　**③** 표현상 특징　고어 읽기　시 해석

① 양파(陽坡)*에 풀이 기니 봄 빗치 느저 있다
➡ 볕이 잘 드는 언덕에 풀이 기니, 봄빛이 느껴진다.

② 소원(小園) 도화(桃花)는 밤 비예 다 되거다
➡ 작은 정원(에 있던) 복숭아꽃은 밤비에 다 피었구나.

③ 아해야 쇼 됴히 먹여 논밭 갈게 하야라　〈춘(春) 2〉
③ 표현상 특징: 동일한 시어의 반복–운율 형성
➡ 아이야 소 좋게 먹여 논밭을 갈게 하여라.

*〈춘 2〉 요약: 늦봄의 정경

① 잔화(殘花) 다 딘 후의 녹음(綠陰)이 기퍼 간다
➡ 남은 꽃마저 다 진 뒤에 수풀이 깊어 간다.

② 백일(白日) 고촌(孤村)에 낫돍의 소리로다
표현상 특징: 영탄법
➡ 한낮의 외딴 마을에 낮닭의 소리로다.

③ 아히야 계면조 불러라 긴 조롬 씨오쟈　〈하(夏) 1〉
자연에서의 여유로운 모습
③ 표현상 특징: 동일한 시어의 반복–운율 형성
➡ 아이야 계면조 불러라 긴 졸음을 깨워 보자.

*〈하 1〉 요약: 녹음이 짙어지는 한가로운 여름의 정경

❶ 흰 이슬 서리 되니 가을이 느저 잇다
흰 이슬 서리 되니 ᄀᆞ을히 느저 잇다
➡ 흰 이슬이 서리가 되니 가을이 깊었구나.

❷ 긴 들 황운 이 한 빛이 피엿구나
표현상 특징: 영탄법
긴 들 황운(黃雲)이 ᄒᆞᆫ 빗이 픠엿구나
➡ 긴 들판의 곡식들은 누런빛이 되었구나.

아해야 비즌 술 걸러라 추흥 계워 하노라
표현상 특징: 동일한 시어의 반복·운율 형성   표현상 특징: 영탄법
❸ 아ᄒᆡ야 비즌 술 걸러라 추흥(秋興) 계워 ᄒᆞ노라   〈추(秋) 1〉
흥취를 느끼는 모습   정서: 가을의 흥취를 즐김.
➡ 아이야 빚어 놓은 술을 걸러라 가을의 흥에 겨워 하노라.

*〈추 1〉 요약: 가을의 흥취

❶ 북풍 이 노피 부니 앞 뫼헤 눈이 딘다
북풍(北風)이 노피 부니 앞 뫼히 눈이 딘다
➡ 북풍이 높이 부니 앞산에 눈 내린다.

❷ 모첨 찬 빗치 석양이 거에로다
모첨(茅簷) 찬 빗치 석양이 거에로다
➡ 초가지붕 찬 빛이 석양이 거의 되었구나

❸ 아해야 콩죽 니것ᄂᆞ냐 먹고 자려 하로라
표현상 특징: 동일한 시어의 반복·운율 형성   표현상 특징: 영탄법
아ᄒᆡ야 콩죽 니것ᄂᆞ냐 먹고 자려 ᄒᆞ로라   〈동(冬) 1〉
➡ 아이야 콩죽 익었느냐 먹고 잘까 하노라.

*〈동 1〉 요약: 눈 내리는 겨울의 모습

이바 ⓑ 아해들아 새해 온다 즐겨 마라
자연의 순환성
❶ 이바 ⓑ 아ᄒᆡ들아 새해 온다 즐겨 마라
❷ 정서: 세월의 흐름을 안타까워함.
➡ 이봐 아이들아 새해 온다고 즐거워 마라.

한사한 세월 이 소년 앗아 가느니라
❷ 헌ᄉᆞ한 세월(歲月)이 소년(少年) 앗아 가ᄂᆞ니라
➡ 야단스러운 세월이 젊음을 앗아 가느니라.

우리도 새해 즐겨하다가 이 백발이 되얏노라
❸ 우리도 새해 즐겨 ᄒᆞ다가 이 백발이 되얏노라   〈제석(除夕) 1〉
❶ 화자: 우리
➡ 우리도 새해 즐기다가 이 백발(노인)이 되었구나.

*〈제석 1〉 요약: 세월의 흐름에 대한 안타까움

* 양파(陽坡): 양지쪽 언덕

■ **갈래**: 연시조   ■ **창작 시기**: 조선 중기
■ **내용**: 이 작품은 춘·하·추·동 사계절의 순서에 따라 전원에 파묻혀 한적한 흥취를 즐기며 만족하는 삶을 이야기하고 있다.
■ **주제**: 전원에서 유유자적하며 사는 삶
■ **이것이 핵심!**: **자연의 순차적 흐름과 순환**

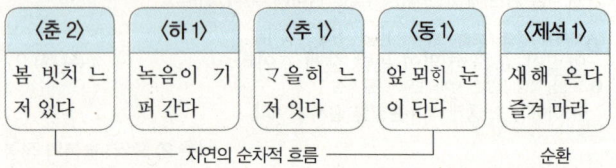

〈춘 2〉	〈하 1〉	〈추 1〉	〈동 1〉	〈제석 1〉
봄 빗치 느저 잇다	녹음이 기퍼 간다	ᄀᆞ을히 느저 잇다	앞 뫼히 눈이 딘다	새해 온다 즐겨 마라

자연의 순차적 흐름 ───────────── 순환

C **49** 정답 ⑤   *설명문을 바탕으로 감상하기 [정답률 76%]

(가)를 이해한 내용으로 적절하지 <u>않은</u> 것은?

왜 정답?

⑤ 사시가는 열두 달의 세시 풍속을 중심으로 시상이 전개된다.
세시 풍속이 아닌 사계절의 순서에 따른 자연의 완상이 중심

*근거: (가) ①문단 ❶문장, ❷문단 ❸, ❹문장
1문단에서 사시가는 '자연을 노래한 시가'이며 '사계절의 순서에 따른 완상'을 담고 있다고 했고, 2문단에서 사시가는 '사계절을 나열'하거나, '일 년 사시와 하루 사시의 복합적인' 시상 전개를 보인다고 했다. 따라서 사시가는 사계절의 순서에 따른 자연의 완상을 중심으로 시상을 전개함을 알 수 있다.

세시: 한 해의 절기나 달, 계절에 따른 때
풍속: 옛날부터 그 사회에 전해 오는 생활 전반에 걸친 습관 따위를 이르는 말

왜 오답?

① 사시의 순환성은 무한을 추구하려는 인간의 인식을 내포하고 있다.
'유한한 인간의 삶에서 무한을 추구하려는 소망을 반영'

*근거: (가) ③문단 ❷문장
3문단에서 '유한한 인간의 삶에서 무한을 추구하려는 소망을 반영'했다고 했다.

내포하다: 어떤 성질이나 뜻 따위를 속에 품다.

② 유기적인 구조를 지닌 연시조는 사시의 흐름을 담아내기에 적합하다.
'연시조의 사시의 흐름을 담아내기에 적합'

*근거: (가) ①문단 ❺문장
1문단에서 '연시조는 사시의 흐름을 담아내기에 적합'하다고 했다.

유기적: 생물체처럼 전체를 구성하고 있는 각 부분이 서로 밀접하게 관련을 가지고 있어서 떼어 낼 수 없는

③ 사시가는 조선 시대 이전의 다른 문학 장르에서 영향을 받았다.
'중국 한시 및 고려 한시의 영향 속에서 형성'

*근거: (가) ①문단 ❷문장
1문단에서 '중국 한시 및 고려 한시의 영향 속에서 형성'되었다고 하였다.

④ 사시가와 월령체가는 시간의 흐름에 따른 전개 방식을 취한다.
'시간의 흐름은 나타난다는 점에서 사시가는~월령체가와 유사'

*근거: (가) ①문단 ❸문장
1문단에서 사시가는 시간의 흐름이 나타난다는 점이 월령체가와 유사한 측면이 있다고 했다.

C **50** 정답 ②   *작품 비교하기 ·················· [정답률 71%]

(나), (다)의 표현상의 공통점으로 가장 적절한 것은?

왜 정답?

② 영탄적 표현을 사용하여 화자의 정서를 드러내고 있다.
(나)-'어이리'…, (다)-'ᄒ노라'…   영탄적 표현으로 화자의 정서를 드러냄.

*근거: (나) 〈3수〉 ❸, (다) 〈추1〉 ❸
영탄적 표현은 감탄, 한탄의 감정 등을 드러내는 표현으로, '-구나, -구려, -노라, -도다, -로라'가 쓰인 표현, '어즈버'와 같은 감탄사, '~예!', '~오!'와 같은 표현, 설의적 표현을 모두 뜻한다. (나)의 〈제3수〉 '술 닉쟈 체장ᄉᆞ 도라가니 아니 먹고 어이리'에서 화자의 흥을 드러내고 있고, (다)의 〈추 1〉 '아ᄒᆡ야 비즌 술 걸러라 추흥(秋興) 계워 ᄒ노라'에서 가을에 일어난 흥취를 드러내고 있다.

왜 오답?

① 부르는 말을 활용하여 화자의 감정을 고조하고 있다.
(나)-×, (다)-'아ᄒᆡ야'   화자의 감정을 고조시키고 있지 않음.

(나)에는 부르는 말이 쓰이지 않았고, (다)에서 '아ᄒᆡ야'라는 표현을 사용하고 있지만, 이를 통해 화자의 감정이 고조되고 있지는 않다.

③ 상승 이미지를 반복하여 화자의 의지를 나타내고 있다.
(나), (다) 모두 해당되지 않음.

(나)와 (다) 모두 상승 이미지가 쓰이지 않았으므로 적절하지 않다.

④ 점층적 표현을 사용하여 화자의 태도를 부각하고 있다.
(나), (다) 모두 해당되지 않음.

(나)와 (다) 모두 점층적 표현이 쓰이지 않았으므로 적절하지 않다.

⑤ 음성 상징어를 활용하여 화자의 상황을 구체화하고 있다.
(나), (다) 모두 해당되지 않음.

(나)와 (다) 모두 음성 상징어가 쓰이지 않았으므로 적절하지 않다.

(가)를 바탕으로 (나), (다)를 이해한 것으로 적절하지 <u>않은</u> 것은? [3점]

>왜 정답?

④ (다)의 〈춌2〉와 〈동1〉 각 수에서는 ~~한 계절 안에 하루의 사시가 모두 포함되어 있는 것으로 보아~~ 복합적 시상 전개 방식을 엿볼 수 있군.

<small>각각 계절은 드러나지만, 하루의 사시를 모두 포함하고 있지는 않음.</small>

✽근거: (가) ❷문단 ❺문장

(가)의 2문단에서 각 계절마다 하루의 사시를 모두 포함하는 경우는 '[춌(아침 → 낮 → 저녁 → 밤)] → [하(아침 → 낮 → 저녁 → 밤)]…'과 같이 나타난다고 했다. 하지만 (다)의 〈춌 2〉는 봄의 아침이나 낮의 풍경을, 〈동 1〉은 겨울의 저녁 풍경을 묘사하고 있을 뿐, 하루의 사시를 다 담고 있는 것은 아니다.

>왜 오답?

① (나)의 〈1수〉에서는 '봄'이라는 계절을 직접 명시하고 나머지 수에서는 계절을 짐작하게 하는 시어를 사용하여 일 년의 사시를 드러내고 있군.

<small>〈제1수〉-'봄', 〈제2수〉-'녹음', 〈제3수〉-'대초불 불근', 〈제4수〉-'눈'</small>

✽근거: (나) 〈1수〉❶, 〈2수〉❷, 〈3수〉❶, ❷, 〈4수〉❸

(나)의 〈1수〉에서는 '봄이 드니'에서 계절을 명시하고 있고, 〈2수〉의 '녹음'에서 여름, 〈3수〉의 '대초불 불근', '벼 벤 그루터기'에서 가을, 〈4수〉의 '눈'에서 겨울임을 짐작할 수 있다.

〔명시하다: 분명하게 드러내 보이다.

② (나)에서 〈1수〉부터 〈4수〉에 걸쳐 일 년 사시만이 순서대로 나열되어 있어 초기 사시가의 단조로운 시상 전개 방식을 엿볼 수 있군.

<small>초기의 사시가는 주로 사계절을 나열하는 단조로운 시상 전개'</small>

✽근거: (가) ❷문단 ❸문장

(나)는 '봄 – 여름 – 가을 – 겨울'에 따라 시상이 전개되고 있다. 이는 (가)의 2문단의 '사계절을 나열하는 단조로운 시상 전개를 보'이는 초기 사시가의 모습이다.

③ (다)의 〈하1〉에서는 '녹음'과 '낮듊'을 통해 여름날 낮의 이미지가 제시된 것으로 보아 일 년 사시와 하루 사시가 대응되어 있음을 알 수 있군.

<small>'일 년 사시와 하루 사시가 대응된 방식으로 시상이 전개'</small>

✽근거: (가) ❷문단 ❺문장

(다)의 〈하 1〉은 '녹음'을 통해 여름의 이미지를, '낮듊'을 통해 낮의 이미지를 떠올리게 한다. 이는 (가)의 2문단에서 설명한 '일 년 사시와 하루 사시가 대응 방식으로 시상이 전개'된 경우에 해당한다고 할 수 있다.

⑤ (다)의 〈제석1〉에서는 '새해'가 옴을 직접 언급함으로써 자연의 순환성에 대한 작가의 인식을 드러내고 있군.

<small>'겨울에서 봄으로, 밤에서 아침으로 이어지는 자연의 순환성을 내포'</small>

✽근거: (가) ❸문단 ❶문장

(가)의 3문단에서 '겨울에서 봄으로, 밤에서 아침으로 이어지는 자연의 순환성을 내포하고 있다'고 했다. 이러한 맥락에서 (다)의 〈제석 1〉의 '새해'를 통해 새로운 해가 돌아옴을 이해할 수 있다.

㉠에 주목하여 [A]와 (나), (다)를 감상한 내용으로 적절하지 <u>않은</u> 것은?

• ㉠에 주목: ㉠은 '사대부층의 의식'으로, 자연을 긍정적이고 이상적인 공간으로 여기고 이에 자신의 생활을 합치시키고자 하는 의식을 의미합니다.

• [A]와 (나), (다): [A]는 〈강호사시가〉, (나)는 〈사시가〉, (다)는 〈전원사시가〉로, 세 작품 모두 계절별로 느끼는 자연에서의 흥취와 그 속에서의 삶을 노래하고 있습니다.

즉 각 작품에 드러나는 자연 속의 삶에 대한 사대부층의 의식을 잘못 이해한 것을 고르는 문제입니다.

>왜 정답?

② [A]에서 '역군은(亦君恩)이샷다'에는 자연을 ~~속세와 단절된 공간~~으로 바라보는 사대부층의 인식이 드러난다.

<small>임금에게 감사하고 있으므로 속세와 단절된 공간이 아님.</small>

✽근거: [A] ❸, (가) ❹문단 ❷문장

[A]의 '역군은이샷다'는 속세를 떠나 자연 속에서 생활하고 있지만, 이렇게 자연을 즐길 수 있는 것도 임금님의 은혜라는 사대부층의 인식을 보여 주는 구절이다. 그러므로 자연과 속세를 단절된 공간으로 바라보는 인식이 드러나는 것은 아니다. (가)의 4문단에서 설명한, '속세와 단절되지 않은 연장선상에서 만족스러운 삶을 향유하는 공간'으로 자연을 그리고 있는 것으로 봐야 한다.

>왜 오답?

① [A]에서 '고기마다 살져 잇다'에는 풍요로운 자연에 대한 사대부층의 만족감이 드러난다.

<small>'자연을 긍정적이고 이상적인 공간으로 그렸다'</small>

✽근거: [A] ❶, (가) ❹문단 ❸문장

'고기마다 살져 잇다'는 (가)의 4문단에서 설명한 것처럼 '자연을 긍정적' 공간으로 그린 것으로, 가을의 풍요로움에 대한 화자의 만족감을 드러낸다.

③ (나)에서 '그물 깁고', '산전을 홋매'는 모습에는 자연을 노동의 삶이 드러나는 생활 공간으로 인지하는 사대부층의 관점이 나타난다.

<small>'자연을~노동의 삶이 드러나는 생활 공간 등으로 인지'</small>

✽근거: (나) 〈제1수〉❷, 〈제2수〉❷, (가) ❹문단 ❹문장

'그물 깁고', '산전을 홋매'는 것은 노동하는 모습을 나타낸 것으로, (가)의 4문단에서 설명한 '노동의 삶이 드러나는 생활' 공간으로 자연을 그린 것이다.

④ (다)에서 '계면조 불러라 긴 조롬 씨오쟈'에는 자연에서 여유로움을 느끼는 사대부층의 생각이 드러난다.

<small>'자연에서 계절별로 느끼는 흥취와 여유로움'</small>

✽근거: (다) 〈하〉❸, (가) ❺문단 ❶문장

'계면조 불러라 긴 조롬 씨오쟈'는 녹음이 짙은 여름 낮에 긴 잠을 자고 일어나 노래를 청하는 모습을 나타낸 것이다. (가)의 5문단에서 [A]에 대해 '계절별로 느끼는 흥취와 여유로움'이 드러난다고 설명한 것을 참고할 때, 이 구절에는 자연에서 여유로움을 느끼는 사대부층의 생각이 드러난다고 볼 수 있다.

⑤ (다)에서 '비준 술 걸러라'에는 흥취를 느끼는 공간으로 자연을 바라보는 사대부층의 생각이 나타난다.

<small>'자연에서 계절별로 느끼는 흥취와 여유로움'</small>

✽근거: (다) 〈추〉❸, (가) ❺문단 ❶문장

'비준 술 걸러라'는 술을 마시며 흥취를 즐기기 위해 술을 걸러내라는 의미이다. (가)의 5문단에서 [A]에 대해 '계절별로 느끼는 흥취와 여유로움'이 드러난다고 설명한 것을 참고할 때, 이 구절에는 흥취를 느끼는 공간으로 자연을 바라보는 생각이 나타난다고 할 수 있다.

C 53 정답 ③ ＊화자의 정서와 태도 파악하기 · [정답률 71%]

ⓐ, ⓑ에 대한 설명으로 가장 적절한 것은?

- ⓐ: ⓐ는 '늙은이'라는 시어로, (나)의 화자가 관찰하고 있는 대상입니다.
- ⓑ: ⓑ는 '아희 둘'이라는 시어로, (다)의 화자가 충고하고 있는 대상입니다.

즉 (나)와 (다)의 화자가 각각 관찰, 충고하고 있는 대상에 대한 설명으로 적절한 것을 고르는 문제입니다.

〉왜 정답?

③ ⓐ와 ⓑ는 모두 화자의 관점에서 볼 때 현재 상황을 즐기고 있는 대상이다.
　ⓐ는 자연을, ⓑ는 현재의 젊음을 즐기고 있으므로 적절함.

＊근거: (나) 〈제4수〉 ❸, (다) 〈제석 1〉 ❶

ⓐ는 '낙듸에 재미가 깁도다'라는 구절에서 눈이 내리는 와중에도 낚시를 하며 자연의 흥취를 즐기고 있음을 알 수 있고, ⓑ는 '새해 온다 즐겨 마라'라는 화자의 충고로 보아 현재의 상황을 즐기고 있음을 알 수 있다.

〉왜 오답?

① ⓐ와 ⓑ는 모두 화자와 ~~상반된 태도~~를 취하는 대상이다.
　ⓐ는 같은 태도를 취하고 있으므로 적절하지 않음.

ⓐ는 자연 속에서 흥취를 느끼는 인물로, 화자와 같은 태도를 취하고 있으므로 적절하지 않다.

② ⓐ와 ⓑ는 모두 화자가 ~~추구하는 바를 이루어 주는~~ 대상이다.
　ⓐ, ⓑ 모두 해당되지 않음.

ⓐ, ⓑ 모두 화자가 추구하는 바를 이뤄 줄 수 있는 대상으로 보기는 어렵다.

④ ⓐ는 화자가 ~~과거를 돌아보게 하는~~ 대상이고 ⓑ는 화자가 미래를 예측하게 하는 대상이다.
　과거를 돌아보고 있지 않으므로 적절하지 않음.

＊근거: (나) 〈제석 1〉 ❶

화자가 ⓑ에게 '새해 온다 즐겨 마라'라고 미래에 대해 충고하고 있으므로, ⓑ는 화자가 미래를 예측하게 하는 대상이라고 볼 수 있다. 하지만 (나)에서 화자가 과거를 돌아보는 모습은 나와 있지 않기 때문에 ⓐ는 화자가 과거를 돌아보게 하는 대상이라고 볼 수 없다.

⑤ ⓐ는 화자에게 ~~부정적 인식을 심어 주는~~ 대상이고 ⓑ는 화자에게 ~~긍정적 인식을 심어 주는~~ 대상이다.
　부정적 인식이 아닌 긍정적 인식임.
　긍정적 인식을 심어 준다고 볼 수 없음.

ⓐ는 한가로이 풍류를 즐기고, 화자가 이를 긍정적으로 바라보고 있다. 따라서 ⓐ는 부정적 인식이 아닌 긍정적 인식을 심어 주는 대상이다. 또한 ⓑ에게 화자가 충고하고 있으므로 ⓑ가 화자에게 긍정적 인식을 심어 준다고 볼 수 없다.

C 54~56 ──────── [2016년(10월)/교육청 43~45]

(가) 〈자연을 소재로 한 시조〉

⬭ 글 전체 핵심어　◯ 각 문단 핵심어　▭ 글 전체 중심 문장　★ 각 문단 중심 문장

① <u>자연을 소재로 한 시조</u> 작품들은 조선 시대 사대부들에 의해 창작된 시조 문학의 주류를 이루고 있다. ❷ 사대부들은 이들 시조를 통해 자연과 현실의 관계에 대한 인식을 드러내었다. ❸ 이들에게 있어 자연은 질서와 조화를 이룬 아름다움의 공간이자 완상의 대상이었다. ❹ 또한 자연은 영원불변한 우주 만물의 보편타당한 이치이자 인간이 지향해야 할 대상으로서의 천리(天理)가 구현된 관념적 공간이었다. ❺ 따라서 자연의 본성을 궁구하는 것은 이를 통해 자연
　　속속들이 파고들어 깊게 연구하는
에서 발견한 천리를 인간의 현실에서도 실현하기 위한 노력이었

（사대부들의 시조에서 자연의 의미 ❶）
（사대부들의 시조에서 자연의 의미 ❷）

다. 자연을 소재로 한 사대부들의 시조는 이러한 노력을 형상화한 결과라 할 수 있다.

> 주류: 사상이나 학술 따위의 주된 경향이나 갈래
> 보편타당하다: 특별하지 않고 사리에 맞아 타당하다.
> 천리: 이치. 또는 하늘의 바른 도리
> 구현되다: 어떤 내용이 구체적인 사실로 나타나다.

＊① 문단 요약: 자연을 소재로 한 사대부의 시조

② <u>청산(靑山)는 엇뎨ᄒ야 만고(萬古)애 프르르며</u>
　: 자연- 인간이 지향해야 할 대상 – 보편타당한 이치를 지님. – 천리가 구현되어 있음.
　[A] <u>유수(流水)는 엇뎨ᄒ야 주야(晝夜)애 긋디 아니ᄂᆞᆫ고</u>
　　　: 자연의 속성– 보편타당한 이치
　└ 우리도 그치디 마라 만고상청(萬古常靑)ᄒ오리라

　　　　　　　　　　　　－ 이황, 〈도산십이곡〉, 〈후 5〉

❶ 위 시조에는 자연에 구현된 천리가 곧 인간이 추구해야 할 보편타당한 이치라고 보는 시각과 함께, 자연을 닮고자 하는 노력을 통해 현실에서도 천리를 구현하는 것이 가능하다는 인식이 바탕에 깔려 있다. ❷ 현실의 변화 가능성에 대한 이러한 긍정적 인식은 자연을 소재로 한 16세기 사대부들의 시조에서 빈번히 드러나는데, 이는 무수한 좌절을 겪은 끝에 도덕적, 이념적 정당성을 내세워 현실 정치를 주도하게 되었던 당대 사대부들의 낙관적 전망에서 비롯된 것으로 볼 수 있다.

> 이념적: 이념에 기초를 두거나 이념에 관한
> 주도하다: 주동적인 처지가 되어 이끌다.
> 전망: 앞날을 헤아려 내다봄. 또는 내다보이는 장래의 상황

＊② 문단 요약: 16세기 사대부 시조의 특징

③ ❶ 그러나 17세기에 들어 사대부들은 당쟁과 외적의 침략으로 혼란스러워진 현실에서 성리학적 이념과 도덕의 영향력이 점점 약해지는 것을 지켜보게 되었다. ❷ 이 시기 사대부들의 시조에서 자연은 여전히 천리가 구현되어 있으며 질서와 조화를 보여 주는 공간으로 간주되었지만, 현실은 이와는 거리가 먼 혼탁함과 부조리의 공간으로 여겨졌다. ❸ 이들 시조에서 화자는 자연의 아름다운 풍광에 몰입하고 그 흥취를 즐긴다. ❹ 그러는 가운데 이와는 동떨어진 현실에 대한 거리감과 안타까움을 표현하기도 한다. ❺ 윤선도의 〈어부사시사〉에서도 이러한 양상을 확인할 수 있다.

＊③ 문단 요약: 17세기 사대부 시조의 특징

▪ 내용: 이 글은 조선 시대 사대부들이 창작한 시조의 주류를 이루었던 자연을 소재로 한 시조의 특징을 설명하고 있다.
▪ 주제: 자연을 소재로 한 사대부들의 시조의 특징

(나) 윤선도, 〈어부사시사〉

❶ 화자, 중심 대상　❷ 상황, 정서, 태도　❸ 표현상 특징　[고어 읽기]　[시 해석]

❶ 압개예 안개 것고 뒫뫼희 해 비췬다
　압개예 안기 것고 뒫뫼희 ᄒ|ᅵ 비췬다
　안개가 사라지고 해가 나옴.
　➡ 앞 포구에 안개가 걷히고 뒷산에 해가 비친다.

❷ 배떠라　배떠라
　빗ᄯ|러라 빗ᄯ|러라　: 여음구 – 배를 움직이는 데 필요한 동작들
　➡ 배 띄워라 배 띄워라.

❸ 밤믈은 거의 지고 낟믈이 미러 온다
　밤믈은 거의 디고 낟믈이 미러 온다
　썰물이 빠지고 밀물이 옴.
　➡ 썰물은 거의 빠지고 밀물이 밀려 온다.

（시간의 흐름에 따르는 자연의 질서）

⑭지국총 지국총 어사와
지국총 지국총 어사와
❸ 표현상 특징: 후렴구 - 동일한 구절이 반복됨.
➡ 삐그덕 삐그덕 어기여차

⑤강촌(江村) 온갖 고지 먼 빗치 더욱 됴타
강촌(江村) 온갖 고지 먼 빗치 더욱 됴타   〈춘 1〉
❷ 정서: 강촌의 봄 풍경을 봐서 좋음.
➡ 강촌에 온갖 꽃이 멀리서 바라보니 더욱 좋다.

〈춘 1〉 요약: 강촌의 봄 풍경

❶우는 거시 벅구기가 프른 거시 버들숩가
우는 거시 벅구기가 프른 거시 버들숩가
➡ 우는 것이 뻐꾸기인가 푸른 것이 버들숲인가.

❷이어라 이어라
이어라 이어라
➡ 배 저어라 배 저어라.

❸어촌 두어 집이 냇 속의 나락 들락
어촌 두어 집이 닛 속의 나락 들락
➡ 어촌의 두어 집이 안개 속에 들락날락(하여 보였다가 안 보였다가 한다)

❹지국총 지국총 어사와
지국총 지국총 어사와
❸ 표현상 특징: 후렴구
➡ 삐그덕 삐그덕 어기여차

❺말가한 기픈 소희 온갓 고기 뛰노나다
말가ᄒᆞᆫ 기픈 소희 온갇 고기 뛰노ᄂᆞ다   〈춘 4〉
➡ 맑고 깊은 연못에 온갖 고기가 뛰어논다.

〈춘 4〉 요약: 고기가 뛰노는 봄날의 흥취

❶긴 날이 저므는 줄 흥에 미처 모른도다
긴 날이 져므ᄂᆞᆫ 줄 흥(興)에 미쳐 모ᄅᆞᆫ도다
❷ 정서: 자연의 흥취를 즐김.
➡ 긴 날이 저무는 줄 흥에 미쳐 몰랐다.

❷돋디여라 돋디여라
돋디여라 돋디여라
➡ 돛 내려라 돛 내려라.

❸뱃대를 두드리고 수조가 를 블러 보자
빗대를 두드리고 수조가(水調歌)를 블러 보쟈
❸ 상황: 노래를 부르며 흥을 즐김.
➡ 돛대를 두드리며 수조가를 불러 보자.

❹지국총 지국총 어사와
지국총 지국총 어사와
❸ 표현상 특징: 후렴구
➡ 삐그덕 삐그덕 어기여차

❺애내성 중에 만고심 을 긔 뉘 알고
애내성 중에 만고심(萬古心)*을 긔 뉘 알고   〈하 6〉
❷ 정서: 세상에 대해 근심함.
➡ 뱃소리 가운데 있는 만고의 수심을 그 누가 알까.

〈하 6〉 요약: 자연의 정취와 세상에 대한 걱정

❶수국 에 가을히 드니 고기마다 살져 잇다
수국(水國)에 ᄀᆞ을히 드니 고기마다 슬져 잇다
➡ 어촌에 가을이 오니 고기마다 살이 올라 있다.

❷닫드러라 닫드러라
닫드러라 닫드러라
➡ 닻 들어라 닻 들어라.

❸만경 징파 에 슬카지 용여하자
만경 징파(萬頃澄波)에 슬ᄏᆞ지 용여ᄒᆞ쟈
❷ 태도: 자연을 즐기고자 함.
➡ 넓고 맑은 물에 실컷 즐겨 보자.

❹지국총 지국총 어사와
지국총 지국총 어사와
➡ 삐그덕 삐그덕 어기여차

❺인간 을 도라보니 머도록 더욱 됴타
인간(人間)을 도라보니 머도록 더욱 됴타   〈추 2〉
❷ 정서: 현실에서 멀수록 좋다고 느낌.
현실의 부조리함에 대한 거리감
➡ 인간 세상을 돌아보니 멀수록 더욱 좋다.

〈추 2〉 요약: 속세와 떨어진 자연의 풍요로움

---

*애내성 중에 만고심: 주자의 '무이구곡가' 중 한 구절을 인용한 것으로, '사공의 뱃노래에 드러난 세상 만고의 근심'을 뜻함.

■ 갈래: 연시조   ■ 창작 시기: 조선 중기
■ 내용: 이 작품은 윤선도가 보길도에 은거하면서 사계절에 따른 자연의 모습을 담은 것으로, 각 계절마다 10수의 연시조로 표현하여 총 40수에 이른다.
■ 주제: 어촌에서 자연을 즐기며 한가롭게 살아가는 정취

■ **이것이 핵심!**: 어촌에서 즐기는 흥취

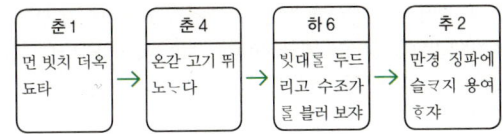

C 54 정답 ② *설명문의 내용 파악하기 …* [정답률 79%]

(가)에서 확인할 수 있는 내용으로 적절하지 <u>않은</u> 것은?

> **왜 정답?**

② 이전 시기의 시조와 달리 17세기 사대부들의 시조에서는 <u>진리와 자연이 상호 대립적인 것으로 인식되었다.</u>
자연은 여전히 천리가 구현된 공간으로 간주되었으므로 적절하지 않음.

*근거: (가) ❸문단 ❷문장

3문단에서 17세기 '사대부들의 시조에서 자연은 여전히 천리가 구현되어 있으며 질서와 조화를 보여 주는 공간으로 간주'되었다고 했다. 즉 16세기와 마찬가지로 17세기 시조에서도 자연을 천리가 구현된 관념적 공간으로 보는 시선이 유지되었다는 것이다.

> **왜 오답?**

① 17세기 사대부들의 시조에서 나타나는 현실에 대한 부정적 인식은 이들이 당시 경험한 현실의 혼란이 반영된 것이다.
'혼탁함과 부조리의 공간'
'당쟁과 외적의 침략으로 혼란스러워진 현실'

*근거: (가) ❸문단 ❶, ❷문장

3문단에서 17세기 들어 '당쟁과 외적의 침략'으로 현실이 혼란스러워졌고, 그 결과 '성리학적 이념과 도덕의 영향력이 점점 약해'졌다고 했다. 그리고 사대부들의 시조 속에서 자연은 16세기와 마찬가지로 '질서와 조화'의 공간이지만, 현실은 '혼탁함과 부조리의 공간'으로 그려졌다고 했다. 이는 사대부들이 당시의 혼란스러운 현실을 목격했기 때문일 것이다.

③ 현실의 변화 가능성에 대한 16세기 사대부들의 낙관적 전망은 이들에 의해 창작된 시조의 내용에 영향을 주었다.
'긍정적 인식은~당대 사대부들의 낙관적 전망에서 비롯'

*근거: (가) ❷문단 ❷문장

2문단 끝부분에 '당대 사대부들의 낙관적 전망에서 비롯된 것'이라고 나온다. 16세기에 창작된 사대부들의 시조에는 자연을 닮고자 하는 노력을 통해 현실을 변화시킬 수 있다고 믿는 긍정적 인식이 시조의 내용에 영향을 준 것이다.

④ 16세기와 17세기 사대부들의 시조에는 자연을 관념적 공간으로 인식하는 경향이 나타나 있다.
'자연은~천리가 구현된 관념적 공간'

*근거: (가) ❶문단 ❹문장

1문단에서 사대부들에게 자연은 '영원불변한 우주 만물의 보편타당한 이치이자 인간이 지향해야 할 대상으로서의 천리가 구현된 관념적 공간'이었다고 했다. 그리고 이러한 인식은 16세기와 17세기 사대부들의 공통된 것이다.

⑤ 조선 시대 사대부들은 시조를 통해 자연과 현실의 관계에 대한 인식을 드러내었다.
'시조를 통해 자연과 현실에 대한 인식을 드러내었다.'

*근거: (가) ❶문단 ❷문장

1문단에서 '사대부들은 이들 시조를 통해 자연과 현실의 관계에 대한 인식을 드러내었다.'라고 했으므로 적절하다.

정답 ③　＊설명문을 바탕으로 감상하기 ·· [정답률 83%]

(가)의 맥락에서 [A]에 대해 이해한 내용으로 적절하지 <u>않은</u> 것은?

> **왜 정답?**

③ 초, 중장은 인간의 현실에서 천리를 구현하고자 하는 과정에서 겪을 수밖에 없는 <u>어려움에 대한 한탄</u>을 표현한 것으로 볼 수 있다.
　　　　한탄은 드러나지 않으므로 적절하지 않음.

초, 중장에서 항상 푸른 '청산'과 밤낮으로 그치지 않는 '유수'를 보며 자연의 불변성을 이야기한다. 자연의 영원불변함에 대한 감탄을 드러낸 것이다. 그리고 종장에서 그런 자연을 본받고자 하는 마음을 이야기하고 있다. 천리를 구현하는 과정에서 겪는 어려움에 대한 한탄을 표현한 것은 아니다.

> **왜 오답?**

① '청산', '유수'는 모두 인간이 지향해야 할 대상으로서의 천리를 연상시키는 소재라 할 수 있다.
　　청산과 유수 모두 긍정적인 자연의 모습을 의미하므로 적절함.

'청산'은 항상 푸르고, '유수'는 밤낮으로 그치지 않는다고 했다. 그리고 그러한 '청산'과 '유수'를 보며 우리도 '만고상청'하자고 다짐하는 것을 보면, '청산'과 '유수'는 모두 인간이 지향해야 할 천리를 떠오르게 하는 소재로 볼 수 있다.

② '만고에 프르르며', '주야애 긋디 아니는고'는 '청산'과 '유수'를 통해 드러난 보편타당한 이치의 속성을 표현한 것으로
　자연에 구현된 천리를 나타낸 것이므로 보편타당한 이치의 속성이라고 볼 수 있음.
볼 수 있다.

'청산'은 항상 푸르고, '유수'는 밤낮으로 그치지 않고 흐른다는 점에서 영원불변한 우주 만물의 보편타당한 이치의 속성을 표현한 것으로 볼 수 있다.

④ 종장에서 '청산'과 '유수'의 속성을 '우리'와 관련된 것으로 재진술한 것은, 자연에 구현된 천리를 인간이 추구해야 할 이
　　　　천리를 구현하기 위해 자연을 닮고자 노력하려 했으므로 적절함.
치로 보는 시각을 드러낸 것으로 볼 수 있다.

④, ⑤ 2문단에서 '자연에 구현된 천리가 곧 인간이 추구해야 할 보편타당한 이치라고 보는 시각과 함께, 자연을 닮고자 하는 노력을 통해 현실 속에서도 천리를 구현하는 것이 가능하다는 인식이 바탕에 깔려 있다.'라고 했다. 이를 참고할 때 종장은 '우리도' 자연을 닮고자 하는 노력을 통해 자연에 구현된 천리를 추구하며, 현실에서도 천리를 구현하고자 하는 태도를 보여 주는 것이다.

⑤ 종장은 자연을 닮고자 하는 노력을 통해 현실 속에서 천리를 구현하고자 하는 태도를 드러낸 것으로 볼 수 있다.
　　　　자연을 닮아 그치지 말자고 말하고 있으므로 적절함.

정답 ②　＊설명문을 바탕으로 감상하기 ·· [정답률 77%]

(가)를 바탕으로 하여 (나)를 감상한 내용으로 적절하지 <u>않은</u> 것은? [3점]

> **왜 정답?**

② 〈춘 4〉에서 '어촌 두어 집'은 '벅구기'와 '버들숩'이 어우러진 가운데 '온간 고기 뛰노'는 자연의 모습과 <u>대조를 이루면서</u>
　　　　　　　　　대조를 이루는 것이 아니므로 적절하지 않음.
<u>현실의 혼탁함을 드러내는</u> 것으로 볼 수 있군.

＊근거: (나) 〈춘 4〉 ❶, ❺

〈춘 4〉에서는 '어촌 두어 집'이 안개 때문에 보였다가 안 보였다가 하는 모양을 집이 안개 속에서 들락날락하며 움직이는 것처럼 묘사하고 있다. 이는 '벅구기', '버들숩'과 대조되는 것이 아니라 함께 어우러져 조화를 이루는 어촌의 풍경을 묘사하고 있는 것으로 보는 것이 적절하다.

> **왜 오답?**

① 〈춘 1〉에서 시간의 흐름에 따라 교차하는 '안기'와 '히', '밤믈'과 '낟믈'은 자연의 질서와 조화를 드러내는 것으로 볼 수
　　　　　시간의 흐름에 따르는 자연의 질서를 보여 주는 것이므로 적절함.
있군.

＊근거: (나) 〈춘 1〉 ❶, ❸

안개가 걷히고 해가 들고, 썰물이 빠지고 밀물이 밀려오는 〈춘 1〉의 풍경은 시간의 흐름에 따른 자연의 질서와 조화를 보여 주는 것이다.

③ 〈하 6〉에서 '만고심'이란 어부 생활의 풍류를 즐기면서도 한편으로는 현실을 떠올리고 안타까워하는 화자의 내면을 가
　　　　〈수조가〉를 부르는 와중에도 세상에 대한 근심을 드러낸 것이므로 적절함.
리키는 것으로 볼 수 있군.

＊근거: (나) 〈하 6〉 ❺, (가) ❸문단 ❸문장

주어진 어휘 풀이를 참고하면, '만고심'은 '사공의 뱃노래에 드러난 세상 만고의 근심'을 뜻하는 말이다. 그리고 (가)의 3문단에서 '이와는 동떨어진 현실에 대한 거리감과 안타까움을 표현'하기도 한다고 나와 있다. 이렇게 볼 때 〈하 6〉의 '만고심'은 '수조가'를 부르며 어부 생활의 풍류를 즐기면서도 이와 다른 현실을 떠올리고 안타까워하고 있는 것이다.

④ 〈추 2〉에서 '만경 딩파에 슬ㅋ지 용여ㅎ쟈'는 화자의 말은 자연에 몰입하여 흥취를 즐기고자 하는 태도를 드러낸 것으
　　　　　풍요로운 자연을 감탄하며 즐기고자 하는 모습이므로 적절함.
로 볼 수 있군.

＊근거: (나) 〈추 2〉 ❸

〈추 2〉에는 가을이 되어 '고기마다 슬져 읻'는 어촌의 모습에 감탄하며 '슬ㅋ지', 즉 실컷 자연을 즐기려는 화자의 흥취가 드러나 있다.

⑤ 〈추 2〉에서 '머도록 더욱 됴타'는 것은 '인간'으로 제시된 현실의 부조리함에 대한 화자의 거리감을 반영한 표현으로
　　　　　세속이 멀수록 좋다는 것이므로 적절함.
볼 수 있군.

＊근거: (나) 〈추 2〉 ❺

〈추 2〉에서 '인간'은 '수국'(자연)과 대비되는 현실 공간으로, 멀수록 더욱 좋은 곳이다. 이는 부조리한 현실에 대한 화자의 거리감을 나타낸 것이다.

───── [2017년(6월)/평가원 25~27]

(가) 〈고려 속요의 기원과 형성 과정〉

⬭ 글 전체 핵심어　◯ 각 문단 핵심어　▨ 글 전체 중심 문장　★ 각 문단 중심 문장

❶ ①고려 속요는 고려 시대 궁중에서 형성되어 조선 시대까지 궁중
　　　　　　　　　　　　　　　　　　　고려 속요의 개념
연향(宴饗)에서 전승되어 불린 노래를 가리킨다. ②고려 속요의 기원과 형성에는 민간의 노래가 관여되었다.

┌ 연향: 잔치를 베풀어 손님을 접대함.
└ 관여: 어떤 일에 관계하여 참여함.

　　　　　　　　　　　　　＊①문단 요약: 고려 속요의 형성과 전승

★❷ 민간의 노래가 궁중 잔치의 노래로 사용된 연원은 중국의 오래된 시집인 《시경(詩經)》의 '풍(風)'에서 찾을 수 있다. ②'풍'에는 민간의 노래가 실려 있는데 사랑 노래가 대부분이다. ③'풍'에 실린 노래는 중국은 물론 고려와 조선의 궁중잔치에서도 불렸다. ④또한 조선의 궁중에서는 이를 참고하여 연향 악곡을 선정하였다.

┌ 연원: 사물의 근원.
└ 선정하다: 여럿 가운데서 어떤 것을 뽑아 정하다.

　　　　　　　　　　＊②문단 요약: 민간의 노래가 궁중에서 쓰인 연원

3 남녀 간의 사랑 노래를 포함한 민간의 노래가 궁중악으로 수용될 수 있었던 까닭은 무엇일까? 왕을 정점으로 하는 통치 구조에서는 왕권을 공고히 하고 풍속을 교화(敎化)하는 수단이 필요했는데, 예법(禮法)과 음악도 중요한 역할을 하였다. 이때 그 과정에서 민중의 생활상을 진술하게 반영한 노래 가운데 인륜의 차원으로 확장될 가능성이 있는 노래들은 통치 질서를 구현하기에 적합한 <u>궁중악으로 편입된 민간 가요</u> 노래로 여겨져 궁중악으로 편입되었다. 특히 <u>남녀 간의 사랑 노래는 그 화자와 대상이 '신하'와 '임금'의 구도로 치환되기 용이했기</u> <u>남녀의 사랑 노래가 궁중악에 편입된 이유</u> 때문에 궁중악으로 편입될 수 있었다. 이처럼 (민간 가요)의 궁중악곡으로의 전환은 하층에서 상층으로의 편입·흡수 과정을 통해 상·하층이 노래를 함께 향유한 화합의 차원으로 볼 수 있다.

- **수용되다**: 거두어들여져 사용되다.
- **정점**: 사물의 진행이나 발전이 최고의 경지에 달한 상태.
- **예법**: 예의로써 지켜야 할 규범.
- **치환되다**: 바뀌어 놓이다.
- **향유하다**: 누리어 가지다.

＊3문단 요약: 민간의 노래가 궁중악으로 수용된 이유와 양상

4
[A]
關關雎鳩(관관저구)	꾸욱꾸욱 우는 물수리 한 쌍
在河之洲(재하지주)	하수(河水)의 모래톱에 있도다.
窈窕淑女(요조숙녀)	요조숙녀는
君子好逑(군자호구)	군자의 좋은 짝이로다.

(위의) 시는 '풍'에 실린 〈관저(關雎)〉편 첫째 작품으로 작품의 짜임은 대칭 구조를 이루고 있다. 이미 짝을 지은 물수리 암수의 모습과 앞으로 짝을 이룰 요조숙녀와 군자의 모습이 상응하면서 자연과 사람, 사람과 사람 사이의 조화로움을 노래한 것으로 해석되어 왔다. 문왕(文王)과 후비(后妃)＊의 덕을 읊은 것, 부부간의 화락(和樂)과 공경(恭敬)을 읊은 것, 풍속 교화의 시초 등 이 노래에 대한 평(評)이 이를 짐작하게 한다. 이러한 점에서 이 노래는 궁중에서 불렸을 때 국가적 차원의 의미까지 담게 될 여지를 갖게 된다.

- **화락**: 화평하고 즐거움.
- **여지**: 어떤 일을 하거나 어떤 일이 일어날 가능성이나 희망.

＊4문단 요약: '풍'에 실린 시의 예

5 한편, (고려 속요)와 《시경》의 '풍'은 공통점이 있지만 고려 속요는 '풍'과 구별되는 특성을 지니고 있기도 하다. 고려 속요는 민간의 사랑 노래가 궁중악으로 정제되어 편입되는 과정에서 변화를 겪기도 했다. 즉 작품의 특정 부분에 긴밀한 유기적 관계를 맺을 수 있는 형식적 장치를 마련하여 한 작품이 구성될 때 ㉠ 작품 전체에 통일성을 부여하는 기능을 더하였다. 그리고 궁중 연향을 고려한 것으로 보이는 특정한 부분이 덧붙여지기도 했다. 예컨대, <u>후렴구의 기능</u> 전체적으로 애틋한 그리움의 정서를 보이는 작품에 ㉡송축의 내용을 담거나 <u>경사를 기리고 축하함. 〈동동〉과 〈가시리〉</u> ㉢이별의 상황과 동떨어진 시어를 붙이기도 한다. 〈동동〉과 〈가시리〉는 이러한 변화를 비교적 잘 보여 주고 있다.

- **정제되다**: 물질에 섞인 불순물이 없어져 그 물질이 더 순수하게 되다.

＊5문단 요약: 고려 속요만의 특성

＊ 문왕과 후비: 고대의 이상적인 성인 군주와 그의 부인인 태사.

■ **내용**: 이 글은 고려 속요의 기원과 형성 과정을 설명하고 있다. 중국의 오래된 시집인 《시경》의 '풍'과 고려 속요를 비교하여 고려 속요의 특성을 밝히고 있다.

■ **주제**: 고려 속요의 특징과 기원 및 형성 과정

(나) 작자 미상, 〈동동〉

❶ 화자, 중심 대상 ❷ 상황, 정서, 태도 ❸ 표현상 특징 [고어 읽기] [시 해석]

❶ 덕(德)으란 곰ㅂㆎ예 받줍고 복(福)으란 림ㅂㆎ예 받줍고
        뒤에   앞에
➡ 덕은 뒤에 바치고 복은 앞에 바치오니

❷ 덕(德)이여 복(福)이라 호ㄹ 나ᅀㆍ라 오소이다
                  하는 것을 드리러
➡ 덕이며 복이라 하는 것을 바치러 오십시오

❸ 아으 동동(動動)다리   : 후렴구 – 반복·통일성   〈서사〉
➡ 아으 동동다리

＊〈서사〉 요약: 임에 대한 송축

❶ 정월(正月)ㅅ 나릿므른 아으 어져 녹져 ᄒᆞ논ᄃㆎ
   : 월령체 – 달거리 형식 냇물은   : 여음구 – 음악적 요소
                      시간이 지나며 얼고녹고 하는 '냇물'과 계속 홀로 살아가는 '나'의 처지가 대비됨.
➡ 정월의 냇물은 얼었다가 녹으려 하는데

❷ 누릿 가온ᄃㆎ 나곤 몸하 ᄒᆞ올로 녈셔
                  이 몸은 홀로 살아가는구나
           ❶화자: 몸 ❷ 상황: 홀로 살아감.
➡ 세상에 태어나서 이 몸은 홀로 살아가는구나.

❸ 아으 동동(動動)다리   〈정월령〉
➡ 아으 동동다리

＊〈정월령〉 요약: 자신의 외로운 처지

❶ 이월(二月)ㅅ 보로매 아으 노피 현 등(燈)ㅅ블 다호라
                     높이 켠 등불 같다 – 임의 훌륭함을 표현함.
➡ 2월 보름에 (보름달이) 높이 켜 놓은 등불 같구나

❷ 만인(萬人) 비취실 즈시샷다
➡ 만인을 비추실 (임의) 모습이시도다

❸ 아으 동동(動動)다리   〈이월령〉
➡ 아으 동동다리

＊〈이월령〉 요약: 임의 인품에 대한 찬양

❶ 삼월(三月) 나며 개(開)ᄒᆞᆫ 아으 만춘(滿春) ᄃᆞᆯ 욋고지여
                      ❸ 표현상 특징: 비유법 – 임의 모습을 비유함.
➡ 3월 지나며 핀 늦봄의 진달래꽃이여

❷ 누믜 브롤 즈슬 디녀 나샷다
➡ 남이 부러워할 모습을 지니고 태어나셨구나.

❸ 아으 동동(動動)다리   〈삼월령〉
➡ 아으 동동다리

＊〈삼월령〉 요약: 임의 아름다운 모습 찬양

■ **갈래**: 고려 가요   ■ **창작 시기**: 미상

■ **내용**: 이 작품은 현존하는 가장 오래된 월령체(月令體)로, 1연의 서사와 12연의 본사로 구성되어 있다.

■ **주제**: 임에 대한 송축, 이별한 임에 대한 그리움과 사랑

■ **이것이 핵심**: 자연물에 비유한 임

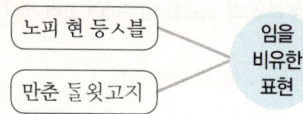

노피 현 등ㅅ블
만춘 들 욋고지
→ 임을 비유한 표현

(다) 작자 미상, 〈가시리〉

❶ 화자, 중심 대상　❷ 상황, 정서, 태도　❸ 표현상 특징　고어 읽기　시 해석

❶ 가시리　가시리잇고　나ᄂᆞᆫ
① 가시리 가시리잇고 나는 ┃: 여음구 – 음악적 요소
❷ 상황: 이별함.
→ 가시겠습니까 (정말로) 가시겠습니까.

❶ ᄇᆞ리고　가시리잇고　나ᄂᆞᆫ
　 ᄇᆞ리고 가시리잇고 나는
→ (나를 버리고) 가시겠습니까.

❸ 위 증즐가　대평셩대
　 위 증즐가 대평셩ᄃᆡ(大平盛代) ┃: 후렴구–반복·통일성
→ 위 증즐가 태평성대

*①연 요약: 이별에 대한 원망

❶ 날ᄂᆞᆫ　엇디　살라　ᄒᆞ고
② 날러는 엇디 살라 ᄒᆞ고
❶ 화자: 나
→ 나는 어떻게 살라고 하시고

❷ ᄇᆞ리고　가시리잇고　나ᄂᆞᆫ
　 ᄇᆞ리고 가시리잇고 나는
→ 버리고 가시렵니까.

❸ 위 증즐가　대평셩대
　 위 증즐가 대평셩ᄃᆡ(大平盛代)
→ 위 증즐가 태평성대

*②연 요약: 원망의 고조

❶ 잡ᄉᆞ와　두어리마ᄂᆞᄂᆞᆫ
③ 잡ᄉᆞ와 두어리마ᄂᆞᄂᆞᆫ
→ (내 마음 같아서는) 붙잡아 두고 싶지만

❷ 선ᄒᆞ면　아니　올셰라
　 선ᄒᆞ면 아니 올셰라
　서운하면
→ (내가 가지 말라고 매달려) 서운하면 (임이 다시는) 안 오실까 두렵습니다.

❸ 위 증즐가　대평셩대
　 위 증즐가 대평셩ᄃᆡ(大平盛代)
→ 위 증즐가 태평성대

*③연 요약: 감정의 절제와 체념

❶ 셜온 님 보내　ᄂᆞ노니 나ᄂᆞᆫ
④ 셜온 님 보내 ᄂᆞ노니 나는
→ (떠나 보내기) 서러운 임을 (어쩔 수 없이) 보내니

❷ 가시ᄂᆞᆫ　듯 도셔　오쇼셔　나ᄂᆞᆫ
　 가시ᄂᆞᆫ 듯 도셔 오쇼셔 나는
→ 가자마자 곧 (떠날 때와 마찬가지로) 가시는 것처럼 돌아오십시오.

❷ 정서: 임이 돌아오길 바라는 화자의 소망이 직접 표출됨.

❸ 위 증즐가　대평셩대
　 위 증즐가 대평셩ᄃᆡ(大平盛代)
→ 위 증즐가 태평성대

*④연 요약: 임이 돌아오기를 기원

■ **갈래**: 고려 가요　　■ **창작 시기**: 미상
■ **내용**: 이 작품은 이별의 정한을 노래한 대표적인 고려 가요로, 간결한 형식과 소박한 시어를 통해 이별한 이의 심리를 절묘하게 표현하고 있다.
■ **주제**: 이별의 정한과 임에 대한 그리움
■ **이것이 핵심**: 시상 전개 순서

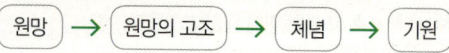

원망 → 원망의 고조 → 체념 → 기원

C 57　정답 ④　＊설명문의 내용 파악하기 … [정답률 82%]

(가)를 이해한 내용으로 적절하지 <u>않은</u> 것은?

> **왜 정답?**

④『시경』의 '풍'과 고려 속요는 모두 ~~상층 노래가 하층 문화에~~
〔하층에서 상층으로 영향을 준 것임.〕
~~영향을 준 결과물~~이다.

＊**근거**: (가) ③문단 ⑤문장

3문단을 보면 '민간 가요의 궁중 악곡으로의 전환은 하층에서 상층으로의 편입·흡수 과정을 통해 상하층이 노래를 함께 향유한 화합의 차원이라고 볼 수 있다.'라고 했다. 따라서 하층 노래가 상층 노래에 영향을 준 것이지, 상층 노래가 하층 문화에 영향을 준 것이 아니다.

> **왜 오답?**

① 고려 속요는 조선 시대까지 궁중 연향에서 사용되었다.
〔'고려 속요는~조선 시대까지 궁중 연향에서 전승되어 불린 노래'〕

＊**근거**: (가) ①문단 ❶문장

1문단을 보면 '고려 속요는 고려 시대 궁중에서 형성되어 조선 시대까지 궁중 연향에서 전승되어 불린 노래'라고 했다.

②『시경』의 '풍'은 조선의 궁중악에 영향을 주기도 하였다.
〔'조선의 궁중에서는 이를 참고하여 연향 악곡을 선정'〕

＊**근거**: (가) ②문단 ❸, ❹문장

2문단의 '풍에 실린 노래는 중국은 물론 고려와 조선의 궁중 잔치에서도 불렸다. 또한 조선의 궁중에서는 이를 참고하여 연향 악곡을 선정'했다는 내용에서 알 수 있다.

③『시경』의 '풍'에 실린 노래에는 민중의 삶이 반영되어 있다.
〔'민중의 생활상을 진솔하게 반영한 노래'〕

＊**근거**: (가) ②문단 ❷문장, ③문단 ❸문장

2문단에서 '민간의 노래가 실려 있는데 사랑 노래가 대부분'이라고 했고, 3문단에서도 '이때 그 과정에서 민중의 생활상을 진솔하게 반영한 노래'라고 했으므로 적절한 설명이다.

⑤ 궁중악에서는 남녀의 사랑이 군신 간의 관계로 확장, 전환
〔'남녀 간의 사랑 노래는~'신하'와 '임금'의 구도로 치환되기 용이했기 때문에 궁중악으로 편입'〕
되어서 해석될 수 있었다.

＊**근거**: (가) ③문단 ❸, ❹문장

3문단에서 '인륜의 차원으로 확장될 가능성이 있는 노래들은 통치 질서를 구현하기에 적합한 노래로 여겨져 궁중악으로 편입'되었다고 했다. 그리고 '남녀 간의 사랑 노래는 그 화자와 대상이 '신하'와 '임금'의 구도로 치환되기 용이했기 때문에 궁중악으로 편입될 수 있었다.'고 했다. 따라서 궁중악에서는 남녀의 사랑이 '군신(신하와 임금) 간의 관계'로 확장, 전환되어 해석될 수 있었다.

C 58　정답 ③　＊설명문을 바탕으로 감상하기 …… [정답률 61%]

㉠~㉢을 바탕으로 (나)와 (다)를 설명한 내용으로 가장 적절한 것은?

・**㉠~㉢을 바탕**: 민간의 사랑 노래가 궁중악으로 편입되는 과정에서 더해지는 요소로, ㉠은 통일성을 부여하는 기능, ㉡은 송축의 내용, ㉢은 이별과 동떨어진 시어입니다.

・**(나)와 (다)**: 이별한 임에 대한 그리움을 노래한 민간의 노래가 궁중악으로 수용된 작품입니다.

증 궁중악으로 편입되는 과정에서 (나)와 (다)에 더해진 요소를 설명한 내용으로 적절한 것을 고르는 문제입니다.

C

✅왜 정답 ?

③ (나)의 〈서사〉에서 '아으 동동다리'를 제외한 나머지 부분
_{임에 대한 송축의 내용을 담고 있음.}
은 ⓒ의 예로 볼 수 있다.

* 근거: (가) 5문단 5문장, (나) 〈서사〉 ❶, ❷

(나)의 〈서사〉에서 '아으 동동다리'는 작품 전체에 통일성을 부여하는 후렴구이다. 이를 제외한 나머지 부분은 궁중악으로 정제되어 편입되는 과정에서 나타난 '송축(경사를 기리고 축하함.)'의 내용이다. 따라서 ⓒ의 예로 볼 수 있다.

✅왜 오답 ?

① (나)의 '아으 동동다리'는 ㉠의 예로 볼 수 ~~없다~~.
_{반복되며 작품에 통일성을 부여함.   있으므로 적절하지 않음.}

* 근거: (가) 5문단 ❸문장

(나)의 '아으 동동다리'는 후렴구로, 계속해서 반복되는 형식적 장치이며 작품 전체에 통일성을 부여하므로 ㉠의 예가 맞다. '있다', '없다' 서술어에 주의하여 항상 꼼꼼하고 정확하게 독해해야 한다.

② (나)의 〈서사〉에서 '아으 동동다리'를 제외한 나머지 부분은 ~~㉠의 예로 볼 수 있으나~~, ~~ⓒ의 예로는 볼 수 없다~~.
_{임에 대한 송축의 내용으로, ⓒ, ⓒ에 모두 해당함.}
_{없으므로 적절하지 않음.   있으므로 적절하지 않음.}

* 근거: (가) 5문단 ❸, ❺문장, (나) 〈서사〉 ❶, ❷

(나)의 〈서사〉에서 '아으 동동다리'를 제외한 나머지 부분은 임에 대한 송축의 내용을 담고 있다. 따라서 이별의 상황과 동떨어진 부분(ⓒ)이자, 송축의 내용을 담은 부분(ⓒ)으로 볼 수 있다.

④ (다)의 '위 증즐가 대평셩뒤'는 ⓒ의 예로 볼 수 있으나, ~~ⓒ의 예로는 볼 수 없다~~.
_{후렴구에 해당함.}
_{있으므로 적절하지 않음.}

* 근거: (가) 5문단 ❺문장

(다)의 '위 증즐가 대평셩뒤'는 후렴구이다. 이는 송축의 내용(ⓒ)을 담고 있고, 이별의 상황과 동떨어진 부분(ⓒ)으로 볼 수 있다.

⑤ (다)의 제1연에서 '위 증즐가 대평셩뒤'를 제외한 나머지 부분은 ~~ⓒ의 예로 볼 수 있다~~.
_{이별의 상황과 관련되고, 송축과는 관련 없음.}
_{없으므로 적절하지 않음.}

* 근거: (가) 5문단 ❺문장, (다) ❶–❶, ❷

(다)의 제1연에서 '위 증즐가 대평셩뒤'를 제외한 나머지 부분은 송축이 아닌, 이별의 상황과 관련되므로 ⓒ의 예로 볼 수 없다.

C 59 정답 ④ * 설명문을 바탕으로 감상하기 ·· [정답률 68%]

(가)를 참고하여 [A], (나), (다)를 감상한 것으로 적절하지 않은 것은? [3점]

- **(가):** '풍'에 실린 〈관저〉편 첫째 작품에서 짝을 지은 물수리 암수의 모습은 요조숙녀와 군자의 모습과 상응하면서 자연과 사람, 사람과 사람 사이의 조화로움을 노래한 것으로 해석되었습니다.
- **[A], (나), (다):** [A]는 〈관저〉편 첫째 작품, (나)는 〈동동〉, (다)는 〈가시리〉로, 세 작품 모두 남녀의 이야기를 바탕으로 전개되고 있습니다.

증 각 작품에서 남녀의 이야기가 의미하는 것을 파악한 내용 중 틀린 것을 고르는 문제입니다.

✅왜 정답 ?

④ [A]에서는 제1행과 제2행이, (다)에서는 제1연과 제2연이
_{물수리 한 쌍이 모래톱에서 우는 정경   떠나는 임에게 하소연}
~~대상의 변화에 따른 대칭 구조를 이루고 있군~~.
_{대상의 변화에 따른 대칭 구조는 드러나지 않음.}

* 근거: (가) 4문단 ❶, ❷문장

[A]의 제1행과 제2행은 물수리 한 쌍이 모래톱에서 우는 정경이다. 시적 대상인 물수리 한 쌍이 변화한 것도 아니고, 서로 대칭 구조를 이루지도 않았다. 오히려 제1, 2행과 제3, 4행으로 보면, 시적 대상이 물수리 한 쌍에서 요

조숙녀와 군자로 변하고, 이들이 서로 대칭 구조를 이루고 있다고 볼 수 있다. 또 (다)의 제1연과 제2연도 시적 화자가 떠나는 임에 대해 정말 가시겠느냐고 물으면서 하소연하는 내용이다. 시적 대상의 변화에 따른 대칭 구조는 드러나지 않는다.

✅왜 오답 ?

① [A]에서는 자연과 인간 간의 조화로움이, (나)의 〈정월령〉
_{조화로움을 노래한 것으로 해석'}
에서는 남녀 간의 사랑으로 인한 외로움이 드러나 있군.
_{'몸하 흐올로 녈셔'}

* 근거: (가) 4문단 ❷문장, (나) 〈정월령〉

(가)의 4문단을 보면, [A]는 '자연과 사람, 사람과 사람 사이의 조화로움을 노래한 것으로 해석되어 왔다'고 했다. 따라서 '자연과 인간 간의 조화로움'을 드러낸 것으로 봐야 한다. (나)의 〈정월령〉에서 정월의 냇물은 시간이 지나자 얼고 녹고 하지만, 화자는 계속 홀로 외롭게 살아간다. 화자의 처지를 냇물과 대비하여 노래하고 있다. 이를 통해 남녀 간의 사랑으로 인한 외로움을 표현한 것이다.

② [A]의 '물수리 한 쌍'과 (나)의 '만춘 둘욋곶'은 생활 속에서
_{조화로움   남들이 부러워하는 모습}
민중이 긍정적 가치를 부여하는 대상을 의미하는 것으로 볼
_{긍정적 대상으로 볼 수 있으므로 적절함.}
수 있군.

* 근거: (가) 4문단 ❷문장, (나) 〈삼월령〉

[A]의 '물수리 한 쌍'은 '조화로움'이라는 긍정적 가치를 부여하는 대상이다. 또한 (나)의 '만춘 둘욋곶'도 'ᄂᆞ미 브롤 즈슬 디녀 나샷다'라는 표현에서 알 수 있듯이 남(타인)이 부러워할 만한 모습과 관련되므로 긍정적 가치를 부여하는 대상이라 할 수 있다.

③ [A]에서는 화락의 상황을, (다)에서는 이별의 상황을 보여
_{물수리 한 쌍과 요조숙녀와 군자의 모습   임과 화자의 이별}
주고 있군.

* 근거: (가) 4문단 ❸문장, (다) ❶

[A]에서는 물수리 한 쌍과 요조숙녀와 군자의 모습을 통해 화락(화평하고 즐거움)의 상황을, (다)에서는 임과 화자 간의 이별의 상황을 보여 준다.

⑤ [A]에서는 풍속을 교화할 만한 이상적인 사랑을, (나)에서
_{요조숙녀와 군자의 사랑}
는 모두가 우러러볼 만한 '덕'을, (다)에서는 '님'에 대한 사랑
_{'노피 현 등ㅅ블 다호라'   떠나는 임에 대한 만류와 아쉬움}
의 감정을 읊고 있는 것으로 볼 수 있군.

* 근거: (가) 4문단 ❸문장, (나) 〈이월령〉, (다) ❹

(가)의 4문단에서 [A]를 두고 '풍속 교화의 시초'라는 평이 있다고 소개했으니, 요조숙녀와 군자의 사랑은 풍속을 교화할 만한 화락을 가진 이상적인 사랑이다. (나)의 〈이월령〉에서 '등불'은 만인을 비추실 임의 훌륭한 인격을 나타내는 것으로, 모두가 우러러볼 만한 '덕'을 노래한 것으로 해석할 수 있다. 마지막으로 (다)에서는 이별의 상황에서 임에 대한 간절한 사랑을 표현하고 있으니 '님'에 대한 사랑의 감정을 읊고 있는 것으로 볼 수 있다.

C 60~63 ──────── [2021년(3월)/교육청 22~25]

◯⟋ 글 전체 핵심어   ◯ 각 문단 핵심어   ▬ 글 전체 중심 문장   ★ 각 문단 중심 문장

1 ❶고전 시가에 연정이라는 주제와 ◯달이라는 소재◯가 결합하는 애정 시조들이 있다. ❷이러한 시조들에서 달은 시적 정황이나, 함께 언급되는 다른 소재들과 정서적으로 연결되어 몇 가지 기능을 발휘한다.

*1문단 요약: 연정 시조에서 몇 가지 기능을 하는 달

2 ★❶먼저 애정 시조에서 달은 ㉠임과 이별하는 배경을 형상화하는 데 활용된다.

(가) 작자 미상, 〈돌 쓰쟈 비 써나니〉

  ❶ 화자, 중심 대상 ❷ 상황, 정서, 태도 ❸ 표현상 특징 [고어 읽기] [시 해석]

❶ 달 쓰쟈 배 떠나니 인졔 가면 언졔 오리
돌 쓰쟈 비 써나니 인졔 가면 언졔 오리
❸ 이별의 배경을 형상화함. ❷ 상황: 임과 이별함.
  → 달 뜨자마자 배 떠나니 이제 가면 언제 오리

            ＊초장 요약: 달이 뜨자마자 이별함.

❷ 만경창파에   가는 듯 도라옴새
만경창파에 가는 듯 도라옴식
         ❷ 정서: 임이 돌아오기를 소망함.
  → 한없이 넓고 넓은 바다에 가자마자 곧 돌아오소서

            ＊중장 요약: 임이 돌아오기를 소망함.

❸ 밤중만 지국총   소리에 애긋는 듯 하여라
밤중만 지국총＊ 소릭에 이긋는 듯 ㅎ여라
              ❷ 정서: 안타까움
  → 한밤중에 들려오는 지국총 소리에 애간장 끊어지는 듯 하여라

      ＊종장 요약: 밤중에 들려오는 지국총 소리를 듣고 안타까워함.

＊지국총: 배에서 노를 것고 닻을 감는 소리

■ **갈래**: 시조   ■ **창작 시기**: 미상
■ **내용**: 이 작품은 달밤에 임과 이별을 한 상황에서 임이 가자마자 돌아오기를 바라는 마음과 함께 이별의 슬픔을 느끼는 작품이다.
■ **주제**: 임과의 이별로 인한 슬픔

■ **이것이 핵심!**: 달의 기능

달	이별의 배경을 형상화함. (달이 뜬 밤에 이별함.)

  (가)의 달은 화자와 임이 달밤에 이별하는 상황을 형상화하는 데 활용되는 소재로서의 역할을 담당하고 있다.

        ＊②문단 요약: 달의 기능 ①-임과 이별하는 배경을 형상화함.
★❶ ③ 다음으로 애정 시조에서 달은 ⓛ화자의 정서를 불러일으키는 요인이 되기도 한다.

(나) 작자 미상, 〈객창(客窓) 돗는 달의〉

  ❶ 화자, 중심 대상 ❷ 상황, 정서, 태도 ❸ 표현상 특징 [고어 읽기] [시 해석]

  객창   돗는 달의 두견이만 우지진다
              감정 이입
❶ **객창(客窓) 돗는 달의 두견이만 우지진다**
      ❸ 화자의 정서를 불러일으킴.
  → 객지에서 묵고 있는 방의 창에 도는 달에 두견이만 우짖는다

〔 우짖다: 새가 울며 지저귀다.

     ＊초장 요약: 객지에서 묵는 방 도는 달에 두견이만 우짖음.

❷ 엊그제 님 여히고   하믈며   객리로다
엊그제 님 여히고 ㅎ믈며 객리＊로다
         ❷ 상황: 임과 이별하고 객지에 홀로 있음.
  → 엊그제 님과 이별하고 하믈며 객지에 있도다

        ＊중장 요약: 임과 이별하고 객지에 있음.

❸ 밤중만 난간에 의지ㅎ야   지는 달만
밤중만 난간에 의지ㅎ야 지는 달만
              ❸ 불완전한 종결로 시적 여운을 남김.
  → 밤중에 난간에 의지하여 지는 달만

      ＊종장 요약: 밤중에 난간에 의지하여 지는 달을 봄.

＊객리: 객지에 있는 동안

■ **갈래**: 시조   ■ **창작 시기**: 미상
■ **내용**: 이 작품은 임과 이별하고 객지에 있는 화자가 달을 보며 임에 대한 그리움, 이별로 인한 슬픔을 느끼고 있는 작품이다.
■ **주제**: 임과 이별 후 느끼는 그리움

■ **이것이 핵심!**: 달의 기능

달	화자의 정서를 불러일으킴.

(다) 작자 미상, 〈주렴에 빗쵠 달과〉

  ❶ 화자, 중심 대상 ❷ 상황, 정서, 태도 ❸ 표현상 특징 [고어 읽기] [시 해석]

❶ 주렴에 빗쵠 달과 멀리 오는 옥적 소릭
주렴에 빗쵠 달과 멀리 오는 옥적(玉笛) 소릭
               ❸ 화자의 정서를 불러일으킴.
  → 주렴에 비친 달과 멀리 들려오는 옥피리 소리

〔 주렴: 구슬 따위를 꿰어 만든 발

    ＊초장 요약: 주렴에 달이 비치고 멀리서 옥피리 소리가 들려옴.

❷ 천수   만한을   네 어이 도도는다
천수(千愁) 만한(萬恨)을 네 어이 도도는다
      ❷ 정서: 시름, 한   달과 옥적 소리
  → 갖가지 시름과 한을 네가 어찌 돋우느냐

         ＊중장 요약: 달과 옥피리 소리가 시름을 돋움.

❸ 천리에   님 이별하고   잠 못 드러 하노라
천리(千里)에 님 이별ㅎ고 잠 못 드러 ㅎ노라
          ❷ 상황: 임과 이별하고 잠들지 못하고 있음.
  → 천리에 님과 이별하고 잠 못 들어 하노라

        ＊종장 요약: 임과 이별하고 잠들지 못함.

■ **갈래**: 시조   ■ **창작 시기**: 미상
■ **내용**: 이 작품은 임과 이별한 화자가 주렴에 비친 달과 멀리서 들려오는 옥적 소리 때문에 이별의 슬픔을 불러일으켜 잠들지 못하고 있음을 노래하고 있다.
■ **주제**: 임과 이별하고 느끼는 시름과 한

■ **이것이 핵심!**: 달의 기능

달	화자의 정서를 불러일으킴. (시름을 돋움.)

  ❷ 서정시에서는 특정한 소재가 화자의 감정을 촉발하는 경우가 있는데, (나)와 (다)의 달이 그러한 기능을 하고 있다. 즉 (나)와 ❸ (다)의 달은 이미 발생한 이별의 상황과 결합되어 화자의 수심을 불러일으키는 요인으로 작용하고 있다.

        ＊③문단 요약: 달의 기능 ②-화자의 정서를 불러일으킴.
★❶ ④ 또한 애정 시조에서 달은 ⓒ임이 부재한 상황에서 화자와 임을 이어 주는 기능을 담당한다.

(라) 정철, 〈내 ㅁ음 버혀 내여〉

  ❶ 화자, 중심 대상 ❷ 상황, 정서, 태도 ❸ 표현상 특징 [고어 읽기] [시 해석]

  내 마음   버혀 내여 져 달을 맹글고져
❶ 화자: 나 ❷ 중심 대상(화자와 임을 이어 주는 매개물)
내 ㅁ음 버혀 내여 더 들을 밍글고져
         ❸ 추상적인 '마음'을 구체적인 '달'로 형상화함.
  → 내 마음을 베어 내어 저 달을 만들고 싶구나

      ＊초장 요약: 화자가 자신의 마음을 베어 달을 만들기를 희망함.

❷ 구만리   장천의   번드시 걸려 이셔
구만리(九萬里) 장천(長天)의 번드시 걸려 이셔
      임과의 거리감
  → 아득히 높고 먼 하늘에 번듯하게 걸려 있어서

      ＊중장 요약: 달은 구만리 장천에 번듯하게 걸려 있음.

❸ 고온 님 계신 고대 가 비최여나 보리라
고온 님 계신 고딕 가 비최여나 보리라
      ❷ 정서: 임 계신 곳에 달을 비추어 보기를 소망함.
  → 고운 임 계신 곳에 가서 비추어나 보리라

      ＊종장 요약: 임 계신 곳에 달을 비추고 싶음.

■ **갈래**: 시조   ■ **창작 시기**: 조선 중기
■ **내용**: 이 작품은 임을 그리워하는 안타까운 마음을 우회적으로 형상화한 작품이다. 화자는 임과 멀리 떨어진 장소에서 자신의 마음을 달에 담아 임이 계신 곳에 비추기를 소망하고 있다.
■ **주제**: 임을 향한 그리움

달	화자의 마음을 구체적으로 형상화함. 화자와 임을 이어 주는 역할을 함.(임이 계신 곳에 달을 비추기를 희망함.)

(마) 작자 미상, 〈달아 붉은 달아〉

❶ 화자, 중심 대상 ❷ 상황, 정서, 태도 ❸ 표현상 특징 [고어 읽기] [시 해석]

❶ 달아 밝은 달아 님의 창전 빗친 달아
달아 붉은 달아 님의 창전(窓前) 빗친 달아
　❶ 중심 대상(화자와 임을 이어 주는 매개물)
➡ 달아 밝은 달아 님의 창문 앞에 비친 달아

＊초장 요약: 님의 창문 앞에 비친 달을 부름.

❷ 꼿 갓흔 우리 님이 안젓더냐 누엇더냐
꼿 갓흔 우리 님이 안젓더냐 누엇더냐
　❷ 정서: 임의 안부를 궁금해함.
➡ 꽃 같은 우리 님이 앉았더냐 누웠더냐

＊중장 요약: 임의 소식을 궁금해함.

❸ 저 달아 네 본대로 일너라 소식이나
져 달아 네 본듸로 일너라 소식이나
　❸ 도치법
➡ 저 달아 네가 본 대로 일러라 소식이나

＊종장 요약: 달에게 임의 소식을 전하라고 함.

■ 갈래: 시조　　■ 창작 시기: 미상
■ 내용: 이 작품은 임과 함께 하지 못하는 화자가 부재하는 임의 소식을 달에게 묻고 있는 작품이다.
■ 주제: 임에 대한 그리움
■ 이것이 핵심!: 달의 기능

달	화자와 임을 이어 주는 역할을 함.(임의 소식을 달에게 물어봄.)

❷ 달은 문학적 상상력을 바탕으로 화자와 임 사이를 정서적으로 이어 주는 역할을 한다. ❸ 달은 서로 다른 공간에 있는 두 사람이 동시에 바라볼 수도 있고, 또 두 사람을 동시에 비춰 줄 수도 있다. ❹ 그래서 (라)와 (마)의 화자는 임과 떨어져 있지만 임 역시 어느 곳에서든지 달 아래 있을 것이라 생각하고 달을 통해 두 사람은 이어질 수 있다는 상상력을 발휘하고 있다.

＊❹문단 요약: 달의 기능 ③－부재한 임과 화자를 이어 줌.

❺❶ 지금까지 언급한 애정 시조에 나타나는 달의 작중 기능들은 우리 문학에만 존재하는 것은 아니다. ❷ 연정이라는 주제와 달이라는 소재가 결합한 시가는 수천 년 동안 여러 나라에서 창작되고 향유되었다. ❸ 그러므로 우리의 애정 시조와 달을 바라보며 임을 그리워하는 외국의 시가를 비교해서 읽는 활동은 한국 문학의 보편성을 파악하는 데 도움이 된다. ❹ 우리 애정 시조에 나타나는 달의 작중 기능들은 중국의 당시(唐詩)나 일본의 와카[和歌] 등에서도 그 사례를 발견할 수 있다. ★❺ 이를 통해 시대나 나라가 달라도 문화적으로 공유할 수 있는 보편성이 존재함을 알 수 있다.

＊❺문단 요약: '연정의 시가와 달의 결합'은 시대와 나라를 뛰어넘는 보편성을 가짐.

■ 내용: 이 글은 애정 시조에 나타나는 달의 작중 기능으로 첫째 임과 이별하는 배경을 형상화하고, 둘째 화자의 정서를 불러일으키고, 셋째 부재한 임과 화자를 이어 주는 역할을 하고 있음을 서술하고 있다. 그리고 이러한 달의 작중 기능은 시대나 나라를 초월한다고 밝히고 있다.
■ 주제: 애정 시조에 나타나는 달의 작중 기능

C 60 정답 ③ ＊작품의 내용 이해하기 …… [정답률 77%]

(가)~(마)의 '달'을 이해한 내용으로 적절하지 않은 것은?

＞왜 정답？

③ (다)의 달은 화자의 내면을 빗대여 표현한 것으로, '옥적'
　　　　　　　화자의 수심을 불러일으키는 요인
이라는 소재와 어울려 임을 위한 화자의 정성을 강조한다고 볼
　　　　　　　　　　　　나타나지 않음.
수 있겠군.

＊근거: (다) ❶, ❷
'달'의 기능 ②에서 알 수 있듯이 '달'은 '옥적'과 함께 화자의 정서를 불러일으키는 소재이지 내면을 빗댄 표현이 아니다. 또한 임을 위한 화자의 정성을 강조하고 있지도 않다.

＞왜 오답？

① (가)의 달은 배의 출항과 관련된 것으로, 화자와 임이 헤어
　　　　　　　　　　'돛 쓰쟈 빅 써나니'
지는 시간적 배경을 알려 준다고 볼 수 있겠군.
　　　　　달밤에 임과 헤어짐.

＊근거: (가) ❶, ❷
'돛 쓰쟈 빅 써나니'를 통해 달은 배의 출항과 관련된 것으로 볼 수 있으며 임과 헤어지는 '달밤'이라는 시간적 배경을 알려 준다고 볼 수 있다.

② (나)의 달은 화자가 타향에서 바라보는 것으로, '두견이'라
　　　　　　　　　　　　'객창에 돗는 달'
는 소재와 정서적으로 연결되어 화자의 정한을 돋우고 있다
　　　　　　　　　　　　　　화자의 정서를 불러일으킴.
고 볼 수 있겠군.

＊근거: (나) ❶, ❷
'객창에 돗는 달'을 통해 화자가 타향에서 달을 보고 있음을 알 수 있다. 또한 달은 '두견이'와 함께 '이별 후의 슬픔, 그리움'의 정한을 돋우고 있다고 할 수 있다.

[정한: 정과 한을 아울러 이르는 말

④ (라)의 달은 화자의 마음이 투영된 것으로, 서로 떨어져 있
　　　　　　　　　　　　'내 마음 버혀 내여 뎌 둘을 밍글고져'
는 임과 화자를 이어 주는 매개물로 볼 수 있겠군.
　　'고온 님 계신 고딕 가 비최여나 보리라'

＊근거: (라) ❶~❸
'내 마음 버혀 내여 뎌 둘을 밍글고져'에서 알 수 있듯이 화자는 자신의 마음으로 달을 만들고 싶다 하였으므로 달은 화자의 마음이 투영된 것이다. 그리고 그 달을 하늘에 걸어 '고온 님 계신 고딕 가 비최'면 임과 화자를 이어 주므로 매개물이라 볼 수 있다.

[투영: 어떤 일을 다른 일에 반영하여 나타냄을 비유적으로 이르는 말
[매개물: 둘 사이에서 양편의 관계를 맺어 주는 물건

⑤ (마)의 달은 화자가 궁금한 점을 묻는 상대로 설정된 것으로,
　　　　　　　　　　　　　　'꼿 갓흔 우리 님이 안젓더냐 누엇더냐'
임의 사정을 화자에게 알려 줄 수 있는 전달자로 볼 수 있겠군.
　　　　　'네 본듸로 일너라 소식이나'

＊근거: (마) ❷, ❸
화자는 달에게 '꼿 갓흔 우리 님이 안젓더냐 누엇더냐'며 임의 안부를 묻는 상대이다. 그리고 '네 본듸로' 임의 소식을 알려 달라고 했으므로 달을 전달자로 볼 수 있다.

C 61 정답 ④ ★관용적 표현 파악하기 ...... [정답률 70%]

〈보기〉의 ⓐ~ⓔ 중, (가)~(마)에서 찾을 수 <u>없는</u> 것은?

• 〈보기〉: 〈보기〉의 ⓐ~ⓔ에는 애정 시조에 나타나는 관습적인 발상과 표현을 제시하고 있습니다.

즉 〈보기〉를 읽고, ⓐ~ⓔ에 해당하는 관습적인 발상과 표현 중에 (가)~(마)에서 찾을 수 없는 것을 고르는 문제입니다.

━━━━━━━━━ [보기] ━━━━━━━━━

❶ 시조는 형식적 제한이 견고해 최소한의 표현으로 최대한
3장 6구 45자 내외, 종장 첫 구는 3글자
의 의사를 전달해야 하고 주관적인 내용에 대해 공감을 얻어야 하므로, 관습적인 발상과 표현을 사용하는 경우가 있다.

❷ 애정 시조에 나타나는 이러한 발상과 표현에는 ⓐ이별과 관
관습적인
련하여 화자의 정서를 드러내는 청각적 심상을 활용하는 것,
(가)의 지국총 소리, (나)의 두견이만 우지진다, (다)의 옥적 소리
ⓑ이별한 후의 심적 고통을 불면의 상황으로 나타내는 것,
(다)의 잠 못 드러 ᄒ노라
ⓒ수(數)를 통해 감정의 깊이를 드러내는 것, ⓓ의인화된 사
(다)의 천수 만한, 천리, (라)의 구만리
물에 이별의 책임을 전가하는 것, ⓔ아름다움을 상징하는 사
물에 임을 빗대어 표현하는 것 등이 있다.
(마)의 곳 갓흔 우리 님

- - - - - - - - - - - - - - - - - - - -

견고하다: 사상이나 의지 따위가 동요됨이 없이 확고하다.
관습적: 관습에 따른
전가하다: 잘못이나 책임을 다른 사람에게 넘겨씌우다.

왜 정답?

④ ⓓ <s>의인화된 사물에 이별의 책임을 전가하는 것</s>
나타나지 않음.

'의인화된 사물에 이별의 책임을 전가하는 것'은 (가)~(마) 모두에 나타나지 않는다.

왜 오답?

① ⓐ 이별과 관련하여 화자의 정서를 드러내는 청각적 심상을 활용하는 것
(가) '지국총 소리', (나) '두견이만 우지진다', (다) '옥적 소리'

★근거: (가) ❸, (나) ❶, (다) ❶

(가)에서 임과 이별할 때 '빅'가 떠나며 나는 '지국총 소리'에 화자는 '이곳는 듯'한 정서를 드러낸다. (나)에서 임과 이별하고 '객창'에서 들리는 '두견이만 우지'지는 소리는 화자의 정서를 불러일으킨다. (다)에서 '천리에 님 이별ᄒ고 듣는 '옥적 소리'는 화자의 정서를 불러일으키므로 적절하다.

② ⓑ 이별한 후의 심적 고통을 불면의 상황으로 나타내는 것
(다) '잠 못 드러 ᄒ노라'

★근거: (다) ❸

(다)의 '이별ᄒ고 잠 못 드러 ᄒ노라'에서 알 수 있듯이 임과 이별 후의 화자의 심적 고통이 불면의 상황으로 나타나고 있으므로 적절하다.

③ ⓒ <u>수(數)를 통해 감정의 깊이를 드러내는 것</u>
(다) '천수 만한, 천리', (라) '구만리'

★근거: (다) ❷, ❸, (라) ❷

(다)의 '천수 만한'은 수인 천, 만을 사용하여 근심과 한이 많음을 표현했다. 그리고 (다)의 '천리', (라)의 '구만리'는 임과의 거리감을 드러내므로 적절하다.

⑤ ⓔ 아름다움을 상징하는 사물에 임을 빗대어 표현하는 것
(마) '곳 갓흔 우리 님'

★근거: (마) ❷

(마)에서 '곳 갓흔 우리 님'을 보면, 아름다움을 상징하는 '곳'에 임을 비유했으므로 적절하다.

C 62 정답 ② ★작품을 비교하여 감상하기 ·· [정답률 61%]

(나)와 (다)에 대한 설명으로 가장 적절한 것은?

왜 정답?

② (다)와 달리 (나)는 특정한 소재를 활용하여 시간의 경과를 드러내고 있다.
(나) '돗는 달', '지는 달'

★근거: (나) ❶, ❸

(다)와 달리 (나)에서는 '달'이라는 특정한 소재를 활용하여 달이 '돗고, 지는' 시간의 경과를 드러내므로 적절하다.

왜 오답?

① (나)와 달리 (다)는 <s>연쇄와 반복을 통해 운율을 형성하고</s>
'연쇄와 반복'은 운율(운율감, 리듬감)을 형성하는 요소
있다.
(나)와 (다) 모두 나타나지 않음.

(나), (다) 모두 연쇄와 반복을 통해 운율을 형성하는 부분은 나타나지 않는다.

[연쇄: 사물이나 현상이 사슬처럼 서로 이어져 통일체를 이룸.

③ (나)는 <s>원경</s>에서 근경으로, (다)는 근경에서 원경으로 화자
나타나지 않음. '공간적 시상 전개 방식'의 한 방법
의 시선이 이동되고 있다.
나타나지 않음.

(나)와 (다) 모두 화자의 시선이 이동되고 있지 않다.

[원경: 멀리 보이는 경치. 또는 먼 데서 보는 경치
[근경: 가까이 보이는 경치. 또는 가까운 데서 보는 경치

④ (나)와 (다)는 모두 <s>대상과의 재회를 확신</s>하며 고통을 견디
(나)와 (다) 모두 나타나지 않음.
는 모습이 나타나 있다.

(나)와 (다)의 화자는 모두 임과 이별한 상황이다. 이 상황을 고통을 견디는 것이라고는 할 수 있겠으나 대상과의 재회를 확신하는 모습은 나타나지 않는다.

⑤ (나)와 (다)는 모두 <s>종장의 마지막 구절을 불완전하게 종결</s>
(나) '지는 달만'
시적 여운을 주는 요소에는 명사형 종결, 불완전한 종결 등이 해당함.
하여 시적 여운을 주고 있다.

★근거: (나) ❸

(나)는 '지는 달만' 뒤에 서술어가 나타나지 않고 불완전하게 종결되어 시적 여운을 준다. 그러나 (다)는 '잠 못 드러 ᄒ노라'로 완전하게 종결되었다.

C 63 정답 ③ ★〈보기〉를 바탕으로 감상하기 ·· [정답률 74%]

윗글을 바탕으로 〈보기〉의 '선생님'이 제시한 과제에 대해 학생이 수행한 내용으로 적절하지 <u>않은</u> 것은? [3점]

• 윗글: '연정이라는 주제'와 '달이라는 소재'가 결합한 우리나라의 애정 시조를 엮은 것입니다. 같은 주제(연정) 아래 같은 소재(달)가 나타나지만 소재의 기능을 3가지로 나누어 제시하였습니다.

• 〈보기〉의 선생님이 제시한 과제: '우리의 애정 시조'에서 범위를 확대하여 외국의 작품, 즉 당나라의 시를 제시하였습니다. 윗글의 작품들과 같은 주제, 같은 소재가 나타나는 시로서 우리는 여기서 '문학의 보편성'을 확인할 수 있습니다.

즉 '문학의 보편성'을 확인하기 위해 윗글에서 제시된 '달'의 3가지 기능이 〈보기〉의 작품에서는 어떻게 나타나는지 파악하는 문제입니다.

━━━━━━━━━ [보기] ━━━━━━━━━

선생님: 다음은 당(唐)나라 장약허의 '춘강화월야(春江花月夜)'라는 시의 일부입니다. 우리의 애정 시조와 비교해 읽으면 문학의 보편성을 확인해 볼 수 있는 작품입니다. 지난 시간에 배운 달의 세 가지 기능 ㉠~㉢이, 다음의 시에서는
㉠ 임과 이별하는 배경을 형상화함. ㉡ 화자의 정서를 불러일으킴. ㉢ 부재한 임과 화자를 이어 줌.

어떻게 나타나고 있는지 탐구해 보기 바랍니다.

❶ 가련하다 누대 위에서 배회하는 달은
　정서: 가련함.　　　　　　　　　중심 대상
❷ 헤어진 이의 경대*를 비추고 있으니
　상황: 화자와 헤어짐.
❸ 주렴 사이에는 걷어도 사라지지 않고

❹ 다듬잇돌 위에는 털어도 다시 오네

❺ 이제 서로 달을 바라보아도 서로 들 길은 없으니
　화자와 임
❻ 달빛 좇아 흘러가 임을 비춰 보리라

* 경대: 거울을 달아 세운 화장대

누대: 누각과 대사와 같이 높은 건물
배회하다: 아무 목적도 없이 어떤 곳을 중심으로 어슬렁거리며 이리저리 돌아다니다.
다듬잇돌: 다듬이질을 할 때 밑에 받치는 돌

❯왜 정답❓

③ ㉢: '털어도 다시 오네'라며 달이 사라질까 봐 걱정하는 모습으로 보아 달은 화자의 수심을 유발했다고 할 수 있겠군.
　　　털어내려 해도 털어낼 수 없는 달

* 근거: 〈보기〉 ❶, ❷, ❹
　　　　　가련하다

화자는 임과 헤어진 상황에서 '달'을 가련하다고 여기고 있으므로 화자의 수심을 유발했다고 볼 수 있다. 그러나 화자의 생활 공간을 비추고 있는 달은 털어내려 해도 털어지지 않고 자꾸만 비추고 있다. 이렇듯 '털어도 다시 오네'는 달이 사라질까 봐 걱정하는 화자의 모습이라 할 수 없으므로 적절하지 않다.

❯왜 오답❓

① ㉠: 이별한 이후의 상실감을 형상화하고 있으므로 이별하는 상황을 형상화하는 데 기여하는 달의 기능은 찾을 수가 없겠군.
　헤어진 후, 경대를 비춘 달을 보며 가련함을 느낌.

* 근거: 〈보기〉 ❶, ❷

화자는 임과 헤어진 후 화자의 경대를 비추는 달을 보며 가련함을 느끼고 있다. 이렇게 이별한 후의 상실감을 형상화하고 있으므로 '이별하는 상황'을 형상화하는 데 기여하는 달의 기능은 찾을 수 없으므로 적절하다.

② ㉡: 화자가 '가련하다'라고 탄식하고 있으므로 달은 화자의 정서를 불러일으키는 기능을 한다고 볼 수 있겠군.
　사라지지도 털어지지도 않는 달로 인해 가련하다고 느낌.

* 근거: 〈보기〉 ❶~❸

화자는 '걷어도 사라지지 않고', '털어도 다시 오'는 달을 보며 '가련하다'고 탄식하고 있다. 이렇게 달은 화자의 '가련하다'는 정서를 불러일으키는 기능을 하므로 적절하다.

④ ㉣: '서로 달을 바라보아도'는 이별한 두 사람이 같은 달을 바라본다는 것으로 생각할 수 있겠군.
　　　이별 후 떨어져 있는 화자와 임이 달을 바라봄.

* 근거: 〈보기〉 ❺

이별 후 떨어져 있어 서로 다른 공간에 있는 화자와 임이 동시에 달을 바라보는 것이라 할 수 있으므로 적절하다.

⑤ ㉤: '달빛 좇아'와 '임을 비춰 보리라'를 통해 이별한 두 사람은 달로 이어질 수 있다고 상상력을 발휘할 수 있겠군.
　　　달빛을 따라 임에게 닿음.

* 근거: 〈보기〉 ❻

'달빛 좇아' 흘러가면 임에게 닿을 수 있으니 이별 후 다른 공간에 있는 두 사람이 달로 이어질 수 있다는 상상력을 발휘할 수 있으므로 적절하다.

⬭ 글 전체 핵심어　⬯ 각 문단 핵심어　▨ 글 전체 중심 문장　★ 각 문단 중심 문장

1 ❶늙음은 시조에 등장하는 보편적인 화제 중 하나이다. 나이를
　　시조의 보편적 화제인 늙음.　　　　　　　　　　❷
먹는 것은 인간이 자신의 의지로 바꿀 수 없는 필연적인 현상이
다. ❸이를 화제로 삼는 시조들에서 화자는 늙음으로 인해 타인과의
　　　　　늙음을 화제로 삼는 시의 경향 ①
관계에서 자존감을 상실하거나 서글퍼하는 태도를 보여 주는 경
향이 있다. ❹그러나 늙음을 자연의 섭리로 받아들이거나 삶을 즐기
　　　　　　　　　　　늙음을 화제로 삼는 시의 경향 ②
며 늙음에 대한 서글픔을 잊고자 하는 화자가 작품에 종종 등장하
　　　　　　　　늙음을 화제로 삼는 시의 경향 ③
기도 한다.

*1문단 요약: 시조의 보편적 화제 중 하나인 늙음과 그러한 시조들에 나타나는 정서

(가) 작자 미상, 〈나의 미평훈 뜻을〉
　❶ 화자, 중심 대상　❷ 상황, 정서, 태도　❸ 표현상 특징　[고어 읽기]　[시 해석]

❶　나의　미평한　　　뜻을 일월께　　　못잡느니
　　나의 미평(未平)훈 뜻을 일월(日月)께 뭇잡ᄂᆞ니
　❶ 화자: 나　❶ 중심 대상: 일월　❷ 상황: 미평한 뜻을 물음.
　→ 나의 편안하지 않은 마음을 해와 달께 여쭈어 보니

　　　　　*초장 요약: 나가 편안하지 않은 마음을 일월에게 물음.

❷　구만 리　　　장천에　　무스 일　배앗바셔
　　일월, 장천: 무한히 지속되는 영원성을 상징함.
　　구만 리(九萬里) 장천(長天)에 무스 일 비앗바셔
　　❶ 중심 대상: 멀고도 넓은 하늘
　→ 구만 리나 되는 넓고도 먼 하늘에서 무슨 일로 그리 바빠서

　　　　　*중장 요약: 일월 장천의 무한하고 변함없는 모습

❸　주색에　　　못 슬믠　이 몸을 수이 늙게 하는고
　㉠주색(酒色)에 못 슬믠* 이 몸을 수이 늙게 ᄒᆞᄂᆞ고 →　자신이
　　　　　　　　　　　　　　　　　　　　　　　　　　　늙어가는 것에 대한 한탄
　❷ 정서, 태도: 주색이 싫지 않은 화자 나를 쉽게 늙게 하는 이유를 해와 달에게 물어봄.
　→ 주색을 싫어하거나 미워하지 않는 내 몸을 쉽게 늙게 하는 것인가

　　　　　*종장 요약: 일월 장천과 달리 쉽게 늙어버리는 자신에 대한 한탄

* 슬믠: 싫고 미운

▪ **갈래:** 평시조　　▪ **창작 시기:** 조선 후기
▪ **내용:** 이 작품은 무한히 지속되는 자연물인 해와 달과 달리 쉽게 늙어버리는 화자 자신의 유한한 삶을 대비하여 안타까움을 토로하고 있다. 해와 달은 무한히 지속되는 영원성을 상징하며 화자는 쉽게 늙어버리는 유한성을 상징하여 서로 대비를 이루고 있다. 이를 통해 화자인 '나'는 늙음에 대한 아쉬움과 한탄을 효과적으로 드러내고 있다.
▪ **주제:** 일월과 달리 쉽게 늙어버리는 자신에 대한 한탄
▪ **이것이 핵심!:** 자연물과 화자의 대비적 속성

일월, 장천	대비	나
불변성, 영원성	⟷ 미평함을 느낌.	쉽게 늙음.

(나) 작자 미상, 〈골 쎄ᄂᆞ 청산이러니〉
　❶ 화자, 중심 대상　❷ 상황, 정서, 태도　❸ 표현상 특징　[고어 읽기]　[시 해석]

❶　갈 째는　　청산이러니　올 째 보니　황산이로다
　　　　　　❶ 중심 대상: 산(청산 → 황산), 가변성
　골 쎄ᄂᆞ 청산이러니 올 쎄 보니 황산이로다
　　　　❸ 대구법, 대조법(자연의 변화)
　→ 갈 때는 청산(숲이 우거진 산)이었는데 올 때 보니 황산(나무가 헐벗은 산)이 되었도다.

　　　　　*초장 요약: 청산이 황산으로 변화함.

ⓐ 산천도 변ㅎ거든 낸들 아니 늙을쇼냐
　　산천도　　変하거든　　낸들　아니　늙을쇼냐
　　　　　　　　　　　　　③ 설의법, 유추(자연과 화자의 속성이 유사함.)
　　（청산 = 황산） ❶ 화자 : 내(가변성) → 산과 동일한 속성을 가짐.
→ 산과 천도 변하는데 나인들 아니 늙겠느냐

＊중장 요약: 화자는 산천이 변하는 것처럼 늙어버림을 인식함.

❸ ⓛ 두어라 져리 될 인생이니 아니 놀고 어이리
　　두어라　　져리 될 인생이니　아니 놀고 어이리
　　　　　　　　　　　　　　　③ 설의법
❷ 태도: 자연이 변화하는 것처럼 인생도 늙게 되는 것이니 인생을 즐기며 살아가겠다는 낙관적 태도
→ 두어라 저렇게 늙게 될 인생이니 아니 놀고 어떡하겠느냐

＊종장 요약: 인생이 늙어감을 인식하고 즐기며 살겠다는 태도를 보임.

■ 갈래: 평시조　　　■ 창작 시기: 조선 후기
■ 내용: 이 작품은 청산이 황산이 되는 자연의 변화를 인간이 늙어가는 과정에 견주어 표현했다. 가변성이라는 유사성을 바탕으로 하여 화자는 인간의 노화는 막을 수 없는 것으로 인식하여 인생을 즐기며 살아가겠다는 낙천적인 태도를 보이고 있다.
■ 주제: 늙어가는 인생을 즐기겠다는 낙천적 삶의 자세

■ 이것이 핵심! : 유추를 통한 시상 전개

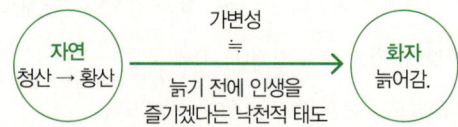

(다) 김광욱, 〈율리유곡 16〉
　　❶ 화자, 중심 대상　　❷ 상황, 정서, 태도　　❸ 표현상 특징　[고어 읽기]　[시 해석]
❶ ⓒ동풍이 건듯 부러 적설(積雪)을 다 노기니
　　동풍이　 건듯 부러　적설을　　　다 노기니
　　봄바람　　　　　　　　❷ 상황: 쌓인 눈이 녹음.
→ 동풍이 문득 불어 쌓인 눈을 다 녹이니

＊초장 요약: 동풍이 불어 쌓인 눈을 녹임.

❷ ⓛ사면(四面) 청산이 네 얼굴 나노민라＊
　　사면　　 청산이 네 얼굴 나노매라
　　　　　❶ 중심 대상: 청산　③ 의인법
　　　　　　　❷ 상황: 청산이 푸른 모습을 되찾음.
→ 사면 청산 네 얼굴이 나타나는구나

＊중장 요약: 청산이 푸른 모습을 되찾음.

❸ 귀밋테 히무근 ⓑ 서리ᄂ 녹을 줄을 모른다
　　귀밋테　 히무근　　서리는　녹을 줄을 모른다
❷ 상황: 화자는 귀밑에 해묵은 서리(흰머리)를 갖고 있음.　❷ 정서: 늙음에 대한 한탄
→ (이와 달리 나의) 귀 밑의 해묵은 서리(흰머리)는 녹을 줄을 모르는구나.

＊종장 요약: 청산과 달리 늙어버린 자신에 대한 한탄

＊ 나노민라: 나타나는구나

■ 갈래: 평시조　　　■ 창작 시기: 조선 후기
■ 내용: 이 작품은 자연의 순환에 따라 겨울 산에 쌓인 눈이 봄바람에 녹아 청산의 모습을 되찾은 것과 달리 화자는 귀밑에 난 흰머리를 되돌릴 수 없다는 것을 인식함으로써 자연과는 다른 모습을 통해 늙음에 대한 한탄을 드러내고 있다.
■ 주제: 늙음에 대한 한탄

■ 이것이 핵심! : 대조적 속성을 통한 정서 표출

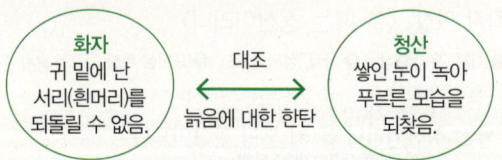

❷ (가)~(다)는 자연물을 끌어들여서 늙음에 대한 정서와 태도를 표현한 작품들이다. (가)는 무한히 지속되는 자연물에 인간의 유한한 삶에 대한 안타까움을 토로하며 유흥을 계속 즐기고 싶어 하는 화자의 마음을 보여 주고 있고, (나)는 자연의 변화에 인간의
　　　　　　　　　　　　　　　　(가)~(다)의 공통점: 자연물을 끌어들여 늙음에 대해 표현함.
　　　　　(가)에 나타나는 늙음과 관련된 정서
　　　　　　　　　　　(나)에 나타나는 늙음과 관련된 정서

노화를 견주어 표현하고 인생을 즐김으로써 서글픔을 달래려는 화자의 태도를 보여 주고 있다. (다)는 화자의 상태를 자연에 비유하였지만 순환하는 자연과는 다른 모습을 통해 늙음에 대한 한탄을 드러내고 있다.
　　　　　　　　　　　　　　　(다)에 나타나는 늙음과 관련된 정서

＊❷문단 요약: 자연물을 끌어들여 늙음에 대한 정서를 나타낸 시조

❸ 그런데 늙음을 노래하는 작품들 중에는 자연물이 아닌 타자를 동원하여 그에 대한 정서와 태도를 표현한 경우도 있다.
　　　　　(라)~(바)의 공통점: 타자를 동원하여 늙음을 표현함.

(라) 정철, 〈청춘 소년드라〉
　　❶ 화자, 중심 대상　　❷ 상황, 정서, 태도　　❸ 표현상 특징　[고어 읽기]　[시 해석]
　　청춘　 소년드라　　백발노인　　웃지마라
　　　　　　　　　　　③ 대화체
❶ 청춘 소년드라 백발노인 웃지마라
　❶ 중심 대상: 청춘소년, 백발노인　❷ 상황: 화자가 청춘 소년들에게 경고함.
→ 청춘 소년들아 백발노인을 비웃지 마라

＊초장 요약: 소년들에게 노인을 비웃지 말라고 조언함.

❷ 공번된　　　하늘아래　　 넨들　얼마 져머시리
　　ⓔ공번된＊ 하늘아릭 넨들 얼마 져머시리
→ 치우침이 없는 하늘 아래 너희인들 얼마나 젊어 있겠느냐(너희도 곧 백발노인처럼 늙을 것이다)

＊중장 요약: 하늘의 공평함을 들어 청춘 소년도 늙어갈 것임을 알림.

❸ 우리도 소년행락이　　　　어제론듯　 하여라
　　우리도 소년행락(少年行樂)이 어제론듯 ᄒ여라
　　❶ 화자: 우리(노인)　❷ 태도: 순식간에 늙어감을 소년들에게 조언함.
→ 우리도 소년 시절 노닐던 즐거움이 어제 일인 것처럼 느껴지는구나

＊종장 요약: 소년들에게 소년행락이 빨리 지나감을 조언함.

＊ 공번된: 치우침이 없는

■ 갈래: 평시조　　　■ 창작 시기: 조선 후기
■ 내용: 이 작품은 젊고 활력이 넘치는 소년들에게 자신을 비롯한 늙어버린 노인들을 비웃지 말라고 말하고 있는데, 그 근거로 모든 사람에게 세월은 공평하게 흐른다는 것을 자연의 이치로 제시하여 설득력을 높이고 있다.
■ 주제: 화자(백발노인)를 비웃는 청춘 소년들에 대한 조언

■ 이것이 핵심! : 화자와 소년들의 공통점과 차이점

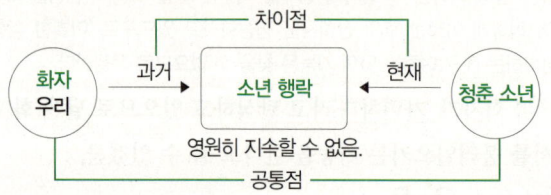

(마) 김삼현, 〈늙기 셜은 줄을〉
　　❶ 화자, 중심 대상　　❷ 상황, 정서, 태도　　❸ 표현상 특징　[고어 읽기]　[시 해석]
❶ 늙기 셜은 줄을 모로고나 늙거는
　　늙기 셜은 줄을 모로고나 늙거ᄂ
　　❷ 상황: 늙는 것이 서럽다고 해서 피할 수 있는 것이 아님을 인식함.
→ 늙는 것이 서러운 줄을 모르고야 늙었느냐

＊초장 요약: 피할 수 없는 늙음에 대해 인식함.

❷ 춘광　　　　덧업서　백발이　절노 난다
　　ⓜ춘광(春光) 덧업서 백발이 절노 난다
　　❷ 상황: 백발이 절로 날 정도로 늙은 상태임.　❷ 정서: 늙음에 대한 탄식
→ 나이를 속절없이 빨리 먹으니 백발이 절로 날 정도로 늙었구나.

　┌ 춘광: 젊은 사람의 나이를 문어적으로 이르는 말
　└ 덧없다: 알지 못하는 가운데 지나가는 시간이 매우 빠르다.

＊중장 요약: 늙어버린 것에 대한 탄식

❸ 그러나 소년쩍 마음은 감　　홈이　업세라
　　그러나 소년쩍 ᄆᆞ음은 감(減)홈이＊ 업세라
　　❸ 대조법　❶ 중심 대상　❷ 태도: 늙었지만 젊은 마음으로 살겠다는 희망
→ 그러나 소년 적 마음은 줄어든 적이 없어라.

＊종장 요약: 소년 시절 마음은 줄어든 적이 없음.

*감흠이: 줄어든 적이

■ **갈래**: 평시조　■ **창작 시기**: 조선 후기
■ **내용**: 이 작품은 조선 후기 숙종 때의 무신이자 가객인 김삼현의 시조로 나이는 시간이 흘러 속절없이 빨리 먹을 수밖에 없지만, 소년이었을 때의 마음은 줄어든 적이 없음을 언급하면서 늙음에 대한 탄식과 젊은 마음으로 살겠다는 희망적 태도를 드러내고 있다.
■ **주제**: 늙음에 대한 탄식, 늙었지만 젊은 마음으로 살 수 있다는 희망적 자세
■ **이것이 핵심!**: 화자의 겉모습과 마음의 대비

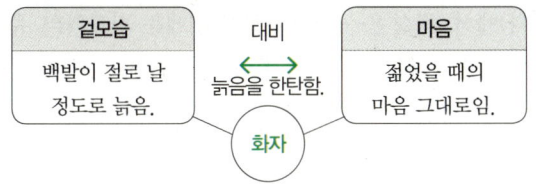

(바) 김진태, 〈세월이 여류ᄒ니〉

❶ 화자, 중심 대상　❷ 상황, 정서, 태도　❸ 표현상 특징　고어 읽기　시 해석

세월이　여류하니　　　백발이　절노　난다
❶ 세월이 여류(如流)ᄒ니* 백발이 절노 난다
❸ 직유법　　늙어가는 것은 자연스러운 속절임을 밝힘.
❷ 상황: 화자는 백발이 절로 나 있는 늙은 상태임.
➡ 세월이 물과 같이 흘러가니 백발이 저절로 난다.

***초장 요약: 백발이 많이 나 있는 화자**

❷ 뽑고　또 뽑아　졉고져　하는　뜻은
쏩고 쏘 쏩아 졉고져 ᄒᄂ 쯧은
❸ 반복법　❷ 태도: 백발을 뽑아 젊어지고자 함.
➡ (백발을) 뽑고 또 뽑아서 젊어지고자 하는 뜻은

***중장 요약: 백발을 뽑아 젊어지려는 뜻**

❸ 북당에　유친　하오시니　그를 두려　하노라
북당(北堂)에 유친(有親)ᄒ오시니* 그를 두려 ᄒ노라
❶ 중심 대상: 어머니　❷ 정서: 화자가 늙어 버리면 어머니께 효도하지 못할 것에 대한 두려움. 늙어버린 화자를 보고 어머니가 걱정하실 것에 대한 두려움
➡ 북당에 어머니께서 계시니 그것을 (늙어 버리면 어머님께 효도를 하지 못할 것이, 어머니께서 화자의 늙음을 보고 걱정을 할까 봐) 두려워 하노라

[북당: 뒷곁으로 있는 빙으로시 모친이 계신 곳. 또는 모친을 따로 일긷는 밀

***종장 요약: 어머니에 대한 걱정**

*여류ᄒ니: 물의 흐름과 같으니
*유친ᄒ오시니: 어머니께서 계시니

■ **갈래**: 평시조　■ **창작 시기**: 조선 후기
■ **내용**: 이 작품은 자신이 일반적인 탄로가에서 나타나는 정서인 자신의 늙어감에 대한 한탄이나 젊어지고 싶다는 소망을 나타내기보다는 늙어 버리면 어머니가 화자를 걱정하시고, 어머니께 효를 다하지 못하는 두려움 때문에 젊음을 유지하고자 하는 독특한 이유를 밝히고 있는 점이 특징이다. 늙음을 주제로 한 시에서 효라는 유교적 덕목을 화자가 젊어져야 하는 이유로 제시한 점에서 다른 여느 시와는 다른 독창성을 띤다고 할 수 있다.
■ **주제**: 어머니께 효를 다하고 싶은 마음
■ **이것이 핵심!**: 화자에게 젊음과 늙음의 의미

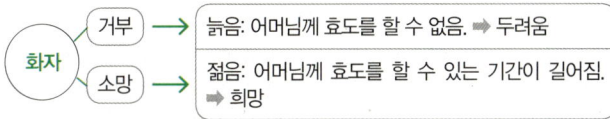

❷ (라)는 젊고 활력이 넘치는 소년들에게도 세월이 공평하게 흐른다는 것을 자연의 이치로 제시하며 상대방을 설득하는 태도를 나
　　　　　　(라)에 나타나는 늙음과 관련된 정서
타내고 있고, (마)는 덧없는 세월로 인해 늙어 버린 현재의 육신과
대비되는 소년 시절의 마음을 타자화하여, 늙어서도 소년 시절과
　　(마)에 나타나는 늙음과 관련된 정서

같은 젊은 마음으로 살 수 있다는 희망적 태도를 보여 주고 있다.
❸
㉠(바)는 늙음의 문제를 자신이 모시는 어머니와 관련지어 생각하는 화자의 인식을 보여 주는데, 자신보다는 북당에 계신 어머니의
　　　　　　(바)에 나타나는 늙음과 관련된 정서
마음을 먼저 생각하며 효를 실천하는 화자의 성숙한 태도를 드러내고 있다.

***③문단 요약: 타자를 동원하여 늙음에 대한 정서를 나타낸 시조**

❶
④ 이상과 같이, (가)~(바)의 시조들은 자연물과 타자를 통해 늙음에 대한 화자의 정서와 태도를 표현하였다. ❷ 단, 이때 타자에는
　　　　　　　　　　　　　　(가)~(다)는 자연물, (라)~(바)는 타자를 통해 늙음에 대한 정서를 표현함.
타자화된 자아도 포함된다. 자연물과 타자를 세계로, 화자를 자아
　　　　　　　　　　　　작품 속에 나타나는 세계와 자아와의 관계 유형
로 규정한다면 세계와 자아의 관계는 다음과 같이 나누어 볼 수
❸
있다. 자연물이나 타자를 통해 화자와의 차이점을 드러내는 경우는 세계와 자아의 이질성에 주목한 것이며, 이와 반대로 자연물이
　　세계와 자아와의 관계 유형 ①
나 타자를 통해 화자와의 유사점을 드러내는 경우는 세계와 자아의 동질성에 주목한 것이다. ❹ 그리고 자연물이나 타자를 통해 화자
　　세계와 자아와의 관계 유형 ②
와의 차이점과 유사점을 함께 드러내는 경우는 세계와 자아의 이질성과 동질성을 모두 고려하는 사고에 바탕을 둔 것으로 볼 수
있다.
　　　　세계와 자아와의 관계 유형 ③

***④문단 요약: 작품에 나타난 세계와 자아의 관계 규명**

■ **내용**: 늙음에 대한 정서를 나타낸 시조에서 자연물과 타자를 통해 화자의 정서와 태도를 표현하는 시조들을 살펴보았다. 여기서 타자에는 타자화된 자아도 포함되는데, 자연물과 타자를 세계로 화자를 자아로 규정했을 때 세계와 자아의 관계를 세 가지로 나누어 설명하고 있다.
■ **주제**: 늙음에 대한 정서를 나타낸 시조

C 64　정답 ③　*작품의 의미 파악하기 ……… [정답률 89%]

㉠~㉤에 대한 설명으로 적절하지 않은 것은?

• ㉠~㉤: ㉠은 주색을 계속 즐기고 싶지만 쉽게 늙어 버림을 안타까워하는 화자의 정서가, ㉡은 늙음을 받아들여 삶을 긍정적으로 즐기려는 화자의 태도가, ㉢은 봄바람이 불어 청산에 눈이 녹은 모습을, ㉣은 누구나 늙을 수밖에 없다는 화자의 생각을, ㉤은 세월이 매우 빨리 흘러 늙어 버린 화자의 모습이 제시되어 있습니다.

즉 ㉠~㉤에 나타나는 화자의 정서, 태도, 상황을 종합적으로 파악하여 이해한 내용으로 적절하지 않은 내용을 고르는 문제입니다.

＞왜 정답?

③ ㉢: 순환하는 자연의 원리는 인정하면서도 <u>늙음에 대해 한</u>
　　　　'동풍이 건듯 부러 적설(積雪)을 다 노기니'에서 나타남.　　　　(다)에 나타나지 않음.
<u>탄하던 자신을 후회하는 화자의 모습이 드러나고 있다.</u>

***근거: (다) ❸**

청산에 동풍이 불어 쌓인 눈이 녹아 제 모습을 찾은 것은 순환하는 자연의 원리라고 볼 수 있다. 이러한 청산과는 달리 화자의 늙음(흰머리)은 되돌릴 수 없는 것으로 인식하여 탄식하고 있을 뿐 늙음에 대해 한탄하는 자신을 후회하는 모습은 찾아볼 수 없으므로 적절하지 않은 진술이다.

＞왜 오답?

① ㉠: <u>유흥을 계속 즐기고 싶으나 인간의 삶이 유한한 것을</u>
　　　　　'주색(酒色)에 못 슬민 이 몸'　　　'이 몸을 수이 늙게 ᄒ는고'
<u>안타까워하는 화자의 마음이 드러나고 있다.</u>

***근거: (가) ❸**

화자는 주색이 싫어질 정도로 젊음을 만끽하여 즐기지 않는데 자신의 몸이 쉽게 늙었음을 인식함으로써 안타까운 마음을 드러내고 있으므로 적절한 진술이다.

② ⓛ: 노년을 자연의 섭리로 받아들이고 삶을 즐김으로써 서 글픔을 달래려는 화자의 태도가 드러나고 있다.
'산쳔도 변ᄒ거든 낸들 아니 늙쇼냐'

*근거: (나) ❷. ❸

청산이 황산이 된 것처럼 자신도 어쩔 수 없이 늙을 수밖에 없다는 것을 자 연의 섭리로 받아들이고 화자는 인생을 즐기며 서글픔을 달래려는 태도를 보이고 있으므로 적절한 진술이다.

④ ⓡ: 세월의 흐름은 공평하여 누구나 늙을 수밖에 없다는 자연의 이치에 대한 화자의 생각이 드러나고 있다.
'공번된 하놀아리 넨들 얼마 져머시리'

*근거: (라) ❶. ❷

화자는 자신과 같은 백발노인을 비웃는 소년들에게 하늘은 공평하여 사람이 면 누구나 다 늙을 수밖에 없다는 자연의 이치를 제시하고 있으므로 적절한 진술이다.

⑤ ⓜ: 덧없이 흘러가는 세월에 나이가 든 자신의 모습을 인 지한 화자의 상황이 드러나고 있다.
'춘광(春光) 덧업서'   '백발이 절노 난다'

*근거: (마) ❷

속절없이 빠르게 흐르는 세월에 덧없음을 느낀 화자가 흰머리가 절로 난다 고 인지하고 있는 상황이 나타나 있으므로 적절한 진술이다.

C 65 정답 ⑤ *외적 준거에 따라 작품 감상하기… [정답률 49%]

(가)~(마)를 세계와 자아의 관계에 따라 감상한 내용으로 적 절하지 않은 것은? [3점]
• (가)~(마): (가)~(마)를 각각 세계와 자아로 구분하여 이해해 보도록 합니다.
• 세계와 자아의 관계: 세계와 자아의 관계는 세계와 자아의 이질성에 주목한 것, 세계와 자아의 동질성에 주목한 것, 세계와 자아의 이질성과 동질성이 모두 나타난 것으로 유형화할 수 있습니다.

즉 각각의 작품에서 화자인 자아와, 세계에 해당하는 자연물 및 타자를 찾아 유사점과 차이점을 밝혀낼 수 있는지를 묻는 문제입니다.

>왜 정답?

⑤ (마)에서 '무 음'은 '소년' 시절과 변함이 없다는 점에서 화 자와의 유사점이, '소년' 시절 이후와 다르다는 점에서 화자와 의 차이점이 드러나 세계와 자아의 동질성과 이질성이 함께 나타나고 있군.
마음은 소년 적과 늙어서 모두 변함없이 동일함.
드러나지 않음.

*근거: (마) ❸

(마)에서 세계는 '마음'으로 소년 적 마음은 줄어든 적이 없다는 것으로 보아 화자는 소년 시절에도, 늙어 버린 현재에도 소년 적 마음을 갖고 있음을 알 수 있다. 그러므로 소년 시절뿐만 아니라 소년 시절 이후에도 자아인 화자와 세 계인 마음은 유사하여 동질성만 나타나는 것이므로 적절하지 않은 진술이다.

>왜 오답?

① (가)에서 '일월'과 '장천'은 화자의 짧은 인생과 차이점이 드 러나 세계와 자아의 이질성이 나타나고 있군.
영원성, 불변성   '이 몸을 수이 늙게 ᄒᄂᆫ고'

*근거: (가) ❷. ❸

일월과 장천은 세월이 흘러도 변함없는 존재로 불변성을 보여 주는 세계에 해당한다. 이에 비해 자아인 화자는 '이 몸을 수이 늙게 ᄒᄂᆫ고'를 통해 일 월, 장천과 달리 늙어 버린 유한성을 가짐을 알 수 있다. 그러므로 자아인 화 자와 세계인 일월, 장천은 서로 이질성이 나타난 것으로 유형화할 수 있으므 로 적절한 진술이다.

---

② (나)에서 '청산'은 '황산'으로의 변화를 통해 화자와 유사점 이 드러나 세계와 자아의 동질성이 나타나고 있군.
'산쳔도 변ᄒ거든 낸들 아니 늙쇼냐'
'골 쩨ᄂᆫ 청산이러니 올 쩨 보니 황산이로다'

*근거: (나) ❶. ❷

(나)에서 세계는 산천인 자연으로 청산에서 황산으로 변화하는 속성을 가짐 을 알 수 있다. 그리고 자아인 화자는 '져리 될 인생이니'라고 하면서 자연과 동일하게 변화하는, 즉 늙어가는 존재임을 인식하고 있다. 그러므로 자연인 세계와 자아는 변화해 간다는 동질성을 갖고 있다고 볼 수 있으므로 적절한 진술이다.

③ (다)에서 '적설'은 '동풍'이 불기 전에는 화자와의 유사점 이, 불고 난 후에는 화자와의 차이점이 드러나 세계와 자아의 동질성과 이질성이 함께 나타나고 있군.
적설이 쌓인 산 ≒ 귀밑에 해묵은 서리(화자)
사면(四面) 청산 → 귀밑에 해묵은 서리(화자)

*근거: (다) ❸

(다)에서 세계는 자연물인 청산으로 동풍이 불기 전에는 눈에 쌓여 있었지만 동풍이 불고 나서는 쌓인 눈이 다 녹아 청산의 얼굴이 드러났다. 자아에 해 당하는 화자는 현재 귀밑에 해묵은 서리, 즉 늙었기 때문에 흰머리인 상태이 므로 이는 청산에 동풍이 불기 전의 상태와 유사한 것이다. 그러므로 청산에 동풍이 불기 전에는 화자와 동질성이 드러나는 상태이고, 청산에 동풍이 불 어 쌓인 눈이 녹았을 때는 화자와 이질성이 드러나는 상태이므로 적절한 진 술이다.

④ (라)에서 '소년'은 '소년행락'의 시절이 유한하다는 점에서 화자와의 유사점이, '소년행락'의 시절을 현재 누리고 있다는 점에서 화자와의 차이점이 드러나 세계와 자아의 동질성과 이질성이 함께 나타나고 있군.
'공번된 하놀아리 넨들 얼마 져머시리'
'우리도 소년행락(少年行樂)이 어제론듯 ᄒᆞ여라'

*근거: (라) ❷. ❸

(라)에서 세계에 해당하는 소년은 현재 소년행락의 시절을 누리고 있는 상태 이므로 이는 자아인 늙어 버린 화자와 이질성이 드러남을 알 수 있다. 그리 고 소년과 화자는 모두 소년행락의 시절을 영원히 누릴 수 없다는 점에서 자아와 세계가 동질성이 나타난다고 할 수 있으므로 적절한 진술이다.

C 66 정답 ③ *시어의 특징 파악하기…… [정답률 90%]

ⓐ와 ⓑ의 공통점으로 가장 적절한 것은?
• ⓐ, ⓑ : ⓐ는 산천, ⓑ는 서리로 모두 자연물이라는 공통점을 갖고 있으며, 산천은 변화하는 속성을, 서리는 화자의 흰머리를 비유하고 있습니다.

즉 ⓐ와 ⓑ가 작품 속에서 화자에게 인식의 대상으로서 어떻게 작용하는 지 적절한 것을 고르는 문제입니다.

>왜 정답?

③ 화자가 세월의 흐름을 확인할 수 있는 대상이다.
(청산 → 황산) / '산쳔도 변ᄒ거든 낸들 아니 늙쇼냐'

*근거: (나) ❷. (다) ❷. ❸

(나)에서 화자는 산천이 변화하는 과정을 통해 자기 자신도 늙어 변해가는 존재로 인식하고 있다. 그리고 (다)에서 청산은 동풍이 불어 쌓인 눈이 녹았 지만 자신은 해묵은 서리, 즉 백발이 지속돼 있음을 비교하면서 자신이 노화 된 상태를 인식하고 있다. 그러므로 산천과 서리는 모두 화자가 세월의 흐름 을 확인하는 대상이라고 볼 수 있으므로 적절한 진술이다.

>왜 오답?

① 화자의 자존감을 회복시켜 주는 대상이다.
ⓐ, ⓑ 모두 자존감의 회복과 관련성이 없음.

(나)에서 화자는 자존감이 떨어져 있는 상태가 아니며, 산천처럼 자신도 늙 어가는 대상임을 인식하며 인생을 즐기며 살겠다는 자세를 보여 주는 상태

임을 알 수 있다. 따라서 자존감을 회복시켜 주지는 않는다. 그러나 (다)에서
는 청산은 본연의 모습을 찾았지만 자신은 백발로 가득하여 노화된 상태임
을 인식하여 자존감이 오히려 떨어질 것이므로 적절하지 않은 진술이다.

「 **자존감:** 스스로 자기를 소중히 대하며 품위를 지키려는 감정

② 화자의 ~~의지로 변화시킬 수 있는~~ 대상이다.
　　　　　ⓐ, ⓑ 모두 해당하지 않음.

산천은 스스로 변화하는 자연이므로 화자의 의지로 변화시킬 수 없으며, 서
리 또한 화자가 바꿀 수 있는 대상이 아니라 순응해야 하는 것이므로 적절
하지 않은 진술이다.

④ 화자와 ~~타인과의 관계를 개선시켜 주는~~ 대상이다.
　　　　　ⓐ, ⓑ 모두 해당하지 않음.

화자 이외의 타인이 나타나지도 않고 타자와의 관계 개선에 산천과 서리가
기여하지 않으므로 적절하지 않은 진술이다.

⑤ 화자에 대한 ~~타인들의 시선을 변하게 만든~~ 대상이다.
　　　　　ⓐ, ⓑ 모두 해당하지 않음.

(나)와 (다) 작품에서 타인들이 나타나지도 않으며, 타인들의 시선이 변화하
는 부분도 확인할 수 없으므로 적절하지 않은 진술이다.

C 67 정답 ② ＊외적 준거에 따라 작품 감상하기 ·· [정답률 82%]

㉮를 바탕으로 (바)를 감상한 내용으로 적절하지 <u>않은</u> 것은?

• **㉮를 바탕:** (바)에 대한 해설로 늙음에 대한 문제를 자신의 노화보다는 어머
니에 대한 효를 먼저 생각한다는 내용입니다.
• **(바):** 늙음에 대해 타자를 동원하여 그에 대한 정서와 태도를 표현한 시조입
니다.

즉 ㉮를 바탕으로 (바)에 제시된 시구의 의미를 파악하는 문제입니다.

> **왜 정답 ?**

② '백발이 졀노 난다'를 보면 화자가 ~~어머니에 대한 근심 때~~
　　　　　　　　　　　　　　노화의 원인은 자연적인 현상임.
~~문~~에 늙었음을 알 수 있겠군.

＊근거: (바) ❶

화자가 백발이 저절로 많이 나는 것은 세월이 물과 같이 흘러가는 것이 근
본적인 원인인 것이지, 어머니에 대한 근심 때문에 늙어가는 것은 아니므로
적절하지 않은 진술이다.

> **왜 오답 ?**

① '세월이 여류ᄒ니'를 보면 화자가 나이를 먹게 된 원인을
　　　　　　　　　'세월이 여류(如流)ᄒ니 백발이 졀노 난다'
알 수 있겠군.

＊근거: (바) ❶

세월이 물과 같이 흘러가서 화자가 백발이 저절로 많이 난 상태, 즉 나이를
먹었음을 알 수 있으므로 적절한 진술이다.

③ '쎕고 또 쎕아'를 보면 화자가 효를 실천하고자 반복적인
　　　　　　　　　'북당(北堂)에 유친(有親)ᄒ오시니'
행위를 하고 있음을 알 수 있겠군.

＊근거: (바) ❸

북당에 어머니가 살아계시므로 어머니께 효도를 다하려면 젊음을 유지해야
한다. 그래서 화자가 백발을 뽑는 행위를 반복하는 것이므로 적절한 진술이다.

④ '졈고져 ᄒ논 뜻은'을 보면 화자가 어머니를 배려하고자
　　　　　　　　　　어머니께 효를 다하기 위한 의도임.
하는 성숙한 태도를 가지고 있음을 알 수 있겠군.

＊근거: (바) ❸

화자가 백발을 뽑아 젊어 보이고자 하는 것은 북당에 계신 어머니가 자식인
내가 늙어가는 것을 보고 걱정하시는 마음을 가질 것을 덜어 드리고자 하는
화자의 성숙한 태도에 해당하므로 적절한 진술이다.

⑤ '북당에 유친ᄒ오시니'를 보면 화자가 봉양하는 어머니가
　　　　　　　　　　　　　　　　　　　　'북당'
계신 장소를 알 수 있겠군.

＊근거: (바) ❸

북당에 화자의 어머니가 계신 것을 알 수 있으므로 적절한 진술이다.

D 01~04 ─────── [2015년(3월)/고2교육청 38~41]

(가) 윤선도, 〈어부사시사〉

❶ 화자, 중심 대상　❷ 상황, 정서, 태도　❸ 표현상 특징　[시 해석]

❶ ㉠수국(水國)에 가을이 드니 고기마다 살져 있다
　　유배지인 보길도 – 화자가 있는 공간
➡ 수국에 가을이 드니 고기마다 살이 올라 있다.

닻 들어라 닻 들어라
❸ 서술상 특징: 후렴구 – 각 수마다 다르게 제시. 명령형
➡ 닻 들어라 닻 들어라(여음구)

❸ 만경징파(萬頃澄波)*에 슬카지* 용여(容與)하자*
　　　　　　　　　　❷ 정서: 자연에서 즐거움을 느낌.
➡ 넓고 맑은 물에 실컷 즐겨 보자.

❹ 지국총(至匊恩) 지국총(至匊恩) 어사와(於思臥)
　　　　　　　❸ 표현상 특징: 후렴구 – 노 젓는 소리
➡ 지국총 지국총 어사와(여음구)

인간(人間)을 돌아보니 멀수록 더욱 좋다　　　〈추(秋) 2〉
❷ 정서: 속세와 거리를 두고 자연을 만끽하고 싶음.
➡ 인간 세상(속세)을 돌아보니 멀수록 더욱 좋다.

[지국총: 배에서 노를 젓고 닻을 감는 소리
　어사와: '어여차'를 예스럽게 이르는 말

＊〈추(秋) 2〉 요약: 가을의 풍성함, 속세를 떠나 사는 즐거움

❶ 건곤(乾坤)이 제 각각인가 이것이 어드메오
　　하늘과 땅　　❸ 표현상 특징: 설의법 – 자연의 모습에 대한 예찬적 태도가 반영됨.
➡ 하늘과 땅이 제각기인가 여기가 어디인가?

❷ 배 매어라 배 매어라
➡ 배 매어라 배 매어라(여음구)

❸ 서풍진(西風塵)* 못 미치니 부채하야 무엇하리
속세, 화자가 거리를 두고 싶은 대상　❸ 표현상 특징: 설의법
➡ 바람에 날려 온 먼지가 (이곳까지) 못 미치니 부채질하여 무엇하리?

❹ 지국총(至匊恩) 지국총(至匊恩) 어사와(於思臥)
　　　　　　　❸ 표현상 특징: 후렴구 – 노 젓는 소리
➡ 지국총 지국총 어사와(여음구)

❺ 들은 말이 없었으니 귀 씻어* 무엇 하리　　〈추(秋) 8〉
❷ 상황: 속세에 거리를 두고 있음을 엿볼 수 있음.　❸ 표현상 특징: 설의법
➡ 들은 말이 없으니 귀 씻어 무엇하리?

[건곤: 천지

＊〈추(秋) 8〉 요약: 속세를 벗어나 자연 속에서 즐기는 삶

❶ ❷ 정서: 자신의 현재 모습에 대해 긍정적으로 인식함.
㉡옷 위에 서리 오대 추운 줄을 모랄로다
➡ 옷 위에 서리가 내리는데도 추운 줄을 모르겠도다.

❷ 닻 내려라 닻 내려라
➡ 닻 내려라 닻 내려라(여음구)

❸ 조선(釣船)*이 좁다 하나 부세(浮世)*와 어떠하니
화자가 타고 노니는 고깃배　　　속세
➡ 낚싯배가 좁다고 하지만 속세와 (비교해서) 어떠한가?

❹ 지국총(至匊恩) 지국총(至匊恩) 어사와(於思臥)
　　　　　　　❸ 표현상 특징: 후렴구 – 노 젓는 소리
➡ 지국총 지국총 어사와(여음구)

내일도 이리 하고 모레도 이리 하자　　〈추(秋) 9〉
❷ 정서: 자연에서 즐기는 삶이 지속되기를 바람.
➡ 내일도 이렇게 하고 모레도 이렇게 하자.

＊〈추(秋) 9〉 요약: 늦가을의 모습과 자연을 즐기며 사는 삶

---

*만경징파: 만 이랑의 맑은 물결, 한없이 넓은 바다
*슬카지: 실컷
*용여하자: 즐기자
*서풍진: 서풍에 날려 오는 먼지
*귀 씻어: 요임금 때 허유의 고사와 관련된 표현
*조선: 고깃배
*부세: 헛된 세상

■ 갈래: 연시조　　　■ 창작 시기: 조선 중기
■ 내용: 이 작품은 춘하추동에 따라 각 10수씩 총 40수로 되어 있는 연시조로, 작품마다 여음(餘音)이 삽입되어 있고, 이 여음은 배의 출범에서 귀선까지의 과정을 정연하게 보여 준다.
■ 주제: 사계절의 자연 경치를 즐기는 강호 한정
■ 이것이 핵심!: 대조적 시어

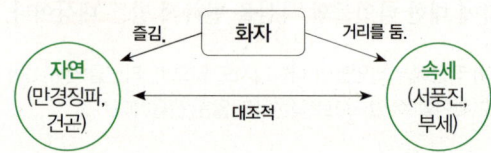

(나) 김용준, 〈매화〉

❶ 중심 대상　❷ 글쓴이의 생각, 태도　❸ 서술상 특징

❶ 중심 대상: 매화
매화의 아름다움이 어디 있나뇨?
❷　　　　　　　　❸ 서술상 특징: 물음의 방식
[세인이 말하기를 매화는 늙어야 한다 합니다. 그 늙은 등
[」: 세인의 생각을 인용함.
걸이 용의 몸뚱어리처럼 뒤틀려 올라간 곳에 성긴 가지가 군데군데 뻗고 그 위에 띄엄띄엄 몇 개씩 꽃이 피는 데 품위가 있다 합니다.
❹ 매화는 어느 꽃보다 ㉢유덕한 그 암향이 좋다 합니다.
　　　　　　　　　　매화의 속성
❺ 백화(百花)가 없는 빙설리(氷雪裏)에서 홀로 소리쳐 피는
[A]　　　　　　　시련을 극복하는 매화의 절개와 지조를 가리킴.
꽃이 매화밖에 어디 있느냐 합니다.]

혹은 이러한 조건들이 매화를 아름답게 꾸미는 점일지도 모르겠습니다.

그러나 내가 매화를 사랑하는 마음은 실로 이러한 ㉣많은
❷ 글쓴이의 생각: 세인의 생각과 다름.
조건이 멸시된 곳에 있습니다.

그를 대하매 아무런 조건 없이 내 마음이 황홀하여지는 데
야 어찌하리까.
❸ 서술상 특징: 물음의 형식

[세인: 세상 사람
　유덕하다: 덕이나 덕망이 있다.
　암향: 그윽이 풍기는 향기. 흔히 매화의 향기를 이른다.

＊[A] 요약: 보통 사람들이 말하는 조건들이 사라졌을 때 비로소 매화를 사랑할 수 있음.

매화는 그 둥치를 꾸미지 않아도 좋습니다. 제 자라고 싶은
❷ 매화가 지닌 수수함
대로 우뚝 뻗어서 제 피고 싶은 대로 피어오르는 꽃들이 가다
[B] 가 훌쩍 향기를 보내기도 하고 또 어느 때는 제가 방 한구석
은일지사로서의 매화의 모습
에 있는 체도 않고 은사(隱士)처럼 겸허하게 앉아 있는 품이
그럴 듯합니다.

❸ 나는 구름같이 핀 매화 앞에 단정히 앉아 행여나 풍겨 오는
암향을 다칠세라 호흡도 가다듬어 쉬면서 격동하는 심장을
가라앉히기에 힘을 씁니다. ❹ 태도: 매화를 경건하게 대함. 그는 앉은 자리에서 나에게 곧 무
슨 이야긴지 속삭이는 것 같습니다. ❸ 서술상 특징: 의인법

매화를 대할 때의 이 경건해지는 마음이 위대한 예술을 감
❸ 서술상 특징: 매화를 대할 때의 감동을 빗대어 표현
상할 때의 심경과 무엇이 다르겠습니까.

┌ 둥치: 큰 나무의 밑동
└ 은사: 예전에, 벼슬하지 아니하고 숨어 살던 선비

*[B] 요약: 꾸미지 않아도 좋은 매화

❶ : 모든 아름다운 조건을 갖춘 대상 – 매화와 대비됨. ❷
내 눈앞에 한 개의 대리석상이 떠오릅니다. 희랍에서도 유
그리스
명한 피디어스의 작품인가 보아요. ❸ 다음에 운강(雲岡)과 용문
(龍門)의 거대한 석불(石佛)들이 아름다운 모든 조건을 구비
하고서 내 눈앞에 황홀하게 나타납니다.
❹ 매화처럼 아무 조건 없이 황홀함을 주는 대상
그러나 수유(須臾)*에 이 여러 환영들은 사라지고 ㉠신라
[C] 의 석불이 그 부드러운 곡선을 공중에 그리면서 아무런 조건
도 없이 눈물겹도록 아름다운 자세로 내 눈을 현황(眩慌)*하
대상을 보는 화자의 감정이 투영됨. 고조된 감정
게 합니다.
❺
그러다가 나는 다시 희멀건 이씨조(李氏朝)의 백사기(白砂器)
❸ 서술상 특징: 색채 이미지 사용
를 봅니다. ❻ 희미한 보름달처럼 아름답게 조금도 그의 존재를
❸ 서술상 특징: 의인화
자랑함이 없이 의젓이 제자리에 앉아 있습니다. 그 수줍어하
는 품이 소리쳐 불러도 대답할 줄 모를 것 같구료. ❽ 고동(古銅)
의 빛이 제아무리 곱다 한들, 용천요(龍泉窯)의 품이 제 아무
❸ 서술상 특징: 다른 대상과의 대비를 통해 백사기의 아름다움을 예찬
리 높다 한들, 이렇게도 적막한 아름다움을 지닐 수 있겠습니까.

┌ 백사기: 흰 빛깔의 사기
└ 고동: 오래된 동전

*[C] 요약: '나'는 아름다운 매화를 보며 여러 가지 예술 작품들을 떠올림.

❶ 댁에 매화가 구름같이 핀 그 앞에서 나의 환상은 한없이 전
개됩니다. ❷ 그러다가 다음 순간 나는 매화와 석불과 백사기의
❷ 태도: 무아지경의 상태 ❸ – 매화의 아름다움에 대한 극단적 예찬
[D] 존재를 모조리 잊어버립니다. 그리고 잔잔한 물결처럼 내 마
음은 다시 고요해집니다. 있는 듯 마는 듯한 향기가 내 코를
스치는구료. ❸ 서술상 특징: 후각적 심상

*[D] 요약: '나'는 떠올리던 것들을 잊고 매화의 향기만을 느낌.

*수유: 잠시
*현황: 정신이 어지럽고 황홀함.

■ 갈래: 현대 수필, 경수필   ■ 창작 시기: 현대
■ 내용: 이 작품은 매화의 아름다움을 통해 인생을 돌아보고 있는 글이다. 시대
가 변함에도 매화가 여전히 영탄의 대상이 되고 있는 이유가 무엇일까를 탐색
하고자 하는 것이 이 수필의 의도이다.
■ 주제: 매화의 아름다움과 그것을 즐기지 못하는 세인들에 대한 안타까움

■ 이것이 핵심!: 매화를 보는 세인들과 화자의 관점의 차이

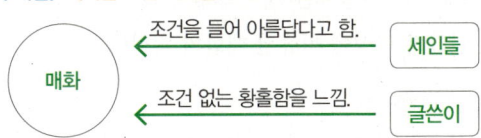

조건을 들어 아름답다고 함.
세인들
매화
조건 없는 황홀함을 느낌.
글쓴이

D 01 정답 ⑤ ＊작품 비교하기 ·················· [정답률 54%]

(가)와 (나)의 공통점으로 가장 적절한 것은?

왜 정답?

⑤ 물음의 방식으로 말하는 이의 뜻을 강조하여 전달하였다.
(가)의 '어드메오', '무엇하리' 등, (나)의 '어디 있나뇨?', '어찌하리까' 등에서 확인할 수 있음.
＊근거: (가) 〈추 8〉 ❶, ❸, ❺, 〈추 9〉 ❸, (나) [A] ❶, ❸, [B] ❺, [C] ❽
(가)의 경우에는 '어드메오', '무엇하리', '어떠하니' 등에, (나)의 경우에는 '매
화의 아름다움이 어디 있나뇨?', '어찌하리까', '다르겠습니까', '있겠습니까'
등에 물음을 통한 표현 방식이 사용되고 있다.

왜 오답?

① 명령하는 어조로 대상에 시선을 집중시켰다.
(가)의 후렴구에서 확인할 수 있지만, (나)에서는 확인할 수 없음.
＊근거: (가) 〈추 2〉 ❷, 〈추 8〉 ❷, 〈추 9〉 ❷
명령형 어조는 (가)의 '～들어라, ～매어라, ～내려라' 등을 통해 확인할 수
있다. 하지만 (나)에는 나타나 있지 않다.

┌ 명령하는 어조: 대상에 대한 화자의 태도가 명령적인 어투를 의미한다. 주로
└ 명령형 종결 어미 '–아라/어라'와 함께 실현된다.

② 연쇄적 표현을 통해 내용의 긴밀성을 높였다.
(나)에서 '대리석상 – 석불 – 백사기'의 연쇄적 표현을 확인할 수 있지만, (가)에서는 확인할 수 없음.
＊근거: (나) [C] ❶, ❸, ❺
(나)에서는 '대리석상 – 석불 – 백사기'로 이어지는 연쇄적 표현이 사용되었
지만, (가)에는 연쇄적 표현이 나타나 있지 않다.

┌ 연쇄: 서로 연결되어 관련이 있는, 또는 그러한 것을 의미한다.

③ 재재 이미지를 활용하여 공간의 속성을 부각하였다.
(나)의 '희멀건 이씨조의 백사기'를 통해 확인할 수 있지만, (가)에서는 확인할 수 없음.
＊근거: (나) [C] ❺
'색채 이미지'는 (나)의 '희멀건 이씨조의 백사기' 등을 통해서만 확인할 수
있다.

④ 원근을 대비하여 대상이 지닌 중의적 의미를 보여주었다.
(가), (나) 모두 확인할 수 없음.
원근의 대비를 통해 대상이 지닌 중의적 의미를 보여 준다는 내용은 (가)와
(나) 모두 해당하지 않는다.

┌ 원근을 대비: '원근'이란 멀고 가까움을 의미하며, 원근을 대비한다는 것은
└ 멀고 가까운 이미지를 대비하여 표현하는 것을 말한다.
┌ 중의적: 한 단어나 문장이 두 가지 이상의 뜻으로 해석될 수 있는

D 02 정답 ③ ＊〈보기〉를 바탕으로 감상하기 ·· [정답률 65%]

〈보기〉를 참고할 때, (가)에 대한 반응으로 적절하지 않은 것
은? [3점]

━━━━━━━[보기]━━━━━━━
〈어부사시사〉에서 화자가 머무는 공간은 화자의 경험을 통
②, ⑤의 근거
해 구체화된다. 그리고 그 공간이 갖는 의미는 고사를 통해
④의 근거
암시되기도 하며 속세와의 대비를 통해 부각되기도 한다.
①의 근거
제시된 작품 중 '추 8'에 나오는 고사의 내용은 다음과 같다.

– '서풍진': 진(晉)나라 때 원규라는 인물이 권력을 마음대로
휘둘렀는데, 왕도(王導)가 이를 못마땅하게 여겨 서풍에 날아
권력을 마음대로 휘두르는 것을 서풍진에 비유함.
오는 먼지를 부채로 가리며, "원규가 사람을 더럽힌다."라고
말했다고 함.

– '귀 씻어': 요 임금 때 허유라는 인물이 요 임금에게서 나라

를 맡으라는 말을 듣고 "귀가 더러워졌다."라고 하며 강물에
<u>권력을 비롯한 세속을 멀리하는 태도</u>
귀를 씻었다고 함.

>**왜 정답?**

③ '추 2'의 '멀수록 더욱 좋다'와 '추 8'의 '이것이 어드메오'에
서는 <u>동일한 공간에 대한 상반된 인식이 표면화되는군.</u>
<u>'멀수록 더욱 좋다', '이것이 어드메오'는 공간에 대한 상반된 인식이 아님.</u>

＊근거: (가) 〈추 2〉 ❺, 〈추 8〉 ❶

'추 2'와 '추 8'의 상황과 맥락을 고려할 때, 화자는 자연에서 느끼는 만족감
을 표현하고 있음을 알 수 있다. 그리고 '멀수록 더욱 좋다'는 속세로부터 벗
어난 것에 대한, '이것이 어드메오'는 현재 화자가 위치한 자연에 대한 정서
를 표현한 것임을 고려할 때 동일한 공간에 대한 상반된 인식이라고 설명한
③은 적절하지 않다.

>**왜 오답?**

① '추 2'의 '수국'과 '추 9'의 '조선'은 각각 '인간', '부세'와의 대
<u>'수국', '조선'은 자연에서 삶을 누리는 공간이고 '인간', '부세'는 속세를 의미함.</u>
비를 통해 그 성격이 분명해지는군.

＊근거: (가) 〈추 2〉 ❶, ❺, 〈추 9〉 ❸, 〈보기〉 ❷문장

〈보기〉를 참고하면, '수국'과 '조선'은 자연에서의 삶을 누리는 공간이고, '인
간'과 '부세'는 속세를 의미한다는 점에서 두 공간의 대비적 성격이 분명하게
드러난다.

② '추 2'의 '슬카지 용여하자'에는 화자가 자신이 머무는 공간
<u>자연에서 원하는 만큼 즐거움을 누리고 싶음을 드러냄.</u>
에서의 경험을 지속하고자 하는 의도가 담겨 있군.

＊근거: (가) 〈추 2〉 ❸, 〈보기〉 ❶문장

〈보기〉를 참고하면, '슬카지 용여하자'는 화자가 자신이 머물고 있는 자연이
란 공간에서의 경험을 원하는 만큼 지속하고 싶은 소망을 드러낸 표현으로
볼 수 있다.

④ '추 8'의 '서풍진 못 미치니'와 '들은 말이 없었으니'를 통해
화자가 느끼는 속세와의 거리감이 표현되는군.
<u>화자 자신이 속세로부터 떨어져 있음을 드러내므로 적절함.</u>

＊근거: (가) 〈추 8〉 ❸, ❺, 〈보기〉 ❷문장

고사와 관련된 표현인 '서풍진 못 미치니'와 '들은 말이 없었으니'를 통해 화
자는 자신이 속세로부터 그만큼 멀리 떨어져 있음을 드러내고 있다.

⑤ '추 9'의 '내일도 이리 하고 모레도 이리 하자'에는 현재의
<u>자연에서 계속 머물고 싶은 화자의 바람이 반영되어 있으므로 적절함.</u>
생활이 지속되기를 바라는 화자의 심정이 드러나는군.

＊근거: (가) 〈추 9〉 ❺, 〈보기〉 ❶문장

〈보기〉를 참고하면, '내일도 이리 하고 모레도 이리 하자'에는 자연에서 계속
머물며 현재의 경험이 계속되기를 바라는 화자의 심정이 반영되었다고 볼
수 있다.

D 03 정답 ③ ＊글쓴이의 생각과 태도 파악하기 · [정답률 68%]

[A]～[D]에 대한 설명으로 적절하지 <u>않은</u> 것은?

>**왜 정답?**

③ [C]에서 글쓴이는 연상을 통해서 <u>매화가 갖지 못한 새로운</u>
<u>가치에 주목하고 있다.</u>
<u>매화의 가치 그 자체에 주목하고 있으므로 적절하지 않음.</u>

＊근거: [C] ❶, ❸, ❺

글쓴이는 [C]에서 '대리석상', '석불', '백사기' 등 위대한 예술 작품의 아름다
운 모습을 연상하며, 매화를 대할 때의 감동이 이와 같은 예술 작품을 감상
할 때의 감동과 같음을 표현하고 있다. 즉, 글쓴이는 연상을 통해 매화의 가
치 자체에 주목하고 있는 것이지, 매화가 갖지 못한 새로운 가치에 주목하고
있는 것은 아니다.

>**왜 오답?**

① [A]에서 글쓴이는 매화의 아름다움에 대한 세인의 생각을
인용하고, 그와 대비되는 자신의 관점을 드러내고 있다.
<u>'세인이 말하기를 매화는 늙어야 한다 합니다.'</u>
<u>'그러나 내가 ～ 멸시된 곳에 있습니다.'</u>

＊근거: [A] ❷, ❼

'세인이 말하기를 매화는 늙어야 한다 합니다.'에서 글쓴이는 세인의 생각을
인용하고 있고, '그러나' 이후에서 세인의 생각과 대비되는 자신의 관점을
드러내고 있다.

② [B]에서 글쓴이는 다양한 비유적 표현을 통해 매화의 모습
<u>'은사처럼', '구름같이'</u>
을 형상화하고, 매화를 대할 때의 심경을 드러내고 있다.
<u>'위대한 예술을 감상할 때의 심경'</u>

＊근거: [B] ❷, ❸, ❺

'은사처럼, 구름같이'에서 비유적 표현이 드러나고, '위대한 예술을 감상할
때의 심경'을 통해 매화를 대할 때의 심경을 드러내고 있다.

④ [D]에서 글쓴이는 감각적 이미지를 활용하여 매화로부터
<u>'향기가 내 코를 스치는구료.'</u>
받은 감동을 표현하고 있다.

＊근거: [D] ❹

'향기가 내 코를 스치는구료.'에서 후각적 이미지가 활용되고 있다.

⑤ [D]에서는 [C]에서 한껏 고조되었던 글쓴이의 마음이 가
<u>'눈물겹도록 아름다운' 매화를 보던 글쓴이의 마음이 '다시 고요해'지고 있음.</u>
라앉으면서 매화의 은은한 아름다움이 드러나고 있다.

＊근거: [D] ❸, ❹

[D]에서 '마음은 다시 고요해집니다.'라고 했고, '향기가 내 코를 스치는구료'
라는 표현에서 매화의 은은한 아름다움을 느끼고 있으므로, [C]에서 한껏 고
조됐던 감정이 [D]에서 가라앉았음을 알 수 있다.

D 04 정답 ④ ＊시어 및 구절의 의미 파악하기 … [정답률 75%]

㉠～㉤에 대한 이해로 적절하지 <u>않은</u> 것은?

>**왜 정답?**

④ ㉣: 글쓴이가 <u>매화의 아름다움을 느끼지 못하는 상황</u>이다.
<u>아무런 조건도 없이 화자의 마음을 황홀하게 하는 매화의 아름다움을 느낌.</u>

＊근거: (나) [A] ❼

㉣의 '많은 조건이 멸시된 곳에'는 매화는 아무런 조건도 없이 화자의 마음
을 황홀하게 하는 존재라는 화자의 인식이 담겨 있다. 즉, 글쓴이 자신은 세
인들이 말하는 그런 조건들이 모두 사라진 상태에서 매화에 대한 진정한 아
름다움을 느낄 수 있다는 것이다.

>**왜 오답?**

① ㉠: <u>화자의 심리적 충족감</u>이 담겨 있다.
<u>풍성한 가을에 대한 화자의 충족감이 담겨 있음.</u>

＊근거: (가) 〈추 2〉 ❶

㉠에서 화자는 현재 자신이 위치한 '고기마다 살져 있는' 공간에 대한 심리
적 충족감을 드러내고 있다.

② ㉡: <u>현재 상황에 대한 긍정적 인식</u>이 엿보인다.
<u>자신의 현재 모습에 대한 긍정적 인식이 담겨 있음.</u>

＊근거: (가) 〈추 9〉 ❶

㉡에서 화자는 '옷 위에 서리'가 내리는 상황에도 '추운 줄을 모'른다고 말하
며 현재 상황에 대한 긍정적 인식을 드러내고 있다.

③ ㉢: <u>인간적 덕성에 비유된 매화의 속성</u>이다.
<u>'유덕한'을 통해 매화의 속성을 알 수 있음.</u>

＊근거: (나) [A] ❹

'유덕하다'는 '덕이나 덕망이 있다.'는 뜻으로, 매화의 속성을 인간의 덕성에
비유하여 표현한 것이다.

⑤ ⑩: 글쓴이의 감정을 투영하여 대상을 묘사하고 있다.
'눈물겹도록 아름다운'을 통해 알 수 있음.

* 근거: (나) [C] ❹
⑩에서 글쓴이는 '신라의 석불'이 '눈물겹도록 아름다운' 자세를 취하고 있다고 말하며 자신의 감정을 투영하여 대상을 묘사하고 있다.

[투영하다: (비유적으로) 어떤 일을 다른 일에 반영하여 나타내다.

D 05~09   [2020년(3월)/고1교육청 22~26]

(가) 윤선도, 〈오우가〉

❶ 화자, 중심 대상   ❷ 상황, 정서, 태도   ❸ 표현상 특징   시 해석

❶ 내 벗이 몇이나 하니 수석(水石)과 송죽(松竹)*이라.
   ❶ 화자: 나   물, 바위, 소나무, 대나무 → 화자의 벗
➡ 내 벗이 몇인가 하니 물과 바위와 소나무와 대나무이다.

❷ 동산(東山)에 달 오르니 긔 더욱 반갑구나.
       화자의 벗(달)
➡ 동산에 달 떠오르니 그것이 더욱 반갑구나.

❸ 두어라 이 다섯 밧긔 또 더하여 무엇하리.
  ❷ 태도: 안분지족(安分知足) → 다섯 벗만 있으면 다른 것이 없어도 만족함.
➡ 두어라, 이 다섯밖에 또 더하여 무엇하겠는가?

〈제1수〉
* 〈제1수〉 요약: 다섯 벗에 대한 소개

△: 가변적 존재 ↔ □: 변치 않는 존재
❶ △구름 빛이 좋다 하나 검기를 자로 한다.
    깨끗하다   ❸ 표현상 특징: 색채어 자주 한다   ❸ 표현상 특징:
➡ 구름의 빛깔이 깨끗하다고 하나 검기를 자주 한다.   대구법

❷ △바람 소리 맑다 하나 그칠 적이 하노매라.
                      많도다
➡ 바람 소리 맑다고 하나 그칠 때가 많도다.

❸ 좋고도 그칠 뉘 없기는 □물뿐인가 하노라.
       그칠 때   ↔ 구름, 바람
➡ 깨끗하고도 그칠 때가 없기는 물뿐인가 하노라.

〈제2수〉
* 〈제2수〉 요약: 깨끗하고 맑으며 변함이 없는 물

△: 가변적 존재 ↔ □: 변치 않는 존재
❶ ㉠△꽃은 무슨 일로 피면서 쉬이 지고
               쉽게   ❸ 표현상 특징:
➡ 꽃은 무슨 일로 피자마자 쉽게 지고   대구법

❷ △풀은 어이 하여 푸르는 듯 누르나니
                    ❸ 표현상 특징: 색채어
➡ 풀은 어찌하여 푸르러지자 곧 누른빛을 띠는가?

❸ 아마도 변치 아닐손 □바위뿐인가 하노라
       변치 않는 것은
➡ 아마도 변하지 않는 것은 바위뿐인가 하노라.

〈제3수〉
* 〈제3수〉 요약: 영원한 존재인 바위

❶ 더우면 꽃 피고 추우면 잎 지거늘
  ❸ 표현상 특징: 대구법 — 소나무와 대조되는 일반적인 나무의 속성
➡ 더우면 꽃 피고 추우면 잎이 지거늘

❷ 솔아 너는 어찌 눈서리를 모르느냐.
  지조와 절개   고난, 시련   ❸ 표현상 특징: 설의법
➡ 소나무야, 너는 어찌 눈서리를 모르느냐?

❸ 구천(九泉)의 뿌리 곧은 줄을 글로 하여 아노라.
                          그것으로 인해
➡ 깊은 땅속까지 뿌리가 곧은 줄을 그것으로 인해 알겠구나.

[구천: 땅속 깊은 밑바닥이란 뜻으로, 죽은 뒤에 넋이 돌아가는 곳을 이르는 말

〈제4수〉
* 〈제4수〉 요약: 소나무의 지조와 절개

❶ 나무도 아닌 것이 풀도 아닌 것이
          ❸ 표현상 특징: 대구법
➡ 나무도 아닌 것이, 풀도 아닌 것이

❷ 곧기는 뉘 시키며 속은 어이 비었느냐.
          대나무의 속성
          ❸ 표현상 특징: 대구법, 설의법
➡ 곧기는 누가 시켰으며, 속은 어찌 비었느냐?

❸ 저렇게 사시(四時)에 푸르니 그를 좋아하노라.
         ❸ 표현상 특징: 색채어 대나무
➡ 저러고도 사시사철 푸르니 그를 좋아하노라.

〈제5수〉
* 〈제5수〉 요약: 대나무의 지조와 절개

❶ 작은 것이 높이 떠서 만물을 다 비추니
   달   달의 속성 ①
➡ 작은 것이 높이 떠서 만물을 다 비추니

❷ 밤중에 광명(光明)이 너만한 이 또 있느냐.
               달(광명의 존재)   ❸ 표현상 특징: 설의법
➡ 밤중에 밝은 빛이 너만한 것이 또 있겠느냐?

❸ 보고도 말 아니 하니 내 벗인가 하노라.
         달의 속성 ②
➡ 보고도 말을 하지 않으니 내 벗인가 하노라.

〈제6수〉
* 〈제6수〉 요약: 어둠을 밝히고 과묵한 존재인 달

* 송죽: 소나무와 대나무

■ 갈래: 연시조   ■ 창작 시기: 조선 중기
■ 내용: 이 작품은 6수로 이루어진 연시조로 물, 바위, 소나무, 대나무, 달을 의인화하여 다섯 자연물의 특징을 예찬하고 있다. 화자는 〈제1수〉에서 물, 바위, 소나무, 대나무, 달을 벗이라고 소개하고 있다. 〈제2수〉에서는 물을 구름, 바람과 대조함으로써 물의 불변함을, 〈제3수〉에서는 바위를 꽃, 풀과 대조함으로써 바위의 영원함을, 〈제4수〉에서는 소나무의 지조와 절개를, 〈제5수〉에서는 대나무의 지조와 절개를, 〈제6수〉에서는 달의 광명과 과묵함을 예찬하고 있다.
■ 주제: 오우(물, 바위, 소나무, 대나무, 달) 예찬

■ 이것이 핵심! 중심 대상의 속성

물	바위	소나무	대나무	달
불변함	영원함	지조, 절개	지조, 절개	광명, 과묵함

(나) 박완서, 〈꽃 출석부 1〉

❶ 중심 대상   ❷ 글쓴이의 생각, 태도   ❸ 서술상 특징

① 작년 가을에 이웃집에서 복수초를 나누어 받았다. 뿌리는 구근
                   ❶ 중심 대상: 복수초
이 아니라 흑갈색 잔뿌리와 검은 흙이 한데 엉겨 있고, 키는 땅에
  ❸ 서술상 특징: 색채적 표현
닿을 듯이 작은데 잎도 새의 깃털처럼 잘게 갈라져 있어서 전체적
    ❸ 서술상 특징: 직유법 — 복수초의 외양 묘사
으로 볼륨이 느껴지지 않아 하찮은 잡초처럼 보였다.
              복수초의 첫인상
    ❸ 그전에 나는 복수초라는 화초를 사진으로 본 적은 있지만 실물을 본 적은 없기 때문에 그게 과연 눈 속에서 핀다는 그 복수초인지 잘 믿기지 않았다. 생각해서 나누어 준 분 앞이라 당장 양지바
           ❷ 글쓴이의 생각: 하찮은 모습에 신뢰가 가지 않음.
른 곳에 심긴 했지만 곧 가을이 깊어지니 워낙 시원치 않아 보이
                             복수초
던 이파리들은 자취도 없어지고 나 역시 그게 있던 자리조차 기억
                           복수초를 심은 자리
못하게 되었다.

[구근: 지하에 있는 식물체의 일부인 뿌리나 줄기 또는 잎 따위가 달걀 모양
  으로 비대하여 양분을 저장한 것

* ① 요약: 복수초에 대한 좋지 않은 첫인상

② 아마 3월이 되자마자였을 것이다. 샛노란 꽃이 두 송이 땅에
  봄이 되어 복수초가 핌.   복수초가 꽃을 피움.

정답 및 해설 149

닿게 피어 있었다.❸ 하도 키가 작아서 하마터면 밟을 뻔했다.❹ 그러나 빛깔은 진한 황금색이어서 아직 아무것도 싹트지 않은 황량한 마당에 몹시 생뚱스러워 보였다.❺ 그리고 곧 큰 눈이 왔다. 아무리
❻ 복수초가 피운 꽃에 대한 글쓴이의 인상
눈 속에도 피는 꽃이라고 알려져 있어도 그 작은 키로 견디기엔 너무 많은 눈이었다.❼ 나는 눈으로는 눈의 무게를 이기지 못해 꺾
❷ 글쓴이의 생각: 작은 복수초가 눈 속에서 살아나기 힘들 것이라 생각함.
인 듯이 축 처진 소나무 가지를 바라보면서 마음으로는 그 샛노란
꽃의 속절없음을 생각하고 있었다.❽ 대문밖의 눈은 쳐 주었지만 마 복수초의 꽃
당의 눈은 그대로 방치해 두었기 때문에 녹아 없어지는 데 며칠
걸렸다.❾ 생존하기 어려운 환경에 놓인 복수초 놀랍게도 제일 먼저 녹은 데가 복수초 언저리였다.❿ ㉡고
복수초의 생명력에 대한 감탄
작은 풀꽃의 머리칼 같은 뿌리가 땅속 어드메서 따뜻한 지열을 길
❸ 서술상 특징: 직유법 - 복수초의 뿌리
어 올렸기에 그 두터운 눈을 녹이고 더욱 샛노랗게 더욱 싱싱하게
해를 보고 있었다.⓫ 온종일 그렇게 피어 있다가 해질 무렵에는 타
원형으로 오므라든다.⓬ 그러다가 아주 시들어 버릴 줄 알았는데 다
음날 해만 뜨면 다시 활짝 핀다.⓭ 그러나 마냥 그럴 수는 없는 일이
다.⓮ 복수초도 꽃이 지기 때문임. 곧 안 깨어나고 져버리는 날이 있겠기에 그게 피어 있는 동안
만이라도 누구에겐가 보여 주고 자랑하고 싶어서 나는 집에 손님
만 오면 그걸 구경시킨다.⓯ 복수초에 대한 생각이 바뀜. 그러나 내가 기대하는 것만치 신기해
해 주는 이가 별로 없다.⓰ 어떤 친구는 마당에 피는 꽃이 백 가지도
넘는다고 해서 부러워했는데 이런 것까지 쳐서 백 가지냐고 기막
힌 듯이 물었다.⓱ 복수초를 하찮게 여김. 듣고 보니 내가 그런 자랑을 한 적이 있는 것 같
았다.⓲ 그러나 거짓말을 한 건 아니다. 그 친구는 아마 기화요초*⓳
가 어우러진 광경을 상상했었나 보다.⓴ 내가 백 가지도 넘는다고
마당에 피는 꽃이 백 가지도 넘는다는 말에 대한 친구의 기대
한 것은 복수초 다음으로 피어날 민들레나 제비꽃, 할미꽃까지 다
합친 수효다. 올해는 복수초가 1번이 되었지만 작년까지만 해도
산수유가 1번이었다.㉒ 곧 4월이 되면 목련, 매화, 살구, 자두, 앵두,
조팝나무 등이 다투어 꽃을 피우겠지만 그래도 조금씩 날짜를 달
리해 순서대로 피면서 그 그늘에 제비꽃이나 민들레, 은방울꽃을
거느린다.㉓ 꽃이 제일 먼저 핀 것은 복수초지만 잎이 제일 먼저 흙
「 」: 봄꽃에 대한 글쓴이의 세심한 관찰과 애정
을 뚫고 모습을 드러낸 것은 상사초고 그 다음이 수선화다.㉔ 수선
화는 벚꽃이 필 무렵에나 필 것 같고 상사초는 잎이 시들어 지상
에서 사라지고 나서도 한참이나 더 있다가 꽃대를 밀어 올릴 것
이다.㉕ 이렇게 그것들을 기다리고 마중하다 보니 내 머릿속에 ⓐ출
석부가 생기게 되고, 출석부란 원래 이름과 함께 번호를 매기게
봄에 꽃이 피는 순서에 따라 꽃 출석부를 만듦.
되어 있는지라 100번이 넘는다는 걸 알게 되었다.㉖ 이름을 모르면
마당에 피는 꽃이 100가지가 넘음.
100번이라는 숫자도 나오지 않았을 것이다. 그것들이 순서를 지
꽃에 대한 글쓴이의 애정 → 꽃의 이름을 100가지 이상 알고 있음.
키지 않고 멋대로 피고 지면 이름이 궁금하지 않았을지도 모른다.

속절없다: 단념할 수밖에 달리 어찌할 도리가 없다.
수효: 낱낱의 수.

*❷ 요약: 복수초의 개화와 순차적으로 피는 꽃들

❸ 내가 출석을 부르지 않아도 그것들은 올 것이다. 그대로 나는
그것들이 올해도 하나도 결석하지 않고 전원 출석하기를 바라기
때문에 「그것들이 뿌리로, 씨로 잠든 땅을 함부로 밟지 못한다.❸ 그
「 」: 자연을 아끼고 사랑하는 마음
것들이 왕성하게 자랄 여름에는 그것들이 목마를까 봐 마음 놓고

어디 여행도 못 할 것이다.❹ 그것들은 출석할 때마다 내 가슴을 기
꽃이 필 때마다 피는 꽃을 본 글쓴이의 환희
쁨으로 뛰놀게 했다.❺ 100식구는 대식구다. 나에게 그것들을 부양
꽃을 가족으로 생각함.
할 마당이 있다는 걸 생각만 해도 뿌듯한 행복감을 느낀다. 내가
이렇게 사치를 해도 되는 것일까. 괜히 송구스러울 때도 있다.
❶ 100가지가 넘는 꽃을 보는 즐거움 ❷ 두려워서 마음이 거북스러움
❹ 그것들은 내가 기다리지 않아도 올 것이다. 그래도 나는 기다
린다.❶ 기다리는 기쁨 때문에 기다린다.
글쓴이가 봄꽃을 기다리는 이유

〔 부양하다: 생활 능력이 없는 사람의 생활을 돌보다.

*❸, ❹ 요약: 꽃들이 피어나기를 기쁘게 기다림.

■ 갈래: 경수필   ■ 창작 시기: 현대
■ 내용: 작품은 글쓴이가 자신의 마당에 핀 꽃들을 관찰하며 느끼는 즐거움을
표현한 수필이다. 글쓴이는 마당에 핀 복수초가 눈을 녹이고 피어나 해를 바라
보는 모습을 보면서 복수초의 강한 생명력에 대한 경탄을 드러내고 있다. 글쓴
이는 마음속에 꽃 출석부를 만들 정도로 자신의 마당에 피어나는 100가지가 넘
는 꽃들에 대한 애정을 드러내고 있다.
■ 주제: 복수초의 강한 생명력에 대한 경탄, 봄꽃에 대한 애정
■ 이것이 핵심!: 꽃에 대한 화자의 애정

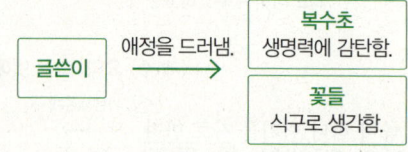

★ 독해 공식 정답

(가)
❶ 화자: '나', 중심 대상: '오우(물, 바위, 소나무, 대나무, 달)'
❷ 상황: 화자인 '나'가 다섯 자연물(물, 바위, 소나무, 대나무, 달)을 벗이라고 칭하며
각각의 속성을 예찬하고 있음.
정서, 태도: 다섯 자연물의 속성을 예찬함.
❸ 표현상 특징
• 자연물의 속성을 근거로 대상을 예찬함.
• 자연물을 의인화하여 인간의 덕성에 빗대어 표현함.
• 대조와 대구 등의 표현법을 통해 화자의 정서를 강조함.

(나)
❶ 중심 대상: 복수초
❷ 글쓴이의 생각, 태도: 복수초의 생명력을 경탄함.
❸ 서술상 특징
• 색채적 표현을 사용하고 있음.
• 비유법을 활용하고 있음.

작품 간의 공통점 및 차이점
• 공통점: 자연(물)이 중심 대상임. 중심 대상에 대한 긍정적 태도가 드러남.
• 차이점: (가)의 화자는 대조를 통해 중심 대상을 예찬함. (나)의 글쓴이는 중심 대상에
대한 인식이 바뀜.

D 05 정답 ① ★ 작품 비교하기 ……………… [정답률 68%]

(가)와 (나)의 공통점으로 가장 적절한 것은?

>왜 정답?

① 색채어를 사용하여 대상을 감각적으로 묘사하고 있다.
(가): 〈제2수〉 초장 등, (나): 1문단의 2번째 문장 등

★근거: (가) 〈제2수〉 ❶, 〈제3수〉 ❷, 〈제5수〉 ❸, (나) ①문단 ❷문장, ②
문단 ❷, ❹, ⓾문장

(가) 〈제2수〉의 '검기를', 〈제3수〉의 '푸르는 듯 누르나니', 〈제5수〉의 '푸르니'
와 (나) 1문단의 '흑갈색 잔뿌리와 검은 흙', 2문단의 '샛노란 꽃', '진한 황금
색', '더욱 샛노랗게'에서 색채어를 사용하여 대상을 감각적으로 묘사하고
있다.

[색채어: 빛깔을 나타내는 말

> **왜 오답?**

② 설의적 표현을 통해 대상에 대한 그리움을 강조하고 있다.
(가): 〈제4수〉 중장 등 → 그리움을 강조하지 않음. (나): 나타나지 않음.

* 근거: (가) 〈제4수〉 ❷, 〈제5수〉 ❷, 〈제6수〉 ❷

(가) 〈제4수〉의 '솔아 너는 어찌 눈서리를 모르느냐.', 〈제5수〉의 '곧기는 뉘 시키며 속은 어이 비었느냐.', 〈제6수〉 '밤중에 광명(光明)이 너만한 이 또 있 느냐.'에 설의적 표현이 사용되었다. 이는 소나무, 대나무, 달의 특성을 강조 하여 예찬한 것으로 대상에 대한 그리움을 강조하고 있지는 않다. (나)에서 는 설의적 표현이 사용되지 않았다.

[설의적 표현: 분명한 답이 있는데도 물음의 형식으로 표현하는 방법으로 의 미나 화자의 생각, 정서를 강조하기 위해 사용함.

③ ~~음성 상징어~~를 사용하여 상황을 생동감 있게 그리고 있다.
(가): 나타나지 않음. (나): 2문단 7번째 문장 근거

* 근거: (나) ❷문단 ❼문장

(나)의 '축 처진 소나무'에서 음성 상징어인 '축'을 활용하여 소나무가 처진 모습을 생동감 있게 그리고 있다. 그러나 (가)에서는 음성 상징어를 사용하 지 않았다.

[음성 상징어: 사람이나 동물, 사물의 소리를 흉내 낸 말인 의성어와 사람이 나 동물, 사물의 모양이나 움직임을 흉내 낸 말인 의태어를 이르는 말

④ ~~말을 건네는~~ 방식을 통해 대상과의 유대감을 드러내고 있다.
(가): 〈제4수〉 중장, (나): 나타나지 않음.

* 근거: (가) 〈제4수〉 ❷

(가)의 〈제4수〉 '솔아 너는 어찌 눈서리를 모르느냐.'에서 소나무에게 말을 건 넴으로써 화자와 소나무 사이의 유대감을 드러내고 있다. 하지만 (나)에서는 말을 건네는 방식을 활용한 부분을 찾을 수 없다.

[말을 건네는 방식: 청자가 드러나고 청자에게 말을 건네는 말투를 사용하는 것

⑤ ~~반어적 표현~~을 사용하여 심리 변화의 양상을 나타내고 있다.
(가): 나타나지 않음. (나): 나타나지 않음.

(가)와 (나) 모두에서 반어적 표현이 사용된 부분을 찾을 수 없다.

[반어적 표현: 표현의 효과를 높이기 위하여 실제와 반대되는 뜻의 말을 하는 것

D 06 정답 ③ *〈보기〉를 바탕으로 감상하기 [정답률 80%]

〈보기〉를 바탕으로 (가)와 (나)를 감상한 내용으로 적절하지 않 은 것은? [3점]

・〈보기〉: (가)의 화자와 (나)의 글쓴이는 관찰을 통해 인식한 사물의 속성에서 추상적인 의미를 발견하고 있습니다.

🔴 즉 (가)의 화자와 (나)의 글쓴이가 인식한 사물의 속성을 고려하여 〈오우 가〉와 〈꽃 출석부 1〉을 잘못 감상한 것을 고르는 문제입니다.

── [보기] ──

(가)의 화자와 (나)의 글쓴이는 모두 관찰한 경험을 바탕으 로 사물의 속성을 인식하고 있다. 사물의 속성을 인식하는 것 은 사물의 모습에서 추상적인 의미를 발견해 내는 것이다. 그 런데 관찰된 겉모습은 사물의 속성을 인식하는 데 도움이 되 기도 하지만, 경우에 따라서는 방해가 되기도 한다.
(가) – 자연, (나) – 복수초

> **왜 정답?**

③ (가)의 〈제6수〉에서 화자는 '달'이 높이 떠 있는 것이, 보고 도 말 아니 하는 과묵함이라는 속성을 인식하는 데 **방해가 된** ~~다고~~ 생각하고 있군.
달: 광명의 존재, 과묵함 → 방해가 된다고 생각하지 않음.

---

* 근거: (가) 〈제6수〉 ❷, ❸

(가)의 〈제6수〉에서 화자는 '달'을 만물을 다 비추는 '광명'의 존재로 인식하 고, '보고도 말 아니 하는' 과묵한 존재라면서 자신의 벗으로 인식하고 있다. 따라서 '달'이 높이 떠 있는 것이 과묵함이라는 속성을 인식하는 데 방해가 된다고 생각하는 것은 적절하지 않다.

> **왜 오답?**

① (가)의 〈제4수〉에서 화자는 눈서리 속에서도 잎이 지지 않 는 모습에서, 시련에 굴하지 않는 굳건함을 '솔'의 속성으로
시련을 의미함.
인식하고 있군.
시련에 굴하지 않는 굳건함을 의미함.

* 근거: (가) 〈제4수〉 ❷

(가)의 〈제4수〉의 '솔아 너는 어찌 눈서리를 모르느냐.'는 시련을 의미하는 눈 서리 속에서도 잎이 지지 않는 소나무의 굳건한 모습을 설의적으로 표현한 것이다.

② (가)의 〈제5수〉에서 화자는 곧고 사계절 그 푸름을 잃지
저렇게 사시(四時)에 푸르니 그를 좋아하노라.'
않는 모습에서, 본모습을 지켜 나가는 꿋꿋함을 '대나무'의 속 성으로 인식하고 있군.

* 근거: (가) 〈제5수〉 ❸

(가)의 〈제5수〉의 '저렇게 사시(四時)에 푸르니 그를 좋아하노라.'는 곧고 사 계절 내내 푸른 대나무의 꿋꿋한 모습에 대한 화자의 마음을 드러낸 표현이다.

④ (나)에서 글쓴이는 하찮은 잡초처럼 보이는 겉모습으로 인
'그게 과연 눈 속에서 ~ 잘 믿기지 않았다.'
해 눈 속에서 피는 '복수초'의 강인함이라는 속성을 한동안 인 식하지 못했던 것이군.

* 근거: (나) ❶문단 ❸문장

(나)의 '그게 과연 눈 속에서 핀다는 그 복수초인지 잘 믿기지 않았다.'에서 글쓴이는 하찮은 잡초처럼 약해 보이는 복수초의 겉모습을 보고 눈 속에서 피는 '복수초'의 강인함이라는 속성을 한동안 인식하지 못했음을 드러내고 있다.

⑤ (나)의 글쓴이는 작은 키로는 견디기 어려운 두터운 눈을 녹이고 꽃을 피운 모습에서, 역경을 이겨 내는 생명력을 '복수 초'의 속성으로 인식하고 있군.
(나) 2문단 3번째, 6~10번째 문장에 근거

* 근거: (나) ❷문단 ❸, ❻~❿문장

(나)에서 글쓴이는 키가 작은 복수초가 두터운 눈을 녹이고 더욱 샛노랗게 꽃을 피우는 모습을 언급하고 있다. 이를 통해 글쓴이는 역경(두터운 눈)을 이겨 내는 생명력을 '복수초'의 속성으로 인식하고 있음을 드러내고 있다.

D 07 정답 ④ *표현상의 특징 파악하기 … [정답률 68%]

〈보기〉는 (가)의 시상 전개 과정을 나타낸 것이다. 이를 바탕으 로 (가)를 이해한 내용으로 적절하지 않은 것은?

・〈보기〉: 〈보기〉는 (가)를 시상이 전개되는 과정에 따라 네 부분(A, B, C, D)으 로 나눈 것입니다.

🔴 즉 시상 전개 과정에 따라 〈오우가〉를 잘못 이해한 것을 고르는 문제입니다.

── [보기] ──

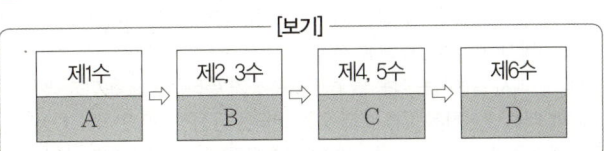

> **왜 정답?**

④ B와 C에서 중심 소재로 향했던 ~~화자의 시선이 D에서는 내~~
화자는 D에서도 중심 소재를 바라보고 있음.
~~면으로 이동하고~~ 있다.

화자는 A에서 물, 바위, 소나무, 대나무, 달을 벗이라고 소개한 후, B에서는 물과 바위, C에서는 소나무와 대나무, D에서는 달의 덕성을 예찬하고 있다. 화자는 D에서 달의 광명과 과묵한 덕성을 예찬하고 있을 뿐, 화자의 시선을 내면으로 이동하고 있지는 않다. 화자의 시선은 B, C, D에서 물과 바위, 소나무, 대나무, 달, 즉 각각의 중심 소재를 향하고 있을 뿐이다.

> 왜 오답 ?

① A에서는 중심 소재를 무생물, 생물, 천상의 자연물로 묶어 제시하고 있다.
　　　　　　　　　　　소나무와 대나무
　　　　　　　　　물과 바위　　　　　달

화자는 A에서 물, 돌, 소나무, 대나무, 달을 벗이라고 하였다. 물과 바위는 무생물이고 소나무와 대나무는 생물이며 달은 천상의 자연물이다.

② B에서는 대조의 방식을 활용하여 중심 소재를 예찬하고 있다.
　　　　〈제2수〉: 물 ↔ 구름, 바람, 〈제3수〉: 바위 ↔ 꽃, 풀

〈제2수〉에서는 물의 덕성을 예찬하고자 물과 대조적인 소재인 구름과 바람을 제시하였고, 〈제3수〉에서는 바위의 덕성을 예찬하고자 이와 대조적인 소재인 꽃과 풀을 제시하였다.

[대조: 둘 이상의 대상을 서로 맞대어 반대되거나 대비되는 것

③ C에서는 B와 유사하게 대구의 방법을 활용하여 시적 운율감을 이어가고 있다.
　　B: 〈제2수〉와 〈제3수〉의 초장과 중장, C: 〈제4수〉의 초장, 〈제5수〉의 초장과 중장

〈제2수〉에서는 '구름 ～ 하나 ～'와 '바람 ～ 하나 ～', 〈제3수〉에서는 '꽃은 ～'과 '풀은～'에서 대구를 이루고 있다. 이러한 대구는 〈제4수〉의 '더우면 꽃 피고'와 '추우면 잎 지거늘'에서 드러나고, 〈제5수〉의 '나무도 아닌 것이'와 '풀도 아닌 것이', '곧기는～'과 '속은～'에서 드러나고 있다.

[대구: 형식이나 내용이 비슷한 문장을 나란히 짝을 맞추어 배치하는 방법

⑤ B, C, D의 각 수에서는 A에서 언급된 중심 소재를 순차적으로 배치하고 있다.
　〈제2수〉물, 〈제3수〉바위, 〈제4수〉소나무, 〈제5수〉대나무, 〈제6수〉달

〈제1수〉에서는 중심 소재인 물과 바위, 소나무, 대나무, 달을 언급하였다. 〈제2수〉에서는 물, 〈제3수〉에서는 바위, 〈제4수〉에서는 소나무, 〈제5수〉에서는 대나무, 〈제6수〉에서는 달을 순차적으로 예찬하고 있다.

D 08　정답 ③　＊시어 및 구절의 의미 파악하기 · [정답률 51%]

'꽃'에 대한 심리적 태도를 고려할 때 ㉠과 ㉡에 대한 이해로 가장 적절한 것은?

· ㉠과 ㉡: ㉠은 '꽃은 무슨 일로 피면서 쉬이 지고'라는 구절이고, ㉡은 '고 작은 풀꽃의 머리칼 같은 뿌리가 ～ 해를 보고 있었다.'라는 문장입니다.

(줌) (가)의 화자와 (나)의 글쓴이의 꽃에 대한 태도를 고려하여 시어 및 구절을 올바르게 이해한 것을 고르는 문제입니다.

> 왜 정답 ?

③ ㉠에는 화자의 거리감이, ㉡에는 글쓴이의 친근감이 담겨 있다.
　　　　'바위'와 대조적인 소재임.　　　'복수초'를 긍정적으로 인식함.

(가)의 〈제3수〉에서는 '바위'의 변하지 않는 덕성을 예찬하고자 바위와 대조적인 존재인 쉽게 피고 지는 '꽃(㉠)'을 제시하고 있다. 화자는 바위를 긍정적으로 인식하고 있으므로 바위와 대조적인 성격인 꽃은 부정적으로 인식하고, 이에 대해 거리감을 느낄 것이다.

(나)의 ㉡에서 글쓴이는 작은 풀꽃인 '복수초'가 두터운 눈을 녹이고 더욱 샛노랗게 더욱 싱싱하게 해를 보고 있는 모습을 긍정적으로 인식하고 있음을 드러내고 있다. 따라서 ㉡에는 글쓴이의 친근감이 담겨 있다고 볼 수 있다.

> 왜 오답 ?

① ㉠에는 화자의 동질감이, ㉡에는 글쓴이의 이질감이 담겨 있다.
　　　　　　적절하지 않음.　　　　　　적절하지 않음.

㉠의 '꽃'은 화자가 긍정적으로 생각하는 '바위'와 대조적인 성격을 가진 소재로, 화자의 동질감이 담겨 있는 소재가 아니다. ㉡은 두터운 눈을 녹이고 꽃을 피운 '복수초'에 대한 글쓴이의 긍정적인 인식이 담겨 있는 문장으로 이질감이 담겨 있지 않다.

② ㉠에는 화자의 안도감이, ㉡에는 글쓴이의 불안감이 담겨 있다.
　　　　　　적절하지 않음.　　　　　　적절하지 않음.

㉠의 '꽃'은 화자가 긍정적으로 생각하는 '바위'와 대조적인 성격을 가진 소재로, 화자의 안도감이 담겨 있는 소재가 아니다. ㉡은 두터운 눈을 녹이고 꽃을 피운 '복수초'에 대한 글쓴이의 긍정적인 인식이 담겨 있는 문장으로 글쓴이의 불안감이 담겨 있는 문장이 아니다.

④ ㉠에는 화자의 비애감이, ㉡에는 글쓴이의 애상감이 담겨 있다.
　　　　　　적절하지 않음.　　　　　　적절하지 않음.

㉠의 '꽃'은 화자가 긍정적으로 생각하는 '바위'와 대조적인 성격을 가진 소재로, 화자의 비애감이 담겨 있는 소재가 아니다. ㉡은 두터운 눈을 녹이고 꽃을 피운 '복수초'에 대한 글쓴이의 긍정적인 인식이 담겨 있는 문장으로 글쓴이의 애상감과는 관련이 없다.

[비애감: 슬퍼하고 서러워하는 감정
[애상감: 슬퍼하거나 가슴 아파하는 감정

⑤ ㉠에는 화자의 자괴감이, ㉡에는 글쓴이의 만족감이 담겨 있다.
　　　　　　적절하지 않음.　　　　　　적절하지 않음.

㉠의 '꽃'은 화자가 긍정적으로 생각하는 '바위'와 대조적인 성격을 가진 소재로, 화자의 자괴감이 담겨 있는 소재가 아니다. ㉡은 두터운 눈을 녹이고 꽃을 피운 '복수초'에 대한 글쓴이의 긍정적인 인식이 담겨 있는 문장일 뿐, 화자가 이에 만족하고 있다고 보기는 어렵다.

[자괴감: 스스로 부끄러워하는 마음

D 09　정답 ④　＊소재 및 배경의 의미 파악하기 · [정답률 83%]

(나)의 내용을 고려할 때, ⓐ에 담긴 의미로 가장 적절한 것은?

· (나): (나)는 글쓴이가 마당에 핀 복수초를 비롯한 다양한 꽃에 느낀 애정을 표현한 수필입니다.

· ⓐ: ⓐ는 '출석부'입니다. 글쓴이는 마당의 꽃들을 기다리며 머릿속에서 꽃들의 출석부를 만들었다고 했습니다.

(줌) 마당의 꽃들에 애정을 느끼는 글쓴이의 마음을 고려하여 '출석부(ⓐ)'에 담긴 의미를 고르는 문제입니다.

> 왜 정답 ?

④ 자연의 질서에 따라 차례대로 피고 지는 꽃들에 대한 글쓴이의 애정과 기대감이 담겨 있다.
　　'그것(꽃)들을 기다리고 마중하다 보니 내 머릿속에 출석부가 생기게 되고'

＊근거: (나) ②문단 ㉕문장

글쓴이는 마당에서 순서대로 피는 꽃들의 번호를 매기며 꽃들을 기다리다 보니 머릿속에 '출석부'가 생겼다고 하였다. 따라서 '출석부'에는 자연의 질서에 따라 차례대로 피고 지는 꽃들에 대한 글쓴이의 애정과 기대감이 담겨 있다고 볼 수 있다.

> 왜 오답 ?

① 더 많은 종류의 꽃들을 마당에 심고 싶어 하는 글쓴이의 소망이 담겨 있다.
　　　더 많은 종류의 꽃들을 마당에 심고 싶어 하는 소망은 드러나지 않음.

＊근거: (나) ②문단 ㉕～㉖문장

'출석부'에는 100번이 넘는 꽃들이 마당에 있는 것에 대한 글쓴이의 만족감이 드러나 있다. 하지만 이것이 더 많은 종류의 꽃들을 마당에 심고 싶어 하는 글쓴이의 소망이 담겨 있다고 보기는 어렵다.

② 소박한 꽃보다 화려한 꽃의 가치를 우선시했던 자신을 돌아보는 태도가 담겨 있다.
글쓴이는 소박한 꽃에 애정을 가진 인물임.

*근거: (나) ②문단 ⑳~㉔문장

글쓴이는 복수초와 민들레 등 소박한 꽃에도 애정을 보이고 있다. 따라서 글쓴이가 소박한 꽃보다 화려한 꽃의 가치를 우선시했던 자신을 돌아보는 태도를 가지고 있다고 보기는 어렵다.

③ 추웠던 겨울이 지나고 꽃이 피는 봄이 빨리 오기를 기다리는 글쓴이의 조급함이 담겨 있다.
글쓴이는 자연의 질서에 따라 봄이 올 것이라고 생각함.

*근거: (나) ③문단 ❶문장, ④문단 ❶문장

글쓴이는 '내가 출석을 부르지 않아도 그것들은 올 것이다.', '그것들은 내가 기다리지 않아도 올 것이다.'라고 했다. 이는 글쓴이가 자연의 질서에 따라 꽃이 피어날 것이라고 생각하고 있음을 드러내는 것이므로, 출석부에 꽃이 피는 봄이 빨리 오기를 기다리는 글쓴이의 조급함이 담겨 있다고 보기는 어렵다.

⑤ 소중하게 가꾼 꽃들을 자신만이 아니라 주변 사람들과 함께 즐기기를 바라는 마음이 담겨 있다.
작품에 나타나 있으나, 출석부의 의미와 관련이 없음.

*근거: (나) ②문단 ⑭문장

'보여 주고 자랑하고 싶어서 나는 집에 손님만 오면 그걸 구경시킨다.'라는 부분을 고려하면 글쓴이는 소중하게 가꾼 꽃들을 자신만이 아니라 주변 사람들과 함께 즐기기를 바라고 있음을 알 수 있다. 하지만 이는 '출석부'의 의미와는 관련이 없다.

D 10~14 [2019년(3월)/고1교육청 16~20]

(가) 신흠, 〈방옹시여〉

❶ 화자, 중심 대상 ❷ 상황, 정서, 태도 ❸ 표현상 특징 [시 해석]

❶화자가 현재 머무는 공간 외부로 통하는 통로
[1] 산촌(山村)에 눈이 오니 돌길이 묻혔어라
❷ 상황: 세상과 단절됨.
➡ 산촌에 눈이 오니 돌길이 묻혔구나.

화자가 느끼는 단절감
❷ ㉠시비(柴扉)를 열지 마라 날 찾을 이 뉘 있으랴
❶ 화자: 나 ❸ 표현상 특징: 의문형 → 화자의 심정을 부각함.
➡ 사립문을 열지 마라, 날 찾을 사람이 누가 있겠느냐(아무도 없다)?

한 조각 밝은 달
❸ 밤중만 일편명월(一片明月)이 그 벗인가 하노라
❶ 중심 대상: 일편명월 ❷ 태도: 자연 친화적
➡ 밤중에 보이는 한 조각 밝은 달만이 그 벗인가 하노라.

시비: 사립짝을 달아서 만든 문 = 사립문
일편명월: 한 조각의 밝은 달

*[1] 요약: 달빛을 벗 삼아 보내는 산촌의 겨울밤

❶ 중심 대상: 임
[2] 창(窓)밖에 워석버석 임이신가 일어 보니
❸ 표현상 특징: 청각적 심상 ❷ 상황: '임'이 오기를 기다림.
➡ 창문 밖에 워석버석 임이신가 일어나 보니

계절적 배경(가을)
❷ 혜란 혜경(蕙蘭蹊徑)*에 낙엽(落葉)은 무슨 일이고
❸ 표현상 특징: 의문형 → 화자의 심정을 부각함.
➡ 난초가 자란 지름길에 낙엽은 무슨 일인가?

❸ 표현상 특징: 영탄법-화자의 감정을 드러냄.
❸ 어즈버 유한(有限)한 간장(肝腸)이 다 긏을까 하노라
❷ 정서: '임'을 그리며 애끓는 심정이 드러남.
➡ 아아, 유한한 오장육부가 모두 끊어질까 하노라.

유한하다: 수(數), 양(量), 공간, 시간 따위에 일정한 한도나 한계가 있다.

*[2] 요약: 임이 오기를 기다리는 애끓는 마음

❶ 중심 대상: 시름
[3] 노래 삼긴 사람 시름도 하도 할샤
❷ 정서: 시름이 많음.
➡ 노래를 만든 사람은 시름이 많기도 많구나.

❷ 일러 다 못 일러 불러나 풀었던가
❸ 표현상 특징: 의문형 → 화자의 심정을 부각함.
➡ 말로 다 하지 못해 (노래를) 불러서 풀었던가?

❸ 진실로 풀릴 것이면은 나도 불러 보리라
❷ 상황: 노래를 불러 시름을 풀고자 함.
➡ 진실로 (노래를 불러서) 풀릴 것 같으면 나도 불러 보리라.

*[3] 요약: 노래로 시름을 풀고자 하는 화자의 마음

* 혜란 혜경: 난초가 자라난 지름길

■ 갈래: 연시조   ■ 창작 시기: 조선 중기

■ 내용: 이 작품은 신흠이 광해군 때 일어난 계축옥사(광해군을 지지하는 대북파가 영창대군 및 반대파 세력을 제거하고 정권을 장악하기 위하여 일으킨 옥사)를 겪은 후, 정신적 혼란과 충격에서 벗어나기 위해 산골에 묻혀 살면서 그 마음을 노래한 총 30수의 연시조이다. 제목인 '방옹시여'에서 '방옹'은 조정에서 밀려난 노인이라는 의미로 작가 자신을 가리킨다. I〈제1수〉에서는 눈이 내려서 오고 갈 사람도 없는데 문을 닫아걸고 밤중에 밝은 달과 벗하며 살겠다는 화자의 생각이 드러난다. 이와 같은 이유로 이를 뒤에 이어지는 시조들을 대표하는 것으로 보기도 한다.

■ 주제: 자연과 벗하며 지내는 전원생활의 정취와 연군의 정

■ **이것이 핵심!**: 중심 대상에 대한 화자의 정서

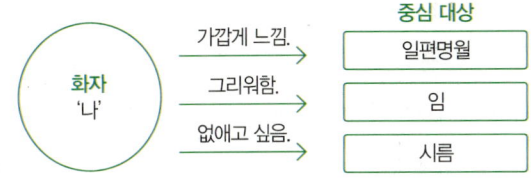

(나) 오세영, 〈너의 목소리〉

❶ 화자, 중심 대상 ❷ 상황, 정서, 태도 ❸ 표현상 특징

시간적 배경
❶ 너를 꿈꾼 밤
❶❶ 중심 대상: 너
❷ 문득 인기척에
❸ 잠이 깨었다.

*❶~❸행 요약: 인기척에 잠이 깸.

❹ 문턱에 귀대고 엿들을 땐
❺ 거기 아무도 없었는데
❻ 베개 고쳐 누우면
❼ 지척에서 들리는 ⓐ발자국 소리, △: 청각적 심상, 명사로 시상을 마무리함.
❽ 나뭇가지 스치는 소맷깃 소리,
❾ 아아, 네가 왔구나.
❿ 산 넘고 물 건너 ❸ 표현상 특징: 영탄법
⓫ 누런 해 지지 않는 서역(西域) 땅에서
❷ 정서: '네'가 오기를 기다림. → '너'와 화자 사이의 거리감이 드러남.
⓬ 나직이 신발을 끌고 와
⓭ 다정하게 부르는
⓮ ⓑ너의 목소리,
❷ 정서: 그리움.

지척: 아주 가까운 거리

*❹~⓮행 요약: 문밖에서 들리는 너의 목소리에 반가워함.

⓯ 오냐, 오냐,
⓰ 안쓰런 마음은 만리 길인데

⑰ 황망히 ⓛ문을 열고 뛰쳐나가면
　　　　　화자의 기대감이 드러남.
⑱ 밖엔 하염없이 내리는 ⓒ가랑비 소리.
⑲ 　후두둑,
⑳ 댓잎 끝에 방울지는 ┐
㉑ 봄비 소리. ┘ ❷ 정서: 임이 온 것이 아니라는 것을 알고 허탈함.

[황망히: 마음이 몹시 급하여 당황하고 허둥지둥하는 면이 있게]

＊⑮~㉑행 요약: 자신이 들은 것이 빗소리였음을 확인함.

- ■ 갈래: 자유시, 서정시　　　■ 창작 시기: 현대
- ■ 내용: 이 작품은 부재하는 대상인 '너'에 대한 간절한 그리움을 청각적 이미지를 통해 형상화한 현대시이다. 화자는 밤에 '너'에 대한 꿈을 꾸다가 문 밖에서 난 인기척에 잠을 깨어 혹시 '너'가 온 것이 아닐까 귀 기울인다. 소리는 점점 발자국 소리, 나뭇가지 스치는 소매깃 소리, 너의 목소리로 들리고, 화자는 문을 열고 뛰쳐나가지만 결국 소리의 정체가 빗소리임을 알게 되어 슬픔과 허탈감을 느낀다.
- ■ 주제: 사별한 임에 대한 그리움
- ■ 이것이 핵심!: 중심 대상을 향한 화자의 그리움

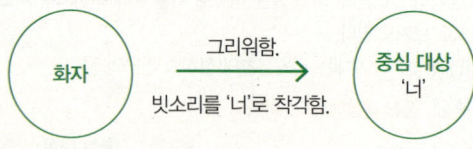

화자　→ 그리워함.　중심 대상 '너'
　　　빗소리를 '너'로 착각함.

✖ 독해 공식 정답

(가)
❶ 화자: '나', 중심 대상: ① 일편명월(자연), ② 임(부재하는 대상), ③ 시름
❷ 상황: ① 자연 속에서 은둔하며 자연을 벗 삼아 살아가고 있음.
② 낙엽 소리를 임이 온 소리로 착각하고 있음.
③ 노래를 불러 시름을 풀려고 하고 있음.
정서, 태도: ① 자연을 벗 삼아 살면서 단절감을 느낌.
② 임을 그리워함.
③ 시름을 풀고 싶어함.
❸ 표현상 특징
· 영탄적 표현과 설의적 표현을 활용함.
· 자연물에 인격을 부여하여 주제를 드러냄.

(나)
❶ 화자: 드러나지 않음. 중심 대상: '너'
❷ 상황: '너'의 꿈을 꾸다가 빗소리를 '너'가 온 소리로 착각함.
정서, 태도: '너'를 그리워하다가 '너'가 오지 않는다는 것을 알고 허탈함을 느낌.
❸ 표현상 특징
· 영탄적 표현을 활용함.
· 말을 건네는 방식을 사용하여 친밀감을 드러냄.
· 명사형으로 종결함으로써 시적 여운을 남김.

작품 간의 공통점 및 차이점
· 공통점: 밖에서 들리는 소리에 그리워하던 임이 온 것으로 착각하지만, 임이 아니라는 것을 알고 슬퍼하고 있음.
· 차이점: 크게 두드러지지 않음.

Ｄ 10 정답 ① ＊작품 비교하기 ············ [정답률 42%]

(가)와 (나)의 표현상 공통점으로 가장 적절한 것은?

> **왜 정답 ?**

① 영탄적 표현을 통해 감정을 효과적으로 표출하고 있다.
　　(가)의 '어즈버', (나)의 '아아, 네가 왔구나.'

＊근거: (가) ❷-❸, (나) ⑨행

(가) ❷의 '어즈버'와 (나)의 '아아, 네가 왔구나.'에서 영탄적 표현을 활용하여 부재하는 임을 그리는 시적 화자의 감정을 효과적으로 드러내고 있다.

> **왜 오답 ?**

② 명사로 시상을 마무리하여 시적 여운을 자아내고 있다.
　　(나)에서만 명사로 시상을 마무리함.

＊근거: (나) ㉑행

(나)에서는 '봄비 소리'라는 명사로 시상을 마무리하고 있다. 그러나 (가)에서는 명사로 시상을 마무리하고 있지 않다.

[여운: 아직 가시지 않고 남아 있는 운치]

③ 의문형 진술을 활용하여 심리적 태도를 부각하고 있다.
　　(가)에서만 의문형 진술을 활용함.

＊근거: (가) ①-❷, ②-❷, ③-❷

(가) ①의 '날 찾을 이 뉘 있으랴', ②의 '낙엽은 무슨 일이고', ③의 '불러나 풀었던가'에서 의문형 진술을 활용하여 화자의 심리적 태도를 부각하고 있다. 그러나 (나)에서는 의문형 진술을 활용하고 있지 않다.

★ [오답 선택률 25%]
④ 말을 건네는 방식을 사용하여 친밀감을 강화하고 있다.
　　(가)와 (나) 모두 말을 건네는 방식을 사용함.　(나)에서만 친밀감을 강화함.

＊근거: (가) ①-❷, (나) ⑨, ⑮행

(나)의 '아아, 네가 왔구나.', '오냐, 오냐.'에서 청자인 '너'에게 말을 건네는 방식을 사용하여 시적 대상에 대한 친밀감을 드러내고 있다. 그러나 (가) ①의 '시비를 열지 마라'에서 말을 건네는 방식을 사용하고 있지만, 이를 통해 친밀감을 강화하는 것이 아니라, 찾아오는 이가 없어 쓸쓸한 화자의 처지를 부각하고 있다. 선택지의 일부는 맞고 일부는 틀린 경우가 있으므로 끝까지 정확히 읽어야 한다.

⑤ 자연물에 인격을 부여하여 주제 의식을 드러내고 있다.
　　(가)에서만 자연물에 인격을 부여함.

＊근거: (가) ①-❸

(가) ①의 '밤중만 일편명월(一片明月)이 긔 벗인가 하노라'에서 '일편명월'을 '벗'이라고 부름으로써 자연물에 인격을 부여하고 있다. 그러나 (나)에서는 자연물에 인격을 부여하고 있지는 않다.

Ｄ 11 정답 ④ ＊작품 비교하기 ············ [정답률 71%]

다음은 탐구 학습을 통해 (가)의 ②와 (나)를 비교하여 정리한 내용이다. ㄱ~ㅁ 중, 적절하지 않은 것은? [3점]

시적 상황		작품상의 공통점
(가)의 ②	(나)	
'워석버석' 소리가 남.	'나뭇가지 스치는' 소리가 남.	· 계절적 이미지가 분위기 형성에 기여함. ········ ㄱ (가)의 '낙엽', (나)의 '봄비' · 상황 판단의 근거로 감각적 현상을 제시함. ······ ㄴ (가)의 '워석버석', (나)의 '나뭇가지 스치는' 소리 · 상대방에 대한 심경이 행동을 통해 표출됨. ······ ㄷ (가)의 '일어 보니', (나)의 '뛰쳐나가면'
'일어'나 봄.	'뛰쳐' 나감.	· 판단 오류의 원인이 ~~시간적 배경~~에 있음을 드러냄. ············ ㄹ (가)와 (나) 모두 화자의 간절한 그리움이 원인임.
'낙엽'이 짐.	'봄비'가 내림.	· 부재하는 대상에 대한 화자의 반응을 중심으로 시상이 전개됨. ·········· ㅁ (가), (나) 모두 화자의 행동과 정서를 중심으로 전개됨.

왜 정답?

④ ㄹ

*근거: (나) **❶**행

(나)에는 '밤'이라는 시간적 배경이 제시되어 있으나, (가)의 **❷**에는 시간적 배경이 제시되어 있지 않다. 또 (가)의 **❷**와 (나)에서 화자가 '워석버석' 소리와 '나뭇가지 스치는' 소리를 '임'과 '너'가 오는 소리로 착각하게 되는 원인은 시간적 배경 때문이 아니라, 부재하는 대상이 오기를 기다리는 화자의 간절한 마음 때문이다.

왜 오답?

① ㄱ

*근거: (가) **❷**-**❷**, (나) **⑳**, **㉑**행

(가)의 **❷**의 '혜란 혜경에 낙엽은 무슨 일이고'에서 '낙엽'을 통해 계절이 가을임을 알 수 있고, 이것은 시적 분위기 형성에 기여하고 있다. (나)의 '댓잎 끝에 방울지는 / 봄비 소리.'에서는 '봄비'를 통해 계절이 봄임을 알 수 있고, 이것은 분위기 형성에 기여하고 있다.

② ㄴ

*근거: (가) **❷**-**❶**, (나) **❽**, **❾**행

(가)의 **❷**의 '창밖에 워석버석'에서 '워석버석'이라는 소리 때문에 화자가 '임이신가 일어 보'게 되었다. 또 (나)의 '나뭇가지 스치는 소매깃 소리.' 때문에 화자가 '네가 왔'다고 판단하여 밖으로 뛰쳐나가게 되었다.

③ ㄷ

*근거: (가) **❷**-**❶**, (나) **⑰**행

(가)의 **❷**의 '임이신가 일어 보니'에서 화자는 '임'에 대한 그리움을 '임이신가 일어 보'는 행동을 통해 표출하고 있다. 또 (나)의 '황망히 문을 열고 뛰쳐나가면'에서 화자는 '너'에 대한 그리움을 '문을 열고 뛰쳐나가'는 행동을 통해 표출하고 있다.

⑤ ㅁ

*근거: (가) **❷**-**❶**, **❸**, (나) **⑯**, **⑰**행

(가)의 **❷**와 (나)는 모두 부재하는 대상에 대한 화자의 행동('일어'나고 '뛰쳐'나가는 행동)과 정서(그리움, 안타까움) 등의 반응을 중심으로 시상을 전개하고 있다.

D 12 정답 ③ *시어 및 구절의 의미 파악하기 [정답률 78%]

㉠과 ㉡에 대한 설명으로 가장 적절한 것은?

왜 정답?

③ ㉠에는 화자의 단절감이, ㉡에는 화자의 기대감이 담겨 있다.
　　 자신의 처지로 인한 단절감　　　'네가' 왔으리라는 기대감

*근거: (가) **❶**-**❷**, (나) **❾**, **⑰**행

(가) **❶**에서 화자는 '찾을 이'가 아무도 없으니 '시비를 열지 마라(㉠)'라고 하였으므로 ㉠에는 '찾을 이'가 없는 처지로 인해 화자가 느끼는 단절감이 담겨 있다고 할 수 있다. 한편 (나)에서 화자는 '네가 왔'다고 여겨 '문을 열고(㉡)' 밖으로 뛰쳐나갔으므로 ㉡에는 '네가' 오기를 바라는 화자의 기대감이 담겨 있다고 할 수 있다.

왜 오답?

① ~~㉠에는 ㉡과 달리 화자의 소망이 투영되어 있다.~~
　 ㉠에는 화자의 단절감이 투영되어 있음.

㉡에는 '너'를 만나고 싶은 화자의 소망이 투영되어 있다고 볼 수 있다. 그러나 ㉠에는 화자의 소망이 투영되어 있다고 볼 수 없다.

② ~~㉡에는 ㉠과 달리 화자의 억울한 심정이 내재되어 있다.~~
　　　　　　　　　　 화자의 기대감이 내재되어 있음.

㉡에는 대상인 너에 대한 화자의 그리움이 내재되어 있을 뿐, 화자의 억울한 심정이 내재되어 있다고 볼 수 없다.

④ ~~㉠에는 냉소적 태도가~~, ~~㉡에는 관조적 태도가~~ 반영되어 있다.
　　 나타나지 않음.　　　　　　 나타나지 않음.

㉠에는 비웃는 태도를 의미하는 냉소적 태도가 나타나지 않고, ㉡에는 조용한 마음으로 대상의 본질을 바라보는 것을 의미하는 관조적 태도가 나타나지 않는다.

⑤ ~~㉠과 ㉡에는 결핍 상태가 충족된 내면 심리가 나타나 있다.~~
　　　　　　 ㉠과 ㉡ 모두 결핍 상태가 충족되지 않음.

㉠과 ㉡ 모두에서 결핍 상태가 충족된 내면 심리가 나타나 있다고 볼 수 없다.

D 13 정답 ② *〈보기〉를 바탕으로 감상하기 … [정답률 50%]

〈보기〉를 바탕으로 (가)를 감상한 내용으로 적절하지 않은 것은?

[보기]

> **❶**(가)는 선조의 총애를 받던 신흠이 선조 사후 '계축옥사'에 연루되어 관직을 박탈당하고 김포로 내쫓겼던 시기에 쓴 시조 30수 중 일부이다. **❷**이들 30수는 자연 지향, 세태 비판, 연군, 취흥 등의 다양한 주제 의식을 형성하고 있으며, 우리말 시가에 대한 작가의 인식도 엿볼 수 있다. **❸**그 서문 격인 〈방옹시여서〉에는 창작 당시 그의 심경이 다음과 같이 적혀 있다. **❹**"내 이미 전원으로 돌아오매 세상이 진실로 나를 버렸고 나 또한 세상사에 지쳤기 때문이다."
> （③, ④의 근거）（②의 근거）（③의 근거）（①, ④, ⑤의 근거）

왜 정답?

② ~~'일편명월'은 세태를 비판하고 자신의 억울한 처지를 호소하는 작가를 상징하는 것이겠군.~~
　 '일편명월'은 신흠이 지향하는 자연 세계

*근거: (가) **❶**-**❸**, 〈보기〉 **❷**문장

(가) **❶**에서 화자는 '일편명월'을 '벗'으로 여기고 있다. 〈보기〉에서 (가)는 '자연 지향'의 주제 의식을 형성하고 있다고 하였다. 그러므로 '일편명월'은 작가, 즉 신흠이 지향하는 자연 세계에 해당하는 대상이라고 할 수 있다. 따라서 '일편명월'이 세태를 비판하고 자신의 억울한 처지를 호소하는 작가를 상징한다고 감상하는 것은 적절하지 않다.

[호소하다: 억울하거나 딱한 사정을 남에게 간곡히 알리다.

왜 오답?

① '산촌'은 세상과 대비되는 공간으로서의 자연의 의미를 지니는 것이겠군.
　〈보기〉 4번째 문장에 근거 → '산촌'은 현재 신흠이 있는 공간이자 세상과 대비되는 공간

*근거: (가) **❶**-**❶**, 〈보기〉 **❹**문장

(가)의 **❶**에서 화자가 현재 있는 공간은 '눈'이 내린 '산촌'이다. 〈보기〉에서는 작가가 '전원으로 돌아'왔다고 했다. 그러므로 화자가 위치한 공간인 '산촌'은 세상과 대비되는 공간으로서 자연의 의미를 지닌다고 볼 수 있다.

③ '임'을 군왕으로 이해한다면 '간장이 다 긏을까 하노라'는
　〈보기〉의 1, 2번째 문장에 근거 → 임금과 떨어져 지내며 신흠이 느끼는 애끓는 심정
임금을 향한 신하의 애끓는 심정이 함축된 것이겠군.

*근거: (가) **❷**-**❸**, 〈보기〉 **❶**, **❷**문장

〈보기〉에서 (가)는 '연군'의 주제 의식을 형성하고 있다고 하였다. 그러므로 '임'을 군왕으로 이해한다면 '간장이 다 긏을까 하노라'에는 임금에 대한 신하, 즉 신흠의 애끓는 심정이 함축되어 있다고 볼 수 있다.

[함축되다: 겉으로 드러나지 아니하고 속에 간직되다.

④ '시름'은 정치적 혼란기에 정계에서 쫓겨나 버림받은 작자의 복잡한 심경을 나타내는 것이겠군.
　〈보기〉의 1번째, 4번째 문장에 근거 → 관직을 박탈당하고 세상사에 지친 신흠의 심경

*근거: (가) **③**, 〈보기〉 **①**, **④**문장

〈보기〉에서 (가)는 신흠이 "계축옥사에 연루되어 관직을 박탈당하고 김포로 내쫓겼던 시기'에 쓴 것이라고 하였다. 그러므로 '시름'은 정치적 혼란기에 정계에서 쫓겨난 신흠의 복잡한 심경을 나타낸다고 볼 수 있다.

⑤ '노래'는 세상사에 지치고 뒤엉킨 작가의 마음을 풀어 내는
_{〈보기〉의 4번째 문장에 근거 → '노래'는 세상사에 지친 신흠의 시름을 풀어 내는 수단}
수단으로서의 성격을 지니는 것이겠군.

*근거: (가) **③**-**③**, 〈보기〉 **④**문장

(가)의 **③**에서 화자는 '노래'를 통해 '시름'이 '풀릴 것이면은 나도 불러 보리라'라고 하였다. 〈보기〉에서 신흠은 '세상사에 지쳤'다고 하였다. 그러므로 '노래'는 세상사에 지치고 뒤엉킨 작가, 즉 신흠이 마음을 풀어 내는 수단이라고 볼 수 있다.

D 14 정답 ③ *시구 및 구절의 의미 파악하기 · [정답률 66%]

ⓐ~ⓒ와 관련하여 (나)를 이해한 내용으로 적절하지 않은 것은?

> **왜 정답?**

③ ⓑ는 '산 넘고 물 건너' 들려오는 것이기에 화자에게 반가움과 동시에 <u>과거의 추억을 환기</u>한다고 볼 수 있겠군.
_{관련 없음.}

(나)의 화자는 너가 '산 넘고 물 건너 / 누런 해 지지 않는 서역 땅에서 / 나 직이 신발을 끌고 와 / 다정하게 부르는 / 너의 목소리(ⓑ)'를 듣고 '아아, 네가 왔구나.'라며 반가움을 표현하고 있다. 그러나 '너의 목소리(ⓑ)'가 화자의 과거의 추억을 환기하고 있지는 않다.

┌ **환기하다**: 주의나 여론, 생각 따위를 불러일으키다.

> **왜 오답?**

① 화자가 꾼 '꿈'은 빗소리를 ⓐ로 여기는 계기가 된다고 볼
_{화자는 '꿈'으로 인해 빗소리를 '발자국 소리'로 착각하고 있음.}
수 있겠군.

(나)의 화자는 '너'에 대한 그리움으로 인해 '꿈'을 꾸고 '가랑비 소리(ⓒ)'를 '너'의 발자국 소리(ⓐ)'로 착각하고 있다. 그러므로 화자가 꾼 '꿈'은 빗소리를 '발자국 소리(ⓐ)'로 여기는 계기가 된다고 볼 수 있다.

② '너'에 대한 화자의 그리움이 고조됨에 따라 빗소리가 ⓐ에
_{'너'에 대한 그리움이 커지면서 빗소리를 '발자국 소리'에서 '너의 목소리'로 인식하게 됨.}
서 ⓑ로 인식된다고 볼 수 있겠군.

(나)의 화자는 잠결에 빗소리를 듣고 이를 '발자국 소리(ⓐ)'로 여기며, '네가 왔'다는 생각에 '너의 목소리(ⓑ)'가 들린다고 착각하고 있다. 그러므로 '너'에 대한 화자의 그리움이 고조됨에 따라 빗소리가 '발자국 소리(ⓐ)'에서 '너의 목소리(ⓑ)'로 인식된다고 볼 수 있다.

┌ **고조되다**: 사상이나 감정, 세력 따위가 한창 무르익거나 높아지다.

④ '하염없이 내리는' ⓒ는 하강의 이미지를 통해 만남이 무산
_{'너'가 오지 않은 상황에 대한 화자의 좌절감이 '가랑비 소리'의 하강의 이미지와 조응됨.}
된 화자의 좌절감과 조응한다고 볼 수 있겠군.

(나)의 화자는 '너'가 왔을지도 모른다는 기대감에 문을 열고 뛰쳐나가지만 '밖엔 하염없이' 가랑비만 내리고 있다. 비는 하늘에서 땅으로 내린다는 점에서 하강적 이미지를 형성하므로 '가랑비 소리(ⓒ)'는 하강의 이미지를 통해 그리던 대상과의 만남이 무산된 화자의 좌절감과 조응한다고 볼 수 있다.

┌ **조응하다**: 둘 이상의 사물이나 현상 또는 말과 글의 앞뒤 따위가 서로 일치
└ 하게 대응하다.

⑤ ⓑ가 ⓒ임을 알고 난 후의 화자의 허탈감이 '후두둑'을 통
_{너의 목소리가 가랑비 소리임을 알고 난 후의 허탈감이 '후두둑' 내리는 봄비 소리를 통해 부각됨.}
해 청각적 이미지로 부각된다고 볼 수 있겠군.

(나)의 화자는 '가랑비 소리(ⓒ)'를 '너의 목소리(ⓑ)'로 착각하고 문을 열고 뛰쳐나가지만 밖에는 '후두둑' 내리는 '봄비 소리'뿐이라고 하였다. 그러므로 기대가 좌절된 화자의 허탈감이 '후두둑'이라는 청각적 이미지로 부각되고 있다고 볼 수 있다.

D 15~18 ——————— [2018년(6월)/고1교육청 42~45]

(가) 박인로, 〈누항사〉
❶ 화자, 중심 대상 **❷** 상황, 정서, 태도 **❸** 표현상 특징 [시 해석]

❶
어리석고 세상물정 어둡기는 <u>나보다 더한 이 없다</u>
_{**❶** 화자: 나}
_{내가 가장 어리석고 세상 물정을 모르는 사람임.}
➜ 어리석고 세상 물정 어둡기로는 나보다 더한 사람이 없다.

❷
<u>길흉화복을 하늘에 맡겨 두고</u>
_{운명론적 세계관}
➜ 길흉화복을 하늘에 맡겨 두고

❸
<u>누항(陋巷)*</u> 깊은 곳에 초가를 지어 두고
_{화자 자신이 사는 곳}
➜ 누추한 깊은 곳에 초가집을 지어 놓고

❹
궂은 날씨에 썩은 짚이 땔감이 되어
➜ 궂은 날씨에 썩은 짚이 땔감이 되어

❺
세 홉 밥 닷 홉 죽에 연기(煙氣)도 많기도 많구나
_{초라한 음식}
➜ 세 홉 밥 다섯 홉 죽을 만드는데 연기가 많기도 많구나.

❻
설 데운 숭늉에 고픈 배를 속일 뿐이로다
_{**❷** 상황: 궁핍하게 생활함.}
➜ 덜 데운 숭늉으로 고픈 배를 속일 뿐이로다.

❼
ⓐ<u>생애 이러하다 대장부의 뜻을 옮기겠는가</u>
_{**❸** 표현상 특징: 설의법}
➜ 생활이 이렇게 구차하다고 한들 대장부의 뜻을 바꿀 것인가?

❽
안빈일념(安貧一念)*을 적을망정 품고 이셔
_{**❷** 정서: 가난하지만 안빈낙도하고 싶음.}
➜ 안빈낙도하겠다는 한 가지 생각을 적을망정 품고 있어서

❾
옳은 일을 좇아 살려 하나 날이 갈수록 어긋난다
➜ 옳은 일을 좇아 살려 하나 날이 갈수록 뜻대로 되지 않는다.

*❶~❾행 요약: 누항에서 안빈일념(安貧一念)으로 살려는 의지를 드러냄.

(중략)

❿
소 한 번 주마 하고 엉성하게 하는 말씀
_{탐탁지 않게}
➜ '소 한 번 빌려 주마.' 하고 엉성하게 하는 말을 듣고

⓫
친절하다 여긴 집에
➜ 친절하다고 여긴 집에

⓬
ⓑ<u>달 없는 황혼에 허위허위 달려가서</u>
➜ 달 없는 저녁에 허둥지둥 달려가서

⓭
┌ 굳게 닫은 문 밖에 우두커니 혼자 서서
│ ➜ 굳게 닫은 문 밖에 우두커니 혼자 서서
⓮
│ 큰 기침 에헴이를 오래토록 하온 후에
│ _{현실과 체면 사이의 상반된 모습}
│ ➜ '에헴' 하는 큰 기침을 오래도록 한 후에
⓯ _{**❸** 표현상 특징: 대화체}
│ <u>어와 그 뉘신고</u> <u>염치 없는 내옵노라</u>
│ _{소 주인의 말} _{화자의 말}
└ ➜ "어, 거기 누구신가?" 묻기에 "염치없는 접니다."

[A]

*❿~⓯행 요약: 농사를 지으려고 소를 빌리러 감.

⓰
초경도 거윈데 그 어찌 와 계신고
_{저녁 7시~9시}
➜ "초경(저녁 7시~9시)도 거의 지났는데 무슨 일로 와 계신고?"

⓱
해마다 이러하기 구차한 줄 알건마는
➜ "해마다 이러하기 구차한 줄 알지만

⑱ 소 없는 가난한 집에 걱정 많아 왔노라
　　화자의 가난한 삶의 모습
→ 소 없는 가난한 집에서 걱정이 많아서 왔소이다."

⑲ 공짜로나 값을 쳐서나 줌 직도 하지마는
→ "공짜로나 값을 치거나 간에 빌려주었으면 좋겠지만

⑳ 다만 어제 밤에 건넛집 저 사람이
→ 다만 어젯밤에 건넛집에 사는 사람이

㉑ 목 붉은 수꿩을 구슬 같은 기름에 구워 내고
→ 목 붉은 수꿩을 구슬 같은 기름에 구워 내고

㉒ 갓 익은 삼해주(三亥酒)를 취하도록 권하거든
→ 갓 익은 삼해주를 취하도록 권하거든

㉓ 이러한 은혜를 어이 아니 갚을런가
→ 이러한 은혜를 어떻게 갚지 않겠는가?

㉔ 내일로 주마 하고 큰 언약 하였거든
→ 내일 소를 빌려 주마 하고 굳게 약속을 하였기에

㉕ 실약(失約)이 미편(未便)하니* 말하기가 어려왜라
　　소를 빌려 달라는 부탁을 거절당함.
→ 약속을 어기기가 어려우니 (당신에게 빌려 주겠다는) 말을 하기가 어렵구료."

㉖ 사실이 그러하면 설마 어이할고
→ "사실이 그렇다면 설마 어쩌겠는가?"

㉗ 헌 모자 숙여 쓰고 축 없는 짚신에 설피설피 물러 오니
　　❸ 표현상 특징: 의태어
→ 헌 모자를 숙여 쓰고 축 없는 짚신을 신고 맥없이 물러나오니

㉘ 풍채 적은 모습에 개 짖을 뿐이로다
　　　　화자의 참담한 심정을 부각함.
→ 풍채 적은 내 모습에 개가 짖을 뿐이로다.

＊⑯～㉘행 요약: 소를 빌리러 갔다가 소 주인에게 수모를 당함.

㉙ 누추한 집에 들어간들 잠이 와서 누웠으랴
→ 누추한 집에 들어간들 잠이 와서 누워 있겠는가?

㉚ 북창에 기대 앉아 새벽을 기다리니
→ 북쪽 창에 기대 앉아 새벽이 오기를 기다리니

㉛ ⓒ무정한 오디새는 이 내 한을 돕는구나
　　❸ 표현상 특징: 자연물에 의지해 화자의 정서를 드러냄.
→ 무정한 오디새는 나의 한을 북돋우는구나.

㉜ ⓒ아침이 끝나도록 슬퍼하며 먼 들을 바라보니
→ 아침이 끝날 때까지 슬퍼하며 먼 들을 바라보니

㉝ 즐거운 농가(農歌)도 흥 없이 들리는구나
　　❷ 정서: 소를 빌리지 못해 안타깝고 참담함.
→ 즐거운 농부들의 노래 소리도 흥 없이 들리는구나.

㉞ 세상 인정 모른 한숨은 그칠 줄을 모르는구나
　　❷ 정서: 야박한 인심에 대해 한탄함.
→ 세상 인심 모르는 한숨은 그칠 줄 모르는구나.

㉟ ⓓ아까운 저 쟁기*는 벗보님도 좋을시고*
→ 아까운 저 쟁기는 쟁기 날도 좋구나.

㊱ 가시 엉킨 묵은 밭도 쉽게 갈련마는
→ 가시 엉킨 묵은 밭도 쉽게 갈 수 있으련만

㊲ 빈 집 벽 가운데에 쓸데없이 걸렸구나
→ 빈 집 벽 가운데에 쓸데없이 걸려 있구나.

㊳ 봄농사도 거의로다 팽개쳐 던져 두자
　　❷ 상황: 소를 빌리지 못해 농사를 포기함.
→ 봄 농사도 거의 다 지났구나. (농사일은) 팽개쳐 던져 버리자.

＊㉙～㊳행 요약: 매정한 세태를 한탄하며 농사를 포기함.

㊴ 강호(江湖)에서 큰 꿈을 생각한 지도 오래더니
　　자연에 묻혀 살겠다는 꿈
→ 자연과 더불어 살겠다는 꿈을 생각한 지도 오래더니

㊵ 먹고 사는 것이 누가 되어 아아 잊었구나
→ 먹고 사는 것이 누가 되어 아아 잊어버렸다.

㊶ 저 물가를 바라보니 푸른 대나무가 많기도 많구나
→ 저 물가를 바라보니 푸른 대나무가 많기도 많구나.

㊷ ⓔ교양 있는 선비들아 낚싯대 하나 빌려다오
　　　　자연의 풍류를 즐기려 함.
→ 교양 있는 선비들아 낚싯대 하나 빌려다오.

㊸ 갈대꽃 깊은 곳에 명월청풍(明月淸風) 벗이 되어
→ 갈대꽃 깊은 곳에 밝은 달과 맑은 바람의 벗이 되어

㊹ 임자 없는 풍월강산(風月江山)에 절로절로 늙으리라
　　❷ 태도: 자연친화적, 안빈낙도, 유유자적
→ 주인 없는 자연 속에서 근심 없이 늙으리라.

＊㊴～㊹행 요약: 자연에 묻혀 늙어 가기를 소망함.

＊누항: 누추한 곳
＊안빈일념: 가난 속에서도 마음을 편히 갖겠다는 생각
＊실약이 미편하니: 약속을 어기기가 어려우니
＊쟁기: 말이나 소에 끌려 논밭을 가는 농기구
＊벗보님도 좋을시고: 쟁기 날이 잘 관리된 상태라는 의미로 추정됨.

■ 갈래: 가사　　　　　■ 창작 시기: 조선 중기
■ 내용: 이 작품은 작가가 임진왜란이 끝난 후 고향에 돌아와 살고 있을 때 한음 이덕형이 두메 생활의 어려움을 물은 데 대한 답으로 지은 가사이다. 작가는 자신이 겪고 있는 가난한 현실에서의 어려움을 진솔하게 털어놓으면서도 자연에서 안빈낙도하며 충효와 신의, 우애 등의 본분에 충실할 것을 다짐하고 있다. 또한 이 작품은 일상 언어를 사용하여 일상생활의 모습을 생생하고 구체적으로 묘사하고 있으며, 인물의 대화를 직접 인용하고 있다. 이처럼 자연에 대한 관념적, 완상적 풍류관을 제시했던 조선 전기 가사에서 현실 생활을 사실적, 구체적으로 그리면서 자연에 대한 풍류와 유교적 충의 사상을 드러내는 조선 후기 가사에 이르기까지의 특징을 드러내고 있다.
■ 주제: 안빈낙도(安貧樂道)를 추구하는 삶

■ 이것이 핵심!: **화자가 처한 상황과 화자의 태도**

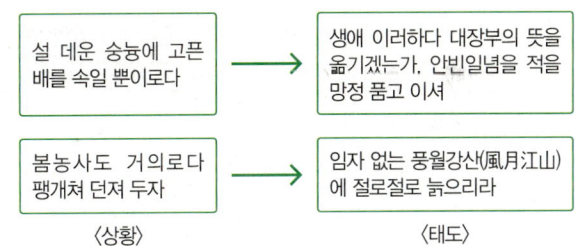

〈상황〉		〈태도〉
설 데운 숭늉에 고픈 배를 속일 뿐이로다	→	생애 이러하다 대장부의 뜻을 옮기겠는가, 안빈일념을 적을 망정 품고 이셔
봄농사도 거의로다 팽개쳐 던져 두자	→	임자 없는 풍월강산(風月江山)에 절로절로 늙으리라

(나) 김소운, 〈가난한 날의 행복〉

❶ 중심 대상　❷ 글쓴이의 생각, 태도　❸ 서술상 특징

[1] ❶다음은 어느 중로(中老)의 여인에게서 들은 이야기다. ❷여인이 젊었을 때였다. ❸남편이 거듭 사업에 실패하자, 이들 내외는 갑자기 가난 속에 빠지고 말았다.

❹남편은 다시 일어나 사과 장사를 시작했다. ❺서울에서 사과를 싣고 춘천에 갔다 넘기면 다소의 이윤이 생겼다.

❻그런데 한 번은, 춘천으로 떠난 남편이 이틀이 되고 사흘이 되어도 돌아오지를 않았다. ❼제 날로 돌아오기는 어렵지만, 이틀째에는 틀림없이 돌아오는 남편이었다. ❽아내는 기다리다 못해 닷새째 되는 날 남편을 찾아 춘천으로 떠났다.
　　　　　　남편이 오지 않자 아내는 춘천으로 남편을 만나러 떠남.

＊[1] 요약: 춘천으로 남편을 찾으러 떠남.

2 "춘천에만 닿으면 만나려니 했지요. 춘천을 손바닥만하게 알았나 봐요. 정말 막막하더군요. 하는 수 없이 여관을 뒤졌지요. 여관이란 여관은 모조리 다 뒤졌지만, 그이는 없었어요. 하룻밤을 여관에서 뜬눈으로 새웠지요. 이튿날 아침, 문득 그이의 친한 친구 한 분이 도청에 계시다는 것이 생각나서, 그분을 찾아 나섰지요. 가는 길에 혹시나 하고 정거장에 들러 봤더니……"
<small>춘천에서 남편을 찾을 수 없는 아내의 심리 / 남편에 대한 걱정</small>

2 매표구 앞에 늘어선 줄 속에 남편이 서 있었다. 3 아내는 너무 반갑고 원망스러워 말이 나오지 않았다.

*2 요약: 정거장에서 남편을 만남.

3 1 트럭에다 사과를 싣고 춘천으로 떠난 남편은, 가는 길에 사람을 몇 태웠다고 했다. 2 그들이 사과 가마니를 깔고 앉는 바람에 사과가 상해서 제 값을 받을 수 없었다. 3 남편은 도저히 손해를 보아서는 안 될 처지였기에 친구의 집에 기숙을 하면서, 시장 옆에 자리를 구해 사과 소매를 시작했다. 4 그래서, 어젯밤 늦게서야 겨우 다 팔 수 있었다는 것이다. 5 전보도 옳게 제 구실을 하지 못하던 8·15 직후였으니……
<small>남편이 바로 돌아오지 못한 이유 / 남편이 연락을 하지 못한 이유</small>

*3 요약: 남편이 춘천에서 돌아올 수 없었던 이유

4 1 함께 춘천을 떠나 서울로 향하는 차 속에서 남편은 아내의 손을 꼭 쥐었다. 2 그때만 해도 세 시간 남아 걸리던 경춘선, 남편은 한 번도 그 손을 놓지 않았다. 3 아내는 한 손을 맡긴 채
<small>돌아오는 기차에서 남편의 사랑을 느낌 → 부부 간의 사랑</small>

[B] 너무도 행복해서 그저 황홀에 잠길 뿐이었다.

4 그 남편은 그러나 6·25 때 죽었다고 한다. 여인은 어린 자녀들을 이끌고 모진 세파(世波)와 싸우지 않으면 안 되었다.

5 "이제 아이들도 다 커서 대학엘 다니고 있으니, 그이에게 조금은 면목이 선 것도 같아요. 제가 지금까지 살아 올 수 있었던 것은, 춘천서 서울까지 제 손을 놓지 않았던 그이의 손길, 그것 때문일지도 모르지요."
<small>힘든 삶을 견딜 수 있게 한 남편의 사랑</small>

7 여인은 조용히 웃으면서 이렇게 말을 맺었.

8 지난날의 가난은 잊지 않는 게 좋겠다. 더구나 그 속에 빛나던 사랑만은 잊지 말아야겠다. 9 "행복은 반드시 부와 일치하진 않는다."라는 말은 결코 진부한 10 일 편의 경구(警句)만은 아니다.

> 2 글쓴이의 생각: 가난 속에도 행복이 있음.

*4 요약: 남편의 사랑으로 힘든 일을 참고 이겨낼 수 있었던 아내

■ 갈래: 경수필　　　　■ 창작 시기: 현대
■ 내용: 이 작품은 가난 속에서도 서로에 대한 애정과 배려를 잃지 않는 소박한 이들의 모습을 통해 진정한 행복의 의미를 생각하게 하는 글이다. 세 편의 이야기를 하나의 주제를 중심으로 자유롭게 나열하는 방식인 옴니버스식 구성을 통해 행복이 물질적 풍요에 있지 않고 정신적 풍요에 있다는 깨달음을 제시하며 행복은 상대에 대한 애정과 배려와 존중에서 온다는 것을 드러내고 있다.
■ 주제: 가난 속에도 행복이 있다는 깨달음

■ 이것이 핵심!: 가난을 대하는 화자의 태도

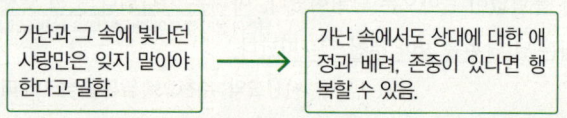

| 가난과 그 속에 빛나던 사랑만은 잊지 말아야 한다고 말함. | → | 가난 속에서도 상대에 대한 애정과 배려, 존중이 있다면 행복할 수 있음. |

■ 독해 공식 정답

(가)
❶ 화자: '나', 중심 대상: 누항에서의 삶
❷ 상황: 누항에서 고되고 가난하게 살아가지만 이상적 삶을 추구하기 위해 노력함.
정서, 태도: 가난한 생활을 하고 있지만, 삶을 원망하지 않고 도를 즐기는 장부의 뜻은 변하지 않을 것임을 드러냄.
❸ 표현상 특징
• 농촌의 일상생활과 관련된 어휘와 어려운 한자어가 많이 사용됨.
• 대화체와 일상 언어의 사용으로 궁핍한 삶을 사실적이고 구체적으로 드러냄.

(나)
❶ 중심 대상: 중로(中老)의 여인에게서 들은 이야기
❷ 글쓴이의 생각, 태도: 가난 속에도 행복이 있다는 것을 깨달음.
❸ 서술상 특징
• 옴니버스식 구성으로 제시함.
• 주제를 직접적으로 표현함.

작품 간의 공통점 및 차이점
• 공통점: 구체적 일화를 통해 지향하는 삶의 태도를 드러내고 있음.
• 차이점: 크게 두드러지지 않음.

D 15 정답 ⑤　*표현상의 특징 파악하기 … [정답률 59%]

(가)와 (나)의 공통점으로 가장 적절한 것은?

왜 정답?

⑤ 구체적 일화를 활용하여 지향하는 삶의 태도를 드러내고 있다.
<small>(가): 화자가 소를 빌리는 일화 → 가난한 삶에도 안빈낙도를 지향하는 삶의 태도 / (나): 남편을 찾아 춘천에 갔다오는 일화 → 가난한 삶을 부부간의 사랑으로 인내하는 삶의 태도</small>

(가)에는 화자가 소 주인에게 소를 빌리는 구체적 일화를 활용하여 가난한 삶 속에서도 안빈낙도(安貧樂道)를 지향하는 삶의 태도를 드러내고 있으며, (나)는 남편을 찾으러 춘천에 갔다가 함께 돌아오는 일화를 활용하여 가난한 현실 속에서도 부부간의 사랑으로 가난하고 힘든 현실을 인내하는 삶의 태도를 보여 주고 있다.

[지향하다: 어떤 목표로 뜻이 쏠리어 향하다.

왜 오답?

① ~~특정한 인물을 통해 자신의 삶을 반성하고 있다.~~
<small>확인할 수 없음.</small>

(가)와 (나) 모두 특정한 인물을 통해 자신의 삶을 반성하고 있는 것은 아니다.

② ~~감정의 절제를 통해 사건을 객관적으로 바라보고 있다.~~
<small>감정을 직접적으로 드러내며 사건을 주관적으로 바라봄.</small>

(가)와 (나) 모두 감정을 직접 드러내고 사건을 주관적으로 바라보고 있다.

[절제: 정도에 넘지 아니하도록 알맞게 조절하여 제한함.

③ ~~공간의 이동을 통해 대상에 대한 그리움을 드러내고 있다.~~
<small>(가)에는 대상에 대한 그리움이 드러나지 않음.</small>

(가)에는 소 주인 집에서 화자의 집으로 공간이 이동하지만, 대상에 대한 그리움이 드러나지는 않는다. 반면에 (나)에는 서울에서 춘천으로 다시 서울로 공간이 이동하여, 춘천으로 사과 장사를 간 남편이 돌아오지 않자 걱정스러운 마음과 남편에 대한 그리움을 드러내고 있다.

④ ~~영탄적 표현을 활용하여 화자의 간절한 소망을 드러내고 있다.~~
<small>(나)에서는 제시되지 않음.</small>

(가)의 '임자 없는 풍월강산(風月江山)에 절로절로 늙으리라.'에서 영탄적 표현을 활용하여 화자의 간절한 소망을 드러내고 있으나, (나)에서는 영탄적 표현을 활용하여 간절한 소망을 드러내는 부분을 확인할 수 없다.

[영탄적 표현: 감탄의 형식이나 감탄사 등을 활용하여 감정을 강하게 나타내는 표현

D 16 정답 ③ ＊작품 비교하기 ·················· [정답률 32%]

[A]와 [B]에 대한 이해로 적절하지 <u>않은</u> 것은?

>왜 정답?

③ [A]는 [B]와 달리 비유적 표현을 활용하여 <u>인물의 특징을</u>
<u>드러내고</u> 있다.
　　[A]: 구슬 같은 기름 / 인물의 특징을 드러내지 않음.

＊근거: (가) ㉑행

[A]에서는 '구슬 같은 기름'에서 비유적 표현을 활용하고 있으나 이를 통해
인물의 특징을 드러내고 있는 것은 아니다.

> 비유적 표현: 표현하고자 하는 대상을 직접 설명하지 않고, 그와 유사한 다
른 대상에 빗대어 표현하는 방법

>왜 오답?

① [A]는 규칙적인 음보 사용을 통해 리듬감을 형성하고 있다.
　　　　　　4음보

＊근거: (가) ⑬행

[A]에는 '굳게 닫은 / 문 밖에 / 우두커니 / 혼자 서서'와 같이 4음보의 규칙
적인 음보를 사용해 리듬감을 형성하고 있다.

> 음보: 숨을 크게 한 번 들이쉴 때, 몇 번 띄어 읽으면서 한 구절을 낭송할 수
있는가 하는 단위이다. 일반적으로 평시조는 4음보, 고려 가요는 3음보 율
격으로 본다.

② [B]는 경구를 활용하여 글을 효과적으로 마무리하고 있다.
　　　　'행복은 반드시 부와 일치하진 않는다.'

＊근거: (나) ④문단 ⑩문장

[B]의 마지막 부분에서 '행복은 반드시 부와 일치하진 않는다.'라는 경구를
활용하여 글을 효과적으로 마무리하고 있다.

④ [B]는 [A]와 달리 특정한 어휘를 사용하여 구체적 시대상
을 반영하고 있다.
　　　　　　　[B]의 '전보, 8·15'를 통해 드러남.

＊근거: (나) ③문단 ⑤문장

[B]는 '8·15'나 '전보' 등의 어휘를 사용하여 구체적인 시대상을 반영하고
있다.

🎀 [오답 선택률 34%]

⑤ [A]와 [B]는 모두 대화를 활용하여 중심인물의 상황을 전
달하고 있다.
　　　　[A]: 화자와 소 주인의 대화 → 소를 빌리려는 상황
　　　　[B]: 서술자와 중로 부인의 대화 → 여인의 상황을 전달

[A]는 화자와 소 주인의 대화를 통해 소를 빌리려는 중심인물의 상황을 전달
하고 있으며, [B]는 서술자와 중로(中老) 여인의 대화를 통해 중로(中老) 여
인의 상황을 전달하고 있다.

D 17 정답 ④ ＊〈보기〉를 바탕으로 감상하기 ··· [정답률 54%]

〈보기〉를 참고하여 ㉠~㉤을 이해한 것으로 적절하지 <u>않은</u> 것
은? [3점]

• 〈보기〉: (가)의 화자는 몸소 농사를 지어야 하는 상황 속에서 안빈일념을 추
구하다가(ⓐ), 이웃집에서 소를 빌리려고 했지만 빌리지 못함에 따라 암담
함을 느꼈습니다(ⓑ). 하지만 명월청풍과 더불어 한가롭게 살겠다면서 시름
을 잊고자 합니다(ⓒ).

• ㉠~㉤: ㉠~㉤은 (가)에 나온 시구로서 화자의 의도와 심리가 반영되어 있
습니다.

🔴 화자가 처한 상황에 따라 화자가 느끼는 감정을 고려하여 (가)의 시구
(㉠~㉤)를 잘못 이해한 것을 고르는 문제입니다.

─────── [보기] ───────

〈누항사〉는 전란을 겪은 사대부가 누항에서 스스로 노동하
며 가난하게 살면서도 이상적 삶을 추구하려고 노력하는 모

─────────────

습을 그리고 있다. 화자가 처한 상황과 심리의 변화는 다음과
같은 흐름을 나타낸다.

	ⓐ	ⓑ	ⓒ
상황	몸소 농사를 지어야 함.	⇨ 농사를 짓기 위한 소를 빌리지 못함.	⇨ 명월청풍과 더불어 한가롭게 삶.
심리	안빈일념을 추구함.	암담함을 느낌.	시름을 잊고자 함.

>왜 정답?

④ ㉣에는 ⓒ의 <u>심리가 화자의 눈에 비친 대상에 투영되어</u> 있다.
　농사를 지을 수 없게 되어 쓸모가 없어진 물건 → 시름을 잊고자 하는 심리가 투영된 것 아님.

㉣의 벽에 걸린 쟁기는 농사를 지을 수 없게 되어 쓸모가 없어진 물건으로,
시름을 잊고자 하는 화자의 심리가 투영된 대상은 아니다.

>왜 오답?

① ㉠에는 ⓐ의 심리에서 드러나는 가치를 이루고자 하는 화
자의 의지가 드러나고 있다.
　가난한 삶 속에서도 안빈일념하려는 삶의 의지가 드러남.

㉠은 가난한 삶 속에서도 안빈일념(安貧一念)하려는 삶의 의지를 보여 준
다. 따라서 ㉠에는 안빈일념을 추구하려는 심리에서 드러나는 가치를 이루
고자 하는 화자의 의지가 드러나고 있다.

② ㉡에는 ⓐ의 상황을 해결하고자 하는 화자의 다급한 심정
이 제시되어 있다.
　농사를 짓는 데 필요한 소를 빌리기 위해 다급하게 소 주인을 찾아가는 모습이 드러남.

㉡은 농사를 짓는 데 필요한 소를 빌리기 위해 다급하게 소 주인을 찾아가
는 모습이 드러나 있다. 따라서 ㉡에는 몸소 농사를 지어야 하는 상황을 해
결하고자 하는 화자의 다급한 심정이 제시되어 있다.

③ ㉢에는 ⓑ의 심리가 화자의 처량한 모습을 통해 드러나고
있다.
　화자가 소를 빌리지 못하고 밤새도록 현실의 한계를 느끼는 처량한 모습이 제시됨.

㉢은 화자가 소를 빌리지 못하고 밤새도록 현실의 한계를 느끼는 처량한 모
습이 제시되어 있다. 따라서 ㉢에는 농사를 짓기 위한 소를 빌리지 못한 심
리가 화자의 처량한 모습을 통해 드러나 있다.

⑤ ㉤에는 ⓒ의 상황을 실천하기 위한 화자의 의도가 드러나
고 있다.
　농사를 포기하고 낚싯대를 빌려 풍류를 즐기려는 화자의 정서가 드러남.

㉤은 농사를 포기하고 낚싯대를 빌려 풍류를 즐기려는 화자의 정서가 드러
나 있다. 따라서 ㉤에는 명월청풍과 더불어 한가롭게 사는 상황을 실천하기
위한 화자의 의도가 드러나 있다.

D 18 정답 ② ＊소재와 배경의 의미 파악하기 · [정답률 62%]

(가)의 <u>풍월강산</u>과 (나)의 <u>경춘선</u>에 대한 설명으로 가장 적절
한 것은?

• (가)의 <u>풍월강산</u>: (가)의 '풍월강산'은 화자가 절로절로 늙겠다고 다짐한 공
간입니다.

• (나)의 <u>경춘선</u>: (나)의 '경춘선'은 이야기 속 '아내'가 남편의 사랑을 느낀 공
간입니다.

🔴 (가)의 '풍월강산'과 (나)의 '경춘선'의 의미를 고르는 문제입니다.

>왜 정답?

② '풍월강산'은 현재의 소망을 다짐하는, '경춘선'은 과거의
추억이 깃든 공간이다.
　남편과 함께 서울로 돌아오면서 남편의 사랑을 느낀 공간

'풍월강산'은 농사일을 포기한 화자가 강호에서 안빈일념의 꿈을 꾸며 살겠다는 현재의 다짐을 드러내는 공간이고, '경춘선'은 이야기 속 여인이 남편과 함께 춘천에서 서울로 돌아오면서 남편의 사랑을 느낀 공간으로 과거의 추억이 깃든 공간으로 볼 수 있다.

왜 오답?

① '풍월강산'은 환상적 세계를, '경춘선'은 낭만적 세계를 의미하는 공간이다.
(적절하지 않음.) (적절함.)

'경춘선'은 아내가 남편의 사랑을 느낀 공간이므로 낭만적 세계를 의미하는 공간이라 할 수 있으나, '풍월강산'은 화자가 안빈일념의 꿈을 꾸는 공간으로 환상적 세계로 볼 수 없다.

③ '풍월강산'은 과거에 대한 동경을, '경춘선'은 현재의 자긍심을 드러내는 공간이다.
(적절하지 않음.) (적절하지 않음.)

'풍월강산'은 과거에 대한 동경을 드러내는 것은 아니며, '경춘선' 역시 현재의 자긍심을 드러내는 공간이 아니다.

- 동경: 어떤 것을 간절히 그리워하여 그것만을 생각함.
- 자긍심: 스스로에게 긍지를 가지는 마음

④ '풍월강산'은 현재의 어려움을 비판하는, '경춘선'은 미래의 희망을 기원하는 공간이다.
(적절하지 않음.) (적절하지 않음.)

'풍월강산'은 현재의 어려움을 비판하는 공간이 아니며, '경춘선' 역시 미래의 희망을 기원하는 공간이 아니다.

⑤ '풍월강산'은 전통적인 삶의 모습을, '경춘선'은 현대적인 삶의 모습을 드러내는 공간이다.
(풍류는 전통적 삶의 모습이므로 적절함.) (적절하지 않음.)

'풍월강산'은 풍류를 즐기는 전통적인 삶의 모습을 드러내는 공간으로 볼 수 있으나, '경춘선'은 현대적인 삶의 모습을 드러내는 것은 아니다.

D 19~22   [2020년(3월)/고2교육청 29~32]

(가) 박인로, 〈독락당〉

❶ 화자, 중심 대상   ❷ 상황, 정서, 태도   ❸ 표현상 특징   [시 해석]

❶ <u>푸른 담쟁이 헤치고 독락당(獨樂堂)을 지어 내니</u>
❸ 표현상 특징: 시각적 이미지(감각적 심상) 이언적이 머물던 집
➡ 푸른 덩굴을 헤치고 들어와 독락당을 지어 내니

❷ <u>그윽한 경치는 견줄 데 전혀 없네.</u>
❷ 정서: 독락당 주변의 아름다운 자연을 예찬함.
❸ 표현상 특징: 영탄법
➡ 그윽한 경치는 견줄 데가 전혀 없네.

❸ <u>㉠수많은 긴 대나무 시내 따라 둘러 있고</u>
공간의 외부에 대한 묘사
➡ 수많은 긴 대나무가 시내를 따라 둘러 있고

❹ <u>만 권의 서책은 네 벽에 쌓였으니</u>
공간의 내부에 대한 묘사
➡ 만 권의 서책은 네 벽에 쌓였으니

❺ 왼쪽엔 안회 증삼, 오른쪽엔 자유 자하*.
➡ 안회와 증삼이 왼쪽에 앉고 자유와 자하는 오른쪽에 앉은 듯하구나.

❻ 서책을 벗 삼으며 시 읊기를 일삼아
➡ 서책을 벗 삼고 시 읊기를 일삼아

❼ 한가로운 가운데 깨우친 것을 혼자서 즐기도다.
독락당은 학문을 목적으로 하는 공간임.
'독락당'이라는 명칭의 의미와 연결됨.
➡ 한가로운 가운데 깨우친 것을 혼자 즐기셨구나.

❽ <u>독락, 이 이름 뜻에 맞는 줄 그 누가 알리</u>
홀로 독(獨), 즐거울 락(樂) - 홀로 즐거워함.
➡ 독락, 이 이름 뜻에 맞는 줄 그 누가 알리.

❾ 사마온공 독락원이 아무리 좋다 한들
➡ 북송 시절 명신의 독락원이 아무리 좋다고 한들
❷ 정서: 화자의 소회를 드러냄. 독락당에 대한 칭송(예찬)

❿ 그 속의 참 즐거움 이 독락에 견줄쏘냐.
➡ 그 속의 참된 즐거움이 이 독락에 비할 수 있겠느냐.

＊❶~❿행 요약: 독락당 주변의 아름다운 경치에 대한 예찬과 '독락당'의 의미

⓫ 진경을 다 못 찾아 양진암(養眞庵)에 돌아들어
참된 경치, 혹은 진리   후학 양성에 대한 이언적의 뜻이 드러난 공간(공간의 이동)
➡ 참된 경치(진리)를 다 찾지 못하여 양진암에 돌아들어
❶ 화자: 나

⓬ 바람 쐬며 바라보니 내 뜻도 뚜렷하다.
❷ 정서: 후학 양성이라는 이언적의 뜻에 대해 공감함.
➡ 바람을 쐬며 바라보니 내 뜻도 뚜렷하다.

⓭ 퇴계 이황 자필이 참인 줄 알겠노라.
➡ 퇴계 이황이 쓴 글이 진리임을 알겠노라.

⓮ <u>관어대(觀魚臺)</u> 내려오니 펼친 듯한 반석에 <u>자취</u>가 보이는 듯.
공간의 이동   이언적의 자취
➡ 관어대로 내려오니 펼친 듯한 반석 위에 자취가 보이는 듯하구나.

⓯ 손수 심은 장송은 옛 빛을 띠었으니
❸ 표현상 특징: 시각적 심상
➡ 손수 심은 큰 소나무는 옛 빛을 띠었으니
❷ 정서: 변함없는 경치를 예찬함. ❸ 표현상 특징: 영탄법

⓰ 변함없는 경치가 그 더욱 반갑구나.
➡ 옛날과 변함없는 그 경치가 더욱 반갑구나.

⓱ <u>ⓛ상쾌하고 맑은 기운 난초 향기에 든 듯하네.</u>
❸ 표현상 특징: 후각적 이미지(감각적 심상과 비유를 결합함.
➡ 상쾌하고 맑은 기운이 난초 향기에 든 듯하네.

⓲ 몇몇 옛 자취 보며 문득 생각하니
➡ 몇몇 옛 자취 보며 문득 생각하니

⓳ <u>우뚝한 낭떠러지는 바위 병풍 절로 되어</u>
❸ 표현상 특징: 낭떠러지=병풍(은유법)
➡ 우뚝한 낭떠러지는 바위 병풍이 저절로 되어

⓴ 용면의 솜씨로 그린 듯이 벌여 있고
송나라의 화가 이공린
➡ 용면(이공린)의 뛰어난 솜씨로 그린 듯이 벌여 있고

㉑ 깊고 맑은 못에 천광운영*이 어리어 잠겼으니
➡ 깊고 맑은 연못에 하늘빛과 구름의 그림자가 어리어 잠겨 있으니

㉒ 광풍제월*이 부는 듯 비치는 듯.
➡ 맑은 바람과 밝은 달이 부는 듯 비치는 듯

㉓ 연비어약*을 말없는 벗으로 삼아
➡ 생을 즐기는 온갖 동물을 말 없는 벗으로 삼아

㉔ 독서에 골몰하여 성현의 일 도모하시도다.
➡ 독서에 골몰하여 성현의 일(학문을 닦고 덕을 쌓는 일)을 도모하셨도다.

㉕ 맑은 시내 비껴 건너 낚시터도 뚜렷하네.
➡ 맑은 시내를 비껴 건너 낚시터도 뚜렷하구나.

㉖ <u>㉢묻노라, 갈매기들아. 옛일을 아느냐.</u>
❸ 표현상 특징: '갈매기'를 의인화하여 질문을 던짐.
➡ 묻노라, 갈매기들아. 옛 일을 아느냐.

㉗ 엄자릉이 어느 해에 한나라로 갔단 말인가*.
➡ 엄자릉이 어느 해에 한나라로 갔단 말이냐.

㉘ 이끼 낀 낚시터에 저녁연기 잠겼어라.
➡ 이끼 낀 낚시터에 저녁연기가 잠겼구나.

＊⓫~㉘행 요약: 독락당 주변의 경치를 보며 회재 이언적을 생각함.

＊안회, 증삼, 자유, 자하: 공자의 제자들
＊천광운영: 하늘빛과 구름 그림자
＊광풍제월: 비가 갠 뒤의 맑게 부는 바람과 밝은 달
＊연비어약: 솔개가 날고 물고기가 뛴다는 뜻으로, 온갖 동물이 생을 즐김을 이르는 말

* 엄자릉이 ~ 갔단 말인가: 중국 후한의 엄광이 광무제가 내린 벼슬을 거부하고 자연에 은거하였다는 고사를 이름.

■ **갈래**: 가사 ■ **창작 시기**: 조선 중기
■ **내용**: 이 작품은 박인로가 회재 이언적이 살던 경주 옥산의 독락당을 찾아갔을 때 지은 가사이다. 독락당을 찾게 된 감회를 읊는 것으로 시작하여, 독락당 주변의 아름다운 경치를 예찬하고 이언적의 자취를 떠올리는 내용으로 이루어져 있다.
■ **주제**: 독락당의 아름다운 경치와 회재 이언적의 행적에 대한 예찬
■ **이것이 핵심!**: 독락당의 공간 묘사

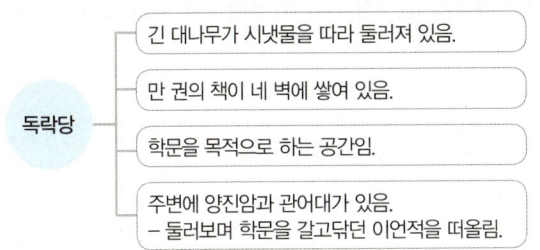

독락당
- 긴 대나무가 시냇물을 따라 둘러져 있음.
- 만 권의 책이 네 벽에 쌓여 있음.
- 학문을 목적으로 하는 공간임.
- 주변에 양진암과 관어대가 있음.
  – 둘러보며 학문을 갈고닦던 이언적을 떠올림.

(나) 조지훈, 〈방우산장기〉

❶ 중심 대상 ❷ 글쓴이의 생각, 태도 ❸ 서술상 특징

1 '방우산장(放牛山莊)'은 내가 거처하고 있는 이른바 '나의 집'에
❶ 중심 대상: 방우산장
다 스스로 붙인 집 이름이다.

　　　　　　　*1 요약: '방우산장'이라는 집 이름 소개

2 ㉣집이란 물건은 고루거각이든 용슬소옥이든지* 본디 일정한
일반적인 집의 특징: 한 자리에 있고 이동이 불가함.
자리에 있는 것이요, 떼메고 돌아다닐 수 없는 것이매 집 이름도
특칭의 고유명사가 아닐 수 없으나 나의 방우산장은 원래 특정한
특별히 어떤 것만을 가리켜서 이름.　　　　　마르고 야윈, 키가 큰 몸
장소, 일정한 건물 하나에만 명명한 것이 아니고 보니 육척 수신
❷ 글쓴이의 생각: '나'의 방우산장은 특정한 장소, 건물이 아니라 '나'가 생활하는 모든 공간을 말함.
장구를 담아서 내가 그 안에 잠자고 일하며 먹고 생각하는 터전은
다 방우산장이라 부를 수밖에 없다. 산장이라 했으니 산 속에 있
어야만 붙일 수 있는 이름이로되 『십리 둘레에 일점 산없는 곳이
　　　　　　　　　　　　　　　　『 』: '산장'이라는 이름을 붙인 이유, '나'는 산으로 귀의하고자 함.
없고 보니 나의 방우산장은 심산에 있거나 시항에 있거나를 가리
지 않고 일여한 산장이다. 이는 내가 본디 산에서 나고 또 장차 산
깊은 산　　　가게가 죽 늘어서 있는 거리, 저잣거리
다르지 않음.
으로 돌아갈 자이기 때문이다. 』

　　　*2 요약: '나'의 방우산장의 특징과 '산장'이라고 이름을 붙인 이유

3 기르는 한 마리 소야 있든지 없든지 방우*라 부르는 것은 내
소, 남의 소를 가릴 것 없이 설핏한 저녁 햇살 아래 내가 올라타고
해의 밝은 빛이 약함.
풀피리를 희롱할 한 마리 소만 있으면 그 소가 지금 어디에 가 있
든지 내가 아랑곳할 것이 없기 때문이다.

　　　　　　　　*3 요약: '방우'라고 이름을 붙인 이유

4 집은 떠다니지 못하지만 사람은 떠돌게 마련이다. 방우산장의
❸ 서술상 특징: '집'과 '사람'을 대조적으로 표현함.
이름에 값할 집은 열 손을 넘어 꼽게 된다. 어떤 때는 『따뜻한 친
방우산장이라는 이름을 붙일 수 있는 집이 매우 많음.　　『 』: '방우산장'이 될 수 있는 공간들을 나열함.
구의 집이 내 산장이 되었고 어떤 때는 차운 여관의 일실이 내 산
장이 되기도 하였다. 그나 그뿐인가. 피난 종군의 즈음에는 야숙
집 밖에서 자거나 밤을 지냄.
의 담요 한 장이 내 산장이 되기도 하였다. 이러고 보면 취와*의
경우에는 저 억조 성좌를 장식한 무변한 창공이 그대로 나의 산
수많은 별자리　　　끝닿는 데가 없는 하늘
이 될 법도 하지 않는다. 실상은 나를 바로 나이게 하는 내 영혼이
예전에 공간으로 쓰려고 지은 집　❷ 글쓴이의 생각: '방우산장'은 결국 '내 영혼이 깃들인 곳임.
깃들인 곳집, 이 나의 육신이 구극에는 나의 산장이기도 하다. 』
즉 '나의 육신'임.　　　궁극

　　　　　　　*4 요약: 방우산장이 될 수 있는 곳

---

5 방우산장에는 아직 한 장의 현판도 없다. 불행하게도 한장의
글자나 그림을 새겨 문 위나 벽에 다는 널조각
현판을 걸었던들 방우산장은 이미 나의 집이 아니게 되었을 것이
요, 나의 형터리도 없는 집 이름은 몇 번이든 바꿔졌을지도 모른
다. 그러므로 ㉤두려운 일은 곧 뒷날 내 죽은 뒤 어느 사람이 있어
나의 마음을 가장 잘 알아 주노라는 제 정성으로 방우산장이란 묘
자신이 죽은 뒤에 혹시나 일어날 일을 우려함.
석을 내 무덤에다 세워 줄까 저어함이다.

그때는 이미 나의 방우산장은 이 지상에서는 소멸되고 저 지하
의 한 이름 모를 나무뿌리에 새겨져 있을 것이다. 땅 위에 남겨 놓
고 간 '영혼의 새'가 깃들이는 곳 – 그 무성한 숲의 어느 한 가지가
방우산장이 될 것이다.

　　　　　　*5 요약: 죽은 뒤 '나'의 방우산장

* 고루거각이든 용슬소옥이든지: '높고 크게 지은 집'이든 '겨우 무릎이나 움직일 수 있는 몹시 좁고 작은 집'이든지
* 방우: 소를 놓아줌. 불교에서는 사람의 마음을 소[牛]에 빗대어 이를 찾아(심우(尋牛)) 기르는 것(목우(牧牛))을 수행의 관건으로 보는데, 이에 대해 '방우'가 곧 '목우'임을 내세우는 것은 불교에 근거하면서도 어디에도 구속당하지 않는 자유정신을 드러낸 것으로 볼 수 있음.
* 취와: 술에 취하여 누움.

■ **갈래**: 현대 수필 ■ **창작 시기**: 현대
■ **내용**: 이 작품은 글쓴이가 자신의 거처를 '방우산장'으로 이름 지은 이유를 밝힌 수필이다. 집에 대한 일반적인 견해와 다른 자신만의 개성적인 견해를 밝히고 있는데, 이를 통해 어디에도 얽매이지 않는 글쓴이의 자유로운 태도가 드러난다.
■ **주제**: 방우산장의 의미와 특징
■ **이것이 핵심!**: 방우산장의 의미

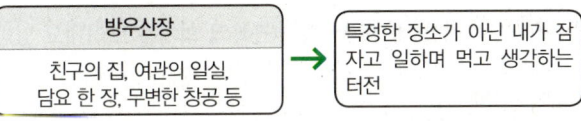

| **방우산장** | → | 특정한 장소가 아닌 내가 잠자고 일하며 먹고 생각하는 터전 |

친구의 집, 여관의 일실, 담요 한 장, 무변한 창공 등

📘 독해 공식 정답

(가)
❶ **화자**: 드러나지 않음. **중심 대상**: 독락당
❷ **상황**: 독락당 주변의 자연 경관을 보며 이언적을 떠올림.
정서, 태도: 독락당의 아름다운 경치를 예찬함.
❸ **표현상 특징**
- 설의적 표현을 통해 의미를 강조하고 있음.
- 비유적 표현을 통해 대상을 구체화하고 있음.
- 감각적 이미지를 활용하여 대상을 선명하게 제시하고 있음.
- 의인화된 청자에게 말을 건네는 방식이 드러나고 있음.

(나)
❶ **중심 대상**: 방우산장
❷ **글쓴이의 생각, 태도**: 방우산장을 공간에만 국한하는 것이 아니라 글쓴이 자신의 영혼이 깃든 육신이라고 생각함.
❸ **서술상 특징**
- 대조를 통해 자신이 말하고자 하는 바를 효과적으로 드러내고 있음.
- 열거(나열)의 방식을 통해 '방우산장'이 될 수 있는 공간들을 밝히고 있음.

작품 간의 공통점 및 차이점
- **공통점**: 공간에 대해 이야기함.
- **차이점**: (가)의 화자는 '독락당'의 경치를 보며 공간에 살던 이에 대해 떠올리고, (나)의 글쓴이는 '방우산장'의 의미를 설명하며 집에 대한 견해를 밝힘. 등

D

D 19 정답 ① ＊표현상의 특징 파악하기 … [정답률 63%]

(가)에 대한 설명으로 가장 적절한 것은?

> **왜 정답?**

① <u>영탄적 어조를 사용하여 예찬적 태도를 드러내고 있다.</u>
'그윽한 경치는 견줄 데 전혀 없네.', '변함없는 경치가 그 더욱 반갑구나.' 등

＊근거: (가) ❷, ⓰행

'그윽한 경치는 견줄 데 전혀 없네.' '변함없는 경치가 그 더욱 반갑구나.' 등에서 '-네', '-구나'라는 감탄의 의미를 나타내는 종결 어미를 사용하고 있다. 이 부분에서 영탄적 어조가 드러나며, 이를 통해 독락당 주변의 아름다운 자연 경관을 예찬하고 있다.

> **왜 오답?**

② <u>자연의 불변성에 주목하여</u> <u>인간사의 한계를 부각하고 있다.</u>
　　　　　'변함없는 경치'　　　　　나타나지 않음.

＊근거: (가) ⓰행

'변함없는 경치'라고 표현한 부분에서 자연의 불변성에 주목하고 있다고 볼 수 있다. 하지만 이를 통해 자연 경관을 예찬하고 있을 뿐, 인간사의 한계를 부각하고 있지는 않다.

③ <u>현실의 모순을 언급하며 과거 회귀적 지향을 나타내고 있다.</u>
　　　　　　　　　　　나타나지 않음.

이언적의 자취를 좇는 화자의 모습을 과거 회귀적 지향을 드러내는 것으로 볼 수도 있지만, (가)에서 현실의 모순을 언급하고 있는 부분은 나타나지 않는다.

［ 회귀적: 한 바퀴 돌아 제자리로 돌아오거나 돌아가는

④ <u>치밀한 관찰에 근거하여 다양한 삶의 모습을 제시하고 있다.</u>
　　　　　　　　　　　나타나지 않음.

＊근거: (가) ❶, ❷행

(가)에서 화자가 독락당과 그 주변의 경치를 둘러보고 있기는 하다. 하지만 그에 대한 자신의 감상을 드러내고 있을 뿐, 치밀한 관찰에 근거하여 다양한 삶의 모습을 제시하고 있지는 않다.

⑤ <u>역사적 사례를 제시하며 상황 극복의 의지를 드러내고 있다.</u>
　　　　　　　　　　　나타나지 않음.

＊근거: (가) ❺행

(가)에서 공자의 제자들인 안회, 증삼, 자유, 자하 등의 역사적 인물들을 언급하고 있기는 하지만, 그와 관련된 역사적 사례를 제시하고 있지는 않다. 또한 이를 통해 상황 극복의 의지를 드러내고 있지도 않다.

D 20 정답 ⑤ ＊시어 및 구절의 의미 파악하기 [정답률 60%]

㉠~㉤에 대한 설명으로 적절하지 <u>않은</u> 것은?

• ㉠~㉤: ㉠과 ㉡은 독락당 내·외부에 대한 화자의 감상, ㉢은 화자가 갈매기에게 건네는 말, ㉣은 집에 대한 일반적인 생각, ㉤은 죽은 후의 일에 대해 글쓴이가 걱정하는 점입니다.

즉 (가)와 (나)의 특정 구절들에 담긴 의미와, 각 구절에 드러난 표현상의 특징을 이해한 내용으로 틀린 것을 고르는 문제입니다.

> **왜 정답?**

⑤ ㉤: 가정을 통해 <u>소망이 생전에 실현되지 못할 가능성</u>에
　　　　　　　'내 죽은 뒤 ~ 세워 줄까 저어함이다.'
대한 우려를 드러내고 있다.

＊근거: (나) ❺문단 ❸문장

㉤의 '내 죽은 뒤'라는 표현을 통해 글쓴이가 자신이 죽은 뒤의 상황을 가정하고 있다고 볼 수 있지만, 이를 통해 글쓴이가 '소망이 생전에 실현되지 못할 가능성'에 대해 언급하고 있지는 않다. 글쓴이는 '불행하게도 한 장의 현판을 걸었던들 방우산장은 이미 나의 집이 아니게 되었을 것'이라고 하며, 훗날 자신의 이러한 뜻이 오해를 받아 누군가 자신이 죽은 뒤 무덤에 방우산장이라는 묘석을 세울까 걱정하고 있다.

> **왜 오답?**

① ㉠: 공간의 외부와 내부에 대한 진술을 나란히 제시하여
　　　 '수많은 긴 대나무 시내 따라 둘러 있고', '만 권의 서책은 네 벽에 쌓였으니'
화자가 받은 인상을 개괄적으로 표현하고 있다.

＊근거: (가) ❸, ❹행

㉠에서는 '수많은 긴 대나무 시내 따라 둘러 있고'라면서 독락당 외부의 자연 경관을 제시하고 있고, 이어서 '만 권의 서책은 네 벽에 쌓였으니'라면서 독락당 내부의 모습을 나란히 제시하고 있다. 또한 이를 통해 화자가 독락당으로부터 받은 인상을 개괄적으로 표현하고 있다.

② ㉡: 감각적 심상과 비유를 결합하여 주변 경관을 효과적으로
　　　　　　　　　　　　　　'난초 향기에 든 듯'
표현하고 있다.

＊근거: (가) ⓱행

㉡의 '난초 향기에 든 듯'이라는 표현에서 후각적 심상, 즉 감각적 심상과 비유를 결합하고 있음을 확인할 수 있다. 또한 이를 통해 관어대에서 바라보는 주변 경치를 효과적으로 표현하고 있다.

③ ㉢: 자연물에 인격을 부여하여 질문을 던짐으로써 이어질
　　　 '묻노라, 갈매기들아. 옛일을 아느냐'
내용을 이끌어내고 있다.

＊근거: (가) ❷❸행

㉢에서는 자연물인 '갈매기'에게 인격을 부여하여 '묻노라', '옛일을 아느냐.'라고 질문을 던지고 있다.

④ ㉣: 대조적 표현을 활용하여 대상에 대한 일반적인 생각을
　　　 '고루거각이든 용슬소옥이든지'　　　 '본디 일정한 자리에 있는 것이요,
드러내고 있다.　　　　　　　　　　　　　　 떠메고 돌아다닐 수 없는 것이매'

＊근거: (나) ❷문단 ❶문장

㉣의 '고루거각'은 '높고 크게 지은 집'을, '용슬소옥'은 '겨우 무릎이나 움직일 수 있는 몹시 좁고 작은 집'을 의미한다. 즉, '고루거각'과 '용슬소옥'은 서로 대조되는 표현이다. 글쓴이는 이를 활용하여 '본디 일정한 자리에 있는 것이요, 떠메고 돌아다닐 수 없는 것'이라는 '집'에 대한 일반적인 생각을 드러내고 있다.

D 21~22 〈보기〉를 참고하여 **D**21번과 **D**22번 두 물음에 답하시오.

――― [보기] ―――

　❶ (가)는 회재 이언적이 거처하던 독락당 및 후학 양성의 뜻을 드러낸 양진암 등을 다룬 박인로의 가사이다. ❷ 이 작품의
　　　　　　　　　　　　　　　　　　　　　　　 D21번 ②의 근거
공간은 학문 수양의 공간과 그 주변의 자연 공간을 아우르고
　 D21번 ①의 근거
있다. ❸ 화자는 이언적이 명명한 것으로 전해지는 이들 공간을
　　　　　　　　　　　　　　　　 D22번 ③, ⑤의 근거
둘러보면서 그 명칭의 의미와 관련지어 자신의 소회를 드러
　　　　　　　　　　　　　　　　 ❹
낸다. 이처럼 공간의 명칭과 그 의미를 중심으로 사고하는 방
　　　　　　　　　　　　　 D21번 ④, ⑤의 근거
식은 (나)에서도 중요한 기반을 이루고 있다.

D 21 정답 ③ ＊〈보기〉를 바탕으로 감상하기 … [정답률 74%]

(가)와 (나)를 이해한 내용으로 적절하지 <u>않은</u> 것은? [3점]

> **왜 정답?**

③ (가)에서 '연비어약을 말없는 벗으로 삼아 / 독서에 골몰'
한다는 표현은 '관어대'와 관련된 것으로, <u>성현의 일을 이루</u>
　　　　　　　　'성현의 일을 도모하던 이언적의 모습을 떠올리는 것이므로 적절하지 않음.
<u>지 못한 화자의 반성적 태도를 드러내고 있다.</u>

＊근거: (가) ⑱, ㉓, ㉔행

(가)의 화자는 관어대에서 '몇몇 옛 자취'를 보며 '연비어약을 말없는 벗으로 삼'고 '독서에 골몰하여 성현의 일 도모하시'던 이언적의 모습을 떠올리고 있다. 이는 이언적이 도모하던 '성현의 일'을 흠모하는 마음을 드러내고 있는 것이다. 그러나 (가)의 화자가 '성현의 일'을 이루지 못한 자신에 대해 반성하고 있지는 않다.

> **왜 오답?**

① (가)에서 '깨우친 것을 혼자서 즐기'는 행위는 '독락당'이라는 명칭의 의미와 연결되면서 <u>학문을 목적으로 하는 공간의 성격을 부각하고 있다.</u>
'이 작품의 공간은 학문 수양의 공간'

＊근거: (가) ⑦행, 〈보기〉 ❷문장

〈보기〉에서 (가)의 공간은 '학문 수양의 공간'이라고 했다. 따라서 (가)의 '독락당'은 학문 수양의 공간이며, (가)의 '깨우친 것을 혼자서 즐기도다.'라는 구절 역시 '학문 수양'과 연관 지어 이해할 수 있다. 이때 '혼자서 즐기도다'는 독락당의 이름에서 '독락(獨樂)'이 지닌 의미에 부합하며 '독락당'이 학문 수양의 공간으로서 지닌 성격을 부각하고 있다.

② (가)에서 '내 뜻도 뚜렷하다'는 진술은 '양진암'에 대한 것으로, 화자는 후학 양성에 뜻을 두었던 이언적에 대한 공감을 표현하고 있다.
'후학 양성의 뜻을 드러낸 양진암'

＊근거: (가) ⑪, ⑫행, 〈보기〉 ❶문장

〈보기〉에서 '양진암'은 '후학 양성의 뜻을 드러낸' 곳이라고 했다. 따라서 (가)의 화자가 '양진암에 돌아들어' '내 뜻도 뚜렷하다.'라고 한 것은 '양진암'과 관련하여 이언적이 추구했던 후학 양성의 뜻에 대해 공감을 표현한 것이라고 볼 수 있다.

④ (나)에서 '내가 본디 산에서 나고 또 장차 산으로 돌아갈 자이기 때문이다'는 '산장'이라는 명칭의 근거와 함께 '나'가 귀의하고자 하는 공간의 성격을 나타내고 있다.
'산'은 '나'가 돌아갈 곳이라고 했으므로 적절함.

＊근거: (나) ②문단 ❷, ❸문장, 〈보기〉 ❹문장

(나)에서 글쓴이는 '방우산장'에서 '산장'이라는 이름을 붙인 이유를 '내가 본디 ~ 산으로 돌아갈 자이기 때문이다.'라고 밝히고 있다. 이는 '산장'이라는 명칭의 근거이자, 자신이 결국에는 귀의하고자 하는 공간이 '산'임을 나타낸다.

[귀의하다: 돌아가거나 돌아와 몸을 의지하다.

⑤ (나)에서 '방우산장의 이름에 값할 집'은 궁극적으로 '내 영혼이 깃들인 곳집'과 연결되면서, 공간의 명칭이 정신적 지향의 표상임을 암시하고 있다.
'방우산장'은 결국 '내 영혼이 깃들인 곳집'이므로 적절함.

＊근거: (나) ④문단 ❷, ❼문장, 〈보기〉 ❹문장

(나)에서 글쓴이는 '방우산장의 이름에 값할 집'이 궁극적으로는 '내 영혼이 깃들인 곳집'이라고 했다. 이때 '영혼'은 정신적 가치를 의미하므로, '방우산장'이라는 공간의 명칭은 결국 정신적 지향의 표상임을 드러낸다고 볼 수 있다.

[표상: 본을 받을 만한 대상

D 22 정답 ② ＊〈보기〉를 바탕으로 감상하기 … [정답률 68%]

'공간'과 '명칭'의 관계를 중심으로 (가)와 (나)를 설명한 내용으로 가장 적절한 것은?

- **'공간'과 '명칭'의 관계:** 〈보기〉에서 언급한 '공간의 명칭과 그 의미를 중심으로 사고하는 방식'에 따라 이해한 '공간'과 '명칭' 사이의 관계를 말합니다.
- **(가)와 (나):** (가)에는 '독락당', '양진암', '관어대', (나)에는 '방우산장'이라는 공간의 명칭이 등장합니다.

> **즉** (가)와 (나)에 나오는 공간의 명칭에 담긴 의미를 이해한 내용으로 적절한 것을 고르는 문제입니다.

> **왜 정답?**

② (나)에는 명칭이 지시하는 공간이 하나의 물리적 실체에만 국한되지 않는다는 인식이 나타나 있다.
'나의 방우산장은 원래 ~ 부를 수밖에 없다.', '방우산장의 이름에 값할 집은 ~ 나의 산장이기도 하다.'에 나타남.

＊근거: (나) ②문단 ❶문장, ④문단 ❷, ❼문장

(나)에서 글쓴이는 '나의 방우산장은 원래 특정한 장소, 일정한 건물 하나에만 명명한 것이 아니고 ~ 내가 그 안에 잠자고 일하며 먹고 생각하는 터전은 다 방우산장이라 부를 수밖에 없다.'라고 했다. 그러면서 '방우산장의 이름에 값할 집'은 '야숙의 담요 한 장', '무변한 창공'이 되기도 하며, '나의 육신이 구극에는 나의 산장이기도 하다.'라고 했다. 이를 통해 (나)의 글쓴이가 '방우산장'이라는 공간을 하나의 물리적 공간이 아닌 여러 공간으로 인식하고 있음이 드러난다. 즉, (나)에는 '방우산장'이라는 명칭이 지시하는 공간이 하나의 물리적 실체에만 국한되지 않는다는 인식이 나타나고 있다.

[실체: 실제의 물체. 또는 외형에 대한 실상
[국한되다: 범위가 일정한 부분에 한정되다.

> **왜 오답?**

① (가)에는 <u>시간의 흐름에 따라 공간의 명칭이 변화하는 과정이 제시되고 있다.</u>
나타나지 않음.

(가)에서는 시간의 흐름에 따라 화자가 둘러보는 공간이 독락당, 양진암, 관어대로 바뀌고 있을 뿐, 공간의 명칭이 변화하는 과정은 나타나지 않는다.

③ (가)와 (나)의 공간은 <u>명명 과정에서 다수의 인정을 받는 단계를 거쳐 왔다.</u>
나타나지 않음.

＊근거: (나) ①문단, 〈보기〉 ❸문장

〈보기〉에서 (가)의 공간인 '독락당'은 '이언적이 명명한 것으로 전해'진다고 했고, (나)의 공간인 '방우산장'은 글쓴이가 직접 명명하였다. 따라서 (가)와 (나)의 공간이 명명 과정에서 다수의 인정을 받는 단계를 거쳐 왔다는 내용은 적절하지 않다.

④ (가)와 달리 (나)에서는 <u>공간의 외양과 명명의 근거가 긴밀하게 연결되고 있다.</u>
(나)의 '방우산장'은 다양한 외양을 지닐 가능성이 있으므로 적절하지 않음.

＊근거: (가) ④, ⑧행, (나) ②문단 ❶문장, ④문단 ❷~❼문장

(가)의 화자가 '만 권의 서책'이 '네 벽에 쌓'인 독락당의 모습을 보며 '독락, 이 이름 뜻에 맞는 줄 그 누가 알리'라고 한 부분에서 공간의 외양과 명칭의 의미가 부합됨을 확인할 수 있다. 반면 (나)의 '나의 방우산장은 원래 ~ 부를 수밖에 없다.' '방우산장의 이름에 값할 집은 ~ 나의 산장이기도 하다.'를 통해 '방우산장'에 부합하는 공간이 다양한 외양을 지닐 가능성이 나타나고 있다. 따라서 (나)에서 공간의 외양과 명명의 근거가 긴밀하게 연결되고 있다는 내용은 적절하지 않다.

[외양: 겉으로 보이는 모양

⑤ (나)와 달리 (가)에서는 <u>공간에 대한 작가의 경험이 명칭 지정의 기준으로 작용하고 있다.</u>
(가)의 명칭은 작가가 아닌 이언적이 명명한 것이므로 적절하지 않음.

＊근거: (나) ①문단, 〈보기〉 ❸문장

(나)에서 글쓴이는 '방우산장'은 '내가 거처하고 있는 ~ 스스로 붙인 집 이름이다.'라고 했으므로, (나)의 공간인 '방우산장'에 대한 명명은 작가의 경험에 기반한 것으로 볼 수 있다. 반면 〈보기〉에서 (가)의 명칭은 '이언적이 명명한 것으로 전해'진다고 했으므로, (가)에서 공간에 대한 작가의 경험이 명칭 지정의 기준으로 작용하고 있다는 내용은 적절하지 않다.

[지정: 가리키어 확실하게 정함.

(가) 오규원, 〈살아 있는 것은 흔들리면서 – 순례11〉

❶ 화자, 중심 대상　❷ 상황, 정서, 태도　❸ 표현상 특징

❶ 중심 대상: 흔들리는 삶

[1] 살아 있는 것은 흔들리면서
　❶ 살아 있는 모든 존재는 시련과 고통을 겪음.
　튼튼한 줄기를 얻고
　❷ 생명력을 나타냄.
　잎은 흔들려서 스스로
　❸ 자연물의 속성을 활용함.
　살아 있는 몸인 것을 증명한다.
　흔들리는 것은 살아 있음을 증명하는 건강한 자극에 해당함.

＊[1]연 요약: 흔들림으로써 증명되는 생명력

[2] ⓐ바람은 오늘도 분다.
　시련과 고통을 상징함.
　수만의 잎은 제각기
　❸ 누구도 흔들림을 피해갈 수 없음.
　몸을 엮는 하루를 가고
　┌ 들판의 슬픔 하나 들판의 고독 하나
[A]│
　└ 들판의 고통 하나도　❸ 표현상 특징: 열거법, 유사한 시구의 반복
　❻
　다른 곳에서 바람에 쓸리며
　❼ 상황에 따라 차이가 있을 뿐 시련을 겪는 것은 같음.
　자기를 헤집고 있다.
　자신을 찾으려는 노력, 성찰

＊[2]연 요약: 슬픔, 고독, 고통을 겪는 모든 존재들

[3] ❶ 피하지 마라
　❷❸ 표현상 특징: 명령형 어미를 사용하여 화자의 의지를 드러냄.
　빈 들에 가서 깨닫는 그것
　❸ 깨달음의 공간
　우리가 늘 흔들리고 있음을.
　❶ 화자: 우리
　❷ 태도: 흔들림을 극복하고자 함.
　❸ 표현상 특징: 도치법 – 흔들림을 피하지 말아야 할 것을 강조함.

＊[3]연 요약: 고난, 시련을 극복하고자 하는 의지와 태도

■ 갈래: 현대시　　　■ 창작 시기: 현대
■ 내용: 이 작품은 살아 있는 모든 것이 흔들린다는 것을 이야기하고 있다. 이 흔들림은 그저 시련일 뿐이 아니라 우리 존재의 생명력을 증명하는 것이므로 피하지 말아야 함을 강조하고 있다. 또한 이에 대한 화자의 의지가 간결하고 단호한 어조를 통해 드러나고 있다.
■ 주제: 고통과 아픔을 마주하는 삶에 대한 의지
■ 이것이 핵심!: 흔들리는 삶에 대한 화자의 의지

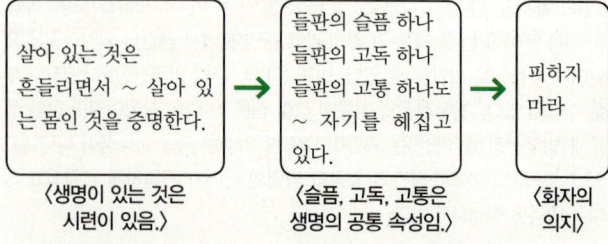

살아 있는 것은 흔들리면서 ~ 살아 있는 몸인 것을 증명한다.	들판의 슬픔 하나 들판의 고독 하나 들판의 고통 하나도 ~ 자기를 헤집고 있다.	피하지 마라
〈생명이 있는 것은 시련이 있음.〉	〈슬픔, 고독, 고통은 생명의 공통 속성임.〉	〈화자의 의지〉

(나) 나희덕, 〈푸른 밤〉

❶ 화자, 중심 대상　❷ 상황, 정서, 태도　❸ 표현상 특징

❶ 중심 대상: 너

[1] ㉠너에게로 가지 않으려고 미친 듯 걸었던
　❷ 상황: '너'에 대한 사랑을 거부하려 했음.
　그 무수한 길도
　❸
　실은 네게로 향한 것이었다
　❷ 상황: 현실을 자각함.
　❸ 표현상 특징: 역설적 표현

[무수하다: 헤아릴 수 없다.

＊[1]연 요약: '너'에게서 벗어날 수 없는 사랑

[2] ❶ 까마득한 밤길을 혼자 걸어갈 때에도
　내 응시에 날아간 별은
　❸ 화자: 나　❸ 표현상 특징: 시각적 이미지
　네 머리 위에서 반짝였을 것이고
　❹
　─ 내 한숨과 입김에 꽃들은
[B]│
　└ 네게로 몸을 기울여 흔들렸을 것이다
　❸ 표현상 특징: 의인법 – 화자가 '너'만을 지향했음을 드러냄.

＊[2]연 요약: 혼자일 때에도 변함없는 '너'를 향한 사랑

[3] ㉡사랑에서 치욕으로,
　❷
　다시 치욕에서 사랑으로,
　❷ 정서: 인연의 굴레를 벗어나지 못하던 화자의 내적 갈등이 드러남.
　하루에도 몇 번씩 네게로 드리웠던 두레박

[치욕: 수치와 욕됨.

＊[3]연 요약: '너'에 대한 사랑으로 인한 내적 갈등

[4] ❶ 그러나 매양 퍼 올린 것은
　❷❸ 표현상 특징: 시상의 전환 – '너'와의 인연을 받아들임.
　수만 갈래의 길이었을 따름이다
　'너'에게 가는 길

[매양: 매 때마다

＊[4]연 요약: '너'에게로 가는 무수한 길

[5] ❶ 은하수의 한 별이 또 하나의 별을 찾아가는
　그 수만의 길을 나는 걷고 있는 것이다
　'너'에게 가는 길이 쉽지만은 않음을 드러냄.

＊[5]연 요약: '너'를 향한 멀고도 험한 길

[6] ❶ 나의 생애는
　모든 지름길을 돌아서
　❷
　㉢네게로 난 단 하나의 에움길＊이었다
　❷ 정서: '너'에 대한 사랑을 운명으로 인정함.

＊[6]연 요약: 삶의 전부를 차지하는 '너'

＊ 에움길 : 굽은 길. 또는 에워서 돌아가는 길

■ 갈래: 현대시　　■ 창작 시기: 현대
■ 내용: 이 작품은 사랑하는 대상인 '너'를 잊으려 애를 써도 결코 잊을 수 없다는 고백을 형상화한 작품이다. 화자는 자신이 바라본 별이 '너'의 머리 위에서 반짝이고, 자신의 한숨에 꽃들은 '너'를 향해 몸을 기울일 것이라면서 항상 '너'를 향하고 있는 절대적인 사랑을 표현하고 있다. 또한 화자는 자신이 걷고 있는 모든 길이 결국은 '너'를 향한 것이었다고 고백하고 있다.
■ 주제: 한 사람을 향한 절대적인 사랑
■ 이것이 핵심!: 중심 대상을 향한 화자의 사랑

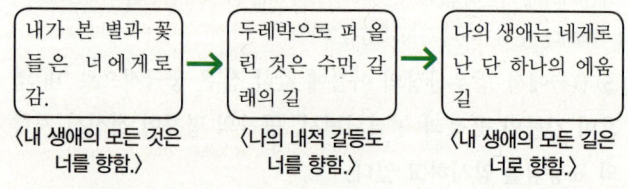

내가 본 별과 꽃들은 너에게로 감.	두레박으로 퍼 올린 것은 수만 갈래의 길	나의 생애는 네게로 난 단 하나의 에움길
〈내 생애의 모든 것은 너를 향함.〉	〈나의 내적 갈등도 너를 향함.〉	〈내 생애의 모든 길은 너로 향함.〉

(다) 정철, 〈속미인곡(續美人曲)〉

❶ 화자, 중심 대상　❷ 상황, 정서, 태도　❸ 표현상 특징　　고어 읽기　시 해석

❶ 잡거니 밀거니 놉픈 뫼해 올라가니
　잡거니 밀거니 놉픈 뫼히 올라가니
　임이 계신 곳을 바라보기 위해 올라간 공간
　➡ 잡거니 밀거니 높은 산에 올라가니

❷ 구룸은카니와　　안개는 므스 일고
　구룸은 ᄏᄂ니와 안개ᄂ 므스 일고
　➡ 구름은 물론이거니와 안개는 무슨 일인고
　☐: 임이 계신 곳을 보지 못하게 하는 장애물

❸ 산천이 어둡거니 일월을 엇디 보며
　산천이 어둡거니 일월을 엇디 보며
　　　　　　　해와 달
　➡ 산천이 어두우니 해와 달을 어찌 보며

❹ 지척을 모르거든 천 리를 바라보랴
　지쳑을 모르거든 쳔 리를 ᄇ라보랴
　아주 가까운 거리　　　　❸ 표현상 특징: 설의법
　➡ 가까운 거리를 모르거든 천 리를 바라보랴.

[지척(咫尺): 아주 가까운 거리

＊❶~❹행 요약: 임을 보고 싶어 산에 올라가지만 볼 수 없음.

⑤ 찰하리 물가의 가 배 길히나 보랴 하니
출하리 믈マ의 가 빈 길히나 보랴 ᄒ니
임의 소식을 듣기 위해 찾아간 공간
➡ 차라리 물가에 가서 뱃길이나 보려 하니

⑥ 바람이야 물결이야 어둥정* 된뎌이고
ⓑ브람이야 믈결이야 어둥졍* 된뎌이고   △: 임의 소식을 듣지 못하게 하는 장애물
➡ 바람과 물결로 어수선하게 되었구나

⑦ 사공은 어디 가고 빈 배만 걸렷는고
샤공은 어ᄃᆡ 가고 빈 빗만 걸렷ᄂᆞᆫ고
❸ 표현상 특징: 객관적 상관물 – 화자의 쓸쓸함과 외로운 처지를 강조함.
➡ 사공은 어디 가고 빈 배만 걸렸는고.

[C] ⑧ 강천의 혼자 서서 디는 해를 구버보니
강련(江天)의 혼자 셔셔 디는 ᄒᆡ를 구버보니
멀리 보이는, 강 위의 하늘   상황: 임과 헤어져서 혼자 있음.
➡ 강가에 혼자 서서 지는 해를 굽어보니

⑨ 님다히 소식이 더욱 아득한저이고
님다히 쇼식(消息)이 더욱 아득ᄒ뎌이고
❶ 중심 대상: 님(임)
➡ 임 계신 곳의 소식이 더욱 아득하구나.

*⑤～⑨행 요약: 임의 소식을 듣고 싶어 물가에 가지만 소식이 아득함.

[D]
⑩ 모첨 찬 자리의 밤중만 도라오니
모첨(茅簷)* 츤 자리의 밤듕만 도라오니
❸ 표현상 특징: 촉각적 이미지 – 임이 없어 더욱 차갑게 느껴짐.
➡ 초가집 찬 자리에 깊은 밤만 돌아오니

⑪ 반벽청등은 눌 위하야 발갓는고
반벽쳥등(半壁靑燈)은 눌 위ᄒᆞ야 불갓ᄂᆞᆫ고
화자의 쓸쓸한 처지를 부각하는 소재
➡ 벽에 걸린 등불은 누구를 위하여 밝았는고.

⑫ 오르며 나리며 헤쓰며 바자니니
오ᄅᆞ며 ᄂᆞ리며 헤쓰며* 바자니니*
❸ 표현상 특징: 열거법 – 임에 대한 그리움으로 방황하는 모습
➡ 오르고 내리며 헤매며 방황하니

⑬ 져근덧 역진하야 풋줌을 잠간 드니
져근덧 녁진(力盡)ᄒᆞ야 풋ᄌᆞᆷ을 잠깐 드니
힘이 다하여 지침.
➡ 잠깐 사이에 힘이 다하여 풋잠을 잠깐 드니

⑭ 정성이 지극하야 꿈의 님을 보니
졍셩(精誠)이 지극ᄒᆞ야 ᄭᅮᆷ의 님을 보니
화자와 임을 만나게 해 주는 매개체
➡ 정성이 지극하여 꿈에 임을 보니

⑮ 옥가튼 얼굴이 반이 나마 늘거셰라
옥(玉) ᄀᆞᄐᆞᆫ 얼굴이 반(半)이 나마 늘거셰라
❸ 표현상 특징: 직유법 – 임에 대해 걱정하는 화자의 모습이 나타남.
➡ 옥 같은 얼굴이 반도 넘게 늙었구나.

⑯ 마음의 머근 말슴 슬코자 잘자 하니
ᄆᆞ옴의 머근 말쏨 슬ᄏᆞ장 솗쟈 ᄒᆞ니
실컷   사뢰쟈(말하쟈)
➡ 마음에 먹은 말을 실컷 아뢰고자 하니

⑰ 눈믈이 바라 나니 말슴인들 어이하며
눈믈이 바라 나니 말쏨인들 어이ᄒᆞ며
➡ 눈물이 계속 나니 말인들 어찌하며
❷ 정서: 임에 대한 간절한 그리움과 사랑

⑱ 정을 못다 하야 목이조차 메여하니
졍(情)을 못다 ᄒᆞ야 목이조차 메여ᄒᆞ니
➡ 정을 못다 하여 목조차 메이니

⑲ 오전된 계성의 잠은 엇디 깨돗던고
오전된 계셩의 잠은 엇디 ᄭᆡ돗던고
❸ 표현상 특징: 청각적 이미지
오뎐된* 계셩(鷄聲)의 ᄌᆞᆷ은 엇디 ᄭᆡ돗던고
❷ 상황: 닭 울음소리로 인해 꿈에서 깸.
[E] ➡ 방정맞은 닭 울음소리에 잠은 어찌 깨 버렸는가.

⑳ 어와 허사로다 이 님이 어딕 간고
어와 허ᄉᆞ(虛事)로다 이 님이 어ᄃᆡ 간고
❸ 표현상 특징: 영탄법   꿈에서 깨어 임을 더 이상 볼 수 없음.
➡ 아, 허사로다. 이 임이 어디로 갔는가.

㉑ 결의 니러 안자 창을 열고 바라보니
결의 니러 안자 창(窓)을 열고 ᄇᆞ라보니
➡ 잠결에 일어나 앉아 창문을 열고 바라보니

어엿븐 그림재 날 조츨 뿐이로다
❶ 화자: 나
㉒ ㉣어엿븐 그림재 날 조츨 ᄲᅮᆫ이로다
❷ 정서: 임을 보지 못하는 것을 한탄함.
➡ 가엾은 그림자 날 좇을 뿐이로다.

녁진: 힘이 다하여 지침.
계성(鷄聲): 닭의 울음소리
반벽청등: 벽 가운데 걸려 있는 등불
지극ᄒ다(지극하다): 더할 수 없이 극진하다.

*⑩～㉒행 요약: 홀로 남겨진 외로움과 꿈에서 만난 임

㉓ 찰하리 싀여디여 낙월이나 되야 이셔
ㅁ출하리 싀여디여* 낙월(落月)이나 되야 이셔
➡ 차라리 죽어서 지는 달이나 되어 있어

㉔ 님 겨신 창 안해 번드시 비최리라
님 겨신 창(窓) 안ᄒᆡ 번드시 비최리라
➡ 임 계신 창 안에 환하게 비치리라.

낙월: 지는 달

*㉓～㉔행 요약: 죽어서라도 임과 만나고 싶은 소망

* 어둥정: 어수선하게
* 모첨: 초가집
* 헤쓰며: 헤매며
* 바자니니: 방황하니
* 오뎐된: 방정맞은
* 싀여디여: 죽어서

■ 갈래: 양반 가사, 서정 가사   ■ 창작 시기: 조선 중기
■ 내용: 이 작품은 임과 이별한 여인의 애달픈 마음에 빗대어 연군의 정을 표현한 '충신연주지사'이다. 갑녀와 을녀라는 두 여인의 대화 형식을 통해 전개되며, 지문으로 제시된 부분에서는 을녀(화자)가 임에 대한 그리움과 사랑을 이야기하고 있다. 화자는 임을 만나기 위해 산에도 올라가고 물가에도 가 보지만 임이 계신 곳을 볼 수도 없고 소식조차 아득하다. 꿈에서나마 임을 만나지만 닭의 울음소리로 인해 그 꿈마저 깨게 되는 상황에서, 화자는 차라리 죽어 달이 되어서라도 임을 보고 싶다며 임에 대한 변치 않는 사랑을 드러내고 있다.
■ 주제: 임에 대한 그리움과 변함없는 사랑(연군의 정)

■ 이것이 핵심!: 임에 대한 변치 않는 사랑

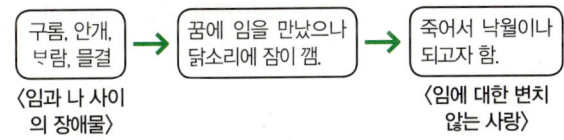

| 구름, 안개, 바람, 물결 | → | 꿈에 임을 만났으나 닭소리에 잠이 깸. | → | 죽어서 낙월이나 되고자 함. |

〈임과 나 사이의 장애물〉   〈임에 대한 변치 않는 사랑〉

🌟 독해 공식 정답

(가)
❶ 화자: 우리, 중심 대상: 들판의 나무, 흔들리는 삶
❷ 상황: 들판의 흔들리는 나무를 보며 흔들리는 삶에 대해 이야기함.
정서, 태도: 시련을 피하지 말아야 함을 강조함.
❸ 표현상 특징
• 자연물을 통해 인생에 대한 깨달음을 드러내고 있음.
• 도치법으로 시를 마무리하여 주제를 강조하고 있음.

(나)
❶ 화자: '나', 중심 대상: '너'
❷ 상황: '나'도 모르게 '너'에게로 향하는 마음을 고백함.
정서, 태도: 중심 대상을 향한 사랑을 고백함.
❸ 표현상 특징
• 역설법을 사용하여 '너'에 대한 사랑을 노래하고 있음.
• '~다'의 종결 어미를 반복하여 리듬감을 형성하고 있음.

D

(다)
❶ 화자: '나', 중심 대상: 임
❷ 상황: 임의 소식을 알고 싶은 마음과 임에 대한 그리움을 드러냄.
정서, 태도: 임과 나 사이에 장애물이 있음에도 변함없이 임을 사랑함.
❸ 표현상 특징
• 우리말의 묘미를 잘 살려서 표현하고 있음.
• 자연물을 임을 만나지 못하게 하는 장애물에 빗대고 있음.

작품 간의 공통점 및 차이점
• 공통점: (가)와 (다)는 자연물의 속성을 통해 주제를 강조하고 있음.
• 차이점: 크게 두드러지지 않음.

D 23 정답 ② ＊작품 비교하기 ·················· [정답률 87%]

(가)~(다)에 대한 설명으로 가장 적절한 것은?

왜 정답 ?

② (가), (다)는 자연물의 속성을 통해 주제를 강화하고 있다.
　(가) - '잎'이 '바람'에 흔들리는 속성, (다) - 대상을 비추는 '낙월'의 속성

＊근거: (가) 1 - ❸, ❹, (다) ㉓, ㉔행
(가)에서는 '잎'이 '바람'에 흔들리면서 '살아 있는 몸인 것을 증명'한다고 했다. 이러한 자연물의 속성을 통해 시련을 마주하는 삶의 자세를 강화하고 있다고 볼 수 있다. (다)에서 화자는 차라리 '낙월'이나 되어서 임이 계신 창 안을 비추겠다고 이야기하고 있다. 이는 '낙월', 즉 달이 무언가를 비춘다는 속성을 통해 임에 대한 화자의 사랑을 강화하고 있는 것이다.

왜 오답 ?

① (가), (나)는 현실 자각을 통해 ~~미래에 대한 기대~~를 담고 있다.
　(가), (나) 모두 현실을 자각하는 모습은 드러나지만 미래에 대한 기대는 드러나지 않음.

＊근거: (가) 1 - ❶, (나) 1, 6
(가)의 '살아 있는 것은 흔들리면서'와 (나)의 1연과 6연에서 현실에 대한 자각이 드러난다고 볼 수 있다. 하지만 이를 통해 미래에 대한 기대가 드러나지는 않는다.

③ (나), (다)는 ~~부정적 상황을 긍정적인 시선으로 받아들이고~~ 있다.
　(나)와 (다) 모두 드러나지 않음.

＊근거: (다) ❷, ❻행
(나)에는 부정적인 상황이 드러난다고 볼 수 없다. (다)의 '구롬'과 '안개', '바람'과 '믈결'을 통해 임을 볼 수 없는 부정적인 상황이 드러난다고 볼 수 있지만, 화자가 이러한 상황을 긍정적인 시선으로 받아들이고 있지는 않다.

④ (가)~(다)는 모두 ~~부재하는 대상에 대한 연민~~을 표출하고 있다.
　(가)~(다) 모두 드러나지 않음.

＊근거: (다) ⓯행
(가)~(다) 모두 부재하는 대상에 대한 연민이 드러나지 않는다. (다)에서 화자가 꿈에서 만난 임을 보고 '옥 ᄀ툰 얼굴이 반이 나마 늘거셰라'라고 하기는 하지만, 이는 옥 같았던 임의 얼굴이 많이 늙었다는 걱정과 안타까움을 드러내는 표현이기 때문에 연민이라고 보기 어렵다. 연민은 불쌍하고 가련하게 여기는 정서이다.

⑤ (가)~(다)는 모두 ~~대립적 상황 제시~~를 통해 ~~포용과 조화~~를 강조하고 있다.
　(가)~(다) 모두 드러나지 않음.

(가)~(다) 모두 대립적 상황을 제시하여 포용과 조화를 강조하고 있지는 않다.
〔포용: 남을 너그럽게 감싸 주거나 받아들임.

D 24 정답 ④ ＊화자의 정서와 태도 파악하기 ·· [정답률 81%]
　　　비평하여(사물의 옳고 그름, 아름다움과 추함 따위를 분석하고 가치를 논하여) 쓴 글
〈보기〉는 (가)를 읽고 쓴 비평문의 일부이다. ㉮~㉲ 중 (가)를 통해 알 수 있는 내용으로 적절하지 않은 것은?

• 〈보기〉: (가)를 읽고 쓴 비평문으로, ㉮~㉲는 (가)의 내용과 연관 지어 인생의 고통에 대해 생각한 것입니다.

• (가)를 통해 알 수 있는 내용: (가)의 화자는 살아 있는 모든 생명체는 '흔들리면서' '살아 있는 몸인 것을 증명한다'고 보며, 고통을 마주해야 한다는 의지를 드러내고 있습니다.

⟵⟶ 비평문(㉮~㉲)의 내용 중 (가)에 드러난 화자의 생각과 일치하지 않는 것을 고르는 문제입니다.

──────────── [보기] ────────────
❶ 우리는 문득 "왜 나만 이렇게 힘들지?"라는 의문을 품을 때가 있다. ❷ 이 작품은 이에 대한 답을 준다. ❸ ㉮살아 있는 모든 생명체는 시련과 고통을 마주하게 된다. ❹ ㉯각각 상황에 따라
　　　　1연 - '살아 있는 것은 흔들리면서'
차이가 있을 뿐 누구도 피해 갈 수 없다. ❺ 그러나 ㉰이것은 우
　　　2연 - '수만의 잎은 제각기', '다른 곳에서 바람에 쓸리며'
리가 살아 있음을 증명하는 건강한 자극이다. ❻ 이를 통해 ㉱나
　　　　　　　　　　　　1연 - '흔들려서 스스로 / 살아 있는 몸인 것을 증명한다.'
와 주변을 한 번 더 돌아보고 함께 세상으로 나아갈 수 있다.
　　　　　　　　　　　　　　확인할 수 없음.
❼ 시련과 고통은 피하지 말아야 한다. ❽ 아니 ㉲오히려 빈 들에서
바람을 온전히 느낄 수 있듯 내가 살아 있음을 확인해야 한다.
　　　3연 - '피하지 마라 / 빈 들에 가서 ~ 우리가 늘 흔들리고 있음을.'
────────────────────────────
의문: 의심스럽게 생각함. 또는 그런 문제나 사실
시련: 겪기 어려운 단련이나 고비
증명하다: 어떤 사항이나 판단 따위에 대하여 그것이 진실인지 아닌지 증거를 들어서 밝히다.

왜 정답 ?

④ ㉱
　확인할 수 없음.

(가)에서 화자는 '살아 있는 것'은 모두 흔들리며, 이 흔들림은 그저 시련일 뿐만 아니라 우리 존재의 생명력을 증명하는 것이므로 피하지 말아야 함을 강조하고 있다. '나와 주변을 한 번 더 돌아보고 함께 세상으로 나아갈 수 있다.'라는 내용은 (가)를 통해 확인할 수 없다.

왜 오답 ?

① ㉮
　1연을 통해 확인할 수 있음.

＊근거: (가) 1 - ❶
1연의 '살아 있는 것은 흔들리면서'를 통해 살아 있는 모든 생명체는 시련과 고통을 마주하게 된다는 것을 확인할 수 있다.

② ㉯
　2연을 통해 확인할 수 있음.

＊근거: (가) 2 - ❷, ❻
2연의 '수만의 잎은 제각기', '다른 곳에서 바람에 쓸리며'를 통해 각각 상황에 따라 차이가 있을 뿐 흔들림, 즉 시련과 고통을 누구도 피해 갈 수 없다는 것을 확인할 수 있다.

③ ㉰
　1연을 통해 확인할 수 있음.

＊근거: (가) 1 - ❸, ❹
1연의 '잎은 흔들려서 스스로 / 살아 있는 몸인 것을 증명한다.'를 통해 흔들림, 즉 시련과 고통이 우리가 살아 있음을 증명하는 건강한 자극이라는 것을 확인할 수 있다.

⑤ ㉲
　3연을 통해 확인할 수 있음.

＊근거: (가) 3
3연의 '피하지 마라 / 빈 들에 가서 깨닫는 그것 / 우리가 늘 흔들리고 있음을.'에서 화자는 '빈 들'이라는 깨달음의 공간에서 우리가 늘 흔들리고 있음을 직면해야 한다고 이야기하고 있다. 따라서 빈 들에서 바람을 온전히 느낄 수 있듯 내가 살아 있음을 확인해야 한다고 반응하는 것은 적절하다.

D 25 정답 ③ *시어 및 구절의 의미 파악하기 [정답률 86%]

ⓐ와 ⓑ에 대한 이해로 가장 적절한 것은?

- ⓐ: ⓐ는 (가)의 '바람'으로, 살아 있는 모든 것들이 겪는 시련과 고통을 의미합니다.
- ⓑ: ⓑ는 (다)의 'ᄇᆞ람'으로, 화자가 임의 소식을 듣지 못하게 하는 장애물을 의미합니다.

즉 ⓐ와 ⓑ가 화자에게 어떤 영향을 미치며, 화자는 각각의 소재를 어떻게 인식하고 있는지 파악한 내용으로 적절한 것을 고르는 문제입니다.

>왜 정답?

③ ⓐ는 받아들여야 하는, ⓑ는 벗어나고 싶은 상황이다.
ⓐ는 피하지 말아야 하는 시련과 고통, ⓑ는 임의 소식을 듣지 못하게 하는 장애물이므로 적절함.

*근거: (가) ❸, (다) ❻, ❾행

ⓐ '바람'은 살아 있는 존재들이 겪는 시련과 고통의 상황을 상징하지만, 화자는 이것을 통해 '살아 있는 몸'임을 증명할 수 있으므로 피하지 말아야 한다고 이야기하고 있다. 따라서 ⓐ '바람'은 받아들여야 하는 상황이라고 할 수 있다. ⓑ 'ᄇᆞ람'은 화자가 임의 소식을 듣고 싶어 '믈ᄀᆞ'(물가)로 갔을 때 마주한 상황이다. 화자는 'ᄇᆞ람'과 '물결'로 인해 임의 소식을 듣지 못하고 있으므로 ⓑ 'ᄇᆞ람'은 화자가 벗어나고 싶은 부정적인 상황이라고 할 수 있다.

>왜 오답?

① ⓐ, ⓑ는 모두 인간의 강인함을 인식하게 한다.
ⓑ에 드러나 있지 않음.

*근거: (가) ❶-❹

ⓐ '바람'을 통해 모든 존재는 '스스로 / 살아 있는 몸인 것을 증명한다.'라고 했으므로, ⓐ '바람'이 살아 있는 존재의 강인함을 드러낸다고 볼 수는 있다. 하지만 ⓑ 'ᄇᆞ람'이 인간의 강인함을 인식하게 하고 있지는 않다.

② ⓐ, ⓑ는 모두 경외심을 느끼게 하는 대상이다.

ⓐ '바람'과 ⓑ 'ᄇᆞ람'은 모두 경외심을 느끼게 하는 대상으로 볼 수 없다. '경외심'이란 공경하면서 두려워하는 마음을 의미한다.

④ ⓐ는 화합의 이미지가, ⓑ는 고독의 이미지가 드러난다.

*근거: (다) ❼, ❾행

ⓐ '바람'은 시련과 고통을 상징하므로 화합의 이미지와 관련이 없다. ⓑ 'ᄇᆞ람'은 임의 소식을 듣지 못하게 하는 장애물이기 때문에 이를 통해 화자가 고독감을 느낄 수는 있다. 하지만 ⓑ 'ᄇᆞ람' 자체에서 고독의 이미지가 드러난다고 볼 수는 없다. (다)에서 고독의 이미지가 드러나는 것은 임과 이별한 화자처럼 '샤공' 없이 홀로 남겨진 '빈 빅'이다.

⑤ ⓐ는 상황에 대한 만족감을, ⓑ는 상황에 대한 안타까움을 준다.
적절함.

*근거: (가) ❶-❶, (다) ❾행

ⓐ '바람'은 살아 있는 존재들이 겪는 시련과 고통의 상황을 상징하므로 상황에 대한 만족감을 준다고 볼 수 없다. ⓑ 'ᄇᆞ람'은 임의 소식을 듣지 못하게 하는 장애물이므로, 임과 이별한 처지의 화자가 임의 소식조차 듣지 못하는 상황에 대한 안타까움을 주고 있다.

D 26 정답 ④ *〈보기〉를 바탕으로 감상하기 ···· [정답률 74%]

〈보기〉를 참고하여 ㉠~㉤을 감상한 내용으로 적절하지 않은 것은? [3점]

- 〈보기〉를 참고: (나)의 화자는 다가온 인연을 운명으로 받아들이는 태도를, (다)의 화자는 이별을 거부하는 태도를 보이고 있습니다.
- ㉠~㉤: ㉠은 '너'에게 가지 않으려는 화자의 노력, ㉡은 사랑과 치욕이 반복되는 화자의 감정, ㉢은 화자의 삶에 대한 인식, ㉣은 그림자만이 화자를 좇는 상황, ㉤은 달이 되고 싶은 화자의 마음을 드러내는 구절입니다.

즉 (나)와 (다)의 화자가 보이는 태도를 바탕으로 ㉠~㉤에 드러나는 화자의 정서를 이해한 내용 중 틀린 것을 고르는 문제입니다.

[보기]

선생님: ❶우리 삶에서 수많은 형태로 반복되는 만남과 헤어짐은 문학 작품에서 다양하게 형상화되고 있습니다. ❷(나)의 화자는 다가온 인연 때문에 한때는 갈등하며 방황하기도
①, ②의 근거
했지만 결국 거부할 수 없는 운명을 받아들이고 있습니다.
③의 근거
❸(다)에서는 헤어짐이 있지만 그것은 하나의 과정일 뿐, 화자는 온갖 어려움을 참고 견디며 이별을 거부합니다. ❹소중한 인연을 영원히 지켜내기 위해 죽음도 마다하지 않으며
⑤의 근거
운명적인 만남을 이어 가려 합니다.

>왜 정답?

④ ㉣에서는 소중한 인연을 지켜내기 위해 어려움을 참고 견디겠다는 화자의 의지를 확인할 수 있군.
꿈속에서나마 보았던 임을 잠에서 깨면서 보지 못하게 된 것에 한탄하고 있음.

*근거: (다) ㉒행

㉣은 '계성(닭 울음소리)'에 잠이 깨어 더 이상 꿈을 통해 임을 보지 못하게 된 상황에서, 화자가 홀로 있는 자신의 '그림재'(그림자)를 보는 부분이다. 따라서 ㉣에는 잠에서 깨어 꿈속의 임을 보지 못하게 된 것에 대한 화자의 한탄이 드러나 있다. 소중한 인연을 지켜내기 위해 어려움을 참고 견디겠다는 화자의 의지는 확인할 수 없다.

>왜 오답?

① ㉠에서는 운명적인 인연을 애써 거부하며 방황했던 화자를 발견할 수 있군.
'너에게로 가지 않으려고 미친 듯 걸'으며 인연을 애써 거부했음.

*근거: (나) ❶-❶, ❷, 〈보기〉 ❷문장

㉠에서 화자는 '너에게로 가지 않으려고 미친 듯' '무수한 길'을 걸었다고 했다. 이는 화자가 '너'에 대한 사랑을 애써 거부했던 모습이며, 〈보기〉에서 언급한 '다가온 인연 때문에 한때는 갈등하며 방황하기도 했'던 모습에 해당한다고 볼 수 있다.

② ㉡에서는 인연의 굴레를 벗어나지 못하던 화자의 내적 갈등을 '사랑에서 치욕으로, / 다시 치욕에서 사랑으로' 감정이 변하는 것을 알 수 있군.
반복하며 인연의 굴레를 벗어나지 못하고 갈등했음.

*근거: (나) ❸-❶, ❷, 〈보기〉 ❷문장

㉡에는 화자가 '사랑에서 치욕으로, / 다시 치욕에서 사랑으로' 감정이 변하는 것을 반복하며 인연의 굴레를 벗어나지 못했던 모습이 나타나고 있다. 이는 〈보기〉에서 언급한 '다가온 인연 때문에 한때는 갈등하며 방황하기도 했'던 모습에 해당한다고 볼 수 있다.

〔굴레: 부자연스럽게 얽매이는 일을 비유적으로 이르는 말〕

③ ㉢에서는 거부할 수 없는 운명임을 깨닫고 인정하는 화자의 모습을 볼 수 있군.
'나의 생애'가 '네게로 난 단 하나의 에움길'이라며 '너'에 대한 사랑을 운명으로 받아들이고 있음.

*근거: (나) ❻-❸, 〈보기〉 ❷문장

㉢에서 화자는 '나의 생애는' 결국 '네게로 난 단 하나의 에움길이었다'라고 하며 '너'에 대한 사랑이 거부할 수 없는 운명임을 인정하고 있다. 이는 〈보기〉에서 언급한 '결국 거부할 수 없는 운명을 받아들이'는 모습에 해당한다고 볼 수 있다.

⑤ ㉤에서는 죽음도 마다하지 않으며 운명적인 만남을 이어 가고 싶은 화자의 소망을 확인할 수 있군.
차라리 죽어서 '낙월'이 되어 임이 계신 창 안을 비추고자 하고 있음.

*근거: (다) ㉓, ㉔행, 〈보기〉 ❹문장

㉥에서 화자는 차라리 죽어서 '낙월'이 되어 임이 계신 창 안을 비추고 싶다고 하였다. 이는 〈보기〉에서 언급한 '죽음도 마다하지 않으며 운명적인 만남을 이어 가려' 하는 모습에 해당한다고 볼 수 있다.

D 27 정답 ④ * 표현상의 특징 파악하기 ········· [정답률 74%]

[A]~[E]에 대한 설명으로 적절하지 않은 것은?

• [A]는 유사한 시구를 반복하고, [B]는 '꽃들'을 의인화하고, [C]는 화자의 감정을 '빈 비'에 투영하고, [D]는 촉각적 심상을 활용하고, [E]는 청각적 심상을 활용한 구절입니다.

즉 [A]~[E]에 사용된 표현 방법과 이를 통해 나타나는 효과를 잘못 설명한 것을 고르는 문제입니다.

>왜 정답?

④ [D]: 화자의 처지와 대비되는 소재를 통해 화자의 인식 변화를 부각한다.
<small>화자의 처지와 대비되는 소재도, 화자의 인식 변화도 나타나지 않음.</small>

[D]에는 화자의 처지와 대비되는 소재가 나타나고 있지 않다. 화자는 '반벽청등은 눌 위ᄒᆞ야 볼갓는고'라고 했는데, 이를 통해 '반벽청등'이 화자와 대비되는 소재가 아니라 화자의 쓸쓸하고 외로운 처지를 부각하는 소재임을 알 수 있다. 또한 [D]에서 화자의 인식이 변화하고 있지도 않다.

>왜 오답?

① [A]: 유사한 시구의 반복을 통해 화자의 정서를 드러낸다.
<small>'들판의 ~ 하나'라는 유사한 시구가 반복되며 화자의 슬픔, 고독, 고통을 드러냄.</small>

* 근거: (가) ❷- ❹, ❺

[A]에서는 '들판의 ~ 하나'라는 유사한 시구가 반복되고 있으며, 이를 통해 화자의 슬픔, 고독, 고통을 드러내고 있다.

┌ **유사한 시구의 반복**: 비슷한 형태를 띠는 시구가 반복되는 것을 말한다. 이를 └ 통해 의미를 강조하거나 리듬감을 형성할 수 있다.

② [B]: 비유를 통해 화자가 한 대상만을 지향했음을 보여 준다.
<small>'꽃들'이 '몸을 기울'인다는 의인법을 통해 화자가 '너'만을 지향했음을 보여 줌.</small>

* 근거: (나) ❷- ❹, ❺

[B]의 '꽃들'이 '몸을 기울'인다는 것에서 사람이 아닌 것을 사람처럼 표현하는 의인법이 사용되고 있다. 이는 화자가 '너'만을 지향했음을 보여 주는 비유적 표현이라고 할 수 있다.

③ [C]: 객관적 상관물을 통해 화자의 쓸쓸하고 외로운 처지를 강조한다.
<small>객관적 상관물인 '빈 비'를 통해 화자의 외로움을 강조함.</small>

* 근거: (다) ❼행

[C]의 '빈 비'는 '샤공'이 없이 홀로 남아 있는데, 이는 임과 이별하고 홀로 남은 화자의 쓸쓸하고 외로운 처지를 강조하는 객관적 상관물이다.

┌ **객관적 상관물**: 화자가 자신의 감정을 간접적으로 드러내기 위해 동원한 모 └ 든 사물을 가리킨다.

⑤ [E]: 청각적 심상을 통해 화자가 꿈에서 깨게 된 원인을 드러낸다.
<small>화자는 '계성'으로 인해 꿈에서 깼으며, 이는 청각적 심상에 해당함.</small>

* 근거: (다) ⑲행

[E]에서 화자는 방정맞은 '계성'에 잠에서 깼다고 했다. '계성'이란 닭 울음소리를 의미하며, 이는 청각적 심상에 해당한다. 따라서 청각적 심상을 통해 화자가 꿈에서 깨게 된 원인을 드러내고 있다고 볼 수 있다.

(가) 이세보, 〈상사별곡〉

❶ 화자, 중심 대상 ❷ 상황, 정서, 태도 ❸ 표현상 특징 [시 해석]

❶ <small>황매화가 피는 때(봄) 골짜기에 가득한 단풍(가을)</small>
─ 황매 시절 떠난 이별 만학단풍 늦었으니
<small>계절의 변화 → 시간의 흐름</small>
➜ 황매화가 피던 봄에 이별했는데 (지금은) 골짜기에 단풍이 많이 들었으니

❷ 상사일념 무한사는 저도 나를 그리려니
<small>그리워하는 마음이 끝없이 일어남.</small> ❶ 화자: 내(갑녀)
➜ 그리워하는 마음이 끝없이 일어나는 것은 임도 나를 그리워하는 것이려니

❸ 굳은 언약 깊은 정을 낸들 어이 잊었을까
<small>❸ 표현상 특징: 설의법 – 잊지 않았음을 강조함.</small>
➜ 임과의 굳은 약속과 깊은 정을 나인들 어찌 잊었겠는가?

❹ 인간의 일이 많고 조물이 시기런지
➜ 인간사의 일이 많고 조물주가 시기해서인지

❺ <small>여름, 가을   겨울</small>
[A] 삼하삼추 지나가고 낙목한천 또 되었네
<small>계절의 변화 → 시간의 흐름</small>
➜ 여름과 가을이 지나가고 나뭇잎이 떨어진 뒤의 추운 겨울이 또 되었네.

❻ 운산이 멀었으니 소식인들 쉬울손가
<small>소식이 전해지기 쉽지 않음.</small> ┐ ❸ 표현상 특징:
➜ 구름 낀 산이 멀리 있으니 소식인들 쉽게 오겠는가? │ 설의법

❼ 대인난* 긴 한숨의 눈물은 몇 때런고
➜ 오지 않는 임을 기다리는 괴로움의 한숨과 눈물은 몇 번이나 되는가? ┐ ❷ 정서:
│ 임을 애절
❽ <small>지난날을 그리는 애간장</small>   │ 하게 그리
흉중*의 불이 나니 구회간장 다 타 간다   │ 워함.
<small>임을 그리워하는 애절한 마음</small>
➜ 마음속에 불이 나니 지난날을 그리는 애간장이 다 타 간다.

❾ 인간의 물로 못 끄는 불이라 없건마는
➜ 인간의 물로 못 끄는 불이야 없지마는

❿ ㉠내 가슴 태우는 불은 물로도 어이 못 끄는고
<small>❸ 표현상 특징: 임을 그리는 마음을 구체적인 현상에 빗댐.</small>
➜ 내 가슴을 태우는 불은 물로도 어이 끄지 못하는가?

┌ **만학**: 첩첩이 겹쳐진 많은 골짜기
├ **상사일념**: 서로 그리워하는 한결같은 마음을 이르는 말
└ **낙목한천**: 나뭇잎이 다 떨어진 겨울의 춥고 쓸쓸한 풍경. 또는 그런 계절

❶~❿행 요약: 임과 이별한 갑녀의 한탄

⑪ ❶ 화자2: 내(을녀)
─ 자네 사정 내가 알고 내 사정 자네 아니
<small>두 화자가 서로의 처지를 알고 이해함.</small>
➜ 자네의 사정을 내가 알고 내 사정을 자네가 아니
⑫ <small>가랑비 내리는 창가   가을바람과 기러기 울음소리</small>
㉡제우사창 저문 날과 소소상풍 송안성*의
<small>❸ 표현상 특징: 자연물을 통해 애상적 분위기를 조성함.</small>
➜ 가랑비 내리는 창가에 날이 저물어 쓸쓸한 가을바람 불 때 기러기 울음소리에

⑬ 상사몽 놀라 깨여 맥맥히 생각하니
<small>임을 그리워하여 꾸는 꿈   답답하게</small>
➜ 임을 그리워하는 꿈에서 놀라 깨어나 답답하며 생각하니

⑭ 방춘화류 좋은 시절 강루사찰 경개* 좋아
<small>꽃과 버들이 흐드러진 아름다운 봄   강가 누각의 사찰</small> ┐ 임과
[B] ➜ 꽃과 버들이 흐드러진 봄날의 좋은 시절에 강가 누각의 사찰에서   │ 함께
경치를 좋아   │ 했던
│ 과거
⑮ 일부일 월부월*의 운우지락 협흡*할 제   │
<small>임과 함께하는 즐거움</small>   │
➜ 날마다 달마다 임과 사랑하는 즐거움으로 화목하게 사귀었을 때   ┘

⑯ 청산녹수 증인 두고 차생백년 서로 맹세
<small>푸른 산과 푸른 물   다음 생의 평생을 함께하자는 맹세</small>
➜ 푸른 산과 푸른 물을 증인으로 두고 다음 생의 한평생을 함께하자던 맹세

⑰ 못 보아도 병이 되고 더디 와도 성화로세
    ❷ 정서: 임을 향한 그리움과 애타는 마음
    ➡ 보지 못해도 병이 되고 더디 와도 애가 타네.

⑱ 오는 글발 가는 사연 자자획획 다정터니
    다정한 편지를 주고받던 과거의 시절
    ➡ 오는 글발과 가는 사연이 글자마다 다정하더니

⑲ 엇지타 한 별리가 역여조기* 어려워라
    이별한 상황
    ➡ 어쩌다 한 우리 이별로 그리워하는 정이 간절하여 어려워라.

세우: 가늘게 내리는 비. 이슬비보다는 좀 굵다.
상사몽: 남녀 사이에 서로 그리워하여 꾸는 꿈
맥맥히: 생각이 잘 돌지 아니하여 답답하게
방춘: 꽃이 한창 피는 아름다운 봄
화류: 꽃과 버들을 아울러 이르는 말
운우지락: 구름과 비를 만나는 즐거움이라는 뜻으로, 남녀의 정교를 이르는 말
차생: 다음에 다시 태어나는 일. 또는 그런 삶

＊⑪～⑲행 요약: 임과 이별한 을녀의 한탄

* 대인난: 약속한 시간에 오지 않는 사람을 기다리는 안타까움과 괴로움
* 흉중: 마음속
* 송안성: 기러기 울음소리
* 경개: 경치
* 일부일 월부월: 날마다 달마다
* 협흡: 화목하게 사귐.
* 역여조기: 그리는 정이 간절함.

■ **갈래:** 애정 가사   ■ **창작 시기:** 조선 후기
■ **내용:** 이 작품은 조선 후기 이세보가 지은 가사로, 두 명의 화자가 차례대로 자신의 사연을 이야기하는 형식으로 이루어져 있다. 두 화자는 임과 함께하며 행복했던 시절을 회상하고, 그리움으로 인한 현재의 괴로움을 드러내고 있다.
■ **주제:** 임에 대한 그리움과 이별로 인한 고통

■ **이것이 핵심!** 임을 그리워하는 두 화자

〈갑녀의 한탄〉		〈을녀의 한탄〉
• 황매 시절 떠난 이별 만학 단풍 늦었으니 • 삼하삼추 지나가고 낙목 한천 또 되었네 • 내 가슴 태우는 불은 물로도 어이 못 끄는고	**+** 임과 이별 후의 그리움	• 상사봉 놀라 깨여 백맥히 생각하니 • 못 보아도 병이 되고 더디 와도 성화로세 • 엇지타 한 별리가 역여조기 어려워라

(나) 정지용, 〈다도해기5 - 일편낙토〉
    ❶ 중심 대상 ❷ 글쓴이의 생각, 태도 ❸ 서술상 특징

❶ 한라산이 시력 범위 안에 들어와 서기는 실상 추자도에서도 훨
❶ 중심 대상: 한라산
씩 이전이었겠는데 새벽에 추자도를 지내 놓고 한숨 실컷 자고나
새벽부터 아침까지의 시간의 흐름이 드러남.
서도 날이 새인 후에야 ⓒ해면 우에 덩그렇게 선연히 허우대도 끔
직이도 크게 나타나는 것이 아닙니까! 눈물이 절로 솟도록 반갑지
❷ 처음 만난 한라산의 웅장함에 대한 감탄
않으오리까. 한눈에 정이 들어 즉시 몸을 맡기도록 믿음직스러운
한라산을 마주한 반가움
가슴과 팔을 벌리는 산이외다. **❹** 「동방화촉에 초야를 새우올 제 바
「 」: ❸ 서술상 특징: 한라산을 처음 설렘을 첫날밤을 맞은 신부의 마음에 빗대어 표현함.
로 모신 님이 수줍고 부끄럽고 아직 설어 겨울 뿐일러니 그 님
그 얼굴 그 모습이사 동창이 아주 희자 솟는 해를 품은 듯 와락 사
랑홉게 뵈입는 신부와 같이」 나는 이날 아침에 평생 그리던 산을
바로 모시었습니다. **❺** 이즈음 슬프지도 않은 그늘이 마음에 나려앉

아 좀처럼 눈물을 흘린 일이 없었기에 인제는 나의 심정의 표피가
호두 껍질같이 오롯이 굳어지고 말았는가 하고 남저지* 청춘을 아
굳었던 청춘의 감성이 되살아남.
주 단념하였던 것이 제주도 어구 가까이 온 이날 이른 아침에 불
현듯 다시 살아나는 것이 아니오리까. **❻** 동행인 영랑과 현구도 푸른
동행한 인물들이 아이처럼 갑판 위를 뛰어다님.
언덕까지 헤엄쳐 오르려는 물새처럼이나 설레고 푸덕거리는 것이
요 좋아라 그러는 것이겠지마는 갑판 위로 뛰어 돌아다니며 소년
처럼 희살대는 것이요, **❼** 빽빽거리는 것이었습니다. ②산이 얼마나
한라산으로부터 받은 다양한 느낌
장엄하고도 너그럽고 초연하고도 다정한 것이며 준열하고도 지극
히 아름다운 것이 아니오리까. **❽** 우리의 모륙(母陸)이 이다지도 절
❷ 태도: 한라산의 아름다움에 감탄함.
승*한 도선(徒船)을 달고 엄연히 대륙에 기항*하였던 것을 새삼스
럽게 감탄하지 않을 수 없었습니다. **❾** 해면에는 아직도 야색(夜色)
밤의 경치
이 개이지는 않았는지 물결이 개운한 아침 얼굴을 보이지 않았건
만 ⑩한라산 이마는 아름풋한 자줏빛이며 엷은 보랏빛으로 물들
이른 아침 바라본 한라산의 거룩함
은 것이 더욱 거룩해 보이지 않습니까. **❿** 필연코 바다 저쪽의 아침
해를 미리 맞음인가 하였으니 허리에 밤 잔 구름을 두르고도 그리
고도 그 우에 다시 헌출히 솟아오릅니다. **⓫** 배가 제주 성내 앞 축항
아침 무렵 구름 위로 솟아오른 한라산의 모습
안으로 들어가자 큼직한 목선이 선부들을 데불고 마중을 나온 것
이었습니다. **⓬** 갑자기 소나기 한줄금을 맞으며 우리는 목선으로 옮
겨 타고 성내로 상륙하였습니다. **⓭** 흙은 검고 돌은 얽었는데 돌이
제주도의 토질과 사람들에 대한 언급
흙보다 더 많은 곳이었습니다. **⓮** 그러고도 사람의 자색은 희고도 아
름답지 않습니까. **⓯** 소나기 한줄금은 금시에 개이고 멀리도 밤을 새
날씨의 변화
워 와서 맞은 햇살이 해협 일면에 부챗살 퍼듯 하였습니다.

선연히: 실제로 보는 것같이 생생하게
동방화촉: 동방에 비치는 환한 촛불이라는 뜻으로, 혼례를 치르고 나서 첫날밤에 신랑이 신부 방에서 자는 의식을 이르는 말
뭉창: 동쪽으로 난 창
초연하다: 어떤 현실 속에서 벗어나 그 현실에 아랑곳하지 않고 의젓하다.
준열하다: 매우 엄하고 매섭다.
자색: 여자의 고운 얼굴이나 모습

＊(나) 요약: 한라산의 웅장함과 아름다움에 감탄함.

* 남저지: 나머지
* 절승: 아주 뛰어나게 좋은 경치
* 기항: 항해 중인 배가 목적지가 아닌 항구에 잠시 들르는 것

■ **갈래:** 현대 수필, 기행 수필   ■ **창작 시기:** 현대
■ **내용:** 이 작품은 시인 정지용이 1938년 다도해와 제주도를 여행하고 쓴 신문 연재 기행문 〈다도해기〉 중 5번째 글이다. 감각적인 묘사와 다양한 비유를 활용하여 한라산의 웅장함과 다채로운 아름다움을 드러내고 있다.
■ **주제:** 한라산과 제주도의 아름다움

■ **이것이 핵심!** 중심 대상의 아름다움

〈한라산의 아름다움〉		〈제주도의 아름다움〉
• 한라산 이마는 아름풋한 자줏빛이며 엷은 보랏빛으로 물들은 것이 더욱 거룩해 보이지 않습니까. • 허리에 밤 잔 구름을 두르고도 그리고도 그 우에 다시 헌출히 솟아오릅니다.	**+** 소나기가 오는 아침 배를 타고 제주도에 막 도착한 모습	• 흙은 검고 돌은 얽었는데 돌이 흙보다 더 많은 곳이었습니다. • 그러고도 사람의 자색은 희고도 아름답지 않습니까.

✿ 독해 공식 정답

(가)
❶ 화자: '나', 중심 대상: 저(임)
❷ 상황: 임과 이별하고 임을 그리워함.
　정서, 태도: 임을 애절하게 그리워함.
❸ 표현상 특징
　• 두 화자가 자신의 처지를 이야기하고 있음.
　• 계절의 변화를 통해 이별의 시간을 드러내고 있음.

(나)
❶ 중심 대상: 한라산
❷ 글쓴이의 생각, 태도: 한라산의 아름다운 모습에 감격함.
❸ 서술상 특징
　• 시간의 흐름과 공간의 이동에 따라 전개되고 있음.
　• 설의법과 영탄법을 사용하여 대상에 대한 감동을 표현하고 있음.

작품 간의 공통점 및 차이점
• 공통점: 시간의 흐름이 나타남. 특히 (가)에는 계절의 변화를 통해 시간의 흐름이 드러남.
• 차이점: 크게 두드러지지 않음.

D 28 　정답 ③ 　✱ 작품 비교하기 ·················· [정답률 34%]

(가)와 (나)의 공통점으로 가장 적절한 것은?

✦왜 정답?

③ 내용 전개 과정에서 시간의 흐름이 포착된다.
(가)의 '황매 시절 ~ 만학단풍', '삼하삼추 ~ 또 되었네', (나)의 '새벽에 추자도를 ~ 날이 새인 후에야'

✱근거: (가) ❶, ❺행, (나) ❶

(가)의 '황매 시절 떠난 이별 만학단풍 늦었으니'에서 봄(황매 시절)부터 가을(만학단풍)에 이르기까지의 계절 변화를 통해 시간의 흐름이 드러나고 있다. 또 '삼하삼추 지나가고 낙목한천 또 되었네'에서도 여름가을(삼하삼추)에서 겨울(낙목한천)에 이르기까지의 시간의 흐름이 드러나고 있다. (나)의 '새벽에 추자도를 지내 놓고 한숨 실컷 자고 나서도 날이 새인 후에야'에서 추자도를 지난 새벽에서부터 제주도에 도착한 아침까지의 시간의 흐름이 드러나고 있다.

〔 포착되다: 어떤 기회나 정세가 알아차려지다.

✦왜 오답?

① 운명을 수용하는 순응적 자세가 확인된다.
(가)에는 일부 드러나지만, (나)에는 드러나지 않음.

✱근거: (가) ❹행

(가)의 화자가 임과의 이별에 대해 '조물이 시기런지'라고 하는 것에서 운명론적 세계관이 드러난다고 볼 수는 있다. 그러나 (나)에 운명을 수용하는 순응적 자세가 드러나지는 않는다.

〔 순응적: 상황의 변화나 주위 환경에 잘 맞추어 부드럽게 대응하는

② 현재의 삶에 대한 반성적 태도가 부각된다.
(가)와 (나) 모두 현재의 삶에 대한 반성적 태도가 드러나지 않음.

(가)에서는 임을 그리워하는 절절한 마음을, (나)에서는 제주도의 경치에 대한 감탄을 표현하고 있다. (가)와 (나) 모두 현재의 삶을 반성하는 태도가 드러나고 있지는 않다.

↪ [오답 선택률 32%]

④ 인간과 자연의 대비를 통해 주제 의식이 표출된다.
(가)와 (나) 모두 인간과 자연의 대비가 드러나지 않음.

(가)에서 자연은 이별한 후의 시간의 흐름을 나타내거나, 작품의 분위기를 형성하는 배경이고, (나)에서 자연은 감탄과 예찬의 대상이다. (가)와 (나) 모두 인간과 자연을 대비한 표현이 나타나고 있지는 않다. '대비'란 서로 대립된 성질이나 감각을 통해 차이점이 두드러지게 하는 방식을 의미한다. '유(有)와 무(無)'처럼 완전히 반대되는 것이 아니더라도, 서로 다르며 대립되는 요소가 있으면 대비되는 성질을 가졌다고 볼 수 있다.

⑤ 상실의 경험을 극복하려는 의지적 자세가 나타난다.
(가)와 (나) 모두 상실의 경험을 극복하려는 의지적 자세가 드러나지 않음.

(가)에는 사랑하는 사람과의 이별이라는 상실의 경험이 드러나고 있지만, 이를 극복하려는 의지적 자세가 드러나고 있지는 않다. (나)에는 상실의 경험과 이를 극복하려는 의지적 자세 모두 드러나고 있지 않다.

D 29 　정답 ④ 　✱ 표현상의 특징 파악하기 ··· [정답률 60%]

㉠~㉤에 대한 설명으로 적절하지 않은 것은?

• ㉠~㉤: ㉠은 화자의 마음을 불에 빗대어 표현한 구절, ㉡은 애상적 분위기를 조성하는 구절, ㉢은 한라산의 웅장함에 감탄하는 구절, ㉣은 한라산의 다양한 느낌을 표현한 구절, ㉤은 한라산의 거룩함을 표현한 구절입니다.

즉 각 구절(㉠~㉤)에 나타난 표현상의 특징과 그로 인해 나타나는 효과를 잘못 설명한 것을 고르는 문제입니다.

✦왜 정답?

④ ㉣: 대상에 동적인 속성을 부여하여 외양의 다채로움을 강조하고 있다.
한라산의 동적인 속성은 드러나지 않음.

✱근거: (나) ❼

㉣에서는 한라산으로부터 받은 다양한 느낌을 나열하고 있을 뿐, 한라산에 동적인 속성을 부여하고 있지는 않다. '동적인 속성'이란 움직이는 속성을 의미하며, 시적 대상의 구체적인 움직임이 드러나는 표현에서 나타난다. 동적인 속성은 보통 힘차거나 활발한 느낌을 불러일으킨다.

✦왜 오답?

① ㉠: 구체적 현상에 빗대어 애절한 마음을 형상화하고 있다.
임을 그리는 애절한 마음을 가슴이 불에 타는 구체적 현상에 빗댐.

✱근거: (가) ❿행

㉠에서는 임을 그리워하는 화자의 애절한 마음과 이별의 괴로움을 '불'이 '가슴을 태'운다고 하며 구체적 현상에 빗대어 형상화하고 있다.

② ㉡: 자연물을 활용하여 애상적 분위기를 자아내고 있다.
'세우'(가랑비), '상풍'(가을바람) 등을 활용하여 애상적 분위기를 조성함.

✱근거: (가) ⓬행

㉡에서는 '세우'(가랑비), '상풍'(가을바람)과 '송안성'(기러기 울음소리) 등의 자연물을 활용하여 애상적 분위기를 조성하고 있다. '애상적'이란 슬퍼하거나 가슴 아파하는 것을 의미하며, 고전 시가에서는 주로 임과의 이별, 부모님과의 헤어짐 등의 상황에서 애상적 정서가 드러난다.

③ ㉢: 영탄적 표현을 통해 대상을 접한 감동을 드러내고 있다.
'해면 우에 ~ 것이 아닙니까!'라며 한라산을 마주한 감동을 드러냄.

✱근거: (나) ❶

㉢에서는 '해면 우에 ~ 나타나는 것이 아닙니까'라는 영탄적 표현을 통해 한라산의 웅장함을 처음으로 접한 감동을 드러내고 있다.

⑤ ㉤: 색채어를 사용하여 대상이 주는 인상을 시각적으로 형상화하고 있다.
'자줏빛', '엷은 보랏빛' 등을 사용하여 한라산이 주는 인상을 시각적으로 형상화함.

✱근거: (나) ❾

㉤에서는 '자줏빛', '엷은 보랏빛' 등의 색채어를 사용하여 한라산이 주는 인상을 시각적으로 형상화하고 있다. '색채어'란 색감, 빛깔을 나타내는 말을 의미하며, 색채어를 사용하면 다양한 시각적 표현 효과를 낼 수 있다.

D 30 　정답 ② 　✱〈보기〉를 바탕으로 감상하기 [정답률 33%]

〈보기〉를 바탕으로 (가)를 이해한 내용으로 적절하지 않은 것은? [3점]

•〈보기〉를 바탕: (가)의 [A], [B]는 서로 다른 화자가 각자 자신의 사연을 이야기하는 것입니다.

•(가): [A]와 [B]의 화자는 모두 임과 이별한 상황에서 느끼는 외로움과 괴로움을 드러내고 있습니다.

즉 서로 다른 화자의 말인 [A], [B]에 드러나는 화자의 처지와 정서를 이해한 내용 중 틀린 것을 고르는 문제입니다.

─────[보기]─────
(가)는 두 명의 화자가 각자 자신의 사연을 차례로 말하는 것으로 볼 수 있으며, 이는 [A]와 [B]로 구분된다.
─────────────

> **왜 정답?**

② [A]의 '저도 나를 그리려니'와 [B]의 '자네 사정 내가 알고
　　　　　　　　　　　임도 '나'를 그리워할 것임.　　[A]와 [B]의 화자가 서로의 사정을 알고 있음.
내 사정 자네 아니'를 통해 두 화자가 서로를 그리워하고 있음
　　　　　　　　　　　　　　　　　　　　　관계 없음.
을 알 수 있다.

＊근거: [A] ❷행, [B] ⓫행

[A]의 '저도 나를 그리려니'는 화자가 이별한 임도 자신을 그리워할 것이라고 생각함을 드러낸다. 또 [B]의 '자네 사정 내가 알고 내 사정 자네 아니'는 [A]의 화자와 [B]의 화자가 서로 사정을 잘 알고 있다는 의미이다. 그러나 두 화자가 서로를 그리워하고 있다고 볼 수는 없다.

> **왜 오답?**

① [A]의 '황매 시절 떠난 이별'과 [B]의 '엇지타 한 별리'에서
　　　　　　　　　　　　　　　　　　　　　　　　　　＝ 이별
두 화자의 처지를 확인할 수 있다.
사랑하는 사람과 이별한 처지

＊근거: [A] ❶행, [B] ⓳행

[A]의 '황매 시절 떠난 이별'에서는 황매화가 피던 봄에 이별을 한 화자의 처지를, [B]의 '엇지타 한 별리'에서는 어쩌다가 이별을 하게 된 화자의 처지를 확인할 수 있다.

③ [A]의 '굳은 언약 깊은 정'과 [B]의 '차생백년 서로 맹세'에
　　　　깊은 정으로 맺은 굳은 약속　　　　다음 생의 평생을 함께하는 맹세
서 두 화자가 임과의 사랑에 대해 지녔을 기대감을 떠올릴 수
　　영원히 함께하며 사랑을 이어가고자 하는 기대
있다.

＊근거: [A] ❸행, [B] ⓰행

[A]의 '굳은 언약 깊은 정'에서는 화자와 임 사이의 굳은 약속과 깊은 정을 확인할 수 있다. 또한 [B]의 '차생백년 서로 맹세'에서는 다음 생에 평생을 함께하는 화자와 임 사이의 맹세를 확인할 수 있다. 이를 통해 [A]와 [B]의 화자가 임과 평생을 함께할 것을 기대했음을 알 수 있다.

🎀 [오답 선택률 28%]

④ [A]의 화자는 '소식'이 전달되기 어려운 상황에 대한 안타
　　　　　　　'운산이 멀었으니 소식인들 쉬울손가'
까움을, [B]의 화자는 '오는 글발'이 끊긴 상황에 대한 안타까
　　　　　　　　　다정하게 '오는 글발'이 끊기고 '역여조기'로 인해 어려운 상황
움을 표출하고 있다.

＊근거: [A] ❻행, [B] ⓲, ⓳행

[A]의 '운산이 멀었으니 소식인들 쉬울손가'에서는 '운산'(구름 낀 산) 때문에 임의 소식을 알기 어려운 상황에 대한 화자의 안타까운 심정이 드러나고 있다. 또한 [B]의 화자는 '오는 글발 가는 사연 자자획획 다정터니'라고 하며 과거에는 다정한 편지가 오갔었음을 이야기하고 있다. 하지만 이어지는 내용에서 화자는 '엇지타 한 별리가 역여조기 어려워라'라고 하며 현재는 화자가 임과의 이별로 인한 그리움으로 괴로워하는 처지임을 드러내고 있다. 따라서 [B]의 화자는 '오는 글발'이 이별로 인해 끊긴 상황에 대한 안타까움을 표출하고 있다고 할 수 있다.

⑤ [A]의 '흉중의 불'과 [B]의 '병'은 두 화자가 상사로 인해 느
　　임을 그리워하는 괴로움　　임을 보지 못하는 괴로움
끼는 괴로움을 의미하고 있다.

＊근거: [A] ❽행, [B] ⓱행

[A]의 '흉중의 불'은 화자의 애절한 그리움으로 인한 괴로움을 비유적으로 표현한 것이다. 또한 [B]의 '병'은 임을 보지 못해서 생긴 것이다. 따라서 [A]의 '흉중의 불'과 [B]의 '병'은 모두 두 화자가 임을 그리워하는 마음, 즉 상사로 인해 느끼는 괴로움을 의미한다고 할 수 있다.

［상사: 서로 생각하고 그리워함.

───────────────────

D 31 정답 ⑤ ＊글쓴이의 생각과 태도 파악하기 [정답률 72%]

〈보기〉는 (나)를 읽고 학생이 쓴 감상문의 일부이다. 적절하지 않은 것은?

・〈보기〉: 학생이 (나)를 읽고 느낀 점을 쓴 감상문입니다. ⓐ는 한라산을 본 작가의 표현, ⓑ는 작가와 동행한 인물들의 행동, ⓒ는 아침의 한라산을 묘사한 부분, ⓓ는 제주도의 흙과 사람들을 언급한 부분, ⓔ는 작가의 아쉬움에 대한 감상입니다.

즉 학생이 (나)를 읽고 쓴 감상문의 내용(ⓐ~ⓔ) 중에서 지문의 내용과 맞지 않는 것을 고르는 문제입니다.

─────[보기]─────
이 글은 제주도를 여행한 작가의 체험을 담고 있다. ⓐ군었던 청춘의 감성이 한라산을 보고 다시 살아나는 것을 느꼈
'인제는 ~ 다시 살아나는 것이 아니오리까.'를 통해서 확인할 수 있음.
다는 작가의 표현이 흥미로웠고, ⓑ작가와 동행했던 인물들
이 아이처럼 갑판 위를 뛰어 다니는 모습을 표현한 부분에서
'동행인 영랑과 현구도 ~ 것이었습니다.'를 통해서 확인할 수 있음.
는 여행의 즐거움을 느낄 수 있었다. 특히 제주도의 풍광을
서술하면서 ⓒ아침 무렵 구름 위로 솟아오른 한라산의 모습
'허리에 밤 잔 ~ 헌출히 솟아오릅니다.'를 통해서 확인할 수 있음.
을 묘사한 부분이나, ⓓ제주도의 토질과 사람들에 대해 언급
'흙은 검고 ~ 아름답지 않습니까.'를 통해서 확인할 수 있음.
한 부분이 기억에 남는다. 그리고 ⓔ작가가 변덕스러운 날씨
로 인해 제주도의 아름다움을 제대로 감상하지 못해 아쉬워
제주도의 아름다움을 제대로 감상하지 못한 아쉬움은 드러나지 않음.
하는 부분에서는 나도 안타까움을 느꼈다.
─────────────

> **왜 정답?**

⑤ ⓔ

＊근거: (나) ⓬, ⓯

'갑자기 소나기'가 내렸다는 부분이나 '소나기 한줄금은 금시에 개이고'에서 제주도의 변덕스러운 날씨가 나타난다고 볼 수 있다. 그러나 글쓴이가 변덕스러운 날씨로 인해 제주도의 아름다움을 제대로 감상하지 못한 것은 아니며, 이로 인한 아쉬움을 드러내고 있지도 않다.

> **왜 오답?**

① ⓐ

＊근거: (나) ❺

글쓴이는 '호두 껍질'처럼 굳은 청춘의 감성이 '제주도 어구 가까이'에서 한라산을 보고 다시 살아났다고 하였다.

② ⓑ

＊근거: (나) ❻

글쓴이는 '동행인 영랑과 현구도' 갑판 위로 뛰어 돌아다니며 소년처럼 희살대었다고 하였다.

③ ⓒ

＊근거: (나) ❿

글쓴이는 한라산이 '허리에 밤 잔 구름을 두르고' 그 위에 솟아올랐다고 하면서 아침 무렵 한라산의 모습을 묘사하고 있다.

④ ⓓ

＊근거: (나) ⓭, ⓮

글쓴이는 제주도에 대해 '흙은 검고 돌은 얽었는데 돌이 흙보다 더 많은 곳'이고, '사람의 자색은 희고도 아름답'다고 하였다.

(가) 박인로, 〈상사곡〉

❶ 화자, 중심 대상 ❷ 상황, 정서, 태도 ❸ 표현상 특징

❶ 가을밤 아주 긴 때 적막한 방 안에

❷ 어둑한 그림자 말 없는 벗이 되어

❸ 외로운 등 심지를 태우고 전전반측(輾轉反側)하여
　❷ 정서: 외로움.

❹ 밤중에 어느 잠이 ㉠빗소리에 깨어나니

❺ 구곡간장(九曲肝腸)을 끊는 듯 째는 듯 새도록 끓는다
　❷ 정서: 잠이 깨서 외로움이 심화됨.

전전반측: 누워서 몸을 이리저리 뒤척이며 잠을 이루지 못함.
구곡간장: 굽이굽이 서린 창자라는 뜻으로, 깊은 마음속 또는 시름이 쌓인 마음속을 비유적으로 이르는 말

＊❶~❺행 요약: 외로움에 간신히 든 잠이 빗소리에 깸.

❻ 하물며 맑은 바람 밝은 달 삼경(三更)이 깊어 갈 때

❼ 동창(東窓)을 더디 닫고 외로이 앉았으니

❽ 임의 얼굴에 비친 달이 한 빛으로 밝았으니

❾ 반기는 진정(眞情)은 임을 본 듯하다마는
　달을 보고 임이 떠오름. - 화자의 간절한 그리움

❿ 임도 달을 보고 나를 본 듯 반기는가
　⓫ ❶ 중심 대상: 임 ❶ 화자: 나

⓫ 저 달을 높이 불러 물어나 보고 싶은데

⓬ 구만리장천(九萬里長天)의 어느 달이 대답하리

⓭ 묻지도 못하니 눈물질 뿐이로다
　❷ 정서: 임을 만날 수 없어 안타까움.

⓮ 어디 뉘 말이 춘풍추월(春風秋月)을 흥(興) 많다 하던가

⓯ 어찌한 내 눈에는 다 슬퍼 보이는구나
　❸ 표현상 특징: 감정 이입

⓰ 봄이라 이러하고 가을이라 그러하니

⓱ 옛 근심과 새 한(恨)이 첩첩이 쌓였구나

⓲ 세월이 아무리 흐른들 이내 한이 그칠까

⓳ 몇 백세(百歲) 인생이 천년의 근심을 품어 있어

⓴ 못 보는 저 임을 이토록 그리는가

구만리장천: 아득히 높고 먼 하늘

＊❻~⓴행 요약: 이별한 임에 대한 절절한 그리움

㉑ 잠깐 동안 아주 잊어 후리쳐 던져두자

㉒ 운수에 정해진 만남과 이별을 마음대로 할 수 있는가

㉓ 언약을 굳게 믿고 기다리려는 보자구나
　임에 대한 신의를 표현

㉔ 행복과 불행은 하늘의 이치에 자연 그러하니

㉕ 초생(初生)에 이지러진 달도 보름에 둥글듯이

㉖ 청춘에 나눈 거울 이제 아니 모을소냐

㉗ 신혼에 즐거웠거늘 오랜 옛정이 지금이라고 어떠하랴
　[J: 초승달이 보름달이 되는 것처럼 화자의 상황도 나아질 것이라 기대함.

㉘ 흰머리 속의 소년의 마음을 가져 있어

㉙ 산수(山水) 갖춘 고을에 초막(草幕)을 작게 짓고
　❷ 태도: 안분지족

㉚ 편안치 못한 생애를 유여(有餘)하고자 바랄소냐

㉛ 두세 이랑 돌밭을 갈거니 짓거니
　경작하기 좋지 않은 땅

㉜ 오곡이 익거든 조상 제사 받들고 성경(誠敬)을 이룬 후에

㉝ 있으면 밥이오 없으면 죽을 먹고
　❷ 태도: 안분지족

㉞ 좋은 일 못 보아도 궂은 일 없을지니

㉟ 오십에 아들 낳아 자손 아기 늙도록

㊱ 일생에 덜 밉던 정을 밉도록 좇으리라

이지러지다: 달 따위가 한쪽이 차지 않다.
유여하다: 여유가 있다.
성경: 정성과 공경을 아울러 이르는 말

＊㉑~㊱행 요약: 신의를 가지고 임을 기다리며 안분지족하겠다는 다짐

■ **갈래**: 가사　　■ **창작 시기**: 조선 중기
■ **내용**: 이 작품은 임과 이별하고 겪는 슬픔과 그리움을 나타낸 연군 가사이다. 다른 충신연주지사들과는 다르게, 이별한 화자가 남자로 등장한다는 특징이 있다.
■ **주제**: 임에 대한 그리움과 변함없는 연군의 정

■ **이것이 핵심!**: 임에 대한 그리움

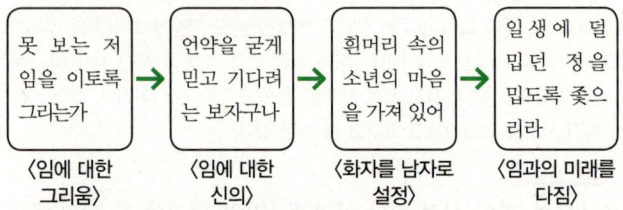

(나) 유경환, 〈고향 이루는 생각들〉

❶ 중심 대상 ❷ 글쓴이의 생각, 태도 ❸ 서술상 특징

1⃣ ❶내 나이 대여섯 살 적에 나는 동리 사람들이 '금융조합 이사 집
　글쓴이
아들'이라고 부르는 것을 알게 되었다. ❷그리고 우리 집의 대명사가
'금융조합 집'인 것도 귀담아 듣게 되었다. ❸때문에 송천, 사리원, 겸이포, 장연 등지로 번질나게 이사를 다녔다고 한다. ❹이사(理事)
네 집이기 때문에 이사(移徙)만 다닌다고, 나는 그때 혼자서 그렇
게 생각했었다. ❺그래서 ⓐ도라지꽃, 하늘 색깔 닮아 고웁던 그 구
　　　　　　　　　　　❸ 서술상 특징: 시각적 이미지 사용
월산 줄기 남쪽엘 거의 안 다닌 곳 없이 다닌 것이었다.

❻ 요즈음도 그 ㉡몽금포 타령, 라디오에서 흐르는 그 가락은, 가
　　　　　　　　고향을 떠올리게 하는 매개체
끔 날 눈 감게 하여 주고, 그러고는 나의 고향을 그 가락에 매어
끌어다 준다. ❼마치 수평선 저쪽에서 다가오는 한 척의 돛배처럼
[J: 몽금포 타령을 들으며 '고향'에 대한 생각으로 감상에 젖어듦.
느리고 잔잔하게.

❽감나무 두 그루가 엇갈려 서 있는 송천의 금융조합 이사 집이,
내 감은 두 눈 속에서 얌전히 찾아와 스며든다. ❾그것은 빛바랜, 옛
날의 사진처럼 부우연 원색화이다. 」

번질나다: 잇따라 드나드는 것이 잦다.

＊1⃣ 요약: 고향에 대한 회상

2⃣ ❶뽕나무밭이 줄 그어 가시울타리까지 달려간 뒷밭에서, 오디 철
한여름을 보내면, 감나무의 감이 어린 나를 어르면서 익어 갔다.
❷오딧물 들어, 입술이 너나없이 연둣빛이 되던 그 한 철이 지나,
ⓑ뽕잎에 기름진 여름이 줄줄 녹아 흐르고 나면 그 다음엔 떫은
입속의 감 맛을 느끼게 된다. ❸그 떫은 감껍을 소매에 부빈다고 야
　❸ 서술상 특징: 여름과 가을을 구체적으로 형상화하였음.　❸ 서술상 특징: 음성 상징어
단을 맞던 ⓒ어린 시절이 나의 눈앞에서 희죽희죽 웃는다. ❹내가
　　　　　　　❸ 서술상 특징: '어린 시절'이라는 기억을 의인화함.
순수 무구하게 웃음을 찾을 수 있다면 그것은 이런 혼자만의 회상
속에서 가능한 것 같다.
❺처음 담근 감의 떫음이 빠지기를 기다리다 못해, 가을이 먼저
오는 곳이 그곳이었다. ❻개암 익기 기다려 산을 파헤치고 다닌다.

❼ 또 ⓓ두 산이 기역 자처럼 붙어 버린 산그늘, 그 속의 바위 냇물로 빨래하러 가는 아낙들을 부끄러운 줄 모르고 따라다니던 생각…… **❽** 사라지지 않는 방망이 소리. **❾** 또 먼지 피우며 달아나는 한두어 대의 목탄차가 신작로로 빠져나가는 것 바라보고 가슴 설레던 생각도, 시금털털한 머루 따 먹느라고 쐐기에 쏘이던 생각도, 지금은 애써 다 그려 보고 싶은 풍경들이다.

일부러 애를 써서라도 떠올려보고 싶은 아름다운 풍경들임.

★**②** 요약: 고향의 여름과 가을을 회상

(중략)

❶ 중심 대상: 고향

❸ 고향은 지워지지 않고, 잊어버릴 뿐. **❷** 그러나 아직 잊어버리지

고향이 사라지는 것이 아니라, 내가 잊는 것임을 의미

않으나, 잃어버리는 생각은 있다. 쬐그만 옛날의 장난감을 잃어버리듯이.

잘 떠오르지 않는 생각들이 있음.

❹ 비 온 뒤, 광에서 채를 훔쳐 내다가 달치 새끼나 건져 나누며, 싸우던 냇가의 생각, 또 포플러 높은 키의 그림자가 물속에 드리울 때, 잔등에 뿔이 솟은 쏘가리가 그 그늘로 기어들고 모래 속에 주둥이만 콱 파묻는 모래무지가 무지무지하게 많던 강가.

❺ 그놈들 잡아서 한 마리도 국 끓여 먹어 보질 못했건만, 무엇 때문에 잡으려고 고무신만 떠내려 보내고 울곤 하였던가.

❻ ⓔ수수깡 뽑아 마디마디 끝마다 씹어 빨아 먹고, 안경 만들어 쓰고 '에헴!' 우편소의 문을 밀고 들어서 보던 시절로 지금도 달려

글쓴이의 생각: 나의 생각들이 모여 고향을 이룸.

가는 나의 생각들, 그것이 몰려가선, 나의 고향을 이룬다.

★**③** 요약: 고향을 이루는 나의 기억들

■ **갈래**: 현대 수필, 경수필 ■ **창작 시기**: 현대
■ **내용**: 이 작품은 '몽금포 타령'이라는 노래를 들은 글쓴이가 어렸을 적 고향에 대한 따뜻한 기억들을 회상하는 수필이다.
■ **주제**: 고향에 대한 그리움

■ **이것이 핵심!**: 고향을 이루는 생각들

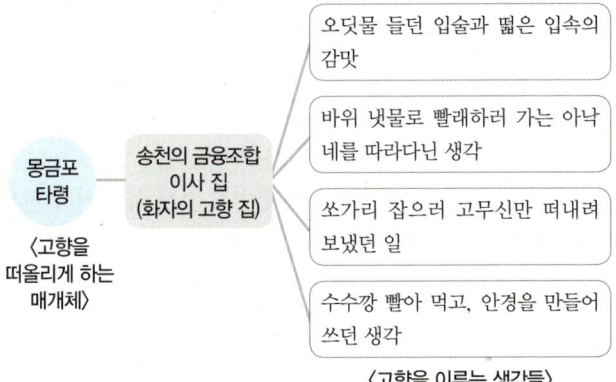

■💡 **독해 공식 정답**

(가)
❶ 화자: '나', 중심 대상: 임
❷ 상황: 이별한 임을 그리워하고 있음.
정서, 태도: 임을 그리워하며 변함없는 연군의 정을 나타냄.
❸ 표현상 특징
• 임과 이별한 화자의 처지가 잘 드러나 있음.
• 남자로 설정된 화자가 임을 절절히 그리워하는 형태를 취하고 있음.

(나)
❶ 중심 대상: 어린 시절의 고향에 대한 추억
❷ 글쓴이의 생각, 태도: 과거의 고향을 따뜻하고 그리운 공간으로 인식함.

---

❸ 서술상 특징
• 유년의 추억을 병렬식으로 제시하고 있음.
• 감각적 표현을 사용하여 어린 시절 고향의 모습을 형상화하고 있음.

작품 간의 공통점 및 차이점
• **공통점**: – 중심 대상에 대한 그리움이 드러남.
 – 감각적 표현을 사용하여 화자 혹은 글쓴이의 정서를 드러냄. 등
• **차이점**: 크게 두드러지지 않음.

D **32** 정답 ① ★작품 비교하기 ·············· [정답률 73%]

(가), (나)의 공통점으로 가장 적절한 것은?

▷왜 **정답**?

① 그리운 대상을 떠올리며 자신의 삶을 되돌아보고 있다.

(가는 임을, (나)는 고향을 떠올리며 자신의 삶을 되돌아봄.

★**근거**: (가) **⑳**, **㉖**, **㉗**행, (나) **②**, **③**문단

(가)는 떠나간 임을 떠올리며 임과 함께했던 과거와 자신의 삶을 되돌아보고 있다. 또한 (나)는 그리운 고향을 떠올리며, 고향에서의 자신의 삶을 돌아보고 있다.

▷왜 **오답**?

② ~~해결하기 어려운 내면적 고통을 토로~~하며 ~~현실을 비판~~하고 있다.

(가)에만 드러남. *(가), (나) 모두 드러나지 않음.*

(가)는 임이 떠나가 외로워한다는 측면에서 내면적 고통이 있다고 볼 수도 있으나, 이를 토로하며 현실을 비판하고 있지는 않으므로 적절하지 않다. (나)는 고향에 대한 따뜻한 기억을 회상할 뿐, 내면적 고통을 토로하는 부분이 없으며 현실을 비판하는 측면도 없으므로 적절하지 않다.

[**토로하다**: 마음에 있는 것을 죄다 드러내어서 말하다.

③ ~~차분하게 주변을 돌아보며 주변의 모습에서 깨달음을 얻~~고 있다.

(가는 차분하지 않으며, (나)는 고향을 회상하고 그리워할 뿐 깨달음을 얻지는 않음.

(가)는 절절한 외로움을 이야기하고 있으므로 차분한 태도가 아니며, 또한 주변의 모습에서 깨달음을 얻는 것도 아니므로 적절하지 않다. 또한 (나)는 고향을 회상하고 그리워할 뿐 깨달음을 얻는 것은 아니므로 적절하지 않다.

④ ~~어지러운 세속을 부정하며 세속과 타협하지 않으려는 태~~ ~~도~~를 드러내고 있다.

(가), (나) 모두 드러나지 않음.

(가)에서는 자연 속에서 안분지족하며 임을 기다리겠다고 다짐하는 화자의 모습이 드러나나, '어지러운 세속을 부정하며 세속과 타협하지 않으려는 태도'는 드러나지 않는다. (나) 또한 고향에 대한 따뜻함을 떠올릴 뿐, 세속이 어지럽다거나 그러한 세속과 타협하지 않겠다는 태도가 드러나지는 않는다.

[**세속**: 사람이 살고 있는 모든 사회를 통틀어 이르는 말
 부정하다: 그렇지 아니하다고 단정하거나 옳지 아니하다고 반대하다.
 타협하다: 어떤 일을 서로 양보하여 협의하다.

⑤ 변해 버린 현실에 대해 아쉬워하며 ~~현실에 대해 좌절하는~~ ~~모습~~을 보이고 있다.

(가), (나) 모두 드러나지 않음.

(가)에서는 과거에는 임과 함께 있었으나 지금은 그렇지 않음을 아쉬워하고 있는 부분이 나오나, 다시 이별의 상황을 신의로 극복하려 하고 있으므로 현실에 대해 좌절하는 모습이 드러나지는 않는다. (나)에서는 고향에 대해서 잊은 자신의 모습은 나오지만, 현실에 대해 좌절하고 있는 것은 아니므로 적절하지 않다.

D 33 정답 ④ ＊시어 및 구절의 의미 파악하기 · [정답률 80%]

㉠과 ㉡을 비교한 내용으로 가장 적절한 것은?

· ㉠: ㉠은 (가)의 '빗소리'로, 화자의 외로움을 더 심화시키는 소재입니다.
· ㉡: ㉡은 (나)의 '몽금포 타령'으로, 작가가 고향의 과거 모습을 떠올리게 하는 매개체입니다.

즉 화자 및 작가의 상황과 정서를 중심으로 ㉠과 ㉡을 비교하여 이해한 내용 중 적절한 것을 고르는 문제입니다.

왜 정답?

④ ㉠은 화자의 현재의 정서를 심화시키고, ㉡은 작가의 과거의 정서를 떠올리게 하는 소재이다.
화자의 외로움을 심화시킴. 고향에 대한 따뜻한 정서를 떠올리게 함.

＊근거: (가) ❹, ❺행, (나) ①문단 ❻문장
외로움에 간신히 잠든 (가)의 화자를 잠에서 깨게 하는 것이 '빗소리'이며, 이후 화자는 더 큰 외로움을 느끼므로 ㉠은 화자의 정서를 심화시키는 소재가 맞다. 또한 (나)의 '나'는 '몽금포 타령'이 고향에 대한 그리움을 끌어내 준다고 했으므로 ㉡은 '과거의 정서를 떠올리게 하는 소재'가 맞다.

왜 오답?

① ㉠은 화자의 상상 속에, ㉡은 작가의 현실 속에 있는 소재이다.
㉠도 현실 속에 있는 것임.

㉠은 상상 속에 있는 것이 아니라 현실 속에 있는 소재이므로 적절하지 않다. ㉡은 현실 속에 있는 소재이므로 적절하다.

② ㉠은 화자가 함께하고 싶어 하는, ㉡은 작가가 멀리 하고 싶어 하는 소재이다.
'빗소리'에 깨어 외로움을 느끼므로 함께하고 고향의 따뜻함을 떠올리게 하는
싶어 하는 것은 아님. 소재이지 멀리하고 싶어 하지 않음.

㉠은 화자를 깨워서 외로움을 더욱 절실하게 만드는 소재로서, '함께하고 싶어 하는' 존재는 아니다. ㉡은 고향에 대한 따뜻함을 떠올리게 하는 소재이므로 멀리하고 싶어 하는 소재는 아니다.

③ ㉠은 화자의 처지가 긍정적임을, ㉡은 작가의 처지가 부정적임을 알게 하는 소재이다.
화자의 처지는 부정적임. 작가의 처지는 긍정적임.

㉠은 화자의 외로움을 심화시키는 소재로, 화자의 처지가 부정적임을 알게 하는 소재이다. 또한 (나)의 '나'는 ㉡을 통해 고향에 대한 따뜻함을 떠올리므로 작가의 처지는 긍정적에 가깝다고 볼 수 있다.

⑤ ㉠은 화자의 내적 갈등이 고조됨을, ㉡은 작가의 외적 갈등이 해소됨을 알게 하는 소재이다.
내적 갈등이 고조되는 않음. 외적 갈등은 나타나지 않음.

전체적인 맥락상 (가)의 화자는 임에 대한 신의를 통해 이별의 상황을 극복하고자 하는 태도를 보이므로 내적 갈등이 고조된다고 보기 어렵다. ㉡은 고향에 대한 작가의 그리움과 관련된 소재이므로 '외적 갈등'은 드러나지 않는다.

D 34 정답 ④ ＊〈보기〉를 바탕으로 감상하기 - [정답률 72%]

〈보기〉를 참고하여 (가)를 감상한 내용으로 적절하지 않은 것은? [3점]

· 〈보기〉를 참고: (가)의 화자는 자연물을 활용하여 임에 대한 간절함을 드러내며, 이별의 상황을 신의로 극복하려는 자세와 안분지족의 자세를 드러내고 있습니다.

즉 (가)의 표현 방식과 화자의 태도를 바탕으로 시어의 의미를 이해한 내용 중 틀린 것을 고르는 문제입니다.

[보기]

❶ 박인로의 〈상사곡〉은 이별한 임에 대한 연정의 마음을 잘 표현한 시가로서 화자를 둘러싼 배경과 자연물을 활용하여 임에 대한 간절함을 잘 드러내고 있다. 또한 이 작품은 이별
①, ②의 근거
❷

의 상황을 신의로 극복하려는 모습에서 더 나아가 안분지족
③의 근거
의 일념으로 자신의 부정적 상황을 견디려는 선비로서의 자
가난한 상황에 만족하고 살아감. ⑤의 근거
세를 드러낸다는 점이 특징이다.

안분지족: 편안한 마음으로 제 분수를 지키며 만족할 줄 앎.
일념: 한결같은 마음. 또는 오직 한 가지 생각

왜 정답?

④ '초생'의 '달'과 '보름'의 달의 대비로, 임과의 재회가 어려운 화자의 부정적 상황을 강조하는군.
초승달이 보름달이 되듯이 상황이 더 나아질 것이라 믿는 화자의 태도를 드러내므로 적절하지 않음.

＊근거: (가) ㉕행
'초생'과 '보름'은 대비되는 존재가 아니라 자연의 이치로서 제시되는 대상이다. 이는 초승달이 차서 보름달이 되듯, '나'의 상황도 나중에 더 나아져서 임을 만나게 될 것이라는 화자의 태도를 보여 주는 것이다.

왜 오답?

① '가을밤'과 '적막한 방'은 화자를 둘러싼 배경으로, 임과 이별하고 외로워하는 화자의 정서와 조응되는군.
'가을밤', '적막한 방'에서 외로워하고 있으므로 적절함.

＊근거: (가) ❶~❸행, 〈보기〉 ❶문장
〈보기〉에 따르면, '가을밤 아주 긴 때 적막한 방 안에 / 어둑한 그림자 말 없는 벗이 되어 / 외로운 등 심지를 태우고 전전반측하여'에서 외로운 화자의 처지가 아주 길고 조용한 '가을밤'이라는 배경과 잘 대응된다고 볼 수 있다.

조응되다: 둘 이상의 사물이나 현상 또는 말과 글의 앞뒤 따위가 서로 일치하게 대응되다.

② '동창'에 비친 '달'은 임을 떠올리게 하는 대상으로, 임에 대한 화자의 간절함을 느끼게 하는군.
'동창'에 비친 '달'을 보며 임을 떠올리고 있으므로 적절함.

＊근거: (가) ❼~❿행, 〈보기〉 ❶문장
'동창'에 비친 '달'은 깊은 밤 외로이 있는 화자에게 보이는 것이다. '달'을 보며 화자는 그리운 임을 떠올리고 있으므로 임에 대한 간절한 그리움을 나타내는 것이라고 볼 수 있다.

③ '언약'을 '믿고' 기다리려는 행동은 화자의 의지가 담긴 것으로, 임에 대한 화자의 신의를 보여주는군.
'언약을 굳게 믿고 기다려는 보자구나'라고 했으므로 적절함.

＊근거: (가) ㉓행, 〈보기〉 ❷문장
〈보기〉에서 말한 '이별의 상황을 신의로 극복하려는 모습'은 화자가 '언약을 굳게 믿고 기다'린다는 부분에서 확인할 수 있다.

⑤ '초막'과 '죽'은 화자의 태도와 관련된 소재로, 화자가 자신의 현실을 안분지족의 정신으로 견디려고 함을 알게 하는군.
소박한 삶을 드러내므로 적절함.

＊근거: (가) ㉙, ㉝행, 〈보기〉 ❷문장
〈보기〉에서 말한 '안분지족의 일념'은 '초막을 작게 짓고'와 '있으면 밥이오 없으면 죽을 먹고'를 통해서 드러나는 것으로 볼 수 있다.

D 35 정답 ⑤ ＊서술상의 특징 파악하기 … [정답률 72%]

ⓐ~ⓔ를 이해한 내용으로 적절하지 않은 것은?

· ⓐ~ⓔ: ⓐ는 글쓴이가 어린 시절 다녔던 구월산의 모습, ⓑ는 고향의 여름, ⓒ는 어린 시절에 대한 정감, ⓓ는 빨래하러 가는 아낙들을 따라다니던 추억, ⓔ는 '나의 고향'을 이루는 '생각들'을 표현한 구절입니다.

즉 ⓐ~ⓔ에 활용된 서술상의 특징과 이를 통해 드러나는 의미를 파악한 내용으로 틀린 것을 고르는 문제입니다.

왜 정답?

⑤ ⓔ: '나의 고향'을 이루는 '생각들'을 점층적으로 확대하여, '나'가 순수성을 회복하기 위해 노력하는 모습을 보여주고 있다.
고향에서의 추억을 이야기할 뿐 순수성 회복에 대한 내용은 제시되지 않음.

＊근거: (나) ③문단 ❻문장

'나의 고향'을 이루는 '생각들'이 열거되어 있으며, 이를 통해 글쓴이가 가진 고향에 대한 긍정적 인식들을 보여 주고 있다. 하지만 '나'가 순수성을 회복하기 위해 노력하는 모습을 보여 준다는 설명은 적절하지 않다.

왜 오답?

① ⓐ: 회상 속 고향을 '도라지꽃, 하늘 색깔'의 시각적 이미지로 표현하여, 고향의 이미지를 형상화하고 있다.
어릴 적 고향의 '구월산'을 시각적 이미지로 표현함.

* 근거: (나) **1**문단 **5**문장
글쓴이가 어렸을 적에 다닌 '구월산'을 시각적 심상을 활용하여 표현하였으므로 적절하다.

② ⓑ: '여름'과 '감'을 감각적으로 표현하여, 고향의 계절감을 생동감 있게 드러내고 있다.
'여름'과 '감'을 촉각, 시각, 미각의 심상을 활용하여 구체적으로 형상화함.

* 근거: (나) **2**문단 **2**문장
'여름'을 '기름진 여름이 줄줄 녹아 흐르고 나면, 그 다음엔 떫은 입속의 감 맛을 느끼게 된다.'라는 촉각, 미각, 시각의 심상 표현으로 형상화함으로써 고향의 계절감을 생동감 있게 드러내고 있다.

③ ⓒ: 음성상징어를 활용하여, '어린 시절' 순수했던 추억에 정감을 표현하고 있다.
'희죽희죽'을 활용함.

* 근거: (나) **2**문단 **3**문장
음성 상징어인 '희죽희죽'을 활용해서 '어린 시절' 순수했던 추억에 정감을 표현하고 있다.

④ ⓓ: 말줄임표를 사용하여, 고향의 '산그늘'과 '아낙들'을 따라다니던 추억에 여운을 주고 있다.
문장을 말줄임표로 마무리함으로써 여운을 줌.

* 근거: (나) **2**문단 **7**문장
말줄임표를 사용하여 문장을 의도적으로 끝내지 않음으로써 여운을 주고 있으므로 적절한 설명이다.

D 36~38   [2018년(6월)/고2교육청 43~45]

(가) 계랑, 〈이화우 흩뿌릴 제〉

❶ 화자, 중심 대상   ❷ 상황, 정서, 태도   ❸ 표현상 특징   [시 해석]

❶ 이화우(梨花雨) 흩뿌릴 제 울며 잡고 이별한 임
이별 당시의 계절적 배경 – 봄

* 초장 요약: 배꽃이 떨어지는 날에 임과 이별함.

❷ 추풍낙엽(秋風落葉)에 저도 나를 생각하는가
현재의 계절 – 가을   임을 그리워하는 화자   ❶ 화자: 나

[추풍낙엽: 가을바람에 떨어지는 나뭇잎

* 중장 요약: 가을바람에 낙엽이 질 때 임을 그리워함.

❸ 천 리(千里)에 외로운 꿈만 오락가락 하는구나
임과의 거리감   ❷ 정서: 외로움

* 종장 요약: 임에 대한 간절한 그리움과 재회에 대한 염원

■ 갈래: 평시조   ■ 창작 시기: 조선 중기
■ 내용: 이 작품은 임과 이별하고 겪는 슬픔과 그리움을 나타낸 평시조로, 계랑이 떠난 후 소식이 없는 유희경을 그리워하며 읊은 노래이다. 임과 헤어진 뒤의 시간적 거리감과 임이 멀리 떨어져 있다는 공간적 거리감이 조화를 이루고 있다. '이화우'와 '추풍낙엽'을 대비시켜 계절의 변화를 나타내고 있으며, 이에 내재된 하강의 이미지가 이별의 정서를 더욱 심화하고 있다. 화자는 계절의 흐름 속에서 '천 리 외로운 꿈'을 꾸며 임을 향한 간절한 그리움을 담아내고 있다.
■ 주제: 임을 그리는 마음

■ 이것이 핵심!: 계절의 흐름과 임에 대한 그리움

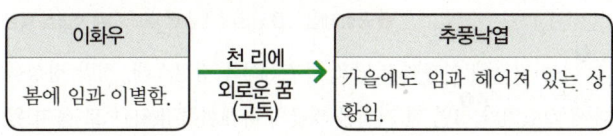

이화우		추풍낙엽
봄에 임과 이별함.	천 리에 외로운 꿈(고독) →	가을에도 임과 헤어져 있는 상황임.

(나) 정철, 〈사미인곡〉

❶ 화자, 중심 대상   ❷ 상황, 정서, 태도   ❸ 표현상 특징

❶ 동풍(東風)이 건듯 불어 쌓인 눈을 헤쳐 내니
계절적 배경 – 봄
❷ 창 밖에 심은 매화 두세 가지 피었구나
❸ 지조와 절개의 상징 – 임을 향한 화자의 마음
가뜩이나 쌀쌀하고 적막한데 그윽한 향기는 무슨 일인가
❸ 표현상 특징: 설의법
❹ 황혼의 달이 쫓아와 베갯머리에 비치니
❺ 흐느끼는 듯 반기는 듯 임이신가 아니신가
❻ 저 매화를 꺾어 내어 임 계신 곳에 보내고 싶구나
❷ 정서: 임에게 알리고 싶은 자신의 충정
❼ 임이 너를 보고 어떻게 생각하실까

[건듯: 바람이 가볍게 슬쩍 부는 모양
[적막하다: 의지할 데 없이 외롭다.

* ❶~❼행 요약: 임을 향한 변함없는 충정을 알리고 싶은 마음

❽ 꽃 지고 새 잎이 나니 녹음(綠陰)이 깔렸는데
계절적 배경 – 여름
❾ ㉠비단 휘장 안은 쓸쓸하고 수놓은 장막은 텅 비어 있다
외로운 화자
❿ 연꽃을 수놓은 휘장을 걷고 공작이 그려진 병풍을 두르니
⓫ 가뜩이나 시름 많은데 날은 어찌 그리도 길던가
⓬ ㉡원앙이 그려진 비단을 베어 놓고 오색실을 풀어 내어
임의 옷을 만드는 과정 – 사랑과 정성이 담김
⓭ 금으로 만든 자로 재어서 임의 옷 지어 내니
⓮ 솜씨는 물론이거니와 격식도 갖추었구나
⓯ 산호로 만든 지게 위에 백옥함에 담아 두고
⓰ 임에게 보내려고 임 계신 곳 바라보니
⓱ 산인가 구름인가 험하기도 험하구나 △: 화자와 임 사이의 장애물
임과의 거리감
⓲ 천 리(千里) 만 리(萬里) 먼 길을 누가 찾아갈까 ❶ 화자: 나
⓳ 가거든 열어 두고 나를 본 듯 반기실까
❷ 정서: 임을 그리워함.

[녹음: 푸른 잎이 우거진 나무나 수풀. 또는 그 나무의 그늘
[휘장: 피륙을 여러 폭으로 이어서 빙 둘러치는 장막

* ❽~⓳행 요약: 자신의 외로운 심사와 임에 대한 정성을 알리고 싶은 마음

■ 갈래: 양반 가사, 서정 가사, 충신연주지사   ■ 창작 시기: 조선 중기
■ 내용: 이 작품은 조정에서 물러난 작가가 전남에서 은거하며 지은 가사이다. 왕과 자신의 관계를 직접 드러내지 않고, 임과 이별한 여인의 심정에 빗대 임금에 대한 그리움과 충정을 읊은 충신연주지사이다.
■ 주제: 이별한 임에 대한 간절한 그리움과 사랑(연군의 정)

■ 이것이 핵심!: 임에게 보내는 화자의 마음

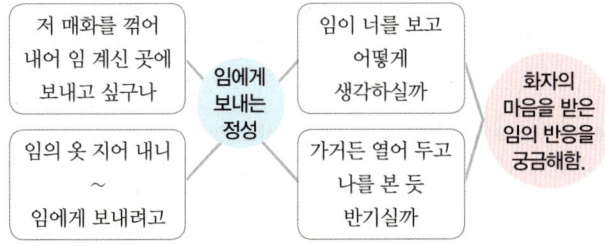

저 매화를 꺾어 내어 임 계신 곳에 보내고 싶구나	임에게 보내는 정성	임이 너를 보고 어떻게 생각하실까	화자의 마음을 받은 임의 반응을 궁금해함.
임의 옷 지어 내니 ~ 임에게 보내려고		가거든 열어 두고 나를 본 듯 반기실까	

D

(다) 법정, 〈무소유〉

❶ 중심 대상 ❷ 글쓴이의 생각, 태도 ❸ 서술상 특징

1 ❶나는 지난해 여름까지 난초 두 분(盆)을 정성스레, 정말 정성을
다해 길렀었다. 3년 전 거처를 지금의 다래헌(茶來軒)으로 옮겨 왔
글쓴이 시간의 흐름❷
을 때 어떤 스님이 우리 방으로 보내 준 것이다. ❸ⓒ혼자 사는 거처
라 살아 있는 생물이라고는 나하고 그 애들뿐이었다. ❹그 애들을
위해 관계 서적을 구해다 읽었고, 그 애들의 건강을 위해 하이포
❸ 서술상 특징: 의인법을 사용하여 난초에 대한 애정을 드러냄. ❺
넥스인가 하는 비료를 구해 오기도 했었다. 여름철이면 서늘한 그
늘을 찾아 자리를 옮겨 주어야 했고, 겨울에는 그 애들을 위해 실
내 온도를 내리곤 했다.

❻이런 정성을 일찍이 부모에게 바쳤더라면 아마 효자 소리를 듣
고도 남았을 것이다. ❼이렇듯 애지중지 가꾼 보람으로 이른 봄이면
은은한 향기와 함께 연둣빛 꽃을 피워 나를 설레게 했고, 잎은 초
승달처럼 항시 청청했었다. ❽우리 다래헌을 찾아온 사람마다 싱싱
한 난초를 보고 한결같이 좋아라 했다.

[애지중지: 매우 사랑하고 소중히 여기는 모양
[청청하다: 싱싱하게 푸르다.

*❶ 요약: 3년 전부터 지난해 여름까지 선물 받은 난초를 애착을 가지고 기름.

2 ❶ⓒ지난해 여름 장마가 갠 어느 날 봉선사로 운허 노사를 뵈러
글쓴이가 깨달음을 얻은 날
간 일이 있었다. ❷한낮이 되자 장마에 갇혔던 햇볕이 눈부시게 쏟
아져 내리고 앞 개울물 소리에 어울려 숲속에서는 매미들이 있는
대로 목청을 돋우었다.

❸아차! 이때에야 문득 생각이 난 것이다. ❹난초를 뜰에 내놓은 채
온 것이다. ❺모처럼 보인 찬란한 햇볕이 돌연 원망스러워졌다. ❻뜨
거운 햇볕에 늘어져 있을 난초 잎이 눈에 아른거려 더 지체할 수
가 없었다. ❾허둥지둥 그길로 돌아왔다. ❿아니나 다를까, 잎은 축 늘
어져 있었다. ⓫안타까워하며 샘물을 길어다 축여 주고 했더니 겨우
고개를 들었다. ⓬하지만 어딘지 생생한 기운이 빠져나간 것 같았다.
❸ 서술상 특징: 도치법을 사용하여 깨달은 바를 서술함.
⓭나는 이때 온몸으로, 그리고 마음속으로 절절히 느끼게 되었다.

⓮ⓔ집착이 괴로움인 것을. 그렇다. ⓯나는 난초에게 너무 집념해 버
❷글쓴이의⓰ 생각: 집착이 괴로움임.
린 것이다. 이 집착에서 벗어나야겠다고 결심했다. ⓱난을 가꾸면
서는 산철*에도 나그네 길을 떠나지 못한 채 꼼짝을 못했다. ⓲밖에
[: 자신이 난초에 집착하면서 겪게 된 괴로움
볼일이 있어 잠시 방을 비울 때면 환기가 되도록 들창문을 조금
열어 놓아야 했고, 분을 내놓은 채 나가다가 뒤미처 생각하고는
되돌아와 들여 놓고 나간 적도 한두 번이 아니었다.] ⓳그것은 정말
지독한 집착이었다.

[집념하다: 한 가지 일에 매달려 마음을 쏟다.

*❷ 요약: 난초에 집착했던 경험을 통해 집착이 괴로움임을 깨달음.

*산철: 스님들이 거처를 떠나 수행하는 기간

■ **갈래**: 현대 수필, 경수필   ■ **창작 시기**: 현대
■ **내용**: 이 작품은 작가의 체험을 바탕으로 인생의 의미와 소유의 본질에 대해
쓴 교훈적인 수필로, 진정한 행복은 '버림으로부터 오는 것'임을 깨닫게 해주고
있다. 글쓴이는 난초를 기르면서 갖게 된 난초에 대한 집착과 그로 인한 소유욕
의 허망함을 그려내면서 소유의 의미와 무소유에 대한 깨달음의 과정을 보여
준다. 사색적이면서도 담담한 필치로 삶의 깊은 진리를 터득하는 모습을 잘 드
러내고 있다.

■ **주제**: 진정한 자유와 무소유의 의미

■ **이것이 핵심!**: 무소유에 대한 깨달음

난초를 길렀던 경험
• 산철에도 나그네 길을 떠나지 못함. • 방을 비울 때 들창문을 열어 놓음. • 분을 내놓은 채 나가다 돌아옴.

집착·집념 → 소유의 본질에 대해 깨닫고 진정한 행복은 무소유에서 비롯됨을 이해함.

🔖 **독해 공식 정답**

(가)
❶ 화자: '나', 중심 대상: 임
❷ 상황: 이별한 임을 생각함.
정서, 태도: 임을 향한 간절한 그리움을 드러냄.
❸ 표현상 특징
• 시어를 통해 계절의 흐름을 느낄 수 있게 함.
• 하강의 이미지를 가진 시어로 이별의 상황을 효과적으로 나타내고 있음.

(나)
❶ 화자: '나', 중심 대상: 임
❷ 상황: 이별한 임에 대한 사랑과 그리움을 말함.
정서, 태도: 임을 향한 간절한 그리움과 사랑을 드러냄.
❸ 표현상 특징
• 세련된 우리말 표현이 돋보임.
• 작가 자신과 임금의 관계를 임과 이별한 여인의 관계에 빗대고 있음.
• 다양한 비유적 표현과 상징을 통해 화자의 정서를 효과적으로 드러내고 있음.

(다)
❶ 중심 대상: 난초를 길렀던 경험, 집착
❷ 글쓴이의 생각, 태도: 소유와 집착이 자신을 자유롭지 못하게 함을 깨달음.
❸ 서술상 특징
• 고백적인 말하기로 자신의 체험을 서술하고 있음.
• 역설적인 표현을 통해 진리(소유 = 집착, 괴로움)를 전달하고 있음.

작품 간의 공통점 및 차이점
• **공통점**: – 시간의 흐름이 드러남. 특히 (가)와 (나)는 계절의 변화를 통해 시간의 흐름이 드러남.
　　　　　　– (가)와 (나)는 이별한 상황에서의 임에 대한 그리움이 드러남. 등
• **차이점**: 크게 두드러지지 않음.

D 36 정답 ⑤ *작품 비교하기 ················ [정답률 46%]

(가)~(다)의 공통점으로 가장 적절한 것은?

▷왜 **정답**?

⑤ **시간의 흐름을 바탕으로 대상에 대한 화자의 심정을 표출하고 있다.**
(가)는 봄에서 가을, (나)는 봄에서 여름, (다)는 '3년 전'부터 '지난해 여름'까지의 시간의 흐름이 나타남.

*근거: (가) ❶, ❷, (나) ❶, ❸행, (다) **1**문단 ❶, ❷문장

(가)에서 '이화우'는 비처럼 흩날리는 배꽃을 의미하므로 봄이라는 계절적 배
경을 나타내고, '추풍낙엽'은 가을바람에 떨어지는 낙엽을 의미하므로 가을
이라는 계절적 배경을 나타낸다. 따라서 봄에서 가을로 시간의 흐름을 확
인할 수 있다. 또한 (나)에서는 '동풍이 건듯 불어 쌓인 눈을 헤쳐 내니'를 통
해 봄이 왔음을, 이후 '녹음이 깔렸는데'를 통해 여름으로 시간이 흘렀음을
알 수 있다. 그리고 (다)는 난초를 선물 받은 '3년 전'부터 '지난해 여름'까지
의 이야기를 하고 있으므로 세 작품 모두 시간의 흐름이 나타난다. 이러한
시간의 흐름을 통해 (가)와 (나)는 떠나간 임에 대한 그리움을, (다)는 난초에
대한 '나'의 마음을 표현하고 있다.

▷왜 **오답**?
둘 이상의 감각이 결합되어 나타나는 표현

① **공감각적 표현을 통해 대상을 생동감 있게 묘사하고 있다.**
(가)~(다) 모두 공감각적 표현은 나타나지 않음.

(가), (나), (다) 모두 공감각적 표현은 쓰이고 있지 않다.

② 대상에 감정을 이입하여 화자의 심리 상태를 드러내고 있다.
(가)~(다) 모두 감정 이입은 나타나지 않음.

(가), (나), (다) 모두 대상을 관찰하거나 대상에 대한 생각을 이야기할 뿐 감정을 이입하고 있지는 않다.

③ 현재와 과거를 대비하여 미래에 대한 전망을 제시하고 있다.
(가)~(다) 모두 현재와 과거를 대비하지도, 미래에 대한 전망을 제시하지도 않음.

(가), (나), (다) 모두 현재와 과거를 대비하고 있지 않으며, 미래에 대한 전망 또한 제시하고 있지 않다.

④ 설의적 표현을 통해 현실에 대한 비판적 태도를 나타내고 있다.
(가)와 (나)만 나타남.   (가)~(다) 모두 나타나지 않음.

*근거: (가) ❷, (나) ⓲, ⓳행

(가)에서는 '생각하는가', (나)에서는 '찾아갈까', '반기실까'라는 설의적 표현을 사용하고 있지만, (다)에는 설의적 표현이 드러나지 않는다. 또한 (가), (나), (다) 모두 현실이나 대상에 대한 비판적 태도를 드러내고 있지도 않다. (가)와 (나)는 떠나간 임을 그리워하고 있으며, (다)는 난초라는 대상에 대한 자신의 집착을 경계하고 있다.

D 37 정답 ④ *〈보기〉를 바탕으로 감상하기 · [정답률 65%]

〈보기〉를 바탕으로 (가), (나)를 감상한 내용으로 적절하지 않은 것은? [3점]

· 〈보기〉를 바탕: 고전 시가에는 여성 화자의 목소리로 임에 대한 그리움과 사랑을 표현한 작품이 많습니다. 여성 작가가 자신의 실제 이별을 노래하기도 하며, 남성 작가가 임금에게서 멀어진 처지를 이별한 여인에 빗대어 노래하기도 합니다.

· (가), (나): (가)는 임과 이별하고 겪는 슬픔을, (나)는 임을 그리워하는 여인의 모습으로 임금에 대한 그리움을 노래한 작품입니다.

즉 여성 화자의 목소리로 임에 대한 그리움과 사랑을 노래한 (가)와 (나)에 대한 설명으로 틀린 것을 고르는 문제입니다.

─────────── [보기] ───────────
❶ 고전 시가에는 헤어진 임에 대한 그리움과 변함없는 사랑을 여성 화자의 목소리로 표현한 작품들이 많다. ❷ 이러한 작품들에는 (가)처럼 여성 작가가 자신이 실제 겪었던 이별의 상황과
(가)의 작자 – 실제 임과 이별한 여성
아픔을 진솔하게 표현한 노래도 있으며, (나)처럼 남성인 사대부가 임금의 곁에서 멀어져 있는 자신의 처지를 이별
(나)의 작자 – 임금과 멀어진 사대부 남성
한 여인의 모습에 빗대어 표현한 노래도 있다.
──────────────────────────

➤왜 정답?

④ (가)의 '이화우', (나)의 '산'과 '구름'은 임에 대한 변함없는
(가)의 '이화우'는 이별의 상황을 부각시키고, (나)의 '산'과 '구름'은 화자와 임 사이를 가로막는 장애물임.
화자의 사랑을 반영한 자연물이군.

*근거: (가) ❶, (나) ⓱행

(가)의 '이화우'는 화자가 이별할 당시에 흩뿌리던 것으로, 이별의 상황을 부각시켜 주는 대상이자 계절을 나타내는 대상이다. (나)의 '산'과 '구름'은 임을 위해 정성스럽게 만든 옷을 보내고 싶어 임 계신 곳을 바라보니 보인 대상들로, 화자와 임 사이를 막는 장애물이다. 따라서 (가)의 '이화우'와 (나)의 '산', '구름'이 변함없는 화자의 사랑을 반영했다는 설명은 적절하지 않다.

➤왜 오답?

① (가)의 '임'은 실제 경험 속 연인으로, (나)의 '임'은 당시의
적절함.
임금으로 해석할 수 있군.

*근거: 〈보기〉 ❷문장

· 〈보기〉에 따르면 (가)는 작가가 실제 자신이 겪은 이별의 상황을 표현한 작

품이기 때문에 (가)의 '임' 또한 실제 경험 속의 연인이라고 할 수 있다. 또한 (나)는 사대부 작가가 임금의 곁에서 멀어져 있는 자신의 처지를 이별한 여인의 모습에 빗대어 표현한 것이라고 하였으므로 (나)의 '임'은 당시의 임금으로 해석할 수 있다.

② (가)와 달리, (나)는 작가 자신을 이별한 여인에 빗대어
적절함.
'임'에 대한 사랑을 노래하고 있군.

*근거: 〈보기〉 ❷문장

〈보기〉에 따르면 (가)는 작가가 자신의 이야기를 하고 있는 것이고, (나)는 작가가 자신의 상황을 이별한 여인의 모습에 빗대어 표현하고 있는 것이다.

③ (가)와 (나)는 모두 '천 리'라는 시어를 통해 임과 멀어져
멀리 떨어져 있는 임과의 거리감을 표현하는 것임.
있는 현재의 상황을 표현하고 있군.

*근거: (가) ❸, (나) ⓲행

(가)에서는 외로운 꿈이 '천 리'를 오락가락 하고 있고, (나)에서는 '천 리 만 리 먼 길'을 찾아갈 사람이 없어서 한탄하고 있다. 따라서 (가)와 (나)는 모두 '천 리'라는 시어를 통해 화자가 임과 멀어져 있는 상황을 표현하고 있다고 볼 수 있다.

⑤ (가)는 '저도 나를 생각하는가', (나)는 '나를 본 듯 반기실까'
둘 다 화자가 임을 여전히 그리워함을 나타내는 표현임.
를 통해 여전히 임을 그리워하는 화자의 모습이 드러나는군.

*근거: (가) ❷, (나) ⓳행

(가)는 '저도 나를 생각하는가'라고 묻는 표현에서 화자가 여전히 임을 그리워하고 있음이 드러나고, (나)는 정성스레 만든 옷을 보냈을 때 임이 '나를 본 듯 반기실까'라며 궁금해하는 모습에서 화자가 임을 여전히 그리워하고 있음이 드러난다.

D 38 정답 ④ *시어 및 구절의 의미 파악하기 · [정답률 74%]

㉠~㉤에 대한 이해로 적절하지 않은 것은?

· ㉠~㉤: ㉠은 휘장과 장막에 대한 화자의 묘사, ㉡은 화자가 옷을 짓는 과정, ㉢은 난초에 관한 글쓴이의 말, ㉣은 글쓴이의 지난 경험, ㉤은 집착에 대한 글쓴이의 생각입니다.

즉 ㉠~㉤을 통해 알 수 있는 인물의 태도에 대한 설명으로 틀린 것을 고르는 문제입니다.

➤왜 정답?

④ ㉣: '운허 노사'의 가르침으로 가치관의 변화를 암시하고
'운허 노사'의 가르침이 아니라 '운허 노사'를 찾아간 날의 경험을 통해 가치관의 변화를 겪음.
있다.

*근거: (다) ❷문단 ❶, ❺, ⓬문장

'나'는 '운허 노사'를 찾아간 날, 애지중지 키우던 난초들을 뜰에 내놓고 온 것이 생각나 급히 되돌아오고, 돌아와 난초를 돌보는 와중에 '집착이 괴로움인 것'을 깨닫게 된다. 즉, '나'의 깨달음은 자신의 경험을 통해서 얻게 된 것이지 '운허 노사'가 어떤 가르침을 준 것은 아니다.

➤왜 오답?

① ㉠: 빈 '휘장'과 '장막'으로 화자의 외로운 심정을 드러내고
'쓸쓸하고', '텅 비어 있다'고 표현한 것에서 외로움이 드러남.
있다.

*근거: (나) ❾행

㉠에서 '휘장 안은 쓸쓸하고' '장막은 텅 비어 있는'데, 이는 현재 임이 화자의 곁에 없기 때문이다. 따라서 이를 통해 화자의 외롭고 쓸쓸한 심정을 느낄 수 있다.

② ㉡: '옷'을 짓는 과정으로 화자의 지극한 정성을 표현하고
온갖 귀중한 것으로 옷을 만드는 것에서 임에 대한 정성이 드러남.
있다.

*근거: (나) ⓬, ⓭행

ⓛ은 화자가 온갖 좋은 재료들과 뛰어난 솜씨로 정성스럽게 옷을 짓는 과정을 나타낸다. 이 옷은 화자가 임에게 보내고 싶어 하는 옷이므로, 이러한 옷 짓는 과정을 통해 임을 향한 화자의 정성을 표현하고 있다고 볼 수 있다.

③ ⓒ: **'그 애들'이라는 의인화로 대상에 친근감을 나타내고 있다.**
'난'을 '그 애들'이라고 의인화한 것에서 친근감이 드러남.

＊근거: (다) **1**문단 **3**문장
ⓒ과 그 뒷부분에는 '나'가 난초를 '그 애들'이라고 부르면서 온갖 정성을 다 하는 모습이 나타난다. 이는 난초에 대한 '나'의 애정과 친근감을 드러내는 것이다.

⑤ ⓜ: **'난초'를 통해 화자가 깨달은 바를 제시하고 있다.**
'집착이 괴로움'이라는 깨달음을 제시함.

＊근거: (다) **2**문단 **13**문장
ⓜ의 '집착이 괴로움'이라는 깨달음은 '나'가 '운허 노사'를 찾아갔다가 난초 생각에 허둥지둥 돌아온 경험을 통해 얻게 된 것이다.

D 39~41
[2017년(3월)/고2교육청 19~21]

(가) 허난설헌, 〈빈녀음〉

❶ 화자, 중심 대상 ❷ 상황, 정서, 태도 ❸ 표현상 특징

[A]
┌ ❶외모도 남에 비해 그리 빠지지 않고
│ ❷바느질 솜씨 길쌈 솜씨도 좋건만
│ ❸가난한 집안에 태어나 자란 까닭에
│ **현재 화자가 외롭고 힘겨운 처지가 된 이유**
└ ❹좋은 중매 자리 나를 몰라준다오.
   ❶화자: 나

┌ 길쌈: 실을 내어 옷감을 짜는 모든 일을 통틀어 이르는 말
└ 중매: 결혼이 이루어지도록 중간에서 소개하는 일. 또는 그런 사람

＊1 요약: 가난해서 좋은 중매 자리가 들어오지 않음을 한탄함.

[B]
┌ ❶춥고 굶주려도 겉으로는 내색하지 않고
│ ❷하루 종일 창가에서 베만 짠다네
│ **화자의 처지**
│ ❸오직 내 부모님만 가엾다 여기실 뿐
└ ❹그 어떤 이웃이 이내 속을 알아주리오.
   ❷정서: 외롭고 처량함.

＊2 요약: 힘듦을 내색하지 않고 묵묵히 베를 짬.

[C]
┌ ❶밤이 깊어도 베를 짜는 손 멈추지 않고
│ ❷베틀 소리만 삐걱삐걱 처량하게 우네
│ ❸표현상 특징: 화자의 슬픈 감정이 이입된 표현
│ ❸베틀에 짜여 가는 이 한 필 비단
│ **화자의 슬픔을 심화시키는 소재**
└ ❹끝내는 어느 색시의 옷이 되려나.
   화자와 대조되는 상황의 인물

＊3 요약: 다른 사람을 위한 베를 짜는 서글픔

[D]
┌ ❶가위로 싹둑싹둑 옷감을 마르노라면
│ ❷추운 밤에 손끝이 곱아오네
│ ❸표현상 특징: 음성 상징어 힘겨운 일상
│ ❸시집가는 누군가를 위해 길옷을 만들고 있지만
│ ❷상황: 시집가는 사람을 위해 길옷을 만들고 있음.
└ ❹이내 몸은 해마다 홀로 잔다오.
   가난해서 좋은 중매가 들어오지 않기 때문에

＊4 요약: 가난으로 인한 불평등한 삶

■ **갈래**: 한시, 정형시   ■ **창작 시기**: 조선 중기
■ **내용**: 이 작품은 가난한 집안의 여인이 자신의 처지에 대한 독특한 감상을 섬세한 어조로 표현하고 있는 한시이다. 언뜻 보면 자신의 외롭고 고단한 현실에 대한 안타까움만을 토로하는 것 같으나, 그 이면에는 자신의 소망은 뒤로한 채 남의 길옷을 지어야만 하는 여인의 모습을 통해 당시의 불평등한 사회 현실

을 우회적으로 고발하고자 하는 의도가 엿보인다.

■ **주제**: 고된 삶을 사는 여인의 삶과 애환

■ **이것이 핵심!**: 화자의 처지

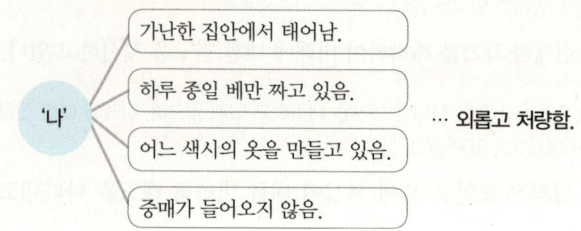

'나' — 가난한 집안에서 태어남.
하루 종일 베만 짜고 있음.   … 외롭고 처량함.
어느 색시의 옷을 만들고 있음.
중매가 들어오지 않음.

(나) 백석, 〈편지〉

❶ 중심 대상 ❷ 글쓴이의 생각, 태도 ❸ 서술상 특징

1 ❶이 밤 이제 조금만 있으면 닭이 울어서 귀신이 제 집으로 가고 육보름달*이 오겠습니다. ❷이 좋은 밤에 시꺼면 잠을 자면 하얗게 눈썹이 센다는 말은 얼마나 무서운 말입니까. ❸육보름이면 옛사람의 인정 같은 고사리의 반가운 맛이 나를 울려도 좋듯이 허연 영감 귀신의 호통 같은 이 무서운 말이 이 밤에 내 잠을 쫓아 버려도 글쓴이 / 나는 좋습니다. ❹고요하니 즐거운 이 밤 초롱초롱 맑게 괸 샘물 같은 눈으로 나는 지금 당신께서 보내주신 맑고 고운 수선화 한 폭을 들여다봅니다. ❺들여다보노라니 그윽한 향기와 새파란 꿈이 안 '노란 슬픔'에 관한 추억을 떠올림. / 개같이 오르고 또 노란 슬픔이 냇내같이 오릅니다.

❻나는 이제 이 긴긴밤을 당신께 이 노란 슬픔의 이야기나 해서 ❶중심 대상: 사랑하는 여인이 아픈 것에서 오는 슬픔 / 보내도 좋겠습니다. ❼남쪽 바닷가 어떤 낡은 항구의 처녀 하나를 나는 좋아했습니다. ❽머리가 까맣고 눈이 크고 코가 높고 목이 패고 키가 호리낭창했습니다. ❾그가 열 살이 못 되어 젊디젊은 그 아 애틋함의 대상 / 버지는 가슴을 앓아 죽고 그는 아름다운 젊은 홀어머니와 둘이 동지섣달에도 눈이 오지 않는 따뜻한 이 낡은 항구의 크나큰 기와집에서 그늘진 풀같이 살아왔습니다. ❿어느 해 유월이 저물게 실비 오는 무더운 밤에 처음으로 그를 안 나는 여러 아름다운 것에 그를 견주어 보았습니다. ⓫당신께서 좋아하시는 산새에도 해오라비에도 또 진달래에도 그리고 산호에도…. ⓬그러나 나는 어리석어서 아름다움이 닮은 것을 골라낼 수 없었습니다. ⓭총명한 내 친구 하나가 그를 비겨서 수선이라고 했습니다. ⓮그제는 나도 기뻐서 그를 비겨 수선이라고 했습니다. ⓯그러한 나의 수선이 시들어갑니다. ⓰그는 스물을 넘기 못하고 또 가슴 사랑하는 여인이 아픔. / 의 병을 얻었습니다. ⓱이 이야기는 이만하고 나의 노란 슬픔이 더 떠오르지 않게 나는 당신의 보내 주신 맑고 고운 수선화의 폭을 치워 놓아야 하겠습니다.

┌ 동지섣달: ① 동짓달과 섣달을 아울러 이르는 말 ② 한겨울을 대표하여 이르는 말
│ 견주다: 둘 이상의 사물을 질(質)이나 양(量) 따위에서 어떠한 차이가 있는지 알기 위하여 서로 대어 보다.
└ 비기다: 어떤 사물을 다른 사물에 빗대어 말하다.

＊1 요약: 노란 슬픔의 이야기를 떠올림.

2 밤이 아직 샐 때가 멀고 복밥을 먹을 때도 아직 되지 않았습니다. **2** 이제 나는 어머니의 바느질 그릇이 있는 데로 가서 무새 헝겊이나 얻어다가 알록달록한 각시나 만들면서 이 남은 밤을 당신께서 좋아하실 내 <u>시골 육보름 밤의 이야기</u>나 해서 보내도 좋겠습니다.
'시골 육보름 밤의 이야기'를 떠올림.
1 중심 대상

육보름으로 넘어서는 밤은 집집이 안간으로 사랑으로 윗간에도 맏윗간에도 누방에도 허청에도 고방에도 부엌에도 대문간에도 외양간에도 모두 쩨듯하니 불을 켜 놓고 복을 맞이하는 밤입니다. **4** 달
우리 민족의 옛 풍속에 해당함.
: 과거의 일을 현재형 어미로 서술함.
밝은 마을의 행길 어디로는 복덩이가 돌아다닐 것도 같은 밤입니다. **5** 닭이 수잠을 자고 개가 밤물을 먹고 도야지 깃을 들썩이는 밤입니다. **6** 새악시 처녀들은 새 옷을 입고 복물을 긷는다고 벌을 건
풍속을 함께 행하며 즐거워하고 있음.
너기도 하고 고개를 넘기도 하여 부잣집 우물로 가서 반동이에 옹패기에 찰락찰락 물을 길어 오며 별 같은 이야기를 재깔재깔하는
3 서술상 특징: 음성 상징어   **3** 서술상 특징: 음성 상징어
밤입니다.

***2** 요약: 육보름 밤의 이야기를 떠올림.

3 새악시 처녀들은 또 복을 가져오느라고 달을 보고 웃어 가며 살같이 여우같이 부잣집으로 가서는 날쌔기도 하게 기왓골의 기왓장을 벗겨 오고 부엌의 솥뚜껑을 들어오고 곱새담*의 짚날을 뽑아 오고…. **2** 이렇게 허물없는 즐거움 속에 끼득깨득하는 그들은
3 서술상 특징: 음성 상징어 **3**
산에서 내린 무슨 암짐승들이 되어 버리는 밤입니다. 그러다는 집으로 들어가서 마음 고요히 세 마디 달린 수숫대에 마디마디 콩 한 알씩을 박아 물독 안에 넣는 밤인데 밝은 날 산골이라는 윗마디, 중산이라는 가운뎃마디, 해변이라는 밑마디의 그 어느 마디의 콩이 붇는가를 보고 그 어느 고장에 풍년이 들 것을 점칠 것입니다. **4** 그러다는 닭이 울어서 새 날이 되면 아홉 가지 나물에 아홉 그릇 밥을 먹으면, 먹으면 몸 솔쐬기*가 쏜다는 김치와 먹으면 김맬 때 비가 온다는 물을 자꾸 먹고 싶어 하는 밤입니다.

이렇게 해서 육보름의 아침이 됩니다. **6** 새악시 처녀들은 해뜨기 전에 동리 국수당의 스무나무 가지를 쪄 오려서 가시가시에 하얀 솜을 피우고 그 솜밭 속에 며칠 앞서부터 스물이고 서른이고 만들어 놓은 울긋불긋한 각시와 새하얀 할미를 세워서는 굴통 담에 곱새담에 장독담에 꽂아 놓는데, 이렇게 하면 이 해에는 하루같이 목화밭에서 천 근 목화가 난다고 믿는 그들이 새 옷의 스적이는 소리도 좋게 의좋은 짝패들끼리 끼리끼리 밀려다니며 담장마다 머물러서는 목화 따는 할미며 각시와 무슨 이야기나 하는 듯이 즐거워하는 것입니다.

***3** 요약: 육보름 밤과 아침의 풍습

4 (닭이 우나?) 아, 닭이 웁니다. 나는 이만 이야기를 그치고 복밥을 기다리는 얼마 아닌 동안 신선과 고사리와 수선화와 병든 내 <u>사람</u>이나 생각하겠습니다.
사랑하는 여인

***4** 요약: 사랑하는 여인을 떠올리며 편지를 마침.

* 육보름달: 정월 대보름날 밤에 뜨는 가장 둥근 달을 의미함.
* 곱새담: 풀 짚으로 만든 담
* 솔쐬기: 소나무 송충이

■ **갈래**: 현대 수필   ■ **창작 시기**: 현대
■ **내용**: 이 작품은 '당신'으로 나타나는 청자에게 편지하는 형식으로 진행되는 수필이다. '육보름달'을 통해 과거를 회상하는 내용인데, 첫 번째 회상은 사랑하는 여인에 대한 개인적인 추억이고, 두 번째 회상은 '육보름 밤' 시골에서 행해지던 옛 풍속에 관한 기억이다. 특히 시골 마을의 풍속에 대한 장면은 생명력 넘치는 모습으로 나타나고 있다. 이는 사라져 가는 민족 정서와 어울림의 공동체를 지향하고자 하는 글쓴이의 인식이 반영되어 있는 것이다.
■ **주제**: 의미 있는 과거 순간에 대한 회상, 어울림과 공동체에의 지향
■ **이것이 핵심!**: 글쓴이의 회상

노란 슬픔의 이야기	→	사랑하는 여인을 수선화에 빗대어 그녀가 아픈 상황을 표현함.
내 시골 육보름 밤의 이야기	→	과거 육보름 밤의 풍속을 구체적으로 떠올리며 열거함.

독해 공식 정답

(가)
1 화자: '나', 중심 대상: 화자의 가난한 처지
2 상황: 남의 길옷을 지으며 자신의 현실에 대한 안타까움을 토로함.
정서, 태도: 외롭고 고단한 현실을 안타까워함.
3 표현상 특징
• 시집가는 누군가와 자신의 처지를 대비하고 있음.
• 음성 상징어를 활용하여 상황을 드러냄

(나)
1 중심 대상: 노란 슬픔의 이야기, 시골 육보름 밤의 이야기
2 글쓴이의 생각, 태도: 육보름달을 통해 과거를 회상함.
3 서술상 특징
• 글쓴이의 체험을 생생하게 묘사하여 현실감을 높이고 있음.
• 과거의 일을 현재형 어미로 표현함으로써 우리 민족 고유의 풍속과 정서를 재현하는 것에 대한 소망을 드러내고 있음.
• 음성 상징어를 사용하여 상황을 드러냄.

작품 간의 공통점 및 차이점
• 공통점: 음성 상징어를 사용함.
• 차이점: 크게 두드러지지 않음.

D 39 정답 ④   *작품 비교하기 ·················· [정답률 62%]

(가), (나)의 공통점으로 가장 적절한 것은?

> **왜 정답?**

④ 음성 상징어를 활용하여 상황을 효과적으로 드러내고 있다.
(가)의 '삐걱삐걱' 등, (나)의 '찰락찰락', '재깔재깔' 등

*근거: (가) **3**-**2**, **4**-**1**, (나) **2**문단 **6**문장, **3**문단 **2**문장
(가)에서는 '삐걱삐걱', '싹둑싹둑'과 같은 음성 상징어로 시적 화자가 처한 처량하고 고달픈 상황을, (나)에서는 '찰락찰락', '재깔재깔', '끼득깨득' 등의 음성 상징어로 새악시들의 생명력 넘치는 움직임을 효과적으로 드러내고 있다.

> **왜 오답?**

① 시선의 이동에 따라 대상의 특징을 묘사하고 있다.
(가)와 (나) 모두 해당되지 않음.

(가)와 (나) 모두 시선의 이동을 활용한 대상의 특징 묘사는 찾아볼 수 없다.
[시선의 이동: 시선의 이동에 따른 전개 방식은 화자의 시선이 머무는 대상을 따라 시상을 전개하는 방식을 말한다.

② 주체와 객체를 전도시켜 삶의 덧없음을 부각하고 있다.
(가)와 (나) 모두 해당되지 않음.

(가), (나) 모두 주체와 객체를 전도시켜 삶의 덧없음을 부각하고 있지는 않다.
[전도시키다: 위치나 차례를 거꾸로 뒤바꾸다.

③ 역설적 표현을 통해 이상에 대한 열망을 표출하고 있다.
　　　　　　　　(가)와 (나) 모두 해당되지 않음.

(가)는 자신이 처한 상황에 대한 한탄이, (나)는 그리운 대상에 대한 서사와
정월 대보름날의 정겨운 추억에 대해 서술하고 있으므로 둘 다 이상에 대한
열망이 드러난다고 볼 수 없다.

> **역설적 표현**: 겉으로는 모순되거나 논리에 맞지 않는 표현이지만, 그 속에
> 진정으로 말하고자 하는 의미를 표현하는 것

⑤ ~~연쇄적 표현~~을 활용하여 정서의 변화 추이를 나타내고 있다.
　　　(가)와 (나) 모두 해당되지 않음.

(가), (나) 모두 연쇄적 표현을 활용하고 있지 않으므로 적절하지 않다.

> **연쇄적 표현**: 앞 구절의 끝말을 다음 구절의 첫머리에 이어받아 표현하는 것
> **추이**: 일이나 형편이 시간의 경과에 따라 변하여 나감. 또는 그런 경향

D 40 정답 ④ ＊시어 및 구절의 의미 파악하기 - [정답률 81%]

시적 맥락을 고려하여 (가)의 [A]~[D]를 이해한 내용으로 적절하지 않은 것은?

· [A]~[D]: [A]는 가난하여 중매가 들어오지 않는 처지, [B]는 하루 종일 베만
짜는 처지, [C]와 [D]는 시집가는 이를 위해 옷을 만드는 처지를 나타낸 부
분입니다.

즉 시 전체의 흐름을 바탕으로 [A]~[D]에 드러난 화자의 처지를 이해한
내용 중 틀린 것을 고르는 문제입니다.

왜 정답?

④ [C]의 '베틀에 짜여 가는 이 한 필 비단'은 ~~[D]의 '옷감을 마~~
　　　　　　　　　　　　　　　　'한 필 비단'은 '어느 색시'를 위한 것이므로 위안이 될 수 없음.
~~르'는 힘겨운 일상에 위안을 주고 있군.~~

＊근거: (가) ❸-❹, ❹, ❹-❶

'베틀에 짜여 가는 이 한 필 비단'이 끝내 화자의 것이 되지 못하고 '어느 색
시'의 옷이 되므로, 화자가 '옷감을 마르는' 일은 화자의 힘겨운 일상에 슬픔
을 더욱 심화시킨다고 볼 수 있다.

왜 오답?

① [A]의 '가난한 집안' 사정은 [B]의 '하루 종일 창가에서 베
　　　　　　　　　　　하루 종일 베만 짜는 이유는 '가난한 집안' 형편 때문임.
만' 짜야 하는 구체적 상황으로 이어지고 있군.

＊근거: (가) ❶-❸, ❷-❷

화자는 '가난한 집안' 사정으로 시집도 가지 못하고 '하루 종일' 베만 짜고 있
다고 했으므로 적절한 설명이다.

② [A]의 '좋은 중매 자리'가 들어오지 않는 상황은 [D]의 '해
　　　　　　　　　　　　가난하여 '좋은 중매 자리'가 들어오지 않기 때문임.
마다 홀로' 자야 하는 외로운 처지에 놓이게 했군.

＊근거: (가) ❶-❹, ❹-❹

가난해서 '좋은 중매 자리'가 들어오지 않기 때문에 시집을 못 가고, 누군가를
위한 옷을 만들면서 '해마다 홀로' 자고 있다고 하고 있으므로 적절한 설명이다.

③ [B]의 '어떤 이웃'도 알아주지 않는 '이내 속'은 [C]의 '처량
　　　　　　　　　　　　　　　　　　　화자의 슬픔이 '베틀'에 이입됨.
하게 우'는 '베틀'에 투영되어 있군.

＊근거: (가) ❷-❹, ❸-❷

'하루 종일' 베만 짜야 하는 자신의 마음을 '어떤 이웃'도 알아주지 않는데,
베틀 소리가 '처량하게' 운다고 함으로써 화자 자신의 처량한 마음을 '베틀'
에 투영하여 표현하고 있다.

⑤ [D]의 '길옷을 만들고 있는' 상황은 [C]의 '어느 색시'의 처
　　　　　　　　　　　'어느 색시'는 화자의 처지와 대비되어 슬픔을 심화시키는 존재임.
지와 대비되어 서글픔을 심화시키고 있군.

＊근거: (가) ❸-❹, ❹-❸

화자 자신은 시집도 가지 못하면서 시집가는 누군가를 위해 '길옷'을 만드는
처지인데, '어느 색시'는 화자가 만든 비단옷의 주인이 되므로, 두 여인의 처
지를 대비하여 화자의 서글픔을 심화시키고 있는 것이 맞다.

D 41 정답 ② ＊〈보기〉를 바탕으로 감상하기 [정답률 65%]

〈보기〉를 바탕으로 (나)를 감상할 때, 적절하지 않은 것은? [3점]

· 〈보기〉를 바탕: (나)는 사랑하는 여인에 대한 추억을 '노란 슬픔의 이야기
(㉮)'로, 고향 마을의 풍속을 '시골 육보름 밤의 이야기(㉯)'로 환기하며 그녀에
대한 애련한 감정과 공동체를 지향하고자 하는 인식을 표현하고 있습니다.

· (나): (나)의 글쓴이는 육보름달을 보며 '노란 슬픔'과 '육보름이 넘어서는 밤'
의 기억을 떠올리고 있습니다.

즉 (나)에서 기억을 환기하고 있는 방식에 대한 설명으로 틀린 것을 고르
는 문제입니다.

[보기]

　❶ 백석은 '감각'과 '열거'를 통해 기억을 환기해 내는 탁월한
　　　　　　　　①의 근거
작가이다. 그의 이러한 면모가 잘 드러나 있는 〈편지〉는 두
가지 이야기로 구성되어 있다. 사랑하는 여인에 대한 추억과,❸
정월 대보름 고향 마을의 풍속에 대한 기억이 그것이다.

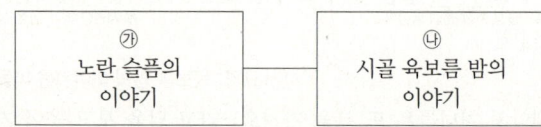

㉮ 노란 슬픔의 이야기	㉯ 시골 육보름 밤의 이야기

　❹ ㉮는 사랑하는 여인을 수선화에 빗대어, 그녀에 대한 애련
　　　　　　　　　③의 근거
한 심정을 섬세한 필치로 담고 있다. 그리고 ❺ ㉯는 마을의 풍
　　　　　　　　　　　　　　　　　　　　　④의 근거
요와 안녕을 기원하는 풍속에 대한 기억을 현재형 진술을 통
해 촘촘히 불러냄으로써, 일제 강점기, 사라져 가는 고유의
풍속과 민족 정서를 복원하고, '지금', '여기'에서 재현될 수 있
　　　　　　　　　　　　　　　　　　　⑤의 근거
는 어울림의 공동체를 지향하고자 했던 백석의 문학 세계를
　⑤의 근거
고스란히 담고 있다.

- -
애련하다: 애처롭고 가엾게 여기다.
필치: 글에 나타나는 맛이나 개성

왜 정답?

② 화제가 ㉮의 '그'에서 ㉯의 '새악시 처녀들'로 확대되면서
글의 ~~애상적인 분위기가 심화되고 있군.~~
　　'새악시 처녀들'은 풍속을 즐기고 있으므로 애상적 분위기는 적절하지 않음.

＊근거: (나) ❶문단 ❻, ❾문장, ❷문단 ❸문장 ~ ❸문단 ❹문장

㉮의 '그'에 대한 이야기에서는 '노란 슬픔'으로 표현된, 개인적인 그리움의
대상에 대한 애틋한 심정을 표현하고 있다. ㉯의 '새악시 처녀들'에 대한 이
야기에서는 민족 공동체의 풍속을 생명감 넘치는 모습으로 묘사하고 있다.
따라서 화제가 확대되었다는 것은 맞지만 슬픔이 심화되고 있지는 않다.

왜 오답?

① '수선화 한 폭'은 글쓴이의 내면을 ㉮의 추억으로, '알록달
　　　　　　　　　　　　　'수선화 한 폭'을 보고 '노란 슬픔'이 떠오름.
록한 각시'는 ㉯의 기억으로 이어주는 매개적 기능을 하는군.
　　'이제 나는 어머니의 ~ 해서 보내도 좋겠습니까'

＊근거: (나) ❶문단 ❹, ❺문장, ❷문단 ❷문장, 〈보기〉 ❶문장

당신께서 보내 주신 '수선화 한 폭'을 들여다보노라니 '그윽한 향기와 새파란
꿈이 오르고 또 노란 슬픔이 냇내같이 오'른다고 하면서 ㉮를 이야기하였으
므로, '수선화 한 폭'은 ㉮의 추억으로 이어 주는 매개적 기능을 한다고 볼
수 있다. 또한 '어머니의 바느질 그릇에 있는 데로 가서' '알록달록한 각시'를
만들면서 ㉯의 이야기를 하겠다는 표현으로 미루어 봤을 때, '알록달록한 각
시'가 ㉯의 기억으로 매개하는 기능을 하고 있다고 볼 수 있다.

> **매개적**: 중간에서 양편의 관계를 맺어 주는

③ '병든 내 사람'을 비유한 시들어가는 '수선'은 ㉑의 '노란 슬픔'에서 환기되는 이미지와 연계되고 있군.
　　사랑하는 여인을 '수선'에 빗댐.
　　사랑하는 여인이 아픈 것에서 오는 슬픔임.

*근거: (나) 1문단 ❻, ❶❺문장, 4문단 ❷문장, 〈보기〉 ❹문장

이 글에서 내가 사랑하는 이는 '수선'으로 비유되고, 그녀의 병든 모습으로 인한 슬픔은 '노란 슬픔'으로 표현되고 있다. 이에 따라 마지막 문장의 '병든 내 사람'은 첫 번째 회상인 '노란 슬픔의 이야기'에서 시들어 가는 '수선'이라고 표현한 사랑하는 여인을 가리키는 것이다. 따라서 '수선'은 ㉑의 '노란 슬픔'에서 환기되는 애틋함의 이미지와 연계되고 있다.

〔연계되다: 어떤 일이나 사람과 관련되어 관계가 맺어지다.〕

④ ㉴에서 '육보름으로 넘어서는 밤'의 풍속에 대한 기억을 열거하면서 민족 공동체의 정서를 환기하고 있군.
　　'~는 밤입니다'라고 육보름 밤 풍속의 모습이 열거됨.

*근거: (나) 2문단 ❸문장 ~ ❸문단 ❹문장, 〈보기〉 ❺문장

'시골 육보름 밤의 이야기'에서 열거하고 있는 풍속(새악시 처녀들의 모습 등)은 기억 속 민족 공동체의 정서를 환기하고 있다고 볼 수 있다. '~는 밤입니다'라면서 이야기하는 부분들이 육보름 밤 풍속에 대한 기억을 열거(나열)하는 부분이다.

⑤ ㉴에서 과거의 이야기를 '~밤입니다'와 같은 현재형 진술로 반복한 것은 기억 속의 세계가 '지금', '여기'에 재현되기를 바라는 마음을 표현한 것으로 볼 수 있군.
　　과거의 일을 현재형으로 서술함.
　　'지금', '여기'에 재현될 수 있는 어울림의 공동체를 지향하는 것임.

*근거: (나) 2문단 ❸문장 ~ ❸문단 ❹문장, 〈보기〉 ❺문장

'시골 육보름 밤의 이야기'에서 묘사하고 있는 과거의 이야기를 '~밤입니다'와 같은 현재형 진술로 반복해 표현하고 있는데, 이는 '어울림의 공동체'의 복원과 재현이 현재에도 가능하다는 것과 그렇게 되기를 바란다는 희망을 표현한 것이라고 할 수 있다.

Ⓓ 42~45 ────── [2015년(11월)/고2교육청 39~42]

(가) 이신의, 〈사우가〉

　❶ 화자, 중심 대상　❷ 상황, 정서, 태도　❸ 표현상 특징　[시] 해석

　　: 사우에 해당

1 바위에 섰는 솔이 늠연(凜然)한* 줄 반가온녀
　　❷ 정서: 솔에 대해 긍정적으로 인식함.
➡ 바위에 서 있는 소나무가 위엄이 있고 당당한 것이 반갑구나

❷ 풍상(風霜)을 겪어도 여위는 줄 전혀 업다
　시련, 고난
➡ 바람과 서리를 겪어도 여위지 않는구나

❸ 어쩌다 봄 빛을 가져 변할 줄 모르나니
　　변하지 않음. - 작가가 추구하는 삶의 자세
➡ 어찌하여 봄빛을 지니고 있어 변할 줄 모르는가?

*1 요약: 풍상에도 변함없는 솔의 모습

2 동리(東籬)에* 심은 국화 귀한 줄을 뉘 아나니
　　❷ 정서: 국화에 대해 긍정적으로 인식함.
➡ 동쪽 울타리에 심은 국화가 귀한 줄 누가 아나니?

❷ 춘광(春光)을 번폐하고* 엄상(嚴霜)*이 혼자 피니
　안온한 삶　　　　　　시련, 고난　국화의 절개
➡ 따뜻한 봄 햇살을 마다하고 늦가을 서리에 혼자 피니

❸ 표현상 특징: 감탄사　❶ 화자: 나
어즈버 청고(淸高)한 내 벗이 다만 넨가 하노라
　　❸ 표현상 특징: 국화에 대한 의인화 - 작가의 고고한 정신이 드러남.
➡ 어즈버 맑고 고결한 내 벗이 다만 너(국화)뿐인가 하노라

〔청고하다: 맑고 고결하다.〕

*2 요약: 엄상에도 혼자 피는 청고한 국화의 모습

3 ❶ 꽃이 무한호되 매화를 심은 뜻은
➡ 꽃이 많은데 그중에서도 매화를 심은 뜻은

❷ 시련
눈 속에 꽃이 픠여 한 빛*인 줄 귀하도다
　　❷ 정서: 매화에 대해 긍정적으로 인식함.
➡ 눈 속에 꽃이 피어 눈과 같은 빛(흰 빛)인 것이 귀하기 때문이다

❸ 하물며 그윽한 향기를 아니 귀(貴)고 어이리
　암향 - 고결함　　　　　❸ 표현상 특징: 설의법
➡ 하물며 그윽한 향기는 귀하지 않겠는가?

*3 요약: 눈 속에 피는 강인함과 그윽한 향기를 지닌 매화의 모습

4 ❶ 백설이 잦은 날에 대를 보려 창을 여니
　시련, 고난
➡ 백설이 자주 내리는 날에 대나무를 보려고 창을 여니

❷ ㉠온갖 꽃 간 데 없고 대숲이 푸르러셰라
　변하기 쉬운 존재　　　　대나무의 절개
➡ 백설에 온갖 꽃은 간 데 없고 대숲만 푸르구나

❸ 어째서 청풍(淸風)을 반겨 흔덕흔덕 하나니
　　❸ 표현상 특징: 대를 의인화하여 표현 - 시련과 고난에도 꼿꼿하지 않는 대의 모습
➡ 어찌하여 대나무만 맑은 바람을 반기며 잎을 흔들흔들거리는가?

*4 요약: 백설에도 푸른 대나무의 모습

* 늠연한: 위엄 있고 당당한
* 동리에: 동쪽 울타리에
* 번폐하고: 번거롭게 가리고, 마다하고
* 엄상: 된서리
* 한 빛: 같은 색의 빛

■ 갈래: 평시조, 연시조　　　■ 창작 시기: 조선 중기
■ 내용: 조선조 광해군 때의 정치가이자 문인이며 학자였던 이신의는 인목 대비 폐비 사건을 맞아 반대 상소를 올렸다가 함경북도 회령 지방에 유배되었는데, 〈사우가〉는 바로 이때 지어진 작품이다. 작가는 자기의 고고한 절의를 '소나무 · 국화 · 매화 · 대나무'인 '사우'에 비유하면서 '사우'에 대해 예찬하고 있다. 그중에서도 '대나무'를 읊은 것이 가장 뛰어나다고 할 수 있는데, 흰 눈 속의 푸른 대나무를 바라보며 그 찬바람을 '청풍'에 비기고 그 바람에 '흔덕흔덕' 한다고 표현하여 작가의 의연한 마음가짐과 자세를 잘 드러내 주고 있다.

■ 주제: 사우(소나무, 대나무, 국화, 매화)에 대한 예찬

■ 이것이 핵심!: 사우에 대한 예찬

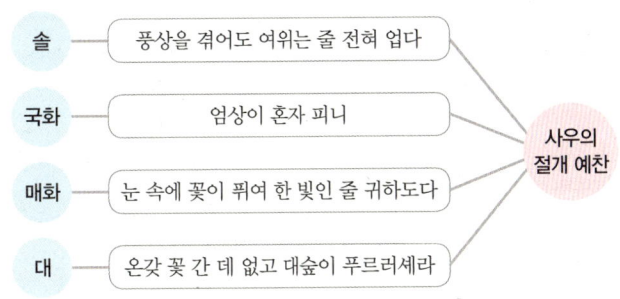

■ 솔 ── 풍상을 겪어도 여위는 줄 전혀 업다
■ 국화 ── 엄상이 혼자 피니
■ 매화 ── 눈 속에 꽃이 픠여 한 빛인 줄 귀하도다
■ 대 ── 온갖 꽃 간 데 없고 대숲이 푸르러셰라
→ 사우의 절개 예찬

(나) 이양하, 〈나무〉

　❶ 중심 대상　❷ 글쓴이의 생각, 태도　❸ 서술상 특징

1 ❶ 중심 대상: 나무
나무는 덕을 지녔다.
　❷ 태도: 나무에 대한 예찬　❸ 서술상 특징: 나무를 의인화하여 표현함.(전체)
나무는 주어진 분수에 만족할 줄을 안다. 나무로 태어난 것을
　　　　　　　　안분지족
탓하지 아니하고, 왜 여기 놓이고 저기 놓이지 않았는가를 말하지
아니한다. 등성이에 서면 햇살이 따사로울까, 골짜기에 내려서면
물이 좋을까 하여, 새로운 자리를 엿보는 일도 없다. 물과 흙과 태
양의 아들로, 물과 흙과 태양이 주는 대로 받고, 득박과 불만족을
말하지 아니한다. 이웃 친구의 처지에 눈 떠 보는 일도 없다. 소나
　　　　　　　　　　남의 처지를 부러워한 적이 없음.

정답 및 해설　181

무는 소나무대로 스스로 족하고, 진달래는 진달래대로 스스로 족하다.

*①요약: '나'는 나무가 덕을 지니고, 분수에 만족할 줄 안다고 생각함.

②나무는 고독하다. 나무는 모든 고독을 안다. 안개에 잠긴 아침의 고독을 알고, 구름에 덮인 저녁의 고독을 안다. 부슬비 내리는 가을 저녁의 고독도 알고 함박눈 펄펄 날리는 겨울 아침의 고독도 안다. 나무는 파리 움쭉 않는 한여름 대낮의 고독도 알고, 별 얼고 돌 우는 동짓날 한밤의 고독도 안다. 그러면서도 나무는 어디까지든지 고독에 견디고, 고독을 이기고, 고독을 즐긴다.

*②요약: '나'는 나무가 모든 고독을 안다고 생각함.

③나무에 아주 친구가 없는 것은 아니다. 달이 있고, 바람이 있고, 새가 있다. 달은 때를 어기지 아니하고 찾고, 고독한 여름밤을 같이 지내고 가는, 의리 있고 다정한 친구다. 웃을 뿐 말이 없으나, 이심전심 의사가 잘 소통되고 아주 비위에 맞는 친구다.

바람은 달과 달라 아주 변덕 많고 수다스럽고 믿지 못할 친구다. 그야말로 바람장이 친구다. 자기 마음 내키는 때 찾아올 뿐 아니라, 어떤 때는 쏘삭쏘삭 알랑거리고, 어떤 때에는 난데없이 휘갈기고, 또 어떤 때에는 공연히 뒤틀려 우악스럽게 남의 팔자리에 생채기를 내놓고 달아난다. 새 역시 바람같이 믿지 못할 친구다. 자기 마음 내키는 때 찾아오고, 자기 마음 내키는 때 달아난다. 그러나 가다 믿고 와 둥지를 틀고, 지쳤을 때 찾아와 쉬며 푸념하는 것이 귀엽다. 그리고 가다 흥겨워 노래할 때, 노래 들을 수 있는 것이 또한 기쁨이 되지 아니할 수 없다.

나무는 이 모든 것을 잘 가릴 줄 안다. 그러나 좋은 친구라 하여 달만을 반기고, 믿지 못할 친구라 하여 새와 바람을 물리치는 일이 없다. 그리고 달을 유달리 후대하고 새와 바람을 박대하는 일도 없다. 달은 달대로, 새는 새대로, 바람은 바람대로 다 같이 친구로 대한다.

- **알랑거리다**: 남의 비위를 맞추거나 환심을 사려고 다랍게 자꾸 아첨을 떨다.
- **공연히**: 아무 까닭이나 실속이 없게
- **푸념하다**: 마음속에 품은 불평을 늘어놓다.
- **후대하다**: 아주 잘 대접하다.
- **박대하다**: 정성을 들이지 않고 아무렇게나 대접을 하다.

*③요약: '나'는 나무의 친구가 달, 바람, 새라고 생각함.

(중략)

④나무에 하나 더 원하는 것이 있다면, 그것은 천명을 다한 뒤에 하늘 뜻대로 다시 흙과 물로 돌아가는 것이다. 그러나 사람은 가다 장난삼아 칼로 제 이름을 새겨 보고, 흔히 자기 소용 닿는 대로 가지를 쳐 가고 송두리째 베어 가곤 한다. 나무는 그래도 원망하지 않는다. 새긴 이름은 도로 그들의 원대로 키워지고, 베어 간 재목이 혹 자기를 해칠 도끼 자루가 되고 톱 손잡이가 된다 하더라도, 이렇다 하는 법이 없다.

나무는 훌륭한 견인주의자*요, 고독의 철인*이요, 안분지족의 현인이다.

②태도: 나무를 사람에 견주어 예찬함.

---

⑥불교의 소위 윤회설이 참말이라면, 나는 죽어서 나무가 되고 싶다.
②글쓴이의 생각: 나무 같이 살기를 바람.
⑦무슨 나무가 될까?'

이미 나무를 뜻하였으니, 진달래가 될까 소나무가 될까는 가리지 않으련다.

- **천명**: 하늘의 명령
- **윤회설**: 윤회를 주장하는 설

*④요약: '나'는 다음 생에 나무로 태어나고 싶음.

- *득박: 얻은 것이나 주어진 것이 적음.
- *견인주의자: 육체적인 욕구를 의지의 힘으로 억제하려는 주의나 주장을 가진 사람
- *철인: 어질고 사리에 밝은 사람. 철학자

- ■ **갈래**: 현대 수필, 경수필 ■ **창작 시기**: 현대
- ■ **내용**: 이 작품은 '나무'의 모습을 통해 글쓴이 자신의 인생관과 가치관을 담담하고 차분하게 드러내고 있는 수필이다. 이 작품에서 '나무'는 단순한 자연물이 아니라 우리 인간이 본받음직한 덕을 지닌 존재로 그려지고 있다. 즉, 글쓴이는 '나무'에서 견인주의자, 철인, 현인의 모습을 찾아내면서 이러한 '나무'가 되고 싶다는 생각을 보여 주고 있다. 이를 통해 글쓴이는 우리 삶에서 안분지족과 명상하고 사색하는 자세, 참을성 등이 필요함을 드러내고 있다.
- ■ **주제**: 나무가 지닌 덕(德)에 대한 예찬

- ■ **이것이 핵심!**: 나무가 지닌 덕

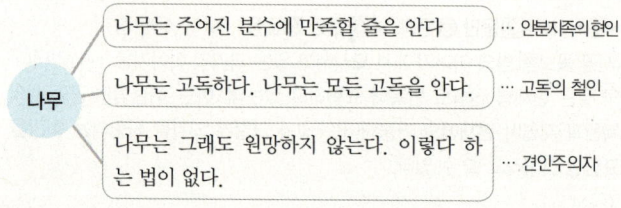

나무
- 나무는 주어진 분수에 만족할 줄 안다 … 안분지족의 현인
- 나무는 고독하다. 나무는 모든 고독을 안다. … 고독의 철인
- 나무는 그래도 원망하지 않는다. 이렇다 하는 법이 없다. … 견인주의자

🌟 **독해 공식 정답**

(가)
❶ 화자: '나', 중심 대상: 사우(바위, 국화, 매화, 대나무)
❷ 상황: 사우(바위, 국화, 매화, 대나무)에 대해 이야기함.
정서, 태도: 사우의 절개를 예찬함.
❸ 표현상 특징
- 자연물을 예찬하며 추구하는 삶의 자세를 드러내고 있음.
- 대비되는 시어를 통해 시련을 이겨내고자 하는 다짐을 드러내고 있음.
- 자연물을 의인화함.

(나)
❶ 중심 대상: 나무
❷ 글쓴이의 생각, 태도: 나무를 긍정적으로 인식하고 나무의 속성을 본받고자 함. 나무의 덕을 예찬함.
❸ 서술상 특징
- 나무를 의인화하여 바람직한 인간상을 부각하고 있음.
- 대상의 특성을 비유와 묘사를 활용하여 생생하게 드러내고 있음.

작품 간의 공통점 및 차이점
- **공통점**: – 자연물에 대해 예찬하고 있음.
  – 자연물을 의인화함.
  – 화자 혹은 글쓴이가 생각하는 바람직한 삶의 태도가 드러남.
- **차이점**: 크게 두드러지지 않음.

D 42 정답 ② *작품 비교하기 …………… [정답률 87%]

(가)와 (나)의 공통점으로 가장 적절한 것은?

▷**왜 정답?**
② 자연물을 의인화하여 주제의식을 드러내고 있다.
(가)의 2수에서 국화를, 4수에서 대를 의인화함. (나)에서 나무와 달을 의인화함.

*근거: (가) ②-❸, ④-❸, (나) ❶문단 ❷문장, ❸문단 ❸문장, ❹문단 ❺문장

(가)의 2수에서는 '국화'를 '내 벗'이라고 하고 있고, 4수에서는 대숲의 '대'가 '청풍'을 반긴다고 하고 있으므로 대상을 의인화하고 있음을 알 수 있다. 그리고 (나)에서는 '나무'를 '분수를 아는 존재', '견인주의자', '철인' 등으로, '달'을 '의리 있고 다정한 친구' 등으로 의인화하여 제시하고 있다. 이렇게 볼 때 (가), (나) 모두 자연물을 사람처럼 인격화하여 표현한 의인화의 기법을 통해 지향하는 삶의 가치를 드러내 준다고 할 수 있다.

>왜 오답 ?

① ~~어조의 변화를 통해 긴장감을 높이고 있다.~~
　(가), (나) 모두 사우와 나무를 예찬하는 어조가 지속되고 있음.

(가), (나) 각각 '사우'와 '나무'를 예찬하는 어조가 지속되고 있다는 점에서 어조가 변한다는 내용은 적절하지 않다.

③ ~~점층적 표현을 통해 고조된 감정을 나타내고 있다.~~
　(가), (나) 모두 점층적 표현이 사용되고 있지 않음.

(가), (나) 모두 점층적 표현이 사용되지 않고 있으므로 적절하지 않다.

④ ~~반어적 표현을 사용하여 대상의 속성을 강조하고 있다.~~
　(가), (나) 모두 반어적 표현이 사용되고 있지 않음.

(가), (나) 모두 반어적 표현이 사용되지 않고 있으므로 적절하지 않다.

⑤ ~~설의적 표현을 통해 대상에 대한 관심을 드러내고 있다.~~
　(가)의 '아니 귀코 어이리'에서 설의적 표현이 사용됨. (나)는 설의적 표현이 사용되지 않음.

(가)의 3수에서 '아니 귀코 어이리'에서 설의적인 표현이 사용되었다고 볼 수 있지만, (나)에서는 설의적 표현이 사용되고 있지 않다는 점에서 적절하지 않다.

D 43 정답 ④ ＊〈보기〉를 바탕으로 감상하기 ···· [정답률 81%]
〈보기〉를 참고하여 (가)를 감상한 내용으로 적절하지 않은 것은? [3점]

• 〈보기〉를 참고: 〈사우가〉는 작가가 유배되었을 때 창작된 작품으로, 작가는 정치 상황에 굴복하지 않는 고한 정신과 힘든 유배 생활을 이겨 내는 씩씩한 기상을 드러내고 있습니다. 작품에 사용된 소재들은 이러한 작가의 삶의 자세를 보여 줍니다.

• (가): (가)의 중심 소재는 '솔(소나무)', '국화', '매화', '대(대나무)'입니다.

즘 (가)에서 '솔', '국화', '매화', '대'를 통해 작가가 드러내고 있는 삶의 자세에 대한 설명으로 틀린 것을 고르는 문제입니다.

[보기]

❶ 이 작품은 작가가 광해군의 폭정에 상소하였다가 함경북도
　　작품의 창작 배경. ①의 근거
회령에 유배되었을 때 창작되었다. ❷ 이 작품에서 작가는, 당시
　　　　　　　　　　　　　　　②의 근거
정치상황에 굴복하고 자신의 뜻을 바꾸는 속된 선비들과는 달
리 시류에 영합하지 않겠다는 고고한 정신을 드러냈다. ❸ 또한
　　　　　　　　　　　　③의 근거
유배지에서 힘든 생활을 했음에도 불구하고 자신의 삶에 대
한 자부심과 씩씩한 기상을 드러냈다. ❹ 작품에 사용된 소재들
　　　　　　　⑤의 근거　　　　　　　솔, 국화, 매화, 대
은 당대의 상황과 이에 따른 작가의 삶의 자세를 보여준다고
　　　　　　　　　　　　　　　지조 있는 삶
할 수 있다.

폭정: 포악한 정치
상소하다: 임금에게 글을 올리다. 주로 간관(諫官)이나 삼관(三館)의 관원이 임금에게 정사(政事)를 간하기 위하여 올렸다.
굴복하다: 머리를 숙이고 꿇어 엎드리다.
속되다: 평범하고 세속적이다.
시류: 그 시대의 풍조나 경향
영합하다: 사사로운 이익을 위하여 아첨하며 좇다.

D

>왜 정답 ?

④ ~~'눈 속'에서 핀 '매화'가 눈과 '한 빛'이라고 표현한 것에서 당대의 정치 현실에 변화가 나타나고 있음을 알 수 있군.~~
　시련을 극복하는 매화의 모습에 해당하므로 적절하지 않음.

＊근거: (가) ③-❷

〈보기〉에서 유배 중인 작가에게 시련을 가져다 준 정치 현실에 변화가 나타난다는 단서는 드러나지 않으므로 '당대 정치 현실에 변화'가 나타난다고 한 감상은 적절하지 않다. 눈 속에서 핀 매화가 눈과 '한 빛'이라고 한 것은, 매화가 추운 겨울이라는 시련을 극복하는 모습을 드러내는 것이다.

>왜 오답 ?

① '솔'이 '풍상'을 겪는 모습을 통해 당시 정치 상황 속에서 시련을 겪는 작가의 상황을 짐작할 수 있군.
　'풍상'은 시련을 의미하므로 적절함.

＊근거: (가) ①-❷, 〈보기〉 ❶문장

'풍상', 즉 바람과 서리는 '솔'에게 시련을 주는 존재이므로, 정치적 시련을 겪는 작가의 상황으로 볼 수 있다.

② '봄 빛'은 자신의 뜻을 바꾸는 속된 선비들에게서는 찾을 수 없는, 작가가 지니고자 하는 삶의 자세라 할 수 있군.
　'봄 빛'을 가진 소나무는 불변성을 상징하므로 적절함.

＊근거: (가) ①-❸, 〈보기〉 ❷문장

'봄 빛'을 가진 소나무는 불변성을 의미하므로, 뜻을 바꾸는 속된 선비와는 다른 작가의 삶의 자세로 해석할 수 있다.

③ '춘광(春光)'을 마다하고 피는 '국화'를 '청고한 내 벗'이라고 표현한 것에서 시류에 영합하지 않겠다는 작가의 고고한 정신을 느낄 수 있군.
　'춘광'은 안온한 삶을 의미하고, 작가는 이를 마다한다고 했으므로 적절함.

＊근거: (가) ②-❷, ❸, 〈보기〉 ❷문장

안온한 삶을 의미하는 '춘광'을 마다하고 국화를 벗으로 삼는 것은 작가의 고고(孤高: 세상일에 초연하여 혼자 고상함.)한 정신이라고 볼 수 있다.

⑤ '대'나무가 '백설이 잦은 날' 부는 찬바람을 '청풍'이라 여기고 이를 반긴다고 표현한 것에서 작가의 씩씩한 기상을 엿볼 수 있군.
　유배지의 힘겨움을 이겨 내는 작가의 씩씩한 기상에 해당하므로 적절함.

＊근거: (가) ④-❶, ❸, 〈보기〉 ❸문장

한겨울의 매서운 바람을 '청풍'이라 여기고 반기는 것은 유배지의 힘겨움을 이겨 내는 씩씩한 기상이라고 볼 수 있다.

D 44 정답 ① ＊작품 비교하기 ·············· [정답률 86%]
(가)의 ㉠과 〈보기〉의 ㉡을 비교한 내용으로 가장 적절한 것은?

• (가)의 ㉠: ㉠은 '온갖 꽃'으로, 변하기 쉬운 속성을 지니고 있습니다.

• 〈보기〉의 ㉡: ㉡은 '바회'로, 쉽게 변하지 않는 속성을 지니고 있습니다.

즘 (가)의 '온갖 꽃'과 〈보기〉의 '바회'의 속성을 비교한 내용으로 적절한 것을 고르는 문제입니다.

[보기]

❶ 고즌 므스 일로 퓌며셔 쉬이 디고,
　순간성을 지닌 존재　　　　순간성
❷ 플은 어이ᄒᆞ야 프르ᄂᆞᆫ 듯 누르ᄂᆞ니,
　　　　　　　　　순간성
❸ 아마도 변티 아닐ᄉᆞᆫ ㉡바회쁜인가 ᄒᆞ노라.
　　　　　　　　　　　　영원성을 지닌 존재
고즌, 플 ↔ 바회
대조

→ 주제: 바위의 영원성에 대한 예찬 　　– 윤선도, 〈오우가(五友歌)〉 中 제3수

>왜 정답 ?

① ㉠은 가변성을 지닌 존재이고, ㉡은 불변성을 지닌 존재이다.
　겨울이 되면 사라짐.　　　　　　　　　영원히 변치 않음.

*근거: (가) ④-❷, 〈보기〉 ❸행

㉠은 겨울이 되면 사라지므로 가변성을 지닌 존재라 할 수 있고, ㉡은 가변적인 '꽃, 풀'과 대비되는 불변성을 지닌 존재라 할 수 있다.

[가변성: 일정한 조건에서 변할 수 있는 성질
[불변성: 변하지 아니하는 성질

>왜 오답?

② ㉠은 <u>강한 생명력을 가진 존재</u>이고, ㉡은 <u>불모성을 지닌</u>
   겨울이 되면 사라지므로 강한 생명력과 무관함.   불모성과 관련 없음.
존재이다.

㉠은 겨울이 되면 간 곳 없으므로 강한 생명력과는 무관하다. 그리고 ㉡은 변하지 않는 불변성을 지닌 존재일 뿐, 거칠고 메말라 식물이 자라지 않는 상태인 불모성과는 무관하다.

[불모성: 땅이 거칠고 메말라 식물이 나거나 자라지 아니하는 성질

③ ㉠은 <u>그리움을 불러일으키는 존재</u>이고, ㉡은 <u>고독을 느끼</u>
   그리움을 불러일으키는 존재라 볼 수 없음.   고독감을 느끼게 하지 않음.
게 하는 존재이다.

㉠은 그리움을 불러일으키는 존재로 볼 수 없으므로 적절한 이해라 볼 수 없다. 그리고 ㉡은 예찬하고 있는 대상이므로 고독감을 주는 것과 관련이 없다.

④ ㉠은 <u>긍정적인 속성을 지닌 존재</u>이고, ㉡은 <u>부정적인 속</u>
   가변적이므로 부정적임.   불변하는 것이므로 긍정적임.
성을 지닌 존재이다.

㉠은 가변적이므로 부정적인 속성을 지녔다고 할 수 있고, ㉡은 불변하는 것으로 긍정적인 속성을 지녔다고 할 수 있다.

⑤ ㉠은 <u>현재를 성찰하게 하는 존재</u>이고, ㉡은 <u>과거를 회상</u>
                      성찰과는 무관함.   과거 회상과 무관함.
하게 하는 존재이다.

㉠은 화자를 성찰하게 하는 존재라고 보기 어렵고, ㉡은 과거를 회상하게 하는 존재로 볼 만한 근거가 없으므로 적절한 비교 내용이라 볼 수 없다.

D 45 정답 ③ * 글쓴이의 생각과 태도 파악하기 [정답률 74%]

(나)를 통해 알 수 있는 글쓴이의 생각으로 적절하지 <u>않은</u> 것은?

>왜 정답?

③ <u>고독을 경험함으로써</u> 더불어 사는 삶의 중요성을 깨달아
   고독을 경험해야 한다는 내용은 찾아볼 수 없음.
야 한다.

(나)에서 글쓴이는 자신에게 주어진 삶을 묵묵히 살다가 다시 흙으로 돌아가는 성자와 같은 나무의 생태를 보면서, 자신도 나무처럼 살고자 하는 의지를 밝히고 있다. 이렇게 보면, (나)의 중심 소재인 '나무'는 우리가 지향해야 할 바람직한 인간의 모습을 보여 주는 것이라 할 수 있다. 그런데 (나)에서 고독을 경험함으로써 더불어 사는 삶의 중요성을 깨달아야 한다는 내용은 찾을 수 없다.

>왜 오답?

① 자연의 순리에 따르는 삶을 살아야 한다.
   '천명을 다한 뒤에 하늘 뜻대로 다시 흙과 물로 돌아가는 것'을 통해 알 수 있음.

*근거: (나) ④문단 ❶문장

'천명을 다한 뒤에 하늘 뜻대로 다시 흙과 물로 돌아가는 것'이라는 내용을 통해, 자연의 순리에 따르는 삶에 대한 글쓴이의 생각을 알 수 있다.

[순리: 순한 이치나 도리. 또는 도리나 이치에 순종함.

② 타인을 있는 그대로 인정하고 받아들일 줄 알아야 한다.
   '달은 달대로 ~ 친구로 대한다.'를 통해 알 수 있음.

*근거: (나) ❸문단 ⓮, ⓯문장

'달을 유달리 후대하고 새와 바람을 박대하는 일도 없다.'고 하였고, '달은 달대로, 새는 새대로, 바람은 바람대로 다 같이 친구로 대한다.'고 한 내용을 통해, 타인을 있는 그대로 받아들여야 한다는 글쓴이의 생각을 추리할 수 있다.

---

④ 타인으로 인해 상처를 받는 일이 있더라도 원망하지 말아
   나무는 상처를 주는 사람들을 원망하지 않는다는 내용을 통해 알 수 있음.
야 한다.

*근거: (나) ④문단 ❷, ❸문장

'사람이 가다 장난삼아 칼로 제 이름을 새겨 보고, 흔히 자기 소용 닿는 대로 가지를 쳐 가고 송두리째 베어' 가는 등 나무에 상처를 줌에도 나무는 '원망하지 않는다.'고 하였으므로, 타인으로 인해 상처를 받더라도 원망하지 말아야 한다는 글쓴이의 생각을 확인할 수 있다.

⑤ 자신이 처한 현실에서 욕심을 부리지 않고 만족할 줄 알아
   '나무는 주어진 분수에 만족할 줄을 안다.'를 통해 알 수 있음.
야 한다.

*근거: (나) ❶문단 ❷문장

'나무는 주어진 분수에 만족할 줄을 안다.'라는 내용을 통해 욕심 부리지 않고 만족할 줄 알아야 한다는 글쓴이의 생각을 엿볼 수 있다.

D 46~49 ─────── [2021년(3월)/고1교육청 38~41]

(가) 이황, 〈도산십이곡〉

❶ 화자, 중심 대상   ❷ 상황, 정서, 태도   ❸ 표현상 특징   시 해석

❶
고인(古人)*도 날 못 보고 나도 고인 못 뵈네
   ❶ 화자: 나
➜ 옛 성인도 날 보지 못하고 나도 옛 성인을 보지 못하네.

[A] ❶
고인을 못 봐도 가던 길 앞에 있네
   ❸ 표현상 특징: 연쇄법   ❶ 중심 대상: 학문
➜ 옛 성인을 보지 못해도 (옛 성인이) 가던 길이 앞에 있네.

❸
가던 길 앞에 있거든 아니 가고 어찌할까   ❸ 표현상 특징: 설의법
   ❸ 표현상 특징: 연쇄법   ❷ 태도: 학문에 정진하겠다는 태도
➜ (옛 성인이) 가던 길이 앞에 있으니 아니 가고 어찌할까.

〈제9수〉

*〈제9수〉 요약: 옛 성현을 본받아 학문에 정진하겠다는 의지

❶
당시(當時)에 가던 길을 몇 해를 버려 두고
   ❶ 중심 대상: 학문
➜ (그) 당시에 가던 길을 몇 해씩이나 버려 두고

[B] ❷
어디 가 다니다가 이제야 돌아왔는고
   벼슬길을 헤매다가   ❸ 표현상 특징: 연쇄법
➜ 어디 가 다니다가 이제야 돌아왔는가.

❸
이제야 돌아왔으니 딴 데 마음 말으리
   ❸ 표현상 특징: 연쇄법   ❷ 태도: 학문에 정진하겠다는 태도
➜ 이제야 돌아왔으니 딴 마음을 먹지 않으리.

〈제10수〉

*〈제10수〉 요약: 벼슬을 그만두고 학문에 정진하겠다는 의지

❶
청산(靑山)은 어찌하여 만고(萬古)에 푸르르며
          영원히 변하지 않는 자연에 대한 예찬 ①
➜ 푸른 산은 어찌하여 영원히 푸르르며

❷   ❸ 표현상 특징: 설의법
유수(流水)는 어찌하여 주야(晝夜)에 그치지 않는고
          영원히 변하지 않는 자연에 대한 예찬 ②
➜ 흐르는 물은 어찌하여 밤낮으로 그치지 않는가.

❸
우리도 그치지 마라 만고상청(萬古常靑)*하리라
   ❷ 태도: 학문에 정진하겠다는 태도
➜ 우리도 그치지 말고 언제나 푸르리라.

〈제11수〉

*〈제11수〉 요약: 변치 않는 자연처럼 부단히 학문에 정진하겠다는 의지

* 고인: 옛 성인(聖人), 성현
* 만고상청: 아주 오랜 세월 동안 항상 푸름.

■ 갈래: 연시조   ■ 창작 시기: 조선 전기

■ **내용**: 이 작품은 퇴계 이황이 1565년 벼슬에 물러나 도산 서원에서 후학을 양성할 때 지은 연시조이다. 모두 12곡인데 앞의 6곡을 '언지(言志)', 뒤의 6곡을 '언학(言學)'이라고 부른다. '언지(言志)'는 자연에 묻혀 살며 느끼는 감흥을 노래하고 있으며, '언학(言學)'은 학문 수양에 임하는 마음을 드러내고 있다. (가)의 〈제9수〉, 〈제10수〉, 〈제11수〉는 '언학(言學)'에 해당된다.

■ **주제**: 자연 친화적 삶의 추구와 학문 수양에 대한 의지

■ **이것이 핵심!**: '학문 수양'에 대한 화자의 태도

	주요 대상(의미)	화자의 태도
〈제9수〉	고인이 가던 길(학문)	학문 수양의 길을 가겠다는 의지
〈제10수〉	당시에 가던 길(학문)	학문 외 딴 데 마음 두지 않겠다는 의지
〈제11수〉	청산, 유수 (영원한 자연)	변치 않는 자연처럼 학문 수양을 계속하겠다는 의지

(나) 법정, 〈인형과 인간〉

❶ 중심 대상　❷ 글쓴이의 생각, 태도　❸ 서술상 특징

1 ❶지나간 성인들의 가르침은 하나같이 간단하고 명료했다. 들으
❷ 글쓴이의 생각: 성인의 학문은 올바른 길을 추구함.
면 누구나 다 알아들을 수 있는 내용이었다. ❸그런데 학자(이 안에
는 물론 신학자도 포함되어야 한다)라는 사람들이 튀어나와 불필
요한 접속사와 수식어로써 말의 갈래를 쪼개고 나누어 명료한 진
❸ 서술상 특징: 성인과 학자를 비교하여 설명함.
리를 어렵게 만들어 놓았다. ❹어떻게 살아야 할 것인가에 대한 자
기 자신의 문제는 묻어 둔 채, 이미 뱉어 버린 말의 찌꺼기를 가지
고 시시콜콜하게 뒤적거리며 이러쿵저러쿵 따지려 든다. ❺생동하
❹ 태도: 경전에 담긴 글을 자구적으로 해석하는 학문적 태도를 비판함.
던 언행은 이렇게 해서 지식의 울안에 갇히고 만다.
❺ 글쓴이의 생각: 학자들의 학문은 지식의 울타리에 갇혀 버렸음.

┌ **성인**: 지혜와 덕이 매우 뛰어나 길이 우러러 본받을 만한 사람
│ **명료하다**: 뚜렷하고 분명하다.
│ **신학자**: 종교의 진리에 대하여 연구하는 사람
│ **시시콜콜하다**: 자질구레한 것까지 낱낱이 따지거나 다루는 데가 있다.
│ **언행**: 말과 행동을 아울러 이르는 말
└ **울**: 풀이나 나무 따위를 얽거나 엮어서 담 대신에 경계를 지어 막는 물건

＊1 요약: 성인과 학자들의 지식에 대한 태도 비교

2 ❶이와 같은 학문이나 지식을 나는 신용하고 싶지 않다. ❷현대인
❶ 중심 대상: 학문
들은 자기 행동은 없이 남의 흉내만을 내면서 살려는 데에 맹점이
있다. ❸사색이 따르지 않는 지식을, 행동이 없는 지식인을 어디에
❷ 태도: 주체적이지 못한 현대인의 태도를 비판함.
다 쓸 것인가. ❹아무리 바닥이 드러난 세상이기로, 진리를 사랑하
❸ 서술상 특징: 설의법을 통해 지식인의 사색과 행동을 강조함.
고 실현해야 할 지식인들까지 곡학아세(曲學阿世)＊와 비겁한 침묵
❹ 태도: 지식이 세상에 아첨하며 지식을 올바로 실천하지 않는 모습을 비판함.
으로써 처신하려 드니, 그것은 지혜로운 일이 아니라 진리에 대한
배반이다.

┌ **신용하다**: 사람이나 사물이 틀림없다고 믿어 의심하지 아니하다.
│ **맹점**: 미처 생각이 미치지 못한, 모순되는 점이나 틈
│ **사색**: 어떤 것에 대하여 깊이 생각하고 이치를 따짐.
│ **비겁하다**: 비열하고 겁이 많다.
└ **배반**: 믿음과 의리를 저버리고 돌아섬.

＊2 요약: 주체적이지 못한 현대인의 학문 태도 비판

3 ❶얼마만큼 많이 알고 있느냐는 것은 대단한 일이 못 된다. 아는
❶ 중심 대상: 지식
것을 어떻게 살리고 있느냐가 중요하다. ❷인간의 탈을 쓴 인형은
❷ 글쓴이의 생각: 지식의 쓰임새를 강조함. ❸ 서술상 특징: 주체성이 없는 인간을 '인형'에 비유하여 나타냄.
많아도 인간다운 인간이 적은 현실 앞에서 지식인이 할 일은 무엇
일까. ❹먼저 무기력하고 나약하기만 한 그 인형의 집에서 나오지
❹ 글쓴이의 생각: 지식인의 실천을 강조함.
않고서는 어떠한 사명도 할 수가 없을 것이다.

┌ **탈**: 얼굴을 감추거나 달리 꾸미기 위하여 나무, 종이, 흙 따위로 만들어 얼굴에 쓰는 물건
│ **무기력하다**: 어떠한 일을 감당할 수 있는 기운과 힘이 없다.
│ **나약하다**: 의지가 굳세지 못하다.
└ **사명**: 맡겨진 임무

＊3 요약: 지식인의 주체성과 실천 강조

4 ❶무학(無學)이란 말이 있다. ❷전혀 배움이 없거나 배우지 않았다
는 뜻이 아니다. ❸학문에 대한 무용론도 아니다. ❹많이 배웠으면서
도 배운 자취가 없는 것을 가리킴이다. ❺학문이나 지식을 코에 걸
❸ 서술상 특징: '무학'의 개념을 설명함.
지 않고 지식 과잉에서 오는 관념성을 경계한 뜻에서 나온 말일
❻ 지나치게 많은 지식에 갇혀 실제 현실을 보지 못하고, 현실을 관념적으로 이해함.
것이다. ❻지식이나 정보에 얽매이지 않은 자유롭고 발랄한 삶이 소
❶ 중심 대상: 지식
중하다는 말이다. ❼여러 가지 지식에서 추출된 진리에 대한 신념이
❼ 글쓴이의 생각: 지식에 대한 신념을 실천해야 함을 강조함.
일상화되지 않고서는 지식 본래의 기능을 다 할 수 없다. ❽지식이
인격과 단절될 때 그 지식인은 사이비요 위선자가 되고 만다.
❽ 글쓴이의 생각: 지식과 인격이 함께해야 함을 강조함.

┌ **무학**: 배운 것이 없음.　**무용론**: 필요가 없다는 주장
│ **자취**: 어떤 것이 남긴 표시나 자리
│ **과잉**: 예정하거나 필요한 수량보다 많아 남음.
│ **경계하다**: 옳지 않은 일이나 잘못된 일들을 하지 않도록 타일러서 주의하게 하다.　**추출되다**: 전체 속에서 어떤 물건, 생각, 요소 따위가 뽑히다.
│ **사이비**: 겉으로는 비슷하나 속은 완전히 다름. 또는 그런 것
└ **위선자**: 겉으로만 착한 체하는 사람

＊4 요약: '무학(無學)'의 개념과 의미

5 ❶책임을 질 줄 아는 것은 인간뿐이다. ❷이 시대의 실상을 모른 체
❶ 인간으로서 가져야 할 태도가 '책임'임을 나타냄.
하려는 무관심은 비겁한 회피요, 일종의 범죄다. ❸사랑한다는 것은
❸ 서술상 특징: 열거를 통해 강조함.
함께 나누어 짊어진다는 뜻이다. ❹우리에게는 우리 이웃의 기쁨과
❹ ❺ 글쓴이의 생각: 이웃을 위해 지식을
아픔에 대해 나누어 가질 책임이 있다. ❺우리는 인형이 아니라 살
나누어야 함을 강조함.
아 움직이는 인간이다. ❻우리는 끌려가는 짐승이 아니라 신념을 가
❻ 서술상 특징: 대조를 통해 강조함.
지고 당당히게 살아야 할 인간이다.

┌ **실상**: 실제 모양이나 상태
└ **회피**: 꾀를 부려 마땅히 져야 할 책임을 지지 아니함.

＊5 요약: 이웃을 위해 지식을 나누는 실천적 지식인의 자세

＊ **곡학아세**: 바른 길에서 벗어난 학문으로 세상 사람들에게 아첨함.

■ **갈래**: 현대 수필　■ **창작 시기**: 현대

■ **내용**: 이 작품은 법정 스님의 수필집 「무소유」에 나오는 글로, 현대 사회에서 지식인이 가져야 할 올바른 삶의 태도를 나타내고 있다. 글쓴이는 '무학(無學)'의 개념을 통해 지식의 관념성을 비판하고 지식의 신념화를 통한 실천을 주장하고 있는데, '살아 움직이는 인간'이라는 표현을 통해 지식에 대한 인간의 주체성을 강조하고 있다. 특히 글쓴이는 마지막 문단을 통해 우리가 이웃의 기쁨과 아픔을 함께하며 지식을 나눠줄 줄 아는 실천적 지식인이 되어야 함을 역설하고 있다.

■ **주제**: 이웃을 위해 지식을 나눠주며 실천하는 지식인의 자세

■ **이것이 핵심!**: '지식'과 관련한 대상에 대한 서술자의 태도

긍정적 대상		부정적 대상
옛 성인: 지식과 삶을 함께하여 사람들이 쉽게 이해할 수 있게 함.		학자: 지식을 삶에서 분리하여 어렵게 만듦.
지식에 대해 사색과 행동이 있는 지식인	vs	세상에 아첨하며 비겁하게 침묵하는 지식인
• 살아 움직이는 인간 • 신념을 갖고 사는 인간		• 인간의 탈을 쓴 인형 • 끌려가는 짐승

D

★ 독해 공식 정답

(가)

❶ 화자: '나', 중심 대상: 학문

❷ 상황: 화자가 벼슬살이를 하다가 그만두고 자연에 내려가 학문 수양을 하고자 함.
정서, 태도: 학문 수양에 대한 변함없는 의지를 나타냄.

❸ 표현상 특징
· 연쇄법을 통해 시상을 전개함.
· 대구법, 설의법 등을 통해 내용을 강조함.

(나)

❶ 중심 대상: 지식(학문)

❷ 글쓴이의 생각, 태도: 옛 성인의 학문은 삶에서 벗어나지 않았는데, 이후 학자들이 지식을 현실과 떨어뜨려 지식이 활력을 잃어버림. 지식은 삶을 위해 쓰여야 하므로, 지식인은 이웃을 위해 지식을 실천하는 태도를 가져야 함. / 지식에 대해 주체적이지 못한 태도를 갖고 있는 현대인의 모습을 비판함.

❸ 서술상 특징
· 대조를 통해 옛 성인과 학자의 차이점을 밝힘.
· 비유법, 열거법, 설의법 등을 통해 내용을 강조함.

작품 간의 공통점 및 차이점
· 공통점: 학문(지식)에 대한 태도를 이야기함.
· 차이점: 크게 두드러지지 않음.

D 46 정답 ① ★작품 비교하기 .... [정답률 33%]

(가)와 (나)의 공통점으로 가장 적절한 것은?

· (가)와 (나): (가)는 벼슬길을 헤매던 화자가 변치 않는 자연을 본받아 열심히 학문에 정진하겠다는 태도를 보이고 있으며, (나)는 참된 인간은 적극적으로 학문을 배우고 배운 지식을 이웃과 함께 하는 데 사용해야 한다는 무학(無學)의 정신을 역설하고 있습니다.

즉 '학문'과 관련된 (가)와 (나)를 읽으며 내용이나 형식상의 공통점을 파악하는 문제입니다.

왜 정답 ?
대상을 옳다고 인정하는 마음으로 바라보고
① 옛사람의 행적을 긍정적으로 바라보고 있다.
(가) 성인의 학문, (나) 성인의 가르침

근거: (가) 〈제9수〉 ❷, ❸, (나) ❶문단 ❶, ❷문장
(가)의 화자는 9수에서 고인(옛 성인)이 가던 학문의 길을 따라가겠다고 말하고 있으므로, 옛 성인의 행적을 긍정적으로 바라보고 있다. (나)의 화자도 1문단에서 성인의 가르침은 간단하고 명료하여 누구나 다 알아들을 수 있었다고 말하고 있으므로, 옛사람의 행적을 긍정적으로 바라보고 있다.

「행적: 행위의 실적(實績)이나 자취

왜 오답 ?
특정 소재나 표현법을 통해 기대감을 독자가 느끼도록 만들고
② 새로운 도전에 대한 기대감을 형상화하고 있다.
(가)와 (나) 모두 나타나지 않음.

(가)의 9수와 11수를 보면, 화자는 학문의 길을 가겠다는 의지를 나타내고 있다. 하지만 10수를 보면 예전에 갔던 학문의 길을 버려 두었다가 이제 돌아와 다시 가겠다고 하는 것이니, '새로운' 도전이라고 하기 어렵다. (나)에는 새로운 도전으로 볼 수 있는 내용이 전혀 나타나지 않는다.

「형상화: 형체로는 분명히 나타나 있지 않은 것을 어떤 방법이나 매체를 통하여 구체적이고 명확한 형상으로 나타냄. 특히 어떤 소재를 예술적으로 재창조하는 것을 이른다.

대상의 뛰어난 점을 칭찬하고 찬양하는 태도를 드러내고
③ 사물의 아름다움에 대한 예찬적 태도를 드러내고 있다.
(가)와 (나) 모두 나타나지 않음.

(가)의 11수를 보면 화자는 청산과 유수에 대해 예찬적 태도를 취하고 있다. 하지만 그것은 청산과 유수가 아름다워서가 아니라 영원히 변하지 않는 모습을 보이기 때문이다. 따라서 (가)에는 사물의 아름다움에 대한 예찬적 태도가 나타나지 않는다. (나)에도 사물의 아름다움을 예찬하는 내용은 나타나지 않는다.

「예찬: 무엇이 훌륭하거나 좋거나 아름답다고 찬양함.

「태도: 어떤 일이나 상황 따위를 대하는 마음가짐. 또는 그 마음가짐이 드러난 자세

순서에 따라 차례대로 나타내고
④ 자연과 하나 되는 삶의 과정을 순차적으로 제시하고 있다.
(가)와 (나) 모두 나타나지 않음.

(가)의 11수에서 화자는 청산과 유수가 변하지 않는 모습을 보며, 자신도 부단히 학문에 정진하겠다는 의지를 보이고 있다. 그런데 이는 화자가 자연을 본받는 것이지 자연과 하나 되는 것이 아니다. 따라서 (가)에는 자연과 하나 되는 삶의 모습이 나타나지 않는다. (나)에도 자연과 하나 되는 삶의 모습은 나타나지 않는다.

「순차적: 순서를 따라 차례대로 하는
「제시하다: 어떠한 의사를 말이나 글로 나타내어 보이게 하다.

[오답 선택률 35%]
대상을 업신여기고 비웃는 듯한 태도를 드러내고
⑤ 지식인의 부정적 태도에 대한 냉소적인 인식을 나타내고 있다.
(나) 실천하지 않는 지식인의 무기력한 모습

★근거: (나) ❷문단 ❸문장
(나)의 2문단을 보면 행동이 없는 지식인을 어디에 쓸 것이냐고 말하면서, 실천하지 않는 지식인의 부정적 태도에 대해 냉소적인 인식을 나타내고 있다. 하지만 (가)에는 열심히 학문에 정진하는 옛 성인의 모습을 나타내고 있을 뿐, 지식인의 부정적 태도는 나타나지 않는다. (가)에서 화자가 비판적으로 바라본 것은 벼슬길을 헤매던 자신의 모습으로, 지식인의 부정적 태도가 아니니 헷갈리지 말자.

「냉소적: 쌀쌀한 태도로 업신여기어 비웃는
「인식: 사물을 분별하고 판단하여 앎.

D 47 정답 ④ ★표현에 담긴 작가의 의도 파악하기 [정답률 58%]

[A]와 [B]에 대한 설명으로 적절하지 않은 것은?

· [A]와 [B]: [A]는 옛 성현을 본받아 학문에 정진하겠다는 화자의 모습을 나타내고 있으며, [B]는 그동안 벼슬길을 헤매던 자신을 반성하고 이제부터 학문에 정진하겠다는 화자의 모습을 나타내고 있습니다.

즉 [A]와 [B]에 나타난 화자의 모습 및 표현과 내용상의 특징을 파악하여 비교하는 문제입니다.

왜 정답 ?
④ [A]와 [B]는 모두 부정 표현을 사용하여 반성하는 자세를 드러내고 있다.
[B]에만 반성의 자세가 나타남.

★근거: (가) 〈제9수〉, 〈제10수〉
[B]의 화자는 중장에서 자신이 그동안 학문의 길을 버려 두고 벼슬길을 헤맨 것을 반성하고 있다. 하지만 이때 부정 표현을 사용하고 있지는 않다. 그리고 [A]에는 옛 성인을 따라 학문에 열심히 정진하겠다는 화자의 의지만 나타나고 있을 뿐, 반성의 자세는 나타나지 않는다.

「반성하다: 자신의 언행에 대하여 잘못이나 부족함이 없는지 돌이켜 보다.

왜 오답 ?
① [A]는 유사한 문장 구조를 활용하여 운율감을 형성하고 있다.
'~도 ~을 못 보다'라는 문장 구조
★근거: 〈제9수〉 ❶
[A]는 '고인도 날 못 보고'와 '나도 고인(을) 못 뵈네'에서 '~도 ~을 못 보다'라는 문장 구조를 반복함으로써 운율감을 형성하고 있다.

「운율감: 시문(詩文)에서, 일정한 규칙에 따라 반복되며 움직이는 느낌

② [B]는 시간과 관련된 표현을 활용하여 상황 변화의 기점을 강조하고 있다.
'이제야'   '지금'
★근거: (가) 〈제10수〉 ❸
[B]는 '이제야'라는 시간과 관련된 표현을 사용하고 있는데, 이를 통해 학문에 정진하겠다는 상황 변화의 기점이 바로 '지금'임을 강조하고 있다.

「기점: 어떠한 것이 처음으로 일어나거나 시작되는 곳

③ [A]와 [B]는 모두 의문형 어구를 활용하여 화자의 태도를
드러내고 있다.
[A] 옛 성인의 길을 따라가겠다는 의지, [B] 학문의 길을 버려 두었던 것에 대한 반성
∗근거: (가) 〈제9수〉 ❸, 〈제10수〉 ❷

[A]는 '아니 가고 어찌할까'라는 표현에서 의문형 어구를 활용하여 옛 성인
의 길을 따라가겠다는 화자의 의지를 강조하고 있다. 또한 [B]는 '이제야 돌
아왔는고'라는 표현에서 의문형 어구를 활용하고 있는데, 이를 통해 오랫동
안 학문의 길을 버려 두고 벼슬길을 헤매었던 자신에 대한 반성의 태도를
나타내고 있다.

> 의문형: 용언 및 서술격 조사 '이다'의 활용형의 하나. 의문을 나타내는 종결
> 어미 '-느냐', '-ㄴ가' 따위가 붙은 꼴이다.
> 어구: 말의 마디나 구절

⑤ [A]와 [B]는 모두 앞 구절의 일부를 다음 구절에서 반복하
여 내용을 연결하고 있다.
[A] 초장, 중장, 종장 [B] 중장, 종장
∗근거: (가) 〈제9수〉 ❶, ❷, ❸, 〈제10수〉 ❷, ❸

[A]는 초장의 '고인 못 뵈네'를 중장에서 '고인을 못 봐도'로 반복하고, 중장
의 '가던 길 앞에 있네'를 종장에서 '가던 길 앞에 있거든'으로 반복하여 내용
을 연결하고 있다. [B]도 중장의 '이제야 돌아왔는고'를 종장에서 '이제야 돌
아왔으니'로 반복하여 내용을 연결하고 있다. 즉 [A]와 [B] 모두 연쇄법을 사
용하여 내용을 연결하고 있다.

> 구절: 구(句)와 절(節)을 아울러 이르는 말

D 48~49 〈보기〉를 참고하여 D48번과 D49번 두 물음에 답하시오.

[보기]
❶ 문학 작품의 감상 과정에서 독자는 작품에 제시된 대상이
화자가 대상과 맺고 있는 관계, 또는 상황에 대한 화자의 태도 등
나 상황 간의 관계를 파악함으로써 내용을 더 잘 이해할 수
있나. ❷ (가)와 (나)의 독자는 이러한 방식을 통해 ㉠ 학문의 길
을 걷는 사람이 지녀야 하는 올바른 삶의 태도를 발견하게 된다.

D 48 정답 ④ ∗ 외적 준거에 따라 작품 감상하기 · [정답률 60%]

(가)와 (나)를 감상한 내용으로 적절하지 않은 것은? [3점]

· (가)와 (나): (가)는 벼슬길에서 물러난 '나'가 옛 성현을 따라 학문 수양의 길
을 가겠다는 의지를 나타내고 있으며, (나)는 '무학(無學)'의 정신을 바탕으
로 지식인은 이웃의 기쁨과 아픔을 함께하며 신념을 갖고 당당하게 살아가
야 함을 강조하고 있습니다.

🟥증 (가)와 (나)에 나타난 주제 의식을 바탕으로 지식인이 가져야 할 올바
른 삶의 태도를 파악하는 문제입니다.

> 왜 정답 ?

④ (나)에서는 '말의 갈래를 쪼개고 나누'는 태도와 '자신의 문
제는 묻어' 두는 태도가 대비되면서 학문 수양에서 자기 중심
적 태도를 버려야겠다는 다짐이 드러나고 있다.
나열되면서 언행이 지식의 틀 안에 갇히는 것에 대한 비판
∗근거: (나) ❶ ❸~❺문장

(나)에서 '말의 갈래를 쪼개고 나누'는 태도는 학자들이 불필요한 말로써 명
료한 진리를 어렵게 만드는 모습이며, '자신의 문제를 묻어 두는 태도'는 실
제 삶에서 벗어나 죽어버린 지식 안에서 이러쿵저러쿵 따지는 모습이다. 두
태도는 모두 생동감이 넘치던 현실의 언행을 지식의 틀 안에 가두어 버린
모습으로, 유사한 태도이다.

> 왜 오답 ?

① (가)의 9수에서는 '고인'과 '나'가 만나지 못하는 현실을 인
식하고 학문 수양이라는 '가던 길'을 매개로 '고인'을 따르겠다
'나'와 '고인'이 서로를 보지 못하는 모습이 '초장'에 나타남.
는 화자의 의도가 드러나고 있다.
고인이 가던 '학문의 길'을 따르겠다는 의지가 '종장'에 나타남.
∗근거: (가) 〈제9수〉

(가)의 9수 초장을 보면 '고인'과 '나'가 서로를 보지 못한다고 말함으로써 만
나지 못하는 현실을 드러내고 있다. 그런데 중장과 종장을 보면 '나'는 고인
을 보지 못한다 하더라도, 고인이 가던 길이 앞에 있으니 이 길을 가겠다고
말하고 있다. 이는 '나'가 고인을 만나지 못하는 현실을 인식한 후, 비록 만나
지는 못하더라도 고인이 가던 '학문 수양'의 길을 매개로 고인을 따르겠다는
의지를 드러낸 것이라 할 수 있다.

> 수양: 몸과 마음을 갈고닦아 품성이나 지식, 도덕 따위를 높은 경지로 끌어
> 올림.
> 매개: 둘 사이에서 양편의 관계를 맺어 줌.

② (가)의 10수에서는 '당시에 가던 길'과 '딴 데'가 대비되면서
학문 수양의 길   벼슬길
학문 수양 이외에 다른 것에는 힘을 쏟지 않겠다는 화자의 의
딴 데 마음 두지 않겠다는 화자의 의지가 '종장'에 나타남.
지가 드러나고 있다.
∗근거: (가) 〈제10수〉

(가)의 10수 초장에 나오는 '당시에 가던 길'은 과거의 화자가 정진했던 학문
수양의 길이다. 그리고 중장에서 화자가 그동안 다녔던 '어디'와 종장에서
말하는 '딴 데'는 '벼슬길'을 의미한다. 이렇듯 '당시에 가던 길'과 '딴 데'는
의미상 서로 대비되며, 화자는 이를 통해 벼슬길에 마음 두지 않고 학문 수
양에 온 힘을 쏟겠다는 의지를 뚜렷하게 나타내고 있다.

> 대비되다: 두 가지의 차이를 밝힐 목적으로 서로 맞대어져 비교되다.

③ (가)의 11수에서는 '청산'과 '유수'의 공통적 속성이 '우리도
그치지' 않겠다는 다짐과 연결되면서 끊임없이 학문에 정진하
그치지 않고 오랜 세월 동안 항상 푸르겠다는 말을 통해 드러냄.
겠다는 자세가 드러나고 있다.
∗근거: (가) 〈제11수〉

(가)의 11수 초장과 중장을 보면 '청산'과 '유수'가 공통적으로 불변(不變)의
속성을 갖고 있음이 나타난다. 그리고 청산과 유수의 영원성을 바라보던 화
자는 '그치지 않고 오래도록 항상 푸르겠다'는 말을 통해 우리도 끊임없이
학문에 정진하겠다는 다짐을 드러내고 있다.

> 정진하다: 힘써 나아가다.

⑤ (나)에서는 '살아 움직이는 인간'과 '끌려가는 짐승'이 대비
이웃과 함께하는 실천하는 지식인   이웃에 무관심한 수동적인 지식인
되면서 학문을 통해 배운 신념을 바탕으로 당당하게 살아가
겠다는 태도가 드러나고 있다.
∗근거: (나) ❺문단 ❶~❻문장

5문단을, 우리는 인형이나 끌려가는 짐승이 아니라, 살아 움직이는 인간이라
고 말하고 있다. 이때 '인형'과 '끌려가는 짐승'이 의미하는 것은 이웃의 실상
에 무관심한 수동적인 지식인이며, '살아 움직이는 인간'이 의미하는 것은
자신이 배운 지식을 이웃과 함께 나누며 그들을 책임지는 능동적인 지식인
이다. 이렇듯 (나)는 '살아 움직이는 인간'과 '끌려가는 짐승'을 대비하면서
당당하게 살아가겠다는 의지를 드러내고 있다.

(나)의 무학(無學)의 의미를 바탕으로 〈보기〉의 ㉠을 설명한 내용으로 적절하지 <u>않은</u> 것은?

- **(나)의 무학**: (나)의 '무학(無學)'은 '많이 배웠으면서도 배운 자취가 없는 것'을 가리키는 말로, 지식이나 정보에 얽매이지 않는 자유롭고 발랄한 삶을 소중하게 여기라는 의미를 담고 있습니다. 또한 지식에서 추출한 진리에 대한 신념을 일상화함으로써 지식의 기능을 다해야 함을 강조합니다.
- **〈보기〉의 ㉠**: 〈보기〉의 ㉠은 지식인이 가져야 할 올바른 삶의 태도가 무엇인지 묻고 있습니다.

즉 (나)의 '무학(無學)'의 개념을 바탕으로 지식인이 가져야 할 올바른 삶의 태도를 파악하는 문제입니다.

> **왜 정답?**

② 배움이 부족하여 **지식을 인격과 별개로 보는 태도**이다.
지식과 인격을 별개로 보는 것은 사이비이고 위선자임.

＊**근거**: (나) **4**문단 **8**문장

4문단을 보면, 지식이 인격과 단절될 때 그 지식인은 사이비고 위선자라고 나타나 있다. 따라서 지식인은 지식과 인격을 하나로 보고, 자신의 지식에 대한 신념을 갖고 당당하게 살아가는 삶의 태도를 가져야 한다.

[**별개**: 관련성이 없이 서로 다름.]

> **왜 오답?**

① 지식의 과잉에서 오는 관념성을 경계하는 태도이다.
실제 현실에서 벗어나 관념으로만 세상을 이해하는 것

＊**근거**: (나) **4**문단 **5**문장

4문단을 보면, '무학(無學)'이 학문이나 지식을 코에 걸지 않고 지식 과잉에서 오는 관념성을 경계하는 뜻에서 나온 말이라고 나타나 있다. '지식의 과잉에서 오는 관념성'이란 지식이 지나치게 많아 실제 현실에서 벗어나 관념으로만 세상을 이해하는 것을 의미하는 말이다. 따라서 지식인이 가져야 할 올바른 삶의 태도는 이러한 관념성을 경계하는 것이다.

[**과잉**: 예정하거나 필요한 수량보다 많아 남음.
관념성: 개인의 주관에 의하여 오직 관념 또는 표상으로서만 존재하는 성질
경계하다: 옳지 않은 일이나 잘못된 일들을 하지 않도록 타일러서 주의하게 하다.]

③ 많이 배웠으면서 배운 자취를 자랑하지 않는 태도이다.
다른 사람에게 자신의 지식을 자랑하지 않는 태도

＊**근거**: (나) **4**문단 **4**문장

4문단을 보면, '무학(無學)'이 많이 배웠으면서도 배운 자취가 없는 것을 가리키는 말이라고 나타나 있다. 즉 많이 배웠다고 해서 배운 티를 내거나 지식을 자랑하지 않는 것이, 지식인이 가져야 할 올바른 삶의 태도인 것이다.

④ 지식에서 추출된 진리에 대한 신념이 일상화된 태도이다.
일상에서 지식을 실천하는 태도

＊**근거**: (나) **4**문단 **7**문장

4문단을 보면, '무학(無學)'과 관련하여 여러 가지 지식에서 추출된 진리에 대한 신념이 일상화되어야 지식 본래의 기능을 다할 수 있다고 나타나 있다. 즉, 지식인이 가져야 할 올바른 삶의 태도는 지식에서 추출한 신념을 일상화하여 지식을 삶에서 실천하는 것이다.

[**일상화되다**: 날마다 늘 있는 일이 되다.]

⑤ 지식이나 정보에 얽매이지 않은 자유롭고 발랄한 태도이다.
지식에 구속받지 않고 자유롭게 삶을 추구하는 태도

＊**근거**: (나) **4**문단 **6**문장

4문단을 보면, '무학(無學)'은 지식이나 정보에 얽매이지 않는 자유롭고 발랄한 삶이 소중하다는 말이라고 나타나 있다. 즉 지식인은 자신이 배운 지식에 얽매이지 않는 자유로운 삶의 태도를 가져야 한다는 것이다.

(가) 안민영, 〈매화사(梅花詞)〉

❶ 화자, 중심 대상 ❷ 상황, 정서, 태도 ❸ 표현상 특징 [시 해석]

1 어리고 성근 가지 너를 믿지 않았더니
매화의 연약한 모습 ❶ 중심 대상
➡ 연약하고 엉성한 가지이기에 너를 믿지 아니하였더니

＊**초장 요약**: 연약한 매화가 피어날 수 있을지에 대한 의심

2 눈 기약(期約) 능(能)히 지켜 두세 송이 피었구나
눈이 오면 꽃을 피우겠다는 '매화'의 약속
➡ 눈이 오면 피겠다던 약속을 능히 지켜 두세 송이 피었구나.

＊**중장 요약**: 약속을 지키며 눈의 추위 속에서 피어난 매화

3 방 안에 떠돌고 있는 그윽한 매화의 향기를 말함.
촛불 잡고 가까이 사랑할 때 암향부동(暗香浮動)＊하더라
❷ 상황: 화자가 방 안에 핀 매화를 가까이에서 바라보고 있음.
➡ 촛불 잡고 너를 가까이에서 바라보며 즐길 때 그윽한 향기가 떠도는구나.

＊**종장 요약**: 방 안에 떠돌고 있는 매화의 그윽한 향기

[**성글다**: 물건의 사이가 뜨다.
기약: 이미 해 놓은 약속
능히: 능력이 있어서 쉽게]

〈제2수〉
＊〈제2수〉 요약: 눈 속에 피어난다는 약속을 지킨 매화

2 ❶ '매화'를 의인화하여 '매화'에게 말을 건네는 듯한 어투를 사용하고 있음.
┌ 빙자옥질(氷姿玉質)＊이여 눈 속에 네로구나
│ ❷ 정서: 화자가 맑고 깨끗하며 아름다운 자질을 지닌 매화에 감탄함.
│ ➡ 맑고 깨끗하며 아름다운 자질을 지닌 존재여, 눈 속에 너로구나.
│
│ ＊**초장 요약**: 맑고 깨끗한 성질을 지닌 매화에 대한 감탄
[A] ❷
│ 가만히 향기 놓아 황혼월(黃昏月)을 기약하니
│ 매화의 그윽한 향기 저녁에 뜨는 달을 기다림.
│ ➡ 가만히 향기를 풍기며 저녁에 뜨는 달을 기다리니
│
│ ＊**중장 요약**: 그윽한 향기를 풍기며 저녁달을 기다림.
│ ❸
└ 아마도 아치고절(雅致高節)＊은 너뿐인가 하노라
❷ 태도: 화자가 매화의 우아하고 높은 절개를 예찬함.
➡ 아마도 우아하고 높은 절개를 지닌 존재는 너뿐인가 하노라.

＊**종장 요약**: 매화의 높은 절개에 대한 예찬

[**황혼월**: 저녁에 뜨는 달
기약하다: 때를 정하여 약속하다.]

〈제3수〉
＊〈제3수〉 요약: 맑고 깨끗한 매화의 절개

3 ❶ 동쪽 누각에 숨은 꽃이 철쭉인가 두견화(杜鵑花)인가
추위(고난과 시련)를 피해 숨어 있는 존재
➡ 동쪽 누각에 숨은 꽃은 철쭉인가 진달래꽃인가

＊**초장 요약**: 추위를 피해 숨어 있는 철쭉과 두견화

❷ 온 세상이 눈이어늘 제 어찌 감히 피리
추위 속에서 꽃을 피우지 못하는 '철쭉'과 '두견화'를 통해 매화의 특성을 부각시킴.
➡ 온 세상에 눈이거늘 제(철쭉과 진달래꽃)가 어찌 감히 필 수 있겠는가?

＊**중장 요약**: 눈 속에서 피어나지 못하는 철쭉과 두견화

❸ 알괘라 백설 양춘(白雪陽春)＊은 매화밖에 뉘 있으리
눈 속에서 봄이 왔음을 알리는 존재를 의미함. ❶ 중심 대상
➡ 알겠도다. 흰 눈 속에서도 봄의 기운을 보이는 것은 매화밖에 누가 있겠는가?

＊**종장 요약**: 눈 속에서 피어나 봄을 알리는 매화

❸ 설의적 표현을 통해 고난과 시련을 이겨내고 꽃을 피우는 존재는 매화밖에 없음을 강조함.

[**누각**: 사방을 바라볼 수 있도록 문과 벽이 없이 다락처럼 높이 지은 집]

〈제8수〉
＊〈제8수〉 요약: 다른 꽃들과 달리 눈 속에 피어나는 매화

＊암향부동: 그윽한 향기가 은근히 떠돎.
＊빙자옥질: 얼음같이 맑고 깨끗한 살결과 구슬같이 아름다운 자질
＊아치고절: 우아하고 높은 절개
＊백설 양춘: 흰 눈이 날리는 이른 봄

■ **갈래**: 연시조 ■ **창작 시기**: 조선 후기(1870년)
■ **내용**: 이 작품은 조선 고종 때 안민영이 지은 전 8수의 연시조로, 작가의 개인 가집인 『금옥총부』에 수록되어 있다. 작가가 스승인 박효관의 운애산방에서 벗과 더불어 놀 때, 스승이 가꾼 매화가 책상 위에 피어 있는 것을 보고 지은 작품으로 알려져 있다. 1수에서는 매화, 여인, 백발옹, 거문고, 노래, 달, 술잔을 한 폭의 그림처럼 그려내며, 2~5수에서는 시상의 초점이 매화로 모아지며 매화가 지닌 고결한 특성을 노래한다. 6수에서는 방 안의 매화를 독백체로 노래하며, 마지막 7~8수에서는 방 밖의 매화를 통해 눈 속 매화의 봄뜻을 기리는 소망을 표현하고 있다.
■ **주제**: 매화의 생명력과 절개에 대한 예찬
■ **이것이 핵심!**: '매화'의 특성을 나타낸 표현

	매화를 나타낸 표현	매화의 특성
〈제2수〉	암향부동	그윽한 향기가 떠돎.
〈제3수〉	빙자옥질, 아치고절	맑고 깨끗하며 높은 절개를 지님.
〈제8수〉	백설 양춘	눈 속에서 봄의 기운을 보임.

(나) 신석정, 〈향기 있는 사람〉

❶ 중심 대상 ❷ 글쓴이의 생각, 태도 ❸ 서술상 특징

① 나이가 들수록 격이 높아지는 것이 나무다. ❷ 경기도 용문사에는 천여 년 전에 심었다는 고령의 은행나무가 있어 45미터의 키에 아
<u>나이가 들수록 격이 높아지는 나무의 예</u>
래 부분의 직경이 4미터가 된다니 산으로 치자면 백두요, 한라 아닐 수 없다. ❸ 뜨락에 자질구레한 나무만 심어 놓고 바라보아도 한결 마음이 든든한데 그쯤 고령의 거목이고 보면, <u>내 하잘것없는 인생을 송두리째 맡기고 살아도 뉘우칠 게 없을 것 같다.</u>
<u>거목에 '나'의 애정이 나타남.</u>

┌ **격**: 주위 환경이나 형편에 자연스럽게 어울리는 분수나 품위
  고령: 늙은이로서 썩 많은 나이. 또는 그런 나이가 된 사람
  직경: 원이나 구 따위에서, 중심을 지나는 직선으로 그 둘레 위의 두 점을 이은 선분. 또는 그 선분의 길이
  뜨락: 집 안의 앞뒤나 좌우로 가까이 딸려 있는 빈터
└ **거목**: 굵고 큰 나무

*❶*문단 요약: 나이가 들수록 격이 높아지는 나무

② 홍야항야*로 일삼는 세속적인 생각에 젖어 사는 것이 너무나
<u>태도: 세속적인 생각을 하는 자신을 성찰함.</u>
치사한 것만 같아 새삼 허탈을 느낄 때가 한두 번이 아니다. ❷ 창 앞에 대를 심어 소슬한 가을바람을 즐길 줄 모르는 바 아니요, 또한
<u>'나'가 대나무나 장미꽃을 싫어하는 것은 아님.</u>
눈부신 장미꽃이 싫은 바도 아니요, 오색영롱한 철쭉도 싫은 바 아니지만, 그런 관목*보다는 아교목*이 좋고 아교목보다는 교목*
이 믿음직해서 더 좋다. ❸ ❷글쓴이의 생각: '교목'이 다른 대상에 비해 더 믿음직스러움.
<u>욕심껏 꽂아 놓은 나무가 좁은 뜨락에 초</u>
만원이 되어 이제 어찌 할 도리가 없어 제일 먼저 장미를 담 옆으
<u>정원이 좁아질 경우 아교목과 교목으로 자리를 잡음. → 아교목과 교목에 대한 애정이 나타남.</u>
로 분산시키고 아교목의 호랑가시와 교목인 태산목, 은행나무, 낙
우송을 알맞게 자리 잡아 세운 것도 ❶중심 대상
호화찬란한 장미처럼 눈부신
<u>❷ 태도: 자신의 삶이 장미처럼 눈부시기보다 교목처럼 담담하고 소박하기를 바람.</u>
여생이기보다는 담담하기를 바라는 탓도 있지만, 차라리 그보다는 날로 거목의 몸매가 잡혀가는 아교목들에게 끌리는 정이 더욱 도탑고 믿음직한 탓이기도 하리라.

┌ **치사하다**: 행동이나 말 따위가 쩨쩨하고 남부끄럽다.
  허탈: 몸에 기운이 빠지고 정신이 멍함. 또는 그런 상태
  소슬하다: 으스스하고 쓸쓸하다.
  오색영롱하다: 여러 가지 빛깔이 한데 어울려 눈부시게 찬란하다.
  초만원: 사람이 정원을 넘어 더할 수 없이 꽉 찬 상태
  여생: 앞으로 남은 인생
└ **도탑다**: 서로의 관계에 사랑이나 인정이 많고 깊다.

*❷*문단 요약: 관목보다 더 정이 가고 믿음직스러운 교목

---

③ ❶ 낙우송 사이로 바라다보이는 유월 하늘에서는 가지가 흔들릴 때마다 그 짙푸른 쪽물이 금시 쏟아질 것만 같아 좋거니와, 오월
<u>교목인 낙우송 사이로 보이는 유월 하늘의 아름다운 모습</u>
부터 개화하기 비롯한 태산목은 겨우 십 년이 되었는데도 두세 송이
<u>태산목의 꽃은 5월부터 피기 시작함.</u>
씩 연이어 꽃이 피는가 하면 그 맑은 향기가 어찌도 그윽한지 문
<u>향(文香) 십 리를 자랑하는 난(蘭) 또한 감히 따를 바 못 되리라.</u>
❸ 비교: 다른 대상과의 비교를 통해 '태산목'이 지닌 맑고 그윽한 향기를 강조함.

┌ **낙우송**: 낙우송과의 낙엽 침엽 교목
  쪽물: 쪽에서 얻는 짙푸른 물감
└ **태산목**: 목련과의 상록 활엽 교목

*❸*문단 요약: 난(蘭)보다 그윽한 향기를 지닌 태산목의 꽃

┌ **④** ❶ 백련꽃 송이처럼 탐스러운 봉오리에 어쩌면 향기를 가득
│   ❸ 비유: 비유적 표현을 사용하여 태산 ❷목 꽃이 맑은 향기를 가득 지니고 있다는 속성을 나타냄.
[B] 저장하고 있는 것만 같다. 아침저녁 솔곳이 흘러드는 그 향기
│   <u>태산목의 꽃이 향기를 가득 지니고 있다는 사실을 말함.</u>
└ 를 맡아 본 사람이면 알리라.

┌ **탐스럽다**: 가지거나 차지하고 싶은 마음이 들 정도로 보기가 좋고 끌리는 데가 있다.
  봉오리: 망울만 맺히고 아직 피지 아니한 꽃
└ **솔곳이**: 그럴듯해 보여 마음이 쏠리는 데가 있게

*❹*문단 요약: 향기를 가득 지니고 있는 태산목의 꽃

⑤ ❶ ㉠집 주변에 오류(五柳)를 가꾸어 '한정소언 불모영리(閑靜少
<u>글쓴이인 '나'가 문 밖에 심은 다섯 그루의 버드나무와 비교됨.</u>
言 不慕榮利)*'의 도를 터득한 도연명(陶淵明)은 그대로 향기 높은
저 태산목 같은 거목이 아니었을까 생각될 때, 장미류의 관목처럼
<u>오류를 가꾸어 도를 터득한 도연명을 '거목'에 비유하여 나타냄.</u>
눈부신 꽃이고 싶어 하는 데는 머리를 써도, 태산목처럼 격 높은
향기를 마음에 지니기란 쉬운 일이 아니기에, 내 스스로 향기 지
<u>자신이 태산목처럼 격 높은 향기를 지닐 마음의 여유가 없음을 안타까워함.</u>
닐 마음의 여유 없음을 슬퍼할 따름이다.

┌ **오류**: 다섯 그루의 버드나무. 중국 진(晉)나라의 도연명이 그의 집에 심어
└ 가꾼 데서 유래함.

*⑤*문단 요약: 태산목처럼 격 높은 향기를 지닐 마음의 여유가 없는 것에 대한 안타까움

(중략)

⑥ ❶ 문 밖에 심은 버드나무도 벌써 10년이 가깝게 자라고 보니, 이른 봄부터 찾아와서 옥을 굴리듯 울어 주는 밀화부리*도 버드나무
<u>문 밖에 심은 버드나무에 새가 찾아와 지저귐.</u>   ❷
가 없었던들 엄두도 낼 수 없는 일이다. 그러기에 이 근방에서는 버드나무집으로 통할 뿐 아니라, 혹시 전화로라도 우리 집 위치
<u>문 밖에 심은 버드나무의 효용</u>
묻는 친구가 있으면 어느 지점에 와서 문 앞에 버드나무가 세 그루 서 있는 집이라면 무난히들 찾아오게 마련이다. ❸ 당초엔 다섯 그루를 심어 정성 들여 가꾸었는데 이웃집에서 가을 낙엽에 성화
<u>버드나무 한 그루가 베어진 이유</u>
를 내고 자기 집 옆에 서 있는 놈만은 베어 주었으면 하기에, 그 집 주인에게 처분을 맡겼더니 베어다가 장작으로 패 땐 모양이고, 또 한 그루는 동네 애들이 매일 짓궂게 매달리는가 했더니 끝내
<u>버드나무 한 그루가 죽은 이유</u>
껍질을 홀랑 벗겨대는 등쌀에 기어이 고사(枯死)하고 보니, 남은 세 그루가 옆채를 사이에 두고 태산목과 마주 보고 서 있게 되었다.
❸ 일화: 자신의 생활 주변에서 찾은 '버드나무 일화'라는 소재를 통해 글의 내용을 전개함.

┌ **당초**: 일이 생기기 시작한 처음
  성화: 몹시 귀찮게 구는 일
  장작: 통나무를 길쭉하게 잘라서 쪼갠 땔나무
  등쌀: 몹시 귀찮게 구는 짓
  고사하다: 나무나 풀 따위가 말라 죽다.
└ **옆채**: 어떤 사물의 양쪽 방향으로 잇달아 있는 집채

*⑥*문단 요약: 다섯 그루에서 세 그루밖에 남지 않은 문 밖의 버드나무

[7] ⓛ그대로 다섯 그루가 자랐더라면 집 주변에 오류를 가꾸어
'한정소언 불모영리'의 도를 터득한 저 도연명의 풍모를 배우고자
_{버드나무가 다섯 그루 모두 자랐다면 도연명의 풍모를 배우고자 했다는 마음을 나타냄.}
함이었더니, 세 그루가 남게 되어 짓궂은 친구가 찾아올라치면 숫
_{'삼류(三柳)'와 '삼류(三流)'가 동음이의어인 것을 활용하여 짓궂은 친구가 '나'를 놀림.}
제 삼류선생(三流先生)이라 부르는 데는 긍정도 부정도 하지 않는
까닭은 삼류 인생을 살아가는 나에게 오류(五柳)선생은 못 될지언
정, 삼류선생의 칭호도 오히려 과분한 것만 같아 설마 삼류선생이
_{❷ 태도: 자신을 부르는 삼류선생의 칭호도 과분하다며 겸손한 태도를 보임.}
라 부르는 것은 아니겠지 하고 스스로를 위로하기 때문인지도 모
른다.

┌ **풍모**: 풍채(風采)와 용모를 아울러 이르는 말
│ **숫제**: 처음부터 차라리. 또는 아예 전적으로
└ **삼류**: 어떤 방면에서 가장 낮은 지위나 부류

＊⃝7문단 요약: 삼류선생이라는 칭호에도 과분함을 느끼는 '나'

＊**홍야항야**: 남의 일에 쓸데없이 참견하는 모양을 의미함.
＊**관목**: 키가 작고 원줄기가 가늘며 밑동에서 가지를 많이 치는 나무
＊**아교목**: 교목과 관목의 중간 식물
＊**교목**: 줄기가 곧고 굵으며 높이가 8미터를 넘는 나무
＊**한정소언 불모영리**: 한가하고 조용하며 말이 적고 명예나 실리를 바라
지 않음.
＊**밀화부리**: 참새목 되새과의 새

■ **갈래**: 수필
■ **내용**: 이 작품은 작가가 1969년 7월 6일 한 신문에 게재한 글로, 나무를 통해
자신의 삶의 가치관을 드러내고 있는 작품이다. 작가는 현재의 동네로 이사 오
면서 심었던 나무가 10년이 넘는 동안 훌쩍 자란 것을 보며, 남은 생애를 태산
목이나 낙우송 같은 교목처럼 담담하고 소박하게 지낼 수 있기를 바란다. 특히
작가는 문 밖에 심었던 버드나무 다섯 그루가 세 그루가 되어 자신이 삼류선생
이라는 칭호를 얻게 된 것을 제시하며, 삶에 대한 겸손한 태도를 나타내고 있다.
■ **주제**: '교목'과 같은 담담하고 소박한 삶에 대한 소망
■ **이것이 핵심!**: '나무'를 통해 나타나는 글쓴이의 삶의 태도

구분	나무의 예	비유하는 삶
관목	철쭉, 장미	화려하고 눈부신 삶
교목	태산목, 낙우송, 버드나무	담담하고 소박한 삶

> '나'는 '관목'을 싫어하는 것은 아니지만, '교목'을 더 좋
> 아하며 교목 같은 삶을 살기를 바람.

■ **독해 공식 정답**
(가)
❶ 화자: '나', 중심 대상: 매화
❷ 상황: 화자는 눈이 내리는 추위 속에서 피어난 매화를 바라보고 있음.
정서, 태도:
‒ 맑고 깨끗하며 아름다운 자질을 지닌 매화의 모습에 감탄함.
‒ 매화의 우아하고 높은 절개를 예찬함.
❸ 표현상 특징
• 의인화한 '매화'에게 말을 건네는 방식을 사용함.
• 추위를 피해 숨어 있는 자연물(철쭉, 두견화)과 추위 속에서도 꽃을 피운 매화를 대
조하여 나타냄.
• 설의적 표현을 통해 추위를 극복하고 봄을 알리며 꽃을 피운 매화의 모습을 강조함.
(나)
❶ 중심 대상: 교목(버드나무)
❷ 글쓴이의 생각, 태도:
• 생각: '교목'은 믿음직스러우며 '난(蘭)'보다도 맑고 그윽한 향기를 지니고 있음.
• 태도: ‒ 자신의 삶이 장미처럼 눈부시기보다 교목처럼 담담하고 소박하기를 바람.
‒ 세속적인 생각을 하는 자신을 성찰하며, 자신을 부르는 삼류선생의 칭호도 과분하
다며 겸손한 태도를 보임.

❸ 서술상 특징
• 다른 대상과의 비교를 통해 '교목'이 지닌 믿음직스러움과 맑고 그윽한 향기를 강조함.
• 비유적 표현을 사용하여 태산목 꽃이 맑은 향기를 가득 지니고 있다는 속성을 나타냄.
• '교목'이라는 자연물을 통해 글쓴이가 추구하는 삶의 모습을 나타냄.
• 자신의 생활 주변에서 찾은 '버드나무 일화'라는 소재를 통해 글의 내용을 전개함.
작품 간의 공통점 및 차이점
• 공통점: (가)는 화자가 '매화'의 그윽한 향기, 맑고 깨끗한 성질, 높은 절개를 예찬하
고 있으며, (나)는 글쓴이인 '나'가 '교목'의 믿음직스러움과 그윽한 향기를 예찬하고
있음. ➡ (가)와 (나) 모두 자연물을 예찬하고 있음.
• 차이점: (가)는 화자가 직접 드러나지 않은 채 '매화'의 특성만을 나타내고 있으나,
(나)는 글쓴이인 '나'가 '교목'을 통해 자신이 추구하는 삶의 모습을 나타내고 있음.

D **50** 정답 ① ＊작품 간의 공통점 파악하기 [정답률 39%]

[A]와 [B]의 공통점으로 가장 적절한 것은?
• [A]: 화자가 눈 속에서 꽃을 피운 매화의 높은 절개와 맑고 깨끗한 성질을
예찬하고 있습니다.
• [B]: '나'가 태산목의 꽃이 지닌 향기를 예찬하고 있습니다.
🔺 [A]의 화자와 [B]의 '나'가 각각 '매화'와 '태산목'에 대해 갖는 태도의
공통점을 파악하는 문제입니다.

▷**왜 정답 ?**
_{어떤 대상을 다른 대상에 빗대어 나타내며}
① **비유적 표현을 사용하여 대상의 속성을 드러내고 있다.**
_{[A]: 매화의 맑고 깨끗한 성질과 높은 절개, [B]: 태산목 꽃이 향기를 가득 지니고 있다는 것}
＊**근거**: (가) 〈제3수〉, (나) ④문단 ❶문장
(가)의 〈제3수〉를 보면 '매화'를 '빙자옥질', '아치고절'에 빗대어 나타내는 비
유적 표현을 사용하여, 추운 겨울에도 꽃을 피운 '매화'의 맑고 깨끗한 성질
과 높은 절개라는 속성을 드러내고 있다.
(나)의 4문단을 보면 태산목의 꽃을 '백련꽃 송이'에 빗대어 나타내는 비유적
표현을 사용하여, 탐스러운 봉오리에 향기를 가득 지니고 있는 태산목 꽃의
속성을 드러내고 있다.
┌ **속성**: 사물의 특징이나 성질

▷**왜 오답 ?**
_{화자가 어떤 대상에서 다른 대상을 바라봄.}
② **지선의 이동을 통해 대상의 변화 과정을 제시하고 있다.**
_{[A]와 [B] 모두 나타나지 않음. [A]와 [B] 모두 나타나지 않음.}
＊**근거**: (가) 〈제3수〉, (나) ④문단 ❶문장
(가)의 〈제3수〉를 보면 화자는 눈 속에 꽃을 피운 '매화'만을 바라보고 있을
뿐, 다른 곳으로 시선을 이동하고 있지 않으며, '매화'의 변화 과정도 제시하
지 않고 있다.
(나)의 4문단을 보면 '나'는 태산목 꽃만을 바라보며 그 향기를 예찬하고 있
을 뿐, 다른 곳으로 시선을 이동하고 있지 않다. 또한 태산목 꽃의 변화 과정
도 나타나지 않는다.
_{색깔을 직접 드러내는 이미지를 활용하여}
③ **색채 이미지를 활용하여 애상적 분위기를 조성하고 있다.**
_{[A]와 [B] 모두 나타나지 않음.   [A]와 [B] 모두 나타나지 않음.}
＊**근거**: (가) 〈제3수〉, (나) ④문단 ❶문장
(가)의 〈제3수〉를 보면 '눈'이라는 소재를 사용하고 있으나 '흰색'이라는 색채
이미지를 활용하거나, 이를 통해 애상적 분위기를 조성하고 있지 않다.
(나)의 4문단을 보면 태산목의 꽃을 백련꽃 송이에 비유하여 꽃의 향기로움
을 나타내고 있을 뿐, 색채 이미지는 전혀 나타나지 않고 있으며 애상적 분
위기도 나타나지 않고 있다.
┌ **애상적**: 슬퍼하거나 가슴 아파하는 (것)
_{자연물을 사람처럼 생각하며 직접 말을 건네는 어투를 활용하여}
④ **자연물에 말을 건네는 어투를 활용하여 친근감을 드러내
고 있다.**
_{[A]: 화자가 '매화'에게 말을 건네고 있음. [B]: '말을 건네는 어투'도 '친근감'도 나타나지 않음.}
＊**근거**: (가) 〈제3수〉, (나) ④문단 ❶문장
(가)의 〈제3수〉를 보면 화자가 자연물인 '매화'에 대해 '눈 속에 네로구나'라
며 말을 건네고 있다. 이는 자연물인 '매화'를 의인화하여 나타낸 것이므로, 자
연물에 말을 건네는 어투를 활용하여 대상에 대한 친근감을 드러낸 것이다.

(나)의 4문단에서 '나'는 태산목의 꽃에 대한 자신이 생각을 독백적인 어투로 나타내고 있을 뿐, 자연물에 말을 건네는 어투를 사용하고 있지 않다. 또한 '친근감'도 드러내고 있지 않다.

┌ **어투**: 말을 하는 버릇이나 본새
└ **친근감**: 사귀어 지내는 사이가 아주 가까운 느낌

🔖 [오답 선택률 31%] 자신이 느낀 감정을 대상이 느끼는 것처럼 표현하여
⑤ <u>대상에 감정을 이입하여</u> <u>자연물에 대한 자신의 심정을 강</u>
[A]와 [B] 모두 나타나지 않음.   [A]와 [B] 모두 나타나지 않음.
<u>조하고 있다.</u>

＊**근거**: (가) 〈제3수〉, (나) **4**문단 **❶**문장

(가)의 〈제3수〉를 보면 화자는 '매화'의 높은 절개와 맑고 깨끗한 성질을 예찬하고 있을 뿐, 대상에 감정을 이입하거나 대상에 대한 자신의 심정을 강조하고 있지 않다.

(나)의 4문단을 보면 '나'는 태산목의 꽃이 가진 향기를 예찬하고 있을 뿐, 대상에 감정을 이입하거나 대상에 대한 자신의 심정을 강조하고 있지 않다.

┌ **자연물**: 자연계에 있는, 저절로 생긴 물체
│ **이입하다**: 옮기어 들이다.
└ **심정**: 마음속에 품고 있는 생각이나 감정

D 51 정답 ① ＊표현상의 특징 파악하기 … [정답률 96%]

(가)와 (나)의 [두세 송이]와 [철쭉]에 대한 이해로 적절하지 <u>않은</u> 것은?

• **'두세 송이'**: (가)의 '두세 송이'는 눈 속에서 꽃을 피운 '매화'이며, (나)의 '두세 송이'는 난(蘭)보다 그윽한 향기를 지닌 태산목의 꽃입니다.

• **'철쭉'**: (가)의 '철쭉'은 '매화'와 달리 눈을 피해 동쪽 누각에 숨어 있는 존재이며, (나)의 '철쭉'은 아교목이나 교목과 비교되는 대상입니다.

증 (가)와 (나)에 나타난 공통적으로 나타난 '두세 송이'와 '철쭉'의 특성을 바탕으로 두 대상의 공통점과 차이점을 파악하는 문제입니다.

＞**오답 정답?** 좋지 않게 생각하여 받아들이지 않는

① (가)와 <u>(나)</u>의 '철쭉'은 모두 화자가 <u>거부하는</u> 대상이다.
(나)의 '철쭉'은 '아교목'과 대조되는 대상일 뿐, 화자가 거부하지 않음.

＊**근거**: (가) 〈제8수〉, (나) **2**문단 **❷**문장

(가)의 〈제8수〉를 보면 화자는 온 세상이 눈이어늘 동쪽 누각에 숨어 있는 '철쭉'이 어찌 감히 필 것이냐고 말하고 있다. 지조와 절개를 지키는 '매화'와 달리 '철쭉'은 시련과 고난 속에서 숨어 있음을 나타내고 있으므로, (가)의 '철쭉'은 화자가 거부하는 대상이다.

(나)의 2문단을 보면 '나'는 오색영롱한 '철쭉'이 싫은 것은 아니지만 그런 관목보다는 아교목이 더 좋다고 말하고 있다. 따라서 '철쭉'은 아교목과 대조되는 대상일 뿐, 화자가 거부하는 대상은 아니다.

┌ **거부하다**: 요구나 제의 따위를 받아들이지 않고 물리치다.

＞**오답?** 대상을 두드러지게 나타내기 위해

② (가)와 (나)의 '철쭉'은 모두 화자가 추구하는 대상을 <u>부각</u>
(가)의 화자가 추구하는 대상은 '매화'이며, (나)의 화자가 추구하는 대상은 '교목'임.
<u>하기 위해</u> 사용되는 소재이다.

＊**근거**: (가) 〈제8수〉, (나) **2**문단 **❷**문장

(가)의 〈제8수〉를 보면 화자는 눈 내리는 세상에서 감히 피지 못하고 숨어 있는 '철쭉'과 달리 '매화'가 흰 눈이 날리는 이른 봄에 피었음을 예찬하고 있다. 따라서 '매화'는 (가)의 화자가 추구하는 대상이며, 눈 속에서 피어난 '매화'를 부각하기 위해 이와 대조적인 '철쭉'이라는 소재를 사용하고 있다.

(나)의 2문단을 보면 화자는 오색영롱한 철쭉이 싫은 것은 아니지만 철쭉보다는 아교목이 좋고 아교목보다는 교목이 믿음직해서 더 좋다고 말하고 있다. 따라서 (나)의 화자가 추구하는 대상은 '교목'이며, 더 믿음직스러운 교목을 부각하기 위해 '철쭉'과 '아교목'이라는 소재를 사용하고 있다.

┌ **부각하다**: 어떤 사물을 특징지어 두드러지게 하다.

공통점과 차이점이 견주어지는
③ (가)와 (나)의 '두세 송이'는 모두 다른 자연물과 <u>비교되는</u>
(가)의 매화는 추운 겨울에 꽃을 피우지 못하는 자연물과, (나)의 태산목의 꽃은 난(蘭)과 비교되고 있음.
<u>소재이다.</u>

＊**근거**: (가) 〈제2수〉, 〈제3수〉, (나) **3**문단 **❶**문장

(가)의 〈제2수〉를 보면 '두세 송이'는 눈 속에서 꽃을 피우겠다는 약속을 능히 지킨 '매화'이다. 그런데 〈제3수〉를 보면 화자는 '매화'를 보며 '아치고절'은 너뿐이라고 말하고 있는데, 이는 눈 내리는 추운 계절에 꽃을 피우지 못하는 다른 자연물과 '매화'를 비교하고 있는 것이다.

(나)의 3문단을 보면 '두세 송이'는 태산목에 피어난 꽃이다. '나'는 태산목 꽃의 맑은 향기를 난(蘭)도 감히 따를 바가 못 된다고 말하고 있는데, 이는 태산목의 꽃을 난(蘭)과 비교하고 있는 것이다.

좋게 생각하는
④ (가)와 (나)의 '두세 송이'는 모두 화자가 <u>긍정적으로 인식</u>
(가)의 화자는 '두세 송이'를 촛불 잡고 사랑하고 있으며, (나)의 '나'는 '두세 송이'의 그윽한 향기를 예찬하고 있음.
<u>하는 대상이다.</u>

＊**근거**: (가) 〈제2수〉, (나) **3**문단 **❶**문장

(가)의 〈제2수〉를 보면 화자는 눈 속에서 꽃을 피우겠다는 약속을 능히 지켜, 추운 겨울에 '두세 송이'의 꽃을 피운 '매화'를 촛불 잡고 가까이 사랑한다고 말하고 있다. 따라서 (가)의 '두세 송이'는 화자가 긍정적으로 인식하는 대상이다.

(나)의 3문단을 보면 '나'는 태산목이 피운 '두세 송이'의 꽃이 매우 그윽하고 맑은 향기를 가지고 있다고 예찬하고 있다. 따라서 (나)의 '두세 송이'는 화자가 긍정적으로 인식하는 대상이다.

⑤ (나)의 '두세 송이'와 달리 (가)의 '두세 송이'는 추운 계절
5월에 개화함.   (가)의 '두세 송이'는 눈 속에서 꽃을 피우겠다는 약속을 지킴.
임에도 불구하고 개화를 한 대상이다.

＊**근거**: (가) 〈제2수〉, (나) **3**문단 **❶**문장

(가)의 〈제2수〉를 보면 '두세 송이'인 매화는 눈 기약을 능히 지키고 있는데, 이는 추운 계절에 꽃을 피웠다는 것이다. 따라서 (가)의 '두세 송이'는 추운 계절임에도 불구하고 개화를 한 대상이다.

그런데 (나)의 3문단을 보면 태산목은 오월부터 개화하기 시작한다고 말하고 있다. 따라서 (나)의 '두세 송이'는 추운 계절이 아니라 따뜻한 5월에 개화를 한 대상이다.

┌ **개화**: 풀이나 나무의 꽃이 핌.

D 52 정답 ④ ＊감상의 적절성 평가하기 … [정답률 91%]

㉠과 ㉡에 대한 설명으로 가장 적절한 것은? [3점]

• ㉠: 집 주변에 오류를 가꾸어 도를 터득한 도연명을 언급하며 도연명처럼 격 높은 향기를 지니지 못한 자신을 성찰하고 있습니다.

• ㉡: 버드나무가 세 그루만 남아 오류를 가꾸지 못하는 상황이 되자 삼류선생이라고 불린 것을 제시하며, 삼류선생도 과분하다며 겸손함을 나타내고 있습니다.

증 '나'가 버드나무를 기르며, 자신과 같이 버드나무를 가꾸어 도를 터득한 도연명에 대해 갖는 생각과 태도를 파악하는 문제입니다.

＞**오답 정답?**

④ ㉠은 '격 높은 향기를' 지니고 살아가지 못하는 삶에 대한
'격 높은 향기를 지닐 마음의 여유가 없음을 슬퍼함.
'나'의 안타까움을, ㉡은 '오류선생'의 풍모에 미치지 못한다고
'삼류선생'이라는 칭호도 오히려 과분하다고 말함.
생각하는 '나'의 겸손함을 나타낸다.

＊**근거**: (나) **5**문단 **❶**문장, **7**문단 **❶**문장

(나)의 5문단을 보면, '나'는 집 주변에 오류를 가꾸어 도를 터득한 도연명을 거목에 비유하면서, 자신은 눈부신 꽃이 되는 것에만 머리를 쓸 뿐 태산목처럼 격 높은 향기를 지닐 마음의 여유가 없음을 슬퍼하고 있다. 따라서 ㉠에서 '나'는 '격 높은 향기를' 지니고 살아가지 못하는 자신의 삶을 안타까워하고 있다.

7문단을 보면, 글쓴이는 짓궂은 친구가 자기 집의 버드나무가 세 그루만 남은 것을 보고 자신을 '삼류선생'이라고 부른다고 말하고 있다. 이에 대해 '나'는 오류선생은 못 될지언정 삼류선생의 칭호도 오히려 과분하다고 말하고 있다. 친구는 수준 낮은 '삼류(三流)'라고 놀린 것인데도 불구하고, 이조차 과분하다고 말하는 것을 통해 '나'의 겸손함을 확인할 수 있다.

>왜 오답?

① ㉠은 '향기 지닐 마음'을 지니고 살아가는 삶에 대한 '나'의 ~~자부심을~~, ㉡은 '삼류선생'이라 불리는 삶에 대한 '나'의 ~~부끄러움을 나타낸다.~~
'나'는 향기를 지닐 마음의 여유 없이 살아가고 있음.
윗글에 나타나지 않음. '나'는 '삼류선생'이라고 불리는 것에 대해 과분함을 느끼고 있음.

*근거: (나) **5**문단 **❶**문장, **7**문단 **❶**문장

(나)의 5문단을 보면, '나'는 향기 지닐 마음의 여유가 없음을 슬퍼하고 있다. 따라서 '향기 지닐 마음'을 지니고 살아가고 있지 않으며, 자부심도 느끼고 있지 않다.

(나)의 7문단을 보면 짓궂은 '나'의 친구는 '나'를 수준이 낮음을 의미하는 삼류선생이라고 부르며 놀리고 있다. 하지만 이에 대해 '나'는 오히려 과분하다고 말하고 있으므로, '나'의 부끄러움은 나타나지 않는다.

② ㉠은 '태산목 같은 거목'이 되고 싶은 '나'의 꿈을 실현한 ~~만족감을~~, ㉡은 '도연명의 풍모'를 배우고자 노력했던 '나'에 대한 ~~자족감을 나타낸다.~~
'태산목 같은 거목'이 되고 싶은 '나'의 꿈을 실현하지 못함.
'도연명의 풍모'를 배우는 것은 어렵게 되었으며, '나'는 삼류선생에 만족하는 겸손함을 보임.

*근거: (나) **5**문단 **❶**문장, **7**문단 **❶**문장

(나)의 5문단을 보면, 집 주변에 오류를 가꾸어 도를 터득한 도연명을 태산목 같은 거목이라고 생각하며 예찬하고 있다. 그런데 '나'는 태산목 같은 격 높은 향기를 마음에 지니기 쉽지 않다고 말하고 있으므로, '태산목 같은 거목'이 되고 싶은 꿈을 실현했다고 보기 어렵다.

(나)의 7문단을 보면, '나'는 자기 집의 버드나무가 그대로 다섯 그루가 자랐더라면, 오류를 가꾸어 도를 터득한 도연명의 풍모를 배우고자 함이었다고 말하고 있다. 하지만 버드나무가 세 그루만 남아 도연명의 풍모를 배우는 것은 어렵게 되었는데, 이에 대해 '나'는 삼류선생에 만족하는 겸손함을 나타내고 있다.

[**자족감:** 스스로 넉넉하게 여기는 느낌

③ ㉠은 '한정소언 불모영리'의 도를 터득하지 못해 느꼈던 ~~'나'의 슬픔을,~~ ㉡은 '한정소언 불모영리'의 도를 터득한 후 느꼈던 '나'의 ~~기쁨을 나타낸다.~~
격 높은 향기를 지니지 못한 것에 대한 슬픔
'나'는 '한정소언 불모영리'의 도를 터득하지 못했음.

*근거: (나) **5**문단 **❶**문장, **7**문단 **❶**문장

(나)의 5문단을 보면, '나'는 '한정소언 불모영리'의 도를 터득한 도연명을 태산목 같은 거목에 비유하면서, 자신은 태산목처럼 격 높은 향기를 마음에 지닐 여유가 없음을 슬퍼하고 있다. 따라서 '나'의 슬픔은 '한정소언 불모영리'의 도를 터득하지 못해서가 아니라, 격 높은 향기를 지니지 못해서이다.

(나)의 7문단을 보면 '나'는 집에 그대로 버드나무 다섯 그루가 자랐더라면 '한정소언 불모영리'의 도를 터득한 저 도연명의 풍모를 배우고자 했다고 말하고 있다. 따라서 '나'가 '한정소언 불모영리'의 도를 터득했다는 것은 적절하지 않으며, '나'의 기쁨도 나타나지 않는다.

⑤ ㉠은 '오류를 가꾸어' 도연명의 도를 터득하고 싶었던 '나'의 ~~소망을,~~ ㉡은 '집 주변에 오류'를 가꾸지 못한 상황을 핑계로 도연명의 도를 ~~저버리려는 '나'의 의도를 나타낸다.~~
도연명처럼 격 높은 향기를 지니고 싶어 했을 뿐임.
'오류'가 아닌 '삼류'를 가꿔 '삼류선생'이라고 불리는 것에 대해 과분하다고 말하며 겸손해함.

*근거: (나) **5**문단 **❶**문장, **7**문단 **❶**문장

(나)의 5문단을 보면, '나'는 집 주변에 오류를 가꾸어 도를 터득한 도연명처럼 격 높은 향기를 마음에 지니고 싶어 했을 뿐, '도연명의 도'를 터득하고 싶었던 것이 아니다.

(나)의 7문단을 보면 '나'는 버드나무가 세 그루밖에 남지 않아 집 주변에 오

류를 가꾸지 못하는 상황이 나타나고 있다. 하지만 '나'는 이 상황을 핑계로 도연명의 도를 져버리려 하는 것이 아니라, 오류선생이 되지 못한 자신을 삼류선생이라고 부르는 것에 대해 과분하다고 말하며 겸손함을 드러내고 있다.

D 53 정답 ① ★갈래의 특징과 성격 파악하기 ·· [정답률 94%]

〈보기〉는 '선생님'의 안내에 따라 학생들이 (나)를 감상한 내용이다. ⓐ~ⓔ 중 적절하지 않은 것은?

- (나): 글쓴이가 집안의 나무를 통해 속세에 얽매이지 않는 소박한 삶에 대한 자신의 생각 및 정서를 드러내고 있습니다.
- 〈보기〉: '수필'의 개념 및 특성을 통해 독자가 수필을 읽을 때 파악할 수 있는 요소를 제시하고 있습니다.

즉 〈보기〉에 나타난 수필의 특성을 바탕으로, 수필인 (나)에 나타나 있는 글쓴이의 성격이나 삶의 가치관 등을 파악하는 문제입니다.

━━━━━━[보기]━━━━━━

선생님 ❶ 수필은 글쓴이가 생활 주변에서 찾은 글감을 바탕으로 자신의 주관적 정서를 드러내는 글입니다. ❷ 자기 고백적인 성격이 강한 수필은 삶에 대한 통찰과 가치관을 담고 있으며, 개성 있는 표현으로 자신의 생각을 드러냅니다. ❸ 또한 독자들은 수필을 읽으며 글쓴이의 성격이나 삶에 대한 태도 등을 파악할 수 있습니다. 그러면 이 작품에 나타난 수필의 특징을 확인해 봅시다.
수필의 개념 수필의 특성 ① 수필의 특성 ② 수필의 특성 ③ 독자가 수필을 통해 파악할 수 있는 것 ❹

학생 1: 아끼던 버드나무를 베고 싶다는 이웃에게 성화를 내는 모습에서 글쓴이의 성격을 엿볼 수 있어요.·········· ⓐ

학생 2: 자신의 삶이 눈부시기보다 담담한 인생이기를 바란다는 것에서 글쓴이의 삶에 대한 가치관을 엿볼 수 있어요. ······································· ⓑ

학생 3: 세속적인 생각에 젖어 사는 것에 대해 허탈함을 느끼는 모습에서 글쓴이의 삶에 대한 태도를 엿볼 수 있어요. ······································· ⓒ

학생 4: '-(으)리라'를 반복하여 나무에 대한 자신의 생각을 나타내는 것에서 글쓴이의 개성 있는 표현을 찾아볼 수 있어요. ······································· ⓓ

학생 5: 키우던 다섯 그루의 버드나무가 세 그루만 남게 된 일화에서 글쓴이가 자신의 생활 주변에서 글감을 찾은 것을 알 수 있어요. ······························· ⓔ

>왜 정답?

① ⓐ 학생 1: 아끼던 버드나무를 베고 싶다는 이웃에게 ~~성화를 내는 모습~~에서 글쓴이의 성격을 엿볼 수 있어요.
가을 낙엽에 성화를 내며 자기 집 옆에 서 있는 버드나무를 베고 싶어 함.
글쓴이는 이웃이 버드나무를 베도록 허락하고 있음.

*근거: (나) **6**문단 **❸**문장, 〈보기〉 **❸**문장

〈보기〉를 보면 독자는 수필을 읽으며 글쓴이의 성격을 파악할 수 있다. (나)의 6문단을 보면 글쓴이는 가을 낙엽에 성화를 내며 자기 집 옆에 서 있는 버드나무만은 베어 주었으면 하는 이웃에게, 그 나무의 처분을 맡기고 있다.

그리고 이후 그 이웃이 그 나무를 베어다가 장작으로 패 땐 모양이라고 말하고 있다. 따라서 성화를 낸 것은 '글쓴이'가 아니라 '이웃'이며, 오히려 글쓴이는 아끼던 버드나무를 베고 싶다는 이웃에게 나무를 베도록 허락하는 배려심을 보이고 있다.

＞왜 오답?

② ⓑ 학생 2: 자신의 삶이 눈부시기보다 담담한 인생이기를 _{장미처럼 눈부시기보다는 아교목이나 교목처럼 담담하기를 바람.} 바란다는 것에서 글쓴이의 삶에 대한 가치관을 엿볼 수 있어요. _{화려한 삶보다 소박한 삶을 추구함.}

＊근거: (나) ②문단 ❸문장, 〈보기〉 ❷, ❸문장

〈보기〉를 보면 수필은 삶에 대한 가치관을 담고 있으며, 독자는 이를 파악할 수 있다. (나)의 2문단을 보면, 글쓴이는 나무들로 인해 좁은 뜨락이 초만원이 되자 제일 먼저 장미를 옮겨 심고, 아교목과 교목들을 알맞게 자리 잡아 세운다. 그리고 이에 대해 호화찬란한 장미처럼 눈부신 여생이기보다는 담담하기를 바란다고 말하고 있다. 따라서 자신의 삶이 장미처럼 눈부시기보다는 아교목이나 교목처럼 담담하기를 바란다는 것에서, 글쓴이가 '화려한 삶보다 소박한 삶을 추구한다'는 삶의 가치관을 갖고 있음을 엿볼 수 있다.

③ ⓒ 학생 3: 세속적인 생각에 젖어 사는 것에 대해 허탈함 _{남의 일에 쓸데없이 참견하는 세속적인 모습을 성찰함.} 을 느끼는 모습에서 글쓴이의 삶에 대한 태도를 엿볼 수 있어요. _{세속적인 생각에 얽매이지 않는 초연한 삶을 살고자 함.}

＊근거: (나) ②문단 ❶문장, 〈보기〉 ❷, ❸문장

〈보기〉를 보면 독자들은 수필을 읽으며 글쓴이의 삶에 대한 태도를 파악할 수 있다. (나)의 2문단을 보면, 글쓴이는 홍야항야, 즉 남의 일에 쓸데없이 참견하는 세속적 생각에 젖어 사는 것이 너무나 치사하여 허탈을 느낄 때가 한두 번이 아니라고 말하고 있다. 이처럼 글쓴이가 자신의 세속적인 모습을 반성하는 모습에서, 글쓴이가 세속적인 생각에 얽매이지 않는 초연한 삶을 살고자 한다는 삶에 대한 태도를 갖고 있음을 엿볼 수 있다.

④ ⓓ 학생 4: '-(으)리라'를 반복하여 나무에 대한 자신의 생 _{'아교목'과 '태산목'에 대한 자신의 추측} 각을 나타내는 것에서 글쓴이의 개성 있는 표현을 찾아볼 수 있어요. _{'-(으)리라'를 반복하여 사용하는 것은 독특한 문체에 해당함.}

＊근거: (나) ②문단 ❸문장, ❸문단 ❶문장, ❹문단 ❷문장, 〈보기〉 ❷문장

〈보기〉를 보면 수필은 개성 있는 표현으로 자신의 생각을 드러낸다. (나)의 2문단을 보면, 글쓴이는 뜨락에 아교목들을 자리 잡아 세운 이유로 아교목이 더 믿음직한 탓일 것이라고 추측하고 있다. 3문단에서는 태산목에 핀 꽃의 맑은 향기를 '난(蘭)'이 감히 따를 바가 못 될 것이라고 추측하고 있으며, 4문단에서는 태산목에 핀 꽃이 봉오리에 향기를 가득 저장하고 있는 것을 그 향기를 맡아 본 사람은 알 것이라고 추측하고 있다. 이처럼 글쓴이는 '아교목', '태산목'에 대한 자신의 추측을 나타내고 있는데, 이때 문장의 마지막 부분에 추측의 의미를 나타내기 위해 '(으)리라'는 종결 어미를 사용하고 있다. 따라서 글쓴이는 '-(으)리라'라는 특정한 종결 어미를 반복적으로 사용하여 나무에 대한 자신의 추측을 나타내고 있으며, 이는 글쓴이의 독특한 문체에 해당하는 것으로 개성 있는 표현이라고 할 수 있다.

⑤ ⓔ 학생 5: 키우던 다섯 그루의 버드나무가 세 그루만 남 _{글쓴이가 사는 집의 이웃과 동네 아이들과의 일화} 게 된 일화에서 글쓴이가 자신의 생활 주변에서 글감을 찾은 것을 알 수 있어요. _{자신의 생활에서 실제 일어났던 일을 제시함.}

＊근거: (나) ⑥문단 ❷~❸문장, 〈보기〉 ❶문장

〈보기〉를 보면 수필은 글쓴이가 생활 주변에서 찾은 글감을 바탕으로 자신의 주관적 정서를 드러내는 글이다. (나)의 6문단을 보면, 글쓴이는 처음에 다섯 그루의 버드나무를 심어 정성 들여 가꾸었는데, 이웃집에서 성화를 내어 한 그루가 베어졌고, 동네 애들이 매일 짓궂게 매달리고 껍질을 홀랑 벗겨대어 또 한 그루도 고사하였다. 이는 글쓴이가 자신의 생활에서 일어났던 일에서 글감을 찾아 일화를 제시한 것이다.

따라서 글쓴이는 자신의 생활 주변에서 글감을 찾아 다섯 그루의 버드나무가 세 그루만 남게 된 일화를 서술하고 있음을 알 수 있다.

(가) 이황, 〈도산십이곡〉

❶ 화자, 중심 대상 ❷ 상황, 정서, 태도 ❸ 표현상 특징 〔고어 읽기〕 〔시 해석〕

1 이런들 어떠하며 저런들 어떠하랴
❷ 태도: 달관적인 삶의 태도 ❸ 대구법
→ 이런들 어떠하며 저런들 어떠하랴

초야우생이   이러타   어떠하랴
초야우생*이 이러타 어떠하랴
❷ 상황: 자연에 묻혀 살아가고 있는 상황
❶ 화자: 자연에 묻혀 사는 어리석은 사람. 화자 자신을 낮추어 표현함.
→ 시골에 파묻혀 있는 어리석은 사람이 이렇게 산들 어떠하랴

❸ 하물며   천석고황을   고쳐   무엇하랴
흐 믈며 **천석고황***을 고쳐 무엇하랴   〈언지 제1수〉
❷ 정서: 자연을 사랑하는 마음이 병이 될 정도로 깊음. ❸ 대구법
→ 더구나 자연을 사랑하는 마음이 병이 될 정도로 깊은 것을 고쳐서 무엇하랴

＊〈언지 제1수〉 요약: 자연에 묻혀 살아가는 이의 자연에 대한 깊은 사랑

연하로   집을 삼고 풍월로   벗을 삼아
2 **연하로 집을 삼고 풍월로 벗을 삼아**
❶ 중심 대상: 연하, 풍월 → 자연
_{안개, 노을(자연)   바람, 달(자연)}
❷ 상황: 자연과 하나 되어 사는 삶 ❸ 대구법, 대조법
→ 안개와 노을로 집을 삼고, 맑은 바람과 달로 벗을 삼아서

❷ 태평성대에   병으로   늘거가뇌
태평성대에 병으로 늘거가뇌
_{천석고황}
→ 어질고 착한 임금이 다스리는 태평한 세상에 병으로 늙어가니

❸ 이즁에   바란   일은   허물이나   업고쟈
이즁에 ㅂ라는 일은 허물이나 업고쟈   〈언지 제2수〉
❷ 태도: 허물없는 삶을 추구함.
→ 이 중에 바라는 일은 허물이나 없었으면

〔태평성대: 어질고 착한 임금이 다스리는 태평(太平)한 세상〕

＊〈언지 제2수〉 요약: 자연 속에 묻혀 살며 허물없는 삶을 추구함.

❶ 순풍이   죽다   하니   진실로   거즛말이
3 ㉠ **순풍*이 죽다 ㅎ니 진실로 거즛말이**
_{순박한 풍속   순박한 풍속이 남아 있음.}
→ 예로부터 내려오는 순박한 풍속이 다 사라졌다고 하니 진실로 거짓말이로다.

❷ 인성이   어지다 하니   질실로   올흔말이
인성이 어지다 ㅎ니 진실로 올흔말이
_{인간의 성품   「」: 대구법, 대조법}
→ 사람의 성품이 어질다 하니 진실로 옳은 말이다.

❸ 천하에   허다영재를   속여   말슴할가
천하에 허다영재(許多英才)를 속여 말슴홀가   〈언지 제3수〉
_{많은 영재(선비)}
❸ 설의법
→ (순박한 풍속이 다 사라졌다는 말로써) 이 세상에 수많은 영재를 속여 말할 수 있겠는가

＊〈언지 제3수〉 요약: 세태와 인성에 대한 긍정적 인식

고인도   날 못 보고 나도   고인 못 뵈
4 ❶ **고인*도 날 못 보고 나도 고인 못 뵈** 「」: 옛 성현들과 시공간적으로
_{학문과 덕이 높은 성현}   단절되어 있음을 드러냄.
❶ 중심 대상: 성현 ❶ 화자 ❸ 대구법
→ 옛 성현도 나를 보지 못하고, 나 역시 옛 성현을 뵙지 못해

❷ 고인을   못 봐도   가던 길 앞에 잇내
고인을 못 봐도 「가던 길 앞에 잇내」「J: 고인의 뜻, 학문적 가르침을 고인이
❶ 중심 대상: 학문 수양의 길   남긴 책을 통해 알 수 있다는 의미
→ 옛 성현을 뵙지 못했지만 그분들이 행했던 길(학문적 가르침, 학문 수양의 길)은 책으로 남아 있네.

가던   길 앞에   잇거든   아니 가고   엇절고
가던 길 앞에 잇거든 아니 가고 엇절고   〈언학 제3수〉
❷ 태도: 성현의 가르침을 따르겠다는 의지 ❸ 연쇄적 표현, 설의법
→ 그 행하신 길이 앞에 있는데 아니 가고 어찌할 것인가

＊〈언학 제3수〉 요약: 옛 성현의 삶을 따르려는 의지

당시에   가던   길흘 멧 해를 버려 두고
5 ❶ **당시에 가던 길흘 멧 히를 버려 두고** 「J: 벼슬을 하며 살아온 지난날을 회상
_{학문 수양에 힘쓰던 시절}
→ 그 당시 학문 수양에 힘쓰던 길을 몇 해를 버려 두고서

② 어듸 가 다니다가 이제야 도라온고
❶ 어듸 가 다니다가 이제야 도라온고 ⟩ ❸ 대조적 표현
세상에 나가 벼슬길에 있던 시절 ❷ 정서: 오랜 세월을 학문이 아닌 벼슬에 마음을 둔 데 대한 자책
❷ 상황: 오랜 세월 벼슬을 지내다 그만둔 상황

➡ 벼슬길을 다니다가 이제야 돌아왔는가

❸ 이제야 도라오나니 ┌ 벼슬길, 입신양명의 길, 현재의 삶과 대비되는 곳
❸ 이제야 도라오나니 다른 데 ᄆᆞᆷ 마로리   ⟨언학 제4수⟩
░ ❸ 연쇄적 표현 ❷ 태도: 입신양명의 길, 벼슬길에는 더 이상 마음을 두지 않겠다는 의지적 태도

➡ 이제야 돌아왔으니 딴 곳에 마음 두지 않으리라.

　　　　　*⟨언학 제4수⟩ 요약: 학문 수양에 대한 다짐

❶ 우부도　　　알며　하거니　그 아니 쉬온가
⑥❶ 우부(愚夫)도 알며 ᄒᆞ거니 그 아니 쉬온가
　어리석은 사람　　　　　　❸ 설의법
➡ 어리석은 사람도 알고서 행하니 그것이 쉽지 아니한가

❷ 성인도　　　못다　하시니　그 아니 어려온가
❷ 성인(聖人)도 못다 ᄒᆞ시니 그 아니 어려온가 ┐┌ ❸ 대구법
　　　　　　　　　❸ 설의법
➡ 성인도 다 행하지 못하니 그것이 얼마나 어려운가

❸ 쉽거나　어렵거나　즁에 늙는 줄을 몰래라
❸ 쉽거나 어렵거나 즁에 늙는 줄 몰래라   ⟨언학 제6수⟩
　　　　학문 정진의 즐거움
➡ 쉽거나 어렵거나 학문을 닦으며 늙는 줄을 모르도다.

　　　　　*⟨언학 제6수⟩ 요약: 학문에 정진하는 삶의 즐거움

* 초야우생: 시골에 묻혀 사는 자신을 낮추어 이르는 말
* 천석고황: 자연의 아름다운 경치를 몹시 사랑하고 즐기는 성질이나 버릇
* 순풍: 순박한 풍속
* 고인: 옛사람. 여기서는 공자, 맹자, 주자와 같은 성현을 이름.

■ 갈래: 연시조　　■ 창작 시기: 조선 중기
■ 내용: 이 작품은 작가가 만년에 안동에 도산서원을 세우고 학문에 열중하면서 사물을 대할 때 일어나는 감흥과 학문 수양에의 자세를 읊은 것이다. 총 12수로 된 연시조로, 자연에 동화되어 살아가면서 느끼는 감흥을 노래한 전반부 언지(言志) 6곡과 학문 수양에의 의지를 노래한 후반부 언학(言學) 6곡으로 구성되어 있다.
■ 주제: 자연 속에서 사는 즐거움과 학문 수양의 의지

■ **이것이 핵심!:** ⟨도산십이곡⟩의 구성

언지(言志)		언학(言學)
• 사물을 접하는 데서 생기는 감흥을 노래함. • 주로 도산 서당의 주변 경관을 보고 자연을 관조함.	+	• 학문 수양에 임하는 자세 및 의지를 노래함.

(나) 이희승, 〈뒤지가 진적*〉

❶ 중심 대상　❷ 글쓴이의 생각, 태도　❸ 서술상 특징

① 두 평쯤이나 될까 말까 한 좁은 감방 안에서 7, 8명의 식구가,
　글쓴이의 처지: '조선어학회 사건'에 연루되어 수감생활을 함. → 비좁은 감방에 많은 사람이 생활함.
때로는 십여 명이 넘는 인구가 ❶ 통통과 동거 생활을 하면서 뒤를
　　　　　　　　　　❸ 비일상적 상황으로 해학성을 드러냄.
볼 때에는 그래도 뒤지*가 필요하였다.
　　　　　❶ 중심 대상
❷ 그러므로 경찰서에서는 이 불가피한 청구에 응하기 위하여 뒤지를 공급하고 있었다. 원래 뒤지감의 종이를 따로 만들어 한 움큼씩 묶어서 파는 것이 있었지만 이 당시에는 전쟁 중의 일본이
　　　　　　　　　　　　　전쟁 중인 시대적 상황
경제적 파탄에 직면하고 있었으므로 뒤지조차 구하기 어려웠다.
┌ 뒤지: 똥을 누고 밑을 씻어 내는 종이
└ 청구: 남에게 돈이나 물건 따위를 달라고 요구함.

　　　　　*①문단 요약: 뒤지조차 구하기 어려운 글쓴이의 상황

❷ 그리하여 일반으로 신문지나 읽어 넘긴 잡지 같은 것을 썰어서

뒤지로 쓰고 있는 형편이었다. 감방 안에서 이러한 뒤지의 공급을
　　　　　　　　❸ 뒤지를 책에 빗대어 표현함.
받으면 이것은 도서관에서 책을 대하듯이 귀중한 읽을거리였다.
　　　　　　　　　　뒤지로 공급된 신문지나 잡지에 읽을 만한 글이 실려 있기 때문
❸ 그런데 경찰서나 형무소에서는 구속되어 있는 사람이 바깥세상의
　　　　　　　　　　신문지 조각을 뒤지로 제공하지 않는 이유
소식을 아는 것을 지극히 꺼리고 있어서 신문지 조각 같은 것은 좀처럼 들여 주지를 않았다. ❹ 만일 우리 동지들의 가족 중에서 음식물의 차입을 할 적에 신문지로 싸개지를 삼은 것이 있으면 대개는 난로에 넣어서 태워 버리는 것이 보통이었다. ❺ 그래도 혹시 신문지가 남아 있고 그것을 뒤지로 쓰겠다고 청구하면 읽을거리가
바깥세상의 소식이 감옥에 있는 이들에게 전해지지 않게 ❻ 하기 위해 신문지를 읽지 못하게 해서 줌.
없어지도록 잘게 썰어서 넣어 준다. 그리하여 대개는 한 장이나 두 장밖에는 더 주지 않는다.
┌ 차입: 교도소나 구치소에 갇힌 사람에게 음식, 의복, 돈 따위를 들여보냄.
└ 싸개지: 물건을 싸는 종이

　　　　　*②문단 요약: 감방에서는 신문지 조각을 뒤지로 주지 않으려 함.

③ 그러면 뒤를 보기 전에 이 신문지 쪽을 한 줄 한 자도 빼놓지
　　　　　　　　　　　→ '뒤지'의 역할 ①: 읽을거리를 제공해 줌.
않고 읽는다. ❷ 뒤지를 받고서 왜 뒤를 안 보느냐고 따지는 일도 있기 때문에 통통 위에 올라앉아서 그것을 읽어 버리는 일도 있었다.
　　　　　　❷ 태도: 읽기에 대한 절실한 욕구
❸ 이러한 재료는 같은 감방에 있는 동지들도 읽어 보기를 열심으
　　　　　　　　　동지들과 정보를 공유하고자 함.
로 바라고 있기 때문에 차마 혼자만 보고 없앨 수는 없었다. ❹ 그리하여 무슨 꾀를 부리고 무슨 방법을 쓰든지 간에 신문 조각을 돌려 가며 윤독하기로 하는 것이었다. ❺ 이것을 읽되 어엿이 펼쳐 놓고 보는 것이 아니라 손바닥 안에 감추어질 만큼 접어서 간수의 눈을 피해 가며 몰래 읽어 내려가는 것이었다. ❻ 그러나 신문지 같은 것은 천재일우의 좋은 기회를 얻어야만 볼 수 있는 노릇이요, 보통 경우에는 왜정 당시 경찰계의 유일한 기관지로서 '경무휘보'란 것이 있었다. ❼ 그리하여 경찰서에는 이 묵은 잡지의 재고품이 상당히 풍부한 듯하여 이것으로 우리들에게 뒤지를 공급하고 있
　　경찰계 기관지이기 때문에 체제에 맞지 않는 내용은 담겨 있지 않기 때문, 재고품이 상당히 많기 때문
었다.
┌ 윤독: 여러 사람이 같은 글이나 책을 돌려 가며 읽음.
│ 천재일우: 천 년 동안 단 한 번 만난다는 뜻으로, 좀처럼 만나기 어려운 좋은 기회를 이르는 말
└ 왜정: 일본이 침략하여 강점하고 다스리던 정치. 일제강점기의 전 용어

　　　　　*③문단 요약: 글을 읽는 것에 대한 절실한 욕구

④ 이 잡지는 주로 경찰 행정에 필요한 지식이나 참고 사항을 재료로 하여 편집한 것인데, 그중에는 혹 취미 기사도 있고 일본 사람으로서 양행한 기행문 같은 것도 있었다.
　　　　　　　　　　서양 여행 체험을 담은 기행문
❷「어쨌든 우리는 문초를 받는 일 외에는 열흘이 하루같이 아무것
❷ 글쓴이의 태도: 읽을거리를 원하는 마음이 컸음을 알 수 있음. 글을 읽을 때 느끼는 만족감이 드러남.
도 하는 일 없이 팔짱을 끼고 부라질을 하며 온종일 앉아 있으므
　　　　　　　　　　→ '뒤지'의 역할 ②: 지루한 수감 생활을 견디게 해 줌.
로 그 무료하기란 견주어 말할 데가 없었다.
❸ 그런데 이러한 글발이 있는 종잇조각이라도 얻어 읽는 경우에
는 한결 지루한 시간이 쉽사리 지나는 것만 같았다.」❹ 더욱이 문초를 전부 마치고 그저 구속만 되어 있는 동안은 진정 세월이 더딘 것이 지루하여 견딜 수가 없었다.
❺ 그리하여 우리는 어떻게 하든지 이 '경무휘보'의 잡지 쪽을 많이 입수하도록 갖은 노력을 다 기울이었다.

❻ 뒤지를 얻기 위한 글쓴이와 동료들의 노력 ①

우선 뒤를 자주 보기로 하였다. 설사가 나니까 한 장만으로 부
❸ 고통스러운 체험을 해학적으로 풀어냄.   **❼** 노력 ②
족하니 석 장 넉 장씩 달라고 하였다. 가다가는 뒤지를 얻기 위하
노력 ③
여 헛뒤를 보는 일도 있었다. 이렇게 하여 다 각각 얻은 뒤지를 서
❸ 고통스러운 체험을 해학적으로 풀어냄.
로 돌려 가며 보는 것이었다.

> 양행하다: 서양으로 가다
> 문초: 죄나 잘못을 따져 묻거나 심문함.
> 부라질: 몸을 좌우로 흔드는 짓

＊④문단 요약: 뒤지를 얻기 위한 노력

❺ 그러나 이렇게 들여 주는 뒤지만으로는 진정 갈급질＊이 나서
❷
못 견딜 지경이었다. 그리하여 다량으로 뒤지를 입수하기에 청소
꾼을 이용하는 일이 많았다. **❸** 젊은 사람이 청소하러 나가서 마치
담배를 훔쳐 들이듯이 뒤지를 걸터듬어서 감방으로 들여 주곤 하
였다. **❹** 이와 같이 도둑글을 읽다가 들켜서 뒤지를 빼앗기는 일도
있었고 뺨을 맞는 일도 한두 번이 아니었다.   **❺** 뒤지를 읽지 못하게 하는 행위 ①
그러나 이와 같이 봉
행위 ②
변을 당하고도 그래도 또 잡지 쪽 읽기를 단념하지 못하였다.   **❻** 이
❷ 태도: 읽을거리를 향한 글쓴이와 동료들의 열망이 컸음을 나타냄.
로써 미루어 보면 **ⓛ** 사람이 하고 싶어 하는 의욕은 벌을 받거나
❷ 글쓴이의 생각: 어려운 상황과 방해에도 뜻을 굽히지 않고 하고자 하는 것을 행하는 인간의 본능임을 깨달음.
모욕을 당하는 것만으로 깨끗이 청산하여 버리지 못하는 것이 역
시 인간인가 싶었다.   **❼** 이런 것도 인력으로 좌우할 수 없는 본능의
글을 읽지 않으면 견딜 수 없는 사람들의 글을 읽고자 하는 욕구
소치인 듯하였다. **❽** 그 진정한 경지는 실지로 당하여 보지 않고서는
이해하기 어려울 것이다.

> 걸터듬다: 무엇을 찾으려고 이것저것 되는 대로 마구 더듬다.
> 청산하다: 과거의 부정적 요소를 깨끗이 씻어 버리다.
> 소치: 어떤 까닭으로 생긴 일

＊⑤문단 요약: 인간의 본능과 관련한 깨달음

＊뒤지: 똥을 누고 밑을 씻어 내는 종이
＊갈급질: 부족하여 몹시 바라는 짓
＊진적: 진귀한 책

■ **갈래**: 현대 수필
■ **내용**: 이 작품은 조선어학회의 일원이었던 작가가 일본 경찰에 검거되어 감
옥살이를 한 경험을 서술하고 있다. 좁은 감방에서 힘겨운 생활을 하면서도 '뒤
지'로 받은 신문조각이나 잡지를 서로 돌려 읽던 자신과 동지들의 모습을 구체
적으로 서술하고 있다. 감옥에서의 고달픈 생활 속에서도 뒤지를 구하기 위한
노력과 행동을 우스꽝스럽게 표현하여 읽을거리에 대한 욕구를 해학적으로 그
려내고 있다.
■ **주제**: 일제 강점기 감옥에서 겪은 읽기에 대한 욕구
■ **이것이 핵심**: 소재의 역할

뒤지		진적
• 글쓴이와 동료들에게 읽을거리를 제공해 줌. • 지루한 감옥 생활을 견디게 해 줌. • 글쓴이와 동료들의 읽기에 대한 욕망을 충족해 줌.	→ '나'와 동지들의 읽기에 대한 욕구	• 진귀한 책 • '똥을 누고 밑을 씻어 내는 종이'인 뒤지가 감옥에서는 귀중한 책으로 여겨짐.

⭐ 독해 공식 정답

(가)
❶ 화자: '나', '초야우생', 중심 대상: '연하', '풍월' → 자연, '고인' → 성현, '가던 길' →
학문하는 길
❷ 상황: 벼슬길에 있다가 벼슬을 그만둔 후 자연 속에서 자연의 경치를 감상하면서
학문에 정진하는 삶을 살아감.
정서, 태도: 자연과 하나가 되어 살아가는 삶에 만족감을 드러내며, 벼슬을 했던 자신
의 과거 삶에 대한 자책을 드러내며 학문 정진에의 의지를 드러냄.

❸ 표현상 특징
• 대구법, 연쇄법을 통해 운율을 형성함.
• 설의적 표현을 통해 의미를 강조함.
• 대조적 표현을 통해 주제 의식을 강조함.

(나)
❶ 중심 대상: 뒤지
❷ 글쓴이의 생각, 태도
생각: 감옥살이를 하는 가운데서도 글을 읽고자 노력함.
태도: 사람이 하고자 하는 것에 대한 의욕은 쉽게 꺾일 수 없는데 이는 그 의욕이 본능
의 소치이기 때문이라는 깨달음을 얻음.
❸ 서술상 특징
• 겪은 일을 사실적으로 그려냄.
• 일제 강점기 감옥의 현실을 잘 그려내고 있음.
• 글쓴이의 해학적인 태도가 드러남.

작품 간의 공통점 및 차이점
• 공통점: 자신의 삶의 체험을 바탕으로 함.
• 차이점: (가)는 자신의 삶을 대조의 방식을 사용하여 표현하였고, (나)는 자신의 삶을
해학적으로 표현하였다.

D 54 정답 ④   ＊작품 이해의 적절성 파악하기 ‥ [정답률 52%]

(가)와 (나)를 이해한 내용으로 가장 적절한 것은?

> **왜 정답?**

④ (가)에는 자신의 삶을 성찰하는 모습이, (나)에는 자신의
(가): 학문에 힘쓰지 않고 벼슬길에 나아갔던 지난 삶을 성찰함.
욕구를 충족하기 위한 모습이 나타나 있다.
(나): 글을 읽고 싶은 욕구를 충족하기 위해 '뒤지'를 구하고자 노력하는 모습이 드러남.

＊근거: (가) ⑤ ❶～❸, (나) ④ ❻～❽

(가)의 〈언학 제4수〉에는 과거 학문 수양에 힘쓰지 않고 세상에 나아가 벼슬
길에 있던 시절을 자책하는 모습이 드러나 있다. (나)에는 감옥에서도 글을
읽고 싶은 욕구를 충족하기 위해 '뒤지'로 들여오는 신문 조각이나 잡지를
많이 구하려고 뒤를 자주 보거나 헛뒤를 보는 등의 행위를 하는 모습이 드
러나 있다.

> 성찰: 자신이 한 일을 되돌아보며 자기의 마음을 반성하고 살피는 것을 말함.

> **왜 오답?**

① (가)와 (나) 모두 ~~자신의 곁에 없는 사람을 그리워하는 심~~
(가), (나) 모두 드러나 있지 않음.
~~정~~이 나타나 있다.

(가)와 (나) 모두 자신의 곁에 없는 사람을 그리워하는 심정은 드러나 있지
않다.

② (가)와 (나) 모두 ~~다른 사람이 처한 문제 상황을 해결해 주~~
(가), (나) 모두 드러나 있지 않음.
~~려는 자세~~가 나타나 있다.

(가)와 (나)에는 모두 다른 사람이 처한 문제 상황이 드러나 있지 않으며 이
를 해결해 주려는 자세 또한 드러나 있지 않다.

③ (가)와 (나) 모두 ~~주변 사물에 가졌던 부정적 인식이 긍정~~
(가), (나) 모두 드러나 있지 않음.
~~적으로 바뀌게 된 계기~~가 나타나 있다.

(가)에는 주변 사물에 가졌던 부정적 인식이 긍정적으로 바뀌게 된 계기가
드러나 있지 않다. (나)에서도 '뒤지'가 비록 똥을 누고 밑을 씻어 내는 종이
이긴 하지만 이에 대한 서술자의 부정적 인식이 드러나 있지 않다. 또한 감
옥 생활 중에는 이것이 읽을거리가 되어 더 많은 뒤지를 입수하기 위해 노
력하는 모습은 드러나 있지만, 뒤지에 대한 부정적 인식이 긍정적으로 바뀌
게 된 계기는 드러나 있지 않다.

⑤ (가)에는 ~~역사적 인물에 대한 비판적 태도~~가, (나)에는 ~~현~~
(가): 옛 성현의 학문하는 태도와 가르침을 따르고자 하는 태도가 드러남.
~~실 상황에 대한 수용적 태도~~가 나타나 있다.

(나): 고달픈 감옥 생활에 읽기에 대한 욕구를 충족하고자 하는 행위가 해학적으로 드러남.

*근거: (가) ④ ❶~❸

(가)에는 옛 성현의 학문하는 태도와 가르침을 따르고자 하는 태도는 드러나 있지만 역사적 인물에 대한 비판적 태도는 드러나 있지 않다. (나)에는 힘겨운 감옥 생활 중에도 읽기에 대한 욕망을 '뒤지'를 읽으며 충족하는 모습이 드러나 있기는 하지만, 이것이 현실 상황에 대한 수용적 태도를 드러낸다고 보기는 어렵다.

┌ 비판적 태도: 사물이나 행동의 옳고 그름을 판단하여 밝히거나 잘못된 점을 지적하는 태도를 의미함.
└ 수용적 태도: 어떤 상황을 자신의 운명으로 생각하고 받아들이는 태도를 의미함.

D 55 정답 ⑤ *외적 준거에 따른 작품 감상하기 · [정답률 75%]

〈보기〉를 활용하여 (가)를 감상한 내용으로 적절하지 않은 것은? [3점]

• 〈보기〉를 활용: 〈도산십이곡〉의 〈언지〉는 자연 속에서 인간의 선한 본성을 회복하기를 바라는 뜻에서, 〈언학〉은 선한 본성 회복을 위해 학문에 힘쓰겠다는 의도에서 창작되었습니다. 또한 지향할 만한 삶의 방식과 바람직한 가치를 마음에 새기게 하려는 교육적 의도도 담고 있습니다.

• (가): (가)는 자연에 동화되어 살아가면서 느낀 감흥과 학문 수양에의 의지가 드러나 있습니다.

[즉] 〈도산십이곡〉을 창작한 의도를 바탕으로 (가)를 감상한 내용으로 틀린 것을 고르는 문제입니다.

─────[보기]─────

❶〈도산십이곡〉은 〈언지〉 여섯 수와 〈언학〉 여섯 수로 이루어진 연시조로서, 창작 의도를 밝힌 발문(跋文)이 함께 전해진다. ❷〈언지〉에는 자연 속에 살며 인간의 선한 본성을 회복하
〈언지〉의 창작 의도
기를 바라는 뜻이, 〈언학〉에는 선한 본성 회복을 위해 학문에
〈언학〉의 창작 의도 ❸
힘쓰겠다는 의지가 나타나 있다. 또한 발문에는 이황이 이 작품을 우리말로 지어 제자들이 노래로 부르며 향유하게 하여, 지향할 만한 삶의 방식과 바람직한 가치를 마음에 새기게 하
〈도산십이곡〉의 창작 의도
려는 교육적 의도를 가지고 있었음이 드러나 있다.

─────────────

> 왜 정답 ?

⑤ 발문의 내용을 참고할 때, '우부'와 '성인'을 구분하는 것은 제자들에게 성인을 본받아야 함을 보여 주려는 이황의 교육
학문은 '우부'도 알고서 행할 만큼 쉬우면서, '성인'도 다 행하지 못할 만큼 어려움을 드러냄.
적 의도가 반영된 것으로 볼 수 있겠군.

*근거: (가) ⑥ ❶, ❷, 〈보기〉 ❸문장

〈언학 제6수〉에서 '우부'와 '성인'을 구분하는 것은 학문이 '우부'도 알고서 행할 만큼 쉬우면서도, '성인'이 다 행하지 못할 만큼 어려움을 드러내기 위한 것이지, 제자들에게 성인을 본받아야 함을 보여 주려는 의도가 반영된 것이라 할 수 없다.

> 왜 오답 ?

① 〈언지〉에 나타난 뜻을 참고할 때, '연하'와 '풍월'을 가까이 하며 '허물'이 없기를 바라는 것은 자연 속에 살며 선한 본성
'연하'와 '풍월'은 자연을 의미, '허물'없는 삶은 선한 본성으로 살아가는 삶을 의미함.
을 회복하기를 바라는 것으로 볼 수 있겠군.

*근거: (가) ② ❶~❸, 〈보기〉 ❷문장

〈언지 제2수〉에서 '연하'와 '풍월'은 자연을 의미한다. 화자는 이러한 자연 속에서 살아가며 허물없는 삶을 살고자 한다. 이때 '허물'은 〈보기〉를 참고할 때 '선한 본성'을 회복하지 못한 삶, '선한 본성'의 회복을 방해하는 것이라

할 수 있으므로, '허물'이 없기를 바라는 것은 '선한 본성'을 회복하고자 하는 것이라 할 수 있다.

② 〈언학〉에 나타난 의지를 참고할 때, 다른 것에 '무음'을 두
벼슬길에 마음을 두지 않고 학문에 정진하겠다는 것을 의미함.
지 않으려는 것은 학문에 열중하겠다는 것으로 볼 수 있겠군.

*근거: (가) ⑤ ❶~❸, 〈보기〉 ❷문장

〈보기〉에서 〈언학〉에는 선한 본성을 회복하기 위해 학문에 힘쓰겠다는 의지가 나타나 있다고 설명하고 있다. 〈언학 제4수〉에서 '다른 데 무음'을 두지 않겠다는 것은 과거 오랜 세월을 학문이 아닌 벼슬에 마음을 둔 자신의 태도를 돌아보며 더 이상 벼슬길에 마음을 두지 않고 학문에 열중하겠다는 의지를 드러낸 것이라 할 수 있다.

③ 발문의 내용을 참고할 때, '천석고황'을 고치지 않으려는 것은 이황이 제자들에게 지향할 만한 삶의 방식이라고 말하
자연을 사랑하며 자연에 묻혀 살아가는 삶
고자 한 것으로 볼 수 있겠군.

*근거: (가) ① ❶~❸, 〈보기〉 ❸문장

〈언지 제1수〉에서 '천석고황'을 고치지 않으려는 것은 자연을 사랑하며 자연에 묻혀 살아가는 삶을 추구하겠다는 의미이다. 이는 이황이 제자들에게 지향할 만한 삶의 방식이라고 말하고자 한 것이라 할 수 있다.

④ 발문의 내용을 참고할 때, '고인'이 '가던 길'을 가려는 것은 제자들이 마음에 새길 만큼 바람직한 가치라고 이황이 생각
학문에 정진하겠다는 의지
한 것으로 볼 수 있겠군.

*근거: (가) ④ ❶~❸, 〈보기〉 ❸문장

〈언학 제3수〉에서 '고인'이 '가던 길'을 가려는 것은 고인이 학문에 힘썼던 것과 같이 학문에 정진하겠다는 의지를 드러낸 것으로, 이는 이황이 제자들이 마음에 새길 만큼 바람직한 가치로 생각한 것이라 할 수 있다.

D 56 정답 ① *표현상의 특징과 효과 파악하기 ·· [정답률 77%]

㉠, ㉡에 대한 설명으로 가장 적절한 것은?

• ㉠: '순풍'이 사라지지 않았고 '인성'이 어질다는 세태와 인성에 대한 판단을 '거짓말'과 '올흔말'이라는 대조적인 어휘를 사용하여 드러내고 있습니다.

• ㉡: 어려운 상황에서도 뜻을 굽히지 않고 하고자 하는 것을 행하는 것이 인간의 본능이라는 사실을 깨달았음을 드러내고 있습니다.

[즉] ㉠과 ㉡에 드러난 표현상의 특징과 그 효과를 파악한 내용으로 적절한 것을 고르는 문제입니다.

> 왜 정답 ?

① ㉠은 대조적인 어휘를 사용하여 자신의 판단을 드러내고
'거짓말'과 '올흔말'이라는 대조적 어휘를 사용하여 세태와 인성에 대한 판단을 드러냄.
있다.

*근거: (가) ③ ❶, ❷

'거짓말'과 '올흔말'이라는 대조적 어휘를 사용하여 순박한 풍속은 사라지지 않았고, 인성은 어질다는, 세태와 인성에 대한 화자 자신의 판단을 드러내고 있다.

┌ 대조적 어휘: 서로 달라서 대비가 되는 어휘

> 왜 오답 ?

② ㉠은 다른 사람의 말을 인용하여 <s>자신이 주변 사람에게 준</s>
'순풍이 죽다 ᄒ니', '인성이 어지다 ᄒ니'   드러나 있지 않음.
<s>영향을 강조</s>하고 있다.

㉠의 '순풍이 죽다 ᄒ니'와 '인성이 어지다 ᄒ니'에서 다른 사람이 '순풍'과 '인성'에 대해 이야기한 것을 인용하고 있음을 확인할 수 있다. 그러나 화자 자신이 주변 사람에게 준 영향을 강조하고 있는 부분은 드러나 있지 않다.

③ ㉡은 <s>우회적인 표현을 사용</s>하여 자신의 깨달음을 드러내
드러나 있지 않음.   하고자 하는 것을 행하는 것이 인간의
고 있다.   본능이라는 깨달음을 드러냄.

ⓒ에서 글쓴이는 어떠한 어려운 상황과 방해 속에서도 자신이 하고자 하는 것을 행하는 것이 인간의 본능이라는 깨달음을 드러내고 있다. 그러나 우회적인 표현은 드러나 있지 않다.

〔 우회적 표현: 말하려는 대상을 직접적으로 표현하지 않고 에둘러서 표현하는 것

④ ⓒ은 유사한 형태의 구절을 반복하여 ~~상황이 나아지리라~~는 거대를 드러내고 있다.
  ~~'벌을 받거나 모욕을 당하는 것'~~   ~~드러나 있지 않음.~~

ⓒ에서 '벌을 받거나 모욕을 당하는 것'을 유사한 형태의 구절 반복으로 본다고 할지라도 상황이 나아지리라는 기대는 드러나 있지 않다.

⑤ ~~㉠과 ⓒ은 모두 말을 건네는 방식을 사용하여~~ ~~상대와의 유~~
  ~~드러나 있지 않음.~~   ~~드러나 있지 않음.~~
~~대를 강화하고 있다.~~

㉠과 ⓒ에는 모두 말을 건네는 방식이 드러나 있지 않으며 이를 통해 상대와의 유대를 강화하고 있지도 않다.

〔 유대: 둘 이상을 서로 연결하거나 결합하게 하는 것. 또는 그런 관계

D 57 정답 ② * 외적 준거에 따른 작품 감상하기 [정답률 98%]

〈보기〉를 바탕으로 (나)를 감상한 내용으로 적절하지 않은 것은?

• 〈보기〉를 바탕: (나)의 글쓴이는 조선어학회에서 활동한 이유로 검거되어 투옥 생활을 하였습니다. 글을 읽는 것이 일상이던 지식인인 만큼 글쓴이와 조선어학회 동지들은 투옥 생활 중에도 읽을거리를 얻기 위해 노력하며 글 읽기를 포기하지 않는 모습이 (나)에 드러나 있습니다.

• (나): 투옥 생활 동안 '뒤지'로 들어오는 신문 조각과 잡지를 읽을거리로 하여 시간을 보냈으며, 이를 더 많이 얻기 위해 뒤를 자주 보거나 헛뒤를 보는 등의 노력을 기울이는 모습이 드러납니다. 그만큼 읽기에 대한 욕구가 강했음을 보여 주고 있습니다.

조 글쓴이인 이희승의 삶을 바탕으로 하여 (나)를 감상한 내용으로 틀린 것을 고르는 문제입니다.

[보기]
❶이희승은 일제 강점기에 우리말을 연구하고 보급한 조선어
(나)에는 투옥 생활의 경험이 드러남.
학회에서 활동한 지식인으로, 조선어학회가 민족주의 단체라
는 이유로 검거되어 투옥 생활을 하였다. ❷(나)에는 글을 읽는
것이 일상적이었던 사람들인 글쓴이와 조선어학회 동지들이
투옥 생활 중에도 읽을거리를 얻기 위해 노력하며 글을 읽으
'뒤지'로 들여오는 신문 조각이나 잡지를 읽을거리로 하여 ❸ 돌려 보는 모습이 드러남.
려는 의지를 보이는 모습이 나타나 있다. 이를 통해 글을 읽
는 것을 포기하지 않으려는 글쓴이의 면모가 드러난다.
'뒤지'를 더 많이 얻기 위해 뒤를 자주 보거나 헛뒤를 보는 등의 행동을 함.

⟩왜 정답?

② '이것으로 우리들에게 뒤지를 공급하'는 것에서, 글쓴이와
경찰계의 유일한 기관지인 '경무휘보'의 묵은 재고품이 풍부하여 이를 뒤지로 공급하는 것
조선어학회 동지들이 읽을거리를 얻기 위해 노력한 결과를
관련이 없음.
알 수 있군.

*근거: (나) ❸문단 ❻, ❼, 〈보기〉❸문장
'이것으로 우리들에게 뒤지를 공급하'는 것은 경찰계의 유일한 기관지인 '경무휘보'가 묵은 재고품이 풍부하여 이를 뒤지로 공급하는 것을 의미한다. 따라서 이는 글쓴이와 조선어학회 동지들이 읽을거리를 얻기 위해 노력한 결과라고 할 수 없다.

⟩왜 오답?

① '뒤지'를 '귀중한 읽을거리'로 대하는 것에서, 일제 강점기
투옥 생활에서 읽을거리를 접하기가 쉽지 않았던 글쓴이의
화장실에서 쓰는 '뒤지'가 '귀중한 읽을거리'였던 데서 확인할 수 있음.
처지를 알 수 있군.

*근거: (나) ❷ ❶, ❷, 〈보기〉 ❶, ❸문장
〈보기〉에서 글쓴이는 조선어학회 활동을 이유로 일제 강점기에 투옥 생활을 했다고 설명하고 있다. '뒤지'를 '귀중한 읽을거리'로 대하는 것에서 당시 글쓴이는 투옥 생활에서 읽을거리를 접하기가 쉽지 않았음을 알 수 있다.

③ '한결 지루한 시간이 쉽사리 지나는 것만 같'다고 여기는
것에서, 글을 읽는 것이 일상적이었던 글쓴이와 조선어학회
동지들이 글을 읽을 때 느끼는 만족감을 확인할 수 있군.
'뒤지'가 지루한 감옥 생활을 견디게 해주고 글쓴이와 동료들의 읽기에 대한 욕망을 충족해 주는 역할을 함.

*근거: (나) ❹ ❸, 〈보기〉 ❷문장
〈보기〉에서 글쓴이와 조선어학회 동지들은 글을 읽는 것이 일상적이었다고 설명하고 있다. (나)에서 글쓴이는 '이러한 글발이 있는 종잇조각이라도 얻어 읽는 경우에는 한결 지루한 시간이 쉽사리 지나는 것만 같았다.'고 말하고 있다. 이를 통해 글 읽기가 일상적이었던 글쓴이와 조선어학회 동지들이 글을 읽을 때 느끼는 만족감을 알 수 있다.

④ '다 각각 얻은 뒤지를 서로 돌려 가며 보는 것'에서, 글을
힘들게 노력으로 얻은 뒤지를 서로 돌려 가며 읽을 만큼 글 읽기에 대한 욕구와 의지가 강했음.
읽으려는 의지를 보이는 글쓴이와 조선어학회 동지들의 모습
을 엿볼 수 있군.

*근거: (나) ❹ ❽, 〈보기〉 ❷문장
〈보기〉에서 (나)에는 글쓴이와 동지들이 투옥 생활 중에도 읽을거리를 얻기 위해 노력하며 글을 읽으려는 의지를 보이는 모습이 나타나 있다고 설명하고 있다. '다 각각 얻은 뒤지를 서로 돌려 가며 보는 것'에서 힘들게 노력해서 얻은 뒤지를 서로 돌려 가며 읽을 만큼 글 읽기에 대한 욕구와 의지가 강했음을 알 수 있다.

⑤ '이런 것도 인력으로 좌우할 수 없는 본능의 소치'라고 생
각하는 것에서, 현실적 어려움이 있더라도 글을 읽는 것을 포
기하지 않으려는 글쓴이의 면모를 엿볼 수 있군.
벌을 받거나 모욕을 당하면서도 글 읽기를 포기하지 않는 것이 인간의 본능이라는 깨달음을 얻음.

*근거: (나) ❺ ❼, 〈보기〉 ❸문장
〈보기〉에서 (나)에는 글을 읽는 것을 포기하지 않으려는 글쓴이의 면모가 드러나 있다고 설명하고 있다. '이런 것'은 뒤를 자주 보거나 헛뒤를 누면서까지 뒤지를 얻어 읽으려 하는 글쓴이와 동지들의 모습을 의미한다. 글쓴이는 이렇게 어려운 상황에서도 하고자 하는 것을 포기하지 않고 행하는 것이 인간의 본능임을 깨닫고 있다. 이러한 모습을 통해 현실적 어려움에도 글 읽기를 포기하지 않으려는 글쓴이의 면모를 확인할 수 있다.

D 58~61 ───── [2020년(7월)/고3교육청 42~45]

(가) 신광수, 〈단산별곡〉
❶화자, 중심 대상 ❷상황, 정서, 태도 ❸표현상 특징 [고어 읽기] [시 해석]
❶취안   잠간 드러 석문을 바라보니
취안(醉眼) 잠간 드러 석문을 바라보니
→ 취한 눈을 잠깐 들어 석문을 바라보니

❷놀랍다 져 산봉우리는   어이하여 뚤넛고
놀랍다 져 산봉우리는 어이ᄒᆞ여 뚤넛ᄂᆞ고
  ❷정서: 산봉우리를 보고 놀람.
→ 놀랍구나 저 산봉우리는 어찌하여 뚫렸는가

[A]❸용문산 따린 도끼 수문을   내엿는가
용문산 ᄯᆞ린 도끼 수문(水門)을 내엿ᄂᆞ가
  ❸표현상 특징: 비유법─'석문'을 비유한 대상 ①
→ 용문산을 때린 도끼가 수문을 내었는가   ❸ 표현상 특
                                              징: 유사한 통
                                              사 구조를 반
❹거대한 신령의 큰 손바닥 산창을   밀첫는가   복함.
거대한 신령의 큰 손바닥 산창(山窓)을 밀첫ᄂᆞ가
  ❸표현상 특징: 비유법─'석문'을 비유한 대상 ②
→ 거대한 신령의 큰 손바닥 산 창문을 밀쳤는가

⑤ 만고의　　　　　동개하여　　　　　　다들 줄 몰낫도다
만고(萬古)의 동개(洞開)ᄒ여 다들 줄 몰낫도다
➜ 오랜 옛날에 활짝 열어 닫을 줄을 몰랐도다

⑥ 신선이　농사짓던　열두 배미 요초를　　　　심었던가
신선이 농사짓던 열두 배미 요초(瑤草)*를 심었던가
➜ 신선이 농사 짓던 열두 배미 아름다운 풀을 심었던가

⑦ 선인은　　　　어듸 가고 풀만 나마시니
[B] 선인(仙人)은 어듸 가고 풀만 나마시니
➜ 선인은 어디에 가고 풀만 남았으니

⑧ 우리 백성 농사를 권하여 수역의　　　　올니고져
우리 백성 농사를 권하여 수역(壽域)*의 올니고져
❷ 정서: 백성의 풍요를 바람.
➜ 우리 백성에게 농사를 권하여 풍요롭게 만들고 싶다

⑨ 만강풍랑　　　치는 곳의 은주암 기묘할샤
만강풍랑(滿江風浪) 치는 곳의 은주암 기묘ᄒ샤
❷ 정서: 은주암을 보고 감탄함.
➜ 강 가득히 바람과 물결이 치는 곳에 은주암이 기묘하구나

⑩ 작은 고깃배로　드러가면　처사 종적　　　괴뉘 알니
작은 고깃배로 드러가면 처사 종적(處士蹤迹) 괴뉘 알니
유유자적한 모습
[C] ➜ 작은 고깃배로 들어가면 처사의 종적을 그 누가 알겠는가

⑪ 팔판동　　　기픈 곳을 무릉이라　하건마는
팔판동(八判洞) 기픈 곳을 무릉이라 ᄒ건마는
➜ 팔판동 깊은 곳을 무릉이라 하지만

⑫ 인거　　　는 어디인지　백운　　만 잠겻셔라
인거(人居)는 어디인지 백운(白雲)만 ᄌᆷ겻셔라
속세와 거리를 둔 삶
➜ 사람 사는 곳은 어디인지 흰 구름만 잠겼구나

⑬ 하진의　　　배를 나려 단암서원　　　첨배　　하니
하진(下津)의 배를 나려 단암서원(丹巖書院)* 첨배(瞻拜)*ᄒ니
선현의 덕을 기림.
➜ 하진에서 배를 내려 단암서원에 절을 하니

⑭ 지금까지　끼친 덕이 산수간의　　흘너 잇다
지금까지 끼친 덕이 산수간의 흘너 잇다
선현에 대한 예찬
➜ 지금까지 끼친 덕이 산과 물 사이에 흘러 있다

⑮ 석주탄　　　밧비　건너 강선대　　올나 셔니
석주탄(石柱灘) 밧비 건너 강선대(降仙臺) 올나 셔니
공간의 이동
➜ 석주탄을 바쁘게 건너 강선대에 올라 서니

⑯ 양액　　　청풍　　　가볍게 들리는 듯
양액(兩腋) 청풍(淸風)이 가볍게 들리는 듯
➜ 양쪽 겨드랑이에 맑은 바람이 가볍게 들리는 듯

(중략)

┌ 종적: 없어지거나 떠난 뒤에 남는 자취나 형상
└ 선현: 옛날의 어질고 사리에 밝은 사람

★❶~⑯행 요약: 단양의 경치를 감상함.

⑰ 오로봉　　　진면목　　　　부용이　　소사는 듯
오로봉(五老峯) 진면목(眞面目)은 부용(芙蓉)이 소사는 듯
❸ 표현상 특징: 비유법-오로봉의 아름다움을 연꽃에 비유함.
➜ 오로봉의 진면목은 연꽃이 솟았는 듯

⑱ 호천대　　　올나 안자 전체를 대강 바라보고
호천대(壺天臺) 올나 안자 전체를 대강 바라보고
➜ 호천대에 올라 앉아 전체를 대강 바라보고

⑲ 창하정　　　잔을 드러 풍연　　　　희롱타가
[D] 창하정(倉霞亭) 잔을 드러 풍연(風煙)을 희롱(戲弄)타가
➜ 창하정 잔을 들어 흐릿한 기운을 희롱하다

⑳ 홀연히　　　도라보니 ❶ 이 몸이 등선　　할 듯
홀연히 도라보니 이 몸이 등선(登仙)ᄒᆯ 듯
화자: 이 몸
❷ 정서: 풍류에 대한 만족감이 드러남.
➜ 홀연히 돌아보니 마치 내가 신선이 된 것 같다

㉑ 일흥을　　　가득 시러　한 구비 흘러 도니
일흥(逸興)을 가득 시러 ᄒᆫ 구비 흘러 도니
➜ 편안한 흥을 가득 실어 한 굽이를 흘러 도니

㉒ 마죠 오는 옥순봉　　　이 또다시　신기　이하다
마죠 오는 옥순봉(玉筍峰)이 쏘다시 신기(神奇)이ᄒ다
➜ 마주 오는 옥순봉이 또다시 신기하다

㉓ 하늘 기둥은 우뚝 솟아 북극을 괴왓는 듯
하늘 기둥은 우뚝 솟아 북극을 괴왓는 듯
❸ 표현상 특징: 비유법-'옥순봉'을 비유한 대상 ①
➜ 하늘 기둥은 우뚝 솟아 북극을 괴온 듯

㉔ 화표는　　　　우뚝 서서 백학이 넘노는 듯
[E] 화표(華表)*는 우뚝 서서 백학이 넘노는 듯
❸ 표현상 특징: 비유법-'옥순봉'을 비유한 대상 ②
➜ 화표는 우뚝 서서 하얀 학이 넘어노는 듯

㉕ 벽옥낭간이　　　　　낫낫치　버려시니
벽옥낭간(碧玉琅玕)*이 낫낫치 버러시니
➜ 아름다운 돌이 낱낱이 벌려 있으니

㉖ 이 떨기 열매 열면 봉황이 먹으리라
이 떨기 열매 열면 봉황이 먹으리라
➜ 이 떨기 열매를 열면 봉황이 먹으리라

㉗ 단구동문　　　　새긴 글자 선현　　의 필적이라
단구동문(丹邱洞門)* 새긴 글ᄌ 선현(先賢)의 필적이라
이황이 새긴 글씨를 봄.
➜ 단구동문에 새긴 글자는 선현의 필적이다

㉘ 신선의 땅을 중히 여겨 경계를　　　정하신가
신선의 땅을 중히 여겨 경계(境界)를 졍ᄒ신가
➜ 신선의 땅을 중요하게 여겨 경계를 정한 것인가

★⑰~㉘행 요약: 오로봉과 옥순봉을 보며 느낀 감흥

*요초: 아름다운 풀
*수역: 다른 곳에 비하여 오래 사는 사람이 많은 지역이란 뜻으로, 풍요롭게 사는 즐거운 삶을 비유적으로 이름.
*단암서원: 우탁과 이황의 학문과 덕행을 추모하기 위한 서원
*첨배: 선조 혹은 선현의 묘소나 사당에 우러러 절함.
*화표: 망주석과 같이 묘 앞에 세우는 문
*벽옥낭간: 옥과 진주 같은 아름다운 돌을 이르는 말
*단구동문: 옥순봉에 새겨진 퇴계 이황의 글씨

■ 갈래: 가사　　　　■ 창작 시기: 조선 후기
■ 내용: 이 작품은 신광수가 단양 팔경의 절경과 아름다움을 보며 느낀 감흥을 가사의 형식을 빌려 노래한 기행 가사이다. 서사-본사-결사의 3단 구성을 가지고 있으며, 공간의 이동과 시간의 흐름을 중심으로 시상이 전개되는 구성 방식을 보인다. 다양한 비유적 표현과 선현에 대한 예찬적 태도를 특징으로 하며, 단양의 옛 모습을 유추할 수 있는 사료로서 가치를 지니기도 한다.
■ 주제: 단양의 아름다운 풍경을 보며 느낀 감흥

■ 이것이 핵심!: 대조적 시어

석문	은주암	단암서원	오로봉	옥순봉
초월적 존재가 만들었다 생각할 정도로 감탄함.	한적한 마음을 느낌.	선현의 덕을 예찬함.	오로봉의 아름다움에 신선이 된 것 같음을 느낌.	옥순봉의 아름다움을 예찬함.

(나) 김훈, 〈자전거 여행〉

❶ 중심 대상　❷ 글쓴이의 생각, 태도　❸ 서술상 특징

[1] 다시, 자전거를 저어서 바람 속으로 나선다.
❶ 중심 대상: 자전거
봄에는 자전거 바퀴가 흙 속으로 빨려든다. ｢⊙이제 흙의 알맹이들은 녹고 또 부풀면서 숨을 쉬느라고 바쁘다. 부푼 흙은 바퀴
계절적 배경
를 밀어서 튕겨주지 않고, 바퀴를 흙의 안쪽으로 끌어당긴다.｣그
｢｣: 흙에 생명력을 부여하여 봄의 대지 위를 달리는 상황을 생동감 있게 형상화함.
래서 봄에는 페달을 돌리는 허벅지에 더 많은 힘이 들어간다. 허

벅지에 가득 찬 힘이 체인의 마디를 돌리고, 앞선 마디와 뒤따르는 마디가 당기고 끌리면서 바퀴를 굴린다.

⑦몸의 힘은 체인을 따라 흐르고, 기어는 땅의 저항을 나누고 또 합쳐서 허벅지에 전한다.⑧ 몸의 힘이 흐르는 체인의 마디에서 봄빛이 빛나고, 몸을 지나온 시간이 바퀴로 퍼져서 흙 속으로 스민다.⑨ 다가오는 시간과 사라지는 시간이 체인의 마디에서 만나고 또 헤어지면서 바퀴는 구른다.⑩ⓒ바퀴를 굴리는 몸의 힘은 절반쯤은 땅속으로 잠기고 절반쯤이 자전거를 밀어주는데, 허벅지의 힘이 흙 속으로 깊이 스밀 때 자전거를 밀어주는 흙의 힘은 몸속에 가득 찬다.

⑪봄의 부푼 땅 위로 자전거를 저어갈 때 흙 속으로 스미는 몸의 힘과 몸속으로 스미는 흙의 힘 사이에서 나는 늘 쩔쩔맸다.⑫ 페달을 돌리는 허벅지와 장딴지에 힘이 많이 들어가면 봄은 몸속 깊이 들어온 것이다.⑬ 봄에는 근력이 필요하고, 봄은 필요한 만큼의 근력을 가져다준다.⑭ 자전거를 멈추고 지나온 길을 돌아보면, 몸을 떠난 힘은 흙 속에 녹아서 보이지 않는다.⑮ 지나간 힘은 거둘 수 없고 닥쳐올 힘은 경험되지 않는데 지쳐서 주저앉은 허벅지에 새 힘은 가득하다.⑯ 기진한 힘 속에서 새 힘의 싹들이 돋아나오고, 나는 그 비밀을 누릴 수 있지만 설명할 수 없다.

*①요약: 봄에 자전거를 타며 느끼는 감흥

②ⓒ자전거를 저어서 나아갈 때 풍경은 흘러와 마음에 스민다. 스미는 풍경은 머무르지 않고 닥치고 스쳐서 불려가는데, 그때 풍경을 받아내는 것이 몸인지 마음인지 구별되지 않는다.

풍경은 바람과도 같다. 방한복을 벗어버리고 반바지와 티셔츠로 봄의 산하를 달릴 때 몸은 바람 속으로 넓어지고 마음은 풍경 쪽으로 건너간다. ⓔ나는 몸과 마음과 풍경이 만나고 또 갈라서는 그 언저리에서 나의 모국어가 돋아나기를 바란다. 말들아, 풍경을 건너오는 새떼처럼 내 가슴에 내려앉아다오. 거기서 날갯소리 퍼덕거리며 날아올라다오.

*②요약: 자전거를 타며 만난 풍경에 대한 생각

③태풍전망대에서 바라다보이는 임진강 너머 북녘 산하에 봄빛이 내린다. 산이 열리고 강이 풀려서 물은 수목의 비린내를 실어 내린다. 도라전망대에서 마주 보이는 개성 남쪽 들녘에서 손수레를 끄는 농부들이 밭으로 두엄을 실어내고 있다. 대지의 향기가 봄바람에 실려온다.

오두산전망대 아래 임진강은 밀물에 가득 차고 썰물에 아득하다. 가득 차고 아득한 물이 멀어서 닿을 수 없는 공간 속으로 나아간다. 하구의 시간과 공간은 크나큰 용해의 힘으로 느리고 평화롭다. 한강, 임진강, 한탄강이 거기서 모이고, 개성 쪽에서 내려온 예성강이 그 큰 물길에 합쳐진다. 그 늙은 강의 이름은 조강(祖江)이다. ⓤ할아버지의 강이고, 조국의 강이며, 소멸의 힘으로 신생을 이끄는 새로운 시간의 강이다. 지금, 내 자전거는 조강 언저리를 나아가고 있다. 자전거는 노을에 젖고 바람에 젖는다. 저물어

도 잠들지 않는 내 허벅지의 힘을 달래 가면서 나는 풍경과 말들을 데리고 천천히, 조금씩 아껴서 나아가겠다.

*③요약: 전망대에서 내려다본 풍경

■갈래: 현대 수필   ■창작 시기: 현대
■내용: 이 작품은 글쓴이가 자전거 여행을 하면서 느낀 생각을 기록한 기행 수필로, 자전거를 타고 여행지를 돌아다니며 느낀 감상과 체험을 섬세한 언어와 아름다운 표현으로 기록하였다. 글쓴이는 봄에 자전거를 타면서 느낀 깨달음과 감상을 이야기한 후 전망대에서 내려다본 풍경을 제시하며 글을 마무리하였다.
■주제: 봄에 자전거를 타며 느낀 감흥과 깨달음
■이것이 핵심!: 자전거 여행에서 느낀 감흥

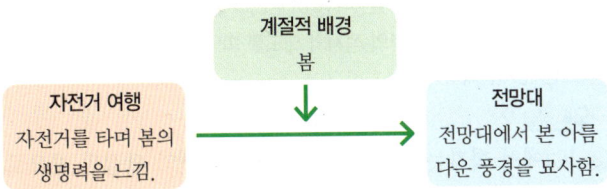

D 58 정답 ② * 서술상의 특징 파악하기 … [정답률 75%]

(가)에 대한 설명으로 가장 적절한 것은?

> 왜 정답 ?
② 영탄적 표현을 통해 화자의 놀라움을 나타내고 있다.
'놀랍다', '몰낫도다' 등으로 놀라움을 표현함.

*근거: (가) ②, ⑤행
이 글은 '놀랍다', '몰낫도다'와 같은 영탄적 표현을 활용하여 풍경을 보고 화자가 느낀 놀라움을 표현하고 있다.

영탄적 표현: 마음속 깊이 느끼는 감탄을 드러내는 표현으로, 감탄사나 감탄형 종결 어미 '-구나', '-로다', '-네' 등을 통해 실현됨.

> 왜 오답 ?
① 대구의 방식을 통해 계절의 변화를 표현하고 있다.
대구의 방식은 드러나지만 이를 통해 계절의 변화를 나타내진 않음.

*근거: (가) ③, ④, 23, 24행
이 글은 '용문산 쌔린 도끼 수문을 내엿는가 / 거대한 신령의 큰 손바닥 산창을 밀쳤는가', '하늘 기둥은 우뚝 솟아 북극을 괴왓는 듯 / 화표는 우뚝 서서 백학이 넘노는 듯'에서 대구의 방식을 활용하였으나, 이는 각각 석문과 옥순봉의 모습을 나타낼 뿐 계절의 변화를 표현하고 있지는 않다.

대구: 비슷한 문장 구조의 어구를 짝 지어 늘어놓는 표현 방법

③ 대상에 감정을 이입하여 화자의 애상감을 심화하고 있다.
대상에 감정을 이입하는 부분은 나타나지 않음.

이 글에서 화자가 대상에 감정을 이입하여 자신의 감정을 드러내는 감정이입은 확인할 수 없다.

대상에 감정을 이입: 화자의 정서를 다른 대상에 투영하여 대상이 화자의 감정을 대신 드러내도록 하는 표현 방법
애상감: 슬픈 감정

④ 과거와 현재를 대비하여 화자의 삶의 태도를 드러내고 있다.
과거와 현재를 대비한 부분은 나타나지 않음.

이 글은 공간의 이동에 따른 화자의 감상이 제시될 뿐, 과거의 일과 현재의 일을 대비하여 화자가 가진 삶의 태도를 드러내는 부분은 존재하지 않는다.

⑤ 문장의 어순을 도치하여 화자의 체념적 인식을 강조하고 있다.
어순을 도치한 표현은 사용되었지만 체념의 인식을 강조하지는 않음.

*근거: (가) ②행

'놀랍다 저 산봉우리는 어이ᄒᆞ여 뽈녓ᄂᆞᆫ고'는 원래 '저 산봉우리는 어이ᄒᆞ여 뽈녓ᄂᆞᆫ고 놀랍다'의 어순을 가지고 있다. 즉, 이 글에서 문장의 어순을 도치하는 방식은 활용되었다. 하지만 이는 산봉우리에 대한 감상일 뿐 이를 통해 체념적 인식을 강조하고 있지는 않다.

> 문장의 어순을 도치: 정서의 환기와 변화감을 끌어내기 위하여 말의 차례를 바꾸어 쓰는 표현 방법

D 59 정답 ③ * 화자의 정서와 태도 파악하기 ·· [정답률 82%]

[A]~[E]에 대한 이해로 적절하지 <u>않은</u> 것은?

- [A]~[E]: [A]는 화자가 석문을 바라보며 느낀 심정, [B]는 백성의 풍요를 바라는 마음, [C]는 고깃배에서 느끼는 유유자적함, [D]는 오로봉을 보며 느낀 감흥, [E]는 옥순봉을 보며 느낀 감흥이 드러나 있습니다.

즉 [A]~[E]에 드러난 화자의 정서와 태도를 파악한 내용 중 틀린 것을 고르는 문제입니다.

〉왜 정답 ?

③ [C]에서 화자는 은주암과 팔판동을 속세와 단절된 곳으로 인식하여 <u>자신의 종적을 다른 사람이 알 것을 걱정하는 마음</u>을 드러내고 있다.
자신의 종적을 다른 사람들이 알까 걱정하지는 않음.

*근거: (가) ⑩행
화자는 은주암과 팔판동에 작은 고깃배를 타고 들어가면 '처사'의 '종적'을 알 이가 없을 것이라 말하고 있다. 이는 그만큼 속세와 단절된 공간이라는 인식으로 화자가 자신의 종적을 다른 사람이 알까 걱정하는 마음과는 거리가 멀다.

〉왜 오답 ?

① [A]에서 화자는 석문의 모습을 수문과 산창에 비유하여 <u>초월적 존재가 만들었다고 여길 만큼 신기하다고 생각</u>하고 있다.
용문산을 때린 도끼와 거대한 신령의 큰 손바닥이 만들었다고 여길 만큼 신기하게 생각함.

*근거: (가) ❸, ❹행
화자는 석문을 바라보며 '용문산 ᄯᆞ린 도끼 수문을 내엿ᄂᆞᆫ가 / 거대한 신령의 큰 손바닥 산창을 밀쳣ᄂᆞᆫ가'라고 느꼈다. 이때 용문산 때린 도끼와 거대한 신령의 큰 손바닥은 초월적 존재로, 이러한 초월적 존재가 만들었다고 여길 만큼 화자는 석문을 신기하게 생각하였다.

② [B]에서 화자는 신선이 살았을 법한 땅에 농사짓기를 권하여 백성들의 삶이 나아지기를 바라고 있다.
신선이 농사짓던 땅에 우리 백성이 농사짓기를 권유하고자 함.

*근거: (가) ❻, ❽행
화자는 '신선이 농사짓던'이라는 말로 신선이 살았을 법한 땅을 표현하였다. 화자는 이 땅에 '우리 백성 농사를 권하여'라고 말하며 백성들이 농사를 짓고 풍요로워지길 바라는 마음을 전달하였다.

④ [D]에서 화자는 호천대에서 주변을 바라보고, 창하정에서 술을 마시면서 신선이 된 듯한 마음을 드러내고 있다.
'호천대 올나 안자 전체를 대강 바라보고' '창하정 잔을 드러'
'이 몸이 등선ᄒᆞᆯ 듯'

*근거: (가) ⑱~⑳행
'호천대 올나 안자 전체를 대강 바라보고'에서 화자가 호천대에 올라 주변을 보고 있음을 알 수 있다. '창하정 잔을 드러'에서 화자가 창하정에서 술을 마시고 있음을 알 수 있고, '이 몸이 등선ᄒᆞᆯ 듯'에서 화자가 마치 자신이 신선이 된 것 같은 기분을 느끼고 있음을 알 수 있다.

⑤ [E]에서 화자는 옥순봉의 모습을 여러 대상에 빗대어 표현하며 자신이 바라보는 풍경의 신이함을 드러내고 있다.
북극을 괴는 하늘 기둥, 백학이 넘노는 화표, 벽옥낭간'에 비유함.

*근거: (가) ㉓~㉕행
화자는 옥순봉의 모습을 '하늘 기둥은 우뚝 솟아 북극을 괴왓ᄂᆞᆫ 듯'과 같이

북극을 괴는 하늘 기둥에 비유하였다. 또한 '화표ᄂᆞᆫ 우뚝 서서 백학이 넘노는 듯'과 같이 백학이 넘노는 화표로 표현하였고, '벽옥낭간'이라는 말도 활용하였다. 이처럼 화자는 옥순봉의 모습을 다양한 대상에 빗대어 표현하여 자신이 바라보는 풍경의 신이함을 드러냈다.

> 신이하다: 신기하고 이상하다.

D 60 정답 ⑤ * 시어 및 구절의 의미 파악하기 · [정답률 66%]

(나)의 ㉠~㉤에 대한 설명으로 적절하지 <u>않은</u> 것은?

- ㉠~㉤: ㉠은 흙을 생명이 있는 존재처럼 표현한 구절, ㉡은 몸의 힘과 땅의 힘이 교감하는 모습을 표현한 구절, ㉢은 풍경을 몸과 마음으로 느끼는 모습을 표현한 구절, ㉣은 풍경을 느낀 바를 모국어로 드러내고 싶은 바람을 표현한 구절, ㉤은 조강의 새로운 의미를 드러내는 구절입니다.

즉 (나)의 ㉠~㉤이 의미하는 바를 설명한 내용 중 틀린 것을 고르는 문제입니다.

〉왜 정답 ?

⑤ ㉤: 조강의 언저리에서 벗어나 조금씩 앞으로 나아가면서 <u>조강의 새로운 의미를 발견해 내고 싶은 바람</u>을 드러내고 있다.
조강의 새로운 의미를 드러내고 있지만 발견하고 싶은 마음은 나타나지 않음.

*근거: (나) ③문단 ⑩~⑫문장
㉤에서 '할아버지의 강', '조국의 강', '소멸의 힘으로 신생을 이끄는 새로운 시간의 강'이라는 표현으로 조강의 새로운 의미를 제시하고 있다. 이때 글쓴이는 조강 언저리를 나아가고 있는데 조강의 새로운 의미를 발견해 내고 싶은 바람은 드러내지 않았다.

〉왜 오답 ?

① ㉠: 흙의 알맹이에 생명감을 부여하며 봄의 대지 위를 힘을 주어 달리는 상황을 보여 주고 있다.
'숨을 쉬느라고'를 통해 흙의 알맹이에 생명감을 부여함.

*근거: (나) ①문단 ❸, ❹문장
㉠에서는 '이제 흙의 알맹이들은 녹고 또 부풀면서 숨을 쉬느라고'와 같이 생명체가 아닌 흙의 알맹이가 생명을 가진 것처럼 표현되었다. 이를 통해 글쓴이는 봄에 더 많은 힘을 주어 자전거를 타야 하는 것을 드러내고 있다.

② ㉡: 몸의 힘과 흙의 힘이 서로 영향을 주고받는 모습을 보여 주며 자전거 바퀴를 굴리면서 느끼는 흙과의 교감을 드러내고 있다.
바퀴를 굴리는 몸의 힘과 땅의 힘이 교감함.

*근거: (나) ①문단 ⑩문장
㉡에서는 바퀴를 굴리는 몸의 힘이 땅에 영향을 주고, 영향 받은 땅이 자전거를 밀어주는 흙의 힘으로 글쓴이에게 영향을 준다는 내용을 담고 있다. 즉, 몸의 힘과 흙의 힘이 영향을 주고받는 모습으로 자전거 바퀴를 굴리며 느끼는 흙과의 교감이 나타난다.

③ ㉢: 자전거를 타며 마주친 풍경이 자신에게 의미를 더해가는 상황을 제시하며 몸과 마음으로 봄을 즐기는 모습을 보여 주고 있다.
풍경을 받아내는 것이 몸인지 마음인지 구별하기 어렵다고 말함.

*근거: (나) ②문단 ❶, ❷문장
글쓴이는 풍경을 받아내는 것이 몸인지 마음인지 구별되지 않는다며 자전거를 타면서 마주친 풍경을 몸과 마음으로 느끼며 봄을 즐기는 모습을 표현하였다.

④ ㉣: 모국어에 말을 건네는 방식을 활용하여 풍경 속에서 느낀 바를 우리말로 온전하게 표현하고 싶은 바람을 드러내고 있다.
'말들아'
풍경을 본 후 그 언저리에 모국어가 돋아나길 바람.

*근거: (나) ②문단 ❺~❼문장

글쓴이는 '말들아, 풍경을 건너오는 새떼처럼 내 가슴에 내려앉아다오.'와 같이 모국어에 말을 건네고 있다. 글쓴이는 몸과 마음과 풍경이 만나고 또 갈라서는 그 언저리에 자신의 모국어가 돋아나기를 바란다며 풍경 속에서 느낀 바를 우리말로 온전하게 표현하고자 하는 바람을 드러냈다.

〔온전하다: 본바탕 그대로 고스란하다.〕

D 61 정답 ③   *〈보기〉를 바탕으로 감상하기 …… [정답률 79%]

〈보기〉를 바탕으로 (가)와 (나)를 이해한 것으로 적절하지 않은 것은? [3점]

- 〈보기〉: 기행문학에는 여행 중에 마주친 경치에 대한 묘사와 감흥, 여행을 통해 깨달은 생각, 여행과 관련한 사람을 예찬하는 내용이 담겨 있습니다.
- (가): (가)는 단양의 아름다운 풍경을 보고 쓴 기행 가사입니다.
- (나): (나)는 자전거 여행을 하며 느낀 깨달음을 쓴 기행 수필입니다.

🔴 기행 문학의 특징을 바탕으로 (가)와 (나)를 이해한 내용 중 틀린 것을 고르는 문제입니다.

─── [보기] ───

❶ (가)는 화자가 단양팔경을 유람하고 쓴 기행 가사이고, (나)는 글쓴이가 자전거 여행 중에 느낀 생각을 쓴 기행 수필이다. <u>(가)의 특징</u> <u>(나)의 특징</u> ❷ 이러한 기행 문학에는 일상적인 공간을 떠나 여행 중에 마주친 아름다운 경치에 대한 묘사와 감흥이 드러나 있을 뿐 <u>기행 문학의 특징 ①</u> 만 아니라 여행을 통해 깨달은 다양한 생각이 담겨 있다. <u>기행 문학의 특징 ②</u> ❸ 또한, 여행 중에 사람을 만나고 여행지와 관련된 사람을 떠올리면서 이들을 예찬하거나 이들의 삶의 모습을 본받고 싶은 <u>기행 문학의 특징 ③</u> 소망이 나타나기도 한다.

유람하다: 돌아다니며 구경하다.

⟩왜 정답?

③ (가)의 '단구동문 새긴 글ㅅ 선현의 필적이라'는 '이황'을 떠올리며 <u>높은 학문의 경지에 도달한 화자의 상황을 드러낸</u> 필적을 보며 이황을 떠올리고 있기는 하지만 화자의 학문이 높은 경지인지는 알 수 없음. 것으로 볼 수 있다.

＊근거: (가) ❷⑦행

'단구동문'은 '옥순봉에 새겨진 퇴계 이황의 글씨'를 말한다. 화자는 단구동문을 보며 '선현의 필적'이라 말하며 이황을 떠올리고 있지만, 이는 이황의 글씨를 보고 이황을 떠올린 것일 뿐, 화자의 학문이 높은 경지라는 것을 나타내지는 않는다.

〔경지: 학문, 예술, 인품 따위에서 일정한 특성과 체계를 갖춘 독자적인 범주나 부분.
도달하다: 목적한 곳이나 수준에 다다르다.〕

⟩왜 오답?

① (가)의 '지금까지 씨친 덕이 산수간의 흘너 잇다'는 단암서원에서 첨배하면서 현재까지도 영향을 미치는 선현들을 예찬 단암서원이 기리는 선현들이 지금까지 끼친 덕이 여전히 흘러 있다는 의미를 담고 있음. 한 것으로 볼 수 있다.

＊근거: (가) ⑬, ⑭행

화자는 우탁과 이황의 학문과 덕행을 추모하는 서원인 단암서원에 첨배하며 '지금까지 씨친 덕이 산수간의 흘너 잇다'라고 말한다. 이는 단암서원에서 기리는 우탁과 이황이라는 선현의 덕이 여전히 영향을 미치고 있다는 의미로 선현에 대한 예찬적 태도가 나타난다.

② (가)의 '오로봉 진면목은 부용이 소사는 듯'은 여행 중에 마주친 오로봉의 아름다움을 연꽃에 비유하여 묘사한 표현으로 오로봉을 연꽃이 솟은 것에 비유하고 있음. 볼 수 있다.

＊근거: (가) ⑰행

'부용'은 연꽃을 의미하는 것으로, 화자는 오로봉의 진면목은 연꽃이 솟은 것 같은 데 있다고 표현하였다. 즉, 화자는 여행 중에 마주친 오로봉의 아름다움을 연꽃에 비유하여 표현한 것이다.

④ (나)의 '기진한 힘 속에서 새 힘의 싹들이 돋아나오고'는 지친 몸에 새로운 힘을 채울 수 있는 봄의 생명력을 여행을 통 지친 허벅지에 힘이 가득하듯 자전거 여행으로 봄의 생명력을 느낌. 해 깨달았음을 드러낸 것으로 볼 수 있다.

＊근거: (나) ①문단 ⑮, ⑯문장

글쓴이는 자전거를 타고 달리는 중 지쳐서 주저앉은 허벅지에 새 힘이 가득함을 느낀다. 이를 '기진한 힘 속에서 새 힘의 싹들이 돋아나'는 것으로 표현했는데, 이는 지친 몸에 새로운 힘을 채울 수 있는 봄의 생명력을 여행을 통해 깨달았음을 나타낸 것이다.

⑤ (나)의 '대지의 향기가 봄바람에 실려온다'는 도라전망대에서 바라본 농부들의 모습을 보고 느낀 봄날의 감흥을 감각적 향기가 실려온다는 감각적인 표현으로 전망대에서 본 풍경을 형상화함. 으로 표현한 것으로 볼 수 있다.

＊근거: (나) ③문단 ❸, ❹문장

글쓴이는 도라전망대에서 손수레를 끄는 농부들이 밭으로 두엄을 실어내는 모습을 본 후 '대지의 향기가 봄바람에 실려온다'라고 말하였다. 이는 도라전망대에서 바라본 농부들의 모습을 보고 느낀 봄날의 감흥을 감각적으로 표현한 것이다.

D 62~66 ───── [2019년(10월)/고3교육청 36~40]

(가) 정학유, 〈농가월령가〉

❶ 화자, 중심 대상   ❷ 상황, 정서, 태도   ❸ 표현상 특징   [시 해석]

❶ 팔월이라 중추되니 백로 추분 절기로다
　　　　　　가을
➡ 팔월이라 중추가 되니 백로와 추분 절기가 있도다

❷ 북두칠성 자로 돌아 서천(西天)을 가리키니
➡ 북두칠성이 방향을 바꾸어 서쪽 하늘을 가리키니

❸ 선선한 조석 기운 추기(秋氣)가 완연하다
　　　아침, 저녁 기운　　　계절적 배경
➡ 선선한 아침저녁 기운 가을 기운이 가득함을 알겠다

❹ 귀뚜라미 맑은 소리 벽간의 들거고나
　　계절적 배경
➡ 귀뚜라미 맑은 소리 벽 사이에서 들리는구나

❺ 아침에 안개 끼고 밤이면 이슬 내려
➡ 아침에 안개 끼고 밤이면 이슬이 내려서

❻ 백곡의 성실하고 만물을 재촉한다
➡ 온갖 곡식을 여물게 하고 만물의 결실을 재촉한다

❼ 들 구경 돌아보니 힘들인 일 공생한다
　　❷ 정서: 가을에 들을 돌아보고 뿌듯해함.
➡ 들을 구경하며 돌아보니 힘 들인 일의 공이 나타난다

❽ 백곡의 이삭 패고 염을 들어 고개 숙여
　　　　　　　　　벼가 익어
➡ 백곡의 열매 맺고 벼는 익어 고개를 숙여

❾ ㉠서풍의 익은 빛은 황운이 일어난다
　　❸ 표현상 특징: 비유법-잘 익은 벼의 모습을 노란 구름에 빗댐.
➡ 서쪽 바람이 불어 익은 벼의 빛이 노란 구름처럼 일어난다

[완연하다: 눈에 보이는 것처럼 아주 뚜렷하다.

*❶~❾행 요약: 가을의 풍경

⑩ 백설 같은 면화 송이 산호 같은 고추 다래
➡ 백설 같은 면화 송이 산호 같은 고추 다래

⑪ 처마의 널었으니 가을볕 명랑하다
➡ 처마에 널었으니 가을볕이 밝고 환하다

❸ 표현상 특징: 명령형 어미를 사용함.
⑫ ⓐ안팎 마당 닦아 놓고 발채 망구* 장만하소
가을에 해야 하는 농사일을 권하고 있음.
➡ 안팎 마당 쓸어 놓고 발채 망구 마련하시오

⑬ 면화 따는 다락기의 수수 이삭 콩 가지오
➡ 면화 따는 다락기의 수수 이삭 콩깍지가 풍성하오

⑭ 나무꾼 돌아오니 머루 다래 산과로다
산에서 난 열매들이 가득하도다
➡ 나무꾼 돌아오니 머루 다래 산에서 난 열매들이 가득하도다

⑮ 뒷동산의 밤 대추는 아이들 세상이라
아이들 차지라
➡ 뒷동산의 밤 대추는 아이들 차지라

❸ 표현상 특징: 명령형 어미를 사용함.
⑯ ⓑ아람 모아 말리어라 철 대어 쓰게 하소
훗날의 먹을 것을 미리 장만해 두라는 의미
➡ 한아름 모아 말려 놓거라 철 되면 쓰게 하시오

⑰ 명주를 끊어 내어 추양에 마전하고*
➡ 명주를 끊어 내어 가을볕에 말려 희게 하고

⑱ 쪽 들이고 잇 들이니 청홍이 색색이라
➡ 남빛 물 들이고 붉은 잇물 들이니 푸르고 붉은 빛이 색색이로다

⑲ ⓒ부모님 연만하니 수의를 유의하고
부모에 대한 유교적 윤리(효)를 농민에게 강조
➡ 부모님 연세가 많으니 수의를 마련하고

⑳ 그 남아 마로 재어* 자녀의 혼수하세
❸ 표현상 특징: 명령형 어미를 사용함.
➡ 그 남은 천은 재단하여 자녀의 혼수감을 마련하세

*⑩~⑳행 요약: 8월의 곡식과 해야 할 일

* 발채 망구: 농사 도구들
* 마전하고: 표백하고
* 마로 재어: 재단하여

■ 갈래: 가사   ■ 창작 시기: 조선 후기
■ 내용: 이 작품은 농촌 생활의 1년을 각 월별로 읊은 것으로, 농가에서 행해지는 세시 풍속과 월별로 행해야 할 일들을 담고 있다. 이 작품은 양반의 작품이면서도 농민에 대한 이해를 드러내고 있으며, 농사를 권하는 의도를 효과적으로 표현하고 있다. 또한 농가의 행사와 당시의 풍속, 서민 생활의 흥취 등을 엿볼 수 있다.
■ 주제: 농가의 일과 세시 풍속 소개
■ 이것이 핵심!: 8월의 가을 풍경

8월	
가을의 들판 풍경	곡식과 해야 할 일

(나) 작자 미상, 〈관등가〉

❶ 화자, 중심 대상 ❷ 상황, 정서, 태도 ❸ 표현상 특징 [시 해석]

❶ ⓓ정월 상원일에
정월 대보름에
➡ 정월 대보름에

❷ 달과 노는 소년들은 답교(踏橋)*하고 노니는대
➡ 달과 노는 소년들은 다리 밟기를 하고 노니는데

❸ ❶ 중심 대상: 임
우리 임은 어듸 가고 답교할 줄 모로난고 : 반복을 통한 임의 부재 강조
❷ 정서: 임의 부재에 대해 안타까워함.
➡ 우리 임은 어디 가고 답교할 줄을 모르는가

*❶~❸행 요약: 정월 – 상원일에 답교하며 노는 소년들과 임의 부재

❹ 이월 청명일에
➡ 이월 청명일에

봄기운
❺ 나무마다 춘기(春氣) 들고 잔듸잔듸 쇽입 나니
❸ 표현상 특징: '춘기', '쇽입'을 통해 봄이라는 계절적 배경을 드러내어 화자의 정서를 표현함.
➡ 나무마다 봄기운이 들고 잔디들은 속잎이 나니

❻ 만물이 화락(和樂)한듸 우리 임은 어듸 가고
➡ 만물이 즐거워 보이는데 우리 임은 어디 가고

❼ 춘기 든 줄 모로난고
➡ 봄기운 든 줄을 모르는가

[화락하다: 화평하고 즐겁다.

*❹~❼행 요약: 2월 – 청명일에 춘기 들어 화락한 만물과 임의 부재

❽ 삼월 삼일 날의
➡ 삼월 삼일 날에

❾ ⓔ강남셔 나온 제비 왓노라 현신(現身)하고
➡ 강남에서 나온 제비는 돌아와 모습을 드러내고
봄에 제비가 돌아오고 기러기가 추운 나라로 가는 상황을 언급함.

⑩ 소상강(瀟湘江) 기러기는 가노라 하직한다
➡ 소상강 기러기는 추운 곳으로 간다고 인사한다

⑪ 이화도화(梨花桃花) 만발하고 행화방초(杏花芳草) 훗날린다
배꽃, 복숭아꽃   살구꽃과 꽃다운 풀
➡ 배꽃 복숭아꽃 곳곳에서 피어나고 살구꽃과 꽃다운 풀은 봄바람에 흩날린다

⑫ 우리 임은 어듸 가고 화유(花遊)할 줄 모로난고
꽃놀이(꽃을 구경하며 즐기는 놀이)
➡ 우리 임은 어디 가고 꽃놀이할 줄 모르는가

[하직하다: 먼 길을 떠날 때 웃어른께 작별을 고하다.

*❽~⑫행 요약: 3월 – 삼일 날 만발한 이화도화, 행화방초와 임의 부재

⑬ 사월 초파일에
➡ 사월 초파일에

⑭ 관등하려 임고대(臨高臺)하니* 원근(遠近) 고저(高低)의
등을 달고 불을 밝히는 일
➡ 등을 달고 불을 밝히려 높은 곳에 오르니 멀고 가까운 곳, 높고 낮은 곳의

⑮ 석양은 빗겻는대 어룡등 봉학등과
➡ 석양은 저물어가는데 어룡등 봉학등과

⑯ 두루미 남성이며 종경등 선등 북등이며
➡ 두루미 남성이며 종경등 선등 북등이며
❸ 표현상 특징: 다양한 모양의 등을 나열

⑰ 수박등 마늘등과 연꼿 속에 선동(仙童)이며
신선의 시중을 든다는 아이
➡ 수박등 마늘등과 연꽃 속에 선동이 있는 듯하며

[A]
⑱ 난봉 우희 천녀(天女)로다 배등 집등 산듸등과
하늘의 선녀
➡ 난봉 위의 하늘의 선녀로다 배등 집등 산듸등과
❸ 표현상 특징: 관등절에 사용되는 다양한 등 나열

⑲ 영등 알등 병등 벽장등 가마등 난간등과
➡ 영등 알등 병등 벽장등 가마등 난간등과

⑳ 사자(獅子) 탄 체괄이며 호랑이 탄 오랑캐라
사자를 타고 있는 작은 인형
➡ 사자를 타고 있는 작은 인형이며 호랑이 탄 오랑캐 인형이라

㉑ 발노 툭 차 구을등에 일월등 밝아 잇고
➡ 발로 툭 차 구을둥에 일월등 밝아 있고

㉒ 질성등 버러난듸 동령(東嶺)의 월상(月上)하고
➡ 칠성등 걸려 있는데 동쪽 고개 위로 달이 뜨고

㉓ 곳고지 불을 현다 우리 임은 어듸 가고
➡ 곳곳에 불을 켠다 우리 임은 어디 가고

ㄴ ⓩ관등(觀燈)할 줄 모르난고
❷ 정서: 관등절의 분위기로 인해 화자의 안타까움이 부각됨.
➔ 관등할 줄 모르는가

* ⓭~ⓩ행 요약: 4월 – 초파일에 하는 관등놀이와 임의 부재

* 답교: 다리를 밟는 풍속
* 임고대하니: 높은 곳에 오르니

■ 갈래: 규방 가사   ■ 창작 시기: 미상
■ 내용: 이 작품은 1년 열두 달에 따라 노래하는 월령체 가사로, 정월부터 섣달까지의 세시 풍속을 소개하면서 부재하는 임에 대한 화자의 그리움과 슬픔을 노래한 가사이다. 각 달의 끝에 '우리 임은 어듸 가고 ~ 줄 모르난고'라는 구절을 반복하여 이별의 한을 부각하고 형식적 통일성을 부여한다.
■ 주제: 부재하는 임에 대해 그리워하는 여인의 슬픔

■ 이것이 핵심! 각 달의 세시 풍속과 임의 부재

정월	2월	3월	4월
상원일에 답교하며 노는 소년들과 임의 부재	청명일에 춘기 들어 화락한 만물과 임의 부재	삼일 날 만발한 이화도화, 행화방초와 임의 부재	초파일에 하는 관등놀이와 임의 부재

(다) 현기영, 〈신생〉

❶ 중심 대상   ❷ 글쓴이의 생각, 태도   ❸ 서술상 특징

① ❶서리병아리*와 달리, 새봄과 더불어 탄생하는 봄 병아리는 아름답고 튼튼하다. ❸서술상 특징: ❷대비를 통해 서리병아리와 다른 봄 병아리의 특성을 드러냄. 병아리들을 거느리고, 앞에서 실한 궁뎅이를 내두르며 아그작 아그작 걷는 어미 닭의 당찬 모습도, 봄빛이 무르녹은 푸른 하늘에 병아리를 노리는 솔개가 소용돌이 물에 뜬 낙엽처럼 큰 원을 그리며 천천히 감도는 모습도 눈에 선하다.「」: '어미 닭'의 모습과 '솔개'의 모습을 통해 봄의 모습을 드러냄. ❸ ❸서술상 특징: 비유법 어미 닭은 매나 솔개가 하늘에 뜨거나 매운바람이 몰아치거나 하면 얼른 날개를 펴 제 새끼들을 거두어 안았는데, 그 따뜻하고 넉넉한 ❷글쓴이의 생각: 어미 닭의 모습에서 모성애를 표현하고 자신의 어머니를 연상함. 모성애는 궁핍한 시절에 자식 넷을 먹여 살려야 했던 내 어머니의 모습이기도 했다. ❹어리기가 병아리만 했을 때 나는 어머니의 치마꼬리를 잡고 나들이에 따라나서곤 했는데, 도중에 갑자기 비가 오거나 흙바람이 불거나 하면 어미 닭이 그러하듯이 어머니는 넉넉한 치마폭을 펼쳐 나를 감싸 주곤 했던 것이다. ❺오일장에 곡식과 달걀을 팔러 가는 어머니를 따라가곤 했는데, 어머니의 등에 짊어진 바구니에는 좁쌀이 가득 담기고 그 위에 달걀이 열 개쯤 심겨 있었다.「」: 어머니에 관련된 어린 시절을 회상함. ❻아무튼 노란 봄빛 속 노란 병아리 떼의 모습은 나에게 여전히 변하지 않는 신생의 이미지다.

* ① 요약: 어린 시절을 회상하며 봄에서 신생의 이미지를 느낌.

(중략)

② ❶언 대지를 녹이는 봄기운이 초목의 싹을 틔우고, 얼었던 강이 풀리기 시작하면, 돌 맞은 유리창처럼, 두꺼운 얼음판 위에 방사선 모양의 길고 날카로운 빗금의 균열들이 여기저기 생기고, 강가에는 빙렬(氷裂) 현상이 일어난다. ❷얼음장들이 자글자글 낮은 소리를 내며 그물처럼 수많은 균열을 만들어 내는데, 그 자글거리는 소리가 어미 닭의 오랜 포란(抱

卵)의 인고가 끝나고 십여 개의 달걀들이 부화할 때, 알속의 ❷글쓴이의 생각: 얼음이 깨지는 소리와 병아리가 껍데기를 깨면서 병아리가 세상 밖으로 나오려고 여린 부리로 껍데기를 깨면서 어미를 부르는 낮은 울음소리와 흡사하다. ❸ 알 속에서 그 어미를 부르는 울음소리를 유사하게 인식함. 소리를 들으면 어미 닭은 즉시 병아리를 위해서 밖에서 껍질을 쪼아 준다. ❹ 이렇게 병아리와 어미 닭이 안에서 밖에서 동시에 쪼아 껍데기를 깨뜨리는 일을 줄탁동시라고 했다.

❺헤르만 헤세는 그의 아름다운 소설 「데미안」에서 이렇게 말했다. "새는 알을 깨고 나온다. 알은 세계다. 태어나려는 자는 하나의 세계를 파괴하지 않으면 안 된다." ❼자신이 안주해 왔던 한 세계를 깨는 두려움을 극복한 자만이 더 넓은 세계를 획득할 수 있다는 뜻이다. ❽딱딱한 알껍데기를 연약한 부리로 깨뜨리는 그 힘이 ❷글쓴이의 생각: 연약하지만 알을 깨고 나오는 생명력과 용기에 대해 감탄함. 놀랍다. ❾병아리뿐만 아니라 모든 태어나는 것들의 생명력이 그렇다. ❿여린 새싹이 어떻게 저 딱딱하게 굳은 땅을 뚫고 솟아오르는지 정말 불가사의하다. ⓫무력해 보이는 것 속에 상상하기 어려운 강인한 생명력이 있는 것이다. ⓬그리고 병아리뿐만 아니라, 무릇 ❷글쓴이의 생각: '여린 새싹'의 강인한 생명력에 대해 감탄함. 신생의 첫 빛깔이 가녀린 노란색인 것도 흥미롭다. ⓭봄의 햇살도 그렇고, 초목의 새싹·햇순·속잎도 처음에는 노란색에 가까운 연두색이다.

⓮이렇게 언 땅 위에 겨우내 시르죽어 있던 ⓛ햇빛이 노란색으로 되살아나기 시작하면 나는 으레 골목 안에서 어린이들이 뛰노는 시끌짝한 소리와 함께 노란 털뭉숭이 봄 병아리가 생각나곤 하는 노란색으로 되살아나는 햇빛을 통해 어린이들이 뛰노는 소리와 봄 병아리를 떠올림. 데, 그것은 바로 그 아름다운 신생의 이미지 때문이다.

* ② 요약: 연약한 존재들의 강인한 생명력을 느낌.

* 서리병아리: 이른 가을에 알에서 깬 병아리

■ 갈래: 현대 수필   ■ 창작 시기: 현대
■ 내용: 이 작품은 글쓴이가 봄에 느낀 신생의 이미지를 바탕으로 쓴 수필이다. 글쓴이는 노란 봄의 이미지를 병아리와 어린 새싹 등과 연결하여 그에 대한 자신의 생각을 드러내고 있다. 어미 닭의 모습을 보며 어린 시절 어머니의 모성애를 떠올리고, 연약한 존재들의 강한 생명력을 서술하며 봄의 신생의 이미지를 부각하고 있다.
■ 주제: 봄을 맞이하며 떠올리는 신생의 이미지

■ 이것이 핵심! 봄에 느낀 신생의 이미지

신생의 이미지와 관련되는 봄 병아리에 대한 기억과 어린 시절의 회상	연약한 존재들의 강인한 생명력에 대한 감탄	봄에 아이들이 뛰노는 소리와 노란 봄 병아리를 떠올리는 이유

D 62 정답 ① *표현상의 특징 파악하기 … [정답률 89%]

(가)~(다)에 대한 설명으로 가장 적절한 것은?

〉왜 정답?

① (가)~(다)는 모두 계절적 배경을 바탕으로 화자나 글쓴이의 인식을 나타내고 있다.
(가) '추기가 완연하다', '귀뚜라미 맑은 소리', (나) '나무마다 춘기 들고', '이화도화', '행화방초', (다) '봄 병아리', '노란 봄빛', '봄기운', '봄의 햇살'
*근거: (가) ❸, ❹행, (나) ❺, ⓫행, (다) ①문단 ❶, ❻문장, ②문단 ❶, ⓭문장

D

(가)는 '추기가 완연하다', '귀뚜라미 맑은 소리' 등의 표현을 통해 계절적 배경이 가을임을 드러낸다. (나)는 '나무마다 춘기 들고', '이화도화 만발하고 행화방초 흣날린다' 등의 표현을 통해 봄의 계절감을 드러낸다. (다)는 '봄 병아리', '노란 봄빛', '봄기운', '봄의 햇살' 등의 소재를 통해 계절적 배경이 봄임을 드러낸다.

> **왜 오답?**

② (가)~(다)는 모두 ~~공간의 대조를 통해 화자나 글쓴이의 정서의 변화를 부각~~하고 있다.
　　　　　　　　드러나지 않음.

(가)~(다) 모두 공간의 대조는 드러나지 않는다.

③ (가)와 (나)는 ~~대화체와 독백체를 교차~~하며 시상을 전개하고 있다.
　　　(가)에는 대화체 존재, (나)는 독백체

(가)에는 부분적으로 농민들에게 해야 할 일을 권하는 대화체가 드러나지만, (나)에는 대화체가 드러나지 않는다.

④ (가)와 (다)는 ~~자연물에 감정을 이입~~하여 세상과 거리를 두려는 태도를 드러내고 있다.
　　　　　　　　드러나지 않음.

(가)와 (다)에는 자연물에 감정을 이입한 부분이 드러나지 않는다.

⑤ (나)와 (다)는 ~~반어적 표현을 통해 현실에 대한 비판 의식~~을 드러내고 있다.
　　　　　　　드러나지 않음.

(나)와 (다)에는 반어적 표현이 드러나지 않는다.

D 63 정답 ③ ＊화자의 정서와 태도 파악하기 [정답률 80%]

[A]와 [B]에 대한 이해로 가장 적절한 것은?

> **왜 정답?**

③ [A]의 화자는 **다양한 모양을 지닌 대상들을 나열**하고 있고, [B]의 글쓴이는 **유사한 속성을 지닌 대상을 제시**하고 있다.
　　다양한 등의 모습 나열　　얼음이 깨지는 소리와 병아리가 껍데기를 깨면서 어미를 부르는 울음소리를 유사하게 인식

[A]의 화자는 관등 행사에 밝히는 다양한 모습의 등을 나열하고, [B]의 글쓴이는 얼음이 깨지는 소리와 병아리가 껍데기를 깨면서 어미를 부르는 울음소리를 유사하게 인식하고 있다.

> **왜 오답?**

① [A]의 화자는 ~~천상에서 지상의 사물들을~~, [B]의 글쓴이는 **지상에서 천상의 사물들을 동경**하고 있다.
　　지상에서 다양한 등을 바라봄.　　천상의 사물에 대한 동경은 드러나 있지 않음.

[A]의 화자는 지상에서 다양한 등의 모습을 바라보고 있고, [B]의 글쓴이는 봄의 빙렬 현상에 대해 서술하고 있을 뿐 천상의 사물들을 동경하는 모습을 드러내지는 않는다.

② [A]의 화자는 ~~재회를 확신하게 된 이유~~를, [B]의 글쓴이는 **부화를 기대하게 된 이유를 밝히고** 있다.
　　재회에 대한 확신이 드러나 있지 않음.　　드러나 있지 않음.

[A]의 화자는 다양한 모양의 등을 나열하며 임의 부재로 인한 슬픔을 드러내고 있을 뿐 재회를 확신하게 된 이유를 드러내지는 않는다. [B]는 연약한 존재들의 강인한 생명력을 드러내고 있을 뿐 글쓴이가 부화를 기대하게 된 이유는 드러나지 않는다.

④ [A]의 화자는 자신이 ~~지향하는 상상의 공간으로 이동~~하고 있고, [B]의 글쓴이는 관찰을 위해 ~~익숙한 공간을 둘러보고~~ 있다.
　　　　　　　드러나 있지 않음.　　　　　　드러나 있지 않음.

[A]의 화자는 등을 달기 위해 높은 곳에 오르는 것이지 지향하는 상상의 공간으로 이동하고 있지는 않다. [B]는 봄을 배경으로 신생의 이미지를 서술하고 있지만, 익숙한 공간을 둘러보고 있는지는 구체적으로 서술되어 있지 않다.

⑤ [A]의 화자는 ~~타인과 단절된 상황에서 느끼는 고독감~~을,
　　　　　　　임의 부재로 인한 고독감
[B]의 글쓴이는 ~~자연물과 조화를 이룬 상황에서 느끼는 만족감을 드러내고 있다.~~
　　　　　　　드러나 있지 않음.

[A]의 화자는 임의 부재로 인한 슬픔과 그리움을 드러내고 있으며, [B]의 글쓴이는 연약한 존재의 강인한 생명력에 대한 감탄을 드러내고 있다.

D 64 정답 ⑤ ＊〈보기〉를 바탕으로 감상하기 ···· [정답률 88%]

〈보기〉를 참고하여 ⓐ~ⓔ를 이해한 내용으로 적절하지 않은 것은? [3점]

─────[보기]─────

❶ 작품의 형식이 일 년 열두 달을 차례대로 맞추어 가며 구성된 시가를 '월령체'라 한다. ❷ 조선 후기의 '월령체'는 내용상 농사요와 애정요로 나눌 수 있는데 (가)와 (나)가 대표적인 작품이다. ❸ 농사요 (가)는 농촌에 거주하는 양반이 창작한 작품으로, 달의 변화에 따른 농사 일정을 고려하여 농민들에게 필요한 농사일을 장려하고 유교적 윤리를 강조한 시가이다.
　　　　　　　　　　　　　　①의 근거
　　　　　　　　　　　ⓐ, ⓑ, ⓒ - ①, ③의 근거
❹ 애정요 (나)는 부녀자가 창작했다고 추정되는 작품으로, 부재하는 임에 대한 상사와 연정을 열두 달의 순서에 따라 구성한 시가인데, 각 연에서 매월의 세시 풍속을 상사의 매개로 삼아 이별의 정한을 드러내고 있다. ❺ (나)는 의식의 충족을 위한 실용적 측면을 지닌 (가)와 달리, 놀며 즐기는 유락적(遊樂的) 요소를 지녀 서민들이 보다 즐겨 감상하였다.
　　　　　　　　　　　ⓓ의 답교 - ❹의 근거
　　　　　　　　　　　　　ⓑ - ②의 근거
　　　　　　　　　　　　　ⓓ의 답교

─────────────

매개: 둘 사이에서 양편의 관계를 맺어 줌.
정한: 정과 한을 아울러 이르는 말
유락: 놀며 즐김.

> **왜 정답?**

⑤ ⓔ는 ~~유락적인 속성을 통해 이별의 정한이 해소된 상황을~~ 드러낸 것으로 볼 수 있겠군.
제비가 돌아오고 기러기가 떠나는 봄의 상황 언급　　　드러나 있지 않음.

＊**근거**: (나) ❾, ❿행

ⓔ는 강남에서 제비가 돌아오고 기러기가 추운 곳으로 떠나는 봄의 상황을 표현한 것이다. 따라서 유락적인 속성을 통해 이별의 정한이 해소된 상황을 드러낸다는 진술은 적절하지 않다.

〔해소되다: 어려운 일이나 문제가 되는 상태가 해결되어 없어지다.〕

> **왜 오답?**

① ⓐ는 농촌에 거주하는 양반이 농민들에게 농사일을 장려하는 것으로 볼 수 있겠군.
　　　　　　　　　　　　　농기구 장만할 것을 권함.

＊**근거**: (가) ⓬행

〈보기〉를 통해 ⓐ가 농촌에 거주하는 양반이 농민들에게 농기구를 장만할 것을 권하는 것임을 알 수 있다.

② ⓑ는 미래의 용도를 대비한 실용적 측면을 고려한 것으로 볼 수 있겠군.
　　　　　　　　　　훗날의 먹을 것을 미리 준비할 것을 권함.

＊**근거**: (가) ⓰행

ⓑ는 훗날의 먹을 것을 미리 준비할 것을 권하는 것으로, 미래의 용도를 대비한 실용적 측면을 고려한 것임을 알 수 있다.

③ ©는 부모에 대한 유교적 윤리를 농민에게 강조하는 것으로 볼 수 있겠군.
수의를 준비하라는 의미 – 효를 강조

*근거: (가) ⑲행

©는 부모의 나이가 많으니 수의를 준비하라는 의미로, 부모에 대한 유교적 윤리를 농민에게 강조한 것임을 알 수 있다.

④ ⓓ는 상사의 매개가 되는 세시 풍속과 관련이 있는 것으로 볼 수 있겠군.
답교하며 즐기는 소년들을 보며 임의 부재를 안타까워함.

*근거: (나) ❶, ❷행

ⓓ는 화자가 정월 상원일에 '답교'를 즐기는 소년들을 부러워하며 임의 부재를 안타까워하는 것으로, '답교'는 화자가 부재하는 임을 그리워하는 매개가 됨을 알 수 있다.

D 65 정답 ② *시어 및 구절의 의미 파악하기 [정답률 72%]

㉠과 ㉡에 대한 설명으로 가장 적절한 것은?

>왜 정답?

② ㉡은 ㉠과 달리 특정한 대상을 회상하는 계기가 되고 있다.
어린이들이 뛰노는 시끌짝한 소리와 노란 털북숭이 봄 병아리를 떠올림.

(다)의 글쓴이는 ㉡을 통해 어린이들이 뛰노는 소리와 노란 털북숭이 봄 병아리를 떠올리고 있다. ㉠은 잘 익은 곡식의 모습을 비유적으로 표현한 것으로 회상의 계기와는 관련이 없다.

>왜 오답?

① ㉠은 ㉡과 달리 미래의 소망을 나타내고 있다.
현재의 모습을 드러냄.

㉠은 현재 잘 익은 곡식의 모습을 비유적으로 표현한 것이다.

③ ㉠은 내적 갈등의 해소와, ㉡은 내적 갈등의 심화와 관련이 있다.
드러나 있지 않음.   드러나 있지 않음.

㉠과 ㉡은 화자가 느끼는 내적 갈등이 드러나지 않는다.

④ ㉠과 ㉡ 모두 세월의 흐름과 관련한 인생의 무상함을 느끼게 하고 있다.
드러나 있지 않음.

㉠과 ㉡ 모두 세월의 흐름과 관련한 인생의 무상함은 드러나지 않는다.

⑤ ㉠과 ㉡ 모두 구도적인 자세를 통해 사물이 지닌 의미를 깨닫게 하고 있다.
드러나 있지 않음.

㉠과 ㉡ 모두 진리나 종교적인 깨달음을 추구하는 자세는 드러나지 않는다.

[구도적: 진리나 종교적인 깨달음의 경지를 구하는. 또는 그런 것

D 66 정답 ④ *<보기>를 바탕으로 감상하기 …… [정답률 82%]

<보기>를 참고할 때, (다)에 대한 감상으로 가장 적절한 것은?

─────── [보기] ───────
(다)의 글쓴이는 자신의 일상생활의 체험을 바탕으로 자연
병아리가 알을 깨고 나오는 과정에 대한 관찰
물이 지닌 속성에서 발견한 정신적 가치를 드러내고 있다.
강인한 생명력과 용기라는 정신적 가치 발견

>왜 정답?

④ 알을 깨고 나오는 '새'를 통해, 강인한 생명력과 용기를 드러내고 있군.
강인한 생명력과 용기 발견

글쓴이는 '새'가 알을 깨고 나오는 과정은 두려움을 극복하는 과정이며 강인한 생명력을 보여 주는 것으로 생각하고 있다. 따라서 알을 깨고 나오는 '새'를 통해 강인한 생명력과 용기를 드러내고 있다고 할 수 있다.

>왜 오답?

① '봄 병아리'와 다른 모습의 '서리병아리'를 통해, 어려운 상황을 견디는 인내심을 드러내고 있군.
'서리병아리'와 다른 '봄 병아리'의 모습 통해 '봄 병아리'의 특성을 강조

글쓴이는 '서리병아리'와 다른 '봄 병아리'의 모습을 통해 '봄 병아리'의 특성을 강조하고 있다.

② '푸른 하늘'을 선회하는 '솔개'를 통해, 진취적 기상을 드러내고 있군.
봄의 풍경을 표현

'푸른 하늘'을 선회하는 '솔개'를 통해 봄의 풍경을 표현하고 있다.

③ '매운바람'이 몰아칠 때 새끼를 거두어 안는 '어미 닭'을 통해, 약자의 허물을 감싸 주는 포용력을 드러내고 있군.
새끼들에 대한 모성애 표현

'매운바람'이 몰아칠 때 새끼를 거두어 안는 '어미 닭'을 통해 새끼들에 대한 모성애를 표현하고 있다.

⑤ 딱딱하게 굳은 땅을 뚫고 솟아오르는 '여린 새싹'을 통해, 성장할수록 겸손함을 잃지 않는 태도를 드러내고 있군.
강인한 생명력을 발견

딱딱하게 굳은 땅을 뚫고 솟아오르는 '여린 새싹'을 통해 연약하지만 강인한 생명력을 지닌 존재에 대한 감탄을 드러내고 있다.

D 67~71   [2018년(10월)/고3교육청 38~42]

(가) 정도전, <신도가>

❶ 화자, 중심 대상 ❷ 상황, 정서, 태도 ❸ 표현상 특징 [고어 읽기] [시 해석]

❶ 녜는 양주   이 꼬올히여
녜ᄂᆞᆫ 양쥬(楊州) ㅣ 고올히여
       한양의 옛 이름
➡ 옛날에는 양주의 고을이여

지위예   신도형승   이샷다
❶ 중심 대상: 신도형승
❷ 디위예 신도형승(新都形勝)이샷다*
❷ 정서: 새 도읍의 경치에 감탄함.
➡ 그 경계에 새 도읍의 뛰어난 경치로다

❶~❷행 요약: 새로운 도읍의 빼어난 모습 찬양

❸ 개국성왕   이 성대   를 니르어샷다
ㄱㅣ국셩왕(開國聖王)이 셩ᄃᆡ(聖代)를 니르어샷다
       태조   태평성대
➡ 개국성왕께서 성대를 이룩하셨도다.

❹ 잣다온저   당금쎵   잣다온저
잣다온뎌* 당금셩(當今景) 잣다온뎌
➡ 도성답구나! 지금의 경치가 참으로 도성답도다!

❺ 성수만년   하샤 만민   의 함락   이샷다
셩슈만년(聖壽萬年)ᄒᆞ샤 만민(萬民)의 함락(咸樂)이샷다*
➡ 성수만년하시니 만백성 모두 기쁨이로다

❻ 아으   다롱다리
아으 다롱다리
❸ 표현상 특징: 의미 없는 여음구
➡ 아으 다롱다리

❸~❻행 요약: 태조의 성덕 찬양

❼ 알픈   한강슈   여 뒤흔 삼각산   이여
알ᄑᆞᆫ 한강슈(漢江水)여 뒤흔 삼각산(三角山)이여
       한양의 풍수적 위치
➡ 앞은 한강수요, 뒤는 삼각산이라

❽ 덕중   하신 강산   즈에 만세   를 누리쇼셔
덕듕(德重)ᄒᆞ신 강산(江山)즈ᅀᅳ메 만세(萬歲)를 누리쇼셔
❷ 태도: 만수무강을 기원함.
➡ 덕이 많으신 이 강산 사이에서 만세를 누리소서

❼~❽행 요약: 태조의 만수무강 기원

*신도형승이샷다: 새 도읍의 뛰어난 경치로다.

* 잣다온며: 도성답구나.
* 함락이샷다: 함께 즐거워하도다.

■ **갈래**: 악장 ■ **창작 시기**: 조선 초기
■ **내용**: 이 작품은 조선 초기의 송축가로 조선이 개국하고 곧 이어 송도에서 한양으로 천도하였는데, 이 새 도읍에 대한 찬양을 위해서 지은 작품으로 앞부분에서는 한양의 빼어난 모습을 찬양하고 있으며, 중간 부분에서는 태조의 성덕과 한양의 도성다움을 칭송하고 있으며 끝부분에서는 배산임수의 명당터에서 태조의 공덕을 기리며, 만수무강을 빌고 있다. 새로이 도읍을 정하고 개국을 한 후의 노래로서, 고려 속요의 가락을 바탕으로 지은 노래라는 점에서 그 의의가 크고, 조선 건국의 정당성을 주장하고 홍보하려는 의도가 엿보이는 작품이지만, 내용의 천편일률적인 조선 건국의 찬양과 왕들에 대한 송축으로 문학적인 의미를 상실하고, 생명이 오래 지속되지 않는다.
■ **주제**: 새로운 도읍과 태조의 성덕 예찬

■ **이것이 핵심!**: 각 행의 중심 내용

1~2행	3~6행	7~8행
신도형승이 샷다	• 기국셩왕(開國聖王)이 셩디(聖代)를 니르러샷다 • 잣다온며 당금셩(當今景) 잣다온더	• 알픈 한강슈(漢江水)여 뒤흔 삼각산(三角山)이여 • 덕듕(德重)ㅎ신 강산(江山) 즈으메 만셰(萬歲)를 누리쇼셔

(나) 이신의, 〈사우가〉

❶ 화자, 중심 대상 ❷ 상황, 정서, 태도 ❸ 표현상 특징 [시 해석]

○~△: 대조

❶ 바위에 셨는 솔이 늠연(凜然)한* 줄 반가온며
➡ 바위에 서 있는 솔이 위엄이 있고 당당한 것이 반갑구나.

풍상(風霜)을 겪어도 여위는 줄 전혀 업다
시련에도 변하지 않음.
➡ 풍상을 겪어도 여위지 않는구나.

❸ 어쩌다 봄빛을 가져 고칠 줄 모르나니
❷ 정서: 변함없는 솔의 모습에 감탄함.   〈제1수〉
➡ 어찌하여 봄빛을 지니고 있어 고칠 줄 모르는가.

*〈제1수〉 요약: 풍상(風霜)에도 변함없는 솔의 모습

❶ 동리(東籬)에 심은 국화(菊花) 귀(貴)한 줄을 뉘 아나니
➡ 동쪽에 있는 울타리에 심은 국화가 귀한 줄 누가 아느냐

❷ 춘광(春光)을 번폐하고* 엄상(嚴霜)에 혼자 피니
➡ 따뜻한 봄 햇살을 마다하고 늦가을 서리에 혼자피니

❸ 어즈버 청고한 내 벗이 다만 넨가 하노라
❶ 화자: '나' 국화   〈제2수〉
➡ 어즈버 맑고 고결한 내 벗이 다만 너뿐인가 하노라.

*〈제2수〉 요약: 엄상(嚴霜)에도 혼자 피는 청고(淸高)한 국화의 모습

❶ 꽃이 무한(無限)호되 매화(梅花)를 심은 뜻은
➡ 꽃이 많되 그 중에서도 매화를 심은 뜻은

❷ 눈 속에 꽃이 피어 한 빛인 줄 귀하도다
➡ 눈 속에 꽃이 피어 눈과 같이 흰빛인 것이 소중하기 때문이다.

❸ 하물며 그윽한 향기(香氣)를 아니 귀(貴)코 어이리
❷ 정서: 매화의 향기에 감탄함.   〈제3수〉
➡ 하물며 그윽한 향기 또한 참으로 귀하구나.

*〈제3수〉 요약: 눈 속에 피는 강인함과 그윽한 향기를 지닌 매화의 모습

❶ 백설(白雪)이 잦은 날에 대를 보려 창(窓)을 여니
➡ 백설이 자주 내리는 날에 대나무를 보려 창을 여니

❷ 온갖 꽃 간 데 업고 대숲이 푸르러셰라
➡ 백설에 온갖 꽃은 간 데 없고 대숲만 푸르구나.

❸ 어째서 청풍(淸風)을 반겨 흔덕흔덕* 하나니
➡ 어찌하여 대나무만 맑은 바람을 반기며 잎이 흔들흔들 하는가   〈제4수〉

*〈제4수〉 요약: 백설(白雪)에도 푸른 대나무의 모습

* 늠연한: 위엄이 있고 당당한
* 번폐하고: 마다하고
* 흔덕흔덕: 흔들흔들

■ **갈래**: 시조 ■ **창작 시기**: 조선 중기
■ **내용**: 이 작품은 소나무, 국화, 매화, 대나무가 지닌 덕성을 노래하고 있는 연시조로, 각각의 자연물이 지닌 속성에서 숭고한 정신적 가치를 발견하고 있다. 조선조 광해군 때의 정치가이자 문인이며 학자였던 석탄 이신의는 인목대비 폐비 사건을 맞아 유학자다운 곧고 강직한 성품으로 반대 상소를 올렸다가 함경북도 회령 지방에 유배되었는데, '사우가'는 바로 이때 지어진 작품이다. 따라서 이 작품에는 당쟁으로 인해 혼란을 겪어야만 했던 당시의 현실에 대한 작가의 생각과 태도가 잘 녹아 있다고 할 수 있다.
■ **주제**: 사우(四友)를 바라보며 감탄하고 있음.

■ **이것이 핵심!**: 사우에 대한 예찬

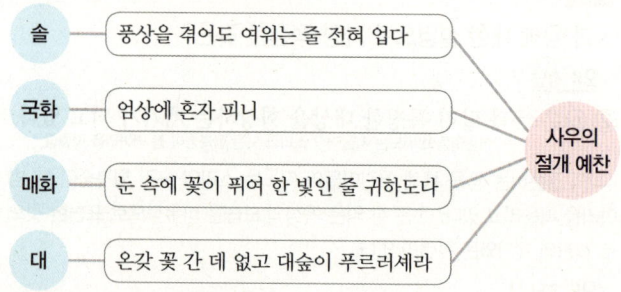

(다) 현진건, 〈불국사 기행〉

❶ 중심 대상 ❷ 글쓴이의 생각, 태도 ❸ 서술상 특징

1 숨이 턱에 닿고 온몸이 땀에 멱을 감는 한 시간 남짓의 길을 허비하여 나는 겨우 석굴암 앞에 섰다. 멀리 오는 순례자를 위하여
❶ 글쓴이: '나'
미리 준비해 놓은 듯한 석간수는 얼마나 달고 시원한지! 연거푸 두 구기를 들이키매, 피로도 잊고 더위도 잊고 상쾌한 맑은 기운이 심신을 엄습하여 표연히 티끌 세상을 떠난 듯도 싶다. 돌층대
속세
를 올라서니 들어가는 좌우 돌벽에 새긴 인왕과 사천왕이 흡뜬 눈과 부르걷은 팔뚝으로 나를 위협한다. 어깨는 엄청나게 벌어지고, 배는 홀쭉하고, 사지는 울퉁불퉁한 세찬 근육! 나는 힘의 예술의
표본을 본 듯하였다.
❷ 태도: 인왕과 사천왕에 감탄함.

┌ 석간수: 바위틈에서 나오는 샘물.
│ 구기: 자루가 국자보다 짧고, 바닥이 오목하다.
└ 표연히: 바람에 나부끼는 모양이 가볍게ㅊ

2 한번 문 안으로 들어서매, 석련대(石蓮臺) 위에 올라앉으신 석가의 석상은 그 의젓하고도 봄바람이 도는 듯한 화한 얼굴로 저절로 보는 이의 불심을 불러일으킨다. 한군데 빈 곳 없고, 빠진 데 없고, 어디까지나 원만하고 수려한 얼굴, 알맞게 벌어진 어깨, 슬며시 내민 가슴, 퉁퉁하고도 점잖은 두 팔의 곡선미, 장중한 그 모양은 천추에 빼어난 걸작이라 하겠다.
❷ 태도: 석가의 석상에 감탄함.

*1, 2 문단 요약: 석굴암의 인왕과 사천왕, 석가 석상의 모습에 대한 감탄

3 좌우 석벽의 허리는 열다섯 간으로 구분되었고, 각 간마다 보살과 나한의 입상을 병풍처럼 새겼는데, 그 모양은 다 각기 달라,

혹은 어여쁘고, 혹은 영성궂고, 늠름한 기상과 온화한 자태는 참으로 성격까지 빈틈없이 표현하였으니, 신품(神品)이란 말은 이런 예술을 두고 이름이리라.

[**입상**: 서 있는 모습으로 만든 상(像)
[**영성궂다**: 신령스럽다.

*③ 문단 요약: 보살과 나한의 입상에 대한 감상

(중략)

④❶ 그러나 앞문은 지금 손질이 많았지만 정작 굴 속은 별로 수선한 것이 없고, 아직도 옛 윤곽이 뚜렷이 남았음은 불행 중 다행이라 할까.❷ 그 안에 모신 부처님, 관세음보살, 나한님네들의 좌상과 입상이 어느 것 하나 세상에 뛰어나는 신품이 아님이 없다는 것은 좀된 붓 끝이 적이 끄적거린 바로되, 석가님이 올라앉으신 돌 연대도 훌륭하거니와, 더구나 천장의 장치에 이르러서는 정말 찬란하다 할밖에 없다.❸ 하늘 모양으로 궁륭상(穹窿狀)*을 지었고, 그 복판에 탐스러운 연꽃 모양을 떠 놓은 것은 또 얼마나 그 의장이 빼어나고 솜씨가 능란한가.❹ 온전히 돌이란 한 가지의 원료로 이렇도록 공교하고 굉걸하고 아름다운 건축물을 낳아 낸 것은, 모르면 몰라도 동양, 서양의 건축사에 가장 영광스러운 한 장을 점령할 것이다.

❷ 글쓴이의 생각: 전통을 보존하는 데에 가치를 둠.
❸ 서술상 특징: 설의법

[**연대**: 연꽃 받침대
[**의장**: 시각을 통하여 미감을 일으키는 것
[**굉걸하다**: 굉장하고 훌륭하다.

*④ 문단 요약: 돌 연대와 천장의 장치에 대한 감탄

⑤❶ 굴문을 나서니, 밖에는 선경이 또한 나를 기다린다. 훤하게 터진 눈 아래 어여쁜 파란 산들이 띄엄띄엄 둘레둘레 머리를 조아리고 그 사이사이로 흰 물줄기가 굽이굽이 골안개에 싸이었는데, 하늘 끝 한 자락이 꿈결 같은 푸른빛을 드러낸 어름이 동해 바다라❷ 한다. 오늘같이 흐리지 않은 날이면 동해 바다의 푸른 물결이 공중에 달린 듯이 떠 보이고, 그 위를 지나가는 큰 돛까지 나비의 날개처럼 곰실곰실 움직인다 한다.❹ 더구나 이 모든 것을 배경으로 아침 햇발이 둥실둥실 동해를 떠나오는 광경은 정말 선경 중에도 선경이라 하나, 화식(火食) 먹는 나 같은 속인엔 그런 선연(仙緣)이 있을 턱이 없다.

불에 익힌 음식 - 속인의 음식

[**선연**: 신선과 같은 인연

*⑤ 문단 요약: 동해를 바라보는 석굴암의 전망에 대한 감탄과 아쉬움

*궁륭상: 활이나 무지개같이 한가운데가 높고 길게 굽은 형상. 또는 그렇게 만든 천장이나 지붕 모양

■ **갈래**: 현대 수필   ■ **창작 시기**: 현대
■ **내용**: 이 작품은 1929년 여름 글쓴이가 경주 지방을 여행하고 그해 『동아일보』에 연재한 '고도 순례 경주' 중 일부로, 글쓴이의 문학성이 돋보이는 기행 수필이다. 전체 구조는 경주 시내에서 불국사 가는 길, 불국사의 다보탑과 석가탑, 석굴암 가는 길의 치술령, 석굴암의 순서로 구성되어 있는데, 여정보다는 글쓴이의 견문과 감상을 중점적으로 소개하고 있다. 중간에 설화를 소개하고 시조를 삽입하는 등 수필의 자유로운 형식을 극대화하고 있다. 또한 글쓴이의 소설적 상상력이 두드러지게 나타나며, 묘사의 치밀성이나 개성이 드러나는 문체 등 언어의 유창성이 돋보인다.
■ **주제**: 불국사와 석굴암의 예술적 아름다움 예찬

■ **이것이 핵심!**: 석굴암에 대한 예찬적 표현

① 문단	나는 힘의 예술의 표본을 본 듯하였다.
② 문단	천추에 빼어난 걸작이라 하겠다.
③ 문단	신품(神品)이란 말은 이런 예술을 두고 이름이리라.
④ 문단	정말 찬란하다 할밖에 없다.
⑤ 문단	정말 선경 중에서도 선경이라 하나 ~ 있을 턱이 없다.

D 67 정답 ① *작품의 특징 파악하기 …… [정답률 87%]

(가)~(다)에 대한 설명으로 가장 적절한 것은?

> **왜 정답?**

① (가)~(다)는 모두 대상을 예찬하는 태도를 나타내고 있다.
(가)는 '한양', (나)는 '사우', (다)는 '석굴암' 예찬

*근거: (가) ❷행, (나) 〈제3수〉 ❸행, (다) ②문단 ❷문장
(가)는 새 도읍인 한양, (나)는 사우, (다)는 석굴암을 예찬하는 태도를 나타내고 있다.

> **왜 오답?**

② (가)~(다)는 모두 공간에 대해 역사적 의미를 부여하고 있다.
(가)와 (다)만 나타남.

*근거: (가) ❷행, (다) ④문단 ❹문장
(가)는 한양에 새 도읍으로서의 역사적 의미를 부여하고 있다. 그리고 (다)는 석굴암에 건축사적 의의를 부여하고 있으므로 역사적 의미를 부여하고 있다고 볼 여지가 있다. 하지만 (나)는 공간에 대해 역사적 의미를 부여하고 있지 않다.

③ (가)와 (나)는 이상과 현실 사이의 괴리감을 드러내고 있다.
(가), (나) 모두 드러나지 않음.

(가), (나)에 이상과 현실 사이의 괴리감은 나타나 있지 않다.

[**괴리감**: 서로 어긋나 동떨어져 있는 것처럼 느끼는 마음

④ (가)와 (다)는 새로운 문물과 제도에 대한 위용을 드러내고 있다.
(가)만 나타남.

*근거: (가) ❹행
(가)는 '도성답구나, 참으로 도성답구나' 하며 새로운 문물과 제도에 대한 위용을 드러내고 있지만, (다)는 새로운 문물과 제도에 대해서는 드러내고 있지 않다.

[**위용**: 위엄찬 모양이나 모습

⑤ (나)와 (다)는 시련을 이겨 내려는 의지를 나타내고 있다.
(나)만 나타남.

*근거: (나) 〈제1수〉 ❷행
(나)는 자연물의 대조를 통해 시련을 이겨 내려는 의지를 드러내고 있지만, (다)에는 나타나 있지 않다.

D 68 정답 ⑤ *시어와 구절의 의미 이해하기 · [정답률 28%]

(나)와 (다)에 대한 이해로 적절하지 않은 것은?

> **왜 정답?**

⑤ (나)의 '청풍을 반겨'와 (다)의 '상쾌한 맑은 기운이 심신을 엄습하여'는 모두 청빈한 삶에 대한 지향을 드러내고 있다.
대숲의 푸르른 모습   석간수의 달고 시원한 맛   드러나지 않음.

'청풍을 반겨'는 대숲의 푸르른 모습, '상쾌한 맑은 기운이 심신을 엄습하여'는 석간수의 달고 시원한 맛을 강조한 표현이지 재물에 대한 욕심이 없어 가난하게 사는 삶인 청빈한 삶에 대한 지향을 드러내고 있지 않다.

왜 오답?

① (나)의 '늠연한 줄 반가온뎌'는 자연물에 대한, (다)의 '정말 찬란하다 할밖에 없다'는 인공물에 대한 감탄을 표현하고 있다.
<small>솔에 대한 감탄 / 석굴암 천장의 장치에 대한 감탄</small>

'늠연한 줄 반가온뎌'는 자연물인 '솔'에 대한 감탄을, '정말 찬란하다 할밖에 없다'는 인공물인 '천장의 장치'에 대한 감탄을 표현하고 있다.

② (나)의 '여위는 줄 전혀 업다'는 변화가 없음을 강조하고 있고, (다)의 '지금 손질이 많았지만'은 변화가 있었음을 밝히고 있다.
<small>솔이 시련에도 변하지 않음. / 굴 속과 달리 앞문은 손질을 많이 함.</small>

'여위는 줄 전혀 업다'는 '솔'이 풍상을 겪어도 변하지 않음을 강조하고 있고, '지금 손질이 많았지만'은 굴 속에 비해 앞문이 수선을 많이 해 변화가 있었음을 밝히고 있다.

③ (나)의 '그윽한 향기'와 (다)의 '어여쁜 파란 산들'에는 모두 대상에 대한 호감이 담겨 있다.
<small>매화에 대한 호감 / 눈앞의 선경에 대한 호감</small>

매화의 향기를 '그윽'하다고 한 데에서, '파란 산들'을 '어여'쁘다고 한 데에서 대상에 호감을 갖고 있음을 알 수 있다.

🎀 [오답 선택률 60%]
④ (나)의 '대숲이 푸르러셰라'는 원하는 사물을 보았음을, (다)의 '그런 선연이 있을 턱이 없다'는 원하는 광경을 보지 못했음을 표현하고 있다.
<small>창을 열어 원하던 대를 봄. / 일출 장면을 보지 못함.</small>

대나무를 보러 창을 연 후 '대숲이 푸르러셰라'라고 한 데에서 원하는 사물을 보았음을 알 수 있고, 아침 햇발이 둥실둥실 동해를 떠나오는 광경을 보고 싶은데 자신 같은 속인에게는 '그런 선연이 있을 턱이 없다.'고 한 데에서 원하는 광경을 보지 못했음을 알 수 있다.

D 69 정답 ③ ＊외적 준거에 따라 감상하기 · [정답률 62%]

〈보기〉를 바탕으로 (가)를 감상한 내용으로 적절하지 않은 것은? [3점]

━━━[보기]━━━
❶ 조선의 개국 주도 세력은 건국 후 한양이 풍수지리상 배산임수(背山臨水)의 조건을 갖춘 지덕(地德)이 성한 터라 주장하며, 구시대를 상징하는 개경을 떠나 한양으로 천도할 것을 결정했다. ❷ 도성 건설을 주관한 정도전은 「신도가」를 지어 개국을 송축하고 새로운 도성을 만들었다는 자부심을 나타내었다. ❸ 또한 임금의 만수무강을 바라며 궁극적으로 조선 왕조의 무궁한 번영을 기원하는 의도를 드러내고 있다. ❹ 이런 점에서 이 작품에는 과거, 현재, 미래에 대한 화자의 인식이 담겨 있다고 볼 수 있다.
<small>④의 근거 / ③의 근거 / ②의 근거 / ⑤의 근거</small>
- - - - - - - - - - -
지덕: 집터의 운이 틔고 복이 들어오는 기운
주관하다: 어떤 일을 책임을 지고 맡아 관리하다.
송축하다: 경사를 기리고 축하하다.

왜 정답?

③ '기국성왕이 성디를 니르어샷다'는 조선의 개국을 송축하며 임금의 말씀을 전하는 것이로군.
<small>임금의 말씀을 전하는 것과 관계 없음.</small>

'기국셩왕이 셩디를 니르어샷다'는 개국성왕이 태평성대를 이루었다는 것으로 조선의 개국을 송축하는 표현이기는 하지만, 임금의 말씀을 전하고 있지는 않다.

왜 오답?

① '녜는 양쥬ㅣ 꼬올히여'는 한양의 과거 지명과, '당금셩'은 한양의 현재 풍경과 관련된 것이로군.
<small>양주가 한양의 과거 지명 / 현재 한양이 도성답다</small>

'녜는 양쥬ㅣ 꼬올히여'는 한양의 옛날 지명이 양주임을 의미하므로 한양의 과거 지명과 관련되어 있고, '당금셩'은 현재 한양이 도성답다는 의미이므로 현재 풍경과 관련된 것이다.

② '신도형승이샷다'에는 새로운 도성 건설을 주관한 작가의 자부심이 담겨 있겠군.
<small>새 도읍에 대한 자부심</small>

〈보기〉에서 정도전은 도성 건설을 주관했다고 했으므로, '신도형승이샷다'는 작가의 자부심이 담겨 있다고 할 수 있다.

④ '알픈 한강슈여 뒤흔 삼각산이여'는 풍수지리상 지덕이 성한 터임을 알려 주는군.
<small>배산임수의 조건을 잘 갖춤.</small>

〈보기〉에서 한양이 풍수지리상 배산임수의 조건을 갖춘 지덕이 성한 터라고 했으므로, '알픈 한강슈여 뒤흔 삼각산이여'는 풍수지리상 지덕이 성한 터임을 알려 주고 있다.

⑤ '만셰를 누리쇼셔'는 궁극적으로 미래를 염두에 두고 조선 왕조의 무궁한 번영을 기원하는 것이겠군.
<small>태조의 만수무강이 왕조의 번영으로 이어짐.</small>

〈보기〉에서 조선 왕조의 무궁한 번영을 기원하는 의도를 드러내고 있다고 했으므로, '만셰를 누리쇼셔'는 조선 왕조의 무궁한 번영을 기원하고 있다고 할 수 있다.

D 70 정답 ⑤ ＊표현상의 특징 파악하기 … [정답률 84%]

작품의 제목을 고려할 때, (나)의 표현 방식에 대한 이해로 가장 적절한 것은?

왜 정답?

⑤ 〈제1수〉부터 〈제4수〉까지 모두 계절감을 활용해 '사우'의 긍정적 속성을 드러내고 있다.
<small>〈제1수〉 '봄빛', 〈제2수〉 '춘광', '엄상', 〈제3수〉 '눈', '꽃' 〈제4수〉 '백설'을 통해 긍정적 속성 부각</small>

＊근거: (나) 〈제1수〉 ❸행, 〈제2수〉 ❷행, 〈제3수〉 ❷행, 〈제4수〉 ❶행
〈제1수〉에는 '봄빛', 〈제2수〉에는 '춘광', '엄상', 〈제3수〉에는 '눈', '꽃', 〈제4수〉에는 '백설' 등의 시어를 통해 계절감을 나타내 '사우'의 긍정적인 속성을 드러내고 있다.

왜 오답?

① 〈제1수〉와 〈제4수〉에서는 음성 상징어를 활용해 '사우'의 동작을 묘사하고 있다.
<small>〈제4수〉만 '흔덕흔덕'이라는 음성 상징어 사용</small>

＊근거: (나) 〈제4수〉 ❸행
〈제4수〉에는 '흔덕흔덕'이란 음성 상징어를 사용하고 있지만, 〈제1수〉에는 사용하고 있지 않다.

② 〈제2수〉와 〈제3수〉에서는 상승과 하강의 이미지를 교차하여 '사우'의 모습을 부각하고 있다.
<small>위로 오르는 듯한 이미지와 아래로 향하는 듯한 이미지 / 상승과 하강의 이미지는 모두 나타나지 않음.</small>

〈제2수〉, 〈제3수〉 모두 상승과 하강의 이미지를 교차하여 '사우'의 모습을 나타내고 있지 않다.

③ 〈제3수〉와 〈제4수〉에서는 색채 대비를 통해 '사우'의 장단점을 제시하고 있다.
<small>'사우'의 장단점은 둘 다 제시되지 않고, 〈제4수〉만 색채 대비가 나타남.</small>

＊근거: (나) 〈제4수〉 ❶, ❷행

〈제4수〉에서 백설과 대숲의 색채 대비가 나타나 있지만 '사우'의 장단점을 제시하고 있지 않고, 〈제3수〉에서는 색채 대비는 물론 '사우'의 장단점이 나타나 있지 않다.

겉으로 드러나는 뜻과 속에 담긴 의도를 반대로 표현하여 의미를 강조하는 방법
④ 〈제1수〉부터 〈제4수〉까지 모두 반어적 표현을 통해 '사우'
반어적 표현은 사용되지 않음.
의 특성을 강조하고 있다.

〈제1수〉부터 〈제4수〉까지 반어적 표현은 쓰이지 않았다.

D 71 정답 ⑤ *종합적으로 감상하기 …… [정답률 74%]

〈보기〉는 (다)를 읽고 학생이 쓴 감상문의 일부이다. 감상의 내용으로 적절하지 않은 것은?

─────[보기]─────

❶「불국사 기행」은 석굴암과 그 주변에서 본 것들에 대해 공간의 이동에 따라 서술하고 있다. ❷먼저 석굴암 입구에서는 ㉠좌우 돌벽에 새긴 인왕과 사천왕의 생생한 이미지를 전달하고 있고, 굴 안으로 이동한 후에는 ㉡석가상의 온화한 얼굴을 묘사하며 그것을 바라볼 때 생기는 효과까지 제시하고 있다. ❸㉢다양한 모습을 지닌 좌우 석벽의 보살과 나한 입상에 대한 감동을 하나의 단어로 집약하는 것이나, ㉣석굴암 천장 장치의 예술적 기교를 건축사의 위대한 업적으로 평가하는 부분이 인상적이었다. ❹그리고 굴 밖으로 나와서 ㉤주위의 절경과 동해의 수평선을 바라보며 신선이 된 것 같다고 느끼는 부분을 읽으며 글쓴이가 부러웠다.

┄┄┄┄┄┄┄┄┄┄┄┄┄┄┄┄┄┄┄┄┄┄┄┄

집약하다: 한데 모아서 요약하다.

기교: 기술이나 솜씨가 아주 교묘함. 또는 그런 기술이나 솜씨

❯왜 정답❓

⑤ ✖
자신은 속인이라 선경을 보지 못함.

*근거: (다)⑤문단 ❹문장

글쓴이는 석굴암 주변의 경치를 선경으로 느끼며 일출 장면을 선경 중의 선경이라고 하여 보고 싶어 하지만, 자신은 속인이라 볼 수 없다고 하고 있다. 따라서 자신을 신선이 된 것 같다고 느끼는 부분은 적절하지 않다.

❯왜 오답❓

① ㉠
'인왕과 사천왕이 ~ 세찬 근육!'에서 알 수 있음.

*근거: (다)①문단 ❹, ❺문장

'인왕과 사천왕이 흡뜬 눈과 부르걷은 팔뚝으로 나를 위협한다. 어깨는 엄청나게 벌어지고, 배는 홀쭉하고, 사지는 울퉁불퉁한 세찬 근육!'에서 인왕과 사천왕에서 생생한 이미지를 전달하고 있다.

② ㉡
'그 의젓하고도 ~ 두 팔의 곡선미'에서 알 수 있음.

*근거: (다)②문단 ❶, ❷문장

'한군데 빈 곳 없고, 빠진 데 없고, 어디까지나 원만하고 수려한 얼굴'로 석가상의 온화한 얼굴을 묘사하며, '그 의젓하고도 봄바람이 도는 듯한 화한 얼굴로 저절로 보는 이의 불심을 불러일으킨다.'에서 석가상 얼굴을 바라볼 때 생기는 효과를 제시하고 있다.

③ ㉢
'신품'이라는 말로 집약

*근거: (다)③문단

'신품이란 말은 이런 예술을 두고 이름이리라.'에서 다양한 모습을 보여 주는 좌우 석벽의 보살과 나한 입상에 대한 감동을 '신품'이라는 단어로 집약했음을 알 수 있다.

④ ㉣
'온전히 돌이란 ~ 점령할 것이다.'에서 알 수 있음.

*근거: (다)❹문단 ❹문장

'온전히 돌이란 한 가지의 원료로 이렇도록 공교하고 굉걸하고 아름다운 건축물을 낳아 낸 것은, 모르면 몰라도 동양, 서양의 건축사에 가장 영광스러운 한 장을 점령할 것이다.'에서 석굴암 천장 장치의 예술적 기교를 건축사의 위대한 업적으로 평가하고 있음을 알 수 있다.

D 72~75 [2018년(7월)/고3교육청 38~41]

(가) 장복겸, 〈고산별곡〉

❶ 화자, 중심 대상 ❷ 상황, 정서, 태도 ❸ 표현상 특징 [고어 읽기] [시 해석]

❶ 청산   은 에워 들고 녹수   는 도라가고
청산(靑山)은 에워 들고 녹수(綠水)는 도라가고 「」: 자연속에서의 삶
➡ 청산은 이 불고정을 빙둘러 에워싸고 녹수는 돌아가고

❷ 석양   이 거들 때예 신월   이 소사난다
석양(夕陽)이 거들 때예 신월(新月)이 소사난다」
➡ 석양이 걷히는 때 초승달이 솟아난다.

❸ 안전의   일존주   가지고 시름 프자 하노라
안전(眼前)의 일존주(一尊酒)* 가지고 시름 프자 ᄒ노라
눈 앞   원인: 세상이 자신을 알아주지 않기 때문
➡ 눈앞의 한 통의 술을 가지고 시름을 풀고자 하노라.

〈제1수〉

*〈제1수〉요약: 자연 속에서 시름을 잊고자 함.

❶ 강산의   눈이 닉고 세로   의 낫치 서니
강산(江山)의 눈이 닉고 세로(世路)의 ᄂᆞᆺ치 서니
자연, 화자가 있는 공간   세상의 길, 속세
➡ 강산은 눈에 익숙하고 세상의 길은 낯서니

❷ 어듸 뉘 문   의 이 허리 굽닐손고
어듸 뉘 문(門)의 이 허리 굽닐손고
❷ 태도: 출세를 위해 아부하지 않겠다는 의지를 가짐.
➡ 어디 누구의 문전에 이 허리를 굽히겠는가

❸ 일존주   삼척금   가지고 백년소일   호리라
일존주 삼척금(三尺琴) 가지고 백년소일(百年消日)호리라
거문고
➡ 한 통의 술과 거문고를 가지고 평생을 한가롭게 지내리라.

〈제3수〉

*〈제3수〉요약: 세로를 등지고 술과 거문고로 평생 소일을 하고자 함.

❶ 내 말도 남이 마소 남의 말도 내 아닌늬
ᄂᆡ 말도 ᄂᆞᆷ이 마소 ᄂᆞᆷ의 말도 ᄂᆡ 아닌ᄂᆡ
❶ 화자: '나'
➡ 나에 대한 말 다른 사람들아 하지 마오. 남의 말은 나도 하지 않으리.

❷ 고산   불고정   의 조하 늙는 몸이로쇠
고산(孤山) 불고정(不孤亭)의 조하 늙ᄂᆞᆫ 몸이로쇠
남원에 있는 산 이름 작가가 지은 정자 이름
➡ 고산 불고정이 좋아 늙어가는 몸이로세.

❸ 어디서 망녕의 손이 검다 셰다 하나니
어듸셔 망녕의 손이 검다 셰다 ᄒᄂᆞ니
〈제4수〉
➡ 어디서 정신이 흐려진 부정적인 존재들이 옳다 그르다 떠드는가.

*〈제4수〉요약: 불고정에서 시비를 멀리하고자 함.

❶ 엇긔제 비즌 술이 다만 세 병뿐이로다
엇긔제 비즌 술이 다만 세 병(瓶)쑨이로다
➡ 엊그제 빚은 술이 다만 세 병뿐이로다

❷ 한 병   은   믈의 놀고 또 한 병   뫼희 노셔
[A] ᄒᆞᆫ 병(瓶)은 믈의 놀고 ᄯᅩ ᄒᆞᆫ 병(瓶) 뫼희 노셔
➡ 한 병으로 물에서 놀고 또 한 병으로 산에서 놀고

❸ 이 밧긔 나믄 병   가지고 달의 논들 엇더리
이 밧긔 나믄 병(瓶) 가지고 달의 논들 엇더리
〈제6수〉
❷ 태도: 자연과 하나되는 삶을 추구함.
➡ 이 밖에 남은 술병을 가지고 달과 논들 어떠하리

*〈제6수〉 요약: 물, 산, 달과 함께 술을 즐김.

생애도 고초 하고 세미 도 담박 하다
삶 고통스러움
❶ 생애(生涯)도 고초(苦楚)ᄒ고 세미(世味)*도 담박(淡泊)ᄒ다*
❷ 정서: 자신의 삶에 대한 안타까움을 토로함.
➡ 내 삶도 괴롭고 세상 사는 맛도 무미건조하구나

흰 술 한두 잔의 푸른 글귀 뿐이로쇠
❷ 흰 술 ᄒ두 잔의 푸른 글귀 ᄲᆫ이로쇠
시구
➡ 백주 한두 잔에 풀어낸 글귀뿐이로구나

옥경헌 평생행장 이 이 밧긔ᄂᆞᆫ 업세라
❸ 옥경헌(玉鏡軒)* 평생행장(平生行狀)이 이 밧긔ᄂᆞᆫ 업세라
몸가짐과 품행
➡ 옥경헌에서 평생의 몸가짐과 품행밖에는 지닐 것이 없구나

〈제7수〉

*〈제7수〉 요약: 술과 글을 벗 삼아 지내던 옥경헌의 평생행장

칠현이 냉냉 하니 녜 소리ᄂᆞᆫ 잇다마ᄂᆞᆫ
❶ 칠현(七絃)이 냉냉(冷冷)ᄒ니 녜 소리ᄂᆞᆫ 잇다마ᄂᆞᆫ
일곱 줄로 된 현악기
➡ 칠현금 울리니 옛 소리 아직 있지만

종기을 못 맛나니 이 곡조 게 뉘 알이
❷ 종기(鍾期)*을 못 맛나니 이 곡조(曲調) 게 뉘 알이
❷ 정서: 자신을 알아주는 이가 없는 현실을 안타까워함.
➡ 종자기처럼 내 능력을 알아주는 사람을 만나지 못하였으니 이 곡조를 누가 알리

벽공의 일륜명월이 내 버진가 ᄒ노라
❸ 벽공(碧空)의 일륜명월(一輪明月)이 ᄂᆡ 버진가 ᄒ노라 〈제9수〉
나의 마음을 위로해 주는 존재
➡ 푸른 하늘의 둥글고 밝은 달이 내 벗인가 하노라

*〈제9수〉 요약: 자신을 알아보는 벗이 없음을 아쉬워하며 달과 벗함.

* 일존주: 한 통의 술
* 세미: 세상 사는 맛
* 담박하다: 멋스럽지 못하다.
* 옥경헌: 작가 소유의 전각의 이름이며 아호임.
* 종기: 중국 춘추 시대 인물로 자신의 친구인 백아의 거문고 실력이 뛰어남을 알아봄.

■ 갈래: 고시조, 연시조　　■ 창작 시기: 조선 후기
■ 내용: 이 작품은 남원부 거녕현(현재 전북 임실군 지사면 영천리)에 있는 불고정을 배경으로 지은 시조이다. 작가 장복겸의 집 문 밖 동쪽 산을 '독뫼'라고 불렀는데 그는 그 작은 '고산(孤山)' 위에 직접 정자를 짓고 '불고정(不孤亭)'이라 불렀다고 한다. 그는 과거 공부를 하기보다 시와 술을 즐기며 자연을 벗 삼아 유유자적하는 삶을 선택하였는데 이러한 작가의 풍류와 자연을 사랑하는 마음이 10수의 시조로 표현되고 있다.
■ 주제: 자연 친화적 삶의 태도
■ 이것이 핵심!: 화자의 삶의 태도

제1수	안전(眼前)의 일존주(一尊酒) 가지고 시름 프자 ᄒ노라

↓

제3수	일존주 삼척금(三尺琴) 가지고 백년소일(百年消日)호리라

↓

제4수	고산(孤山) 불고정(不孤亭)의 조하 늙ᄂᆞᆫ 몸이로쇠

↓

제6수	ᄒᆞᆫ 병(瓶)은 믈의 놀고 ~ 달의 논들 엇더리

↓

제7수	옥경헌(玉鏡軒) 평생행장(平生行狀)이 이 밧긔ᄂᆞᆫ 업세라

↓

제9수	벽공(碧空)의 일륜명월(一輪明月)이 ᄂᆡ 버진가 ᄒ노라

(나) 윤오영, 〈까치〉

❶ 중심 대상　❷ 글쓴이의 생각, 태도　❸ 서술상 특징

❶ 중심 대상: 까치
1 까치 소리는 반갑다. 아름답게 굴린다거나 구슬프게 노래한다거나 그런 것이 아니고 기교 없이 가볍고 솔직하게 짖는 단 두 음절 '깍깍'. 첫 '깍'은 높고 둘째 '깍'은 얕게 계속되는 단순하고 간단한 그 음정(音程)이 그저 반갑다. 나는 어려서부터 까치 소리를 좋아했다. 지금도 아침에 문을 나설 때 까치 소리를 들으면 그 날은 기분이 좋다.
❸ 서술상 특징: 간결한 도입부를 통해 독자들의 흥미 유발. 주제를 압축적으로 표현함.
까치 소리가 좋은 이유
글쓴이: 나

2 반포지은(反哺之恩)을 안다고 해서 효조(孝鳥)라 일러 왔지만 나는 그런 것과는 상관없이 좋다. 사랑 앞마당 밤나무 위에 까치가 와서 집을 짓더니 그것이 길조(吉兆)라서 그 해 안변 부사(安邊府使)로 영전(榮轉)이 되었다던가, 서재(書齋) 남창 앞 높은 나뭇가지에 까치가 와서 집을 짓더니 글재주가 크게 늘어서 문명(文名)을 날렸다던가 하는 옛 이야기도 있지만, 그런 것과 상관없이 까치 소리는 반갑고 기쁘다.
자식이 어버이에게 보은하는 것

길조: 좋은 일이 생길 조짐
영전: 지금보다 더 좋은 지위로 전임하는 일
문명: 글을 잘하여 얻은 명성

*1~2문단 요약: 어려서부터 까치 소리를 좋아함.

3 나는 까치뿐이 아니라 까치집을 또 좋아한다. 높은 나무 위에 마른 나뭇가지를 모아다가 엉성하게 얽어 놓은 것이, 나무에 그대로 어울려서 덧붙여 놓은 것 같지가 않고 나무 삭정이가 그대로 떨어져서 쌓인 것 같다. 그러면서도 소쇄한 맛이 난다. 엉성하게 얽어 놓은 그 어리가 용하게도 비가 아니 샌다. 오직 달빛과 바람을 받을 뿐이다.
❷ 글쓴이의 생각: 소박하고 자연스러움. → 한국인의 전통적인 주거관
산 나무에 붙어 있는 죽은 가지
깨끗하고 산뜻한
덩어리

4 나는 항상 이담에 내 사랑채를 짓는다면 꼭 저 까치집같이 소쇄한 맛이 나도록 짓고 싶었다. 내가 완자창이나 아자창(亞字窓)을 취하지 않고 간소한 용자창(用字窓)을 좋아하는 이유도 그런 정서에서다. 제비집같이 아늑한 집이 아니면 까치집같이 소쇄한 집이라야 한다. 제비집은 얌전하고 단아한 가정부인이 매만져 나가는 살림집이요, 까치집은 쇄락하고 풍류스러운 시인이 거처하는 집이다.
卍자 모양의 무늬가 있는 창
亞자 모양의 무늬가 있는 창
까치집과 비슷한 맥락
기분이나 몸이 개운하고 깨끗함.

5 비둘기장은 아무리 색스럽게 꾸며도 장이지 집이 아니다. 다른 새 집은 새 보금자리, 새둥지, 이런 말을 쓰면서 오직 제비집 까치집만 집이라 하는 것을 보면, 한국 사람의 집에 대한 관념이나 정서를 알 수가 있다. 한국 건축의 정서를 알려는 건축가들은 한번 생각해 봄직한 문제인 듯하다. 요새 고층 건물, 특히 아파트 같은 건물들을 보면 아무리 고급으로 지었다 해도 그것은 '사람장'이지 '집'은 아니다.
부정적 ↔ 까치집 제비집(긍정적)
한국 사람의 '집'에 대한 관념: 꾸미지 않고 자연스러우며 소쇄해야 함.

*3~5문단 요약: 까치집을 통해 본 한국인의 주거관

6 지금은 아침 여덟 시, 나는 정릉 안 숲 속에 자리 잡고 앉아 있다. 오래간만에 까치 소리를 들었다. 나뭇잎들은 아침 햇빛을 받아 유난히 곱게 푸르다. 나뭇잎 사이사이로 파란 하늘이 차갑게
아침 여덟시 ↔ 이른 새벽
: 대조적 경험

맑다. 그간 비가 많이 왔던 관계로 물소리도 제법 크게 들려온다.
❺ 나는 어느 날 이른 새벽에 여길 와 본 적이 있었다. 보건 운동을
하러 온 사람, 약물을 먹으러 온 사람들로 붐비어 다시 오고 싶은
생각이 없었다. ❼그런데 지금 와 보니 사람은 아무도 없고 그윽한
숲 속이 한없이 고요하다. ❽지금이 제일 고요한 시간이다. ❾까치들
이 내 앞에 와서 깡충깡충 뛰어다닌다. ❿이른바 까치걸음이다. ⓫손
으로 만져도 가만히 있을 것만 같다. ⓬그렇게 사람이 옆에 앉아 있
다는 데는 아무 관심이나 의구심도 없이 내 옆에서 깡충깡충 뛰놀
고 있다.

❼ ❶나는 일찍이 어디선가 본 적이 있는 민화(民畵) 하나를 생각한
작가에게 깨달음을 준 소재
다. ❷한 노옹(老翁)이 나무 밑에서 허연 배를 내놓고 낮잠을 자는
데, 그 배 위에 까치 한 마리가 우뚝 서 있었다. ❸나는 신기한 그 상
상화에 기쁨을 느꼈다. ❹민화란 어린아이와 자유화(自由畵)같이 천
진하고 기발한 데가 있어서 저런 재미있는 그림도 그려진다고 생
각했다. ❺그러나 지금 저 까치들을 보고 그것은 기발(奇拔)한 상상
깨달음의 내용
이 아니요, 사실이었다는 것을 깨달았다.

❽ ❶예전에 이지봉(李芝峯)이 정호음(鄭湖陰)의 "산과 물이 바람에
정호음의 시구가 실경에 맞지 않는다고 생각함.
소리치며, 강물은 거세게 울먹이는데, 달은 외로이 비쳐 있다."는
이지봉과 김백곡이 서로 다르게 판단한 시구
시를 보고 '강물이 거세게 이는데 달이 외롭게'라는 건 실경(實景)
❷에 맞지 않는다고 폄(貶)했다. ❸그도 그럴 것이 달이 고요히 밝은
밤중에는 물결이 잔잔한 것이 보통이다. ❹그러나 김백곡(金栢谷)이
이지봉과 달리 시구가 실경을 표현했다고 생각함.
황강역(黃江驛)에서 자다가 여울 소리가 하도 거세기에 문을 열고
보니 달이 외롭게 걸려 있었다. ❺그래서 비로소 그 구가 실경을 그
린 명구(名句)인 것을 알았다는 시화(詩話)가 있다. ❻나도 그 민화
가 실경인 것은 모르고 기상(奇想)으로만 여겼던 것이다.

┌ ❾ ❶그 태고연(太古然)한 풍경의 민화 한 폭이 다시금 눈앞에
[B] 뚜렷이 떠오른다. ❷나무 밑에서 허연 배를 내놓고 누워서 잠자
└ 는 노옹(老翁), 그 배 위에 서 있는 까치 한 마리.

┌ 시화: 시에 얽힌 이야기
│ 기상: 좀처럼 짐작할 수 없는 별난 생각
└ 태고연: 아득한 옛모습 그대로임.

＊❻~❾문단 요약: 사람과 친근한 까치

■ 갈래: 경수필, 서정 수필   ■ 창작 시기: 현대
■ 내용: 이 작품은 수필 문학의 정수를 보여 주는 작품으로 수필의 아름다움을
유감없이 보여 주고 있다. 서두에서 자신이 까치 소리를 좋아하는 이유를 밝히
고 그 다음 까치집을 좋아하는 이유도 함께 제시하고 있다. 이 과정에서 작가의
깊고 섬세한 시각이 잘 드러나고 있다. 둥지 대신 집이라고 부르는 대목이나 건
축가들의 관심을 환기하는 대목 역시 주목할 만하다. 작가의 높은 관찰력과 직
관력이 돋보이는 작품이며, 자연과의 친화를 보여 주는 민화 한 작품을 글의 후
반부에 제시하는 것도 상당히 의미가 있다. 참됨과 아름다움을 추구하고자 하
였던 작가의 가치관이 잘 드러나는 작품이다.
■ 주제: 까치를 통해 느끼는 자연과의 교감, 선인들의 지혜에 대한 음미
■ 이것이 핵심!: 까치에 대한 화자의 긍정적 인식

까치 소리	까치집
반가움.	꾸미지 않고 자연스러우며 소쇄함.

D 72 정답 ③ ＊화자와 글쓴이의 태도 이해하기 [정답률 79%]

(가)와 (나)에 대한 설명으로 가장 적절한 것은?

>왜 정답?

③ (나)에는 대상을 관조하며 가치 있는 삶에 대해 사색하는
'까치'를 관찰함. → 담백하고 꾸밈없는 삶을 살고자 함.
태도가 드러나 있다.

＊근거: (나) ❹문단 ❶문장

(나)에는 '까치'라는 대상을 관조적으로 바라보며 담백하고 기교 없는 삶을
추구하는 모습이 드러나고 있다. 따라서 대상을 관조하며 가치 있는 삶에 대
해 사색한다는 진술은 적절하다.

┌ 관조하다: 고요한 마음으로 사물이나 현상을 관찰하거나 비추어 보다.
└ 사색하다: 어떤 것에 대하여 깊이 생각하고 이치를 따지다.

>왜 오답?

① (가)에는 인간의 유한한 삶에 대해 안타까워하는 태도가
인간의 삶에 한계가 있음에 대한 아쉬움은 드러나지 않음.
드러나 있다.

(가)에는 인간의 삶에 한계가 있어 안타까워하는 모습은 나타나지 않는다.
자연 속에서 지내는 삶에 대한 만족감이 나타나고 있다.

② (가)에는 불우한 환경에서 벗어날 수 있으리라 기대하는
현재 자신이 처한 상황이 불우하다고 생각하지 않음. 현재 삶에 만족함.
태도가 드러나 있다.

(가)에는 현재 상황을 불우하다고 인식하지 않는다. 따라서 자신의 불우한
환경을 벗어날 수 있기를 기대한다는 표현은 적절하지 않다.

④ (나)에는 현재의 처지를 개선하여 더 나은 삶을 살고자 하
현재 처한 형편이나 사정에 대해 언급하지 않음.
는 태도가 드러나 있다.

(나)에는 현재 상황을 부정적으로 인식하지 않는다. 따라서 현재 자신의 처
지를 개선하고 더 나은 삶을 추구한다는 표현은 적절하지 않다.

[개선하다: 잘못된 것이나 부족한 것, 나쁜 것 따위를 고쳐 더 좋게 만들다.

⑤ (가)와 (나)에는 당면한 문제 상황을 해소하기 위해 고뇌하
(가), (나) 모두 눈앞에 닥친 문제 상황이 없으며, 따라서 해소하려는 노력도 없음.
는 태도가 드러나 있다.

(가), (나) 모두 현재 상황을 타개해야 한다고 보지 않는다. 따라서 당면한 문
제 상황을 해소하고자 고뇌한다는 표현은 적절하지 않다.

┌ 당면하다: 바로 눈앞에 당하다.
└ 고뇌하다: 괴로워하고 번뇌하다.

D 73 정답 ⑤ ＊작품의 표현 방법 파악하기 · [정답률 72%]

[A]와 [B]를 비교한 내용으로 가장 적절한 것은?

>왜 정답?

⑤ [A]와 [B]는 모두 사물을 매개로 하여 화자가 추구하는 삶
[A]는 술과 달을 통해 자연과 하나되는 삶을 표현하고, [B]는 민화를
의 모습을 제시하고 있다.
통해 자연과 조화를 이루는 삶을 표현함.

[A]에서는 '얼마 전 빚은 술'을 통해 자연과 합일을 이루는 삶의 모습을 그리
고 있다. 또한 [B]에서는 까치 한 마리가 그려진 '민화'를 통해 자연과 조화를
이루는 삶을 추구하고자 한다. 따라서 [A]와 [B] 모두 특정한 사물을 통해 자
신이 추구하는 삶의 태도를 드러내고 있다는 표현은 적절하다.

>왜 오답?

① [A]는 시선의 이동에 따라, [B]는 공간의 이동에 따라 변
화자의 시선이 이동하지 않음.   공간의 변화는 나타나지 않음.
화하는 자연의 모습을 형상화하고 있다.

[A]에는 화자의 시선이 이동하지 않는다. [B]에는 공간의 이동이 나타나지
않는다.

② ~~[A]는 대상을 열거하는 방식~~으로, ~~[B]는 대상을 의인화하~~
　　사물을 나열하는 표현은 사용되지 않음.　대상을 사람처럼 표현한 부분은 없음.
~~는 방식~~으로 자연의 아름다움을 묘사하고 있다.

[A]에는 여러 대상을 나열하지 않는다. [B]에는 '까치 한 마리'라는 자연물이
등장하지만 의인화된 방식으로 나타나지 않는다.

③ ~~[A]는 구체적 대상에 빗대어~~, ~~[B]는 추상적 소재를 열거하~~
　　구체적 사물을 통한 비유적 표현은 사용되지 않음.　민화, 노옹, 까치 등은 추상적 소재가 아님.
~~여~~ 자연의 섭리에 대한 경외감을 표출하고 있다.

[A]에는 구체적 사물에 빗대어 표현하는 비유적 표현이 나타나지 않는다.
[B]에서 열거된 '민화', '노옹', '까치' 등은 추상적 소재가 아니며, 이 소재들
을 통해 자연의 섭리에 대한 경외감이 드러나는 것은 아니다.

┌ 섭리: 자연계를 지배하고 있는 원리와 법칙
└ 표출하다: 겉으로 나타내다.

④ ~~[A]와 [B]는 감각적 이미지를 사용하여 자연이 지닌 역동~~
~~적 생명력을 강조~~하고 있다.　　[A], [B] 모두 자연의 생명력에 대해 표현한 부분은 없음.

[B]에 감각적 이미지가 사용된 것은 맞지만 이를 통해 자연의 역동적인 생명
력을 나타내는 것은 아니다.

D 74 정답 ④ ＊외적 준거에 따라 작품 감상하기 · [정답률 68%]

〈보기〉를 참고하여 (가)를 감상한 것으로 적절하지 않은 것은?
[3점]

──[보기]──
❶ 강호한정을 노래한 시조에서 사대부들은 세속적 삶을 멀리
　　　　　　　　　　　　　 〈제3수〉에 드러남.
하고 물질적 빈곤 속에서도 자연과 함께 정신적 풍요를 누리
　　　　　　　　　　　　　 ❷〈제1수〉, 〈제4수〉, 〈제6수〉에 드러남.
며 만족해 하는 모습을 드러낸다. 「고산별곡」에서도 작가는
평생 관직에 몸담지 않고 자연에 은거하며 풍류를 즐기는 자
신의 삶에 대한 만족감을 노래하고 있다. ❸ 그러나 한편으로는
출사의 기회를 얻지 못한 채 특별히 이루어 놓은 일 없이 만
년에 접어들었다는 작가의 안타까움도 작품 속에 담겨 있다.
　　　　　　　　 〈제9수〉에 드러남.

🔺왜 정답 ?

④ 〈제7수〉에서 화자는 '고초'하고 '담박'했던 생애를 긍정하
　　　　　　　　　　　　 출사의 기회를 잡지 못했던 자신의 삶을 고통스럽다고 표현함.
면서도 '흰 술'에 만족해야 하는 현재의 삶에 대해 안타까워하
고 있어.

＊근거: (가) 〈제7수〉 초장
'고초(苦楚)'라는 표현은 괴롭고 힘들다는 뜻이다. 화자는 〈제7수〉에서 자신
의 생애를 '고초'하다고 표현하고 있다. 따라서 〈제7수〉에서 화자가 자신의
생애를 긍정한다는 진술은 적절하지 않다.

🔺왜 오답 ?

① 〈제1수〉에서 화자는 '청산', '녹수' 등을 통해 자연 속에서
살아가는 모습을 드러내면서도 만년에 느끼는 시름을 '일존
　　　　　　　　　 이룬 것이 없는 것에 대한 안타까움을 술로 달래고자 함.
주'로 달래려 하고 있어.

＊근거: (가) 〈제1수〉 종장
〈제1수〉 종장에서 화자는 '일존주 가지고 시름 프자 ᄒ노라'라고 말하고 있
다. 따라서 만년의 슬픔을 '일존주'로 달래고자 한다는 표현은 적절하다.

② 〈제3수〉에서 화자는 '셰로'의 삶과 달리 '백년소일'하는 '강
산'에서의 삶을 긍정하며 자연에 은거하는 삶을 이어가고자
　　　　　　　　　 세속적 삶을 멀리하고 '일존주', '삼척금'을 가지고 백년소일하고자 함.
하는 의지를 드러내고 있어.

＊근거: (가) 〈제3수〉 초장, 종장
〈제3수〉 종장에서 화자는 '일존주 삼척금 가지고 백년소일호리라'라고 말하
고 있다. 따라서 화자가 자신의 삶을 긍정하고 은거하는 삶을 이어가려고 한
다는 표현은 적절하다.

③ 〈제4수〉에서 화자는 '놈', '손'의 평가와 상관없이 '고산 불
고정'에서 지내는 삶을 통해 현재의 생활에 대한 만족감을 드
　　　 '놈'과 '손'의 말에 신경쓰지 않으며 '고산 불고정'이 좋아 이곳에 지낸다고 말함.
러내고 있어.

＊근거: (가) 〈제4수〉 초장, 중장
〈제4수〉 초장에서 화자는 '늬 말도 놈이 마소 놈의 말도 늬 아닌늬'라고 말하
고 있다. 따라서 화자가 '놈'의 평가를 신경쓰지 않는다는 표현은 적절하
다. 또한 '고산 불고정의 조카 늙는 몸'이라는 표현을 통해 화자의 현재 삶에
대한 만족감을 확인할 수 있다.

⑤ 〈제9수〉에서 화자는 자신을 알아주는 사람을 만나지 못한
아쉬움을 드러내며 '일륜명월'을 통해 자신의 마음을 달래고
　　 '종기'와 같이 자신을 알아주는 이를 만나지 못한 것에 대한 안타까움을 드러냄.
있어.

＊근거: (가) 〈제9수〉 중장, 종장
〈제9수〉 중장에서 '종기을 못 맛나니'라는 표현을 통해 화자는 자신을 알아
주는 이를 만나지 못해 아쉬워하고 있음을 알 수 있다. 종장에서 '일륜명월'
을 '늬 빗'으로 표현하여 '일륜명월'을 통해 그 아쉬움을 달래고 있음을 확인
할 수 있다.

D 75 정답 ⑤ ＊외적 준거에 따라 작품 감상하기 · [정답률 74%]

〈보기〉를 참고하여 (나)를 이해한 내용으로 적절하지 않은 것은?

──[보기]──
이 작품의 소재를 중심으로 주제 제시 과정을 재구성하면
다음과 같다.

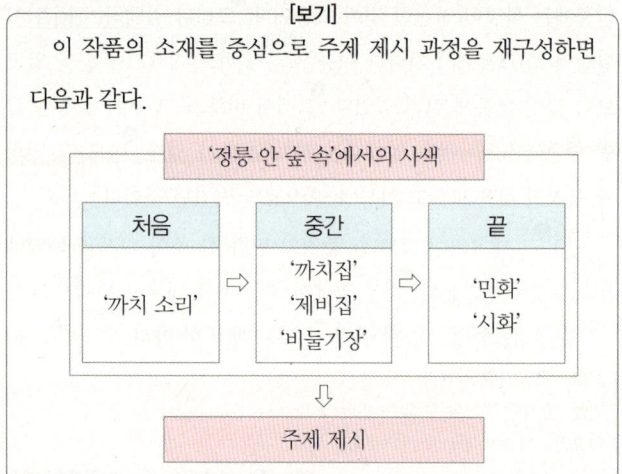

🔺왜 정답 ?

⑤ '민화'에 대해 새롭게 깨달은 내용을 바탕으로 ~~'시화'에 담~~
~~긴 잘못된 해석들을 비판하면서~~ 글의 주제를 드러내고 있다.
　　정호음의 시구에 대한 상반된 견해가 드러나고 있으나 이에 대한 비판을 제시하지는 않음.

＊근거: (나) ⑧문단
작가는 민화가 실경인 것은 모르고 기상으로만 생각했었다고 밝히고 있다.
즉 민화에 대한 새로운 깨달음을 제시하고 있다. 그리고 '시화'에 담긴 이지
봉과 김백곡의 해석을 제시하며 김백곡의 해석으로 깨달음을 얻었음을 제시
하고 있다. 따라서 두 사람의 해석으로 자신의 생각을 뒷받침하고자 했을 뿐
이 해석들을 비판하고자 한 것은 아니다.

🔺왜 오답 ?

① '어느 날 이른 새벽'의 경험과 대비되는 '정릉 안 숲 속'에서
　　　　　　　　　　　 '정릉 안 숲 속'에서의 경험을 통해 글을 창작함.
의 경험은 이 글의 창작 동기가 되고 있다.

근거: 6문단 ❶, ❻문장

'정릉 안 숲 속'에서 보냈던 고요한 시간은 '어느 날 이른 새벽' 사람들로 붐볐던 과거의 시간과 대비를 이루며 이 글의 창작 동기를 만들고 있다.

② '까치 소리'의 '기교 없이 가볍고 솔직'한 속성에 주목하여 '반갑다'라고 정서를 드러내며 글을 시작하고 있다.
'까치 소리는 반갑다.'로 글을 시작함.

근거: (나) 1문단 ❶문장

작가는 '까치 소리는 반갑다.'라는 표현으로 글을 시작하며 까치 소리가 가진 속성을 나열하고 있다.

③ 까치에 이어 '까치집'을 떠올리면서 그 특성을 서술하고 '소쇄한 맛'이라는 표현을 통해 그것이 좋은 이유를 밝히고 있다.
3문단에서 '까치'에서 '까치집'으로 확장시켜 '까치집'의 소쇄한 맛을 보여 줌.

근거: (나) 3문단

'엉성하게 얽어 놓은 것', '나무 삭정이가 그대로 떨어져서 쌓인 것' 등으로 까치집을 설명하며 '소쇄한 맛'이 좋은 까닭을 제시하고 있다.

④ '까치집'에서 다시 '제비집', '비둘기장'으로 소재가 이어지면서 '집'과 '장'의 차이를 중심으로 글을 전개하고 있다.
적절함.

근거: (나) 4, 5문단

작가가 긍정적으로 평가하고 있는 까치집에 이어 이와 비슷한 제비집을 서술한 후 이들과 대비되는 비둘기장을 서술하며 '집'과 '장'의 차이점에 대해 설명하고 있다.

D 76~80 — [2018년(4월)/고3교육청 37~41]

(가) 정훈, 〈용추유영가〉

❶ 화자, 중심 대상 ❷ 상황, 정서, 태도 ❸ 표현상 특징 [고어 읽기] [시 해석]

❶ 바람이 소슬하야 나뭇잎이 다 진 후의 계산(溪山)이 삭막거늘
바람이 소슬ᄒᆞ야 나뭇잎이 다 진 후의 계산(溪山)이 삭막거늘
으스스하고 쓸쓸하다
➡ 바람이 쓸쓸하여 나뭇잎이 다 진 후의 계산(시내와 산, 지리산의 지명)이 삭막하거늘

❷ 겨울이 조화 부려 백설 을 나리오니
겨울이 조화 부려 백설(白雪)을 ᄂᆞ리오니
□: 계절감을 나타내는 시어
➡ 겨울이 신통한 재간을 부려 흰 눈이 내리니

❸ 수많은 산봉우리 골짜기가 경요굴이 되엿거늘
수많은 산봉우리 골짜기가 경요굴이 되엿거늘
➡ 수많은 산봉우리 골짜기가 아름다운 구슬로 된 굴이 되었거늘

❹ 눈썹을 찡그리며 어깨를 으쓱하고 눈을 노피 드니
눈썹을 찡그리며 어깨를 으쓱하고 눈을 노피 드니
➡ 눈썹을 찡그리며 어깨를 으쓱하고 눈을 높이 드니

❺ 가없는 설경 은 다 시 의 제재가 되어시니
가없는 설경(雪景)은 다 시(詩)의 제재가 되어시니
➡ 끝이 없는 설경은 다 시(詩)의 소재가 되니

❻ 우활 한 정신 이 추위를 어이 알꼬
우활(迂闊)ᄒᆞ 정신(精神)이 추위를 어이 알꼬
❶ 화자 = 나
➡ 세상 물정에 어두운 정신이 추위를 어이 알꼬

❶~❻행 요약: 눈이 내린 지리산의 아름다운 풍경

❼ 사계절의 모습이 가는 듯 도라오니
사계절의 모습이 가ᄂᆞ 듯 도라오니
➡ 사계절의 모습이 가는 듯 다시 돌아오니

❽ 아름다운 경치에 흥취도 가즐셰고
아름다운 경치에 흥취도 ᄀᆞ즐셰고
❷ 정서: 아름다운 경치를 보고 흥겨움.
➡ 아름다운 경치에 흥취도 나는구나

맑은 물 귀 씻으니 허유를 내 부러워하랴
❸ 표현상 특징: 설의법-허유가 부럽지 않을 만큼 현재 자신의 상황에 만족함.
❾ 맑은 물 귀 씻으니 허유*를 내 부러워하랴
❸ 표현상 특징: 고사 인용
➡ 맑은 물 귀 씻으니 허유를 내 부러워하랴

❿ 낚싯대 드리우니 칠리탄과 엇더한고
낚싯대 드리우니 칠리탄*과 엇더ᄒᆞ고
➡ 낚싯대 드리우니 칠리탄과 어떠한고

⓫ 이원의 반곡이 이러턴가 엇더하며
이원의 반곡*이 이러턴가 엇더ᄒᆞ며
➡ 이원의 반곡이 이러하던가 어떠한가

⓬ 무이산의 청계는 이예서 더 됴흔가
무이산의 청계ᄂᆞ 이예셔 너 됴흔가
➡ 무이산의 푸른 시내는 여기보다 더 좋은가

⓭ 화산 의 한 부분은 나누자 하거니와
화산(華山)의 한 부분은 나누자 ᄒᆞ거니와
➡ 화산의 한 부분을 나누자 하거니와

이 별천지는 나밖에 뉘 아는고
❶ 화자: '나'
⓮ 이 ⓐ별천지는 나밖에 뉘 아ᄂᆞ고
아름다운 경치를 구경하며 화자가 흥취를 느끼는 공간
➡ 이 별천지는 나밖에 누가 알겠는가

❼~⓮행 요약: 풍류를 즐기며 살아가는 모습

(중략)

⓯ 산조산화 를 내 버즐 삼아 두고
산조산화(山鳥山花)를 내 버즐 삼아 두고
➡ 산에 있는 새와 산에 있는 꽃을 내 벗으로 삼아 두고

⓰ 경치를 만끽하며 삼긴 대로 노는 몸이
경치를 만끽하며 삼긴 대로 노ᄂᆞ 몸이
➡ 경치를 만끽하며 생긴 대로 자연을 즐기는 몸이

⓱ 공명 을 생각하며 빈천 을 설워할가
공명(功名)을 생각ᄒᆞ며 빈천(貧賤)을 설워홀가   △·□: 대조
공명을 생각하지 않고 빈천 때문에 서러워하겠는가
➡ 벼슬을 생각하며 가난함과 천함을 서러워하겠는가

⓲ 단사표음 을 내 분수로 여기니 일월 도 한가홀샤
단사표음(簞食瓢飮)을 내 분수로 여기니 일월(日月)도 한가홀샤
➡ 단사표음(소박한 삶)을 내 분수로 여기니 세월도 한가하구나

⓳ 이 계산 경물 을 슬토록 거느리고
이 계산(溪山) 경물(景物)을 슬토록 거ᄂᆞ리고
➡ 이 계산 경치를 실컷 거느리고

⓴ 백 년 세월을 노닐다가 마치리라
백 년 세월을 노닐다가 마치리라
➡ 백 년 세월을 노닐다가 마치리라

㉑ 아이야 사립문 닫아라 세상 알까 하노라
아이야 사립문 닫아라 세상 알까 ᄒᆞ노라
➡ 아이야, 사립문 닫아라. 속세 사람들이 알까 하노라

⓯~㉑행 요약: 속세와 단절하고 자연 속에서 살고자 하는 의지

* 우활: 사리에 어둡고 세상 물정을 잘 모름.
* 허유: 중국 요임금 때 은사(隱士)
* 칠리탄: 중국 후한 때 엄광이 몸을 숨긴 동강의 여울
* 반곡: 중국 당나라 때 이원이 은거한 곳

■ 갈래: 서정 가사, 양반 가사   ■ 창작 시기: 조선 중기
■ 내용: 이 작품은 조선 중기 정훈이 지은 가사로 작가가 살던 방장산(지금의 지리산) 아래 용추동 일대의 뛰어난 경관을 읊은 작품이다. 내용은 제1단은 용추동과 작자, 제2단은 용추동 일대의 승경(勝景)을 읊었고, 제3~6단은 각각 용추동의 춘, 하, 추, 동의 경치를, 제7~8단은 용추동 승경 속에서의 한유(閑遊), 제9단은 속세와의 단절과 승경에로의 몰입으로 구성되어 있다. 시상의 전개가 활달하고 시어의 구사가 다채로운 편이다. 또한 다양한 소재 선택과 구조의 치밀성 등 작자의 창작 수준을 입증하여 주는 대표작으로 손꼽히고 있다.
■ 주제: 지리산의 사계절 풍경과 예찬

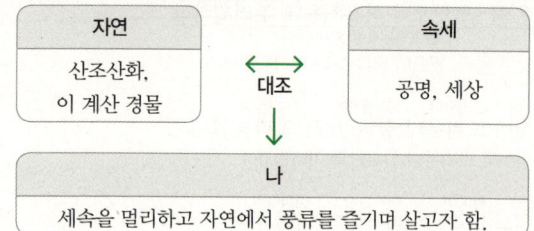

자연		속세
산조산화, 이 계산 경물	↔ 대조	공명, 세상

↓

나
세속을 멀리하고 자연에서 풍류를 즐기며 살고자 함.

(나) 장경세, 〈강호연군가〉

❶ 화자, 중심 대상　❷ 상황, 정서, 태도　❸ 표현상 특징　[고어 읽기]　[시 해석]

❶ 맑은 하늘 돌 붉거늘 일장금(一張琴)을 빗기 안고
➡ 맑은 하늘에 달이 밝거늘 거문고를 비스듬히 끼고,

❷ 난간(欄干)에 기대 안자 옛 양춘곡(陽春曲)을 트온마리
　　양춘곡 마디마다 시름이 실려 있음.
➡ 난간에 기대어 앉아 고양춘을 연주하니

❸ 엇더타 님 향한 시름이 곡조(曲調)마다 나ᄂᆞ니 〈제1수〉
➡ 엇더타, 임을 향한 시름이 곡조마다 나타나는구나.

〈제1수〉 요약: 임금에 대한 그리움

❶ 시절이 하 수상하니 ᄆᆞ음을 둘 듸 업다
➡ 시절이 심상치 않으니 마음을 둘 곳이 없다.

❷ 교목(喬木)도 녜 ᄀᆞᆺ고 신하도 그득하되
➡ 국가의 중신들도 예전처럼 있고 신하들도 다 갖추어져 있음에도

❸ 의론(議論)이 여긔 저긔 하니 그를 몰라 ᄒᆞ노라 〈제3수〉
➡ 서로의 분쟁은 여기저기서 끊이질 않으니 그것을 몰라 하노라

[수상하다: 보통과는 달리 이상하여 의심스럽다.

〈제3수〉 요약: 분쟁을 일삼는 조정의 모습에 대한 걱정

❶ 송옥(宋玉)*이 ᄀᆞᄋᆞᆯ훌 만나 므스 이리 슬프던고
❸ 표현상 특징: 고사 인용　☐ 계절감을 나타내는 시어 사용
➡ 송옥이 가을을 만나 무슨 일이 슬프더냐

❷ 차가운 서리 흰 이슬은 하ᄂᆞ희 긔운이라
➡ 찬 서리와 흰 이슬은 하늘의 기운이라

❸ 이 내의 남은 져 근심은 봄 ᄀᆞᄋᆞᆯ이 업서라 〈제6수〉
　❶ 화자: '나'
　　송옥과 달리 나라를 걱정하는 나의 근심은 변함없다
➡ 나의 이 근심은 봄가을이 없다.
　（송옥은 가을에 슬픔을 시로 표현하였으나 나의 나라에 대한 근심은 봄, 가을이 따로 없다.）

〈제6수〉 요약: 나라에 대한 걱정

❶ 공맹(孔孟)의 적통(嫡統)*이 ᄂᆞ려 주자(朱子)께 다다르니
❷ 정서: 공자와 맹자의 정통성을 이어받은 주자를 예찬함.
➡ 공자와 맹자의 학풍이 내려와 주자에게 다다르니

❷ 자세한 학문(學文)은 궁리(窮理) 정심(正心) 나란히 일렀네
➡ 자세한 학문은 마음을 올바르게 깊이 연구함과 함께 일렀도다

❸ 엇더타 강서(江西) 의론(議論)*은 그를 지리타 ᄒᆞ던고
　　　　　　　　　　　　　　　지루하다
➡ 엇더타, 육구연은 왜 그를 지루하다 했던가 〈제9수〉

[궁리: 마음속으로 이리저리 따져 깊이 생각함. 또는 그런 생각

〈제9수〉 요약: 주자학에 대한 예찬

❶ 장부(丈夫)의 몸이 되어 기한(飢寒) 두려울까
　❶ 화자 = 나
➡ 장부의 몸이 되어 굶주림과 추위가 두렵겠는가

❷ 일산(一山) 풍월(風月)애 즐거옴이 ᄀᆞ이 업다
➡ 자연 속에서의 즐거움이 끝이 없구나

❸ 내 마다* 부운(浮雲) 부귀(富貴)를 따를 줄 이시랴 〈제11수〉
　　뜬구름 같은 부귀는 내가 따르지 않는다
➡ 나는 싫다. 덧없는 부귀를 따를 줄이 있겠는가.

[기한: 굶주리고 헐벗어 배고프고 추움.

〈제11수〉 요약: 자연에 대한 예찬

❶ 득군행도(得君行道)는 군자(君子)의 뜻이로되
➡ 훌륭한 임금을 얻는다면 나아가 도를 행하는 것이 군자의 뜻이지만

❷ 때를 못 만나며는 고반(考槃)*을 즐겨ᄒᆞ니
➡ 때가 어긋나면 자연 속에서 풍류를 즐겨하네

❸ 넉넉한 솔바람에 달보기야 나 뿐인가 ᄒᆞ노라 〈제12수〉
　❷ 정서: 욕심 없이 자연 속에 사는 것에 대해 만족함.
➡ 욕심 없이 자연 속에서 은거하며 살아가는 이는 나뿐인가 하노라(넉넉한 솔바람에 달 보는 이는 나뿐인가 하노라)

〈제12수〉 요약: 자연 속 삶에 대한 예찬

*송옥: 중국 전국시대 초나라 사람으로 굴원의 제자
*적통: 정식으로 대를 이은 계통
*강서 의론: 주희와 육구연이 강서에서 논쟁함. 주자학을 비판한 강서학파를 의미함.
*마다: 싫다
*고반: 벼슬에 나가지 않고 자연에 묻혀 풍류를 즐김.

■ **갈래**: 시조, 연시조　　■ **창작 시기**: 조선 중기
■ **내용**: 이 작품은 조선 중기 장경세가 지은 연시조이다. 전체 12수로 된 연시조로 전(前) 6곡과 후(後) 6곡으로 되어 있다. 사람들로 하여금 이 시조를 읽고 우국충정을 불러일으키게 하기 위해 창작하였다고 한다. 이는 작자가 스스로 언급하였듯 이황의 〈도산십이곡〉을 모방한 것이다. 전 6곡의 내용은 임금을 그리고 나라를 근심하는 것으로 당파 싸움에 대한 한탄을 토로하고 있다. 후 6곡은 학문과 선현(先賢)을 사모하는 정을 노래한 내용이다.
■ **주제**: 임에 대한 그리움과 자연 속에서 안분지족하며 살아가는 삶의 자세

■ 이것이 핵심!: 각 수의 중심 내용

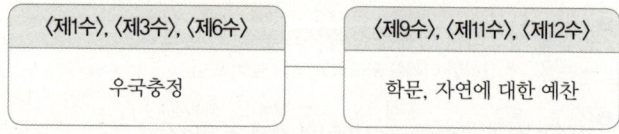

〈제1수〉, 〈제3수〉, 〈제6수〉		〈제9수〉, 〈제11수〉, 〈제12수〉
우국충정		학문, 자연에 대한 예찬

(다) 노천명, 〈산나물〉

❶ 중심 대상　❷ 글쓴이의 생각, 태도　❸ 서술상 특징

① 바구니를 가지고 산으로 나물을 뜯으러 가던 그 시절이 얼마나 행복했는지 그 당시에는 느끼지 못했던 일이다.

② 예쁜이, 섭섭이, 확실이, 네째는 모두 다 내 나물 동무들이었다.
　　　　　　　　　　　글쓴이: 나

③ 활나물, 고사리 같은 것은 깊은 산으로 들어가야만 꺾을 수가 있었다. 뱀이 무섭다고 하는 나한테 섭섭이는 부지런히 칡순을 꺾어서 내 머리에다 갈아 꽂아 주며, 이것을 꽂고 다니면 뱀이 못 달려든다는 것이었다. 산나물을 캐러 가서는 산나물만을 찾는 것이
　　　　　　❶ 중심 대상: 산나물
아니다. 우리는 이 산 저 산으로 뛰어다니며 뻐꾹채를 꺾고 싱아

를 캐고 심지어는 칡뿌리도 캐는 것이었다. 칡뿌리를 캐서 그 자
리에서 먹는 맛이란 또 대단한 것이다. **⑤** 그러나 꿩이 푸드덕 날면
깜짝들 놀라곤 하는 것이었다. **⑦** **❸** 서술상 특징: 의성어 사용
내가 산나물을 뜯던 그 그리운 고
향엔 언제쯤 가게 될 것인가? 글쓴이의 정서: 그리움

4 ❶ 고향을 떠난 지 30년. 나는 늘 내 기억에 남은 고향이 그립고
오늘처럼 이런 산나물을 대하는 날은 고향 냄새가 물큰 내 마음을
찔러 어쩔 수 없이 만들어 놓는다.

┌ **뻐꾹채, 싱아**: 여러해살이풀. 뻐꾹채는 어린잎을, 싱아는 어린잎과 줄기를 식
│ 용한다.
└ **물큰**: 냄새 따위가 한꺼번에 확 풍기는 모양

＊1~4요약: 산나물을 캐러 다니던 유년 시절의 기억과 고향에 대한 그리움

(중략)

5 ❶ 진달래도 아직 꺾어 보지 못한 채 봄은 완연히 왔는데, 내 마음
속 골짜구니에는 아직도 얼음이 안 녹았다. **❷** 그래서 내 심경은 여
❷ 글쓴이의 생각: 자신의 성격이 따뜻한 봄과 대조됨.
태껏 춥고 방 안에서 밖엘 나가고 싶지가 않은 상태에서 모두가
을씨년스럽다.
△ : □ : 대조
6 ❶ 시골 두메 촌에서 어머니를 따라 달구지를 타고 이삿짐을 실리
고 △서울로 올라오던 그때부터 나는 이미 ⓑ에덴 동산에서 내쫓긴
것이다.
❷ 그리고 칡순을 머리에다 안 꽂고 다닌 탓인가, 뱀은 내게 달려
들어 숱한 나쁜 지혜를 넣어 주었다.
＊5, 6요약: 고향을 떠난 이후의 생활

7 ❶ 10여 년 전 같으면 고사포(高射砲)를 들이댔을 미운 사람을 보
❷ 글쓴이의 생각: 10여 년 전에는 미운 사람에 대한 감정을 숨기지 않았으나 이제는 미운 사람이
고도 이제는 곧잘 웃고 흔연스럽게 대해 줄 때가 있어 내가 그 순
있어도 싫은 내색하지 않고 속마음을 감출 수 있음. (순수하지 못함.)
간을 지내놓고는 아찔해지거니와 풍우난설(風雨亂雪)의 세월과
함께 내게도 꽤 때가 앉았다.

8 ❶ 심산(深山) 속에서 아무 거리낌 없이, 자연의 품에서 퍼질 대로
퍼지고 자랄 대로 자란 싱싱하고 향기로운 이 산나물 같은 맛이
사람에게 있는 법이건만, 좀체 순수한 이 산나물 같은 사람을 만
나기란 요즘 세상엔 힘든 노릇 같다. **❷** 산나물 같은 사람이 어디 없
을까? 모두가 억세고 꼬부라지고 벌레가 먹고 어떤 자는 가시까지
돋쳐 있다.
❸ 어디 산나물 같은 사람은 없을까?
글쓴이의 정서 : 안타까움
＊7, 8요약: 순수한 산나물 같은 사람을 만나고 싶음.

■ **갈래**: 현대 수필　　　　　■ **창작 시기**: 현대
■ **내용**: 이 작품에서 작자는 산나물에 얽힌 아름답고 낭만적인 유년 시절의 경
험을 떠올리고 있다. 어린 시절의 아름다웠던 추억을 읊조린 후 지난날의 순수
를 잃어버린 현실을 다시 한번 되돌아보며 '산나물 같은 순수한' 사람을 만날
수 없는지 되묻고 있다. 작자는 자신의 실제 옛이야기를 소개하는 방식으로 이
야기를 이끌어 감으로써 독자의 공감대를 확보하고 있으며 과거와 현재의 대
비를 통해 주제를 효과적으로 드러내고 있다.
■ **주제**: 순수한 삶에 대한 지향
■ **이것이 핵심!**: 글쓴이의 삶의 자세

(중략) 이전	(중략) 이후
산나물을 캐러 다니던 유년 시절의 기억을 떠올리고 고향을 그리워함.	순수한 산나물 같은 사람을 만나고 싶음.

D 76 정답 ③　＊표현상의 공통점 파악하기 ‥ [정답률 68%]

(가)~(다)의 공통점으로 가장 적절한 것은?

＞왜 정답？

③ <u>계절감을 나타낸 어휘를 사용하여 정서를 드러내고 있다.</u>
(가)의 '겨울', '백설', '설경'/(나)의 '차가운 서리', '흰 이슬'/(다)의 '진달래', '봄'

(가)에는 '겨울', '백설', '설경' 등 겨울임을 나타내는 시어가 사용되었으며
(나)에는 '차가운 서리', '흰 이슬' 등 가을임을 나타내는 시어가 사용되었다.
또한 (다)에는 '진달래', '봄' 등 봄을 나타내는 시어가 사용되었다. 따라서 셋
다 계절감을 나타내는 시어를 사용하고 있다는 진술은 적절하다.

＞왜 오답？

① 의성어를 사용하여 생동감을 부여하고 있다.
(다)에만 사용함.
(다)에는 '꿩이 푸드덕 날면~'이라는 구절에서 의성어 '푸드덕'이 사용되었
다. 하지만 (가), (나)에는 의성어가 사용되지 않았다.

② 고사를 활용하여 삶에 대한 반성을 드러내고 있다.
(가), (나)에만 활용함.　삶을 반성하지는 않음.
(가)에는 허유의 이야기, (나)에는 송옥의 이야기가 제시되었다. 하지만 이러
한 고사를 통해 (가)와 (나)의 화자가 자신의 삶을 반성하고 있는 것은 아니다.

④ 과거와 현재를 대비하여 이상과 현실의 괴리를 드러내고
있다.
(다)에만 드러남.
(다)의 글쓴이는 과거와 달리 더 이상 순수함을 찾기 어려워진 현실을 안타
까워하고 있으므로, 과거와 현재를 대비하여 이상과 현실의 괴리를 드러내
고 있다고 볼 수 있다. 한편 (가)의 화자는 과거의 사람들과 현재 자신의 처
지를 비교하고 있기는 하지만, 이는 화자의 만족감을 드러내는 것이다. (나)
에는 과거와 현재의 대비가 드러나지 않는다.

⑤ 자연 현상과 인간의 삶을 대조하여 삶의 무상함을 드러내고
(다)에 자연 현상과 인간의 대조가 있지만 삶의 무상함은 드러나지 않음.
있다.
(다)에서는 봄이 오는 자연과 쓸쓸한 자신의 상황이 대비를 이루고 있다. 하
지만 이를 통해 인생의 무상함을 드러낸다고 보기는 어렵다. 또한 (가), (나)
에서도 자연 현상과 인간의 삶을 대조하여 삶의 무상함을 드러내고 있지는
않다.

[**무상하다**: 모든 것이 덧없다.

D 77 정답 ①　＊시구의 의미 이해하기 ‥‥‥ [정답률 40%]

(가)와 (나)를 이해한 것으로 적절하지 않은 것은? [3점]

＞왜 정답？

① (가)의 '우활흔 정신'은 <u>속세에 사는 어리석은 사람들을</u>,
세속에 욕심 내지 않는 화자를 의미함.
(나)의 '장부의 몸'은 자연 속에 사는 화자를 가리킨다.
자연 속에 은거한 화자를 의미함.
(가)의 '우활흔 정신'과 (나)의 '장부의 몸'은 모두 속세를 벗어나 자연 속에서
살아가는 화자 자신을 나타내는 표현이다. 따라서 (가)의 '우활흔 정신'이 속
세에 사는 어리석은 사람들을 가리킨다는 것은 적절하지 않다.

＞왜 오답？

② (가)의 '내 부러워하랴'와 (나)의 '나 뿐인가 ᄒ노라'에는 화
화자들은 자연 속에서의 삶에 대해 만족하고 있음.
자의 만족감이 드러난다.
(가)에서는 허유를 부러워하지 않겠다는 화자의 만족감이 드러나고 있으며,
(나)에서는 자연 속에서 살며 즐거움을 느끼는 사람이 자신밖에 없다는 화자
의 만족감이 드러나고 있다.

③ (가)의 '낚싯대'는 화자의 흥취가 드러나는, (나)의 '양춘곡'
아름다운 자연을 즐김. 임을 향한 시름
은 화자의 시름이 묻어나는 소재이다.

(가)의 화자는 칠리탄과 자신의 상황을 비교하며 자연 속에서 '낚싯대'를 기
울이고 있다. 즉 '낚싯대'는 화자의 흥취를 나타내는 시어이다. (나)의 화자는
'양춘곡'을 연주하며 임을 향한 시름을 드러내고 있다. 즉 '양춘곡'은 화자의
시름을 나타내는 시어이다.

④ (가)의 '공명'과 (나)의 '부귀'는 화자가 거리를 두는 대상이다.
화자들이 거리를 두려는 속세를 의미함.

(가)의 화자는 '공명'을 생각하기보다 생긴 대로 살며 단사표음을 자신의 분
수로 알고 지내겠다고 말하고 있다. (나)의 화자는 자신은 덧없는 '부귀'가 싫
으며 이를 따르지 않겠노라 말하고 있는 것이다.

⑤ (가)의 '계산 경물'과 (나)의 '일산 풍월'은 화자가 즐기는
풍류의 대상이다.
(가)의 '~실컷 거느리고'와 (나)의 '~즐거움이 끝이 없다'에서 알 수 있음.

(가)의 화자는 '계산 경물'을 실컷 거느리고 백 년 세월을 놀다가 끝내겠다고
말하고 있다. (나)의 화자는 '일산 풍월' 속에서 누리는 즐거움의 끝이 없다고
말하고 있다.

D 78 정답 ③ ＊외적 준거를 바탕으로 감상하기 [정답률 73%]

〈보기〉를 바탕으로 (나)를 감상한 것으로 적절하지 않은 것은?

> [보기]
> ❶「강호연군가」에서 강호에 은거해 풍류를 즐기는 작가는 자
> ⑤의 근거
> 연 속에서 성현의 학문을 칭송하는 태도를 드러내기도 하며,
> ④의 근거
> 때로 임금을 잊지 못하고 나라를 걱정하며 근심하는 모습을
> ①의 근거 ❷
> 보이기도 한다. 이는 당쟁으로 인해 혼란한 정국 속에서, 권
> ②의 근거
> 력에서 소외되어 가던 작가의 고뇌와 관련된 것으로 볼 수 있다.
> ⑤의 근거

왜 정답 ?

③ 6수: 자신을 다른 인물과 비교하며 자연의 변화 속에서 ~~근~~
~~심을 잊고 사는 작가의 모습을 엿볼 수 있군.~~
화자의 근심은 끝이 없음.

＊근거: (나) 〈제6수〉 종장

〈제6수〉 종장에서 화자는 '송옥'과 달리 자신의 남은 근심은 봄, 가을이 없다
고 표현하고 있다. 즉 화자는 다른 인물과의 비교를 통해 자신은 언제나 근
심하고 있음을 드러내고 있다.

왜 오답 ?

① 1수: 강호에서도 임금을 잊지 못하는 작가의 모습을 엿볼
수 있군.
'엇더타 님 향훈~'에서 알 수 있음.

＊근거: (나) 〈제1수〉 종장, 〈보기〉 ❶문장

〈제1수〉에서 화자는 맑은 하늘, 밝은 달 아래에서 거문고를 연주하고 있다.
하지만 여전히 거문고 연주 소리에는 임을 향한 시름이 섞여 있다고 말하고
있다. 이는 〈보기〉의 임금을 여전히 생각하는 작가의 모습으로 이해할 수 있다.

② 3수: 당쟁이 계속되는 나라의 상황을 걱정하는 작가의 고
뇌를 엿볼 수 있군.
'의론이 여긔 저긔 하니'에서 알 수 있음.

＊근거: (나) 〈제3수〉 종장, 〈보기〉 ❷문장

〈제3수〉에서 화자는 시절이 뒤숭숭하여 마음 둘 곳이 없다고 하며, 의론이
분분한 상황에서 안타까움을 느끼고 있다. 이는 〈보기〉의 당쟁으로 인한 혼
란함을 걱정하는 작가의 모습으로 이해할 수 있다.

④ 9수: 성현의 학문적 정통성을 언급하며 그들의 학문을 칭
송하는 작가의 태도를 엿볼 수 있군.
'공맹의 적통이 ~ 주자께 다다르니'에서 알 수 있음.

＊근거: (나) 〈제9수〉 초장, 〈보기〉 ❶문장

〈제9수〉에서 화자는 공자와 맹자의 학문적 정통성이 주자에게 다다랐다며
주자의 학문을 예찬하고 있다. 이는 〈보기〉의 성현의 학문을 예찬하는 작가
의 태도로 이해할 수 있다.

⑤ 12수: 군자의 뜻을 실현할 수 없는 혼란한 정국에서 은거
하는 작가의 모습을 엿볼 수 있군.
'득군행도는 ~ 고반을 즐겨호뇌'에서 알 수 있음.

＊근거: (나) 〈제12수〉 초, 중장, 〈보기〉 ❶, ❷문장

〈제12수〉에서 화자는 '득군행도'는 군자의 뜻이지만 때를 못 만나면 벼슬에
나가지 않고 은거하며 산다고 말하고 있다. 이는 〈보기〉의 혼란한 정국 속에
서 권력의 중심에서 소외되어 가던 작가의 모습으로 이해할 수 있다.

D 79 정답 ④ ＊외적 준거를 바탕으로 감상하기 [정답률 80%]

〈보기〉를 바탕으로 (다)를 감상한 것으로 적절하지 않은 것은?

> [보기]
> ❶ 이 작품에는 고향과 인정(人情)에 대한 그리움이 짙게 나타
> 난다. ❷ 글쓴이는 아름답고 낭만적인 유년 시절의 체험과 그 체
> 험 속의 풍물들을 통해 지난날의 순수를 잃어버린 현실을 안
> 타까워하며 순수함이 회복되기를 갈망하고 있다.
> --------
> 풍물: 산이나 들, 강, 바다 따위의 자연이나 지역의 모습

왜 정답 ?

④ ~~'미운 사람'을 보고도 반갑게 웃어주는 글쓴이의 모습에서~~
자신의 감정을 속이는 솔직하지 못한 모습이라 봄.
~~순수함이 회복되기를 갈망하는 바람이 드러나는군.~~

＊근거: (다) 7문단

글쓴이는 10여 년 전이었으면 미운 사람에게 고사포를 들이댔을 것이라고
했는데, 이는 그만큼 자신의 감정을 숨기지 않고 표현하는 순수함이 있었다
는 의미이다. 하지만 글쓴이는 이제는 미운 사람이 있어도 미운 감정을 드러
내지 않고 겉으로 웃으며 대할 수 있다고 하며, 이러한 자신의 모습을 보며
스스로에게 때가 앉았다고 표현하고 있다. 따라서 '미운 사람'을 보고 웃는
글쓴이의 모습을 통해 순수함의 회복을 바란다는 표현은 적절하지 않다.

〔 갈망하다: 간절히 바라다.

왜 오답 ?

① '예쁜이, 섭섭이, 확실이, 넷째' 등을 떠올리는 것에서 아름
답고 낭만적인 유년 시절을 추억하는 글쓴이의 모습을 엿볼
수 있군.
글쓴이는 동무들과 산나물을 뜯던 유년 시절을 그리워함.

'예쁜이, 섭섭이, 확실이, 넷째'는 모두 글쓴이의 나물 동무들이다. 글쓴이는
동무들과 함께 산나물을 뜯던 고향에서의 유년 시절을 그리워하고 있다.

② '뻐꾹채', '싱아', '칡뿌리' 등은 유년 시절 글쓴이의 체험 속
풍물들에 해당하는군.
글쓴이가 유년 시절 직접 체험했던 산물들

글쓴이는 '뻐꾹채'를 꺾고, '싱아'를 캐고, '칡뿌리'를 캐며 유년 시절을 보냈
다. 따라서 이것들은 글쓴이가 유년 시절 직접 체험했던 산물들이라 할 수
있다.

③ '나'가 오늘 마주한 '산나물'은 글쓴이에게 고향과 인정에
대한 그리움을 환기하는군.
'산나물'로 인해 고향에 대한 그리움을 느낌.

(중략) 바로 앞부분에서 글쓴이는 오늘처럼 산나물을 대하는 날에는 고향 냄새가 자신의 마음을 찌른다고 말하고 있다. 따라서 '산나물'이 글쓴이에게 고향에 대한 그리움을 환기하고 있다고 할 수 있다.

⑤ '산나물 같은 사람'을 찾고 싶어 하는 모습에서 과거의 순~~순수함을 잃은 것에 대한 안타까움~~수함을 잃어버린 현실을 안타까워하는 글쓴이의 마음을 엿볼 수 있군.

마지막 문단에서 글쓴이는 요즘 세상에서는 순수한 산나물 같은 사람을 만나기가 어렵다고 토로하고 있다. 따라서 '산나물 같은 사람'을 찾고자 하는 모습에서 순수함을 잃은 것에 대한 안타까움을 짐작할 수 있다.

D 80 정답 ④ * 공간의 의미 비교하기 …… [정답률 82%]

ⓐ와 ⓑ에 대한 설명으로 가장 적절한 것은?

✏왜 정답?

④ ⓐ와 ⓑ는 모두 긍정적인 가치가 부여된 공간이다. — 적절함.

(가)의 화자는 아름다운 자연 속에서 흥취를 즐기고 있다. 화자는 이러한 삶의 공간을 '별천지'로 표현하며 이곳을 자신 이외에 아는 이가 없을 것이라며 자연 속 삶에 대한 만족감을 드러내고 있다. 즉 '별천지'는 화자가 긍정적으로 인식하는 공간이다. (다)의 글쓴이는 현재 삶의 공간인 서울과 대비하여 어린 시절 살던 시골 두메 촌을 '에덴 동산'으로 표현하며 그리워하고 있다. 즉 '에덴 동산' 역시 글쓴이에게 긍정적으로 인식되는 공간이다.

✏왜 오답?

① ⓐ는 ⓑ와 달리 동심이 유발되는 공간이다. — ⓐ가 아닌 ⓑ와 관련됨.

'별천지'는 동심과 관련이 없으며, 오히려 '에덴 동산'이 순수했던 어린 시절을 보낸 고향을 의미하므로 동심과 관련이 있는 공간이라고 볼 수 있다.

② ⓑ는 ⓐ와 달리 새로운 소식을 듣는 공간이다. — 관련없음.

'별천지'와 '에덴 동산' 모두 새로운 소식을 들을 수 있는 공간은 아니다.

③ ⓐ와 ⓑ는 모두 비판의 대상이 되는 공간이다. — ⓐ와 ⓑ 모두 화자가 긍정적으로 인식하는 공간임.

'별천지'와 '에덴 동산' 모두 화자와 글쓴이가 긍정적으로 인식하고 있는 공간이다.

⑤ ⓐ와 ⓑ는 모두 만남과 이별이 반복되는 공간이다. — 관련없음.

'별천지'와 '에덴 동산'은 만남과 이별이 반복적으로 일어나는 공간이 아니다.

D 81~85 [2018년/수능(홀) 33~37]

(가) 이정환, 〈비가〉

❶ 화자, 중심 대상 ❷ 상황, 정서, 태도 ❸ 표현상 특징 [고어 읽기] [시 해석]

❶ 반(半) 밤중 혼자 일어 묻노라 이내 꿈아
반 밤중 혼자 일어 묻노라 이내 꿈아 ─ 화자: 나
❸ 표현상 특징: 도치법, 의인법, 돈호법
→ 한밤중 혼자 일어나 묻노라 나의 꿈아

❷ 만 리(萬里) 요양(遼陽)*을 어느덧 다녀온고
만 리(萬里) 요양(遼陽)*을 어느덧 다녀온고 ┈: 설의적 표현
청나라에 잡혀간 세자와의 거리감
→ 만 리나 떨어진 요양을 어느 사이에 다녀온 것이냐

❸ 반갑다 학가(鶴駕)* 선객(仙客)을 친히 뵌 듯하여라 〈제1수〉
반갑다 학가(鶴駕)* 선객(仙客)을 친히 뵌 듯ᄒ여라
❷ 정서: 세자를 뵙고 싶은 화자의 소망이 드러남.
→ 반갑다 학을 탄 신선을 직접 뵌 듯하구나

*〈제1수〉 요약: 멀리 있는 세자를 그리워함.

❶ 박제상* 죽은 후에 님의 시름 알 이 업다
박제상* 죽은 후에 님의 시름 알 이 업다
→ 박제상이 죽은 후에 임금의 시름을 알아주는 이가 없다

❷ 이역(異域) 춘궁(春宮)을 뉘라서 모셔 오리
이역(異域) 춘궁(春宮)을 뉘라서 모셔 오리 ─ 세자
→ 다른 나라 땅에 있는 춘궁(세자)을 누가 모셔 올 수 있을 것인가?

❸ 지금에 치술령 귀혼(歸魂)을 못내 슬허ᄒ노라 〈제4수〉
지금에 치술령 귀혼(歸魂)을 못내 슬허ᄒ노라
치술령에 얽힌 전설(박제상의 일화) ❷ 정서: 세자를 모셔올 이가 없어 슬퍼함.
→ 지금에 이르러 치술령에 맺힌 전설을 못내 슬퍼하노라

*〈제4수〉 요약: 충신이 없는 현실을 슬퍼함.

❶ 조정을 바라보니 무신(武臣)도 하 만하라
조정을 바라보니 무신(武臣)도 하 만하라
→ 조정을 바라보니 무신이 아주 많구나

❷ 신고(辛苦)ᄒᆫ 화친(和親)을 누를 두고 ᄒᆫ 것인고
신고(辛苦)ᄒᆫ 화친(和親)을 누를 두고 ᄒᆫ 것인고
→ 고통스러운 화친(항복)은 누구를 위해 한 것인가?

❸ 슬프다 조구리(趙廐吏)* 이미 죽으니 참승(參乘)ᄒᆯ* 이 업세라
슬프다 조구리(趙廐吏)* 이미 죽으니 참승(參乘)ᄒᆯ* 이 업세라
❷ 정서: 충신이 없는 현실에 대한 애석함.
→ 슬프다 조구리가 이미 죽었으니 임금을 호위할 사람이 없구나 〈제6수〉

*〈제6수〉 요약: 많은 무신을 두고도 국치를 겪은 현실을 슬퍼함.

❶ 구중(九重) 달 발근 밤의 성려(聖慮)* 일정 만흐려니
구중(九重) 달 발근 밤의 성려(聖慮)* 일정 만흐려니 ─ 임금에 대한 걱정
→ 구중궁궐(임금이 있는 대궐 안) 달 밝은 밤에 임금의 염려가 분명 많으려니

❷ 이역 풍상(風霜)에 학가인들 이즐쏘냐
이역 풍상(風霜)에 학가인들 이즐쏘냐
→ 다른 나라 땅에 있는 학가(세자)인들 잊을 수 있겠느냐

❸ 이 밖에 억만창생(億萬蒼生)을 못내 분별ᄒ시도다 〈제7수〉
이 밖에 억만창생(億萬蒼生)을 못내 분별ᄒ시도다
수많은 백성(청나라로 끌려간 백성들)
→ 이 밖에 수많은 백성을 이루 말할 수 없이 걱정하시는구나

풍상: 바람과 서리를 아울러 이르는 말

*〈제7수〉 요약: 근심 걱정이 많을 임금을 우려함.

❶ 구렁에 낫는 ㉠풀이 봄비에 절로 길어
구렁에 낫는 ㉠풀이 봄비에 절로 길어 ─ 화자의 처지와 대비됨.
→ 구렁에 나 있는 풀이 봄비에 저절로 길어져

❷ 아는 일 업스니 긔 아니 조흘쏘냐
아는 일 업스니 긔 아니 조흘쏘냐
→ 아는 일 없으니 그 아니 좋겠느냐

❸ 우리는 너희만 못ᄒ야 시름겨워 ᄒ노라 〈제8수〉
우리는 너희만 못ᄒ야 시름겨워 ᄒ노라
❸ 표현상 특징: 의인법 ❷ 정서: 시름함.
→ 우리는 너희만 못하여 시름겨워 하노라

*〈제8수〉 요약: 병자호란의 치욕을 비탄함.

❶ 조그만 이 한 몸이 하늘 밖에 떨어지니
조그만 이 한 몸이 하늘 밖에 떨어지니 ─ 임금과 멀리 떨어져 있음.
→ 조그만 이 한 몸이 하늘 밖에 떨어지니

❷ 오색 구름 깊은 곳에 어느 것이 서울인고
오색 구름 깊은 곳에 어느 것이 서울인고 ─ 임금이 있는 곳을 찾지 못하고 있음.
→ 오색 구름 깊은 곳에 어느 것이 서울인 것인가

❸ 바람에 지나는 ㉡검불* 갓ᄒ야 갈 길 몰라 ᄒ노라 〈제9수〉
바람에 지나는 ㉡검불* 갓ᄒ야 갈 길 몰라 ᄒ노라
화자의 처지와 동일시됨. ❷ 정서: 임금이 있는 곳을 찾지 못해 안타까워함.
→ 바람에 지나는 낙엽 같아서 갈 길 몰라 하노라

*〈제9수〉 요약: 현실의 처지를 안타까워함.

* 요양: 청나라의 심양

*학가: 세자가 탄 수레. 또는 세자. 여기서는 병자호란에서 패배하여 심양에 잡혀간 소현 세자를 가리킴.

*박제상: 신라의 충신. 왕의 아우가 왜에 볼모로 잡히자 그를 구하고 자신은 희생됨.

*조구리: 조씨 성을 가진 마부. 충신을 가리킴.

*참승홀: 높은 이를 호위하여 수레에 같이 탈

*성려: 임금의 염려

*검불: 마른 나뭇가지나 낙엽 따위

■ 갈래: 평시조, 연시조 ■ 창작 시기: 조선 중기
■ 내용: 이 작품은 작가가 병자호란을 겪은 후 나라의 수치에 비분강개하며 지은 총 10수의 연시조이다. 청나라에 볼모로 끌려간 세자와 임금의 안위를 염려하는 마음과, 신하된 도리를 다하지 못하는 자신의 처지를 한탄하며 비통한 마음을 표현하고 있다.

■ 주제: 국치(國恥)에 대한 비분강개(悲憤慷慨)

■ 이것이 핵심!: 현실에 대한 화자의 정서

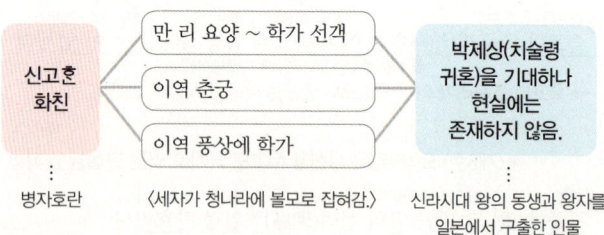

신고훈 화친

| 만 리 요양 ~ 학가 선객 |
| 이역 춘궁 |
| 이역 풍상에 학가 |

박제상(치술령 귀혼)을 기대하나 현실에는 존재하지 않음.

병자호란 〈세자가 청나라에 볼모로 잡혀감.〉 신라시대 왕의 동생과 왕자를 일본에서 구출한 인물

(나) 이병기, 〈풍란〉

❶ 중심 대상 ❷ 글쓴이의 생각, 태도 ❸ 서술상 특징

1 이전 서울 계동 홍술햇골에서 살 때 일이었다. 휘문 중학교의 교편을 잡고, 독서, 작시(作詩)도 하고, 고서도 사들이고, 그 틈으로써 난을 길렀던 것이다. ❸ 한가롭고 자유로운 맛은 몹시 바쁜 가운데에서 깨닫는 것이다. ❹ 원고를 쓰다가 밤을 새우기도 왕왕하였다. ❺ 그러하면 그러할수록 <u>난의 위안이 더 필요하였다.</u> ❻ 그 푸른 잎을 보고 방렬(芳烈)한 향을 맡을 순간엔, 문득 환희의 별유세계(別有世界)에 들어 무아무상의 경지에 도달하기도 하였다.

❶ 중심 대상: 난
❺ 글쓴이의 생각: 난이 위안을 줌.
몹시 향기가 짙다.

***1** 요약: 난을 통해 위안을 얻음.

❶ 1942년 10월에 일본어 사용과 국어 말살을 꾀하던 일제가 조선어 학회의 회원들을 투옥한 사건
2 그러다가 조선어 학회 사건에 피검되어 홍원 · 함흥서 2년 만에 돌아와 보니 난은 반수 이상이 죽었다. ❸ 그해 여산으로 돌아와서 십여 분을 간신히 살렸다. ❹ 갑자기 8 · 15 광복이 되자 나는 서울로 또 가 있었다. ❺ 한 겨울을 지내고 와 보니 난은 모두 죽었고, 겨우 뿌리만 성한 것이 두어 개 있었다. ❻ 그걸 서울로 가지고 가 또 살려 잎이 돋아나게 하였다. ❼ 건란(建蘭)과 춘란(春蘭)이다. 춘란은 중국 춘란이 진기한 것이다. ❽ 꽃이나 보려 하던 것이, 또 6 · 25 전쟁으로 피란하였다가 그 다음 해 여름에 가 보니, 장독대 옆 풀섶 속에 그 고해(枯骸)만 엉성하게 남아 있었다.
말라 죽은 형체
❾ 그 후 전주로 와 양사재에 있으매, 소공(素空)이 건란 한 분을 주었고, 고경선 군이 제주서 풍란 한 등걸을 가지고 왔다. ❿ 풍란에 웅란(雄蘭) · 자란(雌蘭) 두 가지가 있는데, 자란은 이왕 안서(岸曙) 집에서 보던 것으로서 잎이 넓적하고, 웅란은 잎이 좁고 빼어났다. ⓫ 물을 자주 주고, 겨울에는 특히 웅호하여, 자란은 네 잎이

돌고 웅란은 다복다복하게 길었다. ⓬ 벌써 네 해가 되었다.
풀이나 나무 따위가 여기저기 아주 탐스럽게 소복한 모양
⓭ 십여 일 전 나는 바닷게를 먹고 중독되어 곽란(霍亂)이 났다. ⓮ 5, 음식이 체하여 토하고 설사하는 급성 위장병
6일 동안 미음만 마시고 인삼 몇 뿌리 달여 먹고 나았으되, 그래도 병석에 누워 더 조리하였다. ⓯ 책도 보고, 시도 생각해 보았다. ⓰ 풍란은 곁에 두었다. ⓱ 하얀 꽃이 몇 송이 벌었다. ⓲ 방렬 · 청상(淸爽)한 맑고 시원함.
향이 움직이고 있다. ⓳ 나는 밤에도 자다가 깨었다. ⓴ 그 향을 맡으며
풍란에서 영감을 얻어 시를 창작함.
이렇게 생각을 하여 등불을 켜고 노트에 적었다.

[A]
┌ 잎이 빳빳하고도 오히려 영롱(玲瓏)하다
│ 썩은 향나무 껍질에 옥(玉) 같은 뿌리를 서려 두고
│ 열악한 환경 풍란의 청아함.
│ 청량(淸凉)한 물기를 머금고 바람으로 사노니
│ 꽃은 하얗고도 여린 자연(紫煙) 빛이다
│ 보랏빛 연기
│ 높고 조촐한 그 품(品)이며 그 향(香)이
└ 숲속에 숨겨 있어도 아는 이는 아노니

❷ 태도: 풍란을 예찬함.

***2** 요약: 고난과 시련 속에서도 위안이 되어 준 난

3 완당 선생이 한묵연(翰墨緣)이 있다듯이 나는 난연(蘭緣)이 있고 난복(蘭福)이 있다. 당외자, 계수나무도 있으나, 이 웅란에는
'김정희'를 의미함. 글을 짓거나 쓰는 것과의 인연 난초와의 인연
백중(伯仲)할 수 없다. ❸ 이 웅란은 난 가운데에도 가장 진귀하다.
재주 · 실력이 서로 비슷하여 낫고 못함이 없음.
'간죽하수문주인(看竹何須問主人)*'이라 하는 시구가 있다. ❺ 그도 그럴듯하다. 나는 어느 집에 가 그 난을 보면, 그 주인이 어떤 사람인가를 알겠다. ❼ 고서도 없고, 난도 없이 되잖은 서화나 붙여 놓은 방은, 비록 화려 광활하다 하더라도 그건 한 요릿집에 불과하다. ❽ 두실 와옥(斗室蝸屋)*이라도 고서 몇 권, 난 두어 분, 그리
❽ 글쓴이의 생각: 난이 정신적 가치를 길러 줌.
고 그 사이 술이나 한 병을 두었다면 삼공(三公)을 바꾸지 않을 것
국가 주요 정책을 결정하던 세 벼슬
아닌가! ❾ 빵은 육체나 기를 따름이지만 난은 정신을 기르지 않는가!
물질적 가치 정신적 가치

***3** 요약: 정신적 가치를 길러 주는 난

*간죽하수문주인: '대숲을 봤으면 그만이지 그 주인이 누구인지 물을 필요가 있겠는가.'라는 뜻
*두실 와옥: 몹시 작고 누추한 집

■ 갈래: 현대 수필, 경수필 ■ 창작 시기: 현대
■ 내용: 이 작품은 작가가 난(蘭)을 길러 온 과정과 난에 대한 애정을 그린 수필이다. 역사적 흐름 속에서 겪게 된 개인적 시련을 자신이 기르던 난의 시련과 결부시켜 담담하게 서술하였다. 또한 풍란에서 영감을 얻어 창작한 두 수의 시조를 제시하여 난에 대한 애정과 예찬적 태도를 함축적으로 드러내었다. 정신을 길러 준다는 이유로 난에 높은 가치를 부여하는 모습에서 정신적 가치를 추구하는 작가의 삶의 자세가 잘 드러난다.

■ 주제: 난초의 청초함과 고결한 기품 예찬

■ 이것이 핵심!: 중심 대상에 대한 예찬

'난'을
예찬함.

• 옥 같은 뿌리
• 높고 조촐한 그 품이며 그 향이
• 정신을 기르지 않는가!

D 81 정답 ① *작품 비교하기 …………… [정답률 87%]

(가)와 (나)에 대한 설명으로 가장 적절한 것은?

> 왜 정답?

① (가)에는 해소하기 어려운 문제적 상황에 당면하여 고뇌하
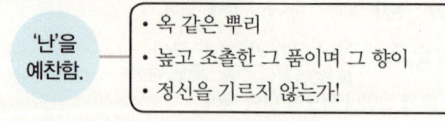
는 태도가 드러나 있다.
'시름겨워'하고 '갈 길 몰라' 고뇌하는 태도가 드러남.

* 근거: (가) 〈제4수〉 중장, 〈제8수〉 종장

(가)의 〈제4수〉의 '이역 춘궁을 뉘라서 모셔 오리'에서 화자가 병자호란의 결과로 청나라 심양에 볼모로 잡혀간 세자를 모셔 오는 것을 해소하기 어려운 문제적 상황으로 인식하고 있음을 알 수 있다. 또한 이러한 상황에 대해 '시름겨워 ᄒ노라'와 같이 말하고 있는 것에서 화자의 고뇌하는 태도를 확인할 수 있다.

[당면하다: 바로 눈앞에 당하다.
[고뇌: 괴로워하고 번뇌함.

> 왜 오답 ?

② (가)에는 시대적 고난에 맞서지 못하는 ~~자신의 나약함을~~ ~~극복하고자 하는~~ 태도가 드러나 있다.
나약함을 극복하려는 태도는 드러나지 않음.

* 근거: (가) 〈제9수〉 종장

(가)의 〈제9수〉에서 화자는 시대적 고난에 맞서지 못하는 나약함을 '바람에 지나는 검불 갓ᄒ야'라고 표현하고 있다. 그런데 자신의 처지에 대해 비통함을 느끼고 있을 뿐 자신의 나약함을 극복하고자 하는 태도는 드러내고 있지 않다.

③ (나)에는 ~~인간의 유한한 삶에 대해 한탄하는~~ 태도가 드러나 있다.
인간의 유한한 삶을 한탄하는 태도는 드러나지 않음.

(나)에서 인간의 유한한 삶에 대해 한탄하는 태도를 드러내고 있지는 않다.

④ (나)에는 희망을 찾을 수 없는 ~~절망적 현실에 대한 냉소적~~ ~~인 태도~~가 드러나 있다.
절망적 현실에 대한 냉소는 드러나지 않음.

* 근거: (나) ❷문단 ❶, ❽문장

(나)의 글쓴이는 조선어 학회 사건으로 인해 피검되고, 6·25 전쟁으로 인해 피란을 가는 현실적 시련을 겪었음을 서술하고 있다. 하지만 이러한 현실을 담담하게 그리고 있을 뿐 희망을 찾을 수 없는 절망적 현실로 인식하고 있거나 이에 대해 냉소적 태도를 드러내고 있지는 않다.

[냉소적: 쌀쌀한 태도로 업신여기어 비웃는

⑤ (가)와 (나)에는 ~~이상과 현실의 괴리에서 비롯된 삶에 대한~~ ~~회의적 태도~~가 드러나 있다.
(나)에는 삶에 대한 회의적 태도가 드러나지 않음.

* 근거: (가) 〈제4수〉 중장, 종장, 〈제9수〉 종장

(가)의 〈제9수〉에서 화자는 임금의 충신이 되고자 하는 이상을 지니고 있지만 '검불'같이 무력한 자신의 현실적 처지를 인식하고는 '갈 길 몰라 ᄒ노라'라며 삶에 대한 회의적 태도를 드러내고 있다. 또한 〈제4수〉에서 '이역 춘궁'을 모셔 오고 싶은 이상과 이를 실현할 이가 없는 현실의 괴리를 인식하고 '슬허ᄒ노라'라며 삶에 대한 회의적 태도를 드러내고 있다. 하지만 (나)에서는 이상과 현실의 괴리가 나타나 있지 않으며 삶에 대한 회의적 태도 역시 드러나 있지 않다.

[회의적: 어떤 일에 의심을 품는

D 82 정답 ③ * 작품 비교하기 ·········· [정답률 87%]

(가), (나)에 대한 감상으로 적절하지 <u>않은</u> 것은? [3점]

> 왜 정답 ?

③ (가)는 자신의 '몸'이 하늘 밖에 떨어진 상황을 설정하여 ~~현~~ ~~실의 문제를 떠나 고통을 잠시라도 잊으려는 화자의 지향~~을 드러내고 있군.
화자가 임금과 멀리 떨어져 있는 상황을 나타낸 것으로, '서울'을 찾고 있으므로 현실을 떠나려 한다고 볼 수 없음.

* 근거: (가) 〈제9수〉

(가)의 〈제9수〉 초장에서 화자는 자신의 몸이 하늘 밖에 떨어진 상황을 설정하고 있다. 그런데 중장에서 임금이 계신 '서울'을 찾고 있는 것을 볼 때, 화자가 현실의 문제를 떠나 고통을 잠시라도 잊으려고 한다고 볼 수 없다. 이

는 화자가 임금과 멀리 떨어져 있는 상황을 나타낸 것으로 보는 것이 더 적절하다.

[지향: 어떤 목표로 뜻이 쏠리어 향함. 또는 그 방향이나 그쪽으로 쏠리는 의지

> 왜 오답 ?

① (가)는 '학가 선객'을 '꿈'에서나마 본 일을 언급함으로써 <u>그를 만나고 싶어 하는 화자의 소망을 드러내고 있군.</u>
전쟁의 패배로 볼모가 된 세자를 꿈에서라도 보고 싶어 한 것이므로 적절함.

* 근거: (가) 〈제1수〉 종장

(가)의 〈제1수〉에서 화자는 꿈에서 '학가 선객'을 보았는데 마치 '친히 뵌 듯' 느껴진다고 말하고 있다. 또한 꿈에서 '학가 선객'을 본 것이 '반갑다'고 이야기하고 있으므로 화자가 그를 만나고 싶어 하는 소망을 드러냈다고 볼 수 있다.

② (가)는 '박제상'이 살았던 시대와 대비함으로써 <u>그와 같은 충신을 찾기 어려운 시대적 상황에 대한 화자의 안타까움을</u> <u>드러내고 있군.</u>
'님의 시름을 알 이'가 없다며 안타까워하고 있으므로 적절함.

* 근거: (가) 〈제4수〉 초장, 종장

(가)의 〈제4수〉에서 화자는 '박제상 죽은 후에 님의 시름 알 이 없다'며 충신인 박제상이 살았던 시대와 달리 현실에서는 충신을 찾기 어렵다며, '슬허ᄒ노라'라고 이러한 시대적 상황에 대한 화자의 안타까움을 드러내고 있다.

④ (나)는 역사적 상황에 따른 작가의 행적과 '난'의 생사를 관련지어 언급함으로써 '난'에 대한 작가의 애착을 드러내고 있군.
역사적 고난들이 이어지는 중에도 항상 난을 생각했음을 드러냈으므로 적절함.

* 근거: (나) ❷문단 ❶~❽문장

(나)에서 조선어 학회 사건, 8·15 광복, 6·25 전쟁 등 역사적 상황에 따른 행적과 '난'의 생사를 관련지어 언급하고 있다. 이처럼 역사적 상황 속에서 개인적 시련을 겪으면서도 난의 생사에 관심을 두고, 죽어 가는 난을 살리려는 모습에서 난에 대한 작가의 애착이 드러나고 있다.

[행적: 행위의 실적(實績)이나 자취

⑤ (나)는 '두실 와옥'에 사는 사람이라도 만족감을 느낄 수 있도록 해 주는 '난'을 통해 작가가 지향하는 정신적 가치를 드러내고 있군.
두실 와옥에 있어도 난이 있다면 삼공과 바꾸지 않겠다고 했으므로 적절함.

* 근거: (나) ❸문단 ❽, ❾문장

(나)의 작가는 두실 와옥, 즉 몹시 작고 누추한 집에 사는 사람이라 할지라도 고서와 난과 술이 있다면 충분히 만족하여 삼공(높은 벼슬)과도 바꾸지 않을 것이라 말한 후, 그 이유를 '난은 정신을 기르'기 때문이라고 밝히고 있다. 이러한 난에 대한 태도에서 작가가 지향하는 정신적 가치가 드러나고 있다.

D 83 정답 ⑤ * 시어 및 구절의 의미 파악하기 · [정답률 89%]

㉠과 ㉡을 비교한 내용으로 가장 적절한 것은?

• ㉠: ㉠은 '풀'이라는 시어로, 나라의 치욕을 당한 화자와 달리 시름이 없는 대상입니다.

• ㉡: ㉡은 '검불'이라는 시어로, 비통한 현실에도 아무것도 하지 못하는 화자와 같이 갈피를 잡지 못하는 대상입니다.

🔲 ㉠과 ㉡을 화자의 처지와 관련지어 설명한 내용으로 적절한 것을 고르는 문제입니다.

> 왜 정답 ?

⑤ ㉠은 화자의 처지와 대비되는 소재로, ㉡은 화자의 처지와 동일시되는 소재로 제시되고 있다.
상황과 관계없이 잘 자라는 존재이므로 화자와 대비됨.
부는 바람에 '갈 길 몰라' 하는 존재이므로 갈피를 못 잡는 화자와 동일시됨.

* 근거: (가) 〈제8수〉 종장, 〈제9수〉 종장

현실에 대해 '시름겨워 ㅎ'는 화자와 달리 ㉠은 '아는 일 업'는 존재이므로 화자의 처지와 대비되는 소재로 제시되고 있다고 볼 수 있다. 또한 화자는 비탄의 현실 상황에서 아무런 역할을 하지 못하는 자신을 바람에 이리저리 날리는 무력한 존재인 ㉡ 같다고 말하고 있으므로 ㉡은 화자의 처지와 동일시되는 소재로 제시되고 있다고 볼 수 있다.

> **왜** 오답 **?**

① ㉠과 ㉡은 모두 화자가 ~~경외감을 가지고 바라보는~~ 소재이다.
<small>㉠, ㉡ 다 해당되지 않음.</small>

경외감은 공경하면서 두려워하는 감정을 의미한다. 그런데 ㉠은 '시름겨워 ㅎ'는 화자와 달리 '아는 일 업'는, 즉 시름이 없는 대상이다. 이에 대해 화자는 '긔 아니 조흘쏘냐'라며 부러움의 정서를 드러내고는 있지만 경외하고 있다고 볼 수는 없다. ㉡ 또한 화자가 무력한 자신을 빗대어 표현한 소재이므로 경외감을 가지고 바라본다고 할 수 없다.

② ㉠과 ㉡은 모두 ~~세월의 흐름을 나타내어 인생의 무상함을~~ 느끼게 하는 소재이다.
<small>㉠, ㉡ 둘 다 해당되지 않음.</small>

㉠과 ㉡은 모두 인생의 무상함을 느끼게 하고 있지 않다.

③ ㉠은 화자의 울분을 심화하는 소재로, ㉡은 화자의 ~~울분~~
<small>화자와 대비되는 소재이므로 울분을 심화한다고 볼 수도 있음.</small>
을 완화하는 소재로 활용되고 있다.
<small>화자와 동일시되는 소재로, 화자의 정서를 드러낸 것이지 울분을 완화하는 것은 아님.</small>

㉠은 화자의 처지와 대비되는 소재이므로 현실의 상황에 대해 느끼는 화자의 울분을 심화하는 소재로 볼 수도 있다. 하지만 ㉡은 화자와 동일시되는 소재일 뿐 화자의 울분을 완화하고 있지는 않다.

[울분: 답답하고 분함. 또는 그런 마음

④ ㉠은 ~~현재의 상황에 대한 인식의 계기~~가, ㉡은 ~~과거의 사~~
<small>상황을 인식하는 계기로 볼 수 없음.</small>
~~건에 대한 회고의 계기~~가 된 소재이다.
<small>회고의 계기로 볼 수 없음.</small>
화자는 ㉠을 통해 자신이 처한 현실을 판단하여 알게 된 것이 아니라, ㉠과의 대조를 통해 자신이 인식하고 있는 현실을 강조하고 있다고 보는 것이 더 적절하다. 또한 ㉡은 화자가 현재 자신의 처지를 빗대어 표현한 소재이므로 과거의 사건에 대한 회고의 계기가 된 소재로 보는 것은 적절하지 않다.

[회고: 지난 일을 돌이켜 생각함.

D 84 정답 ⑤ * 〈보기〉를 바탕으로 감상하기 · [정답률 82%]

〈보기〉를 바탕으로 (가)를 이해한 내용으로 적절하지 <u>않은</u> 것은?

· **〈보기〉를 바탕:** 〈비가〉는 병자호란 후의 문제를 다룬 연시조로, 잡혀간 세자에 대한 마음, 임금을 향한 충정 등이 복합적으로 제시되어 있으므로 각 수의 시어를 연결하여 이해해야 합니다.

· **(가):** 〈제1수〉, 〈제4수〉에서는 세자에 대한 마음, 〈제6수〉, 〈제7수〉에서는 임금에 대한 걱정, 〈제8수〉, 〈제9수〉에서는 국치를 겪은 현실에 대한 슬픔을 노래하고 있습니다.

즉 〈제1수〉~〈제9수〉의 시어를 연결하여 이해한 (가)의 내용으로 틀린 것을 고르는 문제입니다.

[보기]

❶ 임병양란 이후의 사대부들 사이에서는 긴 사연을 담을 수
<small>임진왜란과 병자호란</small>
있는 연시조 양식을 활용해 전란 후 현실의 문제를 다루려는
경향이 나타났다. ❷ 병자호란 직후 지어진 〈비가〉에도, 잡혀간
세자를 그리는 마음, 임금을 향한 충정, 전란 후 상황에 대한
견해 등 여러 내용이 복합되어 있다. ❸ 각 수의 시어를 연결하
<small>(가)는 이러한 방향에서 접근해야 함.</small>
여 이해할 때 그 같은 내용들이 올바로 파악될 수 있다.

전란: 전쟁으로 인한 난리
경향: 현상이나 사상, 행동 따위가 어떤 방향으로 기울어짐.

> **왜** 정답 **?**

⑤ 〈제7수〉의 '달 발근 밤'과 〈제8수〉의 '봄비'에는 ~~부정적 현~~
<small>임금이 근심하는 시간   화자와 대비되는 풀을 자라게 하는 비</small>
~~질이 개선되리라는 화자의 전망과 기대~~가 담겨 있다.
<small>현실이 개선되리라 전망하고 있다고 볼 수 없음.</small>

*근거: (가) 〈제7수〉 초장, 〈제8수〉 초장

〈보기〉는 (가)에 '전란 후 상황에 대한 견해'가 담겨 있다고 설명하고 있다. 이를 볼 때, 〈제7수〉의 '달 발근 밤'은 '성려(염려)'가 많아 임금이 잠을 못 이루고 있는 상황의 배경이므로, 현실 상황에 대한 화자의 부정적 견해가 담겨 있을 뿐, 부정적 현실이 개선되리라는 화자의 전망과 기대는 담겨 있지 않다. 또한 〈제8수〉의 '봄비'도 '풀'이 저절로 자라게 하는 소재일 뿐이다.

[개선: 잘못된 것이나 부족한 것, 나쁜 것 따위를 고쳐 더 좋게 만듦.
[전망: 앞날을 헤아려 내다봄. 또는 내다보이는 장래의 상황

> **왜** 오답 **?**

① 〈제1수〉의 '어느덧 다녀온고'와 〈제4수〉의 '뉘라서 모셔 오
<small>세자를 그리워해 꿈속에서 청나라에 다녀옴.   청나라에 잡혀 있는 세자를 모셔 오고 싶음</small>
리'라는 진술에는 잡혀간 세자를 그리는 화자의 마음이 투영
<small>세자를 그리는 화자의 마음이 투영되어 있음.</small>
되어 있다.

*근거: (가) 〈제1수〉 중장, 〈제4수〉 중장

〈보기〉는 (가)에 '잡혀간 세자를 그리는 마음'이 담겨 있다고 설명하고 있다. 이를 볼 때, 〈제1수〉의 '어느덧 다녀온고'는 꿈속에서 심양에 있는 세자를 뵙고 왔음을 뜻하는 것이므로, 세자를 그리는 화자의 마음이 투영되어 있다. 또한 〈제4수〉의 '뉘라서 모셔 오리'는 세자를 모셔 오지 못하는 현실 상황에 대한 안타까움과 함께 세자를 모셔 올 수 있게 되기를 바라는 마음을 드러내고 있는 것이므로 이 또한 세자를 그리는 화자의 마음이 투영되어 있다.

[투영되다: (어떤 뜻이나 현상 따위가) 다른 것에 반영되어 나타나다.

② 〈제4수〉의 아무도 알아주지 못하는 '님의 시름'에 대해,
<small>충신이 죽은 후 임금의 시름을 알아주는 이가 없음.</small>
〈제6수〉의 '조구리'와 같은 인물이 없는 현실에 처한 화자는
<small>충신이 없는 현실에 대한 애석함을 드러냄.</small>
애석함을 느끼고 있다.

*근거: (가) 〈제4수〉 초장, 〈제6수〉 종장

〈보기〉는 (가)에 '임금을 향한 충정'과 '전란 후 상황에 대한 견해'가 담겨 있다고 설명하고 있다. 이를 볼 때, 화자는 〈제4수〉에서 청나라에 볼모로 잡혀간 세자를 걱정하는 '님의 시름'을 '알 이 업'음을 염려하며, 〈제6수〉에서 이러한 시름을 해결해 줄 수 있는 '조구리'와 같은 충신이 '이미 죽으니 참승홀 이가 업'는 현실에 대해 '슬프다'라고 말하고 있으므로 애석함을 느끼고 있다.

③ 〈제6수〉에서 조정에 많은 '무신'이 남아 있음에도 '신고혼
<small>무신이 많음에도 고통스러운 화친을 맺게 됨.</small>
화친'을 맺은 결과로 〈제7수〉에서 세자가 '이역 풍상'을 겪는
<small>그 화친으로 인해 잡혀간 고난과 시련을 겪음.</small>
다고 화자는 판단하고 있다.

*근거: (가) 〈제6수〉 초장, 중장, 〈제7수〉 중장

〈보기〉는 (가)에 '전란 후 상황에 대한 견해'가 담겨 있다고 설명하고 있다. 이를 볼 때, 화자는 〈제6수〉에서 '조정을 바라보니 무신도 하 만하라'라며 조정에 많은 무신이 남아 있음에도 신고한, 즉 고통스러운 화친을 맺었다고 비판적 인식을 드러내고 있다. 이때 화자가 화친을 '신고'하다고 말한 이유를 〈제7수〉의 '이역 풍상에 학가'와 연결하여 보면, 화자는 화친의 결과로 세자가 청나라에서 고난을 겪게 되었다고 판단하고 있기 때문이라 이해할 수 있다.

④ 〈제7수〉에서 근심에 싸여 있는 '구중'의 임금을 떠올렸던
<small>염려가 많은 임금을 떠올림.</small>
화자는 〈제9수〉에서는 '서울'을 찾지 못해 애태우고 있다.
<small>임금이 있는 곳을 찾지 못해 애태움.</small>

*근거: (가) 〈제7수〉 초장, 〈제9수〉 중장, 종장

〈보기〉는 (가)에 '임금을 향한 충정'이 담겨 있다고 설명하고 있다. 이를 볼 때, 화자는 〈제7수〉에서 임금을 걱정하며 충정을 드러내고 있다. 그래서 〈제9수〉에서 임금에게 도움이 되고자 하는 마음에 임금이 계신 '서울'을 찾는다. 하지만 화자는 '갈 길 몰라 ᄒ'고 있으므로 '서울'을 찾지 못해 애태우고 있다고 볼 수 있다.

D 85 정답 ① ★글쓴이의 생각과 태도 파악하기 [정답률 79%]

(나)의 맥락을 고려하여 [A]를 감상한 내용으로 적절하지 않은 것은?

· **(나)의 맥락을 고려**: (나)의 글쓴이는 현실의 고난 속에서도 난을 기르며 위안을 받아온 경험에 대해 서술하고 있습니다.

· **[A]**: (나)의 글쓴이가 창작한 시로, 풍란의 품과 향에 대해 예찬하고 있습니다.

즉 (나)에서 드러나는 난에 대한 글쓴이의 태도를 고려하여 [A]를 감상한 내용으로 틀린 것을 고르는 문제입니다.

>왜 정답?

① [A]의 '썩은 향나무 껍질'과 대조적인 의미를 지니는 '옥 같은 뿌리'는 '화려 광활'한 이미지를 지닌다고 볼 수 있겠군.
<small>'화려 광활'은 화자가 부정적으로 생각하는 모습이므로, 긍정적인 난의 '옥 같은 뿌리'가 지닌 이미지로 볼 수 없음.</small>

★근거: (나) ③문단 ⑦문장, [A] ②행

'썩은 향나무 껍질'은 난이 자라는 열악한 환경을, '옥 같은 뿌리'는 그러한 상황에서도 청아함을 잃지 않는 풍란의 특성을 뜻하는 것으로 이해한다면 두 구절이 서로 대조적인 의미를 지닌다고 볼 수도 있다. 그런데 '화려 광활'은 '난도 없이 되잖은 서화나 붙여 놓은 방'이 지닌 세속적이고 물질적인 특성을 나타내는 이미지이므로 풍란의 '옥 같은 뿌리'가 이러한 이미지를 지닌다고 볼 수 있다는 감상은 적절하지 않다.

>왜 오답?

② [A]의 '높고 조촐한 그 품이며 그 향'은 '풍란'의 속성을 드러낸 것으로, 작가가 '풍란'을 곁에 두고자 하는 이유로 볼 수 있겠군.
<small>풍란의 향을 맡으며 지은 시에 '높고 조촐한 그 품이며 그 향'이라고 했으므로 적절함.</small>

★근거: (나) ②문단 ⑳문장, [A] ⑤행

'그 향을 맡으며 이렇게 생각을 하며 ~ 노트에 적었다.'를 통해 [A]는 작가가 풍란에서 영감을 얻어 창작한 작품임을 알 수 있다. 작가는 '높고 조촐한 그 품이며 그 향'이라며 풍란의 속성을 예찬하고 있으므로 이것을 작가가 병석에 누워 조리하는 중에 '풍란'은 곁에 두었던 이유 중 하나로 볼 수 있다.

③ [A]의 '아는 이'는 '풍란'의 가치를 볼 수 있는 안목을 갖춘 사람으로, '난연'과 '난복'이 있다고 생각하는 작가도 이에 해당된다고 볼 수 있겠군.
<small>숲속에 숨겨도 안다고 했으므로 적절함. '나는 난연이 있고 난복이 있다.'라고 했고 풍란의 가치를 알기에 [A]를 쓴 것이므로 적절함.</small>

★근거: (나) ③문단 ❶문장, [A] ⑤, ⑥행

[A]의 '아는 이'는 난의 '높고 조촐한 그 품이며 그 향'이 '숲속에 숨겨 있어도' 알아보는 사람이므로 풍란의 가치를 볼 수 있는 안목을 갖춘 사람을 의미한다고 볼 수 있다. 그리고 작가는 이러한 풍란의 가치를 알고 있기에 이를 시로 표현할 수 있었던 것이며, 또한 작가가 자신이 난연과 난복이 있다고 생각하는 이유가 난 중에 가장 진귀한 웅란(풍란의 한 종류)을 갖고 있기 때문이므로 작가는 풍란의 가치를 볼 수 있는 안목을 갖춘 사람에 해당된다고 볼 수 있다.

[안목: 사물을 보고 분별하는 견식]

④ [A]는 평소 '난'을 통해 '위안'을 얻던 작가가 '병석'에 누워 조리할 때 '풍란'에서 영감을 얻어서 창작한 것으로 볼 수 있겠군.
<small>병석에 누워 풍란의 향을 맡으며 지은 것이므로 적절함.</small>

★근거: (나) ②문단 ⑬~⑳문장

작가는 곽란이 나서 병석에 누워 조리하였는데, 곁에 둔 풍란의 청상한 '그 향을 맡으며 이렇게 생각을 하여 등불을 켜고 노트에 적었다.'라고 [A]의 창작 배경을 밝히고 있다. 따라서 [A]는 풍란에서 영감을 얻어서 창작한 것으로 볼 수 있다.

⑤ [A]는 '난'과 함께한 작가의 정신세계를 함축적으로 제시하는 한편, '풍란'에 대한 예찬적 태도를 드러낸다고 볼 수 있겠군.
<small>풍란의 향을 맡으며 든 생각을 적은 것이므로 적절함. '영롱하다', '옥 같은' 등에서 예찬적 태도가 드러남.</small>

★근거: [A] ②, ⑤행

[A]는 작가가 풍란의 향기를 맡으며 든 생각을 적은 것이므로 '난'과 함께한 작가의 정신세계를 함축적으로 제시하고 있다고 볼 수 있다. 또한 작가는 '옥 같은 뿌리', '높고 조촐한 그 품이며 그 향'과 같은 표현을 통해 풍란에 대한 예찬적 태도를 드러내고 있다.

[함축: 표현의 의미를 한 가지로 나타내지 아니하고 문맥을 통하여 여러 가지 뜻을 암시하거나 내포하는 일]

D 86~88 ——— [2017년(3월)/고3교육청 21~23]

(가) 박인로, 〈입암이십구곡〉

❶ 화자, 중심 대상 ❷ 상황, 정서, 태도 ❸ 표현상 특징 [고어 읽기] [시 해석]

❶ <small>무정히 서 있는 바위 유정하여 보이나다</small>
무정히 서 있는 <u>바위</u> 유정하여 보이ᄂ다
<small>❶ 중심 대상: 바위</small> <small>뜻이 있다</small>
→ 무정히 서 있는 저 바위에 무슨 뜻이 있는 것 같구나

❷ <small>최령 한 오인 도 직립불의 어렵건만</small>
<u>최령(最靈)ᄒ 오인(吾人)</u>*도 직립불의(直立不倚)* 어렵건만
<small>❷ 태도: 바위를 인간보다 우월하게 봄.</small>
→ 가장 신령스러운 우리들도 꼿꼿하게 서 있는 것이 힘들건만

❸ <small>오랜 세월 곧게 선 자태 고칠 적이 없다</small>
오랜 세월 곧게 선 자태 고칠 적이 없ᄂ다 〈제1수〉
→ 오랜 세월 곧게 꼿꼿하게 서 있구나

　　　　　★〈제1수〉 요약: 바위의 곧은 자태를 예찬함.

❶ <small>강가에 우뚝 서니 쳐다볼수록 더욱 높다</small>
강가에 우뚝 서니 쳐다볼수록 디욱 높다
→ 강가에 우뚝 서 있어 바라볼수록 (저 바위가) 더욱 높다 }<small>바위의 높고 불변하는 속성</small>

❷ <small>바람 서리에 불변하니 뚫을수록 더욱 굳다</small>
바람 서리에 불변ᄒ니 뚫을수록 더욱 굳다
→ 바람서리에 변하지 않으니 뚫을수록 더욱 굳다

❸ <small>사람도 이 바위 같으면 대장부인가 하노라</small>
사람도 이 바위 같으면 대장부인가 ᄒ노라 〈제2수〉
→ 사람도 이 바위 같으면 대장부라 할 것이다

　　　　　★〈제2수〉 요약: 변치 않는 바위의 모습을 예찬함.

❶ <small>말 한마디 업슨 바위 사귈 일도 업건만은</small>
말 한마디 업슨 바위 사귈 일도 업건만은
→ 말 한마디 없는 바위를 사귈 일도 없지만은

❷ <small>고모진태 를 벗 삼아 안자시니</small>
고모진태(古貌眞態)*를 벗 삼아 안ᄌ시니
→ 옛 모습대로의 참된 자태를 벗 삼아 앉으니

❸ <small>세상에 이익되는 세 벗을 사귈 줄 모르노라</small>
세상에 이익되는 세 벗을 사귈 줄 모ㄹ노라 〈제3수〉
<small>논어에 제시</small> <small>사귈 필요가 없구나</small>
→ 세상에 이익되는 세 벗을 굳이 사귈 필요가 없구나.

　　　　　★〈제3수〉 요약: 참된 자태를 지닌 바위를 벗 삼고 있음.

❶ <small>탁연직립 하니 본받음 직하다마는</small>
탁연직립(卓然直立)*ᄒ니 본받음 직ᄒ다마는
→ 빼어나 곧게 서니 본받을 만하지만

❷ <small>구름 깊흔 골짜기에 알 이 있어 차자오랴</small>
구름 깁흔 골짜기에 알 이 있어 ᄎᄌ오랴
→ 구름 깊은 골짜기에 누가 알고 찾아오겠느냐

❸ 이제나 광야에 옮겨 모두 보게 하여라
이제나 광야에 옮겨 모두 보게 ᄒᆞ여라   〈제5수〉
　　　사람들이 모두 보고 본받도록 함.
➡ (바위를) 광야에 옮겨 모두가 보게 하여라

*〈제5수〉 요약: 바위를 많은 사람들이 본받도록 하고 싶음.

❶세정　　　　　이 하 수상하니 나를 본들 반길넌가
세정(世情)이 하 수상ᄒᆞ니 나를 본들 반길넌가
　　현실이 혼란스러움.　　　❶ 화자: 나(바위→화자가 바뀜.)
➡ 세상이 혼란스럽고 이상하니 누가 나(바위)를 반기려나

❷왕기순인　　　　　　하야 내 어듸 옮아가리오
왕기순인(枉己循人)*ᄒᆞ야 내 어듸 옮아가리오
➡ 나를 굽히고 남을 좇으려 내가 어디로 옮겨가겠는가   ❸ 표현상 특징: 바위가 묻고 대답함.

❸산 조코 물 조흔 골에 삼긴 대로 늘그리라
산 됴코 물 됴흔 골에 삼긴 대로 늘그리라   〈제6수〉
➡ 산 좋고 물 좋은 골짜기에 타고난 대로 살겠다

*〈제6수〉 요약: 세상 사람들이 바위를 본받지 않음.

* 최령혼 오인: 가장 신령스런 우리
* 직립불의: 꼿꼿이 섬.
* 고모진태: 옛 모습대로의 참된 자태
* 탁연직립: 빼어나 곧게 섬.
* 왕기순인: 자기 몸을 굽혀 남을 좇음.

■ 갈래: 평시조, 연시조   ■ 창작 시기: 조선 중기
■ 내용: 이 작품은 총 29수로 구성된 박인로의 연시조이다. 한결같은 모습으로 곧게 서 있는 바위의 모습을 예찬하며 사람들이 바위의 그러한 품성을 본받아야 한다고 이야기하고 있다. 하지만 세상 사람들이 그러지 않고 있는 것에 대한 안타까움도 함께 드러나 있다.

■ 주제: 바위의 한결같이 곧은 모습 예찬

■ 이것이 핵심!: 바위에 대한 예찬

제1수	제2수	제3수	제5수
바위의 곧은 자태를 예찬함.	변치 않는 바위를 예찬함.	참된 자태를 가진 바위를 벗 삼음.	곧게 선 바위를 본받아야 한다고 생각함.

(나) 이태준, 〈고완〉

❶ 중심 대상　❷ 글쓴이의 생각, 태도　❸ 서술상 특징

1 우리 집엔 웃어른이 아니 계시다. 나는 때로 거만스러워진다.
　　　　　　　　　　　　　　글쓴이: 나
오직 하나 나보다 나이 더 높은 것은, 아버님께서 쓰시던 연적이 있을 뿐이다. 저것이 아버님께서 쓰시던 것이거니 하고 고요한 자❶ 중심 대상: 연적
리에서 쳐다보면 말로만 들은, 글씨를 좋아하셨다는 아버님의 풍의(風儀)*가 참먹 향기와 함께 자리에 풍기는 듯하다. 옷깃을 여미고 입정(入定)*을 맛보는 것은 아버님이 손수 주시는 교훈이나 다름없다.

〔연적: 벼루에 먹을 갈 때 쓰는, 물을 담아 두는 그릇

*① 요약: 아버지의 연적

2 얼마 동안이었진 모르나 아버님과 한때 풍상(風霜)을 같이 받은 유품이다. 그 몸이 어느 땅 흙에 묻힐지 기약 없는 망명객의
　　　　　　　　❷＝연적
생활, 생각하면, 바다도 얼어 파도 소리조차 적막하던 블라디보스토크의 겨울밤, 흉중엔 무한한(無限恨)인 채 임종하시고 만 아버님의 머리맡에는 몇 자루의 붓과 함께 저 연적이 놓였던 것은 어렸을 때 본 것이지만 조금도 몽롱한 기억은 아니다. 네 아버지 쓰

던 것으로 이것 하나라고, 외조모님이 허리춤에 넣고 다니시면서 내가 크기를 기다리시던 것이 이 연적이다. ❹ 분원 사기 살이 담청인데 선홍 반점이 찍힌 천도형의 연적이다.

〔풍상: 많이 겪은 세상의 어려움과 고생을 비유적으로 이르는 말
〔기약: 때를 정하여 약속함. 또는 그런 약속
〔망명객: 망명하여 온 사람

*② 요약: 연적에 얽힌 기억

3 고인과 고락을 같이한 것이 어찌 내 선친의 한 개 문방구뿐이리오. 나는 차츰 모든 옛사람들 물건을 존경하게 되었다. 휘트먼
　　❷ 글쓴이의 생각: 아버지의 연적뿐만 아니라 모든 옛사람들의 물건을 존경함.(사고의 확장)
의 노래에 "오 아름다운 여인이여 늙은 여인이여!" 한 구절이 가끔 떠오르거니와 찻종 하나, 술병 하나라도 그 모서리가 트고, 금간 데마다 배이고 번진 옛사람들의 생활의 때는 늙은 여인의 주름살보다는 오히려 황혼과 같은 아름다운 색조가 떠오르는 것이다.

〔황혼: 해가 지고 어스름해질 때. 또는 그때의 어스름한 빛

*③ 요약: 사색의 범위 확장

(중략)

4 시대가 오래다 해서만 귀하고, 기력과 정력이 들었다 해서만 완상할 것은 못 된다. 옛 물건의 옛 물건다운 것은 그 옛사람들과 함께 생활한 자취를 지녔음에 그 덕윤(德潤)이 있는 것이다. 외국❸
　　　　　　　　　　　　　　　　　　　　덕분　　　　　　　비교 대조
의 공예품들은 너무 지교(至巧)해서 손톱 자리나 가는 금 하나만
　　　　　　　　아주 치밀하고 정교함.
나더라도 벌써 병신이 된다. 비단옷을 입고 수족이 험한 사람처럼 생활의 자취가 남을수록 보기 싫어진다. ❺ 그러나 우리 조선 시대의
　　　　　　　　　　　　　　　　　　　　　　　역접
공예품들은 워낙이 순박하게 타고나서 손때나 음식물에 절수록 아름다워진다. ❻ 도자기만 그렇지 않다. ❼ 목공품 모든 것이 그렇다. ❽목침, 나막신, 반상, 모두 생활 속에 들어와 사용자의 손때가 묻을수록 자꾸 아름다워지고 서적도, 요즘 양본들은 새것을 사면 그날부터 더러워만 지고 보기 싫어지는 운명뿐이나 조선 책들은 어느 정도로 손때에 절어야만 표지도 윤택해지고 책장도 부드럽게 넘어간다. 수일 전에 우연히 대혜보각사의 「서장(書狀)」을 얻었다. ❿ 4백여 년 전인 가정년간(嘉靖年間)의 판으로 마침 내가 가장 숭앙하는 추사 김정희 선생의 보던 책이다. ⓫ 그의 장인(藏印)이 남고 그의 친적(親蹟)인진 모르나 전권에 토가 달리고 군데군데 주역이 붙어 있다. ⓬ 「서장(書狀)」은 워낙 난해서로 한 줄을 제대로 음미할 수 없지마는 한참 들여다보아야 책제가 떠오르는 태고연한 표지라든지, 장을 번지며 선인들의 정독한 자취를 보는 것이나 또 일획 일자를 써서 사란(絲欄)*을 쳐 가며 칼을 갈아 가며 새기기를 몇 달 혹은 몇 해를 해서 비로소 이 한 권 책이 되었을 것인가 생각하면 인쇄의 덕으로 오늘 우리들은 얼마나 버릇없이 된 글, 안
　　　　　　　　　　　　　　　　　　　　❷ 태도: 세태에 대해 부정적으로 인식함.
된 글을 함부로 박아 돌리는 것인가 하는, 일종의 참회를 느끼지 않을 수 없는 것이다.

⓭ 고완 취미를 부자나 은자의 도일(度日)*거리로만 보는 것은 속
　　　　　　　　　　　　　　　　❷ 글쓴이의 생각
단이다. ⓮ 금력으로 수집욕을 채우는 것은 오락에 불과한 것이요, 또 제 눈이 불급하는 것을 너무 탐내는 것도 허영이다. ⓯ 직업적이

어선 취미도 아니려니와 본대 상심낙사(賞心樂事)*란 무위와 허욕과 더불어서는 경지를 같이하지 않을 것이라 생각한다.

완상하다: 즐겨 구경하다.　　**윤택**: 광택에 윤기가 있음.
숭앙하다: 공경하여 우러러보다.
태고연하다: 아득한 옛 모습 그대로인 듯하다.
참회: 자기의 잘못에 대하여 깨닫고 깊이 뉘우침.
고완: 오래되었거나 희귀한 옛날의 기구나 예술품
불급하다: 일정한 수준이나 정도에 이르지 못하다.
무위: 아무것도 하는 일이 없음. 또는 이룬 것이 없음.
허욕: 헛된 욕심

*④ **요약**: 고완 취미에 대한 글쓴이의 생각

*풍의: 드러나 보이는 모습
*입정: 한마음으로 흐트러짐 없는 상태로 들어감.
*사란: 여러 개의 금을 그어 '井' 자 모양으로 된 각각의 칸살
*도일: 세월을 보냄.
*상심낙사: 완상하는 마음과 즐거운 일

■ **갈래**: 현대 수필　　■ **창작 시기**: 현대
■ **내용**: 이 작품은 이태준의 수필로 '고완'에 대한 그의 생각을 담고 있는 작품이다. '고완'이란 '즐겨 구경할 만한 옛것'이라는 뜻으로 골동품을 말하는 것이다. 아버지의 유품인 '연적'에서 시작하여 옛사람들의 물건들로 사색의 범위를 넓히고 있으며, 자연스러운 아름다움과 고고한 품격을 지닌 옛것을 숭상하는 상고주의적 태도가 잘 드러나 있다. 옛사람들의 삶의 흔적이 담겨 있는 물건에 대한 작가의 애착과 존경은, 우리의 옛것과는 다른 서양의 것들에 대한 부정적 인식으로도 나타나 있다. 또한 그가 생각하는 고완 취미에 대하여 이야기하며 글을 마무리하고 있다.
■ **주제**: 옛사람의 물건에서 느낄 수 있는 아름다움과 고완의 의미

■ **이것이 핵심!**: 고완에 대한 화자의 인식

외국의 공예품		조선 시대의 공예품
너무 지교해서 생활의 자취가 남을수록 보기 싫어짐.	대조	순박해서 손때가 묻을수록 아름다워짐.

D 86 정답 ② *작품 간의 공통점 파악하기 - [정답률 69%]

(가)와 (나)의 공통점으로 적절한 것은?

＞왜 정답?

② **세태에 대한 부정적 인식이 드러나 있다.**
　(가)의 '바위의 곧고 바른 속성을 속세의 사람들이 본받도록 하고 싶다', '세상 정세가 너무 수상하다' / (나)의 '오늘날 인쇄의 덕으로 함부로 책을 만들어 소비하는 세태에 대한 아쉬움', '고완 취미 ~ 단순히 재력으로 수집욕을 채우는 것'

*근거: (가) 〈제5수〉 ❸, 〈제6수〉 ❶, (나) ④문단 ⑫, ⑭, ⑮문장
(가)의 〈제5수〉에서 화자는 바위의 곧고 바른 속성을 속세의 사람들이 본받도록 하고 싶다는 소망을 이야기하고, 〈제6수〉에서는 세상 정세가 너무 수상하다고 말하고 있으므로 이를 통해 세태에 대한 화자의 부정적인 인식이 드러난다고 할 수 있다. (나)에서는 대혜보각사의 「서장」을 보며 옛사람들이 책을 만드는 과정을 떠올리면서, 오늘날 인쇄의 덕으로 함부로 책을 만들어 소비하는 세태에 대한 아쉬움을 드러내고 있다. 또한 고완 취미가 옛것의 아름다움을 즐기는 것이 아니라 단순히 재력으로 수집욕을 채우는 것으로 변질되고 있는 세태에 대한 아쉬움도 드러내고 있다.

[**세태**: 사람들의 일상생활, 풍습 따위에서 보이는 세상의 상태나 형편

＞왜 오답?

① **지나온 삶에 대한 회한이 나타나 있다.**
　　　　　드러나지 않음.
(가)와 (나) 모두 지나온 삶에 대한 회한은 드러나지 않는다.

[**회한**: 뉘우치고 한탄함.

---

③ **미래에 대한 낙관적 전망이 제시되어 있다.**
　　　　　드러나지 않음.
(가)와 (나) 모두 미래에 대한 낙관적 전망은 드러나지 않는다.

[**낙관적**: 인생이나 사물을 밝고 희망적인 것으로 보는

④ **초월적 세계에 대한 지향 의식이 나타나 있다.**
　　　　　드러나지 않음.
(가)와 (나) 모두 초월적 세계에 대한 지향은 드러나지 않는다.

[**초월적**: 어떠한 한계나 표준, 이해나 자연 따위를 뛰어넘거나 경험과 인식의 범위를 벗어나는

⑤ **부재하는 대상과의 만남에 대한 기대가 드러나 있다.**
　　　　　　드러나지 않음.
(가)와 (나) 모두 부재하는 대상과의 만남을 기대하고 있지는 않다.

D 87 정답 ⑤ *〈보기〉를 바탕으로 감상하기 [정답률 76%]

〈보기〉와 관련지어 (가)를 이해한 내용으로 적절하지 않은 것은? [3점]

[보기]
❶ 조선 시대 시가에서 자연은 다양한 의미를 지닌다. 자연은 세속에서 벗어난 이상적 세계로 그려지기도 하고, 때로는 인간이 본받을 만한 우월한 특성을 지닌 인격체로 그려지기도 한다. ❸ 그리고 자연은 인간에게 예찬의 대상이 되거나 인간이 벗으로 삼고자 하는 대상이 되기도 한다.
⑤의 근거 / ①, ④의 근거 / ②의 근거 / ③의 근거

＞왜 정답?

⑤ **제6수에서는 바위의 속성에 산과 물의 속성을 더해 세속을 이상적 공간으로 정화**하려는 의지를 드러내고 있군.
　　산 좋고 물 좋은 자연에서 머물고자 했으므로
세속을 이상적인 공간으로 정화하려는 것은 아님.

*근거: 〈보기〉 ❷문장, (가) 〈제6수〉
〈보기〉를 바탕으로 (가)를 이해하려면 화자가 '자연'에 대해 각각 어떤 인식을 보여 주고 있는지 살펴봐야 한다. 〈제6수〉에는 세정이 수상하다고 하는 세태에 대한 부정적 인식, 산 좋고 물 좋은 자연에서 머물고자 하는 화자의 마음이 나타나 있다. 따라서 세속을 이상적인 공간으로 정화하려는 의지가 드러나는 것은 아니다.

[**정화하다**: 불순하거나 더러운 것을 깨끗하게 하다.

＞왜 오답?

① **제1수에서는 바위를 인간보다 우월한 특성을 지닌 인격체로 제시하고 있군.**
　　　'우리도 직립불의가 어려운데 바위는 오랜 세월 곧게 서 있다'

*근거: (가) 〈제1수〉 ❸, 〈보기〉 ❷문장
〈제1수〉에서는 바위가 유정하여 보인다고 했고, 우리도 '직립불의(꼿꼿이 섬.)'가 어려운데 바위는 오랜 세월 곧게 서 있다고 하면서 인간보다 우월한 특성을 지닌 인격체처럼 표현하고 있다.

② **제2수에서는 바위의 높고 불변하는 속성을 예찬하는 태도를 나타내고 있군.**
　　'쳐다볼수록 더욱 높다', '바람 서리에 불변흔니', '사람도 이 바위 같으면 대장부'

*근거: (가) 〈제2수〉, 〈보기〉 ❸문장
〈제2수〉에서는 바위에 대해 쳐다볼수록 더욱 높고, 바람에도 불변한다고 했다. 그리고 이러한 바위의 속성에 대해 '사람도 이 바위 같으면 대장부' 같을 것이라고 하며 예찬하고 있다.

③ 제3수에서는 진실한 품성을 지닌 바위를 벗으로 삼고자 하는 의식을 나타내고 있군.
바위가 고모진태를 가졌으니 벗으로 삼고자 함.

*근거: (가) 〈제3수〉❷, 〈보기〉❸문장

〈제3수〉에서는 바위에 대해 '고모진태(옛 모습대로의 참된 자태)'를 가졌다고 하며 벗으로 삼고자 하는 태도가 드러난다.

④ 제5수에서는 바위를 본받을 만한 특성을 지닌 대상으로 인식하고 있음을 드러내고 있군.
바위가 탁연직립하여 본받을 만함.

*근거: (가) 〈제5수〉❶, 〈보기〉❷문장

〈제5수〉에서는 바위를 '탁연직립(빼어나 곧게 섬)'하여 본받을 만하다고 말하고 있다.

D 88 정답 ③ *글쓴이의 심리와 태도 파악하기 ·· [정답률 81%]

(나)의 '나'에 대한 이해로 적절하지 않은 것은?

> **왜 정답?**

③ '외국의 공예품'을 꺼려 한 것은, 시간이 경과되어도 외형적 변화가 일어나지 않아서 생활의 자취를 담아낼 수 없다고 생각했기 때문이겠군.
세밀하고 정교해서 작은 금만 생겨도 보기 싫어짐.

*근거: (나) ❹문단 ❸문장

'나'가 '외국의 공예품'을 꺼려 하는 이유는 그것이 세밀하고 정교해서 작은 금만 생겨도 보기 싫어지기 때문이라고 했다. 그러므로 '외국의 공예품'이 시간이 지나도 외형적 변화가 나타나지 않는다는 설명은 적절하지 않다.

> **왜 오답?**

① '연적'을 보며 옷깃을 여미게 된 것은, 아버님이 주신 교훈을 떠올릴 수 있는 대상물로 생각했기 때문이겠군.
아버지의 연적을 보며 아버지가 주신 교훈을 떠올림.

*근거: (나) ❶문단 ❺문장

'나'는 아버지의 '연적'을 보며 아버지가 주신 교훈을 떠올리고 있다. 그래서 '연적'을 보며 옷깃을 여미고 경건하게 대하는 것이다.

② '찻종 하나, 술병 하나'의 금간 데에서 아름다운 색조를 떠올린 것은, 옛사람들의 삶의 흔적이 담겨 있다고 생각했기 때문이겠군.
황혼과 같은 아름다운 색조가 떠오름.

*근거: (나) ❸문단 ❸문장

'나'는 '찻종 하나, 술병 하나'에 옛사람들의 삶의 흔적이 담겨 있다고 생각하며 황혼과 같은 아름다운 색조가 떠오른다고 했다.

④ '조선 시대의 공예품'이 사용할수록 아름다워진다고 여긴 것은, 천성적인 순박함이 있다고 생각했기 때문이겠군.
'조선 시대의 공예품들은 워낙이 순박하게 타고나서'

*근거: (나) ❹문단 ❺문장

'나'는 '조선 시대의 공예품들은 워낙이 순박하게 타고나서' 사용할수록 아름다워진다고 했다.

⑤ '대혜보각사의 「서장」'을 보며 소회를 느낀 것은, 오랜 시간 동안 노력하여 책이 완성되는 과정을 생각했기 때문이겠군.
옛사람들이 책을 만들었던 과정을 떠올림.

*근거: (나) ❹문단 ⓬문장

'나'는 '대혜보각사의 「서장」'을 보며 옛사람들이 책을 만들었던 과정을 떠올리고 있다.

D 89~94 ───── [2022년(6월)/평가원 22~27]

(가) 김시습, 〈유객(有客)〉

❶ 화자, 중심 대상 ❷ 상황, 정서, 태도 ❸ 표현상 특징 [한자 읽기]

❶
청평사의 나그네
❸ 화자를 가리키는 말 – 화자를 객관적 대상으로 형상화

有客淸平寺
유 객 청 평 사

❷ ❶ 중심 대상
봄 산을 마음대로 노니네
❷ 상황: 청평사의 봄 산에서 유유자적함.

春山任意遊
춘 산 임 의 유

*❶~❷행 요약: 봄 산을 유유자적하는 화자

❸
고요한 외로운 탑에 산새 지저귀고
❹
: 한가로운 자연을 상징, ▧: 혼란스러운 세상

흐르는 작은 내에 꽃잎 떨어지네
❸ 대구법, 감각적 이미지를 활용하여 봄날의 풍경을 묘사함.

鳥啼孤塔靜
조 제 고 탑 정

花落小溪流
화 락 소 계 류

*❸~❹행 요약: 혼란스러운 세상과 대비되는 한가로운 자연

❺
좋은 나물은 때 알아 돋아나고
: 자연의 질서에 따라 자라는 대상

❻
향기로운 버섯은 비 맞아 부드럽네
❸ 대구법 – 나물과 버섯이 대구를 이룸.

佳菜知時秀
가 채 지 시 수

香菌過雨柔
향 균 과 우 유

*❺~❻행 요약: 자연의 질서에 따라 자라는 식물들

❼
시 읊조리며 신선 골짝 들어서니
화자가 지향하는 공간

行吟入仙洞
행 음 입 선 동

❽ ❶ 화자
나의 백 년 근심 사라지네
❷ 태도: 자연에서 세상의 근심을 잊음.

消我百年愁
소 아 백 년 수

신선: 도(道)를 닦아서 현실의 인간 세계를 떠나 자연과 벗하며 산다는 상상의 사람
근심: 해결되지 않은 일 때문에 속을 태우거나 우울해함.

*❼~❽행 요약: 자연에서 세상의 근심을 잊음.

■ 갈래: 한시(오언율시)　　　■ 창작 시기: 조선 초기

■ 내용: 이 작품은 혼란한 세상을 등지고 청평사에서 자연을 벗 삼아 유유자적하는 한적한 삶을 노래한 오언 율시의 한시이다. 화자 자신을 '나그네'로 표현함으로써 객관적인 대상으로 형상화하고 있으며, 혼란한 세상과 대비되는 '고요한 외로운 탑'과 '흐르는 작은 내'를 통해 변함없이 한가로운 자연을 형상화하고 있다. 이러한 자연에서 세상에 대한 근심인 '백 년 근심'이 사라진다고 표현함으로써 자연에서의 만족감을 드러내고 있다.

■ 주제: 자연의 아름다움 속에서 정화시키는 속세의 근심

■ **이것이 핵심!** 시어의 대조적 의미

한가로운 자연		혼란한 속세
• 고요한 외로운 탑 • 흐르는 작은 내	⟷	• 지저귀는 산새 • 떨어지는 꽃잎

(나) 김광욱, 〈율리유곡〉

❶ 화자, 중심 대상 ❷ 상황, 정서, 태도 ❸ 표현상 특징 [시 해석]

❶
도연명(陶淵明) 죽은 후에 또 연명(淵明)이 나다니
자신을 도연명이라 여김.

➡ 도연명이 죽은 후에 또 도연명이 태어났다니

❷
밤마을 옛 이름이 때마침 같을시고
율리(栗里) 도연명이 은거해 살던 '율리'라는 마을과 화자가 살고 있는 마을의 이름이 같음.

➡ 내가 사는 밤마을의 옛 이름이 도연명이 살던 마을의 이름과 때마침 같구나.

❸ ❶ 중심 대상: 자연에서의 삶 　도연명 ❶ 화자: '나' 　❸ : 설의법
돌아와 수졸전원(守拙田園)*이야 그와 내가 다르랴 　〈제1곡〉
❷ 정서: 도연명처럼 자연에 은거해 분수를 지키며 살고 있다는 자부심

➡ 돌아와 전원에서 분수를 지키며 소박하게 사는 모습이 도연명과 내가 다르겠느냐.

도연명: 중국의 시인으로 관직에서 물러나 자연에 은거하며 자연을 노래함.

*〈제1곡〉 요약: 자연으로 돌아온 것에 대한 자부심

❶ 높은 벼슬 ← **❸** 대조법 → 자연
삼공(三公)이 귀하다 한들 이 강산과 바꿀쏘냐
   ❷ 태도: 높은 벼슬보다 자연을 더욱 소중하게 생각함.
➡ 높은 벼슬이 귀하다 한들 이 강산과 바꾸겠느냐.

조각배에 달을 싣고 낚싯대 흩던질 때
   ❷ 상황: 밤에 작은 배에서 낚시를 하고 있음.
➡ 조각배에 달을 싣고 낚싯대를 흩어 던질 때

❸ 이 몸이 이 청흥(淸興) 가지고 만호후*인들 부러우랴 〈제8곡〉
   ❷ 정서: 자연에서 흥을 즐기는 자신의 삶에 대한 만족감.
➡ 이 몸이 이 맑은 흥과 운치를 가지고 있는데 재력과 권력을 겸비한 세도
  가가 부럽겠느냐.

삼공: 의정부에서 국가 주요 정책을 결정하는 일을 맡아보던 세 벼슬. 영의
정, 좌의정, 우의정을 이른다.
흩던지다: 흩어서 던지다.
청흥: 맑은 흥과 운치

       〈제8곡〉 요약: 자연의 운치를 즐기는 만족감

❶ 어지럽고 시끄런 문서 다 주어 내던지고
➡ 어지럽고 시끄러운 문서는 다 주어 내던지고 ┐ ❷ 상황: 관직에서 물러나
❷ 필마(匹馬) 추풍에 채를 쳐 돌아오니   ┘ 고향으로 돌아옴.
➡ 한 필의 말을 타고 가을바람에 채찍을 쳐 (고향에) 돌아오니

❸ 관직 생활을 하던 화자 자신
아무리 매인 새 놓였다고 이대도록 시원하랴 〈제10곡〉
   ❷ 정서: 관직에서 물러나 고향으로 돌아온 것에 대한 만족감
➡ 아무리 얽매여 있던 새가 놓였다고 한들 이처럼 시원할 수 있겠느냐.

필마: 한 필의 말
추풍: 가을에 부는 선선하고 서늘한 바람
채: 말이나 소 따위를 때려 모는 데에 쓰기 위하여, 가는 나무 막대나 댓가지
끝에 노끈이나 가죽 오리 따위를 달아 만든 물건(= 채찍)

     〈제10곡〉 요약: 관직을 떠나 고향으로 돌아온 것에 대한 만족감

❶ 세버들 가지 꺾어 낚은 고기 꿰어 들고
➡ 가는 버들의 가지를 꺾어 낚은 고기를 꿰어 들고
❷ 주가(酒家)를 찾으려 낡은 다리 건너가니
   ❷ 상황: 낚시를 한 후 술집을 찾으려 나섬.
➡ 술집을 찾으려고 낡은 다리를 건너가니

❸ 온 골에 살구꽃 져 쌓이니 갈 길 몰라 하노라 〈제15곡〉
   ❸ 과장법 – 길을 찾지 못할 정도로 살구꽃이 많이 떨어져 있다고 표현함.
➡ 온 골짜기에 살구꽃이 떨어져 쌓여 있으니 갈 길을 찾을 수 없구나.

세버들: 가지가 매우 가는 버드나무
주가: 술을 파는 집
골: 산과 산 사이에 움푹 패어 들어간 곳(= 골짜기)

     〈제15곡〉 요약: 술집을 찾으러 살구꽃 진 길을 가는 화자

❶ 전을 부쳐 먹는 놀이
최 행수 쑥달임 하세 조 동갑 꽃달임 하세
   ❸ 대구법
➡ 최 행수 쑥전 부쳐 먹는 놀이를 하세. 조 동갑 꽃전 부쳐 먹는 놀이를 하세.

❷ 닭찜 게찜 올벼 점심은 날 시키소
   ❸ 열거법 – 점심으로 먹을 음식을 나열함.
➡ 닭찜 게찜 올벼로 점심을 짓는 일은 나를 시키시오.

❸ 매일에 이렇게 지내면 무슨 시름 있으랴 〈제17곡〉
   ❷ 정서: 자연에서 즐기면서 사는 삶에 대한 만족감
➡ 매일 이렇게 지내면 무슨 걱정 있겠느냐.

행수: 한 무리의 우두머리
동갑: 나이가 같은 사람
꽃달임: 진달래꽃이 필 때에, 그 꽃을 따서 전을 부치거나 떡에 넣어 여럿이
모여 먹는 놀이
올벼: 제철보다 일찍 여무는 벼

     〈제17곡〉 요약: 소박한 삶에 대한 만족감

* 수졸전원: 전원에서 분수를 지키며 소박하게 살아감.
* 만호후: 재력과 권력을 겸비한 세도가

■ **갈래:** 연시조   ■ **창작 시기:** 조선 중기
■ **내용:** 이 작품은 작가가 인목 대비 폐모론으로 관직을 떠나 한양 근처 율리
에 머물면서 창작한 연시조로, 속세를 떠나 자연에 은거하면서 느끼는 유유자
적한 삶에 대한 만족감을 노래하고 있다. 작가가 머문 '율리'라는 지명이 도연
명이 은거했던 곳의 지명과 같다는 점을 통해 도연명과 같이 자연에서 유유자
적하고 있는 자신의 삶에 대한 자부심을 드러내고, 자연에서의 삶이 높은 벼슬
과 세도가보다 낫다고 표현함으로써 자연에서의 삶에 대한 만족감을 드러내고
있다.
■ **주제:** 자연 속에서 유유자적하게 풍류를 즐기는 삶에 대한 만족감

■ **이것이 핵심!** 시어의 대조적 의미

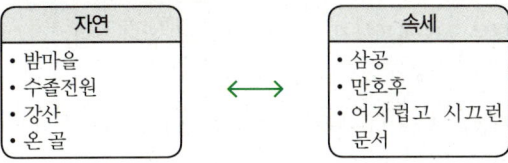

자연		속세
• 밤마을 • 수졸전원 • 강산 • 온 골	⟷	• 삼공 • 만호후 • 어지럽고 시끄런 문서

(다) 김용준, 〈조어삼매〉

  ❶ 중심 대상   ❷ 글쓴이의 생각, 태도   ❸ 서술상 특징

1 **❶** 오십이 넘은 판교(板橋)는 마음에 맞지 않는 관직을 버리고 거
   ❸ 중국의 시인을 언급하며 자신이 살고 싶은 삶을 드러냄.
리낌 없는 자유로운 심경에서 여생을 보냈다.
    글쓴이가 살고 싶은 삶의 모습
"청수(淸瘦)한 한 폭 대를 그리어 추풍강상(秋風江上)에 낚대나
          대나무   낚싯대
만들까 보다."
   ❸ 글쓴이의 처지: 가난을 벗어나기 위해 원하지 않은 삶을 살고 있음.
⊙궁핍을 면할 양으로 본의 아닌 생활을 계속하느니보다 모든
속사(俗事)를 버리고 표연히 강상(江上)의 어객(漁客)이 되는 것이
운치 있는 생활이기도 하려니와 얼마나 자유를 사랑하는 청고(淸
高)한 마음이냐. **❹** 고기를 낚는 취미도 실로 삼매경에 몰입할 수 있
          낚시를 통해 속사를 잊고자 함.
는 좋은 놀음이다.

판교: 중국 청대의 시인이자 화가인 정섭(鄭燮)의 호
청수하다: 맑고 빼쩍 마른듯하다.
추풍강상: 가을바람이 부는 강 위
궁핍: 몹시 가난함.
속사: 일상생활의 잡다한 일
표연히: 훌쩍 나타나거나 떠나는 모양이 거침없이
청고하다: 맑고 고결하다.
삼매경: 잡념을 떠나서 오직 하나의 대상에만 정신을 집중하는 경지

     1 요약: 속사(俗事)를 잊기 위해 낚시를 하러 감.

2 **❶** 푸른 물이 그득히 담긴 못가에서 흐느적거리는 낚싯대를 척
휘어잡고 바늘에 미끼를 물린다. **❷** 가장자리에는 물이끼들이 꽉 엉
켰을 뿐 아니라 고기도 송사리 떼밖에 오지 않는지라, 팔 힘 자라
는 대로 낚싯줄이 허(許)하는 대로 되도록 멀리 낚시를 던져 조금
이라도 큰 고기를 잡을 양으로 한껏 내던져도 본다. 풍당 물결이
여울처럼 흔들리고 나면 거울 같은 수면에 찌만이 외롭고 슬프게
   ❸ 직유법   ❸ 직유법
곤추서 있다.┘ ❸「」 낚시를 하는 과정을 실감 나게 묘사함.

❹ ⓛ한 점 찌는 객이 되고 나는 주인이 되어 알력과 모략과 시기
   ❸ 의인법: 낚시 찌를 '객'으로 표현하여 글쓴이와 우정을 교환하는 존재로 의인화함.
와 저주로 꽉 찬 이 풍진(風塵) 세상을 등 뒤로 두고 서로 무언의
우정을 교환한다.

❺ 내 모든 정열을 오로지 외로이 떠 있는 한 점 찌에 기울이고 있
노라면, 가다가 ⓒ별안간 이 한 점 찌는 술 취한 놈처럼 까딱까딱
             물고기가 찌를 문 순간을 비유적으로 묘사함.
흔들리기 시작한다.

❻ 고기가 왔구나!'

❼ 다음 순간, 찌는 물속으로 자꾸 딸려 들어간다.

❽ 옳다, 큰 놈이 물린 게로군.'

❾ 잡아당길 때 무거울 것을 생각하면서 배꼽에 힘을 잔뜩 주고 행여나 낚대를 놓칠세라 두 손으로 꽉 붙잡고 번쩍 치켜올리면, 허허 이런 기막힌 일도 있을까. ❿ 큰 고기는커녕 어떤 때는 <u>방게</u>란 놈이 달려 나오고, 어떤 때는 <u>개구리</u>란 놈이 발버둥을 치는 수가 많다. ⓫ 하면 되는 줄만 알았던 낚시질도 간대로 우리 따위까지 단번에 되란 법은 없나 보다.

[A] — 기대와 달리 큰 물고기가 잡히지 않은 것에 대한 허탈함
□: 낚시대에 잡힌 대상

⓬ 세상일이란 모조리 그러한 것이리랴마는 아무리 내 재주가 서툴다기로서니 개구리나 방게란 놈들도 염치가 있지, 속어에 이르기를 숭어가 뛰니 망둥이도 뛴다는 셈으로 나는 나대로 제법 강상의 어객인 양하고 나섰던 판에, 그래도 그럴 듯 미끈한 잉어까지야 못 물린다손 치더라도 고기도 체면은 알 법한지라, 하다못해 붕어 새끼쯤이야 안 물리랴 하는 판에, 얼토당토않은 구역질 나는 놈들이 제가 젠체하고 가다듬은 내 마음을 더럽힐 줄 어찌 알았으랴.

[B]

❸ 낚시의 경험을 세상사와 연결 – 뜻대로 되지 않는 낚시를 통해 세상의 이치를 깨달음.
❷ 태도: 세상일은 뜻대로 되지 않는다는 것을 느낌.
남이 한다고 하니까 분별없이 덩달아 나섬을 비유적으로 이르는 말
현명한 사람
개구리나 방게 – 시기와 질투가 가득한 사람들

허하다: 다른 사람이 하고자 하는 일을 하게 하다.
여울: 강이나 바다 따위의 바닥이 얕거나 폭이 좁아 물살이 세게 흐르는 곳
찌: 물고기가 미끼를 물어 낚시에 걸리면 빨리 알 수 있도록 낚싯줄에 매어서 물 위에 뜨게 만든 물건
곧추: 굽히거나 구부리지 아니하고 곧게
알력: 서로 의견이 맞지 아니하여 사이가 안 좋거나 충돌하는 것을 이르는 말
모략: 사실을 왜곡하거나 속임수를 써 남을 해롭게 함. 또는 그런 일
풍진: 세상에서 일어나는 어지러운 일이나 시련
무언: 말이 없음. **방게:** 바위겟과의 하나
염치: 체면을 차릴 줄 알며 부끄러움을 아는 마음
젠체하다: 잘난 체하다.

*❷ 요약: 낚시가 뜻대로 되지 않음.

해방 후 혼란스러웠던 시대 상황 → ❶ 중심 대상: 혼란한 시대를 살아가는 것
❸ ㉣세상이 하 뒤숭숭하니 고요히 서재나 지키어 한묵(翰墨)*의 유희(遊戱)로 폭 박혀 있자는 것도 말처럼 쉽사리 되는 것은 아니라, 그렇다고 거리로 나가 성격 파산자처럼 공연스레 왔다갔다 하기도 부질없고, 보이는 것 들리는 것이 모조리 심사 틀리는 소식밖엔 없어 그래도 죄 없는 곳은 내 서재라 하여 며칠만 틀어박혀 있으면 그만 속에서 울화가 터져 나온다.
해방 후에도 암담한 상황이 지속됨
혼란스러운 세상을 살아가는 지식인이 처해 있는 현실 공간
현실에 대한 글쓴이의 심정
❷ 위진(魏晉) 간에 심산벽촌(深山僻村)에 은거하여 청담(淸談)이나 일삼던 그네의 심경을 한때는 욕을 한 적도 있었으나, ㉤막상 나 자신이 그런 심경에 처해 있고 보니 고인(古人)의 불우한 그 심정을 넉넉히 동감하게 된다.
판교   숨어 사는 소극적인 태도를 비난했음.
❷ 태도: 혼란스러운 세상에 은거했던 판교를 이해하게 됨.

하: 정도가 매우 심하거나 큼을 강조하여 이르는 말
유희: 즐겁게 놀며 장난함. 또는 그런 행위
공연스레: 까닭이나 실속이 없는 데가 있게
심사: 어떤 일에 대한 여러 가지 마음의 작용
심산벽촌: 깊은 산에 외따로 떨어져 있는 궁벽한 마을
은거하다: 세상을 피하여 숨어서 살다.
청담: 명리(名利)를 떠난, 맑고 고상한 이야기
동감하다: 어떤 견해나 의견에 같은 생각을 가지다.

*❸ 요약: 혼란스러운 세상에 은거한 판교의 심정을 이해함.

---

* 한묵: 글을 짓거나 쓰는 것을 이르는 말

■ **갈래:** 현대 수필
■ **내용:** 이 작품은 해방 이후 혼란스럽고 암담한 현실에서 글쓴이가 느끼는 심정을 표현하고 있는 수필이다. 글쓴이는 암담한 현실에서 느끼는 답답함과 울분을 낚시를 통해 잊고자 하지만 방게와 개구리만 잡히는 등 낚시조차 뜻대로 되지 않는다. 혼란한 상황에서 숨어 살아가던 '판교'와 같은 사람을 비난하기도 했었지만 이러한 현실을 살아보니 혼란한 현실을 살아가는 지식인의 불우한 심정을 이해하는 마음을 드러내고 있다.
■ **주제:** 혼란한 시대를 살아가는 지식인의 고뇌
■ **이것이 핵심!:** 글쓴이의 심정

글쓴이 —
혼란한 세상에서 답답함과 울분을 느낌.
• '얼토당토않은 구역질 나는 놈들이 제가 젠체하고 가다듬은 내 마음을 더럽힐 줄 어찌 알았으랴.'
• '며칠만 틀어박혀 있으면 그만 속에서 울화가 터져 나온다.'
• '고인(古人)의 불우한 그 심정을 넉넉히 동감하게 된다.'

D 89 정답 ⑤ *작품 비교하기 ⋯⋯⋯⋯⋯ [정답률 63%]

(가)와 (나)의 공통점으로 가장 적절한 것은?

왜 정답?

⑤ 계절을 드러내는 시어를 사용하여 시기에 부합하는 자연의 모습을 구체화하고 있다.
(가) – '봄 산', (나) – '살구꽃'

*근거: (가) ❷, ❺, ❻, (나) 〈제15곡〉 ❸

(가)에서는 '봄 산'을 통해 계절적 배경이 '봄'임을 드러내며, '좋은 나물은 때 알아 돋아나고 / 향기로운 버섯은 비 맞아 부드럽네' 등과 같은 봄에 부합하는 자연의 모습을 구체화하고 있다. (나)에서는 '살구꽃'을 통해 계절적 배경이 '봄'임을 드러내며, '살구꽃 져 쌓이니' 등과 같은 봄에 부합하는 자연의 모습을 구체화하고 있다.

〔**부합하다:** 사물이나 현상이 서로 꼭 들어맞다.

왜 오답?

① 자연물의 속성에 주목하여 교훈적 의미를 전달하고 있다.
(가)와 (나) 모두 나타나지 않음.

(가)와 (나)에서는 자연물이 드러나 있으나, 자연물의 속성에 주목하여 교훈적 의미를 전달하고 있지는 않다.

② 설의적 표현을 통해 추구하고자 하는 삶의 태도를 제시하고 있다.
(가)에는 나타나지 않음.

*근거: (나) 〈제1곡〉 ❸

(나)의 〈제1곡〉에서는 '그와 내가 다르랴'에서 설의적 표현을 활용하여 분수를 지키며 소박하게 사는 삶의 태도를 제시하고 있다. 하지만 (가)에서는 설의적 표현이 나타나 있지 않다.

〔**설의적 표현:** 분명한 답이 있는데도 물음의 형식으로 표현하는 방법

③ 먼 경치에서부터 가까운 곳으로 시선을 옮기며 심리의 변화를 드러내고 있다.
(가)와 (나) 모두 나타나지 않음.

(가)에서는 '봄 산'의 경치가 제시되어 있으나, 먼 경치에서부터 가까운 곳으로 시선을 옮기지 않으며 심리의 변화 역시 나타나 있지 않다. (나) 또한 '온 골에 살구꽃'이 져 있는 경치가 제시되어 있으나, 먼 경치에서부터 가까운 곳으로 시선을 옮기지 않으며 심리의 변화가 나타나 있지 않다.

④ 화자가 자신을 객관화하는 표현을 내세워 내적 갈등에 대한 공감을 유도하고 있다.
(나)에는 나타나지 않음.

*근거: (가) ❶

(가)에서는 화자가 자신을 '청평사의 나그네'라고 객관화하여 표현하여 한가로운 자연과 혼란한 속세 사이에서 느낀 내적 갈등에 대한 독자의 공감을 유도하고 있다고 볼 수 있다. 하지만 (나)에서는 화자가 자신을 객관화하는 표현이 나타나 있지 않다.

[객관화하다: 자기에게 직접 관련되는 사항을 제삼자의 입장에서 보거나 생각하다.
  내적 갈등: 인물의 내면에서 일어나는 갈등
  유도하다: 사람이나 물건을 목적한 장소나 방향으로 이끌다.

D 90 정답 ③ *서술상의 특징 파악하기 ·· [정답률 81%]

(나)에 대한 이해로 적절하지 않은 것은?

> 왜 정답 ?

③ 〈제10곡〉에서는 화자의 현재 상황에 대한 만족감을 바탕으로 자연물에 대한 연민을 드러내고 있다.
자연물에 대한 연민을 드러내는 것이 아님.

*근거: (나) 〈제10곡〉 ❶, ❸

〈제10곡〉에서 화자는 '어지럽고 시끄런 문서 다 주어 내던지고' 고향에 돌아온 자신의 처지를 '매인 새가 놓인 것보다 '시원하'다고 표현했다. 화자는 관직에서 물러나 고향에 돌아온 상황에 대한 만족감을 드러내기 위해 '매인 새'를 언급한 것일 뿐, 자연물에 대한 연민을 드러낸 것은 아니다.

[연민: 불쌍하고 가련하게 여김.

> 왜 오답 ?

① 〈제1곡〉에서는 지명에 주목하여 화자의 지향을 드러내고 있다.
'밤마을 옛 이름이 때마침 같으시고'

*근거: (나) 〈제1곡〉 ❷

〈제1곡〉에서 화자는 '도연명'이 살았던 지명인 '율리(밤마을)'와, 자신이 돌아온 곳의 지명이 '밤마을'로 같음에 주목하여 '그와 내가 다르랴'라고 함으로써 도연명과 같은 삶을 지향하고 있음을 드러내고 있다.

[지명: 마을이나 지방, 산천, 지역 따위의 이름
  지향: 어떤 목표로 뜻이 쏠리어 향함. 또는 그 방향이나 그쪽으로 쏠리는 의지

② 〈제8곡〉에서는 자연의 가치를 부각하여 화자가 즐기는 흥취를 강조하고 있다.
'삼공이 귀하다 한들 이 강산과 바꿀쏘냐'

*근거: (나) 〈제8곡〉 ❶, ❸

〈제8곡〉에서 화자는 '삼공이 귀하다 한들 이 강산과 바꿀쏘냐'라며 높은 벼슬인 '삼공'보다 '강산'이 더 귀하다고 함으로써 자연의 가치를 부각하고 있다. 그리고 '이 몸이 이 청흥 가지고 만호후인들 부러우랴'라며 자신이 '청흥'을 가지고 있으므로 '만호후'가 부럽지 않다고 함으로써 화자가 즐기는 흥취를 강조하고 있다.

[흥취: 흥과 취미를 아울러 이르는 말

④ 〈제15곡〉에서는 다양한 행위를 연속적으로 나열하여 화자가 누리는 생활의 일면을 제시하고 있다.
'세버들 가지 꺾어', '고기 꿰어 들고', '주가를 찾으려' 등

*근거: (나) 〈제15곡〉 ❶, ❷

〈제15곡〉에서 화자는 '세버들 가지'를 꺾는 행위, '낚은 고기'를 꿰어 드는 행위, '주가를 찾는 행위, '낡은 다리를 건너'가는 행위를 나열하여 화자가 누리는 생활의 일면을 제시하고 있다.

[일면: 물체나 사람의 한 면. 또는 일의 한 방면

⑤ 〈제17곡〉에서는 청자를 호명하며 즐거움을 함께하려는 화자의 마음을 전달하고 있다.
'최 행수', '조 동갑'

*근거: (나) 〈제17곡〉 ❶

〈제17곡〉에서 화자는 '최 행수'와 '조 동갑'를 불러서 '쑥달임'과 '꽃달임'과 같은 놀이를 하자고 하며 즐거움을 함께하려는 마음을 전달하고 있다.

[호명하다: 이름을 부르다.

D 91 정답 ④ *구절의 의미 파악하기 ······ [정답률 85%]

문맥을 고려하여 ㉠~㉤에 대해 이해한 내용으로 적절하지 않은 것은?

• ㉠~㉤: ㉠은 강상의 어객이 되는 삶에 대한 생각, ㉡은 낚시 찌에 대한 생각, ㉢은 물고기가 찌를 문 모습, ㉣은 혼란스러운 시대에 그만 쓰며 지내는 삶, ㉤은 판교에 관한 글쓴이의 생각에 대한 내용입니다.

[즉] (다)의 문맥을 고려하여 ㉠~㉤의 의미를 이해한 내용 중 틀린 것을 고르는 문제입니다.

> 왜 정답 ?

④ ㉣: 낚시의 대안으로 선택한 것으로서, 글쓴이에게 마음의 안정을 찾게 해 준 방법으로 제시되고 있다.
'며칠만 틀어박혀 있으면 그만 속에서 울화가 터져 나온다'고 했음.

*근거: (다) ❸-❶

글쓴이는 '한묵의 유희로 푹 빠져 있자는 것도 말처럼 쉽사리 되는 것은 아니'라며 서재에 '며칠만 틀어박혀 있으면 그만 속에서 울화가 터져 나온다'고 했다. 따라서 ㉣은 혼란한 세상을 사는 글쓴이에게 마음의 안정을 찾게 해 준 방법으로 볼 수 없다.

[대안: 어떤 안(案)을 대신하는 안

> 왜 오답 ?

① ㉠: 생계를 유지하기 위한 생활과 대비되는 낚시의 의의를 드러내고 있다.
'강상의 어객이 되는 것이 운치 있는 생활'

*근거: (다) ❶-❸

글쓴이는 '궁핍을 면할 양으로 본의 아닌 생활을 계속하느니보다 모든 속사를 버리고 표연히 강상의 어객이 되는 것이 운치 있는 생활'이라고 했다. 이를 통해 낚시가 생계를 유지하기 위한 생활과 대비됨을 알 수 있다. 또한 '강상의 어객이 되는 것'이 '얼마나 자유를 사랑하는 청고한 마음이냐'고 하며 낚시의 의의를 드러내고 있다.

[의의: 어떤 사실이나 행위 따위가 갖는 중요성이나 가치

② ㉡: 낚시 도구와 글쓴이의 관계를 설정하여 낚시에 몰입하는 태도를 표현하고 있다.
'한 점 찌는 객이 되고 나는 주인이 되어'   '이 풍진 세상을 등 뒤로 두고'

*근거: (다) ❷-❹

글쓴이는 낚시 도구인 찌를 '객'으로 자신을 '주인'으로 표현하여 낚시 도구와 글쓴이의 관계를 손님과 주인으로 설정했다. 그리고 '알력과 모략과 시기와 저주로 꽉 찬 이 풍진 세상을 등 뒤로 두고 서로 무언의 우정을 교환한다'고 함으로써 세상사를 잊고 낚시에 몰입하고 있는 글쓴이의 태도를 드러내고 있다.

③ ㉢: 낚시에 집중했던 글쓴이의 기다림과 기대에 부응하는 순간을 부각하고 있다.
'한 점 찌는 술 취한 놈처럼 까딱까딱 흔들리기 시작한다.'

*근거: (다) ❷-❺

글쓴이는 '모든 정열을 오로지 외로이 떠 있는 한 점 찌에 기울이고 있'다면서 낚시에 집중하고 있음을 드러내고 있다. 그리고 '별안간 이 한 점의 찌가 술 취한 놈처럼 까딱까딱 흔들리기 시작한'다면서 물고기가 잡히기를 기다렸던 글쓴이의 기대가 부응되는 순간을 비유적으로 묘사하여 부각하고 있다.

[부응하다: 어떤 요구나 기대 따위에 좇아서 응하다.

⑤ ㉤: 낚시를 해 본 후 달라진 글쓴이의 마음가짐으로서, 은 거했던 옛사람들에 기대어 자신의 심정을 드러내고 있다.
'고인의 불우한 그 심정을 넉넉히 동감하게 된다.'
＊근거: (다) ❸-❷

글쓴이는 '심산벽촌에 은거하여 청담이나 일삼던' 판교의 심경을 '한때는 욕을 한 적도 있었으나, 막상 나 자신이 그런 심경에 처해 있고 보니 고인의 불우한 그 심정을 넉넉히 동감하게 된다'고 했다. 즉, 글쓴이는 낚시를 통해 세상이 뜻대로 되지 않는다는 것을 깨달은 후 혼란한 시대에 은거했던 옛사람들의 심정을 동감한다고 하며 자신의 답답한 심정을 드러내고 있다.

D 92   정답 ①   ＊작품 비교하기 ············· [정답률 55%]

(나)와 (다)를 비교하여 이해한 내용으로 가장 적절한 것은?

> **왜 정답?**

① (나)의 '도연명'과 (다)의 '판교'는 각각 화자와 글쓴이가 행
도연명과 같이 '수졸전원'하는 삶을 살고자 함. 판교와 같은 '강상의 어객'이 되고자 함.
적을 따르고자 하는 인물이다.
＊근거: (나) 〈제1곡〉, (다) ❶-❶, ❸

(나)에서 화자는 자신이 '수졸전원'하는 생활이 도연명과 다르지 않다고 했다. 이를 통해 화자가 도연명과 같은 '수졸전원'하는 삶을 살고자 함이 드러난다. (다)에서 글쓴이는 판교가 '마음에 맞지 않는 관직을 버리고 거리낌 없는 자유로운 심경에서 여생을 보냈다'고 했다. 그리고 글쓴이는 '강상의 어객이 되는 것이 운치 있는 생활'이라고 했으므로 판교와 같은 자유로운 삶을 살고자 함이 드러난다. 즉, (나)의 화자는 '도연명'의 행적을 따르고자 하며, (다)의 글쓴이는 '판교'의 행적을 따르고자 하는 것임을 알 수 있다.

[행적: 행위의 실적(實績)이나 자취

> **왜 오답?**

② (나)의 '삼공'과 (다)의 '성격 파산자'는 모두 세속에서 높은
혼란한 상황에서 거리를 헤매는 지식인을 가리킴.
지위를 차지하고 있는 이들을 가리킨다.
＊근거: (나) 〈제8곡〉 ❶, (다) ❸-❶

(나)의 '삼공'은 영의정, 좌의정, 우의정과 같은 높은 벼슬을 이르는 말이므로, 세속에서 높은 지위를 차지하고 있는 이들을 가리킴을 알 수 있다. 하지만 (다)의 '성격 파산자'는 혼란스러운 현실에서 마음을 가라앉히지 못하고 '거리로 나가' 헤매고 있는 지식인의 모습을 가리키므로 세속에서 높은 지위를 차지하고 있는 이들을 가리킨다고 볼 수 없다.

③ (나)의 '세버들 가지'와 (다)의 '청수한 한 폭 대'는 각각
~~화자와 글쓴이가 자신과 동일시하는 대상이다.~~
물고기를 꿰고 잡을 때 쓰는 도구일 뿐임.
＊근거: (나) 〈제15곡〉 ❶, (다) ❶-❷

(나)의 '세버들 가지'는 잡은 물고기를 꿰는 도구이며, (다)의 '청수한 한 폭 대'는 낚시를 하기 위해 낚싯대를 만드는 재료이다. 즉, '세버들 가지'와 '청수한 한 폭 대'는 물고기를 꿰고 잡을 때 쓰는 도구일 뿐, 화자와 글쓴이가 자신과 동일시하는 대상으로 볼 수 없다.

[동일시하다: 둘 이상의 것을 똑같은 것으로 보다.

④ (나)의 '고기'와 (다)의 '송사리'는 각각 ~~화자와 글쓴이가 자신을 보잘것없는 존재로 비유한 표현이다.~~
화자와 글쓴이가 자신을 비유한 대상이 아님.
＊근거: (나) 〈제15곡〉 ❶, (다) ❷-❷

(나)의 '고기'는 자연에서 잡은 대상으로, 이를 가지고 '주가'를 찾아가는 모습을 통해 자연에서 안빈낙도하는 삶을 나타내는 소박한 음식을 상징한다고 볼 수 있다. (다)의 '송사리'는 글쓴이가 낚싯대를 멀리 던지는 이유로, 글쓴이가 잡기를 원하지 않는 대상이라 할 수 있다. 즉, '고기'와 '송사리' 모두 화자와 글쓴이가 자신을 보잘것없는 존재로 비유한 표현이라 볼 수 없다.

⑤ (나)의 '시름'과 (다)의 '욕'은 각각 화자와 글쓴이가 자신을
은거했던 옛사람을 비난하기 위해 글쓴이가 했던 것임.
억압하는 존재를 염두에 둔 표현이다.
＊근거: (나) 〈제10곡〉, 〈제17곡〉 ❸, (다) ❸-❷

(나)에서 화자는 '어지럽고 시끄런 문서'를 다 내던지고 돌아오니 '시원하'다면서 만족감을 드러냈다. 이를 통해 화자는 관직 생활에 억압을 느끼고 있었음을 알 수 있다. 즉, 화자가 '시름'이라고 표현한 것은 관직 생활에서 자신을 억압했던 것을 의미한다고 볼 수 있다. 하지만 (다)의 '욕'은 '심산벽촌에 은거하며 청담이나 일삼던' 옛사람의 심정을 알지 못했을 때 글쓴이가 그를 비난하기 위해 했던 것으로, 글쓴이가 자신을 억압하는 존재를 염두에 둔 표현이라 할 수 없다.

[염두: 마음의 속

D 93   정답 ③   ＊인물의 심리와 태도 파악하기 · [정답률 88%]

[A]와 [B]에 대한 이해로 가장 적절한 것은?

· [A]: [A]에서는 큰 고기를 잡을 것이라 생각했지만, 방게와 개구리가 딸려 나온 상황에 대해 이야기하고 있습니다.
· [B]: [B]에서는 개구리나 방게만 잡혀 체면이 상한 상황에 대해 이야기하고 있습니다.

📌 낚시와 관련하여 [A]와 [B]에 나타난 글쓴이의 심리로 적절한 것을 고르는 문제입니다.

> **왜 정답?**

③ [A]에 나타난 글쓴이의 실망감은 [B]에서 자신의 손상된
개구리와 방게에 잡히는 것에 대한 실망감이 드러남.
체면에 대한 한탄으로 이어진다.
강상의 어객으로 나선 글쓴이의 손상된 체면을 한탄함.
＊근거: (다) ❷-❿, ⓬

[A]에서 글쓴이는 '큰 고기는커녕 어떤 때는 방게란 놈이 달려 나오고, 어떤 때는 개구리란 놈이 발버둥을 치는 수가 많다'며 '하면 되는 줄만 알았던 낚시질'이 마음대로 되지 않는 것에 대한 실망감을 드러내고 있다. [B]에서는 '제법 강상의 어객인 양하고 나섰'지만 '잉어'는 물론 '붕어 새끼'도 잡지 못하고 '얼토당토않은' 개구리나 방게만 잡혀 '강상의 어객'인 척했던 자신의 체면이 손상된 것에 대해 한탄하고 있다.

[체면: 남을 대하기에 떳떳한 도리나 얼굴

> **왜 오답?**

① [A]에 나타난 글쓴이의 ~~경이감~~은 [B]에서 인생에 대한 ~~낙
드러나지 않음.
관적 기대로 확장된다.~~
드러나지 않음.

[A]에서는 큰 고기를 잡지 못하고 개구리와 방게만 잡는 것에 대한 실망감이 드러날 뿐, 글쓴이의 경이감은 드러난다고 볼 수 없다. 또한 [B]에서는 '강상의 어객인 양하고 나섰'지만 '붕어 새끼'도 잡지 못해 '가다듬은 내 마음을 더럽'힌다며 자신의 처지를 한탄하고 있으므로 인생에 대해 낙관적 기대를 하고 있다고 볼 수 없다.

[경이감: 놀랍고 신기한 느낌
[낙관적: 인생이나 사물을 밝고 희망적인 것으로 보는 것

② [A]에 나타난 글쓴이의 무력감은 [B]에서 ~~과거의 삶에 대한 동경을 통해 해소된다.~~
드러나지 않음.
＊근거: (다) ❷-❾, ❿

[A]에서 글쓴이는 '무거울 것을 생각하면서 배꼽에 힘을 잔뜩 주고 행여나 낚대를 놓칠세라 두 손으로 꽉 붙잡고 번쩍 치켜 올리'지만 '큰 고기는커녕' 방게나 개구리만 잡히는 것을 보고 '허허 이런 기막힌 일도 있을까'라며 허탈함을 드러내고 있다. 하지만 [B]에서 글쓴이는 과거의 삶에 대한 동경을 드러내고 있지 않으므로, [A]에 나타난 글쓴이의 무력감이 [B]에서 과거의 삶에 대한 동경을 통해 해소된다고 볼 수 없다.

[무력감: 스스로 힘이 없음을 알았을 때 드는 허탈하고 맥 빠진 듯한 느낌
[동경: 어떤 것을 간절히 그리워하여 그것만을 생각함.

④ [A]에 나타난 글쓴이의 상실감은 [B]에서 ~~새로운 이상을~~
품도록 만드는 계기로 작용한다.
드러나지 않음.

＊근거: (다) ②-⓫

[A]에서 글쓴이는 '하면 되는 줄만 알았던 낚시질도 간대로 우리 따위까지
단번에 되란 법은 없나 보다'라며 일이 뜻대로 되지 않는 것에 대한 상실감
을 드러내고 있다고 볼 수 있다. 하지만 [B]에서 글쓴이는 새로운 이상을 드
러내고 있지 않으므로, [A]에 나타난 글쓴이의 상실감이 [B]에서 새로운 이
상을 품도록 만드는 계기로 작용한다고 볼 수 없다.

[상실감: 무엇인가를 잃어버린 후의 느낌이나 감정 상태
[이상: 생각할 수 있는 범위 안에서 가장 완전하다고 여겨지는 상태

⑤ [A]에 나타난 글쓴이의 혐오감은 [B]에서 ~~자신의 능력에~~
~~대한 겸손한 반성~~으로 전환된다.
드러나지 않음.

＊근거: (다) ②-❿

[A]에서 글쓴이는 '큰 고기는커녕 어떤 때는 방게란 놈이 달려 나오고, 어떤
때는 개구리란 놈이 발버둥을 치는 수가 많다'며 큰 고기 대신 잡히는 개구
리와 방게에 대한 혐오감을 드러내고 있다고 볼 수 있다. 하지만 [B]에서 글
쓴이는 '붕어 새끼'도 잡지 못하는 자신의 처지를 한탄하고 있을 뿐, 자신의
능력에 대해 겸손하게 반성하고 있지 않으므로, [A]에 나타난 글쓴이의 혐오
감이 [B]에서 자신의 능력에 대한 겸손한 반성으로 전환된다고 볼 수 없다.

[혐오감: 병적으로 싫어하고 미워하는 감정

D 94 정답 ② ＊〈보기〉를 바탕으로 감상하기 ·· [정답률 69%]

〈보기〉를 바탕으로 (가)~(다)를 감상한 내용으로 적절하지 <u>않</u>
은 것은? [3점]

• 〈보기〉를 바탕: 문학 작품에서는 공간에 대한 인식을 직접 드러내거나, 공간
내 특정 대상의 속성을 통해 드러내거나, 공간 간의 관계를 통해 표현합니다.

• (가): (가)에서는 '청평사', '봄 산', '신선 골짝' 등의 공간이 나타나 있습니다.

• (나): (나)에서는 '밤마을', '강산', '낡은 다리', '온 골' 등의 공간이 나타나 있
습니다.

• (다): (다)에서는 '푸른 물이 그득히 담긴 못가', '내 서재' 등의 공간이 나타나
있습니다.

즉 (가)~(다)에 드러난 공간과 그 공간을 인식하는 방식에 대해 잘못 설
명한 내용을 고르는 문제입니다.

─────── [보기] ───────

❶ 문학 작품에서 공간에 대한 인식을 형상화하는 방식은 다
양하다. ❷ 공간에 대한 인식을 직접적으로 드러내는 표현을 사
용하거나, 공간 내 특정 대상의 속성으로써 그 대상이 포함된
공간에 대한 인식을 형상화하는 방식 ①
공간 전체를 표상하기도 한다. ❸ 또한 이러한 인식은 공간 간의
②
관계를 통해 표현되기도 한다. ❹ 이때 관계를 이루는 공간에는
③
작품에 명시된 공간은 물론 그 이면에 전제된 공간도 포함된다.
④
─────────────────────

인식: 사물을 분별하고 판단하여 앎.
형상화하다: 형체로는 분명히 나타나 있지 않은 것을 어떤 방법이나 매
체를 통하여 구체적이고 명확한 형상으로 나타내다.
표상하다: 추상적이거나 드러나지 아니한 것을 구체적인 형상으로 드러
내어 나타내다.
명시되다: 분명하게 드러나 보이다.
이면: 겉으로 나타나거나 눈에 보이지 않는 부분
전제되다: 어떠한 사물이나 현상이 이루어질 목적으로 먼저 내세워지다.

──────── (right column) ────────

〉왜 정답?

② (나)의 '낡은 다리'는 ~~주가와 온 골이라는 대비되는 속성~~
~~을 지닌 두 공간~~의 경계를 표현하여, 양쪽 모두에 미련을 버
리지 못한 화자의 상황을 상징하고 있겠군.
'주가'와 '온 골'은 대비되는 속성을 지닌 공간이 아님.

＊근거: (나) 〈제15곡〉 ❷, ❸

(나)의 화자는 '온 골'에서 '주가'를 찾기 위해 '낡은 다리'를 건너고 있다. 즉,
'주가'와 '온 골'은 모두 화자가 유유자적한 삶을 즐기는 공간에 해당한다고
볼 수 있다. 따라서 '주가'와 '온 골'이 대비되는 속성을 지닌 공간이라는 설
명은 적절하지 않으며, '낡은 다리'가 두 공간의 경계를 표현하고 있다는 내
용 역시 적절하지 않다.

〉왜 오답?

① (가)의 '신선 골짝'은 화자가 지향하는 공간으로서, 이에 대
립되는 곳으로 '백 년 근심'이 유발된 공간이 이면에 전제된
화자의 '백 년 근심'이 사라지는 공간임.
것이라 할 수 있겠군.
〈보기〉 4번째 문장에 근거

＊근거: (가) ❼, ❽, 〈보기〉 ❹문장

(가)의 화자는 '신선 골짝'에 들어서니 '백 년 근심'이 사라진다고 했으므로
'신선 골짝'은 화자가 지향하는 공간이라 할 수 있다. 〈보기〉에 따르면 '관계
를 이루는 공간에는 작품에 명시된 공간은 물론 그 이면에 전제된 공간도
포함된다'고 했다. 즉, (가)에 직접 드러나 있지는 않지만, '백 년 근심'이 사라
지는 '신선 골짝'과 반대로 '백 년 근심'이 유발되는 공간이 이면에 전제되어
있다고 볼 수 있다.

③ (나)에서 화자가 돌아온 곳은 '어지럽고 시끄런 문서'로 표
상되는 공간과 대비되는 공간으로서, '이대도록 시원하랴'와
'어지럽고 시끄런 문서 다 주어 내던지고' 돌아왔다고 했음.
같은 반응을 자연스럽게 이끌어낸 것이겠군.

＊근거: (나) 〈제10곡〉

(나)의 화자는 '어지럽고 시끄런 문서 다 주어 내던지고' 돌아온 공간에서 '매
인 새'가 놓인 것과 같이 시원함을 느낀다고 했으므로 화자가 돌아온 곳은
'어지럽고 시끄런 문서'로 표상되는 공간과 대비되는 공간이라 할 수 있다.
즉, 화자가 돌아온 공간은 '이지럽고 시끄'럽지 않은 공간으로, '이대도록 시
원하랴'와 같은 반응을 자연스럽게 이끌어냈다고 볼 수 있다.

④ (다)에서 '푸른 물이 그득히 담긴 못가'는 글쓴이가 '삼매경'
에 빠지기를 기대하는 곳으로, 글쓴이가 자신의 지향과 직결
'고기를 낚는 취미'는 삼매경에 몰입할 수 있는 놀이라고 함.
되는 공간을 직접적으로 드러낸 것이겠군.
글쓴이는 '강상의 어객'이 되기를 바라는 지향을 드러냄.

＊근거: (다) ❶-❸, ❹, ❷-❶

(다)에서 글쓴이는 '고기 낚는 취미도 실로 삼매경에 몰입할 수 있는 좋은 놀
음'이라고 하며 '푸른 물이 그득히 담긴 못가'에서 낚시를 하고 있다. 즉, '푸
른 물이 그득히 담긴 못가'는 글쓴이가 삼매경에 빠지기를 기대하는 곳이라
할 수 있다. 또한 글쓴이는 '모든 속사를 버리고 표연히 강상의 어객'이 되기
를 바라고 있으므로, 글쓴이가 낚시를 하고 있는 '푸른 물이 그득히 담긴 못
가'는 '강상의 어객'이 되고자 하는 글쓴이의 지향과 직결되는 공간을 직접적
으로 드러낸 것이라 할 수 있다.

[직결되다: 사이에 다른 것이 개입되지 아니하고 직접 연결되다.

⑤ (다)에서 '내 서재'는 '심사 틀리는 소식'을 피하기 위한 곳
임에도 불구하고 '속에서 울화가 터져 나온다'고 언급되었다
는 점에서, 그 이면에는 새로운 공간에 대한 지향이 있음을
알 수 있겠군.
'고요히 서재나 지키어 한묵의 유희'에 빠질 수 있는 공간을 지향함.

＊근거: (다) ❸-❶, 〈보기〉 ❹문장

(다)에서 글쓴이는 '보이는 것 들리는 것이 모조리 심사 틀리는 소식밖엔 없
어'서 자신의 '서재'로 향하지만, '며칠만 틀어박혀 있으면 그만 속에서 울화

정답 및 해설 **229**

가 터져 나온다'고 했다. 〈보기〉에 따르면 '관계를 이루는 공간에는 작품에 명시된 공간은 물론 그 이면에 전제된 공간도 포함된다'고 했다. 즉, (다)에 직접 드러나 있지는 않지만, 글쓴이는 '심사 틀리는 소식'을 피하고 '고요히 서재나 지키어 한묵의 유희'에 빠질 수 있는 공간을 이면에서 지향하고 있다고 볼 수 있다.

D 95~99 ——— [2019년(3월)/고3교육청 38~42]

(가) 이홍유, 〈산민육가〉

❶ 화자, 중심 대상   ❷ 상황, 정서, 태도   ❸ 표현상 특징   [시 해석]

❶ 이 몸이 한가하여 산수간(山水間)에 절로 늙어
　❶ 화자: 이 몸(나)　　자연 친화적 삶
→ 이 몸이 한가하여 자연에서 절로 늙어

❷ 공명부귀(功名富貴)를 뜻 밖에 잊었으니
　　　　　　　　뜻을 두지 않고 지내니
　❷ 태도: 공명부귀를 잊고 자연 친화적으로 살아감.
→ 공명부귀에는 뜻을 두지 않고 잊었으니

차중(此中)에 청유(淸幽)한 흥미(興味)를 혼자 좋아 하노라〈제1수〉
　　　　　　자연의 맑고 그윽한 생활
→ 이중에 맑고 그윽한 즐거운 맛을 혼자 좋아하노라.

〈제1수〉 요약: 자연 속에서 한가로이 늙어 가며 그윽한 즐거움을 느낌.

❶ 조그만 이 내 몸이 천지간(天地間)에 혼자 있어
　화자 자신을 겸손하게 낮추어 표현함.
→ 조그마한 이내 몸이 세상에 혼자 있어

청풍명월(淸風明月)을 벗 삼아 누웠으니
자연
→ 자연을 벗 삼아 누웠으니
　❸
세상(世上)의 시시비비(是是非非)를 나는 몰라 하노라
속세
→ 세상의 옳고 그름을 따지는 일을 나는 모르겠노라.
　　　　　　　　　　　　　　　　　　　　　〈제2수〉

❷ 태도: 속세를 등지고 자연에 귀의하여 살아감.
❸ 표현상 특징: 자연과 속세를 대비함.

〈제2수〉 요약: 자연 속에서 세상의 시비와 무관하게 살아감.

❶ 늙고 병든 몸을 세상이 버리실새
　　　　　　세속을 떠남.
→ 늙고 병든 몸을 세상이 버리시므로

❷ 조그만 초당(草堂)을 시내 위에 일워 두고
　　　　　　만들어 세워 두고
→ 조그만 초가집을 시냇물 위에 지어 두고
　❸
목전(目前)에 보이는 송죽(松竹)이 내 벗인가 하노라 〈제4수〉
　　　　　　소나무, 대나무: 자연
→ 눈앞에 보이는 소나무와 대나무가 내 벗인가 하노라.

〈제4수〉 요약: 자연을 벗하며 속세를 벗어나 사는 삶의 자세

❶ 산림(山林)에 들어온 지 오래니 세상사(世上事)를 모르노라
　❸ 표현상 특징: 과거와 현재를 대비함.
→ 속세를 떠나 자연생활을 한 지 오래되니 세상일을 모르노라.

❷ ㉠십장 홍진(十丈紅塵)이 얼마나 가렸는고
　눈앞에 길게 깔린 붉은 먼지 → 속세에 대한 부정적 인식을 드러냄.
→ 먼지가 뒤덮인 혼잡한 세상이 얼마나 가려 있는가.
　❸　세상일 밖　　　　　　임금에 대한 은혜를 갚음.
물외(物外)에 뛰어든 몸이 보은(報恩)이 어려라 〈제5수〉
　❷ 정서: 임금의 은혜를 갚지 못해 안타까움.
→ 속세 밖에 뛰어든 몸이 임금의 은혜 갚기도 어렵구나.

〈제5수〉 요약: 자연생활을 하느라 임금의 은혜를 갚지 못하는 안타까움

■ 갈래: 연시조　　　　　　■ 창작 시기: 조선 중기
■ 내용: 이 작품은 조선 중기 문신으로 학자이자 교육자인 이홍유가 자연 속에서 한가롭게 유유자적하며 살아가는 자신의 모습을 담은 6수의 연시조이다.
■ 주제: 자연 친화적 삶에 대한 만족감

■ 이것이 핵심!: 대조적 시어

자연	대비	속세
산수간, 청풍명월, 초당, 송죽, 산림	← →	공명부귀, 세상, 세상사, 십장 홍진

(나) 작자 미상, 〈유산가〉

❶ 화자, 중심 대상   ❷ 상황, 정서, 태도   ❸ 표현상 특징   [시 해석]

❶ 화란 춘성(花爛春城)하고 만화방창(萬化方暢)이라. ㉡때 좋다
　　꽃이 만발한 한창때의 봄　　따뜻한 봄날에 온갖 생물이 나서 자라 흐드러짐.
벗님네야, 산천경개를 구경을 가세.
→ 꽃이 봄 성에 만발하고, 만물이 소생하여 한창 자라나는구나. 때가 좋구나 친구들아, 산천 경치를 구경 가세.

[산천경개: 자연의 경치]

❶ 요약: 산천경개 구경을 권유

　❶　대지팡이와 짚신, 한 개의 표주박
❷ 죽장망혜(竹杖芒鞋) 단표자(單瓢子)로 천리 강산을 들어를 가
　　❶ 태도: 간편한 차림으로 자연을 즐김.
니, ㉢만산 홍록(滿山紅綠)들은 일년 일도 다시 피어 춘색(春色)을
자랑노라 색색이 붉었는데, 창송취죽(蒼松翠竹)은 창창울울한데,
기화요초(琪花瑤草) 난만 중에 꽃 속에 잠든 나비 자취 없이 날아
난다.
　❷ 유상 앵비(柳上鶯飛)는 편편금(片片金)이요, 화간접무(花間蝶
　❸ 표현상 특징: 은유법　　　　　　　　❸
舞)는 분분설(紛紛雪)이라. 삼춘가절이 좋을씨고. 도화 만발 점점
　　　　　　　　　　　　복사꽃이 피어　❺ 흩어져 있는 모양이 마치 붉은 점을 찍어 놓은 것 같음.
홍(桃花滿發點點紅)이로구나. 어주 축수 애삼춘(魚舟逐水愛三春)
　　　　　　　　　　　　고기잡이배가 물을 거슬러 산속의 봄철을 사랑하는 격
이어든 무릉도원이 예 아니냐.
　　❷ 정서: 봄 산의 아름다움을 즐김.
→ 대지팡이에 짚신을 신고, 표주박 하나 들고 머나먼 강산을 들어가니, 산에 가득한 붉은 꽃과 푸른 초목은 일 년에 한 번씩 다시 피어 봄빛을 자랑하느라고 여러 가지 빛으로 붉어 있는데, 푸른 소나무와 푸른 대나무는 울창하게 무성하고, 기이한 꽃과 아름다운 풀이 찬란하게 얽혀 있는 속에 자고 있던 나비가 흔적 없이 날아 가버리는구나.
버드나무 위에 꾀꼬리가 날아가는 모양은 조각조각의 금덩이요, 꽃 사이에 나비가 춤추는 모양은 사방으로 휘날리는 눈송이와 같도다. 봄 석 달 동안의 아름다운 시절이 좋구나. 복사꽃이 활짝 피어 여기저기 흩어져 있는 모양이 마치 붉은 점을 찍어 놓은 것 같구나. 고기잡이배가 물을 거슬러 올라가서 산속의 봄철을 사랑하는 격이 되었으니, 저 도연명이 말한 복사꽃이 만발한 무릉도원의 별천지가 여기가 아니냐?

죽장망혜: 대지팡이와 짚신이란 뜻으로, 먼 길을 떠날 때의 아주 간편한 차림새를 이르는 말
단표자: 한 개의 표주박
만산홍록: 붉고 푸른 것이 온 산에 가득하다는 뜻으로, '봄'을 비유적으로 이르는 말
춘색: 봄철의 빛. 또는 봄철을 느끼게 하는 경치나 분위기
창송취죽: 푸른 소나무와 푸른 대나무
창창울울하다: 큰 나무들이 아주 빽빽하고 푸르게 우거져 있다.
기화요초: 옥같이 고운 풀에 핀 구슬같이 아름다운 꽃
편편금: 조각조각이 모두 금이라는 뜻으로, 물건이나 시문의 글귀 따위가 다 보배롭고 아름다움을 이르는 말
화간접무: 나비가 꽃 사이를 춤추며 날아다님.
분분설: 풀풀 날리는 눈
삼춘가절: 봄철 석 달의 좋은 시절
점점홍: 여기저기 울긋불긋하게 꽃이 핀 모습을 비유적으로 이르는 말

❷ 요약: 봄 산의 아름다운 경치

(중략)

: 음성 상징어로 물이 흐르는 모습을 묘사함.

③❶층암절벽상의 폭포수는 <u>콸콸</u>, 수정렴 드리운 듯, 이 골 물이 <u>주루루룩</u>, 저 골 물이 <u>쏼쏼</u>, 열에 열 골 물이 한데 합수(合水)하여 천
수정알로 만든 발
방져 지방져 소쿠라지고 펑펴져, 넌출지고 방울져, 저 건너 병풍
석으로 <u>으르렁 콸콸</u> 흐르는 물결이 은옥(銀玉)같이 흩어지니, <u>소부 허유</u>* 문답하던 기산 영수(箕山潁水)가 예 아니냐.
❷정서: 폭포의 풍경에 대한 만족감을 드러냄.

→ 층층이 쌓인 바위로 이루어진 절벽 위에 폭포수는 콸콸 떨어져 수정알로 만든 발을 늘어뜨린 것 같고, 이 골짜기의 물이 주루루룩, 저 골짜기의 물이 쏼쏼 소리를 내며, 열 골짜기의 물이 한 곳에 합치어서, 일정한 방향도 없이 흘러, 혹은 위로 솟아 부풀어 오르고, 또는 옆으로 병병하게 흘러, 넝쿨과 같은 물줄기를 이루기도 하고, 또는 물방울을 이루기도 하여, 저 건너 병풍처럼 둘러진 석벽으로 으르렁 콸콸 소리를 내며 흐르는 물결이 백옥같이 흩어지니, 옛날 소부가 송아지를 몰고 가다가 귀를 씻는 허유를 보고 서로 주고받고 이야기하던 기산과 영수가 여기가 아니냐?

[소쿠라지다: 급히 흐르는 물이 굽이쳐 용솟음치다.

*③ 요약: 폭포에 대한 감상

④❶<u>주곡제금</u>*은 <u>천고절(千古節)</u>이요, <u>적다정조</u>*는 <u>일년풍(一年豐)</u>이라. 일출 낙조가 눈앞에 벌여나 <u>경개 무궁(景槪無窮)</u> 좋을씨고.
❸표현상 특징: 대구법 ❷태도: 무궁한 자연 경치를 예찬함.

→ 두견새 울음소리는 먼 옛날 태고의 시절같이 한가롭고, 소쩍새 울음소리는 한 해의 풍년 들 징조를 알리는구나. 해 돋는 풍경 해지는 풍경이 눈앞에 벌어지니, 경치가 끝없이 좋기만 하구나.

[낙조: 저녁에 지는 햇빛

*④ 요약: 무궁한 자연 경치 예찬

* 소부허유(巢父許由): 중국 요순시대에 속세를 벗어난 삶을 살았던 인물들
* 주곡제금(奏穀啼禽): 두견새
* 적다정조(積多鼎鳥): 소쩍새

■갈래: 잡가   ■창작 시기: 조선 후기
■내용: 이 작품은 조선 후기에 유행한 잡가의 대표작이다. 산천에서 펼쳐지는 봄의 아름다운 경관을 묘사하며 봄의 흥취를 즐기자는 풍류적인 내용을 담고 있다. 한시, 가사 등의 형식을 적절히 활용하였을 뿐 아니라 폭포수에 대한 시 실적이고도 활기찬 묘사는 사설시조의 기법을 연상하게도 한다.
■주제: 봄의 아름다운 경치에 대한 감상과 감흥
■이것이 핵심! 화자의 예찬적 태도

화자 →예찬	봄 산의 경치	…	무릉도원이 예 아니냐.
	폭포	…	기산 영수가 예 아니냐.
	자연 경관	…	경개 무궁 좋을씨고.

(다) 정비석, 〈산정무한〉

❶중심 대상 ❷글쓴이의 생각, 태도 ❸서술상 특징

❶중심 대상: 산(금강산)
①산은 언제 어디다 이렇게 많은 색소를 간직해 두었다가, 일시에 지천으로 내뿜는 것일까?
단풍에 대한 경이로움

❸단풍이 이렇게까지 고운 줄은 몰랐다. 문 형은 몇 번이고 탄복하면서, 흡사히 동양화의 화폭 속을 거니는 감흥을 그대로 맛본다는 것이다. [정말 우리도 한 떨기 단풍에 지나지 않아 보인다.
❷태도: 자연과 하나가 됨을 느낌.
❺ⓔ다리는 줄기요, 팔은 가지인 채, 피부는 단풍으로 물들어 버린 것 같다. ❻옷을 훨훨 벗어 꼭 쥐어짜면, 물에 헹궈 낸 빨래처럼 진주홍 물이 주르르 흘러내릴 것만 같다.]
[: 단풍을 감상하며 물아일체의 경지를 느낌.

[화폭: 그림을 그려 놓은 천이나 종이의 조각

*① 요약: 금강산(황천 계곡)에서 본 단풍의 아름다움

□: 공간의 이동
②❶그림 같은 <u>연화담(蓮花潭)</u> <u>수렴폭(垂簾瀑)</u>을 완상하며, 몇 십
금강산의 연못과 폭포
굽이의 석계(石階)와 목잔*과 철삭*을 답파하고 나니, [문득 눈앞에 막아서는 무려 삼백 단의 가파른 사닥다리 — 한 층계 한 층계
[: 망군대에 오르는 과정과 망군대에서의 조망
한사코 기어오르는 마지막 발걸음에서 시야는 <u>일망무제(一望無際)</u>로 탁 트인다. 여기가 해발 오천 척의 <u>망군대(望軍臺)</u> — 아! 천
한눈에 바라볼 수 없을 정도로 아득하게 멀고 넓어서 끝이 없음.
하는 이렇게도 광활하고 웅장하고 숭엄하던가!]
❸망군대에서 바라본 경치에 감탄함.
❹이름도 정다운 백마봉은 바로 <u>지호지간(指呼之間)</u>에 서 있고,
손짓하여 부를 만큼 가까운 거리
내일 오르기로 예정된 비로봉은 단걸음에 건너뛸 정도로 가깝다.

❺그 밖에도 <u>유상무상(有象無象)</u>의 허다한 봉들이 전시(戰時)에 할
우주에 존재하는 모든 물체
거(割據)하는 영웅들처럼 여기에서도 우뚝 저기에서도 우뚝, 시선
땅을 나누어 차지하고 굳게 지킴.
을 낮춰 아래로 굽어보니, 발밑은 <u>천인단애(千仞斷崖)</u>, <u>무한제(無限際)</u>로 뚝 떨어진 황천 계곡에 단풍이 선혈(鮮血)처럼 붉다. 우러
천 길이나 되는 높은 낭떠러지
끝이 없음.
러보는 단풍이 새색시 머리의 칠보단장(七寶丹粧) 같다면, 굽어보
여러 패물로 단장한 꾸밈새
는 단풍은 치렁치렁 늘어진 규수의 붉은 치마폭 같다고나 할까.
❻수줍어 수줍어 생글 돌아서는 낯 붉힌 아가씨가 어느 구석에서 금
방 튀어나올 것도 같구나!

[완상하다: 즐겨 구경하다.
[답파하다: 험한 길이나 먼 길을 끝까지 걸어서 돌파하다.
[숭엄하다: 높고 고상하며 범할 수 없을 정도로 엄숙하다.

*② 요약: 망운대의 봉우리와 단풍의 모습

금강산에 있는 절
③❶저물 무렵에 <u>마하연(摩訶衍)</u>의 여사(旅舍)를 찾았다. ❷ⓜ산중에
여관
사람이 귀해서였던가. ❸어서 오십사는, 상냥한 안주인의 환대도 은
근하거니와, 문고리 잡고 말없이 맞아 주는 여관집 아가씨의 정성은 무르익은 머루 알같이 고왔다.

❹<u>여장(旅裝)</u>을 풀고 마하연사를 찾아갔다. ❺여기는 <u>선원(禪院)</u>이
여행할 때의 차림
스님들이 모여 공부하는 장소
어서, 불경 공부하는 승려뿐이라고 한다. ❻크지도 않은 절이건만, 늙은 승려만도 실로 삼십 명은 됨 직하다. ❼이런 심산에 노승이 그렇게도 많을까?

*③ 요약: 마하연사에 대한 인상

④ ┌❶무한청산행욕진(無限靑山行欲盡)
[A]│ →한없는 청산 끝나 가려 하는데
   │❷백운심처노승다(白雲深處老僧多)
   └ →흰 구름 깊은 곳에 노승도 많아라

❶옛글 그대로다.
석류를 넣은 그릇의 심지에 불을
먼 길에 지치고 시달려서 생긴 피로나 병
붙이고 유리로 만든 등피를 끼운 등
노독(路毒)을 풀 겸 식후에 바둑이나 두려고 남포등 아래에 앉
옛일을 돌이켜 생각하고 그리는 마음이나 정
으니, <u>온고지정(溫故之情)</u>이 불현듯 새로워졌다.
❷태도: 남포등 아래에서 온고지정을 느낌.
❸"남포등은 참말 오래간만인데."

❹하며 불을 바라보는 문 형의 말씨가 하도 따뜻해서, 나도 장난삼아 심지를 돋우어 보았다 줄여 보았다 하며, 까맣게 잊었던 옛 기억을 되살렸다. 그리운 얼굴들이, 흐르는 물의 낙화(落花) 송이같
과거를 회상함.
이 떠돌았다.

*④ 요약: 남포등을 매개로 과거를 회상함.

* 목잔(木棧): 나무로 사다리처럼 놓는 길
* 철삭(鐵索): 철사를 꼬아서 만든 줄

■ **갈래**: 경수필, 기행 수필　　■ **창작 시기**: 현대
■ **내용**: 이 작품은 금강산을 유람하고 그 감상을 기록한 기행 수필이다. 지문에서는 황천 계곡, 연화담 수렴폭, 망군대, 마하연 여사 등의 여정을 제시하고 있는데, 가을 단풍과 물아일체를 느끼는 작가의 감상이 잘 표현되어 있다. 서경과 서정이 조화를 이루며 섬세하고 화려한 문체를 사용해 기행 수필의 차원을 넘어 서정적 분위기를 연출하고 있고, 작가의 개성적인 묘사가 뛰어난 작품이다.
■ **주제**: 금강산의 풍경과 금강산 기행에서 느낀 감회

■ **이것이 핵심!**: 공간의 이동에 따른 글쓴이의 심리

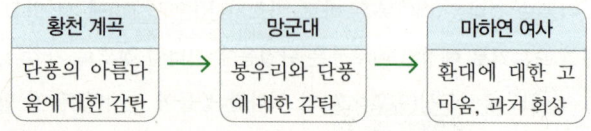

D 95　정답 ④　＊작품 비교하기 ·················· [정답률 76%]

(가)~(다)에 대한 설명으로 가장 적절한 것은?

> **왜 정답?**

④ (나)와 (다)는 <u>비유적 표현을 통해 대상에 대한 긍정적 인식</u>을 드러내고 있다.
(나)는 봄의 경치, (다)는 금강산의 절경

＊**근거**: (나) ❷-❷, (다) ❶문단 ❻문장, ❷문단 ❹문장

(나)에서는 '유상 앵비는 편편금이요, 화간접무는 분분설이라.'에서 비유적 표현을 통해 봄의 아름다운 경치에 대한 흥취와 자연에 대한 긍정적 인식을 드러내고 있다. (다)에서는 '물에 헹궈 낸 빨래처럼', '전시에 할거하는 영웅들처럼' 등에서 비유적 표현을 사용해 금강산의 절경에 대한 예찬의 태도를 드러내고 있다.

> **왜 오답?**

① (가)와 (나)는 <u>음성 상징어를 사용하여 생동감을 높이고 있다.</u>
(나)에서만 사용되고 있음.

(나)는 '콸콸, 주루루룩, 쏼쏼, 으르렁 콸콸' 등 다양한 음성 상징어를 사용하여 폭포수의 모습을 생동감 있게 묘사하고 있으나, (가)는 음성 상징어를 사용하고 있지 않다.

② (가)와 (나)는 <u>과거와 현재를 대비하여 지향하는 가치를 밝히고 있다.</u>
(가)에서만 대비하고 있음.

(가)는 산림에 들어오기 전과 후를 과거와 현재를 대비하는 것이라고 볼 수 있으며 이를 통해 현재의 자연 친화적 삶이 지향하는 가치임을 밝히고 있다고 볼 수 있다. 그러나 (나)에서는 과거와 현재를 대비하여 지향하는 가치를 밝히는 내용을 찾을 수 없다.

③ (가)와 (다)는 <u>움직임을 나타내는 어휘를 반복하여 대상의 역동적 측면을 강조하고 있다.</u>
(가)와 (다) 모두 움직임을 나타내는 어휘를 반복하지 않음.

(가)와 (다)에서 어휘의 반복은 확인할 수 있으나, 움직임을 나타내는 어휘를 반복하고 있다고는 볼 수 없다. 특히 (가)의 경우 대상의 역동적 측면은 나타나지 않는다.

[역동적: 힘차고 활발하게 움직이는

⑤ (나)와 (다)는 <u>어조의 변화를 통해 화자나 글쓴이의 심리 변화 과정을 보여 주고 있다.</u>
(나)와 (다) 모두 나타나지 않음.

(나)와 (다)에 어조의 변화는 나타나지 않는다. 더구나 어조의 변화를 통해 화자나 글쓴이의 심리 변화 과정을 제시하고 있지도 않다.

D 96　정답 ⑤　＊작품 비교하기 ·················· [정답률 77%]

㉠~㉤을 이해한 내용으로 적절하지 않은 것은?

• ㉠~㉤: ㉠은 먼지로 뒤덮여 보이지 않는 세상, ㉡은 경치 구경을 권유, ㉢은 산에 가득 핀 꽃과 나무, ㉣은 단풍으로 물든 것 같은 심정, ㉤은 오는 사람이 별로 없는 여사에 대한 내용입니다.

즉 ㉠~㉤의 상황과 정서에 대한 설명 중 틀린 것을 고르는 문제입니다.

> **왜 정답?**

⑤ ㉤: <u>마하연 여사의 퇴락한 모습</u>을 드러내고 있다.
깊은 산중에 있어 찾는 사람이 별로 없는 것을 나타냄.

＊**근거**: (다) ❸문단 ❷문장

㉤의 '산중에 사람이 귀해서였던가'는 마하연의 여사가 산중에 있어 여행객 외에는 찾는 사람이 드물다는 것을 나타낸 구절이다. (다)에서 마하연의 여사가 퇴락했다는 내용은 찾을 수 없다.

[퇴락하다: 낡아서 무너지고 떨어지다.

> **왜 오답?**

① ㉠: <u>속세와 거리를 둔 처지임</u>을 나타내고 있다.
속세의 모습이 가리어 보이지 않음.

＊**근거**: (가) 〈제5수〉 ❷

㉠의 '십장 홍진'은 '혼잡한 속세'를 가리킨다. 따라서 '십장 홍진이 얼마나 가렸는고'에서는 속세의 모습이 가리어져 화자에게 보이지 않음을 드러냄으로써 화자가 속세와 거리를 둔 처지임을 나타내고 있다고 할 수 있다.

② ㉡: <u>아름다운 경치를 보러 갈 것을 권유</u>하고 있다.
'산천경개'는 '자연의 경치'를 의미함.

＊**근거**: (나) ❶-❷

㉡의 '산천경개'는 '자연의 경치'를 의미한다. 따라서 '때 좋다 벗님네야, 산천경개를 구경을 가세.'는 화자가 이웃들에게 자연 속 봄의 아름다운 경치를 구경 가자고 권유하고 있는 것이라고 할 수 있다.

③ ㉢: <u>꽃이 활짝 피어난 봄의 계절감</u>을 부각하고 있다.
꽃이 피어 붉게 물든 자연의 경치를 묘사함.

＊**근거**: (나) ❷-❶

㉢의 '만산 홍록'은 '온 산에 붉은빛과 푸른빛'이라는 의미로서, 산을 뒤덮은 꽃과 나무를 가리킨다. '만산 홍록들'이 '다시 피어 춘색을 자랑'한다는 것은 온 산에 꽃이 활짝 피어 완연한 봄의 기운이 느껴지는 자연의 경치를 묘사한 것이다. 따라서 '만산 홍록들은 일년 일도 다시 피어 춘색을 자랑노라 색색이 붉었는데'에서는 꽃이 활짝 피어난 봄의 계절감을 부각하고 있다고 할 수 있다.

④ ㉣: <u>주위의 단풍과 물아일체가 된 심정</u>을 제시하고 있다.
다리는 줄기, 팔은 가지, 피부는 단풍에 빗대어 표현함.

＊**근거**: (다) ❶문단 ❺문장

㉣에서 글쓴이가 자신의 '다리'는 '줄기'에, '팔'은 '가지'에, '피부'는 '단풍'에 빗대어 표현한 것은 단풍으로 물든 산속을 걸어가며 마치 자신도 단풍의 일부가 되어 버린 것 같은 심정을 나타낸 것이다. 따라서 '다리는 줄기요, 팔은 가지인 채, 피부는 단풍으로 물들어 버린 것 같다.'에서는 글쓴이가 주위의 단풍과 물아일체가 된 심정을 제시하고 있다고 할 수 있다.

[물아일체: 자연과 하나가 됨.

D 97　정답 ②　＊〈보기〉를 바탕으로 감상하기 ··· [정답률 66%]

〈보기〉를 참고하여 (가)와 (나)를 감상한 내용으로 적절하지 않은 것은? [3점]

• **〈보기〉를 참고**: 사대부는 관직과 멀어질 경우 자연 속에서 위안을 받으며 체험한 바를 시가를 통해 표현하였습니다. 하지만 평민 계층이 부른 잡가에서의 자연은 청중들의 대리 체험과 관련이 있어 이상적인 유흥의 공간으로 형상화되었습니다.

- **(가)와 (나)**: (가)의 화자는 속세에 대한 미련 없이 자연에서의 삶을 즐기고 있고, (나)의 화자는 봄의 아름다운 경치를 묘사하며 풍류를 즐기자고 권유하고 있습니다.

즉 문학 작품에서 사대부와 평민 계층이 자연을 활용하는 방식을 바탕으로 (가)와 (나)를 이해한 내용 중 틀린 것을 고르는 문제입니다.

---[보기]---

❶ (가)의 작가와 같은 사대부들은 관직에 오르지 못했거나 관직에서 물러났을 경우, 주로 자연에 귀의하여 자연물과 조화를 이루는 생활을 하였다. ❷ 그들은 자연 속에서 심리적 위안을 받으며 자신들이 직접 체험한 바를 시가를 통해 표현하였다.
①의 근거 / ③의 근거 / ②의 근거

❸ 하지만 (나)와 같이 평민 계층의 전문 가객들이 부른 잡가에 나타나는 자연은 주로 아름다운 풍광의 재현을 통해 청중들이 대리 체험을 하도록 하는 것과 관련이 있다. ❹ 그래서 잡가의 자연은 감각적 흥을 극대화한 이상적인 유흥(遊興)의 공간으로 형상화되고 있다.
⑤의 근거 / ④의 근거

귀의하다: 돌아가거나 돌아와 몸을 의지하다.
가객: 예전에, 시조 따위를 잘 짓거나 창(唱)을 잘하는 사람을 이르던 말
재현: 다시 나타남. 또는 다시 나타냄.

ᐳ왜 정답 ?

② (가)의 '조그만 이 내 몸'은 자연 속에서 심리적 위안이 필요한 ~~속세에서의~~ 화자의 모습을 ~~일컫는~~ 것으로 볼 수 있겠군.
자연 속에서 생활하는 화자가 자신을 겸손하게 표현한 것임.

※근거: (가) 〈제2수〉 ❶, 〈보기〉 ❷문장
〈보기〉를 참고하면 (가)의 화자는 자연에 귀의해 자연 속에서 심리적 위안을 받으며 자신들이 직접 체험한 바를 시가를 통해 표현한 것이다. 따라서 (가)의 '조그만 이 내 몸'은 자연 속에서 생활하는 화자 자신을 겸손하게 표현한 것이지, 자연 속에서 심리적 위안이 필요한 속세에서의 화자의 모습으로 볼 수 없다.

일컫다: 가리켜 말하다.

ᐳ왜 오답 ?

① (가)의 '공명부귀'는 화자가 관직에 나아가 이룰 수 있는 세속적 가치와 관련이 있다고 볼 수 있겠군.
'공명부귀'는 재산이 많고 지위가 높으며 공을 세워 이름을 떨치는 것을 의미함.

※근거: (가) 〈제1수〉 ❷, 〈보기〉 ❶문장
〈보기〉를 참고하면 (가)의 화자는 현재 관직에 나아가지 않은 상태이다. 그런데 (가)에서 '산수간에' 지내면서 '공명부귀를 뜻 밖에 잊었'다고 하였으므로, '공명부귀'는 화자가 자연 속에서 누리는 가치와 대비되는 것임을 알 수 있다. 따라서 (가)의 '공명부귀'는 화자가 관직에 나아가 이룰 수 있는 세속적 가치와 관련이 있다고 볼 수 있다.

③ (가)의 '내 벗인가 하노라'는 화자가 자연물과 조화를 이루는 친밀감을 드러낸 것으로 볼 수 있겠군.
'송죽'을 친구처럼 느낄 정도로 자연과 조화를 이룬 상태를 나타냄.

※근거: (가) 〈제4수〉 ❸, 〈보기〉 ❶문장
〈보기〉를 참고하면 (가)의 화자는 자연에 귀의하여 자연물과 조화를 이루는 생활을 하고 있다. 그런데 (가)에서 화자는 눈앞에 보이는 '송죽'이 '벗인가' 여기고 있으므로, (가)의 '내 벗인가 하노라'는 화자가 자연물에 느끼는 친밀감을 드러낸 것으로 볼 수 있다.

④ (나)의 '무릉도원이 예 아니냐'는 화자가 자연을 이상향의 이미지와 연결시켜 이상적인 유흥의 공간으로 제시한 것으로
자연을 이상향으로 묘사하여 자연에서 느끼는 흥취를 부각함.

볼 수 있겠군.

※근거: (나) ❷-❺, 〈보기〉 ❹문장
〈보기〉를 참고하면 (나)의 화자는 자연을 이상적인 유흥의 공간으로 형상화하여 자연에서 느끼는 감각적 흥을 극대화하고 있다. 따라서 (나)의 '무릉도원이 예 아니냐'는 화자가 자연을 이상향의 이미지와 연결시켜 이상적인 유흥의 공간으로 제시한 것으로 볼 수 있다.

무릉도원: 이상향, 별천지를 비유적으로 이르는 말로, 주로 자연 친화적 태도와 연관되는 시어

⑤ (나)의 '경개 무궁 좋을씨고'는 화자가 아름다운 풍광을 통해 감각적 흥을 느끼는 상황으로 볼 수 있겠군.
아름다운 경치가 무한히 펼쳐진 모습이 보기에 좋다는 정서가 드러남.

※근거: (나) ❹-❷, 〈보기〉 ❸문장
〈보기〉를 참고하면 (나)의 화자는 아름다운 풍광을 재현하고 있다. 그런데 (나)의 화자는 자연 속에서 느끼는 감흥을 드러내고 있으므로, (나)의 '경개 무궁 좋을씨고'는 화자가 아름다운 풍광을 통해 감각적 흥을 느끼는 상황으로 볼 수 있다.

D 98 정답 ④　　※ 글쓴이의 생각과 태도 파악하기 … [정답률 64%]

(다)에 대한 설명으로 가장 적절한 것은?

ᐳ왜 정답 ?

④ 객관적인 사실과 자신의 소감을 제시하며 망군대 등정 과정과 망군대에서의 조망을 나타내고 있다.
'삼백 단의 ~ 한사코 기어오르는', '아! 천하는 ~ 웅장하고 숭엄하던가!'

※근거: (다) ❷문단 ❶, ❷문장
(다)의 '삼백 단의 가파른 사닥다리 – 한 층계 한 층계 한사코 기어오르는'에서 객관적인 사실을 언급하며 망군대 등정 과정을 나타내고 있다. 또한 '시야는 일망무제로 탁 트인다.', '아! 천하는 이렇게도 광활하고 웅장하고 숭엄하던가!' 등에서는 자신의 소감을 제시하며 망군대에서의 조망을 나타내고 있다.

ᐳ왜 오답 ?

① 마하연 여사에서 ~~과거를 회상하며~~ ~~여정을 계속하려는 이유~~를 제시하고 있다.
과거는 회상하고 있으나, 여정을 계속하려는 이유는 제시하고 있지 않음.

※근거: (다) ❹문단 ❸문장
(다)에서 글쓴이는 마하연 여사에서 남포등을 보며 과거를 회상하고 있으나, 여정을 계속하려는 이유를 제시하고 있지는 않다.

② 백마봉에서 비로봉으로 ~~이동하는 과정~~을 다른 여정에 비해 상세하게 묘사하고 있다.
이동하지 않고 바라보기만 함.

※근거: (다) ❷문단 ❸문장
'백마봉은 바로 지호지간에 서 있고, 내일 오르기로 예정된 비로봉은 단걸음에 건너뛸 정도로 가깝다.'라고 하며 직접 이동하지는 않고 있다.

③ ~~기상 상황이 좋지 않았음에도~~ 불구하고 연화담과 수렴폭을 둘러보았음을 밝히고 있다.
시야가 탁 트였다고 했으므로 기상 상황이 나빴을 않았음을 알 수 있음.

※근거: (다) ❷문단 ❶문장
(다)의 '시야는 일망무제로 탁 트인다.'라는 표현으로 보아 기상 상황이 나쁘지 않은 상태에서 연화담과 수렴폭을 둘러보았음을 알 수 있다.

⑤ 마하연 여사에서 동행하는 사람이 한 말에 공감하며 오늘 여정 중에 발생한 ~~일행 사이의 갈등이 해소되었음~~을 드러내고 있다.
드러나지 않음.

(다)에는 여정 중에 발생한 일행 사이의 갈등이 드러나 있지 않다.

⑤ 마하연사에 옛날과 달리 ~~종교적 교리를 익히기 위해 애쓰~~
드러나지 않음.
~~는 승려가 없음을 비판하려는~~

(다)에서 글쓴이는 마하연사에는 '불경 공부하는 승려뿐'이라고 하면서 마하
연사가 종교적 교리를 익히기 위해 애쓰는 승려들이 있는 절임을 드러내고
있다.

---

99 정답 ① ＊〈보기〉를 바탕으로 감상하기 … [정답률 67%]

〈보기〉의 ㉮에 들어갈 대답으로 가장 적절한 것은?

· 〈보기〉: 단풍의 애상적 아름다움을 부각하는 구절이 아닌 마하연사의 분위
기를 부각하는 [A]를 인용한 이유에 대해 묻고 있습니다.
· ㉮: 지문에서 [A]를 인용함으로써 나타내고자 했던 의도를 적어야 합니다.
⟦즉⟧ 글쓴이가 지문에서 [A]를 인용한 이유로 적절한 것을 고르는 문제입니다.

[보기]

선생님: [A]는 당나라 승려 영일(靈一)이 지은 한시의 일부로
무한청산행욕진 / 백운심처노승다
'한없는 청산 끝나 가려 하는데, 흰 구름 깊은 곳에 노승도
많아라.'라는 의미입니다. 만약 글쓴이가 처음에 황혼 무렵
마하연사 주변에서 바라본 단풍의 애상적 아름다움을 부각
하기 위해 '저녁볕 아래 수레 멈추고 단풍잎 바라보니(停車
坐愛楓林晚), 서리 물든 가을 잎 봄꽃보다 더 붉네.(霜葉紅
於二月花)'라는 구절을 인용하려 했다가, 퇴고 과정에서 생
각을 바꾸어 [A]를 인용했다면 그 이유는 무엇일까요?
학생: 단풍에 대한 묘사를 지속함으로써 발생할 수 있는 전개
상의 단조로움을 피해 (㉮) 의도로 볼 수 있습
니다.

애상적: 슬퍼하거나 가슴 아파하는
퇴고: 글을 지을 때 여러 번 생각하여 고치고 다듬음. 또는 그런 일

⟩왜 정답?

① 마하연사의 <u>고즈넉한 분위기와 그곳에 대한 인상을 드러</u>
[A]의 내용과 관련이 있음.
내려는

＊근거: [A] ❷, 〈보기〉'학생'의 말

(다)의 [A]에서는 '흰 구름 깊은 곳에 노승도 많아라.'라고 하면서 '마하연사'
의 분위기와 그곳에 대한 인상을 드러내고 있다. 〈보기〉의 학생의 말을 참고
하면 이는 단풍에 대한 묘사를 지속함으로써 발생할 수 있는 전개상의 단조
로움을 피하기 위한 것이다. 따라서 퇴고 과정에서 [A]를 인용하는 것으로
바꾼 것은 마하연사의 고즈넉한 분위기와 그곳에 대한 인상을 드러내기 위
해서라고 할 수 있다.

⟦ 고즈넉하다: 고요하고 아늑하다.

⟩왜 오답?

② 마하연사에서 <u>자신의 삶을 반성하고 얻은 깨달음을 독자</u>
드러나지 않음.
에게 알리려는

(다)에 글쓴이가 마하연사에서 자신의 삶을 반성하고 깨달음을 얻었다는 내
용은 제시되어 있지 않다.

③ <u>마하연사의 유래와</u> 마하연사가 어떤 역할을 수행하는 절
드러나지 않음.
인지 소개하려는

(다)에 마하연사의 유래는 나타나지 않는다. 다만, '선원'이라는 표현을 통해
마하연사가 어떤 역할을 수행하는 절인지는 알 수 있다.

④ 마하연사가 깊은 산속에 자리 잡아 <u>방문하는 데에 고생이</u>
드러나지 않음.
<u>많았음을</u> 나타내려는

(다)에 글쓴이가 마하연사를 방문하는 데에 고생이 많았다는 내용은 나타나
지 않는다.

고전 시가 + 고전 수필, 고전 소설

E 01~05 ──────── [2020년(6월)/고2교육청 21~25]

(가) 이정, 〈풍계육가〉

❶ 화자, 중심 대상 ❷ 상황, 정서, 태도 ❸ 표현상 특징 [시 해석]

□: 자연-화자가 긍정적으로 여기는 대상

❶ **청풍**(淸風)을 좋이 여겨 창을 아니 닫았노라.
　　　자연과 소통하려는 행위　　　　　　　自然 친화적인 삶
➡ 맑은 바람을 좋게 여겨 창을 닫지 않았노라.

❶ **명월**(明月)을 좋이 여겨 잠을 아니 들었노라.
　　　자연과 소통하려는 행위
➡ 밝은 달을 좋게 여겨 잠을 들지 않았노라.

❸ 옛사람 이 두 가지 두고 어디 혼자 갔노.　〈제1수〉
➡ 옛사람은 이 두 가지를 두고 어디에 혼자 갔는가

＊〈제1수〉 요약: 청풍, 명월(자연)과 함께하는 삶

❶ 내라서 누구라 하여 △**작록**(爵祿)을 맘에 둘꼬.
　　❶ 화자: 나　　　△: 화자가 부정적으로 여기는 대상
➡ 내가 누구라고 벼슬과 녹봉을 마음에 두겠는가.

❷ 조그만 띠집을 시내 위에 이룬 바
　❷ 태도: 자연 친화적인 소박한 삶의 태도(안분지족)를 드러냄.
➡ 조그만 띠집을 시내 위에 마련했으니

❸ 어젯밤 손수 닫은 문을 늦도록 닫치었소.　〈제2수〉
　　속세와의 단절에 대한 의지를 드러냄.
➡ 어젯밤 손수 닫은 문을 늦도록 닫아 두었소.

[띠집: 띠로 지붕을 올린 집]

＊〈제2수〉 요약: 세속적 삶을 멀리하는 안분지족의 삶

❶ 상 위에 책을 놓고 아래 신을 내어라.
➡ 상 위에 책을 놓고 아래에 신발을 내어 놓아라.

❷ 이봐 아해야, 날 볼 이 그 뉘고.
➡ 이봐라 아이야, 날 보려는 사람이 그 누구인가.

❸ 알게라, 어제 맞춘 므지술* 맛보러 왔나보다.　〈제3수〉
　　자연 속에서 즐기는 풍류
➡ 알겠구나, 어제 맞춘 묻어둔 술을 맛보러 왔나 보구나.

＊〈제3수〉 요약: 자연 속에서의 풍류적인 삶

❸ 표현상 특징: '저'라는 지시어를 통해 '욕심'과 화자의 거리감을 표현함.
❶ 두고 또 두고 저 **욕심** 그지없다.
　　세속적인 삶에 대한 욕심
➡ 두고 또 두고 저 욕심 끝이 없다.

❷ 나는 @**내 집에 내 세간**을 살펴보니
　❸ 표현상 특징: '는'이라는 보조사를 통해 화자와 세속적인 삶을 추구하는 사람을 대조함.
➡ 나는 내 집의 세간을 살펴보니

❸ 우습다 낚싯대 하나 외에 거칠 것이 전혀 없어라.　〈제4수〉
　❷ 태도: 자연 친화적인 소박한 삶의 태도(안분지족)를 드러냄.
➡ 우습구나, 낚싯대 하나 외에는 거추장스러운 것이 전혀 없구나.

[세간: 집안 살림에 쓰는 온갖 물건]

＊〈제4수〉 요약: 세속적 삶에 대한 비판과 안분지족

❶ **산**아 너는 어이 한결같이 높았으며
　❸ 표현상 특징: 의인법-자연 친화적 삶의 태도를 강조함.
➡ 산아 너는 어찌 한결같이 높으며

❶ **물**아 너는 어찌 날날이 흐르느냐.
　❸ 표현상 특징: 의인법-자연 친화적 삶의 태도를 강조함.
➡ 물아 너는 어찌 매일 흐르느냐.

❸ **처간**(處間)*에 인지(仁智)한 군자는 못내 즐겨 하노니라.
　　자연-화자가 있는 공간 ↔ '홍진'
➡ 궁벽한 시골의 어질고 지혜로운 군자는 즐거움을 못 이기노라.

〈제5수〉
＊〈제5수〉 요약: 한결같은 자연과 함께하는 삶

❶ **오두미**(五斗米)* 위하여 **홍진**(紅塵)*의 나지 마라.
　　벼슬, 세속적인 삶　　　세속-화자가 멀리하는 공간 ↔ '처간'
➡ 얼마 안 되는 봉급을 위하여 속세에 나가지 말아라.

❶ 바람 비 어지러워 칼 톱이 무서워라.
　　벼슬길의 위험성 인식
➡ 바람과 비는 어지럽고, 칼과 톱은 무섭구나.

❸ 나중에 슬코 뉘우치나 기구하다 기로다단(岐路多端)* 하여라.
➡ 나중에 실컷 뉘우치나 기구하다. (삶의) 갈림길에는 갈래나 가닥이 많기도 하구나.

〈제6수〉
＊〈제6수〉 요약: 세속적 삶에 대한 부정적 인식

* 작록: 벼슬과 녹봉
* 므지술: 의미가 불분명하나 맥락상 '묻어둔 술'로 보임.
* 처간: 초야, 궁벽한 시골
* 오두미: 얼마 안 되는 봉급을 비유하는 말
* 홍진: 번거롭고 속된 세상을 비유적으로 이르는 말
* 기로다단: 갈림길의 갈래나 가닥이 많음.

■ **갈래**: 연시조　　■ **창작 시기**: 조선 초기
■ **내용**: 이 작품은 자연 속에 은거하며 풍류를 즐기는 처사(處士)로서의 삶을 형상화한 연시조이다. 화자는 자연 속에서 소박하게 살아가는 삶에 만족하고 자연과의 합일을 추구하는 한편, 세속적 삶에 대한 경계의 뜻을 함께 드러내고 있다.
■ **주제**: 속세의 삶에 대한 경계와 자연 친화적인 삶의 태도

■ **이것이 핵심!**: 화자의 삶의 태도

```
          즐김.       화자      경계함.
 자연  ←────────   '나'   ────────→  속세
한결같음.                          기구하고 험난함.
  ↑ ────────────── 대조 ──────────── ↑
```

(나) 이학규, 〈포화옥기〉

❶ 중심 대상 ❷ 글쓴이의 생각, 태도 ❸ 서술상 특징

1 ❶ ⓑ**내가 사는 집**은 높이가 한 길이 못 되고, 너비는 아홉 자가
= 포화옥, 글쓴이가 유배 생활을 하는 곳
못 된다. ❷ 인사를 하려고 하면 갓이 천장에 닿고, 잠을 자려고 하
[｣: 포화옥의 열악한 환경
면 무릎을 구부려야 한다. ❸ 한여름에 햇볕이 내리쬐면 창문이 뜨겁
　　　　　　　　　　　　　계절감을 나타내는 표현
게 달아오른다. ❹ 그래서 둘러친 담장 밑에 박을 10여 개 심었더니,
넝쿨이 자라 집을 가려 주었다. ❺ 그러자 우거진 그늘 때문에 모기
와 파리 떼들이 어두운 곳에서 서식하고, 뱀들이 서늘한 곳에 웅
계절감을 나타내는 표현
크리고 있었다.」 ❻ 어두운 밤에 자주 일어나 등촉을 들고 마당을 살
펴보았다. ❼ 가만히 있으면 가려움 때문에 긁느라 지치고, 이리저리
　　　　　'포화옥'의 열악한 환경으로 인한 고통
움직이면 쏘아 대는 것이 두렵다. ❽ 이를 걱정하고 신경 쓰느라 병
　　　　　　　❷ 태도: 유배 생활을 하고 있는 자신의 환경에 만족하지 못하여 고통스러워함.
이 생겼으니, ㉠**소갈증**이 심해지고 가슴도 막힌 듯 답답했다. ❾ 찾
　　　　　　　글쓴이가 얻은 병의 구체적 증상
아오는 손님에게 이러한 사정을 자세히 말하곤 했다.

[등촉: 등불과 촛불을 아울러 이르는 말]
[소갈증: 갈증으로 물을 많이 마시고 음식을 많이 먹으나 몸은 여위고 오줌의 양이 많아지는 병]

＊1 요약: '나'는 유배 생활을 하는 집에 대한 불만을 손님에게 토로함.

2 ❶ 서울에서 온 어떤 나그네가 내 말을 듣고 위로를 하였다. ❷ 그리

고 자신이 예전에 몸소 겪었던 일을 말해 주었다.

❶ 중심 대상: 나그네의 이야기

❸❸ 서술상 특징: 나그네가 자신이 겪은 일을 '나'(글쓴이)에게 이야기함. ❹

"저는 어려서 집이 가난하여 장사를 했습지요. 영남 땅의 나루터, 정자, 역정(驛亭), 여관 그리고 궁벽한 고을의 작은 주막들에 이르기까지 제 발길이 닿지 않는 곳이 없었답니다. ❺ 무더운 여름철에 여행객과 나그네들이 한곳에 모이게 된답니다. ❻ 수령과 보좌 관원이 먼저 내실을 차지한 채 서늘하게 지내고, 바람 부는 곁채와 시원한 평상은 아전과 역졸(役卒)들이 차지하지요. ❼ 오직 뜨거운 구들과 뜨뜻한 침상에는 벽을 뚫고 관솔불이 비쳐 들고 대자리를 깎아 빈대를 쫓아내는 곳만이 남게 되지요.

환경이 열악하고 누추한 곳 ❽

ⓒ그곳만은 어느 누구도 다투지 않으며, 우리네 같은 사람들이 이틀밤을 묵고 지내는 곳이랍니다.

나그네가 자신이 겪은 일을 이야기함.

[궁벽하다: 매우 후미지고 으슥하다.
[관솔불: 관솔(송진이 많이 엉긴, 소나무의 가지나 옹이)에 붙인 불

＊❷ 요약: 나그네가 누추한 곳에서 묵었던 자신의 경험을 이야기함.

(중략)

❸ ❶ 그런데 여관집의 노비를 보면 이와 다릅지요. ❷ 때가 잔뜩 낀 지
[J: 여관집의 노비는 좋지 않은 환경에서도 만족하며 살아감.
저분한 얼굴을 하고 부지런히 소나 말처럼 분주히 오가며 일을 하지요. ❸ 지나다니는 사람들에게 빌붙어 아침저녁을 해결하니, 버려진 음식도 달게 먹는답니다. ❹ 그 사람은 취하여 배부르면 눕자마자 잠이 들지요. 우리네들이 예전에 견디지 못하는 것을 그 사람은 편안하게 여기니, 마치 쌀쌀한 날씨 속에 선선한 방에서 잠자듯 한답니다. ❺ 그의 모습을 살펴보면 옷은 다 해지고 여기저기 꿰매었지만 살결은 튼실하고, 특별한 재앙을 겪지 않고 천수를 누리고 있지요. ❻

❼ 이것은 다른 이유 때문이 아니랍니다. ❽ 그 사람은 자기가 사는 곳을 여관으로 생각하며, ⓒ지금의 삶을 본래 정해진 운명이라

여관집 노비는 자신의 삶을 운명으로 여기고 이에 순응함.

고 여깁니다. ❾ 온갖 걱정과 근심으로 자기 마음을 상하게 하는

❷ 글쓴이의 생각: 주어진 삶을 운명으로 받아들이고 만족하며 살아가는 자세를 깨달음.

일도 없고, 끙끙거리며 탄식하느라 기운을 허하게 하는 일도 없지요. ❿ 그래서 재앙을 특별히 겪지 않고 천수를 누릴 사람이랍니다.

[천수: 타고난 수명

＊❸ 요약: 운명에 순응하며 살아가는 여관집 노비 이야기

❹ ❶ 또 이런 말도 있습지요. ❷지금 이 세상은 살아 있는 사람을 봉

[J: 세상살이를 여관에 머무는 것에 비유함. ❸

양하고 죽은 사람을 장사 지내는 여관 같은 곳입니다. 그리고 이 여관은 하룻밤이나 이틀을 묵고 가는 곳입니다. ❹ⓔ지금 그대는 이러한 여관에 몸을 기탁해 사는데다가, 다시 또 멀리 떠나와 궁벽한 골짜기에 몸을 숨기고 있습니다. 이것은 여관 중

[J: 글쓴이가 처한 상황을 일깨워 줌으로써 현실에 순응하며 살 것을 조언함. ❺

의 여관에 머물고 있는 셈이지요.

저 여관집의 노비는 일자무식한 사람입니다. ❼ 다만 그는 여관을 여관으로 여기면서, 음식도 잘 먹고 하루하루를 지내니, 추위와 더위도 그를 해치지 못하고 질병도 해를 입히지 못한답니다. ❽ 그런데 그대는 도를 지키고 운명에 순종하며, 소박하고 솔직한 태도로 행하는 분입니다. 그런데 여관 중의 여관에 ❾ 서 지내면서도 여관을 여관으로 생각하지 않으십니다.

❷ 글쓴이의 생각: 주어진 삶을 운명으로 받아들이고 만족하며 살아가는 자세를 깨달음.

[A]

⓿ 자기 스스로 화를 돋우고 들볶아 원기를 손상시키니, 병이 생겨 거의 죽을 지경에 이르렀습니다. ⓫ 그대가 배우기를 바라는 것은 옛날 성현의 말씀인데도, 오히려 여관집의 노비가 하는

글쓴이가 지향하는 바와 행동이 상반됨을 비판하는 나그네

것처럼도 하지 못하는구려."

⓬ ⓕ이에 그 말을 서술하여 벽에 적고 '포화옥*기'라 하였다.

❷ 태도: 나그네의 이야기에서 얻은 교훈을 오래 간직하려고 함.

[기탁하다: 어떤 일을 부탁하여 맡겨 두다.

＊❹ 요약: 나그네는 여관집 노비 이야기를 통해 '나'에게 교훈을 줌.

＊ 포화옥: 박 넝쿨로 둘러싸인 집

■ 갈래: 고전 수필　　　■ 창작 시기: 조선 후기
■ 내용: 이 작품은 작가인 이학규가 신유박해에 연루되어 유배되었을 때 쓴 수필이다. 작가는 서울에서 온 나그네가 들려준 여관집 노비 이야기를 통해 유배 생활의 어려움을 견디는 방법을 깨닫고, 이에 대한 교훈을 기록하였다. 제목의 '포화옥'이란 '박 넝쿨로 둘러싸인 집'이라는 뜻으로, 작가가 유배 생활을 한 집을 말한다.
■ 주제: 주어진 삶을 운명으로 받아들이며 만족하는 삶의 자세
■ 이것이 핵심!: 글쓴이의 깨달음

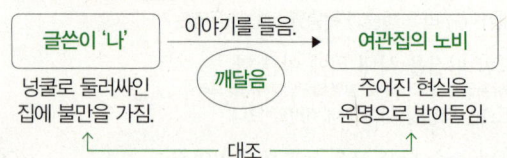

E 01　정답 ②　＊작품 비교하기 ⸱⸱⸱⸱⸱⸱⸱⸱⸱⸱⸱⸱⸱⸱⸱⸱⸱ [정답률 72%]

(가)와 (나)의 공통점으로 가장 적절한 것은?

➤왜 정답?

② 대조적인 방식으로 추구하는 삶의 모습을 드러내고 있다.
(가)는 자연과 세속을, (나)는 '나'와 '노비'를 대조하여 추구하는 삶의 모습을 드러냄.

＊근거: (가) 〈제1수〉 ❶, ❷, 〈제2수〉 ❶, (나) ①문단 ❽문장, ③문단 ❽문장
(가)의 '청풍', '명월', '처간' 등은 자연을, '작녹', '오두미', '홍진' 등은 세속을 나타내는 시어로 서로 대조되고 있다. (가)에서는 이러한 대조의 방식을 통해 화자가 추구하는 자연 친화적인 삶의 모습을 드러내고 있다. 한편, (나)의 '나'는 살고 있는 집에 만족하지 못하고 있는 반면, 여관집의 노비는 자신이 처한 상황을 운명으로 받아들이며 이에 순응하고 있다. 즉, (나)에서는 '나'와 여관집 노비를 대조하여 운명에 순응하는 삶의 모습을 드러내고 있다.

➤왜 오답?

① 반어적 표현을 통해 현실 비판 의식을 부각하고 있다.
(가)와 (나) 모두 나타나지 않음.

(가)와 (나)에서는 모두 반어적인 표현을 사용하고 있지 않다.

[반어적 표현: 의미를 강조하기 위해 실제와 반대로 말하는 표현
[비판 의식: 현상이나 사물의 옳고 그름을 판단하여 밝히거나 잘못된 점을 지적하는 의식
[부각하다: 어떤 사물을 특징지어 두드러지게 하다.

③ 고사를 활용하여 현재의 삶에 대한 반성을 드러내고 있다.
(가)와 (나) 모두 나타나지 않음.

(가)와 (나)에서는 모두 고사를 활용하고 있지 않다.

[고사를 활용: 유래가 있는 옛날의 일이나, 그런 일을 표현한 어구를 활용하는 것

④ 계절감을 나타낸 어휘를 통해 상황을 생생하게 드러내고 있다.
(나)만 '한여름', '모기와 파리 떼'와 같은 계절감을 나타내는 어휘를 사용함.

＊근거: (나) ①문단 ❸, ❺문장

(나)에서는 '한여름', '모기와 파리 떼' 등 여름이라는 계절감을 나타내는 어휘를 사용하여 덥고 힘든 '포화옥'의 열악한 상황을 생생하게 드러내고 있다. 하지만 (가)에서는 계절감을 나타내는 어휘를 사용하고 있지 않다.

⑤ 역설적 표현을 사용하여 현재 상황을 극복하려는 의지를
(가)와 (나) 모두 나타나지 않음.
나타내고 있다.

(가)와 (나)에서는 모두 역설적인 표현을 사용하고 있지 않다.

> 역설적 표현: 겉으로는 모순되는 것 같으나 그 속에 중요한 진리를 담고 있는 표현

E 02 정답 ③ ＊〈보기〉를 바탕으로 감상하기 [정답률 75%]

〈보기〉를 바탕으로 (가)를 감상한 내용으로 적절하지 않은 것은? [3점]

• 〈보기〉: (가)는 작가 이정의 세속적 삶을 멀리하고 자연에서의 삶을 예찬하는 처사로서의 삶을 보여 주고 있습니다.
• (가): 〈제1수〉, 〈제3수〉, 〈제4수〉, 〈제5수〉에는 풍류를 즐기는 자연에서의 삶이, 〈제2수〉, 〈제6수〉에는 세속의 삶을 멀리하려는 모습이 드러납니다.

즉 〈보기〉의 내용을 바탕으로 각 수에 제시된 시어에 대한 해석으로 적절하지 않은 것을 고르는 문제입니다.

[보기]

❶ (가)는 자연 속에 은거하며 풍류를 즐기는 처사(處士)의 삶을 형상화하고 있다. ❷ 화자는 속세를 벗어나 자연을 예찬하며
자연 친화적인 삶의 태도 – ①, ④의 근거
자연과의 합일을 도모하는 한편, 벼슬길의 위험함을 인식하
⑤의 근거
며 세속적 삶을 멀리하려는 뜻을 드러내고 있다.
②의 근거

처사: 예전에, 벼슬을 하지 아니하고 초야에 묻혀 살던 선비
합일: 둘 이상이 합하여 하나가 됨. 또는 그렇게 만듦.
도모하다: 어떤 일을 이루기 위하여 대책과 방법을 세우다.

> 왜 정답 ?

③ 〈제4수〉에서 '그지없다'고 한 '욕심'은 ~~자연과의 합일을 지~~
두고 또 두고 저 욕심 그지없다.
~~속하려는 마음을~~ 가리키겠군.
세속적인 삶에 대한 끝없는 욕심을 가리키므로 적절하지 않음.

＊근거: (가) 〈제4수〉 ❶, ❷

〈제4수〉의 '저 욕심 그지없다'에서 '저'라는 지시어는 나로부터 거리가 멀리 떨어진 대상을 지시할 때 사용하므로, '욕심'은 화자가 멀리하려는 대상임을 알 수 있다. 또한 '나는 내 집에 내 세간을 살펴보니'에서 '는'이라는 보조사는 어떤 대상이 다른 것과 대조됨을 나타내는 보조사이다. 즉, 앞에서 이야기한 '저 욕심'을 가진 사람들과 '나'를 대조적으로 표현한 것이다. 따라서 '욕심'은 화자인 '나'가 멀리하는 대상이며, 세속적 삶에 대한 끝없는 욕심을 가리킨다.

> 왜 오답 ?

① 〈제1수〉에서 '명월'이 좋아 '잠'을 자지 않는 행위를 통해
명월을 좋이 여겨 잠을 아니 들었노라.
자연 친화적인 삶의 모습을 보여 주고 있군.
자연과의 합일을 도모하는 행위이므로 적절함.

＊근거: (가) 〈제1수〉 ❷, 〈보기〉 ❷문장

〈제1수〉의 '명월을 좋이 여겨 잠을 아니 들었노라.'에서 '명월'이 좋아 '잠'을 자지 않는 화자의 행위를 확인할 수 있다. 이는 〈보기〉에서 언급하고 있는 '자연과의 합일을 도모하는' 태도이므로, 이를 통해 자연 친화적인 삶의 모습이 드러난다.

② 〈제2수〉에서 '작녹'을 마음에 두지 않고 '문'을 늦도록 닫아
'내라서 ~ 작녹을 맘에 둘고', '어젯밤 손수 닫은 문을 늦도록 닫치었소.'
두는 것은 세속적 삶을 멀리하려는 태도라 하겠군.
세속적 가치를 멀리하는 뜻을 드러내는 것이므로 적절함.

＊근거: (가) 〈제2수〉 ❶, ❸, 〈보기〉 ❷문장

〈제2수〉의 '내라서 누구라 하여 작녹을 맘에 둘꼬', '어젯밤 손수 닫은 문을 늦도록 닫치었소.'를 통해 화자가 '작녹'을 마음에 두지 않고 '문'을 늦도록 닫아 두는 것을 확인할 수 있다. 이때 '작녹'은 벼슬과 녹봉이라는 뜻으로 세속적 삶을 나타내는 소재이며, '문'은 세속과 연결되는 통로이다. 따라서 '작녹'을 마음에 두지 않고 '문'을 늦도록 닫아 두는 것은 〈보기〉에서 언급하고 있는 '세속적 삶을 멀리하려는 뜻'에 해당한다.

④ 〈제5수〉에서 '산과 '물'을 청자로 설정하여 자연물의 변함
'산아 너는 ~ 높았으며 / 물아 너는 ~ 흐르냐.'
없는 모습을 예찬하고 있군.
'산'과 '물'을 '너'라고 표현하며 한결같은 모습을 예찬하고 있으므로 적절함.

＊근거: (가) 〈제5수〉 ❶, ❷, 〈보기〉 ❷문장

〈제5수〉의 '산아 너는 어이 한결같이 높았으며 / 물아 너는 어찌 날날이 흐르냐.'에서 화자는 '산'과 '물'을 '너'라고 부르며 청자로 설정하고 있다. 이는 한결같이 높은 산과 날날이 흐르는 물, 즉 변함없는 자연에 대한 긍정적 인식을 표현한 것으로, 〈보기〉에서 언급하고 있는 '자연을 예찬'하는 태도에 해당한다.

⑤ 〈제6수〉에서 '홍진'과 거리를 두며 '칼 톱'이 무섭다고 한
'홍진의 나지 마라.', '바람 비 어지러워 칼 톱이 무서워라.'
것은 벼슬길의 위험성을 인식했기 때문이겠군.
벼슬길의 무서움과 위험성을 드러내는 표현이므로 적절함.

＊근거: (가) 〈제6수〉 ❶, ❷, 〈보기〉 ❷문장

〈제6수〉의 '홍진의 나지 마라.', '바람 비 어지러워 칼 톱이 무서워라.'를 통해 화자가 '홍진'과 거리를 두며 '칼 톱'이 무섭다고 한 것을 확인할 수 있다. 이는 〈보기〉에서 언급하고 있는 '벼슬길의 위험함을 인식하며 세속적 삶을 멀리하려는 뜻을 드러내'는 것에 해당한다.

E 03 정답 ③ ＊시어 및 구절의 의미 파악하기 [정답률 77%]

ⓐ와 ⓑ를 이해한 내용으로 가장 적절한 것은?

• ⓐ: '내 집'을 가리키며, (가)의 화자가 자연 속에서 안빈낙도하는 공간입니다.
• ⓑ: '내가 사는 집'을 가리키며, (나)의 글쓴이가 유배 중에 지내는 공간입니다.

즉 ⓐ와 ⓑ라는 공간에서 나타나는 화자의 행위, 정서를 비교한 내용으로 적절한 것을 고르는 문제입니다.

> 왜 정답 ?

③ 모두 실제 삶의 공간이지만, ⓐ는 만족감을 느끼는 공간,
ⓐ, ⓑ 모두 실제 주거하는 삶의 공간임.   화자는 자연을 즐기며 만족감을 느낌.
ⓑ는 열악함을 느끼는 공간이다.
'나'는 좋지 않은 환경에 병까지 얻는 등 열악함을 느낌.

＊근거: (가) 〈제1수〉 ❶, ❷, 〈제5수〉 ❸, (나) ①문단 ❼, ❽문장

ⓐ는 화자가 자연 속에 은거하는 실제 삶의 공간이고, ⓑ는 '나'가 유배 생활을 하는 실제 삶의 공간이다. 이때 ⓐ는 화자가 자연 속에서 소박한 삶을 추구하며 만족감을 느끼는 공간이고, ⓑ는 협소하고 벌레나 뱀으로 인해 병까지 생기게 되어 '나'가 열악함을 느끼는 공간이다.

> 열악하다: 품질이나 능력, 시설 따위가 매우 떨어지고 나쁘다.

> 왜 오답 ?

① 모두 소망과 관련되는 공간이지만, ⓐ는 좌절되는 공간,
ⓑ는 소망과 관련되는 공간이 아님.   ⓐ는 소망이 좌절되는 공간이 아님.
ⓑ는 성취되는 공간이다.

ⓐ는 화자가 추구하는 자연 속에 은거하는 삶을 실현하는 공간이라는 점에서 소망과 관련된 공간이라고 볼 수 있지만, ⓑ는 '나'의 소망과 관련된 공간이 아니다.

> 성취되다: 목적한 바가 이루어지다.

② 모두 이상적인 공간이지만, ⓐ는 실현 가능성이 있는 공
ⓑ는 이상적인 공간이 아님.
간, ⓑ는 실현 불가능한 공간이다.

ⓐ는 화자가 추구하는 자연 속에 은거하는 삶을 실현하는 공간이므로 이상적인 공간이라고 볼 수 있다. 하지만 ⓑ는 '나'가 열악함을 느끼는 공간이므로 이상적인 공간이 아니다.

④ 모두 현실과 갈등하는 공간이지만, ⓐ는 갈등이 심화되는
~~ⓐ는 현실과 갈등하는 공간이 아님.~~
공간, ⓑ는 갈등이 해소되는 공간이다.
나그네의 말에 깨달음을 얻으며 갈등이 해소된다고 볼 수 있음.

ⓑ는 '나'가 열악함을 느끼는 공간이므로 자신이 처한 현실과 갈등하는 공간이라고 볼 수 있으며, '나'는 나그네의 말을 듣고 깨달음을 얻고 있으므로 현실과의 갈등이 해소되는 공간이라고도 볼 수 있다. 하지만 ⓐ는 화자가 자연 친화적이고 소박한 삶을 추구하며 만족감을 느끼는 공간이므로 현실과 갈등하는 공간이라고 볼 수 없다.

⑤ 모두 회상의 공간이지만, ⓐ는 자신의 삶에 대한 회상, ⓑ
~~ⓐ, ⓑ 모두 회상의 공간이 아님.~~
는 타인의 삶에 대한 회상이 이루어지는 공간이다.

ⓐ와 ⓑ는 모두 화자와 '나'가 각각 현재 살아가는 공간이므로 회상의 공간이 아니다.

E 04 정답 ① ＊서술상의 특징 파악하기 ·· [정답률 80%]

[A]의 말하기 방식으로 가장 적절한 것은?

• [A]: 나그네가 '나'에게 건네는 충고로, 나그네는 '나'와 '여관집의 노비'를 대비하여 자신의 지향과 다르게 행동하고 있는 '나'를 비판하고 있습니다.

🔴 나그네의 말인 [A]의 구체적인 말하기 방식과, 이를 통해 드러나는 의도를 파악한 내용으로 적절한 것을 고르는 문제입니다.

✅왜 정답?

① 지향하는 바와 다르게 행동하고 있음을 지적하며 상대방
'나'가 옛날 성현의 말씀을 배우기를 바라면서도 현실에 순응하지 못함을 지적하며 비판하고 있음.
을 비판하고 있다.

＊근거: (나) ④문단 ⑪문장

[A]에서 말하는 사람은 서울에서 온 나그네이고, 상대방인 청자는 '나'이다. 나그네는 '그대가 배우기를 바라는 것은 옛날 성현의 말씀인데도, 오히려 여관집의 노비가 하는 것처럼도 하지 못하는구려.'라고 말하고 있다. 즉, '나'는 여관집의 노비와 달리 현실에 순응하지 못하고 있는데, 이러한 행동이 '옛날 성현의 말씀'을 배우기를 바라는 '나'의 지향과 다름을 지적하고 있는 것이다. 따라서 [A]에서 지향하는 바와 다르게 행동하고 있음을 지적하며 상대방을 비판하고 있다는 것은 적절하다.

❌왜 오답?

② 자신이 처한 어려움을 구체적으로 드러내어 상대방의 감
~~드러나지 않음.~~
정에 호소하고 있다.

[A]에서 나그네는 자신이 처한 어려움을 드러내거나, 상대방인 '나'의 감정에 호소하고 있지 않다.

[호소하다: 어떤 일에 참여하도록 마음이나 감정 따위를 불러일으키다.

③ 상대방의 말의 허점을 논리적으로 반박하면서 자신의 지
~~드러나지 않음.~~
식을 과시하고 있다.

[A]에서 나그네는 상대방인 '나'의 말의 허점을 논리적으로 반박하거나, 자신의 지식을 과시하고 있지 않다.

[허점: 불충분하거나 허술한 점. 또는 주의가 미치지 못하거나 틈이 생긴 구석.
  과시하다: 자랑하여 보이다.

④ 상대방이 가진 능력을 인정하면서 상대방이 이루어낸 성
~~드러나지 않음.~~
과를 치하하고 있다.

[A]에서 나그네는 '그대는 도를 지키고 운명에 순종하며, 소박하고 솔직한 태도로 행하는 분입니다.'라면서 상대방인 '나'의 평소 태도를 긍정하고 있지

만, 이것을 '나'의 능력을 인정한 것이라고는 보기는 어렵다. 또한 나그네가 '나'가 이루어 낸 성과를 치하하고 있지도 않다.

[치하하다: 남이 한 일에 대하여 고마움이나 칭찬의 뜻을 표시하다. 주로 윗사람이 아랫사람에게 한다.

⑤ 상대방의 말에 거짓으로 동조하는 척하면서 상대방을 안
~~드러나지 않음.~~
심시키려 하고 있다.

[A]에서 나그네는 상대방인 '나'의 말에 거짓으로 동조하는 척하지도, '나'를 안심시키려 하고 있지도 않다.

[동조하다: 남의 주장에 자기의 의견을 일치시키거나 보조를 맞추다.

E 05 정답 ④ ＊〈보기〉를 바탕으로 감상하기 ·· [정답률 80%]

〈보기〉를 참고하여 ㉠~㉤을 이해한 내용으로 적절하지 않은 것은?

• 〈보기〉: 작가 이학규가 유배 생활 중에 지은 〈포화옥기〉에 대한 설명으로 작품의 창작 배경이 제시되어 있습니다.

• ㉠~㉤: ㉠에는 유배 생활의 어려움이, ㉡에는 나그네의 체험담이, ㉢에는 여관집 노비에 대한 성찰이, ㉣에는 작가의 처지에 대한 인식이, ㉤에는 깨달음을 간직하려는 자세가 드러나 있습니다.

🔴 〈보기〉를 바탕으로 ㉠~㉤을 이해할 때 적절하지 않은 것을 고르는 문제입니다.

┌─────── [보기] ───────
│ ❶(나)는 작가인 이학규가 신유박해에 연루되어 유배되었을
│ 창작 배경-①의 근거
│ 때 창작된 작품이다. ❷이 작품은 나그네가 들려주는 이야기를
│ 글을 쓴 목적-⑤의 근거
│ 통해 작가가 깨달은 바를 드러낸 글이다. ❸나그네는 자신의 직
│ 접 경험, 여관집 노비를 관찰한 모습 등을 바탕으로 작가에게
│ 주제를 드러내는 방식-②, ③의 근거
│ 교훈을 전해 준다.
│─────────────────────────
│ 연루되다: 남이 저지른 범죄에 연관이 되다.
└───────────────────────

✅왜 정답?

④ ㉣: 작가의 처지가 조금씩 개선되리라는 것을 일깨우려는
현실에 순응할 것을 조언하는 것이므로 적절하지 않음.
나그네의 의도가 담겨 있다.

＊근거: (나) ④문단 ❹, ❺문장

나그네는 ㉣을 통해 작가가 '여관 중의 여관에 머물고 있는 셈'이라며 작가가 사는 곳이 잠시 머무는 곳임을 일깨워 주고 있다. 이는 나그네가 작가에게 여관집의 노비와 같이 현실에 만족하고 순응하며 살 것을 조언하는 것이다. ㉣에 작가의 처지가 조금씩 개선되리라는 것을 일깨우려는 의도가 담겨 있지는 않다.

❌왜 오답?

① ㉠: 작가가 얻은 병의 구체적인 증상을 언급하여 유배 생
'소갈증이 심해지고 가슴도 막힌 듯 답답'한 병의 증상을 이야기하고 있으므로 적절함.
활의 어려움을 드러내고 있다.

＊근거: (나) ①문단 ❽문장, 〈보기〉 ❶문장

〈보기〉에 따르면 (나)는 작가가 유배되었을 때 창작한 작품이다. 작가는 자신이 거처하는 곳이 너무 열악하여 결국 병이 생겼다고 하며, ㉠에서 '소갈증이 심해지고 가슴도 막힌 듯 답답'한 병의 증상을 구체적으로 이야기하고 있다. 이를 통해 유배 생활의 어려움이 드러난다.

② ㉡: 나그네가 자신의 직접 경험을 바탕으로 이야기하고 있
나그네는 '자신이 예전에 몸소 겪었던 일을 말해 주고 있으므로 적절함.
음을 알 수 있다.

＊근거: (나) ②문단 ❷문장, 〈보기〉 ❸문장

〈보기〉에서 '나그네는 자신의 직접 경험, ~ 등을 바탕으로 작가에게 교훈을 전해 준다.'라고 했고, (나)에서는 '서울에서 온 어떤 나그네'가 '자신이 예전에 몸소 겪었던 일을 말해 주었다.'라고 했다. 이를 통해 ⓒ은 나그네가 자신이 직접 겪은 경험을 바탕으로 작가에게 이야기를 하는 것임을 알 수 있다.

③ ⓒ: 여관집의 노비는 현실을 받아들이고 운명에 순응하는 삶의 태도를 보여 주고 있다.
여관집 노비는 '지금의 삶을 본래 정해진 운명이라고 여기'므로 적절함.

근거 (나) ③문단 ⑧문장, 〈보기〉 ❸문장

ⓒ에서는 여관집의 노비가 '지금의 삶을 본래 정해진 운명이라고 여'긴다는 것을 이야기하고 있다. 이는 나그네가 '여관집 노비를 관찰한 모습'이며, 이를 통해 현실을 받아들이고 운명에 순응하는 여관집 노비의 삶의 태도가 드러난다.

⑤ ⓜ: 나그네의 이야기를 통해 얻은 교훈을 작가가 오래 간직하고자 했음을 알 수 있다.
나그네의 이야기를 벽에 기록하는 모습이므로 적절함.

근거 (나) ④문단 ⑫문장, 〈보기〉 ❷문장

〈보기〉에서 '이 작품은 나그네가 들려주는 이야기를 통해 작가가 깨달은 바를 드러낸 글이다.'라고 했다. 즉, ⓜ에서 작가가 나그네의 이야기를 벽에 적는 이유는 작가가 나그네의 이야기를 통해 얻은 깨달음을 오래 간직하고자 했기 때문이다.

E 06~09 [2020년(6월)/고1교육청 42~45]

(가) 양사언, 〈태산이 높다 하되〉
❶ 화자, 중심 대상 ❷ 상황, 정서, 태도 ❸ 표현상 특징 [시 해석]

❶ 중심 대상: 태산
태산이 높다 하되 하늘 아래 뫼히로다.
중국 산동성에 있는 높은 산, 또는 크고 높은 산
➡ 태산이 아무리 높다고 하더라도 결국은 하늘 아래의 산이다.

＊초장: '태산'이 높지만 하늘 아래에 있음.

❷
오르고 또 오르면 못 오를 리 업건마는
끊임없이 노력하면 불가능한 일이 없다는 의미임.
➡ 오르고 또 오르면 못 오를 리가 없지만

＊중장: '태산'은 오르기 위해 노력하면 오를 수 있음.

❸
사람이 제 아니 오르고 뫼만 높다 하더라.
❷ 태도: 노력하지 않고 핑계만 대는 태도를 비판함.
➡ 사람들은 스스로 올라가 보지도 않고, 산만 높다고들 하더라.

＊종장: 산이 높다면서 노력하지 않는 사람을 비판함.

■ 갈래: 평시조   ■ 창작 시기: 조선 중기
■ 내용: 이 작품은 산을 오르는 행위에 빗대어 이상을 실현하기 위한 노력을 기울이지 않는 사람을 비판하는 내용의 시조이다. 높은 산인 태산을 쳐다만 보고 오르기를 포기한다면 영원히 산에 오를 수 없을 것이라면서 노력하면 안 될 일은 없다는 의미에서 꾸준한 노력을 강조하고 있다.
■ 주제: 태산에 오르는 행위에 빗대어 주제를 드러냄.

■ 이것이 핵심!: 화자의 비판적 태도

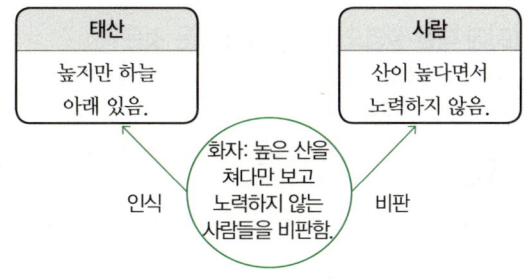

(나) 김시습, 〈사청사우〉
❶ 화자, 중심 대상 ❷ 상황, 정서, 태도 ❸ 표현상 특징 [한자 읽기]

[A]
사 청 환 우 우 환 청
乍晴還雨雨還晴
천 도 유 연 황 세 정
天道猶然況世情

❶ 언뜻 개었다가 다시 비가 오고 비 오다
변덕스러운 날씨: 자연의 섭리, 하늘의 이치
가 다시 개이니,

❷ 하늘의 도도 그러하거늘, 하물며 세상
세상 인정의 변덕스러움에 대한 인식
인정이라.

＊[A] 요약: 변덕스러운 날씨 변화와 세상 인심

[B]
예 아 변 시 환 훼 아
譽我便是還毀我
도 명 각 자 위 구 명
逃名却自爲求名

❸ 화자: 나
나를 기리다가 문득 돌이켜 나를 헐
뜯고,

❹ 공명을 피하더니 도리어 스스로 공명을
❸ 표현상 특징: 대구법-변덕스러운 세태
구함이라.

＊[B] 요약: 변덕스러운 사람들의 모습

[C]
화 개 화 사 춘 하 관
花門花謝春何管
운 거 운 래 산 부 쟁
雲去雲來山不爭

❺ △: 가변적인 대상
꽃이 피고 지는 것을, 봄이 어찌 다스릴고.

❻ □: 변치 않는 대상
구름 가고 구름 오되, 산은 다투지 않음
산의 변함없는 모습, 의연함
이라.

＊[C] 요약: 변화에 의연한 자연의 모습

[D]
기 어 세 인 수 기 인
寄語世人須記認
취 환 무 처 득 평 생
取歡無處得平生

❼ 세상 사람들에게 말하노니, 반드시 기억
해 알아 두라.
❸ 표현상 특징: 도치법

❽ 기쁨을 취하려 한들, 어디에서 평생 즐
❷ 태도: 자연과 대비되는 인간 세계를 비판함.
거움을 얻을 것인가.

＊[D] 요약: 변덕스러운 인심에 대한 경계

＊ 사청사우(乍晴乍雨): 날이 맑았다 비가 오다 함, 변덕스런 날씨를 가리킴.

■ 갈래: 한시(칠언 율시)   ■ 창작 시기: 조선 초기
■ 내용: 이 작품은 세상 사람들의 인심이 가진 변덕스러움을 자연의 의연한 모습과 대조하여 읊은 한시이다. 세속적인 이득만을 추구하는 세태를 비판하고 이를 경계할 것을 권하고 있다.
■ 주제: 변덕스러운 세상인심에 대한 비판과 경계

■ 이것이 핵심!: 화자의 비판적 태도

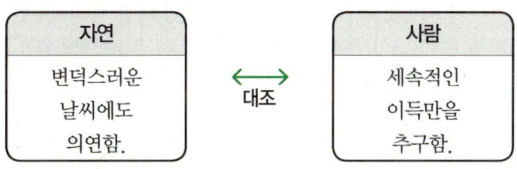

(다) 이규보, 〈이옥설〉
❶ 중심 대상 ❷ 글쓴이의 생각, 태도 ❸ 서술상 특징

1 ❶ 행랑채가 퇴락*하여 지탱할 수 없게끔 된 것이 세 칸이었다.
❷ 중심 대상: 행랑채
나는 마지못하여 이를 모두 수리하였다. ❸ 그런데 그 두 칸은 앞서
글쓴이의 경험   수리하지 않고 방치함.
장마에 비가 샌 지가 오래 되었으나, 나는 그것을 알면서도 망설
글쓴이
이다가 손을 대지 못했던 것이고, 나머지 한 칸은 비를 한 번 맞고
바로 수리함
샜던 것이라 서둘러 기와를 갈았던 것이다. ㉓이번에 수리하려고
본즉 비가 샌 지 오래된 것은 그 서까래, 추녀, 기둥, 들보가 모두
수리하지 않고 방치한 칸 → 수리비가 많이 듦.
썩어서 못 쓰게 되었던 까닭으로 수리비가 엄청나게 들었고, 한
번밖에 비를 맞지 않았던 한 칸의 재목들은 완전하게 하여 다시
쓸 수 있었던 까닭으로 그 비용이 많지 않았다.

- **행랑채**: 대문간 곁에 있는 집채
- **재목**: 목조의 건축물-기구 따위를 만드는 데 쓰는 나무

① 요약: 집을 수리한 경험

② 나는 이에 느낀 것이 있었다. ❶중심 대상: 사람의 몸 사람의 몸에 있어서도 마찬가지 글쓴이의 깨달음 ❸표현상 특징: 도치법 라는 사실을. 잘못을 알고서도 바로 고치지 않으면 곧 그 자신이 ❷글쓴이의 생각: 경험(집 수리)을 통해 깨달은 점을 '사람의 몸'에 적용함. 나쁘게 되는 것이 마치 나무가 썩어서 못 쓰게 되는 것과 같으며, 잘못을 알고 고치기를 꺼리지 않으면 해(害)를 받지 않고 다시 착한 사람이 될 수 있으니, 저 집의 재목처럼 말끔하게 다시 쓸 수 바로 수리한 칸 있는 것이다.

② 요약: 경험을 통해 깨달은 점을 사람의 몸에 적용함.

③ ❶중심 대상: 나라의 정치 뿐만 아니라 나라의 정치도 이와 같다. ❷백성을 좀먹는 무리들 ❷글쓴이의 생각: 경험(집 수리)을 통해 깨달은 점을 '나라의 정치'에 적용함. 탐관오리 을 내버려두었다가 백성들이 도탄*에 빠지고 나라가 위태롭게 된다. ❸그런 연후에 급히 바로잡으려 하면 이미 썩어 버린 재목처 수리하지 않고 방치한 칸 럼 때는 늦은 것이다. ❹어찌 삼가지 않겠는가. ❸서술상 특징: 설의법-경계의 태도 강조

- **좀먹다**: 좀(곤충의 일종)이 물건을 잘게 물어뜯다.
- **연후**: 그런 뒤

③ 요약: 경험을 통해 깨달은 점을 나라의 정치에 적용함.

* **퇴락(頹落)**: 낡아서 무너지고 떨어짐.
* **도탄(塗炭)**: 몹시 곤궁하거나 고통스러운 지경을 이르는 말

- ■ **갈래**: 설(設)　　　　　■ **창작 시기**: 고려 중기
- ■ **내용**: 이 작품은 집을 수리하는 일상적인 경험에서 얻은 깨달음을 인간사와 나라의 정치 현실에 적용한 설(設)이다. 행랑채를 수리한 구체적인 경험을 통해 잘못을 알고도 즉시 고치지 않는 것이 얼마나 큰 잘못인지를 언급한 후 이를 인간의 몸과 나라의 정치에 적용하여 잘못을 알았다면 바로 고쳐야 함을 강조하고 있다.
- ■ **주제**: 잘못을 알고 바로 고쳐 나가는 자세의 중요성
- ■ **이것이 핵심!**: 경험을 통해 얻게 된 글쓴이의 깨달음

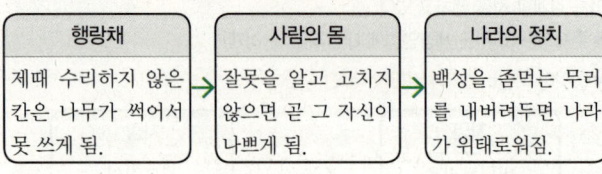

행랑채	사람의 몸	나라의 정치
제때 수리하지 않은 칸은 나무가 썩어서 못 쓰게 됨.	잘못을 알고 고치지 않으면 곧 그 자신이 나쁘게 됨.	백성을 좀먹는 무리를 내버려두면 나라가 위태로워짐.

🔶 독해 공식 정답

(가)
❶ **화자**: 드러나지 않음, 중심 대상: 태산
❷ **상황**: 태산이 높다고 말만 하며 노력하지 않는 사람들을 비판하고 있음.
정서, 태도: 노력하지 않는 사람들을 비판함.
❸ **표현상 특징**
• 태산에 오르는 행위에 빗대어 주제를 드러냄.

(나)
❶ **화자**: '나', 중심 대상: 자연
❷ **상황**: 자연의 의연한 모습과 사람들의 변덕스러움을 대비하여 사람들을 비판하고 있음.
정서, 태도: 변덕스러운 사람들을 비판함.
❸ **표현상 특징**
• 변덕스러운 인간사를 자연 현상과 대조하여 표현함.
• 대구법과 도치법을 통해 주제 의식을 강조함.

(다)
❶ **중심 대상**: 행랑채
❷ **글쓴이의 생각, 태도**: 잘못을 알고 바로 고쳐 나가는 자세가 중요함.

---

❸ **서술상 특징**
• 일상적 경험에서 얻은 깨달음을 제시함.
• 사고의 대상을 '집 → 사람의 몸(인간사) → 나라의 정치'로 확장함.
• 설의적 표현을 통해 주제를 부각함.

작품 간의 공통점 및 차이점
• **공통점**: 바른 삶을 살아가는 자세에 대해 말하고 있음.
• **차이점**: 크게 두드러지지 않음.

E 06 정답 ③ *작품 비교하기 ⋯⋯⋯⋯⋯⋯ [정답률 67%]

(가)~(다)의 공통점으로 가장 적절한 것은?

▶ **왜 정답?**

③ **바른 삶을 살아가는 자세에 대해 말하고 있다.**
(가): 포기하지 않고 노력하는 자세. (나): 세속적 이득에 집착하지 않는 삶. (다): 문제를 바로 고쳐 나가는 자

(가)의 화자는 높은 산에 오르려 하지 않고 산을 높다고 말만 하는 것을 경계함으로써 목표를 세운 후 포기하지 않고 도전하고 노력하는 삶의 자세를 강조하고 있다.

(나)의 화자는 의연한 자연과 변덕스러운 세상 인심을 대비한 후 영원하지 않은 세속적인 것에 집착하지 않고 순리대로 삶을 살아갈 것을 당부하고 있다.

(다)의 글쓴이는 행랑채를 수리한 경험에서 얻은 깨달음을 바탕으로 잘못을 알고 그것을 고쳐 나가는 삶의 자세가 중요함을 강조하고 있다.

따라서 (가), (나), (다)는 모두 바른 삶을 살아가는 자세에 대해 말하고 있다.

▶ **왜 오답?**

① **자신의 가치관을 성찰하며 개선하고 있다.**
자신이 옳다고 생각하는 바람직한 삶의 자세를 당부함.

(가), (나)의 화자와 (다)의 글쓴이는 모두 자신들이 옳다고 생각하는 바람직한 삶의 자세를 언급하고 있을 뿐, 자신의 가치관을 성찰한다거나, 가치관을 개선하고 있지는 않다.

② **현재 처한 상황을 극복하고자 노력하고 있다.**
드러나지 않음.

(가)와 (나)에서는 화자가 현재 처한 상황을 극복하고자 기울이는 노력은 드러나 있지 않다. (다)의 글쓴이는 이미 행랑채가 퇴락한 것을 수리했기 때문에 이것을 현재 처한 상황을 극복하기 위해 노력하고 있다고 보기도 어렵다.

④ **이념과 현실 사이의 갈등 속에서 방황하고 있다.**
드러나지 않음.

(가)~(다)에서는 이념과 현실 사이의 갈등이 드러나 있지 않다.

[**이념**: 이상적인 것으로 여겨지는 생각이나 견해

⑤ **추구하는 이상 세계의 모습을 구체적으로 언급하고 있다.**
드러나지 않음.

(가)~(다)에서는 화자 및 글쓴이가 추구하는 삶의 태도는 드러나 있지만, 추구하는 이상 세계의 모습은 드러나 있지 않다.

E 07 정답 ⑤ *표현상의 특징 파악하기 ⋯ [정답률 41%]

[A]~[D]에 대한 설명으로 적절하지 않은 것은?

• **[A]**: [A]에서는 변덕스러운 날씨를 언급한 후 이것이 세상의 인심과 유사하다고 표현하고 있습니다.
• **[B]**: [B]에서는 변덕스러운 세태의 구체적 사례를 대구법을 활용하여 표현하고 있습니다.
• **[C]**: [C]에서는 변하지 않는 의연한 존재인 산을 변하는 존재인 구름과 대조하여 표현하고 있습니다.
• **[D]**: [D]에서는 주제 의식을 강조하기 위해 도치법을 활용했습니다.

📝 [A]~[D]에 사용된 표현 방법과 그 효과를 잘못 파악한 것을 고르는 문제입니다.

> **왜 정답?**

⑤ [A]~[D]에서는 **세상 사람들을 청자로 설정**하여 **묻고 답하**~~며~~ 시상을 전개하고 있다.
　'세상 사람들에게 말하노니'　　　묻고 답하지 않음.

화자는 [D] '세상 사람들에게 말하노니'에서 세상 사람들을 청자로 설정하여 말을 건네고 있을 뿐 답을 하고 있지는 않다. 또 [A]~[D] 가운데 묻고 답하는 방식을 활용하여 시상을 전개하는 부분도 찾을 수 없다. 묻고 대답하는 형식으로 표현하는 것을 문답법이라고 한다. 이는 글에 변화를 주어 전하고자 하는 내용을 강조하는 효과가 있다.

> **왜 오답?**

① [A]에서는 **자연 현상에 빗대어 세상 인정에 대한 화자의 부정적 인식을 드러내고** 있다.
　변덕스러운 날씨　　'하물며 세상 인정이랴.'

[A]에서는 비가 오고 개는 자연 현상을 언급한 후 '하물며 세상 인정이라.'라고 하면서 변덕스러운 세상 인정에 대한 화자의 부정적 인식을 드러내고 있다.

② [B]에서는 **대구법을 사용하여 세상 인정에 대한 구체적인 사례를 들고** 있다.
　'나를 기리다가 ~ 헐뜯고', '공명을 피하더니 ~ 구함이라'

[B]의 '나를 기리다가 ~ 나를 헐뜯고', '공명을 피하더니 ~ 공명을 구함이라'에서는 대구를 활용하여 세상 인정의 변덕스러운 모습을 구체적으로 드러내고 있다.

> **대구법**: 형식이나 구조가 비슷한 구절이나 문장을 나란히 제시하여 문장 표현에 변화를 주거나 운율감을 형성하는 것

③ [C]에서는 **가변적인 대상과 불변적인 대상을 대조하여 화자의 의도를 분명히 하고** 있다.
　　　'구름'　　　　　'산'

[C]에서는 변하는 대상인 '구름'을 변하지 않는 대상인 '산'과 대조하여 이해관계에 따라 변하는 세속적인 것에 연연하지 말고 '산'처럼 의연하게 살아야 한다는 화자의 주장을 드러내고 있다.

> **가변적**: 바꿀 수 있거나 바뀔 수 있는 것
> **불변적**: 사물의 모양이나 성질이 변하지 않는 것

④ [D]에서는 **도치법을 활용하여 화자가 전달하고자 하는 바를 강조**하고 있다.
　7, 8구의 순서를 바꿈.　　　세속적 가치에 연연하지 않는 삶

[D]에서는 도치법을 활용하여 세속적 가치에 연연하지 않는 삶의 추구라는 주제 의식을 강조하고 있다.

> **도치법**: 정서의 환기와 변화감을 끌어내기 위하여 말의 차례를 바꾸어 쓰는 문장 표현법

E 08 정답 ④ ＊<보기>를 바탕으로 감상하기 · [정답률 74%]

<보기>를 참고하여 (다)를 이해한 내용으로 가장 적절한 것은? [3점]

· <보기>: 설(設)은 일반적으로 글쓴이의 개인적인 경험(전반부)과 그로 얻은 결과(후반부)로 구분됩니다.
· (다): 글쓴이는 행랑채를 수리한 개인적 경험과 그로부터 도출한 깨달음을 '사람의 몸'과 '나라의 정치'로 확대하여 적용하고 있습니다.

🔴 설의 일반적인 구조를 바탕으로 <이옥설>을 올바르게 이해한 것을 고르는 문제입니다.

――――――― [보기] ―――――――
❶설(設)은 일반적으로 두 단계의 구조로 나뉜다. ❷글쓴이의
개인적인 경험을 들려주는 ㉠전반부와 그로부터 얻은 결과를
　　　　　　　　①의 근거　　　　　　　　❸②, ③, ④, ⑤의 근거
독자에게 전하는 ㉡후반부로 구분된다. 글쓴이의 주관이 직접적으로 드러나고 경험담이 기반이 되기 때문에 수필과 비슷하다.

> **기반**: 기초가 되는 바탕. 또는 사물의 토대

> **왜 정답?**

④ **㉡은 ㉠의 사실적 상황을 바탕으로 유추한 것**이다.
　㉠을 통해 얻은 깨달음을 적용

(다)의 내용과 <보기>를 고려하면 (다)는 행랑채를 수리한 글쓴이의 개인적 경험이 드러난 **1**을 전반부(㉠)로, **1**을 통해 얻은 깨달음을 '사람의 몸'과 '나라의 정치'에 적용한 **2**와 **3**을 후반부(㉡)로 나눌 수 있다. 행랑채를 수리하는 경험에서 얻은 깨달음을 '사람의 몸'과 '나라의 정치'에 적용하는 과정에서 유추의 방법이 사용되었다.

> **유추되다**: 같은 종류의 것 또는 비슷한 것이 기초가 되어 다른 사물이 미루어져 추측되다.

> **왜 오답?**

① **㉠은 문제에 대해 다양한 해결책을 제시하고** 있다.
　행랑채를 수리한 경험

＊**근거**: <보기> ❷문단

<보기>에서 ㉠에서는 '글쓴이의 개인적인 경험을 들려'준다고 했다. **1**에서는 문제에 대해 다양한 해결책을 제시하지 않고 글쓴이가 행랑채를 수리한 개인적인 경험을 제시하고 있을 뿐이다.

② **㉠과 ㉡은 서로 상반되는 견해를 제시하고** 있다.
　'사람의 몸', '나라의 정치'에 적용
　행랑채를 수리한 경험

행랑채를 수리한 글쓴이의 경험이 드러난 (다)의 **1**은 <보기>의 ㉠에, 경험에서 도출한 깨달음을 '사람의 몸'과 '나라의 정치'에 적용하고 있는 (다)의 **2**와 **3**은 <보기>의 ㉡에 해당한다. (다)의 ㉠과 ㉡은 서로 상반되는 견해를 제시한 것이 아니라 ㉠에서 도출한 깨달음을 ㉡에서 확대−적용하고 있는 것이다.

> **상반되다**: 서로 반대되는 상황이 되다.
> **견해**: 어떤 사물이나 현상에 대한 자기의 의견이나 생각

③ **㉠이 사건의 결과라면 ㉡은 그 원인에 해당**한다.
　일상적 경험　　　　그 경험으로부터 얻은 결과(깨달음)

㉠에서 얻은 깨달음을 ㉡에서 확대−적용하고 있다. 따라서 ㉠을 사건의 결과라고 하더라도 ㉡이 원인에 해당한다고 할 수는 없다.

⑤ **㉠은 ㉡에서 얻은 깨달음을 자신의 생활에 적용**한 것이다.
　개인의 경험　　㉠을 통해 얻은 깨달음을 인간의 몸과 나라의 상황에 적용함.

깨달음을 얻은 개인적 경험은 ㉡이 아닌 ㉠에서 드러난다. 또한 ㉡에서는 ㉠에서 얻은 깨달음을 인간사와 나라의 정치 현실에 적용하고 있는 것일 뿐, 자신의 생활에 적용하지는 않았다.

E 09 정답 ① ＊상황에 맞는 관용 표현 찾기 ·· [정답률 75%]

㉮에 대한 반응으로 가장 적절한 것은?

· ㉮: ㉮는 비가 샜을 때 바로 서까래 등을 수리하지 않아 수리비가 많이 든 상황을 언급한 것입니다.

🔴 바로 수리했으면 수리비가 적게 들었을 것인데 그렇게 하지 않아 수리비가 많이 든 상황을 표현한 속담을 고르는 문제입니다.

> **왜 정답?**

① **호미로 막을 걸 가래로 막았군.**
　커지기 전에 처리하였으면 쉽게 해결되었을 일을 방치하여 두었다가 나중에 큰 힘을 들이게 된 경우를 비유적으로 이르는 말

㉮는 비가 새는 문제가 생겼을 때 바로 수리했다면 적은 수리비로 해결할 수 있었는데 그렇지 못한 상황이다. 따라서 커지기 전에 처리하였으면 쉽게 해결되었을 일을 방치하여 두었다가 나중이 되어 더 큰 힘을 들이게 된 경우를 비유적으로 이르는 말인 '호미로 막을 걸 가래로 막는다'는 속담이 ㉮에 대한 반응으로 가장 적절하다.

호미: 김을 매거나 감자나 고구마 따위를 캘 때 쓰는 쇠로 만든 농기구

가래: 흙을 파헤치거나 떠서 던지는 기구

왜 오답?

② 낫 놓고 기역자도 모르는 격이군.
사람이 글자를 모르거나 아주 무식함을 비유적으로 이르는 말

'낫 놓고 기역자도 모른다'는 사람이 글자를 모르거나 아주 무식함을 비유적으로 이르는 말이다.

③ 까마귀 날자 배 떨어진 상황이군.
아무 관계없이 한 일이 공교롭게도 때가 같아 어떤 관계가 있는 것처럼 의심을 받게 됨을 비유적으로 이르는 말

'까마귀 날자 배 떨어진다'는 아무 관계 없이 한 일이 공교롭게도 때가 같아 어떤 관계가 있는 것처럼 의심을 받게 됨을 비유적으로 이르는 말이다.

④ 개구리 올챙이 적 생각 못하는군.
형편이나 사정이 전에 비하여 나아진 사람이 지난날의 일을 생각하지 아니하고 처음부터 잘난 듯이 뽐냄을 비유적으로 이르는 말

'개구리 올챙이 적 생각 못한다'는 형편이나 사정이 전에 비하여 나아진 사람이 지난날의 미천하거나 어렵던 때의 일을 생각지 아니하고 처음부터 잘난 듯이 뽐냄을 비유적으로 이르는 말이다.

⑤ 우물에 가서 숭늉을 찾는 경우이군.
일의 순서도 모르고 성급하게 덤빔을 비유적으로 이르는 말

'우물에 가서 숭늉을 찾는다'는 모든 일에는 질서와 차례가 있는 법인데 일의 순서도 모르고 성급하게 덤빔을 비유적으로 이르는 말이다.

[**숭늉:** 밥을 지은 솥에서 밥을 푼 뒤에 물을 붓고 데운 물]

E 10~13 ──── [2019년(11월)/고1교육청 38~41]

(가) 작자 미상, 〈황계사〉

❶ 화자, 중심 대상 ❷ 상황, 정서, 태도 ❸ 표현상 특징 [시 해석]

❶ 일조(一朝) 낭군(郎君) 이별 후에 소식조차 돈절(頓絕)*하야
❷ 상황: 이별함.
➡ 하루아침에 낭군과 이별한 후에 소식조차 끊어졌구나.

❷ 자네 일정 못 오던가 무삼 일로 아니 오더냐
❶ 중심 대상: 자네(임) ❷ 정서: 임을 원망함.
➡ 자네는 꼭 못 오던가, 무슨 일로 아니 오던가?

❸ 이 아해야 말 듣소
❸ 표현상 특징: 후렴구
➡ 이 아해야 말을 듣소.

❹ 황혼 저문 날에 개가 짖어 못 오는가
화자와 임을 가로막는 장애물 ①
➡ 황혼이 저물어 가는 날에 개가 짖어 못 오던가?

❺ 이 아해야 말 듣소
➡ 이 아해야 말을 듣소.

❻ 춘수(春水)가 만사택(滿四澤)*하니 물이 깊어 못 오던가
임이 오지 못하게 하는 상황 ① 봄 장애물 ②
➡ 봄철의 물이 사방의 못에 가득하니 물이 깊어 못 오던가?

❼ 이 아해야 말 듣소
➡ 이 아해야 말을 듣소.

❽ 하운(夏雲)이 다기봉(多奇峰)*하니 산이 높아 못 오던가
임이 오지 못하게 하는 상황 ② 여름 장애물 ③
➡ 여름 구름이 많은 기이한 봉우리를 이루니 산이 높아 못 오던가?

❾ 이 아해야 말 듣소
➡ 이 아해야 말을 듣소.

[**일조:** 갑작스러울 정도의 짧은 시간 = 하루아침
춘수: 봄철에 흐르는 물
하운: 여름철의 구름]

＊❶~❾행 요약: 임과 이별한 후에 오지 않는 임을 원망함.

---

❿ 한 곳을 들어가니 육관대사 성진(性眞)이는 석교상(石橋上)에서
고전 소설 '구운몽'의 내용
팔선녀 다리고 희롱한다
➡ 한 곳을 들어가니 육관대사의 제자 성진이가 돌다리 위에서 팔 선녀를 데리고 희롱하고 있구나.

⓫ 지어자 좋을시고
❸ 표현상 특징: 조음구 - 내용과 무관함.
➡ 지화자 좋을시고.

⓬ ┌병풍에 그린 황계(黃鷄) 수탉이 두 나래 둥덩 치고 짜른 목을
└ ┘: 불가능한 상황 설정 → 임에 대한 간절한 그리움을 나타냄.
길게 빼어 긴 목을 에후리어
➡ 병풍에 그린 누런 수탉이 두 날개를 둥덩 치고 짧은 목을 길게 빼어 긴 목을 에후리어

⓭ 사경일점(四更一點)*에 날 새라고 꼬끼요 울거든┘ 오랴는가
➡ 새벽녘에 날 새라고 꼬끼오 울거든 (임이) 오려는가?

⓮ 자네 어이 그리하야 아니 오던고
❷ 정서: 오지 않는 임을 원망함.
➡ 자네 어떻게 그렇게도 아니 오던가?

⓯ 너란 죽어 황하수(黃河水) 되고 날란 죽어 도대선(都大船)* 되야
❶ 화자: 나
➡ 너는 죽어서 황하수가 되고 나는 죽어서 큰 나룻배 되어

⓰ 밤이나 낮이나 낮이나 밤이나
➡ 밤이나 낮이나 낮이나 밤이나

⓱ 바람 불고 물결치는 대로 어하 둥덩실 떠서 노자
❷ 정서: 임과 함께 하고자 함.
➡ 바람이 불고 물결이 치는 대로 어하 둥덩실 떠서 놀자꾸나.

⓲ 저 ㉠달아 보느냐
➡ 저 달아 (임을) 보느냐?

⓳ 임 계신 데 명휘(明暉)를 빌리려무나* 나도 보게
❷ 정서: 임에 대한 화자의 간절한 그리움
➡ 임 계신 데 밝은 빛을 비춰주렴, 나도 보게.

⓴ 이 아해야 말 듣소
➡ 이 아해야 말을 듣소.

㉑ 추월(秋月)이 양명휘(揚明暉)하니 달이 밝아 못 오던가
임이 오지 못하게 하는 상황 ③ 가을 장애물 ④
➡ 가을 달이 오래도록 밝으니 달이 밝아 못 오던가?

㉒ 어데를 가고서 네 아니 오더냐
➡ 어디를 가고서 네 아니 오느냐?

㉓ 지어자 좋을시고
➡ 지화자 좋을시고.

[**병풍:** 바람을 막거나 무엇을 가리거나 또는 장식용으로 방 안에 치는 물건
추월: 가을밤에 뜬 달]

＊❿~㉓행 요약: 오지 않는 임에 대한 기다림과 그리움

＊돈절: 편지, 소식 따위가 갑자기 끊어짐.

＊춘수가 만사택: 봄철의 물이 사방의 못에 가득함.

＊하운이 다기봉: 여름 구름이 많은 기이한 봉우리를 이룸.

＊사경일점: 새벽 1시에서 3시 사이인 사경(四更)의 한 시점(時點).

＊도대선: 큰 나룻배.

＊명휘를 빌리려무나: 밝은 빛을 비춰주렴.

■ **갈래:** 가사   ■ **창작 시기:** 연대 미상

■ **내용:** 이 작품은 이별한 후에 돌아오지 않는 임을 원망하며 임이 자신에게 빨리 돌아오기를 바라는 마음이 드러나 있는 가사이다. 《청구영언(靑丘永言)》, 《악부(樂府)》 등에 실려 전하는 작품으로, 수록본마다 가사가 조금씩 다르게 나타난다. 전체 41구로 이루어져 있으며 작자와 연대는 미상이지만, 내용으로 미루어 볼 때 〈구운몽(九雲夢)〉 이후에 지어진 것임을 알 수 있다. 가창(歌唱)을 고려한 반복이나 후렴구, 작품의 내용과 무관한 '지화자 좋을시고'와 같은 조음구가 나타난다.

■ **주제**: 임에 대한 그리움과 기다림

■ **이것이 핵심!**: 임이 오지 못하게 하는 상황과 장애물

상황	황혼 저문 날	춘수가 만사택하니 (봄)	하운이 다기봉하니 (여름)	추월이 양명휘하니 (가을)
장애물	개	물	산	달

〈임이 오지 못하는 상황과 화자와 임을 가로막는 장애물을 추측함.〉

(나) 이규보, 〈봄의 단상〉

❶ 화자, 중심 대상   ❷ 글쓴이의 생각, 태도   ❸ 서술상 특징

❸ 서술상 특징: 비유법
①❶온갖 꽃들 피어나 고운 비단을 펼쳐 놓은 듯한데, 푸른 숲 사이
<u>봄날의 아름다운 모습</u>
로 다문다문 보이니 참으로 알록달록하다. 들판에는 푸른 풀이 무
❸ 서술상 특징: 감각적 이미지 사용
성이 돋아 소들이 흩어져 풀을 뜯는다. 여인들은 광주리 끼고 야
<u>봄날의 한가로운 풍경</u>   ❸ 서술상 특징: 비유법
들야한 뽕잎을 따는데 부드러운 가지를 끌어당기는 손이 옥처
럼 곱다. 그들이 서로 주고받는 민요는 무슨 가락의 무슨 노래일까.
<u>봄날에 일을 하는 여인들의 아름다운 모습</u>

┌ **다문다문**: 시간적으로 잦지 아니하고 좀 드문 모양. 공간적으로 배지 아니하
└ 고 사이가 좀 드문 모양

*①요약: 봄날의 아름답고 여유로운 풍경

②❶가는 사람과 앉은 사람, 떠나는 사람과 돌아오는 사람들 모두
❶ 중심 대상: 봄
가 봄을 즐기느라 온화한 표정이니 그 따뜻한 기운이 나에게도 전
<u>따뜻한</u> 기운이 글쓴이에게 전해질 정도로 온화한 표정으로 봄을 즐기는 사람들
해지는 것 같다. 그런데 먼 사방을 바라보는 나의 마음은 왜 이토
<u>봄날을 즐기는 사람들과 대조적인 '나'</u>
록 민망하고 답답하기만 할까.

*②요약: 봄날을 즐기는 사람들과 달리 답답함을 느끼는 '나'

③❶봄이 되어 붉게 장식한 궁궐에도 해가 길어지니, 온갖 일들로
바쁜 천자(天子)에게도 여유가 생긴다. 화창한 봄빛에 설레어 가
끔 높은 대궐에 올라 먼 곳을 바라보노라면 장구 소리는 높이 울
려 퍼지고, 발그레한 살구꽃이 일제히 꽃망울 터뜨린다. 너른 중
국 땅의 아름다운 경치를 바라보니 기쁘고 흡족하여 옥잔에 술을
가득 부어 마신다. 부귀한 사람이 봄을 볼 때는 이러하리라.
<u>천자(天子)</u>

┌ **천자**: 천제(天帝)의 아들, 즉 하늘의 뜻을 받아 하늘을 대신하여 천하를 다스
│ 리는 사람이라는 뜻으로, 군주 국가의 최고 통치자를 이르는 말. 우리나라에
└ 서는 임금 또는 왕(王)이라고 하였다.

*③요약: 부귀한 사람이 봄을 대하는 태도

④❶왕족과 귀족의 자제들은 호탕한 벗들과 더불어 꽃을 찾아다니
는데, 수레 뒤에는 붉은 옷 입은 기생들을 태웠다. 가는 곳마다 자
리를 펼쳐 옥피리와 생황을 연주하게 하며, 곱게 짠 비단 같은 울
긋불긋한 꽃을 바라보고, 취한 눈을 치켜뜨고 이리저리 거닌다.
❸
화려하고 사치스러운 사람이 봄을 볼 때는 이러하리라.
<u>왕족과 귀족의 자제들</u>

┌ **호탕하다**: 호기롭고 걸걸하다.
└ **생황**: 관악기의 하나

*④요약: 화려하고 사치스러운 사람이 봄을 대하는 태도

⑤❶한 어여쁜 부인이 빈 방을 지키고 있다. 천 리 멀리 떠도는 남
편과 이별한 뒤 소식조차 아득해져 한스럽다. 마음은 물처럼 일렁
<u>남편과 이별한 부인이 느끼는 마음</u>
거려, 쌍쌍이 나는 ⓒ제비를 보다가 난간에 기대어 눈물 흘린다.
❹   '부인과 대조적인 존재'   <u>남편에 대한 그리움</u>
슬프고 비탄에 찬 사람이 봄을 볼 때는 이러하리라.
<u>남편과 이별한 부인</u>

┌ **아득하다**: 보이는 것이나 들리는 것이 희미하고 매우 멀다.
└ **비탄**: 몹시 슬퍼하면서 탄식함. 또는 그 탄식

*⑤요약: 슬프고 비탄에 찬 사람이 봄을 대하는 태도

(중략)

⑥❶군인이 출정하여 멀리 고향을 떠나와 지내다가 변방에서 또 봄
을 맞아 풀이 무성히 돋는 걸 볼 때나, 남쪽 지방으로 귀양 간 나
그네가 어두워질 무렵 푸른 단풍나무를 보게 될 때면, 언제나 발
길을 멈추고 고개를 들어 이윽히 보고 있지만 마음은 조급하고 한
스러워진다. 집 떠난 나그네가 봄을 볼 때는 이러하리라.
<u>고향에 대한 그리움</u>   <u>타향에서 복역하는 군인이나 귀양 간 사람</u>

┌ **출정하다**: 군에 입대하여 싸움터에 나가다.
└ **변방**: 중심지에서 멀리 떨어진 가장자리 지역

*⑥요약: 집 떠난 나그네가 봄을 대하는 태도

⑦❶여름날에는 찌는 듯한 더위가 고생스럽고, 가을은 쓸쓸하기만
하며, 겨울에는 꽁꽁 얼어붙어 괴롭다는 걸 나는 잘 알고 있다. 이
                                              ❷ 글쓴이
세 계절은 너무 한 가지에만 치우쳐서 변화의 여지도 없이 꽉 막
<u>봄과 다른 세 계절의 특징: 사람들에게 한 가지 감흥만 불러일으킴.</u>
힌 것 같다. 그러나 봄날만은 보이는 경치와 처한 상황에 따라, 때
❷ 글쓴이의 생각: 봄이 다양한 감흥을 불러일으킴.
로는 따스하고 즐거운 마음이 들게도 하고, 때로는 슬프고 서러워
지게 하기도 하고, 때로는 절로 노래가 나오게 하기도 하고, 때로
는 흐느껴 울고 싶게 만들기도 한다. 사람들의 마음을 하나하나
건드려 움직이니 그 마음의 가닥은 천 갈래 만 갈래로 모두 다르다.

┌ **여지**: 어떤 일을 하거나 어떤 일이 일어날 가능성이나 희망

*⑦요약: 다른 계절과 달리 다양한 감흥을 불러일으키는 봄

⑧❶그런데 나 같은 이는 어떠한가. ┌취해서 바라보면 즐겁고, 술이
                                  ┌「 」: 처한 상황에 따라 다르게 느껴지는 봄
깨어 바라보면 서럽다. 곤궁한 처지에서 바라보면 구름과 안개가
가려진 것 같고, 출세하고 나서 바라보면 햇빛이 환히 비치는 것
같다.」즐기위할 일이면 즐거워하고 슬퍼할 일이면 슬퍼할 일이
다. 닥쳐오는 상황을 마주하고 변화하는 조짐을 순순히 따르며 나
❷ 태도: 세상의 변화에 순응하며 살아감.
를 둘러싼 세상과 더불어 움직여 가리니, 한 가지 법칙만으로 헤
아릴 수는 없는 것이다.

┌ **곤궁하다**: 가난하여 살림이 구차하다.
└ **조짐**: 좋거나 나쁜 일이 생길 기미가 보이는 현상

*⑧요약: 세상의 변화에 순응하며 살아가겠다고 다짐하는 나

■ **갈래**: 고전 수필   ■ **창작 시기**: 고려 후기
■ **내용**: 이 작품은 이규보가 고려 후기에 지은 수필이다. 다른 계절과 달리 봄
은 다양한 감흥을 불러일으키는 계절이며, '천자(부귀한 사람), 왕족과 귀족의
자제들(화려하고 사치스러운 사람), 남편과 이별한 부인(슬프고 비탄에 찬 사
람), 변방의 군인이나 나그네'가 봄을 대하는 태도가 각각 다르다고 하였다. 사
람마다 다양한 감흥이 나타나는 것은 봄이 다양한 변화를 일으키는 특성을 갖
고 있으며, 사람들은 처한 상황과 입장이 서로 다르기 때문이라면서 자신에게
닥쳐오는 상황에 저항하지 않고, 그 변화의 조짐에 순순히 따르며 살아가겠다
는 달관의 태도를 드러내고 있다.
■ **주제**: 봄날에 느끼는 다양한 정서와 깨달음

■ **이것이 핵심!**: 봄에 느끼는 다양한 정서

천자	왕족과 귀족의 자제들	남편과 이별한 부인	변방의 군인, 나그네
기쁘고 흡족함.	벗들, 기생과 함께 봄을 즐김.	아득하고 한스러움.	고향을 그리워하며 조급하고 한스러움.

📰 **독해 공식 정답**

(가)
❶ **화자**: 날(나), **중심 대상**: 자네(임)
❷ **상황**: 오지 않는 임을 그리워하며 기다리고 있음.
정서, 태도: 임을 그리워함.
❸ **표현상 특징**
• 불가능한 상황을 설정하여 화자의 정서를 강조하고 있음.
• 자연물에 의탁하여 자신의 심정을 나타내고 있음.
• 후렴구, 조음구가 나타남.

(나)
❶ **중심 대상**: 봄
❷ **글쓴이의 생각, 태도**: 변화에 순순히 따르며 살아갈 것을 다짐함.
❸ **서술상 특징**
• 묘사, 비유, 감각적 이미지를 통해 봄의 경치와 흥겨움을 나타냄.
• 현재형 시제를 사용하여 상황을 현장감 있게 드러냄.
• '경험 – 생각 – 깨달음'의 구조로 내용을 전개함.

작품 간의 공통점 및 차이점
• **공통점**: 추측을 나타내는 표현을 통해 전달하고자 하는 바를 드러냄.
• **차이점**: 크게 두드러지지 않음.

E 10 **정답** ③ ＊작품 비교하기 ················· [정답률 60%]

(가)와 (나)의 공통점으로 가장 적절한 것은?

>왜 정답 ?

③ **추측을 나타내는 표현을 통해 자신의 생각을 드러내고 있다.**
(가) '물이 깊어 못 오던가' (나) '부귀한 사람이 봄을 볼 때는 이러하리라.'

＊**근거**: (가) ❹, ❻, ❽, ㉑행, (나) ❸문단 ❹문장, ❹문단 ❸문장
(가)의 '개가 짖어 못 오는가', '물이 깊어 못 오던가', '산이 높아 못 오던가', '달이 밝아 못 오던가'에서 임이 오지 못하는 이유에 대한 화자의 생각을 드러내고 있다. (나)에서는 '부귀한 사람이 봄을 볼 때는 이러하리라.', '화려하고 사치스러운 사람이 봄을 볼 때는 이러하리라.' 등에서 사람들이 처한 상황에 따라 봄을 받아들이는 태도가 달라질 수 있다는 글쓴이의 생각을 드러내고 있다. 즉 (가)와 (나)에서는 추측을 나타내는 표현을 통해 화자와 글쓴이의 생각을 드러내고 있다.

>왜 오답 ?

① ~~환상적 공간의 묘사를 통해 긴장된 분위기를 드러내고 있다.~~
(가)와 (나) 모두 나타나지 않음.

(가)와 (나)에서는 환상적인 공간을 묘사하고 있지 않으며, 긴장된 분위기를 드러내고 있지도 않다.

② ~~부르는 말의 반복을 통해 자신의 고조된 감정을 드러내고 있다.~~
(가)만 해당함.

(가)의 후렴구에서는 부르는 말인 '이 아해야'를 반복함으로써 오지 않는 임에 대한 답답한 마음을 드러내고 있다. 하지만 (나)에서는 부르는 말을 반복하고 있지 않다.

④ ~~언어유희를 통해 현실에 대한 태도를 간접적으로 드러내고 있다.~~
(가)와 (나) 모두 나타나지 않음.

(가)와 (나)에서는 말이나 글자를 소재로 하는 놀이인 '언어유희'를 사용한 표현을 찾을 수 없다.

[**언어유희**: 말이나 글자를 소재로 하는 놀이

---

⑤ **명령형 어조를 통해 대상에 대한 생각을 강조하여 드러내고 있다.**
(가)와 (나) 모두 나타나지 않음.

(가)와 (나)에서는 대상에 대한 명령을 하고 있는 부분을 찾을 수 없다.

E 11 **정답** ③ ＊〈보기〉를 바탕으로 감상하기 ·· [정답률 38%]

〈보기〉를 바탕으로 (가)를 감상한 내용으로 적절하지 않은 것은? [3점]

• **〈보기〉**: (가)의 화자는 임과 이별한 후 답답함과 그리움을 느끼며 임과 재회하기를 간절하게 바라고 있습니다.

즉 〈황계사〉를 잘못 감상한 것을 고르는 문제입니다.

─────────── [보기] ───────────

❶ 〈황계사〉는 임과 이별한 상황에서 화자가 느끼는 답답함과 그리움을 형상화한 작품이다. ❷ 화자는 임과의 재회가 늦어지는 이유를 외부적 요인에서 찾으려 하거나, 불가능한 상황을
'개', '물', '산', '달'　　병풍에 그린 그림 속의 수탉이 우는 상황
가정함으로써 임이 돌아오지 않는 것에 대한 원망을 드러내
'무삼 일로 아니 오더냐' 등
고 있다. ❸ 그런데 이런 원망에는 이별의 상황에서 벗어나 임과
임과 자신이 '황하수'와 '도대선'이 되어 놀자고 함.
재회하기를 간절하게 바라는 화자의 마음이 담겨 있다.

─ ─ ─ ─ ─ ─ ─ ─ ─ ─ ─ ─ ─ ─ ─ ─

재회하다: 다시 만나다. 또는 두 번째로 만나다.
요인: 사물이나 사건이 성립되는 까닭. 또는 조건이 되는 요소

>왜 정답 ?

③ ~~'물'이 깊고 '산'이 높다는 것에서, 화자가 임과 이별하게 된 이유를 외부적 요인에서 찾고 있음을 알 수 있군.~~
'임과의 재회가 늦어지는 이유'를 외부적 요인에서 찾고 있음.

＊**근거**: (가) ❻, ❽행

(가)의 화자는 '물이 깊어 못 오던가', '산이 높아 못 오던가'라면서 임이 오지 못하는 이유를 추측하고 있다. 따라서 '물'과 '산'은 화자가 임과 이별하게 된 원인이 아니라 임과의 재회가 늦어지는 원인이다. (가)에 화자와 임이 이별하게 된 이유는 제시되어 있지 않다.

>왜 오답 ?

① **'이별 후'에 '소식조차 돈절'한 것에서, 화자가 임과 이별한 상황임을 알 수 있군.**
소식조차 끊어진 상황이므로 이별한 상황이라 할 수 있음.

'이별 후에 소식조차' 끊어졌다고 했으므로 화자와 임은 이별한 상황이다.

② **'무삼 일로 아니 오더냐'라고 하는 것에서, 임과 이별한 상황에서 느끼는 화자의 답답한 심정을 알 수 있군.**
임이 오지 않는 이유를 묻는 것에서 화자의 답답한 심정이 드러남.

화자는 '무삼 일로 아니 오더냐'라면서 임이 오지 않는 이유를 알지 못하는 답답한 심정을 토로하고 있다.

🚩 **[오답 선택률 27%]**

④ **'병풍에 그린 황계'가 '꼬꾀요 울거든 오라는가'라고 하는 것에서, 불가능한 상황을 가정하여 임이 돌아오지 않는 것에 대한 원망을 드러내고 있음을 알 수 있군.**
병풍에 그려진 수탉이 우는 불가능한 상황을 가정함.

'병풍에 그린 황계'는 실제 닭이 아니기 때문에 울 수 없다. 병풍에 그린 닭이 우는 것은 불가능한 상황인데, 화자는 이 상황이 되어야만 임이 올 것인지 묻고 있다. 이는 임이 돌아오지 않는 것에 대한 화자의 원망을 드러낸 것이다.

⑤ '황화수'와 '도대선'이 되어 '떠서 노자'라고 한 것에서, 화자가 재회를 간절히 바라고 있음을 알 수 있군.
임과 함께하고 싶은 화자의 마음을 나타냄.

'황화수'는 물이며 '도대선'은 큰 나룻배이다. 임이 '황화수'가 되고 화자가 '도대선'이 된다는 것은 임과 함께 있고자 하는 화자의 마음을 나타낸 것이다. 이를 통해 화자가 죽어서라도 다시 임과 재회하기를 간절히 바라고 있음을 알 수 있다.

E 12 정답 ⑤ ＊인물의 심리와 태도 파악하기 · [정답률 67%]

〈보기〉는 (나)의 내용을 구조화한 것이다. 이에 대한 이해로 적절하지 않은 것은?

· 〈보기〉: (나)의 글쓴이는 봄을 즐기는 사람들을 본 경험(A)을 한 이후, 사람들이 처한 상황마다 봄을 대하는 태도가 다르다는 자신의 생각(B)을 밝혔습니다. 그리고 나서 세상의 변화에 순응하겠다는 깨달음(C)을 드러냈습니다.

🔵 글의 흐름을 고려하여 (나)를 잘못 이해한 것을 고르는 문제입니다.

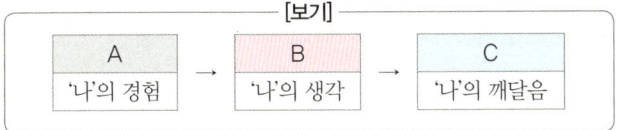

[보기]

A → B → C
'나'의 경험 → '나'의 생각 → '나'의 깨달음

＞왜 정답?

⑤ A의 경험으로부터 이어진 C의 깨달음은 ~~자신을 '둘러싼 세상'을 변화시키고자 하는 의지~~로 확장되는군.
세상의 변화를 받아들이며 순응하려는 태도를 보임.

＊근거: (나) **8**문단 **5**문장

(나)의 글쓴이는 '닥쳐오는 상황을 마주하고 변화하는 조짐을 순순히 따르며 나를 둘러싼 세상과 더불어 움직여 가'겠다면서 세상의 변화에 순응하며 살아가겠다는 다짐을 드러내고 있다. 이는 오직 글쓴이 자신에게만 한정된 것으로 세상을 변화시키고자 하는 의지로 확장되고 있지는 않다.

＞왜 오답?

① A에서 자신과 달리 '봄을 즐기느라 온화한 표정'인 '사람들'을 바라본 경험은 B가 시작되는 계기가 된다고 볼 수 있군.
사람마다 봄을 대하는 것이 서로 다르다는 것을 봄.

＊근거: (나) **2**문단

글쓴이는 '사람들 모두가 봄을 즐기느라 온화한 표정'인데 '나의 마음은 왜 이토록 민망하고 답답하기만 할까.'라고 했다. 이는 봄을 즐기는 다른 사람들과 자신이 다르다는 것을 깨닫게 된 경험으로, '나'의 생각(B)이 시작되는 계기로 작용하고 있다.

② B에서 '천자'가 봄의 '경치'를 바라보는 모습을 통해 봄을 대하는 부귀한 사람의 태도를 생각하고 있군.
아름다운 경치를 보며 기쁘고 흡족한 마음을 느낄 것이라고 생각함.

＊근거: (나) **3**문단

글쓴이는 봄이 되니 '천자(天子)에게도 여유가 생긴다.', '아름다운 경치를 바라보니 기쁘고 흡족하여 옥잔에 술을 가득 부어 마신다.'라면서 천자가 봄을 즐기는 모습을 추측하여 봄을 대하는 부귀한 사람의 태도를 생각하고 있다.

③ B에서 '왕족과 귀족의 자제들'과 '나그네'가 봄을 대하는 입장은 서로 대비되는군.
호탕한 벗들과 봄을 즐김. ↔ 한스러운 마음을 느낌.

＊근거: (나) **4**, **6**문단

4에서 '왕족과 귀족의 자제들은 호탕한 벗들'과 음악을 들으며 봄을 즐기고 있다고 했고 **6**에서 '집 떠난 나그네'는 '한스러워진다.'라고 했다. 글쓴이는 왕족, 귀족의 자제들과 나그네를 대조하여 봄을 대하는 입장이 서로 대비되는 것을 나타내고 있다.

④ B의 생각들은, 봄을 '보이는 경치와 처한 상황'에 따라 다르게 받아들일 수 있다는 C의 깨달음으로 이어지는군.
봄을 대하는 서로 다른 태도에 대한 생각이 처한 상황에 따라 봄을 다르게 받아들일 수 있다는 깨달음으로 이어짐.

글쓴이는 ③, ④, ⑤, ⑥에서 '천자', '왕족과 귀족의 자제들', '남편과 이별한 부인', '군인', '나그네'가 봄을 받아들이는 태도를 언급하고 있다. 이들은 봄을 모두 다양하게 받아들이고 있는데, 이는 글쓴이로 하여금 '보이는 경치와 처한 상황'에 따라 같은 것도 다르게 받아들일 수 있다는 깨달음을 얻게 하였다.

E 13 정답 ① ＊소재 및 배경의 의미 파악하기 … [정답률 73%]

⊙과 ⓒ에 대한 설명으로 가장 적절한 것은?

· ⊙: ⊙은 '달'입니다. 화자는 '달'에게 임 계신 곳을 보고 있냐고 묻고 있습니다.
· ⓒ: ⓒ은 '제비'입니다. 글쓴이는 남편과 이별한 부인이 '제비'를 보다가 눈물을 흘린다고 하였습니다.

🔵 달(⊙)과 제비(ⓒ)에 대한 설명으로 올바른 것을 고르는 문제입니다.

＞왜 정답?

① ⊙은 화자의 소망을 드러내는, ⓒ은 인물의 처지를 부각하는 소재이다.
임을 보고 싶은 소망 ~ 남편과 헤어진 부인의 처지

(가)의 '달(⊙)'은 화자가 임이 계신 데를 밝게 비추어 달라고 부탁하고 있는 대상이다. 화자는 이러한 달을 빌려 자신도 임을 보고자 하는 바람을 드러내고 있으므로, '달'은 화자의 소망을 드러내는 소재이다.

(나)의 '제비(ⓒ)'는 남편과 이별한 어여쁜 부인이 본 것이다. 부인은 홀로 남겨진 자신과 달리 쌍쌍이 날고 있는 '제비'의 다정한 모습을 보고 난간에 기대어 눈물을 짓는다. 따라서 '제비'는 남편과 이별한 부인의 외로운 처지를 부각시키는 소재이다.

＞왜 오답?

② ⊙은 ~~화자의 처지와 동일시되는~~, ⓒ은 인물의 상황과 대비되는 소재이다.
화자가 임에 대한 그리움을 호소한 대상 ~ 쌍쌍이 나는 모습이 남편과 이별한 부인과 대비됨.

⊙은 화자가 임이 계신 곳을 비추어 달라고 부탁하는 소재로 임을 그리워하여 보기 위해 빌리고자 하는 대상일 뿐, 화자의 처지와 동일시되는 대상이 아니다. ⓒ은 이별한 후에 홀로 살고 있는 부인과 달리 쌍쌍이 함께 날고 있으므로 인물의 상황과 대비되는 소재이다.

③ ⊙은 ~~화자의 행동을 유도하는~~, ⓒ은 ~~인물의 외적 갈등을 해소하는 소재이다.~~
행동을 유도하지 않음. ~ 임에 대한 그리움이라는 내적 갈등을 유발함.

⊙은 화자가 임이 계신 곳을 비추어 달라고 부탁을 하고 있는 소재일 뿐, 화자의 행동을 유도하는 소재가 아니다. 하지만 ⓒ은 부인으로 하여금 자신의 처지를 생각하게 하고 남편을 그리워하게 만들고 있으므로, 외적 갈등을 해소하는 것이 아니라 오히려 내적 갈등을 유발하는 소재이다.

④ ⊙은 화자와 대상을 연결해 주는, ⓒ은 ~~인물과 대상을 단절시키는 소재이다.~~
임이 계신 데를 비춤으로써 임을 보게 할 수 있음. ~ 부인과 남편을 단절시키지 않음.

⊙은 임이 계신 데를 비추어 달라는 화자의 부탁을 받고 있으므로 화자와 임을 연결해 주는 소재라고 볼 수도 있다. 하지만 ⓒ은 부인과 남편과의 관계에 아무런 영향을 끼치고 있지 않으므로 인물과 대상을 단절시키는 소재가 아니다.

⑤ ⊙은 ~~화자의 부정적 인식을 내포하는~~, ⓒ은 ~~긍정적 인식을 투영하는 소재이다.~~
임을 보고 싶어 하는 긍정적 소망을 유발함. ~ 부인의 외로운 처지를 드러냄.

⊙은 임을 보고 싶어 하는 소망을 극대화시킬 뿐, 화자의 부정적 인식을 내포하고 있지 않다. 또한 ⓒ도 부인의 외로운 처지를 드러낼 뿐, 화자의 긍정적 인식을 투영하고 있지는 않다.

(가) 작자 미상, 〈잠노래〉

❶ 화자, 중심 대상　❷ 상황, 정서, 태도　❸ 표현상 특징　[시 해석]

❶ ❶중심 대상: 잠
잠아 잠아 짙은 잠아 이내 눈에 쌓인 잠아
❸ 표현상 특징: 동일한 시어의 반복　❶ 화자: 나
➡ 잠아 잠아 짙은 잠아 나의 눈에 쌓인 잠아

❸ 표현상 특징: 잠을 의인화하여 표현함.

❷
염치 불구 이내 잠아 검치 두덕* 이내 잠아
➡ 염치 불구 나의 잠아 욕심 언덕에 쌓인 나의 잠아

❸
어제 간밤 오던 잠이 오늘 아침 다시 오네
　　　시간을 가리지 않고 계속 오는 잠
➡ 어제 간밤에 오던 잠이 오늘 아침에 다시 오네.

*❶~❸행 요약: 염치없이 계속 오는 잠

❹
잠아 잠아 무삼 잠고 가라 가라 멀리 가라
　　　❷ 정서: 잠을 쫓고 싶음.
➡ 잠아 잠아 무슨 잠인고? 가라 가라 멀리 가라.

❺
세상 사람 무수한데 구태 너는 간 데 없어
➡ 세상 사람 매우 많은데 굳이 너는 갈 곳이 없어

❸ 표현상 특징: 설의법
❻
원치 않는 이내 눈에 이렇듯이 자심(滋甚)*하뇨
　　　❷ 정서: 자꾸 오는 잠이 원망스러움.
➡ 원치 않는 나의 눈에 이렇게 심히 오느냐?

❼
주야에 한가하여 월명 동창 혼자 앉아
　　　달빛이 밝음. 동쪽으로 난 창
➡ 밤낮으로 한가하여 달빛 창가에 혼자 앉아

❽
삼사경 깊은 밤을 허도(虛度)이 보내면서
　　　　　헛되이
➡ 새벽 깊은 밤을 허무하게 보내면서

❾
잠 못 들어 한하는데 그런 사람 있건마는
화자의 처지와 대비되는 사람(잠을 자고 싶어도 잠에 들지 못하는 사람)
➡ 잠 못 들어 한탄하는 그런 사람도 있는데

❿
㉠무상불청(無常不請)* 원망 소래 온 때마다 들난고니
　　　❷ 정서: 잠을 불청객 취급하며 원망함.
➡ 청하지도 않은 원망 소리를 (나에게) 올 때마다 듣는구나.

*❹~❿행 요약: '나'에게 자꾸만 찾아오는 잠

⓫
석반(夕飯)*을 거두치고 황혼이 대듯마듯
　　　　시간적 배경
➡ 저녁을 먹고 나서 황혼이 될 듯 말 듯

⓬
㉡낮에 못 한 남은 일을 밤에 할랴 마음먹고
화자의 처지: 낮에 고된 일과를 마치고 밤늦게까지 남은 집안일을 해야 함.
➡ 낮에 못 한 남은 일을 밤에 하려고 마음먹고

⓭
언하당(言下當)* 황혼이라 섬섬옥수(纖纖玉手)* 바삐 들어
　　　시간적 배경: 해가 지고 어스름해질 때
➡ 그런 생각을 하자마자 바로 황혼이라 예쁜 손을 바쁘게 들어

⓮
등잔 앞에 고개 숙여 실 한 바람 불어 내어
➡ 등잔 앞에 고개 숙이고 실 한 바람 불어 내어

⓯
드문드문 질긋 바늘 두엇 뜸 뜨듯마듯
❸ 표현상 특징: 바느질을 하는 모습을 시각적으로 표현함.
➡ 드문드문 질긋 바늘 두엇 뜸 뜨듯 말듯

⓰
난데없는 이내 ⓐ잠이 소리 없이 달려드네
➡ 난데없는 나의 잠이 소리 없이 달려드네.

*⓫~⓰행 요약: 바느질을 시작했더니 또다시 밀려오는 잠

⓱
㉢눈썹 속에 숨었는가 눈알로 솟아 온가
❸ 표현상 특징: 잠을 의인화하여 고된 노동으로 인한 삶의 애환을 해학적으로 표현함.
➡ 눈썹 속에 숨었는가? 눈알로 솟아 왔나?

⓲
이 눈 저 눈 왕래하며 무삼 요수 피우든고
➡ 이 눈 저 눈 왕래하며 무슨 요술을 피우느냐?

⓳
맑고 맑은 이내 눈이 절로 절로 희미하다
➡ 맑고 맑은 나의 눈이 절로 절로 희미하다.

*⓱~⓳행 요약: 잠 때문에 다시 희미해지는 눈

* 검치 두덕: 욕심 언덕

* 자심(滋甚): 더욱 심함.

* 무상불청(無常不請): 청하지 않은

* 석반(夕飯): 저녁밥

* 언하당(言下當): 말이 끝나자마자 바로. 여기서는 '그런 생각을 하자마자 바로'의 뜻임.

* 섬섬옥수(纖纖玉手): 가냘프고 고운 여자의 손

■ **갈래**: 민요　　■ **창작 시기**: 연대 미상

■ **내용**: 이 작품은 이른 새벽부터 늦은 밤까지 계속되는 노동을 견뎌야 하는 평민 여성의 고된 삶의 드러낸 민요이다. 잠을 의인화하여 잠과 씨름하며 밤에도 일해야 하는 고달픈 삶의 모습을 형상화하였다.

■ **주제**: 쏟아지는 잠과 삶의 고달픔

■ **이것이 핵심!** 화자의 처지와 정서

'나'		잠
낮에 못 한 남은 일을 밤에 할랴 마음먹고	원망 →	원치 않는 이내 눈에 이렇듯이 자심하뇨

(나) 작자 미상, 〈귓도리 저 귓도리〉

❶ 화자, 중심 대상　❷ 상황, 정서, 태도　❸ 표현상 특징　[시 해석]

❶
귓도리 저 귓도리 어여쁘다 저 귓도리
감정 이입의 대상　　불쌍하다
❶ 중심 대상: 귓도리(귀뚜라미)
❸ 표현상 특징: 동일한 시어를 반복함.
➡ 귀뚜라미, 저 귀뚜라미, 불쌍하구나, 저 귀뚜라미.

*초장 요약: 귀뚜라미에 대한 연민

❷
어인 귓도리 지는 달 새는 밤의 긴 소리 쟈른 소리 ㉣절절(節節)
　　　　　　　　　시간적 배경
이 슬픈 소리 제 혼자 우러 녜어 사창(紗窓) ⓑ여윈 잠을 살뜰히
❷ 정서: 슬픔　　　여인이 거처하는 방
도* 깨우는구나 ❸ 표현상 특징: 반어적 표현 – '살뜰히도'는 '알뜰하게도'라는 의미인데, 여기서는 '얄밉게도'라는 반어적 의미로 사용됨.
➡ 어찌 된 귀뚜라미가 지는 달 새는 밤에 긴 소리 짧은 소리 절절이 슬픈 소리 저 혼자 울어내어 창가에 옅게 든 (나의) 잠을 얄밉게도 깨우는구나.

*중장 요약: 귀뚜라미에 대한 원망

❸
임이 없는 외로운 빈 방　　❶ 화자: 나
두어라 제 비록 미물(微物)이나 ㉤무인동방(無人洞房)에 내 뜻
외로운 화자의 마음을 알아주는 귀뚜라미
알 이는 너뿐인가 하노라
　　　❷ 정서: 외로움.
➡ 두어라, 제가 비록 미물이라 하나 아무도 없는 방에 내 뜻 알아주는 이는 너뿐인가 하노라.

*종장 요약: 귀뚜라미에게 느끼는 동병상련의 마음

* 살뜰히도: 알뜰하게도, 여기서는 '얄밉게도'의 뜻임.

■ **갈래**: 사설시조　　■ **창작 시기**: 연대 미상

■ **내용**: 이 작품은 귀뚜라미라는 객관적 상관물을 통해 화자의 외로운 심정을 표현한 사설시조이다. 화자는 힘들게 든 잠을 울음소리로 깨워버린 귀뚜라미를 원망하면서도, 자신의 슬픔을 귀뚜라미만이 알아주는 것 같다면서 귀뚜라미에게 동병상련의 마음을 느끼고 있다.

■ **주제**: 임에 대한 그리움

■ **이것이 핵심!** 객관적 상관물

화자		객관적 상관물
'나'	감정 이입 → (화자의 감정을 귓도리에 투영)	귓도리

(다) 이옥, 〈어부(魚賦)〉

❶ 중심 대상: 물, 용, 물고기 ❷ 글쓴이의 생각, 태도 ❸ 서술상 특징

❶ 중심 대상: 물, 용, 물고기
1️⃣ 물은 하나의 국가요, 용은 그 나라의 군주다. 물고기 가운데
❸ 서술상 특징: 은유법 – 인간 사회를 바다 생태계에 비유함.
큰 것으로 고래, 곤어, 바닷장어 같은 것은 군주를 안팎에서 모시
「J: 크기 순서대로 물고기를 ❸ 조정 대신, 서리, 아전, 백성에 빗대어 표현함.
는 여러 신하이다. 그 다음으로 메기, 잉어, 다랑어, 자가사리 같
은 것은 서리나 아전의 무리다. 이밖에 크기가 한 자 못 되는 것들
은 물나라의 만백성이라 할 수 있다.」상하가 서로 차례가 있고 큰
놈이 작은 놈을 통솔하니, 그것이 어찌 사람과 다르겠는가?
❷ 글쓴이의 생각: 바다 생태계와 인간 사회의 공통점 – 상하 관계로 이루어져 있음.

┌ **군주**: 세습적으로 나라를 다스리는 최고 지위에 있는 사람
│ **아전**: 조선 시대에, 중앙과 지방의 관아에 속한 구실아치
└ **통솔하다**: 무리를 거느려 다스리다.

★ 1️⃣ 요약: 인간 사회와 바다 생태계

2️⃣ 그러므로 「용은 물나라를 다스리면서, 날이 가물어 마르면 반
「J: 군주는 백성들의 사정을 살펴야 함.
드시 비를 내려 주고, 사람이 물고기를 다 잡아 버릴까 염려하여
서는 큰 물결을 겹쳐 일어나게 하여 덮어 준다.」그러한 것이 물고
기에 대해서 은혜를 끼침이 아닌 것은 아니다. ★ 2️⃣ 요약: 용의 은혜

3️⃣ 하지만 물고기에게 인자하게 베푸는 것은 한 마리 용뿐이요,
물고기를 학대하는 것은 수많은 큰 물고기들이다. 고래와 암코래
많은 관리들이 백성들을 수탈함.
는 조류를 들이마셔서 작은 물고기를 잡아먹는 일을 자신의 시서
(詩書)로 삼고, 교룡과 악어는 물결을 헤치며 삼키고 씹어 먹어 작
작은 물고기(백성들)를 괴롭히는 교룡과 악어(관리)의 모습
은 물고기를 잡아먹는 것을 거친 땅의 농사로 삼으며, 문절망
둑, 쏘가리, 두렁허리, 가물치의 족속은 틈을 타서 발동을 해서 작
은 물고기를 자신의 은이요 옥으로 삼는다. 강자는 약자를 삼키
고, 지위가 높은 자는 아랫것을 약탈하니, 진실로 강한 자, 높은
자기 싫증 내지 않는다면 작은 물고기는 반드시 남아나지 않을 것
이다. 힘없는 백성의 운명

┌ **인자하다**: 마음이 어질고 자애롭다.
│ **조류**: 밀물과 썰물 때문에 일어나는 바닷물의 흐름
└ **발동**: 움직이거나 작용하기 시작함.

★ 3️⃣ 요약: 관리들의 횡포로 인해 백성들이 겪는 고통

4️⃣ 슬프다! 작은 물고기가 없다면 용이 누구와 더불어 군주가 되
❷ 글쓴이의 생각: 백성이 있어야 군주도 있음.
며, 저 큰 물고기들이 어찌 으스댈 수 있겠는가? 그러므로 용의 도
리란 작은 물고기들에게 구구한 은혜를 베풀어 주는 것보다, 차라
❷ 글쓴이의 생각: 군주는 백성을 위해 관리들을 잘 다스려야 함.
리 먼저 그들을 해치는 족속들을 물리치는 것만 못하리라!
★ 4️⃣ 요약: 용의 도리

5️⃣ 「아아, 사람들은 물고기에게만 큰 물고기가 있는 줄 알고 사람
「J: 관리들에게 수탈하는 백성들의 현실을 탄식함.
에게도 큰 물고기가 있는 줄을 알지 못하니, 물고기가 사람을 슬
퍼하는 것이 어찌 사람이 물고기를 슬퍼하는 것보다 심하지 않다
고 하랴?」 ★ 5️⃣ 요약: 현실을 개탄하며 올바른 군주의 도리 강조

■ **갈래**: 고전 수필   ■ **창작 시기**: 조선 후기
■ **내용**: 이 작품은 군주와 조정 대신, 지방의 서리와 아전, 백성의 관계를 바다
속 물고기들의 관계에 빗대어 이야기하고 있는 고전 수필이다. 용을 군주에 빗
대고, 물고기를 크기 순서대로 조정 대신, 지방의 서리와 아전에, 작은 물고기
를 백성에 빗대어 진정으로 백성을 위하는 군주는 조정 대신과 서리, 아전과 같
은 중간 관리자들을 잘 다스려야 한다고 주장하고 있다. 백성을 괴롭히는 관리

들에 대한 글쓴이의 비판적인 시선이 잘 드러나 있다.
■ **주제**: 올바른 국가 경영의 도

■ **이것이 핵심!: 비유를 통해 전달하는 글쓴이의 생각**

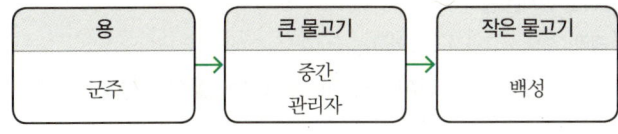

용	큰 물고기	작은 물고기
군주	중간 관리자	백성

〈군주는 백성을 위해 중간 관리자를 잘 다스려야 함.〉

📌 **독해 공식 정답**

(가)
❶ 화자: '나', 중심 대상: 잠
❷ 상황: 계속해서 오는 잠을 원망하고 있음.
정서, 태도: 쏟아지는 잠을 참으며 밤새 바느질을 하고 있음.
❸ 표현상 특징
• 잠을 의인화하여 청자로 설정하고 고달픈 삶을 사는 여인을 화자로 설정함.

(나)
❶ 화자: 내(나), 중심 대상: 귓도리(귀뚜라미)
❷ 상황: 힘들게 든 잠을 깨운 귀뚜라미를 원망하면서도 동병상련의 마음을 느끼고 있음.
정서, 태도: 귀뚜라미를 불쌍히 여기며 외로워함.
❸ 표현상 특징
• 청각적 심상을 사용하여 화자의 외로움을 드러내고, 비슷한 시어들을 반복함.
• 귓도리를 의인화하여 화자의 감정을 전달함.

(다)
❶ 중심 대상: 물, 용, 물고기
❷ 글쓴이의 생각, 태도: 정치적 상황에 대한 비판적 태도를 보임.
❸ 서술상 특징
• 바닷속 물고기들을 군주와 관리자, 백성에 빗대어 표현함.
• 부정적 정치 현실을 우의적으로 비판함.

작품 간의 공통점 및 차이점
• **공통점**: 대상을 의인화하여 전달하고자 하는 바를 드러냄. / 부정적인 현재 상황에 대해 탄식하는 태도를 드러냄.
• **차이점**: 크게 두드러지지 않음.

E 14 정답 ④ ★ 작품 비교하기 ·············· [정답률 54%]

(가)~(다)의 공통점으로 가장 적절한 것은?

❯ 왜 정답?

④ 부정적인 현재 상황에 대해 탄식하는 태도를 드러내고 있다.
(가): 잠이 오는데 일을 해야 함, (나): 귀뚜라미 소리 때문에 잠에서 깸, (다): 백성들이 수탈을 당함.
(가)의 화자는 늦은 시각 '등잔 앞에 고개 숙여' 바느질을 하는데 잠이 쏟아
지는 상황에서 '원치 않는 이내 눈에 이렇듯이 자심하뇨'라면서 탄식하고 있
다. (나)의 화자는 '귓도리'가 우는 소리 때문에 어렵게 든 잠에서 깬 상황을
탄식하고 있다. (다)에서는 인간 사회를 바다 생태계에 빗대어 표현하면서
백성들이 관리들에게 수탈당하는 상황을 탄식하고 있다.

❯ 왜 오답?

① 대상의 부재로 인한 그리움의 심정을 드러내고 있다.
(가): 드러나지 않음, (나): 대상의 부재로 인한 외로움과 그리움의 심정이 드러남, (다): 드러나지 않음.
(나)의 화자는 무인동방하며 외로움을 느끼고 있으므로, (나)에는 부재하는
대상, 즉 임에 대한 그리움이 드러나 있다고 볼 수 있다. 그러나 (가)와 (다)에
서는 대상의 부재로 인한 화자의 그리움이 드러나 있지 않다.

② 현실의 어려움을 극복하려는 의지적 태도를 보이고 있다.
(가): 쏟아지는 잠을 이겨 내려 함, (나): 드러나지 않음, (다): 부조리한 정치 현실을 비판함.
(가)의 화자는 쏟아지는 잠을 이겨 내려고 노력하고 있으므로 의지적 태도를
보이고 있다고 볼 수도 있다. 또 (다)의 화자는 바다 생태계에 인간 세계를
빗대어 부정적인 정치 현실을 비판하고, 올바른 국가 경영의 도리를 강조하
며 이를 관철시키려는 의지적 태도를 보이고 있다. 그러나 (나)의 화자는 외
로움을 느끼고 있을 뿐, 이를 극복하려는 의지적 태도를 보이고 있지는 않다.

③ **이상과 현실의 괴리에 대해 절망적인 심경을 표출하고 있다.**
(가), (나), (다) 모두 드러나지 않음.

(가), (나), (다) 모두 이상과 현실이 동떨어진 것에 대해 절망적인 심경을 표출하고 있지는 않다.

[괴리: 서로 어그러져 동떨어짐.

⑤ **일상생활과 관련된 사물의 속성에서 삶의 교훈을 이끌어내고 있다.**
(가), (나), (다) 모두 드러나지 않음.

(가)의 바늘, (나)의 사창을 일상생활과 관련된 사물이라고 볼 수 있으나 이를 통해 삶의 교훈을 이끌어 내고 있지는 않다.

E 15 정답 ③ ★ 작품 비교하기 ················· [정답률 57%]

(가), (나)에 대한 설명으로 적절한 것은?

> **왜 정답 ?**

③ (가)와 (나)는 모두 <u>시간적 배경을 통해 시적 상황을 구체화하고 있다.</u>
(가)의 '황혼', (나)의 '지는 달 새는 밤'

★ 근거: (가) ⓫행, (나) 중장

(가)에서는 해가 지고 어스름해질 때를 의미하는 '황혼'을 시간적 배경으로 하여, 늦은 시각까지 집안일을 해야 하는 화자의 고달픈 상황을 구체적으로 드러내고 있다. (나)에서는 깊은 밤을 의미하는 '지는 달 새는 밤'에 겨우 든 잠에서 깨어 홀로 밤을 보내는 화자의 외로운 상황을 구체적으로 드러내고 있다.

> **왜 오답 ?**

① **(가)와 달리 (나)든 동일한 시어의 반복을 통해 운율을 형성하고 있다.**
(가)의 '잠아 잠아 짙은 잠아', (나)의 '귓도리 저 귓도리'

★ 근거: (가) ❶행, (나) 초장

(가)의 '잠아 잠아 짙은 잠아', (나)의 '귓도리 저 귓도리' 등에서 동일한 시어를 반복함으로써 운율을 형성하고 있다.

② **(나)와 달리 (가)든 청각적 심상을 통해 계절감을 드러내고 있다.**
(나)의 '귓도리 ~ 소리'(가을), (가)에는 드러나지 않음.

★ 근거: (나) 중장

(나)의 '긴 소리 ~ 제 혼자 우러 녜어'에서는 귀뚜라미 소리라는 청각적 심상을 통해 가을이라는 계절감을 드러내고 있다. 그러나 (가)에서는 청각적 심상이 드러나 있지 않다.

[청각적 심상: 구체적인 소리를 표현한 의성어와 같이 귀로 듣는 듯한 느낌을 주는 심상

④ **(가)와 (나)는 모두 설의적 표현을 통해 시적 의미를 강조하고 있다.**
(가)의 '자심하뇨', (나)에는 드러나지 않음.

★ 근거: (가) ❻행

(가)의 '자심하뇨'에서 설의적 표현이 쓰였다. 그러나 (나)에서는 설의적 표현이 쓰이지 않았다.

[설의적 표현: 쉽게 판단할 수 있는 사실을 의미를 강조하기 위해 의문의 형식으로 표현하는 방법

⑤ **(가)와 (나)는 모두 색채의 대비를 통해 표현 효과를 높이고 있다.**
(가)와 (나) 모두 드러나지 않음.

(가)와 (나) 모두에서 색채를 대비하고 있는 표현을 찾을 수 없다.

E 16 정답 ② ★ 시어 및 구절의 의미 파악하기 · [정답률 55%]

ⓐ, ⓑ에 대한 이해로 가장 적절한 것은?

· ⓐ: ⓐ는 (가)의 '잠'입니다. 화자는 소리 없이 달려드는 잠을 원망하고 있습니다.
· ⓑ: ⓑ는 (나)의 '여읜 잠'입니다. 화자는 간신히 든 잠을 깨우는 '귓도리'를 원망하고 있습니다.

[측] (가)의 '잠'(ⓐ)과 (나)의 '여읜 잠'(ⓑ)에 대해 올바르게 이해한 것을 고르는 문제입니다.

> **왜 정답 ?**

② ⓑ는 외부적 요인으로 인해 방해 받고 있다.
'귓도리' 우는 소리에 화자가 잠에서 깸.

(나)의 화자는 '귓도리'가 혼자 울어서 화자의 '여읜 잠(ⓑ)'을 '살뜰히도 깨'웠다고 하였다. '여읜 잠(ⓑ)'은 '설핏 든 잠'을 의미하므로, (나)의 '여읜 잠(ⓑ)'은 외부적 요인인 '귓도리' 우는 소리로 인해 방해 받고 있다고 할 수 있다.

> **왜 오답 ?**

① **ⓐ는 화자의 목적을 이루기 위한 보조적 수단이다.**
'낮에 못 한 남은 일을 밤에' 하려는 화자를 방해함.

(가)의 화자는 '낮에 못한 남은 일을' 해야 하는 상황인데, 자꾸 잠이 와서 방해를 받고 있다. 따라서 (가)의 '잠(ⓐ)'은 화자의 목적을 이루기 위한 보조적 수단이 아니라, 오히려 화자의 목적을 이루는 데 방해가 되는 요인이라고 볼 수 있다.

③ **ⓐ와 달리 ⓑ는 화자가 현실로부터 벗어나기 위한 행위이다.**
ⓐ, ⓑ 모두 관계없음.

(가)의 화자는 바느질을 하면서 '잠(ⓐ)'을 쫓기 위해 애쓰고 있다. 따라서 (가)의 '잠(ⓐ)'은 화자가 현실에 집중하는 것을 가로막는 장애물과 같은 존재일 뿐, 화자가 현실로부터 벗어나기 위한 행위라고 볼 수는 없다. 또한 (나)에서는 현실로부터 벗어나기 위한 화자의 행위가 드러나 있지 않다.

④ **ⓑ와 달리 ⓐ는 화자의 고통을 해소시키고 있다.**
ⓐ: 관계없음. ⓑ: 잠을 자는 동안은 외로움을 느끼지 못함.

(나)의 화자는 '여읜 잠(ⓑ)'을 자는 동안에는 외로움을 느끼지 못하므로 (나)의 '여읜 잠(ⓑ)'은 화자의 고통을 해소시키고 있다고 볼 수도 있다. 그러나 (가)에서 화자의 고통이 해소되는 내용은 찾을 수 없다.

⑤ **ⓐ와 ⓑ는 모두 화자가 거부하는 대상이다.**
ⓐ: 일을 해야 하기 때문에 잠을 쫓으려 함. ⓑ: 관계없음.

(가)의 화자는 바느질을 하면서 '잠(ⓐ)'을 쫓기 위해 애쓰고 있다. 따라서 (가)의 '잠(ⓐ)'은 화자가 거부하는 대상이라고 볼 수도 있다. 그러나 (나)의 화자는 자신의 '여읜 잠(ⓑ)'을 귀뚜라미가 '살뜰히도 깨우는구나'라고 탄식하였으므로, '여읜 잠(ⓑ)'을 거부하고 있다고 볼 수는 없다.

E 17 정답 ① ★ 시어 및 구절의 의미 파악하기 [정답률 50%]

㉠~㉤을 감상한 내용으로 적절하지 않은 것은?

> **왜 정답 ?**

① ㉠: **화자와 상반된 처지에 있는 사람이 '잠'에게 불만을 드러내고 있다.**
화자가 '잠'에게 불만을 드러내고 있음.

★ 근거: (가) ❾, ❿행

(가)의 화자는 '잠 못 들어 한하는데 그런 사람 있건마는'에서 일을 해야 하는데 잠이 오는 화자와 상반된 처지에 있는 사람이 있음을 밝히고, '무상불청 원망 소래 온 때마다 듣난고니'라면서 원치 않는 자신에게 찾아오는 '잠'을 원망하고 있다. 따라서 ㉠의 '무상불청 원망 소래'를 하는 사람은 화자와 상반된 처지에 있는 사람이 아니라 화자이며, 화자는 이를 통해 '잠'에게 불만을 드러내고 있다고 볼 수 있다.

[상반되다: 서로 반대되거나 어긋나게 되다.

② ⓛ : 쉬지도 못하고 밤늦게까지 일을 해야 하는 화자의 고
달픈 삶이 나타나 있다.

_{낮에 못 한 남은 일을 밤에 이어서 해야 하는 화자의 처지가 나타나 있음.}

(가)의 화자는 ⓛ에서 '낮에 못 한 남은 일을 밤에' 이어서 해야 한다고 하면
서 쉬지도 못하고 밤늦게까지 일을 해야 하는 자신의 고달픈 삶을 드러내고
있다.

③ ⓒ : '잠'을 의인화하여 잠이 쏟아지는 화자의 현재 상황을

_{잠이 쏟아지는 상황을 잠이 '눈썹 속에 숨'고, '눈알로 솟'는 것으로 표현함.}

해학적으로 표현하고 있다.

(가)의 화자는 ⓒ에서 잠이 쏟아지는 상황을 잠이 '눈썹 속에 숨'고, '눈알로
솟'았다고 의인화하여 해학적으로 표현하고 있다.

[해학적: 익살스럽고도 품위가 있는 말이나 행동이 있는

④ ⓔ : 화자의 내면적 슬픔을 '귓도리'의 울음소리를 통해 간

_{'귓도리'에 화자의 감정을 투영하여 '귓도리'의 울음소리가 '절절이 슬프다고 표현함.}

접적으로 드러내고 있다.

(나)의 화자는 ⓔ에서 '귓도리'의 울음소리를 '절절이 슬픈 소리'라고 표현하
고 있다. 이는 진짜로 귀뚜라미가 슬프게 운다는 것이 아니라 귀뚜라미의 울
음소리마저 절절이 슬프게 들리는 화자 자신의 슬픈 내면을 간접적으로 드
러낸 것이다.

⑤ ⓜ : 혼자 살아가는 자신의 외로운 처지를 알아주는 유일한

_{자신의 '뜻'을 '알' 이는 '귓도리'뿐이라고 말을 건네고 있음.}

대상이 '귓도리'라는 화자의 인식이 드러나 있다.

(나)의 화자는 ⓜ에서 '귓도리'를 '너'라고 하면서 임이 없어 외로운 빈 방에
'내 뜻 알 이는 너', 즉 귀뚜라미뿐이라고 했다.

E 18 정답 ⑤ *〈보기〉를 바탕으로 감상하기 ···· [정답률 66%]

〈보기〉를 바탕으로 (다)를 감상한 내용으로 적절하지 않은 것
은? [3점]

· 〈보기〉: 〈어부〉는 국가의 상황을 물속 세계에 빗대어 표현함으로써 현실 세
계를 비판하고 있습니다.

즉 현실 세계를 비판하고 있는 〈어부〉를 잘못 이해한 것을 고르는 문제입니다.

[보기]
　❶〈어부〉는 국가의 상황을 물속의 세계에 빗대고, 군주를
_{우의적 표현}
'용'에, 여러 신하를 '큰 물고기'에, 백성을 '작은 물고기'에 빗
_{①, ②의 근거}
대어 현실 세계를 비판하고 있다. ❷글쓴이는 나라의 근본은
_{관리들이 백성들을 수탈하는 상황을 비판함.}　　_{③의 근거}
'작은 물고기'인 백성이므로 백성들을 수탈하는 '큰 물고기',
　　　　　　　　　　　　　　　　_{②의 근거}
즉 관리들을 잘 다스리는 것이 군주로서 해야 할 가장 중요한
　　　　　　　　　　　　　　　_{④의 근거}
일임을 강조하고 있다.

⑤ 사람들이 사람에게도 큰 물고기가 있는 줄을 알지 못한다

_{인간 사회의 실상을 바다 생태계에 빗대어 고발하고 있음.}

고 하는 것은 관리들의 수탈에 ~~적극적으로 저항하지 않는~~ 백

_{백성들을 비판하지 않음.}

성~~의 태도를 비판하는~~ 것이군.

*근거: (다) ❺문단

(다)의 5문단에서 '사람들은 물고기에게만 큰 물고기가 있는 줄 알고 사람에
게도 큰 물고기가 있는 줄을 알지 못'한다고 했다. 이는 바다 속에서 큰 물고
기가 작은 물고기를 괴롭히듯이, 인간 사회에서도 관리들이 백성들을 괴롭
힌다는 것을 의미한다. 따라서 이는 관리들의 수탈에 저항하지 않는 백성들
을 비판하는 것이 아니라, 관리들이 가혹하게 백성들을 수탈하는 현실을 비
판한 것이다.

[저항하다: 어떤 힘이나 조건에 굽히지 아니하고 거역하거나 버티다.

---

① 용이 큰 물결을 일어나게 하여 물고기를 덮어 주는 것은

_{용(군주)은 물고기(백성)를 잡으려는 사람들로부터 물고기(백성)를 보호해 줌.}

백성을 어질게 살피는 군주의 모습으로 볼 수 있군.

*근거: (다) ❷문단 ❶문장

(다)의 2문단에서 용은 '사람이 물고기를 다 잡아 버릴까~덮어 준다.'라고
하였다. 〈보기〉에서 군주는 '용'에, 백성은 '작은 물고기'에 빗대어 현실 세계
를 비판하고 있다고 했으므로, 용이 큰 물결을 일어나게 하여 물고기를 덮어
주는 것은 군주가 위험으로부터 백성을 보호해 주는 것을 상징한다고 볼 수
있다.

[어질다: 마음이 너그럽고 착하며 슬기롭고 덕이 높다.

② 교룡과 악어가 작은 물고기를 잡아먹는 것은 백성을 수탈

_{교룡과 악어(큰 물고기)는 작은 물고기(백성)를 괴롭힘.}

하는 관리들의 모습으로 볼 수 있군.

*근거: (다) ❸문단 ❷문장

(다)의 3문단에서 '교룡과 악어는 물결을 헤치며 삼키고 씹어 먹어 작은 물
고기를 잡아먹는'다고 하였다. 〈보기〉에서 '작은 물고기'는 백성을, '큰 물고
기'는 신하를 가리키며, '백성들을 수탈하는 '큰 물고기''라고 하였으므로, 교
룡과 악어가 작은 물고기를 잡아먹는 것은 백성을 수탈하는 관리들의 모습
을 표현한 것이다.

③ 작은 물고기가 없으면 용이 군주가 될 수 없다고 하는 것

_{작은 물고기(백성)가 있어야 용(군주)이 제 역할을 할 수 있음.}

은 나라의 근본이 백성에게 있다는 글쓴이의 인식을 보여 주
는군.

*근거: (다) ❹문단 ❷문장

(다)의 4문단에서는 '작은 물고기가 없다면~으스댈 수 있겠는가?'라고 묻고
있다. 〈보기〉에서 글쓴이는 '나라의 근본은 '작은 물고기'인 백성'이라고 인식
하고 있다고 했으므로 작은 물고기가 없으면 용이 군주가 될 수 없다고 하
는 것은 나라의 근본이 백성에게 있다는 글쓴이의 인식을 보여 준다.

④ 작은 물고기를 해치는 족속을 물리치는 것이 용의 도리라

_{용(군주)은 큰 물고기(관리)들이 작은 물고기(백성)를 해치지 못하도록 관리해야 함.}

고 하는 것은 군주가 해야 할 가장 중요한 일이 관리를 잘 다
스리는 일임을 말해 주는군.

*근거: (다) ❹문단 ❸문장

(다)의 4문단에서 '용의 도리란 ~ 족속들을 물리치는 것'이라고 하였다. 또
한 〈보기〉에서 '관리들을 잘 다스리는 것이 군주로서 해야 할 가장 중요한
일'이라고 하였다. 따라서 작은 물고기를 해치는 족속을 물리치는 것이 용의
도리라고 하는 것은 군주가 해야 할 가장 중요한 일이 관리를 잘 다스리는
일임을 말해 준다.

E 19~23　　　　　　[2018년(9월)/고1교육청 38~42]

(가) 나위소, 〈강호구가〉

　❶ 화자, 중심 대상　❷ 상황, 정서, 태도　❸ 표현상 특징　[시 해석]

❶　　_{임금의 은혜}
어와 정은(聖恩)이야 망극(罔極)할사 성은(聖恩)이다
❸ 표현상 특징: 영탄적 어조　❷ 정서: 임금의 은혜에 감사함.
➡ 아, 임금의 은혜가 한이 없다. 임금의 은혜이다.

❷
강호(江湖) 안로(安老)도 분(分) 밧긔 일이어든
　　　　　　　　　　_{분수 밖의}
➡ 자연 속에서 편안히 늙어가는 것으로도 (내) 분수 밖의 일인데

❸　　　　　　　　　　　❸ 표현상 특징: 영탄적 어조
하물며 두 아들 정성을 다해 봉양함은 또 어인가 하노라 〈제2수〉
❷ 정서: 자연에서 편안하게 지내는 것도 아들들의 봉양으로 지내는 것도 임금님의 은혜라 여김.
➡ 하물며 두 아들이 (나를) 정성을 다해 봉양함은 또 어인가 하노라.

[망극하다: 임금이나 어버이의 은혜가 한이 없다.

*〈제2수〉 요약: 자연에서 임금의 은혜에 감사하는 마음

❶ 전나귀 바삐 몰아 다 저문 날 오신 손님
➡ 전나귀 바삐 몰아 해가 다 저물 때 오신 손님

❷ 보리피 거친 밥에 찬물(饌物)*이 아조 업다
❷ 상황: 소박하게 살고 있음.
➡ 보리피 거친 밥에 반찬이 될 만한 것이 아주 없다.

아희야 배 내어 띄워라 그물 놓아 보리라   〈제4수〉
➡ 아이야 배 내어 띄워라, 그물 놓아 (낚시해) 보리라.

* **〈제4수〉 요약: 소박한 삶 속에서의 강호한정**

❶ 달 밝고 바람 잔잔하니 물결이 비단일다
➡ 달 밝고 바람 잔잔하니 물결이 비단 같구나.

❷ 단정(短艇)*을 비스듬히 놓아 오락가락 하는 흥(興)을
➡ 자그마한 배를 비스듬히 (띄워) 놓아 오며가며 하는 흥을

                            아주   **❸** 표현상 특징: 영탄적 어조
❸ 백구(白鷗)야 하 즐겨 마라 세상(世上) 알가 하노라   〈제5수〉
❷ 상황: 세상 사람들이 알 수 있으므로 흥을 너무 즐기지 말라고 당부함.
➡ 흰 갈매기야, 몹시 즐기지 마라. 세상이 알까 하노라.

* **〈제5수〉 요약: 달밤에 즐기는 강호한정**

❶ 모래 우희 자는 ㉠백구(白鷗) 한가(閑暇)할샤
     모래 위에
➡ 모래 위에 자는 갈매기 한가하다.

❷ 강호(江湖) 풍취(風趣)를 네가 지닐 때 내가 지닐 때
     자연   **❶** 화자: 나
➡ 강호의 훌륭하고 멋진 경치가 네가 지닌 것인가, 내가 지닌 것인가?

석양(夕陽) 반범귀흥(半帆歸興)*은 너도 날만 못 하리라〈제6수〉
➡ 석양에 돛을 반쯤 올리고 돌아오는 멋은 너도 나만 못 하리라.

* **〈제6수〉 요약: 백구와 즐기는 반범귀흥**

❶ 식록(食祿)*을 긋친 후(後)로 어조(漁釣)*을 생애(生涯)하니
            그친 후(끝낸/마친 후)
➡ 먹고 살기 위한 벼슬을 그만둔 후 낚시질을 생계로 삼으니

❷ 헴 업슨 아이들은 괴롭다 하지마는
     생각
➡ 생각 없는 아이들은 괴롭다 하지만

     자연에서 한가하고 고요하게 지냄.   **❸** 표현상 특징: 영탄적 어조
❸ 두어라 강호한적(江湖閑適)이 이 내 분(分)인가 하노라   〈제9수〉
                    ❷ 태도: 자연 속에서 사는 삶에 만족함.
➡ 두어라, 자연 속에서 한적하게 사는 것이 내 분수인가 하노라.

* **〈제9수〉 요약: 강호한적을 통한 안분지족**

* 찬물: 반찬이 될 만한 것
* 단정: 자그마한 배
* 반범귀흥: 돛을 반쯤 올리고 돌아오는 멋
* 식록: 먹고 살기 위한 벼슬
* 어조: 낚시질

■ 갈래: 연시조   ■ 창작 시기: 조선 중기
■ 내용: 이 작품은 문신이었던 나위소가 지은 총 9수의 연시조로 강호가도의 작품이다. 화자는 벼슬에서 물러나 자연을 즐기며 만족감을 느끼며, 자연에서 한가롭게 지내는 자신을 자연물과 비교하여 자연에서 느끼는 흥취를 보여 준다.
■ 주제: 자연 속에서의 한가로운 정서와 흥취

■ 이것이 핵심! 화자의 만족감

'나'	흥을 너무 즐기지 말라고 당부함.	백구
	비교를 통해 자신의 만족감을 드러냄.	

(나) 이옥, 〈거미를 읊은 부〉

❶ 중심 대상   **❷** 글쓴이의 생각, 태도   **❸** 서술상 특징

1 이자(李子)가 저녁의 서늘함을 맞아, 뜰에 나가 거닐다가 ㉡거
❶ 중심 대상: 이자

미가 있는 것을 보았다. **❷** 짧은 처마 앞에 거미줄을 날리며 해바라기 가지에 그물을 펴고 있었다. **❸** 가로로 치고 세로로 치고 벼리로 하고 줄로 하는데, 그 너비는 한 자가 넘고 그 제도는 규격에 맞으며 촘촘하며 성글지 않아 실로 교묘하고도 기이하였다. **❹** 이자는 그 것이 간교한 마음이 있다고 여겨 지팡이를 들어서 거미줄을 걷어   촘촘한 거미줄
버렸다. **❺** 그것을 다 걷어내고는 또 내치려고 하는데, 거미줄 위에서 소리치는 것이 있는 듯하였다.   * **1** 요약: 이자가 거미줄을 없앰.

[간교하다: 간사하고 교활하다.

2 **❶** "나는 내 줄을 짜서 내 배를 도모하려 하거늘 그대에게 무슨 관계가 있다고 이같이 나를 해치는가?"
❷ 이자가 성내어 말하였다.
❸ "덫을 설치하여 산 것을 죽이니 벌레들의 적이다. 나는 다시 또
     거미줄
너를 제거하여 다른 벌레들에게 덕을 베풀려고 한다."
❹ 다시 웃으며 말하는 것이 있었다.
     □: 거미의 거미줄과 대응됨.
❺ "아, 어부가 설치한 그물에 바닷물고기가 걸려드는 것이 어부가 포학해서이겠는가? **❻** 우인(虞人)*이 놓은 그물에 들짐승이 푸줏간에 올려지는 것이 어찌 우인의 교(敎)이겠는가? **❼** 법관이 내건 법령에 뭇 완악한 사람이 옥에 갇히는 것이 어찌 법관의 잘못이
❽ 「 」: 거미의 거미줄은 잘못한 사람에게 벌을 주는 형벌과 다르지 않음을 주장함.
겠는가? 그대는 어찌하여 복희씨(伏羲氏)의 그물*을 시비하지 아니하고 백익(伯益)의 불태움*을 부정하지 아니하며 고요(皐陶)의 형벌 제정을 책망하지 아니하는가? **❾** 무엇이 이것과 다르
     거미가 친 거미줄은 앞서 예로 든 그물, 형벌 제정과 다르지 않음.
겠는가?」
❿ 「 더구나 그대는 내 그물에 걸려든 놈을 알기나 하는가? **⓫** 나비는
     「 」: 그물에 걸린 벌레들의 특성을 인간의 특성으로 확장하여 비판함.
허랑방탕한 놈일 뿐 분단장을 하여 세상을 속이고 번화함을 좋아하여 좇으며 흰 꽃에 아첨하고 붉은 꽃에 아양 떤다. **⓬** 이 때문에 내가 그물로 잡게 되는 것이다. **⓭** 파리는 참으로 소인배라. **⓮** 옥 또한 참소를 입었고 술과 고기에 자기 목숨을 잊어버리고 이익을 좋아하여 싫증 내지 않는다. **⓯** 이 때문에 내가 그물로 잡게 되는 것이다. **⓰** 매미는 자못 청렴 정직하여 글하는 선비와 비슷하지만 '선명(善鳴)'이라 스스로 자랑하며 시끄럽게 울어 그칠 줄 모른다. **⓱** 이리하여 내 그물에 걸려들게 된 것이다. **⓲** 벌은 실로 시랑 같은 놈이라. **⓳** 제 몸에 꿀과 칼을 지니고 망령되이 관아에 나아간다고 하면서 공연히 봄꽃 탐하기를 일삼는다. **⓴** 이리하여 내 그물에 걸려든 것이다. **㉑** 모기는 가장 엉큼한 놈이라. **㉒** 성질이 흉악한 짐승 같아 낮에는 숨고 밤에는 나타나서 사람의 고혈을 빨아 댄다. **㉓** 그렇기에 내 그물에 걸려든 것이다. **㉔** 잠자리는 품행이 없어 경박한 공자처럼 편안히 있을 겨를이 없으며 홀연히 회오리 바람인 양 날아다닌다. **㉕** 그렇기에 또한 내가 그물로 잡게 되는 것이다. **㉖** 그 밖에 부나방이 화(禍)를 즐기는 것, 초파리가 일을 좋아하는 것, 반딧불이가 허장성세하여 불빛을 내는 것, 하늘소가 함부로 그 이름을 훔치는 것, 선명한 옷차림을 한 하루살이 무리, 수레바퀴를 막아서는 말똥구리 무리와 같은 것들은 재앙

을 스스로 만들어 흉액을 피할 줄 모르니 그물에 몸이 걸려 간과 뇌가 땅바닥을 칠하게 된다.」 아, 세상은 성강(成康)의 시절[27]이 아니어서 형벌을 놓아두고 쓰지 않을 수 없고, 사람은 신선이나 부처가 아니어서 <u>소찬(素餐)</u>만 먹을 수도 없다.[28] 저들이 그
고기나 생선이 들어 있지 아니한 반찬
물에 걸린 것은 곧 저들의 잘못이지 내가 그물을 쳤다고 하여 어찌 나를 미워한단 말인가?[29] 또 그대가 저들에게 어찌하여 사랑을 베풀면서 나에게만은 어찌하여 화를 내고, 나를 훼방하면서까지 도리어 저들을 감싸준단 말인가?[30] 아, 기린은 사로잡을 수 없는 것이고 봉황은 유인할 수 없는 것이니 <u>군자는 도를 알아서 죄를 지어 구속됨으로써 재앙을 입지 않아야 한다.</u>[31] 이러한
❷ 글쓴이의 생각: 군자는 도에 따라 행동하며, 죄를 짓지 말아 구속되는 일이 없어야 함.
것을 거울 삼아 삼가고 힘쓸지어다! 그대의 이름을 팔지 말며[32] 그대의 재주를 자랑하지 말며 <u>이욕</u>으로 화를 부르지 말며 재물
사사로운 이익을 탐내는 욕심
에 목숨을 바치지 마라.[33] 경박하거나 망령되이 굴지 말며 원망하거나 시기하지 말며 땅을 잘 가려서 밟고 때에 맞추어 오고 가야 한다.[34] 그렇지 않으면 세상에는 더 큰 거미가 있으니 그 그물이 나보다 천 배, 만 배가 될 뿐이 아닐 것이다."

- **도모하다**: 어떤 일을 이루기 위하여 대책과 방법을 세우다.
- **포학하다**: 사납고 악하다.
- **완악하다**: 성질이 억세게 고집스럽고 사납다.
- **책망하다**: 잘못을 꾸짖거나 나무라며 못마땅하게 여기다.
- **허랑방탕하다**: 언행이 허황하고 착실하지 못하며 주색에 빠져 행실이 추저분하다.
- **번화하다**: 번성하고 화려하다.
- **아첨하다**: 남의 환심을 사거나 잘 보이려고 알랑거리다.
- **참소**: 남을 헐뜯어서 죄가 있는 것처럼 꾸며 윗사람에게 고하여 바침.
- **망령되이**: 늙거나 정신이 흐려서 말이나 행동이 정상을 벗어난 상태로
- **경박하다**: 언행이 신중하지 못하고 가볍다.
- **허장성세**: 실속은 없으면서 큰소리치거나 허세를 부림.

＊**②** 요약: 도에 따라 행동하여 죄를 짓지 않는 삶의 태도를 강조함.

③ 이자가 이 말을 듣고, 지팡이를 던지고 달아나다가 세 번이나
❷ 글쓴이의 생각: 도에 따라 행동하여 죄를 짓지 않는 삶의 태도를 강조함.
자빠지면서 문지방에 이르렀는데 문에 자물쇠를 채우고서야 몸을 구부리고 비로소 한숨을 쉬었다. 거미는 그 실을 내어 다시 처음과 같이 그물을 치고 있었다.

＊**③** 요약: 거미의 말을 듣고 깨달음을 얻음.

＊우인: 고대 중국에서 산림(山林)을 맡아보던 벼슬아치
＊복희씨의 그물: 복희는 중국 신화 속에 나오는 사람으로 노끈을 맺어 그물을 만들어서 사냥하고 고기를 잡았다고 함.
＊백익의 불태움: 백익은 순임금의 신하로 산에 불을 질러 태우자 짐승이 도망하여 숨었다고 함.

- ■ **갈래**: 한문 수필　　　　■ **창작 시기**: 조선 후기
- ■ **내용**: 이 작품은 도리에 맞지 않게 살아가는 인간들에 대한 형벌의 당위성을 벌레들의 모습을 통해 보여 주며, 군자로서의 덕을 유지하며 살아가야 함을 강조하고 있는 수필이다. 거미의 논리는 허영, 자만 등의 그릇된 품성을 지닌 존재들은 벌을 받아 마땅하며, 인간 역시 벌을 면하기 위해서는 도를 지키고 죄를 짓지 말아야 한다고 말하고 있다.
- ■ **주제**: 인간 세태에 대한 비판과 경계

- ■ **이것이 핵심!**: 비유를 통해 전달하는 글쓴이의 생각

```
┌──────────┐              ┌──────────┐
│ 거미의 거미줄 │ ══════════  │ 인간의 형벌 │
└──────────┘  도리에 맞지 않게 사는 존재   └──────────┘
              는 벌을 받아야 함.
```

🔷 독해 공식 정답

(가)
❶ 화자: 나(내), **중심 대상**: 자연 속에서의 삶
❷ 상황: 벼슬 이후 낚시를 하며 자연에서 유유자적하며 살아감.
정서, 태도: 자연에서의 소박한 삶에 만족하며 흥취를 느낌.
❸ 표현상 특징
　• 영탄적 어조를 통해 화자의 정서를 강조함.
　• 청자를 설정하여 말을 건네는 방식을 활용함.

(나)
❶ 중심 대상: 거미
❷ 글쓴이의 생각, 태도: 군자로서의 덕을 유지하며 살아가야 함. 인간 세상에 대해 비판적임.
❸ 표현상 특징
　• 의인법을 사용해 인간 세태를 우의적으로 비판함.

작품 간의 공통점 및 차이점
　• 공통점: 자연물을 활용하고 있음. – (가) 백구, (나) 거미
　• 차이점: 크게 두드러지지 않음.

E 19 정답 ④ ＊작품 비교하기 ·············· [정답률 72%]

(가)와 (나)에 대한 설명으로 가장 적절한 것은?

> **왜 정답?**

④ (나)에는 <u>부정적인 세상의 모습을 비판하는 태도가 드러나 있다.</u>
거미줄에 걸려든 '나비', '매미', '벌' 등을 인간에 빗대어 비판하고 있음.

거미는 거미줄에 걸려든 나비, 벌 등의 벌레의 속성을 인간에 빗대어 잘못을 저지르는 대상에 대한 비판적 입장을 보여 주고 있다. 또한 그러한 벌레들의 모습을 통해 부정적인 세상의 모습을 보여 주고 있다.

> **왜 오답?**

① (가)에는 <s>유한한 삶에 대한 회의적 태도가 드러나 있다.</s>
드러나지 않음.

회의적 태도는 '어떤 일에 의심을 품는 태도'인데, (가)의 화자는 자연에서 유유자적하며 자신의 삶에 대해 흥취를 느끼며 만족하고 있다.

② (가)에는 <s>초월적 세계에 대한 동경의 태도</s>가 드러나 있다.
드러나지 않음.

(가)의 화자가 머물고 있는 자연을 초월적 세계로 본다고 하더라도, 이미 화자가 그 공간에 위치하고 있으므로, 그 공간을 동경하고 있다는 것은 아니며, 자연이 아닌 다른 세계를 초월적 세계로 설정하여 동경하고 있는 것도 아니다.

- **초월적**: 어떠한 한계나 표준, 이해나 자연 따위를 뛰어넘거나 경험과 인식의 범위를 벗어나는
- **동경하다**: 어떤 것을 간절히 그리워하여 그것만을 생각하다.

③ (나)에는 <s>자신의 한계를 극복하려는 의지적 태도가 드러나 있다.</s>
드러나지 않음.

(나)의 '이자'나 '거미' 모두 자신의 한계를 언급하지 않았다. 거미가 거미줄을 치는 행위를 자신의 한계를 극복하려는 의지로 볼 수 없으며, '이자'의 거미줄을 걷어내거나 집으로 재빨리 오는 행위 역시 한계 극복과는 관련이 없다.

⑤ (가)와 (나)에는 <s>이상과 현실의 괴리에 대해 고뇌하는 태도가 드러나 있다.</s>
드러나지 않음.

(가)와 (나) 모두 이상과 현실에 대한 대비나 이로 인한 괴리감은 드러나지 않는다. 특히 (가)의 화자는 현재 자신의 삶에 만족하고 있다.

- **고뇌하다**: 괴로워하고 번뇌하다.

E 20 정답 ③ * 시어의 의미 파악하기 …… [정답률 75%]

㉠과 ㉡을 비교한 내용으로 가장 적절한 것은?

• ㉠: ㉠은 '백구(白鷗)'입니다. 화자는 백구(白鷗)에게 말을 걸어 자신의 흥취를 과시하고 있습니다.

• ㉡: ㉡은 '거미'입니다. 거미는 거미줄을 없애려고 하는 이자에게 거미줄에 걸리는 벌레에 대해 설명하면서 사회를 비판하고 있습니다.

즉 '백구'와 '거미'를 올바르게 비교한 것을 고르는 문제입니다.

＞왜 정답 ?

③ ㉠은 화자의 정서를 부각하는 소재이고, ㉡은 ~~이자에게 깨달음을 주는 소재이다.~~
'석양', '반범귀흥'을 언급하며 자신의 정서를 강조함.
사회에 대한 비판적 목소리를 제시함.

*근거: (가) 〈제6수〉, (나) ❷문단 ⑩~㉖문장

(가)의 화자는 '백구(㉠)'에게 '석양, 반범귀흥'을 언급하며, 자신의 흥취를 드러내고 있다. 또한 '거미(㉡)'는 이자에게 거미줄에 걸리는 벌레들을 설명하며 사회에 대한 비판적 목소리를 드러내어 이자에게 깨달음을 주고 있다.

＞왜 오답 ?

① ㉠은 ~~화자의~~, ㉡은 ~~이자의 심리적 갈등을 해소시켜 주는~~ 소재이다.
심리적 갈등이 존재하지 않음.   이자가 거미줄을 걷을 때 심리적 갈등이 존재하지 않음.

(가)의 화자는 심리적 갈등을 가지고 있지 않다. 백구(㉠)에게 자신의 흥취가 더 낫다는 자부심을 보이고 있을 뿐이다. 또한 이자는 거미줄을 걷을 때 심리적 갈등이 존재하지 않았으며, 거미(㉡)의 말을 통해 그 갈등이 해결된 것이 아니다.

② ㉠은 화자에게, ㉡은 이자에게 ~~인생의 무상함을 느끼게 하~~는 소재이다.
㉠과 ㉡ 모두 관련이 없음.

(가)의 화자는 자연에서 한가롭게 지내는 생활에 만족하고 있다. 또한 거미(㉡)는 사회 비판적 태도를 바탕으로 군자로서의 도리를 설명하고 있을 뿐이다. 따라서 두 소재 모두 인생의 무상감과는 관련이 없다.

[무상하다: 모든 것이 덧없다.

④ ㉠은 ~~화자가 외로움을 느끼게 하~~는 소재이고, ㉡은 ~~이자에게 두려움을 주~~는 소재이다.
화자는 흥을 느끼고 있음.
㉡의 말 이후 두려움을 느껴 황급히 집으로 들어옴.

백구(㉠)를 통해 (가)의 화자는 자신의 흥취를 더욱 부각하고 있을 뿐 외로움의 정서는 (가)에 드러나지 않는다. (나)의 이자가 거미(㉡)의 말이 끝나자 집으로 재빨리 들어가는 행동은 깨달음을 얻고 두려움을 느낀 것으로 볼 수 있다.

⑤ ㉠은 ~~화자의 과거를 떠올리게 하~~는 소재이고, ㉡은 ~~이자가 미래를 예측하게 하~~는 소재이다.
확인할 수 없음.   확인할 수 없음.

과거에 대한 언급은 (가)에 제시된 바 없다. (나)의 거미의 말에서 이후 더 큰 거미가 더 큰 그물을 만들 수 있다는 언급을 하고 있긴 하지만, 이는 이자가 미래를 예측하는 것으로 보기 어렵다. 따라서 두 설명 모두 관련이 없는 내용이다.

E 21 정답 ④ * 표현상의 특징 파악하기 … [정답률 53%]

(가)의 표현상의 특징으로 가장 적절한 것은?

＞왜 정답 ?

④ 영탄적 어조를 통해 화자의 정서를 표현하고 있다.
'어와', '하노라' 등을 통해 화자의 정서를 표현함.

'어와', '하노라' 등의 감탄사 및 종결 어미를 통해 영탄적 어조를 드러내고 있다. 영탄적 어조를 사용함으로써 화자가 자연에서 느끼는 감흥, 임금의 은혜에 대한 감사한 마음 등을 강조하고 있다.

＞왜 오답 ?

① ~~과거와 미래를 대비하여 주제를 부각하고 있다.~~
식록 '어조을 생애' → 현재의 삶

과거에 화자가 '식록'을 지냈음이 드러나며, 현재의 화자는 '어조을 생애'하고 있다. 따라서 벼슬을 지내다 현재 낚시를 하며 자연 속에 머무는 화자의 삶의 모습을 보여 주고 있을 뿐 미래의 상황이 드러나지는 않는다.

② ~~연쇄법을 사용하여 시적 의미를 강조하고 있다.~~
드러나지 않음.

글을 쓸 때 앞 구절의 끝 어구를 다음 구절의 첫머리에 이어받아 이미지나 심상을 강조하는 수사법을 '연쇄법'이라고 하는데 (가)에는 나타나지 않는다.

③ ~~반어적 표현을 통해 시적 긴장감을 조성하고 있다.~~
드러나지 않음.

겉으로 표현한 내용과 속마음에 있는 내용을 서로 반대로 말함으로써 독자에게 인상을 강하게 주고 문장의 변화를 주는 표현법을 '반어법'이라고 하는데 (가)에는 드러나지 않는다.

[조성하다: 분위기나 정세 따위를 만들다.

⑤ ~~근경에서 원경으로 시선을 이동하며 시상을 전개하고 있다.~~
드러나지 않음.

각 수마다 화자가 처한 상황을 드러내어 임금의 은혜에 감사하며, 백구에게 말을 건네며 표현하고 있을 뿐 시선의 이동은 드러나지 않는다.

E 22 정답 ③ * 〈보기〉를 바탕으로 감상하기 · [정답률 59%]

〈보기〉를 참고하여 (가)를 감상한 내용으로 적절하지 않은 것은? [3점]

• 〈보기〉: 〈강호구가〉는 작가인 나위소가 관직에서 물러난 후 고향에서 지은 것으로, 성은(聖恩)의 감격, 자연을 즐기며 소박하게 사는 어부의 생활, 속세를 떠나 강호의 삶에 만족하는 태도가 잘 드러나 있습니다.

즉 〈강호구가〉에 대한 설명을 고려하여 시어나 시구를 잘못 감상한 것을 고르는 문제입니다.

[보기]

❶ 〈강호구가〉는 나위소가 관직에서 물러난 뒤 고향인 나주에 돌아와 영산강을 배경으로 지은 작품이다. ❷ 이 작품은 나이가 들어 벼슬에서 물러난 처지에서 성은(聖恩)의 감격을 드러내
①의 근거
며, 강호에서 자연을 즐기며 소박하게 살아가는 어부의 생활
②, ④의 근거
을 노래하였다. ❸ 또한 세속의 삶을 부러워하지 않고, 강호의
③의 근거
삶에 만족하는 태도가 잘 표현되어 있다.
⑤의 근거

＞왜 정답 ?

③ ~~'세상 알가 하노라'에는 자연에서 누리는 흥을 계속의 사람들에게 알리고자 하는 모습이~~ 드러나 있군.
사람들에게 알리기를 꺼림.

*근거: 〈보기〉 ❸문장

세상 사람들이 알 수도 있으니 백구에게 너무 즐기지 말라고 경계하는 표현은 세상 사람들에게 자신의 자연에서의 흥을 알리고 싶지 않은 마음의 표현이다.

＞왜 오답 ?

① '망극할사 성은이다'에는 자연을 즐기며 자식의 봉양을 받는 것을 임금의 은혜로 여기는 모습이 드러나 있군.
강호 안로   두 아들 정성을 다해 봉양함.

*근거: 〈보기〉 ❷문장

제2수에서 화자는 임금의 은혜를 초장에서 언급하며, 자연에서 편안하게 지내는 것도 분수 밖의 일인데, 자식의 봉양을 받아 더욱 기쁘고 감사하다는 마음을 표현하고 있다. 따라서 이는 '성은의 감격'을 드러내는 표현이다.

② '아희야 배 내어 띄워라 그물 놓아 보리라'에는 손님을 대접하기 위해 낚시를 하는 소박한 삶의 모습이 드러나 있군.
반찬할 것이 없어 낚시를 해서 손님을 대접함.

*근거: 〈보기〉❷문장
'보리피 거친 밥에 찬물이 아조 업다'는 화자의 소박한 삶의 모습을 보여 준다. 따라서 손님에게 내어 줄 반찬이 없어서 아이에게 배를 내어 놓으라고 시키는 것은 낚시를 하여 반찬을 마련하겠다는 화자의 성의가 드러난 표현이다.

④ '식록을 긋친 후로 어조을 생애하니'에는 관직에서 물러난 뒤 강호에서 어부의 삶을 살고 있는 모습이 드러나 있군.
벼슬을 그만두고 낚시를 하는 것이 생애가 되었음.

*근거: 〈보기〉❷문장
식록은 벼슬을 의미하며, 어조는 낚시를 의미하므로, 관직에서 물러난 후 자연에서 어부의 삶을 살고 있는 화자의 모습이 드러난다.

⑤ '이 내 분인가 하노라'에는 자연에서 유유자적하는 삶에 만족하는 모습이 드러나 있군.
속세를 떠나 아무 속박 없이 조용하고 편안하게 삶.

*근거: 〈보기〉❸문장
강호한적은 자연에서 한가하고 고요하게 지내는 것을 의미한다. 강호한적의 삶을 자신의 분수로 여기는 화자의 태도는 자연 속에서 유유자적하는 삶에 화자가 만족하고 있음을 보여 준다.

E 23 정답 ⑤ *〈보기〉를 바탕으로 감상하기 … [정답률 79%]

〈보기〉를 바탕으로 (나)를 이해한 내용으로 적절하지 않은 것은?

• 〈보기〉: [A]~[C]는 (나)를 내용의 흐름에 따라 세 부분으로 나눈 것입니다. [A]에서는 이자가 거미줄을 걷는 상황이, [B]에서는 거미가 이자에게 화를 내는 상황이, [C]에서는 이자가 달아나는 상황이 제시되어 있습니다.

🟥즉 내용의 흐름을 고려할 때 (나) 〈거미를 읊은 부〉를 잘못 이해한 것을 고르는 문제입니다.

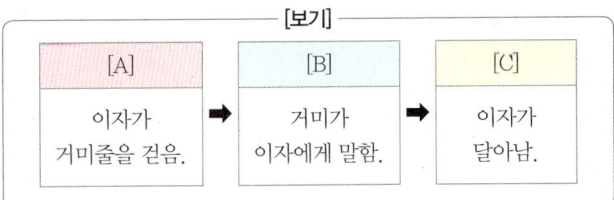

─[보기]─

[A]	[B]	[C]
이자가 거미줄을 걷음.	거미가 이자에게 말함.	이자가 달아남.

>왜 정답?

⑤ [C]에서 이자는 ~~의문을 품고 이를 해결할 방법을 모색~~하고 있군.
[B]를 통해 자신의 잘못을 깨닫고 황급히 집으로 돌아가고 있음.

거미의 말[B]를 통해 자신의 잘못을 깨달은 이자가 재빨리 집으로 돌아가는 부분이 [C]이다. 따라서 이자는 거미의 말[B]에 대해 의문을 품었다고 볼 수 없으며, 이를 해결하기 위한 방안을 찾고 있지 않다.

[모색하다: 일이나 사건 따위를 해결할 수 있는 방법이나 실마리를 더듬어 찾다.

>왜 오답?

① 이자는 다른 벌레들을 살리기 위해 [A]의 행동을 하는군.
거미줄을 '산 것을 죽임'이라고 하며 거미줄을 걷은 이유를 설명함.

이자는 거미줄을 걷어 낸 이유에 대해 '산 것을 죽이는' 덫인 거미줄을 없애 벌레들을 살려 다른 벌레들에게 덕을 베풀려고 한다고 말하고 있다.

② 거미는 [B]에서 벌레들이 그물에 걸린 이유를 설명하고 있군.
나비, 파리, 매미 등의 벌레의 특성을 통해 이유를 설명함.

거미의 말에서 나비, 파리, 매미, 벌 등의 벌레들이 그물에 걸린 이유를 설명하고 있다. 특히 '그렇기에 내가 그물로 잡게 되는 것이다.'와 유사한 문장을 반복적으로 제시하여 이 문장의 앞부분에 이유를 제시하고 있다.

③ 거미는 [B]에서 벌레들의 모습을 인간들의 삶의 모습으로 확장하고 있군.
허랑방탕한 놈을 '나비'에, 소인배를 '파리'에, 선비를 '매미' 등에 빗대어 설명함.

거미는 나비는 '허랑방탕한 놈'으로, 파리는 '소인배'로, 벌은 '실로 사랑 같은 놈' 등으로 벌레들을 인간의 삶의 모습으로 확장하여 빗대어 설명하고 있다.

④ [B]에서 거미는 근거를 들어 [A]의 행동이 잘못되었음을 지적하고 있군.
거미줄에 걸린 벌레들의 행실을 근거로 거미줄을 걷은 이자를 지적함.

거미는 거미줄에 걸린 벌레들의 행실을 근거로 하여 거미줄을 걷은 이자의 행위를 지적하고 있다. 또한 고요의 형벌 제정은 책망하지 않으면서 거미줄을 책망하는 것은 잘못이라고도 말하며, 거미의 거미줄은 어부의 그물, 우인의 그물, 복희씨의 그물, 법관의 법령과 다르지 않다고 주장하고 있다.

E 24~28 ─────── [2019년(11월)/고2교육청 31~35]

(가) 최현, 〈용사음〉

❶ 화자, 중심 대상 ❷ 상황, 정서, 태도 ❸ 표현상 특징 [고어 읽기] [시 해석]

❶ 니 됴흔 수령(守令)들 너흐느니* 백성(百姓)이요
: 비판의 대상.
❶ 중심 대상
❸ 표현상 특징: 반어적 표현 – 백성들을 가혹하게 대하는 관리들
➡ 이 좋은 수령들 짓씹으니 백성이요.

❷ 톱 됴흔 변장(邊將)들 허위느니 군사(軍士)로다
변방의 장수들 속이느니
➡ 톱 좋은 변장들 속이느니 군사로다.

❸ 재화 성을 쓰니 만장을 뉘 너므며
「재화(財貨)로 성(城)을 쓰니 만장(萬丈)을 뉘 너므며
「 」: 백성들을 수탈하는 관리들의 탐욕.
➡ 재물로 성을 쌓으니 만 장을 누가 넘으며

❹ 고혈로 해재 파니 천척을 뉘 건너료
고혈(膏血)로 히직 파니 천척(千尺)을 뉘 건너료」
해자 = 못
➡ 기름과 피로 해자(못)를 파니 천 척을 누가 건너리.

❺ 기라연 금수장의 추월춘풍 수이 간다
기라연(綺羅筵) 금수장(錦繡帳)*의 추월춘풍(秋月春風) 수이 간다
백성들을 수탈하여 호의호식하는 관리들
➡ 호화로운 잔치에 추월춘풍(세월)이 빨리 간다.

❻ 해도 길것마는 병촉유 고 엇덜고
히도 길것마는 병촉유(秉燭遊)* 그 엇덜고
❷ 태도: 책무를 다하지 않고 놀기만 하는 방탕한 관리들을 비판함.
➡ 해도 길건마는 밤에 촛불을 밝혀 놓고 노는 것은 그 어떨까.

❼ 주인 잠든 집의 문은 어이 여럿느뇨
주인(主人) 줌든 집의 문(門)은 어이 여럿느뇨
조선을 상징
➡ 주인이 잠든 집의 문은 어찌 열었느냐.

❽ 도적이 엿보거든 개는 어이 즛잣느고
도적(盜賊)이 엿보거든 개는 어이 즛잣는고
왜적이 쳐들어올 기회를 엿봄. 관리들이 경계하지 않음.
➡ 도적이 엿보는데 개는 어찌 짖지 않는가.

❾ 대양을 바라보니 바다히 여위엿다
대양(大洋)을 브라보니 바다히 여위엿다
왜적이 쉽게 쳐들어올 수 있는 상황을 나타냄.
➡ 큰 바다를 바라보니 바다가 얕아졌다

❿ 술이 깨더냐 병기를 뉘 가디료
술이 씨더냐 병기(兵器)를 뉘 가디료
❷ 태도: 나라를 지키는 책무에 소홀한 것을 비판함.
➡ 술이 깨더냐 무기를 누가 다룰까.

⓫ 감사가 병사가 목부사 만호 첨사
감사(監司)가 병사(兵使)가 목부사(牧府使) 만호(萬戶) 첨사(僉使)
❸ 표현상 특징: 관직 이름을 나열함.
➡ 감사가, 병사가, 목부사, 만호, 첨사가

⑫ 산림이　　　 배화던가　　 수이곰　 드러갈샤
산림(山林)이 빈화던가* 수이곰 드러갈샤
❷ 태도: 왜적과 싸우지 않고 산속으로 달아나 숨는 것을 비판함.
➡ 산림이 비었던가 쉽게도 들어간다.

⑬ 어릴샤　 김수야　　　 뷘 성을　　 뉘 딕희료
어릴샤 김수(金晬)야 뷘 성(城)을 뉘 딕희료
➡ 어리석다 김수야 빈 성을 누가 지키리.

⑭ 우울샤　 신립아　　　 배수진은　　　　 므스일고
우울샤 신립(申砬)아 배수진(背水陣)은 므스일고
➡ 우습다 신립아 배수진은 무슨 일인가.

⑮ 양령을　　　 놉다하랴　　 한강을　　　 깁다 하랴
양령(兩嶺)을 놉다ᄒ랴 한강(漢江)을 깁다 ᄒ랴
➡ 두 고개를 높다 하랴 한강을 깊다 하랴.

⑯ 인모　　　 불장하니　　　 하늘이라　 엇디하료
　　　　　　　　　　　　　　　　 ❸ 표현상 특징: 설의법
인모(人謀) 불장(不臧)ᄒ니* 하늘이라 엇디ᄒ료
❷ 태도: 관료(지배층)들의 무능함에 대해 비판함.
➡ 지배층으로서 할 일을 다하지 않으니 하늘이라고 어찌할까.

⑰ 하나 한 백관도　　　 수 채울 뿐이랏다
하나 한 백관(百官)도 수 치올 쓴이랏다
많은 관리들이 나라를 지키는 책무를 다하지 않음.
➡ 많은 관리들도 수를 채울 뿐이구나.

⑱ 일석에　　　 분찬하니　　　　　　 이 시름 뉘 맛들고
㉠일석(一夕)에 분찬(奔竄)* ᄒ니 이 시름 뉘 맛들고
❷ 태도: 전쟁이 나자 나라를 지키지 않고 달아나는 관리들을 비판함.
➡ 하루 만에 달아나 숨으니 이 근심 누가 맡을까.

┌ 고혈: 몹시 고생하여 얻은 이익이나 재산을 비유적으로 이르는 말
└ 백관: 모든 벼슬아치

*❶~⑱행 요약: 책무를 다하지 않는 무능한 관리들에 대한 비판

(중략)

⑲ 질풍이　　　 아니 블면 경초를　　　 뉘 아더뇨
질풍(疾風)이 아니 블면 경초(勁草)*를 뉘 아더뇨
시련, 고난 → 전쟁　　　 억센 풀 → 백성
➡ 거센 바람(전쟁)이 아니 불면 억센 풀(백성)을 누가 알겠느냐.

⑳ 도홍　　 이백　　 할졔　 버들조쳐　　 프르더니
도홍(桃紅) 이백(李白)ᄒ졔* 버들조쳐 프ᄅ더니　 ┐
평화롭던 조선의 상황을 나타냄.　　　　　　　　　│
➡ 복숭아꽃과 오얏꽃이 피고 버들조차 푸르더니　 │ ❸ 표현상 특징:
　　　　　　　　　　　　　　　　　　　　　　　　 │ 대조법
㉑ 일진　　 서풍에　　 낙엽성　　　　 뿐이로다　 │
일진(一陣) 서풍(西風)에 낙엽성(落葉聲) 쓴이로다 ┘
전쟁으로 황폐해진 조선의 상황을 나타냄.
➡ 한바탕 서쪽 바람(전쟁)에 낙엽 소리뿐이로구나.

㉒ 김해　　　 정의번　　　 유종개　　　 장사진아
김해(金垓) 정의번(鄭宜藩) 유종개(柳宗介) 장사진(張士珍)*아
❸ 표현상 특징: 임진왜란 때 의병장들의 이름을 나열함.
➡ 김해, 정의번, 유종개, 장사진아.

㉓ 죽느니 만커니와 이 죽엄 한티 마라
죽ᄂ니 만커니와 이 죽엄 한(恨)티 마라
나라를 위해 희생한 의병들의 의로운 죽음
➡ 죽는 이 많거니와 이 죽음을 한스러워하지 마라.

㉔ 김해성이 믈허지니 진주성을 뉘 지키료
김해성이 믈허지니 진주성을 뉘 지키료
➡ 김해성이 무너지니 진주성을 누가 지키겠는가.

㉕ 뇌남　　 장사들이　　　 일석에　 어듸 간고
뇌남(雷南)* 장사(壯士)들이 ㉡일석(一夕)에 어듸 간고
❷ 정서: 나라를 지키던 이들의 죽음에 대한 안타까움
➡ 남쪽의 장사들이 하루 만에 어디 갔느냐.

㉖ 녹빈을　　　 안쥬 삼고 청수를　　　 잔의 브어
녹빈(綠蘋)을 안듀 삼고 청수(淸水)를 잔의 브어
➡ 푸른 개구리밥을 안주 삼고 깨끗한 물을 잔에 부어　 ┐
　　　　　　　　　　　　　　　　　　　　　　　　　 ❷ 정서: 나라를 지
㉗ 충혼　　　 의백을　　　 어듸 가 부르려는가　 키다 죽은 백성(의
충혼(忠魂) 의백(義魄)을 어듸 가 부르려는가　 병)들을 추모함.
➡ 충성스럽고 의로운 혼백을 어디 가서 부르려는가.

㉘ 조종　　　 구강애　　　 도적이　　　 님재 도여
조종(祖宗) 구강(舊疆)*애 도적(盜賊)이 님재 도여*
왜적이 나라를 침략한 상황
➡ 조상의 영토에 도적이 임자 되어

㉙ 뫼마다 죽기거니 골마다 더듬거니
뫼마다 죽기거니 골마다 더듬거니
➡ 산마다 죽거니 골짜기마다 더듬거니

㉚ 원혈이　　　 흘러나려 평육이　　 성강　 하니
원혈(冤血)*이 흘러나려 평육(平陸)이 성강(成江)ᄒ니
전쟁으로 인한 참혹함
➡ 원통한 피가 흘러내려 평지에 강을 이루니

㉛ 건곤도　　　 배자올샤　 피　　 할 대 전혀 업다
건곤(乾坤)도 빈자올샤 피(避)홀 ᄃ 젼혀 업다
비좁구나
➡ 하늘과 땅도 비좁구나 피할 곳이 전혀 없다.

┌ 일진: 한바탕 몰아치거나 몰려오는 구름이나 바람 따위
│ 녹빈: 푸른 개구리밥
│ 청수: 맑고 깨끗한 물
│ 충혼 의백: 충성스럽고 의로운 넋
└ 건곤: 하늘과 땅을 아울러 이르는 말

*⑲~㉛행 요약: 의병장들의 죽음에 대한 안타까움과 전쟁의 참혹함.

* 너흐느니: 짓씹느니
* 기라연 금수장: 호화로운 잔치
* 병촉유: 밤에 촛불을 밝혀 놓고 놀이를 즐김.
* 빈화던가: 비었던가
* 인모 불장ᄒ니: 사람으로서 할 수 있는 도리를 다하지 않으니. 여기서의 사람은 지배층을 의미한다고 볼 수 있음.
* 분찬: 달아나 숨음.
* 경초: 억센 풀. 백성을 의미함.
* 도홍 이백홀졔: 꽃이 피는 봄. 태평스런 시절을 의미함.
* 김해 정의번 유종개 장사진: 임진왜란 때의 의병장
* 뇌남: 우리나라 최남단
* 조종 구강: 조상의 영토
* 님재 도여: 임자 되어
* 원혈: 원통한 피

■ 갈래: 전쟁 가사　　　　 ■ 창작 시기: 조선 중기
■ 내용: 이 작품은 작가가 의병에 가담하여 활동하던 시기에 지은 가사이다. 작가는 임진왜란 당시 전란의 참상과 어지러운 현실에 대한 비분강개의 심정을 드러내고 있다. 특히 지배층으로서의 책무를 다하지 않는 관리들에 대한 날카로운 비판과 나라를 지키다 죽은 백성들에 대한 안타까움을 드러내고 있다.
■ 주제: 전쟁의 참혹함과 무능한 관리들에 대한 비판, 의병들에 대한 추모

■ 이것이 핵심!: 중심 대상에 대한 화자의 정서

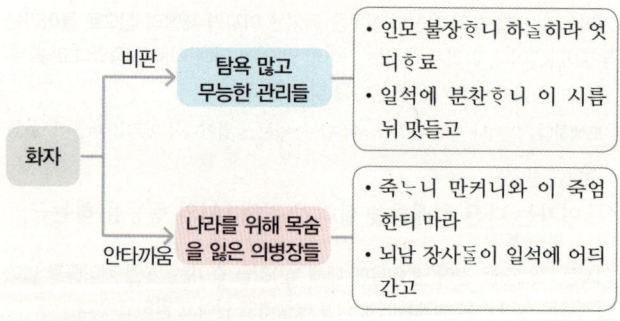

■ 화자 ─ (비판) → [탐욕 많고 무능한 관리들] → • 인모 불장ᄒ니 하늘히라 엇디ᄒ료 / • 일석에 분찬ᄒ니 이 시름 뉘 맛들고
■ 화자 ─ (안타까움) → [나라를 위해 목숨을 잃은 의병장들] → • 죽ᄂ니 만커니와 이 죽엄 한티 마라 / • 뇌남 장사들이 일석에 어듸 간고

(나) 정약용, 〈원목〉

❶ 중심 대상　 ❷ 글쓴이의 생각, 태도　 ❸ 서술상 특징

❶
[1] 목민관(牧民官)이 백성을 위해 있는 것인가, 백성이 목민관을
❶ 중심 대상: 목민관　❷
위해 사는 것인가?┌ 백성은 곡식과 쌀, 삼과 생사(生絲)를 생산하
　　　　　　　　　 └ : 목민관의 잘못된 행태

여 목민관을 섬기고, 거마(車馬)와 하인을 내어 목민관을 보내고 맞이하며, 자신의 고혈(膏血)과 골수를 다 짜내어 목민관을 살찌우니,」백성은 목민관을 위해 사는 것인가? 아니다. 그렇지 않다. ④

❺목민관이 백성을 위해 있는 것이다.
❷ 글쓴이의 생각

〔목민관: 백성을 다스려 기르는 벼슬아치라는 뜻으로, 고을의 원(員)이나 수령 등의 외직 문관을 통틀어 이르는 말
생사: 삶아서 익히지 아니한 명주실〕

*❶ 요약: 목민관의 잘못된 행태에 대한 비판

②❶ⓒ태초의 아득한 옛날엔 백성만 있었을 뿐이니, 무슨 목민관이 ❷있었겠는가. 백성들이 즐비하게 모여 살면서 어떤 한 사람이 이웃과 다투어 잘잘못을 가리지 못하였는데 공평한 말을 잘하는 어르신에게 가서 이 문제를 바로잡았다. ❸사방 이웃들이 모두 감복해서 이 어르신을 추대하여 함께 높여 이정(里正)이라고 이름하였다. ❹그러더니 여러 마을의 백성들이 마을에서 다투어 잘잘못을 가리지 못한 문제를 가지고 준수하고 학식이 많은 어르신에게 가서 바로잡았다. ❺여러 마을이 모두 감복해서 이 어르신을 추대하여 함께 높여 당정(黨正)이라 이름하였다.

③❶여러 당(黨)의 백성들이 당에서 싸워 잘잘못을 가리지 못한 문제를 가지고 어질고 덕이 있는 어르신에게 나아가 바로잡았다. ❷여러 당이 모두 감복하여 주장(州長)이라 이름하였다. ❸그러더니 여러 주(州)의 주장이 한 사람을 추대하여 장(長)으로 삼아 국군(國君)이라 이름하고, 여러 나라의 국군이 한 사람을 추대하여 장으로 삼아 방백(方伯)이라 이름하고, 사방의 방백이 한 사람을 추대하여 우두머리로 삼고 그를 황왕(皇王)이라 이름하였다. ❹황왕의 근
□: 연쇄의 방식으로 '황왕'의 근본이 '이정'임을 설명함.
본은 이정에서 시작되었으니, 목민관은 백성을 위해 있는 것이다.

〔태초: 하늘과 땅이 생겨난 맨 처음
아득하다: 보이는 것이나 들리는 것이 희미하고 매우 멀다.
감복하다: 감동하여 충심으로 탄복하다.
추대하다: 윗사람으로 떠받들다.
준수하다: 재주와 슬기, 풍채가 빼어나다.〕

*❷, ❸ 요약: 목민관의 유래

④❶ⓔ이때를 당해서 이정은 백성들의 바람에 따라 법을 제정하여 당정에게 올리고, 당정은 백성들의 바람에 따라 법을 제정하여 주장에게 올리고, 주장은 국군에게 올리고, 국군은 황왕에게 올렸다. ❷이 때문에 ⓐ그 법은 모두 백성들을 편하게 하는 것이었다.
법은 백성들을 편하게 하려고 만들어짐.

〔제정하다: 제도나 법률 따위를 만들어서 정하다.〕

*❹ 요약: 법의 제정 목적

⑤❶그런데 후세에는 한 사람이 스스로 나서서 황제가 되어 자기 아들과 아우 및 가까이 모시는 자와 하인들을 모두 봉하여 제후로 삼고, 제후는 자기의 사인(私人)들을 뽑아 주장으로 삼고, 주장은 자기의 사인들을 뽑아 당정과 이정으로 삼았다. ❷이에 황제는 자기 욕심대로 법을 제정하여 제후에게 내려 주고, 제후는 자기 욕망대로 법을 제정하여 주장에게 내려 주고, 주장은 당정에게 내려 주고, 당정은 이정에게 내려 주었다. ❸이 때문에 ⓑ그 법은 모두 임금

을 높이고 백성을 낮추며, 아랫사람의 재물을 깎아 내어 윗사람에
법의 본래 목적이 변질됨.
게 보태 주는 것이 되었다. ④그리하여 한결같이 백성들은 목민관을
❷ 태도: 자신의 본분을 잊은 목민관을 비판함.
위해 사는 것처럼 된 것이다.

〔사인: 개인 자격으로서의 사람〕

*❺ 요약: 본래의 목적과 달리 변질된 법

⑥❶ⓜ지금의 수령은 옛날의 제후나 마찬가지이다. 그들을 받들어 모시는 궁실과 거마, 제공되는 의복과 음식, 좌우에서 모시는 여인이나 내시, 노복들까지 임금에 맞먹는 정도이다. ❷그들의 권능이 사람을 기쁘게도 하고 그들의 형벌과 위엄이 사람을 두렵게도 할
권력을 악용하는 관리들
수 있다. ❸그리하여 거만하게 스스로 높이고 태연하게 스스로 즐겨 자신이 목민관이라는 사실을 잊고 있다.
❷ 태도: 자신의 본분을 잊은 목민관을 비판함.

〔권능: 권세와 능력을 아울러 이르는 말
태연하다: 마땅히 머뭇거리거나 두려워할 상황에서 태도나 기색이 아무렇지도 않은 듯이 예사롭다.〕

*❻ 요약: 목민관이 자신의 본분을 잊은 것에 대한 비판

⑦❶「한 사람이 싸우다가 이 문제를 가지고 그에게 가서 바로잡아
「」: 백성들의 어려움에 무관심하고 무책임한 모습
달라고 하면 얼굴을 찡그리고 "어찌 이렇게 시끄럽게 구는가?"라고 하고, 한 사람이 굶어 죽기라도 하면 "제 스스로 죽은 것일 뿐이다."라고 한다.」❷곡식과 쌀, 베와 비단을 생산하여 섬기지 않으면 매질하고 곤장을 쳐서 피가 흐르는 것을 보고 나서야 그친다.
백성을 가혹하게 수탈하는 목민관의 행태
❸「날마다 돈을 계산하고 장부를 작성하는가 하면, 돈과 베를 거둬
「」: 백성을 수탈하여 자신의 이익을 꾀하는 탐욕스러운 모습
들여 전택(田宅)을 마련하고 권세가나 재상에게 뇌물을 보내 훗날의 이익을 도모한다.」그러므로 ❹"백성이 목민관을 위해 있다."라고
❸ 서술상 특징: 설의적 표현
말하는 것이니, 어찌 바른 이치이겠는가. ❺목민관은 백성을 위해
❷ 태도: 목민관의 잘못된 행태에 대한 비판   ❷ 글쓴이의 생각: 목민관은 백성을 위해 있음.
있는 것이다.

〔전택: 논밭과 집을 아울러 이르는 말〕

*❼ 요약: 무책임하고 탐욕스러운 목민관에 대한 비판

■ 갈래: 고전 수필   ■ 창작 시기: 조선 후기
■ 내용: 이 작품은 작가가 목민관의 본분에 대한 자신의 생각을 밝힌 글이다. 목민관이 백성을 수탈하고 자신의 이익을 탐하는 현실을 비판하면서 목민관은 백성을 위해 존재한다는 사실을 강조하고 있다. 특히 작가는 목민관의 유래를 단계적으로 밝히며 목민관이 백성을 위해 존재한다는 자신의 주장을 강화하고 있다.
■ 주제: 백성을 위해 존재하는 목민관의 본분

■ 이것이 핵심! 목민관과 백성의 관계

| 목민관 | 백성들을 위해 존재함. ⇄ 백성이 없으면 존재하지 않음. | 백성 |

★ 독해 공식 정답

(가)
❶ 화자: 드러나지 않음. 중심 대상: 무능한 관리들과 나라를 위해 희생한 백성들
❷ 상황: 전쟁의 참상과 어지러운 현실에 대한 심정을 드러냄.
정서, 태도: 방탕한 관리들을 비판하고 나라를 위해 목숨을 바친 백성들을 추모함.
❸ 표현상 특징
• 설의적 표현을 활용하여 주제 의식을 드러내고 있음.
• 무능한 관리들과 나라를 지키다 죽은 백성들을 대조하여 주제를 강조하고 있음.

(나)
❶ 중심 대상: 목민관
❷ 글쓴이의 생각, 태도: 백성을 수탈하고 이익을 탐하는 목민관을 비판하며 목민관은 백성을 위해 존재해야 한다고 주장함.

❸ 표현상 특징
- 묻고 답하는 방식으로 내용을 전개하고 있음.
- 연쇄법을 활용하여 목민관의 유래를 밝히고 있음.
- 설의적 표현을 활용하여 말하고자 하는 바를 강조하고 있음.

작품 간의 공통점 및 차이점
- **공통점**: 나라의 관리에 대한 생각을 대조의 방식을 통해 드러냄.
- **차이점**: (가)는 무능한 관리들과 의로운 백성들의 모습을 대조하고, (나)는 백성을 위하는 목민관과 본분을 잊은 목민관의 모습을 대조함. 등

E 24 정답 ① ＊작품 비교하기 ………… [정답률 39%]

(가)와 (나)의 공통점으로 가장 적절한 것은?

왜 정답?

① 대조의 방식을 사용하여 주제의 의미를 부각하고 있다.
　(가) 관리들 ↔ 백성들, (나) 백성을 위해 존재하는 목민관 ↔ 본분을 잊은 목민관

＊근거: (가) ⑱행, ㉓행, (나) ⑦문단

(가)에서는 책무를 다하지 않는 관리들과 목숨을 바쳐 나라를 지키는 백성들을 대조하여 지배층에 대한 비판이라는 주제를 부각하고 있다. (나)에서는 백성을 위해 존재하는 목민관과 자신의 본분을 잊은 '지금'의 목민관을 대조하여 목민관은 백성을 위해 존재해야 한다는 주제를 부각하고 있다.

왜 오답?

② 활유의 방식을 사용하여 관념적 대상을 묘사하고 있다.
　(가) '바다히 여위엿다'에서만 활유의 방식이 드러난다고 볼 여지가 있음.

＊근거: (가) ⑨행

(가)의 '바다히 여위엿다'를 활유의 방식으로 볼 여지는 있다. 하지만 이를 통해 관념적 대상을 묘사하고 있지는 않다. (나)에서는 활유의 방식을 사용하고 있지 않다.

[활유의 방식: 무생물을 생명이 있는 것처럼 표현하는 방법
[관념: 현실에 의하지 않는 추상적이고 공상적인 생각

③ 풍자적 표현을 활용하여 주제의 양면성을 드러내고 있다.
　(가)와 (나) 모두 풍자적 표현이나 주제의 양면성은 드러나지 않음.

풍자는 대상의 부정적 면모를 비꼬거나 비웃으면서 비판하는 것이다. (가)에서는 책무를 다하지 않는 지배층, (나)에서는 본분을 잊은 '지금'의 목민관을 비판하고 있기는 하지만, 이를 풍자적 표현이라고 보기 어렵다. 또한 (가)와 (나) 모두 주제의 양면성을 드러내고 있지는 않다.

[양면성: 한 가지 사물에 속하여 있는 서로 맞서는 두 가지의 성질

▶ [오답 선택률 30%]

④ 연쇄의 방식을 사용하여 상황의 심각성을 표현하고 있다.
　(나)의 2, 3문단에서만 연쇄의 방식을 사용함.

＊근거: (나) ②, ③문단

(가)에서는 연쇄의 방식을 사용하고 있지 않다. (나)의 2, 3문단에서는 '이정 → 당정 → 주장 → 국군 → 방백 → 황왕'으로 이어지는 연쇄의 방식을 사용하고 있다. 하지만 이를 통해 '황왕'의 근본이 '이정'임을 설명하고 있을 뿐, 상황의 심각성을 표현하고 있지는 않다.

[연쇄의 방식: 앞 구절의 어구를 다시 다음 구절에 연결하여 이어 가는 방법

⑤ 역설적 표현을 활용하여 세태의 혼란함을 강조하고 있다.
　(가)와 (나) 모두 역설적 표현은 활용하지 않음.

(가)와 (나)에서는 모두 역설적 표현을 활용하고 있지 않다.

E 25 정답 ① ＊〈보기〉를 바탕으로 감상하기 · [정답률 65%]

〈보기〉를 바탕으로 (가)를 감상한 내용으로 적절하지 않은 것은?

- 〈보기〉를 바탕: (가)에는 임진왜란의 참상, 백성을 외면한 지배층에 분노하여 전쟁에 참전한 의병들의 희생, 백성의 강인함이 형상화되어 있습니다.

- (가): '수령', '변장', '백관' 등의 관리들은 호의호식하며 나라를 지키는 책무를 저버린 반면, 백성(의병)들은 나라를 위해 희생하는 모습을 보입니다.

즉 임진왜란 당시의 시대적 모습이 반영되어 있는 (가)에 대한 설명으로 틀린 것을 고르는 문제입니다.

[보기]
　❶〈용사음〉은 임진왜란을 배경으로 전쟁의 참상과 의병의 모
　　　　　　　　　　　　　　　　　　　　⑤의 근거
습을 보여주고 있다. ❷일본이 조선을 침략했을 때 백성들은 자
　　　　　　　　　④의 근거　　　　　　　　①의 근거
신들을 외면한 지배층에 대해 분노하며 의병으로 참전하였
다. ❸이 작품에서는 이러한 의병들의 충성스러운 희생이 부각
　　　　　　　　　　　　　의병들의　　　　　③의 근거
됨으로써 백성들의 강인함이 형상화되었다.
　　　　　②의 근거

참상: 비참하고 끔찍한 상태나 상황

왜 정답?

① '하나 한 백관도 수 치올 뿐이랏다'를 통해 일본에 대한 의
　　　　　　　　자신의 책무를 다하지 않는 관리들에 대한 비판이므로 적절하지 않음.
병들의 분도를 짐작할 수 있겠군.

근거: (가) ⑰행, 〈보기〉 ❷문장

〈보기〉에서 '백성들은 자신들을 외면한 지배층에 대해 분노'했다고 했다. 이를 바탕으로 이해하면 '하나 한 백관도 수 치올 뿐이랏다'는 나라의 관리들이 수만 채울 뿐 나라를 지키는 책무를 다하지 않는 것을 비판하는 표현이다. 따라서 이를 통해 일본에 대한 의병들의 분노를 짐작할 수 있다는 내용은 적절하지 않다.

왜 오답?

② '질풍이 아니 블면 경초롤 뉘 아더뇨'를 통해 임진왜란에서
　　　　　　전쟁이 일어나면 결국 백성들이 일어나 싸운다는 것을 의미하므로 적절함.
드러난 백성들의 강인함을 짐작할 수 있겠군.

근거: (가) ⑲행, 〈보기〉 ❸문장

〈보기〉에서 이 작품에는 '백성들의 강인함이 형상화되었다.'라고 했다. 그리고 '질풍이 아니 블면 경초롤 뉘 아더뇨'는 임진왜란과 같은 전쟁이 일어나면 결국 백성들이 나라를 지키기 위해 싸운다는 의미를 담고 있다. 따라서 이를 통해 임진왜란에서 드러난 백성들의 강인함을 짐작할 수 있다는 내용은 적절하다.

③ '충혼 의백을 어듸 가 부르려는가'를 통해 의병들의 충성스
　　　　　　　　나라를 지키다 죽은 의병들을 추모하는 것이므로 적절함.
러운 희생을 짐작할 수 있겠군.

근거: (가) ㉗행, 〈보기〉 ❸문장

〈보기〉에서 이 작품에는 '의병들의 충성스러운 희생이 부각'되었다고 했다. 그리고 '충혼 의백을 어듸 가 부르려는가'는 나라를 지키다 죽은 의병들에 대한 안타까움과 추모의 마음을 담고 있다. 따라서 이를 통해 의병들의 충성스러운 희생을 짐작할 수 있다는 내용은 적절하다.

④ '조종 구강애 도적이 님재 도여'를 통해 일본이 조선을 침
　　　　　　　　　　　　　왜적이 쳐들어온 상황을 나타내므로 적절함.
략한 상황을 짐작할 수 있겠군.

근거: (가) ㉘행, 〈보기〉 ❷문장

〈보기〉에서 이 작품은 '일본이 조선을 침략했을 때'의 상황을 보여 주고 있다고 했다. 그리고 '조종 구강애 도적이 님재 도여'는 왜적이 나라에 쳐들어온 상황을 나타내고 있다. 따라서 이를 통해 일본이 조선을 침략한 상황을 짐작할 수 있다는 내용은 적절하다.

⑤ '원혈이 흘러나려 평육이 성강ᄒᆞ니'를 통해 임진왜란에 의
　　　　　　　　원통한 피가 흘러넘치는 전쟁의 참혹함을 표현한 것이므로 적절함.
해 벌어진 참상을 짐작할 수 있겠군.

근거: (가) ㉚행, 〈보기〉 ❶문장

〈보기〉에서 이 작품은 '임진왜란을 배경으로 전쟁의 참상'을 보여 주고 있다

고 했다. 그리고 '원혈이 흘러나려 평육이 성강ᄒ니'는 전쟁으로 인해 원통한 피가 흘러넘치는 참혹한 상황을 보여 주고 있다. 따라서 이를 통해 임진왜란에 의해 벌어진 참상을 짐작할 수 있다는 내용은 적절하다.

E 26 정답 ⑤ ＊〈보기〉를 바탕으로 감상하기 … [정답률 73%]

〈보기〉를 바탕으로 (가)와 (나)를 이해한 내용으로 적절하지 않은 것은? [3점]

- **〈보기〉를 바탕**: 조선 후기의 관리들은 공적 책무를 잊고 무책임하며 무능력하고, 탐욕스럽거나 방탕한 생활을 하는 경우가 많았습니다.
- **(가)와 (나)**: (가)와 (나) 모두 탐욕스럽고 무책임한 관리들로 인해 고통받는 백성의 처지를 그리고 있습니다.

⮕ 조선 후기 관리들의 부정적인 모습을 바탕으로 (가)와 (나)를 이해한 내용 중 틀린 것을 고르는 문제입니다.

┌─────────────[보기]─────────────┐

❶ 조선 후기 관리들 중에는, 백성을 위해 일해야 하며 그들을
  (가의 관리들, (나)의 본분을 잊은 목민관–④의 근거
보호해야 하는 공적 책무를 망각한 경우가 많았다. ❷ 이러한 관
리들은 백성을 수탈하며 탐욕스러움을 드러내거나 백성을 가
      ②의 근거   ①, ⑤의 근거
혹하게 대할 뿐만 아니라, 방탕하게 향락에 빠지기도 하였다.
                              ④의 근거
❸ 백성에 대한 관리로서의 본분을 다하지 않는 무책임함과 현
                          ③의 근거
실 문제를 해결하지 못하는 무능력함은 백성의 빈곤과 국가
의 혼란을 초래했다.

망각하다: 어떤 사실을 잊어버리다.
향락: 쾌락을 누림.
초래하다: 일의 결과로서 어떤 현상을 생겨나게 하다.

└──────────────────────────────┘

〉왜 정답 ?

⑤ (가)의 '죽ᄂ니 만커니와 이 죽엄 한티 마라'에서는 관리들
              나라를 위해 희생한 의병장들의 죽음을 의롭게 여김.
이 초래한 백성의 빈곤함을, (나)의 목민관이 '형벌과 위엄'으
                          백성들을 가혹하게 대하는 관리들의 모습
로 백성을 '두렵게' 한다고 한 것에서는 **관리들의 무능력함을**
엿볼 수 있다.

＊근거: (가) ㉓행, (나) ⑥문단 ❸문장, 〈보기〉 ❷문장
(가)의 '죽ᄂ니 만커니와 이 죽엄 한티 마라'는 나라를 위해 희생한 백성들의 죽음을 의롭게 여기는 표현으로, 관리들이 초래한 백성의 빈곤함과는 관계가 없다. (나)의 목민관이 '형벌과 위엄'으로 백성을 '두렵게' 하는 것은 〈보기〉에서 언급하고 있는 관리들이 '백성을 가혹하게 대'하는 모습이다.

〉왜 오답 ?

① (가)의 '니 됴흔 수령들 너흐ᄂ니 백성이요'와 (나)의 목민
              백성들을 가혹하게 대하는 관리들의 모습
관이 백성을 '매질하고 곤장을 쳐서 피가 흐르는 것'을 본다는
것에서 백성에 대한 관리들의 가혹함을 엿볼 수 있다.

＊근거: (가) ❶행, (나) ⑦문단 ❷문장, 〈보기〉 ❷문장
(가)의 '니 됴흔 수령들 너흐ᄂ니 백성이요'는 이가 좋은 수령들이 백성들을 짓씹는다는 의미이다. 또한 (나)의 목민관은 백성을 '매질하고 곤장을 쳐서 피가 흐르는 것'을 본다고 했다. 이러한 모습들은 〈보기〉에서 언급하고 있는 관리들이 '백성을 가혹하게 대'하는 모습이다.

② (가)의 '재화로 성을 ᄊ니 만장을 뉘 너모며'와 (나)에서 목
              관리들이 백성을 수탈하고 탐욕스러움을 드러내는 모습
민관이 '돈과 베를 거둬들여 전택을 마련'한다고 한 것에서 백
성들을 수탈하는 관리들의 탐욕스러움을 엿볼 수 있다.

＊근거: (가) ❸행, (나) ⑦문단 ❸문장, 〈보기〉 ❷문장
(가)의 '재화로 성을 ᄊ니 만장을 뉘 너모며'와 (나)에서 목민관이 '돈과 베를 거둬들여 전택을 마련'한다고 한 것은 〈보기〉에서 언급하고 있는 관리들이 '백성을 수탈하며 탐욕스러움을 드러내'는 모습이다.

③ (가)의 '인모 불장ᄒ니 하ᄂᆞᆯ히라 엇디ᄒᆞ료'와 (나)의 목민
        자신의 책무를 다하지 않는 관리들의 모습
관이 '굶어 죽'은 '한 사람'에 대해 '제 스스로 죽은 것'이라고
말한 것에서 백성에 대한 관리들의 무책임함을 엿볼 수 있다.

＊근거: (가) ⑯행, (나) ⑦문단 ❶문장, 〈보기〉 ❸문장
(가)의 '인모 불장ᄒ니 하ᄂᆞᆯ히라 엇디ᄒᆞ료'와 (나)의 목민관이 '굶어 죽'은 '한 사람'에 대해 '제 스스로 죽은 것'이라고 말한 것은 〈보기〉에서 언급하고 있는 '관리로서의 본분을 다하지 않는 무책임함'을 드러내는 모습이다.

④ (가)의 '희도 길것마ᄂᆞᆫ 병촉유 긔 엇덜고'에서는 관리들의
              자신의 본분을 다하지 않고 놀기만 하는 방탕한 관리들의 모습
방탕함을, (나)의 목민관이 '자신이 목민관이라는 사실을 잊'
                        공적 책무를 망각한 관리들의 모습
었다는 것에서는 자신들의 본분을 망각했음을 엿볼 수 있다.

＊근거: (가) ⑥행, (나) ⑥문단 ❹문장, 〈보기〉 ❶, ❷문장
(가)의 '희도 길것마ᄂᆞᆫ 병촉유 긔 엇덜고'는 〈보기〉에서 언급하고 있는 관리들이 '방탕하게 향락에 빠'진 모습이다. 또한 (나)의 목민관이 '자신이 목민관이라는 사실을 잊'었다는 것은 〈보기〉에서 언급하고 있는 관리들이 '공적 책무를 망각한' 모습이다.

E 27 정답 ② ＊시어 및 구절의 의미 파악하기 · [정답률 70%]

㉠~㉤에 대한 이해로 가장 적절한 것은?

- **㉠~㉤**: ㉠과 ㉡은 '일석', ㉢은 '태초', ㉣은 '이때', ㉤은 '지금'을 가리키며, 모두 어떤 행위가 드러나는 시간–시기를 나타냅니다.

⮕ ㉠~㉤에 어떤 행위가 드러나는지 이해한 내용으로 적절한 것을 고르는 문제입니다.

〉왜 정답 ?

② ㉠과 달리 ㉣에는 사회적으로 바람직한 가치를 추구하는
                              ㉣에만 드러남.
행위가 드러난다.

＊근거: (가) ⑱행, (나) ❹문단
㉠에는 전쟁이 나자 관리들이 나라를 지키지 않고 달아나 숨어 버리는 모습이 드러난다. ㉣에는 관리들이 '백성들의 바람에 따라 법을 제정하여' 그 법으로 '백성들을 편하게 하는' 모습이 드러난다. 따라서 ㉠과 달리 ㉣에는 '백성들을 편하게 한다'라는 사회적으로 바람직한 가치를 추구하는 행위가 드러난다.

〉왜 오답 ?

① ㉠과 달리 ㉢에는 현실의 혼란스러운 상황을 피하고자 하
                        ㉠에만 드러남.
는 행위가 드러난다.

＊근거: (가) ⑱행, (나) ❷문단 ❶문장
㉠에는 전쟁이 나자 관리들이 나라를 지키지 않고 달아나 숨어 버리는 모습이 드러난다. ㉢은 목민관이 없이 백성만 있던 시기를 의미한다. 따라서 현실의 혼란스러운 상황을 피하고자 하는 행위는 ㉠에만 드러난다.

③ ㉠과 달리 ㉤에는 개인의 안위만을 고려하는 이기적인 행
                        ㉠, ㉤에 모두 드러남.
위가 드러난다.

＊근거: (가) ⑱행, (나) ❻문단
㉠에는 전쟁이 나자 관리들이 나라를 지키지 않고 달아나 숨어 버리는 모습이 드러난다. ㉤에는 자신의 이익만 꾀하는 목민관들의 탐욕스러운 모습이 드러난다. 따라서 개인의 안위만을 고려하는 이기적인 행위는 ㉠과 ㉤에 모두 드러난다.

[안위: 편안함과 위태함을 아울러 이르는 말

④ ⓛ과 달리 ⓒ에는 피지배자가 지배자의 자리에 오르기 위
해 투쟁하는 행위가 드러난다.
> ⓛ, ⓒ에 모두 드러나지 않음.

*근거: (가) 25행, (나) 2문단 ❶문장

ⓛ에는 전쟁으로 인해 의병장들이 목숨을 잃은 상황이 드러난다. ⓒ은 목민
관이 없이 백성만 있던 시기를 의미한다. 따라서 피지배자가 지배자의 자리
에 오르기 위해 투쟁하는 행위는 ⓛ과 ⓒ에 모두 드러나지 않는다.

[투쟁하다: 어떤 대상을 이기거나 극복하기 위해 싸우다.

⑤ ⓛ과 달리 ⓜ에는 피지배자가 원하는 바를 충족시켜 문제
를 해결하는 행위가 드러난다.
> ⓛ, ⓜ에 모두 드러나지 않음.

*근거: (가) 25행, (나) ❻문단

ⓛ에는 전쟁으로 인해 의병장들이 목숨을 잃은 상황이 드러난다. ⓜ에는 자
신의 이익만 꾀하는 목민관들의 탐욕스러운 모습이 드러난다. 따라서 피지
배자가 원하는 바를 충족시켜 문제를 해결하는 행위는 ⓛ과 ⓜ에 모두 드러
나지 않는다.

[충족시키다: 욕구나 원하는 조건을 충분히 채우게 하다.

E 28 정답 ① *시어 및 구절의 의미 파악하기 ·· [정답률 81%]

ⓐ와 ⓑ를 비교한 내용으로 가장 적절한 것은?

• ⓐ: '그 법'을 가리키며, 백성들을 편하게 하는 법을 의미합니다.
• ⓑ: '그 법'을 가리키며, 윗사람을 위한 법을 의미합니다. 이로 인해 백성들
 이 목민관을 위해 살게 되었습니다.

즉 ⓐ와 ⓑ가 가리키는 '그 법'이 가져온 결과를 비교하여 이해한 내용으
로 적절한 것을 고르는 문제입니다.

왜 정답?

① ⓐ는 백성의 바람이 반영된 편안한 삶이라는, ⓑ는 목민관
을 위한 백성의 삶이라는 결과를 낳았다.
> ⓐ는 백성들을 편하게 하는 법이므로 적절함.
> ⓑ는 윗사람을 위한 법이므로 적절함.

*근거: (나) ❹문단, ❺문단 ❸, ❹문장

ⓐ는 '백성들의 바람에 따라' 제정한 것이며, 이는 '백성들을 편하게 하는 것'
이라고 했다. 한편 ⓑ는 '임금을 높이고 백성을 낮추며, 아랫사람의 재물을
깎아 내어 윗사람에게 보태 주는 것이 되었다.'라고 했고, 이로 인해 '한결같
이 백성들은 목민관을 위해 사는 것처럼 된 것이다.'라고 했다. 따라서 ⓐ는
백성들의 바람이 반영된 편안한 삶이라는 결과를, ⓑ는 목민관을 위한 백성
의 삶이라는 결과를 낳았다는 것은 적절하다.

왜 오답?

② ⓐ는 백성의 결핍이 충족되는 삶이라는, ⓑ는 목민관이 백
성의 염원을 지지하는 삶이라는 결과를 낳았다.
> ⓐ는 백성들을 편하게 하는 법이므로 적절함.
> ⓑ는 윗사람을 위한 법이므로 적절하지 않음.

ⓐ는 '백성들의 바람에 따라' 제정한, '백성들을 편하게 하는' 법이므로 백성
의 결핍이 충족되는 삶이라는 결과를 낳았다고 볼 수 있다. 한편 ⓑ는 윗사
람을 위한 법이며 ⓑ로 인해 '백성들은 목민관을 위해 사는 것처럼' 되었으
므로, ⓑ는 목민관이 백성의 염원을 지지하는 삶이라는 결과를 낳았다고 볼
수 없다.

[염원: 마음에 간절히 생각하고 기원함. 또는 그런 것

③ ⓐ는 백성의 번민이 거듭되는 삶이라는, ⓑ는 목민관의 요
구가 영향을 미친 백성의 삶이라는 결과를 낳았다.
> ⓐ는 백성들을 편하게 하는 법이므로 적절하지 않음.
> ⓑ로 인해 백성들은 목민관을 위해 살게 되므로 적절함.

ⓐ는 '백성들을 편하게 하는' 법이므로 백성의 번민이 거듭되는 삶이라는 결
과를 낳았다고 볼 수 없다. 한편 ⓑ로 인해 '백성들은 목민관을 위해 사는
것처럼' 되었으므로 ⓑ는 목민관의 요구가 영향을 미친 백성의 삶이라는 결

과를 낳았다고 볼 수 있다.

[번민: 마음이 번거롭고 답답하여 괴로워함.

④ ⓐ는 백성의 의무가 강요되는 삶이라는, ⓑ는 목민관에 의
해 권리가 보장되는 백성의 삶이라는 결과를 낳았다.
> ⓐ는 백성들을 편하게 하는 법이므로 적절하지 않음.
> ⓑ로 인해 백성들은 목민관을 위해 살게 되었으므로 적절하지 않음.

ⓐ는 '백성들의 바람에 따라' 제정한, '백성들을 편하게 하는' 법이므로 백성
의 의무가 강요되는 삶이라는 결과를 낳았다고 볼 수 없다. 한편 ⓑ로 인해
'백성들은 목민관을 위해 사는 것처럼' 되었으므로 ⓑ는 목민관에 의해 권리
가 보장되는 백성의 삶이라는 결과를 낳았다고 볼 수 없다.

⑤ ⓐ는 백성의 욕망이 좌절되는 삶이라는, ⓑ는 목민관에 의
해 백성의 소망이 이루어지는 삶이라는 결과를 낳았다.
> ⓐ는 백성들을 편하게 하는 법이므로 적절하지 않음.
> ⓑ로 인해 백성들은 목민관을 위해 살게 되었으므로 적절하지 않음.

ⓐ는 '백성들의 바람에 따라' 제정한, '백성들을 편하게 하는' 법이므로 백성
의 욕망이 좌절되는 삶이라는 결과를 낳았다고 볼 수 없다. 한편 ⓑ로 인해
'백성들은 목민관을 위해 사는 것처럼' 되었으므로 ⓑ는 목민관에 의해 백성
의 소망이 이루어지는 삶이라는 결과를 낳았다고 볼 수 없다.

E 29~32 ——— [2018년(3월)/고2교육청 42~45]

(가) 장유, 〈곡목설〉

❶ 중심 대상 ❷ 글쓴이의 생각, 태도 ❸ 서술상 특징

1 ❶이웃에 있는 장생이란 사람이 집을 지으려고 하여 산에 들어가
재목을 찾았으나, 빽빽이 심어진 나무들은 대부분 꼬부라지고 뒤
틀려서 용도에 맞지 않았다. ❷그런 가운데 산꼭대기에 한 그루가
   > ❶ 중심 대상: 나무
   > 곧아 보이지만 구부러진 나무
있었는데, 앞에서 보아도 곧바르고 좌우에서 보아도 역시 곧기만
했다. ❸때문에 쓸 만한 좋은 재목으로 생각하고는 도끼를 들고 그
쪽으로 가 뒤에서 살펴보니, 구부러져 있는 나무였다. ❹이에 장생
은 도끼를 내던지고 탄식했다.

[재목: 목조의 건축물─기구 따위를 만드는 데 쓰는 나무

*1 요약: 장생이 한 나무가 곧은 줄 알았다가 구부러짐을 보고 탄식함.

2 ❶"아, 나무 가운데 재목이 될 만한 것은 보면 쉽게 살필 수 있고,
고르면 쉽게 가름할 수 있다. ❷그런데 이 나무의 경우는 내가 세 번
   > 나무와 같이 사람도 그 실체를 알기가 쉽지 않음. ❸
이나 살폈어도 쓸모없는 재목감이라는 것을 알지 못하였구나. ❸그
러니 하물며 사람들이 외모를 그럴 듯하게 꾸미고 속마음을 깊게
숨기는 경우에 있어서랴! ❹그 말을 들으면 그럴듯하고 그 외모를
보면 친절하고 다정하기만 하며 세세한 행동을 살펴보아도 삼가
고 삼가니, 군자라 여기지 않을 수 없다. ❺그러나 큰 변고를 당하거
나 절개를 지켜야 하는 경우에 닥치고 나면 본심을 드러내고야 마
니, 국가가 무너지게 되는 것은 언제나 이런 부류의 사람들 때문
이다.

❻그리고 나무가 자랄 때, 소나 염소에 의해 짓밟히거나 도끼나
자귀에 의해 찍히는 것도 없이 비나 이슬을 맞고 무성해지면서 밤
낮으로 커가니, 쭉쭉 뻗어 곧게 자라야 함이 마땅할 것이다. ❼그럼
   > 본래 곧은 나무이지만 구부러지게 자라지기도 함.
에도 쓸모없는 재목인지 판단하기가 어려운 것이 이다지도 심하

> ❷ 글쓴이의 생각: 나무를 판단하는 것과 마찬가지로 사람을 판단하는 것도 어려움.

니, 하물며 사람들이 이 세상에 몸을 담고 있는 경우에 있어서랴!
⑧ 물욕이 참된 성품을 어지럽히고 이해관계가 분별력을 흐리게 하
　나무와 같이 사람도 본래 성품을 굽히는 자가 많음.
여, 타고난 성품을 굽히고 본래의 모습을 벗어난 자가 이루 헤아
릴 수 없으니, 바르지 못한 자가 많고 정직한 자가 적은 것이야 조
금도 괴이한 것이 아니로구나."

> **가름하다**: 승부나 등수 따위를 정하다.
> **변고**: 갑작스러운 재앙이나 사고
> **절개**: 신념, 신의 따위를 굽히지 아니하고 굳게 지키는 꿋꿋한 태도
> **물욕**: 재물을 탐내는 마음

＊② 요약: 나무도 곧게 자라기 어려운 것처럼, 인간도 곧은 성품을 지니기가 어려움.

③ **①** 그가 이 일을 나에게 말하기에, 나는 다음과 같이 대답했다.
　　　　　'장생'의 말을 듣고 '나'가 반응함.
② "그대의 세상에 대한 관찰력이 뛰어나네그려! **③** 비록 그러나 나
　　'장생'의 말을 긍정적으로 평가하며 자신의 의견을 더함.
역시 할 말이 있네. 《서경》의 〈홍범〉편에 오행을 논하면서 '나무
　　┌ 「」: 성현의 말을 인용함.
는 그 속성이 구부러지거나 바르다'고 하였네. **⑤** 그렇다면 나무가 굽
은 것은 재목감으로는 되지 않을지라도 그 속성으로는 원래가 그
러한 것이네. 하지만 공자께서는 '사람은 태어날 때부터 정직한 것
　　　　　　　　　　인간의 천성은 오직 정직함.
이니, 정직하지 않고도 살아간다는 것은 요행히 죽음을 면한 것이
라.'고 말씀하셨네.」 **⑦** 그렇다면 사람이고서 정직하지 않게 사는 자
가 죽음을 모면하고 사는 것도 역시 요행이라 할 수밖에 없네.

> **요행**: 뜻밖에 얻는 행운
> **모면하다**: 어떤 일이나 책임을 꾀를 써서 벗어나다.

＊③ 요약: 나무는 굽은 것이 타고난 속성이지만 인간은 타고나기를 정직하게 태어남.

④ **①** 그런데 내가 세상을 보건대, 나무 가운데 굽은 것은 비록 보잘
　　　　　　　　　　　　　굽은 나무는 쓰이지 않음.
것없는 목수일지라도 가져다 쓰지 않지만, 사람 가운데 곧지 못한
자는 아무리 잘 다스려지는 치세일지라도 내버리고 쓰지 않은 적
이 없네. 자네도 큰 집을 한번 보게나. 그 집의 들보나 기둥이나
서까래나 각목을 구름 모양으로 〒미거나 물결처럼 장식한 경우
에도 굽은 재목을 보지 못할 것이네. **④** 이번에 또한 조정을 한번 보
게나. **⑤** 공경과 사대부로서 인끈을 차고 고관지위에 올라 조정에서
　　　　　　　　　　　　인간 세상에서는 바르지 못한 자를 등용함.
거드름을 피우는 자들 치고 바른 도를 지닌 사람을 보지 못할 것
이네. **⑥** 이처럼 나무 가운데 굽은 것은 항상 불행하지만, 사람 가운
데 비뚤어진 자는 늘 행복하기만 하다네. **⑦** 옛말에 '활줄처럼 곧으면
② 글쓴이의 생각: 굽은 나무가 쓰이지 않는 것과 달리 조정에서는 바르지 못한 사람이 등용됨.
길가에서 죽고, 갈고리처럼 굽으면 공후에 봉해진다.'고 하였으니,
③ 서술상 특징: 옛말을 인용해 곧지 못한 인물의 등용을 비판함.
이 말로도 정직하지 못한 사람이 굽은 나무보다 대우를 많이 받는
다는 것을 입증할 수 있을 것이네."

> **치세**: 잘 다스려져 화평한 세상
> **입증하다**: 어떤 증거 따위를 내세워 증명하다.

＊④ 요약: 굽은 나무는 어떤 목수도 쓰지 않지만 바르지 못한 자는 조정에
　　　등용되어 좋은 대우를 받음.

■ **갈래**: 고전 수필, 한문 수필　　■ **창작 시기**: 조선 중기
■ **내용**: 이 작품은 인간의 품성을 나무에 비유한 17세기의 한문 수필이다. '굽
은 나무'를 보고 '가치관이 올바르지 못한 자'를 떠올린 '장생'의 말에, 나무의
특성을 인간사에 대입하면 반대로 적용할 수 있다는 '나'의 생각을 덧댄 구조로
이루어져 있다.
■ **주제**: 바르지 못한 인간이 조정에 등용되는 현실을 개탄

■ **이것이 핵심!**: **시대 현실에 대한 비판**

| 장생 | 나무는 곧게 자라는 것이 본성이나 구부러진 것이 많다. |
| | 사람도 정직한 것이 본성이나 바르지 못한 자가 많다. |

↓ 부연

| '나' | 나무는 구부러지거나 바른 것이 본성이나 보잘것없는 목수도 굽은 것은 쓰지 않음. |
| | 사람은 정직한 것이 본성이나 정직한 자는 길가에서 죽고 비뚤어진 자는 조정에서 고관지위에 오름. |

〈시대 현실에 대한 비판〉

(나) 허전, 〈고공가〉

❶ 화자, 중심 대상　　**❷** 상황, 정서, 태도　　**❸** 표현상 특징

❶ 집에 옷과 밥을 두고 들먹은 저 고공*아
　　　들락날락하며 먹는 **❶** 중심 대상: 고공(신하)
② 우리 집 내력을 아느냐 모르느냐
　　조선의 역사
③ 비오는 날 일 없을 때 새끼 꼬며 이르리라
④ ┌ 처음의 할아버지 살림살이하려 할 때
　　│　조선을 건국한 이성계
⑤　어진 마음 많이 쓰니 사람이 절로 모여
[A]│ **⑥** 풀을 베고 터를 닦아 큰 집을 지어내고
　　│ **⑦** 써레, 보습, 쟁기, 소로 전답을 경작하니
　　│　　농기구
⑧　올벼논 텃밭이 여드레갈이로다
　　│　　　8일 동안 갈 만한 넓은 땅
⑨　└ 자손에게 물려줘 대대로 내려오니
⑩ 논밭도 좋거니와 머슴도 근검터라

> **내력**: 지금까지 지내온 경로나 경력
> **전답**: 논과 밭을 아울러 이르는 말
> **경작하다**: 땅을 갈아서 농사를 짓다.
> **근검**: 부지런하고 검소함.

＊❶~⑩행 요약: 처음 집안(나라)을 세울 때는 모두 열심히 일하여 형편이 좋았음.

⑪ 저희마다 농사지어 가멸게* 살던 것을
⑫ 요사이 머슴들은 철이 어찌 아주 없어
　　　　　　　가세가 기울게 된 원인
⑬ ┌ 밥사발 큰지 작은지 옷이 좋은지 궂은지에만
　　│　나라에서 주는 녹봉　　관직, 지위
[B] **⑭**│ 마음을 다투는 듯 호수*를 시기하는 듯
⑮ └ 무슨 일 생각 들어 흘깃흘깃하느냐
　　　　　신하들끼리 서로 시기하고 견제하는 모습
⑯ 너희네 일 아니하고 시절조차 사나워
　　　　　　　　　　흉년이 들어서
⑰ 가뜩이나 내 세간이 좋아들게 되었는데
⑱ 엊그제 날강도에 가산을 탕진하니
　　　　　왜적
⑲ 집 하나 불타버리고 먹을 것이 전혀 없다
⑳ 크나큰 제사를 어찌하여 치르려는가
㉑ 김가 이가 머슴들아 새 마음을 먹자꾸나
　　　　　　❷ 태도: 신하들에게 열심히 일할 것을 촉구함.

> **세간**: 집안 살림에 쓰는 온갖 물건
> **탕진하다**: 재물 따위를 다 써서 없애다.

＊⑪~㉑행 요약: 국가의 정치를 한 집안에 비유하여 나태하고 탐욕스러운
　　　관리를 비판함.

＊**고공**: 머슴
＊**가멸게**: 재산이나 자원 따위가 넉넉하고 많게
＊**호수**: 공물과 세금을 거두어 바치는 일을 책임지는 사람

■ **갈래**: 가사　　　　　■ **창작 시기**: 조선 중기
■ **내용**: 이 작품은 임진왜란 직후에 작자인 허전이 당시 신하들의 부패상을 우의적으로 비판한 교훈 가사이다. 신하를 '고공(머슴)'에, 임금을 주인의 입장에 빗대어 당시 신하들의 무능함과 부패를 꾸짖고 그것을 개선하자는 내용을 담고 있다.
■ **주제**: 나태하고 이기적인 관리들의 행태 비판
■ **이것이 핵심!**: 고공을 향한 주인의 꾸짖음

① 머슴들이 서로 시기하고 질투함.
② 흉년이 들었음.
③ 엊그제 낙강도에 가산을 탕진함.

주인 → 고공 = 머슴
새 마음을 먹자꾸나

(다) 이원익, 〈고공답주인가〉

❶ 화자, 중심 대상　❷ 상황, 정서, 태도　❸ 표현상 특징

[C] ┌ ❶ 비가 새어 썩은 집을 그 누가 고쳐 이며
　　　　　나라의 궁핍한 상황
　　└ ❷ 옷 벗어 무너진 담 누가 고쳐 쌓을까
❸ 불한당 도적들 멀리 안 다니거늘
❹ *왜적* 화살 찬 경비병들 그 누가 힘써 할까
❺ ─ 중심 대상 크게 기운 집에 마노라* 혼자 앉아
　　　주인, 임금
❻ 분부를 뉘 들으며 논의를 뉘와 할까
[D] ❼ 낮 시름 밤 근심 혼자 맡아 계시니
　　　　❸ 표현상 특징: 설의법
　　└ 옥 같은 얼굴이 편하실 적 몇 날이리
　　　　❷ 정서: 걱정함.

불한당: 떼를 지어 돌아다니며 재물을 마구 빼앗는 사람들의 무리
분부: 윗사람이 아랫사람에게 명령이나 지시를 내림. 또는 그 명령이나 지시

*❶~❽행 요약: 집안(나라)의 상황이 좋지 않음.

❾ 이 집 이리 되기 뉘 탓이라 할 것인가
❿ 철없는 종의 일은 묻지도 아니하려니와
⓫ 돌이켜 헤아리니 마노라 탓이로다

헤아리다: 짐작하여 가늠하거나 미루어 생각하다.

*❾~⓫행 요약: 나라가 이렇게 된 데에는 임금의 탓도 있음.

⓬ 내 상전 그르다 하기에는 종의 죄가 많건마는
❶ 화자: 나　　*신하들의 잘못이 물론 크건만*
⓭ 그렇지만 세상 보기에 민망하여 여쭙니다
　　❷ 태도: 청자에게 조언함.
⓮ 새끼 꼬기 멈추시고 내 말씀 들으소서
　　❸ 표현상 특징: 청자인 마노라(주인)에게 이야기함.
⓯ ┌ 집일을 고치려면 종들을 휘어잡고
　　　　= 신하
[E] ⓰ 종들을 휘어잡으려면 상벌을 밝히시고
　　└ ⓱ 상벌을 밝히려면 어른 종을 믿으소서
　　　　　　정승, 판서
　　　　　　　　❸ 표현상 특징: 대구법, 연쇄법
⓲ 진실로 이렇게 하시면 집안 절로 일어나리라

*⓬~⓲행 요약: 일의 우선순위를 정하여 집안(나라)을 일으키기를 충언함.

* **마노라**: 상전, 마님, 임금 등 남녀를 두루 높이어 이르는 말

■ **갈래**: 가사　　　　　■ **창작 시기**: 조선 중기
■ **내용**: 이 작품의 제목은 '고공(머슴)'이 '주인'께 답한다는 의미이며, 허전의 〈고공가〉에 답하는 형식의 가사 문학이다. 임진왜란 이후 집권층 관리들이 나랏일보다는 당파 싸움에 치중하자, 작자가 '어른 종(영의정)'의 입장에서 '종(신하)'들을 나무라고 '마노라(임금)'께 간언하려는 의도로 지은 작품이다.
■ **주제**: 나라를 다스릴 도리에 대한 충언

■ **이것이 핵심!**: 마노라를 향한 충언

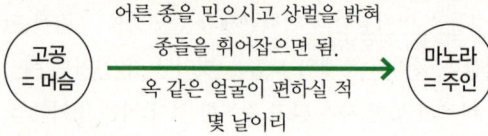

고공 = 머슴 → 마노라 = 주인
어른 종을 믿으시고 상벌을 밝혀
종들을 휘어잡으면 됨.
옥 같은 얼굴이 편하실 적 몇 날이리

★ 독해 공식 정답 ───────────

(가)
❶ **중심 대상**: 나무의 특성과 인간사
❷ **글쓴이의 생각, 태도**:
장생: 나무와 같이 사람도 겉만 보고 판단하기 어려우며, 곧은 성품을 가진 이가 적음.
'나': 나무와 달리 사람은 정직한 속성을 타고나며, 성품이 바르지 못해도 조정에 등용됨. 성품이 바르지 못한 사람이 조정에 쓰이는 현실을 개탄함.
❸ **서술상 특징**
· 당대 현실에 대한 비판 의식을 담고 있음.
· 사물을 통해 사회적 문제에 접근하고 있음.

(나)
❶ **화자**: '나', **중심 대상**: 고공(신하)
❷ **상황**: 게으르고 나태한 고공들을 훈계함.
정서, 태도: 신하들의 부패상을 우의적으로 비판함.
❸ **표현상 특징**
· 국사(國事)를 한 집안의 농사일에 비유하고 있음.
· 머슴을 향한 물음을 통해 탐욕스러운 관리들을 비판하고 있음.

(다)
❶ **화자**: '나', **중심 대상**: 고공(머슴), 마누라(주인)
❷ **상황**: 고공이 맡은 일을 제대로 하지 않는 상황에 대해 주인에게 조언함.
정서, 태도: 마노라에게 간언함.
❸ **표현상 특징**
· 국사(國事)를 한 집안의 농사일에 비유하고 있음.
· 상전에게 문제 해결 방식을 제안하는 형식을 취하고 있음.

작품 간의 공통점 및 차이점
· **공통점**: − 현실에 대한 비판적 인식을 바탕으로 함.
　　　　　− 조정 관리들이 게으르고 성정이 바르지 못한 모습으로 그려지고 있음. 등
· **차이점**: 크게 두드러지지 않음.

E 29　정답 ④　★ 작품 비교하기 ················· [정답률 66%]

(가)~(다)의 공통점에 대한 설명으로 가장 적절한 것은?

>왜 정답?

④ **현실에 대한 비판적 인식을 내용 전개의 기반으로 삼고 있다.**
(가)는 올바르지 못한 자가 쓰이는 현실을, (나)와 (다)는 가세가 기울게 된 현실을 비판함.

* 근거: (가) ④문단 ❺문장, (나) ⓰, ⓱행, (다) ❶~❹행
(가)에서 '나'는 바르지 못한 자가 더 높이 등용되어 나라를 다스리는 현실을 비판하고 있다. 또한 (나)와 (다)에서는 '고공', 즉 머슴들이 의무를 게을리하여 가세가 기울게 된 현실을 비판하고 있다.

>왜 오답?

① **회상을 통해 과거 지향적 태도를 드러내고 있다.**
(나)에서만 '우리 집 내력'을 통해 과거의 일을 언급함.

* 근거: (나) ❶~❿행
(가)와 (다)에는 과거를 회상하는 부분이 제시되어 있지 않다. 한편, (나)에서는 과거에 집안이 번창하던 때를 언급하기는 하지만 이를 통해 과거로 돌아가고자 하는 과거 지향적 태도를 드러내지는 않는다.

② **공간의 이동에 따른 구조적 흐름이 나타나고 있다.**
(가)~(다) 모두 공간의 이동은 나타나지 않음.

(가)~(다) 모두 공간의 이동에 따른 구조적 흐름은 나타나지 않는다.

③ **가상의 사례를 들어 가치관의 대립을 강조하고 있다.**
(가)~(다) 모두 가상의 사례는 나타나지 않으며, 가치관의 대립은 (가)에서만 나타남.

(가)~(다) 모두 가상의 사례는 나타나지 않는다.

⑤ 자연과 인간의 변화상을 묘사하여 세월의 흐름을 드러내고 있다.
(나)만 가세가 기울게 된 과정을 통해 인간의 변화상을 드러냄.

＊근거: (나) ❹~⓭행

(나)에서는 시간이 흐르면서 가세가 기울게 된 과정을 제시하고 있으나, (가)와 (다)에서는 자연과 인간의 변화상을 묘사한 부분을 찾아볼 수 없다.

E 30 정답 ③ ＊글쓴이의 생각과 태도 파악하기 - [정답률 37%]

(가)의 '장생'과 '나'의 생각을 정리한 것으로 적절하지 않은 것은?

• **'장생'**: '장생'은 쓸 만한 나무가 구부러져 있던 것을 뒤늦게 발견한 일로 떠오른 인간의 품성에 대한 생각을 말하고 있습니다.
• **'나'**: '나'는 '장생'의 말에 덧붙여 나무의 특성과 다르게 적용되는 인간사에 대한 생각을 말하고 있습니다.

즉 '장생'과 '나'의 말에서 유추한 인물의 생각을 잘못 설명한 것을 고르는 문제입니다.

	자연물(나무)로 인해 떠올린 생각	인간사와 연관 짓기	
장생	여러 번 보고도 그 구부러져 있음을 파악하지 못함. '이 나무의 경우는 내가 세 번이나 ~ 알지 못하였구나'	사람을 여러 번 보고도 그 실체를 짐작하지 못함. '하물며 사람들이 외모를 그럴 듯하게 ~ 경우에 있어서라!'	……①
	본래 곧은 나무도 곧게 자라지 못하는 경우가 있음. '나무가 자랄 때, 소나 염소에 ~ 곧게 자라야 함이 마땅할 것이다.'	타고난 성품을 굽히고 본래의 모습을 벗어난 사람도 있음. '타고난 성품을 굽히고 ~ 이루 헤아릴 수 없으니'	……②
나	나무의 속성에는 곧음과 구부러짐이 모두 포함됨.	인간의 천성에는 올바름과 ~~바르지 않음~~이 모두 포함됨. '공자께서는 사람은 태어날 때부터 ~' → 인간의 천성은 올바르다고 봄.	……③
	곧은 나무는 큰 집을 이루는 재목으로 사용됨. '큰 집을 한번 보게나. ~ 굽은 새 목을 보지 못할 것이네.'	활줄처럼 곧은 사람은 세상에서 쓰이기 어려움. '활줄처럼 곧으면 길가에서 죽고'	……④
	굽은 나무는 보잘것없는 목수에게라도 선택되기 어려움. '나무 가운데 굽은 것은 ~ 가져다 쓰지 않지만'	정직하지 않은 사람이 높은 관직에 오름. '공경과 사대부로서 ~ 바른 도를 지닌 사람을 보지 못할 것이네.'	……⑤

왜 정답?

③ **＊근거**: (가) ❸문단 ❹~❻문장

'나'는 《서경》과 공자의 말을 인용하여 나무의 속성에는 곧음과 구부러짐이 모두 포함되나, 사람은 태어날 때부터 정직하다고 하였다. 즉, '나'는 나무와 달리 인간의 천성은 오직 정직하다고 보고 있다.

┌ **속성**: 사물의 특징이나 성질
└ **천성**: 본래 타고난 성격이나 성품

왜 오답?

① **＊근거**: (가) ❷문단 ❷, ❸문장

'장생'은 '이 나무의 경우는 내가 세 번이나 ~'에서 알 수 있듯이 나무를 여러 번 보고도 그 구부러짐을 파악하지 못하였다. 또 '사람들이 외모를 그럴 듯하게 ~'에서 알 수 있이, 사람 역시 여러 번 보고도 그 실체를 알 수 없다고 하였다.

② **＊근거**: (가) ❷문단 ❻, ❽문장

'장생'은 나무가 본래 곧음에도 곧게 자라지 못하는 경우가 있다고 하였으며, 사람도 '타고난 성품을 굽히고 본래의 모습을 벗어난 자'가 많다고 하였다.

🔖 [오답 선택률 28%]

④ **＊근거**: (가) ❹문단 ❷, ❸, ❼문장

'나'는 '큰 집'을 보면 곧은 나무들이 재목으로 쓰이지만, 사람은 '활줄처럼 곧으면 길가에서 죽'는다는 옛말처럼 곧은 사람이 세상에서 쓰이기 어렵다고 본다.

⑤ **＊근거**: (가) ❹문단 ❺, ❻문장

'나'는 '굽은 나무'는 목수에게 선택되기 어렵다고 하면서 이를 인간사와 대비하고 있다. 즉, 나무의 경우와는 달리 사람은 정직하면 세상에 쓰이기 어렵고 정직하지 않은 사람이 오히려 높은 관직에 오르는 경우가 많다는 것이다.

E 31 정답 ④ ＊〈보기〉를 바탕으로 감상하기 [정답률 46%]

〈보기〉를 바탕으로 (가)~(다)에 대해 이해한 내용으로 적절하지 않은 것은? [3점]

• **〈보기〉를 바탕**: 문학 작품에서 발화는 독백에 가까운 발화, 인물 간의 대화, 텍스트 간의 대화로 나타납니다.
• **(가)~(다)**: (가)에서는 '장생'과 '나'의 대화를 적은 수필, (나)는 주인이 머슴에게 말하는 형식의 시, (다)는 머슴이 주인에게 말하는 형식의 시입니다.

즉 (가)~(다)에 나타난 발화의 형식에 대한 설명으로 틀린 것을 고르는 문제입니다.

[보기]

❶ 문학 작품에 등장하는 인물의 발화는 작가에 의해 기획되고 통제된다. ❷ 화자의 역할을 맡은 인물이 청자를 상정하지만 독백에 가까운 형태로 발화가 이루어지기도 하고, 인물들 간
(가)에 해당함.
에 주고받는 발화로 구성된 대화가 작품 내에서 나타나기도 하며, 발화의 주고받음이 텍스트 단위로 이루어지면서 '텍스트 간의 대화'가 나타나기도 한다. ❸ 작가는 이와 같이 발화 내
(나)와 (다) 간의 대화에 해당함.
용 및 발화들 간의 관계를 주재하고 조정함으로써 전달하고자 하는 내용과 의도를 구체화한다.

- -

상정하다: 어떤 정황을 가정적으로 생각하여 단정하다.
발화: 소리를 내어 말을 하는 현실적인 언어 행위. 또는 그에 의하여 산출된 일정한 음의 연쇄체
주재하다: 어떤 일을 중심이 되어 맡아 처리하다.

왜 정답?

④ (다)의 화자는 자신의 발화를 ~~(나)의 청자들에게 전달하고자 하는 의도~~를 드러내면서 공감의 확대를 꾀하고 있다.
(다)의 화자는 (나)의 화자인 '주인'을 청자로 상정함.

＊근거: (다) ⓮~⓲행

(다)의 화자는 (나)의 화자 곧 '주인'을 청자로 상정하여 집안이 몰락한 데에는 주인의 탓도 있으니 어른 종을 믿고 종들을 휘어잡아 다시 집안을 일으킬 것을 요구하고 있다. 즉, (나)의 '청자'가 아닌 (나)의 '화자'에게 답하는 노래이다.

┌ **꾀하다**: 어떤 일을 이루려고 뜻을 두거나 힘을 쓰다.

왜 오답?

① (가)에서 '장생'의 '탄식'은 '나'에게 전달되면서 대화의 실마리가 된다.
'나'는 '그가 이 일을 나에게 말하기에 ~'라며 말을 시작함.

＊근거: (가) ❸문단 ❶문장

(가)를 보면 '장생'이 굽은 나무를 보고 '탄식'한 내용을 '나'가 듣고 반응하면서 둘의 대화가 전개되고 있다.

② (가)에서 '나'는 '장생'의 발화를 긍정적으로 평가하고 이에
'나'는 장생의 관찰력이 뛰어나다고 칭찬하고, 자신도 이에 대해 할 말이 있다며 의견을 덧붙임.
더해 자신의 의견을 개진하고 있다.

*근거: (가) ❸문단 ❷, ❸문장

(가)에서 '나'는 '그대의 세상에 대한 관찰력이 뛰어나네그려!'라고 하며 장생
의 생각에 대해 긍정적으로 평가한 뒤 이에 덧붙여 할 말이 있다며 자신의
의견을 말하고 있다.

┌ 개진하다: 주장이나 사실 따위를 밝히기 위하여 의견이나 내용을 드러내어
└ 말하거나 글로 쓰다.

③ (나)에서는 청자로 호명된 '고공'의 반응이 제시되지 않아
'밥을 두고 들먹은 저 고공아'를 통해 청자가 '고공'임을 알 수 있으나 '고공'의 반응은 제시되지 않음.
화자의 발화가 독백에 가까운 형태로 전달되고 있음을 확인
할 수 있다.

(나)에서는 청자인 '고공'의 반응이 나타나지 않는다. 즉, 청자의 반응 없이
화자의 발화가 독백에 가까운 형태로 전달되고 있다.

┌ 호명되다: 이름이 불리다.

⑤ (다)는 이 작품이 (나)에 대한 화답임을 알 수 있게 하는 표
(다)의 '새끼 꼬기 멈추시고 내 말씀 들으소서', '철없는 종의 일은
묻지도 아니하려니와'는 (나)의 '새끼 꼬며 이르리라', '요사이 머슴은 철이 어찌 아주 없어'와 대응함.
지를 포함하고 있으며, 이를 통해 (나)와 (다) 사이에는 텍스
트 간의 대화가 이루어지고 있음을 확인할 수 있다.

*근거: (나) ❸, ❷행, (다) ❿, ❷행

(나)의 '새끼 꼬며 이르리라'에 대응하는 (다)의 '새끼 꼬기 멈추시고 ~ 들으소
서', (나)의 '요사이 머슴들은 철이 어찌 아주 없어'에 대응하는 (다)의 '철없는
종의 일은 ~' 등과 같은 표현에서 (다)가 (나)에 대한 화답임이 드러나고 있다.

┌ 표지: 표시나 특징으로 어떤 사물을 다른 것과 구별하게 함. 또는 그 표시나
└ 특징

E 32 정답 ② *표현상의 특징 파악하기 ··· [정답률 51%]

[A]~[E]에 대한 설명으로 적절하지 않은 것은?

• [A]~[E]: [A]는 우리 집이 재산을 쌓아온 과정, [B]는 머슴들이 서로를 시기
하는 모습, [C]는 망가진 집과 담을 고칠 사람이 없음에 대한 한탄, [D]는 혼자
인 '마노라'의 상황, [E]는 집일을 바로잡기 위한 방법을 묘사한 대목입니다.

图 집안에서의 일을 묘사하고 있는 [A]~[E]에 대한 설명으로 틀린 것을
고르는 문제입니다.

▷왜 정답?

② [B]: 비유적 표현을 사용하여 머슴들로 인한 피해를 구체
머슴들의 행동을 나타내고 있을 뿐 이로 인한 피해를 구체화하고 있지는 않음.
화하고 있다.

*근거: (나) ❸, ❷행

[B]에서는 '밥사발 큰지 작은지 ~ / 마음을 다투는 듯 호수를 시기하는 듯'
이라고 하며 욕심 많은 머슴들의 모습을 드러내고 있다. 그러나 이는 머슴들
의 행동을 나타낸 것일 뿐, 이를 통해 머슴들로 인한 피해를 구체화하고 있
지는 않다.

▷왜 오답?

① [A]: 시간의 흐름에 따라 '우리 집'이 재산을 축적하게 된
'처음의 할아버지 살림살이하려 할 때 ~ 자손에게 물려줘 대대로 내려오니'
과정을 제시하고 있다.

*근거: (나) ❹~❾행

[A]에서는 '할아버지'가 터를 닦아 집안을 일으키고 이를 자손에게 물려주어
대대로 내려오기까지, '우리 집'이 재산을 축적하게 된 과정을 시간의 흐름
에 따라 설명하고 있다.

┌ 축적하다: 지식, 경험, 자금 따위를 모아서 쌓다.

③ [C]: 유사한 통사 구조를 반복하여 문제 상황을 드러내고
'~(을) 누가 고쳐 ~'라는 유사한 통사 구조를 반복하여 집안의 문제 상황을 드러내고 있음.
있다.

---

*근거: (다) ❶, ❷행

[C]의 두 행에 유사한 통사 구조의 반복이 나타나며, '비가 새어 썩은 집', '옷
벗어 무너진 담', '누가 고쳐 이며', '누가 고쳐 쌓을까' 등의 표현에서 문제 상
황이 드러난다.

④ [D]: 설의적 표현을 통해 '마노라'의 심리적 부담감을 부각
'옥 같은 얼굴이 편하실 적 몇 날이리'
하고 있다.

*근거: (다) ❽행

[D]의 '옥 같은 얼굴이 편하실 적 몇 날이리'에서 설의적 표현이 사용되고 있
는데, 이는 '마노라의 옥 같은 얼굴이 편하실 때가 없다'라는 의미를 담고 있
다. 즉, 걱정이 가득한 '마노라'의 심리적 부담감을 부각하고 있는 것이다.

⑤ [E]: 앞 구절의 끝 어구를 다음 구절의 앞 구절에 이어 받
'종들을 휘어잡고 / 종들을 휘어잡으려면 상벌을 밝히시고 / 상벌을 밝히려면'
는 방식으로 해야 할 일의 우선 순위를 제시하고 있다.

*근거: (다) ⓯~⓱행

[E]에서는 '~ 종들을 휘어잡고', '종들을 휘어잡으려면 상벌을 밝히시고', '상
벌을 밝히려면 ~'과 같이 앞 구절의 끝 어구를 뒤 구절에서 이어 받는 연쇄법
이 사용되었으며, 이를 통해 '마노라'가 해야 할 일의 우선순위를 밝히고 있다.

E 33~36 ——————— [2015년(9월)/고2교육청 30~33]

(가) 허전, 〈고공가〉

❶ 화자, 중심 대상 ❷ 상황, 정서, 태도 ❸ 표현상 특징 시 해석

❶ 중심 대상: 고공
집의 옷 밥을 두고 빌어먹는 저 고공(雇工)*아
                          청자-머슴(벼슬아치의 비유)
➡ 집에 있는 옷과 밥을 제쳐 놓고 (이 집 저 집 가서) 빌어먹는 저 머슴아

❷
우리 집 기별을 아느냐 모르느냐
우리나라의 역사, 집안의 사정
➡ 우리 집 소식을 아는가 모르는가?

❸
비오는 날 일 없을 때 새끼 꼬면서 이르리라
                          화자-주인(임금의 비유)
➡ 비오는 날 할 일 없을 때 새끼를 꼬면서 이르리라.

❹
처음의 한어버이 살림살이하려 할 때
조선을 건국한 이성계를 비유   나라를 건국하려 할 때
➡ 처음의 어버이(조부모)가 살림살이를 하려고 할 때

❺
인심(仁心)을 많이 쓰니 사람이 절로 모여
➡ 어진 마음을 많이 베푸니 사람들이 절로 모여서

❻
풀 베고 터를 닦아 큰 집을 지어 내고
                  조선을 의미
➡ 풀을 베고 터를 닦아 큰 집을 지어내고

❼
써레 보습 쟁기 소로 전답(田畓)을 경작하니
농기구들
➡ 써레 보습 쟁기(농기구) 소로 논과 밭을 가니

❽
올벼논 텃밭이 여드레 갈 정도이다
            매우 큰 논-조선 팔도를 비유
➡ 올벼논과 텃밭이 여드레(8일) 동안 갈 만한 큰 땅이 되었도다.

❾
자손(子孫)에 계승하여 대대(代代)로 내려오니
➡ 자손에게 물려주어 대대로 내려오니

❿
논밭도 좋거니와 고공도 근검(勤儉)터라
                  예전 머슴들의 모습-근면하고 검소함.
➡ 논밭도 좋을 뿐 아니라 머슴들도 부지런하고 성실하였다.

⓫
저희마다 농사지어 부유하게 살던 것을
➡ 저희들이 각각 농사지어 부유하게 살던 것을

┌ 경작하다: 땅을 갈아서 농사를 짓다.
└ 근검하다: 부지런하고 검소하다.

*❶~⓫행 요약: 고공들에게 우리 집의 소식에 대해 이야기함.

⑫ 요사이 고공들은 생각이 아주 없어
옛날의 고공과 대비되는 대상
➡ 요새 머슴들은 생각이 아주 없어서

⑬ 밥사발 크나 작으나 동옷이 좋고 궂으나 : 이권, 벼슬자리
자신들의 이익만을 중시함.
➡ 밥그릇이 크나 작으나 입은 옷이 좋으나 나쁘냐

⑭ 마음을 다투는 듯 우두머리를 시기하는 듯
신하들의 당파 싸움 비유
➡ 마음을 다투는 듯 우두머리를 시기하는 듯

⑮ 무슨 일 얽혀들어 흘깃흘깃 하는가
서로 반목하고 질시하는 모습
➡ 무슨 일에 얽혀서 (사이가 좋지 않아) 흘깃흘깃 눈을 흘기는가?

*⑫~⑮행 요약: 요새 고공들은 서로 시기하고 미워하며 일을 잘 하지 않음.

⑯ 너희들 일 아니하고 시절(時節)조차 사나워
흉년이 들어서
➡ 너희들이 일을 하지 않고 흉년까지 들어서

⑰ 가뜩이나 내 살림살이가 줄어지게 되었는데
❶ 화자: 나
➡ 가뜩이나 내 살림이 줄어들게 되었는데

⑱ 엊그제 화강도(火强盜)에 가산이 탕진하니
왜적을 비유
➡ 엊그제 강도가 들어 가산이 (또) 탕진하니

⑲ 집은 불타 버리고 먹을 것이 전혀 없다
➡ 집은 불타 버리고 먹을 것이 전혀 없네.

*⑯~⑲행 요약: 엊그제 강도가 들어 형편이 더 어려워짐.

⑳ 크나큰 살림살이를 어떻게 하여 일으키려는가
➡ 크나큰 세간살이를 어떻게 해서 (다시) 일으키려고 하는가?

㉑ 김가 이가 고공들아 새 마음 먹으려무나
❷ 태도: 머슴(벼슬아치들)의 각성을 촉구함.
➡ 김 씨 가문과 이 씨 가문 고공(머슴)들아 새 마음을 먹으려무나.

*⑳~㉑행 요약: 고공들에게 새 마음을 먹으라고 당부함.

* 고공: 머슴

■ 갈래: 가사   ■ 창작 시기: 조선 중기
■ 내용: 이 작품은 경세가(警世歌)의 일종으로, 농가의 한 어른이 새끼를 꼬면서 머슴들의 행동을 나무라는 형식을 통해, 임진왜란 직후 벼슬아치들의 탐욕과 정치적 무능을 비판하고 있는 가사이다. 이 작품은 조정의 관리를 머슴으로 비유하고 있다는 점에서 우의적 성격을 지니고 있는데, 화자는 게으르고 어리석은 머슴들을 비판하는 모습을 통해 당시의 조정 관리들을 효과적으로 비판하고 있다. 그러면서도 화자는 사려 깊은 새 머슴이 출현하여 집안일을 잘해 나가기를 바라고 있는데, 이는 나라를 이끌어 갈 유능한 인재가 나오기를 바라는 작가의 생각을 보여 준다고 할 수 있다.
■ 주제: 임진왜란 직후 탐욕스럽고 무능한 관리들의 행태 비판

■ 이것이 핵심!: 대조적 시어

옛날의 고공 (= 머슴)		요사이 고공 (= 머슴)
① 논밭도 좋거니와 고공도 근검함. ② 저마다 농사를 지어 부유하게 삶.	대조적	① 서로 시기함. ② 흉년이 들었음에도 일을 하지 않음.

(나) 이규보, 〈방선부〉

❶ 중심 대상 ❷ 글쓴이의 생각, 태도 ❸ 서술상 특징
❶ 중심 대상: 거미   : 부정적 대상 ↔ 매미

[1] 교활한 놈 거미는 족속도 번자(繁滋)하다*. 누가 저희에게 준
❷ 글쓴이의 생각: 거미를 부정적으로 인식함.   ❸
기교인가, 망사로 둥근 배를 살찌운다. ㉠한 마리 매미 있어 그물
❶ 중심 대상: 매미
에 걸리니 그 소리 너무 슬펐다. ❹ 내 차마 못 들어 풀어 날려 보냈

---

⑤ 다. 곁에 있던 사람이 힐난(詰難)하여 말했다.
청자
⑥ 이 둘은 똑같이 작은 벌레다. 그런데 거미가 그대에게 무슨 손 ⑦
해를 끼쳤으며 매미는 또 그대에게 무슨 이익을 더했는가? ⑧ 매미가
글쓴이의 행동에 대한 비판
살면 거미는 굶는다. 한쪽은 그대를 덕스럽게 생각하겠지만 다른
매미   거미
한쪽은 반드시 원통해 할지니, 누가 그대를 지혜롭다고 하겠는가?
⑨ 어찌하여 그대는 매미를 풀어 주었는가?
매미를 풀어 준 이유에 대해 물음.

[힐난하다: 트집을 잡아 거북할 만큼 따지고 들다.

*[1] 요약: 거미줄에 걸린 매미를 풀어 주자 곁에 있는 사람이 비난하며 따져 물음.

[2] 나는 처음에 이맛살을 찌푸리고 대답하지 않으려 했다. 그러다
❷ 태도: 글쓴이가 자신을 힐난하는 것에 대한 불편한 심리를 드러냄.
가 잠깐 뒤에 다음과 같은 한 마디 말로써 그가 의심하는 바를 풀어 주었다.
ㄴ거미는 성품이 탐욕스럽고, 매미는 자질이 청백하다. 배부름
❷ 글쓴이의 생각: 매미를 긍정적으로 인식함.
을 꾀하는 거미의 뜻은 끝이 없지만, 이슬이나 먹는 매미의 창자
야 달리 무슨 꾀할 일이 있겠는가? 탐오(貪汚)*로써 청렴을 핍박
❷ 태도: 탐욕스러운 태도를 비판함.
하니 내 정으로는 이를 참을 수 없었던 것이다.
거미는 어찌하여 그토록 가는 실을 토해 내는가? ㄷ비록 이루
(離婁)*라도 보지 못할 것이다. 하물며 이 아둔한 매미가 어찌 능
❸ 서술상 특징: 고사 속 인물을 인용하여 거미가 쳐 놓은 그물을 볼 수 없음을 드러냄.
히 살필 수 있겠는가? 날아 지나려다 갑자기 걸리니, 날개를 퍼덕
일수록 더욱 얽힐 뿐이다.
저 번잡한 파리 떼 어지러이 날아 썩은 내에 비린내 쫓다가, 경
파리와 나비에 대한 부정적 인식
망스러운 나비 떼 꽃을 탐하여 바람 따라 쉼 없이 오르내리다가,
ㄹ비록 그물에 걸려 환(患)을 만난다 한들 누구를 탓하겠는가? 본
❸ 서술상 특징: 설의적 표현을 통해 파리와 나비에 대한 부정적 인식을 드러냄.
래 그 재앙이 그들의 구하는 바에서 생기는 것이다.
그러나 매미는 홀로 남과 더불어 쫓은 게 없는데 어찌하여 이런
매미가 욕심이 없음을 드러낸 말
환란(患亂)을 만나 얽힌 바 되었는가? 그래 내 그 전박(纏縛)*을
풀어 주며 한 마디 당부를 했던 것이다.
❸ 서술상 특징: 의인법– 매미를 가리킴.
"너는 이제 이 주무(綢繆)*를 떠나 교림(喬林)*을 향해 좋이 가
거라. ㅁ맑고 그윽한 좋은 그늘을 택하여 살되 자주 옮기지 말
아라. 그러나 거미가 또 엿볼 것이니 오래 머무르지도 말아라.
사마귀가 네 뒤에서 노릴지도 모른다. 거취를 신중히 하여라.
그런 뒤에야 잘못이 없으리라."

[핍박하다: 바싹 죄어서 몹시 괴롭게 굴다.
[아둔하다: 슬기롭지 못하고 머리가 둔하다.
[번잡하다: 번거롭게 뒤섞여 어수선하다.
[경망스럽다: 행동이나 말이 가볍고 조심성 없는 데가 있다.
[환란: 근심과 재앙을 통틀어 이르는 말
[거취: 사람이 어디로 가거나 다니거나 하는 움직임

*[2] 요약: 욕심 많은 거미에게 고통 받는 매미가 불쌍하여 풀어 주었다고 대답함.

* 번자하다: 번식이 성하다.
* 탐오: 욕심이 많고 하는 짓이 더러움.
* 이루: 옛날 중국에 있었다는 눈 밝은 사람
* 전박: 얽혀서 묶임.
* 주무: 얽힘.
* 교림: 키가 큰 나무로 이루어진 숲

- **갈래**: 고전 수필　　　　■ **창작 시기**: 고려 시대
- **내용**: 제목에서 알 수 있듯이 이 작품은 매미를 놓아준 일에 대한 자신의 견해를 밝히고 있는 글이다. 글쓴이는 매미를 풀어 주면 거미가 굶게 된다며 자신의 행위를 비판하는 사람에게, 탐욕스러운 거미가 청렴한 매미를 핍박하는 것을 참을 수 없어 놓아줬다고 반박한다. 이에 덧붙여 글쓴이는 매미에게 깨끗한 곳을 택하여 살되 거취를 신중히 하라고 당부한다. 이는 매미와 거미에 대한 이야기를 통해 인간 세태를 풍자하고자 한 것으로, 글쓴이는 깨끗하고 욕심 없는 사람이 이 세상을 살아가기가 얼마나 어려운지를 매미를 통해 우의적으로 드러내고 있는 것이다.
- **주제**: 탐욕스러운 인간 세태 비판과 처신의 중요성 당부
- **이것이 핵심!**: 문답을 통해 드러나는 화자의 견해

곁에 있던 사람	거미와 매미는 똑같이 작은 벌레인데 거미줄에서 매미를 풀어 준 이유를 물음.

↓ 대답

'나'	이슬이나 먹는 매미는 파리나 나비와 달리 청렴하지만 거미는 탐욕스러움.

↓ 당부

'나'	매미에게 교림에 도착하면 거처를 자주 옮기지 말고 오래 머무르지도 말라며 거미와 사마귀를 조심해야 함을 당부함.

★ 독해 공식 정답

(가)

❶ 화자: '나', 중심 대상: 고공(머슴, 신하)
❷ 상황: 나태하고 게으른 고공(신하)들을 훈계함.
정서, 태도: 부패한 신하들을 비판함.
❸ 표현상 특징
- 무능하고 이기적인 관리들을 머슴에 비유하여 비판하고 있음.
- 상대의 행동이 변하도록 설득하는 어조를 사용하고 있음.

(나)

❶ 중심 대상: 거미와 매미
❷ 글쓴이의 생각, 태도: 거미는 탐욕스러운 존재로, 매미는 청렴한 존재로 인식함.
❸ 서술상 특징
- 탐욕스러운 인간 세태를 우의적으로 비판하고 있음.
- 매미와 거미로 상징되는 대조적인 인물 유형을 통해 주제를 드러내고 있음.

작품 간의 공통점 및 차이점
- 공통점: – 탐욕스러운 세태에 대한 비판적 인식이 드러남.
　　　　 – 비판하고자 하는 대상을 비유적으로 드러냄. 등
- 차이점: 크게 두드러지지 않음.

E 33 정답 ① ★작품 비교하기 ·················· [정답률 78%]

(가)와 (나)의 공통점으로 가장 적절한 것은?

> **왜 정답?**

① 청자에게 말을 건네는 방식으로 깨우침을 주고 있다.
(가)는 '고공'을, (나)는 '곁에 있는 사람'을 청자로 설정하여 깨달음을 줌.

★**근거**: (가) ❶행, (나) ❶문단 ❺문장
(가)는 '고공'을 청자로 설정하여 집안일에 힘쓸 것을 당부하고 있고, (나)는 '곁에 있던 사람'을 청자로 설정하여 화자가 매미를 놓아준 이유를 밝히며 바람직한 삶의 태도에 대한 깨우침을 주고 있다. 따라서 (가), (나)의 화자 모두 청자를 설정하여 깨우침을 주고 있다는 공통점이 있다고 할 수 있다.

> **왜 오답?**

② 자연과 인간사의 대비를 통해 주제 의식을 강조하고 있다.
(가), (나) 모두 자연과 인간의 대비가 드러나지 않음.

(가), (나) 모두 자연과 인간사의 대비가 나타나 있지 않다. 다만 (나)는 매미와 거미에 대한 이야기를 통해 인간 세태를 풍자하고 있다.

┌ **자연과 인간사의 대비**: 작품에서 드러나는 자연의 불변성과 영원성을 인간사의 유한함과 비교하여 나타내는 경우를 말한다.

③ 담담한 어조를 통해 현실에 순응하는 태도를 보이고 있다.
(가), (나) 모두 말하는 이의 주관이 분명하게 드러나 담담한 어조라 볼 수 없음.

(가), (나) 모두 화자의 주관을 분명하게 드러내고 있기 때문에 담담한 어조라 보기 어렵고, 현실에 순응하는 태도도 나타나지 않는다.

┌ **담담하다**: 차분하고 평온하다.

④ 계절적 배경을 활용하여 화자가 처한 상황을 드러내고 있다.
(나)는 계절이 여름임을 알 수 있지만, (가)는 특정한 계절이 드러나지 않음.

(나)에서는 계절적 배경이 여름임을 짐작할 수 있지만, 이를 통해 화자가 처한 상황을 드러내지는 않고 있다. 그리고 (가)에서는 특정한 계절적 배경을 활용하지 않고 있다.

⑤ 자연물에 인격을 부여하여 대상에 대한 친근감을 나타내고 있다.
(나)에서 매미를 인격화하여 표현하고 있지만, (가)는 자연을 인격화한 표현이 드러나지 않음.

★**근거**: (나) ❷문단 ⓮문장
(나)에서 화자는 매미를 '너'라고 하며 당부의 말을 하고 있으니 인격을 부여하여 친근감을 나타냈다고 볼 수 있다. 하지만 (가)에 인격을 부여한 의인화의 표현 방법은 나타나지 않는다.

E 34 정답 ⑤ ★〈보기〉를 바탕으로 감상하기 ···· [정답률 80%]

〈보기〉를 참고하여 (가)를 이해한 내용으로 적절하지 않은 것은? [3점]

- 〈보기〉를 참고: 〈고공가〉는 왜적의 침입으로 백성들이 어려움에 처해 있음에도 당쟁만 일삼는 신하들의 각성을 촉구하는 작품입니다.
- (가): (가)에서의 '큰 집'은 나라, '고공(머슴)'은 신하들을 의미합니다.

🔶 작품의 창작 의도를 바탕으로 (가)를 이해한 내용 중 틀린 것을 고르는 문제입니다.

┌────────── [보기] ──────────┐
　　임진왜란 직후 허전이 쓴 〈고공가〉는 국사(國事)를 한 집안의 일에 비유하여, 왜적의 침입으로 백성들이 어려움에 빠졌음에도 당파 싸움만 일삼는 무능하고 부패한 당시 신하들의 각성을 촉구한 작품이다.　→ (가)에 나타난 우의적 성격
　　화강도 (아래: 작품 창작 의도 / 신하들의)

국사: 나라에 관한 일. 또는 나라의 정치에 관한 일
각성: 깨어 정신을 차림.
촉구하다: 급하게 재촉하여 요구하다.
└───────────────────────────┘

> **왜 정답?**

⑤ '김가 이가 고공들'은 집안의 살림살이를 일으켜야 할 존재로, 어려움에 빠진 백성들을 구할 새로운 인재를 의미하겠군.
'김가 이가 고공들'은 무능한 신하들이므로 적절하지 않음.

★**근거**: (가) ㉑행
(가)에서 '김가 이가 고공들'에게 '새 마음'을 먹으라고 조언하는 것으로 보아 이들이 집안의 살림살이를 어렵게 만든 장본인임을 짐작할 수 있다. 이렇게 보면 이들은 〈보기〉에서 설명하고 있는, 임진왜란 직후 국가의 위기 상황에서 국사를 돌보지 않는 무능하고 부패한 신하들이다. 이들을 새로운 인재라고는 볼 수 없다.

> **왜 오답?**

① '큰 집'은 한 집안의 살림살이를 처음 시작한 곳으로, 새로 건국한 조선을 의미하겠군.
〈보기〉에서 국사를 한 집안에 비유하였다고 함.
'큰 집'은 새로 건국한 조선이라 할 수 있음.

***근거**: (가) ❻행

국사를 한 집안의 일에 비유하고 있으므로 '큰 집'은 조선을 의미한다고 볼 수 있다.

② '근검(勤儉)'은 옛 고공들이 지녔던 덕목으로, ~~무능하고 부패한 신하들이 본받아야 할 태도~~라 할 수 있겠군.

<small>'근검'은 신하들이 본받아야 할 태도임.</small>
<small><보기>에서 무능하고 부패한 신하들의 각성을 촉구하였다고 함.</small>

***근거**: (가) ❿, ⓫행

예전에는 고공들이 근검하여 부유하게 살았다고 하는 것으로 보아 근검은 현재 고공들, 즉 부패한 신하들이 배워야 할 긍정적 덕목이라고 할 수 있다.

③ '마음을 다투는 듯'은 요사이 고공들의 다툼을 보여 주는 것으로, 신하들의 당파 싸움을 의미하는 것이겠군.

<small>당파 싸움을 보여 주는 것이라 할 수 있음.</small>
<small><보기>에서 신하들이 당파 싸움을 했다고 함.</small>

***근거**: (가) ⓭, ⓮행

고공들이 '밥사발'의 크기나 '동옷'의 좋고 나쁨과 같이 개인적 욕심만을 추구하는 것을 '마음을 다투는 듯'이라고 표현하고 있다. 이는 당시 조선의 신하들이 개인의 이익만을 위해 당파 싸움을 하는 것을 의미한다고 볼 수 있다.

④ '화강도(火強盜)'는 집안 살림이 더 어려워진 원인으로, 당시 조선을 침략한 왜적을 의미하겠군.

<small>'화강도'는 왜적이라 할 수 있음.</small>
<small><보기>에서 왜적의 침입으로 백성들이 어려움에 빠졌다고 함.</small>

***근거**: (가) ⓲행

<보기>에서 임진왜란 직후 왜적의 침입으로 백성들이 어려움을 겪었을 때 창작되었다고 했으므로, 집안에 침입하여 살림을 더 어렵게 만든 '화강도'가 왜적을 의미함을 알 수 있다.

E 35 정답 ② *글쓴이의 생각과 태도 파악하기 [정답률 70%]

㉠~㉤에 대한 이해로 적절한 것은?

• ㉠~㉤: (나)의 소재에 대한 글쓴이의 생각과 태도가 드러나는 구절로, ㉠은 매미 소리에 대한 글쓴이의 느낌, ㉡은 거미와 매미에 대한 글쓴이의 인상, ㉢은 거미의 실에 대한 글쓴이의 인식, ㉣은 파리와 나비에 대한 글쓴이의 인식, ㉤은 매미에게 당부하는 글쓴이의 말임.

🔒 ㉠~㉤에서 드러난 '거미', '매미', '파리', '나비'에 대한 글쓴이의 생각과 태도를 파악한 내용으로 적절한 것을 고르는 문제입니다.

≥왜 정답?

② ㉡: 두 대상의 속성을 대조하여 곧고 깨끗한 삶을 지향하는 '나'의 태도를 드러내고 있다.

<small>거미와 매미의 자질을 대조하여 매미의 모습을 긍정적으로 드러내고 있으므로 적절함.</small>

***근거**: (나) ②문단 ❸문장

㉡에서는 거미와 매미의 자질을 대조하고 있는데, 이를 통해 글쓴이가 매미의 속성과 같은 깨끗한 삶을 지향하고 있음이 드러나고 있다.

≥왜 오답?

① ㉠: 매미에 감정을 이입하여 ~~대상과 조화를 이루지 못한 '나'의 슬픔~~을 나타내고 있다.

<small>대상과 조화를 이루지 못함에 대한 슬픔이 아니므로 적절하지 않음.</small>

***근거**: (나) ①문단 ❸문장

'감정 이입'이란 어떤 대상에 자신의 감정을 불어넣거나, 다른 사물로부터 받은 느낌을 직접 받아들여 대상과 자신이 서로 통한다고 느끼는 일을 의미한다. 따라서 ㉠은 매미 소리에 화자가 슬픔을 느낀 것이므로 감정 이입이라고 볼 수는 있다. 하지만 '나'의 슬픔은 매미 소리로부터 비롯되었을 뿐, 대상과 조화를 이루지 못한 것에서 오는 것은 아니다.

③ ㉢: 고사 속의 인물을 동원하여 ~~적극적인 삶에 대한 '나'의 의지~~를 보여 주고 있다.

<small>고사 속 인물 인용은 매미의 탐욕을 강조하기 위한 것이므로 적절하지 않음.</small>

***근거**: (나) ②문단 ❼문장

'이루'라는 고사 속의 인물을 인용한 것은 맞지만, 거미의 탐욕을 강조하기 위한 것이지 '나'의 적극적 삶에 대한 의지를 보여 주는 것은 아니다.

<small>**동원하다**: 어떤 목적을 달성하고자 사람을 모으거나 물건, 수단, 방법 따위를 집중하다.</small>

④ ㉣: 설의적인 표현을 활용하여 ~~대상과의 합일을 추구하는 '나'의 이상~~을 강조하고 있다.

<small>설의적 표현을 통해 파리와 나비를 비판하기 위한 것이므로 적절하지 않음.</small>

***근거**: (나) ②문단 ❿문장

자신의 생각을 강조하기 위해 의문의 형식을 취하는 설의적 표현을 활용하고 있는 것은 맞다. 하지만 이는 욕심을 부리다 곤경에 빠진 파리와 나비를 비판하기 위한 것이지, '나'가 대상과의 합일을 추구하고 있는 것은 아니다.

<small>**합일**: 둘 이상이 합하여 하나가 됨. 또는 그렇게 만듦.</small>

⑤ ㉤: 명령형 어미를 사용하여 ~~학문 수양에 대한 '나'의 생각~~을 전달하고 있다.

<small>명령형 어미를 사용하여 신중한 처신에 대해 당부하는 것이므로 적절하지 않음.</small>

***근거**: (나) ②문단 ⓯문장

'-아라'라는 명령형 어미를 사용하고 있는 것은 맞지만, 신중한 처신에 대한 당부일 뿐 학문 수양에 대한 생각을 전달하는 것은 아니다.

E 36 정답 ③ *<보기>를 바탕으로 감상하기 · [정답률 68%]

<보기>에 대해 (가)와 (나)의 화자가 보인 반응으로 적절하지 않은 것은?

• **<보기>**: 초나라의 충신이었던 굴원이 신하들의 모함으로 벼슬에서 물러난 후, 초나라는 쇠락하기 시작했습니다.

• **(가)와 (나)의 화자**: (가)의 화자는 자신의 이익만을 중시하는 신하들을 비판하고 있으며, (나)의 화자는 탐욕스러운 사람들을 비판하고 있습니다.

🔒 굴원이 벼슬에서 물러나기까지의 과정에 대해 (가)와 (나)의 화자가 보일 만한 반응이 아닌 것을 고르는 문제입니다.

[보기]

❶초나라의 충신인 굴원은 진나라가 자국의 영토를 확장하기

<small>(가), (나)의 화자가 긍정적으로 생각할 수 있는 인물</small>

위해 초나라의 왕을 유인하여 감금하사, 사신의 왕을 구출하

<small>굴원의 충신으로서의 행위</small>

기 위해 혼신의 힘을 다해 노력하였다. ❷그러나 굴원은 이익에

눈이 먼 초나라 신하들의 모함을 받아 벼슬에서 물러나게 되

<small>(가), (나)의 화자가 부정적으로 생각할 만한 인물들</small>

고, 이후 초나라는 쇠락의 길을 걷게 되었다.

<small>간신배들이 득세하면 나라가 망하게 됨을 드러냄.</small>

충신: 나라와 임금을 위하여 충성을 다하는 신하
자국: 자기 나라
확장하다: 범위, 규모, 세력 따위를 늘려서 넓히다.
유인하다: 주의나 흥미를 일으켜 꾀어내다.
감금하다: 드나들지 못하도록 일정한 곳에 가두다.
혼신: 몸 전체
모함: 나쁜 꾀로 남을 어려운 처지에 빠지게 함.
쇠락: 쇠약하여 말라서 떨어짐.

≥왜 정답?

③ (나)의 화자는 ~~덕과 지혜를 갖춘 신하를 알아보지 못한 조나라 왕을 비판~~하겠군.

<small>안목의 중요성에 대해 언급하지 않고 있으므로 적절하지 않음.</small>

(가)의 화자는 부패하고 무능한 관리들을 비판하며 나라의 재건을 위해 힘쓸 것을 촉구하고 있고, (나)의 화자는 탐욕스러운 세태를 비판하며 욕심 없는 삶을 긍정하고 있다. 충신을 알아보지 못한 왕을 비판하려면 (나)의 화자가 안목의 중요성을 강조했어야 하는데, 이에 대해 언급하지 않고 있다. 또한 초나라 왕은 진나라에 의해 감금을 당한 것이므로 비판의 대상이라 볼 수 없다.

① (가)의 화자는 신하들이 이익만을 추구한 결과, 나라가 쇠
이익만을 추구하는 신하들을 비판함. → 〈보기〉의 나라를 쇠락하게 한 신하들을 비판할 것임.
락한 것에 주목하겠군.

*근거: (가) ⑬, ⑭행, 〈보기〉 ❷문장

(가)의 화자는 신하들이 자신의 이익만 추구하는 것을 비판하고 있으므로, 〈보기〉에서 신하들이 이익에 눈이 멀어 나라를 쇠락하게 한 것을 비판할 것이다.

② (가)의 화자는 나라를 위해 적극적으로 행동하는 굴원의
신하들에게 나라를 위해 힘쓸 것을 촉구함. → 충신인 굴원을 긍정적으로 평가함.
태도를 긍정적으로 평가하겠군.

*근거: (가) ㉑행, 〈보기〉 ❶문장

(가)의 화자는 신하들에게 '새 마음'을 먹으라며 나라를 위해 힘쓸 것을 촉구하고 있으므로, 충신인 굴원을 긍정적으로 평가할 것이다.

④ (나)의 화자는 탐욕스러운 존재에 의해 벼슬에서 물러난
거미에 의해 위험한 상황에 처한 매미를 안타까워함. → 〈보기〉에서 모함을 받은 굴원을 안타까워할 것임.
굴원의 처지를 안타깝게 여기겠군.

*근거: (나) ②문단 ❺문장, 〈보기〉 ❷문장

(나)의 화자는 탐욕스러운 거미에 의해 위험에 처한 매미를 풀어 줬으므로, 탐욕스러운 신하들에 의해 벼슬에서 물러난 굴원의 처지를 안타깝게 여길 것이다.

⑤ (나)의 화자는 자국의 이익을 위해 다른 대상을 공격하는
탐욕스러운 태도를 비판함. → 〈보기〉에서 초나라를 공격한 진나라를 부정적으로 평가할 것임.
진나라의 행위를 부정적으로 생각하겠군.

*근거: (나) ②문단 ❺문장, 〈보기〉 ❶문장

(나)의 화자는 탐욕스러운 태도를 비판하고 있으므로 자국의 영토를 확장하고자 초나라를 공격한 진나라를 부정적으로 평가할 것이다.

E 37~40 [2016년(11월)/고2교육청 34~37]

(가) 박인로, 〈사제곡〉

❶ 화자, 중심 대상 ❷ 상황, 정서, 태도 ❸ 표현상 특징 [고어 읽기] [시 해석]

❶ 거수에   이러커든   거산   이라   우연   하랴
거수(居水)에 이러커든 거산(居山)이라 우연(偶然)ᄒ랴
➡ 물놀이가 이렇게 즐거운데 산에 사는 재미야 더 말해 무엇하리?

❷ 산방의   추만   커늘 유회를   둘 대 업서
산방(山房)의 추만(秋晩)커늘 유회(幽懷)를 둘 듸 업서
➡ 깊은 산속에 늦가을이 찾아오니 회포를 가눌 길이 없어

❸ 운길산   돌길해 막대 집고 쉬여 올나
운길산(雲吉山) 돌길히 막듸 집고 쉬여 올나
➡ 운길산 돌길을 지팡이에 의지하여 쉬엄쉬엄 올라

❹ 임의소요   하며 원학을   벗을 삼아
임의소요(任意逍遙)*ᄒ며 원학(猿鶴)을 벗을 삼아
➡ 마음대로 이리저리 거닐며 원숭이와 학을 벗 삼아

[A]

❺ 교송을   비기여   사우로   도라보니
교송(喬松)을 비기여 사우(四隅)*로 도라 보니
  ❷ 상황: 사제 주변의 경치를 둘러봄.
➡ 큰 소나무에 기대어 사방을 돌아보니

❻ 천공이   공교   하야 묏빗출 꿈이는가
천공(天工)이 공교(工巧)ᄒ야 묏빗츨 쑴이는가
  ❷ 정서: 자연의 모습에 감탄함.
➡ 조물주의 솜씨가 교묘하여 산 빛이 꿈 같았구나.(산의 모습이 아름답구나.)

❼ 흰구름   말근 내는 편편이   떠여   나라
흰구름 말근 닉는 편편(片片)이 써여 나라
  ❸ 표현상 특징: 색채어 ❸ 표현상 특징: 의태어
➡ 흰 구름과 맑은 내는 조각조각 떼어 내서

❽ 노푸락   나지락   봉봉곡곡   면면에   버럿거든
노푸락 나지락 봉봉곡곡(峯峯谷谷)이 면면(面面)에 버럿쩌든
➡ 높은 곳 낮은 곳 봉우리 골짜기마다 곳곳에 벌려 놓거든

❾ 서리친   신남기   봄꽃도곤   불거시니
서리친 신남기 봄꽂도곤 불거시니
  ❸ 표현상 특징: 색채어
➡ 서리 내려 빨갛게 물든 단풍나무가 봄꽃보다 더욱 붉으니

❿ 금수병풍을   첩첩이   둘너는 듯
금수병풍(錦繡屛風)을 첩첩(疊疊)이 둘너는 듯
  ❸ 표현상 특징: 의태어
➡ 비단에 수놓아 꾸민 병풍을 겹겹이 둘러 친 듯

⓫ 천태만상이   참람   하야 보이나다
천태만상(千態萬象)이 참람(僭濫)*ᄒ야 보이ᄂ다
➡ 천태만상(온갖 모양)이 건방질 정도로 제 모양을 뽐내고 있구나.

[B]

⓬ 힘 세이 다토면   내 분에 올가마는
힘 세이 다토면 내 분에 올가마는
  ❶ 화자: 나
➡ 힘을 길러 다툰다면 내 분수에 (이 풍경을) 얻을 수 있겠냐만은

⓭ 금하리   업슬새   나도 두고   즐기노라
금(禁)ᄒ리 업슬식 나도 두고 즐기노라
  ❷ 태도: 자연이 주는 즐거움은 모두에게 개방적임.
➡ (아름다움을) 못 누리게 막는 이 없으니 나도 두고 즐길 수 있구나.

⓮ 하믈며   남산   나린 긋해 오곡을   가초 심거
ᄒ믈며 남산(南山) 느린 긋해 오곡(五穀)을 가초 심거
  먹고사는 현실적인 일 ①
➡ 하물며 남산이 뻗어 내린 끝자락에 다섯 곡식을 골고루 갖추어 심고

[C]

⓯ 먹고 못 남아도   굿지나   아니하면
먹고 못 남아도 굿지나 아니ᄒ면
➡ 먹고 남기지는 못해도 모자라지만 않으면

⓰ 내 집의 내 밥이 그 맛시 엇더하뇨
내 집의 내 밥이 그 맛시 엇더ᄒ뇨
  ❸ 표현상 특징: 설의법
  ❷ 태도: 자신의 삶에 대해 만족함.
➡ 내 집의 밥맛이 어떠한가?

⓱ 채산조수   하니   수륙품도   잠깐 갓다
채산조수(採山釣水)ᄒ니 수륙품(水陸品)도 잠깐 ス다*
  먹고사는 현실적인 일 ②
➡ 산나물 캐고 물고기 잡아 땅이나 물에서 나는 음식을 잠시라도 갖추니

[D]

⓲ 감지봉양을   족   다사   할가마는
감지봉양(甘旨奉養)*을 족(足)다사 홀가마는
➡ 맛있는 음식을 부모님께 해 드리는 것이 만족스럽지는 못해도

⓳ 오조함정을   벱고야   말넛노라
오조함정(烏鳥含情)*을 벱고야 말넛노라
  ❷ 정서: 부모에게 효도하고자 함.
➡ 까마귀가 늙은 부모님을 봉양하는 것처럼 (나도 효도를) 하고 싶구나.

*❶~⓳행 요약: 강호한정과 안분지족, 효도에 대한 의지

⓴ 사정이   이러하야   아직   물러나와신들
사정(私情)이 이러ᄒ야 아직 물러나와신들
➡ 사정이 이러해서 멀리 물러나 살고 있지만

㉑ 망극한   성은을   어늬 각   애 이질년고
망극(罔極)ᄒ 성은(聖恩)을 어늬 각(刻)애 이질년고
  ❸ 표현상 특징: 설의법
➡ 망극한 임금님의 은총을 어느 때인들 잊을 수 있을까?

㉒ 견마미성은   백수   에야 더욱 깁다
견마미성(犬馬微誠)*은 백수(白首)에야 더욱 깁다
➡ 신하의 작은 충성심은 나이가 들수록 더욱 깊어진다.

[E]

㉓ 시시로   머리 드러 북신을   바라보니
시시(時時)로 머리 드러 북신(北辰)을 ᄇ라보니
  임금 계신 곳을 바라봄.
➡ 가끔 머리를 들어 임금님이 계신 북쪽을 바라보니

㉔ 남 모르는 눈물이   두 사매예   다 젓는다
눔 모ᄅᆞᄂᆞᆫ 눈물이 두 사믹에 다 젓ᄂ다
  ❷ 정서: 사제에 머물면서도 임금에 대한 충을 생각함.
➡ 남모르는 눈물이 소매를 적시는구나.

*㉒~㉔행 요약: 임금의 은혜를 생각함.

* 임의소요(任意逍遙): 마음대로 거닐며 바람을 쐼.
* 사우(四隅): 사방.

* 참람(僭濫): 제 분수를 넘어 방자스러움.
* 갖다: 갖추다
* 감지봉양(甘旨奉養): 맛나는 음식으로 부모님을 봉양함.
* 오조함정(烏鳥含情): 까마귀가 먹은 마음. 곧 부모님께 효도하는 마음
* 견마미성(犬馬微誠): 개와 말이 충성스레 사람을 섬기듯이 신하가 임금님을 섬기려는 작은 정성

■ 갈래: 가사　　■ 창작 시기: 조선 중기
■ 내용: 이 작품은 '이덕형'이라는 사람이 관직에서 물러나 사제(莎堤)에 머물고 있을 때, 작가가 그곳을 찾아가 그를 위해 지은 가사라고 한다. '사제'의 아름다운 경치와 그곳에서 한가롭게 자연을 즐기며 생활하는 '이덕형'의 모습을 담고 있다. 작가의 다른 작품에서와 마찬가지로, 이 작품 속에서 '사제'는 강호 자연의 공간이자 세속과 떨어진 은거의 공간이다. 그곳에서 은거하는 사람은 안빈낙도의 삶의 자세로 자연이 주는 기쁨을 누리면서, 동시에 유교적 사상인 충과 효를 잊지 않는 모습을 보인다.
■ 주제: '사제'에서의 유유자적한 삶

■ 이것이 핵심!: 작품에 드러난 화자의 모습

금ᄒᆞ리 업슬싀 나도 두고 즐기노라	… 자연의 경치를 즐김.
오조함정을 벱고야 말넛노라	… 효도를 하고자 함.
망극ᄒᆞᆫ 성은을 어ᄂᆞ 각애 이질넌고	… 임금의 은혜를 생각함.

(나) 이현보, 〈농암가〉

❶ 화자, 중심 대상　❷ 상황, 정서, 태도　❸ 표현상 특징　[고어 읽기]　[시 해석]

농암에 올아 보니 노안이 유명 이로다
❶화자의 고향에 있는 바위 이름
농암(籠巖)에 올아 보니 노안(老眼)이 유명(猶明)*ㅣ로다
❶ 중심 대상: 농암
➡ 농암에 올라 보니 (낯익은 풍경이라) 노안인데도 오히려 더 잘 보이는구나.

인사이 　 변 한들 산천 이든 가실가 : 대조
❷인사(人事)이 변(變)ᄒᆞᆫ들 산천(山川)이ᄯᆞᆫ 가실가
❸ 표현상 특징: 설의법
➡ 인간 세상(속세)이 변한다고 해서 자연조차 변하겠는가?

암전에 　모수 　모구이 　어제 본 듯 ᄒᆞ예라
❸암전(巖前)에 모수(某水) 모구(某丘)*이 어제 본 듯ᄒᆞ예라
❷ 정서: 바위 위에서 본 풍경을 어제 본 것 같다고 느낌.
➡ 바위 앞에 펼쳐진 물과 언덕들이 (마치) 어제 본 것 같구나

＊초장~종장 요약: 변치 않는 자연에 대한 만족감

* 유명(猶明): 오히려 밝아짐.
* 모수(某水) 모구(某丘): 아무개 물과 아무개 언덕

■ 갈래: 평시조　　■ 창작 시기: 조선 중기
■ 내용: 이 작품은 조선 중기에 이현보가 지은 시조로, 《농암문집》 권3에 수록되어 있다. 이현보는 평소 관직에 있으면서도 늘 강호(자연)로 돌아가고자 마음먹었다고 한다. 이에 따라 관직에서 은퇴하고는 고향으로 돌아가 자연에서의 삶을 살았다. 오랜 시간이 지나 돌아온 고향의 풍경이 옛 자취가 그대로 의연함에 기쁨을 표현하고 있으며, 강호가도의 길을 여는 작품이라는 점에서 의미를 갖는다.
■ 주제: 다시 돌아온 고향의 모습과 자연 속에서의 삶에 대한 기쁨

■ 이것이 핵심!: 화자의 상황과 정서

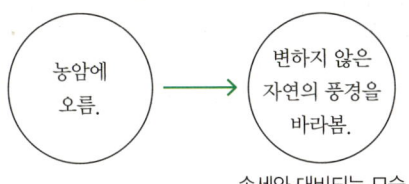

속세와 대비되는 모습

(다) 이숭인, 〈상죽헌기〉

❶ 중심 대상　❷ 글쓴이의 생각, 태도　❸ 서술상 특징
화자가 긍정적으로 여기는 대상
① 그러다가 금년 가을에 상인(上人)*이 산에서 내려왔으므로, 내
❶ 중심 대상: 상인　글쓴이
가 그를 보고는 너무 기뻐서 하루 종일 붙들어 두었는데, 그때 상
인이 두루마리 하나를 꺼내어 보여 주면서 말하기를,
　　"내가 나의 초당을 상죽(霜竹)이라고 이름하고는 육우(六又) 김
　상인이 대나무를 좋아함을 알 수 있음.
　비판(金祕判)에게 청하여 큰 글자를 써서 현판으로 걸었다. 앞
　으로 상죽에 대한 시가(詩歌)를 천신(薦紳)들 사이에서 구하려
　고 하니, 그대가 기문(記文)을 써주면 좋겠다."
　　　　　상인의 요구
❸내가 오래전부터 친하게 지내긴 하였지만, 나를 초목에 비유한
다면 저력(樗櫟)이나 포류(蒲柳)일 따름이니, 어떻게 감히 우리 상
인의 초당에 기문을 쓸 수가 있겠는가. **❹** 비록 그렇긴 하지만 상
인이 일단 나를 비루하게 여기지 않고 보면, 내가 또 어떻게 들은
것을 가지고 고해 주지 않을 수가 있겠는가.
❸ 서술상 특징: 설의법
화자를 대하는 상인의 태도를 보아 상인의 요구에 응함.
[초당: 억새나 짚 따위로 지붕을 인 조그마한 집채
＊① 요약: 상인(上人)이 '나'에게 기문을 써 달라고 부탁함.
② 대저 대나무도 하나의 식물이다. **❸** 식물이 서리와 이슬을 만나면
❶ 중심 대상: 대나무
급격하게 변해서 가지가 꺾여 부러지고 낙엽 져 떨어져서 더 이상
생기가 없어지고 만다. **❸** 하늘과 땅 사이를 채우고 있는 식물 모두
가 이러한데도 오직 대나무만은 가지도 여전하고 잎도 여전한 가
❷ 태도: 대나무를 긍정적으로 인식함.
운데 홀로 우뚝 서서 향기를 내뿜고 있다. **❹** 이러한 까닭에 예로부
터 운치 있는 사람들과 절개 있는 선비들 거의 대부분이 대나무를
사랑하였으며, 심지어는 차군(此君)으로 지목하는 사람이 나오기
　　　　　대나무를 높여 부르는 예스러운 말
까지 하였던 것이다. **＊②** 요약: 대나무의 절개
[대저: 대체로 보아서

③ 아, 사람의 속성을 살펴보건대, 눈으로 색(色)을 취하고 코로
냄새를 취하고 귀로 소리를 취하고 입으로 맛을 취하고 팔과 다리
❷ 태도: 사람이 자신의 편안함을 위해 양심을 해치는 것에 대해 부정적으로 인식함.
로 편안함을 취하는 과정에서, 저 양심을 해치게 되는 것들이 어
찌 식물이 서리와 이슬을 만나는 정도로만 그칠 뿐이겠는가. **②** 그럼
에도 불구하고 사람 중에서 이에 대해 피할 줄 아는 자가 드물기
만 하다. **＊③** 요약: 자신의 편안함을 위해 양심을 해치는 사람의 속성

④ 상인은 불자(佛者)이다. **②** 따라서 소위 색과 소리와 냄새와 맛과
❶ 글쓴이의 생각: 화자가 상인에 대해 추측함.
감촉이라는 것에 대해서 한 번도 일념(一念)이 동요된 적이 없었
을 것이다. **❸** 그런데 지금 자기의 초당을 상죽(霜竹)이라고 명명하
였고 보면, 이는 자신을 그대로 드러내 보여 준 것일 뿐만이 아니
❶ 글쓴이의 생각: 대나무가 상인의 모습을 보여 준다고 생각함.
요, 대개는 기운이 비슷하기 때문에 서로 구해서 그렇게 된 것이
라는 생각도 드는 것이다.
[일념: 한결같은 마음. 또는 오직 한 가지 생각
＊④ 요약: 대나무와 비슷한 기운을 가진 상인(上人)

* 상인(上人): 지혜와 덕을 갖추어 타인의 스승이 될 수 있는 고승

■ 갈래: 고전 수필　　■ 창작 시기: 고려 후기
■ 내용: 이 작품은 평소 글쓴이가 친하게 지내던 '상인(上人)'이 상죽(대나무)에 대한 기문을 써 달라고 부탁한 일화를 통해 대나무의 속성에 대한 긍정적 인식

에 대해 드러내고 있는 수필이다. 글쓴이는 대나무를 서리와 이슬을 만나도 온전하고 여전한 존재, 즉 절개 있는 존재로서 긍정적으로 여긴다. 한편 사람이 자신의 편안함을 위해 다른 존재를 해치게 되는 것을 부정적으로 여기면서, 그렇지 아니한 '상인'의 성품을 대나무와 같다고 보고 있다.

- ■ **주제**: 대나무의 절개, 대나무와 같은 '상인'의 덕성
- ■ **이것이 핵심!**: 대조적 시어

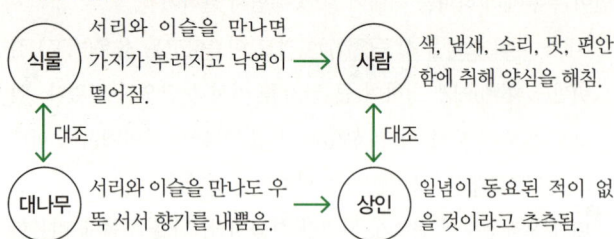

- 식물: 서리와 이슬을 만나면 가지가 부러지고 낙엽이 떨어짐. → 사람: 색, 냄새, 소리, 맛, 편안함에 취해 양심을 해침.
- 대조
- 대나무: 서리와 이슬을 만나도 우뚝 서서 향기를 내뿜음. → 상인: 일념이 동요된 적이 없을 것이라고 추측됨.
- 대조

☆ 독해 공식 정답

(가)
❶ 화자: '나', 중심 대상: 사제
❷ 상황: 사제에서 자연을 즐김.
정서, 태도: 자연을 늘기며 충과 효를 생각함.
❸ 표현상 특징
· 색채어, 의태어 등을 사용하고 있음.
· 설의적 표현을 통해 화자의 정서를 강조하고 있음.

(나)
❶ 화자: 드러나지 않음, 중심 대상: 농암
❷ 상황: 고향에 돌아와 농암에 오름.
정서, 태도: 변하지 않은 고향을 보고 기뻐함.
❸ 표현상 특징
· 인간 세상과 자연을 대조하고 있음.
· 설의적 표현을 통해 화자의 정서를 강조하고 있음.

(다)
❶ 중심 대상: 상인, 대나무
❷ 글쓴이의 생각, 태도: 상인과 대나무를 긍정적으로 인식함.
❸ 서술상 특징
· 설의적 표현을 통해 화자의 정서를 강조하고 있음. / · 대조적 시어를 사용함.

작품 간의 공통점 및 차이점
· 공통점: 설의적 표현을 사용함. 등
· 차이점: 크게 두드러지지 않음.

E 37   정답 ②   *작품 비교하기 ············· [정답률 61%]

(가)~(다)의 공통점으로 가장 적절한 것은?

✑왜 정답?

② 설의적인 표현을 사용하여 의미를 강조하고 있다.
(가)의 '~ 이질년고', (나)의 '~ 가실가', (다)의 '~ 있겠는가'에서 확인할 수 있음.

＊근거: (가) ㉑행, (나) ❷행, (다) ①문단 ❹문장
설의는 말하고자 하는 바를 의문의 형식으로 표현하여 강조하는 기법을 말한다. (가)의 '망극흔 성은을 어늬 각애 이질년고'에서 설의적 표현을 확인할 수 있고, (나)의 '인사이 변흔둘 산천이쌴 가실가'와 (다)의 '비록 그렇긴 하지만 ~ 있겠는가.'에서 설의적 표현을 확인할 수 있다.

✑왜 오답?

① ~~색채를 대비하여~~ 표현 효과를 높이고 있다.
(가)만 해당됨.

＊근거: (가) ❼, ❾행
(가)에서 '흰구룸'에서의 흰색과 '불거시니'의 붉은 색이 대비됨을 확인할 수 있지만, (나)와 (다)에서는 색채 대비를 확인할 수 없다.

③ ~~대상에 감정을 이입하여~~ 친근감을 부여하고 있다.
(가)~(다) 모두 해당되지 않음.

세 작품 모두 대상에 감정을 이입하는 표현은 드러나지 않는다.

④ ~~자연과 인간을 대비하여~~ 주제의식을 드러내고 있다.
(나)만 해당됨.

＊근거: (나) ❷행
(나)의 '인사이 변흔 둘 산천이쌴 가실가'를 통해 자연과 인간의 대비를 확인할 수 있다. 반면 (다)는 '식물'과 '대나무'라는 자연물과 '사람'과 '상인'이라는 인간 자체를 대응하여 주제 의식을 드러내고 있으므로 자연과 인간을 대비한다고 볼 수 없다. (가)에도 그러한 내용을 찾아볼 수 없다.

⑤ ~~의성어와 의태어를 활용하여~~ 생동감을 자아내고 있다.
(가)만 해당됨.

＊근거: (가) ❼, ❿행
의태어는 사람이나 사물의 모양이나 움직임을 흉내 낸 말이다. (가)의 '편편이'와 '첩첩이'에서만 의태어를 확인할 수 있다.

E 38   정답 ①   *작품 비교하기 ············· [정답률 61%]

(가)와 (나)에 대한 설명으로 가장 적절한 것은?

✑왜 정답?

① (가)에는 자신의 삶에 대한 화자의 자족감이 드러나 있다.
사제에서 지내는 자신의 삶에 만족하고 있음.

＊근거: (가) ⑫~⑯행
(가)의 '힘 세이 다토면 내 분에 올가마는 금(禁)흐리 업슬시 나도 두고 즐기노라'와 '흐믈며 남산(南山) 느린 긋히 오곡(五穀)을 가초 심거 ~ 내 집의 내 밥이 그 맛시 엇더흐뇨'에서 자신의 삶에 대한 화자의 자족감을 확인할 수 있다.

[자족감: 스스로 넉넉하게 여기는 느낌

✑왜 오답?

② (나)에는 자신이 처한 ~~상황이 개선되리라는 기대감이~~ 드러나 있다.
상황 개선에 대한 기대는 드러나지 않음.

(나)는 귀향의 기쁨과 자연에 대한 예찬을 하고 있으므로 자신이 처한 상황이 개선되리라는 기대감이 드러났다는 설명은 맞지 않다.

③ (가)와 달리 (나)에는 자연으로부터 받은 감흥이 드러나 있다.
(가)와 (나) 모두 풍경을 보고 있으며, 그 감흥이 드러남.

＊근거: (가) ❻행, (나) ❸행
(나)에는 자연으로부터의 감흥이 드러나 있고, (가)에도 '천공(天工)이 공교(工巧)흐야 뫼빗출 쏨이는가' 등을 통해 자연으로부터의 감흥이 드러난다.

④ (다)와 달리 (가)에는 거스를 수 없는 자연의 섭리에 대한 경외심이 드러나 있다.
(가)에 드러나지 않음.

＊근거: (가) ❹행
(가)에서의 자연은 '임의소요(마음대로 거닐며 바람을 쏘임.)'의 장소이므로 거스를 수 없는 자연의 섭리에 대한 경외심이 드러난다는 설명은 적절하지 않다.

[섭리: 자연계를 지배하고 있는 원리와 법칙
[경외심: 공경하면서 두려워하는 마음

⑤ (가)와 (나)에는 모두 ~~대상의 부재로 인한 안타까움이~~ 드러나 있다.
(가)에만 드러남.

＊근거: (가) ㉓, ㉔행
(가)의 '시시(時時)로 머리 드러 북신(北辰)을 브라보니 눔 모르는 눈물이 두 사미예 다 졋ㄴ다'를 통해 임금 곁에 있지 못한 것에 대한 안타까움이 드러나 있다고 할 수는 있지만, (나)는 대상의 부재로 인한 안타까움이 드러나지 않는다.

〈보기〉를 참고하여 (가)를 감상한 내용으로 적절하지 않은 것은?

- **〈보기〉를 참고:** 〈사제곡〉을 비롯한 박인로의 시가에서 강호는 사족이 은거하는 공간이자 현실적인 생활을 하는 터전, 충과 효를 실천하는 공간으로 나타납니다.
- **(가):** (가)의 화자는 향촌 '사제'에서 생활하며 자연을 즐기고, 부모와 임금에 대해 생각하고 있습니다.

즉 박인로 시가에서의 강호의 의미를 참고하여 (가)의 '사제'를 이해한 내용 중 틀린 것을 고르는 문제입니다.

─── [보기] ───

〈사제곡〉은 박인로가 이덕형을 화자로 하여 그가 향촌인 '사제'에서 생활하는 모습을 작품화한 것이다. _{작품의 배경이 됨.} 박인로의 시가 ❷
에서 강호는 향촌으로 돌아온 사족(士族)이 은거하는 공간인 _{②의 근거} 동시에, 그들이 현실적인 생활을 영위하는 터전이다. 또한 성 _{③의 근거} ❸
리학적 유자(儒者)에게 요구되는 자세인 충과 효를 실천하는 _{④, ⑤의 근거}
공간이다.

향촌: 시골의 마을
영위: 일을 꾸려 나감.
성리학: 중국 송나라 · 명나라 때에 주돈이(周敦頤), 정호, 정이 등에서 비롯하고 주희가 집대성한 유학의 한 파
유자: 유학(儒學)을 공부하는 선비

＞왜 정답?

① [A]는 화자가 '사제'를 ~~유자적 자세를 다짐하는 공간으로 인식~~ _{사제의 경치를 바라보고 있을 뿐이므로 적절하지 않음.} 하고 있음을 보여 주는 것이라 할 수 있다.

＊근거: (가) ❻행
[A]에서 화자는 '사제'의 경치를 바라보며 그 감흥을 드러낼 뿐이므로, '사제'를 유자(儒者)적 자세를 다짐하는 공간으로 인식하고 있지는 않다.

＞왜 오답?

② [B]는 화자가 '사제'에 은거하여 자연을 즐기며 살아가는 _{사제의 경치를 바라보며 즐거움을 느끼고 있으므로 적절함.} 삶의 모습을 보여 주는 것이라 할 수 있다.

＊근거: (가) ❶❸행, 〈보기〉 ❷문장
[B]는 화자가 '사제' 주변의 경치에 대한 감흥을 드러내면서 자연을 즐기며 살겠다는 자세를 드러내는 부분이므로 적절하다.

③ [C]는 화자가 '사제'에서 현실적인 삶을 영위하고 있음을 _{'오곡'을 심고 '채산조수'하고 있으므로 적절함.} 보여 주는 것이라 할 수 있다.

＊근거: (가) ❶❹, ❶❼행, 〈보기〉 ❷문장
[C]는 화자가 '오곡(五穀)'을 심고 '채산조수(採山釣水: 산나물을 캐고 물고기를 잡음.)'함을 드러내는 부분이므로 적절하다.

④ [D]는 화자가 '사제'에서 부모를 봉양하려는 마음을 지니고 _{'오조함정'을 다짐하고 있으므로 적절함.} 있음을 보여 주는 것이라 할 수 있다.

＊근거: (가) ❶❾행, 〈보기〉 ❸문장
[D]는 맛난 음식으로 부모님을 봉양하기에 넉넉하다 할 수는 없지만 부모에게 효도하는 마음을 베풀고야 말겠다는 다짐을 드러내는 부분이므로 적절하다.

⑤ [E]는 화자가 '사제'에서도 충을 실천하고자 함을 보여 주는 것이라 할 수 있다. _{'북신'을 바라보며 눈물짓고 있으므로 적절함.}

＊근거: (가) ❷❸, ❷❹행, 〈보기〉 ❸문장
[E]에서는 화자가 임금 계신 곳을 바라보며 눈물짓고 있으므로 적절하다.

(다)의 내용을 〈보기〉와 같이 구조화하였다. 이에 대한 설명으로 적절하지 않은 것은? [3점]

- **〈보기〉:** (다)를 '나'와 '상인'의 만남(㉮), 서리와 이슬을 맞은 식물과 대나무 비교(㉯), 색, 냄새, 소리, 맛, 편안함에 대한 일반 사람과 상인의 반응 비교(㉰)로 구조화한 표입니다.

즉 (다)의 ㉮~㉰에 드러난 '나'의 생각과 태도에 대한 설명 중 틀린 것을 고르는 문제입니다.

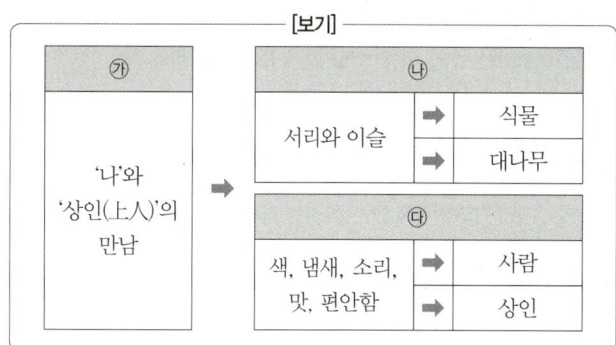

＞왜 정답?

③ '나'는 ㉰의 '상인'의 모습에서 얻은 깨달음을 '사람'에게 ~~전하려는 의지~~를 드러내고 있다. _{드러나지 않음.}

＊근거: (다) ❹문단 ❷문장
'나'는 '색과 소리와 냄새와 맛과 감촉'에 대해 동요된 적이 없을 것이라 추측하며 '상인'에 대한 자신의 생각을 드러내고는 있지만, '상인'의 모습에서 얻은 깨달음을 '사람'에게 전하려는 의지를 드러내고 있지는 않으므로 적절하지 않다.

＞왜 오답?

① '나'는 ㉮에서 '나'를 대하는 '상인'의 태도를 생각해 '상인' _{'비록 그렇긴 하지만 ~ 않을 수가 있겠는가'} 의 요구에 응하고 있다.

＊근거: (다) ❶문단 ❹문장
'상인'이 '나'를 비루하게 여기지 않아 기문을 써 달라는 그의 요구에 응했으므로 적절하다.

② '나'는 ㉯의 '대나무'가 '서리와 이슬'을 만나도 변하지 않는 _{'서리와 이슬을 만나도 '대나무만은' 가지도 잎도 여전함.} 것을 긍정적으로 인식하고 있다.

＊근거: (다) ❷문단 ❸문장
'나'는 '대나무'가 '서리와 이슬'을 만나도 가지와 잎이 여전하고 홀로 향기를 내뿜고 있다고 인식하고 있다.

④ '나'는 ㉯의 '대나무'가 ㉮의 '상인'의 모습을 보여 주는 것이 _{'그런데 지금 자기의 초당을 ~ 기운이 비슷하기 때문에'} 라 생각하고 있다.

＊근거: (다) ❹문단 ❸문장
'나'는 상인이 자신의 초당을 상죽이라 명명한 것은 대나무와 비슷한 기운을 지닌 상인의 속성을 그대로 드러내 보여 준다고 했으므로 적절하다.

⑤ '나'는 ㉯의 '서리'가 '식물'을 해치는 것보다 ㉰의 '사람'이 '편안함'을 취하면서 양심을 해치게 되는 것이 더 심각하다고 _{'눈으로 색을 취하고 ~ 정도로만 그칠 뿐이겠는가'} 생각하고 있다.

＊근거: (다) ❸문단 ❶문장
'나'는 색과 냄새, 소리, 맛, 편안함을 취하는 과정에서 양심을 해치게 되는 것이 식물이 서리와 이슬을 만나는 정도로만 그치지는 않는다고 했다.

(가) 송순, 〈십 년(十年)을 경영(經營)호여〉

❶ 화자, 중심 대상 　❷ 상황, 정서, 태도 　❸ 표현상 특징 　시 해석

❶ 십 년(十年)을 경영(經營)호여 초려삼간(草廬三間) 지어 내니
　❷ 태도: 안빈낙도 　❶ 중심 대상, ❷ 반복을 통한 리듬감 형성 　❸ 근경 ⇨ ❸ 원경
➜ 십년을 준비하여 방이 세 칸인 초가집을 지으니

❷ 나 혼 간 돌 혼 간에 청풍(淸風) 혼 간 맛뎌 두고
　❶ 화자: 나 　❷ 감정: 자연과 하나 되는 물아일체 　❸ 표현상 특징: 의인법
➜ 나 한 칸 갖고, 달 한 칸, 맑은 바람에 한 칸 맡겨 두고

❸ 강산(江山)은 들일 듸 업스니 둘러 두고 보리라
➜ 강산은 들일 방이 없으니 둘러놓고 보겠노라.

▪ 갈래: 평시조　　　　▪ 창작 시기: 조선 전기

▪ 내용: 이 작품은 지은이가 벼슬길에서 물러나 한가로움을 만끽하면서 지은 작품이다. 자연 친화를 통해 안빈낙도하는 화자의 모습이 나타난다. 초장에서는 자연에 은거하는 청빈한 삶을, 중장에서는 나, 달, 청풍이 한데 어우러진 물아일체의 경지를 형상화하였다. 종장에서는 강산까지도 곁에 두고 자연을 감상하려는 화자의 태도가 잘 드러난다.

▪ 주제: 자연 속에서 안빈낙도와 물아일체의 삶을 추구함.

▪ 이것이 핵심: 자연에 대한 시적 화자의 태도

안빈낙도	물아일체
• 초가삼간을 지어놓고 청빈하게 살고자 함. • 세 칸 중 화자 자신은 한 칸이면 됨.	달, 청풍에게 방 한 칸씩 주고 한데 어우러지고자 함.

(나) 위백규, 〈농가구장(農歌九章)〉

❶ 화자, 중심 대상 　❷ 상황, 정서, 태도 　❸ 표현상 특징 　시 해석

❶ 서산의 아침볕 비치고 구름은 낮게 떠 있구나
　❸ 표현상 특징: 시간의 흐름에 따른 시상 전개 – 아침
➜ 서산의 아침볕 비치고 구름은 낮게 떠 있구나

❷ 비 온 뒤 묵은 풀이 뉘 밭에 더 짙었는고
➜ 비 온 뒤의 묵은 풀이 누구의 밭에 더 짙었느냐

❸ 두어라 차례 정한 일이니 매는 대로 매리라 　〈제1수〉
➜ 두어라 차례를 정한 일이니 매는 대로 매리라

＊〈제1수〉 요약: 아침에 농사일을 하러 나섬.

❶ 둘러내자* 둘러내자 긴 고랑 둘러내자
　❸ 표현상 특징: a-a-b-a 구조
➜ 휘감아서 뽑자 휘감아서 뽑자 긴 고랑 휘감아서 뽑자

❷ 바라기 역고*를 고랑마다 둘러내자
➜ 바라기 역고 같은 잡초를 고랑마다 휘감아서 뽑자

❸ 잡초 짙은 긴 사래 마주 잡아 둘러내자 　〈제3수〉
➜ 잡초 짙은 긴 이랑은 마주 잡아 휘감아서 뽑자

＊〈제3수〉 요약: 논을 매는 모습

❶ 땀은 듣는 대로 듣고 볕은 쬘대로 쬔다 　❸ 표현상의 특징: 대구법
　농부들의 건강한 노동
➜ 땀은 떨어질 대로 떨어지고 햇볕은 쬘 대로 쬔다.

❷ 청풍에 옷깃 열고 긴 휘파람 흘리 불 때
　❷ 정서: 농부들의 즐거움, 여유
➜ 맑은 바람에 옷깃 열고 긴 휘파람 흘려 불 때

❸ 어디서 길 가는 손님네 아는 듯이 머무는고 　〈제4수〉
➜ 어디서 길 가는 손님이 아는 듯이 머무는가

＊〈제4수〉 요약: 땀 흘리며 일을 함.

❶ 밥그릇에 보리밥이요 사발에 콩잎 나물이라
　❸ 표현상의 특징: 시간의 흐름에 따라 시상 전개 – 점심
➜ 밥그릇에 보리밥이오 사발에 콩잎 나물이라

❷ 내 밥 많을세라 네 반찬 적을세라
　❶ 화자: 나 　농촌 구성원의 공동체적 생활 태도
➜ 내 밥 많을까 걱정이고 네 반찬 적을까 걱정이라

❸ 먹은 뒤 한 숨 졸음이야 너나 나나 다를소냐 　〈제5수〉
　❸ 표현상 특징: 설의법
➜ 먹은 뒤 한 숨 자는 것이야 너나 내가 다르겠는가

＊〈제5수〉 요약: 소박한 점심을 먹은 후에 오는 졸음

❶ 돌아가자 돌아가자 해 지거든 돌아가자
　❸ 표현상 특징: 시간의 흐름에 따른 시상 전개 – 저녁
➜ 돌아가자 돌아가자 해 지거든 돌아가자

❷ 냇가에 손발 씻고 호미 메고 돌아올 제
➜ 냇가에서 손발 씻고 호미 메고 돌아올 때

❸ 어디서 우배초적(牛背草笛)*이 함께 가자 재촉하는고 　〈제6수〉
　❷ 정서: 농부들의 흥거움
➜ 어디서 소 등에 타고 가면서 부는 풀피리 소리가 함께 가자 재촉하는가

＊〈제6수〉 요약: 일을 끝내고 저녁에 집으로 돌아감.

＊ 둘러내자: 휘감아서 뽑자.
＊ 바라기 역고: 잡초의 일종
＊ 우배초적: 소의 등에 타고 가면서 부는 풀피리 소리

▪ 갈래: 연시조　　　　▪ 창작 시기: 조선 후기

▪ 내용: 이 작품은 농민들의 삶의 현장인 농촌을 배경으로 하여 농민의 삶을 그린 연시조이다. 자연을 건강한 노동이 이루어지는 공간으로 보며, 농업 노동을 민중적 생활에 밀착하여 형상화함으로써 기존 사대부의 작품과는 다른 경향을 보이고 있다. 이 작품은 앞의 6수에 뒤의 3수를 얹어놓은 구조를 이루고 있는데, 앞의 6수는 한여름 농번기의 하루 일과를 그렸고, 뒤의 3수는 초가을에서 추수 때에 이르는 계절의 농부의 보람과 농촌 생활의 인정을 실감 나게 그렸다.

▪ 주제: 농사일의 즐거움.

▪ 이것이 핵심: 양반인 작가가 농부들의 삶을 그들의 입장에서 표현함.

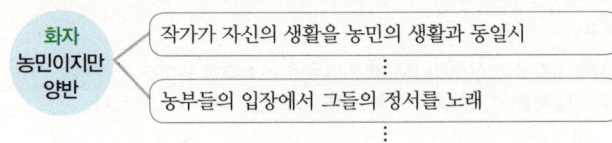

> 화자
> 농민이지만
> 양반
> ┤ 작가가 자신의 생활을 농민의 생활과 동일시
> ┤ 농부들의 입장에서 그들의 정서를 노래
>
> 〈농촌 생활에서 느끼는 만족감을 드러냄.〉

(다) 한백겸, 〈접목설(接木說)〉

❶ 중심 대상 　❷ 글쓴이의 생각, 태도 　❸ 서술상 특징

① 우리 집 뒷동산에 복숭아나무가 하나 있었다. 그 꽃은 빛깔이
　❷ 중심 대상: 복숭아나무
시원치 않고 그 열매는 맛이 없었다. 가지에도 부스럼이 돋고 잔
가지는 무더기로 자라 참으로 볼 것이 없었다. 지난 봄에 이웃에
　중심 대상의 속성
박 씨 성을 가진 이의 손을 빌어 홍도 가지를 접붙여 보았다. 그랬
더니 그 꽃이 아름답고 열매도 아주 튼실하였다. 애초에 한창 잘
자라는 나무를 베어 버리고 잔가지 하나를 접붙였을 때에 나는 그
　❷ 처음에는 접붙이기에 대해 부정적 인식을 가짐.
것을 보고 '대단히 어긋난 일을 하는구나' 하고 생각하였다. 그런
데 「어느새 밤낮으로 싹이 나 자라고 비와 이슬이 그것을 키워 눈
　「 」: 접붙이기 후 달라진 복숭아나무
이 트고 가지가 뻗어 얼마 지나지 않아 울창하게 자라 제법 그늘
을 드리우게 되었다. 올봄에는 꽃과 잎이 많이 피어서 붉고 푸른
비단이 찬란하게 서로 어우러진 듯하니 그 경치가 진실로 볼 만하
였다.」

＊① 요약: 접붙이기를 통한 복숭아나무의 변화

② 오호라, 하나의 복숭아나무, 이것이 심은 땅의 흙도 바꾸지 않
　근본은 바뀌지 않음.
고 그 뿌리의 종자도 바꾸지 않았으며 단지 접붙인 한 줄기의 기

운으로 줄기도 되고 가지도 되어 아름다운 꽃이 밖으로 피어나 그 자태가 돌연히 다른 모습으로 바뀌니 보는 이로 하여금 눈을 씻게 하고 지나가는 이가 많이 찾아 오솔길을 내게 되었다. **이러한 기술을 가진 이는** 그 조화의 비밀을 아는 이가 아닌가! 신기하고 또

접붙이기를 할 줄 아는 이

신기하도다.

┌ **자태:** 어떤 모습이나 모양. 주로 여성의 고운 맵시나 태도에 대하여 이르며
│ 식물, 건축물, 강, 산 따위를 사람에 비유하여 이르기도 한다.
└ **돌연히:** 예기치 못한 사이에 급히

✱**②** 요약: 접붙이기를 경험하고 그 효과에 감탄함.

③ **내가** 여기에 이르러 느낀 바가 있었다. **사물이 변화하고 바뀌**

③ 서술상 특징: '유추'의 방법을 사용함. – 사물에서 인간에게로 사고를 유추함.

어 개혁을 하게 되는 것은 오로지 초목에 국한한 것이 아니오, 내 몸을 돌이켜 본다 하여도 그런 것이니 어찌 그 관계가 멀다 할 것인가! ┌악한 생각이 나는 것을 결연히 내버리는 일은 나무의 옛 가

└ 「 」: **②** 글쓴이의 생각 – 글쓴이의 깨달음 ①

지를 잘라 내버리듯 하고 착한 마음의 실마리 싹을 끊임없이 움터 나오게 하기를 새 가지로 접붙이듯 하여, 뿌리를 북돋아 잘 기르듯 마음을 닦고 가지를 잘 자라게 하듯 깊은 진리에 이른다면 이 것은 시골 사람에서 성인에 이르기까지 나무 접붙임과 다른 것이 무엇이겠는가!」

┌ **개혁:** 제도나 기구 따위를 새롭게 뜯어고침.
│ **국한하다:** 범위를 일정한 부분에 한정하다.
│ **결연히:** 움직일 수 없을 만큼 확고한 마음가짐이나 행동으로
└ **움트다:** 초목 따위의 싹이 새로 돋아 나오기 시작하다.

✱**③** 요약: 접붙이기처럼 악한 생각을 잘라 버리고 착한 마음을 자라게 해야 함.

④ **『주역』**에 이르기를 ㉠**"땅에서 나무가 자라나는 것은 승괘(升**

③ 서술상 특징: 경전을 인용하여 글쓴이의 깨달음을 뒷받침함.

卦)*이니 군자가 이로써 덕을 순하게 하여 작은 것을 쌓아 높고 크게 한다."** 하였으니, 이것을 보고 어찌 스스로 힘쓰지 아니하겠는가. 그리고 또 느낀 바가 있다. **오늘부터 지난 봄을 돌이켜보면 겨** 우 추위와 더위가 한 번 바뀐 것뿐인데 한 치 가지를 손으로 싸매어 놓은 것이 저토록 지붕 위로 높이 자라 꽃을 보게 되었고, 또 장차 그 열매를 먹게 되었으니 만약 앞으로 내가 몇 해를 더 살게 된다면 이 나무를 즐김이 그 얼마나 더 많을 것인가! ┌세상 사람들

└ 「 」: **②** 글쓴이의 생각 – 글쓴이의 깨달음 ②

은 자기가 늙는 것만 자랑하여 팔다리를 게을리 움직이고 그 마음 씀도 별로 소용되는 바가 없다. 이로 미루어 보면 또한 어찌 마음 을 분발하여 뜻을 불러일으키기를 권하지 아니하겠는가.」**이 모든** 것은 다 이 늙은이를 경계함이 있으니 이렇게 글을 지어 마음에 새기노라.

┌ **치:** 길이의 단위. 한 치는 한 자의 10분의 1 또는 약 3.03cm에 해당한다.

✱**④** 요약: 늙을수록 게을러지고 마음을 쓰지 않는 것에 대한 경계

*승괘: 육십사괘의 하나. 땅에 나무가 자라남을 상징함.

■ **갈래:** 고전수필, 설
■ **내용:** 이 작품은 작가가 자신이 기르던 복숭아나무가 볼품이 없어지자 이웃의 도움으로 홍도 가지를 접붙이게 되고, 아름다운 나무로 변화시킨 접목의 경험을 바탕으로 삶의 자세에 대한 깨달음을 기록한 고전수필이다.
■ **주제:** 나무 접붙이기를 통해 깨달은 삶의 자세
■ **이것이 핵심:** 경험을 통해 깨달음을 얻음.

글쓴이의 경험	자신의 집 뒷동산에 있는 복숭아나무가 보잘것없어 이웃 박 씨의 손을 빌어 홍도 가지를 접붙임. 그 뒤 복숭아나무가 울창하게 자라고 경치가 아름답게 전혀 다른 모습으로 변함.

↓

경험을 통한 깨달음	• 사물이 변화하고 바뀌어 개혁하게 되는 것은 초목에만 국한한 것이 아니라 인간에게도 적용 가능함. • 늙어서 게을리 움직이지 말고 마음을 분발하여 뜻을 불러일으켜야 함.

↓

글쓴이의 의도	나무를 접붙여 전혀 다른 나무가 되듯 사람도 악한 생각은 잘라 내버리고 착한 마음의 실마리가 새로 자랄 수 있도록 해야 함. 또한 늙음을 자랑하지 말고 부지런히 움직여야 함.

🌸 독해 공식 정답

(가)
① 화자: '나', 중심 대상: 초려삼간, 달, 청풍, 강산의 자연
② 상황: 십 년 만에 지은 초가삼간에서 자연과 함께 지내는 상황
정서, 태도: 자연 속에서 자연과 하나 되고(물아일체) 소박한 삶에서 만족감을 느낌(안빈낙도).
③ 표현상 특징
• 근경에서 원경으로 시선이 이동되며 시상이 전개된다.
• 의인법이 사용됨(달, 청풍에 각각 방 하나씩 주고 함께 살고자 함).

(나)
① 화자: '나', 중심 대상: 농사일
② 상황: 마을 사람들과 서로 도와가며 농사를 지음.
정서, 태도: 고된 농사일에서도 보람과 여유를 느끼며, 만족하고 흥겨워함.
③ 표현상 특징
• 시간의 흐름에 따라 시상을 전개함. – 〈제1수〉~〈제6수〉는 아침부터 저녁까지의 농번기의 하루 일과가 나타남.
• a–a–b–a 형식을 통해 리듬감을 형성함.
• 대구법, 설의법이 사용됨.

(다)
① 중심 대상: 복숭아나무
② 글쓴이의 생각, 태도: 처음에는 접붙이기에 대해 부정적 인식을 가졌으나 접붙이기를 경험한 후 깨달음을 얻게 됨.
③ 서술상 특징
• '유추'를 통한 내용을 전개함.
• '경전'을 인용하여 의견을 뒷받침함.

작품 간의 공통점 및 차이점
• **공통점:** – (가)와 (나)는 시어의 반복을 통해 리듬감을 형성함.
　　　　　 – (나)와 (다)는 설의법을 사용하여 생각을 강조함.
• **차이점:** 크게 두드러지지 않음.

E 41 정답 ④ ✱표현상의 특징 이해하기 ··· [정답률 41%]

(가)~(다)에 대한 설명으로 적절한 것은?

▷**왜 정답?**

　　　　　　　'반복'은 운율(운율감, 리듬감)을 형성하는 요소

④ (가)와 (나)는 <u>시어의 반복을 통해 리듬감을 형성</u>하고 있다.

(가) '흔 간', (나) '둘러내자, 돌아가자'

✱**근거:** (가) **②**, (나) 〈제3수〉, 〈제6수〉

(가)에서는 '흔 간', (나)에서는 〈제3수〉의 '둘러내자', 〈제6수〉의 '돌아가자'가 반복되며, 이를 통해 리듬감을 형성하므로 적절하다.

▷**왜 오답?**

① (가)는 <s>공간의 이동에 따라</s> 시상을 전개하고 있다.

　　　나타나지 않음

(가)에서는 '시선의 이동'만 있을 뿐 '공간의 이동'에 따라 시상을 전개하지 않으므로 적절하지 않다.

② (나)는 <s>색채어의 대비를 활용하여</s> 주제를 강조하고 있다.

　　　　나타나지 않음.

(나)에는 색채어의 대비가 나타나지 않으므로 적절하지 않다.

색채어: 빛깔을 나타내는 말

대비: 두 가지의 차이를 밝히기 위하여 서로 맞대어 비교함. 또는 그런 비교

소리를 흉내 낸 '의성어', 모양이나 움직임을 흉내 낸 '의태어'가 해당함.

③ (다)는 음성 상징어를 사용하여 생동감을 드러내고 있다.
나타나지 않음.

(다)에는 음성 상징어의 사용이 나타나지 않으므로 적절하지 않다.

⑤ (가)와 (다)는 구체적인 묘사를 통해 계절감을 부각하고 있다.
(다)만 해당함.

* 근거: (다) ①문단 ⑧문장

(가)에는 구체적인 묘사가 나타나지 않으며, (다)는 '올봄에는 ~ 볼 만하였다.'에서 알 수 있듯이 꽃과 잎이 핀 복숭아나무를 묘사하여 봄의 계절감을 부각하고 있으므로 적절하다. 그러므로 (가)와 (다)가 해당한다는 선지는 적절하지 않다.

E 42 정답 ① * 작품의 내용 파악하기 …… [정답률 52%]

(나)를 활용하여 '전원일기'라는 제목으로 영상시를 제작하기 위해 학생들이 협의한 내용으로 적절하지 않은 것은?
둘 이상의 사람이 서로 협력하여 의논함.

왜 정답?

① 〈제1수〉는 아침부터 농기구를 가지고 밭을 가는 농부의 모습을 보여주면 좋겠어.
농사일을 하러 나섬.

〈제1수〉에는 '아침에 일을 하러 나서는 농부의 모습'이 제시되어 있다. 농기구를 가지고 밭을 가는 모습은 나타나지 않으므로 적절하지 않다.

왜 오답?

② 〈제3수〉는 농부들이 함께 잡초를 뽑고 있는 모습을 보여주면 좋겠어.
'잡초 짙은 긴 사래 마주 잡아 둘러내자'

* 근거: (나) 〈제3수〉 ❸

'마주 잡아 둘러내자'에서 알 수 있듯이 농부들이 함께 잡초를 뽑고 있으므로 적절하다.

③ 〈제4수〉는 옷깃을 열고 바람을 쐬고 있는 농부의 모습을 보여주면 좋겠어.
'청풍에 옷깃 열고'

* 근거: (나) 〈제4수〉 ❷

'청풍에 옷깃 열고'에서 알 수 있듯이 농부는 옷깃을 열고 바람을 쐬고 있으므로 적절하다.

④ 〈제5수〉는 농부들이 모여 식사하고 있는 모습을 보여주면 좋겠어.
'내 밥 많을세라 네 반찬 적을세라'

* 근거: (나) 〈제5수〉 ❷

'내 밥 많을세라 네 반찬 적을세라'에서 알 수 있듯이 농부들은 모여 식사를 하고 있으므로 적절하다.

⑤ 〈제6수〉는 해 질 무렵에 농사일을 마치고 마을로 돌아오는 농부의 모습을 보여주면 좋겠어.
'해 지거든 돌아가자. ~ 호미 메고 돌아올 제'

* 근거: (나) 〈제6수〉 ❶, ❷

'돌아가자 ~ 돌아올 제'에서 알 수 있듯이 해 질 무렵 집으로 돌아가는 농부의 모습이 나타나므로 적절하다.

E 43 정답 ② * 〈보기〉를 바탕으로 감상하기 … [정답률 62%]

〈보기〉를 참고하여 (가)와 (나)를 감상한 내용으로 적절하지 않은 것은? [3점]

• 〈보기〉를 참고: 조선 시대 사대부들의 시조에는 자연이 자주 등장하지만, 작품 속에서 자연에 대한 인식은 같지 않습니다. (가)의 자연은 화자가 동화

되어 살고 싶어 하는 공간, 안빈낙도의 공간이지만, (나)의 자연은 소박하게 살아가는 삶의 현장이자 건강한 노동 속에서 흥취를 느끼는 공간입니다.

• (가)와 (나)를 감상: 조선 시대에 사대부들이 썼고, 자연이 등장한다는 공통점을 갖지만 자연에 대한 인식이 다른 두 작품입니다. (가)의 자연은 화자가 옆에 두고 보고 즐기고 싶어 하는 공간이고, (나)의 자연은 화자가 땀 흘리며 노동하는 공간입니다.

즉 〈보기〉에 제시되어 있는 (가)의 자연에 대한 인식, (나)의 자연에 대한 인식이 각각 어떻게 표현되어 있는지를 파악해야 하는 문제입니다.

[보기]

❶ 조선 시대 사대부들의 시조에는 자연이 자주 등장하는데, 작품 속 자연에 대한 인식이 같지는 않다. ❷(가)에서의 자연은 속세를 벗어난 화자가 동화되어 살고 싶어 하는 공간이자 안
돌, 청풍에 방 한 칸 씩 주고, 강산은 두고 보라. (②와 관련)
빈낙도(安貧樂道)의 공간으로 그려져 있다. ❸반면에 (나)에서
초라한 세 칸짜리 초가집에서 자연과 하나 되어 살겠음. (①과 관련)
의 자연은 소박하게 살아가는 삶의 현장이자 건강한 노동 속
노동 후에 먹는 보리밥, 콩잎 나물 (④와 관련)   땀 흘리며 일함. (③과 관련)
에서 흥취를 느끼는 공간으로 그려져 있다.
해질녘 돌아가는 길에 풀피리 소리가 들림. (⑤와 관련)

속세: 불가에서 일반 사회를 이르는 말
안빈낙도: 가난한 생활을 하면서도 편안한 마음으로 도를 즐겨 지킴.

왜 정답?

② (가)의 화자는 강산에서 벗어나 '돌', '청풍'과 하나가 되어 살아가려는 태도를 보이고 있군.
'강산은 ~ 둘러 두고 보리라'

* 근거: (가) ❸, 〈보기〉 ❷문장

종장을 보면 화자는 '강산'을 '둘러 두고 보'겠다고 하였다. 이는 화자가 자연과 동화되어 살고자 하는 것이므로 강산에서 벗어나려는 태도는 적절하지 않다.

왜 오답?

① (가)의 '초려삼간'은 화자가 안빈낙도하며 사는 공간으로 볼 수 있군.
초라한 세 칸짜리 초가집에서 자연과 하나 되어 살겠음.

* 근거: (가) ❶, ❷, 〈보기〉 ❷문장

(가)의 화자는 자연 속에 지은 초라한 세 칸의 초가집(초려삼간)에서 '돌', '청풍'과 함께하며 살고자 하기 때문에 안빈낙도하며 사는 공간으로 볼 수 있으므로 적절하다.

③ (나)의 '묵은 풀'이 있는 '밭'은 화자가 땀 흘리며 일해야 하는 공간으로 볼 수 있군.
땀은 듣는 대로 듣고, 매는 대로 매는 공간

* 근거: (나) 〈제1수〉, 〈제4수〉, 〈보기〉 ❸문장

〈제1수〉, 〈제4수〉 등을 통해 알 수 있듯이, '묵은 풀'이 있는 '밭'은 화자가 매어야 할 밭이고, 이 밭을 매면서 화자는 '땀' 흘리며 건강한 노동을 하므로 적절하다.

④ (나)의 '보리밥'과 '콩잎 나물'은 노동의 현장에서 맛보는 소박한 음식으로 볼 수 있군.
땀 흘리며 노동한 후에 먹는 보리밥, 콩잎 나물

* 근거: (나) 〈제5수〉, 〈보기〉 ❸문장

'보리밥'과 '콩잎 나물'은 농부들이 땀 흘리며 열심히 노동을 한 후에 먹는 소박한 음식이므로 적절하다.

⑤ (나)의 화자가 '호미 메고 돌아올' 때에 듣는 '우배초적'에서 농부들의 흥취를 느낄 수 있군.
해질녘 귀갓길에 들려오는 풀피리 소리

* 근거: (나) 〈제6수〉, 〈보기〉 ❸문장

화자는 땀 흘려 열심히 일한 후 해 질 무렵 집으로 돌아가며 풀피리 소리를 듣는다. 이는 자연이 흥취를 느끼는 공간이라 볼 수 있으므로 적절하다.

E 44 정답 ① *구절의 기능 파악하기 ⋯⋯ [정답률 80%]

(다)의 글쓴이가 ㉠을 인용한 이유로 가장 적절한 것은?

> **왜 정답?**

① 자신이 깨달은 바를 뒷받침하기 위해
주역의 내용을 통해 복숭아나무를 접목했던 경험에서 깨달은 점을 강조

*근거: (다) ④-❶

글쓴이는 복숭아나무를 접목했던 경험을 통해 얻은 깨달음을 언급한 후 ㉠을 인용하였다. 그리고 '이것을 보고 어찌 스스로 힘쓰지 아니하겠는가.'라고 언급하며 자신의 깨달음을 주역이 가진 권위를 통해 뒷받침하고 있으므로 적절하다.

> **왜 오답?**

② 자신의 상황을 반어적으로 드러내기 위해
나타나지 않음.

글쓴이는 자신의 상황을 반어적으로 드러내지 않았으므로 적절하지 않다.

[반어적: 표현의 효과를 높이기 위하여 실제와 반대되게 말을 하는 것

③ 자신의 지식이 보잘것없음을 성찰하기 위해
나타나지 않음.

글쓴이는 경험을 통해 깨달음을 얻었고, 이를 뒷받침하기 위해 ㉠을 인용한 것이지 자신의 지식이 보잘것없다고 성찰하지 않았으므로 적절하지 않다.

④ 자신과 군자의 삶이 다르지 않음을 강조하기 위해
나타나지 않음.

자신과 군자의 삶과의 비교는 나타나지 않으므로 적절하지 않다.

⑤ 자신이 살고 있는 세태를 지난날과 비교하기 위해
나타나지 않음.

세태 비교는 나타나지 않으므로 적절하지 않다.

[세태: 사람들의 일상생활, 풍습 따위에서 보이는 세상의 상태나 형편

E 45 정답 ③ *세부 내용 이해하기 ⋯⋯⋯ [정답률 76%]

다음은 학생이 (다)를 읽고 정리한 메모이다. ⓐ~ⓔ 중 적절하지 않은 것은?

접목설(接木說)

ⓐ 글쓴이는 '빛깔이 시원치 않'은 꽃과 '부스럼이 돋'은 가지가 달린 복숭아나무를 소재로 글을 썼다.

ⓑ 글쓴이는 이웃에 사는 박 씨의 도움으로 '홍도 가지'를 접붙인 후 자라난 꽃과 열매를 본 경험을 제시하였다.

ⓒ 글쓴이는 사물이 '자태가 돌연히 다른 모습'으로 바뀌기 위해서는 근본의 변화가 중요함을 강조하였다.

ⓓ 글쓴이는 사물이 변화하는 이치를 사람들이 깨달아 실천하게 되면, '악한 생각'을 버리고 '착한 마음'을 자라게 하는 변화가 가능하다고 여겼다.

ⓔ 글쓴이는 '늙는 것만 자랑하여 팔다리를 게을리 움직이'는 사람들에게 삶의 태도를 바꾸도록 권하고 싶어 한다.

> **왜 정답?**

③ ⓒ: 글쓴이는 사물이 '자태가 돌연히 다른 모습'으로 바뀌기 위해서는 근본의 변화가 중요함을 강조하였다.
'이것이 심은 땅의 ~ 단지 접붙인 한 줄기의 기운으로'

*근거: (다) ②-❶

'이것이 심은 땅의 ~ 단지 접붙인 한 줄기의 기운으로'에서 알 수 있듯이 복숭아나무는 이것을 심은 땅의 흙도, 뿌리의 종자도 바뀌지 않고 단지 접붙인 한 줄기의 기운으로 그 자체가 다른 모습으로 바뀌었다 하였으므로 적절하지 않다.

> **왜 오답?**

① ⓐ: 글쓴이는 '빛깔이 시원치 않'은 꽃과 '부스럼이 돋'은 가지가 달린 복숭아나무를 소재로 글을 썼다.
'우리 집 뒷동산에 ~ 볼 것이 없었다.'

*근거: (다) ①-❶~❸

'우리 집 뒷동산에 ~ 볼 것이 없었다.'에서 알 수 있듯이 글쓴이는 복숭아나무를 소재로 하여 접붙이기를 한 경험과 깨달음을 글로 썼으므로 적절하다.

② ⓑ: 글쓴이는 이웃에 사는 박 씨의 도움으로 '홍도 가지'를 접붙인 후 자라난 꽃과 열매를 본 경험을 제시하였다.
'지난 봄에 ~ 튼실하였다.'

*근거: (다) ①-❹, ❺

'지난 봄에 ~ 튼실하였다.'에서 알 수 있듯이 글쓴이는 이웃 박 씨의 도움으로 홍도 가지를 접붙였고, 여기서 아름다운 꽃과 튼실한 열매를 보았다 하였으므로 적절하다.

④ ⓓ: 글쓴이는 사물이 변화하는 이치를 사람들이 깨달아 실천하게 되면, '악한 생각'을 버리고 '착한 마음'을 자라게 하는 변화가 가능하다고 여겼다.
'내 몸을 돌이켜 본다 하여도 그런 것이니'

*근거: (다) ③

복숭아나무 접붙이기를 통해서 사물이 변화하는 것이 내 몸에도 마찬가지라 하였고, 악한 생각을 잘라내고 착한 마음을 접붙이면 된다 하였으므로 적절하다.

[이치: 사물의 정당한 조리(條理). 또는 도리에 맞는 취지

⑤ ⓔ: 글쓴이는 '늙는 것만 자랑하여 팔다리를 게을리 움직이'는 사람들에게 삶의 태도를 바꾸도록 권하고 싶어 한다.
'세상 사람들은 ~ 권하지 아니하겠는가'

*근거: (다) ④-❹, ❺

'어찌 마음을 분발하여 뜻을 불러일으키기를 권하지 아니하겠는가'를 통해 삶의 태도를 바꾸도록 권하고자 하는 것을 알 수 있으므로 적절하다.

E 46~49 [2021년(6월)/고2교육청 26~29]

(가) 김광욱, 〈율리유곡(栗里遺曲)〉

❶ 화자, 중심 대상 ❷ 상황, 정서, 태도 ❸ 표현상 특징 [시 해석]

❶
공명(功名)도 잊었노라 부귀(富貴)도 잊었노라
❷ 태도: 속세의 부귀공명을 멀리하겠다는 태도
➡ 공명(功名)도 잊었고 부귀(富貴)도 잊었노라.

❷
세상(世上) 번우한* 일 다 주어 잊었노라
속세의 삶: 고민과 괴로움
➡ 세상의 괴롭고 근심스러운 일도 모두 잊었노라.

❸
내 몸을 내마저 잊으니 남이 아니 잊으랴 〈2수〉
❸ 표현상 특징: 설의법
➡ 나 자신을 나마저 잊으니 남이 (나를 어찌) 아니 잊겠는가?

[공명: 공을 세워서 자기의 이름을 널리 드러냄. 또는 그 이름
[부귀: 재산이 많고 지위가 높음.

〈2수〉 요약: 속세의 부귀공명을 멀리하는 화자

❶
질가마 좋이 씻고 바위 아래 샘물 길어
팥죽을 쑤기 위한 과정을 구체적으로 나타냄.
➡ 가마솥 깨끗이 씻고 바위 아래의 샘물을 길어

❷ 팥죽 달게 쑤고 저리지* 끄어 내니
자연의 소박한 음식①　자연의 소박한 음식②
➡ 팥죽을 달게 쑤고 겉절이 (김치를) 꺼내니

❸ ❶중심 대상: 자연의 삶
세상에 이 두 맛이야 남이 알까 하노라　　　　　　〈5수〉
'팥죽'과 '겉절이 (김치)'의 맛　❷정서: 자연에서의 소박한 삶에 대한 만족감
➡ 세상에서 이 두 가지의 맛을 남이 알까 하노라.

*〈5수〉요약: 자연의 소박한 삶에 대한 만족

질가마: 질흙으로 구워서 만든 가마솥
쑤다: 곡식의 알이나 가루를 물에 끓여 익혀서 죽이나 메주 따위를 만들다.
겉절이: 배추, 상추, 무 따위를 절여서 곧바로 무쳐 먹는 반찬

❶ 어화 저 ⓐ백구(白鷗)야 무슨 수고 하느냐
물고기를 잡기 위해 애쓰는 모습
➡ 어와 저 갈매기야, 무슨 애를 쓰고 있느냐?

❷ 갈 숲으로 서성이며 고기 엿보기 하는구나
❷태도: 세속적 욕망을 가진 '백구(갈매기)'에 대한 비판적 태도
➡ 갈대숲을 서성이며 (물)고기를 (잡으려고) 엿보고 있구나.

❸ ❶중심 대상: 자연의 삶　❸표현상 특징: 설의법
나같이 군마음 없이 잠만 들면 어떠리　　　　　　〈6수〉
세속적 욕망, 욕심　자연을 즐기며 사는 삶에 대한 자부심
➡ 나처럼 딴마음 먹지 말고 잠만 들면 어떻겠느냐?

*〈6수〉요약: 욕심 없이 사는 삶에 대한 자부심

백구: 갈매기
수고하다: 일을 하느라고 힘을 들이고 애를 쓰다.
갈 숲: 갈대가 우거진 숲
군마음: 쓸데없는 생각을 품은 마음

❸ 대 막대 너를 보니 유신(有信)하고 반갑고야
❸표현상 특징: 의인법　❷정서: 대나무 막대기에 대한 반가움.
➡ 대나무 막대기 너를 보니 믿음직스러우며 반갑구나.

❶ 내 아이 적에 너를 타고 다니더니
화자가 어렸을 적의 '대 막대' 용도: 놀잇감
➡ 내(가) 아이(였을) 적에는 너를 (놀잇감으로) 타고 다녔었는데

현재의 '대 막대' 용도: 지팡이
❷ 이제란 창(窓)뒤에 섰다가 날 뒤 세우고 다녀라　　〈11수〉
❷상황: 대 막대의 용도 변화에 따라 세월의 흐름을 느낌.
➡ 이제는 (지팡이가 되어) 창문 뒤에 서 있다가 나를 뒤에 세우고 다니는구나.

대: 볏과의 대나무속(屬) 식물을 통틀어 이르는 말
유신하다: 신의가 있다.

*〈11수〉요약: 대나무 막대기를 통해 느끼는 세월의 흐름

* 번우한: 괴로워 근심스러운
* 저리지: 겉절이

■ 갈래: 연시조　　　　　■ 창작 시기: 조선 후기(1650년대)
■ 내용: 이 작품은 김광욱이 지은 총 17수의 연시조로, 『청구영언』에 17수 모두가 실려 전해지고 있다. 김광욱은 경기 감사로서 일하다가 1650년에 벼슬에서 물러나 전원(田園)에 은거하며 자연의 풍취를 즐기며 살았다. 17수로 이루어진 연시조에서는 자연에 사는 소박한 삶의 즐거움과 함께 저물어 가는 인생의 무상함을 노래하고 있는데, 특히 보리술, 닭찜, 팥죽 등의 음식을 통해 농촌 생활의 일상적인 모습을 구체적으로 나타내고 있다.
■ 주제: 자연의 소박한 삶에서 느끼는 즐거움
■ 이것이 핵심!: 자연의 삶에 대한 화자의 태도

주요 대상(의미)		화자의 태도
〈제2수〉	공명, 부귀, 세상 번우한 일 (속세의 삶)	속세를 멀리하겠다는 태도
〈제5수〉	팥죽, 겉절이 (소박한 음식)	소박한 삶에서 느끼는 만족감
〈제6수〉	백구 (세속적 욕망을 가진 존재)	욕심 없이 사는 삶에 대한 자부심

(나) 윤유, 〈육우당기(六友堂記)〉
❶중심 대상　❷글쓴이의 생각, 태도　❸서술상 특징

1 한산(寒山) 어른 송계신보(宋季愼甫)가 나와는 사촌이 된다. 내
지명(地名)
가 일찍이 그 집에 가보니, 뒤로는 감악산을 등지고 앞으로는 큰
❸서술상 특징: 원경에서 근경으로의 시선의 이동이 나타남.
들을 임하여 초막집을 한 채 얽어 한가히 휴식하는 곳으로 삼았었
다. 그 당명(堂名)이 무어냐고 물었더니, 주인이 말하기를,
초막집의 이름
"내가 '취한(就閑)*'이라 이름하려고 하는데, 미처 써 붙이지 못
사촌 형이 지은 당명
했다."
고 하였다. 내가 말하기를,
❸서술상 특징: '나'와 '주인'의 대화로 내용을 전개함.
"한(閑)은 본디 이 당(堂)이 소유한 것이거니와, 우리 형은 나이
70세가 넘어 하얀 수염에 붉은 얼굴로 여기에서 즐기며 바깥 세
상에 바랄 것이 없으니, 어찌 아무 도와주는 것 없이 충분히 그
운치를 누릴 수가 있겠습니까. 내가 보건대, 당 한편에 애완(愛
❷글쓴이의 생각: 육우(六友)의 도움을 받으면 충분히 자연의 운취를 누릴 수 있음.
玩)*하여 심어놓은 것들이 있으니, 바로 대[竹]와 국화[菊]와 진
송(秦松)과 노송(魯松)과 동백(冬柏)이요, 게다가 빙 둘러 사방
❸서술상 특징: 열거를 통해 육우(六友)를 제시함.
의 산에는 또 창송(蒼松)이 만여 그루나 있으니, 이 여섯 가지는
❶중심 대상: 육우(六友)
모두 세한(歲寒)의 절개가 있어 더위와 추위에도 지조를 변치
않는 것들입니다. ❷글쓴이의 생각: 육우(六友)는 더위나 추위를 극복하는 절개와 지조가 있음. 우리 형께서는 늙을수록 건장하여 신기(神氣)
❷글쓴이의 형은 기운이 넘쳤음에도 불구하고, '육우(六友)'와 함께하기 위해 은거함.
가 쇠하지 않았는데도, 사방에 다니는 것을 싫어하고 이곳에 은
거하여, 여기에서 노래하고 여기에서 춤추고 여기에서 마시고
❷글쓴이의 형이 '육우(六友)'와 함께 자연을 즐기는 모습
취하고 자고 먹고 하니, 이 여섯 가지를 얻어서 벗으로 삼는다
면 그 취미나 기상이 또한 서로 가깝지 않겠습니까.
❸서술상 특징: 설의법을 통해 육우(六友)의 기상을 강조함.

등지다: 등 뒤에 두다.
임하다: 어떤 장소의 가까이서 그곳을 마주 대하다.
초막집: 풀이나 짚으로 지붕을 이어 조그마하게 지은 막집
세한: 설 전후의 추위라는 뜻으로, 매우 심한 한겨울의 추위를 이르는 말
절개: 신념, 신의 따위를 굽히지 아니하고 굳게 지키는 꿋꿋한 태도
지조: 원칙과 신념을 굽히지 아니하고 끝까지 지켜 나가는 꿋꿋한 의지. 또는 그런 기개
건장하다: 몸이 튼튼하고 기운이 세다.
신기: 정신과 기운을 아울러 이르는 말
쇠하다: 힘이나 세력이 점점 줄어서 약해지다.
은거하다: 세상을 피하여 숨어서 살다.
기상: 사람이 타고난 기개나 마음씨. 또는 그것이 겉으로 드러난 모양

*1 요약: '나'가 사촌 형에게 '육우(六友)'와 함께한 형 이야기를 들려줌.

2 우리 형께서는 또 세상 변천과 세상 물정을 많이 겪고 보았습
❷글쓴이의 형은 세태의 풍조를 잘 알고 있었음. → 육우(六友)와 함께한 이유
니다. 그런데 가만히 보면, 세상의 교우(交友) 관계가 처음에는
견고했다가 나중에는 틈이 생기어, 득세한 자에게는 열렬히 따
르고 실세한 자에게는 그지없이 냉담하며, 떵떵거리는 자리에
❸서술상 특징: 대조를 통해 상황에 따라 변하는 세태의 풍조를 나타냄.
는 서로 나가고 적막한 자리에는 서로 기피하는 것이 세태의 풍
❷글쓴이의 생각: 세상의 교우(交友) 관계는 권력의 성쇠에 따라 쉽게 변함.
조입니다. 그런데 이 여섯 가지는 이런 가운데 생장하면서도 능
히 풍상(風霜)을 겪고 우로(雨露)를 머금어 이제까지 울울창창
하여서 앉고 눕고 기거하고 근심하고 즐거워하는 것을 처음부
터 끝까지 항상 주인과 함께하고 있으니, 차라리 저것을 버리고
❷글쓴이의 태도: 육우(六友)의 지조와 절개에 대한 예찬적 태도가 나타남.
이것을 취하여 세상의 걱정을 피해서 자신의 천진(天眞)*을 온

전히 지키는 것이 낫지 않겠습니까.❹ 이 당에는 실로 이 여섯 가

❷ 글쓴이의 태도: 자신의 천진을 온전히 지키는 삶을 추구함.

지가 있고 옹(翁)께서 그 가운데에 처하시니, 어찌 'ⓑ육우(六

友)'라 이름하는 것이 좋지 않겠습니까.❺ 그 한(閑)은 바로 여기

❸ 서술상 특징: 설의법을 통해 당명으로 육우(六友)가 적합함을 강조함.

에 있는 것입니다."

❻

하니, 주인이 그렇게 하겠다고 승낙하고 인하여 나에게 그 기문

사촌 형이 당명을 '육우(六友)'로 하기로 결정함.

(記文)을 써 달라고 부탁하였다.

┌ **득세하다**: 세력을 얻다.
│ **실세하다**: 세력을 잃다.
│ **세태**: 사람들의 일상생활, 풍습 따위에서 보이는 세상의 상태나 형편
│ **풍조**: 시대에 따라 변하는 세태
│ **생장하다**: 나서 자라다.
│ **풍상**: 바람과 서리를 아울러 이르는 말
│ **우로**: 비와 이슬을 아울러 이르는 말
│ **울울창창하다**: 큰 나무들이 아주 빽빽하고 푸르게 우거져 있다.
│ **기거하다**: 일정한 곳에서 먹고 자고 하는 따위의 일상적인 생활을 하다.
│ **옹**: 그 사람을 높여서 부르거나 이르는 말
└ **기문**: 기록한 문서

＊❷ 요약: '나'가 사촌 형에게 '육우(六友)'라는 당명을 지어 줌.

＊ **취한**: 한가로움을 취함.
＊ **애완**: 물품 따위를 좋아하여 가까이 두고 즐김.
＊ **천진**: 세파에 젖지 않은 자연 그대로의 참됨.

■ **갈래**: 수필
■ **내용**: 이 작품은 조선 후기 문신이자 학자였던 윤휴(1617~1680)의 시문집인 『백호선생문집』에 실린 고전 수필로, 사촌 형이 거주하는 초가집에 '육우(六友)'라는 당명을 지어 주게 된 배경과 이유를 밝히고 있다. 글쓴이는 자기 형이 '육우(六友)'와 벗하며 살았던 삶을 이야기하며, '육우(六友)'가 지닌 지조와 절개를 예찬한다. 그리고 사촌 형에게 이러한 '육우(六友)'를 당명으로 짓고 벗으로 삼으며 천진을 온전히 지키는 삶을 살 것을 권유한다. 즉, 글쓴이는 '육우(六友)'가 지닌 덕목을 통해, 속세에 물들지 않은 자연 그대로의 참된 삶의 의미를 강조하는 것이다.

■ **주제**: 지조와 절개를 지닌 '육우(六友)'에 대한 예찬

■ **이것이 핵심!**: '세태의 풍조'와 '육우(六友)'

	세태의 풍조	육우(六友)
내용	세상의 교우(交友) 관계	국화, 동백, 대, 진송, 노송, 창송
모습	권력의 성쇠에 따라 쉽게 변함.	처음부터 끝까지 항상 주인과 함께함.
특성	변절	지조와 절개
화자의 태도	비판적 태도	예찬적 태도

'육우(六友)'의 종류 및 특징

	국화 [菊]	동백 (冬柏)	대 [竹]	진송 (秦松)	노송 (魯松)	창송 (蒼松)
식물의 종류	국화	동백꽃	대나무	소나무	소나무	소나무
식물의 특징	가을에 꽃이 핌.	겨울에 꽃이 핌.	겨울에도 푸르름.			

↓

┌ • '추위'를 이겨내는 지조와 절개가 있음.
│ • 바람, 서리, 비, 이슬 등을 겪어 내며 푸르름.
└ • 늘 주인과 함께함.

(가)
❶ **화자**: '나', 중심 대상: 자연의 삶
❷ **상황**: 화자는 벼슬살이를 하다가 그만두고 시골에 내려가 전원생활을 하고 있음.
정서, 태도
• 속세를 멀리하며 욕심 없는 삶을 지향함.
• 자연의 소박한 삶에 대한 만족감과 자부심을 나타냄.
❸ **표현상 특징**
• 의인화한 '대나무 막대기'에게 말을 건네는 방식을 사용함.
• 설의법을 통해 속세를 멀리하고 자연을 즐기겠다는 태도를 나타냄.
• 세속적 욕망을 지닌 '백구'와 자신을 대조하여 욕심 없는 삶에 대한 자부심을 나타냄.

(나)
❶ **중심 대상**: 육우(六友; 국화, 동백, 대, 진송, 노송, 창송)
❷ **글쓴이의 생각, 태도**
• **생각**: '육우'가 지조와 절개를 지닌 존재라고 생각하며, 육우와 벗하며 자연의 천진을 온전히 지키는 삶을 추구함.
• **태도**: 쉽게 변하는 세태의 풍조에 대해서는 비판적 태도를, 지조와 절개를 지키는 육우에 대해서는 예찬적 태도를 보임.
❸ **서술상 특징**
• '나'와 사촌 형의 대화를 통해 내용을 전개함.
• 열거법을 통해 '육우'를 제시함.
• 설의법을 통해 '육우'의 기상 및 당명으로서의 적합성을 강조함.

작품 간의 공통점 및 차이점
• **공통점**: 설의적 표현을 활용하여 주제 의식을 강조함.
• **차이점**: 크게 두드러지지 않음.

E 46 정답 ② ＊작품 간의 공통점 파악하기 … [정답률 75%]

(가)와 (나)의 공통점으로 가장 적절한 것은?

• **(가)와 (나)**: (가)는 반복법, 설의법, 의인법 등을 활용하여 자연에 사는 삶의 즐거움과 만족감을 노래하고 있으며, (나)는 설의법, 열거법 등을 활용하여 자연과 벗하며 천진을 온전히 지키는 삶의 중요성을 나타내고 있습니다.

즉 (가)와 (나)에 나타난 표현상의 특징을 파악하는 문제입니다.

〉왜 정답?

② **설의적 표현을 활용하여 주제 의식을 강조하고 있다.**
(가) '남이 아니 잊으랴.', (나) '어찌 ~ 좋지 않겠습니까.'.

＊**근거**: (가) 〈2수〉 ❸행, (나) ❷문단 ❹문장

'설의적 표현'은 의문문을 사용하여 내용을 강조하는 표현법이다. (가)의 〈2수〉 종장을 보면 '남이 (나를) 아니 잊겠는가?'라고 말하고 있는데, 이는 남도 나를 잊었을 것이라는 내용을 나타낸 것이다. 그리고 이는 속세의 부귀공명을 멀리하고 자연에 묻혀 사는 삶의 즐거움이라는 주제 의식을 강조하고 있다. 또한 (나)의 2문단을 보면, '어찌 육우(六友)라 이름하는 것이 좋지 않겠습니까.'라고 말하고 있는데, 이는 육우(六友)라고 이름하는 것이 좋다는 것을 나타낸 것이다. 그리고 이를 통해 자연과 벗하며 천진을 온전히 지키는 삶의 중요성이라는 주제 의식을 강조하고 있다.

┌ **설의적 표현**: 누구나 다 아는 사실을 의문형으로 제시하여 내용을 강조하는
└ 표현

〉왜 오답?

두 대상 간의 연결 관계를 나타내고

① ~~연쇄법을 사용~~하여 대상을 긴밀하게 연결하고 있다.
(가), (나)에 모두 나타나지 않음.

'연쇄법'이란 앞 구절의 끝 어구를 다음 구절의 앞에 이어받아 내용을 강조하는 표현법인데, (가)와 (나)에는 연쇄법이 나타나지 않는다.

┌ **연쇄법**: 앞 구절의 끝 어구를 다음 구절의 앞 구절에 이어받아 이미지나 심상을 강조하는 수사법
└ **긴밀하다**: 서로의 관계가 매우 가까워 빈틈이 없다.

③ 역설적 표현을 사용하여 사물의 의미를 부각하고 있다. 〔사물이 가진 의미를 두드러지게 나타내고〕

(가), (나)에 모두 나타나지 않음.

'역설적 표현'은 논리적으로 모순되는 내용을 통해 의미를 강조하는 표현법인데, (가)와 (나)에는 논리적으로 모순되는 내용이 나타나지 않는다.

〔 **역설적 표현**: 논리적 모순을 통하여 내용을 강조하는 표현

④ 원경에서 근경으로 시선을 이동하여 계절감을 드러내고 〔특정 계절이라는 느낌을 나타내고〕
있다.

(나)에만 나타남.

*근거: (나) ①문단 ②문장

(나)의 1문단을 보면, 사촌 형의 초막집을 소개하면서 '원경'인 감악산에서 '근경'인 초막집으로 시선의 이동이 나타났다고 볼 수 있다. 하지만 이를 통해 계절감을 드러내고 있지는 않다. 또한 (가)에는 원경에서 근경으로의 시선 이동이 나타나지 않는다.

〔 **원경**: 멀리 보이는 경치. 또는 먼 데서 보는 경치
  근경: 가까이 보이는 경치. 또는 가까운 데서 보는 경치
  시선: 눈이 가는 길. 또는 눈의 방향
  계절감: 계절의 변화에 따라 일어나는 느낌

⑤ 의인화된 대상에게 말을 건네는 방식으로 정서를 드러내 〔대상에 대한 감정을 나타내고〕
고 있다.

(가)에서만 의인화된 '대나무 막대기'에게 말을 건네고 있음.

*근거: (가) 〈11수〉 ①행, (나) ①문단 ④, ⑤문장

(가) 〈11수〉 초장을 보면, 대나무 막대기를 '너'라고 부르면서 반갑다는 말을 직접 건네고 있다. 즉 의인화된 대상인 '대나무 막대기'에게 말을 건네는 방식으로 반가움의 정서를 드러내는 것이다.

(나)도 1문단을 보면, 글쓴이가 초막집 주인인 사촌 형에게 말을 건네는 방식으로 바람직한 삶에 대한 자신의 생각을 나타내고 있다. 하지만 (나)에서 사촌 형은 의인화된 대상이 아니다.

〔 **의인화**: 사람이 아닌 것을 사람에 비기어 표현함. **정서**: 사람의 마음에 일어나는 여러 가지 감정. 또는 감정을 불러일으키는 기분이나 분위기

E 47 정답 ② *작품 내용 이해하기 ……… [정답률 80%]

(가)에 대한 설명으로 적절하지 않은 것은?

• (가): (가)는 화자가 속세의 부귀공명을 멀리하며 자연 속에서의 소박한 삶을 살아가고 있는 삶의 태도를 드러내고 있습니다.

⊙ (가)의 각 시구에 나타나 있는 화자의 삶의 태도를 파악하는 문제입니다.

▷**왜 정답?**

② 〈2수〉: 화자는 '남'으로부터 소외된 자신의 존재에 대한 안 타까움을 드러내고 있다.

'나'도 '남'도 자신을 잊을 정도로 속세에 대한 욕망을 버렸음.

*근거: (가) 〈2수〉 ①~③행

(가) 〈2수〉의 초장과 중장을 보면, 화자는 '공명'과 '부귀'를 포함한 세상의 모든 괴롭고 근심스러운 일을 잊었다고 말하고 있다. 그리고 종장에서는 나마저 자신을 잊었기 때문에 남도 자신을 잊었다고 말하고 있는데, 이는 속세의 모든 걱정과 근심을 잊어 욕심이 없다는 것을 강조한 표현이다. 따라서 이를 화자가 '남'으로부터 소외된 것으로 이해하는 것은 적절하지 않다.

〔 **소외되다**: 어떤 무리에서 기피되어 따돌림을 당하거나 배척되다.

▷**왜 오답?**

① 〈2수〉: 화자는 '공명'과 '부귀'에 거리를 두는 욕심 없는 삶을 지향하고 있다.

화자는 세속적 욕망을 뜻하는 '공명'과 '부귀'를 멀리하고 있음.

*근거: (가) 〈2수〉 ①행

(가) 〈2수〉의 초장을 보면, 화자는 '공명'과 '부귀'를 모두 잊었다고 말하고 있는데, 이는 '공명'과 '부귀'가 의미하는 풍요롭고 출세한 삶에 거리를 두겠다는 것이다. 이렇듯 화자는 세속적 욕망에 거리를 두고 있으므로, 욕심 없는 삶을 지향한다고 할 수 있다.

〔 **지향하다**: 어떤 목표로 뜻이 쏠리어 향하다.

③ 〈5수〉: 화자는 '팥죽'과 '저리지'를 통해 소박한 삶에 대한 〔소박한 음식〕
만족감을 드러내고 있다.

*근거: (가) 〈5수〉 ②, ③행

(가) 〈5수〉의 종장을 보면, 세상에서 팥죽과 겉절이 김치의 맛을 남이 알까 한다고 말하고 있는데, 이는 팥죽과 겉절이 김치가 매우 맛있다는 것을 강조하는 것이다. 그런데 팥죽과 겉절이 김치는 소박한 음식이므로, 이는 화자가 소박한 삶에 만족하고 있다는 것을 나타낸 것이다.

〔 **소박하다**: 꾸밈이나 거짓이 없고 수수하다.

④ 〈11수〉: 화자는 '유신'하다고 여기는 대상에 대한 친밀감을 〔대나무 막대기〕 〔'너'라고 부르면서 반가움을 나타냄.〕
표현하고 있다.

*근거: (가) 〈11수〉 ①행

(가) 〈11수〉의 초장을 보면, 화자는 대나무 막대기를 '너'라고 부르면서 믿음직스럽고 반갑다고 말하고 있다. 즉, 화자가 '유신'하다고 여기는 대상은 대나무 막대기인데, 이 대나무 막대기를 의인화하여 '너'라고 부르면서 반갑다고 말하고 있으므로, 대나무 막대기에 대한 친밀감을 표현한 것이다.

〔 **친밀감**: 지내는 사이가 매우 친하고 가까운 느낌

⑤ 〈11수〉: 화자는 '대 막대'의 쓰임이 달라진 상황을 통해 세 〔'놀잇감'에서 '지팡이'로 달라짐.〕
월의 흐름을 인식하고 있다.

*근거: (가) 〈11수〉 ②, ③행

(가) 〈11수〉의 중장과 종장을 보면, 화자는 어렸을 적 대나무 막대기를 놀잇감 삼아 타고 다녔는데 지금은 지팡이로 삼아 자신의 몸을 의지하며 다니고 있다. 즉, '대나무 막대기'의 쓰임이 '놀잇감'에서 '지팡이'로 달라진 상황을 통해 세월이 많이 흘렀음을 인식하고 있다.

〔 **인식하다**: 사물을 분별하고 판단하여 알다.

E 48 정답 ① *소재의 의미 이해하기 ……… [정답률 64%]

ⓐ와 ⓑ를 이해한 내용으로 가장 적절한 것은?

• ⓐ: ⓐ는 '갈매기'인데, 세속적 욕망을 갖고 물고기를 잡으려고 애쓰는 존재입니다. 자연의 삶을 추구하는 화자와는 상반된 모습을 갖고 있습니다. ⓑ는 '육우(六友)'인데, 처음부터 끝까지 주인과 함께하는 지조와 절개를 보여 주고 있습니다. 그래서 글쓴이가 사촌 형에게 '육우(六友)'를 취하라고 말하고 있습니다.

⊙ ⓐ의 '갈매기'와 ⓑ의 '육우(六友)'의 특징을 알고, 이들에 대한 화자와 글쓴이의 태도를 파악하는 문제입니다.

▷**왜 정답?**

① ⓐ는 화자가 비판적으로 바라보는, ⓑ는 글쓴이가 예찬하 〔세속적 욕망을 갖고 있으므로〕 〔지조와 절개를 높이 평가하므로〕
는 대상이다.

*근거: (가) 〈6수〉 ①~③행, (나) ②문단 ③~④문장

(가)의 〈6수〉를 보면, 화자는 갈대숲을 서성이며 물고기를 잡으려고 하는 갈매기에게, 자기처럼 딴마음 먹지 말고 잠이 들면 어떻겠느냐고 말하고 있다. 이는 화자가 세속적 욕망을 가진 갈매기에게 자기처럼 욕망을 버리라고 말하는 것이다. 따라서 ⓐ의 갈매기는 세속적 욕망을 가진 존재로 화자가 비판적으로 바라보는 대상이다.

(나)의 2문단을 보면, 글쓴이는 '육우(六友)'가 항상 주인과 함께했으니 '육우(六友)'를 취하자고 말하고 있는데, 이는 '육우(六友)'의 지조와 절개를 높이 평가한 것이다. 따라서 ⓑ의 '육우(六友)'는 글쓴이가 예찬하는 대상이다.

〔 **예찬하다**: 무엇이 훌륭하거나 좋거나 아름답다고 찬양하다.

> 왜 오답 ?

② ⓐ는 화자의 **그리움**을, ⓑ는 글쓴이의 **외로움**을 불러일으키는 대상이다.
(가)에 나타나지 않음.　(나)에 나타나지 않음.

(가)의 〈6수〉를 보면, 화자는 물고기를 잡으려는 갈매기에 자기처럼 욕심을 버리라고 말하고 있다. 따라서 ⓐ의 '갈매기'는 화자의 그리움을 불러일으키는 대상이 아니다.
(나)의 2문단을 보면, 글쓴이는 '육우(六友)'가 항상 주인과 함께했다고 말하고 있으므로, 글쓴이의 외로움을 불러일으킨다는 것은 적절하지 않다. ⓑ의 '육우(六友)'는 오히려 함께하는 사람에게 외로움을 해소시켜 주는 대상이다.

[오답 선택률 19%]

③ ⓐ는 화자가 **함께 어울리고 싶어 하는**, ⓑ는 글쓴이가 **본받고 싶어 하는** 대상이다.
화자가 비판하는 대상으로 어울리고 싶어 하지 않음.
지조와 절개를 지닌 존재이므로

*근거: (나) ②문단 ❸, ❹문장

(가)의 〈6수〉를 보면, 화자는 세속적 욕망에 사로잡힌 물고기에게 욕망을 버릴 것을 권유하고 있다. 따라서 ⓐ의 '갈매기'는 화자가 어울리고 싶어 하는 대상이 아니라, 비판적으로 바라보는 대상이다.
(나)의 2문단을 보면, 글쓴이는 '육우(六友)'가 처음부터 끝까지 항상 주인과 함께하고 있으니 이것을 취하자고 말하고 있다. 따라서 ⓑ의 '육우(六友)'는 지조와 절개를 가진 존재로서 글쓴이가 본받고 싶어 하는 대상이라고 할 수 있다.

[본받다: 본보기로 하여 그대로 따르다.

④ ⓐ는 화자의 **처지**와 대비되는, ⓑ는 글쓴이의 **부정적 현실**을 드러내는 대상이다.
태도와　글쓴이는 부정적 현실에 처해 있지 않음.

(가)의 〈6수〉를 보면, ⓐ의 갈매기는 화자와 달리 세속적 욕망에 빠져 물고기를 잡으려 하고 있다. 따라서 ⓐ는 화자와 대비되는 존재이다. 그러나 화자의 '처지'가 아니라, 화자의 '태도'와 대비되는 존재이다.
(나)에서 글쓴이가 부정적 현실에 처해 있다는 내용은 확인할 수 없다. 따라서 지조와 절개를 지닌 ⓑ의 '육우(六友)'가 글쓴이의 부정적 현실을 드러낸다는 것은 적절하지 않다.

[대비되다: 두 가지의 차이를 밝힐 목적으로 서로 맞대어져 비교되다.

⑤ ⓐ는 화자의 **상실감**을 부각하는, ⓑ는 글쓴이의 **기대감**을 고조시키는 대상이다.
(가)에 나타나지 않음.　지조와 절개를 지닌 존재이므로 적절함.

*근거: (가) 〈6수〉 ❶~❸문장, (나) ②문단 ❸~❹문장

(가)의 〈6수〉를 보면, 화자는 ⓐ의 갈매기에게 세속적 욕망을 버릴 것을 권하고 있을 뿐, 상실감을 나타내고 있지 않다.
(나)의 2문단을 보면, 글쓴이는 '육우(六友)'의 지조와 절개를 예찬하며 이것을 취하라고 말하고 있다. 따라서 ⓑ의 '육우(六友)'는 글쓴이가 기대하는 대상이라고 할 수 있다.

[상실감: 무엇인가를 잃어버린 후의 느낌이나 감정 상태
  부각하다: 어떤 사물을 특징지어 두드러지게 하다.
  기대감: 어떤 일이 이루어지기를 바라고 기다리는 심정
  고조시키다: 감정이나 기세가 극도로 높은 상태로 만들다.

E 49 정답 ③ ＊ 외적 준거에 따라 감상하기 [정답률 66%]

〈보기〉를 바탕으로 (나)를 감상한 내용으로 적절하지 **않은** 것은? [3점]

· 〈보기〉를 바탕: 〈보기〉는 (나)에 나타난 글쓴이의 가치관과 삶의 태도를 분석적으로 제시하고 있습니다.
· (나): (나)는 글쓴이가 사촌 형이 거처하는 초가집에 '육우(六友)'라는 당명을 붙여 주게 된 배경을 설명하고 있습니다.
答 〈보기〉에서 제시하고 있는 분석을 바탕으로 (나)에 나타난 글쓴이의 가치관과 삶의 태도를 파악하는 문제입니다.

[보기]

❶ 이 작품에서 글쓴이는 한(閑)을 추구하는 사촌 형에게 새로운 당명을 권하며 바람직한 삶의 자세에 대한 생각을 밝히고 있다. ❷ 글쓴이는 권력의 성쇠에 따라 변하는 세상을 비판적으로 바라보고 있다. ❸ 그리고 자연과 벗하며 지조와 신의를 지켜 진정한 한(閑)의 의미를 실현하는 자세가 중요함을 강조하고 있다.

당명을 '취한'이라고 이름하려 함.　육우(六友)
육우의 지조를 취하며 천진을 지키는 삶
득세하면 열렬히 따르고 실세하면 냉담한 세상
육우(六友)
자연 그대로의 참됨을 지키는 삶

추구하다: 목적을 이룰 때까지 뒤쫓아 구하다.
성쇠: 성하고 쇠퇴함.
벗하다: 벗으로 지내다. 또는 벗으로 삼다.
신의: 믿음과 의리를 아울러 이르는 말

> 왜 정답 ?

③ 글쓴이는 세상 사람들이 기피하는 '적막한 자리'라도 만족하는 것이 **진정한 한(閑)에 가까워지는 길**이라고 여기고 있군.
권력이 없는 벼슬자리
'적막한 자리(속세의 삶)'에서 멀어지는 것이 진정한 한(閑)에 가까워지는 길임.

*근거: (다) ②문단 ❷~❻문장

2문단을 보면, 세상 사람들이 기피하는 '적막한 자리'란 권력이 별로 없는 벼슬자리를 말한다. 글쓴이가 '적막한 자리'를 언급한 것은 세상 사람들의 교우 관계가 권력의 성쇠에 따라 쉽게 변한다는 것을 비판하기 위해서이다. 그리고 '적막한 자리'가 아무리 권력이 없다 하더라도 속세의 벼슬자리이므로, 글쓴이가 멀리하는 속세에 해당된다. 따라서 이 벼슬자리에 만족하는 것은 진정한 '한(閑)'에 가까워지는 길이 아니라, 오히려 속세로 나아가는 길이라 할 수 있다.

[기피하다: 꺼리거나 싫어하여 피하다.

> 왜 오답 ?

① 글쓴이는 사촌 형이 자연과 벗하며 '충분히 그 운취'를 누리기를 바라고 있군.
육우(六友)

*근거: (다) ①문단 ❻~❿문장

1문단을 보면, 글쓴이는 '어찌 아무 도와주는 것 없이 충분히 그 운취를 누릴 수가 있겠습니까.'라고 말하고 있는데, 이는 자신의 형이 '육우(六友)'의 도움을 받아 운취를 충분히 누렸음을 밝히는 것이다. 그리고 글쓴이는 1문단의 끝부분에서 사촌 형에게 '육우(六友)'를 벗으로 삼으라고 말하고 있다. 따라서 글쓴이는 사촌 형이 '육우(六友)'와 벗하면서 충분히 운취를 누리기를 바라고 있다고 할 수 있다.

② 글쓴이는 사촌 형이 '취미나 기상'에 어울리는 존재와 함께할 것을 바라며 새로운 당명을 권하고 있군.
육우(六友)

*근거: (다) ①문단 ❿문장, ②문단 ❹문장

1문단을 보면, 글쓴이가 사촌 형에게 '육우(六友)'를 벗으로 삼는다면 그 취미나 기상이 서로 가깝게 될 것이라고 말하고 있다. 즉 사촌 형이 '취미나 기상'에 어울리는 존재인 '육우(六友)'와 함께할 것을 바라는 것이다. 또한 2문단을 보면 글쓴이는 '어찌 육우(六友)라고 이름하는 것이 좋지 않겠습니까.'라고 말하고 있는데, 이는 사촌 형에게 '육우(六友)'라는 새로운 당명을 권하는 것이다.

④ 글쓴이는 상황에 따라 변하는 '세태의 풍조'와 달리 변치 않는 지조와 신의 있는 삶의 중요성을 강조하고 있군.
권력의 성쇠에 따라 교우 관계가 변함.
늘 주인과 함께하는 '육우(六友)'의 삶

*근거: (다) ②문단 ❷~❹문장

2문단을 보면, 글쓴이는 세상의 교우(交友) 관계가 처음에는 견고했다가 나중에는 틈이 생긴다고 말하며, 권력의 성쇠에 따라 변하는 '세태의 풍조'를 비판하고 있다. 그리고 이와 달리 처음부터 끝까지 항상 주인과 함께하는 '육우(六友)'를 예찬하면서, '세태의 풍조'를 버리고 '육우(六友)'를 취하는 것이 더 낫다고 말하고 있다. 이처럼 글쓴이는 상황에 따라 변하는 세상의 모습과 달리, 쉽게 변치 않는 지조와 신의 있는 삶을 강조하고 있다.

⑤ 글쓴이는 '천진을 온전히 지키는 것'을 바람직한 삶의 자세
<u>자신의 참된 모습을 지키는 것</u>
라고 여기고 있군.

*근거: (나) ②문단 ❸문장

2문단을 보면, 글쓴이는 사촌 형에게 세태의 풍조를 버리고 육우(六友)를 취하여 자신의 천진을 온전히 지키는 삶을 권유하고 있다. 따라서 글쓴이가 생각하는 바람직한 삶의 자세는 '천진을 온전히 지키는 삶'이라고 할 수 있다.

E 50~54 ──────── [2021년/수능(홀) 38~42]

(가) 정철, 〈사미인곡〉

❶ 화자, 중심 대상   ❷ 상황, 정서, 태도   ❸ 표현상 특징   고어 읽기   시 해석

❶ 이 몸 삼기실 제 님을 조차 삼기시니
이 몸 삼기실 제 님을 조차 삼기시니
❶ 화자: 이 몸   ❶ 중심 대상: 임
➡ (조물주가) 이 몸을 만드실 때 임을 좇아서 만드시니

❷ 한생 연분 이며 하늘 모를 일이런가
훈싱 연분(緣分)이며 하늘 모를 일이런가
자신과 임이 천생연분임을 나타냄.
➡ 한평생 인연임을 하늘이 모를 일이던가?

❸ 나 하나 졈어 잇고 님 하나 날 괴시니
나 ᄒ나 졈어 잇고 님 ᄒ나 날 괴시니
임과 이별하기 전의 행복했던 상황
➡ 나는 젊어 있고 임도 오직 나를 사랑하시니

❹ 이 마음 이 사랑 견줄 대 노여 업다
이 ᄆ음 이 ᄉ랑 견줄 ᄃ 노여 업다
❷ 정서: 임을 사랑함.
➡ 이 마음 이 사랑 견줄 데가 전혀 없다.

❺ 평생애 원 하요대 한대 녜쟈 하얏더니
평싱(平生)애 원(願)ᄒ요ᄃ 훈ᄃ 녜쟈 ᄒ얏더니
❷ 정서: 화자는 오직 임과 함께 살아가기를 바람.
➡ 평생 동안 원한건데 함께 살아가고자 하였더니

❻ 늙거야 므스 일로 외오 두고 그리는고
늙거야 므스 일로 외오 두고 그리ᄂ고
❷ 상황: 임과 이별함.
➡ 늙어서 무슨 일로 외따로 두고 그리워하는가?

❼ 엊그제 님을 뫼셔 광한전의 올낫더니
엊그제 님을 뫼셔 광한뎐(廣寒殿)의 올낫더니
임과 함께하던 천상의 공간
➡ 엊그제까지 임을 모셔 광한전에 올랐는데

❽ 그 더듸 엇디하야 하계에 나려오니
그 더ᄃ 엇디ᄒ야 하계(下界)예 ᄂ려오니
화자가 임과 헤어져 지상에 내려옴.
➡ 그 사이에 어찌하여 속세에 내려오니

❾ 올 저긔 비슷 머리 헛틀언 지 삼 년일쇠
올 저긔 비슨 머리 헛틀언 디 삼 년일쇠
➡ 올 적의 빗은 머리 헝클어진 지 삼 년이구나.

❿ 연지분 잇내마는 눌 위하야 고이 할고
연지분(臙脂粉) 잇ᄂ마는 눌 위ᄒ야 고이 홀고
임과 이별하여 더 이상 꾸미지 않는 화자의 모습
➡ 연지분 있지만 누구를 위하여 곱게 할 것인가?

⓫ 마음의 매친 실음 첩첩이 싸혀 이셔
ᄆ음의 ᄆ친 실음 텹텹(疊疊)이 ᄡ혀 이셔
➡ 마음에 맺힌 시름 첩첩이 쌓여 있어

⓬ 짓느니 한숨이오 디느니 눈믈이라
짓ᄂ니 한숨이오 디ᄂ니 눈믈이라
❷ 정서: 임을 그리워함.
➡ 짓는 것은 한숨이오, 떨어지는 것은 눈물이라.

*❶~⓬행 요약: 임과 이별한 후의 그리움

⓭ 인생은 유한 한대 시름도 그지업다
인싱(人生)은 유훈(有限)ᄒ ᄃ 시름도 그지업다
❷ 정서: 유한한 인생에 대한 안타까움이 드러남.
➡ 인생은 유한한데 시름은 끝이 없다.

⓮ 무심한 세월은 믈 흐르듯 하는고야
무심(無心)ᄒ 세월(歲月)은 믈 흐르ᄃ 흐ᄂ고야
❷ 정서: 유한한 시간이 흐르는 것에 대한 불안함이 드러남.
➡ 무심한 세월은 물 흐르듯 하는구나.

⓯ 염냥이 때를 아라 가는 듯 고쳐 오니
염냥(炎凉)이 ᄶ를 아라 가ᄂ 듯 고텨 오니
지상의 시간이 빠르게 흘러감.
➡ 더위와 추위가 때를 알아 가는 듯 다시 오니

⓰ 듯거니 보거니 늣길 일도 하도 할샤
듯거니 보거니 늣길 일도 하도 할샤
➡ 듣거니 보거니 느낄 일이 많기도 많구나.

*⓭~⓰행 요약: 시간이 흐르는 것에 대한 안타까움

⓱ 동풍이 건듯 부러 적설을 헤쳐 내니
동풍이 건듯 부러 적셜(積雪)을 헤쳐 내니
계절적 배경-봄
➡ 동쪽 바람이 살짝 불어 쌓인 눈을 헤쳐 내니

⓲ 창 밧긔 심근 매화 두세 가지 피여세라
창(窓) 밧긔 심근 ᄆ화(梅花) 두세 가지 픠여셰라
화자의 변치 않는 마음을 상징함.
➡ 창밖의 심은 매화 두세 가지 피었구나.

⓳ 갓득 냉담 한대 암향은 므스 일고
ᄀ득 닝담(冷淡)ᄒ ᄃ 암향(暗香)은 므스 일고
➡ 가뜩이나 차고 담담한데 그윽한 향기는 무슨 일인가?

⓴ 황혼의 달이 조차 벼마태 빗최니
황혼의 ᄃ이 조차 벼마ᄐ 빗최니
➡ 황혼에 달이 쫓아 베갯머리에 비치니

㉑ 늣기는 듯 반기는 듯 님이신가 아니신가
늣기ᄂ 듯 반기ᄂ 듯 님이신가 아니신가
황혼의 달을 보며 임을 생각함.
➡ 흐느끼는 듯 반기는 듯(하니) 임이신가 아니신가?

㉒ 뎌 매화 것거 내여 님 겨신 대 보내오져
뎌 ᄆ화 것거 내여 님 겨신 ᄃ 보내오져
➡ 저 매화 꺾어 내어 임 계신 곳에 보내고 싶구나.
❷ 상황: '매화'를 통해 임에 대한 화자의 사랑을 전하고자 함.

㉓ 님이 너를 보고 엇더타 너기실고
님이 너를 보고 엇더타 너기실고
❸ 표현상 특징: '매화'를 의인화함.
➡ 임이 너를 보고 어떻다고 여기실까?

[암향: 그윽이 풍기는 향기. 흔히 매화의 향기를 이른다.

*⓱~㉓행 요약: 임에게 자신의 사랑을 전하고 싶은 마음

■ 갈래: 가사   ■ 창작 시기: 조선 중기
■ 내용: 이 작품은 작가가 50세 되던 해에 조정에서 물러나 전남 창평에서 4년간 은거하며 생활할 때 지은 가사이다. 임금을 임으로, 자신을 임의 사랑을 받지 못하는 여인으로 설정하여 임금에 대한 그리움과 충정을 노래하고 있다. 특히 사계절의 풍경과 함께 이별한 임을 그리워하는 방식으로 시상을 전개하는 것이 특징이다. 또한 여성적 어조를 통해 임에 대한 애절한 그리움을 효과적으로 드러내고 있으며, 다양한 표현 방법과 순우리말의 아름다움을 잘 살렸다는 평가를 받고 있다.
■ 주제: 임(임금)을 향한 애절한 사랑(충정)

■ 이것이 핵심!: 상황의 변화와 화자의 정서

천상	지상
• '나'는 젊고 임은 나를 사랑함.	• '나'는 늙고 임과 헤어져 살아감.
• 임을 모시며 광한전에 오름.	• 한숨을 짓고 눈물만 흘림.

↓

화자: 천상에서 지상으로 내려와서도 여전히 임을 사랑하며 그리워함.
→ 임에게 매화를 보내 자신의 사랑을 전하고자 함.

(나) 신흠, 〈창 밧긔 워석버석〉

❶ 화자, 중심 대상 ❷ 상황, 정서, 태도 ❸ 표현상 특징 고어 읽기 시 해석

창 밧긔　　워석버석　　님이신가　　니러 보니
　　　　　화자의 착각을 유발하는 소리
❶창 밧긔 워석버석 님이신가 니러 보니
　　　　　❸ 표현상 특징: 의성어
→ 창밖의 워석버석 (소리에) 임이신가 일어나 보니

*초장 요약: 창밖의 소리를 듣고 임이 온 것으로 착각함.

❷혜란(蕙蘭)　혜경(蹊徑)*에　낙엽은　므스　일고
　　　　　　　'워석버석'이라는 소리를 낸 것의 실체
→ 난초 핀 지름길에 낙엽은 무슨 일인가?

*중장 요약: 소리의 실체가 낙엽임을 확인함.

❸어즈버　유한(有限)　간장(肝腸)이　다　그츨가　하노라
→ 정서: 임을 간절히 그리워함.
→ 아아, 유한한 간장이 다 끊어질까 하노라.

*종장 요약: 간장이 끊어질 정도로 임을 간절히 그리워함.

* 혜란 혜경: 난초 핀 지름길

■ 갈래: 시조　　　■ 창작 시기: 조선 중기
■ 내용: 이 작품은 작가가 1613년 계축옥사로 인해 벼슬에서 물러난 후 자연 속에서 은거하며 지은 〈방옹시여〉의 한 시조이다. 〈방옹시여〉의 작품들은 주로 자연을 벗 삼아 세상의 근심 걱정을 잊으려는 마음과 임으로 표상되는 선왕에 대한 그리움과 충정을 드러내고 있는데, 이 작품은 후자에 해당한다.
■ 주제: 임(선왕)에 대한 간절한 그리움

■ 이것이 핵심!: 임을 향한 화자의 그리움

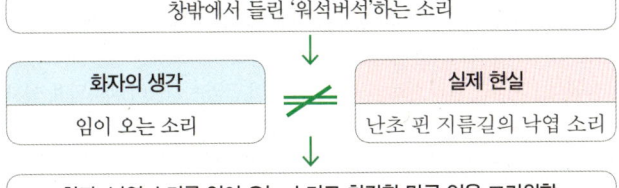

창밖에서 들린 '워석버석'하는 소리

↓

화자의 생각	≠	실제 현실
임이 오는 소리		난초 핀 지름길의 낙엽 소리

↓

화자: 낙엽 소리를 임이 오는 소리로 착각할 만큼 임을 그리워함.

(다) 유본학, 〈옛집 정승초당을 둘러보고 쓰다〉

❶ 중심 대상 ❷ 글쓴이의 생각, 태도 ❸ 서술상 특징

❶나는 예전에 장흥방의 길갓집에 살았다. ❷그 집은 저잣거리에
　　　　　　　　　　　　　　　　　　　　가게가 죽 늘어서 있는 거리
제법 가까워서 소란스러웠다. ❸문 옆에 한 칸짜리 초당이 있어 볏
짚으로 덮고 흙을 쌓았더니 그윽하고 조용해서 살 만했다. ❹그러나
　　길가의 소음이 들리는 것을 줄인 방법
초당이 동쪽으로 치우쳐 햇볕을 받았기에 여름이면 너무 더웠다.
　　　　　초당이 더운 이유
❺그래서 '고요함이 더위를 이긴다[靜勝熱]'는 말을 당호(堂號)*로
　　　　　❶중심 대상: 고요함　❷글쓴이의 생각: 집의 당호를 통해 더위를 극복함.
정해 문설주에 편액을 해 걸어 두고 위안을 삼았다.

문설주: 문짝을 끼워 달기 위하여 문의 양쪽에 세운 기둥
편액: 종이, 비단, 널빤지 따위에 그림을 그리거나 글씨를 써서 방 안이나
문 위에 걸어 놓는 액자

*❶ 요약: 초당에서 '고요함이 더위를 이긴다'를 당호로 걸고 살았던 일

E

❶대저 고요함에는 두 가지가 있으니 하나는 몸의 고요함이요,
다른 하나는 마음의 고요함이다. ❷몸이 고요한 사람은, 앉고 눕고
　　　　　　　　　　　　　　　　몸의 편안함만을 취함.
일어나고 서는 등 모든 행동에 있어 편안함을 취할 뿐이다. ❸마음
이 고요한 사람은, 천하만사가 마치 촛불로 비춰 보고 거북으로
　　주변의 환경에 휘둘리지 않고 마음의 평안을 추구함.
점을 치는 듯하니 시원한 날씨와 더운 날씨가 무슨 상관이 있겠는
가? 그러므로 '고요함이 이긴다'고 한 지금의 말은 마음의 고요함
을 가리킨다. ❹글쓴이의 생각: 마음의 고요함이 더위를 이김.
　　　　　*❷ 요약: 고요함에는 몸의 고요함과 마음의 고요함이 있음.

천하만사: 세상의 모든 일

❶그 집에서 이십 년을 살고 이사하였다. ❷그로부터 삼 년이 흐른
　　　　장흥방의 길갓집
뒤 옛집을 찾아가 보았다. ❸그새 주인이 바뀐 지 여러 번이지만 집
　　　　　　　　　　　　사람과 달리 옛집의 모습은 변하지 않음.
은 옛 모습 그대로였다.

❹은은하게 처마에 들어오는 산빛, 콸콸콸 담을 따라 도는 골짜
「J: 변하지 않은 옛집의 모습을 구체적으로 묘사함.
기 물, 밀랍으로 발라 번들번들한 살창, 쪽빛으로 물들여 놓은 늘
어진 천막.」　　　　*❸ 요약: 옛집을 찾아갔더니 옛 모습 그대로 있음.

(중략)

❶내가 여기에 살던 시절은 집안이 번성하던 때였다.「❷선친께서
승명전에 봉직하실 때라, 퇴근하신 밤이면 우리 형제들이 모시고
「J: 옛집을 방문한 글쓴이가 과거의 일을 회상함.
앉아 학문과 예술을 담론하고 옛일을 기록하거나, 시를 읽거나 거
문고를 들었으니 유중영의 옛일*과 비슷하였다.」그 즐거움을 잊
을 수는 없건마는 다시 되찾을 수는 없다!
　　인간사의 한계를 깨달으며 안타까워함.

번성하다: 한창 성하게 일어나 퍼지다.
봉직하다: 공직에 종사하다.
담론하다: 이야기를 주고받으며 논의하다.

*❹ 요약: 옛집에서 회상하는 과거의 추억

❶《서경》에 '그릇은 새것을 찾고, 사람은 옛 사람을 찾는다.'라고
　　　　　　　　　　　오랫동안 함께한 사람이 소중함을 나타내는 말
했다. ❷집 역시 그릇과 같이 무언가를 담는 부류이긴 하나, 사람은
집이 아니면 몸을 붙여 머물 데가 없고 집보다 더 거처를 많이 하
는 것은 없으므로, 집은 그릇보다는 사람에 가깝다 하겠다. ❸그러
　　　　　　　　　　　　　　　　　　집도 새집이 아니라 옛집을 찾게 된다는 의미
니 어찌 그리워하지 않을 수 있으랴! *❺ 요약: 옛집에 대한 그리움
　　　　옛집에 대한 그리움을 드러냄.

❶그렇지만 인간사가 벌써 바뀌어, 사물에 닿을 때마다 슬픔만
　　　　　　　　　　　　　　　　옛집에 살고 싶지 않은 이유
더하므로 이 집에 다시 살고 싶지는 않다. 마땅히 임원(林園)*에
집터를 보아 집을 지어서 옛 이름의 편액을 걸어 옛집에서 지녔던
　　　　　　　　　　　　❷태도: 새집에 살면서 옛집에서 지녔던 뜻을 잊지 않으려 함.
뜻을 잊지 않으려 한다.

*❻ 요약: 새집을 지어 옛집에서 지녔던 뜻을 추구하며 살고자 함.

❶누군가는 '임원이 이미 고요하거늘, 지금 다시 '고요함이 이긴
　　　　　　새집을 지을 곳이 '산림'이므로 이미 고요하다는 의미
다'고 하면 또한 군더더기가 아닌가?'라고 말할 수 있으리라. 나는
답하리라. ❸'고요한데 또 고요하니, 이것이야말로 고요함이라네.'
　　　　　　　❷태도: 글쓴이는 외적인 고요함뿐만 아니라 내적인 고요함도 추구하려 함.
라고.　　　　　　*❼ 요약: 새집에서 고요한 삶을 추구하며 살아가고자 함.

* 당호: 집에 붙이는 이름
* 유중영의 옛일: 당나라 때 문신 유중영이 늘 책을 가까이하며 자식들을
　가르치던 일
* 임원: 산림

■ 갈래: 고전 수필　　　■ 창작 시기: 조선 후기

■ **내용**: 이 작품은 글쓴이가 자신이 예전에 살던 옛집의 당호를 소재로 하여 '고요함'에 대한 자신의 생각을 나타낸 수필이다. 글쓴이는 과거 길갓집에서 살던 때 더위를 피하기 위해 '고요함이 더위를 이긴다'라는 당호를 정해 편액을 만들어 걸어 두었다. 이후 시간이 흘러 옛집에 살게 되지 않은 글쓴이가 오랜만에 옛집을 찾게 되는데, 변해 버린 인간사와 달리 옛집은 변함이 없다. 이러한 경험을 통해 글쓴이는 인간사의 한계를 깨달으며, 옛집에서 추구했던 고요함의 가치를 새집에서 추구하며 살아가겠다는 포부를 밝히고 있다.

■ **주제**: 마음의 고요함을 추구하는 삶

■ **이것이 핵심!**: 옛집과 새집의 대조

	옛집	새집
위치	길가	임원(산림)
특징	시끄럽고 햇볕을 많이 받아 더움.	산림에 있어 조용함.
인간사	선친, 형제들과 함께 살아 감.	선친, 형제들과 함께 살지 않음.
당호	'고요함이 더위를 이긴다'	
집에 대한 태도	사물이 슬픔을 불러오므로 살고 싶지 않음.	옛집의 뜻을 본받아 살아가고 싶음.
화자의 삶의 태도	마음이 고요한 삶을 추구함.	

E 50 정답 ⑤ ＊작품 비교하기 ⋯⋯⋯⋯ [정답률 86%]

(가)와 (나)에 대한 설명으로 가장 적절한 것은?

• **(가)**: 천상의 광한전에서 지상으로 내려온 화자가 임에 대한 사랑과 간절한 그리움을 노래하고 있습니다.

• **(나)**: 화자는 창밖에서 나는 소리를 듣고 임이 오는 소리로 착각할 만큼 임을 간절하게 그리워하고 있습니다.

즉 (가)와 (나)의 화자가 임에 대한 간절한 그리움을 어떻게 표현하고 있는지 파악한 내용으로 적절한 것을 고르는 문제입니다.

왜 정답?

⑤ (가)의 '님이신가'와 (나)의 '님이신가'는 모두 <u>임을 만나고 싶은 간절함을 독백적 어조로 드러낸 것이다.</u>
(가)와 (나) 모두 임에 대한 간절한 그리움을 드러내므로 적절함.

＊**근거**: (가) ㉑, ㉑행, (나) ❶행

(가)에서 화자는 황혼의 달을 보며 임을 생각하고 있다. 따라서 화자가 베개 머리맡에 비추는 달빛을 보며 '님이신가 아니신가'라고 한 것은 임을 만나고 싶은 마음을 나타낸 것이라고 할 수 있다. 또한 (나)에서 화자는 간절하게 임을 그리워하고 있는 상황이므로, 창밖에서 들리는 낙엽 소리를 듣고 '님이신가'라며 착각하는 것은 임을 만나고 싶은 간절한 마음을 나타낸 것이라고 할 수 있다. 따라서 (가)의 '님이신가'와 (나)의 '님이신가'는 모두 화자가 혼자서 한 말이므로 자신의 마음을 독백적 어조로 드러낸 것이다.

[**독백**: 화자가 혼자서 자신의 생각을 말함.

왜 오답?

① (가)의 '노여'와 (나)의 '다'라는 수식어는 모두 <u>임에 대한 원망의 정서를 강조하기 위해 사용된 것이다.</u>
전혀   모두   (가)는 절대적인 사랑, (나)는 간절한 그리움을
드러내므로 적절하지 않음.

＊**근거**: (가) ❹행, (나) ❸행

(가)의 '노여'는 '전혀'라는 뜻으로, 임에 대한 자신의 마음과 사랑을 비교할 대상이 전혀 없다는 의미로 사용되고 있다. 따라서 '노여'는 임에 대한 절대적인 사랑을 강조할 뿐, 임에 대한 원망을 강조한 말이 아니다. (나)의 '다'는 '모두'라는 뜻으로, 임에 대한 간절한 마음으로 인해 간장이 모두 끊어질 것 같다는 의미로 사용되고 있다. 따라서 '다' 역시 임에 대한 간절한 그리움을 강조할 뿐, 임에 대한 원망을 강조한 말이 아니다.

② (가)의 'ㅎ눈고야'와 (나)의 'ㅎ노라'는 모두 <u>화자의 의지를 단정적인 종결형으로 나타낸 것이다.</u>
(가)는 세월의 흐름에 대한 인식, (나)는 간절한
그리움을 드러내므로 적절하지 않음.

＊**근거**: (가) ⓮행, (나) ❸행

(가)의 'ㅎ눈고야'는 '하는구나'라는 뜻으로, '무심흔 세월은 믈 흐르듯 ㅎ눈고야(무심한 세월은 물 흐르듯 하는구나)'에서 세월의 흐름에 대한 화자의 인식을 나타내고 있다. 또한 (나)의 'ㅎ노라'는 '하는구나'라는 뜻으로 '유한흔 간장이 다 그츨가 ㅎ노라(유한한 간장이 다 끊어질 듯 하는구나)'에서 임에 대한 화자의 간절한 그리움을 나타내고 있다. 즉, (가)의 'ㅎ눈고야'와 (나)의 'ㅎ노라' 모두 화자의 의지를 단정적으로 나타내고 있지는 않다.

[**단정적**: 딱 잘라서 판단하고 결정하는

③ (가)의 '미화'와 (나)의 '혜란'은 모두 <u>화자와 동일시되는 자연물을 의인화하여 나타낸 것이다.</u>
(가)의 '미화'만 해당됨.

＊**근거**: (가) ㉒, ㉓행, (나) ❷행

(가)의 '미화'는 화자가 임에게 보내고 싶은 것으로 화자의 변치 않는 마음을 상징하는 소재이다. 또한 '님이 너를 보고 엇더타 너기실고'를 보면 화자가 '미화'를 자신과 동일시하여 의인화하고 있음을 알 수 있다. 하지만 (나)의 '혜란'은 단순히 길에 핀 '난초'이며, 화자가 '혜란'과 자신을 동일시하거나 의인화하고 있지 않다.

④ (가)의 '므스 일고'와 (나)의 '므스 일고'는 모두 <u>뜻밖의 대상과 마주하게 된 반가움을 영탄적 어조로 표현한 것이다.</u>
(가)의 '므스 일고'만 해당됨.

＊**근거**: (가) ⓳행, (나) ❷행

(가)의 '므스 일고'는 '무슨 일인가'라는 뜻으로, 아직 추운 날씨임에도 피어난 매화에 대한 감탄을 드러내고 있다. 즉, 뜻밖의 대상인 매화와 마주하게 된 반가움을 영탄적 어조로 표현한 것이다. 반면 (나)의 '므스 일고'는 '무슨 일인가'라는 뜻으로, 자신의 기대와는 다른 현실에 대한 실망감을 나타낸 표현이다.

영탄적 어조: 감탄의 형식이나 감탄사 등을 활용하여 감정을 강하게 나타내는 어조

E 51 정답 ⑤ ＊〈보기〉를 바탕으로 감상하기 [정답률 63%]

〈보기〉를 바탕으로 (가)를 감상한 내용으로 적절하지 않은 것은?

• **〈보기〉**: (가)에 드러나는 천상의 시간과 지상의 시간에 대한 설명입니다. 천상에서는 지상과 달리 생로병사의 과정 없이 끝없는 사랑이 지속되며, 화자는 지상의 물리적 시간을 심리적으로 변형하여 자신의 심경을 드러냅니다.

• **(가)**: 천상에 있던 화자가 임과 헤어져 지상에 내려와 임을 간절히 그리워하고 있습니다.

즉 (가)에 나타나는 '천상의 시간'과 '지상의 시간'의 특징을 바탕으로 지상에서 임을 간절히 그리워하고 있는 화자의 정서를 이해한 내용 중 틀린 것을 고르는 문제입니다.

[보기]
❶ (가)에는 천상의 시간과 지상의 시간이 모두 나타난다. ❷ 천상에서는 지상과 달리 생로병사의 과정 없이 끝없는 사랑이 지속된다. ❸ 이러한 시간적 질서는 지상에 내려온 화자를 힘겹게 하는데, 이 과정에서 화자는 지상의 물리적 시간을 심리적으로 변형하여 자신의 심경을 드러낸다.
물리적 시간의 한계가 없기 때문
시간의 유한함으로 인해 사랑이 영원히 지속될 수 없기 때문
자신의 절대적이고 영원한 사랑을 나타내고자 하는 마음

생로병사: 사람이 나고 늙고 병들고 죽는 네 가지 고통
변형하다: 모양이나 형태가 달라지거나 달라지게 하다.

왜 정답 ?

⑤ '염냥'이 '가는 둧 고텨' 온다는 인식에서, 임과의 관계 단절에 따른 절망감으로 인해 ~~지상의 물리적 시간이 심리적으로 지연되어~~ 나타나고 있음을 알 수 있겠어.

<small>가자마자 곧 다시 온다</small>

<small>임과 헤어진 채로 지상의 물리적 시간이 빨리 흐르는 것을 안타까워함.</small>

✱근거: (가) ⑮행

화자는 '염냥이 ~ 가는 둧 고텨 오니'라고 하는데, 이는 '더위와 추위가 가자마자 곧 다시 돌아온다'라는 뜻으로 시간이 빨리 흐름을 의미한다. 즉, 화자는 임과 헤어진 채 흘러가는 지상의 시간이 유한한 인생 속에서 빨리 흐름을 한탄하고 있다. 따라서 지상의 물리적 시간이 심리적으로 지연된다는 것은 적절하지 않다.

[물리적: 물질의 원리에 기초한

왜 오답 ?

① 임과의 '연분'을 '하늘'과 연결 짓는 것은, 임과의 사랑이 천상의 시간 질서처럼 끝없이 이어지기를 바라는 마음이 반영된 것이라 볼 수 있겠어.

<small>끝이 없는 천상의 시간처럼 사랑이 지속되기를 바람.</small>

✱근거: (가) ②행

화자는 '흔생 연분', 즉 자신과 임의 한평생 인연은 '하늘'이 모를 일이 아니라며 '하늘'과 연결 짓고 있다. 이는 '하늘'이라는 천상의 시간처럼 자신과 임의 인연이 영원히 지속되기를 바라는 마음이 반영된 것이다.

② '겸어 잇고'와 '늙거야'를 통해 화자가 천상의 시간에서 벗어나 지상의 시간으로 편입되었음을 알 수 있겠어.

<small>영원히 늙지 않는 '젊음'의 시간</small>

<small>물리적 시간의 흐름에 따른 '늙음'의 시간</small>

✱근거: (가) ③, ⑥행, 〈보기〉 ②문장

화자는 천상에 있을 때의 자신을 '젊어 있고'라고 하였다. 〈보기〉를 참고하면, 이는 천상의 시간이 생로병사의 과정이 없어 젊음이 영원히 유지된다는 것을 의미한다. 반면 '늙거야'를 통해 화자가 '하계'로 내려와 늙게 되었음이 드러나고 있는데, 이는 화자가 지상의 시간으로 편입되어 생로병사의 과정을 겪고 늙게 되었음을 의미한다.

[편입되나: 얽히거나 짜여 넣어지다.

③ '삼 년' 전을 '엇그제'로 인식하는 것에서, 임과 함께한 기억이 아직도 선명하게 남아 있어 지상의 물리적 시간이 심리적으로 압축되어 나타나고 있음을 알 수 있겠어.

<small>'올 저긔 비슨 머리 헛틀언 디 삼 년일쇠'</small>

<small>엇그제 님을 뫼셔</small>

✱근거: (가) ⑦~⑨행, 〈보기〉 ③문장

'올 저긔 비슨 머리 헛틀언 디 삼 년일쇠'를 통해 화자가 천상을 떠나 온 것이 삼 년 전임이 드러나는데, 화자는 '엇그제 님을 뫼셔'라고 이야기하고 있다. 이는 화자가 임과 함께했던 기억이 머릿속에 선명하게 남아 있어, 지상에서 3년이라는 물리적 시간이 지났지만 심리적으로는 며칠밖에 지나지 않은 것으로 생각하고 있는 것이다. 즉, 지상의 물리적 시간이 심리적으로 압축되어 나타나고 있다.

④ '인싱은 유혼'과 '무심혼 셰월'을 통해 지상의 시간적 질서에 따라 소망을 이룰 수 있는 시간이 줄고 있는 것에 대한 불안한 마음을 엿볼 수 있겠어.

<small>지상의 물리적 시간은 한계가</small>

<small>있어 임과의 사랑을 이룰 수 있는 시간이 줄고 있는 것에 대한 불안함이 드러남.</small>

✱근거: (가) ⑬, ⑭행

화자는 '인싱은 유혼 혼딕(인생은 유한한데)' '무심혼 셰월은 믈 흐르듯 혼는고야(무심한 세월은 물 흐르듯 하는구나)'라고 했다. 이는 지상의 시간이 유한하여 임과 함께하고자 하는 소망을 이룰 수 있는 시간이 점점 줄어들고 있는 것에 대한 화자의 불안한 마음을 드러내는 것이다.

E 52 정답 ⑤ ✱〈보기〉를 바탕으로 감상하기 [정답률 59%]

〈보기〉를 바탕으로 (나), (다)를 감상한 내용으로 적절하지 않은 것은? [3점]

• 〈보기〉: 고요함은 '외적 고요'와 '내적 고요'로 구분할 수 있으며, (나)의 화자가 처한 상황과 그에 따른 심리, (다)의 필자가 추구하려는 것은 모두 고요함의 측면에서 이해할 수 있습니다.

• (나), (다): (나)의 화자는 창밖의 낙엽 소리가 들릴 만큼 조용한 상황에서 애절하게 임을 그리워하고 있고, (다)의 필자는 조용한 '임원(산림)'에 살면서도 옛집의 당호를 새집에서도 사용하고자 합니다.

👉 '외적 고요'와 '내적 고요'의 개념을 바탕으로 (나)의 화자와 (다)의 필자가 처한 상황과 심리를 이해한 내용 중 틀린 것을 고르는 문제입니다.

[보기]

❶ 고요함은 소리나 움직임이 없이 잠잠한 상태인 외적 고요

<small>'외적 고요'의 의미</small>

와 마음이 평온한 상태인 내적 고요로 구분할 수도 있다. ❷ 이

<small>'내적 고요'의 의미</small>

에 주목하여 (나)를 감상할 때, 화자가 처한 상황과 그에 따른

<small>창밖의 낙엽 소리가 들리는 → 외적 고요의 상태</small>

심리는 고요함의 측면에서 이해될 수 있다. ❸ 또한 (다)에서 필자는 고요함에 대한 통찰을 통해 자신이 처한 공간에서 내적

<small>'임원(산림)'이라는 외적 고요의 상태</small>

고요를 추구하려 하는데, 이를 통해 삶에서 느끼는 불편이나

<small>옛집의 초당에 붙였던 당호를 새집에서도 사용하고자 함.</small>

슬픔을 이겨내는 동력을 얻고 있다.

통찰: 예리한 관찰력으로 사물을 꿰뚫어 봄.
동력: 어떤 일을 발전시키고 밀고 나가는 힘

왜 정답 ?

⑤ (다)에서 '누군가'가 '고요함이 이긴다'는 당호를 '군더더기'로 본다는 것은 ~~외적 고요만으로는 삶에서 느끼는 불편이나 슬픔을 이겨내기 어렵다~~고 여겼기 때문이겠군.

<small>'산림'이라는 외적 고요만으로 충분하다는 의미이므로 적절하지 않음</small>

✱근거: (다) ⑦문단 ❶문장

(다)에서 필자는 '누군가는 '임원이 이미 고요하거늘, 지금 다시 '고요함이 이긴다'고 하면 또한 군더더기가 아닌가?'라고 말할 수 있으리라.'라고 했다. '누군가'가 이렇게 본다는 것은 이미 임원이 고요하여 외적 고요를 이루었으므로 내적 고요가 필요없다고 여겼기 때문일 것이다. 따라서 외적 고요만으로는 삶에서 느끼는 불편함이나 슬픔을 이겨내기 어렵다고 여겼다는 것은 적절하지 않다.

왜 오답 ?

① (나)에서 '낙엽' 소리가 창 안에서도 들린다는 것은 화자가 외적 고요의 상태에 있었다는 것을 의미하겠군.

<small>화자가 창밖의 작은 소리까지 들리는 외적 고요의 상태에 있었다는 것임.</small>

✱근거: (나) ❶행

(나)에서 화자는 창밖의 '낙엽' 소리를 듣고 임이 온 소리라고 착각하고 있다. 즉, 화자는 방 안에서 창밖의 아주 작은 낙엽 소리까지 들을 수 있을 정도로 외적 고요의 상태에 있었던 것이다.

② (나)에서 '낙엽' 소리를 임이 오는 소리로 착각했다는 것은 화자의 심리가 내적 고요의 상태에 있지 못했기 때문이겠군.

<small>화자는 임을 간절하게 그리워하고 있으므로 마음이 평온하지 않은 상태임.</small>

✱근거: (나) ❶, ❷행

(나)에서 화자는 '낙엽' 소리를 듣고 임이 오는 것으로 착각하고 있는데, 이는 화자의 마음이 애절한 그리움으로 가득 차 평온하지 않은 상태에 있기 때문이다. 즉, 화자의 심리는 '내적 고요'의 상태에 있지 않다.

③ (다)에서 '사물에 닿을 때마다 슬픔만 더'한다는 것은 옛집을 돌아본 경험이 필자로 하여금 내적 고요를 이루기 어렵게
사물에 닿을 때마다 슬픔만 더한다는 것은 마음의 평온을 이루기 어렵다는 뜻임.
만들었다는 인식이 반영된 것이겠군.

＊근거: (다) ⑥문단 ❶문장

(다)에서 필자는 옛집에 살면 사물에 닿을 때마다 슬픔만 더한다고 하였는데, 이는 옛집의 추억으로 인해 마음의 평온을 이루기 어렵기 때문이다. 즉, 필자는 옛집을 돌아본 경험으로 인해 내적 고요를 이루기 어려웠다는 인식을 드러내고 있다.

④ (다)에서 '옛집'의 '초당'에 붙였던 당호를 '임원'의 새집에서도 사용하겠다는 것은 필자가 외적 고요에 더해 내적 고요를 추구하고 있음을 보여 주는 것이겠군.
'임원'은 '산림'이므로 조용한 곳임.
당호를 통해 마음의 평온한 상태를 추구하겠다는 태도를 드러냄.

＊근거: (다) ①문단 ❺문장, ⑥문단 ❷문장

(다)에서 필자는 '임원'의 새집에 '옛집'의 '초당'에 붙였던 당호를 사용하고자 하고 있다. '옛집'의 '초당'에 붙였던 당호는 '고요함이 더위를 이긴다'로, 내적 고요를 추구하려는 자세를 나타내는 말이다. 따라서 외적으로는 이미 조용한 '임원(산림)'의 새집에서도 이 당호를 사용하겠다는 것은 '외적 고요'뿐만 아니라 '내적 고요'까지 추구하겠다는 의미이다.

E 53 정답 ③ ＊작품 비교하기 ················· [정답률 71%]

(가)와 (다)를 비교하여 이해한 내용으로 가장 적절한 것은?

• (가): 천상의 광한전에서 하계(속세)로 내려온 화자가 임을 간절히 그리워하고 있습니다.

• (다): 옛집을 찾은 글쓴이는 그곳에서 함께 지냈던 선친과 형제들을 떠올리며 그리워하고, 새집에서도 옛집에서 지녔던 '고요한 마음'을 추구하려는 뜻을 지키며 살고자 합니다.

🟥 (가)의 화자와 (다)의 글쓴이가 처한 상황을 비교하고, 각각의 상황에서 (가)의 화자와 (다)의 글쓴이가 어떤 생각을 하고 있는지 바르게 파악한 내용을 고르는 문제입니다.

✅왜 정답 ?

③ (가)와 (다) 모두 자신이 있는 공간에서 그 공간에 부재하는 대상을 떠올리는 상황이 나타나 있다.
(가)의 화자는 '하계'에서 임을 그리워하고, (다)의 글쓴이는 '옛집'에서 선친과 형제를 떠올림.

＊근거: (가) ⑥~⑧행, (다) ④문단 ❷, ❸문장

(가)의 화자는 천상의 광한전에서 홀로 하계로 내려와 임과 함께했던 시절을 떠올리며 그리워하고 있다. 즉, 자신이 있는 하계에서 그 공간에 부재하는 임을 떠올리고 있다. (다)의 글쓴이는 옛집을 찾아 그곳에서 선친과 형제들이 함께 학문과 예술을 담론했던 일을 떠올리고 있다. 즉, 자신이 있는 옛집이라는 공간에서 그 공간에 부재하는 선친과 형제들을 떠올리고 있다.

✅왜 오답 ?

① (가)와 (다) 모두 ~~인간의 외양이 변화하는 상황에 대한 안타까움~~이 나타나 있다.
(가)에만 나타남.

＊근거: (가) ❾행

(가)의 '올 저긔 비슨 머리 헛틀언 디 삼 년일쇠'에서 인간의 외양이 변화하는 상황에 대한 화자의 안타까움이 나타나고 있다. 하지만 (다)에는 이러한 상황에 대한 안타까움이 나타나지 않는다.

[외양: 겉으로 보이는 모양]

② (가)와 (다) 모두 ~~오래된 것보다는 새로운 것을 더 중시하는 삶의 자세~~가 나타나 있다.
(가)와 (다) 모두 나타나지 않음.

＊근거: (다) ⑤문단 ❶문장

(가)와 (다) 모두 오래된 것보다 새로운 것을 더 중시하는 삶의 태도는 나타나지 않는다. 특히 (다)의 글쓴이는 '그릇은 새것을 찾고, 사람은 옛 사람을 찾는다.'라는 말을 인용하여 오래 사귄 사람에 대한 소중함을 드러내고 있다.

④ (가)에는 인생의 허무함에 대한 ~~순응적 태도~~가, (다)에는
인생의 유한함을 느끼고 있으나 이에 순응하는 태도는 나타나지 않음.
~~인생의 허무함에 대한 극복 의지~~가 나타나 있다.
인간사의 변화에 슬픔을 느끼고 있으나 이를 극복하려는 의지는 나타나지 않음.

＊근거: (가) ⑬행, (다) ⑥문단 ❶문장

(가)에서 화자는 '인성은 유호 호디 시룸도 그지업다(인생은 유한한데 시름은 끝이 없다)'라며 인생의 유한함을 느끼고 있으므로, 이를 인생의 허무함을 느끼는 것으로 볼 수 있다. 하지만 화자가 인생의 허무함에 순응적인 태도를 보이고 있지는 않다. 또한 (다)의 글쓴이가 옛집을 둘러보며 인간사의 변화에 대한 슬픔을 느끼는 것을 인생의 허무함을 느끼는 것으로 볼 수는 있지만, 글쓴이가 이에 대해 극복 의지를 보이고 있지는 않다.

⑤ (가)에는 ~~과거와 달라진 타인의 마음~~에 대한, (다)에는 ~~과거와 달라진 자신의 마음가짐~~에 대한 아쉬움이 나타나 있다.
임의 마음이 달라졌는지 확인할 수 없음.
글쓴이의 마음은 과거와 달라지지 않음.

＊근거: (다) ⑥문단 ❷문장

(가)의 화자가 임과 이별한 상황이기는 하지만, 임의 마음이 달라졌는지는 확인할 수 없다. 또한 (다)의 글쓴이는 장흥방 길갓집에 살던 때의 마음가짐을 떠올리며 그 뜻을 잊지 않으려 하고 있다.

E 54 정답 ③ ＊글쓴이의 생각과 태도 파악하기 [정답률 79%]

(다)에 대한 이해로 적절하지 않은 것은?

✅왜 정답 ?

③ 새집에 붙이고자 하는 당호의 의미를 통해 ~~옛집에서 다시 살고 싶어하는 마음~~을 표현하고 있다.
글쓴이는 옛집에서 다시 살고 싶지 않다고 했으므로 적절하지 않음.

＊근거: (다) ⑥문단

글쓴이는 '인간사가 벌써 바뀌어, 사물에 닿을 때마다 슬픔만 더하므로 이 집에 다시 살고 싶지는 않다.'라고 했다. 새집에 옛집의 당호를 붙이고자 하는 것은 옛집에서 지녔던 뜻을 잃지 않으려는 마음을 표현한 것이다.

✅왜 오답 ?

① 여름에 더웠던 경험을 바탕으로 옛집 초당의 당호를 정하게 된 내력을 서술하고 있다.
옛집 초당이 여름이면 너무 더워 '고요함이 더위를 이긴다'는 말을 당호로 정하게 됨.

＊근거: (다) ①문단 ❹, ❺문장

글쓴이는 옛집 초당이 여름이면 너무 더워서 '고요함이 더위를 이긴다'는 말을 당호로 하여 위안을 삼았다고 했다. 즉, 여름에 더웠던 경험을 바탕으로 옛집 초당의 당호를 정하게 된 내력을 서술하고 있다.

[내력: 지금까지 지내온 경로나 경력]

② 과거 인물의 행적에 비추어, 다시 찾은 옛집에서 떠올린
선친과 형제들이 함께 학문과 예술을 담론하였던 것
기억에 대한 감회를 드러내고 있다.
'그 즐거움을 잊을 수는 없건마는 다시 되찾을 수는 없다!'

＊근거: (다) ④문단

글쓴이는 옛집을 다시 찾아 자신이 옛집에 살던 시절은 집이 번성하던 때였으며, 선친과 형제들이 학문과 예술을 담론하였음을 떠올리고 있다. 또한 그때의 기억에 대해 '그 즐거움을 잊을 수는 없건마는 다시 되찾을 수는 없다!'라면서 안타까운 마음을 나타내고 있다.

[감회: 지난 일을 돌이켜 볼 때 느껴지는 회포]

④ 변함없는 옛집의 외양과 달리, 변해 버린 인간사로 인해 새집을 지으려는 마음을 갖게 되었음을 밝히고 있다.
변해 버린 인간사로 인해 옛집은 사물에 닿을 때마다 슬픔만 더함.

＊근거: (다) ③문단 ❸문장, ⑥문단

282 자이스토리 수능 국어 고전 시가 총정리

글쓴이가 다시 찾은 옛집의 외양은 변함이 없었지만, 인간사는 변해 버렸음을 인식하고 있다. 또한 '인간사가 바뀌어 사물에 닿을 때마다 슬픔만 더하므로 ~ 마땅히 임원에 집터를 보아 집을 지어서'라고 하며 변해 버린 인간사로 인해 새집을 지으려는 마음을 갖게 되었음을 밝히고 있다.

⑤ 집이 그릇과 같은 부류이지만 사람을 담고 있는 존재라는 점에 주목하여 옛집에 대한 그리움을 부각하고 있다.

집은 사람과 더 가까운 존재이므로 옛집을 그리워하는 것임.

*근거: (다) 5문단

글쓴이는 '그릇은 새것을 찾고, 사람은 옛 사람을 찾는다.'라는 구절을 인용하여, 집이 그릇과 같은 부류이지만 집은 사람이 머무는 곳이기 때문에 그릇보다는 사람과 더 가깝다고 하였다. 또한 이에 주목하여 '어찌 그리워하지 않을 수 있으라!'라면서 옛집에 대한 그리움을 부각하고 있다.

E 55~59 ——— [2020년(10월)/고3교육청 22~26]

(가) 김득연, 〈산중잡곡〉

❶ 화자, 중심 대상 ❷ 상황, 정서, 태도 ❸ 표현상 특징 [시 해석]

❶
쌀으니
솔 아래 길을 내고 못 위에 대를 싸니
❸ 표현상 특징: 대구법
➡ 소나무 아래 길을 내고 연못 위에 축대를 쌓으니

❷
풍월(風月) 연하(煙霞)는 좌우로 오는고야
바람, 달, 안개, 노을 = 자연   ❸ 표현상 특징: 영탄법
➡ 바람, 달, 안개, 노을(자연)에 둘러싸여 있구나

❸
이 사이 한가히 앉아 늙는 줄을 모르리라   〈제3수〉
❷ 태도: 유유자적, 자연친화
➡ 자연 속에 한가롭게 앉아 늙는 줄을 모르리라

〈제3수〉 요약: 유유자적, 자연 친화의 삶

❶
㉠집 뒤에 자차리 뜯고 문 앞에 맑은 샘 길어
➡ 집 뒤에 산나물 뜯고 문 앞에 맑은 샘물 길어

❷
기장밥 익게 짓고 산채갱* 므로* 삶아
소박한 음식
➡ 기장밥을 익혀서 짓고 산나불로 만든 국을 푹 삶아

❸   ❶ 화자: 나
조석에 풍미가 족함도 내 분인가 하노라   〈제5수〉
❷ 태도: 안분지족
➡ 아침저녁으로 즐기는 맛에 만족함도 내 분수인가 하노라

〈제5수〉 요약: 안분지족, 안빈낙도의 삶

❶
늙어 해올 일 없어 산중에 돌아오니
➡ 늙어서 할 일 없어 산중에 돌아오니

❷
송국(松菊) 원학(猿鶴)이 다 나를 반기나다
소나무, 국화, 원숭이, 학 = 자연   ❸ 표현상 특징: 의인법, 영탄법
➡ 소나무, 국화, 원숭이, 학(자연)이 다 나를 반기는구나

❸   즐거워서 근심을 잊어버림.
아이야 술 가득 부어라 낙이망우(樂而忘憂) 하리라   〈제10수〉
❷ 태도: 근심을 잊고자 함.
➡ 아이야! 술 가득 부어라 근심을 잊고 즐기리라

〈제10수〉 요약: 낙이망우의 삶

❶
┌ 도원이 있다 하여도 예 듣고 못 봤더니
│ 무릉도원
│ ➡ 무릉도원이 있다 하여도 이야기만 듣고 직접 못 봤더니
│
│ ❷ 홍하*이 만동(滿洞)하니 이 진짓 거기로다
│   골짜기에 가득하니   무릉도원
[A] ➡ 붉은 노을이 골짜기에 가득하니 여기가 진짜 거기(= 무릉도원)로구나
│
│   ❸ 표현상 특징: 영탄법
└ ㉡이 몸이 또 어떠하뇨 무릉인가 하노라   〈제14수〉
   ❷ 정서: 자연 속에서 자부심을 느낌.
   ➡ 이 몸이 또 어떠하뇨 내가 무릉인가 하노라

〈제14수〉 요약: 자연 속에서 살아가는 삶에 대한 자족감, 자부심

*산채갱: 산나물로 만든 국

---

*므로: 푹
*홍하: 붉은 노을

■ 갈래: 연시조   ■ 창작 시기: 조선 중기
■ 내용: 이 작품은 자연 속에서 살아가는 즐거움과 만족감을 표현한 연시조이다. 화자는 소박하지만 안분지족하면서 자연에 묻혀 살아가는 풍류와 멋을 노래하고 있다. 자신이 살아가고 있는 이곳이 '무릉도원'이고 자신은 '무릉인'이라는 표현을 통해 화자가 자신의 삶에 얼마나 만족하며 즐거워하는지 알 수 있다.
■ 주제: 자연 속에서 안분지족하는 삶의 흥취와 만족감

■ **이것이 핵심!**: 시어에 담긴 화자의 정서 및 태도

시어	화자의 정서 및 태도
풍월(風月) 연하(煙霞), 송국(松菊) 원학(猿鶴)	자연 친화
기장밥, 산채갱	안분지족, 안빈낙도
무릉도원, 무릉인	자연에서 살아가는 자부심, 만족감

(나) 권섭, 〈영삼별곡〉

❶ 화자, 중심 대상 ❷ 상황, 정서, 태도 ❸ 표현상 특징 [시 해석]

❶
별이(別異)실 외딴 마을 해는 어이 쉬 넘거니
➡ 동떨어진 외딴 마을에 해는 어이 쉽게 넘어가니

❷
봉당(封堂)에 자리 보아 더새고* 가자꾸나
➡ 봉당에 잠자리 펴고 밤을 지내고 가자꾸나

❸
밤중(中)만 사립 밖에 긴 바람 일어나며
➡ 밤중에 사립문 밖에 긴 바람 일어나며

❹
새끼 곰 큰 호랑(虎狼)이 목 갈아 우는 소리
불안감을 일으킴.
➡ 새끼 곰 소리, 큰 호랑이가 목을 갈아 우는 소리

❺
산골에 울려 있어 기염(氣焰)도 흘난할샤*
➡ 산골에 울려 퍼지니 기세가 어지럽구나

❻
칼 빼어 곁에 놓고 이 밤을 겨우 새워
위험에 대비하고 있음.
➡ 칼을 빼어 옆에 놓고 이 밤을 겨우 지새워

┌ 봉당: 안방과 건넌방 사이의 마루를 놓을 자리에 마루를 놓지 아니하고 흙바
└ 닥 그대로 둔 곳

❶~❻행 요약: 여정 중 외딴 마을에서 불안하게 밤을 새움.

❼
앞내에 빠진 옷을 쥡짜서 손에 쥐고
앞 냇물   쥐어짜서
➡ 앞 냇물에 빠진 옷을 쥐어짜서 손에 쥐고

❽   다른 길
㉡긴 별로(別路) 돌아 달려가 벌불에 쬐어 입고
➡ 긴 다른 길로 돌아 달려가 아궁이 뻗치는 불에 쬐어 옷을 말려 입고

┌ ❾ 진(秦) 때의 숨은 백성 이제 와 보게 되면
│   무릉인
│ ➡ 진나라 때 숨어 들어간 백성(= 무릉인) 이제와 보게 되면
│
│ ❿ 도원이 여기보다 낫단 말 못하려니   ❷ 정서: 산의 풍경에 감탄함.
[B]   무릉도원   ❸ 표현상 특징: 과장법
│ ➡ 무릉도원이 여기보다 낫단 말을 못 하려니
│
│ ⓫ 천변(天邊)의 가려진 뫼 대관령이었으니
│ ➡ 하늘의 끝에 가려진 산 대관령과 이어졌으니
│
│   ❸ 표현상 특징: 영탄법
└ ⓬ 위태코 높은 고개 촉도난*이 이렇던가
   ➡ 위태롭고 높은 고개 촉나라로 가는 험한 길이 이렇던가

⓭
하늘에 돋은 별을 겨기면 만질노다
➡ 하늘에 돋아 있는 별이 잘하면 만져질 것 같다

정답 및 해설 **283**

천변: 하늘의 가

＊❼～❽행 요약: 아름다운 산의 풍경을 본 흥취

⑭ 망망대양이 그 앞에 둘러 있어
　　동해 바다
　➡ 망망대양(동해 바다)이 그 앞에 둘러 있어

⑮ 대지 산악을 일야의 흔드는 듯
　　❸ 표현상 특징: 과장법
　➡ 대지 산악을 밤낮으로 흔드는 것 같구나

⑯ 밑 없는 큰 구렁에 한없이 쌓인 물이
　　동해 바다
　➡ 바닥이 없는 큰 구렁에 한없이 쌓인 물이

⑰ 만고에 한결같이 영축*이 있었던가
　➡ 만고에 한결같이 변했던 적이 있었던가

만고: 아주 오랜 세월 동안

＊⑭～⑰행 요약: 망망대양의 웅장함을 본 흥취

* **더새고**: 밤을 지내고
* **기염도 흘난할샤**: 기세가 어지럽구나
* **촉도난**: 촉나라로 가는 험한 길의 어려움
* **영축**: 가득 차는 것과 줄어드는 것

■ **갈래**: 기행 가사　　　　　■ **창작 시기**: 조선 후기
■ **내용**: 이 작품은 영월에서 삼척에 이르는 여정을 기록한 기행 가사이다. 여행의 과정에서 경험한 다양한 일들과 그 가운데 느낀 정서를 구체적으로 표현하고 있다. 자연의 아름다운 풍경을 감각적으로 묘사했으며, 우리말을 아름답게 구사한 점이 높이 평가되는 작품이다.
■ **주제**: 여행의 흥취와 자연의 아름다움

■ **이것이 핵심!**: 장소에 따른 화자의 상황과 정서

장소	외딴 마을(봉당)	뫼	망망대양(동해 바다)
상황	곰, 호랑이 소리 때문에 칼을 빼어 곁에 둠.	위태롭고 높은 고개, 하늘의 별이 만져질 것처럼 높은 고개를 봄.	대지 산악을 밤낮으로 흔드는 것 같은 바다를 봄.
정서	외딴 마을에서의 두려움	아름다운 산을 본 흥취	망망대양의 웅장함에 감탄

(다) 이수광, 〈침류대기〉

❶ 중심 대상　❷ 글쓴이의 생각, 태도　❸ 서술상 특징

1 ❶정업원동은 창덕궁의 서쪽에 있는데, 숲과 골짜기가 깊숙한데다가 그 골짜기로부터 시냇물이 흘러 내려와서 서늘하고 아름다운 운치를 갖고 있었다.
정업원동의 위치와 경관을 서술함.
❷나는 일찍이 실록국에서 일하고 있어서 아침저녁으로 이곳을 지나게 되었다. ❸그러나 늘 직책에 얽매이다 보니 한 번도 조용히 찾아볼 수 없어서 한탄만 하였다. ❹그러던 중
경치를 구경하지 못해 안타까워함.
하루는 유희경을 따라 금천교 위에 올라갔다가 그 다리 아래로 시
유명한 문인(文人)
냇물이 흐르고 그 시냇물 위로 무수히 떨어진 꽃잎들이 떠내려오는 것을 보고 기쁜 마음으로 이렇게 말했다.

[C]
❺"아마 무릉도원이 여기서 멀지 않나 보군. 이 물을 따라 올라 가면 만리장성의 노역을 면하기 위해 피난 왔다가 수백 년 동안 죽지도 않고 살아 있다는 그 진(秦)나라 사람도 만나 보겠군."❻
무릉인
❼그러자 유희경이 살짝 웃으며 말했다.

❸서술상 특징: 대화의 방식을 활용함.

❽"이 물의 상류에 내가 살고 있네. ❾나는 그곳에 누대를 지어 놓았
'나'가 무릉도원이라고 생각했던 곳이 '유희경'의 집이었음.
는데 마침 복숭아꽃이 활짝 피었다네. ❿어젯밤에 비바람이 몹시
침류대
불더니 아마 오늘 그 꽃잎들이 많이 떨어졌나 보군. 공이 만일
이수광(글쓴이)
가보겠다면 내 마땅히 이곳의 주인으로서 기쁘게 맞이하겠네."⓫

운치: 고상하고 우아한 멋
직책: 직무상의 책임
노역: 몹시 괴롭고 힘들게 일함. 또는 그런 노동
면하다: 책임이나 의무 따위를 지지 않게 되다.

＊**1** 요약: 유희경이 침류대가 있는 본인 집으로 글쓴이를 초대함.

2 ❶나는 기쁜 마음으로 그를 따라갔다. ❷한 백 발자국 남짓 올라가자 오른쪽에 경치 좋은 곳이 있었다. ❸그곳이 바로 그가 사는 곳이었다. ❹흐르는 물이 맑고 찬데, 그 물가에 돌을 쌓아 누대를 지었다. ❺그 누대의 섬돌은 흐르는 물 위로 한 자 남짓 높게 쌓여 있었다.
❶ 중심 대상: 침류대
❻ⓒ그래서 물을 베고 있다는 뜻으로 '침류대'라는 이름을 붙인 것일까?
침류대의 의미

❼이 누대의 아래 위에는 다른 꽃이라고는 없고 오직 복숭아 나무 수십 그루가 개울물의 좌우에 늘어서 있어서, 그 나무의 떨어지는 꽃들이 붉은 비가 되어 물 위로 떠내려갔다.

[D]
❽그리고 이 개울은 한 폭의 비단을 펼쳐 놓은 듯 출렁출렁 춤을 추었다. ❾옛날 사람이 일컫는 무릉도원이라는 곳도 여기
❷ 글쓴이의 생각: 침류대의 아름다움이 무릉도원보다 나음.
보다 낫지는 않을 듯하다.

❿당나라 사람 조영이 그의 시에서 '무릉도원의 멋을 저잣거리에서도 찾을 수 있다.'고 한 뜻을 이제야 알 것 같다. ⓫나는 감탄하며 말했다.

⓬"ⓔ옛날 유신이라는 자는 천태산의 도원에 들어가서 신선을 만나 돌아오지 않았다고 하는데, 그대가 바로 유신 같은 사람이 아닌가? ⓭나는 지금 다행스럽게도 이 신비스러운 경치를 보았으
❷ 글쓴이의 생각: 침류대를 무릉도원과 같다고 여김.
니 무릉도원을 찾아갔던 어부의 느낌이 나와 같았겠지. ⓮내 이 물에 들어가서 이 물로 입을 가신다고 하여 방해될 것이 있겠는가?"

⓯우리는 서로 마주보며 한바탕 웃은 뒤에 물가에 자리를 펴고 앉았다. ⓰졸졸 흐르는 물소리에 굳이 씻지 않아도 깨끗해졌다. ⓱ⓕ속세의 티끌 하나 묻어 있지 않은 곳이라서 온갖 잡념이 가시니, 정신과 기운이 저절로 맑아져서 바람이 불지 않아도 날아갈 듯하였
❷ 태도: 침류대에서 흥취를 느끼며 만족함.
다. ⓲속세를 벗어난 경지가 참으로 이런 것인가?
❷ 태도: 속세를 벗어나 자연을 느끼는 삶을 즐김.

남짓: 크기, 수효, 부피 따위가 어느 한도에 차고 조금 남는 정도임을 나타내는 말
섬돌: 집채의 앞뒤에 오르내릴 수 있게 놓은 돌층계
가시다: 물 따위로 깨끗이 씻다.
속세: (불교에서) 일반 사회, 세상을 이르는 말
티끌: 티와 먼지를 통틀어 이르는 말
잡념: 여러 가지 잡스러운 생각

＊**2** 요약: 침류대에서 즐기는 자연의 흥취와 만족감

❸서술상 특징: 대화의 방식을 활용함.

- **갈래**: 고전 수필　　　■ **창작 시기**: 조선 중기
- **내용**: 이 작품은 글쓴이가 유희경의 거처인 '침류대'를 방문한 후, '침류대'의 풍경과 그 속에서 느낀 흥취를 기록한 수필이다. 일상적인 생활 공간 속에서 무릉도원을 떠올리며 자연의 아름다움과 속세를 벗어난 삶의 만족감을 효과적으로 표현하고 있다.
- **주제**: 침류대의 아름다움과 그 속에서 즐기는 자연의 흥취
- **이것이 핵심!**: 비유를 통해 드러내는 화자의 정서

E 55　정답 ⑤　＊시어 및 구절의 의미 파악하기 · [정답률 93%]

(가)에 대한 설명으로 적절하지 **않은** 것은?

왜 정답 ?

⑤ '아이야 술 가득 부어라'는 풍류적 지향과 ~~정신적 수양~~ 사이의 ~~고뇌~~를 나타낸 것이다.
(가와 상관 없음.)
'낙이망우 하리라'라고 했으므로 적절하지 않음.

＊근거: (가) 〈제10수〉 ❸

〈제10수〉를 보면 '아이야 술 가득 부어라' 뒤에 '낙이망우 하리라'라는 내용이 나온다. '낙이망우'는 '(자연 속에서) 즐거워 근심을 잊어버림.'이라는 뜻이다. 따라서 풍류적 지향과 정신적 수양 사이의 고뇌를 나타낸다는 진술은 적절하지 않다. 또한 작품 전체적으로 정신적 수양에 관련된 내용은 찾아볼 수 없다.

왜 오답 ?

① '풍월'과 '연하'는 화자가 느끼는 한가함의 정서와 조응이 되는 대상을 나타낸 것이다.
자연
'이 사이 한가히 앉아 늙는 줄을 모르리라'

＊근거: (가) 〈제3수〉 ❷, ❸

〈제3수〉를 보면 '풍월'과 '연하'에 둘러싸여 그 속에서 한가롭게 앉아 있는 화자의 모습이 표현되어 있다. '풍월'과 '연하'는 '자연'을 의미하며, 화자가 느끼는 한가함의 정서와 조응이 되는 대상이므로 적절하다.

[조응되다: 둘 이상의 사물이나 현상 또는 말과 글의 앞뒤 따위가 서로 일치하게 대응되다.

② '이 사이'와 '산중'은 화자가 현재 자연을 즐기는 공간을 나타낸 것이다.
'풍월 연하'에 둘러싸인 공간　'송국 원학'이 반기는 공간

＊근거: (가) 〈제3수〉 ❷, ❸, 〈제10수〉 ❶

〈제3수〉를 보면 '이 사이'는 '풍월'과 '연하'로 둘러싸인 상황을 의미한다. '산중'도 '풍월', '연하'와 마찬가지로 자연을 의미하며, 화자가 현재 즐기고 있는 공간이므로 적절하다.

③ '늙는 줄을 모르리라'는 자연과 조화를 이룬 화자의 심정을 나타낸 것이다.
자연 친화적 태도

＊근거: (가) 〈제3수〉 ❷, ❸

〈제3수〉에서 '늙는 줄을 모르리라'의 이유는 자연 속에 '한가히 앉아' 있기 때문이다. 따라서 자연과 조화를 이룬 화자의 심정을 나타냈다고 볼 수 있다.

④ '기장밥 익게 짓고 산채갱 므로 삶아'는 소박한 삶을 살고 있음을 나타낸 것이다.
소박한 음식

＊근거: (가) 〈제5수〉 ❷

〈제5수〉의 '기장밥', '산채갱'은 소박한 음식을 의미한다. 따라서 화자가 소박한 삶을 살고 있음을 나타내는 시어로 볼 수 있다.

E 56　정답 ⑤　＊표현상의 특징 파악하기 … [정답률 68%]

(가)와 (나)의 표현상의 특징으로 적절하지 **않은** 것은?

왜 정답 ?

⑤ (가)와 (나)는 모두 ~~음성 상징어~~를 활용하여 대상을 생동감 있게 묘사하고 있다.
(가), (나) 모두 활용하지 않음.

'음성 상징어'는 의성어, 의태어를 포함하는 개념이다. (가), (나) 어디에서도 음성 상징어를 찾아볼 수 없으므로 적절하지 않다.

[생동감: 생기 있게 살아 움직이는 듯한 느낌

왜 오답 ?

① (가)는 묻고 답하는 방식을 통해 시적 의미를 부각하고 있다.
자문자답, '이 몸이 또 어떠하뇨 무릉인가 하노라'

＊근거: (가) 〈제14수〉 ❸

〈제14수〉의 마지막 행을 보면 '이 몸이 또 어떠하뇨' 하고 스스로에게 물어본 후에, '무릉인가 하노라' 하고 답하는 부분이 있다. 즉, 자문자답의 방식을 통해 자연 속에서 살아가는 화자의 만족감, 자부심을 부각하고 있다.

② (나)는 공간의 이동에 따라 시상을 전개하고 있다.
화자의 위치 이동에 따라 전개됨.

＊근거: (나) ❶, ❷, ⑪, ⑭행

(나)는 기행 가사이다. 내용의 흐름상 화자가 '외딴 마을', '봉당', '뫼', '망망대양' 등으로 이동했음이 드러나고 있으므로 (나)는 공간의 이동에 따라 시상을 전개하고 있다는 설명은 적절하다.

③ (나)는 과장적 표현을 통해 주관적 인식을 드러내고 있다.
'대지 산악을 일야의 흔드는 듯'

＊근거: (나) ❿, ⑮행

(나)를 보면 '도원이 여기보다 낫단 말 못하려니', 망망대양이 '대지 산악을 일야의 흔드는 듯'처럼 과장된 표현이 사용되고 있다.

[과장: 표현하려는 대상을 실제보다 크거나 작게 표현하는 방법

④ (가)와 (나)는 모두 음보율을 사용하여 운율감을 드러내고 있다.
4음보

(가)는 각 연이 3장 6구 12음보의 형식을 갖추고 있는 연시조이며, 한 장은 4음보의 운율을 취하고 있다. (나) 역시 4음보의 형식을 갖추고 있는 가사이다. 따라서 둘 다 음보율을 통해 운율감을 드러내고 있다는 설명은 적절하다.

[음보율: 일정한 음보가 규칙적으로 반복됨으로써 생기는 운율

E 57　정답 ②　＊〈보기〉를 바탕으로 감상하기 …… [정답률 81%]

〈보기〉를 참고하여 [A]~[D]를 감상한 내용으로 적절하지 **않은** 것은? [3점]

- 〈보기〉를 참고: 중국의 〈도화원기〉에는 어부가 이상적 공간인 무릉도원을 방문했다는 이야기가 담겨 있습니다. 우리 선조들은 이에 영향을 받아 현실의 삶에서 무릉도원을 연상했는데, 이는 관념을 현실화하려는 욕망이 구현된 것으로 볼 수 있습니다.
- [A]~[D]: [A]는 자연 속에서 살아가는 삶에 대한 화자의 자족감과 자부심, [B]는 여행 중에 자연 경관을 보며 무릉도원을 떠올리는 화자의 인식, [C]는 시냇물 위에 떨어진 복숭아꽃을 보며 무릉도원을 연상하는 글쓴이의 인식, [D]는 '유희경'의 생활 공간인 침류대 주변의 풍경을 무릉도원과 비교하는 글쓴이의 인식을 드러내고 있습니다.

🔶 '무릉도원'과 관련한 우리 선조들의 인식을 바탕으로 [A]~[D]를 감상한 내용으로 틀린 것을 고르는 문제입니다.

❶ 중국의 〈도화원기〉는 어부가 복숭아꽃이 만발한 숲속의 물길을 따라갔다가 수백 년 전 진(秦)나라 때 노역이나 난리를 피하여 온 사람들이 모여 사는 이상향인 무릉도원을 방문했다는 이야기를 담고 있다. ❷ 여기에 영향을 받은 우리 선조들은 무릉도원과 같은 이상향을 동경하다가 차츰 현실의 삶에서 무릉도원을 연상했다. ❸ 그래서 여행지나 일상적 생활 공간에서 만족감을 얻으면 무릉도원과 유사하다고 인식하기도 했다. ❹ 이러한 인식은 상상의 관념을 현실화하려는 욕망의 구현으로 볼 수 있다.

(나) / (가), (다)

현실에 의하지 않은 추상적, 공상적 생각

이상향: 인간이 생각할 수 있는 최선의 상태를 갖춘 완전한 사회
동경하다: 어떤 것을 간절히 그리워하여 그것만을 생각하다.
구현: 어떤 내용이 구체적인 사실로 나타나게 함.

> 왜 정답 ?

② [B]는 일상적 생활 공간에서 벗어난 사람이 무릉도원보다 나은 새로운 이상향을 찾기 위해 애쓰는 모습을 부각하고 있군.

여행 중에 마주친 자연 풍경이므로 적절함. / 드러나지 않음.

*근거: (나) ❾~⓬행
[B]는 화자가 일상적 생활 공간을 벗어나 여행 중에 마주친 아름다운 자연 풍경을 묘사한 부분이므로 '일상적 생활 공간에서 벗어났다'는 표현은 적절하지만, 화자는 자연 풍경의 아름다움을 표현하기 위해 '무릉도원'과 비교한 것이지 새로운 이상향을 찾기 위해 애쓰고 있지는 않다.

> 왜 오답 ?

① [A]는 자연의 아름다움과 관련지어 자신이 무릉도원에 산다는 사람들과 유사하다는 인식을 드러내고 있군.

'이 몸이 또 어떠하뇨 무릉인가 하노라'

*근거: (가) 〈제14수〉
[A]에서 화자는 '홍하이 만동'하는 자신의 거처를 '무릉도원'이라고 표현한 후, 자신 또한 '무릉인'이라 말하고 있다. 이는 일상적인 생활 공간에서 만족감을 얻으면 무릉도원과 유사하게 인식한다는 〈보기〉의 내용과 일치한다.

③ [B]와 [C]는 모두 〈도화원기〉에 언급된 이상향에 모여 사는 사람들의 내용과 연결하여 자신의 생각을 드러내고 있군.

[B]의 '진 때의 숨은 백성'과 '도원', [C]의 '무릉도원'과 '진나라 사람'

*근거: (나) ❾~⓬행, (다) ①문단 ❺, ❻문장
[B]는 '진 때의 숨은 백성', '도원'이라는 표현이 나오고, [C]는 '무릉도원', '진나라 사람'이라는 표현이 나온다. 이는 〈보기〉에 나온 〈도화원기〉에 언급된 무릉인의 내용과 연결하여 자신의 생각을 드러낸 것으로 볼 수 있다.

④ [C]와 [D]는 모두 〈도화원기〉와 관련된 자연물이 있는 시냇물의 광경을 통해 무릉도원을 연상하고 있군.

'복숭아 나무, 꽃'

*근거: (다) ①문단 ❺문장, ②문단 ❼~❾문장
[C]에서 '무릉도원'이 멀지 않았다고 말한 이유는 시냇물 위로 무수히 떨어진 복숭아 꽃잎을 보았기 때문이고, [D]에서 '침류대'를 '무릉도원'이라고 표현한 이유 역시 복숭아 나무가 늘어서 있고, 복숭아 꽃잎이 개울물에 떨어져 한 폭의 비단을 펼쳐 놓은 듯 출렁거리고 있기 때문이다. 따라서 〈도화원기〉에서 어부가 본 '복숭아꽃'이 만발한 무릉도원의 모습을 연상하게 하는 광경으로 볼 수 있다.

[연상하다: 하나의 관념이 다른 관념을 불러일으키다.

⑤ [B]는 여행지에서 체험한 풍경을, [D]는 특정한 인물의 생활 공간인 누대 주변의 풍경을 무릉도원과 비교하고 있군.

'뫼, 고개, 별' / '침류대'

*근거: (나) ❾~⓬행, (다) ②문단 ❽, ❾문장

286 자이스토리 수능 국어 고전 시가 총정리

[B]는 여행지에서 목격한 '뫼, 고개, 별' 등 아름다운 자연의 풍경을 무릉도원과 비교하고 있고, [D]는 '유희경'이라는 특정 인물의 생활 공간인 '침류대'의 풍경을 무릉도원과 비교하고 있다.

E 58 정답 ① ★화자의 정서와 태도 파악하기 … [정답률 82%]

(나)의 화자의 심리를 이해한 내용으로 가장 적절한 것은?

> 왜 정답 ?

① 밤중에 짐승들의 울음소리를 듣고 불안감을 느꼈군.

'새끼 곰 큰 호랑이 목 갈아 우는 소리' / '칼 빼어 곁에 놓고'

*근거: (나) ❹, ❻행
(나)를 보면 화자가 밤중에 '새끼 곰 큰 호랑이 목 갈아 우는 소리'를 듣고 '칼 빼어 곁에 놓고' 겨우 밤을 새웠다는 내용이 나온다. 이를 통해 화자가 불안감을 느꼈다고 이해할 수 있다.

> 왜 오답 ?

② 걸어가는 길이 평탄해서 먼 산을 바라보며 즐거워했군.

'위태코 높은 고개 촉도난이 이럴던가'

*근거: (나) ⓬행
(나)에서 '천변의 가려진 뫼 대관령'을 바라볼 때 '위태롭고 높은 고개 촉나라로 가는 험한 길이 이럴던가'라고 표현되어 있다. 즉, 산세가 험하고 쉽지 않음을 표현하고 있기 때문에 '걸어가는 길이 평탄'했다는 설명은 적절하지 않다.

[평탄하다: 바닥이 평평하다.

③ 인가에 머무르지 못해 야외에서 잠자리를 찾으며 탄식했군.

'봉당에 자리 보아'

*근거: (나) ❷행
'봉당'은 '안방과 건넌방 사이의 마루를 놓을 자리에 마루를 놓지 않고 흙바닥 그대로 둔 곳'을 말한다. 화자가 '봉당'에 잠자리를 펴고 밤을 지냈다는 표현이 나오기 때문에 '인가에 머무르지 못'했다는 설명은 적절하지 않다.

④ 하늘의 별을 바라보며 부재하는 임에 대한 그리움을 느꼈군.

(나)에서 찾아볼 수 없는 정서임.

*근거: (나) ⓭행
(나)는 '하늘에 돋은 별'이 마치 손에 만져질 듯 가깝게 느껴지는 아름다운 자연의 모습을 묘사하고 있다. '부재하는 임을 그리워'하는 부분은 찾아볼 수 없다.

⑤ 높은 산들로 시야가 차단되어 바다를 보지 못하게 되자 아쉬워했군.

'망망대양이 그 앞에 둘러 있어~'

*근거: (나) ⓮~⓱행
(나)에서 '망망대양이 그 앞에 둘러 있어~' 이후의 내용은 동해 바다를 보고 묘사한 부분이다. 따라서 '높은 산들로 시야가 차단되어 바다를 보지 못'했다는 설명은 적절하지 않다.

[차단되다: 다른 것과의 관계나 접촉이 막히거나 끊어지다.

E 59 정답 ④ ★시어 및 구절의 의미 파악하기 … [정답률 93%]

㉠~㉤에 대한 설명으로 적절하지 않은 것은?

• ㉠~㉤: ㉠은 자연 속에 은거하며 소박한 삶을 사는 화자의 모습, ㉡은 화자가 여행 중 젖은 옷을 벌불에 쬐어 말려 입는 상황, ㉢은 글쓴이가 침류대라는 이름의 유래를 유추한 내용, ㉣은 글쓴이가 침류대에 사는 유희경을 유신에 빗대어 평가하는 내용, ㉤은 침류대에서 느끼는 글쓴이의 흥취입니다.

즘 ㉠~㉤에 드러난 화자 혹은 글쓴이의 상황과 정서, 태도를 이해한 내용으로 틀린 것을 고르는 문제입니다.

> 왜 정답 ?

④ ㉣: 은밀하게 혼자서만 경치를 즐기려는 태도에 문제를 제기하고 있다.

지금 '유희경'이 글쓴이를 초대하여 함께 '침류대'의 풍경을 즐기고 있는 상황임.

*근거: (다) ①문단 ❽문장, ②문단 ❶문장

(다)에서 '유희경'은 글쓴이를 '침류대'가 있는 자신의 거처로 초대하였고, 글쓴이는 기쁜 마음으로 초대에 응했다. 그리고 함께 '침류대'의 아름다운 풍경을 즐기고 있는 내용이기 때문에 '은밀하게 혼자서만 경치를 즐기려는 태도에 문제를 제기'했다는 설명은 적절하지 않다.

[제기하다: 의견이나 문제를 내어놓다.

> **왜 오답?**

① ㉠: **자신의 생활상을 구체적으로 제시하고 있다.**
'집 뒤에 자차리 뜯고 문 앞에 맑은 샘 길어'

*근거: (가) 〈제5수〉 ❶
'집 뒤', '문 앞'이라는 생활 공간과 '자차리' 뜯고, '샘'을 길어 오는 일상의 모습이 구체적으로 제시되어 있다.

② ㉡: **냇물에 젖은 옷을 말리는 모습이 나타나 있다.**
'앞내에 빠진 옷'   '벌불에 쬐어 입고'

*근거: (나) ❼, ❽행
(나)를 보면, '앞내에 빠진 옷을 집짜서 손에 쥐'라는 표현이 나온다. 그 옷을 '벌불에 쬐어' 말려서 입었다는 내용이므로 적절하다.

③ ㉢: **누대가 놓인 형세를 토대로 누대의 이름을 붙인 이유를 짐작하고 있다.**
'물을 베고 있다'

*근거: (다) ②문단 ❻문장
글쓴이는 '물(류, 流)을 베고(침, 寢)' 있는 누대의 모습을 보고 '침류대'라는 이름을 붙였을 것이라 짐작하고 있다.

[토대: 어떤 사물이나 사업의 밑바탕이 되는 기초와 밑천을 비유적으로 이르
  는 말

⑤ ㉤: **아름다운 경치에 몰입하여 느끼게 된 흥취를 표현하고 있다.**
'바람이 불지 않아도 날아갈 듯하였다.'

*근거: (다) ②문단 ⑯, ⑰문장
(다)를 보면, 글쓴이와 '유희경'이 '침류대'의 아름다운 풍경 속에서 속세를 잊고 마음껏 흥취를 느끼고 있음을 알 수 있다. '물소리'에 '씻지 않아도 깨끗'해지는 것 같고, '온갖 잡념'이 사라지며, '정신과 기운이 저절로 맑아'지고, '바람이 불지 않아도 날아갈' 것 같다는 표현 모두 아름다운 경치 속에서 느끼는 흥취를 표현한 부분이다.

[몰입하다: 깊이 파고들거나 빠지다.

E 60~63 ————— [2020년(4월)/고3교육청 42~45]

(가) 작자 미상, 〈낙빈가〉

❶ 화자, 중심 대상   ❷ 상황, 정서, 태도   ❸ 표현상 특징   [시 해석]

❶ 이 몸이 쓸듸 업셔 성상(聖上)이 바리시니
  ❶ 화자: 이 몸   임금
➡ 이 몸이 쓸 데가 없어 임금님께서 버리시니

❷ 부귀를 하직하고 빈천(貧賤)을 낙을 삼아
  ❷ 정서: 벼슬길에서 물러남.
➡ 관직에서 물러나 가난한 삶을 즐거움으로 삼아

❸ 일간모옥(一間茅屋)을 산수간(山水間)에 지어 두고
                        자연 안에
➡ 띠 풀로 지붕을 이은 초가집 한 칸을 자연 속에 지어 두고

❹ 삼순구식(三旬九食)을 먹으나 못 먹으나
  30일에 9끼를 먹음.
➡ 삼십 일 동안 아홉 끼를 먹거나 말거나

❺ 십년일관(十年一冠)을 쓰거나 못 쓰거나
  10년 동안에 1개의 모자만 씀.
➡ 십 년 동안 한 갓을 쓰거나 말거나

❻ 분별이 없어거니 시름인들 있을소냐
  ❸ 표현상 특징: 설의법
➡ 속세에 대한 생각이 사라지니 걱정인들 있겠는가?

❼ 여러 가지 온갖 일(속세의 일)
  만사를 다 잊으니 일신(一身)이 한가하다
  ❷ 정서: 속세의 일을 다 잊어 한가로움.
➡ 모든 일을 다 잊으니 내 한 몸이 한가롭다.

[부귀: 재산이 많고 지위가 높음.
  빈천: 가난하고 천함.
  하직하다: 무슨 일이 마지막이거나 무슨 일을 그만두다.
  일신: 자기 한 몸

*❶~❼행 요약: 벼슬길에서 물러나 자연에서 가난하게 살아감.

(중략)

❽ 중국 전설에 나오는 봉래산, 방장산, 영주산(신선이 산다는 산)
  삼산(三山)이 어드메요 무릉(武陵)이 여기로다
  ❷ 정서: 자연에서의 삶에 만족함.
➡ 삼산(중국 전설의 삼산)이 어디인가? 무릉도원(이상향)이 여기로다.

❾ 무심(無心)한 구름은 취수(翠峀)*에 걸려 있고
  욕심 없는
➡ 무심한 구름은 푸른 빛 산봉우리에 걸려 있고

❿ 유의(有意)한 갈매기는 백사(白沙)에 버려 있다
➡ 뜻 있는 갈매기는 흰 모래에 펼쳐져 있다.

⓫ 아침에 캐온 취를 점심에 다 먹으니
➡ 아침에 캐온 취나물을 점심에 다 먹으니

⓬ 일없이 노닐면서 석조(夕釣)를 말녀 하야
              저녁 낚시
➡ 일없이 노닐면서 저녁 낚시를 하려고

⓭ 갈건(葛巾)을 기우 쓰고 마의(麻衣)를 님의차고
                        베옷   여며 입고
➡ 갈포(칡섬유로 짠 베)로 만든 두건을 쓰고 삼베옷을 여며 입고

⓮ 낙대를 둘러메고 조대(釣臺)로 나려가니
  낚싯대   낚시터
➡ 낚싯대를 둘러메고 낚시터로 내려가니

⓯ 흐르느니 믈결이요 뛰노느니 고기로다
➡ 흐르는 것은 물결이고 뛰어노는 것은 (물)고기로다.

⓰ 은린옥척(銀鱗玉尺)을 버들 움에 꿰어들고
  모양이 좋고 큰 물고기
➡ 모양 좋고 큰 물고기를 버드나무 가지에 꿰어 들고

⓱ 낙조강호(落照江湖)로 적막히 돌아오며
  해가 지는 강과 호수
➡ 노을이 지는 자연 속에서 (집으로) 고요히 돌아오며

⓲ 산가촌적(山歌村笛)을 어부사(漁父詞)로 화답하니
  산촌에서 나는 노래 소리와 피리 소리
➡ 산촌에서 나는 노랫소리와 피리 소리에 어부사(이현보가 지은 시조)에 대답하니

⓳ 서호매학(西湖梅鶴)*은 겨루지 못하여도
➡ 임포(林逋)가 벼슬하지 않고 서호(西湖) 주변에서 매화를 아내로, 학을 자식으로 여기며 살아간 것보다는 못하더라도

⓴ 증점영귀(曾點詠歸)야 이에서 더할소냐
  자연 속에서 즐겁게 사는 삶   ❸ 표현상 특징: 설의법
➡ 공자의 제자인 증점이 자연을 즐기는 것이 이보다 더하겠는가?

㉑ 기산영천(箕山穎川)에 소허(巢許)*의 몸이 되야
                  ❸ 표현상 특징: 중국 고사를 활용함.
➡ (속세의 부귀공명을 피해) 기산과 영천에 숨어 살았던 소부와 허유의 몸이 되어

㉒ 천사(千駟)*를 냉소하니 만종(萬鍾)*이 초개(草芥)*로다
  '천 개의 수레'라는 뜻으로 호화롭고 부유한 생활을 말함.
➡ 천 대의 마차(속세의 화려한 삶)를 비웃으니 많은 녹봉이 지푸라기일 뿐이로다.

㉓ ㉠내 살림살이 담박하니 어느 벗이 찾아오리
  욕심 없이 깨끗하니   ❸ 표현상 특징: 설의법
➡ 내 살림살이가 소박하니 어느 벗이 찾아오겠는가?

적막히: 고요하고 쓸쓸히
화답하다: 시(詩)나 노래에 응하여 대답하다.

*⑧~㉓행 요약: 자연에서의 삶에 만족감을 드러냄.

* 취수: 숲이 우거져 푸른 빛이 도는 산봉우리
* 서호매학: 속세를 떠나 자연을 벗 삼으며 유유자적하게 사는 것을 비유한 말
* 소허: 요임금 시절 부귀공명을 멀리하며 살았던 인물들
* 천사: 화려하고 호화로운 시정에서의 생활을 비유한 말
* 만종: 많은 녹봉
* 초개: 지푸라기

■ 갈래: 가사　　　■ 창작 시기: 조선 시대
■ 내용: 이 글은 '낙빈(樂貧)'이라는 제목에서도 알 수 있듯이, 화자가 가난 속에서도 즐겁게 지내는 삶의 모습을 나타내고 있다. 1행의 '이 몸이 쓸듸 업셔 성상(聖上)이 바리시니'를 볼 때 화자는 벼슬길에서 물러나 자연에 은거하며 살아간다는 것을 알 수 있다. '삼순구식(三旬九食)'이나 '십년일관(十年一冠)' 등의 표현을 볼 때 화자는 매우 가난하게 살아가고 있다. 하지만 화자는 자연 속에서 여유롭게 낚시를 하며 한가로운 삶을 즐기고 있으며, 자연 속에서 사는 삶의 즐거움을 강조하고 있다. 이를 통해 속세의 부귀에 흔들리지 않고 자연 속에서 욕심 없이 살아가고자 하는 화자의 의지를 확인할 수 있다.
■ 주제: 자연에 은거하며 안빈낙도(安貧樂道)하며 사는 삶

■ **이것이 핵심!:** 화자의 삶의 태도

	자연		속세
가난한 삶	**여유로운 삶**	VS	**부유한 삶**
빈천(貧賤)	은린옥척(銀鱗玉尺)		부귀(富貴)
일간모옥(一間茅屋)	낙조강호(落照江湖)		천사(千駟)
삼순구식(三旬九食)	산가촌적(山歌村笛)		만종(萬鍾)
십년일관(十年一冠)			

(나) 조위, 〈규정기〉

❶ 중심 대상　❷ 글쓴이의 생각, 태도　❸ 서술상 특징

①　내가 의주로 귀양 간 이듬해 여름이었다. 세든 집이 낮고 좁아서 덥고 답답함을 참을 수가 없었다. 그래서 채소밭에서 좀 높고 바람이 잘 통하는 곳을 골라 서까래 몇 개로 정자를 얽고 띠로 지붕을 덮어 놓으니, 대여섯 사람은 앉을 만했다. 옆집과 나란히 붙어서 몇 자도 떨어지지 않았다. 채소밭이라고 해야 폭이 겨우 여덟 발인데, 단지 해바라기 수십 포기가 푸른 줄기에 부드러운 잎을 훈풍에 나부끼고 있을 뿐이었다. 그걸 보고 이름을 규정(葵亭)이라고 했다.

훈풍: 첫여름에 부는 훈훈한 바람

*① 요약: 귀양을 간 '나'는 정자를 짓고 이름을 '규정'이라고 함.

②　손님 가운데 ⓒ나에게 묻는 이가 있었다.

"저 해바라기는 식물 가운데 보잘것없는 것입니다. 옛날 사람들은 여러 가지 풀이나 나무, 또는 꽃 가운데서 어떤 이는 그 특별한 풍치를 높이 사기도 하고, 어떤 이는 그 향기를 높이 치기도 하였습니다. 그래서 많은 이들이 소나무, 대나무, 매화, 국화, 난이나 혜초로 자기가 사는 집의 이름을 지었지, 이처럼 하찮은 식물로 이름을 지었다는 말은 아직까지 들어 보지 못했습니다. 당신은 해바라기에서 무엇을 높이 사신 것입니까? 이에 대한 말씀이 있으십니까?"

풍치: 훌륭하고 멋진 경치

*② 요약: 손님이 보잘것없는 해바라기로 정자 이름을 지은 연유를 물음.

③　내가 그 말에 이렇게 대답했다.

"사물이 한결같지 않은 것은 그리 타고나서 그런 것입니다. 귀하고 천하고 가볍고 무겁고 하여 만의 하나도 같은 것이 없습니다. 저 해바라기는 식물 가운데 연약하고 보잘것이 없는 것입니다. 사람에 비유하면 더럽고 변변치 못하여 이보다 못한 것이 없는 것과 같습니다. 소나무, 대나무, 매화, 국화, 난초, 혜초는 식물 가운데 굳고도 세어서 특별한 풍치가 있거나 향기를 지닌 것들입니다. 사람에 비유하면 무리에서 뛰어나며, 세상에 우뚝 홀로 서서 명성과 덕망이 울연한 것과 같습니다. 내가 지금 황량하고 머나먼 적막한 바닷가로 쫓겨나서, 사람들은 천히 여겨 사람 대접을 하지 않고, 식물도 나를 서먹서먹하게 내치는 형편입니다. 내가 소나무나 대나무 같은 것으로 나의 정자 이름을 짓고자 한다 해도, 또한 그 식물들의 수치가 되고 사람들의 비웃음거리가 되지 않겠습니까?

버림받은 사람으로서 천한 식물로 짝하고, 먼 데서 찾지 않고 가까운 데서 취했으니 이것이 나의 뜻입니다. 또 내가 들으니 천하에 버릴 물건도 없고 버릴 재주도 없다고 합니다. 그래서 어저귀나 삽바귀, 무나 배추 같은 하찮은 것들도 옛 사람들은 모두 버려서는 안 된다고 했습니다. 거기다 해바라기는 두 가지 훌륭한 점을 가지고 있습니다. 해바라기는 능히 해를 향하여 그 빛을 따라 기울어집니다. 그러니 이것을 충성이라고 해도 괜찮을 것입니다. 또 분수를 지킬 줄 아니 그것을 지혜라고 해도 괜찮을 것입니다. 대개 충성과 지혜는 남의 신하된 자가 갖추어야 할 절조이니, 충성으로써 임금을 섬겨 자기의 정성을 다하고 지혜로써 사물을 분별하여 시비를 가리는 데 잘못됨이 없는 것, 이것은 군자도 어렵게 여기는 바이지만, 내가 옛날부터 흠모해 오던 덕목입니다. 이런 두 가지의 아름다움이 있는데도 연약한 뭇 풀들에 섞여 있다고 해서 그것을 천하게 여길 수 있겠습니까? 이로써 말하면 유독 소나무나 대나무나 매화나 국화나 난이나 혜초만이 귀한 것이 아님을 살필 수 있습니다.

지금 내가 비록 귀양살이를 하고 있지만, 자고 먹고 하는 것이 임금님의 은혜가 아님이 없습니다. 낮잠을 자고 일어나 밥을 한 술 뜨고 나서 심휴문(沈休文)이나 사마군실(史馬君實)의 시를 읊을 때마다 해를 향하는 마음을 스스로 그칠 수가 없었으니, 해바라기로 나의 정자의 이름을 지은 것이 어찌 아무런 근거도 없다 하겠습니까?"

명성: 세상에 널리 퍼져 평판 높은 이름
덕망: 덕행으로 얻은 명망
울연하다: 크게 성하다.
절조: 절개와 지조를 아울러 이르는 말
흠모하다: 기쁜 마음으로 공경하며 사모하다.

*③ 요약: '나'가 해바라기 정자라는 이름을 지은 이유와 그 의미를 말함.

4 손님이 말했다.

2 "나는 하나는 알고 둘은 알지 못했는데, 그대 정자의 이야기를 <u>듣고 보니 더할 것이 없어졌소이다.</u>"
손님이 '나'의 설명에 수긍하고 감탄함.

＊**4** 요약: 손님이 '나'의 대답을 듣고 자신의 생각이 부족했음을 인정함.

■ **갈래**: 고전 수필   ■ **창작 시기**: 조선 전기
■ **내용**: 이 글은 작가가 의주에 귀양을 가서 정자의 이름을 '규정(해바라기 정자)'이라고 지은 이유와 그 의미를 밝히고 있다. 손님의 질문과 이에 대한 '나'의 대답으로 이루어진 이 글은 손님의 일반적 사고와 '나'의 독창적 사고를 대비하여 드러냄으로써 글의 내용을 보다 설득력 있게 전달하고 있다. '나'가 해바라기를 정자의 이름으로 지은 이유는 그것이 유배 중인 자신의 처지를 잘 드러내고 있기 때문이다. 하지만 '나'는 이에 그치지 않고 또 다른 이유를 제시하고 있는데, 그것은 해바라기가 '충성'과 '지혜'라는 덕목을 갖고 있는 식물이라는 것이다. 이렇듯 '나'는 해바라기가 자신이 추구하는 두 가지 덕목(충성과 지혜)을 가진 존재이기 때문에 결코 천한 존재가 아니라고 말하고 있다.
■ **주제**: '규정(해바라기 정자)'이라는 이름을 지은 이유와 그 안에 담긴 의미

■ **이것이 핵심!**: 정자 이름에 담긴 의미

<table>
<tr><th colspan="3" style="text-align:center">'해바라기'로 정자 이름을 지은 이유</th></tr>
<tr>
<td>연약하고 보잘것없는 모습이 유배당한 자신의 처지와 유사</td>
<td>① 해를 향함. → 충성
② 분수를 지킬 줄 앎. → 지혜</td>
<td>임금의 은혜에 감사함.</td>
</tr>
<tr>
<td style="text-align:center">〈화자의 처지와 유사함.〉</td>
<td style="text-align:center">〈두 가지 훌륭한 점〉</td>
<td style="text-align:center">〈임금에 대한 태도〉</td>
</tr>
</table>

E 60 정답 ③   ＊표현상의 특징 파악하기 … [정답률 88%]

(가)와 (나)의 공통점으로 가장 적절한 것은?

> **왜 정답?**

③ **설의적 표현을 통해 드러내고자 하는 의미를 강조하고 있다.**
'~ 더할소냐', '~ 있겠습니까?' 등의 의문형 표현

＊**근거**: (가) **20**행, (나) **3**문단 **18**문장
(가)는 '증점영귀야 이에서 더할소냐' 등의 설의적 표현을 통해 '자연에 사는 삶의 즐거움'이라는 주제 의식을 부각하고 있으며, (나)는 '이런 두 가지의 아름다움이 있는데도 ~ 천하게 여길 수 있겠습니까?' 등의 설의적 표현을 통해 '해바라기로 정자 이름을 지은 의미'를 부각하고 있다.

┌ **설의**: 쉽게 판단할 수 있는 사실을 의미를 강조하기 위해 의문의 형식으로
└ 표현하는 방법

> **왜 오답?**

① **역설적 표현을 통해 주제 의식을 부각하고 있다.**
나타나지 않음.

(가)와 (나)에 역설적 표현은 나타나지 않는다.

┌ **역설**: 겉으로는 모순되거나 논리에 맞지 않는 표현이지만, 그 속에 진정으로
└ 말하고자 하는 의미를 표현하는 방법

② **언어유희를 통해 대상의 속성을 희화화하고 있다.**
나타나지 않음.   나타나지 않음.

(가)와 (나)에 언어유희를 사용하거나, 이를 통해 대상의 속성을 희화화하는 내용은 나타나지 않는다.

┌ **언어유희**: 말을 재미있게 꾸미는 표현법
│ **희화화**: 어떤 인물의 외모나 성격, 또는 사건이 의도적으로 우스꽝스럽게 묘
└ 사되거나 풍자됨. 또는 그렇게 만듦.

④ **부르는 말의 반복을 통해 대상과의 친밀감을 드러내고 있다.**
나타나지 않음.   나타나지 않음.

(가)와 (나)에 부르는 말을 반복하거나, 이를 통해 대상과의 친밀감을 드러내는 표현은 나타나지 않는다.

⑤ **명령적 어조를 통해 대상에 대한 비판적 태도를 드러내고 있다.**
나타나지 않음.   나타나지 않음.

(가)와 (나)에서 명령적 어조나 대상에 대한 비판적 태도는 드러나지 않는다.

E 61 정답 ⑤   ＊〈보기〉를 바탕으로 감상하기 … [정답률 91%]

〈보기〉를 바탕으로 (가)를 감상한 내용으로 적절하지 않은 것은? [3점]

• 〈보기〉를 바탕: 〈낙빈가〉는 정치 현실을 떠나 자연으로 돌아가 세속에 구애받지 않고 살려는 마음을 나타낸 작품입니다.

증 화자의 '속세를 떠나 자연에 들어가 살고자 하는 마음'에 대한 설명으로 틀린 것을 고르는 문제입니다.

┌──────────────── [보기] ────────────────┐
① 이 작품에는 <u>자신의 뜻을 알아주지 않는 정치 현실을 떠나</u>
속세의 모습
<u>자연으로 돌아가 살아가려는 귀거래 의식</u>이 드러나 있다. 화
속세를 떠나 자연에 들어가 살려고 함. **②**
자는 <u>속세와 대비되는 자연에서 세속적 가치에 구애받지 않는</u>
<u>소박한 생활을 영위하며 이에 대한 만족감</u>을 드러내고 있다.
자연에서의 삶에 대한 만족감

──────────────────────────────────

귀거래: 관직을 그만두고 고향으로 돌아감.
구애: 거리끼거나 얽매임.
영위하다: 일을 꾸려 나가다.
└────────────────────────────────────┘

> **왜 정답?**

⑤ **'소허의 몸'이 되어 '천사를 냉소'하는 것에서 자신의 뜻을 ~~속세에서 알아주기 바라는 화자의 태도~~를 짐작할 수 있군.**
속세에서 자신의 뜻을 알아주기 바란다는 내용은 확인할 수 없음.

＊**근거**: (가) **21**, **22**행
화자가 '소부'와 '허유'의 몸이 되어 '천사(화려하고 호화로운 삶)'를 냉소하는 것은 맞지만, 자신의 뜻을 속세에서 알아주기를 바란다는 내용은 확인할 수 없다. 단지 자연에서의 삶에 대한 만족감을 드러내고 있을 뿐이다.

> **왜 오답?**

① **'이 몸이 쓸듸 업셔' 버림받았다는 것에서 정치 현실을 떠난 화자의 상황을 짐작할 수 있군.**
'성상(임금)'으로부터 버림받았다고 말하고 있음.

＊**근거**: (가) **①**행
1행을 보면, 화자는 자신의 몸이 쓸 데가 없어 임금이 버렸다고 말하고 있는데, 이를 통해 화자가 정치 현실, 즉 벼슬길을 떠났다는 것을 알 수 있다.

② **'산수간'에서 '만사를 다 잊'은 채 '한가'하게 지내는 것에서 세속적 가치에 구애받지 않는 화자의 모습을 확인할 수 있군.**
속세의 모든 일들
속세의 모든 일들을 다 잊고 지내고 있음.

＊**근거**: (가) **7**행
화자는 산수간에서 만사를 다 잊으니 일신(一身)이 한가하다고 말하며, 이는 속세와 대비되는 자연에서 세속적 가치에 구애받지 않고 사는 모습을 나타낸다.

③ **'여기'가 '무릉'이라고 생각하는 것에서 자연으로 돌아온 화자의 만족감을 짐작할 수 있군.**
'무릉'은 신선이 사는 세계로 이상향을 의미함.

＊**근거**: (가) **8**행
화자는 여기가 '무릉'이라고 말하고 있는데, 이는 이곳이 '무릉도원'처럼 이상향이라는 것을 말하는 것이다. 따라서 자연으로 돌아온 화자의 만족감을 짐작할 수 있다.

④ '아침에 캐온 취'를 먹으며 '일없이 노닐'고 있는 것에서 <u>소박한 삶을 살아가는 화자의 모습을 확인할 수 있군.</u>
취나물을 먹으며 한가롭게 노니는 모습

*근거: (가) ⑪, ⑫행

화자는 취나물을 먹으며 한가롭게 노니는 모습을 보여 주고 있는데, 이렇게 나물을 먹으며 한가롭게 지내는 것은 자연에서 소박한 삶을 사는 것이라 할 수 있다.

E 62 정답② *〈보기〉를 바탕으로 감상하기 … [정답률 81%]

〈보기〉는 (나)의 '정자 이름에 대한 대화'를 구조화한 것이다. 이에 대한 이해로 적절하지 않은 것은?

• 〈보기〉: (나)의 정자 이름에 대한 '손님'의 질문과 '나'의 대답을 순차적으로 정리하여 구조화하고 있습니다.

즉 정자 이름에 대한 '손님'과 '나'의 대화를 이해한 내용 중 틀린 것을 고르는 문제입니다.

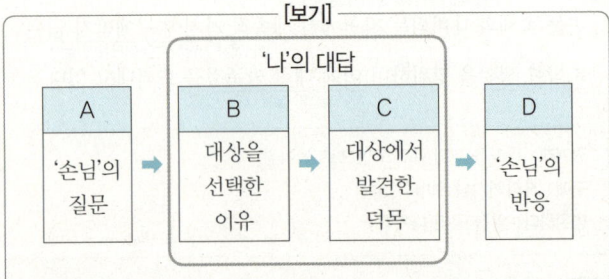

[보기]

'나'의 대답

A	B	C	D
'손님'의 질문	대상을 선택한 이유	대상에서 발견한 덕목	'손님'의 반응

> 왜 정답?

② A에서 '손님'이 해바라기를 보잘것없는 것으로 여긴 것에 대해, B에서 '나'는 해바라기를 <u>세상에 우뚝 홀로 선 사람들</u>에 비유하며 인정하지 않고 있다.
해바라기를 더럽고 변치 못한 사람에 비유하고 있음.

*근거: (나) ②문단 ❷~❻문장, ③문단 ❹, ❺문장

B에서 '나'는 해바라기를 더럽고 변치 못한 사람에 비유하고 있다. 따라서 해바라기를 '세상에 우뚝 홀로 선 사람들'에 비유했다는 내용은 적절하지 않다.

> 왜 오답?

① A에서 '손님'은 많은 사람들이 가치 있다고 여기는 식물들과 해바라기를 대비하며 '나'가 정자 이름을 지은 이유를 묻고 있다.
소나무, 대나무, 매화, 국화, 난, 혜초 등

*근거: (나) ②문단 ❹~❻문장

A에서 '손님'은 '소나무, 대나무, 매화, 국화, 난, 혜초'와 '해바라기'를 대비하며, '나'에게 정자 이름을 해바라기로 지은 이유를 묻고 있다.

③ B에서 '나'는 특별한 풍치나 향기가 있는 식물로 정자 이름을 짓지 않은 것이 자신의 처지를 고려한 선택이었음을 밝히고 있다.
유배당해 보잘것없고 초라한 모습

*근거: (나) ③문단 ❽, ❾문장

B에서 '나'는 소나무나 대나무 같은 것으로 정자 이름을 짓지 않은 것은 유배당한 자신의 처지를 고려해서라고 말하고 있다. 만일 소나무나 대나무 같은 것으로 정자 이름을 지으면 그 식물들의 수치가 되고 사람들의 비웃음거리가 된다는 것이다.

④ C에서 '나'는 해바라기의 속성을 충성이라는 덕목과 연결 지어 '손님'의 평가에 대해 반박하고 있다.
'해바라기'는 식물 가운데 보잘것없는 존재라는 것

*근거: (나) ③문단 ⑭~⑲문장

C에서 '나'는 해바라기가 해를 향하여 그 빛을 따라 기울어지는 특성이 있다고 말하면서, 이를 '충성'이라는 덕목과 연결 지어 나타내고 있다. 그리고 해바라기가 '충성'과 같은 훌륭한 덕목을 갖고 있다는 것을 근거로 하여, '해바라기'를 보잘것없는 존재로 말한 '손님'의 평가를 반박하고 있다.

⑤ D에서 '손님'은, A에서 가졌던 정자 이름에 대한 자신의 생각이 부족했음을 인정하고 있다.
'나'가 하찮은 식물로 정자의 이름을 지었다는 것

*근거: (나) ②문단 ❷문장, ④문단 ❷문장

D에서 '손님'은 자신이 하나는 알고 둘은 몰랐다며 반성하고 있는데, 이는 앞서 '나'가 하찮은 식물로 정자의 이름을 지었다고 생각한 것이 부족했음을 인정하는 것이다.

E 63 정답④ *인물의 심리와 태도 파악하기 … [정답률 85%]

㉠과 ㉡에 대한 이해로 가장 적절한 것은?

• ㉠: ㉠은 (가)의 화자이며, 임금에 대한 태도를 드러내지 않습니다.
• ㉡: ㉡은 (나)의 글쓴이이며, 임금의 은혜에 감사하는 태도를 나타냅니다.

즉 (가)의 화자와 (나)의 글쓴이가 각각 임금과 어떤 관계를 형성하고 있는지를 이해한 내용 중 적절한 것을 고르는 문제입니다.

> 왜 정답?

④ ㉠은 '성상'에 대한 감사를 표면적으로 드러내지 않지만, ㉡은 '임금님'에 대한 감사를 표면적으로 드러내고 있다.
자신이 먹고 자는 것을 임금의 은혜라고 표현함.

(가)의 화자는 임금에 대해 특별한 태도를 드러내고 있지 않으며, (나)의 화자는 자신이 먹고 자는 것을 임금의 은혜라고 직접 표현하고 있다.

[표면적: 겉으로 나타나거나 눈에 띄는 것

> 왜 오답?

① ㉠은 '성상'과의, ㉡은 '임금님'과의 갈등 해소를 통해 가치관의 변화를 드러내고 있다.
나타나지 않음.

(가)의 화자와 (나)의 화자 모두 임금과 갈등을 빚거나 이를 해소하는 내용은 나타나지 않는다.

[해소: 어려운 일이나 문제가 되는 상태를 해결하여 없애 버림.

② ㉠은 '성상'의, ㉡은 '임금님'의 입장 변화로 인해 현재 상황에 대한 불안함을 드러내고 있다.
나타나지 않음. 나타나지 않음.

(가)와 (나)에서 임금의 입장 변화는 나타나지 않으며, (가)와 (나)의 화자의 불안감도 나타나지 않는다. (가)는 자연에서의 삶에 만족하며 살고 있으며, (나)의 화자도 비록 귀양을 와 있긴 하지만 불안한 마음은 갖고 있지 않다.

③ ㉠은 '성상'에게 자신의 억울함을 호소하지만, ㉡은 '임금님'에게 자신의 업적을 과시하고 있다.
나타나지 않음. 나타나지 않음.

(가)의 화자가 임금에게 자신의 억울함을 호소하는 내용은 나타나지 않으며, (나)의 화자도 임금에게 자신의 업적을 과시하고 있지 않다. 오히려 (나)의 화자는 임금에게 감사한 마음을 나타내고 있다.

[과시하다: 자랑하여 보이다.

⑤ ㉠은 일반적인 통념을 바탕으로 '성상'을 비난하지만, ㉡은 '임금님'의 생각을 바탕으로 다른 이들의 태도를 비판하고 있다.
나타나지 않음. 나타나지 않음.

(가)의 화자가 임금을 비난하는 내용은 나타나지 않으며, (나)의 화자가 임금의 생각을 바탕으로 타인의 태도를 비판하는 내용도 나타나지 않는다.

[통념: 일반적으로 널리 통하는 개념

(가) 윤선도, 〈견회요〉

❶ 화자, 중심 대상 ❷ 상황, 정서, 태도 ❸ 표현상 특징 [시 해석]

❶ 슬프나 즐거오나 옳다 하나 외다 하나
그르다
→ 슬프나 즐거우나 옳다 하나 그르다 하나

❷ 내 몸의 해올 일만 닦고 닦을 뿐이언정
❶ 화자: 나 자신이 옳다고 생각하는 일
→ 내 몸의 할 일만 닦고 닦을 뿐이다.

❸ 그 밧긔 여남은 일이야 분별할 줄 이시랴   〈제1수〉
자신의 할 일을 제외한 나머지   걱정 ❸ 표현상 특징: 설의법
→ 그 밖의 남은 일이야 걱정할 필요가 있겠느냐.

〈제1수〉 요약: 신념에 따라 행동하겠다는 태도

❶ 내 일 망령된 줄 내라 하여 모를쏜가
잘못된   ❸ 표현상 특징: 설의법
→ 내 일이 잘못된 것을 나라고 해서 모르겠느냐.

❷ 이 마음 어리기도 임 위한 탓이로세
어리석기도   충심
→ 이 마음이 어리석은 것도 임을 위한 탓이로다. ┐ ❷ 정서: 자신의 결백을
호소함.
❸ ⓐ아무가 아무리 일러도 임이 혜여 보소서   〈제2수〉 ┘
화자를 모함하는 자들
→ 누군가 아무리 일러도(모함해도) 임이 헤아려 주십시오.

〈제2수〉 요약: 임(임금)을 향한 충심과 자신의 결백 호소

❶ 추성 진호루* 밧긔 울어 예는 저 시내야 □: 감정 이입의 대상
❸ 표현상 특징: 시내 = 감정 이입의 대상(임을 향한 마음)
→ 추성 진호루 밖에 울며 흐르는 저 시냇물아.

❷ 므음 호리라 주야에 흐르는다
무엇을 하려고
→ 무엇하겠다고 밤낮으로 흐르느냐.

❸❶ 중심 대상: 임
임 향한 내 뜻을 조차 그칠 뉘를 모르다   〈제3수〉
❷ 정서: 임에 대한 변함없는 마음
→ 임 향한 내 뜻을 좇아 그칠 줄을 모르는구나.

〈제3수〉 요약: 임(임금)을 향한 변함없는 마음

❶ ㉠뫼흔 길고 길고 물은 멀고 멀고
뫼와 물은 화자와 부모 사이의 장애물
→ 산은 길고 길고 물은 멀고 멀고.

❷ 어버이 그린 뜻은 많고 많고 하고 하고
❶ 중심 대상: 어버이
→ 부모님을 그리워하는 마음은 많고 많고 많고 많다.

❸ ㉡어디서 외기러기는 울고 울고 가느니   〈제4수〉
❸ 표현상 특징: 외기러기=감정 이입의 대상(부모에 대한 그리움)
→ 어디서 외기러기는 울고 울고 가는구나.

〈제4수〉 요약: 유배지에서 느낀 부모에 대한 그리움

❶ 어버이 그릴 줄을 처음부터 알안마는
→ 부모님 그리워할 줄을 처음부터 알았지만

❷ 임금 향한 뜻도 하늘이 삼겨시니
임금을 섬기는 것은 하늘의 뜻임.
→ 임금을 향한 뜻도 하늘이 생기게 하였으니

❸ ㉢진실로 임금을 잊으면 긔 불효인가 여기노라   〈제5수〉
❷ 정서: 충과 효를 일치시켜 임금에 대한 충심을 드러냄.
→ 진실로 임금을 잊으면 그것이 불효인가 여기노라.

〈제5수〉 요약: 충과 효의 일치를 통한 충신연주의 심정

*추성 진호루: 함경북도 경원에 있는 누각.

■ **갈래**: 연시조   ■ **창작 시기**: 조선 중기
■ **내용**: 이 작품은 윤선도가 임금에게 상소를 올렸다가 유배된 후 귀양지에서 느낀 마음을 서술한 작품이다. 외딴 유배지에서 느낀 부모에 대한 그리움과 임

금에 대한 충심, 그리고 자신의 억울함과 결백함을 아름다운 우리말로 형상화하고 있다. 화자의 강직한 신념과 타협할 줄 모르는 정의감이 잘 드러난다.

■ **주제**: 유배지에서 느낀 부모에 대한 그리움과 임금에 대한 충성

■ **이것이 핵심!**: 화자의 상황과 중심 대상을 향한 정서

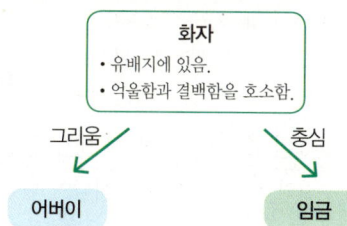

(나) 홍성민, 〈마환우설〉

❶ 중심 대상 ❷ 글쓴이의 생각, 태도 ❸ 서술상 특징

[1] ❶신묘년 가을, 북쪽으로 유배 가게 되었다. ❷말이 없었기에 가산을 털어 말 여섯 마리를 사서 내 몸을 싣고 입을 것 먹을 것을 싣고서 삼천 리 떨어진 변방 땅까지 갔으니, 그곳은 바로 부령이었다. ❸짐을 풀어놓자 주머니에 남은 것이 없어 아이
글쓴이가 유배된 곳
종이 불만스러운 얼굴이었다. ❹그곳에 사는 사람이 말했다.
가난한 처지에 대한 불만 조언자
"❺내가 당신에게 먹을 것을 얻을 방도를 알려 주겠소. ❻변방
에는 말이 천하고 소가 귀하니, 소 한 마리를 몇 달 동안
굶주림을 면할 수 있도록 지역적 특성을 고려한 조언을 함.
[A] 남에게 빌려주면 곡식 몇 섬을 얻을 수 있소. 그러니 데려
온 말을 팔아 소를 사면 입에 풀칠할 수 있을 것이오."
❼내가 말했다.
"❽아니오. ❾내 걸음을 대신하고 내 짐을 싣고서 험한 고갯길
글쓴이가 말과 신의를 지키려는 이유
을 넘어, 내가 길가에 쓰러지지 않고 연명할 수 있게 해 준
것이 이 말들이오. ❿말이 나를 주인으로 여기고 있는데 내가
이제 와서 데리고 있지 못하고 하루아침에 남에게 팔아 버
린다면, 말은 내게 도움을 주었는데 나는 말을 저버리는 것
이오. ⓫말이 비록 미물이지만 내가 차마 저버릴 수 있겠소?" ❸ 서술상 특징: 설의적 표현
동물과 신의를 지키려 함.

┌ **변방**: 중심지에서 멀리 떨어진 가장자리 지역.
│ **방도**: 어떤 일을 하거나 문제를 풀어 가기 위한 방법과 도리.
│ **연명하다**: 목숨을 겨우 이어 살아가다.
└ **미물**: 인간에 비하여 보잘것없는 것이라는 뜻으로, '동물'을 이르는 말.

[1] 요약: 유배지에서 가난한 삶을 살더라도 동물과 신의를 지키려는 '나'

[2] ⓑ어떤 이가 달래며 이렇게 말했다.
글쓴이의 생각을 바꿔 준 존재
"❶당신의 신의는 고루하구려. 천지 사이에 있는 만물은 각기 주
❶ 중심 대상: 신의
인이 있지만, 바꾸기도 하고 주기도 하니 그 주인은 일정하지
않소. ❹말은 남의 말이었는데 당신이 샀고, 당신의 말인데 남에
게 파는 것이오. ❺소는 남의 소인데 남이 당신에게 파는 것이니,
말은 남에게 가고 소는 당신에게 오는 것이오. ❻저쪽으로 가면
저쪽이 주인이고, 이쪽으로 오면 이쪽이 주인이오. ❼있는 것을
없는 것으로 바꾸어 어려운 처지를 넘기는 법, 어찌 일정한 주
동물에게 신의를 지키지 않아도 되는 이유
인이 있겠소? ❽그러므로 옛날 군자는 사람에게 신의를 지켰지
애써 동물에게 신의를 지키지는 않았소. ❾동물에게 신의를 지키
다 굶어 죽느니, 차라리 동물을 바꾸어 살아가는 것이 낫지 않

겠소?⑩ 당신은 우활한 사람이오.⑪ 신의를 어디다 쓰겠소?"
<u>글쓴이의 생각을 비판</u>

⌜ **고루하다**: 낡은 관념이나 습관에 젖어 고집이 세고 새로운 것을 잘 받아들이
│ 지 아니하다.
│ **신의**: 믿음과 의리를 아울러 이르는 말
⌞ **우활하다**: 사리에 어둡고 세상 물정을 잘 모르다.

＊② 요약: 동물과는 신의를 지키지 않아도 된다는 '어떤 이'의 조언

③❶ 나는 그제야 퍼뜩 깨달았지만 서글피 한탄했다. 소와 말은 천
<u>신의에 대한 글쓴이의 인식 변화</u>
지 사이에 있는 공공의 물건이니, 반드시 내가 주인인 것도 아니
❷ <u>글쓴이의 생각: 동물과는 신의를 지키지</u> ❸ <u>않아도 된다는 조언을 받아들임.</u>
고 반드시 남이 주인인 것도 아니다. 저 사람이 주인이면 저 사람
<u>글쓴이가 얻게 된 깨달음</u>
의 소유이고, 내가 주인이면 나의 소유이다. 주인을 찾기만 한다❹
면야 이 사람 저 사람 가릴 필요가 있겠는가?❺ 이 말이 아니었다면
저 소와 바꾸지 못했을 것이고, 이 소가 아니었다면 이 곡식을 얻
을 수 없었을 것이다.❻ 이 곡식을 얻지 못했다면 죽었을 것인데, 소
와 말을 바꾸어 잠시나마 죽지 않을 수 있었던 것이다.❼ 무슨 해가
되겠는가?❽ 그 사람의 말이 맞다.

❾ 그렇지만 한탄스러운 점이 있다.❿ 나는 젊었을 적 학문에 뜻을
❷ <u>태도: 자신에 대해 반성함.</u>⑪
두어 오로지 독서를 일삼았다. 그러다가 늙어서는 태평성대에 죄
<u>글쓴이의 현재 상황</u>
를 짓고 불모지로 유배되었다.⑫ⓔ가산을 털어 말을 사고, 말을 소
와 바꾸고, 소를 사람에게 빌려주어 마치 장사꾼처럼 매매했다.
⑬ ❷ <u>태도: 장사꾼 같은 자신의 태도를 반성함.</u>⑭
먹을 것이 내게 큰 누를 끼쳤구나. 말은 나를 주인으로 삼았는데
내가 데리고 있지 못했고, 소는 나를 주인으로 삼았는데 내가 지
키지 못하여 이 동물들이 편안히 제자리에 있지 못하게 만들었다.
⑮ 내가 이들을 몹시 그르쳤구나.⑯ ⓓ이 입 때문에 이 몸에 누를 끼치
❷ <u>태도: 자신의 행위를 책망함.</u>
고 이 동물들을 그르쳤으며 끝내 보잘것없는 사람이 되고 말았다.
⑰ 나는 처음에는 부끄럽다가 중간에는 마음이 풀렸으나 결국은 서
❷ <u>글쓴이의 생각: 가난한 생활로 부끄러움과 서글픔을 느낌.</u>
글퍼져 혀를 차며 이 글을 지었다.

⌜ **불모지**: 식물이 자라지 못하는 거칠고 메마른 땅
⌞ **누**: 남의 잘못으로 말미암아 받게 되는 정신적인 괴로움이나 물질적인 손해

＊③ 요약: 신의에 대한 생각 변화와 곤궁한 삶 속에서 느낀 고뇌

■ **갈래**: 고전 수필　　　　■ **창작 시기**: 조선 중기
■ **내용**: 이 작품은 글쓴이가 유배되었을 때 지은 수필로, 가난한 처지로 인해
곤궁한 삶을 살며 느낀 부끄러움과 서글픔에 대해 전하고 있다. 유배지 주민은
글쓴이에게 말을 팔아 생계를 유지하라고 하지만 글쓴이는 말과 신의를 지켜
야 한다며 말을 팔 수 없다고 대답한다. 이에 대해 어떤 이가 동물과는 신의를
지키지 않아도 된다는 조언을 한다. 글쓴이는 이를 받아들였으나 곤궁한 자신
의 처지에 대한 부끄러움과 슬픔을 진솔한 표현으로 전하고 있다.
■ **주제**: 유배지의 곤궁한 삶 속에서 느낀 부끄러움과 서글픔
■ **이것이 핵심**: 글쓴이의 생각 변화

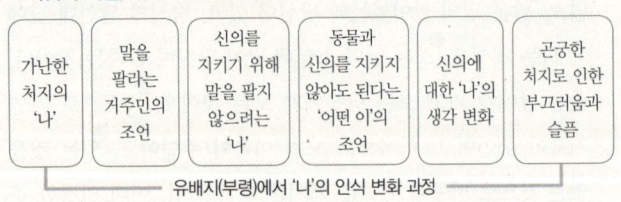

가난한 처지의 '나' → 말을 팔라는 거주민의 조언 → 신의를 지키기 위해 말을 팔지 않으려는 '나' → 동물과 신의를 지키지 않아도 된다는 '어떤 이'의 조언 → 신의에 대한 '나'의 생각 변화 → 곤궁한 처지로 인한 부끄러움과 슬픔

└──── 유배지(부령)에서 '나'의 인식 변화 과정 ────┘

E 64 　정답 ②　＊작품 비교하기 ·············· [정답률 85%]

(가)와 (나)의 공통점으로 가장 적절한 것은?

· **(가)**: 화자는 유배지에서 느낀 심정을 자연물에 이입하여 드러내고 있습니다.
· **(나)**: 글쓴이는 유배지에서 느낀 심정을 대화를 통해 드러내고 있습니다.

즉 (가)와 (나)의 공통된 서술 방식을 고르는 문제입니다.

> **왜 정답 ?**

② **의문의 방식을 활용하여 상황에 대한 자신의 생각을 드러**
　　　(가)와 (나)에 모두 나타남.
내고 있다.

＊**근거**: (가) 〈제1수〉❸, 〈제2수〉❶. (나) ❸문단 ❹, ❼문장
(가)는 '분별할 줄 이시랴'나 '내라 하여 모를쏜가' 등을 통해 유배된 상황에
대한 자신의 생각을 의문의 방식으로 드러내고 있다. (나)는 '이 사람 저 사
람 가릴 필요가 있겠는가?', '무슨 해가 되겠는가?' 등을 통해 신의에 대한
자신의 생각을 의문의 방식으로 드러내고 있다.

> **왜 오답 ?**

① **감각적 이미지를 활용하여 지향하는 공간의 아름다움을**
　　　　　　　　　　　(가)와 (나) 모두 지향하는 공간의 아름다움은 나타나지 않음.
나타내고 있다.

＊**근거**: (가) 〈제3수〉❶, 〈제4수〉❸
(가)는 '울어 예는', '울고 울고 가느니' 등과 같이 감각적 이미지를 활용하고
있지만 이를 통해 지향하는 공간의 아름다움을 드러내진 않는다. 또한 (나)
에서도 지향하는 공간의 아름다움은 나타나지 않는다.

⌞ **감각적 이미지**: 감각을 글로 표현하여 마치 감각이 느껴지는 것처럼 표현한 것

③ **반어적 표현을 통해 현실의 부정적 측면을 강조하고 있다.**
　　　(가)와 (나) 모두 반어적 표현은 나타나지 않음.

(가)와 (나)의 유배된 상황은 현실의 부정적 측면이라고 볼 수 있으나, (가)와
(나) 모두 속마음과 반대로 이야기하는 반어적 표현은 나타나지 않는다.

⌞ **반어적 표현**: 속마음과 겉 내용을 반대로 표현한 것

④ **영탄적 표현을 통해 대상의 가치를 예찬하고 있다.**
　　(가)에서 영탄적 표현은 나타나지만 대상의 가치를 예찬하지는 않음.

＊**근거**: (가) 〈제1수〉❸, 〈제2수〉❶
(가)의 설의법은 영탄적 표현으로 볼 수 있으나 이를 통해 대상의 가치를 예찬하고
있지는 않다. 또한 (나)에서도 대상의 가치를 예찬하는 부분은 나타나지 않는다.

⌞ **영탄적 표현**: 슬픔이나 기쁨 등의 감정을 감탄의 형태로 표현한 것

⑤ **계절의 변화를 통해 생동감을 조성하고 있다.**
　　(가)와 (나) 모두 계절의 변화는 나타나지 않음.

(가)와 (나) 모두 계절이 달라지는 내용은 제시되지 않았다.

E 65 　정답 ⑤　＊시어 및 구절의 의미 파악하기 ·· [정답률 78%]

ⓐ와 ⓑ에 대한 설명으로 가장 적절한 것은?

· **ⓐ**: ⓐ는 (가)의 '아무'로, 화자의 행동을 임에게 이르는 존재입니다.
· **ⓑ**: ⓑ는 (나)의 '어떤 이'로, 글쓴이에게 동물과 신의를 지키지 않아도 된다
고 조언하는 인물입니다.

즉 ⓐ와 ⓑ가 각각 화자와 글쓴이에게 어떤 존재인지 파악한 내용 중 적
절한 것을 고르는 문제입니다.

> **왜 정답 ?**

⑤ **ⓐ는 화자를 갈등 상황에 놓이도록 하는 존재이고, ⓑ는**
　　ⓐ는 화자를 모함하여 갈등 상황에 놓이게 함.
글쓴이의 인식을 변화시키는 존재이다.
　　ⓑ는 동물과의 신의에 대한 인식을 변화시킴.

＊**근거**: (가) 〈제2수〉❸, (나) ❸문단 ❶문장
ⓐ는 화자의 행동을 '임'에게 '이르는' 존재로, 화자에 관한 이야기를 '임'에게
부정적으로 전하는 대상이다. 즉, 화자를 모함하여 갈등 상황에 놓이게 하는
존재이다. ⓑ는 동물과 신의를 지켜야 한다는 화자에게 조언하여 화자의 생
각을 바꾸게 하는 존재이다.

① ⓐ와 ⓑ는 모두 화자나 글쓴이가 억울함을 호소하는 대상이다.
> ⓐ는 화자를 모함하는 대상, ⓑ는 글쓴이의 생각을 바꿔 주는 대상임.

ⓐ는 화자를 모함하는 대상으로, (가)에서 화자가 억울함을 호소하는 대상은 '임'이다. ⓑ는 글쓴이에게 충고하는 존재로 글쓴이가 억울함을 호소한다고 보기는 어렵다.

② ⓐ와 ⓑ는 모두 화자나 글쓴이에게 삶의 허무함을 깨닫게 해 주는 존재이다.
> ⓐ와 ⓑ 모두 삶의 허무함을 깨닫게 하는 않음.

ⓐ는 화자를 모함하는 대상이고, ⓑ는 글쓴이의 생각을 바꾸어 주는 존재로, 삶의 허무함을 깨닫게 한다고 보기는 어렵다.

③ ⓐ는 화자가 호감을 지닌 대상이고, ⓑ는 글쓴이가 반감을 지닌 대상이다.
> ⓐ는 화자를 모함하는 대상임.   ⓑ는 글쓴이에게 조언하는 대상임.

ⓐ는 화자에게 부정적인 대상으로, 호감이 있다고 보기는 어렵고, ⓑ는 글쓴이의 생각을 바꿔 준 존재로, 글쓴이가 반감을 지녔다고 보기 어렵다.

〔반감: 반대하거나 반항하는 감정〕

④ ⓐ는 화자의 판단을 존중하는 존재이고, ⓑ는 글쓴이의 판단을 비판하는 존재이다.
> ⓐ는 화자를 존중한다고 볼 수 없음.
> ⓑ는 글쓴이를 우활하다고 말하는 것으로 보아 비판하는 존재라고 볼 수 있음.

*근거: (가)〈제2수〉❸, (나)❷문단 ⑩문장

ⓐ는 화자에 관한 이야기를 임에게 전하고 있기는 하지만 모함한다는 면에서 화자를 존중한다고 보기 어렵다. ⓑ는 글쓴이에게 '우활'하다고 말하는 모습에서 동물과 신의를 지키려는 글쓴이를 비판한다고 볼 수 있다.

E 66 정답 ④ *〈보기〉를 바탕으로 감상하기 ·· [정답률 76%]

〈보기〉를 참고하여 ㄱ~ㅁ을 감상한 내용으로 적절하지 않은 것은? [3점]

- **〈보기〉를 참고:** 사대부의 유배 문학에서는 유배지에서의 고통, 충신연주의 심정, 가족에 대한 그리움, 자신에 대한 비하 등이 나타납니다.
- **ㄱ~ㅁ:** ㄱ은 격리된 화자의 상황, ㄴ은 어버이에 대한 그리움, ㄷ은 임금을 어버이처럼 여기는 태도, ㄹ은 장사꾼 같던 자신의 행동, ㅁ은 자신의 처지에 대한 부끄러움과 슬픔을 나타낸 구절입니다.

즉 ㄱ~ㅁ에 나타나는 유배 문학의 특징에 대한 설명으로 틀린 것을 고르는 문제입니다.

[보기]

❶ (가)와 (나)의 작가는 사대부 신분으로 혼란한 정국 속에서 유배를 당해 외롭고도 힘든 격리 생활을 체험하였다. ❷ 사대부의 유배 문학은 일반적으로 유배지에서 겪는 고뇌와 고통을
[①의 근거]
토로하면서 충신연주(忠臣戀主)나 우국의 심정을 나타내는
[⑤의 근거]
[③의 근거]
형태로 정형화되었지만, 때로는 두고 온 가족에 대한 그리움
[②의 근거]
을 나타내기도 했다. ❸ 그리고 유배지에서 곤궁한 생활이 심해질수록 작가 자신을 비하하는 태도를 드러내기도 했다.
[④의 근거]

정국: 정치의 국면. 또는 정치계의 형편
격리: 다른 것과 통하지 못하게 사이를 막거나 떼어 놓음.
충신연주(忠臣戀主): 충직한 신하가 임금을 그리워하는 마음
우국: 나랏일을 근심하고 염려함.
정형화: 일정한 형태로 만드는 것
비하하다: 자기 자신을 낮추다.

④ ㄹ은 글쓴이가 자신의 신분이 사대부에서 상인 계층으로 바뀌었음을 한탄하면서 자신을 비하하는 태도를 나타내고 있는 것이군.
> 장사꾼처럼 느껴진다는 것이지 실제로 상인 계층이 되었다는 것은 아님.

*근거: (나)❸문단 ⑫문장, 〈보기〉❸문장

글쓴이는 가산을 털어 말을 사고, 말을 소와 바꾸는 자신의 행위를 마치 장사꾼처럼 여기며 비하하는 태도를 나타내고 있지만, 이것이 실제로 글쓴이가 상인 계층이 되었다는 말은 아니다. 따라서 글쓴이의 신분이 사대부에서 상인 계층으로 바뀌었다고 말하는 것은 적절하지 않다.

① ㄱ은 화자가 '뫼'와 '물'의 속성을 통해 자신이 유배지에 격리되어 있음을 나타내고 있는 것이군.
> 자신을 둘러싼 산이 길고, 물이 멀다는 말로 격리된 자신의 상황을 드러냄.

*근거: (가)〈제4수〉❶, 〈보기〉❶문장

ㄱ은 자신을 둘러싼 산이 길게 뻗은 것과 물이 멀리 흐르는 것을 통해 자신이 가족과 떨어져 유배지에 격리되어 있음을 나타내고 있다.

② ㄴ은 화자가 '외기러기'를 통해 유배지에서 외롭게 가족을 그리워하는 심정을 나타내고 있는 것이군.
> 가족이 그리워 울고 싶은 자신의 감정을 외기러기에 이입하고 있음.

*근거: (가)〈제4수〉, 〈보기〉❷문장

ㄴ의 앞 문장을 통해 화자는 어버이를 그리워하는 마음을 드러내고 있다. 이를 통해 추론하면 외기러기가 우는 것처럼 표현한 것은 가족이 그리워 슬퍼하는 화자의 감정이 이입된 것이다.

③ ㄷ은 화자가 '임금'에 대한 충성과 '어버이'에 대한 효심이 결국 하나라는 발상을 통해 충신연주의 심정을 나타내고 있는 것이군.
> 임금을 잊는 것을 부모님을 모시는 '효(孝)'와 연결하여 충신연주의 심정을 표현함.

*근거: (가)〈제5수〉❸, 〈보기〉❷문장

ㄷ은 화자가 생각하는 가치관이 드러나는 부분으로, 임금에 대한 '충'과 부모에 대한 '효'가 연결되고 있다. 임금을 잊는 것이 불효와 같다는 인식을 통해 충성과 효심이 하나라는 발상을 전하며 충신연주의 심정을 드러내고 있다.

〔발상: 어떤 생각을 해 냄. 또는 그 생각〕

⑤ ㅁ은 글쓴이가 자신의 행위를 책망하며 곤궁한 생활 속에서 느끼는 고뇌를 나타내고 있는 것이군.
> 가난으로 동물을 판 자신의 행위를 자책하며 부끄러움과 슬픔을 느낌.

*근거: (나)❸문단 ⑯문장, 〈보기〉❷문장

ㅁ에서는 곤궁한 삶을 모면하기 위해 동물과의 신의를 지키지 못하고 동물을 판매한 자신의 행동을 '보잘것없는 사람'이라는 표현으로 책망하고 있다. 이를 통해 유배지에서 겪는 가난한 삶에 대한 자신의 고뇌를 나타내고 있다.

〔책망하다: 잘못을 꾸짖거나 나무라며 못마땅하게 여기다.〕

E 67 정답 ③ *시어 및 구절의 의미 파악하기 · [정답률 85%]

(가)를 이해한 내용으로 가장 적절한 것은?

③ 제3수의 '그칠 뉘를 모르다'는 곧은 지조를 변함없이 지키려는 화자의 태도가 드러나는 것이라고 볼 수 있겠군.
> 시냇물이 밤낮으로 흐르는 것처럼, 임을 향한 자신의 마음이 그치지 않을 것임을 나타냄.

*근거: (가)〈제3수〉❸

'그칠 뉘를 모르다'는 '그칠 줄을 모른다.'라는 뜻이다. 시냇물이 밤낮으로 흐르는 것은 임을 향한 자신의 마음을 좇아 흐르는 것이라고 표현하여 임을 향한 변함없는 마음을 드러내고 있다. 이는 곧은 지조를 변함없이 지키려는 태도라고 해석할 수 있다.

ⓔ

＞왜 오답 ?

① 제1수의 '그 밧고 여남은 일'은 화자가 신념에 의거하여 추
이는 자신이 중요하게 생각하는 '해올 일' 이외의 것으로, 화자가 중요하게 생각하지 않는 일을 가리킴.
구하려는 일로 볼 수 있겠군.

*근거: (가) 〈제1수〉 ❸

'그 밧고 여남은 일'은 화자가 '분별하지 않는' 일로, 자신이 중요하게 생각하
는 '해올 일'을 제외한 나머지 일들을 가리킨다. 따라서 화자가 신념에 의해
추구하려는 일로 볼 수 없다.

신념: 굳게 믿는 마음
의거하다: 어떤 사실이나 원리 따위에 근거하다.

② 제2수의 '이 마음 어리기도'는 순수한 본성의 회복을 바라
자신의 마음이 어리석다는 것으로, 이를 본성의 회복을 바란다고 보기는 어려움.
는 화자의 마음이 드러나는 것이라고 볼 수 있겠군.

*근거: (가) 〈제2수〉 ❷

'이 마음 어리기도'는 자신의 마음이 어리석다는 뜻으로, 이를 순수한 본성
의 회복을 바라는 화자의 마음이라고 표현하는 것은 적절하지 않다.

본성: 사람이 본디부터 가진 성질

④ 제4수의 '많고 많고 하고 하고'는 자연에 귀의하려는 화자
'많고 많고 하고 하고'는 가족을 그리워하는 마음이 크다는 것을 의미함.
의 의지가 강조된 것이라고 볼 수 있겠군.

*근거: (가) 〈제4수〉 ❷

'많고 많고 하고 하고'는 '어버이를 그린 뜻이 많다.'라는 뜻으로, '많다'라는
의미의 반복을 통해 가족을 그리워하는 자신의 마음이 크다는 것을 나타내
고 있다. 따라서 자연에 귀의하려는 화자의 의지라고 볼 수 없다.

귀의: 돌아가거나 돌아와 몸을 의지함.

⑤ 제5수의 '하늘이 삼겨시니'는 화자가 자신의 운명을 거스
임금에 대한 충성이 하늘의 뜻이라는 것으로, 자신의 충심이 당연하고 절대적임을 나타냄.
르다가 좌절하는 이유로 볼 수 있겠군.

*근거: (가) 〈제5수〉 ❷

'하늘이 삼겨시니'는 임금을 향한 뜻을 하늘이 생기게 하였다는 의미로, 임
금을 향한 자신의 충성스러운 마음이 절대적이고 당연하다는 것을 드러내고
있다. 따라서 화자가 운명을 거스르다 좌절하는 이유로 볼 수 없다.

E 68 정답 ① *〈보기〉를 바탕으로 감상하기 …… [정답률 70%]

〈보기 1〉을 바탕으로 윗글의 [A]와 〈보기 2〉를 이해한 내용으
로 적절하지 않은 것은?

· 〈보기 1〉을 바탕: 윗글인 (나)와 〈보기 2〉는 같은 작가가 동일한 유배지에서
겪은 생활을 바탕으로 하여 쓴 작품으로, 당대 유배지의 모습을 살필 수 있
다고 설명하고 있습니다.

· [A]: [A]는 유배지에서 가난한 처지에 놓인 (나)의 글쓴이가 주민의 조언에
도 불구하고 동물과의 신의를 지키기 위해 말을 팔지 않으려는 대목입니다.

· 〈보기 2〉: (나)의 글쓴이가 쓴 〈무염판속설〉의 일부로, 유배지에서 곤궁하게
사는 글쓴이가 주민의 조언에 따라 물건을 사고파는 대목입니다.

즉 [A]와 〈보기 2〉에 드러난 유배지 생활에 대한 설명으로 틀린 것을 고르
는 문제입니다.

─── [보기 1] ───

선생님: 〈보기 2〉는 (나)의 작가가 지은 〈무염판속설〉의 일부
입니다. (나)와 〈보기 2〉는 동일한 유배지에서 체험한 바를
소재로 하여 시차를 두고 창작한 작품들로, 개인의 생활상
이 구체적으로 반영되어 있어 당대 유배지의 실상을 살필
수 있는 자료입니다.

──────────

시차: 어떤 일을 하는 시간이나 시각에 차이가 지거나 지게 하는 일
생활상: 생활해 나가는 모습
실상: 실제 모양이나 상태

─── [보기 2] ───

❶ 부령에 유배 온 지 몇 달 만에 돈이 다 떨어져 먹을 것이 없
었다. 주민에게 의논했더니 이렇게 일러 주었다. ❷
❸ ②의 근거
"바닷가는 곡식이 비싸고 소금이 싼데, 오랑캐 땅은 곡식이
①, ②의 근거 ❹ → 유배지의 지역적 특성
많고 소금이 부족합니다. 바닷가에서 소금을 사서 오랑캐
에게 팔고 곡식을 산다면 그 값이 원래 곡식의 몇 배나 될 것
이니, 입에 풀칠할 수 있을 것입니다. ❺ 걱정하지 마십시오."
❻ 처음에 이 말을 듣고서 이것은 장사꾼이 하는 일이니 나는
차마 할 수 없다고 한참 동안 주저했다. ❼ 배에서 소리가 나고
아이종이 성을 내었다. ❽ 잠시나마 죽지 않기 위해 그 방법대로
③의 근거
하려니 얼굴이 붉어지고 마음이 편치 않았다. ❾ 그리하여 아이
종을 시켜 몇 말 곡식을 가지고 구십 리 떨어진 바닷가에 가
⑤의 근거
서 소금을 사 오게 하니 소금이 열 말 정도 생겼다. ❿ 이 소금을
말에 싣고 백이십 리 떨어진 북관(北關)으로 가서 곡식을 사
오라 하자, 곡식이 스무 말 정도 생겼다.

──────────

① [A]와 〈보기 2〉는 모두 유배지의 풍족을 인용함으로써 그
유배된 지역의 지역적인 특성임.
곳 거주민들이 이민족의 영향을 받고 있음을 나타내고 있다.
유배지의 특성은 나타나지만 주민들이 이민족의 영향을 받았다는 내용은 확인할 수 없음.

*근거: (나) ❶문단 ❺문장, 〈보기 2〉 ❸문장

[A]와 〈보기 2〉에는 모두 글쓴이가 유배된 지역의 지역적인 특성이 드러난
다. 하지만 유배지의 거주민들이 이민족의 영향을 받고 있는지에 대해서는
알 수 없다. 〈보기 2〉에서 오랑캐와 거래하라는 주민의 조언이 나타나긴 하
지만 이를 이민족의 영향이라고 해석하긴 어렵다.

인용하다: 남의 말이나 글을 자신의 말이나 글 속에 끌어 쓰다.
이민족: 언어·풍습 따위가 다른 민족

＞왜 오답 ?

② [A]와 〈보기 2〉에는 모두 글쓴이가 굶주림을 모면할 수 있
[A] – '그곳에 사는 사람', 〈보기 2〉 – '주민'
도록 지역적 특성을 고려하여 조언하는 사람이 등장하고 있다.

*근거: (나) ❶문단 ❹～❼문장, 〈보기 2〉 ❷, ❸문장

[A]에서는 '그곳에 사는 사람'이 '변방에는 말이 천하고 소가 귀하'다는 지역
적 특성을 고려한 조언을 하였고, 〈보기 2〉에서는 '주민'이 '바닷가는 곡식이
비싸고 소금이 싼데, 오랑캐 땅은 곡식이 많고 소금이 부족'하다는 지역적
특성을 고려한 조언을 하였다.

모면하다: 어떤 일이나 책임을 꾀를 써서 벗어나다.

③ [A]와 〈보기 2〉는 모두 글쓴이의 면전에서 경제적 어려움
[A] – '아이종이 불만스러운 얼굴이었다.', 〈보기 2〉 – '아이종이 성을 내었다.'
으로 인한 불편한 감정을 드러내는 아이종의 모습을 제시하
고 있다.

*근거: (나) ❶문단 ❸문장, 〈보기 2〉 ❼문장

[A]의 '아이종이 불만스러운 얼굴이었다.'와 〈보기 2〉의 '아이종이 성을 내었
다.'에서 불편한 감정을 드러내는 아이종의 모습을 확인할 수 있다.

면전: 보고 있는 앞

④ [A]에는 대화의 과정에서 동물에 대해 신의를 지키려는 글쓴이의 생각이 드러나고 있다.

[A] - '말이 비록 미물이지만 내가 차마 저버릴 수 있겠소?'

＊근거: (나) **1**문단 **12**문장

글쓴이는 거주민의 조언에도 말을 팔지 않으려고 한다. 이는 자신에게 도움을 준 말과의 신의를 지키려는 것으로, '말이 비록 미물이지만 내가 차마 저버릴 수 있겠소?'라는 문장에서 잘 드러난다.

⑤ 〈보기 2〉는 글쓴이가 경제적 어려움에서 벗어나기 위해 아이종을 시켜 물건을 매매한 과정을 제시하고 있다.

'아이종을 시켜 몇 말 곡식을 가지고 ~ 곡식이 스무 말 정도 생겼다.'

＊근거: 〈보기 2〉 **9**, **10**문장

〈보기 2〉에서 글쓴이는 아이종을 시켜 곡식을 가지고 바닷가에 가서 소금을 사 오게 한다. 이후 소금을 말에 싣고 북관에 가 곡식을 사오라고 하였다.

E 69~73 ──────── [2020년/수능(홀) 21~25]

(가) 신계영, 〈월선헌십육경가〉

❶ 화자, 중심 대상 ❷ 상황, 정서, 태도 ❸ 표현상 특징 [고어 읽기] [시 해석]

동녁 두던 밧긔 크나큰 너븐 들희
❶ **동녁 두던 밧긔 크나큰 너븐 들**히
➡ 동쪽 언덕 밖에 크나큰 넓은 들에

만경   황운이   ᄒᆞᆫ 빗치   되야 잇다
❸ 표현상 특징: 비유법 - 들판에서 누렇게 익은 벼의 모습을 '황운'에 비유함.
❷ **만경(萬頃) 황운(黃雲)**이 ᄒᆞᆫ **빗치** 되야 잇다
만 이랑의 넓은 들판
➡ 만 이랑의 누런빛 구름(벼)이 한 빛이 되어 있구나.

중양이 거의로다   내로리 ᄒᆞ쟈스라
❸ 표현상 특징: 청유형 표현
❸ **중양이 거의로다 내노리 ᄒᆞ쟈스라**
중양절(음력 9월 9일)   시냇가에서 하는 놀이(고기잡이)
➡ 중양절이 거의 다 되었다. 냇가로 놀이(고기잡이) 가자꾸나.

블근 게 여믈고 눌은 닭기 ᄉᆞᆯ져시니
❹ **블근 게 여믈고 눌은 둙기 ᄉᆞᆯ져시니**
❸ 표현상 특징: 붉은 게, 누런 닭 → 색채 이미지를 통해 풍요로운 가을의 모습을 드러냄.
➡ 붉은 게 여물었고 누런 닭이 살쪄 있으니

술이 니글선졍   버디야   업슬소냐
❺ **술이 니글션졍 버디야 업ᄉᆞᆯ소냐**
➡ 술이 익었으니 벗이야 없겠는가.

전가   흥미ᄂᆞᆫ   날로 기퍼 가노매라
농촌에서 즐기는 흥겨움
[A] ❻ **전가(田家) 흥미**ᄂᆞᆫ **날로 기퍼 가노매라**
❷ 정서: 농촌에서 흥취를 즐김.
➡ 농촌에서 즐기는 흥겨움은 날로 깊어 가는구나.

살여흘 긴 몰래예 밤블이 ᄇᆞᆯ가시니
❼ **살여흘 긴 몰래예 밤블이 ᄇᆞᆯ가시니**
전원생활을 구체적으로 묘사하여 현장감을 드러냄.
➡ 개울가 긴 모래밭에 밤에 피워 놓은 불이 밝았으니

게 잡는 아해들이   그믈을 훗쳐 잇고
❽ ㉠**게 잡**ᄂᆞᆫ **아ᄒᆡ돌이 그믈을 훗쳐 잇고**
아이들이 게를 잡으려고 그물을 흩어 놓은 모습 → 전원에서의 생활상
➡ 게 잡는 아이들이 그물을 흩어 놓고

호두포* 엔 구뷔예 아젹믈이 미러오니
❾ **호두포* 엔 구뷔예 아젹믈이 미러오니**
끝 쪽 굽이에 밀물이 밀려오는 모습 → 전원생활의 현장감이 드러남.
➡ 호두포 끝 쪽 굽이에 밀물이 밀려오니

돗단배 애내성   이 고기 파는 장새로다
❿ ㉡**돗**ᄃᆞᆫ**빅 애내성(欸乃聲)*이 고기 ᄑᆞᄂᆞᆫ 댱식로다**
➡ 돛단배 젓는 어부의 노랫소리가 고기 파는 장사로다.

경도   조커니와   생리라   괴로오랴
⓫ **경도 됴커니와 생리(生理)라 괴로오랴**
❸ 표현상 특징: 생활이 괴롭지 않음을 설의적으로 표현함.
➡ 경치가 좋을 뿐 아니라 생활이 괴로우랴.

〔전가: 농사를 본업으로 하는 사람의 집. 또는 그런 가정

＊❶~⓫행 요약: 풍요로운 가을날의 자연 풍경과 전원생활에서의 흥취

(중략)

어와 이 청경   갑시 이실 거시런들
⓬ **어와 이 청경(淸景) 갑시 이실 거시런**들
달빛이 비춰 맑은 경치
➡ 어와 이 맑은 경치 값이 있을 것이라면

적막히 다든 문애 내 분으로 드려오랴
❶ 화자: 나
⓭ **적막히 다든 문애 내 분으로 드려오랴**
내 분수로 들어왔겠느냐
➡ 적막하게 닫은 문에 (달빛이) 내 분수로 들어왔겠느냐.

사조   업다 호미 거즌말   아니로다
⓮ **사조(私照)* 업다 호미 거즌말 아니로다**
➡ 사사로이 비춤이 없다고 함이 거짓말이 아니로다.

모재에   빗쵠 빗치 옥루라   다룰소냐
⓯ ㉢**모재(茅齋)*예 빗쵠 빗치 옥루(玉樓)라 다룰소냐**
화자가 '모재에서 달빛을 보며 임금을 떠올림.
➡ 초가에 비친 빛이 옥루(임금이 있는 궁궐의 누각)라고 다르겠는가.

청준을   밧삐 열고 큰 잔의 ᄀᆞ득 브어
⓰ **청준(淸樽)을 밧삐 열고 큰 잔의 ᄀᆞ득 브어**
맑은 술이 들어 있는 술동이
➡ 맑은 술이 있는 술동이를 바삐 열고 큰 잔에 가득 부어

죽엽   가는 술를 달빗 조차 거후로니
⓱ ㉣**죽엽(竹葉) ᄀᆞᄂᆞᆫ 술룰 돌빗 조차 거후로니**
달빛 아래 운치 있는 풍류의 상황
➡ 대나무 잎 갈아 만든 술을 달빛 따라 기울이니

표연한 일흥이   저기면 날리로다
⓲ **표연ᄒᆞᆫ 일흥이 져기면 ᄂᆞᆯ리로다**
속세를 벗어난 듯한 가벼운 흥겨움
➡ 가벼운 흥겨움이 잘하면 날겠구나.

이적선   이려하야 달을 보고 밋치닷다
⓳ **이적션(李謫仙) 이려ᄒᆞ야 둘을 보고 밋치닷다**
이태백
➡ 이적선이 이러하여 달을 보고 미쳤구나.

〔표연하다: 바람에 나부끼는 모양이 가볍다.

＊⓬~⓳행 요약: 임금에 대한 그리움과 월선헌에서의 풍류

춘하추동애   경물이 아름답고
⓴ **춘하추동애 경물이 아름답고**
➡ 봄 여름 가을 겨울에 경치가 아름답고

주야조모   애완상이 새로오니
㉑ **주야조모(晝夜朝暮)애 완상이 새로오니**
낮과 밤, 아침과 저녁으로 새로운 자연의 모습
➡ 밤과 낮으로, 아침과 저녁으로 구경하는 즐거움이 새로우니

몸이 한가하나 귀 눈은 겨를 업다
㉒ ㉤**몸이 한가**ᄒᆞ**나 귀 눈은 겨를 업다**
➡ 몸은 한가하지만 귀와 눈은 겨를이 없다.

❷ 정서: 변화하는 자연을 감상하며 즐거워함.

여생이 언마치리 백발이 날로 기니
㉓ **여생이 언마치리 백발이 날로 기니**
얼마인가
➡ 남은 생이 얼마인가, 백발이 날로 기니

세상 공명은 계륵이나 다룰소냐
㉔ **세상 공명은 계록이나 다룰소냐**
➡ 세상 공명은 계륵과 다르겠는가.

강호   어조애   새 맹서 깁퍼시니
새로운 맹세 - 자연과 더불어 살겠다는 맹세
㉕ ⓐ**강호 어조(魚鳥)애 새 밍셰 깁퍼시니**
➡ 강호의 물고기와 새에 새 맹세 깊지만

옥당금마   의 몽혼   이 섯긔엿다
㉖ **옥당금마(玉堂金馬)*의 몽혼(夢魂)*이 섯긔엿다**
➡ 옥당금마(관직 생활)의 꿈이 섞이었다.

❷ 정서: 자연에서의 삶을 추구하면서도 관직 생활에 대한 미련을 떨치지 못함.

초당연월   의 시름업시 누워 이셔
㉗ **초당연월(草堂煙月)의 시름 업시 누워 이셔**
초가집 달빛 아래
➡ 초가집 달빛 아래에 시름없이 누워 있어

정답 및 해설 295

㉘ 촌주강어   로 장일취   를 원   하노라
촌주강어(村酒江魚)로 장일취(長日醉)를 원(願)ㅎ노라
시골에서 만든 술과 강에서 잡은 물고기 종일 취하기를
➡ 시골에서 만든 술과 강에서 잡은 물고기로 종일 취하기를 원하노라.

㉙ 이 몸이 이러구롬도   역군은   이샷다
이 몸이 이러구롬도 역군은(亦君恩)이샷다
❷ 태도: 임금의 은혜에 대해 감사함.
➡ 이 몸이 이리 지냄도 역시 임금의 은혜로다.

┌ **경물**: 계절에 따라 달라지는 경치
│ **완상**: 즐겨 구경함.
│ **계륵족**: 닭의 갈비라는 뜻으로, 그다지 큰 소용은 없으나 버리기에는 아까운
└ 것을 이르는 말

★⑳~㉙행 요약: 자연에서 은거하는 삶에 대한 만족감

* **호두포**: 예산현의 무한천 하류
* **애내성**: 어부가 노를 저으면서 부르는 노랫소리
* **사조**: 사사로이 비춤.
* **모재**: 띠로 지붕을 이어 지은 집
* **옥당금마**: 관직 생활
* **몽혼**: 꿈

■ **갈래**: 가사   ■ **창작 시기**: 조선 중기
■ **내용**: 이 작품은 벼슬에서 물러나 고향으로 내려온 작가가 자신의 집인 '월선
헌'에서 지내면서 열여섯 곳의 자연 풍경을 사계절의 흐름에 따라 표현한 가사
이다.
■ **주제**: 자연 속에서 한가롭게 살아가는 전원생활의 흥취

■ **이것이 핵심!**: 화자의 정서를 나타내는 구절

┌─────────┐
│ 자연에서 │   • 전가 흥미는 날로 기펴 가노매라
│ 살아가는 │ →   • 경도 됴커니와 생리라 괴로오랴
│ 즐거움   │   • 몸이 한가ㅎ나 귀 눈은 겨를 업다
└─────────┘   • 촌주강어로 장일취를 원ㅎ노라

(나) 권근, 〈어촌기〉

❶ 중심 대상   ❷ 글쓴이의 생각, 태도   ❸ 서술상 특징

① 어촌(漁村)은 나의 벗 공백공의 자호(自號)다. ❶ 중심 대상: 공백공 백공은 나와 태
어난 해는 같으나 생일이 뒤이기 때문에 내가 아우라고 한다. ❸ 생일이 뒤인 공백공에 대한 친근함을 담고 있는 호칭 풍
채와 인품이 소탈하고 명랑하여 사랑할 만하다. ❹ 대과에 급제하고
좋은 벼슬에 올라, 갓끈을 나부끼고 인끈을 두르고 필기를 위한
    조선시대 군대를 동원할 때 쓰는 표식의 주머니를 매달아 차는 끈
붓을 귀에 꽂고 나라의 옥새를 주관하니, 사람들은 진실로 그에게
원대한 기대를 하였으나, 담담하게 강호의 취미를 지니고 있다.
                  자연 속에서 한가하게 지내고자 하는 취미 ❻
❺ 가끔 흥이 무르익으면, 『어부사』를 노래한다. 그 음성이 맑고 밝아
서 천지에 가득 찰 것 같다. ❼ 증자가 상송(商頌)을 노래하는 것을
                          송나라 때의 제례 음악
듣는 듯하여, 사람의 가슴으로 하여금 멀리 강호에 있는 것 같게
만든다. ❽ 이것은 그의 마음에 사욕이 없어 사물에 초탈하였기 때문
              글쓴이가 공백공의 말이 기록할 만한 가치가 있다고 여긴 이유
에 소리의 나타남이 이와 같은 것이다.

┌ **풍채**: 드러나 보이는 사람의 겉모양
│ **소탈하다**: 예절이나 형식에 얽매이지 아니하고 수수하고 털털하다.
│ **옥새**: 옥으로 만든 국새
│ **원대하다**: 계획이나 희망 따위의 장래성과 규모가 크다.
│ **사욕**: 자기 한 개인의 이익만을 꾀하는 욕심
└ **초탈하다**: 세속적인 것이나 일반적인 한계를 벗어나다.

★① 요약: '공백공'의 성품과 강호에서의 삶에 대한 동경

② 하루는 나에게 말하기를,

❷ "나의 뜻은 어부(漁父)에 있다. ❸ 그대는 어부의 즐거움을 아는가.
┌강태공은 성인이니 내가 감히 그가 주 문왕을 만난 것과 같은
│ ⌐ : 어촌에 살던 강태공을 만난 주 문왕은 인재를 ❺ 만났다며 강태공을 관직에 임명함.
└그런 만남⌐을 기약할 수 없다. 엄자릉은 현인이니 내가 감히 그
                                  어질고 현명한 사람
의 깨끗함을 바랄 수는 없다. ❻ ㉮아이와 어른들을 데리고 갈매기
    자신을 겸손하게 표현하는 공백공
와 백로를 벗하며 어떤 때는 낚싯대를 잡고, ㉯외로운 배를 노
                                        어부의 생활을 즐김.
저어 조류를 따라 오르고 내리면서 가는 대로 맡겨두고, 모래가
                              물이 흐르가는 대로 배를 맡기는 한가한 모습
깨끗하면 뱃줄을 매어 두고 산이 좋으면 그 가운데를 흘러간다.
❼ ㉰구운 고기와 신선한 생선회로 술잔을 들어 주고받다가 해가
                        자연에서 즐기는 흥겨운 삶의 모습
지고 달이 떠오르며 바람은 잔잔하고 물결이 고요한 때에는 배
    ⌐ : 시간을 알 수 있는 표현
에 기대어 길게 휘파람을 불며, 돛대를 치고 큰 소리로 노래를
                              자연 속에서의 여유로운 모습
부른다. ❽ ㉱흰 물결을 일으키고 맑은 빛을 헤치면, 멀고 멀어서
                          배가 움직일 때의 맑고 아름다운 풍경
마치 성사*를 타고 하늘에 오르는 것 같다. ❾ 강의 연기가 자욱하
고 짙은 안개가 내리면, 도롱이와 삿갓을 걸치고 그물을 걷어
올리면 금빛 같은 비늘과 옥같이 흰 꼬리의 물고기가 제멋대로
펄떡거리며 뛰는 모습은 ㉲넉넉히 눈을 즐겁게 하고 마음을 기
쁘게 한다. ❿ 밤이 깊어 구름은 어둡고 하늘이 캄캄하면 사방은
아득하기만 하다. ⓫ 어촌의 등불은 가물거리는데 배의 지붕에 빗
소리는 울어 느리다가 빠르다가 우수수 하는 소리가 차갑고도
슬프다. …(중략)… ⓬ 여름날 뜨거운 햇빛에 더위가 쏟아질 적엔
버드나무 늘어진 낚시터에 미풍이 불고, 겨울 하늘에 눈이 날릴
때면 차가운 강물에서 홀로 낚시를 드리운다. ⓭ 사계절이 차례로
바뀌건만 어부의 즐거움은 없는 때가 없다.

┌ **기약하다**: 때를 정하여 약속하다.
│ **자욱하다**: 연기나 안개 따위가 잔뜩 끼어 흐릿하다.
│ **아득하다**: 보이는 것이나 들리는 것이 희미하고 매우 멀다.
│ **가물거리다**: 작고 약한 불빛 따위가 사라질 듯 말 듯 움직이다.
└ **미풍**: 약하게 부는 바람

★② 요약: 어부 생활에서 느끼는 감회와 사계절 한결같은 어부의 즐거움

③ 저 영달에 얽매여 벼슬하는 자는 구차하게 영화에 매달리지만
    세속적 가치를 부정적으로 인식하는 공백공
나는 만나는 대로 편안하다. 빈궁하여 고기잡이를 하는 자는
구차하게 이익을 계산하지만 나는 스스로 유유자적을 즐긴다.
❸ 성공과 실패는 운명에 맡기고, 진퇴도 오직 때를 따를 뿐이다.
❹ 부귀 보기를 뜬구름과 같이 하고 공명을 헌신짝 벗어 버리듯
              세속적 가치에 뜻을 두지 않는 공백공의 가치관이 드러남.
하여, 스스로 세상의 물욕 밖에서 방랑하는 것이니, 어찌 시세
에 영합하여 이름을 낚시질하고, 벼슬길에 빠져들어 생명을 가
볍게 여기며 이익만 취하다가 스스로 함정에 빠지는 자와 같겠
              ❷ 글쓴이의 생각: 정치 현실에 몸담고 있지만 강호에 은거하려는 지향을 드러냄.
는가. ⓑ이것이 내가 몸은 벼슬을 하면서도 뜻은 강호에 두어
매양 노래에 의탁하는 것이니, 그대는 어떻게 생각하는가?"

┌ **영달**: 지위가 높고 귀하게 됨.
│ **영화**: 몸이 귀하게 되어 이름이 세상에 빛남.
│ **구차하다**: 말이나 행동이 떳떳하거나 버젓하지 못하다.
│ **진퇴**: 직위나 자리에서 머물러 있음과 물러남.
└ **영합하다**: 사사로운 이익을 위하여 아첨하며 좇다.

★③ 요약: 강호에서의 삶에 대한 지향

4 하니 내가 듣고 즐거워하며 그대로 기록하여 백공에게 보내고, ❷태도: 공백공의 생각에 깊이 공감하여 자신을 되돌아보고자 함. 또한 나 자신도 살피고자 한다. 을축년 7월 어느 날.

　　　　　　*4 요약: 공백공의 말을 통한 성찰의 태도

* 성사: 옛날 장건이 타고 하늘에 다녀왔다고 하는 배

■ 갈래: 고전 수필　　　　■ 창작 시기: 조선 전기
■ 내용: 이 작품은 글쓴이의 벗인 '공백공'의 호를 작품의 제목으로 삼아 기록한 수필이다. 몸은 속세에 있지만 강호에서의 삶을 동경하는 공백공의 지향을 그의 말을 인용하여 표현하고 있다.
■ 주제: 강호에서의 한가롭고 여유로운 삶에 대한 동경
■ 이것이 핵심!: 공백공의 지향

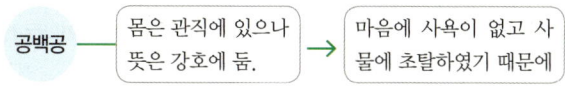

공백공 → 몸은 관직에 있으나 뜻은 강호에 둠. → 마음에 사욕이 없고 사물에 초탈하였기 때문에

E **69** 정답 ② ＊시어 및 구절의 의미 파악하기 ‥ [정답률 68%]

㉠~㉨에 대한 이해로 적절하지 않은 것은?

• ㉠~㉨: ㉠~㉤은 (가)의 구절로, ㉠은 아이들이 게를 잡는 모습, ㉡은 어부의 노랫소리, ㉢은 초가에 비친 빛을 본 감상, ㉣은 달빛 아래에서의 풍류, ㉤은 자연을 감상하느라 바쁜 모습을 나타냅니다. ㉥~㉨은 (나)의 구절로, ㉥은 자연을 벗으로 삼는 모습, ㉦은 흐르는 물에 배를 맡기는 모습, ㉧은 음식과 술을 즐기는 모습, ㉨은 배가 움직일 때의 풍경, ㉩은 물고기를 잡은 감상을 나타냅니다.

즉 ㉠~㉨에 드러난 자연에서의 모습을 설명한 내용 중 틀린 것을 고르는 문제입니다.

▷왜 정답?

② ㉡에는 <del>한가로운 자연 속 흥취</del>가, ㉦에는 <del>고독을 해소하려</del> 전원생활의 풍경에 해당함.　여유롭고 한가한 모습이므로 적절하지 않음. <del>는 의지</del>가 나타난다.

＊근거: (가) ⑩행, (나) ②문단 ⑥문장
㉡은 어부들의 노랫소리가 고기를 파는 장사꾼의 소리임을 이야기하는 것이다. 이는 전원생활에서 볼 수 있는 풍경으로, 화자는 이에 대해 '경도 됴커니와'라고 했으므로 ㉡에는 한가로운 자연 속 흥취가 드러난다고 볼 수 있다. ㉦은 '공백공'이 지향하는 '어부'의 삶의 모습으로, 흐르는 물에 배를 맡기는 여유롭고 한가한 모습이 드러나므로 ㉦에는 고독을 해소하려는 의지가 나타난다고 볼 수 없다.

▷왜 오답?

① ㉠에는 전원에서의 생활상이, ㉥에는 자연과 동화되는 삶 아이들이 게를 잡으려고 그물을 흩어 놓은 모습이므로 적절함.　자연을 벗 삼는 모습이므로 적절함. 이 나타난다.

＊근거: (가) ⑧행, (나) ②문단 ⑥문장
㉠은 아이들이 게를 잡고자 그물을 던져 놓은 모습이므로 전원에서의 생활상이 나타난다. ㉥은 '갈매기와 백로', 즉 자연을 벗 삼는 모습이므로 자연과 동화되는 삶이 나타난다.

③ ㉢에는 자연현상에서 연상된 그리움의 대상이, ㉨에는 배 달빛에서 임금을 연상하므로 적절함. 의 움직임에 따른 청아한 풍경이 나타난다. 배의 움직임으로 인해 생기는 맑고 깨끗한 풍경이므로 적절함.

＊근거: (가) ⑮행, (나) ②문단 ⑧문장
㉢에서 '옥루'는 임금이 계시는 궁궐의 누각을 의미한다. 즉, 화자는 초가집에 비친 달빛을 보고 임금을 연상하고 있는 것이며, 이때 임금은 그리움의 대상이다. ㉨에서는 배의 움직임으로 인해 '흰 물결'과 '맑은 빛'이 생기는 맑고 깨끗한, 즉 청아한 풍경을 표현하고 있다.

④ ㉣에는 운치 있는 풍류의 상황이, ㉧에는 자연에서 누리는 달빛 아래 술잔을 기울이는 풍류의 상황이므로 적절함. 흥겨운 삶의 모습이 나타난다. 자연에서 술을 즐기는 흥겨운 모습이므로 적절함.

＊근거: (가) ⑰행, (나) ②문단 ⑦문장
㉣에는 달빛 아래에서 술잔을 기울이는 운치 있는 풍류의 상황이 드러난다. ㉧에는 자연에서 신선한 음식을 안주 삼아 술을 마시는 흥겨운 삶의 모습이 드러난다.

⑤ ㉤에는 변화하는 자연에서 얻는 즐거움이, ㉩에는 생동감 '주야조모'로 새로운 풍경을 감상하는 즐거움이 드러나므로 적절함. 넘치는 자연에서 느끼는 만족감이 나타난다. 살아 있는 '물고기'의 생동감에서 느끼는 기쁨이 드러나므로 적절함.

＊근거: (가) ㉒행, (나) ②문단 ⑨문장
㉤에는 '춘하추동(사계절)' 내내 아름답고, '주야조모(낮과 밤, 아침과 저녁)'로 새로운 자연을 감상하는 즐거움이 드러난다. ㉩에는 '펄떡거리며 뛰는' '물고기'의 생동감 있는 모습에서 느끼는 기쁨과 즐거움이 드러난다.

E **70** 정답 ⑤ ＊〈보기〉를 바탕으로 감상하기 ‥ [정답률 85%]

〈보기〉를 바탕으로 [A]를 감상한 내용으로 적절하지 않은 것은? [3점]

• 〈보기〉를 바탕: 〈월선헌십육경가〉는 자연에서의 삶과 생활 공간으로서의 전원을 다양한 표현 방법을 통해 현장감 있게 노래하고 있습니다.
• [A]: 풍요로운 가을날의 모습과 전원생활을 묘사한 부분입니다.

즉 [A]에서 다양한 표현을 통해 묘사하고 있는 전원생활에 대한 설명으로 틀린 것을 고르는 문제입니다.

[보기]

❶ 17세기 가사 〈월선헌십육경가〉는 월선헌 주변의 16경관을 그린 작품으로 자연에서의 유유자적한 삶을 읊으면서도 현실적 생활 공간으로서의 전원에 새롭게 관심을 두었다. ❷ 그에 따라 생활 현장에서 볼 수 있는 풍요로운 결실, 여유로운 놀이 '만경 황운', '불근 게', '눌은 둙기' 등, ①, ③의 근거 장면, 그리고 생업의 현장에서 느끼는 정서 등을 다양한 표현 '내노리 ᄒ쟈스라' 등, ②의 근거 방법을 통해 현장감 있게 노래했다. ④의 근거

유유자적: 속세를 떠나 아무 속박 없이 조용하고 편안하게 삶
생업: 살아가기 위하여 하는 일

▷왜 정답?

⑤ 전원생활의 여유를 즐기면서도 <del>생업의 현장에서 느끼는</del> 생활이 괴롭지 않음을 이야기하는 것이므로 적절하지 않음. <del>고단함</del>을 '생리라 괴로오랴'와 같은 설의적인 표현으로 드러냈군.

＊근거: [A] ⑪행
'경도 됴커니와 생리라 괴로오랴'는 경치가 즐거울 뿐만 아니라 생활도 괴롭지 않음을 설의적인 표현으로 드러낸 것이다.

▷왜 오답?

① 전원생활에서 목격한 풍요로운 결실을 '만경 황운'에 비유 들판에서 누렇게 익은 벼의 모습을 표현한 것이므로 적절함. 해 드러냈군.

＊근거: [A] ②행
'만경 황운'은 들판에서 누렇게 익은 벼의 모습을 비유한 것이며, 이는 〈보기〉에서 언급한 전원생활에서 볼 수 있는 '풍요로운 결실'에 해당한다.

② 전원생활 가운데 느끼는 여유를 '내노리 ᄒ쟈스라'와 같은 냇가에 고기잡이를 하러 가자고 권하는 것이므로 적절함. 청유형 표현을 통해 드러냈군.

＊근거: [A] ③행
'내노리 ᄒ쟈스라'는 냇가로 놀이(고기잡이)를 하러 가자는 청유형의 표현이며, 이는 〈보기〉에서 언급한 '여유로운 놀이'에 해당한다.

③ 전원생활의 풍족함을 여문 '블근 게'와 살진 '눌은 둙'과 같
이 색채 이미지에 담아 드러냈군.
색채 이미지를 통해 풍족한 가을 풍경을 표현한 것이므로 적절함.

*근거: [A] ❹행

'블근 게'가 여물고 '눌은 둙'이 살찐다는 것에서 '블근'과 '눌은'이라는 색채
이미지가 사용되고 있다. 또한 이를 통해 풍족한 가을의 풍경을 드러내고 있
으며, 이는 〈보기〉에서 언급한 전원생활의 '풍요로운 결실'에 해당한다.

④ 전원생활에서의 현장감을 '밤블이 블가시니'와 '아젹믈이
미러오니'와 같은 묘사를 활용해 드러냈군.
전원생활을 현장감 있게 묘사한 것이므로 적절함.

*근거: [A] ❼~❾행

'밤블이 블가시니 / ~ 흣터 잇고'를 통해 밤불을 밝혀 두고 게를 잡는 아이
들의 모습이 묘사되고 있다. 또한 '호두포 엔 구븨예 아젹믈이 미러오니'를
통해 호두포에 밀물이 밀려오는 모습이 묘사되고 있다. 이는 〈보기〉에서 언
급한 전원생활을 '현장감 있게 노래'한 것에 해당한다.

E 71 정답 ① *인물의 심리와 태도 파악하기 … [정답률 87%]

(나)의 '공백공'에 대한 설명으로 가장 적절한 것은?

>왜 정답?

① 시간에 따른 공간의 다채로운 모습을 제시하며 자신의 감
정을 드러내고 있다.
낮과 저녁, 밤, 여름날과 겨울날의 다채로운 풍경을 제시함.
'마음을 기쁘게 한다.', '차갑고도 슬프다.' 등

*근거: (나) ❷문단 ❼~⓬문장

'공백공'은 '해가 지고 달이 떠오르며', '강의 연기가 자욱하고 짙은 안개가
내리면', '밤이 깊어 구름은 어둡고 하늘이 캄캄하면'이라는 시간의 변화와
'여름날'과 '겨울'이라는 계절에 따라 어촌의 풍경을 제시하고 있다. 또한 이
와 함께 '눈을 즐겁게 하고 마음을 기쁘게 한다.', '차갑고도 슬프다.' 등의 감
정을 드러내고 있다.

>왜 오답?

② 상대의 말과 행동이 불일치함을 언급하여 자신의 결백을
입증하고 있다.
드러나지 않음. 드러나지 않음.

'공백공'이 대화를 나누고 있는 상대는 글쓴이인 '나'이다. '공백공'이 '나'의
말과 행동이 불일치함을 언급하거나 자신의 결백을 입증하고 있지는 않다.

결백: 행동이나 마음씨가 깨끗하고 조촐하여 아무런 허물이 없음.
입증하다: 어떤 증거 따위를 내세워 증명하다.

③ 상대에 대해 심리적 거리감을 느껴 자신의 생각 표현을 자
제하고 있다.
글쓴이가 '공백공'을 '아우'라 부를 정도로 서로 친근한 사이임. 자신이 지향하는 삶에 대한 생각을 표현하고 있음.

'나'가 '공백공'을 '아우'라 부를 정도로 두 사람은 친근한 관계이다. 따라서
'공백공'이 상대, 즉 '나'에게 심리적 거리감을 느낀다고 볼 수 없다. 또한 '공
백공'은 자신이 지향하는 '어부'의 삶에 대한 생각을 표현하고 있다.

자제하다: 자기의 감정이나 욕망을 스스로 억제하다.

④ 질문에 답변하며 현실에 대처하는 자신의 태도를 밝히고
있다.
드러나지 않음.

'공백공'이 마지막에 '그대는 어떻게 생각하는가?'라며 '나'에게 질문을 하고
있기는 하지만, '공백공'이 질문에 답변하고 있지는 않다.

대처하다: 어떤 정세나 사건에 대하여 알맞은 조치를 취하다.

⑤ 대상과 관련된 행위를 열거하며 자신의 무력감을 깨닫고
있다.
드러나지 않음.

'공백공'은 자신이 지향하는 삶에 대해 이야기하고 있을 뿐, 자신의 무력감
을 깨닫고 있지는 않다.

열거하다: 여러 가지 예나 사실을 낱낱이 죽 늘어놓다.
무력감: 스스로 힘이 없음을 알았을 때 드는 허탈하고 맥 빠진 듯한 느낌

E 72 정답 ③ *〈보기〉를 바탕으로 감상하기 … [정답률 89%]

〈보기〉를 참고하여 (나)를 이해한 내용으로 적절하지 <u>않은</u> 것은?

· 〈보기〉를 참고: 〈어촌기〉의 작가는 벗의 말을 인용하여 자신이 추구하는 삶
의 방향성과 가치관을 드러내고 있습니다.

· (나): (나)는 크게 작가의 벗인 '공백공'을 소개하는 내용, 어부 생활에 대한
벗의 말, 작가가 벗의 생각에 공감하는 내용으로 구성되어 있습니다.

즉 (나)에 제시된 벗의 말과 그에 대한 작가의 생각을 통해 드러나는 내용
이 아닌 것을 고르는 문제입니다.

[보기]

❶〈어촌기〉의 작가는 벗의 말을 인용하여 자신의 생각을 드
러내고 있다. ❷작가는 벗에 관한 이야기가 기록할 만한 가치가
'공백공'의 말 인용 강호에서의 삶에 대한 지향
있다는 근거를 벗과의 관계와 그의 성품에 대한 평을 통해 마
'아우'라고 할 만큼 친근함.
련하고 있다. 이를 통해 작가는 자신이 추구하는 삶의 방향성
'마음에 사욕이 없'는 '공백공'의 성품에 대한 평
세속적 가치를 멀리하고 강호에서의 삶을 지향함.
과 가치관을 드러내며 벗의 생각에 공감하고 있다.
'내가 듣고 즐거워하며 ~ 자신도 살피고자 한다.'

>왜 정답?

③ 작가가 벗을 '아우'로 삼고 있다는 것을 통해 벗이 추구하
는 삶의 자세가 작가로부터 전해 받은 것임을 알 수 있군.
벗을 '아우'로 칭할 만큼 가까운 사이임을 드러냄. 언급되지 않음.

*근거: (나) ❶문단 ❷문장

작가가 벗을 '아우'로 지칭하는 것에서 작가와 벗이 가까운 사이임을 확인할
수 있다. 하지만 벗이 추구하는 삶의 자세가 작가로부터 전해 받은 것이라는
내용은 (나)에서 언급되고 있지 않다.

>왜 오답?

① 벗이 '영화'와 '이익'을 중시하는 삶을 거부한다는 것을 통
해 벗의 가치관을 알 수 있군.
세속적 가치를 멀리하는 벗의 가치관이 드러남.

*근거: (나) ❸문단 ❶문장

벗이 '영화'에 매달리는 사람과 '이익'을 계산하는 사람을 부정적으로 인식하
는 모습을 통해 세속적 가치를 멀리하는 벗의 가치관을 확인할 수 있다.

② 작가가 벗의 말을 '즐거워하며' 자신도 살피려 하는 것을
통해 작가는 벗의 생각에 공감하고 있음을 알 수 있군.
벗의 생각에 대한 공감을 드러냄.

*근거: (나) ❹문단 ❶문장

작가가 벗의 말을 '즐거워하며' 자신을 살피려 하는 모습을 통해 작가가 벗
의 생각에 대한 공감과 성찰적인 태도를 드러내고 있음을 확인할 수 있다.

④ 벗이 '강태공'과 '엄자릉'을 들어 '내가 감히'라는 말을 언급
한 것을 통해 그들의 삶에 미치지 못함을 스스로 인정하는 벗
의 겸손한 성품을 알 수 있군.
자신은 '강태공'과 '엄자릉'에 미치지 못한다는 겸손의 표현임.

*근거: (나) ❷문단 ❹, ❺문장

벗은 '내가 감히'라는 말을 언급함으로써 자신이 성인인 '강태공'과 현인인
'엄자릉'에 미치지 못한다고 이야기하고 있다. 이를 통해 벗의 겸손한 성품
이 드러난다.

⑤ 작가가 벗이 '대과에 급제'하여 기대를 받고 있는데도 '마음에 사욕이 없다'고 평한 것을 통해 벗의 말이 기록할 만한 가치가 있다고 여김을 알 수 있군.

벗의 성품을 긍정적으로 평함으로서 벗의 말을 기록할 만한 가치가 있음을 드러냄.

*근거: (나) ①문단 ❽문장, 〈보기〉 ❷문장

〈보기〉에서 '작가는 벗에 관한 이야기가 기록할 만한 가치가 있다는 근거'를 '그의 성품에 대한 평을 통해 마련하고 있다.'라고 했다. 따라서 작가가 벗이 '대과에 급제'하였음에도 '마음에 사욕이 없다'고 긍정적으로 평한 것을 통해 작가가 벗의 말이 기록할 만한 가치가 있다고 여김을 확인할 수 있다.

E 73 정답 ① *화자의 정서와 태도 파악하기 · [정답률 80%]

ⓐ와 ⓑ를 비교한 내용으로 가장 적절한 것은?

· ⓐ: ⓐ는 물고기와 새와 맹세했지만 옥당금마의 꿈이 있다는 구절로, 화자가 자연에서의 삶을 추구하지만 관직에 대한 미련이 남아 있음을 알 수 있습니다.

· ⓑ: ⓑ는 '공백공'이 자신의 가치관에 대한 작가의 생각을 묻는 구절로, '공백공'이 벼슬을 하고 있지만 자연에서의 삶을 지향하고 있음을 알 수 있습니다.

즉 ⓐ와 ⓑ에서 드러나는 자연에서의 삶과 관직 생활에 대한 태도를 비교한 내용으로 적절한 것을 고르는 문제입니다.

〉왜 정답?

① ⓐ는 '내'가 '강호'에서의 은거를 긍정하지만 정치 현실에 미련이 있음을, ⓑ는 '공백공'이 정치 현실에 몸담고 있지만 '강호'에 은거하려는 지향을 나타낸다.
'강호 어조애 새 밍셰 깁퍼시니'
'옥당금마의 몽혼이 섯긔엿다' '몸은 벼슬을 하면서도'
'뜻은 강호에 두어 매양 노래에 의탁'

*근거: (가) ㉕, ㉖행, (나) ③문단 ⑤문장

ⓐ의 '강호 어조애 새 밍셰 깁퍼시니'에는 '나'가 강호에서의 한가로운 삶을 추구함이, '옥당금마의 몽혼이 섯긔엿다'에는 관직 생활에 여전히 미련이 있음이 드러난다. ⓑ의 '내가 몸은 벼슬을 하면서도'에는 '공백공'이 정치 현실에 몸담고 있음이, '뜻은 강호에 두어'에는 '강호'에 은거하려는 '공백공'의 지향이 드러난다.

〉왜 오답?

② ⓐ는 '내'가 '강호'에서의 은거를 마치고 정치 현실로 복귀하려는 의지를, ⓑ는 '공백공'이 정치 현실에서 신뢰를 잃어 '강호'에 은거하려는 소망을 나타낸다.
드러나지 않음.
드러나지 않음.

ⓐ가 '강호'에서의 은거를 마치고 정치 현실로 복귀하려는 의지를 드러내고 있지는 않다. ⓑ가 '공백공'이 정치 현실에서 신뢰를 잃은 상황을 드러내고 있지는 않다.

③ ⓐ는 '내'가 '강호'에서 경치를 완상하며 정치 현실의 번뇌를 해소하려는 자세를, ⓑ는 '공백공'이 정치 현실과 갈등하여 '강호'에 은거하려는 자세를 나타낸다.
드러나지 않음.
드러나지 않음.

ⓐ가 경치를 완상하며 정치 현실의 번뇌를 해소하려는 자세를 드러내고 있지 않다. ⓑ가 정치 현실과 갈등하여 '강호'에 은거하려 하는 '공백공'의 자세를 드러내고 있지는 않다.

[완상하다: 즐겨 구경하다.
[번뇌: 마음이 시달려서 괴로움.

④ ⓐ는 '내'가 '강호'에서 늙어감에 체념하면서도 정치 현실을 지향함을, ⓑ는 '공백공'이 정치 현실을 외면하면서 '강호'에 은거하려는 염원을 나타낸다.
드러나지 않음. 정치 현실에 대한 미련을 드러냄.
드러나지 않음.

ⓐ는 '내'가 '강호'에서 늙어감에 체념하는 모습을 드러내고 있지는 않다. ⓑ도 '공백공'이 정치 현실을 외면하는 모습은 드러내고 있지 않다.

---

⑤ ⓐ는 '내'가 '강호'에서 임금께 맹세하며 정치 현실의 이상을 실현하려는 태도를, ⓑ는 '공백공'이 정치 현실의 폐단에 실망하며 '강호'에 은거하려는 희망을 나타낸다.
드러나지 않음.
드러나지 않음.

ⓐ는 '강호'에서 정치 현실의 이상을 실현하려는 태도를 드러내고 있지 않다. ⓑ도 '공백공'이 정치 현실의 폐단에 실망하는 모습을 드러내고 있지는 않다.

[폐단: 어떤 일이나 행동에서 나타나는 옳지 못한 경향이나 해로운 현상

E 74~78   [2020년(6월)/평가원 32~36]

(가) 안서우, 〈유원십이곡〉

❶ 화자, 중심 대상 ❷ 상황, 정서, 태도 ❸ 표현상 특징 [고어 읽기] [시 해석]

❶ 문장을 호쟈 호니 인생식자 우환시오
문장(文章)을 호쟈 호니 인생식자(人生識字) 우환시(憂患始)*오
문장을 짓지 않는 이유-강호를 선택하는 동기 ①
➡ 문장을 짓고자 하니 사람살이 글을 아는 것이 근심의 시작이요,

❷ 공맹을 배호려 하니 도약등천 불가급이로다
공맹(孔孟)을 비호려 호니 도약등천(道若登天)* 불가급(不可及)*
공맹을 배우지 않는 이유-강호를 선택하는 동기 ②
이로다
➡ 공자와 맹자를 배우려 하니 도를 터득하는 것은 하늘을 오르는 것만큼 어렵구나.

❸ 이 내 몸 쓸 업스니 성대농포 되오리라
이 내 몸 쓸 업스니 성대농포(聖代農圃)* 되오리라   〈제1장〉
❶ 화자: 나 자연에서의 삶
➡ 이내 몸 쓸 데 없으니 태평성대에 농사를 지으리라.

*〈제1장〉 요약: 성대농포의 길을 가게 된 동기

[공맹: 공자와 맹자를 아울러 이르는 말

❶ 홍진에 절교 하고 백운 으로 위우 하야
홍진(紅塵)에 절교(絕交)호고 백운(白雲)으로 위우(爲友)호야
➡ 세상과 인연을 끊고 흰구름을 벗을 삼아
△: 속세 ↔ □: 자연

❷ 녹수 청산 에 시름 업시 늘거 가니
녹수(綠水) 청산(靑山)에 시름 업시 늘거 가니
❷ 태도: 강호의 삶에 대해 긍정적으로 인식함.
➡ 푸른 물 푸른 산에 시름없이 늙어가니

❸ 이 중의 무한지락 을 헌사할가 두려웨라
이 듕의 무한지락(無限至樂)을 헌스홀가 두려웨라   〈제3장〉
❷ 정서: 자연에서 무한한 즐거움을 느낌.
➡ 이 중에 끝없는 즐거움을 야단스럽게 떠들까 두려워라.

[백운: 색깔이 흰 구름

*〈제3장〉 요약: 녹수 청산에서의 무한한 즐거움

❶ 인간 의 벗 잇단 말가 나는 알기 슬희여라
인간(人間)의 벗 잇단 말가 나는 알기 슬희여라
속세의 벗을 알기 싫어함.
➡ 인간 세상에 벗이 있다는 말인가 나는 알기 싫어라.

❷ 물외 에 벗 업단 말가 나는 알기 즐거웨라
물외(物外)에 벗 업단 말가 나는 알기 즐거웨라
자연에 있는 벗을 알고 싶어 함.
➡ 자연 속에 벗이 없다는 말인가 나는 알기 즐거워라.

❸ 슬커나 즐겁거나 내 분인가 하노라
슬커나 즐겁거나 내 분인가 호노라   〈제6장〉
❷ 태도: 자신의 분수에 만족함.
➡ 싫거나 즐겁거나 내 분수인가 하노라.

[물외: 구체적인 현실 세계의 바깥세상. 또는 세상의 바깥

*〈제6장〉 요약: 안분지족하는 삶의 태도

❶ 유정 코 무심 할 슨 아마도 풍진 붕우
유정(有情)코 무심(無心)홀 슨 아마도 풍진(風塵) 붕우(朋友)
정이 있어 보이나 무심함. - 속세의 벗들
➡ 정이 많고 무심한 것은 아마도 인간 세상의 친구들

❷ 무심 코 유정 할 슨 아마도 강호 구로
무심(無心)코 유정(有情)홀 슨 아마도 강호(江湖) 구로(鷗鷺)
무심해 보이나 정이 있음. - 자연의 벗들
➡ 무심하고 다정한 것은 강과 호수의 갈매기와 백로

❸ 이제야 작비금시 을 깨닫는가 하노라
㉠이제야 작비금시(昨非今是)*을 씨드른가 ㅎ노라 〈제8장〉
❷ 상황: 과거의 삶이 잘못되었고 현재의 자연에서의 삶이 옳다는 것을 깨달음.
➡ 이제야 과거의 삶이 그르고 지금의 삶이 옳음을 깨달았노라.

＊〈제8장〉 요약: 작비금시를 깨달음.

❶ 도펑택 기관거 할 제와 태부 걸해귀
도펑택(陶彭澤) 기관거(棄官去)*홀 제와 태부(太傅) 걸해귀(乞骸)
벼슬을 버리고 물러난 인물　　　　　　　　벼슬을 버리고 물러난 인물

할 제
歸*홀 제
➡ 도연명이 벼슬을 버리고 떠날 때와 소광이 사직을 간청할 때

❷ 호연 행색을 뉘 아니 부러하리
호연(浩然) 행색(行色)을 뉘 아니 부러ㅎ리
❸ 표현상 특징: 설의법−도연명과 소광이 벼슬을 버리고 떠날 때의 기개를 모두가 부러워함.
➡ 거침 없이 넓고 큰 기개로 떠나는 모습을 누가 아니 부러워하리.

❶ 알고도 부지지 하니 나도 몰나 하노라
알고도 부지지(不知止)*ㅎ니 나도 몰나 ㅎ노라 〈제9장〉
❷ 정서: 벼슬을 그만두는 것을 실행하지 못하고 갈등함.
➡ 알고도 그만둘 때를 모르니 나도 몰라 하노라.

「 호연: 넓고 크다.　　　　　　＊〈제9장〉 요약: 벼슬에 대한 미련

❶ 인간 의 풍우 다 하니 므스 일 머므느뇨
인간(人間)의 풍우(風雨) 다(多)ㅎ니 므스 일 머므ᄂ뇨
➡ 속세에 비바람이 많으니 머물지 않으려 함.
➡ 인간 세상의 비바람이 심하니 무슨 일로 머무느뇨.

❷ 물외 에 연하 족 하니 므스 일 아니 가리
물외(物外)에 연하(煙霞) 족(足)ㅎ니 므스 일 아니 가리
❸ 표현상 특징: 설의법−자연의 연기와 안개가 만족할 만하니 자연으로 가려 함.
➡ 세상 밖에는 연기와 안개가 만족스러우니 무슨 일로 아니 가리.

❸ 이제는 가려 정하니 일흥 계워 하노라
이제는 가려 정(定)ㅎ니 일흥(逸興) 계워 ㅎ노라 〈제11장〉
❷ 정서: 자연에서의 삶을 선택하고 흥겨워 함.
➡ 이제는 가려고 결정하니 흥에 겨워 하노라.

「 일흥: 남다른 흥미. 또는 세속을 벗어난 흥취

＊〈제11장〉 요약: 자연에서의 삶을 선택한 흥겨움

＊인생식자 우환시: 사람은 글자를 알게 되면서부터 근심이 시작됨.
＊도약등천 불가급: 도는 하늘로 오르는 것과 같아 미치기 어려움.
＊성대농포: 태평성대에 농사를 지음.
＊작비금시: 어제는 그르고 지금은 옳음.
＊도펑택 기관거: 도연명이 벼슬을 버리고 떠남.
＊태부 걸해귀: 한나라 태부 소광이 사직을 간청함.
＊부지지: 그만두어야 할 때를 알지 못함.

■ 갈래: 평시조, 연시조　　■ 창작 시기: 조선 후기
■ 내용: 이 작품은 조선 후기의 연시조로, 서장을 포함하여 총 13수로 이루어져 있다. 화자는 관리로 일하다 물러나 자연에 은거하는 삶의 모습을 구체적으로 드러내고 그 속에서의 흥겨움을 표현하는 한편, 속세에 대한 미련으로 갈등하는 내면을 보여 주고 있다.
■ 주제: 강호에서의 삶의 모습과 그 속에서 느끼는 감흥, 속세에 대한 미련

■ 이것이 핵심! 화자의 갈등

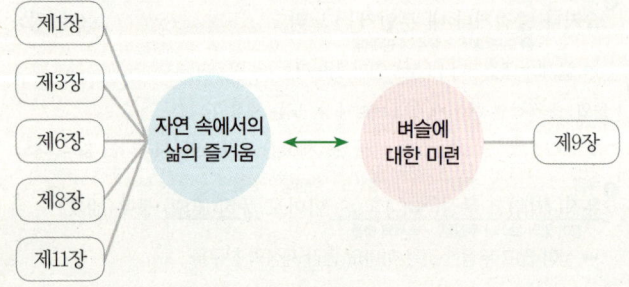

(나) 성현, 〈조용〉

❶ 중심 대상　❷ 글쓴이의 생각, 태도　❸ 서술상 특징

①어느 날 나는 잠이 들었는데 비몽사몽간이었다. ❷정신이 산란하고 병이 아닌데 병이 든 듯하여 그 원기가 상했다. 가슴이 돌에 눌린 것처럼 답답한 게 게으름의 귀신이 든 것이 틀림없었다. ❹무당을 불러 귀신에게 말하게 했다.
　❶ 중심 대상: 게으름
❺ ❸ 서술상 특징: 게으름 귀신에게 말을 건넴. → 자신의 게으른 생활을 돌아봄.
"네가 내 속에 숨어들어서 큰 병이 났다. …(중략)… ❻게을러서
게으름 귀신
집을 수리할 생각도 못하며, 솥발이 부러져도 게을러서 고치지
❸ 서술상 특징: 게으름의 폐단을 나열함.
않고, 의복이 해져도 게을러서 깁지 않으며, 종들이 죄를 지어도 게을러서 묻지 않고, 사람들이 시비를 걸어도 게을러서 화를 내지 않아서, 마침내 날로 행동은 굼떠 가고, 마음은 바보가 되며, 용모는 날로 여위어 갈 뿐만 아니라 말수조차 줄어들고 있다. ❼이 모든 허물은 네가 내게 들어와 멋대로 함이라. ❽어째서 다른 이에게는 가지 않고 나만 따르며 귀찮게 구는가? ❾너는 어서
나를 떠나 저 낙토(樂土)로 가거라. ❿그러면 나에게는 너의 피해
　❷ 태도: 게으름에서 벗어나고자 함.
가 없고, 너도 너의 살 곳을 얻으리라."

「 산란하다: 어수선하고 뒤숭숭하다.
　굼뜨다: 동작, 진행 과정 따위가 답답할 만큼 매우 느리다.
「 낙토: 늘 즐겁고 행복하게 살 수 있는 좋은 땅

＊① 요약: 게으름에서 벗어나려는 태도 − 게으름의 부정적 측면

❷이에 귀신이 말했다.　　　△: 변하기 쉽고 요절하는 것(근면과 연결)
❷ ❸ 서술상 특징: 게으름을 ❸ 인격화함.　↔ □: 고요하고 장수하는 것(게으름과 연결)
"그렇지 않습니다. 내가 어떻게 당신에게 화를 입히겠습니까?
❹운명은 하늘에 있으니 나의 허물로 여기지 마십시오. ❺△굳센 쇠는
부서지고 강한 나무는 부러지며, 깨끗한 것은 더러워지기 쉽고,
우뚝한 것은 꺾이기 쉽습니다. ❻굳은 돌은 고요함으로 이지러지지 않고, 높은 산은 고요함으로 영원한 것입니다. ❼움직이는 것은 쉽게 요절하고 고요한 것은 장수합니다. ❽지금 당신은 저 산
　　　　　　❾게으르기 때문에 움직임이 없고 고요하므로 장수할 것이라는 인식
처럼 오래 살 것입니다. 경우에 따라서는 세상의 근면은 화근이, 당신의 게으름은 복의 근원이 될 수도 있지요. ❿세상 사람들
　❸ 글쓴이의 생각: 근면과 게으름에 관해 역설적으로 발상함.
은 세력을 좇다 우왕좌왕하여 그때마다 시비의 소리가 분분하
　　❷ 태도: 세태에 대해 비판적임.　　옳고 그름을 가리는 소리
지만, 지금 당신은 물러나 앉았으니 당신에 대한 시비의 소리가
　　　게으르기 때문에 세력을 ⓫좇는 일에서 멀어져 있음.
전혀 없지 않습니까? 또 세상 사람들은 물욕에 휘둘려서 이익
게으름의 긍정적 측면　　　❷ 태도: 세태에 대한 비판 의식과 게으름의 긍정적 측면을 드러냄.
을 얻기 위해 날뛰지만, 지금 당신은 걱정이 없어 제정신을 잘
보존하니, 당신에게 어느 것이 흉하고 어느 것이 길한 것이겠습
니까? ⓬당신이 이제부터 유지(有知)를 버리고 무지(無知)를 이루
며, 유위(有爲)를 버리고 무위(無爲)에 이르며, 유정(有情)을 버
　❷ 글쓴이의 생각: 유(有)와 무(無)에 대한 역설적 인식 − 무(無)를 추구할 때 도를 이룰 수 있음.
리고 무정(無情)을 지키며, 유생(有生)을 버리고 무생(無生)을
즐기면, 그 도는 죽지 않고 하늘과 함께 아득하여 태초와 하나
가 될 것입니다. ⓭내가 앞으로도 당신을 도울 것인데, 도리어 나
를 나무라시니 자신의 처지를 아십시오. ⓮그래서야 어디 되겠습
니까?"　　　＊② 요약: 게으름 귀신의 반박 − 게으름의 긍정적 측면

「 화근: 재앙의 근원
　물욕: 재물을 탐내는 마음
「 태초: 하늘과 땅이 생겨난 맨 처음

3❶이에 나는 그만 말문이 막혔다. ❷그래서 ⓛ앞으로 나의 잘못을 고칠 터이니 그대와 함께 살기를 바란다고 했더니, 게으름은 그제 **❷태도: 게으름을 쫓아내려 했던 태도를 반성하고 게으름의 긍정적 측면을 받아들임.** 야 떠나지 않고 나와 함께 있기로 했다.

③ 요약: 게으름의 긍정적 측면을 수용함.

■ 갈래: 고전 수필　　　　■ 창작 시기: 조선 초기
■ 내용: 이 작품은 조선 초기의 학자인 성현이 게으름에 대해 사색한 내용을 담은 고전 수필이다. 일반적으로 부정적으로만 생각되는 게으름이 사람들로 하여금 시비에서 벗어날 수 있게 하고 물욕과 걱정이 없는 삶을 살 수 있게 하는 긍정적 측면도 지니고 있다는 참신한 발상을 바탕으로 하여 게으름의 유익함을 받아들이는 모습을 그리고 있다.
■ 주제: 게으른 삶의 태도가 주는 유익함

■ 이것이 핵심!: 대조적 소재

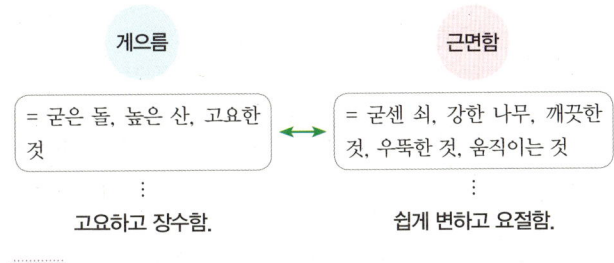

E 74　정답 ①　*작품 비교하기 ·················· [정답률 83%]

(가)와 (나)의 공통점으로 가장 적절한 것은?

>왜 정답?

① 대조적 소재를 통해 삶에 대한 글쓴이의 인식을 드러내고
(가): '홍진', '인간' (속세) ↔ '백운', '녹수', '청산', '물외' (자연) / (나): '근면' ↔ '게으름'
있다.

*근거: (가) 〈제3장〉 ❶, ❷, 〈제6장〉 ❶, ❷, 〈제8장〉 ❶, ❷, (나) ❷문단 ❾문장

(가)에서는 속세를 의미하는 '홍진', '인간', '풍진' 등과 자연을 의미하는 '백운', '녹수', '청산', '물외', '강호' 등의 대조를 통해 속세보다 자연에서의 삶을 추구하는 인식을 드러내고 있다. (나)에서는 '근면함'과 '게으름'을 대조하여 게으름이 삶에 유익할 수도 있다는 인식을 드러내고 있다.

>왜 오답?

② 명령적 어조를 통해 세태에 대한 부정적 시각을 진술하고
(가): 사용하지 않음. / (나): 일부 드러나지만, 이를 통해 세태에 대한 부정적 시각을 진술하지 않음.
있다.

(가)에서는 명령적 어조가 드러나지 않으며, (나)에서는 '너는 어서 나를 떠나 저 낙토로 가거라'와 같이 일부 명령적 어조가 드러나지만, 이를 통해 세태에 대한 부정적 시각을 드러내지는 않는다.

┌ **명령적 어조**: 명령이나 요구의 뜻을 나타내는 어조로, 명령형 어미 '-아라 (어라)', '-게', '-오', '-ㅂ시오' 등을 통해 실현된다.
└ **세태**: 사람들의 일상생활, 풍습 따위에서 보이는 세상의 상태나 형편

③ 공간의 이동을 통해 주어진 삶에 순응해야 함을 드러내고
(가), (나) 모두 드러나지 않음.
있다.

(가)의 공간적 배경은 자연에 있는 은거지이고, (나)의 공간적 배경은 글쓴이의 집이라고 볼 수 있는데, (가)와 (나) 모두 공간의 이동은 드러나지 않는다.

┌ **순응하다**: 환경이나 변화에 적응하여 익숙하여지거나 체계, 명령 따위에 적 └ 응하여 따르다.

④ 구체적인 청자를 설정하여 자연에서 얻은 깨달음을 진술
(가): 구체적 청자가 나타나지 않음. / (나): '게으름 귀신'이 청자로 설정됨.
하고 있다.

(가)에서는 구체적 청자가 드러나지 않으며, (나)에서는 '게으름 귀신'을 구체적 청자로 설정하고 있지만 자연에서 얻은 깨달음을 진술하고 있지는 않다.

┌ **청자**: 이야기를 듣는 사람

⑤ 계절의 변화를 통해 과거와 대비되는 현재의 상황을 드러
(가), (나) 모두 드러나지 않음.
내고 있다.

(가)와 (나) 모두 계절의 변화는 드러나지 않는다.

E 75　정답 ④　*〈보기〉를 바탕으로 감상하기 ··· [정답률 54%]

〈보기〉를 참고하여 (가)를 이해한 내용으로 적절하지 않은 것은? [3점]

• 〈보기〉를 참고: 〈유원십이곡〉의 화자는 강호에 머문 뒤에도 강호와 속세 사이에서 갈등하지만, 항상 강호를 선택하여 자신의 결정이 가치 있는 것임을 드러내고 있습니다.
• (가): (가)의 화자는 자연에 은거하여 살아가는 즐거움을 노래하면서도 벼슬에 대한 미련을 드러내고 있습니다.

🟧 강호와 속세 사이에서 갈등하는 화자의 태도를 바탕으로 (가)를 이해한 내용 중 틀린 것을 고르는 문제입니다.

[보기]
　〈유원십이곡〉은 강호에서의 삶을 추구하는 노래지만, 화자는 강호에 머문 뒤에도 강호와 속세 사이에서 갈등을 반복한
⑤의 근거
다. 이는 강호에서의 만족한 삶이라는 이상에 도달하는 것이 쉽지 않음을 보여 주는 것이다. ❸그뿐 아니라 화자가 갈등을 반복하면서도 항상 강호를 선택하는 모습은, 결국 자신의 결
❶의 근거　　　　　　　　　　　❷, ❸의 근거
정이 가치 있는 것임을 드러내기 위한 것으로 이해할 수 있다.

>왜 정답?

④ 〈제9장〉의 중장에는 속세에 미련을 갖게 하는 가치를 언
'호연 행색'은 도연명과 소광이 벼슬을 버리고 떠날 때의 모습이므로 적절하지 않음.
급함으로써 화자의 갈등이 드러난다.

*근거: (가) 〈제9장〉 ❶, ❷

〈제9장〉 중장의 '호연 행색(거침없이 넓고 큰 기개로 떠나는 모습)을 뉘 아니 부러ᄒᆞ리'는 초장에 제시된 도연명이 벼슬을 버리고 떠나는 모습과 소광이 사직을 간청하는 모습으로, 속세에 미련을 갖게 하는 가치와는 거리가 멀다.

>왜 오답?

① 〈제1장〉의 초장에는 화자가 강호를 선택하게 되는 동기가
문장을 지으려 하니 글을 아는 것이 근심이므로 자연에 은거하려 함.
드러난다.

*근거: (가) 〈제1장〉 ❶

〈제1장〉의 초장은 '문장을 짓고자 하니 사람살이 글을 아는 것이 근심의 시작이다.'라는 뜻으로, 글을 짓는 속세의 삶에서의 근심이 강호의 삶을 선택하는 동기가 되었다고 볼 수 있다.

② 〈제3장〉의 중장에는 강호를 선택한 삶의 모습이 긍정적으
자연 속에서 시름없이 늙어 감.
로 드러난다.

*근거: (가) 〈제3장〉 ❷

〈제3장〉의 중장은 '푸른 물과 푸른 산에서 시름없이 늙어 가니'라는 뜻으로, 강호를 선택한 삶의 모습을 긍정적으로 드러내고 있다.

③ 〈제6장〉의 종장에는 화자 자신이 분수에 맞는 선택을 했
'내 분수인가 하노라'에서 분수에 맞는 선택을 했음이 드러남.
음이 드러난다.

*근거: (가) 〈제6장〉 ❸

〈제6장〉의 종장은 '싫거나 즐겁거나 내 분수인가 하노라.'라는 뜻으로, 싫거나 즐겁거나 자신의 분수에 맞는 선택을 했다고 생각하는 화자의 인식이 드러난다.

⑤ 〈제9장〉의 종장에는 갈등하는 화자의 모습이, 〈제11장〉의
도연명과 소광의 모습이 부럽다는 것을 알면서도 그만두어야 할 때를 알지 못해 갈등함.
종장에는 자신의 선택에 만족하는 화자의 모습이 드러난다.
자연으로 가기로 정하고 흥에 겨워 함.

＊근거: (가) 〈제9장〉 ❸, 〈제11장〉 ❸
〈제9장〉의 종장은 '알고도 그만두어야 할 때를 알지 못하니 나도 몰라 하노
라.'라는 뜻으로, 도연명과 소광이 벼슬을 그만두고 떠나는 넓고 큰 기개를
모두가 부러워하는 것을 알면서도 자신이 그만두어야 할 때를 몰라 갈등하
는 모습을 드러내고 있다. 〈제11장〉의 종장은 '이제는 가려고 결정하니 흥에
겨워 하노라.'라는 뜻으로, 강호의 삶을 선택하고 만족하는 모습을 보여 준다.

E 76 정답 ⑤ ＊화자의 정서와 태도 파악하기 … [정답률 57%]

절교와 위우를 중심으로 (가)를 감상한 내용으로 적절하지 않
은 것은?

• 절교와 위우: 절교는 '서로의 교제를 끊음.'이라는 뜻이고, 위우는 '벗을 삼
음.'이라는 뜻입니다.
• (가): (가)의 화자는 홍진(속세)과 절교하고, 백운(자연)과 위우하고 있습니다.

졸 화자가 절교하거나 위우하는 것에 대한 설명으로 틀린 것을 고르는 문
제입니다.

＞왜 정답?

⑤ 화자가 '물외에 벗'과 '위우'하고자 하는 이유는 <u>유정코 무
심</u>하기 때문으로 볼 수 있다.
'물외에 벗(자연에서의 벗)'은 무심코 유정함.

＊근거: (가) 〈제6장〉 ❷, 〈제8장〉 ❷
〈제6장〉에 나오는 '물외에 벗'은 '자연에 있는 벗'이라는 뜻으로, '백운(흰 구
름)', '구로(갈매기와 백로)' 등의 자연물이 이에 해당한다. 〈제8장〉의 중장에
의하면 자연에 있는 벗들은 무심해 보이지만 정이 있는 특성을 가지고 있으
므로 화자가 '물외에 벗'과 '위우'하고자 하는 이유는 '무심코 유정'하기 때문
이라고 볼 수 있다. '유정코 무심'한 것은 속세에 있는 벗들의 특성이다.

＞왜 오답?

① 화자가 '절교'하고자 하는 대상은 '인간의 벗'으로 볼 수 있다.
인간 세상의 벗이 있는 것을 알기 싫어함.

＊근거: (가) 〈제3장〉 ❶, 〈제6장〉 ❶
〈제3장〉의 초장에서 화자가 절교하고자 하는 것은 '홍진'인데, 이는 번거롭
고 속된 세상을 비유적으로 이르는 말이다. 따라서 화자가 절교하고자 하는
대상은 '인간의 벗'이라고 볼 수 있다.

② 화자는 '붕우'를 '절교'하고자 하는 대상으로 인식한다고 볼
수 있다.
정이 많아 보이나 무심한 속세의 벗들

＊근거: (가) 〈제8장〉 ❶
〈제8장〉의 '붕우'는 정이 있어 보이지만 무심한 속세의 벗으로, 화자는 '붕우'
를 절교하고자 하는 대상으로 인식한다고 볼 수 있다.

③ 화자는 '백운'과의 '위우'를 통해 '무한지락'을 느끼고 있다
고 볼 수 있다.
흰 구름을 벗 삼아 자연에서 지내며 무한한 즐거움을 느낌.

＊근거: (가) 〈제3장〉 ❶, ❸
〈제3장〉에서 화자는 속세와 절교하고 흰 구름을 벗으로 삼아 자연 속에서
지내며 무한지락을 느끼고 있다.

④ 화자가 '위우'하고자 하는 '구로'는 '물외에 연하 족'한 곳에
있다고 볼 수 있다.
갈매기와 백로(자연에서의 벗)　세상 밖에 연기와 안개가 만족스러운 곳(자연)

＊근거: (가) 〈제8장〉 ❷, 〈제11장〉 ❷
'구로'는 화자가 벗으로 삼고자 하는 자연물이다. 이는 '물외에 연하 족'한
곳, 즉 세상 밖에 연기와 안개가 만족스러운 자연에 존재하는 것이다.

E 77 정답 ④ ＊작품 비교하기 ……………… [정답률 77%]

㉠과 ㉡을 참고하여 (가)와 (나)를 이해한 내용으로 가장 적절
한 것은?

• ㉠: ㉠은 '이제야 작비금시을 씨드론가 ᄒ노라로, 자연에서 지내는 삶이 옳
다는 화자의 깨달음을 드러내고 있습니다.
• ㉡: ㉡은 '앞으로 나의 잘못을 고칠 터이니 그대와 함께 살기를 바란다'로,
게으름의 긍정적인 면을 받아들이겠다는 '나'의 다짐을 드러내고 있습니다.

졸 ㉠과 ㉡에 드러난 화자의 인식을 바탕으로 (가)와 (나)를 이해한 내용
으로 적절한 것을 고르는 문제입니다.

＞왜 정답?

④ ㉠의 화자는 현재의 삶이 옳음을 '씨드론가'로 밝히고, ㉡
어제는 그르고 지금은 옳음을 이제야 깨달았으므로 적절함.
의 '나'는 반성의 태도를 '고칠 터이니'로 드러내고 있다.
앞으로 자신의 잘못을 고치겠다고 하므로 적절함.

＊근거: (가) 〈제8장〉 ❸, (나) ❸문단 ❷문장
㉠은 이제야 어제는 그르고 지금은 옳음을 깨달았다는 뜻으로, 속세에 연연
하던 삶보다 자연에서 지내는 현재의 삶이 옳다는 것을 깨달았다는 의미이
다. ㉡에서는 게으름을 쫓아내고자 했던 자신의 잘못을 반성하고 이를 고치
겠다는 다짐을 드러내고 있다.

＞왜 오답?

① ㉠의 화자는 '공맹을 ㅂ호'기 위해 '성대농포'의 길을 가야
공맹을 배우기 어려워 성대농포의 길을 가게 되므로 적절하지 않음.
함을 알게 되었다.

＊근거: (가) 〈제1장〉 ❷, ❸
〈제1장〉의 중장과 종장에 의하면 화자는 공맹을 배우려 하니 성인의 도를 이
루기가 어려워 자신의 몸이 쓸 데 없으니 성대농포의 길을 가고자 한다. 따
라서 ㉠의 화자가 공맹을 배우기 위해 성대농포의 길을 간다고 이해하는 것
은 적절하지 않다.

② ㉡의 '나'는 '태초와 하나가' 되게 하는 상대방의 제안을 수
용하며 '굳센 쇠'와 같은 변치 않는 삶을 다짐하고 있다.
굳센 쇠는 부서지는 것으로 변치 않는 대상이 아님.

＊근거: (나) ❷문단 ❺문장
㉡의 '나'는 게으름의 말을 받아들이는데, 이때 '굳센 쇠'는 게으름 귀신의 설
명에서 부서지는 성질을 가진 것이다. 따라서 ㉡의 '나'가 굳센 쇠와 같은 변
치 않는 삶을 다짐한다고 이해하는 것은 적절하지 않다.

③ ㉠의 화자는 '녹수 청산'에서의 삶을 즐거워하고, ㉡의 '나'
는 '깨끗한 것'을 '길한 것'으로 받아들이고 있다.
'깨끗한 것'은 더러워지기 쉬운 것이므로 적절하지 않음.

＊근거: (가) 〈제3장〉 ❷, ❸, (나) ❷문단 ❺문장
〈제3장〉의 중장과 종장에 의하면 ㉠의 화자는 녹수청산에서의 삶을 즐거워
한다. ㉡의 '나'가 받아들이는 '게으름 귀신'의 설명에 의하면 '깨끗한 것'은
더러워지기 쉬운 것이다. 따라서 ㉡의 '나'가 '깨끗한 것'을 '길한 것'으로 받
아들인다고 이해하는 것은 적절하지 않다.

⑤ ㉠의 화자는 '풍우 다'한 현실을 긍정적으로 받아들이고,
비바람 많은 현실에 머물지 않으려 하므로 적절하지 않음.
㉡의 '나'는 '시비의 소리'에 흔들렸던 자신의 잘못을 고치겠다
'시비의 소리'를 듣지 않고 있으므로 적절하지 않음.
고 다짐하고 있다.

＊근거: (가) 〈제11장〉 ❶, (나) ❷문단 ❿문장
〈제11장〉의 초장에서 ㉠의 화자는 '인간 세상의 비바람이 많으므로 무슨 일
로 머무느뇨.'라고 말하면서 비바람이 많은 인간 세상을 떠나려는 태도를 보
이고 있다. 따라서 ㉠의 화자가 '풍우 다'한 현실을 긍정적으로 받아들인다
고 이해하는 것은 적절하지 않다. ㉡의 '나'는 물러나 앉아 있는 상황이므로
시비의 소리를 듣지 않고 있다. 따라서 ㉡의 '나'가 시비의 소리에 흔들렸다
고 볼 수 없다.

E 78 정답 ③ *〈보기〉를 바탕으로 감상하기 ·· [정답률 69%]

〈보기〉를 참고하여 (나)를 감상한 내용으로 적절하지 않은 것은?

• 〈보기〉를 참고: 〈조용〉의 필자는 '나'와 '게으름 귀신'의 대화를 활용하여 게으름의 부정적 측면을 경계하고, 긍정적 측면으로 세태에 대한 비판을 드러내고 있습니다.

• (나): '나'는 '게으름 귀신'에게 떠나라고 말하지만, '게으름 귀신'은 게으름을 통해 시비와 걱정 없는 삶을 살 수 있다고 대답하고 있습니다.

즉 (나)의 '나'와 '게으름 귀신'의 대화에서 드러나는 필자의 생각이 아닌 것을 고르는 문제입니다.

[보기]

❶ 〈조용〉에서 필자는 '나'와 '게으름 귀신'의 대화라는 구조를
  <u>①의 근거 → 자신의 게으른 생활을 살펴봄.</u>
활용하여 게으름에 대한 사색의 결과를 담아내고 있다.

❷ 필자는 게으름의 양면성을 드러내어 게으름의 부정적 측면을
  <u>②의 근거 → 게으름의 폐단을 드러냄.</u>
경계하는 한편 게으름의 긍정적 측면을 통해 세태에 대한 비
  <u>④, ⑤의 근거 → 게으름 귀신의 말을 통해 드러남.</u>
판적 시각을 보여 준다.

사색: 어떤 것에 대하여 깊이 생각하고 이치를 따짐.
양면성: 한 가지 사물에 속하여 있는 서로 맞서는 두 가지의 성질.
경계하다: 옳지 않은 일이나 잘못된 일들을 하지 않도록 타일러서 주의하게 하다.

왜 정답?

③ '나'가 '멋대로' 행동하는 게으름을 탓하면서도 게으름은 자신의 '허물'이라 여기는 것에서, <del>게으름의 양면성을 드러내려</del>는 필자의 의도를 알 수 있겠군.
게으름의 부정적 측면만을 보여 줌.

*근거: 〈보기〉 ❷문장

〈보기〉에 따르면 '게으름의 양면성'은 게으름의 긍정적 측면과 부정적 측면을 나타낸다. 그런데 멋대로 행동하는 게으름을 탓하는 것과 게으름을 자신의 허물이라 여기는 것은 모두 게으름의 부정적 측면에 해당하는 것이므로, 게으름의 양면성을 드러내는 것이라고 볼 수 없다.

왜 오답?

① '나'가 무당을 내세워 '귀신'에게 말을 건네는 것에서, 자신의 게으른 생활에 대해 살펴보려는 필자의 모습을 알 수 있겠군.
게으름에 대해 사색해 보려 함.

*근거: 〈보기〉 ❶문장

〈보기〉에 따르면 '나'가 무당을 내세워 '게으름 귀신'에게 말을 건네는 것은 자신의 게으른 생활을 살펴보고 게으름에 대한 사색을 하려는 행동이라고 할 수 있다.

② '나'가 집안의 대소사를 해결하지 않고 게으름을 피우는 행위를 나열하는 것에서, 게으름의 폐단을 드러내려는 필자의
게을러서 집안의 대소사를 해결하지 않고 자신을 돌보지 않음. – 게으름의 폐단
생각을 알 수 있겠군.

*근거: 〈보기〉 ❷문장

〈보기〉에 따르면 '나'가 처음에 '게으름 귀신'에게 하는 말에서 집안의 대소사를 해결하지 않고 자신을 돌보지 않는 게으른 모습들을 나열한 것은 게으름의 폐단을 드러낸 것이라고 할 수 있다.

[폐단: 어떤 일이나 행동에서 나타나는 옳지 못한 경향이나 해로운 현상]

④ '나'가 게으름 덕분에 '물욕'에서 벗어날 수 있다는 '귀신'의
게으름의 긍정적 측면을 설명함.
말에서, 게으름의 긍정적 측면을 보여 주려는 필자의 의도를
알 수 있겠군.

*근거: 〈보기〉 ❷문장

'게으름 귀신'은 세상 사람들은 물욕에 휘둘려서 이익을 얻기 위해 날뛰지만, '나'는 걱정이 없어 제정신을 잘 보존하고 있다고 말한다. 〈보기〉에 따르면 이는 게으름의 긍정적 측면을 보여 주는 것이다.

⑤ '나'가 게으름 덕분에 세상 사람들과 달리 걱정 없이 살 수
물욕에 휘둘려서 이익을 얻기 위해 날뜀.
있다는 '귀신'의 말에서, 이익을 얻기 위해 다투는 사람들에
대한 필자의 비판적 시각을 알 수 있겠군.

*근거: 〈보기〉 ❷문장

〈보기〉에서 필자는 게으름의 긍정적 측면을 통해 세태에 대한 비판적 시각을 보여 준다고 하였다. 〈보기〉에 따르면 '나'가 게으름 덕분에 세상 사람들과 달리 걱정 없이 살 수 있는 것은 게으름의 긍정적 측면에 해당한다. 또한 (나)에서는 이를 통해 이익을 얻기 위해 다투는 사람들에 대한 비판적 시각을 보여 준다고 할 수 있다.

E 79~83 [2018년(3월)/고3교육청 34~38]

(가) 송순, 〈면앙정가〉

❶ 화자, 중심 대상 ❷ 상황, 정서, 태도 ❸ 표현상 특징 [고어 읽기] [시 해석]

❶ <u>인간(人間)</u>을 /써나 와도 /내 몸이 /겨를 업다
  ❶ 화자: 나
  ❸ 표현상 특징: 4음보의 율격
→ 인간 세상을 떠나와도 내 몸이 한가로울 겨를이 없다

❷ 니것도 보려 호고 져것도 드르려코
→ 이것도 보려 하고 저것도 들으려 하고 ┐
                                    ❸ 표현상 특징: 통사
❸ 브룸도 혀려 호고 둘도 마즈려코   구조의 반복, 대구법
→ 바람도 쏘이려 하고 달도 맞으려 하고 ┘ → 운율 형성

❹ 봄으란 언제 줍고 고기란 언제 낙고
→ 밤은 언제 줍고 고기는 언제 낚으며

❺ 시비(柴扉)란 뉘 다드며 딘 곳츠란 뉘 쓸리뇨
  사립문   땅에 떨어진 꽃 ❸ 표현상 특징: 설의적 표현
→ 사립문은 누가 닫으며 떨어진 꽃은 누가 쓸 것인가?

❻ 아춤이 낫브거니 나조히라 나을소냐
  ❸ 표현상 특징: 설의적 표현
→ 아침이 부족하니 저녁이라고 나을쏘냐?

❼ ⓐ오늘리 부족(不足)거니 내일(來日)리라 유여(有餘)ᄒ랴
  자연 속에서 즐길 것이 많음.   ❸ 표현상 특징:
→ 오늘이 부족한데 내일이라고 넉넉하랴?   설의적 표현

❽ 이 뫼ᄒᆡ 안ᄌ 보고 뎌 뫼ᄒᆡ 거러 보니
  공간적 이동
→ 이 산에 앉아 보고 저 산을 걸어 보니

❾ 번로(煩勞)ᄒᆞᆫ ᄆᆞ움의 ㅂ릴 일이 아조 업다
→ 번거로운 마음에 버릴 일이 전혀 없다

❿ 쉴 스이 업거든 길히나 젼ᄒ리야
  ❸ 표현상 특징: 설의적 표현–자연으로 오는 길을 전해 줄 수가 없음.
→ 쉴 사이도 없는데 길이나마 전할 틈이 있으랴?

⓫ 다만 ᄒᆞᆫ 청려장(靑藜杖)이 다 므듸여 가노ᄆᆡ라
  지팡이   지팡이가 다 닳도록 자연 구경을 다님.
→ 다만 지팡이 하나만이 다 무디어져 가는구나

[유여하다: 여유가 있다.]

*❶~⓫행 요약: 자연 속에서 즐길 것이 많음. (자연에서 느끼는 흥취)

⑫ 술리 닉어거니 벗지라 업슬소냐
술리 닉어거니 벗지라 업슬소냐
❷ 정서: 자연에서 느끼는 흥취를 나누려는 마음
➡ 술이 익었으니 벗이 없을 것인가?

⑬ 블내며 타이며 혀이며 이아며
블닉며 틱이며 혀이며 이아며
➡ (노래를) 부르게 하며 (악기를) 타게 하며 켜게 하며 (방울을) 흔들며

⑭ 온가짓 소릭로 취흥(醉興)을 빅야거니
온가짓 소릭로 취흥(醉興)을 빅야거니
❸ 표현상 특징: 청각적 심상 ❷ 정서: 자연에서 흥을 즐김.
➡ 온갖 소리로 흥취를 재촉하니

⑮ 근심이라 이시며 시름이라 브터시랴
근심이라 이시며 시름이라 브터시랴
❸ 표현상 특징: 설의적 표현
➡ 근심이 있겠으며 시름이 붙어 있을 수 있겠느냐?(근심과 시름이 다 사라지는구나)

⑯ 누으락 안즈락 구부락 져츠락
누으락 안즈락 구부락 져츠락
➡ 누웠다가 앉았다가 구부렸다가 젖혔다가

⑰ 을프락 파람하락 노혜로 노거니
을프락 프람ᄒ락 노혜로 노거니
❸ 표현상 특징: 청각적 심상을 표현함.
➡ (시를) 읊다가 휘파람을 불었다가 마음 놓고 노니

⑱ 천지(天地)도 넙고 넙고 일월(日月)도 흔가(閑暇)ᄒ다
천지(天地)도 넙고 넙고 일월(日月)도 흔가(閑暇)ᄒ다
➡ 천지도 넓디넓고 세월도 한가하다

*⑫~⑱행 요약: 노래를 부르며 즐기는 자연 속 풍류 생활

⑲ 희황(羲皇)을 모을너니 니적이야 긔로괴야
희황(羲皇)을 모을너니 니적이야 긔로괴야
중국 고대의 태평성대 시절
➡ 복희 황제 시대의 태평성대를 몰랐더니 지금이야말로 그때로구나

⑳ 신선(神仙)이 엇더턴지 이 몸이야 긔로고야
신선(神仙)이 엇더턴지 이 몸이야 긔로고야
➡ 신선이 어떻든지 이 몸이야말로 신선이로구나

㉑ 강산풍월(江山風月) 거늘리고 내 백년(百年)을 다 누리면
강산풍월(江山風月) 거늘리고 내 백년(百年)을 다 누리면
➡ 강산풍월(아름다운 자연)을 거느리고 내 평생을 다 누리면

㉒ 악양루상(岳陽樓上)의 이태백(李太白)이 사라 오다
악양루상(岳陽樓上)의 이태백(李太白)이 사라 오다
❷ 정서: 이태백과 화자 자신을 비교하며 자긍심을 느낌.
➡ 악양루 위의 이태백이 살아온들

㉓ ⓑ호탕정회(浩蕩情懷)야 이예서 더흘소냐
ⓑ호탕정회(浩蕩情懷)야 이예서 더ᄒᆯ소냐
➡ 호탕정회야 이보다 더할쏘냐?

㉔ 이 몸이 이렁굼도 역군은(亦君恩)이샷다
❷ 태도: 임금의 은혜에 감사함.
이 몸이 이렁굼도 역군은(亦君恩)이샷다
유교적 이념(충)
➡ 이 몸이 이렇게 지내는 것도 역시 임금의 은혜이시도다

*⑲~㉔행 요약: 자연을 즐기는 자긍심과 임금의 은혜

■ 갈래: 은일 가사　　　　■ 창작 시기: 조선 중기
■ 내용: 이 작품은 조선 전기 강호한정가에 속하는 가사 작품으로서, 작가가 벼슬에서 물러나 고향에서 면앙정을 지은 뒤 생활하는 모습을 담고 있다.
■ 주제: 자연에서의 풍류와 임금의 은혜

■ 이것이 핵심!: **두 주제의 결합**

```
  자연에서의          유교적
   풍류       +       충의
            결합
```

호탕정회야 이예서 더흘소냐   이 몸이 이렁굼도 역군은이샷다

(나) 나위소, 〈강호구가〉

❶ 화자, 중심 대상　❷ 상황, 정서, 태도　❸ 표현상 특징　**고어 읽기**　**시 해석**

❶
연하　자연　의 깊픠 든 병　약　이 효험　업서
연하고질, 천석고황(자연을 사랑하여 병이 듦.)
ⓒ연하(煙霞)의/깊픠 든 병(病)/약(藥)이/효험(效驗) 업서
❸ 표현상 특징: 4음보의 율격
➡ 자연을 사랑하여 깊이 든 병 약을 먹어도 효능이 없어

강호　에 바리연디＊　십년　 밧기 되어세라
강호(江湖)에 바리연디＊ 십년(十年) 밧기 되어세라
◯──△ : 대조　　속세와 거리를 두고 지내옴.
➡ 자연에 버려진 지 십년이 되어 가는구나

❸
그러나　이제 다 못 죽음도 긔 성은　인가 하노라
❷ 태도: 임금의 은혜에 감사함.
그러나 이제 다 못 죽음도 긔 성은(聖恩)인가 ᄒ노라　〈제3수〉
임금의 은혜, 유교적 이념
➡ 그러나 죽지 않는 것은 그것이 임금의 은혜인가 하노라

*〈제3수〉 요약: 연하고질에 빠져 성은을 생각하는 강호 생활

연하: 고요한 산수의 경치를 비유적으로 이르는 말
효험: 일의 좋은 보람. 또는 어떤 작용의 결과

❶ 달 밝고 바람 자니 물결이 비단 일다
들 붉고 ᄇ람 자니 ᄆᆯ결이 비단 일다
❸ 표현상 특징: 비유법
➡ 달이 밝고 바람이 잔잔하니 물결이 비단처럼 이는구나

❷ 단정　을 빗기 노하 오락가락 하난 흥을
단정(短艇)＊을 빗기 노하 오락가락 ᄒ난 흥(興)을
❷ 정서: 자연에서의 흥을 즐김.
➡ 작은 배를 비스듬히 놓고 오면서 가면서 돋아나는 흥을

❸ 백구　야 하 즐겨 말고려 세상　알가 하노라
백구(白鷗)야 하 즐겨 말고려 세상(世上) 알가 ᄒ노라　〈제5수〉
청자 설정　 너무　　　　자연에서 느끼는 흥취를 알리려 하지 않음.
➡ 흰 갈매기야, 너무 즐기지 말자꾸나 세상이 알까 하노라

*〈제5수〉 요약: 달 밝은 밤, 물 위에 배를 띄워 즐기는 강호한정

❶ 식록　을 긋친 후　로 어조　을 생애　하니
식록(食祿)을 긋친 후(後)로 어조(漁釣)을 생애(生涯)ᄒ니
녹봉(과거에 벼슬을 했음을 암시함.)　　어부 생활
➡ 녹봉을 받지 않는 이후로 어부 생활을 즐기니

❷ 헴 업슨 아해들은　괴롭다　하건마는
헴 업슨 아희들은 괴롭다 ᄒ건마ᄂ
생각, 고민　 대조－비교
➡ 자연에 뜻(생각)이 없는 아이들은 괴롭다 하지만

❸ 두어라 강호한적　이 내 분　인가 하노라
❶ 화자: 나
두어라 강호한적(江湖閑適)이 내 분(分)인가 ᄒ노라　〈제9수〉
❷ 태도: 안분지족
➡ 두어라, 자연에서의 한적한 삶이 내 분수인가 하노라

*〈제9수〉 요약: 벼슬을 그만두고 낚시로 소일하는 강호한적

식록: 벼슬아치에게 일 년 또는 계절 단위로 나누어 주던 금품을 통틀어 이르는 말

＊바리연디: 버려진 지
＊단정: 자그마한 배

■ 갈래: 연시조　　　　■ 창작 시기: 조선 중기
■ 내용: 이 작품은 총관직에서 물러난 작가가 고향에서 자연을 즐기는 유유자적한 모습을 작품 속에서 형상화하고 있다.
■ 주제: 자연을 벗하며 살아가는 삶에 대한 만족감

■ 이것이 핵심!: **대조적 시어**

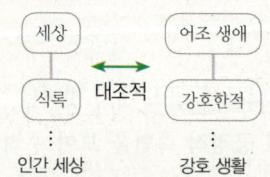

```
  세상          어조 생애
   │    대조적    │
  식록          강호한적
   ⋮            ⋮
 인간 세상      강호 생활
```

(다) 채수, 〈석가산폭포기〉

❶ 중심 대상　❷ 글쓴이의 생각, 태도　❸ 서술상 특징

1 ❶나는 때때로 산수를 찾아 노니는 사람이나 떠돌아다니는 승려들을 만나 자연의 신비함에 대해 말하는 것을 특히 좋아한다. ❷가끔 그들과 토론을 하면 입에 침이 마르도록 떠들어댄다. ❸세상 사람들은 나의 이런 고집스런 취미를 비웃었다. 그런데 지금 <u>나이가 많아 다리에 힘이 없어지니 어쩔 도리가 없다.</u>

❹나는 부득이 _{산수를 찾아 노니지 못함} 편하게 노닐 수 있는 방법으로 고금에 이름난 화가들이 그린 산수화를 모아 벽에 걸어놓고 감상을 하였다. ❺그러나 _{예전과 지금} 이것은 비록 조금은 위로가 되지만 역시 화가들의 훌륭한 기법과 _{'나'의 대안} 특이한 풍경 외에는 별로 느껴지는 것이 없었다. 벽에 걸린 그림으로는 <u>진실에 가깝게 생동하는 맛은 찾아볼 수가 없는 것이다.</u> ❻ _{마음이 허전했던 이유} 그래서 늘 마음이 허전하였다.

[생동하다: 생기 있게 살아 움직이다.

＊**1** 요약: 산수를 직접 즐기지 못하는 '나'는 허전한 마음을 느낌.

[A]
2 ❶나는 종남(終南)에 별장을 하나 가지고 있다. ❷별장의 남쪽 담 밖의 돌 틈에 우물이 솟아올랐는데 물맛이 좋고 차가웠다. ❸나는 대청 앞에 못을 파서 그 물을 가둔 뒤에 연꽃을 심고 연못 가운데에 괴이하게 생긴 돌을 쌓아서 산 모양을 만들었 ❶ _{중심 대상: 석가산} 다. ❹다시 그 돌 틈 사이사이에 소나무, 회양목 등 작은 놈만 골라 심었다.

❺그런데 담 밖에서 우물이 솟아나는 곳은 땅보다 석 자가 더 높은 곳이어서 그 물을 대통으로 끌어다가 땅에 묻어 내가 만 _{폭포를 만듦.} 든 돌산 가운데로 솟아 나오게 하였다. ❻그러자 물이 폭포를 _{❷ 중심 대상: 폭포} 이루며 두 개의 계단을 흘러내렸다. ❼사람들은 담장 밖에서 끌어들인 물인 줄도 모르고 물이 돌산 위에서 펑펑 솟아나는 것을 보며 놀랍고 신기함에 감탄하였다.

❽ _{사람들의 평가} 산을 좋아했던 옛사람들 중에도 돌로 만든 가짜 산을 만든 이가 많았고 또 거기에 폭포를 끌어들인 ⑦도 더러 있었는데, 집의 뒤 _{△: 비교, 대조} 쪽이나 옆에 있는 높은 산을 이용하여 산골짜기에서 흐르는 물을 끌어들인 경우가 많았다. ❾그러나 ⓒ처럼 연못의 한가운데 산을 만들고 사면이 물로 둘러싸인 곳에 물을 끌어들여 산 위에 폭포를 _{'나'는 이전 사람들과 다른 방식을 사용함.} 만든 사람은 없었다. ❿ⓓ작지만 큰 산을 본떴고 남이 하기 어려운 일이지만 손쉽게 만들었다.

⓫이 연못은 겨우 너비가 두어 장(丈)이고 깊이도 두어 자밖에 안 되며, 산 높이는 다섯 자이고 둘레는 일곱 자이며, 폭포의 높이는 두 자인데 나무들의 크기는 서너 치쯤 되어 마치 높은 산을 축소하여 만든 것 같았다. ⓬산골짜기는 그윽하고 폭포가 두어 장 되는 연못을 깊은 바다로 알고 떨어진다. ⓭ⓔ이 축소된 자연의 경치는 아무리 산수화에 뛰어난 저 당나라의 정건이나 왕유 같은 이도 다 그리지 못할 것 같았다. ❷ _{태도: 자신이 만든 석가산에 대해 자부심을 가짐.}

＊**2** 요약: '나'가 만든 석가산의 차별성과 이에 대한 '나'의 자부심

3 ❶생각해 보면 어느 것이 가짜이고 어느 것이 진짜인지 구분하지

_{진가를 구분할 필요가 없는 이유}
❷못하겠다. 필경 천지와 사람이 모두 임시로 합친 것인데 무엇 때 ❸ _{표현상 특징: 설의적 표현} 문에 진가(眞假)를 논하겠는가? 다만 내가 좋아하는 것만 취하면 그만인 것이다. ❹게다가 이 세상 만물은 입맛에는 맞지만 눈으로 ❷ _{글쓴이의 생각: 진가와 상관없이 자신이 좋아하는 것을 취하면 됨.} 보는 데는 맞지 않는 것이 있고, 보기는 좋은데 듣기는 싫은 것이 있다.

[B]
❺그런데 이곳의 물은 차고 맛있기 때문에 우리 집안과 이웃 _{석가산의 훌륭한 측면 ①} 들이 아침저녁으로 마시니 입맛에 맞다고 할 것이고, 괴이한 돌과 소나무, 잣나무 사이로 흘러서 두어 자의 절벽 밑으로 떨어지며 맑은 기운이 푸른 산봉우리에 비쳐 밤낮 없이 바라 _{석가산의 훌륭한 측면 ②} 보아도 싫증 나지 않으니 노는 데에도 즐거움을 준다고 할 수 있다. ❻또한 고요한 밤에 잠이 오지 않을 때, 베개를 베고 누워 있으면 쏴아 하고 쏟아지는 폭포 소리가 마치 요란한 관현악 기 소리 같아서 귀를 즐겁게 한다. _{석가산의 훌륭한 측면 ③}

❼나는 가난하고 벼슬도 한미하여 좋은 준주나 보배 아름다운 것 _{△: 글쓴이가 갖지 못한 것} 들로 눈을 즐겁게 하는 것도 없고, 기름진 음식으로 입맛을 즐겁 게 하는 것도 없으며, 관현악기 같은 악기의 소리로써 귀를 즐겁 게 하는 것도 없다. ❽그러나 다만 이 샘물로 이 세 가지의 즐거움을 _{글쓴이가 누리는 것} 맛볼 수 있으니 진실로 담박하면서도 멋이 있다. ❾세상의 호걸들은 모두 나의 이 취미를 비웃지만 나는 이것을 좋아하여 이것으로써 _{세상 호걸들과 자신의 인식 차이를 비교함.} 저들이 좋아하는 것과 바꾸지 않겠다.

[필경: 끝장에 가서는
진가: 진짜와 가짜를 아울러 이르는 말
한미하다: 가난하고 지체가 변변하지 못하다.

＊**3** 요약: 진가를 구별하는 일의 무의미함과 미각, 시각, 청각의 즐거움을 주는 석가산

■ 갈래: 고선 수필　　■ 창직 시기: 조선 전기
■ 내용: 이 작품은 작가가 석가산과 폭포를 만들게 된 과정을 이야기하면서, 미각, 시각, 청각의 세 가지 즐거움을 누리는 만족감을 표현하고 있다.
■ 주제: 석가산 폭포에서 누리는 즐거움과 만족감
■ 이것이 핵심!: 석가산의 훌륭함

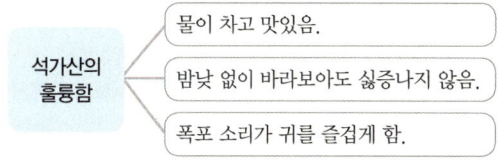

석가산의 훌륭함 ─ 물이 차고 맛있음.
　　　　　　　─ 밤낮 없이 바라보아도 싫증 나지 않음.
　　　　　　　─ 폭포 소리가 귀를 즐겁게 함.

E **79** 정답 ⑤ ＊작품 비교하기 ············· [정답률 64%]
(가)~(다)에 대한 설명으로 적절하지 <u>않은</u> 것은?

＞왜 정답 ?

⑤ (가)~(다) 모두 <del>원경에서 근경으로 시선을 이동하며 심리</del> _{세 작품 모두 원경에서 근경으로의 시선 이동이 없음.} <del>의 변화를 드러내고 있다.</del>

원경에서 근경으로 시선을 이동한다는 것은 화자가 멀리 있는 대상이나 풍경을 말하다가 가까이 있는 대상이나 풍경을 말한다는 것이다. (가), (나), (다) 모두 이러한 원경에서 근경으로의 시선 이동이 나타나지 않는다.

① (가)와 (나)는 음보를 규칙적으로 사용하여 리듬감을 형성
<u>4음보로 리듬감 형성</u>
하고 있다.

*근거: (가) ❶행, (나) 〈제3수〉 ❶

(가)는 '인간올 / 떠나 와도 / 내 몸이 / 겨를 업다'와 같이, (나)는 '연하의 / 깁픠 든 병 / 약이 / 효험 업서'와 같이 모두 4음보의 율격이 두드러지며 이러한 규칙적인 음보는 리듬감을 형성한다.

② (가)와 (다)는 청각적 심상을 활용하여 상황을 나타내고 있다.
<u>(가)의 '온가짓 소리로', '을프락ㅍ람ㅎ락' / (다)의 '폭포 소리가 마치 요란한 관현악기 소리 같아서'</u>

*근거: (가) ⓮, ⓱행, (다) ❸문단 ❻문장

(가)의 '온가짓 소리로 취흥(醉興)을 비아거니'와 '을프락ㅍ람ㅎ락 노혜로 노거니'에서, (다)의 '폭포 소리가 마치 요란한 관현악기 소리 같아서 귀를 즐겁게 한다.'에서 청각적 심상을 활용하여 상황을 나타내고 있다.

③ (나)와 (다)는 비유적 표현을 통해 주관적 인식을 드러내고 있다.
<u>(나)의 '깁픠 든 병', '비단 일다' / (다)의 '마치 요란한 관현악기 소리 같아서'</u>

*근거: (나) 〈제3수〉 ❶, 〈제5수〉 ❶, (다) ❸문단 ❻문장

(나)의 '연하(煙霞)의 깁픠 든 병'에서 자연을 사랑하는 화자의 마음을 병으로 비유한 것과, '믈결이 비단 일다'에서 물결을 비단에 비유한 것, (다)의 '폭포 소리가 마치 요란한 관현악기 소리 같아서 귀를 즐겁게 한다.'에서 폭포 소리를 관현악기 소리에 비유한 것을 통해 알 수 있다.

④ (가)~(다) 모두 다른 대상과 비교하는 방식으로 의미를 강
<u>(가)는 이태백, (나)는 아히들, (다)는 석가산을 만들었던 옛 사람들, 세상 호걸들과 비교함.</u>
조하고 있다.

*근거: (가) ㉒, ㉓행, (나) 〈제9수〉 ❷, ❸, (다) ❷문단 ❾문장, ❸문단 ❾문장

(가)는 '이태백(李太白)이 사라 오다 호탕정회야 이에서 더홀소냐'에서 이태백과 화자 자신을 비교하고 있고, (나)는 '혬 업슨 아히들은 괴롭다 ㅎ건마는 두어라 강호한적이 내 분인가 ㅎ노라'에서 아이들과 화자 자신을 비교하고 있다. 또한 (다)에서는 글쓴이가 옛날 사람들이 석가산을 만들었던 방식과 자신이 만든 방식, 세상의 호걸들과 자신의 인식 차이를 비교하였다.

E 80 정답 ① *작품 비교하기 ·················· [정답률 51%]

〈보기 1〉의 선생님의 질문에 대한 대답으로 적절한 내용만을 〈보기 2〉에서 있는 대로 고른 것은? [3점]

• 〈보기 1〉 선생님의 질문: 귀향한 후의 삶을 표현한 작품인 (가)와 (나)의 공통점을 묻고 있습니다.

• 〈보기 2〉: (가)와 (나)에 드러난 시가의 특징을 적은 것입니다.

졸 (가)와 (나)의 공통점을 적은 것으로 적절한 것을 〈보기 2〉에서 고르는 문제입니다.

───────[보기 1]───────
선생님: (가)와 (나)는 벼슬에서 물러난 작가들이 귀향한 후의 삶을 표현한 작품으로, 우리 문학사에 나타나는 시가의 특정한 경향을 보여 주고 있어요. 두 작품을 살펴보면 공통점을 찾을 수 있는데, 무엇인지 확인해 볼까요?

───────[보기 2]───────
ㄱ. 임금의 은혜를 떠올리며 감사하는 태도가 드러나 있습니다.
  <u>(가)의 '이 몸이 ~ 역군은이샷다' / (나)의 '이제 ~ 성은인가 ㅎ노라'</u>
ㄴ. 속세와 거리를 두고 지내는 삶의 모습이 드러나 있습니다.
  <u>(가)의 '인간올 ~ 겨를 업다' / (나)의 '강호에 ~ 되어세라'</u>
ㄷ. 자연에서 느끼는 흥취를 타인과 나누려는 마음가짐이 드
  <u>(가)의 '술리 닉어거니 벗지라 업슬소냐'에 드러나지만 (나)에는 드러나지 않음.</u>
  러나 있습니다.

ㄹ. 궁핍한 생활상을 보여 주면서도 그것을 수용하는 자세가
<u>(가)와 (나) 모두에 드러나지 않음.</u>
드러나 있습니다.

① ㄱ, ㄴ

*근거: (가) ❶, ㉔행, (나) 〈제3수〉 ❷, ❸

(가)의 '이 몸이 이렁굼도 역군은(亦君恩)이샷다'와 (나)의 '이제 다 못 죽음도 긔 성은(聖恩)인가 ㅎ노라'에서 임금의 은혜를 떠올리며 감사하는 태도(ㄱ)가 드러난다. 또한 (가)의 '인간(人間)올 떠나 와도 내 몸이 겨를 업다'와 (나)의 강호(江湖)에 바라연디 십년(十年) 밧기 되어세라'에서 속세와 거리를 두고 지내는 삶의 모습(ㄴ)이 드러난다.

ㄷ. (가)의 '술리 닉어거니 벗지라 업슬소냐'에서 자연에서 느끼는 흥취를 타인과 나누려는 마음가짐이 드러났다고 볼 수 있지만, (나)는 '백구(白鷗)야 하 즐겨 말고려 세상(世上) 알가 ㅎ노라'라고 하며 오히려 자연에서의 즐거움을 세상 사람들이 알지 못하기를 바라고 있다.

ㄹ. (가)와 (나) 모두 궁핍한 생활상은 드러나지 않는다. (나)의 '두어라 강호한적(江湖閑適)이 내 분(分)인가 ㅎ노라'에서 안분지족(安分知足)의 태도가 나타나기는 하지만, 이를 '궁핍한 생활상'으로 보는 것은 적절하지 않다.

E 81 정답 ④ *시어 및 구절의 의미 파악하기 ··· [정답률 66%]

ⓐ~ⓔ에 대한 이해로 적절하지 않은 것은?

• ⓐ~ⓔ: ⓐ는 자연을 즐기기에 부족한 시간, ⓑ는 이보다 즐거울 수 없는 풍류, ⓒ는 자연을 사랑하는 병에 든 상황, ⓓ는 '나'가 석가산을 만든 방식, ⓔ는 석가산의 경치에 대한 '나'의 생각에 대한 내용입니다.

졸 ⓐ~ⓔ에 드러난 상황과 태도에 대한 설명으로 틀린 것을 고르는 문제입니다.

④ ⓓ: 옛사람들과 동일한 방식으로 석가산을 만든 것에 대한
<u>옛사람들과 다른 방식으로 석가산을 만듦.</u>
보람이 나타나고 있다.

*근거: (다) ❷문단 ❽~❿문장

ⓓ의 앞부분에서 옛사람들은 집의 뒤쪽이나 옆에 있는 높은 산을 이용해서 산골짜기에서 흐르는 물을 끌어들이는 경우가 많았지만 자신은 연못의 한가운데 산을 직접 만들고, 사면이 물로 둘러싸인 곳에 물을 끌어들여 폭포를 만들어냈다는 내용이 있다. 따라서 ⓓ에서는 옛사람들과 '다른 방식'으로 석가산을 만든 것에 대한 보람을 나타내고 있다.

① ⓐ: 주변에 즐길 것이 많다고 인식하고 있음이 드러나고
<u>바람, 달, 밤, 고기 등</u>
있다.

*근거: (가) ❷~❼행

ⓐ의 앞부분에서 이것도 보려 하고, 저것도 들으려 하면서 자연에 즐길 대상들이 많다고 노래하였고, ⓐ에서는 오늘도 내일도 부족하다고 이야기하고 있다. 따라서 ⓐ에는 주변에 즐길 것이 많다고 생각하는 화자의 인식이 드러나 있다.

② ⓑ: 자신의 풍류 생활에 대한 자부심이 나타나고 있다.
<u>이태백과 화자를 비교하여 드러냄.</u>

*근거: (가) ㉒, ㉓행

ⓑ의 앞부분에서 중국의 시인 이태백(李太白)을 이야기하였고, ⓑ에서는 그가 다시 살아온다 한들 자신이 지금 즐기고 있는 이 풍류보다 더하지는 못할 것이라고 하면서 자신의 풍류 생활에 대한 자부심을 드러내고 있다.

③ ⓒ: 자연에 대한 깊은 애정이 드러나고 있다.
　　　　자연을 사랑하여 병이 듦.

*근거: (나) 〈제3수〉 ❶

'연하'는 '자연'을 상징한다. ⓒ는 자연을 사랑하는 마음이 극진하여 병이 들었고 이 병을 낫게 할 약이 없다는 뜻으로, 자연에 대한 깊은 애정이 드러나고 있다.

⑤ ⓔ: 자신이 만든 석가산과 폭포에 대한 만족감이 드러나고
　　　　정건과 왕유라도 다 그리지 못할 것이라며 만족감을 드러냄.
있다.

*근거: (다) ❷문단 ❸문장

ⓔ는 산수화에 뛰어난 실력을 지닌 당나라의 정건과 왕유라 하더라도 자신이 만든 석가산과 폭포가 너무 뛰어나기 때문에 그들의 화폭에 다 담아내지 못할 것이라는 뜻으로, 자신이 만든 석가산과 폭포에 대한 만족감이 드러나고 있다.

E 82 　정답 ⑤　*〈보기〉를 바탕으로 감상하기 …… [정답률 72%]

〈보기〉를 참고하여 (다)를 감상할 때 적절하지 않은 것은?

· 〈보기〉를 참고: 조선 시대 사대부들은 경치를 직접 찾아가기 어려울 때 석가산을 만들어 진경을 찾는 즐거움과 삶에 대한 깨달음을 얻고자 하였습니다. 이는 본질이 같다면 진짜와 가짜를 구별하는 것이 무의미하다는 인식과 관련이 있습니다.

· (다): (다)의 글쓴이는 자신의 별장에 석가산과 폭포를 만들어 경치를 즐기고 있습니다.

즉 (다)의 글쓴이가 석가산을 만들어 추구하고자 했던 바에 대한 설명으로 틀린 것을 고르는 문제입니다.

─────────[보기]─────────

❶　조선 시대 사대부들은 요산요수(樂山樂水)를 통해 심미적
②의 근거
가치를 추구하며 심성을 수양하는 것을 이상으로 생각하였
다. ❷ 그런데 아름다운 경치를 직접 찾기 어려운 사정이 있을
①의 근거
때에는 자기 집 정원에 산을 본뜬 조형물인 석가산을 만들어
완상하는 경우가 있었다. ❸ 이것은 하늘이 만들었든 사람이 만
④의 근거
들었든 간에 본질은 같기 때문에 진가의 분별이 무의미하다
는 인식과 관련이 있다. ❹ 이를 통해 사대부들은 석가산을 완상
③의 근거
하면 산의 진경(眞景)을 찾는 것과 같은 즐거움을 느낄 수 있
고, 삶에 대한 깨달음을 얻을 수 있다고 본 것이다.

요산요수: 산수(山水)의 자연을 즐기고 좋아함.
심미적: 아름다움을 살펴 찾으려는
진경: 실제의 경치

─────────────────────────

왜 정답?

⑤ 글쓴이가 석가산의 샘물에서 비롯된 세 가지 즐거움을 언
　　　　　　　　　　　　　　　눈, 귀, 입의 즐거움을 이야기함.
급한 것은 석가산을 만드는 과정에서 느낀 고충과 깨달음을
통해 자신을 비웃는 사람들을 설득하려는 것이라 할 수 있군.
석가산을 만들면서 느낀 고통과 깨달음을 언급하지도, 자신을 비웃는 사람들을 설득하지도 않음.

*근거: (다) ❸문단 ❺, ❻문장

글쓴이가 석가산의 샘물에서 비롯된 세 가지 즐거움을 언급한 것은 맞지만, 그것을 만드는 과정에서 느낀 고충은 드러나 있지 않다. 또한 자신을 비웃는 사람들이 있다고는 했지만 그들을 설득하려는 의도는 이 글에 나타나 있지 않다.

왜 오답?

① 글쓴이는 노쇠하여 산과 물을 직접 찾기 어렵게 되자 별장
　　　　　　　　　　　　　　　　　'나는 대청 앞에 ~ 돌을 쌓아서 산 모양을 만들었다.'
의 정원에 석가산을 만들어 완상하고 있군.

*근거: (다) ❷문단 ❸문장, 〈보기〉 ❷문장

(다)에서 글쓴이는 나이가 많아 다리에 힘이 없어져 산수를 찾아 다니지 못하자 별장에 석가산을 만들어 완상하고 있고, 〈보기〉에서도 경치를 직접 찾기 어려운 사정이 있을 때에는 자기 집 정원에 산을 본뜬 조형물인 석가산을 완상하는 경우가 있다고 하였다.

② 글쓴이는 요산요수를 위해 연못의 한가운데 석가산을 만
　　　　　　　　　　　　　'나처럼 연못의 한가운데 산을 만들고 ~ 사람은 없었다.'
들어 심미적 가치를 추구한 것으로 볼 수 있군.

*근거: (다) ❷문단 ❾문장, 〈보기〉 ❶문장

(다)에서 글쓴이는 연못 가운데 괴이하게 생긴 돌을 쌓아서 산 모양을 만들었고, 〈보기〉에서 조선 시대 사대부들은 요산요수(樂山樂水)를 통해 심미적인 가치를 추구한다고 하였다. 따라서 글쓴이가 석가산을 만든 것은 요산요수(樂山樂水)를 통해 심미적 가치를 추구한 것이라고 할 수 있다.

③ 글쓴이는 산수화를 모아 감상하는 것만으로는 산의 진경
　　　　　　　　　　　　　　　　　'조금은 위로가 되지만 ~ 맛은 찾아볼 수가 없는 것이다.'
을 찾는 것과 같은 즐거움을 느낄 수 없다고 생각하고 있군.

*근거: (다) ❶문단 ❻문장, 〈보기〉 ❹문장

(다)에서 글쓴이는 나이가 많아 산수를 직접 찾아다닐 수 없게 되자 처음에는 산수화를 모아 벽에 걸어놓고 감상을 하였지만, 그림으로는 진실에 가깝게 생동하는 맛은 찾아볼 수 없다고 하였다.

④ 글쓴이가 진가를 논하지 않고 자신이 좋아하는 것을 취하
　　　　　　　　　　　　　　　'필경 천지와 사람이 ~ 취하면 그만인 것이다.'
겠다고 강조한 것은 진가의 분별이 무의미하다는 인식과 관련이 있군.

*근거: (다) ❸문단 ❷, ❸문장, 〈보기〉 ❸문장

(다)에서 글쓴이는 '필경 천지와 사람이 모두 임시로 합친 것인데 무엇 때문에 진가(眞假)를 논하겠는가? 다만 내가 좋아하는 것만 취하면 그만인 것이다.'라고 했다. 이는 〈보기〉에서 석가산을 만들었던 사대부들이 진가의 분별이 무의미하다는 인식을 가졌나고 한 것과 관련된다.

E 83 　정답 ②　*사건과 갈등 파악하기 …… [정답률 77%]

[A]와 [B]에 대한 설명으로 가장 적절한 것은?

· [A]: [A]는 '나'가 별장에 석가산을 만드는 과정을 서술한 부분입니다.
· [B]: [B]는 '나'가 석가산을 통해 얻는 즐거움을 서술한 부분입니다.

즉 석가산에 관하여 서술한 [A]와 [B]에 대한 설명으로 적절한 것을 고르는 문제입니다.

왜 정답?

② '나'는 [A]에서 한 행위로 인해 [B]에서와 같은 즐거움을
　　　　　　　　　　　석가산을 만드는 행위를 통해 세 가지의 즐거움을 얻음.
얻게 되었다.

*근거: (다) ❷문단 ❸문장, ❸문단 ❺, ❻문장

'나'는 [A]에서 집 안에 연못을 파서 석가산을 만들었고, 이것으로 인해 [B]에서 맛있는 물을 먹고, 밤낮 바라보며 노닐고, 폭포 소리를 듣는 즐거움을 얻게 되었다.

왜 오답?

① '나'는 [A]에서 발생한 내적 갈등을 [B]에서 해소하고 있다.
　　　　　　　　　　내적 갈등도 없었고, 이를 해소하지도 않음.

[A]에는 '나'의 내적 갈등이 드러나 있지 않으며, [B]에서도 어떤 갈등을 해소하는 모습은 드러나지 않는다.

┌ **내적 갈등**: 화자 혹은 등장인물의 내면에서 일어나는 갈등
└ **해소하다**: 어려운 일이나 문제가 되는 상태를 해결하여 없애 버리다.

③ **[A]의 '계단'은 관념적 소재에, [B]의 '절벽'은 실재적 소재에 해당한다.**
　　　　　실재적 소재　　　　　　　　실재적 소재

＊근거: (다) ②문단 ❻문장, ③문단 ❺문장
[A]의 '계단'과 [B]의 '절벽' 모두 실재적 소재로, '나'가 만든 석가산 안에 조성된 것들이다. 관념적 소재란 눈으로 보거나 귀로 듣고 손으로 만질 수 있는 물체가 아닌, 사람의 인식 속에 존재하는 추상적인 대상을 의미한다.

> **관념적 소재:** 물리적 실체가 없는 감정, 개념 등의 견해나 생각
> **실재적 소재:** 실재로 존재하고 물리적 실체가 있는 대상

④ **[A]의 '사람들'은 '물'을 긍정적으로, [B]의 '이웃들'은 '물'을 ~~부정적~~으로 평가하고 있다.**
　　　　　　　　놀랍고 신기함에 감탄함.　　　　긍정적으로 평가

＊근거: (다) ②문단 ❼문장, ③문단 ❺문장
[A]에서 '사람들'은 '물이 돌산 위에서 펑펑 솟아나는 것을 보며 놀랍고 신기함에 감탄'하였다고 했고, [B]에서는 '이곳의 물은 차고 맛있기 때문에 우리 집안과 이웃들이 아침저녁으로 마시니 입맛에 맞다'라고 하였다. 따라서 모두 '물'을 긍정적으로 평가하고 있다.

⑤ **[A]에서는 '물'을 집 안으로 끌어들이는 과정을, [B]에서는 '물'을 집 밖으로 흘려보내는 과정을 제시하고 있다.**
　　　　　　　담 밖의 우물을 집 안으로 끌어들이는 과정을 설명함.
　　　　　　　　　　언급하지 않음.

＊근거: (다) ②문단 ❺문장
[A]에서 '물'을 집 안으로 끌어들이는 과정을 설명하고 있는 것은 맞지만, [B]에서 '물'을 집 밖으로 흘려보내는 과정을 제시하고 있지는 않다.

E 84~88 ──────── [2018년(9월)/평가원 33~37]

(가) 작자 미상, 〈춘향전〉

❶ 중심인물, 배경　❷ 중심 사건, 갈등　❸ 서술상 특징

　　아주 많은 돈(매우 귀함을 의미함.)
1 만금 같은 너를 만나 백년해로하잤더니, 금일 이별 어이
　　❷ 중심 사건: 이별하게 됨.
하리! 너를 두고 어이 가잔 말이냐? 나는 아마도 못 살겠다!
내 마음에는 어르신네 공조참의 승진 말고, 이 고을 풍헌(風
　　『 J: 부친의 승진을 이별의 원인으로 돌림.
憲)만 하신다면 이런 이별 없을 것을, 생눈 나올 일을 당하니,
이를 어이한단 말인고?』귀신이 장난치고 조물주가 시기하
니, 누구를 탓하겠냐마는 속절없이 춘향을 어찌할 수 없네!
　　❷ 갈등: 춘향이 무슨 말을 해도 이별할 수밖에 없다고 함.
네 말이 다 못 될 말이니, 아무튼 잘 있거라!

[A]
　　　춘향이 대답하되, 우리 당초에 광한루에서 만날 적에 내가
　　❶ 중심인물: 춘향
먼저 도련님더러 살자 하였소? 도련님이 먼저 나에게 하신
말씀은 다 잊어 계시오? 이런 일이 있겠기로 처음부터 마다
　　　　　　　　춘향은 처음부터 이런 이별의 상황을 우려했음.
하지 아니하였소? 우리가 그때 맺은 금석 같은 약속 오늘날
다 허사로세! 이리해서 분명 못 데려가겠소? 진정 못 데려가
겠소? 떠보려고 이리하시오? 끝내 아니 데려가시려 하오? 정
아니 데려가실 터이면 날 죽이고 가오!
　　❷ 갈등: 춘향이 이별을 거부함.

> **풍헌:** 면이나 리의 일을 보던 사람

＊1 요약: 이몽룡이 이별을 고하고, 춘향은 이별을 거부함.

2 그렇지 않으면 광한루에서 날 호리려고 ㉠명문(明文) 써준 것
　　　　　　　　　　　　도련님이 춘향의 마음을 얻으려 써 준 글
이 있으니, ㉡소지(所志) 지어 가지고 본관 원님께 이 사연을 하소
　　　　　　춘향이 쓴 이별을 당한 억울함에 대한 내용
연하겠소. 원님이 만일 당신의 귀공자 편을 들어 패소시키시면,
　　　　　　　　　　　도련님
그 소지를 덧붙이고 다시 글을 지어 전주 감영에 올라가서 순사또

게 소장(訴狀)을 올리겠소. 도련님은 양반이기에 ㉢편지 한 장만
　　　　　　　민중의 입장을 취하는 춘향　　도련님이 자신의 무죄를 밝히는 내용
부치면 순사또도 같은 양반이라 또 나를 패소시키거든, 그 글을
덧붙여 한양 안에 들어가서, 형조와 한성부와 비변사까지 올리면
　　：점층적 전개를 통해 이별의 상황에서 느끼는 억울함과 이별을 막고 싶은 마음을 효과적으로 나타냄.
도련님은 사대부라 여기저기 청탁하여 또다시 송사에서 지게 하
겠지요. 그러면 그 ㉣판결문을 모두 덧보태어 똘똘 말아 품에 품
　　　　　　도련님에게는 죄가 없음을 판결한 내용
고 『팔만장안 억만가호마다 걸식하며 다니다가, 돈 한 푼씩 빌어
　　　수많은 사람이 사는 곳(서울을 의미함.)
얻어서 동이전에 들어가 바리뚜껑 하나 사고, 지전으로 들어가 장
지 한 장 사서 거기에다 언문으로 ㉤상언(上言)을 쓸 때, 마음속에
　　　　　『 J: 자신의 억울함을 알리겠다는 춘향의 모습
　　　　　　　춘향이 자신의 억울함을 쓴 내용
먹은 뜻을 자세히 적어 이월이나 팔월이나, 동교(東郊)로나 서교
(西郊)로나 임금님이 능에 거동하실 때, 문밖으로 내달아 백성의
무리 속에 섞여 있다가, 용대기(龍大旗)가 지나가고, 협연군(挾輦
軍)의 자개창이 들어서며, 붉은 양산이 따라오며, 임금님이 가마
나 말 위에 당당히 지나가실 제, 왈칵 뛰어 내달아서 바리뚜껑 손
에 들고, 높이 들어 땡땡하고 세 번만 쳐서 억울함을 하소연하는
격쟁(擊錚)을 하오리다!』애고애고 설운지고!

> **소지:** 예전에, 청원이 있을 때에 관아에 내던 서면
> **청탁하다:** 청하여 남에게 부탁하다.
> **송사:** 백성끼리 분쟁이 있을 때, 관부에 호소하여 판결을 구하던 일
> **걸식하다:** 음식 따위를 빌어먹다. 또는 먹을 것을 빌다.

＊2 요약: 춘향이 이별의 상황에서 느끼는 억울함과 서러운 마음을 하소연함.

3 그것도 안 되거든, 애쓰느라 마르고 초조해하다 죽은 후에 넋
이라도 삼수갑산 험한 곳을 날아다니는 제비가 되어 도련님 계신
　　　　❸ 서술상 특징: 자연물에 의탁하여 자신의 마음을 드러냄.
처마에 집을 지어, 밤이 되면 집으로 들어가는 체하고 도련님 품
으로 들어가 볼까! 이별 말이 웬 말이오?
　　이별이란 두 글자 만든 사람은 나와 백 년 원수로다! 진시황이
분서(焚書)할 때 이별 두 글자를 잊었던가? 그때 불살랐다면 이별
이 있을쏘냐? 박랑사(博浪沙)＊에서 쓰고 남은 철퇴를 천하장사 항
　　❸ 서술상 특징: 고사를 활용하여 이별을 막고 싶은 마음을 표현함.
우에게 주어 힘껏 둘러메어 이별 두 글자를 깨치고 싶네! 옥황전
에 솟아올라 억울함을 호소하여, 벼락을 담당하는 상좌가 되어 내
려와 이별 두 글자를 깨치고 싶네!

＊3 요약: 춘향이 이별을 막고 싶은 자신의 마음을 표현함.

＊박랑사 : 중국 지명. 장량이 진시황을 암살하려 했던 곳

■ **갈래:** 고전 소설　　　■ **창작 시기:** 조선 시대
■ **내용:** 이 작품은 판소리로 불리다가 소설로 정착된 판소리계 소설로, 적층 문학의 특성상 여러 형식의 문학 양식이 다양하게 수용되었다.
■ **주제:** 이별을 고하는 이몽룡과 이에 슬퍼하는 춘향
■ **이것이 핵심!:** 이별을 거부하는 춘향의 감정 표현

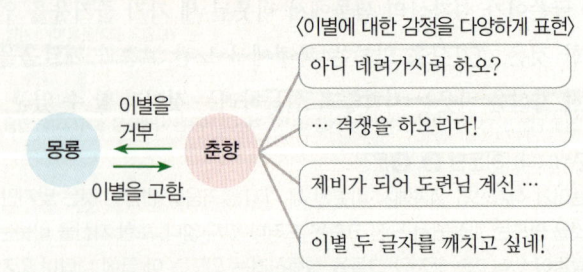

〈이별에 대한 감정을 다양하게 표현〉
이별을 거부 → 몽룡 ← 춘향 / 이별을 고함.
- 아니 데려가시려 하오?
- … 격쟁을 하오리다!
- 제비가 되어 도련님 계신 …
- 이별 두 글자를 깨치고 싶네!

(나) 작자 미상, 〈춘향이별가〉

❶ 화자, 중심 대상   ❷ 상황, 정서, 태도   ❸ 표현상 특징   [시 해석]

❶
ᵃ   ᵃ   ᵃ   ᵃ
이별이라네 이별이라네 이 도령 춘향이가 이별이로다
　　❸ 표현상 특징: aaba 구조를 활용하여 운율을 형성함.
➡ 이별이라네 이별이라네 이 도령과 춘향이가 이별이구나

❷
춘향이가 도련님 앞에 바짝 달려들어 눈물짓고 하는 말이
➡ 춘향이 도련님 앞에 바짝 달려들어 눈물을 지으며 하는 말이

　　　　　　❶ 화자: 나
❸
도련님 들으시오 나를 두고 못 가리다
　　❷ 정서: 이별을 거부하고 싶은 춘향의 마음
➡ 도련님 들으시오 나를 두고 못 가리다

❹
나를 두고 가겠으면 홍로화(紅爐火) 모진 불에
　　　　　　　　　　화로에 담긴 붉은 불
➡ 나를 두고 가겠으면 빨갛게 달아오른 화롯불 모진 불에

❺
다 사르겠으면 사르고 가시오
➡ (나를) 다 불사르겠으면 불사르고 가시오

❻
날 살려 두고는 못 가시리라
　　❷ 정서: 이별하려거든 자신을 죽이고 가라는 춘향의 애절함.
➡ 날 살려 두고는 못 가시리라

❼
┌ 잡을 데 없으시면 ⓐ삼단같이 좋은 머리를
「 」: 이별을 막고자 하는 춘향의 간절함.
➡ 잡을 데 없으시면 삼단같이 좋은 머리카락을

❽
휘휘칭칭 감아쥐고라도 날 데리고 가시오 」
➡ 휘휘칭칭 감아쥐고라도 날 데리고 가시오

살려 두고는 못 가시리다
➡ (나를) 살려 두고는 못 가시리다

❿
날 두고 가겠으면 용천검(龍泉劍) 드는 칼로다
➡ 날 두고 가겠으면 장수들의 잘 베어지는 칼로다

⓫
요 내 목을 베겠으면 베고 가시오
➡ 이 내 목을 베겠으면 베고 가시오

⓬
날 살려 두고는 못 가시리라 ▨ 유사한 문장 구조의 반복을 통해
　　　　　　　　　　　　　　운율감을 형성하며, 이별을 거부하는
➡ 날 살려 두고는 못 가시리라 　　마음을 효과적으로 드러냄.

⓭
두어 두고는 못 가시리다
➡ 두어 두고는 못 가시리다

⓮
날 두고 가겠으면 ⓑ영천수(潁川水) 맑은 물에다
➡ 날 두고 가겠으면 맑은 물에다

⓯
던지겠으면 던지고나 가시오
➡ (나를) 던지겠으면 던지고나 가시오

⓰
날 살려 두고는 못 가시리다
➡ 날 살려 두고는 못 가시리다

＊❶～⓰행 요약: 이별 대신 죽음을 선택하겠다며 이별을 거부하는 춘향

⓱
이리 한참 힐난하다 할 수 없이 도련님이 떠나실 때
➡ 이리 한참 따지고 들다가 할 수 없이 도련님이 떠나실 때

⓲
방자 놈 분부하여 나귀 안장 고이 지으니
➡ 방자에게 명령을 내려 나귀의 등에 안장을 정성스럽게 얹으니

⓳
도련님이 나귀 등에 올라앉으실 때
➡ 도련님이 나귀 등에 올라앉으실 때

⓴
춘향이 기가 막혀 미칠 듯이 날뛰다가
➡ 춘향이 기가 막혀 미칠 듯이 날뛰다가

㉑
우르르 달려들어 나귀 꼬리를 부여잡으니
➡ 우르르 달려들어 나귀 꼬리를 부여잡으니

㉒ ❸ 표현상 특징: 음성 상징어를 활용하여 상황을 생동감 있게 표현함.
ⓒ나귀 네 발로 동동 굴러 춘향 가슴을 찰 때
　　❸ 표현상 특징: 비극적 상황을 희화화함.
➡ 나귀가 네 발로 동동 굴러서 춘향의 가슴을 찰 때

[B] 표시는 ❶ 화자: 서술자 / ❶ 화자: 나 / ❶ 화자: 춘향

㉓
안 나던 생각이 절로 나
➡ 안 나던 생각이 저절로 나니

㉔
그때에 이별 별(別) 자 내인 사람 나와 한백 년 대원수로다
➡ 그때에 이별의 별(別) 자 만든 사람 나와 평생의 대원수로다

㉕
┌ 깨치리로다 깨치리로다 박랑사 중 쓰고 남은 철퇴로
「 」: 고사를 활용함.−감정을 토로하는 춘향의 격정적 면모
➡ 깨뜨리로다 깨뜨리로다 박랑사의 중이 쓰고 남은 철퇴를

㉖
천하장사 항우 주어 이별 두 자를 깨치리로다 」
➡ 천하장사 항우에게 주어 이별 두 글자를 깨뜨리로다

┌ **힐난하다:** 트집을 잡아 거북할 만큼 따지고 들다.
└ **분부하다:** 윗사람이 아랫사람에게 명령이나 지시를 내리다.

＊⓱～㉖행 요약: 이별을 막아 보려 노력하는 춘향

㉗
할 수 없이 도련님이 떠나실 때
　어쩔 수 없이 이별을 받아들이는 춘향의 수용적 면모
➡ 할 수 없이 도련님이 떠나실 때

㉘
향단이 준비했던 주안을 갖추어 놓고
➡ 향단이 준비했던 술과 안주를 갖추어 놓고

㉙
풋고추 겨리김치 문어 전복을 곁들여 놓고
　　❸ 표현상 특징: 귀한 음식을 열거하여 도련님에 대한 사랑을 나타냄.
➡ 풋고추, 겨리김치, 문어, 전복을 곁들여 놓고

㉚
잡수시오 잡수시오 이별 낭군이 잡수시오
➡ 잡수시오 잡수시오 이별하는 낭군이 잡수시오

㉛
언제는 살자 하고 화촉동방(華燭洞房) 긴긴 밤에
　　　　　　　　　결혼한 뒤 부부가 처음으로 함께 자는 방
➡ 언제는 같이 살자 하고 결혼하여 함께하는 방에서 긴긴 밤에

㉜
청실홍실로 인연을 맺고 백 년 살자 언약할 때
➡ 청실홍실로 인연을 맺고 백 년 살자 약속할 때

㉝
물을 두고 맹세하고 산을 두고 증삼(曾參)＊ 되자더니
변함이 없는 자연물　　　　　변함이 없는 자연물
➡ 물을 두고 맹세하고 산을 두고 증삼처럼 굳게 약속을 지키자더니

㉞
ⓓ산수 증삼은 간 곳이 없고
➡ 산과 물과 증삼은 간 곳이 없고

㉟
이제 와서 이별이란 웬 말이오
➡ 이제 와서 이별이란 웬 말이오

㊱
잘 가시오
➡ 잘 가시오

㊲
잘 있거라
➡ 잘 있거라

㊳　　　　　　　물이 겹겹으로 겹쳐져 있는 상태
산첩첩(山疊疊) 수중중(水重重)한데 부디 편안히 잘 가시오
산이 여러 겹 포개진 모양
➡ 산은 겹겹이 둘러 있고 물은 매우 깊은데 부디 편안히 잘 가시오

㊴　　　　　　　❷ 정서: 재회를 확신하지 못함.
나도 ⓔ명년 양춘가절＊이 돌아오면 또다시 상봉할까나
➡ 나도 다음 해에 봄날이 돌아오면 또다시 도련님을 만날 수 있을까나

＊㉗～㊴행 요약: 이몽룡과의 이별을 수용하는 춘향

＊ 증삼: 공자의 제자. 고지식하여 약속을 반드시 지킴.

＊ 양춘가절: 따뜻하고 좋은 봄철

■ **갈래:** 잡가　　　　　　■ **창작 시기:** 조선 시대
■ **내용:** 이 작품은 판소리 〈춘향가〉에서 춘향과 이도령의 이별 장면을 따로 떼어 노래로 만든 잡가이다.
■ **주제:** 이별로 인한 춘향의 안타까움과 비애감

Ⓔ

■ **이것이 핵심**: 잡가의 리듬 형성

① aaba의 구조

a	a	b	a
깨치리로다	깨치리로다	~	깨치리로다
잡수시오	잡수시오	~	잡수시오
이별이라네	이별이라네	~	이별이로다

② '나를(날) 두고 가겠으면 ~ 날 살려 두고는 못 가시리라'의 반복

E 84 정답 ④ ＊인물의 심리와 태도 파악하기 ···· [정답률 82%]

(가)에 대한 이해로 적절하지 <u>않은</u> 것은?

> **왜 정답 ?**

④ '춘향'은 <u>고사를 활용하여 자신의 상황이 역사적 사건과 관련</u>되어 있음을 말하고 있다.
고사를 활용하였지만, 자신의 상황이 역사적 사건과 관련되어 있다고 말한 것은 아님.

＊근거: (가) ③문단 ❹~❻문장

춘향은 진시황의 분서 사건과 박랑사와 관련된 사건을 언급하고 있으므로 고사를 활용한 것은 맞다. 하지만 이를 통해 이별을 막고 싶은 자신의 마음을 드러낸 것이지, 자신의 상황이 역사적 사건과 관련되어 있음을 말하고 있지는 않다.

> **왜 오답 ?**

① '도련님'은 이별의 상황이 자신의 입장에서는 <u>불가피한 것</u>임을 드러내고 있다.
'이를 어이한단 말인고?', '네 말이 다 못 될 말이니'

＊근거: (가) ①문단 ❹~❻문장

도련님은 '어르신네 공조참의 승진 말고, 이 고을 풍헌만 하신다면 이런 이별 없을 것'이라며 부친의 승진이 이별의 원인임을 밝힌 후, '속절없이 춘향을 어찌할 수 없네! 네 말이 다 못 될 말이니'라며 춘향이 그 어떤 말을 하더라도 자신의 입장에서는 춘향과 이별할 수밖에 없음을 드러내고 있다.

[불가피하다: 피할 수 없다.

② '춘향'은 '도련님'을 처음 만날 때부터 <u>이별의 상황을 우려</u>하였음을 말하고 있다.
'이런 일이 있겠기로 처음부터 마다하지 아니하였소?'

＊근거: (가) ①문단 ❾문장

춘향은 이별을 고하는 도련님에게 '이런 일이 있겠기로 처음부터 마다하지 아니하였소?'라며 도련님을 처음 만날 때부터 이별의 상황을 우려하였음을 말하고 있다. 여기서 '이런 일'은 부친의 승진과 같은 일로 이별할 수밖에 없는 상황을 의미하고, 춘향이 '처음부터 마다'한 것은 두 사람의 사랑의 시작임을 문맥을 통해 짐작할 수 있다.

③ '춘향'은 '도련님' 곁에 머물고 싶은 마음을 <u>자연물에 의탁</u>하여 드러내고 있다.
'제비가 되어 도련님 계신 처마에 집을 지어, ~ 도련님 품으로 들어가 볼깨'

＊근거: (가) ③문단 ❶문장

춘향은 '제비가 되어 도련님 계신 처마에 집을 지어, 밤이 되면 집으로 들어가는 체하고 도련님 품으로 들어가 볼깨'라며 도련님 곁에 머물고 싶은 마음을 자연물에 의탁하여 드러내고 있다.

[의탁하다: 어떤 것에 몸이나 마음을 의지하여 맡기다.

⑤ '춘향'은 <u>천상의 존재</u>에게 억울함을 전하는 상황을 설정하여 자신의 감정을 드러내고 있다.
'옥황전에 솟아올라 억울함을 호소하여'

＊근거: (가) ③문단 ❼문장

춘향은 '옥황전에 솟아올라 억울함을 호소하여'라며 천상의 존재인 옥황에게 억울함을 전하는 상황을 설정하여 도련님과의 이별의 상황에서 느끼는 억울한 감정을 드러내고 있다.

E 85 정답 ④ ＊소재 및 배경의 의미 파악하기 ·· [정답률 51%]

㉠~㉤에 대한 설명으로 가장 적절한 것은?

• ㉠~㉤: ㉠은 '명문(明文)', ㉡은 '소지(所志)', ㉢은 '편지 한 장', ㉣은 '판결문', ㉤은 '상언(上言)'입니다.

즉 앞뒤 맥락을 바탕으로 해당 소재에 대해 설명한 내용 중 적절한 것을 고르는 문제입니다.

> **왜 정답 ?**

④ ㉣: '도련님'에게는 약속 파기의 책임을 물을 수 없음을 밝히는 내용이 담길 것이다.
춘향을 송사에서 지게 하는 내용이므로, 도련님에게는 죄가 없다는 내용이 될 것임.

＊근거: (가) ②문단 ❹문장

'도련님은 사대부라 여기저기 청탁하여 또다시 송사에서 지게 하겠지요.'에서 '판결문'에는 춘향을 송사에서 지게 하는 내용, 즉 도련님에게 죄가 없음을 밝히는 내용이 담길 것임을 알 수 있다.

[파기: 계약, 조약, 약속 따위를 깨뜨려 버림.

> **왜 오답 ?**

① ㉠: '도련님'의 마음을 확인하고자 '춘향'이 쓴 글이다.
춘향이 아닌 도련님이 쓴 글이므로 적절하지 않음.

＊근거: (가) ②문단 ❶문장

'광한루에서 날 호리려고'에서 '명문'은 춘향의 마음을 얻기 위해 도련님이 쓴 글임을 알 수 있다.

② ㉡: '도련님'이 자신의 무고함을 밝히는 내용이 담길 것이다.
도련님이 아닌 춘향이 자신의 억울함을 담은 내용이므로 적절하지 않음.

＊근거: (가) ②문단 ❶문장

'소지 지어 가지고 본관 원님께 이 사연을 하소연하겠소.'에서 '소지'를 짓는 것은 춘향이며, 그 목적은 도련님이 먼저 호리어 놓고 이제와 이별을 고하는 것에 대한 억울함을 하소연하기 위한 것이다.

[무고하다: 아무런 잘못이나 허물이 없다.

③ ㉢: '춘향'과의 친밀감을 강화하려는 '도련님'의 마음을 전하는 내용이 담길 것이다.
도련님이 자신의 죄가 없음을 밝히는 내용이므로 적절하지 않음.

＊근거: (가) ②문단 ❸문장

'도련님은 양반이기에 편지 ~ 또 나를 패소시키거든'에서 도련님이 '편지 한 장'을 쓰는 목적이 춘향을 패소시키기 위한 것임을 알 수 있다. 따라서 ㉢에는 도련님이 자신은 죄가 없음을 밝히는 내용이 담길 것이다.

⑤ ㉤: '춘향'이 '순사또'의 힘을 빌려 '임금'에게 자신의 입장을 전하는 내용이 담길 것이다.
춘향이 직접 자신의 입장을 전하는 내용이므로 적절하지 않음.

＊근거: (가) ②문단 ❹문장

'장지 한 장 사서 거기에다 언문으로' '마음속에 먹은 뜻을 자세히 적어' '상언'을 올린다고 했으므로, '순사또'의 힘을 빌리는 것이 아니라 춘향이 스스로 자신의 입장을 임금에게 전하는 내용이 '상언'에 담길 것이다.

E 86 정답 ④ ＊시어 및 구절의 의미 파악하기 · [정답률 79%]

ⓐ~ⓔ에 대한 설명으로 가장 적절한 것은?

• ⓐ~ⓔ: ⓐ는 '삼단같이 좋은 머리', ⓑ는 '영천수 맑은 물', ⓒ는 '나귀 네 발로 동동 굴러', ⓓ는 '산수 증삼은 간 곳이 없고', ⓔ는 '명년 양춘가절이 돌아오면 또다시 상봉할까나'입니다.

즉 ⓐ~ⓔ에 드러난 인물의 정서와 태도에 대한 설명으로 적절한 것을 고르는 문제입니다.

왜 정답?

④ ⓓ는 **기대가 어긋나 버린 사정을 부각하여 비애감을 심화**하는 표현이다.
영원히 함께할 수 없게 된 이별 상황을 부각하여 비애감을 심화하므로 적절함.

*근거: (나) ㉜, ㉝행

도련님은 '백 년 살자 언약할 때' 변하지 않는 자연인 산수를 두고 맹세하고, 약속을 반드시 지키는 사람인 증삼과 같이 되자고 하였다. 하지만 이러한 '산수 증삼은 간 곳이 없고', 맹세와 약속을 깨고 이별을 하는 상황이 된 것이다. 따라서 '산수 증삼은 간 곳이 없다'는 표현은 도련님과 영원히 함께할 것이라는 춘향의 기대가 어긋나 버린 사정을 부각하여 비애감을 심화한다고 볼 수 있다.

왜 오답?

① ⓐ는 인물이 지닌 ~~자부심을 환기하여 좌절감을 완화하는~~ 소재이다.
춘향의 간절함을 보여 주는 소재이므로 적절하지 않음.

*근거: (나) ❼, ❽행

춘향은 이별을 고하는 도련님에게 '잡을 데 없으시면 삼단같이 좋은 머리를 휘휘칭칭 감아쥐고라도 날 데리고 가시오'라고 말하고 있다. 이는 여인의 아름다움을 상징하는 '삼단같이 좋은 머리'를 잡혀서라도 도련님을 따르겠다는 굳은 의지를 드러내고 있는 것이다. 따라서 '삼단같이 좋은 머리'는 이별을 막고자 하는 춘향의 간절함을 보여 주는 소재라고 할 수 있다.

환기하다: 주의나 여론, 생각 따위를 불러일으키다.
완화하다: 긴장된 상태나 급박한 것을 느슨하게 하다.

② ⓑ는 ~~초월적 공간에 대한 지향을 드러내어 현재의 고통과~~
초월적 공간이 아닌 죽음의 공간
~~대비하기 위한~~ 소재이다.
현재의 고통을 강조하는 소재이므로 적절하지 않음.

*근거: (나) ❿~⓰행

춘향은 이별을 고하는 도련님에게 '날 두고 가겠으면 영천수 맑은 물에다 / 던지겠으면 던지고나 가시오 / 날 살려 두고는 못 가시리다'라고 말하고 있다. 따라서 '영천수'는 '죽음의 공간'이며, 이별의 상황에서 춘향이 느끼는 '현재의 고통'을 강조하는 소재라고 할 수 있다.

③ ⓒ는 ~~부정적인 상황을 희화화함으로써 당면한 현실을 풍자하는~~ 표현이다.
당면한 현실을 풍자한다고 볼 수 없으므로 적절하지 않음.

*근거: (나) ㉑, ㉒행

춘향은 이별을 막아 보고자 나귀 꼬리를 부여잡았고, 이에 놀란 나귀가 '네 발로 동동 굴러' 춘향의 가슴을 차고 있다. 이는 이별이라는 비극적 상황을 의도적으로 우스꽝스럽게 표현한 것으로, 웃음으로 눈물을 닦는 한국 문학의 특질이 반영된 것이다. 하지만 이러한 표현이 당면한 현실의 부정적 현상이나 모순 따위를 빗대어 비웃고 있다고 보기는 어렵다.

희화화하다: 어떤 인물의 외모나 성격, 또는 사건을 의도적으로 우스꽝스럽게 묘사하거나 풍자하다.
당면하다: 바로 눈앞에 당하다.
풍자하다: 문학 작품 따위에서, 현실의 부정적 현상이나 모순 따위를 빗대어 비웃으면서 쓰다.

⑤ ⓔ는 ~~미래에 대한 전망을 바탕으로 대상과의 재회를 확신하는~~ 표현이다.
재회를 확신하지 못하고 있으므로 적절하지 않음.

*근거: (나) ㊳, ㊴행

춘향은 '또다시 상봉할까나'라며 재회의 가능성에 의문을 드러낸다. 이는 '산 첩첩 수중중'한 현실적 상황을 고려할 때 '명년 양춘가절'이 되더라도 도련님과의 재회는 쉽지 않을 것이라 생각했기 때문이라 짐작할 수 있다. 만약 도련님과의 재회를 확신했다면 '또다시 상봉하리로다'와 같은 표현을 사용했을 것이다.

E 87 정답 ③ *〈보기〉를 바탕으로 감상하기 ·· [정답률 84%]

〈보기〉를 바탕으로 (가), (나)를 이해한 내용으로 적절하지 않은 것은?

- **〈보기〉를 바탕**: '춘향'은 여러 작품에서 수용적 면모, 적극적 면모, 격정적 면모, 치밀한 면모, 민중의 시각을 대변하는 면모를 지닌 인물로 형상화되었습니다.
- **(가), (나)**: (가)에서 '춘향'은 이별에 대한 서러운 마음을 표현하고, (나)에서 '춘향'은 이별을 막고자 하는 간절한 마음을 표현하고 있습니다.

[즉] (가), (나)에 드러난 '춘향'의 면모에 대한 설명으로 틀린 것을 고르는 문제입니다.

[보기]

❶ 여러 작품에서 '춘향'은 다양한 면모를 지닌 인물로 형상화되었다. ❷ '춘향'은 원치 않는 상황을 받아들이는 수용적 면모를
④의 근거
보이기도, 목표를 이루려 단호하게 행동하는 적극적 면모를
②의 근거
보이기도 한다. ❸ 신세를 한탄하며 절규하는 격정적 면모를 드
⑤의 근거
러내는가 하면, 문제를 숙고하여 대응책을 모색하는 치밀한 면모를 표출하기도 한다. ❹ 한편 '춘향'은 당대 민중의 시각을 대변하는 면모를 지니기도 한다.
①의 근거

면모: 사람이나 사물의 겉모습. 또는 그 됨됨이
숙고하다: 곰곰 잘 생각하다. 모색하다: 일이나 사건 따위를 해결할 수 있는 방법이나 실마리를 더듬어 찾다.
대변하다: 어떤 사람이나 단체를 대신하여 그의 의견이나 태도를 표하다.

왜 정답?

③ (나)에서 ~~이별 후 자신이 겪을 고난을 말하며~~ '도련님'의 마
지문에서 드러나지 않음.
음을 돌리려는 모습을 통해, ~~문제 해결책을 강구하는~~ '춘향'의
지문에서 드러나지 않음.
치밀한 면모를 확인할 수 있다.

(나)에서 여러 상황을 가정하며 '날 살려 두고는 못 가시리라'며 적극적으로 이별을 막기 위해 노력하는 춘향의 모습은 나타나지만 이별 후 자신이 겪을 고난을 말하지는 않는다. 이별의 상황을 막을 수 있는 문제 해결책을 강구하지도 않는다.

강구하다: 좋은 대책과 방법을 궁리하여 찾아내거나 좋은 대책을 세우다.
치밀하다: 자세하고 꼼꼼하다.

왜 오답?

① (가)에서 양반들이 한통속이어서 '도련님'을 두둔할 것이라
'도련님은 양반이기에 ~ 송사에서 지게 하겠지요.'
고 언급하는 모습을 통해, 민중의 입장을 취하는 '춘향'의 면
〈보기〉의 4번째 문장에 근거
모를 확인할 수 있다.

*근거: (가) ❷문단 ❸, ❹문장, 〈보기〉 ❹문장

(가)에서 춘향은 '도련님은 양반이기에 ~ 순사또도 같은 양반이라 또 나를 패소시키거든', '도련님은 사대부라 ~ 송사에서 지게 하겠지요.'라며 양반들이 한통속이어서 도련님을 두둔할 것이라고 말하고 있다. 이는 당대 민중들이 양반들에 대해 지니고 있었던 생각을 반영하고 있는 것으로 볼 수 있다.

두둔하다: 편들어 감싸 주거나 역성을 들어 주다.

② (가)에서 구걸하고 다니면서라도 자신의 상황을 알리겠다
'팔만장안 억만가호마다 걸식하며 다니다가 ~ 하소연하는 격쟁을 하오리다'
는 모습을 통해, 뜻한 바를 성취하려는 '춘향'의 적극적 면모
〈보기〉의 2번째 문장에 근거
를 확인할 수 있다.

*근거: (가) ❷문단 ❹문장, 〈보기〉 ❷문장

(가)에서 춘향은 '팔만장안 억만가호마다 걸식하며 다니다가, 돈 한 푼씩 빌

어 얻어서' 그 돈으로 바리 뚜껑과 장지를 사서 장지에 상언을 쓰고, 바리 뚜껑을 치며 임금에게 자신의 억울함을 하소연하는 격쟁을 하겠다고 말하고 있다. 자신이 뜻한 바를 성취하려는 '춘향'의 적극적 면모를 확인할 수 있다.

④ (나)에서 '도련님'에게 주안을 올리며 어쩔 수 없이 이별을 받아들이는 모습을 통해, 서글픈 현실을 감내하려는 '춘향'의 _{'할 수 없이 도련님이 떠나실 때 / 향단이 준비했던 주안을 갖추어 놓고 ∼'} 수용적 면모를 확인할 수 있다. _{〈보기〉의 2번째 문장에 근거}

* 근거: (나) ❷❼, ❷❽, ❸❻행, 〈보기〉 ❷문장
(나)에서 춘향은 '할 수 없이 도련님이 떠나실 때 향단이 준비했던 주안을 갖추어 놓고', '잘 가시오'라고 말하고 있다. 이별하고 싶지 않지만 서글픈 현실을 참고 버티어 이겨 내려 하는 '춘향'의 수용적 면모를 확인할 수 있다.

[감내하다: 어려움을 참고 버티어 이겨 내다.

⑤ (가), (나)에서 '이별'이라는 두 글자를 철퇴로 깨뜨리고자 하는 모습을 통해, 북받친 감정을 토로하면서 탄식하는 '춘향' _{(가), (나) 모두 철퇴로 이별 두 글자를 깨뜨리려는 장면이 드러남.} 의 격정적 면모를 확인할 수 있다. _{〈보기〉의 3번째 문장에 근거}

* 근거: (가) ❸문단 ❻문장, (나) ❷❺, ❷❻행, 〈보기〉 ❸문장
(가)와 (나)에서 춘향은 이별이라는 글자를 만든 사람을 원망하며 철퇴를 항우에게 주어 이별 두 글자를 깨뜨리고 싶다고 말하고 있다. 북받친 감정을 토로하면서 탄식하는 '춘향'의 격정적 면모를 확인할 수 있다.

E 88 정답 ⑤ *〈보기〉를 바탕으로 감상하기 · [정답률 64%]

〈보기〉를 바탕으로 [A], [B]를 감상한 내용으로 적절하지 <u>않은</u> 것은? [3점]

· 〈보기〉를 바탕: 〈춘향전〉을 제작할 때 세책업자는 재미있는 표현을 활용하여 흥미를 높이고 특정 부분의 분량을 늘리는 반면, 잡가 담당은 상황을 집약해 설명하고 감정을 드러내는 가사를 반복하였습니다.
· [A], [B]: [A]는 판소리계 소설, [B]는 잡가입니다.
즉 소설과 잡가의 특징을 바탕으로 [A], [B]를 감상한 내용 중 틀린 것을 고르는 문제입니다.

[보기]

❶ 조선 후기에 책을 대여하고 값을 받는 세책업자는 〈춘향전〉을 (가)와 같은 세책본 소설로, 유흥적 노래를 지은 잡가의 담 _{(가)는 산문} 당층은 〈춘향전〉의 대목을 (나)와 같은 잡가로 제작했다. 세 _{조선 말 평민층이 지어 부르던 노래} _{(나)는 운문} ❷ 책업자는 과장되고 재치 있는 표현을 활용하여 흥미를 높이 _{①의 근거} 거나 특정 부분의 분량을 늘려 이윤을 얻으려 했다. 잡가의 _{②의 근거} ❸ 담당층은 노래의 내용을 단시간에 전달하기 위해 상황을 집 _{③의 근거} 약해 설명하고 인물의 감정을 드러내는 가사를 반복해 청중 _{④의 근거} 의 공감을 끌어냈다. 연속되지 않은 장면들을 엮어 노래를 구 ❹ 성할 때에는 작품 속 화자의 역할이 바뀌기도 하였다.

집약하다: 한데 모아서 요약하다.

❯왜 정답?

⑤ [B]에서 화자가 해설자에서 인물로 역할을 바꾸는 것은 연 <s>족되지 않은 장면들이 엮여 작품이 구성되었음을 알게 해 주</s> _{화자가 바뀐 것은 맞지만, 연속된 내용이므로 적절하지 않음.} 는 단서이겠군.

[B]에서 '이별이라네 ∼ 눈물짓고 하는 말이'까지의 화자는 해설자이고, '도련님 들으시오 ∼ 날 살려 두고는 못 가시리다'까지의 화자는 '춘향'이다. 이처럼 [B]에서 화자가 해설자에서 인물로 역할을 바꾸고 있는 것은 맞다. 하

지만 두 화자 모두 춘향과 도련님의 이별의 상황을 전달하고 있으므로, 연속되지 않은 장면들이 엮여 작품이 구성되었다고 보는 것은 적절하지 않다.

❯왜 오답?

① [A]에서 '생눈 나올 일'이라는 과장된 표현을 쓴 것은 작품 의 흥미를 높이려는 취지와 관련되겠군. _{〈보기〉 2번째 문장에 근거}

* 근거: [A] ❹, 〈보기〉 ❷문장
[A]에서 몽룡은 이별의 상황에 대해 '생눈 나올 일'이라고 표현하고 있다. 〈보기〉를 참고할 때 이처럼 과장된 표현을 쓴 것은 과장된 표현을 활용하여 흥미를 높이려는 세책업자의 취지와 관련되었다고 볼 수 있다.

② [A]에서 '도련님'에게 거듭하여 묻는 형식을 사용한 것은 분량을 늘리려는 의도와 관련되겠군. _{〈보기〉 2번째 문장에 근거}

* 근거: [A] ❼∼❾, 〈보기〉 ❷문장
[A]에서 춘향은 거듭하여 묻는 형식을 사용하여 이별을 고하는 '도련님'의 책임을 추궁하며 자신을 데리고 갈 것을 요구하고 있다. 이처럼 유사한 내용을 반복하여 서술한 것은 〈보기〉를 참고할 때 특정 부분을 늘려 이윤을 얻으려 한 세책업자의 의도와 관련되어 있는 것이다.

③ [B]에서 첫 행에 작품의 상황을 제시한 것은 청중을 작품 의 내용에 빠르게 끌어 들이려는 전략과 관련되겠군. _{〈보기〉 3번째 문장에 근거}

* 근거: [B] ❶, 〈보기〉 ❸문장
[B]의 첫 행을 보면 '이별이라네 이별이라네 이 도령 춘향이가 이별이로다'라며 작품의 상황을 집약해 설명하고 있다. 이는 〈보기〉를 참고할 때 노래의 내용을 단시간에 전달하기 위해 청중을 작품의 내용에 빠르게 끌어 들이려는 잡가의 담당층의 전략과 관련된다. 〈보기〉에서 설명한 '노래의 내용을 단시간에 전달하기 위해'가 선택지에서 말한 '청중을 작품의 내용에 빠르게 끌어 들이려는' 것과 같은 것임을 파악할 수 있어야 한다.

④ [B]에서 '못 가시리다'라는 구절을 반복하여 인물의 감정을 강조한 것은 청중의 공감을 유발하려는 목적과 관련되겠군. _{〈보기〉 3번째 문장에 근거}

* 근거: [B] ❻, ❶❸, ❶❻, 〈보기〉 ❸문장
[B]에서는 '날 살려 두고는 못 가시리라', '두어 두고는 못 가시리다', '날 살려 두고는 못 가시리다'에서 '못 가시리다'라는 구절을 반복하여 이별을 거부하며 안타까워하는 춘향의 감정을 강조하고 있다. 이는 〈보기〉를 참고할 때 인물의 감정을 드러내는 가사를 반복해 청중의 공감을 끌어내려 했던 잡가 담당층의 목적과 관련되었다고 볼 수 있다.

E 89~92 ———— [2018년(6월)/평가원 42~45]

(가) 주세붕, 〈오륜가〉

❶ 화자, 중심 대상 ❷ 상황, 정서, 태도 ❸ 표현상 특징 [시 해석]

❶ 사람 사람마다 이 말삼 드러사라
➡ 사람 사람들마다 이 말씀을 들으려무나

❷ 이 말삼 아니면 사람이라도 사람 아니니
❷ 태도: 오륜을 지키지 않는 것을 경계함.
➡ 이 말씀을 듣고 지키지 않으면 사람이면서도 사람이 아닌 것이니

❸ 이 말삼 잇디 말고 배우고야 마로리이다 〈제1수〉
❷ 태도: 오륜을 지킬 것을 권고함.
➡ 이 말씀을 잊지 말고 배우고야 말아야 할 것이다

* 〈제1수〉 요약: 오륜을 배워야 하는 이유

❶ 아바님 날 나흐시고 어마님 날 기르시니
❶ 화자: 나
➡ 아버님이 나를 낳으시고 어머님이 나를 기르시니

❶ 부모(父母)곧 아니시면 내 몸이 업실랏다
➡ 부모님이 아니었으면 이 몸이 없었을 것이다

③ 이 덕(德)을 갚흐려 하니 하늘 가이 업스샷다 〈제2수〉
➡ 이 덕을 갚고자 하니 하늘같이 끝이 없다

*〈제2수〉 요약: 부자유친－부모에 대한 자식의 도리

❶ 종과 주인과를 뉘라셔 삼기신고
　　신하　　임금
➡ 종과 상전의 구별을 누가 만들어 내었던가

❷ 벌과 개미가 이 뜻을 몬져 아니
　　여왕벌과 여왕개미를 섬기는 것을 의미함.
➡ 벌과 개미들이 이 뜻을 먼저 아는구나

❸ 한 마암애 두 뜻 업시 속이지나 마읍사이다 〈제3수〉
➡ 한 마음에 두 뜻을 가지는 일이 없도록 속이지나 말아야 한다

*〈제3수〉 요약: 군신유의－임금에 대한 신하의 도리

❶ 지아비 밭 갈라 간 데 밥고리 이고 가
➡ 남편이 밭을 갈러 간 곳에 밥을 담은 광주리를 이고 가서

❷ 반상을 들오되 눈썹에 마초이다
➡ 밥상을 들이되 (남편의) 눈썹 높이까지 들어올린다

❸ 진실로 고마오시니 손이시나 다르실가 〈제4수〉
　　❸ 표현상 특징: 영탄적 표현
➡ (남편은) 진실로 고마우신 분이시니 손님을 대하는 것과 무엇이 다르겠는가

[지아비: '남편'을 예스럽게 이르는 말

*〈제4수〉 요약: 부부유별－남편에 대한 아내의 도리

❶ 형님 자신 젖을 내 조처 먹나이다
　　아우의 말
➡ 형님이 잡수신 젖을 나까지 먹는다

❷ 어와 우리 아우야 어마님 너 사랑이야
　　형님의 말
➡ 아 우리 아우야 어머님은 너를 사랑하신단다

❸ 형제(兄弟)가 불화(不和)하면 개돼지라 하리라 〈제5수〉
　　❸ 표현상 특징: 〈제5수〉의 '사람이라도 사람 아니니'의 의미를 비유적으로 표현함.
➡ 형제간에 화목하지 못하면 개나 돼지라 할 것이라

*〈제5수〉 요약: 형제우애－형제간에 지켜야 할 도리

❶ 늙은이는 부모 같고 어른은 형 같으니
　　사회　　　가정　　　사회　　가정
➡ 늙은이는 부모님과 같고 어른은 형님과 같으니

❷ 같은데 불공(不恭)하면 어디가 다를고
　　공손하지 아니하면
➡ 이와 같은데 공손하지 않으면 (짐승과) 어디가 다른 것인가

❸ 나이가 많으시거든 절하고야 마로리이다 〈제6수〉
➡ 나이가 많으신 분들을 맞이하게 되면 절하고야 말 것이다

[불공하다: 공손하지 아니하다.

*〈제6수〉 요약: 장유유서－연장자에 대한 아랫사람의 도리

■ 갈래: 평시조, 연시조　　　　■ 창작 시기: 조선 중기
■ 내용: 이 작품은 유학에서 사람이 지켜야 한다고 하는 다섯 가지 도리(부자유친, 군신유의, 부부유별, 장유유서, 붕우유신－여기서는 붕우유신 대신에 형제우애를 첨가함.)를 권고하려는 의도로 지어진 연시조이다.
■ 주제: 삼강오륜(三綱五倫)의 교훈 강조

■ 이것이 핵심!: 오륜을 권고하는 화자

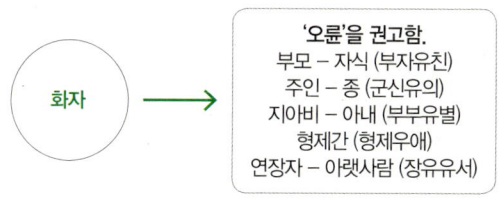

'오륜'을 권고함.
부모 – 자식 (부자유친)
주인 – 종 (군신유의)
지아비 – 아내 (부부유별)
형제간 (형제우애)
연장자 – 아랫사람 (장유유서)

화자 →

(나) 이곡, 〈차마설〉

❶ 중심 대상　❷ 글쓴이의 생각, 태도　❸ 서술상 특징

[1] 나는 집이 가난해서 말이 없기 때문에 간혹 남의 말을 빌려서
　　　　　글쓴이의 개인적인 체험
탔다. 그런데 노둔하고 야윈 말을 얻었을 경우에는 일이 아무리
　　❶ 중심 대상: 말을 빌린 경험
급해도 감히 채찍을 대지 못한 채 금방이라도 쓰러지고 넘어질 것
처럼 전전긍긍하기 일쑤요, 개천이나 도랑이라도 만나면 또 말에
서 내리곤 한다. ❸그래서 후회하는 일이 거의 없다. ❹반면에 발굽이
높고 귀가 쫑긋하며 잘 달리는 준마를 얻었을 경우에는 의기양양
　　　❶ 중심 대상: 말을 빌린 경험
하여 방자하게 채찍을 갈기기도 하고 고삐를 놓기도 하면서 언덕
과 골짜기를 모두 평지로 간주한 채 매우 유쾌하게 질주하곤 한다.
❺그러나 간혹 위험하게 말에서 떨어지는 환란을 면하지 못한다.

[2] ❶아, 사람의 감정이라는 것이 어쩌면 이렇게까지 달라지고 뒤바
　　　　　　　　　　　　　체험을 통해서 느낀 점
뀔 수가 있단 말인가. 남의 물건을 빌려서 잠깐 동안 쓸 때에도 오
히려 이와 같은데, 하물며 진짜로 자기가 가지고 있는 경우야 더
말해 무엇 하겠는가.

[노둔하다: 늙어서 재빠르지 못하고 둔하다.
[방자하다: 어려워하거나 조심스러워하는 태도가 없이 무례하고 건방지다.

*[1]～[2] 요약: 말을 빌렸던 체험에서 느낀 점

　　　　　　　　　　　　체험에서 느낀 점에 깊이가 더해짐.
[3] ❶그렇긴 하지만 사람이 가지고 있는 것 가운데 남에게 빌리지
않은 것이 또 뭐가 있다고 하겠는가. ❶임금은 백성으로부터 힘을
❷ 글쓴이의 생각: 사람이 가진 것 가운데 남에게 빌리지 않은 것은 없음.
빌려서 존귀하고 부유하게 되는 것이요, 신하는 임금으로부터 권
[J: 개인적 체험이 사회적 차원으로 일반화됨.
세를 빌려서 총애를 받고 귀한 신분이 되는 것이다. 그리고 자식
은 어버이에게서, 지어미는 지아비에게서, 비복(婢僕)은 주인에게
서 각각 빌리는 것이 또한 심하고도 많은데, 대부분 자기가 본래
가지고 있는 것처럼 여기기만 할 뿐 끝내 돌이켜 보려고 하지 않
❷ 태도: '사람이 빌린 것'을 자신이 본래 가지고 있는 것처럼 여기는 사람들을 비판함.
는다. ❶이 어찌 미혹된 일이 아니겠는가.
　　　　　　체험에서 얻게 된 궁극적인 깨달음
[4] 그러다가 혹 잠깐 사이에 그동안 빌렸던 것을 돌려주는 일이
생기게 되면, 만방(萬邦)의 임금도 독부(獨夫)가 되고 백승(百乘)
　　　　　　　　　　　세계의 모든 나라　포악한 군주　백 대의 수레
의 대부(大夫)도 고신(孤臣)이 되는 법인데, 더군다나 미천한 자의
　　　　　　임금의 신임을 받지 못하는 신하
경우야 더 말해 무엇 하겠는가.

[비복: 계집종과 사내종을 아울러 이르는 말
[만방: 세계의 모든 나라(= 만국)
[대부: 중국에서 벼슬아치를 세 등급으로 나눈 품계의 하나
[미천하다: 신분이나 지위 따위가 하찮고 천하다.

*[3]～[4] 요약: 소유에 대한 궁극적 깨달음

[5] ❶맹자(孟子)가 말하기를 "오래도록 차용하고서 반환하지 않았으
　　　　　　　　　❸ 서술상 특징: 옛 선인의 말을 인용하여 의견을 강조함.
니, 그들이 자기의 소유가 아니라는 것을 어떻게 알았겠는가."라
고 하였다. 내가 이 말을 접하고서 느껴지는 바가 있기에, 〈차마설〉
　　　　　　　　　　　　　　　　　　　〈차마설〉을 짓게 된 이유
을 지어서 그 뜻을 부연해 보노라.

[차용하다: 돈이나 물건 따위를 빌려서 쓰다.
[반환하다: 빌리거나 차지했던 것을 되돌려 주다.
[부연하다: 이해하기 쉽도록 설명을 덧붙여 자세히 말하다.

*[5] 요약: 〈차마설〉을 짓게 된 이유

■ 갈래: 고전 수필　　　　　■ 창작 시기: 고려 후기
■ 내용: 이 작품은 말을 빌려 탄 개인적 체험에서 얻은 깨달음을 사회적 차원의 소유에 대한 보편적인 이치로 일반화하고 있다. 이를 통해 물건에 따라 달라

지는 인간의 심리 변화와 그릇된 소유 관념에 대해 비판하며 올바른 삶의 태도를 촉구하는 교훈적 수필이다.

■ **주제:** 소유에 대한 성찰과 깨달음

■ **이것이 핵심!:** 소유에 대한 글쓴이의 깨달음과 비판

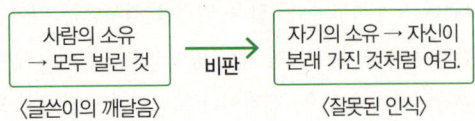

사람의 소유 → 모두 빌린 것	비판	자기의 소유 → 자신이 본래 가진 것처럼 여김.
〈글쓴이의 깨달음〉		〈잘못된 인식〉

E 89 정답 ④ *작품 비교하기 [정답률 82%]

(가), (나)의 공통점으로 가장 적절한 것은?

> **왜 정답?**

④ **삶의 태도에 대한 경계와 권고의 의도를 드러내고 있다.**
(가)-오류에 대한 경계와 권고가 드러남. (나)-소유에 대한 경계와 권고가 드러남.

*근거: (가) 〈제1수〉 ❷. ❸. (나) ❸문단 ❶. ❸. ❹문장

(가)는 이 말씀(오륜)을 잊지 말고 배워야 함을 이야기한다. '이 말씀 아니면 사람이라도 사람 아니니', '형제가 불화하면 개돼지라 하리라', '같은데 불공하면 어디가 다를고' 등의 표현을 통해 오륜을 지키지 않는 삶의 태도를 경계하고 있다. 또한 '이 말씀 잇디 말고 배우고야 마로리이다', '한 마암애 두 뜻 업시 속이지나 마옵사이다' 같은 표현을 통해 오륜을 지키며 바람직하게 살아갈 것을 권고하고 있다. 또한 (나)는 '사람이 가지고 있는 것 가운데 남에게 빌리지 않은 것'이 없는데, '자기가 본래 가지고 있는 것처럼 여기기만 할 뿐 끝내 돌이켜 보려고 하지 않는' 태도에 대해 경계하고, 소유욕을 갖는 것을 '미혹된 일'이라고 하며, 소유에 얽매이지 말 것을 권고하고 있다.

> **왜 오답?**

① ~~영탄적 표현을 통해 대상의 속성을 예찬하고 있다.~~
(가)-'다르실가'. (나)-'아'   대상의 속성을 예찬하고 있지 않음.

(가)의 '다르실가', (나)의 '아' 등과 같은 영탄적 표현이 나타나기는 하지만, 이를 통해 대상의 속성을 예찬하는 것은 아니다.

② ~~상반된 세계관이 대구의 형식을 통해 구체화되고 있다.~~
(가)와 (나) 모두 상반된 세계관은 드러나지 않음.

(가)와 (나)에 상반된 세계관은 나타나지 않는다. (나)에서는 '노둔하고 야윈 말'과 '준마'라는 상반된 대상을 대비하여 자신의 견해를 드러냈을 뿐이다.

[대구: 형식이나 내용이 비슷한 문장을 나란히 짝을 맞추어 배치하는 방법

③ ~~바람직하지 않은 인간에 대한 연민의 시선을 담고 있다.~~
(가)와 (나) 모두 연민의 시선은 드러나지 않음.

(가)에서는 오륜을 지키지 않는 사람, (나)에서는 빌린 것들을 자신의 것이라 착각하는 사람들, 즉 바람직하지 않은 인간에 대한 비판이 드러나지, 연민의 시선이 나타나지는 않는다.

⑤ ~~이상향에 대한 의식을 역설적 표현을 통해 진술하고 있다.~~
(가)와 (나) 모두 이상향에 대한 의식이나 역설적 표현은 드러나지 않음.

(가)와 (나)에는 이상향에 대한 의식은 나타나 있지 않으며, 역설적 표현을 통한 진술도 드러나지 않는다.

[역설: 겉으로는 모순되거나 논리에 맞지 않는 표현이지만, 그 속에 진정으로 말하고자 하는 의미를 표현하는 방법

E 90 정답 ③ *작품 비교하기 [정답률 62%]

(가), (나)에 대한 설명으로 가장 적절한 것은?

> **왜 정답?**

③ **(나)는 개인적 체험에서 얻은 깨달음을 사회적 차원으로 일반화하고 있다.**
말을 빌렸던 개인적 체험을 통해 소유에 대한 보편적 깨달음으로 일반화함.

*근거: (나) ❸문단 ❷. ❸문장

(나)는 말을 빌려 탄 글쓴이의 개인적 체험에서 얻은 소유에 대한 깨달음을 서술하고 있다. 그 뒤 '임금은 백성으로부터 ～ 되는 것이요, 신하는 임금으로부터 ～ 되는 것이다. 그리고 자식은 ～ 보려고 하지 않는다.'에서 임금과 신하, 부모와 자식, 부부, 주인과 비복 등에 관련한 사회적 차원의 문제로 일반화하여 소유에 대한 그릇된 인식을 버려야 함을 제시하고 있다.

[일반화하다: 개별적인 것이나 특수한 것이 일반적인 것으로 되다. 또는 그렇게 만들다.

> **왜 오답?**

① (가)는 관념적 덕목을 열거하여 ~~각각이 지닌 모순점을 밝히고 있다.~~
모순점을 언급하고 있지 않음.

*근거: (가) 〈제2수〉~〈제6수〉

(가)는 〈제2수〉부터 〈제6수〉까지 부모에 대한 자식의 도리, 윗사람(임금)에 대한 아랫사람(백성)의 도리, 남편에 대한 아내의 도리, 형제간에 지켜야 할 도리, 연장자에 대한 아랫사람의 도리 등 관념적 덕목을 열거하고 있다. 하지만 각각이 지닌 모순점을 밝히진 않았다.

[모순점: 말이나 행동에서 앞뒤가 맞지 않는 부분

② (가)는 ~~사람들 사이의 관계를 의식하지 않는 삶의 모습을~~ 사람들 사이의 관계를 의식하지 않는 삶을 옹호하고 있지 않음. 오히려 그 반대의 내용임.
~~옹호~~하며 시상을 전개하고 있다.

*근거: (가) 〈제1수〉 ❸

(가)는 사람들에게 오륜을 지키는 바람직한 삶의 태도를 권고하고 있다. 사람들 사이의 관계를 의식하지 않는 삶의 모습을 옹호하는 것은 아니다. 오히려 사람들 사이의 바람직한 관계를 이야기하고 있다.

[옹호하다: 두둔하고 편들어 지키다.

④ (나)는 인물의 내면 심리를 형상화하여 ~~욕망의 실현을 돕는 자연적 질서에 대한 경이감을 표출하고 있다.~~
욕망의 실현을 돕는 자연적 질서에 대한 경이감은 드러나지 않음.

*근거: (나) ❷문단

(나)는 말을 탄 경험을 바탕으로 '소유'에 대한 내면 심리를 드러내긴 했지만, 욕망의 실현을 돕는 자연적 질서에 대해 이야기하고 있지는 않다.

[경이감: 놀랍고 신기한 느낌

⑤ (가)와 (나)는 모두 ~~자연물이 지닌 덕성을 부각하여 인간적~~ (가)는 맞지만 (나)는 아님.
~~삶에 대한 긍지를 드러내고 있다.~~
(가)와 (나) 모두 드러나지 않음.

*근거: (가) 〈제3수〉 ❷

(가)의 〈제3수〉에서는 '벌과 개미'를 통해 군신유의의 자세에 대해 이야기하고 있지만, 인간적 삶에 대한 긍지를 드러내고 있진 않다. (나)에서는 자연물이 지닌 덕성도, 인간적 삶에 대한 긍지도 드러나지 않는다.

[긍지: 자신의 능력을 믿음으로써 가지는 당당함.

E 91 정답 ② *〈보기〉를 바탕으로 감상하기 [정답률 70%]

〈보기〉를 바탕으로 (가)를 감상한 내용으로 적절하지 않은 것은? [3점]

[보기]

❶ 교훈적 내용의 시조에는 설득력을 높이기 위한 몇 가지 특징적인 표현 전략이 있다. ❷ 우선 윤리적 덕목을 실천해야 하는
〈오륜가〉의 표현 방식
인물을 화자로 설정하여 대화 형식을 취하는 경우가 있다. ❸ 또한 비유나 상징, 유추, 다른 인물이나 사물과의 대비 등을 통해 화자가 개인 윤리는 물론 가정과 사회의 윤리를 실천하는
〈오륜가〉의 내용
주체로서 추구해야 하는 가치를 정당화하기도 한다.

전략: 정치, 경제 따위의 사회적 활동을 하는 데 필요한 책략
상징: 추상적인 개념이나 사물을 본래의 고유한 의미가 아닌 다른 의미를 제시하기 위해 구체적인 대상으로 표현하는 방법
유추: 낯선 주제나 어려운 개념을 익숙한 것에 빗대어 설명하는 방식. 이때 설명하고자 하는 대상과 익숙한 대상은 유사성을 가지고 있어야 함.

> **왜 정답?**

② 〈제4수〉에서는 화자로 내세운 '지아비'와 지어미의 문답 방식을 통해 아내가 추구해야 할 윤리적 가치를 정당화하고 있다.
〈보기〉에 언급된 방식이지만, 〈제4수〉는 지아비와 지어미의 문답 방식으로 전개되고 있지 않음.

∗ 근거: (가) 〈제4수〉 ❷

(가)의 〈제4수〉에 '반상을 들오되 눈썹에 마초이다'라는 표현이 나온다. 이는 밥상을 눈썹과 가지런하도록 공손히 들어 남편 앞에 가지고 간다는 뜻으로, 남편을 깍듯이 공경함을 이르는 말이다. 따라서 아내가 추구해야 할 (남편에 대한) 윤리적 가치를 정당화하고 있는 것이다. 하지만 화자가 상황을 전달하는 것이지, 지아비와 지어미의 '문답 방식'으로 전개되는 것은 아니다.

> **왜 오답?**

① 〈제3수〉에서는 '벌과 개미'의 생태로부터 윤리적 실천의
여왕을 섬기는 생태 / 종이 주인을 섬기는 것
주체가 추구해야 하는 가치를 유추하고 있다.

∗ 근거: (가) 〈제3수〉 ❷, ❸

〈제3수〉는 '벌과 개미'가 여왕벌이나 여왕개미를 섬기는 모습을 제시한 뒤, '한 마음애 두 뜻 업시 속이지' 말아야 한다고 말하고 있다. 이는 '벌과 개미'로부터 윤리적 실천의 주체(종)가 추구해야 할 '주인에 대한 섬김의 마음'을 드러내는 것이다.

③ 〈제5수〉에서 어머니의 '젖'은 어머니의 사랑을 상징하는
어머니의 사랑을 '젖'으로 표현함.
표현으로서, '형님'과 '아우'가 이를 화제로 삼아 대화를 나누
초장과 중장이 대화의 형식임.
는 형식을 취하고 있다.

∗ 근거: (가) 〈제5수〉 ❶, ❷

〈제5수〉의 초장에서 아우가 젖을 먹는 것에 대해 말하고, 중장에서는 형님이 '어와 우리 아우야 어마님 너 사랑이야'라고 말한다. 형제가 서로 대화하는 형식으로 시상을 전개하여 어머니의 '젖'이 자식에 대한 사랑을 상징함을 드러냈다.

④ 〈제5수〉의 '개돼지'는 〈제1수〉의 '사람이라도 사람 아니니'
'개돼지'는 형제의 우애를 지키지 않는 사람을 비유적으로 표현한 것이므로 적절함.
의 의미를 비유적으로 표현한 것으로서 화자가 추구하는 가
화자는 오륜을 지키는 것을 추구하므로 적절함.
치를 따르는 윤리적 주체와 대비되고 있다.

∗ 근거: (가) 〈제1수〉 ❷, 〈제5수〉 ❸

〈제5수〉의 '개돼지'는 어머니의 사랑을 저버린 채 형제끼리 불화하며 지내는 사람, 즉 형제우애를 지키지 않는 사람을 비유적으로 표현한 것이다. 이는 〈제1수〉에서 말한 오륜을 지키지 않아 '사람이라도 사람 아'닌 모습이다. 그리고 화자는 오륜을 지키는 것을 추구하므로, '개돼지'는 화자가 추구하는 가치를 따르는 윤리적 주체와 대비된다고 할 수 있다.

⑤ 〈제6수〉에서 '부모'와 '형'은, 〈제2수〉의 '부모'와 〈제5수〉
가정의 존재를 사회의 존재에 빗대어, 사회 윤리가 가정 윤리와 연결되어 있음을 보여 주고 있으므로 적절함.
의 '형님'과는 달리, '늙은이'와 '어른'에 빗대어져 쓰임으로써
사회 윤리가 가정 윤리와 연결되어 있음을 보여 주고 있다.

∗ 근거: (가) 〈제6수〉 ❸

〈제6수〉에서는 '늙은이'는 부모에, 어른은 '형'에 빗대어 표현하고 있다. 그런데 이는 혈연관계로서의 가족인 〈제2수〉의 '부모', 〈제5수〉의 '형님'과는 다른 의미이다. 종장의 '나이가 많으시거든 절하고야 마로리이다'에서 알 수 있듯이 혈연관계의 가정 윤리에서 나아가 사회 윤리를 말하고 있는 것으로, 연장자를 존중해야 함을 제시하고 있다.

E 92 정답 ⑤ ∗ 글쓴이의 생각과 태도 파악하기 … [정답률 78%]

(나)의 '나'에 대한 이해로 가장 적절한 것은?

> **왜 정답?**

⑤ '나'는 '맹자'의 '이 말'에서, 빌린 것을 소유했다고 여기는
'내가 이 말을 접하고서 느껴지는 바 ~'를 볼 때 적절함.
사람들에 대한 문제의식을 떠올리고 있다.

∗ 근거: (나) ⑤문단

(나)에 인용된 맹자의 '오래도록 차용하고서 반환하지 않았으니, 그들이 자기의 소유가 아니라는 것을 어떻게 알았겠는가.'라는 말은 그릇된 소유 관념의 문제를 지적한 것이다. 글쓴이는 이를 통해 빌린 것을 소유했다고 그릇되게 여기는 사람들에 대해 문제의식을 떠올리고 있다.

> **왜 오답?**

① '나'는 '노둔하고 야윈 말'을 빌리는 경우 '전전긍긍'하다가
전전긍긍 조심하기에 후회하는 일이 거의 없다고 했으므로 적절하지 않음.
위험에 처하기 때문에 후회하게 된다고 여기고 있다.

∗ 근거: (나) ①문단 ❷, ❸문장

'나'는 '노둔하고 야윈 말'을 빌린 경우 '전전긍긍'하게 되어 '후회하는 일이 거의 없다.'라고 했다. 반면 '준마'를 얻은 경우 '간혹 위험하게 말에서 떨어지는 환란을 면하지 못한다.'라고 했다. 따라서 위험에 처하기 때문에 후회하는 것은 '노둔하고 야윈 말'이 아닌 '준마'를 탈 때이다.

② '나'는 '준마'를 빌려 탈 때의 '의기양양'한 감정이 ~~그것을 소유할 때에는 발생하지 않을 것이라고~~ 예상하고 있다.
소유할 때는 더할 것이라고 예상했으므로 적절하지 않음.

∗ 근거: (나) ②문단 ❷문장

'하물며 진짜로 자기가 가지고 있는 경우야 더 말해 무엇 하겠는가.'를 통해 준마를 빌렸을 때 가졌던 '의기양양'한 마음은 소유할 때 더 커질 것이라고 생각하고 있음을 알 수 있다.

③ '나'는 '가지고 있는 것'이 없는 천한 사람들을 '미혹'되었다
글쓴이가 미혹하다고 본 대상은 자기 것이 아닌 것을 자기 것처럼 여기는 이들이므로 적절하지 않음.
고 생각하고 있다.

∗ 근거: (나) ③문단 ❶, ❸, ❹문장

'사람이 가지고 있는 것 가운데 남에게 빌리지 않은 것'이 없는데, 사람들은 '자기가 본래 가지고 있는 것처럼 여기기'에 '미혹된 일'이라고 말하고 있다. 따라서 '가지고 있는 것이 없는 천한 사람'을 미혹하다고 말한 것이 아니라, 자기 것이 아니면서도 자기의 것이라 믿는 사람들을 미혹하다고 여긴 것이다.

④ '나'는 자기가 소유하고 있는 권력이 빌린 것임을 돌아보는
빌렸던 것을 자기 것처럼 여기다가 돌려주는 경우 독부가 된다고 본 것이므로 적절하지 않음.
'임금'의 모습을 '독부'로 표현하고 있다.

∗ 근거: (나) ④문단 ❶문장

'잠깐 사이에 그동안 빌렸던 것을 돌려주는 일이 생기게 되면, 만방의 임금도 독부가 되고'라고 했다. '독부'는 포악한 정치를 하여 국민에게 외면을 당한 군주를 의미한다. 빌린 것을 소유한 것이라고 생각해서, 빌린 것을 돌려줘야 하는 상황이 되면 포악한 군주가 된다는 것이다. 즉, '독부'는 자신의 권력을 빌린 것이라고 인지하며 돌아보는 임금의 모습은 아니다.

E 93~97 [2021년(7월)/고3교육청 14~18]

(가) 권익륭, 〈풍아별곡(風雅別曲)〉

❶ 화자, 중심 대상 ❷ 상황, 정서, 태도 ❸ 표현상 특징 시 해석

❶ 풍아(風雅)∗의 깊은 뜻을 전하는 이 그가 뉘신고
❶ 중심 대상: 시문을 읊는 풍류 ❷ 정서: 시문을 짓고 읊는 풍류가 없는 현실 풍조에 대한 한탄
➡ 시문을 짓고 읊는 풍류의 이치, 그 깊은 뜻을 전하는 이는 누구인가?

❷ 고조(古調)∗를 좋아하나 아는 이 전혀 없네
화자가 즐기고자 하는 대상: 옳은 소리를 담은 옛 곡조
➡ 옳은 소리를 담은 옛 곡조를 좋아하지만 아는 이가 전혀 없구나.

❸ 정성(正聲)*이 하 아득하니 다시 불러 보리라.　　　　〈제1곡〉
➡ 옳은 소리를 담은 노래가 어렴풋하니 다시 불러 보리라.

＊〈제1곡〉 요약: 현실 풍조에 대한 한탄과 옛 곡조에 대한 의지

［ **아득하다:** 보이는 것이나 들리는 것이 희미하고 매우 멀다.

❶ 위의(威儀)도 거룩하고 예모(禮貌)*도 넓을시고
　❸ 대구법을 통해 군자의 엄숙하고 예의에 맞는 몸가짐을 예찬함.
➡ 엄숙한 몸가짐이 높고 예법에 맞는 몸가짐도 넓구나.

❷ 해학을 좋아하나 가혹함이 되올소냐
　❸ 해학과 가혹함을 대조하여 나타냄.　**❸** 설의법을 통해 가혹해서는 안 됨을 강조함.
➡ 실없는 말로 농담하는 것을 좋아하나 이것이 남을 괴롭혀서야 되겠느냐?

❸ 아마도 성덕지선(盛德至善)을 못 잊을까 하노라　　　〈제3곡〉
　❷ 태도: 군자의 훌륭한 덕과 지극한 선을 예찬함.
➡ 아마도 크고 훌륭한 덕과 지극한 선함을 잊지 못할까 하노라.

＊〈제3곡〉 요약: 군자의 훌륭한 덕과 지극한 선에 대한 예찬

［ **위의:** 위엄이 있고 엄숙한 태도나 차림새
　거룩하다: 뜻이 매우 높고 위대하다.
　가혹하다: 몹시 모질고 혹독하다.
　성덕: 크고 훌륭한 덕

❶ 좌상(座上)의 손이 있고 술통에 ㉠술이 가득
　화자가 손님들과 함께 풍류를 즐기고자 함.
➡ 여러 사람이 모인 자리에 손님이 있고 술통에는 술이 가득(하다.)

❷ 중심(中心)*을 즐길지니 외모를 위할소냐
　❸ 대조법과 설의법을 통해 외모가 아닌 중심을 즐김을 강조함.
➡ 마음속을 즐길 것이니 겉모습을 위하겠느냐?

❸ 덕음(德音)이 밝으시니 곧 반응이 나타나리라　　　〈제4곡〉
➡ 도리에 맞는 말이 크고 밝으니 이것이 본보기가 될 것이리라.

＊〈제4곡〉 요약: 중심(中心)을 지키는 사대부의 바람직한 자세

［ **좌상:** 여러 사람이 모인 자리
　덕음: 도리에 맞는 말

❶ 이 해 저물었으니 아니 놀고 어찌하리
➡ 한 해가 저물었으니 어찌 아니 놀겠느냐?

❷ 즐김을 좋아하나 거칠음은 말지어다
　❸ '즐김'과 '거칠음'을 대조하여 나타냄.
➡ 즐김을 좋아하더라도 이에 지나치게 빠지지는 말지어다.

❸ 아마도 직사기우(職思其憂)*야 그가 어진 선비일까 하노라
　❷ 태도: 어떤 것을 즐기되 그것에 빠져서는 안 된다는 낙이불음을 나타냄.
➡ 아마도 그러한 걱정을 생각해야 그가 어진 선비인가 하노라.
　　　　　　　　　　　　　　　　　　　　　　　〈제5곡〉

＊〈제5곡〉 요약: 어진 선비가 갖추어야 할 낙이불음(樂而不淫)의 태도

❶ 두었던 종고금슬(鐘鼓琴瑟)* 날로 즐겨 놀지어다
　여러 악기로 옛 곡조를 연주하며 풍류를 즐기고자 하는 모습
➡ 내버려 두었던 종, 북, 거문고, 비파를 연주하며 날마다 즐겨 놀지어다.

❷ 백년 후 돌아보오 화옥(華屋)*의 누가 들소니
　오랜 시간이 흐르면 좋은 집에 들 수 없는 것처럼 인생이 무상함을 나타냄.
➡ 백년 후에 돌아보오. 화려한 집에 누가 들었는지를.

❸ 생전에 다 즐기지 못하면 뉘우칠까 하노라　　　〈제6곡〉
　❷ 태도: 후회 없이 풍류를 즐기며 놀자는 뜻을 나타냄.
➡ 살아 있을 때 다 즐기지 못하면 (나중에) 후회할까 하노라.

［ **생전:** 살아 있는 동안

＊〈제6곡〉 요약: 풍류를 즐기는 삶에 대한 권유

＊풍아: 시문을 짓고 읊는 풍류의 이치
＊고조: 옛 곡조. 여기서는 옳은 소리를 담은 옛 곡조를 뜻함.
＊정성: 옳은 소리. 또는 옳은 곡조의 음악
＊예모: 예절에 맞는 몸가짐
＊중심: 마음속
＊직사기우: 마땅히 그 근심을 생각함.
＊종고금슬: 종, 북, 거문고, 비파
＊화옥: 화려하게 지은 집

■ **갈래:** 연시조　　　　■ **창작 시기:** 조선 후기
■ **내용:** 이 작품은 권익륭이 강원도 간성 군수로 있을 때 창작한 6수의 연시조로, '서사'에 해당하는 1수와 '본사'에 해당하는 5수로 이루어져 있다. 또한 국문 시가 뒤에는 각각 한역시가 함께 전한다. 당시 간성은 강원도를 찾은 사대부들이 수시로 들르는 곳이었기에, 권익륭은 손님들을 접대할 목적으로 이 노래를 만들었다. 작품의 창작 목적이 빈객 접대였기에 주로 손님들이 모인 자리에서 가창되었지만, 권계의 내용을 갖고 있어 당시 간성 지역의 사대부들을 교화하는 데에도 활용되었다.
■ **주제:** 풍아를 즐기는 사대부가 갖추어야 할 자세

■ **이것이 핵심!:** 사대부가 지녀야 할 바람직한 자세

	낙이불음(樂而不淫)	중심(中心)을 지키는 것
제3곡	'해학'을 좋아하더라도 남을 괴롭히면 안 됨.	
제4곡		외모(겉치레)보다 중심(마음속)을 지켜야 함.
제5곡	'즐김'을 좋아하더라도 그것에 빠져서는 안 됨.	

(나) 박은, 〈야와송시유감(夜臥誦詩有感)〉

❶ 화자, 중심 대상　**❷** 상황, 정서, 태도　**❸** 표현상 특징　[시 해석]

❶ **❸** 공간적 배경: 방 안
베개 베고 시를 얻어 계속 읊조리자니　　　枕上得詩吟不輟
　❷ 상황: 화자가 늦은 밤 방에 누워 시를 읊조림.
➡ 베개 베고 (누워) 시를 계속 읊조리니

❷ **❷** 정서: 말이 화자의 근심에 반응하여 쓸쓸한 분위기를 조성함.
마구간의 마른 말도 더욱 길게 우는구나　　　羸驂伏櫪更長鳴
　❸ 시각적 심상을 통해 쓸쓸한 분위기를 나타냄.
➡ 마구간에 있는 마른 말도 더욱 길게 우는구나.

［ **읊조리다:** 뜻을 음미하면서 낮은 목소리로 시를 읊다.

＊❶~❷행 요약: 화자가 근심을 달래기 위해 방에 누워 시를 읊조림.

❸ **❸** 시간적 배경: 늦은 밤
밤 깊어 초승달은 그림자를 만들고　　　夜深纖月初生影
　❷ 정서: 초승달-화자의 근심에 반응하여 '그림자'를 통해 쓸쓸한 분위기를 조성함.
➡ 밤이 깊어 초승달은 그림자를 만들고

❹ 고요한 산 찬 솔도 절로 소릴 내누나　　　山靜寒松自作聲
　❸ 촉각적 심상을 통해 쓸쓸한 분위기를 나타냄.
➡ 고요한 산의 차가운 소나무도 절로 소리를 내는구나.

［ **솔:** 소나뭇과의 모든 식물을 통틀어 이르는 말

＊❸~❹행 요약: 화자의 근심에 교감하는 자연물

❺ 늙은 종이 재를 털자 등불은 밝아지고，　　　老婢撥灰明兀兀
➡ 늙은 종이 재를 털자 등불은 밝아지고

❻ 아내는 ㉡술을 퍼와 내게 권해 따라주네　　　孺人把酒勸卿卿
　화자의 마음을 위로하는 존재
➡ 아내는 술을 퍼와 나에게 (술을) 권하며 따라주네

❷ 상황: 화자의 근심을 위로하기 위해 늙은 종은 불을 밝히고 아내는 술을 권함.

［ **재:** 불에 타고 남은 가루 모양의 물질

＊❺~❻행 요약: 늙은 종과 아내가 잠을 이루지 못하는 화자를 위로함.

❼ 얼큰해져 이불 덮고 다시 높이 누웠자니　　　醉來捉被還高臥
　술을 마셔야만 잠들 수 있는 화자의 현실
➡ 술에 취해 이불 덮고 다시 누우니

❽ 가슴 속에 불평 있음 깨닫지 못하겠네　　　未覺胸中有不平
　❷ 정서: 술로 근심을 달랠 수밖에 없는 불우한 현실에 대한 안타까움
➡ 가슴 속에 불평 있음을 깨닫지 못하겠구나.

［ **얼큰하다:** 술에 취하여 정신이 조금 어렴풋하다.

＊❼~❽행 요약: 화자가 술을 마시며 근심을 달램.

■ **갈래:** 한시(칠언율시)　　　　■ **창작 시기:** 조선 전기

■ **내용**: 이 작품은 연산군 때 파직을 당한 작가가 물질적, 정신적으로 힘든 상황에서 자신의 우울한 심경을 나타낸 작품이다. 이 시의 제목인 '야와송시유감(夜臥誦詩有感)'은 '밤에 누워 시를 읊으니 느끼는 바가 있다'로, 늦은 밤에 잠을 이루지 못하는 화자의 심정을 잘 나타내고 있다. 화자는 자신을 둘러싼 자연의 대상들과 교감하고 아내가 다정하게 권하는 술을 마시며 근심을 잊고 있다. 하지만 술에 취해야만 근심을 잊을 수 있다는 것은, 오히려 시인이 처한 현실이 얼마나 처량하고 우울한지를 나타내는 것이다.

■ **주제**: 늦은 밤 시와 술로 근심을 달래는 화자의 불우한 처지

■ **이것이 핵심!**: 화자와 자연물과의 교감

화자	말	초승달	솔(소나무)
시를 읊조리며 근심을 달램.	마른 말이 길게 옮.	그림자를 만듦.	차가운 솔이 소리를 냄.

↳ '말', '초승달', '솔'이 화자의 우울한 심경에 교감하며 쓸쓸한 분위기를 조성함.

(다) 유방선, 〈서파삼우설(西坡三友說)〉

❶ 중심 대상 ❷ 글쓴이의 생각, 태도 ❸ 서술상 특징

① 서파삼우(西坡三友)란 나의 벗 이이립이 스스로 지은 별호이다. '이이립'은 서파삼우를 별호로 삼을 만큼 중요하게 여김. 이이립은 사람들 중에서 호걸이다. ❷ 소년에 육경(六經)에 통하여 우리 유학에 명성을 독차지하였고, 을유년 과거에 급제하여 대간(臺諫)을 역임하고 인물을 선발하는 직무를 맡아 10년을 벼슬길에 있으면서 공로와 이름이 현저하니, 하늘이 낸 재능이라 일컬을 '이이립'의 재능을 극찬함. 만하다. ❹ 기해년 가을에 벼슬에서 물러나 남방으로 돌아와 영천(永川)의 서파리(西坡里)에 살면서 스스로 짓기를 서파삼우(西坡三友)라 하니, 세 벗이란 확대경과 뿔잔과 쇠칼이다. 그가 말하기를 ❻ ❶ 중심 대상: 서파삼우 "내가 벗과 떨어져 혼자 사니 사람들이 나와 벗하지 않고, 나도 또한 사람들과 사귀려 하지 않았다. ❼ 이에 세 물건으로 벗을 삼으니, ❸ 서술상 특징: 사물을 의인화하여 벗으로 삼음. 확대경으로서 끓이는 것을 밝게 하고, 뿔잔으로 술을 숭상하고, '이이립'이 밝힌, 서파삼우를 벗으로 취한 이유 칼로 생선을 회하여 혼자서 술 붓고 마시니 이내 취하고 배가 불렀다. 생선 나고 쌀 나는 시골에 살면서 태평성대를 구가하는 것이다. 이것이 내가 그들을 벗으로 취한 까닭이다. ❿ 자네는 이 뜻을 이해하기 쉽도록 설명을 덧붙여 의미를 부여해 주기 바란다." 했다. 화자에게 '서파삼우'의 의미를 밝혀 주기를 부탁함.

┌ **별호**: 본명이나 자 이외에 쓰는 이름. 허물없이 쓰기 위하여 지은 이름이다.
├ **호걸**: 지혜와 용기가 뛰어나고 기개와 풍모가 있는 사람
├ **육경**: 중국 춘추 시대의 여섯 가지 경서(經書)
├ **명성**: 세상에 널리 퍼져 평판 높은 이름
├ **대간**: 조선 시대에, 대관과 간관을 아울러 이르던 말
├ **현저하다**: 뚜렷이 드러나 있다.
├ **뿔잔**: 짐승의 뿔로 만든 술잔
├ **회하다**: 고기나 생선 따위를 날로 잘게 썰어서 음식을 만들다.
└ **구가하다**: 여러 사람이 입을 모아 칭송하여 노래하다.

★① 요약: '나'의 친구 이이립이 확대경, 뿔잔, 쇠칼을 벗으로 삼음.

② 나는 벗이라는 것이 그 마음의 덕을 벗하는 것이니 진실로 벗할 덕이 있다면 사람과 물건을 모두 벗할 수 있다고 생각했다. ❷ 생각: 사물에 마음의 덕이 있다면 사물과도 벗할 수 있음. 그렇기 때문에 옛 사람이 허다하게 물건으로 벗을 삼았다. ❸ 그런데 물건 중에 취하여 벗으로 삼을 것이 이것만이 아니거늘, 반드시 '이이립'은 서파삼우를 배를 채우기 위한 도구라고 밝혔는데, '나'는 이를 곧이곧대로 받아들이지 않음. 이로써 벗을 삼은 것을 어찌 참으로 입으로 먹고 배를 채우기 위한 계책이라고 하겠는가. ❹ 그가 겸손하게 말한 것이다.
❷ 생각: '나'는 이이립이 서파삼우의 의미를 잘 알면서도 스스로를 낮추어 말했다고 생각함.

┌ **허다하다**: 수효가 매우 많다.
└ **계책**: 어떤 일을 이루기 위하여 꾀나 방법을 생각해 냄. 또는 그 꾀나 방법

★② 요약: '나'는 이이립이 서파삼우를 벗으로 삼은 이유를 겸손하게 말했다고 봄.

③ ❶ 내가 보기에 확대경은 불을 취하는 기구이다. 한 번 그 불을 얻확대경의 속성을 설명함. ❸ 어 꺼지지 않게 하면 그 빛이 비치지 않는 곳이 없다. 마치 마음의 밝은 덕을 한 번 밝혀 그치지 않게 하면 그것이 다하지 않는 것과 같다. ❹ ❸ 서술상 특징: 직유법을 통해 확대경의 속성을 설명함. 이 불을 취한 자가 이러한 생각을 가지면 반드시 날로 새롭고 또 새로운 공(功)이 있으리니 어찌 불을 화덕에 피울 뿐이겠는 ❺ ❸ 서술상 특징: 설의법을 통해 내용을 강조함. 가. 뿔잔은 바로 뿔로 된 것이니 가운데가 비었고 안으로 향하여뿔잔의 생김새를 설명함. ❻ 아래로 임하는 길이 있다. 거기에 들어간 것이 맑거나 흐리거나 ❼ ❸ 서술상 특징: 대상을 의인화하여 그 특성을 강조함. 물건을 포용하는 아량을 품고 있다. 이것을 쓰는 자가 그 덕을 생각하면 반드시 도를 즐기고 선을 좋아하는 마음이 생길 것이다. ❽ 어찌 석 잔 술의 의미를 알지 못할 우려가 있겠는가. ❾ 칼이라는 것은 쇠이다. ❿ 가을의 기운과 부합하니 그 덕은 예리한 데에 있다. ⓫ 그쇠칼이 가진 덕을 설명함. 예리함을 물체에 쓰매 진평은 고기를 공평하게 잘 나누었고, 정치 ❸ 서술상 특징: 중국 고사를 인용하여 대상의 특성을 나타냄. 에 쓰매 여회는 일을 결단력 있게 잘 처리했다. ⓬ 칼을 잡고 용도를 자세히 살피고 칼을 성급하게 쓰지 않는다면 남들이 어찌 감히 옳매사 일을 공평하고 결단력 있게 처리하므로 은 말을 거역하겠는가. ⓭ 안으로 스스로 몸을 닦는 방법과 밖으로 '서파삼우'를 통해 배우는 대장부의 덕목 백성에 임하는 도리가 실로 이 세 가지에 갖추어져 있다.

┌ **취하다**: 일정한 조건에 맞는 것을 골라 가지다.
├ **공**: 일을 마치거나 목적을 이루는 데 들인 노력과 수고. 또는 일을 마치거나 그 목적을 이룬 결과로서의 공적
├ **화덕**: 숯불을 피워 놓고 쓰게 만든 큰 화로
├ **포용하다**: 남을 너그럽게 감싸주거나 받아들이다.
├ **아량**: 너그럽고 속이 깊은 마음씨
├ **품다**: 기운 따위를 지니다.
├ **우려**: 근심하거나 걱정함. 또는 그 근심과 걱정
├ **무합하다**: 부신(符信)이 꼭 들어맞듯 사물이나 현상이 서로 꼭 들어맞다.
├ **예리하다**: 끝이 뾰족하거나 날이 선 상태에 있다.
├ **용도**: 쓰이는 길. 또는 쓰이는 곳
├ **성급하다**: 성질이 급하다.
├ **거역하다**: 윗사람의 뜻이나 지시 따위를 따르지 않고 거스르다.
└ **임하다**: 윗사람이 아랫사람을 대하다.

★③ 요약: '나'가 친구인 '이이립'이 서파삼우를 벗으로 삼은 진정한 이유를 설명함.

④ ❶ 공자가 일컬은 '유익한 벗[益友]'과 맹자가 논한 바 '존경하는곧은 사람, 신의 있는 사람, 견문 넓은 사람 벗[尙友]'이라는 말이 본래 이에 지나지 않는 것이다. ❷ 이러한 사람이 세상의 훌륭한 선비를 사귀는 데 만족하지 않고 과거로 올라가 옛사람을 벗함. 이이립 이 이러한 벗을 얻었으니 벗을 취하는 법을 안다고 이를 만하다. ❸서파삼우 그 취하여 잘 쓰는 바가 어찌 작겠는가. 훗날에 예를 갖춘 부름에 ❷ 태도: 서파삼우를 벗한 이이립의 뛰어난 재능을 예찬함. 응하고 대신의 직책을 받아서, 백관을 진퇴시키고 일세의 인재를 '이이립'이 관직에 나아가 선정을 펼치는 모습을 상상함. 길러내어, 위로 군왕의 치화(治化)를 돕고 아래로 청사(靑史)에 아름다운 이름을 전하게 되면, 반드시 이 삼우(三友)에게 힘입지 않았다고 하지 못할 것이다. ❺ 아, 대장부가 이 세상에 나서 때를 만나고 못 만나는 것은 운명이다. 그러나 바야흐로 밝은 임금이 위에 '이이립'이 관직에 나아가야 할 적절한 때 있어 천지가 조화를 이루고 만물이 무성하게 이루는 도가 새로우니 함께 나아갈 때이다. ❼ 내 어찌 기뻐하지 않겠는가. 마땅히 눈을 ❷ 태도: 이이립이 관직에 나아가 능력을 펼치기를 기대함. 씻고 기다리겠노라.

정답 및 해설 **317**

대신: 조선 시대에 둔, 사헌부의 대사헌 이하 지평까지의 벼슬
직책: 직무상의 책임
백관: 모든 벼슬아치
진퇴: 직위나 자리에서 머물러 있음과 물러남.
일세: 한 시대나 한 세대
군왕: 군주 국가에서 나라를 다스리는 우두머리
치화: 어진 정치로 백성을 다스려 인도함.
청사: 역사상의 기록. 예전에 종이가 없을 때 푸른 대의 껍질을 불에 구워 푸른빛과 기름을 없애고 사실(史實)을 기록하던 데서 유래한다.
힘입다: 어떤 힘의 도움을 받다.
대장부: 건장하고 씩씩한 사내
천지: 하늘과 땅을 아울러 이르는 말
만물: 세상에 있는 모든 것
무성하다: 생각이나 말, 소문 따위가 마구 뒤섞이거나 퍼져서 많다.

＊**④** 요약: '나'는 뛰어난 재능을 가진 '이이립'이 관직에 나아가 능력을 펼치기를 기대함.

■ **갈래**: 수필   ■ **창작 시기**: 조선 초기
■ **내용**: 이 작품은 조선 초기 문신인 유방선의 시문집 「태재집」에 실린 수필로, 친구 이이립의 '서파삼우(西坡三友)'라는 자호에 담긴 뜻을 설명하고 있다. '서파삼우(西坡三友)'는 주변에서 흔히 볼 수 있는 사물이지만, 작품에서 '나'는 이 사물들의 속성을 통해 대장부가 지녀야 할 덕목을 이끌어내고 있다. 또한 '나'는 이 사물들을 벗한 이이립의 재능을 예찬하고 있는데, 벼슬에서 물러난 그가 다시 관직에 나아가 백성을 위한 선정(善政)을 펼칠 것을 기대하기 때문이다.
■ **주제**: '서파삼우(西坡三友)'를 통해 배우는 대장부의 덕목
■ **이것이 핵심!**: '서파삼우(西坡三友)'의 의미

		확대경	뿔잔	쇠칼
'이이립'의 말		음식을 끓임.	술을 담음.	생선을 회함.
'나'의 말	특징	불을 만듦.	안이 비어 있음.	예리함.
	의미	마음의 덕을 밝힘.	어떤 대상이든 포용함.	공평한 나눔과 결단력 있는 일 처리

↓

'스스로 몸을 닦고 백성을 대하는 올바른 자세'를 의미함.

E 93 정답 ① ＊표현상의 특징 파악하기 … [정답률 63%]

(가)~(다)에 대한 설명으로 가장 적절한 것은?

• **(가)~(다)**: (가)는 대구법, 설의법 등을 통해 풍아를 즐기고 싶은 화자의 심리를 나타내고 있으며, (나)는 화자가 늦은 밤에 시를 읊고 술을 마시는 모습을 현재형으로 나타내고 있습니다. (다)는 '나'가 이이립의 삼우(三友)인 '확대경, 뿔잔, 쇠칼'에 대한 자신의 생각을 나타내고 있습니다.

즉 (가), (나), (다)가 주제의식을 형상화하기 위해 어떤 표현법을 사용하고 있는지를 파악하는 문제입니다.

왜 정답?

① **(가)는 대구의 형식을 사용하여 전달하고자 하는 내용을**
'위의도 거룩하고 예모도 넓을시고'에 나타남.   군자의 엄숙하고 예의에 맞는 몸가짐에 대한 예찬
강조하고 있다.

＊**근거**: (가) 〈제3곡〉 **①**행
'대구'의 형식은 둘 이상의 시구가 서로 짝을 이루어 나타나는 것을 말한다. 그런데 (가)의 〈제3곡〉을 보면, '위의도 거룩하고 예모도 넓을시고'라는 부분에서 대구가 나타나고 있다. '위의'와 '예모', '거룩하고'와 '넓을시고'가 서로 짝을 이루어 대구를 이루고 있다. 그리고 이를 통해 군자의 엄숙하고 예의에 맞는 몸가짐을 예찬하고 있다.

대구: 비슷한 어조나 어세를 가진 것으로 짝지은 둘 이상의 글귀

왜 오답?

② ~~(나)는 과거와 현재의 대비를 통해 지상의~~ 시의 내용이 바뀌고 ~~전환이 이루어지고 있다.~~
현재의 모습만 있을 뿐, 과거와 대비하지 않음.   시상의 전환은 나타나지 않음.

＊**근거**: (나) **①, ⑥**행
(나)는 화자가 늦은 밤에 시를 읊으며 술을 마시며 자신의 우울한 심정을 달래고 있다. 그리고 화자의 현재 상황만 제시되어 있을 뿐, 과거의 모습은 나타나지 않았다. 따라서 (나)가 과거와 현재의 대비를 통해 시상을 전환한다는 것은 적절하지 않다.

대비: 두 가지의 차이를 밝히기 위하여 서로 맞대어 비교함. 또는 그런 비교
시상: 시에 나타난 사상이나 감정

[오답 선택률 20%]   서로 상반된 모습을 보이는 것을 비판하고
③ ~~(다)는 사물에 인격을 부여하여 인간의 이중적 태도를 비판하고 있다.~~
확대경, 뿔잔, 쇠칼에 인격을 부여함.   대상에 대한 친밀감을 나타내고 있음.

＊**근거**: (다) **①**문단 **⑦**문장, **③**문단 **⑥**문장
(다)의 1문단을 보면, 나의 벗 이이립은 확대경, 뿔잔, 쇠칼을 벗으로 삼았다고 말하고 있는데, 이는 세 사물에 인격을 부여하여 친밀감을 나타낸 것이다. 또한 (다)의 3문단을 보면, 뿔잔은 물건을 포용하는 아량을 품고 있다고 서술되어 있는데, 이는 뿔잔에 인격을 부여하여 훌륭한 인품이 있음을 나타낸 것이다. 하지만 (다)에서 의인법을 통해 인간의 이중적 태도를 비판하는 내용은 나타나지 않는다.

부여하다: 사람에게 권리·명예·임무 따위를 지니도록 해 주거나, 사물이나 일에 가치·의의 따위를 붙여 주다.

시간이 흘렀음을 나타내고
④ (가)와 (나)는 계절감을 드러내는 소재를 통해 ~~시간의 경과를 드러내고 있다.~~
(가)×, (나)×   (가)×, (나)×

＊**근거**: (가), (나)
'계절감을 드러내는 소재'란 겨울을 나타내는 '눈'과 같이 특정 계절에만 나타나 그 계절임을 알려주는 소재를 말한다. 하지만 (가)와 (나)에는 특정 계절을 알려주는 소재가 나타나지 않는다. 또한 시간의 경과란 시간이 어느 정도 흘렀음을 의미하는데, (가)와 (나) 둘 다 시간이 흘렀음을 의미하는 내용은 나타나지 않는다.

계절감: 계절의 변화에 따라 일어나는 느낌
경과: 시간이 지나감.

인물의 속마음을 나타내고
⑤ (가)와 (다)는 ~~공간적 배경을 묘사하여 인물의 내면 심리를 드러내고 있다.~~
(가)×, (다)×   (가) 화자의 심리, (다) '나'의 심리

＊**근거**: (가), (다)
(가)는 〈제4곡〉의 '좌상의 손이 있고'라는 표현을 볼 때, 화자가 손님을 접대하고 있음을 알 수 있다. 그러나 특정한 공간적 배경을 묘사하는 부분은 나타나지 않는다. 그리고 (다)도 '나'가 서파삼우에 대해 설명하는 내용만 나타날 뿐 특정한 공간적 배경은 제시되어 있지 않다.
다만 (가)는 풍아를 누리고 싶은 화자의 내면 심리가 나타나 있으며, (다)도 확대경, 뿔잔, 쇠칼의 의미에 대한 '나'의 깊이 있는 생각은 나타나 있다.

묘사하다: 어떤 대상이나 사물, 현상 따위를 언어로 서술하거나 그림을 그려서 표현하다.

E 94 정답 ⑤ ＊외적 준거에 따른 작품 감상하기 · [정답률 80%]

〈보기〉를 바탕으로 (가)를 이해한 내용으로 적절하지 않은 것은?

• **(가)**: 풍아의 깊은 뜻을 즐기고자 하는 화자의 마음이 나타나 있습니다.
• **〈보기〉**: (가)의 작가가 작품을 창작한 동기와 작품을 통해 강조하고자 한 중심 내용을 설명하고 있습니다.

즉 〈보기〉에 나타난 작품의 창작 동기와 작가의 생각을 바탕으로 (가)의 주요 시구들의 의미를 파악하는 문제입니다.

[보기]

❶ (가)는 작가가 간성 지역의 군수로 재직하던 시절, 자신을
　　　　　　　　　　　　　　　<u>작가의 신분</u>
찾아온 손님들을 즐겁게 하기 위해 창작한 작품이다. 그는 당
　　　　<u>(가)의 창작 동기</u>
시 불리던 노래들이 사대부에게 적합하지 않으므로 옳은 소
　　　　　　　　　<u>'고조'와 '정성'이 필요함.</u>
리를 담은 노래가 필요하다고 생각하였다. 그래서 모두 흥겹
❷　　　　　　　　　　　　　　　　　　　　　　　　❸
게 즐기자는 내용 속에 부분적으로 권계의 내용을 담았다. 이
　　　　　　　　　　　　　　　　　　　　　❹
작품에는 현재를 즐기되 그것이 지나쳐서는 안 된다는 '낙이
　<u>낙이불음(樂而不淫) 사상과 중심을 지켜야 한다는 것</u>
불음(樂而不淫)' 사상과 중심(中心)을 지키는 것이 사대부의
<u>때가 지나면 즐길 수 없으므로</u>　　<u>절제를 강조함.</u>
바람직한 자세라는 교훈이 담겨 있다.
　　　　　<u>'권계'의 의미</u>

군수: 조선 시대에 둔, 지방 행정 단위인 군의 으뜸 벼슬. 종사품으로 군
의 행정을 맡아보았다.
재직하다: 어떤 직장에 소속되어 근무하고 있다.
권계: 잘못함이 없도록 타일러 주의시킴.

왜 정답?

⑤ '종고금슬'로 날마다 즐겨 노는 것은 <mark>화옥을 꿈꾸는 어리</mark>
　　　　　　　　　　　　　　　<u>때가 늦으면 할 수 없으니 지금 그것을 즐겨야 한다는</u>
<mark>석은 행동</mark>이라며 권계의 내용을 전달하고 있군.

*근거: (가) 〈제6곡〉 ❶～❸행, 〈보기〉 ❸～❹문장

〈보기〉를 보면 (가)는 권계의 내용을 담고 있는데, '권계'에 해당하는 것은 절
제를 강조하는 '낙이불음(樂而不淫)'과 중심을 지켜야 한다는 것이다. '화옥'
은 권계와는 전혀 관련이 없다. (가)의 〈제6곡〉에서 '화옥'을 언급한 것은 아
무리 화려한 집이라도 때가 지나고 나면 그곳에 들어갈 수 없는 것처럼, '종
고금슬'로 즐겨 노는 것도 너무 늦으면 할 수 없으니, 지금 그것을 즐기자는
내용을 강조하기 위해서이다.

왜 오답?

① '고조'를 아는 사람이 없고 '정성'이 아득하니 다시 불러 보
　　　　　　　　　　　　　　　　　　　　　　　　　　　
겠다며 옳은 소리를 담은 노래가 사대부에게 필요하다는 생
　<u>화자가 '고조'와 '정성'을 다시 부르려는 이유</u>　<u>〈보기〉─❷의 내용</u>
각을 드러내고 있군.

*근거: (가) 〈제1곡〉 ❷～❸행, 〈보기〉 ❷문장

〈보기〉를 보면 (가)의 작가는 당시 불리던 노래들이 사대부에게 적합하지 않
으므로, '옳은 소리를 담은 노래'가 필요하다고 생각하고 있다. 그런데 (가)의
〈제1곡〉을 보면, '고조'를 아는 사람이 없고 '정성'이 아득하여 옳은 소리를
담은 노래를 다시 불러 보겠다고 말하고 있다. 즉 화자가 당시 불리던 노래
가 아닌 옛날의 '고조'와 '정성'을 불러 보겠다는 것인데, 이는 옳은 소리를
담은 노래가 사대부에게 필요하다는 생각을 드러낸 것이다.

② '해학'과 '즐김'을 좋아하지만 그것이 남을 괴롭히거나 거칠
어서는 안 된다며 절제를 강조하는 낙이불음 사상을 드러내
　　　　　　　　　　　　　　　　<u>〈보기〉─❹의 내용</u>
고 있군.

*근거: (가) 〈제3곡〉 ❷행, 〈제5곡〉 ❷행, 〈보기〉 ❹문장

〈보기〉를 보면, (가)에는 현재를 즐기되 그것이 지나쳐서는 안 된다는 '낙이
불음(樂而不淫)' 사상이 담겨 있다. 그런데 (가)에서 〈제3곡〉의 '해학을 좋아
하나 가혹함이 되올소냐'는 실없는 말로 농담하는 것을 즐기더라도 남을 괴
롭혀서는 안 된다는 것이며, 〈제5곡〉의 '즐김을 좋아하나 거칠음은 말지어
다'는 즐김을 좋아하더라도 그것에 빠져서는 안 된다는 것이다. 따라서 (가)
는 '해학'과 '즐김'에 있어 절제를 강조하는 낙이불음(樂而不淫) 사상을 드러
내고 있다.

절제: 정도에 넘지 아니하도록 알맞게 조절하여 제한함.

③ '좌상'에 손님이 있다는 것과 '이 해'가 저물었으니 즐겁게
놀자는 것을 보아 자신을 찾아온 손님들과 현재를 즐기고자
　　　　　　　　　　　　　　<u>〈보기〉─❶, ❹의 내용</u>
하는군.

*근거: (가) 〈제4곡〉 ❶행, 〈제5곡〉 ❶행, 〈보기〉 ❶, ❹문장

〈보기〉를 보면 (가)는 작가가 자신을 찾아온 손님들을 즐겁게 하기 위해 창
작한 작품이며, 그 내용은 현재를 즐기라는 것이다. 그런데 (가)의 〈제4곡〉을
보면 '좌상'에 손님이 있으며, 〈제5곡〉을 보면 '이 해가 저물었으니 아니 놀
고 어찌하겠냐고 말하고 있다. 따라서 (가)는 자신을 찾아온 손님들과 현재
를 즐기겠다는 화자의 마음이 나타나 있다.

④ '외모'를 위하기보다 '중심'을 즐기라는 것을 보아 겉치레보
　<u>겉치레</u>　　　　　　　<u>마음속</u>
다 마음속을 지키는 것이 사대부의 바람직한 자세라고 생각
　　　　　　　　　　　<u>〈보기〉─❹의 내용</u>
하는군.

*근거: (가) 〈제4곡〉 ❷행, 〈보기〉 ❹문장

〈보기〉를 보면, (가)는 '중심'을 지키는 것이 사대부의 바람직한 자세라는 교
훈을 담고 있다. 그런데 (가)의 〈제4곡〉을 보면, '중심을 즐길지니 외모를 위
할소냐'라고 말하고 있는데, 이는 마음속을 즐기지 겉모습을 위하지는 말라
는 것이다. 따라서 (가)에서 외모를 위하기보다 중심을 즐기라는 것은, 겉치
레보다 마음속을 지키는 것이 사대부의 바람직한 자세라는 작가의 생각이
나타난 것이다.

겉치레: 겉만 보기 좋게 꾸미어 드러냄.

E 95 정답 ③ *작품의 내용 파악하기 …… [정답률 80%]

(다)에 대한 이해로 적절하지 않은 것은?

• (다): (다)에서 '나'는 이이립이 벗하고 있는 '확대경, 뿔잔, 쇠칼'을 바탕으로
스스로 몸을 닦는 법과 백성을 대하는 바람직한 자세에 대해 논하고 있습니다.

즉 '확대경, 뿔잔, 쇠칼'의 특성과 의미를 파악하고, 이를 바탕으로 덕을
지니는 방법과 백성을 대하는 방법을 파악하는 문제입니다.

왜 정답?

③ '나'는 '이이립'의 이야기를 듣고, <mark>벼슬에서 물러난 사람들</mark>
<mark>이 나아갈 때를 기다리지 못하는</mark> 것에 대해 경계하고 있다.
<u>'이이립'이 때를 만나 벼슬에 나갈 것을 기대하고 있음.</u>

*근거: (다) ❹문단 ❷, ❻～❽문장

(다)의 4문단을 보면, '나'는 '이이립'이 세 벗을 얻은 것을 두고 벗을 취하는
법을 안다고 말하고 있다. 그러면서 바야흐로 밝은 임금이 위에 있어 함께
나아갈 때이므로, '이이립'이 벼슬에 나갈 것을 눈을 씻고 기다리겠다고 말
하고 있다. 따라서 벼슬에서 물러난 사람들이 나아갈 때를 기다리지 못하는
것을 경계하는 것이 아니라, 벼슬에서 물러난 '이이립'이 때를 만나 관직에
나갈 것을 기대하고 있다.

경계하다: 옳지 않은 일이나 잘못된 일들을 하지 않도록 타일러서 주의하게
하다.

왜 오답?

① '나'는 '확대경'의 기능을 바탕으로 '이이립'이 밝은 덕을 밝
　　　　　　　　　<u>'불'을 만드는 기능</u>
혀서 지닐 수 있는 사람이라고 판단하고 있다.
<u>마음의 덕을 한 번 밝히면 쉽게 꺼지지 않음을 알고, 이를 실천할 수 있는 사람</u>

*근거: (다) ❸문단 ❶～❹문장

(다)의 3문단을 보면, '나'는 '확대경'이 '불'을 만드는 기능이 있음을 나타내
고 있다. 그리고 이 '불'이 한 번 켜지면 모든 곳에 빛을 비추는 것처럼, 마음
의 '덕'도 한 번 밝아지면 쉽게 꺼지지 않는다고 말하고 있다. 그러면서 이
'불'을 취한 자가 그러한 생각을 갖게 되면 날로 새로워진다고 말하고 있는
데, (다)에서 '확대경'을 통해 불을 취한 자는 바로 '이이립'이다. 따라서 '나'
는 '이이립'이 밝은 덕을 밝혀 지닐 수 있는 사람이라고 판단하고 있다.

② '나'는 벗을 취하는 법을 아는 '이이립'이 새로운 때를 만나
나라를 위해 능력을 펼치기를 기대하고 있다.
확대경, 뿔잔, 쇠칼의 의미를 알고 벗으로 삼을 줄 앎.
마땅히 눈을 씻고 기다리겠다고 말함.

＊근거: (다) **④**문단 **②**, **⑥**~**⑧**문장

(다)의 4문단을 보면, '나'는 '이이립'이 벗을 취하는 법을 안다고 말하고 있다. 그리고 천지가 조화를 이루고 만물이 도를 이루는 새로운 때이므로, '이이립'이 함께 나아갈 것을 눈을 씻고 기다리겠다고 말하고 있다. 따라서 '나'는 '이이립'이 새로운 때를 만나 관직에서 능력을 펼치기를 기대하고 있는 것이다.

④ '나'는 '뿔잔'의 생김새를 바탕으로 이를 벗 삼은 '이이립'이
모든 것을 포용하는 마음을 지니고 있다고 생각하고 있다.
가운데가 비었고 안으로 향하여 아래로 임하는 길이 있는 것
그 안에 들어간 것이 맑거나 흐리거나 상관없이 대상을 포용하는 아량

＊근거: (다) **③**문단 **⑤**~**⑧**문장

(다)의 3문단을 보면, '나'는 '뿔잔'이 가운데가 비었고 안으로 향하여 아래로 임하는 길이 있다며, '뿔잔'의 생김새를 설명하고 있다. 그리고 '뿔잔'은 그 안에 들어간 물건을 포용하는 아량을 품고 있다고 말하고 있다. 그러면서 이것을 쓰는 자가 그 덕을 생각하면 반드시 그 마음이 생길 것이라고 말하고 있는데, (다)에서 '뿔잔'을 벗으로 삼아 사용하는 사람은 '이이립'이다. 따라서 '나'는 '이이립'이 모든 것을 포용하는 마음을 지니고 있다고 생각하고 있다.

⑤ '나'는 '칼'의 특성을 바탕으로 관직에 나아가고자 하는 사
람은 공평함과 결단력을 지녀야 한다고 생각하고 있다.
예리함.
물건을 공평하게 나누고 일을 결단력 있게 처리하는 힘

＊근거: (다) **③**문단 **⑨**~**⑬**문장

(다)의 3문단을 보면, '나'는 '칼'은 그 덕이 예리한 데 있다고 말하며 '칼'의 특성을 설명하고 있다. 그리고 진평과 여회의 고사를 인용하여, 칼의 예리함으로 고기를 공평하게 나누거나 일을 결단력 있게 처리할 수 있음을 나타내고 있다. 그런데 '나'는 3문단의 마지막 문장에서 백성에 임하는 도리가 실로 이 세 가지에 갖추어져 있다고 말하고 있는데, 이는 '칼'의 예리함을 적절히 사용하여 백성을 대해야 한다는 뜻이다. 즉, 관직에 나아가 백성을 대할 때 공평함과 결단력을 지녀야 한다는 것이다.

〔 **관직**: 공무원 또는 관리가 국가로부터 위임받은 일정한 직무나 직책 〕

E 96 정답 ② ＊외적 준거에 따른 작품 감상하기 · [정답률 61%]

〈보기〉를 바탕으로 (나), (다)를 감상한 내용으로 적절하지 않은 것은? [3점]

· **〈보기〉**: 문학 작품 속에서 주체가 대상과의 교감을 느끼거나 대상에게 특별한 의미를 부여할 수 있음을 설명하고 있습니다.

· **(나)와 (다)**: (나)에서 화자는 말, 초승달, 솔 등과 교감하고 있다고 느끼고, (다)에서 '이이립'은 '확대경, 뿔잔, 쇠칼'을 벗으로 삼으며 특별한 의미를 부여하고 있습니다.

즘 〈보기〉에서 설명하고 있는 주체와 대상과의 관계를 바탕으로, (나)의 '화자'와 (다)의 '이이립'이 각각 자연과 사물에 어떤 태도를 취하고 있는지 파악하는 문제입니다.

[보기]

❶ 우리는 끊임없이 다른 대상과 관계를 맺으며 살아간다. **❷** 문
주체는 대상을 특별히 인지하기도 하고, 특별한 의미를 부여하기도 함.
학 작품에서 대상을 인지하는 주체는 교감을 통해 대상이 자
(나)의 화자는 말, 초승달, 솔이 자신의 행동에 반응한다고 느낌.
신의 행동에 반응한다고 느끼기도 하고, 대상에 보편적 속성
이상의 새로운 의미를 부여하기도 한다. **❸** 이때 대상은 사람뿐
만 아니라 사물일 수도 있는데, 그 기저에는 모든 만물과 교
(다)의 이이립은 확대경, 뿔잔, 쇠칼에 특별한 의미를 부여함.
감이 가능하다는 문학적 상상력이 존재한다.

인지하다: 어떤 사실을 인정하여 알다.
주체: 어떤 단체나 물건의 주가 되는 부분
교감: 서로 접촉하여 따라 움직이는 느낌
보편적: 모든 것에 두루 미치거나 통하는 (것)
기저: 사물의 뿌리나 밑바탕이 되는 기초

▷**왜 정답?**

② (나)에서 '늙은 종'이 재를 털어 '등불'을 밝히는 것은 화자
뿐만 아니라 늙은 종도 자연과 교감하고 있는 것으로 볼 수
있겠군.
늙은 종이 재를 치워 등불을 밝힌 행위를 사실적으로 나타낸 것

＊근거: (나) **❺**행, 〈보기〉 **❷**~**❸**문장

〈보기〉를 보면, 문학 작품은 문학적 상상력을 통해 주체가 모든 만물과 교감하는 모습을 나타낼 수 있다. 그러나 (나)에서 만물과 교감하고 있는 주체는 '늙은 종'이 아니라 '화자'이다. 따라서 '늙은 종'이 재를 털어 '등불'을 밝혔다고 표현한 것은, 늙은 종과 자연과의 교감을 나타낸 것이 아니라 늙은 종이 재를 치움으로써 등불을 밝힌 행위를 사실적으로 나타낸 것일 뿐이다.

▷**왜 오답?**

① (나)에서 '시'를 읊자 '말'도 길게 운다고 한 것으로 보아 화자는 대상이 자신의 행동에 반응하고 있다고 느낀 것이겠군.
'말'이 화자가 시를 읊조리는 것에 반응하여 더욱 길게 욺.

＊근거: (나) **❶**~**❷**행, 〈보기〉 **❷**~**❸**문장

〈보기〉를 보면, 문학 작품에서 주체는 대상이 자신의 행동에 반응한다고 느끼기도 한다. (나)를 보면 화자가 시를 읊조리니, 이에 따라 마구간의 말도 더욱 길게 울고 있다. 즉 화자가 시를 읊조린 것에 영향을 받아 말도 길게 울었다고 표현한 것이다. 따라서 (나)의 화자는 말이 자신의 행동에 반응한다고 느끼고 있는 것이다.

③ (나)에서 '초승달'이 그림자를 만들고 '솔'도 소리를 낸다고 한 것은 화자가 자신을 둘러싼 자연과 교감을 하고 있다는 문학적 상상력을 보여 주는 것이겠군.
화자가 자신을 둘러싼 '초승달', '솔'도 교감하고 있다는 상상력

＊근거: (나) **❸**~**❹**행, 〈보기〉 **❷**~**❸**문장

〈보기〉를 보면 문학 작품에는 모든 만물과 교감이 가능하다는 문학적 상상력이 존재한다. (나)를 보면 화자가 시를 읊조리니, 이에 따라 초승달이 그림자를 만들고 산속의 차가운 소나무도 저절로 소리를 내고 있다. 즉 화자가 시를 읊조린 것에 영향을 받아 초승달과 소나무가 반응을 했다고 표현한 것이다. 초승달과 소나무가 실제로는 이렇게 반응할 수 없음에도 이와 같이 표현한 것은, 화자가 자신을 둘러싼 자연과 교감을 하고 있다는 문학적 상상력을 보여 준 것이다.

④ (다)에서 '이이립'이 자신의 별호를 스스로 '서파삼우'라고 지은 것으로 보아, '이이립'은 사물에 보편적 속성 이상의 의미를 부여했겠군.
사물을 벗으로 삼고, 그 이름을 자신의 별호로 삼았으므로

＊근거: (다) **❶**문단 **❶**, **❹**문장, 〈보기〉 **❷**~**❸**문장

〈보기〉를 보면, 문학 작품에서 주체는 대상에 보편적 속성 이상의 새로운 의미를 부여하기도 한다. (다)의 1문단을 보면, 이이립은 벼슬에서 물러나 '서파리'에 살면서 '확대경, 뿔잔, 쇠칼'을 벗으로 삼았다. 그리고 이들을 '서파삼우'라 칭하고, '서파삼우'라는 말을 자신의 별호로 삼았다. '확대경, 뿔잔, 쇠칼'이라는 사물을 벗으로 삼고, '서파삼우'를 자신의 별호로 삼은 것으로 볼 때, '이이립'이 이 사물들에 보편적 속성 이상의 의미를 부여했다고 할 수 있다.

▶ [오답 선택률 17%]

⑤ (다)에서 '나'가 '세 벗'의 의미를 '이이립' 대신 설명해 주는
'이이립'이 사물로 벗을 삼은 이유를 겸손하게 말했다고 서술함. '나'가 다시 서파삼우의 의미를 설명함.
것으로 보아, '나'는 '이이립'과의 교감을 통해 그가 사물로 벗을 삼은 이유를 알고 있다고 볼 수 있겠군.

＊근거: (다) ❷문단 ❸~❹문장, ❸문단, 〈보기〉 ❷~❸문장

〈보기〉를 보면, 문학 작품 속에서 주체는 대상과 교감할 수 있다. (다)의 2문단을 보면 '나'는 '이이립'이 서파삼우를 벗으로 삼은 이유를 겸손하게 말했다고 서술하고 있다. 서파삼우는 입으로 먹고 배를 채우기 위한 도구가 아닌 특별한 의미가 있다는 것이다. 그리고 실제로 3문단에서 '나'는 서파삼우가 가진 특별한 의미를 '이이립' 대신 설명하고 있다. 따라서 '나'가 '이이립'과의 교감을 통해, 그가 서파삼우를 벗으로 삼은 이유를 알고 있다고 볼 수 있다.

E 97 정답 ② ＊소재의 공통점과 차이점 파악하기 · [정답률 86%]

㉠과 ㉡을 비교한 내용으로 가장 적절한 것은?

왜 정답?

② ㉠은 화자가 풍류를 즐기게 하는, ㉡은 화자의 근심을 잊
    좌상의 손님들과 술을 마시며 풍류를 즐김.   술에 취해 삶의 근심을 잊음.
게 하는 소재이다.

＊근거: (가) 〈제4곡〉 ❶행, (나) ❻~❽문장

(가)의 〈제4곡〉을 보면, 좌상에 손님이 있고 술통에는 술이 가득하다고 말하고 있다. (가)의 상황으로 볼 때, 이는 화자가 좌상에 있는 손님들과 술을 즐기려는 것이다. 따라서 ㉠의 '술'은 화자가 풍류를 즐길 수 있게 하는 소재이다. 그런데 (나)를 보면, 아내가 '나'에게 술을 따라 주고 있으며, '나'는 술에 취해 다시 누운 후에 가슴 속에 불평 있음을 깨닫지 못하겠다고 말하고 있다. 즉, 술을 마심으로써 가슴 속의 불평을 잊은 것이다. 따라서 ㉡의 '술'은 화자의 근심을 잊게 하는 소재이다.

왜 오답?

① ~~㉠은 화자에게 감흥을 자아내든~~, ~~㉡은 화자에게 불안감을~~
        화자가 풍류를 즐기고자 하는   근심을 잊게 해 주는
~~주는~~ 소재이다.

＊근거: (가) 〈제4곡〉 ❶행, (나) ❻~❽문장

(가)의 '술'은 화자가 풍류를 즐기기 위해 마시고자 하는 대상일 뿐, 화자에게 특별한 감흥을 불러일으키지 않는다. 또한 (나)의 '술'도 화자가 근심을 잊기 위해 마시는 대상이지, 화자에게 불안감을 주고 있지 않다.

[감흥: 마음속 깊이 감동받아 일어나는 흥취
[자아내다: 어떤 감정이나 생각, 웃음, 눈물 따위가 저절로 생기거나 나오도록 일으켜 내다.

③ ㉠은 화자의 ~~소박한 삶의 태도를~~ 드러내는, ㉡은 화자의
            풍류를 즐기는 삶의 모습을
~~유유자적하는 삶의 태도를~~ 드러내는 소재이다.
근심에 젖어 있는 모습을

＊근거: (가) 〈제4곡〉 ❶행, (나) ❻~❽문장

(가)에서 화자는 손님들과 함께 술통에 가득한 술을 즐기고자 하는 것이므로, '술'이 소박한 삶의 태도를 드러낸다는 것은 적절하지 않다. 또한 (나)에서 '나'도 술을 통해 삶의 근심을 잊고 있으므로, '술'이 유유자적하는 삶의 태도를 드러내는 소재라고 할 수 없다. 오히려 '술'을 통해 잊어야 할 만큼 삶의 고통과 시름이 큼을 나타낸다고 할 수 있다.

[유유자적하다: 속세를 떠나 아무 속박 없이 조용하고 편안하게 살다.

④ ㉠과 ㉡은 모두 화자가 ~~경외감을 가지고 바라보는~~ 소재이다.
                    (가), (나)의 화자 모두 '술'을 공경하거나 두려워하지 않음.

＊근거: (가) 〈제4곡〉 ❶행, (나) ❻~❽문장

'경외감'은 대상을 공경하면서도 두려워하는 감정을 말한다. 따라서 (가)의 화자나 (나)의 '나'가 '술'을 공경하거나 두려워한다는 것은 상식적으로 말이 되지 않는다. 문학적 상상력에 의해 가능할 수도 있으나, 실제로 (가)와 (나)의 화자는 술을 사물로 대하여 이를 통해 풍류를 즐기거나 근심을 잊고 있다.

[경외감: 공경하면서 두려워하는 감정

---

⑤ ㉠과 ㉡은 모두 ~~화자가 현실에 대응하는 자세를 성찰하도~~
                    (가), (나)의 화자 모두 '술'을 통해 자신의 삶의 자세를 성찰하지 않음.
~~록 이끄는~~ 소재이다.

＊근거: (가) 〈제4곡〉 ❶행, (나) ❻~❽문장

(가)의 화자는 손님들과 함께 술을 마시며 풍류를 즐기려 하고, (나)의 '나'는 술을 통해 삶의 근심을 잊고 있다. 따라서 (가)와 (나) 모두 '술'이 화자를 성찰하도록 이끌고 있지 않다.

[대응하다: 어떤 일이나 사태에 맞추어 태도나 행동을 취하다.
[성찰하다: 자기의 마음을 반성하고 살피다.

memo

memo

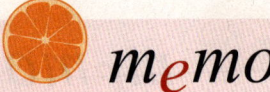

memo

memo

memo

memo